CÓDIGO COMERCIAL
CÓDIGO DAS SOCIEDADES COMERCIAIS

LEGISLAÇÃO COMPLEMENTAR

ANTÓNIO CAEIRO • M. NOGUEIRA SERENS

CÓDIGO COMERCIAL
CÓDIGO DAS SOCIEDADES COMERCIAIS

LEGISLAÇÃO COMPLEMENTAR

18.ª edição

CÓDIGO COMERCIAL
CÓDIGO DAS SOCIEDADES COMERCIAIS

AUTORES
ANTÓNIO CAEIRO
M. NOGUEIRA SERENS

EDITOR
EDIÇÕES ALMEDINA, SA
Rua Fernandes Tomás, n.ᵒˢ 76, 78, 80
3000-174 Coimbra
Tel.: 239 851 904
Fax: 239 851 901
www.almedina.net
editora@almedina.net

DESIGN DE CAPA
FBA.

PRÉ-IMPRESSÃO | IMPRESSÃO | ACABAMENTO
G.C. GRÁFICA DE COIMBRA, LDA.
Palheira – Assafarge
3001-453 Coimbra
producao@graficadecoimbra.pt

Maio, 2011

DEPÓSITO LEGAL
328406/11

Os dados e as opiniões inseridos na presente publicação
são da exclusiva responsabilidade do(s) seu(s) autor(es).

Toda a reprodução desta obra, por fotocópia ou outro qualquer
processo, sem prévia autorização escrita do Editor, é ilícita
e passível de procedimento judicial contra o infractor.

Biblioteca Nacional de Portugal – Catalogação na Publicação

PORTUGAL. Leis, decretos, etc.

Código comercial ; Código das sociedades comerciais :
legislação complementar / [anot.] António Caeiro, Manuel
Nogueira Serens. – 18ª ed. – (Códigos anotados)
ISBN 978-972-40-4421-7

I – CAEIRO, António, 1939-
II – SERENS, M. Nogueira

CDU 347

À memória do Dr. António Agostinho Caeiro a quem esta Colectânea deve, nomeadamente, a iniciativa, sendo pois por direito próprio que continua presente como Autor.

ÍNDICE — SUMÁRIO

Índice Cronológico XXXIX

Índice Analítico LXI

Abreviaturas CXVII

PARTE PRIMEIRA

CÓDIGO COMERCIAL. REGISTO COMERCIAL
REGISTO NACIONAL DE PESSOAS COLECTIVAS (FIRMAS E DENOMINAÇÕES)
REGIME ESPECIAL DE CONSTITUIÇÃO DE SOCIEDADES
E DE REPRESENTAÇÕES PERMANENTES EM PORTUGAL
PROCEDIMENTOS ADMINISTRATIVOS DE DISSOLUÇÃO E DE LIQUIDAÇÃO
DE ENTIDADES COMERCIAIS E FUSÕES TRANSFRONTEIRIÇAS
DE SOCIEDADES DE RESPONSABILIDADE LIMITADA

[1] Código Comercial

Carta de Lei de 28 de Junho de 1888 3

LIVRO PRIMEIRO. **Do comércio em geral**

Título	I — Disposições gerais	5
Título	II — Da capacidade comercial e dos comerciantes	6
Capítulo	I — Da capacidade comercial	6
Capítulo	II — Dos comerciantes	7
Título	III — Da firma	9
Título	IV — Da escrituração	9
Título	V — Do registo	12
Título	VI — Do balanço	12
Título	VII — Dos corretores	13
Título	VIII — Dos lugares destinados ao comércio	13
Capítulo	I — Das bolsas	13
Capítulo	II — Dos mercados, feiras, armazéns e lojas	13

VII

Índice — Sumário

LIVRO SEGUNDO.   **Dos contratos especiais de comércio**

Título	I — Disposições gerais	15
Título	II — Das sociedades	17
Capítulo	V — Disposições especiais às sociedades cooperativas	17
Título	III — Da conta em participação	17
Título	IV — Das empresas	17
Título	V — Do mandato	19
Capítulo	I — Disposições gerais	19
Capítulo	II — Dos gerentes, auxiliares e caixeiros	22
Capítulo	III — Da comissão	25
Título	VI — Das letras, livranças e cheques	27
Título	VII — Da conta corrente	28
Título	VIII — Das operações de bolsa	29
Título	IX — Das operações de banco	29
Título	X — Do transporte	30
Título	XI — Do empréstimo	35
Título	XII — Do penhor	35
Título	XIII — Do depósito	36
Título	XIV — Do depósito de géneros e mercadorias nos armazéns gerais	37
Título	XV — Dos seguros	40
Título	XVI — Da compra e venda	40
Título	XVII — Do reporte	43
Título	XVIII — Do escambo ou troca	44
Título	XIX — Do aluguer	44
Título	XX — Da transmissão e reforma de títulos de crédito mercantil	45

LIVRO TERCEIRO.   **Do comércio marítimo**

Título	I — Dos navios	47
Capítulo	I — Disposições gerais	47
Capítulo	II — Do proprietário	49
Capítulo	III — Do capitão	49
Capítulo	IV — Da tripulação	49
Capítulo	V — Do conhecimento	49
Capítulo	VI — Do fretamento	49
Capítulo	VII — Dos passageiros	50
Capítulo	VIII — Dos privilégios creditórios e das hipotecas	50
Secção	I — Dos privilégios creditórios	50
Secção	II — Das hipotecas	52
Título	II — Do seguro contra riscos de mar	54
Título	III — Do abandono	57
Título	IV — Do contrato de risco	59
Título	V — Das avarias	61
Título	VI — Das arribadas forçadas	65
Título	VII — Da abalroação	66
Título	VIII — Da salvação e assistência	68

VIII

Índice — Sumário

LIVRO QUARTO. Das falências

[2]   Código do Registo Comercial
Decreto-Lei n.° 403/86, de 3 de Dezembro 70

Capítulo	I	— Objecto, efeitos e vícios do registo	71
Capítulo	II	— Competência para o registo	79
Capítulo	III	— Processo de registo	80
Capítulo	IV	— Actos de registo	89
Capítulo	V	— Publicidade e prova do registo	97
Secção	I	— Publicidade	97
Secção	II	— Meios de prova	98
Secção	III	— Bases de dados no registo comercial	99
Capítulo	VI	— Suprimento, rectificação e reconstituição do registo	102
Capítulo	VII	— Impugnação de decisões	107
Capítulo	VIII	— Outros actos	110
Capítulo	IX	— Disposições diversas	111

Tabela de emolumentos do registo comercial 112

[2-A]   Portaria n.° 657-A/2006, de 29 de Junho — Regulamento do Registo Comercial   115

Capítulo	I	— Suporte e processo de registo	116
Secção	I	— Suportes de registo	116
Secção	II	— Processo de registo	117
Capítulo	II	— Menções dos registos	118
Secção	I	— Registos por transcrição	118
Secção	II	— Registos por depósito	123
Capítulo	III	— Disposições finais	124

[2-B]   Código do Registo Comercial — Apêndice
Decreto-Lei n.° 42644, de 14 de Novembro de 1959 125

Decreto n.° 42645, de 14 de Novembro de 1959 127

Tabela de emolumentos do registo de navios 131

[3]   Registo Nacional de Pessoas Colectivas
Decreto-Lei n.° 129/98, de 13 de Maio 133

Título	I	— Disposições gerais	136
Título	II	— Ficheiro Central de Pessoas Colectivas	136
Capítulo	I	— Âmbito e forma de inscrição	136
Capítulo	II	— Número e cartão de identificação	140
Capítulo	III	— Base de dados do ficheiro central de pessoas colectivas	141
Título	III	— Admissibilidade de firmas e denominações	144
Capítulo	I	— Princípios gerais	144
Capítulo	II	— Regras especiais	146
Capítulo	III	— Procedimento	148
Capítulo	IV	— Vicissitudes	153

IX

Índice — Sumário

Título	IV — Impugnação de decisões	154
Capítulo	I — Recurso hierárquico e impugnação judicial	154
Capítulo	II — Tribunal arbitral	157
Título	V — Sanções	158
Título	VI — Registo Nacional de Pessoas Colectivas	159
Capítulo	I — Competência e direcção	159
Capítulo	II — Pessoal	161
Capítulo	III — Funcionamento	162

Tabela de emolumentos do Registo Nacional de Pessoas Colectivas 163

[4] **Decreto-Lei n.º 111/2005**, de 8 de Julho — Regime especial de constituição de sociedades 165

Capítulo	I — Regime especial de constituição imediata de sociedades	165
Capítulo	II — Alterações legislativas	171
Capítulo	III — Postos de atendimento e informação obrigatória	172
Capítulo	IV — Disposições finais e transitórias	173

[5] **Decreto-Lei n.º 125/2006**, de 29 de Junho — Constituição *on-line* de sociedades 175

Capítulo	I — Regime especial de constituição *on-line* de sociedades	175
Capítulo	II — Alterações legislativas	180
Capítulo	III — Disposições finais e transitórias	181

[6] **Anexo ao DL n.º 76-A/2006**, de 29 de Março — Regime jurídico dos procedimentos administrativos de dissolução e de liquidação de entidades comerciais 182

Secção	I — Disposições gerais	182
Secção	II — Procedimento administrativo de dissolução	183
Secção	III — Procedimento administrativo de liquidação	188
Secção	IV — Procedimento especial de extinção imediata de entidades comerciais	193

[7] **Decreto-Lei n.º 73/2008**, de 16 de Abril — Regime especial de criação imediata de representações permanentes em Portugal 195

Capítulo	I — Regime especial de criação imediata de representações permanentes em Portugal de entidades estrangeiras	195
Capítulo	II — Alterações legislativas	197
Capítulo	III — Disposições finais e transitórias	198

[8] **Lei n.º 19/2009**, de 12 de Maio — Fusões transfronteiriças de sociedades de responsabilidade limitada 199

Capítulo	I — Disposições comuns	199
Capítulo	II — Participação dos trabalhadores	200
Secção	I — Disposição geral	200
Secção	II — Determinação do regime aplicável	200
Subsecção	I — Procedimento de negociação	200
Subsecção	II — Afastamento da negociação	203
Subsecção	III — Regime supletivo	204

X

Índice — Sumário

Secção	III	— Disposições comuns	205
Secção	IV	— Disposições de carácter nacional	206
Secção	V	— Contra-ordenações	208
Capítulo	III	— Alterações legislativas	209

[9] **Lei n.° 28/2009**, de 19 de Junho — Remuneração dos órgãos de administração e de fiscalização de entidades de interesse público 210

PARTE SEGUNDA

SOCIEDADES

[11] **Código das Sociedades Comerciais**
Decreto-Lei n.° 262/86, de 2 de Setembro 215

Título	I	— Parte Geral	222
Capítulo	I	— Âmbito de aplicação	222
Capítulo	II	— Personalidade e capacidade	223
Capítulo	III	— Contrato de sociedade	224
Secção	I	— Celebração e registo	224
Secção	II	— Obrigações e direitos dos sócios	229
Subsecção	I	— Obrigações e direitos dos sócios em geral	229
Subsecção	II	— Obrigação de entrada	230
Subsecção	III	— Conservação do capital	233
Secção	III	— Regime da sociedade antes do registo. Invalidade do contrato	235
Capítulo	IV	— Deliberações dos sócios	240
Capítulo	V	— Administração e fiscalização	244
Capítulo	VI	— Apreciação anual da situação da sociedade	245
Capítulo	VII	— Responsabilidade civil pela constituição, administração e fiscalização da sociedade	249
Capítulo	VIII	— Alterações do contrato	253
Secção	I	— Alterações em geral	253
Secção	II	— Aumento do capital	254
Secção	III	— Redução do capital	256
Capítulo	IX	— Fusão de sociedades	257
Secção	I	—	257
Secção	II	— Fusões transfronteiriças	267
Capítulo	X	— Cisão de sociedades	270
Capítulo	XI	— Transformação de sociedades	273
Capítulo	XII	— Dissolução da sociedade	275
Capítulo	XIII	— Liquidação da sociedade	277
Capítulo	XIV	— Publicidade de actos sociais	283
Capítulo	XV	— Fiscalização pelo Ministério Público	285
Capítulo	XVI	— Prescrição	285

XI

Índice — Sumário

Título	II	— Sociedades em nome colectivo	286
Capítulo	I	— Características e contrato	286
Capítulo	II	— Deliberações dos sócios e gerência	291
Capítulo	III	— Alterações do contrato	292
Capítulo	IV	— Dissolução e liquidação da sociedade	293
Título	III	— Sociedades por quotas	293
Capítulo	I	— Características e contrato	293
Capítulo	II	— Obrigações e direitos dos sócios	295
Secção	I	— Obrigação de entrada	295
Secção	II	— Obrigações de prestações acessórias	298
Secção	III	— Prestações suplementares	298
Secção	IV	— Direito à informação	299
Secção	V	— Direito aos lucros	300
Capítulo	III	— Quotas	301
Secção	I	— Unidade, montante e divisão da quota	301
Secção	II	— Contitularidade da quota	302
Secção	III	— Transmissão da quota	304
Secção	IV	— Amortização da quota	306
Secção	V	— Execução da quota	309
Secção	VI	— Exoneração e exclusão de sócios	309
Secção	VII	— Registo das quotas	311
Capítulo	IV	— Contrato de suprimento	312
Capítulo	V	— Deliberações dos sócios	314
Capítulo	VI	— Gerência e fiscalização	317
Capítulo	VII	— Apreciação anual da situação da sociedade	321
Capítulo	VIII	— Alterações do contrato	322
Capítulo	IX	— Dissolução da sociedade	324
Capítulo	X	— Sociedades unipessoais por quotas	324
Título	IV	— Sociedades anónimas	326
Capítulo	I	— Características e contrato	326
Capítulo	II	— Obrigações e direitos dos accionistas	331
Secção	I	— Obrigação de entrada	331
Secção	II	— Obrigação de prestações acessórias	332
Secção	III	— Direito à informação	332
Secção	IV	— Direito aos lucros	336
Capítulo	III	— Acções	338
Secção	I	— Generalidades	338
Secção	II	— Oferta pública de aquisição de acções	340
Secção	III	— Acções próprias	340
Secção	IV	— Transmissão de acções	344
Subsecção	I	— Formas de transmissão	344
Subsecção	II	— Limitações à transmissão	345
Subsecção	III	— Regime de registo e regime de depósito	346
Secção	V	— Acções preferenciais sem voto	347
Secção	VI	— Acções preferenciais remíveis	348
Secção	VII	— Amortização de acções	348

XII

Índice — Sumário

Capítulo	IV	— Obrigações	350
Secção	I	— Obrigações em geral	350
Secção	II	— Modalidades de obrigações	355
Capítulo	V	— Deliberações dos accionistas	360
Capítulo	VI	— Administração, fiscalização e secretário da sociedade	368
Secção	I	— Conselho de administração	368
Secção	II	— Fiscalização	378
Secção	III	— Comissão de auditoria	387
Secção	IV	— Conselho de administração executivo	389
Secção	V	— Conselho geral de supervisão	393
Secção	VI	— Revisor oficial de contas	397
Secção	VII	— Secretário da sociedade	398
Capítulo	VII	— Publicidade de participações e abuso de informações	399
Capítulo	VIII	— Apreciação anual da situação da sociedade	402
Capítulo	IX	— Aumento e redução do capital	404
Capítulo	X	— Dissolução da sociedade	407
Título	V	— Sociedades em comandita	407
Capítulo	I	— Disposições comuns	407
Capítulo	II	— Sociedades em comandita simples	409
Capítulo	III	— Sociedades em comandita por acções	410
Título	VI	— Sociedades coligadas	410
Capítulo	I	— Disposições gerais	410
Capítulo	II	— Sociedades em relação de simples participação, de participações recíprocas e de domínio	411
Capítulo	III	— Sociedades em relação de grupo	413
Secção	I	— Grupos constituídos por domínio total	413
Secção	II	— Contrato de grupo paritário	414
Secção	III	— Contrato de subordinação	415
Capítulo	IV	— Apreciação anual da situação de sociedades obrigadas à consolidação de contas	419
Título	VII	— Disposições penais e de mera ordenação social	423
Título	VIII	— Disposições finais e transitórias	429

[12] **Decreto-Lei n.º 184/87**, de 21 de Abril — 1.ª alteração ao Código das Sociedades Comerciais 433

[13] **Decreto-Lei n.º 280/87**, de 8 de Julho — 2.ª alteração ao Código das Sociedades Comerciais 436

[14] **Regulamento (CE) n.º 2157/2001**, do Conselho, de 8 de Outubro de 2001 — Sociedade anónima europeia 439

Título	I	— Disposições Gerais	441
Título	II	— Constituição	447
Secção	1	— Generalidades	447
Secção	2	— Constituição de uma SE por meio de fusão	447
Secção	3	— Constituição de uma SE «holding»	452

XIII

Índice — Sumário

Secção	4	— Constituição de uma SE «filial»	453
Secção	5	— Transformação de uma sociedade anónima em SE	453
Título	III	— Estrutura da SE	454
Secção	1	— Sistema dualista	455
Secção	2	— Sistema monista	456
Secção	3	— Regras comuns aos sistemas monista e dualista	457
Secção	4	— Assembleia geral	458
Título	IV	— Contas anuais e contas consolidadas	460
Título	V	— Dissolução, liquidação, insolvência e cessação de pagamentos	461
Título	VI	— Disposições complementares e transitórias	462
Título	VII	— Disposições finais	463
Anexo I			464
Anexo II			464

[14-A] Decreto-Lei n.° 2/2005, de 4 de Janeiro — Regime jurídico das sociedades anónimas europeias 466

Capítulo	I	— Disposições gerais	467
Capítulo	II	— Modos de constituição	468
Secção	I	— Constituição de uma sociedade anónima europeia por fusão	468
Secção	II	— Constituição de uma sociedade anónima europeia gestora de participações sociais	470
Capítulo	III	— Sede e transferência de sede da sociedade anónima europeia	471
Capítulo	IV	— Órgãos sociais	473
Capítulo	V	— Transformação em sociedade anónima	474

[14-B] Decreto-Lei n.° 215/2005, de 13 de Dezembro — Sociedade anónima europeia (envolvimento dos trabalhadores) 475

Capítulo	I	— Disposições gerais	475
Capítulo	II	— Disposições e acordos transnacionais	477
Secção	I	— Âmbito	477
Secção	II	— Procedimento das negociações	477
Secção	III	— Acordo sobre o envolvimento dos trabalhadores	480
Secção	IV	— Instituição obrigatória de um regime de envolvimento dos trabalhadores	481
Subsecção	I	— Disposições gerais	481
Subsecção	II	— Conselho de trabalhadores	482
Subsecção	III	— Participação dos trabalhadores	485
Secção	V	— Disposições comuns	486
Capítulo	III	— Disposições de carácter nacional	487
Capítulo	IV	— Responsabilidade contra-ordenacional	490

[15] Decreto-Lei n.° 495/88, de 30 de Dezembro — Sociedades gestoras de participações sociais 492

[16] Decreto-Lei n.° 25/91, de 11 de Janeiro — Sociedades de desenvolvimento regional 498

XIV

Índice — Sumário

[17] Decreto-Lei n.º 135/91, de 4 de Abril — Sociedades de gestão e investimento imobiliário 504

[18] Decreto-Lei n.º 237/91, de 2 de Julho — Sociedades administradoras de compras em grupo 510

[19] Decreto-Lei n.º 3/94, de 11 de Janeiro — Agências de câmbios 518

[20] Decreto-Lei n.º 110/94, de 28 de Abril — Sociedades mediadoras do mercado monetário e do mercado de câmbios 519

[21] Decreto-Lei n.º 163/94, de 4 de Junho — Sociedades gestoras de patrimónios 522

[22] Decreto-Lei n.º 212/94, de 10 de Agosto — Constituição de sociedades unipessoais 525

[23] Decreto-Lei n.º 260/94, de 22 de Outubro — Sociedades de investimento 527

[24] Decreto-Lei n.º 72/95, de 15 de Abril — Sociedades de locação financeira 529

[25] Decreto-Lei n.º 171/95, de 18 de Julho — Sociedades de *factoring* 531

[26] Decreto-Lei n.º 206/95, de 14 de Agosto — Sociedades financeiras para aquisições a crédito 533

[27] Decreto-Lei n.º 82/98, de 2 de Abril — Sociedades gestoras de empresas 535

[28] Decreto-Lei n.º 211/98, de 16 de Julho — Sociedades de garantia mútua 537
Capítulo   I — Disposições gerais 537
Capítulo   II — Actividade das sociedades de garantia mútua 540
Capítulo   III — Contragarantia das sociedades de garantia mútua 543
Capítulo   IV — Disposições transitórias 544

[29] Decreto-Lei n.º 262/2001, de 28 de Setembro — Sociedades corretoras e sociedades financeiras de corretagem 545

[30] Decreto-Lei n.º 375/2007, de 8 de Novembro — Sociedades de capital de risco, fundos de capital de risco e investidores em capital de risco 548
Capítulo   I — Disposições gerais 558
Capítulo   II — Sociedades de capital de risco 552
Capítulo   III — Investidores em capital de risco 553
Capítulo   IV — Fundos de capital de risco 553
Secção   I — Disposições gerais 553
Secção   II — Entidades gestoras e regulamento de gestão 554
Secção   III — Património dos FCR 556
Secção   IV — Assembleias de participantes 559
Secção   V — Vicissitudes dos FCR 561
Capítulo   V — Disposições finais e transitórias 562

XV

Índice — Sumário

PARTE TERCEIRA

AGRUPAMENTOS COMPLEMENTARES DE EMPRESAS
CONSÓRCIOS E ASSOCIAÇÕES EM PARTICIPAÇÃO
AGRUPAMENTO EUROPEU DE INTERESSE ECONÓMICO
ESTABELECIMENTO INDIVIDUAL DE RESPONSABILIDADE LIMITADA
E COOPERATIVAS

[31]   **Lei n.º 4/73**, de 4 de Junho — Agrupamentos complementares de empresas   567

[32]   **Decreto-Lei n.º 430/73**, de 25 de Agosto — Agrupamentos complementares de empresas   569

[33]   **Decreto-Lei n.º 231/81**, de 28 de Julho — Consórcio e associação em participação   573

Capítulo   I — Do contrato de consórcio   573
Capítulo   II — Do contrato de associação em participação   578

[34]   **Regulamento (CEE) n.º 2137/85**, do Conselho, de 25 de Julho de 1985 — Agrupamento europeu de interesse económico   582

[35]   **Decreto-Lei n.º 248/86**, de 25 de Agosto — Estabelecimento individual de responsabilidade limitada   596

Capítulo   I — Constituição   600
Capítulo   II — Administração e funcionamento   602
Capítulo   III — Elaboração das contas anuais   603
Capítulo   IV — Alteração do acto constitutivo   604

Secção   I — Aumento do capital   604
Secção   II — Redução do capital   605

Capítulo   V — Negociação, oneração e penhora do estabelecimento individual de responsabilidade limitada   605
Capítulo   VI — Liquidação do estabelecimento individual de responsabilidade limitada   606
Capítulo   VII — Disposições finais   609

[36]   **Decreto-Lei n.º 148/90**, de 9 de Maio — Agrupamento europeu de interesse económico   611

[37]   **Decreto-Lei n.º 1/91**, de 5 de Janeiro — Agrupamento europeu de interesse económico   613

[38]   **Lei n.º 51/96**, de 7 de Setembro — Código Cooperativo   616

Capítulo   I — Disposições geais   616
Capítulo   II — Constituição   619
Capítulo   III — Capital social, jóia e títulos de investimento   621
Capítulo   IV — Dos cooperadores   626
Capítulo   V — Dos órgãos das cooperativas   628
Secção   I — Princípios gerais   628

XVI

Índice — Sumário

Secção	II	— Assembleia geral	630
Secção	III	— Direcção	633
Secção	IV	— Conselho fiscal	634
Secção	V	— Da responsabilidade dos órgãos das cooperativas	635
Capítulo	VI	— Reservas e distribuição excedentes	637
Capítulo	VII	— Da fusão e cisão das cooperativas	638
Capítulo	VIII	— Dissolução, liquidação e transformação	639
Capítulo	IX	— Uniões, federações e confederações	641
Capítulo	X	— Do Instituto António Sérgio do sector cooperativo (INSCOOP)	643
Capítulo	XI	— Disposições finais e transitórias	644

PARTE QUARTA

ELABORAÇÃO DAS CONTAS DAS EMPRESAS

[41] **Decreto-Lei n.º 158/2009**, de 13 de Julho — Sistema de normalização contabilística 649

[42] **Decreto-Lei n.º 238/91**, de 2 de Julho — Consolidação de contas de sociedades 662

[43] **Decreto-Lei n.º 36/92**, de 28 de Março — Consolidação de contas de empresas financeiras 666

[44] **Decreto-Lei n.º 147/94**, de 25 de Maio — Consolidação de contas de empresas seguradoras 671

[45] **Decreto-Lei n.º 88/2004**, de 20 de Abril — Consolidação de contas de empresas financeiras 676

[46] **Decreto-Lei n.º 35/2005**, de 17 de Fevereiro — Consolidação de contas de certas formas de sociedades, bancos e outras instituições financeiras e empresas de seguros 680

PARTE QUINTA

CÓDIGO DOS VALORES MOBILIÁRIOS. OBRIGAÇÕES. *WARRANTS* TÍTULOS DE PARTICIPAÇÃO. CERTIFICADOS DE DEPÓSITO *PAPEL COMERCIAL* E OBRIGAÇÕES HIPOTECÁRIAS

[51] **Código dos Valores Mobiliários**
Decreto-Lei n.º 486/99, de 13 de Novembro 687

Título	I	— Disposições gerais	691
Capítulo	I	— Âmbito de aplicação	691
Capítulo	II	— Forma	692
Capítulo	III	— Informação	693

XVII

Índice — Sumário

Capítulo	IV	— Sociedades abertas	698
Secção	I	— Disposições gerais	698
Secção	II	— Participações qualificadas	699
Secção	III	— Deliberações sociais	707
Secção	IV	— Perda da qualidade de sociedade aberta	711
Capítulo	V	— Investidores	712
Título	II	— Valores mobiliários	716
Capítulo	I	— Disposições gerais	716
Secção	I	— Direito aplicável	716
Secção	II	— Emissão	716
Secção	III	— Representação	717
Secção	IV	— Modalidades	719
Secção	V	— Legitimação	719
Secção	VI	— Regulamentação	720
Capítulo	II	— Valores mobiliários escriturais	721
Secção	I	— Disposições gerais	721
Subsecção	I	— Modalidades de registo	721
Subsecção	II	— Processo de registo	722
Subsecção	III	— Valor e vícios do registo	724
Subsecção	IV	— Transmissão, constituição e exercício de direitos	726
Subsecção	V	— Deveres das entidades resgistadoras	727
Secção	II	— Sistema centralizado	728
Capítulo	III	— Valores mobiliários titulados	730
Secção	I	— Títulos	730
Secção	II	— Depósito	730
Secção	III	— Transmissão, constituição e exercício de direitos	731
Secção	IV	— Valores mobiliários titulados em sistema centralizado	732
Título	III	— Ofertas públicas	733
Capítulo	I	— Disposições comuns	733
Secção	I	— Princípios gerais	733
Secção	II	— Aprovação de prospecto, registo e publicidade	737
Secção	III	— Lançamento e execução	739
Secção	IV	— Vicissitudes	740
Secção	V	— Prospecto	741
Subsecção	I	— Exigibilidade, formato e conteúdo	741
Subsecção	II	— Prospecto de oferta internacional	748
Subsecção	III	— Responsabilidade pelo prospecto	751
Secção	VI	— Regulamentação	753
Capítulo	II	— Ofertas públicas de distribuição	753
Secção	I	— Disposições gerais	753
Secção	II	— Recolha de intenções de investimento	755
Secção	III	— Oferta pública de subscrição	756
Secção	IV	— Oferta pública de venda	757
Capítulo	III	— Ofertas públicas de aquisição	757
Secção	I	— Disposições comuns	757

XVIII

Índice — Sumário

Secção	II — Oferta pública de aquisição obrigatória	765
Secção	III — Aquisição tendente ao domínio total	768
Título	IV — Negociação	769
Título	V — Contraparte central, compensação e liquidação	769
Título	VI — Intermediação	769
Título	VII — Supervisão e regulação	770
Título	VIII — Crimes e ilícitos de mera ordenação social	770

[52] **Decreto-Lei n.º 321/85**, de 5 de Agosto — Títulos de participação 771

[53] **Decreto-Lei n.º 320/89**, de 25 de Setembro — Emissão de Obrigações 783

[54] **Decreto-Lei n.º 372/91**, de 8 de Outubro — Certificados de depósito 784

[55] **Decreto-Lei n.º 408/91**, de 17 de Outubro — Obrigações de caixa 786

[56] **Decreto-Lei n.º 172/99**, de 20 de Maio — *Warrants* autónomos 789

[57] **Decreto-Lei n.º 69/2004**, de 25 de Março — *Papel comercial* 792

Título	I — Disposições gerais	792
Título	II — Emissão	793
Título	III — Ofertas e admissão	794
Título	IV — Deveres de informação	795
Título	V — Diposições finais e transitórias	797

[58] **Decreto-Lei n.º 59/2006**, de 20 de Março — Obrigações hipotecárias 798

Capítulo	I — Disposições gerais	798
Capítulo	II — Instituições de crédito hipotecário	800
Capítulo	III — Emissão de obrigações hipotecárias	800
Capítulo	IV — Activos subjacentes e regime prudencial	802
Capítulo	V — Cessão de créditos hipotecários	805
Capítulo	VI — Obrigações sobre o sector público	807
Capítulo	VII — Supervisão e auditor independente	807
Capítulo	VIII — Disposições finais e transitórias	808

PARTE SEXTA

CONTRATOS COMERCIAIS

[71] **Decreto-Lei n.º 446/85**, de 25 de Outubro — Cláusulas contratuais gerais 811

Capítulo	I — Disposições gerais	813
Capítulo	II — Inclusão de cláusulas contratuais gerais em contratos singulares	813
Capítulo	III — Interpretação e integração das cláusulas contratuais gerais	815
Capítulo	IV — Nulidade das cláusulas contratuais gerais	815
Capítulo	V — Cláusulas contratuais gerais proibidas	815
Secção	I — Disposições comuns por natureza	815

XIX

Índice — Sumário

Secção	II — Relações entre empresários ou entidades equiparadas	816
Secção	III — Relações com os consumidores finais	817
Capítulo	VI — Disposições processuais	819
Capítulo	VII — Disposições finais e transitórias	821

[72] Decreto-Lei n.º 178/86, de 3 de Julho — Contrato de agência 822

Capítulo	I — Disposições gerais	822
Capítulo	II — Direitos e obrigações das partes	823
Secção	I — Obrigações do agente	823
Secção	II — Direitos do agente	824
Capítulo	III — Protecção de terceiros	826
Capítulo	IV — Cessação do contrato	826
Capítulo	V — Normas de conflitos	829
Capítulo	VI — Disposição final	829

[73] Decreto-Lei n.º 149/95, de 24 de Junho — Contrato de locação financeira 830

[74] Decreto-Lei n.º 239/2003, de 4 de Outubro — Contrato de transporte rodoviário nacional de mercadorias 836

Capítulo	I — Disposições gerais	836
Capítulo	II — Do contrato de transporte	836
Capítulo	III — Da responsabilidade	840
Capítulo	IV — Disposições finais	841

[75] Decreto-Lei n.º 105/2004, de 8 de Maio — Contratos de garantia financeira 843

Título	I — Disposições gerais	843
Título	II — Penhor financeiro	845
Título	III — Alienação fiduciária em garantia	847
Título	IV — Liquidação e saneamento	847
Título	V — Disposições finais e transitórias	849

[76] Decreto-Lei n.º 72/2008, de 16 de Abril — Regime jurídico do contrato de seguro 850

Título	I — Regime comum	852
Capítulo	I — Disposições preliminares	852
Secção	I — Âmbito de aplicação	852
Secção	II — Imperatividade	854
Capítulo	II — Formação do contrato	856
Secção	I — Sujeitos	856
Secção	II — Informações	856
Subsecção	I — Deveres de informação do segurador	856
Subsecção	II — Deveres de informação do tomador do seguro ou do segurado	858
Secção	III — Celebração do contrato	860
Secção	IV — Mediação	860
Secção	V — Forma do contrato e apólice de seguro	861

Índice — Sumário

Capítulo	III	— Vigência do contrato	863
Capítulo	IV	— Conteúdo do contrato	864
Secção	I	— Interesse e risco	864
Secção	II	— Seguro por conta própria e de outrem	865
Secção	III	— Cláusulas específicas	865
Secção	IV	— Prémio	866
Subsecção	I	— Disposições comuns	866
Subsecção	II	— Regime especial	868
Capítulo	V	— Co-seguro	869
Secção	I	— Disposições comuns	869
Secção	II	— Co-seguro comunitário	870
Capítulo	VI	— Resseguro	871
Capítulo	VII	— Seguro de grupo	871
Secção	I	— Disposições comuns	871
Secção	II	— Seguro de grupo contributivo	873
Capítulo	VIII	— Vicissitudes	874
Secção	I	— Alteração do risco	874
Secção	II	— Transmissão do seguro	876
Secção	III	— Insolvência	876
Capítulo	IX	— Sinistro	877
Secção	I	— Noção e participação	877
Secção	II	— Pagamento	877
Capítulo	X	— Cessação do contrato	878
Secção	I	— Regime comum	878
Secção	II	— Caducidade	879
Secção	III	— Revogação	879
Secção	IV	— Denúncia	879
Secção	V	— Resolução	880
Capítulo	XI	— Disposições complementares	882
Título	II	— Seguro de danos	882
Capítulo	I	— Parte geral	882
Secção	I	— Identificação	882
Secção	II	— Afastamento e mitigação do sinistro	883
Secção	III	— Princípio indemnizatório	884
Capítulo	II	— Parte especial	886
Secção	I	— Seguro de responsabilidade civil	886
Subsecção	I	— Regime comum	886
Subsecção	II	— Disposições especiais de seguro obrigatório	888
Secção	II	— Seguro de incêndio	888
Secção	III	— Seguros de colheitas e pecuário	889
Secção	IV	— Seguro de transporte de coisas	890
Secção	V	— Seguro financeiro	891
Secção	VI	— Seguro de protecção jurídica	892
Secção	VII	— Seguro de assistência	894

XXI

Índice — Sumário

Título	III	— Seguro de pessoas	894
Capítulo	I	— Disposições comuns	894
Capítulo	II	— Seguro de vida	896
Secção	I	— Regime comum	896
Subsecção	I	— Disposições preliminares	896
Subsecção	II	— Risco	898
Subsecção	III	— Direitos e deveres das partes	899
Secção	II	— Operações de capitalização	902
Capítulo	III	— Seguros de acidente e de saúde	903
Secção	I	— Seguro de acidentes pessoais	903
Secção	II	— Seguro de saúde	904

PARTE SÉTIMA

DEFESA DO CONSUMIDOR
RESPONSABILIDADE DO PRODUTOR. CÓDIGO DA PUBLICIDADE
DEFESA DA CONCORRÊNCIA E CONCENTRAÇÃO DE EMPRESAS
PRÁTICAS COMERCIAIS DESLEAIS

[81]   Lei n.º 24/96, de 31 de Julho — Defesa do consumidor 907

Capítulo	I	— Princípios gerais	907
Capítulo	II	— Direitos do consumidor	907
Capítulo	III	— Carácter injuntivo dos direitos dos consumidores	912
Capítulo	IV	— Instituições de promoção e tutela dos direitos do consumidor	913
Capítulo	V	— Disposições finais	916

[82]   Decreto-Lei n.º 383/89, de 6 de Novembro — Responsabilidade civil do produtor 917

[83]   Código da Publicidade
Decreto-Lei n.º 330/90, de 23 de Outubro 920

Capítulo	I	— Disposições gerais	921
Capítulo	II	— Regime geral da publicidade	922
Secção	I	— Princípios gerais	922
Secção	II	— Restrições ao conteúdo da publicidade	924
Secção	III	— Restrições ao objecto da publicidade	925
Secção	IV	— Formas especiais de publicidade	928
Capítulo	III	— Publicidade na televisão e televenda	929
Capítulo	IV	— Actividade publicitária	930
Secção	I	— Publicidade de Estado	930
Secção	II	— Relações entre sujeitos da actividade publicitária	930
Capítulo	V	— Conselho Consultivo da Actividade Publicitária	931
Capítulo	VI	— Fiscalização e sanções	931

XXII

Índice — Sumário

[84]	**Decreto-Lei n.º 370/93**, de 29 de Outubro — Defesa da Concorrência (Práticas individuais)	935
[85]	**Decreto-Lei n.º 105/98**, de 24 de Abril — Publicidade na proximidade de estradas nacionais	939
[86]	**Lei n.º 6/99**, de 27 de Janeiro — Publicidade domiciliária	944
[87]	**Decreto-Lei n.º 146/99**, de 4 de Maio — Resolução extrajudicial de conflitos de consumo	947
[88]	**Decreto-Lei n.º 175/99**, de 21 de Maio — Publicidade a serviços de audiotexto	951
[89]	**Decreto-Lei n.º 143/2001**, de 26 de Abril — Contratos celebrados a distância, contratos ao domicílio e outros equiparados	954

Capítulo	I — Disposições gerais	954
Capítulo	II — Contratos celebrados a distância	954
Capítulo	III — Contratos ao domicílio e outros equiparados	959
Capítulo	IV — Vendas automáticas	963
Capítulo	V — Vendas especiais esporádicas	964
Capítulo	VI — Modalidades proibidas de venda de bens ou de prestação de serviços	964
Capítulo	VII — Infracções, fiscalização e sanções	966
Capítulo	VIII — Disposições finais e transitórias	967

[90]	**Decreto-Lei n.º 67/2003**, de 8 de Abril — Venda de bens de consumo e garantias a ela relativas	968
[91]	**Lei n.º 18/2003**, de 11 de Junho — Regime jurídico da concorrência	976

Capítulo	I — Das regras de concorrência	976
Secção	I — Disposições gerais	976
Secção	II — Práticas proibidas	977
Secção	III — Concentração de empresas	979
Secção	IV — Auxílios de Estado	982
Capítulo	II — Autoridade da Concorrência	983
Capítulo	III — Do processo	983
Secção	I — Disposições gerais	983
Secção	II — Processos relativos a práticas proibidas	985
Secção	III — Procedimento de controlo das operações de concentração de empresas	988
Capítulo	IV — Das infracções e sanções	991
Capítulo	V — Dos recursos	994
Secção	I — Processos contra-ordenacionais	994
Secção	II — Procedimentos administrativos	995
Capítulo	VI — Taxas	995
Capítulo	VII — Disposições finais e transitórias	996

XXIII

Índice — Sumário

[92]   Regulamento (CE) n.º 139/2004, do Conselho, de 20 de Janeiro de 2004 — Concentração de empresas 997

[93]   Decreto-Lei n.º 95/2006, de 29 de Maio — Contratos celebrados à distância relativos a serviços financeiros 1026

Título   I — Disposições gerais 1026

Capítulo   I — Objecto e âmbito 1026
Capítulo   II — Utilização de meios de comunicação à distância 1027

Título   II — Informação pré-contratual 1028
Título   III — Direito de livre resolução 1031
Título   IV — Fiscalização 1033
Título   V — Regime sancionatório 1034

Capítulo   I — Disposições gerais 1034
Capítulo   II — Ilícitos de mera ordenação social 1035
Capítulo   III — Disposições processuais 1036

Título   VI — Direito aplicável 1036
Título   VII — Disposições finais e transitórias 1037

[94]   Decreto-Lei n.º 70/2007, de 26 de Março — Práticas comerciais com redução de preço 1038

[95]   Decreto-Lei n.º 57/2008, de 26 de Março — Práticas comerciais desleais 1043

Capítulo   I — Práticas comerciais desleais 1043
Capítulo   II — Códigos de conduta 1051
Capítulo   III — Regime sancionatório 1052
Capítulo   IV — Disposições finais 1054

[96]   Decreto-Lei n.º 133/2009, de 2 de Junho — Contratos de crédito ao consumo 1055

Capítulo   I — Objecto, âmbito de aplicação e definições 1055
Capítulo   II — Informação e práticas anteriores à celebração do contrato de cré-
dito 1058
Capítulo   III — Informação e direitos relativos aos contratos de crédito 1064
Capítulo   IV — Taxa anual de encargos efectiva global 1070
Capítulo   V — Mediadores de crédito 1071
Capítulo   VI — Disposições finais 1071

PARTE OITAVA

CONHECIMENTO DE DEPÓSITO E «WARRANT». CONHECIMENTO DE CARGA
EXTRACTO DE FACTURA. LETRA, LIVRANÇA E CHEQUE

[101]   Decreto n.º 206, de 7 de Novembro de 1913 — Regulamento dos armazéns gerais agrícolas 1085

Capítulo   I — Fins dos armazéns agrícolas 1085
Capítulo   III — Conhecimentos de depósitos e «warrants» 1085

XXIV

Índice — Sumário

[102] **Decreto n.º 783**, de 21 de Agosto de 1914 — Regulamento dos armazéns gerais industriais 1090

Capítulo   I — Fins dos armazéns gerais industriais 1090
Capítulo   III — Conhecimentos de depósitos e «warrants» 1090

[103] **Convenção internacional para a unificação de certas regras em matéria de conhecimento** (Bruxelas, 25 de Agosto de 1924) 1095

Protocolo de assinatura 1102

[104] **Decreto-Lei n.º 37 748**, de 1 de Fevereiro de 1950 — Introduz no direito interno determinados preceitos da ConvBrux, 25/8/1924 1103

[105] **Decreto n.º 19 490**, de 21 de Março de 1931 — Extracto de factura 1104

Modelo n.º 1 anexo ao D n.º 19 490 1109
Modelo n.º 2 anexo ao D n.º 19 490 1110

[106] **Lei Uniforme relativa às letras e livranças** (Anexo I à Conservação de Genebra de 7 de Junho de 1930, estabelecendo uma lei uniforme em matéria de letras e de livranças) 1111

Título   I — Das letras 1111

Capítulo   I — Da emissão e forma da letra 1111
Capítulo   II — Do endosso 1113
Capítulo   III — Do aceite 1115
Capítulo   IV — Do aval 1116
Capítulo   V — Do vencimento 1117
Capítulo   VI — Do pagamento 1118
Capítulo   VII — Da acção por falta de aceite e falta de pagamento 1119
Capítulo   VIII — Da intervenção 1123
         1. Disposições gerais 1123
         2. Aceite por intervenção 1123
         3. Pagamento por intervenção 1124
Capítulo   IX — Da pluralidade dos exemplares e das cópias 1125
         1. Pluralidade de exemplares 1125
         2. Cópias 1125
Capítulo   X — Das alterações 1126
Capítulo   XI — Da prescrição 1126
Capítulo   XII — Disposições gerais 1126

Título   II — Da livrança 1127

[107] **Convenção estabelecendo uma lei uniforme em matéria de letras e livranças** 1129

Anexo II à Convenção estabelecendo uma lei uniforme em matéria de letras e de livranças 1131
Protocolo 1134

[108] **Convenção destinada a regular certos conflitos de leis em matérias de letras e de livranças** 1135

Protocolo 1138

XXV

Índice — Sumário

[109] **Convenção relativa ao imposto do selo em matéria de letras e de livranças** 1139

Protocolo 1141

[110] **Lei uniforme relativa ao cheque** (anexo I à Convenção de Genebra de 19 de Março de 1931, estabelecendo uma lei uniforme em matéria de cheques) 1142

Capítulo	I	— Da emissão e forma do cheque 1142
Capítulo	II	— Da transmissão 1144
Capítulo	III	— Do aval 1146
Capítulo	IV	— Da apresentação e do pagamento 1147
Capítulo	V	— Dos cheques cruzados e cheques a levar em conta 1148
Capítulo	Vl	— Da acção por falta de pagamento 1149
Capítulo	VII	— Da pluralidade dos exemplares 1152
Capítulo	VIII	— Das alterações 1152
Capítulo	IX	— Da prescrição 1152
Capítulo	X	— Disposições gerais 1153

[111] **Convenção estabelecendo uma lei uniforme em matéria de cheques** 1154

Anexo II à Convenção estabelecendo uma lei uniforme em matéria de cheques 1155

Protocolo 1159

[112] **Convenção destinada a regular certos conflitos de leis em matéria de cheques** 1160

Protocolo 1163

[113] **Convenção relativa ao imposto do selo em matéria de cheques** 1164

Protocolo 1166

[114] **Decreto n.° 13 004**, de 12 de Janeiro de 1927 — Emissão de cheque sem provisão 1167

[115] **Decreto-Lei n.° 454/91**, de 28 de Dezembro — Restrições ao uso de cheques e obrigatoriedade do seu pagamento 1169

Capítulo	I	— Das restrições ao uso de cheque 1171
Capítulo	II	— Obrigatoriedade de pagamento 1174
Capítulo	III	— Regime penal do cheque 1175
Capítulo	IV	— Contra-ordenações 1178
Capítulo	V	— Disposições finais 1178

PARTE NONA

DIREITO MARÍTIMO

[121] **Decreto-Lei n.° 349/86**, de 17 de Outubro — Transporte de passageiros por mar 1181

XXVI

Índice — Sumário

[122] Decreto-Lei n.º 352/86, de 21 de Outubro — Transporte de mercadorias por mar 1186

[123] Decreto-Lei n.º 431/86, de 30 de Dezembro — Contrato de reboque marítimo 1193

[124] Decreto-Lei n.º 191/87, de 29 de Abril — Contrato de fretamento 1197

Capítulo   I — Contrato de fretamento 1197
Capítulo   II — Contrato de fretamento por viagem 1197
Capítulo   III — Contrato de fretamento a tempo 1200
Capítulo   IV — Contrato de fretamento em casco nu 1202
Capítulo   V — Disposições gerais 1203

[125] Decreto-Lei n.º 198/98, de 10 de Julho — Gestores de navios 1205

[126] Decreto-Lei n.º 201/98, de 10 de Julho — Estatuto legal do navio 1209

Capítulo   I — Navio 1209
Capítulo   II — Contrato de construção de navio 1210
Capítulo   III — Contrato de reparação de navios 1213
Capítulo   IV — Disposições finais 1214

[127] Decreto-Lei n.º 202/98, de 10 de Julho — Responsabilidade do proprietário do navio 1215

[128] Decreto-Lei n.º 203/98, de 10 de Julho — Salvação marítima 1219

[129] Decreto-Lei n.º 384/99, de 23 de Setembro — Tripulação e capitão do navio 1224

Capítulo   I — Tripulação do navio 1224
Capítulo   II — Capitão 1224
Capítulo   III — Tripulantes 1226
Capítulo   IV — Acontecimentos de mar 1227
Capítulo   V — Disposições finais 1228

PARTE DÉCIMA

ACESSO À ACTIVIDADE INDUSTRIAL E COMERCIAL
PRIVATIZAÇÕES

[131] Decreto-Lei n.º 519-I₁/79, de 29 de Dezembro — Acesso à actividade industrial 1231

Capítulo   I — Acesso à actividade industrial 1233
Capítulo   II — Cadastro industrial 1234
Capítulo   III — Fiscalização e penalidades 1234
Capítulo   IV — Disposições finais e transitórias 1236

Quadro anexo ao DL n.º 519-I₁/79 1237

XXVII

Índice — Sumário

[132] Decreto-Lei n.° 339/85, de 21 de Agosto — Acesso à actividade comercial 1238

[133] Lei n.° 11/90, de 5 de Abril — Privatizações 1241

PARTE DÉCIMA PRIMEIRA

INSOLVÊNCIA E RECUPERAÇÃO DE EMPRESAS

**[141] Código da Insolvência e da Recuperação de Empresas
Decreto-Lei n.° 53/2004**, de 18 de Março 1251

Título	I	— Disposições introdutórias 1264
Título	II	— Declaração da situação de insolvência 1268
Capítulo	I	— Pedido de declaração de insolvência 1268
Secção	I	— Legitimidade para apresentar o pedido e desistência 1268
Secção	II	— Requisitos da petição inicial 1270
Capítulo	II	— Tramitação subsequente 1272
Capítulo	III	— Sentença de declaração de insolvência e sua impugnação 1275
Secção	I	— Conteúdo, notificação e publicidade da sentença 1275
Secção	II	— Impugnação da sentença 1278
Capítulo	IV	— Sentença de indeferimento do pedido de declaração de insolvência 1280
Título	III	— Massa insolvente e intervenientes no processo 1280
Capítulo	I	— Massa insolvente e classificações dos créditos 1280
Capítulo	II	— Órgãos da insolvência 1283
Secção	I	— Administrador da insolvência 1283
Secção	II	— Comissão de credores 1287
Secção	III	— Assembleia de credores 1288
Título	IV	— Efeitos da declaração de insolvência 1291
Capítulo	I	— Efeitos sobre o devedor e outras pessoas 1291
Capítulo	II	— Efeitos processuais 1293
Capítulo	III	— Efeitos sobre os créditos 1294
Capítulo	IV	— Efeitos sobre os negócios em curso 1297
Capítulo	V	— Resolução em benefício da massa insolvente 1304
Título	V	— Verificação dos créditos. Restituição e separação de bens 1307
Capítulo	I	— Verificação de créditos 1307
Capítulo	II	— Restituição e separação de bens 1310
Capítulo	III	— Verificação ulterior 1312
Título	VI	— Administração e liquidação da massa insolvente 1313
Capítulo	I	— Providências conservatórias 1313
Capítulo	II	— Inventário, lista de credores e relatório do administrador da insolvência 1315
Capítulo	III	— Liquidação 1316
Secção	I	— Regime aplicável 1316
Secção	II	— Dispensa de liquidação 1320

XXVIII

Índice — Sumário

Título	VII	— Pagamento aos credores	1320
Título	VIII	— Incidentes de qualificação da insolvência	1323
Capítulo	I	— Disposições gerais	1323
Capítulo	II	— Incidente pleno de qualificação da insolvência	1324
Capítulo	III	— Incidente limitado de qualificação da insolvência	1326
Título	IX	— Plano de insolvência	1326
Capítulo	I	— Disposições gerais	1326
Capítulo	II	— Aprovação e homologação do plano de insolvência	1332
Capítulo	III	— Execução do plano de insolvência e seus efeitos	1334
Título	X	— Administração pelo devedor	1337
Título	XI	— Encerramento do processo	1338
Título	XII	— Disposições específicas da insolvência de pessoas singulares	1341
Capítulo	I	— Exoneração do passivo restante	1341
Capítulo	II	— Insolvência de não empresários e titulares de pequenas empresas	1347
Secção	I	— Disposições gerais	1347
Secção	II	— Plano de pagamentos aos credores	1347
Secção	III	— Insolvência de ambos os cônjuges	1351
Título	XIII	— Benefícios emolumentares e fiscais	1353
Título	XIV	— Execução do Regulamento (CE) n.° 1346/2000, do Conselho, de 29 de Maio	1354
Título	XV	— Normas de conflitos	1355
Capítulo	I	— Disposições gerais	1355
Capítulo	II	— Processo de insolvência estrangeiro	1357
Capítulo	III	— Processo particular de insolvência	1358
Título	XVI	— Indiciação de infracção penal	1359
Título	XVII	— Disposições finais	1360

[142] **Decreto-Lei n.° 54/2004**, de 18 de Março – Sociedades de administradores da insolvência 1361

[143] **Lei n.° 32/2004**, de 22 de Julho – Estatuto do administrador da insolvência 1363

Capítulo	I	— Disposições gerais	1363
Capítulo	II	— Inscrição nas listas oficiais de administradores da insolvência	1365
Capítulo	III	— Comissão	1367
Capítulo	IV	— Deveres e regime sancionatório	1369
Capítulo	V	— Remuneração e pagamento do administrador da insolvência	1370
Capítulo	VI	— Disposições finais e transitórias	1373

PARTE DÉCIMA SEGUNDA

PROPRIEDADE INDUSTRIAL

[151] **Código da Propriedade Industrial**
Decreto-Lei n.° 36/2003, de 5 de Março 1377

XXIX

Índice — Sumário

Ttítulo	I	— Parte geral	1381
Capítulo	I	— Disposições gerais	1381
Capítulo	II	— Tramitação administrativa	1383
Capítulo	III	— Transmissão e licenças	1392
Capítulo	IV	— Extinção dos direitos de propriedade industrial	1393
Capítulo	V	— Recurso	1394
Subcapítulo	I	— Recurso judicial	1394
Subcapítulo	II	— Recurso arbitral	1396
Título	II	— Regimes jurídicos da propriedade industrial	1397
Capítulo	I	— Invenções	1397
Subcapítulo	I	— Patentes	1397
Secção	I	— Disposições gerais	1397
Secção	II	— Processo de patente	1401
Subsecção	I	— Via nacional	1401
Subsecção	II	— Via europeia	1408
Subsecção	III	— Via Tratado de Cooperação em Matéria de Patentes	1412
Secção	III	— Efeitos da patente	1414
Secção	IV	— Condições de utilização	1417
Secção	V	— Invalidade da patente	1420
Secção	VI	— Certificado complementar de protecção para medicamentos e produtos fitofarmacêuticos	1421
Subcapítulo	II	— Modelos de utilidade	1423
Secção	I	— Disposições gerais	1423
Secção	II	— Processo de modelo de utilidade	1424
Subsecção	I	— Via nacional	1424
Subsecção	II	— Via Tratado de Cooperação em Matéria de Patentes	1428
Secção	III	— Efeitos do modelo de utilidade	1428
Secção	IV	— Condições de utilização	1429
Secção	V	— Invalidade do modelo de utilidade	1430
Capítulo	II	— Topografias de produtos semicondutores	1430
Secção	I	— Disposições gerais	1430
Secção	II	— Processo de registo	1431
Secção	III	— Efeitos do registo	1432
Secção	IV	— Condições de utilização	1433
Secção	V	— Invalidade do registo	1434
Capítulo	III	— Desenhos ou modelos	1434
Secção	I	— Disposições gerais	1434
Secção	II	— Processo de registo	1437
Secção	III	— Efeitos do registo	1443
Secção	IV	— Invalidade do registo	1445
Secção	V	— Protecção prévia	1445
Subsecção	I	— Disposições gerais	1445
Subsecção	II	— Processo do pedido de protecção	1446
Subsecção	III	— Efeitos do pedido de protecção prévia	1446
Capítulo	IV	— Marcas	1446

XXX

Índice — Sumário

Secção	I	— Disposições gerais	1446
Subsecção	I	— Marcas de produtos ou de serviços	1446
Subsecção	II	— Marcas colectivas	1448
Secção	II	— Processo de registo	1449
Subsecção	I	— Registo nacional	1449
Subsecção	II	— Marca comunitária	1454
Subsecção	III	— Registo internacional	1455
Secção	III	— Efeitos do registo	1456
Secção	IV	— Transmissão e licenças	1457
Secção	V	— Extinção do registo de marca ou de direitos dele derivados	1458
Capítulo	V	— Recompensas	1460
Secção	I	— Disposições gerais	1460
Secção	II	— Processo de registo	1461
Secção	III	— Uso e transmissão	1462
Secção	IV	— Extinção do registo	1462
Capítulo	VI	— Nome e insígnia de estabelecimento	1462
Capítulo	VII	— Logótipos	1463
Secção	I	— Disposições gerais	1463
Secção	II	— Processo de registo	1463
Secção	III	— Dos efeitos do registo	1466
Secção	IV	— Transmissão, nulidade, anulabilidade e caducidade do registo	1467
Capítulo	VIII	— Denominações de origem e indicações geográficas	1468
Secção	I	— Disposições gerais	1468
Secção	II	— Processo de registo	1469
Subsecção	I	— Registo nacional	1469
Subsecção	II	— Registo internacional	1470
Secção	III	— Efeitos, nulidade, anulabilidade e caducidade do registo	1470
Título	III	— Infracções	1471
Capítulo	I	— Disposições gerais	1471
Capítulo	II	— Ilícitos criminais e contra-ordenacionais	1473
Secção	I	— Disposição geral	1473
Secção	II	— Ilícitos criminais	1473
Secção	III	— Ilícitos contra-ordenacionais	1475
Capítulo	III	— Processo	1477
Secção	I	— Medidas e procedimentos que visam garantir o respeito pelos direitos de propriedade industrial	1477
Subsecção	I	— Disposições gerais	1477
Subsecção	II	— Provas	1478
Subsecção	III	— Informações	1479
Subsecção	IV	— Procedimentos cautelares	1480
Subsecção	V	— Indemnização	1481
Subsecção	VI	— Medidas decorrentes da decisão de mérito	1482
Subsecção	VII	— Medidas de publicidade	1483
Subsecção	VIII	— Disposições subsidiárias	1483
Secção	II	— Processo penal e contra-ordenacional	1483

Índice — Sumário

Título   IV — Taxas 1484
Título   V — Boletim da Propriedade Industrial 1487

[152] **Decreto-Lei n.° 318/2007**, de 26 de Setembro — Regime especial de aquisição imediata de marca registada 1489

Capítulo   I — Regime especial de aquisição imediata e de aquisição *online* de marca registada 1489
Capítulo   II — Alterações legislativas 1491
Capítulo   III — Disposições finais e transitórias 1492

[153] **Directiva 2008/95/CE**, do Parlamento Europeu e do Conselho, de 22 de Outubro de 2008 — Aproximação das legislações dos Estados-Membros em matéria de marcas 1493

[154] **Convenção de Paris para a Protecção da Propriedade Industrial**, de 20 de Março de 1883 1504

ÍNDICE CRONOLÓGICO DOS DIPLOMAS LEGAIS, ASSENTOS E ACÓRDÃOS PUBLICADOS E CITADOS

1. Leis, Regulamentos (CEE e CE), Decretos-Leis, Decretos e Directivas

Código Comercial (Carta de Lei de 28 de Junho de 1888) **[1]**

Convenção da União de Paris, de 20 de Março de 1883 **[154]**

Decreto de 26 de Julho de 1889: v. **[1]**, Livro IV

Convenção de Bruxelas de 23 de Setembro de 1910: v. **[1]**, Liv. III, Tít. VIII

Lei de 7 de Maio de 1913: v. **[1]**, arts. 664.° e 676.°

Carta de 12 de Agosto de 1913: v. **[1]**, Liv. III, Tít. VIII

Decreto n.° 206, de 7 de Novembro de 1913 **[101]**

Decreto n.° 766, de 18 de Agosto de 1914: v. **[102]**, art. 30.°

Decreto n.° 783, de 21 de Agosto de 1914 **[102]**

Decreto n.° 855, de 11 de Setembro de 1914: v. **[102]**, art. 36.°

Convenção de Bruxelas de 25 de Agosto de 1924 **[103]**

Decreto n.° 11880, de 12 de Julho de 1926: v. **[1]**, art. 351.°

Convenção de Bruxelas de 10 de Abril de 1926: v. **[1]**, art. 574.°

Decreto n.° 13004, de 12 de Janeiro de 1927 **[114]**

Lei Uniforme relativa às letras e livranças (7 de Junho de 1930, aprovada pelo DL n.° 23721, de 29/3/ 1934) **[106]**

Convenção estabelecendo uma lei uniforme em matéria de letras e de livranças (7 de Junho de 1930, aprovada pelo DL n.° 23721, de 29/ 3/1934) **[107]**

Convenção destinada a regular certos conflitos de leis em matéria de letras e de livranças (7 de Junho de 1930, aprovada pelo DL n.° 23721, de 29/3/1934) **[108]**

Convenção relativa ao imposto de selo em matéria de letras e de livranças (7 de Junho de 1930, aprovada pelo DL n.° 23721, de 29/3/1934) **[109]**

Lei Uniforrne relativa ao cheque (19 de Março de 1931, aprovada pelo DL n.° 23721, de 29/3/1934) **[110]**

Convenção estabelecendo uma lei uniforme em matéria de cheques (19 de Março de 1931, aprovada pelo DL n.° 23721, de 29/3/1934) **[111]**

XXXIII

Índice Cronológico

Convenção destinada a regular certos conflitos de leis em matéria de cheques (19 de Março de 1931, aprovada pelo DL n.º 23721, de 29/3/1934) [112]

Convenção relativa ao imposto de selo em matéria de cheques (19 de Março de 1931, aprovada pelo DL n.º 23721, de 29/3/1934) [113]

Decreto n.º 19490, de 21 de Março de 1931 [102]

Decreto n.º 19857, de 18 de Maio de 1931: v. [103]

Carta de 5 de Dezembro de 1931: v. [103]

Carta de 12 de Dezembro de 1931: v. [1] art. 574.º

Decreto n.º 20677, de 28 de Dezembro de 1931: v. [1], art. 230.º

Decreto n.º 21694, de 29 de Setembro de 1932: v. [1], art. 99.º

Decreto n.º 23721, de 29 de Março de 1934: v. [106] e [110]

Carta de 10 de Maio de 1934: v. [106] e [110]

Decreto-Lei n.º 26556, de 30 de Abril de 1936: v. [106]

Decreto n.º 29883, de 17 de Agosto de 1939: v. [1], art. 402.º

Decreto-Lei n.º 32032, de 22 de Maio de 1942: v. [1], arts. 400.º e 402.º

Decreto n.º 37748, de 1 de Fevereiro de 1950 [113]

Convenções de Bruxelas de 10 de Maio de 1952: v. [1], arts. 574.º e 675.º

Decreto n.º 41007, de 16 de Fevereiro de 1957: v. [1], arts. 491.º, 574.º e 675.º

Decreto-Lei n.º 42644, de 14 de Novembro de 1959 [2-B]

Decreto n.º42645, de 14 de Novembro de 1959 [2-B]

Convenção de Londres de 17 de Junho de 1960: v. [1], Liv. III, Tít. VIII

Decreto n.º 44129, de 28 de Dezembro de 1961 (Cod. de Processo Civil): v. [1], arts. 5.º, 245.º, 247.º, 388.º, 401.º, 466.º, 473.º, 474.º, 484.º, 579.º, 652.º, 660.º, 662.º e 675.º, [101], art. 47.º, e [102], art. 4.º

Decreto-Lei n.º 46856, de 5 de Fevereiro de 1966: v. [1], art. 485.º

Decreto-Lei n.º 47035, de 31 de Maio de 1966: v. [1], Liv. III, Tít. VIII

Decreto-Lei n.º 47344, de 27 de Novembro de 1966 (Cód. Civil): v. [1], arts. 10.º, 11.º, 12.º, 15.º, 44.º, 97.º, 100.º, 101.º, 231.º, 266.º, 394.º, 397.º, 403.º, 463.º, 469.º, 480.º, 481.º, 483.º, 492.º, 574.º, 585.º, [32] art. 6.º, [106], art. 70.º, e [122], art. 6.º

Decreto-Lei n.º 49028, de 26 de Maio de 1969: v. [1], art. 492.º

Decreto-Lei n.º 49029, de 26 de Maio de 1969: v. [1], art. 492.º

Lei n.º 8/70, de 18 de Junho: v. [1], art. 408.º

Decreto-Lei n.º 29/72, de 24 de Janeiro: v. [1], art. 40.º

Decreto-Lei n.º 135/72, de 28 de Abril: v. [1], art. 485.º

Decreto-Lei n.º 265/ 72, de 31 de Julho: v. [1], art. 485.º

Decreto-Lei n.º 415/72, de 26 de Outubro: v. [1], art. 485.º

Decreto-Lei n.º 80/73, de 2 de Março: v. [1], art. 393.º

Lei n.º 4/73, de 4 de Junho [31]

Índice Cronológico

Decreto-Lei n.° 104/73, de 13 de Março: v. **[1]**, art. 393.°

Decreto-Lei n.° 287/73, de 5 de Junho: v. **[1]**, art. 393.°

Decreto-Lei n.° 428/73, de 25 de Agosto: v. **[1]**, art. 189.°

Decreto-Lei n.° 430/ 73, de 25 de Agosto **[32]**

Decreto-Lei n.° 500/76, de 29 de Junho: v. **[1]**, art. 93.°

Decreto-Lei n.° 501/76, de 29 de Junho: v. **[1]**, art. 93.°

Decreto-Lei n.° 161/77, de 21 de Abril: v. **[1]**, art. 463.°

Lei n.° 46/77, de 8 de Julho: v. **[131]**, art. 1.°

Lei n.° 49/77, de 20 de Julho: v. **[1]**, art. 485.°

Lei n.° 65/77, de 26 de Agosto: v. **[1]**, art. 263.°

Decreto Regulamentar n.° 55/77, de 24 de Agosto: v. **[1]**, art. 162.°

Decreto-Lei n.° 363/77, de 2 de Setembro: v. **[1]**, arts. 8.°, 9.°, 10.°, 11.°, 15.°, 16.°, 467.° e **[32]**, art. 6.°

Decreto-Lei n.° 496/77, de 25 de Novembro: v. **[1]**, arts. 8.° e 15.°

Lei n.° 66/78, de 14 de Outubro: v. **[1]**, art. 230.°

Lei n.° 68/78, de 16 de Outubro: v. **[1]**, art. 230.°

Decreto-Lei n.° 122/79, de 8 de Maio: v. **[132]**, art. 1.°

Decreto-Lei n.° 181/79, de 30 de Junho: v. **[1]**, art. 230.°

Decreto n.° 101/79, de 18 de Setembro: v. **[1]**, art. 230.°

Decreto-Lei n.° 513-B$_1$/79, de 27 de Dezembro: v. **[1]**, art. 425.°

Decreto-Lei n.° 519-I$_1$/79, de 29 de Dezembro **[131]**

Decreto-Lei n.° 157/80, de 24 de Maio: v. **[110]**, art. 1.°

Decreto-Lei n.° 451/80, de 8 de Outubro: v. **[1]**, art. 230.°

Decreto-Lei n.° 454/80, de 9 de Outubro: v. **[1]**, Cap. V

Decreto-Lei n.° 534/80, de 7 de Novembro: v. **[11]**, art. 66.°

Decreto-Lei n.° 542/80, de 10 de Novembro: v. **[1]**, art. 95.°

Decreto-Lei n.° 169/81, de 20 de Junho: v. **[1]**, art. 425.°

Decreto-Lei n.° 231/81, de 28 de Julho **[33]**

Lei n.° 25/81, de 21 de Agosto: v. **[114]**, art. 24.°

Decreto-Lei n.° 303/81, de 12 de Novembro: v. **[38]**, art. 4.°

Decreto-Lei n.° 304/81, de 12 de Novembro: v. **[38]**, art. 4.°

Decreto-Lei n.° 309/81, de 16 de Novembro: v. **[38]**, art. 4.°

Decreto-Lei n.° 312/81, de 18 de Novembro: v. **[38]**, art. 4.°

Decreto-Lei n.° 313/81, de 18 de Novembro: v. **[38]**, art. 4.°

Decreto-Lei n.° 323/81, de 4 de Dezembro: v. **[38]**, art. 4.°

Decreto n.° 6/82, de 21 de Janeiro: v. **[1]**, art. 492.°

Decreto-Lei n.° 195/82, de 21 de Maio: v. **[1]**, art. 463.°

Índice Cronológico

Decreto-Lei n.º 218/82, de 2 de Junho: v. **[38]**, art. 4.º

Decreto-Lei n.º 227/82, de 14 de Junho: v. **[1]**, art. 230.º

Decreto-Lei n.º 400/82, de 23 de Setembro: v. **[114]**, art. 24.º

Decreto Regulamentar n.º 71/82, de 26 de Outubro: v. **[1]**, art. 230.º

Decreto-Lei n.º 441-A/82, de 6 de Novembro: v. **[38]**, art. 4.º

Decreto-Lei n.º 481/82, de 24 de Dezembro: v. **[110]**, art. 1.º

Decreto Regulamentar n.º 43/83, de 24 de Maio: v. **[1]**, art. 95.º

Decreto-Lei n.º 262/83, de 16 de Junho: v. **[106]**, art. 48.º, e **[110]**, art. 45.º

Decreto-Lei n.º 406/83, de 19 de Novembro: v. **[131]**, art. 1.º

Decreto-Lei n.º 31/84, de 21 de Janeiro: v. **[38]**, art. 6.º

Decreto-Lei n.º 156/84, de 17 de Maio: v. **[133]**, art. 21.º

Decreto-Lei n.º 394-B/84, de 26 de Dezembro: v. **[10]**, art. 24.º

Decreto-Lei n.º 173/85, de 21 de Maio: v. **[1]**, art. 40.º

Decreto-Lei n.º 282/85, de 22 de Julho: v. **[132]**, art. 1.º

Decreto-Lei n.º 291/ 85, de 24 de Julho: v. **[17]**, art. 16.º

Regulamento (CEE) n.º 2137/85, de 25 de Julho **[34]**

Decreto-Lei n.º 321/85, de 5 de Agosto **[52]**

Decreto-Lei n.º 323/85, de 6 de Agosto: v. **[1]**, art. 425.º

Decreto-Lei n.º 339/85, de 21 de Agosto **[132]**

Decreto-Lei n.º 446/85, de 25 de Outubro **[71]**

Decreto-Lei n.º 178/86, 3 de Julho **[72]**

Decreto-Lei n.º 214/86, de 2 de Agosto: v. **[131]**, art. 1.º

Decreto-Lei n.º 238/86, de 19 de Agosto: v. **[1]**, art. 463.º

Decreto-Lei n.º 248/86, de 25 de Agosto **[35]**

Decreto-Lei n.º 252/86, de 25 de Agosto: v. **[132]**, art. 1.º

Decreto-Lei n.º 262/86, de 2 de Setembro **[11]**

Lei n.º 35/86, de 4 de Setembro: v. **[1]**, art. 485.º

Decreto-Lei n.º 283/86, de 5 de Setembro: v. **[132]**, art. 1.º

Decreto-Lei n.º 349/86, de 17 de Outubro **[121]**

Decreto-Lei n.º 352/86, de 21 de Outubro **[122]**

Decreto-Lei n.º 403/86, de 3 de Dezembro **[2]**

Decreto-Lei n.º 407/86, de 5 de Dezembro: v. **[52]**, art. 1.º

Decreto-Lei n.º 431/86, de 31 de Dezembro **[123]**

Decreto-Lei n.º 34/87, de 20 de Janeiro: v. **[1]**, art. 485.º

Decreto-Lei n.º 160/87, de 3 de Abril: v. **[11]**, art. 197.º

Decreto-Lei n.º 184/87, de 21 de Abril **[12]**

XXXVI

Índice Cronológico

Decreto-Lei n.° 191/87, de 29 de Abril [124]

Decreto-Lei n.° 280/87, de 8 de Julho [13]

Decreto Regulamentar n.° 65/87, de 31 de Dezembro: v. [1], art. 95.°

Decreto-Lei n.° 7/88, ,de 15 de Janeiro: v. [2]

Decreto-Lei n.° 62/88, de 27 de Fevereiro: v. [1], art. 463.°

Decreto-Lei n.° 162/88, de 14 de Maio: v. [1], art. 485.°

Decreto-Lei n.° 189/88, de 27 de Maio: v. [131], art. 1.°

Decreto-Lei n.° 229-A/88, de 4 de Julho: v. [52], art. 1.°

Decreto-Lei n.° 229-B/88, de 4 de Julho: v. [11], arts. 295.°, 360.°, 372.°-A e 372.°-B

Decreto-Lei n.° 284/88, de 12 de Agosto: v. [1], art. 485.°

Decreto-Lei n.° 387/88, de 25 de Outubro: v. [1], art. 230.°

Decreto-Lei n.° 442-B/88, de 30 de Novembro: v. [10], art. 23.°, [31], Base VI, e [32], art. 18.°

Decreto-Lei n.° 449/88, de 10 de Dezembro: v. [131], art. 1.°

Decreto-Lei n.° 495/88, de 30 de Dezembro [15]

Decreto-Lei n.° 42/89, de 3 de Fevereiro: v. [1], Liv. I, Tít. VIII

Decreto-Lei n.° 55/89, de 22 de Fevereiro: v. [1], art. 485.°

Decreto-Lei n.° 76/89, de 3 de Março: v. [1], art. 366.°

Decreto-Lei n.° 86/89, de 23 de Março: v. [1], art, 485.°

Decreto-Lei n.° 124/89, de 14 de Abril: v. [1], art. 230.°

Decreto-Lei n.° 311/89, de 21 de Setembro: v. [52], art. 4.°

Decreto-Lei n.° 320/89, de 25 de Setembro [53]

Decreto-Lei n.° 349/89, de 13 de Outubro: v. [2]

Decreto-Lei n.° 383/89, de 6 de Novembro [83]

Decreto-Lei n.° 418/89, de 30 de Novembro: v. [1], art. 533.°

Decreto-Lei n.° 32/90, de 16 de Janeiro: v. [1], art. 485.°

Lei n.° 11/90, de 5 de Abril [133]

Decreto-Lei n.° 148/90, de 9 de Maio [36]

Decreto-Lei n.° 330/90, de 23 de Outubro [83]

Decreto-Lei n.° 377/90, de 30 de Novembro: v. [17], art. 16.°

Decreto-Lei n.° 1/91, de 5 de Janeiro [37]

Decreto-Lei n.° 25/91, de 11 de Janeiro [16]

Decreto-Lei n.° 135/91, de 4 de Abril [17]

Decreto-Lei n.° 142-A/91, de 10 de Abril: v. [1], Títs. VII e VIII, Cap. I, do Liv. I, Tít. VIII do Liv. II, [11], arts. 306.°, 307.°, 524.° e 525.°

Decreto-Lei n.° 148/91, de 12 de Abril: v. [1], art. 366.°

Decreto-Lei n.° 213/91, de 17 de Junho: v. [52], art. 4.°

Decreto-Lei n.° 237/91, de 2 de Julho [18]

XXXVII

Índice Cronológico

Decreto-Lei n.º 238/91, de 2 de Julho [44]

Lei n.º 51/91, de 3 de Agosto: v. [17], arts. 8.º, 9.º, 15.º e 16.º

Decreto-Lei n.º 339/91, de 10 de Setembro: v. [131], art. 1.º

Decreto-Lei n.º 372/91, de 8 de Outubro [54]

Decreto-Lei n.º 398/91, de 16 de Outubro: v. [1], art. 263.º

Decreto-Lei n.º 399/91, de 16 de Outubro: v. [132], art. 1.º

Decreto-Lei n.º 408/91, de 17 de Outubro [55]

Decreto-Lei n.º 454/91, de 28 de Dezembro [115]

Lei n.º 2/92, de 9 de Março: v. [17], art. 15.º

Decreto-Lei n.º 36/92, de 28 de Março [43]

Decreto-Lei n.º 66/92, de 23 de Abril: v. [1], art. 230.º

Lei n.º 30/92, de 20 de Outubro: v. [1], art. 263.º

Decreto-Lei n.º 225/92, de 21 de Outubro: v. [11], art. 66.º

Decreto-Lei n.º 279-A/92, de 17 de Dezembro: v. [1], art. 336.º

Decreto-Lei n.º 298/92, de 31 de Dezembro: v. [1], art. 362.º, e [9], arts. 5.º e 6.º

Decreto-Lei n.º 31/93, de 12 de Fevereiro: v. [2]

Decreto-Lei n.º 74/93, de 10 de Março: v. [83], arts. 2.º e 22.º-A

Decreto-Lei n.º 118/93, de 13 de Abril: v. [72], arts. 1.º, 4.º, 13.º, 16.º, 17.º, 18.º, 22.º, 27.º, 28.º, 33.º, 34.º e 39.º

Decreto-Lei n.º 252/93, de 14 de Julho: v. [132], art. 1.º

Decreto-Lei n.º 280/93, de 13 de Agosto: v. [1], art. 230.º

Decreto-Lei n.º 298/93, de 28 de Agosto: v. [1], art. 230.º

Decreto-Lei n.º 369/93, de 29 de Outubro: v. [84], art. 1.º

Decreto-Lei n.º 370/93, de 29 de Outubro [84]

Decreto-Lei n.º 372/93, de 29 de Outubro: v. [131], art. 1.º

Decreto-Lei n.º 387/93, de 20 de Novembro: v. [54], art. 1.º

Decreto-Lei n.º 3/94, de 11 de Janeiro [19]

Decreto-Lei n.º 22/94, de 27 de Janeiro: v. [18], arts. 5.º, 6.º, 7.º, 8.º, 10.º, 13.º e 22.º

Decreto Regulamentar n.º 2/94, de 28 de Janeiro: v. [1], art. 230.º

Decreto-Lei n.º 84/94, de 2 de Abril: v. [1], Títs. VII e VIII, Cap. I, do Liv. I e Tít. VIII do Liv. II

Decreto-Lei n.º 100/94, de 19 de Abril: v. [83], art. 19.º

Decreto-Lei n.º 110/94, de 28 de Abril: v. [20]

Decreto-Lei n.º 147/94, de 25 de Maio [44]

Decreto-Lei n.º 163/94, de 4 de Junho [21]

Decreto-Lei n.º 186/94, de 5 de Junho: v. [1], Títs. VII e VIII, Cap. I, do Liv. I e Tít. VIII do Liv. II

Índice Cronológico

Decreto-Lei n.° 204/94, de 2 de Agosto: v. [1], Títs. VII e VIII, Cap. I, do Liv. I e Tít. VIII do Liv. II

Decreto-Lei n.° 212/94, de 10 de Agosto [22]

Decreto-Lei n.° 216/94, de 20 de Agosto: v. [2]

Decreto-Lei n.° 247/94, de 7 de Outubro: v. [16], arts. 1.°, 2.°, 3.°, 7.°, 8.°, 9.°, 10.°, 11.°, 13.°, 15.°, 16.° e 18.°

Decreto-Lei n.° 260/94, de 22 de Outubro [23]

Decreto-Lei n.° 285/94, de 11 de Novembro: v. [1], art. 366.°

Decreto-Lei n.° 295/94, de 16 de Novembro: v. [1], art. 485.°

Decreto-Lei n.° 318/94, de 24 de Dezembro: v. [15], arts. 1.°, 3.°, 4.°, 5.°, 6.°, 9.°, 10.°, 12.° e 13.°

Decreto-Lei n.° 6/95, de 17 de Janeiro: v. [83], arts. 3.°, 7.°, 8.°, 25.°, 31.°, 32.°, 33.°, 36.° e 37.°

Decreto-Lei n.° 15/95, de 24 de Janeiro: v. [151], art. 10.°

Decreto-Lei n.° 26/95, de 8 de Fevereiro: v. [1], art. 485.°

Decreto-Lei n.° 65/95, de 7 de Abril: v. [1], art. 230.°

Decreto-Lei n.° 72/95, de 15 de Abril [24]

Decreto-Lei n.° 73/95, de 19 de Abril: v. [134], art. 4.°

Decreto-Lei n.° 94/95, de 9 de Maio: v. [83], art. 19.°

Decreto-Lei n.° 119/95, de 30 de Maio: v. [1], art. 366.°

Decreto-Lei n.° 127/95, de 1 de Junho: v. [44], art. 2.°

Decreto-Lei n.° 149/95, de 24 de Junho [73]

Decreto-Lei n.° 165/95, de 15 de Julho: v: [11], art. 7.°

Decreto-Lei n.° 171/95, de 18 de Julho [25]

Decreto-Lei n.° 196/95, de 29 de Julho: v. [1], Títs. VII e VIII, Cap. I, do Liv. I e Tít. VIII do Liv. II

Decreto-Lei n.° 206/95, de 14 de Agosto [26]

Decreto-Lei n.° 220/95, de 31 de Agosto: v. [71], arts. 1.°, 3.° e 5.°, e caps. VI e VII

Decreto-Lei n.° 246/95, de 14 de Setembro: v. [1], art. 362.°

Decreto-Lei n.° 258/95, de 30 de Setembro: v. [132], art. 1.°

Decreto-Lei n.° 261/95, de 3 de Outubro: v. [1], Títs. VII e VIII, Cap. I do Liv. I, Tít. VIII do Liv. II, e [11], arts. 306.°, 308.°, 309.°, 310.°, 311.°, 312.°, 313.°, 314.° e 315.°

Decreto-Lei n.° 298/95, de 18 de Novembro: v. [19], art. 1.°

Decreto-Lei n.° 327/95, de 5 de Dezembro: v. [1], art. 95.°

Decreto-Lei n.° 328/95, de 9 de Dezembro: v. [11], arts. 9.°, 65.°, 65.°-A, 70.°, 289.°, 325.°-A, 325.°-B, 376.°, 451.°, 452.°, 453.°, 454.°, 455.°, 508.°-A, 508.°-B, 508.°-D, 528.°, e [2]

Decreto-Lei n.° 329-A/95, de 12 de Dezembro: v. [1], art. 10.°

Decreto-Lei n.° 23/96, de 26 de Julho: v. [1], art. 463.°

Decreto-Lei n.° 26-A/96, de 27 de Março: v. [11], art. 413.°

XXXIX

Índice Cronológico

Decreto-Lei n.º 48/96, de 15 de Maio: v. [1], art. 95.º

Lei n.º 24/96, de 31 de Julho [81]

Decreto-Lei n.º 126/96, de 10 de Agosto: v. [1], art. 95.º

Lei n.º 51/96, de 7 de Setembro [38]

Decreto-Lei n.º 216/96, de 20 de Novembro: v. [1], art. 95.º

Decreto-Lei n.º 232/96, de 5 de Dezembro: v. [1], Títs. VII e VIII, Cap. I, do Liv. I, Tít. VIII do Liv. II, art. 362.º

Decreto-Lei n.º 257/96, de 31 de Dezembro: v. [1], art. 37.º, e [11], arts. 4.º, 10.º, 11.º, 28.º, 63.º, 70.º-A, 195.º, 219.º, 250.º, 262.º, 262.º-A, 263.º, 264.º, 297.º, 322.º, 390.º, 420.º, 420.º-A, 423.º-A, 447.º, 452.º, 490.º, 508.º-E, Tít. III, Cap. X, e Tít. IV, Cap. VI, Secção VII

Decreto-Lei n.º 17/97, de 21 de Janeiro: v. [21], art. 6.º

Decreto-Lei n.º 61/97, de 25 de Março: v. [83], art 3.º

Decreto-Lei n.º 154/97, de 20 de Junho: v. [81], art 22.º

Decreto-Lei n.º 178/97, de 24 de Julho: v. [1], Títs. VII e VIII, Cap. I, do Liv. I e Tít. VIII do Liv. II

Lei n.º 88-A/97, de 25 de Julho: v. [131], art. 1.º

Decreto-Lei n.º 209/97, de 13 de Agosto: v. [1], art 230.º

Decreto-Lei n.º 265/97, de 2 de Outubro: v. [73], arts 3.º, 10.º, 11.º e 21.º

Decreto-Lei n.º 316/97, de 19 de Novembro: v. [116], arts 1.º, 1.º-A, 2.º, 3.º, 5.º, 6.º, 7.º, 8.º, 9.º, 10.º, 11.º, 11.º-A, 12.º, 13.º, 13.º-A e 14.º

Decreto-Lei n.º 7/98, de 15 de Janeiro: v. [38], art. 4.º

Decreto-Lei n.º 82/98, de 2 de Abril [27]

Decreto-Lei n.º 94-B/98, de 17 de Abril: v. [1], Tít. XV do Liv. II, e [9], arts. 8.º e 9.º

Decreto-Lei n.º 99/98, de 21 de Abril: v. [21], art. 8.º

Decreto-Lei n.º 105/98, de 24 de Abril [85]

Decreto-Lei n.º 129/98, de 13 de Maio [7]

Decreto-Lei n.º 140/98, de 15 de Maio: v. [84], arts. 1.º, 3.º, 4.º, 4.º-A, 5.º e 6.º

Decreto-Lei n.º 196/98, de 10 de Julho: v. [1], arts. 366.º e 485.º

Decreto-Lei n.º 197/98, de 10 de Julho: v. [1], art. 485.º

Decreto-Lei n.º 198/98, de 10 de Julho [125]

Decreto-Lei n.º 201/98, de 10 de Julho [126]

Decreto-Lei n.º 202/98, de 10 de Julho [127]

Decreto-Lei n.º 203/98, de 10 de Julho [128]

Lei n.º 31-A/98, de 14 de Julho: v. [83], art. 26.º

Decreto-Lei n.º 211/98, de 16 de Julho [28]

Decreto-Lei n.º 275/98, de 9 de Setembro: v. [83], arts. 4.º, 5.º, 6.º, 7.º, 11.º, 12.º, 14.º, 16.º, 18.º, 20.º, 22.º, 22.º-B, 23.º, 24.º, 25.º, 25.º-A, 30.º, 34.º, 35.º, 36.º, 38.º, 39.º e 41.º

Índice Cronológico

Decreto-Lei n.º 287/98, de 17 de Setembro: v. [1], art. 485.º

Decreto-Lei n.º 315/98, de 20 de Outubro: v. [141], art. 1.º

Decreto-Lei n.º 343/98, de 6 de Novembro: v. [1], Títs. VII e VIII, Cap. I, do Liv. I e Tít. VIII do Liv. II, [11], arts. 14.º, 29.º, 85.º, 95.º, 204.º, 218.º, 219.º, 238.º, 250.º, 262.º, 276.º, 295.º, 349.º, 352.º, 355.º, 384.º, 390.º e 424.º, [35], art. 3.º, [38], arts. 18.º, 20.º, 21.º e 91.º, e [52], art. 14.º

Decreto-Lei n.º 368/98, de 23 de Novembro: v. [2]

Decreto-Lei n.º 378/98, de 27 de Novembro: v. [15], arts. 3.º, 4.º, 5.º, 8.º, 9.º, 10.º, 12.º e 13.º

Decreto-Lei n.º 396/98, de 17 de Dezembro: v. [131], art. 1.º

Decreto-Lei n.º 397/98, de 17 de Dezembro: v. [131], art. 1.º

Decreto-Lei n.º 12/99, de 11 de Janeiro: v. [1], art. 230.º

Lei n.º 6/99, de 27 de Janeiro [86]

Decreto-Lei n.º 48/99, de 16 de Fevereiro: v. [83], art. 19.º

Decreto Legislativo Regional n.º 7/99/M, de 2 de Março: v. [1], art. 95.º

Regulamento (CE) n.º 659/1999, do Conselho, de 22 de Março de 1999: v. [91], art. 13.º

Decreto-Lei n.º 131/99, de 21 de Abril: v. [38], arts. 18.º, 20.º, 30.º e 51.º

Decreto Legislativo Regional n.º 17/99/A, de 29 de Abril: v. [1], art. 95.º

Decreto-Lei n.º 146/99, de 4 de Maio [87]

Decreto-Lei n.º 166/99, de 13 de Maio: v. [85], arts. 2.º, 3.º, 4.º, 5.º, 7.º e 11.º

Decreto-Lei n.º 172/99, de 20 de Maio [60]

Decreto-Lei n.º 175/99, de 21 de Maio [88]

Decreto-Lei n.º 195/99, de 8 de Junho: v. [1], art. 463.º

Decreto-Lei n.º 198/99, de 8 de Junho: v. [2]

Decreto-Lei n.º 234/99, de 25 de Junho: v. [81], art. 21.º

Decreto-Lei n.º 222/99, de 22 de Junho: v. [1], art. 362.º

Decreto-Lei n.º 234/99, de 25 de Junho: v. [81], art. 21.º

Decreto-Lei n.º 249/99, de 7 de Julho: v. [71], arts. 1.º, 11.º e 23.º

Decreto-Lei n.º 255/99, de 7 de Julho: v. [1], art. 230.º

Decreto-Lei n.º 290-D/99, de 2 de Agosto: v. [1], art. 97.º

Decreto-Lei n.º 335/99, de 20 de Agosto: v. [38], art. 4.º

Lei n.º 153/99, de 14 de Setembro: v. [131], art. 1.º

Lei n.º 164/99, de 14 de Setembro: v. [131], art. 1.º

Decreto-Lei n.º 365/99, de 17 de Setembro: v. [1], art. 402.º

Decreto-Lei n.º 375/99, de 18 de Setembro: v. [1], art. 29.º

Decreto-Lei n.º 375-A/99, de 20 de Setembro: v. [2]

Decreto-Lei n.º 384/99, de 23 de Setembro [129]

Decreto-Lei n.º 410/99, de 15 de Outubro: v. [2]

XLI

Índice Cronológico

Decreto-Lei n.º 480/99, de 9 de Novembro: v. [1], art. 263.º

Decreto-Lei n.º 486/99, de 13 de Novembro [51]

Decreto-Lei n.º 502/99, de 19 de Novembro: v. [38], art. 4.º

Decreto-Lei n.º 522/99, de 10 de Dezembro: v. [38], art. 4.º

Decreto-Lei n.º 523/99, de 10 de Dezembro: v. [38], art. 4.º

Decreto-Lei n.º 533/99, de 11 de Dezembro: v. [2]

Decreto-Lei n.º 547/99, de 14 de Dezembro: v. [1], art. 425.º

Decreto-Lei n.º 558/99, de 17 de Dezembro: v. [1], art. 230.º

Decreto-Lei n.º 36/2000, de 14 de Março: v. [11], arts. 145.º, 270.º-A, [32], art. 9.º, e [35], arts. 2.º, 3.º, 5.º, 16.º, 18.º, 24.º, 26.º e 34.º

Decreto-Lei n.º 181/2000, de 10 de Agosto: v. [55], arts. 2.º, 5.º, 6.º, 10.º e 11.º

Decreto-Lei n.º 204/2000, de 1 de Setembro: v. [1], art. 230.º

Decreto-Lei n.º 208/2000, de 2 de Setembro: v. [1], art. 485.º

Decreto Regulamentar n.º 16/2000, de 2 de Outubro: v. [1], art. 29.º

Decreto-Lei n.º 250/2000, de 13 de Outubro: v. [1], art. 362.º

Decreto-Lei n.º 279/2000, de 10 de Novembro: v. [106], art. 1.º, e [110], art. 1.º

Decreto-Lei n.º 3/2001, de 10 de Janeiro: v. [1], art. 362.º

Decreto-Lei n.º 19/2001, de 30 de Janeiro: v. [30], arts. 2.º, 8.º e 11.º

Decreto-Lei n.º 23/2001, de 30 de Janeiro: v. [38], art. 4.º

Decreto-Lei n.º 41/2001, de 9 de Fevereiro: v. [1], art. 230.º

Decreto-Lei n.º 51/2001, de 15 de Fevereiro: v. [83], art. 17.º

Decreto-Lei n.º 53/2001, de 15 de Fevereiro: v. [19], art. 1.º

Decreto-Lei n.º 54/2001, de 15 de Fevereiro: v. [151], art. 10.º

Decreto-Lei n.º 131/2001, de 24 de Abril: v. [82], arts. 3.º, 8.º e 9.º

Decreto-Lei n.º 143/2001, de 26 de Abril [89]

Decreto-Lei n.º 148/2001, de 7 de Maio: v. [88], arts. 2.º, 2.º-A e 3.º

Lei n.º 95/2001, de 20 de Agosto: v. [88], art. 3.º

Decreto-Lei n.º 235/2001, de 30 de Agosto: v. [11], arts. 201.º e 276.º, [35], art. 3.º, e [38], art. 18.º

Decreto-Lei n.º 237/2001, de 30 de Agosto: v. [11], arts. 23.º, 182.º, 219.º, 221.º e 277.º

Decreto-Lei n.º 262/2001, de 28 de Setembro [29]

Regulamento (CE) n.º 2157/2001, do Conselho, de 8 de Outubro de 2001 [14]

Decreto-Lei n.º 273/2001, de 13 de Outubro: v. [2]

Decreto-Lei n.º 280/2001, de 23 de Outubro: v. [1], art. 485.º

Decreto-Lei n.º 285/2001, de 3 de Novembro: v. [1], art. 362.º, [25], arts. 1.º, 1.º-A e 7.º, e [73], arts. 4.º, 5.º, 6.º, 16.º e 20.º

Decreto-Lei n.º 293/2001, de 20 de Novembro: v. [1], art. 485.º

XLII

Índice Cronológico

Decreto-Lei n.º 322-A/2001, de 14 de Dezembro: v. [2], Emol. do Reg. Comercial, [2-B], Emol. do Reg. Navios, [3], Emol. do Registo Nac. Pessoas Colectivas, [4], arts. 20.º e 21.º, e [7], art. 12.º

Decreto-Lei n.º 322-B/2001, de 14 de Dezembro; v. [105], arts. 15.º e 19.º, [106], arts. 1.º e 75.º, e [110], art. 1.º

Decreto-Lei n.º 323/2001, de 17 de Dezembro: v. [1], art. 362.º, [2], [2-B], art. 87.º, [3], arts. 74.º, 75.º e 76.º, [32], art. 15.º, [71], arts. 29.º e 33.º, [115], arts. 2.º, 8.º, 11.º e 14.º, e [122], art. 31.º

Decreto-Lei n.º 332/2001, de 24 de Dezembro: v. [83], arts. 17.º e 39.º

Lei n.º 109-B/2001, de 27 de Dezembro: v. [105], arts. 15.º e 19.º, [106], arts. 1.º e 75.º, e [110], art. 1.º

Decreto-Lei n.º 8-B/2002, de 15 de Janeiro: v. [4], art. 22.º, e [7], art. 13.º

Decreto-Lei n.º 21/2002, de 31 de Janeiro: v. [1], art. 485.º

Decreto-Lei n.º 61/2002, de 20 de Março: v. [51], arts. 16.º e 17.º

Decreto-Lei n.º 81/2002, de 4 de Abril: v. [83], art. 39.º

Decreto-Lei n.º 108/2002, de 16 de Abril: v. [1], art. 230.º

Decreto-Lei n.º 110/2002, de 16 de Abril: v. [1], art. 230.º

Decreto-Lei n.º 162/2002, de 11 de Julho: v. [11], arts. 35.º e 141.º

Decreto-Lei n.º 186/2002, de 21 de Agosto: v. [24], art. 4.º, e [25], art. 4.º

Decreto-Lei n.º 201/2002, de 26 de Setembro: v. [1], art. 362.º

Decreto-Lei n.º 206/2002, de 16 de Outubro: v. [151], art. 10.º

Decreto-Lei n.º 315/2002, de 27 de Dezembro: v. [2], Emol. do Reg. Comercial, [2-B], Emol. do Reg. de Navios, e [3], Emol. do Reg. Nacional de Pessoas Colectivas

Decreto-Lei n.º 319/2002, de 28 de Dezembro: v. [1], art. 362.º

Lei n.º 32-B/2002, de 30 de Dezembro: v. [2], Emol. do Reg. Comercial, [2-B], Emol. do Reg. de Navios, e [3], Emol. do Reg. Nacional de Pessoas Colectivas

Decreto-Lei n.º 10/2003, de 18 de Janeiro: v. [84], arts 5.º, 6.º e 7.º, e [91], arts. 5.º e 14.º

Decreto-Lei n.º 32/2003, de 17 de Fevereiro: v. [1], art. 102.º

Decreto-Lei n.º 35-A/2003, de 27 de Fevereiro: v. [1], art. 230.º

Decreto-Lei n.º 36/2003, de 5 de Março [151]

Decreto-Lei n.º 38/2003, de 8 de Março: v. [51], art. 82.º

Decreto-Lei n.º 62/2003, de 3 de Abril: v. [1], art. 97.º

Decreto-Lei n.º 67/2003, de 8 de Abril [90]

Decreto-Lei n.º 83/2003, de 24 de Abril: v. [115], art. 3.º

Decreto-Lei n.º 107/2003, de 4 de Junho: v. [1] art. 351.º, [2], arts. 3.º e 69.º, e [51], art. 118.º

Lei n.º 18/2003, de 11 de Junho [91]

Decreto-Lei n.º 145/2003, de 2 de Julho: v. [1], art. 485.º

Decreto-Lei n.º 146/2003, de 3 de Julho: v. [1], art. 485.º

Decreto-Lei n.º 148/2003, de 11 de Julho: v. [1], art. 230.º

XLIII

Decreto-Lei n.º 160/2003, de 19 de Julho: v. **[105]**, arts. 15.º e 19.º, **[106]**, arts 1.º e 75.º, e **[110]**, art. 1.º

Decreto-Lei n.º 180/2003, de 14 de Agosto: v. **[1]**, art. 485.º

Lei n.º 32/2003, de 22 de Agosto: v. **[83]**, art. 40.º

Decreto-Lei n.º 194/2003, de 23 de Agosto: v. **[2]**, Emol. do Reg. Comercial, **[2-B]**, Emol. do Reg. de Navios, e **[3]**, Emol. do Reg. Nacional de Pessoas Colectivas

Lei n.º 99/2003, de 27 de Agosto: v. **[1]**, art. 263.º

Decreto-Lei n.º 239/2003, de 4 de Outubro **[74]**

Decreto-Lei n.º 267-A/2003, de 27 de Outubro: v. **[1]**, art. 366.º

Decreto-Lei n.º 269/2003, de 28 de Outubro: v. **[1]**, art. 485.º

Decreto-Lei n.º 270/2003, de 28 de Outubro: v. **[1]**, art. 366.º

Decreto-Lei n.º 284/2003, de 8 de Novembro: v. **[1]**, art. 485.º

Decreto-Lei n.º 287/2003, de 12 de Novembro: v. **[106]**, art. 1.º

Lei n.º 102/2003, de 15 de Novembro: v. **[133]**, art. 13.º

Decreto-Lei n.º 294/2003, de 21 de Novembro: v. **[51]**, arts. 31.º e 34.º

Decreto-Lei n.º 7/2004, de 7 de Janeiro: v. **[1]**, art. 463.º

Regulamento (CE) n.º 139/2004, do Conselho, de 20 de Janeiro de 2004 **[94]**

Decreto-Lei n.º 30/2004, de 6 de Fevereiro: v. **[93]**, art. 14.º

Decreto-Lei n.º 53/2004, de 18 de Março **[141]**

Decreto-Lei n.º 54/2004, de 18 de Março **[142]**

Decreto-Lei n.º 66/2004, de 24 de Março: v. **[51]**, arts. 1.º, 8.º, 30.º, 31.º, 35.º, 36.º, 37.º, 38.º, 110.º, 111.º, 134.º, 143.º, 155.º e 163.º-A

Decreto-Lei n.º 68/2004, de 25 de Março: v. **[1]**, art. 463.º

Decreto-Lei n.º 69/2004, de 25 de Março **[57]**

Decreto-Lei n.º 70/2004, de 25 de Março: v. **[2]** e **[56]**, arts. 2.º, 3.º, 4.º, 6.º, 7.º, 8.º, 9.º, 10.º, 12.º, 13.º, 14.º-A, 15.º e 17.º

Decreto-Lei n.º 73/2004, de 25 de Março: v. **[1]**, art. 485.º

Regulamento (CE) n.º 802/2004, da Comissão, de 7 de Abril de 2004: v. **[94]**, art. 23.º

Decreto-Lei n.º 88/2004, de 20 de Abril **[47]**

Regulamento (CE) n.º 794/2004, da Comissão, de 21 de Abril de 2004: v. **[93]**, art. 13.º

Decreto-Lei n.º 105/2004, de 8 de Maio **[75]**

Decreto-Lei n.º 107/2004, de 8 de Maio: v. **[1]**, art. 485.º

Decreto-Lei n.º 124-A/2004, de 26 de Maio: v. **[1]**, art. 366.º

Decreto-Lei n.º 165/2004, de 7 de Julho: v. **[1]**, art. 97.º

Lei n.º 25/2004, de 8 de Julho: v. **[81]**, art. 10.º

Decreto Regulamentar n.º 25/2004, de 15 de Julho: v. **[1]**, art. 97.º

Lei n.º 32/2004, de 22 de Julho **[143]**

Índice Cronológico

Lei n.º 35/2004, de 29 de Julho: v. **[1]**, art. 263.º

Decreto-Lei n.º 199/2004, de 18 de Agosto: v. **[2]**, Emol. do Reg. Comercial, **[2-B]**, Emol. do Reg. de Navios, e **[3]**, Emol. do Reg. Nacional de Pessoas Colectivas

Decreto-Lei n.º 200/2004, de 18 de Agosto: v. **[141]**, arts. 3.º, 9.º, 20.º, 24.º, 25.º, 30.º, 34.º, 35.º, 36.º, 41.º, 53.º, 62.º, 72.º, 73.º, 82.º, 85.º, 102.º, 106.º, 107.º, 114.º, 115.º, 121.º, 131.º, 133.º, 134.º, 141.º, 164.º, 174.º, 180.º, 184.º, 185.º, 198.º, 209.º, 212.º, 231.º, 233.º e 292.º

Decreto-Lei n.º 201/2004, de 18 de Agosto: v. **[141]**, art. 1.º

Decreto-Lei n.º 204/2004, de 19 de Agosto: v. **[38]**, arts. 20.º, 23.º, 27.º e 91.º

Decreto-Lei n.º 211/2004, de 20 de Agosto: v. **[1]**, art. 230.º

Decreto-Lei n.º 224/2004, de 4 de Dezembro: v. **[83]**, arts. 5.º e 27.º

Decreto-Lei n.º 2/2005, de 4 de Janeiro **[14-A]**

Decreto-Lei n.º 19/2005, de 18 de Janeiro: v. **[11]**, arts. 35.º, 141.º e 175.º

Decreto-Lei n.º 35/2005, de 17 de Fevereiro **[48]**

Decreto-Lei n.º 64/2005, de 15 de Março: v. **[1]**, art. 485.º, e **[127]**, art. 17.º

Decreto-Lei n.º 111/2005, de 8 de Julho **[4]**

Decreto-Lei n.º 120/2005, de 26 de Julho: v. **[1]**, art. 230.º

Lei n.º 48/2005, de 29 de Agosto: v. **[115]**, arts. 2.º, 8.º, 11.º e 11.º-A

Decreto-Lei n.º 178-A/2005, de 28 de Outubro: v. **[2]**, Emol. do Reg. Comercial, **[2-B]**, Emol. do Reg. de Navios, e **[3]**, Emol. do Reg. Nacional de Pessoas Colectivas

Decreto-Lei n.º 206/2005, de 28 de Novembro: v. **[1]**, art. 425.º

Decreto-Lei n.º 210/2005, de 6 de Dezembro: v. **[1]**, art. 485.º

Decreto-Lei n.º 215/2005, de 13 de Dezembro **[14-B]**

Decreto-Lei n.º 52/2006, de 15 de Março: v. **[2]**, **[11]**, arts. 348.º, 349.º, e 351.º, **[51]**, arts. 8.º, 12.º-A, 12.º-B, 12.º-C, 12.º-D, 12.º-E, 30.º, 31.º, 32.º, 33.º, 35.º, 68.º, 108.º, 109.º, 110.º, 110.º-A, 111.º, 112.º, 114.º, 115.º, 116.º, 117.º, 118.º, 119.º, 120.º, 121.º, 122.º, 123.º, 125.º, 127.º, 129.º, 130.º, 131.º, 133.º, 134.º, 135.º, 135.º-B, 135.º-C, 136.º, 136.º-A, 137.º, 139.º, 140.º, 140.º-A, 141.º, 142.º, 143.º, 144.º, 145.º, 147.º, 148.º, 149.º, 155.º, 156.º, 157.º, 158.º, 159.º, 160.º, 162.º, 163.º-A, 165.º, 168.º, 170.º, 180.º e 183.º-A, **[55]**, arts. 3.º, 4.º e 5.º, e **[57]**, arts. 12.º, 13.º e 21.º

Lei n.º 9/2006, de 20 de Março: v. **[1]**, art. 263.º

Decreto-Lei n.º 59/2006, de 20 de Março **[58]**

Decreto-Lei n.º 76-A/2006, de 29 de Março: v. **[1]**, arts. 29.º, 30.º, 31.º, 32.º, 33.º, 34.º, 35.º, 36.º, 39.º, 40.º, 41.º, 42.º, 43.º, 62.º, 63.º, 230.º e 425.º **[2]**, arts. 19.º, 21.º, 24.º, 25.º, 25.º-A, 26.º, 31.º, 56.º, 60.º, 79.º, 80.º, 98.º, 99.º, 100.º, 103.º, 109.º e 122.º-A, Emol. do Reg. Comercial, **[2-B]**, Emol. do Reg. de Navios, **[3]**, art. 80.º-A, Emol. do Reg. Nacional de Pessoas Colectivas, **[4]**, arts. 8.º e 25.º, **[11]**, arts. 3.º, 4.º-A, 7.º, 12.º, 18.º, 19.º, 23.º, 26.º, 28.º, 29.º, 35.º, 36.º, 37.º, 38.º, 39.º, 40.º, 42.º, 44.º, 63.º, 64.º, 65.º, 67.º, 68.º, 70.º-A, 71.º, 72.º, 73.º, 74.º, 77.º, 78.º, 79.º, 80.º, 81.º, 83.º, 85.º, 88.º, 89.º, 90.º, 93.º, 95.º, 97.º, 98.º, 99.º, 100.º, 101.º-A, 101.º-B, 101.º-C, 101.º-D, 103.º, 105.º, 106.º, 107.º, 108.º, 109.º, 110.º, 111.º, 115.º, 116.º, 119.º, 132.º, 135.º, 137.º, 140.º, 140.º-A, 141.º, 142.º, 143.º, 144.º, 145.º, 146.º, 150.º, 151.º, 159.º,

XLV

Índice Cronológico

163.º, 167.º, 169.º, 171.º, 174.º, 178.º, 182.º, 184.º, 187.º, 188.º-A, 195.º, 200.º, 219.º, 221.º, 225.º, 226.º, 228.º, 230.º, 231.º, 237.º, 240.º, 242.º-A, 242.º-B, 242.º-C, 242.º-D, 242.º-E, 242.º-F, 266.º, 267.º, 268.º, 270.º-A, 270.º-C, 270.º-D, 270.º-F, 274.º, 275.º, 277.º, 278.º, 281.º, 283.º, 285.º, 288.º, 289.º, 291.º, 292.º, 294.º, 297.º, 304.º, 316.º, 319.º, 320.º, 323.º, 324.º, 325.º, 345.º, 347.º, 352.º, 355.º, 358.º, 362.º, 365.º, 368.º, 370.º, 371.º, 372.º-A, 374.º, 374.º-A, 375.º, 376.º, 377.º, 379.º, 380.º, 381.º, 384.º, 390.º, 392.º, 393.º, 395.º, 396.º, 397.º, 398.º, 399.º, 400.º, 401.º, 403.º, 404.º, 405.º, 407.º, 408.º, 410.º, 412.º, 413.º, 414.º, 414.º-A, 414.º-B, 415.º, 416.º, 417.º, 418.º, 418.º-A, 419.º, 420.º, 420.º-A, 421.º, 422.º, 422.º-A, 423.º, 423.º-A, 423.º-B, 423.º-C, 423.º-D, 423.º-E, 423.º-F, 423.º-G, 423.º-H, 424.º, 425.º, 426.º, 427.º, 428.º, 429.º, 430.º, 431.º, 432.º, 433.º, 434.º, 435.º, 436.º, 437.º, 438.º, 439.º, 440.º, 441.º, 441.º-A, 442.º, 443.º, 444.º, 445.º, 446.º, 446.º-A 446.º-B, 446.º-E, 450.º, 451.º, 452.º, 453.º, 454.º, 455.º, 456.º, 464.º, 473.º, 481.º, 488.º, 490.º, 492.º, 498.º, 505.º, 508.º-A, 509.º, 510.º, 513.º, 514.º, 518.º, 522.º, 523.º, 526.º, 528.º, 533.º, [14-A], arts. 2.º, 4.º, 5.º, 6.º, 7.º, 10.º, 13.º, 14.º, [22], art. 1.º, [31], Base III, [35], arts. 2.º, 3.º, 4.º, 5.º, 6.º, 9.º, 10.º, 16.º, 17.º, 18.º, 23.º, 24.º, 25.º, 26.º, 28.º, 33.º, 35.º-A, [38], arts. 4.º, 6.º, 10.º, 12.º, 13.º, 76.º, 77.º, 78.º, 81.º, 89.º e 91.º, e [141], art. 234.º

Decreto-Lei n.º 85/2006, de 23 de Maio: v. [2], Emol. do Reg. Comercial, [2-B], Emol. do Reg. de Navios, e [3], Emol. do Reg. Nacional de Pessoas Colectivas

Decreto-Lei n.º 95/2006, de 29 de Maio [93]

Decreto-Lei n.º 116-A/2006, de 16 de Junho: v. [1], art. 97.º

Decreto-Lei n.º 125/2006, de 29 de Junho [5]

Decreto-Lei n.º 144/2006, de 31 de Julho: v. [1], art. 425.º

Decreto-Lei n.º 145/2006, de 31 de Julho: v. [1], art. 362.º

Decreto-Lei n.º 219/2006, de 2 de Novembro: v. [51], arts. 20.º, 20.º-A, 108.º, 111.º, 138.º, 145.º-A, 147.º-A, 173.º, 175.º, 176.º, 178.º, 180.º, 181.º, 182.º, 182.º-A, 184.º, 185.º, 185.º-A, 185.º-B, 188.º, 190.º, 191.º, 194.º, 195.º, 196.º, e [9], arts. 9.º e 36.º

Decreto-Lei n.º 317-A/2006, de 14 de Dezembro: v. [2], Emol. do Reg. Comercial, [2-B], Emol. do Reg. de Navios, e [3], Emol. do Reg. Nacional de Pessoas Colectivas

Decreto-Lei n.º 8/2007, de 17 de Janeiro: v. [2], Emol. do Reg. Comercial, [2-B], Emol. do Reg. de Navios, [3], arts. 54.º e 56.º, e Emol. do Reg. Nacional de Pessoas Colectivas, [11], arts. 70.º, 95.º, 96.º, 100.º, 101.º-A, 106.º, 116.º, 117.º, 132.º, 242.º-B, 242.º-F, 508.º-E, e 528.º, e [35], arts. 12.º, 19.º e 20.º

Decreto-Lei n.º 69/2007, de 26 de Março: v. [1], art. 230.º

Decreto-Lei n.º 70/2007, de 26 de Março [94]

Decreto-Lei n.º 104/2007, de 3 de Abril: v. [1], art. 362.º

Decreto-Lei n.º 188/2007, de 11 de Maio: v. [43], art. 9.º, e [44], art. 10.º

Decreto-Lei n.º 257/2007, de 16 de Julho: v. [1], art. 230.º

Decreto-Lei n.º 263/2007, de 20 de Julho: v. [1], art. 230.º

Decreto-Lei n.º 263-A/2007, de 23 de Julho: v. [2], Emol. do Reg. Comercial, [2-B], Emol. do Reg. de Navios, e [3], Emol. do Reg. Nacional de Pessoas Colectivas

Lei n.º 40/2007, de 24 de Julho: v. [2], Emol. do Reg. Comercial, [2-B], Emol. do Reg. de Navios, e [3], Emol. do Reg. Nacional de Pessoas Colectivas

Índice Cronológico

Decreto-Lei n.º 282/2007, de 7 de Agosto: v. **[141]**, arts. 9.º, 27.º, 32.º, 34.º, 37.º, 38.º, 39.º, 44.º, 52.º, 55.º, 57.º, 75.º, 164.º, 216.º, 229.º, 230.º, 232.º e 290.º, e **[143]**, arts. 4.º, 6.º, 11.º, 12.º, 16.º, 18.º, 26.º e 27.º

Decreto-Lei n.º 291/2007, de 21 de Agosto: v. **[1]**, Tít. XV do Liv. II

Decreto-Lei n.º 300/2007, de 23 de Agosto: v. **[1]**, art. 230.º

Decreto-Lei n.º 309-A/2007, de 7 de Setembro: v. **[30]**, arts. 1.º, 2.º, 3.º e 19.º

Decreto-Lei n.º 318/2007, de 26 de Setembro **[152]**

Decreto-Lei n.º 324/2007, de 28 de Setembro: v. **[2]**, Emol. do Reg. Comercial, **[2-B]**, Emol. do Reg. de Navios, e **[3]**, Emol. do Reg. Nacional de Pessoas Colectivas

Decreto-Lei n.º 357-A/2007, de 31 de Outubro: v. **[1]**, art. 362.º, e Tít. XV do Liv. II, **[11]**, arts. 365.º e 372.º-A, **[30-A]**, arts. 2.º e 3.º, **[51]**, arts. 2.º, 3.º, 6.º, 7.º, 8.º, 16.º, 16.º-A, 16.º-B, 17.º, 18.º, 20.º-A, 21.º-A, 23.º, 30.º, 31.º, 32.º, 35.º, 85.º, 97.º, 99.º, 111.º, 112.º, 167.º, 172.º, 179.º, 198.º, e Tít. IV

Decreto-Lei n.º 359/2007, de 2 de Novembro: v. **[1]**, Tít. XV do Liv. II

Decreto-Lei n.º 360/2007, de 2 de Novembro: v. **[151]**, art. 319.º

Decreto-Lei n.º 375/2007, de 8 de Novembro **[30]**

Decreto-Lei n.º 1/2008, de 3 de Janeiro: v. **[1]**, art. 362.º

Decreto-Lei n.º 18/2008, de 29 de Janeiro: v. **[91]**, art. 45.º

Decreto-Lei n.º 20/2008, de 31 de Janeiro: v. **[2]**, Emol. do Reg. Comercial, **[2-B]**, Emol. do Reg. de Navios, e **[3]**, Emol. do Reg. Nacional de Pessoas Colectivas

Decreto-Lei n.º 30/2008, de 25 de Fevereiro: v. **[73]**, arts. 3.º, 17.º e 21.º

Decreto-Lei n.º 34/2008, de 26 de Fevereiro: v. **[2]**

Decreto-Lei n.º 42/2008, de 10 de Março: v. **[132]**, art. 1.º

Lei n.º 16/2008, de 1 de Abril: v. **[151]**, arts. 317.º, 338.º-A, 338.º-B, 338.º-C, 338.º-D, 338.º-E, 338.º-F, 338.º-G, 338.º-H, 338.º-I, 338.º-J, 338.º-L, 338.º-M, 338.º-N, 339.º e 340.º

Decreto-Lei n.º 57/2008, de 26 de Março **[95]**

Decreto-Lei n.º 72/2008, de 16 de Abril **[76]**

Decreto-Lei n.º 73/2008, de 16 de Abril **[7]**

Decreto-Lei n.º 82/2008, de 20 de Maio: v. **[89]**, arts. 1.º, 6.º, 9.º, 14.º, 15.º, 18.º, 19.º, 25.º, 31.º, 32.º e 34.º

Decreto-Lei n.º 84/2008, de 21 de Maio: v. **[90]**, arts. 1.º, 1.º-A, 1.º-B, 4.º, 5.º, 5.º-A, 6.º, 9.º, 12.º, 12.º-A, 12.º-B e 12.º-C

Decreto-Lei n.º 116/2008, de 4 de Julho: v. **[2]**, arts. 28.º-A, 89.º, 93.º-C, e Emol. do Reg. Comercial, **[2-B]**, Emol. do Reg. de Navios, **[3]**, Emol. do Reg. Nacional de Pessoas Colectivas, e **[141]**, arts. 38.º, 81.º e 152.º

Decreto-Lei n.º 126/2008, de 21 de Julho: v. **[1]**, art. 362.º

Decreto-Lei n.º 137/2008, de 21 de Julho: v. **[1]**, art. 230.º

Decreto-Lei n.º 143/2008, de 25 de Julho: v. **[151]**, arts. 4.º, 5.º, 6.º, 8.º, 10.º, 11.º, 12.º, 13.º, 15.º, 16.º, 17.º, 17.º-A, 18.º, 19.º, 20.º, 24.º, 25.º, 27.º, 28.º, 29.º, 30.º, 31.º, 32.º, 33.º, 34.º, 35.º, 38.º, 43.º, 48.º, 49.º, 51.º, 53.º, 54.º, 57.º, 61.º, 62.º, 62.º-A, 62.º-B, 64.º, 65.º, 65.º-A, 66.º, 67.º, 68.º, 73.º, 77.º, 79.º, 80.º, 82.º, 83.º, 86.º, 87.º, 88.º,

XLVII

Índice Cronológico

91.º, 94.º, 107.º, 114.º, 115.º, 115.º-A, 116.º, 117.º, 120.º, 124.º, 126.º, 127.º, 127.º-A, 128.º, 129.º, 130.º, 131.º, 132.º, 137.º, 143.º, 160.º, 161.º, 175.º, 176.º, 180.º, 184.º, 185.º, 187.º, 188.º, 189.º, 190.º-A, 191.º, 192.º, 193.º, 194.º, 195.º, 196.º, 197.º, 198.º, 207.º, 208.º, 209.º, 210.º, 211.º, 212.º, 213.º, 214.º, 215.º, 216.º, 217.º, 218.º, 219.º, 220.º, 221.º, 233.º, 234.º, 236.º, 237.º, 238.º, 239.º, 246.º, 247.º, 248.º, 250.º, 256.º, 265.º, 266.º, 270.º, 274.º, 275.º, 304.º-A, 304.º-B, 304.º-C, 304.º-D, 304.º-E, 304.º-F, 304.º-G, 304.º-H, 304.º-I, 304.º-J, 304.º-L, 304.º-M, 304.º-N, 304.º-O, 304.º-P, 304.º-Q, 304.º-R, 304.º-S, 307.º, 319.º, 334.º, 336.º, 337.º, 338.º, 343.º, 344.º, 345.º, 346.º, 348.º, 349.º, 351.º, 352.º, 353.º e 356.º

Decreto-Lei n.º 153/2008, de 6 de Agosto: v. [1], Tít. XV do Liv. II

Directiva 2008/95/CE, do Parlamento Europeu e do Conselho, de 22 de Outubro de 2008 [153]

Decreto-Lei n.º 211-A/2008, de 3 de Novembro: v. [1], art. 362.º e Tít. XV do Liv. II

Decreto-Lei n.º 247-B/2008, de 30 de Dezembro: v. [2], Emol. do Reg. Comercial, [2-B], Emol. do Reg. de Navios, [3], arts. 4.º, 6.º, 7.º, 9.º, 10.º, 11.º, 11.º-B, 14.º, 15.º, 16.º, 17.º, 18.º, 19.º, 20.º, 21.º, 21.º-A, 22.º, 23.º, 24.º, 25.º, 26.º, 27.º, 28.º, 30.º, 31.º, 32.º, 33.º, 38.º, 39.º, 40.º, 41.º, 45.º, 46.º, 46.º-A, 47.º, 48.º, 49.º, 50.º, 50.º-A, 50.º-B, 51.º, 52.º, 53.º, 54.º, 55.º, 56.º, 57.º, 58.º, 59.º, 60.º, 61.º, 63.º, 64.º, 65.º, 66.º, 67.º, 68.º, 69.º, 70.º, 71.º, 72.º, 73.º, 77.º, 78.º, 79.º, 80.º, 80.º-A, 87.º, 88.º, 90.º e 91.º, [4], arts. 2.º, 3.º, 4.º, 4.º-A, 7.º, 8.º, 9.º, 10.º, 11.º, 12.º, 13.º, 14.º, 15.º e 15.º-A, [7], arts. 6.º e 12.º, e [11], art. 7.º

Decreto-Lei n.º 2/2009, de 5 de Janeiro: v. [1], Tít. XV do Liv. II

Decreto-Lei n.º 8/2009, de 7 de Janeiro: v. [1], art. 578.º

Decreto-Lei n.º 21/2009, de 19 de Janeiro: v. [1], art. 95.º

Lei n.º 7/2009, de 12 de Fevereiro: v. [1], art. 263.º

Decreto-Lei n.º 62/2009, de 10 de Março: v. [1], art. 465.º

Decreto-Lei n.º 63/2009, de 10 de Março: v. [88], arts. 1.º, 2.º e 2.º-A

Decreto-Lei n.º 88/2009, de 9 de Abril: v. [1], art. 97.º

Lei n.º 19/2009, de 12 de Maio [8]

Decreto-Lei n.º 122/2009, de 21 de Maio: v. [2] e [3], art. 11.º-A

Decreto-Lei n.º 122/2009, de 21 de Maio: v. [2], Emol. do Reg. Comercial, [2-B], Emol. do Reg. de Navios, e [3], Emol. do Reg. Nacional de Pessoas Colectivas

Decreto-Lei n.º 133/2009, de 2 de Junho [96]

Decreto-Lei n.º 136/2009, de 5 de Junho: v. [1], art. 230.º

Lei n.º 28/2009, de 19 de Junho [9]

Lei n.º 29/2009, de 29 de Junho: v. [3], arts. 73.º-A, 73.º-B e 73.º-C

Decreto-Lei n.º 158/2009, de 13 de Julho [41]

Decreto-Lei n.º 160/2009, de 13 de Julho: v. [41], art. 1.º

Lei n.º 33/2009, de 14 de Julho: v. [143], art. 3.º

Decreto-Lei n.º 162/2009, de 20 de Julho: v. [1], art. 362.º

Decreto-Lei n.º 185/2009, de 12 de Agosto: v. [2], Emol. do Reg. Comercial, [2-B], Emol. do Reg. de Navios, [3], Emol. do Reg. Nacional de Pessoas Colectivas, [11], arts. 32.º,

Índice Cronológico

66.°-A, 70.°, 98.°, 100.°, 101.°, 101.°-A, 116.°, 420.°, 423.°-F, 441.°, 451.°, 508.°-C e 508.°-F, e [141], arts. 38.° e 146.°

Lei n.° 94/2009, de 1 de Setembro: v. [1], art. 362.°

Lei n.° 98/2009, de 4 de Setembro: v. [1], art. 263.°

Lei n.° 101/2009, de 8 de Setembro: v. [1], art. 263.°

Lei n.° 102/2009, de 10 de Setembro: v. [1], art. 263.°

Lei n.° 104/2009, de 14 de Setembro: v. [1], art. 263.°

Lei n.° 107/2009, de 14 de Setembro: v. [1], art. 263.°

Decreto-Lei n.° 259/2009, de 25 de Setembro: v. [1], art. 263.°

Decreto-Lei n.° 260/2009, de 25 de Setembro: v. [1], art. 263.°

Decreto-Lei n.° 282/2009, de 7 de Outubro: v. [38], art. 6.° e Cap. X

Decreto-Lei n.° 292/2009, de 13 de Outubro: v. [2]

Decreto-Lei n.° 295/2009, de 13 de Outubro: v. [1], art. 263.°

Decreto-Lei n.° 317/2009, de 30 de Outubro: v. [1], art. 362.°

Decreto-Lei n.° 49/2010, de 19 de Maio: v. [11], arts. 4.°, 22.°, 25.°, 28.°, 92.°, 272.°, 276.°, 277.°, 279.°, 295.°, 298.°, 316.°, 325.°-A, 341.°, 342.°, 345.°, 349.°, 357.°, 380.°, 384.°, 397.° e 423.°

Decreto-Lei n.° 52/2010, de 26 de Maio: v. [1], art. 362.° e Tít. XV do Liv. II, [51], art. 20.°-A

Decreto-Lei n.° 71/2010, de 18 de Junho: v. [1], art. 362.°, e [51], art. 293.°

Lei n.° 17/2010, de 4 de Agosto: v. [151], art. 10.°

Lei n.° 20/2010, de 23 de Agosto: v. [41], art. 9.°

Lei n.° 36/2010, de 2 de Setembro: v. [1], art. 362.°

Decreto-Lei n.° 99/2010, de 2 de Setembro: v. [2], Emol. do Reg. Comercial, [2-B], Emol. do Reg. de Navios, [3], Emol. do Reg. Nacional de Pessoas Colectivas, e [4], art. 11.°

Decreto-Lei n.° 109/2010, de 14 de Outubro: v. [1], art. 230.°

Decreto-Lei n.° 111/2010, de 15 de Outubro: v. [1], art. 95.°

Decreto-Lei n.° 140-A/2010, de 30 de Dezembro: v. [1], art. 362.°

Lei n.° 55-A/2010, de 31 de Dezembro: v. [11], art. 240.°, e [133], art. 5.°

Decreto-Lei n.° 33/2011, de 7 de Março: v. [4], art. 7.°, [5], art. 6.°, e [11], arts. 26.°, 199.°, 201.°, 202.°, 203.°, 204.°, 205.°, 219.° e 238.°

Decreto-Lei n.° 36-A/2011, de 9 de Março: v. [41], arts. 1.°, 3.°, 7.° e 8.°

Decreto-Lei n.° 53/2011, de 13 de Abril: v. [11], arts. 98.°, 100.°, 101.°, 102.°, 105.° e 127.°-A

Lei n.° 13/2011, de 29 de Abril: v. [1], art. 230.°

2. Portarias e despachos normativos

Portaria n.° 15017, de 31 de Agosto de 1954: v. [107] e [111]

Portaria n.° 22970, de 20 de Outubro de 1967: v. [1], art. 95.°

Portaria n.° 549/75, de 22 de Agosto: v. [1], art. 463.°

XLIX

Índice Cronológico

Portaria n.º 206/76, de 7 de Abril: v. **[1]**, art. 40.º

Portaria n.º 309/76, de 18 de Maio: v. **[1]**, art. 40.º

Portaria n.º 703/76, de 25 de Novembro: v. **[1]**, art. 40.º

Portaria n.º 72/77, de 11 de Fevereiro: v. **[1]**, art. 463.º

Portaria n.º 268/79, de 6 de Junho: v. **[1]**, art. 90.º

Despacho Normativo n.º 238/79 (DR de 8-9-1979): v. **[132]**, art. 1.º

Portaria n.º 886/81, de 3 de Outubro: v. **[1]**, art. 485.º

Portaria n.º 968/81, de 12 de Novembro: v. **[1]**, art. 40.º

Portaria n.º 1040/81, de 10 de Dezembro: v. **[1]**, art. 40.º

Portaria n.º 1058/81, de 15 de Dezembro, v. **[1]**, art. 40.º

Portaria n.º 424/85, de 5 de Julho: v. **[1]**, art. 95.º

Portaria n.º 37/86, de 27 de Janeiro: v. **[53]**, art. 5.º

Portaria n.º 38/86, de 27 de Janeiro: v. **[53]**, art. 5.º

Portaria n.º 287/87, de 7 de Abril: v. **[1]**, art. 485.º

Portaria n.º 1038/89, de 30 de Novembro: v. **[2]**, arts. 56.º e 113.º

Despacho Normativo n.º 109/89, de 15 de Dezembro: v. **[1]**, art. 95.º

Portaria n.º 974/90, de 11 de Outubro: v. **[11]**, art. 348.º

Portaria n.º 228/92, de 25 de Julho: v. **[11]**, art. 543.º

Portaria n.º 357/92, de 22 de Abril: v. **[18]**, art. 10.º

Portaria n.º 371/92, de 29 de Abril: v. **[1]**, art. 230.º

Portaria n.º 95/94, de 9 de Fevereiro: v. **[16]**, art. 2.º, **[18]**, art. 8.º, **[20]**, art. 1.º, **[21]**, art. 2.º,
  e **[29]**, art. 1.º

Portaria n.º 126/95, de 4 de Fevereiro: v. **[18]**, art. 3.º

Portaria n.º 154/96, de 15 de Maio: v. **[1]**, art. 95.º

Portaria n.º 966/98, de 12 de Novembro: v. **[7]**, art. 86.º

Portaria n.º 262/99, de 12 de Abril: v. **[1]**, art. 102.º

Portaria n.º 408/99, de 4 de Junho: v. **[11]**, art. 295.º

Portaria n.º 28/2000, de 27 de Janeiro: v. **[106]**, art. 1.º

Portaria n.º 1245/2001, de 27 de Outubro: v. **[1]**, art. 230.º

Portaria n.º 38/2002, de 10 de Janeiro: v. **[2]**, art. 113.º

Portaria n.º 52/2002, de 12 de Janeiro: v. **[1]**, art. 29.º

Portaria n.º 102/2002, de 1 de Fevereiro: v. **[29]**, art. 1.º

Portaria n.º 160/2003, de 19 de Fevereiro: v. **[11]**, art. 295.º

Portaria n.º 291/2003, de 8 de Abril: v. **[1]**, art. 102.º

Portaria n.º 1193/2003, de 13 de Outubro: v. **[1]**, art. 230.º

Portaria n.º 1039/2004, de 13 de Agosto: v. **[141]**, art. 252.º

Portaria n.º 1326/2004, de 19 de Outubro: v. **[1]**, art. 230.º

Índice Cronológico

Portaria n.° 1327/2004, de 19 de Outubro: v. [1], art. 230.°

Portaria n.° 1328/2004, de 19 de Outubro: v. [1], art. 230.°

Portaria n.° 51/2005, de 20 de Janeiro: v. [143], art. 20.°

Portaria n.° 265/2005, de 17 de Março: v. [143], art. 3.°

Portaria n.° 590-A/2005, de 14 de Julho: v. [2], art. 70.°, [4], art. 26.°, e [11], art. 167.°

Portaria n.° 811/2005, de 12 de Setembro: v. [4], art. 27.°

Portaria n.° 657-A/2006, de 29 de Junho [2-A]

Portaria n.° 657-C/2006, de 29 de Junho: v. [2], art. 45.°, e [5], art. 17.°

Portaria n.° 562/2007, de 30 de Abril: v. [2-A], art. 15.°

Portaria n.° 1359/2007, de 15 de Outubro: v. [4], art. 14.°, e [5], art. 13.°

Portaria n.° 234/2008, de 12 de Março: v. [2-A], arts. 8.° e 10.°

Portaria n.° 378/2008, de 26 de Maio: v. [132], art. 1.°

Portaria n.° 1098/2008, de 30 de Setembro: v. [151], art. 346.°

Portaria n.° 3/2009, de 2 de Janeiro: v. [4], art. 4.°-A

Portaria n.° 4/2009, de 2 de Janeiro: v. [2-A], arts. 8.° e 10.°

Portaria n.° 417/2009, de 16 de Abril: v. [1], art. 95.°

Portaria n.° 597/2009, de 4 de Junho: v. [1], art. 95.°

Portaria n.° 1256/2009, de 14 deOutubro: v. [2], art. 53.°-A, e [2-A], arts. 2.°, 8.°, 10.°, 13.°-A, 14.° e 15.°

Portaria n.° 1416-A/2009, de 19 de Dezembro: v. [2-A], arts. 3.°, 4.°-A, 8.°, 9.°, 10.°, 14.°, 15.° e 17.°

Portaria n.° 104/2011, de 14 de Março: v. [41], art. 3.°

Portaria n.° 105/2011, de 14 de Março: v. [41], art. 3.°

Portaria n.° 106/2011, de 14 de Março: v. [41], art. 3.°

Portaria n.° 107/2011, de 14 de Março: v. [41], art. 3.°

3. Assentos e Acórdãos do STJ e Acórdãos do TC

Assento do STJ, de 21 de Julho de 1931: v. [1], art. 613.°

Assento do STJ, de 8 de Maio de 1936: v. [1], art. 339.°

Assento do STJ, de 19 de Abril de 1938: v. [114], art 24.°

Assento do STJ, de 30 de Junho de 1962: v. [106], art. 70.°

Assento do STJ, de 27 de Novembro de 1964: v. [1], art. 10.°

Assento do STJ, de 1 de Fevereiro de 1966: v. [106], art. 31.°

Assento do STJ, de 5 de Dezembro de 1973: v. [114], art. 24.°

Assento n.° 4/78, de 20 de Julho de 1978: v. [1], art. 10.°

Assento n.° 1/81, de 20 de Novembro de 1980: v. [114], art. 24.°

Assento n.° 3/81, de 28 de Julho: v. [106], art. 24.°

LI

Índice Cronológico

Acórdão do TC n.º 178/86 (DR de 23-6-1986): v. **[1]**, art. 485.º

Assento do STJ, de 16 de Dezembro de 1987: v. **[114]**, art. 24.º

Assento do STJ, de 2 de Fevereiro de 1988: v. **[33]**, art. 31.º

Assento do STJ n.º 4/92, de 13 de Julho de 1992: v. **[106]**, art. 48.º

Assento do STJ n.º 1/93, de 2 de Dezembro de 1992: v. **[114]**, art. 24.º

Assento do STJ n.º 6/93, de 27 de Janeiro de 1993: v. **[115]**, art. 11.º

Assento do STJ n.º 17/94, de 11 de Outubro de 1994: v. **[1]**, art. 362.º

Assento do STJ n.º 5/95, de 28 de Março de 1995: v. **[106]**, art. 78.º

Acórdão do STJ n.º 12/96, de 1 de Outubro de 1996: v. **[11]**, art. 8.º

Acórdão do STJ n.º 13/97, de 8 de Maio de 1997: v. **[115]**, art. 11.º

Acórdão do STJ n.º 2/98, de 22 de Abril de 1997: v. **[1]**, art. 43.º

Assento do STJ n.º 4/2000, de 19 de Janeiro de 2000: v. **[114]**, art. 24.º

Jurisprudência n.º 1/2002 do STJ, de 6 de Dezembro de 2001: v. **[11]**, art. 260.º

Acórdão do STJ n.º 5/2004, de 2 de Junho de 2004: v. **[11]**, art. 112.º

Acórdão do STJ n.º 1/2007, de 30 de Novembro de 2006: v. **[115]**, art. 11.º

Acórdão do STJ n.º 3/2008, de 28 de Fevereiro de 2008: v. **[72]**, art. 38.º

Acórdão do STJ n.º 4/2008, de 28 de Fevereiro de 2008: v. **[110]**, art. 32.º

Acórdão do STJ n.º 9/2008, de 25 de Setembro de 2008: v. **[115]**, art. 11.º

Acórdão do TC n.º 173/2009, de 2 de Abril de 2009: v. **[141]**, art. 189.º

ÍNDICE ANALÍTICO

A

Abalroação
— por culpa, CCom **[1]**, arts. 665.°, 666.° e 667.°
— sem culpa, CCom **[1]**, art. 664.°
Lei Reguladora das questões sobre —, CCom **[1]**, art. 674.°
Perdas e danos no caso de —, CCom **[1]**, art. 673.°
Responsabilidade do culpado da —, CCom **[1]**, art. 671.°

Abandono
Do — no comércio marítimo, CCom **[1]**, arts. 616.° s.
(V. *Bens abandonados* e *Valores abandonados*)

Abuso de dependência económica
— como prática anti-concorrencial, L 18//2003 **[91]**, art. 7.°

Abuso de informação
— dos membros do órgão de fiscalização da soc. anónima. CSC **[11]**, art. 449.°
— dos membros do órgão de administração da soc. anónima, CSC **[11]**, art. 449.°

Abuso de posição dominante
—,L 18/2003 **[91]**, art. 6.°

Acção
(V. *Aceite* e *Pagamento*)

Acesso
— à actividade industrial, DL 519-I$_1$/79 **[131]**.

Accionistas
— sem voto, CSC **[11]**, arts. 341.° s.
Assembleias gerais de —, CSC **[11]**, arts. 375.° s.
Número mínimo de — na soc. anónima, CSC **[11]**, art. 273.°
Obrigações acessórias dos —, CSC **[11]**, art. 287.°
Participação dos — na ass. geral, CSC **[11]**, art. 379.°
Prestações acessórias dos —, CSC **[11]**, art. 285.°
Realização das entradas dos —, CSC **[11]**, art. 285.°
Representação dos — na ass. geral, CSC **[11]**, arts. 380.° s.
Responsabilidade dos antecessores dos — em mora, CSC **[11]**, art. 286.°

Acções
— nominativas, CSC **[11]**, art. 299.°
— ao portador, CSC **[11]**, art. 299.°
— sem valor nominal, CSC **[11]**, art. 276.°
Amortização de —, CSC **[11]**, art. 346.°
Amortização de — com redução do capital CSC **[11]**, art. 347.°
Aquisição lícita de — acções próprias, CSC **[11]**, art. 317.°
Categorias de —, CSC **[11]**, art. 302.°
Consentimento para a transmissão de —, CSC **[11]**, art. 329.°
Contitularidade de —, CSC **[11]**, art. 303.°
Conversão de — em acções preferenciais sem voto, CSC **[11]**, art. 344.°
Conversão das — ao portador em — nominativas, CSC **[11]**, art. 300.°

LIII

Índice Analítico

Cupões de —, CSC [11], art. 301.°

Emissão de — para conversão de obrigações, CSC [11], art. 371.°

Irregularidade na emissão de —, CSC [11], art. 526.°

Limites à transmissão de —, CSC [11], art. 328.°

Livro de registo de —, CSC [11], art. 305.°

Obrigações convertíveis em —, CSC [11], arts. 365.° s.

Títulos definitivos de —, CSC [11], art. 304.°

Títulos provisórios de —, CSC [11], art. 304.°

Valor de emissão de —, CSC [11], art. 298.°

Valor mínimo das —, CSC [11], art. 276.°

(V. *Acções preferenciais*, *Acções próprias*, *Oferta pública*, *Registo comercial*, *Subscrição pública*, *Subscritor*, *Títulos definitivos* e *Títulos provisórios*)

Acções preferenciais

— e direito prioritário, CSC [11], arts. 341.° s.

— e participação na assembleia geral da sociedade, CSC [11], art. 343.°

— remíveis, art. 345.°, CSC [11]

Conversão de acções em — sem voto, CSC [11], art. 344.°

Direitos dos titulares das —, CSC [11], art. 341.°

Dividendo prioritário das — sem voto, CSC [11], art. 341.°

Emissão de — sem voto, CSC [11], art. 341.°

Falta de pagamento do dividendo prioritário das — sem voto, CSC [11], art. 342.°

Acções próprias

Alienação de —, CSC [11], art. 320.°

Aquisição de —, CSC [11], arts. 317.° s.

Aquisição de — não liberadas, CSC [11], art. 318.°

Caução de —, CSC [11], art. 325.°

Deliberação de alienação de —, CSC [11], art. 320.°

Deliberação de aquisição de —, CSC [11], art. 319.°

Penhor de —, CSC [11], art. 325.°

Redução do capital por extinção de —, CSC [11], art. 463.°

Regime das —, CSC [11], art. 324.°

Responsabilidade penal pela aquisição ilícita de —, CSC [11], art. 510.°

Subscrição de —, CSC [11], art. 316.°

Tempo de detenção das —, CSC [11], art. 323.°

Aceitante

Obrigações do —, LULLiv [106], art. 28.°

Aceite

Acção por falta de — da letra de câmbio, LULLiv [106], art. 43.°

— por intervenção de letra de câmbio, LULLiv [106], arts. 56.° s.

Apresentação ao — da letra de câmbio, LULLiv [106], art. 21.°

Aviso da falta de — de letra de câmbio, LULLiv [106], art. 45.°

Estipulações referentes ao — de letra de câmbio, LULLiv [106], art. 22.°

Forma de expressar o — de letra de câmbio, LULLiv [106], art. 45.°

Modalidades de —, LULLiv [106], art. 26.°

Prazo para a apresentação ao — da letra de câmbio, LULLiv [106], art. 23.°

Proibição de — de cheque LUCh [111], art. 4.°

Protesto por falta de — de letra de câmbio, LULLiv [106], art. 44.°

(V. *Aceitante*)

Acesso

— à actividade industrial, DL 519-I₁/79 [131].

Acordos

— anti-concorrenciais, L 18/2003 [91], art. 4.°

Acordos parassociais

Casos de nulidade dos —, CSC [11], art. 17.°, n.° 3

Efeitos dos —, CSC [11], art. 17.°, n.° 1

Objecto dos —, CSC [11], art. 17.°, n.° 2

LIV

Índice Analítico

Actas
— Lavradas por notário, CSC [11], art. 63.°
— das assembleias gerais da soc. por quotas, CSC [11], art. 248.°, n.° 6
— das reuniões da ass. geral da soc. anónima, CSC [11], art. 388.°
— das reuniões da ass. geral da soc. em nome colectivo, CSC [11], art. 189.°
Conteúdo das —, CSC [11], art. 63.°
Livro de —, CSC [11], art. 63.°
Função do Livro de —, CCom [1], art. 37.°
Obrigatoriedade do Livro de —, CCom [1], art. 31.°
Prova das deliberações pelas —, CSC [11], art. 63.°
Recusa ilícita de lavrar —, CSC [11], art. 521.°
Valor das — constantes de documento particular, CSC [11], art. 63.°

Actividade comercial
Acesso à —, DL 339/85 [132].

Actividade industrial
Acesso à —, DL 519-I$_1$/79 [131].

Actividade publicitária
Relações entre sujeitos da —, CPub [83], arts. 28.° s.

Activo superveniente
— ao encerramento da liquidação da sociedade, CSC [11], art. 164.°

Actos de comércio
Regime dos — unilaterais, CCom [1], art. 99.°
Regra da solidariedade nos —, CCom [1], art. 100.°
A fiança nos —, CCom [1], art. 101.°
— objectivos, CCom [1], art. 2.°
— subjectivos, CCom [1], art. 2.°
Noção de —, CCom [1], art. 2.°

Administração
— do est. ind. de resp. limitada, EIRL [35], arts. 8.° s.
— de fundos de capital de risco, SCR/ /FCR/ICR [30], arts. 12.° s.

— da massa insolvente, CIRE [141], arts. 149.° s.
— e prestação de contas da sociedade, CSC [11], art. 65.°
— da soc. anónima, CSC [11], arts. 390.° s.
Estrutura da — na soc. anónima, CSC [11], art. 278.°
(V. *Administradores, Conselho de administração, Directores* e *Gerentes*)

Administrador da insolvência
— CIRE [141], arts. 52.° s.
Estatuto do —, L 32/2004 [143].

Administradores
Caução dos —, da soc. anónima, CSC [11], art. 396.°
Destituição dos —, CSC [11], art. 403.°
Dever de diligência dos —, CSC [11], art. 64.°
Incapacidade superveniente dos —, CSC [11], art 401.°
Negócios dos — da soc. anónima com a sociedade, CSC [11], art. 397.°
Nomeação judicial de — da soc. anónima, CSC [11], art. 394.°
Obrigação de não concorrência dos — da soc. anónima, CSC [11], art. 398.°
Publicidade das participações dos — na sociedade, CSC [11], art. 447.°
Reforma dos —, CSC [11], art. 402.°
Regime da responsabilidade dos —, CSC [11], art. 73.°
Remuneração dos — da soc. anónima, CSC [11], art. 399.°
Renúncia dos —, CSC [11], art. 404.°
Responsabilidade dos — para com os credores sociais, CSC [11], art. 78.°
Responsabilidade dos — para com a sociedade, CSC [11], art. 72.°
Responsabilidade dos — quanto à constituição, CSC [11], art. 71.°
Responsabilidade penal dos —, CSC [11], arts. 509.°, 510.°, 514.°, 518.°, 522.°, 523.°, 525.°, 526.° e 528.°
Sociedades de — da insolvência SAI [142].
Substituição de — da soc. anónima, CSC [11], art. 393.°

LV

Índice Analítico

Suspensão de — da soc. anónima, CSC **[11]**, art. 400.°
Vinculação da sociedade pelos —, CSC **[11]**, art. 409.°
(V. *Conselho de administração*)

Admissão
— de novo sócio na soc. em nome colectivo, CSC **[11]**, art. 194.°

Afretador
(V. *contrato de fretamento*)

Agência
Contrato de —, DL 178/86 **[72]**.

Agências
Criação de — das soc. comerciais, CSC **[11]**, art. 13.°

Agências de câmbios
Regime das —, DL 3/94 **[19]**.

Agente
Direitos do —, DL 178/86 **[72]**, arts. 12.° s.
Obrigações do —, DL 178/86 **[72]**, art. 6.° s.

Agrupamento complementar de empresas
— ACE **[31]**.
— e obrigação de não concorrência, ACE **[32]**, art. 9.°
— e registo comerdal, ACE **[32]**, art. 4.°
Alteração do contrato de —, ACE **[32]**, art. 2.°
Capacidade do —, ACE **[32]**, art. 5.°
Causas de dissolução do —, ACE **[32]**, art. 16.°
Competência para o registo dos factos do —, CRegCom **[2]**, art. 25.°
Dissolução do —, ACE **[32]**, art. 16.°
Factos do — sujeitos a registo, CRegCom **[2]**, art 6.°
Firma do —, ACE **[32]**, art. 3.°
Forma do contrato de —, ACE **[31]**, Base III
Limitações à capacidade do —, ACE **[32]**, art 5.°
Lucro e —, ACE **[31]** e ACE **[32]**, art. 1.°

Objecto do —, ACE **[31]**, Base I
Processo de registo do —, CRegCom **[2]**, art. 38.°
Realização e partilha de lucros no —, ACE **[32]**, art 1.°
(V. *Agrupamento europeu de interesse económico*)

Agrupamento europeu de interesse económico
—, AEIE **[34]**.
Competência para o registo dos factos do —, CRegCom **[2]**, art. 25.°
Denominação do —, AEIE **[36]**, art. 4.°
Disposições penais em matéria de —, AEIE **[37]**.
Factos do — sujeitos a registo, CRegCom **[2]**, art. 7.°
Falência do —, AEIE **[36]**, art. 10.°
Gerência do —, AEIE **[36]**, art. 8.°
Personalidade jurídica do —, AEIE **[36]**, art. 1.°
Qualidade de comerciante do —, AEIE **[36]**, art. 3.°
Transformação do —, AEIE **[36]**, art. 11.°

Alienação fiduciária em garantia
—, DL 105/2004 **[75]**, arts. 14.° s.

Alteração
— do contrato de sociedade, CSC **[11]**, arts. 85.° e 86.°
— do texto do cheque, LUCh **[111]**, art. 51.°
— do texto da letra de cambio, LULLiv **[106]**, art. 69.°
Efeito retroactivo da — do contrato de sociedade, CSC **[11]**, art. 86.°

Aluguer
Comercialidade do —, CCom **[1]**, art. 481.°
Regime aplicável ao — mercantil, CCom **[1]**, art. 482.°
(V. *Locação financeira*)

Amortização de acções
—, CSC **[11]**, art. 346.°
— c/ redução de capital, CSC **[11]**, art. 347.°
Responsabilidade penal pela — com violação do princípio da intangibi-

Índice Analítico

lidade do capital social, CSC [11], art. 513.º

Amortização de quota
— na soc. por quotas, CSC [11], arts. 232.º s.
Contrapartida da — na soc. por quotas, CSC [11], art. 235.º
Efeitos da — quanto ao capital, art. 237.º
Forma da — na soc. por quotas, CSC [11], art. 234.º
Prazo da — na soc. por quotas, CSC [11], art. 234.º
Pressupostos da — na soc. por quotas, CSC [11], art. 233.º
Resalva do capital na —, CSC [11], art. 236.º
Responsabilidade penal pela — com violação do princípio da intangibilidade do capital social, CSC [11], art. 513.º
Responsabilidade penal pela — dada em penhor, CSC [11], art. 512.º
Responsabilidade penal pela — não liberada, CSC [11], art. 511.º
Responsabilidade penal pela — objecto de usufruto, CSC [11], art. 512.º

«Antitrust»
—, L 18/2003 [91], arts. 8.º s., e RegCE 139/2004 [92].

Apólice de seguro
—, DL 72/2008 [76], arts. 33.º s.
Menções especiais da — contra riscos de mar, CCom [1], art. 596.º

Apresamento
(V. *Naufrágio*)

Apresentação
— de cheque a uma câmara de compensação, LUCh [110], art. 31.º
Prazo para — a pagamento do cheque, LUCh [110], art. 29.º
Prazo para — a pagamento da letra de câmbio, LULLiv [106], art. 38.º

Apresentação à insolvência
Requisitos da petição inicial de —, CIRE [141], arts. 23.º s.

Aquisição de quotas
— próprias, CSC [11], art. 220.º

Armazéns gerais agrícolas
Fins dos —, D 206 [101], art. 1.º
Regulamento dos —, D 206 [101].
(V. *Cautela de penhor ("warrant")* e *Conhecimento de depósito*)

Armazénas gerais do comércio
Noção de —, CCom [1], art. 94.º

Armazéns gerais industriais
Fins dos —, D 783 [102], art. 1.º
Regulamento dos —, D 783 [102].
(V. *Cautela de penhor ("warrant")* e *Conhecimento de depósito*)

Armazéns ou lojas
Noção de —, CCom [1], art. 95.º

Arresto
— das mercadorias depositadas em armazéns gerais, CCom [1], art. 414.º
— de navio despachado para viagem, CCom [1], art. 491.º

Arribadas forçadas
— ilegítimas, CCom [1], art. 658.º
— legítimas, CCom [1], art. 657.º
Causas de —, CCom [1], art. 654.º
Consequências das —, CCom [1], art. 659.º
Formalidades das —, CCom [1], art. 655.º

Assembleia de credores
—, CIRE [141], arts. 72.º s.

Assembleia geral
Actas da reunião da — da soc. anónima, CSC [11], art. 388.º
— anual da soc. anónima, CSC [11], art. 376.º
— das cooperativas, CCoop [38], arts 44.º s.
Competência da — da sociedade anónima europeia, SE [14], arts. 52.º s.
Convocação da — da soc. anónima pela comissão da auditoria, CSC [11], art. 377.º, n.º 7

LVII

Índice Analítico

Convocação da — da soc. anónima pelo conselho fiscal, CSC [11], art. 377.°, n.° 7

Convocação da — da soc. anónima pelo conselho geral e de supervisão, CSC [11], art. 377.°, n.° 7

Convocação da — da soc. em nome colectivo, CSC [11], art. 189.°

Convocação da — da soc. por quotas, CSC [11], art. 248.°

Convocação e forma de realização da — da soc. anónima, CSC [11], art. 377.°

Direito de participar na —, CSC [11], arts. 248.°, n.° 5, e 379.°

Funcionamento da — na soc. em nome colectivo, CSC [11], art. 189.°

Informações em — da soc. anónima, CSC [11], art. 290.°

Informações preparatórias da — na soc. anónima, CSC [11], art. 289.°

Irregularidade na convocação da —, CSC [11], art. 515.°

Lista de presenças na — da soc. anónima, CSC [11], art. 382.°

Mesa da — na soc. anónima, CSC [11], arts. 374.° e 374.°-A

Participação na — da soc. anónima, CSC [11], art. 379.°

Participação na — dos titulares de acções preferenciais sem voto, CSC [11], art. 343.°

Participação fraudulenta em —, CSC [11], arts. 517.° e 386.°

Perturbação do funcionamento da —, CSC [11], art. 516.°

Quórum da — da soc. anónima, CSC [11], arts. 383.° e 386.°

Representação de accionistas na —, CSC [11], arts. 380.° s.

Representação dos sócios na da soc. por quotas, CSC [11], art. 249.°

(V. *Ordem do dia*)

Assembleias gerais universais

Deliberações tomadas em —, CSC [11], art. 54.°

Assinaturas

— inválidas em cheques, LUCh [110], art. 10.°

— inválidas em letras de câmbio, LULLiv [106], art. 7.°

Associação em participação

— e participação nas perdas, DL 231/81 [33], art. 25.°

— e participação nos lucros, DL 231/81 [33], art. 25.°

— e pluralidade de associados, DL 231//81 [33], art. 22.°

Deveres do associante na —, DL 231/81 [33], art. 26.°

Efeitos da morte do associado na —, DL 231/81 [33], art. 28.°

Efeitos da morte do associante na —, DL 231/81 [33], art. 28.°

Extinção da —, DL 251/81 [33], art. 27.°

Forma do contrato de —, DL 231/81 [33], art. 23.°

Noção de — DL 231/81 [33], art. 21.°

Associações

(V. *Denominações*)

Aumento do capital

— e direito de usufruto na soc. anónima, CSC [11], art. 462.°

— e direito de usufruto na soc. por quotas, CSC [11], art. 269.°

— por emissão de obrigações convertíveis em acções, CSC [11], art. 370.°

— por incorporação de reservas, CSC [11], arts. 91.° s.

— por via de novas entradas, CSC [11], art. 89.°

— da soc. anónima resolvido pelo órgão de administração, CSC [11], art. 456.°

Caducidade da deliberação de, CSC [11], art. 89.°, n.° 4

Deliberação de —, CSC [11], art. 87.°

Direito de preferência no — da soc. anónima, CSC [11], arts. 458.° s.

Direito de preferência no — da soc. por quotas, CSC [11], arts. 266.° s.

Eficácia interna da —, CSC [11], art. 88.°

Fiscalização do —, CSC [11], arts. 90.° e 93.°

LVIII

Índice Analítico

Autoridade da concorrência
— L 18/2003 **[91]**, arts. 14.º s.

Auxiliares de comércio
Função dos —, CCom **[1]**, art. 257.º
Responsabilidade pelos actos dos —, CCom **[1]**, art. 258.º

Auxílios de Estado
— como prática anti-concorrencial, L 18/2003 **[91]**, art. 13.º

Aval
Forma do — no cheque, LUCh **[110]**, art. 26.º

Forma do — na letra de câmbio, LULLiv **[106]**, art. 31.º
Função do — no cheque, LUCh **[110]**, art. 25.º
Função do — na letra de câmbio, LULLiv **[106]**, art. 31.º
(V. *Avalista*)

Avalista
Responsabilidade do — de cheque, LUCh **[110]**, art. 27.º
Responsabilidade do — de letra de câmbio, LULLiv **[106]**, art. 32.º

Avarias
Conceito de —, CCom **[1]**, art. 634.º
Espécies de —, CCom **[1]**, art. 635.º

B

Balanço
Obrigatoriedade de —, CCom **[1]**, art. 62.º

Banqueiro
Noção de —, LUCh **[110]**, art. 54.º

Beneficiário
— do cheque, LUCh **[110]**, art. 5.º

Bens móveis
(V. *Navios*)

C

Caducidade
— do contrato de seguro, DL 72/2008 **[76]**, arts. 109.º s.
— do registo comercial, CRegCom **[2]**, art. 18.º
— dos direitos de propriedade industrial, CPI **[151]**, art. 37.º
(V. *Denominações de origem, Indicações geográficas, Logótipos, Marcas, Modelos ou desenhos, Modelos de utilidade, Patente, Topografias de produtos semicondutores* e *Recompensas*)

Caixeiros
Função dos —, CCom **[1]**, art. 257.º
Poderes dos —, CCom **[1]**, arts. 259.º e 260.º
Responsabilidade pelos actos dos —, CCom **[1]**, art. 258.º

Câmara de compensação
Apresentação do cheque a uma —, LUCh **[110]**, art 31.º

Caminho de ferro
(V. *Transporte*)

Cancelamento
— de registo comercial, CRegCom **[2]**, art. 20.º

Capacidade comercial
— CCom **[1]**, art. 7.º
Lei reguladora da —, CCom **[1]**, art. 12.º

Capacidade jurídica
— e objecto do contrato, CSC **[11]**, art. 6.º, n.º 4
— das sociedades comerciais, CSC **[11]**, art. 6.º

Capital
Aumento do — do est. ind. de resp. limitada, EIRL **[35]**, arts. 17.º s.
— do est. ind. de resp. limitada, EIRL **[35]**, art. 3.º

LIX

Índice Analítico

— da sociedade anónima europeia, SE **[14]**, art. 4.º
Intangibilidade do — do est. ind. de resp. limitada, EIRL **[35]**, art. 14.º
Redução do — do est. ind. de resp. limitada, EIRL **[35]**, arts. 19.º s.
(V. *Capital social*)

Capital social
— das cooperativas, CCoop **[38]**, arts 18.º s.
— mínimo na soc. anónima, CSC **[11]**, art. 276.º
— mínimo na sociedade por quotas, CSC **[11]**, art. 201.º
— mínimo das sociedades administradoras de compras em grupo, SACEG **[18]**, art. 8.º
— mínimo das sociedades de capital de risco, SCR/FCR/ICR **[30]**, art. 8.º
— mínimo das sociedades de desenvolvimento regional, SDR **[16]**, art. 2.º
— mínimo das sociedades de gestão e investimento imobiliário, SGII **[17]**, art. 2.º
— mínimo das sociedades gestoras de patrimónios, SGP **[21]**, art. 2.º, nota.
— mínimo das sociedades mediadoras do mercado monetário e do mercado de câmbios, DL 110/94 **[20]**, art. 2.º
Conservação do —, CSC **[11]**, arts. 31.º s.
Expressão do —, CSC **[11]**, art. 13.º
Integração do — na soc. por quotas, CSC **[11]**, art. 207.º
Perda do —, CSC **[11]**, art. 35.º
Redução do —, CSC **[11]**, arts. 94.º s.
Ressalva do — na amortização da quota, CSC **[11]**, art. 236.º
(V. *Aumento do capital* e *Redução do capital*)

Capitão
Atribuições do —, DL 384/99 **[129]**, art. 5.º
Obrigações do —, DL 384/99 **[129]**, art. 6.º
Poderes de representação do —, DL 384/99 **[129]**, art. 8.º
Responsabilidade do —, DL 384/99 **[129]**, art. 5.º
(V. *Navegabilidade* e *Proprietário*)

Caução
— dos administradores da soc. anónima, CSC **[11]**, art. 396.º

Cautela de Penhor ("warrant")
Titular da —, CCom **[1]**, art. 409.º, D 206 **[101]**, art. 28.º, e D 783 **[102]**, art. 20.º
Transmissão da —, CCom **[1]**, arts. 411.º, 412.º e 413.º, D 206 **[101]**, art. 31.º, e D 783 **[102]**, art. 26.º
(V. *Conhecimento de Depósito, Portador* e *Protesto*)

Certificados de depósito
—, DL 372/91 **[54]**.

Cessação
— do contrato de seguro, DL 72/2008 **[76]**, arts. 105.º s.
Compensação por — do mandato comercial, CCom **[1]**, art. 246.º

Cessão de créditos
A — como forma de transmissão do cheque, LUCh **[110]**, art. 14.º
A — como forma de transmissão de letras, LULLiv **[106]**, art. 11.º

Cessão de quotas
— na soc. por quotas, CSC **[11]**, arts. 228.º s.
Cláusulas contratuais sobre a —, CSC **[11]**, art. 229.º
Consentimento para a —, CSC **[11]**, arts. 230.º s.

Cheque
Admissibilidade de vários exemplares do —, LUCh **[110]**, arts. 49.º e 50.º
Alteração do texto do —, LUCh **[110]**, art. 51.º
Aval do —, LUCh **[110]**, arts. 25.º s.
— a levar em conta, LUCh **[110]**, art. 39.º
O — e o beneficiário do —, LUCh **[110]**, art. 5.º
— cruzado, LUCh **[110]**, arts. 37.º s.
— endossável e regularidade da sucessão dos endossos, LUCh **[110]**, art. 35.º

Índice Analítico

O — e o pagamento, LUCh [110], arts. 28.° s.
— e provisão, LUCh [110], art. 3.°
— e representação, LUCh [110], art. 11.°
Divergências na indicação do montante do —, LUCh [110], art. 9.°
Efeito das assinaturas inválidas no cheque, LUCh [110], art. 10.°
Emissão de — sem provisão, D 13004 [114].
Endosso do —, LUCh [110], arts. 15.° s.
Formas de transmissão do —, LUCh [110], art. 14.°
Lugar do pagamento do —, LUCh [110], art. 8.°
Obrigatoriedade de pagamento do —, DL 454/91 [115], arts. 8.° s.
Prescrição das acções relativas ao —, LUCh [110], arts. 52.° e 53.°
Proibição de aceite de —, LUCh [110], art. 4.°
Regime penal do —, DL 454/91 [115], arts. 11.° s.
Requisitos do —, LUCh [110], art. 1.°
Restrições ao uso do —, DL 454/91 [115], arts. 1.° s.
Revogação do —, LUCh [110], art. 32.°
Violação do pacto de preenchimento do —, LUCh [110], art. 13.°
(V. *Aceite, Apresentação, Aval, Banqueiro, Convenção de cheque, Cruzamento, Emissão, Endossante, Endosso, Juros, Pagamento, Perdão, Portador, Prazo, Provisão, Sacado, Sacador* e *Saque*)

Cheques
Convenção destinada a regular certos conflitos de leis em matéria de —, ConvCh/II [112].
Convencão estabelecendo uma lei uniforme em maténa de —, ConvCh/I [111].
Convenção relativa ao imposto do selo em matéria de —, ConvCh/III [113].
(V. *Cheque*)

Cisão
— de cooperativas, CCoop [38], arts. 75.° s.

— dissolução, CSC [11], arts. 126.° s.
— fusão, CSC [11], arts. 128.° s.
— simples, CSC [11], arts. 123.° s.
Constituição de sociedade comercial por —, CSC [11], art. 7.°, n.° 4
Exclusão da novação na —, CSC [11], art. 121.°
Modalidades da —, CSC [11], art. 118.°
Noção de —, CSC [11], art. 118.°
Projecto de —, CSC [11], art. 119.°
Responsabilidade por dívidas na —, CSC [11], art. 122.°

Cláusulas contratuais
— gerais, DL 446/85 [71].

Cláusulas de exclusão
— de responsabilidade civil dos órgãos de administração e fiscalização, CSC [11], art. 74.°

Cláusulas de limitação
— de responsabilidade dos membros dos orgãos de administração e fiscalização, CSC [11], art. 74.°

Código Cooperativo
—, CCoop [38].

Código da Insolvência e da Recuperação de Empresas
—, CIRE [141].

Código da Propriedade Industrial
—, CPI [151].

Código dos Valores Mobiliários
—, CodVM [51].

Comerciante
Quem é —, CCom [1], art. 13.°
Quem não pode ser —, CCom [1], art. 14.°
Qualidade de — do agr. europ. de int. económico, AEIE [36], art. 3.°
(V. *Actividade comercial* e *Empresário individual*)

Comerciante em nome individual
Factos do — sujeitos a registo, CRegCom [2], art. 2.°

LXI

Índice Analítico

Legitimidade para pedir actos de registo do —, CRegCom [2], art. 29.º
Processo de registo do —, CRegCom [2], art. 34.º

Comissão
— e negócio consigo mesmo, CCom [1], art. 274.º
Conversão do depósito em —, CCom [1], art. 406.º
Execução defeituosa da —, CCom [1], art. 270.º
Noção de —, CCom [1], art. 266.º
(V. *Comissário* e *Contrato de agência*)

Comissão de auditoria
— da sociedade anónima, CSC [11], arts. 423.º-B s.

Comissão de credores
— CIRE [141], arts. 66.º s.

Comissário
Direitos e obrigações do —, CCom [1], art. 267.º
Poderes do —, CCom [1], arts. 271.º e 272.º
Responsabilidade do —, CCom [1], art. 268.º
Vinculação do —, CCom [1], art. 268.º
(V. *Comissão*)

Comitente
Direitos e obrigações do —, CCom [1], art. 267.º

Compensação
— por cessação do mandato comercial, CCom [1], art. 246.º

Competência
— do conselho de administração, CSC [11], art. 405.º
(V. *Abalroação* e *Navios*)

Competência internacional
— dos tribunais portugueses em matéria de obrigações comerciais, CCom [1], art. 5.º

Compra
— de coisas que não estejam à vista, CCom [1], art. 470.º
(V. *Compra e venda* e *Venda*)

Compra e venda
— a pronto em feira ou mercado, CCom [1], art. 475.º
— de coisas alheias, CCom [1], art. 467.º
— de coisas incertas, CCom [1], art. 467.º
— e determinação posterior do preço, CCom [1], art. 466.º
— e entrega da factura e do recibo, CCom [1], art. 476.º
— e falência do comprador, CCom [1], art. 468.º
— não comerciais, CCom [1], art. 464.º
Contrato de — para pessoa a nomear, CCom [1], art. 465.º
Requisitos da comercialidade da —, CCom [1], art 463.º
(V. *Venda*)

Concentrações
— de empresas, L 18/2003 [91], arts. 8.º s., e RegCE 139/2004 [92].

Concorrência
(V. *Defesa da Concorrência* e *Obrigação da não concorrência*)

Concorrência desleal
—, CPI [151], art. 317.º

Condições contratuais
(V. *Cláusulas contratuais*)

Confederações
— de cooperativas, CCoop [38], art. 85.º

Conflitos de consumo
Resolução extrajudicial de —, DL 146//99 [87].

Conhecimento de carga
Âmbito de aplicação da Conv Brux [103] sobre —, DL 37748 [104].

LXII

Índice Analítico

Convenção Internacional para a Unificação de certas regras em matéria de —, Conv Brux [**103**].
Emissão do —, DL 352/86 [**122**], art. 8.°

Conhecimento de depósito
Menções do — em armazéns gerais, CCom [**1**], art. 408.°, D 206 [**101**], art. 24.°, e D 783 [**102**], art. 21.°
Titular do —, CCom [**1**], art. 409.°, D 206 [**101**], art. 28.°, e D 783 [**102**], art. 20.°
Transmissão do —, CCom [**1**], arts. 411.° e 413.°, D 206 [**101**], art. 31.°, e D 783 [**102**], art. 26.°
(V. *Cautela de Penhor*)

Cônjuges
Insolvência de ambos os —, CIRE [**141**], arts. 264.° s.
Participação de — nas soc. comerciais, CSC [**11**], art. 8.°

Conselho de administração
Competência do —, CSC [**11**], art. 405.°
Composição do — da soc. anónima, CSC [**11**], art. 390.°
Delegação dos poderes de gestão do —, CSC [**11**], art. 407.°
Deliberações do —, CSC [**11**], art. 410.°
Designação do — da soc. anónima, CSC [**11**], art. 391.°
Invalidade das deliberações do —, CSC [**11**], arts. 411.° s.
Poderes de gestão do —, CSC [**11**], art. 406.°
Poderes de representação do —, CSC [**11**], art. 408.°
Presidente do —, CSC [**11**], art. 395.°
Regras especiais de eleição —, CSC [**11**], art. 392.°
Reuniões do —, CSC [**11**], art. 410.°
Tempo de funções do —, CSC [**11**], art. 391.°, n.° 4
(V. *Administradores* e *Conselho de administração executivo*)

Conselho de administração executivo
Competência do —, CSC [**11**], art. 431.°
Composição do —, CSC [**11**], art. 424.°

Deliberações do —, CSC [**11**], art. 433.°
— das cooperativas, CCoop [**38**], arts. 55.° s.
— da soc. anónima, CSC [**11**], arts. 278.° e 424.° s.
Designação dos membros do —, CSC [**11**], art. 425.°
Destituição dos membros do —, CSC [**11**], art. 430.°
Presidente do — da soc. anónima, CSC [**11**], art. 427.°
Relações do — com o conselho geral e de supervisão, CSC [**11**], art. 432.°
(V. *Administradores* e *Conselho de administração*)

Conselho fiscal
Competência do —, CSC [**11**], art. 420.°
Composição qualitativa do —, CSC [**11**], art. 414.°
Composição quantitativa do —, CSC [**11**], art. 413.°
— nas soc. por quotas, CSC [**11**], art. 262.°
— das cooperativas, CCoop [**38**], arts 60.° s.
Convocação da ass. geral da soc. anónima pelo —, CSC [**11**], art. 377.°, n.° 7
Deliberações do —, CSC [**11**], art. 423.°
Designação dos membros do —, CSC [**11**], art. 415.°
Destituição dos membros do —, CSC [**11**], art. 419.°
Deveres dos membros do —, CSC [**11**], art. 422.°
Estrutura do —, CSC [**1**], art. 413.°
Incompatibilidades dos membros do —, CSC [**11**], art. 414.°-A
Nomeação judicial de membros do —, CSC [**11**], arts. 417.° s.
Nomeação oficiosa do rev. of. de contas para membro do —, CSC [**11**], art. 416.°
Poderes do —, CSC [**11**], art. 421.°
Presidente do —, CSC [**11**], art. 414.°-B
Reuniões do —, CSC [**11**], art. 423.°
Substituição de membros de —, CSC [**11**], art. 415.°
Suspensão dos administradores pelo —, CSC [**11**], art. 400.°

LXIII

Índice Analítico

Conselho geral e de supervisão
Comissões do —, CSC [11], art. 444.°
Competência do —, CSC [11], art. 441.°
Composição do —, CSC [11], art. 434.°
Convocação da ass. geral da soc. anónima pelo —, CSC [11], art. 377.°, n.° 7
Convocação do —, CSC [11], art. 445.°
Deliberações do —, CSC [11], art. 445.°
Designação do —, CSC [11], art. 435.°
Negócios celebrados entre membros do — a sociedade, CSC [11], art. 445.°
Nomeação judicial de membros do —, CSC [11], art 439.°
Poderes de gestão do —, CSC [11], art. 442.°
Poderes de representação do —, CSC [11], art. 443.°
Presidência do —, CSC [11], art. 436.°
Relações do — com o conselho de administração, CSC [11], art. 432.°
Remuneração dos membros do —, CSC [11], art 440.°
Substituição de membros do —, CSC [11], art. 438.°

Consentimento
— para a cessão de acções nominativas, CSC [11], arts. 328.° s.
— para a cessão de quotas, CSC [11], art. 228.°
Recusa do — para a cessão de acções normativas, CSC [11], art. 329.°
Recusa do — para a cessão de quotas, CSC [11], art. 231.°

Conservação de capital social
—, CSC [11], arts. 31.° s.

Consolidação de contas
— de empresas financeiras, DL 88/2004 [45] e DL 35/2005 [46].
— de empresas seguradoras, DL 147/94 [45] e DL 35/2005 [46].
— de instituições financeiras, DL 36/92 [43] e DL 35/2005 [46].
— de sociedades, DL 238/91 [42] e DL 35/2005 [46].

Constituição
— do est. ind. de resp. limitada, EIRL [35], arts. 1.° s.

— de fundos de capital de risco, SCR/ /FCR/ICR [30], arts. 10.° s.
— on-line de sociedades, DL 125/2006 [5].
— de sociedade anónima europeia "filial", SE [14], arts. 35.° s.
— de sociedade anónima europeia por meio de fusão, SE [14], arts. 17.° s.
— de uma sociedade anónima europeia "holding", SE [14], arts. 32.° s.
— da soc. comercial e vantagens especiais, CSC [11], art. 16.°
— de sociedades de administradores da insolvência, SAI [142].
— de sociedades administradoras de compras em grupo, SACEG [18].
— de sociedades de capital de risco, SCR/FCR/ICR [30], art. 8.°
— de sociedades corretoras, DL 262/ /2001 [29].
— das soc. de desenvolvimento regional, SDR [16].
— das sociedades de factoring, DL 171/ /95 [25].
— de sociedades financeiras de corretagem, DL 262/2001 [29].
— de sociedades financeiras para aquisição de crédito, SFAC [26].
— de sociedades de garantia mútua, SGM [28].
— das sociedades de gestão e inv. imobiliário, SGII [17].
— de sociedades gestoras de empresas, SGE [27].
— de sociedades gestoras de participações sociais, SGPS [15].
— de sociedades gestoras de patrimónios, SGP [21].
— de sociedades de investimento, DL 260/94 [23].
— de sociedades de locação financeira, DL 72/95 [24].
— de sociedades mediadoras do mercado monetário, DL 110/94 [20].
— de sociedades unipessoais, DL 212/ /94 [22].
Modos de — da sociedade anónima europeia, SE [14], arts. 1.°, 2.° e 15.° s., e DL 2/2005 [14-A], arts. 5.° s.
Publicidade do relatório da — da soc. comercial, CSC [11], art. 28.°

LXIV

Índice Analítico

Regime especial de — imediata de sociedades, DL 111/2005 **[4]**.
Responsabilidade quanto à — da soc. comercial, CSC **[11]**, art. 71.°
(V. *Contrato de sociedade*)

Consumidor
Direitos do —, L 24/96 **[81]**, arts. 3.° s.
(V. *Defesa do consumidor*)

Conta corrente
Efeitos do contrato de —, CCom **[1]**, art. 346.°
Efeitos do encerramento da —, CCom **[1]**, art. 350.°
Encerramento e liquidação da —, CCom **[1]**, art. 348.°
Noção de —, CCom **[1]**, art. 344.°
Objecto da —, CCom **[1]**, art. 345.°
Termo do contrato de —, CCom **[1]**, art. 349.°

Contas anuais
Elaboração das — do est. ind. de resp. limitada, EIRL **[35]**, arts. 12.° s.

Contas de exercício
— na soc. por quotas, CSC **[11]**, art. 263.°
(V. *Consolidação de contas*)

Contitularidade
— de acções, CSC **[11]**, art. 303.°
— de quotas, CSC **[11]**, arts. 222.° s.

Contrato de agência
—, DL 178/86 **[72]**.
Cessação do —, DL 178/86 **[72]**, arts. 24.° s.
Sujeição a registo comercial do —, CRegCom **[2]**, art. 10.°

Contrato de consórcio
Forma do —, DL 231/81 **[33]**, art, 3.°
Funções do chefe do consórcio no — externo, DL 231/81 **[33]**, arts. 12.° s.
Modalidades do —, DL 231/81 **[33]**, art. 5.°
Noção do —, DL 231/81**[33]**, art. 1.°
Objecto do —, DL 231/81 **[33]**, art. 2.°
Proibição de fundos comuns no —, DL 231/81 **[33]**, art. 20.°

Relações com terceiros no —, DL 231//81 **[33]**, art 19.°
Resolução do —, DL 231/81 **[33]**, art. 10.°

Contrato de construção
(V. *Navios*)

Contrato de crédito
— ao consumo, DL 133/2009 **[96]**, arts. 5.° s.

Contrato fretamento
—, DL 191/87 **[124]**.

Contrato de grupo paritário
— entre sociedades, CSC **[11]**, art. 492.°

Contrato de locação financeira
—, DL 149/95 **[73]**.

Contrato de risco
Do — no comércio marítimo CCom **[1]**, arts. 626.° s.

Contrato de seguro
Caducidade do —, DL 72/2008 **[76]**, arts. 109.° s.
Celebração do —, DL 72/2008 **[76]**, art. 27.°
Celebração do — com intervenção de um mediador, DL 72/2008 **[76]**, arts. 28.° s.
Cessação do —, DL 72/2008 **[76]**, arts. 105.° s.
Conteúdo do —, DL 72/2008 **[76]**, arts. 43.° s.
Conteúdo típico do —, DL 72/2008 **[76]**, art. 1.°
— cuja celebração é proibida, DL 72//2008 **[76]**, art. 14.°
— e liberdade contratual, DL 72/2008 **[76]**, arts. 11.° s.
Denúncia do —, DL 72/2008 **[76]**, arts. 112.° s.
Deveres de informação no —, DL 72//2008 **[76]**, arts. 18.° s.
Forma do —, DL 72/2008 **[76]**, art. 32.°
Lei aplicável ao —, DL 72/2008 **[76]**, arts. 5.° s.
Lei aplicável ao — obrigatório, DL 72//2008 **[76]**, art. 10.°

LXV

Índice Analítico

Proibição de práticas discriminatórias na celebração do —, DL 72/2008 **[76]**, art. 15.º
Proibição de práticas discriminatórias na cessação do —, DL 72/2008 **[76]**, art. 15.º
Proibição de práticas discriminatórias na execução do —, DL 72/2008 **[76]**, art. 15.º
Resolução do —, DL 72/2008 **[76]**, arts. 116.º s.
Sujeitos do —, DL 72/2008 **[76]**, arts. 16.º s.
Revogação do —, DL 72/2008 **[76]**, art. 111.º
Vicissitudes do —, DL 72/2008 **[76]**, arts. 91.º s.
Vigência do —, DL 72/2008 **[76]**, arts. 39.º s.
(V. *Apólice de seguro* e *Seguro*)

Contrato de sociedade
Acção de declaração de nulidade do —, CSC **[11]**, art. 44.º
Alteração do —, CSC **[11]**, arts. 85.º e 86.º
Alteração do — anónima, CSC **[11]**, arts. 383.º e 386.º
Alteração do — em comandita simples, CSC **[11]**, art. 476.º
Alteração do — em nome colectivo, CSC **[11]**, art. 194.º
Alteração do — por quotas, CSC **[11]**, art. 265.º
Alterações do — com efeitos retroactivos, CSC **[11]**, art. 86.º
Conteúdo do — em nome colectivo, CSC **[11]**, art. 176.º
Conteúdo do — por quotas, CSC **[11]**, art. 199.º
Conteúdo obrigatório do — da soc. anónima, CSC **[11]**, art. 272.º
— em comandita, CSC **[11]**, art. 466.º
Derrogabilidade pelo — dos preceitos dispositivos da lei, CSC **[11]**, art. 9.º, n.º 3
Efeitos da invalidade do —, CSC **[11]**, arts. 47.º s.
Efeitos do registo do —, CSC **[11]**, art. 19.º
Elementos do —, CSC **[11]**, art. 9.º

Forma do —, CSC **[11]**, art. 7.º, n.º 1
Gestão de uma carteira de títulos como objecto do —, CSC **[11]**, art. 11.º, n.º 5
Invalidade do — antes do registo, CSC **[11]**, art. 41.º
Invalidade — e liquidação, CSC **[11]**, art. 165.º
Menção no — das vantagens especiais, CSC **[11]**, art. 16.º
Objecto do —, CSC art. 11.º
Objecto do — e capacidade jurídica, CSC **[11]**, art. 6.º, n.º 4
Partes do —, CSC **[11]**, art. 7.º, n.ᵒˢ 2 e 3
Registo prévio do —, CSC **[11]**, art. 18.º

Contrato de subordinação
— entre sociedades, CSC **[11]**, art. 493.º s.

Contrato de suprimento
— na soc. por quotas, CSC **[11]**, arts. 243.º s.

Contrato de transporte
— rodoviário nacional de mercadorias, DL 239/2003 **[74]**.

Contratos
— celebrados a distância, DL 143/2001 **[89]**, arts. 2.º s.
— ao domicílio, DL 143/2001 **[89]**, arts. 13.º s.
— de garantia financeira, DL 105/2004 **[75]**.
Invalidade dos — celebrados sob influência de práticas comerciais desleais, DL 57/2008 **[95]**, art. 14.º
(V. *Cláusulas contratuais*)

Conversão
— de acções em acções preferenciais sem voto, CSC **[11]**, art. 344.º

Convenção de cheque
— e provisão, LUCh **[111]**, art. 3.º

Convocação
— da assembleia geral da soc. anónima, CSC **[11]**, art. 377.º
— da assembleia geral da soc. por quotas, CSC **[11]**, 248.º

LXVI

Índice Analítico

Convocatória
— enganosa, CSC [11], art. 520.°

Cooperadores
Deveres dos —, CCoop [38], art. 34.°
Direitos dos —, CCoop [38], art 33.°
Exclusão dos —, CCoop [38], art. 37.°
Responsabilidade dos —, CCoop [38], art. 35.°

Cooperativas
Capital social —, CCoop [38], arts. 18.° s.
Cisão de —, CCoop [38], arts. 75.° s.
Constituição de —, CCoop [38], arts. 10.° s.
Denominação das —, CCoop [38], art. 14.°
Dissolução das —, CCoop [38], art. 77.°
Espécies de —, CCoop [38], art. 5.°
Estatutos das —, CCoop [38], art. 15.°
Factos — das sujeitas a registo, CRegCom [2], art 4.°
Fusão de —, CCoop [38], arts. 74.° s.
Liquidação das —, CCoop [38], arts. 78.° s.
Noção —, CCoop [38], art. 2.°
Órgãos das —, CCoop [38], arts. 39.° s.
Processo de registo das —, CRegCom [2], art. 36.°
Títulos de investimento das —, CCoop [38], arts. 26.° s.
Transformação das —, CCoop [38], art. 80.°

Copiador
Função do —, CCom [1], art. 36.°
Obrigatoriedade do —, CCom [1], art. 31.°

Cópias
(V. *Letras*)

Correspondência
Admissibilidade da — telegráfica no comércio, CCom [1], art. 97.°
Valor da — telegráfica no comércio, CCom [1], art. 97.°

Co-seguro
—, DL 72/2008 [76], arts. 62.° s.

Credores obrigacionistas
Direitos dos — na fusão, CSC [11], art. 109.°
Direitos dos — na transformação, CSC [11], art. 138.°

Credores sociais
Direitos dos — quanto às entradas, CSC [11], art. 30.°
Responsabilidade dos liquidatários para com os —, CSC [11], art. 158.°

Crime
— de emissão de cheque sem provisão, D 13004 [114], e DL 454/91 [115], arts. 11.° s.

Cruzamento
Modalidades do — de cheques, LUCh [110], art. 37.°

Cumprimento
— da obrigação da entrada dos sócios, CSC [11], art. 27.°

Cupões
— de acções, CSC [11], art. 301.°

D

Decisões
— sujeitas a registo comercial, CRegCom [2], art. 9.°

Decisões judiciais
(V. *Registo comercial*)

Declaração de insolvência
Data da —, CIRE [141], art. 3.°

Efeitos da —, CIRE [141], arts. 81.° s.
Efeitos da — sobre os créditos, CIRE [141], arts. 90.° s.
Efeitos da — sobre os negócios em curso, CIRE [141], arts. 102.° s.
Efeitos processuais da —, CIRE [141], arts. 85.° s.
Pedido de —, CIRE [141], arts. 98.° s.

Índice Analítico

Sentença de —, CIRE **[141]**, arts. 36.° s.

Sujeitos da —, CIRE **[141]**, art. 20.°

Defesa da concorrência
—,L 18/2003 **[91]**.

Defesa do consumidor
—,L 24/96 **[81]**.
Associações de —, L 24/96 **[81]**, arts. 17.° s.
(V. *Conflitos de consumo*)

Delegações
Criação de — das soc. comerciais, CSC **[11]**, art. 13.°

Deliberações sociais
Âmbito das — dos accionistas, CSC **[11]**, art. 373.°
Assuntos objecto de — na soc. em nome colectivo, CSC **[11]**, art. 189.°
— de aumento de capital, CSC **[11]**, art. 87.°
— na sociedade anónima CSC **[11]**, art. 386.°
— na soc. em nome colectivo, CSC **[11]**, art. 189.°
— na soc. em comandita, CSC **[11]**, art. 472.°
— na soc. por quotas, CSC **[11]**, arts. 246.° s.
— nas sociedades abertas, CodVM **[51]**, arts. 22.° s.
— tomadas em assembleias universais, CSC **[11]**, art. 54.°
— de transformação, CSC **[11]**, arts. 133.° s.
— unânimes, CSC **[11]**, art. 54.°
Forma das —, CSC **[11]**, art. 53.°
Forma das — dos accionistas, CSC **[11]**, art. 373.°
Forma das — na soc. por quotas, CSC **[11]**, art. 247.°
Invalidade das — de aprovação das contas, CSC **[11]**, art. 69.°
Prova das — pelas actas, CSC **[11]**, art. 63.°
Registo das acções de invalidade de —, CSC **[11]**, art 168.°

Registo das acções de suspensão de —, CSC **[11]**, art. 169.°
(V. *Actas, Deliberações sociais anuláveis, Deliberações sociais ineficazes, Deliberações sociais nulas* e *Regresso à actividade*)

Deliberações sociais anuláveis
Arguição das —, CSC **[11]**, art. 59.°
—,CSC **[11]**, art. 58.°
Renovação de —, CSC **[11]**, art. 62.°

Deliberações sociais ineficazes
— por falta de assentimento do sócio, exigido por lei, CSC **[11]**, art. 55.°

Deliberações sociais nulas
— CSC **[11]**, art. 56.°
Iniciativa dos órgãos de fiscalização quanto a —, CSC **[11]**, art. 57.°
Renovação de —, CSC **[11]**, arts. 57.° e 62.°
Sujeito passivo da acção de invalidade de —, CSC **[11]**, art. 60.°

Denominações
Âmbito da exclusividade das —, DL 129/98 **[3]**, art. 35.°
Certificado de admissibilidade de —, DL 129/98 **[3]**, arts. 45.° s.
Conflito entre — e outros sociais distintivos, DL 129/98 **[3]**, art. 33.°
— de associações, DL 129/98 **[3]**, art. 36.°
— de fundações, DL 129/98 **[3]**, art. 36.°
— de outras pessoas colectivas, DL 129//98 **[3]** art. 43.°
— de sociedades civis, DL 129/98 **[3]**, art. 42.°
Perda do direito ao uso de —, DL 129/98 **[3]**, arts. 60.° s.
Princípio da novidade das —, DL 129//98 **[3]**, art. 33.°
Princípio da verdade das —, DL 129/98 **[3]**, art. 32.°
Recurso dos despachos de admissão ou indeferimento de —, DL 129/98 **[3]**, arts. 63.° s.
Uso ilegal de —, DL 129/98 **[3]**, art. 62.°

Índice Analítico

Denominações de origem
Caducidade do registo das —, CPI [151], art. 315.°

Definição de —, CPI [151], art. 305.°

Efeitos do registo das —, CPI [151], art. 312.°

Processo de registo das —, CPI [151], arts. 307.° s.

Denominações particulares
(V. *Firma*)

Denúncia
— do contrato de seguro, DL 72/2008 [76], arts. 112.° s.

Depósito
Conversão do — noutros contratos, CCom [1], art. 406.°

— de géneros e mercadorias nos armazéns gerais, CCom [1], arts. 408.° s.

— de valores mobiliários titulados, CodVM [51], arts. 99.° s.

Onerosidade do —, CCom [1], art. 404.°

Regime do — feito em bancos ou noutras sociedades, CCom [1], art. 407.°

Requisitos da comercialidade do —, CCom [1], art 403.°

(V. *Arresto, Cautela de penhor, Conhecimento de depósito* e *Penhora*)

Derrogabilidade
— dos preceitos dipositivos da lei pelo contrato de sociedade, CSC [11], art. 9.°, n.° 3.

Desapossamento
Inoponibilidade do — do cheque ao portador, LUCh [110], art. 21.°

Desenhos ou modelos
Definição de —, CPI [151], art. 173.°

Efeitos do registo dos —, CPI [151], arts. 199.° s.

Invalidade do registo dos —, CPI [151], arts. 208.° s.

Novidadde dos —, CPI [151], arts. 177.° s.

Processo do registo dos —, CPI [151], arts. 184.° s.

Protecção prévia dos —, CPI [151], arts. 211.° s.

Destituição
— dos administradores, CSC [11], art. 403.° e 430.°

— dos gerentes da soc. em comandita, CSC [11], art. 471.°

— dos gerentes da soc. por quotas, CSC [11], art. 257.°

— do representante comum dos obrigacionistas, CSC [11], art. 358.°

Dever de diligência
— dos administradores, CSC [11], art. 64.°

— dos gerentes, CSC [11], art. 64.°

Direito de indemnização
Nomeação de representantes especiais para o exercício do —, CSC [11], art. 76.°

Renúncia da sociedade ao —, CSC [11], art. 74.°

Transacção da sociedade s/o —, CSC [11], art. 74.°

Direito à informação
— na soc. anónima, CSC [11], arts. 288.° s.

— na soc. em comandita por acções, CSC [11], art. 480.°

— na soc. em nome colectivo, CSC [11], art. 181.°

— na soc. por quotas, CSC [11], arts. 214.° s.

(V. *Abuso de informação* e *Responsabilidade penal*)

Direito aos lucros
— na soc. anónima, CSC [11], art. 294.°

— na soc. por quotas, CSC [11], art. 217.°

Penhorabilidade do — na soc. em nome colectivo, CSC [11], art. 183.°

(V. *Lucros*)

Direito marítimo
(V. *Fretamento, Navio, Reboque marítimo* e *Salvação marítima*)

LXIX

Índice Analítico

Direito de preferência
— dos accionistas na subscrição de obrigações convertíveis, CSC [11], art. 367.°
— no aumento de capital da soc. anónima, CSC [11], arts. 458.° s
— no aumento do capital da soc. por quotas, CSC [11], arts. 266.° s.

Direito de retenção
— do transportador, CCom [1], art. 390.°, e DL 239/2003 [74], art. 14.°

Direito subsidiário
— aplicável às sociedades comerciais, CSC [11], art. 2.°

Direito de voto
— na soc. anónima, CSC [11], arts. 384.° s.
— na soc. em nome colectivo, CSC [11], art. 190.°
— na soc. por quotas, CSC [11], arts. 250.° s.
— nas sociedades abertas, CodVM [51], arts. 22.° s.
— do sócio de indústria, CSC [11], art. 190.°
— e participação na ass. geral da soc. anónima, CSC [11], art. 379.°
Impedimento ao — na soc. anónima, CSC [11], 384.°, n.° 6
Impedimento ao — na soc. por quotas, CSC [11], art. 251.°

Direitos
— dos credores sociais quanto às entradas dos sócios, CSC [11], art. 30.°
(V. *Sócios*)

Direitos especiais
Criação dos —, CSC [11], art. 24.°, n.° 1
Regime dos —, CSC [11], art. 24.°

Direitos de propriedade industrial
Caducidade dos —, CPI [151], art. 37.°
Extinção dos —, CPI [151], arts. 33.° s.
Licenças de —, CPI [151], art. 32.°
Renúncias aos —, CPI [151], art. 38.°
Transmissão de —, CPI [151], art. 31.°

Dissolução
— das cooperativas, CCoop [38], art. 77.°
— administrativa da soc. comercial, Anexo ao DL 76-A/2006 [6], arts. 4.° s.
— imediata de soc. comercial, CSC [11], art. 144.°, e Anexo ao DL 76-A/2006 [6], arts. 27.° s.
— de soc. comercial por deliberação, CSC [11], art. 142.°
— da soc. comercial por redução à unipessoalidade, CSC [11], art. 143.°
— da sociedade anónima, CSC [11], art. 464.°
— da sociedade anónima europeia, SE [14], arts. 63.° s.
— da soc. em comandita, CSC [11], art. 473.°
— da soc. em nome colectivo, CSC [11], art. 195.°
— da soc. por quotas, CSC [11], art. 270.°
Documento de — da soc. comercial, CSC [11], art. 145.°
Procedimento administrativo da — de soc. comercial, Anexo ao DL 76-A//2006 [6], arts. 4.° s.
Registo da — soc. comercial, CSC [11], art. 145.°
Violação do dever de propor a —, CSC [11], art. 523.°

Dívidas comerciais
— do cônjuge comerciante, CCom [1], art. 15.°
— de um dos cônjuges, CCom [1], art. 10.°

Dividendo prioritário
— das acções preferenciais sem voto, CSC [11], art 341.°
Falta de pagamento do — das acções pref. sem voto, CSC [11], art. 342.°

Dividendos
(V. *Lucros*)

Divisão de quotas
— na soc. por quotas, CSC [11], art. 221.°

LXX

Índice Analítico

Domicílio
— e sede da soc. comercial, CSC [11], art. 12.º, n.º 3

Duração
Aumento da — soc. comercial, CSC [11], art. 15.º

E

Efeitos
— da declaração de insolvência, CIRE [141], arts. 81.º s.
— processuais da declaração de insolência, CIRE [141], arts. 85.º s.
— sobre créditos da declaração de insolvência, CIRE [141], arts. 90.º s.
— sobre negócios em curso da declaração de insolvência, CIRE [141], arts. 102.º s.

Emissão
Data da — do cheque em caso de divergência de calendários, LUCh [110], art. 30.º
Deliberação de — de obrigações na soc. anónima, CSC [11], art. 350.º
— de acções para conversão de obrigações, CSC [11], art. 371.º
— de acções preferenciais sem voto, CSC [11], art. 341.º
— de cheque sem provisão, D 13004 [114].
— de obrigações com direito de subscrição de acções, CSC [11], arts. 372-A s.
— de obrigações convertíveis em acções, CSC [11], art. 366.º
— de obrigações na soc. anónima, CSC [11], arts. 348.º s.
— de obrigações por entidades diferentes de sociedades, DL 320/89 [53].
— de *papel comercial*, DL 69/2004 [57], arts. 4.º s.
— de valores mobiliários, CodVM [51], arts. 43.º s.
Irregularidade na — de títulos, CSC [11], art. 526.º
Registo da — de obrigações na soc. anónima, CSC [11], art. 351.º
(V. *Acções*)

— do contrato de seguro, DL 72/2008 [76], art. 4.º
— da gerência na soc. por quotas, CSC [11], art. 256.º
— da soc. comercial, CSC [11], art. 15.º

Empresa
Noção de — para efeitos de insolvência, CIRE [141], art. 5.º

«Empresa na Hora»
—,DL 111/2005 [4].

Empresário individual
Condições para obtenção do cartão de —, DL 339/85 [132], art. 3.º
(V. *Comerciante* e *Firma*)

Empresas
— comerciais, CCom [1], art. 230.º
— não comerciais, CCom [1], art. 230.º
Concentrações de —, L 18/2003 [91], arts. 8.º s., e RegCE 139/2004 [92].

Empresas financeiras
— consolidação de contas de —, DL 88/ /2004 [45].

Empresas públicas
—,CCom [1], art. 230.º, nota 6.
Factos das — sujeitas a registo, CRegCom [2], art. 5.º

Empréstimo
Conversão do depósito em — mercantil, CCom [1], art. 406.º
— bancário sobre penhores, CCom [1], art. 402.º
Onerosidade do — mercantil, CCom [1], art. 395.º
Prova do — mercantil, CCom [1], art. 396.º
Requisitos da comercialidade —, CCom [1], art. 394.º

LXXI

Índice Analítico

Encerramento
— da liquidação da soc. comercial, CSC [**11**], art. 160.º
(V. *Conta-corrente*)

Endossante
Responsabilidade do — de cheque, LUCh [**110**], art. 18.º
Responsabilidade do — da letra de câmbio, LULLiv [**106**],art. 15.º

Endosso
Efeitos do — do cheque, LUCh [**110**], art. 16.º
Efeitos do — de letra de câmbio, LULLiv [**106**], art. 14.º
— ao portador, LUCh [**110**], art. 20.º
— em branco do cheque, LUCh [**110**], art. 16.º
— em branco de letra de câmbio, LULLiv [**106**], art. 14.º
— em garantia, LULLiv [**106**], art. 19.º
— por procuração do cheque, LUCh [**110**], art. 23.º
— por procuração da letra de câmbio, LULLiv [**106**], art. 18.º
— posterior ao vencimento da letra, LULLiv [**106**], art. 20.º
— tardio do cheque, LUCh [**110**], art. 24.º
Forma do — do cheque, LUCh [**110**], art. 15.º
Forma do — da letra de câmbio, LULLiv [**106**], art. 13.º
Modalidades do — do cheque, LUCh [**110**], art. 15.º
Modalidades do —, da letra de câmbio, LULLiv [**106**], art. 12.º

Entes públicos
(V. *Estado*)

Entidades de interesse público
Remunerações dos órgãos de administração de —, L 28/2009 [**9**], arts. 2.º s.
Remunerações dos órgãos de fiscalização de —, L 28/2009 [**9**], arts. 2.º s.

Entradas
Direitos dos credores quanto às —, CSC [**11**], art. 30.º

— na soc. anónima, CSC [**11**], art. 277.º
— na soc. por quotas, CSC [**11**], art. 202.º
Realização das —, dos accionistas, CSC [**11**], art. 285.º
Responsabilidade pelo valor das — em espécie na soc. em nome colectivo, CSC [**11**], art. 179.º
Responsabilidade penal pela falta de cobrança das —, CSC [**11**], art. 509.º
Tempo das — dos sócios, CSC [**11**], art. 26.º
Tempo das — na soc. anónima, CSC [**11**], art. 185.º
Tempo das — na soc. por quotas, CSC [**11**], art. 203.º
Valor das — dos sócios, CSC [**11**], art. 25.º
Valor das — e valor da participação, CSC [**11**], art. 25.º
Verificação das — em espécie, CSC [**11**], art. 28.º
(V. *Obrigação de entrada*)

Escambo
(V. *Escambo ou troca*)

Escambo ou troca
Requisitos da comercialidade de —, CCom [**1**], art. 480.º

Escritura pública
— de constituição da soc. comercial, CSC [**11**], art. 7.º
Regime do contrato de sociedade antes da —, CSC [**11**], art. 36.º
(V. *Forma*)

Escrituração comercial
Competência para fazer a —, CCom [**1**], art. 38.º
Exame da —, CCom [**1**], art. 43.º
Exibição judidal da —, CCom [**1**], art. 42.º
Força probatória da —, CCom [**1**], art. 44.º
Liberdade de organização da —, CCom [**1**], art. 30.º
Obrigatoriedade de arquivo da —, CCom [**1**], art. 40.º

Índice Analítico

Obrigatoriedade da —, CCom [1], art. 29.°

Proibição de varejo ou inspecção da —, CCom [1], art. 41.°

Requisitos externos da —, CCom [1], art. 39.°

(V. *Actas, Balanço, Copiador, Diário, Inventário* e *Razão*)

Estabelecimento individual de responsabilidade limitada

Administração do —, EIRL [35], arts. 8.° s.

Alteração de acto constitutivo do —, EIRL [35], arts. 16.° s.

Constituição do —, EIRL [35], arts. 1.° s.

Elaboração das contas anuais do —, EIRL [35], arts. 12.° s.

Factos do — sujeitos a registo, CRegCom [2], art. 8.°

Funcionamento do —, EIRL [35], arts. 8.° s.

Liquidação do —, EIRL [35], arts. 23.° s.

Estado

(V. *Exercício do comércio*)

Estatuto

— do administrador da insolvência, L 32/ /2004 [143].

Estatutos

(V. *Contrato de sociedade* e *Pacto social*)

Estrutura organizatória

— da sociedade anónima europeia, SE [14], arts. 38.° s., e DL 2/2005 [14-A], art. 17.° s.

Exame

(V. *Escrituração comercial*)

Excepções

— inoponíveis ao portador do cheque LUCh [110], art. 22.°

— inoponíveis ao portador de letra de câmbio, LULLiv [106], art. 17.°

Exclusão

— do membro do ACE, DL 430/73 [32], art. 13.°

(V. *Exclusão de sócio*)

Execução da quota

— na soc. por quotas, CSC [11], art. 239.°

Exclusão do sócio

Deliberação social de — na soc. em nome colectivo, CSC [11], art. 186.°, n.° 2

— na soc. em nome colectivo, CSC [11], art. 186.°

— na soc. em nome colectivo com apenas dois sócios, CSC [11], art. 186.°

— na soc. por quotas, CSC [11], arts. 241.° s.

— remisso na soc. por quotas, CSC [11], art. 204.°

Exercício do comércio

O Estado e outros entes públicos e o —, CCom [1], art. 17.°

(V. *Empresas* e *Corretor*)

Exibição judicial

(V. *Escrituração comercial*)

Exoneração

— do membro do ACE, DL 430/73 [32], art. 12.°

(V. *Sócios*)

Exoneração do sócio

— na soc. em nome colectivo, CSC [11], art. 185.°

— na soc. por quotas, CSC [11], art. 240.°

Justa causa de — na soc. em nome colectivo, CSC [11], art. 185.°

Extracto de factura

Conteúdo do —, D 19490 [105], art. 3.°

Protesto do —, D 19490 [105], arts. 10.° e 11.°

Vendas a prestações e —, D 19490 [105], art. 2.°

LXXIII

Índice Analítico

F

"Factoring"
Actividade de —, DL 171/95, **[25]**, arts.
1.° s.

Factura
(V. *Compra e Venda* e *Extracto da
factura*)

Federações
— de cooperativas, CCoop **[38]**, art.
85.°

Firma
Certificado de admissibilidade da —,
DL 129/98 **[3]**, arts. 45.° s.
Conflito entre a — e os outros sinais
distintivos, DL 129/98 **[3]**, art. 33.°
Continuação da — em caso de saída de
sócios, DL 129/98 **[3]**, art. 33.°
Direito ao uso exclusivo da —, DL 129/
/98 **[3]**, art. 35.°
— do ACE, DL 430/73 **[32]**, art. 3.°
— de comerciante em nome individual,
DL 129/98 **[3]**, art. 38.°
— do est. ind. de resp. limitada EIRL
[35], art. 2.°, e DL 129/98 **[3]**, art.
40.°
— das sociedades civis sob forma comercial, DL 129/98 **[3]**, art. 37.°
— da sociedade em liquidação, CSC
[11], art. 146.°
— da sociedade anónima, CSC **[11]**, art.
275.°
— da sociedade anónima europeia, SE
[14], art. 11.°
— da sociedade em comandita, CSC
[11], art. 467.°
— da sociedade em nome colectivo,
CSC **[11]**, art. 177.°
— da soc. por quotas, CSC **[11]**, art.
200.°
— das sociedades comerciais, CSC **[11]**,
art. 10.°, e DL 129/98 **[3]**, art. 37.°
— das sociedades comerciais constitui-
das ao abrigo do regime comercial,
DL 111/2005 **[4]**, arts. 3.°, alínea *a*),
e 10.°
— das soc. unipessoais, DL 212/94 **[22]**,
art. 2.°

Limites gerais à constituição da —, DL
129/98 **[3]**, art. 32.°
Perda do direito ao uso da —, DL 129/
/98 **[3]**, arts. 60.° s.
Princípio da novidade da —, DL 129/98
[3], art. 33.°
Princípio da verdade da —, DL 129/98
[3], art. 32.°
Recursos dos despachos de admissão ou
indeferimento da —, DL 129/98 **[3]**,
art. 63.° s.
Reserva de —, DL 129/98 **[3]**, art. 48.°
Risco de confusão da —, DL 129/98 **[3]**,
art. 33.°
Transmissão da —, DL 129/98 **[3]**, art.
44.°
Uso ilegal da —, DL 129/98 **[3]**, art.
62.°
Validade do certificado de admissibili-
dade da —, DL 129/98 **[3]**, art. 53.°
(V. *Denominações*)

Fiscalização
Estrutura da — na soc. anónima, CSC
[11], art. 278.°
— do ACE, DL 430/73 **[32]**, art. 8.°
— do aumento de capital, CSC **[11]**,
arts. 90.° e 93.°
— na soc. por quotas, CSC **[11]**, art. 262.°
— pelo Ministério Público, CSC **[11]**,
arts. 172.° s.
— do projecto de fusão, CSC **[11]**, art.
99.°
Impedimento de —, CSC **[11]**, art. 522.°
(V. *Conselho fiscal*)

Forma
— do contrato de sociedade comercial,
CSC **[11]**, art. 7.°
— do acto constitutivo do est. ind de
resp. limitada, EIRL **[35]**, art. 2.°
— das deliberações sociais, CSC **[11]**,
art. 53.°

Fretamento
Contrato de —, DL 191/87 **[124]**.

Fundações
(V. *Denominações*)

Fundadores

Aquisição de bens a — da soc. comercial, CSC [11], art. 29.°

Regime da responsabilidade dos — da soc. comercial, CSC [11], art. 73.°

Responsabilidade dos — quanto à constituição da soc., CSC [11], art. 71.°

Fundo de reserva legal

— da soc. anónima, CSC [11], art. 295.°

— da soc. por quotas, CSC [11], art. 218.°

Fundos de capital de risco

—, SCR/FCR/ICR [30], arts. 10.° s.

Fusão

Constituição de sociedade comercial por —, CSC [11], art. 7.°, n.° 4

Consulta dos documentos da —, CSC [11], art. 101.°

Deliberação de —, CSC [11], art. 103.°

Direito de exoneração dos sócios na —, CSC [11], art. 105.°

Documento de —, CSC [11], art. 106.°

Fiscalização do projecto de —, CSC [11], art. 99.°

— de cooperativas, CCoop [38], arts. 74.° s.

— por incorporação de soc. totalmente possuída por outra, CSC [11], art. 116.°

— sujeita a condição ou termo, CSC [11], art 113.°

— transfronteiriça de sociedades de responsabilidade limitada, L 19/2009 [8].

Modalidades de —, CSC [11], art. 97.°

Noção de —, CSC [11], art. 97.°

Nulidade da —, CSC [11], art. 117.°

Oposição dos credores à —, CSC [11], arts. 101.°-A s.

Projecto de —, CSC [11], art. 98.°

Publicidade da —, CSC [11], art. 107.°

Registo da —, CSC [11], arts. 111.° s.

Registo do projecto de —, CSC [11], art. 100.°

Responsabilidade emergente da —, CSC, [11], art. 114.°

G

Garantia

Endosso em —, LULLiv [106], art. 19.°

— relativa à venda de bens de consumo, DL 67/2003 [90].

Gerência

Competência da — na soc. em nome colectivo, CSC [11], art. 192.°

Competência da — na soc. por quotas, CSC [11], art. 258.°

Composição da — na soc. em nome colectivo, CSC [11], art. 191.°

Composição da — na soc. por quotas, CSC [11], art. 252.°

Duração da — na soc. por quotas, CSC [11], art. 256.°

Funcionamento da — plural na soc. por quotas, CSC [11], art. 261.°

— do agr. europ. de int. económico, AEIE [36], art. 8.°

(V. *Gerente*)

Gerente

Capacidade judiciária do —, CCom [1], art. 254.°

Competência do — na soc. em nome colectivo, CSC [11], art. 192.°

Competência do — na soc. por quotas, CSC [11], art. 259.°

Destituição de — da soc. em comandita, CSC [11], art. 471.°

Destituição de — na soc. em nome colectivo, CSC [11], art. 193.°

Destituição de — na soc. em nome colectivo com apenas dois sócios, CSC [11], art. 193.°, n.° 4.

Destituição de — na soc. por quotas, CSC [11], art. 258.°

Destituição de — nas soc. por quotas com apenas dois sócios, CSC [11], art. 257.°, n.° 5

Dever da diligência do —, CSC [11], art. 64.°

Índice Analítico

Direitos do — por revogação do mandato, CCom [1], art. 262.°

Efeito do contrato celebrado pelo — em seu nome, CCom [1], art. 252.°

Extensão do mandato do —, CCom [1], art. 249.°

O — como mandatário, CCom [1], arts. 250.°, 251.°

Não caducidade do mandato do —, CCom [1], art. 261.°

Noção de —, CCom [1], art. 248.°

Obrigação de não concorrência do —, CCom [1], art. 253.°

Proibição de concorrência do — da soc. por quotas, CSC [11], art. 254.°

Regime da responsabilidade do —, CSC [11], art 73.°

Remuneração do — na soc. em nome colectivo, CSC [11], art. 192.°, n.° 5.

Remuneração do — na soc. por quotas, CSC [11], art. 255.°

Renúncia do — na soc. por quotas, CSC [11], art. 258.°

Responsabilidade do — para c/os credores sociais, CSC [11], art. 78.°

Responsabilidade do — para com a sociedade, CSC [11], art. 72.°

Responsabilidade do — quanto à constituição, CSC [11], art. 71.°

Responsabilidade penal do —, CSC [11], arts. 509.°, 510.°, 511.°, 512.°, 513.°, 514.°, 518.°, 522.°, 523.° e 528.°

Substituição de — na soc. por quotas, CSC [11], art. 253.°

Vinculação da soc. em nome colectivo pelo —, CSC [11], art. 192.°

Vinculação da soc. por quotas por actos praticados pelo —, CSC [11], art. 260.°

(V. *Gerência*)

Grupo de sociedades
Consolidação de contas dos —, DL 238/91 [42], DL 88/2004 [45] e DL 35/2005 [46].

Guia de transporte
Conteúdo da —, CCom [1], art. 370.°, e DL 239/2003 [74], art. 4.°

Transmissão da —, CCom [1], art. 374.°

Valor jurídico da —, CCom [1], arts. 373.° e 375.°, e DL 239/2003 [74], art. 3.°

H

Hipotecas
Constituição das — sobre navios, CCom [1], art. 588.°

Efeitos das — sobre navios, CCom [1], art. 585.°

Expurgação das — sobre navios, CCom [1], art. 593.°

Extensão das — sobre navios, CCom [1], art. 589.°

— sobre navios, CCom [1], arts. 584.° s.

— sobre navios a construir, CCom [1], art. 587.°

— sobre navios em construção, CCom [1], art. 587.°

Regime das — sobre navios, CCom [1], art. 585.°

Registo das — sobre navios, CCom [1], arts. 590.° e 591.°

Tipos de — sobre navios, CCom [1], art. 584.°

I

Igualdade de tratamento
— dos accionistas na alienação de acções próprias, CSC [11], art. 321.°

— dos accionistas na aquisição de acções próprias, CSC [11], art. 321.°

Imposto do selo
— em matéria de cheque, Convch/III [113].

— em matéria de letras e livranças, ConvL/III [109].

(V. *Cheque* e *Letras* e *Livranças*)

LXXVI

Índice Analítico

Impugnação
— das decisões do conservador de registo comercial, CRegCom [2], arts. 101.° s.
— da sentença de declaração de insolvência, CIRE [141], arts. 40.° s.

Incapacidade
— do sacador do cheque, LUCh [110], art. 33.°
Relevância da — na soc. anónima, CSC [11], art. 45.°
Relevância da — na soc. em comandita por acções, CSC [11], art. 45.°
Relevância da — na soc. em comandita simples, CSC [11], art. 46.°
Relevância da — na soc. em nome colectivo, CSC [11], art. 46.°
Relevância da — na soc. por quotas, CSC [11], art. 45.°

Incumprimento
— da obrigatoriedade do registo comercial, CRegCom [2], art. 17.°

Indicações geográficas
Caducidade do registo das —, CPI [151], art. 315.°
Definição de —, CPI [151], art. 305.°
Efeitos do registo das —, CPI [151], arts. 310.° s.
Processo do registo das —, CPI [151], arts. 307.° s.

Inexactidão
— do registo comercial, CRegCom [2], art. 23.°

Inquérito judicial
— na soc. anónima, CSC [11], art. 292.°
— na soc. por quotas, CSC [11], art. 216.°

Insolvência
Administrador da —, CIRE [141], arts. 52.° s., e L 32/2004 [143].
Data da declaração de —, CIRE [141], art. 3.°
Incidentes de qualificação da —, CIRE [141], arts. 185.° s.
— de ambos os cônjuges, CIRE [141], arts. 264.° s.

— de não empresários, CIRE [141], arts. 249.° s.
— de pequenas empresas, CIRE [141], arts. 249.° s.
— de pessoas singulares, CIRE [141], arts. 235.° s.
Noção de empresa para efeitos de —, CIRE [141], art. 5.°
Órgãos da —, CIRE [141], arts. 52.° s.
Pagamento aos credores na —, CIRE [141], arts. 172.° s.
Plano de —, CIRE [141], arts. 192.° s.
Situação de —, CIRE [141], art. 3.°
Sujeitos passivos da declaração de —, CIRE [141], arts. 2.°
Tipos de —, CIRE [141], art. 2.°
(V. *Massa insolvente*)

Inspecção
(V. *Escrituração comercial*)

Integração
Critério de —, CCom [1], art. 3.°

Intervenção
(V. *Aceite* e *Pagamento*)

Invalidade
Efeitos da — de contrato de sociedade, CSC [11], arts. 47.° s.
— do contrato de sociedade antes do registo, CSC [11], art. 41.°
— do contrato de soc. em comandita simples, CSC [11], art. 32.°
— do contrato de sociedade em nome colectivo, CSC [11], art. 43.°
(V. *Nulidade*)

Invenções
—, CPI [151], arts. 51.° s.
(V. *Patente*)

Invenções biotecnológicas
— CPI [151], art. 63.°

Investidores
—, CodVM [51], arts. 30.° s.

Investidores em capital de risco
— DL 375/2007 [30], art. 9.°

Índice Analítico

J

Juro suplementar
Obrigações com —, CSC **[11]**, arts. 361.° s.

Juros
Normas subsidiárias dos — comerciais, CCom **[1]**, art. 102.°
Nulidade da estipulação de — no cheque, LUCh **[110]**, art. 7.°
Obrigação de —, CCom **[1]**, art. 102.°
Taxas de — comerciais, CCom **[1]**, art. 102.°

Justa causa
— de destituição de administradores de soc. anónima, CSC **[11]**, art. 430.°
— de destituição de gerentes na soc. por quotas, CSC **[11]**, art. 257.°, n.° 6
— de exclusão de sócio na sociedade em nome colectivo, CSC **[11]**, art. 186.°
— de exoneração de sócio na soc. em nome colectivo, CSC **[11]**, art. 185.°
(V. *Sócios*)

L

Lançamento
— de oferta pública de valores mobiliários, CodVM **[51]**, arts. 123.° s.

Legitimidade
— dos cônjuges para o exercício do comércio, CCom **[1]**, art. 15.°, nota 4.
— do portador do cheque, LUCh **[110]**, art. 19.°
— do portador da letra de câmbio, LULLiv **[106]**, art. 16.°
— para arguir a nulidade do contrato de sociedade, CSC **[11]**, art. 44.°
— para pedir o registo comercial, CRegCom **[2]**, art. 29.°

Lei reguladora
— dos actos de comérdo, CCom **[1]**, art. 4.°

Lei pessoal
— das sociedades comerciais, CSC **[11]**, art. 3.°

Letras
Aceite das —, LULLiv **[106]**, arts. 21.° s.
Alteração do texto das —, LULLiv **[106]**, art. 69.°
Aval das —, LULLiv **[106]**, arts. 30.° s.
Direito de extrair cópias nas —, LULLiv **[106]**, art. 67.°

Divergências na indicação do montante nas —, LULLiv **[106]**, art. 6.°
Efeito das assinaturas inválidas nas —, LULLiv **[106]**, art. 7.°
Estipulação de juros nas —, LULLiv **[106]**, art. 5.°
Endosso das —, LULLiv **[106]**, arts. 11.° s.
Formas de transmissão das —, LULLiv **[106]**, art. 11.°
— e representação, LULLiv **[106]**, art. 8.°
Lugar do pagamento das —, LULLiv **[106]**, arts. 4.° e 27.°
Modalidades do saque de —, LULLiv **[106]**, art. 3.°
Pagamento das —, LULLiv **[106]**, arts. 38.° s.
Pluralidade de exemplares nas —, LULLiv **[106]**, arts. 64.° s.
Prescrição das acções relativas às —, LULLiv **[106]**, arts. 70.° e 71.°
Regime jurídico da cópia nas —, LULLiv **[106]**, art. 68.°
Requisitos das —, LULLiv **[106]**, art. 1.°
Responsabilidade solidária dos signatários das —, LULLiv **[106]**, art. 47.°
Vencimento das —, LULLis **[106]**, arts. 33.° s.
Violação do pacto de preenchimento das —, LULLiv **[106]**, art. 10.°
(V. *Aceitante, Aceite, Apresentação, Aval, Endossante, Endosso, Juros,*

LXXVIII

Pagamento, Perdão, Portador, Prazo, Ressaque, Saque e Vencimento)

Letras e Livranças
Convenção destinada a regular certos conflitos de leis em matéria de — ConvL/II [108].
Convenção estabelecendo uma lei uniforme em matéria de —, ConvL/I [107].
Convenção relativa ao imposto de selo em matéria de —, ConvL/III [109].

Licenças
—de direitos de propriedade industrial, CPI [151], arts. 32.° s.
—de exploração obrigatória de modelos de utilidade, CPI [151], art. 150.°
—de exploração obrigatórias de patentes, CPI [151], arts. 107.° s.
(V. *Marca comunitária, Marcas* e *Patentes*)

Liquidação
Duração da — da soc. comerdal, CSC [11], art. 150.°
Encerramento da — e passivo superveniente, CSC [11], art. 163.°
— das cooperativas, CCoop [38], arts. 78.° s.
— da massa insolvente, CIRE [141], arts. 156.° s.
— do est. ind. de resp. limitada, EIRL [35], arts. 23.° s.
— e exigibilidade dos créditos da sociedade, CSC [11], art. 153.°
— e exigibilidade dos débitos da sociedade, CSC [11], art. 153.°
— e extinção da sodedade, CSC [11], art. 160.°
— e regresso à actividade da sociedade, CSC [11], art. 161.°
— e partilha imediata, CSC [11] art. 147.°
— do passivo social, CSC [11], art. 154.°
— por invalidade do contrato de sociedade, CSC [11], art. 165.°
— por transmissão global, CSC [11], art. 148.°
— da sociedade, CSC [11], arts. 146.° s.

— da sociedade anónima europeia, SE [14], arts. 63.° s.
— da sociedade e activo superveniente, CSC [11], art. 164.°
— da soc. em nome colectivo, CSC [11], art. 195.°
Operações preliminares à —, CSC [11], art. 149.°
Procedimento administrativo de —, de entidades comerciais, Anexo ao DL 76-A/2006 [6], arts. 15.° s.
Registo do encerramento da —, CSC [11], art. 160.°
(*Conta corrente, Credores, Liquidatários, Ministério Púbico* e *Partilha*)

Liquidação de quota
— nas soc. em nome colectivo, CSC [11], arts. 183.° e 188.°

Liquidações
—, DL 70/2007 [94], arts. 3.° e 12.° s.
(V. *Promoções* e *Saldos*)

Liquidatários
Contas anuais dos —, CSC [11], art. 155.°
Contas finais e relatório dos —, CSC [11], art. 157.°
Destituição dos —, CSC [11], art. 151.°, n.° 2
Deveres dos —, CSC [11], art. 152.°
Nomeação de —, CSC [11], art. 151.°
Poderes dos —, CSC [11], art. 152.°
Prescrição dos direitos da sociedade contra os —, CSC [11], art. 174.°
Responsabilidade dos —, CSC [11], art. 152.°
Responsabilidade dos — para com os credores sociais, CSC [11], art. 158.°

Lista de presenças
— na ass. geral da soc. anónima, CSC [11], art. 382.°

Livrança
Direito subsidiário da —, LULLiv [106], art. 77.°
— a termo de vista, LULLiv [106], art. 78.°
Requisitos da —, LULLiv [106], art. 75.°
(V. *Subscritor*)

LXXIX

Índice Analítico

Livros
— obrigatórios, D 19490 **[105]**, art. 15.°
— obrigatórios dos comerciantes, CCom **[1]**, art 31.°

Locação financeira
Contrato de —, DL 149/95 **[73]**.
(V. *Sociedades de locação financeira*)

Logótipos
Anulabilidade do registo dos —, CPI **[151]**, art. 304.°-R
Caducidade do registo dos —, CPI **[151]**, art. 304.°-S
Constituição dos —, CPI **[151]**, art. 304.°-A
Direitos conferidos pelo registo dos —, CPI **[151]**, art. 304.°-N

Direito aos —, CPI **[151]**, art. 304.°-B
Nulidade do registo dos —, CPI **[151]**, art. 304.°-Q
Pedido de registo de —, CPI **[151]**, arts. 304.°-D s.
Transmissão dos —, CPI **[151]**, art. 304.°-P
Unicidade do registo de —, CPI **[151]**, art. 304.°

Lucros
Distribuição de — no decurso do exercício, CSC **[11]**, art. 297.°
— não distribuíveis, CSC **[11]**, art. 33.°
Participação dos sócios nos —, CSC **[11]**, art. 22.°
(V. *Associação em participação, Direito aos lucros, Pacto leonino* e *Sócios*)

M

Mandatário
Dever de informação do — comercial, CCom **[1]**, art. 239.°
— comerciante e recusa do mandato, CCom **[1]**, art. 234.°
Obrigação do — comercial pagar juros, CCom **[1]**, art. 241.°
Privilégios creditórios do — comercial, CCom **[1]**, art. 247.°
Responsabilidade do — comercial pela guarda das mercadorias, CCom **[1]**, art. 236.°
Responsabilidade do — comercial pela inexecução do mandato, CCom **[1]**, art. 238.°

Mandato
Extensão do — do gerente, CCom **[1]**, art. 249.°
Não caducidade do — conferido ao gerente, CCom **[1]**, art. 262.°
Recusa do — por comerciante, CCom **[1]**, art. 234.°
Revogação do — e direitos do gerente, CCom **[1]**, art. 262.°

Mandato comercial
Aviso da execução do —, CCom **[1]**, art. 240.°

Compensação por cessação do —, CCom **[1]**, art. 246.°
Execução do — e obrigações do mandante, CCom **[1]**, art. 243.°
Exibição do —, CCom **[1]**, art. 242.°
Extensão do —, CCom **[1]**, art. 233.°
— sujeito a registo, CRegCom **[2]**, art. 10.°
Noção de —, CCom **[1]**, art. 231.°
Onerosidade do —, CCom **[1]**, art. 232.°
Responsabilidade pela inexecução do — CCom **[1]**, art. 238.°
Revogação e renúncia injustificadas do — CCom **[1]**, art. 245.°

Maioria
— da assembleia geral da soc. anónima, CSC **[11]**, art. 386.°
— necessária para alteração do contrato da soc. anónima, CSC **[11]**, art. 386.°, n.° 3
— necessária para alteração do contrato da soc. por quotas, CSC **[11]**, art. 265.°

"Marca na Hora"
—,DL 318/2007 **[152]**
(V. *Marcas*)

LXXX

Marcas
Anulabilidade do registo de —, CPI **[151]**, arts. 34.° e 266.°
Aproximação da legislação dos Estados-Membros em matéria de —, Directiva 2008/95/CE **[153]**.
Caducidade do registo de —, CPI **[151]**, arts. 37.° e 269.°
Direito ao registo de —, CPI **[151]**, art. 225.°
Efeitos do registo de —, CPI **[151]**, arts. 199.° s.
— de produtos ou serviços, CPI **[151]**, arts. 222.° s.
Esgotamento do direito de —, CPI **[151]**, art. 259.°
Licenças de —, CPI **[151]**, arts. 32.° e 264.°
Limitações do direito de —, CPI **[151]**, art. 260.°
Nulidade do registo de —, CPI **[151]**, arts. 33.° e 265.°
Processo de registo de —, CPI **[151]**, arts. 233.° s.
Regime especial de aquisição imediata de —, DL 318/2007 **[152]**.
Transmissão de —, CPI **[151]**, arts. 31.° e 262.° s.

Marcas de associação
—, CPI **[151]**, art. 229.°

Marcas de certificação
—, CPI **[151]**, art. 230.°

Marcas colectivas
—, CPI **[151]**, arts. 228.° s.

Marcas notórias
—, CPI **[151]**, art. 241.°

Marcas de prestígio
—, CPI **[151]**, art. 242.°

Massa insolvente
Administração da —, CIRE **[141]**, arts. 149.° s.
Administração da — pelo devedor, CIRE **[141]**, arts. 223.° s.
Conceito de —, CIRE **[141]**, arts. 46.° s.
Insuficiência da —, CIRE **[141]**, arts. 39.° s.
Liquidação da —, CIRE **[141]**, arts. 156.° s.
— e classificação dos créditos, CIRE **[141]**, arts. 46.° s.
Resolução ou benefício da — de certos actos, CIRE **[141]**, arts. 120.° s.
(V. *Insolvência*)

Matrícula
Competência territorial para a — dos navios, DL 42654 **[2-B]**, art. 6.°
Elementos da —, CRegCom **[2]**, art. 62.°
Registo comercial e —, CRegCom **[2]**, art. 55.°
Sanção para a falta de — dos navios, DL 42645 **[2-B]**, art. 10.°

Menções
— em actos externos, CSC **[11]**, art. 171.°

Mercados
Determinação dos — e feiras, CCom **[1]**, art. 93.°

Ministério Público
Fiscalização pelo —, CSC **[11]**, arts. 172.° s.
Legitimidade — para intentar acção de nulidade do contrato da sociedade, CSC **[11]**, art. 44.°
Legitimidade do — para pedir actos de registo comercial, CRegCom **[2]**, art. 29.°
Legitimidade do — para propor acção de dissolução, CSC **[11]**, art. 144.°
Notificação do — para regularização da sociedade, CSC **[11]**, art. 173.°
Requerimento da liquidação judicial pelo —, CSC **[11]**, art. 172.°

Minorias
Eleição pelas — de membros do cons. de administração, CSC **[11]**, art. 392.°

Índice Analítico

Nomeação judicial de membros do cons. fiscal a requerimento de —, CSC **[11]**, art. 418.°

Modalidades de registo
— dos valores mobiliários, CodVM **[51]**, arts. 61.° s.

Modelos de utilidade
Condições de utilização dos —, CPI **[151]**, arts. 148.° s.
Efeitos do registo dos —, CPI **[151]**, arts. 140.° s.
Invalidade dos —, CPI **[151]**, arts. 151.° s.
Objecto dos —, CPI **[151]**, arts. 117.° s.
Processo de registo dos —, CPI **[151]**, arts. 124.° s.

Montante
— mínimo das acções, CSC **[11]**, art. 276.°, 3
— mínimo das quotas, CSC **[11]**, art. 219.°, 3
— mínimo do capital social, CSC **[11]**, arts. 201.° e 276.°, n.° 5
— por que vale o cheque em caso de divergência, LUCh **[110]**, art. 9.°
— por que vale a letra, em caso de divergência, LULLiv **[106]**, art. 6.°

Morte
— do sacador do cheque, LUCh **[110]**, art. 33.°
(V. *Seguro*)

N

Navio
Contrato de construção de —, DL 201/98 **[126]**, arts. 12.° s.
Contrato de reparação de —, DL 201/98 **[126]**, arts. 32.° s.
Gestor de —, DL 201/98 **[125]**.
Lei reguladora das questões sobre —, CCom **[1]**, art. 488.°, e DL 201/98 **[126]**, art. 11.°
Nacionalidade do —, DL 201/98 **[126]**, art. 3.°
— a construir e hipotecas, CCom **[1]**, art. 587.°
— em construção e hipotecas, CCom **[1]**, art. 587.°
Noção de —, DL 201/98 **[126]**, art. 1.°
Nome do —, DL 201/98 **[126]**, art. 4.°
Número de identificação do —, DL 201/98 **[126]**, art. 5.°
Personalidade judiciária do —, DL 201/98 **[126]**, art. 7.°
Propriedade do — em construção, DL 201/98 **[126]**, art. 16.°
(V. *Capitão, Matrícula, Parceria marítima* e *Proprietário*)

Negociação
— do est. ind. de resp. limitada, EIRL **[35]**, arts. 21.° s.

Negócio consigo mesmo
(V. *Comissão*)

Notário
Competência do — na const. de sociedades comerciais, DL 267/93 **[6]**.
(V. *Actas*)

Notificação
— da sentença da declaração de insolvência, CIRE **[141]**, art. 37.°

Novação
Exclusão da — na cisão, CSC **[11]**, art. 121.°
(V. *Cisão*)

Novidade
Princípio da — da denominação, DL 129/98 **[3]**, art. 33.°
Princípio da — da firma, DL 129/98 **[3]**, art. 33.°

Nulidade
Acção de declaração de —, CSC **[11]**, art. 44.°
Casos de — dos acordos parassociais, CSC **[11]**, art. 17.°, n.° 3

Índice Analítico

— do contrato de soc. anónima registado, CSC [11], art. 42.°
— do contrato da soc. em comandita por acções registado, CSC [11], art. 42.°
— do contrato de soc. por quotas registado, CSC [11], art. 42.°
— da fusão, CSC [11], art. 117.°

— de registo comercial, CRegCom [2], art. 22.°
— do registo do logótipo, CPI [151], art. 304.°-Q
— do registo da marca, CPI [151], arts. 33.° e 265.°
(V. *Invalidade*)

O

Objecto
(V. *Sociedades civis* e *Contrato de sociedade*)

Objecto comercial
— e sociedades comerciais, CSC [11], art. 1.°, n.° 2

Obrigação de entrada
Cumprimento da —, CSC [11], art. 27.°

Obrigação de não concorrência
— dos administradores da soc. anónima, CSC [11], arts. 398.° e 428.°
— do gerente, CCom [1], art. 253.°
— dos gerentes na soc. por quotas, CSC [11], art. 254.°
— no agrupamento complementar de empresas, ACE [32], art. 9.°
— dos sócios comanditados, CSC [11], art. 477.°
— dos sócios da soc. em nome colectivo, CSC [11], art. 180.°

Obrigacionistas
Assembleia de — da soc. anónima, CSC [11], art. 355.°
Atribuições do representante comum dos —, CSC [11], art. 359.°
Designação do representante comum dos —, CSC [11], art. 358.°
Destituição do representante comum dos —, CSC [11], art. 358.°
Invalidade das deliberações de —, CSC [11], art. 356.°
Representante comum dos —, CSC [11], art. 357.°
Responsabilidade do representante comum dos —, CSC [11], art. 359.°
(V. *Obrigações*)

Obrigações
Deliberação de emissão de —, CSC [11], art. 350.°
Emissão de — nas soc. anónimas, CSC [11], arts. 348.° s.
Emissão de — nas soc. por quotas CSC [11], art. 197.°, nota.
Emissão de — por entidades diferentes de sociedades, DL 320/89 [53].
Irregularidade na emissão de —, CSC [11], art. 526.°
Limite à emissão de — na soc. anónima, CSC [11], art. 349.°
Modalidades de — na soc. anónima, CSC [11], art. 360.°
— com direito de subscrição de acções; CSC [11], arts. 372.°-A s.
— com juro suplementar, CSC [11], arts. 361.° s.
— com prémio de reembolso, CSC [11], arts. 361.° s.
— convertíveis em acções, CSC [11], arts. 365.° s.
Registo da emissão de — na soc. anónima, CSC [11], art. 351.°
Subscrição pública incompleta de —, CSC [11], art. 353.°
Valor nominal das —, CSC [11], art. 352.°, n.° 3
(V. *Obrigações convertíveis, Subscrição Pública* e *Títulos de participação*)

Obrigações acessórias
— dos accionistas, CSC [11], art. 287.°
— na soc. por quotas, CSC [11], art. 209.°

Obrigações de caixa
—, DL 408/91 [55].

LXXXIII

Obrigações convertíveis
Aumento de capital por emissão de —, CSC [11], art. 370.°
Deliberação de emissão de — em acções, CSC [11], art. 366.°
Direito de preferência dos accionistas na subscrição de —, CSC [11], art. 367.°
Direito dos titulares de — em acções, CSC [11], art. 370.°
— em acções, CSC [11], arts. 365.° s.

Obrigações hipotecárias
—, DL 59/2006 [58].

Obrigações próprias
Aquisição de — na soc. anónima, CSC [11], art. 354.°

Oferta particular
— de valores mobiliários, CodVM [51], art. 110.°

Oferta pública
— de valores mobiliários, CodVM [51], arts. 108.° s.
(V. *Oferta pública de aquisição, Oferta pública de distribuição, Oferta pública de subscrição* e *Oferta pública de venda*)

Oferta pública de aquisição
— de valores mobiliários, CodVM [51], arts. 173.° s.
— obrigatória de valores mobiliários, CodVM [51], arts. 187.° s.

Oferta pública de distribuição
— de valores mobiliários, CodVM [51], arts. 156.° s.

Oferta pública de subscrição
— de valores mobiliários, CodVM [51], arts. 168.° s.

Oferta pública de venda
— de valores mobiliários, CodVM [51], arts. 170.° s.

Oneração
— do est. ind. de resp. limitada, EIRL [35], arts. 21.° s.

Operações de banco
Natureza comercial das —, CCom [1], art. 362.°
Regime das —, CCom [1], art. 363.°

Ordem do dia
Inclusão de assuntos na — a pedido dos accionistas, CSC [11], art. 370.°

Órgãos de administração
Remuneração dos — de entidades de interesse público, L 28/2009 [9], arts. 2.° s.
(V. *Administradores*)

Órgãos de fiscalização
Remuneração dos — de entidades de interesse público, L 28/2009 [9], arts. 2.° s.
Responsabilidade dos —, CSC [11], art. 81.°
(V. *Conselho fiscal*)

Órgãos da insolvência
—, CIRE [141], arts. 52.° s.
(V. *Administrador da insolvência, Assembleia de credores* e *Comissão de credores*)

P

Pacto Leonino
Proibição do —, CSC [11], art. 22.°, n.° 3

Pacto de preenchimento
Violação do — da letra de câmbio, LULLiv [106], art. 10.°

Pacto Social
(V. *Contrato de sociedade*)

Pagamento
Acção por falta de — do cheque, LUCh [110], art. 41.°

Acção por falta de — de letra de câmbio, LULLiv **[106]**, art. 43.º

Aviso da falta de — do cheque, LUCh **[110]**, art. 42.º

Aviso da falta de — de letra de câmbio, LULLiv **[106]**, art. 45.º

Lugar do — do cheque, LUCh **[110]**, art. 8.º

Lugar do — das letras, LULLiv **[106]**, arts. 4.º e 27.º

Moeda em que deve ser feito o — do cheque, LUCh **[110]**, art. 36.º

Obrigatoriedade de — do cheque, DL 454/91 **[115]**, arts. 8.º s.

— à vista do cheque, LUCh **[110]**, art. 28.º

— do cheque cruzado, LUCh **[110]**, art. 38.º

— por intervenção de letra de câmbio, LULLiv **[106]**, arts. 59.º s.

Prazo para apresentação a — do cheque, LUCh **[110]**, art. 29.º

Prazo para apresentação a — da letra de câmbio, LULLiv **[106]**, art. 38.º

Protesto por falta de — do cheque, LUCh **[110]**, art. 41.º

Protesto por falta de — da letra de câmbio, LULLiv **[106]**, art. 44.º

Recusa do — do cheque, LUCh **[110]**, art. 40.º

(V. *Portador*)

Papel comercial

—, DL 69/2004 **[57]**.

Parte social

Destino da — extinta na soc. em nome colectivo, CSC **[11]**, art. 187.º

Impenhorabilidade da —, na sociedade em nome colectivo, CSC **[11]**, art. 183.º

Transmissão entre vivos da — na soc. em nome colectivo, CSC **[11]**, art. 182.º

(V. *Acções, Liquidação da quota, Quota de liquidação* e *Quotas*)

Participação

— de cônjuges nas soc. comerciais, CSC **[11]**, art. 8.º

(V. *Entrada*)

Participações sociais

Penhor de —, CSC **[11]**, art. 23.º

Usufruto de —, CSC **[11]**, art. 23.º

(V. *Acções* e *Quotas*)

Partilha

Liquidação e — imediata, CSC **[11]**, art. 147.º

— do activo da soc. dissolvida, CSC **[11]**, art. 156.º

— do activo superveniente, CSC **[11]**, art. 164.º

(V. *Liquidação*)

Passageiros

Transporte de — por mar, DL 349/86 **[121]**.

Passivo superveniente

— ao encerramento da liquidação, CSC **[11]**, art. 163.º

Patente

Condições de utilização da —, CPI **[151]**, arts. 105.º s.

Direito à —, CPI **[151]**, arts. 58.º s.

Duração da —, CPI **[151]**, art. 99.º

Efeitos da —, CPI **[151]**, arts. 97.º s.

Invalidade da —, CPI **[151]**, arts. 113.º s.

Licenças de exploração obrigatórias de —, CPI **[151]**, arts. 107.º s.

Objecto de —, CPI **[151]**, arts. 151.º s.

Obrigatoriedade de exploração da —, CPI **[151]**, art. 106.º

Processo de —, CPI **[151]**, arts. 61.º s.

Pedido de declaração de insolvência

Legitimidade para apresentar o —, CIRE **[141]**, arts. 18.º s.

Sentença do indeferimento do —, CIRE **[141]**, arts. 44.º s.

Tramitação subsequente ao —, CIRE **[141]**, arts. 27.º s.

Penhor

Entrega simbólica do — mercantil, CCom **[1]**, art. 398.º

— de acções próprias, CSC **[11]**, art. 325.º

— do est. ind. resp. limitada, EIRL **[35]**, art. 21.º

— de participações sociais, CSC **[11]**, art. 23.º
— em títulos de crédito, CCom **[1]**, art. 399.º
Prova do — mercantil, CCom **[1]**, art 400.º
Requisitos da comercialidade do —, CCom **[1]**, art. 397.º
Venda do —, CCom **[1]**, art. 417.º
Venda do — mercantil, CCom **[1]**, art. 401.º
(V. *Empréstimo*)

Penhor financeiro
— DL 105/2004 **[75]**, arts. 9.º s.

Penhora
— do est. ind. de resp. limitada, EIRL **[35]**, arts. 21.º s.
— das mercadorias depositadas em armazéns gerais, CCom **[1]**, art. 414.º
— de navio despachado para viagem, CCom **[1]**, art. 491.º
— de quotas, CSC **[11]**, art. 239.º

Pequenas empresas
Insolvência de —, CIRE **[141]**, arts. 249.º s.

Perda
— de metade do capital social, CSC **[11]**, art. 35.º
(V. *Capital social*)

Perdão
Inadmissibilidade dos dias de — nas letras de câmbio, LULLiv **[106]**, art. 74.º
Inadmissibilidade dos dias de — nos cheques, LUCh **[110]**, art. 57.º

Perdas
Participação dos sócios nas —, CSC **[11]**, art. 22.º
(V. *Associação em participação* e *Pacto Leonino*)

Personalidade jurídica
— do ACE, L 4/73 **[32]**, Base IV
— do agrup. eur. int. económico, AEIE **[36]**, art. 1.º

— e registo do contrato de sociedade, CSC **[11]**, art. 5.º
— das sociedades comerciais, CSC **[11]**, art. 5.º

Pessoas colectivas
Ficheiro central de —, DL 129/98 **[3]**, arts. 4.º s.
Número e cartão de identificação de —, DL 129/98 **[3]**, arts. 13.º s.
(V. *Denominações* e *Firma*)

Pessoas singulares
Insolvência de —, CIRE **[141]**, arts. 235.º s.

Plano de insolvência
Aprovação do —, CIRE **[141]**, arts. 209.º s.
Execução do —, CIRE **[141]**, arts. 217.º s.
Homologação do —, CIRE **[141]**, arts. 209.º s.
—, CIRE **[141]**, arts. 192.º s.

Poderes de gestão
Delegação dos —, CSC **[11]**, art. 407.º
— do conselho de administração da soc. anónima, CSC **[11]**, art. 406.º

Portador
Direitos do — da cautela de penhor, CCom **[1]**, art. 419.º, 422.º e 423.º, D 206 **[101]**, arts. 36.º e 39.º, e D 783 **[102]**, art. 33.º
Direitos do — do cheque contra o demandado, LUCh **[110]**, art. 45.º
Direitos do — de letra de câmbio contra o demandado, LULLiv **[106]**, art. 48.º
Endosso no cheque ao —, LUCh **[110]**, art. 21.º
Excepções inoponíveis ao — do cheque, LUCh **[110]**, art. 22.º
Excepções inoponíveis ao — de letra de câmbio, LULLiv **[106]**, art. 17.º
— legítimo do cheque e desapossamento, LUCh **[110]**, art. 21.º
Requisitos da legitimidade do — do cheque, LUCh **[110]**, art. 19.º

Índice Analítico

Requisitos da legitimidade do — da
letra de câmbio, LULLiv **[106]**, art.
16.º

Posse
(V. *Navios*)

Práticas comerciais agressivas
—,DL 57/2008 **[95]**, arts. 11.º e 12.º
(V. *Práticas comerciais desleais*)

Práticas comerciais c/ redução de preço
—,DL 70/2007 **[94]**.

Práticas comerciais desleais
Acções enganosas como —, DL 57/2008
[95], arts. 7.º e 8.º
Invalidade dos contratos celebrados sob
a influência de —, DL 57/2008 **[95]**,
art. 14.º
Omissões enganosas como —, DL 57/
/2008 **[95]**, art. 9.º
— em especial, DL 57/2008 **[95]**, art. 6.º
— em geral, DL 57/2008 **[95]**, art. 5.º
Regime sancionatório das —, DL 57/
/2008 **[95]**, arts. 19.º s.
(V. *Práticas comerciais agressivas*)

Práticas concertadas
—,L 18/2003 **[91]**, art. 4.º

Práticas discriminatórias
—,DL 370/93 **[84]**, art. 1.º

Prazo
Contagem do — nas letras de câmbio,
LULLiv **[106]**, art. 73.º
Contagem do — nos cheques, LUCh
[110], art. 56.º
Prorrogação do — que finda em dia
feriado, LULLiv **[106]**, art. 72.º, e
LUCh **[110]**, art. 55.º

Preços mínimos
Imposição de —, DL 370/93 **[84]**, nota
ao art. 1.º

Prémio
Consequências da falta de pagamento
do — no seguro contra fogo, CCom
[1], art. 445.º

Prémio de reembolso
Obrigações com —, CSC **[11]**, arts.
361.º s.

Prémio de seguro
—,DL 72/2008 **[76]**, arts. 51.º s.

Prescrição
— das acções relativas ao cheque,
LUCh **[110]**, arts 52.º e 53.º
— das acções relativas às letras de
câmbio, LULLiv **[106]**, arts. 70.º e
71.º
— dos direitos da sociedade contra os
fundadores, CSC **[11]**, art. 174.º
— dos direitos da sociedade contra os
liquidatários, CSC **[11]**, art. 174.º
— dos direitos da sociedade contra
os órgãos sociais, CSC **[11]**, art.
174.º
— dos direitos da sociedade contra
os revisores oficiais de contas, CSC
[11], art. 174.º
— dos direitos dos sócios, CSC **[11]**,
art. 174.º
— dos direitos de terceiros, CSC **[11]**,
art. 174.º

Prestação de contas
Depósito na cons. registo comercial dos
documentos de —, CSC **[11]**, art.
70.º
Falta de deliberação sobre os documentos de —, CSC **[11]**, art. 67.º
Falta de —, CSC **[11]**, art. 67.º
Invalidade da deliberação sobre os
documentos de —, CSC **[11]**, art.
69.º
Obrigatoriedade da —, CCom **[1]**, art.
63.º
— pela administração da sociedade,
CSC **[11]**, art. 65.º
Processo de registo da —, CRegCom **[2]**,
art. 42.º
Recusa de aprovação dos documentos
de —, CSC **[11]**, art. 68.º
(V. *Balanço* e *Relatório de gestão*)

Prestações acessórias
— dos accionistas, CSC **[11]**, art.
287.º

LXXXVII

Índice Analítico

— nas soc. por quotas, CSC [11], art. 209.°

Prestações suplementares
— na soc. por quotas, CSC [11], arts. 210.° s.

Presunções
— derivadas do Registo Comercial, CRegCom [2], art. 11.°

Princípio da instância
— no registo comercial, CRegCom [2], art. 28.°

Princípio da legalidade
— no registo comercial, CRegCom [2], art. 47.°

Princípios cooperativos
—,CCoop [38], art. 3.°

Privatizações
Lei quadro das —, L 11/90 [133].

Privilégios creditórios
— do expedidor, CCom [1], art. 392.°
— do mandatário comercial, CCom [1], art. 247.°
— sobre navios, CCom [1], arts. 574.° s.
— dos titulares de obrigações hipotecárias, DL 59/2006 [58], art. 3.°
— do transportador, CCom [1], art. 391.°

Processo de insolvência
Benefícios emolumentares no —, CIRE [141], art. 267.°
Benefícios fiscais no —, CIRE [141], arts. 268.° s.
Finalidade do —, CIRE [141], art. 1.°
Normas de conflitos em matéria de —, CIRE [141], arts. 275.° s.
Princípio do inquisitório no —, CIRE [141], art. 11.°
— estrangeiro, CIRE [141], arts. 288.° s.
Recurso no —, CIRE [141], art. 14.°
Restituição e separação de bens no —, CIRE [141], arts. 141.° s.
Suspensão da instância no —, CIRE [141], art. 8.°

Tribunal competente para o —, CIRE [141], art. 7.°
Verificação de créditos no —, CIRE [141], arts. 128.° s.
(V. *Insolvência* e *Processo particular de insolvência*)

Processo particular de insolvência
—,CIRE [141], arts. 294.° s.

Processo de registo
— dos valores mobiliários escriturais, CodVM [51], arts. 65.° s.

Procuração
Endosso por —, LULLiv [106], art. 18.°

Produtor
Responsabilidade civil do —, DL 383/ /89 [82].

Profissão
(V. *Comerciante* e *Seguro*)

Promoções
—,DL 70/2007 [94], art. 11.°

Propriedade
(V. *Navios*)

Propriedade industrial
Direito comercial internacional sobre —, CUP [156]
Infracções à —, CPI [151], arts. 316.° s.
Regimes jurídicos da —, CPI [151], arts. 51.° s.
(V. *Denominações de origem, Indicações geográficas, Logótipo, Marcas, Modelos ou desenhos, Modelos de utilidade, Patente, Topografias de produtos semicondutores* e *Recompensas*)

Proprietário
Responsabilidade do — do navio, DL 202/98 [127].

Prorrogação
— do contrato de seguro, DL 72/2008 [76], art. 41.°

Índice Analítico

Prospecto
— de oferta pública de valores mobiliários, CodVM **[51]**, arts. 134.º s.
Responsabilidade pelo — de oferta pública de valores mobiliários, CodVM **[51]**, arts. 149.º s.

Protesto
Cláusula de dispensa do — do cheque, LUCh **[110]**, art. 43.º
Cláusula de dispensa do — da letra de câmbio, LULLiv **[106]**, art. 46.º
Consequências da falta de — da cautela de penhor, CCom **[1]**, art. 424.º, D 206 **[101]**, art. 38.º, e D 783 **[102]**, art. 32.º
— da cautela de penhor, CCom **[1]**, art. 417.º, D 206 **[101]**, art. 36.º, e D 783 **[102]**, art. 30.º
— do extracto de factura, D 19490 **[105]**, arts. 10.º e 11.º
— por falta de aceite de letra de câmbio, LULLiv **[106]**, art. 44.º
— por falta de pagamento de cheque, LUCh **[110]**, art. 42.º
— por falta de pagamento da letra de câmbio, LULLiv **[106]**, art. 44.º

Prova
— do registo comercial, CRegCom **[2]**, arts. 73.º s.
(V. *Empréstimo, Penhor* e *Seguro*)

Provisão
Emissão de cheque sem —, D 13004 **[114]** e DL 454/91 **[115]**.
— e convenção de cheque, LUCh **[110]**, art. 3.º

Publicação
— do acto constitutivo do est. ind. de resp. limitada, EIRL **[35]**, art. 5.º

Publicações
Local das —, CSC **[11]**, art. 167.º
Omissão de — e terceiros, CSC **[11]**, art. 168.º
— obrigatórias em matéria de registo comercial, CRegCom **[2]**, arts. 70.º s.
(V. *Dividendos*)

Publicações obrigatórias
(V. *Publicidade*)

Publicidade
— dos actos sociais, CSC **[11]**, arts. 166.º s. das contas da soc. por quotas, CSC **[11]**, art. 264.º
— da deliberação da a. g. sobre a aquisição de bens a fundadores, CSC **[11]**, art. 29.º
— de participações de accionistas na sociedade, CSC **[11]**, art. 448.º
— das participações dos administradores na sociedade, CSC **[11]**, art. 447.º
— das participações dos membros do órgão de administração na sociedade, CSC **[11]**, art. 447.º
— das participações dos membros do órgão de fiscalização na sociedade, CSC **[11]**, art. 447.º
— do registo comercial, CRegCom **[2]**, arts. 73.º s.
— da sentença da declaração de insolvência, CIRE **[141]**, art. 38.º
Responsabilidade pela discordância de —, CSC **[11]**, art. 169.º
(V. *Menções* e *Publicações*)

Publicidade (comercial)
Código da —, CPub **[83]**.
Formas especiais de —, CPub **[83]**, arts. 23.º s.
Princípio da identificabilidade da —, CPub **[83]**, art. 8.º
Princípio da licitude da —, CPub **[83]**, art. 7.º
Princípio da veracidade da —, CPub **[83]**, art. 10.º
— domiciliária, L 6/99 **[87]**.
— na proximidade de estradas nacionais, DL 105/98 **[86]**.
— na televisão, CPub **[83]**, arts. 25.º s.
— oculta ou dissimulada, CPub **[83]**, art. 9.º
— a serviços de audiotexto, DL 175/99 **[89]**.
Restrições ao objecto da —, CPub **[83]**, arts. l7.º s.
(V. *Actividade publicitária*)

LXXXIX

Índice Analítico

Q

Qualidade de comerciante
Aquisição da —, CCom **[1]**, art. 13.°
— do agr. europ. de int, económico, AEIE **[36]**, art. 3.°

Quorum
— da ass. geral da soc. anónima, CSC **[11]**, arts. 383.° e 386.°

Quota de liquidação
Penhorabilidade da — nas soc. em nome colectivo, CSC **[11]**, art. 183.°

Quotas
(V. *Amortização da quota, Cessão de quotas, Execução da quota, Liquidação da quota, Quota de liquidação, Transmissão de quotas, Sociedades por quotas* e *Unidade da quota*)

Quotas próprias
Aquisição de —, CSC **[11]**, art. 220.°
Responsabilidade penal pela aquisição ilícita de —, CSC **[11]** art. 510.°

R

Reboque marítimo
Contrato de —, DL 431/86 **[123]**.

Recibo
(V. *Compra* e *Venda*)

Recompensas
Extinção do registo das —, CPI **[151]**, arts. 280.° s.
Fundamentos de recusa de registo de —, CPI **[151]**, art. 276.°
Objecto das —, CPI **[151]**, art. 271.°
Processo de registo das —, CPI **[151]**, arts. 274.° s.
Transmissão de —, CPI **[151]**, art. 279.°
Uso de —, CPI **[151]**, art. 278.°

Reconstituição
— do registo comercial,CRegCom **[2]**, arts. 94. s.

Rectificação
— do registo comercial, CRegCom **[2]**, arts. 81.° s.

Recursos
— no processo de insolvência, CIRE **[141]**, art. 14.°

Recusa de venda
—,DL 370/93 **[84]**, art. 4.°

Redução do capital
Amortização de acções c/ —, CSC **[11]**, art. 347.°
— das soc. comerciais. CSC **[11]**, arts. 94.° s.
— por extinção de acções próprias, CSC **[11]**, art. 463.°
Violação do dever de propor a —, CSC **[11]**, art. 523.°

Reforma
— dos administradores, CSC **[11]**, art. 402.°

Régies **Cooperativas**
—,CCoop **[38]**, art. 6.°

Regime jurídico
— da sociedade anónima europeia, DL 2/2005 **[14-A]**.

Regimes jurídicos
— da propriedade industrial, CPI **[151]**, arts. 51.° s.

Registo
Acções sujeitas a —, CRegCom **[2]**, art. 9.°
Actos de —, CRegCom **[2]**, arts. 53.°-A s.
Actos de — sujeitos a publicação obrigatória, CRegCom **[2]**, art. 70.°
Âmbito do —, CRegCom **[2]**, art. 55.°

XC

Índice Analítico

Caducidade do —, CRegCom [2], arts. 18.º e 19.º

Cancelamento do —, CRegCom [2], art. 20.º

Efeitos do — do contrato de sociedade, CSC [11], art. 19.º

Efeitos do — em relação a terceiros, CRegCom [2], art. 14.º

Efeitos do — da fusão, CSC [11], art. 111.º

Factos sujeitos a — obrigatório, CRegCom [2], art. 15.º

Falta de — e falta de forma, CSC [11], art. 36.º

Falta de — da soc. anónima, CSC [11], art. 40.º

Falta de — da soc. em comandita por acções, CSC [11], art. 40.º

Falta de — da soc. em comandita simples, CSC [11], art. 39.º

Falta de — da soc. em nome colectivo, CSC [11], art. 38.º

Falta de — da soc. por quotas, CSC [11], art. 40.º

Fins do —, CRegCom [2], art. 1.º

Impugnação das decisões do conservador do —, CRegCom [2], arts. 101.º s.

Incumprimento da obrigatoriedade de —, CRegCom [2], art. 17.º

Invalidade do contrato antes do —, CSC [11]. art. 41.º

Menções do —, RRegCom [2-A], arts. 8.º s.

Nulidade do —, CRegCom [2], art. 22.º

Presunções derivadas do — CRegCom [2], art. 11.º

Processo de —, CRegCom [2], arts. 28.º s., e RRegCom [2-A], arts. 4.º s.

Omissão do — e terceiros, CSC [11], art. 168.º

Prova do —, CRegCom [2], arts. 75.º s.

Publicidade do —, CRegCom [2], arts. 73.º s.

Reconstituição do —, CRegCom [2], arts. 94.º s.

Rectificação do —, CRegCom [2], arts. 81.º s.

Recusa do —, CRegCom [2], arts. 48.º s.

Regime da sociedade antes do —, CSC [11], arts. 36.º s.

— do acto constitutivo do est. ind. de resp. limitada, EIRL [35], art. 5.º

— das acções de invalidade de deliberações sociais, CSC [11], art. 168.º

— das acções de suspensão de deliberações sociais, CSC [11], art. 168.º

— dos agrupamentos complementares de empresas, CRegCom [2], art. 6.º

— dos agrupamentos europeus de interesse económico, CRegCom [2], art. 7.º

— dos comerciantes individuais, CRegCom [2], art. 2.º

— do contrato de agência, CRegCom [2], art. 10.º

— do contrato de sociedade e personalidade jurídica da soc., CSC [11], art. 5.º

— das cooperativas, CRegConr, [2], art. 4.º

— da deliberação da a. g. sobre aquisição de bens a fundadores, CSC [11], art. 29.º

— e eficácia entre as partes dos factos sujeitos a —, CRegCom [2], art. 13.º

— de emissão de obrigações na soc. anónima, CSC [11], art. 351.º

— das empresas públicas, CRegCom [2], art. 5.º

— do encerramento da liquidação, CSC [11], art. 160.º

— do estabelecimento individual de responsabilidade limitada, CRegCom [2], art. 8.º

— da fusão, CSC [11], art. 111.º

— e matrícula, CRegCom [2], art. 55.º

— de navios, DL 42644 [2-B] e D 42645 [2-B]

— da oferta pública de valores mobiliários, CodVM [51], arts. 114.º s.

— do projecto de fusão, CSC [11], art. 100.º

— da sentença da declaração de insolvência, CIRE [141], art. 38.º

— da sociedade anónima europeia, SE [14], arts. 12.º s.

— das sociedades civis em forma comercial, CRegCom [2], art. 3.º

— das sociedades comerciais, CRegCom [2], art. 3.º

XCI

Índice Analítico

Relações entre os sócios antes do —, CSC **[11]**, art. 37.º
Sujeição ao — do mandato comercial, CRegCom **[2]**, art. 10.º
Suprimento do —, CRegCom **[2]**, arts. 79.º-A s.
Tabela de emolumentos do —, CRegCom **[2]**.
(V. *Registo comercial*)

Registo comercial
Código do —, CRegCom **[2]**.
Regulamento do —, CRegCom **[2-A]**.
(V. *Registo*)

Registo Nacional de Pessoas Colectivas
—, DL 1129/98 **[3]**.
(V. *Denominações* e *Firmas*)

Registo prévio
— do contrato de sociedade, CSC **[11]**, art. 18.º

Regresso à actividade
Deliberação de —, CSC **[11]**, art. 161.º
Liquidação e —, CSC **[11]**, art. 161.º
— da soc. em nome colectivo, CSC **[11]**, art. 196.º

Regulamento
— do registo comercial, RRegCom **[2-A]**.

Relações com estrangeiros
— no Cód. Comercial, CCom **[1]**, art. 6.º

Relação de grupo
Sociedades em —, CSC **[11]**, arts. 488.º s.
(V. *Contrato de grupo paritário* e *Contrato de subordinação*)

Relação de domínio
Sociedades em —, CSC **[11]**, art. 486.º

Relação de participações recíprocas
Sociedades em —, CSC **[11]**, art. 485.º

Relação de simples participação
Sociedades em —, CSC **[11]**, arts. 483.º s.

Relatório de gestão
Conteúdo do —, CSC **[11]**, art. 66.º
Depósito na cons. reg. comercial de —, CSC **[11]**, art. 70.º
— na soc. por quotas, CSC **[11]**, art. 263.º
(V. *Prestação de contas*)

Remuneração
— dos administradores da soc. anónima, CSC **[11]**, arts. 399.º e 429.º
— dos directores da soc. anónima, CSC **[11]**, art. 429.º
— dos gerentes na soc. em nome colectivo, CSC **[11]**, art. 192.º, n.º 5
— dos gerentes na soc. por quotas, CSC **[11]**, art. 255.º
— dos membros do conselho geral e de supervisão, CSC **[11]**, art. 440.º
— dos órgãos de administração de entidades de interesse público, L 28/2009 **[9]**, arts. 2.º s.
— dos órgãos de fiscalização de entidades de interesse público, L 28/2009 **[9]**, arts. 2.º s.
— do titular do est. ind. de resp. limitada, EIRL **[35]**, art. 13.º

Renúncia
— dos administradores, CSC **[11]**, art. 404.º
— aos direitos de propriedade industrial, CPI **[151]**, art. 38.º
— dos gerentes na soc. por quotas, CSC **[11]**, art. 258.º
— injustificada do mandato, CCom **[1]**, art. 245.º
— da soc. ao direito de indemnização, CSC **[11]**, art. 74.º

Reporte
Noção de —, CCom **[1]**, art. 477.º
Prorrogação do prazo do —, CCom **[1]**, art. 479.º
Renovação do prazo do —, CCom **[1]**, art. 479.º
— e transmissão da propriedade dos títulos, CCom **[1]**, art. 478.º

Representação
Poderes de — do conselho de administração, CSC **[11]**, art. 408.º

Índice Analítico

Poderes de — do conselho de administração executivo, CSC [11], art. 431.º
— com excesso de poderes e cheque, LUCh [110], art 11.º
— com excesso de poderes e letra de câmbio, LULLiv [106], art. 8.º
— da soc. por quotas pelos gerentes, CSC [11], art. 252.º
— dos sócios na ass. geral, CSC [11], arts. 249.º e 380.º s.
— sem poderes e cheque, LUCh [110], art. 11.º
— sem poderes e letra de câmbio, LULLiv [106], art. 8.º
(V. *Gerentes*)

Representante
(V. *Representação*)

Representante comum
— dos accionistas sem direito de voto, CSC [11], art. 343.º
— dos obrigacionistas, CSC [11], arts. 357.º s.

Requisitos
— da comercialidade, CCom [1], art. 2.º
— do cheque, LUCh [110], art. 1.º
— da letra, LULLiv [106], art. 1.º

Reserva legal
— do est. ind. de resp. limitada, EIRL [35], art. 15.º
— na soc. anónima, CSC [11], art. 295.º
— na soc. por quotas, CSC [11], art. 218.º
Utilização da — na soc. anónima, CSC [11], art. 296.º
(V. *Reservas*)

Reservas
Aumento de capital por incorporação de —, CSC [11], arts. 91.º s.
— das cooperativas, CCoop [38], arts. 69.º s.
— não distribuíveis, CSC [11], art. 33.º

Resolução
— em benefício da massa insolvente de certos actos, CIRE [141], arts. 120.º s.
— do contrato de seguro, DL 72/2008 [76], arts. 116.º s.

Responsabilidade
— do avalista do cheque, LUCh [110], art. 27.º
— do avalista da letra de câmbio, LULLiv [106], art. 32.º
— dos órgãos das cooperativas, CCoop [38], arts. 64.º s.
— pelo prospecto de oferta pública de valores mobiliários, CodVM [51], arts. 149.º s.
— do representante comum dos obrigacionistas, CSC [11], art. 359.º
— do sacador do cheque, LUCh [110], art. 12.º
— do sacador da letra de câmbio, LULLiv [106], art. 9.º
— dos sócios comanditados, CSC [11], art. 465.º
— dos sócios comanditários, CSC [11], art. 465.º
— dos sócios da soc. anónima, CSC [11], art. 271.º
— dos sócios da soc. em nome colectivo, CSC [11], art. 175.º
— dos sócios da soc. por quotas, CSC [11], art. 197.º
— solidária dos signatários do cheque, LUCh [110], art. 44.º
— solidária dos signatários da letra de câmbio, LULLiv [106], art. 47.º
— do subscritor de livrança, LULLiv [106], art. 78.º
(V. *Publicidade, Cisão* e *Seguro*)

Responsabilidade civil
Acção de — proposta pela sociedade, CSC [11], art. 75.º
Acção de — proposta pelos sócios, CSC [11], art. 77.º
Cláusulas de exclusão de — dos membros de órgãos de administração e de fiscalização, CSC [11], art. 74.º
Cláusulas de limitação de — dos membros dos órgãos de administração e de fiscalização, CSC [11], art. 74.º
Regime da — dos administradores, CSC [11], art. 73.º
Regime da — dos fundadores, CSC [11], art. 73.º
Regime da — dos gerentes, CSC [11], art. 73.º

XCIII

Índice Analítico

— dos administradores para com os credores sociais, CSC [11], art. 78.º
— dos administradores para com a sociedade, CSC [11], art. 72.º
— dos administradores para com os sócios, CSC [11], art. 79.º
— dos administradores para com terceiros, CSC [11], art. 79.º
— dos administradores quanto à constituição, CSC [11], art. 71.º
— emergente da fusão, CSC [11], art. 114.º
— dos fundadores quanto à constituição, CSC [11], art. 71.º
— dos gerentes para com os credores sociais, CSC [11], art. 78.º
— dos gerentes para com a sociedade, CSC [11], art. 72.º
— dos gerentes para com terceiros, CSC [11], art. 79.º
— dos gerentes para com os sócios, CSC [11], art. 79.º
— dos gerentes quanto à constituição, CSC [11], art. 71.º
— dos órgãos de fiscalização, CSC [11], art. 81.º
— por práticas comerciais desleais, DL 57/2008 [95], art. 15.º
— do produtor, DL 383/89 [82].
— dos revisores oficiais de contas, CSC [11], art. 82.º
— da sociedade pelos actos dos seus representantes, CSC [11], art. 6.º, n.º 5.
— do sócio único, CSC [11], art. 84.º
(V. *Direito de indemnização* e *Liquidatários*)

Responsabilidade penal
— dos administradores, CSC [11], arts. 509.º, 510.º, 514.º, 518.º, 522.º, 523.º, 525.º, 526.º e 528.º
— dos gerentes, CSC [11], arts, 509.º, 510.º, 511.º, 512.º, 513.º, 514.º, 515.º, 518.º, 523.º e 528.º
— pela amortização de quota não liberada, CSC [11], art. 511.º
— pela amortização de quota objecto de usufruto, CSC [11], art. 512.º
— pela amortização de quota dada em penhor, CSC [11], art. 512.º

— pela aquisição ilícita de acções, CSC [11], art. 510.º
— pela aquisição ilícita de quotas, CSC [11], art. 510.º
— pela falta de cobrança das entradas, CSC [11], art. 509.º
— pela violação do dever de propor a dissolução da sociedade, CSC [11], art. 523.º
— pela violação do dever de propor a redução do capital, CSC [11], art. 523.º
— pela violação do princípio de intangibilidade do capital social, CSC [11], arts. 512.º e 513.º
— por abuso de informações, CSC [11], art. 524.º
— por convocatória enganosa, CSC [11], art. 519.º
— por informações falsas, CSC [11], art. 519.º
— por irregularidade na convocação da assembleia geral, CSC [11], art. 515.º
— por irregularidade na emissão de títulos, CSC [11], art. 526.º
— por manipulação fraudulenta de títulos, CSC [11], art. 525.º
— por participação fraudulenta em assembleia geral, CSC [11], art. 517.º
— por perturbação de funcionamento da assembleia geral, CSC [11], art. 516.º
— por recusa ilícita de informações, CSC [11], art. 518.º
— por recusa ilícita de lavrar acta, CSC [11], art. 521.º

Ressaque
Direito de — na letra de câmbio, LULLiv [106], art. 52.º

Resseguro
—,DL 72/2008 [76], arts. 72.º s.

Revogação
— do cheque, LUCh [110], art. 32.º
— do contrato de seguro, DL 72/2008 [76], art. 111.º
— injustificada do mandato, CCom [1], art. 246.º

Risco
(V. *Seguro*)

Índice Analítico

S

Sacado
Direitos do — do cheque, LUCh [110], art. 34.°

Sacador
Morte ou incapacidade do — do cheque, LUCh [110], art. 33.°
Responsabilidade do — do cheque, LUCh [110], art. 12.°
Responsabilidade do — de letra de câmbio, LULLiv [106], art. 9.°

Saldos
Venda em —, DL 70/2007 [94], art. 10.°
(V. *Liquidações* e *Promoções*)

Salvação marítima
—,DL 203/98 [128].

Saque
Modalidades do — de cheque, LUCh [110], art. 6.°
Modalidades do — de letras, LULLiv [106], art. 3.°
— de letra de câmbio por várias vias, LULLiv [106], art. 64.°
(V. *Sacador*)

Secretário da sociedade
—,CSC [11], arts. 446.°-A s.

Sector cooperativo
Ramos do —, CCoop [38], art. 4.°

Sede
Mudança da — da soc. comercial, CSC [11], art. 12.°, n.° 2
— e domicílio da soc. comercial, CSC [11], art. 12.°, n.° 3
— da sociedade anónima europeia, SE [14], art. 7.°, e DL 2/2005 [14-A], arts. 13.° s.
— da sociedade comercial, CSC [11], art. 12.°
Transferência da — da sociedade anónima europeia, SE [14], art. 8.°, e DL 2/2005 [14-A], arts. 13.° s.

Segurado
Deveres de informação do —, DL 72//2008 [76], arts. 24.° s.

Segurador
Deveres de informação do —, DL 72//2008 [76], arts. 18.° s.
Irresponsabilidade do — nos seguros de vida, CCom [1], art. 458.°
Responsabilidade do — no seguro de transporte, CCom [1], art. 453.°

Seguro
— de acidentes pessoais, DL 72/2008 [76], arts. 210.° s.
— de colheitas, DL 72/2008 [76], arts. 152.° s.
— contra riscos do mar, CCom [1], arts. 595.° s.
— de danos, DL 72/2008 [76], arts. 123.° s.
— financeiro, DL 72/2008 [76], arts. 161.° s.
— de incêndio, DL 72/2008 [76], arts. 149.° s.
— de grupo, DL 72/2008 [76], arts. 76.° s.
— pecuário, DL 72/2008 [76], arts. 153.° s.
— de protecção jurídica, DL 72/2008 [76], arts. 167.° s.
— de responsabilidade civil, DL 72/2008 [76], arts. 137.° s.
— de saúde, DL 72/2008 [76], arts. 213.° s.
— de transporte de coisas, DL 72/2008 [76], arts. 155.° s.
— de vida, DL 72/2008 [76], arts. 183.° s.
(V. *Contrato de seguro*)

Seguro de pessoas
—,DL 72/2008 [76], arts. 175.° s.
(V. *Seguro*)

Sentença de declaração de insolvência
Conteúdo da —, CIRE [141], art. 36.°
Impugnação da —, CIRE [141], arts. 40.° s.

XCV

Índice Analítico

Notificação da —, CIRE [141], art. 37.º
Publicidade da —, CIRE [141], art. 38.º
Registo da —, CIRE [141], art. 38.º

Sinistro
—,DL 72/2008 [76], arts. 99.º s.

Sistema centralizado
— de valores mobiliários, CodVM [51], arts. 88.º s.
Valores mobiliários titulados em —, CodVM [51], arts. 105.º s.

Sistema de normalização contabilística
—,DL 158/2009 [41].

Situação de insolvência
—,CIRE [141], art. 3.º

Situação da sociedade
Apreciação anual da — anónima, CSC [11], arts. 451.º s.

Sociedade aberta
Conceito de —, CodVM [51], art. 13.º
Deliberações sociais na —, CodVM [51], arts. 22.º s.
Perda da qualidade de —, CodVM [51], arts. 27.º s.
Voto por correspondência na —, CodVM [51], art. 22.º

Sociedade anónima
Abuso de informação dos membros do órgão de administração da—, CSC [11], art. 449.º
Abuso de informação dos membros do órgão de fiscalização da —, CSC [11], art. 449.º
Acções preferenciais sem voto na —, CSC [11], arts. 341.º s.
Acções na —, CSC [11], arts. 298.º s.
Acções próprias na —, CSC [11], arts. 316.º s.
Administração da —, CSC [11], arts. 390.º s. e 424.º s.
Amortização de acções na —, CSC [11], arts. 346.º s.
Apreciação anual da situação da —, CSC [11], arts. 451.º s.

Aquisição de obrigações próprias na —, CSC [11], art. 354.º
Aquisição da qualidade de sócio na —, CSC [11], art. 274.º
Assembleias especiais de accionistas da —, CSC [11], art. 389.º
Assembleias gerais da —, CSC [11], arts. 375.º s.
Assembleias de obrigacionistas da —, CSC [11], art. 355.º
Aumento do capital da —, CSC [11], arts. 456.º s.
Capital social da —, CSC [11], art. 276.º
Características da —, CSC [11], art. 271.º
Comissão de auditoria da —, CSC [11], arts. 423.º-B s.
Conselho de administração executivo da —, CSC [11], arts. 278.º e 424.º s.
Conselho geral e de supervisão da —, CSC [11], arts. 278.º e 434.º s.
Constituição da — c/ apelo a subscrição pública, CSC [11], art. 279.º
Conteúdo obrigatório do contrato de —, CSC [11], art. 272.º
Deliberações dos accionistas na —, CSC [11], arts. 373.º s.
Direito de informação na —, CSC [11], art. 288.º
Direito aos lucros na —, CSC [11], art. 294.º
Direito de voto na —, CSC [11], arts. 384.º s.
Direitos dos sócios na —, CSC [11], arts. 285.º s.
Dissolução da —, CSC [11], art. 464.º
Distribuição de lucros no decurso do exercício na —, CSC [11], art. 297.º
Emissão de obrigações na —, CSC [11], arts. 348.º s.
Emissão de títulos de participação por — pertencentes maioritanamente ao Estado, DL 321/85 [52], art. 1.º
Entradas na —, CSC [11], art. 277.º
Estrutura da administração na —, CSC [11], art. 278.º
Estrutura da fiscalização na —, CSC [11], art. 278.º
Firma da —, CSC [11], art. 275.º
Fiscalização da —, CSC [11], arts. 413.º s.
Inquérito judicial na —, CSC [11], art. 292.º

XCVI

Índice Analítico

Modalidades de obrigações na —, CSC [11], arts. 360.° s.

Nulidade do contrato de — registado, CSC [11], art. 42.°

Número mínimo de sócios da —, CSC [11], art. 273.°

Obrigações convertíveis em acções da —, CSC [11], arts. 365.° s.

Obrigações dos sócios da —, CSC [11], arts. 285.° s.

Oferta pública de aquisição de acções na —, CSC [11], art. 306.°, nota.

Redução do capital da —, CSC [11], arts. 456.° s.

Regime especial da constituição imediata de —, DL 111/2005 [4].

Relações da — não registada com terceiros —, CSC [11], art. 40.°

Requisitos da constituição de — em que o Estado detenha a maioria do capital, CSC [11], art. 273.°

Reserva legal na —, CSC [11], arts. 295.° s.

Secretário da —, CSC [11], arts. 446.°--A s.

Transmissão de acções na —, CSC [11], arts. 326.° s.

Vinculação da — pelos administradores, CSC [11], art. 409.°

(V. *Balanço, Capital social, Conselho de Administração, Conselho Fiscal, Direcção* e *Vícios da vontade*)

Sociedade anónima europeia

Capital da —, SE [14], art. 14.°

Competência da assembleia geral da —, SE [14], arts. 52.° s.

Constituição de — "filial", SE [14], arts. 35.° s.

Constituição da — por meio de fusão, SE [14], arts. 17.° s.

Constituição de uma — "holding", SE [14], arts. 32.° s.

Direito aplicável à —, SE [14], art. 9.°

Dissolução da —, SE [14], arts. 63.° s.

Envolvimento dos trabalhadores nas actividades da —, DL 215/2005 [14-B].

Estrutura organizatória da —, SE [14], arts. 38.° s., e DL 2/2005 [14-A], arts. 17.° s.

Firma da —, SE [14], art. 11.°

Liquidação da —, SE [14], arts. 63.° s.

Modos de constituição da —, SE [14], arts. 1.°, 2.° e 15.° s., e DL 2/2005 [14-A], arts. 5.° s.

Regime jurídico da —, DL 2/2005 [14--A].

Registo da —, SE [14], arts. 12.° s.

Sede da —, SE [14], art. 7.°, e DL 2//2005 [14-A], arts. 13.° s.

Transferência da sede da —, SE [14], art. 8.°, e DL 2/2005 [14-A], arts. 13.° s.

Transformação de uma sociedade anónima em —, SE [14], arts. 37.° s.

Transformação de — em sociedade anónima, DL 2/2005 [14-A], arts. 23.° s.

Sociedade em comandita

Contrato de —, CSC [11], art. 466.°

Deliberações dos sócios da —, CSC [11], art. 472.°

Destituição de gerentes da —, CSC [11], art. 471.°

Dissolução da —, CSC [11], art. 473.°

Entrada do sócio comanditário da —, CSC [11], art. 468.°

Firma da —, CSC [11], art. 467.°

Gerência da —, CSC [11], art. 470.°

Noção de —, CSC [11], art. 465.°

(V. *Sociedade em comandita por acções* e *Sociedade em comandita simples*)

Sociedade em comandita por acções

Direito de fiscalização dos sócios comanditados na —, CSC [11], art. 480.°

Direito de informação dos sócios comanditados na —, CSC [11], art. 480.°

Direito subsidiário da —, CSC [11], art. 478.°

Nulidade do contrato de — registado, CSC [11], art. 42.°

Número de sócios comanditários da —, CSC [11], art. 479.°

Relações da — não registada com terceiros, CSC [11], art. 40.°

(V. *Vícios da vontade*)

XCVII

Sociedade em comandita simples

Alteração do contrato de —, CSC [11], art. 476.°

Direito subsidiário da —, CSC [11], art. 474.°

Relações da — não registada com terceiros, CSC [11], art. 39.°

Invalidade do contrato de —, CSC [11], art. 43.°

(V. *Vícios da vontade*)

Sociedade em nome colectivo

Admissão de novo sócio na —, CSC [11], art. 194.°

Alteração do contrato de —, CSC [11], art. 194.°

Assembleia geral da —, CSC [11], art. 189.°

Características da —, CSC [11], art. 175.°

Competência dos gerentes na —, CSC [11], art. 192.°

Deliberações dos sócios na —, CSC [11], art. 189.°

Destino da parte social extinta na —, CSC [11], art. 187.°

Destituição dos gerentes na —, CSC [11], art. 193.°

Direito dos sócios à informação na —, CSC [11], art. 181.°

Direito de voto na —, CSC [11], art. 190.°

Dissolução da —, CSC [11], art. 195.°

Exclusão de sócio na —, CSC [11], art. 186.°

Exoneração do sócio na —, CSC [11], art. 185.°

Falecimento de sócio da —, CSC [11], art. 184.°

Firma da —, CSC [11], art. 177.°

Gerência da —, CSC [11], art. 191.°

Invalidade do contrato de —, CSC [11], art. 43.°

Liquidação de partes sociais na —, CSC [11], art. 188.°

Liquidação da —, CSC [11], art. 95.°

Obrigação da não concorrência dos sócios da —, CSC [11], art. 180.°

Participação dos sócios de indústria na —, CSC [11], art. 178.°

Regresso à actividade da —, CSC [11], art. 196.°

Relações da — não registada com terceiros, CSC [11], art. 38.°

Responsabilidade pelo valor das entradas em espécie na —, CSC [11], art. 179.°

(V. *Direito aos lucros, Liquidação da quota, Parte social, Quota de liquidação* e *Vícios da vontade*)

Sociedade por quotas

Amortização de quotas na —, CSC [11], arts. 232.° s.

Alterações do contrato de —, CSC [11], arts. 265.° s.

Apreciação anual da situação da —, CSC [11], art. 263.°

Aquisição de quotas próprias na —, CSC [11], art. 220.°

Aumento de capital na —, CSC [11], arts. 266.° s.

Assembleias gerais na —, CSC [11], arts. 248.° s.

Características da —, CSC [11], art. 197.°

Cessão de quotas na —, CSC [11], arts. 228.° s.

Contitularidade da quota na —, CSC [11], arts. 222.° s.

Contrato de suprimento na —, CSC [11], arts. 243.° s.

Deliberações dos sócios na —, CSC [11], arts. 246.° s.

Direito à informação na —, CSC [11], arts. 214.° s.

Direito aos lucros na —, CSC [11], art. 217.°

Direito de voto na —, CSC [11], arts. 250.° s.

Dissolução da —, CSC [11], art. 270.°

Divisão de quotas na —, CSC [11], art. 221.°

Entradas na —, CSC [11], art. 202.°

Exclusão de sócio na —, CSC [11], arts. 241.° s.

Exclusão do sócio remisso na —, CSC [11], arts. 204.° s.

Execução da quota na —, CSC [11], art. 239.°

Firma da —, CSC [11], art. 200.°

Fiscalização na —, CSC [11], art. 262.°

Gerência da —, CSC [11], arts. 252.° s.

Inquérito judicial na —, CSC [11], art. 216.°

Montante do capital das —, CSC [11], art. 201.°

Montante da quota na —, CSC [11], art. 219.°

Nulidade do contrato de — registado, CSC [11], art. 42.°

Obrigações acessórias na —, CSC [11], art. 209.°

Prestações acessórias na —, CSC [11], art. 209.°

Prestações suplementares na — CSC [11], arts. 210.° s.

Proibição dos sócios de indústria na —, CSC [11], art. 202.°

Regime especial de constituição imediata de —, DL 111/2005 [4].

Relações da — não registada com terceiros, CSC [11], art. 40.°

Reserva legal na —, CSC [11], art. 218.°

Responsabilidade directa dos sócios da — perante os credores sociais, CSC [11], art. 198.°

Responsabilidade pela integração do capital social na —, CSC [11], art. 207.°

Sócio remisso na —, CSC [11], arts. 204.° s.

Tempo das entradas na —, CSC [11], art. 203.°

Transmissão da quota na —, CSC [11], arts. 225.° s.

Unidade da quota na —, CSC [11], art. 219.°

Vinculação da — por actos praticados pelos gerentes, CSC [11], art. 260.°

(V. *Capital social, Gerentes, Quotas* e *Vícios da vontade*)

Sociedade por quotas unipessoal
—, CSC [11], arts. 270.°-A s.

Sociedades
Comercialidade das —, CSC [11], art. 1.°

Consolidação de contas de —, DL 238//91 [42], DL 88/2004 [45] e DL 35//2005 [46].

Constituição *on-line* de —, DL 125//2006 [5].

Regime especial de constituição imediata de —, DL 111/2005 [4].

(V. *Constituição*)

Sociedades administradoras de compras em grupo
Capital social das —, SACEG [18], art. 8.°

Obrigações das —, SACEG [18], art. 14.°

Operações vedadas às —, SACEG [18], art. 9.°

Sociedades de administradores da insolvência
—, SAI [142].

Sociedades de capital de risco
—, SCR/FCR/ICR [30], art. 8.°

Sociedades civis em forma comercial
Factos das — sujeitos a registo, CRegCom [2], art. 3.°

— CSC [11], art. 1.°, n.° 4.

Regime especial de constituição imediata de —, DL 111/2005 [4].

Sociedades coligadas
—, CSC [11], arts. 481.° s.

Sociedades comerciais
Capacidade jurídica das —, CSC [11], art. 6.°

Constituição de — por cisão, CSC [11], art. 7.°, n.° 4.

Constituição de — por fusão, CSC [11], art. 7.°, n.° 4.

Constituição de — por transformação, CSC [11], art. 7.°, n.° 4.

Contrato de grupo paritário entre —, CSC [11], art. 492.°

Contrato de subordinação entre —, CSC [11], arts. 493.° s.

Direito subsidiário aplicável às —, CSC [11], art. 2.°

Direito dos sócios das —, CSC [11], art. 21.°

Duração das —, CSC [11], art. 15.°

Elementos do contrato de —, CSC [11], art. 9.°

Expressão do capital das —, CSC [11], art. 14.°

Índice Analítico

Factos das — sujeitos a registo, CRegCom **[2]**, art. 3.°

Forma do contrato de —, CSC **[11]**, art. 7.°, n.° 1.

Legitimidade para pedir actos de registo das —, CRegCom **[2]**, art. 29.°

Lei pessoal das —, CSC **[11]**, art. 3.°

Mudança da sede —, CSC **[11]**, art. 12.°, n.° 2

Obrigações dos sócios das —, CSC **[11]**, art. 20.°

Partes do contrato de —, CSC **[11]**, art. 7.°, n.os 2 e 3.

Participação de cônjuges nas —, CSC **[11]**, art. 8.°

Personalidade das —, CSC **[11]**, art. 5.°

Processo de registo das —, CRegCom **[2]**, art. 35.°

Regime de constituição *on-line* de —, DL 125/2006 **[5]**.

Regime especial de constituição imediata de —, DL 111/2005 **[4]**.

Responsabilidade civil das — pelos actos dos seus representantes, CSC **[11]**, art. 6.°, n.° 5.

Sede e domicílio das —, CSC **[11]**, art. 12.°, n.° 3.

— com actividade em Portugal, CSC **[11]**, art. 4.°

— coligadas, CSC **[11]**, arts. 481.° s.

— em relação de domínio, CSC **[11]**, art. 486.°

— em relação de grupo, CSC **[11]**, arts. 488.° s.

— em relação de participações recíprocas, CSC **[11]**, art. 485.°

— em relação de simples participação, CSC **[11]**, arts. 482.° s.

— e objecto comercial, CSC **[11]**, art. 3.°, n.° 2

Tipos de —, CSC **[11]**, art. 1.°, n.° 2 e arts. 175.° s., 197.° s., 271.° s. e 465.° s.

(V. *Contrato de sociedade, Sociedade anónima, Sociedade em comandita, Sociedade em nome colectivo, Sociedade por quotas* e *Sócios*)

Sociedades corretoras

Constituição de —, DL 262/2001 **[29]**, art. 3.°

Forma das —, DL 262/2001 **[29]**, art. 4.°

Objecto das —, DL 262/2001 **[29]**, art. 3.°

Sociedades de desenvolvimento regional

Constituição das —, SDR **[16]**, art. 3.°

Forma da —, SDR **[16]**, art. 2.°

Fundo de reserva das —, SDR **[16]**, art. 12.°

Noção de —, SDR **[16]**, art. 1.°

Objecto das —, SDR **[16]**, art. 6.°

Operações activas das —, SDR **[16]**, art. 7.°

Operações vedadas às —, SDR **[16]**, art. 11.°

Órgãos sociais das —, SDR **[16]**, art. 14.°

Representação do capital social das —, SDR **[16]**, art. 2.°

Sociedades em relação de domínio

—, CSC **[11]**, arts. 486.° s., e CodVM **[51]**, art. 21.°

Sociedades em relação de grupo

—, CSC **[11]**, arts. 488.° s., e CodVM **[51]**, art. 21.°

Sociedades de *factoring*

—, DL 171/95 **[25]**.

Sociedades financeiras de corretagem

Forma da —, DL 262/2001 **[29]**, art. 4.°

Objecto das —, DL 262/2001 **[29]**, art. 3.°

Sociedades financeiras para aquisições a crédito

—, SFAC **[26]**.

Sociedades de garantia mútua

—, SGM **[28]**.

Sociedades de gestão e investimento imobiliário

Capital social das —, SGII **[17]**, art. 2.°

Constituição das —, SGII **[17]**, art. 3.°

C

Índice Analítico

Formas das—, SGII [17], art. 2.º

Objecto das —, SGII [17], art. 1.º

Sociedades gestoras de empresas —,SGE [27].

Sociedades gestoras de participações sociais
Forma das —, SGPS [15], art. 2.º
Objecto das —, SGPS [15], art 1.º
Operações vedadas às —, SGPS [15], art. 5.º
Participações detidas pelas —, SCPS [15], art. 3.º
Regime fiscal das —, SGPS [15], art. 7.º

Sociedades gestoras de patrimónios —, SGP [21].

Sociedades «holding»
(V. *Sociedades gestoras de participações sociais*)

Sociedades de investimento
Noção de —, DL 260/94 [23], art. 1.º
Objecto das —, DL 260/94 [23], art. 3.º

Sociedades de locação financeira —, DL 72/95 [24].
(V. *Contrato de locação financeira*)

Sociedades mediadoras do mercado monetário e do mercado de câmbios —, DL 110/94 [20].

Sociedades unipessoais
Constituição de —, DL 212/94 [22].
— por quotas, CSC [11], arts. 270.º-A s.

Sócio comanditado
Obrigação de não concorrência do —, CSC [11], art. 477.º
Responsabilidade do —, CSC [11], art. 465.º
Transmissão da parte do —, CSC [11], art. 469.º

Sócio comanditário
Entrada do —, CSC [11], art. 468.º
Responsabilidade do —, CSC [11], art. 465.º

Responsabilidade do — cujo nome integra a firma social, —, CSC [11], art. 467.º
Transmissão da parte do —, CSC [11], art. 475.º

Sócio remisso
— na soc. por quotas, CSC [11], arts. 204.º s.

Sócio único
Responsabilidade do —, CSC [11], art. 84.º

Sócios
Acção de responsabilidade proposta pelos —, CSC [11], art. 77.º
Direito de exoneração dos — na fusão, CSC [11], art. 105.º
Direitos especiais dos —, CSC [11], art. 24.º
Direitos dos —, CSC [11], art. 21.º
Número mínimo de — na soc. anónima, CSC [11], art. 273.º
Obrigações dos —, CSC [11], art. 20.º
Participação dos — nas perdas, CSC [11], art. 22.º
Participação dos — nos lucros, CSC [11], art. 22.º
Relações entre os — antes do registo do contrato, CSC [11], art. 37.º
Tempo das entradas dos —, CSC [11], art. 26.º
Valor da entrada dos —, CSC [11], art. 25.º
(V. *Accionistas, Entradas* e *Responsabilidade*)

Sócios de indústria
Participação dos — na soc. em nome colectivo, CSC [11], art. 178.º
Proibição dos — na soc. anónima, CSC [11], art. 277.º
Proibição dos — na soc. por quotas, CSC [11], art. 202.º

Solidariedade
(V. *Actos de comércio*)

Subscrição pública
Constituição da soc. anónima c/ apelo a —, CSC [11], art. 279.º

Índice Analítico

Subscritor
Responsabilidade do — de livrança, LULLiv [106], art. 78.º

"Sucursal na Hora"
—,DL 73/2008 [7].

Sucursais
Criação de — das soc. comerciais, CSC [11], art. 13.º

Sujeitos passivos
— da declaração de insolvência, CIRE [141], art. 2.º

Suspensão
— dos administradores de soc. anónima, CSC [11], arts. 400.º e 430.º

Suspensão da instância
— no processo de insolvência, CIRE [141], art. 8.º

T

Tabela de emolumentos
— do registo comercial, CRCom [2].
— do registo de navios, CRCom — Apêndice [2-B].
— do registo nacional de pessoas colectivas, RNPC [3].

Tipos
— de insolvência, CIRE [141], arts. 185.º s.
— de sociedades comerciais, CSC [11], art. 1.º

Títulos
Reporte e transmissão da propriedade dos —, CCom [1], art. 478.º

Títulos de crédito
Penhor em —, CCom [1], art. 399.º
Reforma judicial dos —, CCom [1], art. 484.º
Transmissão dos — à ordem, CCom [1], art. 483.º
Transmissão dos — ao portador, CCom [1], art. 483.º
Transmissão dos — não endossáveis nem ao portador, CCom [1], art. 483.º

Títulos comerciais
Liberdade de língua nos —, CCom [1], art. 97.º

Títulos definitivos
— (de acções), CSC [11], art. 304.º

Títulos de investimento
— das cooperativas, CCoop [38], arts. 26.º s.

Títulos de participação
Deliberação de emissão de —, DL 321/85 [52], art. 6.º
Deliberação de rcembolso de —, DL 321/85 [52], art. 6.º
Direitos conferidos pelos —, DL 321/85 [52], arts. 3.º e 12.º
Emissão de —, DL 321/85 [52], art. 1.º
Menções dos —, DL 321/85 [52], art. 7.º
Reembolso dos —, DL 321/85 [52], art. 4.º
Regime fiscal dos —, DL 321/85 [52], art. 110.º
— e assembleias dos participantes, DL 321/85 [52], arts. 13.º s.

Títulos provisórios
— (de acções), CSC [11], art. 304.º

Tomador do seguro
Deveres de informação do —, DL 72/2008 [76], arts. 24.º s.

Topografias de produtos semicondutores
—,CPI [151], arts. 153.º s.

Transformação
Constituição de sociedade comercial por —, CSC [11], art. 7.º, n.º 4.

CII

Índice Analítico

— das cooperativas, CCoop [38], art. 80.°
Deliberação de —, CSC [11], art. 133.°
Direitos dos credores obrigacionistas na —, CSC [11], art. 138.°
Impedimentos à —, CSC [11], 131.°
Modalidades da — CSC [11], art. 130.°
Noção de —, CSC [11], art. 130.°
Protecção dos sócios discordantes da —, CSC [11], art. 137.°
— e alteração do montante nominal da participação de cada sócio, CSC [11], art. 136.°
— e responsabilidade pessoal ilimitada dos sócios, CSC [11], art. 139.°
— de uma sociedade anónima em sociedade anónima europeia, SE [14], arts. 37.° s.
— de uma sociedade anónima europeia em sociedade anónima, DL 2/2005 [14-A], arts. 23.° s.
Registo da —, CSC [11], art. 140.°-A

Transmissão
Consentimento para a — de acções, CSC [11], art. 329.°
Formas de — do cheque, LUCh [110], art. 14.°
Formas de — da letra de câmbio, LULLiv [106], art 11.°
Limites à — de acções, CSC [11], art. 328.°
Registo do contrato de — de navio, CCom [1], art. 490.°
— entre vivos de parte social na soc. em nome colectivo, CSC [11], art. 182.°
— da parte do sócio comanditado, CSC [11], art. 469.°
— da parte do sócio comanditário, CSC [11], art. 475.°
— de direitos de propriedade industrial, CPI [151], arts. 29.° s.
— da firma, DL 129/98 [3], art. 44.°
— de objecto segurado e — do seguro, CCom [1], art. 431.°
— do seguro, DL 72/2008 [76], arts. 95.° s.
— dos títulos de crédito à ordem, CCom [1], art. 483.°
— dos títulos de crédito ao portador, CCom [1], art. 483.°
— dos títulos de crédito não endossáveis nem ao portador, CCom [1], art. 483.°

Transportador
Escrituração do —, CCom [1], art. 368.°
Responsabilidade do —, CCom [1], arts. 377.°, 383.°, 385.° e 386.°, e DL 239/2003 [74], arts. 17.° s.
O — e os direitos do destinatário, CCom [1], arts. 387.° e 389.°
(V. *Direito de retenção, Transporte* e *Privilégios creditórios*)

Transmissão da quota
— entre vivos na soc. por quotas, CSC [11], art. 228.°
— por morte na soc. por quotas, CSC [11], arts. 225.° s.

Transporte
Contrato de — rodoviário nacional de mercadorias, DL 239/2003 [74].
Demora no —, CCom [1], art. 379.°
Natureza comercial do contrato de —, CCom [1], art. 366.°
Realização do —, CCom [1], art. 367.°
Regime do — por caminho de ferro, CCom [1], art. 393.°
— de mercadorias por mar, DL 349/86 [121].
— de passageiros por mar, DL 349/86 [121].
(V. *Guia* e *Transportador*)

Transacção
— da sociedade sobre o direito de indemnização, CSC [11], art. 75.°

Tripulação
—, DL 384/99 [129], art. 1.°
(V. *Capitão*)

Tripulantes
—, DL 384/99 [129], art. 12.°

Troca
(V. *Escambo ou troca*)

Índice Analítico

U

Unidade da quota
— na soc. por quotas, CSC [11], art. 219.°

Uniões
— de cooperativas, CCoop [38], arts. 81.° s.

Usufruto
Aumento do capital e direito de —, CSC [11], arts. 269.° e 462.°
— de participações sociais, CSC [11], art. 23.°

V

Valor mínimo
— das quotas, CSC [11], art. 219.°
— das acções, CSC [11], art. 276.°
— do capital social na soc. anónima, CSC [11], art. 276.°
— do capital social na soc. por quotas, CSC [11], art. 201.°

Valor nominal
Acções sem —, CSC [11], art. 276.°

Valores mobiliários
Direito aplicável aos —, CodVM [51], arts. 39.° s.
Emissão de —, CodVM [51], arts. 43.° s.
Espécies de —, CodVM [51], art. 1.°
Formas de representação dos —, CodVM [51], arts. 46.° s.
Informação respeitante a —, CodVM [51], arts. 7.° s.
Oferta particular de —, CodVM [51], art. 110.°
Oferta pública de aquisição de —, CodVM [51], art. 173.°
Oferta pública de aquisição obrigatória de —, CodVM [51], arts. 187.° s.
Oferta pública de subscrição de —, CodVM [51], arts. 168.° s.
Oferta pública de —, CodVM [51], arts. 108.° s.
Oferta pública de venda de —, CodVM [51], arts. 170.° s.
Sistema centralizado de —, CodVM [51], art. 88.° s.
(V. *Modalidades de registo, Oferta particular, Oferta pública, Valores mobiliários escriturais* e *Valores mobiliários titulados*)

Valores mobiliários escriturais
Deveres das entidades registadoras de —, CodVM [51], arts. 85.° s.
Penhor de —, CodVM [51], art. 81.°
Penhora de —, CodVM [51], art. 82.°
Transmissão dos —, CodVM [51], art. 80.°
—, CodVM [51], arts. 61.° s.

Valores mobiliários titulados
Depósito de —, CodVM [51], arts. 99.° s.
Exercício dos direitos inerentes aos —, CodVM [51], art. 104.°
Penhor de —, CodVM [51], art. 103.°
Transmissão de —, CodVM [51], arts. 101.° s.
Usufruto de —, CodVM [51], art. 103.°
—, CodVM [51], arts. 95.° s.
— em sistema centralizado, CodVM [51], arts. 105.° s.

Varejo
(V. *Escrituração comercial*)

Vencimento
Endosso posterior ao —, LULLiv [106], art. 20.°
Modalidades de — de letra de câmbio, LULLiv [106], art. 33.°
— da letra à vista, LULLiv [106], art. 34.°
— da letra a certo termo de vista, LULLiv [106], art. 35.°
— da letra no caso de divergência de calendários, LULLiv [106], art. 37.°

CIV

Vendas

— automáticas, DL 143/2001 **[89]**, arts. 21.º s.
— de bens de consumo, DL 67/2003 **[90]**.
— com prejuízo, DL 370/93 **[84]**, art. 3.º
— com redução de preços, DL 70/2007 **[94]**, arts. 4.º s.
— "em cadeia", DL 143/2001 **[89]**, art. 270.º
— em saldos, DL 70/2007 **[94]**, art. 10.º
— especiais esporádicas, DL 143/2001 **[89]**, arts. 24.º s.
— forçadas, DL 143/2001 **[89]**, art. 28.º
— ligadas, DL 143/2001 **[89]**, art. 30.º
— sobre amostra, CCom **[1]**, art. 469.º
(V. *Compra e venda, Liquidações, Promoções* e *Saldos*)

Vendas a prestações

—, CCom **[1]**, art. 463.º, nota 2.
(V. *Extracto de factura*)

Verificação de créditos

— no processo de insolvência, CIRE **[141]**, arts. 128.º s.

Vícios da vontade

Relevância dos — na soc. anónima, CSC **[11]**, art. 45.º
Relevância dos — na soc. em comandita por acções, CSC **[11]**, art. 45.º
Relevância dos — na soc. em comandita simples, CSC **[11]** art. 46.º
Relevância dos — na soc. em nome colectivo, CSC **[11]**, art. 46.º
Relevância dos — na soc. por quotas, CSC **[11]**, art. 45.º

Vicissitudes

— do contrato de seguro, DL 72/2008 **[76]**, arts. 91.º s.

Voto

Impedimento de —, CSC **[11]**, arts. 251.º e 384.º, 6
(V. *Deliberações sociais* e *Sócios*)

W

Warrant

(V. *Cautela de penhor*)

Warrants autónomos

—, DL 172/99 **[56]**.

ABREVIATURAS

ACE	Agrupamentos complementares de empresas
AEIE	Agrupamento europeu de interesse económico
BMJ	Boletim do Ministério da Justiça
BP	Banco de Portugal
CCiv	Código Civil
CCom	Código Comercial
CCoop	Código Cooperativo
CCRs	Comissões de Coordenação Regional
CEE	Comunidade Económica Europeia
CIRE	Código da Insolvência e Recuperação de Empresas
CodVM	Código dos Valores Mobiliários
ConvBrux	Convenção de Bruxelas, de 25 de Agosto de 1924
ConvCh/I	Convenção estabelecendo uma lei uniforme em matéria de cheques
ConvCh/II	Convenção destinada a regular certos conflitos de leis em matéria de cheques
ConvCh/III	Convenção relativa ao imposto do selo em matéria de cheques
ConvL/I	Convenção estabelecendo uma lei uniforme em matéria de letras e de livranças
ConvL/II	Convenção destinada a regular certos conilitos de leis em matéria de letras e de livranças
ConvL/III	Convenção relativa ao imposto do selo em matéria de letras e de livranças
CPC	Código de Processo Civil
CPContImp	Código de Processo das Contribuições e Impostos
CPI	Código da Propriedade Industrial
CPub	Código da Publicidade
CRegCom	Código do Registo Comercial
CSC	Código das Sociedades Comerciais
CUP	Convenção de Paris para a Protecção da Propriedade Industrial
D	Decreto
DG	Diário do Governo
DL	Decreto-Lei
DR	Diário da República
DReg	Decreto Regulamentar
EIRL	Estabelecimento individual de responsabilidade limitada
EM	Estados membros da Comunidade Económica Europeia
E.P.	Empresa Pública
EstCom	Estatuto do comerciante
ExtFact	Extracto de factura
FCR	Fundos de capital de risco
ICR	Investidores em capital de risco

Abreviaturas

ISP	Instituto de Seguros de Portugal
JO	Jornal Oficial das Comunidades Europeias
L	Lei
LUCh	Lei Uniforme relativa ao cheque
LULLiv	Lei Uniforme relativa às letras e livranças
RegCE	Regulamento da Comunidade Europeia
RegCEE	Regulamento da Comunidade Económica Europeia
RNPC	Registo Nacional de Pessoas Colectivas
RRegCom	Regulamento do Registo Comercial
SAI	Sociedades de administradores da insolvência
SCR	Sociedades de capital de risco
SDR	Sociedades de desenvolvimento regional
SE	Sociedade anónima europeia
SFAC	Sociedades financeiras para aquisições a crédito
SGE	Sociedades gestoras de empresas
SGII	Sociedades de gestão e investimento imobiliário
SGJ	Sociedades de gestores judiciais
SGM	Sociedades de garantia mútua
SGP	Sociedades gestoras de patrimónios
SGPS	Sociedades gestoras de participações sociais
SLJ	Sociedades de liquidatários judiciais
SNC	Sistema de Normalização Contabilística
STC	Sociedades de titularização de créditos
STJ	Supremo Tribunal de Justiça
TC	Tribunal Constitucional

PARTE PRIMEIRA

CÓDIGO COMERCIAL. REGISTO COMERCIAL. REGISTO NACIONAL DE PESSOAS COLECTIVAS (FIRMAS E DENOMINAÇÕES) REGIME ESPECIAL DE CONSTITUIÇÃO DE SOCIEDADES E DE REPRESENTAÇÕES PERMANENTES EM PORTUGAL PROCEDIMENTOS ADMINISTRATIVOS DE DISSOLUÇÃO E DE LIQUIDAÇÃO DE ENTIDADES COMERCIAIS E FUSÕES TRANSFRONTEIRIÇAS DE SOCIEDADES DE RESPONSABILIDADE LIMITADA

			Págs.
[1]	Código Comercial	(CCom)	3
[2]	Decreto-Lei n.° 403/86, de 3 de Dezembro, aprova o Código do Registo Comercial	(CRegCom)	70
[2-A]	Portaria n.° 657-A/2006, de 29 de Junho, aprova o Regulamento do Registo Comercial	(RRegCom)	115
[2-B]	Registo comercial – Apêndice, normas aplicáveis ao registo de navios	(CRegCom-Apêndice)	125
[3]	Decreto-Lei n.° 129/98, de 13 de Maio, sobre o regime do Registo Nacional de Pessoas Colectivas (Firmas e denominações)	(RNPC)	133
[4]	Decreto-Lei n.° 111/2005, de 8 de Julho, institui um regime especial de constituição imediata de sociedades	(DL 111/2005)	165
[5]	Decreto-Lei n.° 125/2006, de 29 de Junho, institui um regime especial de constituição *on-line* de sociedades	(DL 125/2006)	175
[6]	Regime jurídico dos procedimentos administrativos de dissolução e de liquidação de entidades comerciais	(Anexo ao DL 76-A/2006)	182

[7] Decreto-Lei n.° 73/2008, de 16 de Abril, institui um regime especial de criação de representações permanentes em Portugal **(DL 73/2008)** 195

[8] Lei n.° 19/2009, de 12 de Maio, sobre o regime jurídico das fusões transfronteiriças de sociedades de responsabilidade limitada **(L 19/2009)** 199

[9] Lei n.° 28/2009, de 19 de Junho, sobre o regime de aprovação e de divulgação da política de remuneração dos membros dos órgãos de administração e de fiscalização das entidades de interesse público **(L 28/2009)** 210

[1] CARTA DE LEI DE 28 DE JUNHO DE 1888 [1]

DOM LUÍS, por graça de Deus Rei de Portugal e dos Algarves, etc. Fazemos saber a todos os nossos súbditos, que as cortes gerais decretaram e nós queremos a lei seguinte:

Art. 1.°

É aprovado o Código Comercial que faz parte da presente lei.

Art. 2.°

As disposições do dito Código consideram-se promulgadas e começarão a ter vigor em todo o continente do reino e ilhas adjacentes no dia 1.° de Janeiro de 1889.

Art. 3.°

Desde que principiar a ter vigor o Código, ficará revogada toda a legislação anterior que recair nas matérias que o mesmo Código abrange, e em geral toda a legislação comercial anterior.

§ 1.° Fica salva a legislação do processo não contrária às disposições do novo Código, bem como a que regula o comércio entre os portos de Portugal, ilhas e domínios portugueses em qualquer parte do mundo, quer por exportação, quer por importação, e reciprocamente.

§ 2.° O Governo poderá suspender temporariamente a execução da legislação ressalvada na parte final do parágrafo anterior, com respeito à Ilha da Madeira, dando conta às cortes do uso que fizer desta autorização.

Art. 4.°

Toda a modificação que de futuro se fizer sobre matéria contida no Código Comercial será considerada como fazendo parte dele e inserida no lugar próprio, quer seja por meio de substituição de artigos alterados, quer pela supressão de artigos inúteis, ou pelo adicionamento dos que forem necessários.

Art. 5.°

Uma comissão de jurisconsultos e comerciantes será encarregada pelo Governo, durante os primeiros cinco anos da execução do Código Comercial, de receber todas as representações, relatórios dos tribunais, e quaisquer observações relativamente ao melhoramento do mesmo Código, e à solução das dificuldades que possam dar-se na execução dele.

---

[1] A Carta de Lei, bem como o CCom que dela faz parte, foi publicada no DG n.° 203, de 6 de Setembro de 1888.

[1] CCom Carta de Lei de 28 de Junho de 1888

§ único. Esta comissão fará anualmente um relatório ao Governo e proporá quaisquer providências que para o indicado fim lhe pareçam necessárias ou convenientes.

Art. 6.°
O Governo fará os regulamentos necessários para a execução da presente lei.

Art. 7.°
É o Governo autorizado a tornar extensivo o Código Comercial às províncias ultramarinas, ouvidas as estações competentes, e fazendo-lhe as modificações que as circunstâncias especiais das mesmas províncias exigirem.

Art. 8.°
Fica o Governo autorizado a, ouvidos os relatores das comissões parlamentares especiais que deram parecer sobre o Código do Comércio, rever o mesmo Código no intuito de, quando se mostre necessário, corrigir quaisquer erros de redacção, coordenar a numeração dos respectivos artigos, e eliminar as referências a disposições suprimidas a fim de poder proceder à publicação oficial do mesmo Código.

Art. 9.°
Fica revogada a legislação contrária a esta.

CÓDIGO COMERCIAL [1]

LIVRO PRIMEIRO
DO COMÉRCIO EM GERAL

TÍTULO I. DISPOSIÇÕES GERAIS

Art. 1.º (Objecto da lei comercial)
A lei comercial rege os actos de comércio sejam ou não comerciantes as pessoas que neles intervêm.

Art. 2.º (Actos de comércio)
Serão considerados actos de comércio todos aqueles que se acharem especialmente regulados neste Código, e, além deles, todos os contratos e obrigações dos comerciantes, que não forem de natureza exclusivamente civil, se o contrário do próprio acto não resultar.

Art. 3.º (Critério de integração)
Se as questões sobre direitos e obrigações comerciais não puderem ser resolvidas, nem pelo texto da lei comercial, nem pelo seu espírito, nem pelos casos análogos nela prevenidos, serão decididas pelo direito civil.

Art. 4.º (Lei reguladora dos actos de comércio)
Os actos de comércio serão regulados:
1.º Quanto à substância e efeitos das obrigações, pela lei do lugar onde forem celebrados, salva convenção em contrário;
2.º Quanto ao modo do seu cumprimento, pela do lugar onde este se realizar;
3.º Quanto à forma externa, pela lei do lugar onde forem celebrados, salvo nos casos em que a lei expressamente ordenar o contrário.
§ único. O disposto no n.º 1.º deste artigo não será aplicável quando da sua execução resultar ofensa ao direito público português ou aos princípios de ordem pública.

---

[1] As epígrafes dos artigos não constam do texto oficial.

[1] CCom Arts. 5.º-10.º   Liv. I   Tít. II.   Da capac. com. e dos comerc.

Art. 5.º (Competência internacional dos tribunais portugueses)

Os portugueses que, entre si ou com estrangeiros, contraírem obrigações comerciais fora do reino, e os estrangeiros que, entre si ou com os portugueses no reino as contraírem, podem ser demandados perante os competentes tribunais do reino pelos nacionais ou estrangeiros com quem as hajam contraído, se nele tiverem domicílio ou forem encontrados.

Nota. A competência internacional dos tribunais portugueses acha-se hoje regulada nos arts. 65.º s. do CPC.

Art. 6.º (Relações com estrangeiros)

Todas as disposições deste Código serão aplicáveis às relações comerciais com estrangeiros, excepto nos casos em que a lei expressamente determine o contrário, ou se existir tratado ou convenção especial que de outra forma as determine e regule.

TÍTULO II. DA CAPACIDADE COMERCIAL E DOS COMERCIANTES

CAPÍTULO I. Da capacidade comercial

Art. 7.º (Capacidade para a prática de actos de comércio)

Toda a pessoa, nacional ou estrangeira, que for civilmente capaz de se obrigar, poderá praticar actos de comércio, em qualquer parte destes reinos e seus domínios, nos termos e salvas as excepções do presente Código.

Art. 8.º (Capacidade do menor emancipado)

Nota. Revogado pelo art. 1.º do DL n.º 363/77, de 2 de Setembro. Com efeito, as alterações introduzidas no CCiv pelo DL n.º 496/77, de 25 de Novembro, passando a maioridade para os 18 anos e acabando com a emancipação por concessão, tornaram esta norma inútil.

Art. 9.º (Capacidade da mulher)

Nota. Revogado pelo art. 1.º do DL n.º 363/77, de 2 de Setembro, por pressupor uma discriminação fundada no sexo, contrariando o princípio da igualdade consignado na Constituição da República Portuguesa.

Art. 10.º (Dívidas comerciais de um dos cônjuges)

Não há lugar à moratória estabelecida no n.º 1 do artigo 1696.º do Código Civil quando for exigido de qualquer dos cônjuges o cumprimento de uma obrigação emergente de acto de comércio, ainda que este o seja apenas em relação a uma das partes.

Notas. 1. O art. 4.º do DL n.º 329-A/95, de 12 de Dezembro, alterou a redacção do art. 1696.º, n.º 1, do Código Civil que passou a dispor o seguinte: «Pelas dívidas da exclusiva responsabilidade de um dos cônjuges respondem os bens próprios do cônjuge devedor e, subsidiariamente, a sua meação nos bens comuns».

Cap. II.   Dos comerciantes   **Arts. 11.º-13.º CCom [1]**

2. Não havendo hoje dívidas da exclusiva responsabilidade de um dos cônjuges sujeitas ao regime da moratória, o art. 10.º deixou de ter conteúdo útil. A norma não foi, porém, expressamente revogada e, por isso, a não suprimimos, mantendo-se também as notas que constavam das anteriores edições desta colectânea.

3. A actual redacção do art. 10.º foi introduzida pelo art. 2.º do DL n.º 363/77, de 2 de Setembro O texto revogado era o seguinte:

«O pagamento das dívidas comerciais do marido, que tiver de ser feito pela meação dele nos bens comuns, pode ser exigido antes de dissolvido o matrimónio ou de haver separação, sendo, porém, a mulher citada para, querendo, requerer separação judicial de bens no decêndio posterior à penhora.

§ 1.º Requerendo a mulher separação judicial de bens, seguirá esta por apenso ao processo da execução, conservando-se este suspenso até à partilha, efectuando-se o pagamento só depois de concluída esta, e unicamente pelos bens da meação do marido, ficando sem efeito a penhora que tiver recaído nos bens pertencentes à meação da mulher.

§ 2.º A importância de qualquer pagamento realizado nos termos deste artigo, quando a mulher não tiver requerido a separação, nem assumido expressamente a responsabilidade pela dívida exigida, será levada à conta da meação do marido a todo o tempo em que haja lugar a separação de meações.»

4. Em face do teor actual do art. 10.º deve entender-se que foi revogada a segunda parte do Assento do STJ, de 27 de Novembro de 1964 (DG n.º 296, de 19 de Dezembro de 1964; *BMJ* 141, p. 171), que estabelecia «O artigo 10.º do Código Comercial não é aplicável ao outorgante em relação ao qual o contrato de compra e venda não é mercantil.»

Continua, porém, em vigor, a doutrina formulada na primeira parte do mesmo Assento: «No domínio das relações imediatas, pode discutir-se se as obrigações cambiárias, como a resultante do aval, tem ou não natureza comercial.»

5. No Assento n.º 4/78, de 13 de Abril de 1978 (DR n.º 165, de 20 de Julho de 1978; *BMJ* 276, p. 99), o STJ decidiu: «Nas execuções fundadas em títulos de crédito, o pagamento das dívidas comerciais, de qualquer dos cônjuges, que houver de ser feito pela meação do devedor nos bens comuns do casal, só está livre da moratória estabelecida no n.º 1 do artigo 1696.º do Código Civil, ao abrigo do disposto no artigo 10.º do Código Comercial, mesmo no domínio das relações mediatas, se estiver provada a comercialidade substancial da dívida exequenda.»

Art. 11.º (Obrigações mercantis do cônjuge separado judicialmente)

Nota. Revogado pelo art. 1.º do DL n.º 363/77, de 2 de Setembro, visto ser inútil em face do disposto nos arts. 1735.º, 1770.º e 1795.º-A, do CCiv.

Art. 12.º (Lei reguladora da capacidade comercial)

A capacidade comercial dos portugueses que contraem obrigações mercantis em país estrangeiro, e a dos estrangeiros que as contraem em território português, será regulada pela lei do país de cada um, salvo quanto aos últimos naquilo em que for oposta ao direito público português.

Nota. Cf. os arts. 14.º, 25.º, 31.º e 32.º do CCiv.

CAPÍTULO II.   Dos comerciantes

Art. 13.º (Quem é comerciante)

São comerciantes:

1.º As pessoas, que, tendo capacidade para praticar actos de comércio, fazem deste profissão;

[1] CCom Arts. 14.º-18.º   Liv. I   Tít. II.   Da capac. com. e dos comerc.

2.º As sociedades comerciais.

Nota. Cfr. o DL n.º 339/85, de 21 de Agosto **[132]** que estabelece a classificação dos vários agentes económicos intervenientes na actividade comercial e fixa os mecanismos de controlo das inibições do exercício dessa mesma actividade, determinados nos termos da legislação em vigor. A matéria estava anteriormente regulada no DL n.º 419/83, de 29 de Novembro, que foi revogado pelo DL n.º 32/85, de 28 de Janeiro.

Art. 14.º (Quem não pode ser comerciante)
É proibida a profissão do comércio:
1.º Às associações ou corporações que não tenham por objecto interesses materiais;
2.º Aos que por lei ou disposições especiais não possam comerciar.

Nota. Cf. os arts. 80.º, n.º 1, 253.º e 264.º, § 2.º, n.º 1, do CCom.

Art. 15.º (Dívidas comerciais do cônjuge comerciante)
As dívidas comerciais do cônjuge comerciante presumem-se contraídas no exercício do seu comércio.

Notas 1. A actual redacção do art. 15.º foi introduzida pelo art. 3.º do DL n.º 363/77, de 2 de Setembro, e teve em vista equiparar a posição dos dois cônjuges no tocante às dívidas comerciais contraídas pelo cônjuge comerciante. O texto revogado era o seguinte: «As dívidas provenientes de actos comerciais contraídas só pelo marido comerciante, sem outorga da mulher, presumir-se-ão aplicadas em proveito comum dos cônjuges.»

2. Além disso, o novo texto passou a estar em consonância com a norma do art. 1691.º, n.º 1, al. *d*), do CCiv, que, na redacção dada pelo DL n.º 496/77, de 25 de Novembro dispõe que as dívidas contraídas por qualquer dos cônjuges no exercício do comércio são da responsabilidade de ambos, salvo se se provar que não foram contraídas em proveito comum do casal ou se vigorar entre os cônjuges o regime de separação de bens.

3. O n.º 1 do art. 1695.º do CCiv dispõe: «Pelas dívidas que são da responsabilidade de ambos os cônjuges respondem os bens comuns do casal, e, na falta ou insuficiência deles, solidariamente, os bens próprios de qualquer dos cônjuges.»

4. O exercício do comércio por qualquer dos conjuges, seja qual for o regime de bens não depende agora do consentimento do outro cônjuge (v. art. 1677.º-D do CCiv).

Art. 16.º (Poderes da mulher casada comerciante)
Nota. Revogado pelo art. 1.º do DL n.º 363/77 de 2 de Setembro. V. nota 4 ao art. 15.º

Art. 17.º (Condição do Estado e dos corpos e corporações administrativas)
O Estado, o distrito, o município e a paróquia não podem ser comerciantes, mas podem, nos limites das suas atribuições, praticar actos de comércio, e quanto a estes ficam sujeitos às disposições deste Código.
§ único. A mesma disposição é aplicada às misericórdias, asilos, mais institutos de beneficência e caridade.

Art. 18.º (Obrigações especiais dos comerciantes)
Os comerciantes são especialmente obrigados:
1.º A adoptar uma firma;

Tít. IV.   Da escrituração   **Arts. 29.º-32.º CCom [1]**

2.º A ter escrituração mercantil;
3.º A fazer inscrever no registo comercial os actos a ele sujeitos;
4.º A dar balanço, e a prestar contas.

TÍTULO III.   DA FIRMA

Notas. 1. Os artigos 19.º, 20.º e 24.º a 28.º, que integravam o Título III do Livro I do Código Comercial, foram revogados pelo art. 88.º, alínea *a*), do DL n.º 42/89, de 3 de Fevereiro; os artigos 21.º, 22.º e 23.º deste mesmo Título foram revogados pelo art. 3.º, n.º 1, alínea *a*), do DL n.º 262/86, de 2 de Setembro, que aprovou o CSC **[11]**.

2. Cf. os arts. 32.º e s. do RNPC **[3]**.

TÍTULO IV.   DA ESCRITURAÇÃO

Art. 29.º (Obrigatoriedade da escrituração mercantil)
Todo o comerciante é obrigado a ter escrituração mercantil efectuada de acordo com a lei.

Notas. 1. Redacção introduzida pelo art. 8.º do DL n.º 76-A/2006, de 29 de Março, que também deu uma redacção oficial à epígrafe do preceito.

2. Sobre a utilização do sistema de facturação electrónica, cfr. o DL n.º 375/99, de 18 de Setembro, DReg. n.º 16/2000, de 2 de Outubro, e a Portaria n.º 52/2002, de 12 de Janeiro.

Art. 30.º (Liberdade de organização da escrituração mercantil)
O comerciante pode escolher o modo de organização da escrituração mercantil, bem como o seu suporte físico, sem prejuízo do disposto no artigo seguinte.

Nota. Redacção introduzida pelo art. 8.º do DL n.º 76-A/2006, de 29 de Março, que também deu uma redacção oficial à epígrafe do preceito.

Art. 31.º (Livros obrigatórios)
1. As sociedades comerciais são obrigadas a possuir livros para actas.

2. Os livros de actas podem ser constituídos por folhas soltas numeradas sequencialmente e rubricadas pela administração ou pelos membros do órgão social a que respeitam ou, quando existam, pelo secretário da sociedade ou pelo presidente da mesa da assembleia geral da sociedade, que lavram, igualmente, os termos de abertura e de encerramento, devendo as folhas soltas ser encadernadas depois de utilizadas.

Nota. Redacção introduzida pelo art. 8.º do DL n.º 76-A/2006, de 29 de Março.

Art. 32.º (Legalização de livros)
Nota. Revogado pelo art. 61.º, alínea *d*), do DL n.º 76-A/2006, de 29 de Março.

[1] CCom Arts. 33.º-40.º

Liv. I Tít. IV. Da escrituração

Art. 33.º (Escrituração do livro de inventário e balanços)

Nota. Revogado pelo art. 61.º, alínea *d*), do DL n.º 76-A/2006, de 29 de Março.

Art. 34.º (Escrituração do diário)

Nota. Revogado pelo art. 61.º, alínea *d*), do DL n.º 76-A/2006, de 29 de Março.

Art. 35.º (Escrituração do razão)

Nota. Revogado pelo art. 61.º, alínea *d*), do DL n.º 76-A/2006, de 29 de Março.

Art. 36.º (Função do copiador)

Nota. Revogado pelo art. 61.º, alínea *d*), do DL n.º 76-A/2006, de 29 de Março.

Art. 37.º (Livros das actas das sociedades)

Os livros ou as folhas das actas das sociedades servirão para neles se lançarem as actas das reuniões de sócios, de administradores e dos órgãos sociais, devendo cada uma delas expressar a data em que foi celebrada, os nomes dos participantes ou referência à lista de presenças autenticada pela mesa, os votos emitidos, as deliberações tomadas e tudo o mais que possa servir para fazer conhecer e fundamentar estas, e ser assinada pela mesa, quando a houver, e, não a havendo, pelos participantes.

Nota. Redacção introduzida pelo art. 7.º do DL n.º 257/96, de 31 de Dezembro.

Art. 38.º (Quem pode fazer a escrituração)

Todo o comerciante pode fazer a sua escrituração mercantil por si ou por outra pessoa a quem para tal fim autorizar.

§ único. Se o comerciante por si próprio não fizer a escrituração, presumir-se-á que autorizou a pessoa que a fizer.

Art. 39.º (Requisitos externos dos livros de actas)

1. Sem prejuízo da utilização de livros de actas em suporte electrónico, as actas devem ser lavradas sem intervalos em branco, entrelinhas ou rasuras.

2. No caso de erro, omissão ou rasura deve tal facto ser ressalvado antes da assinatura.

Nota. Redacção introduzida pelo art. 8.º do DL n.º 76-A/2006, de 29 de Março, que também deu uma redacção oficial à epígrafe do preceito.

Art. 40.º (Obrigação de arquivar a correspondência, a escrituração mercantil e os documentos)

1. Todo o comerciante é obrigado a arquivar a correspondência emitida e recebida, a sua escrituração mercantil e os documentos a ela relativos, devendo conservar tudo pelo período de 10 anos.

2. Os documentos referidos no número anterior podem ser arquivados com recurso a meios electrónicos.

Notas. 1. Redacção introduzida pelo art. 8.º do DL n.º 76-A/2006, de 29 de Março, que também deu uma redacção oficial à epígrafe do preceito.

Tít. IV.   Da escrituração   **Arts. 41.º-43.º CCom [1]**

2. O DL n.º 29/72, de 24 de Janeiro, comete aos ministros competência para fixarem em portaria os prazos mínimos de conservação em arquivo dos documentos na posse de serviços do Estado, serviços públicos personalizados, empresas públicas, instituições de previdência, etc. (art. 1.º), bem como para autorizarem a microfilmagem desses documentos e a consequente inutilização dos originais. Em execução deste diploma, várias portarias foram publicadas. Delas destacamos:

Portaria n.º 206/76, de 7 de Abril, que manda aplicar o prazo do art. 40.º do CCom ao Banco de Portugal, quanto à obrigatoriedade de conservação em arquivo da sua escrita principal;

Portaria n.º 309/76, de 18 de Maio, que estabelece normas sobre a conservação e inutilização de documentos:

Portaria n.º 703/76, de 25 de Novembro, que determina os prazos de conservação e arquivo dos documentos na posse de empresas públicas;

Portaria n.º 268/79, de 6 de Junho, que autoriza o Gabinete do Registo Nacional a proceder à microfilmagem e consequente destruição de documentos;

Portaria n.º 968/81, de 12 de Novembro, que autoriza a microfilmagem dos documentos que devem manter-se em arquivo no Instituto Nacional da Propriedade Industrial;

Portaria n.º 1040/81, de 10 de Dezembro, que autoriza a Direcção-Geral de Protecção Social aos Funcionários e Agentes da Administração Pública a microfilmar os documentos que devem manter-se em arquivo e a consequente destruição, com excepção dos que tenham interesse histórico ou artístico;

Portaria n.º 1058/81, de 15 de Dezembro, que regula a microfilmagem nos serviços centrais da Sec. de Estado da Segurança Social e nos Centros Regionais de Segurança Social.

3. O DL n.º 173/85, de 21 de Maio, determinou que as empresas cujo capital foi total ou parcialmente nacionalizado conservem os livros e documentos referidos no art. 40.º até que estejam concluídos os processos de indemnização dos antigos titulares.

Art. 41.º (Inspecções à escrita)

As autoridades administrativas ou judiciárias, ao analisarem se o comerciante organiza ou não devidamente a sua escrituração mercantil, devem respeitar as suas opções, realizadas nos termos do artigo 30.º

Nota. Redacção introduzida pelo art. 8.º do DL n.º 76-A/2006, de 29 de Março, que também deu uma redacção oficial à epígrafe do preceito.

Art. 42.º (Exibição judicial da escrituração mercantil)

A exibição judicial da escrituração mercantil e dos documentos a ela relativos, só pode ser ordenada a favor dos interessados, em questões de sucessão universal, comunhão ou sociedade e no caso de insolvência.

Notas. 1. Redacção introduzida pelo art. 8.º do DL n.º 76-A/2006, de 29 de Março, que também deu uma redacção oficial à epígrafe do preceito.

2. Cf. o art. 36.º, n.º 1, al. *g*), do CIRE [**141**].

Art. 43.º (Exame da escrituração e documentos)

1. Fora dos casos previstos no artigo anterior, só pode proceder-se a exame da escrituração e dos documentos dos comerciantes, a instâncias da parte ou oficiosamente, quando a pessoa a quem pertençam tenha interesse ou responsabilidade na questão em que tal apresentação for exigida.

2. O exame da escrituração e dos documentos do comerciante ocorre no domicílio profissional ou sede deste, em sua presença, e é limitado à averiguação e extracção dos elementos que tenham relação com a questão.

Notas. 1. Redacção introduzida pelo art. 8.º do DL n.º 76-A/2006, de 29 de Março.

[1] CCom Arts. 44.º-62.º   Liv. I   Tít. VI.   Do balanço

2. No seu Acordão n.º 2/98, de 22 de Abril de 1997 (DR n.º 6/98 I-A, de 8-1-1998), o Supremo Tribunal de Justiça decidiu:

«O artigo 43.º do Código Comercial não foi revogado pelo artigo 519.º, n.º 1, do Código de Processo Civil de 1961, na versão de 1967, de modo que só poderá proceder-se a exame dos livros e documentos dos comerciantes quando a pessoa a quem pertençam tenha interesse ou responsabilidade na questão em que tal apresentação for exigida».

Art. 44.º (Força probatória da escrituração)

Os livros de escrituração comercial podem ser admitidos em juízo a fazer prova entre comerciantes, em factos do seu comércio, nos termos seguintes:

1.º Os assentos lançados nos livros de comércio, ainda quando não regularmente arrumados, provam contra os comerciantes, cujos são; mas os litigantes, que de tais assentos quiserem ajudar-se, devem aceitar igualmente os que lhes forem prejudiciais;

2.º Os assentos lançados em livros de comércio, regularmente arrumados, fazem prova em favor dos seus respectivos proprietários, não apresentando o outro litigante assentos opostos em livros arrumados nos mesmos termos ou prova em contrário;

3.º Quando da combinação dos livros mercantis de um e de outro litigante, regularmente arrumados, resultar prova contraditória, o tribunal decidirá a questão pelo merecimento de quaisquer provas do processo;

4.º Se entre os assentos dos livros de um e de outro comerciante houver discrepância, achando-se os de um regularmente arrumados e os do outro não, aqueles farão fé contra estes, salva a demonstração do contrário por meio de outras provas em direito admissíveis.

§ único. Se um comerciante não tiver livros de escrituração, ou recusar apresentá-los, farão fé contra ele os do outro litigante, devidamente arrumados, excepto sendo a falta dos livros devida a caso de força maior, e ficando sempre salva a prova contra os assentos exibidos pelos meios admissíveis em juízo.

Nota. Cf. arts. 362.º a 386.º do CCiv.

TÍTULO V.   DO REGISTO

Nota. Os arts. 45.º a 61.º do Código Comercial estão revogados.

O registo comercial está hoje regulado no Código do Registo Comercial (CRegCom [2]), aprovado pelo DL n.º 403/86, de 3 de Dezembro.

TÍTULO VI.   DO BALANÇO [1]

Art. 62.º (Obrigatoriedade do balanço)

Todo o comerciante é obrigado a dar balanço anual ao seu activo e passivo nos três primeiros meses do ano imediato.

Nota. Redacção introduzida pelo art. 8.º do DL n.º 76-A/2006, de 29 de Março.

---

[1] Redacção introduzida pelo art. 9.º do DL n.º 76-A/2006, de 29 de Março.

Cap. II.   Dos mercados, feiras, armazéns e lojas   **Arts. 63.º-94.º CCom [1]**

Art. 63.º (Obrigação de prestação de contas)

Nota. Revogado pelo art. 61.º, alínea *d*), do DL n.º 76-A/2006, de 29 de Março.

TÍTULO VII.   DOS CORRETORES

Notas. 1. Os artigos 64.º a 81.º, que integravam o Título VII do Livro I do Código Comercial, foram revogados pelo art. 24.º do DL n.º 142-A/91, de 10 de Abril, alterado pelos DLs n.º 89/94, de 2 de Abril, n.º 186/94, de 5 de Junho, n.º 204/94, de 2 de Agosto, n.º 196/95, de 29 de Junho, n.º 261/95, de 3 de Outubro, n.º 232/96, de 5 de Dezembro (rectificado pela Declaração de Rectificação n.º 4-E/99, de 31 de Janeiro), n.º 178/97, de 24 de Julho, n.º 343/98, de 6 de Novembro e n.º 172/99, de 20 de Maio [**64**], que aprovou o Código do MVM.

2. O actual Código dos Valores Mobiliários (CodVM [**51**]), foi aprovado pelo DL n.º 486/99, de 13 de Novembro.

TÍTULO VIII.   DOS LUGARES DESTINADOS AO COMÉRCIO

CAPÍTULO I.   Das bolsas

Notas. 1. Os artigos 82.º a 92.º, que integravam o Capítulo I do Título VIII do Livro I do Código Comercial, foram revogados pelo art. 24.º do DL n.º 142-A/91 de 10 de Abril, alterado pelos DLs n.º 89/94, de 2 de Abril, n.º 186/94, de 5 de Junho, n.º 204/94, de 2 de Agosto, n.º 196/95, de 29 de Junho, n.º 261/95, de 3 de Outubro, n.º 232/96, de 5 de Dezembro (rectificado pela Declaração de Rectificação n.º 4-E/99, de 31 de Janeiro), n.º 178/97, de 24 de Julho, n.º 343/98, de 6 de Novembro e n.º 172/99, de 20 de Maio [**60**], que aprovou o Código do MVM.

2. O actual Código dos Valores Mobiliários (CodVM [**51**]), foi aprovado pelo DL n.º 486/99, de 13 de Novembro.

CAPÍTULO II.   Dos mercados, feiras, armazéns e lojas

Art. 93.º (Determinação dos mercados e feiras)
Os mercados e as feiras serão estabelecidos no lugar, pelo tempo, e no modo prescritos na legislação e regulamentos administrativos.

Nota. Sobre mercados abastecedores de frutas e produtos hortícolas, cf. os DL n.ᵒˢ 500/76 e 501/76, ambos de 29 de Junho.

Art. 94.º (Armazéns gerais de comércio)
Serão considerados, para os efeitos deste Código, e especialmente para as operações mencionadas no título XIV do livro II, como armazéns gerais de comércio todos aqueles que forem autorizados pelo Governo a receber em depósito géneros e mercadorias, mediante caução, pelo preço fixado nas respectivas tarifas.

Nota. Sobre armazéns gerais agrícolas, cf. o D n.º 206, de 7 de Novembro de 1913 [**101**] e sobre armazéns gerais industriais, v. o D n.º 783 de 21 de Agosto de 1914 [**102**].

13

[1] CCom **Art. 95.°**   Liv. I.   Tít. VIII.   Dos lugares destinados ao comércio

Art. 95.° (Armazéns ou lojas abertas ao público)

Considerar-se-ão, para os efeitos deste Código, como armazéns ou lojas de venda abertos ao público:

1.° Os que estabelecerem os comerciantes matriculados;

2.° Os que estabelecerem os comerciantes não matriculados, toda a vez que tais estabelecimentos se conservem abertos ao público por oito dias consecutivos, ou hajam sido anunciados por meio de avisos avulsos ou nos jornais, ou tenham os respectivos letreiros usuais.

Notas. 1. Cf. a Portaria n.° 22 970, de 20 de Outubro de 1967, que determina os requisitos a que devem obedecer os estabelecimentos de venda ao público de produtos de alimentação e utilidade doméstica denominados «supermercados» e o despacho normativo n.° 109/89 (DR de 15-12-89) que regula o licenciamento de supermercados.

2. O DL n.° 542/80, de 10 de Novembro, define o regime legal relativo à instalação, funcionamento e fiscalização de lojas francas, tendo sido regulamentado pelo DReg n.° 43/83, de 24 de Maio, alterado pelo DReg n.° 65/87, de 31 de Dezembro.

3. O DL n.° 48/96, de 15 de Maio, alterado pelos DLs n.° 126/96, de 10 de Agosto, n.° 216/96, de 20 de Novembro, e n.° 111/2010, de 15 de Outubro, estabelece os horários de funcionamento dos estabelecimentos comerciais.

4. A Portaria n.° 424/85, de 5 de Julho, define o conceito de centros comerciais.

5. O DL n.° 21/2009, de 19 de Janeiro, estabelece o regime jurídico de instalação e de modificação dos estabelecimentos de comércio a retalho e dos conjuntos comerciais; cf. ainda a Portaria n.° 417/2009, de 9 de Janeiro.

6. O DL n.° 327/95, de 5 de Dezembro, estabelece o regime jurídico da instalação e funcionamento de empreendimentos turísticos.

7. A Portaria n.° 154/96, de 15 de Maio, define o conceito de loja de conveniência.

8. O Decreto Legislativo Regional n.° 7/99/M, de 2 de Março de 1999, define o regime jurídico para a instalação de unidades comerciais de dimensão relevante na Região Autónoma da Madeira.

9. O Decreto Legislativo Reginal n.° 17/99/A, de 2 de Abril de 1999, cria uma regime de autorização prévia de licenciamento comercial na Região Autónoma dos Açores.

LIVRO SEGUNDO
DOS CONTRATOS ESPECIAIS DE COMÉRCIO

TÍTULO I. DISPOSIÇÕES GERAIS

Art. 96.° (Liberdade de língua nos títulos comerciais)
Os títulos comerciais serão válidos, qualquer que seja a língua em que forem exarados.

Art. 97.° (Admissibilidade da correspondência telegráfica e seu valor)
A correspondência telegráfica será admissível em comércio nos termos e para os efeitos seguintes:

§ 1.° Os telegramas, cujos originais hajam sido escritos e assinados, ou somente assinados ou firmados pela pessoa em cujo nome são feitos, e aqueles que se provar haverem sido expedidos ou mandados expedir pela pessoa designada como expedidor, terão a força probatória que a lei atribui aos documentos particulares.

§ 2.° O mandato e toda a prestação de consentimento, ainda judicial, transmitidos telegraficamente com a assinatura reconhecida autenticamente por tabelião são válidos e fazem prova em juízo.

§ 3.° Qualquer erro, alteração ou demora na transmissão de telegramas, será, havendo culpa, imputável, nos termos gerais de direito, à pessoa que lhe deu causa.

§ 4.° Presumir-se-á isento de toda a culpa o expedidor de um telegrama que o haja feito conferir nos termos dos respectivos regulamentos.

§ 5.° A data do telegrama fixa, até prova em contrário, o dia e a hora em que foi efectivamente transmitido ou recebido nas respectivas estações.

Notas. **1.** Cf. o art. 379.° do CCiv.

2. Cf. o DL n.° 290-D/99, de 2 de Agosto, alterado pelos DLs n.° 62/2003, de 3 de Abril, n.° 165/2004, de 7 de Julho, n.° 116-A/2006, de 16 de Junho, e n.° 88/2009, de 9 de Abril, sobre o regime jurídico dos documentos electrónicos e da assinatura digital; cf. ainda o DReg. n.° 25/2004, de 15 de Julho, e a Portaria n.° 597/2009, de 4 de Junho.

Art. 98.° (Valor dos assentos dos livros dos corretores)
Havendo divergências entre os exemplares dos contratos, apresentados pelos contraentes, e tendo na sua estipulação intervindo corretor, prevalecerá o que dos livros deste constar, sempre que se achem devidamente arrumados.

[1] CCom Arts. 99.°-102.°   Liv. II   Tít. I.   Disposições gerais

Art. 99.° (Regime dos actos de comércio unilaterais)
Embora o acto seja mercantil só com relação a uma das partes será regulado pelas disposições da lei comercial quanto a todos os contratantes, salvo as que só forem aplicáveis àquele ou àqueles por cujo respeito o acto é mercantil, ficando, porém, todos sujeitos à jurisdição comercial.

Nota. Tendo sido extinta a jurisdição comercial pelo D n.° 21 694, de 29 de Setembro de 1932, a competência respectiva passou para os tribunais comuns.

Art. 100.° (Regra da solidariedade nas obrigações comerciais)
Nas obrigações comerciais os co-obrigados são solidários, salva estipulação contrária.

§ único. Esta disposição não é extensiva aos não comerciantes quanto aos contratos que, em relação a estes, não constituírem actos comerciais.

Nota. Cf. os arts. 512.° ss. do CCiv e especialmente o art. 513.°

Art. 101.° (Solidariedade do fiador)
Todo o fiador de obrigação mercantil, ainda que não seja comerciante, será solidário com o respectivo afiançado.

Nota. Cf. os arts. 627.° a 655.° do CCiv.

Art. 102.° (Obrigação de juros)
Haverá lugar ao decurso e contagem de juros em todos os actos comerciais em que for de convenção ou direito vencerem-se e nos mais casos especiais fixados no presente Código.

§ 1.° A taxa de juros comerciais só pode ser fixada por escrito.

§ 2.° Aplica-se aos juros comerciais o disposto nos artigos 559.°-A e 1146.° do Código Civil.

§ 3.° Os juros moratórios legais e os estabelecidos sem determinação de taxa ou quantitativo, relativamente aos créditos de que sejam titulares empresas comerciais, singulares ou colectivas, são os fixados em portaria conjunta dos Ministros das Finanças e da Justiça.

§ 4.° A taxa de juro referida no parágrafo anterior não poderá ser inferior ao valor da taxa de juro aplicada pelo Banco Central Europeu à sua mais recente operação principal de refinanciamento efectuada antes do 1.° dia de Janeiro ou Julho, consoante se esteja, respectivamente, no 1.° ou no 2.° semestre do ano civil, acrescida de 7 pontos percentuais.

Notas. 1. A actual redacção dos §§ 2.°, 3.° e 4.° foi introduzida pelo art. 6.° do DL n.° 32/2003, de 17 de Fevereiro.

É o seguinte o texto em vigor dos arts. 559.°-A e 1146.° do CCiv:

Art. 559.°-A (Juros usurários) É aplicável o disposto no artigo 1146.° a toda a estipulação de juros ou quaisquer outras vantagens em negócios ou actos de concessão, outorga, renovação, desconto ou prorrogação do prazo de pagamento de um crédito e em outros análogos.

Art. 1146.° (Usura) 1. É havido como usurário o contrato de mútuo em que sejam estipulados juros anuais que excedam os juros legais, acrescidos de 3% ou 5%, conforme exista ou não garantia real.

2. É havida também como usurária a cláusula penal que fixar como indemnização devida pela falta de restituição do empréstimo relativamente ao tempo de mora mais do que o correspondente a 7% ou 9% acima dos juros legais, conforme exista ou não garantia real.

Tít. IV.   Das empresas   **Arts. 103.°-230.° CCom [1]**

3. Se a taxa de juros estipulada ou o montante da indemnização exceder o máximo fixado nos números precedentes, considera-se reduzido a esses máximos, ainda que seja outra a vontade dos contraentes.

4. O respeito dos limites máximos referidos neste artigo não obsta à aplicabilidade dos artigos 282.° a 284.°

2. A Portaria n.° 291/2003, de 8 de Abril, fixou em 4% a taxa de juros legais e dos estipulados sem determinação de taxa ou quantitativo.

3. A Portaria n.° 262/99, de 12 de Abril, fixou em 12% a taxa supletiva de juros moratórios relativamente aos créditos de que sejam titulares empresas comerciais, singulares ou colectivas.

Art. 103.° (Contratos de comércio marítimo)

Os contratos especiais de comércio marítimo serão em especial regulados nos termos prescritos no livro III deste Código.

TÍTULO II.   DAS SOCIEDADES

Nota. As sociedades estão actualmente reguladas no Código das Sociedades Comerciais (CSC [11]), aprovado pelo DL n.° 262/86, de 2 de Setembro. O Título II do Livro II do Código Comercial (arts. 104.° a 206.°) foi expressamente revogado pelo art. 3.°, n.° 1, alínea *a*), daquele diploma.

CAPÍTULO V.   Disposições especiais às sociedades cooperativas

Nota. As cooperativas estão actualmente reguladas no Código Cooperativo, aprovado pela L n.° 51/96, de 7 de Setembro [38], rectificada no DR I Série-A, n.° 229, de 2 de Outubro de 1996. O Capítulo V do Título II do Livro II do Código Comercial havia sido revogado pelo art. 100.° do DL n.° 454/80.

TÍTULO III.   DA CONTA EM PARTICIPAÇÃO

Nota. A conta em participação estava regulada nos arts. 224.° a 229.° do Código Comercial. O DL n.° 231/81, de 28 de Julho [33], veio estabelecer a disciplina dos contratos de consórcio e de associação em participação e revogou expressamente os art. 224.° a 227.° (art. 32.°). Houve certamente lapso, pois o legislador deve ter querido revogar os arts. 224.° a 229.° do Código Comercial que regulavam a conta em participação.

TÍTULO IV.   DAS EMPRESAS

Art. 230.° (Empresas comerciais)

Haver-se-ão por comerciais as empresas, singulares ou colectivas, que se propuserem:

1.° Transformar, por meio de fábricas ou manufacturas, matérias-primas, empregando para isso, ou só operários, ou operários e máquinas;

2.° Fornecer, em épocas diferentes, géneros, quer a particulares, quer ao Estado, mediante preço convencionado;

3.° Agenciar negócios ou leilões por conta de outrem em escritório aberto ao público, e mediante salário estipulado;

[1] CCom Art. 230.° Liv. II Tít. IV. Das empresas

4.° Explorar quaisquer espectáculos públicos;
5.° Editar, publicar ou vender obras científicas, literárias ou artísticas;
6.° Edificar ou construir casas para outrem com materiais subministrados pelo empresário;
7.° Transportar, regular e permanentemente, por água ou por terra, quaisquer pessoas, animais, alfaias ou mercadorias de outrem.

§ 1.° Não se haverá como compreendido no n.° 1.° o proprietário ou o explorador rural que apenas fabrica ou manufactura os produtos do terreno que agriculta acessoriamente à sua exploração agrícola, nem o artista, industrial, mestre ou oficial de ofício mecânico que exerce directamente a sua arte, indústria ou ofício, embora empregue para isso, ou só operários, ou operários e máquinas.

§ 2.° Não se haverá como compreendido no n.° 2.° o proprietário ou explorador rural que fizer fornecimento de produtos da respectiva propriedade.

§ 3.° Não se haverá como compreendido no n.° 5.° o próprio autor que editar, publicar ou vender as suas obras.

Notas. 1. Entre muitas outras, são ainda comerciais:

a) As empresas constituídas para o exercício da pesca, exceptuando-se as dos indivíduos que exerçam a pesca, directa e pessoalmente, como pescadores de profissão, ainda que sejam auxiliados por outros pescadores, em número não superior a 20, e empreguem barcos de tonelagem inferior a 15 toneladas (D n.° 20 677, de 28 de Dezembro de 1931);

b) As empresas de mediação imobiliária e de angariação imobiliária (DL n.° 211/2004, de 20 de Agosto; cf. ainda as Portarias n.° 1326/2004, de 19 de Outubro, n.° 1327/2004, de 19 de Outubro, e n.° 1328/2004, de 19 de Outubro);

c) As empresas de mediação de seguros (DL n.° 336/85 de 21 de Agosto).

d) As agências de viagem e de turismo (DL n.° 209/97, de 13 de Agosto, rectificado no DR n.° 277 I-A de 29.11.97, e alterado pelo DL n.° 12/99, de 11 de Janeiro, pelo art. 23.° do DL n.° 76-A//2006, de 29 de Março, e pelo DL n.° 263/2007, de 20 de Julho).

2. O DL n.° 124/89, de 14 de Abril, rectificado no DR de 31-5-89, regulamenta as actividades privadas de selecção e colocação de pessoal com fim lucrativo.

3. A orgânica das empresas em autogestão está definida na L n.° 68/78, de 16 de Outubro. Cf. ainda a L n.° 66/78, de 14 de Outubro, que cria o Instituto Nacional das Empresas em Autogestão (INEA). Cf. ainda os DL n.° 451/80, de 8 de Outubro e n.° 181/79, de 30 de Junho.

4. Cf. o DL n.° 387/88, de 25 de Outubro, alterado pelo DL n.° 35-A/2003, de 27 de Fevereiro, que cria o Instituto de Apoio às Pequenas e Médias Empresas e ao Investimento.

5. Cf. o DL n.° 330/90, de 23 de Outubro, que aprovou o Código da Publicidade [83].

6. Cf. o DL n.° 558/99, de 17 de Dezembro, alterado pelo DL n.° 300/2007, de 23 de Agosto, que estabelece o regime jurídico do sector empresarial do Estado e das empresas públicas. Sobre as relações financeiras entre as entidades públicas dos Estados membros e as empresas públicas, cfr. o DL n.° 148/2003, de 11 de Julho, alterado pelos DLs n.° 120/2005, de 26 de Julho, e n.° 69/2007, de 26 de Março.

7. A exploração de pedreiras está regulada no DL n.° 227/87, de 14 de Junho e no DReg n.° 71/82, de 26 de Outubro.

8. A actividade das empresas transitárias e de operador portuário está regulada, respectivamente, nos DL n.° 255/99, de 7 de Julho, e n.° 298/93, de 28 de Agosto, alterado pelo DL n.° 65/95, de 7 de Abril; sobre a actividade de operador portuário, cfr. ainda o DL n.° 280/93, de 13 de Agosto, e o DReg. n.° 2/94, de 28 de Janeiro.

9. A actividade de prestação de serviços de transporte aéreo regular internacional está regulada no DL n.° 66/92, de 23 de Abril; cfr. ainda a Portaria n.° 371/92, de 29 de Abril.

10. Cf. o DL n.° 204/2000, de 1 de Setembro, alterado pelo DL n.° 108/2002, de 16 de Abril, que regula o acesso e o exercício das empresas de animação turística.

Cap. I. Disposições gerais   **Arts. 231.°-234.° CCom [1]**

11. Cf. o DL n.° 41/2001, de 9 de Fevereiro, alterado pelo DL n.° 110/2002, de 16 de Abril, que aprova o Estatuto do Artesão e da unidade produtiva artesanal e define o respectivo processo de acreditação. Sobre o processo de reconhecimento dos artesãos e das unidades produtivas e a organizações e funcionamento do Registo Nacional do Artesanato, cf. a Portaria n.° 1193/2003, de 13 de Outubro.

12. Cf. o DL n.° 109/2010, de 14 de Outubro, alterado pela L n.° 13/2011, de 29 de Abril, que estabelece o regime de acesso e de exercício da actividade funerária.

13. Cf. o DL n.° 257/2007, de 16 de Julho, alterado pelo DL n.° 137/2008, de 21 de Julho, e pelo DL n.° 136/2009, de 5 de Junho, que estabelece o regime jurídico do licenciamento e acesso à actividade de transporte rodoviário de mercadorias por conta de outrem.

TÍTULO V. DO MANDATO

CAPÍTULO I. Disposições gerais

Art. 231.° (Conceito de mandato comercial)

Dá-se mandato comercial quando alguma pessoa se encarrega de praticar um ou mais actos de comércio por mandado de outrem.

§ único. O mandato comercial, embora contenha poderes gerais, só pode autorizar actos não mercantis por declaração expressa.

Notas. 1. O mandato comercial escrito, suas alterações e extinção estão sujeitos a registo (art. 10.°, al. *a*), do CRegCom [2]).

2. Cf. os arts. 1157.° a 1184.° e 258.° a 269.° do CCiv.

3. A Convenção sobre a lei aplicável aos contratos de mediação e à representação foi aprovada, para ratificação, pelo D n.° 101/79, de 18 de Setembro.

4. Cf. o DL n.° 178/86, de 3 de Julho [72], que regulamenta o contrato de agência ou representação comercial.

Art. 232.° (Remuneração do mandatário)

O mandato comercial não se presume gratuito, tendo todo o mandatário direito a uma remuneração pelo seu trabalho.

§ 1.° A remuneração será regulada por acordo das partes, e, não o havendo, pelos usos da praça onde for executado o mandato.

§ 2.° Se o comerciante não quiser aceitar o mandato, mas tiver apesar disso, de praticar as diligências mencionadas no artigo 234.°, terá ainda assim direito a uma remuneração proporcional ao trabalho que tiver tido.

Art. 233.° (Extensão do mandato)

O mandato comercial, que contiver instruções especiais para certas particularidades do negócio, presume-se amplo para as outras; e aquele, que só tiver poderes para um negócio determinado, compreende todos os actos necessários à sua execução, posto que não expressamente indicados.

Art. 234.° (Obrigações do comerciante que recusar o mandato)

O comerciante que quiser recusar o mandato comercial que lhe é conferido, deve assim comunicá-lo ao mandante pelo modo mais rápido que lhe for possível,

[1] CCom Arts. 235.º-240.º   Liv. II   Tít. V.   Do mandato

sendo, todavia, obrigado a praticar todas as diligências de indispensável necessidade para a conservação de quaisquer mercadorias que lhe hajam sido remetidas, até que o mandante proveja.

§ 1.º Se o mandante nada fizer depois de recebido o aviso, o comerciante a quem hajam sido remetidas as mercadorias recorrerá ao juízo respectivo para que se ordene o depósito e segurança delas por conta de quem pertencer e a venda das que não for possível conservar, ou das necessárias para satisfação das despesas incursas.

§ 2.º A falta de cumprimento de qualquer das obrigações constantes deste artigo e seu parágrafo sujeita o comerciante à indemnização de perdas e danos.

Art. 235.º (Cautelas relativas a mercadorias deterioradas)

Se as mercadorias que o mandatário receber por conta do mandante apresentarem sinais visíveis de danificações, sofridas durante o transporte, deve aquele praticar os actos necessários à salvaguarda dos direitos deste, sob pena de ficar responsável pelas mercadorias recebidas, tais quais constarem dos respectivos documentos.

§ único. Se as deteriorações forem tais que exijam providências urgentes, o mandatário poderá fazer vender as mercadorias por corretor ou judicialmente.

Art. 236.º (Responsabilidade pela guarda das mercadorias)

O mandatário é responsável, durante a guarda e conservação das mercadorias do mandante, pelos prejuízos não resultantes de decurso de tempo, caso fortuito, força maior ou vício inerente à natureza da cousa.

§ único. O mandatário deverá segurar contra risco de fogo as mercadorias do mandante, ficando este obrigado a satisfazer o respectivo prémio, com as mais despesas, deixando somente de ser responsável pela falta e continuação do seguro, tendo recebido ordem formal do mandante para não o efectuar, ou tendo ele recusado a remessa de fundos para pagamento de prémio.

Art. 237.º (Verificação das alterações ocorridas nas mercadorias)

O mandatário, seja qual for a causa dos prejuízos em mercadorias que tenha em si de conta do mandante, é obrigado a fazer verificar em forma legal a alteração prejudicial ocorrente e avisar o mandante.

Art. 238.º (Responsabilidade pela inexecução do mandato)

O mandatário que não cumprir o mandato em conformidade com as instruções recebidas e, na falta ou insuficiência delas, com os usos do comércio, responde por perdas e danos.

Art. 239.º (Aviso dos factos relevantes)

O mandatário é obrigado a participar ao mandante todos os factos que possam levá-lo a modificar ou a revogar o mandato.

Art. 240.º (Aviso da execução do mandato)

O mandatário deve sem demora avisar o mandante da execução do mandato, e, quando este não responder imediatamente, presume-se ratificar o negócio, ainda que o mandatário tenha excedido os poderes do mandato.

Cap. I. Disposições gerais   **Arts. 241.º-246.º CCom [1]**

Art. 241.º (Obrigação de pagamento de juros)

O mandatário é obrigado a pagar juros das quantias pertencentes ao mandante a contar do dia em que, conforme a ordem, as devia ter entregue ou expedido.

§ único. Se o mandatário distrair do destino ordenado as quantias remetidas, empregando-as em negócio próprio, responde, a datar do dia em que as receber, pelos respectivos juros e pelos prejuízos resultantes do não cumprimento da ordem, salva a competente acção criminal, se a ela houver lugar.

Art. 242.º (Obrigação de exibir o mandato)

O mandatário deve, sendo-lhe exigido, exibir o mandato escrito aos terceiros com quem contratar, e não poderá opor-lhes quaisquer instruções que houvesse recebido em separado do mandante, salvo provando que tinham conhecimento delas ao tempo do contrato.

Art. 243.º (Obrigação do mandante em ordem à execução do mandato)

O mandante é obrigado a fornecer ao mandatário os meios necessários à execução do mandato, salva convenção em contrário.

§ 1.º Não será obrigatório o desempenho de mandato que exija provisão de fundos, embora haja sido aceito, enquanto o mandante não puser à disposição do mandatário as importâncias que lhe forem necessárias.

§ 2.º Ainda depois de recebidos os fundos para a execução do mandato, se for necessária nova remessa e o mandante a recusar, pode o mandatário suspender as suas diligências.

§ 3.º Estipulada a antecipação de fundos por parte do mandatário, fica este obrigado a supri-los, excepto no caso de cessação de pagamentos ou falência do mandante.

Art. 244.º (Pluralidade de mandatários)

Sendo várias pessoas encarregadas do mesmo mandato sem declaração de deverem obrar conjuntamente, presumir-se-á deverem obrar uma na falta de outra, pela ordem da nomeação.

§ único. Se houver declaração de deverem obrar conjuntamente, e se o mandato não for aceito por todas, as que o aceitarem, se constituírem maioria, ficam obrigadas a cumpri-lo.

Art. 245.º (Revogação e renúncia não justificadas do mandato)

A revogação e a renúncia do mandato, não justificadas, dão causa, na falta de pena convencional, à indemnização de perdas e danos.

Notas. 1. Cf. o art. 231.º, nota 1.

2. Cf. o art. 263.º do CPC.

Art. 246.º (Compensação por cessação do mandato)

Terminando o mandato por morte ou interdição de um dos contraentes, o mandatário, seus herdeiros ou representantes terão direito a uma compensação proporcional ao que teriam de receber no caso de execução completa.

21

[1] CCom Arts. 247.º-251.º   Liv. II   Tít. V.   Do mandato

Art. 247.º (Privilégios creditórios do mandatário)
O mandatário comercial goza dos seguintes privilégios mobiliários especiais:
1.º Pelos adiantamentos e despesas que houver feito, pelos juros das quantias desembolsadas, e pela sua remuneração, – nasmercadorias a ele remetidas de praça diversa para serem vendidas por conta do mandante, e que estiverem à sua disposição em seus armazéns ou em depósito público, e naquelas que provar com a guia de transporte haverem-lhe sido expedidas, e a que tais créditos respeitarem;
2.º Pelo preço das mercadorias compradas por conta do mandante, – nas mesmas mercadorias, enquanto se acharem à sua disposição nos seus armazéns ou em depósito público;
3.º Pelos créditos constantes dos números antecedentes, no preço das mercadorias pertencentes ao mandante, quando estas hajam sido vendidas.
§ único. Os créditos referidos no 1.º preferem a todos os créditos sobre o mandante, salvo sendo provenientes de despesas de transporte ou seguro, quer hajam sido constituídos antes quer depois de as mercadorias haverem chegado à posse do mandatário.

Nota. Nos termos do art. 8.º, n.º 1, do DL n.º 47 344, de 25 de Novembro de 1966 – diploma que aprovou o actual Código Civil –, "não são reconhecidos para o futuro, salvo em acções pendentes, os privilégios e hipotecas legais que não sejam concedidos no novo Código Civil, mesmo quando conferidos em legislação especial".

CAPÍTULO II.   Dos gerentes, auxiliares e caixeiros

Art. 248.º (Conceito de gerente de comércio)
É gerente de comércio todo aquele que, sob qualquer denominação, consoante os usos comerciais, se acha proposto para tratar do comércio de outrem no lugar onde este o exerce ou noutro qualquer.

Art. 249.º (Extensão do mandato conferido ao gerente)
O mandato conferido ao gerente, verbalmente ou por escrito, enquanto não registado, presume-se geral e compreensivo de todos os actos pertencentes e necessários ao exercício do comércio para que houvesse sido dado, sem que o proponente possa opor a terceiros limitação alguma dos respectivos poderes, salvo provando que tinham conhecimento dela ao tempo em que contrataram.

Nota. Cf. o art. 10.º, al. *a*), do CRegCom **[2]**.

Art. 250.º (Em nome de quem trata o gerente)
Os gerentes tratam e negociam em nome de seus proponentes; nos documentos que nos negócios deles assinarem devem declarar que firmam com poder da pessoa ou sociedade que representam.

Art. 251.º (Responsabilidade dos proponentes)
Procedendo os gerentes nos termos do artigo anterior, todas as obrigações por eles contraídas recaem sobre os proponentes.

Cap. II.   Dos gerentes, auxiliares e caixeiros   **Arts. 252.º-257.º CCom [1]**

§ 1.º Se os proponentes forem muitos, cada um deles será solidariamente responsável.

§ 2.º Se o proponente for uma sociedade comercial, a responsabilidade dos associados será regulada conforme a natureza dela.

Art. 252.º (Contrato em nome do gerente)

Fora do caso prevenido no artigo precedente, todo o contrato celebrado por um gerente em seu nome obriga-o directamente para com a pessoa com quem contratar.

§ único. Se porém a negociação fosse feita por conta do proponente, e o contratante o provar, terá opção de accionar o gerente ou o proponente, mas não poderá demandar ambos.

Art. 253.º (Proibição de concorrência do gerente)

Nenhum gerente poderá negociar por conta própria, nem tomar interesse debaixo do seu nome ou alheio em negociação do mesmo género ou espécie da de que se acha incumbido, salvo com expressa autorização do proponente.

§ único. Se o gerente contrariar a disposição deste artigo, ficará obrigado a indemnizar de perdas e danos o proponente, podendo este reclamar para si, como feita em seu nome, a respectiva operação.

Art. 254.º (Legitimidade do gerente para demandar ou ser demandado)

O gerente pode accionar em nome do proponente, e ser accionado como representante deste pelas obrigações resultantes do comércio que lhe foi confiado, desde que se ache registado o respectivo mandato.

Art. 255.º (Representantes de casas ou sociedades estrangeiras)

As disposições precedentes são aplicáveis aos representantes de casas comerciais ou sociedades constituídas em país estrangeiro que tratarem habitualmente no reino, em nome delas, de negócios do seu comércio.

Art. 256.º (Auxiliares do comerciante)

Os comerciantes podem encarregar outras pessoas, além dos seus gerentes, do desempenho constante, em seu nome e por sua conta, de algum ou alguns dos ramos do tráfico a que se dedicam, devendo os comerciantes em nome individual participá-lo aos seus correspondentes.

§ único. As sociedades que quiserem usar da faculdade concedida neste artigo, devem consigná-la nos seus estatutos.

Art. 257.º (Celebração de negócios por viajantes ou representantes comerciais)

O comerciante pode igualmente enviar a localidade diversa daquela em que tiver o seu domicílio um dos seus empregados, autorizando-o por meio de cartas, avisos, circulares ou quaisquer documentos análogos, a fazer operações do seu comércio.

[1] CCom Arts. 258.º-263.º   Liv. II Tít. V. Do mandato

Art. 258.º **(Responsabilidade do mandante por actos praticados pelos seus auxiliares)**
Os actos dos mandatários mencionados nos dois artigos antecedentes não obrigam o mandante senão com respeito à obrigação do negócio de que este os houver encarregado.

Art. 259.º **(Poderes dos caixeiros)**
Os caixeiros encarregados de vender por miúdo em lojas reputam-se autorizados para cobrar o produto das vendas que fazem; os seus recibos são válidos, sendo passados em nome do proponente.
§ único. A mesma faculdade têm os caixeiros que vendem em armazém por grosso, sendo as vendas a dinheiro de contado e verificando-se o pagamento no mesmo armazém; quando, porém, as cobranças se fazem fora ou procedem de vendas feitas a prazo, os recibos serão necessariamente assinados pelo proponente, seu gerente ou procurador legitimamente constituído para cobrar.

Art. 260.º **(Recebimento de fazendas pelo caixeiro)**
Quando um comerciante encarregar um caixeiro do recebimento de fazendas compradas, ou que por qualquer outro título devam entrar em seu poder, e o caixeiro as receber sem objecção ou protesto, a entrega será tida por boa em prejuízo do proponente; e não serão admitidas reclamações algumas que não pudessem haver lugar, se o proponente pessoalmente as tivesse recebido.

Art. 261.º **(Subsistência do mandato depois da morte do proponente)**
A morte do proponente não põe termo ao mandato conferido ao gerente.

Art. 262.º **(Direitos do gerente no caso de revogação do mandato)**
A revogação do mandato conferido ao gerente entender-se-á sempre sem prejuízo de quaisquer direitos que possam resultar-lhe do contrato de prestação de serviços.

Art. 263.º **(Rescisão do contrato sem prazo)**
Não se achando acordado o prazo do ajuste celebrado entre o patrão e o caixeiro, qualquer dos contraentes pode dá-lo por acabado, avisando o outro contraente da sua resolução com um mês de antecedência.
§ único. O caixeiro despedido terá direito ao salário correspondente a esse mês, e o patrão não será obrigado a conservá-lo no estabelecimento nem no exercício das suas funções.

Nota. O regime das relações laborais consta hoje do Código do Trabalho, aprovado pela L n.º 7/2009, de 12 de Fevereiro (rectificada pela Declaração de Rectificação n.º 21/2009 – *DR*, 1.ª Série, n.º 54, de 18 de Março de 2009), e alterado pela L n.º 104/2009, de 14 de Setembro. Cfr. ainda o DL n.º 480/99, de 9 de Novembro, alterado pelos DLs n.º 323/2001, de 17 de Dezembro, e n.º 295/2009, de 13 de Outubro (rectificado no *DR*, 1.ª Série, n.º 227, de 23 de Novembro de 2009 – Declaração de Rectificação n.º 86/2009), que aprovou o Código de Processo do Trabalho; a L n.º 65/77, de 26 de Agosto, alterada pela L n.º 30/92, de 20 de Outubro, sobre a greve; a L n.º 98/2009, de 4 de Setembro, que regulamenta o regime de reparação de acidentes de trabalho, incluindo a reabilitação e reintegração profissionais, nos termos do art. 284.º do Código do Trabalho; a L n.º 101/2009, de 8 de Setembro, que estabelece o regime jurídico do trabalho temporário; a L n.º 102/2009, de 10 de Setembro, sobre o regime jurídico da promoção da

Cap. III.   Da comissão   **Arts. 264.º-267.º CCom [1]**

segurança e saúde no trabalho; a L n.º 107/2009, de 14 de Setembro, que aprova o regime processual aplicável às contra-ordenações laborais e de segurança social; o DL n.º 259/2009, de 25 de Setembro (rectificado pela Declaração de Rectificação n.º 76/2009 – *DR*, 1.ª Série, n.º 200, de 15 de Outubro de 2009), que regula o regime jurídico da arbitragem necessária, bem como a arbitragem sobre serviços mínimos durante a greve e os meios necessários para os assegurar, de acordo com o art. 513.º e alínea *b*) do n.º 4 do art. 538.º do Código do Trabalho; o DL n.º 260/2009, de 25 de Setembro, sobre o regime jurídico do exercício e licenciamento das agências privadas de colocação e das empresas de trabalho temporário.

Art. 264.º (Rescisão no caso de se ter fixado o prazo)

Tendo o ajuste entre o patrão e o caixeiro termo estipulado, nenhuma das partes poderá arbitrariamente desligar-se da convenção, sob pena de indemnizar a outra de perdas e danos.

§ 1.º Julga-se arbitrária a inobservância do contrato, uma vez que se não funde em ofensa feita por um à honra, dignidade ou interesse do outro, cabendo ao juízo qualificar prudentemente o facto, tendo em consideração o carácter das relações de inferior para superior.

§ 2.º Para os efeitos do parágrafo antecedente são consideradas como ofensivas:

1.º Com respeito aos patrões, – qualquer fraude ou abuso de confiança na gestão encarregada ao caixeiro, bem como qualquer acto de negociação feito por este, por conta própria ou alheia que não do patrão, sem conhecimento e permissão deste;

2.º Com respeito aos caixeiros – a falta do pagamento pontual do respectivo salário ou estipêndio, o não cumprimento de qualquer cláusula do contrato estipulado em favor deles, e os maus tratamentos.

Art. 265.º (Acidentes de trabalho)

Os acidentes imprevistos ou inculpados, que impedirem as funções dos caixeiros, não interrompem a aquisição do salário competente, salva convenção em contrário, e uma vez que a inabilidade não exceda a três meses contínuos.

§ único. Se por efeito imediato e directo do serviço acontecer ao caixeiro algum dano extraordinário ou perda, não havendo pacto expresso a esse respeito, o patrão será obrigado a indemnizá-lo no que justo for.

CAPÍTULO III.   Da Comissão

Art. 266.º (Conceito de comissão)

Dá-se contrato de comissão quando o mandatário executa o mandato mercantil, sem menção ou alusão alguma ao mandante, contratando por si e em seu nome, como principal e único contraente.

Notas. 1. Cf. os arts. 1180.º a 1184.º do CCiv.

2. Cf. o DL n.º 178/86, de 3 de Julho [**72**], que regulamenta o contrato de agência ou representação comercial.

Art. 267.º (Direitos e obrigações do comitente e do comissário)

Entre o comitente e comissário dão-se os mesmos direitos e obrigações que entre mandante e mandatário, com as modificações constantes deste capítulo.

[1] CCom Arts. 268.º-272.º   Liv. II   Tít. V.   Do mandato

Art. 268.º (Vinculação do comissário)

O comissário fica directamente obrigado com as pessoas com quem contrata, como se o negócio fosse seu, não tendo estas acção contra o comitente, nem este contra elas, ficando, porém, sempre salvas as que possam competir, entre si, ao comitente e ao comissário.

Art. 269.º (Responsabilidade do comissário)

O comissário não responde pelo cumprimento das obrigações contraídas pela pessoa com quem contratou, salvo pacto ou uso contrários.

§ 1.º O comissário sujeito a tal responsabilidade fica pessoalmente obrigado para com o comitente pelo cumprimento das obrigações provenientes do contrato.

§ 2.º No caso especial previsto no parágrafo antecedente, o comissário tem direito a carregar, além da remuneração ordinária, a comissão *del credere*, que será determinada pela convenção, e, na falta desta, pelos usos da praça onde a comissão for executada.

Art. 270.º (Responsabilidade do comissário pela execução defeituosa)

Todas as consequências prejudiciais derivadas de um contrato feito com violação ou excesso dos poderes da comissão serão, embora o contrato surta os seus efeitos, por conta do comissário, nos termos seguintes:

1.º O comissário que fizer alheação por conta de outrem a preço menor do que lhe fora marcado, ou na falta de fixação do preço, menor do que o corrente, abonará ao comitente a diferença de preço, salva a prova da impossibilidade da venda por outro preço e que assim evitou prejuízo ao comitente;

2.º Se o comissário encarregado de fazer uma compra exceder o preço que lhe fora fixado, será do arbítrio do comitente aceitar o contrato, ou deixá-lo de conta do comissário, salvo se este concordar em receber somente o preço marcado;

3.º Consistindo o excesso do comissário em não ser a coisa comprada da qualidade recomendada, o comitente não é obrigado a recebê-la.

Art. 271.º (Empréstimos, adiantamentos ou vendas a prazo)

O comissário que sem autorização do comitente fizer empréstimos, adiantamentos ou vendas a prazo corre o risco da cobrança e pagamento das quantias emprestadas, adiantadas ou fiadas, podendo o comitente exigi-las à vista, cedendo no comissário todo o interesse, vantagem ou benefício que resultar do crédito por este concedido e pelo comitente desaprovado.

§ único. Exceptua-se o uso das praças em contrário, no caso de não haver ordem expressa para não fazer adiantamentos nem conceder prazos.

Art. 272.º (Vendas a prazo)

Ainda que o comissário tenha autorização para vender a prazo, não o poderá fazer a pessoas conhecidamente insolventes, nem expor os interesses do comitente a risco manifesto e notório, sob pena de responsabilidade pessoal.

Tít. VI. Das letras, livranças e cheques **Arts. 273.°-277.° CCom [1]**

Art. 273.° (Cautelas a observar nas vendas a prazo)

O comissário que vender a prazo deve, salvo o caso de haver *del credere*, expressar nas contas e avisos os nomes dos compradores; de contrário é entendido que a venda se fizera a dinheiro de contado.

§ único. O mesmo praticará o comissário em toda a espécie de contratos que fizer de conta alheia, uma vez que os interessados assim o exijam.

Art. 274.° (Compra e venda ao comitente)

Nas comissões de compra e venda de letras, fundos públicos e títulos de crédito que tenham curso em comércio, ou de quaisquer mercadorias ou géneros que tenham preço de bolsa ou de mercado, pode o comissário, salva estipulação contrária, fornecer como vendedor as coisas que tinha de comprar, ou adquirir para si como comprador as coisas que tinha de vender, salvo sempre o seu direito à remuneração.

§ único. Se o comissário, quando participar ao comitente a execução da comissão em algum dos casos referidos neste artigo, não indicar o nome da pessoa com quem contratou, o comitente terá direito de julgar que ele fez a venda ou compra por conta própria, e de lhe exigir o cumprimento do contrato.

Art. 275.° (Distinção das mercadorias)

Os comissários não podem ter mercadorias de uma mesma espécie, pertencentes a diversos donos, debaixo de uma mesma marca, sem distingui-las por uma contra-marca que designe a propriedade respectiva.

Art. 276.° (Distinção a fazer nas facturas)

Quando debaixo de uma mesma negociação se compreendem mercadorias de comitentes diversos, ou do mesmo comissário com as de algum comitente, deverá fazer-se nas facturas a devida distinção, com a indicação das marcas e contra marcas que designem a procedência de cada volume, e notar-se nos livros, em artigos separados, o que a cada proprietário respeita.

Art. 277.° (Créditos de origens diversas)

O comissário que tiver créditos contra uma mesma pessoa, procedentes de operações feitas por conta de comitentes distintos, ou por conta própria e alheia, notará em todas as entregas que o devedor fizer o nome do interessado por cuja conta receber, e o mesmo fará na quitação que passar.

§ único. Quando nos recibos e livros se omitir o expressar a aplicação da entrega feita pelo devedor de operações e de proprietários distintos, far-se-á a aplicação *pro rata* do que importar cada crédito.

TÍTULO VI. DAS LETRAS, LIVRANÇAS E CHEQUES

Nota. A matéria deste título está hoje regulada na Lei Uniforme sobre Letras e Livranças (LULLiv [106]) e na Lei Uniforme sobre Cheques (LUCh [110]). Como as LU só revogaram o direito anterior contrário às suas próprias disposições, podem levantar-se dúvidas acerca da derrogação por inteiro deste Título do Código Comercial. Daí que o tenhamos incluído na 1.ª edição. Optámos agora por não o publicar, por razões de espaço. Advirta-se, no entanto, que os arts. 341.° e 342.°, sobre o cheque, foram expressamente revogados pelo art. 33.° do D n.° 13 004, de 12 de Janeiro de 1927 [114].

[1] CCom Arts. 344.°-350.°   Liv. II   Tít. VII.   Da conta corrente

TÍTULO VII.   **DA CONTA CORRENTE**

Art. 344.° (Conceito de conta corrente)
Dá-se contrato de conta corrente toda as vezes que duas pessoas tendo de entregar valores uma à outra, se obrigam a transformar os seus créditos em artigos de «deve», e «há-de haver», de sorte que só o saldo final resultante da sua liquidação seja exigível.

Art. 345.° (Objecto)
Todas as negociações entre pessoas domiciliadas ou não na mesma praça, e quaisquer valores transmissíveis em propriedade, podem ser objecto de conta corrente.

Art. 346.° (Efeitos do contrato)
São efeitos do contrato de conta corrente:
1.° A transferência da propriedade do crédito indicado em conta corrente para a pessoa, que por ele se debita;
2.° A novação entre o creditado e o debitado da obrigação anterior, de que resultou o crédito em conta corrente;
3.° A compensação recíproca entre os contraentes até à concorrência dos respectivos crédito e débito ao termo do encerramento da conta corrente;
4.° A exigibilidade só do saldo resultante da conta corrente;
5.° O vencimento de juros das quantias creditadas em conta corrente a cargo do debitado desde o dia do efectivo recebimento.
§ único. O lançamento em conta corrente de mercadorias ou títulos de crédito presume-se sempre feito com a cláusula «salva cobrança».

Art. 347.° (Remuneração e reembolso das despesas)
A existência de contrato de conta corrente não exclui o direito a qualquer remuneração e ao reembolso das despesas das negociações.

Art. 348.° (Encerramento e liquidação da conta)
O encerramento da conta corrente e a consequente liquidação do saldo haverão lugar no fim do prazo fixado pelo contrato, e na sua falta, no fim do ano civil.
§ único. Os juros do saldo correm a contar da data da liquidação.

Art. 349.° (Termo do contrato)
O contrato de conta corrente termina no prazo da convenção, e, na falta de prazo estipulado, por vontade de qualquer das partes e pelo decesso ou interdição de uma delas.

Art. 350.° (Efeitos do encerramento da conta)
Antes do encerramento da conta corrente nenhum dos interessados será considerado como credor ou devedor do outro, e só o encerramento fixa invariavelmente o estado das relações jurídicas das partes, produz de pleno direito a compensação do débito com o crédito corrente e determina a pessoa do credor e do devedor.

Tít. IX.   Das operações de banco   **Arts. 362.°-365.° CCom [1]**

TÍTULO VIII.   DAS OPERAÇOES DE BOLSA

Notas. 1. Os artigos 351.° a 361.°, que integravam o Título VIII do Livro II do Código Comercial, foram revogados pelo art. 24.° do DL 142-A/91, de 10 de Abril, alterado pelos DLs n.° 89/94, de 2 de Abril, n.° 186/94, de 5 de Junho, n.° 204/94, de 2 de Agosto, n.° 196/95, de 29 de Junho, n.° 261/95, de 3 de Outubro, n.° 232/96, de 5 de Dezembro (rectificado pela Declaração de Rectificação n.° 4-E/97, de 31 de Janeiro), n.° 179/97, de 24 de Julho, n.° 343/98, de 6 de Novembro, e n.° 172/99, de 20 de Maio [**62**], que aprovou o Código do MVM.

2. O actual Código dos Valores Mobiliários (CodVM [**51**]), foi aprovado pelo DL n.° 486/99, de 13 de Novembro.

TÍTULO IX.   DAS OPERAÇÕES DE BANCO

Art. 362.° (Natureza comercial das operações de banco)
São comerciais todas as operações de bancos tendentes a realizar lucros sobre numerário, fundos públicos ou títulos negociáveis, e em especial as de câmbio, os arbítrios, empréstimos, descontos, cobranças, aberturas de créditos, emissão e circulação de notas ou títulos fiduciários pagáveis à vista e ao portador.

Notas. 1. Cf. o DL n.° 298/92, de 31 de Dezembro, alterado pelos DLs n.° 246/95, de 14 de Setembro, n.° 232/96, de 5 de Dezembro, n.° 222/99, de 22 de Junho, n.° 250/2000, de 13 de Outubro, n.° 285/2001, de 3 de Novembro, n.° 201/2002, de 26 de Setembro, n.° 319/2002, de 28 de Dezembro, n.° 252/2003, de 17 de Outubro [**66**], n.° 145/2006, de 31 de Julho, n.° 104/2007, de 3 de Abril (rectificado pela Declaração de Rectificação n.° 53-B/2007, *DR* 106, Série I, 2.° Supl., de 1-6-2007), n.° 357-A/2007, de 31 de Outubro (rectificado pela Declaração de Rectificação n.° 117-A/2007, *DR* 250, Série I, de 28 de Dezembro de 2007), n.° 1/2008, de 3 de Janeiro, n.° 126/2008, de 21 de Julho, e n.° 211-A/2008, de 3 de Novembro, pela L n.° 28/2009, de 19 de Junho [**9**], pelo DL n.° 162/2009, de 20 de Julho, pela L n.° 94/2009, de 1 de Setembro, e pelos DLs n.° 317/2009, de 30 de Outubro, n.° 52/2010, de 26 de Maio, n.° 71/2010, de 18 de Junho, pela L n.° 36/2010, de 2 de Setembro, e pelo DL n.° 140-A//2010, de 30 de Dezembro, que aprovou o Regime Geral das Instituições de Crédito e Sociedades Financeiras.

2. Segundo o Assento n.° 17/94 do STJ, de 11 de Outubro de 1994 (*DR* I Série-A n.° 279, de 3/12/94), «o contrato de desconto bancário tem natureza formal, para cuja validade e prova é exigida a existência de um escrito que contenha a assinatura do descontário, embora tal escrito possa ter a natureza de documento particular.»

Art. 363.° (Regime das operações bancárias)
As operações de banco regular-se-ão pelas disposições especiais respectivas aos contratos que representarem, ou em que a final se resolverem.

Art. 364.° (Regime especial dos bancos emissores de títulos fiduciários)
A criação, organização e funcionamento de estabelecimentos bancários com a faculdade de emitir títulos fiduciários, pagáveis à vista e ao portador, são regulados pela legislação especial.

Art. 365.° (Presunção de falência culposa)
O banqueiro que cessa pagamentos presume-se em quebra culposa, salva defesa legítima.

29

[1] CCom Arts. 366.°-369.°   Liv. II   Tít. X.   Do transporte

TÍTULO X. DO TRANSPORTE

Art. 366.° (Natureza comercial do contrato de transporte)

O contrato de transporte por terra, canais ou rios considerar-se-á mercantil quando os condutores tiverem constituído empresa ou companhia regular permanente.

§ 1.° Haver-se-á por constituída empresa, para os efeitos deste artigo, logo que qualquer ou quaisquer pessoas se proponham exercer a indústria de fazer transportar por terra, canais ou rios, pessoas ou animais, alfaias ou mercadorias de outrem.

§ 2.° As companhias de transportes constituir-se-ão pela forma prescrita neste Código para as sociedades comerciais, ou pela que lhes for estabelecida na lei da sua criação.

§ 3.° As empresas e companhias mencionadas neste artigo serão designadas no presente Código pela denominação de transportador.

§ 4.° Os transportes marítimos serão regulados pelas disposições aplicáveis do livro III deste Código.

Notas. 1. Os artigos 366.° a 393.°, que integram o Título X do Livro II do Código Comercial, na parte aplicável ao contrato de transporte rodoviário nacional de mercadorias, foram revogados pelo art. 26.° do DL n.° 239/2003, de 4 de Outubro **[74]**.

2. Sobre o exercício da indústria de transportes marítimos, cf. o DL n.° 196/98, de 10 de Julho; sobre o exercício da actividade de agente de navegação, cf. o DL n.° 76/89, de 3 de Março, alterado pelo DL n.° 148/91, de 12 de Abril; sobre o regime que regula o acesso à profissão de transportador público rodoviário interno de passageiros, cf. DL n.° 3/2001, de 10 de Janeiro; sobre o regime jurídico do transporte público internacional rodoviário de mercadorias, cfr. o DL n.° 279-A/92, de 17 de Dezembro; cf. ainda o DL n.° 285/94, de 11 de Novembro, que liberaliza o transporte rodoviário de mercadorias por conta própria, o DL n.° 267-A/2003, de 27 de Outubro, sobre o transporte rodoviário de mercadorias perigosas, o DL n.° 124-A/2004, de 26 de Maio, sobre o transporte de mercadorias perigosas por caminho de ferro, e o DL n.° 270/2003, de 28 de Outubro, que define as condições de prestação dos serviços de transporte ferroviário por caminho de ferro e de gestão da infra-estrutura ferroviária.

Art. 367.° (Por quem pode ser feito o transporte)

O transportador pode fazer efectuar o transporte directamente por si, seus empregados e instrumentos, ou por empresa, companhia ou pessoas diversas.

§ único. No caso previsto na parte final deste artigo, o transportador que primitivamente contratou com o expedidor conserva para com este a sua originária qualidade, e assume para com a empresa, companhia ou pessoa com quem depois ajustou o transporte, a de expedidor.

Art. 368.° (Escrituração do transportador)

O transportador é obrigado a ter e a arrumar livros em que lançará, por ordem progressiva de números e datas, a resenha de todos os transportes de que se encarregar, com expressão da sua qualidade, da pessoa que os expedir, do destino que levam, do nome e domicílio do destinatário, do modo de transporte e finalmente da importância do frete.

Art. 369.° (Guia de transporte)

O transportador deve entregar ao expedidor, que assim o exigir, uma guia de transporte, datada e por ele assinada.

Tít. X. Do transporte   **Arts. 370.º-375.º CCom [1]**

1.º O expedidor deve entregar ao transportador, que assim o exigir, um duplicado da guia de transporte assinado por ele.
2.º A guia de transporte poderá ser à ordem ou ao portador.

Art. 370.º (Conteúdo da guia)
A guia de transporte deverá conter o que nos regulamentos especiais do transportador for prescrito e, na falta deles, o seguinte:
1.º Nomes e domicílios do expedidor, do transportador e do destinatário;
2.º Designação da natureza, peso, medida ou número dos objectos a transportar, ou, achando-se estes enfardados ou emalados, da qualidade dos fardos ou malas e do número, sinais ou marcas dos invólucros;
3.º Indicação do lugar em que deve fazer-se a entrega;
4.º Enunciação da importância do frete, com a declaração de se achar ou não satisfeito, bem como de quaisquer verbas de adiantamentos a que o transportador se houver obrigado;
5.º Determinação do prazo dentro do qual deve efectuar-se a entrega; e também, havendo o transporte de fazer-se por caminho de ferro, declaração de o dever ser pela grande ou pequena velocidade;
6.º Fixação da indemnização por que responde o transportador, se a tal respeito tiver havido convenção;
7.º Tudo o mais que se houver ajustado entre o expedidor e o transportador.

Art. 371.º (Expedidor-destinatário)
O expedidor pode designar-se a si próprio como destinatário.

Art. 372.º (Entrega de facturas e documentos para o despacho)
O expedidor entregará ao transportador as facturas e mais documentos necessários ao despacho das alfândegas e ao pagamento de quaisquer direitos fiscais pela exactidão dos quais ficará em todo o caso responsável.

Art. 373.º (Valor jurídico da guia)
Todas as questões acerca do transporte se decidirão pela guia de transporte, não sendo contra a mesma admissíveis excepções algumas, salvo de falsidade ou erro involuntário de redacção.
§ único. Na falta de guia ou na de algumas das condições exigidas no artigo 370.º, as questões, acerca do transporte, serão resolvidas pelos usos do comércio e, na falta destes, nos termos gerais de direito.

Art. 374.º (Transferência da propriedade dos objectos transportados)
Se a guia for à ordem ou ao portador, o endosso ou a tradição dela transferirá a propriedade dos objectos transportados.

Art. 375.º (Ineficácia das estipulações não constantes da guia)
Quaisquer estipulações particulares, não constantes da guia de transporte, serão de nenhum efeito para com o destinatário e para com aqueles a quem a mesma houver sido transferida nos termos do artigo antecedente.

[1] CCom Arts. 376.°-381.°   Liv. II   Tít. X.   Do transporte

Art. 376.° (Aceitação sem reserva dos objectos a transportar)
Se o transportador aceitar sem reserva os objectos a transportar, presumir-se-á não terem vícios aparentes.

Art. 377.° (Responsabilidade do transportador)
O transportador responderá pelos seus empregados, pelas mais pessoas que ocupar no transporte dos objectos e pelos transportadores subsequentes a quem for encarregando do transporte.

§ 1.° Os transportadores subsequentes terão direito de fazer declarar no duplicado da guia de transporte o estado em que se acharem os objectos a transportar, ao tempo em que lhes forem entregues, presumindo-se, na falta de qualquer declaração, que os receberam em bom estado e na conformidade das indicações do duplicado.

§ 2.° Os transportadores subsequentes ficam sub-rogados nos direitos e obrigações do transportador primitivo.

Art. 378.° (Ordem por que deve ser feita a expedição)
O transportador expedirá os objectos a transportar pela ordem por que os receber, a qual só poderá alterar, se a convenção, natureza ou destino dos objectos a isso o obrigarem, ou quando caso fortuito ou de força maior o impeçam de a observar.

Art. 379.° (Aviso no caso de impossibilidade ou demora do transporte)
Se o transporte se não puder efectuar ou se achar extraordinariamente demorado por caso fortuito ou de força maior, deve o transportador avisar imediatamente o expedidor, ao qual competirá o direito de resilir o contrato, reembolsando aquele das despesas incursas e restituindo a guia de transporte.

§ único. Sobrevindo o acidente durante o transporte, o transportador terá direito a mais uma parte da importância do frete, proporcional ao caminho percorrido.

Art. 380.° (Variação da consignação dos objectos em trânsito)
O expedidor pode, salva convenção em contrário, variar a consignação dos objectos em caminho, e o transportador deve cumprir a nova ordem; mas se a execução desta exigir mudança de caminho, ou que se passe além do lugar designado na guia, fixar-se-á a alteração do frete e, não se acordando as partes, o transportador só é obrigado a fazer a entrega no lugar convencionado no primeiro contrato.

§ 1.° Esta obrigação do transportador cessa desde o momento em que tendo chegado os objectos ao seu destino e, sendo o destinatário o portador da guia de transporte, exige a entrega dos objectos.

§ 2.° Se a guia for à ordem ou ao portador, o direito indicado neste artigo compete ao portador dela, que a deve entregar ao transportador, ao qual será permitido, no caso de mudança de destino dos objectos, exigir nova guia.

Art. 381.° (Caminho a seguir no transporte)
Havendo pacto expresso acerca do caminho a seguir no transporte, não poderá o transportador variá-lo, sob pena de responder por qualquer dano que aconteça às fazendas, e de pagar além disso qualquer indemnização convencionada.

Tít. X.   Do transporte   **Arts. 382.º-385.º CCom [1]**

§ único. Na falta de convenção pode o transportador seguir o caminho que mais lhe convenha.

Art. 382.º (Prazo para a entrega dos objectos)

O transportador é obrigado a fazer a entrega dos objectos no prazo fixado por convenção ou pelos regulamentos especiais do transportador e, na sua falta, pelos usos comerciais, sob pena de pagar a competente indemnização.

§ 1.º Excedendo a demora o dobro do tempo marcado neste artigo, pagará o transportador, além da indemnização, as perdas e danos resultantes da demora.

§ 2.º O transportador não responderá pela demora no transporte, resultante de caso fortuito, força maior, culpa do expedidor ou destinatário.

§ 3.º A falta de suficientes meios de transporte não releva o transportador da responsabilidade pela demora.

Art. 383.º (Responsabilidade pela perda ou deterioração dos objectos)

O transportador, desde que receber até que entregar os objectos, responderá pela perda ou deterioração que venham a sofrer, salvo quando proveniente de caso fortuito, força maior, vício do objecto, culpa do expedidor ou do destinatário.

§ 1.º O transportador pode, com respeito a objectos sujeitos por natureza a diminuição de peso ou medida durante o transporte, limitar a sua responsabilidade a uns tanto por cento ou a uma quota parte por volume.

§ 2.º A limitação ficará sem efeito, provando o expedidor ou o destinatário não ter a dimininuição sido causada pela natureza dos objectos, ou não poder esta, nas circunstâncias ocorrentes, ter atingido o limite estabelecido.

Art. 384.º (Prova e avaliação das deteriorações e indemnizações)

As deteriorações acontecidas desde a entrega dos objectos ao transportador serão comprovadas e avaliadas pela convenção e, na sua falta ou insuficiência, nos termos gerais de direito, tomando-se como base o preço corrente no lugar e tempo da entrega; podendo, porém, durante o processo da sua averiguação e avaliação, fazer-se entrega dos objectos a quem pertencerem, com prévia ordem judicial, e com ou sem caução.

§ 1.º Igual base se tomará para o cálculo de indemnização no caso de perda de objectos.

§ 2.º A indemnização no caso de perda de bagagens de passageiros, entregues sem declaração do conteúdo, será fixada segundo as circunstâncias especiais do caso.

§ 3.º Ao expedidor não é admissível prova de que entre os géneros designados se continham outros de maior valor.

Art. 385.º (Verificação do estado das mercadorias e responsabilidade do transportador)

O destinatário tem o direito de fazer verificar a expensas suas o estado dos objectos transportados, ainda quando não apresentem sinais exteriores de deterioração.

§ 1.º Não se acordando os interessados sobre o estado dos objectos, proceder--se-á a depósito deles em armazém seguro, e as partes seguirão seu direito conforme a justiça.

[1] CCom Arts. 386.°-391.°   Liv. II   Tít. X.   Do transporte

§ 2.° A reclamação contra o transportador por deterioração nas fazendas durante o transporte não pode ser deduzida depois do recebimento, tendo havido verificação ou sendo o vício aparente e, fora destes casos, só pode ser deduzida nos oito dias seguintes à mesma entrega.

§ 3.° Ao transportador não pode ser feito abandono das fazendas, ainda que deterioradas, mas responde por perdas e danos para com o expedidor ou destinatário, conforme o caso, pela deterioração ou perda dos objectos transportados.

Art. 386.° (Responsabilidade fiscal do transportador)

O transportador é responsável para com o expedidor por tudo quanto resultar de omissão sua no cumprimento das leis fiscais em todo o curso da viagem e na entrada do lugar do destino.

Art. 387.° (Obrigação de entrega ao destinatário)

O transportador não tem direito a investigar o título por que o destinatário recebe os objectos transportados, devendo entregá-los imediatamente e sem estorvo, sob pena de responder pelos prejuízos resultantes da demora, logo que lhe apresentem a guia de transporte em termos regulares.

Art. 388.° (Depósito judicial das mercadorias)

Não se achando o destinatário no domicílio indicado no duplicado da guia, ou recusando receber os objectos, o transportador poderá requerer o depósito judicial deles, à disposição do expedidor ou de quem o representar, sem prejuízo de terceiro.

Nota. Cf. os arts. 444.° e 445.° do CPC.

Art. 389.° (Direitos do destinatário)

Expirado o termo em que os objectos transportados deviam ser entregues ao destinatário, fica este com todos os direitos resultantes do contrato de transporte, podendo exigir a entrega dos objectos e da guia de transporte.

Art. 390.° (Direito de retenção)

O transportador não é obrigado a fazer a entrega dos objectos transportados ao destinário enquanto este não cumprir aquilo a que for obrigado.

§ 1.° No caso de contestação, se o destinatário satisfizer ao transportador o que julgar dever-lhe e depositar o resto da quantia exigida, não poderá este recusar a entrega.

§ 2.° Sendo a guia à ordem ou ao portador, o transportador pode recusar a entrega enquanto lhe não for restituída.

§ 3.° Não convindo ao transportador reter os objectos transportados até que o destinatário cumpra aquilo a que for obrigado, poderá requerer o depósito e a venda de tantos quantos forem necessários para o seu pagamento.

§ 4.° A venda será feita por intermédio de corretor ou judicialmente.

Art. 391.° (Privilégio creditório do transportador)

O transportador tem privilégio pelos créditos resultantes do contrato de transporte sobre os objectos transportados.

§ 1.° Este privilégio cessa pela entrega dos objectos ao destinatário.

Tít. XII.   Do penhor   **Arts. 392.°-398.° CCom [1]**

§ 2.° Sendo muitos os transportadores, o último exercerá o direito de privilégio por todos os outros.

Art. 392.° (Privilégio creditório do expedidor)
O expedidor tem privilégio pela importância dos objectos transportados sobre os instrumentos principais e acessórios que o condutor empregar no transporte.

Art. 393.° (Regime dos transportes por caminho de ferro)
Os transportes por caminho de ferro serão regulados pelas regras gerais deste Código e pelas disposições especiais das respectivas concessões ou contratos, sendo porém nulos e sem efeito quaisquer regulamentos das administrações competentes, em que estas excluam ou limitem as obrigações e responsabilidades impostas neste título.

Nota. Cf. os DLs n.° 80/73, de 2 de Março, n.° 104/73, de 13 de Março e n.° 287/73, de 5 de Junho.

TÍTULO XI.   DO EMPRÉSTIMO

Art. 394.° (Requisitos da comercialidade do empréstimo)
Para que o contrato de empréstimo seja havido por comercial é mister que a cousa cedida seja destinada a qualquer acto mercantil.

Nota. Cf. os arts. 1129.° a 1151.° do CCiv.

Art. 395.° (Retribuição)
O empréstimo mercantil é sempre retribuído.
§ único. A retribuição será, na falta de convenção, a taxa legal do juro calculado sobre o valor da cousa cedida.

Art. 396.° (Prova)
O empréstimo mercantil entre comerciantes admite, seja qual for o seu valor, todo o género de prova.

TÍTULO XII.   DO PENHOR

Art. 397.° (Requisitos da comercialidade do penhor)
Para que o penhor seja considerado mercantil é mister que a dívida que se cauciona proceda de acto comercial.

Nota. Cf. os arts. 666.° a 685.° do CCiv.

Art. 398.° (Entrega a terceiro e entrega simbólica)
Pode convencionar-se a entrega do penhor mercantil a terceira pessoa.
§ único. A entrega do penhor mercantil pode ser simbólica, a qual se efectuará:
1.° Por declarações ou verbas nos livros de quaisquer estações públicas onde se acharem as cousas empenhadas;

35

[1] CCom Arts. 399.º-404.º   Liv. II   Tít. XIII.   Do depósito

2.º Pela tradição da guia de transporte ou do conhecimento da carga dos objectos transportados;

3.º Pelo endosso da cautela de penhor dos géneros e mercadorias depositadas nos armazéns gerais.

Art. 399.º (Penhor em títulos de crédito)

O penhor em letras ou títulos à ordem pode ser constituído por endosso com a correspondente declaração segundo os usos da praça; e o penhor em acções, obrigações ou outros títulos nominativos pela respectiva declaração no competente registo.

Art. 400.º (Prova)

Para que o penhor mercantil entre comerciantes por quantia excedente a duzentos mil réis produza efeitos com relação a terceiros basta que se prove por escrito.

Nota. O DL n.º 32 032, de 22 de Maio de 1942, consagra doutrina idêntica no que toca ao penhor dado em garantia a estabelecimento bancário mesmo que não seja comerciante o dono do objecto penhorado.

Art. 401.º (Venda do penhor)

Devendo proceder-se à venda do penhor mercantil por falta de pagamento, poderá esta efectuar-se por meio de corretor, notificado o devedor.

Nota. Cf. os arts. 1008.º a 1013.º do CPC.

Art. 402.º (Empréstimos bancários sobre penhores)

Ficam salvas as disposições especiais que regulam os adiantamentos e empréstimos sobre penhores feitos por bancos ou outros institutos para isso autorizados.

Notas. 1. Sobre o regime jurídico do acesso, exercício e da fiscalização da actividade de prestamista, cf. o DL n.º 365/99, de 17 de Setembro.

2. Sobre o penhor constituído em favor de estabelecimentos bancários, cf. os D n.º 29 833, de 17 de Agosto de 1939 e n.º 32 032, de 22 de Maio de 1942.

TÍTULO XIII.   DO DEPÓSITO

Art. 403.º (Requisitos da comercialidade do depósito)

Para que o depósito seja considerado mercantil é necessário que seja de géneros ou de mercadorias destinados a qualquer acto de comércio.

Nota. Cf. os arts. 1185.º a 1206.º do CCiv.

Art. 404.º (Remuneração do depositário)

O depositário terá direito a uma gratificação pelo depósito, salva convenção expressa em contrário.

§ único. Se a quota da gratificação não houver sido previamente acordada, regular-se-á pelos usos da praça em que o depósito houver sido constituído, e, na falta destes, por arbitramento.

Tít. XIV.   Do dep. de gén. e merc. nos armazéns gerais   **Arts. 405.°-409.° CCom [1]**

Art. 405.° (Depósito de papéis de crédito com vencimento de juros)

Consistindo o depósito em papéis de crédito com vencimento de juros, o depositário é obrigado à cobrança e a todas as demais diligências necessárias para a conservação do seu valor e efeitos legais, sob pena de responsabilidade pessoal.

Art. 406.° (Conversão do depósito em empréstimo ou noutro contrato)

Havendo permissão expressa do depositante para o depositário se servir da cousa, já para si ou seus negócios, já para operações recomendadas por aquele, cessarão os direitos e obrigações próprias de depositante e depositário, e observar-se-ão as regras aplicáveis do empréstimo mercantil, da comissão, ou do contrato que, em substituição do depósito, se houver celebrado, qual no caso couber.

Art. 407.° (Depósitos em bancos ou sociedades)

Os depósitos feitos em bancos ou sociedades reger-se-ão pelos respectivos estatutos em tudo quanto não se achar prevenido neste capítulo e mais disposições aplicáveis.

TÍTULO XIV.   DO DEPÓSITO DE GÉNEROS E MERCADORIAS NOS ARMAZÉNS GERAIS

Art. 408.° (Menções do conhecimento de depósito em armazéns gerais. Cautela de penhor)

O conhecimento de depósito de géneros e mercadorias feitos em armazéns gerais enunciará:

1.° O nome, estado e domicílio do depositante;

2.° O lugar do depósito;

3.° A natureza e quantidade da cousa depositada, com todas as circunstâncias necessárias à sua identificação e avaliação;

4.° A declaração de haverem ou não sido satisfeitos quaisquer impostos devidos e de se ter ou não feito o seguro dos objectos depositados.

§ 1.° Ao conhecimento de depósito será anexa uma cautela de penhor, em que se repetirão as mesmas indicações.

§ 2.° O título referido será extraído de um livro de talão arquivado no competente estabelecimento.

Nota. Cf. os D n.° 206, de 7 de Novembro de 1913 **[101]**, que aprovou o regulamento dos armazéns gerais agrícolas e n.° 783, de 21 de Agosto de 1914 **[102]**, que aprovou o regulamento dos armazéns gerais industriais. Cf. ainda a L n.° 8/70, de 18 de Junho, que autoriza certos organismos económicos a emitir e descontar em instituição de crédito cautelas de penhor (*Warrants*) e a dar como garantia os produtos depositados.

Art. 409.° (Em nome de quem podem ser passados o conhecimento e a cautela)

O conhecimento de depósito e a cautela de penhor podem ser passados em nome do depositante ou de um terceiro por este indicado.

[1] CCom Arts. 410.º-415.º   Liv. II   Tít. XIV.   Do dep. de gén. e merc. nos armazéns gerais

Art. 410.º (Direito de exigir títulos parciais)

O portador do conhecimento de depósito e da cautela de penhor tem o direito de pedir, à sua custa, a divisão da cousa depositada, e que por cada uma das respectivas fracções se lhe dêem títulos parciais em substituição do título único e total, que será anulado.

Art. 411.º (Transmissão por endosso e seus efeitos)

O conhecimento de depósito e a cautela de penhor são transmissíveis, juntos ou separados, por endosso com a data do dia em que houver sido feito.

§ único. O endosso produzirá os seguintes efeitos:

1.º Sendo dos dois títulos, transferirá a propriedade dos géneros ou mercadorias depositados;

2.º Sendo só da cautela de penhor, conferirá ao endossado o direito de penhor sobre os géneros ou mercadorias depositados;

3.º Sendo só do conhecimento de depósito, transmitirá a propriedade dos géneros ou mercadorias depositados, com ressalva dos direitos do portador da cautela de penhor.

Art. 412.º (Indicações do primeiro endosso da cautela de penhor)

O primeiro endosso da cautela de penhor enunciará a importância do crédito a cuja segurança foi feito, a taxa do juro e a época do vencimento.

§ único. Este endosso deve ser transcrito no conhecimento do depósito, e a transcrição assinada pelo endossado.

Art. 413.º (Endosso em branco)

O conhecimento de depósito e a cautela de penhor podem ser conjuntamente endossados em branco, conferindo tal endosso ao portador os mesmos direitos do endossante.

§ único. Os endossos dos títulos referidos não ficam sujeitos a nulidade alguma com fundamento na insolvência do endossante, salvo provando-se que o endossado tinha conhecimento desse estado, ou presumindo-se que o tinha nos termos das disposições especiais à falência.

Art. 414.º (Arresto ou penhora das mercadorias depositadas)

Os géneros e mercadorias depositados nos armazéns gerais não podem ser penhorados, arrestados, dados em penhor ou por outra forma obrigados, a não ser nos casos de perda do conhecimento de depósito e da cautela de penhor, de contestação sobre direitos de sucessão e de quebra.

Art. 415.º (Levantamento antecipado)

O portador de um conhecimento de depósito separado da cautela de penhor pode retirar os géneros ou mercadorias depositados, ainda antes do vencimento do crédito assegurado pela cautela, depositando no respectivo estabelecimento o principal e os juros do crédito calculados até ao dia do vencimento.

§ único. A importância depositada será satisfeita ao portador da cautela de penhor, mediante a restituição desta.

Tít. XIV.   Do dep. de gén. e merc. nos armazéns gerais   **Arts. 416.°-424.° CCom [1]**

Art. 416.° (Levantamento parcial)

Tratando-se de géneros ou mercadorias homogéneos, o portador do respectivo conhecimento de depósito separado da cautela de penhor pode, sob responsabilidade do competente estabelecimento, retirar uma parte só dos géneros ou mercadorias, mediante depósito de quantia proporcional ao crédito total, assegurado pela cautela de penhor, e à quantidade dos géneros ou mercadorias a retirar.

Art. 417.° (Protesto da cautela e venda do penhor)

O portador de uma cautela de penhor não paga na época do seu vencimento pode fazê-la protestar, como as letras, e dez dias depois proceder à venda do penhor, nos termos gerais de direito.

§ único. O endossante que pagar ao portador fica sub-rogado nos direitos deste, e poderá fazer proceder à venda do penhor nos termos referidos.

Art. 418.° (Continuação da venda nos casos do artigo 414.°)

A venda por falta de pagamento não se suspende nos casos do artigo 414.°, sendo porém depositado o respectivo preço até decisão final.

Art. 419.° (Direitos do portador no caso de sinistro)

O portador da cautela de penhor tem direito a pagar-se, no caso de sinistro, pela importância do seguro.

Art. 420.° (Direitos e despesas que preferem ao crédito pelo penhor)

Os direitos de alfandega, impostos e quaisquer contribuições sobre a venda e as despesas de depósito, salvação, conservação, seguro e guarda preferem ao crédito pelo penhor.

Art. 421.° (Direito do portador ao remanescente)

Satisfeitas as despesas indicadas no artigo antecedente e pago o crédito pignoratício, o resto ficará à disposição do portador do conhecimento de depósito.

Art. 422.° (Execução prévia do penhor)

O portador da cautela de penhor não pode executar os bens do devedor ou dos endossantes sem se achar exausta a importância do penhor.

Art. 423.° (Prescrição de acções contra os endossantes)

A prescrição de acções contra os endossantes começará a correr do dia da venda dos géneros ou mercadorias depositadas.

Art. 424.° (Consequência da falta de venda no prazo legal)

O portador da cautela de penhor perde todo o direito contra os endossantes, não tendo feito o devido protesto, ou não tendo feito proceder à venda dos géneros ou mercadorias no prazo legal, mas conserva acção contra o devedor.

[1] CCom Art. 463.°   Liv. II   Tít. XVI.   Da compra e venda

TÍTULO XV.   DOS SEGUROS

Notas. 1. Os arts. 425.° a 462.°, que integravam este Título do Código Comercial, foram revogados pelo art. 6.°, n.° 2, alínea *a*), do DL n.° 72/2008, de 16 de Abril **[76]**, que aprovou o regime jurídico do contrato de seguro.

2. Cf. o DL n.° 94-B/98, de 17 de Abril, republicado pelo DL n.° 251/2003, de 14 de Outubro, e alterado pelos DLs n.° 76-A/2006, de 29 de Março, n.° 145/2006, de 31 de Julho, n.° 291/2007, de 21 de Agosto, n.° 357-A/2007, de 31 de Outubro, n.° 72/2008, de 16 de Abril **[76]**, n.° 211-A/2008, de 3 de Novembro, n.° 2/2009, de 5 de Janeiro (rectificado no *DR*, 1.ª Série, n.° 43, de 3 de Março de 2009 – Declaração de Rectificação n.° 17/2009), pela L n.° 28/2009, de 19 de Junho **[9]**, e pelo DL n.° 52/ /2010, de 26 de Maio, que estabelece o regime de acesso à actividade seguradora e resseguradora. Cf. ainda o DL n.° 292/99, de 28 de Abril, que estabelece elementos e informações que devem acompanhar a informação prévia de participações qualificadas em empresas de seguros.

3. A actividade de mediação de seguros está regulada no DL n.° 144/2006, de 31 de Julho, alterado pelo DL n.° 359/2007, de 2 de Novembro.

4. O seguro obrigatório de responsabilidade civil automóvel é regulado pelo DL n.° 291/2007, de 21 de Agosto (rectificado pela Declaração de Rectificação n.° 96/2007, *DR* 202, Série I, de 19 de Outubro de 2007), alterado pelo DL n.° 153/2008, de 6 de Agosto.

5. O DL n.° 169/81, de 20 de Junho, regula o seguro de riscos de crédito.

6. O DL n.° 323/85, de 6 de Agosto, estabelece o regime jurídico dos fundos de pensões geridos por companhias de seguros que exploram o ramo «Vida».

7. O DL n.° 176/95, de 26 de Julho, rectificado no DR I Série-A, de 30 de Setembro, e alterado pelo DL n.° 60/2004, de 22 de Março, pelo DL n.° 357-A/2007, de 31 de Outubro, e pelo art. 6.°, n.° 2, alínea *g*), do DL n.° 72/2008, de 16 de Abril **[76]**, estebelece regras de transparência para a actividade seguradora e disposições relativas ao regime jurídico do contrato de seguro.

TÍTULO XVI.   DA COMPRA E VENDA

Art. 463.° (Compras e vendas comerciais)

São consideradas comerciais:

1.° As compras de cousas móveis para revender, em bruto ou trabalhadas, ou simplesmente para lhes alugar o uso;

2.° As compras, para revenda, de fundos públicos ou de quaisquer títulos de crédito negociáveis;

3.° A venda de cousas móveis, em bruto ou trabalhadas, e as de fundos públicos e de quaisquer títulos de crédito negociáveis, quando a aquisição houvesse sido feita no intuito de as revender;

4.° As compras e revendas de bens imóveis ou de direitos a eles inerentes, quando aquelas, para estas, houverem sido feitas;

5.° As compras e vendas de partes ou de acções de sociedades comerciais.

Notas. 1. Cf. os arts. 874.° a 939.° do CCiv.

2. Cf. o DL n.° 133/2009 de 2 de Junho **[96]**, sobre o regime do crédito ao consumo.

3. Cf. o DL n.° 161/77, de 21 de Abril, que considera prática comercial irregular, punindo-a, o envio de quaisquer produtos ou publicações que não tenham sido encomendados.

4. Cf. a L. n.° 24/96, de 31 de Julho **[81]**, sobre a defesa do consumidor, e o DL n.° 195/82, de 21 de Maio, que protege o uso exclusivo pelas associações de consumidores da sua denominação, sigla, insí-

Tít. XVI. Da compra e venda   **Arts. 464.°-467.° CCom [1]**

gnia ou emblema; Cf. ainda o DReg n.° 8/83 de 5 de Fevereiro, alterado pelo DReg n.° 67/86, de 28 de Novembro, sobre a orgânica do Instituto Nacional de Defesa do Consumidor.

5. Cf. o DL n.° 238/86, de 19 de Agosto, que determina que as informações sobre a natureza, características e garantias de bens ou serviços oferecidos ao público no mercado nacional devam ser prestadas em língua portuguesa. Cf. tb. DL n.° 62/88, de 27 de Fevereiro.

6. Cf. o DL n.° 57/2008, de 26 de Março [95], sobre as práticas comerciais desleais.

7. Cf. o DL n.° 195/99, de 8 de Junho, que estabelece o regime aplicável às cauções nos contratos de fornecimento aos consumidores dos serviços públicos essenciais previstos na L n.° 23/96, de 25 de Julho.

8. Cf. o DL n.° 143/2001, de 26 de Abril [89], que regula os contratos celebrados a distância, os contratos ao domicílio e outros equiparados.

9. Sobre o chamado "comércio electrónico", cf. DL n.° 7/2004, de 7 de Janeiro, alterado pelo DL n.° 62/ /2009, de 10 de Março.

10. Cf. o DL n.° 68/2004, de 25 de Março, que estabelece os requisitos a que obedecem a publicidade e a informação disponibilizadas aos consumidores no âmbito de aquisição de imóveis para habitação.

Art. 464.° (Compras e vendas não comerciais)
Não são consideradas comerciais:

1.° As compras de quaisquer cousas móveis destinadas ao uso ou consumo do comprador ou da sua família, e as revendas que porventura desses objectos se venham a fazer;

2.° As vendas que o proprietário ou explorador rural faça dos produtos de propriedade sua ou por ele explorada, e dos géneros em que lhes houverem sido pagas quaisquer rendas;

3.° As compras que os artistas, industriais, mestres e oficiais de ofícios mecânicos que exercerem directamente a sua arte, indústria ou ofício, fizerem de objectos para transformarem ou aperfeiçoarem nos seus estabelecimentos, e as vendas de tais objectos que fizerem depois de assim transformados ou aperfeiçoados;

4.° As compras e vendas de animais feitas pelos criadores ou engordadores.

Art. 465.° (Contrato para pessoa a nomear)
O contrato de compra e venda mercantil de cousa móvel pode ser feito, ainda que directamente, para pessoas que depois hajam de nomear-se.

Art. 466.° (Determinação posterior do preço)
Pode convencionar-se que o preço da cousa venha a tornar-se certo por qualquer meio, que desde logo ficará estabelecido, ou que fique dependente do arbítrio de terceiro, indicado no contrato.

§ único. Quando o preço houver de ser fixado por terceiro e este não quiser ou não puder fazê-lo, ficará o contrato sem efeito, se outra cousa não for acordada.

Nota. Cf. o art. 883.° do CCiv e 1429.° do CPC.

Art. 467.° (Compra e venda de coisas incertas e de coisa alheia)
Em comércio são permitidas:

1.° A compra e venda de cousas incertas ou de esperanças, salvo o disposto nos artigos 876.°, 881.°, 2008.° e 2028.° do Código Civil.

2.° A venda de cousa que for propriedade de outrem.

[1] CCom Arts. 468.º-472.º

Liv. II Tít. XVI. Da compra e venda

§ único. No caso do n.º 2.º deste artigo o vendedor ficará obrigado a adquirir por título legítimo a propriedade da cousa vendida e a fazer a entrega ao comprador, sob pena de responder por perdas e danos.

Nota. A actual redacção do n.º 1 foi introduzida pelo art. 8.º do DL n.º 363/77, de 2 de Setembro, que substituiu a remissão para o CCiv de 1867 pela remissão para o CCiv de 1966.

Art. 468.º (Falência do comprador antes da entrega da coisa)
O vendedor que se obrigar a entregar a cousa vendida antes de lhe ser pago o preço considerar-se-á exonerado de tal obrigação, se o comprador falir antes da entrega, salvo prestando-se caução ao respectivo pagamento.

Art. 469.º (Venda sobre amostra ou por designação de padrão)
As vendas feitas sobre amostra de fazenda, ou determinando-se só uma qualidade conhecida no comércio, consideram-se sempre como feitas debaixo da condição de a cousa ser conforme à amostra ou à qualidade convencionada.

Nota. Cf. os arts. 923.º a 926.º do CCiv.

Art. 470.º (Compras de coisas que não estejam à vista nem possam designar-se por um padrão)
As compras de cousas que se não tenham à vista, nem possam determinar-se por uma qualidade conhecida em comércio, consideram-se sempre como feitas debaixo da condição de o comprador poder distratar o contrato, caso, examinando-as, não lhe convenham.

Art. 471.º (Conversão em perfeitos dos contratos condicionais)
As condições referidas nos dois artigos antecedentes haver-se-ão por verificadas e os contratos como perfeitos, se o comprador examinar as cousas compradas no acto da entrega e não reclamar contra a sua qualidade, ou, não as examinando, não reclamar dentro de oito dias.

§ único. O vendedor pode exigir que o comprador proceda ao exame das fazendas no acto da entrega, salvo caso de impossibilidade, sob pena de se haver para todos os efeitos como verificado.

Art. 472.º (Vendas por conta, peso ou medida)
As cousas não vendidas a esmo ou por partida inteira, mas por conta, peso ou medida, são a risco do vendedor até que sejam contadas, pesadas ou medidas, salvo se a contagem, pesagem ou medição se não fez por culpa do comprador.

§ 1.º Haver-se-á por feita a venda a esmo ou por partida inteira, quando as cousas forem vendidas por um só preço determinado, sem atenção à conta, peso ou medida dos objectos, ou quando se atender a qualquer destes elementos unicamente para determinar a quantia do preço.

§ 2.º Quando a venda é feita por conta, peso ou medida, e a fazenda se entrega, sem se contar, pesar ou medir, a tradição para o comprador supre a conta, o peso ou a medida.

42

Tít. XVII.   Do reporte   **Arts. 473.º-477.º CCom [1]**

Art. 473.º (Prazo para a entrega da coisa)

Se o prazo para a entrega das cousas vendidas não se achar convencionado, deve o vendedor pô-las à disposição do comprador dentro das vinte e quatro horas seguintes ao contrato se elas houverem sido compradas à vista.

§ único. Se a venda das cousas se não fez à vista, e o prazo para a entrega não foi convencionado, poderá o comprador fazê-lo fixar judicialmente.

Nota. Cf. os arts. 1456.º e 1457.º do CPC.

Art. 474.º (Depósito ou venda da coisa)

Se o comprador de cousa móvel não cumprir com aquilo a que for obrigado, poderá o vendedor depositar a cousa nos termos de direito por conta do comprador ou fazê-la revender.

§ 1.º A revenda efectuar-se-á em hasta pública, ou, se a cousa tiver preço cotado na bolsa ou no mercado, por intermédio de corretor, ao preço corrente, ficando salvo ao vendedor o direito ao pagamento da diferença entre o preço obtido e o estipulado e as perdas e danos.

§ 2.º O vendedor que usar da faculdade concedida neste artigo fica em todo o caso obrigado a participar ao comprador o evento.

Nota. Cf. os arts. 444.º e 445.º do CPC.

Art. 475.º (Compra e venda a pronto em feira ou mercado)

Os contratos de compra e venda celebrados a contado em feira ou mercado cumprir-se-ão no mesmo dia da sua celebração, ou, o mais tarde, no dia seguinte.

§ único. Expirados os termos fixados neste artigo sem que qualquer dos contratantes haja exigido o cumprimento do contrato, haver-se-á este por sem efeito, e qualquer sinal passado ficará pertencendo a quem o tiver recebido.

Art. 476.º (Entrega da factura e do recibo)

O vendedor não pode recusar ao comprador a factura das cousas vendidas e entregues, com o recibo do preço ou da parte de preço que houver embolsado.

Nota. Cf. o D n.º 19 490, de 21 de Março de 1931 **[105]**, que criou o extracto de factura.

TÍTULO XVII.   DO REPORTE

Art. 477.º (Conceito de reporte)

O reporte é constituído pela compra, a dinheiro de contado, de títulos de crédito negociáveis e pela revenda simultânea de títulos da mesma espécie, a termo, mas por preço determinado, sendo a compra e a revenda feitas à mesma pessoa.

§ único. É condição essencial à validade do reporte a entrega real dos títulos.

[1] CCom Arts. 478.º-482.º   Liv. II   Tít. XIX.   Do aluguer

Art. 478.º (Transmissão da propriedade dos títulos)

A propriedade dos títulos que fizerem objecto do reporte transmite-se para o comprador revendedor, sendo, porém, lícito às partes estipular que os prémios, amortizações e juros que couberem aos títulos durante o prazo da convenção corram a favor do primitivo vendedor.

Art. 479.º (Prorrogação do prazo e renovação do reporte)

As partes poderão prorrogar o prazo do reporte por um ou mais termos sucessivos.

§ único. Se, expirado o prazo do reporte, as partes liquidarem as diferenças, para delas efectuarem pagamentos separados, e renovarem o reporte com respeito a títulos de quantidade ou espécies diferentes ou por diverso preço, haver-se-á a renovação como um novo contrato.

TÍTULO XVIII.   DO ESCAMBO OU TROCA

Art. 480.º (Requisitos da comercialidade da troca)

O escambo ou troca será mercantil nos mesmos casos em que o é a compra e venda, e regular-se-á pelas mesmas regras estabelecidas para esta, em tudo quanto forem aplicáveis às circunstâncias ou condições daquele contrato.

Nota. Cf. o art. 939.º do CCiv.

TÍTULO XIX.   DO ALUGUER

Art. 481.º (Requisitos da comercialidade do aluguer)

O aluguer será mercantil, quando a coisa tiver sido comprada para se lhe alugar o uso.

Notas. 1. Cf. os arts 1022.º ss. do CCiv.

2. O contrato de locação financeira, que pode versar sobre coisas móveis e imóveis, está regulado no DL n.º 149/95, de 24 de Junho **[73]**.

Art. 482.º (Regime do aluguer)

O contrato de aluguer comercial será regulado pelas disposições do Código Civil que regem o contrato de aluguer e quaisquer outras aplicáveis deste Código, salvas as prescrições relativas aos fretamentos de navios.

Tít. XX. Da transm. e ref. de tít. de créd. merc. **Arts. 483.°-484.° CCom [1]**

TÍTULO XX. DA TRANSMISSAO E REFORMA DE TITULOS DE CREDITO MERCANTIL

Art. 483.° (Transmissão dos títulos de crédito)

A transmissão dos títulos à ordem far-se-á por meio de endosso, a dos títulos ao portador pela entrega real, a dos títulos públicos negociáveis na forma determinada pela lei de sua criação ou pelo decreto que autorizar a respectiva emissão, e a dos não endossáveis nem ao portador nos termos prescritos no Código Civil para a cessão de créditos.

Nota. Cf. os arts. 577.° ss. do CCiv.

Art. 484.° (Reforma judicial dos títulos destruídos ou perdidos)

As letras, acções, obrigações e mais títulos comerciais transmissíveis por endosso, que tiverem sido destruídos ou perdidos, podem ser reformados judicialmente a requerimento do respectivo proprietário, justificando o seu direito e o facto que motiva a reforma.

§ 1.° A reforma será requerida no tribunal de comércio do lugar do pagamento do título, ou no da sede da sociedade que tiver emitido a acção ou obrigação, e não poderá ser decretada sem prévio chamamento edital de incertos e citação de todos os co-obrigados no título ou dos representantes da sociedade a que ele respeitar.

§ 2.° Sendo a acção ou obrigação nominativa, serão igualmente citados aquele em nome de quem se achar averbada, e quaisquer outros interessados, que forem certos.

§ 3.° Distribuída a acção, pode o autor exercer todos os meios para conservação dos seus direitos.

§ 4.° Transitada em julgado a sentença que autorizar a reforma, deverão os co-obrigados no título, ou a sociedade a que ele respeitar, entregar ao autor novo título sob pena de lhe ficar servindo de título a carta de sentença.

§ 5.° O aceitante e mais co-obrigados ao pagamento da letra e as sociedades emissoras das acções, obrigações e mais títulos somente são obrigados ao pagamento das respectivas quantias e seus juros ou dividendos depois de vencidos, e prestando o proprietário do novo título suficiente caução à restituição do que receber.

§ 6.° Esta caução caduca de direito passados cinco anos depois de prestada, se neste período não tiver sido proposta judicialmente contra quem a prestou acção pedindo a restituição, ou se a acção tiver sido julgada improcedente.

Nota. Cf. os arts. 1069.° a 1072.° do CPC.

LIVRO TERCEIRO
DO COMÉRCIO MARÍTIMO

TÍTULO I. DOS NAVIOS

CAPÍTULO I. Disposições gerais

Art. 485.° (Natureza e pertenças dos navios)

Notas. 1. Revogado pelo art. 33.° do DL n.° 201/98, de 10 de Julho [**126**].

2. Cf. o DL n.° 265/72, de 31 de Julho, rectificado no DG de 13 de Setembro de 1972, alterado pela L n.° 35/86, de 4 de Setembro, e pelos DL n.ᵒˢ 150/88, de 28 de Abril, 162/88, de 14 de Maio, 284//88, de 12 de Agosto, 55/89, de 22 de Fevereiro, 32/90, de 16 de Janeiro, 26/95, de 4 de Fevereiro, 287/98, de 17 de Setembro, 208/2000, de 2 de Setembro, e 64/2005, de 15 de Março, que aprova o Regulamento Geral das Capitanias, e a Portaria n.° 886/81, de 3 de Outubro, que altera o quadro n.° 1 anexo àquele Regulamento, a que se refere o art. 2.°, n.° 1, do referido DL.

O Acórdão do Tribunal Constitucional n.° 178/86 (DR de 23-6-1986) declarou, com força obrigatória geral, a inconstitucionalidade das normas dos n.ᵒˢ 1 do art. 206.° e 5 do art. 209.° do DL n.° 265//72, de 31 de Julho, por violação dos arts. 205.°, 206.°, 208.° e 212.° da Constituição.

3. O DL n.° 196/98, de 10 de Julho, regula a indústria de transportes marítimos.

4. Sobre a reserva de tráfego à bandeira nacional, cf. os DL n.° 46856, de 5 de Fevereiro de 1966 (cargas militares destinadas às bases e instalações militares ou científicas, estabelecidas ou a estabelecer em território português), n.° 34/87, de 20 de Janeiro, alterado pelo DL n.° 86/89, de 23 de Março (tráfego marítimo de passageiros e mercadorias entre portos nacionais) e Portaria n.° 287/87, de 7 de Abril.

5. Sobre a nacionalidade das empresas de navegação, cf. o DL n.° 135/72, de 28 de Abril, alterado pelo n.° 415/72, de 26 de Outubro, e pelo DL n.° 414/86, de 15 de Dezembro.

6. Cf. a L n.° 35/86, de 4 de Setembro, que instituiu os tribunais marítimos.

7. Cf. o DL n.° 295/94, de 16 de Novembro, que cria o número IMO de identificação de navios.

8. Cf. o DL n.° 197/98, de 10 de Julho, que estabelece o regime jurídico da actividade dos transportes em embarcações de tráfego local.

9. Cf. o DL n.° 547/99, de 14 de Dezembro, que transpõe para a ordem jurídica interna a Directiva n.° 98//41/CE, do Conselho, de 18 de Junho, relativa ao registo de pessoas que viajem em navios de passageiros.

10. Cf. o DL n.° 280/2001, de 23 de Outubro, alterado pelo DL n.° 206/2005, de 28 de Novembro, que aprova o regime aplicável à actividade profissional dos marítimos e à fixação da lotação das embarcações.

11. Cf. o DL n.° 293/2001, de 20 de Novembro (rectificado no DR-I Série-A, n.° 301, de 31-12-2001, 6.° suplemento – Declaração de Rectificação n.° 21-A/2001), alterado pelos DLs n.° 180/2003, de 14 de Agosto, e n.° 210/2005, de 6 de Dezembro, que transpõe para a ordem jurídica interna a Directiva n.° 98/18/CE, do Conselho, de 17 de Março, que estabelece um conjunto de regras sobre a construção e os equipamentos de passageiros e das embarcações de passageiros de alta velocidade.

47

[1] CCom Arts. 486.º-491.º

Liv. III Tít. I. Dos navios

12. Cf. o DL n.º 21/2001, de 31 de Janeiro, alterado pelo DL n.º 269/2003, de 28 de Outubro, que regula a actividade marítimo-turística.

13. Cf. o DL n.º 145/2003, de 2 de Julho, que transpõe para a ordem jurídica nacional a Directiva n.º 1999/63/CE, do Conselho, de 21 de Junho, respeitante ao Acordo Europeu Relativo à Organização do Tempo de Trabalho dos Marítimos, celebrado pela Associação de Armadores da Comunidade Europeia/ECSA e pela Federação dos Transportes da União Europeia/FST.

14. Cf. DL n.º 146/2003, de 3 de Julho, que transpõe para a ordem jurídica nacional a Directiva n.º 1999//95/CE, do Parlamento Europeu e do Conselho, de 13 de Dezembro, relativa à aplicação das disposições respeitantes ao período de trabalho dos marítimos a bordo de navios que utilizam portos da Comunidade.

15. Cf. DL n.º 180/2003, de 14 de Agosto, alterado pelos DLs n.º 107/2004, de 8 de Maio, e n.º 210//2005, de 6 de Dezembro, que transpõe para a ordem jurídica nacional a Directiva n.º 2002/25/CE, da Comissão, de 5 de Março, que altera a Directiva n.º 98/18/CE, do Conselho, relativa às regras e normas de segurança para os navios de passageiros.

16. Cf. o DL n.º 284/2003, de 8 de Novembro, que transpõe para a ordem jurídica nacional a Directiva n.º 2001/106/CE, do Parlamento Europeu e do Conselho, de 19 de Dezembro, relativa à aplicação aos navios que escalem os portos da comunidade de navegarem em águas sob jurisdição dos Estados membros das normas internacionais respeitantes à segurança de navegação, a prevenção e poluição e às condições de vida e de trabalho a bordo dos navios, e a Directiva n.º 2002/84/CE, do Parlamento Europeu e do Conselho, de 5 de Novembro, que altera a primeira no domínio da segurança marítima e de Prevenção de poluição por navios.

17. Cf. o DL n.º 73/2004, de 25 de Março, que transpõe para a ordem jurídica nacional a Directiva n.º 2002/6/CE, do Parlamento Europeu e do Conselho, de 18 de Fevereiro, relativa às formalidades da declaração exigidas à chegada e/ou à partida de um porto.

Art. 486.º (Navios nacionais)

Nota. Revogado pelo art. 33.º do DL n.º 201/98, de 10 de Julho [**126**].

Art. 487.º (Posse sem título)

Nota. Revogado pelo art. 33.º do DL n.º 201/98, de 10 de Julho [**126**].

Art. 488.º (Lei reguladora das questões sobre o navio)

As questões sobre propriedade do navio, privilégios e hipotecas que o onerem são reguladas pela lei da nacionalidade que o navio tiver ao tempo em que o direito, objecto da contestação, houver sido adquirido.

§ 1.º O mesmo se observará nas contestações relativas a privilégios sobre o frete ou carga do navio.

§ 2.º A mudança de nacionalidade não prejudicará, salvos os tratados internacionais, os direitos anteriores sobre o navio.

Art. 489.º (Forma e regime do contrato de construção)

Nota. Revogado pelo art. 33.º do DL n.º 201/98, de 10 de Julho [**126**].

Art. 490.º (Forma e registo do contrato de transmissão)

Nota. Revogado pelo art. 33.º do DL n.º 201/98, de 10 de Julho [**126**].

Art. 491.º (Arresto e penhora em navio despachado ou em géneros e mercadorias carregados)

Nota. Revogado pelo art. 33.º do DL n.º 201/98, de 10 de Julho [**126**].

Cap. VI. Do fretamento   **Arts. 492.°-495.° CCom [1]**

CAPÍTULO II. Do proprietário

Art. 492.° (Responsabilidade civil do proprietário do navio)

Notas. 1. Revogado pelo art. 20.° do DL n.° 202/98, de 10 de Julho [**127**].

2. Cf. o art. 500.° do CCiv.

3. A Convenção sobre o limite de responsabilidade dos proprietários dos navios de alto mar, concluída em Bruxelas em 10 de Outubro de 1957, foi posta em vigor pelo DL n.° 49 028, de 26 de Maio de 1969. Cf. ainda o D n.° 49 029, da mesma data, que regulamenta o processo de execução da Convenção.

O Protocolo que altera a referida Convenção foi aprovado, para ratificação, pelo D n.° 6/82, de 21 de Janeiro. Sobre o depósito dos instrumentos de ratificação, cf. Aviso do MNE, no DR n.° 166, de 21 de Julho de 1982.

4. Sobre o contrato de reboque marítimo, cf. DL n.° 431/86, de 30 de Dezembro [**123**].

Art. 493.° (Despedimento do capitão)

Nota. Revogado pelo art. 20.° do DL n.° 202/98, de 10 de Julho [**127**].

Art. 494.° (Parceria marítima)

Nota. Revogado pelo art. 20.° do DL n.° 202/98, de 10 de Julho [**127**].

Art. 495.° (Regime da parceria)

Nota. Revogado pelo art. 20.° do DL n.° 202/98, de 10 de Julho [**127**].

CAPÍTULO III. Do capitão

Nota. A disciplina jurídica relativa ao capitão do navio consta hoje do DL n.° 384/99, de 23 de Setembro [**129**]; o Cap. III do Título I do Livro III do Código Comercial (arts. 496.° a 515.°) foi revogado pelo art. 18.° daquele diploma.

Os arts. 497.° e 509.° já haviam sido, porém, revogados pelo art. 32.° do DL n.° 352/86, de 21 de Outubro [**122**], e pelo art. 20.° do DL n.° 202/98, de 10 de Julho [**127**], respectivamente.

CAPÍTULO IV. Da tripulação

Nota. O regime jurídico relativo à tripulação do navio consta hoje do DL n.° 384/99, de 23 de Setembro [**129**]; o Cap. IV do Título I do Livro III do Código Comercial (arts. 516.° a 537.°) foi revogada pelo art. 16.° daquele diploma.

CAPÍTULO V. Do conhecimento

Nota. O DL n.° 352/86, de 21 de Outubro [**122**], regula hoje o transporte de mercadorias por mar; o Cap. V do Título I do Livro III do Código Comercial (arts. 538.° a 540.°) foi revogado pelo art. 32.° daquele diploma.

CAPÍTULO VI. Do fretamento

Nota. O fretamento está hoje regulado no DL n.° 191/87, de 29 de Abril [**124**], cujo art. 49.° revogou expressamente os arts. 541.° a 562.° do Código Comercial.

Os arts. 559.°, 560.° e 561.° já haviam sido, porém, revogados pelo art. 32.° do DL n.° 352/86, de 21 de Outubro [**122**].

49

[1] CCom Arts. 574.º-578.º   Liv. III   Tít. I.   Dos navios

CAPÍTULO VII.   Dos passageiros

Nota. O transporte de passageiros por mar está hoje regulado no DL n.º 349/86, de 17 de Outubro **[121]**, cujo art. 22.º revogou expressamente os arts. 563.º a 573.º, que integravam este Capítulo do Código Comercial.

CAPÍTULO VIII.   Dos privilégios creditórios e das hipotecas

SECÇÃO I.   Dos privilégios creditórios

Art. 574.º (Preferência dos créditos desta secção)

Os créditos designados nesta secção preferem a qualquer privilégio geral ou especial sobre móveis estabelecido no Código Civil.

Nota. Cf. a Convenção de Bruxelas, de 10 de Abril de 1926, aprovada pela Carta de 12 de Dezembro de 1931 (DG de 2-6-1932), que procedeu à unificação de certas regras relativas aos privilégios e hipotecas marítimas, a Convenção de Bruxelas, de 10 de Maio de 1952, aprovada pelo DL n.º 41 007, de 16 de Fevereiro de 1957 que unificou certas regras sobre o arresto de navios de mar, e os arts. 733.º ss. do CCiv.

Art. 575.º (Subsistência do privilégio no caso de depreciação)

Dado o caso de se deteriorar ou de diminuir de valor o navio ou quaisquer dos objectos em que recai o privilégio, este subsiste quanto ao que sobejar ou puder ser salvo e posto em segurança.

Art. 576.º (Rateio entre os credores privilegiados)

Se o produto do navio ou dos objectos sujeitos ao privilégio não for suficiente para embolsar os credores privilegiados de uma ordem, entre eles se fará rateio.

Art. 577.º (Efeito do endosso de título com privilégio)

O endosso de um título de crédito que tem privilégio transmite igualmente esse privilégio.

Art. 578.º (Graduação das dívidas que têm privilégio sobre o navio)

As dívidas que têm privilégio sobre o navio são graduadas pela ordem seguinte:

1.º As custas e despesas feitas no interesse comum dos credores;

2.º Os salários devidos por assistência e salvação;

3.º Os créditos garantidos por hipotecas e penhores sobre o navio;

4.º As despesas de pilotagem e reboque da entrada no porto;

5.º Os direitos de tonelagem, faróis, ancoradouro, saúde pública e quaisquer outros de porto;

6.º As despesas com a guarda do navio e com a armazenagem dos seus pertences;

7.º As soldadas do capitão e tripulantes;

8.º As despesas de custeio e conserto do navio e dos seus aprestos e aparelhos;

9.º O embolso do preço de fazendas do carregamento, que o capitão precisou vender;

Cap. VIII.   Dos privilégios creditórios e das hipotecas   **Arts. 579.º-582.º CCom [1]**

10.º Os prémios do seguro;
11.º O preço em dívida da última aquisição do navio;
12.º As despesas com o conserto do navio e seus aprestos e aparelhos nos últimos três anos anteriores à viagem e a contar do dia em que o conserto terminou;
13.º As dívidas provenientes de contrato para a construção do navio;
14.º Os prémios dos seguros feitos sobre o navio, se todo foi segurado, ou sobre a parte e acessórios que o foram, não compreendidos no n.º 10.º;
15.º A indemnização devida aos carregadores por falta de entrega das fazendas ou por avarias que estas sofressem.
§ único. As dívidas mencionadas nos n.os 1.º a 10.º, com excepção das mencionadas no n.º 3.º, são contraídas durante a última viagem e por motivo dela.

Nota. Redacção introduzida pelo art. 1.º do DL n.º 8/2009, de 7 de Janeiro.

Art. 579.º (Extinção dos privilégios)
Os privilégios dos credores sobre o navio extinguem-se:
1.º Pelo modo por que geralmente se extinguem as obrigações;
2.º Pela venda judicial do navio, depois que o seu preço é posto em depósito, transferindo-se para esse preço o privilégio e a acção dos credores;
3.º Pela venda voluntária feita com citação dos credores privilegiados, se houverem passado três meses sem que estes tenham feito valer os seus privilégios ou impugnado o preço da venda.

Nota. Cf. os arts. 81.º e 1007.º do CPC.

Art. 580.º (Graduação das dívidas com privilégio sobre a carga)
As dívidas que têm privilégio sobre a carga do navio são graduadas pela ordem seguinte:
1.º As despesas judiciais feitas no interesse comum dos credores;
2.º Os salários devidos por salvação;
3.º Os direitos fiscais que forem devidos no porto da descarga;
4.º As despesas de transporte e de descarga;
5.º As despesas de armazenagem;
6.º As quotas de contribuição para as avarias comuns;
7.º As quantias dadas a risco sob essa caução;
8.º Os prémios do seguro.
§ único. Os privilégios de que trata este artigo podem ser gerais, abrangendo toda a carga, ou especiais abrangendo só parte dela, conforme os créditos respeitarem a toda ou parte da mesma.

Art. 581.º (Cessão dos privilégios sobre a carga)
Cessam os privilégios sobre a carga, se os credores os não fizerem valer antes de efectuada a descarga, ou nos dez dias imediatos e enquanto, durante este prazo, os objectos carregados não passarem a poder de terceiro.

Art. 582.º (Graduação das dívidas com privilégio sobre o frete)
As dívidas que têm privilégio sobre o frete são graduadas pela ordem seguinte:
1.º As despesas judiciais feitas no interesse comum dos credores;

[1] CCom Arts. 583.º-588.º   Liv. III   Tít. I.   Dos navios

2.º As soldadas do capitão e tripulação;
3.º As quotas de contribuição para as avarias comuns;
4.º As quantias dadas a risco sob essa caução;
5.º Os prémios do seguro;
6.º A importância da indemnização que for devida por falta de entrega das fazendas carregadas.

Art. 583.º (Cessação dos privilégios sobre o frete)
Cessam os privilégios sobre o frete, logo que o frete for pago, salvo o caso do artigo 523.º, em que o privilégio pelas soldadas da tripulação só se extingue passados seis meses depois do rompimento da viagem.

SECÇÃO II.   **Das hipotecas**

Art. 584.º (Hipotecas legais e voluntárias sobre navios)
Podem constituir-se hipotecas sobre navios por disposição da lei ou por convenção das partes.

Art. 585.º (Aplicação do regime das hipotecas sobre imóveis)
As hipotecas sobre navios, sejam legais ou voluntárias, produzirão os mesmos efeitos, e reger-se-ão pelas mesmas disposições que as hipotecas sobre prédios, em tudo quanto for compatível com a sua especial natureza, e salvas as modificações da presente secção.

Nota. Cf. os arts. 686.º a 732.º do CCivil.

Art. 586.º (Quem pode constituir a hipoteca)
A hipoteca sobre navios só pode ser constituída pelo respectivo proprietário ou por seu procurador especial.
§ 1.º Quando o navio pertencer a mais do que um proprietáro, poderá ser hipotecado na totalidade para despesas de armamento e navegação, por consentimento expresso da maioria, representando mais de metade do valor do navio.
§ 2.º O co-proprietário de um navio não pode hipotecar separadamente a sua parte do navio, sem assentimento da maioria designada no parágrafo antecedente.

Art. 587.º (Hipoteca sobre navios em construção ou a construir)
É também permitida a hipoteca sobre navios em construção ou a construir para pagamento das respectivas despesas de construção, contanto que pelo menos no respectivo instrumento se especifique o comprimento da quilha do navio e aproximadamente as suas principais dimensões, assim como a sua tonelagem provável, e o estaleiro em que se acha a construir ou tem de ser construído.

Nota. Cf. os arts. 51.º e 77.º do D n.º 42 645 de 14 de Novembro de 1959 **[2-B]**.

Art. 588.º (Forma da constituição)
A hipoteca sobre navios será constituída por instrumento público, salva a hipótese do § 2.º do artigo 591.º

Cap. VIII.   Dos privilégios creditórios e das hipotecas   **Arts. 589.º-594.º CCom [1]**

Art. 589.º (Extensão da hipoteca)
A hipoteca sobre navios relativa a créditos que vençam juros abrange, além do capital, os juros de cinco anos.

Art. 590.º (Inscrição das hipotecas)
As hipotecas sobre navios serão inscritas na secretaria do tribunal do comércio do porto da matrícula do navio.

§ 1.º No caso de a hipoteca ser constituída sobre o navio em construção ou a construir, a secretaria competente será a do lugar onde se achar o estaleiro.

§ 2.º Na matrícula dos navios que se houver de fazer em secretaria diferente daquela a que pertencia o lugar onde o navio foi construído, apresentar-se-á certidão, passada nesta, de haver ou não hipoteca sobre o navio, e, no caso afirmativo, serão as respectivas hipotecas transcritas também com respeito à matrícula do navio.

Nota. Cf. os arts. 6.º, 8.º e 9.º, do D n.º 42 645, de 14 de Novembro de 1959 **[2-B]**.

Art. 591.º (Registo provisório)
O proprietário do navio poderá fazer abrir registo provisório de hipoteca em que especifique a quantia ou quantias que sobre o navio possam levantar-se durante a viagem.

§ 1.º A escritura de hipoteca será feita, quando fora do reino, pelo respectivo agente consular português.

§ 2.º Não havendo agente consular no local em que se queira constituir a hipoteca, poderá esta ser constituída por escrito, feito a bordo, entre os respectivos outorgantes, com duas testemunhas, e lançado no livro de contas.

Nota. Cf. os arts. 12.º, n.º 2, do DL n.º 42 644, de 14 de Novembro de 1959 **[2-B]** e art. 68.º, al. *l*), do D n.º 42 645, de 14 de Novembro de 1959 **[2-B]**.

Art. 592.º (Concurso de créditos)
Os credores hipotecários serão pagos dos seus créditos, depois de satisfeitos os privilégios creditórios sobre o navio, pela ordem da prioridade do registo comercial.

§ único. Concorrendo diversas inscrições hipotecárias da mesma data, o pagamento será *pro rata*.

Art. 593.º (Expurgação das hipotecas)
As hipotecas sobre navios serão sujeitas a expurgação nos termos de direito.

Art. 594.º (Incidência dos créditos no caso de perda ou inavegabilidade)
No caso de perda ou inavegabilidade do navio os direitos dos credores hipotecários exercem-se no que dele restar e sobre a respectiva indemnização devida pelos seguradores.

[1] CCom Arts. 595.°-601.°   Liv. III Tít. II. Do seguro contra riscos de mar

TÍTULO II. DO SEGURO CONTRA RISCOS DE MAR

Art. 595.° (Aplicação das disposições gerais sobre seguros)
Ao contrato de seguro contra riscos de mar são aplicáveis as regras estabelecidas no capítulo I e na secção I do capítulo II do título XV do livro II, que não forem incompatíveis com a natureza especial dos seguros marítimos ou alteradas pelas disposições deste título.

Art. 596.° (Menções especiais que deve conter a apólice)
A apólice de seguro marítimo, além do que se acha prescrito no artigo 426.°, deve enunciar:

1.° O nome, espécie, classificação, nacionalidade e tonelagem do navio;
2.° O nome do capitão;
3.° O lugar em que as fazendas foram ou devem ser carregadas;
4.° O porto donde o navio partiu, deve partir ou ter partido;
5.° Os portos em que o navio deve carregar, descarregar ou entrar.

§ único. Se não puderem fazer-se as enunciações prescritas neste artigo, ou porque a pessoa que fez o seguro as ignore, ou pela qualidade especial do seguro, devem substituir-se por outras que bem determinem o objecto deste.

Art. 597.° (Objecto do seguro)
O seguro contra risco de mar pode ter por objecto todas as cousas e valores estimáveis a dinheiro expostos àquele risco.

Art. 598.° (Período de tempo do seguro)
O seguro contra riscos de mar pode fazer-se, em tempo de paz ou de guerra, antes ou durante a viagem do navio, por viagem inteira, ou por tempo determinado, por ida e volta, ou somente por uma destas.

Art. 599.° (Valor por que pode segurar-se a carga)
Da carga que segurar o capitão ou o dono do navio só poderão segurar-se nove décimos do seu justo valor.

Art. 600.° (Valores e coisas que não podem segurar-se)
É nulo o seguro, tendo por objecto:

1.° As soldadas e vencimentos da tripulação;
2.° As fazendas obrigadas ao contrato de risco por seu inteiro valor e sem excepção de riscos;
3.° As coisas cujo tráfico é proibido pelas leis do reino, e os navios nacionais ou estrangeiros empregados no seu transporte.

Art. 601.° (Valor por que podem segurar-se as fazendas carregadas)
As fazendas carregadas podem segurar-se pelo seu inteiro valor, segundo o preço do custo, com as despesas de carga e de frete, ou segundo o preço corrente, no lugar do destino, à sua chegada, sem avaria.

Tít. II.   Do seguro contra riscos de mar   **Arts. 602.°-605.° CCom [1]**

§ único. A avaliação feita na apólice sem declarações poderá ser referida a qualquer dos casos prescritos neste artigo, e não haverá lugar a aplicar o artigo 453.°, se não exceder o preço mais elevado.

Art. 602.° (Tempo por que duram os riscos)

Não se expressando na apólice o tempo durante o qual hajam de correr os riscos por conta do segurador, começarão e acabarão nos termos seguintes:

1.° Quanto ao navio e seus pertences, no momento em que o navio levanta ferro para sair do porto até ao momento em que está ancorado e amarrado no porto do seu destino;

2.° Quanto à carga, desde o momento em que as coisas são carregadas no navio ou nas embarcações destinadas a transportá-las para este até ao momento de chegarem a terra no lugar do seu destino.

§ 1.° Se o seguro se faz depois do começo da viagem, os riscos correm da data da apólice.

§ 2.° Se a descarga for demorada por culpa do destinatário, os riscos acabam para o segurador trinta dias depois da chegada do navio ao seu destino.

Art. 603.° (Limite da obrigação do segurador)

A obrigação do segurador limita-se à quantia segurada.

§ único. Se os objectos seguros sofrem muitos sinistros sucessivos durante o tempo dos riscos, o segurado levará sempre em conta, ainda no caso de abandono, as quantias que lhe houverem sido pagas ou forem devidas pelos sinistros anteriores.

Art. 604.° (Riscos por que responde o segurador)

São a cargo do segurador, salvo estipulação contrária, todas as perdas e danos que acontecerem durante o tempo dos riscos aos objectos segurados por borrasca, naufrágio, varação, abalroação, mudança forçada de rota, de viagem ou de navio, por alijamento, incêndio, violência injusta, explosão, inundação, pilhagem, quarentena superveniente, e, em geral, por todas as demais fortunas de mar, salvos os casos em que pela natureza da coisa, pela lei ou por cláusula expressa na apólice o segurador deixa de ser responsável.

§ 1.° O segurador não responde pela barataria do capitão, salva convenção em contrário, a qual, contudo, será sem efeito, se, sendo o capitão nominalmente designado, foi depois mudado sem audiência e consentimento do segurador.

§ 2.° O segurador que convencionou segurar os riscos de guerra sem determinação precisa, responde pelas perdas e danos, causados aos objectos segurados, por hostilidade, represália, embargo por ordem de potência, presa e violência de quaisquer espécie, feita por Governo amigo ou inimigo, de direito ou de facto, reconhecido ou não reconhecido, e, em geral, por todos os factos e acidentes de guerra.

§ 3.° O aumento do prémio estipulado em tempo de paz para o caso de uma guerra casual, ou de outro evento, cuja quota não for determinada no contrato, regula-se, tendo em consideração os riscos, circunstâncias e estipulações da apólice.

Art. 605.° (Presunção sobre a causa da perda)

No caso de dúvida sobre a causa de perda dos objectos segurados, presume-se haverem perecido por fortuna de mar, e o segurador é responsável.

[1] CCom Arts. 606.°-612.°   Liv. III Tít. II. Do seguro contra riscos de mar

Art. 606.° (Valor do julgamento de boa presa por tribunais estrangeiros)
O julgamento de boa presa proferido em tribunal estrangeiro importa a mera presunção da validade dela em questões relativas a seguros.

Art. 607.° (Despesas que não ficam a cargo do segurador)
Não são a cargo do segurador as despesas de navegação, pilotagem, reboque, quarentena e outras feitas por entrada e saída do navio, nem os direitos de tonelagem, faróis, ancoradouro, saúde pública e outras despesas semelhantes impostas sobre o navio e carga, salvo quando entrarem na classe de avarias grossas.

Art. 608.° (Efeito da mudança de rota, de viagem ou de navio)
Toda a mudança voluntária de rota, de viagem ou de navio por parte do segurado, em caso de seguro sobre navio ou sobre frete, faz cessar a obrigação do segurador.

§ 1.° Observar-se-á a disposição deste artigo com respeito ao seguro da carga, havendo consentimento do segurado.

§ 2.° O segurador nos casos previstos neste artigo e seu § 1.° tem direito ao prémio por inteiro, se começou a correr os riscos.

Art. 609.° (Redução do prémio quando o carregamento é inferior ao previsto)
Se o seguro é feito sobre fazendas, por ida e volta, e se o navio, tendo chegado ao primeiro destino, não carregou fazendas na volta ou não completou o carregamento, o segurador só receberá dois terços do prémio, salva convenção em contrário.

Art. 610.° (Responsabilidade do segurador quando as fazendas são carregadas em número menor de navios)
Tendo efectuado divididamente o seguro por fazendas que devem ser carregadas em diversos navios designados com menção da quantia segurada em cada um, se as fazendas são carregadas em menor número de navios do que o designado no contrato, o segurador só responde pela quantia que segurou no navio ou navios que receberam a carga.

§ único. O segurador, porém, no caso previsto neste artigo receberá metade do prémio convencionado com respeito às fazendas cujos seguros ficarem sem efeito, não podendo estas indemnizações exceder meio por cento do valor delas.

Art. 611.° (Risco do segurador quando o capitão tem a liberdade de fazer escala)
Se o capitão tem a liberdade de fazer escala para completar ou tomar a carga, o segurador não corre risco dos objectos segurados, senão enquanto estiverem a bordo, salva convenção em contrário.

Art. 612.° (Risco quando a viagem se prolonga ou encurta)
Se o segurado manda o navio a um lugar mais adiante do que o designado no contrato, o segurador não responde pelos riscos ulteriores.

56

Tít. III.   Do abandono   Arts. 613.°-617.° CCom [1]

§ único. Se, porém, a viagem se encurtar, aportando a um porto onde podia fazer escala, o seguro surte pleno efeito.

Art. 613.° (Efeito da cláusula «livre de avaria»)

A cláusula «livre de avaria» liberta os seguradores de toda e qualquer avaria, excepto nos casos que dão lugar ao abandono.

Nota. Cf. o Assento do STJ, de 21 de Julho de 1931 (*Col. Of.* 30.°, p. 175), que decidiu: «O caso de perda total da mercadoria, segura por apólice em que haja a cláusula – 'livre de avaria que não for grossa ou que o navio dê à costa, se afunde ou fique queimado' – está compreendido na excepção consignada na parte final do artigo 613.° do Código Comercial, em harmonia com o preceituado no n.° 4 do artigo 616.° do mesmo Código, do que deriva a responsabilidade do segurador.»

Art. 614.° (Responsabilidade no seguro sobre líquidos ou géneros sujeitos a derramamento e liquefacção)

Recaindo o seguro sobre líquidos ou sobre géneros sujeitos a derramamento e liquefacção, o segurador não responde pelas perdas, salvo sendo causadas por embates, naufrágio ou varação de navio, e bem assim por descarga ou recarga em porto de arribada forçada.

§ único. No caso de ser o segurador obrigado a pagar os danos referidos neste artigo, deve fazer-se a redução do desfalque ordinário.

Art. 615.° (Prazo para a comunicação dos documentos justificativos da perda das fazendas)

O segurado deve dar conhecimento ao segurador, no prazo de cinco dias imediatos à recepção, dos documentos justificativos de que as fazendas seguradas correram risco e se perderam.

TÍTULO III.   DO ABANDONO

Art. 616.° (Casos de abandono dos objectos segurados)

Pode fazer-se abandono dos objectos segurados nos casos:
1.° De presa;
2.° De embargo por ordem de potência estrangeira;
3.° De embargo por ordem do Governo depois de começada a viagem;
4.° No caso de perda total dos objectos segurados;
5.° Nos mais casos em que as partes o convencionarem.

§ único. O navio não susceptível de ser reparado é equiparado ao navio totalmente perdido.

Art. 617.° (Casos de abandono sem obrigação de prova da perda)

O segurado pode fazer abandono ao segurador sem ser obrigado a provar a perda do navio, se a contar do dia da partida do navio ou do dia a que se referem os últimos avisos dele não há notícia, a saber: depois de seis meses da sua saída para viagens na Europa, e depois de um ano para viagens mais dilatadas.

57

[1] CCom Arts. 618.°-621.°   Liv. III   Tít. III.   Do abandono

§ 1.° Fazendo-se o seguro por tempo limitado, depois de terminarem os prazos estabelecidos neste artigo, a perda do navio presume-se acontecida dentro do tempo do seguro.

§ 2.° Havendo muitos seguros sucessivos, a perda presume-se acontecida no dia seguinte àquele em que se deram as últimas notícias.

§ 3.° Se, porém, depois se provar que a perda acontecera fora do tempo do seguro, a indemnização paga deve ser restituída com os juros legais.

Art. 618.° (Abandono no caso de perda total do navio)

Verificada a perda total do navio pode fazer-se o abandono dos objectos seguros nele carregados, se, no prazo de três meses a contar do evento, não se encontrou outro navio para os recarregar e conduzir ao seu destino.

§ único. No caso previsto no presente artigo, se os objectos segurados se carregam em outro navio, o segurador responde pelos danos sofridos, despesas de carga e recarga, depósito e guarda nos armazéns, aumento de frete e mais despesas de salvação, até à concorrência da quantia segurada, e enquanto esta se não achar esgotada continuará a correr os riscos pelo resto.

Art. 619.° (Prazo para o abandono)

O abandono dos objectos segurados, apresados ou embargados só pode fazer-se passados três meses depois da notificação da presa ou do embargo, se o foram nos mares da Europa, e passados seis meses se o foram em outro lugar.

§ único. Para as fazendas sujeitas a deterioração rápida os prazos mencionados neste artigo serão reduzidos a metade.

Art. 620.° (Prazo para a intimação aos seguradores)

O abandono será intimado aos seguradores no prazo de três meses a contar do dia em que houve conhecimento do sinistro, se este aconteceu nos mares da Europa; de seis meses, se sucedeu nos mares de África, nos mares ocidentais e meridionais da Ásia e nos orientais da América; e de um ano, se o sinistro ocorreu em outros mares.

§ 1.° Nos casos de presa ou de embargo por ordem de potência estes prazos só correm do dia em que terminarem os estabelecidos no artigo antecedente.

§ 2.° O segurado não será admitido a fazer abandono, expirados os prazos fixados neste artigo, ficando-lhe salvo o direito para a acção de avaria.

Art. 621.° (Intimação para o pagamento)

O segurado, participando ao segurador os avisos recebidos, pode fazer o abandono, intimando o segurador para pagar a quantia segurada no prazo estabelecido pelo contrato ou pela lei e pode reservar-se para o fazer depois dentro dos prazos legais.

§ 1.° Fazendo o abandono, é obrigado a declarar todos os seguros feitos ou ordenados e as quantias tomadas a risco com conhecimento seu sobre as fazendas carregadas; de contrário a dilação do pagamento será suspensa até ao dia em que apresentar a dita dilação estabelecida pela lei para fazer o abandono.

§ 2.° Em caso de declaração fraudulenta o segurado ficará privado de todos os efeitos do seguro.

Tít. IV. Do contrato de risco   **Arts. 622.º-626.º CCom [1]**

Art. 622.º (Extensão do abandono)

O abandono compreende somente as cousas que são objecto do seguro e do risco e não pode ser parcial nem condicional.

Art. 623.º (Efeitos do abandono)

Os objectos segurados ficam pertencendo ao segurador desde o dia em que o abandono é intimado e aceito pelo segurador ou julgado válido.

§ único. O segurado deverá entregar ao segurador todos os documentos concernentes aos objectos segurados.

Art. 624.º (Ineficácia do abandono)

A intimação de abandono não produz efeito jurídico se os factos sobre os quais ela se fundou se não confirmarem ou não existiam ao tempo em que ela se fez ao segurador.

§ único. A intimação do abandono produzirá contudo todos os seus efeitos embora sobrevenham posteriormente a ela circunstâncias que, a terem-se produzido anteriormente, excluiriam o direito ao abandono.

Art. 625.º (Regime do abandono no caso de presa)

No caso de presa, se o segurado não pôde avisar o segurador, terá a faculdade de resgatar os objectos apresados sem esperar ordem do segurador; ficando, porém, nesse caso obrigado a dar conhecimento ao segurador da composição que tiver feito, logo que se lhe proporcionar ocasião.

§ 1.º O segurador tem a escolha de tomar à sua conta a composição ou rejeitá--la, e da escolha que fizer dará conhecimento ao segurado no prazo de vinte e quatro horas depois de ter recebido a comunicação.

§ 2.º Se aceitar a comunicação, contribuirá sem demora para ser pago o resgate nos termos da convenção e em proporção do seu interesse e continuará a correr os riscos da viagem, conforme o contrato de seguro.

§ 3.º Se rejeitar a composição, ficará obrigado ao pagamento da quantia segurada e sem direito de reclamar coisa alguma dos objectos resgatados.

§ 4.º Quando o segurador deixa de dar conhecimento da sua escolha no prazo mencionado entende-se que rejeita a composição.

§ 5.º Resgatado o navio, se o segurado entra na posse dos seus objectos, reputar-se-ão avarias as deteriorações sofridas, ficando a indemnização de conta do segurador, mas, se por virtude de represa os objectos passarem a terceiro possuidor, poderá o segurado fazer deles abandono.

TÍTULO IV. DO CONTRATO DE RISCO

Art. 626.º (Formalidades do contrato de risco)

O contrato de risco deve ser feito por escrito e enunciar:

1.º A quantia emprestada;

2.º O prémio ajustado;

[1] CCom Arts. 627.º-630.º   Liv. III   Tít. IV.   Do contrato de risco

3.º Os objectos sobre que recai o empréstimo;
4.º O nome, a qualidade, a tonelagem e a nacionalidade do navio;
5.º O nome do capitão;
6.º Os nomes e os domicílios do dador e tomador;
7.º A enumeração particular e específica dos riscos tomados;
8.º Se o empréstimo é por uma ou mais viagens e por que tempo;
9.º A época e o lugar do pagamento.

§ 1.º O escrito será datado do dia e lugar em que o empréstimo se fizer e será assinado pelos contratantes, declarando a qualidade em que o fazem.

§ 2.º O contrato de risco que não for reduzido a escrito nos termos deste artigo converter-se-á em simples empréstimo e obrigará pessoalmente o tomador ao pagamento de capital e juros.

Art. 627.º (Negociabilidade do título)

O título do contrato de risco exarado à ordem é negociável por endosso nos termos e com os mesmos direitos e acções em garantia que a letra.

§ único. O endossado toma o lugar do endossante tanto a respeito do prémio como das perdas; mas a garantia da solvabilidade do devedor é restrita ao capital sem compreender o prémio, salva a convenção em contrário.

Art. 628.º (Objecto do contrato)

O contrato de risco só pode recair sobre toda a carga, parte dela ou sobre o frete vencido conjunta ou separadamente, e só pode ser celebrado pelo capitão no decurso da viagem, quando não haja outro meio para a continuar.

Art. 629.º (Limite da validade do empréstimo)

O empréstimo a risco por quantia excedente ao valor real dos objectos sobre que recai é válido até à concorrência desse valor; pelo excedente da quantia emprestada responde pessoalmente o tomador sem prémio e só com os juros legais.

§ 1.º Se da parte do tomador tiver havido fraude pode o dador requerer que se anule o contrato e lhe seja paga a quantia emprestada com os juros legais.

§ 2.º O lucro esperado sobre fazendas carregadas não se considera como excesso de valor, se for avaliado separadamente no título.

Art. 630.º (Exoneração do tomador)

Perdendo-se por caso fortuito ou força maior no tempo, lugar e pelos riscos tomados pelo dador os objectos sobre que recaiu o empréstimo a risco, o tomador liberta-se.

§ 1.º Se a perda for parcial, o pagamento da quantia emprestada reduz-se ao valor dos objectos obrigados ao empréstimo que se salvarem, sem prejuízo dos créditos que lhe preferirem.

§ 2.º Se o empréstimo recaiu sobre o frete, o pagamento da quantia emprestada, em caso de sinistro, reduz-se à quantia devida pelos afretadores, sem prejuízo dos créditos que lhe preferirem.

§ 3.º Estando seguro o objecto obrigado ao empréstimo a risco, o valor salvo será proporcionalmente repartido entre o capital dado a risco e a quantia segurada.

Tít. V.   Das avarias   **Arts. 631.º-635.º CCom [1]**

§ 4.º Se ao tempo do sinistro parte dos objectos obrigados já estiverem em terra, a perda do dador será limitada aos que ficarem no navio, continuando a correr os riscos sobre os objectos salvos que forem transportados em outro navio.

§ 5.º Se a totalidade dos objectos obrigados estiver descarregada antes do sinistro, o tomador pagará a quantia total do empréstimo e seu prémio.

Art. 631.º (Contribuição do dador para as avarias)

O dador contribui para as avarias comuns em benefício do tomador, sendo nula qualquer convenção em contrário.

§ único. As avarias particulares não são a cargo do dador, salva convenção em contrário; mas, se por efeito de uma avaria particular os objectos obrigados não chegarem para o completo pagamento da quantia emprestada e seu prémio, o dador suportará o prejuízo resultante dessas avarias.

Art. 632.º (Graduação e concurso dos empréstimos)

Havendo muitos empréstimos contraídos no curso da mesma viagem, o último prefere sempre ao precedente.

§ único. Os empréstimos a risco contraídos na mesma viagem e no mesmo porto de arribada forçada durante a mesma estada, entrarão em concurso.

Art. 633.º (Aplicação das disposições sobre seguros e avarias)

As disposições deste Código acerca de seguros marítimos e avarias serão aplicáveis ao contrato de risco, quando não opostas à sua essência e não alteradas neste título.

TÍTULO V. DAS AVARIAS

Art. 634.º (Conceito de avarias)

São reputadas avarias todas as despesas extraordinárias feitas com o navio ou com a sua carga conjunta ou separadamente, e todos os danos que acontecem ao navio e carga desde que começam os riscos do mar até que acabam.

§ 1.º Não são reputadas avarias, mas simples despesas a cargo do navio, as que ordinariamente se fazem com a sua saída e entrada assim como o pagamento de direitos e outras taxas de navegação, e com as tendentes a aligeirá-lo para passar os baixos ou bancos de areia conhecidos à saída do lugar de partida.

§ 2.º As avarias regulam-se por convenção das partes e, na sua falta ou insuficiência, pelas disposições deste Código.

Art. 635.º (Espécies de avarias)

As avarias são de duas espécies: avarias grossas ou comuns, e avarias simples ou particulares.

§ 1.º São avarias grossas ou comuns todas as despesas extraordinárias e os sacrifícios feitos voluntariamente com o fim de evitar um perigo pelo capitão ou por

[1] CCom **Arts. 636.º-641.º** Liv. III   Tít. V.   Das avarias

sua ordem, para a segurança comum do navio e da carga desde o seu carregamento e partida até ao seu retorno e descarga.

§ 2.º São avarias simples ou particulares as despesas causadas e o dano sofrido só pelo navio ou só pelas fazendas.

Art. 636.º (Repartição das avarias comuns)

As avarias comuns são repartidas proporcionalmente entre a carga e a metade do valor do navio e do frete.

Art. 637.º (Incidência do ónus das avarias simples)

As avarias simples são suportadas e pagas ou só pelo navio ou só pela coisa que sofreu o dano ou ocasionou a despesa.

Art. 638.º (Exame e estimação de avarias na carga)

O exame e a estimação da avaria na carga, sendo o dano visível por fora, serão feitos antes da entrega; em caso contrário, o exame poderá fazer-se depois, contanto que se verifique no prazo de quarenta e oito horas da entrega, isto sem prejuízo de outra prova.

§ único. Na estimação a que se refere este artigo determinar-se-á qual teria sido o valor da carga, se tivesse chegado sem avaria, e qual é o seu valor actual, tudo isto independentemente da estimação do lucro esperado, sem que em caso algum possa ser ordenada a venda de carga para se lhe fixar o valor, salvo a requerimento do respectivo dono.

Art. 639.º (Repartição de avaria grossa)

Haverá repartição de avaria grossa por contribuição sempre que o navio e a carga forem salvos no todo ou em parte.

§ 1.º O capital contribuinte compõe-se:

1.º Do valor líquido integral que as coisas sacrificadas teriam ao tempo no lugar da descarga;

2.º Do valor líquido integral que tiverem no mesmo lugar e tempo as coisas salvas e também da importância do prejuízo que sofreram para a salvação comum;

3.º Do frete a vencer, deduzidas as despesas que teriam deixado de se fazer se o navio e a carga se perdessem na ocasião em que se deu a avaria.

§ 2.º Os objectos do uso e o fato, as soldadas dos marinheiros, as bagagens dos passageiros e as munições de guerra e de boca na quantidade necessária para a viagem, posto que pagas por contribuição, não fazem parte do capital contribuinte.

Art. 640.º (Carga de que não houver conhecimento ou declaração)

A carga, de que não houver conhecimento ou declaração do capitão ou que se não achar na lista ou no manifesto não se paga, se for alijada, mas contribui na avaria grossa salvando-se.

Art. 641.º (Contribuição dos objectos carregados no convés)

Os objectos carregados sobre o convés contribuem na avaria grossa salvando-se.

Tít. V.   Das avarias

Arts. 642.°-646.° CCom [1]

§ único.   Sendo alijados ou danificados pelo alijamento não são contemplados na contribuição e só dão lugar à acção de indemnização contra o capitão, navio e frete, se forem carregados na coberta sem consentimento do dono; mas tendo-o havido, haverá lugar a uma contribuição especial entre o navio, o frete e outros objectos carregados nas mesmas circunstâncias, sem prejuízo da contribuição geral para as avarias comuns de todo o carregamento.

Art. 642.° (Regime no caso de alijamento)

Se, não obstante o alijamento ou o corte de aparelhos, o navio se não salva, não há lugar a contribuição alguma e os objectos salvos não respondem por pagamento algum em contribuição de avaria dos objectos alijados, avariados ou cortados.

§ 1.°   Se pelo alijamento ou corte de aparelhos o navio se salva e, continuando a viagem, perece, as objectos salvos contribuem só por si no alijamento no pé do seu valor no estado em que se acham, deduzidas as despesas de salvação.

§ 2.°   Os objectos alijados não contribuem em caso algum para o pagamento dos danos sofridos depois do alijamento pelos objectos salvos.

§ 3.°   A carga não contribui para o pagamento do navio perdido ou declarado inavegável.

Art. 643.° (Aplicação às barcas e sua carga)

As disposições acerca de avarias grossas e de avarias simples são igualmente aplicáveis às barcas e aos objectos carregados nelas que forem empregados em aliviar o navio.

§ 1.°   Perdendo-se a bordo das barcas fazendas descarregadas para aliviar o navio, a repartição da sua perda será feita entre o navio e o seu inteiro carregamento.

§ 2.°   Se o navio se perde com o resto do carregamento, as fazendas descarregadas nas barcas, ainda que cheguem ao seu destino, não contribuem.

Art. 644.° (Fazendas que não contribuem)

Não contribuem nas perdas acontecidas a navio, para cuja carga eram destinadas, as fazendas que estiverem em terra.

Art. 645.° (Repartição da avaria grossa nas barcas ou fazendas nelas carregadas)

Se acontecer, durante o trajecto, quer às barcas, quer às fazendas nelas carregadas dano reputado avaria grossa, este dano será suportado, um terço pelas barcas e dois terços pelas fazendas carregadas a seu bordo.

Art. 646.° (Recuperação dos objectos alijados)

Se depois de feita a repartição os objectos alijados forem recobrados pelos donos, estes reporão ao capital e aos interessados a contribuição recebida, deduzidos o dano causado pelo alijamento e as despesas da recuperação, repartindo-se proporcionalmente entre os interessados que contribuíram para a reposição recebida.

§ único.   Se o dono dos objectos alijados os recuperar sem reclamar indemnização alguma, estes objectos não contribuirão nas avarias sobrevindas ao restante da carga depois do alijamento.

[1] CCom Arts. 647.º-652.º

Liv. III Tít. V. Das avarias

Art. 647.º (Contribuição do navio)

O navio contribui pelo seu valor no lugar da descarga, ou pelo preço da sua venda, deduzida a importância das avarias particulares, ainda que sejam posteriores à avaria comum.

Art. 648.º (Estimação das fazendas e outros objectos)

As fazendas e os mais objectos que devem contribuir, assim como os objectos alijados ou sacrificados, serão estimados segundo o seu valor, deduzidos o frete, direitos de entrada e outros de descarga, tendo-se em consideração os conhecimentos, as facturas e, na sua falta, outros quaisquer meios de prova.

§ 1.º Estando designados nos conhecimentos a qualidade e valor das fazendas, se valerem mais, contribuirão pelo seu valor real, sendo salvas, e serão pagas por esse valor, mas em caso de alijamento ou avaria regulará o valor dado no conhecimento.

§ 2.º Valendo as fazendas menos, contribuirão segundo o valor indicado, se forem salvas, mas atender-se-á ao valor real, se forem alijadas ou estiverem avariadas.

Art. 649.º (Estimação das fazendas carregadas)

As fazendas carregadas serão estimadas, segundo o seu valor, no lugar da descarga, deduzidos o frete, os direitos de entrada e outros de descarga.

§ 1.º Se a repartição houver de fazer-se em lugar do reino donde o navio partiu ou tivesse de partir, o valor dos objectos carregados será determinado segundo o preço da compra, acrescidas as despesas até bordo, não compreendido o prémio do seguro.

§ 2.º Se os objectos estiverem avariados, serão estimados pelo seu valor real.

§ 3.º Se a viagem se rompeu ou as fazendas se venderam fora do reino e a avaria não pôde lá regular-se, tomar-se-á por capital contribuinte o valor das fazendas no lugar do rompimento, ou o produto líquido que se tiver obtido no lugar da venda.

Art. 650.º (Lei reguladora da repartição das avarias)

As avarias grossas ou comuns serão reguladas e repartidas segundo a lei do lugar onde a carga for entregue.

Art. 651.º (Repartição das avarias grossas sucessivas)

Todas as avarias grossas sucessivas repartem-se simultaneamente no fim da viagem, como se formassem uma só e mesma avaria.

§ único. Não se aplica a regra deste artigo às fazendas embarcadas ou desembarcadas em um porto de escala, mas tão-somente a respeito destas fazendas.

Art. 652.º (Quem deve ou pode promover a regulação e repartição)

A regulação e repartição das avarias grossas fazem-se a diligência do capitão e, deixando ele de a promover, a diligência dos proprietários do navio ou da carga, sem prejuízo da responsabilidade daquele.

§ único. O capitão apresentará junto com o seu relatório e devido protesto todos os livros de bordo e mais documentos concernentes ao sinistro, ao navio e à carga.

Nota. Cf. o art. 78.º do CPC.

64

Tít. VI. Das arribadas forçadas   Arts. 653.°-659.° CCom **[1]**

Art. 653.° (Perda do direito de acção por avarias)
Não haverá lugar a acção por avarias contra o afretador e o recebedor da carga, se o capitão recebeu o frete e entregou as fazendas sem protesto, ainda que o pagamento do frete fosse antecipado.

TÍTULO VI. DAS ARRIBADAS FORÇADAS

Art. 654.° (Causas de arribada forçada)
São justas causas de arribada forçada:
1.° A falta de víveres, aguada ou combustível;
2.° O temor fundado de inimigos;
3.° Qualquer acidente que inabilite o navio de continuar a navegação.

Art. 655.° (Formalidades da arribada)
Em qualquer dos casos previstos no artigo precedente, ouvidos os principais da tripulação e lançada e assinada a resolução no diário de navegação, o capitão poderá proceder à arribada.
§ 1.° Os interessados na carga que estiverem a bordo podem protestar contra a deliberação tomada de proceder à arribada.
§ 2.° Dentro de quarenta e oito horas depois da entrada no porto da arribada deve o capitão fazer o seu relatório perante a autoridade competente.

Art. 656.° (Quem suporta as despesas)
São por conta do armador ou fretador as despesas ocasionadas pela arribada forçada.

Art. 657.° (Arribada legítima)
Considera-se legítima a arribada que não proceder de dolo, negligência ou culpa do dono, do capitão ou da tripulação.

Art. 658.° (Arribada ilegítima)
Considera-se ilegítima a arribada:
1.° Se a falta de víveres, aguada ou combustível proceder de se não ter feito o necessário fornecimento, ou de se haver perdido por má arrumação ou descuido;
2.° Se o temor de inimigos não for justificado por factos positivos;
3.° Provindo o acidente que inabilitou o navio de continuar a navegação da falta de bom conserto, apercebimento, esquipação e má arrumação ou resultando de disposição desacertada ou de falta de cautela do capitão.

Art. 659.° (Consequências da arribada)
Sendo a arribada legítima, nem o dono nem o capitão respondem pelos prejuízos que da mesma possam resultar aos carregadores ou proprietários da carga.
§ único. Sendo ilegítima, o capitão e o dono serão conjuntamente responsáveis até à concorrência do valor do navio e frete.

[1] CCom Arts. 660.°-666.°   Liv. III   Tít. VII.   Da abalroação

Art. 660.° (Descarga no porto da arribada)
Só pode autorizar-se descarga no porto da arribada, sendo indispensável para conserto do navio ou reparo de avaria na carga, devendo nestes casos preceder no reino e seus domínios autorização do juiz competente, e no estrangeiro autorização do agente consular, havendo-o, e, na sua falta, da autoridade local.

Nota. Cf. o art. 1506.° do CPC.

Art. 661.° (Responsabilidade do capitão)
O capitão responde pela guarda e conservação da carga descarregada, salvos os acidentes de força maior.

Art. 662.° (Reparação ou venda da carga)
A carga avariada será reparada ou vendida segundo as circunstâncias, precedendo a autorização mencionada no artigo 660.°, sendo o capitão obrigado a comprovar ao carregador ou consignatário a legitimidade do seu procedimento, sob pena de responder pelo preço que teria como boa no lugar do destino.

Nota. Cf. o art. 1506.° do CPC.

Art. 663.° (Prejuízos resultantes da demora)
O capitão responderá pelos prejuízos resultantes de toda a demora injustificada no porto da arribada; mas, tendo esta procedido de temor de inimigos, a saída será deliberada em conselho dos principais da equipagem e interessados na carga que estiverem a bordo, nos mesmos termos legislados para determinar a arribada.

TÍTULO VII.   DA ABALROAÇÃO

Art. 664.° (Abalroação sem culpa)
Ocorrendo abalroação de navios por acidente puramente fortuito ou devido a força maior, não haverá direito a indemnização.

Nota. Cf. a Convenção de Bruxelas, de 23 de Setembro de 1910, aprovada pela Lei de 7 de Maio de 1913, confirmada e ratificada pela Carta de 12 de Agosto de 1913, e publicada no DG da mesma data, sobre a unificação do direito marítimo em matéria de abalroação.

Art. 665.° (Abalroação por culpa dum dos navios)
Sendo a abalroação causada por culpa de um dos navios, os prejuízos sofridos serão suportados pelo navio abalroador.

Art. 666.° (Abalroação por culpa de ambos os navios)
Dando-se culpa por parte de ambos os navios, forma-se um capital dos prejuízos sofridos, que será indemnizado pelos respectivos navios em proporção à gravidade da culpa de cada um.

Tít. VII. Da abalroação   **Arts. 667.°-674.° CCom [1]**

Art. 667.° (Abalroação motivada por terceiro navio)
Quando a abalroação é motivada por falta de um terceiro navio e não pôde prevenir-se, é este que responde.

Art. 668.° (Regime da responsabilidade no caso de dúvidas sobre a causa)
Havendo dúvida sobre qual dos navios deu causa à abalroação, suporta cada um deles os prejuízos que sofreu, mas todos respondem solidariamente pelos prejuízos causados às cargas e pelas indemnizações devidas às pessoas.

Art. 669.° (Presunção quanto à causa do acidente)
A abalroação presume-se fortuita, salvo quando não tiverem sido observados os regulamentos gerais da navegação e os especiais do porto.

Art. 670.° (Perda de navio abalroado demandando porto de arribada)
Se um navio avariado por abalroação se perde quando busca porto de arribada para se consertar, presume-se ter sido a perda resultante de abalroação.

Art. 671.° (Responsabilidade dos autores da culpa)
A responsabilidade dos navios estabelecida nos artigos anteriores não isenta os autores da culpa para com os prejudicados e proprietários dos navios.

Art. 672.° (Direito de regresso do capitão sobre o piloto do porto ou prático da costa)
Em qualquer caso em que a responsabilidade recaia sobre o capitão, se o navio, ao tempo da abalroação e em observância dos regulamentos, estivesse sob a direcção do piloto do porto ou prático da costa, o capitão tem direito a ser indemnizado pelo piloto ou corporação respectiva, havendo-a.

Art. 673.° (Reclamação por perdas e danos resultantes da abalroação)
A reclamação por perdas e danos resultantes da abalroação de navios será apresentada no prazo de três dias à autoridade do lugar em que sucedeu ou do primeiro a que aportar o navio abalroado, sob pena de não ser admitida.

§ único. A falta de reclamação, quanto aos danos causados às pessoas e mercadorias, não prejudica os interessados que não estavam a bordo e que se achavam impedidos de manifestar a sua vontade.

Art. 674.° (Lei reguladora das questões sobre abalroação)
As questões sobre abalroações regulam-se:

1.° Nos portos e águas territoriais, pela respectiva lei local;

2.° No mar alto, entre navios da mesma nacionalidade, pela lei da sua nação;

3.° No mar alto, entre navios de nacionalidade diferente, cada um é obrigado nos termos da lei do seu pavilhão, não podendo receber mais do que esta lhe conceder.

[1] CCom Art. 675.°   Liv. III   Tít. VIII.   Da salvação e assistência

Art. 675.° (Tribunal competente para a acção)

A acção por perdas e danos resultantes de abalroação pode instaurar-se, tanto no tribunal do lugar onde se deu a abalroação como no domicílio do dono do navio abalroador, ou no do lugar a que pertencer ou em que for encontrado esse navio.

Nota. Cf. o art. 79.° do CPC e as Convenções de Bruxelas, de 10 de Maio de 1952, aprovadas pelo DL n.° 41 007, de 16 de Fevereiro de 1957, que unificam certas regras relativas à competência civil em matéria de abalroação e à competência penal em matéria de abalroação e outros acidentes de navegação.

TÍTULO VIII. DA SALVAÇÃO E ASSISTÊNCIA

Notas. 1. A salvação marítima está hoje regulada no DL n.° 203/98, de 10 de Julho [128], cujo art. 17.° revogou expressamente os arts. 676.° a 691.°, que integravam este Título do Código Comercial.

2. Cf. a Convenção de Bruxelas, de 23 de Setembro de 1910, aprovada pela Lei de 7 de Maio de 1913, confirmada e ratificada pela Carta de 12 de Agosto de 1913, e publicada no DG da mesma data, que procede à unificação de certas regras em matéria de assistência e de salvação marítimas.

Cf. ainda a Convenção de Londres, de 17 de Junho de 1960, aprovada pelo DL n.° 47 035, de 31 de Maio de 1966, que versa sobre a salvaguarda da vida humana no mar.

LIVRO QUARTO

DAS FALÊNCIAS

Nota. O Decreto de 26 de Julho de 1889 aprovou o Código de Falências e revogou os arts. 692.° a 749.° do Código Comercial que se ocupavam da mesma matéria. Posteriormente foi ela incluída no Código de Processo Comercial de 1905, para voltar a constar de diploma autónomo (Código de Falências) em 1935. Integrada no Código de Processo Civil de 1939, a matéria está hoje regulada no Código da Insolvência e Recuperação de Empresas, aprovado pelo DL n.° 53/2004, de 18 de Março **[141]**.

[2] DECRETO-LEI N.º 403/86
de 3 de Dezembro

O Governo decreta, nos termos da alínea *a*) do n.º 1 do artigo 201.º da Constituição, o seguinte:

Art. 1.º

É aprovado o Código do Registo Comercial, que faz parte do presente decreto-lei.

Art. 2.º

1. Na contagem dos prazos previstos no artigo 19.º do Código será levado em conta o tempo decorrido antes da data da sua entrada em vigor.

2. Os registos não sujeitos a caducidade segundo a lei anterior podem ser renovados nos seis meses posteriores à data da entrada em vigor deste Código.

Art. 3.º

Nota. Revogado pelo art. 4.º do DL n.º 349/ 89, de 13 de Outubro.

Art. 4.º

Os livros de registo substituídos integralmente por fichas e os documentos que serviram de base aos respectivos registos podem ser microfilmados e destruídos ou depositados em arquivos centrais, nos termos fixados por despacho do Ministro da Justiça.

Art. 5.º

1. Sem prejuízo do disposto no n.º 2, é revogada toda a legislação anterior referente às matérias abrangidas pelo Código do Registo Comercial, designadamente o Decreto-Lei n.º 42 644, de 14 de Novembro de 1959, o regulamento aprovado pelo Decreto n.º 42 645, de 14 de Novembro de 1959, a Portaria n.º 330/79, de 7 de Julho, e os artigos 17.º, 18.º, 84.º a 94.º e 101.º do Código Cooperativo.

2. As disposições referentes ao registo de navios mantêm-se em vigor até à publicação de nova legislação sobre a matéria.

Art. 6.º

1. Os emolumentos cobrados pelos actos previstos no Código do Registo Comercial constituem receita do Cofre dos Conservadores, Notários e Funcionários de Justiça, que suportará igualmente as despesas de instalação e funcionamento da orgânica do registo de comércio.

2. As tabelas e a participação emolumentar são fixadas por portaria do Ministro da Justiça.

Art. 7.º

Este diploma entra em vigor em 1 de Janeiro de 1987.

CÓDIGO DO REGISTO COMERCIAL [1]

CAPÍTULO I. Objecto, efeitos e vícios do registo

Art. 1.º (Fins do registo)

1. O registo comercial destina-se a dar publicidade à situação jurídica dos comerciantes individuais, das sociedades comerciais, das sociedades civis sob forma comercial e dos estabelecimentos individuais de responsabilidade limitada, tendo em vista a segurança do comércio jurídico.

2. O registo das cooperativas, das empresas públicas, dos agrupamentos complementares de empresas e dos agrupamentos europeus de interesse económico, bem como de outras pessoas singulares e colectivas por lei a ele sujeitas, rege-se pelas disposições do presente Código, salvo expressa disposição de lei em contrário.

Art. 2.º (Comerciantes individuais)

Estão sujeitos a registo os seguintes factos relativos a comerciantes individuais:

a) O início, alteração e cessação da actividade do comerciante individual;

b) As modificações do seu estado civil e regime de bens;

c) A mudança de estabelecimento principal.

Art. 3.º (Sociedades comerciais e sociedades civis sob forma comercial)

Estão sujeitos a registo os seguintes factos relativos às sociedades comerciais e sociedades civis sob forma comercial:

a) A constituição;

b) A deliberação da assembleia geral, nos casos em que a lei a exige, para aquisição de bens pela sociedade;

c) A unificação, divisão e transmissão de quotas de sociedades por quotas, bem como de partes sociais de sócios comanditários de sociedades em comandita simples;

---

[1] Alterado pelos DLs n.º 7/88, de 15 de Janeiro, n.º 349/89, de 13 de Outubro, n.º 238/91, de 2 de Julho **[42]**, n.º 31/93, de 12 de Fevereiro, n.º 267/93, de 31 de Julho, n.º 216/94, de 20 de Agosto, n.º 328/95, de 9 de Dezembro, n.º 257/96, de 31 de Dezembro, n.º 368/98, de 23 de Novembro, n.º 172/ /99, de 20 de Maio **[60]**, n.º 198/99, de 8 de Junho, n.º 375-A/99, de 20 de Setembro, n.º 410/99, de 15 de Outubro, n.º 533/99,de 11 de Dezembro, n.º 273/2001, de 13 de Outubro, n.º 323/2001, de 17 de Dezembro, n.º 107/2003, de 4 de Junho, n.º 53/2004 **[141]**, n.º 70/2004, de 25 de Março, n.º 2/2005, de 4 de Janeiro **[14-B]**, n.º 35/2005, de 17 de Fevereiro **[46]**, n.º 111/2005, de 8 de Julho **[4]**, n.º 52/2006, de 15 de Março, n.º 76-A/2006, de 29 de Março, n.º 8/2007, de 17 de Janeiro, n.º 318/2007, de 26 de Setembro, n.º 34/2008, de 26 de Fevereiro, n.º 73/2008, de 16 de Abril, n.º 116/2008, de 4 de Julho, n.º 247-B/2008, de 30 de Dezembro, pela L n.º 19/2009, de 12 de Maio **[8]**, pelos DLs n.º 122/2009, de 21 de Maio, n.º 185/2009, de 12 de Agosto, e n.º 292/2009, de 13 de Outubro.

[2] CRegCom Art. 3.º

Código do Registo Comercial

d) A promessa de alienação ou de oneração de partes de capital de sociedades em nome colectivo e de sociedades em comandita simples e de quotas de sociedades por quotas, bem como os pactos de preferência, se tiver sido convencionado atribuir-lhes eficácia real, e a obrigação de preferência a que, em disposição de última vontade, o testador tenha atribuído igual eficácia;

e) A transmissão de partes sociais de sociedades em nome colectivo, de partes sociais de sócios comanditados de sociedades em comandita simples, a constituição de direitos reais de gozo ou de garantia sobre elas e a sua transmissão, modificação e extinção, bem como a penhora dos direitos aos lucros e à quota de liquidação;

f) A constituição e a transmissão de usufruto, o penhor, arresto, arrolamento e penhora de quotas ou de direitos sobre elas e ainda quaisquer outros actos ou providências que afectem a sua livre disposição;

g) A exoneração e exclusão de sócios de sociedades em nome colectivo e de sociedades em comandita, bem como a extinção de parte social por falecimento do sócio e a admissão de novos sócios de responsabilidade ilimitada;

h) (…);

i) A amortização de quotas e a exclusão e exoneração de sócios de sociedades por quotas;

j) A deliberação de amortização, conversão e remição de acções;

l) A emissão de obrigações, quando realizada através de oferta particular, excepto se tiver ocorrido, dentro do prazo para requerer o registo, a admissão das mesmas à negociação em mercado regulamentado de valores mobiliários;

m) A designação e cessação de funções, por qualquer causa que não seja o decurso do tempo, dos membros dos órgãos de administração e de fiscalização das sociedades, bem como do secretário da sociedade;

n) A prestação de contas das sociedades anónimas, por quotas e em comandita por acções, bem como das sociedades em nome colectivo e em comandita simples quando houver lugar a depósito, e de contas consolidadas de sociedades obrigadas a prestá-las;

o) A mudança da sede da sociedade e a transferência de sede para o estrangeiro;

p) O projecto de fusão interna ou transfronteiriça e o projecto de cisão de sociedades;

q) O projecto de constituição de uma sociedade anónima europeia por meio de fusão, o projecto de constituição de uma sociedade anónima europeia por meio de transformação de sociedade anónima de direito interno e o projecto de constituição de uma sociedade anónima europeia gestora de participações sociais, bem como a verificação das condições de que depende esta última constituição;

r) A prorrogação, fusão interna ou transfronteiriça, cisão, transformação e dissolução das sociedades, bem como o aumento, redução ou reintegração do capital social e qualquer outra alteração ao contrato de sociedade;

s) A designação e cessação de funções, anterior ao encerramento da liquidação, dos liquidatários das sociedades, bem como os actos de modificação dos poderes legais ou contratuais dos liquidatários;

t) O encerramento da liquidação ou o regresso à actividade da sociedade;

u) A deliberação de manutenção do domínio total de uma sociedade por outra, em relação de grupo, bem como o termo dessa situação;

Cap. I. Objecto, efeitos e vícios do registo **Arts. 4.º-5.º CRegCom [2]**

v) O contrato de subordinação, suas modificações e seu termo;

x) (…);

z) A emissão de *warrants* sobre valores mobiliários próprios, quando realizada através da oferta particular por entidade que não tenha valores mobiliários admitidos à negociação em mercado regulamentado nacional, excepto se tiver ocorrido, dentro do prazo para requerer o registo, a admissão dos mesmos à negociação em mercado regulamentado de valores mobiliários.

2. Estão sujeitos a registo os seguintes factos relativos às sociedades anónimas europeias:

a) A constituição;

b) A prestação das contas anuais e, se for caso disso, das contas consolidadas;

c) O projecto de transferência da sede para outro Estado membro da União Europeia;

d) As alterações aos respectivos estatutos;

e) O projecto de transformação em sociedade anónima de direito interno;

f) A transformação a que se refere a alínea anterior;

g) A dissolução;

h) O encerramento da liquidação ou o regresso à actividade da sociedade;

i) Os restantes factos referentes a sociedades anónimas que, por lei, estejam sujeitos a registo.

3. (…).

Art. 4.º (Cooperativas)

Estão sujeitos a registo os seguintes factos relativos a cooperativas:

a) A constituição da cooperativa;

b) A nomeação e cessação de funções, por qualquer causa que não seja o decurso do tempo, de directores, representantes e liquidatários;

c) (…);

d) A prorrogação, transformação, fusão, cisão e qualquer outra alteração dos estatutos;

e) A dissolução e encerramento da liquidação.

Art. 5.º (Empresas públicas)

1. Estão sujeitos a registo os seguintes factos relativos a empresas públicas:

a) A constituição da empresa pública;

b) A emissão de obrigações e de títulos de participação;

c) A designação e cessação de funções, por qualquer causa que não seja o decurso do tempo, dos membros dos órgãos de administração e de fiscalização;

d) A prestação de contas;

e) O agrupamento, fusão, cisão e qualquer outra alteração dos estatutos;

f) A extinção das empresas públicas, a designação e cessação de funções, anterior ao encerramento da liquidação, dos liquidatários, bem como o encerramento da liquidação.

2. (…).

3. (…).

[2] CRegCom Arts. 6.°-9.°   Código do Registo Comercial

Art. 6.° (Agrupamentos complementares de empresas)

Estão sujeitos a registo os seguintes factos relativos a agrupamentos complementares de empresas:

a) O contrato de agrupamento;
b) A emissão de obrigações;
c) A nomeação e exoneração de administradores e gerentes;
d) A entrada, exoneração e exclusão de membros do agrupamento;
e) As modificações do contrato;
f) A dissolução e encerramento da liquidação do agrupamento.

Art. 7.° (Agrupamentos europeus de interesse económico)

Estão sujeitos a registo os seguintes factos relativos aos agrupamentos europeus de interesse económico:

a) O contrato de agrupamento;
b) A cessão, total ou parcial, de participação de membro do agrupamento;
c) A cláusula que exonere um novo membro do pagamento das dívidas contraídas antes da sua entrada;
d) A designação e cessação de funções, por qualquer causa que não seja o decurso do tempo, dos gerentes do agrupamento;
e) A entrada, exoneração e exclusão de membros do agrupamento;
f) As alterações do contrato de agrupamento;
g) O projecto de transferência da sede;
h) A dissolução;
i) A designação e cessação de funções, anterior ao encerramento da liquidação, dos liquidatários;
j) O encerramento da liquidação.

Art. 8.° (Estabelecimentos individuais de responsabilidade limitada)

Estão sujeitos a registo os seguintes factos relativos a estabelecimentos individuais de responsabilidade limitada:

a) A constituição do estabelecimento;
b) O aumento e redução do capital do estabelecimento;
c) A transmissão do estabelecimento por acto entre vivos e a sua locação;
d) A constituição por acto entre vivos de usufruto e de penhor sobre o estabelecimento;
e) As contas anuais;
f) As alterações do acto constitutivo;
g) A entrada em liquidação e o encerramento da liquidação do estabelecimento;
h) A designação e cessação de funções, anterior ao termo da liquidação, do liquidatário do estabelecimento, quando não seja o respectivo titular.

Art. 9.° (Acções e decisões sujeitas a registo)

Estão sujeitas a registo:

a) As acções de interdição do comerciante individual e de levantamento desta;

74

Cap. I. Objecto, efeitos e vícios do registo   **Art. 10.° CRegCom [2]**

b) As acções que tenham como fim, principal ou acessório, declarar, fazer reconhecer, constituir, modificar ou extinguir qualquer dos direitos referidos nos artigos 3.° a 8.°;

c) As acções de declaração de nulidade ou anulação dos contratos de sociedade, de agrupamento complementar de empresas e de agrupamento europeu de interesse económico registados;

d) As acções de declaração de nulidade ou anulação dos actos de constituição de cooperativas e de estabelecimentos individuais de responsabilidade limitada;

e) As acções de declaração de nulidade ou anulação de deliberações sociais, bem como os procedimentos cautelares de suspensão destas;

f) As acções de reforma, declaração de nulidade ou anulação de um registo ou do seu cancelamento;

g) As providências cautelares não especificadas requeridas com referência às mencionadas nas alíneas anteriores,

h) As decisões finais, com trânsito em julgado, proferidas nas acções e procedimentos cautelares referidos nas alíneas anteriores;

i) As sentenças de declaração de insolvência de comerciantes individuais, de sociedades comerciais, de sociedades civis sob forma comercial, de cooperativas, de agrupamentos complementares de empresas, de agrupamentos europeus de interesse económico e de estabelecimentos individuais de responsabilidade limitada e as de indeferimento do respectivo pedido, nos casos de designação prévia de administrador judicial provisório, bem como o trânsito em julgado das referidas sentenças;

j) As sentenças, com trânsito em julgado, de inabilitação e de inibição de comerciantes individuais para o exercício do comércio e de determinados cargos, bem como as decisões de nomeação e de destituição do curador do inabilitado;

l) Os despachos de nomeação e de destituição do administrador judicial e do administrador judicial provisório da insolvência, de atribuição ao devedor da administração da massa insolvente, assim como de proibição da prática de certos actos sem o consentimento do administrador da insolvência e os despachos que ponham termo a essa administração;

m) Os despachos, com trânsito em julgado, de exoneração do passivo restante de comerciantes individuais, assim como os despachos inicial e de cessação antecipada do respectivo procedimento e de revogação dessa exoneração;

n) As decisões judiciais de encerramento do processo de insolvência;

o) As decisões judiciais de confirmação do fim do período de fiscalização incidente sobre a execução de plano de insolvência.

Art. 10.° (Outros factos sujeitos a registo)

Estão ainda sujeitos a registo:

a) O mandato comercial escrito, suas alterações e extinção;

b) (…);

c) A criação, a alteração e o encerramento de representações permanentes de sociedades, cooperativas, agrupamentos complementares de empresas e agrupamentos europeus de interesse económico com sede em Portugal ou no estrangeiro, bem como a designação, poderes e cessação de funções dos respectivos representantes;

75

[2] CRegCom Arts. 11.º-15.º   Código do Registo Comercial

d) A prestação de contas das sociedades com sede no estrangeiro e representação permanente em Portugal;

e) O contrato de agência ou representação comercial, quando celebrado por escrito, suas alterações e extinção;

f) Quaisquer outros factos que a lei declare sujeitos a registo comercial.

Art. 11.º (Presunções derivadas do registo)

O registo por transcrição definitivo constitui presunção de que existe a situação jurídica, nos precisos termos em que é definida.

Art. 12.º (Prioridade do registo)

O facto registado em primeiro lugar prevalece sobre os que se lhe seguirem, relativamente às mesmas quotas ou partes sociais, segundo a ordem do respectivo pedido.

Art. 13.º (Eficácia entre as partes)

1. Os factos sujeitos a registo, ainda que não registados, podem ser invocados entre as próprias partes ou seus herdeiros.

2. Exceptuam-se do disposto no número anterior os actos constitutivos das sociedades e respectivas alterações, a que se aplica o disposto no Código das Sociedades Comerciais e na legislação aplicável às sociedades anónimas europeias.

Art. 14.º (Oponibilidade a terceiros)

1. Os factos sujeitos a registo só produzem efeitos contra terceiros depois da data do respectivo registo.

2. Os factos sujeitos a registo e publicação obrigatória nos termos do n.º 2 do artigo 70.º só produzem efeitos contra terceiros depois da data da publicação.

3. A falta de registo não pode ser oposta aos interessados pelos seus representantes legais, a quem incumbe a obrigação de o promover, nem pelos herdeiros destes.

4. O disposto neste artigo não prejudica o estabelecido no Código das Sociedades Comerciais e pela legislação aplicável às sociedades anónimas europeias.

Art. 15.º (Factos sujeitos a registo obrigatório)

1. O registo dos factos referidos nas alíneas *a*) a *c*) e *e*) a *z*) do n.º 1 e no n.º 2 do artigo 3.º, no artigo 4.º, nas alíneas *a*), *e*) e *f*) do artigo 5.º, nos artigos 6.º, 7.º e 8.º e nas alíneas *c*) e *d*) do artigo 10.º é obrigatório.

2. Salvo o disposto nos números seguintes, o registo dos factos referidos no número anterior deve ser pedido no prazo de dois meses a contar da data em que tiverem sido titulados.

3. O registo dos factos referidos nas alíneas *a*), *e*) e *f*) do artigo 5.º deve ser requerido no prazo de dois meses a contar da data da publicação do decreto que os determinou.

4. O pedido de registo de prestação de contas de sociedades e de estabelecimentos individuais de responsabilidade limitada deve ser efectuado até ao 15.º dia do 7.º mês posterior à data do termo do exercício económico.

Cap. I.   Objecto, efeitos e vícios do registo   **Arts. 16.º-17.º   CRegCom [2]**

5. Estão igualmente sujeitas a registo obrigatório as acções, decisões, procedimentos e providências cautelares previstas no artigo 9.º

6. O registo do procedimento cautelar não é obrigatório se já se encontrar pedido o registo da providência cautelar requerida e o registo desta não é obrigatório se já se encontrar pedido o registo da acção principal.

7. O registo das acções e dos procedimentos cautelares de suspensão de deliberações sociais devem ser pedidos no prazo de dois meses a contar da data da sua propositura.

8. O registo das decisões finais proferidas nas acções e procedimentos referidos no número anterior deve ser pedido no prazo de dois meses a contar do trânsito em julgado.

Art. 16.º (Remessa das relações mensais dos actos notariais e decisões judiciais)

1. Até ao dia 15 de cada mês, os notários devem remeter à conservatória situada no concelho da sede da entidade sujeita a registo a relação dos documentos lavrados no mês anterior, para prova dos factos sujeitos a registo comercial obrigatório.

2. De igual modo devem proceder as secretarias dos tribunais, com referência às decisões previstas no n.º 6 do artigo anterior.

Art. 17.º (Incumprimento da obrigação de registar)

1. Os titulares de estabelecimentos individuais de responsabilidade limitada, as cooperativas e as sociedades com capital não superior a € 5 000 que não requeiram, dentro do prazo legal, o registo dos factos sujeitos a registo obrigatório são punidos com coima no mínimo de € 100 e no máximo de € 500.

2. As sociedades com capital superior a € 5 000, os agrupamentos complementares de empresas, os agrupamentos europeus de interesse económico e as empresas públicas que não cumpram igual obrigação são punidos com coima no mínimo de € 150 e no máximo de € 750.

3. As partes nos actos de unificação, divisão, transmissão e usufruto de quotas que não requeiram no prazo legal o respectivo registo são solidariamente punidas com coima com iguais limites.

4. São competentes para conhecer das contra-ordenações previstas nos números anteriores e aplicar as respectivas coimas o conservador do registo comercial onde é apresentado o pedido de registo, ou no caso de omissão desse pedido, da sede de identidade, o Instituto dos Registos e do Notariado, I. P., e o Registo Nacional de Pessoas Colectivas.

5. Se as entidades referidas nos n.ºs 1 e 2 não procederem à promoção do registo no prazo de 15 dias após a notificação da instauração do procedimento contra-ordenacional, os valores mínimos e máximos das coimas previstas são elevados para o seu dobro.

6. O produto das coimas reverte em partes iguais para o Cofre dos Conservadores, Notários e Funcionários de Justiça e para o Instituto dos Registos e do Notariado, I. P..

7. O incumprimento, por negligência, da obrigação de registar factos sujeitos a registo obrigatório dentro do prazo legal, é punível nos termos do presente artigo,

77

[2] CRegCom Arts. 18.º-22.º   Código do Registo Comercial

reduzindo-se o montante máximo da coima aplicável a metade do previsto nos n.ºs 1 e 2.

8. As notificações no âmbito do procedimento contra-ordenacional previsto nos números anteriores podem ser efectuadas electronicamente, nos termos a definir por portaria do Governo responsável pela área da justiça, de acordo com os requisitos exigíveis pelo Sistema de Certificação Electrónica do Estado – Infra-Estrutura de Chaves Públicas.

Art. 18.º (Caducidade)

1. Os registos caducam por força da lei ou pelo decurso do prazo de duração do negócio.

2. Os registos provisórios caducam se não forem convertidos em definitivos ou renovados dentro do prazo da respectiva vigência.

3. É de seis meses o prazo de vigência do registo provisório, salvo disposição em contrário.

4. A caducidade deve ser anotada ao registo logo que verificada.

Art. 19.º (Prazos especiais de caducidade)

Nota. Revogado pelo art. 61.º, alínea c), do DL n.º 76-A/2006, de 29 de Março.

Art. 20.º (Cancelamento)

Os registos são cancelados com base na extinção dos direitos, ónus ou encargos neles definidos, em execução de decisão administrativa, nos casos previstos na lei, ou de decisão judicial transitada em julgado.

Art. 21.º (Inexistência)

Nota. Revogado pelo art. 61.º, alínea c), do DL n.º 76-A/2006, de 29 de Março.

Art. 22.º (Nulidade)

1. O registo por transcrição é nulo:

a) Quando for falso ou tiver sido feito com base em títulos falsos;

b) Quando tiver sido feito com base em títulos insuficientes para a prova legal do facto registado;

c) Quando enfermar de omissões ou inexactidões de que resulte incerteza acerca dos sujeitos ou do objecto da relação jurídica a que o facto registado se refere;

d) Quando tiver sido assinado por pessoa sem competência funcional, salvo o disposto no n.º 2 do artigo 369.º do Código Civil, e não possa ser confirmado;

e) Quando tiver sido lavrado sem apresentação prévia.

2. Os registos nulos só podem ser rectificados nos casos previstos na lei, se não estiver registada a acção de declaração de nulidade.

3. A nulidade do registo só pode, porém, ser invocada depois de declarada por decisão judicial com trânsito em julgado.

4. A declaração de nulidade do registo não prejudica os direitos adquiridos a título oneroso por terceiro de boa fé, se o registo dos correspondentes factos for anterior ao registo da acção de nulidade.

Cap. II.   Competência para o registo   **Arts. 23.º-27.º CRegCom [2]**

Art. 23.º (Inexactidão)
O registo é inexacto quando se mostre lavrado em desconformidade com o título que lhe serviu de base ou enferme de deficiências provenientes desse título que não sejam causa de nulidade.

Art. 23.º-A (Declaração do representante para efeitos tributários)
No momento do registo do encerramento da liquidação ou da cessação de actividade, consoante o caso, deve ser obrigatoriamente indicado o representante para efeitos tributários, nos termos do n.º 4 do artigo 19.º do Decreto-Lei n.º 398/98, de 17 de Dezembro, para comunicação obrigatória, e por via electrónica, aos serviços da administração tributária.

CAPÍTULO II.   **Competência para o registo**

Art. 24.º (Competência relativa aos comerciantes individuais e aos estabelecimentos individuais de responsabilidade limitada)
Nota. Revogado pelo art. 61.º, alínea c), do DL n.º 76-A/2006, de 29 de Março.

Art. 25.º (Competência relativa a pessoas colectivas)
Nota. Revogado pelo art. 61.º, alínea c), do DL n.º 76-A/2006, de 29 de Março.

Art. 25.º-A (Competência para o registo de fusão)
Nota. Revogado pelo art. 61.º, alínea c), do DL n.º 76-A/2006, de 29 de Março.

Art. 26.º (Competência relativa às representações)
Nota. Revogado pelo art. 61.º, alínea c), do DL n.º 76-A/2006, de 29 de Março.

Art. 27.º (Mudança voluntária da sede da pessoa colectiva)
1. Quando a sociedade ou outra entidade sujeita a registo solicitar o registo de alteração de sede para localidade pertencente a outro concelho, a conservatória remete oficiosamente a respectiva pasta à conservatória situada nesse concelho e de tal facto notifica a entidade em causa.

2. Tratando-se de transferência da sede de sociedade anónima europeia para outro Estado membro da União Europeia, a comunicação, pelo serviço de registo competente deste último, da nova matrícula da sociedade, em consequência do registo definitivo da transferência de sede e da correspondente alteração dos estatutos, determina o imediato registo oficioso da transferência de sede e o correspondente cancelamento da matrícula na conservatória nacional.

3. (...).

4. (...).

5. (...).

6. O registo definitivo de alteração dos estatutos de sociedade anónima europeia pelo qual seja publicada a transferência da sede daquela para Portugal deve ser imediatamente comunicado, em conjunto com a nova matrícula da sociedade, ao serviço de registo do Estado da anterior matrícula.

79

[2] CRegCom Arts. 28.º-29.º-A   Código do Registo Comercial

CAPÍTULO III. Processo de registo

Art. 28.º (Princípio da instância)

1. O registo efectua-se a pedido dos interessados, salvo nos casos de oficiosidade previstos na lei.

2. Por portaria do Ministro da Justiça são identificadas as situações em que o pedido de registo é efectuado de forma verbal ou escrita.

3. Nos casos em que os pedidos devam ser apresentados de forma escrita, os modelos de requerimento de registo são aprovados por despacho do director-geral dos Registos e do Notariado.

Art. 28.º-A (Apresentação por notário)

Nota. Revogado pelo art. 34.º, alínea *b*), do DL n.º 116/2008, de 4 de Julho.

Art. 29.º (Legitimidade)

1. Para pedir os actos de registo respeitantes a comerciantes individuais, salvo o referido no n.º 2, e a pessoas colectivas sujeitas a registo têm legitimidade os próprios ou seus representantes e todas as demais pessoas que neles tenham interesse.

2. O registo do início, alteração e cessação de actividade do comerciante individual, bem como da mudança do seu estabelecimento principal, só pode ser pedido pelo próprio ou pelo seu representante.

3. Para o pedido de registo provisório do contrato de sociedade anónima com apelo a subscrição pública de acções só têm legitimidade os respectivos promotores.

4. O Ministério Público tem legitimidade para pedir os registos das acções por ele propostas e respectivas decisões finais.

5. Salvo no que respeita ao registo de acções e outras providências judiciais, para pedir o registo de actos a efectuar por depósito apenas tem legitimidade a entidade sujeita a registo, sem prejuízo do disposto no artigo seguinte.

Art. 29.º-A (Registo de factos relativos a participações sociais e respectivos titulares a promover pela sociedade)

1. No caso de a sociedade não promover o registo, nos termos do n.º 5 do artigo anterior, qualquer pessoa pode solicitar junto da conservatória que esta promova o registo por depósito de factos relativos a participações sociais e respectivos titulares.

2. No caso previsto no número anterior, a conservatória notifica a sociedade para que esta, no prazo de 10 dias, promova o registo sob pena de, não o fazendo, a conservatória proceder ao registo, nos termos do número seguinte.

3. Se a sociedade não promover o registo nem se opuser, no mesmo prazo, a conservatória regista o facto, arquiva os documentos que tiverem sido entregues e envia cópia dos mesmos à sociedade.

4. A oposição da sociedade deve ser apreciada pelo conservador, ouvidos os interessados.

5. Se o conservador decidir promover o registo, a sociedade deve entregar ao requerente as quantias por este pagas a título de emolumentos e outros encargos e,

Cap. III. Processo de Registo   **Arts. 29.º-B-32.º CRegCom [2]**

no caso de o conservador indeferir o pedido, deve este entregar à sociedade as quantias por esta pagas a título de emolumentos e outros encargos.

6. A decisão do conservador de indeferir o pedido ou proceder ao registo é recorrível nos termos dos artigos 101.º e seguintes.

Art. 29.º-B (Promoção do registo de factos relativos a participações sociais e respectivos titulares por outras entidades)

Nos casos em que o registo de factos relativos a participações sociais e respectivos titulares não deva ser promovido pela sociedade, designadamente no caso de acções e providências judiciais, o requerente do registo deve enviar à sociedade cópia dos documentos que titulem o facto, para que aquela os arquive.

Art. 30.º (Representação)

1. O registo pode ser pedido por:

a) Aqueles que tenham poderes de representação para intervir no respectivo título;

b) Mandatário com procuração bastante;

c) Advogados, notários e solicitadores;

d) Revisores e técnicos oficiais de contas, para o pedido de depósito dos documentos de prestação de contas.

2. A representação subsiste até à realização do registo, abrangendo, designadamente, a faculdade de requerer urgência na sua realização e a de impugnar a decisão de qualificação do registo, nos termos do artigo 101.º, e implica a responsabilidade solidária do representante no pagamento dos respectivos encargos.

3. Sem prejuízo do disposto no número anterior, a representação para efeitos de impugnação judicial só pode ser assegurada por mandatário com poderes especiais para o efeito ou com poderes forenses gerais.

Art. 31.º (Princípio do trato sucessivo)

Nota. Revogado pelo art. 61.º, alínea *c*), do DL n.º 76-A/2006, de 29 de Março.

Art. 32.º (Prova documental)

1. Só podem ser registados os factos constantes de documentos que legalmente os comprovem.

2. Os documentos escritos em língua estrangeira só podem ser aceites quando traduzidos nos termos da lei, salvo se titularem factos sujeitos a registo por transcrição, estiverem redigidos em língua inglesa, francesa ou espanhola e o funcionário competente dominar essa língua.

3. Sem prejuízo do disposto nos números anteriores, podem ser depositadas na pasta da entidade sujeita a registo traduções, efectuadas nos termos da lei, de documentos respeitantes a actos submetidos a registos, em qualquer língua oficial da União Europeia, em termos a definir por portaria do membro do Governo responsável pela área da justiça.

4. Os documentos arquivados nos serviços da Administração Pública podem ser utilizados para a realização de registos por transcrição, devendo tais documentos ser referenciados no pedido.

81

[2] CRegCom Arts. 33.°-36.° Código do Registo Comercial

5. Para efeitos do disposto no número anterior, o serviço de registo é reembolsado pelo apresentante das despesas resultantes dos pagamentos devidos às entidades referidas no número anterior.

6. Sem prejuízo da competência para certificação de fotocópias atribuída por lei a outras entidades, para efeitos de registo comercial *online* de actos sobre sociedades comerciais ou civis sob forma comercial os respectivos gerentes, administradores e secretários podem, quando os promovam, certificar a conformidade dos documentos electrónicos por si entregues, através do sítio na Internet, com os documentos originais, em suporte de papel.

Art. 33.° (Declarações complementares)

São admitidas declarações complementares dos títulos nos casos previstos na lei, designadamente para completa identificação dos sujeitos, sem prejuízo da exigência de prova do estado civil, e bem assim dos gerentes, administradores, directores, liquidatários e demais representantes das pessoas colectivas.

Art. 34.° (Comerciante individual)

1. O registo do início, alteração e cessação de actividade do comerciante individual, bem como da modificação dos seus elementos de identificação, efectua-se com base na declaração do interessado.

2. Com o pedido de registo de modificação do estado civil ou do regime de bens do comerciante individual deve ser arquivado o respectivo documento comprovativo.

Art. 35.° (Sociedades)

1. Para o registo de sociedades cuja constituição esteja dependente de qualquer autorização especial é necessário o arquivamento do respectivo documento comprovativo, salvo se o acto de constituição for titulado por escritura pública que o mencione.

2. O registo prévio do contrato de sociedade é efectuado em face do projecto completo do respectivo contrato.

3. A conversão em definitivo do registo referido no número anterior é feita em face do contrato de sociedade.

4. O registo provisório do contrato de sociedade anónima com apelo à subscrição pública de acções é lavrado em face do projecto completo do contrato, com reconhecimento das assinaturas de todos os interessados, de documento comprovativo da liberação das acções por eles subscritas e, quando necessário, da autorização para a subscrição pública ou emissão de acções.

5. (…).

Art. 36.° (Sociedades anónimas europeias)

1. O registo de constituição de uma sociedade anónima europeia por fusão ou transformação ou de constituição de uma sociedade anónima europeia gestora de participações sociais ou filial é efectuado com base no contrato de sociedade.

2. Para o registo de constituição de sociedade anónima europeia gestora de participações sociais deve ainda ser comprovada a prévia publicitação, rela-

Cap. III. Processo de registo   **Arts. 36.°-A-36.°-B CRegCom [2]**

tivamente a todas as sociedades promotoras, da verificação das condições de que depende essa constituição, nos termos previstos na legislação comunitária aplicável.

3. O registo ou menção da verificação das condições de que depende a constituição de uma sociedade anónima europeia gestora de participações sociais com sede em Portugal é feito com base no acto de constituição dessa sociedade.

4. O registo de alteração dos estatutos de uma sociedade anónima europeia pelo qual seja publicitada a transferência de sede daquela para Portugal é efectuado com base no documento que formalize essa alteração, no qual seja declarada a transferência da sede e exarado o contrato pelo qual a sociedade passa a reger-se.

Art. 36.°-A (Certificados relativos às sociedades anónimas europeias)

1. Os certificados a que se referem o n.° 8 do artigo 8.° e o n.° 2 do artigo 25.° do Regulamento (CE) n.° 2157/2001, do Conselho, de 8 de Outubro, devem, em especial, fazer referência à verificação do cumprimento de cada um dos actos e formalidades prévios, respectivamente, à transferência da sede de sociedade anónima europeia para outro Estado membro da União Europeia ou à constituição de sociedade anónima europeia por fusão, exigidos por aquele regulamento, pela legislação nacional adoptada em sua execução ou ainda pela legislação nacional aplicável às sociedades anónimas de direito interno, identificando os documentos que comprovem tal verificação.

2. Nos casos em que a mesma conservatória seja competente para controlar a legalidade do cumprimento, pelas sociedades portuguesas participantes, dos actos e formalidades prévias à fusão e para o controlo da legalidade do processo na parte que respeita à fusão e à constituição da sociedade anónima europeia com sede em Portugal, ambos os controlos podem ser efectuados aquando do registo daquela constituição.

Art. 36.°-B (Transferência de sede de sociedade anónima europeia)

1. Nos casos em que, para efeitos de emissão do certificado previsto no n.° 8 do artigo 8.° do Regulamento (CE) n.° 2157/2001, do Conselho, de 8 de Outubro, a sociedade solicite à conservatória a notificação do sócio exonerando para a celebração de contrato de aquisição da sua participação social, aplicam-se ao procedimento de notificação as disposições constantes dos números seguintes.

2. A solicitação referida no número anterior pode ser formulada através de requerimento escrito ou verbal da sociedade, sendo neste último caso reduzido a auto, do qual deve, em especial, constar:

a) A identificação do sócio exonerando a notificar;

b) A intenção da sociedade de adquirir ou fazer adquirir por terceiro a participação social do sócio, em virtude do exercício por este último do seu direito à exoneração da sociedade;

c) O pedido de fixação da data da celebração do contrato e de notificação do sócio exonerando quanto a tal data.

3. No prazo de três dias, a conservatória procede à notificação do sócio exonerando, através de carta registada, da qual, para além das menções resultantes do disposto no número anterior, deve constar a cominação de que a não comparência

83

[2] CRegCom Arts. 37.°-42.° Código do Registo Comercial

do sócio para efeitos da celebração do contrato na data fixada, sem motivo justificado, determina a perda do seu direito à exoneração da sociedade.

4. A justificação da não comparência do sócio com base em motivo devidamente comprovado deve ser apresentada no prazo máximo de cinco dias a contar da data fixada para a celebração do contrato.

5. Se o sócio exonerando não comparecer na data fixada e apresentar a justificação a que se refere o número anterior, nos termos e prazo nele indicados, a conservatória, no prazo indicado no n.° 3, procede à fixação de nova data para a celebração do contrato e notifica-a ao sócio exonerando e à sociedade.

6. Se na data inicialmente fixada ou, caso se verifique a circunstância prevista no número anterior, na nova data fixada o sócio exonerando não comparecer e não apresentar justificação do facto, nos termos e prazo previstos no n.° 4, a conservatória faz constar do certificado referido no n.° 1 a verificação da perda do direito à exoneração por parte do sócio, por motivo que lhe é imputável.

Art. 37.° (Empresas públicas)

O registo de constituição de empresas públicas efectua-se em face do decreto que a determinou.

Art. 38.° (Agrupamento complementar de empresas)

Nota. Revogado pelo art. 4.° do DL n.° 349/89, de 13 de Outubro.

Art. 39.° (Agrupamento europeu de interesse económico)

Nota. Revogado pelo art. 4.° do DL n.° 349/89, de 13 de Outubro.

Art. 40.° (Representações sociais)

1. O registo das representações permanentes de sociedades com sede principal e efectiva em Portugal é feito em face de documento comprovativo da deliberação social que a estabeleça.

2. O registo das representações permanentes de sociedades com sede principal e efectiva no estrangeiro é feito em face de documento comprovativo da deliberação social que a estabeleça, do texto completo e actualizado do contrato de sociedade e de documento que comprove a existência jurídica deste.

3. O disposto nos números anteriores é aplicável, com as necessárias adaptações, a outras pessoas colectivas de tipo correspondente a qualquer das abrangidas por este diploma.

Art. 41.° (Estabelecimento individual de responsabilidade limitada)

Nota. Revogado pelo art. 4.° do DL n.° 349/89, de 13 de Outubro.

Art. 42.° (Prestação de contas)

1. O registo da prestação de contas consiste no depósito, por transmissão electrónica de dados e de acordo com os modelos oficiais previstos em legislação especial, da informação constante dos seguintes documentos:

a) Acta de aprovação das contas do exercício e da aplicação dos resultados;

Cap. III. Processo de registo   **Arts. 43.º-44.º CRegCom [2]**

b) Balanço, demonstração de resultados e anexo ao balanço e demonstração de resultados;

c) Certificação legal das contas;

d) Parecer do órgão de fiscalização, quando exista.

2. O registo da prestação de contas consolidadas consiste no depósito, por transmissão electrónica de dados e de acordo com os modelos oficiais previstos em legislação especial, da informação constante dos seguintes documentos:

a) Acta da deliberação de aprovação das contas consolidadas do exercício, de onde conste o montante dos resultados consolidados;

b) Balanço consolidado, demonstração consolidada dos resultados e anexo;

c) Certificação legal das contas consolidadas;

d) Parecer do órgão de fiscalização, quando exista.

3. Relativamente às empresas públicas, a informação respeitante à deliberação da assembleia geral é substituída pela informação referente aos despachos de aprovação do ministro das Finanças e do ministro da tutela e a respeitante à certificação legal das contas é substituída pela referente ao parecer da Inspecção-Geral de Finanças.

4. (…).

5. (…).

6. Relativamente às representações permanentes em Portugal de sociedades com sede no estrangeiro, a acta de aprovação é substituída por declaração da entidade representada, de onde conste que os documentos referidos no n.º 1 lhe foram apresentados.

7. O acesso por meios electrónicos, nos termos legalmente previstos, à informação constante dos documentos referidos nos n.ºs 1 e 2, substitui, para todos os efeitos legais, os correspondentes documentos em suporte de papel.

Art. 43.º (Registo provisório de acção e de procedimento cautelar)

1. Os registos provisórios de acção e o de procedimento cautelar de suspensão de deliberações sociais são feitos com base em certidão de teor do articulado ou em duplicado deste, acompanhado de prova da sua apresentação a juízo.

2. Se a apresentação for feita pelo mandatário judicial é suficiente a entrega da cópia do articulado e de declaração da sua prévia ou simultânea apresentação em juízo com indicação da respectiva data.

Art. 44.º (Cancelamento do registo provisório)

1. O cancelamento dos registos provisórios por dúvidas é feito com base em declaração do respectivo titular.

2. A assinatura do declarante deve ser reconhecida presencialmente se não for feita na presença do funcionário da conservatória competente para o registo.

3. No caso de existirem registos dependentes dos registos referidos no n.º 1 deste artigo, é igualmente necessário o consentimento dos respectivos titulares, prestado em declaração com idêntica formalidade.

4. O cancelamento do registo provisório de acção e de procedimento cautelar é feito com base em certidão da decisão transitada em julgado que absolva o réu do pedido ou da instância, a julgue extinta ou a declare interrompida, se o serviço de registo não conseguir aceder à informação necessária por meios electrónicos.

85

[2] CRegCom Arts. 45.°-46.°   Código do Registo Comercial

Art. 45.° (Anotação da apresentação)

1. A apresentação de documentos para registo pode ser feita pessoalmente, pelo correio ou ainda por via electrónica, nos termos a regulamentar por portaria do membro do Governo responsável pela área da justiça.

2. Os documentos apresentados pessoalmente são anotados pela ordem de entrega dos pedidos.

3. (…).

4. Os documentos apresentados pelo correio são anotados com a observação de «correspondência» no dia da recepção e imediatamente após a última apresentação pessoal.

5. A ordem de anotação dos documentos apresentados por via electrónica é fixada pela portaria referida no n.° 1.

6. O pedido de registo por depósito não está sujeito a anotação de apresentação, sem prejuízo da aplicação das regras constantes nos números anteriores à ordenação dos pedidos.

Nota. Cf. a Portaria n.° 657-C/2006, de 29 de Junho.

Art. 45.°-A (Omissão de anotação de apresentações)

Sempre que ocorra uma omissão de anotação de apresentações de pedidos de registo relativamente à mesma requisição, as apresentações omitidas são anotadas no dia em que a omissão for constatada, fazendo-se referência a esta e ao respectivo suprimento no dia a que respeita, ficando salvaguardados os efeitos dos registos entretanto apresentados.

Art. 46.° (Rejeição da apresentação ou do pedido)

1. A apresentação deve ser rejeitada:

a) Quando o requerimento não respeitar o modelo aprovado, quando tal for exigível;

b) Quando não forem pagas as quantias que se mostrem devidas;

c) Quando a entidade objecto de registo não tiver número de identificação de pessoa colectiva atribuído.

2. O pedido de registo por depósito deve ser rejeitado:

a) Nas situações referidas no número anterior;

b) Se o requerente não tiver legitimidade para requerer o registo;

c) Quando não se mostre efectuado o primeiro registo da entidade, nos termos previstos no artigo 61.°;

d) Quando o facto não estiver sujeito a registo.

3. Verificada a existência de causa de rejeição de registo por transcrição ou por depósito, é feita a apresentação do pedido no diário ou feita menção do pedido com os elementos disponíveis.

4. O disposto no número anterior não se aplica às situações previstas na alínea *c*) do n.° 1.

5. A rejeição da apresentação ou do pedido deve ser fundamentada em despacho a notificar ao interessado, para efeitos de impugnação, nos termos do disposto nos artigos 101.° e seguintes, aplicando-se-lhe, com as devidas adaptações, as disposições relativas à recusa.

Cap. III.   Processo de registo   **Arts. 47.º-50.º CRegCom [2]**

6. Nos casos em que a entidade se encontre registada sem número de identificação de pessoa colectiva atribuído, a conservatória comunica tal facto ao Registo Nacional de Pessoas Colectivas de modo que se proceda, no próprio dia, à inscrição da entidade no ficheiro central de pessoas colectivas.

7. A verificação das causas de rejeição previstas no n.º 2 pode efectuar-se até à realização do registo.

Art. 47.º (Princípio da legalidade)

A viabilidade do pedido de registo a efectuar por transcrição deve ser apreciada em face das disposições legais aplicáveis, dos documentos apresentados e dos registos anteriores, verificando-se especialmente a legitimidade dos interessados, a regularidade formal dos títulos e a validade dos actos neles contidos.

Art. 48.º (Recusa do registo)

1. O registo por transcrição deve ser recusado nos seguintes casos:

a) (...);

b) Quando for manifesto que o facto não está titulado nos documentos apresentados;

c) Quando se verifique que o facto constante do documento já está registado ou não está sujeito a registo;

d) Quando for manifesta a nulidade do facto;

e) Quando o registo já tiver sido lavrado como provisório por dúvidas e estas não se mostrem removidas;

f) (...);

g) (...).

2. Além dos casos previstos no número anterior, o registo só pode ser recusado se, por falta de elementos ou pela natureza do acto, não puder ser feito como provisório por dúvidas.

Art. 49.º (Registo provisório por dúvidas)

Se as deficiências do processo de registo não forem sanadas nos termos do artigo 52.º, o registo por transcrição deve ser feito provisoriamente por dúvidas quando existam motivos que obstem ao registo do acto tal como é pedido que não sejam fundamento de recusa.

Art. 50.º (Despachos de recusa e de provisoriedade)

1. Os despachos de recusa e de provisoriedade por dúvidas são efectuados pela ordem de apresentação dos respectivos pedidos de registo, salvo quando deva ser aplicado o mecanismo do suprimento de deficiências, nos termos do artigo 52.º, e são notificados aos interessados nos dois dias seguintes.

2. Salvo nos casos previstos nas alíneas *a*), *c*) e *n*) do n.º 1 do artigo 64.º, a qualificação do registo como provisório por natureza é notificada aos interessados no prazo previsto no número anterior.

3. A data da notificação prevista nos números anteriores é anotada na ficha.

[2] CRegCom Arts. 51.°-53.°   Código do Registo Comercial

Art. 51.° (Obrigações fiscais)

1. Nenhum acto sujeito a encargos de natureza fiscal pode ser definitivamente registado sem que se mostrem pagos ou assegurados os direitos do Fisco.

2. Não está sujeita à apreciação do funcionário competente para o registo a correcção da liquidação de encargos fiscais feita nas repartições de finanças.

3. Presume-se assegurado o pagamento dos direitos correspondentes a qualquer transmissão desde que tenham decorrido os prazos de caducidade da liquidação ou de prescrição previstos nas leis fiscais.

4. A verificação do cumprimento de obrigações fiscais relativamente a factos que devam ser registados por depósito não compete às conservatórias.

Art. 52.° (Suprimento das deficiências)

1. Sempre que possível, as deficiências do processo de registo por transcrição devem ser supridas oficiosamente com base nos documentos apresentados ou já existentes no serviço de registo ou por acesso directo à informação constante de bases de dados das entidades ou serviços da Administração Pública.

2. Não sendo possível o suprimento das deficiências, nos termos previstos no número anterior, e tratando-se de deficiência que não envolva novo pedido de registo nem constitua motivo de recusa nos termos das alíneas *c*) a *e*) do n.° 1 do artigo 48.°, o serviço de registo competente comunica este facto ao interessado, por qualquer meio idóneo, para que este, no prazo de cinco dias, proceda a tal suprimento, sob pena de o registo ser lavrado como provisório ou recusado.

3. O registo não é lavrado provisoriamente ou recusado se as deficiências em causa respeitarem à omissão de documentos a emitir pelas entidades referidas no n.° 1 e a informação deles constante não puder ser obtida nos termos aí previstos, caso em que o serviço de registo competente deve solicitar esses documentos directamente às entidades ou serviços da Administração Pública.

4. A conservatória é reembolsada pelo apresentante das despesas resultantes dos pagamentos devidos às entidades referidas no número anterior.

5. A falta de apresentação do título que constitua motivo de recusa, nos termos da alínea *b*) do n.° 1 do artigo 48.° pode ser suprida, com observância dos números anteriores, desde que o facto sujeito a registo seja anterior à data da apresentação.

6. Se, nos termos do número anterior, o registo for recusado porque o facto é posterior à data da apresentação, deve ser efectuada nova apresentação imediatamente após a última apresentação pessoal do dia em que foi efectuado o despacho de recusa, transferindo-se a totalidade dos emolumentos pagos na primeira apresentação.

Art. 53.° (Desistência)

A apresentação de pedido de desistência de um registo e dos que dele dependam só pode ser aceite no caso de deficiência que motive recusa ou se for junto documento comprovativo da extinção do facto desde que o pedido de desistência seja apresentado antes da assinatura do registo.

88

Cap. IV.   Actos de registo   **Arts. 53.°-A-55.° CRegCom** $[2]$

CAPÍTULO IV.   Actos de registo

Art. 53.°-A (Formas de registo)

1. Os registos são efectuados por transcrição ou depósito.

2. O registo por transcrição consiste na extractação dos elementos que definem a situação jurídica das entidades sujeitas a registo constantes dos documentos apresentados.

3. Sem prejuízo dos regimes especiais de depósito da prestação de contas, o registo por depósito consiste no mero arquivamento dos documentos que titulam factos sujeitos a registo.

4. (…).

5. São registados por depósito:

   a) Os factos mencionados nas alíneas *b*) a *l*), *n*), *p*), *q*), *u*), *v*) e *z*) do n.° 1 do artigo 3.°, salvo o registo do projecto de constituição de sociedade anónima europeia gestora de participações sociais, bem como o da verificação das condições de que depende a sua constituição;

   b) Os factos referidos nas alíneas *b*), *c*) e *e*) do n.° 2 do artigo 3.°;

   c) Os factos constantes das alíneas *b*) e *d*) do artigo 5.°;

   d) O facto mencionado na alínea *b*) do artigo 6.°;

   e) O facto referido na alínea *g*) do artigo 7.°;

   f) O facto constante da alínea *e*) do artigo 8.°;

   g) Os factos constantes do artigo 9.° se respeitarem a factos que estão sujeitos a registo por depósito;

   h) Os factos mencionados nas alíneas *a*), *d*) e *e*) do artigo 10.°;

   i) Todos os factos que por lei especial estejam sujeitos a depósito.

6. Os suportes, processo e conteúdo dos registos são regulamentados por membro do Governo responsável pela área da justiça.

Nota. Cf. a Portaria n.° 1256/2009, de 14 de Outubro, que regulamenta a disponibilização dos modelos de projectos de fusão e de cisão.

Art. 54.° (Prazo e ordem dos registos)

1. O registo por transcrição é efectuado no prazo de 10 dias e pela ordem de anotação no diário, salvo nos casos de urgência e de suprimento de deficiências, nos termos do artigo 52.°

2. No caso de o apresentante requerer urgência, o registo deve ser efectuado no prazo máximo de um dia útil, podendo o funcionário proceder à feitura do registo sem subordinação à ordem da anotação, mas sem prejuízo da dependência dos actos.

3. A menção na ficha do registo por depósito é efectuada no próprio dia em que for pedido.

Art. 55.° (Âmbito e data do registo)

1. O registo por transcrição compreende a matrícula das entidades sujeitas a registo, bem como as inscrições, averbamentos e anotações de factos a elas respeitantes.

2. Sem prejuízo do disposto no número seguinte, o registo por depósito abrange os documentos arquivados e a respectiva menção na ficha de registo.

[2] CRegCom Arts. 55.°-A-58.° Código do Registo Comercial

3. O registo por depósito dos factos relativos a participações sociais e respectivos titulares pode ser efectuado de modo diverso do previsto no número anterior, nos termos a definir por portaria do Ministro da Justiça.

4. A data do registo por transcrição é a da apresentação ou, se desta não depender, a data em que tiver lugar.

5. A data do registo por depósito é a do respectivo pedido.

6. Para efeitos do disposto no número anterior, a data do pedido de registo da prestação de contas é a do respectivo pagamento por via electrónica.

Art. 55.°-A (Funcionário competente para o registo)

1. O funcionário competente para o registo é o conservador ou o seu substituto legal, quando em exercício, sem prejuízo do disposto no número seguinte.

2. Os oficiais dos registos têm competência para os seguintes actos de registo:

a) Os previstos nas alíneas *m)*, *o)* e *s)* do n.° 1 do artigo 3.°;

b) O referido na alínea *b)* do artigo 4.°;

c) O previsto na alínea *c)* do artigo 5.° e a designação e cessação de funções dos liquidatários das empresas públicas;

d) Os mencionados na alínea *c)* do artigo 6.°;

e) Os referidos nas alíneas *d)* e *i)* do artigo 7.°;

f) Os previstos nas alíneas *d)* e *h)* do artigo 8.°;

g) As alterações ao contrato ou aos estatutos;

h) Os registos por depósito;

i) Outros actos de registo para os quais o conservador lhes tenha delegado competência.

3. Os oficiais dos registos têm ainda competência para a extractação de actos de registo.

4. A menção de depósito pode ser efectuada pelo próprio requerente quando o pedido seja entregue por via electrónica, nos termos de portaria do Ministro da Justiça.

Art. 56.° (Suportes documentais)

Nota. Revogado pelo art. 61.°, alínea *c)*, do DL n.° 76-A/2006, de 29 de Março.

Art. 57.° (Organização do arquivo)

1. A cada entidade sujeita a registo é destinada uma pasta, guardada na conservatória situada no concelho da respectiva sede, onde são arquivados todos os documentos respeitantes aos actos submetidos a registo.

2. Por despacho do director-geral dos Registos e do Notariado pode ser determinado o arquivo dos documentos em suporte electrónico, em substituição do arquivo previsto no número anterior.

3. Os documentos arquivados em suporte electrónico referidos no número anterior têm a força probatória dos originais.

Art. 58.° (Línguas e termos)

1. Os actos de registo referidos no n.° 1 do artigo 55.° são efectuados em suporte informático.

Cap. IV. Actos de registo · · · · · · · · · · · · **Arts. 59.º-62.º CRegCom [2]**

2. As inscrições e averbamentos são efectuados por extracto e deles decorre a matrícula.

3. Quando solicitada, a informação constante do registo comercial é disponibilizada através de certidão permanente em língua inglesa ou noutras línguas estrangeiras determinadas por despacho do presidente do Instituto dos Registos e do Notariado, I. P..

4. Para efeitos previstos no número anterior, a informação disponibilizada em língua estrangeira tem efeitos jurídicos equivalentes à informação disponibilizada em língua portuguesa.

Art. 59.º (Arquivo de documentos)

1. Os documentos que servem de base ao registo lavrado por transcrição são obrigatoriamente arquivados.

2. Relativamente a cada alteração do contrato de sociedade deve ser apresentado, para arquivo, o texto completo do contrato alterado, na sua redacção actualizada.

Art. 60.º (Natureza do depósito)

Nota. Revogado pelo art. 61.º, alínea c), do DL n.º 76-A/2006, de 29 de Março.

Art. 61.º (Primeiro registo)

1. Nenhum facto referente a comerciante individual, pessoa colectiva sujeita a registo ou estabelecimento individual de responsabilidade limitada pode ser registado sem que se mostre efectuado o registo do início de actividade do comerciante individual ou da constituição da pessoa colectiva ou do estabelecimento de responsabilidade limitada.

2. O disposto no número anterior não é aplicável aos registos decorrentes do processo de insolvência.

3. No caso de transferência da sede de sociedade anónima europeia para Portugal, o primeiro registo referente a essa sociedade é o da alteração dos estatutos decorrente de tal transferência, sem prejuízo do disposto no número anterior quanto aos registos decorrentes do processo de insolvência.

4. Do primeiro registo decorre a matrícula do comerciante individual, da pessoa colectiva ou do estabelecimento individual de responsabilidade limitada.

Art. 62.º (Matrícula)

1. A matrícula destina-se à identificação da entidade sujeita a registo.

2. A cada entidade sujeita a registo corresponde uma só matrícula.

3. Os elementos constantes da matrícula e a sua correspondente actualização ou rectificação resultam dos registos que sobre ela incidem.

4. A matrícula é aberta com carácter definitivo, independentemente da qualificação atribuída ao registo que origina a sua abertura.

5. A actualização ou rectificação dos elementos da matrícula só pode decorrer de registo definitivo que publicite tais factos.

[2] CRegCom Arts. 62.°-A-65.°   Código do Registo Comercial

Art. 62.°-A (Cancelamento da matrícula)

A matrícula é oficiosamente cancelada, por meio de inscrição:

a) Com o registo definitivo de factos que tenham por efeito a extinção da entidade registada;

b) Se a conversão em definitivo do registo provisório, na dependência do qual foi aberta, não se efectuar dentro do prazo legal;

c) Se aberta na dependência de um acto resusado, se o despacho de qualificação não tiver sido impugnado no prazo legal ou, tendo-o sido, se se verificar algum dos factos previstos no n.° 2 do artigo 111.°;

d) Com o registo definitivo de transferência de sede para o estrangeiro.

Art. 63.° (Inscrições)

As inscrições extractam dos documentos depositados os elementos que definem a situação jurídica dos comerciantes individuais, das pessoas colectivas e dos estabelecimentos individuais de responsabilidade limitada.

Art. 64.° (Inscrições provisórias por natureza)

1. São provisórias por natureza as seguintes inscrições:

a) De constituição de sociedades antes de titulado o contrato;

b) De constituição de sociedades dependente de alguma autorização especial, antes da concessão desta;

c) De constituição provisória de sociedades anónimas com apelo a subscrição pública de acções;

d) (...);

e) De declaração de insolvência ou de indeferimento do respectivo pedido, antes do trânsito em julgado da sentença;

f) (...);

g) (...);

h) (...);

i) (...);

j) De negócio jurídico celebrado por gestor ou por procurador sem poderes suficientes, antes da ratificacção;

l) (...);

m) (...);

n) De acções judiciais.

2. São ainda provisórias por natureza as inscrições:

a) (...);

b) Dependentes de qualquer registo provisório ou que com ele sejam incompatíveis;

c) Que, em reclamação contra a reforma de livros e fichas, se alega terem sido omitidas;

d) Efectuadas na pendência de recurso hierárquico ou impugnação judicial da recusa do registo ou enquanto não decorrer o prazo para a sua interposição.

Art. 65.° (Prazos especiais de vigência)

1. É de um ano o prazo de vigência das inscrições provisórias referidas nas alíneas *a)* a *c)* do n.° 1 do artigo anterior.

Cap. IV.   Actos de registo   **Arts. 66.°-67.° CRegCom [2]**

2. As inscrições referidas nas alíneas *e*) do n.° 1 e *c*) do n.° 2 do artigo anterior, se não forem também provisórias com outro fundamento, mantêm-se em vigor pelo prazo de cinco anos, renovável por períodos de igual duração, mediante prova de subsistência da razão da provisoriedade.

3. As inscrições referidas na alínea *n*) do n.° 1 do artigo anterior não estão sujeitas a qualquer prazo de caducidade.

4. As inscrições referidas na alínea *b*) do n.° 2 do artigo anterior mantêm-se em vigor pelo prazo do registo de que dependem ou com o qual colidem, salvo se antes caducarem por outra razão, e a conversão do registo em definitivo determina a conversão oficiosa das inscrições dependentes ou a caducidade das inscrições incompatíveis, sendo que o cancelamento ou a caducidade do registo provisório determina a conversão oficiosa da inscrição incompatível.

5. Sem prejuízo do disposto no artigo 112.°, as inscrições referidas na alínea *d*) do n.° 2 do artigo anterior mantêm-se em vigor nos termos previstos no n.° 2, salvo se antes caducarem por outra razão.

Art. 66.° (Unidade de inscrição)

1. Todas as alterações do contrato ou acto constitutivo da pessoa colectiva ou estabelecimento individual de responsabilidade limitada dão lugar a uma só inscrição, desde que constem do mesmo título.

2. A nomeação ou recondução dos gerentes, administradores, directores, membros do órgão de fiscalização, liquidatários e secretários da sociedade feita no título constitutivo da pessoa colectiva ou estabelecimento individual de responsabilidade limitada ou da sua alteração não tem inscrição autónoma, devendo constar, consoante os casos, da inscrição do acto constitutivo ou da sua alteração.

3. A nomeação de administrador judicial da insolvência, a atribuição ao devedor da administração da massa insolvente e a proibição ao devedor administrador da prática de certos actos sem o consentimento do administrador judicial, quando determinadas simultaneamente com a declaração de insolvência, não têm inscrição autónoma, devendo constar da inscrição que publicita este último facto; a inscrição conjunta é também feita em relação aos factos referidos que sejam determinados simultaneamente em momento posterior àquela declaração.

4. A nomeação de curador ao comerciante individual insolvente, quando efectuada na sentença de inabilitação daquele, é registada na inscrição respeitante a este último facto.

5. A cumulação prevista nos números anteriores só é permitida se a qualificação dos actos for a mesma.

Art. 67.° (Factos constituídos com outros sujeitos a registo)

1. (…).

2. O registo da decisão de encerramento do processo de insolvência, quando respeitante a sociedade comercial ou sociedade civil sob forma comercial, determina a realização oficiosa:

a) Do registo de regresso à actividade da sociedade, quando o encerramento do processo se baseou na homologação de um plano de insolvência que preveja a continuidade daquela;

93

[2] CRegCom Arts. 67.°-A-69.°   Código do Registo Comercial

b) Do cancelamento da matrícula da sociedade, nos casos em que o encerramento do processo foi declarado após a realização do rateio final.

3. O registo referido no número anterior determina ainda, qualquer que seja a entidade a que respeite, a realização oficiosa do registo de cessação de funções do administrador judicial da insolvência, salvo nos casos em que exista plano de insolvência homologado e este lhe confira competências e ainda nos casos a que se refere a alínea *b*) do número anterior.

Art. 67.°-A (Registo da fusão)

1. O registo da fusão interna na entidade incorporante ou o registo da nova entidade resultante da fusão interna determina a realização oficiosa do registo da fusão nas entidades incorporadas ou fundidas na nova entidade.

2. No caso do registo da fusão transfronteiriça, aplica-se o disposto no número anterior às sociedades participantes na fusão que tenham sede em território nacional.

3. O serviço que efectue o registo de fusão transfronteiriça notifica desse facto e do consequente início de produção de efeitos da fusão os serviços de registo competentes dos Estados membros da União Europeia onde estejam sediadas sociedades participantes.

4. A recepção por qualquer serviço de registo comercial de notificação do início da produção de efeitos de fusão transfronteiriça, efectuada por serviço de registo competente de Estado membro da União Europeia, determina a realização oficiosa do registo da fusão transfronteiriça nas sociedades participantes na fusão que estejam sediadas em território nacional.

Art. 68.° (Alteração das inscrições)

A inscrição pode ser actualizada ou rectificada por averbamento.

Art. 69.° (Factos a averbar)

1. São registados por averbamento às inscrições a que respeitam os seguintes factos:

a) (…);
b) (…);
c) (…);
d) (…);
e) (…);
f) (…);
g) (…);
h) (…);
i) (…);
j) (…);
l) A recondução ou cessação de funções de gerentes, administradores, directores, representantes e liquidatários;
m) (…);
n) (…);
o) (…);
p) (…);

94

Cap. IV. Actos de registo   **Art. 70.º CRegCom [2]**

q) A cessação de funções do administrador judicial e do administrador judicial provisório da insolvência;

r) A decisão judicial de proibição ao devedor insolvente da prática de certos actos sem o consentimento do administrador da insolvência, quando tal proibição não for determinada conjuntamente com a atribuição ao devedor da administração da massa insolvente;

s) A decisão judicial que ponha termo à administração da massa insolvente pelo devedor;

t) A decisão judicial de cessação antecipada do procedimento de exoneração do passivo restante de comerciante individual e a de revogação dessa exoneração;

u) A decisão judicial de confirmação do fim do período de fiscalização incidente sobre a execução de plano de insolvência.

v) A declaração de perda do direito ao uso de firma ou denominação.

2. São igualmente registados nos termos do número anterior:

a) (...);

b) A decisão final das acções inscritas;

c) A conversão em definitivos, no todo ou em parte, dos registos provisórios;

d) A renovação dos registos;

e) A nomeação de terceiro ou a sua não nomeação em contrato para pessoa a nomear;

f) O cancelamento, total ou parcial, dos registos.

3. Podem ser feitos provisoriamente por dúvidas os averbamentos referidos no n.º 1.

4. A conversão em definitiva da inscrição de acção em que se julgue modificado ou extinto um facto registado, ou se declare nulo ou anulado um registo, determina o correspondente averbamento oficioso de alteração ou cancelamento.

5. O trânsito em julgado da sentença prevista na alínea *e*) do n.º 1 do artigo 64.º determina o averbamento de conversão em definitivo do correspondente registo.

6. As decisões judiciais previstas na alínea *s*) do n.º 1 são averbadas, respectivamente, à inscrição do despacho inicial de exoneração do passivo restante e à do despacho final que determine essa exoneração.

7. A decisão judicial prevista na alínea *t*) do n.º 1 é averbada à inscrição da decisão de encerramento do processo de insolvência que publicite a sujeição da execução de plano de insolvência a fiscalização.

Art. 70.º (Publicações obrigatórias)

1. É obrigatória a publicação dos seguintes actos de registo:

a) Os previstos no artigo 3.º, quando respeitem a sociedades por quotas, anónimas ou em comandita por acções, desde que sujeitas a registo obrigatório, salvo os das alíneas *c*), *e*), *f*) e *i*) do n.º 1;

b) Os previstos nos artigos 4.º, 6.º, 7.º e 8.º;

c) (...);

d) Os previstos nas alíneas *c*), *d*) e *h*) do artigo 9.º;

e) Os previstos nas alíneas *c*) e *d*) do artigo 10.º;

f) O averbamento de cancelamento a que se refere o n.º 2 do artigo 27.º

[2] **CRegCom Arts. 71.º-72.º**   Código do Registo Comercial

2. As publicações referidas no número anterior devem ser feitas em sítio na Internet de acesso público, regulado por portaria do Ministro da Justiça, no qual a informação objecto de publicidade possa ser acedida, designadamente por ordem cronológica.

3. Pelas publicações é devida uma taxa que constitui receita do serviço incumbido da manutenção do sítio referido no número anterior.

4. A constituição e o encerramento da liquidação de um agrupamento europeu de interesse económico, bem como os factos cujo registo determina a abertura ou o cancelamento da matrícula de uma sociedade anónima europeia, são publicados no *Jornal Oficial da União Europeia* após a publicação referida no n.º 2.

5. (...).

Nota. Cf. a Portaria n.º 590-A/2005, de 14 de Julho.

Art. 71.º (Oficiosidade da publicação)

1. Efectuado o registo, a conservatória deve promover, imediatamente e a expensas do interessado, as respectivas publicações.

2. As publicações a que se refere o n.º 4 do artigo anterior são promovidas no prazo de cinco dias a contar do registo.

3. As publicações efectuam-se com base nos dados transmitidos por via electrónica entre a conservatória e a Direcção-Geral dos Registos e do Notariado e, apenas nos casos em que este meio não esteja disponível, com base em certidões passadas na conservatória ou com base em certidões passadas em cartório notarial ou tribunal judicial e juntas ao pedido de registo, as quais devem ser remetidas à Direcção-Geral dos Registos e do Notariado, no prazo previsto no n.º 1, por via postal ou ainda por telecópia ou por correio electrónico, nos termos do n.º 1 do artigo 2.º e do artigo 4.º do Decreto-Lei n.º 66/2005, de 15 de Março, aplicáveis com necessárias adaptações.

4. As certidões emitidas pelas conservatórias para efeitos das publicações referidas no n.º 4 do artigo anterior devem conter as indicações cuja publicitação é exigida pela legislação comunitária aplicável.

5. As publicações devem ser anotadas na ficha de registo, sendo competentes para a sua assinatura o conservador e qualquer oficial dos registos.

Art. 72.º (Modalidades das publicações)

1. Das publicações devem constar as menções obrigatórias do registo.

2. A publicação do contrato ou do estatuto por que se rege a pessoa colectiva, bem como das respectivas alterações, é efectuada nos termos do número anterior, com a menção especial do depósito do texto actualizado do contrato ou estatuto.

3. Os documentos de prestação de contas das sociedades abertas que não tenham valores mobiliários admitidos à negociação em mercado regulamentado e a acta de encerramento da liquidação destas sociedades são publicados integralmente.

4. A publicação da informação constante dos documentos de prestação de contas de outras sociedades que não as referidas no número anterior não inclui a certificação legal das contas, mas é nelas divulgado:

a) Se o parecer de revisão traduz uma opinião sem reservas, se é emitida uma opinião adversa ou se o revisor oficial de contas não está em condições de exprimir uma opinião de revisão;

96

Cap. V. Publicidade e prova do registo **Arts. 72.°-A-74.° CRegCom [2]**

b) Se no documento de certificação legal das contas é feita referência a qualquer questão para a qual o revisor oficial de contas tenha chamado a atenção com ênfase, sem qualificar a opinião de revisão.

5. (…).

Art. 72.°-A (Comunicações obrigatórias)

1. É oficiosa e gratuitamente comunicado, por via electrónica, o conteúdo dos seguintes actos de registo aos serviços da administração tributária e da segurança social:

a) A inscrição no registo comercial;

b) As alterações aos estatutos quanto à natureza jurídica, à firma, ao nome ou à denominação, à sede ou à localização de estabelecimento principal, ao capital e ao objecto;

c) A designação e cessação de funções, por qualquer causa que não seja o decurso do tempo, dos órgãos de administração e fiscalização;

d) A fusão e a cisão;

e) A designação e cessação de funções, anterior ao encerramento da liquidação, de liquidatários;

f) A nomeação e destituição do administrador de insolvência;

g) A dissolução e o encerramento da liquidação.

2. Para os efeitos do disposto na alínea *g*) do número anterior, no momento do registo do encerramento da liquidação deve ser obrigatoriamente indicado o representante da entidade para efeitos tributários, nos termos do n.° 4 do artigo 19.° do Decreto-Lei n.° 398/98, de 17 de Dezembro.

3. As comunicações obrigatórias efectuadas nos termos dos números anteriores determinam que os serviços da administração tributária e da segurança social não podem exigir a apresentação das respectivas declarações.

CAPÍTULO V. **Publicidade e prova do registo**

SECÇÃO I. **Publicidade**

Art. 73.° (Carácter público do registo)

1. Qualquer pessoa pode pedir certidões dos actos de registo e dos documentos arquivados, bem como obter informações verbais ou escritas sobre o conteúdo de uns e outros.

2. Para efeitos do disposto no número anterior, apenas os funcionários podem consultar os suportes documentais e de registo, de harmonia com as indicações dadas pelos interessados.

Art. 74.° (Cópias não certificadas)

1. Podem ser passadas cópias integrais ou parciais não certificadas, com o valor de informação, dos registos e despachos e de quaisquer documentos.

2. Nas cópias referidas no número anterior deve ser aposta a menção «cópia não certificada».

97

[2] CRegCom Arts. 74.°-A-77.°   Código do Registo Comercial

Art. 74.°-A (Certificado prévio à fusão transfronteiriça)
1. A emissão do certificado ou dos certificados comprovativos do cumprimento dos actos e formalidades prévias à fusão transfronteiriça, relativamente à sociedade ou às sociedades participantes com sede em território nacional, pode ser solicitada, após o registo do respectivo projecto, em qualquer serviço de registo com competência para a prática de actos de registo comercial.

2. O pedido de emissão do certificado previsto no número anterior deve ser instruído com o projecto de fusão e os relatórios de órgãos sociais e de peritos que, no caso, devam existir.

3. A apresentação dos documentos referidos no número anterior é dispensada sempre que estes se encontrem arquivados em serviço de registo nacional.

SECÇÃO II.   **Meios de prova**

Art. 75.° (Meios de prova)
1. O registo prova-se por meio de certidão.

2. A validade das certidões de registo é de um ano, podendo ser prorrogada por períodos sucessivos de igual duração, através de confirmação pela conservatória.

3. As certidões podem ser disponibilizadas em suporte electrónico, em termos a definir por portaria do Ministro da Justiça.

4. As certidões disponibilizadas nos termos do número anterior fazem prova para todos os efeitos legais e perante qualquer autoridade pública ou entidade privada, nos mesmos termos da correspondente versão em suporte de papel.

5. Faz igualmente prova para todos os efeitos legais e perante qualquer autoridade pública ou entidade privada a disponibilização da informação constante da certidão em sítio da Internet, em temos a definir por portaria do Ministro da Justiça.

6. Por cada processo de registo é entregue ou enviada ao requerente uma certidão gratuita de todos os registos em vigor respeitantes à entidade em causa, salvo se o requerente optar pela disponibilização gratuita, pelo período de um ano, do serviço referido no número anterior.

7. Sem prejuízo do disposto na parte final do número anterior, por cada processo de registo é disponibilizado, gratuitamente e pelo período de três meses, o serviço referido no n.° 5.

Art. 76.° (Competência para a emissão)
1. As certidões e as cópias não certificadas de registos podem ser emitidas e confirmadas por qualquer conservatória.

2. As certidões negativas de registos e as certidões de documentos ou despachos apenas podem ser emitidas pela conservatória competente para o registo.

3. Para a emissão dos documentos referidos nos números anteriores é competente o conservador e qualquer oficial dos registos.

Art. 77.° (Requisição de certidões)
1. As certidões podem ser requisitadas verbalmente ou por escrito, em termos a definir por portaria do Ministro da Justiça.

98

Cap. V.   Publicidade e prova do registo   **Arts. 78.º-78.º-C CRegCom [2]**

2. Os modelos dos requerimentos de certidões que possam ser requisitadas por escrito são aprovados por despacho do director-geral dos Registos e do Notariado.

3. As requisições de certidões podem ser entregues na conservatória ou enviadas pelo correio ou ainda por via electrónica, nos termos previstos em diploma próprio.

4. Os pedidos de certidão de registo devem conter, além da identificação do requerente, o número de matrícula da entidade ou, nos casos de certidão negativa, o nome ou firma da entidade.

Art. 78.º (Conteúdo das certidões de registo)

As certidões de registo devem conter:

a) A reprodução dos registos em vigor respeitantes à entidade em causa, salvo se tiverem sido pedidas com referência a todos os actos de registo;

b) A menção das apresentações e dos pedidos de registo pendentes sobre a entidade em causa;

c) As irregularidades ou deficiências de registo não rectificadas.

Art. 78.º-A (Emissão de certidões)

1. As certidões são emitidas imediatamente após a recepção do requerimento.

2. Sem prejuízo de outros fundamentos de recusa de emissão de certidão previstos na lei, a emissão da certidão deve ser recusada nos casos seguintes:

a) Se o requerimento não contiver os elementos previstos no n.º 4 do artigo 77.º;

b) Se a entidade não estiver sujeita a registo.

SECÇÃO III.   Bases de dados no registo comercial

Art. 78.º-B (Finalidade da base de dados)

A base de dados do registo comercial tem por finalidade organizar e manter actualizada a informação respeitante à situação jurídica das entidades sujeitas a tal registo com vista à segurança do comércio jurídico, nos termos e para os efeitos previstos na lei, não podendo ser utilizada para qualquer outra finalidade com aquela incompatível.

Art. 78.º-C (Entidade responsável pelo tratamento da base de dados)

1. O director-geral dos Registos e do Notariado é o responsável pelo tratamento da base de dados, nos termos e para os efeitos definidos na alínea *d*) do artigo 3.º da Lei n.º 67/98, de 26 de Outubro, sem prejuízo da responsabilidade que, nos termos da lei, é atribuída aos conservadores.

2. Cabe ao director-geral dos Registos e do Notariado assegurar o direito de informação e de acesso aos dados pelos respectivos titulares, a correcção de inexactidões, o completamento de omissões e a supressão de dados indevidamente registados, bem como velar pela legalidade da consulta ou comunicação da informação.

[2] CRegCom Arts. 78.°-D-78.°-G Código do Registo Comercial

Art. 78.°-D (Dados recolhidos)
1. São recolhidos para tratamento automatizado os dados pessoais referentes a:
   a) Sujeitos do registo;
   b) Apresentantes dos pedidos de registo.
2. Relativamente aos sujeitos do registo, são recolhidos os seguintes dados pessoais:
   a) Nome;
   b) Estado civil e, sendo o de solteiro, menção de maioridade ou menoridade;
   c) Nome do cônjuge e regime de bens;
   d) Residência habitual ou domicílio profissional;
   e) Número de identificação fiscal.
3. Relativamente aos apresentantes dos pedidos de registo, são recolhidos os seguintes dados pessoais:
   a) Nome;
   b) Residência habitual ou domicílio profissional;
   c) Número do documento de identificação;
   d) Número de identificação bancária, se disponibilizado pelo apresentante.
4. São ainda recolhidos quaisquer outros dados referentes à situação jurídica das entidades sujeitas a registo.

Art. 78.°-E (Modo de recolha)
1. Os dados pessoais constantes da base de dados têm por suporte a identificação dos sujeitos activos e passivos dos factos sujeitos a registo e são recolhidos dos documentos apresentados pelos interessados.
2. Dos modelos destinados ao pedido de registo devem constar as informações previstas no n.° 1 do artigo 10.° da Lei n.° 67/98, de 26 de Outubro.

Art. 78.°-F (Comunicação e acesso aos dados)
1. Os dados referentes à situação jurídica de qualquer entidade sujeita a registo comercial constantes da base de dados podem ser comunicados a qualquer pessoa que o solicite, nos termos previstos neste Código.
2. Os dados pessoais referidos no n.° 2 do artigo 78.°-D podem ainda ser comunicados aos organismos e serviços do Estado e demais pessoas colectivas de direito público para prossecução das respectivas atribuições legais e estatutárias.
3. Às entidades referidas no número anterior pode ser autorizada a consulta através de linha de transmissão de dados, garantido o respeito pelas normas de segurança da informação e da disponibilidade técnica.
4. A informação pode ser divulgada para fins de investigação científica ou de estatística desde que não possam ser identificáveis as pessoas a que respeita.

Art. 78.°-G (Condições de comunicação e acesso aos dados)
1. A comunicação de dados deve obedecer às disposições gerais de protecção de dados pessoais constantes da Lei n.° 67/98, de 26 de Outubro, designadamente

Cap. V.   Publicidade e prova do registo **Arts. 78.º-H-78.º-J CRegCom [2]**

respeitar as finalidades para as quais foi autorizada a consulta, limitando o acesso ao estritamente necessário e não utilizando a informação para outros fins.

2. A consulta referida no n.º 3 do artigo anterior depende da celebração de protocolo com a Direcção-Geral dos Registos e do Notariado, que define os seus limites face às atribuições legais e estatutárias das entidades interessadas.

3. A Direcção-Geral dos Registos e do Notariado comunica ao organismo processador dos dados os protocolos celebrados a fim de que este providencie para que a consulta por linha de transmissão possa ser efectuada, nos termos e condições deles constantes.

4. A Direcção-Geral dos Registos e do Notariado remete obrigatoriamente à Comissão Nacional de Protecção de Dados cópia dos protocolos celebrados, devendo fazê-lo por via electrónica.

5. (...).

Art. 78.º-H (Acesso directo aos dados)

1. Podem aceder directamente aos dados referidos nos n.ºs 1 e 2 do artigo 78.º-F:

a) Os magistrados judiciais e do Ministério Público, no âmbito da prossecução das suas atribuições;

b) As entidades que, nos termos da lei processual, recebam delegação para a prática de actos de inquérito ou instrução ou a quem incumba cooperar internacionalmente na prevenção e repressão da criminalidade e no âmbito dessas competências;

c) As entidades com competência legal para garantir a segurança interna e prevenir a sabotagem, o terrorismo, a espionagem e a prática de actos que, pela sua natureza, podem alterar ou destruir o Estado de direito constitucionalmente estabelecido, no âmbito da prossecução dos seus fins.

2. As condições de acesso directo pelas entidades referidas no número anterior são definidas por despacho do director-geral dos Registos e do Notariado.

3. As entidades autorizadas a aceder directamente aos dados obrigam-se a adoptar todas as medidas necessárias à estrita observância das regras de segurança estabelecidas na Lei n.º 67/98, de 26 de Outubro.

4. As entidades referidas na alínea *a*) do n.º 1 podem fazer-se substituir por funcionários por si designados.

Art. 78.º-I (Direito à informação)

1. Qualquer pessoa tem o direito de ser informada sobre os dados pessoais que lhe respeitem e a respectiva finalidade, bem como sobre a identidade e o endereço do responsável pela base de dados.

2. A actualização e a correcção de eventuais inexactidões realiza-se nos termos e pela forma previstos neste Código, sem prejuízo do disposto na alínea *d*) do n.º 1 do artigo 11.º da Lei n.º 67/98, de 26 de Outubro.

Art. 78.º-J (Segurança da informação)

1. O director-geral dos Registos e do Notariado e as entidades referidas no n.º 2 do artigo 78.º-F devem adoptar as medidas de segurança referidas no n.º 1 do artigo 15.º da Lei n.º 67/98, de 26 de Outubro.

[2] CRegCom Arts. 78.°-L-81.° Código do Registo Comercial

2. À base de dados devem ser conferidas as garantias de segurança necessárias a impedir a consulta, a modificação, a supressão, o acrescentamento ou a comunicação de dados por quem não esteja legalmente habilitado.

3. Para efeitos de controlo de admissibilidade da consulta, 1 em cada 10 pesquisas efectuadas pelas entidades que tenham acesso à base de dados é registada informaticamente.

4. As entidades referidas no n.° 1 obrigam-se a manter uma lista actualizada das pessoas autorizadas a aceder à base de dados.

Art. 78.°-L (Sigilo)

1. A comunicação ou a revelação dos dados pessoais registados na base de dados só podem ser efectuadas nos termos previstos neste Código.

2. Os funcionários dos registos e do notariado, bem como as pessoas que, no exercício das suas funções, tenham conhecimento dos dados pessoais registados na base de dados do registo comercial, ficam obrigados a sigilo profissional, nos termos do n.° 1 do artigo 17.° da Lei n.° 67/98, de 26 de Outubro.

CAPÍTULO VI. **Suprimento, rectificação e reconstituição do registo**

Art. 79.° (Suprimento)

Nota. Revogado pelo art. 61.°, alínea *c*), do DL n.° 76-A/2006, de 29 de Março.

Art. 79.°-A (Procedimento simplificado de justificação)

1. A justificação das situações de dissolução imediata de sociedades a que se refere o n.° 2 do artigo 141.° do Código das Sociedades Comerciais pode ser declarada em procedimento simplificado de justificação.

2. O procedimento inicia-se mediante requerimento escrito dos interessados com alegação da situação que fundamenta a dissolução imediata e confirmação do facto por três declarantes que o conservador considere dignos de crédito.

3. Quando o pedido seja efectuado presencialmente perante funcionário competente, esse pedido é sempre verbal e reduzido a auto, não havendo lugar a qualquer requerimento escrito.

4. Verificando-se o disposto nos números anteriores, o conservador profere decisão pela qual declara justificada a dissolução da sociedade, lavra o registo da dissolução e promove as comunicações previstas no regime jurídico do procedimento administrativo de dissolução de entidades comerciais.

Art. 80.° (Suprimento em caso de arresto, penhora ou apreensão)

Nota. Revogado pelo art. 61.°, alínea *c*), do DL n.° 76-A/2006, de 29 de Março.

Art. 81.° (Processo especial de rectificação)

1. O processo previsto neste capítulo visa a rectificação dos registos e é regulado pelos artigos seguintes e, subsidiariamente, pelo Código de Processo Civil.

Cap. VI.   Suprimento, rectificação e reconstituição do registo   **Arts. 82.º-86.º CRegCom [2]**

2. O processo especial de rectificação é aplicável, com as necessárias adaptações, aos registos por depósito.

Art. 82.º (Iniciativa)
1. Os registos inexactos e os registos indevidamente lavrados devem ser rectificados por iniciativa do conservador, logo que tome conhecimento da irregularidade, ou a pedido de qualquer interessado, ainda que não inscrito.
2. Os registos indevidamente efectuados que sejam nulos nos termos das alíneas b) e d) do n.º 1 do artigo 22.º podem ser cancelados com o consentimento dos interessados ou em execução de decisão tomada neste processo.
3. A rectificação do registo é feita, em regra, por averbamento, a lavrar no termo do processo especial para esse efeito previsto neste Código.
4. (…).
5. Os registos lançados em ficha distinta daquela em que deviam ter sido lavrados são oficiosamente transcritos na ficha que lhes corresponda, anotando-se ao registo errado a sua inutilização e a indicação da ficha em que foi transcrito.

Art. 83.º (Efeitos da rectificação)
A rectificação do registo não prejudica os direitos adquiridos a título oneroso por terceiros de boa-fé, se o registo dos factos correspondentes for anterior ao registo da rectificação ou da pendência do respectivo processo.

Art. 84.º (Pedido de rectificação)
1. No pedido de rectificação devem ser especificados os fundamentos e a identidade dos interessados.
2. O pedido de rectificação é acompanhado dos meios de prova necessários e do pagamento dos emolumentos devidos.
3. Constitui causa de rejeição do pedido a falta de pagamento dos emolumentos devidos.

Art. 85.º (Consentimento dos interessados)
Se a rectificação tiver sido requerida por todos os interessados, é rectificado o registo sem necessidade de outra qualquer formalidade, se os pressupostos da rectificação pedida resultarem dos documentos apresentados.

Art. 86.º (Casos de dispensa de consentimento dos interessados)
1. A rectificação que não seja susceptível de prejudicar direitos dos titulares inscritos é efectuada, mesmo sem necessidade do seu consentimento, nos casos seguintes:
a) Sempre que a inexactidão provenha da desconformidade com o título, analisados os documentos que serviram de base ao registo;
b) Sempre que, provindo a inexactidão de deficiência dos títulos, a rectificação seja requerida por qualquer interessado com base em documento bastante.
2. Deve entender-se que a rectificação de registo inexacto por desconformidade com o título não prejudica o titular do direito nele inscrito.

103

[2] CRegCom Arts. 87.°-90.°   Código do Registo Comercial

3. Presume-se que da rectificação não resulta prejuízo para a herança se tal for declarado pelo respectivo cabeça-de-casal.

Art. 87.° (Averbamento de pendência da rectificação)

1. Quando a rectificação não seja de efectuar nos termos dos artigos 85.° ou 86.°, é averbada ao respectivo registo a pendência da rectificação, com referência à anotação no Diário do requerimento inicial ou à data em que tiver sido levantado o auto de verificação da inexactidão, consoante os casos.

2. O averbamento a que se refere o número anterior não prejudica o decurso do prazo de caducidade a que o registo rectificando esteja sujeito.

3. Os registos de outros factos que venham a ser lavrados e que dependam, directa ou indirectamente, da rectificação pendente, estão sujeitos ao regime de provisoriedade previsto na alínea b) do n.° 2 do artigo 64.°, sendo-lhes aplicável, com as adaptações necessárias, o disposto no n.° 4 do artigo 65.°

4. O averbamento da pendência é oficiosamente cancelado mediante decisão definitiva que indefira a rectificação ou declare findo o processo.

Art. 88.° (Indeferimento liminar)

1. Sempre que o pedido se prefigure como manifestamente improcedente, o conservador indefere liminarmente o requerido, por despacho fundamentado de que notifica o requerente.

2. A decisão de indeferimento liminar pode ser impugnada nos termos do artigo 92.°

3. Pode o conservador, face aos fundamentos alegados no recurso interposto, reparar a sua decisão de indeferir liminarmente o pedido mediante despacho fundamentado que ordene o prosseguimento do processo, do qual é notificado o recorrente.

4. Não sendo a decisão reparada, são notificados os interessados a que se refere o artigo 90.° para, no prazo de 10 dias, impugnarem os fundamentos do recurso, remetendo-se o processo à entidade competente.

Art. 89.° (Emolumentos)

Nota. Revogado pelo art. 34.°, alínea b), do DL n.° 116/2008, de 4 de Julho.

Art. 90.° (Notificação)

1. Os interessados não requerentes são notificados para, no prazo de 10 dias, deduzirem oposição à rectificação, devendo juntar os elementos de prova e pagar os emolumentos devidos.

2. Se os interessados forem incertos, o conservador notifica o Ministério Público, nos termos previstos no número anterior.

3. A notificação realiza-se por via electrónica, nos termos a definir por portaria do membro do Governo responsável pela área da justiça ou, não sendo possível, por carta registada com aviso de recepção.

4. Se não for possível realizar a notificação pela forma prevista no n.° 3, por esta ter sido devolvida ou por o aviso de recepção não ter sido assinado por o des-

Cap. VI.   Suprimento, rectificação e reconstituição do registo   **Arts. 91.º-93.º-A CRegCom [2]**

tinatário se ter recusado a recebê-lo, é publicado um aviso, nos termos do n.º 1 do artigo 167.º do Código das Sociedades Comerciais.

5. Não é devida taxa pela publicação referida no número anterior.

Art. 91.º (Instrução e decisão)

1. Recebida a oposição ou decorrido o respectivo prazo, o conservador procede às diligências necessárias à produção de prova.

2. A prova testemunhal tem lugar mediante a apresentação das testemunhas pela parte que as tiver indicado, em número não superior a três, sendo os respectivos depoimentos reduzidos a escrito por extracto.

3. A perícia é requisitada pelo conservador ou realizada por perito a nomear nos termos previstos no artigo 568.º do Código de Processo Civil, aplicável com as necessárias adaptações.

4. O conservador pode, em qualquer caso, ordenar as diligências e a produção de prova que considerar necessárias.

5. (...).

6. A decisão sobre o pedido de rectificação é proferida pelo conservador no prazo de 10 dias.

Art. 92.º (Recurso hierárquico e impugnação judicial)

1. A decisão de indeferimento do pedido de rectificação pode ser impugnada mediante a interposição de recurso hierárquico para o director-geral dos Registos e do Notariado, nos termos previstos nos artigos 101.º e seguintes ou mediante impugnação judicial para o tribunal da comarca da área da circunscrição a que pertence a conservatória, nos termos dos números seguintes.

2. Têm legitimidade para impugnar judicialmente a decisão do conservador qualquer interessado e o Ministério Público.

3. A impugnação judicial prevista no n.º 1 tem efeito suspensivo e deve ser proposta no prazo previsto no artigo 685.º do Código de Processo Civil.

4. A impugnação judicial é proposta por meio de requerimento onde são expostos os respectivos fundamentos.

5. A propositura de acção de impugnação judicial considera-se efectuada com a apresentação do respectivo requerimento na conservatória em que o processo foi objecto da decisão impugnada, sendo aquela anotada no Diário.

Art. 93.º (Decisão da impugnação judicial)

1. Recebido o processo, o juiz ordena a notificação dos interessados para, no prazo de 10 dias, impugnarem os fundamentos da impugnação judicial.

2. Não havendo lugar a qualquer notificação ou findo o prazo a que se refere o número anterior vai o processo com vista ao Ministério Público.

Art. 93.º-A (Recurso para o tribunal da Relação)

1. Da sentença proferida pelo tribunal de 1.ª instância podem interpor recurso para o tribunal da Relação os interessados, o conservador e o Ministério Público.

[2] CRegCom Arts. 93.°-B-96.°   Código do Registo Comercial

2. O recurso, que tem efeito suspensivo, é processado e julgado como agravo em matéria cível.

3. Do acórdão do tribunal da Relação não cabe recurso para o Supremo Tribunal de Justiça, sem prejuízo dos casos em que o recurso é sempre admissível.

Art. 93.°-B (Devolução do processo)

Após o trânsito em julgado da sentença ou do acórdão proferidos, o tribunal devolve à conservatória o processo de rectificação.

Art. 93.°-C (Gratuitidade do registo e custas)

Nota. Revogado pelo art. 34.°, alínea *b*), do DL n.° 116/2008, de 4 de Julho.

Art. 93.°-D (Incompatibilidades)

Ao conservador que exerça advocacia é vedada a aceitação do patrocínio nos processos de rectificação previstos no presente capítulo.

Art. 94.° (Reconstituição)

1. Em caso de extravio ou inutilização dos suportes documentais, os registos podem ser reconstituídos por reprodução a partir dos arquivos existentes, por reelaboração do registo com base nos respectivos documentos, ou por reforma dos referidos suportes.

2. A data da reconstituição dos registos deve constar da ficha.

Art. 94.°-A (Reelaboração do registo)

1. O extravio ou inutilização de um suporte de registo determina a reelaboração oficiosa de todos os registos respeitantes à entidade comercial.

2. Devem ser requisitados aos serviços competentes os documentos que se mostrem necessários à reelaboração do registo, os quais são isentos de emolumentos e de quaisquer outros encargos legais.

Art. 95.° (Processo de reforma)

1. O processo de reforma inicia-se com a remessa ao Ministério Público de auto lavrado pelo conservador, do qual devem constar as circunstâncias do extravio ou inutilização, a especificação dos suportes documentais abrangidos e a referência ao período a que correspondem os registos.

2. O Ministério Público deve requerer ao juiz a citação edital dos interessados para, no prazo de dois meses, apresentarem na conservatória os documentos de que disponham; dos editais deve constar o período a que os registos respeitam.

3. Decorrido o prazo dos editais e julgada válida a citação, por despacho transitado em julgado, o Ministério Público deve promover a comunicação do facto ao conservador.

Art. 96.° (Reclamações)

1. Concluída a reforma, o conservador deve participar o facto ao Ministério Público, a fim de que este promova nova citação edital dos interessados para exa-

Cap. VII.   Impugnação de decisões   **Arts. 97.º-101.º-A CRegCom [2]**

minarem os registos reconstituídos e apresentarem na conservatória as suas reclamações no prazo de 30 dias.

2. Quando a reclamação tiver por fundamento a omissão de alguma inscrição, esta é lavrada como provisória por natureza, com base na petição do reclamante e nos documentos apresentados.

3. Se a reclamação visar o próprio registo reformado, devem ser juntas ao processo de reclamação cópias do registo impugnado e dos documentos que lhe serviram de base e deve anotar-se a pendência da reclamação.

4. Cumprido o disposto nos dois números anteriores, as reclamações são remetidas, para decisão, ao tribunal competente, com informação do conservador.

Art. 97.º (Suprimento de omissões não reclamadas)

1. A omissão não reclamada de algum registo só pode ser suprida por meio de acção intentada contra aqueles a quem o interessado pretenda opor a prioridade do registo.

2. A acção não prejudica os direitos decorrentes de factos registados antes do registo da acção que não tenham constado dos suportes documentais reformados.

CAPÍTULO VII.   Impugnação de decisões

Art. 98.º (Reclamação)

Nota. Revogado pelo art. 61.º, alínea *c*), do DL n.º 76-A/2006, de 29 de Março.

Art. 99.º (Prazo e formalidades da reclamação)

Nota. Revogado pelo art. 61.º, alínea *c*), do DL n.º 76-A/2006, de 29 de Março.

Art. 100.º (Apreciação da reclamação)

Nota. Revogado pelo art. 61.º, alínea *c*), do DL n.º 76-A/2006, de 29 de Março.

Art. 101.º (Admissibilidade e prazo)

1. A decisão de recusa da prática do acto de registo nos termos requeridos pode ser impugnada mediante a interposição de recurso hierárquico para o director-geral dos Registos e do Notariado ou mediante impugnação judicial para o tribunal da área da circunscrição a que pertence a conservatória.

2. O prazo para impugnar judicialmente a decisão referida no n.º 1 é de 30 dias a contar da notificação a que se refere o artigo 50.º

Art. 101.º-A (Interposição de recurso hierárquico e impugnação judicial)

1. O recurso hierárquico ou a impugnação judicial interpõem-se por meio de requerimento em que são expostos os seus fundamentos.

2. A interposição de recurso hierárquico ou a impugnação judicial consideram-se feitas com a apresentação das respectivas petições na conservatória competente.

107

[2] CRegCom Arts. 101.º-B-106.º   Código do Registo Comercial

Art. 101.º-B (Tramitação subsequente)

1. Impugnada a decisão e independentemente da categoria funcional de quem tiver lavrado o despacho recorrido, este é submetido à apreciação do conservador, o qual deve proferir, no prazo de 10 dias, despacho a sustentar ou a reparar a decisão, dele notificando o recorrente.

2. A notificação referida no número anterior deve ser acompanhada do envio ou entrega ao notificando de fotocópia dos documentos juntos ao processo.

3. Sendo sustentada a decisão, o processo deve ser remetido à entidade competente, no prazo de cinco dias, instruído com fotocópia autenticada do despacho de qualificação do registo e dos documentos necessários à sua apreciação.

4. A tramitação da impugnação judicial, incluindo a remessa dos elementos referidos no número anterior ao tribunal competente, é efectuada electronicamente, nos termos a definir por portaria do Ministro da Justiça.

Art. 102.º (Decisão do recurso hierárquico)

1. O recurso hierárquico é decidido no prazo de 90 dias, pelo presidente do Instituto dos Registos e do Notariado, I. P., que pode determinar que seja previamente ouvido o conselho técnico.

2. (…).

3. A decisão proferida é notificada ao recorrente e comunicada ao conservador que sustentou a decisão.

4. Sendo o recurso hierárquico deferido, deve ser dado cumprimento à decisão no próprio dia.

Art. 103.º (Notificação da decisão)

Nota. Revogado pelo art. 61.º, alínea *c*), do DL n.º 76-A/2006, de 29 de Março.

Art. 104.º (Impugnação judicial subsequente a recurso hierárquico)

1. Tendo o recurso hierárquico sido julgado improcedente, o interessado pode ainda impugnar judicialmente a decisão de qualificação do acto de registo.

2. A impugnação judicial é proposta mediante apresentação do requerimento na conservatória competente, no prazo de 20 dias a contar da data da notificação da decisão que tiver julgado improcedente o recurso hierárquico.

3. O processo é remetido ao tribunal no prazo de cinco dias, instruído com o de recurso hierárquico.

Art. 105.º (Julgamento)

1. Recebido em juízo e independentemente de despacho, o processo vai com vista ao Ministério Público para emissão de parecer.

2. O juiz que tenha intervindo no processo donde conste o acto cujo registo está em causa fica impedido de julgar a impugnação judicial.

Art. 106.º (Recurso de sentença)

1. Da sentença proferida podem sempre interpor recurso para a Relação, com efeito suspensivo, o impugnante, o conservador que sustenta, o presidente do Instituto dos Registos e do Notariado, I. P., e o Ministério Público.

108

Cap. VII.   Impugnação de decisões   **Arts. 107.º-111.º CRegCom [2]**

2. Para os efeitos previstos no número anterior, a sentença é sempre notificada ao presidente do Instituto dos Registos e do Notariado, I. P..

3. (…).

4. Do acórdão de Relação não cabe recurso para o Supremo Tribunal de Justiça, sem prejuízo dos casos em que o recurso é sempre admissível.

Art. 107.º (Comunicações oficiosas)

1. Após o trânsito em julgado da decisão, a secretaria comunica a decisão proferida ao serviço de registo.

2. A secretaria deve igualmente comunicar à conservatória:

a) A desistência ou deserção da instância;

b) O facto de o processo ter estado parado mais de 30 dias por inércia do autor.

Art. 108.º (Valor da acção)

O valor da acção é o do facto cujo registo foi recusado ou feito provisoriamente.

Art. 109.º (Interposição de reclamação ou recurso por notário)

Nota. Revogado pelo art. 61.º, alínea *c*), do DL n.º 76-A/2006, de 29 de Março.

Art. 109.º-A (Direito subsidiário)

Aos recursos hierárquicos previstos nos artigos anteriores é aplicável, subsidiariamente, o disposto no Código do Procedimento Administrativo.

Art. 110.º (Impugnação da conta dos actos e da recusa de emissão de certidões)

1. Assiste ao interessado o direito de recorrer hierarquicamente ou de promover a impugnação judicial da decisão de recusa de emissão de certidão, bem como da liquidação da conta emolumentar do acto, com fundamento em erro na liquidação ou na aplicação da tabela emolumentar respectiva.

2. Sem prejuízo do disposto nos números seguintes, ao recurso hierárquico a que se refere o número anterior é aplicável, com as necessárias adaptações, o disposto no n.º 2 do artigo 101.º e nos artigos 101.º-A, 101.º-B e 102.º

3. Nos recursos hierárquicos a que se refere o presente artigo, os prazos estabelecidos nos n.ºs 1 e 3 do artigo 101.º-B e no n.º 1 do artigo 102.º são reduzidos a 5, 2 e 30 dias, respectivamente.

4. Tratando-se de recusa de emissão de certidão, o prazo para a interposição do recurso hierárquico conta-se a partir da comunicação do despacho de recusa.

5. Aos recursos hierárquicos a que se refere o presente artigo é subsidiariamente aplicável o disposto no Código do Procedimento Administrativo.

6. A impugnação judicial prevista no n.º 1 é dirigida, conforme os casos, ao tribunal administrativo ou ao tribunal tributário com jurisdição sobre a área da circunscrição da conservatória e rege-se pelo disposto na legislação processual aplicável.

Art. 111.º (Efeitos da impugnação)

1. A interposição de recurso hierárquico ou a impugnação judicial devem ser imediatamente anotadas, a seguir à anotação da recusa ou ao registo provisório.

109

[2] **CRegCom Arts. 112.°-112.°-B**   Código do Registo Comercial

2. São ainda anotadas a improcedência ou a desistência do recurso hierárquico ou da impugnação judicial, bem como, sendo caso disso, a deserção da instância ou a paragem do processo durante mais de 30 dias por inércia do autor.

3. Com a propositura da acção ou a interposição de recurso hierárquico fica suspenso o prazo de caducidade do registo provisório até lhe serem anotados os factos referidos no número anterior.

4. Proferida decisão final que julgue insubsistente a recusa da prática do acto nos termos requeridos, deve ser efectuado o registo recusado, com base na apresentação correspondente, ou convertido oficiosamente o registo provisório.

Art. 112.° (Registos dependentes)

1. No caso de recusa, julgado procedente o recurso hierárquico ou a impugnação judicial, deve anotar-se a caducidade dos registos provisórios incompatíveis com o acto inicialmente recusado e converter-se oficiosamente os registos dependentes, salvo se outra for a consequência da requalificação do registo dependente.

2. Verificando-se a caducidade do direito de impugnação ou qualquer dos factos previstos no n.° 2 do artigo anterior, é anotada a caducidade dos registos dependentes e são convertidos os registos incompatíveis, salvo se outra for a consequência da requalificação do registo dependente.

CAPÍTULO VIII. **Outros actos**

Art. 112.°-A (Legalização de livros)

Nota. Revogado pelo art. 61.°, alínea *c*), do DL n.° 76-A/2006, de 29 de Março.

Art. 112.°-B (Nomeação de auditores e de revisores oficiais de contas)

1. Sempre que a lei exija a nomeação de peritos ou de auditores, bem como de revisores oficiais de contas, e a mesma não possa ser feita pela sociedade, mas seja admitida por processo extrajudicial, deve a entidade interessada requerer à conservatória competente que designe os peritos respectivos.

2. Logo que apresentado o requerimento, a conservatória oficia, no prazo de dois dias, à Ordem dos Revisores Oficiais de Contas ou, não sendo esta entidade a legalmente competente, ao organismo representativo dos peritos em causa, havendo-o, ou, ainda, em caso negativo, à câmara de comércio mencionada pelo requerente, solicitando a indicação dos nomes e das moradas dos peritos a nomear.

3. Recebida a comunicação, o conservador, no prazo de três dias, verifica, designadamente em face dos registos existentes na conservatória e dos elementos de que disponha, a existência de alguma incompatibilidade legal relativamente ao perito indicado.

4. No caso de existir incompatibilidade, directa ou indirecta, com a pessoa indigitada, a conservatória solicita, nos mesmos termos e dentro de igual prazo, a indicação de outro perito.

Cap. IX. Disposições diversas **Arts. 113.º-116.º CRegCom [2]**

5. Não existindo incompatibilidade, o conservador procede imediatamente à nomeação, por despacho exarado no próprio requerimento, e comunica o facto, no prazo de vinte e quatro horas à entidade interessada.

6. (...).

7. O disposto nos números anteriores não é aplicável à designação de peritos independentes no âmbito dos processos de constituição ou transformação de sociedades anónimas europeias, prevista nas normas comunitárias correspondentes, a qual se rege pelo disposto na legislação nacional aprovada em execução dessas normas.

CAPÍTULO IX. **Disposições diversas**

Art. 113.º (Modelos oficiais)

Os modelos de suportes documentais previstos neste Código são aprovados por despacho do director-geral dos Registos e do Notariado.

Art. 114.º (Pagamento dos emolumentos e taxas)

1. Sempre que os emolumentos devam entrar em regra de custas, as quantias são descontadas na receita do Instituto de Gestão Financeira e de Infra-Estruturas da Justiça, I. P. (IGFIJ, I. P.), cobrada pelos serviços do registo.

2. O montante que vier a ser obtido por via das custas judiciais constitui receita do IGFIJ, I. P., na parte que lhe couber.

3. Não obsta ao disposto no número anterior a eventual incobrabilidade da conta de custas ou o benefício de apoio judiciário do requerente.

4. Para a confirmação da liquidação de contas emolumentares é competente o conservador e qualquer oficial dos registos.

Art. 115.º (Direito subsidiário)

São aplicáveis, com as necessárias adaptações, ao registo comercial, na medida indispensável ao preenchimento das lacunas da regulamentação própria, as disposições relativas ao registo predial que não sejam contrárias aos princípios informadores do presente diploma.

Art. 116.º (Tramitação, comunicações e notificações por via electrónica)

1. A tramitação dos procedimentos e actos para os quais a conservatória seja competente, bem como a tramitação dos recursos e impugnações previstos no presente diploma, pode ser integralmente electrónica, em termos a regulamentar por portaria do Ministro da Justiça, sem prejuízo do disposto no n.º 2 do artigo 57.º

2. Todas as comunicações e notificações previstas no presente Código podem ser efectuadas por via electrónica, nos termos a regulamentar por portaria do Ministro da Justiça.

[2] CRegCom

Código do Registo Comercial

Emolumentos do registo comercial [1]

Em euros

1 – Os emolumentos previstos neste artigo são devidos pelo pedido de registo e têm um valor único, incluindo os montantes relativos aos actos subsequentes de inscrição no ficheiro central de pessoas colectivas e de publicação obrigatória, bem como os montantes a pagar a título de emolumentos pessoais, quando estes sejam devidos.

2 – Inscrições e averbamentos previstos no n.º 1 ao artigo 69.º do Código do Registo Comercial:

2.1 – Constituição de pessoas colectivas..	400
2.2 – (…).	
2.3 – (…).	
2.4 – Alterações ao contrato de sociedade	200
2.4.1 – Alterações com aumento ou redução de capital........................	225
2.5 – Fusão ou cisão:	
2.5.1 – Pelo depósito do projecto de fusão ou cisão	100
2.5.2 – Pela inscrição da fusão ou cisão...	150
2.6 – Dissolução	200
2.7 – Designação dos órgãos sociais, de liquidatários, de administradores de insolvência, revisor oficial de contas, nos termos do n.º 2 do artigo 262.º do Código das Sociedades Comerciais, e de gestores judiciais...	175
2.8 – Registo de acções	130
2.9 – Criação de representação permanente, incluindo a simultânea nomeação dos respectivos representantes	200
2.10 – Outras inscrições e averbamentos previstos no n.º 1 do artigo 69.º do Código do Registo Comercial	200
2.11 – Abrangendo a inscrição mais de um facto, é devido o emolumento mais elevado de entre os previstos para os diversos factos a registar, acrescido de 50% do emolumento correspondente a cada um dos restantes factos.	
2.12 – Transformação..	225
3 – Registo efectuado por simples depósito, com excepção do registo de prestação de contas	100

---

[1] Tabela constante do art. 22.º do Regulamento Emolumentar dos Registos e Notariado, aprovado pelo DL n.º 322-A/2001, de 14 de Dezembro, e alterado pela L n.º 32-B/2002, de 30 de Dezembro, pelos DLs n.º 315/2002, de 27 de Dezembro, n.º 194/2003, de 23 de Agosto, n.º 53/2004, de 18 de Março [141], n.º 199/2004, de 18 de Agosto, n.º 111/2005, de 8 de Julho [4], n.º 178-A/2005, de 28 de Outubro, n.º 76-A/2006, de 29 de Março, n.º 85/2006, de 23 de Maio, n.º 125/2006, de 29 de Junho [5], n.º 317-A/2006, de 14 de Dezembro, n.º 8/2007, de 17 de Janeiro, e n.º 263-A/2007, de 23 de Julho, pela L n.º 40/2007, de 24 de Agosto, e pelos DLs n.º 324/2007, de 28 de Setembro, n.º 20/2008, de 31 de Janeiro, n.º 73/2008, de 16 de Abril [7], n.º 116/2008, de 4 de Julho, n.º 247-B/2008, de 30 de Dezembro, n.º 122/2009, de 21 de Maio, n.º 185/2009, de 12 de Agosto, e n.º 99/2010, de 2 de Setembro.

Emolumentos do registo comercial   CRegCom **[2]**

4 – Averbamento a inscrição	80
4.1 – (…).	
4.2 – (…).	
4.3 – (…).	
5 – Justificação:	
5.1 – Processo de justificação	200
5.2 – Processo simplificado de justificação	150
6 – Pela rectificação efectuada ao abrigo dos artigos 85.° e 86.° do Código do Registo Comercial são devidos os emolumentos correspondentes aos actos de registo realizados em consequência do mesmo, até ao limite de	250
6.1 – Pela rectificação efectuada fora dos casos previstos no número anterior, incluindo todos os actos de registo realizados em consequência da mesma	250
6.2 – No caso de indeferimento liminar do pedido é devolvida a quantia cobrada, com excepção de valor igual ao da recusa;	
6.3 – Pela dedução de oposição	100
7 – Procedimento administrativo de dissolução de entidades comerciais:	
7.1 – Pela tramitação e decisão do procedimento, incluindo todos os registos	350
7.2 – Se o procedimento for de instauração oficiosa, o emolumento previsto no número anterior é agravado em 50%.	
8 – Procedimento administrativo de liquidação de entidades comerciais:	
8.1 – Pela tramitação e decisão do procedimento, incluindo todos os registos	350
8.2 – Se o procedimento for de instauração oficiosa, o emolumento previsto no número anterior é agravado em 50%.	
9 – Procedimento especial de extinção imediata de entidades comerciais:	
Pela decisão do procedimento, incluindo o registo	250
10 – Pela urgência na feitura de cada registo é devido o valor do emolumento correspondente ao acto.	
11 – Pela desistência	20
12 – Pela recusa, excepto no caso abrangido pelo n.° 6 do artigo 52.° do Código do Registo Comercial	50
13 – Certidões, fotocópias, informações escritas e certificados:	
13.1 – Requisição e emissão de certidão negativa	20
13.2 – Requisição e emissão de certidão ou fotocópia de actos de registo	30
13.3 – Requisição e emissão de certidão ou fotocópia de documentos	19,50
13.4 – Pela assinatura do serviço previsto no n.° 5 do artigo 75.° do Código de Registo Comercial:	
13.4.1 – Assinatura por um ano	25
13.4.2 – Assinatura por dois anos	40

| [2] CRegCom | Código do Registo Comercial |

13.4.3 – Assinatura por três anos 60

13.4.4 – Assinatura por quatro anos.. 70

13.5 – Requisição e emissão de certidão ou fotocópia de documentos 30

13.6 – Requisição e emissão de certidão ou fotocópia do acto constitutivo e dos estatutos de associação constituída ao abrigo do
regime de constituição imediata de associações 15

13.7 – Fotocópia não certificada, por cada página 1

13.8 – O emolumento devido pelas certidões e fotocópias, quando
cobrado no acto do pedido, é restituído no caso da recusa da
sua emissão.

14 – Nomeação de auditores e de revisores oficiais de contas, por
cada nomeação 120

15 – (…).

16 – Procedimentos de destituição e de nomeação de liquidatários,
requeridos ao abrigo dos n.ºs 3 e 4 do artigo 151.° do Código
das Sociedades Comerciais 150

17 – Pela emissão dos certificados previstos no artigo 36.°-A ou
no art. 74.°-A Código do Registo Comercial.......................... 250

18 – Procedimento de notificação a que se refere o artigo 36.°-B do
Código do Registo Comercial 150

19 – Pela solicitação do registo por depósito junto da conservatória,
nos termos do artigo 29.°-A do Código do Registo Comercial 150

20 – Pela oposição da sociedade ao registo por depósito a promover
pela conservatória, nos termos do artigo 29.°-A do Código do
Registo Comercial 150

21 – Pelo suprimento oficioso de deficiências que ocorra no âmbito
do artigo 52.°, n.ºs 2, 3 ou 5, do Código do Registo Comercial 30

22 – Os emolumentos pessoais eventualmente devidos pela prática
de actos previstos neste artigo são pagos pelo Instituto dos Registos e do Notariado, I. P. (IRN, I. P.).

23 – Constitui receita do IRN, I. P., o montante de € 75 por inscrição e € 25 por averbamento ou depósito, a deduzir por cada
acto aos emolumentos previstos neste artigo.

24 – O facto de a taxa das publicações obrigatórias se encontrar incluída no valor dos emolumentos previstos neste artigo não
prejudica o seu tratamento autónomo, designadamente no que
respeita ao facto de constituírem receita do IRN, I. P.

25 – Para fazer face ao encargo com a gestão dos sistemas informáticos necessários à sua disponibilização, constitui receita do Instituto das Tecnologias de Informação na Justiça (ITIJ) o montante de € 5, a deduzir, por cada acto de registo requerido por
via electrónica, aos emolumentos previstos neste artigo.

26 – As taxas previstas no n.° 13 constituem receita do IRN, I. P.

[2-A] PORTARIA N.° 657-A/2006
de 29 de Junho

Manda o Governo, pelo Ministro da Justiça, tendo em conta, designadamente, o disposto no n.° 2 do artigo 28.° e no n.° 1 do artigo 77.° do Código do Registo Comercial, o seguinte:

Art. 1.° (Objecto)
É aprovado o Regulamento do Registo Comercial, em anexo ao presente diploma, do qual faz parte integrante.

Art. 2.° (Disposições transitórias)
1. Enquanto não se verificar a informatização do serviço de registo, são aplicáveis a este as disposições do Regulamento do Registo Comercial, aprovado pela Portaria n.° 883/89, de 13 de Outubro, que respeitem a livros, fichas e verbetes ou que pressuponham a sua existência.
2. Por força da transcrição dos registos para suporte informático:
a) A entidade a que aqueles respeitam passa a ter o número de matrícula previsto na alínea *a)* do n.° 1 do artigo 8.° do Regulamento do Registo Comercial, aprovado pela presente portaria, devendo fazer-se menção adicional ao anterior número de matrícula no registo;
b) As menções constantes dos averbamentos à matrícula e suas correspondentes alterações e rectificações são transcritas para inscrições já lavradas se integrarem o facto publicitado por estas e, em caso contrário, são transcritas para novas inscrições, com menção do número e da data de apresentação ou da data de feitura do averbamento transcrito.

Art. 3.° (Entrada em vigor e produção de efeitos)
1. A presente portaria entra em vigor no dia 30 de Junho de 2006.
2. O disposto no n.° 1 do artigo 1.°, no artigo 2.°, nos n.ºs 1 a 4 e 8 do artigo 3.° e nos artigos 8.°, 9.°, 11.° e 13.° do Regulamento do Registo Comercial, aprovado pela presente portaria, produz efeitos desde 31 de Outubro de 2005.

REGULAMENTO DO REGISTO COMERCIAL

CAPÍTULO I. **Suporte e processo de registo**

SECÇÃO I. **Suportes de registo**

Art. 1.º (Instrumentos do registo)

1. Para o serviço de registo, existem nas conservatórias:

a) Um diário, em suporte informático, destinado à anotação cronológica das apresentações dos pedidos de registo por transcrição e respectivos documentos;

b) Fichas de registo em suporte informático;

c) Pastas destinadas ao arquivo de documentos.

2. Os suportes previstos na alínea *c*) do número anterior podem ser substituídos pelo arquivo dos documentos em suporte electrónico, nos termos fixados por despacho do director-geral dos Registos e do Notariado.

Art. 2.º (Fichas informáticas de registo)

1. As fichas informáticas de registo contêm a matrícula da entidade sujeita a registo e os registos por transcrição e menções dos registos por depósito que lhe respeitem.

2. A cada entidade corresponde uma única ficha informática.

3. Se a alteração da natureza jurídica da entidade registada determinar a atribuição de um novo número de identificação de pessoa colectiva, é aberta uma nova ficha informática para o registo da entidade em causa.

4. Os registos por transcrição e as menções de depósito são elaborados através do preenchimento obrigatório dos campos específicos da aplicação informática que serve de suporte ao registo comercial.

Nota. Redacção introduzida pelo art. 5.º da Portaria n.º 1256/2009, de 14 de Outubro.

Art. 3.º (Pastas)

1. Os documentos que serviram de base ao registo e a respectiva requisição, bem como o texto das publicações, quando não efectuadas por via electrónica, são arquivados em pastas privativas de cada entidade sujeita a registo, existentes na conservatória da área da respectiva sede.

2. As conservatórias podem atribuir um número de ordem a cada pasta.

3. Os documentos respeitantes a registos que já não se encontrem em vigor podem ser transferidos para uma pasta-desdobramento, com anotação do facto em ambas as pastas.

4. Anotada a caducidade do registo provisório, os documentos são desentranhados da pasta para devolução aos interessados.

Cap. I.   Suporte e processo de registo   **Arts. 4.º-5.º   RRegCom   [2-A]**

5. Após a feitura de registo solicitado em conservatória não detentora da pasta da entidade, deve esta conservatória remeter à competente a requisição e os documentos que a instruíram, bem como os despachos a que tenha havido lugar, para arquivamento na pasta respectiva.

6. (...).

7. Sempre que a conservatória onde foi solicitado o registo não for a detentora da pasta da entidade e o funcionário competente para o registo tenha necessidade de consultar documentos nela arquivados, deve solicitar àquela conservatória o envio imediato de cópia dos mesmos, por telecópia ou qualquer outra forma expedita.

8. Efectuada a inscrição que publicite a mudança voluntária da sede da entidade para outro concelho, a pasta respectiva é remetida oficiosamente à conservatória nele situada, sendo a entidade notificada de tal facto.

9. O envio dos documentos previsto nos n.ºˢ 5, 7 e 8 só ocorre quando não existam condições que garantam o acesso por via electrónica à informação sobre a entidade.

Notas. 1. Redacção introduzida pelo art. 5.º da Portaria n.º 1256/2009, de 14 de Outubro.

2. O n.º 6 foi revogado pelo art. 21.º da Portaria n.º 1416-A/2006, de 19 de Dezembro.

SECÇÃO II.   **Processo de registo**

Art. 4.º   (Pedido de registo)

1. O pedido de registo é formulado verbalmente, se efectuado presencialmente por pessoa com legitimidade para o efeito.

2. Nos restantes casos, o pedido de registo é efectuado pela forma escrita, de acordo com modelo aprovado por despacho do director-geral dos Registos e do Notariado.

3. Nos casos previstos no n.º 1, deve ser disponibilizado ao interessado um comprovativo do pedido efectuado.

Art. 4.º-A   (Número de identificação da segurança social)

1. No pedido de registo de facto que importe a extinção da entidade sujeita a registo deve ser indicado o seu número de identificação da segurança social ou declarada a sua inexistência.

2. No caso de o registo dos factos referidos no número anterior ser realizado oficiosamente, a conservatória deve realizar as diligências necessárias à obtenção do número da segurança social.

Nota. Aditado pelo art. 22.º da Portaria n.º 1416-A/2006, de 19 de Dezembro.

Art. 5.º   (Apresentação de pedidos de registo)

1. A anotação da apresentação do pedido de registo por transcrição deve conter os seguintes elementos:

a) O número de ordem e a data da apresentação;

b) O nome completo do apresentante e o número do respectivo documento de identificação;

[2-A] RRegCom Arts. 6.º-8.º   Regulamento do Registo Comercial

c) O facto a registar;
d) O nome, a firma ou a denominação da pessoa ou do estabelecimento;
e) A espécie de documentos e o seu número.
2. Para fins de apresentação, a matrícula e o registo pedido constituem um só acto de registo.

Art. 6.º (Ordem de feitura dos registos relativos a participações sociais e respectivos titulares)

O registo por depósito de factos relativos a quotas ou partes sociais e respectivos titulares deve ser efectuado pela ordem do respectivo pedido.

Art. 7.º (Requisição de certidões)

O pedido de certidão é formulado verbalmente, se efectuado presencialmente pelo interessado.

CAPÍTULO II.   Menções dos registos

SECÇÃO I.   Registos por transcrição

Art. 8.º (Menções da matrícula)

1. O extracto da matrícula deve conter:
a) O número de matrícula, que corresponde ao número de identificação de pessoa colectiva ou entidade equiparada (NIPC) da entidade sujeita a registo, e a conservatória detentora da pasta desta última;
b) A natureza jurídica da entidade;
c) O nome completo e a firma, se diferente daquele, do comerciante individual, o seu número fiscal e o estabelecimento principal ou o local do exercício da actividade principal, com indicação do código postal válido;
d) A firma ou denominação, o número de identificação de pessoa colectiva e a sede da pessoa colectiva e do estabelecimento individual de responsabilidade limitada, com indicação do código postal válido, bem como o objecto, o capital e a data do encerramento do exercício, e ainda, quanto a sociedades comerciais, empresas públicas, agrupamentos complementares de empresas, agrupamentos europeus de interesse económico e cooperativas, a forma de obrigar, os titulares dos órgãos sociais e a duração dos respectivos mandatos;
e) A firma da representação permanente de pessoa colectiva, bem como o número de identificação de pessoa colectiva e o local de representação, com indicação do código postal válido, o objecto, o capital afecto, quando exista, a data de encerramento de exercício e os representantes;
f) Os fins, a forma de obrigar, a administração ou os representantes legais e a duração dos respectivos mandatos, das pessoas colectivas de utilidade pública;
g) O código CAE (compreendendo o CAE principal e até três CAE secundários);
h) A menção do seu cancelamento, quando este se verifique;

118

Cap. II. Menções dos registos **Arts. 9.º-10.º RRegCom** **[2-A]**

i) Outros elementos identificadores da entidade sujeita a registo cuja menção no extracto da matrícula seja determinada por despacho do presidente do Instituto dos Registos e do Notariado, I. P..

2. A matrícula das representações permanentes das sociedades com sede principal e efectiva no estrangeiro deve incluir a referência a 'representação permanente', 'sucursal' ou outra equivalente, à escolha do interessado.

3. O registo de declaração de perda do direito ao uso de firma ou denominação determina a correspondente menção na matrícula.

4. As alterações ao código CAE constantes do Sistema de Informação da Classificação Portuguesa das Actividades Económicas (SICAE) são automaticamente reflectidas na matrícula.

Nota. Redacção introduzida pelo art. 21.º da Portaria n.º 1416-A/2006, de 19 de Dezembro, pelo art. 1.º da Portaria n.º 234/2008, de 12 de Março, pelo art. 5.º da Portaria n.º 4/2009, de 2 de Janeiro, e pelo art. 5.º da Portaria n.º 1256/2009, de 14 de Outubro.

Art. 9.º (Menções gerais das inscrições)

1. Do extracto da inscrição deve constar:

a) O número de ordem correspondente e o número e a data da apresentação;

b) Sendo a inscrição provisória, a menção de que o é, por natureza ou por dúvidas, com indicação, no primeiro caso, da disposição legal aplicável;

c) O facto registado;

d) O nome completo, a residência habitual ou domicílio profissional e o número de identificação fiscal (NIF) ou a firma, a sede e o número de identificação de pessoa colectiva (NIPC) dos sujeitos que figurem activamente no facto.

2. Sem prejuízo do disposto no número anterior, deve constar, igualmente, do extracto da inscrição o estado civil dos sócios e, sendo casados, o nome do cônjuge e o respectivo regime de bens.

Nota. Redacção introduzida pelo art. 21.º da Portaria n.º 1416-A/2006, de 19 de Dezembro.

Art. 10.º (Menções especiais das inscrições)

O extracto da inscrição deve ainda conter as seguintes menções especiais:

a) Na de início de actividade do comerciante individual, o nome completo e a firma, se diferente daquele, o seu número de identificação fiscal, a data do início de actividade, a nacionalidade, o estado civil e, sendo casado, o nome do cônjuge e o regime de bens, o ramo de actividade e a localização do estabelecimento principal;

b) Na de constituição de sociedade, a firma, a sede, o prazo de duração, quando determinado, o objecto, o capital e, não estando realizado, o montante em que ficou, as quotas ou partes sociais, ou o valor nominal e a natureza das acções, a data do encerramento do exercício social, quando este último for diferente do correspondente ao ano civil, a administração, a fiscalização e a forma de obrigar a sociedade e, tratando-se de constituição de sociedade anónima europeia, para além das menções anteriores, a modalidade de constituição;

c) Na de constituição de cooperativa, a firma, a sede, o prazo de duração, quando determinado, o objecto, o capital mínimo, a direcção, a fiscalização e a forma de obrigar a cooperativa;

119

[2-A] RRegCom Art. 10.°

d) Na de constituição de empresa pública, a firma, a sede, o prazo de duração, quando determinado, o objecto, o capital, a administração, a fiscalização e a forma de obrigar a empresa;

e) Na de contrato de agrupamento complementar de empresas e na de agrupamento europeu de interesse económico, a firma, a sede, o prazo de duração, quando determinado, o objecto, o nome ou a firma dos membros, as contribuições genéricas dos agrupados para os encargos e a constituição do capital, havendo-o, a administração e a forma de obrigar o agrupamento;

f) Na de constituição de estabelecimento individual de responsabilidade limitada, o nome, a residência e a nacionalidade do titular, a sede, a data do início da actividade, o prazo de duração, quando determinado, o objecto e o capital;

g) Na de criação de representação permanente, a identificação da pessoa colectiva representada, por referência à firma, nacionalidade, sede, objecto e capital, e ainda a firma, o local de representação, o capital afecto, quando exigível, e a data de encerramento do exercício social;

h) Na de entrada de novos membros do agrupamento complementar de empresas, a data da deliberação;

i) Na de designação dos membros dos órgãos de administração, fiscalização e liquidação, bem como do secretário da sociedade, o prazo por que foram designados, se o houver, e a data da deliberação;

j) Na de alteração do contrato ou do acto constitutivo, a indicação dos artigos alterados e, tratando-se da alteração de algum dos elementos previstos nas alíneas *b)* a *f)*, a respectiva menção;

l) Na de prorrogação, a data da deliberação;

m) Na de fusão e de cisão, a modalidade, a firma, o número de identificação de pessoa colectiva e a sede das entidades participantes, as alterações ao contrato ou aos estatutos da entidade incorporante ou cindida quanto às menções previstas nas alíneas *b)* a *e)*, bem como a data da deliberação que aprovou o projecto, nos casos em que, por lei, aquela deliberação não é dispensada;

n) Na de transformação, a data da deliberação e as menções do contrato ou dos estatutos previstas nas alíneas *b)* a *e)*;

o) Na de aumento do capital, o montante após o aumento, a natureza da subscrição e como foi subscrito;

p) Na de redução do capital, a quantia a que este ficou reduzido e a data da deliberação;

q) Na de reintegração do capital, o montante e a sua distribuição pelos sócios;

r) Na de dissolução, o prazo para a liquidação, quando estipulado;

s) Na de encerramento da liquidação, a data da aprovação das contas e o nome, residência habitual ou domicílio profissional e o número de identificação fiscal do depositário designado nos termos do n.° 4 do artigo 157.° do Código das Sociedades Comerciais;

t) Na de regresso à actividade da sociedade, quando deliberada pelos sócios, a data da deliberação;

u) Na de encerramento de representação permanente, a data do encerramento;

v) Na de acção e nas dos procedimentos e providências cautelares, o pedido, o tribunal onde o processo foi instaurado e a respectiva data de entrada;

120

Cap. II. Menções dos registos — **Art. 11.º RRegCom [2-A]**

x) Na de declaração de insolvência, a data e hora de prolação da sentença e a data do respectivo trânsito em julgado e, se for caso disso, a menção adicional da presumível insuficiência do património do devedor para a satisfação das custas do processo e das dívidas previsíveis da massa insolvente;

z) Na de indeferimento do pedido de declaração de insolvência, a data do trânsito em julgado da sentença respectiva;

aa) Na de nomeação de administrador judicial e de administrador judicial provisório da insolvência, o domicílio profissional do administrador nomeado e, no caso de nomeação de administrador judicial provisório, os poderes que lhe foram atribuídos;

ab) Na de atribuição ao devedor da administração da massa insolvente, a data do despacho que a decretou e, sendo decretada a proibição da prática de certos actos pelo devedor sem o consentimento do administrador da insolvência, a especificação dos actos sujeitos a esse condicionalismo;

ac) Na de inabilitação e de inibição de comerciantes individuais para o exercício do comércio e de determinados cargos, a data do trânsito em julgado da sentença, o prazo da inabilitação e da inibição e a especificação das inibições decretadas;

ad) Na de nomeação de curador ao insolvente inabilitado, o domicílio profissional do curador;

ae) Na que publicita o despacho inicial no procedimento de exoneração do passivo restante do comerciante individual, a data do despacho e a menção do nome e domicílio profissional do fiduciário do rendimento disponível do devedor;

af) Na de exoneração do passivo restante do comerciante individual, a data do trânsito em julgado do despacho que a determina;

ag) Na de encerramento do processo de insolvência, a data da respectiva decisão judicial e a razão determinante do encerramento e, no caso de encerramento por homologação de plano de insolvência cuja execução fique sujeita a fiscalização, a menção deste último condicionalismo e, se for o caso, dos actos cuja prática depende do consentimento do administrador da insolvência e do limite quantitativo dentro do qual é lícita a concessão de prioridade a novos créditos.

ah) Na de constituição de entidades resultantes de fusão, cisão ou cisão/ /fusão, a menção desta circunstância, bem como o número de identificação de pessoa colectiva das entidades fundidas ou cindidas.

Nota. Redacção introduzida pelo art. 21.º da Portaria n.º 1416-A/2006, de 19 de Dezembro, pelo art. 1.º da Portaria n.º 234/2008, de 12 de Março, e pelo art. 5.º da Portaria n.º 1256/2009, de 14 de Outubro.

Art. 11.º (Menções gerais dos averbamentos à inscrição)

Os averbamentos à inscrição devem conter:

a) O número de ordem privativo do averbamento dentro da inscrição a que respeita;

b) O número e a data da apresentação ou, se desta não dependerem, a data em que são feitos;

c) A menção do facto averbado.

[2-A] RRegCom Arts. 12.°-13.°-A
Regulamento do Registo Comercial

Art. 12.° (Menções especiais dos averbamentos à inscrição)

O extracto do averbamento à inscrição deve ainda conter as seguintes menções especiais:

a) No de recondução de funções de membros dos órgãos de administração e de fiscalização e do secretário da sociedade, o prazo por que foram reconduzidos, quando indicado, e a data da deliberação;

b) No de cessação de funções dos membros dos órgãos de administração, fiscalização e liquidação e do secretário da sociedade, a data e a causa;

c) Nos de concessão e modificação de poderes dos liquidatários, os poderes concedidos ou modificados e a data;

d) No de realização integral do capital, a data;

e) No de declaração de perda do direito ao uso da firma ou denominação, a data e a causa;

f) No de decisão final de acções inscritas, o conteúdo dispositivo da sentença e a data do trânsito em julgado;

g) No de cessação de funções do administrador judicial ou do administrador judicial provisório da insolvência e no de cessação de funções do curador do insolvente inabilitado, a causa;

h) No de proibição ao devedor insolvente da prática de certos actos sem o consentimento do administrador da insolvência, quando tal proibição não for determinada conjuntamente com a atribuição ao devedor da administração da massa insolvente, a data do despacho respectivo e a especificação dos actos sujeitos a esse condicionalismo;

i) No de cessação da administração da massa insolvente pelo devedor, a data do despacho que a decretou;

j) No de confirmação do fim do período de fiscalização incidente sobre a execução de plano de insolvência, a data da decisão judicial respectiva;

l) No de cessação antecipada do procedimento de exoneração do passivo restante de comerciante individual, a data do despacho respectivo;

m) No de revogação da exoneração do passivo restante de comerciante individual, a data do trânsito em julgado do despacho respectivo.

Art. 13.° (Anotações)

As anotações previstas na lei devem conter:

a) A data da apresentação dos documentos ou, se dela não dependerem, a data em que foram lavradas, bem como o número de ordem privativo dentro das inscrições ou averbamentos a que respeitam;

b) O facto anotado.

Art. 13.°-A (Referência ao código postal)

Em todas as menções de sede, localização de estabelecimento, ou residência ou domicílio profissional, é obrigatória a indicação de código postal válido.

Nota. Aditado pelo art. 6.° da Portaria n.° 1256/2009, de 14 de Outubro.

Cap. II. Menções dos registos   **Arts. 14.°-15.° RRegCom [2-A]**

SECÇÃO II. **Registos por depósito**

Art. 14.° (Menções gerais do registo por depósito)

1. O depósito dos documentos que titulem factos sujeitos a registo é mencionado na ficha de registo, com indicação:

a) Da data do depósito;

b) Do facto a registar;

c) Do nome ou denominação, da residência habitual, domicílio fiscal ou sede, com indicação de código de postal válido, e do número de identificação fiscal do sujeito activo do facto;

d) Do nome, qualidade e número de cédula profissional ou documento equivalente, quando aplicável, de quem requereu o depósito, bem como a residência ou domicílio profissional, com indicação de código de postal válido.

2. As indicações previstas no número anterior são recolhidas do pedido de registo.

Nota. Redacção introduzida pelo art. 21.° da Portaria n.° 1416-A/2006, de 19 de Dezembro, e pelo art. 5.° da Portaria n.° 1256/2009, de 14 de Outubro.

Art. 15.° (Menções especiais do registo por depósito)

1. O depósito dos documentos que titulem factos sujeitos a registo é mencionado na ficha de registo, com indicação:

a) No de deliberação da assembleia geral para a aquisição de bens e no de deliberação de manutenção ou termo do domínio total, a data da deliberação;

b) No de deliberação de amortização, conversão e remissão de acções, a data da deliberação, o montante das acções e a sua espécie, quando indicada;

c) No de emissão de obrigações, o montante da emissão, o valor nominal das obrigações e a data da deliberação;

d) No de prestação de contas, o ano do exercício e os elementos referidos no n.° 4 do artigo 72.° do Código do Registo Comercial;

e) No de deliberação de redução do capital social, o montante e a data da deliberação;

f) No de projecto de fusão ou cisão, a modalidade, a firma, o número de identificação de pessoa colectiva e a sede, com indicação de código de postal válido, das entidades participantes;

g) No de projecto de constituição de sociedade anónima europeia, a modalidade de constituição e, no caso de constituição por meio de fusão ou de constituição de sociedade gestora de participações sociais, a firma e sede, com indicação de código de postal válido, das sociedades participantes;

h) No de contrato de subordinação, no de contrato de agência ou representação comercial e no de mandato, o início de produção de efeitos e o prazo de duração, quando estipulado;

i) No de acção, procedimento ou providência cautelar, o pedido, o tribunal onde o processo foi instaurado e a respectiva data de entrada;

j) No de decisão judicial, o conteúdo dispositivo e a data do trânsito em julgado da sentença, o tribunal que a decretou e o respectivo número de processo.

[2-A] RRegCom Arts. 16.º-17.º   Regulamento do Registo Comercial

l) No de cancelamento, o facto a que respeita o registo cancelado e o respectivo número de ordem;

m) No de modificação ou rectificação, o facto a que respeita o registo modificado ou rectificado, o respectivo número de ordem e, sendo modificado ou rectificado algum dos elementos constantes da menção, a sua indicação;

2. O registo de facto respeitante a participação social ou respectivo titular deve ainda mencionar:

a) A quota ou parte social objecto do facto registado;

b) O estado civil do sujeito activo do facto e, sendo casado, o nome do cônjuge e o regime de bens;

c) A identificação do sujeito passivo do facto, nos termos previstos para o sujeito activo;

d) Tratando-se de registo de penhor, para além das menções anteriores, a quantia garantida;

e) Tratando-se de registo de penhora ou arresto, para além das menções previstas nas alíneas *a*) a *d*), o tribunal onde a providência foi decretada e o respectivo número de processo;

f) Tratando-se de registo de amortização de quota, extinção de parte social, exoneração ou exclusão de sócio, para além das menções das alíneas *a*) e *b*), a data do facto.

3. O disposto no n.º 2 do artigo anterior é aplicável às menções previstas neste artigo.

Nota. Redacção introduzida pelo art. 21.º da Portaria n.º 1416-A/2006, de 19 de Dezembro, pelo art. 4.º da Portaria n.º 562/2007, de 30 de Abril, e pelo art. 5.º da Portaria n.º 1256/2009, de 14 de Outubro.

CAPÍTULO III.   Disposições finais

Art. 16.º (Notificações)

Sempre que a lei não disponha em contrário e sem prejuízo do disposto no artigo 116.º do Código do Registo Comercial, as notificações são efectuadas por carta registada.

Art. 17.º (Emolumentos)

Para efeitos de tributação emolumentar, o secretário da sociedade é equiparado a órgão social.

Nota. Aditado pelo art. 22.º da Portaria n.º 1416-A/2006, de 19 de Dezembro.

CÓDIGO DO REGISTO COMERCIAL – Apêndice*

[2-B] DECRETO-LEI N.° 42 644
de 14 de Novembro de 1959

Art. 4.° (Factos sujeitos a registo referentes a navios)
Estão sujeitos a registo, quando referentes a navios:
a) Os factos jurídicos que importem reconhecimento, aquisição ou divisão do direito de propriedade;
b) Os factos jurídicos que importem reconhecimento, constituição, aquisição, modificação ou extinção do direito de usufruto;
c) Os contratos de construção ou de grande reparação;
d) As hipotecas, sua modificação ou extinção, bem como a cessão da hipoteca ou do grau de prioridade do respectivo registo;
e) O penhor de créditos hipotecários;
f) A penhora, o arresto e o arrolamento de navios ou de créditos hipotecários, bem como quaisquer outros actos ou providências que afectem a livre disposição deles;
g) A cessão de créditos hipotecários e sub-rogação neles.

(...)

Art. 6.° (Matrículas obrigatórias e facultativas)
A matrícula das sociedades e navios é obrigatória; é facultativa a dos comerciantes em nome individual.

Art. 8.° (Da matrícula, como condição de registo dos factos a ele sujeitos)
Nenhum facto pode ser levado a registo comercial sem que o comerciante ou o navio a que respeite se mostre devidamente matriculado.

(...)

---

* Transcrevem-se neste Apêndice as disposições que julgamos mais importantes sobre o registo de navios, constantes do DL n.° 42644, de 14 de Novembro de 1959, e D n.° 42645, de 14 de Novembro de 1959. Por força do art. 5.°, n.° 2, do DL n.° 403/86, de 3 de Dezembro, que aprovou o Código do Registo Comercial, essas disposições mantêm a sua vigência até à publicação da nova legislação sobre a matéria, o que ainda não aconteceu.

[2-B] CRegCom – Apêndice   Código do Registo Comercial

(...)

Art. 10.° (Sanção para a falta de matrícula dos navios)

Os navios sujeitos a matrícula não poderão empreender qualquer viagem enquanto não estiverem matriculados.

(...)

Art. 12.° (Primeira inscrição referente a navios)

1. A primeira inscrição referente a navios será a da sua construção ou aquisição.

2. A hipoteca provisória de navios em construção ou a construir, bem como a sua penhora, arresto, ou arrolamento, podem, porém, ser registados, independentemente da prévia inscrição referida no número anterior.

(...)

Art. 19.° (Direito aplicável)

1. São aplicáveis ao registo comercial, com as necessárias adaptações, todas as disposições legais relativas ao registo predial que não forem contrárias a natureza daquele e às disposições especiais do presente diploma ou do respectivo regulamento.

2. Ao registo de navios são ainda aplicáveis, nos mesmos termos, as normas regulamentares da marinha mercante.

DECRETO N.° 42 645
de 14 de Novembro de 1959

(...)

Art. 6.° (Competência relativa aos navios)

1. Para a matrícula dos navios é competente a conservatória em cuja área estiver situada a capitania ou delegação marítima respectiva, salvo tratando-se de navio em construção ou a construir, em que será competente a conservatória do correspondente estaleiro ou, se este se encontrar situado no estrangeiro, a Conservatória de Lisboa.

2. Para a inscrição dos factos jurídicos relativos aos navios matriculados é competente a conservatória onde a matrícula, no momento da inscrição, deva legalmente estar aberta.

(...)

Art. 8.° (Mudança voluntária de capitania do registo do navio)

1. Matriculado numa conservatória, não pode o navio ser matriculado noutra sem que previamente se declare, por averbamento à matrícula efectuada, qual a nova conservatória para que vai ser transferido.

2. O averbamento será realizado à vista do título de propriedade, do qual conste que o navio já está registado na capitania ou delegação marítima do porto da área da nova conservatória territorialmente competente para a matrícula.

3. O disposto no n.° 3 do artigo anterior é aplicável aos navios que tenham mudado de capitania.

(...)

Art. 21.° (Partes de que se compõe o registo)

O registo comercial compõe-se da matrícula, da inscrição dos factos respeitantes aos comerciantes ou navios matriculados e dos correspondentes averbamentos.

(...)

Art. 29.° (Finalidade da matrícula)

A matrícula é especialmente destinada à identificação dos comerciantes ou navios matriculados.

Art. 30.° (Unidade da matrícula)

A cada comerciante ou navio corresponderá uma só matrícula.

[2-B] CRegCom – Apêndice   Código do Registo Comercial

(...)

Art. 39.° **(Anotação da matrícula dos navios no título de propriedade)**
A matrícula definitiva dos navios, uma vez efectuada, é averbada no correspondente certificado do registo de propriedade.

(...)

Art. 43.° **(Requisitos especiais da matrícula dos navios)**
O extrato da matrícula dos navios deve conter, em especial, as seguintes menções:
a) O nome do navio e seu número oficial,
b) A tonelagem e as dimensões principais;
c) O aparelho, sistema e força das máquinas, sendo a vapor;
d) O lugar e data da construção das máquinas e do casco, bem como o material deste;
e) O sinal distintivo que tiver no Código Internacional de Sinais;
f) Os nomes e domicílios dos proprietários;
g) A declaração de ter sido apresentado o título de propriedade dos navios e a indicação da respectiva capitania ou delegação marítima.

(...)

Art. 49.° **(Documentos para matrícula de navio já constituído)**
1. A matrícula dos navios já construídos é aberta em face dos títulos apresentados para a inscrição da sua construção ou aquisição, do certificado do registo de propriedade, passado pela competente capitania ou delegação marítima, e de uma declaração escrita e assinada pelo proprietário, consignatário ou correspondente, com a assinatura reconhecida pelo notário, da qual deverão constar os elementos referidos no artigo 43.°
2. À declaração serão juntos os documentos do seguro e classificação do navio, se este estiver seguro e classificado.
3. A falta de apresentação do certificado do registo de propriedade dá lugar à realização da matrícula como provisória.

Art. 50.° **(Documento para a matrícula oficiosa do navio)**
A matrícula oficiosa do navio já construído, para efeito da inscrição de hipoteca, penhora ou arresto requerido pelos credores, é efectuada em face da respectiva certidão notarial ou judicial, acompanhada da certidão do registo da propriedade do navio.

Art. 51.° **(Documento para a matrícula de navios em construção ou a construir)**
1. A matrícula de navio em construção ou a construir é efectuada em face de título apresentado para a inscrição provisória do contrato de construção ou da hipoteca convencional para garantia do pagamento da despesa de construção.

Código do Registo Comercial CRegCom – Apêndice **[2-B]**

2. Uma vez concluída a construção, a matrícula só é convertida em definitiva à vista do certificado do registo da propriedade do navio, passado pela capitania ou delegação marítima competente.

(...)

Art. 61.º (Averbamento de cancelamento da matrícula de navios)

1. A matrícula de navios será cancelada, por meio de averbamento, em face de documento comprovativo da destruição, desaparecimento ou perda da nacionalidade dos respectivos navios.

2. No caso de subsistir registo de qualquer ónus ou encargo sobre o navio, a matrícula não pode ser cancelada sem a intervenção do titular desse registo.

(...)

Art. 68.º (Inscrições provisórias por natureza)

São admitidas apenas como provisórias as inscrições seguintes:

(...)

k) De penhora ou arresto de navio ou do direito de usufruto sobre os quais subsista inscrição de domínio ou transmissão em nome de pessoas diversas do executado ou arrestado,

l) De contrato de construção de navio e as de hipoteca constituída sobre navio em construção;

(...)

Art. 75.º (Anotação da inscrição da aquisição de navios em título de propriedade)

A inscrição de aquisição de navios, uma vez efectuada, será anotada no certificado de registo de propriedade, passado pela capitania ou delegação marítima.

Art. 76.º (Conversão em definitiva da inscrição do contrato de construção de navios)

A inscrição do contrato de construção de navio, quando convertida em definitiva, vale, para todos os efeitos, como registo de aquisição do respectivo navio.

Art. 77.º (Inscrição de transmissão de navios por contrato celebrado no estrangeiro)

A inscrição de transmissão de navios por contrato celebrado no estrangeiro, bem como a matrícula provisória e inscrição de hipoteca de navios em construção ou a construir no estrangeiro, serão efectuadas, oficiosamente, pelo conservador, se os documentos e o preparo devido lhe forem enviados pelo competente agente consultar.

Art. 78.º (Requisitos especiais de algumas inscrições)

O extracto das inscrições, além dos requisitos comuns, deve conter, conforme os casos, as seguintes menções especiais:

(...)

129

[2-B] CRegCom – Apêndice   Código do Registo Comercial

q) Nas de contrato de construção ou de grande reparação de navios: a data do contrato e prazo dentro do qual deve ser cumprido, o preço e a forma do seu pagamento;

r) Nas de aquisição originária de navio: lugar onde foi construído, o nome ou firma do construtor, o preço pago e, quando não integralmente liquidado, a quantia em dívida;

s) Nas de transmissão de navios; a causa, data e o valor da transmissão.

(...)

Art. 84.° (Documento para a inscrição de contrato de construção de navios)

1. A inscrição de contrato de construção de navio será efectuada em face de cópia do contrato, com a assinatura dos outorgantes devidamente reconhecida pelo notário.

2. A inscrição tem carácter provisório até que termine a construção e o navio seja registado na capitania ou delegação marítima competente, convertendo-se em definitiva em face da certidão deste registo.

Art. 85.° (Documento para inscrição de aquisição originária do navio)

A inscrição da aquisição do navio a favor do próprio construtor é efectuada em face de simples declaração escrita e assinada por este, com a assinatura reconhecida por notário, e de certificado do registo de propriedade na capitania ou delegação marítima competente.

Art. 86.° (Documento para a inscrição da aquisição do navio por contrato de construção)

1. A inscrição da aquisição de navio em estaleiro, por contrato de construção, efectuar-se-á em face de documento passado pelo construtor, com a assinatura reconhecida por notário, do qual conste a entrega do navio, o seu nome e qualidade, o nome do encomendador, o preço convencionado, a forma do seu pagamento e, quando não integralmente liquidado, a quantia em dívida.

2. Se a inscrição respeitar a navio construído no estrangeiro e não for requerida na Conservatória de Lisboa, deve ainda ser apresentada certidão comprovativa de nesta Conservatória não se encontrar pendente sobre o navio qualquer inscrição provisória não transcrita.

Art. 87.° (Documento para a inscrição de transmissão da propriedade do navio)

1. A inscrição de transmissão de propriedade de navios realizar-se-á em face de documento autêntico ou autenticado, comprovativo da aquisição.

2. Se a transmissão se houver operado por contrato e o navio tiver valor superior a € 49,88, a inscrição só pode efectuar-se em face de certidão da respectiva escritura pública.

Nota. A redacção do n.° 2 foi introduzida pelo art. 20.° do DL n.° 323/2001, de 17 de Dezembro.

Art. 88.° (Apresentação e título do registo de propriedade do navio)

Nenhum facto respeitante a navios pode ser definitivamente registado, sem que seja apresentado o título de propriedade do navio, ou a certidão do seu registo, passado pela competente capitania ou delegação marítima.

Código do Registo Comercial   CRegCom – Apêndice **[2-B]**

Emolumentos do registo de navios [1]

Em euros

1 – Matrículas:
1.1 – Por cada matrícula de navio 40
2 – Inscrições e averbamentos:
2.1 – Inscrições 150
2.2 – Inscrições de hipoteca, consignação de rendimentos, penhora, arresto, arrolamento, providências cautelares não especificadas e locação financeira 100
2.3 – Por cada inscrição de aquisição anterior à daquele que se apresente a requerer o registo em seu nome 80
2.4 – Por cada inscrição transcrita em consequência de mudança de capitania ou delegação marítima 60
2.5 – Pelo facto previsto na alínea *f*) do artigo 89.º do Decreto-Lei n.º 42 645, de 14 de Novembro de 1959 60
2.6 – O facto que respeite a diversos navios é cobrado por inteiro relativamente ao primeiro, acrescido de 50% do valor do emolumento previsto para o registo, por cada navio a mais, até ao limite de € 5 000.
3 – Averbamentos às inscrições:
3.1 – Averbamento de cancelamento... 80
3.2 – Averbamento à inscrição não especialmente previsto............... 50

---

[1] Tabela constante do art. 24.º do Regulamento Emolumentar dos Registos e Notariado, aprovado pelo art. 1.º do DL n.º 322-A/2001, de 14 de Dezembro, e alterado pela L n.º 32-B/2002, de 30 de Dezembro, pelos DLs n.º 315/2002, de 27 de Dezembro, n.º 194/2003, de 23 de Agosto, n.º 53/2004, de 18 de Março **[141]**, n.º 199/2004, de 18 de Agosto, e n.º 111/2005, de 8 de Julho **[10]**, n.º 178-A/2005, de 28 de Outubro, n.º 76-A/2006, de 29 de Março, n.º 85/2006, de 23 de Maio, n.º 125/2006, de 29 de Junho **[10-A]**, n.º 317-A/2006, de 14 de Dezembro, n.º 8/2007, de 17 de Janeiro, e n.º 263-A/2007, de 23 de Julho, pela L n.º 40/2007, de 24 de Agosto, e pelos DLs n.º 324/2007, de 28 de Setembro, n.º 20/2008, de 31 de Janeiro, n.º 73/2008, de 16 de Abril [   ], n.º 116/2008, de 4 de Julho, n.º 247-B//2008, de 30 de Dezembro, n.º 122/2009, de 21 de Maio, n.º 185/2009, de 12 de Agosto, e n.º 99/2010, de 2 de Setembro. Nos termos do art. 4.º daquele mesmo diploma, "para efeitos do disposto no n.º 1 do artigo 9.º do Regulamento Emolumentar dos Registos e Notariado, são mantidas em vigor as normas sobre emolumentos pessoais, bem como as regras relativas à sua distribuição, constantes das anteriores tabelas emolumentares, aplicáveis com as necessárias adaptações."

Nos termos do artigo 16.º do referido Regulamento:

"São gratuitos os seguintes actos:

a) Averbamentos de actualização dos registos por efeito da redenominação automática dos valores monetários;

b) Rectificação de actos de registo ou documentos, resultante de erro ou inexactidão proveniente de deficiência dos títulos emitidos pelos serviços dos registos e do notariado;

c) Conferência de fotocópias, nos termos do Decreto-Lei n.º 30/2000, de 13 de Março;

d) Certidões, fotocópias e comunicações que decorram do cumprimento de obrigações legais e que não devam entrar em regra de custas."

A anterior tabela de emolumentos do registo de navios tinha sido aprovada pela Portaria n.º 996//98, de 25 de Novembro, cujas normas respeitantes a emolumentos pessoais se mantêm, em vigor.

131

[2-B] CRegCom – Apêndice   Código do Registo Comercial

4 – Pela urgência na feitura de cada registo é devido o valor do emolumento correspondente ao acto.

5 – Desistência do pedido de registo 20

6 – Recusa de registo 50

7 – Certidões, fotocópias, informações escritas e certificados:

7.1 – Requisição e emissão de certidão negativa 20

7.2 – Requisição e emissão de certidão ou fotocópia de actos de registo:

7.2.1 – Respeitante a um só navio 20

7.2.2 – Por cada navio a mais 10

7.3 – Requisição e emissão de certidão ou fotocópia de documentos:

7.3.1 – Até nove páginas 20

7.3.2 – A partir da 10.ª página, por cada página a mais...................... 1

7.4 – Pela confirmação do conteúdo da certidão ou fotocópia é devido emolumento da respectiva emissão reduzido a metade.

7.5 – Informação por escrito:

7.5.1 – Em relação a um navio 11

7.5.2 – Por cada navio a mais, até ao máximo de € 800...................... 11

7.6 – Fotocópia não certificada, por cada página............................. 1

7.7 – O emolumento devido pelas certidões e fotocópias, quando cobrado no acto do pedido, é restituído no caso da recusa da sua emissão.

8 – Pelo suprimento oficioso de deficiências que ocorra no âmbito do artigo 73.°, n.ºs 2, 3 ou 6, do Código do Registo Predial...... 30

[3] DECRETO LEI N.° 129/98
de 13 de Maio

Nos termos da alínea *a*) do n.° 1 do artigo 198.° e n.° 5 do artigo 112.° da Constituição, o Governo decreta o seguinte:

Art. 1.° (Regime do Registo Nacional de Pessoas Colectivas)
É aprovado o regime do Registo Nacional de Pessoas Colectivas (RNPC), em anexo ao presente diploma e que dele faz parte integrante.

Art. 2.° (Integração)
O actual RNPC é integrado na Direcção-Geral dos Registos e do Notariado (DGRN) como conservatória do registo comercial de 1.ª classe.

Art. 3.° (Extinção)
São extintos o conselho consultivo do RNPC e a Direcção de Serviços do RNPC do Gabinete de Estudos e Planeamento do Ministério da Justiça (GEPMJ), bem como o lugar de director-geral do RNPC.

Art. 4.° (Transição para os lugares de conservador)
1. Ao primeiro concurso para provimento dos lugares de conservador e de conservador auxiliar do RNPC, que deve ser aberto no prazo de 90 dias a contar da entrada em vigor do presente diploma, só podem concorrer os técnicos superiores do quadro do GEPMJ licenciados em Direito e afectos à Direcção de Serviços do RNPC, com classificação de serviço não inferior à de *Bom* e nas seguintes condições:
   a) Para conservadores de 2.ª classe, se contarem mais de oito anos no apoio jurídico ao RNPC, independentemente da categoria actual;
   b) Para conservadores de 3.ª classe, se contarem mais de três anos no apoio jurídico ao RNPC, independentemente da categoria actual.
2. O pessoal provido nos termos do número anterior passa a integrar o quadro dos conservadores do registo predial e comercial, ingressando no escalão 1 da categoria, sem antiguidade.

Art. 5.° (Transição para os lugares de oficial)
1. Ao primeiro concurso para provimento dos lugares de oficial do quadro do RNPC, que deve ser aberto no prazo de 90 dias a contar da entrada em vigor do presente diploma, só pode concorrer o pessoal do quadro do GEPMJ que preste

[3] RNPC Arts. 6.°-9.°   Decreto-Lei n.° 129/98

ou tenha prestado funções de apoio técnico-administrativo ao RNPC, nas seguintes condições:

a) Para categoria a que corresponda, no escalão 1, o índice que actualmente detêm ou, não havendo coincidência, o superior mais aproximado;

b) Não tenha classificação inferior a *Bom*.

2. O pessoal provido nos termos do número anterior passa a integrar o quadro dos oficiais do registo predial e comercial, ingressando no escalão 1 da categoria, sem antiguidade.

Art. 6.° (Ordenação dos candidatos)

1. São condições de preferência na ordenação dos candidatos ao concurso previsto no n.° 1 do artigo 4.°, sucessivamente:

a) A classificação de serviço;

b) A categoria mais elevada na carreira actual;

c) A antiguidade na categoria actual;

d) A classificação na licenciatura em Direito;

e) A antiguidade na função pública.

2. São condições de preferência na ordenação dos candidatos ao concurso previsto no n.° 1 do artigo anterior, sucessivamente:

a) A classificação de serviço;

b) A categoria mais elevada na carreira actual;

c) As habilitações escolares;

d) A antiguidade na categoria actual;

e) A antiguidade na função pública.

3. Os técnicos superiores licenciados em Direito a prestar apoio técnico-jurídico no RNPC não colocados como conservadores são dispensados das provas de aptidão referidas na alínea *a*) do n.° 1 do artigo 3.° do DL n.° 206/97, de 12 de Agosto.

Art. 7.° (Dispensa de estágio)

É considerado como estágio válido para efeitos do n.° 1 do artigo 112.° do Regulamento dos Serviços dos Registos e do Notariado, aprovado pelo Decreto Regulamentar n.° 55/80, de 8 de Outubro, aplicável por força do disposto no artigo 61.° do Decreto-Lei n.° 92/90, de 17 de Março, o tempo de serviço prestado pelo pessoal do quadro do GEPMJ, quando classificado, pelo menos, de *Bom*.

Art. 8.° (Pessoal auxiliar e operário)

O pessoal auxiliar e operário afecto à Direcção de Serviços do RNPC transita para o quadro de pessoal do RNPC para as categorias, escalões e índices que actualmente detêm.

Art. 9.° (Pagamento de remunerações)

Até à transição para o quadro do RNPC dos funcionários actualmente em serviço na Direcção de Serviços do RNPC, as respectivas remunerações continuam a ser pagas pelas dotações do Gabinete de Gestão Financeira do Ministério da Justiça e do Gabinete de Estudos e Planeamento do Ministério da Justiça.

Decreto-Lei n.º 129/98

Arts. 10.º-13.º RNPC [3]

Art. 10.º (Quadros de conservadores e de oficiais)

Ao quadro de conservadores do registo predial de 2.ª classe e de 3.ª classe, bem como ao dos oficiais, são acrescentados, nas respectivas classes pessoais, os lugares correspondentes aos das transições efectuadas do quadro do GEPMJ para o quadro do RNPC, nos termos dos artigos 4.º e 5.º

Art. 11.º (Celebração de protocolos)

1. A DGRN celebra protocolos com o GEPMJ para o apoio logístico e técnico que for considerado necessário em resultado da transição dos serviços.

2. A utilização pelo RNPC de instalações, equipamentos e outros bens afectos ao GEPMJ é definida em protocolo celebrado entre ambos os organismos.

3. O protocolo referido no número anterior abrange igualmente as transferências de património a que houver lugar.

Art. 12.º (Norma revogatória)

São revogados:

a) Os artigos 1.º, 4.º e 71.º a 91.º do DL n.º 144/83, de 31 de Março;

b) O DL n.º 42/89, de 3 de Fevereiro;

c) O DL n.º 410/90, de 31 de Dezembro;

d) O DL n.º 18/91, de 10 de Janeiro;

e) Os artigos 3.º a 5.º do DL n.º 426/91, de 31 de Outubro;

f) O DL n.º 20/93, de 26 de Janeiro;

g) O Decreto Regulamentar n.º 27/93, de 3 de Setembro.

Art. 13.º (Entrada em vigor)

O presente diploma entra em vigor no dia 1 do mês seguinte ao decurso de 30 dias sobre a data da sua publicação.

REGISTO NACIONAL
DE PESSOAS COLECTIVAS

TÍTULO I. DISPOSIÇÕES GERAIS

Art. 1.º (Registo Nacional de Pessoas Colectivas)
O Registo Nacional de Pessoas Colectivas (RNPC) tem por função organizar e gerir o ficheiro central de pessoas colectivas, bem como apreciar a admissibilidade de firmas e denominações.

Art. 2.º (Ficheiro central de pessoas colectivas)
1. O ficheiro central de pessoas colectivas (FCPC) é constituído por uma base de dados informatizados onde se organiza informação actualizada sobre as pessoas colectivas necessária aos serviços da Administração Pública para o exercício das suas atribuições.
2. O FCPC contém ainda, com os mesmos objectivos, informação de interesse geral relativa a entidades públicas ou privadas não dotadas de personalidade jurídica, bem como pessoas colectivas internacionais e pessoas colectivas de direito estrangeiro.

Art. 3.º (Firmas e denominações)
A atribuição das firmas e denominações está sujeita à observância dos princípios da verdade e da novidade nos termos e condições previstos no título III e o respectivo registo confere o direito ao seu uso exclusivo.

TÍTULO II. FICHEIRO CENTRAL DE PESSOAS COLECTIVAS

CAPÍTULO I. Âmbito e forma de inscrição

Art. 4.º (Âmbito pessoal)
1. O FCPC integra informação relativa a:
a) Associações, fundações, sociedades civis e comerciais, cooperativas, empresas públicas, agrupamentos complementares de empresas, agrupamentos europeus de interesse económico, bem como quaisquer outros entes colectivos personalizados, sujeitos ao direito português ou ao direito estrangeiro, que habitualmente exerçam actividade em Portugal;

Cap. I. Âmbito e forma de inscrição **Arts. 5.°-6.° RNPC [3]**

b) Representações de pessoas colectivas internacionais ou de direito estrangeiro que habitualmente exerçam actividade em Portugal;

c) Entidades a que a lei confira personalidade jurídica após o respectivo processo de formação, entre o momento em que tiverem iniciado esse processo e aquele em que o houverem terminado;

d) Entidades que, prosseguindo objectivos próprios e actividades diferenciadas das dos seus associados, não sejam dotadas de personalidade jurídica;

e) Organismos e serviços da Administração Pública, não personalizados, que constituam uma unidade organizativa e funcional;

f) Estabelecimentos individuais de responsabilidade limitada;

g) Comerciantes individuais;

h) Empresários individuais que exerçam actividade económica legalmente não qualificada como profissão liberal e usem firma diferente do seu nome completo ou abreviado;

i) Instrumentos de gestão fiduciária e sucursais financeiras exteriores registados na Zona Franca da Madeira.

2. O FCPC pode ainda, enquanto for necessário para efeitos fiscais, incluir informação respeitante a quaisquer sujeitos passivos da relação jurídica tributária não abrangidos pelo número fiscal de pessoa singular.

3. (…).

Notas. 1. Redacção introduzida pelo art. 26.° do DL n.° 247-B/2008, de 30 de Dezembro.

2. O n.° 3 foi revogado pelo art. 46.°, alínea *c*), do DL n.° 247-B/2008, de 30 de Dezembro.

Art. 5.° (Âmbito material)

O FCPC contém, além dos elementos de identificação das entidades referidas no artigo anterior, a inscrição dos factos previstos nos artigos seguintes, podendo ainda conter outros dados de informação previstos na legislação comercial, designadamente no Código do Registo Comercial, bem como os dados necessários à prossecução das atribuições legais ou estatutárias de organismos do sector público.

Art. 6.° (Pessoas colectivas)

Estão sujeitos a inscrição no FCPC os seguintes actos e factos relativos a pessoas colectivas:

a) Constituição;

b) Modificação de firma ou denominação;

c) Alteração do objecto ou do capital;

d) Alteração da localização da sede ou do endereço postal, incluindo a transferência da sede de e para Portugal;

e) A alteração do código de actividade económica (CAE);

f) Fusão, cisão ou transformação;

g) Cessação de actividade;

h) Dissolução, encerramento da liquidação ou regresso à actividade.

Nota. Redacção introduzida pelo art. 5.° do DL n.° 2/2005, de 4 de Janeiro **[14-A]**, e pelo art. 26.° do DL n.° 247-B/2008, de 30 de Dezembro.

[3] **RNPC Arts. 7.°-11.°**   Tít. II.   Ficheiro central de pessoas colectivas

Art. 7.° (Representações de pessoas colectivas internacionais ou de direito estrangeiro)

Estão sujeitos a inscrição no FCPC os seguintes actos e factos relativos a representações de pessoas colectivas internacionais ou de direito estrangeiro que exerçam actividade em Portugal:

    a) Início e cessação de actividade;
    b) Alteração do objecto ou capital;
    c) Alteração da localização da sede ou do endereço postal;
    d) A alteração do código de actividade económica (CAE);
    e) Elementos de identificação da entidade representada e suas alterações.

Nota. Redacção introduzida pelo art. 26.° do DL n.° 247-B/2008, de 30 de Dezembro.

Art. 8.° (Organismos e serviços públicos)

Estão sujeitos a inscrição no FCPC, relativamente a organismos e serviços da Administração Pública não personalizados, o respectivo nome, endereço postal e suas alterações, bem como a menção do diploma da criação.

Art. 9.° (Estabelecimentos individuais de responsabilidade limitada)

Estão sujeitos a inscrição no FCPC os seguintes actos e factos relativos a estabelecimentos individuais de responsabilidade limitada:

    a) Constituição;
    b) Alteração da firma;
    c) Alteração da localização da sede ou do endereço postal;
    d) Alteração do objecto ou do capital;
    e) A alteração do código de actividade económica (CAE);
    f) Cessação de actividade, entrada em liquidação e encerramento da liquidação.

Nota. Redacção introduzida pelo art. 26.° do DL n.° 247-B/2008, de 30 de Dezembro.

Art. 10.° (Outras entidades e comerciantes individuais)

1. Estão sujeitos a inscrição no FCPC os seguintes actos e factos, bem como as suas alterações, relativos às entidades referidas nas alíneas *c*) e *d*) do n.° 1 do artigo 4.°, bem como a comerciantes individuais:

    a) Firma ou denominação;
    b) Sede ou domicílio e endereço postal;
    c) Objecto social ou actividade exercida;
    d) A alteração do código de actividade económica (CAE);
    e) Início e cessação de actividade.

2. (...).

Notas. 1. Redacção introduzida pelo art. 26.° do DL n.° 247-B/2008, de 30 de Dezembro.

2. O n.° 2 foi revogado pelo art. 46.°, alínea *c*), do DL n.° 247-B/2008, de 30 de Dezembro.

Art. 11.° (Forma de inscrição)

1. As entidades sujeitas a registo comercial obrigatório e as que o tenham requerido, bem como os actos e factos que a umas e outras respeitem, são oficiosa-

Cap. I.   Âmbito e forma de inscrição   **Arts. 11.°-A-11.°-B RNPC** **[3]**

mente inscritos no FCPC, através de comunicação automática electrónica do sistema integrado do registo comercial (SIRCOM).

2. As demais entidades devem promover a inscrição no FCPC no prazo de validade do certificado de admissibilidade, quando exista, ou no prazo de um mês a contar da verificação dos seguintes factos:

a) Finalização das formalidades legais de constituição, no caso de pessoas colectivas;

b) Publicação do diploma de criação, no caso de entidades constituídas por diploma legal;

c) Início de actividade, nos restantes casos.

3. A inscrição pode ser requerida por um dos constituintes ou, sendo o caso, pelas entidades já constituídas, através das seguintes formas:

a) Presencialmente, por forma verbal, pelo próprio ou por pessoa com legitimidade para o efeito ou advogado, notário ou solicitador, ou por escrito em formulário próprio;

b) Através de sítio na Internet, se essa funcionalidade estiver disponibilizada;

c) Pelo correio em formulário próprio.

4. Quando intervenham na formalização dos actos constitutivos das pessoas colectivas referidas no n.° 2 ou em alterações estatutárias posteriores, os notários devem promover a inscrição no FCPC ou advertir para a necessidade de esta ser efectuada no prazo legal.

Nota. Redacção introduzida pelo art. 26.° do DL n.° 247-B/2008, de 30 de Dezembro.

Art. 11.°-A (Comunicações obrigatórias)

1. É oficiosa e gratuitamente comunicado aos serviços da administração tributária e da segurança social, por via electrónica, o conteúdo dos seguintes actos respeitantes a entidades inscritas no FCPC que não estejam sujeitas no registo comercial:

a) Inscrição inicial;

b) A mudança da firma ou da denominação;

c) A alteração da localização da sede, do domicílio ou do endereço postal;

d) A dissolução e o encerramento da liquidação.

2. Para os efeitos do disposto na alínea *d*) do número anterior, no momento da inscrição desse facto no FCPCdeve ser obrigatoriamente indicado o representante da entidade para efeitos tributários, nos termos do n.° 4 do artigo 19.° do Decreto-Lei n.° 398/98, de 17 de Dezembro.

3. As comunicações obrigatórias efectuadas nos termos dos números anteriores determinam que os serviços da administração tributária e da segurança social não podem exigir a apresentação das respectivas declarações.

Nota. Aditado pelo art. 14.° do DL n.° 122/2009, de 21 de Maio.

Art. 11.°-B (Não aceitação do pedido de inscrição)

1. O pedido de inscrição não é aceite nos casos seguintes:

a) O requerimento do pedido não respeite o modelo aprovado, não contenha os elementos de preenchimento obrigatório ou não se encontre devidamente instruído;

139

[3] RNPC Arts. 12.º-15.º   Tít. II.   Ficheiro central de pessoas colectivas

b) O pedido seja ininteligível;
c) Não tenham sido pagas as quantias que se mostrem devidas;
d) Não haja lugar a inscrição.
2. Em caso de não aceitação do pedido, se o interessado declarar que pretende impugnar o acto, o funcionário deve proferir a sua decisão por escrito.

Nota. Aditado pelo art. 27.º do DL n.º 247-B/2008, de 30 de Dezembro.

Art. 12.º (Inscrição oficiosa)
1. O RNPC pode fazer inscrever oficiosamente no FCPC as entidades que não tenham cumprido a obrigação legal de requerer a inscrição e cuja identificação esteja estabelecida.
2. Após a inscrição oficiosa, deve ser promovido o procedimento legal que ao caso couber.

CAPÍTULO II.   **Número e cartão de identificação**

Art. 13.º (Número de identificação)
1. A cada entidade inscrita no FCPC é atribuído um número de identificação próprio, designado número de identificação de pessoa colectiva (NIPC).
2. O NIPC é um número sequencial de nove dígitos, variando o primeiro dígito da esquerda entre os algarismos 5 e 9, com exclusão do algarismo 7.
3. A atribuição do primeiro dígito da esquerda é efectuada de harmonia com tabela aprovada por portaria do Ministro da Justiça.

Art. 14.º (Atribuição e exclusividade)
1. O NIPC só pode ser atribuído pelo RNPC ou pelos serviços de registo designados nos termos do disposto no n.º 1 do artigo 78.º, sendo vedada a atribuição por qualquer outra entidade de número susceptível de confusão com o NIPC.
2. Não é permitido o uso de designações genéricas, nomeadamente número de pessoa colectiva, número de empresa ou semelhante, para designar números diferentes do NIPC e que possam gerar confusão com este.

Nota. Redacção introduzida pelo art. 26.º do DL n.º 247-B/2008, de 30 de Dezembro.

Art. 15.º (Número provisório de identificação)
1. Com a emissão do certificado de admissibilidade é atribuído um NIPC provisório para efeitos de constituição de pessoa colectiva, de estabelecimento individual de responsabilidade limitada, de organismos da Administração Pública que incorporem na sua denominação siglas, expressões de fantasia ou composições e para os empresários individuais referidos na alínea *h)* do n.º 1 do artigo 4.º
2. Para a apresentação de pedidos no registo comercial é igualmente atribuído pelos serviços de registo um NIPC provisório às seguintes entidades:
a) Representações permanentes de pessoas colectivas registadas no estrangeiro;

140

Cap. III.   Base de dados do ficheiro central de pessoas colectivas   **Arts. 16.º-21.º RNPC [3]**

b) Comerciantes individuais que usem firma exclusivamente composta pelo seu nome completo ou abreviado;

c) Instrumentos de gestão fiduciária e sucursais financeiras exteriores da Zona Franca da Madeira que tenham efectuado o pedido de registo.

3. O NIPC provisório tem o mesmo prazo de validade do certificado que lhe deu origem ou, nos casos previstos no número anterior, o prazo de validade do registo que lhe está associado.

Nota. Redacção introduzida pelo art. 26.º do DL n.º 247-B/2008, de 30 de Dezembro.

Art. 16.º (Cartão de identificação)

Nota. Revogado pelo art. 46.º, alínea *b*), do DL n.º 247-B/2008, de 30 de Dezembro.

Art. 17.º (Conteúdo do cartão)

Nota. Revogado pelo art. 46.º, alínea *b*), do DL n.º 247-B/2008, de 30 de Dezembro.

Art. 18.º (Cartão provisório de identificação)

Nota. Revogado pelo art. 46.º, alínea *b*), do DL n.º 247-B/2008, de 30 de Dezembro.

Art. 19.º (Recusa ou suspensão da emissão)

Nota. Revogado pelo art. 46.º, alínea *b*), do DL n.º 247-B/2008, de 30 de Dezembro.

Art. 20.º (Actualização e substituição)

Nota. Revogado pelo art. 46.º, alínea *b*), do DL n.º 247-B/2008, de 30 de Dezembro.

CAPÍTULO III.   **Base de dados do ficheiro central de pessoas colectivas**[1]

Art. 21.º (Funções e actualização dos dados)

1. Os dados constantes da base de dados do FCPC destinam-se:

a) A fornecer aos organismos e serviços do Estado e demais pessoas colectivas de direito público a informação básica sobre pessoas colectivas e entidades equiparadas de que necessitem para prossecução das suas atribuições legais ou estatutárias;

b) A fornecer a entidades privadas, designadamente do sector financeiro, a informação referida na alínea anterior, na medida em que esta seja necessária para execução das políticas definidas pelas entidades legalmente competentes, particularmente nos domínios financeiro, monetário e fiscal;

c) A fornecer informação básica sobre entidades sujeitas a registo comercial nos termos da legislação comercial e sobre outras entidades nos termos do Código do Procedimento Administrativo;

d) À verificação da admissibilidade de firmas ou denominações.

---

[1] Redacção introduzida pelo art. 28.º do DL n.º 247-B/2008, de 30 de Dezembro.

141

[3] **RNPC Arts. 21.°-A-22.°**   Tít. II.   Ficheiro central de pessoas colectivas

2. Relativamente às entidades sujeitas a registo comercial, a base de dados do FCPC é automaticamente actualizada através do SIRCOM.

Nota. Redacção introduzida pelo art. 26.° do DL n.° 247-B/2008, de 30 de Dezembro, que também alterou a epígrafe do preceito.

Art. 21.°-A (Dados pessoais recolhidos)

1. São recolhidos para tratamento automatizado os seguintes dados pessoais referentes aos requerentes dos certificados de admissibilidade de firma ou denominação e aos sujeitos dos actos ou factos a inscrever na base de dados do FCPC:

    a) Nome;
    b) Residência habitual ou domicílio profissional;
    c) Número do documento de identificação;
    d) Número de identificação fiscal;
    e) Número de identificação bancária, se disponibilizado;
    f) Meios de contacto telefónicos e informáticos.

2. Os dados pessoais constantes da base de dados do FCPC são recolhidos dos requerimentos ou documentos apresentados pelos interessados ou das comunicações efectuadas pelas conservatórias do registo comercial através do SIRCOM e servem para tornar mais célere a comunicação com os interessados e efectuar os reembolsos a que estes tenham direito.

Nota. Aditado pelo art. 27.° do DL n.° 247-B/2008, de 30 de Dezembro.

Art. 22.° (Comunicação dos dados)

1. Os dados constantes do FCPC podem ser comunicados às entidades e para as finalidades previstas no artigo anterior.

2. A consulta *online* e a cedência de cópias totais ou parciais podem ser autorizadas:

    a) Aos serviços e entidades referidos no artigo 21.°;
    b) Às entidades legal ou estatutariamente competentes para intervir na constituição de pessoas colectivas;
    c) Aos magistrados judiciais e do Ministério Público, juízes de paz, bem como aos agentes de execução e aos administradores da insolvência, no âmbito da prossecução das suas atribuições;
    d) Às entidades que, nos termos da lei processual, recebam delegação para a prática de actos de inquérito ou de instrução ou a quem incumba cooperar internacionalmente na prevenção e repressão da criminalidade e no âmbito dessas competências, bem como às entidades com competência legal para garantir a segurança interna, no âmbito da prossecução dos seus fins.

3. O acesso aos dados nos termos do número anterior está sujeito à celebração de protocolo com o IRN, I. P., que define os seus limites face às atribuições legais e estatutárias das entidades interessadas e ao envio de cópia deste, por via electrónica, à Comissão Nacional de Protecção de Dados.

    4. (…).
    5. (…).

Cap. III.   Base de dados do ficheiro central de pessoas colectivas   **Arts. 23.º-27.º RNPC [3]**

6. (…).
7. (…).

Notas. 1. Redacção introduzida pelo art. 26.º do DL n.º 247-B/2008, de 30 de Dezembro.
2. Os n.ᵒˢ 4, 5, 6 e 7 foram revogados pelo art. 46.º, alínea *b*), do DL n.º 247-B/2008, de 30 de Dezembro.

Art. 23.º (Acesso aos dados pelos seus titulares)

1. Qualquer pessoa tem o direito de conhecer o conteúdo do registo ou registos constantes da base de dados que lhe respeitem.

2. A reprodução exacta dos registos a que se refere o número anterior, com a indicação do significado de quaisquer códigos ou abreviaturas deles constantes, é fornecida, a requerimento dos respectivos titulares:

a) Gratuitamente, no momento da inscrição no FCPC ou em caso de alteração à inscrição inicial;

b) Mediante o pagamento dos encargos devidos correspondentes às informações dadas por escrito, nos outros casos.

Nota. Redacção introduzida pelo art. 26.º do DL n.º 247-B/2008, de 30 de Dezembro.

Art. 24.º (Informação para fins de investigação ou de estatística)

Para além dos casos previstos no artigo 22.º, a informação pode ser divulgada para fins de investigação ou de estatística, desde que não possam ser identificáveis as pessoas a que respeita, mediante autorização do director do RNPC.

Nota. Redacção introduzida pelo art. 26.º do DL n.º 247-B/2008, de 30 de Dezembro.

Art. 25.º (Transmissão de dados comunicados a terceiros)

Os dados comunicados nos termos do artigo 22.º não podem ser transmitidos a terceiros, salvo mediante autorização escrita do director do RNPC onde se refira a finalidade prosseguida com a transmissão e com respeito pelas condições definidas no presente diploma.

Nota. Redacção introduzida pelo art. 26.º do DL n.º 247-B/2008, de 30 de Dezembro.

Art. 26.º (Correcção de dados)

Qualquer interessado tem o direito de exigir a correcção de eventuais inexactidões e omissões, bem como a supressão de dados indevidamente registados, nos termos previstos na alínea *d*) do n.º 1 do artigo 11.º da Lei n.º 67/98, de 26 de Outubro.

Nota. Redacção introduzida pelo art. 26.º do DL n.º 247-B/2008, de 30 de Dezembro.

Art. 27.º (Conservação dos dados)

Os dados pessoais podem ser conservados no FCPC:

a) Até um ano após a inscrição da cessação da actividade de empresário individual;

b) Até um ano após a caducidade do certificado de admissibilidade ou, no caso de recurso hierárquico ou impugnação judicial, até um ano após o trânsito em julgado da decisão final.

Nota. Redacção introduzida pelo art. 26.º do DL n.º 247-B/2008, de 30 de Dezembro.

[3] **RNPC Arts. 28.º-32.º** Tít. III. Admissibilidade de firmas e denominações

Art. 28.º (Conservação de documentos)
1. Os pedidos de certificado de admissibilidade e de inscrição no FCPC são conservados em suporte informático.
2. Se os pedidos referidos no número anterior forem efectuados em suporte físico, estes e a respectiva documentação anexa, caso exista, devem ser informatizados e conservados dessa forma, sendo imediatamente devolvidos aos interessados, desde que as condições técnicas permitam a informatização.
3. Quaisquer outros documentos e registos inerentes ao funcionamento dos serviços que não contenham decisão de eficácia permanente podem ser destruídos decorrido um ano sobre a respectiva data.

Nota. Redacção introduzida pelo art. 26.º do DL n.º 247-B/2008, de 30 de Dezembro.

Art. 29.º (Segurança do FCPC)
Devem ser conferidas as garantias de segurança necessárias a impedir a consulta, a modificação, a supressão, o acrescentamento, a destruição ou a comunicação dos dados constantes no FCPC por forma não consentida no presente diploma.

Art. 30.º (Entidade responsável)
1. O presidente do IRN, I. P., é a entidade responsável pela base de dados, nos termos e para os efeitos definidos na alínea *d*) do artigo 3.º da Lei n.º 67/98, de 26 de Outubro.
2. Cabe ao director do RNPC o dever de assegurar o direito de informação e de acesso aos dados pelos respectivos titulares e a correcção de inexactidões, bem como o de velar pela legalidade da consulta ou comunicação da informação.

Nota. Redacção introduzida pelo art. 26.º do DL n.º 247-B/2008, de 30 de Dezembro.

Art. 31.º (Dever de sigilo)
Os responsáveis pelo tratamento de dados pessoais, bem como as pessoas que, no exercício das suas funções, tenham conhecimento dos dados pessoais registados na base de dados do FCPC, ficam obrigados a sigilo profissional, mesmo após o termo das suas funções.

Nota. Redacção introduzida pelo art. 26.º do DL n.º 247-B/2008, de 30 de Dezembro, que também alterou a epígrafe do preceito.

TÍTULO III. ADMISSIBILIDADE DE FIRMAS E DENOMINAÇÕES

CAPÍTULO I. Princípios gerais

Art. 32.º (Princípio da verdade)
1. Os elementos componentes das firmas e denominações devem ser verdadeiros e não induzir em erro sobre a identificação, natureza ou actividade do seu titular.
2. Os elementos característicos das firmas e denominações, ainda quando constituídos por designações de fantasia, siglas ou composições, não podem sugerir actividade diferente da que constitui o objecto social.

144

Cap. I. Princípios gerais   **Art. 33.° RNPC [3]**

3. Para efeitos do disposto neste artigo não deve ser efectuado o controlo da legalidade do objecto social, devendo somente ser assegurado o cumprimento do disposto nos números anteriores.

4. Das firmas e denominações não podem fazer parte:

a) Expressões que possam induzir em erro quanto à caracterização jurídica da pessoa colectiva, designadamente o uso, por entidades com fim lucrativo, de expressões correntemente usadas na designação de organismos públicos ou de associações sem finalidade lucrativa;

b) Expressões proibidas por lei ou ofensivas da moral ou dos bons costumes;

c) Expressões incompatíveis com o respeito pela liberdade de opção política, religiosa ou ideológica;

d) Expressões que desrespeitem ou se apropriem ilegitimamente de símbolos nacionais, personalidades, épocas ou instituições cujo nome ou significado seja de salvaguardar por razões históricas, patrióticas, científicas, institucionais, culturais ou outras atendíveis.

5. Quando, por qualquer causa, deixe de ser associado ou sócio pessoa singular cujo nome figure na firma ou denominação de pessoa colectiva, deve tal firma ou denominação ser alterada no prazo de um ano, a não ser que o associado ou sócio que se retire ou os herdeiros do que falecer consintam por escrito na continuação da mesma firma ou denominação.

Nota. Redacção introduzida pelo art. 18.° do DL n.° 111/2005, de 8 de Julho [**4**], e pelo art. 26.° do DL n.° 247-B/2008, de 30 de Dezembro.

Art. 33.° (Princípio da novidade)

1. As firmas e denominações devem ser distintas e não susceptíveis de confusão ou erro com as registadas ou licenciadas no mesmo âmbito de exclusividade, mesmo quando a lei permita a inclusão de elementos utilizados por outras já registadas, ou com designações de instituições notoriamente conhecidas.

2. Os juízos sobre a distinção e a não susceptibilidade de confusão ou erro devem ter em conta o tipo de pessoa, o seu domicílio ou sede, a afinidade ou proximidade das suas actividades e o âmbito territorial destas.

3. Não são admitidas denominações constituídas exclusivamente por vocábulos de uso corrente que permitam identificar ou se relacionem com actividade, técnica ou produto, bem como topónimos e qualquer indicação de proveniência geográfica.

4. A incorporação na firma ou denominação de sinais distintivos registados está sujeita à prova do seu uso legítimo.

5. Nos juízos a que se refere o n.° 2 deve ainda ser considerada a existência de marcas e logótipos já concedidos que sejam de tal forma semelhantes que possam induzir em erro sobre a titularidade desses sinais distintivos.

6. Para que possam prevalecer-se do disposto no número anterior, os titulares das marcas ou logótipos devem ter efectuado anteriormente prova do seu direito junto do RNPC.

7. (...).

Notas. 1. Redacção introduzida pelo art. 18.° do DL n.° 111/2005, de 8 de Julho [**4**], e pelo art. 26.° do DL n.° 247-B/2008, de 30 de Dezembro.

2. O n.° 7 foi revogado pelo art. 46.°, alínea *b*), do DL n.° 247-B/2008, de 30 de Dezembro.

[3] RNPC Arts. 34.º-37.º   Tít. III.   Admissibilidade de firmas e denominações

Art. 34.º (Firmas e denominações registadas no estrangeiro)

1. A instituição de representações permanentes de pessoas colectivas registadas no estrangeiro não está sujeita à emissão de certificado de admissibilidade de firma.

2. A garantia da protecção das denominações de pessoas colectivas internacionais está dependente da confirmação da sua existência jurídica pelo Ministério dos Negócios Estrangeiros e da não susceptibilidade de confusão com firmas ou denominações já registadas em Portugal.

Nota. Redacção introduzida pelo art. 18.º do DL n.º 111/2005, de 8 de Julho [4].

Art. 35.º (Exclusividade)

1. Após o registo definitivo é conferido o direito ao uso exclusivo de firma ou denominação no âmbito territorial especialmente definido para a entidade em causa nos artigos 36.º a 43.º

2. O certificado de admissibilidade de firma ou denominação constitui mera presunção de exclusividade.

3. Salvo no caso de decisão judicial, a atribuição do direito ao uso exclusivo ou a declaração de perda do direito ao uso de qualquer firma ou denominação efectuadas pelo RNPC não podem ser sindicadas por qualquer entidade, ainda que para efeitos de registo comercial.

4. O disposto nos n.ᵒˢ 1 e 2 não prejudica a possibilidade de declaração de nulidade, anulação ou revogação do direito à exclusividade por sentença judicial ou a declaração da sua perda nos termos dos artigos 60.º e 61.º

CAPÍTULO II.   **Regras especiais**

Art. 36.º (Associações e fundações)

1. As denominações das associações e das fundações devem ser compostas por forma a dar a conhecer a sua natureza associativa ou institucional, respectivamente, podendo conter siglas, expressões de fantasia ou composições.

2. Podem, todavia, ser admitidas denominações sem referência explícita à natureza associativa ou institucional, desde que correspondam a designações tradicionais ou não induzam em erro sobre a natureza da pessoa colectiva.

3. É reconhecido o direito ao uso exclusivo da denominação das associações e fundações a partir da data do seu registo definitivo no RNPC:

a) Em todo o território nacional, quando o seu objecto estatutário não indicie a prática de actividades de carácter essencialmente local ou regional;

b) No âmbito geográfico do exercício das suas actividades estatutárias, nos restantes casos.

Art. 37.º (Sociedades comerciais e sociedades civis sob forma comercial)

1. As firmas das sociedades comerciais e das sociedades civis sob forma comercial devem ser compostas nos termos previstos no Código das Sociedades Comerciais e em legislação especial, sem prejuízo da aplicação das disposições do presente diploma no que se não revele incompatível com a referida legislação.

Cap. II. Regras especiais   **Arts. 38.°-41.° RNPC [3]**

2. As sociedades comerciais e as sociedades civis sob forma comercial têm direito ao uso exclusivo da sua firma em todo o território nacional.

Art. 38.° (Comerciantes individuais)

1. O comerciante individual deve adoptar uma só firma, composta pelo seu nome, completo ou abreviado, conforme seja necessário para identificação da pessoa, podendo aditar-lhe alcunha ou expressão alusiva à actividade exercida.

2. O comerciante individual pode ainda aditar à sua firma a indicação «Sucessor de» ou «Herdeiro de» e a firma do estabelecimento que tenha adquirido.

3. O nome do comerciante individual não pode ser antecedido de quaisquer expressões ou siglas, salvo as correspondentes a títulos académicos, profissionais ou nobiliárquicos a que tenha direito, e a sua abreviação não pode reduzir-se a um só vocábulo, a menos que a adição efectuada o torne completamente individualizador.

4. Os comerciantes individuais que não usem como firma apenas o seu nome completo ou abreviado têm direito ao uso exclusivo da sua firma desde a data do registo definitivo e no âmbito do concelho onde se encontra o seu estabelecimento principal.

5. (…).

Notas. 1. Redacção introduzida pelo art. 26.° do DL n.° 247-B/2008, de 30 de Dezembro.

2. O n.° 5 foi revogado pelo art. 46.°, alínea *b*), do DL n.° 247-B/2008, de 30 de Dezembro.

Art. 39.° (Outros empresários individuais)

1. Os demais empresários individuais que exerçam habitualmente, por conta própria e com fim lucrativo, actividade económica legalmente não qualificada como comercial ou como profissão liberal podem adoptar uma firma sob a qual são designados no exercício dessa actividade e com ela podem assinar os respectivos documentos.

2 – À firma dos empresários individuais aplicam-se, com as necessárias adaptações, as regras constantes do artigo anterior.

Nota. Redacção introduzida pelo art. 26.° do DL n.° 247-B/2008, de 30 de Dezembro.

Art. 40.° (Estabelecimentos individuais de responsabilidade limitada)

1. A firma de estabelecimento individual de responsabilidade limitada é composta pelo nome do seu titular, acrescido ou não de referência ao objecto do comércio nele exercido, e pelo aditamento «Estabelecimento Individual de Responsabilidade Limitada» ou «E. I. R. L.».

2. O nome do titular pode ser abreviado, com os limites referidos no n.° 3 do artigo 38.°

3. Ao uso exclusivo da firma do estabelecimento individual de responsabilidade limitada é aplicável o disposto no n.° 4 do artigo 38.°

Nota. Redacção introduzida pelo art. 26.° do DL n.° 247-B/2008, de 30 de Dezembro.

Art. 41.° (Heranças indivisas)

Nota. Revogado pelo art. 46.°, alínea *b*), do DL n.° 247-B/2008, de 30 de Dezembro.

[3] RNPC Arts. 42.º-46.º   Tít. III. Admissibilidade de firmas e denominações

Art. 42.º (Sociedades civis sob forma civil)

1. Sem prejuízo do disposto em legislação especial, as denominações das sociedades civis sob forma civil podem ser compostas pelos nomes, completos ou abreviados, de um ou mais sócios, seguidos do aditamento «e Associados», bem como por siglas, iniciais, expressões de fantasia ou composições, desde que acompanhadas da expressão «Sociedade».

2. É aplicável às sociedades civis sob forma civil o disposto no n.º 3 do artigo 36.º

Art. 43.º (Outras pessoas colectivas)

1. As denominações de outras pessoas colectivas regem-se pela lei respectiva e pelas disposições deste diploma que a não contrariem.

2. Às denominações previstas no número anterior aplica-se, com as necessárias adaptações, o disposto no n.º 3 do artigo 36.º se outra coisa não dispuser lei especial.

Art. 44.º (Transmissão do estabelecimento)

1. O adquirente, por qualquer título entre vivos, de um estabelecimento comercial pode aditar à sua própria firma a menção de haver sucedido na firma do anterior titular do estabelecimento, se esse titular o autorizar, por escrito.

2. Tratando-se de firma de sociedade onde figure o nome de sócio, a autorização deste é também indispensável.

3. No caso de aquisição, por herança ou legado, de um estabelecimento comercial, o adquirente pode aditar à sua própria a firma do anterior titular do estabelecimento, com a menção de nela haver sucedido.

4. É proibida a aquisição de uma firma sem a do estabelecimento a que se achar ligada.

CAPÍTULO III. Procedimento

Art. 45.º (Certificado de admissibilidade de firma ou denominação)

1. A admissibilidade das firmas e denominações é comprovada através da disponibilização do respectivo certificado requerido pelos interessados.

2. (…).

3. (…).

Notas. 1. Redacção introduzida pelo art. 26.º do DL n.º 247-B/2008, de 30 de Dezembro.

2. Os n.ᵒˢ 2 e 3 foram revogados pelo art. 46.º, alínea *b*), do DL n.º 247-B/2008, de 30 de Dezembro.

Art. 46.º (Pedido do certificado)

1. O pedido de certificado de admissibilidade de firma ou denominação deve ser requerido por um dos constituintes ou, sendo o caso, pelas entidades já constituídas, através das seguintes formas:

a) Presencialmente, por forma verbal, pelo próprio ou por pessoa com legitimidade para o efeito, ou advogado, notário ou solicitador ou por escrito em formulário próprio;

148

Cap. III.   Procedimento   **Arts. 46.°-A-50.° RNPC [3]**

    b) Através de sítio na Internet;
    c) Pelo correio em formulário próprio.
    2. (…).
    3. (…).
    4. (…).
    5. (…).

Notas. 1. Redacção introduzida pelo art. 26.° do DL n.° 247-B/2008, de 30 de Dezembro.

2. Os n.os 2, 3, 4 e 5 foram revogados pelo art. 46.°, alínea *b*), do DL n.° 247-B/2008, de 30 de Dezembro.

Art. 46.°-A (Não aceitação do pedido de certificado)

    1. O pedido de certificado não é aceite nos casos seguintes:
    a) O requerimento do pedido não respeite o modelo aprovado ou não contenha os elementos de preenchimento obrigatório;
    b) O pedido seja ininteligível;
    c) Não tenham sido pagas as quantias que se mostrem devidas;
    d) Não haja lugar a emissão de certificado de admissibilidade.
    2. Em caso de não aceitação do pedido, se o interessado declarar que pretende impugnar o acto, o funcionário deve proferir a sua decisão por escrito.

Nota. Aditado pelo art. 27.° do DL n.° 247-B/2008, de 30 de Dezembro.

Art. 47.° (Informação sobre viabilidade de firma ou denominação)

    Qualquer interessado pode solicitar informações sobre a viabilidade de firma ou denominação que pretenda usar.

Nota. Redacção introduzida pelo art. 26.° do DL n.° 247-B/2008, de 30 de Dezembro.

Art. 48.° (Reserva de firma ou denominação)

Nota. Revogado pelo art. 46.°, alínea *b*), do DL n.° 247-B/2008, de 30 de Dezembro.

Art. 49.° (Junção de documentos)

    1. Os requerentes podem juntar ao pedido de certificado os documentos que considerem pertinentes para a apreciação do pedido.
    2. Deve ser oficiosamente solicitada aos requerentes, quando não a tenham feito, a junção, no prazo de cinco dias úteis, dos documentos e das informações necessárias à verificação da ocorrência dos requisitos estabelecidos na lei.
    3. A falta de apresentação dos documentos e das informações no prazo fixado implica o arquivamento do pedido, sem direito à restituição do correspondente emolumento.

Nota. Redacção introduzida pelo art. 26.° do DL n.° 247-B/2008, de 30 de Dezembro.

Art. 50.° (Ordem de prioridade)

    1. O pedido de certificado de admissibilidade de firma ou denominação apresentado em primeiro lugar prevalece sobre os que se lhe seguirem.
    2. O número de referência, a data e a hora de recepção em UTC (*universal time coordinated*) do pedido devem constar dos pedidos de certificado apresentados.

[3] RNPC Arts. 50.°-A-52.°   Tít. III.   Admissibilidade de firmas e denominações

3. A ordem da prioridade do pedido é definida pela data e hora do registo do pedido no sistema informático.

4. Os pedidos apresentados através de sítio na Internet referido na alínea *b)* do n.° 1 do artigo 46.° são registados pela ordem da respectiva recepção.

5. Os pedidos apresentados pelo correio são registados logo após a abertura da correspondência.

Nota. Redacção introduzida pelo art. 26.° do DL n.° 247-B/2008, de 30 de Dezembro.

Art. 50.°-A (Aprovação automática de firmas e denominações)

No caso de pedidos de firmas para efeitos de constituição de sociedades por quotas, unipessoal por quotas ou anónima em que as firmas correspondam ao nome dos sócios pessoas singulares, podem ser utilizados meios electrónicos e automáticos para a sua aprovação.

Nota. Aditado pelo art. 27.° do DL n.° 247-B/2008, de 30 de Dezembro.

Art. 50.°-B (Notificação do indeferimento de pedido de certificado)

1. Os indeferimentos dos pedidos de certificados de admissibilidade apresentados electronicamente são exclusivamente notificados através de mensagem de correio electrónico enviada para endereço electrónico válido fornecido pelo requerente, devendo ainda os interessados, sempre que possível, ser avisados por *short message service* (sms) ou outro meio considerado adequado.

2. Os indeferimentos dos pedidos de certificados de admissibilidade apresentados por outras vias podem ser notificados nos termos previstos no número anterior caso os interessados forneçam um endereço electrónico válido.

Nota. Aditado pelo art. 27.° do DL n.° 247-B/2008, de 30 de Dezembro.

Art. 51.° (Disponibilização do certificado)

1. O certificado de admissibilidade de firma ou denominação é disponibilizado exclusivamente de forma electrónica.

2. (…).

3. (…).

Notas. 1. Redacção introduzida pelo art. 26.° do DL n.° 247-B/2008, de 30 de Dezembro, que também alterou a epígrafe do preceito.

2. Os n.os 2 e 3 foram revogados pelo art. 46.°, alínea *b)*, do DL n.° 247-B/2008, de 30 de Dezembro.

Art. 52.° (Invalidação e desistência)

1. O requerente do certificado de admissibilidade de firma ou denominação pode desistir do pedido de certificado e pode pedir a sua invalidação, desde que o certificado não tenha sido utilizado.

2. Os pedidos referidos no número anterior podem ser apresentados por qualquer uma das vias previstas no n.° 1 do artigo 46.°

Nota. Redacção introduzida pelo art. 26.° do DL n.° 247-B/2008, de 30 de Dezembro.

150

Cap. III.   Procedimento   **Arts. 53.°-55.° RNPC [3]**

Art. 53.° (Validade do certificado)

1. O certificado de admissibilidade de firma ou denominação é válido pelo período de três meses, a contar da data da sua emissão, para a firma, sede, objecto, requerente e condições de validade nele indicadas.

2. (...).

3. O certificado condicionado à participação de pessoa singular ou colectiva ou de titular de direito de propriedade industrial já registado só é válido quando utilizado por pessoa legitimada para o efeito.

4. (...).

Notas. 1. Redacção introduzida pelo art. 26.° do DL n.° 247-B/2008, de 30 de Dezembro.

2. Os n.ᵒˢ 2 e 4 foram revogados pelo art. 46.°, alínea *b*), do DL n.° 247-B/2008, de 30 de Dezembro.

Art. 54.° (Efeitos do certificado na celebração de actos)

1. Os actos de constituição de pessoas colectivas ou de estabelecimentos individuais de responsabilidade limitada devem fazer referência à emissão do certificado de admissibilidade da firma ou denominação adoptada, através da indicação do respectivo número e data de emissão.

2. O acto de alteração do contrato de sociedade ou estatutos que determine a modificação da firma ou denominação, a modificação do objecto, a alteração da sede para concelho diferente ou a transferência para Portugal da sede de sociedade estrangeira não pode ser efectuado sem que seja feita referência ao certificado comprovativo da admissibilidade da nova firma ou denominação ou da sua manutenção em relação ao novo objecto e sede, nos termos do número anterior.

3. O disposto no número anterior não se aplica aos casos em que a alteração da firma se limite à alteração do elemento que identifica o tipo de pessoa colectiva, nem aos casos de alteração de sede de sociedades que utilizem firma constituída por expressão de fantasia, acrescida ou não de referência à actividade.

4. Nos actos a que se referem os números anteriores, o objecto social não pode ser ampliado a actividades não contidas no objecto declarado no certificado de admissibilidade.

5. O disposto nos números anteriores não prejudica a especificação ou restrição das actividades contidas no objecto declarado, desde que estas não estejam reflectidas na denominação, nem as alterações de redacção ou correcção de erros materiais que não envolvam a sua ampliação.

6. A actividade resultante da participação no capital de outras entidades não é considerada actividade autónoma para efeitos deste artigo.

Nota. Redacção introduzida pelo art. 5.° do DL n.° 2/2005, de 4 de Janeiro **[14-A]**, pelo art. 18.° do DL n.° 111/2005, de 8 de Julho **[4]**, pelo art. 17.° do DL n.° 8/2007, de 17 de Janeiro, e pelo art. 26.° do DL n.° 247-B/2008, de 30 de Dezembro, que também alterou a epígrafe do preceito.

Art. 55.° (Nulidade do acto)

1. É nulo o acto efectuado:

a) Com inobservância do disposto nos n.ᵒˢ 1 e 3 do artigo 53.°; ou

b) Sem a emissão do certificado de admissibilidade de firma ou denominação, quando este deva ser exigido.

151

[3] RNPC Art. 56.°   Tít. III. Admissibilidade de firmas e denominações

2. A nulidade prevista na alínea *b*) do número anterior é sanável mediante a apresentação do certificado de admissibilidade de firma ou denominação em falta no prazo de três meses a contar da data do acto.

Nota. Redacção introduzida pelo art. 26.° do DL n.° 247-B/2008, de 30 de Dezembro, que também alterou a epígrafe do preceito.

Art. 56.° (Obrigatoriedade de verificação da emissão de certificado)

1. Está sujeita à verificação da disponibilização de certificado de admissibilidade da respectiva firma ou denominação o registo comercial ou a inscrição no FCPC, consoante os casos:

a) Do início de actividade de comerciante individual que adopte firma diferente do seu nome completo ou abreviado, bem como da alteração desta firma ou da mudança de estabelecimento principal para outro concelho;

b) De contrato de sociedade da alteração da respectiva firma ou objecto, da mudança de sede para concelho diferente, sem prejuízo do disposto no n.° 3 do artigo 54.°, ou da fusão, cisão ou transformação de sociedades;

c) Da constituição, da alteração da respectiva denominação ou objecto, da mudança da sede para outro concelho ou da fusão, cisão ou transformação de cooperativa;

d) Da constituição, do agrupamento, da alteração da respectiva denominação ou objecto ou da fusão ou cisão de empresa pública;

e) Do contrato de agrupamento complementar de empresas ou de agrupamento europeu de interesse económico ou da alteração da respectiva denominação ou objecto;

f) Da constituição de estabelecimento individual de responsabilidade limitada, bem como da alteração da sua firma ou objecto ou da mudança de sede para outro concelho;

g) Da denominação de empresário individual não comerciante, da sua alteração ou, se a denominação contiver indicação de actividade, da mudança de domicílio do seu titular;

h) Da constituição de associação ou instituição de fundação com personalidade jurídica, bem como da alteração da denominação, do objecto estatutário ou da transferência da sede para outro concelho.

i) Da criação pelo Estado e outros entes públicos de pessoas colectivas e de organismos da Administração Pública que incorporem na sua denominação siglas, expressões de fantasia ou composições.

2. O disposto no número anterior não é aplicável:

a) À alteração da denominação decorrente de transformação que se restrinja à alteração do elemento que identifica o tipo de pessoa colectiva;

b) À fusão por incorporação que não implique alteração de denominação, sede ou objecto.

3. O certificado a que se refere o n.° 1 deve estar dentro do seu prazo de validade à data de apresentação do pedido de registo comercial ou de inscrição no FCPC.

Nota. Redacção introduzida pelo art. 5.° do DL n.° 2/2005, de 4 de Janeiro **[14-A]**, pelo art. 18.° do DL n.° 111/2005, de 8 de Julho **[4]**, pelo art. 17.° do DL n.° 8/2007, de 17 de Janeiro, e pelo art. 26.° do DL n.° 247-B/2008, de 30 de Dezembro, que também alterou a epígrafe do preceito.

Cap. IV. Vicissitudes   Arts. 57.º-61.º RNPC **[3]**

Art. 57.º (Efeitos do certificado no registo de nome de estabelecimento)

Nota. Revogado pelo art. 46.º, alínea *b*), do DL n.º 247-B/2008, de 30 de Dezembro.

Art. 58.º (Recusa do registo)
O registo comercial ou a inscrição no FCPC, consoante os casos, é recusado quando:
a) O acto for nulo;
b) O certificado de admissibilidade tiver sido emitido com manifesta violação da lei;
c) No acto destinado à constituição ou modificação da pessoa colectiva tiverem sido desrespeitados os elementos ou as condições de validade constantes do certificado de admissibilidade.

Nota. Redacção introduzida pelo art. 26.º do DL n.º 247-B/2008, de 30 de Dezembro.

Art. 59.º (Anotação da exibição do certificado)

Nota. Revogado pelo art. 46.º, alínea *b*), do DL n.º 247-B/2008, de 30 de Dezembro.

CAPÍTULO IV.   Vicissitudes

Art. 60.º (Perda do direito ao uso de firmas e denominações por violação dos princípios da verdade e novidade)
1. O RNPC deve declarar a perda do direito ao uso de firmas ou denominações quando se verificar terem sido violados os princípios consagrados nos artigos 32.º e 33.º
2. Na sequência da declaração de perda do direito ao uso de firma ou denominação, deve:
a) Realizar-se o respectivo acto de registo comercial, tratando-se de entidade a ele sujeita;
b) Comunicar-se o facto a outros serviços onde a entidade esteja registada para que a perda do direito ao uso da firma ou denominação seja inscrita.

Nota. Redacção introduzida pelo art. 26.º do DL n.º 247-B/2008, de 30 de Dezembro, que também alterou a epígrafe do preceito.

Art. 61.º (Perda do direito ao uso de firmas e denominações por falta de inscrição ou não exercício de actividade)
1. O RNPC ou qualquer um dos serviços de registo designados nos termos do n.º 1 do artigo 78.º podem, oficiosamente ou a requerimento de qualquer interessado, declarar a perda do direito ao uso de firma ou denominação de terceiro, mediante prova da verificação das seguintes situações:
a) Falta de inscrição da entidade no FCPC decorrido um ano desde o prazo em que a mesma deveria ter sido realizada;
b) Não exercício de actividade pelo titular da firma ou denominação durante um período superior de dois anos consecutivos.

153

[3] **RNPC Arts. 62.°-64.°**   Tít. IV.   Impugnação de decisões

2. No caso previsto na alínea *a*) do número anterior, pode ser declarada a perda do direito ao uso da firma ou denominação, desde que os interessados tenham sido notificados para a sede declarada a fim de regularizarem a situação e o não fizerem no prazo de um mês, a contar da notificação.

3. À declaração de perda do direito ao uso de firma ou denominação prevista no número anterior é aplicável o disposto no n.° 2 do artigo 60.°

Nota. Redacção introduzida pelo art. 26.° do DL n.° 247-B/2008, de 30 de Dezembro, que também alterou a epígrafe do preceito.

Art. 62.° (Uso ilegal de firma ou denominação)

O uso ilegal de uma firma ou denominação confere aos interessados o direito de exigir a sua proibição, bem como a indemnização pelos danos daí emergentes, sem prejuízo da correspondente acção criminal, se a ela houver lugar.

TÍTULO IV.   **IMPUGNAÇÃO DE DECISÕES** [1]

CAPÍTULO I.   **Recurso hierárquico e impugnação judicial** [2]

Art. 63.° (Admissibilidade)

1. Podem ser impugnados mediante a interposição de recurso hierárquico para o presidente do IRN, I. P., ou mediante impugnação judicial para o tribunal do domicílio ou sede do recorrente:

a) Os despachos que admitam ou recusem firmas ou denominações;

b) Os despachos que declarem a perda do direito ao uso de firma ou denominação ou que indefiram o respectivo pedido;

c) A imposição de condições à validade do certificado de admissibilidade de firma ou denominação;

d) Os despachos que recusem a aceitação do pedido, exijam o cumprimento de certas formalidades ou o preenchimento de certos requisitos;

e) Os despachos que recusem a invalidação de certificado de admissibilidade de firma ou denominação;

f) Os despachos que recusem ou admitam a inscrição definitiva de pessoas colectivas ou outras entidades no FCPC.

2. (...).

Notas. 1. Redacção introduzida pelo art. 26.° do DL n.° 247-B/2008, de 30 de Dezembro.

2. O n.° 2 foi revogado pelo art. 46.°, alínea *b*), do DL n.° 247-B/2008, de 30 de Dezembro.

Art. 64.° (Prazo de interposição)

Nota. Revogado pelo art. 46.°, alínea *b*), do DL n.° 247-B/2008, de 30 de Dezembro.

---

[1] Redacção introduzida pelo art. 28.° do DL n.° 247-B/2008, de 30 de Dezembro.
[2] Redacção introduzida pelo art. 83.° da L n.° 29/2009, de 29 de Junho.

Cap. I.   Recurso hierárquico e impugnação judicial   **Arts. 65.°-68.° RNPC [3]**

Art. 65.° (Tramitação do recurso hierárquico)

1. O recurso hierárquico é apresentado no RNPC.

2. Recebido o recurso, o director do RNPC deve, no prazo de 10 dias, proferir despacho fundamentado a reparar ou a sustentar a decisão, que é imediatamente notificado ao recorrente.

3. No caso de manter a decisão, o director do RNPC deve, no prazo de cinco dias, remeter ao IRN, I. P., todo o processo, instruído com o despacho recorrido, o despacho de sustentação e demais documentos.

4. O recurso é decidido no prazo máximo de 30 dias a contar da sua recepção no IRN, I. P.

5. No caso de a decisão afectar direitos de terceiros, estes devem ser ouvidos, concedendo-lhes o prazo de 30 dias para a sua resposta, e, caso sejam trazidos novos factos ao procedimento, é garantido, por igual prazo, o direito de resposta do recorrente, suspendendo-se o prazo para a decisão do recurso.

6. Para proferir as decisões previstas nos n.ºs 2 e 4 podem ser solicitados ao recorrente documentos ou informações adicionais, suspendendo-se o respectivo prazo.

7. A decisão final é notificada ao recorrente e aos terceiros referidos no n.° 5.

8. No caso de a decisão ter sido proferida por uma conservatória designada nos termos do n.° 1 do artigo 78.°, o disposto nos números anteriores sobre a tramitação do recurso hierárquico é igualmente aplicável, com as necessárias adaptações.

Nota. Redacção introduzida pelo art. 26.° do DL n.° 247-B/2008, de 30 de Dezembro, que também alterou a epígrafe do preceito.

Art. 66.° (Direito subsidiário)

Ao recurso hierárquico é aplicável, subsidiariamente, o disposto no Código do Procedimento Administrativo.

Nota. Redacção introduzida pelo art. 26.° do DL n.° 247-B/2008, de 30 de Dezembro, que também alterou a epígrafe do preceito.

Art. 67.° (Legitimidade para a impugnação judicial)

1. São partes legítimas para impugnar judicialmente os requerentes e ainda as pessoas ou entidades que se considerem directamente prejudicadas pelos actos previstos no n.° 1 do artigo 63.°

2. As pessoas não requerentes referidas no número anterior podem impugnar judicialmente os despachos finais que defiram firma ou denominação ou declarem a perda do direito ao seu uso e os que determinem o cancelamento do registo.

Nota. Redacção introduzida pelo art. 26.° do DL n.° 247-B/2008, de 30 de Dezembro, que também alterou a epígrafe do preceito.

Art. 68.° (Objecto dos recursos de não requerentes)

Nota. Revogado pelo art. 46.°, alínea *b*), do DL n.° 247-B/2008, de 30 de Dezembro.

[3] **RNPC Arts. 69.°-72.°**   Tít. IV.   Impugnação de decisões

Art. 69.° (Prazo da impugnação judicial)

1. O prazo para a interposição da impugnação judicial é de 30 dias após a notificação ou, nos casos em que o acto recorrido não tenha dado lugar a notificação, após o seu conhecimento pelo impugnante ou, se for o caso, da publicação da constituição ou alteração da pessoa colectiva.

2. No caso de se tratar de impugnação judicial subsequente a recurso hierárquico, o prazo é de 30 dias a contar da data da notificação ao impugnante da decisão do recurso hierárquico

Nota. Redacção introduzida pelo art. 26.° do DL n.° 247-B/2008, de 30 de Dezembro, que também alterou a epígrafe do preceito.

Art. 70.° (Tramitação da impugnação judicial)

1. A impugnação judicial dos despachos previstos no n.° 1 do artigo 63.° ou do despacho do presidente do IRN, I. P., é apresentada no RNPC.

2. A impugnação deve ser interposta mediante requerimento em que são expostos os seus fundamentos, acompanhado por todos os meios de prova e, se for o caso, requerendo as diligências que considere necessárias à prova da sua pretensão.

3. A impugnação deve ser interposta também contra os interessados a quem tenha sido favorável o despacho impugnado.

4. Recebida a impugnação, caso não tenha havido recurso hierárquico, o director do RNPC deve, no prazo de 10 dias, proferir despacho fundamentado a reparar ou a sustentar a decisão que é imediatamente notificado ao recorrente.

5. No caso de manter a decisão ou de a decisão ter sido mantida na sequência de recurso hierárquico, o director do RNPC deve, no prazo de cinco dias, remeter ao tribunal competente todo o processo, instruído com o despacho recorrido, o despacho de sustentação e demais documentos, bem como o recurso hierárquico, se tiver sido interposto.

6. Após a distribuição, se não houver motivo para rejeição liminar, são notificados, para contestar, caso ainda não se tenham pronunciado, os terceiros interessados.

7. A tramitação da impugnação judicial, incluindo a remessa dos elementos referidos no número anterior ao tribunal competente, é efectuada, sempre que possível, por meios electrónicos.

8. No caso de a decisão ter sido proferida por uma conservatória designada nos termos do n.° 1 do artigo 78.°, o disposto nos números anteriores sobre a tramitação do recurso judicial é igualmente aplicável com as necessárias adaptações.

Nota. Redacção introduzida pelo art. 26.° do DL n.° 247-B/2008, de 30 de Dezembro, que também alterou a epígrafe do preceito.

Art. 71.° (Actos subsequentes)

Nota. Revogado pelo art. 46.°, alínea *b*), do DL n.° 247-B/2008, de 30 de Dezembro.

Art. 72.° (Recurso da sentença)

1. Da sentença proferida em processo de recurso contencioso cabe sempre recurso, com efeito suspensivo, para o tribunal da Relação.

156

Cap. II.   Tribunal arbitral   **Arts. 73.º-73.º-C RNPC [3]**

2. Têm legitimidade para interpor recurso o autor, o réu, o presidente do IRN, I. P., o Ministério Público e os terceiros lesados.

3. Do acórdão cabe recurso, nos termos da lei de processo, para o Supremo Tribunal de Justiça.

Nota. Redacção introduzida pelo art. 26.º do DL n.º 247-B/2008, de 30 de Dezembro.

Art. 73.º (Isenção de preparos e custas)

Nota. Revogado pelo art. 46.º, alínea *b*), do DL n.º 247-B/2008, de 30 de Dezembro.

CAPÍTULO II.   Tribunal arbitral [1]

Art. 73.º-A (Tribunal arbitral)

1. Sem prejuízo da possibilidade de recurso a outros mecanismos extrajudiciais de resolução de litígios, pode ser constituído tribunal arbitral para o julgamento de todas as questões susceptíveis de reacção contenciosa em matéria de firmas e denominações.

2. Exceptuam-se do disposto no número anterior os casos em que existam contra interessados, salvo se estes aceitarem o compromisso arbitral.

Nota. Aditado pelo art. 82.º da L n.º 29/2009, de 29 de Junho.

Art. 73.º-B (Compromisso arbitral)

1. O interessado que pretenda recorrer à arbitragem, no âmbito dos litígios previstos no n.º 1 do artigo anterior, pode requerer a celebração de compromisso arbitral, nos termos da lei de arbitragem voluntária e aceitar a competência do tribunal arbitral.

2. A apresentação de requerimento, ao abrigo do disposto no número anterior, suspende os prazos de reacção contenciosa.

3. Sem prejuízo do disposto no número seguinte, a outorga de compromisso arbitral por parte do IRN, I. P., é objecto de despacho do seu presidente, a proferir no prazo de 30 dias, a contar da data da apresentação do requerimento.

4. Pode ser determinada a vinculação genérica do IRN, I. P., a centros de arbitragem voluntária institucionalizada com competência para dirimir os conflitos referidos no n.º 1 do artigo anterior, por meio de portaria do membro do Governo que tutela o IRN, I. P., a qual estabelece o tipo e o valor máximo dos litígios abrangidos, conferindo aos interessados o poder de se dirigirem a esses centros para a resolução de tais litígios.

Nota. Aditado pelo art. 82.º da L n.º 29/2009, de 29 de Junho.

Art. 73.º-C (Constituição e funcionamento)

O tribunal arbitral é constituído e funciona nos termos previstos na lei de arbitragem voluntária.

Nota. Aditado pelo art. 82.º da L n.º 29/2009, de 29 de Junho.

---

[1] Introduzido pelo art. 83.º da L n.º 29/2009, de 29 de Junho.

[3] RNPC Arts. 74.º-76.º   Tít. V.   Sanções

TÍTULO V. SANÇOES

Art. 74.º (Transmissão a terceiros sem autorização)

1. As entidades a quem tiver sido autorizado o acesso ao ficheiro central ou fornecimento de cópias do seu conteúdo, nos termos do presente diploma, que, sem a autorização prevista no artigo 25.º, transmitam a terceiros as informações obtidas ou o façam com inobservância das condições fixadas praticam contra-ordenação punível com as seguintes coimas:

a) Tratando-se de pessoa singular, no mínimo de € 249,40 e no máximo de € 997,60;

b) Tratando-se de pessoa colectiva, no mínimo de € 997,60 e no máximo de € 14 963,94.

2. A negligência é punível nos termos gerais.

Nota. A redacção das alíneas *a*) e *b*) do n.º 1 foi introduzida pelo art. 33.º do DL n.º 323/2001, de 17 de Dezembro.

Art. 75.º (Falsificação)

1. Praticam contra-ordenação e ficam sujeitas a coima, de € 249,40 a € 2 493,99, tratando-se de pessoas singulares, e de € 1 496,39 a € 14 963,94, tratando-se de pessoas colectivas, as entidades que:

a) Por qualquer forma, e com intuito fraudulento ou com ânimo de prejudicar terceiro, falsifiquem ou utilizem indevidamente documentos emanados do RNPC;

b) Não cumpram a obrigação de inscrição no FCPC ou o não façam nos prazos ou nas condições fixadas no presente diploma;

c) Declarem, para quaisquer efeitos, falsos números de identificação;

d) Utilizem, para quaisquer efeitos, cartões de identificação com elementos desactualizados;

e) Usem firmas sem ter previamente obtido certificado da respectiva admissibilidade ou, tendo-o obtido, não tenham promovido a constituição da sociedade ou estabelecimento individual de responsabilidade limitada.

2. O disposto no número anterior não prejudica o procedimento criminal a que possa haver lugar.

Nota. A redacção do corpo do n.º 1 foi introduzida pelo art. 33.º do DL n.º 323/2001, de 17 de Dezembro.

Art. 76.º (Outras contra-ordenações)

1. Pratica contra-ordenação, ficando sujeito a coima, de € 249,40 a € 2 493,99, tratando-se de pessoa singular, e de € 1 496,39 a € 14 963,94, tratando-se de pessoa colectiva, quem:

a) Detenha documentos emanados do RNPC para negociar com terceiros;

b) Preste declarações falsas ou inexactas ou omita informações que, nos termos da legislação aplicável, devia prestar;

c) Não efectue as comunicações previstas no presente diploma ou o faça fora do prazo ou das condições estatuídas;

Cap. I.   Competência e direcção   **Arts. 77.º-78.º RNPC [3]**

d) Falsifique, pratique contrafacção, reproduza, proceda à revenda não autorizada ou por qualquer forma faça uso ilegítimo dos impressos exclusivos do RNPC;
e) Efectue publicidade sugerindo facilidades na obtenção de documentos emitidos pelo RNPC.
2. O disposto no número anterior não prejudica o procedimento criminal a que possa haver lugar.

Nota. A redacção do corpo do n.º 1 foi introduzida pelo art. 33.º do DL n.º 323/2001, de 17 de Dezembro.

Art. 77.º (Competência para aplicação das coimas)
1. A aplicação das coimas previstas no presente diploma compete ao RNPC.
2. O produto das coimas reverte para o IRN, I. P.

Nota. Redacção introduzida pelo art. 26.º do DL n.º 247-B/2008, de 30 de Dezembro.

TÍTULO VI.   **REGISTO NACIONAL DE PESSOAS COLECTIVAS**

CAPÍTULO I.   **Competência e direcção**

Art. 78.º (Competência)
1. Compete ao RNPC e aos serviços de registo designados em despacho do presidente do IRN, I. P.:
a) Velar pela exactidão e actualidade da informação contida no FCPC, promovendo as correcções necessárias;
b) Promover a inscrição no FCPC dos actos de constituição, modificação e dissolução das pessoas colectivas e entidades equiparadas;
c) Emitir certificados de admissibilidade de firmas e denominações assegurando o cumprimento dos princípios da novidade e da verdade;
d) Declarar a perda do direito ao uso de firma ou denominação nos termos do artigo 61.º
2. Compete em especial ao RNPC:
a) Estudar, planear e coordenar as tarefas necessárias à identificação das pessoas colectivas e entidades equiparadas;
b) Organizar, manter e explorar o FCPC, sem prejuízo do disposto no n.º 1 do artigo 30.º;
c) Promover as acções necessárias à coordenação no sector público das bases de dados de pessoas colectivas e entidades equiparadas;
d) Coordenar, em conjunto com o IRN, I. P., a prestação dos serviços *online* e de balcão único disponibilizados nos serviços de registo;
e) Praticar actos de registo que venham a ser fixados por despacho do presidente do IRN, I. P.;
f) Assegurar a participação portuguesa em reuniões internacionais sobre matérias da sua competência.

Nota. Redacção introduzida pelo art. 26.º do DL n.º 247-B/2008, de 30 de Dezembro.

159

[3] **RNPC Arts. 79.º-80.º-A** Tít. VI. Registo nacional de pessoas colectivas

Art. 79.º (Direcção)

1. O RNPC é dirigido por um director, a quem compete:

a) Representar o RNPC em juízo e fora dele;

b) Dirigir a actividade do RNPC com vista à realização das suas atribuições;

c) Superintender na gestão de pessoal, promover a arrecadação das receitas e autorizar, nos termos legais, a realização das despesas;

d) Decidir da emissão dos certificados de admissibilidade de firmas e denominações, promover a inscrição e identificação das pessoas colectivas e entidades equiparadas e, bem assim, assegurar a organização e funcionamento do FCPC;

e) Autorizar o acesso à informação do FCPC ou o seu fornecimento, no respeito das disposições legais e demais normativos aplicáveis;

f) Exercer qualquer outra competência que lhe seja atribuída por lei.

2. A direcção do RNPC é assegurada, por períodos trienais, pelo conservador para o efeito designado por despacho do presidente do IRN, I. P.

3. O director pode delegar as suas competências nos conservadores e conservadores auxiliares.

Nota. Redacção introduzida pelo art. 26.º do DL n.º 247-B/2008, de 30 de Dezembro.

Art. 80.º (Conservadores e conservadores auxiliares)

São competências específicas dos conservadores e dos conservadores auxiliares apreciar e decidir os pedidos de emissão de certificados de admissibilidade de firmas e denominações, os pedidos de inscrição, os pedidos de declaração de perda do direito ao uso de firma ou denominação, nos termos do artigo 61.º, e, bem assim, praticar quaisquer outros actos relacionados com a organização e funcionamento do FCPC e com o cumprimento das competências do RNPC delegadas pelo director.

Nota. Redacção introduzida pelo art. 26.º do DL n.º 247-B/2008, de 30 de Dezembro.

Art. 80.º-A (Oficiais dos registos)

São competências próprias dos oficiais de registo:

a) Apreciar e decidir os pedidos de emissão de certificados de admissibilidade de firmas ou denominações;

b) (…).

c) Apreciar e decidir os pedidos de desistência de emissão de certificados de admissibilidade de firmas ou denominações, bem como de invalidação de certificados já emitidos;

d) Apreciar e decidir os pedidos de substituição de impressos de emissão de certificados de admissibilidade de firmas ou denominações;

e) (…).

f) Promover a inscrição e a identificação de pessoas colectivas e entidades equiparadas;

g) Apreciar os pedidos de declaração de perda do direito ao uso de firma ou denominação, nos termos do artigo 61.º

h) Praticar outros actos que lhes sejam delegados pelos conservadores e pelos conservadores auxiliares.

Nota. Aditado pelo art. 26.º do DL n.º 76-A/2006, de 29 de Março. A actual redacção foi introduzida pelo art. 26.º do DL n.º 247-B/2008, de 30 de Dezembro.

160

Cap. II.   Pessoal   **Arts. 81.º-86.º RNPC [3]**

CAPÍTULO II.   Pessoal

Art. 81.º (Estatuto do pessoal)

1. O estatuto do pessoal do RNPC é o do pessoal dos serviços dos registos e notariado, sendo-lhe aplicáveis, no que não for contrariado pelo presente diploma, as disposições referentes ao pessoal das conservatórias do registo comercial autonomizadas.

2. Ao pessoal dirigente integrado em carreira é aplicável o disposto no artigo 54.º do Decreto-Lei n.º 519-F2/79, de 29 de Dezembro.

3. Aos oficiais dos registos e do notariado é aplicável o disposto no artigo 61.º do diploma referido no número anterior.

Art. 82.º (Vencimentos dos conservadores)

1. Os conservadores auferem o ordenado correspondente à 1.ª classe.

2. Os conservadores auxiliares têm direito ao ordenado correspondente à 3.ª classe, salvo se for mais elevada a sua classe pessoal.

3. A participação emolumentar do director é apurada segundo as regras aplicáveis aos conservadores das conservatórias do registo comercial autonomizadas.

4. A participação emolumentar dos outros conservadores e dos conservadores auxiliares corresponde, respectivamente, a 85% e a 70% da participação emolumentar apurada para o director.

Art. 83.º (Provimento dos lugares de conservador)

1. Os lugares de conservador são providos nos termos da lei orgânica e regulamento dos serviços dos registos e do notariado, sem prejuízo da aplicação dos outros instrumentos de mobilidade previstos na lei geral.

2. Os lugares de conservador auxiliar são providos nos termos do artigo 2.º do Decreto-Lei n.º 287/94, de 14 de Novembro.

Art. 84.º (Oficiais dos registos)

1. A carreira de oficiais dos registos desenvolve-se da forma prevista para os restantes oficiais dos registos e do notariado.

2. O recrutamento e promoção dos oficiais efectua-se de harmonia com as disposições aplicáveis da legislação específica dos registos e do notariado.

Art. 85.º (Recrutamento de outro pessoal)

O recrutamento do pessoal pertencente a carreiras não específicas dos registos e do notariado efectua-se nos termos da lei geral ou da lei específica da carreira em causa.

Art. 86.º (Quadro de pessoal)

1. O quadro de pessoal do RNPC é objecto de portaria do Ministro da Justiça.

2. A afectação do pessoal aos diversos serviços do RNPC é feita por despacho do director.

Nota. Cf. a Portaria n.º 966/98, de 12 de Novembro.

[3] RNPC Arts. 87.°-92.°   Tít. VI. Registo nacional de pessoas colectivas

CAPÍTULO III. Funcionamento

Art. 87.° (Horário)

1. O período de atendimento do público é fixado de acordo com a legislação aplicável aos órgãos e serviços da Administração Pública.

2. (…).

3. Salvo no caso de estarem impedidos ou em serviço oficial, os conservadores devem permanecer no RNPC durante o horário de atendimento do público.

4. Nos casos de horário de atendimento contínuo ou prolongado, deve o serviço ser organizado por forma a assegurar, sempre que possível, a permanência de um conservador durante o período de atendimento do público.

Notas. 1. Redacção introduzida pelo art. 26.° do DL n.° 247-B/2008, de 30 de Dezembro.

2. O n.° 2 foi revogado pelo art. 46.°, alínea *b*), do DL n.° 247-B/2008, de 30 de Dezembro.

Art. 88.° (Prestação de serviços

O RNPC pode prestar serviços, no âmbito da sua competência, a entidades públicas ou privadas nos termos que forem autorizados por despacho do presidente do IRN, I. P.

Nota. Redacção introduzida pelo art. 26.° do DL n.° 247-B/2008, de 30 de Dezembro.

Art. 89.° (Emolumentos)

1. As tabelas de emolumentos devidos por actos praticados ou por informações prestadas pelo RNPC são aprovadas por portaria do Ministro da Justiça.

2. À conta dos actos praticados ou das informações prestadas pelo RNPC é aplicável o disposto no artigo 133.° do Regulamento dos Serviços dos Registos e do Notariado, aprovado pelo Decreto n.° 55/80, de 8 de Outubro.

3. As quantias cobradas em excesso por erro dos serviços são oficiosamente restituídas.

4. As quantias remetidas em excesso por erro dos requerentes são-lhes restituídas, deduzidos os custos calculados para a restituição, se forem razoavelmente superiores a estes; em caso contrário, são contabilizadas como emolumentos.

Art. 90.° (Isenção de emolumentos)

Nota. Revogado pelo art. 46.°, alínea *b*), do DL n.° 247-B/2008, de 30 de Dezembro.

Art. 91.° (Impressos)

Os formulários próprios referidos no presente diploma constituem exclusivo do IRN, I. P., e são aprovados por despacho do seu presidente.

Nota. Redacção introduzida pelo art. 26.° do DL n.° 247-B/2008, de 30 de Dezembro.

Art. 92.° (Direito subsidiário)

As disposições do Código do Registo Comercial são subsidiariamente aplicáveis, com as necessárias adaptações, a tudo o que não estiver disposto no presente diploma.

Nota. Aditado pelo art. 27.° do DL n.° 247-B/2008, de 30 de Dezembro.

Emolumentos do registo nacional de pessoas colectivas   **RNPC [3]**

Emolumentos do Registo Nacional de Pessoas Colectivas[1]

Em euros

1 – (…)
2 – Certificados de admissibilidade de firma ou denominação:
2.1 – Pelo pedido de emissão do certificado....................................... 56
2.2 – Pela urgência na emissão de certificado de admissibilidade de firma ou denominação é devido o valor do emolumento correspondente ao acto;
2.3 – Invalidação da emissão do certificado 10
2.4 – A desistência do pedido de emissão do certificado não dá lugar à restituição dos emolumentos cobrados.
2.5 – O indeferimento do pedido de emissão do certificado não dá lugar à restituição dos emolumentos cobrados.
2.6 – No caso previsto no número anterior o emolumento pago pode ser transferido, uma única vez, para o novo pedido do mesmo requerente a apresentar no prazo máximo de 10 dias úteis.
3 – Inscrição no ficheiro central de pessoas colectivas................... 20
3.1 – Identificação, para efeitos fiscais, de pessoas colectivas estrangeiras que não exerçam habitualmente actividade em Portugal ou o cancelamento dessa identificação 50
4 – (…).
5 – (…).
6 – Registo de pessoas colectivas religiosas:
6.1 – Inscrição 60
6.2 – Averbamento de cancelamento 40
6.3 – Outros averbamentos à inscrição 25
6.4 – Pela desistência do pedido de inscrição 60
6.5 – Pela urgência na realização do registo de pessoa colectiva religiosa é devido o valor do emolumento correspondente ao acto.

---

[1] Tabela constante do art. 23.° do Regulamento Emolumentar dos Registos e Notariado, aprovado pelo art. 1.° do DL n.° 322-A/2001, de 14 de Dezembro, e alterado pela L n.° 32-B/2002, de 30 de Dezembro, e pelos DLs n.° 315/2002, de 27 de Dezembro, n.° 194/2003, de 23 de Agosto, n.° 53/2004, de 18 de Março [141], n.° 199/2004, de 18 de Agosto, n.° 111/2005, de 8 de Julho [4], n.° 178-A/2005, de 28 de Outubro, n.° 76-A/2006, de 29 de Março, n.° 85/2006, de 23 de Maio, n.° 125/2006, de 29 de Junho [5], n.° 8/2007, de 18 de Janeiro, e n.° 263-A/2007, de 23 de Julho, pela L n.° 40/2007, de 24 de Agosto, e pelos DLs n.° 324/2007, de 28 de Setembro, n.° 20/2008, de 31 de Janeiro, n.° 73/2008, de 16 de Abril [7], n.° 116/2008, de 4 de Julho, n.° 247-B/2008, de 30 de Dezembro, n.° 122/2009, de 21 de Maio, n.° 185/2009, de 12 de Agosto, e n.° 99/2010, de 2 de Setembro.

Nos termos do art. 16.°-A do referido Regulamento:

"São gratuitos os seguintes actos:

a) Actualização dos registos por efeito da redenominação automática dos valores monetários;

b) Rectificação de actos de registo ou documentos resultante de erro ou inexactidão proveniente de deficiência dos títulos emitidos pelos serviços dos registos e do notariado;

c) Conferência de fotocópias, nos termos do Decreto-Lei n.° 30/2000, de 13 de Março;

d) Certidões, fotocópias e comunicações que decorram do cumprimento de obrigações legais e que não devam entrar em regra de custas."

[3] **RNPC**   Emolumentos do registo nacional de pessoas colectivas

7 – Certidões e cópias de registo informático e de documentos:
7.1 – Requisição e emissão de certidão ou cópia de registo informático e de documentos 20
7.2 – Emissão de certidão ou cópia de registo informático quando requeridas por pessoas colectivas religiosas 5
7.3 – (…).
7.4 – (…).
7.5 – Informação dada por escrito relativamente a registos e documentos.. 11
8 – Acesso às bases de dados:
8.1 – Acesso electrónico, cópias totais ou parciais e informação para fins de investigação estatística da base de dados do ficheiro central de pessoas colectivas (FCPC) e do registo de pessoas colectivas religiosas (RPCR).
8.1.1 – Acesso *online*:
8.1.1.1 – Acesso *online* à informação por um período mínimo de um ano, assinatura mensal.. 250
8.1.1.2 – (…).
8.1.1.3 – (…).
8.1.1.4 – (…).
8.2 – Cópia total em suporte electrónico da base de dados do FCPC ou do RPCR:
8.2.1 – Pela cópia de cada 5000
8.2.2 – Por cada actualização mensal de movimentos 200
8.2.3 – Cópia parcial em suporte electrónico da base de dados do FCPC ou do RPCR:
8.2.3.1 – Por cada 1000 registos ou fracção............................... 250
8.2.3.2 – (…).
8.3 – Por cada cópia parcial em suporte de papel (conteúdo integral ou parcial do registo):
8.3.1 – Até 1000 registos... 1000
8.3.2 – Por cada adicional de 1000 registos ou fracção 250
8.4 – Por cada informação estatística disponível do FCPC ou do RPCR:
8.4.1 – A nível nacional 400
8.4.2 – A nível concelhio 100
8.4.3 – O emolumento devido pela prestação de informação para fins de investigação científica ou de estatística que requeira um tratamento informático especial é o correspondente ao custo efectivo do serviço, acrescido de 10% desse montante.
9 – Os emolumentos previstos para o acesso electrónico a que se refere o número anterior constituem receita do IRN, I. P., e do ITIJ, I. P., na proporção de 85% e 15%, respectivamente.
10 – Os emolumentos previstos para as cópias e informação em papel a que se refere o n.º 8 constituem receita do IRN, I. P.

REGIME ESPECIAL
DE CONSTITUIÇÃO DE SOCIEDADES
("Empresa na Hora")

[4] DECRETO-LEI N.º 111/2005
de 8 de Julho

Nos termos da alínea *a*) do n.º 1 do artigo 198.º da Constituição, o Governo decreta o seguinte:

CAPÍTULO I. **Regime especial de constituição imediata de sociedades**

Art. 1.º (Objecto)
O presente diploma estabelece um regime especial de constituição imediata de sociedades comerciais e civis sob forma comercial do tipo por quotas e anónima, com ou sem a simultânea aquisição, pelas sociedades, de marca registada.

Nota. Redacção introduzida pelo art. 21.º do DL n.º 125/2006, de 29 de Junho [5].

Art. 2.º (Âmbito)
O regime previsto no presente diploma não é aplicável:
a) (…).
b) (…).
c) Às sociedades anónimas europeias.

Notas. 1. Redacção introduzida pelo art. 34.º do DL n.º 247-B/2008, de 30 de Dezembro.
2. As alíneas *a*) e *b*) foram revogadas pelo art. 46.º, alínea *b*), do DL n.º 247-B/2008, de 30 de Dezembro.

Art. 3.º (Pressupostos de aplicação)
1. São pressupostos de aplicação do regime previsto no presente diploma:
a) A opção por pacto ou acto constitutivo de modelo aprovado pelo presidente do Instituto dos Registos e do Notariado, I. P. (IRN, I. P.);
b) Se o capital da sociedade for total ou parcialmente realizado mediante entradas em bens diferentes de dinheiro sujeitos a registo, os bens estiverem registados definitivamente em nome do sócio que os dá como entrada.
2. No caso previsto na alínea *b*) do número anterior, os serviços de registo devem verificar oficiosamente a titularidade dos bens, através do acesso directo às bases de dados respectivas.

[4] DL 111/2005 Arts. 4.°-6.°   Regime Especial de Constituição de Sociedades

3. É ainda pressuposto da aplicação do regime previsto no presente diploma a escolha da firma da sociedade através de uma das seguintes formas:

a) Aprovação no posto de atendimento;

b) Escolha de firma constituída por expressão de fantasia previamente criada e reservada a favor do Estado, associada ou não à aquisição de uma marca previamente registada a favor do Estado;

c) Apresentação de certificado de admissibilidade de firma.

4. A competência dos serviços de registo para a aprovação de firma referida na alínea a) do número anterior é atribuída por despacho do presidente do IRN, I. P.

Nota. Redacção introduzida pelo art. 34.° do DL n.° 247-B/2008, de 30 de Dezembro.

Art. 4.° (Competência)

1. O regime a que se refere o artigo 1.° é da competência das conservatórias do registo comercial, ou de quaisquer outros serviços desconcentrados do IRN, I. P., independentemente da localização da sede da sociedade a constituir.

2. Os interessados podem igualmente optar por promover o procedimento no posto de atendimento do registo comercial a funcionar junto dos centros de formalidades de empresas (CFE).

3. A competência prevista nos números anteriores abrange a tramitação integral do procedimento, incluindo a prática de todos os actos de registo comercial, predial ou de veículos efectuados em consequência do procedimento.

4. Os CFE podem adoptar as medidas necessárias para adequar as suas estruturas ao disposto no presente diploma, nomeadamente através de modificações ao respectivo manual de procedimentos.

Nota. Redacção introduzida pelo art. 34.° do DL n.° 247-B/2008, de 30 de Dezembro.

Art. 4.°-A (Marcação prévia no caso de entradas em espécie)

Os procedimentos de constituição imediata de sociedades em que o capital seja total ou parcialmente realizado mediante entradas em bens diferentes de dinheiro sujeitos a registo, podem ser realizados mediante agendamento da data da realização do negócio jurídico, nos termos a regulamentar por portaria do membro do Governo responsável pela área da justiça.

Notas. 1. Aditado pelo art. 35.° do DL n.° 247-B/2008, de 30 de Dezembro.

2. Cf. a Portaria n.° 3/2009, de 2 de Janeiro.

Art. 5.° (Prazo de tramitação)

Os serviços referidos no artigo anterior devem iniciar e concluir a tramitação do procedimento no mesmo dia, em atendimento presencial único.

Art. 6.° (Início do procedimento)

1. Os interessados na constituição da sociedade formulam o seu pedido junto do serviço competente, manifestando a sua opção pela firma ou firma e marca e pelo modelo de pacto ou acto constitutivo.

166

Cap. I. Regime esp. de constituição imediata de sociedades   **Arts. 7.º-8.º DL 111/2005 [4]**

2. A prossecução do procedimento depende da verificação inicial da identidade, da capacidade e dos poderes de representação dos interessados para o acto.

Nota. Redacção introduzida pelo art. 21.º do DL n.º 125/2006, de 29 de Junho [5].

Art. 7.º (Documentos a apresentar)

1. Para o efeito da constituição da sociedade, os interessados devem apresentar os documentos comprovativos da sua identidade, capacidade e poderes de representação para o acto, bem como autorizações especiais que sejam necessárias.

2. Caso ainda não haja sido efectuado, os sócios devem declarar, sob sua responsabilidade, que o depósito das entradas em dinheiro é realizado no prazo de cinco dias úteis ou, nos casos e termos em que a lei o permite, que as respectivas entradas em dinheiro são entregues nos cofres da sociedade, até ao final do primeiro exercício económico.

3. Sendo o capital total ou parcialmente realizado mediante entradas em bens diferentes de dinheiro, deve ser apresentado o relatório elaborado por um revisor oficial de contas sem interesses na sociedade, nos termos do artigo 28.º do Código das Sociedades Comerciais.

4. No caso de o capital social ser realizado mediante a entrada de imóveis, deve ser preferencialmente comprovada por acesso à base de dados, ou mediante a apresentação dos respectivos documentos pelos interessados:

   a) A situação matricial do prédio;

   b) A existência ou dispensa de licença de utilização ou de licença de construção, quando exigível;

   c) A existência de ficha técnica do prédio, quando exigível;

   d) A inexistência de manifestação da intenção de exercer o direito de preferência legal por parte do Estado, Regiões Autónomas, municípios, outras pessoas colectivas públicas ou empresas públicas.

5. A mera referência à existência de licença de utilização ou o facto de que resulte a respectiva dispensa efectuada em caderneta predial, em base de dados de serviço da Administração Pública ou em documento autêntico, constitui prova bastante para os efeitos do disposto na alínea *b*) do número anterior.

6. Os interessados podem proceder à entrega imediata da declaração de início de actividade para efeitos fiscais.

7. Caso não procedam à entrega do documento referido no número anterior, os interessados são advertidos de que o devem fazer no serviço competente, no prazo legalmente fixado para o efeito.

8. Os serviços fiscais devem notificar por via electrónica os serviços da segurança social dos elementos relativos ao início da actividade.

Nota. Redacção introduzida pelo art. 34.º do DL n.º 247-B/2008, de 30 de Dezembro, e pelo art. 4.º do DL n.º 33/2011, de 7 de Março.

Art. 8.º (Sequência do procedimento)

1. Efectuada a verificação inicial da identidade, da capacidade e dos poderes de representação dos interessados para o acto, bem como a regularidade dos documentos apresentados, o serviço competente procede aos seguintes actos, pela ordem indicada:

   a) Cobrança dos encargos que se mostrem devidos;

167

[4] DL 111/2005 Art. 9.º   Regime Especial de Constituição de Sociedades

b) Promoção da liquidação do IMT, nos termos declarados pelo contribuinte, e de outros impostos que se mostrem devidos, tendo em conta os negócios jurídicos a celebrar, assegurando o seu pagamento prévio à celebração do negócio jurídico;

c) Aprovação de firma nos termos da alínea *a*) do n.º 3 do artigo 3.º ou afectação, por via informática e a favor da sociedade a constituir, da firma escolhida ou da firma e marca escolhidas e do número de identificação de pessoa colectiva (NIPC) associado à firma nos casos previstos na alínea *b*) do n.º 3 do artigo 3.º;

d) Preenchimento do pacto ou acto constitutivo, por documento particular, de acordo com o modelo previamente escolhido, nos termos das indicações dos interessados;

e) Reconhecimento presencial das assinaturas dos intervenientes no acto, apostas no pacto ou acto constitutivo;

f) Anotação de apresentação dos pedidos verbais de registo nos respectivos diários;

g) Registo de constituição de sociedade e de outros factos sujeitos a registo comercial, predial e de veículos a serem efectuados em consequência do procedimento;

h) Comunicação automática e electrónica da constituição da sociedade ao ficheiro central de pessoas colectivas e, se for o caso, codificação da actividade económica (CAE);

i) Disponibilização imediata do cartão electrónico da empresa mediante a atribuição de código de acesso, bem como comunicação aos interessados do número de identificação da sociedade na segurança social;

j) Sendo caso disso, completamento da declaração de início de actividade, para menção da firma, NIPC e CAE.

2. A atribuição de firma referida na primeira parte da alínea *c*) do número anterior ocorre com a aprovação da primeira das firmas requeridas que for viável.

3. A realização dos actos previstos no n.º 1 é da competência do conservador e dos oficiais de registo, com excepção dos actos que envolvam entradas em imóveis que são da competência do conservador, sem prejuízo da possibilidade de delegação em oficial de registo.

Nota. Redacção introduzida pelo art. 37.º do DL n.º 76-A/2006, de 29 de Março, e pelo art. 21.º do DL n.º 125/2006, de 29 de Junho **[5]**, e pelo art. 34.º do DL n.º 247-B/2008, de 30 de Dezembro.

Art. 9.º (Recusa de titulação)

1. O conservador deve recusar a realização do acto previsto na alínea *d*) do n.º 1 do artigo anterior sempre que verifique a existência de omissões, vícios ou deficiências que afectem a formação e exteriorização da vontade dos intervenientes no acto ou nos documentos que devam instruir e que obstem à realização, com carácter definitivo, do registo da constituição de sociedade ou de qualquer outro registo incluído no procedimento, bem como quando, em face das disposições legais aplicáveis, o acto não seja viável.

2. O conservador deve ainda recusar a realização do acto previsto na alínea *d*) do n.º 1 do artigo anterior quando o acto seja anulável ou ineficaz.

3. Em caso de recusa, se o interessado declarar, oralmente ou por escrito, que pretende impugnar o respectivo acto, o conservador deve lavrar despacho especificando os fundamentos respectivos.

Cap. I. Regime esp. de constituição imediata de sociedades **Arts. 10.º-13.º DL 111/2005 [4]**

4. À recusa de titulação é aplicável o regime de impugnação previsto nos artigos 98.º e seguintes do Código do Registo Comercial.

Nota. Redacção introduzida pelo art. 34.º do DL n.º 247-B/2008, de 30 de Dezembro.

Art. 10.º (Aditamentos à firma e número de matrícula)

1. Nos casos previstos na alínea *b*) do n.º 3 do artigo 3.º, o serviço competente deve completar a composição da firma com os aditamentos legalmente impostos assim como com qualquer expressão alusiva ao objecto social que os interessados optem por inserir entre a expressão de fantasia escolhida e os referidos aditamentos.

2. O número de matrícula das sociedades constituídas ao abrigo do presente diploma corresponde ao número de identificação de pessoa colectiva.

Nota. Redacção introduzida pelo art. 34.º do DL n.º 247-B/2008, de 30 de Dezembro.

Art. 11.º (Caducidade do direito ao uso da firma)

A não conclusão do procedimento no prazo previsto no artigo 5.º por facto imputável aos interessados, determina a caducidade do direito ao uso da firma, ou da firma e marcas escolhidas afectas à sociedade a constituir, nos termos da alínea *c*) do n.º 1 do artigo 8.º, não conferindo o direito à constituição dos encargos cobrados.

Nota. Redacção introduzida pelo art. 4.º do DL n.º 99/2010, de 2 de Setembro. O preceito já fora anteriormente alterado pelo art. 34.º do DL n.º 247-B/2008, de 30 de Dezembro.

Art. 12.º (Documentos a disponibilizar à sociedade)

1. Concluído o procedimento de constituição da sociedade, o serviço competente entrega de imediato aos representantes da sociedade, a título gratuito:

a) Uma certidão do pacto ou acto constitutivo do registo deste último;

b) Sendo caso disso, disponibilização *online* das certidões de registo a que haja lugar através da atribuição do código de acesso e promoção da emissão do certificado de matrícula;

c) O recibo comprovativo do pagamento dos encargos devidos;

d) Caso tenha havido aquisição de marca registada, documento comprovativo dessa aquisição, em modelo aprovado pelo Instituto Nacional da Propriedade Industrial, I. P. (INPI, I. P.).

2. Nos casos previstos na alínea *d*) do número anterior, é dispensado o documento escrito e assinado pelas partes, previsto no n.º 6 do artigo 31.º do Código da Propriedade Industrial, e não há lugar à emissão do título de concessão previsto no artigo 27.º do mesmo diploma.

3. O serviço procede ainda ao envio posterior do cartão da empresa a título gratuito.

Nota. Redacção introduzida pelo art. 21.º do DL n.º 125/2006, de 29 de Junho **[5]**, pelo art. 14.º do DL n.º 318/2007, de 26 de Setembro, e pelo art. 34.º do DL n.º 247-B/2008, de 30 de Dezembro, que também alterou a epígrafe do preceito.

Art. 13.º (Diligências subsequentes à conclusão do procedimento)

1. Após a conclusão do procedimento de constituição da sociedade, o serviço competente, no prazo de vinte e quatro horas:

a) Promove as publicações legais;

169

[4] DL 111/2005 Art. 14.°   Regime Especial de Constituição de Sociedades

b) Remete a declaração de início de actividade ao serviço fiscal competente;

c) Disponibiliza aos serviços competentes, por meios informáticos, os dados necessários para efeitos de comunicação do início de actividade da sociedade à Inspecção-Geral do Trabalho, bem como os dados necessários à inscrição oficiosa da sociedade nos serviços da segurança social e, quando for o caso, no cadastro comercial;

d) Caso tenha havido aquisição de marca registada, comunica ao INPI, I. P., por meios informáticos, a transmissão da mesma, para que se proceda à sua inscrição oficiosa no processo de registo, e ao RNPC para efeitos de dispensa da prova prevista no n.° 6 do artigo 33.° do regime do RNPC;

e) Promove as restantes diligências que venham ser fixadas por via regulamentar ou protocolar.

2. No mesmo prazo, o serviço que conduziu o procedimento deve remeter a pasta da sociedade à conservatória do registo comercial da área da respectiva sede.

3. O envio previsto no número anterior só ocorre quando não existam condições que garantam o acesso à informação sobre a sociedade por via electrónica.

Nota. Redacção introduzida pelo art. 14.° do DL n.° 318/2007, de 26 de Setembro, e pelo art. 34.° do DL n.° 247-B/2008, de 30 de Dezembro.

Art. 14.° (Encargos)

1. Pelo procedimento de constituição de sociedade regulado no presente diploma são devidos encargos relativos:

a) Aos emolumentos previstos no Regulamento Emolumentar dos Registos e do Notariado;

b) Ao imposto do selo, nos termos da Tabela respectiva;

c) (…).

d) Ao Imposto Municipal sobre Transmissões Onerosas de Imóveis, nos termos declarados pelo contribuinte, e outros impostos que se mostrem devidos, tendo em conta os negócios jurídicos a celebrar, devendo ser assegurado o seu pagamento prévio à celebração do negócio jurídico, sem prejuízo do disposto na alínea *b)*;

e) Às taxas previstas em portaria do membro do Governo responsável pela área da justiça, caso tenha havido aquisição de marca registada.

2. O Estado goza de isenção do pagamento das taxas devidas pela prática de actos junto do INPI, ao abrigo do presente diploma.

3. Sem prejuízo do disposto no artigo 11.°, não são devidos quaisquer encargos pela recusa de titulação e de registo, procedendo-se nesses casos à devolução de todas as quantias cobradas pelo procedimento de constituição de sociedades regulado neste diploma.

4. Pelo procedimento de constituição de sociedades regulado neste diploma não são devidos emolumentos pessoais.

Notas. 1. Redacção introduzida pelo art. 21.° do DL n.° 125/2006, de 29 de Junho **[5]**, pelo art. 14.° do DL n.° 318/2007, de 26 de Setembro, e pelo art. 34.° do DL n.° 247-B/2008, de 30 de Dezembro.

2. A alínea *c)* do n.° 1 foi revogada pelo art. 20.°, alínea *b)*, do DL n.° 318/2007, de 26 de Setembro.

3. Cf. a Portaria n.° 1359/2007, de 15 de Outubro.

Cap. II.   Alterações legislativas   **Arts. 15.º-17.º DL 111/2005 [4]**

Art. 15.º (Bolsas de firmas e de marcas)

1. É criada pelo RNPC uma bolsa de firmas reservadas a favor do Estado, compostas por expressão de fantasia e às quais está associado um NIPC, independentemente da localização da sede da sociedade, para o efeito de afectação exclusiva às sociedades a constituir no âmbito do presente diploma.

2. É criada pelo RNPC e pelo INPI uma bolsa de firmas reservadas e de marcas registadas a favor do Estado, compostas por expressões de fantasia e às quais está associado um NIPC e um número de processo de marca, independentemente da localização da sede da sociedade, para o efeito de afectação às sociedades a constituir no âmbito do presente diploma.

3. As marcas constantes da bolsa referida no número anterior são registadas a favor do Estado, representado pelo RNPC, para os produtos e serviços definidos por despacho conjunto do presidente do IRN, I. P., e do presidente do conselho de administração do INPI.

4. Até à sua afectação nos termos da segunda parte da alínea c) do n.º 1 do artigo 8.º, as firmas constantes das bolsas referidas nos n.ºs 1 e 2 gozam de protecção em todo o território nacional.

5. O recurso à bolsa referida no n.º 2 pressupõe a adopção conjunta das firmas e marcas que se encontram reciprocamente associadas.

6. A dependência prevista no número anterior cessa com a conclusão do procedimento de constituição imediata da sociedade, momento a partir do qual a firma e a marca passam a vigorar autonomamente.

7. A reserva a favor do Estado das firmas constantes das bolsas referidas nos n.ºs 1 e 2 confere o direito à sua exclusividade em todo o território nacional.

Nota. Redacção introduzida pelo art. 21.º do DL n.º 125/2006, de 29 de Junho [5], que também alterou a epígrafe do preceito, e pelo art. 34.º do DL n.º 247-B/2008, de 30 de Dezembro.

Art. 15.º-A (Declaração de intenção de uso)

Nota. Revogado pelo art. 46.º, alínea b), do DL n.º 247-B/2008, de 30 de Dezembro.

Art. 16.º (Protocolos)

1. Podem ser celebrados protocolos entre a Direcção-Geral dos Registos e do Notariado (DGRN) e os vários organismos da Administração Pública envolvidos no procedimento de constituição de sociedades com vista à definição dos procedimentos administrativos de comunicação de dados.

2. A DGRN pode ainda celebrar protocolos com a Direcção-Geral dos Impostos e com a Câmara dos Técnicos Oficiais de Contas com vista à definição dos procedimentos relativos ao preenchimento e entrega da declaração fiscal de início de actividade e posterior comprovação destes factos.

CAPÍTULO II.   Alterações legislativas

Art. 17.º (Alteração ao Código das Sociedades Comerciais)

Nota. As alterações foram introduzidas nos lugares próprios.

[4] DL 111/2005 Arts. 18.º-25.º · Regime Especial de Constituição de Sociedades

Art. 18.º (Alteração ao regime do Registo Nacional de Pessoas Colectivas)

Nota. As alterações foram introduzidas nos lugares próprios.

Art. 19.º (Alteração ao Código do Registo Comercial)

Nota. As alterações foram introduzidas nos lugares próprios.

Art. 20.º (Alteração ao Decreto-Lei n.º 322-A/2001, de 14 de Dezembro)

Nota. Esta norma alterou a redacção do art. 8.º do DL n.º 322-A/2001, de 14 de Dezembro, que aprovou o Regulamento Emolumentar dos Registos e Notariado.

Art. 21.º (Alteração ao Regulamento Emolumentar dos Registos e Notariado)

Nota. Esta norma alterou a redacção dos arts. 15.º, 27.º e 28.º do Regulamento Emolumentar dos Registos e Notariado, aprovado pelo DL n.º 322-A/2001, de 14 de Dezembro.

Art. 22.º (Alteração ao Decreto-Lei n.º 8-B/2002, de 15 de Janeiro)

Nota. Esta norma alterou a redacção do art. 4.º do DL n.º 8-B/2002, de 15 de Janeiro.

Art. 23.º (Alteração ao Código do Imposto sobre o Rendimento das Pessoas Colectivas)

Nota. Esta norma alterou a redacção dos arts. 110.º e 111.º do Código do Imposto sobre o Rendimento das Pessoas Colectivas, aprovado pelo DL n.º 442-B/88, de 30 de Novembro.

Art. 24.º (Alteração ao Código do Imposto sobre o Valor Acrescentado)

Nota. Esta norma alterou a redacção dos arts. 30.º, 31.º e 34.º-A do Código do Imposto sobre o Valor Acrescentado, aprovado pelo Decreto-Lei n.º 394-B/84, de 26 de Dezembro.

CAPÍTULO III. Postos de atendimento e informação obrigatória

Art. 25.º (Postos de atendimento do registo comercial)

1. Para efeitos da aplicação do regime especial de constituição imediata de sociedades, podem ser criados, por despacho conjunto dos Ministros da Justiça e da Economia e da Inovação, postos de atendimento das conservatórias do registo comercial junto dos CFE do respectivo concelho, sem prejuízo do disposto no n.º 1 do artigo 27.º

2. O quadro das conservatórias do registo comercial que disponham dos postos de atendimento referidos no número anterior pode ser acrescido de um lugar de conservador, nos termos do artigo 1.º do Decreto-Lei n.º 253/96, de 26 de Dezembro.

3. Na falta ou impedimento do conservador, as suas funções são exercidas pelo ajudante por ele designado para o efeito.

4. A competência dos postos de atendimento abrange:

a) A prática de todos os actos próprios das conservatórias respectivas que se mostrem necessários à execução do regime mencionado no n.º 1;

Cap. IV. Disposições finais e transitórias   **Arts. 26.°-27.° DL 111/2005 [4]**

b) A prática dos actos de registo comercial relativos aos processos previstos no artigo 1.° do Decreto-Lei n.° 78-A/98, de 31 de Março, e para os quais seja competente a conservatória do registo comercial a que pertencem.

c) A emissão e confirmação de certidões e cópias não certificadas de registo, nos termos legalmente previstos para a conservatória a que pertencem.

5. A competência dos postos de atendimento pode ser alargada à prática de outros actos do registo comercial, por despacho do director-geral dos Registos e do Notariado.

Nota. A alínea *c*) do n.° 4 foi aditada pelo art. 37.° do DL n.° 76-A/2006, de 29 de Março, que também alterou a redacção do n.° 5.

Art. 26.° (Disponibilização da informação obrigatória)

Para o cumprimento do disposto no n.° 2 do artigo 14.°, na alínea *c*) do n.° 1 do artigo 55.° e no artigo 70.° do Código do Registo Comercial e no artigo 167.° do Código das Sociedades Comerciais é suficiente a disponibilização, designadamente por ordem cronológica, da informação obrigatória aí prevista através de sítio na Internet de acesso público, cujo funcionamento e respectivos termos e custo são definidos por portaria do Ministro da Justiça.

Nota. Cf. a Portaria n.° 590-A/2005, de 14 de Julho.

CAPÍTULO IV.   Disposições finais e transitórias

Art. 27.° (Período experimental)

1. A partir da data de entrada em vigor do presente diploma e por um período a fixar por portaria conjunta do Ministro de Estado e da Administração Interna, do Ministro da Justiça e do Ministro da Economia e da Inovação, o regime especial de constituição imediata de sociedades funciona a título experimental nas Conservatórias do Registo Comercial de Aveiro, Coimbra, Moita e Barreiro e nos postos de atendimento do registo comercial junto dos CFE de Aveiro e Coimbra.

2. Durante o período experimental referido no número anterior não é permitido aos interessados requerer a constituição de sociedades utilizando certificado de admissibilidade de firma emitido pelo RNPC, nos termos previstos na parte final da alínea *a*) do artigo 3.°

3. Decorrido o período experimental previsto no n.° 1, a extensão do regime a outros serviços depende:

a) Do despacho conjunto referido no n.° 1 do artigo 25.°, quanto a outros CFE;

b) De despacho do presidente do IRN, I. P., quanto a serviços dependentes do IRN, I. P., não integrados nos CFE.

Notas. 1. Redacção introduzida pelo art. 34.° do DL n.° 247-B/2008, de 30 de Dezembro.

2. Cf. a Portaria n.° 811/2005, de 12 de Setembro.

173

[4] DL 111/2005 Art. 28.º — Regime Especial de Constituição de Sociedades

Art. 28.º (Entrada em vigor)

1. O disposto no artigo 15.º entra em vigor no dia seguinte ao da sua publicação.

2. O disposto no artigo 17.º, na parte em que altera os artigos 100.º e 167.º do Código das Sociedades Comerciais e o disposto no artigo 19.º, na parte em que altera os artigos 14.º, 55.º, 70.º e 71.º do Código do Registo Comercial, entram em vigor no dia 1 de Janeiro de 2006, sem prejuízo da sua entrada em vigor nos termos gerais no que respeita às sociedades constituídas ao abrigo do regime especial de constituição imediata de sociedades.

CONSTITUIÇÃO *ON-LINE* DE SOCIEDADES

[5] DECRETO-LEI N.° 125/2006
de 29 de Junho

Nos termos da alínea *a*) do n.° 1 do artigo 198.° da Constituição, o Governo decreta o seguinte:

CAPÍTULO I. Regime especial de constituição *on-line* de sociedades

Art. 1.° (Objecto)

É criado um regime especial de constituição *on-line* de sociedades comerciais e civis sob forma comercial do tipo por quotas e anónima, com ou sem a simultânea aquisição, pelas sociedades, de marca registada, através de sítio na Internet, regulado por portaria do membro do Governo responsável pela área da justiça.

Nota. Redacção introduzida pelo art. 16.° do DL n.°318/2007, de 26 de Setembro.

Art. 2.° (Âmbito)

O regime previsto no presente decreto-lei não é aplicável:

a) Às sociedades cujo capital seja realizado com recurso a entradas em espécie em que, para a transmissão dos bens com que os sócios entram para a sociedade, seja exigida forma mais solene do que a forma escrita;

b) Às sociedades anónimas europeias.

Art. 3.° (Competência)

1. O procedimento de constituição de sociedades ao abrigo do regime a que se refere o artigo 1.° é da competência do Registo Nacional de Pessoas Colectivas (RNPC), independentemente da localização da sede da sociedade a constituir, sem prejuízo do disposto no número seguinte.

2. O RNPC pode distribuir por outras conservatórias do registo comercial a tramitação dos procedimentos de constituição *on-line* de sociedades, nos termos fixados por despacho do director-geral dos Registos e do Notariado.

Art. 4.° (Interessados)

Podem recorrer ao regime previsto no presente decreto-lei pessoas singulares e pessoas colectivas.

[5] DL 125/2006 Arts. 5.º-6.º   Constituição *On-Line* de Sociedades

Art. 5.º (Meios de certificação)
1. A indicação dos dados e a entrega de documentos no sítio na Internet devem ser efectuadas mediante autenticação electrónica ou aposição de uma assinatura electrónica, cujos requisitos e condições de utilização são definidos na portaria referida no artigo 1.º, em articulação com os mecanismos previstos no Sistema de Certificação Electrónica do Estado – Infra-Estrutura de Chaves Públicas.
2. No âmbito do regime previsto no presente decreto-lei, a confirmação das assinaturas dos interessados faz-se através dos meios de certificação referidos no número anterior.
3. Caso intervenha mais de um interessado na constituição da sociedade, é possível o acesso conjunto, simultâneo ou sucessivo, dos diversos interessados ao respectivo processo de constituição *on-line*.

Art. 6.º (Pedido *on-line*)
1. Os interessados na constituição da sociedade formulam o seu pedido *on-line* praticando, entre outros que se mostrem necessários, os seguintes actos:
a) Opção por firma constituída por expressão de fantasia previamente criada e reservada a favor do Estado, associada ou não à aquisição de uma marca previamente registada a favor do Estado, pela aprovação electrónica e automática da firma nos termos do artigo 50.º-A do regime do RNPC ou pela verificação da admissibilidade e aprovação de firma;
b) Não se optando por nenhuma das possibilidades previstas na alínea anterior, indicação de firma constante de certificado de admissibilidade de firma previamente obtido;
c) Opção por pacto ou acto constitutivo de modelo aprovado pelo director-geral dos Registos e do Notariado ou por envio do pacto ou do acto constitutivo por eles elaborado;
d) Preenchimento electrónico dos elementos necessários à apresentação da declaração de início de actividade para efeitos fiscais;
e) Caso ainda não haja sido efectuado, os sócios devem declarar, sob sua responsabilidade, que o depósito das entradas em dinheiro é realizado no prazo de cinco dias úteis a contar da disponibilização de prova gratuita do registo de constituição da sociedade prevista na alínea *b)* do n.º 3 do artigo 12.º ou, nos casos e termos em que a lei o permite, que as respectivas entradas em dinheiro são entregues nos cofres da sociedade, até ao final do primeiro exercício económico;
f) Pagamento, através de meios electrónicos, dos encargos que se mostrem devidos.
2. Nas situações previstas na primeira parte da alínea *a)* do número anterior, os interessados podem completar a composição da firma com qualquer expressão alusiva ao objecto social que optem por inserir entre a expressão de fantasia escolhida e os aditamentos legalmente impostos.
3. Se se tiver requerido a verificação e aprovação de firma nos termos da parte final da alínea *a)* do n.º 1, o pedido deve ser apreciado no prazo máximo de um dia útil, sendo aprovada a primeira das firmas requeridas que for viável.
4. Se for esse o caso, os interessados devem ainda enviar através do sítio na Internet, entre outros que se mostrem necessários, os seguintes documentos:

176

Cap. I.   Regime esp. de const. *on-line* de sociedades   **Arts. 7.°-8.° DL 125/2006 [5]**

a) Documentos comprovativos da sua capacidade e dos seus poderes de representação para o acto;

b) Autorizações especiais que sejam necessárias para a constituição da sociedade;

c) No caso de se tratar de sociedade cujo capital seja realizado com recurso a entradas em espécie, sem que para a transmissão dos bens com que os sócios entram para a sociedade seja exigida forma mais solene do que a forma escrita, o relatório do revisor oficial de contas referido no artigo 28.° do Código das Sociedades Comerciais, tendo sido cumprido o estipulado no n.° 5 dessa disposição.

5. Uma vez iniciado o procedimento ou aprovada a firma nos termos da parte final da alínea a) do n.° 1, o pedido *on-line* deve ser submetido pelos interessados no prazo máximo de vinte e quatro horas.

6. Todos os documentos entregues através de sítio na Internet, desde que tenham sido correctamente digitalizados e sejam integralmente apreensíveis, têm o mesmo valor probatório dos originais.

Nota. Redacção introduzida pelo art. 16.° do DL n.° 318/2007, de 26 de Setembro, pelo art. 36.° do DL n.° 247-B/2008, de 30 de Dezembro, e pelo art. 5.° do DL n.° 33/2011, de 7 de Março.

Art. 7.° (Intervenção de advogados e de solicitadores)

1. Os advogados e os solicitadores que disponham dos meios de certificação de acordo com a portaria referida no n.° 1 do artigo 5.° enviam através do sítio na Internet o pacto ou o acto constitutivo da sociedade, com as assinaturas dos seus subscritores reconhecidas presencialmente.

2. Para o efeito previsto no número anterior, os advogados e os solicitadores reconhecem presencialmente as assinaturas dos subscritores do pacto ou do acto constitutivo, certificando a sua identidade e, se for esse o caso, a sua capacidade e os seus poderes de representação, e ainda que os mesmos manifestaram a sua vontade em constituir a sociedade.

3. As declarações dos advogados e dos solicitadores relativas à certificação referida no número anterior fazem-se através de fórmula própria disponível no sítio na Internet, não sendo necessário proceder ao registo em sistema informático previsto no n.° 3 do artigo 38.° do Decreto-Lei n.° 76-A/2006, de 29 de Março.

4. Se os interessados dispuserem dos meios de certificação de acordo com a portaria referida no n.° 1 do artigo 5.°, o advogado ou o solicitador podem enviar através do sítio na Internet o pacto ou o acto constitutivo assinados pelos interessados com esse meio de certificação.

5. Caso intervenha mais de um advogado ou solicitador na constituição da sociedade, é possível o acesso conjunto, simultâneo ou sucessivo, dos diversos interessados, estejam ou não representados por advogado ou solicitador, nos termos do n.° 1 do artigo 5.°

Art. 8.° (Representação dos interessados na subscrição do pacto ou do acto constitutivo da sociedade)

No caso da intervenção prevista no artigo anterior, os advogados e os solicitadores não podem agir como representantes dos interessados na subscrição do pacto ou do acto constitutivo da sociedade.

[5] DL 125/2006 Arts. 9.º-12.º   Constituição *On-Line* de Sociedades

Art. 9.º (Intervenção dos notários)
1. Os interessados podem solicitar aos notários, que disponham dos meios de certificação de acordo com a portaria referida no n.º 1 do artigo 5.º, que a constituição de sociedade seja realizada através do procedimento previsto no presente decreto-lei.
2. Para esse efeito, os notários reconhecem presencialmente as assinaturas dos subscritores do pacto ou do acto constitutivo certificando a sua identidade e, se for esse o caso, a sua capacidade e os seus poderes de representação e, ainda, que os mesmos manifestaram a sua vontade em constituir a sociedade.
3. O disposto no n.º 4 do artigo 7.º é aplicável aos notários, com as necessárias adaptações.

Art. 10.º (Validação do pedido)
1. O pedido de constituição de sociedade apresentado nos termos do presente decreto-lei só é considerado validamente submetido após a emissão de um comprovativo electrónico, através do sítio na Internet, que indique a data e a hora em que o pedido foi concluído.
2. A não conclusão do procedimento de constituição de sociedade por facto imputável ao interessado determina a caducidade do direito ao uso da firma afecta à sociedade a constituir nos termos da primeira parte da alínea *a*) do n.º 1 do artigo 6.º

Art. 11.º (Prazo de apreciação do pedido)
1. Emitido o comprovativo electrónico referido no n.º 1 do artigo anterior, o serviço competente aprecia o pedido de constituição de sociedade.
2. Se os interessados tiverem optado por pacto ou acto constitutivo de modelo aprovado pelo director-geral dos Registos e do Notariado e não tiver ocorrido a entrega dos documentos referidos nas alíneas *b*) e *c*) do n.º 4 do artigo 6.º, o serviço competente, após confirmação do pagamento efectuado pelos interessados, procede imediatamente às diligências subsequentes previstas no artigo 12.º
3. Nas restantes situações, o serviço competente procede a todas as diligências subsequentes previstas no artigo 12.º no prazo de dois dias úteis a contar da confirmação do pagamento efectuado pelos interessados.

Art. 12.º (Diligências subsequentes)
1. O tratamento dos dados indicados e dos documentos entregues pelos interessados bem como a apreciação do pedido de constituição da sociedade são efectuados pelos serviços competentes.
2. O serviço competente deve proceder aos seguintes actos:
a) Registo do pacto ou acto constitutivo da sociedade, que deve ser imediatamente comunicado aos interessados por via electrónica;
b) Comunicação automática e electrónica da constituição da sociedade ao ficheiro central de pessoas colectivas e, se for o caso, codificação da actividade económica (CAE).

Cap. I.   Regime esp. de const. *on-line* de sociedades   **Art. 13.° DL 125/2006 [5]**

3. O serviço competente deve ainda proceder aos seguintes actos:

a) Comunicação do código de acesso do cartão electrónico da empresa e do número de identificação da sociedade na segurança social e envio posterior do cartão da empresa a título gratuito;

b) Caso tenha havido aquisição de marca registada e independentemente da qualificação do correspondente acto de registo comercial, emissão e envio do documento comprovativo dessa aquisição, em modelo aprovado pelo Instituto Nacional da Propriedade Industrial, I. P. (INPI, I. P.);

c) Disponibilização gratuita de código de acesso à certidão permanente da sociedade pelo período de um ano;

d) Promoção das publicações legais, as quais se devem efectuar automaticamente e por via electrónica;

e) Disponibilização aos serviços competentes, por meios informáticos, dos dados necessários para o controlo das obrigações tributárias à administração tributária, dos dados necessários para efeitos de comunicação do início de actividade da sociedade à Inspecção-Geral do Trabalho, bem como dos dados necessários à inscrição oficiosa da sociedade nos serviços de segurança social e, quando for o caso, no cadastro comercial;

f) Caso tenha havido aquisição de marca registada, comunicação ao INPI, I. P., por meios informáticos, da transmissão da marca, para que se proceda à sua inscrição oficiosa no processo de registo, e ao RNPC para efeitos de dispensa da prova prevista no n.° 6 do artigo 33.° do regime do RNPC;

g) Promoção das restantes diligências que venham a ser fixadas por via regulamentar ou protocolar;

h) Envio da pasta da sociedade à conservatória do registo comercial da área da respectiva sede.

4. Nos casos referidos na alínea *b*) do número anterior, é dispensado o documento escrito e assinado pelas partes, previsto no n.° 6 do artigo 31.° do Código da Propriedade Industrial, e não há lugar à emissão do título de concessão previsto no artigo 27.° do mesmo diploma.

5. Para os efeitos previstos na alínea *e*) do n.° 3, os serviços da administração tributária devem notificar, por via electrónica, os serviços de segurança social dos elementos relativos ao início de actividade.

6. O envio referido na alínea *h*) do n.° 3 só ocorre quando não existam condições que garantam o acesso à informação sobre a sociedade por via electrónica.

7. A realização dos actos previstos nos n.os 2 e 3 é da competência do conservador e dos oficiais de registo.

Nota. Redacção introduzida pelo art. 16.° do DL n.° 318/2007, de 26 de Setembro, e pelo art. 36.° do DL n.° 247-B/2008, de 30 de Dezembro.

Art. 13.° (Encargos)

1. Pelo procedimento de constituição de sociedade regulado no presente decreto-lei são devidos encargos relativos:

a) Aos emolumentos previstos no Regulamento Emolumentar dos Registos e do Notariado;

b) Ao imposto do selo, nos termos da tabela respectiva;

179

[5] DL 125/2006 Arts. 14.°-17.°   Constituição *On-Line* de Sociedades

c) Às taxas previstas em portaria do membro do Governo responsável pela área da justiça, caso tenha havido aquisição de marca registada.

2. Não são devidos emolumentos pessoais no âmbito do regime especial de constituição *on-line* de sociedades.

Nota. Redacção introduzida pelo art. 16.° do DL n.° 318/2007, de 26 de Setembro.

Art. 14.° (Bolsas de firmas e de marcas)

1. No procedimento de constituição de sociedades previsto no presente decreto-lei são utilizadas a bolsa de firmas ou a bolsa de firmas e de marcas associadas previstas no artigo 15.° do Decreto-Lei n.° 111/2005, de 8 de Julho.

2. (…).

Notas. 1. Redacção introduzida pelo art. 16.° do DL n.° 318/2007, de 26 de Setembro, que também alterou a epígrafe do preceito.

2. O n.° 2 foi revogado pelo art. 20.°, alínea *d*), do DL n.° 318/2007, de 26 de Setembro.

3. Cf. a Portaria n.° 1359/2007, de 15 de Outubro.

Art. 14.°-A (Declaração de intenção de uso)

Nota. Revogado pelo art. 46.°, alínnea *b*), do DL n.° 247-B/2008, de 30 de Dezembro.

Art. 15.° (Aplicação subsidiária)

O Código do Registo Comercial é aplicável subsidiariamente ao regime especial de constituição *on-line* de sociedades.

Art. 16.° (Protocolos)

1. Podem ser celebrados protocolos entre a Direcção-Geral dos Registos e do Notariado (DGRN) e os vários organismos da Administração Pública envolvidos no procedimento de constituição de sociedades, com vista à definição dos procedimentos administrativos de comunicação de dados.

2. A DGRN pode ainda celebrar protocolos com a Direcção-Geral dos Impostos e com a Câmara dos Técnicos Oficiais de Contas, com vista à definição dos procedimentos relativos ao preenchimento e entrega da declaração fiscal de início de actividade e posterior comprovação destes factos.

Art. 17.° (Regulamentação)

Deve ser regulado por portaria do Ministro da Justiça:

a) A designação, o funcionamento e as funções do sítio na Internet referido no artigo 1.°;

b) Os requisitos e as condições de utilização da autenticação electrónica e da assinatura electrónica na indicação dos dados e na entrega de documentos no referido sítio.

Nota. Cf. a Portaria n.° 657-C/2006, de 29 de Junho.

180

Cap. III.   Disposições finais e transitórias   **Arts. 18.°-23.° DL 125/2006 [5]**

CAPÍTULO II.   Alterações legislativas

Art. 18.° (Alteração ao regime do Registo Nacional de Pessoas Colectivas)

Nota. As alterações foram introduzidas no lugar próprio.

Art. 19.° (Alteração ao Regulamento Emolumentar dos Registos e do Notariado)

Nota. Esta norma alterou os arts. 27.° e 28.° do Regulamento Emolumentar dos Registos e Notariado, aprovado pelo DL n.° 322-A/2001, de 14 de Dezembro.

Art. 20.° (Alteração ao Decreto-Lei n.° 8-B/2002, de 15 de Janeiro)

Nota. Esta norma alterou o art. 4.° do DL n.° 8-B/2002, de 15 de Janeiro.

Art. 21.° (Alteração ao Decreto-Lei n.° 111/2005, de 8 de Julho)

Nota. As alterações foram introduzidas nos lugares próprios.

CAPÍTULO III.   Disposições finais e transitórias

Art. 22.° (Período experimental)

1. O regime especial de constituição imediata de sociedades com simultânea aquisição do registo de marca funciona a título experimental no RNPC, nos respectivos postos de atendimento junto dos Centros de Formalidades de Empresas de Lisboa, nas Conservatórias do Registo Comercial de Vila Nova de Gaia e de Coimbra e no respectivo posto de atendimento junto do Centro de Formalidades de Empresas de Coimbra, por um período de quatro meses, a contar da data de entrada em vigor do presente decreto-lei.

2. Decorrido o período experimental previsto no número anterior, a extensão do regime a outros serviços depende de despacho do Ministro da Justiça.

Art. 23.° (Entrada em vigor)

O presente decreto-lei entra em vigor no dia 30 de Junho de 2006, com as excepções seguintes:

a) O disposto nos artigos 1.° e 17.°, quanto à emissão da regulamentação aí prevista, entra em vigor no dia seguinte ao da sua publicação;

b) As alterações legislativas ao Decreto-Lei n.° 111/2005, de 8 de Julho, entram em vigor no dia 14 de Julho de 2006;

c) A parte final da alínea *c)* do n.° 1 do artigo 6.°, que permite que o pedido de constituição *on-line* de sociedade apresentado pelos interessados seja feito através do envio de um pacto ou acto constitutivo por eles elaborado, entra em vigor no dia 31 de Outubro de 2006.

REGIME JURÍDICO
DOS PROCEDIMENTOS ADMINISTRATIVOS DE DISSOLUÇÃO E DE LIQUIDAÇÃO DE ENTIDADES COMERCIAIS[1]

[6] ANEXO AO DL N.º 76-A/2006,
de 29 de Março

SECÇÃO I. **Disposições gerais**

Art. 1.º (Objecto)

É criado o regime jurídico dos procedimentos administrativos de dissolução e de liquidação de entidades comerciais.

Art. 2.º (Âmbito)

1. Os procedimentos administrativos de dissolução e de liquidação de entidades comerciais são aplicáveis, consoante os casos, às sociedades comerciais, às sociedades civis sob forma comercial, às cooperativas e aos estabelecimentos individuais de responsabilidade limitada, designados no presente diploma como entidades comerciais.

2. As referências no presente diploma a membros de entidades comerciais entendem-se como feitas a sócios e cooperadores.

3. Exceptuam-se do disposto no n.º 1 as empresas de seguros, as instituições de crédito, as sociedades financeiras, as empresas de investimento prestadoras de serviços que impliquem a detenção de fundos ou de valores mobiliários de terceiros e os organismos de investimento colectivo, na medida em que a sujeição aos procedimentos administrativos de dissolução e de liquidação de entidades comerciais seja incompatível com os regimes especiais previstos para tais entidades.

Art. 3.º (Pedido de declaração de insolvência da entidade comercial)

Se, durante a tramitação dos procedimentos administrativos de dissolução e de liquidação de entidades comerciais, for pedida a declaração de insolvência da entidade comercial, os actos praticados ao abrigo dos procedimentos ficam sem efeito, seguindo o processo de insolvência os termos previstos no Código da Insolvência e da Recuperação de Empresas.

---

[1] Aprovado pelo art. 1.º, n.º 3, do DL n.º 76-A/2006, de 29 de Março.

Sec. II. Procedimento administrativo de dissolução   Arts. 3.°-A-4.° **[6]**

Art. 3.°-A (Modelos de autos e notificações)
Por despacho do presidente do Instituto dos Registos e do Notariado, I. P., podem ser aprovados modelos dos autos e notificações previstos no presente regime jurídico.

Nota. Aditado pelo art. 19.° do DL n.° 318/2007, de 26 de Setembro.

SECÇÃO II.   **Procedimento administrativo de dissolução**

Art. 4.° (Início voluntário do procedimento)
1. As entidades comerciais, os membros de entidades comerciais, os respectivos sucessores, os credores das entidades comerciais e os credores de sócios e cooperadores de responsabilidade ilimitada podem iniciar o procedimento administrativo de dissolução mediante a apresentação de requerimento no serviço de registo competente quando a lei o permita e ainda quando:

a) Por período superior a um ano, o número de sócios da sociedade for inferior ao mínimo exigido por lei, excepto se um dos sócios for uma pessoa colectiva pública ou entidade a ela equiparada por lei para esse efeito;

b) A actividade da sociedade que constitui o objecto contratual se torne de facto impossível;

c) A sociedade não tenha exercido qualquer actividade durante dois anos consecutivos;

d) A sociedade exerça de facto uma actividade não compreendida no objecto contratual;

e) Uma pessoa singular seja sócia de mais do que uma sociedade unipessoal por quotas;

f) A sociedade unipessoal por quotas tenha como sócio único outra sociedade unipessoal por quotas;

g) Se verifique a impossibilidade insuperável da prossecução do objecto da cooperativa ou a falta de coincidência entre o objecto real e o objecto expresso nos estatutos da cooperativa;

h) Ocorra a diminuição do número de membros da cooperativa abaixo do mínimo legalmente previsto por um período de tempo superior a 90 dias e desde que tal redução não seja temporária ou ocasional.

2. No requerimento o interessado deve:

a) Pedir o reconhecimento da causa de dissolução da entidade;

b) Apresentar documentos ou requerer diligências de prova úteis para o esclarecimento dos factos com interesse para a decisão.

3. Caso o requerimento seja apresentado pela entidade comercial, e esta optar pela forma de liquidação prevista na secção seguinte, pode indicar um ou mais liquidatários, comprovando a respectiva aceitação, ou solicitar a sua designação pelo conservador.

4. A apresentação do requerimento por outro interessado que não a entidade comercial implica que a liquidação se faça por via administrativa.

5. Com a apresentação do requerimento deve efectuar-se o pagamento das quantias correspondentes aos encargos devidos pelo procedimento, sob pena de a sua apresentação ser rejeitada.

183

[6] Arts. 5.º-6.º   Regime Jurídico dos Proced. Admin. de Dissol. e de Liq. de Ent. Com.

6. Os interessados podem exigir da entidade comercial o reembolso dos encargos pagos nos termos do número anterior.

Art. 5.º (Início oficioso do procedimento)

O procedimento administrativo de dissolução é instaurado oficiosamente pelo conservador, mediante auto que especifique as circunstâncias que determinaram a instauração do procedimento e que identifique a entidade e a causa de dissolução, quando resulte da lei e ainda quando:

a) Durante dois anos consecutivos, a sociedade não tenha procedido ao depósito dos documentos de prestação de contas e a administração tributária tenha comunicado ao serviço de registo competente a omissão de entrega da declaração fiscal de rendimentos pelo mesmo período;

b) A administração tributária tenha comunicado ao serviço de registo competente a ausência de actividade efectiva da sociedade, verificada nos termos previstos na legislação tributária;

c) A administração tributária tenha comunicado ao serviço de registo competente a declaração oficiosa da cessação de actividade da sociedade, nos termos previstos na legislação tributária;

d) As sociedades não tenham procedido ao aumento do capital e à liberação deste, nos termos dos n.ᵒˢ 1 a 3 e 6 do artigo 533.º do Código das Sociedades Comerciais;

e) A sociedade não tenha sido objecto de actos de registo comercial obrigatórios durante mais de 20 anos;

f) Ocorra a omissão de entrega da declaração fiscal de rendimentos da cooperativa durante dois anos consecutivos comunicada pela administração tributária ao serviço de registo competente;

g) Ocorra a comunicação da ausência de actividade efectiva da cooperativa verificada nos termos da legislação tributária, efectuada pela administração tributária junto do serviço de registo competente;

h) Ocorra a comunicação da declaração oficiosa de cessação de actividade da cooperativa nos termos previstos na legislação tributária, efectuada pela administração tributária junto do serviço de registo competente;

i) As cooperativas não tenham procedido ao registo do capital social actualizado nos termos previstos nos n.ᵒˢ 3 e 4 do artigo 91.º do Código Cooperativo.

Nota. Redacção introduzida pelo art. 18.º do DL n.º 318/2007, de 26 de Setembro.

Art. 6.º (Averbamento de pendência da dissolução)

1. Iniciado o procedimento, o conservador lavra oficiosamente averbamento da pendência da dissolução, reportando-se a este momento os efeitos dos registos que venham a ser lavrados na sequência do procedimento.

2. O averbamento é oficiosamente cancelado mediante a decisão que indefira o pedido de dissolução ou declare findo o procedimento, logo que tal decisão se torne definitiva.

Sec. II. Procedimento administrativo de dissolução · Arts. 7.º-8.º **[6]**

Art. 7.º (Indeferimento liminar)

1. Sempre que o pedido seja manifestamente improcedente ou não tenham sido apresentados os documentos comprovativos dos factos com interesse para a decisão que só documentalmente possam ser provados e cuja verificação constitua pressuposto da procedência do pedido, o conservador indefere liminarmente o pedido, por decisão fundamentada, que é notificada ao requerente.

2. O conservador só pode indeferir liminarmente o pedido no caso da não apresentação dos documentos comprovativos dos factos com interesse para a decisão quando não seja possível o acesso do serviço de registo competente, por meios informáticos, à informação constante de base de dados de entidade ou serviço da Administração Pública que permita comprovar esses factos.

3. O interessado pode impugnar judicialmente a decisão de indeferimento liminar nos termos previstos no artigo 12.º, com as necessárias adaptações.

4. Tornando-se a decisão de indeferimento liminar definitiva, o serviço de registo competente procede à devolução de todas as quantias cobradas nos termos do n.º 5 do artigo 4.º

Art. 8.º (Notificação e participação da entidade e dos interessados)

1. Quando não sejam requerentes, são, consoante o caso, notificados para os efeitos do procedimento:

   a) A sociedade e os sócios, ou os respectivos sucessores, e um dos seus gerentes ou administradores;

   b) A cooperativa e os cooperadores, ou os respectivos sucessores, e um dos membros da sua direcção.

2. A notificação deve dar conta do início dos procedimentos administrativos de dissolução e de liquidação, excepto no caso em que o requerimento seja apresentado pela entidade comercial e esta não tenha optado pela liquidação por via administrativa, e conter os seguintes elementos:

   a) Cópia do requerimento ou do auto e da documentação apresentada;

   b) Ordem de comunicação ao serviço de registo competente, no prazo de 10 dias a contar da notificação, do activo e do passivo da entidade comercial e de envio dos respectivos documentos comprovativos, caso esses elementos ainda não constem do processo;

   c) Concessão de um prazo de 10 dias, a contar da notificação, para dizerem o que se lhes oferecer, apresentando os respectivos meios de prova.

3. Nos casos em que a causa de dissolução consista na diminuição do número legal de membros da entidade comercial ou corresponda às previstas nas alíneas *e*) ou *f*) do n.º 1 do artigo 4.º, a notificação deve conter os elementos referidos nas alíneas *a*) e *b*) do número anterior e ainda os referidos no n.º 1 do artigo 9.º

4. A notificação realiza-se através da publicação de aviso nos termos do n.º 1 do artigo 167.º do Código das Sociedades Comerciais, dando conta de que os documentos estão disponíveis para consulta no serviço de registo competente.

5. A realização da publicação prevista no número anterior é comunicada à entidade comercial e aos respectivos membros que constem do registo, por carta registada.

6. (…).

[6] Art. 9.º   Regime Jurídico dos Proced. Admin. de Dissol. e de Liq. de Ent. Com.

7. Nos casos previstos na alínea *e*) do artigo 5.º a comunicação prevista no n.º 5 é efectuada apenas à sociedade.

8. Deve ser igualmente publicado um aviso, nos termos do n.º 1 do artigo 167.º do Código das Sociedades Comerciais, dirigido, consoante os casos, aos credores da entidade comercial e aos credores de sócios e cooperadores de responsabilidade ilimitada, comunicando que:

a) Tiveram início os procedimentos administrativos de dissolução e de liquidação, excepto no caso em que o requerimento seja apresentado pela entidade comercial e esta não tenha optado pela liquidação por via administrativa;

b) Devem informar, no prazo de 10 dias, os créditos e direitos que detenham sobre a entidade comercial em causa, bem como o conhecimento que tenham dos bens e direitos de que esta seja titular.

9. Não são devidas quaisquer taxas pelas publicações referidas nos n.ºs 4 e 8.

Notas. 1. Redacção introduzida pelo art. 18.º do DL n.º 318/2007, de 26 de Setembro.

2. O n.º 6 foi revogado pelo art. 20.º, alínea *c*), do DL n.º 318/2007, de 26 de Setembro.

Art. 9.º (Especificidades da notificação, participação dos interessados e solicitação de informações em procedimento oficioso)
1. Quando o procedimento seja instaurado oficiosamente, a notificação deve conter os elementos referidos no n.º 2 do artigo 8.º, excepto o que consta da alínea *c*), e ainda os seguintes:

a) Solicitação da apresentação de documentos que se mostrem úteis para a decisão;

b) Concessão de um prazo de 30 dias, a contar da notificação, para a regularização da situação ou para a demonstração de que a regularização já se encontra efectuada;

c) Aviso de que, se dos elementos do processo não for apurada a existência de qualquer activo ou passivo a liquidar ou se os notificados não comunicarem ao serviço de registo competente o activo e o passivo da entidade comercial, o conservador declara simultaneamente a dissolução e o encerramento da liquidação da entidade comercial;

d) Advertência de que, se dos elementos do processo resultar a existência de activo e passivo a liquidar, após a declaração da dissolução da entidade comercial pelo conservador, se segue o procedimento administrativo de liquidação, sem que ocorra qualquer outra notificação.

2. O prazo referido na alínea *b*) do número anterior pode ser prorrogado até 90 dias, a pedido dos interessados.

3. Devem ser solicitadas, preferencialmente por via electrónica, à Inspecção--Geral do Trabalho e aos serviços competentes da segurança social informações sobre eventuais registos de trabalhadores da entidade comercial nos dois anos anteriores à instauração do procedimento.

4. No caso de a entidade comercial ter trabalhadores registados, a sua identificação e residência devem ser comunicadas ao serviço de registo competente no prazo de 10 dias a contar da solicitação referida no número anterior, para notificação e comunicação de que o procedimento teve início, nos termos dos n.ºs 4, 5 e 9 do artigo 8.º

Sec. II.   Procedimento administrativo de dissolução   **Arts. 10.°-11.° [6]**

5. Na falta de resposta da Inspecção-Geral do Trabalho e dos serviços competentes da segurança social no prazo referido no número anterior pode o procedimento administrativo de dissolução prosseguir e vir a ser decidido sem essa resposta.

6. A notificação aos trabalhadores da entidade comercial prevista no n.° 4, bem como, consoante os casos, aos credores da entidade comercial e aos credores de sócios e cooperadores de responsabilidade ilimitada, deve conter:

a) Os elementos referidos no n.° 7 do artigo anterior;

b) O aviso e a advertência a que se referem as alíneas *c)* e *d)* do n.° 1;

c) A informação de que a comunicação da existência de créditos e direitos que detenham sobre a entidade comercial em causa, bem como da existência de bens e direitos de que esta seja titular, determina a sua responsabilidade pelo pagamento dos encargos com os liquidatários e peritos nomeados pelo conservador, sem prejuízo da aplicação do disposto no n.° 6 do artigo 4.°

7. Nas situações a que se refere a alínea *e)* do artigo 5.°, são apenas solicitadas informações à administração tributária e somente nos casos em que a sociedade tiver número de identificação de pessoa colectiva, preferencialmente por via electrónica, para, no prazo de 10 dias, ser comunicada a situação tributária da sociedade, podendo o procedimento administrativo de dissolução prosseguir e vir a ser decidido na ausência de resposta.

8. Nos casos referidos no número anterior, se a situação da sociedade perante a administração tributária estiver regularizada, o prazo previsto na alínea *b)* do n.° 1 pode ser prorrogado até 90 dias.

Nota. Redacção introduzida pelo art. 18.° do DL n.° 318/2007, de 26 de Setembro.

Art. 10.° (Indicação de liquidatários em procedimento voluntário)

No âmbito do procedimento voluntário de dissolução, as entidades comerciais, quando não sejam requerentes, podem, no prazo previsto para dizerem o que se lhes oferecer e apresentar os respectivos meios de prova, indicar um ou mais liquidatários, desde que comprovem a respectiva aceitação.

Art. 11.° (Decisão)

1. Sendo regularizada a situação no prazo concedido para o efeito, o conservador declara findo o procedimento.

2. Caso tenham sido indicadas testemunhas, o conservador procede à sua audição, sendo os respectivos depoimentos reduzidos a escrito.

3. A decisão é proferida no prazo de 15 dias após o termo dos prazos para os interessados dizerem o que se lhes oferecer e apresentarem os respectivos meios de prova ou para a regularização da situação.

4. Se do requerimento apresentado, do auto elaborado pelo conservador ou dos demais elementos constantes do processo não for apurada a existência de qualquer activo ou passivo a liquidar, o conservador declara simultaneamente a dissolução e o encerramento da liquidação da entidade comercial.

5. Os interessados são imediatamente notificados da decisão pela forma prevista nos n.ᵒˢ 4, 5 e 7 do artigo 8.°

Nota. Redacção introduzida pelo art. 18.° do DL n.° 318/2007, de 26 de Setembro.

[6] Arts. 12.º-15.º   Regime Jurídico dos Proced. Admin. de Dissol. e de Liq. de Ent. Com.

Art. 12.º (Impugnação judicial)
1. Qualquer interessado pode impugnar judicialmente a decisão do conservador, com efeito suspensivo, no prazo de 10 dias a contar da notificação da decisão.
2. A acção judicial considera-se proposta com a sua apresentação no serviço de registo competente em que decorreu o procedimento, sendo de seguida o processo remetido ao tribunal judicial competente.
3. Após o trânsito em julgado da decisão judicial proferida o tribunal comunica-a ao serviço de registo competente e devolve a este os documentos constantes do procedimento administrativo.
4. Todos os actos e comunicações referidos nos n.ºs 2 e 3 devem ser obrigatoriamente efectuados por via electrónica, sempre que tal meio se encontre disponível, em termos a definir por portaria do Ministro da Justiça.

Art. 13.º (Registo da dissolução)
Tornando-se a decisão definitiva, o conservador lavra oficiosamente o registo da dissolução e, nos casos a que se refere o n.º 4 do artigo 11.º, lavra simultaneamente o registo do encerramento da liquidação.

Art. 14.º (Comunicações subsequentes ao registo da dissolução)
Efectuado o registo da dissolução, o serviço de registo competente procede de imediato à comunicação do facto, por via electrónica, às seguintes entidades:
a) Ao Registo Nacional de Pessoas Colectivas, para efeitos da inscrição do facto no ficheiro central de pessoas colectivas;
b) À administração tributária e à segurança social, para efeitos de dispensa de apresentação das competentes declarações de alteração de situação jurídica.

SECÇÃO III. **Procedimento administrativo de liquidação**

Art. 15.º (Início do procedimento e competência)
1. O procedimento administrativo de liquidação inicia-se mediante requerimento da entidade comercial, dos seus membros, dos respectivos sucessores, dos credores das entidades comerciais ou dos credores de sócios e cooperadores de responsabilidade ilimitada quando resulte da lei que a liquidação deva ser feita por via administrativa.
2. No requerimento apresentado pela entidade comercial devem ser indicados um ou mais liquidatários, comprovando a respectiva aceitação, ou ser solicitada a sua nomeação pelo conservador.
3. Nos requerimentos apresentados por outros interessados a designação de liquidatários compete ao conservador, salvo indicação de liquidatários pela entidade comercial.
4. Nos casos em que a dissolução tenha sido declarada no âmbito do procedimento administrativo de dissolução, o pedido de liquidação considera-se efectuado no requerimento de dissolução, salvo nos casos em que a dissolução tenha sido requerida pela entidade comercial e esta não tenha optado nesse momento pela liquidação por via administrativa.

188

Sec. III. Procedimento administrativo de liquidação   **Art. 16.º** **[6]**

5. O procedimento administrativo de liquidação é instaurado oficiosamente pelo conservador, mediante auto que especifique as circunstâncias que determinaram a instauração do procedimento e no qual nomeie um ou mais liquidatários, quando:

a) A dissolução tenha sido realizada em procedimento administrativo de dissolução instaurado oficiosamente pelo conservador;

b) Se verifique terem decorrido os prazos previstos no artigo 150.º do Código das Sociedades Comerciais para a duração da liquidação sem que tenha sido requerido o respectivo registo de encerramento;

c) Durante dois anos consecutivos, o titular do estabelecimento individual de responsabilidade limitada não tenha procedido ao depósito dos documentos de prestação de contas e a administração tributária tenha comunicado ao serviço de registo competente a omissão de entrega da declaração fiscal de rendimentos pelo mesmo período;

d) A administração tributária tenha comunicado ao serviço de registo competente a ausência de actividade efectiva do estabelecimento individual de responsabilidade limitada, verificada nos termos previstos na legislação tributária;

e) A administração tributária tenha comunicado ao serviço de registo competente a declaração oficiosa da cessação de actividade do estabelecimento individual de responsabilidade limitada, nos termos previstos na legislação tributária;

f) Se verifique que o titular do estabelecimento individual de responsabilidade limitada não procedeu ao aumento de capital do estabelecimento, nos termos do artigo 35.º-A do Decreto-Lei n.º 248/86, de 25 de Agosto;

g) O estabelecimento individual de responsabilidade limitada não tenha sido objecto de actos de registo comercial obrigatórios durante mais de 20 anos;

h) Tenha ocorrido o óbito do titular do estabelecimento individual de responsabilidade limitada, comprovado por consulta a base de dados de serviço da Administração Pública;

i) O tribunal que decidiu o encerramento de um processo de insolvência por insuficiência da massa insolvente tenha comunicado esse encerramento ao serviço de registo competente, nos termos do n.º 4 do artigo 234.º do Código da Insolvência e da Recuperação de Empresas.

6. Os n.ᵒˢ 5 e 6 do artigo 4.º são aplicáveis ao procedimento administrativo de liquidação.

7. O procedimento corre os seus termos em serviço de registo competente para o registo da liquidação.

8. No caso previsto na alínea *a*) do n.º 5, é competente para o procedimento o serviço de registo competente que procedeu ao registo da dissolução.

Nota. Redacção introduzida pelo art. 18.º do DL n.º 318/2007, de 26 de Setembro.

Art. 16.º (Registo de entrada em liquidação)
Tratando-se da liquidação de estabelecimento individual de responsabilidade limitada, a instauração do procedimento determina o registo oficioso de entrada em liquidação do estabelecimento.

[6] Arts. 17.°-18.°   Regime Jurídico dos Proced. Admin. de Dissol. e de Liq. de Ent. Com.

Art. 17.° (Notificação e participação da entidade e dos interessados)
1. Só há lugar a notificação no procedimento administrativo de liquidação nos seguintes casos:
a) Quando a dissolução não tiver sido declarada por via administrativa; e
b) Quando a dissolução tenha sido requerida pela entidade comercial e esta não tenha optado nesse momento pela liquidação por via administrativa.
2. A notificação deve dar conta do início do procedimento administrativo de liquidação e conter os seguintes elementos:
a) Cópia do requerimento ou do auto e da documentação apresentada;
b) Ordenar a comunicação ao serviço de registo competente, no prazo de 10 dias a contar da notificação, do activo e do passivo da entidade comercial.
3. O artigo 8.°, excepto os n.ºs 2 e 3, é aplicável, com as devidas adaptações.

Art. 18.° (Nomeação dos liquidatários e fixação do prazo de liquidação)
1. O conservador nomeia os liquidatários que lhe tenham sido indicados pela entidade comercial desde que verifique estar comprovada a aceitação dos mesmos.
2. Quando competir ao conservador a designação de liquidatários ou quando a entidade comercial não tenha procedido à sua indicação, o conservador deve nomear um ou mais liquidatários de reconhecida capacidade técnica e idoneidade para o cargo.
3. Se para o cargo de liquidatário não for designado revisor oficial de contas ou sociedade de revisores oficiais de contas, o conservador pode designar como perito uma de tais entidades, com base em indicação dada pela Ordem dos Revisores Oficiais de Contas, designadamente para fundamentação da decisão no procedimento.
4. A remuneração dos liquidatários e dos peritos nomeados pelo conservador é a prevista para os liquidatários e peritos nomeados judicialmente, sendo os respectivos encargos suportados pelo requerente do procedimento, sem prejuízo do disposto no n.° 6.
5. Nos casos de liquidação oficiosa, o pagamento dos encargos com a remuneração dos liquidatários e dos peritos é da responsabilidade da entidade comercial ou dos credores da entidade comercial ou de sócios e cooperadores de responsabilidade ilimitada que comuniquem a existência de créditos e direitos que detenham sobre a entidade comercial em causa, bem como a existência de bens e direitos de que esta seja titular, sem prejuízo da aplicação do disposto no n.° 6 do artigo 4.°
6. No caso de os liquidatários nomeados terem sido indicados pela entidade comercial, a definição da respectiva remuneração e a responsabilidade pelo pagamento desta cabem exclusivamente à entidade comercial, não podendo a remuneração ser mais elevada do que a prevista para os liquidatários e peritos nomeados judicialmente.
7. O conservador deve fixar o prazo para a liquidação, com o limite máximo de um ano, podendo ouvir os membros da entidade comercial ou o titular do estabelecimento individual de responsabilidade limitada, bem como os administradores, gerentes ou membros da direcção da cooperativa.
8. No prazo de 10 dias após o decurso do prazo referido no número anterior sem que a liquidação se tenha concluído, os liquidatários podem requerer a sua prorrogação por idêntico prazo por uma única vez, justificando a causa da demora.

190

Sec. III. Procedimento administrativo de liquidação   **Arts. 19.º-21.º [6]**

Art. 19.º (Operações de liquidação)

1. Os liquidatários nomeados pelo conservador têm, para a liquidação, a mesma competência que a lei confere aos liquidatários nomeados contratualmente ou por deliberação do órgão competente da entidade a liquidar.

2. Os actos dos liquidatários que dependam de autorização da sociedade ou da cooperativa ficam sujeitos a autorização do conservador, que pode solicitar a emissão de parecer ao perito nomeado, o qual deve ser emitido no prazo de 20 dias, findo o qual o procedimento deve obrigatoriamente prosseguir.

3. A autorização do conservador referida no número anterior pode ser impugnada judicialmente nos termos do artigo 12.º

4. Se aos liquidatários não forem facultados os bens, livros e documentos da entidade ou as contas relativas ao último período da gestão, a entrega pode ser requerida judicialmente, nos termos dos artigos 1500.º e 1501.º do Código de Processo Civil.

Art. 20.º (Operações posteriores à liquidação)

1. Efectuada a liquidação total, os liquidatários apresentam, no prazo de 30 dias, as contas e o projecto de partilha do activo restante.

2. Caso se verifique o incumprimento da obrigação prevista no número anterior, qualquer membro da entidade comercial e o titular do estabelecimento individual de responsabilidade limitada podem requerer judicialmente a prestação de contas, nos termos dos artigos 1014.º e seguintes do Código de Processo Civil.

3. Os membros da entidade comercial e o titular do estabelecimento individual de responsabilidade limitada são notificados da apresentação das contas e do projecto de partilha do activo restante, nos termos dos n.ºs 4, 5 e 7 do artigo 8.º podendo dizer o que se lhes oferecer sobre aqueles actos no prazo de 10 dias.

4. A decisão do conservador sobre a resposta apresentada ao abrigo do disposto no número anterior pode ser impugnada judicialmente nos termos do artigo 12.º

5. Aprovadas as contas e liquidado integralmente o passivo social, é o valor do activo restante partilhado entre os membros da entidade comercial de harmonia com a lei aplicável.

6. Se aos membros da entidade comercial forem atribuídos bens para a transmissão dos quais seja exigida forma especial ou outra formalidade, os liquidatários executam essas formalidades.

Nota. Redacção introduzida pelo art. 18.º do DL n.º 318/2007, de 26 de Setembro.

Art. 21.º (Liquidação parcial e partilha em espécie)

1. Se aos liquidatários parecer inconveniente ou impossível a liquidação da totalidade dos bens e for legalmente permitida a partilha em espécie, o conservador promove a realização de uma conferência de interessados, para a qual são convocados os credores não pagos, se os houver, a fim de se apreciarem os fundamentos invocados para a liquidação parcial e as contas da liquidação efectuada e se deliberar sobre o pagamento do passivo ainda existente e a partilha dos bens remanescentes.

[6] Arts. 22.º-24.º   Regime Jurídico dos Proced. Admin. de Dissol. e de Liq. de Ent. Com.

2. À apreciação das contas da liquidação e à aprovação da partilha dos bens remanescentes é aplicável o disposto nos n.ᵒˢ 5 e 6 do artigo anterior.

3. Na falta de acordo sobre a partilha dos bens remanescentes o conservador é competente para decidir.

4. A decisão do conservador pode ser impugnada judicialmente nos termos do artigo 12.º, aplicando-se o disposto nos n.ᵒˢ 2 a 4 do artigo 1127.º do Código de Processo Civil.

Art. 22.º (Destituição de liquidatários)

1. Os liquidatários podem ser destituídos por iniciativa do conservador ou a requerimento do órgão de fiscalização da entidade, de qualquer membro da entidade comercial, dos credores da entidade comercial ou dos credores de sócios e cooperadores de responsabilidade ilimitada sempre que ocorra justa causa.

2. Na avaliação da justa causa para a destituição, o conservador pode solicitar ao perito nomeado nos termos do n.º 3 do artigo 18.º a emissão de um parecer no prazo de 20 dias, findo o qual o procedimento deve obrigatoriamente prosseguir.

3. Se, terminado o prazo para a liquidação sem que esta se encontre concluída, os liquidatários não tiverem requerido a prorrogação do prazo ou as razões invocadas para a demora forem injustificadas, considera-se existir justa causa de destituição e de substituição daqueles.

4. A decisão do conservador sobre a destituição de liquidatários pode ser impugnada judicialmente nos termos do artigo 12.º

Art. 23.º (Publicitação de actos referentes aos liquidatários)

Estão sujeitas a registo comercial as decisões do conservador que titulem:

a) A nomeação dos liquidatários;

b) A autorização para a prática pelos liquidatários dos actos referidos no n.º 2 do artigo 19.º;

c) A destituição dos liquidatários.

Art. 24.º (Regime especial de liquidação oficiosa)

1. Aos casos de liquidação oficiosa promovidos nos termos das alíneas *b)* a *i)* do n.º 5 do artigo 15.º, é aplicável o regime previsto neste artigo.

2. No caso previsto na alínea *b)* do n.º 5 do artigo 15.º, o conservador declara imediatamente o encerramento da liquidação da entidade comercial:

a) Se tendo sido efectuada a notificação prevista no artigo 8.º, os interessados não tiverem comunicado ao serviço de registo competente o activo e o passivo da entidade comercial; ou

b) Se após a notificação a que se referem os n.ᵒˢ 2 e 3 do artigo 17.º não for apurada a existência de qualquer activo ou passivo a liquidar.

3. Nos casos previstos nas alíneas *c)* a *h)* do n.º 5 do artigo 15.º aplica-se o disposto nos n.ᵒˢ 2 e 3 do artigo 17.º

4. Cumpridas as diligências previstas no número anterior, se não for apurada a existência de qualquer bem ou direito de que a entidade em liquidação seja titular, o conservador declara imediatamente o encerramento da liquidação do estabelecimento individual de responsabilidade limitada.

Sec. IV. Proced. esp. de extinção imediata de entidades comerciais **Arts. 25.º-27.º** **[6]**

5. No caso de verificar a existência de bens ou direitos da titularidade do estabelecimento individual de responsabilidade limitada, o procedimento segue os trâmites previstos nos artigos 18.º a 23.º

6. No caso da alínea *i*) do n.º 5 do artigo 15.º o conservador deve declarar imediatamente o encerramento da liquidação da entidade comercial, salvo se do processo de insolvência resultar a existência de activos que permitam suportar os encargos com o procedimento administrativo de liquidação.

Nota. Redacção introduzida pelo art. 18.º do DL n.º 318/2007, de 26 de Setembro.

Art. 25.º (Decisão e registo de encerramento da liquidação)

1. A decisão que declare encerrada a liquidação é proferida no prazo de cinco dias após a conclusão dos actos de liquidação e partilha do património da entidade e dela são imediatamente notificados os interessados, sendo aplicáveis, consoante os casos, os n.ºs 4, 5 e 7 do artigo 8.º ou o n.º 5 do artigo 11.º

2. A decisão referida no número anterior pode ser impugnada judicialmente nos termos do artigo 12.º

3. Tornando-se a decisão definitiva, o conservador lavra oficiosamente o registo do encerramento da liquidação.

Nota. Redacção introduzida pelo art. 18.º do DL n.º 318/2007, de 26 de Setembro.

Art. 26.º (Comunicações subsequentes ao registo do encerramento da liquidação)

Efectuado o registo do encerramento da liquidação, o serviço de registo competente procede de imediato à comunicação do facto, por via electrónica, às seguintes entidades:

a) Ao Registo Nacional de Pessoas Colectivas, para efeitos da inscrição do facto no ficheiro central de pessoas colectivas;

b) À administração tributária e à segurança social, para efeitos de dispensa de apresentação das competentes declarações de cessação de actividade;

c) Aos serviços que gerem o cadastro comercial, para efeito de dispensa de apresentação da competente declaração de encerramento de estabelecimento comercial;

d) À Inspecção-Geral do Trabalho.

SECÇÃO IV. **Procedimento especial de extinção imediata de entidades comerciais**

Art. 27.º (Pressupostos)

1. A dissolução e liquidação das sociedades e das cooperativas deve processar-se de forma imediata desde que se verifiquem cumulativamente os seguintes pressupostos:

a) Instauração do procedimento de dissolução e liquidação por qualquer pessoa, desde que apresentado requerimento subscrito por qualquer dos membros da entidade comercial em causa ou do respectivo órgão de administração, e apresentada acta de assembleia geral que comprove deliberação unânime nesse sentido tomada por todos os membros da entidade comercial;

193

[6] Arts. 28.º-30.º   Regime Jurídico dos Proced. Admin. de Dissol. e de Liq. de Ent. Com.

b) Declaração, expressa na acta referida na alínea anterior, da não existência de activo ou passivo a liquidar.

2. O requerimento e a acta previstos no número anterior podem ser substituídos por requerimento subscrito por todos os membros da entidade comercial e apresentado por qualquer pessoa.

3. Quando o pedido seja efectuado presencialmente perante funcionário competente por qualquer dos membros da entidade comercial em causa ou do respectivo órgão de administração, ou por todos os membros da entidade comercial, esse pedido é sempre verbal, não havendo lugar a qualquer requerimento escrito.

4. O disposto nos números anteriores é aplicável, com as necessárias adaptações, à liquidação imediata dos estabelecimentos individuais de responsabilidade limitada.

Art. 28.º (Documentos a apresentar e encargos)

1. Os interessados devem apresentar os documentos comprovativos da sua identidade, capacidade e poderes de representação para o acto.

2. Com o requerimento ou pedido verbal os interessados devem liquidar uma quantia única que inclui os encargos emolumentares e os custos com as publicações devidos pelo processo.

3. Não são devidos emolumentos pelo indeferimento do pedido nem são devidos emolumentos pessoais pelos actos compreendidos no processo.

Art. 29.º (Decisão e registos imediatos)

1. Apresentado o pedido, o conservador ou o oficial de registos em quem aquele delegar poderes para o efeito profere de imediato decisão de declaração da dissolução e do encerramento da liquidação da entidade.

2. Proferida a decisão, o conservador ou o oficial com competência delegada lavra oficiosa e imediatamente o registo simultâneo da dissolução e do encerramento da liquidação e entrega aos interessados certidão gratuita do registo efectuado.

Art. 30.º (Comunicações subsequentes ao registo)

Efectuado o registo previsto no n.º 2 do artigo anterior, o serviço de registo competente procede de imediato à comunicação do facto, por via electrónica, às entidades e para os efeitos previstos no artigo 26.º

REGIME ESPECIAL DE CRIAÇÃO IMEDIATA DE REPRESENTAÇÕES PERMANENTES EM PORTUGAL
("Sucursal na Hora")

[7] DECRETO-LEI N.º 73/2008
de 16 de Abril

Nos termos da alínea *a*) do n.º 1 do artigo 198.º da Constituição, o Governo decreta o seguinte:

CAPÍTULO I.   **Regime especial de criação imediata de representações permanentes em Portugal de entidades estrangeiras**

Art. 1.º (Objecto)
O presente decreto-lei estabelece um regime especial de criação imediata de representações permanentes em Portugal de sociedades comerciais e civis sob forma comercial, cooperativas, agrupamentos complementares de empresas e agrupamentos europeus de interesse económico com sede no estrangeiro, com a simultânea nomeação dos respectivos representantes.

Art. 2.º (Competência)
A tramitação do procedimento referido no artigo anterior é da competência das conservatórias do registo comercial e dos seus postos de atendimento.

Art. 3.º (Prazo de tramitação)
O procedimento de criação imediata de representações permanentes em Portugal de entidades estrangeiras é iniciado e concluído no mesmo dia, em atendimento presencial único.

Art. 4.º (Início do procedimento)
1. Os interessados na criação da representação permanente formulam o seu pedido junto do serviço competente, apresentando os documentos comprovativos:
a) Da sua identidade e da sua legitimidade para o acto;
b) Da existência jurídica da entidade que cria a representação permanente;
c) Do texto completo e actualizado do pacto social ou dos estatutos da entidade referida na alínea anterior;

[7] **DL 73/2008** **Arts. 5.°-7.°**   Reg. Esp. de Criação Imediata de Repres. Perman. em Portugal

d) Das deliberações sociais que aprovam a criação da representação permanente e designam o respectivo representante.

2. A prossecução do procedimento depende da verificação inicial da identidade e da legitimidade dos interessados para o acto.

Art. 5.° (Sequência do procedimento)
1. Efectuada a verificação inicial da identidade e da legitimidade dos interessados para o acto, bem como a regularidade dos documentos apresentados, o serviço competente procede aos seguintes actos, pela ordem indicada:
a) Cobrança dos encargos que se mostrem devidos;
b) Anotação da apresentação do pedido verbal de registo no diário;
c) Registo de criação da representação permanente e da nomeação dos respectivos representantes;
d) Comunicação automática e electrónica da criação da representação permanente ao ficheiro central de pessoas colectivas e codificação da actividade económica (CAE);
e) Promoção da publicação legal dos actos de registo referidos na alínea *c*);
f) Comunicação aos interessados do número de identificação da representação permanente na segurança social.
2. A firma ou denominação constante da matrícula da representação permanente deve incluir a designação «representação permanente», «sucursal» ou outra equivalente, a escolher pelos interessados.
3. A realização dos actos previstos no n.° 1 é da competência do conservador e dos oficiais de registo.

Nota. Redacção introduzida pelo art. 38.° do DL n.° 247-B/2008, de 30 de Dezembro.

Art. 6.° (Recusa de registo)
A realização do registo da representação permanente deve ser recusada sempre que se verifique a existência de omissões, vícios ou deficiências que obstem à realização do correspondente registo definitivo, bem como quando, em face das disposições legais aplicáveis, o acto não seja viável.

Art. 7.° (Documentos a disponibilizar e a entregar aos interessados)
1. Concluído o procedimento de criação da representação permanente, os interessados são advertidos de que devem entregar a declaração de início de actividade no serviço competente, no prazo legalmente fixado para o efeito, e é-lhes entregue, de imediato, a título gratuito:
a) Cartão electrónico da empresa mediante a atribuição de código de acesso;
b) Código de acesso à certidão permanente disponibilizada em sítio da Internet pelo período de um ano;
c) Recibo comprovativo do pagamento dos encargos devidos.
2. A certidão prevista na alínea *b*) do número anterior é disponibilizada em língua portuguesa ou, a pedido dos interessados, também em língua estrangeira, nos termos dos n.ᵒˢ 3 e 4 do artigo 58.° do Código do Registo Comercial.

Cap. II. Alterações legislativas   **Arts. 8.º-11.º DL 73/2008** **[7]**

3. O serviço procede ainda ao envio posterior do cartão da empresa a título gratuito.

Nota. Redacção introduzida pelo art. 38.º do DL n.º 247-B/2008, de 30 de Dezembro, que também alterou a epígrafe do preceito.

Art. 8.º (Diligências subsequentes à conclusão do procedimento)

1. Após a conclusão do procedimento de criação da representação permanente, o serviço competente, no prazo de vinte e quatro horas:

a) Disponibiliza, por meios informáticos, os dados necessários para efeitos de comunicação do início de actividade da representação permanente à Direcção-Geral dos Impostos e à Inspecção-Geral do Trabalho, bem como os dados necessários à inscrição oficiosa daquela nos serviços da segurança social e, quando for o caso, no cadastro comercial;

b) Promove as restantes diligências que venham a ser fixadas por via regulamentar ou protocolar.

2. Os serviços fiscais devem notificar por via electrónica os serviços da segurança social dos elementos relativos ao início da actividade.

Art. 9.º (Encargos)

1. Pelo procedimento de criação de representação permanente regulado no presente decreto-lei é devido o emolumento previsto no Regulamento Emolumentar dos Registos e do Notariado.

2. Não é devido emolumento pela recusa de registo, procedendo-se nesses casos à devolução da quantia cobrada pelo procedimento regulado neste decreto-lei.

3. Não são devidos emolumentos pessoais pelo procedimento regulado pelo presente decreto-lei.

Art. 10.º (Protocolos)

1. Podem ser celebrados protocolos entre o Instituto dos Registos e do Notariado, I. P. (IRN, I. P.), e os vários organismos da Administração Pública envolvidos no procedimento de criação de representações permanentes com vista à definição dos procedimentos administrativos de comunicação de dados.

2. O IRN, I. P., pode ainda celebrar protocolos com a Direcção-Geral dos Impostos e com a Câmara dos Técnicos Oficiais de Contas com vista à definição dos procedimentos relativos ao preenchimento e entrega da declaração fiscal de início de actividade e posterior comprovação destes factos.

CAPÍTULO II.   **Alterações legislativas**

Art. 11.º (Alteração ao Código do Registo Comercial)

Nota. As alterações foram introduzidas no lugar próprio.

197

[7] **DL 73/2008 Arts. 12.°-15.°** Reg. Esp. de Criação Imediata de Repres. Perman. em Portugal

Art. 12.° (Alteração ao Regulamento Emolumentar dos Registos e Notariado)

Nota. Esta norma alterou os arts. 22.° e 27.° do Regulamento Emolumentar dos Registos e Notariado, aprovado pelo DL n.° 322-A/2001, de 14 de Dezembro, sendo que aquela primeira alteração foi introduzida no lugar próprio.

Art. 13.° (Alteração ao Decreto-Lei n.° 8-B/2002, de 15 de Janeiro)

Nota. Esta norma alterou o art. 4.° do DL n.° 8-B/2002, de 15 de Janeiro.

CAPÍTULO III. Disposições finais e transitórias

Art. 14.° (Período experimental)

1. A partir da data de entrada em vigor do presente decreto-lei, o regime especial de criação imediata de representações permanentes funciona a título experimental, pelo período de 90 dias, no Registo Nacional de Pessoas Colectivas e nas Conservatórias do Registo Comercial de Bragança, Cascais, Elvas, Lisboa e no seu posto de atendimento, Loulé e Vila Nova da Cerveira.

2. Decorrido o período experimental previsto no número anterior, a extensão do regime a outros serviços depende de despacho do presidente do IRN, I. P.

Art. 15.° (Entrada em vigor)

O presente decreto-lei entra em vigor no dia seguinte ao da sua publicação.

FUSÕES TRANSFRONTEIRIÇAS DE SOCIEDADES DE RESPONSABILIDADE LIMITADA

[8] LEI N.° 19/2009
de 12 de Maio

A Assembleia da República decreta, nos termos da alínea *c*) do artigo 161.° da Constituição, o seguinte:

CAPÍTULO I. Disposições comuns

Art. 1.° (Objecto e âmbito)

1. A presente lei transpõe para a ordem jurídica interna as Directivas n.ºs 2005/56/CE, do Parlamento Europeu e do Conselho, de 26 de Outubro, relativa às fusões transfronteiriças das sociedades de responsabilidade limitada, incluindo o regime referente à participação dos trabalhadores na sociedade resultante da fusão, e 2007/63/CE, do Parlamento Europeu e do Conselho, de 13 de Novembro, que altera as Directivas n.ºs 78/855/CEE e 82/891/CEE, do Conselho, no que respeita à exigência de um relatório de peritos independentes aquando da fusão ou da cisão de sociedades anónimas.

2. As referências feitas a Estados membros e ao território da Comunidade devem ser entendidas como referentes também aos outros Estados abrangidos pelo Acordo sobre o Espaço Económico Europeu e ao seu território.

Art. 2.° (Noções)

Para os efeitos previstos na presente lei, entende-se por:

a) «Fusão transfronteiriça» a reunião numa só de duas ou mais sociedades, constituídas de acordo com a legislação de um Estado membro e tendo a sede estatutária, a administração central ou o estabelecimento principal no território da Comunidade, desde que pelo menos duas dessas sociedades sejam regidas pelos ordenamentos jurídicos de diferentes Estados membros;

b) «Participação dos trabalhadores» o direito de os trabalhadores ou os seus representantes elegerem ou designarem membros dos órgãos de administração ou de fiscalização de uma sociedade, de *comités* destes órgãos ou de órgão de direcção competente para decidir sobre o planeamento económico da sociedade ou, ainda, o direito de recomendarem ou se oporem à nomeação de membros dos órgãos de administração ou de fiscalização de uma sociedade.

[8] L 19/2009 Arts. 3.°-4.°   Fusões Transfronteiriças de Socied. de Respons. Limitada

CAPÍTULO II. Participação dos trabalhadores

SECÇÃO I. Disposição geral

Art. 3.° (Regime)

1. À sociedade resultante de fusão transfronteiriça, realizada nos termos dos artigos 117.°-A a 117.°-L do Código das Sociedades Comerciais, que tenha a sede em Portugal aplica-se o regime de participação de trabalhadores estabelecido na lei nacional.

2. Em substituição do regime previsto no número anterior, é aplicável o disposto nas secções seguintes do presente capítulo sempre que:

a) Pelo menos uma das sociedades objecto da fusão tenha, durante os seis meses que antecedem a publicação do projecto de fusão transfronteiriça, um número médio de trabalhadores superior a 500 e seja gerida segundo um regime de participação de trabalhadores;

b) O regime previsto no número anterior não preveja o mesmo nível de participação que o aplicável nas sociedades objecto da fusão ou não preveja que os trabalhadores dos estabelecimentos situados nos outros Estados membros possam exercer os mesmos direitos de participação que os trabalhadores empregados no Estado membro da sede.

3. A avaliação do nível de participação, para efeitos da aplicação da alínea *b)* do número anterior, é feita por referência à proporção de representantes dos trabalhadores que o regime preveja que integrem o órgão de administração ou de fiscalização ou os seus *comités*, ou o órgão de direcção responsável pelas unidades lucrativas da sociedade.

SECÇÃO II. Determinação do regime aplicável

SUBSECÇÃO I. Procedimento de negociação

Art. 4.° (Constituição do grupo especial de negociação)

1. Após o registo do projecto de fusão e a publicação da respectiva notícia, as sociedades participantes adoptam as medidas necessárias para a constituição de um grupo especial de negociação, para com este negociarem o regime de participação dos trabalhadores na sociedade resultante da fusão.

2. A eleição ou designação dos membros do grupo especial de negociação é regulada pela legislação de cada Estado membro em cujo território trabalhem os trabalhadores representados.

3. As sociedades participantes iniciam o procedimento com a prestação das seguintes informações:

a) Identificação das sociedades participantes, respectivas filiais e estabelecimentos;

b) Número de trabalhadores das sociedades, filiais e estabelecimentos referidos na alínea anterior.

4. A informação prevista no número anterior deve ser prestada:

a) Aos representantes dos trabalhadores que participem na designação ou eleição dos membros do grupo especial de negociação, de acordo com a legislação

200

Cap. II Participação dos trabalhadores   **Arts. 5.º-7.º L 19/2009 [8]**

dos Estados membros em cujo território se situem as sociedades participantes ou as respectivas filiais e estabelecimentos;

b) Aos trabalhadores das sociedades participantes, filiais e estabelecimentos situados em Estados membros cuja legislação não contemple a participação dos respectivos representantes na designação ou eleição dos membros do grupo especial de negociação.

Art. 5.º (Composição do grupo especial de negociação)

1. O grupo especial de negociação é composto por representantes dos trabalhadores empregados em cada Estado membro pelas sociedades participantes, respectivas filiais e estabelecimentos, correspondendo a cada Estado membro um representante por cada 10% do número total de trabalhadores empregados em todos os Estados membros.

2. Ao Estado membro em que o número de trabalhadores empregados seja inferior à percentagem referida no número anterior corresponde um representante no grupo especial de negociação.

3. O grupo especial de negociação tem tantos membros suplementares quantos os necessários para assegurar, em relação a cada Estado membro, um representante dos trabalhadores de cada sociedade participante que tenha trabalhadores nesse Estado e que deixe de ter existência jurídica como tal após a fusão.

4. O número de membros suplementares não pode exceder 20% do número de membros resultante da aplicação do disposto no n.º 1.

5. Se o número de membros suplementares determinado por aplicação do n.º 3 exceder a percentagem prevista no número anterior, aqueles membros são providos, dentro deste limite e por ordem decrescente, por representantes das sociedades que, em diferentes Estados membros, empreguem maior número de trabalhadores.

6. Não são representados pelos membros indicados ao abrigo dos n.ºs 1 e 2 os trabalhadores das sociedades representados por membros suplementares nos termos dos n.ºs 3 a 5.

7. O número de trabalhadores das sociedades participantes e das respectivas filiais e estabelecimentos interessados é determinado com referência à data em que estejam cumpridas as formalidades a que se refere o n.º 1 do artigo 4.º

Art. 6.º (Negociação)

1. A negociação sobre o regime de participação dos trabalhadores na sociedade resultante da fusão tem início logo que o grupo especial de negociação esteja constituído, cabendo a iniciativa às sociedades participantes na fusão.

2. O grupo especial de negociação tem o direito de se reunir imediatamente antes de qualquer reunião de negociação.

Art. 7.º (Obrigações da sociedade participante com maior número de trabalhadores e sede em território nacional)

São obrigações da sociedade participante que empregue o maior número de trabalhadores, quando tenha a sede em território nacional:

a) Determinar, de acordo com os critérios estabelecidos no artigo 5.º, o número total dos membros do grupo especial de negociação e os Estados membros em que estes devem ser eleitos ou designados;

201

[8] L 19/2009 Art. 8.º   Fusões Transfronteiriças de Socied. de Respons. Limitada

b) Marcar um prazo razoável, contado a partir da informação a prestar nos termos da alínea *d*), para a eleição ou designação dos membros do grupo especial de negociação;

c) Informar o grupo especial de negociação sobre o projecto de fusão e a sua evolução, até ao registo da sociedade resultante da fusão;

d) Informar das decisões previstas nas alíneas *a*) e *b*) as outras sociedades participantes e as entidades referidas no n.º 4 do artigo 4.º;

e) Comunicar às outras sociedades participantes a constituição do grupo especial de negociação.

Art. 8.º (Funcionamento do grupo especial de negociação)

1. Cada membro do grupo especial de negociação dispõe de um voto.

2. As deliberações do grupo especial de negociação são adoptadas por maioria absoluta dos votos que correspondam a membros que representem a maioria absoluta dos trabalhadores.

3. A deliberação que aprove um acordo que implique a redução do direito de participação dos trabalhadores, no caso de este abranger, no mínimo, 25% do total de trabalhadores das sociedades participantes, deve ser adoptada por maioria de dois terços dos membros que representem dois terços do número total de trabalhadores e que inclua os votos de membros que representem trabalhadores empregados em, pelo menos, dois Estados membros.

4. Considera-se que há redução do direito de participação se a proporção de membros representantes dos trabalhadores nos órgãos de administração ou fiscalização da sociedade resultante da fusão for inferior à proporção mais elevada existente em qualquer das sociedades participantes.

5. Para efeito dos números anteriores e sem prejuízo dos números seguintes, cada membro do grupo especial de negociação representa os trabalhadores da sociedade participante de que seja proveniente.

6. No caso de haver, num Estado membro, alguma sociedade participante, ou filial ou estabelecimento de sociedade participante com sede noutro Estado membro, não sendo proveniente dessas sociedades qualquer membro do grupo especial de negociação, a representação dos respectivos trabalhadores é atribuída, em partes iguais, aos membros provenientes daquele Estado.

7. No caso de haver, num Estado membro, dois ou mais membros do grupo especial de negociação provenientes da mesma sociedade participante, a representação dos respectivos trabalhadores é atribuída, em partes iguais, a esses membros.

8. A acta da reunião em que for adoptada qualquer posição negocial do grupo especial de negociação deve indicar, nomeadamente, os elementos que satisfaçam os requisitos dos n.ºˢ 2 a 7.

9. O grupo especial de negociação pode ser assistido por peritos da sua escolha e pode deliberar a participação destes nas reuniões de negociação, sem direito a voto.

10. O grupo especial de negociação pode informar as estruturas de representação colectiva dos trabalhadores do início e da evolução da negociação e do respectivo resultado.

202

Cap. II Participação dos trabalhadores   **Arts. 9.º-12.º L 19/2009 [8]**

Art. 9.º (Duração da negociação)
1. A negociação decorre durante um período máximo de seis meses a contar da comunicação às sociedades participantes da constituição do grupo especial de negociação.
2. Por acordo entre as partes, o período previsto no número anterior pode ser prorrogado até mais seis meses.

Art. 10.º (Boa fé e cooperação)
1. As partes devem agir com boa fé no processo de negociação, nomeadamente, respondendo com a máxima brevidade possível às propostas e contrapropostas e observando, caso exista, o protocolo negocial.
2. Cada uma das partes deve facultar à outra os elementos ou informações que ela solicitar, na medida em que daí não resulte prejuízo para a defesa dos seus interesses.

Art. 11.º (Acordo)
1. Sem prejuízo da autonomia das partes, o acordo sobre a participação dos trabalhadores deve prever:
a) A data de entrada em vigor e a duração do acordo;
b) O âmbito de aplicação, identificando a sociedade resultante da fusão, filiais e estabelecimentos abrangidos;
c) O número de membros do órgão de administração ou fiscalização da sociedade que os trabalhadores, ou os seus representantes, podem designar ou eleger, ou os direitos de que os trabalhadores dispõem para recomendarem ou se oporem à designação ou eleição de membros desses órgãos;
d) O procedimento aplicável para cumprimento do disposto ao abrigo da alínea anterior;
e) As situações em que o acordo deve ser revisto e o processo de revisão.
2. Em substituição do disposto nas alíneas *c*) e *d*) do número anterior, as partes podem acordar na aplicação do regime previsto na subsecção III.
3. O acordo é celebrado por escrito.
4. A sociedade resultante da fusão deve remeter cópia do acordo ao ministério responsável pela área laboral.

SUBSECÇÃO II. **Afastamento da negociação**

Art. 12.º (Deliberação das sociedades participantes)
1. O procedimento previsto na subsecção anterior não tem lugar quando os órgãos competentes das sociedades participantes deliberarem que se aplica à sociedade resultante da fusão, a partir da data do respectivo registo, o regime previsto na subsecção seguinte.
2. A deliberação referida no número anterior tem lugar quando da elaboração do projecto de fusão, do qual deve constar.
3. No caso previsto no n.º 1 deste artigo, as sociedades participantes promovem a designação ou eleição de uma estrutura de representação dos trabalhadores

[8] L 19/2009 Arts. 13.º-14.º   Fusões Transfronteiriças de Socied. de Respons. Limitada

idêntica ao grupo especial de negociação, que exerce as competências previstas no n.º 4 do artigo 14.º, no artigo 15.º e no n.º 2 do artigo 16.º

4. À estrutura referida no número anterior e aos seus membros é aplicável o mesmo regime que ao grupo especial de negociação e respectivos membros.

Art. 13.º (Deliberação do grupo especial de negociação)

Por maioria de dois terços dos membros que representem, no mínimo, dois terços da totalidade dos trabalhadores e que inclua os votos de membros que representem trabalhadores em, pelo menos, dois Estados membros, o grupo especial de negociação pode deliberar não iniciar a negociação ou terminar a que estiver em curso, aceitando o regime de participação aplicável à sociedade resultante da fusão previsto na subsecção seguinte.

SUBSECÇÃO III. **Regime supletivo**

Art. 14.º (Instituição)

1. Os trabalhadores da sociedade resultante da fusão têm o direito de eleger, designar, recomendar ou se opor à designação de um número de membros do órgão de administração ou de fiscalização da referida sociedade igual à mais elevada das proporções que vigore em qualquer das sociedades participantes antes do registo da fusão.

2. Nos casos em que o disposto no número anterior se aplica na sequência do procedimento de negociação previsto na subsecção i, o número de representantes dos trabalhadores não deve ultrapassar um terço do total de membros do órgão de administração, sem prejuízo da possibilidade de por acordo ser estabelecida uma proporção superior.

3. O disposto nos números anteriores é aplicável nos casos seguintes, sem prejuízo do disposto na subsecção anterior:

a) Quando as partes assim o decidirem;

b) Quando não tiver sido celebrado acordo no prazo previsto no artigo 9.º e o órgão competente de cada uma das sociedades participantes decidir aceitar a sua aplicação e assim dar seguimento ao processo para registo da sociedade resultante da fusão;

c) Quando exista em uma ou mais sociedades participantes regime de participação que abranja, pelo menos, um terço dos trabalhadores do total das sociedades participantes ou quando, embora seja abrangido por regime de participação menos de um terço dos trabalhadores, o grupo especial de negociação assim o delibere.

4. Se existirem diferentes modalidades de participação nas sociedades participantes, o grupo especial de negociação escolhe a que se aplica à sociedade resultante da fusão.

5. Se o grupo especial de negociação não proceder à escolha prevista no número anterior, é aplicável a modalidade que abranja o maior número de trabalhadores das sociedades participantes.

6. As partes devem providenciar mutuamente o conhecimento das deliberações tomadas.

Cap. II Participação dos trabalhadores   **Arts. 15.º-18.º L 19/2009 [8]**

SECÇÃO III. **Disposições comuns**

Art. 15.º (Distribuição de lugares)

1. Sem prejuízo da competência do conselho de trabalhadores no que respeita à sociedade resultante da fusão caso esta seja uma sociedade europeia, compete ao grupo especial de negociação fixar, tendo em consideração a proporção dos trabalhadores da sociedade resultante da fusão empregados em cada Estado membro, quer a distribuição dos lugares a prover nos órgãos de administração ou fiscalização da sociedade pelos membros que representam os trabalhadores dos diversos Estados membros quer o modo como os mesmos trabalhadores podem recomendar ou rejeitar membros do órgão de administração ou fiscalização.

2. Se, de acordo com o critério referido no número anterior, houver um ou mais Estados membros em que haja trabalhadores que não tenham representantes no órgão de administração ou fiscalização, deve ser atribuído pelo menos um lugar a um desses Estados, preferindo, sendo caso disso, o representante da sociedade com sede no território nacional.

3. O número de lugares atribuídos de acordo com o número anterior deve ser subtraído aos dos Estados membros aos quais caberia mais de um lugar, procedendo-se por ordem inversa ao número de trabalhadores neles empregados.

Art. 16.º (Designação ou eleição dos membros)

1. A designação ou eleição dos membros que representam os trabalhadores empregados em cada Estado membro para os lugares do órgão de administração ou de fiscalização da sociedade resultante da fusão é regulada pela legislação nacional desse Estado.

2. Na falta de legislação nacional aplicável, o modo de designação ou eleição do membro proveniente desse Estado é deliberado pelo grupo especial de negociação.

Art. 17.º (Estatuto dos membros representantes dos trabalhadores)

Os membros do órgão de administração ou fiscalização que sejam designados, eleitos ou recomendados pelos trabalhadores ou pelos seus representantes têm os mesmos direitos e deveres que os restantes membros, incluindo o direito a voto.

Art. 18.º (Recursos financeiros e materiais)

1. As sociedades participantes devem:

a) Pagar as despesas do grupo especial de negociação relativas à negociação e a outras diligências que, nos termos dos artigos anteriores, forem da sua competência, de modo que este possa exercer adequadamente as suas funções;

b) Facultar ao grupo especial de negociação os meios materiais necessários ao cumprimento da respectiva missão, incluindo instalações e locais para afixação da informação;

c) Pagar as despesas de, pelo menos, um perito do grupo especial de negociação.

2. As despesas de funcionamento incluem as respeitantes à organização de reuniões, a traduções, estadas e deslocações e, ainda, a retribuição de um perito.

205

[8] **L 19/2009 Arts. 19.º-21.º**   Fusões Transfronteiriças de Socied. de Respons. Limitada

3. O disposto no número anterior, excepto no que respeita à retribuição de um perito, pode ser regulado diferentemente por acordo com as sociedades participantes.

4. Sem prejuízo de acordo específico sobre esta matéria, as despesas de deslocação e estada são pagas nos termos do regime em vigor nos estabelecimentos ou empresas em que os representantes dos trabalhadores trabalham, sendo aplicado ao perito o regime aplicável aos membros provenientes do mesmo Estado membro.

5. Da aplicação do critério previsto no número anterior não pode resultar pagamento de despesas a um membro do grupo especial de negociação menos favorável que a outro.

6. As despesas relativas a cada membro do grupo especial de negociação são pagas pela sociedade participante da qual ou de cuja sucursal ou estabelecimento o mesmo é proveniente.

7. As sociedades participantes pagam as despesas do perito na proporção do número dos respectivos trabalhadores.

8. As despesas de membro do grupo especial de negociação que não seja proveniente de qualquer sociedade participante, sua sucursal ou estabelecimento são pagas pelas sociedades participantes cujos trabalhadores sejam por ele representados, na proporção do número destes.

Art. 19.º (Dever de reserva e confidencialidade)

A prestação de informações aos membros do grupo especial de negociação e outros representantes dos trabalhadores, a qualificação daquelas como confidenciais, o dever de sigilo e a recusa da prestação de informações regem-se pelos artigos 412.º a 414.º do Código do Trabalho.

SECÇÃO IV.   **Disposições de carácter nacional**

Art. 20.º (Âmbito)

As disposições desta secção são aplicáveis às sociedades, filiais e estabelecimentos situados em território nacional.

Art. 21.º (Designação ou eleição dos membros do grupo especial de negociação)

1. A designação ou eleição deve assegurar que haja um membro do grupo especial de negociação proveniente de cada sociedade participante com sede em território nacional ou, se tal não for possível, das que nele empreguem maior número de trabalhadores.

2. Pode ser membro do grupo especial de negociação um associado de sindicato que represente trabalhadores das sociedades participantes, filiais ou estabelecimentos interessados, independentemente de ser trabalhador ao seu serviço.

3. Os membros do grupo especial de negociação são designados:

a) No caso de haver apenas uma sociedade participante ou filial, por acordo entre a respectiva comissão de trabalhadores e as associações sindicais que representem esses trabalhadores, ou apenas por aquela, na ausência destas;

Cap. II   Participação dos trabalhadores   **Art. 22.º L 19/2009** **[8]**

b) No caso de haver duas ou mais sociedades participantes ou filiais, por acordo entre as respectivas comissões de trabalhadores e as associações sindicais que representem esses trabalhadores, ou apenas entre aquelas, na ausência destas;

c) No caso de haver uma ou mais sociedades participantes ou filiais e um ou mais estabelecimentos de outra sociedade participante ou filial, por acordo entre as respectivas comissões de trabalhadores e as associações sindicais, desde que estas representem também os trabalhadores dos referidos estabelecimentos;

d) Na ausência de comissões de trabalhadores, por acordo entre as associações sindicais que, em conjunto, representem pelo menos dois terços dos trabalhadores das sociedades participantes, sucursais ou estabelecimentos;

e) No caso de não se verificar o previsto nas alíneas anteriores, por acordo entre as associações sindicais que representem, cada uma, 5% dos trabalhadores das sociedades participantes, sucursais e estabelecimentos.

4. Só as associações sindicais que representem, pelo menos, 5% dos trabalhadores das sociedades participantes, filiais ou estabelecimentos existentes em território nacional podem participar na designação dos representantes dos trabalhadores, sem prejuízo do disposto no número seguinte.

5. As associações sindicais que, em conjunto, representarem pelo menos 5% dos trabalhadores das sociedades participantes, filiais ou estabelecimentos existentes em território nacional podem mandatar uma delas para participar na designação dos representantes dos trabalhadores.

6. Os membros do grupo especial de negociação são eleitos por voto directo e secreto, de entre candidaturas apresentadas por, pelo menos, 100 ou 10% dos trabalhadores das sociedades participantes, filiais e estabelecimentos existentes em território nacional nas seguintes situações:

a) Se não houver lugar à designação nos termos dos artigos anteriores;

b) Sempre que pelo menos um terço dos trabalhadores das sociedades participantes, filiais e estabelecimentos o requeira.

7. A convocação do acto eleitoral, o respectivo regulamento, o caderno eleitoral, as secções de voto, a votação, a acta, o apuramento e a publicidade do resultado da eleição, bem como o controlo da legalidade da mesma, são regulados pelos n.ºs 3 e 4 do artigo 430.º e pelos artigos 431.º a 433.º e 439.º do Código do Trabalho.

8. A designação ou eleição de membros do grupo especial de negociação deve ser acompanhada da indicação do número de trabalhadores que cada um representa.

9. Os trabalhadores a tempo parcial são considerados para efeito do cálculo do número de trabalhadores, independentemente da duração do seu período normal de trabalho.

Art. 22.º (Designação ou eleição dos membros do órgão de administração ou fiscalização)

À designação ou eleição dos membros que representam os trabalhadores para os lugares do órgão de administração ou fiscalização da sociedade resultante da fusão é aplicável o disposto no artigo anterior, com as necessárias adaptações.

207

[8] L 19/2009 Arts. 23.°-26.°   Fusões Transfronteiriças de Socied. de Respons. Limitada

Art. 23.° (Protecção especial dos representantes dos trabalhadores)
1. Os membros do grupo especial de negociação e os representantes dos trabalhadores no órgão de administração ou fiscalização têm, em especial, direito a:
a) Crédito de horas mensal para o exercício das suas funções igual ao dos membros de comissão de trabalhadores;
b) Crédito de tempo sem perda de retribuição, na medida em que seja necessário para participar em reuniões com a sociedade resultante da fusão, em reuniões do órgão de administração ou fiscalização e em reuniões preparatórias destas, incluindo o tempo gasto nas deslocações;
c) Justificação das ausências por motivo do desempenho das suas funções que excedam o crédito de horas, nos termos previstos no Código do Trabalho, para os membros das estruturas de representação colectiva dos trabalhadores;
d) Protecção em caso de procedimento disciplinar, despedimento e transferência, nos termos previstos no Código do Trabalho, para os membros das estruturas de representação colectiva dos trabalhadores.
2. Não há lugar a acumulação do crédito de horas pelo facto de o trabalhador pertencer a mais de uma estrutura de representação colectiva dos trabalhadores.

Art. 24.° (Fusões subsequentes)
Quando a sociedade resultante da fusão transfronteiriça seja gerida segundo um regime de participação dos trabalhadores, são aplicáveis às fusões em que participe no território nacional, por um período de três anos subsequente à fusão transfronteiriça, as disposições do presente capítulo, com as necessárias adaptações.

SECÇÃO V.   Contra-ordenações

Art. 25.° (Regime geral)
1. O regime geral previsto nos artigos 548.° a 566.° do Código do Trabalho aplica-se às infracções decorrentes da violação do presente capítulo.
2. Na aplicação do presente capítulo às regiões autónomas são tidas em conta as competências atribuídas por lei aos respectivos órgãos e serviços regionais.

Art. 26.° (Contra-ordenações em especial)
1. Constitui contra-ordenação muito grave:
a) A violação dos n.ᵒˢ 1, 3 e 4 do artigo 4.°, do artigo 7.°, do n.° 6 do artigo 14.° e dos n.ᵒˢ 1 e 2 do artigo 18.°;
b) A prática de quaisquer factos que obstem ao pleno gozo dos direitos concedidos ao abrigo dos n.ᵒˢ 2 do artigo 6.° e 1 do artigo 14.°
2. Constitui contra-ordenação grave:
a) A violação do n.° 1 do artigo 6.°;
b) A prática de quaisquer factos que obstem ao pleno gozo dos direitos concedidos ao abrigo do n.° 9 do artigo 8.°
3. Constitui contra-ordenação leve a violação do n.° 4 do artigo 11.°

Cap. III   Alterações legislativas   **Arts. 27.°-31.° L 19/2009 [8]**

CAPÍTULO III.   Alterações legislativas

Art. 27.° (Alteração ao Código das Sociedades Comerciais)

Nota. As alterações foram introduzidas no lugar próprio.

Art. 28.° (Aditamento ao Código das Sociedades Comerciais)

Nota. Os aditamentos foram feitos no lugar próprio.

Art. 29.° (Alteração ao Código do Registo Comercial)

Nota. As alterações foram introduzidas no lugar próprio.

Art. 30.° (Aditamento ao Código do Registo Comercial)

Nota. Os aditamentos foram feitos no lugar próprio.

Art. 31.° (Entrada em vigor)

A presente lei entra em vigor 30 dias após a sua publicação.

REMUNERAÇÃO DOS ÓRGÃOS DE ADMINISTRAÇÃO E DE FISCALIZAÇÃO DE ENTIDADES DE INTERESSE PÚBLICO

[9] LEI N.º 28/2009
de 19 de Junho

A Assembleia da República decreta, nos termos da alínea *c*) do artigo 161.º da Constituição, o seguinte:

Art. 1.º (Objecto)

A presente lei estabelece o regime de aprovação e de divulgação da política de remuneração dos membros dos órgãos de administração e de fiscalização das entidades de interesse público e procede à revisão do regime sancionatório para o sector financeiro em matéria criminal e contra-ordenacional.

Art. 2.º (Política de remuneração)

1. O órgão de administração ou a comissão de remuneração, caso exista, das entidades de interesse público, enumeradas no Decreto-Lei n.º 225/2008, de 20 de Novembro, que cria o Conselho Nacional de Supervisão de Auditoria, submetem, anualmente, a aprovação da assembleia geral uma declaração sobre política de remuneração dos membros dos respectivos órgãos de administração e de fiscalização.

2. Para efeitos do disposto na presente lei, consideram-se entidades de interesse público, para além das referidas no número anterior, as sociedades financeiras e as sociedades gestoras de fundos de capital de risco e de fundos de pensões.

3. A declaração prevista no n.º 1 contém, designadamente, informação relativa:

a) Aos mecanismos que permitam o alinhamento dos interesses dos membros do órgão de administração com os interesses da sociedade;

b) Aos critérios de definição da componente variável da remuneração;

c) À existência de planos de atribuição de acções ou de opções de aquisição de acções por parte de membros dos órgãos de administração e de fiscalização;

d) À possibilidade de o pagamento da componente variável da remuneração, se existir, ter lugar, no todo ou em parte, após o apuramento das contas de exercício correspondentes a todo o mandato;

e) Aos mecanismos de limitação da remuneração variável, no caso de os resultados evidenciarem uma deterioração relevante do desempenho da empresa no último exercício apurado ou quando esta seja expectável no exercício em curso.

Remun. dos Órgãos de Admin. e de Fisc. de Entid. de Int. Público   **Arts. 3.º-6.º L 28/2009 [9]**

Art. 3.º (Divulgação de remuneração)

As entidades de interesse público, ou sendo emitentes de acções admitidas à negociação em mercado regulamentado no documento a que se refere o artigo 245.º-A do Código dos Valores Mobiliários, aprovado pelo Decreto-Lei n.º 486/99, de 13 de Novembro, divulgam nos documentos anuais de prestação de contas a política de remuneração dos membros dos órgãos de administração e de fiscalização, aprovada nos termos do artigo anterior, bem como o montante anual da remuneração auferida pelos membros dos referidos órgãos, de forma agregada e individual.

Art. 4.º (Ilícito contra-ordenacional)

1. A violação do disposto nos artigos 2.º e 3.º por instituição de crédito, sociedade financeira ou sociedade gestora de participações sociais que revistam a natureza de entidades de interesse público enumeradas no Decreto-Lei n.º 225/ /2008, de 20 de Novembro, que cria o Conselho Nacional de Supervisão de Auditoria, constitui uma infracção especialmente grave, punível nos termos do artigo 211.º do Regime Geral das Instituições de Crédito e Sociedades Financeiras, sendo aplicável o disposto nos artigos 201.º a 232.º deste Regime.

2. A violação do disposto nos artigos 2.º e 3.º por empresa de seguros ou de resseguros, sociedade gestora de participações sociais no sector dos seguros, sociedade gestora de participações mistas de seguros ou sociedade gestora de fundos de pensões constitui uma contra-ordenação muito grave, punível nos termos do artigo 214.º do Decreto-Lei n.º 94-B/98, de 17 de Abril, sendo aplicável o regime previsto nos artigos 204.º a 234.º daquele diploma.

3. Independentemente do disposto nos números anteriores, a violação do disposto nos artigos 2.º e 3.º por sociedade aberta, emitente de valores mobiliários admitidos à negociação em mercado regulamentado, sociedades de capital de risco, sociedades gestoras de fundos de capital de risco e sociedades de titularização de créditos constitui uma contra-ordenação muito grave, punível nos termos da alínea *a*) do n.º 1 do artigo 388.º do Código dos Valores Mobiliários, sendo aplicável o regime previsto nos artigos 388.º a 422.º daquele Código.

4. A violação do disposto nos artigos anteriores por empresas públicas que revistam a natureza de entidades de interesse público enumeradas no decreto-lei que cria o Conselho Nacional de Supervisão de Auditoria constitui uma violação grave da lei para efeitos do disposto na alínea *b*) do n.º 1 do artigo 25.º do Estatuto do Gestor Público, aprovado pelo Decreto-Lei n.º 71/2007, de 27 de Março.

Art. 5.º (14.ª alteração ao Regime Geral das Instituições de Crédito e Sociedades Financeiras)

Nota. Esta norma introduziu alterações aos arts. 200.º, 210.º, 211.º e 215.º do Regime Geral das Instituições de Crédito e Sociedades Financeiras, aprovado pelo DL n.º 298/92, de 31 de Dezembro.

Art. 6.º (Aditamento ao Regime Geral das Instituições de Crédito e Sociedades Financeiras)

Nota. Esta norma aditou os arts. 118.º-A, 211.º-A, 227.º-A e 227.º-B ao Regime Geral das Instituições de Crédito e Sociedades Financeiras, aprovado pelo DL n.º 298/92, de 31 de Dezembro.

211

[9] L 28/2009 Arts. 7.º-11.º   Remun. dos Órgãos de Admin. e de Fisc. de Entid. de Int. Público

Art. 7.º (10.ª alteração ao Código dos Valores Mobiliários)

Nota. As alterações foram introduzidas no lugar próprio.

Art. 8.º (13.ª alteração ao Decreto-Lei n.º 94-B/98, de 17 de Abril)

Nota. Esta norma alterou os arts. 202.º, 212.º, 213.º, 214.º e 217.º do DL n.º 94-B/98, de 17 de Abril.

Art. 9.º (Aditamento ao Decreto-Lei n.º 94-B/98, de 17 de Abril)

Nota. Esta norma aditou os arts. 214.º-A, 214.º-B e 229.º-B ao DL n.º 94-B/98, de 17 de Abril.

Art. 10.º (Norma revogatória)

Nota. As revogações ao CodVM, introduzidas por esta norma, foram indicadas no lugar próprio.

Art. 11.º (Entrada em vigor)

1. A presente lei entra em vigor no dia seguinte ao da sua publicação.

2. Aos processos pendentes à data da entrada em vigor da presente lei continua a ser aplicada a legislação substantiva e processual anterior.

PARTE SEGUNDA

SOCIEDADES

Págs.

[11] Decreto-Lei n.° 262/86, de 2 de Setembro, aprova o Código das Sociedades Comerciais **(CSC)** 215

[12] Decreto-Lei n.° 184/87, de 21 de Abril, introduz alterações ao Código das Sociedades Comerciais **(DL 184/87)** 433

[13] Decreto-Lei n.° 280/87, de 8 de Julho, introduz alterações ao Código das Sociedades Comerciais **(DL 280/87)** 436

[14] Regulamento (CE) n.° 2157/2001, do Conselho, de 8 de Outubro de 2001, relativo ao estatuto da sociedade anónima europeia **(SE)** 439

[14-A] Decreto-Lei n.° 2/2005, de 4 de Janeiro, regime jurídico das sociedades anónimas europeias **(DL 2/2005)** 466

[14-B] Decreto-Lei n.° 215/2005, de 13 de Dezembro, completa o estatuto de sociedade anónima europeia no que respeita ao envolvimento dos trabalhadores **(DL 215/2005)** 475

[15] Decreto-Lei n.° 495/88, de 30 de Dezembro, define o regime jurídico das sociedades gestoras de participações sociais **(SGPS)** 492

[16] Decreto-Lei n.° 25/91, de 11 de Janeiro, regime jurídico das sociedades de desenvolvimento regional **(SDR)** 498

[17] Decreto-Lei n.° 135/91, de 4 de Abril, regime jurídico das sociedades de gestão e investimento imobiliário **(SGII)** 504

[18] Decreto-Lei n.° 237/91, de 2 de Julho, regulamenta o sistema de compras em grupo e as sociedades administradoras **(SACEG)** 510

[19] Decreto-Lei n.° 3/94, de 11 de Janeiro, regulamenta o regime das agências de câmbio **(DL 3/94)** 518

[20] Decreto-Lei n.° 110/94, de 28 de Abril, define o regime jurídico das sociedades mediadoras do mercado monetário
e do mercado de câmbios **(DL 110/94)** 519

[21] Decreto-Lei n.° 163/94, de 4 de Junho, define regime jurídico das sociedades gestoras de patrimónios **(SGP)** 522

[22] Decreto-Lei n.° 212/94, de 10 de Agosto, sobre a constituição
de sociedades unipessoais **(DL 212/94)** 525

[23] Decreto-Lei n.° 260/94, de 22 de Outubro, regula as sociedades de investimento **(DL 260/94)** 527

[24] Decreto-Lei n.° 72/95, de 15 de Abril, regula as sociedades
de locação financeira **(DL 72/95)** 529

[25] Decreto-Lei n.° 171/95, de 18 de Julho, regula as sociedades
de *factoring* **(DL 171/95)** 531

[26] Decreto-Lei n.° 206/95, de 14 de Agosto, regula as sociedades
financeiras para aquisições a crédito **(SFAC)** 533

[27] Decreto-Lei n.° 82/98, de 2 de Abril, regula as sociedades
gestoras de empresas **(SGE)** 535

[28] Decreto-Lei n.° 211/98, de 16 de Julho, regula as sociedades
de garantia mútua **(SGM)** 537

[29] Decreto-Lei n.° 262/2001, de 28 de Setembro, estabelece o
regime jurídico das sociedades corretoras e das sociedades financeiras de corretagem **(DL 262/2001)** 545

[30] Decreto-Lei n.° 375/2007, de 8 de Novembro, estabelece o
regime jurídico das sociedades de capital de risco, dos
fundos de capital de risco, e dos investidores em capital
de risco **(SCR/FCR/ICR)** 548

[11] DECRETO-LEI N.° 262/86,
de 2 de Setembro

1. O Código das Sociedades Comerciais vem corresponder, em espaço fundamental, à necessidade premente de reforma da legislação comercial portuguesa. Na verdade, mantém-se em vigor o sábio mas ultrapassado Código Comercial de 1888, complementado por numerosos diplomas parcelares. A evolução sofrida pela economia nacional e internacional em cerca de um século exige manifestamente a sua actualização.

2. No início da elaboração do Código Civil vigente, o Decreto-Lei n.° 33908, de 4 de Setembro de 1944, figurou a possibilidade de nele se englobar o direito comercial. Mas logo se optou por manter a distinção formal entre os dois ramos do direito privado.

Concluído o Código Civil de 1966, foi nomeada uma comissão presidida por Adriano Vaz Serra, para rever apenas a legislação sobre sociedades comerciais. Vários anteprojectos elaborados por esta comissão, que funcionou até 25 de Abril de 1974, foram publicados. Outros chegaram a ser utilizados para diplomas parcelares sobre matérias mais carecidas de regulamentação legal, como a fiscalização, a fusão e a cisão de sociedades, ou institutos vizinhos destas, como os agrupamentos complementares de empresas e, em 1981, o contrato de consórcio e a associação em participação.

Depois de Abril de 1974, oscilou-se durante algum tempo entre a reforma imediata e geral do direito das sociedades e uma reforma parcelar e sucessiva, para cujo começo foi quase sempre apontada a disciplina das sociedades por quotas.

Foi decisivo e altamente meritório o esforço de Raúl Ventura para completar e refundir num projecto único e sistematizado as várias contribuições anteriores de notáveis comercialistas, entre os quais é justo destacar António Ferrer Correia.

A necessidade urgente de adaptar a legislação portuguesa às directivas da CEE, a que Portugal aceitou ficar vinculado, tornou inadiável a publicação do Código, estando adiantada a preparação de um novo Código de Registo Comercial.

3. Corresponde o Código das Sociedades Comerciais ao objectivo fundamental de actualização do regime dos principais agentes económicos de direito privado – as sociedades comerciais.

O Código Comercial de 1888, elaborado em plena revolução industrial, assentava numa concepção individualista e liberal.

O Código agora aprovado não pode deixar de reflectir a rica e variada experiência de quase um século, caracterizada por uma profunda revolução tecnológica e informática. Reconhecendo-se o contributo insubstituível da iniciativa económica privada para o progresso, num contexto de concorrência no mercado, tem de se atender as exigências irrecusáveis da justiça social.

Por isso, vem o Código regular mais pormenorizadamente situações até agora não previstas na lei, pondo termo a inúmeras dúvidas e controvérsias. Define claramente os direitos e deveres dos sócios, dos administradores e dos membros dos órgãos de fiscalização e reforça significativamente a protecção dos sócios minoritários e dos credores sociais, entre os quais se incluem nomeadamente os trabalhadores. Tal protecção não pode prescindir de certas formalidades, que se tentou, em todo o caso, reduzir ao mínimo indispensável, para não embaraçar o necessário dinamismo empresarial. A mais frequente utilização de instrumentos informáticos facilitará certamente a sua prossecução.

Respeitando naturalmente a nossa tradição jurídica, tal como se colhe da doutrina e da jurisprudência pátrias, procurou-se aproveitar os ensinamentos dos direitos estrangeiros com os quais temos maiores afinidades. A frequência das relações societárias entre portugueses e estrangeiros, sobretudo europeus, impõe, aliás, uma harmonização progressiva dos regimes jurídicos.

[11] CSC

Decreto-Lei n.° 262/86, de 2 de Setembro

Nesta linha de orientação, o Código não só executa as directivas comunitárias em vigor, quando imperativas, e escolhe as soluções consideradas mais convenientes, quando há lugar para isso, como alarga algumas regras comunitárias, estabelecidas para certos tipos de sociedades, a outros tipos ou mesmo a todas as sociedades comerciais, e atende, na medida do possível, aos trabalhos preparatórios de novas directivas, embora a aprovação destas possa a final tornar imprescindíveis futuras modificações, como nos demais Estados membros.

4. Seguindo a orientação tradicional e partindo do esquema do artigo 980.° do Código Civil, aplica-se o novo Código primeiramente às sociedades comerciais, ou seja, às sociedades com objecto e tipo comercial, que o artigo 13.° do Código Comercial, que sobrevigora, considera uma espécie de comerciantes.

Está-se em crer que uma imediata alteração deste conceito de sociedade comercial suscitaria implicações profundas não só em matéria tributária como (e sobretudo) na delimitação do direito comercial frente ao direito civil; uma eventual reponderação desta perspectiva poderá ser feita aquando da reforma do próprio Código Comercial, que, em fase preparatória, já teve início.

Mantém-se, de igual modo, o princípio da aplicação do regime das sociedades comerciais às sociedades civis de tipo comercial. Estas sociedades continuam, pois, a não ser consideradas comerciantes para os efeitos do artigo 13.° do Código Comercial. Como referiu José Tavares não se lhes aplicam as normas da legislação mercantil «que regulam as sociedades comerciais na qualidade de comerciantes mas somente aquelas que as regulam como sociedades» (*Sociedades e Empresas Comerciais,* 2.ª ed., p. 247).

Na primeira vertente não se desconhece a eventual procedibilidade da orientação que aponta para o critério da *forma* para definir o carácter comercial da sociedade; isto, pelo menos, no que respeita às sociedades anónimas e às sociedades por quotas. Tal critério seria abonado num plano comparatístico pela lei francesa das sociedades comerciais (Lei de 24 de Julho de 1966), bem como pelo sistema alemão (este no sentido de o fazer valer para as sociedades anónimas e para as sociedades por quotas). Realmente, com ele se arredariam as dificuldades que frequentemente despontam da qualificação do objecto de uma sociedade como civil ou comercial; o que aconteceria é que, pela simples opção pela forma comercial, a sociedade ficaria automaticamente submetida à disciplina do tipo adoptado.

Tem-se, no entanto, como mais prudente, pelo menos desde já, a solução agora perfilhada; atentas as actuais estruturas de resposta normativa evitar-se-á, com ela, o que poderia ser como que um «salto no desconhecido».

5. Acolhe o Código um vasto leque de significativas inovações, quer na parte geral, relativa a todos os tipos de sociedades, quer nos títulos consagrados a cada um deles.

6. Na parte geral, inclui-se um preceito sobre o direito subsidiário que dá novo relevo aos princípios gerais do próprio Código e aos princípios informadores do tipo adoptado (artigo 2.°), bem como uma norma de conflitos que adopta como elemento de conexão a sede principal e efectiva da administração (artigo 3.°), de harmonia com o Código Civil (artigo 33.°).

7. Para a aquisição da personalidade jurídica das sociedades passa a ser decisivo o registo comercial (artigo 5.°), não bastando a escritura pública, como até agora. Mas admite-se o registo prévio e provisório do contrato de sociedade (artigo 18.°, n.os 1 a 3), o que facilitará certamente a constituição desta. Mantém-se a necessidade de publicação do contrato no *Diário da República,* que passará, todavia, a ser promovida pelo conservador do registo comercial, suprimindo-se a exigência de publicação em jornal local.

Permite-se a participação dos cônjuges em sociedades comerciais, desde que só um deles assuma responsabilidade ilimitada (artigo 8.°), modificando-se assim o regime do artigo 1714.° do Código Civil.

Impede-se a limitação da capacidade da sociedade através de cláusulas do contrato, seguindo a orientação da 1.ª Directiva Comunitária.

Admite-se, ainda que em termos limitados, e regulamenta-se não só a sobrevivência como a constituição de sociedades unipessoais (artigos 7.°, n.° 2, 142.°. n.° 1, alínea *a*), 143.° e 482.°

Consagra-se o importante princípio da inderrogabilidade, por deliberação ordinária dos sócios, dos preceitos, mesmo só dispositivos, da lei que não admitam expressamente tal derrogabilidade embora possam ser derrogados pelo contrato ou deliberação modificativa deste (artigo 9.°, n.° 3).

Decreto-Lei n.º 262/86, de 2 de Setembro   CSC **[11]**

Regulam-se expressamente os acordos parassociais (artigo 17.º), pondo termo a um aceso debate doutrinário sobre os sindicatos de voto.

Regulamenta o Código pormenorizadamente a obrigação de entrada dos sócios e a conservação do capital (artigos 25.º a 35.º), de acordo com a 2.ª Directiva Comunitária, disciplinando rigorosamente a fiscalização da realização das entradas (artigo 28.º), a aquisição de bens aos accionistas (artigo 29.º), a distribuição dos bens aos sócios (artigos 32.º e 33.º) e a perda de metade do capital (artigo 35.º).

O discutido e complexo problema das sociedades irregulares é objecto dos artigos 36.º a 52.º, que, respeitando a 1.ª Directiva Comunitária, resolvem a generalidade das dúvidas que têm preocupado a doutrina e a jurisprudência.

8. Generaliza-se a todos os tipos de sociedades a possibilidade de as deliberações dos sócios serem tomadas por escrito e não apenas em assembleia geral, e incluem-se, na parte geral, diversos preceitos que, em conjunto com os previstos para cada tipo de sociedades, esclarecem numerosas dúvidas suscitadas pela lei vigente. Por exemplo, admite-se a nulidade de deliberações em certos casos taxativamente enumerados (artigo 56.º), embora mantendo a regra da anulabilidade das deliberações viciadas (artigo 58.º).

9. Incluem-se diversas disposições importantes sobre a apreciação anual da situação da sociedade (artigos 65.º a 70.º), que têm de conjugar-se com disposições relativas às sociedades por quotas (artigos 263.º e 264.º) e anónimas (artigos 445.º a 450.º), relegando, todavia, para diploma especial a regulamentação da contabilidade, sem deixar de atender à 4.ª Directiva Comunitária, na parte aplicável.

10. As disposições sobre responsabilidade civil (artigos 71.º a 84.º) retomam os artigos 17.º a 35.º do Decreto-Lei n.º 49381, de 15 de Novembro de 1969, alargando-os aos outros tipos de sociedades. Inovador é o preceituado quanto à responsabilidade pela constituição da sociedade (artigo 71.º), quanto à responsabilidade solidária de sócios (artigo 83.º) e quanto à responsabilidade do sócio único (artigo 84.º).

11. Os preceitos sobre alterações do contrato em geral (artigos 85.º 86.º) e, especialmente, sobre o aumento e redução do capital (artigos 87.º a 96.º), visam claramente reforçar a protecção dos sócios e dos credores sociais. É de ressaltar, a este propósito, que se transpuseram para o Código preceitos da 2.ª Directiva Comunitária sobre o aumento e redução do capital das sociedades anónimas, estendendo-os em boa parte às sociedades por quotas e criou-se um direito legal de preferência na subscrição de quotas e acções (artigos 266.º e 452.º a 454.º)*.

12. A disciplina da fusão e da cisão de sociedades retoma o disposto no Decreto-Lei n.º 598/73, de 8 de Novembro, com algumas adaptações exigidas pelas 3.ª e 8.ª Directivas da CEE.

13. A transformação de sociedades, cuja essência e contornos foram penosamente determinados pela doutrina e jurisprudência portuguesas, recebe pela primeira vez tratamento legislativo desenvolvido (artigos 130.º a 140.º), orientado para a defesa dos sócios minoritários e dos credores sociais.

14. Regula-se a dissolução segundo as linhas tradicionais, acolhendo-se quanto a sociedades unipessoais a posição de Ferrer Correia e tendo presente o disposto na 2.ª Directiva da CEE.

15. A liquidação continua a ser regulada nos moldes tradicionais, estabelecendo-se, todavia, um prazo máximo de cinco anos para a liquidação extrajudicial (artigo 150.º) e regras relativas ao passivo e activo supervenientes (artigos 163.º 164.º).

---

* Os preceitos que regulam o direito de preferência dos accionistas nos aumentos de capital são os dos arts. 458.º a 460.º (Correcta está, pois, a referência que à mesma matéria é feita no n.º 31 do Preâmbulo).

[11] CSC

Decreto-Lei n.° 262/86, de 2 de Setembro

16. Em matéria de publicidade, incluem-se no Código alguns princípios. A matéria será naturalmente objecto de regulamentação desenvolvida no Código do Registo Comercial, que deverá acolher os princípios da 1.ª Directiva da CEE.

17. Prevê-se ainda na parte geral a intervenção fiscalizadora do Ministério Público (artigos 172.° e 173.°) e a prescrição, em regra de cinco anos, de direitos relativos à sociedade, fundadores, sócios, membros da administração e do órgão de fiscalização e liquidatários (artigo 174.°).

18. O regime adoptado no título II, quanto as sociedades em nome colectivo, não se afasta grandemente do consagrado no Código Comercial, tendo em conta as alterações nele introduzidas pelo Decreto-Lei n.° 363/77, de 2 de Setembro. Houve, no entanto, que o integrar harmoniosamente no conjunto do Código.

Como alteração digna de registo é de apontar que, ocorrendo o falecimento de um sócio e sendo incapaz o sucessor, deve ser deliberada a transformação da sociedade, de modo que o incapaz se torne sócio de responsabilidade limitada. Não sendo tomada esta deliberação, devem os restantes sócios optar entre a dissolução da sociedade e a liquidação da quota do sócio falecido. Se nenhuma das referidas deliberações for tomada no prazo previsto na lei, deve o representante do incapaz requerer judicialmente a exoneração do seu representado ou, se esta não for legalmente possível, a dissolução da sociedade (artigo 184.°, n.ᵒˢ 4 a 6).

19. No título III, respeitante às sociedades por quotas, aproveitam-se, tanto quanto possível, os ensinamentos da jurisprudência e doutrina nacionais, elaborados e aperfeiçoados na vigência da Lei de 11 de Abril de 1901, mas sem esquecer o contributo valioso da recente reforma da lei alemã das sociedades de responsabilidade limitada, tipo social que na Alemanha nasceu e mais se desenvolveu. A par da necessária e justificada protecção dos credores e dos sócios minoritários, imprime-se à disciplina legal das sociedades por quotas uma grande maleabilidade, característica essa que é certamente o mais importante factor de difusão deste tipo de sociedades.

20. O capital social mínimo é fixado em 400.000$ (artigo 201.°), quantia essa que, sendo embora igual a oito vezes o mínimo actual, está longe de corresponder, em termos reais, aos 5.000$ exigidos na versão original da Lei de 11 de Abril de 1901. Prevê-se um prazo de três anos para que as sociedades constituídas antes da entrada em vigor deste diploma elevem o seu capital até àquele montante e permite-se que, para esse fim, procedam à reavaliação de bens do activo (artigo 512.°). Correlativamente, o montante nominal mínimo da quota passou para 20.000$ (artigo 219.°).

21. Regula-se com bastante pormenor o direito dos sócios à informação, procurando garantir-lhe a possibilidade de um efectivo conhecimento sobre o modo como são conduzidos os negócios sociais e sobre o estado da sociedade (artigos 214.° a 216.°).

Reserva-se para distribuição aos sócios metade do lucro anual, sem prejuízo de estipulação contratual diversa (artigo 217.°).

Estão previstas e regulamentadas a exoneração e a exclusão de sócios (artigos 240.° a 242.°).

22. É regulamentado o contrato de suprimento, em termos de conceder maiores garantias aos credores não sócios e de, por conseguinte, incentivar os sócios a proverem a sociedade com os capitais próprios exigidos pelos sãos princípios económico-financeiros de gestão (artigos 243.° a 245.°).

23. Quanto à vinculação da sociedade pelos gerentes, adopta-se uma alteração importante ao regime vigente, que decorre da 1.ª Directiva da CEE. Os actos praticados pelos gerentes em nome da sociedade e dentro dos poderes que a lei lhes confere vinculam-na para com terceiros, não obstante as limitações constantes do contrato social ou resultantes de deliberações dos sócios. A sociedade pode opor a terceiros limitações de poderes resultantes do objecto social se provar que o terceiro tinha conhecimento de que o acto praticado não respeitava essa cláusula e se, entretanto, ela não tiver assumido o acto, por deliberação expressa ou tácita dos sócios, mas tal conhecimento não pode ser provado apenas pela publicidade dada ao contrato de sociedade (artigo 260.°). Obviamente, o gerente que desrespeitar limitações resultantes do contrato ou de deliberações dos sócios é responsável para com a sociedade pelos danos causados (artigo 72.°).

218

Decreto-Lei n.° 262/86, de 2 de Setembro   **csc [11]**

24. De acordo com o preceituado na 4.ª Directiva da CEE, prevê-se a revisão de contas por um revisor oficial de contas nos casos em que a dimensão da empresa, verificada por certos índices, o justifica (artigo 262.°).

25. O regime das sociedades anónimas consta do título IV, que é, naturalmente, o mais longo, pois a este tipo se acolhem preferencialmente as grandes empresas, nelas confluindo os mais variados interesses: dos accionistas, dos aforradores, dos credores e do próprio Estado. Era decerto este o capítulo do anterior direito das sociedades mais envelhecido, mais carecido de reforma, apesar dos vários diplomas avulsos que foram sendo publicados e em parte o remodelaram. Basta dizer que até à data não estava legalmente fixado o capital mínimo para a constituição de uma sociedade anónima.

Por outro lado, eram muitas e importantes as matérias que, neste domínio, não tinham sido objecto de estudos preliminares nem de tratamento teórico ou prático. Houve, por isso, que recorrer aqui ao exemplo das legislações europeias, as mais importantes das quais são recentes ou estão em fase avançada de revisão, todas se pautando por princípios no essencial coincidentes, em grande parte devido ao esforço de harmonização legislativa que está a ser levado a cabo no espaço comunitário.

Não é, por isso, de admirar que, para além de se resolverem dificuldades e colmatarem lacunas do direito vigente, surjam aqui bastantes novidades de regulamentação.

26. Assim, o número mínimo de accionistas baixa de dez para cinco (artigo 273.°).

A firma das sociedades anónimas passa a ter apenas o aditamento «S.A.», em vez de «S.A.R.L.», (artigo 275.°), independentemente de alteração estatutária (artigo 511.°).

Fixa-se em 5.000.000$ o capital mínimo da sociedade anónima (artigo 276.°), em consonância com o preceituado na 2.ª Directiva Comunitária.

27. Aos accionistas fica assegurado um mais amplo direito à informação, tanto nas assembleias gerais como fora destas, facultando-lhes, deste modo, meios eficazes para se interessarem pela vida da sociedade (artigos 288.° a 293.°).

28. Regulamenta-se a oferta pública de aquisição de acções, que passa a ser procedimento obrigatório, verificadas certas circunstâncias, assim como se proíbem as operações de iniciados no mesmo contexto, visando defender os pequenos accionistas contra a exploração de informações privilegiadas (artigos 306.° a 315.°).

Também em consonância com a 2.ª Directiva da CEE é limitada a possibilidade de a sociedade adquirir acções próprias, de modo a melhor garantir os direitos dos credores (artigos 316.° a 325.°).

Prevê-se a hipótese de serem estipuladas no contrato de sociedade restrições à transmissão de acções, ficando a sociedade, em tal caso, obrigada a fazê-las adquirir por outra pessoa, se negar o consentimento contratualmente exigido (artigos 328.° e 329.°).

Quanto ao regime de registo e de depósito das acções (artigos 330.° a 340.°), encara-se a possibilidade de tal regime resultar de diploma legal especial ou da vontade dos titulares e enumeram-se as regras fundamentais para ambos os casos, mantendo-se, entretanto, em vigor o Decreto-Lei n.° 408/82, de 29 de Setembro.

Regulam-se as acções preferenciais sem voto (artigos 341.° a 344.°), as acções preferenciais remíveis (artigo 345.°) e a amortização de acções (artigos 346.° e 347.°).

29. Para melhor defesa dos direitos dos obrigacionistas, prevê-se a criação de assembleias de obrigacionistas (artigo 355.°) e a figura do representante comum (artigos 357.° e 358.°).

30. No tocante à administração e fiscalização, podem os accionistas escolher entre duas estruturas diversas (artigo 278.°). A primeira compõe-se de conselho de administração e conselho fiscal, à maneira tradicional (artigos 390.° a 423.°). A segunda, inspirada no modelo alemão, já adoptado na lei francesa das sociedades comerciais de 1966, assenta na repartição daquelas funções entre três órgãos, direcção, conselho geral e revisor oficial de contas, sendo da competência do conselho geral, entre outros actos, a nomeação e destituição dos directores e a aprovação das contas, depois de examinadas pelo revisor oficial de contas (artigos 424.° a 446.°).

Seja qual for a estrutura adoptada, a lei prevê a possibilidade de eleição de representantes das minorias para o conselho de administração ou o conselho geral, consoante os casos, sendo o regime obrigatório nas sociedades com subscrição pública e facultativo nas restantes (artigos 392.° e 435.°, n.° 3).

219

[11] CSC

Decreto-Lei n.° 262/86, de 2 de Setembro

Além disso, estabelece-se um regime de vinculação da sociedade anónima pelos actos do seu órgão de administração semelhante ao acima referido quanto à sociedade por quotas (artigos 409.° e 431.°, n.° 3).

Com vista à prevenção de operações especulativas sobre acções da sociedade, obrigam-se os membros dos respectivos órgãos de administração e fiscalização, bem como certas outras pessoas, a comunicar à sociedade todos os actos de aquisição, alienação ou oneração de acções, devendo essas operações ser publicadas em anexo ao relatório anual (artigos 447.° e 448.°).

Por outro lado, proíbe-se que essas pessoas efectuem operações sobre acções, tirando partido das informações obtidas no exercício das suas funções a que não tenha sido dada publicidade (artigo 449.°).

31. Consagra-se o direito de preferência dos accionistas nos aumentos de capital (artigos 458.° a 460.°), em conformidade com a orientação preconizada na já referida 2.ª Directiva.

32. No título V, respeitante às sociedades em comandita, mantém-se a distinção tradicional entre comanditas simples e comanditas por acções, introduzindo-se algumas novidades em ordem a tornar mais aliciante este tipo de sociedade, instrumento singularmente adequado à associação do capital com o trabalho.

33. Dada a importância de que revestem as associações entre empresas em forma de sociedade, regulam-se no título VI as sociedades coligadas, as quais são divididas em sociedades de simples participação, sociedades em relação de participações recíprocas, sociedades em relação de domínio e sociedades em relação de grupo. Trata-se de realidades que o direito não pode ignorar, como, de resto, o mostram as legislações e projectos estrangeiros mais recentes, com particular relevo a lei alemã das sociedades por acções. É a primeira vez que esta matéria é regulamentada em Portugal.

Salienta-se, neste capítulo, a possibilidade oferecida a uma sociedade com sede em Portugal de constituir uma sociedade anónima de cujas acções seja ela desde o início a única titular (artigo 488.°).

34. O título VIII contém diversas disposições finais e transitórias com algum relevo.

35. Relegam-se para diploma especial as disposições penais e contra-ordenacionais. Assim:

O Governo decreta nos termos da alínea *a)* do n.° 1 do artigo 201.° da Constituição, o seguinte:

Art. 1.° (Aprovação do Código das Sociedades Comerciais)

É aprovado o Código das Sociedades Comerciais, que faz parte do presente decreto-lei.

Art. 2.° (Começo de vigência)

1. O Código das Sociedades Comerciais entra em vigor em 1 de Novembro de 1986, sem prejuízo do disposto no número seguinte.

2. A data da entrada em vigor do artigo 35.° será fixada em diploma legal.

Art. 3.° (Revogação do direito anterior)

1. É revogada toda a legislação relativa às matérias reguladas no Código das Sociedades Comerciais, designadamente:

a) Os artigos 21.° a 23.° e 104.° a 206.° do Código Comercial;

b) A Lei de 11 de Abril de 1901;

c) O Decreto n.° 1645, de 15 de Junho de 1915;

d) O Decreto-Lei n.° 49381, de 15 de Novembro de 1969;

e) O Decreto-Lei n.° 1/71, de 6 de Janeiro;

Decreto-Lei n.º 262/86, de 2 de Setembro   csc [11]

f) O Decreto-Lei n.º 397/71, de 22 de Setembro;
g) O Decreto-Lei n.º 154/72, de 10 de Maio;
h) O Decreto-Lei n.º 598/73, de 8 de Novembro;
i) O Decreto-Lei n.º 389/77, de 15 de Setembro.
2. As disposições do Código das Sociedades Comerciais não revogam os preceitos de lei que consagram regimes especiais para certas sociedades.

Art. 4.º (Remissões para disposições revogadas)

Quando disposições legais ou contratuais remeterem para preceitos legais revogados por esta lei, entende-se que a remissão valerá para as correspondentes disposições do Código das Sociedades Comerciais, salvo se a interpretação daquelas impuser solução diferente.

Art. 5.º (Diploma especial)

Nota. Revogado pelo art. 15.º do DL n.º 486/99, de 13 de Novembro, que aprovou o actual Código dos Valores Mobiliários (CodVM [51]).

CÓDIGO DAS SOCIEDADES COMERCIAIS

TÍTULO I. PARTE GERAL

CAPÍTULO I. Âmbito de aplicação

Art. 1.º (Âmbito geral de aplicação)

1. A presente lei aplica-se às sociedades comerciais.
2. São sociedades comerciais aquelas que tenham por objecto a prática de actos de comércio e adoptem o tipo de sociedade em nome colectivo, de sociedade por quotas, de sociedade anónima, de sociedade em comandita simples ou de sociedade em comandita por acções.
3. As sociedades que tenham por objecto a prática de actos de comércio devem adoptar um dos tipos referidos no número anterior.
4. As sociedades que tenham exclusivamente por objecto a prática de actos não comerciais podem adoptar um dos tipos referidos no n.º 2, sendo-lhes, nesse caso, aplicável a presente lei.

Nota. Cf. o DL n.º 111/2005, de 8 de Julho **[4]**, que institui um regime especial de constituição de sociedades comerciais e de sociedades civis sob a forma de sociedades por quotas e anónimas, e o DL n.º 125/2006, de 29 de Junho **[5]**, que institui um regime especial de constituição *on-line* de sociedades.

Art. 2.º (Direito subsidiário)

Os casos que a presente lei não preveja são regulados segundo a norma desta lei aplicável aos casos análogos e, na sua falta, segundo as normas do Código Civil sobre o contrato de sociedade no que não seja contrário nem aos princípios gerais da presente lei nem aos princípios informadores do tipo adoptado.

Art. 3.º (Lei pessoal)

1. As sociedades comerciais têm como lei pessoal a lei do Estado onde se encontre situada a sede principal e efectiva da sua administração. A sociedade que tenha em Portugal a sede estatutária não pode, contudo, opor a terceiros a sua sujeição a lei diferente da lei portuguesa.
2. A sociedade que transfira a sua sede efectiva para Portugal mantém a personalidade jurídica, se a lei pela qual se regia nisso convier, mas deve conformar com a lei portuguesa o respectivo contrato social.
3. Para efeitos do disposto no número anterior, deve um representante da sociedade promover o registo do contrato pelo qual a sociedade passa a reger-se.

Cap. II.   Personalidade e capacidade   **Arts. 4.°-5.° CSC [11]**

4. A sociedade que tenha sede efectiva em Portugal pode transferi-la para outro país, mantendo a sua personalidade jurídica, se a lei desse país nisso convier.

5. A deliberação de transferência da sede prevista no número anterior deve obedecer aos requisitos para as alterações do contrato de sociedade, não podendo em caso algum ser tomada por menos de 75% dos votos correspondentes ao capital social. Os sócios que não tenham votado a favor da deliberação podem exonerar-se da sociedade, devendo notificá-la da sua decisão no prazo de 60 dias após a publicação da referida deliberação.

Nota. Redacção introduzida pelo art. 2.° do DL n.° 76-A/2006, de 29 de Março.

Art. 4.° (Sociedades com actividade em Portugal)

1. A sociedade que não tenha a sede efectiva em Portugal, mas deseje exercer aqui a sua actividade por mais de um ano deve instituir uma representação permanente e cumprir o disposto na lei portuguesa sobre registo comercial.

2. A sociedade que não cumpra o disposto no número anterior fica, apesar disso, obrigada pelos actos praticados em seu nome em Portugal e com ela respondem solidariamente as pessoas que os tenham praticado, bem como os gerentes ou administradores da sociedade.

3. Não obstante o disposto no número anterior, o tribunal pode, a requerimento de qualquer interessado ou do Ministério Público, ordenar que a sociedade que não dê cumprimento ao disposto no n.° 1 cesse a sua actividade no País e decretar a liquidação do património situado em Portugal.

4. O disposto nos números anteriores não se aplica às sociedades que exerçam actividade em Portugal ao abrigo da liberdade de prestação de serviços conforme previsto na Directiva n.° 2006/123/CE, do Parlamento Europeu e do Conselho, de 12 de Dezembro.

Notas. 1. O texto do n.° 3 foi rectificado pelo DL n.° 257/96, de 31 de Dezembro, sendo acolhida a redacção constante de anteriores edições desta colectânea.

2. O n.° 4 foi aditado pelo art. 2.° do DL n.° 49/2010, de 19 de Maio.

Art. 4.°-A (Forma escrita)

A exigência ou a previsão de forma escrita, de documento escrito ou de documento assinado, feita no presente Código em relação a qualquer acto jurídico, considera-se cumprida ou verificada ainda que o suporte em papel ou a assinatura sejam substituídos por outro suporte ou por outro meio de identificação que assegurem níveis pelo menos equivalentes de inteligibilidade, de durabilidade e de autenticidade.

Nota. Aditado pelo art. 3.° do DL n.° 76-A/2006, de 29 de Março.

CAPÍTULO II.   **Personalidade e capacidade**

Art. 5.° (Personalidade)

As sociedades gozam de personalidade jurídica e existem como tais a partir da data do registo definitivo do contrato pelo qual se constituem, sem prejuízo do disposto quanto à constituição de sociedades por fusão, cisão ou transformação de outras.

223

[11] CSC Arts. 6.º-7.º   Tít. I. Parte Geral

Art. 6.º (Capacidade)

1. A capacidade da sociedade compreende os direitos e as obrigações necessários ou convenientes à prossecução do seu fim, exceptuados aqueles que lhe sejam vedados por lei ou sejam inseparáveis da personalidade singular.

2. As liberalidades que possam ser consideradas usuais, segundo as circunstâncias da época e as condições da própria sociedade, não são havidas como contrárias ao fim desta.

3. Considera-se contrária ao fim da sociedade a prestação de garantias reais ou pessoais a dívidas de outras entidades, salvo se existir justificado interesse próprio da sociedade garante ou se se tratar de sociedade em relação de domínio ou de grupo.

4. As cláusulas contratuais e as deliberações sociais que fixem à sociedade determinado objecto ou proíbam a prática de certos actos não limitam a capacidade da sociedade, mas constituem os órgãos da sociedade no dever de não excederem esse objecto ou de não praticarem esses actos.

5. A sociedade responde civilmente pelos actos ou omissões de quem legalmente a represente, nos termos em que os comitentes respondem pelos actos ou omissões dos comissários.

CAPÍTULO III. **Contrato de sociedade**

SECÇÃO I. **Celebração e registo**

Art. 7.º (Forma e partes do contrato)

1. O contrato de sociedade deve ser reduzido a escrito e as assinaturas dos seus subscritores devem ser reconhecidas presencialmente, salvo se forma mais solene for exigida para a transmissão dos bens com que os sócios entram para a sociedade, devendo, neste caso, o contrato revestir essa forma, sem prejuízo do disposto em lei especial.

2. O número mínimo de partes de um contrato de sociedade é de dois, excepto quando a lei exija número superior ou permita que a sociedade seja constituída por uma só pessoa.

3. Para os efeitos do número anterior contam como uma só parte as pessoas cuja participação social for adquirida em regime de contitularidade.

4. A constituição de sociedade por fusão, cisão ou transformação de outras sociedades rege-se pelas respectivas disposições desta lei.

Notas. 1. A redacção do n.º 1 foi introduzida pelo art. 2.º do DL n.º 76-A/2006, de 29 de Março, e pelo art. 29.º do DL n.º 247-B/2008, de 30 de Dezembro.

2. O art. 106.º-A do Código de Processo Tributário, aditado pelo art. 1.º do DL n.º 165/95, de 15 de Julho, dispõe o seguinte:

«1. O notário que celebrar a escritura de contrato de constituição de sociedade exigirá, como condição prévia, a apresentação de uma declaração assinada pelos sócios da sociedade a constituir, da qual conste que não exerceram anteriormente funções de administração ou gerência em sociedades que tenham dívidas fiscais por cumprir não reclamadas nem impugnadas.

2. Se tiver havido exercício anterior de funções de administração ou gerência, o sócio identificará a sociedade que pretende constituir e as sociedades em que anteriormente desempenhou essas funções».

3. Cf. DL n.º 111/2005, de 8 de Julho [4].

224

Cap. III.   Contrato de sociedade   **Arts. 8.º-10.º csc [11]**

Art. 8.º (Participação dos cônjuges em sociedades)

1. É permitida a constituição de sociedades entre cônjuges, bem como a participação destes em sociedades, desde que só um deles assuma responsabilidade ilimitada.

2. Quando uma participação social for, por força do regime matrimonial de bens, comum aos dois cônjuges, será considerado como sócio, nas relações com a sociedade, aquele que tenha celebrado o contrato de sociedade ou, no caso de aquisição posterior ao contrato, aquele por quem a participação tenha vindo ao casal.

3. O disposto no número anterior não impede o exercício dos poderes de administração atribuídos pela lei civil ao cônjuge do sócio que se encontrar impossibilitado, por qualquer causa, de a exercer nem prejudica os direitos que, no caso de morte daquele que figurar como sócio, o cônjuge tenha à participação.

Nota. O Acórdão do STJ n.º 12/96, de 1 de Outubro de 1996 (DR n.º 269, I Série-A, de 20 de Novembro de 1996) decidiu. «As sociedades por quotas que, depois da entrada em vigor do Código Civil de 1996 e mesmo depois das alterações nele introduzidas pelo Decreto-Lei n.º 496/77, de 25 de Novembro, e antes da vigência do Código das Sociedades Comerciais, aprovado pelo Decreto-Lei n.º 262/86, de 2 de Setembro, ficaram reduzidas a dois únicos sócios, marido e mulher, não separados judicialmente de pessoas e bens, não são, em consequência dessa redução, nulas».

Art. 9.º (Elementos do contrato)

1. Do contrato de qualquer tipo de sociedade devem constar:

a) Os nomes ou firmas de todos os sócios fundadores e os outros dados de identificação destes;

b) O tipo de sociedade;

c) A firma da sociedade

d) O objecto da sociedade;

e) A sede da sociedade;

f) O capital social, salvo nas sociedades em nome colectivo em que todos os sócios contribuam apenas com a sua indústria;

g) A quota de capital e a natureza da entrada de cada sócio, bem como os pagamentos efectuados por conta de cada quota;

h) Consistindo a entrada em bens diferentes de dinheiro, a descrição destes e a especificação dos respectivos valores.

i) Quando o exercício anual for diferente do ano civil, a data do respectivo encerramento, a qual deve coincidir com o último dia do mês de calendário, sem prejuízo do previsto no artigo 7.º do Código do Imposto sobre o Rendimento das Pessoas Colectivas.

2. São ineficazes as estipulações do contrato de sociedade relativas a entradas em espécie que não satisfaçam os requisitos exigidos nas alíneas *g*) e *h*) do n.º 1.

3. Os preceitos dispositivos desta lei só podem ser derrogados pelo contrato de sociedade, a não ser que este expressamente admita a derrogação por deliberação dos sócios.

Nota. A redacção do n.º 1, alínea *i*), foi introduzida pelo art. 1.º do DL n.º 328/95, de 9 de Dezembro.

Art. 10.º (Requisitos da firma)

1. Os elementos característicos das firmas das sociedades não podem sugerir actividade diferente da que constitui o objecto social.

225

[11] CSC Arts. 11.º-12.º

Tít. I. Parte Geral

2. Quando a firma da sociedade for constituída exclusivamente por nomes ou firmas de todos, algum ou alguns sócios deve ser completamente distinta das que já se acharem registadas.

3. A firma da sociedade constituída por denominação particular ou por denominação e nome ou firma de sócio não pode ser idêntica à firma registada de outra sociedade, ou por tal forma semelhante que possa induzir em erro.

4. Não são admitidas denominações constituídas exclusivamente por vocábulos de uso corrente, que permitam identificar ou se relacionem com actividade, técnica ou produto, bem como topónimos e qualquer indicação de proveniência geográfica.

5. Da denominação das sociedades não podem fazer parte:

a) Expressões que possam induzir em erro quanto à caracterização jurídica da sociedade, designadamente expressões correntemente usadas na designação de organismos públicos ou de pessoas colectivas sem finalidade lucrativa;

b) Expressões proibidas por lei ou ofensivas da moral ou dos bons costumes.

Notas. 1. Redacção introduzida pelo art. 1.º do DL n.º 257/96, de 31 de Dezembro, e pelo art. 17.º do DL n.º 111/2005, de 8 de Julho [**4**].

2. Cf. o DL n.º 129/98, de 13 de Maio [**3**].

Art. 11.º (Objecto)

1. A indicação do objecto da sociedade deve ser correctamente redigida em língua portuguesa.

2. Como objecto da sociedade devem ser indicadas no contrato as actividades que os sócios propõem que a sociedade venha a exercer.

3. Compete aos sócios deliberar sobre as actividades compreendidas no objecto contratual que a sociedade efectivamente exercerá, bem como sobre a suspensão ou cessação de uma actividade que venha sendo exercida.

4. A aquisição pela sociedade de participações em sociedades de responsabilidade limitada abrangidas por esta lei cujo objecto seja igual àquele que a sociedade está exercendo, nos termos do número anterior, não depende de autorização no contrato de sociedade nem de deliberação dos sócios, salvo disposição diversa do contrato.

5. O contrato pode ainda autorizar, livre ou condicionalmente, a aquisição pela sociedade de participações como sócio de responsabilidade ilimitada ou de participações em sociedades com objecto diferente do acima referido, em sociedades reguladas por leis especiais e em agrupamentos complementares de empresas.

6. A gestão de carteira de títulos pertencentes à sociedade pode constituir objecto desta.

Nota. Redacção introduzida pelo art. 1.º do DL n.º 257/96, de 31 de Dezembro.

Art. 12.º (Sede)

1. A sede da sociedade deve ser estabelecida em local concretamente definido.

2. Salvo disposição em contrário no contrato da sociedade, a administração pode deslocar a sede da sociedade dentro do território nacional.

Cap. III.   Contrato de sociedade   **Arts. 13.º-17.º csc [11]**

3. A sede da sociedade constitui o seu domicílio, sem prejuízo de no contrato se estipular domicílio particular para determinados negócios.

Nota. A redacção do n.º 2 foi introduzida pelo art. 2.º do DL n.º 76-A/2006, de 29 de Março.

Art. 13.º (Formas locais de representação)
1. Sem dependência de autorização contratual, mas também sem prejuízo de diferentes disposições do contrato, a sociedade pode criar sucursais, agências, delegações ou outras formas locais de representação, no território nacional ou no estrangeiro.
2. A criação de sucursais, agências, delegações ou outras formas locais de representação depende de deliberação dos sócios, quando o contrato a não dispense.

Art. 14.º (Expressão do capital)
O montante do capital social deve ser sempre e apenas expresso em moeda com curso legal em Portugal.

Notas. 1. Redacção introduzida pelo art. 3.º do DL n.º 343/98, de 6 de Novembro.

2. O art. 17.º do referido DL, que estabelece algumas regras fundamentais relevantes no processo de transição do escudo para o euro, dispõe o seguinte:
  "1. Podem ser tomadas por maioria simples as seguintes deliberações dos sócios:
  a) Alteração da denominação do capital social para euros;
  b) Redenominação de acções de sociedades anónimas através do método padrão, mesmo quando isso ocasione aumento ou redução de capital social, respectivamente, por incorporação de reservas ou por transferência para reserva de capital, sujeita ao regime da reserva legal.
  2. A redução de capital social resultante da utilização do método padrão de redenominação de acções não carece da autorização judicial prevista no artigo 95.º do Código das Sociedades Comerciais."

Art. 15.º (Duração)
1. A sociedade dura por tempo indeterminado se a sua duração não for estabelecida no contrato.
2. A duração da sociedade fixada no contrato só pode ser aumentada por deliberação tomada antes de esse prazo ter terminado; depois deste facto, a prorrogação da sociedade dissolvida só pode ser deliberada nos termos do artigo 161.º

Art. 16.º (Vantagens, indemnizações e retribuições)
1. Devem exarar-se no contrato de sociedade, com indicação dos respectivos beneficiários, as vantagens concedidas a sócios em conexão com a constituição da sociedade, bem como o montante global por esta devido a sócios ou terceiros, a título de indemnização ou de retribuição de serviços prestados durante essa fase, exceptuados os emolumentos e as taxas de serviços oficiais e os honorários de profissionais em regime de actividade liberal.
2. A falta de cumprimento do disposto no número anterior torna esses direitos e acordos ineficazes para com a sociedade, sem prejuízo de eventuais direitos contra os fundadores.

Nota. Redacção introduzida pelo DL n.º 280/87, de 8 de Julho [13].

Art. 17.º (Acordos parassociais)
1. Os acordos parassociais celebrados entre todos ou entre alguns sócios pelos quais estes, nessa qualidade, se obriguem a uma conduta não proibida por lei

227

[11] CSC Arts. 18.º-19.º   Tít. I. Parte Geral

têm efeitos entre os intervenientes, mas com base neles não podem ser impugnados actos da sociedade ou dos sócios para com a sociedade.

2. Os acordos referidos no número anterior podem respeitar ao exercício do direito de voto, mas não à conduta de intervenientes ou de outras pessoas no exercício de funções de administração ou de fiscalização.

3. São nulos os acordos pelos quais um sócio se obriga a votar:

a) Seguindo sempre as instruções da sociedade ou de um dos seus órgãos;

b) Aprovando sempre as propostas feitas por estes;

c) Exercendo o direito de voto ou abstendo-se de o exercer em contrapartida de vantagens especiais.

Art. 18.º (Registo do contrato)

1. Quando não tenham convencionado entradas em espécie ou aquisições de bens pela sociedade, os interessados na constituição da sociedade podem apresentar na competente conservatória do registo comercial requerimento para registo prévio do contrato juntamente com um projecto completo do contrato de sociedade.

2. O contrato de sociedade deve ser redigido nos precisos termos do projecto previamente registado.

3. No prazo de 15 dias após a celebração do contrato, deve ser apresentada ao conservador, por um dos sócios subscritores ou, no caso de o contrato ter sido celebrado por escritura pública, pelo notário, cópia certificada do contrato para conversão do registo em definitivo.

4. O disposto nos números anteriores não é aplicável à constituição das sociedades anónimas, quando efectuada com apelo a subscrição pública.

5. No caso de os interessados não terem adoptado o processo permitido pelos n.os 1 a 3, o contrato da sociedade, depois de celebrado na forma legal, deve ser inscrito no registo comercial, nos termos da lei respectiva.

Nota. A redacção dos n.os 2 e 3 foi introduzida pelo art. 2.º do DL n.º 76-A/2006, de 29 de Março.

Art. 19.º (Assunção pela sociedade de negócios anteriores ao registo)

1. Com o registo definitivo do contrato, a sociedade assume de pleno direito:

a) Os direitos e obrigações decorrentes dos negócios jurídicos referidos no artigo 16.º, n.º 1;

b) Os direitos e obrigações resultantes da exploração normal de um estabelecimento que constitua objecto de uma entrada em espécie ou que tenha sido adquirido por conta da sociedade, no cumprimento de estipulação do contrato social;

c) Os direitos e obrigações emergentes de negócios jurídicos concluídos antes do acto de constituição e que neste sejam especificados e expressamente ratificados;

d) Os direitos e obrigações decorrentes de negócios jurídicos celebrados pelos gerentes ou administradores ao abrigo de autorização dada por todos os sócios no acto de constituição.

2. Os direitos e obrigações decorrentes de outros negócios jurídicos realizados em nome da sociedade, antes de registado o contrato, podem ser por ela assumidos mediante decisão da administração, que deve ser comunicada à contraparte nos 90 dias posteriores ao registo.

228

Cap. III.   Contrato de sociedade   **Arts. 20.º-22.º csc [11]**

3. A assunção pela sociedade dos negócios indicados nos n.ᵒˢ 1 e 2 retrotrai os seus efeitos à data da respectiva celebração e libera as pessoas indicadas no artigo 40.º da responsabilidade aí prevista, a não ser que por lei estas continuem responsáveis.

4. A sociedade não pode assumir obrigações derivadas de negócios jurídicos não mencionados no contrato social que versem sobre vantagens especiais, despesas de constituição, entradas em espécie ou aquisições de bens.

Nota. A redacção do n.º 1, alíneas *c*) e *d*), foi introduzida pelo art. 2.º do DL n.º 76-A/2006, de 29 de Março.

SECÇÃO II.   **Obrigações e direitos dos sócios**

SUBSECÇÃO I.   Obrigações e direitos dos sócios em geral

Art. 20.º (Obrigações dos sócios)

Todo o sócio é obrigado:

a) A entrar para a sociedade com bens susceptíveis de penhora ou, nos tipos de sociedade em que tal seja permitido, com indústria;

b) A quinhoar nas perdas, salvo o disposto quanto a sócios de indústria.

Art. 21.º (Direitos dos sócios)

1. Todo o sócio tem direito:

a) A quinhoar nos lucros;

b) A participar nas deliberações de sócios, sem prejuízo das restrições previstas na lei;

c) A obter informações sobre a vida da sociedade, nos termos da lei e do contrato;

d) A ser designado para os órgãos de administração e de fiscalização da sociedade, nos termos da lei e do contrato.

2. É proibida toda a estipulação pela qual deva algum sócio receber juros ou outra importância certa em retribuição do seu capital ou indústria.

Art. 22.º (Participação nos lucros e perdas)

1. Na falta de preceito especial ou convenção em contrário, os sócios participam nos lucros e nas perdas da sociedade segundo a proporção dos valores das respectivas participações no capital.

2. Se o contrato determinar somente a parte de cada sócio nos lucros, presumir-se-á ser a mesma a sua parte nas perdas.

3. É nula a cláusula que exclui um sócio da comunhão nos lucros ou que o isente de participar nas perdas da sociedade, salvo o disposto quanto a sócios de indústria.

4. É nula a cláusula pela qual a divisão de lucros ou perdas seja deixada ao critério de terceiro.

Nota. A redacção do n.º 1 foi introduzida pelo art. 2.º do DL n.º 49/2010, de 19 de Maio.

[11] CSC Arts. 23.º-25.º

Tít. I. Parte Geral

Art. 23.º (Usufruto e penhor de participações)

1. A constituição de usufruto sobre participações sociais, após o contrato de sociedade, está sujeita à forma exigida e às limitações estabelecidas para a transmissão destas.

2. Os direitos do usufrutuário são os indicados nos artigos 1466.º e 1467.º do Código Civil, com as modificações previstas na presente lei, e os mais direitos que nesta lhe são atribuídos.

3. O penhor de participações sociais só pode ser constituído na forma exigida e dentro das limitações estabelecidas para a transmissão entre vivos de tais participações.

4. Os direitos inerentes à participação, em especial o direito aos lucros, só podem ser exercidos pelo credor pignoratício quando assim for convencionado pelas partes.

Notas. 1. Redacção introduzida pelo art. 1.º do DL n.º 237/2001, de 30 de Agosto, e pelo art. 2.º do DL n.º 76-A/2006, de 29 de Março.

2. No n.º 1, onde se lê "após o contrato de sociedade" (*aditamento* introduzido pela Declaração de Rectificação do DL n.º 262/86, de 2 de Setembro, publicada no DR-I Série, de 29 de Novembro de 1986) talvez deva ler-se "após o *registo definitivo* do contrato de sociedade".

Art. 24.º (Direitos especiais)

1. Só por estipulação no contrato de sociedade podem ser criados direitos especiais de algum sócio.

2. Nas sociedades em nome colectivo, os direitos especiais atribuídos a sócios são intransmissíveis, salvo estipulação em contrário.

3. Nas sociedades por quotas, e salvo estipulação em contrário, os direitos especiais de natureza patrimonial são transmissíveis com a quota respectiva, sendo intransmissíveis os restantes direitos.

4. Nas sociedades anónimas, os direitos especiais só podem ser atribuídos a categorias de acções e transmitem-se com estas.

5. Os direitos especiais não podem ser suprimidos ou coarctados sem o consentimento do respectivo titular, salvo regra legal ou estipulação contratual expressa em contrário.

6. Nas sociedades anónimas, o consentimento referido no número anterior é dado por deliberação tomada em assembleia especial dos accionistas titulares de acções da respectiva categoria.

SUBSECÇÃO II. Obrigação de entrada

Art. 25.º (Valor da entrada e valor da participação)

1. O valor nominal da parte, da quota ou das acções atribuídas a um sócio no contrato de sociedade não pode exceder o valor da sua entrada, como tal se considerando ou a respectiva importância em dinheiro ou o valor atribuído aos bens no relatório do revisor oficial de contas, exigido pelo artigo 28.º

2. No caso de acções sem valor nominal, o valor da entrada do sócio deve ser pelo menos igual ao montante do capital social correspondentemente emitido.

230

Cap. III.   Contrato de sociedade   Arts. 26.°-28.° CSC **[11]**

3. Verificada a existência de erro na avaliação feita pelo revisor, o sócio é responsável pela diferença que porventura exista, até ao valor nominal da sua participação ou, no caso de acções sem valor nominal, até ao valor de emissão destas.

4. Se a sociedade for privada, por acto legítimo de terceiro, do bem prestado pelo sócio ou se tornar impossível a prestação, bem como se for ineficaz a estipulação relativa a uma entrada em espécie, nos termos previstos no artigo 9.°, n.° 2, deve o sócio realizar em dinheiro a sua participação, sem prejuízo da eventual dissolução da sociedade, por deliberação dos sócios ou por se verificar a hipótese prevista no artigo 142.°, n.° 1, alínea *b*).

Nota. A redacção dos n.ᵒˢ 2 e 3 foi introduzida pelo art. 2.° do DL n.° 49/2010, de 19 de Maio.

Art. 26.° (Tempo das entradas)

1. As entradas dos sócios devem ser realizadas até ao momento da celebração do contrato, sem prejuízo do disposto nos números seguintes.

2. Sempre que a lei o permita, as entradas podem ser realizadas até ao termo do primeiro exercício económico, a contar da data do registo definitivo do contrato de sociedade.

3. Nos casos e nos termos em que a lei o permita, os sócios podem estipular contratualmente o diferimento das entradas em dinheiro.

Nota. Redacção introduzida pelo art. 2.° do DL n.° 76-A/2006, de 29 de Março, e pelo art. 3.° do DL n.° 33/2011, de 7 de Março.

Art. 27.° (Cumprimento da obrigação de entrada)

1. São nulos os actos da administração e as deliberações dos sócios que liberem total ou parcialmente os sócios da obrigação de efectuar entradas estipuladas, salvo no caso de redução do capital.

2. A dação em cumprimento da obrigação de liberar a entrada em dinheiro pode ser deliberada como alteração do contrato de sociedade, com observância do preceituado relativamente a entradas em espécie.

3. O contrato de sociedade pode estabelecer penalidades para a falta de cumprimento da obrigação de entrada.

4. Os lucros correspondentes a partes, quotas ou acções não liberadas não podem ser pagos aos sócios que se encontrem em mora, mas devem ser-lhes creditados para compensação da dívida de entrada, sem prejuízo da execução, nos termos gerais ou especiais, do crédito da sociedade.

5. Fora do caso previsto no número anterior, a obrigação de entrada não pode extinguir-se por compensação.

6. A falta de realização pontual de uma prestação relativa a uma entrada importa o vencimento de todas as demais prestações em dívida pelo mesmo sócio, ainda que respeitem a outras partes, quotas ou acções.

Art. 28.° (Verificação das entradas em espécie)

1. As entradas em bens diferentes de dinheiro devem ser objecto de um relatório elaborado por um revisor oficial de contas sem interesses na sociedade, designado por deliberação dos sócios na qual estão impedidos de votar os sócios que efectuam as entradas.

[11] CSC Art. 29.°

Tít. I. Parte Geral

2. O revisor que tenha elaborado o relatório exigido pelo número anterior não pode, durante dois anos contados da data do registo do contrato de sociedade, exercer quaisquer cargos ou funções profissionais nessa sociedade ou em sociedades que com ela se encontrem em relação de domínio ou de grupo.

3. O relatório do revisor deve, pelo menos:

a) Descrever os bens;

b) Identificar os seus titulares;

c) Avaliar os bens, indicando os critérios utilizados para a avaliação;

d) Declarar se os valores encontrados atingem ou não o valor nominal da parte, quota ou acções atribuídas aos sócios que efectuaram tais entradas, acrescido dos prémios de emissão, se for caso disso, ou a contrapartida a pagar pela sociedade;

e) No caso de acções sem valor nominal, declarar se os valores encontrados atingem ou não o montante do capital social correspondentemente emitido.

4. O relatório deve reportar-se a uma data não anterior em 90 dias à do contrato de sociedade, mas o seu autor deve informar os fundadores da sociedade de alterações relevantes de valores, ocorridas durante aquele período, de que tenha conhecimento.

5. O relatório do revisor deve ser posto à disposição dos fundadores da sociedade pelo menos quinze dias antes da celebração do contrato; o mesmo se fará quanto à informação referida no n.° 4 até essa celebração.

6. O relatório do revisor, incluindo a informação referida no n.° 4, faz parte integrante da documentação sujeita às formalidades de publicidade prescritas nesta lei, podendo publicar-se apenas menção do depósito do relatório no registo comercial.

Notas. 1. O texto do n.° 3, alínea *d*), foi rectificado pelo DL n.° 257/96, de 31 de Dezembro, sendo acolhida a redacção constante de anteriores edições. O da alínea *e*) foi introduzido pelo art. 2.° do DL n.° 49/2010, de 19 de Maio.

2. A redacção dos n.ᵒˢ 2 e 6 foi introduzida pelo art. 2.° do DL n.° 76-A/2006, de 29 de Março.

Art. 29.° (Aquisição de bens a accionistas)

1. A aquisição de bens por uma sociedade anónima ou em comandita por acções deve ser previamente aprovada por deliberação da assembleia geral desde que se verifiquem cumulativamente os seguintes requisitos:

a) Seja efectuada, directamente ou por interposta pessoa, a um fundador da sociedade ou a pessoa que desta se torne sócio no período referido na alínea *c*);

b) O contravalor dos bens adquiridos à mesma pessoa durante o período referido na alínea *c*) exceda 2% ou 10% do capital social, consoante este for igual ou superior a 50 000 euros, ou inferior a esta importância, no momento do contrato donde a aquisição resulte;

c) O contrato de que provém a aquisição seja concluído antes da celebração do contrato de sociedade, simultaneamente com este ou nos dois anos seguintes ao registo do contrato de sociedade ou do aumento do capital.

2. O disposto no número anterior não se aplica a aquisições feitas em bolsa ou em processo judicial executivo ou compreendidas no objecto da sociedade.

3. A deliberação da assembleia geral referida no n.° 1 deve ser precedida de verificação do valor dos bens, nos termos do artigo 28.°, e será registada e publicada; nela não votará o fundador a quem os bens sejam adquiridos.

Cap. III.   Contrato de sociedade   **Arts. 30.°-31.° csc [11]**

4. Os contratos donde procedam as aquisições previstas no n.° 1 devem ser reduzidos a escrito, sob pena de nulidade.

5. São ineficazes as aquisições de bens previstas no n.° 1 quando os respectivos contratos não forem aprovados pela assembleia geral.

Notas. 1. A redacção do n.° 1, alínea *b*), foi introduzida pelo art. 3.° do DL n.° 343/98, de 6 de Novembro.

2. A redacção do n.° 1, alínea *c*), foi introduzida pelo art. 2.° do DL n.° 76-A/2006, de 29 de Março.

3. Segundo o art. 29.°, n.° 1, do DL n.° 343/98, de 6 de Novembro, que estabelece algumas regras fundamentais relevantes no processo de transição do escudo para o euro, o disposto na alínea *b*) do n.° 1 deste preceito do CSC, na sua actual redacção, entra em vigor:

"*a*) No dia 1 de Janeiro de 2002, relativamente às sociedades constituídas em data anterior a 1 de Janeiro de 1999;

b) No dia em que se torne eficaz a opção das sociedades de alterar a denominação do capital social para euros."

Por força do n.° 2 daquele mesmo artigo do referido DL, as sociedades constituídas a partir de 1 de Janeiro de 1999 que optem por denominar o seu capital social em escudos devem converter para essa unidade os montantes denominados em euros, aplicando a taxa de conversão fixada pelo Conselho da União Europeia, nos termos do art. 109.°-L, n.° 4, primeiro período, do Tratado que institui a Comunidade Europeia.

Art. 30.° (Direitos dos credores quanto às entradas)

1. Os credores de qualquer sociedade podem:

a) Exercer os direitos da sociedade relativos às entradas não realizadas, a partir do momento em que elas se tornem exigíveis;

b) Promover judicialmente as entradas antes de estas se terem tornado exigíveis, nos termos do contrato, desde que isso seja necessário para a conservação ou satisfação dos seus direitos.

2. A sociedade pode ilidir o pedido desses credores, satisfazendo-lhes os seus créditos com juros de mora, quando vencidos, ou mediante o desconto correspondente à antecipação, quando por vencer, e com as despesas acrescidas.

SUBSECÇÃO III.   **Conservação do capital**

Art. 31.° (Deliberação de distribuição de bens e seu cumprimento)

1. Salvo os casos de distribuição antecipada de lucros e outros expressamente previstos na lei, nenhuma distribuição de bens sociais, ainda que a título de distribuição de lucros de exercício ou de reservas, pode ser feita aos sócios sem ter sido objecto de deliberação destes.

2. As deliberações dos sócios referidas no número anterior não devem ser cumpridas pelos membros da administração se estes tiverem fundadas razões para crer que:

a) Alterações entretanto ocorridas no património social tornariam a deliberação ilícita, nos termos do artigo 32.°;

b) A deliberação dos sócios viola o preceituado nos artigos 32.° e 33.°;

c) A deliberação de distribuição de lucros de exercício ou de reservas se baseou em contas da sociedade aprovadas pelos sócios, mas enfermando de vícios cuja correcção implicaria a alteração das contas de modo que não seria lícito deliberar a distribuição, nos termos dos artigos 32.° e 33.°

233

[11] CSC Arts. 32.°-33.°

Tít. I. Parte Geral

3. Os membros da administração que, por força do disposto no número anterior, tenham deliberado não efectuar distribuições deliberadas pela assembleia geral devem, nos oito dias seguintes à deliberação tomada, requerer, em nome da sociedade, inquérito judicial para verificação dos factos previstos nalguma das alíneas do número anterior, salvo se entretanto a sociedade tiver sido citada para a acção de invalidade de deliberação por motivos coincidentes com os da dita resolução.

4. Sem prejuízo do disposto no Código de Processo Civil sobre o procedimento cautelar de suspensão de deliberações sociais, a partir da citação da sociedade para a acção de invalidade de deliberação de aprovação do balanço ou de distribuição de reservas ou lucros de exercício não podem os membros da administração efectuar aquela distribuição com fundamento nessa deliberação.

5. Os autores da acção prevista no número anterior, em caso de improcedência desta e provando-se que litigaram temerariamente ou de má fé, serão solidariamente responsáveis pelos prejuízos que a demora daquela distribuição tenha causado aos outros sócios.

Art. 32.° (Limite da distribuição de bens aos sócios)

1. Sem prejuízo do preceituado quanto à redução do capital social, não podem ser distribuídos aos sócios bens da sociedade quando o capital próprio desta, incluindo o resultado líquido do exercício, tal como resulta das contas elaboradas e aprovadas nos termos legais, seja inferior à soma do capital social e das reservas que a lei ou o contrato não permitem distribuir aos sócios ou se tornasse inferior a esta soma em consequência da distribuição.

2. Os incrementos decorrentes da aplicação do justo valor através de componentes do capital próprio, incluindo os da sua aplicação através do resultado líquido do exercício, apenas relevam para poderem ser distribuídos aos sócios bens da sociedade, a que se refere o número anterior, quando os elementos ou direitos que lhes deram origem sejam alienados, exercidos, extintos, liquidados ou, também quando se verifique o seu uso, no caso de activos fixos tangíveis e intangíveis.

Nota. Redacção introduzida pelo art. 3.° do DL n.° 185/2009, de 12 de Agosto.

Art. 33.° (Lucros e reservas não distribuíveis)

1. Não podem ser distribuídos aos sócios os lucros do exercício que sejam necessários para cobrir prejuízos transitados ou para formar ou reconstituir reservas impostas pela lei ou pelo contrato de sociedade.

2. Não podem ser distribuídos aos sócios lucros do exercício enquanto as despesas de constituição, de investigação e de desenvolvimento não estiverem completamente amortizadas, excepto se o montante das reservas livres e dos resultados transitados for, pelo menos, igual ao dessas despesas não amortizadas.

3. As reservas cuja existência e cujo montante não figuram expressamente no balanço não podem ser utilizadas para distribuição aos sócios.

4. Devem ser expressamente mencionadas na deliberação quais as reservas distribuídas, no todo ou em parte, quer isoladamente quer juntamente com lucros de exercício.

Cap. III.   Contrato de sociedade   **Arts. 34.°-36.° CSC [11]**

Art. 34.° (Restituição de bens indevidamente recebidos)

1. Os sócios devem restituir à sociedade os bens que dela tenham recebido com violação do disposto na lei, mas aqueles que tenham recebido a título de lucros ou reservas importâncias cuja distribuição não era permitida pela lei, designadamente pelos artigos 32.° e 33.°, só são obrigados à restituição se conheciam a irregularidade da distribuição ou, tendo em conta as circunstâncias, deviam não a ignorar.

2. O disposto no número anterior é aplicável ao transmissário do direito do sócio, quando for ele a receber as referidas importâncias.

3. Os credores sociais podem propor acção para restituição à sociedade das importâncias referidas nos números anteriores nos mesmos termos em que lhe é conferida acção contra membros da administração.

4. Cabe à sociedade ou aos credores sociais o ónus de provar o conhecimento ou o dever de não ignorar a irregularidade.

5. Ao recebimento previsto nos números anteriores é equiparado qualquer facto que faça beneficiar o património das referidas pessoas dos valores indevidamente atribuídos.

Art. 35.° (Perda de metade do capital)

1. Resultando das contas de exercício ou de contas intercalares, tal como elaboradas pelo órgão de administração, que metade do capital social se encontra perdido, ou havendo em qualquer momento fundadas razões para admitir que essa perda se verifica, devem os gerentes convocar de imediato a assembleia geral ou os administradores requerer prontamente a convocação da mesma, a fim de nela se informar os sócios da situação e de estes tomarem as medidas julgadas convenientes.

2. Considera-se estar perdida metade do capital social quando o capital próprio da sociedade for igual ou inferior a metade do capital social.

3. Do aviso convocatório da assembleia geral constarão, pelo menos, os seguintes assuntos para deliberação pelos sócios:

a) A dissolução da sociedade;

b) A redução do capital social para montante não inferior ao capital próprio da sociedade, com respeito, se for o caso, do disposto no n.° 1 do artigo 96.°;

c) A realização pelos sócios de entradas para reforço da cobertura do capital.

Nota. A redacção deste preceito, que já tinha sofrido uma primeira alteração (art. 1.° do DL n.° 162/ /2002, de 11 de Julho), foi introduzida pelo art. 1.° do DL n.° 19/2005, de 18 de Janeiro, e pelo art. 2.° do DL n.° 76-A/2006, de 29 de Março.

SECÇÃO III.   **Regime da sociedade antes do registo. Invalidade do contrato**

Art. 36.° (Relações anteriores à celebração do contrato de sociedade)

1. Se dois ou mais indivíduos, quer pelo uso de uma firma comum quer por qualquer outro meio, criarem a falsa aparência de que existe entre eles um contrato de sociedade responderão solidária e ilimitadamente pelas obrigações contraídas nesses termos por qualquer deles.

2. Se for acordada a constituição de uma sociedade comercial, mas, antes da celebração do contrato de sociedade, os sócios iniciarem a sua actividade, são apli-

235

[11] CSC Arts. 37.º-39.º

Tít. I. Parte Geral

cáveis às relações estabelecidas entre eles e com terceiros as disposições sobre sociedades civis.

Nota. A redacção do n.º 2, que já tinha sofrido uma primeira alteração (DL n.º 280/87, de 8 de Julho [**13**]), foi introduzida pelo art. 2.º do DL n.º 76-A/2006, de 29 de Março, o qual também alterou a epígrafe do preceito.

Art. 37.º (Relações entre os sócios antes do registo)

1. No período compreendido entre a celebração do contrato de sociedade e o seu registo definitivo são aplicáveis às relações entre os sócios, com as necessárias adaptações, as regras estabelecidas no contrato e na presente lei, salvo aquelas que pressuponham o contrato definitivamente registado.

2. Seja qual for o tipo de sociedade visado pelos contraentes, a transmissão por acto entre vivos das participações sociais e as modificações do contrato social requerem sempre o consentimento unânime dos sócios.

Nota. A redacção do n.º 1 foi introduzida pelo art. 2.º do DL n.º 76-A/2006, de 29 de Março.

Art. 38.º (Relações das sociedades em nome colectivo não registadas com terceiros)

1. Pelos negócios realizados em nome de uma sociedade em nome colectivo, com o acordo, expresso ou tácito, de todos os sócios, no período compreendido entre a celebração do contrato de sociedade e o seu registo definitivo, respondem solidária e ilimitadamente todos os sócios, presumindo-se o consentimento.

2. Se os negócios realizados não tiverem sido autorizados por todos os sócios, nos termos do n.º 1, respondem pessoal e solidariamente pelas obrigações resultantes dessas operações aqueles que as realizarem ou autorizarem.

3. As cláusulas do contrato que atribuam a representação apenas a alguns dos sócios ou que limitem os respectivos poderes de representação não são oponíveis a terceiros, salvo provando-se que estes as conheciam ao tempo da celebração dos seus contratos.

Nota. A redacção do n.º 1 foi introduzida pelo art. 2.º do DL n.º 76-A/2006, de 29 de Março.

Art. 39.º (Relações das sociedades em comandita simples não registadas com terceiros)

1. Pelos negócios realizados em nome de uma sociedade em comandita simples, com o acordo, expresso ou tácito, de todos os sócios comanditados, no período compreendido entre a celebração do contrato de sociedade e o seu registo definitivo, respondem todos eles, pessoal e solidariamente, presumindo-se o consentimento dos sócios comanditados.

2. À mesma responsabilidade fica sujeito o sócio comanditário que consentir no começo das actividades sociais, salvo provando ele que o credor conhecia a sua qualidade.

3. Se os negócios realizados não tiverem sido autorizados pelos sócios comanditados, nos termos do n.º 1, respondem pessoal e solidariamente pelas obrigações resultantes dessas operações aqueles que as realizarem ou autorizarem.

4. As cláusulas do contrato que atribuam a representação apenas a alguns dos sócios comanditados ou que limitem os respectivos poderes de representação não

Cap. III.   Contrato de sociedade   **Arts. 40.°-42.° CSC [11]**

são oponíveis a terceiros, salvo provando-se que estes as conheciam ao tempo da celebração dos seus contratos.

Nota. A redacção do n.° 1 foi introduzida pelo art. 2.° do DL n.° 76-A/2006, de 29 de Março.

Art. 40.° (Relações das sociedades por quotas, anónimas e em comandita por acções não registadas com terceiros)

1. Pelos negócios realizados em nome de uma sociedade por quotas, anónima ou em comandita por acções, no período compreendido entre a celebração do contrato de sociedade e o seu registo definitivo, respondem ilimitada e solidariamente todos os que no negócio agirem em representação dela, bem como os sócios que tais negócios autorizarem, sendo que os restantes sócios respondem até às importâncias das entradas a que se obrigaram, acrescidas das importâncias que tenham recebido a título de lucros ou de distribuição de reservas.

2. Cessa o disposto no número precedente se os negócios forem expressamente condicionados ao registo da sociedade e à assunção por esta dos respectivos efeitos.

Nota. A redacção do n.° 1 foi introduzida pelo art. 2.° do DL n.° 76-A/2006, de 29 de Março.

Art. 41.° (Invalidade do contrato antes do registo)

1. Enquanto o contrato de sociedade não estiver definitivamente registado, a invalidade do contrato ou de uma das declarações negociais rege-se pelas disposições aplicáveis aos negócios jurídicos nulos ou anuláveis, sem prejuízo do disposto no artigo 52.°

2. A invalidade decorrente de incapacidade é oponível pelo contraente incapaz ou pelo seu representante legal, tanto aos outros contraentes como a terceiros; a invalidade resultante de vício da vontade ou de usura só é oponível aos demais sócios.

Art. 42.° (Nulidade do contrato de sociedade por quotas, anónima ou em comandita por acções registado)

1. Depois de efectuado o registo definitivo do contrato de sociedade por quotas, anónima ou em comandita por acções, o contrato só pode ser declarado nulo por algum dos seguintes vícios:

a) Falta do mínimo de dois sócios fundadores, salvo quando a lei permita a constituição da sociedade por uma só pessoa;

b) Falta de menção da firma, da sede, do objecto ou do capital da sociedade, bem como do valor da entrada de algum sócio ou de prestações realizadas por conta desta;

c) Menção de um objecto ilícito ou contrário à ordem pública;

d) Falta de cumprimento dos preceitos legais que exigem a liberação mínima do capital social;

e) Não ter sido observada a forma legalmente exigida para o contrato de sociedade.

2. São sanáveis por deliberação dos sócios, tomada nos termos estabelecidos para as deliberações sobre alteração do contrato, os vícios decorrentes de falta ou

[11] CSC Arts. 43.°-46.°

Tít. I.   Parte Geral

nulidade da firma e da sede da sociedade, bem como do valor da entrada de algum sócio e das prestações realizadas por conta desta.

Nota. A redacção do n.° 1, alínea *e*), foi introduzida pelo art. 2.° do DL n.° 76-A/2006, de 29 de Março.

Art. 43.° (**Invalidade do contrato de sociedade em nome colectivo e em comandita simples**)

1. Nas sociedades em nome colectivo e em comandita simples são fundamentos de invalidade do contrato, além dos vícios do título constitutivo, as causas gerais de invalidade dos negócios jurídicos segundo a lei civil.

2. Para os efeitos do número anterior, são vícios do título constitutivo os mencionados no n.° 1 do artigo anterior e ainda a falta de menção do nome ou firma de algum dos sócios de responsabilidade ilimitada.

3. São sanáveis por deliberação dos sócios, tomada nos termos estabelecidos para as deliberações sobre alteração do contrato, os vícios resultantes de falta ou nulidade da indicação da firma, da sede, do objecto e do capital da sociedade, bem como do valor da entrada de algum sócio e das prestações realizadas por conta desta.

Art. 44.° (**Acção de declaração de nulidade e notificação para a regularização**)

1. A acção de declaração de nulidade pode ser intentada, dentro do prazo de três anos a contar do registo, por qualquer membro da administração, do conselho fiscal ou do conselho geral e de supervisão da sociedade ou por sócio, bem como por qualquer terceiro que tenha um interesse relevante e sério na procedência da acção, sendo que, no caso de vício sanável, a acção não pode ser proposta antes de decorridos 90 dias sobre a interpelação à sociedade para sanar o vício.

2. A mesma acção pode ser intentada a todo o tempo pelo Ministério Público.

3. Os membros da administração devem comunicar, no mais breve prazo, aos sócios de responsabilidade ilimitada, bem como aos sócios das sociedades por quotas, a propositura da acção de declaração de nulidade, devendo, nas sociedades anónimas, essa comunicação ser dirigida ao conselho fiscal ou ao conselho geral e de supervisão, conforme os casos.

Nota. A redacção dos n.°ˢ 1 e 3 foi introduzida pelo art. 2.° do DL n.° 76-A/2006, de 29 de Março.

Art. 45.° (**Vícios da vontade e incapacidade nas sociedades por quotas, anónimas e em comandita por acções**)

1. Nas sociedades por quotas, anónimas e em comandita por acções o erro, o dolo, a coacção e a usura podem ser invocados como justa causa de exoneração pelo sócio atingido ou prejudicado, desde que se verifiquem as circunstâncias, incluindo o tempo, de que, segundo a lei civil, resultaria a sua relevância para efeitos de anulação do negócio jurídico.

2. Nas mesmas sociedades, a incapacidade de um dos contraentes torna o negócio jurídico anulável relativamente ao incapaz.

Art. 46.° (**Vícios da vontade e incapacidade nas sociedades em nome colectivo e em comandita simples**)

Nas sociedades em nome colectivo e em comandita simples o erro, o dolo, a coacção, a usura e a incapacidade determinam a anulabilidade do contrato em re-

Cap. III.   Contrato de sociedade   **Arts. 47.º-51.º CSC [11]**

lação ao contraente incapaz ou ao que sofreu o vício da vontade ou a usura; no entanto, o negócio poderá ser anulado quanto a todos os sócios, se, tendo em conta o critério formulado no artigo 292.º do Código Civil, não for possível a sua redução às participações dos outros.

Art. 47.º (Efeitos da anulação do contrato)

O sócio que obtiver a anulação do contrato, nos casos do n.º 2 do artigo 45.º e do artigo 46.º, tem o direito de reaver o que prestou e não pode ser obrigado a completar a sua entrada, mas, se a anulação se fundar em vício da vontade ou usura, não ficará liberto, em face de terceiros, da responsabilidade que por lei lhe competir quanto às obrigações da sociedade anteriores ao registo da acção ou da sentença.

Art. 48.º (Sócios admitidos na sociedade posteriormente à constituição)

O disposto nos artigos 45.º a 47.º vale também, na parte aplicável e com as necessárias adaptações, se o sócio incapaz ou aquele cujo consentimento foi viciado ingressou na sociedade através de um negócio jurídico celebrado com esta em momento posterior ao da constituição.

Art. 49.º (Notificação do sócio para anular ou confirmar o negócio)

1. Se a um dos sócios assistir o direito de anulação ou exoneração previsto nos artigos 45.º, 46.º e 48.º, qualquer interessado poderá notificá-lo para que exerça o seu direito, sob pena de o vício ficar sanado. Esta notificação será levada ao conhecimento da sociedade.

2. O vício considera-se sanado se o notificado não intentar a acção no prazo de 180 dias a contar do dia em que tenha recebido a notificação.

Art. 50.º (Satisfação por outra via do interesse do demandante)

1. Proposta acção para fazer valer o direito conferido pelos artigos 45.º, 46.º e 48.º, pode a sociedade ou um dos sócios requerer ao tribunal a homologação de medidas que se mostrem adequadas para satisfazer o interesse do autor, em ordem a evitar a consequência jurídica a que a acção se dirige.

2. Sem prejuízo do disposto no artigo seguinte, as medidas propostas devem ser previamente aprovadas pelos sócios; a respectiva deliberação, na qual não intervirá o autor, deve obedecer aos requisitos exigidos, na sociedade em causa, pela natureza das medidas propostas.

3. O tribunal homologa a solução que se oferecer em alternativa, se se convencer de que ela constitui, dadas as circunstâncias, uma justa composição dos interesses em conflito.

Art. 51.º (Aquisição da quota do autor)

1. Se a medida proposta consistir na aquisição da participação social do autor por um dos sócios ou por terceiro indicado por algum dos sócios, este deve justificar unicamente que a sociedade não pretende apresentar ela própria outras soluções e que, além disso, estão satisfeitos os requisitos de que a lei ou o contrato de sociedade fazem depender as transmissões de participações sociais entre associados ou para terceiros, respectivamente.

[11] CSC Arts. 52.º-54.º

Tít. I. Parte Geral

2. Não havendo em tal caso acordo das partes quanto ao preço da aquisição, proceder-se-á à avaliação da participação nos termos previstos no artigo 1021.º do Código Civil.

3. Nos casos previstos nos artigos 45.º, n.º 2, e 46.º, o preço indicado pelos peritos não será homologado se for inferior ao valor nominal da quota do autor.

4. Determinado pelo tribunal o preço a pagar, a aquisição da quota deve ser homologada logo que o pagamento seja efectuado ou a respectiva quantia depositada à ordem do tribunal ou tão depressa o adquirente preste garantias bastantes de que efectuará o dito pagamento no prazo que, em seu prudente arbítrio, o juiz lhe assinar; a sentença homologatória vale como título de aquisição da participação.

Art. 52.º (Efeitos de invalidade)

1. A declaração de nulidade e a anulação do contrato de sociedade determinam a entrada da sociedade em liquidação, nos termos do artigo 165.º, devendo este efeito ser mencionado na sentença.

2. A eficácia dos negócios jurídicos concluídos anteriormente em nome da sociedade não é afectada pela declaração de nulidade ou anulação do contrato social.

3. No entanto, se a nulidade proceder de simulação, de ilicitude do objecto ou de violação da ordem pública ou ofensa dos bons costumes, o disposto no número anterior só aproveita a terceiros de boa fé.

4. A invalidade do contrato não exime os sócios do dever de realizar ou completar as suas entradas nem tão-pouco os exonera da responsabilidade pessoal e solidária perante terceiros que, segundo a lei, eventualmente lhes incumba.

5. O disposto no número antecedente não é aplicável ao sócio cuja incapacidade foi a causa da anulação do contrato ou que a venha opor por via de excepção à sociedade, aos outros sócios ou a terceiros.

CAPÍTULO IV. Deliberações dos sócios

Art. 53.º (Formas de deliberação)

1. As deliberações dos sócios só podem ser tomadas por alguma das formas admitidas por lei para cada tipo de sociedade.

2. As disposições da lei ou do contrato de sociedade relativas a deliberações tomadas em assembleia geral compreendem qualquer forma de deliberação dos sócios prevista na lei para esse tipo de sociedade, salvo quando a sua interpretação impuser solução diversa.

Art. 54.º (Deliberações unânimes e assembleias universais)

1. Podem os sócios, em qualquer tipo de sociedade, tomar deliberações unânimes por escrito, e bem assim reunir-se em assembleia geral, sem observância de formalidades prévias, desde que todos estejam presentes e todos manifestem a vontade de que a assembleia se constitua e delibere sobre determinado assunto.

240

Cap. IV. Deliberações dos sócios   **Arts. 55.°-57.° CSC [11]**

2. Na hipótese prevista na parte final do número anterior, uma vez manifestada por todos os sócios a vontade de deliberar, aplicam-se todos os preceitos legais e contratuais relativos ao funcionamento da assembleia, a qual, porém, só pode deliberar sobre os assuntos consentidos por todos os sócios.

3. O representante de um sócio só pode votar em deliberações tomadas nos termos do n.° 1 se para o efeito expressamente autorizado.

Art. 55.° (Falta de consentimento dos sócios)

Salvo disposição legal em contrário, as deliberações tomadas sobre assunto para o qual a lei exija o consentimento de determinado sócio são ineficazes para todos enquanto o interessado não der o seu acordo, expressa ou tacitamente.

Art. 56.° (Deliberações nulas)

1. São nulas as deliberações dos sócios:

a) Tomadas em assembleia geral não convocada, salvo se todos os sócios tiverem estado presentes ou representados;

b) Tomadas mediante voto escrito sem que todos os sócios com direito de voto tenham sido convidados a exercer esse direito, a não ser que todos eles tenham dado por escrito o seu voto;

c) Cujo conteúdo não esteja, por natureza, sujeito a deliberação dos sócios;

d) Cujo conteúdo, directamente ou por actos de outros órgãos que determine ou permita, seja ofensivo dos bons costumes ou de preceitos legais que não possam ser derrogados, nem sequer por vontade unânime dos sócios.

2. Não se consideram convocadas as assembleias cujo aviso convocatório seja assinado por quem não tenha essa competência, aquelas de cujo aviso convocatório não constem o dia, hora e local da reunião e as que reúnam em dia, hora ou local diversos dos constantes do aviso.

3. A nulidade de uma deliberação nos casos previstos nas alíneas *a*) e *b*) do n.° 1 não pode ser invocada quando os sócios ausentes e não representados ou não participantes na deliberação por escrito tiverem posteriormente dado por escrito o seu assentimento à deliberação.

Art. 57.° (Iniciativa do órgão de fiscalização quanto a deliberações nulas)

1. O órgão de fiscalização da sociedade deve dar a conhecer aos sócios, em assembleia geral, a nulidade de qualquer deliberação anterior, a fim de eles a renovarem, sendo possível, ou de promoverem, querendo, a respectiva declaração judicial.

2. Se os sócios não renovarem a deliberação ou a sociedade não for citada para a referida acção dentro do prazo de dois meses, deve o órgão de fiscalização promover sem demora a declaração judicial de nulidade da mesma deliberação.

3. O órgão de fiscalização que instaurar a referida acção judicial deve propor logo ao tribunal a nomeação de um sócio para representar a sociedade.

4. Nas sociedades que não tenham órgão de fiscalização o disposto nos números anteriores aplica-se a qualquer gerente.

241

[11] CSC Arts. 58.º-59.º   Tít. I. Parte Geral

Art. 58.º (Deliberações anuláveis)

1. São anuláveis as deliberações que:

a) Violem disposições quer da lei, quando ao caso não caiba a nulidade, nos termos do artigo 56.º, quer do contrato de sociedade;

b) Sejam apropriadas para satisfazer o propósito de um dos sócios de conseguir, através do exercício do direito de voto, vantagens especiais para si ou para terceiros, em prejuízo da sociedade ou de outros sócios ou simplesmente de prejudicar aquela ou estes, a menos que se prove que as deliberações teriam sido tomadas mesmo sem os votos abusivos;

c) Não tenham sido precedidas do fornecimento ao sócio de elementos mínimos de informação.

2. Quando as estipulações contratuais se limitarem a reproduzir preceitos legais, são estes considerados directamente violados, para os efeitos deste artigo e do artigo 56.º

3. Os sócios que tenham formado maioria em deliberação abrangida pela alínea *b*) do n.º 1 respondem solidariamente para com a sociedade ou para com os outros sócios pelos prejuízos causados.

4. Consideram-se, para efeitos deste artigo, elementos mínimos de informação:

a) As menções exigidas pelo artigo 377.º, n.º 8;

b) A colocação de documentos para exame dos sócios no local e durante o tempo prescritos pela lei ou pelo contrato.

Art. 59.º (Acção de anulação)

1. A anulabilidade pode ser arguida pelo órgão de fiscalização ou por qualquer sócio que não tenha votado no sentido que fez vencimento nem posteriormente tenha aprovado a deliberação, expressa ou tacitamente.

2. O prazo para a proposição da acção de anulação é de 30 dias contados a partir:

a) Da data em que foi encerrada a assembleia geral;

b) Do 3.º dia subsequente à data do envio da acta da deliberação por voto escrito;

c) Da data em que o sócio teve conhecimento da deliberação, se esta incidir sobre assunto que não constava da convocatória.

3. Sendo uma assembleia geral interrompida por mais de quinze dias, a acção de anulação de deliberação anterior à interrupção pode ser proposta nos 30 dias seguintes àquele em que a deliberação foi tomada.

4. A proposição da acção de anulação não depende de apresentação da respectiva acta, mas se o sócio invocar impossibilidade de a obter, o juiz mandará notificar as pessoas que, nos termos desta lei, devem assinar a acta, para a apresentarem no tribunal, no prazo que fixar, até 60 dias, suspendendo a instância até essa apresentação.

5. Embora a lei exija a assinatura da acta por todos os sócios, bastará, para o efeito do número anterior, que ela seja assinada por todos os sócios votantes no sentido que fez vencimento.

6. Tendo o voto sido secreto, considera-se que não votaram no sentido que fez vencimento apenas aqueles sócios que, na própria assembleia ou perante notá-

242

Cap. IV. Deliberações dos sócios   **Arts. 60.°-63.° CSC [11]**

rio, nos cinco dias seguintes à assembleia tenham feito consignar que votaram contra a deliberação tomada.

Nota. A redacção do n.° 2 foi introduzida pelo DL n.° 280/87, de 8 de Julho **[13]**.

Art. 60.° (Disposições comuns às acções de nulidade e de anulação)
1. Tanto a acção de declaração de nulidade como a de anulação são propostas contra a sociedade.

2. Havendo várias acções de invalidade da mesma deliberação, devem elas ser apensadas, observando-se a regra do n.° 2 do artigo 275.° do Código de Processo Civil.

3. A sociedade suportará todos os encargos das acções propostas pelo órgão de fiscalização ou, na sua falta, por qualquer gerente, ainda que sejam julgadas improcedentes.

Art. 61.° (Eficácia do caso julgado)
1. A sentença que declarar nula ou anular uma deliberação é eficaz contra e a favor de todos os sócios e órgãos da sociedade, mesmo que não tenham sido parte ou não tenham intervindo na acção.

2. A declaração de nulidade ou a anulação não prejudica os direitos adquiridos de boa-fé por terceiros, com fundamento em actos praticados em execução da deliberação; o conhecimento da nulidade ou da anulabilidade exclui a boa-fé.

Art. 62.° (Renovação da deliberação)
1. Uma deliberação nula por força das alíneas *a*) e *b*) do n.° 1 do artigo 56.° pode ser renovada por outra deliberação e a esta pode ser atribuída eficácia retroactiva, ressalvados os direitos de terceiros.

2. A anulabilidade cessa quando os sócios renovem a deliberação anulável mediante outra deliberação, desde que esta não enferme do vício da precedente. O sócio, porém, que nisso tiver um interesse atendível pode obter anulação da primeira deliberação, relativamente ao período anterior à deliberação renovatória.

3. O tribunal em que tenha sido impugnada uma deliberação pode conceder prazo à sociedade, a requerimento desta, para renovar a deliberação.

Art. 63.° (Actas)
1. As deliberações dos sócios só podem ser provadas pelas actas das assembleias ou, quando sejam admitidas deliberações por escrito, pelos documentos donde elas constem.

2. A acta deve conter, pelo menos:

a) A identificação da sociedade, o lugar, o dia e a hora da reunião;

b) O nome do presidente e, se os houver, dos secretários;

c) Os nomes dos sócios presentes ou representados e o valor nominal das partes sociais, quotas ou acções de cada um, salvo nos casos em que a lei mande organizar lista de presenças, que deve ser anexada à acta;

d) A ordem do dia constante da convocatória, salvo quando esta seja anexada à acta;

e) Referência aos documentos e relatórios submetidos à assembleia;

[11] CSC Art. 64.°

Tít. I.   Parte Geral

f) O teor das deliberações tomadas;
g) Os resultados das votações;
h) O sentido das declarações dos sócios, se estes o requererem.

3. Quando a acta deva ser assinada por todos os sócios que tomaram parte na assembleia e alguns deles não o faça, podendo fazê-lo, deve a sociedade notificá-lo judicialmente para que, em prazo não inferior a oito dias, a assine; decorrido esse prazo, a acta tem a força probatória referida no n.° 1, desde que esteja assinada pela maioria dos sócios que tomaram parte na assembleia, sem prejuízo do direito dos que a não assinaram de invocarem em juízo a falsidade da acta.

4. Quando as deliberações dos sócios constem de escritura pública, de instrumento fora das notas ou de documento particular avulso, deve a gerência, o conselho de administração ou o conselho de administração executivo inscrever no respectivo livro a menção da sua existência.

5. Sempre que as actas sejam registadas em folhas soltas, deve a gerência ou a administração, o presidente da mesa da assembleia geral e o secretário, quando os houver, tomar as precauções e as medidas necessárias para impedir a sua falsificação.

6. As actas são lavradas por notário, em instrumento avulso, quando, no início da reunião, a assembleia assim o delibere ou ainda quando algum sócio o requeira em escrito dirigido à gerência, ao conselho de administração ou ao conselho de administração executivo da sociedade e entregue na sede social com cinco dias úteis de antecedência em relação à data da assembleia geral, suportando o sócio requerente as despesas notariais.

7. As actas apenas constantes de documentos particulares avulsos constituem princípio de prova embora estejam assinadas por todos os sócios que participaram na assembleia.

8. Nenhum sócio tem o dever de assinar as actas que não estejam consignadas no respectivo livro ou nas folhas soltas, devidamente numeradas e rubricadas.

Nota. A actual redacção foi introduzida pelo art. 1.° do DL n.° 257/96, de 31 de Dezembro, e pelo art. 2.° do DL n.° 76-A/2006, de 29 de Março.

CAPÍTULO V.   Administração e fiscalização [1]

Art. 64.° (Deveres fundamentais)

1. Os gerentes ou administradores da sociedade devem observar:

a) Deveres de cuidado, revelando a disponibilidade, a competência técnica e o conhecimento da actividade da sociedade adequados às suas funções e empregando nesse âmbito a diligência de um gestor criterioso e ordenado; e

b) Deveres de lealdade, no interesse da sociedade, atendendo aos interesses de longo prazo dos sócios e ponderando os interesses dos outros sujeitos relevantes para a sustentabilidade da sociedade, tais como os seus trabalhadores, clientes e credores.

---

[1] Redacção introduzida pelo art. 4.° do DL n.° 76-A/2006, de 29 de Março.

Cap. VI.   Apreciação anual da situação da sociedade   **Arts. 65.º-66.º CSC [11]**

2. Os titulares de órgãos sociais com funções de fiscalização devem observar deveres de cuidado, empregando para o efeito elevados padrões de diligência profissional e deveres de lealdade, no interesse da sociedade.

Nota. A actual redacção foi introduzida pelo art. 2.º do DL n.º 76-A/2006, de 29 de Março, o qual também alterou a epígrafe do preceito.

CAPÍTULO VI.   Apreciação anual da situação da sociedade

Art. 65.º (Dever de relatar a gestão e apresentar contas)

1. Os membros da administração devem elaborar e submeter aos órgãos competentes da sociedade o relatório de gestão, as contas do exercício e demais documentos de prestação de contas previstos na lei, relativos a cada exercício anual.

2. A elaboração do relatório de gestão, das contas do exercício e dos demais documentos de prestação de contas deve obedecer ao disposto na lei; o contrato de sociedade pode complementar, mas não derrogar, essas disposições legais.

3. O relatório de gestão e as contas do exercício devem ser assinados por todos os membros da administração; a recusa de assinatura por qualquer deles deve ser justificada no documento a que respeita e explicada pelo próprio perante o órgão competente para a aprovação, ainda que já tenha cessado as suas funções.

4. O relatório de gestão e as contas do exercício são elaborados e assinados pelos gerentes ou administradores que estiverem em funções ao tempo da apresentação, mas os antigos membros da administração devem prestar todas as informações que para esse efeito lhes forem solicitadas, relativamente ao período em que exerceram aquelas funções.

5. O relatório de gestão, as contas do exercício e os demais documentos de prestação de contas devem ser apresentados ao órgão competente e por este apreciados, salvo casos particulares previstos na lei, no prazo de três meses a contar da data do encerramento de cada exercício anual, ou no prazo de cinco meses a contar da mesma data quando se trate de sociedades que devam apresentar contas consolidadas ou que apliquem o método da equivalência patrimonial.

Nota. Redacção introduzida pelo art. 1.º do DL n.º 328/95, de 9 de Dezembro, e pelo art. 2.º do DL n.º 76-A/2006, de 29 de Março.

Art. 65.º-A (Adopção do período de exercício)

O primeiro exercício económico das sociedades que adoptem um exercício anual diferente do correspondente ao ano civil não poderá ter uma duração inferior a 6 meses, nem superior a 18, sem prejuízo do previsto no artigo 7.º do Código do Imposto sobre o Rendimento das Pessoas Colectivas.

Nota. Aditado pelo art. 2.º do DL n.º 328/95, de 9 de Dezembro.

Art. 66.º (Relatório da gestão)

1. O relatório da gestão deve conter, pelo menos, uma exposição fiel e clara da evolução dos negócios, do desempenho e da posição da sociedade, bem como uma descrição dos principais riscos e incertezas com que a mesma se defronta.

[11] CSC Art. 66.°-A

Tít. I. Parte Geral

2. A exposição prevista no número anterior deve consistir numa análise equilibrada e global da evolução dos negócios, dos resultados e da posição da sociedade, em conformidade com a dimensão e complexidade da sua actividade.

3. Na medida do necessário à compreensão da evolução dos negócios, do desempenho ou da posição da sociedade, a análise prevista no número anterior deve abranger tanto os aspectos financeiros como, quando adequado, referências de desempenho não financeiras relevantes para as actividades específicas da sociedade, incluindo informações sobre questões ambientais e questões relativas aos trabalhadores.

4. Na apresentação da análise prevista no n.° 2 o relatório da gestão deve, quando adequado, incluir uma referência aos montantes inscritos nas contas do exercício e explicações adicionais relativas a esses montantes.

5. O relatório deve indicar, em especial:

a) A evolução da gestão nos diferentes sectores em que a sociedade exerceu actividade, designadamente no que respeita a condições do mercado, investimentos, custos, proveitos e actividades de investigação e desenvolvimento;

b) Os factos relevantes ocorridos após o termo do exercício;

c) A evolução previsível da sociedade;

d) O número e o valor nominal de quotas ou acções próprias adquiridas ou alienadas durante o exercício, os motivos desses actos e o respectivo preço, bem como o número e valor nominal de todas as quotas e acções próprias detidas no fim do exercício;

e) As autorizações concedidas a negócios entre a sociedade e os seus administradores, nos termos do artigo 397.°;

f) Uma proposta de aplicação de resultados devidamente fundamentada;

g) A existência de sucursais da sociedade.

h) Os objectivos e as políticas da sociedade em matéria de gestão dos riscos financeiros, incluindo as políticas de cobertura de cada uma das principais categorias de transacções previstas para as quais seja utilizada a contabilização de cobertura, e a exposição por parte da sociedade aos riscos de preço, de crédito, de liquidez e de fluxos de caixa, quando materialmente relevantes para a avaliação dos elementos do activo e do passivo, da posição financeira e dos resultados, em relação com a utilização dos instrumentos financeiros.

Notas. 1. A actual redacção introduzida pelo art. 8.° do DL n.° 35/2005, de 17 de Fevereiro [46]. Antes, o preceito havia já sido alterado pelo DL n.° 280/87, de 8 de Julho [13], pelo art. 1.° do DL n.° 225/92, de 21 de Outubro, e pelo art. 8.° do DL n.° 88/2004, de 20 de Abril [45].

2. Cf. ainda o disposto no art. 2.° do DL n.° 534/80, de 7 de Novembro: «Dos relatórios dos conselhos de gerência das empresas públicas e da administração das sociedades anónimas, integrados nos documentos de prestação de contas de publicação obrigatória, deverá constar a indicação do montante global dos débitos da empresa ao sector público estatal cujo pagamento esteja em mora, sendo tal montante discriminado no anexo ao balanço e à demonstração de resultados, nos termos do artigo anterior».

Art. 66.°-A (Anexo às contas)

1. As sociedades devem prestar informação, no anexo às contas:

a) Sobre a natureza e o objectivo comercial das operações não incluídas no balanço e o respectivo impacte financeiro, quando os riscos ou os benefícios resultantes de tais operações sejam relevantes e na medida em que a divulgação de tais

Cap. VI. Apreciação anual da situação da sociedade **Art. 67.° CSC [11]**

riscos ou benefícios seja necessária para efeitos de avaliação da situação financeira da sociedade;

b) Separadamente, sobre os honorários totais facturados durante o exercício financeiro pelo revisor oficial de contas ou pela sociedade de revisores oficiais de contas relativamente à revisão legal das contas anuais, e os honorários totais facturados relativamente a outros serviços de garantia de fiabilidade, os honorários totais facturados a título de consultoria fiscal e os honorários totais facturados a título de outros serviços que não sejam de revisão ou auditoria.

2. As sociedades que não elaboram as suas contas de acordo com as normas internacionais de contabilidade adoptadas nos termos de regulamento comunitário devem ainda proceder à divulgação, no anexo às contas, de informações sobre as operações realizadas com partes relacionadas, incluindo, nomeadamente, os montantes dessas operações, a natureza da relação com a parte relacionada e outras informações necessárias à avaliação da situação financeira da sociedade, se tais operações forem relevantes e não tiverem sido realizadas em condições normais de mercado.

3. Para efeitos do disposto no número anterior:

a) A expressão 'partes relacionadas' tem o significado definido nas normas internacionais de contabilidade adoptadas nos termos de regulamento comunitário;

b) As informações sobre as diferentes operações podem ser agregadas em função da sua natureza, excepto quando sejam necessárias informações separadas para compreender os efeitos das operações com partes relacionadas sobre a situação financeira da sociedade.

Notas. 1. Aditado pelo art. 11.° do DL n.° 185/2009, de 12 de Agosto.

2. Nos termos do art. 12.° do DL n.° 185/2009, de 12 de Agosto, o disposto neste preceito é aplicável às entidades sujeitas à supervisão do Banco de Portugal e do Instituto de Seguros de Portugal.

Art. 67.° (Falta de apresentação das contas e de deliberação sobre elas)

1. Se o relatório de gestão, as contas do exercício e os demais documentos de prestação de contas não forem apresentados nos dois meses seguintes ao termo do prazo fixado no artigo 65.°, n.° 5, pode qualquer sócio requerer ao tribunal que se proceda a inquérito.

2. O juiz, ouvidos os gerentes ou administradores e considerando procedentes as razões invocadas por estes para a falta de apresentação das contas, fixa um prazo adequado, segundo as circunstâncias, para que eles as apresentem, nomeando, no caso contrário, um gerente ou administrador exclusivamente encarregado de, no prazo que lhe for fixado, elaborar o relatório de gestão, as contas do exercício e os demais documentos de prestação de contas previstos na lei e de os submeter ao órgão competente da sociedade, podendo a pessoa judicialmente nomeada convocar a assembleia geral, se este for o órgão em causa.

3. Se as contas do exercício e os demais documentos elaborados pelo gerente ou administrador nomeado pelo tribunal não forem aprovados pelo órgão competente da sociedade, pode aquele, ainda nos autos de inquérito, submeter a divergência ao juiz, para decisão final.

4. Quando, sem culpa dos gerentes ou administradores, nada tenha sido deliberado, no prazo referido no n.° 1, sobre as contas e os demais documentos por eles

247

[11] CSC Arts. 68.°-70.°

Tít. I. Parte Geral

apresentados, pode um deles ou qualquer sócio requerer ao tribunal a convocação da assembleia geral para aquele efeito.

5. Se na assembleia convocada judicialmente as contas não forem aprovadas ou rejeitadas pelos sócios, pode qualquer interessado requerer que sejam examinadas por um revisor oficial de contas independente; o juiz, não havendo motivos para indeferir o requerimento, nomeará esse revisor e, em face do relatório deste, do mais que dos autos constar e das diligências que ordenar, aprovará as contas ou recusará a sua aprovação.

Nota. A redacção dos n.ºs 2, 3 e 4 foi introduzida pelo art. 2.º do DL n.º 76-A/2006, de 29 de Março.

Art. 68.° (Recusa de aprovação das contas)

1. Não sendo aprovada a proposta dos membros da administração relativa à aprovação das contas, deve a assembleia geral deliberar motivadamente que se proceda à elaboração total de novas contas ou à reforma, em pontos concretos, das apresentadas.

2. Os membros da administração, nos oito dias seguintes à deliberação que mande elaborar novas contas ou reformar as apresentadas, podem requerer inquérito judicial, em que se decida sobre a reforma das contas apresentadas, a não ser que a reforma deliberada incida sobre juízos para os quais a lei não imponha critérios.

Nota. A redacção do n.º 1 foi introduzida pelo art. 2.º do DL n.º 76-A/2006, de 29 de Março.

Art. 69.° (Regime especial de invalidade das deliberações)

1. A violação dos preceitos legais relativos à elaboração do relatório de gestão, das contas do exercício e de demais documentos de prestação de contas torna anuláveis as deliberações tomadas pelos sócios.

2. É igualmente anulável a deliberação que aprove contas em si mesmas irregulares, mas o juiz, em casos de pouca gravidade ou fácil correcção, só decretará a anulação se as contas não forem reformadas no prazo que fixar.

3. Produz, contudo, nulidade a violação dos preceitos legais relativos à constituição, reforço ou utilização da reserva legal, bem como de preceitos cuja finalidade, exclusiva ou principal, seja a protecção dos credores ou do interesse público.

Nota. A epígrafe e a redacção do n.º 1 foram alteradas pelo DL n.º 280/87, de 8 de Julho [13].

Art. 70.° (Prestação de contas)

1. A informação respeitante às contas do exercício e aos demais documentos de prestação de contas, devidamente aprovados, está sujeita a registo comercial, nos termos da lei respectiva.

2. A sociedade deve disponibilizar aos interessados, sem encargos, no respectivo sítio da Internet, quando exista, e na sua sede cópia integral dos seguintes documentos:

   a) Relatório de gestão;

   b) Relatório sobre a estrutura e as práticas de governo societário, quando não faça parte integrante do documento referido na alínea anterior;

Cap. VII.   Respons. civil pela const., adm. e fiscal. da sociedade   **Arts. 70.º-A-71.º csc [11]**

c) Certificação legal das contas;
d) Parecer do órgão de fiscalização, quando exista.

Nota. Redacção introduzida pelo art. 11.º do DL n.º 8/2007, de 17 de Janeiro, que também alterou a epígrafe do preceito, e pelo art. 3.º do DL n.º 185/2009, de 12 de Agosto. Antes, houvera já uma primeira alteração, introduzida pelo art. 1.º do DL n.º 328/95, de 9 de Dezembro.

Artigo 70.º-A (Depósitos para as sociedades em nome colectivo e em comandita simples)

1. As sociedades em nome colectivo e as sociedades em comandita simples só estão sujeitas à obrigação prevista no artigo anterior quando:

a) Todos os sócios de responsabilidade ilimitada sejam sociedades de responsabilidade limitada ou sociedades não sujeitas à legislação de um Estado membro da União Europeia, mas cuja forma jurídica seja igual ou equiparável à das sociedades de responsabilidade limitada;

b) Todos os sócios de responsabilidade ilimitada se encontrem eles próprios organizados sob a forma de sociedade de responsabilidade limitada ou segundo uma das formas previstas na alínea anterior.

2. A obrigação referida no número anterior é dispensada quando as sociedades nela mencionadas não ultrapassem dois dos limites fixados pelo n.º 2 do artigo 262.º

3. (...).
4. (...).
5. (...).

Notas. 1. Aditado pelo art. 2.º do DL n.º 328/95, de 9 de Dezembro. A redacção do n.º 2 foi introduzida pelo art. 2.º do DL n.º 76-A/2006, de 29 de Março.

2. Os n.ºˢ 3 a 5 foram revogados pelo art. 6.º do DL n.º 257/96, de 31 de Dezembro.

CAPÍTULO VII.   **Responsabilidade civil pela constituição, administração e fiscalização da sociedade**

Art. 71.º (Responsabilidade quanto à constituição da sociedade)

1. Os fundadores, gerentes ou administradores respondem solidariamente para com a sociedade pela inexactidão e deficiência das indicações e declarações prestadas com vista à constituição daquela, designadamente pelo que respeita à realização das entradas, aquisição de bens pela sociedade, vantagens especiais e indemnizações ou retribuições devidas pela constituição da sociedade.

2. Ficam exonerados da responsabilidade prevista no número anterior os fundadores, gerentes ou administradores que ignorem, sem culpa, os factos que lhe deram origem.

3. Os fundadores respondem também solidariamente por todos os danos causados à sociedade com a realização das entradas, as aquisições de bens efectuadas antes do registo do contrato de sociedade ou nos termos do artigo 29.º e as despesas de constituição, contanto que tenham procedido com dolo ou culpa grave.

Nota. A redacção dos n.ºˢ 1 e 2 foi introduzida pelo art. 2.º do DL n.º 76-A/2006, de 29 de Março.

249

[11] CSC Arts. 72.°-74.°

Tít. I. Parte Geral

Art. 72.° (Responsabilidade de membros da administração para com a sociedade)

1. Os gerentes ou administradores respondem para com a sociedade pelos danos a esta causados por actos ou omissões praticados com preterição dos deveres legais ou contratuais, salvo se provarem que procederam sem culpa.

2. A responsabilidade é excluída se alguma das pessoas referidas no número anterior provar que actuou em termos informados, livre de qualquer interesse pessoal e segundo critérios de racionalidade empresarial.

3. Não são igualmente responsáveis pelos danos resultantes de uma deliberação colegial os gerentes ou administradores que nela não tenham participado ou hajam votado vencidos, podendo neste caso fazer lavrar no prazo de cinco dias a sua declaração de voto, quer no respectivo livro de actas, quer em escrito dirigido ao órgão de fiscalização, se o houver, quer perante notário ou conservador.

4. O gerente ou administrador que não tenha exercido o direito de oposição conferido por lei, quando estava em condições de o exercer, responde solidariamente pelos actos a que poderia ter-se oposto.

5. A responsabilidade dos gerentes ou administradores para com a sociedade não tem lugar quando o acto ou omissão assente em deliberação dos sócios, ainda que anulável.

6. Nas sociedades que tenham órgão de fiscalização o parecer favorável ou o consentimento deste não exoneram de responsabilidade os membros da administração.

Nota. Redacção introduzida pelo art. 2.° do DL n.° 76-A/2006, de 29 de Março.

Art. 73.° (Solidariedade na responsabilidade)

1. A responsabilidade dos fundadores, gerentes ou administradores é solidária.

2. O direito de regresso existe na medida das respectivas culpas e das consequências que delas advierem, presumindo-se iguais as culpas das pessoas responsáveis.

Nota. A redacção do n.° 1 foi introduzida pelo art. 2.° do DL n.° 76-A/2006, de 29 de Março.

Art. 74.° (Cláusulas nulas. Renúncia e transacção)

1. É nula a cláusula, inserta ou não em contrato de sociedade, que exclua ou limite a responsabilidade dos fundadores, gerentes ou administradores, ou que subordine o exercício da acção social de responsabilidade, quando intentada nos termos do artigo 77.°, a prévio parecer ou deliberação dos sócios, ou que torne o exercício da acção social dependente de prévia decisão judicial sobre a existência de causa da responsabilidade ou de destituição do responsável.

2. A sociedade só pode renunciar ao seu direito de indemnização ou transigir sobre ele mediante deliberação expressa dos sócios, sem voto contrário de uma minoria que represente pelo menos 10% do capital social; os possíveis responsáveis não podem votar nessa deliberação.

3. A deliberação pela qual a assembleia geral aprove as contas ou a gestão dos gerentes ou administradores não implica renúncia aos direitos de indemnização da sociedade contra estes, salvo se os factos constitutivos de responsabilidade houverem sido expressamente levados ao conhecimento dos sócios antes da aprovação e esta tiver obedecido aos requisitos de voto exigidos pelo número anterior.

Nota. A redacção dos n.ºˢ 1 e 3 foi introduzida pelo art. 2.° do DL n.° 76-A/2006, de 29 de Março.

Cap. VII.   Respons. civil pela const., adm. e fiscal. da sociedade   **Arts. 75.°-77.° CSC [11]**

Art. 75.° (Acção da sociedade)

1. A acção de responsabilidade proposta pela sociedade depende de deliberação dos sócios, tomada por simples maioria, e deve ser proposta no prazo de seis meses a contar da referida deliberação; para o exercício do direito de indemnização podem os sócios designar representantes especiais.

2. Na assembleia que aprecie as contas de exercício e embora tais assuntos não constem da convocatória, podem ser tomadas deliberações sobre a acção de responsabilidade e sobre a destituição dos gerentes ou administradores que a assembleia considere responsáveis, os quais não podem voltar a ser designados durante a pendência daquela acção.

3. Aqueles cuja responsabilidade estiver em causa não podem votar nas deliberações previstas nos números anteriores.

Art. 76.° (Representantes especiais)

1. Se a sociedade deliberar o exercício do direito de indemnização, o tribunal, a requerimento de um ou mais sócios que possuam, pelo menos, 5% do capital social, nomeará, no respectivo processo, como representante da sociedade pessoa ou pessoas diferentes daquelas a quem cabe normalmente a sua representação, quando os sócios não tenham procedido a tal nomeação ou se justifique a substituição do representante nomeado pelos sócios.

2. Os representantes judiciais nomeados nos termos do número anterior podem exigir da sociedade no mesmo processo, se necessário, o reembolso das despesas que hajam feito e uma remuneração, fixada pelo tribunal.

3. Tendo a sociedade decaído totalmente na acção, a minoria que requerer a nomeação de representantes judiciais é obrigada a reembolsar a sociedade das custas judiciais e das outras despesas provocadas pela referida nomeação.

Art. 77.° (Acção de responsabilidade proposta por sócios)

1. Independentemente do pedido de indemnização dos danos individuais que lhes tenham causado, podem um ou vários sócios que possuam, pelo menos, 5% do capital social, ou 2% no caso de sociedade emitente de acções admitidas à negociação em mercado regulamentado, propor acção social de responsabilidade contra gerentes ou administradores, com vista à reparação, a favor da sociedade, do prejuízo que esta tenha sofrido, quando a mesma a não haja solicitado.

2. Os sócios podem, no interesse comum, encarregar, à sua custa, um ou alguns deles de os representar para o efeito do exercício do direito social previsto no número anterior.

3. O facto de um ou vários sócios referidos nos números anteriores perderem tal qualidade ou desistirem, no decurso da instância, não obsta ao prosseguimento desta.

4. Quando a acção social de responsabilidade for proposta por um ou vários sócios nos termos dos números anteriores, deve a sociedade ser chamada à causa por intermédio dos seus representantes.

5. Se o réu alegar que o autor propôs a acção prevista neste artigo para prosseguir fundamentalmente interesses diversos dos protegidos por lei, pode requerer que sobre a questão assim suscitada recaia decisão prévia ou que o autor preste caução.

Nota. A redacção do n.° 1 foi introduzida pelo art. 2.° do DL n.° 76-A/2006, de 29 de Março.

251

[11] CSC Arts. 78.º-82.º   Tít. I. Parte Geral

Art. 78.º (Responsabilidade para com os credores sociais)

1. Os gerentes ou administradores respondem para com os credores da sociedade quando, pela inobservância culposa das disposições legais ou contratuais destinadas à protecção destes, o património social se torne insuficiente para a satisfação dos respectivos créditos.

2. Sempre que a sociedade ou os sócios o não façam, os credores sociais podem exercer, nos termos dos artigos 606.º a 609.º do Código Civil, o direito de indemnização de que a sociedade seja titular.

3. A obrigação de indemnização referida no n.º 1 não é, relativamente aos credores, excluída pela renúncia ou pela transacção da sociedade nem pelo facto de o acto ou omissão assentar em deliberação da assembleia geral.

4. No caso de falência da sociedade, os direitos dos credores podem ser exercidos, durante o processo de falência, pela administração da massa falida.

5. Ao direito de indemnização previsto neste artigo é aplicável o disposto nos n.ºs 2 a 6 do artigo 72.º, no artigo 73.º e no n.º 1 do artigo 74.º

Nota. A redacção dos n.ºs 1, 3 e 5 foi introduzida pelo art. 2.º do DL n.º 76-A/2006, de 29 de Março.

Art. 79.º (Responsabilidade para com os sócios e terceiros)

1. Os gerentes ou administradores respondem também, nos termos gerais, para com os sócios e terceiros pelos danos que directamente lhes causarem no exercício das suas funções.

2. Aos direitos de indemnização previstos neste artigo é aplicável o disposto nos n.ºs 2 a 6 do artigo 72.º, no artigo 73.º e no n.º 1 do artigo 74.º

Nota. Redacção introduzida pelo art. 2.º do DL n.º 76-A/2006, de 29 de Março.

Art. 80.º (Responsabilidade de outras pessoas com funções de administração)

As disposições respeitantes à responsabilidade dos gerentes ou administradores aplicam-se a outras pessoas a quem sejam confiadas funções de administração.

Nota. Redacção introduzida pelo art. 2.º do DL n.º 76-A/2006, de 29 de Março.

Art. 81.º (Responsabilidade dos membros de órgãos de fiscalização)

1. Os membros de órgãos de fiscalização respondem nos termos aplicáveis das disposições anteriores.

2. Os membros de órgãos de fiscalização respondem solidariamente com os gerentes ou administradores da sociedade por actos ou omissões destes no desempenho dos respectivos cargos quando o dano se não teria produzido se houvessem cumprido as suas obrigações de fiscalização.

Nota. A redacção do n.º 2 foi introduzida pelo art. 2.º do DL n.º 76-A/2006, de 29 de Março.

Art. 82.º (Responsabilidade dos revisores oficiais de contas)

1. Os revisores oficiais de contas respondem para com a sociedade e os sócios pelos danos que lhes causarem com a sua conduta culposa, sendo-lhes aplicável o artigo 73.º

2. Os revisores oficiais de contas respondem para com os credores da sociedade nos termos previstos no artigo 78.º

252

Cap. VIII.   Alterações do contrato   **Arts. 83.°-85.° CSC [11]**

Art. 83.° (Responsabilidade solidária do sócio)
1. O sócio que, só por si ou juntamente com outros a quem esteja ligado por acordos parassociais, tenha, por força de disposições do contrato de sociedade, o direito de designar gerente sem que todos os sócios deliberem sobre essa designação responde solidariamente com a pessoa por ele designada, sempre que esta for responsável, nos termos desta lei, para com a sociedade ou os sócios e se verifique culpa na escolha da pessoa designada.

2. O disposto no número anterior é aplicavel também às pessoas colectivas eleitas para cargos sociais, relativamente às pessoas por elas designadas ou que as representem.

3. O sócio que, pelo número de votos de que dispõe, só por si ou por outros a quem esteja ligado por acordos parassociais, tenha a possibilidade de fazer eleger gerente, administrador ou membro do órgão de fiscalização responde solidariamente com a pessoa eleita, havendo culpa na escolha desta, sempre que ela for responsável, nos termos desta lei, para com a sociedade ou os sócios, contanto que a deliberação tenha sido tomada pelos votos desse sócio e dos acima referidos e de menos de metade dos votos dos outros sócios presentes ou representados na assembleia.

4. O sócio que tenha possibilidade, ou por força de disposições contratuais ou pelo número de votos de que dispõe, só por si ou juntamente com pessoas a quem esteja ligado por acordos parassociais de destituir ou fazer destituir gerente, administrador ou membro do órgão de fiscalização e pelo uso da sua influência determine essa pessoa a praticar ou omitir um acto responde solidariamente com ela, caso esta, por tal acto ou omissão, incorra em responsabilidade para com a sociedade ou sócios, nos termos desta lei.

Nota. A redacção do n.° 4 foi introduzida pelo art. 2.° do DL n.° 76-A/2006, de 29 de Março.

Art. 84.° (Responsabilidade do sócio único)
1. Sem prejuízo da aplicação do disposto no artigo anterior e também do disposto quanto a sociedades coligadas, se for declarada falida uma sociedade reduzida a um único sócio, este responde ilimitadamente pelas obrigações sociais contraídas no período posterior à concentração das quotas ou das acções, contanto que se prove que nesse período não foram observados os preceitos da lei que estabelecem a afectação do património da sociedade ao cumprimento das respectivas obrigações.

2. O disposto no número anterior é aplicável ao período de duração da referida concentração, caso a falência ocorra depois de ter sido reconstituída a pluralidade de sócios.

CAPÍTULO VIII.   **Alterações do contrato**

SECÇÃO I.   **Alterações em geral**

Art. 85.° (Deliberação de alteração)
1. A alteração do contrato de sociedade, quer por modificação ou supressão de alguma das suas cláusulas quer por introdução de nova cláusula, só pode ser deliberada pelos sócios, salvo quando a lei permita atribuir cumulativamente essa competência a algum outro órgão.

[11] CSC Arts. 86.°-87.°

Tít. I. Parte Geral

2. A deliberação de alteração do contrato de sociedade será tomada em conformidade com o disposto para cada tipo de sociedade.

3. A alteração do contrato de sociedade deve ser reduzida a escrito.

4. Para efeitos do disposto no número anterior, é suficiente a acta da respectiva deliberação, salvo se esta, a lei ou o contrato de sociedade exigirem outro documento.

5. No caso previsto na parte final do número anterior, qualquer membro da administração tem o dever de, com a maior brevidade e sem dependência de especial designação pelos sócios, praticar os actos necessários à alteração do contrato.

Notas. 1. O DL n.° 343/98, de 6 de Novembro, que estabelece algumas regras fundamentais relevantes no processo de transição do escudo para o euro, dispõe no seu art. 20.° o seguinte:

"1. A redenominação de valores mobiliários ou as modificações estatutárias que visem a alteração da denominação do capital social para euros ficam dispensadas:

a) Da escritura pública prevista no artigo 85.°, n.° 3, do Código das Sociedades Comerciais;

b) Das publicações referidas nos artigos 167.° do Código das Sociedades Comerciais e 70.°, n.° 1, alínea *a)*, do Código do Registo Comercial;

c) Dos emolumentos referidos nas Portarias n.ᵒˢ 366/89, de 22 de Maio, e 883/89, de 13 de Outubro.

2. O disposto no número anterior não é aplicável quando se verifique uma redacção do capital social superior à que resultaria da redenominação de acções através do método padrão, uma alteração do número de acções ou um aumento do capital por entradas em dinheiro ou em espécie.

3. O disposto na alínea *a)* do n.° 1 aplica-se às alterações dos contratos de sociedade que visem, até 1 de Janeiro de 2002, adoptar os novos capitais sociais mínimos previstos neste diploma.

4. As entidades emitentes devem requerer o registo comercial da redenominação de valores mobiliários, mediante apresentação de cópia da acta de que conste a respectiva deliberação.

5. No caso de os valores mobiliários estarem integrados nos sistemas de registo, depósito e controlo, constitui documento bastante, para efeitos notariais e de registo comercial, quanto ao montante total da emissão, a quantidade de valores e o valor nominal redenominado, declaração da Central de Valores Mobiliários com estas menções.

6. Em relação aos valores mobiliários mencionados no número anterior, não sendo obrigatória a escritura pública, considera-se titulada a situação, para efeitos do n.° 1 do artigo 15.° do Código do Registo Comercial, no momento do envio da declaração da Central de Valores Mobiliários à entidade emitente."

2. A redacção dos n.ᵒˢ 3, 4 e 5 foi introduzida pelo art. 2.° do DL n.° 76-A/2006, de 29 de Março.

Art. 86.° (Protecção de sócios)

1. Só por unanimidade pode ser atribuído efeito retroactivo à alteração do contrato de sociedade e apenas nas relações entre sócios.

2. Se a alteração envolver o aumento das prestações impostas pelo contrato aos sócios, esse aumento é ineficaz para os sócios que nele não tenham consentido.

SECÇÃO II. **Aumento do capital**

Art. 87.° (Requisitos da deliberação)

1. A deliberação de aumento do capital deve mencionar expressamente:

a) A modalidade do aumento do capital;

b) O montante do aumento do capital;

c) O montante nominal das novas participações;

d) A natureza das novas entradas;

e) O ágio, se o houver;

Cap. VIII. Alterações do contrato   **Arts. 88.º-91.º CSC [11]**

f) Os prazos dentro dos quais as entradas devem ser efectuadas, sem prejuízo do disposto no artigo 89.º;

g) As pessoas que participarão nesse aumento.

2. Para cumprimento do disposto na alínea *g*) do número anterior, bastará, conforme os casos, mencionar que participarão os sócios que exerçam o seu direito de preferência, ou que participarão só os sócios, embora sem aquele direito, ou que será efectuada subscrição pública.

3. Não pode ser deliberado aumento de capital na modalidade de novas entradas enquanto não estiver definitivamente registado um aumento anterior nem estiverem vencidas todas as prestações de capital, inicial ou proveniente de anterior aumento.

Art. 88.º (Eficácia interna do aumento de capital)

1. Para todos os efeitos internos, o capital considera-se aumentado e as participações consideram-se constituídas na data da deliberação, se da respectiva acta constar quais as entradas já realizadas e que não é exigida por aquela, pela lei ou pelo contrato a realização de outras entradas.

2. Caso a deliberação não faça referência aos factos mencionados na parte final do número anterior, o capital considera-se aumentado e as participações consideram-se constituídas na data em que qualquer membro da administração declarar, por escrito e sob sua responsabilidade, quais as entradas já realizadas e que não é exigida pela lei, pelo contrato ou pela deliberação a realização de outras entradas.

Nota. Redacção introduzida pelo art. 2.º do DL n.º 76-A/2006, de 29 de Março.

Art. 89.º (Entradas e aquisição de bens)

1. Aplica-se às entradas nos aumentos de capital o preceituado quanto a entradas da mesma natureza na constituição da sociedade, salvo o disposto nos números seguintes.

2. Se a deliberação for omissa quanto à exigibilidade das entradas em dinheiro que a lei permite diferir, são elas exigíveis a partir do registo definitivo do aumento de capital.

3. A deliberação de aumento de capital caduca no prazo de um ano, caso a declaração referida no n.º 2 do artigo 88.º não possa ser emitida nesse prazo por falta de realização das entradas, sem prejuízo da indemnização que for devida pelos subscritores faltosos.

Nota. A redacção deste preceito, que já tinha sofrido uma primeira alteração (DL n.º 280/87, de 8 de Julho), foi introduzida pelo art. 2.º do DL n.º 76-A/2006, de 29 de Março.

Art. 90.º (Fiscalização)

Nota. Revogado pelo art. 61.º, alínea *b*), do DL n.º 76-A/2006, de 29 de Março.

Art. 91.º (Aumento por incorporação de reservas)

1. A sociedade pode aumentar o seu capital por incorporação de reservas disponíveis para o efeito.

2. Este aumento de capital só pode ser realizado depois de aprovadas as contas do exercício anterior à deliberação, mas, se já tiverem decorrido mais de seis

[11] CSC Arts. 92.º-94.º

Tít. I. Parte Geral

meses sobre essa aprovação, a existência de reservas a incorporar só pode ser aprovada por um balanço especial, organizado e aprovado nos termos prescritos para o balanço anual.

3. O capital da sociedade não pode ser aumentado por incorporação de reservas enquanto não estiverem vencidas todas as prestações do capital, inicial ou aumentado.

4. A deliberação deve mencionar expressamente:

a) A modalidade do aumento do capital;

b) O montante do aumento do capital;

c) As reservas que serão incorporadas no capital.

Art. 92.º (Aumento das participações dos sócios)

1. Ao aumento do capital social por incorporação de reservas corresponde o aumento da participação de cada sócio, proporcionalmente ao seu valor nominal ou ao respectivo valor contabilístico, salvo se, estando convencionado um critério diverso de atribuição de lucros, o contrato o mandar aplicar à incorporação de reservas ou para esta estipular algum critério especial.

2. Se estiverem em causa acções sem valor nominal, o aumento de capital pode realizar-se sem alteração do número de acções.

3. As quotas ou acções próprias da sociedade participam nesta modalidade de aumento de capital, salvo deliberação dos sócios em contrário.

4. A deliberação de aumento de capital deve indicar se são criadas novas quotas ou acções ou se é aumentado o valor nominal das existentes, caso exista, sendo que na falta de indicação, se mantém inalterado o número de acções.

5. Havendo participações sociais sujeitas a usufruto, este deve incidir nos mesmos termos sobre as novas participações ou sobre as existentes.

Nota. Redacção introduzida pelo art. 2.º do DL n.º 49/2010, de 19 de Maio.

Art. 93.º (Fiscalização)

1. O pedido de registo de aumento do capital por incorporação de reservas deve ser acompanhado do balanço que serviu de base à deliberação, caso este não se encontre já depositado na conservatória.

2. O órgão de administração e, quando deva existir, o órgão de fiscalização devem declarar por escrito não ter conhecimento de que, no período compreendido entre o dia a que se reporta o balanço que serviu de base à deliberação e a data em que esta foi tomada, haja ocorrido diminuição patrimonial que obste ao aumento de capital.

Nota. Redacção introduzida pelo art. 2.º do DL n.º 76-A/2006, de 29 de Março.

SECÇÃO III. **Redução do capital**

Art. 94.º (Convocatória da assembleia)

1. A convocatória da assembleia geral para redução do capital deve mencionar:

a) A finalidade da redução, indicando, pelo menos, se esta se destina à cobertura de prejuízos, a libertação de excesso de capital ou a finalidade especial;

b) A forma da redução, mencionando se será reduzido o valor nominal das participações ou se haverá reagruparnento ou extinção de participações.

Cap. IX.   Fusão de sociedades **Arts. 95.°-97.° CSC [11]**

2. Devem também ser especificadas as participações sobre as quais a operação incidirá, no caso de ela não incidir igualmente sobre todas.

Art. 95.° (Deliberação de redução do capital)

1. A redução do capital não pode ser deliberada se a situação líquida da sociedade não ficar a exceder o novo capital em, pelo menos, 20%.

2. É permitido deliberar a redução do capital a um montante inferior ao mínimo estabelecido nesta lei para o respectivo tipo de sociedade se tal redução ficar expressamente condicionada à efectivação de aumento do capital para montante igual ou superior àquele mínimo, a realizar nos 60 dias seguintes àquela deliberação.

3. O disposto nesta lei sobre capital mínimo não obsta a que a deliberação de redução seja válida se, simultaneamente, for deliberada a transformação da sociedade para um tipo que possa legalmente ter um capital do montante reduzido.

4. A redução do capital não exonera os sócios das suas obrigações de liberação do capital.

Nota. Redacção introduzida pelo art. 11.° do DL n.° 8/2007, de 17 de Janeiro, que também alterou a epígrafe do preceito. Antes, houvera já uma primeira alteração, introduzida pelo art. 2.° do DL n.° 76-A/2006, de 29 de Março.

Art. 96.° (Tutela dos credores)

1. Sem prejuízo do disposto no número seguinte, qualquer credor social pode, no prazo de um mês após a publicação do registo da redução do capital, requerer ao tribunal que a distribuição de reservas disponíveis ou dos lucros de exercício seja proibida ou limitada, durante um período a fixar, a não ser que o crédito do requerente seja satisfeito, se já for exigível, ou adequadamente garantido, nos restantes casos.

2. A faculdade conferida aos credores no número anterior apenas pode ser exercida se estes tiverem solicitado à sociedade a satisfação do seu crédito ou a prestação de garantia adequada, há pelo menos 15 dias, sem que o seu pedido tenha sido atendido.

3. Antes de decorrido o prazo concedido aos credores sociais nos números anteriores, não pode a sociedade efectuar as distribuições nele mencionadas, valendo a mesma proibição a partir do conhecimento pela sociedade do requerimento de algum credor.

Nota. Redacção introduzida pelo art. 11.° do DL n.° 8/2007, de 17 de Janeiro, que também alterou a epígrafe do preceito.

CAPÍTULO IX.   **Fusão de sociedades**

SECÇÃO I. [1]

Art. 97.° (Noção. Modalidades)

1. Duas ou mais sociedades, ainda que de tipo diverso, podem fundir-se mediante a sua reunião numa só.

---

[1] Aditada pelo art. 28.° da L n.° 19/2009, de 12 de Maio **[8]**, sem que, porém, se lhe haja dado qualquer título.

257

[11] CSC Art. 98.°

Tít. I. Parte Geral

2. As sociedades dissolvidas podem fundir-se com outras sociedades, dissolvidas ou não, ainda que a liquidação seja feita judicialmente, se preencherem os requisitos de que depende o regresso ao exercício da actividade social.

3. Não é permitido a uma sociedade fundir-se a partir da data da petição de apresentação à insolvência ou do pedido de declaração desta.

4. A fusão pode realizar-se:

a) Mediante a transferência global do património de uma ou mais sociedades para outra e a atribuição aos sócios daquelas de partes, acções ou quotas desta;

b) Mediante a constituição de uma nova sociedade, para a qual se transferem globalmente os patrimónios das sociedades fundidas, sendo aos sócios destas atribuídas partes, acções ou quotas da nova sociedade.

5. Além das partes, acções ou quotas da sociedade incorporante ou da nova sociedade referidas no número anterior, podem ser atribuídas aos sócios da sociedade incorporada ou das sociedades fundidas quantias em dinheiro que não excedam 10% do valor nominal das participações que lhes forem atribuídas.

Nota. A redacção do n.° 3 foi introduzida pelo art. 2.° do DL n.° 76-A/2006, de 29 de Março.

Art. 98.° (Projecto de fusão)

1. As administrações das sociedades que pretendam fundir-se elaboram, em conjunto, um projecto de fusão donde constem, além de outros elementos necessários ou convenientes para o perfeito conhecimento da operação visada, tanto no aspecto jurídico como no aspecto económico, os seguintes elementos:

a) A modalidade, os motivos, as condições e os objectivos da fusão, relativamente a todas as sociedades participantes;

b) O tipo, a firma, a sede, o montante do capital e o número de matrícula no registo comercial de cada uma das sociedades, bem como a sede e a firma da sociedade resultante da fusão;

c) A participação que alguma das sociedades tenha no capital de outra;

d) O balanço de cada uma das sociedades intervenientes, donde conste designadamente o valor dos elementos do activo e do passivo a transferir para a sociedade incorporante ou para a nova sociedade;

e) As partes, acções ou quotas a atribuir aos sócios da sociedade a incorporar nos termos da alínea *a*) do n.° 4 do artigo anterior ou das sociedades a fundir nos termos da alínea *b*) desse número e, se as houver, as quantias em dinheiro a atribuir aos mesmos sócios, especificando-se a relação de troca das participações sociais;

f) O projecto de alteração a introduzir no contrato da sociedade incorporante ou o projecto de contrato da nova sociedade;

g) As medidas de protecção dos direitos de terceiros não sócios a participar nos lucros da sociedade;

h) As modalidades de protecção dos direitos dos credores;

i) A data a partir da qual as operações da sociedade incorporada ou das sociedades a fundir são consideradas, do ponto de vista contabilístico, como efectuadas por conta da sociedade incorporante ou da nova sociedade;

j) Os direitos assegurados pela sociedade incorporante ou pela nova sociedade a sócios da sociedade incorporada ou das sociedades a fundir que possuem direitos especiais;

Cap. IX.   Fusão de sociedades   **Art. 99.° CSC [11]**

l) Quaisquer vantagens especiais atribuídas aos peritos que intervenham na fusão e aos membros dos órgãos de administração ou de fiscalização das sociedades participantes na fusão;

m) Nas fusões em que seja anónima a sociedade incorporante ou a nova sociedade, as modalidades de entrega das acções dessas sociedades e a data a partir da qual estas acções dão direito a lucros, bem como as modalidades desse direito.

2. O balanço referido na alínea *d*) do número anterior pode ser:

a) O balanço do último exercício, desde que tenha sido encerrado nos seis meses anteriores à data do projecto de fusão;

b) Um balanço reportado a uma data que não anteceda o trimestre anterior à data do projecto de fusão; ou

c) O balanço do primeiro semestre do exercício em curso à data do projecto de fusão, caso a sociedade esteja obrigada a divulgar contas semestrais nos termos do n.° 1 do artigo 246.° do Código dos Valores Mobiliários.

3. O projecto ou um anexo a este indicará os critérios de avaliação adoptados, bem como as bases de relação de troca referida na alínea *e*) do n.° 1.

4. O projecto de fusão pode ser elaborado através de modelo electrónico disponível em página na Internet que permita a entrega de todos os documentos necessários e a promoção imediata do registo do projecto, nos termos a definir por portaria do membro do Governo responsável pela área da justiça.

5. Quando a atribuição de valores mobiliários, por ocasião de uma fusão, seja qualificada como oferta pública, o conteúdo do projecto de fusão deve ainda obedecer ao disposto no Regulamento (CE) n.° 809/2004, da Comissão, de 29 de Abril, ou, em alternativa, conter informações consideradas pela CMVM equivalentes às de um prospecto, para efeitos do disposto na alínea *a*) do n.° 2 do artigo 134.° do Código dos Valores Mobiliários.

Nota. Redacção introduzida pelo art. 2.° do DL n.° 76-A/2006, de 29 de Março, pelo art. 27.° da L n.° 19/2009, de 12 de Maio **[8]**, pelo art. 3.° do DL n.° 185/2009, de 12 de Agosto, e pelo art. 2.° do DL n.° 53/2011, de 13 de Abril.

Art. 99.° (Fiscalização do projecto)

1. A administração de cada sociedade participante na fusão que tenha um órgão de fiscalização deve comunicar-lhe o projecto de fusão e seus anexos, para que sobre eles seja emitido parecer.

2. Além da comunicação referida no número anterior, ou em substituição dela, se se tratar de sociedade que não tenha órgão de fiscalização, a administração de cada sociedade participante na fusão deve promover o exame do projecto de fusão por um revisor oficial de contas ou por uma sociedade de revisores independente de todas as sociedades intervenientes.

3. Se todas ou algumas das sociedades participantes na fusão assim o desejarem, os exames referidos no número anterior poderão ser feitos, quanto a todas elas ou quanto às que nisso tiverem acordado, pelo mesmo revisor ou sociedade de revisores; neste caso, o revisor ou a sociedade deve ser designado, a solicitação conjunta das sociedades interessadas, pela Câmara dos Revisores Oficiais de Contas.

[11] CSC Arts. 100.°-101.°

Tít. I. Parte Geral

4. Os revisores elaborarão relatórios donde constará o seu parecer fundamentado sobre a adequação e razoabilidade da relação de troca das participações sociais, indicando, pelo menos:

a) Os métodos seguidos na definição da relação de troca proposta;

b) A justificação da aplicação ao caso concreto dos métodos utilizados pelo órgão de administração das sociedades ou pelos próprios revisores, os valores encontrados através de cada um desses métodos, a importância relativa que lhes foi conferida na determinação dos valores propostos e as dificuldades especiais com que tenham deparado nas avaliações a que procederam.

5. Cada um dos revisores pode exigir das sociedades participantes as informações e documentos que julgue necessários, bem como proceder aos exames indispensáveis ao cumprimento das suas funções.

6. Não são exigidos o exame do projecto de fusão referido no n.° 2 e os relatórios previstos no n.° 4 se todos os sócios e portadores de outros títulos que confiram direito de voto de todas as sociedades que participam na fusão os dispensarem.

Nota. O n.° 6 foi aditado pelo art. 2.° do DL n.° 76-A/2006, de 29 de Março, e pelo art. 27.° da L n.° 19/2009, de 12 de Maio [8].

Art. 100.° (Registo e publicação do projecto e convocação da assembleia)

1. O projecto de fusão deve ser registado, sendo de imediato publicado.

2. O projecto de fusão deve ser submetido a deliberação dos sócios de cada uma das sociedades participantes, em assembleia geral, seja qual for o tipo de sociedade, sendo as assembleias convocadas, depois de efectuado o registo, para se reunirem decorrido, pelo menos, um mês sobre a data da publicação da convocatória.

3. A convocatória deve mencionar que o projecto e a documentação anexa podem ser consultados, na sede de cada sociedade, pelos respectivos sócios e credores sociais e qual a data designada para a assembleia.

4. A convocatória é automática e gratuitamente publicada em simultâneo com a publicação do registo do projecto, se os elementos referidos no número anterior forem indicados no pedido de registo do projecto.

5. A publicação do registo do projecto é promovida de forma oficiosa e automática pelo serviço de registo e contém a indicação de que os credores se podem opor à fusão nos termos do artigo 101.°-A.

6. O disposto nos n.ᵒˢ 2 e 3 não obsta à utilização de outras formas de comunicação aos sócios, nos termos previstos para cada tipo de sociedade, bem como à tomada da deliberação nos termos previstos no artigo 54.°

Nota. A redacção dos n.ᵒˢ 3, 4, 5 e 6 foi introduzida pelo art. 3.° do DL n.° 185/2009, de 12 de Janeiro. A redacção do n.° 1 foi introduzida pelo art. 2.° do DL n.° 53/2011, de 13 de Abril, que também alterou a epígrafe do preceito. Antes, o preceito já havia sido alterado pelo art. 17.° do DL n.° 111/2005, de 8 de Julho [4], pelo art. 2.° do DL n.° 76-A/2006, de 29 de Março, e pelo art. 11.° do DL n.° 8/2007, de 17 de Janeiro.

Art. 101.° (Consulta de documentos)

1. A partir da publicação do registo do projecto, os sócios, credores e representantes dos trabalhadores, ou, quando estes não existirem, os trabalhadores de qualquer das sociedades participantes na fusão têm o direito de consultar, na sede de cada uma delas, os seguintes documentos e de obter, sem encargos, cópia integral destes:

a) Projecto de fusão;

Cap. IX. Fusão de sociedades   Arts. 101.°-A-101.°-B CSC **[11]**

b) Relatório e pareceres elaborados por órgãos da sociedade e por peritos;

c) Contas, relatórios dos órgãos de administração, relatórios e pareceres dos órgãos de fiscalização e deliberações de assembleias gerais sobre essas contas, relativamente aos três últimos exercícios.

2. Se até à data fixada para a reunião da assembleia geral, nos termos do artigo anterior, a administração da sociedade receber um parecer dos representantes dos trabalhadores relativamente ao processo de fusão, este parecer deve ser anexado ao relatório elaborado pelos órgãos da sociedade e pelos peritos.

3. As cópias a que se refere o n.° 1 podem ser facultadas por correio electrónico aos sócios que tenham comunicado previamente à sociedade o seu consentimento para a utilização de meios electrónicos para a comunicação de informações respeitantes à sociedade.

4. A sociedade não está obrigada a facultar cópias dos documentos a que se refere o n.° 1, nem ao respectivo envio por correio electrónico nos termos do número anterior, caso disponibilize os mesmos no seu sítio da Internet a partir do momento do registo do projecto de fusão e até um ano após a realização da assembleia geral de apreciação da fusão, em formato electrónico que permita a sua consulta, gravação e impressão fidedignas.

5. O disposto no número anterior não prejudica o direito de as pessoas referidas no n.° 1 consultarem os documentos aí referidos na sede da sociedade.

6. Em caso de indisponibilidade de acesso à documentação através do sítio da Internet por motivos técnicos, deve a sociedade, sem prejuízo do direito de consulta prevista no número anterior, facultar cópias dos documentos nos termos do n.° 1.

Nota. Redacção introduzida pelo art. 27.° da L n.° 19/2009, de 12 de Maio **[8]**, pelo art. 3.° do DL n.° 185/2009, de 12 de Agosto, e pelo art. 2.° do DL n.° 53/2011, de 13 de Abril.

Art. 101.°-A (Oposição dos credores)

No prazo de um mês após a publicação do registo do projecto, os credores das sociedades participantes cujos créditos sejam anteriores a essa publicação podem deduzir oposição judicial à fusão, com fundamento no prejuízo que dela derive para a realização dos seus direitos, desde que tenham solicitado à sociedade a satisfação do seu crédito ou a prestação de garantia adequada, há pelo menos 15 dias, sem que o seu pedido tenha sido atendido.

Nota. Aditado pelo art. 3.° do DL n.° 76-A/2006, de 29 de Março. A actual redacção foi introduzida pelo art. 11.° do DL n.° 8/2007, de 17 de Janeiro, e pelo art. 3.° do DL n.° 185/2009, de 12 de Agosto.

Art. 101.°-B (Efeitos da oposição)

1. A oposição judicial deduzida por qualquer credor impede a inscrição definitiva da fusão no registo comercial até que se verifique algum dos seguintes factos:

a) Haver sido julgada improcedente, por decisão com trânsito em julgado, ou, no caso de absolvição da instância, não ter o oponente intentado nova acção no prazo de 30 dias;

b) Ter havido desistência do oponente;

c) Ter a sociedade satisfeito o oponente ou prestado a caução fixada por acordo ou por decisão judicial;

261

[11] CSC Arts. 101.º-C-102.º

Tít. I. Parte Geral

d) Haver o oponente consentido na inscrição;
e) Ter sido consignada em depósito a importância devida ao oponente.
2. Se julgar procedente a oposição, o tribunal determina o reembolso do crédito do oponente ou, não podendo este exigi-lo, a prestação de caução.
3. O disposto no artigo anterior e nos n.ᵒˢ 1 e 2 do presente artigo não obsta à aplicação das cláusulas contratuais que atribuam ao credor o direito à imediata satisfação do seu crédito, se a sociedade devedora se fundir.

Nota. Aditado pelo art. 3.º do DL n.º 76-A/2006, de 29 de Março.

Art. 101.º-C (Credores obrigacionistas)

1. O disposto nos artigos 101.º-A e 101.º-B é aplicável aos credores obrigacionistas, com as alterações estabelecidas nos números seguintes.
2. Devem efectuar-se assembleias dos credores obrigacionistas de cada sociedade para se pronunciarem sobre a fusão, relativamente aos possíveis prejuízos para esses credores, sendo as deliberações tomadas por maioria absoluta dos obrigacionistas presentes e representados.
3. Se a assembleia não aprovar a fusão, o direito de oposição deve ser exercido colectivamente através de um representante por ela eleito.
4. Os portadores de obrigações ou outros títulos convertíveis em acções ou obrigações com direito de subscrição de acções gozam, relativamente à fusão, dos direitos que lhes tiverem sido atribuídos para essa hipótese, gozando do direito de oposição, nos termos deste artigo, se nenhum direito específico lhes tiver sido atribuído.

Nota. Aditado pelo art. 3.º do DL n.º 76-A/2006, de 29 de Março.

Art. 101.º-D (Portadores de outros títulos)

Os portadores de títulos que não sejam acções, mas aos quais sejam inerentes direitos especiais, devem continuar a gozar de direitos pelo menos equivalentes na sociedade incorporante ou na nova sociedade, salvo se:
a) For deliberado em assembleia especial dos portadores de títulos e por maioria absoluta do número de cada espécie de títulos que os referidos direitos podem ser alterados;
b) Todos os portadores de cada espécie de títulos consentirem individualmente na modificação dos seus direitos, caso não esteja prevista, na lei ou no contrato social, a existência de assembleia especial;
c) O projecto de fusão previr a aquisição desses títulos pela sociedade incorporante ou pela nova sociedade e as condições dessa aquisição forem aprovadas, em assembleia especial, pela maioria dos portadores presentes e representados.

Nota. Aditado pelo art. 3.º do DL n.º 76-A/2006, de 29 de Março.

Art. 102.º (Reunião da assembleia)

1. Reunida a assembleia, a administração começará por declarar expressamente se desde a elaboração do projecto de fusão houve mudança relevante nos elementos de facto em que ele se baseou e, no caso afirmativo, quais as modificações do projecto que se tornam necessárias.

Cap. IX.   Fusão de sociedades   **Arts. 103.º-105.º CSC [11]**

2. Tendo havido mudança relevante, nos termos do número anterior, a assembleia delibera se o processo de fusão deve ser renovado ou se prossegue na apreciação da proposta.

3. A proposta apresentada às várias assembleias deve ser rigorosamente idêntica; qualquer modificação introduzida pela assembleia considera-se rejeição da proposta, sem prejuízo da renovação desta.

4. Qualquer sócio pode, na assembleia, exigir as informações sobre as sociedades participantes que forem indispensáveis para se esclarecer acerca da proposta de fusão.

5. Os órgãos de administração das sociedades participantes prestam informações, reciprocamente, antes da data da respectiva assembleia geral, acerca de qualquer mudança relevante nos elementos de facto em que se baseou o projecto de fusão.

Nota. O n.º 5 foi aditado pelo art. 2.º do DL n.º 53/2011, de 13 de Abril.

Art. 103.º (Deliberação)

1. A deliberação é tomada, na falta de disposição especial, nos termos prescritos para a alteração do contrato de sociedade.

2. A fusão apenas pode ser registada depois de obtido o consentimento dos sócios prejudicados quando:

a) Aumentar as obrigações de todos ou alguns dos sócios;

b) Afectar direitos especiais de que sejam titulares alguns sócios;

c) Alterar a proporção das suas participações sociais em face dos restantes sócios da mesma sociedade, salvo na medida em que tal alteração resulte de pagamentos que lhes sejam exigidos para respeitar disposições legais que imponham valor mínimo ou certo de cada unidade de participação.

3. Se alguma das sociedades participantes tiver várias categorias de acções, a deliberação de fusão da respectiva assembleia geral só é eficaz depois de aprovada pela assembleia especial de cada categoria.

Nota. A redacção do corpo do n.º 2 foi introduzida pelo art. 2.º do DL n.º 76-A/2006, de 29 de Março.

Art. 104.º (Participação de uma sociedade no capital de outra)

1. No caso de alguma das sociedades possuir participação no capital de outra, não pode dispor de número de votos superior à soma dos que competem a todos os outros sócios.

2. Para os efeitos do número anterior, aos votos da sociedade somam-se os votos de outras sociedades que com aquela se encontrem em relação de domínio ou de grupo, bem como os votos de pessoas que actuem em nome próprio, mas por conta de alguma dessas sociedades.

3. Por efeito de fusão por incorporação, a sociedade incorporante não recebe partes, acções ou quotas de si própria em troca de partes, acções ou quotas na sociedade incorporada de que sejam titulares aquela ou esta sociedade ou ainda pessoas que actuem em nome próprio, mas por conta de uma ou de outra dessas sociedades.

Art. 105.º (Direito de exoneração dos sócios)

1. Se a lei ou o contrato de sociedade atribuir ao sócio que tenha votado contra o projecto de fusão o direito de se exonerar, pode o sócio exigir, no prazo de um

263

[11] CSC Arts. 106.°-111.° Tít. I. Parte Geral

mês a contar da data da deliberação, que a sociedade adquira ou faça adquirir a sua participação social.

2. Salvo estipulação diversa do contrato de sociedade ou acordo das partes, a contrapartida da aquisição deve ser calculada nos termos do artigo 1021.° do Código Civil, com referência ao momento da deliberação de fusão, por um revisor oficial de contas designado por mútuo acordo ou, na falta deste, por um revisor oficial de contas independente designado pela respectiva Ordem, a solicitação de qualquer dos interessados.

3. É lícito a qualquer das partes requerer segunda avaliação para o cálculo da contrapartida da aquisição referida no número anterior, nos termos do Código de Processo Civil.

4. O disposto na parte final do número anterior é também aplicável quando a sociedade não tiver oferecido uma contrapartida ou a não tiver oferecido regularmente; o prazo começará a contar-se, nestas hipóteses, depois de decorridos vinte dias sobre a data em que o sócio exigir à sociedade a aquisição da sua participação social.

5. O direito de o sócio alienar por outro modo a sua participação social não é afectado pelo estatuído nos números anteriores nem a essa alienação, quando efectuada no prazo aí fixado, obstam as limitações prescritas pelo contrato de sociedade.

Nota. A redacção do n.° 1 foi introduzida pelo art. 2.° do DL n.° 76-A/2006, de 29 de Março. A redacção dos n.ºˢ 2 e 3 foi introduzida pelo art. 2.° do DL n.° 53/2011, de 13 de Abril, que também transformou os anteriores n.ºˢ 3 e 4 nos actuais n.ºˢ 4 e 5.

Art. 106.° (Forma e disposições aplicáveis)

1. O acto de fusão deve revestir a forma exigida para a transmissão dos bens das sociedades incorporadas ou, no caso de constituição de nova sociedade, das sociedades participantes nessa fusão.

2. Sem prejuízo do disposto no número anterior, se a fusão se realizar mediante a constituição de nova sociedade, devem observar-se as disposições que regem essa constituição, salvo se outra coisa resultar da sua própria razão de ser.

Nota. Redacção introduzida pelo art. 2.° do DL n.° 76-A/2006, de 29 de Março, o qual também alterou a epígrafe do preceito, e pelo art. 11.° do DL n.° 8/2007, de 17 de Janeiro.

Art. 107.° (Publicidade da fusão e oposição dos credores)

Nota. Revogado pelo art. 61.°, alínea *b*), do DL n.° 76-A/2006, de 29 de Março.

Art. 108.° (Efeitos da oposição)

Nota. Revogado pelo art. 61.°, alínea *b*), do DL n.° 76-A/2006, de 29 de Março.

Art. 109.° (Credores obrigacionistas)

Nota. Revogado pelo art. 61.°, alínea *b*), do DL n.° 76-A/2006, de 29 de Março.

Art. 110.° (Portadores de outros títulos)

Nota. Revogado pelo art. 61.°, alínea *b*), do DL n.° 76-A/2006, de 29 de Março.

Art. 111.° (Registo de fusão)

Deliberada a fusão por todas as sociedades participantes sem que tenha sido deduzida oposição no prazo previsto no artigo 101.°-A ou, tendo esta sido deduzida,

Cap. IX.   Fusão de sociedades   **Arts. 112.º-115.º csc [11]**

se tenha verificado algum dos factos referidos no n.º 1 do artigo 101.º-B, deve ser requerida a inscrição da fusão no registo comercial por qualquer dos administradores das sociedades participantes na fusão ou da nova sociedade.

Nota. Redacção introduzida pelo art. 2.º do DL n.º 76-A/2006, de 29 de Março.

Art. 112.º (Efeitos do registo)
Com a inscrição da fusão no registo comercial:

a) Extinguem-se as sociedades incorporadas ou, no caso de constituição de nova sociedade, todas as sociedades fundidas, transmitindo-se os seus direitos e obrigações para a sociedade incorporante ou para a nova sociedade;

b) Os sócios das sociedades extintas tornam-se sócios da sociedade incorporante ou da nova sociedade.

Nota. No seu acórdão n.º 5/2004, de 2 de Junho de 2004 (DR n.º 144/2004, I-A, de 21 de Junho de 2004), o Supremo Tribunal de Justiça fixou o seguinte jurisprudência: "A extinção, por fusão, de uma sociedade comercial, com os efeitos do artigo 112.º, alíneas *a)* e *b)*, do Código das Sociedades Comerciais, não extingue o procedimento por contra-ordenação praticada anteriormente à fusão, nem a coima que lhe tenha sido aplicada".

Art. 113.º (Condição ou termo)
Se a eficácia da fusão estiver sujeita a condição ou termo suspensivos e ocorreram, antes da verificação destes, mudanças relevantes nos elementos de facto em que as deliberações se basearam, pode a assembleia de qualquer das sociedades deliberar que seja requerida a resolução ou a modificação do contrato, ficando a eficácia deste diferida até ao trânsito em julgado da decisão a proferir no processo.

Art. 114.º (Responsabilidade emergente da fusão)
1. Os membros do órgão de administração e os membros do órgão de fiscalização de cada uma das sociedades participantes são solidariamente responsáveis pelos danos causados pela fusão à sociedade e aos seus sócios e credores, desde que, na verificação da situação patrimonial das sociedades e na conclusão da fusão, não tenham observado a diligência de um gestor criterioso e ordenado.

2. A extinção de sociedades ocasionada pela fusão não impede o exercício dos direitos de indemnização previstos no número anterior e, bem assim, dos direitos que resultem da fusão a favor delas ou contra elas, considerando-se essas sociedades existentes para esse efeito.

Art. 115.º (Efectivação de responsabilidade no caso de extinção da sociedade)
1. Os direitos previstos no artigo anterior, quando relativos às sociedades referidas no seu n.º 2, serão exercidos por um representante especial, cuja nomeação pode ser requerida judicialmente por qualquer sócio ou credor da sociedade em causa.

2. O representante especial deve convidar os sócios e credores da sociedade, mediante a publicação de aviso, a reclamar os seus direitos de indemnização, no prazo por ele fixado, que não pode ser inferior a 30 dias.

3. A indemnização atribuída à sociedade será utilizada para satisfazer os respectivos credores, na medida em que não tenham sido pagos ou caucionados pela sociedade incorporante ou pela nova sociedade, repartindo-se o excedente entre os sócios, de acordo com as regras aplicáveis à partilha do activo de liquidação.

265

[11] CSC Arts. 116.°-117.°

Tít. I. Parte Geral

4. Os sócios e os credores que não tenham reclamado tempestivamente os seus direitos não são abrangidos na repartição ordenada no número precedente.

5. O representante especial tem direito ao reembolso das despesas que razoavelmente tenha feito e a uma remuneração da sua actividade; o tribunal, em seu prudente arbítrio, fixará o montante das depesas e da remuneração, bem como a medida em que elas devem ser suportadas pelos sócios e credores interessados.

Nota. A redacção do n.° 2 foi introduzida pelo art. 2.° do DL n.° 76-A/2006, de 29 de Março.

Art. 116.° (Incorporação de sociedade detida pelo menos a 90% por outra)

1. O disposto nos artigos anteriores aplica-se, com as excepções estabelecidas nos números seguintes, à incorporação por uma sociedade de outra de cujas partes, quotas ou acções aquela seja a titular de pelo menos 90%, directamente ou por pessoas que detenham essas participações por conta dela mas em nome próprio.

2. Não são neste caso aplicáveis as disposições relativas à troca de participações sociais, aos relatórios dos órgãos sociais e de peritos e à responsabilidade desses órgãos e peritos.

3. A fusão pode ser registada sem prévia deliberação das assembleias gerais, desde que se verifiquem cumulativamente os seguintes requisitos:

a) No projecto de fusão seja indicado que não há prévia deliberação de assembleias gerais, caso a respectiva convocação não seja requerida nos termos previstos na alínea *d)* deste número;

b) (...).

c) Os sócios tenham podido tomar conhecimento, na sede social, da documentação referida no artigo 101.°, a partir, pelo menos, do 8.° dia seguinte à publicação do registo do projecto de fusão e disso tenham sido avisados no mesmo projecto ou simultaneamente com a comunicação deste;

d) Nos 15 dias seguintes à publicação do registo do projecto de fusão não tenha sido requerida, por sócios detentores de 5% do capital social, a convocação da assembleia geral para se pronunciar sobre a fusão.

4. Os sócios detentores de 10% ou menos do capital social da sociedade incorporada, que tenham votado contra o projecto de fusão em assembleia convocada nos termos da alínea *d)* do número anterior, podem exonerar-se da sociedade.

5. À exoneração pedida nos termos do número anterior aplica-se o disposto no artigo 105.°

Notas. 1. Redacção introduzida pelo art. 2.° do DL n.° 76-A/2006, de 29 de Março, pelo art. 11.° do DL n.° 8/2007, de 17 de Janeiro, e pelo art. 3.° do DL n.° 185/2009, de 12 de Agosto, que também alterou a epígrafe do preceito.

2. A alínea *b)* do n.° 3 foi revogada pelo art. 13.° do DL n.° 185/2009, de 12 de Agosto.

Art. 117.° (Nulidade da fusão)

1. A nulidade da fusão só pode ser declarada por decisão judicial, com fundamento na inobservância da forma legalmente exigida ou na prévia declaração de nulidade ou anulação de alguma das deliberações das assembleias gerais das sociedades participantes.

2. A acção declarativa da nulidade da fusão só pode ser proposta enquanto não tiverem sido sanados os vícios existentes, mas nunca depois de decorridos seis

266

Cap. IX.   Fusão de sociedades   **Arts. 117.º-A-117.º-C csc [11]**

meses a contar da publicação da fusão definitivamente registada ou da publicação da sentença transitada em julgado que declare nula ou anule alguma das deliberações das referidas assembleias gerais.
3. O tribunal não declarará a nulidade da fusão se o vício que a produz for sanado no prazo que fixar.
4. A declaração judicial da nulidade está sujeita à mesma publicidade exigida para a fusão.
5. Os efeitos dos actos praticados pela sociedade incorporante depois da inscrição da fusão no registo comercial e antes da decisão declarativa da nulidade não são afectados por esta, mas a sociedade incorporada é solidariamente responsável pelas obrigações contraídas pela sociedade incorporante durante esse período; do mesmo modo respondem as sociedades fundidas pelas obrigações contraídas pela nova sociedade, se a fusão for declarada nula.

Nota: A redacção do n.º 1 foi introduzida pelo art. 11.º do DL n.º 8/2007, de 17 de Janeiro.

SECÇÃO II.   **Fusões transfronteiriças** [1]

Art. 117.º-A (Noção e âmbito)
1. A fusão transfronteiriça realiza-se mediante a reunião numa só de duas ou mais sociedades desde que uma das sociedades participantes na fusão tenha sede em Portugal e outra das sociedades participantes na fusão tenha sido constituída de acordo com a legislação de um Estado membro, nos termos da Directiva n.º 2005/56/CE, do Parlamento Europeu e do Conselho, de 26 de Outubro, e tenha a sede estatutária, a administração central ou o estabelecimento principal no território da Comunidade.
2. As sociedades em nome colectivo e as sociedades em comandita simples não podem participar numa fusão transfronteiriça.

Art. 117.º-B (Direito aplicável)
São aplicáveis às sociedades com sede em Portugal participantes num processo de fusão transfronteiriça as disposições da presente secção e, subsidiariamente, as disposições relativas às fusões internas, em especial no que respeita ao processo de tomada de decisão relativo à fusão, à protecção dos credores das sociedades objecto de fusão, dos obrigacionistas e dos direitos dos trabalhadores que não sejam regulados por lei especial.

Art. 117.º-C (Projectos comuns de fusões transfronteiriças)
O projecto comum de fusão transfronteiriça deve conter os elementos referidos no artigo 98.º e ainda:
a) As regras para a transferência de acções ou outros títulos representativos do capital social da sociedade resultante da fusão transfronteiriça;

---

[1] Os arts. 117.º-A a 117.º-L, que constituem a Secção II do Capítulo IX do Título I do CSC, foram aditados pelo art. 28.º da L n.º 19/2009, de 12 de Maio **[8]**.

[11] CSC Arts. 117.°-D-117.°-G   Tít. I.   Parte Geral

b) A data do encerramento das contas das sociedades que participam na fusão utilizadas para definir as condições da fusão transfronteiriça;

c) Se for caso disso, as informações sobre os procedimentos de acordo com os quais são fixadas as disposições relativas à intervenção dos trabalhadores na definição dos respectivos direitos de participação na sociedade resultante da fusão transfronteiriça;

d) As prováveis repercussões da fusão no emprego.

Art. 117.°-D (Designação de peritos)

1. Aplica-se à fiscalização do projecto comum nas sociedades com sede em Portugal participantes numa fusão transfronteiriça o disposto nos n.ºs 1, 2 e 4 a 6 do artigo 99.°

2. Se todas as sociedades participantes na fusão o desejarem, o exame pericial do projecto comum de fusão poderá ser feito quanto a todas elas pelo mesmo revisor ou sociedade de revisores, que elabora um relatório único destinado a todos os sócios das sociedades participantes.

3. Nos casos previstos no número anterior, recaindo a escolha das sociedades participantes num revisor português ou numa sociedade de revisores portuguesa, a sua designação fica a cargo da Ordem dos Revisores Oficiais de Contas, que procede à nomeação a solicitação conjunta das sociedades interessadas.

Art. 117.°-E (Forma e publicidade)

A participação de sociedades com sede em Portugal numa fusão transfronteiriça está sujeita às exigências de forma, assim como ao registo e à publicação previstos para as fusões internas, sem prejuízo do disposto no artigo 117.°-H.

Art. 117.°-F (Aprovação do projecto de fusão)

1. O projecto comum de fusão transfronteiriça deve ser aprovado pela assembleia geral de cada uma das sociedades participantes.

2. Aplicam-se à aprovação do projecto comum de fusão pelas assembleias gerais das sociedades participantes com sede em Portugal as disposições dos artigos 102.° e 103.°

3. A assembleia geral de qualquer das sociedades participantes pode subordinar a realização da fusão transfronteiriça à condição de serem aprovadas nessa assembleia as disposições relativas à participação dos trabalhadores na sociedade resultante da fusão transfronteiriça.

Art. 117.°-G (Certificado prévio e registo da fusão)

1. As autoridades competentes para o controlo da legalidade das fusões transfronteiriças são os serviços do registo comercial.

2. O controlo da legalidade previsto no número anterior abrange a prática dos seguintes actos:

a) A emissão de um certificado prévio, em relação a cada uma das sociedades participantes que tenham sede em Portugal e a seu pedido, que comprove o cumprimento dos actos e formalidades anteriores à fusão;

b) A fiscalização da legalidade da fusão transfronteiriça no âmbito do seu registo, desde que a sociedade resultante da fusão tenha sede em Portugal.

268

Cap. IX.   Fusão de sociedades   **Arts. 117.º-H-117.º-L csc** $[11]$

3. A emissão de certificado referido na alínea *a*) do número anterior pressupõe a verificação do cumprimento das formalidades prévias à fusão, em face das disposições legais aplicáveis, do projecto comum registado e publicado e dos relatórios dos órgãos da sociedade e dos peritos que, no caso, devam existir.

4. O controlo referido na alínea *b*) do n.º 2 é feito, em especial, mediante a verificação dos seguintes elementos:

a) Aprovação do projecto comum de fusão transfronteiriça, nos mesmos termos, pelas sociedades nela participantes;

b) Fixação das disposições relativas à participação dos trabalhadores, em conformidade com as regras legais aplicáveis, nos casos em que a mesma seja necessária.

5. Para efeitos do controlo referido na alínea *b*) do n.º 2, o pedido de registo da fusão transfronteiriça deve ser apresentado ao serviço do registo comercial pelas sociedades participantes, acompanhado do certificado referido na alínea *a*) do mesmo número e do projecto comum de fusão transfronteiriça aprovado pela assembleia geral, no prazo de seis meses após a emissão do certificado.

Art. 117.º-H (Efeitos do registo da fusão transfronteiriça)

Com a inscrição da fusão transfronteiriça no registo comercial, produzem-se os efeitos previstos no artigo 112.º

Art. 117.º-I (Incorporação de sociedade totalmente pertencente a outra)

1. O disposto na presente secção aplica-se, com as excepções estabelecidas nos números seguintes, à incorporação por uma sociedade de outra de cujas quotas ou acções aquela seja a única titular, directamente ou por pessoas que detenham essas participações por conta dela mas em nome próprio.

2. Não são aplicáveis neste caso as disposições relativas à troca de participações sociais nem aos relatórios de peritos da sociedade incorporada e os sócios da sociedade incorporada não se tornam sócios da sociedade incorporante.

3. Não é obrigatória nestes casos a aprovação do projecto comum de fusão pelas assembleias gerais das sociedades incorporadas, podendo também ser dispensada essa aprovação pela assembleia geral da sociedade incorporante desde que se verifiquem cumulativamente os requisitos estabelecidos no n.º 3 do artigo 116.º

Art. 117.º-J (Fusão por aquisição tendente ao domínio total)

Nos casos em que a sociedade incorporante que disponha de quotas ou acções correspondentes a, pelo menos, 90% do capital das sociedades incorporadas realizar uma fusão transfronteiriça por aquisição, os relatórios de peritos bem como os documentos necessários para a fiscalização são sempre exigidos mesmo nos casos em que a legislação que regula a sociedade incorporante ou as sociedades incorporantes com sede noutro Estado dispensem esses requisitos nas aquisições tendentes ao domínio total.

Art. 117.º-L (Validade da fusão)

A fusão que já tenha começado a produzir efeitos nos termos do artigo 117.º-H não pode ser declarada nula.

[11] CSC Arts. 118.º-119.º

Tít. I.   Parte Geral

CAPÍTULO X.   Cisão de sociedades

Art. 118.º (Noção. Modalidades)

1. É permitido a uma sociedade:

a) Destacar parte do seu património para com ela constituir outra sociedade;

b) Dissolver-se e dividir o seu património, sendo cada uma das partes resultantes destinada a constituir uma nova sociedade;

c) Destacar partes do seu património ou dissolver-se, dividindo o seu património em duas ou mais partes, para as fundir com sociedades já existentes ou com partes do património de outras sociedades, separadas por idênticos processos e com igual finalidade.

2. As sociedades resultantes da cisão podem ser de tipo diferente do da sociedade cindida.

Art. 119.º (Projecto de cisão)

Compete à administração da sociedade a cindir ou, tratando-se de cisão-fusão, às administrações das sociedades participantes, em conjunto, elaborar o projecto de cisão, donde constem, além dos demais elementos necessários ou convenientes para o perfeito conhecimento da operação visada, tanto no aspecto jurídico como no aspecto económico, os seguintes elementos:

a) A modalidade, os motivos, as condições e os objectivos da cisão relativamente a todas as sociedades participantes;

b) A firma, a sede, o montante do capital e o número de matrícula no registo comercial de cada uma das sociedades;

c) A participação que alguma das sociedades tenha no capital de outra;

d) A enumeração completa dos bens a transmitir para a sociedade incorporante ou para a nova sociedade e os valores que lhes são atribuídos;

e) Tratando-se de cisão-fusão, o balanço de cada uma das sociedades participantes, elaborado nos termos da alínea *d*) do n.º 1 e do n.º 2 do artigo 98.º;

f) As partes, quotas ou acções da sociedade incorporante ou da nova sociedade e, se for caso disso, as quantias em dinheiro que serão atribuídas aos sócios da sociedade a cindir, especificando-se a relação de troca das participações sociais, bem como as bases desta relação;

g) As modalidades de entrega das acções representativas do capital das sociedades resultantes da cisão;

h) A data a partir da qual as novas participações concedem o direito de participar nos lucros, bem como quaisquer particularidades relativas a este direito;

i) A data a partir da qual as operações da sociedade cindida são consideradas, do ponto de vista contabilístico, como efectuadas por conta da ou das sociedades resultantes da cisão;

j) Os direitos assegurados pelas sociedades resultantes da cisão aos sócios da sociedade cindida titulares de direitos especiais;

l) Quaisquer vantagens especiais atribuídas aos peritos que intervenham na cisão e aos membros dos órgãos de administração ou de fiscalização das sociedades participantes na cisão;

m) O projecto de alterações a introduzir no contrato da sociedade incorporante ou o projecto de contrato da nova sociedade;

Cap. X.   Cisão de sociedades   **Arts. 120.º-124.º CSC [11]**

n) As medidas de protecção dos direitos dos credores;
o) As medidas de protecção do direito de terceiros não sócios a participar nos lucros da sociedade;
p) A atribuição da posição contratual da sociedade ou sociedades intervenientes, decorrente dos contratos de trabalho celebrados com os seus trabalhadores, os quais não se extinguem por força da cisão.

Nota. Redacção introduzida pelo art. 2.º do DL n.º 76-A/2006, de 29 de Março.

Art. 120.º (Disposições aplicáveis)

É aplicável à cisão de sociedades, com as necessárias adaptações, o disposto relativamente à fusão.

Art. 121.º (Exclusão de novação)

A atribuição de dívidas da sociedade cindida à sociedade incorporante ou à nova sociedade não importa novação.

Art. 122.º (Responsabilidade por dívidas)

1. A sociedade cindida responde solidariamente pelas dívidas que, por força da cisão, tenham sido atribuídas à sociedade incorporante ou à nova sociedade.
2. As sociedades beneficiárias das entradas resultantes da cisão respondem solidariamente, até ao valor dessas entradas, pelas dívidas da sociedade cindida anteriores à inscrição da cisão no registo comercial; pode, todavia, convencionar-se que a responsabilidade é meramente conjunta.
3. A sociedade que, por motivo de solidariedade prescrita nos números anteriores, pague dívidas que não lhe hajam sido atribuídas tem direito de regresso contra a devedora principal.

Art. 123.º (Requisitos da cisão simples)

1. A cisão prevista no artigo 118.º, n.º 1, alínea *a*), não é possível:
a) Se o valor do património da sociedade cindida se tornar inferior à soma das importâncias do capital social e da reserva legal e não se proceder, antes da cisão ou juntamente com ela, à correspondente redução do capital social;
b) Se o capital da sociedade a cindir não estiver inteiramente liberado.
2. Nas sociedades por quotas adicionar-se-á, para os efeitos da alínea *a*) do número anterior, a importância das prestações suplementares efectuadas pelos sócios e ainda não reembolsadas.
3. A verificação das condições exigidas nos números precedentes constará expressamente dos pareceres e relatórios dos órgãos de administração e de fiscalização das sociedades, bem como do revisor oficial de contas ou sociedade de revisores.

Art. 124.º (Activo e passivo destacáveis)

1. Na cisão simples só podem ser destacados para a constituição da nova sociedade os elementos seguintes:
a) Participações noutras sociedades, quer constituam a totalidade quer parte das possuídas pela sociedade a cindir, para a formação de nova sociedade cujo exclusivo objecto consiste na gestão de participações sociais;

271

[11] CSC Arts. 125.º-129.º

Tít. I. Parte Geral

b) Bens que no património da sociedade a cindir estejam agrupados, de modo a formarem uma unidade económica.

2. No caso da alínea *b*) do número anterior, podem ser atribuídas à nova sociedade dívidas que economicamente se relacionem com a constituição ou o funcionamento da unidade aí referida.

Art. 125.º (Redução do capital da sociedade a cindir)

A redução do capital da sociedade a cindir só fica sujeita ao regime geral na medida em que não se contenha no montante global do capital das novas sociedades.

Art. 126.º (Cisão-dissolução. Extensão)

1. A cisão-dissolução prevista no artigo 118.º, n.º 1, da alínea *b*), deve abranger todo o património da sociedade a cindir.

2. Não tendo a deliberação de cisão estabelecido o critério de atribuição de bens ou de dívidas que não constem do projecto definitivo de cisão, os bens serão repartidos entre as novas sociedades na proporção que resultar do projecto de cisão; pelas dívidas responderão solidariamente as novas sociedades.

Nota. A redacção do n.º 2 foi introduzida pelo DL n.º 280/87, de 8 de Julho [**13**].

Art. 127.º (Participação na nova sociedade)

Salvo acordo diverso entre os interessados, os sócios da sociedade dissolvida por cisão-dissolução participarão em cada uma das novas sociedades na proporção que lhes caiba na primeira.

Art. 127.º-A (Dispensa de requisitos de informação)

Na cisão-dissolução a realizar de harmonia com o disposto na parte final do artigo anterior não são exigíveis a elaboração e disponibilização do balanço a que se refere a alínea *d*) do n.º 1 do artigo 98.º e dos relatórios dos órgãos sociais e de peritos.

Nota. Aditado pelo art. 3.º do DL n.º 53/2011, de 13 de Abril.

Art. 128.º (Requisitos especiais da cisão-fusão)

Os requisitos a que, por lei ou contrato, esteja submetida a transmissão de certos bens ou direitos não são dispensados no caso de cisão-fusão.

Art. 129.º (Constituição de novas sociedades)

1. Na constituição de novas sociedades, por cisões-fusões simultâneas de duas ou mais sociedades, podem intervir apenas estas.

2. A participação dos sócios da sociedade cindida na formação do capital da nova sociedade não pode ser superior ao valor dos bens destacados, líquido das dívidas que convencionalmente os acompanhem.

Cap. XI. Transformação de sociedades   **Arts. 130.º-132.º CSC [11]**

CAPÍTULO XI.   Transformação de sociedades

Art. 130.º (Noção e modalidades)

1. As sociedades constituídas segundo um dos tipos enumerados no artigo 1.º, n.º 2, podem adoptar posteriormente um outro desses tipos, salvo proibição da lei ou do contrato.

2. As sociedades constituídas nos termos dos artigos 980.º e seguintes do Código Civil podem posteriormente adoptar algum dos tipos enumerados no artigo 1.º, n.º 2, desta lei.

3. A transformação de uma sociedade, nos termos dos números anteriores, não importa a dissolução dela, salvo se assim for deliberado pelos sócios.

4. As disposições deste capítulo são aplicáveis às duas espécies de transformação admitidas pelo número anterior.

5. No caso de ter sido deliberada a dissolução, aplicam-se os preceitos legais ou contratuais que a regulam, se forem mais exigentes do que os preceitos relativos à transformação. A nova sociedade sucede automática e globalmente à sociedade anterior.

6. A sociedade formada por transformação, nos termos do n.º 2, sucede automática e globalmente à sociedade anterior.

Art. 131.º (Impedimentos à transformação)

1. Uma sociedade não pode transformar-se:

a) Se o capital não estiver integralmente liberado ou se não estiverem totalmente realizadas as entradas convencionadas no contrato;

b) Se o balanço da sociedade a transformar mostrar que o valor do seu património é inferior à soma do capital e reserva legal;

c) Se a ela se opuserem sócios titulares de direitos especiais que não possam ser mantidos depois da transformação;

d) Se, tratando-se de uma sociedade anónima, esta tiver emitido obrigações convertíveis em acções ainda não totalmente reembolsadas ou convertidas.

2. A oposição prevista na alínea *c)* do número anterior deve ser deduzida por escrito, no prazo fixado no artigo 137.º, n.º 1, pelos sócios titulares de direitos especiais.

3. Correspondendo direitos especiais a certas categorias de acções, a oposição poderá ser deduzida no dobro do prazo referido no número anterior.

Art. 132.º (Relatório e convocação)

1. A administração da sociedade organiza um relatório justificativo da transformação, o qual é acompanhado:

a) Do balanço do último exercício, desde que tenha sido encerrado nos seis meses anteriores à data da deliberação de transformação ou de um balanço reportado a uma data que não anteceda o 1.º dia do 3.º mês anterior à data da deliberação de transformação;

b) Do projecto do contrato pelo qual a sociedade passará a reger-se.

2. No relatório referido no número anterior, a administração deve assegurar que a situação patrimonial da sociedade não sofreu modificações significativas

273

[11] CSC Arts. 133.°-137.° Tít. I. Parte Geral

desde a data a que se reporta o balanço considerado ou, no caso contrário, indicar as que tiverem ocorrido.

3. Aplica-se, com as necessárias adaptações, o disposto nos artigos 99.° e 101.°, devendo os documentos estar à disposição dos sócios a partir da data de convocação da assembleia geral.

4. O disposto nos números anteriores não obsta à aprovação da transformação nos termos previstos no artigo 54.°, devendo neste caso os documentos estar à disposição dos sócios com a antecedência prevista para a convocação da assembleia.

Nota. Redacção introduzida pelo art. 2.° do DL n.° 76-A/2006, de 29 de Março, e pelo art. 11.° do DL n.° 8/2007, de 17 de Janeiro.

Art. 133.° (Quórum deliberativo)

1. A transformação da sociedade deve ser deliberada pelos sócios, nos termos prescritos para o respectivo tipo de sociedade, neste Código ou no artigo 982.° do Código Civil.

2. Além dos requisitos exigidos pelo número anterior, as deliberações de transformação que importem para todos ou alguns sócios a assunção de responsabilidade ilimitada só são válidas se forem aprovadas pelos sócios que devam assumir essa responsabilidade.

Art. 134.° (Conteúdo das deliberações)

Devem ser deliberadas separadamente:

a) A aprovação do balanço ou da situação patrimonial, nos termos dos n.ᵒˢ 1 e 2 do artigo 132.°;

b) A aprovação da transformação;

c) A aprovação do contrato pelo qual a sociedade passará a reger-se.

Art. 135.° (Escritura pública de transformação)

Nota. Revogado pelo art. 61.°, alínea *b*), do DL n.° 76-A/2006, de 29 de Março.

Art. 136.° (Participações dos sócios)

1. Salvo acordo de todos os sócios interessados, o montante nominal da participação de cada sócio no capital social e a proporção de cada participação relativamente ao capital não podem ser alterados na transformação.

2. Aos sócios de indústria, sendo caso disso, será atribuída a participação do capital que for convencionada, reduzindo-se proporcionalmente a participação dos restantes.

3. O disposto nos números anteriores não prejudica os preceitos legais que imponham um montante mínimo para as participações dos sócios.

Art. 137.° (Direito de exoneração dos sócios)

1. Se a lei ou o contrato de sociedade atribuir ao sócio que tenha votado contra a deliberação de transformação o direito de se exonerar, pode o sócio exigir, no prazo de um mês a contar da aprovação da deliberação, que a sociedade adquira ou faça adquirir a sua participação social.

274

Cap. XII. Dissolução da sociedade   **Arts. 138.º-141.º CSC [11]**

2. Os sócios que se exonerarem da sociedade, nos termos do n.º 1, receberão o valor da sua participação calculado nos termos do artigo 105.º

Nota. Redacção introduzida pelo art. 2.º do DL n.º 76-A/2006, de 29 de Março, o qual também alterou a epígrafe do preceito.

Art. 138.º (Credores obrigacionistas)

Seja qual for o tipo que a sociedade transformada adopte, os direitos dos obrigacionistas anteriormente existentes mantêm-se e continuam a ser regulados pelas normas aplicáveis a essa espécie de credores.

Art. 139.º (Responsabilidade ilimitada de sócios)

1. A transformação não afecta a responsabilidade pessoal e ilimitada dos sócios pelas dívidas sociais anteriormente contraídas.

2. A responsabilidade pessoal e ilimitada dos sócios, criada pela transformação da sociedade, não abrange as dívidas sociais anteriormente contraídas.

Art. 140.º (Direitos incidentes sobre as participações)

Os direitos reais de gozo ou de garantia que, à data da transformação, incidam sobre participações sociais são mantidos nas novas espécies de participações.

Nota. Redacção introduzida pelo art. 2.º do DL n.º 76-A/2006, de 29 de Março.

Art. 140.º-A (Registo da transformação)

1. Para efeitos do registo da transformação, qualquer membro da administração deve declarar por escrito, sob sua responsabilidade e sem dependência de especial designação pelos sócios, que não houve oposição à transformação, nos termos dos n.ºˢ 2 e 3 do artigo 131.º, bem como, em caso de necessidade, reproduzir o novo contrato.

2. Sem prejuízo do disposto no número anterior, se algum sócio exercer o direito de se exonerar, nos termos do artigo 137.º, o membro da administração deve:

a) Declarar quais os sócios que se exoneraram e o montante da liquidação das respectivas partes sociais ou quotas, bem como o valor atribuído a cada acção e o montante global pago aos accionistas exonerados;

b) Declarar que os direitos dos sócios exonerados podem ser satisfeitos sem afectação do capital, nos termos do artigo 32.º;

c) Identificar os sócios que se mantêm na sociedade e a participação de cada um deles no capital, consoante o que for determinado pelas regras aplicáveis ao tipo de sociedade adoptado.

Nota. Aditado pelo art. 3.º do DL n.º 76-A/2006, de 29 de Março.

CAPÍTULO XII. Dissolução da sociedade

Art. 141.º (Casos de dissolução imediata)

1. A sociedade dissolve-se nos casos previstos no contrato e ainda:

a) Pelo decurso do prazo fixado no contrato;

b) Por deliberação dos sócios;

[11] CSC Arts. 142.°-143.° Tít. I. Parte Geral

c) Pela realização completa do objecto contratual;
d) Pela ilicitude superveniente do objecto contratual;
e) Pela declaração de insolvência da sociedade.

2. Nos casos de dissolução imediata previstos nas alíneas *a*), *c*) e *d*) do número anterior, os sócios podem deliberar, por maioria simples dos votos produzidos na assembleia, o reconhecimento da dissolução e, bem assim, pode qualquer sócio, sucessor de sócio, credor da sociedade ou credor de sócio de responsabilidade ilimitada promover a justificação notarial ou o procedimento simplificado de justificação.

Nota. A redacção deste preceito, que já tinha sofrido uma primeira alteração (art. 1.° do DL n.° 162/2002, de 11 de Julho), foi introduzida pelo art. 1.° do DL n.° 19/2005, de 18 de Janeiro, e pelo art. 2.° do DL n.° 76-A/2006, de 29 de Março.

Art. 142.° (Causas de dissolução administrativa ou por deliberação dos sócios)
1. Pode ser requerida a dissolução administrativa da sociedade com fundamento em facto previsto na lei ou no contrato e quando:
a) Por período superior a um ano, o número de sócios for inferior ao mínimo exigido por lei, excepto se um dos sócios for uma pessoa colectiva pública ou entidade a ela equiparada por lei para esse efeito;
b) A actividade que constitui o objecto contratual se torne de facto impossível;
c) A sociedade não tenha exercido qualquer actividade durante dois anos consecutivos;
d) A sociedade exerça de facto uma actividade não compreendida no objecto contratual.

2. Se a lei nada disser sobre o efeito de um caso previsto como fundamento de dissolução ou for duvidoso o sentido do contrato, entende-se que a dissolução não é imediata.

3. Nos casos previstos no n.° 1 podem os sócios, por maioria absoluta dos votos expressos na assembleia, dissolver a sociedade, com fundamento no facto ocorrido.

4. A sociedade considera-se dissolvida a partir da data da deliberação prevista no número anterior, mas, se a deliberação for judicialmente impugnada, a dissolução ocorre na data do trânsito em julgado da sentença.

Nota. A redacção deste preceito, que já tinha sofrido uma primeira alteração (DL n.° 280/87, de 8 de Julho), foi introduzida pelo art. 2.° do DL n.° 76-A/2006, de 29 de Março, o qual também alterou a epígrafe do preceito.

Art. 143.° (Causas de dissolução oficiosa)
O serviço de registo competente deve instaurar oficiosamente o procedimento administrativo de dissolução, caso não tenha sido ainda iniciado pelos interessados, quando:
a) Durante dois anos consecutivos, a sociedade não tenha procedido ao depósito dos documentos de prestação de contas e a administração tributária tenha comunicado ao serviço de registo competente a omissão de entrega da declaração fiscal de rendimentos pelo mesmo período;
b) A administração tributária tenha comunicado ao serviço de registo competente a ausência de actividade efectiva da sociedade, verificada nos termos previstos na legislação tributária;

276

Cap. XIII.   Liquidação da sociedade   **Arts. 144.º-146.º CSC [11]**

c) A administração tributária tenha comunicado ao serviço de registo competente a declaração oficiosa da cessação de actividade da sociedade, nos termos previstos na legislação tributária.

Nota. Redacção introduzida pelo art. 2.º do DL n.º 76-A/2006, de 29 de Março, o qual também alterou a epígrafe do preceito.

Art. 144.º (Regime do procedimento administrativo de dissolução)

O regime do procedimento administrativo de dissolução é regulado em diploma próprio.

Notas. 1. Redacção introduzida pelo art. 2.º do DL n.º 76-A/2006, de 29 de Março, o qual também alterou a epígrafe do preceito.

2. Cf. Anexo ao DL n.º 76-A/2006 [6].

Art. 145.º (Forma e registo da dissolução)

1. A dissolução da sociedade não depende de forma especial nos casos em que tenha sido deliberada pela assembleia geral.

2. Nos casos a que se refere o número anterior, a administração da sociedade ou os liquidatários devem requerer a inscrição da dissolução no serviço de registo competente e qualquer sócio tem esse direito, a expensas da sociedade.

Nota. Redacção introduzida pelo art. 2.º do DL n.º 76-A/2006, de 29 de Março, o qual também alterou a epígrafe do preceito.

CAPÍTULO XIII.   Liquidação da sociedade

Art. 146.º (Regras gerais)

1. Salvo quando a lei disponha de forma diversa, a sociedade dissolvida entra imediatamente em liquidação, nos termos dos artigos seguintes do presente capítulo, aplicando-se ainda, nos casos de insolvência e nos casos expressamente previstos na lei de liquidação judicial, o disposto nas respectivas leis de processo.

2. A sociedade em liquidação mantém a personalidade jurídica e, salvo quando outra coisa resulte das disposições subsequentes ou da modalidade da liquidação, continuam a ser-lhe aplicáveis, com as necessárias adaptações, as disposições que regem as sociedades não dissolvidas.

3. A partir da dissolução, à firma da sociedade deve ser aditada a menção «sociedade em liquidação» ou «em liquidação».

4. O contrato de sociedade pode estipular que a liquidação seja feita por via administrativa, podendo igualmente os sócios deliberar nesse sentido com a maioria que seja exigida para a alteração do contrato.

5. O contrato de sociedade e as deliberações dos sócios podem regulamentar a liquidação em tudo quanto não estiver disposto nos artigos seguintes.

6. Nos casos em que tenha ocorrido dissolução administrativa promovida por via oficiosa, a liquidação é igualmente promovida oficiosamente pelo serviço de registo competente.

Nota. A redacção dos n.ºˢ 1, 4 e 5 foi introduzida pelo art. 2.º do DL n.º 76-A/2006, de 29 de Março, que também aditou o n.º 6.

[11] CSC Arts. 147.°-151.°   Tít. I.   Parte Geral

Art. 147.° (Partilha imediata)

1. Sem prejuízo do disposto no artigo 148.°, se, à data da dissolução, a sociedade não tiver dívidas, podem os sócios proceder imediatamente à partilha dos haveres sociais, pela forma prescrita no artigo 156.°

2. As dívidas de natureza fiscal ainda não exigíveis à data da dissolução não obstam à partilha nos termos do número anterior, mas por essas dívidas ficam ilimitada e solidariamente responsáveis todos os sócios, embora reservem, por qualquer forma, as importâncias que estimarem para o seu pagamento.

Art. 148.° (Liquidação por transmissão global)

1. O contrato de sociedade ou uma deliberação dos sócios pode determinar que todo o património, activo e passivo, da sociedade dissolvida seja transmitido para algum ou alguns sócios, inteirando-se os outros a dinheiro, contanto que a transmissão seja precedida de acordo escrito de todos os credores da sociedade.

2. É aplicável o disposto no artigo 147.°, n.° 2.

Art. 149.° (Operações preliminares da liquidação)

1. Antes de ser iniciada a liquidação devem ser organizados e aprovados, nos termos desta lei, os documentos de prestação de contas da sociedade, reportados à data da dissolução.

2. A administração deve dar cumprimento ao disposto no número anterior dentro dos 60 dias seguintes à dissolução da sociedade; caso o não faça, esse dever cabe aos liquidatários.

3. A recusa de entregar aos liquidatários todos os livros, documentos e haveres da sociedade constitui impedimento ao exercício do cargo, para os efeitos dos artigos 1500.° e 1501.° do Código de Processo Civil.

Art. 150.° (Duração da liquidação)

1. A liquidação deve estar encerrada e a partilha aprovada no prazo de dois anos a contar da data em que a sociedade se considere dissolvida, sem prejuízo de prazo inferior convencionado no contrato ou fixado por deliberação dos sócios.

2. O prazo estabelecido no número anterior só pode ser prorrogado por deliberação dos sócios e por período não superior a um ano.

3. Decorridos os prazos previstos nos números anteriores sem que tenha sido requerido o registo do encerramento da liquidação, o serviço de registo competente promove oficiosamente a liquidação por via administrativa.

Nota. Redacção introduzida pelo art. 2.° do DL n.° 76-A/2006, de 29 de Março.

Art. 151.° (Liquidatários)

1. Salvo cláusula do contrato de sociedade ou deliberação em contrário, os membros da administração da sociedade passam a ser liquidatários desta a partir do momento em que ela se considere dissolvida.

2. Em qualquer momento e sem dependência de justa causa, podem os sócios deliberar a destituição de liquidatários, bem como nomear novos liquidatários, em acréscimo ou em substituição dos existentes.

3. O conselho fiscal, qualquer sócio ou credor da sociedade pode requerer a destituição do liquidatário por via administrativa, com fundamento em justa causa.

278

Cap. XIII. Liquidação da sociedade   **Arts. 152.º-153.º CSC [11]**

4. Não havendo nenhum liquidatário, pode o conselho fiscal, qualquer sócio ou credor da sociedade requerer a respectiva designação por via administrativa ao serviço de registo competente, prosseguindo a liquidação os termos previstos no presente Código.

5. Uma pessoa colectiva não pode ser nomeada liquidatário, exceptuadas as sociedades de advogados ou de revisores oficiais de contas.

6. Sem prejuízo de cláusula do contrato de sociedade ou de deliberação em contrário, havendo mais de um liquidatário, cada um tem poderes iguais e independentes para os actos de liquidação, salvo quanto aos de alienação de bens da sociedade, para os quais é necessária a intervenção de, pelo menos, dois liquidatários.

7. As deliberações de nomeação ou destituição de liquidatários e bem assim a concessão de algum dos poderes referidos no n.º 2 do artigo 152.º devem ser inscritas no serviço de registo competente.

8. As funções dos liquidatários terminam com a extinção da sociedade, sem prejuízo, contudo, do disposto nos artigos 162.º a 164.º

9. A remuneração dos liquidatários é fixada por deliberação dos sócios e constitui encargo da liquidação.

Nota. A redacção dos n.ºˢ 3, 4 e 7 foi introduzida pelo art. 2.º do DL n.º 76-A/2006, de 29 de Março.

Art. 152.º (Deveres, poderes e responsabilidade dos liquidatários)

1. Com ressalva das disposições legais que lhes sejam especialmente aplicáveis e das limitações resultantes da natureza das suas funções, os liquidatários têm, em geral, os deveres, os poderes e a responsabilidade dos membros do órgão de administração da sociedade.

2. Por deliberação dos sócios pode o liquidatário ser autorizado a:

a) Continuar temporariamente a actividade anterior da sociedade;

b) Contrair empréstimos necessários à efectivação da liquidação;

c) Proceder à alienação em globo do património da sociedade;

d) Proceder ao trespasse do estabelecimento da sociedade.

3. O liquidatário deve:

a) Ultimar os negócios pendentes;

b) Cumprir as obrigações da sociedade;

c) Cobrar os créditos da sociedade;

d) Reduzir a dinheiro o património residual, salvo o disposto no artigo 156.º, n.º 1;

e) Propor a partilha dos haveres sociais.

Art. 153.º (Exigibilidade de débitos e créditos da sociedade)

1. Salvo nos casos de falência ou de acordo diverso entre a sociedade e um seu credor, a dissolução da sociedade não torna exigíveis as dívidas desta, mas os liquidatários podem antecipar o pagamento delas, embora os prazos tenham sido estabelecidos em benefício dos credores.

2. Os créditos sobre terceiros e sobre sócios por dívidas não incluídas no número seguinte devem ser reclamados pelos liquidatários, embora os prazos tenham sido estabelecidos em benefício da sociedade.

279

[11] CSC Arts. 154.°-157.°

Tít. I.   Parte Geral

3. As cláusulas de diferimento da prestação de entradas caducam na data da dissolução da sociedade, mas os liquidatários só poderão exigir dessas dívidas dos sócios as importâncias que forem necessárias para satisfação do passivo da sociedade e das despesas de liquidação, depois de esgotado o activo social, mas sem incluir neste os créditos litigiosos ou considerados incobráveis.

Art. 154.° (Liquidação do passivo social)

1. Os liquidatários devem pagar todas as dívidas da sociedade para as quais seja suficiente o activo social.

2. No caso de se verificarem as circunstâncias previstas no artigo 841.° do Código Civil, devem os liquidatários proceder à consignação em depósito do objecto da prestação; esta consignação não pode ser revogada pela sociedade, salvo provando que a dívida se extinguiu por outro facto.

3. Relativamente às dívidas litigiosas, os liquidatários devem acautelar os eventuais direitos do credor por meio de caução, prestada nos termos do Código de Processo Civil.

Art. 155.° (Contas anuais dos liquidatários)

1. Os liquidatários devem prestar, nos três primeiros meses de cada ano civil, contas da liquidação, as quais devem ser acompanhadas por um relatório pormenorizado do estado da mesma.

2. O relatório e as contas anuais dos liquidatários devem ser organizados, apreciados e aprovados nos termos prescritos para os documentos de prestação de contas da administração, com as necessárias adaptações.

Art. 156.° (Partilha do activo restante)

1. O activo restante, depois de satisfeitos ou acautelados, nos termos do artigo 154.°, os direitos dos credores da sociedade, pode ser partilhado em espécie, se assim estiver previsto no contrato ou se os sócios unanimemente o deliberarem.

2. O activo restante é destinado em primeiro lugar ao reembolso do montante das entradas efectivamente realizadas; esse montante é a fracção de capital correspondente a cada sócio, sem prejuízo do que dispuser o contrato para o caso de os bens com que o sócio realizou a entrada terem valor superior àquela fracção nominal.

3. Se não puder ser feito o reembolso integral, o activo existente é distribuído pelos sócios, por forma que a diferença para menos recaia em cada um deles na proporção da parte que lhe competir nas perdas da sociedade; para esse efeito, haverá que ter em conta a parte das entradas devida pelos sócios.

4. Se depois de feito o reembolso integral se registar saldo, este deve ser repartido na proporção aplicável à distribuição de lucros.

5. Os liquidatários podem excluir da partilha as importâncias estimadas para encargos da liquidação até à extinção da sociedade.

Art. 157.° (Relatório, contas finais e deliberação dos sócios)

1. As contas finais dos liquidatários devem ser acompanhadas por um relatório completo da liquidação e por um projecto de partilha do activo restante.

280

Cap. XIII. Liquidação da sociedade   **Arts. 158.º-161.º CSC [11]**

2. Os liquidatários devem declarar expressamente no relatório que estão satisfeitos ou acautelados todos os direitos dos credores e que os respectivos recibos e documentos probatórios podem ser examinados pelos sócios.

3. As contas finais devem ser organizadas de modo a discriminar os resultados das operações de liquidação efectuadas pelos liquidatários e o mapa da partilha, segundo o projecto apresentado.

4. O relatório e as contas finais dos liquidatários devem ser submetidos a deliberação dos sócios, os quais designam o depositário dos livros, documentos e demais elementos da escrituração da sociedade, que devem ser conservados pelo prazo de cinco anos.

Art. 158.º (Responsabilidade dos liquidatários para com os credores sociais)

1. Os liquidatários que, com culpa, nos documentos apresentados à assembleia para os efeitos do artigo anterior indicarem falsamente que os direitos de todos os credores da sociedade estão satisfeitos ou acautelados, nos termos desta lei, são pessoalmente responsáveis, se a partilha se efectivar, para com os credores cujos direitos não tenham sido satisfeitos ou acautelados.

2. Os liquidatários cuja responsabilidade tenha sido efectivada, nos termos do número anterior, gozam de direito de regresso contra os antigos sócios, salvo se tiverem agido com dolo.

Art. 159.º (Entrega dos bens partilhados)

1. Depois da deliberação dos sócios e em conformidade com esta, os liquidatários procedem à entrega dos bens que pela partilha ficam cabendo a cada um, devendo esses liquidatários executar as formalidades necessárias à transmissão dos bens atribuídos aos sócios, quando tais formalidades sejam exigíveis.

2. É admitida a consignação em depósito, nos termos gerais.

Nota. A redacção do n.º 1 foi introduzida pelo art. 2.º do DL n.º 76-A/2006, de 29 de Março.

Art. 160.º (Registo comercial)

1. Os liquidatários devem requerer o registo do encerramento da liquidação.

2. A sociedade considera-se extinta, mesmo entre os sócios e sem prejuízo do disposto nos artigos 162.º a 164.º, pelo registo do encerramento da liquidação.

Art. 161.º (Regresso à actividade)

1. Os sócios podem deliberar, observado o disposto neste artigo, que termine a liquidação da sociedade e esta retome a sua actividade.

2. A deliberação deve ser tomada pelo número de votos que a lei ou o contrato de sociedade exija para a deliberação de dissolução, a não ser que se tenha estipulado para este efeito maioria superior ou outros requisitos.

3. A deliberação não pode ser tomada:

a) Antes de o passivo ter sido liquidado, nos termos do artigo 154.º, exceptuados os créditos cujo reembolso na liquidação for dispensado expressamente pelos respectivos titulares;

b) Enquanto se mantiver alguma causa de dissolução;

c) Se o saldo de liquidação não cobrir o capital social, salvo redução deste.

281

[11] CSC Arts. 162.°-164.° Tít. I. Parte Geral

4. Para os efeitos da alínea *b*) do número anterior, a mesma deliberação pode tomar as providências necessárias para fazer cessar alguma causa de dissolução; nos casos previstos nos artigos 142.°, n.° 1, alínea *a*), e 464.°, n.° 3, a deliberação só se torna eficaz quando efectivamente tiver sido reconstituído o número legal de sócios; no caso de dissolução por morte do sócio não é bastante, mas necessário, o voto concordante dos sucessores na deliberação referida no n.° 1.

5. Se a deliberação for tomada depois de iniciada a partilha pode exonerar-se da sociedade o sócio cuja participação fique relevantemente reduzida em relação à que, no conjunto, anteriormente detinha, recebendo a parte que pela partilha lhe caberia.

Art. 162.° (Acções pendentes)

1. As acções em que a sociedade seja parte continuam após a extinção desta, que se considera substituída pela generalidade dos sócios, representados pelos liquidatários, nos termos dos artigos 163.°, n.ºs 2, 4 e 5, e 164.°, n.ºs 2 e 5.

2. A instância não se suspende nem é necessária habilitação.

Art. 163.° (Passivo superveniente)

1. Encerrada a liquidação e extinta a sociedade, os antigos sócios respondem pelo passivo social não satisfeito ou acautelado, até ao montante que receberam na partilha, sem prejuízo do disposto quanto a sócios de responsabilidade ilimitada.

2. As acções necessárias para os fins referidos no número anterior podem ser propostas contra a generalidade dos sócios, na pessoa dos liquidatários, que são considerados representantes legais daqueles para este efeito, incluindo a citação; qualquer dos sócios pode intervir como assistente; sem prejuízo das excepções previstas no artigo 341.° do Código de Processo Civil, a sentença proferida relativamente à generalidade dos sócios constitui caso julgado em relação a cada um deles.

3. O antigo sócio que satisfizer alguma dívida, por força do disposto no n.° 1, tem direito de regresso contra os outros, de maneira a ser respeitada a proporção de cada um nos lucros e nas perdas.

4. Os liquidatários darão conhecimento da acção a todos os antigos sócios, pela forma mais rápida que lhes for possível, e podem exigir destes adequada provisão para encargos judiciais.

5. Os liquidatários não podem escusar-se a funções atribuídas neste artigo, sendo essas funções exercidas, quando tenham falecido, pelos últimos gerentes ou administradores ou, no caso de falecimento destes, pelos sócios, por ordem decrescente da sua participação no capital da sociedade.

Nota. A redacção do n.° 5 foi introduzida pelo art. 2.° do DL n.° 76-A/2006, de 29 de Março.

Art. 164.° (Activo superveniente)

1. Verificando-se, depois de encerrada a liquidação e extinta a sociedade, a existência de bens não partilhados, compete aos liquidatários propor a partilha adicional pelos antigos sócios, reduzindo os bens a dinheiro, se não for acordada unanimemente a partilha em espécie.

2. As acções para cobrança de créditos da sociedade abrangidos pelo disposto no número anterior podem ser propostas pelos liquidatários, que, para o efeito, são

282

Cap. XIV. Publicidade de actos sociais   **Arts. 165.º-167.º CSC [11]**

considerados representantes legais da generalidade dos sócios; qualquer destes pode, contudo, propor acção limitada ao seu interesse.

3. A sentença proferida relativamente à generalidade dos sócios constitui caso julgado para cada um deles e pode ser individualmente executada, na medida dos respectivos interesses.

4. É aplicável o disposto no artigo 163.º, n.º 4.

5. No caso de falecimento dos liquidatários, aplica-se o disposto no artigo 163.º, n.º 5.

Art. 165.º (Liquidação no caso de invalidade do contrato)

1. Declarado nulo ou anulado o contrato de sociedade, devem os sócios proceder à liquidação, nos termos dos artigos anteriores, com as seguintes especialidades:

a) Devem ser nomeados liquidatários, excepto se a sociedade não tiver iniciado a sua actividade;

b) O prazo de liquidação extrajudicial é de dois anos, a contar da declaração de nulidade ou anulação do contrato, e só pode ser prorrogado pelo tribunal;

c) As deliberações dos sócios serão tomadas pela forma prescrita para as sociedades em nome colectivo;

d) A partilha será feita de acordo com as regras estipuladas no contrato, salvo se tais regras forem, em si, mesmas, inválidas;

e) Só haverá lugar a registo de qualquer acto se estiver registada a constituição da sociedade.

2. Nos casos previstos no número anterior qualquer sócio, credor da sociedade ou credor de sócio de responsabilidade ilimitada pode requerer a liquidação judicial, antes de ter sido iniciada a liquidação pelos sócios, ou a continuação judicial da liquidação iniciada, se esta não tiver terminado no prazo legal.

CAPÍTULO XIV. **Publicidade de actos sociais**

Art. 166.º (Actos sujeitos a registo)

Os actos relativos à sociedade estão sujeitos a registo e publicação nos termos da lei respectiva.

Art. 167.º (Publicações obrigatórias)

1. As publicações obrigatórias devem ser feitas, a expensas da sociedade, em sítio na Internet de acesso público, regulado por portaria do Ministro da Justiça, no qual a informação objecto de publicidade possa ser acedida, designadamente por ordem cronológica.

2. (…).

Notas. 1. Segundo o disposto no n.º 4 do art. 70.º do CRegCom **[2]**, as publicações referidas nas alíneas *a*), *b*), *d*), e *f*) do n.º 1 do mesmo artigo devem ser efectuadas também num jornal da localidade da sede da sociedade ou da região respectiva.

2. A redacção do n.º 1 foi introduzida pelo art. 17.º do DL n.º 111/2005, de 8 de Julho **[4]**.

3. O n.º 2 foi revogado pelo art. 61.º, alínea *b*), do DL n.º 76-A/2006, de 29 de Março.

4. Cf. a Portaria n.º 590-A/2005, de 14 de Julho.

283

[11] CSC Arts. 168.°-171.° Tít. I. Parte Geral

Art. 168.° (Falta de registo ou publicação)

1. Os terceiros podem prevalecer-se de actos cujo registo e publicação não tenham sido efectuados, salvo se a lei privar esses actos de todos os efeitos ou especificar para que efeitos podem os terceiros prevalecer-se deles.

2. A sociedade não pode opor a terceiros actos cuja publicação seja obrigatória sem que esta esteja efectuada, salvo se a sociedade provar que o acto está registado e que o terceiro tem conhecimento dele.

3. Relativamente a operações efectuadas antes de terem decorrido dezasseis dias sobre a publicação, os actos não são oponíveis pela sociedade a terceiros que provem ter estado, durante esse período, impossibilitados de tomar conhecimento da publicação.

4. Os actos sujeitos a registo, mas que não devam ser obrigatoriamente publicados, não podem ser opostos pela sociedade a terceiros enquanto o registo não for efectuado.

5. As acções de declaração de nulidade ou de anulação de deliberações sociais não podem prosseguir, enquanto não for feita prova de ter sido requerido o registo; nas acções de suspensão das referidas deliberações a decisão não será proferida enquanto aquela prova não for feita.

Art. 169.° (Responsabilidade por discordâncias de publicidade)

1. A sociedade responde pelos prejuízos causados a terceiros pelas discordâncias entre o teor dos actos praticados, o teor do registo e o teor das publicações, quando delas sejam culpados gerentes, administradores, liquidatários ou representantes.

2. As pessoas que têm o dever de requerer o registo e de proceder às publicações devem igualmente tomar as providências necessárias para que sejam sanadas, no mais breve prazo, as discordâncias entre o acto praticado, o registo e as publicações.

3. No caso de discordância entre o teor do acto constante das publicações e o constante do registo, a sociedade não pode opor a terceiros o texto publicado, mas estes podem prevalecer-se dele, salvo se a sociedade provar que o terceiro tinha conhecimento do texto constante do registo.

Nota. A redacção do n.° 1 foi introduzida pelo art. 2.° do DL n.° 76-A/2006, de 29 de Março.

Art. 170.° (Eficácia de actos para com a sociedade)

A eficácia para com a sociedade de actos que, nos termos da lei, devam ser--lhe notificados ou comunicados não depende de registo ou de publicação.

Art. 171.° (Menções em actos externos)

1. Sem prejuízo de outras menções exigidas por leis especiais, em todos os contratos, correspondência, publicações, anúncios, sítios na Internet e de um modo geral em toda a actividade externa, as sociedades devem indicar claramente, além da firma, o tipo, a sede, a conservatória do registo onde se encontrem matriculadas, o seu número de matrícula e de identificação de pessoa colectiva e, sendo caso disso, a menção de que a sociedade se encontra em liquidação.

2. As sociedades por quotas, anónimas e em comandita por acções devem ainda indicar o capital social, o montante do capital realizado, se for diverso, e o

Cap. XVI.   Prescrição   **Arts. 172.º-174.º CSC [11]**

montante do capital próprio segundo o último balanço aprovado, sempre que este for igual ou inferior a metade do capital social.

3. O disposto no n.º 1 é aplicável às sucursais de sociedades com sede no estrangeiro, devendo estas, para além dos elementos aí referidos, indicar ainda a conservatória do registo onde se encontram matriculadas e o respectivo número de matrícula nessa conservatória.

Notas. 1. A redacção do n.º 2 foi introduzida pelo art. 1.º do DL n.º 19/2005, de 18 de Janeiro.

2. A redacção dos n.ºs 1 e 3 foi introduzida pelo art. 2.º do DL n.º 76-A/2006, de 29 de Março.

CAPÍTULO XV.   **Fiscalização pelo Ministério Público**

Art. 172.º **(Requerimento de liquidação judicial)**

Se o contrato de sociedade não tiver sido celebrado na forma legal ou o seu objecto for ou se tornar ilícito ou contrário à ordem pública, deve o Ministério Público requerer, sem dependência de acção declarativa, a liquidação judicial da sociedade, se a liquidação não tiver sido iniciada pelos sócios ou não estiver terminada no prazo legal.

Art. 173.º **(Regularização da sociedade)**

1. Antes de tomar as providências determinadas no artigo anterior, deve o Ministério Público notificar por ofício a sociedade ou os sócios para, em prazo razoável, regularizarem a situação.

2. A situação das sociedades pode ainda ser regularizada até ao trânsito em julgado da sentença proferida na acção proposta pelo Ministério Público.

3. O disposto nos números anteriores não se aplica quanto a sociedades nulas por o seu objecto ser ilícito ou contrário à ordem pública.

CAPÍTULO XVI.   **Prescrição**

Art. 174.º **(Prescrição)**

1. Os direitos da sociedade contra os fundadores, os sócios, os gerentes, os administradores, os membros do conselho fiscal e do conselho geral e de supervisão, os revisores oficiais de contas e os liquidatários, bem como os direitos destes contra a sociedade, prescrevem no prazo de cinco anos contados a partir da verificação dos seguintes factos:

a) O início da mora, quanto à obrigação de entrada de capital ou de prestações suplementares;

b) O termo da conduta dolosa ou culposa do fundador, gerente, administrador, membro do conselho fiscal ou do conselho geral e de supervisão, revisor ou liquidatário ou a sua revelação, se aquela houver sido ocultada, e a produção do dano, sem necessidade de que este se tenha integralmente verificado, relativamente à obrigação de indemnizar a sociedade;

c) A data em que a transmissão de quotas ou acções se torne eficaz para com a sociedade quanto à responsabilidade dos transmitentes;

[11] CSC Arts. 175.º-176.º   Tít. II.   Sociedades em nome colectivo

d) O vencimento de qualquer outra obrigação;
e) A prática do acto em relação aos actos praticados em nome de sociedade irregular por falta de forma ou de registo.

2. Prescrevem no prazo de cinco anos a partir do momento referido na alínea *b*) do número anterior os direitos dos sócios e de terceiros, por responsabilidade para com eles de fundadores, gerentes, administradores, membros do conselho fiscal ou do conselho geral e de supervisão, liquidatários, revisores oficiais de contas, bem como de sócios, nos casos previstos nos artigos 82.º e 83.º

3. Prescrevem no prazo de cinco anos, a contar do registo da extinção da sociedade, os direitos de crédito de terceiros contra a sociedade, exercíveis contra os antigos sócios e os exigíveis por estes contra terceiros, nos termos dos artigos 163.º e 164.º, se, por força de outros preceitos, não prescreverem antes do fim daquele prazo.

4. Prescrevem no prazo de cinco anos, a contar da data do registo definitivo da fusão, os direitos de indemnização referidos no artigo 114.º

5. Se o facto ilícito de que resulta a obrigação constituir crime para o qual a lei estabeleça prescrição sujeita a prazo mais longo, será este o prazo aplicável.

Nota. A redacção do n.º 1, alínea *b*), e do n.º 2 foi introduzida pelo art. 2.º do DL n.º 76-A/2006, de 29 de Março.

TÍTULO II.   **SOCIEDADES EM NOME COLECTIVO**

CAPÍTULO I.   **Características e contrato**

Art. 175.º (Características)

1. Na sociedade em nome colectivo o sócio, além de responder individualmente pela sua entrada, responde pelas obrigações sociais subsidiariamente em relação à sociedade e solidariamente com os outros sócios.

2. O sócio não responde pelas obrigações da sociedade contraídas posteriormente à data em que dela sair, mas responde pelas obrigações contraídas anteriormente à data do seu ingresso.

3. O sócio que, por força do disposto nos números anteriores, satisfizer obrigações da sociedade tem direito de regresso contra os outros sócios, na medida em que o pagamento efectuado exceda a importância que lhe caberia suportar segundo as regras aplicáveis à sua participação nas perdas sociais.

4. O disposto no número anterior aplica-se tembém no caso de um sócio ter satisfeito obrigações da sociedade, a fim de evitar que contra ele seja intentada execução.

Art. 176.º (Conteúdo do contrato)

1. No contrato de sociedade em nome colectivo devem especialmente figurar:
a) A espécie e a caracterização da entrada de cada sócio, em indústria ou bens, assim como o valor atribuído aos bens;
b) O valor atribuído à indústria com que os sócios contribuam, para o efeito da repartição de lucros e perdas;
c) A parte de capital correspondente à entrada com bens de cada sócio.

2. Não podem ser emitidos títulos representativos de partes sociais.

Cap. I. Características e contrato   **Arts. 177.º-181.º CSC [11]**

Art. 177.º (Firma)

1. A firma da sociedade em nome colectivo deve, quando não individualizar todos os sócios, conter, pelo menos, o nome ou firma de um deles, com o aditamento, abreviado ou por extenso, «e Companhia» ou qualquer outro que indique a existência de outros sócios.

2. Se alguém que não for sócio da sociedade incluir o seu nome ou firma na firma social, ficará sujeito à responsabilidade imposta aos sócios no artigo 175.º

Art. 178.º (Sócios de indústria)

1. O valor da contribuição em indústria do sócio não é computado no capital social.

2. Os sócios de indústria não respondem, nas relações internas, pelas perdas sociais, salvo cláusula em contrário do contrato de sociedade.

3. Quando, nos termos da parte final do número anterior, o sócio de indústria responder pelas perdas sociais e por esse motivo contribuir com capital, ser-lhe-á composta, por redução proporcional das outras partes sociais, uma parte de capital correspondente àquela contribuição.

4. (...).

Nota. O n.º 4 foi revogado pelo art. 61.º, alínea *b*), do DL n.º 76-A/2006, de 29 de Março.

Art. 179.º (Responsabilidade pelo valor das entradas)

A verificação das entradas em espécie, determinada no artigo 28.º, pode ser substituída por expressa assunção pelos sócios, no contrato de sociedade, de responsabilidade solidária, mas não subsidiária, pelo valor atribuído aos bens.

Art. 180.º (Proibição de concorrência e de participação noutras sociedades)

1. Nenhum sócio pode exercer, por conta própria ou alheia, actividade concorrente com a da sociedade nem ser sócio de responsabilidade ilimitada noutra sociedade, salvo expresso consentimento de todos os outros sócios.

2. O sócio que violar o disposto no número antecedente fica responsável pelos danos que causar à sociedade; em vez de indemnização por aquela responsabilidade, a sociedade pode exigir que os negócios efectuados pelo sócio, de conta própria, sejam considerados como efectuados por conta da sociedade e que o sócio lhe entregue os proventos próprios resultantes dos negócios efectuados por ele, de conta alheia, ou lhe ceda os seus direitos a tais proventos.

3. Entende-se como concorrente qualquer actividade abrangida no objecto da sociedade, embora de facto não esteja a ser exercida por ela.

4. No exercício por conta própria inclui-se a participação de, pelo menos, 20% no capital ou nos lucros de sociedade em que o sócio assuma responsabilidade limitada.

5. O consentimento presume-se no caso de o exercício da actividade ou a participação noutra sociedade serem anteriores à entrada do sócio e todos os outros sócios terem conhecimento desses factos.

Art. 181.º (Direito dos sócios à informação)

1. Os gerentes devem prestar a qualquer sócio que o requeira informação verdadeira, completa e elucidativa sobre a gestão da sociedade, e bem assim facul-

[11] CSC Arts. 182.º-184.º

Tít. II. Sociedades em nome colectivo

tar-lhe na sede social a consulta da respectiva escrituração, livros e documentos. A informação será dada por escrito, se assim for solicitado.

2. Podem ser pedidas informações sobre actos já praticados ou sobre actos cuja prática seja esperada, quando estes sejam susceptíveis de fazerem incorrer o seu autor em responsabilidade, nos termos da lei.

3. A consulta da escrituração, livros ou documentos deve ser feita pessoalmente pelo sócio, que pode fazer-se assistir de um revisor oficial de contas ou de outro perito, bem como usar da faculdade reconhecida pelo artigo 576.º do Código Civil.

4. O sócio pode inspeccionar os bens sociais nas condições referidas nos números anteriores.

5. O sócio que utilize as informações obtidas de modo a prejudicar injustamente a sociedade ou outros sócios é responsável, nos termos gerais, pelos prejuízos que lhes causar e fica sujeito a exclusão.

6. No caso de ao sócio ser recusado o exercício dos direitos atribuídos nos números anteriores, pode requerer inquérito judicial nos termos previstos no artigo 450.º

Art. 182.º (Transmissão entre vivos de parte social)

1. 1. A parte de um sócio só pode ser transmitida, por acto entre vivos, com o expresso consentimento dos restantes sócios.

2. A transmissão da parte de um sócio deve ser reduzida a escrito.

3. O disposto nos números anteriores aplica-se à constituição dos direitos reais de gozo ou de garantia sobre a parte do sócio.

4. A transmissão da parte do sócio torna-se eficaz para com a sociedade logo que lhe for comunicada por escrito ou por ela reconhecida expressa ou tacitamente.

Nota. Redacção introduzida pelo art. 1.º do DL n.º 237/2001, de 30 de Agosto, e pelo art. 2.º do DL n.º 76-A/2006, de 29 de Março.

Art. 183.º (Execução sobre a parte do sócio)

1. O credor do sócio não pode executar a parte deste na sociedade, mas apenas o direito aos lucros e à quota de liquidação.

2. Efectuada a penhora dos direitos referidos no número anterior, o credor, nos quinze dias seguintes à notificação desse facto, pode requerer que a sociedade seja notificada para, em prazo razoável, não excedente a 180 dias, proceder à liquidação da parte.

3. Se a sociedade demonstrar que o sócio devedor possui outros bens suficientes para satisfação da dívida exequenda, a execução continuará sobre esses bens.

4. Se a sociedade provar que a parte do sócio não pode ser liquidada, por força do disposto no artigo 188.º, prosseguirá a execução sobre o direito aos lucros e à quota de liquidação, mas o credor pode requerer que a sociedade seja dissolvida.

5. Na venda ou adjudicação dos direitos referidos no número anterior gozam do direito de preferência os outros sócios e, quando mais de um o desejar exercer, ser-lhe-ão atribuídos na proporção do valor das respectivas partes sociais.

Art. 184.º (Falecimento de um sócio)

1. Ocorrendo o falecimento de um sócio, se o contrato de sociedade nada estipular em contrário, os restantes sócios ou a sociedade devem satisfazer ao sucessor

Cap. I.   Características e contrato   **Art. 185.° CSC [11]**

a quem couberem os direitos do falecido o respectivo valor, a não ser que optem pela dissolução da sociedade e o comuniquem ao sucessor, dentro de 90 dias a contar da data em que tomaram conhecimento daquele facto.

2. Os sócios sobrevivos podem também continuar a sociedade com o sucessor do falecido, se ele prestar para tanto o seu expresso consentimento, o qual não pode ser dispensado no contrato de sociedade.

3. Sendo vários os sucessores da parte do falecido, podem livremente dividi-la entre si ou encabeçá-la nalgum ou nalguns deles.

4. Se algum dos sucessores da parte do falecido for incapaz para assumir a qualidade de sócio, podem os restantes sócios deliberar nos 90 dias seguintes ao conhecimento do facto a transformação da sociedade, de modo que o incapaz se torne sócio de responsabilidade limitada.

5. Na falta da deliberação prevista no número anterior os restantes sócios devem tomar nova deliberação nos 90 dias seguintes, optando entre a dissolução da sociedade e a liquidação da parte do sócio falecido.

6. Se os sócios não tomarem nenhuma das deliberações previstas no número anterior, deve o representante do incapaz requerer a exoneração judicial do seu representado ou, se esta não for legalmente possível, a dissolução da sociedade por via administrativa.

7. Dissolvida a sociedade ou devendo a parte do sócio falecido ser liquidada, entende-se que a partir da data da morte do sócio se extinguem todos os direitos e obrigações inerentes à parte social, operando-se a sucessão apenas quanto ao direito ao produto de liquidação da referida parte, reportado àquela data e determinado nos termos previstos no artigo 1021.° do Código Civil.

8. O disposto neste artigo é aplicável ao caso de a parte do sócio falecido compor a meação do seu cônjuge.

Nota. A redacção do n.° 6 foi introduzida pelo art. 2.° do DL n.° 76-A/2006, de 29 de Março.

Art. 185.° (Exoneração do sócio)

1. Todo o sócio tem o direito de se exonerar da sociedade nos casos previstos na lei ou no contrato e ainda:

a) Se não estiver fixada no contrato a duração da sociedade ou se esta tiver sido constituída por toda a vida de um sócio ou por período superior a 30 anos, desde que aquele que se exonerar seja sócio há, pelo menos, dez anos;

b) Quando ocorra justa causa.

2. Entende-se que há justa causa de exoneração de um sócio quando, contra o seu voto expresso:

a) A sociedade não delibere destituir um gerente, havendo justa causa para tanto;

b) A sociedade não delibere excluir um sócio, ocorrendo justa causa de exclusão;

c) O referido sócio for destituído da gerência da sociedade.

3. Quando o sócio pretenda exonerar-se com fundamento na ocorrência de justa causa, deve exercer o seu direito no prazo de 90 dias a contar daquele em que tomou conhecimento do facto que permite a exoneração.

4. A exoneração só se torna efectiva no fim do ano social em que é feita a comunicação respectiva, mas nunca antes de decorridos três meses sobre esta comunicação.

289

[11] CSC Arts. 186.º-188.º

Tít. II. Sociedades em nome colectivo

5. O sócio exonerado tem direito ao valor da sua parte social, calculado nos termos previstos no artigo 105.º, n.º 2, com referência ao momento em que a exoneração se torna efectiva.

Art. 186.º (Exclusão do sócio)

1. A sociedade pode excluir um sócio nos casos previstos na lei e no contrato e ainda:

a) Quando lhe seja imputável violação grave das suas obrigações para com a sociedade, designadamente da proibição de concorrência prescrita pelo artigo 180.º, ou quando for destituído da gerência com fundamento em justa causa que consista em facto culposo susceptível de causar prejuízo à sociedade;

b) Em caso de interdição, inabilitação, declaração de falência ou de insolvência;

c) Quando, sendo o sócio de indústria, se impossibilite de prestar à sociedade os serviços a que ficou obrigado.

2. A exclusão deve ser deliberada por três quartos dos votos dos restantes sócios, se o contrato não exigir maioria mais elevada, nos 90 dias seguintes àquele em que algum dos gerentes tomou conhecimento do facto que permite a exclusão.

3. Se a sociedade tiver apenas dois sócios, a exclusão de qualquer deles, com fundamento nalgum dos factos previstos nas alíneas *a*) e *c*) do n.º 1, só pode ser decretada pelo tribunal.

4. O sócio excluído tem direito ao valor da sua parte social, calculado nos termos previstos no artigo 105.º, n.º 2, com referência ao momento da deliberação de exclusão.

5. Se por força do disposto no artigo 188.º não puder a parte social ser liquidada, o sócio retoma o direito aos lucros e à quota de liquidação até lhe ser efectuado o pagamento.

Art. 187.º (Destino da parte social extinta)

1. Se a extinção da parte social não for acompanhada da correspondente redução do capital, o respectivo valor nominal acresce às restantes partes, segundo a proporção entre elas existente, devendo ser alterado, em conformidade, o contrato de sociedade.

2. Pode, porém, estipular-se no contrato de sociedade ou podem os sócios deliberar por unanimidade que seja criada uma ou mais partes sociais, cujo valor nominal total seja igual ao da que foi extinta, mas sempre para imediata transmissão a sócios ou a terceiros.

Nota. A redacção do n.º 1 foi introduzida pelo art. 2.º do DL n.º 76-A/2006, de 29 de Março.

Art. 188.º (Liquidação da parte)

1. Em caso algum é lícita a liquidação da parte em sociedade ainda não dissolvida se a situação líquida da sociedade se tornasse por esse facto inferior ao montante do capital social.

2. A liquidação da parte efectua-se nos termos previstos no artigo 1021.º do Código Civil, sendo a parte avaliada nos termos do artigo 105.º, n.º 2, com referência ao momento da ocorrência ou eficácia do facto determinante da liquidação.

Cap. II. Deliberações dos sócios e gerência **Arts. 188.º-A-191.º CSC [11]**

Art. 188.º-A (Registo de partes sociais)
Ao registo de partes sociais aplica-se, com as necessárias adaptações, o disposto quanto ao registo de quotas.

Nota. Aditado pelo art. 3.º do DL n.º 76-A/2006, de 29 de Março.

CAPÍTULO II. Deliberações dos sócios e gerência

Art. 189.º (Deliberações dos sócios)
1. Às deliberações dos sócios e à convocação e funcionamento das assembleias gerais aplica-se o disposto para as sociedades por quotas em tudo quanto a lei ou o contrato de sociedade não dispuserem diferentemente.

2. As deliberações são tomadas por maioria simples dos votos expressos, quando a lei ou o contrato não dispuserem diversamente.

3. Além de outros assuntos mencionados na lei ou no contrato, são necessariamente objecto de deliberação dos sócios a apreciação do relatório de gestão e dos documentos de prestação de contas, a aplicação dos resultados, a resolução sobre a proposição, transacção ou desistência de acções da sociedade contra sócios ou gerentes, a nomeação de gerentes de comércio e o consentimento referido no artigo 180.º, n.º 1.

4. Nas assembleias gerais o sócio só pode fazer-se representar pelo seu cônjuge, por ascendente ou descendente ou por outro sócio, bastando para o efeito uma carta dirigida à sociedade.

5. As actas das reuniões das assembleias gerais devem ser assinadas por todos os sócios, ou seus representantes, que nelas participaram.

Art. 190.º (Direito de voto)
1. A cada sócio pertence um voto, salvo se outro critério for determinado no contrato de sociedade, sem, contudo, o direito de voto poder ser suprimido.

2. O sócio de indústria disporá sempre, pelo menos, de votos em número igual ao menor número de votos atribuídos a sócios de capital.

Art. 191.º (Composição da gerência)
1. Não havendo estipulação em contrário e salvo o disposto no n.º 3, são gerentes todos os sócios, quer tenham constituído a sociedade, quer tenham adquirido essa qualidade posteriormente.

2. Por deliberação unânime dos sócios podem ser designadas gerentes pessoas estranhas à sociedade.

3. Uma pessoa colectiva sócia não pode ser gerente, mas, salvo proibição contratual, pode nomear uma pessoa singular para, em nome próprio, exercer esse cargo.

4. O sócio que tiver sido designado gerente por cláusula especial do contrato de sociedade só pode ser destituído da gerência em acção intentada pela sociedade ou por outro sócio, contra ele e contra a sociedade, com fundamento em justa causa.

5. O sócio que exercer a gerência por força do disposto no n.º 1 ou que tiver sido designado gerente por deliberação dos sócios só pode ser destituído da gerên-

[11] CSC Arts. 192.°-194.°   Tít. II. Sociedades em nome colectivo

cia por deliberação dos sócios, com fundamento em justa causa, salvo quando o contrato de sociedade dispuser diferentemente.

6. Os gerentes não sócios podem ser destituídos da gerência por deliberação dos sócios, independentemente de justa causa.

7. Se a sociedade tiver apenas dois sócios, a destituição de qualquer deles da gerência, com fundamento em justa causa, só pelo tribunal pode ser decidida, em acção intentada pelo outro contra a sociedade.

Nota. A epígrafe e a redacção do artigo foram introduzidas pelo DL n.° 280/87, de 8 de Julho **[13]**.

Art. 192.° (Competência dos gerentes)

1. A administração e a representação da sociedade competem aos gerentes.

2. A competência dos gerentes, tanto para administrar como para representar a sociedade, deve ser sempre exercida dentro dos limites do objecto social e, pelo contrato, pode ficar sujeita a outras limitações ou condicionamentos.

3. A sociedade não pode impugnar negócios celebrados em seu nome, mas com falta de poderes, pelos gerentes, no caso de tais negócios terem sido confirmados, expressa ou tacitamente, por deliberação unânime dos sócios.

4. Os negócios referidos no número anterior, quando não confirmados, são insusceptíveis de impugnação pelos terceiros neles intervenientes que tinham conhecimento da infracção cometida pelo gerente; o registo ou a publicação do contrato não fazem presumir este conhecimento.

5. A gerência presume-se remunerada; o montante da remuneração de cada gerente, quando não excluída pelo contrato, é fixado por deliberação dos sócios.

Nota. Redacção introduzida pelo DL n.° 280/87, de 8 de Julho **[13]**.

Art. 193.° (Funcionamento da gerência)

1. Salvo convenção em contrário, havendo mais de um gerente, todos têm poderes iguais e independentes para administrar e representar a sociedade, mas qualquer deles pode opor-se aos actos que outro pretenda realizar, cabendo à maioria dos gerentes decidir sobre o mérito da oposição.

2. A oposição referida no número anterior é ineficaz para com terceiros, a não ser que estes tenham tido conhecimento dela.

Nota. A epígrafe e a redacção do artigo foram introduzidas pelo DL n.° 280/87, de 8 de Julho **[13]**.

CAPÍTULO III.   Alterações do contrato

Art. 194.° (Alterações do contrato)

1. Só por unanimidade podem ser introduzidas quaisquer alterações no contrato de sociedade ou pode ser deliberada a fusão, a cisão, a transformação e a dissolução da sociedade, a não ser que o contrato autorize a deliberação por maioria, que não pode ser inferior a três quartos dos votos de todos os sócios.

2. Também só por unanimidade pode ser deliberada a admissão de novo sócio.

Cap. I.   Características e contrato

Arts. 195.º-197.º CSC [11]

CAPÍTULO IV.   **Dissolução e liquidação da sociedade**

Art. 195.º (Dissolução e liquidação)

1. Além dos casos previstos na lei, a sociedade pode ser dissolvida:

a) A requerimento do sucessor do sócio falecido, se a liquidação da parte social não puder efectuar-se por força do disposto no artigo 188.º, n.º 1;

b) A requerimento do sócio que pretenda exonerar-se com fundamento no artigo 185.º, n.º 2, alíneas *a)* e *b),* se a parte social não puder ser liquidada por força do disposto no artigo 188.º, n.º 1.

2. Nos termos e para os fins do artigo 153.º, n.º 3, os liquidatários devem reclamar dos sócios, além das dívidas de entradas, as quantias necessárias para satisfação das dívidas sociais, em proporção da parte de cada um nas perdas; se, porém, algum sócio se encontrar insolvente, será a sua parte dividida pelos demais, na mesma proporção.

Nota. O texto do n.º 2 foi rectificado pelo DL n.º 257/96, de 31 de Dezembro, sendo acolhida a redacção constante de anteriores edições desta colectânea. A redacção do corpo do n.º 1 foi introduzida pelo art. 2.º do DL n.º 76-A/2006, de 29 de Março.

Art. 196.º (Regresso à actividade. Oposição de credores)

1. O credor de sócio pode opor-se ao regresso à actividade de sociedade em liquidação, contanto que o faça nos 30 dias seguintes à publicação da respectiva deliberação.

2. A oposição efectua-se por notificação judicial avulsa, requerida no prazo fixado no número anterior; recebida a notificação, pode a sociedade, nos 60 dias seguintes, excluir o sócio ou deliberar a continuação da liquidação.

3. Se a sociedade não tomar nenhuma das deliberações previstas na parte final do número anterior, pode o credor exigir judicialmente a liquidação da parte do seu devedor.

TÍTULO III.   **SOCIEDADES POR QUOTAS**

CAPÍTULO I.   **Características e contrato**

Art. 197.º (Características da sociedade)

1. Na sociedade por quotas o capital está dividido em quotas e os sócios são solidariamente responsáveis por todas as entradas convencionadas no contrato social, conforme o disposto no artigo 207.º

2. Os sócios apenas são obrigados a outras prestações quando a lei ou o contrato, autorizado por lei, assim o estabeleçam.

3. Só o património social responde para com os credores pelas dívidas da sociedade, salvo o disposto no artigo seguinte.

Nota. Nos termos do art. único do DL n.º 160/87, de 3 de Abril, «as sociedades por quotas podem emitir obrigações, devendo observar-se, na parte aplicável, as disposições legais relativas às emissões de obrigações das sociedades anónimas».

A emissão de obrigações pelas sociedades anónimas está regulada nos arts. 348.º s. do CSC **[11]**.

293

[11] CSC Arts. 198.°-201.° Tít. III. Sociedade por quotas

Art. 198.° (**Responsabilidade directa dos sócios para com os credores sociais**)

1. É lícito estipular no contrato que um ou mais sócios, além de responderem para com a sociedade nos termos definidos no n.° 1 do artigo anterior, respondem também perante os credores sociais até determinado montante; essa responsabilidade tanto pode ser solidária com a da sociedade, como subsidiária em relação a esta e a efectivar apenas na fase da liquidação.

2. A responsabilidade regulada no número precedente abrange apenas as obrigações assumidas pela sociedade enquanto o sócio a ela pertencer e não se transmite por morte deste, sem prejuízo da transmissão das obrigações a que o sócio estava anteriormente vinculado.

3. Salvo disposição contratual em contrário, o sócio que pagar dívidas sociais, nos termos deste artigo, tem direito de regresso contra a sociedade pela totalidade do que houver pago, mas não contra os outros sócios.

Art. 199.° (**Conteúdo do contrato**)

O contrato de sociedade deve especialmente mencionar:

a) O montante de cada quota de capital e a identificação do respectivo titular;

b) O montante das entradas realizadas por cada sócio no momento do acto constitutivo ou a realizar até ao termo do primeiro exercício económico, que não pode ser inferior ao valor nominal mínimo da quota fixado por lei, bem como o montante das entradas diferidas.

Nota. A redacção da alínea *b*) foi introduzida pelo art. 3.° do DL n.° 33/2011, de 7 de Março.

Art. 200.° (**Firma**)

1. A firma destas sociedades deve ser formada, com ou sem sigla, pelo nome ou firma de todos, algum ou alguns dos sócios, ou por uma denominação particular, ou pela reunião de ambos esses elementos, mas em qualquer caso concluirá pela palavra «Limitada» ou pela abreviatura «L.^{da}».

2. Na firma não podem ser incluídas ou mantidas expressões indicativas de um objecto social que não esteja especificamente previsto na respectiva cláusula do contrato de sociedade.

3. No caso de o objecto contratual da sociedade ser alterado, deixando de incluir actividade especificada na firma, a alteração do objecto deve ser simultaneamente acompanhada da modificação da firma.

Nota. A redacção do n.° 3 foi introduzida pelo art. 2.° do DL n.° 76-A/2006, de 29 de Março.

Art. 201.° (**Capital social livre**)

O montante do capital social é livremente fixado no contrato de sociedade, correspondendo à soma das quotas subscritas pelos sócios.

Notas. 1. Redacção introduzida pelo art. 3.° do DL n.° 33/2011, de 7 de Março, que também alterou a epígrafe do preceito.

2. Segundo o art. 29.°, n.° 1, do DL n.° 343/98, de 6 de Novembro, que estabelece algumas regras fundamentais relevantes no processo de transição do escudo para o euro, o disposto neste preceito do CSC, na sua actual redacção, entra em vigor:

"*a*) No dia 1 de Janeiro de 2002, relativamente às sociedades constituídas em data anterior a 1 de Janeiro de 1999;

Cap. II. Obrigações e direitos dos sócios   **Arts. 202.º-203.º CSC [11]**

b) No dia em que se torne eficaz a opção das sociedades de alterar a denominação do capital social para euros."

Por força do n.º 2 daquele mesmo artigo do referido DL, as sociedades constituídas a partir de 1 de Janeiro de 1999 que optem por denominar o seu capital social em escudos devem converter para essa unidade os montantes denominados em euros, aplicando a taxa de conversão fixada pelo Conselho da União Europeia, nos termos do art. 109.º-L, n.º 4, primeiro período, do Tratado que institui a Comunidade Europeia.

3. Nos termos do art. único, n.º 1, do DL n.º 235/2001, de 30 de Agosto, "as sociedades que não tenham procedido ao aumento do capital social até aos montantes mínimos previstos nos artigos 201.º e 276.º, n.º 3, do Código das Sociedades Comerciais, devem ser dissolvidas a requerimento do Ministério Público, mediante participação do conservador do registo comercial."

CAPÍTULO II. **Obrigações e direitos dos sócios**

SECÇÃO I. **Obrigação de entrada**

Art. 202.º (Entradas)

1. Não são admitidas contribuições de indústria.
2. (…).
3. (…).
4. Sem prejuízo de estipulação contratual que preveja o diferimento da realização das entradas em dinheiro, os sócios devem declarar no acto constitutivo, sob sua responsabilidade, que já procederam à entrega do valor das suas entradas ou que se comprometem a entregar, até ao final do primeiro exercício económico, as respectivas entradas nos cofres da sociedade.
5. (…).
6. Os sócios que, nos termos do n.º 4, se tenham comprometido no acto constitutivo a realizar as suas entradas até ao final do primeiro exercício económico devem declarar, sob sua responsabilidade, na primeira assembleia geral anual da sociedade posterior ao fim de tal prazo, que já procederam à entrega do respectivo valor nos cofres da sociedade.

Notas. 1. Redacção introduzida pelo art. 3.º do DL n.º 33/2011, de 7 de Março.

2. Os n.ᵒˢ 2, 3 e 5 foram revogados pelo art. 6.º do DL n.º 33/2011, de 7 de Março.

Art. 203.º (Tempo das entradas)

1. O pagamento das entradas diferidas tem de ser efectuado em datas certas ou ficar dependente de factos certos e determinados, podendo, em qualquer caso, a prestação ser exigida a partir do momento em que se cumpra o período de cinco anos sobre a celebração do contrato, a deliberação do aumento de capital ou se encerre o prazo equivalente a metade da duração da sociedade, se este limite for inferior.
2. Salvo acordo em contrário, as prestações por conta das quotas dos diferentes sócios devem ser simultâneas e representar fracções iguais do respectivo montante.
3. Não obstante a fixação de prazos no contrato de sociedade, o sócio só entra em mora depois de interpelado pela sociedade para efectuar o pagamento, em prazo que pode variar entre 30 e 60 dias.

Nota. A redacção do n.º 1 foi introduzida pelo art. 3.º do DL n.º 33/2011, de 7 de Março.

[11] CSC Arts. 204.°-205.°

Tít. III.   Sociedades por quotas

Art. 204.° (Aviso ao sócio remisso e exclusão deste)

1. Se o sócio não efectuar, no prazo fixado na interpelação, a prestação a que está obrigado, deve a sociedade avisá-lo por carta registada de que, a partir do 30.° dia seguinte à recepção da carta, fica sujeito a exclusão e a perda total ou parcial da quota.

2. Não sendo o pagamento efectuado no prazo referido no número anterior e deliberando a sociedade excluir o sócio, deve comunicar-lhe, por carta registada, a sua exclusão, com a consequente perda a favor da sociedade da respectiva quota e pagamentos já realizados, salvo se os sócios, por sua iniciativa ou a pedido do sócio remisso, deliberarem limitar a perda à parte da quota correspondente à prestação não efectuada; neste caso, deverão ser indicados na declaração dirigida ao sócio os valores nominais da parte perdida por este e da parte por ele conservada.

3. (…).

4. Se, nos termos do n.° 2 deste artigo, tiver sido declarada perdida pelo sócio remisso apenas uma parte da quota, é aplicável à venda dessa parte, à responsabilidade do sócio e à dos anteriores titulares da mesma quota, bem como ao destino das quantias obtidas, o disposto nos artigos seguintes.

Notas. 1. Redacção introduzida pelo art. 3.° do DL n.° 343/98, de 6 de Novembro.

2. O n.° 3 foi revogado pelo art. 6.° do DL n.° 33/2011, de 7 de Março.

3. Segundo o art. 29.°, n.° 1, do DL n.° 343/98, de 6 de Novembro, que estabelece algumas regras fundamentais relevantes no processo de transição do escudo para o euro, o disposto no n.° 3 deste preceito do CSC, na sua actual redacção, entra em vigor:

"*a*) No dia 1 de Janeiro de 2002, relativamente às sociedades constituídas em data anterior a 1 de Janeiro de 1999;

b) No dia em que se torne eficaz a opção das sociedades de alterar a denominação do capital social para euros."

Por força do n.° 2 daquele mesmo artigo do referido DL, as sociedades constituídas a partir de 1 de Janeiro de 1999 que optem por denominar o seu capital social em escudos devem converter para essa unidade os montantes denominados em euros, aplicando a taxa de conversão fixada pelo Conselho da União Europeia, nos termos do art. 109.°-L, n.° 4, primeiro período, do Tratado que institui a Comunidade Europeia.

Art. 205.° (Venda da quota do sócio excluído)

1. A sociedade pode fazer vender em hasta pública a quota perdida a seu favor, se os sócios não deliberarem que ela seja vendida a terceiros por modo diverso, mas, neste caso, se o preço ajustado for inferior à soma do montante em dívida com a prestação já efectuada por conta da quota, a venda só pode realizar-se com o consentimento do sócio excluído.

2. Os sócios podem ainda deliberar:

a) Que a quota perdida a favor da sociedade seja dividida proporcionalmente às dos restantes sócios, vendendo-se a cada um deles a parte que assim lhe competir, sem prejuízo do disposto no n.° 3 do artigo 219.°;

b) Que a mesma quota seja vendida indivisa, ou após divisão não proporcional às restantes quotas, a todos, a alguns ou a um dos sócios; esta deliberação deverá obedecer ao disposto no artigo 265.°, n.° 1, e aos demais requisitos que o contrato de sociedade porventura fixar. Qualquer sócio pode, todavia, exigir que lhe seja atribuída uma parte proporcional à sua quota.

3. Nos casos previstos no número anterior, a sociedade deve comunicar por carta registada ao sócio excluído o preço por que os outros sócios pretendem adqui-

Cap. II.   Obrigações e direitos dos sócios   **Arts. 206.°-208.° CSC [11]**

rir a quota. Se o preço total oferecido foi inferior à soma do montante em dívida com o já prestado, pode o sócio excluído declarar à sociedade no prazo de 30 dias que se opõe à execução da deliberação, desde que aquele preço não alcance o valor real da quota, calculado nos termos do artigo 1021.° do Código Civil, com referência ao momento em que a deliberação foi tomada.

4. Na hipótese prevista na segunda parte do número anterior, a deliberação não pode ser executada antes de decorrido o prazo fixado a oposição do sócio excluído e, se esta for deduzida, antes de transitada em julgado a decisão que, a requerimento de qualquer sócio, declare tal oposição ineficaz.

Nota. À redacção do n.° 2, alínea *a*), foi introduzida pelo art. 3.° do DL n.° 33/2011, de 7 de Março.

Art. 206.° (Responsabilidade do sócio e dos anteriores titulares da quota)

1. O sócio excluído e os anteriores titulares da quota são solidariamente responsáveis, perante a sociedade, pela diferença entre o produto da venda e a parte da entrada em dívida. Contra o crédito da sociedade não é permitida compensação.

2. O titular anterior que pagar à sociedade ou a um sócio sub-rogado nos termos do artigo seguinte tem o direito de haver do sócio excluído e de qualquer dos antecessores deste o reembolso da importância paga, depois de deduzida a parte que lhe competir. A obrigação de que trata este número é conjunta.

Art. 207.° (Responsabilidade dos outros sócios)

1. Excluído um sócio, ou declarada perdida a favor da sociedade parte da sua quota, são os outros sócios obrigados solidariamente a pagar a parte da entrada que estiver em dívida, quer a quota tenha sido ou não já vendida nos termos dos artigos anteriores; nas relações internas esses sócios respondem proporcionalmente às suas quotas.

2. No caso de aumento do capital, os antigos sócios são obrigados, nos termos do número anterior, a pagar as prestações em dívida respeitantes às novas quotas, e os novos sócios a pagar as prestações em dívida relativas às quotas antigas, mas o antigo sócio, que tiver liberado a sua quota pode desobrigar-se, pondo-a à disposição da sociedade, nos 30 dias seguintes à interpelação para o pagamento. Este direito não pode ser excluído nem limitado no contrato de sociedade.

3. O sócio que tiver efectuado algum pagamento nos termos deste artigo pode sub-rogar-se no direito que assiste à sociedade contra o excluído e seus antecessores, segundo o disposto no artigo 206.°, a fim de obter o reembolso da quantia paga.

4. Se a sociedade não fizer qualquer das declarações a que alude o n.° 2 do artigo 204.° e, por via de execução contra o sócio remisso, não for possível obter o montante em dívida, vale, quanto aos sócios, o disposto na parte aplicável do n.° 1 do presente artigo.

5. Para determinar os outros sócios responsáveis atender-se-á ao tempo da deliberação prevista no n.° 1, e à data da proposição da acção executiva prevista no n.° 4.

Art. 208.° (Aplicação das quantias obtidas na venda da quota)

1. As quantias provenientes da venda da quota do sócio excluído, deduzidas as despesas correspondentes, pertencem à sociedade até ao limite da importância da entrada em dívida.

[11] CSC Arts. 209.º-211.º   Tít. III.   Sociedades por quotas

2. Pelas forças do excedente, se o houver, deve a sociedade restituir aos outros sócios as quantias por eles desembolsadas, na proporção dos pagamentos feitos; o restante será entregue ao sócio excluído até ao limite da parte da entrada por ele prestada. O remanescente pertence à sociedade.

SECÇÃO II.   **Obrigações de prestações acessórias**

Art. 209.º (Obrigações de prestações acessórias)
1. O contrato de sociedade pode impor a todos ou a alguns sócios a obrigação de efectuarem prestações além das entradas, desde que fixe os elementos essenciais desta obrigação e especifique se as prestações devem ser efectuadas onerosa ou gratuitamente. Quando o conteúdo da obrigação corresponder ao de um contrato típico, aplica-se a regulamentação legal própria desse tipo de contrato.
2. Se as prestações estipuladas forem não pecuniárias, o direito da sociedade é intransmissível.
3. No caso de se convencionar a onerosidade, a contraprestação pode ser paga independentemente da existência de lucros de exercício.
4. Salvo disposição contratual em contrário, a falta de cumprimento das obrigações acessórias não afecta a situação do sócio como tal.
5. As obrigações acessórias extinguem-se com a dissolução da sociedade.

SECÇÃO III.   **Prestações suplementares**

Art. 210.º (Obrigações de prestações suplementares)
1. Se o contrato de sociedade assim o permitir, podem os sócios deliberar que lhes sejam exigidas prestações suplementares.
2. As prestações suplementares têm sempre dinheiro por objecto.
3. O contrato de sociedade que permita prestações suplementares fixará:
a) O montante global das prestações suplementares;
b) Os sócios que ficam obrigados a efectuar tais prestações;
c) O critério de repartição das prestações suplementares entre os sócios a elas obrigados.
4. A menção referida na alínea *a*) do número anterior é sempre essencial; faltando a menção referida na alínea *b*), todos os sócios são obrigados a efectuar prestações suplementares; faltando a menção referida na alínea *c*), a obrigação de cada sócio é proporcional à sua quota de capital.
5. As prestações suplementares não vencem juros.

Art. 211.º (Exigibilidade da obrigação)
1. A exigibilidade das prestações suplementares depende sempre de deliberação dos sócios que fixe o montante tornado exigível e o prazo de prestação, o qual não pode ser inferior a 30 dias a contar da comunicação aos sócios.
2. A deliberação referida no número anterior não pode ser tomada antes de interpelados todos os sócios para integral liberação das suas quotas de capital.

298

Cap. II. Obrigações e direitos dos sócios   **Arts. 212.°-214.° CSC [11]**

3. Não podem ser exigidas prestações suplementares depois de a sociedade ter sido dissolvida por qualquer causa.

Art. 212.° (Regime da obrigação de efectuar prestações suplementares)

1. É aplicável à obrigação de efectuar prestações suplementares o disposto nos artigos 204.° e 205.°

2. Ao crédito da sociedade por prestações suplementares não pode opor-se compensação.

3. A sociedade não pode exonerar os sócios da obrigação de efectuar prestações suplementares, estejam ou não estas já exigidas.

4. O direito a exigir prestações suplementares é intransmissível e nele não podem sub-rogar-se os credores da sociedade.

Art. 213.° (Restituição das prestações suplementares)

1. As prestações suplementares só podem ser restituídas aos sócios desde que a situação líquida não fique inferior à soma do capital e da reserva legal e o respectivo sócio já tenha liberado a sua quota.

2. A restituição das prestações suplementares depende de deliberação dos sócios.

3. As prestações suplementares não podem ser restituídas depois de declarada a falência da sociedade.

4. A restituição das prestações suplementares deve respeitar a igualdade entre os sócios que as tenham efectuado, sem prejuízo do disposto no n.° 1 deste artigo.

5. Para o cálculo do montante da obrigação vigente de efectuar prestações suplementares não serão computadas as prestações restituídas.

SECÇÃO IV. **Direito à informação**

Art. 214.° (Direito dos sócios à informação)

1. Os gerentes devem prestar a qualquer sócio que o requeira informação verdadeira, completa e elucidativa sobre a gestão da sociedade, e bem assim facultar-lhe na sede social a consulta da respectiva escrituração, livros e documentos. A informação será dada por escrito, se assim for solicitado.

2. O direito à informação pode ser regulamentado no contrato de sociedade, contanto que não seja impedido o seu exercício efectivo ou injustificadamente limitado o seu âmbito; designadamente, não pode ser excluído esse direito quando, para o seu exercício, for invocada suspeita de práticas susceptíveis de fazerem incorrer o seu autor em responsabilidade, nos termos da lei, ou quando a consulta tiver por fim julgar da exactidão dos documentos de prestação de contas ou habilitar o sócio a votar em assembleia geral já convocada.

3. Podem ser pedidas informações sobre actos já praticados ou sobre actos cuja prática seja esperada, quando estes sejam susceptíveis de fazerem incorrer o seu autor em responsabilidade, nos termos da lei.

4. A consulta da escrituração, livros ou documentos deve ser feita pessoalmente pelo sócio, que pode fazer-se assistir de um revisor oficial de contas ou de outro perito, bem como usar da faculdade reconhecida pelo artigo 576.° do Código Civil.

[11] CSC Arts. 215.º-218.º   Tít. III.   Sociedade por quotas

5. O sócio pode inspeccionar os bens sociais nas condições referidas nos números anteriores.

6. O sócio que utilize as informações obtidas de modo a prejudicar injustamente a sociedade ou outros sócios é responsável, nos termos gerais, pelos prejuízos que lhes causar e fica sujeito a exclusão.

7. À prestação de informações em assembleia geral é aplicável o disposto no artigo 290.º

8. O direito à informação conferido nesta secção compete também ao usufrutuário quando, por lei ou convenção, lhe caiba exercer o direito de voto.

Art. 215.º (Impedimento ao exercício do direito do sócio)

1. Salvo disposição diversa do contrato de sociedade, lícita nos termos do artigo 214.º, n.º 2, a informação, a consulta ou a inspecção só podem ser recusadas pelos gerentes quando for de recear que o sócio as utilize para fins estranhos à sociedade e com prejuízo desta e, bem assim, quando a prestação ocasionar violação de segredo imposto por lei no interesse de terceiros.

2. Em caso de recusa de informação ou de prestação de informação presumivelmente falsa, incompleta ou não elucidativa, pode o sócio interessado provocar deliberação dos sócios para que a informação lhe seja prestada ou seja corrigida.

Art. 216.º (Inquérito judicial)

1. O sócio a quem tenha sido recusada a informação ou que tenha recebido informação presumivelmente falsa, incompleta ou não elucidativa pode requerer ao tribunal inquérito à sociedade.

2. O inquérito é regulado pelo disposto nos n.ᵒˢ 2 e seguintes do artigo 292.º

SECÇÃO V.   **Direito aos lucros**

Art. 217.º (Direito aos lucros do exercício)

1. Salvo diferente cláusula contratual ou deliberação tomada por maioria de três quartos dos votos correspondentes ao capital social em assembleia geral para o efeito convocada, não pode deixar de ser distribuído aos sócios metade do lucro do exercício que, nos termos desta lei, seja distribuível.

2. O crédito do sócio à sua parte dos lucros vence-se decorridos 30 dias sobre a deliberação de atribuição de lucros, salvo diferimento consentido pelo sócio; os sócios podem, contudo, deliberar, com fundamento em situação excepcional da sociedade, a extensão daquele prazo até mais 60 dias.

3. Se, pelo contrato de sociedade, os gerentes ou fiscais tiverem direito a uma participação nos lucros, esta só pode ser paga depois de postos a pagamento os lucros dos sócios.

Nota. Redacção introduzida pelo DL n.º 280/87, de 8 de Julho **[13]**.

Art. 218.º (Reserva legal)

1. É obrigatória a constituição de um reserva legal.

Cap. III. Quotas   **Art. 219.º CSC [11]**

2. É aplicável o disposto nos artigos 295.º e 296.º, salvo quanto ao limite mínimo de reserva legal, que nunca será inferior a 2500 euros.

Notas. 1. Redacção introduzida pelo art. 3.º do DL n.º 343/98, de 6 de Novembro.

2. Segundo o art. 29.º, n.º 1, do DL n.º 343/98, de 6 de Novembro, que estabelece algumas regras fundamentais relevantes no processo de transição do escudo para o euro, o disposto no n.º 2 deste preceito do CSC, na sua actual redacção, entra em vigor:

"*a*) No dia 1 de Janeiro de 2002, relativamente às sociedades constituídas em data anterior a 1 de Janeiro de 1999;

b) No dia em que se torne eficaz a opção das sociedades de alterar a denominação do capital social para euros."

Por força do n.º 2 daquele mesmo artigo do referido DL, as sociedades constituídas a partir de 1 de Janeiro de 1999 que optem por denominar o seu capital social em escudos devem converter para essa unidade os montantes denominados em euros, aplicando a taxa de conversão fixada pelo Conselho da União Europeia, nos termos do art. 109.º-L, n.º 4, primeiro período, do Tratado que institui a Comunidade Europeia.

CAPÍTULO III. Quotas

SECÇÃO I. Unidade, montante e divisão da quota

Art. 219.º (Unidade e montante da quota)

1. Na constituição da sociedade a cada sócio apenas fica a pertencer uma quota, que corresponde à sua entrada.

2. Em caso de divisão de quotas ou de aumento de capital, a cada sócio só pode caber uma nova quota. Na última hipótese, todavia, podem ser atribuídas ao sócio tantas quotas quantas as que já possuía.

3. Os valores nominais das quotas podem ser diversos, mas nenhum pode ser inferior a € 1.

4. A quota primitiva de um sócio e as que posteriormente adquirir são independentes. O titular pode, porém, unificá-las, desde que estejam integralmente liberadas e lhes não correspondam, segundo o contrato de sociedade, direitos e obrigações diversos.

5. A unificação deve ser reduzida a escrito, comunicada à sociedade e registada.

6. A medida dos direitos e obrigações inerentes a cada quota determina-se segundo a proporção entre o valor nominal desta e o do capital, salvo se por força da lei ou do contrato houver de ser diversa.

7. Não podem ser emitidos títulos representativos de quotas.

Notas. 1. A actual redacção foi introduzida pelo art. 1.º do DL n.º 257/96, de 31 de Dezembro, pelo art. 3.º do DL n.º 343/98, de 6 de Novembro, pelo art. 1.º do DL n.º 237/2001, de 30 de Agosto, pelo art. 2.º do DL n.º 76-A/2006, de 29 de Março, e pelo art. 3.º do DL n.º 33/2011, de 7 de Março.

2. Segundo o art. 29.º, n.º 1, do DL n.º 343/98, de 6 de Novembro, que estabelece algumas regras fundamentais relevantes no processo de transição do escudo para o euro, o disposto no n.º 3 deste preceito do CSC, na sua actual redacção, entra em vigor:

"*a*) No dia 1 de Janeiro de 2002, relativamente às sociedades constituídas em data anterior a 1 de Janeiro de 1999;

b) No dia em que se torne eficaz a opção das sociedades de alterar a denominação do capital social para euros."

Por força do n.º 2 daquele mesmo artigo do referido DL, as sociedades constituídas a partir de 1 de Janeiro de 1999 que optem por denominar o seu capital social em escudos devem converter para

[11] CSC Arts. 220.º-222.º

Tít. III. Sociedades por quotas

essa unidade os montantes denominados em euros, aplicando a taxa de conversão fixada pelo Conselho da União Europeia, nos termos do art. 109.º-L, n.º 4, primeiro período, do Tratado que institui a Comunidade Europeia.

Art. 220.º (Aquisição de quotas próprias)

1. A sociedade não pode adquirir quotas próprias não integralmente liberadas, salvo o caso de perda a favor da sociedade, previsto no artigo 204.º

2. As quotas próprias só podem ser adquiridas pela sociedade a título gratuito, ou em acção executiva movida contra o sócio, ou se, para esse efeito, ela dispuser de reservas livres em montante não inferior ao dobro do contravalor a prestar.

3. São nulas as aquisições de quotas próprias com infracção do disposto neste artigo.

4. É aplicável às quotas próprias o disposto no artigo 324.º

Art. 221.º (Divisão de quotas)

1. Uma quota só pode ser dividida mediante amortização parcial, transmissão parcelada ou parcial, partilha ou divisão entre contitulares, devendo cada uma das quotas resultantes da divisão ter um valor nominal de harmonia com o disposto no artigo 219.º, n.º 3.

2. Os actos que importem divisão de quota devem ser reduzidos a escrito.

3. O contrato pode proibir a divisão de quotas, contanto que da proibição não resulte impedimento à partilha ou divisão entre contitulares por período superior a cinco anos.

4. No caso de divisão mediante transmissão parcelada ou parcial e salvo disposição diversa do contrato de sociedade, a divisão de quotas não produz efeitos para com a sociedade enquanto esta não prestar o seu consentimento; no caso de cessão de parte de quota, o consentimento reporta-se simultaneamente à cessão e à divisão.

5. É aplicável à divisão o disposto na parte final do n.º 2 do artigo 228.º

6. O consentimento para a divisão deve ser dado por deliberação dos sócios.

7. Se o contrato de sociedade for alterado no sentido de a divisão ser excluída ou dificultada, a alteração só é eficaz com o consentimento de todos os sócios por ela afectados.

8. A quota pode também ser dividida mediante deliberação da sociedade, tomada nos termos do artigo 204.º, n.º 2.

Nota. Redacção introduzida pelo art. 1.º do DL n.º 237/2001, de 30 de Agosto, e pelo art. 2.º do DL n.º 76-A/2006, de 29 de Março.

SECÇÃO II. **Contitularidade da quota**

Art. 222.º (Direitos e obrigações inerentes a quota indivisa)

1. Os contitulares de quota devem exercer os direitos a ela inerentes através de representante comum.

2. As comunicações e declarações da sociedade que interessem aos contitulares devem ser dirigidas ao representante comum e, na falta deste, a um dos contitulares.

Cap. III. Quotas   **Arts. 223.º-224.º CSC [11]**

3. Os contitulares respondem solidariamente pelas obrigações legais ou contratuais inerentes à quota.

4. Nos impedimentos do representante comum ou se este puder ser nomeado pelo tribunal, nos termos do artigo 223.º, n.º 3, mas ainda o não tiver sido, quando se apresenta mais de um titular para exercer o direito de voto e não haja acordo entre eles sobre o sentido de voto, prevalecerá a opinião da maioria dos contitulares presentes, desde que representem, pelo menos, metade do valor total da quota e para o caso não seja necessário o consentimento de todos os contitulares, nos termos do n.º 1 do artigo 224.º

Art. 223.º (Representante comum)

1. O representante comum, quando não for designado por lei ou disposição testamentária, é nomeado e pode ser destituído pelos contitulares. A respectiva deliberação é tomada por maioria, nos termos do artigo 1407.º, n.º 1, do Código Civil, salvo se outra regra se convencionar e for comunicada à sociedade.

2. Os contitulares podem designar um de entre eles ou o cônjuge de um deles como representante comum; a designação só pode recair sobre um estranho se o contrato de sociedade o autorizar expressamente ou permitir que os sócios se façam representar por estranho nas deliberações sociais.

3. Não podendo obter-se, em conformidade com o disposto nos números anteriores, a nomeação do representante comum, é lícito a qualquer dos contitulares pedi-la ao tribunal da comarca da sede da sociedade; ao mesmo tribunal pode qualquer contitular pedir a destituição, com fundamento em justa causa, do representante comum que não seja directamente designado pela lei.

4. A nomeação e a destituição devem ser comunicadas por escrito à sociedade, a qual pode, mesmo tacitamente, dispensar a comunicação.

5. O representante comum pode exercer perante a sociedade todos os poderes inerentes à quota indivisa, salvo o disposto no número seguinte; qualquer redução desses poderes só é oponível à sociedade se lhe for comunicada por escrito.

6. Excepto quando a lei, o testamento, todos os contitulares ou o tribunal atribuírem ao representante comum poderes de disposição, não lhe é lícito praticar actos que importem extinção, alienação ou oneração da quota, aumento de obrigações e renúncia ou redução dos direitos dos sócios. A atribuição de tais poderes pelos contitulares deve ser comunicada por escrito à sociedade.

Art. 224.º (Deliberação dos contitulares)

1. A deliberação dos contitulares sobre o exercício dos seus direitos pode ser tomada por maioria, nos termos do artigo 1407.º, n.º 1, do Código Civil, salvo se tiver por objecto a extinção, alienação ou oneração da quota, aumento de obrigações, renúncia ou redução dos direitos dos sócios; nestes casos, é exigido o consentimento de todos os contitulares.

2. A deliberação prevista na primeira parte do número anterior não produz efeitos em relação à sociedade, apenas vinculando os contitulares entre si e, para com estes, o representante comum.

303

[11] CSC Arts. 225.°-227.°   Tít. III.   Sociedades por quotas

SECÇÃO III.   **Transmissão da quota**

Art. 225.° (Transmissão por morte)
1. O contrato de sociedade pode estabelecer que, falecendo um sócio, a respectiva quota não se transmitirá aos sucessores do falecido, bem como pode condicionar a transmissão a certos requisitos, mas sempre com observância do disposto nos números seguintes.
2. Quando, por força de disposições contratuais, a quota não for transmitida para os sucessores do sócio falecido, deve a sociedade amortizá-la, adquiri-la ou fazê-la adquirir por sócio ou terceiro; se nenhuma destas medidas for efectivada nos 90 dias subsequentes ao conhecimento da morte do sócio por algum dos gerentes, a quota considera-se transmitida.
3. No caso de se optar por fazer adquirir a quota por sócio ou terceiro, o respectivo contrato é outorgado pelo representante da sociedade e pelo adquirente.
4. Salvo estipulação do contrato de sociedade em sentido diferente, à determinação e ao pagamento da contrapartida devida pelo adquirente aplicam-se as correspondentes disposições legais ou contratuais relativas à amortização, mas os efeitos da alienação da quota ficam suspensos enquanto aquela contrapartida não for paga.
5. Na falta de pagamento tempestivo da contrapartida os interessados poderão escolher entre a efectivação do seu crédito e a ineficácia da alienação, considerando-se neste último caso transmitida a quota para os sucessores do sócio falecido a quem tenha cabido o direito àquela contrapartida.

Nota. A redacção do n.° 3 foi introduzida pelo art. 2.° do DL n.° 76-A/2006, de 29 de Março.

Art. 226.° (Transmissão dependente da vontade dos sucessores)
1. Quando o contrato atribuir aos sucessores do sócio falecido o direito de exigir a amortização da quota ou por algum modo condicionar a transmissão da quota à vontade dos sucessores e estes não aceitem a transmissão, devem declará-lo por escrito à sociedade, nos 90 dias seguintes ao conhecimento do óbito.
2. Recebida a declaração prevista no número anterior, a sociedade deve, no prazo de 30 dias, amortizar a quota, adquiri-la ou fazê-la adquirir por sócio ou terceiro, sob pena de o sucessor do sócio falecido poder requerer a dissolução da sociedade por via administrativa.
3. É aplicável o disposto no n.° 4 do artigo anterior e nos n.ᵒˢ 6 e 7 do artigo 240.°

Nota. A redacção dos n.ᵒˢ 2 e 3 foi introduzida pelo art. 2.° do DL n.° 76-A/2006, de 29 de Março.

Art. 227.° (Pendência da amortização ou aquisição)
1. A amortização ou a aquisição da quota do sócio falecido efectuada de acordo com o prescrito nos artigos anteriores retrotrai os seus efeitos à data do óbito.
2. Os direitos e obrigações inerentes à quota ficam suspensos enquanto não se efectivar a amortização ou aquisição dela nos termos previstos nos artigos anteriores ou enquanto não decorrerem os prazos ali estabelecidos.
3. Durante a suspensão, os sucessores poderão, contudo, exercer todos os direitos necessários à tutela da sua posição jurídica, nomeadamente votar em deliberações sobre alteração do contrato ou dissolução da sociedade.

304

Cap. III. Quotas   **Arts. 228.º-230.º CSC [11]**

Art. 228.º (Transmissão entre vivos e cessão de quotas)

1. A transmissão de quotas entre vivos deve ser reduzida a escrito.

2. A cessão de quotas não produz efeitos para com a sociedade enquanto não for consentida por esta, a não ser que se trate de cessão entre cônjuges, entre ascendentes e descendentes ou entre sócios.

3. A transmissão de quota entre vivos torna-se eficaz para com a sociedade logo que lhe for comunicada por escrito ou por ela reconhecida, expressa ou tacitamente.

Nota. A redacção do n.º 1 foi introduzida pelo art. 2.º do DL n.º 76-A/2006, de 29 de Março, o qual também alterou a epígrafe do preceito.

Art. 229.º (Cláusulas contratuais)

1. São válidas as cláusulas que proíbam a cessão de quotas, mas os sócios terão, nesse caso, direito à exoneração, uma vez decorridos dez anos sobre o seu ingresso na sociedade.

2. O contrato de sociedade pode dispensar o consentimento desta, quer em geral, quer para determinadas situações.

3. O contrato de sociedade pode exigir o consentimento desta para todas ou algumas das cessões referidas no artigo 228.º, n.º 2, parte final.

4. A eficácia da deliberação de alteração do contrato de sociedade que proíba ou dificulte a cessão de quotas depende do consentimento de todos os sócios por ela afectados.

5. O contrato de sociedade não pode subordinar os efeitos da cessão a requisito diferente do consentimento da sociedade, mas pode condicionar esse consentimento a requisitos específicos, contanto que a cessão não fique dependente:

a) Da vontade individual de um ou mais sócios ou de pessoa estranha, salvo tratando-se de credor e para cumprimento de cláusula de contrato onde lhe seja assegurada a permanência de certos sócios;

b) De quaisquer prestações a efectuar pelo cedente ou pelo cessionário em proveito da sociedade ou de sócios;

c) Da assunção pelo cessionário de obrigações não previstas para a generalidade dos sócios.

6. O contrato de sociedade pode cominar penalidades para o caso de a cessão ser efectuada sem prévio consentimento da sociedade.

Art. 230.º (Pedido e prestação do consentimento)

1. O consentimento da sociedade é pedido por escrito, com indicação do cessionário e de todas as condições da cessão.

2. O consentimento expresso é dado por deliberação dos sócios.

3. O consentimento não pode ser subordinado a condições, sendo irrelevantes as que se estipularem.

4. Se a sociedade não tomar a deliberação sobre o pedido de consentimento nos 60 dias seguintes à sua recepção, a eficácia de cessão deixa de depender dele.

5. O consentimento dado a uma cessão posterior a outra não consentida torna esta eficaz, na medida necessária para assegurar a legitimidade do cedente.

305

[11] CSC Arts. 231.º-232.º

Tít. III.   Sociedades por quotas

6. Considera-se prestado o consentimento da sociedade quando o cessionário tenha participado em deliberação dos sócios e nenhum deles a impugnar com esse fundamento, provando-se o consentimento tácito, para efeitos de registo da cessão, pela acta da deliberação.

Nota. A redacção do n.º 6 foi introduzida pelo art. 2.º do DL n.º 76-A/2006, de 29 de Março.

Art. 231.º (Recusa do consentimento)

1. Se a sociedade recusar o consentimento, a respectiva comunicação dirigida ao sócio incluirá uma proposta de amortização ou de aquisição da quota; se o cedente não aceitar a proposta no prazo de quinze dias, fica esta sem efeito, mantendo-se a recusa do consentimento.

2. A cessão para a qual o consentimento foi pedido torna-se livre:

a) Se for omitida a proposta referida no número anterior;

b) Se a proposta e a aceitação não respeitarem a forma escrita e o negócio não for celebrado por escrito nos 60 dias seguintes à aceitação, por causa imputável à sociedade;

c) Se a proposta não abranger todas as quotas para cuja cessão o sócio tenha simultaneamente pedido o consentimento da sociedade;

d) Se a proposta não oferecer uma contrapartida em dinheiro igual ao valor resultante do negócio encarado pelo cedente, salvo se a cessão for gratuita ou a sociedade provar ter havido simulação de valor, caso em que deverá propor o valor real da quota, calculado nos termos previstos no artigo 1021.º do Código Civil, com referência ao momento da deliberação;

e) Se a proposta comportar diferimento do pagamento e não for no mesmo acto oferecida garantia adequada.

3. O disposto nos números anteriores só é aplicável se a quota estiver há mais de três anos na titularidade do cedente, do seu cônjuge ou de pessoa a quem tenham, um ou outro, sucedido por morte.

4. Se a sociedade deliberar a aquisição da quota, o direito a adquiri-la é atribuído aos sócios que declarem pretendê-la no momento da respectiva deliberação, proporcionalmente às quotas que então possuírem; se os sócios não exercerem esse direito, pertencerá ele à sociedade.

Nota. A redacção do n.º 2, alínea *b*), foi introduzida pelo art. 2.º do DL n.º 76-A/2006, de 29 de Março.

SECÇÃO IV.   **Amortização da quota**

Art. 232.º (Amortização da quota)

1. A amortização de quotas, quando permitida pela lei ou pelo contrato de sociedade, pode ser efectuada nos termos previstos nesta secção.

2. A amortização tem por efeito a extinção da quota, sem prejuízo, porém, dos direitos já adquiridos e das obrigações já vencidas.

3. Salvo no caso de redução do capital, a sociedade não pode amortizar quotas que não estejam totalmente liberadas.

4. Se o contrato de sociedade atribuir ao sócio o direito à amortização da quota, aplica-se o disposto sobre exoneração de sócios.

Cap. III. Quotas   **Arts. 233.°-235.° CSC [11]**

5. Se a sociedade tiver o direito de amortizar a quota pode, em vez disso, adquiri-la ou fazê-la adquirir por sócio ou terceiro.

6. No caso de se optar pela aquisição, aplica-se o disposto nos n.ºs 3 e 4 e na primeira parte do n.° 5 do artigo 225.°

Art. 233.° (Pressupostos da amortização)

1. Sem prejuízo de disposição legal em contrário, a sociedade só pode amortizar uma quota sem o consentimento do respectivo titular quanto tenha ocorrido um facto que o contrato social considere fundamento de amortização compulsiva.

2. A amortização de uma quota só é permitida se o facto permissivo já figurava no contrato de sociedade ao tempo da aquisição dessa quota pelo seu actual titular ou pela pessoa a quem este sucedeu por morte ou se a introdução desse facto no contrato foi unanimemente deliberada pelos sócios.

3. A amortização pode ser consentida pelo sócio ou na própria deliberação ou por documento anterior ou posterior a esta.

4. Se sobre a quota amortizada incidir direito de usufruto ou de penhor, o consentimento deve também ser dado pelo titular desse direito.

5. Só com consentimento do sócio pode uma quota ser parcialmente amortizada, salvo nos casos previstos na lei.

Art. 234.° (Forma e prazo de amortização)

1. A amortização efectua-se por deliberação dos sócios, baseada na verificação dos respectivos pressupostos legais e contratuais, e torna-se eficaz mediante comunicação dirigida ao sócio por ela afectado.

2. A deliberação deve ser tomada no prazo de 90 dias, contados do conhecimento por algum gerente da sociedade do facto que permite a amortização.

Art. 235.° (Contrapartida da amortização)

1. Salvo estipulação contrária do contrato de sociedade ou acordo das partes, valem as disposições seguintes:

a) A contrapartida da amortização é o valor de liquidação da quota, determinado nos termos do artigo 105.°, n.° 2, com referência ao momento da deliberação.

b) O pagamento da contrapartida é fraccionado em duas prestações, a efectuar dentro de seis meses e um ano, respectivamente, após a fixação definitiva da contrapartida.

2. Se a amortização recair sobre quotas arroladas, arrestadas, penhoradas ou incluídas em massa falida ou insolvente, a determinação e o pagamento da contrapartida obedecerão aos termos previstos nas alíneas *a)* e *b)* do número anterior, salvo se os estipulados no contrato forem menos favoráveis para a sociedade.

3. Na falta de pagamento tempestivo da contrapartida e fora da hipótese prevista no n.° 1 do artigo 236.°, pode o interessado escolher entre a efectivação do seu crédito e a aplicação da regra estabelecida na primeira parte do n.° 4 do mesmo artigo.

307

[11] CSC Arts. 236.°-238.° — Tít. III. Sociedades por quotas

Art. 236.° (Ressalva do capital)

1. A sociedade só pode amortizar quotas quando, à data da deliberação, a sua situação líquida, depois de satisfeita a contrapartida da amortização, não ficar inferior à soma do capital e da reserva legal, a não ser que simultaneamente delibere a redução do seu capital.

2. A deliberação de amortização deve mencionar expressamente a verificação do requisito exigido pelo número anterior.

3. Se ao tempo do vencimento da obrigação de pagar a contrapartida da amortização se verificar que, depois de feito este pagamento, a situação líquida da sociedade passaria a ser inferior à soma do capital e da reserva legal, a amortização fica sem efeito e o interessado deve restituir à sociedade as quantias porventura já recebidas.

4. No caso previsto no número anterior, o interessado pode, todavia, optar pela amortização parcial da quota, em proporção do que já recebeu, e sem prejuízo do montante legal mínimo da quota. Pode também optar pela espera do pagamento até que se verifiquem as condições requeridas pelo número anterior, mantendo-se nesta hipótese a amortização.

5. A opção a que se refere o número precedente tem de ser declarada por escrito à sociedade, nos 30 dias seguintes àquele em que ao sócio seja comunicada a impossibilidade do pagamento pelo referido motivo.

Art. 237.° (Efeitos internos e externos quanto ao capital)

1. Se a amortização de uma quota não for acompanhada da correspondente redução de capital, as quotas dos outros sócios serão proporcionalmente aumentadas.

2. Os sócios devem fixar por deliberação o novo valor nominal das quotas.

3. O contrato de sociedade pode, porém, estipular que a quota figure no balanço como quota amortizada, e bem assim permitir que, posteriormente e por deliberação dos sócios, em vez da quota amortizada, sejam criadas uma ou várias quotas, destinadas a serem alienadas a um ou a alguns sócios ou a terceiros.

Nota. A redacção do n.° 2 foi introduzida pelo art. 2.° do DL n.° 76-A/2006, de 29 de Março.

Art. 238.° (Contitularidade e amortização)

1. Verificando-se, relativamente a um dos contitulares da quota, facto que constitua fundamento de amortização pela sociedade, podem os sócios deliberar que a quota seja dividida, em conformidade com o título donde tenha resultado a contitularidade, sem prejuízo do disposto no n.° 3 do artigo 219.°

2. Dividida a quota, a amortização recairá sobre a quota do contitular relativamente ao qual o fundamento da amortização tenha ocorrido; na falta de divisão, não pode ser amortizada toda a quota.

Notas. 1. A redacção do n.° 1, que já havia sido alterada pelo art. 3.° do DL n.° 343/98, de 6 de Novembro, foi introduzida pelo art. 3.° do DL n.° 33/2011, de 7 de Março.

2. Segundo o art. 29.°, n.° 1, do DL n.° 343/98, de 6 de Novembro, que estabelece algumas regras fundamentais relevantes no processo de transição do escudo para o euro, o disposto no n.° 1 deste preceito do CSC, na sua actual redacção, entra em vigor:

"*a*) No dia 1 de Janeiro de 2002, relativamente às sociedades constituídas em data anterior a 1 de Janeiro de 1999;

Cap. III.   Quotas   **Art. 239.°-240.° CSC [11]**

b) No dia em que se torne eficaz a opção das sociedades de alterar a denominação do capital social para euros."

Por força do n.° 2 daquele mesmo artigo do referido DL, as sociedades constituídas a partir de 1 de Janeiro de 1999 que optem por denominar o seu capital social em escudos devem converter para essa unidade os montantes denominados em euros, aplicando a taxa de conversão fixada pelo Conselho da União Europeia, nos termos do art. 109.°-L, n.° 4, primeiro período, do Tratado que institui a Comunidade Europeia.

SECÇÃO V.   Execução da quota

Art. 239.° (Execução da quota)

1. A penhora de uma quota abrange os direitos patrimoniais a ela inerentes, com ressalva do direito a lucros já atribuídos por deliberação dos sócios à data da penhora e sem prejuízo da penhora deste crédito; o direito de voto continua a ser exercido pelo titular da quota penhorada.

2. A transmissão de quotas em processo executivo ou de liquidação de patrimónios não pode ser proibida ou limitada pelo contrato de sociedade nem está dependente do consentimento desta. Todavia, o contrato pode atribuir à sociedade o direito de amortizar quotas em caso de penhora.

3. A sociedade ou o sócio que satisfaça o exequente fica sub-rogado no crédito, nos termos do artigo 593.° do Código Civil.

4. A decisão judicial que determine a venda da quota em processo de execução, falência ou insolvência do sócio deve ser oficiosamente notificada à sociedade.

5. Na venda ou na adjudicação judicial terão preferência em primeiro lugar os sócios e, depois, a sociedade ou uma pessoa por esta designada.

SECÇÃO VI.   Exoneração e exclusão de sócios

Art. 240.° (Exoneração de sócio)

1. Um sócio pode exonerar-se da sociedade nos casos previstos na lei e no contrato e ainda quando, contra o voto expresso daquele:

a) A sociedade deliberar um aumento de capital a subscrever total ou parcialmente por terceiros, a mudança do objecto social, a prorrogação da sociedade, a transferência da sede para o estrangeiro, o regresso à actividade da sociedade dissolvida;

b) Havendo justa causa de exclusão de um sócio, a sociedade não deliberar excluí-lo ou não promover a sua exclusão judicial.

2. A exoneração só pode ter lugar se estiverem inteiramente liberadas todas as quotas do sócio.

3. O sócio que queira usar da faculdade atribuída pelo n.° 1 deve, nos 90 dias seguintes ao conhecimento do facto que lhe atribua tal faculdade, declarar por escrito à sociedade a intenção de se exonerar.

4. Recebida a declaração do sócio referida no número anterior, a sociedade deve, no prazo de 30 dias, amortizar a quota, adquiri-la ou fazê-la adquirir por sócio ou terceiro, sob pena de o sócio poder requerer a dissolução da sociedade por via administrativa.

[11] CSC Arts. 241.º-242.º

Tít. III. Sociedades por quotas

5. A contrapartida a pagar ao sócio é calculada nos termos do artigo 105.º, n.º 2, com referência à data em que o sócio declare à sociedade a intenção de se exonerar; ao pagamento da contrapartida é aplicável o disposto no artigo 235.º, n.º 1, alínea *b*).

6. Se a contrapartida não puder ser paga em virtude do disposto no n.º 1 do artigo 236.º e o sócio não optar pela espera do pagamento, tem direito a requerer a dissolução da sociedade por via administrativa.

7. O sócio pode ainda requerer a dissolução da sociedade por via administrativa no caso de o adquirente da quota não pagar tempestivamente a contrapartida, sem prejuízo de a sociedade se substituir, nos termos do n.º 1 do artigo 236.º

8. O contrato de sociedade não pode, directamente ou pelo estabelecimento de algum critério, fixar valor inferior ao resultante do n.º 5 para os casos de exoneração previstos na lei nem admitir a exoneração pela vontade arbitrária do sócio.

Notas. 1. Redacção introduzida pelo art. 2.º do DL n.º 76-A/2006, de 29 de Março.

2. O art. 79.º da L n.º 55-A/2010, de 31 de Dezembro, dispõe o seguinte:

"1. Para além dos fundamentos previstos no n.º 1 do artigo 240.º do Código das Sociedades Comerciais (CSC), aprovado pelo Decreto-Lei n.º 262/86, de 2 de Setembro, pode o Estado exonerar-se da qualidade de sócio em sociedade comercial na qual detenha participação igual ou inferior a 10% do capital social, cujo valor não exceda € 2 500 e apresente reduzida liquidez, e que nos últimos cinco anos tenha apresentado resultados negativos ou não tenha distribuído dividendos, desde que se verifique algum dos seguintes requisitos:

a) A participação tenha sido declarada perdida a favor do Estado ou tenha vindo à respectiva titularidade por sucessão legítima, prescrição ou extinção de pessoa colectiva sócia;

b) A participação do Estado tenha origem na conversão de créditos em capital social no âmbito de processo especial de recuperação de empresa ou de insolvência.

2. À exoneração prevista no número anterior é aplicável o disposto nos n.ºs 2 e 4 a 8 do artigo 240.º do CSC, independentemente do tipo de sociedade em causa.

3. A exoneração da qualidade de sócio deve ser objecto de divulgação no sítio da Internet da DGTF."

Art. 241.º (Exclusão de sócio)

1. Um sócio pode ser excluído da sociedade nos casos e termos previstos na presente lei, bem como nos casos respeitantes à sua pessoa ou ao seu comportamento fixados no contrato.

2. Quando houver lugar à exclusão por força do contrato, são aplicáveis os preceitos relativos à amortização de quotas.

3. O contrato de sociedade pode fixar, para o caso de exclusão, um valor ou um critério para a determinação do valor da quota diferente do preceituado para os casos de amortização de quotas.

Art. 242.º (Exclusão judicial de sócio)

1. Pode ser excluído por decisão judicial o sócio que, com o seu comportamento desleal ou gravemente perturbador do funcionamento da sociedade, lhe tenha causado ou possa vir a causar-lhe prejuízos relevantes.

2. A proposição da acção de exclusão deve ser deliberada pelos sócios, que poderão nomear representantes especiais para esse efeito.

3. Dentro dos 30 dias posteriores ao trânsito em julgado da sentença de exclusão deve a sociedade amortizar a quota do sócio, adquiri-la ou fazê-la adquirir, sob pena de a exclusão ficar sem efeito.

Cap. III.   Quotas   **Arts. 242.º-A-242.º-E csc [11]**

4. Na falta de cláusula do contrato de sociedade em sentido diverso, o sócio excluído por sentença tem direito ao valor da sua quota, calculado com referência à data da proposição da acção e pago nos termos prescritos para a amortização de quotas.
5. No caso de se optar pela aquisição da quota, aplica-se o disposto nos n.ᵒˢ 3 e 4 e na primeira parte do n.º 5 do artigo 225.º

SECÇÃO VII.   **Registo das quotas** [1]

Art. 242.º-A (Eficácia dos factos relativos a quotas)

Os factos relativos a quotas são ineficazes perante a sociedade enquanto não for solicitada, quando necessária, a promoção do respectivo registo.

Nota. Aditado pelo art. 3.º do DL n.º 76-A/2006, de 29 de Março.

Art. 242.º-B (Promoção do registo)

1. A sociedade promove os registos relativos a factos em que, de alguma forma, tenha tido intervenção ou mediante solicitação de quem tenha legitimidade, nos termos do número seguinte.
2. Têm legitimidade para solicitar à sociedade a promoção do registo:
a) O transmissário, o transmitente e o sócio exonerado;
b) O usufrutuário e o credor pignoratício.
3. A solicitação à sociedade da promoção do registo deve ser acompanhada dos documentos que titulem o facto a registar e dos emolumentos, taxas e outras quantias devidas.

Nota. Aditado pelo art. 3.º do DL n.º 76-A/2006, de 29 de Março. A actual redacção do corpo do n.º 2 e do n.º 3 foi introduzida pelo art. 11.º do DL n.º 8/2007, de 17 de Janeiro.

Art. 242.º-C (Prioridade da promoção do registo)

1. A promoção dos registos deve respeitar a ordem dos respectivos pedidos.
2. Se for pedido na mesma data o registo de diversos factos relativos à mesma quota, os registos devem ser requeridos pela ordem de antiguidade dos factos.
3. No caso de os factos referidos no número anterior terem sido titulados na mesma data, o registo deve ser promovido pela ordem da respectiva dependência.

Nota. Aditado pelo art. 3.º do DL n.º 76-A/2006, de 29 de Março.

Art. 242.º-D (Sucessão de registos)

Para que a sociedade possa promover o registo de actos modificativos da titularidade de quotas e de direitos sobre elas é necessário que neles tenha intervindo o titular registado.

Nota. Aditado pelo art. 3.º do DL n.º 76-A/2006, de 29 de Março.

Art. 242.º-E (Deveres da sociedade)

1. A sociedade não deve promover o registo se o pedido não for viável, em face das disposições legais aplicáveis, dos documentos apresentados e dos registos

---

[1] Aditada pelo art. 4.º do DL n.º 76-A/2006, de 29 de Março.

311

[11] CSC Arts. 242.°-F-243.°

Tít. III.   Sociedades por quotas

anteriores, devendo verificar especialmente a legitimidade dos interessados, a regularidade formal dos títulos e a validade dos actos neles contidos.

2. A sociedade não deve promover o registo de um acto sujeito a encargos de natureza fiscal sem que estes se mostrem pagos, não estando, todavia, sujeita a sua apreciação a correcção da liquidação de encargos fiscais efectuada pelos serviços da administração tributária.

3. Os documentos que titulam os factos relativos a quotas ou aos seus titulares devem ser arquivados na sede da sociedade até ao encerramento da liquidação, após o qual se deve observar o disposto quanto aos documentos de escrituração da sociedade.

4. A sociedade deve facultar o acesso aos documentos referidos no número anterior a qualquer pessoa que demonstre ter um interesse atendível na sua consulta, no prazo de cinco dias a contar da solicitação, bem como emitir cópia daqueles documentos, a solicitação dos interessados, podendo ser cobrado o pagamento de uma quantia que não pode ser desproporcionada face aos custos de emissão da cópia.

Nota. Aditado pelo art. 3.° do DL n.° 76-A/2006, de 29 de Março.

Art. 242.°-F (Responsabilidade civil)

1. As sociedades respondem pelos danos causados aos titulares de direitos sobre as quotas ou a terceiros, em consequência de omissão, irregularidade, erro, insuficiência ou demora na promoção dos registos, salvo se provarem que houve culpa dos lesados.

2. As sociedades são solidariamente responsáveis pelo cumprimento das obrigações fiscais se promoverem um registo em violação do disposto no n.° 2 do artigo anterior.

Nota. Aditado pelo art. 3.° do DL n.° 76-A/2006, de 29 de Março. A actual redacção do n.° 2 foi introduzida pelo art. 11.° do DL n.° 8/2007, de 17 de Janeiro.

CAPÍTULO IV.   Contrato de suprimento

Art. 243.° (Contrato de suprimento)

1. Considera-se contrato de suprimento o contrato pelo qual o sócio empresta à sociedade dinheiro ou outra coisa fungível, ficando aquela obrigada a restituir outro tanto do mesmo género e qualidade, ou pelo qual o sócio convenciona com a sociedade o diferimento do vencimento de créditos seus sobre ela, desde que, em qualquer dos casos, o crédito fique tendo carácter de permanência.

2. Constitui índice do carácter de permanência a estipulação de um prazo de reembolso superior a um ano, quer tal estipulação seja contemporânea da constituição do crédito quer seja posterior a esta. No caso de diferimento do vencimento de um crédito, computa-se nesse prazo o tempo decorrido desde a constituição do crédito até ao negócio de diferimento.

3. É igualmente índice do carácter de permanência a não utilização da faculdade de exigir o reembolso devido pela sociedade durante um ano, contado da constituição do crédito, quer não tenha sido estipulado prazo, quer tenha sido convencionado prazo inferior; tratando-se de lucros distribuídos e não levantados, o prazo de um ano conta-se da data da deliberação que aprovou a distribuição.

Cap. IV.   Contrato de suprimento   **Arts. 244.º-245.º csc [11]**

4. Os credores sociais podem provar o carácter de permanência, embora o reembolso tenha sido efectuado antes de decorrido o prazo de um ano referido nos números anteriores. Os sócios interessados podem ilidir a presunção de permanência estabelecida nos números anteriores, demonstrando que o diferimento de créditos corresponde a circunstâncias relativas a negócios celebrados com a sociedade, independentemente da qualidade de sócio.

5. Fica sujeito ao regime de crédito de suprimento o crédito de terceiro contra a sociedade que o sócio adquira por negócio entre vivos, desde que no momento da aquisição se verifique alguma das circunstâncias previstas nos n.ºˢ 2 e 3.

6. Não depende de forma especial a validade do contrato de suprimento ou de negócio sobre adiantamento de fundos pelo sócio à sociedade ou de convenção de diferimento de créditos de sócios.

Art. 244.º (Obrigação e permissão de suprimentos)

1. À obrigação de efectuar suprimentos estipulada no contrato de sociedade aplica-se o disposto no artigo 209.º quanto a obrigações acessórias.

2. A referida obrigação pode também ser constituída por deliberação dos sócios votada por aqueles que a assumam.

3. A celebração de contratos de suprimentos não depende de prévia deliberação dos sócios, salvo disposição contratual em contrário.

Art. 245.º (Regime do contrato de suprimento)

1. Não tendo sido estipulado prazo para o reembolso dos suprimentos, é aplicável o disposto no n.º 2 do artigo 777.º do Código Civil; na fixação do prazo, o tribunal terá, porém, em conta as consequências que o reembolso acarretará para a sociedade, podendo, designadamente, determinar que o pagamento seja fraccionado em certo número de prestações.

2. Os credores por suprimentos não podem requerer, por esses créditos, a falência da sociedade. Todavia, a concordata concluída no processo de falência produz efeitos a favor dos credores de suprimentos e contra eles.

3. Decretada a falência ou dissolvida por qualquer causa a sociedade:

a) Os suprimentos só podem ser reembolsados aos seus credores depois de inteiramente satisfeitas as dívidas daquela para com terceiros;

b) Não é admissível compensação de créditos da sociedade com créditos de suprimentos.

4. A prioridade de reembolso de créditos de terceiros estabelecida na alínea *a*) do número anterior pode ser estipulada em concordata concluída no processo de falência da sociedade.

5. O reembolso de suprimentos efectuado no ano anterior à sentença declaratória da falência é resolúvel nos termos dos artigos 1200.º, 1203.º e 1204.º do Código de Processo Civil.

6. São nulas as garantias reais prestadas pela sociedade relativas a obrigações de reembolso de suprimentos e extinguem-se as de outras obrigações, quando estas ficarem sujeitas ao regime de suprimentos.

Nota. Os artigos do Código de Processo Civil citados no n.º 5 foram revogados pelo DL 132/93 de 23 de Abril **[141]**, que aprovou o Código dos Processos Especiais de Recuperação da Empresa e de Falência.

[11] CSC Arts. 246.°-247.° Tít. III. Sociedades por quotas

CAPÍTULO V. **Deliberações dos sócios**

Art. 246.° (Competência dos sócios)
1. Dependem de deliberação dos sócios os seguintes actos, além de outros que a lei ou o contrato indicarem;
a) A chamada e a restituição de prestações suplementares;
b) A amortização de quotas, a aquisição, a alienação e a oneração de quotas próprias e o consentimento para a divisão ou cessão de quotas;
c) A exclusão de sócios;
d) A destituição de gerentes e de membros do órgão de fiscalização;
e) A aprovação do relatório de gestão e das contas do exercício, a atribuição de lucros e o tratamento dos prejuízos;
f) A exoneração de responsabilidade dos gerentes ou membros do órgão de fiscalização;
g) A proposição de acções pela sociedade contra gerentes, sócios ou membros do órgão de fiscalização, e bem assim a desistência e transacção nessas acções;
h) A alteração do contrato de sociedade;
i) A fusão, cisão, transformação e dissolução da sociedade e o regresso de sociedade dissolvida à actividade.
2. Se o contrato social não dispuser diversamente, compete também aos sócios deliberar sobre:
a) A designação de gerentes;
b) A designação de membros do órgão de fiscalização;
c) A alienação ou oneração de bens imóveis, a alienação, a oneração e a locação de estabelecimento;
d) A subscrição ou aquisição de participações noutras sociedades e a sua alienação ou oneração.

Art. 247.° (Formas de deliberação)
1. Além de deliberações tomadas nos termos do artigo 54.°, os sócios podem tomar deliberações por voto escrito e deliberações em assembleia geral.
2. Não havendo disposição de lei ou cláusula contratual que o proíba, é lícito aos sócios acordar, nos termos dos números seguintes, que a deliberação seja tomada por voto escrito.
3. A consulta dirigida aos sócios pelos gerentes para os efeitos previstos na parte final do número anterior deve ser feita por carta registada, em que se indicará o objecto da deliberação a tomar e se avisará o destinatário de que a falta de resposta dentro dos quinze dias seguintes à expedição da carta será tida como assentimento à dispensa da assembleia.
4. Quando, em conformidade com o número anterior, se possa proceder a votação por escrito, o gerente enviará a todos os sócios a proposta concreta de deliberação, acompanhada pelos elementos necessários para a esclarecer, e fixará para o voto prazo não inferior a dez dias.
5. O voto escrito deve identificar a proposta e conter a aprovação ou rejeição desta; qualquer modificação da proposta ou condicionamento do voto implica rejeição da proposta.

314

Cap. V. Deliberações dos sócios

Arts. 248.°-249.° CSC [11]

6. O gerente lavrará acta, em que mencionará a verificação das circunstâncias que permitem a deliberação por voto escrito, transcreverá a proposta e o voto de cada sócio, declarará a deliberação tomada e enviará cópia desta acta a todos os sócios.

7. A deliberação considera-se tomada no dia em que for recebida a última resposta ou no fim do prazo marcado, caso algum sócio não responda.

8. Não pode ser tomada deliberação por voto escrito quando algum sócio esteja impedido de votar, em geral ou no caso de espécie.

Nota. A redacção do n.° 7 foi introduzida pelo DL n.° 280/87, de 8 de Julho **[13]**.

Art. 248.° (Assembleias gerais)

1. Às assembleias gerais das sociedades por quotas aplica-se o disposto sobre assembleias gerais das sociedades anónimas, em tudo o que não estiver especificamente regulado para aquelas.

2. Os direitos atribuídos nas sociedades anónimas a uma minoria de accionistas quanto à convocação e à inclusão de assuntos na ordem do dia podem ser sempre exercidos por qualquer sócio de sociedades por quotas.

3. A convocação das assembleias gerais compete a qualquer dos gerentes e deve ser feita por meio de carta registada, expedida com a antecedência mínima de quinze dias, a não ser que a lei ou o contrato de sociedade exijam outras formalidades ou estabeleçam prazo mais longo.

4. Salvo disposição diversa do contrato de sociedade, a presidência de cada assembleia geral pertence ao sócio nela presente que possuir ou representar maior fracção de capital, preferindo-se, em igualdade de circunstâncias, o mais velho.

5. Nenhum sócio pode ser privado, nem sequer por disposição do contrato, de participar na assembleia, ainda que esteja impedido de exercer o direito de voto.

6. As actas das assembleias gerais devem ser assinadas por todos os sócios que nelas tenham participado.

Nota. A redacção do n.° 3 foi introduzida pelo DL n.° 280/87, de 8 de Julho **[13]**.

Art. 249.° (Representação em deliberação de sócios)

1. Não é permitida a representação voluntária em deliberações por voto escrito.

2. Os instrumentos de representação voluntária que não mencionem as formas de deliberação abrangidas são válidos apenas para deliberações a tomar em assembleias gerais regularmente convocadas.

3. Os instrumentos de representação voluntária que não mencionem a duração dos poderes conferidos são válidos apenas para o ano civil respectivo.

4. Para a representação em determinada assembleia geral, quer esta reúna em primeira ou segunda data, é bastante uma carta dirigida ao respectivo presidente.

5. A representação voluntária do sócio só pode ser conferida ao seu cônjuge, a um seu ascendente ou descendente ou a outro sócio, a não ser que o contrato de sociedade permita expressamente outros representantes.

[11] CSC Arts. 250.°-251.°

Tít. III.   Sociedades por quotas

Art. 250.° (Votos)

1. Conta-se um voto por cada cêntimo do valor nominal da quota.

2. É, no entanto, permitido que o contrato de sociedade atribua, como direito especial, dois votos por cada cêntimo do valor nominal da quota ou quotas de sócios que, no total, não correspondam a mais de 20% do capital.

3. Salvo disposição diversa da lei ou do contrato, as deliberações consideram--se tomadas se obtiverem a maioria dos votos emitidos, não se considerando como tal as abstenções.

Notas. 1. A actual redacção foi introduzida pelo art. 1.° do DL n.° 257/96, de 31 de Dezembro, e pelo art. 3.° do DL n.° 343/98, de 6 de Novembro.

2. Segundo o art. 29.°, n.° 1, do DL n.° 343/98, de 6 de Novembro, que estabelece algumas regras fundamentais relevantes no processo de transição do escudo para o euro, o disposto no n.° 2 deste preceito do CSC, na sua actual redacção, entra em vigor:

"*a*) No dia 1 de Janeiro de 2002, relativamente às sociedades constituídas em data anterior a 1 de Janeiro de 1999;

b) No dia em que se torne eficaz a opção das sociedades de alterar a denominação do capital social para euros."

Por força do n.° 2 daquele mesmo artigo do referido DL, as sociedades constituídas a partir de 1 de Janeiro de 1999 que optem por denominar o seu capital social em escudos devem converter para essa unidade os montantes denominados em euros, aplicando a taxa de conversão fixada pelo Conselho da União Europeia, nos termos do art. 109.°-L, n.° 4, primeiro período, do Tratado que institui a Comunidade Europeia.

Art. 251.° (Impedimento de voto)

1. O sócio não pode votar nem por si, nem por representante, nem em representação de outrem, quando, relativamente à matéria da deliberação, se encontre em situação de conflito de interesses com a sociedade. Entende-se que a referida situação de conflito de interesses se verifica designadamente quando se tratar de deliberação que recaia sobre:

a) Liberação de uma obrigação ou responsabilidade própria do sócio, quer nessa qualidade quer como gerente ou membro do órgão de fiscalização;

b) Litígio sobre pretensão da sociedade contra o sócio ou deste contra aquela, em qualquer das qualidades referidas na alínea anterior, tanto antes como depois do recurso a tribunal;

c) Perda pelo sócio de parte da sua quota, na hipótese prevista no artigo 204.°, n.° 2;

d) Exclusão do sócio;

e) Consentimento previsto no artigo 254.°, n.° 1;

f) Destituição, por justa causa, da gerência que estiver exercendo ou de membro do órgão de fiscalização;

g) Qualquer relação, estabelecida ou a estabelecer, entre a sociedade e o sócio estranha ao contrato de sociedade.

2. O disposto nas alíneas do número anterior não pode ser preterido no contrato de sociedade.

Cap. VI.   Gerência e fiscalização   **Arts. 252.°-254.° CSC [11]**

CAPÍTULO VI.   Gerência e fiscalização

Art. 252.° (Composição da gerência)

1. A sociedade é administrada e representada por um ou mais gerentes, que podem ser escolhidos de entre estranhos à sociedade e devem ser pessoas singulares com capacidade jurídica plena.

2. Os gerentes são designados no contrato de sociedade ou eleitos posteriormente por deliberação dos sócios, se não estiver prevista no contrato outra forma de designação.

3. A gerência atribuída no contrato a todos os sócios não se entende conferida aos que só posteriormente adquiram esta qualidade.

4. A gerência não é transmissível por acto entre vivos ou por morte, nem isolada, nem juntamente com a quota.

5. Os gerentes não podem fazer-se representar no exercício do seu cargo, sem prejuízo do disposto no n.° 2 do artigo 261.°

6. O disposto nos números anteriores não exclui a faculdade de a gerência nomear mandatários ou procuradores da sociedade para a prática de determinados actos ou categorias de actos, sem necessidade de cláusula contratual expressa.

Art. 253.° (Substituição de gerentes)

1. Se faltarem definitivamente todos os gerentes, todos os sócios assumem por força da lei os poderes de gerência, até que sejam designados os gerentes.

2. O disposto no número anterior é também aplicável no caso de falta temporária de todos os gerentes, tratando-se de acto que não possa esperar pela cessação da falta.

3. Faltando definitivamente um gerente cuja intervenção seja necessária por força do contrato para a representação da sociedade, considera-se caduca a cláusula do contrato, caso a exigência tenha sido nominal; no caso contrário, não tendo a vaga sido preenchida no prazo de 30 dias, pode qualquer sócio ou gerente requerer ao tribunal a nomeação de um gerente até a situação ser regularizada, nos termos do contrato ou da lei.

4. Os gerentes judicialmente nomeados têm direito à indemnização das despesas razoáveis que fizerem e à remuneração da sua actividade; na falta de acordo com a sociedade, a indemnização e a remuneração são fixadas pelo tribunal.

Art. 254.° (Proibição de concorrência)

1. Os gerentes não podem, sem consentimento dos sócios, exercer, por conta própria ou alheia, actividade concorrente com a da sociedade.

2. Entende-se como concorrente com a da sociedade qualquer actividade abrangida no objecto desta, desde que esteja a ser exercida por ela ou o seu exercício tenha sido deliberado pelos sócios.

3. No exercício por conta própria inclui-se a participação, por si ou por interposta pessoa, em sociedade que implique assunção de responsabilidade ilimitada pelo gerente, bem como a participação de, pelo menos, 20% no capital ou nos lucros de sociedade em que ele assuma responsabilidade limitada.

[11] CSC Arts. 255.°-257.°

Tít. III. Sociedade por quotas

4. O consentimento presume-se no caso de o exercício da actividade ser anterior à nomeação do gerente e conhecido de sócios que disponham da maioria do capital, e bem assim quando, existindo tal conhecimento da actividade do gerente, este continuar a exercer as suas funções decorridos mais de 90 dias depois de ter sido deliberada nova actividade da sociedade com a qual concorre a que vinha sendo exercida por ele.

5. A infracção do disposto no n.° 1, além de constituir justa causa de destituição, obriga o gerente a indemnizar a sociedade pelos prejuízos que esta sofra.

6. Os direitos da sociedade mencionados no número anterior prescrevem no prazo de 90 dias a contar do momento em que todos os sócios tenham conhecimento da actividade exercida pelo gerente ou, em qualquer caso, no prazo de cinco anos contados do início dessa actividade.

Art. 255.° (Remuneração)

1. Salvo disposição do contrato de sociedade em contrário, o gerente tem direito a uma remuneração, a fixar pelos sócios.

2. As remunerações dos sócios gerentes podem ser reduzidas pelo tribunal, a requerimento de qualquer sócio, em processo de inquérito judicial, quando forem gravemente desproporcionadas quer ao trabalho prestado quer à situação da sociedade.

3. Salvo cláusula expressa do contrato de sociedade, a remuneração dos gerentes não pode consistir, total ou parcialmente, em participação nos lucros da sociedade.

Art. 256.° (Duração da gerência)

As funções dos gerentes subsistem enquanto não terminarem por destituição ou renúncia, sem prejuízo de o contrato de sociedade ou o acto de designação poder fixar a duração delas.

Art. 257.° (Destituição de gerentes)

1. Os sócios podem deliberar a todo o tempo a destituição de gerentes.

2. O contrato de sociedade pode exigir para a deliberação de destituição uma maioria qualificada ou outros requisitos; se, porém, a destituição se fundar em justa causa, pode ser sempre deliberada por maioria simples.

3. A cláusula do contrato de sociedade que atribui a um sócio um direito especial à gerência não pode ser alterada sem consentimento do mesmo sócio. Podem, todavia, os sócios deliberar que a sociedade requeira a suspensão e destituição judicial do gerente por justa causa e designar para tanto um representante especial.

4. Existindo justa causa, pode qualquer sócio requerer a suspensão e a destituição do gerente, em acção intentada contra a sociedade.

5. Se a sociedade tiver apenas dois sócios, a destituição da gerência com fundamento em justa causa só pelo tribunal pode ser decidida em acção intentada pelo outro.

6. Constituem justa causa de destituição, designadamente, a violação grave dos deveres do gerente e a sua incapacidade para o exercício normal das respectivas funções.

318

Cap. VI.   Gerência e fiscalização   **Arts. 258.º-261.º CSC [11]**

7. Não havendo indemnização contratual estipulada, o gerente destituído sem justa causa tem direito a ser indemnizado dos prejuízos sofridos, entendendo-se, porém, que ele não se manteria no cargo ainda por mais de quatro anos ou do tempo que faltar para perfazer o prazo por que fora designado.

Art. 258.º (Renúncia de gerentes)
1. A renúncia de gerentes deve ser comunicada por escrito à sociedade e torna-se efectiva oito dias depois de recebida a comunicação.
2. A renúncia sem justa causa obriga o renunciante a indemnizar a sociedade pelos prejuízos causados, salvo se esta for avisada com a antecedência conveniente.

Art. 259.º (Competência da gerência)
Os gerentes devem praticar os actos que forem necessários ou convenientes para a realização do objecto social, com respeito pelas deliberações dos sócios.

Art. 260.º (Vinculação da sociedade)
1. Os actos praticados pelos gerentes, em nome da sociedade e dentro dos poderes que a lei lhes confere, vinculam-na para com terceiros, não obstante as limitações constantes do contrato social ou resultantes de deliberações dos sócios.
2. A sociedade pode, no entanto, opor a terceiros as limitações de poderes resultantes do seu objecto social, se provar que o terceiro sabia ou não podia ignorar, tendo em conta as circunstâncias que o acto praticado não respeitava essa cláusula e se, entretanto, a sociedade o não assumiu, por deliberação expressa ou tácita dos sócios.
3. O conhecimento referido no número anterior não pode ser provado apenas pela publicidade dada ao contrato de sociedade.
4. Os gerentes vinculam a sociedade, em actos escritos, apondo a sua assinatura com indicação dessa qualidade.
5. As notificações ou declarações de um gerente cujo destinatário seja a sociedade devem ser dirigidas a outro gerente, ou, se não houver outro gerente, ao órgão de fiscalização, ou, não o havendo, a qualquer sócio.

Notas. 1. A redacção do n.º 2 foi introduzida pelo DL n.º 280/87, de 8 de Julho [13].

2. Cf. a Jurisprudência n.º 1/2002 do STJ, de 6 de Dezembro de 2001 (DR n.º 20 I Série-A, de 24-1-2002), que decidiu: «A indicação da qualidade de gerente prescrita no n.º 4 do artigo 260.º do Código das Sociedades Comerciais pode ser deduzida, nos termos do artigo 217.º do Código Civil, de factos que, com toda a probabilidade, a revelem.»

Art. 261.º (Funcionamento da gerência plural)
1. Quando haja vários gerentes e salvo cláusula do contrato de sociedade que disponha de modo diverso, os respectivos poderes são exercidos conjuntamente, considerando-se válidas as deliberações que reúnam os votos da maioria e a sociedade vinculada pelos negócios jurídicos concluídos pela maioria dos gerentes ou por ela ratificados.
2. O disposto no número anterior não impede que os gerentes deleguem nalgum ou nalguns deles competência para determinados negócios ou espécie de negó-

[11] CSC Art. 262.°

Tít. III. Sociedades por quotas

cio, mas, mesmo nesses negócios, os gerentes delegados só vinculam a sociedade se a delegação lhes atribuir expressamente tal poder.

3. As notificações ou declarações de terceiros à sociedade podem ser dirigidas a qualquer dos gerentes, sendo nula toda a disposição em contrário do contrato de sociedade.

Art. 262.° (Fiscalização)

1. O contrato de sociedade pode determinar que a sociedade tenha um conselho fiscal, que se rege pelo disposto a esse respeito para as sociedades anónimas.

2. As sociedades que não tiverem conselho fiscal devem designar um revisor oficial de contas para proceder à revisão legal desde que, durante dois anos consecutivos, sejam ultrapassados dois dos três seguintes limites:

a) Total do balanço: 1 500 000 euros [1];

b) Total das vendas líquidas e outros proveitos: 3 000 000 euros [1];

c) Número de trabalhadores empregados em média durante o exercício: 50.

3. A designação do revisor oficial de contas só deixa de ser necessária se a sociedade passar a ter conselho fiscal ou se dois dos três requisitos fixados no número anterior não se verificarem durante dois anos consecutivos.

4. Compete aos sócios deliberar a designação do revisor oficial de contas, sendo aplicável, na falta de designação, o disposto nos artigos 416.° a 418.°

5. São aplicáveis ao revisor oficial de contas as incompatibilidades estabelecidas para os membros do conselho fiscal.

6. Ao exame pelo revisor e ao relatório deste aplica-se o disposto a esse respeito quanto a sociedades anónimas, conforme tenham ou não conselho fiscal.

7. Os montantes e o número referidos nas três alíneas do n.° 2 podem ser modificados por portaria dos Ministros das Finanças e da Justiça.

Notas. 1. Nos termos do art. 5.° do DL n.° 280/87, de 8 de Julho **[13]**, relativamente às sociedades por quotas constituídas antes de 1 de Novembro de 1986, o prazo referido no n.° 2 deste artigo conta-se a partir de 1 de Janeiro de 1987.

2. O art. 5.° do DL n.° 257/96, de 31 de Dezembro, dispõe o seguinte: «As sociedades anónimas ou por quotas com conselho fiscal poderão, no prazo de seis meses a contar da data da entrada em vigor do presente diploma, independentemente da escritura pública, deliberar a passagem ao regime de fiscal único, devendo, nesse caso, fazer registar tal alteração no registo comercial, mediante apresentação da cópia da acta de que conste a deliberação».

3. Segundo o art. 29.°, n.° 1, do DL n.° 343/98, de 6 de Novembro, que estabelece algumas regras fundamentais relevantes no processo de transição do escudo para o euro, o disposto no n.° 2, alíneas *a*) e *b*) deste preceito do CSC, na sua actual redacção, entra em vigor:

"*a*) No dia 1 de Janeiro de 2002, relativamente às sociedades constituídas em data anterior a 1 de Janeiro de 1999;

b) No dia em que se torne eficaz a opção das sociedades de alterar a denominação do capital social para euros."

Por força do n.° 2 daquele mesmo artigo do referido DL, as sociedades constituídas a partir de 1 de Janeiro de 1999 que optem por denominar o seu capital social em escudos devem converter para essa unidade os montantes denominados em euros, aplicando a taxa de conversão fixada pelo Conselho da União Europeia, nos termos do art. 109.°-L, n.° 4, primeiro período, do Tratado que institui a Comunidade Europeia.

---

[1] Valores fixados pelo art. 3.° do DL n.° 343/98, de 6 de Novembro.

Cap. VII. Apreciação anual da situação da sociedade   **Arts. 262.º-A-263.º CSC [11]**

Art. 262.º-A (Dever de prevenção)

1. Nas sociedades por quotas em que haja revisor oficial de contas ou conselho fiscal compete ao revisor oficial de contas ou a qualquer membro do conselho fiscal comunicar imediatamente, por carta registada, os factos que considere reveladores de graves dificuldades na prossecução do objecto da sociedade.

2. A gerência deve, nos 30 dias seguintes à recepção da carta, responder pela mesma via.

3. Na falta da resposta ou se esta não for satisfatória, o revisor oficial de contas deve requerer a convocação de uma assembleia geral.

4. Ao dever de prevenção nas sociedades por quotas aplica-se o disposto sobre o dever de vigilância nas sociedades anónimas em tudo o que não estiver especificamente regulado para aquelas.

Nota. Aditado pelo art. 4.º do DL n.º 257/96, de 31 de Dezembro.

CAPÍTULO VII. **Apreciação anual da situação da sociedade**

Art. 263.º (Relatório de gestão e contas de exercício)

1. O relatório de gestão e os documentos de prestação de contas devem estar patentes aos sócios, nas condições previstas no artigo 214.º, n.º 4, na sede da sociedade e durante as horas de expediente, a partir do dia em que seja expedida a convocação para a assembleia destinada a apreciá-los; os sócios serão avisados deste facto na própria convocação.

2. É desnecessária outra forma de apreciação ou deliberação quando todos os sócios sejam gerentes e todos eles assinem, sem reservas, o relatório de gestão, as contas e a proposta sobre aplicação de lucros e tratamento de perdas, salvo quanto a sociedades abrangidas pelos n.ᵒˢ 5 e 6 deste artigo.

3. Verificando-se empate na votação sobre aprovação de contas ou sobre atribuição de lucros, pode qualquer sócio requerer a convocação judicial da assembleia para nova apreciação daqueles. O juiz designará para presidir a essa assembleia uma pessoa idónea, estranha à sociedade, de preferência um revisor oficial de contas, a quem atribuirá o poder de desempatar, se voltar a verificar-se o empate, e fixará os encargos ocasionados pela designação, os quais são de conta da sociedade.

4. A pessoa designada pode exigir da gerência ou do órgão de fiscalização que lhe sejam facultados os documentos sociais cuja consulta considere necessária, e bem assim que lhe sejam prestadas as informações de que careça.

5. Nas sociedades sujeitas a revisão legal nos termos do artigo 262.º, n.º 2, os documentos de prestação de contas e o relatório de gestão devem ser submetidos a deliberação dos sócios, acompanhados de certificação legal das contas e do relatório do revisor oficial de contas.

6. Ao exame das contas pelo conselho fiscal e respectivo relatório aplica-se o disposto para as sociedades anónimas.

Nota. O texto do n.º 2 foi rectificado pelo DL n.º 257/96, de 31 de Dezembro, sendo acolhida a redacção constante das anteriores edições desta colectânea.

321

[11] CSC Arts. 264.°-267.°   Tít. III.   Sociedades por quotas

Art. 264.° (Publicidade das contas)

Nota. Revogado pelo art. 6.° do DL n.° 257/96, de 31 de Dezembro.

CAPÍTULO VIII.   Alterações do contrato

Art. 265.° (Maioria necessária)

1. As deliberações de alteração do contrato só podem ser tomadas por maioria de três quartos dos votos correspondentes ao capital social ou por número ainda mais elevado de votos exigido pelo contrato de sociedade.

2. É permitido estipular no contrato de sociedade que este só pode ser alterado, no todo ou em parte, com o voto favorável de um determinado sócio, enquanto este se mantiver na sociedade.

3. O disposto no n.° 1 deste artigo aplica-se à deliberação de fusão, de cisão e de transformação da sociedade.

Art. 266.° (Direito de preferência)

1. Os sócios gozam de preferência nos aumentos de capital a realizar em dinheiro.

2. Entre sócios, o cálculo da repartição do aumento de capital será feito:

a) Atribuindo a cada sócio a importância proporcional à quota de que for titular na referida data ou da importância inferior a essa que o sócio tenha pedido;

b) Satisfazendo os pedidos superiores à importância referida na primeira parte da alínea *a*), na medida que resultar de um ou mais rateios das importâncias sobrantes, em proporção do excesso das importâncias pedidas.

3. A parte do aumento que, relativamente a cada sócio, não for bastante para formar uma nova quota, acrescerá ao valor nominal da quota antiga.

4. O direito de preferência conferido por este artigo só pode ser limitado ou suprimido em conformidade com o disposto no artigo 460.°

5. Os sócios devem exercer o direito referido no n.° 1 até à assembleia que aprove o aumento do capital, devendo para este efeito ser informados das condições desse aumento na convocatória da assembleia ou em comunicação efectuada pelos gerentes com, pelo menos, 10 dias de antecedência relativamente à data de realização da assembleia.

Nota. A redacção do n.° 5 foi introduzida pelo art. 2.° do DL n.° 76-A/2006, de 29 de Março.

Art. 267.° (Alienação do direito de participar no aumento de capital)

1. O direito de participar preferencialmente num aumento de capital pode ser alienado, com o consentimento da sociedade.

2. O consentimento exigido no número anterior é dispensado, concedido ou recusado nos termos prescritos para o consentimento de cessão de quotas, mas a deliberação de aumento de capital pode conceder o referido consentimento para todo esse aumento.

3. No caso previsto na parte final do número anterior, os adquirentes devem exercer a preferência na assembleia que aprove o aumento de capital.

322

Cap. VIII. Alterações do contrato

Arts. 268.º-269.º CSC [11]

4. No caso de o consentimento ser expressamente recusado, a sociedade deve apresentar proposta de aquisição do direito por sócio ou estranho, aplicando-se, com as necessárias adaptações, o disposto no artigo 231.º

Nota. A redacção do n.º 3 foi introduzida pelo art. 2.º do DL n.º 76-A/2006, de 29 de Março (o anterior n.º 3 é hoje o n.º 4).

Art. 268.º (Obrigações e direitos de antigos e novos sócios em aumento de capital)

1. Os sócios que aprovarem a deliberação de aumento de capital a realizar por eles próprios ficam, sem mais, obrigados a efectuar as respectivas entradas na proporção do seu inicial direito de preferência, se nesse caso o tiverem.

2. Sendo o aumento de capital destinado à admissão de novos sócios, estes devem declarar que aceitam associar-se nas condições do contrato vigente e da deliberação de aumento do capital.

3. A declaração prevista no n.º 2 do artigo 88.º apenas pode ser prestada depois de todos os novos sócios terem dado cumprimento ao disposto no número anterior.

4. Efectuada a entrada em espécie ou em dinheiro, pode o interessado notificar, por carta registada, a sociedade para proceder à declaração prevista no número anterior em prazo não inferior a 30 dias, decorrido o qual pode exigir a restituição da entrada efectuada e a indemnização que no caso couber.

5. A deliberação de aumento do capital caduca se a sociedade não tiver emitido a declaração, na hipótese prevista no número anterior, ou se o interessado não cumprir o disposto no n.º 2 deste artigo, na data que a sociedade lhe tenha marcado, por carta registada, com a antecedência mínima de 20 dias.

Nota. A redacção dos n.ºˢ 2, 3, 4 e 5 foi introduzida pelo art. 2.º do DL n.º 76-A/2006, de 29 de Março.

Art. 269.º (Aumento de capital e direito de usufruto)

1. Se a quota estiver sujeita a usufruto, o direito de participar no aumento do capital será exercido pelo titular da raiz ou pelo usufrutuário ou por ambos, nos termos que entre si acordarem.

2. Na falta de acordo, o direito de participar no aumento de capital pertence ao titular da raiz, mas, se este não declarar que pretende subscrever a nova quota em prazo igual a metade do fixado no n.º 5 do artigo 266.º, o referido direito devolve--se ao usufrutuário.

3. A comunicação prescrita pelo n.º 5 do artigo 266.º deve ser enviada ao titular da raiz e ao usufrutuário.

4. A nova quota fica a pertencer em propriedade plena àquele que tiver exercido o direito de participar no aumento do capital, salvo se os interessados tiverem acordado em que ela fique também sujeita a usufruto.

5. Se o titular da raiz e o usufrutuário acordarem na alienação do direito de preferência e a sociedade nela consentir, a quantia obtida será repartida entre eles, na proporção dos valores que nesse momento tiverem os respectivos direitos.

323

[11] CSC Arts. 270.°-270.°-C   Tít. III.   Sociedades por quotas

CAPÍTULO IX.   Dissolução da sociedade

Art. 270.° (Dissolução da sociedade)

1. A deliberação de dissolução da sociedade deve ser tomada por maioria de três quartos dos votos correspondentes ao capital social, a não ser que o contrato exija maioria mais elevada ou outros requisitos.

2. A simples vontade de sócio ou sócios, quando não manifestada na deliberação prevista no número anterior, não pode constituir causa contratual de dissolução.

CAPÍTULO X.   Sociedades unipessoais por quotas [1]

Art. 270.°-A (Constituição)

1. A sociedade unipessoal por quotas é constituída por um sócio único, pessoa singular ou colectiva, que é o titular da totalidade do capital social.

2. A sociedade unipessoal por quotas pode resultar da concentração na titularidade de um único sócio das quotas de uma sociedade por quotas, independentemente da causa da concentração.

3. A transformação prevista no número anterior efectua-se mediante declaração do sócio único na qual manifeste a sua vontade de transformar a sociedade em sociedade unipessoal por quotas, podendo essa declaração constar do próprio documento que titule a cessão de quotas.

4. Por força da transformação prevista no n.° 3 deixam de ser aplicáveis todas as disposições do contrato de sociedade que pressuponham a pluralidade de sócios.

5. O estabelecimento individual de responsabilidade limitada pode, a todo o tempo, transformar-se em sociedade unipessoal por quotas, mediante declaração escrita do interessado.

Nota. A actual redacção do preceito, que já tinha sofrido uma primeira alteração (DL n.° 36/2000, de 14 de Março), foi introduzida pelo art. 2.° do DL n.° 76-A/2006, de 29 de Março.

Art. 270.°-B (Firma)

A firma destas sociedades deve ser formada pela expressão "sociedade unipessoal" ou pela palavra "unipessoal" antes da palavra "Limitada" ou da abreviatura "L.^{da}".

Art. 270.°-C (Efeitos da unipessoalidade)

1. Uma pessoa singular só pode ser sócia de uma única sociedade unipessoal por quotas.

2. Uma sociedade por quotas não pode ter como sócio único uma sociedade unipessoal por quotas.

3. No caso de violação das disposições dos números anteriores, qualquer interessado pode requerer a dissolução das sociedades por via administrativa.

---

[1] Os arts. 270.°-A a 270.°-G, que constituem o Capítulo X do Título III do CSC, foram introduzidos pelo art. 2.° do DL n.° 257/96, de 31 de Dezembro.

Cap. X. Sociedades unipessoais por quotas **Arts. 270.°-D-270.°-G CSC [11]**

4. O serviço de registo competente concede um prazo de 30 dias para a regularização da situação, o qual pode ser prorrogado até 90 dias a pedido dos interessados.

Nota. A redacção dos n.ᵒˢ 3 e 4 foi introduzida pelo art. 2.° do DL n.° 76-A/2006, de 29 de Março.

Art. 270.°-D (Pluralidade de sócios)

1. O sócio único de uma sociedade unipessoal por quotas pode modificar esta sociedade em sociedade por quotas plural através de divisão e cessão da quota ou de aumento de capital social por entrada de um novo sócio, devendo, nesse caso, ser eliminada da firma a expressão "sociedade unipessoal", ou a palavra "unipessoal", que nela se contenha.

2. O documento que consigne a divisão e cessão de quota ou o aumento do capital é título bastante para o registo da modificação.

3. Se a sociedade tiver adoptado antes o tipo de sociedade por quotas, passará a reger-se pelas disposições do contrato de sociedade que, nos termos do n.° 4 do artigo 270.°-A, lhe eram inaplicáveis em consequência da unipessoalidade.

4. No caso de concentração previsto no n.° 2 do artigo 270.°-A, o sócio único pode evitar a unipessoalidade se, no prazo legal, restabelecer a pluralidade de sócios.

Nota. A redacção do n.° 2 foi introduzida pelo art. 2.° do DL n.° 76-A/2006, de 29 de Março.

Art. 270.°-E (Decisões do sócio)

1. Nas sociedades unipessoais por quotas o sócio único exerce as competências das assembleias gerais, podendo, designadamente, nomear gerentes.

2. As decisões do sócio de natureza igual às deliberações da assembleia geral devem ser registadas em acta por ele assinada.

Art. 270.°-F (Contrato do sócio com a sociedade unipessoal)

1. Os negócios jurídicos celebrados entre o sócio único e a sociedade devem servir a prossecução do objecto da sociedade.

2. Os negócios jurídicos entre o sócio único e a sociedade obedecem à forma legalmente prescrita e, em todos os casos, devem observar a forma escrita.

3. Os documentos de que constam os negócios jurídicos celebrados pelo sócio único e a sociedade devem ser patenteados conjuntamente com o relatório de gestão e os documentos de prestação de contas; qualquer interessado pode, a todo o tempo, consultá-los na sede da sociedade.

4. A violação do disposto nos números anteriores implica a nulidade dos negócios jurídicos celebrados e responsabiliza ilimitadamente o sócio.

Nota. A redacção do n.° 1 foi introduzida pelo art. 2.° do DL n.° 76-A/2006, de 29 de Março.

Art. 270.°-G (Disposições subsidiárias)

Às sociedades unipessoais por quotas aplicam-se as normas que regulam as sociedades por quotas, salvo as que pressupõem a pluralidade de sócios.

[11] CSC Arts. 271.°-275.°

Tít. IV.   Sociedades anónimas

TÍTULO IV.   SOCIEDADES ANÓNIMAS

CAPÍTULO I.   Características e contrato

Art. 271.° (Características)

Na sociedade anónima o capital é dividido em acções e cada sócio limita a sua responsabilidade ao valor das acções que subscreveu.

Art. 272.° (Conteúdo obrigatório do contrato)

Do contrato de sociedade devem especialmente constar:

a) O número de acções e, se existir, o respectivo valor nominal;

b) As condições particulares, se as houver, a que fica sujeita a transmissão de acções;

c) As categorias de acções que porventura sejam criadas, com indicação expressa do número de acções e dos direitos atribuídos a cada categoria;

d) Se as acções são nominativas ou ao portador e as regras para as suas eventuais conversões;

e) O montante do capital realizado e os prazos de realização do capital apenas subscrito;

f) A autorização, se for dada, para a emissão de obrigações;

g) A estrutura adoptada para a administração e fiscalização da sociedade.

Nota. A redacção da alínea *a*) foi introduzida pelo art. 2.° do DL n.° 49/2010, de 19 de Maio.

Art. 273.° (Número de accionistas)

1. A sociedade anónima não pode ser constituída por um número de sócios inferior a cinco, salvo quando a lei o dispense.

2. Do disposto no n.° 1 exceptuam-se as sociedades em que o Estado, directamente ou por intermédio de empresas públicas ou outras entidades equiparadas por lei para este efeito, fique a deter a maioria do capital, as quais podem constituir-se apenas com dois sócios.

Art. 274.° (Aquisição da qualidade de sócio)

A qualidade de sócio surge com a celebração do contrato de sociedade ou com o aumento do capital, não dependendo da emissão e entrega do título de acção ou, tratando-se de acções escriturais, da inscrição na conta de registo individualizado.

Nota. Redacção introduzida pelo art. 2.° do DL n.° 76-A/2006, de 29 de Março.

Art. 275.° (Firma)

1. A firma destas sociedades será formada, com ou sem sigla, pelo nome ou firma de um ou alguns dos sócios ou por uma denominação particular, ou pela reunião de ambos esses elementos, mas em qualquer caso concluirá pela expressão «sociedade anónima» ou pela abreviatura «S. A.».

2. Na firma não podem ser incluídas ou mantidas expressões indicativas de um objecto social que não esteja especificamente previsto na respectiva cláusula do contrato de sociedade.

326

Cap. I.   Características e contrato　　　**Arts. 276.°-277.° CSC [11]**

3. No caso de o objecto contratual da sociedade ser alterado, deixando de incluir actividade especificada na firma, a alteração do objecto deve ser simultaneamente acompanhada da modificação da firma.

Nota. A redacção do n.° 3 foi introduzida pelo art. 2.° do DL n.° 76-A/2006, de 29 de Março.

Art. 276.° (Valor nominal do capital e das acções)

1. As acções das sociedades anónimas podem ser acções com valor nominal ou acções sem valor nominal.

2. Na mesma sociedade não podem coexistir acções com valor nominal e acções sem valor nominal.

3. O valor nominal mínimo das acções ou, na sua falta, o valor de emissão, não deve ser inferior a 1 cêntimo.

4. Todas as acções devem representar a mesma fracção no capital social e, no caso de terem valor nominal, devem ter o mesmo valor nominal.

5. O montante mínimo do capital social é de 50 000 euros.

6. A acção é indivisível.

Nota. 1. Redacção introduzida pelo art. 3.° do DL n.° 343/98, de 6 de Novembro, e pelo art. 2.° do DL n.° 49/2010, de 19 de Maio.

2. Segundo o art. 29.°, n.° 1, do DL n.° 343/98, de 6 de Novembro, que estabelece algumas regras fundamentais relevantes no processo de transição do escudo para o euro, o disposto no n.°ˢ 2 e 3 deste preceito do CSC, na sua actual redacção, entra em vigor:

"*a*) No dia 1 de Janeiro de 2002, relativamente às sociedades constituídas em data anterior a 1 de Janeiro de 1999;

b) No dia em que se torne eficaz a opção das sociedades de alterar a denominação do capital social para euros."

Por força do n.° 2 daquele mesmo artigo do referido DL, as sociedades constituídas a partir de 1 de Janeiro de 1999 que optem por denominar o seu capital social em escudos devem converter para essa unidade os montantes denominados em euros, aplicando a taxa de conversão fixada pelo Conselho da União Europeia, nos termos do art. 109.°-L, n.° 4, primeiro período, do Tratado que constitui a Comunidade Europeia.

3. Nos termos do art. único, n.° 1, do DL n.° 235/2001, de 30 de Agosto, "as sociedades que não tenham procedido ao aumento do capital social até aos montantes mínimos previstos nos artigos 201.° e 276.°, n.° 3, do Código das Sociedades Comerciais, devem ser dissolvidas a requerimento do Ministério Público, mediante participação do conservador do registo comercial."

Art. 277.° (Entradas)

1. Não são admitidas contribuições de indústria.

2. Nas entradas em dinheiro só pode ser diferida a realização de 70% do valor nominal ou do valor de emissão das acções, não podendo ser diferido o prémio de emissão, quando previsto.

3. A soma das entradas em dinheiro já realizadas deve ser depositada em instituição de crédito, numa conta aberta em nome da futura sociedade, até ao momento da celebração do contrato.

4. Os sócios devem declarar no acto constitutivo, sob sua responsabilidade, que procederam ao depósito referido no número anterior.

5. Da conta referida no n.° 3 só podem ser efectuados levantamentos:

a) Depois de o contrato estar definitivamente registado;

327

[11] CSC Arts. 278.°-279.°

Tít. IV. Sociedades anónimas

b) Depois de celebrado o contrato, caso os accionistas autorizem os administradores a efectuá-los para fins determinados;

c) Para liquidação provocada pela inexistência ou nulidade do contrato ou pela falta do registo;

d) Para a restituição prevista nos artigos 279.°, n.° 6, alínea *h*), e 280.°

Nota. A redacção dos n.ᵒˢ 2, 3 e 4 foi introduzida pelo DL n.° 280/87, de 8 de Julho [**13**]; a redacção deste último número foi posteriormente alterada pelo art. 1.° do DL n.° 237/2001, de 30 de Agosto, o qual também deu nova redacção ao actual n.° 5. A actual redacção dos n.ᵒˢ 3, 4 e 5, alínea *b*), foi introduzida pelo art. 2.° do DL n.° 76-A/2006, de 29 de Março. A redacção do n.° 2 voltou a ser alterada pelo art. 2.° do DL n.° 49/2010, de 19 de Maio

Art. 278.° (Estrutura da administração e da fiscalização)

1. A administração e a fiscalização da sociedade podem ser estruturadas segundo uma de três modalidades:

a) Conselho de administração e conselho fiscal;

b) Conselho de administração, compreendendo uma comissão de auditoria, e revisor oficial de contas;

c) Conselho de administração executivo, conselho geral e de supervisão e revisor oficial de contas.

2. Nos casos previstos na lei, em vez de conselho de administração ou de conselho de administração executivo pode haver um só administrador e em vez de conselho fiscal pode haver um fiscal único.

3. Nas sociedades que se estruturem segundo a modalidade prevista na alínea *a)* do n.° 1, é obrigatória, nos casos previstos na lei, a existência de um revisor oficial de contas que não seja membro do conselho fiscal.

4. Nas sociedades que se estruturem segundo a modalidade prevista na alínea *c)* do n.° 1, é obrigatória, nos casos previstos na lei, a existência no conselho geral e de supervisão de uma comissão para as matérias financeiras.

5. As sociedades com administrador único não podem seguir a modalidade prevista na alínea *b)* do n.° 1.

6. Em qualquer momento pode o contrato ser alterado para a adopção de outra estrutura admitida pelos números anteriores.

Nota. Redacção introduzida pelo art. 2.° do DL n.° 76-A/2006, de 29 de Março.

Art. 279.° (Constituição com apelo a subscrição pública)

1. A constituição de sociedade anónima com apelo a subscrição pública de acções deve ser promovida por uma ou mais pessoas que assumem a responsabilidade estabelecida nesta lei.

2. Os promotores devem subscrever e realizar integralmente acções cuja soma dos valores nominais ou cuja soma dos valores de emissão de cada acção perfaçam, pelo menos, o capital mínimo prescrito no n.° 3 do artigo 276.°, sendo essas acções inalienáveis durante dois anos a contar do registo definitivo da sociedade e os negócios obrigacionais celebrados durante esse tempo sobre oneração ou alienação de acções nulos.

3. Os promotores devem elaborar o projecto completo de contrato de sociedade e requerer o seu registo provisório.

Cap. I.   Características e contrato

Art. 280.º CSC [11]

4. O projecto especificará o número de acções ainda não subscritas destinadas, respectivamente, a subscrição particular e a subscrição pública.

5. O objecto da sociedade deve consistir numa ou mais actividades perfeitamente especificadas.

6. Depois de efectuado o registo provisório, os promotores colocarão as acções destinadas à subscrição particular e elaborarão oferta de acções destinadas à subscrição pública, assinada por todos eles, donde constarão obrigatoriamente:

a) O projecto do contrato provisoriamente registado;

b) Qualquer vantagem que, nos limites da lei, seja atribuída aos promotores;

c) O prazo, lugar e formalidades de subscrição;

d) O prazo dentro do qual se reunirá a assembleia constitutiva;

e) Um relatório técnico, económico e financeiro sobre as perspectivas da sociedade, organizado com base em dados verdadeiros e completos e em previsões justificadas pelas circunstâncias conhecidas nessa data, contendo as informações necessárias para cabal esclarecimento dos eventuais interessados na subscrição;

f) As regras a que obedecerá o rateio da subscrição, se este for necessário;

g) A indicação de que a constituição definitiva da sociedade ficará dependente da subscrição total das acções ou das condições em que é admitida aquela constituição, se a subscrição não for completa;

h) O montante da entrada a efectuar na altura da subscrição, o prazo e o modo da restituição dessa importância, no caso de não chegar a constituir-se a sociedade.

7. As entradas em dinheiro efectuadas por todos os subscritores serão directamente depositadas por estes na conta aberta pelos promotores e referida no n.º 3 do artigo 277.º

8. Aos promotores não pode ser atribuída outra vantagem além da reserva de uma percentagem não superior a um décimo dos lucros líquidos da sociedade, por tempo não excedente a um terço da duração desta e nunca superior a cinco anos, a qual não poderá ser paga sem se acharem aprovadas as contas anuais.

9. (…)

Nota. O n.º 9 foi revogado pelo art. 15.º do DL n.º 486/99, de 13 de Novembro, que aprovou o actual Código dos Valores Mobiliários (CodVM **[51]**). A redacção do n.º 2 foi introduzida pelo art. 2.º do DL n.º 49/2010, de 19 de Maio

Art. 280.º (Subscrição incompleta)

1. Não sendo subscritas pelo público todas as acções a ele destinadas e não sendo aplicável o disposto no n.º 3 deste artigo, devem os promotores requerer o cancelamento do registo provisório e publicar um anúncio em que informem os subscritores de que devem levantar as suas entradas. Segundo anúncio deve ser publicado, decorrido um mês, se, entretanto, não tiverem sido levantadas todas as entradas.

2. A instituição de crédito onde for aberta a conta referida no artigo 277.º, n.º 3, só restitui importâncias depositadas mediante a apresentação do documento de subscrição e depósito e depois de o registo provisório ter sido cancelado ou ter caducado.

3. O programa da oferta de acções à subscrição pública pode especificar que, no caso de subscrição incompleta, é facultado à assembleia constitutiva deliberar

[11] CSC Arts. 281.º-282.º   Tít. IV.   Sociedades anónimas

a constituição da sociedade, contanto que tenham sido subscritos pelo menos três quartos das acções destinadas ao público.

4. Não chegando a sociedade a constituir-se, todas as despesas efectuadas são suportadas pelos promotores.

Art. 281.º (Assembleia constitutiva)

1. Terminada a subscrição e podendo ser constituída a sociedade, os promotores devem convocar uma assembleia de todos os subscritores.

2. A convocação é efectuada nos termos prescritos para as assembleias gerais de sociedades anónimas e a assembleia é presidida por um dos promotores.

3. Todos os documentos relativos às subscrições e, de um modo geral, à constituição da sociedade devem estar patentes a todos os subscritores a partir da publicação da convocatória, a qual deve mencionar esse facto, indicando o local onde podem ser consultados.

4. Na assembleia, cada promotor e cada subscritor tem um voto, seja qual for o número das acções subscritas.

5. Na primeira data fixada a assembleia só pode reunir-se estando presente ou representada metade dos subscritores, não incluindo os promotores; neste caso as deliberações são tomadas por maioria dos votos, incluindo os dos promotores.

6. Se na segunda data fixada não estiver presente ou representada metade dos subscritores, não incluindo os promotores, as deliberações são tomadas por dois terços dos votos, incluindo os dos promotores.

7. A assembleia delibera:
   a) Sobre a constituição da sociedade, nos precisos termos do projecto registado;
   b) Sobre as designações para os órgãos sociais.

8. Com o voto unânime de todos os promotores e subscritores podem ser introduzidas alterações no projecto de contrato de sociedade.

9. Havendo subscrição particular, com entradas que não consistam em dinheiro, a eficácia da deliberação de constituição da sociedade fica dependente da efectivação daquelas entradas.

10. No caso previsto no artigo 280.º, n.º 3, a deliberação ali referida deve fixar o montante do capital e o número das acções, em conformidade com as subscrições efectuadas.

11. A acta deve ser assinada pelos promotores e por todos os subscritores que tenham aprovado a constituição da sociedade.

Nota. A redacção do n.º 9 foi introduzida pelo art. 2.º do DL n.º 76-A/2006, de 29 de Março.

Art. 282.º (Regime especial de invalidade da deliberação)

1. A deliberação de constituir a sociedade e as deliberações complementares desta podem ser declaradas nulas, nos termos gerais, ou podem ser anuladas a requerimento de subscritor que não as tenha aprovado, no caso de elas próprias, o contrato aprovado ou o processo desde o registo provisório violarem preceitos legais.

2. A anulação pode também ser requerida com fundamento em falsidade relevante dos dados ou erro grave de previsões referidos no artigo 279.º, n.º 6, alínea *e*).

3. Aplicam-se as disposições legais sobre suspensão e anulação de deliberações sociais.

330

Cap. II. Obrigações e direitos dos accionistas   **Arts. 283.°-286.° CSC [11]**

Art. 283.° (Contrato de sociedade)

1. O contrato de sociedade deve ser celebrado por dois promotores e pelos subscritores que entrem com bens diferentes de dinheiro.

2. Toda a documentação, incluindo a acta da assembleia constitutiva, fica arquivada na conservatória do registo competente, onde deve ser entregue juntamente com o pedido de conversão do registo em definitivo.

Nota. A actual redacção foi introduzida pelo art. 2.° do DL n.° 76-A/2006, de 29 de Março, o qual também alterou a epígrafe do preceito.

Art. 284.° (Sociedades com subscrição pública)

Notas. 1. Revogado pelo art. 15.° do DL n.° 486/99, de 13 de Novembro, que aprovou o actual Código dos Valores Mobiliários (CodVM [51]).

2. Sobre o conceito de "sociedade com o capital aberto ao investimento do público", cfr. o art. 13.° do actual Código dos Valores Mobiliários (CodVM [51]).

CAPÍTULO II.   **Obrigações e direitos dos accionistas**

SECÇÃO I.   **Obrigação de entrada**

Art. 285.° (Realização das entradas)

1. O contrato de sociedade não pode diferir a realização das entradas em dinheiro por mais de cinco anos.

2. Não obstante a fixação de prazos no contrato de sociedade, o accionista só entra em mora depois de interpelado pela sociedade para efectuar o pagamento.

3. A interpelação pode ser feita por meio de anúncio e fixará um prazo entre 30 e 60 dias para o pagamento, a partir do qual se inicia a mora.

4. Os administradores podem avisar, por carta registada, os accionistas que se encontrem em mora de que lhes é concedido um novo prazo não inferior a 90 dias, para efectuarem o pagamento da importância em dívida, acrescida de juros, sob pena de perderem a favor da sociedade as acções em relação às quais a mora se verifique e os pagamentos efectuados quanto a essas acções, sendo o aviso repetido durante o segundo dos referidos meses.

5. As perdas referidas no número anterior devem ser comunicadas, por carta registada, aos interessados; além disso, deve ser publicado anúncio donde constem, sem referência aos titulares, os números das acções perdidas a favor da sociedade e a data da perda.

Nota. O DL n.° 280/87, de 8 de Julho [13], suprimiu o n.° 6, incluído neste artigo, na sua redacção original. A redacção do n.° 4 foi introduzida pelo art. 2.° do DL n.° 76-A/2006, de 29 de Março.

Art. 286.° (Responsabilidade dos antecessores)

1. Todos aqueles que antecederem na titularidade de uma acção o accionista em mora são responsáveis, solidariamente entre si e com aquele accionista, pelas importâncias em dívida e respectivos juros, à data da perda da acção a favor da sociedade.

2. Depois de anunciada a perda da acção a favor da sociedade, os referidos antecessores cuja responsabilidade não esteja prescrita serão notificados, por carta

331

[11] CSC Arts. 287.°-288.°

Tít. IV. Sociedades anónimas

registada, de que podem adquirir a acção mediante o pagamento da importância em dívida e dos juros, em prazo não inferior a três meses. A notificação será repetida durante o segundo desses meses.

3. Apresentando-se mais de um antecessor para adquirir a acção, atender-se-á à ordem da sua proximidade relativamente ao último titular.

4. Não sendo a importância em dívida e os juros satisfeitos por nenhum dos antecessores, a sociedade deve proceder com a maior urgência à venda da acção, por intermédio de corretor, em Bolsa ou em hasta pública.

5. Não bastando o preço da venda para cobrir a importância da dívida, juros e despesas efectuadas, a sociedade deve exigir a diferença ao último titular e a cada um dos seus antecessores; se o preço obtido exceder aquela importância, o excesso pertencerá ao último titular.

6. A sociedade tomará cada uma das providências permitidas por lei ou pelo contrato simultaneamente para todas as acções do mesmo accionista em relação às quais a mora se verifique.

SECÇÃO II. **Obrigação de prestações acessórias**

Art. 287.° (Obrigação de prestações acessórias) [1]

1. O contrato de sociedade pode impor a todos ou a alguns accionistas a obrigação de efectuarem prestações além das entradas, desde que fixe os elementos essenciais desta obrigação e especifique se as prestações devem ser efectuadas onerosa ou gratuitamente. Quando o conteúdo da obrigação corresponder ao de um contrato típico, aplicar-se-á a regulamentação legal própria desse contrato.

2. Se as prestações estipuladas não forem pecuniárias, o direito da sociedade é intransmissível.

3. No caso de se convencionar a onerosidade, a contraprestação pode ser paga independentemente da existência de lucros do exercício, mas não pode exceder o valor da prestação respectiva.

4. Salvo disposição contratual em contrário, a falta de cumprimento das obrigações acessórias não afecta a situação do sócio como tal.

5. As obrigações acessórias extinguem-se com a dissolução da sociedade.

SECÇÃO III. **Direito à informação**

Art. 288.° (Direito mínimo à informação)

1. Qualquer accionista que possua acções correspondentes a, pelo menos, 1% do capital social pode consultar, desde que alegue motivo justificado, na sede da sociedade:

a) Os relatórios de gestão e os documentos de prestação de contas previstos na lei, relativos aos três últimos exercícios, incluindo os pareceres do conselho fis-

---

[1] O texto da epígrafe foi rectificado pelo DL n.° 257/96, de 31 de Dezembro, sendo acolhida a redacção constante de anteriores edições desta colectânea.

Cap. II. Obrigações e direitos dos accionistas   Art. 289.° CSC [11]

cal, da comissão de auditoria, do conselho geral e de supervisão ou da comissão para as matérias financeiras, bem como os relatórios do revisor oficial de contas sujeitos a publicidade, nos termos da lei;

b) As convocatórias, as actas e as listas de presença das reuniões das assembleias gerais e especiais de accionistas e das assembleias de obrigacionistas realizadas nos últimos três anos;

c) Os montantes globais das remunerações pagas, relativamente a cada um dos últimos três anos, aos membros dos órgãos sociais;

d) Os montantes globais das quantias pagas, relativamente a cada um dos últimos três anos, aos dez ou aos cinco empregados da sociedade que recebam as remunerações mais elevadas, consoante os efectivos do pessoal excedam ou não o número de 200;

e) O documento de registo de acções.

2. A exactidão dos elementos referidos nas alíneas *c*) e *d*) do número anterior deve ser certificada pelo revisor oficial de contas, se o accionista o requerer.

3. A consulta pode ser feita pessoalmente pelo accionista ou por pessoa que possa representá-lo na assembleia geral, sendo-lhe permitido fazer-se assistir de um revisor oficial de contas ou de outro perito, bem como usar da faculdade reconhecida pelo artigo 576.° do Código Civil.

4. Se não for proibido pelos estatutos, os elementos referidos nas alíneas *a*) a *d*) do n.° 1 são enviados, por correio electrónico, aos accionistas nas condições ali previstas que o requeiram ou, se a sociedade tiver sítio na Internet, divulgados no respectivo sítio na Internet.

Nota. A redacção do n.° 1 foi introduzida pelo DL n.° 280/87, de 8 de Julho [13], e a das alíneas *a*), *c*) e *e*) do mesmo número foi introduzida pelo art. 2.° do DL n.° 76-A/2006, de 29 de Março, que também aditou o n.° 4.

Art. 289.° (Informações preparatórias da assembleia geral)

1. Durante os 15 dias anteriores à data da assembleia geral devem ser facultados à consulta dos accionistas, na sede da sociedade:

a) Os nomes completos dos membros dos órgãos de administração e de fiscalização, bem como da mesa da assembleia geral;

b) A indicação de outras sociedades em que os membros dos órgãos sociais exerçam cargos sociais, com excepção das sociedades de profissionais;

c) As propostas de deliberação a apresentar à assembleia pelo órgão de administração, bem como os relatórios ou justificação que as devam acompanhar;

d) Quando estiver incluída na ordem do dia a eleição de membros dos órgãos sociais, os nomes das pessoas a propor, as suas qualificações profissionais, a indicação das actividades profissionais exercidas nos últimos cinco anos, designadamente no que respeita a funções exercidas noutras empresas ou na própria sociedade, e do número de acções da sociedade de que são titulares;

e) Quando se trate da assembleia geral anual prevista no n.° 1 do artigo 376.°, o relatório de gestão, as contas do exercício, demais documentos de prestação de contas, incluindo a certificação legal das contas e o parecer do conselho fiscal, da comissão de auditoria, do conselho geral e de supervisão ou da comissão para as matérias financeiras, conforme o caso, e ainda o relatório anual do conselho fiscal,

333

[11] CSC Arts. 290.°-291.°

Tít. IV.   Sociedades anónimas

da comissão de auditoria ou do conselho geral e de supervisão e da comissão para as matérias financeiras.

2. Devem igualmente ser facultados à consulta dos accionistas, na sede da sociedade, os requerimentos de inclusão de assuntos na ordem do dia, previstos no artigo 378.°

3. Os documentos previstos nos números anteriores devem ser enviados, no prazo de oito dias:

a) Através de carta, aos titulares de acções correspondentes a, pelo menos, 1% do capital social, que o requeiram;

b) Através de correio electrónico, aos titulares de acções que o requeiram, se a sociedade não os divulgar no respectivo sítio na Internet.

4. Se a sociedade tiver sítio na Internet, os documentos previstos nos n.os 1 e 2 devem também aí estar disponíveis, a partir da mesma data e durante um ano, no caso do previsto nas alíneas *c*), *d*) e *e*) do n.° 1 e no n.° 2, e permanentemente, nos demais casos, salvo se tal for proibido pelos estatutos.

Nota. A actual redacção do preceito, o qual já tinha sofrido uma primeira alteração (DL n.° 328/95, de 9 de Dezembro), foi introduzida pelo art. 2.° do DL n.° 76-A/2006, de 29 de Março.

Art. 290.° (Informações em assembleia geral)

1. Na assembleia geral o accionista pode requerer que lhe sejam prestadas informações verdadeiras, completas e elucidativas que lhe permitam formar opinião fundamentada sobre os assuntos sujeitos a deliberação. O dever de informação abrange as relações entre a sociedade e outras sociedades com ela coligadas.

2. As informações abrangidas pelo número anterior devem ser prestadas pelo órgão da sociedade que para tal esteja habilitado e só podem ser recusadas se a sua prestação puder ocasionar grave prejuízo à sociedade ou a outra sociedade com ela coligada ou violação de segredo imposto por lei.

3. A recusa injustificada das informações é causa de anulabilidade da deliberação.

Art. 291.° (Direito colectivo à informação)

1. Os accionistas cujas acções atinjam 10% do capital social podem solicitar, por escrito, ao conselho de administração ou ao conselho de administração executivo que lhes sejam prestadas, também por escrito, informações sobre assuntos sociais.

2. O conselho de administração ou o conselho de administração executivo não pode recusar as informações se no pedido for mencionado que se destinam a apurar responsabilidade de membros daquele órgão, do conselho fiscal ou do conselho geral e de supervisão, a não ser que, pelo seu conteúdo ou outras circunstâncias, seja patente não ser esse o fim visado pelo pedido de informação.

3. Podem ser pedidas informações sobre factos já praticados ou, quando deles possa resultar a responsabilidade referida no n.° 2 deste artigo, de actos cuja prática seja esperada.

4. Fora do caso mencionado no n.° 2, a informação pedida nos termos gerais só pode ser recusada:

Cap. II.   Obrigações e direitos dos accionistas   **Art. 292.º CSC [11]**

a) Quando for de recear que o accionista a utilize para fins estranhos à sociedade e com prejuízo desta ou de algum accionista;

b) Quando a divulgação, embora sem os fins referidos na alínea anterior, seja susceptível de prejudicar relevantemente a sociedade ou os accionistas;

c) Quando ocasione violação de segredo imposto por lei.

5. As informações consideram-se recusadas se não forem prestadas nos quinze dias seguintes à recepção do pedido.

6. O accionista que utilize as informações obtidas de modo a causar à sociedade ou a outros accionistas um dano injusto é responsável, nos termos gerais.

7. As informações prestadas, voluntariamente ou por decisão judicial, ficarão à disposição de todos os outros accionistas, na sede da sociedade.

Nota. A redacção dos n.ºˢ 1 e 2 foi introduzida pelo art. 2.º do DL n.º 76-A/2006, de 29 de Março.

Art. 292.º (Inquérito judicial)

1. O accionista a quem tenha sido recusada informação pedida ao abrigo dos artigos 288.º e 291.º ou que tenha recebido informação presumivelmente falsa, incompleta ou não elucidativa pode requerer ao tribunal inquérito à sociedade.

2. O juiz pode determinar que a informação pedida seja prestada ou pode, conforme o disposto no Código de Processo Civil, ordenar:

a) A destituição de pessoas cuja responsabilidade por actos praticados no exercício de cargos sociais tenha sido apurada;

b) A nomeação de um administrador;

c) A dissolução da sociedade, se forem apurados factos que constituam causa de dissolução, nos termos da lei ou do contrato, e ela tenha sido requerida.

3. Ao administrador nomeado nos termos previstos na alínea *b*) do número anterior compete, conforme determinado pelo tribunal:

a) Propor e seguir, em nome da sociedade, acções de responsabilidade, baseadas em factos apurados no processo;

b) Assegurar a gestão da sociedade, se, por causa de destituições fundadas na alínea *a*) do número anterior, for o caso disso;

c) Praticar os actos indispensáveis para reposição da legalidade.

4. No caso previsto na alínea *c*) do número anterior, o juiz pode suspender os restantes administradores que se mantenham em funções ou proibi-los de interferir nas tarefas confiadas à pessoa nomeada.

5. As funções do administrador nomeado ao abrigo do disposto na alínea *b*) do n.º 2 terminam:

a) Nos casos previstos nas alíneas *a*) e *c*) do n.º 3, quando, ouvidos os interessados, o juiz considere desnecessária a sua continuação;

b) No caso previsto na alínea *b*) do n.º 3, quando forem eleitos os novos administradores.

6. O inquérito pode ser requerido sem precedência de pedido de informações à sociedade se as circunstâncias do caso fizerem presumir que a informação não será prestada ao accionista, nos termos da lei.

Nota. Redacção introduzida pelo art. 2.º do DL n.º 76-A/2006, de 29 de Março.

[11] CSC Arts. 293.°-295.° 　　　　　　　　　　　Tít. IV. Sociedades anónimas

Art. 293.° (Outros titulares do direito à informação)

O direito à informação conferido nesta secção compete também ao representante comum de obrigacionistas e ainda ao usufrutuário e ao credor pignoratício de acções quando, por lei ou convenção, lhes caiba exercer o direito de voto.

SECÇÃO IV. Direito aos lucros

Art. 294.° (Direito aos lucros do exercício)

1. Salvo diferente cláusula contratual ou deliberação tomada por maioria de três quartos dos votos correspondentes ao capital social em assembleia geral para o efeito convocada, não pode deixar de ser distribuído aos accionistas metade do lucro do exercício que, nos termos desta lei, seja distribuível.

2. O crédito do accionista à sua parte nos lucros vence-se decorridos que sejam 30 dias sobre a deliberação de atribuição de lucros, salvo diferimento consentido pelo sócio e sem prejuízo de disposições legais que proíbam o pagamento antes de observadas certas formalidades, podendo ser deliberada, com fundamento em situação excepcional da sociedade, a extensão daquele prazo até mais 60 dias, se as acções não estiverem admitidas à negociação em mercado regulamentado.

3. Se, pelo contrato de sociedade, membros dos respectivos órgãos tiverem direito a participação nos lucros, esta só pode ser paga depois de postos a pagamento os lucros dos accionistas.

Nota. A epígrafe e a redacção dos n.°ˢ 1 e 2 foram alteradas pelo DL n.° 280/87, de 8 de Julho [13]. A actual redacção do n.° 2 foi introduzida pelo art. 2.° do DL n.° 76-A/2006, de 29 de Março.

Art. 295.° (Reserva legal)

1. Uma percentagem não inferior à vigésima parte dos lucros da sociedade é destinada à constituição da reserva legal e, sendo caso disso, à sua reintegração, até que aquela represente a quinta parte do capital social. No contrato de sociedade podem fixar-se percentagem e montante mínimo mais elevados para a reserva legal.

2. Ficam sujeitas ao regime da reserva legal as reservas constituídas pelos seguintes valores:

a) Ágios obtidos na emissão de acções, obrigações com direito a subscrição de acções, ou obrigações convertíveis em acções, em troca destas por acções e em entradas em espécie;

b) Saldos positivos de reavaliações monetárias que forem consentidas por lei, na medida em que não forem necessários para cobrir prejuízos já acusados no balanço;

c) Importâncias correspondentes a bens obtidos a título gratuito, quando não lhes tenha sido imposto destino diferente, bem como acessões e prémios que venham a ser atribuídos a títulos pertencentes à sociedade.

3. Os ágios a que se refere a alínea *a)* do número anterior consistem:

a) Quanto à emissão de acções, na diferença para mais entre o valor nominal e a quantia que os accionistas tiverem desembolsado para as adquirir ou, no

Cap. II.   Obrigações e direitos dos accionistas   **Arts. 296.º-297.º CSC [11]**

caso de acções sem valor nominal, o montante do capital correspondentemente emitido;

b) Quanto à emissão de obrigações com direito de subscrição de acções ou de obrigações convertíveis, na diferença para mais entre o valor de emissão e o valor por que tiverem sido reembolsadas;

c) Quanto à troca de obrigações com direito de subscrição de acções ou de obrigações convertíveis em acções, na diferença para mais entre o valor da emissão daquelas e o valor nominal destas ou, no caso de acções sem valor nominal, o montante do capital correspondentemente emitido;

d) Quanto às entradas em espécie, na diferença para mais entre o valor atribuído aos bens em que a entrada consiste e o valor nominal das acções correspondentes ou, no caso de acções sem valor nominal, o montante do capital correspondentemente emitido.

4. Por portaria dos Ministros das Finanças e da Justiça podem ser dispensadas, no todo ou em parte, do regime estabelecido no n.º 2, as reservas constituídas pelos valores referidos na alínea *a)* daquele número.

Notas. 1. A redacção da alínea *a)* do n.º 1 e das alíneas *b)* e *c)* do n.º 2 foi introduzida pelo art. 1.º do DL n.º 229-B/88, de 4 de Julho. A redacção das alíneas *a)*, *c)* e *d)* do n.º 3 foi introduzida pelo art. 2.º do DL n.º 49/2010, de 19 de Maio.

2. O n.º 4 foi aditado pelo art. 3.º do DL n.º 343/98, de 6 de Novembro.

3. A Portaria n.º 408/99, de 4 de Junho, determina que às sociedades submetidas à supervisão do BP e do ISP não se aplica o estabelecido no n.º 2 deste artigo, quanto às reservas constituídas pelos valores referidos na alínea *a)* daquele número.

4. A Portaria n.º 160/2003, de 19 de Fevereiro, determina que às sociedades submetidas à supervisão da Comissão do Mercado dos Valores Mobiliários não se aplica o estabelecido no n.º 2 deste artigo, relativamente às reservas constituídas pelos valores referidos na alínea *a)* daquele número, quando destinadas à cobertura de prejuízos ou resultados transitados negativos.

Art. 296.º (Utilização da reserva legal)

A reserva legal só pode ser utilizada:

a) Para cobrir a parte do prejuízo acusado no balanço do exercício que não possa ser coberto pela utilização de outras reservas;

b) Para cobrir a parte dos prejuízos transitados do exercício anterior que não possa ser coberto pelo lucro do exercício nem pela utilização de outras reservas;

c) Para incorporação no capital.

Art. 297.º (Adiantamentos sobre lucros no decurso do exercício)

1. O contrato de sociedade pode autorizar que, no decurso de um exercício, sejam feitos aos accionistas adiantamentos sobre lucros, desde que observadas as seguintes regras:

a) O conselho de administração ou o conselho de administração executivo, com o consentimento do conselho fiscal, da comissão de auditoria ou do conselho geral e de supervisão, resolva o adiantamento;

b) A resolução do conselho de administração ou do conselho de administração executivo seja precedida de um balanço intercalar, elaborado com a antecedência máxima de 30 dias e certificado pelo revisor oficial de contas, que demonstre

337

[11] CSC Arts. 298.º-299.º

Tít. IV. Sociedades anónimas

a existência nessa ocasião de importâncias disponíveis para os aludidos adiantamentos, que devem observar, no que seja aplicável, as regras dos artigos 32.º e 33.º, tendo em conta os resultados verificados durante a parte já decorrida do exercício em que o adiantamento é efectuado;

c) Seja efectuado um só adiantamento no decurso de cada exercício e sempre na segunda metade deste;

d) As importâncias a atribuir como adiantamento não excedam metade das que seriam distribuíveis, referidas na alínea *b*).

2. Se o contrato de sociedade for alterado para nele ser concedida a autorização prevista no número anterior, o primeiro adiantamento apenas pode ser efectuado no exercício seguinte àquele em que ocorrer a alteração contratual.

Notas. 1. A epígrafe e a redacção deste artigo foram introduzidas pelo DL n.º 280/87, de 8 de Julho **[13]**.

2. O texto do n.º 1, alínea *b*), foi rectificado pelo DL n.º 257/96, de 31 de Dezembro, sendo acolhida a redacção constante de anteriores colectâneas.

3. A actual redacção das alíneas *a*) e *b*) do n.º 1 foi introduzida pelo art. 2.º do DL n.º 76-A/2006, de 29 de Março.

CAPÍTULO III.   Acções

SECÇÃO I.   Generalidades

Art. 298.º   (Valor de emissão das acções)

1. É proibida a emissão de acções abaixo do par ou, no caso de acções sem valor nominal, abaixo do seu valor de emissão.

2. O disposto no número anterior não impede que no valor de uma emissão de acções sejam descontadas as despesas de colocação firme por uma instituição de crédito ou outra equiparada por lei para esse efeito.

3. Se a emissão de acções sem valor nominal for realizada a um valor de emissão inferior ao valor de emissão de acções anteriormente emitidas, deve o conselho de administração elaborar um relatório sobre o valor fixado e sobre as consequências financeiras da emissão para os accionistas.

Nota. A redacção dos n.ºs 1 e 3 foi introduzida pelo art. 2.º do DL n.º 49/2010, de 19 de Maio.

Art. 299.º   (Acções nominativas e ao portador)

1. Salvo disposição diferente da lei ou dos estatutos, as acções podem ser nominativas ou ao portador.

2. As acções devem ser nominativas:

a) Enquanto não estiverem integralmente liberadas;

b) Quando, segundo o contrato de sociedade, não puderem ser transmitidas sem o consentimento da sociedade ou houver alguma outra restrição à sua transmissibilidade;

c) Quando se tratar de acções cujo titular esteja obrigado, segundo o contrato de sociedade, a efectuar prestações acessórias à sociedade.

Cap. III.   Acções   **Arts. 300.°-305.° CSC [11]**

Art. 300.° (Conversão)

Nota. Revogado pelo art. 15.° do DL n.° 486/99, de 13 de Novembro, que aprovou o actual Código do Mercado dos Valores Mobiliários (CodMVM **[51]**).

Art. 301.° (Cupões)

As acções, ao portador ou nominativas, podem ser munidas de cupões destinados à cobrança dos dividendos.

Art. 302.° (Categorias de acções)

1. Podem ser diversos, nomeadamente quanto à atribuição de dividendos e quanto à partilha do activo resultante da liquidação, os direitos inerentes às acções emitidas pela mesma sociedade.

2. As acções que compreendem direitos iguais formam uma categoria.

Art. 303.° (Contitularidade da acção)

1. Os contitulares de uma acção devem exercer os direitos a ela inerentes por meio de um representante comum.

2. As comunicações e declarações da sociedade devem ser dirigidas ao representante comum e, na falta deste, a um dos contitulares.

3. Os contitulares respondem solidariamente para com a sociedade pelas obrigações legais ou contratuais inerentes à acção.

4. A esta contitularidade aplicam-se os artigos 223.° e 224.°

Art. 304.° (Títulos provisórios e emissão de títulos definitivos)

1. Antes da emissão dos títulos definitivos, pode a sociedade entregar ao accionista um título provisório nominativo.

2. Os títulos provisórios substituem, para todos os efeitos, os títulos definitivos, enquanto estes não forem emitidos e devem conter as indicações exigidas para os segundos.

3. Os títulos definitivos devem ser entregues aos accionistas nos seis meses seguintes ao registo definitivo do contrato de sociedade ou do aumento de capital.

4. (…).

5. (…).

6. (…).

7. As acções continuam negociáveis depois da dissolução da sociedade, até ao encerramento da liquidação.

8. Os documentos comprovativos da subscrição de acções não constituem, por si só, títulos provisórios, não lhes sendo aplicáveis os preceitos para estes previstos.

Nota. A epígrafe foi alterada pelo DL n.° 280/87, de 8 de Julho **[13]**. Os n.ºs 4 a 6 foram revogados pelo art. 61.°, alínea *b*), do DL n.° 76-A/2006, de 29 de Março.

Art. 305.° (Livro de registo de acções)

Nota. Revogado pelo art. 15.° do DL n.° 486/99, de 13 de Novembro, que aprovou o actual Código dos Valores Mobiliários (CodVM **[51]**).

339

[11] CSC Arts. 306.°-316.°   Tít. IV.   Sociedades anónimas

SECÇÃO II.   Oferta pública de aquisição de acções

Art. 306.° (Destinatários e condicionamentos da oferta)

Notas. 1. Revogado pelo art. 3.°, n.° 2, do DL n.° 261/95, de 3 de Outubro, que alterou o antigo Código de MVM, aprovado pelo DL n.° 142-A/91, de 10 de Abril.

2. Sobre a oferta pública de aquisição de acções, cf. os arts. 108.° s. do actual CodVM [**51**].

Art. 307.° (Autoridade fiscalizadora)

Nota. Revogado pelo art. 24.° do DL n.° 142-A/91, de 10 de Abril, que aprovou o antigo Código de MVM.

Art. 308.° (Lançamento da oferta pública)

Nota. Revogado pelo art. 3.°, n.° 2, do DL n.° 261/95, de 3 de Outubro.

Art. 309.° (Conteúdo da oferta pública)

Nota. Revogado pelo art. 3.°, n.° 2, do DL n.° 261/95, de 3 de Outubro.

Art. 310.° (Contrapartida da oferta pública)

Nota. Revogado pelo art. 3.°, n.° 2, do DL n.° 261/95, de 3 de Outubro.

Art. 311.° (Aquisição durante o período da oferta)

Nota. Revogado pelo art. 3.°, n.° 2, do DL n.° 261/95, de 3 de Outubro.

Art. 312.° (Dever de confidencialidade)

Nota. Revogado pelo art. 3.°, n.° 2, do DL n.° 261/95, de 3 de Outubro.

Art. 313.° (Oferta pública como forma obrigatória de aquisição)

Nota. Revogado pelo art. 3.°, n.° 2, do DL n.° 261/95, de 3 de Outubro.

Art. 314.° (Acções contadas como de um oferente)

Nota. Revogado pelo art. 3.°, n.° 2, do DL n.° 261/95, de 3 de Outubro.

Art. 315.° (Ofertas públicas de aquisição de obrigações convertíveis ou obrigações com direito de subscrição de acções)

Nota. Revogado pelo art. 3.°, n.° 2, do DL n.° 261/95, de 3 de Outubro.

SECÇÃO III.   Acções próprias

Art. 316.° (Subscrição. Intervenção de terceiros)

1. Uma sociedade não pode subscrever acções próprias, e, por outra causa, só pode adquirir e deter acções próprias nos casos e nas condições previstos na lei.

2. Uma sociedade não pode encarregar outrem de, em nome deste mas por conta da sociedade, subscrever ou adquirir acções dela própria.

Cap. III.   Acções   **Arts. 317.º-318.º CSC [11]**

3. As acções subscritas ou adquiridas com violação do disposto no número anterior pertencem para todos os efeitos, incluindo a obrigação de as liberar, à pessoa que as subscreveu ou adquiriu.

4. A sociedade não pode renunciar ao reembolso das importâncias que tenha adiantado a alguém para o fim mencionado no n.º 2 nem deixar de proceder com toda a diligência para que tal reembolso se efective.

5. Sem prejuízo da sua responsabilidade, nos termos gerais, os administradores intervenientes nas operações proibidas pelo n.º 2 são pessoal e solidariamente responsáveis pela liberação das acções.

6. São nulos os actos pelos quais uma sociedade adquira acções referidas no n.º 2 às pessoas ali mencionadas, excepto em execução de crédito e se o devedor não tiver outros bens suficientes.

7. Consideram-se suspensos os direitos inerentes às acções subscritas por terceiro por conta da sociedade em violação deste preceito, enquanto não forem por ele cumpridas as obrigações de reembolso da sociedade e de restituição das quantias pagas pelos administradores para a sua liberação.

Nota. A redacção do n.º 5 foi introduzida pelo art. 2.º do DL n.º 76-A/2006, de 29 de Março. O n.º 7 foi aditado pelo art. 2.º do DL n.º 49/2010, de 19 de Maio.

Art. 317.º (Casos de aquisição lícita de acções próprias)

1. O contrato de sociedade pode proibir totalmente a aquisição de acções próprias ou reduzir os casos em que ela é permitida por esta lei.

2. Salvo o disposto no número seguinte e noutros preceitos legais, uma sociedade não pode adquirir e deter acções próprias representativas de mais de 10% do seu capital.

3. Uma sociedade pode adquirir acções próprias que ultrapassem o montante estabelecido no número anterior quando:

a) A aquisição resulte do cumprimento pela sociedade de disposições da lei;

b) A aquisição vise executar uma deliberação de redução de capital;

c) Seja adquirido um património, a título universal;

d) A aquisição seja feita a título gratuito;

e) A aquisição seja feita em processo executivo para cobrança de dívidas de terceiros ou por transacção em acção declarativa proposta para o mesmo fim;

f) A aquisição decorra de processo estabelecido na lei ou no contrato de sociedade para a falta de liberação de acções pelos seus subscritores.

4. Como contrapartida da aquisição de acções próprias, uma sociedade só pode entregar bens que, nos termos dos artigos 32.º e 33.º, possam ser distribuídos aos sócios, devendo o valor dos bens distribuíveis ser, pelo menos, igual ao dobro do valor a pagar por elas.

Nota. A redacção do n.º 4 foi introduzido pelo DL n.º 280/87, de 8 de Julho [13].

Art. 318.º (Acções próprias não liberadas)

1. A sociedade só pode adquirir acções próprias inteiramente liberadas, excepto nos casos das alíneas *b*), *c*), *e*) e *f*) do n.º 3 do artigo anterior.

2. As aquisições que violem o disposto no número anterior são nulas.

341

[11] CSC Arts. 319.°-322.°

Tít. IV. Sociedades anónimas

Art. 319.° (Deliberação de aquisição)

1. A aquisição de acções próprias depende, salvo o disposto no n.° 3 deste artigo, de deliberação da assembleia geral, da qual obrigatoriamente devem constar:

   a) O número máximo e, se o houver, o número mínimo de acções a adquirir;

   b) O prazo, não excedente a dezoito meses a contar da data da deliberação, durante o qual a aquisição pode ser efectuada;

   c) As pessoas a quem as acções devem ser adquiridas, quando a deliberação não ordenar que elas sejam adquiridas em mercado regulamentado e seja lícita a aquisição a accionistas determinados;

   d) As contrapartidas mínima e máxima, nas aquisições a título oneroso.

2. Os administradores não podem executar ou continuar a executar as deliberações da assembleia geral se, no momento da aquisição das acções, não se verificarem os requisitos exigidos pelos n.°ˢ 2, 3 e 4 do artigo 317.° e 1 do artigo 318.°

3. A aquisição das acções próprias pode ser decidida pelo conselho de administração ou pelo conselho de administração executivo apenas se, por meio dela, for evitado um prejuízo grave e iminente para a sociedade, o qual se presume existir nos casos previstos nas alíneas *a*) e *e*) do n.° 3 do artigo 317.°

4. Efectuadas aquisições nos termos do número anterior, devem os administradores, na primeira assembleia geral seguinte, expor os motivos e as condições das operações efectuadas.

Nota. A redacção do n.° 1, alínea *c*), e dos n.°ˢ 2, 3 e 4 foi introduzida pelo art. 2.° do DL n.° 76-A/2006, de 29 de Março.

Art. 320.° (Deliberação de alienação)

1. A alienação de acções próprias depende, salvo o disposto no n.° 2 deste artigo, de deliberação da assembleia geral, da qual obrigatoriamente deve constar:

   a) O número mínimo e, se o houver, o número máximo de acções a alienar;

   b) O prazo, não excedente a dezoito meses, a contar da data da deliberação, durante o qual a alienação pode ser efectuada;

   c) A modalidade da alienação;

   d) O preço mínimo ou outra contrapartida das alienações a título oneroso.

2. A alienação de acções próprias pode ser decidida pelo conselho de administração ou pelo conselho de administração executivo, se for imposta por lei.

3. No caso do número anterior, devem os administradores, na primeira assembleia geral seguinte, expor os motivos e todas as condições da operação efectuada.

Nota. A redacção dos n.°ˢ 2 e 3 foi introduzida pelo art. 2.° do DL n.° 76-A/2006, de 29 de Março.

Art. 321.° (Igualdade de tratamento dos accionistas)

As aquisições e as alienações de acções próprias devem respeitar o princípio do igual tratamento dos accionistas, salvo se a tanto obstar a própria natureza do caso.

Art. 322.° (Empréstimos e garantias para aquisição de acções próprias)

1. Uma sociedade não pode conceder empréstimos ou por qualquer forma fornecer fundos ou prestar garantias para que um terceiro subscreva ou por outro meio adquira acções representativas do seu capital.

342

Cap. III. Acções

Arts. 323.º-324.º CSC [11]

2. O disposto no n.º 1 não se aplica às transacções que se enquadrem nas operações correntes dos bancos ou de outras instituições financeiras, nem às operações efectuadas com vista à aquisição de acções pelo ou para o pessoal da sociedade ou de uma sociedade com ela coligada; todavia, de tais transacções e operações não pode resultar que o activo líquido da sociedade se torne inferior ao montante do capital subscrito acrescido das reservas que a lei ou o contrato de sociedade não permitam distribuir.

3. Os contratos ou actos unilaterais da sociedade que violem o disposto no n.º 1 ou na parte final do n.º 2 são nulos.

Nota. O texto do n.º 3 foi rectificado pelo DL n.º 257/96, de 31 de Dezembro, sendo acolhida a redacção constante de anteriores edições desta colectânea.

Art. 323.º (Tempo de detenção das acções)

1. Sem prejuízo de outros prazos ou providências estabelecidos na lei, a sociedade não pode deter por mais de três anos um número de acções superior ao montante estabelecido no artigo 317.º, n.º 2, ainda que tenham sido licitamente adquiridas.

2. As acções ilicitamente adquiridas pela sociedade devem ser alienadas dentro do ano seguinte à aquisição, quando a lei não decretar a nulidade desta.

3. Não tendo sido oportunamente efectuadas as alienações previstas nos números anteriores, deve proceder-se à anulação das acções que houvessem de ser alienadas; relativamente a acções cuja aquisição tenha sido lícita, a anulação deve recair sobre as mais recentemente adquiridas.

4. Os administradores são responsáveis, nos termos gerais, pelos prejuízos sofridos pela sociedade, seus credores ou terceiros por causa da aquisição ilícita de acções, da anulação de acções prescrita neste artigo ou da falta de anulação de acções.

Nota. A redacção do n.º 4 foi introduzida pelo art. 2.º do DL n.º 76-A/2006, de 29 de Março.

Art. 324.º (Regime das acções próprias)

1. Enquanto as acções pertencerem à sociedade, devem:

a) Considerar-se suspensos todos os direitos inerentes às acções, excepto o de o seu titular receber novas acções no caso de aumento de capital por incorporação de reservas;

b) Tornar-se indisponível uma reserva de montante igual àquele por que elas estejam contabilizadas.

2. No relatório anual do conselho de administração ou do conselho de administração executivo devem ser claramente indicados:

a) O número de acções próprias adquiridas durante o exercício, os motivos das aquisições efectuadas e os desembolsos da sociedade;

b) O número de acções próprias alienadas durante o exercício, os motivos das alienações efectuadas e os embolsos da sociedade;

c) O número de acções próprias da sociedade por ela detidas no fim do exercício.

Nota. A redacção do corpo do n.º 2 foi introduzida pelo art. 2.º do DL n.º 76-A/2006, de 29 de Março.

343

[11] CSC Arts. 325.°-326.° Tít. IV. Sociedades anónimas

Art. 325.° (Penhor e caução de acções próprias)

1. As acções próprias que uma sociedade receba em penhor ou caução são contadas para o limite estabelecido no artigo 317.°, n.° 2, exceptuadas aquelas que se destinarem a caucionar responsabilidades pelo exercício de cargos sociais.

2. Os administradores que aceitarem para a sociedade acções próprias desta em penhor ou caução, quer esteja quer não esteja excedido o limite estabelecido no n.° 2 do artigo 317.°, são responsáveis, conforme o disposto no n.° 4 do artigo 323.°, se as acções vierem a ser adquiridas pela sociedade.

Nota. A redacção do n.° 2 foi introduzida pelo art. 2.° do DL n.° 76-A/2006, de 29 de Março.

Art. 325.°-A (Subscrição, aquisição e detenção de acções)

1. As acções de uma sociedade anónima subscritas, adquiridas ou detidas por uma sociedade daquela dependente, directa ou indirectamente nos termos do artigo 486.° ou que com aquela esteja em relação de grupo nos termos do artigo 488.° e seguintes, consideram-se, para todos os efeitos, acções próprias da sociedade dominante.

2. Não estão compreendidas no número anterior a subscrição, a aquisição e a detenção de acções da sociedade anónima pela sociedade dela dependente, directa ou indirectamente, mas por conta de um terceiro que não seja a sociedade anónima referida no número anterior, nem outra em que a sociedade anónima exerça influência dominante.

3. A equiparação prevista no n.° 1 aplica-se ainda que a sociedade dependente tenha a sede efectiva ou a sede estatutária no estrangeiro, desde que a sociedade dominante esteja sujeita à lei portuguesa.

Nota. Aditado pelo art. 2.° do DL n.° 328/95, de 9 de Dezembro. A redacção do n.° 1 foi introduzida pelo art. 2.° do DL n.° 49/2010, de 19 de Maio.

Art. 325.°-B (Regime da subscrição, aquisição e detenção de acções)

1. À subscrição, aquisição e detenção de acções nos termos do n.° 1 do artigo anterior aplica-se o regime estabelecido nos artigos 316.° a 319.° e 321.° a 325.°, com as devidas adaptações.

2. A aquisição de acções da sociedade anónima pela sociedade dependente está sujeita apenas a deliberação da assembleia geral daquela sociedade, mas não a deliberação da assembleia geral desta última.

3. Enquanto as acções pertencerem à sociedade dependente, consideram-se suspensos os direitos de voto e os direitos de conteúdo patrimonial incompatíveis com o n.° 1 do artigo 316.°

Nota. Aditado pelo art. 2.° do DL n.° 328/95, de 9 de Dezembro.

SECÇÃO IV. Transmissão de acções

SUBSECÇÃO I. Formas de transmissão

Art. 326.° (Transmissão de acções nominativas)

Nota. Revogado pelo art. 15.° do DL n.° 486/99, de 13 de Novembro, que aprovou o actual Código dos Valores Mobiliários (CodVM **[51]**).

344

Cap. III. Acções

Arts. 327.º-329.º CSC [11]

Art. 327.º (Transmissão de acções ao portador)

Nota. Revogado pelo art. 15.º do DL n.º 486/99, de 13 de Novembro, que aprovou o actual Código dos Valores Mobiliários (CodVM [51]).

SUBSECÇÃO II.   Limitações à transmissão

Art. 328.º (Limitações à transmissão de acções)

1. O contrato de sociedade não pode excluir a transmissibilidade das acções nem limitá-la além do que a lei permitir.

2. O contrato de sociedade pode:

a) Subordinar a transmissão das acções nominativas ao consentimento da sociedade;

b) Estabelecer um direito de preferência dos outros accionistas e as condições do respectivo exercício, no caso de alienação de acções nominativas;

c) Subordinar a transmissão de acções nominativas e a constituição de penhor ou usufruto sobre elas à existência de determinados requisitos, subjectivos ou objectivos, que estejam de acordo com o interesse social.

3. As limitações previstas no número anterior só podem ser introduzidas por alteração do contrato de sociedade com o consentimento de todos os accionistas cujas acções sejam por elas afectadas, mas podem ser atenuadas ou extintas mediante alteração do contrato, nos termos gerais; as limitações podem respeitar apenas a acções correspondentes a certo aumento de capital, contanto que sejam deliberadas simultaneamente com este.

4. As cláusulas previstas neste artigo devem ser transcritas nos títulos ou nas contas de registo das acções, sob pena de serem inoponíveis a adquirentes de boa fé.

5. As cláusulas previstas nas alíneas *a*) e *c*) do n.º 2 não podem ser invocadas em processo executivo ou de liquidação de patrimónios.

Nota. A redacção do n.º 2, alínea *a*), foi introduzida pelo DL n.º 280/87, de 8 de Julho [13], e a do n.º 4 foi introduzida pelo art. 13.º do DL n.º 486/99, de 13 de Novembro, que aprovou o actual Código dos Valores Mobiliários (CodVM [51]).

Art. 329.º (Concessão e recusa do consentimento)

1. A concessão ou recusa do consentimento para a transmissão de acções nominativas compete à assembleia geral, se o contrato de sociedade não atribuir essa competência a outro órgão.

2. Quando o contrato não especificar os motivos de recusa do consentimento, é lícito recusá-lo com fundamento em qualquer interesse relevante da sociedade, devendo indicar-se sempre na deliberação o motivo da recusa.

3. O contrato de sociedade, sob pena de nulidade da cláusula que exija o consentimento, deve conter:

a) A fixação de prazo, não superior a 60 dias, para a sociedade se pronunciar sobre o pedido de consentimento;

b) A estipulação de que é livre a transmissão das acções, se a sociedade não se pronunciar dentro do prazo referido no número anterior;

c) A obrigação de a sociedade, no caso de recusar licitamente o consentimento, fazer adquirir as acções por outra pessoa nas condições de preço e paga-

[11] CSC Arts. 330.°-339.°

Tít. IV.   Sociedades anónimas

mento do negócio para que foi solicitado o consentimento; tratando-se de transmissão a título gratuito, ou provando a sociedade que naquele negócio houve simulação de preço, a aquisição far-se-á pelo valor real, determinado nos termos previstos no artigo 105.°, n.° 2.

SUBSECÇÃO III.   Regime de registo e regime de depósito

Art. 330.° (Primeiro registo)

Nota. Revogado pelo art. 15.° do DL n.° 486/99, de 13 de Novembro, que aprovou o actual Código dos Valores Mobiliários (CodVM [51]).

Art. 331.° (Regime de registo ou de depósito)

Nota. Revogado pelo art. 15.° do DL n.° 486/99, de 13 de Novembro, que aprovou o actual Código dos Valores Mobiliários (CodVM [51]).

Art. 332.° (Passagem do regime de registo ao de depósito)

Nota. Revogado pelo art. 15.° do DL n.° 486/99, de 13 de Novembro, que aprovou o actual Código dos Valores Mobiliários (CodVM [51]).

Art. 333.° (Passagem do regime de depósito ao de registo)

Nota. Revogado pelo art. 15.° do DL n.° 486/99, de 13 de Novembro, que aprovou o actual Código dos Valores Mobiliários (CodVM [51]).

Art. 334.° (Registo de transmissão)

Nota. Revogado pelo art. 15.° do DL n.° 486/99, de 13 de Novembro, que aprovou o actual Código dos Valores Mobiliários (CodVM [51]).

Art. 335.° (Prazos e encargos)

Nota. Revogado pelo art. 15.° do DL n.° 486/99, de 13 de Novembro, que aprovou o actual Código dos Valores Mobiliários (CodVM [51]).

Art. 336.° (Transmissão de acções nominativas)

Nota. Revogado pelo art. 15.° do DL n.° 486/99, de 13 de Novembro, que aprovou o actual Código dos Valores Mobiliários (CodVM [51]).

Art. 337.° (Declaração de transmissão)

Nota. Revogado pelo art. 15.° do DL n.° 486/99, de 13 de Novembro, que aprovou o actual Código dos Valores Mobiliários (CodVM [51]).

Art. 338.° (Prova da posse e data dos efeitos da transmissão)

Nota. Revogado pelo art. 15.° do DL n.° 486/99, de 13 de Novembro, que aprovou o actual Código dos Valores Mobiliários (CodVM [51]).

Art. 339.° (Transmissão por morte)

Nota. Revogado pelo art. 15.° do DL n.° 486/99, de 13 de Novembro, que aprovou o actual Código dos Valores Mobiliários (CodVM [51]).

Cap. III. Acções   **Arts. 340.°-343.° CSC [11]**

Art. 340.° (Registo de ónus ou encargos)

Nota. Revogado pelo art. 15.° do DL n.° 486/99, de 13 de Novembro, que aprovou o actual Código dos Valores Mobiliários (CodVM [51]).

SECÇÃO V.   **Acções preferenciais sem voto**

Art. 341.° (Emissão e direitos dos accionistas)

1. O contrato de sociedade pode autorizar a emissão de acções preferenciais sem voto até ao montante representativo de metade do capital.

2. As acções referidas no n.° 1 conferem direito a um dividendo prioritário, não inferior a 5% do respectivo valor nominal, ou, na falta de valor nominal, do seu valor de emissão deduzido de eventual prémio de emissão, retirado dos lucros que, nos termos dos artigos 32.° e 33.°, possam ser distribuídos aos accionistas e ao reembolso prioritário do seu valor nominal ou do seu valor de emissão na liquidação da sociedade.

3. As acções preferenciais sem voto conferem, além dos direitos previstos no número anterior, todos os direitos inerentes às acções ordinárias, excepto o direito de voto.

4. As acções referidas no n.° 1 não contam para a determinação da representação do capital, exigida na lei ou no contrato de sociedade para as deliberações dos accionistas.

Nota. A redacção do n.° 2 foi introduzida pelo art. 2.° do DL n.° 49/2010, de 19 de Maio..

Art. 342.° (Falta de pagamento do dividendo prioritário)

1. Se os lucros distribuíveis ou o activo de liquidação não forem suficientes para satisfazer o pagamento do dividendo, do valor nominal ou do valor de emissão das acções, nos termos previstos no n.° 2 do artigo 341.°, são repartidos proporcionalmente pelas acções preferenciais sem voto.

2. O dividendo prioritário que não for pago num exercício social deve ser pago nos três exercícios seguintes, antes do dividendo relativo a estes, desde que haja lucros distribuíveis.

3. Se o dividendo prioritário não for integralmente pago durante dois exercícios sociais, as acções preferenciais passam a conferir o direito de voto, nos mesmos termos que as acções ordinárias, e só o perdem no exercício seguinte àquele em que tiverem sido pagos os dividendos prioritários em atraso. Enquanto as acções preferenciais gozarem do direito de voto, não se aplica o disposto no artigo 341.°, n.° 4.

Nota. A redacção do n.° 1 foi introduzida pelo art. 2.° do DL n.° 49/2010, de 19 de Maio..

Art. 343.° (Participação na assembleia geral)

1. Se o contrato de sociedade não permitir que os accionistas sem direito de voto participem na assembleia geral, os titulares de acções preferenciais sem voto de uma mesma emissão são representados na assembleia por um deles.

2. À designação e destituição do representante comum aplica-se, com as necessárias adaptações, o disposto no artigo 358.°

[11] CSC Arts. 344.°-346.° Tít. IV. Sociedades anónimas

Art. 344.° (Conversão de acções)

1. As acções ordinárias podem ser convertidas em acções preferenciais sem voto, mediante deliberação da assembleia geral, observando-se o disposto nos artigos 24.°, 341.°, n.° 1, e 389.° A deliberação deve ser publicada.

2. A conversão prevista no n.° 1 faz-se a requerimento dos accionistas interessados, no período fixado pela deliberação, não inferior a 90 dias a contar da publicação desta, respeitando-se na sua execução o princípio da igualdade de tratamento.

SECÇÃO VI. **Acções preferenciais remíveis**

Art. 345.° (Acções preferenciais remíveis)

1. Se o contrato de sociedade o autorizar, as acções que beneficiem de algum privilégio patrimonial podem, na sua emissão, ficar sujeitas a remição em data fixa ou quando a assembleia geral o deliberar.

2. As referidas acções deverão ser remidas em conformidade com as disposições do contrato, sem prejuízo das regras impostas nos números seguintes.

3. As acções devem estar inteiramente liberadas antes de serem remidas.

4. A remição é feita pelo valor nominal das acções ou, na falta de valor nominal, pelo seu valor de emissão, salvo se o contrato de sociedade previr a concessão de um prémio.

5. A contrapartida da remição de acções, incluindo o prémio, só pode ser retirada de fundos que, nos termos dos artigos 32.° e 33.°, possam ser distribuídos aos accionistas.

6. A partir da remição, uma importância igual ao valor nominal das acções remidas deve ser levada a uma reserva especial, que só pode ser utilizada para a incorporação no capital social, sem prejuízo da sua eliminação no caso de o capital ser reduzido.

7. A remição de acções não importa redução do capital e, salvo disposição contrária do contrato de sociedade, podem ser emitidas por deliberação da assembleia geral novas acções da mesma espécie em substituição das acções remidas.

8. A deliberação de remição de acções está sujeita a registo e publicação.

9. O contrato de sociedade pode prever sanções para o incumprimento pela sociedade da obrigação de remir na data nele fixada.

10. Na falta de disposição contratual, qualquer titular dessas acções pode requerer a dissolução da sociedade por via administrativa, depois de passado um ano sobre aquela data sem a remição ter sido efectuada.

Nota. A redacção do n.° 9 foi introduzida pelo art. 2.° do DL n.° 76-A/2006, de 29 de Março, que também aditou o n.° 10. A redacção do n.° 4 foi introduzida pelo art. 2.° do DL n.° 49/2010, de 19 de Maio. [No *DR*, em vez da alteração do n.° 4, faz-se referência à alteração do n.° 6; cremos tratar-se de lapso, que, por isso, se corrige.]

SECÇÃO VII. **Amortização de acções**

Art. 346.° (Amortização de acções sem redução de capital)

1. A assembleia geral pode deliberar, pela maioria exigida para alteração do contrato de sociedade, que o capital seja reembolsado, no todo ou em parte, rece-

348

Cap. III.   Acções

Art. 347.º csc [11]

bendo os accionistas o valor nominal de cada acção, ou parte dele, desde que para o efeito sejam utilizados apenas fundos que, nos termos dos artigos 32.º e 33.º, possam ser distribuídos aos accionistas.

2. O reembolso nos termos deste artigo não acarreta redução do capital.

3. O reembolso parcial do valor nominal deve ser feito por igual, relativamente a todas as acções existentes à data; sem prejuízo do disposto quanto a acções remíveis, o reembolso do valor nominal de certas acções só pode ser efectuado por sorteio, se o contrato de sociedade o permitir.

4. Depois do reembolso, os direitos patrimoniais inerentes às acções são modificados nos termos seguintes:

a) Essas acções só compartilham dos lucros de exercício, juntamente com as outras, depois de a estas ter sido atribuído um dividendo, cujo máximo é fixado no contrato de sociedade ou, na falta dessa estipulação, é igual à taxa de juro legal; as acções só parcialmente reembolsadas têm direito proporcional àquele dividendo;

b) Tais acções só compartilham do produto da liquidação da sociedade, juntamente com as outras, depois de a estas ter sido reembolsado o valor nominal; as acções só parcialmente reembolsadas têm direito proporcional a essa primeira partilha.

5. As acções totalmente reembolsadas passam a denominar-se acções de fruição, constituem uma categoria e esse facto deve constar do título ou do registo das acções.

6. O reembolso é definitivo, mas as acções de fruição podem ser convertidas em acções de capital, mediante deliberações da assembleia geral e da assembleia especial dos respectivos titulares, tomadas pela maioria exigida para alteração do contrato de sociedade.

7. A conversão prevista no número anterior é efectuada por meio de retenção dos lucros que, num ou mais exercícios, caberiam às acções de fruição, salvo se as referidas assembleias autorizarem que ela se efectue por meio de entradas oferecidas pelos accionistas interessados.

8. O disposto nos dois números anteriores é aplicável à reconstituição de acções parcialmente reembolsadas.

9. A conversão considera-se efectuada no momento em que os dividendos retidos atinjam o montante dos reembolsos efectuados ou, no caso de entradas pelos accionistas, no fim do exercício em que estas tenham sido realizadas.

10. As deliberações de amortização e de conversão estão sujeitas a registo e publicação.

Nota. A redacção do n.º 5 foi introduzida pelo art. 13.º do DL n.º 486/99, de 13 de Novembro, que aprovou o actual Código dos Valores Mobiliários (CodVM **[51]**).

Art. 347.º (Amortização de acções com redução do capital)

1. O contrato de sociedade pode impor ou permitir que, em certos casos e sem consentimento dos seus titulares, sejam amortizadas acções.

2. A amortização de acções nos termos deste artigo implica sempre a redução do capital da sociedade, extinguindo-se as acções amortizadas na data da redução do capital.

3. Os factos que imponham ou permitam a amortização devem ser concretamente definidos no contrato de sociedade.

349

[11] CSC Art. 348.°

Tít. IV. Sociedades anónimas

4. No caso de a amortização ser imposta pelo contrato de sociedade, deve este fixar todas as condições essenciais para que a operação possa ser efectuada, competindo ao conselho de administração ou ao conselho de administração executivo apenas declarar, nos 90 dias posteriores ao conhecimento que tenha do facto, que as acções são amortizadas nos termos do contrato e dar execução ao que para o caso estiver disposto.

5. No caso de a amortização ser permitida pelo contrato de sociedade, compete à assembleia geral deliberar a amortização e fixar as condições necessárias para que a operação seja efectuada na parte que não constar do contrato.

6. Sendo a amortização permitida pelo contrato de sociedade, pode este fixar um prazo, não superior a um ano, para a deliberação ser tomada; na falta de disposição contratual, esse prazo será de seis meses, a contar da ocorrência do facto que fundamenta a amortização.

7. À redução de capital por amortização de acções nos termos deste artigo aplica-se o disposto no artigo 95.°, excepto:

a) Se forem amortizadas acções inteiramente liberadas, postas à disposição da sociedade, a título gratuito;

b) Se para a amortização de acções inteiramente liberadas forem unicamente utilizados fundos que, nos termos dos artigos 32.° e 33.°, possam ser distribuídos aos accionistas; neste caso, deve ser criada uma reserva sujeita ao regime de reserva legal, de montante equivalente à soma do valor nominal das acções amortizadas.

Nota. A redacção dos n.ᵒˢ 2 e 4 foi introduzida pelo art. 2.° do DL n.° 76-A/2006, de 29 de Março.

CAPÍTULO IV. Obrigações

SECÇÃO I. Obrigações em geral

Art. 348.° (Emissão de obrigações)

1. As sociedades anónimas podem emitir valores mobiliários que, numa mesma emissão, conferem direitos de crédito iguais e que se denominam obrigações.

2. Só podem emitir obrigações as sociedades cujo contrato esteja definitivamente registado há mais de um ano, salvo se:

a) Tenham resultado de fusão ou de cisão de sociedades das quais uma, pelo menos, se encontre registada há mais de um ano; ou

b) O Estado ou entidade pública equiparada detenha a maioria do capital social da sociedade;

c) As obrigações forem objecto de garantia prestada por instituição de crédito, pelo Estado ou entidade pública equiparada.

3. Por portaria dos Ministros das Finanças e da Justiça podem ser dispensados, no todo ou em parte, os requisitos previstos no número anterior.

4. As obrigações não podem ser emitidas antes de o capital estar inteiramente liberado ou de, pelo menos, estarem colocados em mora todos os accionistas que não hajam liberado oportunamente as suas acções.

Notas. 1. A redacção do n.° 3 foi introduzida pelo DL n.° 280/87, de 8 de Julho [13], e a dos n.ᵒˢ 1 e 2 pelo art. 4.° do DL n.° 52/2006, de 15 de Março.

Cap. IV.   Obrigações   **Arts. 349.°-350.° CSC [11]**

2. A Portaria n.° 974/90, de 11 de Outubro, dispõe o seguinte:
«1.° As sociedades submetidas à supervisão do Banco de Portugal não estão sujeitas às restrições previstas no n.° 2 do artigo 348.° do Código das Sociedades Comerciais.
2.° O valor das responsabilidades por emissão de obrigações das sociedades referidas no número anterior, durante os dois primeiros anos da sua existência, não poderá ultrapassar metade do valor global da mesma espécie de responsabilidades que esteja fixado para o respectivo tipo de instituição».

Art. 349.° (Limite de emissão de obrigações)

1. As sociedades anónimas não podem emitir obrigações em montante que exceda o dobro dos seus capitais próprios, considerando a soma do preço de subscrição de todas as obrigações emitidas e não amortizadas.

2. Para efeitos do número anterior, entende-se por capitais próprios o somatório do capital realizado, deduzidas as acções próprias, com as reservas, os resultados transitados e os ajustamentos de partes de capital em sociedades coligadas.

3. O cumprimento do limite de emissão deve ser verificado através de parecer do conselho fiscal, do fiscal único, da comissão de auditoria ou do conselho geral e de supervisão.

4. O limite fixado nos números anteriores não se aplica:

a) A sociedades emitentes de acções admitidas à negociação em mercado regulamentado;

b) A sociedades que apresentem notação de risco da emissão atribuída por sociedade de notação de risco registada na Comissão do Mercado de Valores Mobiliários;

c) Às emissões cujo reembolso seja assegurado por garantias especiais constituídas a favor dos obrigacionistas.

5. Salvo por motivo de perdas, a sociedade devedora de obrigações não pode reduzir o seu capital a montante inferior ao da sua dívida para com os obrigacionistas, embora a emissão tenha beneficiado da ampliação, nos termos do n.° 4 deste artigo ou de lei especial.

6. Reduzido o capital por motivo de perdas a montante inferior ao da dívida da sociedade para com os obrigacionistas, todos os lucros distribuíveis serão aplicados a reforço da reserva legal até que a soma desta com o novo capital iguale o montante da referida dívida ou, tendo havido a ampliação prevista no n.° 3 deste artigo ou em lei especial, seja atingida a proporção de início estabelecida entre o capital e o montante das obrigações emitidas.

Notas. 1. A redacção dos n.ºs 1, 2, 3, 4 e 5 foi introduzida pelo art. 4.° do DL n.° 52/2006, de 15 de Março. A redacção do n.° 3 voltou a ser alterada pelo art. 2.° do DL n.° 49/2010, de 19 de Maio.

2. O DL n.° 343/98, de 6 de Novembro, que estabelece algumas regras fundamentais relevantes no processo de transição do escudo para o euro, dispõe no seu art. 19.° o seguinte:
"As emissões de obrigações anteriores a 1 de Janeiro de 1999 ficam dispensadas dos limites de emissão fixados no artigo 349.° do Código das Sociedades Comerciais, na precisa medida em que os mesmos sejam ultrapassados, mercê da redenominação de acções ou de obrigações através dos respectivos métodos padrão."

Art. 350.° (Deliberação)

1. A emissão de obrigações deve ser deliberada pelos accionistas, salvo se o contrato de sociedade autorizar que ela seja deliberada pelo conselho de administração.

[11] CSC Arts. 351.°-354.° Tít. IV. Sociedades anónimas

2. Não pode ser tomada deliberação de emissão de obrigações enquanto não estiver subscrita e realizada uma emissão anterior.

3. Os accionistas podem autorizar que uma emissão de obrigações por eles deliberada seja efectuada parcelarmente em séries, fixadas por eles ou pelo conselho de administração, mas tal autorização caduca ao fim de cinco anos, no que toca às séries ainda não emitidas.

4. Não pode ser lançada uma nova série enquanto não estiverem subscritas e realizadas as obrigações da série anterior.

Nota. A epígrafe e a redacção dos n.ᵒˢ 1 e 3 foram alteradas pelo DL n.° 280/87, de 8 de Julho [**13**].

Art. 351.° (Registo)

1. Estão sujeitas a registo comercial a emissão de obrigações e a emissão de cada uma das suas séries, quando realizadas através de oferta particular, excepto se tiver ocorrido dentro do prazo para requerer o registo a admissão das mesmas à negociação em mercado regulamentado de valores mobiliários.

2. Quando sujeita a registo obrigatório, enquanto a emissão ou a série não estiver definitivamente registada, não podem ser emitidos os respectivos títulos; a falta de registo não torna os títulos inválidos, mas sujeita os administradores a responsabilidade.

Nota. Redacção introduzida pelo art. 4.° do DL n.° 52/2006, de 15 de Março.

Art. 352.° (Denominação do valor nominal das obrigações)

1. (…).

2. (…).

3. O valor nominal da obrigação deve ser expresso em moeda com curso legal em Portugal, salvo se, nos termos da legislação em vigor, for autorizado o pagamento em moeda diversa.

Nota. A redacção do n.° 3 que já tinha sofrido uma primeira alteração (DL n.° 343/98, de 6 de Novembro), foi introduzida pelo art. 2.° do DL n.° 76-A/2006, de 29 de Março, que também revogou os n.ᵒˢ 1 e 2 e alterou a epígrafe do preceito.

Art. 353.° (Subscrição pública incompleta)

1. Efectuada subscrição pública para uma emissão de obrigações e sendo apenas subscrita parte dela durante o prazo previsto na deliberação, a essas obrigações se limitará a emissão.

2. Os administradores devem promover o averbamento no registo comercial do montante efectivo da emissão.

Art. 354.° (Obrigações próprias)

1. A sociedade só pode adquirir obrigações próprias nas mesmas circunstâncias em que poderia adquirir acções próprias ou para conversão ou amortização.

2. Enquanto as obrigações pertencerem à sociedade emitente são suspensos os respectivos direitos, mas podem elas ser convertidas ou amortizadas nos termos gerais.

Cap. IV. Obrigações

Art. 355.° CSC **[11]**

Art. 355.° (Assembleia de obrigacionistas)

1. Os credores de uma mesma emissão de obrigações podem reunir-se em assembleia de obrigacionistas.

2. A assembleia de obrigacionistas é convocada e presidida pelo representante comum dos obrigacionistas ou, enquanto este não for eleito ou quando se recusar a convocá-la, pelo presidente da mesa da assembleia geral dos accionistas, sendo de conta da sociedade as despesas de convocação. A convocação é feita nos termos prescritos na lei para a assembleia geral dos accionistas.

3. Se o representante comum dos obrigacionistas e o presidente da assembleia geral dos accionistas se recusarem a convocar a assembleia dos obrigacionistas, podem os titulares de 5% das obrigações da emissão requerer a convocação judicial da assembleia, que elegerá o seu presidente.

4. A assembleia dos obrigacionistas delibera sobre todos os assuntos que por lei lhe são atribuídos ou que sejam de interesse comum dos obrigacionistas e nomeadamente sobre:

a) Nomeação, remuneração e destituição do representante comum dos obrigacionistas;

b) Modificação das condições dos créditos dos obrigacionistas;

c) Propostas de concordata e de acordo de credores;

d) Reclamação de créditos dos obrigacionistas em acções executivas, salvo o caso de urgência;

e) Constituição de um fundo para as despesas necessárias à tutela dos interesses comuns e sobre a prestação das respectivas contas;

f) Autorização do representante comum para a proposição de acções judiciais.

5. A cada obrigação corresponde um voto.

6. Podem estar presentes na assembleia os membros dos órgãos de administração e de fiscalização da sociedade e os representantes comuns dos titulares de obrigações de outras emissões.

7. As deliberações são tomadas por maioria dos votos emitidos; as modificações das condições dos créditos dos obrigacionistas devem, porém, ser aprovadas, na primeira data fixada, por metade dos votos correspondentes a todos os obrigacionistas e, na segunda data fixada, por dois terços dos votos emitidos.

8. As deliberações tomadas pela assembleia vinculam os obrigacionistas ausentes ou discordantes.

9. É vedado à assembleia deliberar o aumento de encargos dos obrigacionistas ou quaisquer medidas que impliquem o tratamento desigual destes.

10. O obrigacionista pode fazer-se representar na assembleia por mandatário constituído por simples carta dirigida ao presidente da assembleia.

Notas. 1. A redacção do n.° 10 foi introduzida pelo art. 2.° do DL n.° 76-A/2006, de 29 de Março.

2. O DL n.° 343/98, de 6 de Novembro, que estabelece algumas regras fundamentais relevantes no processo de transição do escudo para o euro, dispõe no seu art. 18.° o seguinte:

"1. A redenominação de obrigações, quando efectuada através do método padrão, não carece de deliberação da assembleia de obrigaccionistas prevista no artigo 355.°, n.° 4, alínea *b*), do Código das Sociedades Comerciais.

2. O regime do número anterior aplica-se aos títulos de participação, quanto à reunião da assembleia prevista no artigo 14.° do Decreto-Lei n.° 321/85, de 5 de Agosto."

[11] CSC Arts. 356.°-359.°   Tít. IV. Sociedades anónimas

Art. 356.° (Invalidade das deliberações)

1. Às deliberações da assembleia de obrigacionistas aplicam-se os preceitos relativos à invalidade das deliberações de accionistas, com as necessárias adaptações, reportando-se a anulabilidade à violação das condições do empréstimo.

2. A acção declarativa de nulidade e a acção de anulação devem ser propostas contra o conjunto de obrigacionistas que tenham aprovado a deliberação, na pessoa do representante comum; na falta de representante comum ou não tendo este aprovado a deliberação, o autor requererá, na petição, que de entre os obrigacionistas cujos votos fizeram vencimento seja nomeado um representante especial.

Art. 357.° (Representante comum dos obrigacionistas)

1. Para cada emissão de obrigações haverá um representante comum dos respectivos titulares.

2. O representante comum deve ser uma sociedade de advogados, uma sociedade de revisores de contas ou uma pessoa singular dotada de capacidade jurídica plena, embora não seja obrigacionista.

3. Podem ser nomeados um ou mais representantes comuns substitutos.

4. Aplicam-se ao representante comum dos obrigacionistas as incompatibilidades estabelecidas nas alíneas *a*) a *g*) e *j*) do n.° 1 do artigo 414.°-A.

5. A remuneração do representante comum constitui encargo da sociedade; discordando esta da remuneração fixada por deliberação dos obrigacionistas, cabe ao tribunal decidir, a requerimento da sociedade ou do representante comum.

Nota. A redacção do n.° 4 foi introduzida pelo art. 2.° do DL n.° 49/2010, de 19 de Maio.

Art. 358.° (Designação e destituição do representante comum)

1. O representante comum é designado e destituído por deliberação dos obrigacionistas, que especificará a duração, definida ou indefinida, das suas funções.

2. Na falta de representante comum, designado nos termos do número anterior, pode qualquer obrigacionista ou a sociedade requerer que o tribunal o nomeie, até que os obrigacionistas façam a designação.

3. Pode também qualquer obrigacionista requerer que o tribunal destitua, com fundamento em justa causa, o representante comum.

4. A designação e a destituição do representante comum devem ser comunicadas por escrito à sociedade e registadas por depósito na conservatória do registo competente por iniciativa da sociedade ou do próprio representante.

Nota. A redacção do n.° 2 foi introduzida pelo DL n.° 280/87, de 8 de Julho **[13]**, e a do n.° 4 pelo art. 2.° do DL n.° 76-A/2006, de 29 de Março.

Art. 359.° (Atribuições e responsabilidade do representante comum)

1. O representante comum deve praticar, em nome de todos os obrigacionistas, os actos de gestão destinados à defesa dos interesses comuns destes, competindo-lhe nomeadamente:

a) Representar o conjunto dos obrigacionistas nas suas relações com a sociedade;

354

Cap. IV. Obrigações — **Arts. 360.º-361.º CSC [11]**

b) Representar em juízo o conjunto dos obrigacionistas, nomeadamente em acções movidas contra a sociedade e em processos de execução ou de liquidação do património desta;

c) Assistir às assembleias gerais dos accionistas;

d) Receber e examinar toda a documentação da sociedade, enviada ou tornada patente aos accionistas, nas mesmas condições estabelecidas para estes;

e) Assistir aos sorteios para reembolso de obrigações;

f) Convocar a assembleia de obrigacionistas e assumir a respectiva presidência, nos termos desta lei.

2. O representante comum deve prestar aos obrigacionistas as informações que lhe forem solicitadas sobre factos relevantes para os interesses comuns.

3. O representante comum responde, nos termos gerais, pelos actos ou omissões violadores da lei e das deliberações da assembleia de obrigacionistas.

4. A assembleia de obrigacionistas pode aprovar um regulamento das funções de representante comum.

5. Não é permitido ao representante comum receber juros ou quaisquer importâncias devidas pela sociedade aos obrigacionistas, individualmente considerados.

SECÇÃO II. **Modalidades de obrigações**

Art. 360.º (Modalidades de obrigações)

Podem, nomeadamente, ser emitidas obrigações que:

a) Além de conferirem aos seus titulares o direito a um juro fixo, os habilitem a um juro suplementar ou a um prémio de reembolso, quer fixo quer dependente dos lucros realizados pela sociedade;

b) Apresentem juro e plano de reembolso, dependentes e variáveis em função dos lucros;

c) Sejam convertíveis em acções;

d) Confiram o direito a subscrever uma ou várias acções;

e) Apresentem prémios de emissão.

Notas. 1. A alínea *d)* foi aditada pelo DL n.º 280/87, de 8 de Julho [13], que também deu nova redacção ao proémio do artigo.

2. A actual redacção da alínea *d)* foi introduzida pelo art. 1.º do DL n.º 229-B/88, de 4 de Julho; o texto actual da alínea *e)* era o da anterior alínea *d)*.

Art. 361.º (Juro suplementar ou prémio de reembolso)

1. Nas obrigações com juro suplementar ou prémio de reembolso, estes poderão:

a) Ser estabelecidos como percentagem fixa do lucro de cada exercício, independentemente do montante deste e das oscilações que registe durante o período de vida do empréstimo;

b) Ser fixados nos termos da alínea anterior, mas apenas para a hipótese de o lucro exceder um limite mínimo que se estipulará na emissão, aplicando-se a percentagem estabelecida a todo o lucro apurado ou somente à parte que exceder o limite referido;

355

[11] CSC Arts. 362.º-363.º

Tít. IV.   Sociedades anónimas

c) Ser determinados por qualquer das formas previstas nas alíneas precedentes, mas com base numa percentagem variável em função do volume dos lucros produzidos em cada exercício ou dos lucros a considerar para além do limite estipulado nos termos da alínea *b*);

d) Ser apurados nos termos das alíneas anteriores, mas com imputação dos lucros a accionistas e obrigacionistas na proporção do valor nominal dos títulos existentes, corrigindo-se ou não essa proporção com base em coeficiente estipulado na emissão;

e) Ser calculados por qualquer outra forma similar, aprovada pelo Ministro das Finanças, a requerimento da sociedade interessada.

2. Registando a sociedade prejuízos ou lucros inferiores ao limite de que dependa a participação estabelecida, os obrigacionistas terão direito apenas ao juro fixo.

Art. 362.º (Lucros a considerar)

1. O lucro a considerar para os efeitos previstos nas alíneas *a*) e *b*) do n.º 1 do artigo anterior, é o que corresponder aos resultados líquidos do exercício, deduzidos das importâncias a levar à reserva legal ou reservas obrigatórias e não se considerando como custo as amortizações, ajustamentos e provisões efectuados para além dos máximos legalmente admitidos para efeitos do imposto sobre o rendimento de pessoas colectivas.

2. O apuramento feito pela sociedade do lucro que deve servir de base à determinação das importâncias destinadas aos obrigacionistas, e bem assim o cálculo dessas importâncias, serão obrigatoriamente submetidos, conjuntamente com o relatório e contas de cada exercício, ao parecer de revisor oficial de contas.

3. O revisor oficial de contas referido no número anterior será designado pela assembleia de obrigacionistas, no prazo de 60 dias a contar do termo da primeira subscrição das obrigações ou da vacatura do cargo.

4. Aplicam-se a este revisor oficial de contas as incompatibilidades estabelecidas no n.º 1 do artigo 414.º-A, com excepção do disposto na alínea *h*) do referido número.

5. O lucro a considerar em cada um dos anos de vida do empréstimo com vista ao apuramento das importâncias destinadas a juro suplementar ou a prémio de reembolso, será o referente ao exercício anterior.

6. Se no próprio ano da emissão e de acordo com as condições desta houver lugar à distribuição de juro suplementar ou à afectação de qualquer importância a prémio de reembolso, o montante respectivo calcular-se-á com base nos critérios para o efeito estabelecidos na emissão.

Nota. A redacção dos n.ᵒˢ 1 e 4 foi introduzida pelo art. 2.º do DL n.º 76-A/2006, de 29 de Março.

Art. 363.º (Deliberação de emissão)

1. Para as obrigações referidas no artigo 361.º, n.º 1, alíneas *a*) e *b*), a proposta de deliberação da assembleia geral dos accionistas definirá as seguintes condições:

a) O quantitativo global da emissão e os motivos que a justificam, o valor nominal das obrigações, o preço por que são emitidas e reembolsadas ou o modo de o determinar;

356

Cap. IV. Obrigações   **Arts. 364.°-366.° CSC [11]**

b) A taxa de juro e, conforme os casos, a forma de cálculo da dotação para pagamento de juro e reembolso ou a taxa de juro fixo, o critério de apuramento de juro suplementar ou do prémio de reembolso;

c) O plano de amortização do empréstimo;

d) A identificação dos subscritores e o número de obrigações a subscrever por cada um, quando a sociedade não recorra a subscrição pública.

2. A deliberação poderá reservar aos accionistas ou obrigacionistas, total ou parcialmente, as obrigações a emitir.

Art. 364.° (Pagamento do juro suplementar e do prémio de reembolso)

1. O juro suplementar respeitante a cada ano será pago por uma ou mais vezes, separadamente ou em conjunto com o juro fixo, conforme se estabelecer na emissão.

2. No caso de a amortização de uma obrigação ocorrer antes da data do vencimento do juro suplementar, deve a sociedade emitente fornecer ao respectivo titular documento que lhe permita exercer o seu direito a eventual juro suplementar.

3. O prémio de reembolso será integralmente pago na data da amortização das obrigações, a qual não poderá ser fixada para momento anterior à data limite para a aprovação das contas anuais.

4. Pode estipular-se a capitalização dos montantes anualmente apuráveis a título de prémios de reembolso, nos termos e para o efeito estabelecidos nas condições de emissão.

Art. 365.° (Obrigações convertíveis em acções)

1. As sociedades anónimas podem emitir obrigações convertíveis em acções representativas do seu capital ou por si detidas.

2. (...).

Notas. 1. Redacção introduzida pelo art. 2.° do DL n.° 76-A/2006, de 29 de Março.

2. O n.° 2 foi revogado pelo art. 19.°, alínea *c*), do DL n.° 357-A/2007, de 31 de Outubro (rectificado no *DR*, 1.ª Série, n.° 250, de 28 de Dezembro de 2007 – Declaração de Rectificação n.° 117-A/2007).

Art. 366.° (Deliberação de emissão)

1. A deliberação de emissão de obrigações convertíveis em acções deve ser tomada pela maioria que o contrato de sociedade especifique, mas não poderá ser inferior à exigida para a deliberação de aumento de capital por novas entradas.

2. A proposta de deliberação deve indicar especificadamente:

a) O quantitativo global da emissão e os motivos que a justificam, o valor nominal das obrigações e o preço por que serão emitidas e reembolsadas ou o modo de o determinar, a taxa de juro e o plano de amortização do empréstimo;

b) As bases e os termos da conversão;

c) Se aos accionistas deve ser retirado o direito previsto no n.° 1 do artigo seguinte e as razões de tal medida;

d) A identificação dos subscritores e o número de obrigações a subscrever por cada um, quando a sociedade não recorra a subscrição pública.

3. A deliberação de emissão de obrigações convertíveis em acções implica a aprovação do aumento do capital da sociedade no montante e nas condições que vierem a ser necessários para satisfazer os pedidos de conversão.

[11] CSC Arts. 367.°-369.°

Tít. IV. Sociedades anónimas

4. As condições fixadas pela deliberação da assembleia geral dos accionistas para a emissão de obrigações convertíveis só podem ser alteradas, sem o consentimento dos obrigacionistas desde que da alteração não resulte para estes qualquer redução das respectivas vantagens ou direitos ou aumento dos seus encargos.

Art. 367.° (Direito de preferência dos accionistas)

1. Os accionistas têm direito de preferência na subscrição das obrigações convertíveis, aplicando-se o disposto no artigo 458.°

2. Não pode tomar parte na votação que suprima ou limite o direito de preferência dos accionistas na subscrição de obrigações convertíveis todo aquele que puder beneficiar especificamente com tal supressão ou limitação, nem as suas acções serão tidas em consideração no cálculo do número de presenças necessárias para a reunião da assembleia geral e da maioria exigida para a deliberação.

Art. 368.° (Proibição de alterações na sociedade)

1. A partir da data da deliberação da emissão de obrigações convertíveis em acções, e enquanto for possível a qualquer obrigacionista exercer o direito de conversão, é vedado à sociedade emitente alterar as condições de repartição de lucros fixadas no contrato de sociedade, distribuir aos accionistas acções próprias, a qualquer título, amortizar acções ou reduzir o capital mediante reembolso e atribuir privilégios às acções existentes.

2. Se o capital for reduzido em consequência de perdas, os direitos dos obrigacionistas que optem pela conversão reduzir-se-ão correlativamente, como se esses obrigacionistas tivessem sido accionistas a partir da emissão das obrigações.

3. Durante o período de tempo referido no n.° 1 deste artigo, a sociedade só poderá emitir novas obrigações convertíveis em acções, alterar o valor nominal das suas acções, distribuir reservas aos accionistas, aumentar o capital social mediante novas entradas ou por incorporação de reservas e praticar qualquer outro acto que possa afectar os direitos dos obrigacionistas que venham a optar pela conversão desde que sejam assegurados direitos iguais aos dos accionistas.

4. Os direitos referidos na parte final do número anterior não abrangem o de receber quaisquer rendimentos dos títulos ou de participar em distribuição das reservas em causa relativamente a período anterior à data em que a conversão vier a produzir os seus efeitos.

5. Em sociedades emitentes de valores mobiliários admitidos à negociação em mercado regulamentado, a protecção dos titulares de obrigações convertíveis pode, em alternativa, ser efectuada através de cláusulas de reajustamento automático da relação de conversão que salvaguarde a integridade do interesse económico dos titulares em condições equitativas.

Nota. O n.° 5 foi aditado pelo art. 2.° do DL n.° 76-A/2006, de 29 de Março.

Art. 369.° (Atribuição de juros e de dividendos)

1. Os obrigacionistas têm direito aos juros das respectivas obrigações até ao momento da conversão, o qual, para este efeito, se reporta sempre ao termo do trimestre em que o pedido de conversão é apresentado.

358

Cap. IV.   Obrigações   **Arts. 370.º-372.º CSC [11]**

2. Das condições de emissão constará sempre o regime de atribuição de dividendos que será aplicado às acções em que as obrigações se converterem no exercício durante o qual a conversão tiver lugar.

Art. 370.º (Formalização e registo do aumento do capital)

1. O aumento do capital social resultante da conversão de obrigações em acções é objecto de declaração escrita de qualquer administrador da sociedade, sob sua responsabilidade, a emitir:

a) Dentro dos 30 dias posteriores ao termo do prazo para a apresentação do pedido de conversão, quando, nos termos da emissão, a conversão houver de ser feita de uma só vez e em determinado momento;

b) Dentro dos 30 dias posteriores ao termo de cada prazo para a apresentação do pedido de conversão, quando, nos termos da emissão, a conversão puder ser feita em mais do que um momento.

2. Fixando a deliberação da emissão apenas um momento a partir do qual o direito de conversão pode ser exercido, deve o administrador declarar por escrito, durante os meses de Julho e Janeiro de cada ano, o aumento resultante das conversões pedidas no decurso do semestre imediatamente anterior.

3. A conversão considera-se, para todos os efeitos, como efectuada:

a) Nos casos previstos no n.º 1, no último dia do prazo para apresentação do respectivo pedido;

b) No caso previsto no número anterior, em 30 de Junho ou 31 de Dezembro, consoante os casos.

4. A inscrição deste aumento de capital no registo comercial deve ser feita no prazo de dois meses a contar da data das declarações referidas nos n.ºˢ 1 e 2.

Nota. A epígrafe e a redacção do artigo foram alteradas pelo art. 2.º do DL n.º 76-A/2006, de 29 de Março.

Art. 371.º (Emissão de acções para conversão de obrigações)

1. A administração da sociedade deve:

a) Em relação a acções tituladas, emitir os títulos das novas acções e entregá-los aos seus titulares no prazo de 180 dias a contar do aumento de capital resultante da emissão;

b) Em relação a acções escriturais, proceder ao registo em conta das novas acções imediatamente após o registo comercial do aumento do capital resultante da emissão.

2. Não será necessário proceder à emissão a que se refere o número anterior quando os pedidos de conversão possam ser satisfeitos com acções já emitidas e que se encontrem disponíveis para o efeito.

Nota. Redacção introduzida pelo DL n.º 280/87, de 8 de Julho [**13**], e pelo art. 13.º do DL n.º 486/99, de 13 de Novembro, que aprovou o actual Código dos Valores Mobiliários (CodVM [**51**]), e pelo art. 2.º do DL n.º 76-A/2006, de 29 de Março.

Art. 372.º (Concordata com credores e dissolução da sociedade)

1. Se a sociedade emitente de obrigações convertíveis em acções fizer concordata com os seus credores, o direito de conversão pode ser exercido logo que a concordata for homologada e nas condições por ela estabelecidas.

359

[11] CSC Arts. 372.º-A-373.º

Tít. IV.   Sociedades anónimas

2. Se a sociedade que tiver emitido obrigações convertíveis em acções se dissolver, sem que isso resulte de fusão, podem os obrigacionistas, na falta de caução idónea, exigir o reembolso antecipado, o qual, todavia, lhes não pode ser imposto pela sociedade.

Art. 372.º-A (Obrigações com direito de subscrição de acções)
1. As sociedades anónimas podem emitir obrigações com *warrant*.
2. (...).

Notas. 1. Aditado pelo art. 2.º do DL n.º 229-B/88, de 4 de Julho. A actual redacção foi introduzida pelo art. 2.º do DL n.º 76-A/2006, de 29 de Março.

2. O n.º 2 foi revogado pelo art. 19.º, alínea *c*), do DL n.º 357-A/2007, de 31 de Outubro (rectificado no *DR*, 1.ª Série, n.º 250, de 28 de Dezembro de 2007 – Declaração de Rectificação n.º 117-A/2007).

Art. 372.º-B (Regime)
1. Sem prejuízo do disposto no número seguinte, as obrigações mencionadas no artigo anterior conferem o direito à subscrição de uma ou várias acções a emitir pela sociedade em prazo determinado e pelo preço e demais condições previstos no momento da emissão.
2. Uma sociedade pode emitir obrigações que confiram o direito de subscrição de acções a emitir pela sociedade que, directa ou indirectamente, detenha uma participação maioritária no capital social da sociedade emitente das obrigações, devendo, neste caso, a emissão das obrigações ser também aprovada pela assembleia geral daquela sociedade, aplicando-se o disposto no artigo 366.º
3. O período de exercício do direito de subscrição não pode ultrapassar em mais de três meses a data em que deveria encontrar-se amortizado todo o empréstimo.
4. Salvo se o contrário tiver sido estabelecido nas condições da emissão, os direitos de subscrição podem ser alienados ou negociados independentemente das obrigações.
5. Sem prejuízo do disposto nos números anteriores, às obrigações de que trata o presente artigo são aplicáveis, com as necessárias adaptações, os artigos 366.º, 367.º, 368.º, 369.º, n.º 2, 370.º, 371.º e 372.º

Nota. Aditado pelo art. 2.º do DL n.º 229-B/88, de 4 de Julho.

CAPÍTULO V.   Deliberações dos accionistas

Art. 373.º (Forma e âmbito das deliberações)
1. Os accionistas deliberam ou nos termos do artigo 54.º ou em assembleias gerais regularmente convocadas e reunidas.
2. Os accionistas deliberam sobre as matérias que lhes são especialmente atribuídas pela lei ou pelo contrato e sobre as que não estejam compreendidas nas atribuições de outros órgãos da sociedade.
3. Sobre matérias de gestão da sociedade, os accionistas só podem deliberar a pedido do órgão de administração.

360

Cap. V. Deliberações dos accionistas   **Arts. 374.°-375.° CSC [11]**

Art. 374.° (Mesa da assembleia geral)

1. A mesa da assembleia geral é constituída, pelo menos, por um presidente e um secretário.

2. O contrato de sociedade pode determinar que o presidente, o vice-presidente e os secretários da mesa da assembleia geral sejam eleitos por esta, por período não superior a quatro anos, de entre accionistas ou outras pessoas.

3. No silêncio do contrato, na falta de pessoas eleitas nos termos do número anterior ou no caso de não comparência destas, serve de presidente da mesa da assembleia geral o presidente do conselho fiscal, da comissão de auditoria ou do conselho geral e de supervisão e de secretário um accionista presente, escolhido por aquele.

4. Na falta ou não comparência do presidente do conselho fiscal, da comissão de auditoria ou do conselho geral e de supervisão, preside à assembleia geral um accionista, por ordem do número de acções de que sejam titulares; caso se verifique igualdade de número de acções, deve atender-se, sucessivamente, à maior antiguidade como accionista e à idade.

Nota. A redacção dos n.ºˢ 3 e 4 foi introduzida pelo art. 2.° do DL n.° 76-A/2006, de 29 de Março.

Art. 374.°-A (Independência dos membros da mesa da assembleia geral)

1. Aos membros da mesa da assembleia geral das sociedades emitentes de valores mobiliários admitidos à negociação em mercado regulamentado e das sociedades que cumpram os critérios referidos na alínea *a*) do n.° 2 do artigo 413.° aplicam-se, com as necessárias adaptações, os requisitos de independência do n.° 5 do artigo 414.° e o regime de incompatibilidades previsto no n.° 1 do artigo 414.°-A.

2. A assembleia geral pode destituir, desde que ocorra justa causa, os membros da mesa da assembleia geral das sociedades referidas no n.° 1.

3. É aplicável o disposto no artigo 422.°-A, com as necessárias adaptações.

Nota. Aditado pelo art. 3.° do DL n.° 76-A/2006, de 29 de Março.

Art. 375.° (Assembleias gerais de accionistas)

1. As assembleias gerais de accionistas devem ser convocadas sempre que a lei o determine ou o conselho de administração, a comissão de auditoria, o conselho de administração executivo, o conselho fiscal ou o conselho geral e de supervisão entenda conveniente.

2. A assembleia geral deve ser convocada quando o requererem um ou mais accionistas que possuam acções correspondentes a, pelo menos, 5% do capital social.

3. O requerimento referido no número anterior deve ser feito por escrito e dirigido ao presidente da mesa da assembleia geral, indicando com precisão os assuntos a incluir na ordem do dia e justificando a necessidade da reunião da assembleia.

4. O presidente da mesa da assembleia geral deve promover a publicação da convocatória nos 15 dias seguintes à recepção do requerimento; a assembleia deve reunir antes de decorridos 45 dias, a contar da publicação da convocatória.

5. O presidente da mesa da assembleia geral, quando não defira o requerimento dos accionistas ou não convoque a assembleia nos termos do n.° 4, deve justificar por escrito a sua decisão, dentro do referido prazo de quinze dias.

6. Os accionistas cujos requerimentos não forem deferidos podem requerer a convocação judicial da assembleia.

361

[11] CSC Arts. 376.°-377.°   Tít. IV. Sociedades anónimas

7. Constituem encargo da sociedade as despesas ocasionadas pela convocação e reunião da assembleia, bem como as custas judiciais, nos casos previstos no número anterior, se o tribunal julgar procedente o requerimento.

Nota. A redacção do n.° 2 foi introduzida pelo DL n.° 280/87, de 8 de Julho, e a do n.° 1 pelo art. 2.° do DL n.° 76-A/2006, de 29 de Março.

Art. 376.° (Assembleia geral anual)

1. A assembleia geral dos accionistas deve reunir no prazo de três meses a contar da data do encerramento do exercício ou no prazo de cinco meses a contar da mesma data quando se tratar de sociedades que devam apresentar contas consolidadas ou apliquem o método da equivalência patrimonial para:

a) Deliberar sobre o relatório de gestão e as contas do exercício;

b) Deliberar sobre a proposta de aplicação de resultados;

c) Proceder à apreciação geral da administração e fiscalização da sociedade e, se disso for caso e embora esses assuntos não constem da ordem do dia, proceder à destituição, dentro da sua competência, ou manifestar a sua desconfiança quanto a administradores;

d) Proceder às eleições que sejam da sua competência.

2. O conselho de administração ou o conselho de administração executivo deve pedir a convocação da assembleia geral referida no número anterior e apresentar as propostas e documentação necessárias para que as deliberações sejam tomadas.

3. A violação do dever estabelecido pelo número anterior não impede a convocação posterior da assembleia, mas sujeita os infractores às sanções cominadas na lei.

Nota. Redacção introduzida pelo art. 1.° do DL n.° 328/95, de 9 de Dezembro, e pelo art. 2.° do DL n.° 76-A/2006, de 29 de Março.

Art. 377.° (Convocação e forma de realização da assembleia)

1. As assembleias gerais são convocadas pelo presidente da mesa ou, nos casos especiais previstos na lei, pela comissão de auditoria, pelo conselho geral e de supervisão, pelo conselho fiscal ou pelo tribunal.

2. A convocatória deve ser publicada.

3. O contrato de sociedade pode exigir outras formas de comunicação aos accionistas e, quando sejam nominativas todas as acções da sociedade, pode substituir as publicações por cartas registadas ou, em relação aos accionistas que comuniquem previamente o seu consentimento, por correio electrónico com recibo de leitura.

4. Entre a última divulgação e a data da reunião da assembleia deve mediar, pelo menos, um mês, devendo mediar, entre a expedição das cartas registadas ou mensagens de correio electrónico referidas no n.° 3 e a data da reunião, pelo menos, 21 dias.

5. A convocatória, quer publicada quer enviada por carta ou por correio electrónico, deve conter, pelo menos:

a) As menções exigidas pelo artigo 171.°;

b) O lugar, o dia e a hora da reunião;

c) A indicação da espécie, geral ou especial, da assembleia;

362

Cap. V.   Deliberações dos accionistas   **Art. 378.° CSC [11]**

d) Os requisitos a que porventura estejam subordinados a participação e o exercício do direito de voto;
e) A ordem do dia.
f) Se o voto por correspondência não for proibido pelos estatutos, descrição do modo como o mesmo se processa, incluindo o endereço, físico ou electrónico, as condições de segurança, o prazo para a recepção das declarações de voto e a data do cômputo das mesmas.
6. As assembleias são efectuadas:
a) Na sede da sociedade ou noutro local escolhido pelo presidente da mesa dentro do território nacional, desde que as instalações desta não permitam a reunião em condições satisfatórias; ou
b) Salvo disposição em contrário no contrato de sociedade, através de meios telemáticos, devendo a sociedade assegurar a autenticidade das declarações e a segurança das comunicações, procedendo ao registo do seu conteúdo e dos respectivos intervenientes.
7. O conselho fiscal, a comissão de auditoria ou o conselho geral e de supervisão só podem convocar a assembleia geral dos accionistas depois de ter, sem resultado, requerido a convocação ao presidente da mesa da assembleia geral, cabendo a esses órgãos, nesse caso, fixar a ordem do dia, bem como, se ocorrerem motivos que o justifiquem, escolher um local ou meio de reunião diverso da reunião física na sede, nos termos do número anterior.
8. O aviso convocatório deve mencionar claramente o assunto sobre o qual a deliberação será tomada. Quando este assunto for a alteração do contrato, deve mencionar as cláusulas a modificar, suprimir ou aditar e o texto integral das cláusulas propostas ou a indicação de que tal texto fica à disposição dos accionistas na sede social, a partir da data da publicação, sem prejuízo de na assembleia serem propostas pelos sócios redacções diferentes para as mesmas cláusulas ou serem deliberadas alterações de outras cláusulas que forem necessárias em consequência de alterações relativas a cláusulas mencionadas no aviso.

Nota. Redacção introduzida pelo art. 2.° do DL n.° 76-A/2006, de 29 de Março, que também alterou a epígrafe do preceito.

Art. 378.° (Inclusão de assuntos na ordem do dia)
1. O accionista ou accionistas que satisfaçam as condições exigidas pelo artigo 375.°, n.° 2, podem requerer que na ordem do dia de uma assembleia geral já convocada ou a convocar sejam incluídos determinados assuntos.
2. O requerimento referido no número anterior deve ser dirigido, por escrito, ao presidente da mesa da assembleia geral nos cinco dias seguintes à última publicação da convocatória respectiva.
3. Os assuntos incluídos na ordem do dia por força do disposto nos números anteriores devem ser comunicados aos accionistas pela mesma forma usada para a convocação até cinco dias ou dez dias antes da data da assembleia, conforme se trate de carta registada ou de publicação.
4. Não sendo satisfeito o requerimento, podem os interessados requerer judicialmente a convocação de nova assembleia para deliberar sobre os assuntos mencionados, aplicando-se o disposto no artigo 375.°, n.° 7.

363

[11] CSC Arts. 379.°-381.°   Tít. IV.   Sociedades anónimas

Art. 379.° (Participação na assembleia)

1. Têm o direito de estar presentes na assembleia geral e aí discutir e votar os accionistas que, segundo a lei e o contrato, tiverem direito a, pelo menos, um voto.

2. Os accionistas sem direito de voto e os obrigacionistas podem assistir às assembleias gerais e participar na discussão dos assuntos indicados na ordem do dia, se o contrato de sociedade não determinar o contrário.

3. Podem ainda estar presentes nas assembleias gerais de accionistas os representantes comuns de titulares de acções preferenciais sem voto e de obrigacionistas.

4. Devem estar presentes nas assembleias gerais de accionistas os administradores, os membros do conselho fiscal ou do conselho geral e de supervisão e, na assembleia anual, os revisores oficiais de contas que tenham examinado as contas.

5. Sempre que o contrato de sociedade exija a posse de um certo número de acções para conferir voto, poderão os accionistas possuidores de menor número de acções agrupar-se de forma a completarem o número exigido ou um número superior e fazer-se representar por um dos agrupados.

6. A presença na assembleia geral de qualquer pessoa não indicada nos números anteriores depende de autorização do presidente da mesa, mas a assembleia pode revogar essa autorização.

Nota. A redacção do n.° 4 foi introduzida pelo art. 2.° do DL n.° 76-A/2006, de 29 de Março.

Art. 380.° (Representação de accionistas)

1. O contrato de sociedade não pode proibir ou limitar a participação de accionista em assembleia geral através de representante.

2. Como instrumento de representação voluntária basta um documento escrito, com assinatura, dirigido ao presidente da mesa; tais documentos ficam arquivados na sociedade pelo período obrigatório de conservação de documentos.

Nota. Redacção introduzida pelo art. 2.° do DL n.° 76-A/2006, de 29 de Março, e pelo art. 2.° do DL n.° 49/2010, de 19 de Maio.

Art. 381.° (Pedido de representação)

1. Se alguém solicitar representações de mais de cinco accionistas para votar em assembleia geral, deve observar-se o disposto nas alíneas e números seguintes:

a) A representação é concedida apenas para uma assembleia especificada, mas valerá quer ela se efectue em primeira quer em segunda convocação;

b) A concessão de representação é revogável, importando revogação a presença do representado na assembleia;

c) O pedido de representação deve conter, pelo menos: a especificação da assembleia, pela indicação do lugar, dia, hora da reunião e ordem do dia; as indicações sobre consultas de documentos por accionistas; a indicação precisa da pessoa ou pessoas que são oferecidas como representantes; o sentido em que o representante exercerá o voto na falta de instruções do representado; a menção de que, caso surjam circunstâncias imprevistas, o representante votará no sentido que julgue satisfazer melhor os interesses do representado.

2. A sociedade não pode, nem por si, nem por pessoa interposta, solicitar representações a favor de quem quer que seja, não podendo os membros da comissão

364

Cap. V.   Deliberações dos accionistas   **Arts. 382.º-383.º CSC [11]**

de auditoria, do conselho fiscal, do conselho geral e de supervisão ou os respectivos revisores oficiais de contas solicitá-las nem ser indicados como representantes.

3. (…).

4. No caso de o accionista solicitado conceder a representação e dar instruções quanto ao voto, pode o solicitante não aceitar a representação, mas deverá comunicar urgentemente esse facto àquele accionista.

5. Do mesmo modo devem ser comunicados aos representados, com as devidas explicações, os votos emitidos no caso previsto na parte final da alínea *c*) do n.º 1.

6. O solicitante da representação deve enviar, à sua custa, ao accionista representado cópia da acta da assembleia.

7. Se não for observado o disposto nos números anteriores, um accionista não pode representar mais que cinco outros.

Nota. A redacção do n.º 2 foi introduzida pelo art. 2.º do DL n.º 76-A/2006, de 29 de Março, que também revogou o n.º 3.

Art. 382.º (Lista de presenças)

1. O presidente da mesa da assembleia geral deve mandar organizar a lista dos accionistas que estiverem presentes e representados no início da reunião.

2. A lista de presenças deve indicar:

a) O nome e o domicílio de cada um dos accionistas presentes;

b) O nome e o domicílio de cada um dos accionistas representados e dos seus representantes;

c) O número, a categoria e o valor nominal das acções pertencentes a cada accionista presente ou representado.

3. Os accionistas presentes e os representantes de accionistas devem rubricar a lista de presenças, no lugar respectivo.

4. A lista de presenças deve ficar arquivada na sociedade; pode ser consultada por qualquer accionista e dela será fornecida cópia aos accionistas que a solicitem.

Art. 383.º (Quórum)

1. A assembleia geral pode deliberar, em primeira convocação, qualquer que seja o número de accionistas presentes ou representados, salvo o disposto no número seguinte ou no contrato.

2. Para que a assembleia geral possa deliberar, em primeira convocação, sobre a alteração do contrato de sociedade, fusão, cisão, transformação, dissolução da sociedade ou outros assuntos para os quais a lei exija maioria qualificada, sem a especificar, devem estar presentes ou representados accionistas que detenham, pelo menos, acções correspondentes a um terço do capital social.

3. Em segunda convocação, a assembleia pode deliberar seja qual for o número de accionistas presentes ou representados e o capital por eles representado.

4. Na convocatória de uma assembleia pode logo ser fixada uma segunda data de reunião para o caso de a assembleia não poder reunir-se na primeira data marcada, por falta de representação do capital exigido pela lei ou pelo contrato, contanto que entre as duas datas medeiem mais de quinze dias; ao funcionamento da assembleia que reúna na segunda data fixada aplicam-se as regras relativas à assembleia da segunda convocação.

[11] CSC Art. 384.°

Tít. IV. Sociedades anónimas

Art. 384.° (Votos)

1. Na falta de diferente cláusula contratual, a cada acção corresponde um voto.

2. O contrato de sociedade pode:

a) Fazer corresponder um só voto a um certo número de acções, contanto que sejam abrangidas todas as acções emitidas pela sociedade e fique cabendo um voto, pelo menos, a cada 1 000 euros de capital;

b) Estabelecer que não sejam contados votos acima de certo número, quando emitidos por um só accionista, em nome próprio ou também como representante de outro.

3. A limitação de votos permitida na alínea *b*) do número anterior pode ser estabelecida para todas as acções ou apenas para acções de uma ou mais categorias, mas não para accionistas determinados.

4. A partir da mora na realização de entradas de capital e enquanto esta durar, o accionista não pode exercer o direito de voto.

5. É proibido estabelecer no contrato voto plural.

6. Um accionista não pode votar, nem por si, nem por representante, nem em representação de outrem, quando a lei expressamente o proíba e ainda quando a deliberação incida sobre:

a) Liberação de uma obrigação ou responsabilidade própria do accionista, quer nessa qualidade quer na de membro de órgão de administração ou de fiscalização;

b) Litígio sobre pretensão da sociedade contra o accionista ou deste contra aquela, quer antes quer depois do recurso a tribunal;

c) Destituição, por justa causa, do cargo de administrador ou desconfiança no director;

d) Qualquer relação, estabelecida ou a estabelecer, entre a sociedade e o accionista, estranha ao contrato de sociedade.

7. O disposto no número anterior não pode ser preterido pelo contrato de sociedade.

8. A forma de exercício do voto pode ser determinada pelo contrato, por deliberação dos sócios ou por decisão do presidente da assembleia.

9. Se os estatutos não proibirem o voto por correspondência, devem regular o seu exercício, estabelecendo, nomeadamente, a forma de verificar a autenticidade do voto e de assegurar, até ao momento da votação, a sua confidencialidade, e escolher entre uma das seguintes opções para o seu tratamento:

a) Determinar que os votos assim emitidos valham como votos negativos em relação a propostas de deliberação apresentadas ulteriormente à emissão do voto;

b) Autorizar a emissão de votos até ao máximo de cinco dias seguintes ao da realização da assembleia, caso em que o cômputo definitivo dos votos é feito até ao 8.° dia posterior ao da realização da assembleia e se assegura a divulgação imediata do resultado da votação.

10. Na falta de previsão dos estatutos aplica-se a alínea *a*) do número anterior.

Notas. 1. A redacção do n.° 2 foi introduzida pelo DL n.° 280/87, de 8 de Julho [13], e pelo art. 3.° do DL n.° 343/98, de 6 de Novembro. A do n.° 3 e a do n.° 6, alínea *b*), foi introduzida pelo art. 2.° do DL n.° 76-A/2006, de 29 de Março, que também aditou o n.° 9. O n.° 10 foi aditado pelo art. 2.° do DL n.° 49/2010, de 19 de Maio.

366

Cap. V.   Deliberações dos accionistas   **Arts. 385.º-386.º CSC [11]**

2. Segundo o art. 29.º, n.º 1, do DL n.º 343/98, de 6 de Novembro, que estabelece algumas regras fundamentais relevantes no processo de transição do escudo para o euro, o disposto na alínea *a*) do n.º 2 deste preceito do CSC, na sua actual redacção, entra em vigor:
"*a*) No dia 1 de Janeiro de 2002, relativamente às sociedades constituídas em data anterior a 1 de Janeiro de 1999;
b) No dia em que se torne eficaz a opção das sociedades de alterar a denominação do capital social para euros."
Por força do n.º 2 daquele mesmo artigo do referido DL, as sociedades constituídas a partir de 1 de Janeiro de 1999 que optem por denominar o seu capital social em escudos devem converter para essa unidade os montantes denominados em euros, aplicando a taxa de conversão fixada pelo Conselho da União Europeia, nos termos do art. 109.º-L, n.º 4, primeiro período, do Tratado que institui a Comunidade Europeia.

Art. 385.º (Unidade de voto)

1. Um accionista que disponha de mais de um voto não pode fraccionar os seus votos para votar em sentidos diversos sobre a mesma proposta ou para deixar de votar com todas as suas acções providas de direito de voto.

2. Um accionista que represente outros pode votar em sentidos diversos com as suas acções e as dos representados e bem assim deixar de votar com as suas acções ou com as dos representados.

3. O disposto no número anterior é aplicável ao exercício de direito de voto como usufrutuário, credor pignoratício ou representante de contitulares de acções, e bem assim como representante de uma associação ou sociedade cujos sócios tenham deliberado votar em sentidos diversos, segundo determinado critério.

4. A violação do disposto no n.º 1 deste artigo importa a nulidade de todos os votos emitidos pelo accionista.

Art. 386.º (Maioria)

1. A assembleia geral delibera por maioria dos votos emitidos, seja qual for a percentagem do capital social nela representado, salvo disposição diversa da lei ou do contrato; as abstenções não são contadas.

2. Na deliberação sobre a designação de titulares de órgãos sociais ou de revisores ou sociedades de revisores oficiais de contas, se houver várias propostas, fará vencimento aquela que tiver a seu favor maior número de votos.

3. A deliberação sobre algum dos assuntos referidos no n.º 2 do artigo 383.º deve ser aprovada por dois terços dos votos emitidos, quer a assembleia reúna em primeira quer em segunda convocação.

4. Se, na assembleia reunida em segunda convocação, estiverem presentes ou representados accionistas detentores de, pelo menos, metade do capital social, a deliberação sobre algum dos assuntos referidos no n.º 2 do artigo 383.º pode ser tomada pela maioria dos votos emitidos.

5. Quando a lei ou o contrato exijam uma maioria qualificada, determinada em função do capital da sociedade, não são tidas em conta para o cálculo dessa maioria as acções cujos titulares estejam legalmente impedidos de votar, quer em geral quer no caso concreto, nem funcionam, a não ser que o contrato disponha diferentemente, as limitações de voto permitidas pelo artigo 384.º, n.º 2, alínea *b*).

367

[11] CSC Arts. 387.°-390.° Tít. IV. Sociedade anónimas

Art. 387.° (Suspensão da sessão)

1. Além das suspensões normais determinadas pelo presidente da mesa, a assembleia pode deliberar suspender os seus trabalhos.

2. O recomeço dos trabalhos deve ser logo fixado para data que não diste mais de 90 dias.

3. A assembleia só pode deliberar suspender a mesma sessão duas vezes.

Nota. A redacção do n.° 2 foi introduzida pelo DL n.° 280/87, de 8 de Julho [13].

Art. 388.° (Actas)

1. Deve ser lavrada uma acta de cada reunião da assembleia geral.

2. As actas das reuniões da assembleia geral devem ser redigidas e assinadas por quem nelas tenha servido como presidente e secretário.

3. A assembleia pode, contudo, deliberar que a acta seja submetida à sua aprovação antes de assinada nos termos do número anterior.

Art. 389.° (Assembleias especiais de accionistas)

1. As assembleias especiais de titulares de acções de certa categoria são convocadas, reúnem-se e funcionam nos termos prescritos pela lei e pelo contrato de sociedade para as assembleias gerais.

2. Quando a lei exija maioria qualificada para uma deliberação da assembleia geral, igual maioria é exigida para a deliberação das assembleias especiais sobre o mesmo assunto.

3. Não há assembleias especiais de titulares de acções ordinárias.

CAPÍTULO VI. **Administração, fiscalização e secretário da sociedade** [1]

SECÇÃO I. **Conselho de administração**

Art. 390.° (Composição)

1. O conselho de administração é composto pelo número de administradores fixado no contrato de sociedade.

2. O contrato de sociedade pode dispor que a sociedade tenha um só administrador, desde que o capital social não exceda 200 000 euros; aplicam-se ao administrador único as disposições relativas ao conselho de administração que não pressuponham a pluralidade de administradores.

3. Os administradores podem não ser accionistas, mas devem ser pessoas singulares com capacidade jurídica plena.

4. Se uma pessoa colectiva for designada administrador, deve nomear uma pessoa singular para excercer o cargo em nome próprio; a pessoa colectiva responde solidariamente com a pessoa designada pelos actos desta.

---

[1] Redacção introduzida pelo art. 3.° do DL n.° 257/96, de 31 de Dezembro.

Cap. VI.   Administ., fiscaliz. e secretário da sociedade   **Arts. 391.º-392.º CSC [11]**

5. O contrato de sociedade pode autorizar a eleição de administradores suplentes, até número igual a um terço do número de administradores efectivos.

Notas. 1. A redacção do n.º 2 foi introduzida pelo art. 1.º do DL n.º 257/96, de 31 de Dezembro, e pelo art. 3.º do DL n.º 343/98, de 6 de Novembro. A do n.º 1 foi introduzida pelo art. 2.º do DL n.º 76-A/2006, de 29 de Março.

2. Segundo o art. 29.º, n.º 1, do DL n.º 343/98, de 6 de Novembro, que estabelece algumas regras fundamentais relevantes no processo de transição do escudo para o euro, o disposto no n.º 2 deste preceito do CSC, na sua actual redacção, entra em vigor:

"*a*) No dia 1 de Janeiro de 2002, relativamente às sociedades constituídas em data anterior a 1 de Janeiro de 1999;

b) No dia em que se torne eficaz a opção das sociedades de alterar a denominação do capital social para euros."

Por força do n.º 2 daquele mesmo artigo do referido DL, as sociedades constituídas a partir de 1 de Janeiro de 1999 que optem por denominar o seu capital social em escudos devem converter para essa unidade os montantes denominados em euros, aplicando a taxa de conversão fixada pelo Conselho da União Europeia, nos termos do art. 109.º-L, n.º 4, primeiro período, do Tratado que institui a Comunidade Europeia.

Art. 391.º (Designação)

1. Os administradores podem ser designados no contrato de sociedade ou eleitos pela assembleia geral ou constitutiva.

2. No contrato de sociedade pode estipular-se que a eleição dos administradores deve ser aprovada por votos correspondentes a determinada percentagem do capital ou que a eleição de alguns deles, em número não superior a um terço do total, deve ser também aprovada pela maioria dos votos conferidos a certas acções, mas não pode ser atribuído a certas categorias de acções o direito de designação de administradores.

3. Os administradores são designados por um período fixado no contrato de sociedade, não excedente a quatro anos civis, contando-se como completo o ano civil em que os administradores forem designados; na falta de indicação do contrato, entende-se que a designação é feita por quatro anos civis, sendo permitida a reeleição.

4. Embora designados por prazo certo, os administradores mantêm-se em funções até nova designação, sem prejuízo do disposto nos artigos 394.º, 403.º e 404.º.

5. A aceitação do cargo pela pessoa designada pode ser manifestada expressa ou tacitamente.

6. Não é permitido aos administradores fazerem-se representar no exercício do seu cargo, a não ser no caso previsto pelo artigo 410.º, n.º 5, e sem prejuízo da possibilidade de delegação de poderes nos casos previstos na lei.

7. O disposto no número anterior não exclui a faculdade de a sociedade, por intermédio dos administradores que a representam, nomear mandatários ou procuradores para a prática de determinados actos ou categorias de actos, sem necessidade de cláusula contratual expressa.

Art. 392.º (Regras especiais de eleição)

1. O contrato de sociedade pode estabelecer que, para um número de administradores não excedente a um terço do órgão, se proceda a eleição isolada, entre

369

[11] CSC Art. 393.º

Tít. IV.   Sociedades anónimas

pessoas propostas em listas subscritas por grupos de accionistas, contando que nenhum desses grupos possua acções representativas de mais de 20% e de menos de 10% do capital social.

2. Cada lista referida no número anterior deve propor pelo menos duas pessoas elegíveis por cada um dos cargos a preencher.

3. O mesmo accionista não pode subscrever mais de uma lista.

4. Se numa eleição isolada forem apresentadas listas por mais de um grupo, a votação incide sobre o conjunto dessas listas.

5. A assembleia geral não pode proceder à eleição de outros administradores enquanto não tiver sido eleito, de harmonia com o n.º 1 deste artigo, o número de administradores para o efeito fixado no contrato, salvo se não forem apresentadas as referidas listas.

6. O contrato de sociedade pode ainda estabelecer que uma minoria de accionistas que tenha votado contra a proposta que fez vencimento na eleição dos administradores tem o direito de designar, pelo menos, um administrador, contanto que essa minoria represente, pelo menos, 10% do capital social.

7. Nos sistemas previstos nos números anteriores, a eleição é feita entre os accionistas que tenham votado contra a proposta que fez vencimento na eleição dos administradores, na mesma assembleia, e os administradores assim eleitos substituem automaticamente as pessoas menos votadas da lista vencedora ou, em caso de igualdade de votos, aquela que figurar em último lugar na mesma lista.

8. Nas sociedades com subscrição pública, ou concessionárias do Estado ou de entidade a este equiparada por lei, é obrigatória a inclusão no contrato de algum dos sistemas previstos neste artigo; sendo o contrato omisso, aplica-se o disposto nos precedentes n.ºs 6 e 7.

9. A alteração do contrato de sociedade para inclusão de algum dos sistemas previstos no presente artigo pode ser deliberada por maioria simples dos votos emitidos na assembleia.

10. Permitindo o contrato a eleição de administradores suplentes, aplica-se o disposto nos números anteriores à eleição de tantos suplentes quantos os administradores a quem aquelas regras tenham sido aplicadas.

11. Os administradores por parte do Estado ou de entidade pública a ele equiparada por lei para este efeito são nomeados nos termos da respectiva legislação.

Nota. A redacção dos n.ºs 1 e 7 foi introduzida pelo art. 2.º do DL n.º 76-A/2006, de 29 de Março.

Art. 393.º (Substituição de administradores)

1. Os estatutos da sociedade devem fixar o número de faltas a reuniões, seguidas ou interpoladas, sem justificação aceite pelo órgão de administração, que conduz a uma falta definitiva do administrador.

2. A falta definitiva de administrador deve ser declarada pelo órgão de administração.

3. Faltando definitivamente um administrador, deve proceder-se à sua substituição, nos termos seguintes:

a) Pela chamada de suplentes efectuada pelo presidente, conforme a ordem por que figurem na lista submetida à assembleia geral dos accionistas;

370

Cap. VI. Administ., fiscaliz. e secretário da sociedade **Arts. 394.°-395.° CSC [11]**

b) Não havendo suplentes, por cooptação, salvo se os administradores em exercício não forem em número suficiente para o conselho poder funcionar;

c) Não tendo havido cooptação dentro de 60 dias a contar da falta, o conselho fiscal ou a comissão de auditoria designa o substituto;

d) Por eleição de novo administrador.

4. A cooptação e a designação pelo conselho fiscal ou pela comissão de auditoria devem ser submetidas a ratificação na primeira assembleia geral seguinte.

5. As substituições efectuadas nos termos do n.° 1 duram até ao fim do período para o qual os administradores foram eleitos.

6. Só haverá substituições temporárias no caso de suspensão de administradores, aplicando-se então o disposto no n.° 1.

7. Faltando administrador eleito ao abrigo das regras especiais estabelecidas no artigo 392.°, chama-se o respectivo suplente e, não o havendo, procede-se a nova eleição, à qual se aplicam, com as necessárias adaptações, aquelas regras especiais.

Nota. Redacção introduzida pelo art. 2.° do DL n.° 76-A/2006, de 29 de Março.

Art. 394.° (Nomeação judicial)

1. Quando durante mais de 60 dias não tenha sido possível reunir o conselho de administração, por não haver bastantes administradores efectivos e não se ter procedido às substituições previstas no artigo 393.°, e, bem assim, quando tenham decorrido mais de 180 dias sobre o termo do prazo por que foram eleitos os administradores sem se ter efectuado nova eleição, qualquer accionista pode requerer a nomeação judicial de um administrador, até se proceder à eleição daquele conselho.

2. O administrador nomeado judicialmente é equiparado ao administrador único, permitido pelo artigo 390.°, n.° 2.

3. Nos casos previstos no n.° 1, os administradores ainda existentes terminam as suas funções na data da nomeação judicial de administrador.

Art. 395.° (Presidente do conselho de administração)

1. O contrato de sociedade pode estabelecer que a assembleia geral que eleger o conselho de administração designe o respectivo presidente.

2. Na falta de cláusula contratual prevista no número anterior, o conselho de administração escolherá o seu presidente, podendo substituí-lo em qualquer tempo.

3. Ao presidente é atribuído voto de qualidade nas deliberações do conselho nas seguintes situações:

a) Quando o conselho seja composto por um número par de administradores;

b) Nos restantes casos, se o contrato de sociedade o estabelecer.

4. Nos casos referidos na alínea *a*) do número anterior, nas ausências e impedimentos do presidente, tem voto de qualidade o membro de conselho ao qual tenha sido atribuído esse direito no respectivo acto de designação.

Nota. A redacção do n.° 3 foi introduzida pelo art. 2.° do DL n.° 76-A/2006, de 29 de Março, que também aditou o n.° 4.

371

[11] CSC Arts. 396.°-397.°   Tít. IV.   Sociedades anónimas

Art. 396.° (Caução)

1. A responsabilidade de cada administrador deve ser caucionada por alguma das formas admitidas na lei, na importância que seja fixada no contrato, não podendo ser inferior a 250 000 euros para as sociedades emitentes de valores mobiliários admitidos à negociação em mercado regulamentado nem para as sociedades que cumpram os critérios da alínea *a*) do n.° 2 do artigo 413.° e a 50 000 euros para as restantes sociedades.

2. A caução pode ser substituída por um contrato de seguro, a favor dos titulares de indemnizações, cujos encargos não podem ser suportados pela sociedade, salvo na parte em que a indemnização exceda o mínimo fixado no número anterior.

3. Excepto nas sociedades emitentes de valores mobiliários admitidos à negociação em mercado regulamentado e nas sociedades que cumpram os critérios da alínea *a*) do n.° 2 do artigo 413.°, a caução pode ser dispensada por deliberação da assembleia geral ou constitutiva que eleja o conselho de administração ou um administrador e ainda quando a designação tenha sido feita no contrato de sociedade, por disposição deste.

4. A responsabilidade deve ser caucionada nos 30 dias seguintes à designação ou eleição e a caução deve manter-se até ao fim do ano civil seguinte àquele em que o administrador cesse as suas funções por qualquer causa, sob pena de cessação imediata de funções.

Notas. 1. A redacção dos n.°s 1, 2 e 3 foi introduzida pelo art. 2.° do DL n.° 76-A/2006, de 29 de Março.

2. Segundo o art. 29.°, n.° 1, do DL n.° 343/98, de 6 de Novembro, que estabelece algumas regras fundamentais relevantes no processo de transição do escudo para o euro, o disposto no n.° 1 deste preceito do CSC, na sua actual redacção, entra em vigor:

"*a*) No dia 1 de Janeiro de 2002, relativamente às sociedades constituídas em data anterior a 1 de Janeiro de 1999;

b) No dia em que se torne eficaz a opção das sociedades de alterar a denominação do capital social para euros."

Por força do n.° 2 daquele mesmo artigo do referido DL, as sociedades constituídas a partir de 1 de Janeiro de 1999 que optem por denominar o seu capital social em escudos devem converter para essa unidade os montantes denominados em euros, aplicando a taxa de conversão fixada pelo Conselho da União Europeia, nos termos do art. 109.°-L, n.° 4, primeiro período, do Tratado que institui a Comunidade Europeia.

Art. 397.° (Negócios com a sociedade)

1. É proibido à sociedade conceder empréstimos ou crédito a administradores, efectuar pagamentos por conta deles, prestar garantias a obrigações por eles contraídas e facultar-lhes adiantamentos de remunerações superiores a um mês.

2. São nulos os contratos celebrados entre a sociedade e os seus administradores, directamente ou por pessoa interposta, se não tiverem sido previamente autorizados por deliberação do conselho de administração, na qual o interessado não pode votar, e com o parecer favorável do conselho fiscal ou da comissão de auditoria.

3. O disposto nos números anteriores é extensivo a actos ou contratos celebrados com sociedades que estejam em relação de domínio ou de grupo com aquela de que o contraente é administrador.

4. No seu relatório anual, o conselho de administração deve especificar as autorizações que tenha concedido ao abrigo do n.° 2 e o relatório do conselho fiscal

Cap. VI.   Administ., fiscaliz. e secretário da sociedade   **Arts. 398.º-400.º CSC [11]**

ou da comissão de auditoria deve mencionar os pareceres proferidos sobre essas autorizações.

5. O disposto nos n.ᵒˢ 2, 3 e 4 não se aplica quando se trate de acto compreendido no próprio comércio da sociedade e nenhuma vantagem especial seja concedida ao contraente administrador.

Nota. A redacção dos n.ᵒˢ 2 e 4 foi introduzida pelo art. 2.º do DL n.º 76-A/2006, de 29 de Março. O n.º 2 voltou a ser alterado pelo art. 2.º do DL n.º 49/2010, de 19 de Maio.

Art. 398.º (Exercício de outras actividades)

1. Durante o período para o qual foram designados, os administradores não podem exercer, na sociedade ou em sociedades que com esta estejam em relação de domínio ou de grupo, quaisquer funções temporárias ou permanentes ao abrigo de contrato de trabalho, subordinado ou autónomo, nem podem celebrar quaisquer desses contratos que visem uma prestação de serviços quando cessarem as funções de administrador.

2. Quando for designada administrador uma pessoa que, na sociedade ou em sociedades referidas no número anterior, exerça qualquer das funções mencionadas no mesmo número, os contratos relativos a tais funções extinguem-se, se tiverem sido celebrados há menos de um ano antes da designação, ou suspendem-se, caso tenham durado mais do que esse ano.

3. Na falta de autorização da assembleia geral, os administradores não podem exercer por conta própria ou alheia actividade concorrente da sociedade nem exercer funções em sociedade concorrente ou ser designados por conta ou em representação desta.

4. A autorização a que se refere o número anterior deve definir o regime de acesso a informação sensível por parte do administrador.

5. Aplica-se o disposto nos n.ᵒˢ 2, 5 e 6 do artigo 254.º

Nota. A redacção dos n.ᵒˢ 3, 4 e 5 foi introduzida pelo art. 2.º do DL n.º 76-A/2006, de 29 de Março.

Art. 399.º (Remuneração)

1. Compete à assembleia geral de accionistas ou a uma comissão por aquela nomeada fixar as remunerações de cada um dos administradores, tendo em conta as funções desempenhadas e a situação económica da sociedade.

2. A remuneração pode ser certa ou consistir parcialmente numa percentagem dos lucros de exercício, mas a percentagem máxima destinada aos administradores deve ser autorizada por cláusula do contrato de sociedade.

3. A percentagem referida no número anterior não incide sobre distribuições de reservas nem sobre qualquer parte do lucro do exercício que não pudesse, por lei, ser distribuída aos accionistas.

Nota. A redacção dos n.ᵒˢ 1 e 2 foi introduzida pelo art. 2.º do DL n.º 76-A/2006, de 29 de Março.

Art. 400.º (Suspensão de administradores)

1. O conselho fiscal ou a comissão de auditoria pode suspender administradores quando:

a) As suas condições de saúde os impossibilitem temporariamente de exercer as funções;

[11] CSC Arts. 401.°-403.°   Tít. IV.   Sociedades anónimas

b) Outras circunstâncias pessoais obstem a que exerçam as suas funções por tempo presumivelmente superior a 60 dias e solicitem ao conselho fiscal ou à comissão de auditoria a suspensão temporária ou este entenda que o interesse da sociedade a exige.

2. O contrato de sociedade pode regulamentar a situação dos administradores durante o tempo de suspensão; na falta dessa regulamentação, suspendem-se todos os seus poderes, direitos e deveres, excepto os deveres que não pressuponham o exercício efectivo de funções.

Nota. A redacção do n.° 1, alínea *b*), foi introduzida pelo art. 2.° do DL n.° 76-A/2006, de 29 de Março.

Art. 401.° (Incapacidade superveniente)

Caso ocorra, posteriormente à designação do administrador, alguma incapacidade ou incompatibilidade que constituísse impedimento a essa designação e o administrador não deixe de exercer o cargo ou não remova a incompatibilidade superveniente no prazo de 30 dias, deve o conselho fiscal ou a comissão de auditoria declarar o termo das funções.

Nota. Redacção introduzida pelo art. 2.° do DL n.° 76-A/2006, de 29 de Março.

Art. 402.° (Reforma dos administradores)

1. O contrato de sociedade pode estabelecer um regime de reforma por velhice ou invalidez dos administradores, a cargo da sociedade.

2. É permitido à sociedade atribuir aos administradores complementos de pensões de reforma, contanto que não seja excedida a remuneração em cada momento percebida por um administrador efectivo ou, havendo remunerações diferentes, a maior delas.

3. O direito dos administradores a pensões de reforma ou complementares cessa no momento em que a sociedade se extinguir, podendo, no entanto, esta realizar à sua custa contratos de seguro contra este risco, no interesse dos beneficiários.

4. O regulamento de execução do disposto nos números anteriores deve ser aprovado pela assembleia geral.

Art. 403.° (Destituição)

1. Qualquer membro do conselho de administração pode ser destituído por deliberação da assembleia geral, em qualquer momento.

2. A deliberação de destituição sem justa causa do administrador eleito ao abrigo das regras especiais estabelecidas no artigo 392.° não produz quaisquer efeitos se contra ela tiverem votado accionistas que representem, pelo menos, 20% do capital social.

3. Um ou mais accionistas titulares de acções correspondentes, pelo menos, a 10% do capital social podem, enquanto não tiver sido convocada a assembleia geral para deliberar sobre o assunto, requerer a destituição judicial de um administrador, com fundamento em justa causa.

4. Constituem, designadamente, justa causa de destituição a violação grave dos deveres do administrador e a sua inaptidão para o exercício normal das respectivas funções.

Cap. VI. Administ., fiscaliz. e secretário da sociedade **Arts. 404.°-406.° CSC [11]**

5. Se a destituição não se fundar em justa causa, o administrador tem direito a indemnização pelos danos sofridos, pelo modo estipulado no contrato com ele celebrado ou nos termos gerais de direito, sem que a indemnização possa exceder o montante das remunerações que presumivelmente receberia até ao final do período para que foi eleito.

Nota. A redacção dos n.ᵒˢ 1 e 4 foi introduzida pelo art. 2.° do DL n.° 76-A/2006, de 29 de Março, que também aditou o n.° 5.

Art. 404.° (Renúncia)

1. O administrador pode renunciar ao seu cargo mediante carta dirigida ao presidente do conselho de administração ou, sendo este o renunciante, ao conselho fiscal ou à comissão de auditoria.

2. A renúncia só produz efeito no final do mês seguinte àquele em que tiver sido comunicada, salvo se entretanto for designado ou eleito o substituto.

Nota. A redacção do n.° 1 foi introduzida pelo art. 2.° do DL n.° 76-A/2006, de 29 de Março.

Art. 405.° (Competência do conselho de administração)

1. Compete ao conselho de administração gerir as actividades da sociedade, devendo subordinar-se às deliberações dos accionistas ou às intervenções do conselho fiscal ou da comissão de auditoria apenas nos casos em que a lei ou o contrato de sociedade o determinarem.

2. O conselho de administração tem exclusivos e plenos poderes de representação da sociedade.

Nota. A redacção do n.° 1 foi introduzida pelo art. 2.° do DL n.° 76-A/2006, de 29 de Março.

Art. 406.° (Poderes de gestão)

Compete ao conselho de administração deliberar sobre qualquer assunto de administração da sociedade, nomeadamente sobre:

a) Escolha do seu presidente, sem prejuízo do disposto no artigo 395.°;

b) Cooptação de administradores;

c) Pedido de convocação de assembleias gerais;

d) Relatórios e contas anuais;

e) Aquisição, alienação e oneração de bens imóveis;

f) Prestação de cauções e garantias pessoais ou reais pela sociedade;

g) Abertura ou encerramento de estabelecimentos ou de partes importantes destes;

h) Extensões ou reduções importantes da actividade da sociedade;

i) Modificações importantes na organização da empresa;

j) Estabelecimento ou cessação de cooperação duradoura e importante com outras empresas;

l) Mudança de sede e aumentos de capital, nos termos previstos no contrato de sociedade;

m) Projectos de fusão, de cisão e de transformação da sociedade;

n) Qualquer outro assunto sobre o qual algum administrador requeira deliberação do conselho.

375

[11] CSC Arts. 407.°-408.°

Tít. IV.   Sociedades anónimas

Art. 407.° (Delegação de poderes de gestão)

1. A não ser que o contrato de sociedade o proíba, pode o conselho encarregar especialmente algum ou alguns administradores de se ocuparem de certas matérias de administração.

2. O encargo especial referido no número anterior não pode abranger as matérias previstas nas alíneas *a*) a *m*) do artigo 406.° e não exclui a competência normal dos outros administradores ou do conselho nem a responsabilidade daqueles, nos termos da lei.

3. O contrato de sociedade pode autorizar o conselho de administração a delegar num ou mais administradores ou numa comissão executiva a gestão corrente da sociedade.

4. A deliberação do conselho deve fixar os limites da delegação, na qual não podem ser incluídas as matérias previstas nas alíneas *a*) a *d*), *f*), *l*) e *m*) do artigo 406.° e, no caso de criar uma comissão, deve estabelecer a composição e o modo de funcionamento desta.

5. Em caso de delegação, o conselho de administração ou os membros da comissão executiva devem designar um presidente da comissão executiva.

6. O presidente da comissão executiva deve:

a) Assegurar que seja prestada toda a informação aos demais membros do conselho de administração relativamente à actividade e às deliberações da comissão executiva;

b) Assegurar o cumprimento dos limites da delegação, da estratégia da sociedade e dos deveres de colaboração perante o presidente do conselho de administração.

7. Ao presidente da comissão executiva é aplicável, com as devidas adaptações, o disposto no n.° 3 do artigo 395.°

8. A delegação prevista nos n.°s 3 e 4 não exclui a competência do conselho para tomar resoluções sobre os mesmos assuntos; os outros administradores são responsáveis, nos termos da lei, pela vigilância geral da actuação do administrador ou administradores-delegados ou da comissão executiva e, bem assim, pelos prejuízos causados por actos ou omissões destes, quando, tendo conhecimento de tais actos ou omissões ou do propósito de os praticar, não provoquem a intervenção do conselho para tomar as medidas adequadas.

Nota. Redacção introduzida pelo art. 2.° do DL n.° 76-A/2006, de 29 de Março.

Art. 408.° (Representação)

1. Os poderes de representação do conselho de administração são exercidos conjuntamente pelos administradores, ficando a sociedade vinculada pelos negócios jurídicos concluídos pela maioria dos administradores ou por eles ratificados, ou por número menor destes fixado no contrato de sociedade.

2. O contrato de sociedade pode dispor que esta fique também vinculada pelos negócios celebrados por um ou mais administradores delegados, dentro dos limites da delegação do conselho.

3. As notificações ou declarações de terceiros à sociedade podem ser dirigidas a qualquer dos administradores, sendo nula toda a disposição em contrário do contrato de sociedade.

Cap. VI. Administ., fiscaliz. e secretário da sociedade **Arts. 409.°-410.° CSC [11]**

4. As notificações ou declarações de um administrador cujo destinatário seja a sociedade devem ser dirigidas ao presidente do conselho de administração ou, sendo ele o autor, ao conselho fiscal ou à comissão de auditoria.

Nota. A redacção do n.° 4 foi introduzida pelo art. 2.° do DL n.° 76-A/2006, de 29 de Março.

Art. 409.° (Vinculação da sociedade)

1. Os actos praticados pelos administradores, em nome da sociedade e dentro dos poderes que a lei lhes confere, vinculam-na para com terceiros, não obstante as limitações constantes do contrato de sociedade ou resultantes de deliberações dos accionistas, mesmo que tais limitações estejam publicadas.

2. A sociedade pode, no entanto, opor a terceiros as limitações de poderes resultantes do seu objecto social, se provar que o terceiro sabia ou não podia ignorar, tendo em conta as circunstâncias, que o acto praticado não respeitava essa cláusula e se, entretanto, a sociedade o não assumiu, por deliberação expressa ou tácita dos accionistas.

3. O conhecimento referido no número anterior não pode ser provado apenas pela publicidade dada ao contrato de sociedade.

4. Os administradores obrigam a sociedade, apondo a sua assinatura, com a indicação dessa qualidade.

Nota. A epígrafe e a redacção do n.° 2 foram alteradas pelo DL n.° 280/87, de 8 de Julho [13].

Art. 410.° (Reuniões e deliberações do conselho)

1. O conselho de administração reúne sempre que for convocado pelo presidente ou por outros dois administradores.

2. O conselho deve reunir, pelo menos, uma vez em cada mês, salvo disposição diversa do contrato de sociedade.

3. Os administradores devem ser convocados por escrito, com a antecedência adequada, salvo quando o contrato de sociedade preveja a reunião em datas prefixadas ou outra forma de convocação.

4. O conselho não pode deliberar sem que esteja presente ou representada a maioria dos seus membros.

5. O contrato de sociedade pode permitir que qualquer administrador se faça representar numa reunião por outro administrador, mediante carta dirigida ao presidente, mas cada instrumento de representação não pode ser utilizado mais do que uma vez.

6. O administrador não pode votar sobre assuntos em que tenha, por conta própria ou de terceiro, um interesse em conflito com o da sociedade; em caso de conflito, o administrador deve informar o presidente sobre ele.

7. As deliberações são tomadas por maioria dos votos dos administradores presentes ou representados e dos que, caso o contrato de sociedade o permita, votem por correspondência.

8. Se não for proibido pelos estatutos, as reuniões do conselho podem realizar-se através de meios telemáticos, se a sociedade assegurar a autenticidade das declarações e a segurança das comunicações, procedendo ao registo do seu conteúdo e dos respectivos intervenientes.

Nota. A redacção do n.° 8 foi introduzida pelo art. 2.° do DL n.° 76-A/2006, de 29 de Março.

[11] CSC Arts. 411.°-413.°

Tít. IV.   Sociedades anónimas

Art. 411.° (Invalidade de deliberações)

1. São nulas as deliberações do conselho de administração:

a) Tomadas em conselho não convocado, salvo se todos os administradores tiverem estado presentes ou representados, ou, caso o contrato o permita, tiverem votado por correspondência;

b) Cujo conteúdo não esteja, por natureza, sujeito a deliberação do conselho de administração;

c) Cujo conteúdo seja ofensivo dos bons costumes ou de preceitos legais imperativos.

2. É aplicável, com as necessárias adaptações, o disposto nos n.ºs 2 e 3 do artigo 56.°

3. São anuláveis as deliberações que violem disposições quer da lei, quando ao caso não caiba a nulidade, quer do contrato de sociedade.

Art. 412.° (Arguição da invalidade de deliberações)

1. O próprio conselho ou a assembleia geral pode declarar a nulidade ou anular deliberações do conselho viciadas, a requerimento de qualquer administrador, do conselho fiscal ou de qualquer accionista com direito de voto, dentro do prazo de um ano a partir do conhecimento da irregularidade, mas não depois de decorridos três anos a contar da data da deliberação.

2. Os prazos referidos no número anterior não se aplicam quando se trate de apreciação pela assembleia geral de actos de administradores, podendo então a assembleia deliberar sobre a declaração de nulidade ou anulação, mesmo que o assunto não conste da convocatória.

3. A assembleia geral dos accionistas pode, contudo, ratificar qualquer deliberação anulável do conselho de administração ou substituir por uma deliberação sua a deliberação nula, desde que esta não verse sobre matéria da exclusiva competência do conselho de administração.

4. Os administradores não devem executar ou consentir que sejam executadas deliberações nulas.

Nota. A redacção do n.° 1 foi introduzida pelo art. 2.° do DL n.° 76-A/2006, de 29 de Março.

SECÇÃO II.   **Fiscalização**[1]

Art. 413.° (Estrutura e composição quantitativa)

1. A fiscalização das sociedades que adoptem a modalidade prevista na alínea *a*) do n.° 1 do artigo 278.° compete:

a) A um fiscal único, que deve ser revisor oficial de contas ou sociedade de revisores oficiais de contas, ou a um conselho fiscal; ou

b) A um conselho fiscal e a um revisor oficial de contas ou uma sociedade de revisores oficiais de contas que não seja membro daquele órgão.

---

[1] Redacção introduzida pelo art. 3.° do DL n.° 257/96, de 31 de Dezembro.

Cap. VI.   Administ., fiscaliz. e secretário da sociedade   **Art. 414.º csc [11]**

2. A fiscalização da sociedade nos termos previstos na alínea *b*) do número anterior:

a) É obrigatória em relação a sociedades que sejam emitentes de valores mobiliários admitidos à negociação em mercado regulamentado e a sociedades que, não sendo totalmente dominadas por outra sociedade, que adopte este modelo, durante dois anos consecutivos, ultrapassem dois dos seguintes limites:

   i) Total do balanço – 100 000 000 euros;

   ii) Total das vendas líquidas e outros proveitos 150 000 000 euros;

   iii) Número de trabalhadores empregados em média durante o exercício – 150;

b) É facultativa, nos restantes casos.

3. O fiscal único terá sempre um suplente, que será igualmente revisor oficial de contas ou sociedade de revisores oficiais de contas.

4. O conselho fiscal é composto pelo número de membros fixado nos estatutos, no mínimo de três membros efectivos.

5. Sendo três os membros efectivos do conselho fiscal, deve existir um ou dois suplentes, havendo sempre dois suplentes quando o número de membros for superior.

6. O fiscal único rege-se pelas disposições legais respeitantes ao revisor oficial de contas e subsidiariamente, na parte aplicável, pelo disposto quanto ao conselho fiscal e aos seus membros.

Notas. 1. Redacção introduzida pelo art. 2.º do DL n.º 76-A/2006, de 29 de Março.

2. O art. 5.º do DL n.º 257/96, de 31 de Dezembro, dispõe o seguinte:

«As sociedades anónimas ou por quotas com conselho fiscal poderão, no prazo de seis meses a contar da data da entrada em vigor do presente diploma, independentemente de escritura pública, deliberar a passagem ao regime de fiscal único, devendo, nesse caso, fazer registar tal alteração no registo comercial, mediante apresentação de cópia da acta de que conste a deliberação».

3. Sobre a fiscalização das sociedades de capitais públicos, cf. o DL n.º 26-A/96, de 27 de Março.

Art. 414.º (Composição qualitativa)

1. O fiscal único e o suplente têm de ser revisores oficiais de contas ou sociedade de revisores oficiais de contas e não podem ser accionistas.

2. O conselho fiscal deve incluir um revisor oficial de contas ou uma sociedade de revisores oficiais de contas, salvo se for adoptada a modalidade referida na alínea *b*) do n.º 1 do artigo anterior.

3. Os restantes membros do conselho fiscal podem ser sociedades de advogados, sociedades de revisores oficiais de contas ou accionistas, mas neste último caso devem ser pessoas singulares com capacidade jurídica plena e devem ter as qualificações e a experiência profissional adequadas ao exercício das suas funções.

4. Nos casos previstos na alínea *a*) do n.º 2 do artigo anterior, o conselho fiscal deve incluir pelo menos um membro que tenha curso superior adequado ao exercício das suas funções e conhecimentos em auditoria ou contabilidade e que seja independente.

5. Considera-se independente a pessoa que não esteja associada a qualquer grupo de interesses específicos na sociedade nem se encontre em alguma circuns-

379

[11] CSC Art. 414.°-A   Tít. IV.   Sociedades anónimas

tância susceptível de afectar a sua isenção de análise ou de decisão, nomeadamente em virtude de:

a) Ser titular ou actuar em nome ou por conta de titulares de participação qualificada igual ou superior a 2% do capital social da sociedade;

b) Ter sido reeleita por mais de dois mandatos, de forma contínua ou intercalada.

6. Em sociedades emitentes de acções admitidas à negociação em mercado regulamentado, o conselho fiscal deve ser composto por uma maioria de membros independentes.

Nota. Redacção introduzida pelo art. 2.° do DL n.° 76-A/2006, de 29 de Março, que também alterou a epígrafe do preceito.

Art. 414.°-A (Incompatibilidades)

1. Não podem ser eleitos ou designados membros do conselho fiscal, fiscal único ou revisor oficial de contas:

a) Os beneficiários de vantagens particulares da própria sociedade;

b) Os que exercem funções de administração na própria sociedade;

c) Os membros dos órgãos de administração de sociedade que se encontrem em relação de domínio ou de grupo com a sociedade fiscalizada;

d) O sócio de sociedade em nome colectivo que se encontre em relação de domínio com a sociedade fiscalizada;

e) Os que, de modo directo ou indirecto, prestem serviços ou estabeleçam relação comercial significativa com a sociedade fiscalizada ou sociedade que com esta se encontre em relação de domínio ou de grupo;

f) Os que exerçam funções em empresa concorrente e que actuem em representação ou por conta desta ou que, por qualquer outra forma, estejam vinculados a interesses da empresa concorrente;

g) Os cônjuges, parentes e afins na linha recta e até ao 3.° grau, inclusive, na linha colateral, de pessoas impedidas por força do disposto nas alíneas *a*), *b*), *c*), *d*) e *f*), bem como os cônjuges das pessoas abrangidas pelo disposto na alínea *e*);

h) Os que exerçam funções de administração ou de fiscalização em cinco sociedades, exceptuando as sociedades de advogados, as sociedades de revisores oficiais de contas e os revisores oficiais de contas, aplicando-se a estes o regime do artigo 76.° do Decreto-Lei n.° 487/99, de 16 de Novembro;

i) Os revisores oficiais de contas em relação aos quais se verifiquem outras incompatibilidades previstas na respectiva legislação;

j) Os interditos, os inabilitados, os insolventes, os falidos e os condenados a pena que implique a inibição, ainda que temporária, do exercício de funções públicas.

2. A superveniência de algum dos motivos indicados nos números anteriores importa caducidade da designação.

3. É nula a designação de pessoa relativamente à qual se verifique alguma das incompatibilidades estabelecidas no n.° 1 do artigo anterior ou nos estatutos da sociedade ou que não possua a capacidade exigida pelo n.° 3 do mesmo artigo.

4. A sociedade de revisores oficiais de contas que fizer parte do conselho fiscal deve designar até dois dos seus revisores para assistir às reuniões dos órgãos de fiscalização e de administração e da assembleia geral da sociedade fiscalizada.

380

Cap. VI.   Administ., fiscaliz. e secretário da sociedade   **Arts. 414.°-B-416.° CSC [11]**

5. A sociedade de advogados que fizer parte do conselho fiscal deve, para os efeitos do número anterior, designar um dos seus sócios.

6. Os revisores designados nos termos do n.° 4 e os sócios de sociedades de advogados designados nos termos do número anterior ficam sujeitos às incompatibilidades previstas no n.° 1.

Nota. Aditado pelo art. 3.° do DL n.° 76-A/2006, de 29 de Março.

Art. 414.°-B (Presidente do conselho fiscal)

1. Se a assembleia geral não o designar, o conselho fiscal deve designar o seu presidente.

2. Aplica-se, com as devidas adaptações, o disposto no n.° 3 do artigo 395.°

Nota. Aditado pelo art. 3.° do DL n.° 76-A/2006, de 29 de Março.

Art. 415.° (Designação e substituição)

1. Os membros efectivos do conselho fiscal, os suplentes, o fiscal único e o revisor oficial de contas são eleitos pela assembleia geral, pelo período estabelecido no contrato de sociedade, mas não superior a quatro anos, podendo a primeira designação ser feita no contrato de sociedade ou pela assembleia constitutiva; na falta de indicação do período por que foram eleitos, entende-se que a nomeação é feita por quatro anos.

2. O contrato ou a assembleia geral designam aquele dos membros efectivos que servirá como presidente; se o presidente cessar as suas funções antes de terminado o período para que foi designado ou eleito, os outros membros escolherão um deles para desempenhar aquelas funções até ao termo do referido período.

3. Os membros efectivos do conselho fiscal que se encontrem temporariamente impedidos ou cujas funções tenham cessado são substituídos pelos suplentes, mas o suplente que seja revisor oficial de contas substitui o membro efectivo que tenha a mesma qualificação.

4. Os suplentes que substituam membros efectivos cujas funções tenham cessado mantêm-se no cargo até à primeira assembleia anual, que procederá ao preenchimento das vagas.

5. Não sendo possível preencher uma vaga de membro efectivo por faltarem suplentes eleitos, os cargos vagos, tanto de membros efectivos como de suplentes, são preenchidos por nova eleição.

Nota. A redacção dos n.ᵒˢ 1 e 3 foi introduzida pelo art. 2.° do DL n.° 76-A/2006, de 29 de Março.

Art. 416.° (Nomeação oficiosa do revisor oficial de contas)

1. A falta de designação do revisor oficial de contas pelo órgão social competente, no prazo legal, deve ser comunicada à Ordem dos Revisores Oficiais de Contas nos 15 dias seguintes, por qualquer accionista ou membro dos órgãos sociais.

2. No prazo de 15 dias a contar da comunicação referida no número anterior, a Ordem dos Revisores Oficiais de Contas deve nomear oficiosamente um revisor oficial de contas para a sociedade, podendo a assembleia geral confirmar a designação ou eleger outro revisor oficial de contas para completar o respectivo período de funções.

381

[11] CSC Arts. 417.°-418.°-A

Tít. IV. Sociedade anónimas

3. Aplica-se ao revisor oficial de contas nomeado nos termos do número anterior o disposto no artigo 414.°-A.

Nota. Redacção introduzida pelo art. 2.° do DL n.° 76-A/2006, de 29 de Março.

Art. 417.° (Nomeação judicial a requerimento da administração ou de accionista)
1. Se a assembleia geral não eleger os membros do conselho fiscal, ou o fiscal único, efectivos e suplentes, não referidos no artigo anterior, deve a administração da sociedade e pode qualquer accionista requerer a sua nomeação judicial.
2. Os membros judicialmente nomeados têm direito à remuneração que o tribunal fixar em seu prudente arbítrio e cessam as suas funções logo que a assembleia geral proceda à eleição.
3. Constituem encargos da sociedade as custas judiciais e o pagamento das remunerações a que se refere o número anterior.

Nota. A redacção do n.° 1 foi introduzida pelo art. 2.° do DL n.° 76-A/2006, de 29 de Março.

Art. 418.° (Nomeação judicial a requerimento de minorias)
1. A requerimento de accionistas titulares de acções representativas de um décimo, pelo menos, do capital social, apresentado nos 30 dias seguintes à assembleia geral que tenha elegido os membros do conselho de administração e do conselho fiscal, pode o tribunal nomear mais um membro efectivo e um suplente para o conselho fiscal, desde que os accionistas requerentes tenham votado contra as propostas que fizeram vencimento e tenham feito consignar na acta o seu voto, começando o prazo a correr da data em que foi realizada a última assembleia, se a eleição dos membros do conselho de administração e do conselho fiscal foi efectuada em assembleias diferentes.
2. Havendo várias minorias que exerçam o direito conferido no número anterior, o tribunal pode designar até dois membros efectivos e os respectivos suplentes, apensando-se as acções que correrem simultaneamente; no caso de fiscal único, só pode designar outro e o respectivo suplente.
3. Os membros judicialmente nomeados cessam as suas funções com o termo normal de funções dos membros eleitos; podem cessá-las em data anterior, se o tribunal deferir o requerimento que com esse fim lhe seja apresentado pelos accionistas que requereram a nomeação.
4. O conselho fiscal pode, com fundamento em justa causa, requerer ao tribunal a substituição do membro judicialmente nomeado; a mesma faculdade têm os accionistas que requereram a nomeação e o conselho de administração da sociedade, se esta não tiver conselho fiscal.
5. Para o efeito do n.° 1 deste artigo, apenas contam as acções de que os accionistas já fossem titulares três meses antes, pelo menos, da data em que se tiverem realizado as assembleias gerais.

Nota. A redacção dos n.°s 1 e 4 foi introduzida pelo art. 2.° do DL n.° 76-A/2006, de 29 de Março.

Art. 418.°-A (Caução ou seguro de responsabilidade)
1. A responsabilidade de cada membro do conselho fiscal deve ser garantida através de caução ou de contrato de seguro, aplicando-se, com as devidas adaptações, o disposto no artigo 396.°

Cap. VI.   Administ., fiscaliz. e secretário da sociedade   **Arts. 419.º-420.º CSC [11]**

2. O seguro de responsabilidade dos revisores oficiais de contas rege-se por lei especial.

Nota. Aditado pelo art. 3.º do DL n.º 76-A/2006, de 29 de Março.

Art. 419.º (Destituição)

1. A assembleia geral pode destituir, desde que ocorra justa causa, os membros do conselho fiscal, o revisor oficial de contas ou o fiscal único que não tenham sido nomeados judicialmente.

2. Antes de ser tomada a deliberação, as pessoas visadas devem ser ouvidas na assembleia sobre os factos que lhes são imputados.

3. A pedido da administração ou daqueles que tiverem requerido a nomeação, pode o tribunal destituir os membros do conselho fiscal, o revisor oficial de contas ou o fiscal único judicialmente nomeados, caso para isso haja justa causa, devendo proceder-se a nova nomeação judicial, se o tribunal ordenar a destituição.

4. Os membros do conselho fiscal e os revisores são obrigados a apresentar ao presidente da mesa da assembleia geral, no prazo de 30 dias, um relatório sobre a fiscalização exercida até ao termo das respectivas funções.

5. Apresentado o relatório, deve o presidente da mesa da assembleia geral facultar, desde logo, cópias à administração e ao conselho fiscal e submetê-lo oportunamente à apreciação da assembleia.

Nota. A redacção dos n.ºˢ 1, 3, 4 e 5 foi introduzida pelo art. 2.º do DL n.º 76-A/2006, de 29 de Março.

Art. 420.º (Competências do fiscal único e do conselho fiscal)

1. Compete ao fiscal único ou conselho fiscal:

a) Fiscalizar a administração da sociedade;

b) Vigiar pela observância da lei e do contrato de sociedade;

c) Verificar a regularidade dos livros, registos contabilísticos e documentos que lhe servem de suporte;

d) Verificar, quando o julgue conveniente e pela forma que entenda adequada, a extensão da caixa e as existências de qualquer espécie dos bens ou valores pertencentes à sociedade ou por ela recebidos em garantia, depósito ou outro título;

e) Verificar a exactidão dos documentos de prestação de contas;

f) Verificar se as políticas contabilísticas e os critérios valorimétricos adoptados pela sociedade conduzem a uma correcta avaliação do património e dos resultados;

g) Elaborar anualmente relatório sobre a sua acção fiscalizadora e dar parecer sobre o relatório, contas e propostas apresentados pela administração;

h) Convocar a assembleia geral, quando o presidente da respectiva mesa o não faça, devendo fazê-lo;

i) Fiscalizar a eficácia do sistema de gestão de riscos, do sistema de controlo interno e do sistema de auditoria interna, se existentes;

j) Receber as comunicações de irregularidades apresentadas por accionistas, colaboradores da sociedade ou outros;

l) Contratar a prestação de serviços de peritos que coadjuvem um ou vários dos seus membros no exercício das suas funções, devendo a contratação e a remu-

[11] CSC Art. 420.°-A

Tít. IV. Sociedades anónimas

neração dos peritos ter em conta a importância dos assuntos a eles cometidos e a situação económica da sociedade;

m) Cumprir as demais atribuições constantes da lei ou do contrato de sociedade.

2. Quando seja adoptada a modalidade referida na alínea *b*) do n.° 1 do artigo 413.°, para além das competências referidas no número anterior, compete ainda ao conselho fiscal:

a) Fiscalizar o processo de preparação e de divulgação de informação financeira;

b) Propor à assembleia geral a nomeação do revisor oficial de contas;

c) Fiscalizar a revisão de contas aos documentos de prestação de contas da sociedade;

d) Fiscalizar a independência do revisor oficial de contas, designadamente no tocante à prestação de serviços adicionais.

3. O fiscal único ou qualquer membro do conselho fiscal, quando este exista, devem proceder, conjunta ou separadamente e em qualquer momento do ano, a todos os actos de verificação e inspecção que considerem convenientes para o cumprimento das suas obrigações de fiscalização.

4. O revisor oficial de contas tem, especialmente e sem prejuízo da actuação dos outros membros, o dever de proceder a todos os exames e verificações necessários à revisão e certificação legais das contas, nos termos previstos em lei especial, e bem assim os outros deveres especiais que esta lei lhe imponha.

5. No caso de sociedades que sejam emitentes de valores mobiliários admitidos à negociação em mercado regulamentado, o fiscal único ou o conselho fiscal devem atestar se o relatório sobre a estrutura e práticas de governo societário divulgado inclui os elementos referidos no artigo 245.°-A do Código dos Valores Mobiliários.

6. No parecer a que se refere a alínea *g*) do n.° 1, o fiscal único ou o conselho fiscal devem exprimir a sua concordância ou não com o relatório anual de gestão e com as contas do exercício, para além de incluir a declaração subscrita por cada um dos seus membros, prevista na alínea *c*) do n.° 1 do artigo 245.° do Código dos Valores Mobiliários.

Nota. Redacção introduzida pelo art. 2.° do DL n.° 76-A/2006, de 29 de Março, que também alterou a epígrafe do preceito, e pelo art. 3.° do DL n.° 185/2009, de 12 de Agosto.

Art. 420.°-A (Dever de vigilância)

1. Compete ao revisor oficial de contas comunicar, imediatamente, por carta registada, ao presidente do conselho de administração ou do conselho de administração executivo os factos de que tenha conhecimento e que considere revelarem graves dificuldades na prossecução do objecto da sociedade, designadamente reiteradas faltas de pagamento a fornecedores, protestos de título de crédito, emissão de cheques sem provisão, falta de pagamento de quotizações para a segurança social ou de impostos.

2. O presidente do conselho de administração ou do conselho de administração executivo deve, nos 30 dias seguintes à recepção da carta, responder pela mesma via.

3. Se o presidente não responder ou a resposta não for considerada satisfatória pelo revisor oficial de contas, este requer ao presidente, nos 15 dias seguintes

384

Cap. VI. Administ., fiscaliz. e secretário da sociedade   **Art. 421.° CSC [11]**

ao termo do prazo previsto no número anterior, que convoque o conselho de administração ou o conselho de administração executivo para reunir, com a sua presença, nos 15 dias seguintes, com vista a apreciar os factos e a tomar as deliberações adequadas.

4. Se a reunião prevista no n.° 3 não se realizar ou se as medidas adoptadas não forem consideradas adequadas à salvaguarda do interesse da sociedade, o revisor oficial de contas, nos oito dias seguintes ao termo do prazo previsto no n.° 3 ou à data da reunião, requer, por carta registada, que seja convocada uma assembleia geral para apreciar e deliberar sobre os factos constantes das cartas referidas nos n.os 1 e 2 e da acta da reunião referida no n.° 3.

5. O revisor oficial de contas que não cumpra o disposto nos n.os 1, 3 e 4 é solidariamente responsável com os membros do conselho de administração ou do conselho de administração executivo pelos prejuízos decorrentes para a sociedade.

6. O revisor oficial de contas não incorre em responsabilidade civil pelos factos referidos nos n.os 1, 3 e 4.

7. Qualquer membro do conselho fiscal, quando este exista, deve, sempre que se aperceba de factos que revelem dificuldades na prossecução normal do objecto social, comunicá-los imediatamente ao revisor oficial de contas, por carta registada.

Nota. Aditado pelo art. 4.° do DL n.° 257/96, de 31 de Dezembro. A actual redacção foi introduzida pelo art. 2.° do DL n.° 76-A/2006, de 29 de Março.

Art. 421.° (Poderes do fiscal único e dos membros do conselho fiscal)

1. Para o desempenho das suas funções, pode o fiscal único, o revisor oficial de contas ou qualquer membro do conselho fiscal, conjunta ou separadamente:

a) Obter da administração a apresentação, para exame e verificação, dos livros, registos e documentos da sociedade, bem como verificar as existências de qualquer classe de valores, designadamente dinheiro, títulos e mercadorias;

b) Obter da administração ou de qualquer dos administradores informações ou esclarecimentos sobre o curso das operações ou actividades da sociedade ou sobre qualquer dos seus negócios;

c) Obter de terceiros que tenham realizado operações por conta da sociedade as informações de que careçam para o conveniente esclarecimento de tais operações;

d) Assistir às reuniões da administração, sempre que o entendam conveniente.

2. O disposto na alínea *c)* do n.° 1 não abrange a comunicação de documentos ou contratos detidos por terceiros, salvo se for judicialmente autorizada ou solicitada pelo revisor oficial de contas, no uso dos poderes que lhe são conferidos pela legislação que rege a sua actividade. Ao direito conferido pela mesma alínea não pode ser oposto segredo profissional que não pudesse ser também oposto à administração da sociedade.

3. Para o desempenho das suas funções, pode o conselho fiscal deliberar a contratação da prestação de serviços de peritos que coadjuvem um ou vários dos seus membros no exercício das suas funções.

4. A contratação e a remuneração dos peritos referidos no número anterior têm em conta a importância dos assuntos a ele cometidos e a situação económica da sociedade.

[11] CSC **Arts. 422.º-423.º**   Tít. IV.   Sociedades anónimas

5. Na contratação dos peritos referidos nos números anteriores, a sociedade é representada pelos membros do conselho fiscal, aplicando-se, com as devidas adaptações e na medida aplicável, o disposto nos artigos 408.º e 409.º

Nota. A redacção do corpo do n.º 1 foi introduzida pelo art. 2.º do DL n.º 76-A/2006, de 29 de Março, que também aditou os n.ᵒˢ 3, 4 e 5.

Art. 422.º (Deveres do fiscal único e dos membros do conselho fiscal)

1. O fiscal único, o revisor oficial de contas ou os membros do conselho fiscal, quando este exista, têm o dever de:

a) Participar nas reuniões do conselho e assistir às assembleias gerais e bem assim às reuniões da administração para que o presidente da mesma os convoque ou em que se apreciem as contas do exercício;

b) Exercer uma fiscalização conscienciosa e imparcial;

c) Guardar segredo dos factos e informações de que tiverem conhecimento em razão das suas funções, sem prejuízo do dever enunciado no n.º 3 deste artigo;

d) Dar conhecimento à administração das verificações, fiscalizações e diligências que tenham feito e do resultado das mesmas;

e) Informar, na primeira assembleia que se realize, de todas as irregularidades e inexactidões por eles verificadas, e bem assim se obtiveram os esclarecimentos de que necessitaram para o desempenho das suas funções.

f) Registar por escrito todas as verificações, fiscalizações, denúncias recebidas e diligências que tenham sido efectuadas e o resultado das mesmas.

2. O fiscal único, o revisor oficial de contas e os membros do conselho fiscal não podem aproveitar-se, salvo autorização expressa da assembleia geral, de segredos comerciais ou industriais de que tenham tomado conhecimento no desempenho das suas funções.

3. O fiscal único, o revisor oficial de contas e os membros do conselho fiscal devem participar ao Ministério Público os factos delituosos de que tenham tomado conhecimento e que constituam crimes públicos.

4. Perdem o seu cargo o fiscal único, o revisor oficial de contas e os membros do conselho fiscal que, sem motivo justificado, não assistam, durante o exercício social, a duas reuniões do conselho ou não compareçam a uma assembleia geral ou a duas reuniões da administração previstas na alínea *a)* do n.º 1 deste artigo.

Nota. Redacção introduzida pelo art. 2.º do DL n.º 76-A/2006, de 29 de Março.

Art. 422.º-A (Remuneração)

1. A remuneração dos membros do conselho fiscal deve consistir numa quantia fixa.

2. É aplicável o disposto no n.º 1 do artigo 399.º, com as necessárias adaptações.

Nota. Aditado pelo art. 3.º do DL n.º 76-A/2006, de 29 de Março.

Art. 423.º (Reuniões e deliberações)

1. O conselho fiscal deve reunir, pelo menos, todos os trimestres, sendo aplicável o disposto no n.º 8 do artigo 410.º

386

Cap. VI.   Administ., fiscaliz. e secretário da sociedade   **Arts. 423.º-A-423.º-B CSC [11]**

2. As deliberações do conselho fiscal são tomadas por maioria, devendo os membros que com elas não concordarem fazer inserir na acta os motivos da sua discordância.

3. De cada reunião deve ser lavrada a acta no livro respectivo ou nas folhas soltas, assinada por todos os que nela tenham participado.

4. Das actas deve constar sempre a menção dos membros presentes à reunião, bem como um resumo das verificações mais relevantes a que procedam o conselho fiscal ou qualquer dos seus membros e das deliberações tomadas.

5. (…).

Nota. Redacção introduzida pelo art. 2.º do DL n.º 76-A/2006, de 29 de Março, e pelo art. 2.º do DL n.º 49/2010, de 19 de Maio.

Art. 423.º-A (Norma de remissão)

Não havendo conselho fiscal, todas as referências que lhe são feitas devem considerar-se referidas ao fiscal único, desde que não pressuponham a pluralidade de membros.

Nota. Aditado pelo art. 4.º do DL n.º 257/96, de 31 de Dezembro. A actual redacção foi introduzida pelo art. 2.º do DL n.º 76-A/2006, de 29 de Março.

SECÇÃO III.   **Comissão de auditoria** [1]

Art. 423.º-B (Composição da comissão de auditoria)

1. A comissão de auditoria a que se refere a alínea *b*) do n.º 1 do artigo 278.º é um órgão da sociedade composto por uma parte dos membros do conselho de administração.

2. A comissão de auditoria é composta pelo número de membros fixado nos estatutos, no mínimo de três membros efectivos.

3. Aos membros da comissão de auditoria é vedado o exercício de funções executivas na sociedade e é-lhes aplicável o artigo 414.º-A, com as necessárias adaptações, com excepção do disposto na alínea *b*) do n.º 1 do mesmo artigo.

4. Nas sociedades emitentes de valores mobiliários admitidos à negociação em mercado regulamentado e nas sociedades que cumpram os critérios referidos na alínea *a*) do n.º 2 do artigo 413.º, a comissão de auditoria deve incluir pelo menos um membro que tenha curso superior adequado ao exercício das suas funções e conhecimentos em auditoria ou contabilidade e que, nos termos do n.º 5 do artigo 414.º, seja independente.

5. Em sociedades emitentes de acções admitidas à negociação em mercado regulamentado, os membros da comissão de auditoria devem, na sua maioria, ser independentes.

6. É aplicável o n.º 3 do artigo 414.º

Nota. Aditado pelo art. 3.º do DL n.º 76-A/2006, de 29 de Março.

---

[1] Os arts. 423.º-B a 423.º-H, que constituem a Secção III do Capítulo VI do Título IV do CSC, foram introduzidos pelo art. 4.º do DL n.º 76-A/2006, de 29 de Março.

[11] CSC Arts. 423.°-C-423.°-F   Tít. IV.   Sociedade anónimas

Art. 423.°-C (Designação da comissão de auditoria)

1. Os membros da comissão de auditoria são designados, nos termos gerais do artigo 391.°, em conjunto com os demais administradores.

2. As listas propostas para o conselho de administração devem discriminar os membros que se destinam a integrar a comissão de auditoria.

3. Se a assembleia geral não o designar, a comissão de auditoria deve designar o seu presidente.

4. Aplica-se, com as devidas adaptações, o disposto no n.° 3 do artigo 395.°

Nota. Aditado pelo art. 3.° do DL n.° 76-A/2006, de 29 de Março.

Art. 423.°-D (Remuneração da comissão de auditoria)

A remuneração dos membros da comissão de auditoria deve consistir numa quantia fixa.

Nota. Aditado pelo art. 3.° do DL n.° 76-A/2006, de 29 de Março.

Art. 423.°-E (Destituição dos membros da comissão de auditoria)

1. A assembleia geral só pode destituir os membros da comissão de auditoria desde que ocorra justa causa.

2. É aplicável aos membros da comissão de auditoria, com as devidas adaptações, os n.ᵒˢ 2, 4 e 5 do artigo 419.°

Nota. Aditado pelo art. 3.° do DL n.° 76-A/2006, de 29 de Março.

Art. 423.°-F (Competências da comissão de auditoria)

1. Compete à comissão de auditoria:

a) Fiscalizar a administração da sociedade;

b) Vigiar pela observância da lei e do contrato de sociedade;

c) Verificar a regularidade dos livros, registos contabilísticos e documentos que lhes servem de suporte;

d) Verificar, quando o julgue conveniente e pela forma que entenda adequada, a extensão da caixa e as existências de qualquer espécie dos bens ou valores pertencentes à sociedade ou por ela recebidos em garantia, depósito ou outro título;

e) Verificar a exactidão dos documentos de prestação de contas;

f) Verificar se as políticas contabilísticas e os critérios valorimétricos adoptados pela sociedade conduzem a uma correcta avaliação do património e dos resultados;

g) Elaborar anualmente relatório sobre a sua acção fiscalizadora e dar parecer sobre o relatório, contas e propostas apresentados pela administração;

h) Convocar a assembleia geral, quando o presidente da respectiva mesa o não faça, devendo fazê-lo;

i) Fiscalizar a eficácia do sistema de gestão de riscos, do sistema de controlo interno e do sistema de auditoria interna, se existentes;

j) Receber as comunicações de irregularidades apresentadas por accionistas, colaboradores da sociedade ou outros;

l) Fiscalizar o processo de preparação e de divulgação de informação financeira;

m) Propor à assembleia geral a nomeação do revisor oficial de contas;

388

Cap. VI.   Administ., fiscaliz. e secretário da sociedade   **Arts. 423.°-G-424.° csc [11]**

n) Fiscalizar a revisão de contas aos documentos de prestação de contas da sociedade;

o) Fiscalizar a independência do revisor oficial de contas, designadamente no tocante à prestação de serviços adicionais;

p) Contratar a prestação de serviços de peritos que coadjuvem um ou vários dos seus membros no exercício das suas funções, devendo a contratação e a remuneração dos peritos ter em conta a importância dos assuntos a eles cometidos e a situação económica da sociedade;

q) Cumprir as demais atribuições constantes da lei ou do contrato de sociedade.

2. É aplicável à comissão de auditoria, com as devidas adaptações, o disposto nos n.ᵒˢ 5 e 6 do artigo 420.°

Nota. Aditado pelo art. 3.° do DL n.° 76-A/2006, de 29 de Março. O actual n.° 2 foi aditado pelo art. 3.° do DL n.° 185/2009, de 12 de Agosto.

Art. 423.°-G (Deveres dos membros da comissão de auditoria)

1. Os membros da comissão de auditoria têm o dever de:

a) Participar nas reuniões da comissão de auditoria, que devem ter, no mínimo, periodicidade bimestral;

b) Participar nas reuniões do conselho de administração e da assembleia geral;

c) Participar nas reuniões da comissão executiva onde se apreciem as contas do exercício;

d) Guardar segredo dos factos e informações de que tiverem conhecimento em razão das suas funções, sem prejuízo do disposto no n.° 3 do presente artigo;

e) Registar por escrito todas as verificações, fiscalizações, denúncias recebidas e diligências que tenham sido efectuadas e o resultado das mesmas.

2. Ao presidente da comissão de auditoria é aplicável o disposto no artigo 420.°-A, com as devidas adaptações.

3. O presidente da comissão de auditoria deve participar ao Ministério Público os factos delituosos de que tenha tomado conhecimento e que constituam crimes públicos.

Nota. Aditado pelo art. 3.° do DL n.° 76-A/2006, de 29 de Março.

Art. 423.°-H (Remissões)

Tem igualmente aplicação, com as devidas adaptações, o disposto nos n.ᵒˢ 3, 4 e 5 do artigo 390.°, no artigo 393.°, no n.° 3 do artigo 395.° e nos artigos 397.° e 404.°

Nota. Aditado pelo art. 3.° do DL n.° 76-A/2006, de 29 de Março.

SECÇÃO IV.   **Conselho de administração executivo** [1]

Art. 424.° (Composição do conselho de administração executivo)

1. O conselho de administração executivo, a que se refere a alínea *c*) do n.° 1 do artigo 278.°, é composto pelo número de administradores fixado nos estatutos.

---

[1] Introduzida pelo art. 4.° do DL n.° 76-A/2006, de 29 de Março.

[11] CSC Art. 425.°

Tít. IV.   Sociedade anónimas

2. A sociedade só pode ter um único administrador quando o seu capital não exceda 200 000 euros.

Nota. 1. Redacção introduzida pelo art. 2.° do DL n.° 76-A/2006, de 29 de Março, que também alterou a epígrafe do preceito.

2. Segundo o art. 29.°, n.° 1, do DL n.° 343/98, de 6 de Novembro, que estabelece algumas regras fundamentais relevantes no processo de transição do escudo para o euro, o disposto no n.° 2 deste preceito do CSC, na sua actual redacção, entra em vigor:

"*a*) No dia 1 de Janeiro de 2002, relativamente às sociedades constituídas em data anterior a 1 de Janeiro de 1999;

b) No dia em que se torne eficaz a opção das sociedades de alterar a denominação do capital social para euros."

Por força do n.° 2 daquele mesmo artigo do referido DL, as sociedades constituídas a partir de 1 de Janeiro de 1999 que optem por denominar o seu capital social em escudos devem converter para essa unidade os montantes denominados em euros, aplicando a taxa de conversão fixada pelo Conselho da União Europeia, nos termos do art. 109.°-L, n.° 4, primeiro período, do Tratado que institui a Comunidade Europeia.

Art. 425.° (Designação)

1. Se não forem designados nos estatutos, os administradores são designados:

a) Pelo conselho geral e de supervisão; ou

b) Pela assembleia geral, se os estatutos o determinarem.

2. A designação tem efeitos por um período fixado no contrato de sociedade, não excedente a quatro anos civis, contando-se como completo o ano civil em que o conselho de administração executivo for nomeado, entendendo-se que a designação é feita por quatro anos civis, na falta de indicação do contrato.

3. Embora designados por prazo certo, os administradores mantêm-se em funções até nova designação e, a não ser nos casos de destituição ou renúncia, são reelegíveis.

4. Em caso de falta definitiva ou de impedimento temporário de administradores, compete ao conselho geral e de supervisão providenciar quanto à substituição, sem prejuízo da possibilidade de designação de administradores suplentes, nos termos previstos no n.° 5 do artigo 390.°, e, no caso da alínea *b*) do n.° 1, da necessidade de ratificação daquela decisão de substituição pela assembleia geral seguinte.

5. Os administradores não podem fazer-se representar no exercício do seu cargo, sendo-lhes aplicável, todavia, o disposto no n.° 7 do artigo 391.° e no n.° 5 do artigo 410.°

6. Os administradores podem não ser accionistas, mas não podem ser:

a) Membros do conselho geral e de supervisão, sem prejuízo do disposto nos n.ºs 2 e 3 do artigo 437.°;

b) Membros dos órgãos de fiscalização de sociedades que estejam em relação de domínio ou de grupo com a sociedade considerada;

c) Cônjuges, parentes e afins na linha recta e até ao 2.° grau, inclusive, na linha colateral, das pessoas referidas na alínea anterior;

d) Pessoas que não sejam dotadas de capacidade jurídica plena.

7. As designações feitas contra o disposto no número anterior são nulas e a superveniência de algumas das circunstâncias previstas nas alíneas *b*), *c*) e *d*) do número anterior determina a imediata cessação de funções.

390

Cap. VI. Administ., fiscaliz. e secretário da sociedade **Arts. 426.º-430.º CSC [11]**

8. Se uma pessoa colectiva for designada para o cargo de administrador, aplica-se o disposto no n.º 4 do artigo 390.º

Nota. Redacção introduzida pelo art. 2.º do DL n.º 76-A/2006, de 29 de Março.

Art. 426.º (Nomeação judicial)

Aplica-se à nomeação judicial de administradores o disposto no artigo 394.º, com as necessárias adaptações.

Nota. Redacção introduzida pelo art. 2.º do DL n.º 76-A/2006, de 29 de Março.

Art. 427.º (Presidente)

1. Se não for designado no acto de designação dos membros do conselho de administração executivo, este conselho escolhe o seu presidente, podendo neste caso substituí-lo a todo o tempo.

2. Aplica-se, com as devidas adaptações, o disposto nos n.ºˢ 3 e 4 do artigo 395.º

3. (…).

Nota. Redacção introduzida pelo art. 2.º do DL n.º 76-A/2006, de 29 de Março, que também alterou a epígrafe do preceito. O n.º 3 foi revogado pelo art. 61.º, alínea b), do DL n.º 76-A/2006, de 29 de Março.

Art. 428.º (Exercício de outras actividades e negócios com a sociedade)

Aplica-se aos administradores o disposto nos artigos 397.º e 398.º, competindo ao conselho geral e de supervisão as autorizações aí referidas.

Nota. Redacção introduzida pelo art. 2.º do DL n.º 76-A/2006, de 29 de Março, que também alterou a epígrafe do preceito.

Art. 429.º (Remuneração)

À remuneração dos administradores aplica-se o disposto no artigo 399.º, competindo a sua fixação ao conselho geral e de supervisão ou a uma sua comissão de remuneração ou, no caso em que o contrato de sociedade assim o determine, à assembleia geral de accionistas ou a uma comissão por esta nomeada.

Nota. Redacção introduzida pelo art. 2.º do DL n.º 76-A/2006, de 29 de Março.

Art. 430.º (Destituição e suspensão)

1. Qualquer administrador pode a todo o tempo ser destituído:

a) Pelo conselho geral e de supervisão, no caso previsto na alínea a) do n.º 1 do artigo 425.º; ou

b) Na situação prevista na alínea b) do n.º 1 do artigo 425.º, pela assembleia geral, caso em que o conselho geral e de supervisão pode propor a destituição e proceder à suspensão, até dois meses, de qualquer membro do conselho de administração executivo.

2. Aplica-se o disposto nos n.ºˢ 4 e 5 do artigo 403.º

3. À suspensão de administrador aplica-se o disposto no artigo 400.º, competindo a sua decisão ao conselho geral e de supervisão.

Nota. Redacção introduzida pelo art. 2.º do DL n.º 76-A/2006, de 29 de Março, que também alterou a epígrafe do preceito.

[11] CSC Arts. 431.º-432.º   Tít. IV.   Sociedade anónimas

Art. 431.º (Competência do conselho de administração executivo)

1. Compete ao conselho de administração executivo gerir as actividades da sociedade, sem prejuízo do disposto no n.º 1 do artigo 442.º

2. O conselho de administração executivo tem plenos poderes de representação da sociedade perante terceiros, sem prejuízo do disposto na alínea *c*) do artigo 441.º

3. Aos poderes de gestão e de representação dos administradores é aplicável o disposto nos artigos 406.º, 408.º e 409.º, com as modificações determinadas pela competência atribuída na lei ao conselho geral e de supervisão.

Nota. Redacção introduzida pelo art. 2.º do DL n.º 76-A/2006, de 29 de Março, que também alterou a epígrafe do preceito.

Art. 432.º (Relações do conselho de administração executivo com o conselho geral e de supervisão)

1. O conselho de administração executivo deve comunicar ao conselho geral e de supervisão:

a) Pelo menos uma vez por ano, a política de gestão que tenciona seguir, bem como os factos e questões que fundamentalmente determinaram as suas opções;

b) Trimestralmente, antes da reunião daquele conselho, a situação da sociedade e a evolução dos negócios, indicando designadamente o volume de vendas e prestações de serviços;

c) Na época determinada pela lei, o relatório completo da gestão, relativo ao exercício anterior.

2. O conselho de administração executivo deve informar o presidente do conselho geral e de supervisão sobre qualquer negócio que possa ter influência significativa na rentabilidade ou liquidez da sociedade e, de modo geral, sobre qualquer situação anormal ou por outro motivo importante.

3. Nas informações previstas nos números anteriores incluem-se as ocorrências relativas a sociedades em relação de domínio ou de grupo, quando possam reflectir-se na situação da sociedade considerada.

4. Além da fiscalização exercida pela comissão referida no n.º 2 do artigo 444.º pode o presidente do conselho geral e de supervisão exigir do conselho de administração executivo as informações que entenda convenientes ou que lhe sejam solicitadas por outro membro do conselho.

5. O presidente do conselho geral e de supervisão, um membro delegado designado por este órgão para o efeito e os membros da comissão prevista no n.º 2 do artigo 444.º têm o direito de assistir às reuniões do conselho de administração executivo.

6. Os membros da comissão prevista no n.º 2 do artigo 444.º devem assistir às reuniões do conselho de administração executivo em que sejam apreciadas as contas do exercício.

7. Todas as informações recebidas do conselho de administração executivo, nalguma das circunstâncias previstas nos n.ºs 2, 3 e 4, bem como informações obtidas em virtude da participação nas reuniões previstas nos n.ºs 5 e 6, devem ser transmitidas a todos os outros membros do conselho geral e de supervisão, em tempo útil, e o mais tardar na primeira reunião deste.

Nota. Redacção introduzida pelo art. 2.º do DL n.º 76-A/2006, de 29 de Março, que também alterou a epígrafe do preceito.

Cap. VI.   Administ., fiscaliz. e secretário da sociedade   **Arts. 433.º-434.º CSC [11]**

Art. 433.º (Remissões)

1. Às reuniões e às deliberações do conselho de administração executivo aplica-se o disposto nos artigos 410.º e 411.º e nos n.ᵒˢ 1 e 4 do artigo 412.º, com as seguintes adaptações:

a) A declaração de nulidade e a anulação compete ao conselho geral e de supervisão;

b) O pedido de declaração de nulidade ou de anulação pode ser formulado por qualquer administrador ou membro do conselho geral e de supervisão.

2. À caução a prestar pelos administradores aplica-se o disposto no artigo 396.º, mas a dispensa de caução compete ao conselho geral e de supervisão.

3. À reforma dos administradores aplica-se o disposto no artigo 402.º, mas a aprovação do regulamento compete ao conselho geral e de supervisão ou, se os estatutos o determinarem, à assembleia geral.

4. À renúncia do administrador aplica-se, com as necessárias adaptações, o disposto no artigo 404.º

Nota. Redacção introduzida pelo art. 2.º do DL n.º 76-A/2006, de 29 de Março.

SECÇÃO V.   **Conselho geral e de supervisão** [1]

Art. 434.º (Composição do conselho geral e de supervisão)

1. O conselho geral e de supervisão, a que se refere a alínea *c*) do n.º 1 do artigo 278.º, é composto pelo número de membros fixado no contrato de sociedade, mas sempre superior ao número de administradores.

2. (…).

3. Aplica-se o disposto na segunda parte do n.º 3 e nos n.ᵒˢ 4 e 5 do artigo 390.º

4. À composição do conselho geral e de supervisão são aplicáveis os n.ᵒˢ 4 a 6 do artigo 414.º e o artigo 414.º-A, com excepção do disposto na alínea *f*) do n.º 1 deste último artigo, salvo no que diz respeito à comissão prevista no n.º 2 do artigo 444.º

5. Na falta de autorização da assembleia geral, os membros do conselho geral e de supervisão não podem exercer por conta própria ou alheia actividade concorrente da sociedade nem exercer funções em sociedade concorrente ou ser designados por conta ou em representação desta.

6. A autorização a que se refere o número anterior deve definir o regime de acesso a informação sensível por parte do membro do conselho.

7. Para efeitos do disposto nos n.ᵒˢ 4 e 5, aplica-se o disposto nos n.ᵒˢ 2, 5 e 6 do artigo 254.º

Nota. Redacção introduzida pelo art. 2.º do DL n.º 76-A/2006, de 29 de Março, que também alterou a epígrafe do preceito. O n.º 2 foi revogado pelo art. 61.º, alínea *b*), do DL n.º 76-A/2006, de 29 de Março.

---

[1] Redacção introduzida pelo art. 4.º do DL n.º 76-A/2006, de 29 de Março.

[11] CSC Arts. 435.°-439.°   Tít. IV.   Sociedade anónimas

Art. 435.° (Designação)
   1. Os membros do conselho geral e de supervisão são designados no contrato de sociedade ou eleitos pela assembleia geral ou constitutiva.
   2. À designação dos membros do conselho geral e de supervisão aplica-se o disposto nos n.os 2 a 5 do artigo 391.°
   3. Aplicam-se ainda à eleição dos membros do conselho geral e de supervisão as regras estabelecidas pelo artigo 392.°, com as necessárias adaptações.

Nota. Redacção introduzida pelo art. 2.° do DL n.° 76-A/2006, de 29 de Março.

Art. 436.° (Presidência do conselho geral e de supervisão)
   À designação do presidente do conselho geral e de supervisão aplica-se o regime previsto no artigo 395.°, com as devidas adaptações.

Nota. Redacção introduzida pelo art. 2.° do DL n.° 76-A/2006, de 29 de Março, que também alterou a epígrafe do preceito.

Art. 437.° (Incompatibilidade entre funções de administrador e de membro do conselho geral e de supervisão)
   1. Não pode ser designado membro do conselho geral e de supervisão quem seja administrador da sociedade ou de outra que com aquela se encontre em relação de domínio ou de grupo.
   2. O conselho geral e de supervisão pode nomear um dos seus membros para substituir, por período inferior a um ano, um administrador temporariamente impedido.
   3. O membro do conselho geral e de supervisão nomeado para substituir um administrador, nos termos do número anterior, não pode simultaneamente exercer funções no conselho geral e de supervisão.

Nota. Redacção introduzida pelo art. 2.° do DL n.° 76-A/2006, de 29 de Março, que também alterou a epígrafe do preceito.

Art. 438.° (Substituição)
   1. Na falta definitiva de um membro do conselho geral e de supervisão, deve ser chamado um suplente, conforme a ordem por que figurem na lista submetida à assembleia geral dos accionistas.
   2. Não havendo suplentes, a substituição efectua-se por eleição da assembleia geral.
   3. As substituições efectuadas nos termos dos números antecedentes duram até ao fim do período para o qual o conselho geral e de supervisão foi eleito.

Nota. A redacção dos n.os 1 e 3 foi introduzida pelo art. 2.° do DL n.° 76-A/2006, de 29 de Março.

Art. 439.° (Nomeação judicial)
   1. Se já não fizer parte do conselho geral e de supervisão o número de membros necessários para ele poder reunir-se, o tribunal pode preencher esse número, a requerimento do conselho de administração executivo, de um membro do conselho geral e de supervisão ou de um accionista.
   2. O conselho de administração executivo deve apresentar o requerimento previsto no número anterior logo que tenha conhecimento da referida situação.

394

Cap. VI.   Administ., fiscaliz. e secretário da sociedade   **Arts. 440.°-441.° csc [11]**

3. As nomeações efectuadas pelo tribunal caducam logo que as vagas forem preenchidas, nos termos da lei ou do contrato de sociedade.

4. Os membros nomeados pelo juiz têm os direitos e deveres dos outros membros do conselho geral e de supervisão.

Nota. A redacção dos n.ᵒˢ 1, 2 e 4 foi introduzida pelo art. 2.° do DL n.° 76-A/2006, de 29 de Março.

Art. 440.° (Remuneração)

1. Na falta de estipulação contratual, as funções de membro do conselho geral e de supervisão são remuneradas.

2. A remuneração é fixada pela assembleia geral ou por uma comissão nomeada por esta, tendo em conta as funções desempenhadas e a situação económica da sociedade.

3. A remuneração deve consistir numa quantia fixa e a assembleia geral pode, em qualquer tempo, reduzi-la ou aumentá-la, tendo em conta os factores referidos no número anterior.

Nota. Redacção introduzida pelo art. 2.° do DL n.° 76-A/2006, de 29 de Março.

Art. 441.° (Competência do conselho geral e de supervisão)

1. Compete ao conselho geral e de supervisão:

a) Nomear e destituir os administradores, se tal competência não for atribuída nos estatutos à assembleia geral;

b) Designar o administrador que servirá de presidente do conselho de administração executivo e destituí-lo, se tal competência não for atribuída nos estatutos à assembleia geral, sem prejuízo do disposto no artigo 436.°;

c) Representar a sociedade nas relações com os administradores;

d) Fiscalizar as actividades do conselho de administração executivo;

e) Vigiar pela observância da lei e do contrato de sociedade;

f) Verificar, quando o julgue conveniente e pela forma que entenda adequada, a regularidade dos livros, registos contabilísticos e documentos que lhes servem de suporte, assim como a situação de quaisquer bens ou valores possuídos pela sociedade a qualquer título;

g) Verificar se as políticas contabilísticas e os critérios valorimétricos adoptados pela sociedade conduzem a uma correcta avaliação do património e dos resultados;

h) Dar parecer sobre o relatório de gestão e as contas do exercício;

i) Fiscalizar a eficácia do sistema de gestão de riscos, do sistema de controlo interno e do sistema de auditoria interna, se existentes;

j) Receber as comunicações de irregularidades apresentadas por accionistas, colaboradores da sociedade ou outros;

l) Fiscalizar o processo de preparação e de divulgação de informação financeira;

m) Propor à assembleia geral a nomeação do revisor oficial de contas;

n) Fiscalizar a revisão de contas aos documentos de prestação de contas da sociedade;

o) Fiscalizar a independência do revisor oficial de contas, designadamente no tocante à prestação de serviços adicionais;

395

[11] CSC Arts. 441.º-A-443.º

Tít. IV. Sociedades anónimas

p) Contratar a prestação de serviços de peritos que coadjuvem um ou vários dos seus membros no exercício das suas funções, devendo a contratação e a remuneração dos peritos ter em conta a importância dos assuntos a eles cometidos e a situação económica da sociedade;

q) Elaborar anualmente um relatório sobre a sua actividade e apresentá-lo à assembleia geral;

r) Conceder ou negar o consentimento à transmissão de acções, quando este for exigido pelo contrato;

s) Convocar a assembleia geral, quando entenda conveniente;

t) Exercer as demais funções que lhe sejam atribuídas por lei ou pelo contrato de sociedade.

2. É aplicável ao conselho geral e de supervisão, com as devidas adaptações, o disposto nos n.ºˢ 5 e 6 do artigo 420.º

Nota. Redacção introduzida pelo art. 2.º do DL n.º 76-A/2006, de 29 de Março, que também alterou a epígrafe do preceito, e pelo art. 3.º do DL n.º 185/2009, de 12 de Agosto.

Art. 441.º-A (Dever de segredo)

Os membros do conselho geral e de supervisão estão obrigados a guardar segredo dos factos e informações de que tiverem conhecimento em razão das suas funções.

Nota. Aditado pelo art. 3.º do DL n.º 76-A/2006, de 29 de Março.

Art. 442.º (Poderes de gestão)

1. O conselho geral e de supervisão não tem poderes de gestão das actividades da sociedade, mas a lei e o contrato de sociedade podem estabelecer que o conselho de administração executivo deve obter prévio consentimento do conselho geral e de supervisão para a prática de determinadas categorias de actos.

2. Sendo recusado o consentimento previsto no número anterior, o conselho de administração executivo pode submeter a divergência a deliberação da assembleia geral, devendo a deliberação pela qual a assembleia dê o seu consentimento ser tomada pela maioria de dois terços dos votos emitidos, se o contrato de sociedade não exigir maioria mais elevada ou outros requisitos.

3. Para efeito do disposto no número anterior, os prazos referidos no n.º 4 do artigo 377.º são reduzidos para 15 dias.

Nota. Redacção introduzida pelo art. 2.º do DL n.º 76-A/2006, de 29 de Março.

Art. 443.º (Poderes de representação)

1. Nas relações da sociedade com os seus administradores a sociedade é obrigada pelos dois membros do conselho geral e de supervisão por este designados.

2. Na contratação dos peritos, nos termos da alínea *p*) do artigo 441.º, a sociedade é representada pelos membros do conselho geral e de supervisão, aplicando-se, com as devidas adaptações, o disposto nos artigos 408.º e 409.º

3. O conselho geral e de supervisão pode requerer actos de registo comercial relativos aos seus próprios membros.

Nota. Redacção introduzida pelo art. 2.º do DL n.º 76-A/2006, de 29 de Março.

Cap. VI.   Administ., fiscaliz. e secretário da sociedade   **Arts. 444.º-446.º CSC [11]**

Art. 444.º (Comissões do conselho geral e de supervisão)

1. Quando conveniente, deve o conselho geral e de supervisão nomear, de entre os seus membros, uma ou mais comissões para o exercício de determinadas funções, designadamente para fiscalização do conselho de administração executivo e para fixação da remuneração dos administradores.

2. Nas sociedades emitentes de valores mobiliários admitidos à negociação em mercado regulamentado e nas sociedades que cumpram os critérios referidos na alínea *a*) do n.º 2 do artigo 413.º, o conselho geral e de supervisão deve constituir uma comissão para as matérias financeiras, especificamente dedicada ao exercício das funções referidas nas alíneas *f*) a *o*) do artigo 441.º

3. Sem prejuízo do disposto no artigo 434.º, à comissão para as matérias financeiras é aplicável a alínea *f*) do n.º 1 do artigo 414.º-A.

4. A comissão para as matérias financeiras elabora anualmente relatório sobre a sua acção fiscalizadora.

5. A comissão referida no número anterior deve incluir pelo menos um membro que tenha curso superior adequado ao exercício das suas funções e conhecimentos em auditoria ou contabilidade e que seja independente, nos termos do n.º 5 do artigo 414.º

6. Em sociedades emitentes de acções admitidas à negociação em mercado regulamentado, os membros da comissão referida no n.º 3 devem, na sua maioria, ser independentes.

Nota. Redacção introduzida pelo art. 2.º do DL n.º 76-A/2006, de 29 de Março, que também alterou a epígrafe do preceito.

Art. 445.º (Remissões)

1. Aos negócios celebrados entre membros do conselho geral e de supervisão e a sociedade aplica-se, com as necessárias adaptações, o disposto no artigo 397.º

2. Às reuniões e às deliberações do conselho geral e de supervisão aplica-se o disposto nos artigos 410.º a 412.º, com as seguintes adaptações:

a) O conselho geral e de supervisão deve reunir, pelo menos, uma vez em cada trimestre;

b) A convocação pode ser feita pelo conselho de administração executivo, se o presidente do conselho geral e de supervisão não o tiver convocado para reunir dentro dos 15 dias seguintes à recepção do pedido por aquele formulado;

c) O pedido de declaração de nulidade de deliberação pode ser formulado por qualquer administrador ou membro do conselho geral e de supervisão.

3. A responsabilidade de cada membro do conselho geral e de supervisão deve ser garantida através de caução ou de contrato de seguro, aplicando-se, com as devidas adaptações, o disposto no artigo 396.º

Nota. Redacção introduzida pelo art. 2.º do DL n.º 76-A/2006, de 29 de Março.

SECÇÃO VI.   **Revisor oficial de contas**

Art. 446.º (Designação)

1. Nas sociedades com as estruturas referidas nas alíneas *b*) e *c*) do n.º 1 do artigo 278.º ou com a estrutura referida na alínea *b*) do n.º 1 do artigo 413.º, sob

397

[11] CSC Arts. 446.º-A-446.º-B   Tít. IV.   Sociedades anónimas

proposta da comissão de auditoria, do conselho geral e de supervisão, da comissão para as matérias financeiras ou do conselho fiscal, a assembleia geral deve designar um revisor oficial de contas ou uma sociedade de revisores oficiais de contas para proceder ao exame das contas da sociedade.

2. A designação é feita por tempo não superior a quatro anos.

3. O revisor oficial de contas exerce as funções previstas nas alíneas *c*), *d*), *e*) e *f*) do n.º 1 do artigo 420.º

4. (…).

Nota. Redacção introduzida pelo art. 2.º do DL n.º 76-A/2006, de 29 de Março. O art. 61.º, alínea *b*), do mesmo diploma revogou o n.º 4.

SECÇÃO VII.   **Secretário da sociedade**[1]

Art. 446.º-A (Designação)

1. As sociedades emitentes de acções admitidas à negociação em mercado regulamentado devem designar um secretário da sociedade e um suplente.

2. O secretário e o seu suplente devem ser designados pelos sócios no acto de constituição da sociedade ou pelo conselho de administração ou pelo conselho de administração executivo por deliberação registada em acta.

3. As funções de secretário são exercidas por pessoa com curso superior adequado ao desempenho das funções ou solicitador, não podendo exercê-las em mais de sete sociedades, salvo nas que se encontrem nas situações previstas no título VI deste Código.

4. Em caso de falta ou impedimento do secretário, as suas funções são exercidas pelo suplente.

Nota. A redacção dos n.ºs 1 e 2 foi introduzida pelo art. 2.º do DL n.º 76-A/2006, de 29 de Março.

Art. 446.º-B (Competência)

1. Para além de outras funções estabelecidas pelo contrato social, compete ao secretário da sociedade:

a) Secretariar as reuniões dos órgãos sociais;

b) Lavrar as actas e assiná-las conjuntamente com os membros dos órgãos sociais respectivos e o presidente da mesa da assembleia geral, quando desta se trate;

c) Conservar, guardar e manter em ordem os livros e folhas de actas, as listas de presenças, o livro de registo de acções, bem como o expediente a eles relativo;

d) Proceder à expedição das convocatórias legais para as reuniões de todos os órgãos sociais;

e) Certificar as assinaturas dos membros dos órgãos sociais apostas nos documentos da sociedade;

f) Certificar que todas as cópias ou transcrições extraídas dos livros da sociedade ou dos documentos arquivados são verdadeiras, completas e actuais;

---

[1] Os arts. 446.º-A a 446.º-F, que constituem a Secção VI do Capítulo VI do Título IV do CSC, foram introduzidos pelo art. 3.º do DL 257/96, de 31 de Dezembro.

Cap. VII.   Publicidade de participações e abuso de informações   **Arts. 446.°-C-447.° csc [11]**

    g) Satisfazer, no âmbito da sua competência, as solicitações formuladas pelos accionistas no exercício do direito à informação e prestar a informação solicitada aos membros dos órgãos sociais que exercem funções de fiscalização sobre deliberações do conselho de administração ou da comissão executiva;

    h) Certificar o conteúdo, total ou parcial, do contrato de sociedade em vigor, bem como a identidade dos membros dos diversos órgãos da sociedade e quais os poderes de que são titulares;

    i) Certificar as cópias actualizadas dos estatutos, das deliberações dos sócios e da administração e dos lançamentos em vigor constantes dos livros sociais, bem como assegurar que elas sejam entregues ou enviadas aos titulares de acções que as tenham requerido e que tenham pago o respectivo custo;

    j) Autenticar com a sua rubrica toda a documentação submetida à assembleia geral e referida nas respectivas actas;

    l) Promover o registo dos actos sociais a ele sujeitos.

    2. As certificações feitas pelo secretário referidas nas alíneas *e*), *f*) e *h*) do n.° 1 deste artigo substituem, para todos os efeitos legais, a certidão de registo comercial.

Nota. Redacção introduzida pelo art. 2.° do DL n.° 76-A/2006, de 29 de Março.

Art. 446.°-C (Período de duração das funções)

    A duração das funções do secretário coincide com a do mandato dos órgãos sociais que o designarem, podendo renovar-se por uma ou mais vezes.

Art. 446.°-D (Regime facultativo de designação do secretário)

    1. As sociedades anónimas relativamente às quais se não verifique o requisito previsto no n.° 1 do artigo 446.°-A, bem como as sociedades por quotas, podem designar um secretário da sociedade.

    2. Nas sociedades por quotas compete à assembleia geral designar o secretário da sociedade.

Art. 446.°-E (Registo do cargo)

    A designação e cessação de funções do secretário, por qualquer causa que não seja o decurso do tempo, está sujeita a registo.

Nota. Redacção introduzida pelo art. 2.° do DL n.° 76-A/2006, de 29 de Março.

Art. 446.°-F (Responsabilidade)

    O secretário é responsável civil e criminalmente pelos actos que praticar no exercício das suas funções.

CAPÍTULO VII.   **Publicidade de participações e abuso de informações**

Art. 447.° (Publicidade de participações dos membros de órgãos de administração e fiscalização)

    1. Os membros dos órgãos de administração e de fiscalização de uma sociedade anónima devem comunicar à sociedade o número de acções e de obrigações

[11] CSC Art. 448.°

Tít. IV.   Sociedades anónimas

da sociedade de que são titulares, e bem assim todas as suas aquisições, onerações ou cessações de titularidade, por qualquer causa, de acções e de obrigações da mesma sociedade e de sociedades com as quais aquela esteja em relação de domínio ou de grupo.

2. O disposto no número anterior é extensivo às acções e obrigações:

a) Do cônjuge não separado judicialmente, seja qual for o regime matrimonial de bens;

b) Dos descendentes de menor idade;

c) Das pessoas em cujo nome as acções ou obrigações se encontrem, tendo sido adquiridas por conta das pessoas referidas no n.° 1 e nas alíneas *a)* e *b)* deste número;

d) Pertencentes a sociedade de que as pessoas referidas no n.° 1 e nas alíneas *a)* e *b)* deste número sejam sócios de responsabilidade ilimitada, exerçam a gerência ou algum dos cargos referidos no n.° 1 ou possuam, isoladamente ou em conjunto com pessoas referidas nas alíneas *a), b)* e *c)* deste número, pelo menos metade do capital social ou dos votos correspondentes a este.

3. Às aquisições ou alienações referidas nos números anteriores equiparam-se os contratos de promessa, de opção, de reporte ou outros que produzam efeitos semelhantes.

4. A comunicação deve ser feita:

a) Relativamente a acções e obrigações possuídas à data da designação ou eleição, nos 30 dias seguintes a este facto;

b) Nos 30 dias seguintes a algum dos factos referidos nos n.os 1 e 3 deste artigo, mas sempre a tempo de ser dado cumprimento ao disposto no n.° 5.

5. Em anexo ao relatório anual do órgão de administração, será apresentada, relativamente a cada uma das pessoas referidas no n.° 1, a lista das suas acções e obrigações abrangidas pelos n.os 1 e 2, com menção dos factos enumerados nesses mesmos números e no n.° 3, ocorridos durante o exercício a que o relatório respeita, especificando o montante das acções ou obrigações negociadas ou oneradas, a data do facto e a contrapartida paga ou recebida.

6. São abrangidas pelo disposto neste artigo as aquisições e alienações em bolsa e as que porventura estejam sujeitas a termo ou condição suspensiva.

7. As comunicações são feitas, por escrito, ao órgão de administração e ao órgão de fiscalização.

8. A falta culposa de cumprimento do disposto nos n.os 1 e 2 deste artigo constitui justa causa de destituição.

Nota. O texto do n.° 1 foi rectificado pelo DL n.° 257/96, de 31 de Dezembro, sendo acolhida a redacção constante de anteriores edições desta colectânea.

Art. 448.° (Publicidade de participações de accionistas)

1. O accionista que for titular de acções ao portador não registadas representativas de, pelo menos, um décimo, um terço ou metade do capital de uma sociedade deve comunicar à sociedade o número de acções de que for titular, aplicando-se para este efeito o disposto no anigo 447.°, n.° 2.

2. A informação prevista no número anterior deve ser também comunicada à sociedade quando o accionista, por qualquer motivo, deixar de ser titular de um

400

Cap. VII.   Publicidade de participações e abuso de informações   **Arts. 449.°-450.° CSC [11]**

número de acções ao portador não registadas representativo de um décimo, um terço ou metade do capital da mesma sociedade.

3. As comunicações previstas nos números anteriores são feitas, por escrito, ao órgão de administração e ao órgão de fiscalização, nos 30 dias seguintes à verificação dos factos neles previstos.

4. Em anexo ao relatório anual do órgão de administração será apresentada a lista dos accionistas que, na data do encerramento do exercício social e segundo os registos da sociedade e as informações prestadas, sejam titulares de, pelo menos, um décimo, um terço ou metade do capital, bem como dos accionistas que tenham deixado de ser titulares das referidas fracções do capital.

Art. 449.° (Abuso de informação)

1. O membro do órgão de administração ou do órgão de fiscalização de uma sociedade anónima, bem como a pessoa que, por motivo ou ocasião de serviço permanente ou temporário prestado à sociedade, ou no exercício de função pública, tome conhecimento de factos relativos à sociedade aos quais não tenha sido dada publicidade e sejam susceptíveis de influenciarem o valor dos títulos por ela emitidos e adquira ou aliene acções ou obrigações da referida sociedade ou de outra que com ela esteja em relação de domínio ou de grupo, por esse modo conseguindo um lucro ou evitando uma perda, deve indemnizar os prejudicados, pagando-lhes quantia equivalente ao montante da vantagem patrimonial realizada; não sendo possível identificar os prejudicados, deve o infractor pagar a referida indemnização à sociedade.

2. Respondem nos termos previstos no número anterior as pessoas nele indicadas que culposamente revelem a terceiro os factos relativos à sociedade, ali descritos, bem como o terceiro que, conhecendo a natureza confidencial dos factos revelados, adquira ou aliene acções ou obrigações da sociedade ou de outra que com ela esteja em relação de domínio ou de grupo, por esse modo conseguindo um lucro ou evitando uma perda.

3. Se os factos referidos no n.° 1 respeitarem à fusão de sociedades, o disposto nos números anteriores aplica-se às acções e obrigações das sociedades participantes e das sociedades que com elas estejam em relação de domínio ou de grupo.

4. O membro do órgão de administração ou do órgão de fiscalização que pratique alguns dos factos sancionados no n.° 1 ou no n.° 2 pode ainda ser destituído judicialmente, a requerimento de qualquer accionista.

5. Os membros do órgão de administração devem zelar para que outras pessoas que, no exercício de profissão ou actividade exteriores à sociedade, tomem conhecimento de factos referidos no n.° 1 não se aproveitem deles nem os divulguem.

Art. 450.° (Inquérito judicial)

1. Para os efeitos dos n.ºs 1 e 2 do artigo anterior, qualquer accionista pode requerer inquérito, em cujo processo será ordenada a destituição do infractor, se disso for caso.

2. No mesmo processo pode o infractor ser condenado a indemnizar os prejudicados, nos termos previstos no artigo anterior.

401

[11] CSC Art. 451.°

Tít. IV. Sociedades anónimas

3. O inquérito pode ser requerido até seis meses depois da publicação do relatório anual da administração de cujo anexo conste a aquisição ou alienação.

4. Durante cinco anos a contar da prática dos factos justificativos da destituição, as pessoas destituídas não podem desempenhar cargos na mesma sociedade ou noutra que com ela esteja em relação de domínio ou de grupo.

Nota. A redacção do n.° 3 foi introduzida pelo art. 2.° do DL n.° 76-A/2006, de 29 de Março.

CAPÍTULO VIII. Apreciação anual da situação da sociedade

Art. 451.° (Exame das contas nas sociedades com conselho fiscal e com comissão de auditoria)

1. Até 30 dias antes da data da assembleia geral convocada para apreciar os documentos de prestação de contas, o conselho de administração deve apresentar ao conselho fiscal e ao revisor oficial de contas o relatório da gestão e as contas do exercício.

2. O membro do conselho fiscal que for revisor oficial de contas ou, no caso das sociedades que adoptem as modalidades referidas nas alíneas *a*) e *b*) do n.° 1 do artigo 278.° e na alínea *b*) do n.° 1 do artigo 413.°, o revisor oficial de contas deve apreciar o relatório de gestão e completar o exame das contas com vista à sua certificação legal.

3. Em consequência do exame das contas, o revisor oficial de contas deve emitir documento de certificação legal das contas, o qual deve incluir:

a) Uma introdução que identifique, pelo menos, as contas do exercício que são objecto da revisão legal, bem como a estrutura de relato financeiro utilizada na sua elaboração;

b) Uma descrição do âmbito da revisão legal das contas que identifique, pelo menos, as normas segundo as quais a revisão foi realizada;

c) Um parecer sobre as contas do exercício dão uma imagem verdadeira e apropriada de acordo com a estrutura do relato financeiro e, quando apropriado, se as contas do exercício estão em conformidade com os requisitos legais aplicáveis, sendo que o parecer de revisão pode traduzir uma opinião sem ou com reservas, uma opinião adversa ou, se o revisor oficial de contas não estiver em condições de expressar uma opinião, revestir a forma de escusa de opinião de revisão;

d) Uma referência a quaisquer questões para as quais o revisor oficial de contas chame a atenção mediante ênfases, sem qualificar a opinião de revisão;

e) Um parecer em que se indique se o relatório de gestão é ou não concordante com as contas do exercício;

f) Data e assinatura do revisor oficial de contas.

4. No caso de sociedades que sejam emitentes de valores mobiliários admitidos à negociação em mercado regulamentado, o revisor deve atestar se o relatório sobre a estrutura e as práticas de governo societário divulgado inclui os elementos referidos no artigo 245.°-A do Código dos Valores Mobiliários que lhe sejam exigíveis.

402

Cap. VIII. Apreciação anual da situação da sociedade   **Arts. 452.º-455.º CSC [11]**

5. O âmbito do parecer a que se refere a alínea *e*) do n.º 3 deve igualmente incluir as matérias referidas nas alíneas *c*), *d*), *f*), *h*), *i*) e *m*) do n.º 1 do artigo 245.º-A do Código dos Valores Mobiliários, no caso dos emitentes abrangidos pelas disposições em causa.

Nota. Redacção introduzida pelo art. 2.º do DL n.º 76-A/2006, de 29 de Março, que também alterou a epígrafe do preceito, e pelo art. 3.º do DL n.º 185/2009, de 12 de Agosto. Antes, o preceito já havia sido alterado pelo art. 8.º do DL n.º 35/2005, de 17 de Fevereiro [**46**], e pelo art. 1.º do DL n.º 328/95, de 9 de Dezembro.

Art. 452.º (Apreciação pelo conselho fiscal e comissão de auditoria)

1. O conselho fiscal e a comissão de auditoria devem apreciar o relatório de gestão, as contas do exercício, a certificação legal das contas ou de impossibilidade de certificação.

2. Se o conselho fiscal ou a comissão de auditoria concordar com a certificação legal das contas ou com a declaração de impossibilidade de certificação, deve declará-lo expressamente no seu parecer.

3. Se discordar do documento do revisor oficial de contas referido no número anterior, o conselho fiscal ou a comissão de auditoria deve consignar no relatório as razões da sua discordância, sem prejuízo do declarado pelo revisor oficial de contas.

4. O relatório e parecer do conselho fiscal e da comissão de auditoria devem ser remetidos ao conselho de administração no prazo de 15 dias a contar da data em que tiver recebido os referidos elementos de prestação de contas.

Nota. Redacção introduzida pelo art. 2.º do DL n.º 76-A/2006, de 29 de Março, que também alterou a epígrafe do preceito. Antes, o preceito já havia sido alterado pelo art. 1.º do DL n.º 328/95, de 9 de Dezembro, e pelo art. 1.º do DL n.º 257/96, de 31 de Dezembro.

Art. 453.º (Exame das contas nas sociedades com conselho geral e de supervisão)

1. Até 30 dias antes da data da assembleia geral convocada para apreciar os documentos de prestação de contas, o conselho de administração executivo deve apresentar ao revisor oficial de contas o relatório de gestão e as contas do exercício, para os efeitos referidos nos números seguintes, e ao conselho geral e de supervisão.

2. O revisor oficial de contas deve apreciar o relatório de gestão e completar o exame das contas com vista à sua certificação legal.

3. Aplica-se o disposto no n.º 3 do artigo 451.º e nos n.ºˢ 2 a 4 do artigo 452.º, com as necessárias adaptações.

Nota. Redacção introduzida pelo art. 2.º do DL n.º 76-A/2006, de 29 de Março, que também alterou a epígrafe do preceito. Antes, o preceito já havia sido alterado pelo art. 8.º do DL n.º 35/2005, de 17 de Fevereiro [**46**], e pelo art. 1.º do DL n.º 328/95, de 9 de Dezembro.

Art. 454.º (Deliberação do conselho geral)

Nota. Revogado pelo art. 61.º, alínea *b*), do DL n.º 76-A/2006, de 29 de Março.

Art. 455.º (Apreciação geral da administração e da fiscalização)

1. A assembleia geral referida no artigo 376.º deve proceder à apreciação geral da administração e fiscalização da sociedade.

403

[11] CSC Arts. 456.°-457.°

Tít. IV.   Sociedades anónimas

    2. Essa apreciação deve concluir por uma deliberação de confiança em todos ou alguns dos órgãos de administração e de fiscalização e respectivos membros ou por destituição de algum ou alguns destes, podendo também a assembleia votar a desconfiança em administradores designados nos termos da alínea *a*) do n.° 1 do artigo 425.°

    3. As destituições e votos de confiança previstos no número anterior podem ser deliberados independentemente de menção na convocatória da assembleia.

Nota. Redacção introduzida pelo art. 1.° do DL n.° 328/95, de 9 de Dezembro, e pelo art. 2.° do DL n.° 76-A/2006, de 29 de Março.

CAPÍTULO IX.   Aumento e redução do capital

Art. 456.° (Aumento do capital deliberado pelo órgão de administração)

    1. O contrato de sociedade pode autorizar o órgão de administração a aumentar o capital, uma ou mais vezes, por entradas em dinheiro.

    2. O contrato de sociedade estabelece as condições para o exercício da competência conferida de acordo com o número anterior, devendo:

    a) Fixar o limite máximo do aumento;

    b) Fixar o prazo, não excedente a cinco anos, durante o qual aquela competência pode ser exercida, sendo que, na falta de indicação, o prazo é de cinco anos;

    c) Mencionar os direitos atribuídos às acções a emitir; na falta de menção, apenas é autorizada a emissão de acções ordinárias.

    3. O projecto da deliberação do órgão de administração é submetido ao conselho fiscal, à comissão de auditoria ou ao conselho geral e de supervisão, podendo o órgão de administração submeter a divergência a deliberação de assembleia geral se não for dado parecer favorável.

    4. A assembleia geral, deliberando com a maioria exigida para a alteração do contrato, pode renovar os poderes conferidos ao órgão de administração.

    5. Ao aumento do capital, deliberado pelo órgão de administração, é aplicável o disposto no artigo 88.°, com as necessárias adaptações.

Nota. Redacção introduzida pelo art. 2.° do DL n.° 76-A/2006, de 29 de Março.

Art. 457.° (Subscrição incompleta)

    1. Não sendo totalmente subscrito um aumento de capital, considera-se a deliberação da assembleia ou do conselho sem efeito, salvo se ela própria tiver previsto que em tal caso o aumento fica limitado às subscrições recolhidas.

    2. O anúncio de aumento do capital, referido no artigo 459.°, n.° 1, deve indicar o regime que vigora para a subscrição incompleta.

    3. Ficando a deliberação de aumento sem efeito, por ter sido incompleta a subscrição, o órgão de administração avisará desse facto os subscritores nos quinze dias seguintes ao encerramento da subscrição e restituirá imediatamente as importâncias recebidas.

Cap. IX.   Aumento e redução do capital   **Arts. 458.°-460.° CSC [11]**

Art. 458.° (Direito de preferência)

1. Em cada aumento de capital por entradas em dinheiro, as pessoas que, à data da deliberação de aumento de capital, forem accionistas podem subscrever as novas acções, com preferência relativamente a quem não for accionista.

2. As novas acções serão repartidas entre os accionistas que exerçam a preferência pelo modo seguinte:

a) Atribui-se a cada accionista o número de acções proporcional àquelas de que for titular na referida data ou o número inferior a esse que o accionista tenha declarado querer subscrever;

b) Satisfazem-se os pedidos superiores ao número referido na primeira parte da alínea *a)*, na medida que resultar de um ou mais rateios excedentários.

3. Não tendo havido alienação dos respectivos direitos de subscrição, caduca o direito de preferência das acções antigas às quais não caiba número certo de acções novas; aquelas que, por esse motivo, não tiverem sido subscritas são sorteadas uma só vez, para subscrição, entre todos os accionistas.

4. Havendo numa sociedade várias categorias de acções, todos os accionistas têm igual direito de preferência na subscrição das novas acções, quer ordinárias, quer de qualquer categoria especial, mas se as novas acções forem iguais às de alguma categoria especial já existente, a preferência pertence primeiro aos titulares de acções dessa categoria e só quanto a acções não subscritas por estes gozam de preferência os outros accionistas.

Art. 459.° (Aviso e prazo para o exercício da preferência)

1. Os accionistas devem ser avisados, por anúncio, do prazo e demais condições de exercício do direito de subscrição.

2. O contrato de sociedade pode prever comunicações adicionais aos accionistas e, no caso de todas as acções emitidas pela sociedade serem nominativas, pode o anúncio ser substituído por carta registada.

3. O prazo fixado para o exercício do direito de preferência não pode ser inferior a 15 dias, contados da publicação do anúncio, ou a 21 dias, contados da expedição da carta, dirigida aos titulares de acções nominativas.

Art. 460.° (Limitação ou supressão do direito de preferência)

1. O direito legal de preferência na subscrição de acções não pode ser limitado nem suprimido, a não ser nas condições dos números seguintes.

2. A assembleia geral que deliberar o aumento de capital pode, para esse aumento, limitar ou suprimir o direito de preferência dos accionistas, desde que o interesse social o justifique.

3. A assembleia geral pode também limitar ou suprimir, pela mesma razão, o direito de preferência dos accionistas relativamente a um aumento de capital deliberado ou a deliberar pelo órgão de administração, nos termos do artigo 456.°

4. As deliberações das assembleias gerais previstas nos números anteriores devem ser tomadas em separado de qualquer outra deliberação, pela maioria exigida para o aumento de capital.

5. Sendo por ele apresentada uma proposta de limitação ou supressão do direito de preferência, o órgão de administração deve submeter à assembleia um

[11] CSC Arts. 461.°-463.°   Tít. IV. Sociedades anónimas

relatório escrito, donde constem a justificação da proposta, o modo de atribuição das novas acções, as condições da sua liberação, o preço de emissão e os critérios utilizados para a determinação deste preço.

Art. 461.° (Subscrição indirecta)

1. A assembleia geral que deliberar o aumento de capital pode também deliberar que as novas acções sejam subscritas por uma instituição financeira, a qual assumirá a obrigação de as oferecer aos accionistas ou a terceiros, nas condições estabelecidas entre a sociedade e a instituição, mas sempre com respeito pelo disposto nos artigos anteriores.

2. O disposto no número anterior é aplicável aos aumentos de capital deliberados pelo órgão de administração.

3. Os accionistas serão avisados pela sociedade, por meio de anúncio, da deliberação tomada, de harmonia com os números antecedentes.

4. O disposto no artigo 459.° aplica-se à instituição financeira subscritora das novas acções nos termos previstos no n.° 1 deste artigo.

Art. 462.° (Aumento de capital e direito de usufruto)

1. Se a acção estiver sujeita a usufruto, o direito de participar no aumento do capital é exercido pelo titular da raiz ou pelo usufrutuário ou por ambos, nos termos que entre si acordarem.

2. Na falta de acordo, o direito de participar no aumento do capital pertence ao titular da raiz, mas se este não o exercer no prazo de oito ou de dez dias, contados, respectivamente, do anúncio ou da comunicação escrita referidos no n.° 3 do artigo 459.°, o referido direito devolve-se ao usufrutuário.

3. Quando houver de efectuar-se a comunicação prescrita pelo n.° 3 do artigo 459.°, deve ela ser enviada ao titular da raiz e ao usufrutuário.

4. A nova acção fica a pertencer em propriedade plena àquele que tiver exercido o direito de participar no aumento do capital, salvo se os interessados tiverem acordado em que ela fique também sujeita a usufruto.

5. Se nem o titular da raiz, nem o usufrutuário quiserem exercer a preferência no aumento, pode qualquer deles vender os respectivos direitos, devendo ser repartida entre eles a quantia obtida, na proporção do valor que nesse momento tiver o direito de cada um.

Art. 463.° (Redução do capital por extinção de acções próprias)

1. A assembleia geral pode deliberar que o capital da sociedade seja reduzido por meio de extinção de acções próprias.

2. À redução do capital aplica-se o disposto no artigo 95.°, excepto:

a) Se forem extintas acções inteiramente liberadas, adquiridas a título gratuito depois da deliberação da assembleia geral;

b) Se forem extintas acções inteiramente liberadas, adquiridas depois da deliberação da assembleia geral, unicamente por meio de bens que, nos termos dos artigos 32.° e 33.°, pudessem ser distribuídos aos accionistas; neste caso, deve ser levada a reserva especial, sujeita ao regime da reserva legal, quantia equivalente ao valor nominal total das acções extintas.

406

Cap. I. Disposições comuns **Arts. 464.°-467.° CSC [11]**

CAPÍTULO X. **Dissolução da sociedade**

Art. 464.° (Dissolução)
1. A deliberação de dissolução da sociedade deve ser tomada nos termos previstos no artigo 383.°, n.ᵒˢ 2 e 3, e no artigo 386.°, n.ᵒˢ 3, 4 e 5, podendo o contrato exigir uma maioria mais elevada ou outros requisitos.
2. A simples vontade de sócio ou sócios, quando não manifestada na deliberação prevista no número anterior, não pode constituir causa contratual de dissolução.
3. As sociedades anónimas podem ser dissolvidas por via administrativa quando, por período superior a um ano, o número de accionistas for inferior ao mínimo exigido por lei, excepto se um dos accionistas for pessoa colectiva pública ou entidade a ela equiparada por lei para esse efeito.
4. (…).

Nota. A redacção do n.° 3 foi introduzida pelo art. 2.° do DL n.° 76-A/2006, de 29 de Março. O art. 61.°, alínea *b*), do mesmo diploma revogou o n.° 4.

TÍTULO V. **SOCIEDADES EM COMANDITA**

CAPÍTULO I. **Disposições comuns**

Art. 465.° (Noção)
1. Na sociedade em comandita cada um dos sócios comanditários responde apenas pela sua entrada; os sócios comanditados respondem pelas dívidas da sociedade nos mesmos termos que os sócios da sociedade em nome colectivo.
2. Uma sociedade por quotas ou uma sociedade anónima podem ser sócios comanditados.
3. Na sociedade em comandita simples não há representação do capital por acções; na sociedade em comandita por acções só as participações dos sócios comanditários são representadas por acções.

Art. 466.° (Contrato de sociedade)
1. No contrato de sociedade devem ser indicados distintamente os sócios comanditários e os sócios comanditados.
2. O contrato deve especificar se a sociedade é constituída como comandita simples ou como comandita por acções.

Art. 467.° (Firma)
1. A firma da sociedade é formada pelo nome ou firma de um, pelo menos, dos sócios comanditados e o aditamento «em Comandita» ou «& Comandita», «em Comandita por Acções» ou «& Comandita por Acções».
2. Os nomes dos sócios comanditários não podem figurar na firma da sociedade sem o seu consentimento expresso e, neste caso, aplica-se o disposto nos números seguintes.

407

[11] CSC Arts. 468.º-471.º   Tít. V.   Sociedades em comandita

3. Se o sócio comanditário ou alguém estranho à sociedade consentir que o seu nome ou firma figure na firma social fica sujeito, perante terceiros, à responsabilidade imposta aos sócios comanditados, em relação aos actos outorgados com aquela firma, salvo se demonstrar que tais terceiros sabiam que ele não era sócio comanditado.

4. O sócio comanditário, ou o estranho à sociedade, responde em iguais circunstâncias pelos actos praticados em nome da sociedade sem uso expresso daquela firma irregular, excepto se demonstrar que a inclusão do seu nome na firma social não era conhecida dos terceiros interessados ou que, sendo-o, estes sabiam que ele não era sócio comanditado.

5. Ficam sujeitos à mesma responsabilidade, nos termos previstos nos números antecedentes, todos os que agirem em nome da sociedade cuja firma contenha a referida irregularidade, a não ser que demonstrem que a desconheciam e não tinham o dever de a conhecer.

Art. 468.º (Entrada de sócio comanditário)
A entrada de sócio comanditário não pode consistir em indústria.

Art. 469.º (Transmissão de partes de sócios comanditados)
1. A transmissão entre vivos da parte de um sócio comanditado só é eficaz se for consentida por deliberação dos sócios, salvo disposição contratual diversa.
2. À transmissão por morte da parte de um sócio comanditado é aplicável o disposto a respeito da transmissão de partes de sócios de sociedades em nome colectivo.

Art. 470.º (Gerência)
1. Só os sócios comanditados podem ser gerentes, salvo se o contrato de sociedade permitir a atribuição da gerência a sócios comanditários.
2. Pode, porém, a gerência, quando o contrato o autorize, delegar os seus poderes em sócio comanditário ou em pessoa estranha à sociedade.
3. O delegado deve mencionar esta qualidade em todos os actos em que intervenha.
4. No caso de impedimento ou falta dos gerentes efectivos, pode qualquer sócio, mesmo comanditário, praticar actos urgentes e de mero expediente, mas deve declarar a qualidade em que age e, no caso de ter praticado actos urgentes, convocar imediatamente a assembleia geral para que esta ratifique os seus actos e o confirme na gerência provisória ou nomeie outros gerentes.
5. Os actos praticados nos termos do número anterior mantêm os seus efeitos para com terceiros, embora não ratificados, mas a falta de ratificação torna o autor desses actos responsável, nos termos gerais, para com a sociedade.

Art. 471.º (Destituição de sócios gerentes)
1. O sócio comanditado que exerça a gerência só pode ser destituído desta, sem haver justa causa, por deliberação que reúna dois terços dos votos que cabem aos sócios comanditados e dois terços dos votos que cabem aos sócios comanditários.
2. Havendo justa causa, o sócio comanditado é destituído da gerência por deliberação tomada por maioria simples dos votos apurados na assembleia.

Cap. II. Sociedades em comandita simples   **Arts. 472.º-476.º CSC [11]**

3. O sócio comanditário é destituído da gerência por deliberação que reúna a maioria simples dos votos apurados na assembleia.

Art. 472.º (Deliberações dos sócios)
1. As deliberações dos sócios são tomadas ou unanimemente, nos termos do artigo 54.º, ou em assembleia geral.
2. O contrato de sociedade deve regular, em função do capital, a atribuição de votos aos sócios, mas os sócios comanditados, em conjunto, não podem ter menos de metade dos votos pertencentes aos sócios comanditários, também em conjunto.
3. Ao voto de sócios de indústria aplica-se o disposto no artigo 190.º, n.º 2.

Art. 473.º (Dissolução)
1. A deliberação de dissolução da sociedade é tomada por maioria que reúna dois terços dos votos que cabem aos sócios comanditados e dois terços dos votos que cabem aos sócios comanditários.
2. Constitui fundamento especial de dissolução das sociedades em comandita o desaparecimento de todos os sócios comanditados ou de todos os sócios comanditários.
3. Se faltarem todos os sócios comanditários, a sociedade pode ser dissolvida por via administrativa.
4. Se faltarem todos os sócios comanditados e nos 90 dias seguintes a situação não tiver sido regularizada, a sociedade dissolve-se imediatamente.

Nota. A redacção do n.º 3 foi introduzida pelo art. 2.º do DL n.º 76-A/2006, de 29 de Março.

CAPÍTULO II. **Sociedades em comandita simples**

Art. 474.º (Direito subsidiário)
Às sociedades em comandita simples aplicam-se as disposições relativas às sociedades em nome colectivo, na medida em que forem compatíveis com as normas do capítulo anterior e do presente.

Art. 475.º (Transmissão de partes de sócios comanditários)
À transmissão entre vivos ou por morte da parte de um sócio comanditário aplica-se o preceituado a respeito da transmissão de quotas de sociedade por quotas.

Art. 476.º (Alteração e outros factos relativos ao contrato)
As deliberações sobre a alteração do contrato de sociedade, fusão, cisão ou transformação devem ser tomadas unanimemente pelos sócios comanditados e por sócios comanditários que representem, pelo menos, dois terços do capital possuído por estes, a não ser que o contrato de sociedade prescinda da referida unanimidade ou aumente a mencionada maioria.

409

[11] CSC Arts. 477.º-481.º   Tít. VI.   Sociedades coligadas

Art. 477.º (Proibição de concorrência)

Os sócios comanditados são obrigados a não fazer concorrência à sociedade, nos termos prescritos para os sócios de sociedades em nome colectivo.

CAPÍTULO III.   Sociedades em comandita por acções

Art. 478.º (Direito subsidiário)

Às sociedades em comandita por acções aplicam-se as disposições relativas às sociedades anónimas, na medida em que forem compatíveis com as normas do capítulo I e do presente.

Art. 479.º (Número de sócios)

A sociedade em comandita por acções não pode constituir-se com menos de cinco sócios comanditários.

Art. 480.º (Direito de fiscalização e de informação)

Os sócios comanditados possuem sempre o direito de fiscalização atribuído a sócios de sociedades em nome colectivo.

Nota. Enquanto a epígrafe do artigo fala do «direito de fiscalização e de informação» o respectivo texto atribui aos sócios de responsabilidade ilimitada o direito de fiscalização atribuído aos sócios de sociedades em nome colectivo. A epígrafe e o texto desta norma são idênticos aos do art. 471.º do Projecto de Código das Sociedades *(BMJ* n.º 327).

No Título relativo às sociedades em nome colectivo existe o art. 181.º que sob a epígrafe «direito dos sócios à informação» regula minuciosamente o direito de o sócio se informar e fiscalizar tudo o que respeita à actividade social (cf. os arts. 214.º para as sociedades por quotas e 288.º para as anónimas). No referido Projecto correspondia-lhe o art. 184.º que sob a epígrafe «fiscalização dos sócios» reproduzia a doutrina do art. 988.º, n.º 1, do Cód. Civil concedendo aos sócios o direito à informação e o direito de fiscalização da actividade social.

Não se pode duvidar razoavelmente do alcance da norma: o legislador quis atribuir aos sócios comanditados que são sócios de responsabilidade ilimitada os mesmos direitos de informação e de fiscalização que cabem aos sócios de sociedades em nome colectivo.

TÍTULO VI.   **SOCIEDADES COLIGADAS**

CAPÍTULO I.   Disposições gerais

Art. 481.º (Âmbito de aplicação deste título)

1. O presente título aplica-se a relações que entre si estabeleçam sociedades por quotas, sociedades anónimas e sociedades em comandita por acções.

2. O presente título aplica-se apenas a sociedades com sede em Portugal, salvo quanto ao seguinte:

a) A proibição estabelecida no artigo 487.º aplica-se à aquisição de participações de sociedades com sede no estrangeiro que, segundo os critérios estabelecidos pela presente lei, sejam consideradas dominantes;

410

Cap. II. Soc. em rel. de simples part., de part. rec. e de domínio **Arts. 482.º-484.º CSC [11]**

b) Os deveres de publicação e declaração de participações por sociedades com sede em Portugal abrangem as participações delas em sociedades com sede no estrangeiro e destas naquelas;

c) A sociedade com sede no estrangeiro que, segundo os critérios estabelecidos pela presente lei, seja considerada dominante de uma sociedade com sede em Portugal é responsável para com esta sociedade e os seus sócios, nos termos do artigo 83.º e, se for caso disso, do artigo 84.º

d) A constituição de uma sociedade anónima, nos termos dos n.ᵒˢ 1 e 2 do artigo 488.º, por sociedade cuja sede não se situe em Portugal.

Nota. A alínea *d*) foi aditada pelo art. 2.º do DL n.º 76-A/2006, de 29 de Março.

Art. 482.º (Sociedades coligadas)

Para os efeitos desta lei, consideram-se sociedades coligadas:

a) As sociedades em relação de simples participação;
b) As sociedades em relação de participações recíprocas;
c) As sociedades em relação de domínio;
d) As sociedades em relação de grupo.

CAPÍTULO II. **Sociedades em relação de simples participação, de participações recíprocas e de domínio**

Art. 483.º (Sociedades em relação de simples participação)

1. Considera-se que uma sociedade está em relação de simples participação com outra quando uma delas é titular de quotas ou acções da outra em montante igual ou superior a 10% do capital desta, mas entre ambas não existe nenhuma das outras relações previstas no artigo 482.º

2. À titularidade de quotas ou acções por uma sociedade equipara-se, para efeito do montante referido no número anterior, a titularidade de quotas ou acções por uma outra sociedade que dela seja dependente, directa ou indirectamente, ou com ela esteja em relação de grupo, e de acções de que uma pessoa seja titular por conta de qualquer dessas sociedades.

Art. 484.º (Dever de comunicação)

1. Sem prejuízo dos deveres de declaração e de publicidade de participações sociais na apresentação de contas, uma sociedade deve comunicar, por escrito, a outra sociedade todas as aquisições e alienações de quotas ou acções desta que tenha efectuado, a partir do momento em que se estabeleça uma relação de simples participação e enquanto o montante da participação não se tornar inferior àquele que determinar essa relação.

2. A comunicação ordenada pelo número anterior é independente da comunicação de aquisição de quotas exigida pelo artigo 228.º, n.º 3, e do registo de aquisição de acções, referido nos artigos 330.º e seguintes, mas a sociedade participada não pode alegar desconhecimento do montante da participação que nela tenha outra sociedade, relativamente às aquisições de quotas que lhe tiverem sido comunicadas e às aquisições de acções que tiverem sido registadas, nos termos acima referidos.

411

[11] CSC Arts. 485.°-487.°

Tít. VI. Sociedades coligadas

Art. 485.° (Sociedades em relação de participações recíprocas)
1. As sociedades que estiverem em relação de participações recíprocas ficam sujeitas aos deveres e restrições constantes dos números seguintes, a partir do momento em que ambas as participações atinjam 10% do capital da participada.
2. A sociedade que mais tardiamente tenha efectuado a comunicação exigida pelo artigo 484.°, n.° 1, donde resulte o conhecimento do montante da participação referido no número anterior, não pode adquirir novas quotas ou acções na outra sociedade.
3. As aquisições efectuadas com violação do disposto no número anterior não são nulas, mas a sociedade adquirente não pode exercer os direitos inerentes a essas quotas ou acções na parte que exceda 10% do capital, exceptuado o direito à partilha do produto da liquidação, embora esteja sujeita às respectivas obrigações, e os seus administradores são responsáveis, nos termos gerais, pelos prejuízos que a sociedade sofra pela criação e manutenção de tal situação.
4. Cumulando-se as relações, o disposto no artigo 487.°, n.° 2, prevalece sobre o n.° 3 deste artigo.
5. Sempre que a lei imponha a publicação ou declaração de participações, deve ser mencionado se existem participações recíprocas, o seu montante e as quotas ou acções cujos direitos não podem ser exercidos por uma ou por outra das sociedades.

Art. 486.° (Sociedades em relação de domínio)
1. Considera-se que duas sociedades estão em relação de domínio quando uma delas, dita dominante, pode exercer, directamente ou por sociedades ou pessoas que preencham os requisitos indicados no artigo 483.°, n.° 2, sobre a outra, dita dependente, uma influência dominante.
2. Presume-se que uma sociedade é dependente de uma outra se esta, directa ou indirectamente:
   a) Detém uma participação maioritária no capital;
   b) Dispõe de mais de metade dos votos;
   c) Tem a possibilidade de designar mais de metade dos membros do órgão de administração ou do órgão de fiscalização.
3. Sempre que a lei imponha a publicação ou declaração de participações, deve ser mencionado, tanto pela sociedade presumivelmente dominante, como pela sociedade presumivelmente dependente, se se verifica alguma das situações referidas nas alíneas do n.° 2 deste artigo.

Art. 487.° (Proibição de aquisição de participações)
1. É proibido a uma sociedade adquirir quotas ou acções das sociedades que, directamente ou por sociedades ou pessoas que preencham os requisitos indicados no artigo 483.°, n.° 2, a dominem, a não ser aquisições a título gratuito, por adjudicação em acção executiva movida contra devedores ou em partilha de sociedades de que seja sócia.
2. Os actos de aquisição de quotas ou acções que violem o disposto no número anterior são nulos, excepto se forem compras em Bolsa, mas neste caso aplica-se a todas as acções assim adquiridas o disposto no artigo 485.°, n.° 3.

Cap. III.   Sociedades em relação de grupo   **Arts. 488.º-490.º csc [11]**

CAPÍTULO III.   Sociedades em relação de grupo

SECÇÃO I.   **Grupos constituídos por domínio total**

Art. 488.º (Domínio total inicial)

1. Uma sociedade pode constituir uma sociedade anónima de cujas acções ela seja inicialmente a única titular.

2. Devem ser observados todos os demais requisitos da constituição de sociedades anónimas.

3. Ao grupo assim constituído aplica-se o disposto nos n.ºs 4, 5, e 6 do artigo 489.º

Nota. A redacção do n.º 1 foi introduzida pelo DL n.º 280/87, de 8 de Julho [13], e pelo art. 2.º do DL n.º 76-A/2006, de 29 de Março.

Art. 489.º (Domínio total superveniente)

1. A sociedade que, directamente ou por outras sociedades ou pessoas que preencham os requisitos indicados no artigo 483.º, n.º 2, domine totalmente uma outra sociedade, por não haver outros sócios, forma um grupo com esta última, por força da lei, salvo se a assembleia geral da primeira tomar alguma das deliberações previstas nas alíneas *a*) e *b*) do número seguinte.

2. Nos seis meses seguintes à ocorrência dos pressupostos acima referidos, a administração da sociedade dominante deve convocar a assembleia geral desta para deliberar em alternativa, sobre:

a) Dissolução da sociedade dependente;

b) Alienação de quotas ou acções da sociedade dependente;

c) Manutenção da situação existente.

3. Tomada a deliberação prevista na alínea *c*) do número anterior ou enquanto não for tomada alguma deliberação, a sociedade dependente considera-se em relação de grupo com a sociedade dominante e não se dissolve, ainda que tenha apenas um sócio.

4. A relação de grupo termina:

a) Se a sociedade dominante ou a sociedade dependente deixar de ter a sua sede em Portugal;

b) Se a sociedade dominante for dissolvida;

c) Se mais de 10% do capital da sociedade dependente deixar de pertencer à sociedade dominante ou às sociedades e pessoas referidas no artigo 483.º, n.º 2.

5. Na hipótese prevista na alínea *c*) do número anterior, a sociedade dominante deve comunicar esse facto, imediatamente e por escrito, à sociedade dependente.

6. A administração da sociedade dependente deve pedir o registo da deliberação referida na alínea *c*) do n.º 2, bem como do termo da relação de grupo.

Art. 490.º (Aquisições tendentes ao domínio total)

1. Uma sociedade que, por si ou conjuntamente com outras sociedades ou pessoas mencionadas no artigo 483.º, n.º 2, disponha de quotas ou acções corres-

413

[11] CSC Arts. 491.°-492.° Tít. VI. Sociedades coligadas

pondentes a, pelo menos, 90% do capital de outra sociedade, deve comunicar o facto a esta nos 30 dias seguintes àquele em que for atingida a referida participação.

2. Nos seis meses seguintes à data da comunicação, a sociedade dominante pode fazer uma oferta de aquisição das participações dos restantes sócios, mediante uma contrapartida em dinheiro ou nas suas próprias quotas, acções ou obrigações, justificada por relatório elaborado por revisor oficial de contas independente das sociedades interessadas, que será depositado no registo e patenteado aos interessados nas sedes das duas sociedades.

3. A sociedade dominante pode tornar-se titular das acções ou quotas pertencentes aos sócios livres da sociedade dependente, se assim o declarar na proposta, estando a aquisição sujeita a registo por depósito e publicação.

4. O registo só pode ser efectuado se a sociedade tiver consignado em depósito a contrapartida, em dinheiro, acções ou obrigações, das participações adquiridas, calculada de acordo com os valores mais altos constantes do relatório do revisor.

5. Se a sociedade dominante não fizer oportunamente a oferta permitida pelo n.° 2 deste artigo, cada sócio ou accionista livre pode, em qualquer altura, exigir por escrito que a sociedade dominante lhe faça, em prazo não inferior a 30 dias, oferta de aquisição das suas quotas ou acções, mediante contrapartida em dinheiro, quotas ou acções das sociedades dominantes.

6. Na falta da oferta ou sendo esta considerada insatisfatória, o sócio livre pode requerer ao tribunal que declare as acções ou quotas como adquiridas pela sociedade dominante desde a proposição da acção, fixe o seu valor em dinheiro e condene a sociedade dominante a pagar-lho. A acção deve ser proposta nos 30 dias seguintes ao termo do prazo referido no número anterior ou à recepção da oferta, conforme for o caso.

7. A aquisição tendente ao domínio total da sociedade com o capital social aberto ao investimento do público rege-se pelo disposto no Código dos Valores Mobiliários.

Notas. 1. O texto do n.° 5 foi rectificado pelo DL n.° 257/96, de 31 de Dezembro, sendo acolhida a redacção constante de anteriores edições desta colectânea.

2. O n.° 7 foi aditado pelo art. 13.° do DL n.° 486/99, de 13 de Novembro, que aprovou o actual Código dos Valores Mobiliários (CodVM **[51]**).

3. A actual redacção dos n.ºˢ 3 e 4 foi introduzida pelo art. 2.° do DL n.° 76-A/2006, de 29 de Março.

Art. 491.° (Remissão)

Aos grupos constituídos por domínio total aplicam-se as disposições dos artigos 501.° a 504.° e as que por força destes forem aplicáveis.

SECÇÃO II. **Contrato de grupo paritário**

Art. 492.° (Regime do contrato)

1. Duas ou mais sociedades que não sejam dependentes nem entre si nem de outras sociedades podem constituir um grupo de sociedades, mediante contrato pelo qual aceitem submeter-se a uma direcção unitária e comum.

414

Cap. III.   Sociedades em relação de grupo   **Arts. 493.°-495.° CSC [11]**

2. O contrato e as suas alterações e prorrogações devem ser reduzidos a escrito e precedidos de deliberações de todas as sociedades intervenientes, tomadas sobre proposta das suas administrações e pareceres dos seus órgãos de fiscalização, pela maioria que a lei ou os contratos de sociedade exijam para a fusão.

3. O contrato não pode ser estipulado por tempo indeterminado, mas pode ser prorrogado.

4. O contrato não pode modificar a estrutura legal da administração e fiscalização das sociedades. Quando o contrato instituir um órgão comum de direcção ou coordenação, todas as sociedades devem participar nele igualmente.

5. Ao termo do contrato aplica-se o disposto no artigo 506.°

6. Ficam ressalvadas as normas legais disciplinadoras da concorrência entre empresas.

Nota. A redacção do n.° 2 foi introduzida pelo art. 2.° do DL n.° 76-A/2006, de 29 de Março.

SECÇÃO III.   **Contrato de subordinação**

Art. 493.° (Noção)

1. Uma sociedade pode, por contrato, subordinar a gestão da sua própria actividade à direcção de uma outra sociedade, quer seja sua dominante, quer não.

2. A sociedade directora forma um grupo com todas as sociedades por ela dirigidas, mediante contrato de subordinação, e com todas as sociedades por ela integralmente dominadas, directa ou indirectamente.

Art. 494.° (Obrigações essenciais da sociedade directora)

1. No contrato de subordinação é essencial que a sociedade directora se comprometa:

a) A adquirir as quotas ou acções dos sócios livres da sociedade subordinada, mediante uma contrapartida fixada ou por acordo ou nos termos do artigo 497.°;

b) A garantir os lucros dos sócios livres da sociedade subordinada, nos termos do artigo 499.°

2. Sócios livres são todos os sócios ou accionistas da sociedade subordinada, exceptuados:

a) A sociedade directora;

b) As sociedades ou pessoas relacionadas com a sociedade directora, nos termos do artigo 483.°, n.° 2, ou as sociedades que estejam em relação de grupo com a sociedade directora;

c) A sociedade dominante da sociedade directora;

d) As pessoas que possuam mais de 10% do capital das sociedades referidas nas alíneas anteriores;

e) A sociedade subordinada;

f) As sociedades dominadas pela sociedade subordinada.

Art. 495.° (Projecto de contrato de subordinação)

As administrações das sociedades que pretendam celebrar contrato de subordinação devem elaborar, em conjunto, um projecto donde constem, além de outros

415

[11] CSC Arts. 496.º-497.º

Tít. VI. Sociedades coligadas

elementos necessários ou convenientes para o perfeito conhecimento da operação visada, tanto no aspecto jurídico como no económico:

a) Os motivos, as condições e os objectivos do contrato relativamente às duas sociedades intervenientes;

b) A firma, a sede, o montante do capital, o número e data da matrícula no registo comercial de cada uma delas, bem como os textos actualizados dos respectivos contratos de sociedade;

c) A participação de alguma das sociedades no capital da outra;

d) O valor em dinheiro atribuído às quotas ou acções da sociedade que, pelo contrato, ficará a ser dirigida pela outra;

e) A natureza da contrapartida que uma sociedade oferece aos sócios da outra, no caso de estes aceitarem a proposta de aquisição das suas quotas ou acções pela oferente.

f) No caso de a contrapartida mencionada na alínea anterior consistir em acções ou obrigações, o valor dessas acções ou obrigações e a relação de troca;

g) A duração do contrato de subordinação;

h) O prazo, a contar da celebração do contrato, dentro do qual os sócios livres da sociedade que ficará a ser dirigida poderão exigir a aquisição das suas quotas ou acções pela outra sociedade;

i) A importância que a sociedade que ficará a ser directora deverá entregar anualmente à outra sociedade para manutenção de distribuição de lucros ou o modo de calcular essa importância;

j) A convenção de atribuição de lucros, se a houver.

Art. 496.º (Remissão)

1. À fiscalização do projecto, à convocação das assembleias, à consulta dos documentos, à reunião das assembleias e aos requisitos das deliberações destas aplica-se, sempre que possível, o disposto quanto à fusão de sociedades.

2. Quando se tratar da celebração ou da modificação de contrato celebrado entre uma sociedade dominante e uma sociedade dependente, exige-se ainda que não tenha votado contra a respectiva proposta mais de metade dos sócios livres da sociedade dependente.

3. As deliberações das duas sociedades são comunicadas aos respectivos sócios por meio de carta registada, tratando-se de sócios de sociedades por quotas ou de titulares de acções nominativas; nos outros casos, a comunicação é feita por meio de anúncio.

Art. 497.º (Posição dos sócios livres)

1. Nos 90 dias seguintes à última das publicações do anúncio das deliberações ou à recepção da carta registada pode o sócio livre opor-se ao contrato de subordinação, com fundamento em violação do disposto nesta lei ou em insuficiência da contrapartida oferecida.

2. A oposição realiza-se pela forma prevista para a oposição de credores, em casos de fusão de sociedades; o juiz ordenará sempre que a sociedade directora informe o montante das contrapartidas pagas a outros sócios livres ou acordadas com eles.

416

Cap. III. Sociedades em relação de grupo   **Arts. 498.°-501.° CSC [11]**

3. É vedado às administrações das sociedades celebrarem o contrato de subordinação antes de decorrido o prazo referido no n.° 1 deste artigo ou antes de terem sido decididas as oposições de que, por qualquer forma, tenham conhecimento.

4. A fixação judicial da contrapartida da aquisição pela sociedade directora ou dos lucros garantidos por esta aproveita a todos os sócios livres, tenham ou não deduzido oposição.

Art. 498.° (Celebração e registo do contrato)

O contrato de subordinação deve ser reduzido a escrito, devendo ser celebrado por administradores das duas sociedades, registado por depósito pelas duas sociedades e publicado.

Nota. Redacção introduzida pelo art. 2.° do DL n.° 76-A/2006, de 29 de Março.

Art. 499.° (Direitos dos sócios livres)

1. Os sócios livres que não tenham deduzido oposição ao contrato de subordinação têm direito de optar entre a alienação das suas quotas ou acções e a garantia de lucro, contanto que o comuniquem, por escrito, às duas sociedades dentro do prazo fixado para a oposição.

2. Igual direito têm os sócios livres que tenham deduzido oposição nos três meses seguintes ao trânsito em julgado das respectivas sentenças.

3. A sociedade que pelo contrato seria directora pode, mediante comunicação escrita à outra sociedade, efectuada nos 30 dias seguintes ao trânsito em julgado da última das sentenças sobre oposições deduzidas, desistir da celebração do contrato.

Art. 500.° (Garantia de lucros)

1. Pelo contrato de subordinação, a sociedade directora assume a obrigação de pagar aos sócios livres da sociedade subordinada a diferença entre o lucro efectivamente realizado e a mais elevada das importâncias seguintes:

a) A média dos lucros auferidos pelos sócios livres nos três exercícios anteriores ao contrato de subordinação, calculada em percentagem relativamente ao capital social;

b) O lucro que seria auferido por quotas ou acções da sociedade directora, no caso de terem sido por elas trocadas as quotas ou acções daqueles sócios.

2. A garantia conferida no número anterior permanece enquanto o contrato de grupo vigorar e mantém-se nos cinco exercícios seguintes ao termo deste contrato.

Art. 501.° (Responsabilidade para com os credores da sociedade subordinada)

1. A sociedade directora é responsável pelas obrigações da sociedade subordinada, constituídas antes ou depois da celebração do contrato de subordinação, até ao termo deste.

2. A responsabilidade da sociedade directora não pode ser exigida antes de decorridos 30 dias sobre a constituição em mora da sociedade subordinada.

3. Não pode mover-se execução contra a sociedade directora com base em título exequível contra a sociedade subordinada.

[11] CSC Arts. 502.º-505.º

Tít. VI. Sociedades coligadas

Art. 502.º (Responsabilidade por perdas da sociedade subordinada)
1. A sociedade subordinada tem o direito de exigir que a sociedade directora compense as perdas anuais que, por qualquer razão, se verifiquem durante a vigência do contrato de subordinação, sempre que estas não forem compensadas pelas reservas constituídas durante o mesmo período.
2. A responsabilidade prevista no número anterior só é exigível após o termo do contrato de subordinação, mas torna-se exigível durante a vigência do contrato, se a sociedade subordinada for declarada falida.

Art. 503.º (Direito de dar instruções)
1. A partir da publicação do contrato de subordinação, a sociedade directora tem o direito de dar à administração da sociedade subordinada instruções vinculantes.
2. Se o contrato não dispuser o contrário, podem ser dadas instruções desvantajosas para a sociedade subordinada, se tais instruções servirem os interesses da sociedade directora ou das outras sociedades do mesmo grupo. Em caso algum serão lícitas instruções para a prática de actos que em si mesmos sejam proibidos por disposições legais não respeitantes ao funcionamento de sociedades.
3. Se forem dadas instruções para a administração da sociedade subordinada efectuar um negócio que, por lei ou pelo contrato de sociedade, dependa de parecer ou consentimento de outro órgão da sociedade subordinada e este não for dado, devem as instruções ser acatadas se, verificada a recusa, elas forem repetidas, acompanhadas do consentimento ou parecer favorável do órgão correspondente da sociedade directora, caso esta o tenha.
4. É proibido à sociedade directora determinar a transferência de bens do activo da sociedade subordinada para outras sociedades do grupo sem justa contrapartida, a não ser no caso do artigo 502.º

Art. 504.º (Deveres e responsabilidades)
1. Os membros do órgão de administração da sociedade directora devem adoptar, relativamente ao grupo, a diligência exigida por lei quanto à administração da sua própria sociedade.
2. Os membros do órgão de administração da sociedade directora são responsáveis também para com a sociedade subordinada, nos termos dos artigos 72.º a 77.º desta lei, com as necessárias adaptações; a acção de responsabilidade pode ser proposta por qualquer sócio ou accionista livre da sociedade subordinada, em nome desta.
3. Os membros do órgão de administração da sociedade subordinada não são responsáveis pelos actos ou omissões praticados na execução de instruções lícitas recebidas.

Art. 505.º (Modificação do contrato)
As modificações do contrato de subordinação são deliberadas pelas assembleias gerais das duas sociedades, nos termos exigidos para a celebração do contrato, e devem ser reduzidas a escrito.

Nota. Redacção introduzida pelo art. 2.º do DL n.º 76-A/2006, de 29 de Março.

418

Cap. IV. Aprec. anual da situação de soc. obrig. à cons. de contas **Arts. 506.º-508.º-A CSC [11]**

Art. 506.º (Termo do contrato)

1. As duas sociedades podem resolver, por acordo, o contrato de subordinação, depois de este ter vigorado um exercício completo.

2. A resolução por acordo é deliberada pelas assembleias gerais das duas sociedades, nos termos exigidos para a celebração do contrato.

3. O contrato de subordinação termina:

a) Pela dissolução de alguma das duas sociedades;

b) Pelo fim do prazo estipulado;

c) Por sentença judicial, em acção proposta por alguma das sociedades com fundamento em justa causa;

d) Por denúncia de alguma das sociedades, nos termos do número seguinte, se o contrato não tiver duração determinada.

4. A denúncia por alguma das sociedades não pode ter lugar antes de o contrato ter vigorado cinco anos; deve ser autorizada por deliberação da assembleia geral, nos termos do n.º 2, é comunicada à outra sociedade, por carta registada, e só produz efeitos no fim do exercício seguinte.

5. A denúncia prevista no n.º 3, alínea a, é autorizada por deliberação tomada nos termos do n.º 2.

Art. 507.º (Aquisição do domínio total)

1. Quando por força do disposto no artigo 499.º ou de aquisições efectuadas durante a vigência do contrato de subordinação a sociedade directora possua, só por si ou por sociedades ou pessoas que preencham os requisitos indicados no artigo 483.º, n.º 2, o domínio total da sociedade subordinada, passa a ser aplicável o regime respectivo, caducando as deliberações tomadas ou terminando o contrato, conforme o caso.

2. A existência de projecto ou de contrato de subordinação não obsta à aplicação do artigo 490.º

Art. 508.º (Convenção de atribuição de lucros)

1. O contrato de subordinação pode incluir uma convenção pela qual a sociedade subordinada se obriga a atribuir os seus lucros anuais à sociedade directora ou a outra sociedade do grupo.

2. Os lucros a considerar para o efeito do número anterior não podem exceder os lucros do exercício, apurados nos termos da lei, deduzidos das importâncias necessárias para a cobertura de perdas de exercícios anteriores e para atribuição a reserva legal.

CAPÍTULO IV. **Apreciação anual da situação de sociedades obrigadas à consolidação de contas** [1]

Art. 508.º-A (Obrigação de consolidação de contas)

1. Os gerentes ou administradores de uma sociedade obrigada por lei à consolidação de contas devem elaborar e submeter aos órgãos competentes o relatório

---

[1] Os arts. 508.º-A a 508.º-E, que constituem o Capítulo IV do Título VI do CSC, foram introduzidos pelo art. 5.º, n.º 2, do DL n.º 238/91, de 2 de Julho [42].

419

[11] CSC Arts. 508.°-B-508.°-C

Tít. VI. Sociedades coligadas

consolidado de gestão, as contas consolidadas do exercício e os demais documentos de prestação de contas consolidadas.

2. Os documentos de prestações de contas referidos no número anterior devem ser apresentados e apreciados pelos órgãos competentes no prazo de cinco meses a contar da data de encerramento do exercício.

3. Os gerentes ou administradores de cada sociedade a incluir na consolidação que seja empresa filial ou associada devem, em tempo útil, enviar à sociedade consolidante o seu relatório e contas e a respectiva certificação legal ou declaração de impossibilidade de certificação a submeter à respectiva assembleia geral, bem como prestadas as demais informações necessárias à consolidação de contas.

Nota. Redacção introduzida pelo art. 2.° do DL n.° 76-A/2006, de 29 de Março. Antes o preceito já havia sido alterado pelo art. 1.° do DL n.° 328/95, de 9 de Dezembro.

Art. 508.°-B (Princípios gerais sobre a elaboração das contas consolidadas)

1. A elaboração do relatório consolidado de gestão, das contas consolidadas do exercício e dos demais documentos de prestação de contas consolidadas deve obedecer ao disposto na lei, podendo o contrato de sociedade e os contratos entre empresas a consolidar complementar, mas não derrogar, as disposições legais aplicáveis.

2. É aplicável à elaboração das contas consolidadas, com as necessárias adaptações, o disposto nos artigos 65.°, n.ºs 3 e 4, 67.°, 68.° e 69.°

Nota. Redacção introduzida pelo art. 1.° do DL n.° 328/95, de 9 de Dezembro.

Art. 508.°-C (Relatório consolidado de gestão)

1. O relatório consolidado de gestão deve conter, pelo menos, uma exposição fiel e clara da evolução dos negócios, do desempenho e da posição das empresas compreendidas na consolidação, consideradas no seu conjunto, bem como uma descrição dos principais riscos e incertezas com que se defrontam.

2. A exposição prevista no número anterior deve incluir uma análise equilibrada e global da evolução dos negócios, do desempenho e da posição das empresas compreendidas na consolidação, consideradas no seu conjunto, conforme com a dimensão e complexidade da sua actividade.

3. Na medida do necessário para a compreensão da evolução do desempenho ou da posição das referidas empresas, a análise prevista no número anterior deve abranger tanto os aspectos financeiros como, quando adequado, referências de desempenho não financeiro relevantes para as actividades específicas dessas empresas, incluindo informações sobre questões ambientais e questões relativas aos trabalhadores.

4. Na apresentação da análise prevista no n.° 2 o relatório consolidado de gestão deve, quando adequado, incluir uma referência aos montantes inscritos nas contas consolidadas e explicações adicionais relativas a esses montantes.

5. No que se refere às empresas compreendidas na consolidação, o relatório deve igualmente incluir indicação sobre:

a) Os acontecimentos importantes ocorridos depois do encerramento do exercício;

Cap. IV.   Aprec. anual da situação de soc. obrig. à cons. de contas   **Art. 508.°-D CSC [11]**

b) A evolução previsível do conjunto destas empresas;

c) As actividades do conjunto destas empresas em matéria de investigação e desenvolvimento;

d) O número, o valor nominal ou, na falta de valor nominal, o valor contabilístico do conjunto das partes da empresa-mãe, detidas por esta mesma empresa, por empresas filiais ou por uma pessoa agindo em nome próprio mas por conta destas empresas, a não ser que estas indicações sejam apresentadas no anexo ao balanço e demonstração de resultados consolidados;

e) Os objectivos e as políticas da sociedade em matéria de gestão dos riscos financeiros, incluindo as políticas de cobertura de cada uma das principais categorias de transacções previstas para as quais seja utilizada a contabilização de cobertura, e a exposição por parte das entidades compreendidas na consolidação aos riscos de preço, de crédito, de liquidez e de fluxos de caixa, quando materialmente relevantes para a avaliação dos elementos do activo e do passivo, da posição financeira e dos resultados, em relação com a utilização dos instrumentos financeiros;

f) A descrição dos principais elementos dos sistemas de controlo interno e de gestão de riscos do grupo relativamente ao processo de elaboração das contas consolidadas, quando os valores mobiliários da sociedade sejam admitidos à negociação num mercado regulamentado.

6. Quando para além do relatório de gestão for exigido um relatório consolidado de gestão, os dois relatórios podem ser apresentados sob a forma de relatório único.

7. Na elaboração do relatório único pode ser adequado dar maior ênfase às questões que sejam significativas para as empresas compreendidas na consolidação, consideradas no seu conjunto.

8. No caso de sociedades que sejam emitentes de valores mobiliários admitidos à negociação em mercado regulamentado e que apresentem um único relatório, a informação constante da alínea *f)* do n.° 5 deve ser incluída na secção do relatório sobre governo das sociedades que contém a informação constante da alínea *m)* do n.° 1 do artigo 245.°-A do Código dos Valores Mobiliários.

Nota. A actual redacção foi introduzida pelo art. 8.° do DL n.° 35/2005, de 17 de Fevereiro **[46]**, e pelo art. 3.° do DL n.° 185/2009, de 12 de Agosto. Antes, o preceito já havia sido alterado pelo art. 9.° do DL n.° 88/2004, de 20 de Abril.

Art. 508.°-D (Fiscalização das contas consolidadas)

1. A entidade que elabora as contas consolidadas deve submetê-las a exame pelo revisor oficial de contas e pelo seu órgão de fiscalização, nos termos dos artigos 451.° a 454.°, com as necessárias adaptações.

2. Caso tal entidade não tenha órgão de fiscalização, deve mandar fiscalizar as contas consolidadas, nos termos do número anterior, por um revisor oficial de contas.

3. A pessoa ou pessoas responsáveis pela certificação legal das contas consolidadas devem também emitir, na respectiva certificação legal das contas, parecer acerca da concordância, ou não, do relatório consolidado de gestão com as contas consolidadas do mesmo exercício.

421

[11] CSC Arts. 508.°-E-508.°-F

Tít. VI. Sociedades coligadas

4. Quando forem anexadas às contas consolidadas as contas individuais da empresa-mãe, a certificação legal das contas consolidadas poderá ser conjugada com a certificação legal das contas individuais da empresa-mãe.

Nota. A actual redacção foi introduzida pelo art. 8.° do DL n.° 35/2005, de 17 de Fevereiro [**46**]. Antes, o preceito já havia sido alterado pelo art. 1.° do DL n.° 328/95, de 9 de Dezembro.

Art. 508.°-E (Prestação de contas consolidadas)

1. A informação respeitante às contas consolidadas, à certificação legal de contas e aos demais documentos de prestação de contas consolidadas, regularmente aprovados, está sujeita a registo comercial, nos termos da lei respectiva.

2. A sociedade deve disponibilizar aos interessados, sem encargos, no respectivo sítio da Internet, quando exista, e na sua sede cópia integral dos seguintes documentos:

a) Relatório consolidado de gestão;

b) Certificação legal das contas consolidadas;

c) Parecer do órgão de fiscalização, quando exista.

3. Caso a empresa que tenha elaborado as contas consolidadas esteja constituída sob uma forma que não seja a de sociedade anónima, sociedade por quotas ou sociedade em comandita por acções e desde que ela não esteja sujeita por lei à obrigação de registo de prestação de contas consolidadas, deve colocar à disposição do público, na sua sede, os documentos de prestação de contas consolidadas, os quais podem ser obtidos por simples requisição, mediante um preço que não pode exceder o seu custo administrativo.

Nota: Redacção introduzida pelo art. 11.° do DL n.° 8/2007, de 17 de Janeiro, que também alterou a epígrafe do preceito.

Art. 508.°-F (Anexo às contas consolidadas)

1. As sociedades devem prestar informação, no anexo às contas:

a) Sobre a natureza e o objectivo comercial das operações não incluídas no balanço e o respectivo impacte financeiro, quando os riscos ou os benefícios resultantes de tais operações sejam relevantes e na medida em que a divulgação de tais riscos ou benefícios seja necessária para efeitos de avaliação da situação financeira das sociedades incluídas no perímetro de consolidação;

b) Separadamente, sobre os honorários totais facturados durante o exercício financeiro pelo revisor oficial de contas ou pela sociedade de revisores oficiais de contas relativamente à revisão legal das contas anuais, e os honorários totais facturados relativamente a outros serviços de garantia de fiabilidade, os honorários totais facturados a título de consultoria fiscal e os honorários totais facturados a título de outros serviços que não sejam de revisão ou auditoria.

2. As sociedades que não elaboram as suas contas de acordo com as normas internacionais de contabilidade adoptadas nos termos de regulamento comunitário devem ainda proceder à divulgação, no anexo às contas, de informações sobre as operações, com excepção das operações intragrupo, realizadas pela sociedade mãe, ou por outras sociedades incluídas no perímetro de consolidação, com partes relacionadas, incluindo, nomeadamente, os montantes dessas operações, a natureza da relação com a parte relacionada e outras informações necessárias à avaliação da

| Tít. VII. Disposições penais e de mera ordenação social | Arts. 509.º-510.º CSC **[11]** |

situação financeira das sociedades incluídas no perímetro de consolidação, se tais operações forem relevantes e não tiverem sido realizadas em condições normais de mercado.

3. Para efeitos do disposto no número anterior:

a) A expressão 'partes relacionadas' tem o significado definido nas normas internacionais de contabilidade adoptadas nos termos de regulamento comunitário;

b) As informações sobre as diferentes operações podem ser agregadas em função da sua natureza, excepto quando sejam necessárias informações separadas para compreender os efeitos das operações com partes relacionadas sobre a situação financeira das sociedades incluídas no perímetro de consolidação.

Notas. 1. Aditado pelo art. 11.º do DL n.º 185/2009, de 12 de Agosto.

2. Nos termos do art. 12.º do DL n.º 185/2009, de 12 de Agosto, o disposto neste preceito é aplicável às entidades sujeitas à supervisão do Banco de Portugal e do Instituto de Seguros de Portugal.

TÍTULO VII. **DISPOSIÇÕES PENAIS E DE MERA ORDENAÇÃO SOCIAL**[1]

Art. 509.º (Falta de cobrança de entradas de capital)

1. O gerente ou administrador de sociedade que omitir ou fizer omitir por outrem actos que sejam necessários para a realização de entradas de capital é punido com multa até 60 dias.

2. Se o facto for praticado com intenção de causar dano, material ou moral, a algum sócio, à sociedade, ou a terceiro, a pena será de multa até 120 dias, se pena mais grave não couber por força de outra disposição legal.

3. Se for causado dano grave, material ou moral, e que o autor pudesse prever, a algum sócio que não tenha dado o seu assentimento para o facto, à sociedade, ou a terceiro, a pena será a da infidelidade.

Nota. A redacção do n.º 1 foi introduzida pelo art. 2.º do DL n.º 76-A/2006, de 29 de Março.

Art. 510.º (Aquisição ilícita de quotas ou acções)

1. O gerente ou administrador de sociedade que, em violação da lei, subscrever ou adquirir para a sociedade quotas ou acções próprias desta, ou encarregar outrem de as subscrever ou adquirir por conta da sociedade, ainda que em nome próprio, ou por qualquer título facultar fundos ou prestar garantias da sociedade para que outrem subscreva ou adquira quotas ou acções representativas do seu capital, é punido com multa até 120 dias.

2. O gerente ou administrador de sociedade que, em violação da lei, adquirir para a sociedade quotas ou acções de outra sociedade que com aquela esteja em

---

[1] Os arts. 509.º a 529.º, que constituem o Título VII do CSC, aprovado pelo DL n.º 262/86, de 2 de Setembro, foram introduzidos pelo art. 1.º DL. n.º 184/87 de 21 de Abril. Os anteriores arts. 509.º a 524.º passaram a ser, respectivamente, os arts. 530.º a 545.º; cfr. art. 2.º do DL n.º 184/87, de 21 de Abril [**12**].

[11] CSC Arts. 511.º-514.º   Tít. VII.   Disposições penais e de mera ordenação social

relação de participações recíprocas ou em relação de domínio é, igualmente, punido com multa até 120 dias.

Nota. Redacção introduzida pelo art. 2.º do DL n.º 76-A/2006, de 29 de Março.

Art. 511.º (Amortização de quota não liberada)

1. O gerente de sociedade que, em violação da lei, amortizar, total ou parcialmente, quota não liberada será punido com multa até 120 dias.

2. Se for causado dano grave, material ou moral, e que o autor pudesse prever, a algum sócio que não tenha dado o seu assentimento para o facto, à sociedade, ou a terceiro, a pena será a da infidelidade.

Art. 512.º (Amortização ilícita de quota dada em penhor ou que seja objecto de usufruto)

1. O gerente de sociedade que, em violação da lei, amortizar ou fizer amortizar, total ou parcialmente, quota sobre a qual incida direito de usufruto ou de penhor, sem consentimento do titular deste direito, será punido com multa até 120 dias.

2. Com a mesma pena será punido o sócio titular da quota que promover a amortização ou para esta der o seu assentimento, ou que, podendo informar do facto, antes de executado, o titular do direito de usufruto ou de penhor, maliciosamente o não fizer.

3. Se for causado dano grave, material ou moral, e que o autor pudesse prever, ao titular do direito de usufruto ou de penhor, a algum sócio que não tenha dado o seu assentimento para o facto, ou à sociedade, a pena será a da infidelidade.

Art. 513.º (Outras infracções às regras da amortização de quotas ou acções)

1. O gerente de sociedade que, em violação da lei, amortizar ou fizer amortizar quota, total ou parcialmente, e por modo que, à data da deliberação, e considerada a contrapartida da amortização, a situação líquida da sociedade fique inferior à soma do capital e da reserva legal, sem que simultaneamente seja deliberada redução do capital para que a situação líquida se mantenha acima desse limite, será punido com multa até 120 dias.

2. O administrador de sociedade que em violação da lei amortizar ou fizer amortizar acção, total ou parcialmente, sem redução de capital, ou com utilização de fundos que não possam ser distribuídos aos accionistas para tal efeito é, igualmente, punido com multa até 120 dias.

3. Se for causado dano grave, material ou moral, e que o autor pudesse prever, a algum sócio que não tenha dado o seu assentimento para o facto, à sociedade, ou a terceiro, a pena será a da infidelidade.

Nota. A redacção do n.º 2 foi introduzida pelo art. 2.º do DL n.º 76-A/2006, de 29 de Março.

Art. 514.º (Distribuição ilícita de bens da sociedade)

1. O gerente ou administrador de sociedade que propuser à deliberação dos sócios, reunidos em assembleia, distribuição ilícita de bens da sociedade é punido com multa até 60 dias.

2. Se a distribuição ilícita chegar a ser executada, no todo ou em parte, a pena será de multa até 90 dias.

Tít. VII. Disposições penais e de mera ordenação social   **Arts. 515.º-517.º CSC [11]**

3. Se a distribuição ilícita for executada, no todo ou em parte, sem deliberação dos sócios, reunidos em assembleia, a pena será de multa até 120 dias.

4. O gerente ou administrador de sociedade que executar ou fizer executar por outrem distribuição de bens da sociedade com desrespeito por deliberação válida de assembleia social regularmente constituída é, igualmente, punido com multa até 120 dias.

5. Se, em algum dos casos previstos nos n.ºˢ 3 e 4, for causado dano grave, material ou moral, e que o autor pudesse prever, a algum sócio que não tenha dado o seu assentimento para o facto, à sociedade, ou a terceiro, a pena será a da infidelidade.

Nota. A redacção dos n.ºˢ 1 e 4 foi introduzida pelo art. 2.º do DL n.º 76-A/2006, de 29 de Março.

Art. 515.º (Irregularidade na convocação de assembleias sociais)

1. Aquele que, competindo-lhe convocar assembleia geral de sócios, assembleia especial de accionistas ou assembleia de obrigacionistas, omitir ou fizer omitir por outrem a convocação nos prazos da lei ou do contrato social, ou a fizer ou mandar fazer sem cumprimento dos prazos ou das formalidades estabelecidos pela lei ou pelo contrato social, será punido com multa até 30 dias.

2. Se tiver sido presente ao autor do facto, nos termos da lei ou do contrato social, requerimento de convocação de assembleia que devesse ser deferido, a pena será de multa até 90 dias.

3. Se for causado dano grave, material ou moral, e que o autor pudesse prever, a algum sócio que não tenha dado o seu assentimento para o facto, à sociedade, ou a terceiro, a pena será a da infidelidade.

Art. 516.º (Perturbação de assembleia social)

1. Aquele que, com violência ou ameaça de violência, impedir algum sócio ou outra pessoa legitimada de tomar parte em assembleia geral de sócios, assembleia especial de accionistas ou assembleia de obrigacionistas, regularmente constituída, ou de nela exercer utilmente os seus direitos de informação, de proposta, de discussão ou de voto, será punido com pena de prisão até dois anos e multa até 180 dias.

2. Se o autor do impedimento, à data do facto, for membro de órgão de administração ou de fiscalização da sociedade, o limite máximo da pena será, em cada uma das espécies, agravado de um terço.

3. Se o autor do impedimento for, à data do facto, empregado da sociedade e tiver cumprido ordens ou instruções de algum dos membros dos órgãos de administração ou de fiscalização, o limite máximo da pena será, em cada uma das espécies, reduzido a metade, e o juiz poderá, consideradas todas as circunstâncias, atenuar especialmente a pena.

4. A punição pelo impedimento não consumirá a que couber aos meios empregados para o executar.

Art. 517.º (Participação fraudulenta em assembleia social)

1. Aquele que, em assembleia geral de sócios, assembleia especial de accionistas ou assembleia de obrigacionistas, se apresentar falsamente como titular de acções, quotas, partes sociais ou obrigações, ou como investido de poderes de repre-

425

[11] CSC Arts. 518.°-519.°   Tít. VII. Disposições penais e de mera ordenação social

sentação dos respectivos titulares, e nessa falsa qualidade votar, será punido, se pena mais grave não for aplicável por força de outra disposição legal, com prisão até seis meses e multa até 90 dias.

2. Se algum dos membros dos órgãos de administração ou fiscalização da sociedade determinar outrem a executar o facto descrito no número anterior, ou auxiliar a execução, será punido como autor, se pena mais grave não for aplicável por força de outra disposição legal, com prisão de três meses a um ano e multa até 120 dias.

Art. 518.° (Recusa ilícita de informações)

1. O gerente ou administrador de sociedade que recusar ou fizer recusar por outrem a consulta de documentos que a lei determinar que sejam postos à disposição dos interessados para preparação de assembleias sociais, ou recusar ou fizer recusar o envio de documentos para esse fim, quando devido por lei, ou enviar ou fizer enviar esses documentos sem satisfazer as condições e os prazos estabelecidos na lei, é punido, se pena mais grave não couber por força de outra disposição legal, com prisão até 3 meses e multa até 60 dias.

2. O gerente ou administrador de sociedade que recusar ou fizer recusar por outrem, em reunião de assembleia social, informações que esteja por lei obrigado a prestar, ou, noutras circunstâncias, informações que por lei deva prestar e que lhe tenham sido pedidas por escrito, é punido com multa até 90 dias.

3. Se, no caso do n.° 1, for causado dano grave, material ou moral, e que o autor pudesse prever, a algum sócio que não tenha dado o seu assentimento para o facto, ou à sociedade, a pena será a da infidelidade.

4. Se, no caso do n.° 2, o facto for cometido por motivo que não indicie falta de zelo na defesa dos direitos e dos interesses legítimos da sociedade e dos sócios, mas apenas compreensão errónea do objecto desses direitos e interesses, o autor será isento da pena.

Nota. A redacção dos n.ᵒˢ 1 e 2 foi introduzida pelo art. 2.° do DL n.° 76-A/2006, de 29 de Março.

Art. 519.° (Informações falsas)

1. Aquele que, estando nos termos deste Código obrigado a prestar a outrem informações sobre matéria da vida da sociedade, as der contrárias à verdade, será punido com prisão até três meses e multa até 60 dias, se pena mais grave não couber por força de outra disposição legal.

2. Com a mesma pena será punido aquele que, nas circunstâncias descritas no número anterior, prestar maliciosamente informações incompletas e que possam induzir os destinatários a conclusões erróneas de efeito idêntico ou semelhante ao que teriam informações falsas sobre o mesmo objecto.

3. Se o facto for praticado com intenção de causar dano, material ou moral, a algum sócio que não tenha conscientemente concorrido para o mesmo facto, ou à sociedade, a pena será de prisão até seis meses e multa até 90 dias, se pena mais grave não couber por força de outra disposição legal.

4. Se for causado dano grave, material ou moral, e que o autor pudesse prever, a algum sócio que não tenha concorrido conscientemente para o facto, à sociedade, ou a terceiro, a pena será de prisão até um ano e multa até 120 dias.

Tít. VII.   Disposições penais e de mera ordenação social   **Arts. 520.°-524.° CSC [11]**

5. Se, no caso do n.° 2, o facto for praticado por motivo ponderoso, e que não indicie falta de zelo na defesa dos direitos e dos interesses legítimos da sociedade e dos sócios, mas apenas compreensão errónea do objecto desses direitos e interesses, poderá o juiz atenuar especialmente a pena ou isentar dela.

Art. 520.° (Convocatória enganosa)
1. Aquele que, competindo-lhe convocar assembleia geral de sócios, assembleia especial de accionistas ou assembleia de obrigacionistas, por mão própria ou a seu mandado fizer constar da convocatória informações contrárias à verdade será punido, se pena mais grave não couber por força de outra disposição legal, com pena de prisão até seis meses e multa até 150 dias.
2. Com a mesma pena será punido aquele que, nas circunstâncias descritas no número anterior, fizer maliciosamente constar da convocatória informações incompletas sobre matéria que por lei ou pelo contrato social ela deva conter e que possam induzir os destinatários a conclusões erróneas de efeito idêntico ou semelhante ao de informações falsas sobre o mesmo objecto.
3. Se o facto for praticado com intenção de causar dano, material ou moral, à sociedade ou a algum sócio, a pena será de prisão até um ano e multa até 180 dias.

Art. 521.° (Recusa ilícita de lavrar acta)
Aquele que, tendo o dever de redigir ou assinar acta de assembleia social, sem justificação o não fizer, ou agir de modo que outrem igualmente obrigado o não possa fazer, será punido, se pena mais grave não couber por força de outra disposição legal, com multa até 120 dias.

Art. 522.° (Impedimento de fiscalização)
O gerente ou administrador de sociedade que impedir ou dificultar, ou levar outrem a impedir ou dificultar, actos necessários à fiscalização da vida da sociedade, executados, nos termos e formas que sejam de direito, por quem tenha por lei, pelo contrato social ou por decisão judicial o dever de exercer a fiscalização, ou por pessoa que actue à ordem de quem tenha esse dever, é punido com prisão até 6 meses e multa até 120 dias.

Nota. Redacção introduzida pelo art. 2.° do DL n.° 76-A/2006, de 29 de Março.

Art. 523.° (Violação do dever de propor dissolução da sociedade ou redução do capital)
O gerente ou administrador de sociedade que, verificando pelas contas de exercício estar perdida metade do capital, não der cumprimento ao disposto nos n.ᵒˢ 1 e 2 do artigo 35.° é punido com prisão até 3 meses e multa até 90 dias.

Nota. Redacção introduzida pelo art. 2.° do DL n.° 76-A/2006, de 29 de Março.

Art. 524.° (Abuso de informações)
Nota. Revogado pelo art. 24.° do DL n.° 142-A/91, de 10 de Abril, que aprovou o antigo Código do MVM; sobre a matéria, cf. art. 378.° do actual Código dos Valores Mobiliários (CodVM [51]).

[11] CSC Arts. 525.°-528.° Tít. VII. Disposições penais e de mera ordenação social

Art. 525.° (Manipulação fraudulenta de cotações de títulos)

Nota. Revogado pelo art. 24.° do DL n.° 142-A/91, de 10 de Abril, que aprovou o antigo Código do MVM; sobre a matéria, cf. art. 379.° do actual Código dos Valores Mobiliários (CodVM [51]).

Art. 526.° (Irregularidades na emissão de títulos)

O administrador de sociedade que apuser, fizer apor, ou consentir que seja aposta, a sua assinatura em títulos, provisórios ou definitivos, de acções ou obrigações emitidos pela sociedade ou em nome desta, quando a emissão não tenha sido aprovada pelos órgãos sociais competentes, ou não tenham sido realizadas as entradas mínimas exigidas por lei, é punido com prisão até 1 ano e multa até 150 dias.

Nota. Redacção introduzida pelo art. 2.° do DL n.° 76-A/2006, de 29 de Março.

Art. 527.° (Princípios comuns)

1. Os factos descritos nos artigos anteriores só serão puníveis quando cometidos com dolo.

2. Será punível a tentativa dos factos para os quais tenha sido cominada nos artigos anteriores pena de prisão ou pena de prisão e multa.

3. O dolo de benefício próprio, ou de benefício de cônjuge, parente ou afim até ao 3.° grau, será sempre considerado como circunstância agravante.

4. Se o autor de um facto descrito nos artigos anteriores, antes de instaurado o procedimento criminal, tiver reparado integralmente os danos materiais e dado satisfação suficiente dos danos morais causados, sem outro prejuízo ilegítimo para terceiros, esses danos não serão considerados na determinação da pena aplicável.

Art. 528.° (Ilícitos de mera ordenação social)

1. O gerente ou administrador de sociedade que não submeter, ou por facto próprio impedir outrem de submeter, aos órgãos competentes da sociedade, até ao fim do prazo previsto no n.° 1 do artigo 376.°, o relatório da gestão, as contas do exercício e os demais documentos de prestação de contas previstos na lei, e cuja apresentação lhe esteja cometida por lei ou pelo contrato social, ou por outro título, bem como viole o disposto no artigo 65.°-A, é punido com coima de € 50 a € 1 500.

2. A sociedade que omitir em actos externos, no todo ou em parte, as indicações referidas no artigo 171.° deste Código será punida com coima de € 250 a € 1 500.

3. A sociedade que, estando a isso legalmente obrigada, não mantiver livro de registo de acções nos termos da legislação aplicável, ou não cumprir pontualmente as disposições legais sobre registo e depósito de acções, será punida com coima de € 500 a € 49 879,79.

4. (…).

5. Aquele que estiver legalmente obrigado às comunicações previstas nos artigos 447.° e 448.° deste Código e as não fizer nos prazos e formas da lei será punido com coima de € 25 a € 1 000 e, se for membro de órgão de administração ou de fiscalização, com coima de € 50 a € 1 500.

428

Tít. VIII. Disposições finais e transitórias   Arts. 529.º-531.º CSC **[11]**

6. Nos ilícitos previstos nos números anteriores será punível a negligência, devendo, porém, a coima ser reduzida em proporção adequada à menor gravidade da falta.

7. Na graduação da pena serão tidos em conta os valores do capital e do volume de negócios das sociedades, os valores das acções a que diga respeito a infracção e a condição económica pessoal dos infractores.

8. A organização do processo e a decisão sobre aplicação da coima competem ao conservador do registo comercial da conservatória situada no concelho da área da sede da sociedade, bem como ao director-geral dos Registos e do Notariado, com possibilidade de delegação.

9. O produto das coimas reverte para a Direcção-Geral dos Registos e do Notariado.

Notas. 1. Redacção introduzida pelo art. 1.º do DL n.º 328/95, de 9 de Dezembro, pelo art. 2.º do DL n.º 76-A/2006, de 29 de Março, e pelo art. 11.º do DL n.º 8/2007, de 17 de Janeiro.

2. O n.º 4 foi revogado pelo art. 15.º do DL n.º 486/99, de 13 de Novembro, que aprovou o actual Código dos Valores Mobiliários (CodVM **[51]**).

Art. 529.º (Legislação subsidiária)

1. Aos crimes previstos neste Código são subsidiariamente aplicáveis o Código Penal e legislação complementar.

2. Aos ilícitos de mera ordenação social previstos neste Código é subsidiariamente aplicável o regime geral do ilícito de mera ordenação social.

TÍTULO VIII. DISPOSIÇÕES FINAIS E TRANSITÓRIAS [1]

Art. 530.º (Cláusulas contratuais não permitidas)

1. As cláusulas dos contratos de sociedade celebrados, na forma legal, antes da entrada em vigor desta lei que não forem por ela permitidas consideram-se automaticamente substituídas pelas disposições de carácter imperativo da nova lei, sendo lícito recorrer à aplicação das disposições de carácter supletivo que ao caso convierem.

2. O disposto no n.º 1 não prejudica os poderes que a lei reconhece aos sócios para deliberarem alterações ao contrato de sociedade.

Art. 531.º (Voto plural)

1. Os direitos de voto plural constituídos legalmente antes da entrada em vigor desta lei mantêm-se.

---

[1] Na redacção original do CSC, aprovado pelo DL n.º 262/86, de 2 de Setembro, os actuais arts. 530.º a 545.º, que constituem o Título VIII, tinham os n.ºs 509.º a 524.º, e constituiam o Título VII. A alteração foi introduzida pelo DL n.º 184/87, de 21 de Abril **[12]**, cujo art. 1.º aditou ao CSC o actual articulado do Título VII.

[11] CSC Arts. 532.°-534.°

Tít. VIII.   Disposições finais e transitórias

2. Tais direitos podem ser extintos ou limitados por deliberação dos sócios tomada nos termos previstos para a alteração do contrato, sem necessidade de consentimento dos sócios titulares desses direitos.

3. Todavia, caso tais direitos tenham sido concedidos em contrapartida de contribuições especiais para a sociedade, para além das entradas, a sociedade deve pagar uma indemnização equitativa pela sua extinção ou limitação.

4. A indemnização referida no número anterior pode ser pedida judicialmente no prazo de 60 dias a contar da data em que o sócio teve conhecimento da deliberação ou, se esta for impugnada, do trânsito em julgado da respectiva sentença.

Art. 532.° (Firmas e denominações)

As sociedades constituídas antes da entrada em vigor desta lei podem manter as firmas ou denominações que até então vinham legalmente usando, mas as sociedades anónimas passarão a usar a abreviatura S.A., em vez de S.A.R.L., independentemente de alteração do contrato.

Art. 533.° (Capital mínimo)

1. As sociedades constituídas antes da entrada em vigor desta lei cujo capital não atinja os montantes mínimos nela estabelecidos devem aumentar o capital, pelo menos até aos referidos montantes mínimos, no prazo de três anos, a contar daquela entrada em vigor.

2. Para o aumento de capital exigido pelo número anterior podem as sociedades deliberar por maioria simples a incorporação de reservas, incluindo reservas de reavaliação de bens do activo.

3. Para a liberação total do capital, aumentado por novas entradas em cumprimento do disposto no n.° 1 deste artigo, podem ser fixados prazos até cinco anos.

4. As sociedades que não tenham procedido ao aumento do capital e à liberação deste, em conformidade com os números anteriores, devem ser dissolvidas nos termos previstos no artigo 143.°

5. Podem ser mantidos os valores nominais de quotas ou acções estipulados de harmonia com a legislação anterior, embora sejam inferiores aos valores mínimos estabelecidos nesta lei, os quais, porém, passarão a ser aplicáveis desde que o capital seja aumentado por força deste artigo ou por outras circunstâncias.

6. O disposto no n.° 4 é aplicável às sociedades que não tenham procedido ao aumento do capital até ao montante mínimo previsto no artigo 201.° ou no n.° 3 do artigo 276.°, na redacção dada pelo Decreto-Lei n.° 343/98, de 6 de Novembro.

Notas. 1. O prazo referido no n.° 1 foi prorrogado por um ano, pelo DL n.° 418/89, de 30 de Novembro.

2. A redacção do n.° 4 foi introduzida pelo art. 2.° do DL n.° 76-A/2006, de 29 de Março, que também aditou o n.° 6.

Art. 534.° (Irregularidade por falta de escritura ou de registo)

O disposto nos artigos 36.° a 40.° é aplicável, com ressalva dos efeitos anteriormente produzidos, de harmonia com lei então vigente, às sociedades que, à data da entrada em vigor desta lei, se encontrem nas situações ali previstas.

430

Tít. VIII. Disposições finais e transitórias   **Arts. 535.°-540.° CSC [11]**

Art. 535.° (Pessoas colectivas em órgãos de administração ou fiscalização)
As pessoas colectivas que, à data da entrada em vigor desta lei, exercerem funções que por esta lei não lhes sejam permitidas cessá-las-ão no fim do ano civil seguinte àquele em que esta lei entrar em vigor, se por outro motivo não as tiverem cessado antes daquela data.

Art. 536.° (Sociedades de revisores oficiais de contas exercendo funções de conselho fiscal)
As sociedades de revisores oficiais de contas que, ao abrigo do artigo 4.° do Decreto-Lei n.° 49 381, de 15 de Novembro de 1969, estiverem, à data da entrada em vigor desta lei, a exercer funções de conselho fiscal manterão essas funções até que a sociedade tenha conselho fiscal ou conselho geral, devendo a respectiva eleição ser realizada até ao fim do ano civil seguinte ao da entrada em vigor desta lei.

Art. 537.° (Distribuição antecipada de lucros)
Na aplicação do artigo 297.° às sociedades constituídas antes da entrada em vigor deste diploma é dispensada a autorização pelo contrato de sociedade.

Art. 538.° (Quotas amortizadas – Acções próprias)
1. As quotas amortizadas anteriormente à entrada em vigor desta lei podem continuar a figurar no balanço como tais, independentemente da existência de estipulação contratual.
2. As sociedades anónimas que, à data da entrada em vigor desta lei, possuirem acções próprias podem conservá-las durante cinco anos a contar da referida data.
3. As alienações de acções próprias a terceiros, durante os cinco anos referidos no número anterior, podem ser decididas pelo conselho de administração.
4. As acções próprias que a sociedade conservar ao fim dos cinco anos referidos no n.° 2 serão nessa data automaticamente anuladas na parte em que excedam 10% do capital.

Art. 539.° (Publicidade de participações)
1. As comunicações, nos termos dos artigos 447.° e 448.°, de participações existentes até à data da entrada em vigor desta lei devem ser efectuadas durante o 1.° semestre seguinte.
2. As sociedades devem avisar os accionistas, pelos meios adequados, do disposto no número anterior.

Art. 540.° (Participações recíprocas)
1. O disposto no artigo 485.°, n.° 3, começa a aplicar-se às participações recíprocas existentes entre sociedades à data da entrada em vigor desta lei a partir do fim do ano civil seguinte à referida data, se nessa altura ainda se mantiverem.
2. A proibição de exercício de direitos aplica-se à participação de menor valor nominal, salvo acordo em contrário entre as duas sociedades.

[11] CSC Arts. 541.°-545.° Tít. VIII. Disposições finais e transitórias

3. As participações existentes à data da entrada em vigor desta lei contam-se para o cálculo dos 10% de capital.

Art. 541.° (Aquisições tendentes ao domínio total)

O disposto no artigo 490.° não é aplicável se a participação de 90% já existia à data da entrada em vigor desta lei.

Art. 542.° (Relatórios)

Os Ministros das Finanças e da Justiça, em portaria conjunta, podem completar o conteúdo obrigatório do relatório anual dos órgãos de administração ou de fiscalização e do revisor oficial de contas, sem prejuízo da imediata aplicação do disposto nesta lei.

Art. 543.° (Depósitos de entradas)

Os depósitos de entradas de capital ordenados por esta lei continuam a ser efectuados na Caixa Geral de Depósitos, enquanto os Ministros das Finanças e da Justiça, em portaria conjunta, não autorizarem que o sejam noutras instituições de crédito.

Nota. Cf. a Portaria n.° 228/92, de 25 de Julho.

Art. 544.° (Perda de metade do capital)

Enquanto não entrar em vigor o artigo 35.° desta lei, os credores de uma sociedade anónima podem requerer a sua dissolução, provando que, posteriormente à época dos seus contratos, metade do capital social está perdido, mas a sociedade pode opor-se à dissolução, sempre que dê as necessárias garantias de pagamento aos seus credores.

Art. 545.° (Equiparação ao Estado)

Para os efeitos desta lei são equiparados ao Estado as regiões autónomas, as autarquias locais, a Caixa Geral de Depósitos, o Instituto de Gestão Financeira da Segurança Social e o IPE – Investimentos e Participações do Estado, S.A.

CÓDIGO DAS SOCIEDADES COMERCIAIS
1.ª Alteração

[12] DECRETO-LEI N.° 184/87
de 21 de Abril [1]

1. A publicação da legislação penal e de mera ordenação social sobre comportamentos ilícitos que materialmente se inscrevem no âmbito das actividades próprias das sociedades comerciais decorre da ampla reforma centrada no Código das Sociedades Comerciais (CSC).

Escalonou-se o processo legislativo em duas fases distintas. Disse a primeira respeito à legislação comercial primária, fundamentalmente integrada no Código. Tem a segunda a ver com a legislação penal e de mera ordenação social, agora publicada, e com alguma legislação de carácter adjectivo, em curso de preparação.

2. Não se pode dizer que seja nova, ou sequer recente, a necessidade de editar normas penais sobre matéria da vida das sociedades comerciais. É, no entanto, nova a expressão dessa necessidade. Tradicionalmente, as questões penais postas pelas actividades comerciais eram objecto de tratamento nos quadros genéricos do direito penal, por aplicação de normas sobre tipos clássicos de crime, como a burla, a infidelidade, a falsificação, o abuso de confiança. No que fosse tão específico da vida mercantil que extravasasse declaradamente da regulamentação do direito punitivo geral recorria o legislador a disposições de âmbito muito limitado, como as referentes à falência fraudulenta, às infracções contabilísticas, à usura ou às burlas de seguros.

A ideia de um direito penal das sociedades como ramo (ou sub-ramo) especializado do direito punitivo só nos últimos tempos veio a surgir.

3. Põe, no entanto, a sua concretização sensíveis problemas de política criminal.

Desde logo deve estar presente, com particular dominância, o princípio da culpa. Dele advém não ser admissível que os destinatários das normas penais sejam surpreendidos com medidas punitivas a que não correspondam intuições ético-jurídicas preexistentes na consciência colectiva. A função própria do direito penal não é a de introduzir normas primárias, mas a de punir comportamentos cuja ilicitude e cuja reprovação sejam já acolhidas pela generalidade dos destinatários das normas. Não pode, pois, o direito penal ser prevertido em instrumento de políticas económicas e sociais inovadoras, reformas institucionais e programas de conformação das relações jurídicas segundo modelos novos.

Ora, por assim ser, o direito penal das sociedades deverá confinar-se — salvo os casos não problemáticos de tutela de certas disposições reguladoras da boa ordem dos negócios, previamente ditadas pela lei primária — à punição de comportamentos que sejam já objecto de uma reprovação muito intensa e inequívoca da comunidade. Quanto a comportamentos menos intensa ou menos inequivocamente reprovados, deve o legislador aguardar o amadurecimento da consciência moral da comunidade e a formação de regras de conduta aceites no meio social com um mínimo de generalidade e de espontaneidade.

Entretanto, e por outro lado, um direito penal especial, ou sectorial, não deve constituir-se à margem do direito penal comum; neste encontram expressão e racionalização as intuições ético-jurídicas básicas da comunidade e muitas das regras de vida mais profundamente interiorizadas pela maioria dos

---

[1] As epígrafes dos artigos não constam do texto oficial.

[12] DL 184/87

CSC — 1.ª alteração

cidadãos. Os direitos punitivos especiais devem ser concebidos como subsistemas do direito penal comum, dele fundamentalmente emanados, numa preocupação de coerência global do sistema.

4. É deste quadro de princípios que se parte para um primeiro passo no direito penal das sociedades. Ele envolve uma decisão de autolimitação, que encara como necessárias e justas certas restrições que até poderão parecer lacunas de punibilidade. Cumpre, porém, aguardar a condensação no tecido social de critérios de conduta mais reconhecíveis pela generalidade dos agentes económicos.

Outro critério de autolimitação dimanou do reconhecimento das dificuldades de ordem prática que se opõem à imediata observância de certas disposições inovadoras do CSC. Acresce que nem sempre os princípios neste introduzidos se encontram já suficientemente especificados por regras instrumentais de interpretação, aplicação e processo. Aliás, muitas dessas regras não poderão sequer ser fixadas por via legislativa; terão de ser deixadas à formação espontânea de usos, deontologias e técnicas específicas das diversas actividades. Deverá o legislador aguardar a constituição dessas regras e práticas, antes de poder decidir da necessidade de recorrer ou não a sanções penais.

Estas condicionantes, a par de óbvias razões de justiça, subjazem também à decisão de estabelecer no presente diploma uma dupla *vacatio legis,* com prazos distintos para as infracções criminais e para os ilícitos de mera ordenação social.

5. A definição dos tipos de crime e a graduação das penas seguem de perto o sistema do Código Penal (CP). Na definição dos tipos de crime serviram de modelo os correspondentes tipos comuns daquele Código, ou, na falta de um género, os tipos comuns de crime que, quer sob o ponto de vista da acção e das circunstâncias da acção, quer sob o dos valores e interesses lesados, apresentam maiores afinidades com o comportamento considerado. Tais modelos transparecem claramente do articulado e poderão constituir guia seguro da ulterior elaboração jurisprudencial. Do mesmo modo, a graduação das penas aplicáveis pautou-se pelo catálogo das sanções que para aqueles crimes são cominadas no CP. Só em casos muito contados se encontrarão divergências, e essas sempre confinadas a limites estreitos.

Quando existe agravação, ainda que em termos tão moderados, ela é justificada por fortes razões de justiça e de política criminal, que têm a ver com circunstâncias específicas da vida das sociedades.

O modelo mais utilizado na graduação das penas aplicáveis foi recebido da incriminação geral da infidelidade, constante do artigo 319.° do CP. Trata-se de uma escolha que se justifica pelas analogias existentes entre a infidelidade e a maioria dos ilícitos compendiados no presente diploma.

6. A preocupação de acompanhar o sistema do CP apontou para cuidado particular na definição de tipos de crime que em algum aspecto constituam inovação ou ampliação relativamente aos tipos comuns. Assim nos casos previstos nos artigos 518.°, 519.°, 520.°, 524.° e 525.°. Procurou-se conservar nestas incriminações sem correspondência directa no CP, além da indispensável precisão de linguagem, uma ligação global à estrutura das incriminações clássicas, de modo que o labor da jurisprudência encontre ainda orientação e suporte bastantes no sistema dos conceitos e princípios do direito penal comum.

Será de assinalar que estas disposições, como as demais com análoga repercussão na vida das empresas, partem de uma intencionalidade pedagógica: pretendem contribuir para a consolidação na vida económica de regras e hábitos de correcção e de ética empresarial. Isto, no entanto, sem produzir inibições e desincentivos, que resultariam moralmente injustos e economicamente desastrosos, da capacidade de iniciativa e do pressuposto de confiança dos empresários. Daí, designadamente, preceitos como os do n.° 4 do artigo 518.° e o do n.° 5 do artigo 519.°

7. Assim:

No uso da autorização legislativa conferida pelo artigo 1.° da Lei n.° 41/86, de 23 de Setembro, o Governo decreta, nos termos da alínea *b)* do n.° 1 do artigo 201.° da Constituição, o seguinte:

CSC — 1.ª alteração

DL 184/87 [12]

Art. 1.º (Introdução de um novo título no CSC)
É introduzido no Código das Sociedades Comerciais (CSC), aprovado pelo Decreto Lei n.º 262/86, de 2 de Setembro, o seguinte articulado, que ficará a constituir o seu título VII.

Nota. Inserto no lugar próprio.

Art. 2.º (Alteração de numeração de um título e de vários artigos do CSC)
O actual título VII do CSC, aprovado pelo Decreto-Lei n.º 262/86, de 2 de Setembro, passa a ter a designação «Título VIII», e os artigos 509.º a 524.º passam a ser, respectivamente, os artigos 530.º a 545.º

Art. 3.º (Revogações)
1. São revogados os artigos 35.º, 38.º, 39.º e 40.º do Decreto-Lei n.º 408/82, de 29 de Setembro, na parte em que sejam incompatíveis com o disposto no artigo 528.º introduzido pelo presente diploma no CSC.

Art. 4.º (Entrada em vigor)
1. As disposições penais dos artigos 509.º a 527.º, inclusive, do CSC, na redacção que agora lhe é dada, entram em vigor 30 dias após a publicação do presente diploma.

2. As disposições sobre ilícitos de mera ordenação social do artigo 528.º do CSC, na redacção que agora a este preceito é dada, entram em vigor um ano após a publicação do presente diploma.

CÓDIGO DAS SOCIEDADES COMERCIAIS
2.ª Alteração

[13] DECRETO-LEI N.° 280/87
de 8 de Julho [1]

1. Pelo seu sentido inovador e pela logo detectável incidência na vida económica, aconteceu com o Código das Sociedades Comerciais o que raramente se passa com os diplomas legais que, como ele são fundamentalmente «técnicos»: foi tema de diversificada análise e de alargado e intetessado debate. Saiu, de imediato, da discreta penumbra para a qual um certo alheamento geral remete relevantes intervenções legislativas.

Tão positivo entrecruzar de pontos de vista e a consequente dedução de sugestões ou reparos permitiram abreviar a um ponto máximo aquele período de «prova» a que todas as grandes leis terão, necessariamente, de ficar sujeitas. Ocorreu, por assim dizer, como que um compacto *feed-back*. E daí que o preconizável aperfeiçoamento ou *completamento,* que noutros casos se projecta pelos anos, se possa consumar em escassos meses. A vida, aqui, correu mais depressa.

É que nunca haverá soluções acabadas ou perfeitas; tudo deve ser encarado com a disponibilidade de quem não se apega a resultados infalíveis ou irretractáveis. O magno objectivo de quem legisla será o de que as leis possam corresponder ao interesse geral e aos dos seus destinatários finais, sem compartimentação posicional ou vantagens unilateralmente atribuídas.

2. Objectar-se-á, quanto à reformulação a que agora se procede de alguns preceitos do Código, que ela denotará uma certa instabilidade legislativa. É, no entanto, redarguível que as alterações introduzidas, mesmo quando não apenas de mera forma, são sempre de carácter sectorial, não pondo em crise a coerência e a unidade do sistema. Ao invés, com elas se presta homenagem a duas das virtudes maiores da actuação legiferante: a praticabilidade e a inteligibilidade.

Evita-se, ainda, que cedo se comece a operar, pela via de diplomas adicionais, aquilo que sucedeu noutros países: a descodificação do direito comercial já codificado em termos actualizados. Com tal prática é que se tornaria confuso todo o sistema, afectando-se o seu fácil entendimento e correcta aplicação. Abrir-se-ia então o ciclo do que em França se chamou de *direito em migalhas (droit en miettes)*; alastraria a *poluição legal (legal pollution),* que preocupa os norte-americanos como se de uma nova *doença* se tratasse (a *hyperlexis*).

3. Num propósito de arrumação tanto quanto possível metodizada, separa-se o que valerá como simples *rectificações* textuais do que já tenha a ver com modificações de conteúdo.

No que a estas se reporta, algumas merecerão uma especial justificação.

Este o caso da amplitude do direito à informação, quer no tocante às sociedades por quotas, quer as sociedades anónimas. Sendo hoje um elemento fundamental da actividade societária, logo genericamente reconhecido na alínea *c*) do n.° 1 do artigo 21.°, não deve ser entorpecido por limitações que lhe retirem a sua operância, em termos de razoabilidade. Mas, ao invés, não poderá ser convolado para uma virtual e dificilmente controlável devassa à vida interna da sociedade, para a qual, numa perspectiva prudencial, os sócios poderão lançar mão de outros meios.

---

[1] As epígrafes dos artigos não constam do texto oficial.

CSC — 2.ª alteração   DL 280/87 **[13]**

No que respeita à convocação de assembleias gerais de accionistas, afigura-se que o direito a requerê-las deve ser aferido pela detenção de uma certa percentagem do capital social e não também de um valor nominal legalmente pré-estabelecido. Daí a alteração introduzida no n.° 2 do artigo 375.°

O n.° 5 do artigo 89.° deu causa a um entendimento que não lhe estava, de modo algum, subjacente. Daí a sua eliminação, uma vez que dela não advirá qualquer inconveniente para os objectivos propostos.

Com as alterações feitas no n.° 2 do artigo 126.° e n.° 2 do artigo 277.° adequou-se melhor o regime do Código ao do ordenamento comunitário (respectivamente artigo 3.° da 6.ª Directiva e artigo 26.° da 2.ª Directiva).

Da obrigatoriedade de os títulos de acções, quer definitivos, quer provisórios, e de os títulos de obrigações serem assinados pelo menos por um administrador ou director, sem utilização de chancela, adviria, por certo, uma quebra de eficácia e de racionalização de actuações. Isso levou às modificações introduzidas no n.° 5 do artigo 304.° e no n.° 2 do artigo 352.°

O divisor «400$» previsto no artigo 250.° suscitaria previsíveis inconvenientes de ordem prática; por isso se alterou, com a natural incidência no n.° 3 do artigo 219.°

Quanto à obrigatoriedade de distribuição de lucros, sem alterar substancialmente a opção já tomada, uniformizou-se a redacção dos artigos 217.° e 294.° e tornou-se o sistema mais praticável e conforme à realidade, evitando-se situações de bloqueio por parte de uma minoria não significativa; acresce que assim não se criarão desaconselháveis obstáculos ao reinvestimento dos lucros, como coerente objectivo de política económica.

Deu-se uma melhor arrumação aos preceitos que regulam a composição, competência e funcionamento da gerência das sociedades por quotas.

A realização das entradas em dinheiro foi melhor explicitada, obviando-se, assim, a dúvidas que já haviam sido salientadas quanto à originária redacção do artigo 202.°. Quanto ao n.° 6 do artigo 285.° era patente o seu carácter redundante, face ao que já se dispunha no artigo 27.°, n.° 3; daí a sua eliminação.

As alterações respeitantes à intervenção dos revisores oficiais de contas visam flexibilizá-la, sem perder de vista os fundamentais objectivos a alcançar.

Impunha o artigo 370.° a outorga de escritura pública de aumento de capital logo que deliberada a emissão de obrigações convertíveis. Ora de tal sistema dimanava um encargo, porventura significativo, para a sociedade emitente; tratava-se, para mais, de um encargo que poderia, virtualmente, revelar-se inútil, bastando, para isso, que a conversão das obrigações não viesse a verificar-se, pelo menos na totalidade. Ocorreria ainda a situação de existir uma desaconselhável disparidade entre o capital constante da escritura e o capital realizado, negativamente potenciada pela incerteza sobre se o aumento viria ou não a ser realizado pela conversão. Daí, no essencial, a nova textualização dos artigos 320.° e 371.°

Finalmente, é de assinalar que o artigo 322.° foi posto em consonância com o n.° 2 do artigo 23.° da 2.ª Directiva comunitária; resulta, aliás, inquestionável que deve ser incentivada a justa participação dos trabalhadores no capital da sua própria empresa.

4. Parece de explicitar que, em decorrência da autorização legislativa conferida pelo artigo 1.° da Lei n.° 41/86, de 23 de Setembro, foi já aprovado em Conselho de Ministros o projecto de decreto-lei que introduz no Código o articulado respeitante aos ilícitos penal e de mera ordenação social.

Publicado que seja esse decreto-lei, os artigos 509.° a 529.° do Código passarão a ser, respectivamente, os artigos 530.° a 545.°

É isso que justifica a disposição do presente diploma, que prevê a convolação da numeração originária nessa área do Código para a numeração resultante da publicação do decreto-lei sobre o ilícito penal e de mera ordenação social [1].

Assim:

---

[1] À data da publicação deste DL já existia o diploma legal "respeitante aos ilícito penal e de mera ordenação social» — O DL n.° 184/87, de 21 de Abril, publicado no *Diário da República*, I Série, n.° 92.

[13] DL 280/87

CSC — 2.ª alteração

O governo decreta, nos termos da alínea *a*) do n.º 1 do artigo 201.º da Constituição, o seguinte:

Art. 1.º (Modificação de várias disposições do CSC)
Os artigos 16.º, 36.º, 59.º, 63.º, 66.º, 69.º, 89.º, 90.º, 93.º, 126.º, 142.º, 191.º, 192.º, 193.º, 202.º, 217.º, 219.º, 247.º, 248.º, 250.º, 260.º, 277.º, 285.º, 288.º, 289.º, 294.º, 297.º, 304.º, 305.º, 317.º, 322.º, 328.º, 348.º, 350.º, 352.º, 358.º, 360.º, 370.º, 371.º, 375.º, 384.º, 387.º, 405.º, 409.º, 414.º, 415.º, 416.º, 425.º, 464.º e 488.º do Código das Sociedades Comerciais, aprovado pelo Decreto-Lei n.º 262/86, de 22 de Setembro, passam a ter a seguinte redacção:

Nota. O novo texto foi inserto no lugar próprio.

Art. 2.º (Rectificação do preâmbulo do DL n.º 262/86)
É rectificado do seguinte modo o preâmbulo do Decreto-Lei n.º 262/86, de 2 de Setembro:

Nota. Rectificação inserta no lugar próprio.

Art. 3.º (Rectificação do art. 3.º do DL n.º 262/86)
São rectificadas as seguintes inexactidões constantes do n.º 1 do artigo 3.º do Decreto Lei n.º 262/86, de 2 de Setembro:

Nota. Rectificações insertas nos lugares próprios.

Art. 4.º (Rectificação de várias disposições do CSC)
São rectificadas as seguintes inexactidões constantes do Código das Sociedades Comerciais, aprovado pelo Decreto-Lei n.º 262/86, de 2 de Setembro:

Nota. Rectificações insertas nos lugares próprios.

Art. 5.º (Designação de revisor oficial de contas nas sociedades por quotas constituídas antes de 1 de Novembro de 1986)
Relativamente a sociedades por quotas constituídas antes de 1 de Novembro de 1986, o prazo de dois anos referidos no artigo 262.º, n.º 2, do Código das Sociedades Comerciais conta-se a partir de 1 de Janeiro de 1987.

Art. 6.º (Alteração da numeração de preceitos do CSC)
Depois de publicado o decreto-lei que, no uso da autorização legislativa conferida pelo artigo 1.º da Lei n.º 41/86, de 23 de Setembro, introduzirá no Código das sociedades Comerciais as disposições respeitantes ao ilícito de mera ordenação social, às quais passarão a corresponder os novos artigos 509.º a 529.º, as referências feitas no presente diploma, no Decreto-Lei n.º 262/86, de 2 de Setembro, e no Código das Sociedades Comerciais aos actuais artigos 509.º a 529.º passam a considerar-se feitas aos artigos 530.º a 545.º, respectivamente.

Notas. 1. À data da publicação do DL n.º 280/87, de 8 de Julho, já existia o diploma legal, publicado no uso da autorização legislativa conferida pelo art. 1.º da Lei n.º 41/86, de 23 de Setembro, que introduzia no CSC disposições respeitantes ao ilícito penal e de mera ordenação social – DL n.º 184/87, de 21 de Abril [12].

2. Na parte final deste artigo, onde está «... aos actuais artigos 509.º a 529.º», deve ler-se «aos actuais artigos 509.º a 524.º...». Foram, com efeito, os artigos 509.º a 524.º que passaram a ser os artigos 530.º a 545.º

SOCIEDADE ANÓNIMA EUROPEIA

[14] REGULAMENTO (CE) N.° 2157/2001 DO CONSELHO
de 8 de Outubro de 2001

relativo ao estatuto da sociedade europeia (SE)

O CONSELHO DA UNIÃO EUROPEIA,
Tendo em conta o Tratado que institui a Comunidade Europeia, nomeadamente o artigo 308.°,
Tendo em conta a proposta da Comissão([1]),
Tendo em conta o parecer do Parlamento Europeu([2]),
Tendo em conta o parecer do Comité Económico e Social([3]),
Considerando o seguinte:

(1) A realização do mercado interno e a consequente melhoria da situação económica e social no conjunto da Comunidade implicam, além da eliminação dos entraves às trocas comerciais, uma adaptação das estruturas de produção à escala da Comunidade. Para esse efeito, é indispensável que as empresas cuja actividade não se limite à satisfação de necessidades puramente locais possam conceber e promover a reorganização das suas actividades a nível comunitário.

(2) Essa reorganização pressupõe que lhes seja proporcionada a possibilidade de congregar o seu potencial, através de operações de fusão. No entanto, essas operações só se podem realizar na observância das regras de concorrência do Tratado.

(3) A realização de operações de reestruturação e de cooperação que envolvam empresas de Estados-Membros diferentes depara com dificuldades de ordem jurídica, fiscal e psicológica. A aproximação do direito das sociedades dos Estados-Membros através de directivas baseadas no artigo 44.° do Tratado pode remediar algumas dessas dificuldades. Essa aproximação não dispensa, no entanto, as empresas sujeitas a legislações diferentes de optar por uma forma de sociedade regulada por uma determinada legislação nacional.

(4) O quadro jurídico em que as empresas devem exercer as suas actividades na Comunidade continua a basear-se, sobretudo, nas legislações amplamente nacionais, e não se coaduna com o quadro económico em que devem desenvolver-se para permitir a realização dos objectivos enunciados no artigo 18.° do Tratado. Essa situação pode constituir um entrave considerável ao agrupamento de sociedades de Estados-Membros diferentes.

(5) Os Estados-Membros são obrigados a assegurar que as disposições aplicáveis às sociedades europeias por força do presente regulamento não resultem numa discriminação das sociedades europeias em relação às sociedades anónimas em virtude de um tratamento injustificadamente diferente, nem em restrições desproporcionadas à formação de uma sociedade europeia ou à transferência da sua sede.

(6) É essencial fazer corresponder, tanto quanto possível, a unidade económica e a unidade jurídica da empresa na Comunidade. Convém, para o efeito, prever a constituição, em paralelo com as sociedades sujeitas a um determinado direito nacional, de sociedades cuja constituição e funcionamento estejam sujeitas à legislação resultante de um regulamento comunitário directamente aplicável em todos os Estados-Membros.

([1]) JO C 263 de 16.10.1989, p. 41 e JO C 176 de 8.7.1991, p. 1.
([2]) Parecer de 4 de Setembro de 2001 (ainda não publicado no Jornal Oficial).
([3]) JO C 124 de 21.5.1990, p. 34.

[14] SE Preâmbulo

Sociedade anónima europeia

(7) As disposições de um tal regulamento permitirão a criação e a gestão de sociedades de dimensão europeia sem os entraves resultantes da disparidade e da aplicação territorial limitada do direito nacional das sociedades.

(8) O estatuto da sociedade anónima europeia, adiante designada «SE», figura entre os actos a adoptar pelo Conselho antes de 1992, constantes do Livro Branco da Comissão sobre a realização do mercado interno, aprovado pelo Conselho Europeu de Junho de 1985 em Milão. Na reunião de Bruxelas, em 1987, o Conselho Europeu manifestou o desejo de que esse estatuto fosse rapidamente criado.

(9) Desde a apresentação pela Comissão, em 1970, da proposta de regulamento relativo ao estatuto das sociedades anónimas europeias, alterada em 1975, os trabalhos de aproximação do direito nacional das sociedades progrediram de forma notável, de tal modo que, no caso da SE, é possível remeter para a legislação das sociedades anónimas do Estado-Membro da sede da SE, nos domínios em que o funcionamento desta não exija regras comunitárias uniformes.

(10) O objectivo essencial prosseguido pelo regime jurídico das SE exige, pelo menos e sem prejuízo das necessidades económicas que possam surgir no futuro, que se possa constituir uma SE tanto para permitir que sociedades de Estados-Membros diferentes realizem uma fusão ou criem uma «holding», como para facultar, às sociedades e a outras pessoas colectivas que exerçam uma actividade económica e estejam sujeitas à legislação de Estados-Membros diferentes, a possibilidade de criarem filiais comuns.

(11) Nesse mesmo espírito, é conveniente permitir às sociedades anónimas com a sua sede e sua administração central na Comunidade transformarem-se em SE sem terem de se dissolver, desde que essas sociedades tenham uma filial num Estado-Membro que não o da sua sede.

(12) As disposições nacionais aplicáveis às sociedades anónimas que fazem apelo à subscrição pública de acções e as aplicáveis às transacções de títulos devem igualmente aplicar-se às SE constituídas com apelo a subscrição pública de acções e às SE que pretendam utilizar esses instrumentos financeiros.

(13) A própria SE deve assumir a forma de uma sociedade de capitais por acções, o que, do ponto de vista do financiamento e da gestão, responde melhor às necessidades das empresas que exercem a sua actividade a nível europeu. Para assegurar que essas sociedades tenham uma dimensão razoável, convém fixar um capital mínimo que garanta que essas sociedades disponham de um património suficiente, sem no entanto dificultar a constituição de SE por pequenas e médias empresas.

(14) A SE deve ter uma gestão eficaz e uma fiscalização adequada. Deve-se ter em conta o facto de que existem actualmente na Comunidade dois sistemas diferentes de administração de sociedades anónimas. Embora permitindo à SE escolher entre os dois sistemas, deve-se traçar uma delimitação clara entre as responsabilidades das pessoas encarregadas da gestão e as das pessoas responsáveis pela fiscalização.

(15) Por força das regras e princípios gerais de Direito Internacional Privado, quando uma empresa controla outra sujeita a uma ordem jurídica diferente, os seus direitos e obrigações em matéria de protecção dos accionistas minoritários e de terceiros regulam-se pelo direito a que está sujeita a empresa controlada, sem prejuízo das obrigações a que está submetida a empresa que exerce o controlo por força das disposições do direito ao qual está sujeita, por exemplo, em matéria de elaboração de contas consolidadas.

(16) Sem prejuízo das consequências de uma posterior coordenação do direito dos Estados-Membros, não é actualmente necessária uma regulamentação específica para a SE neste domínio. Devem-se, portanto, aplicar as regras e princípios gerais, tanto nos casos em que a SE exerce o controlo como nos casos em que a SE é a sociedade controlada.

(17) Deve-se especificar o regime efectivamente aplicável nos casos em que a SE seja controlada por outra empresa e remeter, para este efeito, para o direito aplicável às sociedades anónimas no Estado-Membro da sede da SE.

(18) Cada Estado-Membro é obrigado a aplicar às infracções ao disposto no presente regulamento as sanções relativas às sociedades anónimas sujeitas à sua legislação.

(19) As regras relativas ao envolvimento dos trabalhadores na SE constam da Directiva 2001/86/CE do Conselho, de 8 de Outubro de 2001, que completa o estatuto da Sociedade Europeia no que respeita ao envolvimento dos trabalhadores[4]. Essas disposições constituem consequentemente um complemento indissociável do presente regulamento e devem poder ser aplicadas concomitantemente.

---

[4] Ver p. 22 do presente Jornal Oficial.

Tít. I.   Disposições gerais   **Art. 1.° SE [14]**

(20) O presente regulamento não abrange outras áreas do direito, como a fiscalidade, a concorrência, a propriedade intelectual e a insolvência. Por conseguinte, as disposições do direito dos Estados-Membros e do direito comunitário são aplicáveis nessas áreas bem como noutras não abrangidas pelo presente regulamento.

(21) A Directiva 2001/86/CE visa garantir aos trabalhadores o direito de envolvimento nas questões e decisões que afectam a vida da SE. As outras questões de direito social e de direito do trabalho, nomeadamente o direito à informação e à consulta dos trabalhadores, tal como previsto nos Estados-Membros, regulam-se pelas disposições nacionais aplicáveis, nas mesmas condições, às sociedades anónimas.

(22) A entrada em vigor do regulamento deve ser diferida para permitir a todos os Estados-Membros a transposição para o direito nacional das disposições da Directiva 2001/86/CE e a prévia criação dos mecanismos necessários para garantir a constituição e o funcionamento das SE que tenham a sede no seu território, de forma a que o regulamento e a directiva possam ser aplicados concomitantemente.

(23) Uma sociedade cuja administração central não se situe na Comunidade deve ser autorizada a participar na criação de uma SE, desde que aquela tenha sido constituída segundo o direito de um Estado-Membro, tenha a sua sede nesse Estado-Membro e uma conexão efectiva e continuada com a economia de um Estado-Membro, de acordo com os princípios estabelecidos no Programa Geral para a Supressão das Restrições à Liberdade de Estabelecimento, de 1962. Essa conexão existe, designadamente, quando a sociedade tenha um estabelecimento nesse Estado-Membro e realize operações a partir dele.

(24) A SE deve poder transferir a sua sede para outro Estado-Membro. A devida protecção dos interesses dos accionistas minoritários que se oponham à transferência, dos credores e dos titulares de outros direitos deverá ser proporcionada. A transferência não deverá afectar os direitos antes constituídos.

(25) O presente regulamento não antecipa qualquer disposição, que possa ser incluída na Convenção de Bruxelas de 1968 ou em qualquer texto adoptado pelos Estados-Membros ou pelo Conselho para substituir essa Convenção, relativa às regras de competência aplicáveis em caso de transferência da sede de uma sociedade anónima de um Estado-Membro para outro.

(26) As actividades das instituições financeiras regulam-se por directivas específicas e as disposições nacionais de transposição dessas directivas, bem como as normas nacionais complementares que regulam essas actividades são plenamente aplicáveis a uma SE.

(27) Dada a natureza específica e comunitária da SE, o regime da sede real escolhido para a SE pelo presente regulamento não prejudica as legislações dos Estados-Membros nem antecipa as opções a fazer quanto a outros textos comunitários em matéria de direito das sociedades.

(28) O Tratado não prevê, para a aprovação do presente regulamento, outros poderes de acção para além dos do artigo 308.°

(29) Como os objectivos da acção proposta, enunciados supra, não podem ser suficientemente realizados pelos Estados-Membros, na medida em que se trata da criação da SE a nível europeu, e podem, pois, devido à sua dimensão e aos seus efeitos, ser melhor realizados ao nível comunitário, a Comunidade pode tomar medidas, nos termos do princípio da subsidiariedade previsto nesse artigo 5.° do Tratado. Segundo o princípio da proporcionalidade, previsto no mesmo artigo, o presente regulamento não excede o necessário para alcançar aqueles objectivos,

APROVOU O PRESENTE REGULAMENTO:

TÍTULO I.   **DISPOSIÇÕES GERAIS**

Art. 1.°

1. Podem ser constituídas, no território da Comunidade, sociedades sob a forma de sociedades anónimas europeias (*Societas Europaea*, a seguir designada por «SE»), nas condições e de acordo com as regras previstas no presente regulamento.

2. A SE é uma sociedade com o capital dividido em acções. Cada accionista é responsável apenas até ao limite do capital que tenha subscrito.

[14] SE Arts. 2.º-3.º

Sociedade anónima europeia

3. A SE tem personalidade jurídica.

4. O envolvimento dos trabalhadores na SE é regulado pela Directiva 2001//86/CE.

Art. 2.º

1. As sociedades anónimas referidas no Anexo I, constituídas segundo o Direito de um Estado-Membro e que tenham a sua sede e a sua administração central na Comunidade, podem constituir uma SE por meio de fusão, se pelo menos duas delas se regularem pelo Direito de Estados-Membros diferentes.

2. As sociedades anónimas e as sociedades de responsabilidade limitada referidas no Anexo II, constituídas segundo o Direito de um Estado-Membro e que tenham a sua sede e a sua administração central na Comunidade, podem promover a constituição de uma SE «holding», se pelo menos duas delas:

a) Se regularem pelo Direito de Estados-Membros diferentes, ou

b) Tiverem, há pelo menos dois anos, uma filial regulada pelo Direito de outro Estado-Membro ou uma sucursal situada noutro Estado-Membro.

3. As sociedades, na acepção do segundo parágrafo do artigo 48.º do Tratado, bem como outras entidades jurídicas de direito público ou privado, constituídas segundo o Direito de um Estado-Membro e que tenham a sua sede e a sua administração central na Comunidade, podem constituir uma SE/filial, mediante subscrição das suas acções, se pelo menos duas delas:

a) Se regularem pelo Direito de Estados-Membros diferentes, ou

b) Tiverem, há pelo menos dois anos, uma filial regulada pelo Direito de outro Estado-Membro ou uma sucursal situada noutro Estado-Membro.

4. Uma sociedade anónima, constituída segundo o Direito de um Estado--Membro e que tenha a sua sede e a sua administração central na Comunidade, pode transformar-se em SE desde que tenha há pelo menos dois anos uma filial regulada pelo Direito de outro Estado-Membro.

5. Um Estado-Membro pode prever que uma sociedade que não tenha a sua administração central na Comunidade possa participar na constituição de uma SE, desde que aquela se tenha constituído segundo o Direito de um Estado-Membro, tenha a sede nesse Estado-Membro e uma conexão efectiva e continuada com a economia de um Estado-Membro.

Art. 3.º

1. Para efeitos dos n.ºˢ 1, 2 e 3 do artigo 2.º, a SE é considerada uma sociedade anónima regulada pelo Direito do Estado-Membro onde tem a sua sede.

2. A própria SE pode constituir uma ou mais filiais sob a forma de SE. As disposições do Estado-Membro da sede da SE filial que exijam que uma sociedade anónima tenha mais do que um accionista não são aplicáveis à SE filial. As disposições legislativas nacionais adoptadas nos termos da Décima-segunda Directiva 89/667/CEE do Conselho, de 21 de Dezembro de 1989, em matéria de direito das sociedades relativa às sociedades ([5]) de responsabilidade limitada com um único sócio são aplicáveis *mutatis mutandis* às SE.

([5]) JO L 395 de 30.12.1989, p. 40. Directiva com a última redacção que lhe foi dada pelo Acto de Adesão de 1994.

Tít. I.   Disposições gerais

Arts. 4.°-8.° SE [14]

Art. 4.°
1. O capital da SE é expresso em euros.
2. O capital subscrito deve ser de, pelo menos, 120 000 euros.
3. A legislação de um Estado-Membro que preveja um capital subscrito mais elevado para as sociedades que exerçam determinados tipos de actividade é aplicável às SE que tenham a sua sede nesse Estado-Membro.

Art. 5.°
Sob reserva dos n.ºs 1 e 2 do artigo 4.°, o capital da SE, a sua conservação e modificação, bem como as acções, as obrigações e outros títulos equiparáveis da SE, regulam-se pelas disposições aplicáveis a uma sociedade anónima com sede no Estado-Membro onde a SE estiver registada.

Art. 6.°
Para efeitos do presente regulamento, a expressão «estatutos da SE» designa simultaneamente o acto constitutivo e os estatutos propriamente ditos da SE, quando estes sejam objecto de um acto separado.

Art. 7.°
A sede da SE deve situar-se no território da Comunidade, no mesmo Estado-Membro que a administração central. Além disso, os Estados-Membros podem impor às SE registadas no seu território a obrigação de terem a administração central e a sede no mesmo local.

Art. 8.°
1. A sede da SE pode ser transferida para outro Estado-Membro nos termos dos n.ºs 2 a 13. Essa transferência não origina a dissolução da SE nem a criação de uma nova pessoa colectiva.
2. O órgão de direcção ou de administração deve elaborar um projecto de transferência, que será sujeito a publicidade nos termos do artigo 13.°, sem prejuízo de formas de publicidade adicionais previstas no Estado-Membro da sede. Esse projecto deve indicar a firma, a sede e o número de registo da SE e incluir:
    a) A sede proposta para a SE;
    b) Os estatutos propostos para a SE, incluindo, se for caso disso, a sua nova firma;
    c) As consequências que a transferência poderá ter para o envolvimento dos trabalhadores na SE;
    d) O calendário proposto para a transferência;
    e) Todos os direitos relativos à protecção dos accionistas e/ou credores.
3. O órgão de direcção ou de administração deve elaborar um relatório que explique e justifique os aspectos jurídicos e económicos da transferência e explique as suas consequências para os accionistas, os credores e os trabalhadores.
4. Pelo menos um mês antes da assembleia geral chamada a pronunciar-se sobre a transferência, os accionistas e os credores da SE têm o direito de analisar, na sede da SE, o projecto de transferência e o relatório elaborado nos termos do n.° 3 e de, a seu pedido, obter gratuitamente cópias desses documentos.

443

[14] SE Art. 8.°   Sociedade anónima europeia

5. No que se refere às SE registadas no seu território, qualquer Estado--Membro pode adoptar disposições destinadas a assegurar uma protecção adequada dos accionistas minoritários que se tenham pronunciado contra a transferência.

6. A decisão de transferência só pode ocorrer dois meses após a publicação do projecto. A decisão deve ser tomada de acordo com as condições previstas no artigo 59.°

7. Antes de a autoridade competente emitir o certificado a que se refere o n.° 8 e no que respeita a dívidas anteriores à publicação do projecto de transferência, a SE deve provar que os interesses dos credores e titulares de outros direitos em relação a uma SE (incluindo os de entidades públicas) foram devidamente protegidos nos termos das disposições do Estado-Membro onde a SE tem a sua sede antes da transferência.

Os Estados-Membros podem tornar a aplicação do primeiro parágrafo extensiva às dívidas contraídas (ou susceptíveis de ser contraídas) antes da transferência.

O primeiro e segundo parágrafos não prejudicam a aplicação às SE da legislação nacional dos Estados-Membros relativa à satisfação ou garantia dos pagamentos às entidades públicas.

8. No Estado-Membro da sede da SE, deve ser emitido, por um tribunal, notário ou outra autoridade competente, um certificado que comprove de forma concludente o cumprimento dos actos e formalidades prévios à transferência.

9. O novo registo só se pode efectuar mediante a apresentação do certificado mencionado no n.° 8 e a prova do cumprimento das formalidades exigidas para o registo no país da nova sede.

10. A transferência da sede da SE, bem como a alteração dos estatutos que dela decorre, produzem efeitos na data em que, nos termos do artigo 12.°, a SE for inscrita no Registo da nova sede.

11. Quando tiver sido efectuado o novo registo da SE, o Registo da nova inscrição deve notificar o Registo da inscrição anterior. O cancelamento do registo anterior só pode ser efectuado após recepção dessa notificação.

12. O novo registo e o cancelamento do anterior são publicados nos Estados--Membros em questão, nos termos do artigo 13.°

13. A publicação do novo registo da SE torna a nova sede oponível a terceiros. Todavia, enquanto não se proceder à publicação do cancelamento do registo na conservatória da sede anterior, os terceiros podem continuar a invocar a antiga sede, excepto se a SE provar que aqueles tinham conhecimento da nova sede.

14. A legislação de um Estado-Membro pode prever, em relação às SE nele registadas, que uma transferência de sede de que resulte uma mudança do Direito aplicável não produza efeitos se, no prazo de dois meses previsto no n.° 6, uma autoridade competente desse Estado-Membro se lhe opuser. Esta oposição só se pode fundamentar em razões de interesse público.

Se a SE for sujeita a fiscalização por uma autoridade nacional de controlo financeiro nos termos das directivas comunitárias, o direito de oposição à mudança de sede é igualmente aplicável a essa autoridade.

A oposição é susceptível de recurso judicial.

Tít. I. Disposições gerais

Arts. 9.º-12.º SE [14]

15. Sempre que tenha sido iniciado um processo de dissolução, liquidação, insolvência, suspensão de pagamentos ou outros processos análogos em relação a uma SE, esta não pode transferir a sua sede.

16. Para efeitos de litígios surgidos antes da transferência determinada no n.º 10, considera-se que uma SE que tenha transferido a sua sede para outro Estado-Membro tem a sua sede no Estado-Membro em que estava registada antes da transferência, mesmo quando seja contra ela intentada uma acção depois da transferência.

Art. 9.º

1. A SE é regulada:

a) Pelo disposto no presente regulamento;

b) Sempre que o presente regulamento o autorize expressamente, pelo disposto nos estatutos da SE; ou

c) No que se refere às matérias não abrangidas pelo presente regulamento ou, quando uma matéria o for apenas parcialmente, em relação aos aspectos por ele não abrangidos:

    i) Pelas disposições legislativas adoptadas pelos Estados-Membros em aplicação de medidas comunitárias que visem especificamente as SE;

    ii) Pelas disposições legislativas dos Estados-Membros que seriam aplicáveis a uma sociedade anónima constituída segundo o Direito do Estado-Membro onde a SE tem a sua sede;

    iii) Pelas disposições dos estatutos da SE, nas mesmas condições que para as sociedades anónimas constituídas segundo o Direito do Estado-Membro onde a SE tem a sua sede.

2. As disposições legislativas especialmente adoptadas pelos Estados-Membros para a SE devem cumprir o disposto nas directivas aplicáveis às sociedades anónimas referidas no Anexo I.

3. Se a natureza das actividades exercida por uma SE for regulada por disposições específicas de legislação nacional, estas são integralmente aplicáveis à SE.

Art. 10.º

Sob reserva do disposto no presente regulamento, uma SE é tratada em cada Estado-Membro como uma sociedade anónima constituída segundo o Direito do Estado-Membro onde a SE tem a sua sede.

Art. 11.º

1. A firma da SE deve ser precedida ou seguida da sigla «SE».

2. Apenas as SE podem incluir a sigla «SE» na sua firma.

3. Todavia, as sociedades ou outras entidades jurídicas registadas num Estado-Membro antes da data de entrada em vigor do presente regulamento não são obrigadas a alterar a sua firma, quando dela conste a sigla «SE».

Art. 12.º

1. A SE está sujeita a inscrição no Estado-Membro onde tem a sua sede, num Registo designado pela lei desse Estado-Membro, nos termos do artigo 3.º da Direc-

445

[14] SE Arts. 13.°-14.°

Sociedade anónima europeia

tiva 68/151/CEE do Conselho, de 9 de Março de 1968, tendente a coordenar as garantias que, para protecção dos interesses dos sócios e de terceitos, são exigidas nos Estados-Membros às sociedades, na acepção do segundo parágrafo do artigo 58.° do Tratado, a fim de tornar equivalentes essas garantias em toda a Comunidade (⁶).

2. Uma SE só pode ser registada se se tiver chegado a um acordo sobre o regime de envolvimento dos trabalhadores nos termos do artigo 4.° da Directiva 2001/86/CE, se tiver sido tomada uma decisão nos termos do n.° 6 do artigo 3.° da mesma directiva ou se o período de negociações previsto no artigo 5.° da directiva tiver decorrido sem se ter chegado a um acordo.

3. Para que uma SE possa ser registada num Estado-Membro que tenha usado da faculdade prevista no n.° 3 do artigo 7.° da Directiva 2001/86/CE, é necessário que, nos termos do artigo 4.° da referida directiva, se tenha chegado a um acordo sobre o regime de envolvimento dos trabalhadores, incluindo a participação, ou que nenhuma das sociedades participantes tenha sido regulada por regras de participação antes do registo da SE.

4. Os estatutos da SE não devem em caso algum ser incompatíveis com o regime definido para o envolvimento dos trabalhadores. Quando novas disposições estabelecidas nos termos da Directiva 2001/86/CE forem incompatíveis com os estatutos existentes, estes devem ser alterados na medida do necessário.

Neste caso, os Estados-Membros podem determinar que o órgão de direcção ou de administração da SE tenha o direito de alterar os estatutos sem necessidade de uma nova decisão da assembleia geral de accionistas.

Art. 13.°

Os actos e indicações relativos à SE sujeitos a publicidade nos termos do presente regulamento são dela objecto, nos termos previstos na legislação do Estado-Membro da sede da SE, em cumprimento da Directiva 68/151/CEE.

Art. 14.°

1. O registo e o cancelamento do registo de uma SE são objecto de um aviso a publicar, para informação, no *Jornal Oficial das Comunidades Europeias*, após publicidade efectuada nos termos do artigo 13.° Desse aviso constam a firma, o número, a data e o local de registo da SE, a data, o local e o título da publicação, bem como a sede e o seu sector de actividade da SE.

2. A transferência da sede da SE nas condições previstas no artigo 8.° é igualmente objecto de um aviso, do qual constam as indicações previstas no n.° 1, bem como as relativas ao novo registo.

3. As indicações referidas no n.° 1 são comunicadas ao Serviço de Publicações Oficiais das Comunidades Europeias no prazo de um mês a contar da publicidade prevista no artigo 13.°

(⁶) JO L 65 de 14.3.1968, p. 8. Directiva com a última redacção que lhe foi dada pela Acto de Adesão de 1994.

Tít. II. Constituição   Arts. 15.º-18.º SE **[14]**

TÍTULO II. CONSTITUIÇÃO

SECÇÃO 1. **Generalidades**

Art. 15.º

1. Sob reserva do disposto no presente regulamento, a constituição de uma SE regula-se pela legislação aplicável às sociedades anónimas do Estado onde a SE estabelece a sua sede.

2. O registo de uma SE está sujeito a publicidade nos termos do artigo 13.º

Art. 16.º

1. A SE adquire personalidade jurídica na data do registo previsto no artigo 12.º

2. Se tiverem sido praticados actos em nome da SE antes do registo previsto no artigo 12.º e se após esse registo, a SE não assumir as obrigações deles decorrentes, as pessoas singulares, as sociedades ou outras entidades jurídicas que os tiverem praticado serão por eles solidária e ilimitadamente responsáveis, salvo convenção em contrário.

SECÇÃO 2. **Constituição de uma SE por meio de fusão**

Art. 17.º

1. Uma SE pode ser constituída por meio de fusão, nos termos do n.º 1 do artigo 2.º

2. A fusão pode ser efectuada:

a) Pelo processo de fusão mediante incorporação, nos termos do n.º 1 do artigo 3.º da Directiva 78/855/CEE (7); ou

b) Pelo processo de fusão mediante a constituição de uma nova sociedade, nos termos do n.º 1 do artigo 4.º da mesma directiva.

No caso de fusão mediante incorporação, a sociedade incorporante assume a forma de SE em simultâneo com a fusão. No caso de fusão mediante a constituição de uma nova sociedade, a SE é a nova sociedade.

Art. 18.º

Em relação às matérias não abrangidas pela presente Secção ou, quando uma matéria o for apenas parcialmente, em relação aos aspectos por ela não abrangidos, cada sociedade participante na constituição de uma SE por meio de fusão está sujeita às disposições do Estado-Membro de que depende, aplicáveis à fusão de sociedades anónimas nos termos da Directiva 78/855/CEE.

---

(7) Terceira Directiva 78/855/CEE do Conselho, de 9 de Outubro de 1978, fundada na alínea *g)* do n.º 3, do artigo 54.º, do Tratado e relativa à fusão das sociedades anónimas. (JO L 295 de 20.10.1978, p. 36). Directiva com a última redacção que lhe foi dada pelo Acto de Adesão de 1994.

[14] SE Arts. 19.º-21.º   Sociedade anónima europeia

Art. 19.º

A legislação de um Estado-Membro pode prever que uma sociedade regulada pelo Direito desse Estado-Membro não possa participar na constituição de uma SE por meio de fusão, se uma autoridade competente desse Estado-Membro se lhe opuser antes da emissão do certificado referido no n.º 2 do artigo 25.º

Essa oposição só se pode fundamentar em razões de interesse público e é susceptível de recurso judicial.

Art. 20.º

1. Os órgãos de direcção ou de administração das sociedades que pretendam fundir-se elaboram um projecto de fusão. Esse projecto inclui:

a) A firma e a sede das sociedades que se fundem, bem como as previstas para a SE;

b) A relação de troca das acções e, se for caso disso, o montante de uma eventual compensação;

c) As regras de entrega das acções da SE;

d) A data a partir da qual essas acções conferem o direito de participação nos lucros, bem como qualquer regra especial relativa a esse direito;

e) A data a partir da qual as operações das sociedades que se fundem são consideradas, do ponto de vista contabilístico, como efectuadas por conta da SE;

f) Os direitos conferidos pela SE aos accionistas que gozem de direitos especiais e aos portadores de títulos diferentes das acções, ou as medidas previstas em relação aos mesmos;

g) Quaisquer vantagens especiais atribuídas aos peritos que estudam o projecto de fusão, bem como aos membros dos órgãos de administração, de direcção, de fiscalização ou de controlo das sociedades que se fundem;

h) Os estatutos da SE;

i) Informações sobre os procedimentos seguidos para estabelecer as disposições relativas ao envolvimento dos trabalhadores nos termos da Directiva 2001/86/CE.

2. As sociedades que se fundem podem acrescentar outros elementos ao projecto de fusão.

Art. 21.º

Em relação a cada uma das sociedades que se fundem, e sob reserva de exigências suplementares impostas pelo Estado-Membro de que depende a sociedade em questão, devem ser publicadas as seguintes indicações no órgão oficial desse Estado-Membro:

a) A forma, a firma e a sede das sociedades que se fundem;

b) O Registo em que foram depositados os actos referidos no n.º 2 do artigo 3.º da Directiva 68/151/CEE relativos a cada uma das sociedades que se fundem, bem como o número de inscrição nesse Registo;

c) A indicação das regras de exercício dos direitos dos credores da sociedade em questão, estabelecidas nos termos do artigo 24.º, bem como o endereço em que podem ser obtidas, gratuitamente, informações exaustivas sobre essas regras;

d) A indicação das regras de exercício dos direitos dos accionistas minoritários da sociedade em questão, estabelecidas nos termos do artigo 24.º, bem como o

448

Tít. II.   Constituição   **Arts. 22.º-25.º SE [14]**

endereço em que podem ser obtidas, gratuitamente, informações exaustivas sobre essas regras;

e) A firma e a sede previstas para a SE.

Art. 22.º

Em alternativa ao recurso a peritos que actuem por conta de cada uma das sociedades que se fundem, um ou mais peritos independentes, na acepção do artigo 10.º da Directiva 78/855/CEE, designados para o efeito; e a pedido conjunto dessas sociedades; por uma autoridade judicial ou administrativa do Estado-Membro de que depende uma das sociedades que se fundem ou a futura SE, podem examinar o projecto de fusão e elaborar um relatório único destinado a todos os accionistas.

Os peritos têm o direito de pedir a cada uma das sociedades que se fundem todas as informações que considerem necessárias para o desempenho das suas funções.

Art. 23.º

1. A assembleia geral de cada uma das sociedades que se fundem aprova o projecto de fusão.

2. O envolvimento dos trabalhadores na SE é decidido nos termos da Directiva 2001/86/CE. A assembleia geral de cada uma das sociedades que se fundem pode sujeitar o registo da SE à ratificação expressa do regime assim decidido.

Art. 24.º

1. O Direito do Estado-Membro de que depende cada uma das sociedades que se fundem é aplicável, tal como no caso da fusão de sociedades anónimas de responsabilidade limitada, tendo em conta o carácter transfronteiriço da fusão, no que respeita à protecção dos interesses:

a) Dos credores das sociedades que se fundem;

b) Dos obrigacionistas das sociedades que se fundem;

c) Dos portadores de títulos, com excepção de acções, aos quais sejam inerentes direitos especiais nas sociedades que se fundem.

2. Um Estado-Membro pode adoptar, em relação às sociedades que se fundem e que são reguladas pelo seu Direito, disposições destinadas a assegurar uma protecção adequada dos accionistas minoritários que se tenham pronunciado contra a fusão.

Art. 25.º

1. O controlo da legalidade da fusão é efectuado, em relação à parte do processo relativa a cada sociedade que se funde, nos termos da legislação aplicável à fusão de sociedades anónimas no Estado-Membro de que a sociedade depende.

2. Em cada Estado-Membro interessado, é emitido por um tribunal, um notário ou outra autoridade competente um certificado que comprove de forma concludente o cumprimento dos actos e formalidades prévias à fusão.

3. Se o Direito de um Estado-Membro a que esteja sujeita uma sociedade que se funda prever um processo de análise e alteração da relação de troca das acções ou

449

[14] SE Arts. 26.°-29.°   Sociedade anónima europeia

um processo de compensação dos accionistas minoritários, sem impedir o registo da fusão, esse processo aplica-se apenas se, ao aprovarem o projecto de fusão nos termos do n.° 1 do artigo 23.°, as restantes sociedades que se fundem, situadas em Estados-Membros cuja legislação não previa esse tipo de processo, aceitarem explicitamente a possibilidade de os accionistas da sociedade que se funda recorrerem a esse processo. Nesse caso, o tribunal, o notário ou outra autoridade competente pode emitir o certificado referido no n.° 2, mesmo que o referido processo já tenha tido início. No entanto, o certificado deve mencionar a existência de um processo pendente. A decisão decorrente do processo é vinculativa para a sociedade incorporante e para o conjunto dos seus accionistas.

Art. 26.°

1. O controlo da legalidade da fusão é efectuado, em relação à parte do processo relativa à fusão e à constituição da SE, por um tribunal, por um notário ou por qualquer outra autoridade do Estado-Membro da futura sede da SE, competente para controlar este aspecto da legalidade da fusão de sociedades anónimas.

2. Para esse efeito, cada sociedade que se funda remete a essa autoridade o certificado referido no n.° 2 do artigo 25.°, num prazo de seis meses a contar da sua emissão, assim como uma cópia do projecto de fusão, aprovado pela sociedade.

3. A autoridade referida no n.° 1 certifica-se, em especial, de que as sociedades que se fundem aprovaram um projecto de fusão nos mesmos termos, e de que o regime relativo ao envolvimento dos trabalhadores foi definido nos termos da Directiva 2001/86/CE.

4. A mesma autoridade certifica-se igualmente de que a constituição da SE preenche as condições estabelecidas na legislação do Estado-Membro da sede, nos termos do artigo 15.°

Art. 27.°

1. A fusão e a constituição simultânea da SE produzem efeitos na data do registo da SE nos termos do artigo 12.°

2. A SE só pode ser registada após o cumprimento de todas as formalidades previstas nos artigos 25.° e 26.°

Art. 28.°

Em relação às sociedades que se fundem, a realização da fusão deve ser sujeita a publicidade, efectuada nos termos da legislação de cada Estado-Membro, em cumprimento do artigo 3.° da Directiva 68/151/CEE.

Art. 29.°

1. A fusão realizada nos termos do n.° 2, alínea *a*), do artigo 17.° implica *ipso jure* e simultaneamente os seguintes efeitos:

a) A transferência global do património activo e passivo de cada uma das sociedades incorporadas para a sociedade incorporante;

b) Os accionistas da sociedade incorporada tornam-se accionistas da sociedade incorporante;

450

Tít. II. Constituição   Arts. 30.º-31.º SE [14]

c) A sociedade incorporada deixa de existir;
d) A sociedade incorporante assume a forma de SE.
2. A fusão realizada nos termos do n.º 2, alínea *b*), do artigo 17.º, implica *ipso jure* e simultaneamente os seguintes efeitos:
a) A transferência global do património activo e passivo das sociedades que se fundem para a SE;
b) Os accionistas das sociedades que se fundem tornam-se accionistas da SE;
c) As sociedades que se fundem deixam de existir.
3. Sempre que, em caso de fusão de sociedades anónimas, a legislação de um Estado-Membro imponha formalidades especiais em relação à oponibilidade a terceiros da transferência de determinados bens, direitos e obrigações das sociedades que se fundem, essas formalidades são aplicáveis e devem ser cumpridas pelas sociedades que se fundem, ou pela SE a partir da data do seu registo.
4. Os direitos e obrigações das sociedades participantes em matéria de condições de trabalho, decorrentes da legislação, das práticas e dos contratos individuais de trabalho ou relações de trabalho a nível nacional, existentes à data do registo, são transferidos para a SE no momento do registo e em consequência do mesmo.

Art. 30.º
A nulidade de uma fusão na acepção do n.º 1 do artigo 2.º não pode ser declarada se a SE tiver sido registada.
A falta de controlo da legalidade da fusão nos termos dos artigos 25.º e 26.º pode constituir fundamento para a dissolução da SE.

Art. 31.º
1. Quando uma fusão, nos termos do n.º 2, alínea *a*), do artigo 17.º, for realizada por uma sociedade que detenha todas as acções e outros títulos que confiram direitos de voto na assembleia geral de outra sociedade, não é aplicável o disposto no n.º 1, alíneas *b*), *c*) e *d*) do artigo 20.º, no artigo 22.º e no n.º 1, alínea *b*), do artigo 29.º São contudo aplicáveis as disposições nacionais a que esteja sujeita cada uma das sociedades que se fundem e que regulam as fusões de sociedades anónimas nos termos do artigo 24.º da Directiva 78/855/CEE.
2. Quando uma fusão mediante incorporação seja efectuada por uma sociedade que detenha 90 % ou mais, mas não a totalidade, das acções ou outros títulos que confiram direitos de voto na assembleia geral de outra sociedade, os relatórios do órgão de direcção ou de administração, os relatórios de um ou mais peritos independentes, bem como os documentos necessários ao controlo só são exigíveis na medida em que o sejam pela legislação nacional que regula a sociedade incorporante ou pela legislação nacional que regula a sociedade incorporada.
No entanto, os Estados-Membros podem determinar que o presente número se possa aplicar quando uma sociedade detenha acções que confiram 90 % ou mais, mas não a totalidade, dos direitos de voto.

[14] SE Art. 32.º   Sociedade anónima europeia

SECÇÃO 3.   **Constituição de uma SE «holding»**

Art. 32.º

1. Uma SE pode ser constituída nos termos do n.º 2 do artigo 2.º

As sociedades que promovam a constituição de uma SE, nos termos do n.º 2 do artigo 2.º, continuam a existir.

2. Os órgãos de direcção ou de administração das sociedades que promovem a operação elaboram, nos mesmos termos, um projecto de constituição da SE. Esse projecto deve conter um relatório explicativo e justificativo dos aspectos jurídicos e económicos da constituição e indicar as consequências da adopção da forma de SE para os accionistas e para os trabalhadores. Esse projecto inclui ainda as indicações previstas no n.º 1, alíneas *a*), *b*), *c*), *f*), *g*), *h*) e *i*), do artigo 20.º e fixa a percentagem mínima de acções ou quotas de cada uma das sociedades que promovem a operação com que os accionistas devem contribuir para a constituição da SE. Essa percentagem deve corresponder a um número de acções que confira mais do que 50 % dos direitos de voto permanentes.

3. Em relação a cada uma das sociedades que promovem a operação, o projecto de constituição da SE está sujeito a publicidade, de acordo com as regras previstas na legislação de cada Estado-Membro, nos termos do artigo 3.º da Directiva 68/151/CEE, pelo menos um mês antes da data da reunião da assembleia geral que se deve pronunciar sobre a operação.

4. Um ou mais peritos independentes das sociedades que promovem a operação, nomeados ou aprovados por uma autoridade judicial ou administrativa do Estado-Membro de que depende cada sociedade segundo as disposições nacionais adoptadas em execução da Directiva 78/855/CEE, examinam o projecto de constituição elaborado nos termos do n.º 2 e apresentam um relatório escrito destinado aos accionistas de cada sociedade. Por acordo entre as sociedades que promovem a operação, pode ser elaborado um relatório escrito para os accionistas do conjunto das sociedades, por um ou mais peritos independentes nomeados ou aprovados por uma autoridade judicial ou administrativa do Estado-Membro de que depende uma das sociedades que promovem a operação ou a futura SE, segundo as disposições nacionais adoptadas em execução da Directiva 78/855/CEE.

5. O relatório deve indicar as dificuldades específicas de avaliação e declarar se a relação prevista de troca das acções ou das quotas é ou não pertinente e razoável, indicando os métodos seguidos para a sua determinação e a adequação desses métodos ao caso em apreço.

6. A assembleia geral de cada uma das sociedades que promovem a operação aprova o projecto de constituição da SE.

O envolvimento dos trabalhadores na SE é decidido nos termos da Directiva 2001/86/CE. A assembleia geral de cada uma das sociedades que promovem a operação pode sujeitar o registo da SE à ratificação expressa do regime assim decidido.

7. O disposto no presente artigo é aplicável, *mutatis mutandis,* às sociedades de responsabilidade limitada.

452

Tít. II. Constituição   Arts. 33.°-37.° SE **[14]**

Art. 33.°
 1. Os accionistas ou os detentores de quotas das sociedades que promovem a operação dispõem de um prazo de três meses durante o qual podem comunicar às sociedades promotoras a intenção de contribuir com as suas acções ou quotas para a constituição da SE. Esse prazo corre a contar da data em que o projecto de constituição da SE tenha sido definitivamente aprovado nos termos do artigo 32.°
 2. A SE só está constituída se, no termo do prazo referido no n.° 1, os accionistas ou os detentores de quotas das sociedades que promovem a operação tiverem contribuído com a percentagem mínima de acções ou de quotas de cada sociedade fixada de acordo com o projecto de formação e se todas as outras condições tiverem sido preenchidas.
 3. Se as condições para a constituição da SE tiverem sido preenchidas nos termos do n.° 2, esse facto é, em relação a cada uma das sociedades promotoras, sujeito a publicidade, segundo as regras previstas no Direito nacional que regula cada uma dessas sociedades e adoptadas nos termos do artigo 3.° da Directiva 68/151/CEE.
 Os accionistas ou os detentores de quotas das sociedades que promovem a operação que, no prazo referido no n.° 1, não tenham comunicado a intenção de colocar as suas acções ou quotas à disposição das sociedades promotoras com vista à constituição da SE beneficiam de um prazo suplementar de um mês para o fazer.
 4. Os accionistas ou os detentores de quotas que tenham contribuído com os seus títulos para a constituição da SE recebem acções desta.
 5. A SE apenas pode ser registada mediante prova do cumprimento das formalidades referidas no artigo 32.° e das condições referidas no n.° 2 do presente artigo.

Art. 34.°
 Os Estados-Membros podem adoptar, em relação às sociedades que promovem a operação, disposições destinadas a assegurar a protecção dos accionistas minoritários que se opõem à operação, dos credores e dos trabalhadores.

SECÇÃO 4. Constituição de uma SE «filial»

Art. 35.°
 Uma SE pode ser constituída nos termos do n.° 3 do artigo 2.°

Art. 36.°
 São aplicáveis às sociedades ou outras entidades jurídicas que participem na operação as disposições que regulam a sua participação na constituição de uma filial que assuma a forma de uma sociedade anónima nos termos do direito nacional.

SECÇÃO 5. Transformação de uma sociedade anónima em SE

Art. 37.°
 1. Uma SE pode ser constituída nos termos do n.° 4 do artigo 2.°

453

[14] SE Art. 38.º   Sociedade anónima europeia

2. Sem prejuízo do disposto no artigo 12.º, a transformação de uma sociedade anónima em SE não dá origem à dissolução nem à criação de uma nova pessoa colectiva.

3. A sede não pode ser transferida de um Estado-Membro para outro no momento da transformação, nos termos do artigo 8.º

4. O órgão de direcção ou de administração da sociedade em questão elabora um projecto de transformação e um relatório que explique e justifique os aspectos jurídicos e económicos da transformação e assinale as consequências da adopção da forma de SE para os accionistas e para os trabalhadores.

5. O projecto de transformação será sujeito a publicidade segundo as regras previstas na legislação de cada Estado-Membro, nos termos do artigo 3.º da Directiva 68/151/CEE, pelo menos um mês antes da data da reunião da assembleia geral chamada a pronunciar-se sobre a transformação.

6. Antes da assembleia geral referida no n.º 7, um ou mais peritos independentes nomeados ou aprovados, segundo as disposições nacionais adoptadas em execução do artigo 10.º da Directiva 78/855/CEE, por uma autoridade judicial ou administrativa do Estado de que depende a sociedade que se transforma em SE, devem atestar, nos termos da Directiva 77/91/CEE do Conselho [8], *mutatis mutandis*, que a sociedade dispõe de activos líquidos correspondentes pelo menos ao capital, acrescido das reservas que não podem ser distribuídas nos termos legais ou estatutários.

7. A assembleia geral da sociedade em questão aprova o projecto de transformação e os estatutos da SE. A decisão da assembleia geral deve ser tomada nas condições previstas nas disposições nacionais adoptadas em execução do artigo 7.º da Directiva 78/855/CEE.

8. Os Estados-Membros podem sujeitar uma transformação a um voto favorável, por maioria qualificada ou por unanimidade, dos membros do órgão da sociedade a transformar e em que está organizada a participação dos trabalhadores.

9. Os direitos e obrigações da sociedade a transformar em matéria de condições de trabalho, decorrentes da legislação, das práticas e dos contratos individuais de trabalho ou das relações de trabalho a nível nacional, existentes à data do registo, são transferidos para a SE no momento do seu registo.

TÍTULO III. **ESTRUTURA DA SE**

Art. 38.º

A SE inclui, nas condições previstas no presente regulamento:

a) Uma assembleia geral de accionistas e

b) Um órgão de fiscalização e um órgão de direcção (sistema dualista), ou um órgão de administração (sistema monista), consoante a opção adoptada nos estatutos.

---

[8] Directiva 77/91/CEE do Conselho, de 13 de Dezembro de 1976, tendente a coordenar as garantias que, para protecção dos interesses dos sócios e de terceiros, são exigidas nos Estados-Membros às sociedades, na acepção do segundo parágrafo do artigo 58.º do Tratado, no que respeita à constituição da sociedade anónima, bem como à conservação e às modificações do seu capital social, a fim de tornar equivalentes essas garantias em toda a Comunidade (JO L 26 de 31.1.1977, p. 1). Directiva com a última redacção que lhe foi dada pelo Acto de Adesão de 1994.

Tít. III. Estrutura da SE   **Arts. 39.º-41.º SE [14]**

SECÇÃO 1. **Sistema dualista**

Art. 39.º

1. O órgão de direcção é responsável pela gestão da SE. Qualquer Estado-Membro pode prever que a responsabilidade da gestão corrente incumba a um ou a vários directores-gerais, nas mesmas condições que para as sociedades anónimas com sede no seu território.

2. O ou os membros do órgão de direcção são nomeados e destituídos pelo órgão de fiscalização.

No entanto, os Estados-Membros podem prever, ou permitir que os estatutos prevejam, que o ou os membros do órgão de direcção sejam nomeados e destituídos pela assembleia geral nas mesmas condições que os das sociedades anónimas com sede no seu território.

3. Ninguém pode ser simultaneamente membro do órgão de direcção e do órgão de fiscalização da SE. No entanto, o órgão de fiscalização pode, em caso de vaga, designar um dos seus membros para exercer as funções de membro do órgão de direcção. No decurso desse período, as funções da pessoa em questão como membro do órgão de fiscalização são suspensas. Os Estados-Membros podem prever que esse período seja limitado no tempo.

4. O número de membros do órgão de direcção ou as regras para a sua determinação são fixados nos estatutos da SE. No entanto, os Estados-Membros podem fixar um número mínimo e/ou máximo de membros.

5. Na falta de disposições relativas a um sistema dualista no que se refere às sociedades anónimas com sede no respectivo território, os Estados-Membros podem adoptar as medidas adequadas em relação às SE.

Art. 40.º

1. O órgão de fiscalização controla a gestão assegurada pelo órgão de direcção. O órgão de fiscalização não tem competência própria em matéria de gestão da SE.

2. Os membros do órgão de fiscalização são nomeados pela assembleia geral. Todavia, os membros do primeiro órgão de fiscalização podem ser designados nos estatutos. A presente disposição é aplicável sem prejuízo do disposto no n.º 4 do artigo 47.º ou, se for caso disso, das disposições em matéria de participação dos trabalhadores estabelecidas nos termos da Directiva 2001/86/CE.

3. O número de membros do órgão de fiscalização ou as regras para a sua determinação são definidos nos estatutos. Todavia, os Estados-Membros podem fixar o número de membros do órgão de fiscalização das SE registadas no seu território, ou um número mínimo e/ou máximo de membros.

Art. 41.º

1. O órgão de direcção informa o órgão de fiscalização, pelo menos de três em três meses, sobre o andamento dos negócios da SE e a sua evolução previsível.

2. Além da informação periódica prevista no n.º 1, o órgão de direcção comunica em tempo útil ao órgão de fiscalização todas as informações sobre acontecimentos susceptíveis de ter repercussões sensíveis na situação da SE.

3. O órgão de fiscalização pode solicitar ao órgão de direcção qualquer tipo de informações necessárias ao controlo que exerce nos termos do n.º 1 do artigo

455

[14] SE Arts. 42.º-45.º   Sociedade anónima europeia

40.º Os Estados-Membros podem prever que todos os membros do órgão de fiscalização possam igualmente beneficiar desta faculdade.

4. O órgão de fiscalização pode proceder ou mandar proceder às verificações necessárias ao desempenho das suas funções.

5. Todos os membros do órgão de fiscalização podem tomar conhecimento de todas as informações comunicadas a este órgão.

Art. 42.º

Os membros do órgão de fiscalização elegem entre si um presidente. Se metade dos membros tiver sido designada pelos trabalhadores, só pode ser eleito presidente um membro designado pela assembleia geral de accionistas.

SECÇÃO 2. **Sistema monista**

Art. 43.º

1. O órgão de administração é responsável pela gestão da SE. Qualquer Estado-Membro pode prever que a responsabilidade da gestão corrente incumba a um ou a vários directores-gerais, nas mesmas condições que para as sociedades anónimas com sede no seu território.

2. O número de membros do órgão de administração ou as regras para a sua determinação são fixados nos estatutos da SE. Todavia, os Estados-Membros podem fixar um número mínimo e, se necessário, máximo, de membros.

No entanto, o órgão de administração deve ser composto por um mínimo de três membros, quando a participação dos trabalhadores na SE esteja organizada nos termos da Directiva 2001/86/CE.

3. O ou os membros do órgão de administração são nomeados pela assembleia geral. Todavia, os membros do primeiro órgão de administração podem ser designados nos estatutos. A presente disposição é aplicável sem prejuízo do n.º 4 do artigo 47.º ou, eventualmente, das disposições em matéria de participação dos trabalhadores estabelecidas nos termos da Directiva 2001/86/CE.

4. Na falta de disposições relativas a um sistema monista no que se refere às sociedades anónimas com sede no respectivo território, os Estados-Membros podem adoptar as medidas adequadas em relação às SE.

Art. 44.º

1. O órgão de administração reúne-se pelo menos de três em três meses, com uma periodicidade fixada nos estatutos, para deliberar sobre o andamento dos negócios da SE e a sua evolução previsível.

2. Todos os membros do órgão de administração podem tomar conhecimento de todas as informações comunicadas a este órgão.

Art. 45.º

Os membros do órgão de administração elegem entre si um presidente. Se metade dos membros tiver sido designada pelos trabalhadores, só pode ser eleito presidente um membro designado pela assembleia geral de accionistas.

456

Tít. III. Estrutura da SE   **Arts. 46.°-49.° SE [14]**

SECÇÃO 3. **Regras comuns aos sistemas monista e dualista**

Art. 46.°

1. Os membros dos órgãos da sociedade são nomeados por um período fixado nos estatutos, não superior a seis anos.

2. Salvo restrições previstas nos estatutos, os membros podem ser reconduzidos uma ou mais vezes pelo período fixado nos termos do n.° 1.

Art. 47.°

1. Os estatutos da SE podem prever que uma sociedade ou outra entidade jurídica possa ser membro de um dos seus órgãos, salvo disposição em contrário da legislação do Estado-Membro da sede da SE aplicável às sociedades anónimas.

A sociedade ou outra entidade jurídica designa uma pessoa singular para o exercício dos poderes no órgão em questão.

2. Não podem ser membros de um órgão da SE, nem representantes de um membro na acepção do n.° 1, as pessoas que:

a) Não possam fazer parte, segundo a legislação do Estado-Membro da sede da SE, do órgão correspondente de uma sociedade anónima regulada pelo Direito desse Estado-Membro,

b) Não possam fazer parte do órgão correspondente de uma sociedade anónima regulada pelo Direito de um Estado-Membro por força de decisão judicial ou administrativa proferida num Estado-Membro.

3. Os estatutos da SE podem fixar condições particulares de elegibilidade para os membros que representam os accionistas, à semelhança do que estiver previsto na legislação do Estado-Membro da sede da SE para as sociedades anónimas.

4. O presente regulamento não prejudica as legislações nacionais que permitem a uma minoria de accionistas ou outras pessoas ou autoridades nomear uma parte dos membros dos órgãos.

Art. 48.°

1. Os estatutos da SE enumeram as categorias de operações que requerem uma autorização do órgão de direcção por parte do órgão de fiscalização, no sistema dualista, ou uma decisão expressa do órgão de administração, no sistema monista.

Todavia, os Estados-Membros podem prever que, no sistema dualista, o órgão de fiscalização possa, por si, sujeitar certas categorias de operações a autorização.

2. Os Estados-Membros podem determinar as categorias de operações que, no mínimo, devem constar dos estatutos das SE registadas no seu território.

Art. 49.°

Os membros dos órgãos da SE são obrigados a não divulgar, mesmo após a cessação das suas funções, as informações de que disponham sobre a SE, cuja divulgação seja susceptível de lesar os interesses da sociedade, excepto quando essa

457

[14] SE Arts. 50.º-53.º   Sociedade anónima europeia

divulgação seja exigida ou admitida pelas disposições de direito nacional aplicáveis às sociedades anónimas ou pelo interesse público.

Art. 50.º
1. Salvo disposição em contrário do presente regulamento ou dos estatutos, as regras internas relativas ao quórum e à tomada de decisões dos órgãos da SE são as seguintes:
a) Quórum: pelo menos metade dos membros devem estar presentes ou representados;
b) Tomada de decisões: terá lugar por maioria dos membros presentes ou representados.
2. Na falta de disposições estatutárias na matéria, o presidente de cada órgão tem voto de qualidade em caso de empate. Não é, todavia, admissível nenhuma disposição estatutária em contrário quando 50% dos membros do órgão de fiscalização forem representantes dos trabalhadores.
3. Quando a participação dos trabalhadores for organizada nos termos da Directiva 2001/86/CE, qualquer Estado-Membro pode estabelecer que, em derrogação do disposto nos n.ºs 1 e 2, o quórum e a tomada de decisões pelo órgão de fiscalização fiquem sujeitos às regras aplicáveis, nas mesmas condições, às sociedades anónimas reguladas pelo Direito do Estado-Membro em questão.

Art. 51.º
Os membros dos órgãos de direcção, de fiscalização ou de administração respondem, nos termos das disposições do Estado-Membro da sede da SE aplicáveis às sociedades anónimas, pelos prejuízos sofridos pela SE na sequência de qualquer violação por eles cometida das obrigações legais, estatutárias ou outras inerentes às suas funções.

SECÇÃO 4. **Assembleia geral**

Art. 52.º
A assembleia geral decide sobre as matérias relativamente às quais lhe é atribuída competência específica por força:
a) Do presente regulamento,
b) Das disposições da legislação do Estado-Membro onde a SE tem a sua sede, adoptadas em execução da Directiva 2001/86/CE.
Além disso, a assembleia geral decide sobre as matérias relativamente às quais é atribuída competência à assembleia geral das sociedades anónimas reguladas pelo Direito do Estado-Membro onde a SE tem sua sede, quer pela legislação desse Estado-Membro, quer pelos estatutos da SE de acordo com essa mesma legislação.

Art. 53.º
Sem prejuízo das regras previstas na presente Secção, a organização e a realização da assembleia geral, bem como os processos de votação, regulam-

458

Tít. III.   Estrutura da SE   **Arts. 54.º-57.º SE [14]**

-se pela legislação do Estado-Membro da sede da SE aplicável às sociedades anónimas.

Art. 54.º

1. A assembleia geral reúne-se pelo menos uma vez por ano civil, num prazo de seis meses a contar do encerramento do exercício, excepto se a legislação do Estado-Membro da sede aplicável às sociedades anónimas que exerçam o mesmo tipo de actividade que a SE previr uma frequência superior. Todavia, os Estados--Membros podem prever que a primeira assembleia geral se possa realizar dentro de um prazo de dezoito meses a contar da constituição da SE.

2. A assembleia geral pode ser convocada em qualquer momento pelo órgão de direcção, pelo órgão de administração, pelo órgão de fiscalização, ou por qualquer outro órgão ou autoridade competente nos termos da legislação nacional do Estado-Membro da sede da SE aplicável às sociedades anónimas.

Art. 55.º

1. A convocação da assembleia geral e a fixação da ordem de trabalhos podem ser solicitadas por um ou mais accionistas que detenham, em conjunto, acções que representem pelo menos 10 % do capital subscrito, podendo os estatutos ou a legislação nacional prever uma percentagem inferior nas mesmas condições que as aplicáveis às sociedades anónimas.

2. O pedido de convocação deve precisar os pontos a incluir na ordem de trabalhos.

3. Se, na sequência do pedido formulado nos termos do n.º 1, a assembleia geral não se realizar em tempo oportuno ou, de qualquer modo, num prazo máximo de dois meses, a autoridade judicial ou administrativa competente do Estado da sede da SE pode ordenar a sua convocação num determinado prazo ou dar autorização aos accionistas que formularam o pedido, ou a um mandatário dos mesmos. Esta disposição não prejudica as disposições nacionais que eventualmente prevejam a possibilidade de os próprios accionistas procederem à convocação da assembleia geral.

Art. 56.º

Um ou mais accionistas que detenham, em conjunto, pelo menos 10 % do capital subscrito podem solicitar a inscrição de novos pontos na ordem de trabalhos de uma assembleia geral. Os procedimentos e prazos aplicáveis a este pedido são os fixados na legislação nacional do Estado-Membro da sede da SE ou, na sua falta, nos estatutos da SE. A percentagem acima referida pode ser reduzida pelos estatutos ou pela legislação do Estado-Membro da sede, nas mesmas condições que as aplicáveis às sociedades anónimas.

Art. 57.º

As decisões da assembleia geral são tomadas por maioria dos votos validamente expressos, excepto se o presente regulamento ou, na sua falta, a legislação aplicável às sociedades anónimas no Estado-Membro da sede da SE exigir uma maioria mais elevada.

[14] SE Arts. 58.°-62.°   Sociedade anónima europeia

Art. 58.°
Os votos expressos não incluem os votos inerentes às acções relativamente às quais o accionista não tenha tomado parte na votação, se tenha abstido ou dado um voto branco ou nulo.

Art. 59.°
1. A alteração dos estatutos requer uma decisão da assembleia geral tomada por uma maioria que não pode ser inferior a dois terços dos votos expressos, excepto se a legislação aplicável às sociedades anónimas abrangidas pelo Direito do Estado-Membro da sede da SE prever ou permitir uma maioria mais elevada.
2. Todavia, os Estados-Membros podem prever que, sempre que esteja representado, pelo menos, metade do capital subscrito, seja suficiente a maioria simples dos votos referidos no n.° 1.
3. Qualquer alteração dos estatutos está sujeita a publicidade nos termos do artigo 13.°

Art. 60.°
1. Sempre que existam diversas categorias de acções, qualquer decisão da assembleia geral é sujeita a uma votação separada para cada categoria de accionistas cujos direitos específicos sejam afectados por essa decisão.
2. Sempre que a decisão da assembleia geral requeira as maiorias de votos previstas nos n.os 1 ou 2 do artigo 59.°, devem ser exigidas as mesmas maiorias para a votação separada para cada categoria de accionistas cujos direitos específicos sejam afectados pela decisão.

TÍTULO IV.   **CONTAS ANUAIS E CONTAS CONSOLIDADAS**

Art. 61.°
Sob reserva do disposto no artigo 62.°, a SE está sujeita, no que respeita à elaboração das contas anuais e, se for caso disso, das contas consolidadas, incluindo o relatório de gestão que as acompanha, bem como à sua fiscalização e publicidade, às regras aplicáveis às sociedades anónimas reguladas pelo Direito do Estado-Membro da sua sede.

Art. 62.°
1. As SE que sejam instituições de crédito ou instituições financeiras estão sujeitas, no que respeita à elaboração das contas anuais e, se for caso disso, das contas consolidadas, incluindo o relatório de gestão que as acompanha, bem como à sua fiscalização e publicidade, às regras previstas no direito interno do Estado-Membro da sede, em execução da Directiva 2000/12/CE do Parlamento Europeu e do Conselho, de 20 de Março de 2000, relativa ao acesso à actividade das instituições de crédito e ao seu exercício [9].

---

[9] JO L 126 de 26.5.2000, p. 1.

460

Tít. V.   Dissolução, liquidação, insolvência e cessação de pagamentos   **Arts. 63.º-65.º SE [14]**

2. As SE que sejam empresas de seguros estão sujeitas, no que respeita à elaboração das contas anuais e, se for caso disso, das contas consolidadas, incluindo o relatório de gestão que as acompanha, bem como à sua fiscalização e publicidade, às regras previstas no direito interno do Estado-Membro da sede, em execução da Directiva 91/674/CEE do Conselho, de 19 de Dezembro de 1991, relativa às contas anuais e às contas consolidadas das empresas de seguros ([10]).

TÍTULO V. DISSOLUÇÃO, LIQUIDAÇÃO, INSOLVÊNCIA E CESSAÇÃO DE PAGAMENTOS

Art. 63.º
No que se refere à dissolução, liquidação, insolvência, cessação de pagamentos e processos análogos, a SE está sujeita às disposições legais que seriam aplicáveis a uma sociedade anónima constituída segundo o Direito do Estado-Membro onde a SE tem a sua sede, incluindo as disposições relativas à tomada de decisões pela assembleia geral.

Art. 64.º
1. Sempre que uma SE deixar de cumprir a obrigação prevista no artigo 7.º, o Estado-Membro da sede da SE adopta as medidas necessárias para obrigar esta a regularizar a situação num prazo determinado:
   a) Restabelecendo a sua administração central no Estado-Membro da sede, ou
   b) Procedendo à transferência da sede pelo processo previsto no artigo 8.º
2. O Estado-Membro da sede da SE adopta as medidas necessárias para assegurar a liquidação de uma SE que não proceda à regularização da sua situação nos termos do n.º 1.
3. O Estado-Membro da sede institui um recurso judicial contra todas as infracções verificadas ao artigo 7.º Esse recurso tem efeito suspensivo sobre os procedimentos referidos nos n.ᵒˢ 1 e 2.
4. Sempre que se verificar, por iniciativa das autoridades ou de qualquer outra parte interessada, que uma SE tem a sua administração central no território de um Estado-Membro em infracção ao artigo 7.º, as autoridades desse Estado-Membro informam imediatamente desse facto o Estado-Membro da sede da SE.

Art. 65.º
A abertura de um processo de dissolução, liquidação, insolvência ou cessação de pagamentos, bem como o seu encerramento e a decisão de continuação da actividade, estão sujeitas a publicidade nos termos do artigo 13.º, sem prejuízo das disposições de direito interno que imponham medidas de publicidade adicionais.

([10]) JO L 374 de 31.12.1991, p. 7.

[14] SE Arts. 66.°-67.°

Sociedade anónima europeia

Art. 66.°

1. A SE pode ser transformada em sociedade anónima regulada pelo Direito do Estado-Membro da sua sede. A decisão de transformação não pode ser tomada antes de decorridos dois anos a contar da data de registo, nem antes da aprovação das duas primeiras contas anuais.

2. A transformação de uma SE em sociedade anónima não dá lugar à dissolução nem à criação de uma nova pessoa colectiva.

3. O órgão de direcção ou de administração da SE deve elaborar um projecto de transformação e um relatório que explique e justifique os aspectos jurídicos e económicos da transformação e assinale as consequências da adopção da forma de sociedade anónima para os accionistas e para os trabalhadores.

4. O projecto de transformação está sujeito a publicidade, segundo a legislação de cada Estado-Membro, nos termos do artigo 3.° da Directiva 68/151/CEE, pelo menos um mês antes da data da reunião da assembleia geral chamada a pronunciar-se sobre a transformação.

5. Antes da assembleia geral referida no n.° 6, um ou mais peritos independentes designados ou aprovados, segundo as disposições nacionais adoptadas por força do artigo 10.° da Directiva 78/855/CEE, por uma autoridade judicial ou administrativa do Estado-Membro de que depende a SE que se transforma em sociedade anónima, atestam que a sociedade dispõe de activos correspondentes pelo menos ao capital.

6. A assembleia geral da SE aprova o projecto de transformação e os estatutos da sociedade anónima. A decisão da assembleia geral deve ser tomada nas condições previstas nas disposições nacionais adoptadas por força do artigo 7.° da Directiva 78/855/CEE.

TÍTULO VI. DISPOSIÇÕES COMPLEMENTARES E TRANSITÓRIAS

Art. 67.°

1. Cada Estado-Membro pode, se e enquanto a terceira fase da União Económica e Monetária (UEM) não lhe for aplicável, aplicar às SE com sede no seu território as mesmas disposições que aplica às sociedades anónimas reguladas pelo seu Direito no que se refere à expressão do respectivo capital. A SE pode, de qualquer forma, exprimir o seu capital igualmente em euros. Nesse caso, a taxa de conversão entre a moeda nacional e o euro será a do último dia do mês anterior à constituição da SE.

2. Se e enquanto a terceira fase da UEM não for aplicável ao Estado-Membro da sede da SE, esta pode, todavia, elaborar e publicar as suas contas anuais e, se for caso disso, as suas contas consolidadas em euros. O Estado-Membro pode exigir que as contas anuais e, se for caso disso, as contas consolidadas da SE sejam elaboradas e publicadas na moeda nacional, nas mesmas condições que as previstas para as sociedades anónimas reguladas pelo Direito desse Estado-Membro. Esta disposição não prejudica a possibilidade adicional de a SE publicar as suas contas

Tít. VII. Disposições finais

Arts. 68.º-70.º SE [14]

anuais e, se for caso disso, as suas contas consolidadas, em euros, nos termos da Directiva 90/604/CEE ([11]).

TÍTULO VII. **DISPOSIÇÕES FINAIS**

Art. 68.º
1. Os Estados-Membros tomam as disposições adequadas para garantir a aplicação efectiva do presente regulamento.
2. Cada Estado-Membro designa as autoridades competentes na acepção dos artigos 8.º, 25.º, 26.º, 54.º, 55.º e 64.º e informa desse facto a Comissão e os outros Estados-Membros.

Art. 69.º
O mais tardar cinco anos a contar da data de entrada em vigor do presente regulamento, a Comissão apresenta ao Parlamento Europeu e ao Conselho um relatório sobre a sua aplicação e eventuais propostas de alteração. Esse relatório analisará, nomeadamente, a conveniência das seguintes alterações:
a) Possibilidade de a administração central e a sede de uma SE se situarem em Estados-Membros diferentes;
b) Alargamento do conceito de fusão previsto no n.º 2 do artigo 7.º para permitir também outros tipos de fusão para além dos referidos no n.º 1 do artigo 3.º e no n.º 1 do artigo 4.º da Directiva 78/855/CEE;
c) Revisão da cláusula de competência do n.º 16 do artigo 8.º, em função de eventuais disposições que tenham sido incluídas na Convenção de Bruxelas de 1968 ou em qualquer texto adoptado pelos Estados-Membros ou pelo Conselho em substituição dessa Convenção;
d) Possibilidade de um Estado-Membro autorizar, na legislação por ele adoptada ao abrigo das competências atribuídas pelo presente regulamento ou para assegurar a sua aplicação efectiva, a inserção de disposições em derrogação dessa legislação ou que a completem, mesmo que esse tipo de disposições não seja autorizado nos estatutos de uma sociedade anónima com sede nesse Estado--Membro.

Art. 70.º
O presente regulamento entra em vigor em 8 de Outubro de 2004.

([11]) Directiva 90/604/CEE do Conselho, de 8 de Novembro de 1990, que altera a Directiva 78/660/CEE, relativa às contas anuais, e a Directiva 83/349/CEE, relativa às contas consolidadas, no que se refere às derrogações a favor das pequenas e médias sociedades, bem como à publicação das contas em ecus (JO L 317 de 16.11.1990, p. 57).

463

[14] SE Anexo II   Sociedade anónima europeia

ANEXO I
Sociedades Anónimas referidas no n.° 1 do artigo 2.°

BÉLGICA:
la société anonyme//de naamloze vennootschap.
DINAMARCA:
aktieselskaber.
ALEMANHA:
die Aktiengesellschaft.
GRÉCIA:
ανώνυμη εταιρία
ESPANHA:
la sociedad anónima.
FRANÇA:
la société anonyme.
IRLANDA:
public companies limited by shares
public companies limited by guarantee having a share capital.
ITÁLIA:
società per azioni.
LUXEMBURGO:
la société anonyme.
PAÍSES BAIXOS:
de naamloze vennoostschap.
ÁUSTRIA:
die Aktiengesellschaft.
PORTUGAL:
sociedade anónima de responsabilidade limitada.
FINLÂNDIA:
julleinen osakeyhtiô//publikt aktiebolag
SUÉCIA:
publikt aktiebolag.
REINO UNIDO:
public companies limited by shares
public companies limited by guarantee having a share capital.

ANEXO II
**Sociedades Anónimas e Sociedades de Responsabilidade Limitada
referidas no n.° 2 do artigo 2.°**

BÉLGICA:
la société anonyme//de naamloze vennootschap,
la société privée à responsabilité limitée//besloten vennoostschap met beperkte aansprakelijkheid.
DINAMARCA:
aktieselskaber
anpartselskaber.
ALEMANHA:
die Aktiengesellschaft
die Gesellschaft mit beschränkter Haftung.
GRÉCIA:
ανώνυμη εταιρία
εταιρία περιοριομένης ευδύνης

Sociedade anónima europeia

Anexo II SE [14]

ESPANHA:
la sociedad anónima
la sociedad de responsabilidad limitada.
FRANÇA:
la société anonyme
la société à responsabilité limitée.
IRLANDA:
public companies limited by shares
public companies limited by guarantee having a share capital
private companies limited by shares
private companies limited by guarantee having a share capital.
ITÁLIA:
società per azioni
società a responsabilità limitata.
LUXEMBURGO:
la société anonyme
la société à responsabilité limitée.
PAÍSES BAIXOS:
de naamloze vennoostschap
de besloten vennoostschap met beperkte aansprakelijkheid.
ÁUSTRIA:
die Aktiengesellschaft
die Gesellschaft mit beschränkter Haftung.
PORTUGAL:
sociedade anónima de responsabilidade limitada
sociedade por quotas de responsabilidade limitada.
FINLÂNDIA:
osakeyhtiô
aktiebolag.
SUÉCIA:
aktiebolag.
REINO UNIDO:
public companies limited by shares
public companies limited by guarantee having a share capital
private companies limited by shares
private companies limited by guarantee having a share capital.

[14-A] DECRETO-LEI N.º 2/2005
de 4 de Janeiro

Nos termos da alínea *a*) do n.º 1 do artigo 198.º da Constituição, o Governo decreta o seguinte:

Art. 1.º (Aprovação do regime aplicável às sociedades anónimas europeias)
É aprovado o regime jurídico aplicável às sociedades anónimas europeias com sede em Portugal e à constituição de sociedades anónimas europeias em que estejam envolvidas sociedades reguladas pelo direito interno português, que se identifica sob a designação «Regime Jurídico das Sociedades Anónimas Europeias» e se publica em anexo ao presente decreto-lei, do qual faz parte integrante.

Art. 2.º (Alteração ao Código do Registo Comercial)
Nota. As alterações foram introduzidas no lugar próprio.

Art. 3.º (Aditamento ao Código do Registo Comercial)
Nota. As alterações foram introduzidas no lugar próprio.

Art. 4.º (Alteração ao Regulamento do Registo Comercial)
Nota. As alterações foram introduzidas no lugar próprio.

Art. 5.º (Alteração ao regime do Registo Nacional de Pessoas Colectivas)
Nota. As alterações foram introduzidas no lugar próprio.

Art. 6.º (Alteração ao Código do Notariado)
Nota. Esta norma introduziu alterações ao art. 80.º do Código do Notariado.

Art. 7.º (Aditamento ao Código do Notariado)
Nota. Esta norma aditou os arts. 162.º-A e 162.º-B ao Código do Notariado.

Art. 8.º (Entrada em vigor)
O presente diploma entra em vigor no dia seguinte ao da sua publicação.

REGIME JURÍDICO DAS SOCIEDADES ANÓNIMAS EUROPEIAS

CAPÍTULO I. Disposições gerais

Art. 1.º (Objecto)

1. O presente Regime Jurídico é aplicável às sociedades anónimas europeias com sede em Portugal e à constituição de sociedades anónimas europeias em que estejam envolvidas sociedades reguladas pelo direito interno português, sem prejuízo do disposto no número seguinte.

2. As sociedades anónimas europeias com sede em Portugal regem-se pelo Regulamento (CE) n.º 2157/2001, do Conselho, de 8 de Outubro, pelas estipulações dos respectivos estatutos em tudo o que por aquele for expressamente autorizado, pelo presente diploma e, subsidiariamente, pela legislação nacional que regula as sociedades anónimas, a qual, designadamente, é aplicável no que respeita à estrutura, à orgânica, ao funcionamento e à extinção da sociedade, à designação, competência, responsabilidade e cessação de funções dos titulares dos órgãos sociais, e às alterações do contrato de sociedade.

Art. 2.º (Autoridades competentes)

1. As autoridades competentes para a prática dos actos referidos no n.º 8 do artigo 8.º, no n.º 2 do artigo 25.º e no artigo 26.º do Regulamento (CE) n.º 2157/ /2001, do Conselho, de 8 de Outubro, são as conservatórias do registo comercial ou os notários.

2. As autoridades a que se referem o n.º 2 do artigo 54.º e o n.º 3 do artigo 55.º do Regulamento (CE) n.º 2157/2001, do Conselho, de 8 de Outubro, são os tribunais competentes para preparar e julgar as acções relativas ao exercício de direitos sociais.

3. A autoridade competente para a informação prevista no n.º 4 do artigo 64.º do regulamento previsto no número anterior é o Ministério da Justiça.

4. Para o efeito do número anterior, o Ministério Público e qualquer outra entidade ou organismo público ou qualquer interessado que tenha conhecimento de que uma sociedade europeia tem sede ou administração central em Portugal sem que ambas coincidam no território nacional deve comunicar o facto imediatamente ao Ministério da Justiça.

Nota. A redacção do n.º 1 foi introduzida pelo art. 36.º do DL n.º 76-A/2006, de 29 de Março.

Art. 3.º (Designação de peritos)

Em todos os casos em que o Regulamento (CE) n.º 2157/2001, do Conselho, de 8 de Outubro, prevê a designação de peritos independentes por uma determinada

[14-A] DL 2/2005 Arts. 4.°-6.° Regime jurídico das sociedades anónimas europeias

autoridade, deve entender-se que essa designação fica a cargo da Ordem dos Revisores Oficiais de Contas, que procede à nomeação:

a) A pedido de qualquer das sociedades interessadas ou a pedido conjunto das sociedades interessadas, nos casos de constituição de sociedades anónimas europeias;

b) A pedido da sociedade anónima europeia com sede em Portugal no âmbito do processo de transformação desta em sociedade anónima regulada pelo direito interno.

Art. 4.° (Forma e publicidade do processo constitutivo e de transferência de sede)
1. A constituição de uma sociedade anónima europeia com sede em Portugal, em qualquer das modalidades previstas no Regulamento (CE) n.° 2157/2001, do Conselho, de 8 de Outubro, bem como a alteração dos estatutos decorrente da transferência de sede daquela sociedade para Portugal, está sujeita às exigências de forma, assim como ao registo e publicação previstos na legislação aplicável às sociedades anónimas.

2. Estão igualmente sujeitos a registo e publicação:

a) Os projectos de constituição de sociedades anónimas europeias, em qualquer das modalidades admissíveis, que devem ser sempre elaborados em conformidade com o Regulamento (CE) n.° 2157/2001, do Conselho, de 8 de Outubro;

b) A verificação das condições para a constituição de uma sociedade anónima europeia nos termos do n.° 3 do artigo 33.° do Regulamento (CE) n.° 2157/2001, do Conselho, de 8 de Outubro;

c) O projecto de transferência de sede de sociedade anónima europeia registada em Portugal para outro Estado membro.

Nota. A redacção do n.° 1 foi introduzida pelo art. 36.° do DL n.° 76-A/2006, de 29 de Março.

CAPÍTULO II. **Modos de constituição**

SECÇÃO I. **Constituição de uma sociedade anónima europeia por fusão**

Art. 5.° (Publicações obrigatórias)
Sem prejuízo de outras publicações a que deva haver lugar por aplicação de lei especial, nomeadamente por virtude da qualidade de sociedade aberta de que se revistam as sociedades a fundir, as publicações previstas no artigo 21.° do Regulamento (CE) n.° 2157/2001, do Conselho, de 8 de Outubro, devem ser feitas nos termos do n.° 1 do artigo 167.° do Código das Sociedades Comerciais.

Nota. Redacção introduzida pelo art. 36.° do DL n.° 76-A/2006, de 29 de Março.

Art. 6.° (Oposição dos credores)
Para efeitos do exercício do direito de oposição dos credores das sociedades que se fundem, o prazo previsto no artigo 101.°-A do Código das Sociedades Comerciais conta-se a partir da publicação a que se refere o artigo anterior.

Nota. Redacção introduzida pelo art. 36.° do DL n.° 76-A/2006, de 29 de Março.

468

Cap. II.   Modos de constituição   **Arts. 7.º-8.º DL 2/2005 [14-A]**

Art. 7.º (Exoneração de sócio nos casos de fusão)

1. Qualquer sócio pode exonerar-se da sociedade quando, contra o seu voto expresso, tenha sido deliberada a respectiva fusão para constituição de uma sociedade anónima europeia.

2. O sócio que queira usar da faculdade atribuída pelo número anterior deve, nos 30 dias seguintes à deliberação sobre a fusão, declarar por escrito à sociedade a sua intenção de se exonerar.

3. Recebida a declaração do sócio, a sociedade deve adquirir ou fazer adquirir por terceiro a sua participação social, aplicando-se o disposto nos números seguintes.

4. Salvo acordo das partes, a contrapartida da aquisição é calculada nos termos do artigo 1021.º do Código Civil, com referência ao momento da deliberação de fusão, por um revisor oficial de contas independente designado pela respectiva Ordem, a solicitação de qualquer dos interessados, sem prejuízo de a designação poder ter lugar por mútuo acordo.

5. Uma vez designado, o revisor dispõe de 30 dias para a determinação do valor da contrapartida, após a qual corre novo prazo de idêntica duração para a realização da aquisição.

6. A não realização da aquisição no prazo estabelecido por motivo imputável ao sócio determina para ele a perda do direito à exoneração, obstando à realização da fusão quando seja imputável à sociedade.

7. Se, apesar do disposto na parte final do número anterior, a sociedade promover o registo da constituição por fusão, a sociedade anónima europeia constituída fica obrigada a adquirir a participação social que tenha sido atribuída ao sócio exonerando mediante contrapartida idêntica à anteriormente fixada em conformidade com o n.º 4, devendo ainda compensá-lo pelos prejuízos sofridos.

8. Os administradores da sociedade fundida e, bem assim, os da sociedade anónima europeia obrigada respondem solidariamente com esta.

Nota. A redacção do n.º 7 foi introduzida pelo art. 36.º do DL n.º 76-A/2006, de 29 de Março.

Art. 8.º (Oposição de autoridades reguladoras)

1. As operações de fusão de que resulte a criação de uma sociedade anónima europeia devem ser precedidas de notificação à Autoridade da Concorrência bem como, nos casos em que as sociedades participantes estejam sujeitas a supervisão ou regulação, à autoridade reguladora sectorial competente em razão da matéria.

2. O projecto de fusão deve ser notificado às autoridades referidas no número anterior no prazo de sete dias úteis após a aprovação do mesmo pela assembleia geral da sociedade participante.

3. A Autoridade da Concorrência e a autoridade reguladora sectorial podem opor-se à participação de uma sociedade na constituição de uma sociedade anónima europeia por meio de fusão com fundamento na existência de um interesse público contrário àquela participação.

4. No prazo de 30 dias contados da notificação que receberem, as autoridades competentes, quando entendam opor-se à participação da sociedade na fusão, devem dar-lhe conhecimento das suas intenções, oferecendo-lhe prazo para se pronunciarem, o qual não pode ser inferior a 15 dias.

469

[14-A] DL 2/2005 Arts. 9.°-12.°   Regime jurídico das sociedades anónimas europeias

5. Recebida a resposta da sociedade ou, na sua falta, decorrido o prazo concedido, a autoridade decide fundamentadamente dentro dos 15 dias seguintes.

6. O decurso de qualquer dos prazos previstos nos números precedentes sem que as autoridades competentes procedam de acordo com o aí estabelecido vale como não oposição.

Art. 9.° (Efeitos da oposição)

1. A declaração de oposição por qualquer das autoridades competentes obsta à participação da sociedade na fusão.

2. Da declaração de oposição das entidades competentes cabe impugnação judicial nos termos previstos na legislação respectiva.

3. No caso de existência de mais de uma declaração de oposição, pode ser interposta acção única para a impugnação de todas elas, desde que tal seja possível de acordo com as regras de competência dos tribunais.

4. A acção deve ser interposta no prazo de um mês contado da notificação da decisão de oposição, considerando-se, para efeitos do número anterior, que o prazo se conta a partir da última notificação de oposição recebida.

Art. 10.° (Certificado de não oposição)

As entidades referidas no artigo 8.° devem, no prazo de 10 dias contado da apresentação do pedido que lhes seja dirigido pelas sociedades interessadas, emitir documento comprovativo da não oposição à fusão, de cuja apresentação depende a emissão do certificado referido no n.° 2 do artigo 25.° do Regulamento (CE) n.° 2157/2001, do Conselho, de 8 de Outubro.

Nota. Redacção introduzida pelo art. 36.° do DL n.° 76-A/2006, de 29 de Março.

SECÇÃO II. **Constituição de uma sociedade anónima europeia gestora de participações sociais**

Art. 11.° (Exoneração de sócio)

1. O sócio que tenha votado contra o projecto de constituição de uma sociedade anónima europeia gestora de participações sociais tem direito a exonerar-se da sociedade a que pertence, sendo-lhe aplicável, com as necessárias adaptações, o disposto no artigo 7.°

2. Tendo sido exercido o direito à exoneração, se a constituição da nova sociedade ocorrer sem que esteja concretizada a aquisição da participação do exonerando por motivo não imputável a este, ela fica solidariamente responsável com a sociedade promotora pelo cumprimento da respectiva obrigação, sem prejuízo da cumulativa e solidária responsabilidade dos titulares da administração de uma e de outra.

3. O disposto no presente artigo não é aplicável aos sócios de sociedades promotoras que sejam qualificadas como sociedades abertas.

Art. 12.° (Protecção dos credores)

Quando a sociedade anónima europeia gestora de participações sociais tenha adquirido, no processo de constituição ou em decorrência dele, bens de qualquer das

470

Cap. III.   Sede e transf. de sede da soc. anónima europeia   **Arts. 13.°-14.° DL 2/2005** **[14-A]**

sociedades promotoras, responde, até à concorrência do respectivo valor, pelas dívidas do alienante existentes à data da constituição.

CAPÍTULO III.   Sede e transferência de sede da sociedade anónima europeia

Art. 13.° (Exoneração do sócio nos casos de transferência de sede)
1. O sócio que tenha votado contra o projecto de transferência da sede de sociedade anónima europeia para outro Estado membro da União Europeia pode exonerar-se.
2. Salvo o disposto nos números seguintes, é aplicável à exoneração de sócio por motivo de transferência de sede para outro Estado membro, com as necessárias adaptações, o estatuído no artigo 7.°
3. Tendo sido exercido o direito à exoneração, e previamente à emissão do certificado a que se refere o n.° 8 do artigo 8.° do Regulamento (CE) n.° 2157/2001, do Conselho, de 8 de Outubro, a sociedade deve provar que a participação social do exonerando foi adquirida ou que, se for o caso, tal não ocorreu por motivo que lhe não possa ser imputável.
4. Nos casos em que a participação social do exonerando não tenha sido adquirida por motivo não imputável à sociedade e não existindo confirmação expressa do facto pelo exonerando, a sociedade pode solicitar à conservatória do registo comercial ou ao notário que notifique o exonerando com vista à celebração de contrato de aquisição da sua participação social nos termos previstos, respectivamente, na lei registral e na lei notarial.
5. Não tendo sido exercido o direito de exoneração por qualquer sócio, a sociedade fica obrigada a declarar esse facto para efeitos da emissão do certificado relativo à transferência de sede.

Nota. A redacção do n.° 4 foi introduzida pelo art. 36.° do DL n.° 76-A/2006, de 29 de Março.

Art. 14.° (Medidas de protecção especiais)
1. Para efeitos da emissão do certificado a que se refere o n.° 8 do artigo 8.° do Regulamento (CE) n.° 2157/2001, do Conselho, de 8 de Outubro, a sociedade deve provar, nos termos do primeiro parágrafo do n.° 7 do mesmo artigo e mediante apresentação de certidão, que a sua situação fiscal e relativa a dívidas à segurança social se encontra regularizada.
2. No que respeita aos créditos pertencentes aos trabalhadores resultantes de contratos de trabalho e da sua violação ou cessação, a sociedade deve prestar garantia bancária, aplicando-se com as necessárias adaptações o disposto nos n.ºs 4 a 7 do artigo 296.° da Lei n.° 35/2004, de 29 de Julho, e fazer prova da prestação de tal garantia para que lhe possa ser emitido o certificado a que se refere o número anterior.
3. Previamente à emissão do certificado, os titulares de créditos sobre a sociedade anónima europeia que pretende transferir a sua sede para outro Estado membro podem declarar antecipadamente vencidos os seus créditos, devendo fazê-lo no prazo de 30 dias a contar da publicação do projecto de transferência de sede.

[14-A] DL 2/2005 Arts. 15.º-16.º Regime jurídico das sociedades anónimas europeias

4. Se os créditos referidos no número anterior constarem de livros ou documentos da sociedade ou forem por esta de outro modo conhecidos, os credores devem ser avisados do seu direito por carta registada com aviso de recepção.

5. Tendo sido pagas as dívidas referidas no n.º 3, os credores devem emitir declaração pela qual seja dada quitação do pagamento e reconhecida a extinção da totalidade dos créditos vencidos.

6. A sociedade deve incluir, no projecto de transferência de sede, referência ao direito previsto no n.º 3 e, perante a conservatória do registo competente ou o notário, identificar quais os credores que declararam antecipadamente vencidos os seus créditos e fazer prova do cumprimento das obrigações respectivas.

Nota. A redacção do n.º 6 foi introduzida pelo art. 36.º do DL n.º 76-A/2006, de 29 de Março.

Art. 15.º (Oposição de autoridades reguladoras)

1. A transferência de sede de sociedade anónima europeia que esteja registada em Portugal para outro Estado membro da União Europeia de que resulte uma mudança da lei aplicável deve ser precedida, quando a sociedade esteja sujeita a supervisão, de notificação à autoridade reguladora sectorial que exerce poderes de supervisão ou regulação sobre a sociedade.

2. À oposição prevista no número anterior e à emissão do certificado de não oposição com base na transferência de sede da sociedade anónima europeia para outro Estado membro é aplicável o regime previsto nos artigos 8.º a 10.º, com as necessárias adaptações.

Art. 16.º (Regularização da situação relativa à sede da sociedade anónima europeia)

1. Nos casos em que se verifique uma violação do disposto no artigo 7.º do Regulamento (CE) n.º 2157/2001, do Conselho, de 8 de Outubro, por uma sociedade anónima europeia com sede em Portugal, a administração da sociedade deve, por iniciativa própria ou a pedido de qualquer accionista, promover as medidas necessárias para proceder à regularização da situação por uma das seguintes vias:

a) O restabelecimento da sede efectiva da sociedade em Portugal; ou

b) A transferência da sede pelo processo previsto no artigo 8.º do Regulamento (CE) n.º 2157/2001, do Conselho, de 8 de Outubro.

2. Sem prejuízo do disposto nos n.ᵒˢ 4 e 5, decorrido um ano sem que a situação esteja regularizada, a sociedade considera-se imediatamente dissolvida, assumindo os administradores as funções e competências próprias dos liquidatários, sem necessidade de qualquer acto ou formalidade prévios.

3. No caso previsto no número anterior, é aplicável o disposto no n.º 2 do artigo 141.º do Código das Sociedades Comerciais.

4. Enquanto a situação não estiver regularizada, qualquer sócio, credor social ou o Ministério Público podem requerer a dissolução judicial da sociedade, com fundamento na violação do artigo 7.º do Regulamento (CE) n.º 2157/2001, do Conselho, de 8 de Outubro.

5. A propositura da acção prevista no número anterior tem efeito suspensivo sobre os procedimentos previstos nos n.ᵒˢ 1 a 3.

Cap. IV. Órgãos sociais   **Arts. 17.º-21.º DL 2/2005 [14-A]**

6. Os administradores da sociedade anónima europeia são responsáveis nos termos gerais pela violação do artigo 7.º do Regulamento (CE) n.º 2157/2001, do Conselho, de 8 de Outubro.

CAPÍTULO IV. Órgãos sociais

Art. 17.º (Regras de votação)
1. Nas deliberações dos órgãos sociais das sociedades anónimas europeias com sede em Portugal não se contam as abstenções para apuramento das maiorias exigidas.
2. O disposto no número anterior não prejudica a necessidade de verificação da percentagem legalmente exigida sempre que a maioria for determinada com relação à proporção entre os votos favoráveis obtidos e o capital social que representar.
3. Em nenhuma circunstância são tidos em conta para o cálculo das maiorias os votos pertencentes aos titulares legalmente impedidos de votar, quer em geral quer no caso concreto, nem funcionam as limitações de voto voluntariamente estabelecidas ao abrigo de permissão legal.

Art. 18.º (Composição da direcção)
A direcção, a que se refere o artigo 39.º do Regulamento (CE) n.º 2157/2001, do Conselho, de 8 de Outubro, é composta por um número ímpar de directores, sem limite máximo.

Art. 19.º (Composição do conselho geral)
O conselho geral, a que se refere o artigo 40.º do Regulamento (CE) n.º 2157/ /2001, do Conselho, de 8 de Outubro, é composto por um número ímpar de membros, a fixar no contrato de sociedade, sem limite máximo mas sempre superior ao número de membros do órgão de direcção.

Art. 20.º (Composição do conselho de administração)
O conselho de administração, a que se refere o artigo 43.º do Regulamento (CE) n.º 2157/2001, do Conselho, de 8 de Outubro, é composto por um número ímpar de membros, sem limite máximo.

Art. 21.º (Mesa da assembleia geral)
1. A assembleia geral é convocada pelo presidente da mesa da assembleia geral sempre que a lei o determine ou quando o requeiram o conselho de administração, a direcção, o conselho geral ou um ou mais accionistas titulares de acções correspondentes a, pelo menos, 5% do capital social.
2. A convocatória pode ser directamente promovida pelo órgão de fiscalização, pelo conselho geral ou pelo tribunal, nos termos previstos na lei e sempre que o presidente da assembleia não a promova no prazo de 15 dias contados do requerimento que lhe tenha sido apresentado para o efeito.

[14-A] DL 2/2005 Arts. 22.º-24.º   Regime jurídico das sociedades anónimas europeias

Art. 22.º (Inclusão de assuntos na ordem do dia)

O accionista ou accionistas que possuam acções correspondentes a, pelo menos, 5% do capital social podem requerer que na ordem do dia de uma assembleia geral já convocada ou a convocar sejam incluídos determinados assuntos.

CAPÍTULO V. Transformação em sociedade anónima

Art. 23.º (Projecto de transformação)

O projecto de transformação de uma sociedade anónima europeia em sociedade anónima regulada pela lei portuguesa está sujeito a registo e publicação nos termos da legislação respectiva.

Art. 24.º (Aprovação do projecto e dos estatutos da sociedade anónima)

À decisão da assembleia geral da sociedade anónima europeia que aprova o projecto de transformação e os estatutos da sociedade anónima são aplicáveis as regras previstas nos n.ᵒˢ 3 e 4 do artigo 386.º do Código das Sociedades Comerciais.

SOCIEDADE ANÓNIMA EUROPEIA
(Envolvimento dos trabalhadores)

[14-B] DECRETO-LEI N.º 215/2005
de 13 de Dezembro

Nos termos da alínea *a*) do n.º 1 do artigo 198.º da Constituição, o Governo decreta o seguinte:

CAPÍTULO I. Disposições gerais

Art. 1.º (Objecto)

O presente decreto-lei transpõe para a ordem jurídica interna a Directiva n.º 2001/86/CE, do Conselho, de 8 de Outubro, que completa o estatuto da sociedade europeia no que respeita ao envolvimento dos trabalhadores.

Art. 2.º (Âmbito)

1. O envolvimento dos trabalhadores nas actividades da sociedade anónima europeia é assegurado através da instituição de um conselho de trabalhadores, de um ou mais procedimentos de informação e consulta ou de um regime de participação dos trabalhadores, nos termos previstos no presente decreto-lei.

2. O conselho de trabalhadores e os procedimentos de informação e consulta abrangem as filiais e estabelecimentos da sociedade anónima europeia.

Art. 3.º (Empresa de dimensão comunitária)

1. A sociedade anónima europeia que seja uma empresa de dimensão comunitária ou uma empresa que exerce o controlo de um grupo de empresas de dimensão comunitária, nos termos do n.º 1 do artigo 472.º e do artigo 473.º do Código do Trabalho, não está sujeita à instituição de um conselho de empresa europeu ou de um procedimento de informação e consulta.

2. O disposto no número anterior não se aplica se o grupo especial de negociação deliberar, nos termos previstos no presente decreto-lei, não iniciar as negociações ou terminar as que estiverem em curso.

Art. 4.º (Noções)

Para efeitos do disposto no presente decreto-lei, entende-se por:

a) «Conselho de trabalhadores» a estrutura de representação dos trabalhadores da sociedade anónima europeia e das respectivas filiais e estabelecimentos

[14-B] DL 215/2005 Art. 4.°   Sociedade anónima europeia

situados no espaço económico europeu, constituída, nos termos do presente decreto-lei, com o objectivo de informar e consultar os trabalhadores representados, bem como, se for caso disso, de exercer direitos de participação relacionados com a referida sociedade;

b) «Consulta» o procedimento que, a partir de informação prestada pela sociedade anónima europeia ao conselho de trabalhadores ou aos representantes dos trabalhadores, no âmbito do procedimento de informação e consulta, consiste na apreciação conjunta das matérias e da informação prestada, realizada em momento, de modo e com um conteúdo tais que permitam aos representantes dos trabalhadores emitir parecer sobre as medidas a adoptar pelo órgão competente da sociedade que possa ser tomado em consideração na decisão;

c) «Envolvimento dos trabalhadores» o procedimento, incluindo a informação, consulta e participação, através do qual os representantes dos trabalhadores possam influir nas decisões da sociedade anónima europeia;

d) «Filial» uma empresa sobre a qual a sociedade anónima europeia tem influência dominante, na acepção do artigo 473.° do Código do Trabalho;

e) «Filial ou estabelecimento interessado» a filial ou o estabelecimento de uma sociedade participante que, nos termos do projecto de constituição da sociedade anónima europeia, passe a ser uma filial ou estabelecimento seu;

f) «Grupo especial de negociação» o grupo constituído por representantes dos trabalhadores das sociedades participantes, respectivas filiais e estabelecimentos interessados, nos termos do presente decreto-lei, com o objectivo de negociar com as sociedades participantes o envolvimento dos trabalhadores na sociedade anónima europeia a constituir;

g) «Informação» a informação prestada pela sociedade anónima europeia ao conselho de trabalhadores ou aos representantes dos trabalhadores, no âmbito de um procedimento de informação e consulta, sobre matérias respeitantes conjuntamente à sociedade e a uma ou mais filiais ou estabelecimentos situados noutro Estado membro, ou que excedam as competências da direcção de uma ou mais filiais ou estabelecimentos, realizada em momento, de modo e com conteúdo tais que permitam aos representantes dos trabalhadores proceder a uma análise aprofundada das suas incidências e, se for caso disso, preparar consultas com o órgão competente da sociedade;

h) «Participação» procedimento pelo qual os representantes dos trabalhadores designam, elegem, recomendam ou se opõem à nomeação de membros do órgão de administração ou fiscalização da sociedade anónima europeia;

i) «Redução quantitativa de direitos de participação dos trabalhadores» a que implique que a proporção dos membros do órgão da sociedade anónima europeia a que a participação se refere seja inferior à proporção mais elevada de membros dos órgãos das sociedades participantes a que a participação respeita;

j) «Sociedade anónima europeia» a sociedade constituída nos termos do Regulamento (CE) n.° 2157/2001, do Conselho, de 8 de Outubro, relativo ao estatuto da sociedade europeia, e demais legislação aplicável;

l) «Sociedade participante» a sociedade, bem como, no caso de constituição de uma sociedade anónima europeia filial, outra entidade jurídica de direito público ou privado que participe na constituição de uma sociedade anónima europeia.

Cap. II. Disposições e acordos transnacionais   **Arts. 5.º-7.º DL 215/2005** **[14-B]**

CAPÍTULO II.   Disposições e acordos transnacionais

SECÇÃO I.   Âmbito

Art. 5.º   (Âmbito das disposições e acordos transnacionais)

1. As disposições do presente capítulo são aplicáveis, em caso de constituição de uma sociedade anónima europeia cujo projecto preveja que a respectiva sede venha a situar-se em território nacional:

a) Às sociedades participantes na constituição;

b) À sociedade anónima europeia;

c) Às filiais e estabelecimentos das sociedades participantes e da sociedade anónima europeia, desde que situados no espaço económico europeu.

2. O acordo relativo à instituição de um conselho de trabalhadores ou de um procedimento de informação e consulta, celebrado nos termos da legislação de outro Estado membro em cujo território se situa a sede da sociedade anónima europeia, obriga as filiais e estabelecimentos situados em território nacional e os respectivos trabalhadores.

SECÇÃO II.   Procedimento das negociações

Art. 6.º   (Constituição do grupo especial de negociação)

1. As sociedades participantes devem, após a publicação do projecto de constituição de uma sociedade anónima europeia por fusão ou de constituição de uma sociedade anónima europeia gestora de participações sociais, ou após a aprovação do projecto de constituição através de uma filial ou de transformação em sociedade anónima europeia, adoptar as medidas necessárias para iniciar a constituição do grupo especial de negociação, prestando, nomeadamente, as seguintes informações:

a) Identificação das sociedades participantes, respectivas filiais e estabelecimentos interessados;

b) Número de trabalhadores das sociedades, filiais e estabelecimentos previstos na alínea anterior.

2. A informação prevista no número anterior deve ser prestada:

a) Aos representantes dos trabalhadores que participem na designação ou eleição dos membros do grupo especial de negociação, de acordo com a legislação dos Estados membros em cujo território se situem as sociedades participantes, respectivas filiais e estabelecimentos interessados;

b) Aos trabalhadores das sociedades participantes, filiais e estabelecimentos interessados, nos casos em que, de acordo com a legislação dos Estados membros em cujo território os mesmos se situem, os representantes dos trabalhadores não participem na designação ou eleição dos membros do grupo especial de negociação.

Art. 7.º   (Composição do grupo especial de negociação)

1. O grupo especial de negociação é composto por representantes dos trabalhadores das sociedades participantes, respectivas filiais e estabelecimentos interes-

477

[14-B] DL 215/2005 Arts. 8.º-9.º   Sociedade anónima europeia

sados, empregados em cada Estado membro, correspondendo a cada Estado membro um representante por cada 10% ou fracção do número total de trabalhadores empregados em todos os Estados membros.

2. No caso de a sociedade anónima europeia ser constituída por fusão, o grupo especial de negociação tem tantos membros suplementares quantos os necessários para assegurar, em relação a cada Estado membro, um representante dos trabalhadores de cada sociedade participante com trabalhadores nesse Estado.

3. O disposto no número anterior não se aplica relativamente a sociedades participantes a que pertençam outras com outros membros do grupo especial de negociação.

4. O número de membros suplementares previsto no n.º 2 não pode exceder 20% do número de membros resultante da aplicação do disposto no n.º 1.

5. Se as sociedades participantes previstas no n.º 2 forem em número superior ao total de membros suplementares determinado de acordo com o número anterior, estes são providos, por ordem decrescente, por representantes das sociedades que empreguem mais trabalhadores.

6. Os trabalhadores das sociedades pelas quais sejam indicados membros suplementares de acordo com os n.ºs 2 a 5 não são representados pelos membros indicados com base no n.º 1.

7. A eleição ou designação dos membros do grupo especial de negociação é regulada pela legislação dos Estados membros em cujo território trabalham os trabalhadores representados.

Art. 8.º (Negociações)

1. As sociedades participantes devem tomar a iniciativa de negociar com os representantes dos trabalhadores o regime de envolvimento dos trabalhadores na sociedade anónima europeia a constituir.

2. A negociação tem início logo que o grupo especial de negociação esteja constituído.

3. O grupo especial de negociação tem o direito de se reunir imediatamente antes de qualquer reunião de negociações.

Art. 9.º (Obrigações da sociedade participante com maior número de trabalhadores e sede em território nacional)

No caso de a sociedade participante que empregue maior número de trabalhadores ter sede em território nacional, esta deve:

a) Determinar o número total de membros do grupo especial de negociação e os Estados membros em que estes devem ser eleitos ou designados, tendo em conta os números de trabalhadores das sociedades participantes, respectivas filiais e estabelecimentos interessados, bem como os critérios do artigo 7.º;

b) Marcar um prazo razoável, contado a partir da informação prevista na alínea *d*), para a eleição ou designação dos membros do grupo especial de negociação provenientes de cada Estado membro, tendo em consideração o regime aplicável;

Cap. II.   Disposições e acordos transnacionais   **Arts. 10.º-11.º DL 215/2005 [14-B]**

c) Informar o grupo especial de negociação sobre o projecto de constituição da sociedade anónima europeia e a sua evolução, até ao registo desta;

d) Informar as outras sociedades participantes e as entidades previstas no n.º 2 do artigo 6.º do número total de membros do grupo especial de negociação e os Estados membros em que estes devem ser eleitos ou designados.

Art. 10.º (Cálculo do número de trabalhadores)
Para efeitos da constituição e do funcionamento do grupo especial de negociação, o número de trabalhadores das sociedades participantes e das respectivas filiais e estabelecimentos interessados é determinado em relação à data da publicação ou da aprovação do projecto de constituição da sociedade anónima europeia, consoante os casos previstos no n.º 1 do artigo 6.º

Art. 11.º (Deliberações do grupo especial de negociação)
1. Cada membro do grupo especial de negociação dispõe de um voto.
2. As deliberações do grupo especial de negociação são adoptadas por maioria absoluta de votos, desde que correspondam a membros que representem a maioria absoluta dos trabalhadores.
3. Tratando-se de acordo que implique a redução quantitativa de direitos de participação dos trabalhadores no órgão de administração ou fiscalização das sociedades participantes, a deliberação do grupo especial de negociação que o aprove deve ser adoptada por dois terços dos membros, que representem dois terços dos trabalhadores e representem, ainda, trabalhadores empregados em pelo menos dois Estados membros, nos seguintes casos:

a) Constituição de uma sociedade anónima europeia por fusão, se houver nas sociedades participantes direitos de participação que abranjam pelo menos 25% dos respectivos trabalhadores;

b) Constituição de uma sociedade anónima europeia gestora de participações sociais ou filial, se houver nas sociedades participantes direitos de participação que abranjam pelo menos 50% dos respectivos trabalhadores.

4. Para efeitos dos números anteriores e sem prejuízo dos números seguintes, cada membro do grupo especial de negociação representa os trabalhadores da sociedade participante de que seja proveniente.
5. No caso de haver, num Estado membro, alguma sociedade participante, filial ou estabelecimento de sociedade participante com sede noutro Estado de que não seja proveniente qualquer membro do grupo especial de negociação, a representação dos respectivos trabalhadores é atribuída, em partes iguais, aos membros provenientes desse Estado.
6. No caso de haver, num Estado membro, dois ou mais membros do grupo especial de negociação provenientes da mesma sociedade participante, a representação dos respectivos trabalhadores é atribuída, em partes iguais, a esses membros.
7. A acta da reunião em que for adoptada qualquer posição negocial do grupo especial de negociação deve indicar, nomeadamente, os elementos que satisfaçam os requisitos dos n.ºs 2 a 6.

479

[14-B] DL 215/2005 Arts. 12.°-16.° Sociedade anónima europeia

Art. 12.° (Peritos)

1. O grupo especial de negociação pode ser assistido por peritos da sua escolha.
2. Os peritos podem estar presentes nas reuniões de negociação, sem direito a voto, sempre que o grupo especial de negociação o delibere.

Art. 13.° (Boa fé e informação no decurso da negociação)

1. As partes devem respeitar, no processo de negociação, o princípio de boa fé, nomeadamente respondendo com a máxima brevidade possível às propostas e contrapropostas e observando, caso exista, o protocolo negocial.
2. Cada uma das partes deve, na medida em que daí não resulte prejuízo para a defesa dos seus interesses, facultar à outra os elementos ou informações que ela solicitar.
3. O grupo especial de negociação pode informar as estruturas de representação colectiva dos trabalhadores do início e evolução das negociações e do respectivo resultado.

Art. 14.° (Duração da negociação)

1. A negociação decorre durante o período máximo de seis meses a contar da comunicação às sociedades participantes da constituição do grupo especial de negociação.
2. Por acordo entre as partes, o período previsto no número anterior pode ser prorrogado por até mais seis meses.

Art. 15.° (Termo da negociação)

1. O grupo especial de negociação pode deliberar não iniciar a negociação ou terminar a que estiver em curso.
2. A deliberação prevista no número anterior deve ser adoptada por dois terços dos membros que representem dois terços dos trabalhadores e representem, ainda, trabalhadores empregados em pelo menos dois Estados membros.
3. O disposto no n.° 1 não é aplicável no caso de sociedade anónima europeia constituída por transformação de uma sociedade anónima em que exista um regime de participação dos trabalhadores.

SECÇÃO III. **Acordo sobre o envolvimento dos trabalhadores**

Art. 16.° (Conteúdo e forma do acordo)

1. Sem prejuízo da autonomia das partes e do disposto nos artigos seguintes, o acordo sobre o envolvimento dos trabalhadores identifica a sociedade anónima europeia a que se aplica e regula:

   a) A data de entrada em vigor e a duração do acordo;

   b) A sociedade anónima europeia e respectivas filiais e estabelecimentos abrangidos pelo acordo;

   c) O regime de envolvimento dos trabalhadores aplicável;

   d) As situações em que o acordo deve ser revisto, nomeadamente em caso de alteração do número de trabalhadores que afecte o número ou a distribuição dos

Cap. II. Disposições e acordos transnacionais   **Arts. 17.º-20.º DL 215/2005** **[14-B]**

membros do conselho de trabalhadores ou a distribuição dos membros do órgão de administração ou fiscalização da sociedade anónima europeia que os trabalhadores, ou os seus representantes, podem designar, eleger, recomendar ou a cuja nomeação se podem opor;

e) O processo de revisão do acordo.

2. No caso de sociedade anónima europeia constituída por transformação de uma sociedade anónima em que exista um regime de participação dos trabalhadores, o acordo deve instituir um regime pelo menos idêntico ao anterior.

3. O acordo previsto no n.º 1 é celebrado por escrito.

Art. 17.º (Instituição de um regime de informação e consulta)

1. O acordo que institua o regime de informação e consulta através de um conselho de trabalhadores regula:

a) A composição do conselho, o número e distribuição dos seus membros, bem como a duração dos mandatos;

b) Os direitos de informação e consulta do conselho e os correspondentes procedimentos;

c) A periodicidade das reuniões do conselho;

d) Os recursos financeiros e materiais a atribuir ao conselho.

2. O acordo que institua um ou mais procedimentos de informação e consulta regula as correspondentes regras de execução.

Art. 18.º (Instituição de um regime de participação)

O acordo que institua um regime de participação dos trabalhadores regula os seus elementos fundamentais, nomeadamente:

a) O número de membros do órgão de administração ou fiscalização da sociedade anónima europeia que os trabalhadores, ou os seus representantes, podem designar, eleger, recomendar ou a cuja nomeação se podem opor;

b) O procedimento aplicável para efeito do disposto na alínea anterior.

Art. 19.º (Comunicações obrigatórias)

1. O órgão de direcção ou administração da sociedade anónima europeia deve remeter cópia do acordo ao ministério responsável pela área laboral.

2. O conselho de trabalhadores deve informar o ministério responsável pela área laboral da identidade dos seus membros e dos países de origem.

3. O disposto no número anterior é aplicável aos representantes dos trabalhadores no procedimento de informação e consulta, se os houver.

SECÇÃO IV.   **Instituição obrigatória de um regime de envolvimento dos trabalhadores**

SUBSECÇÃO I.   **Disposições gerais**

Art. 20.º (Instituição obrigatória)

1. É instituído um regime de informação e consulta, através de um conselho de trabalhadores, regulado na presente secção, se não houver acordo no final do

481

[14-B] DL 215/2005 Art. 21.º

período de duração da negociação, sem que o grupo especial de negociação tenha deliberado não iniciar a negociação ou terminar a que estiver em curso.

2. No caso previsto no número anterior, as sociedades participantes que pretendam promover o registo da sociedade anónima europeia devem declarar que aceitam o regime de informação e consulta através de um conselho de trabalhadores.

3. Sem prejuízo do disposto nos números anteriores, é ainda aplicável o disposto nos artigos 29.º a 32.º, sobre a participação dos trabalhadores na sociedade anónima europeia, nos seguintes casos:

a) Constituição de uma sociedade anónima europeia por transformação, se existir regime de participação na sociedade anónima que se transforma;

b) Constituição de uma sociedade anónima europeia por fusão, se existir regime de participação em uma ou mais sociedades participantes que abranja pelo menos 25% dos trabalhadores do conjunto das sociedades participantes, ou menos de 25% dos trabalhadores e o grupo especial de negociação deliberar que pretende a aplicação desse regime;

c) Constituição de uma sociedade anónima europeia gestora de participações sociais ou filial, se existir regime de participação em uma ou mais sociedades participantes que abranja pelo menos metade dos trabalhadores do conjunto das sociedades participantes, ou menos de metade dos trabalhadores e o grupo especial de negociação deliberar que pretende a aplicação desse regime.

4. Nos casos previstos nas alíneas *b*) e *c*) do número anterior, se existirem diferentes modalidades de participação nas sociedades participantes, o grupo especial de negociação deve escolher a que se aplica à sociedade anónima europeia.

5. Se o grupo especial de negociação não proceder à escolha prevista no número anterior, é aplicável à sociedade anónima europeia a modalidade de participação que abranja o maior número de trabalhadores nas sociedades participantes.

6. A deliberação do grupo especial de negociação no sentido de pretender a aplicação do regime de participação, nos termos da alínea *b*) ou *c*) do n.º 3, bem como, sendo caso disso, a escolha da modalidade de participação que se aplica à sociedade anónima europeia devem ser adoptadas nos 15 dias posteriores ao termo da negociação.

7. O grupo especial de negociação deve informar as sociedades participantes da deliberação a que se refere o número anterior.

SUBSECÇÃO II. Conselho de trabalhadores

Art. 21.º (Conselho de trabalhadores)

1. O número de membros do conselho de trabalhadores é determinado em função da percentagem de trabalhadores empregados em cada Estado membro, relativamente ao total de trabalhadores da sociedade anónima europeia, suas filiais e estabelecimentos, atribuindo-se, por cada 10% do total de trabalhadores ou fracção, um representante.

2. O número de membros deve ser revisto no termo de cada mandato, tendo em conta eventuais alterações, de acordo com o critério previsto no número anterior.

Cap. II. Disposições e acordos transnacionais   **Arts. 22.°-25.° DL 215/2005** **[14-B]**

3. São aplicáveis à sociedade anónima europeia, com as necessárias adaptações, as obrigações constantes do artigo 9.°

Art. 22.° (Membros do conselho de trabalhadores)

1. Os membros do conselho de trabalhadores devem ser trabalhadores da sociedade anónima europeia, das suas filiais ou estabelecimentos.
2. A designação ou eleição dos membros do conselho de trabalhadores é regulada pela legislação dos Estados membros em cujo território trabalham os trabalhadores representados.
3. O conselho de trabalhadores deve comunicar a identidade dos respectivos membros ao órgão de direcção ou administração da sociedade anónima europeia.
4. O mandato dos membros do conselho de trabalhadores tem a duração de quatro anos.

Art. 23.° (Funcionamento)

1. O conselho de trabalhadores que tenha 12 ou mais membros deve instituir um conselho restrito composto, no máximo, por 3 membros, eleitos entre si.
2. O conselho de trabalhadores aprova o seu regulamento interno.
3. Antes de efectuar qualquer reunião com o órgão de direcção ou administração da sociedade anónima europeia, o conselho de trabalhadores ou o conselho restrito tem o direito de se reunir sem a presença daquele.
4. Podem participar nas reuniões do conselho restrito os membros do conselho de trabalhadores que representem os trabalhadores dos estabelecimentos ou empresas directamente afectados pelas medidas.
5. O conselho de trabalhadores e o conselho restrito podem ser assistidos por peritos da sua escolha, sempre que o julgarem necessário ao cumprimento das suas funções.

Art. 24.° (Direitos do conselho de trabalhadores)

1. Os direitos do conselho de trabalhadores abrangem as matérias respeitantes conjuntamente à sociedade anónima europeia e a uma ou mais filiais ou estabelecimentos situados noutro Estado membro, ou que excedam as competências da direcção de uma ou mais filiais ou estabelecimentos.
2. O conselho de trabalhadores tem o direito de ser informado e consultado pelo órgão de direcção ou administração da sociedade anónima europeia sobre a evolução e as perspectivas das actividades desta, bem como das suas filiais e estabelecimentos previstos no número anterior.
3. O órgão de direcção ou administração deve informar o conselho de trabalhadores sobre a agenda das suas reuniões e facultar-lhe cópias dos documentos que forem apresentados à assembleia geral da sociedade anónima europeia.

Art. 25.° (Relatório anual)

1. O órgão de direcção ou administração da sociedade anónima europeia deve apresentar ao conselho de trabalhadores um relatório anual pormenorizado e do-

483

[14-B] DL 215/2005 Arts. 26.º-28.º   Sociedade anónima europeia

cumentado sobre a evolução e as perspectivas das actividades desta, bem como das suas filiais e estabelecimentos previstos no n.º 1 do artigo anterior.

2. O relatório deve conter informação sobre a estrutura das empresas e estabelecimentos, a situação económica e financeira, a evolução provável das actividades, a produção e vendas, a situação e evolução previsível do emprego, os investimentos, as alterações mais importantes relativas à organização, métodos de trabalho ou processos de produção, as transferências de produção, as fusões, a redução da dimensão ou encerramento de empresas, estabelecimentos ou partes importantes de estabelecimentos e despedimentos colectivos.

Art. 26.º (Reuniões com o órgão de direcção ou administração)
1. Após a apresentação do relatório previsto no artigo anterior, o conselho de trabalhadores tem o direito de reunir com o órgão de direcção ou administração da sociedade anónima europeia, para efeitos de informação e consulta.
2. A reunião prevista no número anterior tem lugar um mês após a apresentação do relatório previsto no artigo anterior, salvo se o órgão de direcção ou administração aceitar um prazo mais curto.
3. O órgão de direcção ou administração deve informar as direcções das filiais ou estabelecimentos da informação e consulta do conselho de trabalhadores nos termos dos números anteriores.

Art. 27.º (Informação e consulta em situações excepcionais)
1. O conselho de trabalhadores tem o direito de ser informado sobre quaisquer questões que afectem consideravelmente os interesses dos trabalhadores, nomeadamente a mudança de instalações que implique transferências de locais de trabalho, o encerramento de empresas ou estabelecimentos e o despedimento colectivo.
2. O conselho de trabalhadores ou, se este assim decidir, nomeadamente por razões de urgência, o conselho restrito tem o direito de reunir, a seu pedido, com o órgão de direcção ou administração, ou outro nível de direcção da sociedade anónima europeia mais apropriado com competência para tomar decisões, a fim de ser informado e consultado sobre as medidas que afectem consideravelmente os interesses dos trabalhadores.
3. A reunião deve efectuar-se com a maior brevidade possível.
4. No caso de a reunião se efectuar com o conselho restrito, têm o direito de nela participar os membros do conselho de trabalhadores que representam os trabalhadores dos estabelecimentos ou empresas directamente afectados pelas medidas.
5. Se o sentido provável da deliberação do órgão de direcção ou administração for diferente do parecer do conselho de trabalhadores, este tem o direito de reunir de novo com esse órgão com vista à obtenção de um acordo.

Art. 28.º (Informação dos representantes locais)
Os membros do conselho de trabalhadores devem informar os representantes dos trabalhadores da sociedade anónima europeia e das suas filiais e estabelecimentos ou, na sua falta, os trabalhadores sobre as informações recebidas e os resultados das consultas realizadas.

484

Cap. II.   Disposições e acordos transnacionais   **Arts. 29.º-32º DL 215/2005 [14-B]**

SUBSECÇÃO III.   **Participação dos trabalhadores**

Art. 29.º (Regimes obrigatórios)

1. À sociedade anónima europeia constituída por transformação é aplicável o regime de qualquer Estado membro sobre a participação dos trabalhadores no órgão de administração ou fiscalização que se aplicava à sociedade objecto de transformação.

2. À sociedade anónima europeia constituída por qualquer outro modo é aplicável, bem como às suas filiais e estabelecimentos, o regime de qualquer Estado membro que se aplicava a uma sociedade participante e que permita aos representantes dos trabalhadores, ou a estes, designar, eleger, recomendar ou opor-se à nomeação de membros do órgão de administração ou fiscalização, em proporção mais elevada.

Art. 30.º (Distribuição de lugares)

1. O conselho de trabalhadores deve deliberar, tendo em consideração a proporção dos trabalhadores da sociedade anónima europeia empregados em cada Estado membro, sobre:

a) A distribuição dos lugares do órgão de administração ou fiscalização pelos membros que representam os trabalhadores dos diferentes Estados membros;

b) O modo como os trabalhadores da sociedade anónima europeia podem recomendar ou rejeitar membros do órgão de administração ou fiscalização.

2. Se, de acordo com o critério referido na alínea *a*) do número anterior, houver um ou mais Estados membros em que haja trabalhadores que não tenham representantes no órgão de administração ou fiscalização, o conselho de trabalhadores deve atribuir um lugar a cada um desses Estados.

3. O número de lugares atribuídos de acordo com o número anterior deve ser subtraído aos dos Estados membros aos quais caberia mais de um lugar, procedendo-se por ordem inversa do total de trabalhadores empregados nesses Estados.

Art. 31.º (Designação ou eleição dos membros)

1. A designação ou eleição dos membros que representam os trabalhadores empregados em cada Estado membro para os lugares do órgão de administração ou fiscalização da sociedade anónima europeia é regulada pela legislação nacional de cada Estado.

2. Na falta da legislação nacional prevista no número anterior, o conselho de trabalhadores deve deliberar sobre o modo de designação ou eleição do membro proveniente desse Estado.

Art. 32.º (Estatuto dos membros representantes dos trabalhadores)

Os membros do órgão de administração ou fiscalização que sejam designados, eleitos ou recomendados pelo conselho de trabalhadores ou pelos trabalhadores têm os mesmos direitos e deveres que os membros que representam os accionistas, incluindo o direito de voto.

485

[14-B] DL 215/2005 Arts. 33.º-35.º   Sociedade anónima europeia

SECÇÃO V. **Disposições comuns**

Art. 33.º (Relacionamento entre a sociedade anónima europeia e os representantes dos trabalhadores)

A sociedade anónima europeia, os membros do grupo especial de negociação, o conselho de trabalhadores e os representantes dos trabalhadores no âmbito de um procedimento de informação e consulta devem cooperar e agir com boa fé no exercício dos direitos e no cumprimento dos deveres respectivos.

Art. 34.º (Dever de reserva e confidencialidade)

As informações prestadas aos membros do grupo especial de negociação, do conselho de trabalhadores, aos representantes dos trabalhadores no âmbito de um procedimento de informação e consulta e aos respectivos peritos, a violação do dever de sigilo, a não prestação de informações, bem como a justificação e controlo judicial da confidencialidade ou da recusa de prestação de informação são regulados pelos artigos 458.º a 460.º do Código do Trabalho.

Art. 35.º (Recursos financeiros e materiais)

1. As sociedades participantes devem:

a) Pagar as despesas do grupo especial de negociação relativas às negociações, de modo que este possa exercer adequadamente as suas funções;

b) Facultar ao grupo especial de negociação os meios materiais necessários ao cumprimento da respectiva missão, incluindo instalações e locais de afixação da informação;

c) Pagar as despesas de pelo menos um perito do grupo especial de negociação.

2. A sociedade anónima europeia deve:

a) Dotar os membros do conselho de trabalhadores dos recursos financeiros necessários às suas despesas de funcionamento e às do conselho restrito, se existir;

b) Facultar ao conselho de trabalhadores os meios materiais necessários ao cumprimento da respectiva missão, incluindo instalações e locais de afixação da informação;

c) Pagar as despesas de pelo menos um perito do conselho de trabalhadores.

3. As despesas de funcionamento incluem as respeitantes à organização de reuniões, bem como as traduções, estadas e deslocações e ainda a retribuição de um perito.

4. O disposto no número anterior, excepto no que respeita à retribuição de um perito, pode ser regulado diferentemente por acordo com o órgão de direcção ou administração.

5. As despesas de deslocação e estada podem ser pagas com base no regime de deslocações em serviço dos estabelecimentos ou empresas em que os representantes dos trabalhadores trabalham e, relativamente às despesas do perito, no regime aplicável aos membros provenientes do mesmo Estado membro.

6. Da aplicação do critério previsto no número anterior não pode resultar um pagamento de despesas de deslocação e estada a algum membro do grupo especial de negociação ou do conselho de empresa europeu menos favorável que a outro.

Cap. III.   Disposições de carácter nacional   **Arts. 36.°-38.° DL 215/2005** **[14-B]**

7. As despesas relativas a cada membro do grupo especial de negociação são pagas pela sociedade participante da qual ou de cuja filial ou estabelecimento o mesmo é proveniente.

8. As sociedades participantes pagam as despesas de um perito, na proporção do número dos respectivos trabalhadores.

9. As despesas de membro do grupo especial de negociação que não seja proveniente de qualquer sociedade participante, filial ou estabelecimento são pagas pelas sociedades participantes cujos trabalhadores sejam por ele representados, na proporção do número destes.

Art. 36.° (Nova negociação)
1. Decorridos dois anos a contar da deliberação do grupo especial de negociação de não iniciar ou terminar a negociação em curso, deve haver nova negociação, desde que seja solicitada por, pelo menos, 10% dos trabalhadores da sociedade anónima europeia, respectivas filiais e estabelecimentos ou seus representantes.

2. O conselho de trabalhadores, decorridos quatro anos a contar da sua instituição obrigatória, pode propor negociações sobre um regime de envolvimento dos trabalhadores na sociedade.

3. A negociação pode ter lugar antes do termo dos prazos previstos nos números anteriores por acordo com a sociedade anónima europeia.

4. O número de trabalhadores previsto no n.° 1 é determinado com referência ao momento do pedido.

5. Para efeito da negociação prevista no n.° 1, à constituição e composição do grupo especial de negociação é aplicável o disposto nos artigos 6.° e 7.°

6. Se a negociação desenvolvida de acordo com o n.° 1 não conduzir a acordo, não é aplicável o disposto nos artigos 20.° a 32.°

7. Em caso de acordo resultante da negociação prevista no n.° 2, as disposições relativas ao conselho de trabalhadores de instituição obrigatória deixam de se aplicar a partir do momento da aplicação do regime de envolvimento dos trabalhadores objecto do acordo.

CAPÍTULO III.   **Disposições de carácter nacional**

Art. 37.° (Âmbito)
As disposições deste capítulo são aplicáveis a sociedades anónimas europeias, suas filiais e estabelecimentos situados em território nacional, bem como aos representantes dos respectivos trabalhadores.

Art. 38.° (Designação ou eleição dos representantes dos trabalhadores)
1. Os membros do grupo especial de negociação, do conselho de trabalhadores e os representantes dos trabalhadores no âmbito do procedimento de informação e consulta que representem os trabalhadores empregados em território nacional são designados ou eleitos nos termos dos artigos seguintes.

2. A designação ou eleição prevista no número anterior deve assegurar que haja um membro do grupo especial de negociação proveniente de cada sociedade

[14-B] DL 215/2005 Art. 39.°

participante com sede em território nacional ou, se tal for impossível, das que empreguem maior número de trabalhadores.

3. Pode ser membro do grupo especial de negociação um associado de sindicato representativo de trabalhadores das sociedades participantes, filiais ou estabelecimentos interessados, independentemente de ser trabalhador destas.

Art. 39.° (Designação ou eleição dos membros do grupo especial de negociação)
1. Os membros do grupo especial de negociação são designados:

a) No caso de haver, em território nacional, apenas uma sociedade participante ou filial, por acordo entre a respectiva comissão de trabalhadores e as associações sindicais, ou pela comissão de trabalhadores se não houver associações sindicais;

b) No caso de haver, em território nacional, duas ou mais sociedades participantes ou filiais, por acordo entre as respectivas comissões de trabalhadores e as associações sindicais, ou entre as comissões de trabalhadores se não houver associações sindicais;

c) No caso de haver, em território nacional, uma ou mais sociedades participantes ou filiais e um ou mais estabelecimentos de outra sociedade participante ou filial, por acordo entre as respectivas comissões de trabalhadores e as associações sindicais, devendo estas representar pelo menos os trabalhadores dos referidos estabelecimentos;

d) Por acordo entre as associações sindicais que, em conjunto, representem pelo menos dois terços dos trabalhadores das sociedades participantes, filiais e estabelecimentos existentes em território nacional;

e) Por acordo entre as associações sindicais que representem, cada uma, 5% dos trabalhadores das sociedades participantes, filiais e estabelecimentos existentes em território nacional, no caso de não se verificar o previsto na alínea anterior.

2. Só as associações sindicais que representem pelo menos 5% dos trabalhadores das sociedades participantes, filiais e estabelecimentos existentes em território nacional podem participar na designação dos representantes dos trabalhadores, sem prejuízo do disposto no número seguinte.

3. As associações sindicais que, em conjunto, representem pelo menos 5% dos trabalhadores das sociedades participantes, filiais e estabelecimentos existentes em território nacional podem mandatar uma delas para participar na designação dos representantes dos trabalhadores.

4. Os membros do grupo especial de negociação são eleitos por voto directo e secreto, de entre candidaturas apresentadas por, pelo menos, 100 ou 10% dos trabalhadores das sociedades participantes, filiais e estabelecimentos existentes em território nacional nas seguintes situações:

a) Se não houver lugar à respectiva designação nos termos dos números anteriores;

b) Sempre que pelo menos um terço dos trabalhadores das sociedades participantes, filiais e estabelecimentos o requeira.

5. A convocação do acto eleitoral, a apresentação de candidaturas, as secções de voto, a votação, o apuramento e a publicidade do resultado da eleição, bem como

Cap. III.   Disposições de carácter nacional   **Arts. 40.º-42.º DL 215/2005 [14-B]**

o controlo de legalidade da mesma, são regulados pelo regime aplicável ao conselho de empresa europeu.

6. A designação ou eleição de membros do grupo especial de negociação deve ser acompanhada da indicação do número de trabalhadores que cada um representa.

Art. 40.º (Designação ou eleição dos membros do conselho de trabalhadores)

1. Os membros do conselho de trabalhadores são designados:

a) No caso de existir, em território nacional, apenas a sociedade anónima europeia, por acordo entre a respectiva comissão de trabalhadores e as associações sindicais, ou pela comissão de trabalhadores se não houver associações sindicais;

b) No caso de existir, em território nacional, a sociedade anónima europeia e uma ou mais empresas filiais, por acordo entre as respectivas comissões de trabalhadores e as associações sindicais, ou entre as comissões de trabalhadores se não houver associações sindicais;

c) No caso de existir, em território nacional, a sociedade anónima europeia, uma ou mais empresas filiais e um ou mais estabelecimentos, por acordo entre as respectivas comissões de trabalhadores e as associações sindicais, devendo estas representar pelo menos os trabalhadores dos referidos estabelecimentos;

d) Por acordo entre as associações sindicais que, em conjunto, representem pelo menos dois terços dos trabalhadores da sociedade anónima europeia, suas filiais e estabelecimentos;

e) Por acordo entre as associações sindicais que representem, cada uma, 5% dos trabalhadores da sociedade anónima europeia, suas filiais e estabelecimentos, no caso de não se verificar o acordo previsto na alínea anterior.

2. À designação dos membros do conselho de trabalhadores é aplicável o disposto nos n.ºs 2 e 3 do artigo anterior.

3. Os membros do conselho de trabalhadores são eleitos por voto directo e secreto, de entre candidaturas apresentadas por, pelo menos, 100 ou 10% dos trabalhadores da sociedade anónima europeia, suas filiais e estabelecimentos existentes em território nacional se não houver lugar à respectiva designação nos termos dos números anteriores.

4. A convocação do acto eleitoral, a apresentação de candidaturas, as secções de voto, a votação, o apuramento e a publicidade do resultado da eleição, bem como o controlo de legalidade da mesma, são regulados pelo regime aplicável ao conselho de empresa europeu.

Art. 41.º (Designação ou eleição dos representantes dos trabalhadores no âmbito de um procedimento de informação e consulta)

À designação ou eleição dos representantes dos trabalhadores no âmbito de um procedimento de informação e consulta é aplicável o disposto no artigo anterior.

Art. 42.º (Designação ou eleição dos membros do órgão de administração ou fiscalização)

À designação ou eleição dos membros que representam os trabalhadores para os lugares do órgão de administração ou fiscalização da sociedade anónima europeia é aplicável o disposto no artigo 39.º, com as necessárias adaptações.

489

[14-B] DL 215/2005 Arts. 43.º-46.º   Sociedade anónima europeia

Art. 43.º (Duração do mandato)
Salvo estipulação em contrário, o mandato dos membros do conselho de trabalhadores e dos representantes dos trabalhadores no âmbito de um procedimento de informação e consulta tem a duração de quatro anos.

Art. 44.º (Protecção especial dos representantes dos trabalhadores)
1. Os membros do grupo especial de negociação, do conselho de trabalhadores, os representantes dos trabalhadores no âmbito de um procedimento de informação e consulta e os representantes dos trabalhadores no órgão de administração ou fiscalização têm, em especial, direito:
a) A crédito de horas mensais para o exercício das respectivas funções igual ao de membros de comissão de trabalhadores;
b) A crédito de tempo retribuído necessário para participar em reuniões com a sociedade anónima europeia, em reuniões do órgão de administração ou fiscalização e em reuniões preparatórias, incluindo o tempo gasto nas deslocações;
c) A justificação de ausências no desempenho das suas funções que excedam o crédito de horas, nos termos previstos no Código do Trabalho para os membros das estruturas de representação colectiva dos trabalhadores;
d) A protecção em caso de procedimento disciplinar, despedimento e transferência, nos termos previstos no Código do Trabalho para os membros das estruturas de representação colectiva dos trabalhadores.
2. Os membros do grupo especial de negociação apenas beneficiam do regime previsto no número anterior se forem trabalhadores de uma sociedade participante, suas filiais ou estabelecimentos interessados.
3. Não há lugar a acumulação do crédito de horas pelo facto de o trabalhador pertencer a mais de uma estrutura de representação colectiva dos trabalhadores.
4. Os representantes dos trabalhadores que sejam membros do órgão de administração ou fiscalização da sociedade anónima europeia têm direito:
a) A retribuição dos períodos de ausência necessários ao exercício das respectivas funções;
b) A protecção nos termos da alínea *d)* do n.º 1.

Art. 45.º (Cálculo do número de trabalhadores)
Os trabalhadores a tempo parcial são considerados para efeitos do cálculo do número de trabalhadores, independentemente da duração do seu período normal de trabalho.

CAPÍTULO IV.   **Responsabilidade contra-ordenacional**

Art. 46.º (Regime geral)
1. O regime geral previsto nos artigos 614.º a 640.º do Código do Trabalho aplica-se às infracções decorrentes da violação do presente decreto-lei.
2. Na aplicação do presente decreto-lei às Regiões Autónomas são tidas em conta as competências legais atribuídas aos respectivos órgãos e serviços regionais.

490

Cap. IV.   Responsabilidade contra-ordenacional   Art. 47.° DL 215/2005   **[14-B]**

Art. 47.° (Contra-ordenações em especial)
   1. Constitui contra-ordenação muito grave a violação do artigo 6.°, do artigo 9.°, do acordo que instituir um conselho de trabalhadores ou um ou mais procedimentos de informação e consulta na parte respeitante aos direitos de informação e consulta e de reunião, dos n.ᵒˢ 1 e 3 do artigo 20.°, dos artigos 24.° e 25.°, dos n.ᵒˢ 2 e 3 do artigo 26.°, dos n.ᵒˢ 1 e 2 do artigo 27.° e dos n.ᵒˢ 1 e 2 do artigo 35.°
   2. Constitui contra-ordenação grave a violação dos n.ᵒˢ 1 e 2 do artigo 8.°, do n.° 2 do artigo 12.°, do acordo que instituir um conselho de trabalhadores ou um ou mais procedimentos de informação e consulta, na parte respeitante aos recursos financeiros e materiais e dos n.ᵒˢ 3 a 5 do artigo 27.°
   3. Constitui contra-ordenação leve a violação do n.° 1 do artigo 19.°

SOCIEDADES GESTORAS DE PARTICIPAÇÕES SOCIAIS

[15] DECRETO-LEI N.° 495/88
de 30 de Dezembro

No uso da autorização legislativa concedida pela Lei n.° 98/88, de 17 de Agosto, e nos termos das alíneas *a*) e *b*) do n.° 1 do artigo 201.° da Constituição, o Governo decreta o seguinte:

Art. 1.° (**Sociedades gestoras de participações sociais**)
1. As sociedades gestoras de participações sociais, adiante designadas abreviadamente por SGPS, têm por único objecto contratual a gestão de participações sociais noutras sociedades, como forma indirecta de exercício de actividades económicas.

2. Para efeitos do presente diploma, a participação numa sociedade é considerada forma indirecta de exercício da actividade económica desta quando não tenha carácter ocasional e atinja, pelo menos, 10% do capital com direito de voto da sociedade participada, quer por si só quer através de participações de outras sociedades em que a SGPS seja dominante.

3. Para efeitos do número anterior, considera-se que a participação não tem carácter ocasional quando é detida pela SGPS por período superior a um ano.

4. As SGPS podem adquirir e deter participações de montante inferior ao referido no n.° 2, nos termos dos n.°s 3 a 5 do artigo 3.°

Nota. Redacção introduzida pelo art. 1.° do DL n.° 318/94, de 24 de Dezembro.

Art. 2.° (**Tipo de sociedade e requisitos especiais do contrato**)
1. As SGPS podem constituir-se segundo o tipo de sociedades anónimas ou de sociedades por quotas.

2. Os contratos pelos quais se constituem SGPS devem mencionar expressamente como objecto único da sociedade a gestão de participações sociais de outras sociedades, como forma indirecta de exercício de actividades económicas, nos termos do n.° 2 do artigo anterior.

3. O contrato da sociedade pode restringir as participações admitidas, em função quer do tipo, objecto ou nacionalidade das sociedades participadas quer do montante das participações.

4. A firma das SGPS deve conter a menção «sociedade gestora de participações sociais» ou a aberviatura SGPS, considerando-se uma ou outra dessas formas indicação suficiente do objecto social.

Sociedades gestoras de participações sociais **Arts. 3.º-5.º SGPS [15]**

Art. 3.º (Participações admitidas)

1. As SGPS podem adquirir e deter quotas ou acções de quaisquer sociedades, nos termos da lei.

2. As SGPS podem adquirir e deter participações em sociedades subordinadas a um direito estrangeiro, nos mesmos termos em que se podem adquirir e deter participações em sociedades sujeitas ao direito português, salvas as restrições constantes dos respectivos contratos e ordenamentos jurídicos estrangeiros.

3. Com excepção do disposto na parte final do n.º 2 do artigo 1.º, as SGPS só podem adquirir e deter acções ou quotas correspondentes a menos de 10% do capital com direito de voto da sociedade participada nos seguintes casos:

   a) Até ao montante de 30% do valor total das participações iguais ou superiores a 10% do capital social com direito de voto das sociedades participadas, incluídas nos investimentos financeiros constantes do último balanço aprovado;

   b) Quando o valor de aquisição de cada participação não seja inferior a 1 milhão de contos, de acordo com o último balanço aprovado;

   c) Quando a aquisição das participações resulte de fusão ou de cisão da sociedade participada;

   d) Quando a participação ocorra em sociedade com a qual a SGPS tenha celebrado contrato de subordinação.

4. No ano civil em que uma SGPS for constituída, a percentagem de 30% referida na alínea a) do número anterior é reportada ao balanço desse exercício.

5. Sem prejuízo da sanção prevista no n.º 1 do artigo 13.º, a ultrapassagem, por qualquer motivo, do limite estabelecido na alínea a) do n.º 3 deve ser regularizada no prazo de seis meses a contar da sua verificação.

6. Em casos excepcionais, o Ministro das Finanças, a requerimento da SGPS interessada, poderá, mediante despacho fundamentado, prorrogar o prazo estabelecido no número anterior.

Nota. Redacção introduzida pelo art. 1.º do DL n.º 318/94, de 24 de Dezembro, e pelo art. 1.º do DL n.º 378/98, de 27 de Novembro.

Art. 4.º (Prestação de serviços)

1. É permitida às SGPS a prestação de serviços técnicos de administração e gestão a todas ou a algumas das sociedades em que detenham participações previstas no n.º 2 do artigo 1.º e nas alíneas a) a c) do n.º 3 do artigo 3.º ou com as quais tenham celebrado contratos de subordinação.

2. A prestação de serviços deve ser objecto de contrato escrito, no qual deve ser identificada a correspondente remuneração.

3. (...)

Notas. 1. Redacção introduzida pelo art. 1.º do DL n.º 318/94, de 24 de Dezembro, e pelo art. 1.º do DL n.º 378/98, de 27 de Novembro.

2. O n.º 3 foi revogado pelo art. 2.º do DL n.º 378/98, de 27 de Novembro.

Art. 5.º (Operações vedadas)

1. Às SGPS é vedado:

   a) Adquirir ou manter na sua titularidade bens imóveis, exceptuados os necessários à sua própria instalação ou de sociedades em que detenham as participa-

[15] SGPS Art. 6.º

Sociedade gestoras de participações sociais

ções abrangidas pelo n.º 2 do artigo 1.º, os adquiridos por adjudicação em acção executiva movida contra os seus devedores e os provenientes de liquidação de sociedades suas participadas, por transmissão global, nos termos do artigo 148.º do Código das Sociedades Comerciais;

b) Antes de decorrido um ano sobre a sua aquisição, alienar ou onerar as participações abrangidas pelo n.º 2 do artigo 1.º e pelas alíneas *a*) a *c*) do n.º 3.º do artigo 3.º, excepto se a alienação for feita por troca ou o produto da alienação for reivestido no prazo de seis meses noutras participações abrangidas pelo citado preceito ou pelo n.º 3 do artigo 3.º ou ainda no caso de o adquirente ser uma sociedade dominada pela SGPS, nos termos do n.º 1 do artigo 486.º do Código das Sociedades Comerciais;

c) Conceder crédito, excepto às sociedades que sejam por ela dominadas nos termos do artigo 486.º do Código das Sociedades Comerciais ou a sociedades em que detenham participações previstas no n.º 2 do artigo 1.º e nas alíneas *b*) e *c*) do n.º 3 do artigo 3.º, sem prejuízo do disposto no número seguinte.

2. Para efeitos da alínea *c*) do número anterior, a concessão de crédito pela SGPS a sociedades em que detenham participações aí mencionadas, mas que não sejam por ela dominadas, só será permitida até ao montante do valor da participação constante do último balanço aprovado, salvo se o crédito for concedido através de contratos de suprimento.

3. As operações a que se refere a alínea *c*) do n.º 1, efectuadas nas condições estabelecidas no número anterior, bem como as operações de tesouraria efectuadas em benefício da SGPS pelas sociedades participadas que com ela se encontrem em relação de domínio ou de grupo, não constituem concessão de crédito para os efeitos do Regime Geral das Instituições de Crédito e Sociedades Financeiras, aprovado pelo Decreto-Lei n.º 298/92, de 31 de Dezembro.

4. As SGPS e as sociedades em que estas detenham participações previstas no n.º 2 do artigo 1.º e nas alíneas *b*) e *c*) do n.º 3 do artigo 3.º, deverão mencionar, de modo individualizado, nos documentos de prestação de contas, os contratos celebrados ao abrigo da alínea *c*) do n.º 1 e as respectivas posições credoras ou devedoras no fim do ano civil a que os mesmos documentos respeitam.

5. O prazo previsto na parte final da alínea *b*) do n.º 1 é alargado para a data correspondente ao fim do segundo exercício seguinte ao da realização da alienação, quando se trate de participação cujo valor de alienação não seja inferior a 1 milhão de contos.

6. O valor de aquisição inscrito no balanço das SGPS relativo aos bens imóveis destinados à instalação de sociedades em que possuam as participações previstas no n.º 2 do artigo 1.º não pode exceder 25% do capital próprio das SGPS.

Nota. Redacção introduzida pelo art. 1.º do DL 318/94, de 24 de Dezembro, e pelo art. 1.º do DL n.º 378/98, de 27 de Novembro.

Art. 6.º (Menções em actos externos)

Nota. Revogado pelo art. 3.º do DL n.º 318/94, de 24 de Dezembro.

Sociedades gestoras de participações sociais   **Arts. 7.º-10.º SGPS [15]**

Art. 7.º (Regime fiscal)
1. Às SGPS é aplicável o disposto no n.º 1 do artigo 45.º do Código do Imposto sobre o Rendimento das Pessoas Colectivas (IRC), sem dependência dos requisitos aí exigidos quanto à percentagem de participação e ao prazo em que esta tenha permanecido na sua titularidade.

2. Às mais-valias e menos-valias obtidas pelas SGPS, mediante a venda ou troca das quotas ou acções de que sejam titulares, é aplicável o disposto no artigo 44.º do Código do Imposto sobre o Rendimento das Pessoas Colectivas (IRC), sempre que o respectivo valor de realização seja reinvestido, total ou parcialmente, na aquisição de outras quotas, acções ou títulos emitidos pelo Estado, no prazo aí fixado.

Art. 8.º (Objecto contratual e objecto de facto)
1. As sociedades que tenham por objecto social uma actividade económica directa mas que possuam também participações noutras sociedades podem, nos termos do artigo 488.º do Código das Sociedades Comerciais, constituir com essas participações uma SGPS, sem prejuízo do disposto nos n.ºs 2 e 4 do artigo 1.º

2. As sociedades que, tendo diferente objecto contratual, tenham como único objecto de facto a gestão de participações noutras sociedades e, bem assim, as SGPS que exerçam de facto actividade económica directa serão dissolvidas pelo tribunal, nos termos do artigo 144.º do Código das Sociedades Comerciais, sem prejuízo da aplicação da sanção cominada pelo n.º 1 do artigo 13.º deste diploma.

Nota. Redacção introduzida pelo art. 1.º do DL n.º 378/98, de 27 de Novembro.

Art. 9.º (Dever de comunicação)
1. Os conservadores do registo comercial comunicarão à Inspecção-Geral de Finanças, com remessa dos textos registados, a constituição de SGPS e as alterações dos respectivos contratos, no prazo de 30 dias contado a partir do registo, ainda que provisório.

2. As SGPS devem remeter anualmente à Inspecção-Geral de Finanças, até 30 de Junho, o inventário das partes de capital incluídas nos investimentos financeiros constantes do último balanço aprovado.

3. Quando as SGPS não remetam o referido inventário, a Inspecção-Geral de Finanças deve notificá-las para que procedam ao respectivo envio.

4. Notificadas nos termos do número anterior, as SGPS devem enviar à Inspecção-Geral de Finanças, no prazo de 10 dias úteis a contar da data da notificação, o mencionado inventário.

Nota. Redacção introduzida pelo art. 1.º do DL 318/94, de 24 de Dezembro, e pelo art. 1.º do DL n.º 378/98, de 27 de Novembro.

Art. 10.º (Relatórios, publicidade e fiscalização)
1. (...)

2. As SGPS devem designar e manter um revisor oficial de contas ou uma sociedade de revisores oficiais de contas, desde o início de actividade, excepto se tal designação já lhes for exigida nos termos de outras disposições legais.

495

[15] SGPS Arts. 11.°-13.°   Sociedade gestoras de participações sociais

3. Sem prejuízo dos deveres previstos na legislação aplicável, é dever do revisor oficial de contas, ou da sociedade de revisores oficiais de contas, comunicar à Inspecção-Geral de Finanças, logo que delas tomem conhecimento, as infracções ao disposto no presente diploma que sejam imputadas à respectiva SGPS.

4. A Inspecção-Geral de Finanças, enquanto entidade a quem compete a supervisão das SGPS, comunicará ao Ministério Público as infracções que, nos termos deste diploma, determinem a dissolução das sociedades e aplicará as coimas previstas no n.° 1 do artigo 13.°

5. Ficam também sujeitas a registo especial e supervisão do Banco de Portugal as SGPS relativamente às quais se verifique alguma das situações previstas no artigo 117.° do Regime Geral das Instituições de Crédito e Sociedades Financeiras, aprovado pelo Decreto-Lei n.° 298/92, de 31 de Dezembro, sendo equiparadas a sociedades financeiras para efeitos do disposto no título XI do mesmo Regime Geral.

Nota. Redacção introduzida pelo art. 1.° do DL n.° 318/94, de 24 de Dezembro, e pelo art. 2.° do DL n.° 378/98, de 27 de Novembro.

Art. 11.° (Aplicação das normas respeitantes a sociedades coligadas)

1. O disposto neste diploma não prejudica a aplicação das normas respeitantes a sociedades coligadas, as quais constam do título VI do Código das Sociedades Comerciais.

2. É vedado a todas as sociedades participadas por uma SGPS, nos termos do n.° 2 do artigo 1.°, adquirir acções ou quotas da SGPS sua participante, e bem assim de outras SGPS que nesta participem, exceptuados os casos previstos na parte final do n.° 1 do artigo 487.° do Código das Sociedades Comerciais.

Art. 12.° (Antigas sociedades de controlo)

1. As sociedades que tenham sido constituídas como sociedades de controlo, ao abrigo do Decreto-Lei n.° 271/72, de 2 de Agosto, ficam sujeitas ao disposto no presente diploma, sem necessidade de alteração dos respectivos contratos.

2. As sociedades referidas no n.° 1 podem manter as suas actuais firmas, desde que indiquem nos actos externos a menção «sociedade gestora de participações sociais» ou a abreviatura «SGPS».

3. (...)

Notas. 1. Redacção introduzida pelo art. 1.° do DL n.° 318/94, de 24 de Dezembro.

2. O n.° 3 foi revogado pelo art. 2.° do DL n.° 378/98, de 27 de Novembro.

Art. 13.° (Sanções)

1. A violação do disposto nos n.ºs 2 e 4 do artigo 2.°, 3 a 5 do artigo 3.°, 2 do artigo 4.°, 1, 2, 4 e 6 do artigo 5.°, 2 do artigo 8.°, 4 do artigo 9.°, 2 do artigo 10.°, 2 do artigo 11.° e 2 do artigo 12.° constitui contra-ordenação punível com coima entre 100 000$ e 2 000 000$, no caso de negligência, e entre 100 000$ e 4 000 000$, no caso de dolo.

Sociedades gestoras de participações sociais   **Art. 13.º SGPS [15]**

2. A violação do disposto nos n.ᵒˢ 5 e 6 do artigo 3.º e na alínea *c*) do n.º 1 do artigo 5.º constitui causa de dissolução judicial da sociedade, a requerimento do Ministério Público, quando, pela sua frequência ou pelo montante envolvido, assuma especial gravidade, a apreciar pelo tribunal.

3. Como incidente da acção referida no número anterior, pode o tribunal ordenar a proibição de a SGPS adquirir ou alienar participações até à sentença final.

Nota. Redacção introduzida pelo art. 1.º do DL 318/94, de 24 de Dezembro, e pelo art. 1.º do DL n.º 378/98, de 27 de Novembro.

SOCIEDADES DE DESENVOLVIMENTO REGIONAL

[16] DECRETO-LEI N.º 25/91
de 11 de Janeiro

Nos termos da alínea *a*) do n.º 1 do artigo 201.º da Constituição, o Governo decreta o seguinte:

Art. 1.º (Noção)
As sociedades de desenvolvimento regional, abreviadamente designadas SDR, são sociedades financeiras que, nos termos do presente diploma, têm por objecto a promoção do investimento produtivo na área da respectiva região e por finalidade o apoio ao desenvolvimento económico e social da mesma.

Nota. Redacção introduzida pelo art. 1.º do DL n.º 247/94, de 7 de Outubro.

Art. 2.º (Forma e capital social)
1. As SDR constituem-se sob a forma de sociedade anónima.
2. As acções representativas do capital social das SDR são nominativas ou ao portador registadas.

Notas. 1. Redacção introduzida pelo art. 1.º do DL n.º 247/94, de 7 de Outubro.

2. Nos termos do n.º 1 da Portaria n.º 95/94, de 9 de Fevereiro, as SDR devem possuir um capital social de montante não inferior a 600 000 contos.

Art. 3.º (Instrução do pedido de autorização)
Além dos elementos indicados na lei geral, o pedido de autorização para a constituição de uma SDR deve ser instruído com parecer das comissões de coordenação regional das áreas abrangidas pela actividade da sociedade.

Nota. Redacção introduzida pelo art. 1.º do DL n.º 247/94, de 7 Outubro.

Art. 4.º (Âmbito territorial)
1. As SDR exercem a sua actividade na área geográfica definida nos respectivos estatutos, determinada em função das características económico-sociais da região em causa e abrangendo uma ou mais unidades de nível III da Nomenclatura das Unidades Territoriais para fins Estatísticos (NUTS) previstas no artigo 1.º do Decreto-Lei n.º 46/89, de 15 de Fevereiro.
2. Podem várias SDR cooperar na prossecução de certos objectivos comuns e na realização de empreendimentos que interessem às respectivas àreas de actua-

Sociedades de desenvolvimento regional · **Arts. 5.º-7.º SDR [16]**

ção, criando para o efeito, quando tal for considerado conveniente, serviços comuns de apoio e de coordenação de actividades.

Art. 5.º (Sede e agências)

As SDR estabelecerão a sua sede num dos principais centros economico--administrativos da respectiva área geográfica, podendo instalar agências em localidades situadas nessa área.

Art. 6.º (Objecto)

1. As SDR, através da realização de operações financeiras e da prestação de serviços complementares, promovem a dinamização do investimento e das relações empresariais, tendo em vista o aproveitamento dos recursos endógenos e das potencialidades da respectiva área geográfica de actuação, em conformidade com os objectivos da política de desenvolvimento regional.

2. As SDR participam ainda, na medida dos meios técnicos e humanos disponíveis, com os órgãos competentes do Estado e das autarquias locais na prossecução dos objectivos de interesse regional, designadamente através das seguintes actividades:

a) Contribuição para a realização do desenvolvimento económico regional, em termos de preservação do equilíbrio ecológico e do património cultural e artístico da região, e da promoção de acções no âmbito do ordenamento do território, a par com a melhoria da qualidade de vida das populações e a criação de emprego;

b) Participação no lançamento de parques industriais e de pólos de desenvolvimento regional e no fomento da cooperação intermunicipal;

c) Divulgação de informações relevantes para o investimento e o desenvolvimento económico e social.

Art. 7.º (Operações activas)

1. No desenvolvimento da sua actividade podem as SDR efectuar as seguintes operações activas, tendo como beneficiários entidades com sede, estabelecimento principal ou actividade relevante na sua área geográfica:

a) Participar no capital de sociedades constituídas ou a constituir;

b) Conceder a empresas crédito, a médio e a longo prazos, destinados ao financiamento do investimento em capital fixo, à recomposição do fundo de maneio ou à consolidação de passivos, neste último caso em conexão com as acções tendentes à reestruturação ou recuperação das empresas beneficiárias;

c) Conceder crédito, a médio e a longo prazos, a profissionais livres para instalação na área da SDR ou para modernização ou renovação de equipamentos, quando se trate de especialidades de marcado interesse para a região;

d) Adquirir créditos, por cessação ou sub-rogação, que hajam sido concedidos para fins idênticos aos indicados na alínea *b)*;

e) Prestar garantias bancárias que assegurem o cumprimento de obrigações assumidas para fins idênticos aos indicados na mesma alínea *b)*;

f) Adquirir obrigações e outros títulos de dívida negociáveis;

g) Gerir fundos de capital de risco.

499

[16] SDR Art. 8.º   Sociedade de desenvolvimento regional

2. Na realização das operações a que se referem os números anteriores devem as SDR contribuir para a prossecução das orientações da política de desenvolvimento regional e ponderar as prioridades definidas no âmbito dessa política para a área geográfica em causa.

3. No fim do terceiro exercício completo posterior à sua constituição, as SDR deverão ter um mínimo equivalente a 60% dos fundos próprios aplicados em participações de capital social e obrigações convertíveis em acções em prazo não superior a um ano.

4. Nos casos de reforço do capital, realizado em dinheiro, o prazo previsto no número anterior renova-se até ao fim do segundo exercício seguinte, quanto ao montante do aumento.

5. Em cada momento, pelo menos, 75% das participações das SDR noutras sociedades não poderão ter estado na sua titularidade, seguida ou interpoladamente, por um período superior a 12 anos.

6. O saldo das operações referidas nas alíneas *b)*, *c)*, *d)* e *f)* do n.º 1 não poderá ultrapassar em qualquer momento o montante equivalente a duas vezes e meia os fundos próprios da SDR.

7. Exceptuam-se do limite fixado no número anterior as obrigações convertíveis em acções.

8. São aplicáveis às SDR os limites à concentração de riscos em uma só entidade estabelecidos para as instituições de crédito.

Nota. Redacção introduzida pelo art. 1.º do DL n.º 247/94, de 7 de Outubro.

Art. 8.º (Prestações de serviços)

Com vista, nomeadamente, à realização das atribuições indicadas no artigo 6.º, podem ainda as SDR prestar os serviços e efectuar as operações seguintes:

a) Apoiar o lançamento de novas empresas;

b) Participar em acções tendentes à recuperação de empresas em deficiente situação económica ou financeira;

c) Realizar estudos técnicos-económicos de viabilidade de empresas ou de novos projectos de investimento, incluindo os que visem o acesso a sistemas de incentivos, a reestruturação e reorganização de empresas existentes, a promoção de mercados para o escoamento de produções regionais, a melhoria de processos de produção e a introdução de novas tecnologias, em termos de um eficaz aproveitamento dos recursos e factores produtivos locais;

d) Proceder ao estudo das modalidades de financiamento mais adequadas à natureza dos empreendimentos referidos nas alíneas anteriores e promover a obtenção de crédito a médio e longo prazos junto de instituições de crédito ou estabelecimentos financeiros nacionais ou estrangeiros;

e) Colaborar na procura dos parceiros mais convenientes para projectos de criação ou recuperação de empresas;

f) Desenvolver, em colaboração, designadamente, com as comissões de coordenação regional, associações e núcleos empresariais, universidades e institutos politécnicos, estudos sectoriais e regionais, bem como a constituição de uma base de dados sobre as empresas e as oportunidades de negócio na região.

Sociedades de desenvolvimento regional   Arts. 9.º-11.º **SDR** **[16]**

g) Apoiar as autarquias locais que exploram serviços de interesse público, local ou regional, no estudo dos modelos de financiamento mais adequados, tendo em vista o lançamento de infra-estruturas e outros empreendimentos que contribuam para o desenvolvimento económico da respectiva área de actuação;

h) Celebrar contratos de prestação de serviços com entidades promotoras de empreendimentos ou responsáveis pela implementação de programas de carácter regional;

i) Proceder à gestão técnica, administrativa e financeira das intervenções operacionais incluídas no quadro comunitário de apoio (QCA) para as intervenções estruturais comunitárias no território português, mediante a celebração de contratos-programa com o Estado, conforme o disposto no artigo 31.º do Decreto-Lei n.º 99/94, de 19 de Abril.

Nota. Redacção introduzida pelo art. 1.º do DL n.º 247/94, de 7 de Outubro.

Art. 9.º (Recursos alheios)

1. Para complemento dos respectivos fundos próprios podem as SDR obter recursos alheios através de:

a) Emissão de obrigações, de prazo não inferior a dois anos, até ao limite fixado no Código das Sociedades Comerciais;

b) Financiamentos, por prazo não inferior a dois anos, concedidos por instituições de crédito ou sociedades financeiras, até ao dobro dos fundos próprios da SDR;

c) Crédito, na modalidade de conta corrente, por prazo inferior a dois anos, concedido por instituições de crédito, até ao limite máximo de 15% dos fundos próprios da SDR;

d) Emissão de títulos de dívida de curto prazo regulados pelo Decreto-Lei n.º 181/92, de 22 de Agosto, com observância do limite fixado às sociedades comerciais.

2. O montante de crédito não utilizado nos termos da alínea *c*) do número anterior poderá acrescer ao limite fixado na alínea *b*) do mesmo número.

Nota. Redacção introduzida pelo art. 1.º do DL n.º 247/94, de 7 de Outubro.

Art. 10.º (Fundos consignados)

Nota. Revogado pelo art. 2.º do DL 247/94, de 7 de Outubro.

Art. 11.º (Operações e actividades especialmente vedadas)

Ficam especialmente vedadas às SDR as seguintes operações e actividades:

a) O exercício directo de qualquer actividade agrícola, industrial ou comercial;

b) A participação no capital social, a concessão de crédito e a prestação de garantias a quaisquer instituições de crédito ou sociedades financeiras, bem como a sociedade cujo objecto compreenda a actividade de mediação sobre bens imóveis, a compra e venda, exploração ou administração de bens imóveis, exceptuada a exploração agrícola, turística, florestal ou cinegética;

501

[16] SDR Arts. 12.°-14.°   Sociedade de desenvolvimento regional

c) A aquisição ou posse de bens imóveis para além dos necessários às suas instalações, salvo quando lhes advenham por efeito de cessão de bens, dação em cumprimento, arrematação ou qualquer outro meio legal de cumprimento de obrigações ou destinado a assegurar esse cumprimento, devendo, em tais situações, proceder à respectiva alienação em prazo que só pode exceder dois anos se, em casos excepcionais, o Banco de Portugal o autorizar.

Nota. Redacção introduzida pelo art. 1.° do DL n.° 247/94, de 7 de Outubro.

Art. 12.° (Operações vedadas às sociedades em cujo capital participem SDR)
À sociedade em cujo capital participe uma SDR é vedado, sob pena de nulidade do respectivo negócio, adquirir acções ou obrigações desta última.

Art. 13.° (Operações cambiais)
As SDR podem realizar as operações cambiais necessárias ao exercício da sua actividade.

Nota. Redacção introduzida pelo art. 1.° do DL n.° 247/94, de 7 de Outubro.

Art. 14.° (Conselho consultivo)
1. Para além dos órgãos previstos no Código das Sociedades Comerciais, existirá nas SDR um conselho consultivo, composto por:
a) O presidente do conselho de administração, que preside;
b) O presidente da mesa da assembleia geral;
c) O presidente do conselho fiscal;
d) Um representante do Ministério do Planeamento e da Administração do Território, nomeado pelo Ministro, ouvidas as comissões de coordenação regional da respectiva área, ou um representante do governo regional, nomeado pelo respectivo presidente, quando a SDR tiver sede numa das regiões autónomas;
e) Um representante das autarquias locais da área da actuação da SDR, nomeado pelo conselho da região da comissão de coordenação regional respectiva.
2. Os vogais mencionados nas alíneas *d*) e *e*) do número anterior exercem as suas funções por períodos de três anos, renováveis.
3. Sempre que o considere conveniente, o presidente do conselho consultivo pode convidar a fazerem-se representar, sem direito de voto, instituições ou sectores de actividade com relevância na economia regional.
4. O conselho consultivo reúne, ordinariamente, uma vez por semestre e, em reuniões extraordinárias, sempre que convocado pelo respectivo presidente.
5. Deve o conselho consultivo ser ouvido:
a) Aquando da apresentação dos relatórios da actividade da SDR e emitir parecer sobre a sua adequação às atribuições previstas no artigo 6.° do presente diploma;
b) Sobre as orientações de estratégia global da SDR e sobre os problemas que lhe forem expressamente cometidos pelo seu presidente.

Sociedades de desenvolvimento regional   **Arts. 15.º-19.º SDR [16]**

Art. 15.º (Regiões Autónomas)

Nas Regiões Autónomas, as competências atribuídas pelo presente diploma às comissões de coordenação regional serão exercidas pelas entidades competentes dos respectivos Governos Regionais.

Nota. Redacção introduzida pelo art. 1.º do DL n.º 247/94, de 7 de Outubro.

Art. 16.º (Contabilidade)

Nota. Revogado pelo art. 2.º do DL n.º 247/94, de 7 de Outubro.

Art. 17.º (SDR existente)

1. A SDR actualmente existente deve adaptar progressivamente a estrutura dos seus activos e passivos ao disposto no presente diploma, sendo-lhe vedado realizar quaisquer operações, designadamente recepção ou renovação de depósitos, que contrariem o regime nele estabelecido.

2. Os prazos fixados nos n.ºs 3 e 4 do artigo 7.º contam-se para a SDR em questão a partir da data da entrada em vigor deste diploma.

Art. 18.º (Regime jurídico)

As SDR regem-se pelas normas do presente diploma, pelas disposições aplicáveis do Regime Geral das Instituições de Crédito e Sociedades Financeiras, aprovado pelo Decreto-Lei n.º 298/82, de 31 de Dezembro.

Nota. Redacção introduzida pelo art. 1.º do DL n.º 247/94, de 7 de Outubro.

Art. 19.º (Norma revogatória)

É revogado o Decreto-Lei n.º 499/80, de 20 de Outubro.

503

SOCIEDADES DE GESTÃO
E INVESTIMENTO IMOBILIÁRIO

[17] DECRETO-LEI N.º 135/91
de 4 de Abril

No uso da autorização legislativa concedida pela Lei n.º 62/90, de 21 de Dezembro, e nos termos das alíneas *a*) e *b*) do n.º 1 do artigo 201.º da Constituição, o Governo decreta o seguinte:

Art. 1.º (Objecto)
1. As sociedades de gestão e investimento imobiliário, abreviadamente designadas por SGII, têm por objecto principal o arrendamento de imóveis próprios, por elas adquiridos ou construídos, e a prestação de serviços conexos, incluindo o exercício de actividades de administração de imóveis alheios arrendados.
2. Constitui actividade acessória das SGII a venda dos imóveis próprios mencionados no número anterior.

Art. 2.º (Forma, capital social e outros requisitos)
1. As SGII constituem-se sob a forma de sociedade anónima, têm a sua sede em território nacional e devem possuir um capital social mínimo, a fixar mediante portaria do Ministro das Finanças, em montante não inferior a 1 500 000 contos, valendo desde este limite enquanto não for publicada a referida portaria.
2. O capital social poderá, até ao limite de 85% do respectivo valor, ser realizado em espécie, através de bens imóveis, se aqueles estiverem a ser objecto de arrendamento para habitação ou a tal fim manifestamente se destinarem, com exclusão dos imóveis para arrendamento unifamiliar, ou até ao limite de 25%, se estiverem a ser objecto ou manifestamente se destinarem a utilização diferente.
3. As SGII só podem constituir-se depois de os accionistas fundadores fazerem prova de que uma fracção do capital social, não inferior a 15% do respectivo valor, foi realizada e se encontra depositada numa instituição de crédito à ordem da respectiva administração, com a indicação do valor subscrito por cada accionista.

Art. 3.º (Autorização)
1. A constituição das SGII depende de autorização, a conceder, caso a caso, por portaria do Ministro das Finanças, ouvida a Inspecção-Geral de Finanças.
2. O pedido de concessão de autorização deve ser apresentado na Inspecção--Geral de Finanças, acompanhado dos seguintes elementos:

Sociedades de gestão e investimento imobiliário   Arts. 4.º-5.º SGII [17]

a) Exposição fundamentada das razões de ordem económica-financeira justificativas da constituição da SGII;

b) Indicação do montante do capital social e modo da sua realização;

c) Identificação pessoal e profissional dos accionistas fundadores, com especificação do capital por cada um subscrito, e exposição fundamentada da adequação da estrutura accionista à estabilidade da instituição;

d) Projecto de contrato de sociedade;

e) Balanço e demonstração de resultados previsionais, devidamente fundamentados, para cada um dos três primeiros anos de actividade.

3. A Inspecção-Geral de Finanças poderá solicitar aos requerentes as informações ou elementos complementares e efectuar as averiguações que considere necessárias ou úteis à instrução do processo.

4. A autorização caduca se os requerentes a ela expressamente renunciarem, bem como se a SGII não se constituir formalmente no prazo de 6 meses ou não iniciar a sua actividade no prazo de 12 meses, podendo, todavia, tais prazos ser prorrogados por um novo prazo, até 6 meses, por despacho do Ministro das Finanças, em casos devidamente justificados.

5. A autorização pode ser revogada quando se verifique alguma das seguintes situações:

a) Ter sido obtida por meio de falsas declarações ou outros meios ilícitos, sem prejuízo das sanções penais que ao caso couberem;

b) Na constituição da sociedade não tiverem sido observadas as condições constantes da autorização;

c) Deixar de verificar-se alguma das condições exigidas pelo artigo 2.º;

d) A sociedade exerça, de facto, uma actividade não compreendida no objecto contratual;

e) Ter havido violação do disposto nos artigos 5.º, 7.º e 8.º que, pela sua frequência ou pelos valores envolvidos, assuma especial gravidade.

6. A revogação da autorização reveste a forma estabelecida no n.º 1.

Art. 4.º (Exclusividade de designação e menções em actos externos)

1. Apenas poderão usar a designação de sociedades de gestão e investimento imobiliário, e respectiva sigla SGII, as sociedades constituídas nos termos do presente diploma e as autorizadas até à entrada em vigor do mesmo.

2. Às menções em actos externos exigidas pelo artigo 171.º do Código das Sociedades Comerciais acresce, para estas sociedades, a menção, por extenso, «sociedades de gestão e investimento imobiliário» a não ser que ela já conste, também por extenso, das respectivas firmas.

Art. 5.º (Composição patrimonial e gestão)

1. O valor do património próprio não directamente afecto ao objecto principal das SGII, definido no artigo 1.º, não poderá exceder em cada momento 15% do respectivo valor total.

2. No cômputo do rácio do número anterior excluir-se-á o património imobiliário afecto a uso próprio.

505

[17] SGII Arts. 6.°-8.°   Sociedades de gestão e investimento imobiliário

Art. 6.° (Terrenos para construção)

1. As SGII apenas poderão adquirir terrenos que se destinem directamente à execução de programas de construção, não podendo o valor total dos terrenos detidos, após os três primeiros anos de actividade, ultrapassar em cada momento 20% do valor global do respectivo património imobiliário.

2. Não se consideram para efeito do limite referido no número anterior os terrenos relativamente aos quais já tenha sido introduzido na respectiva câmara municipal pedido de aprovação e licenciamento de projectos de construção para habitação.

3. As SGII ficam obrigadas a alienar os terrenos próprios destinados à execução de programas de construção caso os mesmos não tenham início dentro do prazo de três anos contados a partir da data da respectiva aquisição.

4. A alienação deverá realizar-se durante os 180 dias imediatos ao termo do prazo referido no número anterior.

Art. 7.° (Contratos de arrendamento com opção de compra)

1. As SGII podem, no âmbito do seu objecto principal, celebrar contratos de arrendamento com opção de aquisição futura dos imóveis ou fracções arrendadas, com observância do disposto nos números seguintes.

2. A área do património afecto a contratos de arrendamento para habitação com opção de compra conta para o cômputo do rácio referido no n.° 1 do artigo 8.°

3. O rácio entre o valor do património imobiliário afecto aos contratos referidos no n.° 1 e o património imobiliário da SGII não afecto a uso próprio não poderá exceder o limite a fixar por portaria do Ministro das Finanças, ouvida a Inspecção-Geral de Finanças, valendo desde já para o efeito o limite de 15% enquanto não for publicada a referida portaria.

Art. 8.° (Restrições a operações activas)

1. No desenvolvimento das suas operações activas as SGII obedecerão aos seguintes requisitos:

a) Para as SGII que vierem a ser autorizadas a partir da entrada em vigor do presente diploma, um mínimo de 45% da área ou do valor correspondente do seu património imobiliário não afecto a uso próprio será constituído por aplicações em imóveis destinados a arrendamento para habitação, a partir do 3.° ano contado do início da actividade;

b) Para as SGII já constituídas ou autorizadas até à entrada em vigor do presente diploma, nos casos em que as suas aplicações em imóveis não respeitem o limite de 45% referido na alínea anterior, haverá uma aproximação gradual, mediante acréscimos anuais mínimos de 11,25%, a partir do 2 ° ano de vigência do presente diploma, até que o referido limite venha a ser alcançado

2. Para efeitos do número anterior, considera-se área do património imobiliário a que corresponder à construção acima do solo e que não seja objecto de uso próprio e ainda a área dos projectos de construção para habitação referidos no n.° 3 do artigo 6.° contando esta por metade.

Nota. A redacção do n.° 1, alíneas *a*) e *b*), foi introduzida pela L 51/91, de 3 de Agosto.

506

Sociedades de gestão e investimento imobiliário   **Arts. 9.º-12.º SGII [17]**

Art. 9.º (Perda de benefícios fiscais)

1. Sem prejuízo das sanções previstas no artigo 14 º, a infracção ao disposto nos artigos l.º, 5.º, 7.º e 8.º determinará a perda de quaisquer benefícios fiscais a que a SGII tiver direito se no prazo de 60 dias após notificação da Inspecção-Geral de Finanças a infracção não for completamente sanada.

2. A perda dos benefícios fiscais referidos no número anterior verifica-se a partir da data da notificação mencionada nesse número.

3. A revogação da autorização referida no artigo 3.º determina a perda de quaisquer benefícios concedidos à SGII a partir da data em que ocorreu a situação que deu origem à citada revogação.

Nota. Redacção introduzida pelo art 1.º da L n.º 51/91, de 3 de Agosto.

Art. 10.º (Aquisições vedadas)

1. Não podem ser adquiridos pela sociedade:

a) Imóveis da propriedade de entidades que sejam membros dos órgãos sociais da sociedade ou que possuam mais de 20% do capital social desta;

b) Imóveis da propriedade de empresas cujo capital social seja pertencente em percentagem superior a 20% a um ou mais administradores da sociedade, em nome próprio ou em representação de outrem, e aos seus cônjuges e parentes ou afins do 1.º grau;

c) Imóveis da propriedade de empresas de cujos órgãos façam parte um ou mais administradores da sociedade, em nome próprio ou em representação de outrem, seus cônjuges e parentes ou afins do 1.º grau.

2. As disposições constantes do número anterior não são aplicáveis à transmissão de propriedade de imóveis para efeitos de realização do capital social.

Art. 11.º (Imóveis em compropriedade)

1. As SGII não podem adquirir imóveis em regime de compropriedade, excepto no que respeita às situações decorrentes do regime de propriedade horizontal e do disposto no número seguinte

2. As SGII poderão adquirir imóveis em compropriedade, desde que, no prazo de 36 meses, seja efectuada a construção, sendo caso disso, e aquele regime seja substituído pelo regime de propriedade horizontal.

3. Para efeitos do disposto nos artigos 6.º e 8º, o valor e a área dos imóveis referidos no número anterior são calculados na proporção dos direitos que a SGII detenha em tais imóveis.

Art. 12.º (Reavaliação do património)

1. As SGII poderão proceder à reavaliação do seu património imobiliário nos seguintes termos:

a) Com a periodicidade mínima de dois anos, pelo recurso a dois peritos independentes, nomeados com a concordância dos Ministros das Finanças e das obras Públicas, Transportes e Comunicações:

b) Nos anos que medeiam entre duas avaliações consecutivas, pela aplicação de um coeficiente de correcção idêntico ao índice do custo da construção correspondente ao período de 12 meses terminado em Setembro do ano a que respeita a reavaliação.

2. Não é permitida a distribuição de reservas de reavaliação.

507

[17] SGII Arts. 13.º-15.º   Sociedades de gestão e investimento imobiliário

Art. 13.º (Supervisão)
As SGII estão sujeitas à supervisão da Inspecção-Geral de Finanças, a quem devem, anualmente, até 30 de Abril, enviar o relatório e contas do ano anterior.

Art. 14.º (Regime sancionatório)
1. As infracções ao disposto nos artigos 1.º, 2.º, 4.º, 5.º, 6.º, 7.º, 8.º, 10.º, 11.º, 12.º e 13.º constituem contra-ordenação punível com coima de 100 000$ a 6 000 000$.
2. A negligência é punível.
3. Compete à Inspecção-Geral de Finanças o processamento das contra-ordenações previstas neste artigo, bem como a aplicação das correspondentes sanções, revertendo o produto das coimas integralmente a favor do Estado.
4. É subsidiariamente aplicável o regime geral das contra-ordenações.

Art. 15.º (SGII existentes)
1. As SGII constituídas ou autorizadas até ao dia 9 de Abril podem deliberar, nos termos do disposto nos n.ºs 2 e 3 do artigo 383.º e 3, 4 e 5 do artigo 386.º do Código das Sociedades Comerciais, renunciar ao seu estatuto de SGII, mediante alteração do contrato social, transformação, dissolução, fusão ou cisão, e comunicar o facto à Inspecção-Geral de Finanças no prazo máximo de 30 dias a contar daquela deliberação.
2. O direito conferido pelo número anterior só pode ser exercido no prazo de 120 dias a contar da data da entrada em vigor do presente Decreto-Lei.
3. Para as SGII que optarem pela renúncia ao seu estatuto, nos termos dos números anteriores, ter-se-ão por adquiridos todos os benefícios, designadamente os fiscais, que lhes forem conferidos pela legislação específica desta categoria de sociedades e que correspondam a actos ou ganhos realizados até à data da deliberação a que se refere o n.º 1, cessando todos os referidos benefícios a partir dessa data.
4. As sociedades referidas no número anterior deixarão de poder usar a sigla SGII.
5. Quaisquer transmissões de imóveis que integrem o património imobiliário das SGII à data da deliberação referida no n.º 1 ficam isentas de sisa, desde que resultem de actos celebrados em consequência dessa deliberação e os adquirentes de tais bens sejam os seus accionistas ou empresas por estes exclusivamente detidas ou ainda as sociedades novas ou incorporantes em caso de fusão ou cisão da sociedade.
6. As SGII abrangidas pelo n.º 2 da Portaria n.º 43/89, de 23 de Janeiro, continuarão a beneficiar do regime fixado nos n.ºs 2.º e 3.º da mesma portaria.
7. Ficam isentas do imposto do selo e de emolumentos notariais e de registo comercial e predial as escrituras de alteração de contrato social, transformação, dissolução, fusão ou cisão das SGII existentes, celebradas nos termos do presente artigo.
8. Não é englobado para efeitos de cálculo da base de tributação dos sócios que sejam pessoas colectivas o valor do património imobiliário que lhes seja atribuído em caso de dissolução das SGII, desde que aquele património se mantenha pelo prazo mínimo de cinco anos afecto à exploração das unidades económicas anteriormente tituladas por aquelas e tenham tal exploração por actividade principal.

Sociedades de gestão e investimento imobiliário   **Arts. 16.°-17.° SGII [17]**

9. Se não for observado o prazo referido no número anterior, será aquele valor englobado no exercício em que foi posto à disposição dos sócios, contando-se ainda juros compensatórios desde a data em que o IRC deixou de ser pago até à data da liquidação.

Nota. O n.° 7 foi aditado pelo art. 2.° da L n.° 51/91, de 3 de Agosto. A actual redacção dos n.ᵒˢ 1, 5, 7, 8 e 9 foi introduzida pelo art. 39.°, n.° 1, da L 2/92, de 9 de Março.

Art. 16.° (Norma revogatória)

1. Salvo o disposto no número seguinte, são revogados os Decretos-Leis n.ᵒˢ 291/85, de 24 de Junho, com excepção do seu artigo 15°, e 2/90, de 3 de Janeiro.

2. A legislação referida no número anterior mantém-se, no entanto, em vigor para efeitos do previsto no n.° 2 do artigo 1.° do Decreto-Lei n.° 65/89, de 1 de Março.

Notas 1. Redacção introduzida pelo art. 1.° da L n.° 51/91, de 3 de Agosto.

2. O texto do art. 15.° do DL n° 291/ 85, de 24 de Julho, é o seguinte:

«1. As SGII que se venham a constituir, nos termos do presente diploma, no prazo de 5 anos a contar da data da sua entrada em vigor, e, bem assim, os respectivos sócios poderão beneficiar dos seguintes incentivos fiscais:

a) Isenção de sisa para as aquisições de bens imóveis pelas SGII;

b) Isenção de sisa para as entradas dos sócios com bens imóveis para a realização do capital social das SGII:

c) Redução de 50% da taxa da contribuição industrial para as SGII;

d) Isenção do imposto de mais-valias devido pelos sócios, nos termos do n.° 2 do artigo 1.° do respectivo Código relativamente a bens imóveis transmitidos para as sociedades para realização do capital social;

e) Isenção do imposto de mais-valias devido pelos ganhos realizados através do aumento de capital das SGII mediante a incorporação de reservas ou a emissão de acções;

f) Isenção do imposto do selo devido pelos aumentos de capital social das SGII;

g) Redução de 50% da taxa do imposto de capitais, secção B, indicente sobre os dividendos atribuídos aos sócios;

h) Dedução ao rendimento global líquido, para efeitos do imposto complementar, secção A, até ao limite anual máximo de 50 000$00 por agregado familiar, dos dividendos atribuídos aos sócios;

i) Isenção do imposto sobre as sucessões e doações para as transmissões de acções por morte dos sócios, até ao limite de 200 000$00 por cada adquirente.

j) Não incidência de contribuição predial sobre o valor das rendas de prédios urbanos que façam parte dos elementos activos das SGII.

2. Os incentivos fiscais estabelecidos neste artigo são concedidos por um período de 20, 19, 18, 11 e 10 anos, consoante as sociedades beneficiárias se venham a constituir, respectivamente, no n.° 1, 2.°, 3.°, 4.° ou 5.° anos a partir da data da entrada em vigor deste diploma».

3. O prazo previsto no n.° 1 deste preceito foi prorrogado até 31 de Dezembro de 1990 pelo art. 8.° do DL n.° 377/90, de 30 de Novembro. Nos termos do art. 9.° desse mesmo diploma:

«1. Ficam isentos de contribuição autárquica os prédios ou partes de prédios urbanos das sociedades de gestão e investimento imobiliário (SGII) constituídas nos termos do artigo 15.° do Decreto-Lei n.° 291/85, de 24 de Julho, por períodos determinados, em conformidade com o disposto no mesmo normativo.

2. A isenção a que se refere o número anterior será reconhecida oficiosamente sempre que se verifique a inscrição dos prédios na respectiva matriz em nome das SGII».

Art. 17.° (Entrada em vigor)

O presente diploma produz efeitos desde 2 de Janeiro de 1991, com excepção dos artigos 14.° e 15.°

SOCIEDADES ADMINISTRADORAS DE COMPRAS EM GRUPO

[18] DECRETO-LEI N.º 237/91
de 2 de Julho

Nos termos da alínea *a*) do n.º 1 do artigo 201.º da Constituição, o Governo decreta o seguinte:

Art. 1.º (Âmbito de aplicação)

O presente diploma disciplina o sistema de compras em grupo e as entidades que procedem à respectiva administração.

Art. 2.º (Noção)

Para efeitos deste diploma considera-se:

a) Compras em grupo – o sistema de aquisição de bens ou serviços pelo qual um conjunto determinado de pessoas, designadas «participantes», constitui um fundo comum, mediante a entrega periódica de prestações pecuniárias, com vista à aquisição, por cada participante, daqueles bens ou serviços ao longo de um período de tempo previamente estabelecido;

b) Fundos de grupo – o conjunto formado pelo fundo comum e por outros fundos previstos no contrato ou no regulamento interno, constituído por contribuições dos participantes ou por outros recursos a que o grupo tenha direito.

Art. 3.º (Objecto e prazo dos contratos)

Será objecto de portaria conjunta do Ministro das Finanças e do ministro responsável pela área do comércio a fixação do elenco de bens e serviços susceptíveis de serem adquiridos através do sistema de compras em grupo, bem como a da duração máxima dos grupos, em função da natureza dos bens ou serviços.

Nota. Cf. a Portaria n.º 126/95, de 4 de Fevereiro.

Art. 4.º (Princípios fundamentais)

São princípios fundamentais do sistema de compras em grupo:

a) Que as prestações periódicas dos participantes para o fundo comum do grupo sejam equivalentes ao preço do bem ou serviço a adquirir, dividido pelo número de períodos previstos no respectivo plano de pagamentos;

b) Que o conjunto das prestações dos participantes seja, em cada período considerado, pelo menos equivalente ao preço do bem ou serviço a adquirir;

Sociedades administradoras de compras em grupo   **Arts. 5.º-9.º SACEG [18]**

c) Que, ocorrida alteração do preço dos bens ou serviços, as prestações periódicas de todos os participantes aos quais os mesmos respeitem sejam ajustadas na devida proporção, ainda que em relação a alguns dos participantes se tenha verificado a sua atribuição;

d) Que ao participante seja assegurada, com as garantias adequadas, a aquisição do bem ou serviço objecto do contrato;

e) Que a atribuição do bem ou serviço seja feita por sorteio ou por sorteio e licitação, nos termos previstos no respectivo regulamento.

Art. 5.º (Acesso à actividade)

Nota. Revogado pelo art. 2.º do DL 22/94, de 27 de Janeiro.

Art. 6.º (Entidades administradoras)

1. A actividade de administração de compras em grupo só pode ser exercida por sociedades comerciais constituídas sob a forma de sociedade anónima e que tenham esta actividade como objecto exclusivo.

2. (...)

3. As sociedades autorizadas a exercer a actividade de administração de compras em grupo tomam a designação de sociedades administradoras de compras em grupo, abreviadamente SACEG.

Nota. O n.º 2 foi revogado pelo art. 2.º do DL n.º 22/94, de 27 de Janeiro.

Art. 7.º (Autorização)

Nota. Revogado pelo art. 2.º do DL n.º 22/94, de 27 de Janeiro.

Art. 8.º (Capital social)

O capital social das SACEG será obrigatoriamente representado por acções nominativas ou ao portador registadas.

Notas. 1. Redacção introduzida pelo art. 1.º do DL n.º 22/94, de 27 de Janeiro.

2. Nos termos do n.º 1.º da Portaria n.º 95/94, de 9 de Fevereiro, as SAGEG devem possuir um capital social de montante não inferior a 100 000 contos ou 50 000 contos, consoante administrem ou não administrem grupos constituídos para a aquisição de bens imóveis

Art. 9.º (Operações vedadas)

1. É especialmente vedado às SACEG:

a) Contrair empréstimos;

b) Conceder crédito sob qualquer forma;

c) Onerar, por qualquer forma, os fundos dos grupos;

d) Ser participantes em grupos que administrem.

2. A proibição prevista na alínea *d*) do número anterior é aplicável aos administradores e aos accionistas detentores de mais de 10% do capital das SACEG, às empresas por eles directa ou indirectamente controladas e aos cônjuges e parentes ou afins em 1.º grau.

[18] SACEG Arts. 10.°-14.°   Sociedades administradoras de compras em grupo

Art. 10.° (Relações prudenciais)

Nos termos do artigo 196.° do Regime Geral das Instituições de Crédito e Sociedades Financeiras, aprovado pelo Decreto-Lei n.° 298/92, de 31 de Dezembro, poderão ser impostos limites ao valor global dos contratos de compra em grupo celebrados por uma SACEG, nomeadamente em função dos fundos próprios respectivos.

Notas. 1. Redacção introduzida pelo art. 1.° do DL n.° 22/94, de 27 de Janeiro.

2. Cf. a Portaria n.° 357/92, de 22 de Abril.

Art. 11.° (Contas dos fundos)

1. As contas dos grupos administrados pelas SACEG devem ser submetidas ao exame a que se refere a alínea *a*) do n.° 1 do artigo 1.° do Decreto-Lei n.° 519-L2/79, de 29 de Dezembro.

2. As SACEG deverão comunicar previamente ao Banco de Portugal qual a entidade responsável pelo exame referido no n.° 1, podendo o Banco de Portugal determinar a sua substituição nos casos em que não lhe reconheça adequada idoneidade.

Art. 12.° (Fundo de garantia do sistema de compras em grupo)

Poderá o Ministro das Finanças, ouvido o Banco de Portugal, decidir, por portaria, a criação de um fundo de garantia do sistema de compras em grupo, a qual definirá as respectivas condições de funcionamento, ou determinar quaisquer outras formas de garantia das suas responsabilidades.

Art. 13.° (Supervisão)

1. (...)

2. (...)

3. Sempre que o interesse dos participantes o justifique, o Banco de Portugal poderá decidir a transferência dos fundos a que se refere o artigo 27.°, fora das condições aí previstas.

Nota. Os n.ᵒˢ 1 e 2 foram revogados pelo art. 2.° do DL n.° 22/94, de 27 de Janeiro.

Art. 14.° (Obrigações das SACEG)

1. Incumbe especialmente às SACEG:

a) Receber e manter em boa ordem os fundos que lhes são confiados, com observância do disposto no n.° 3 deste artigo;

b) Cumprir as obrigações decorrentes do regulamento geral de funcionamento dos grupos;

c) Efectuar todas as operações necessárias e adequadas ao recebimento dos bens e serviços pelos participantes contemplados nos prazos previstos, designadamente contratando tudo o que for apropriado com os fornecedores daqueles bens e serviços;

d) Certificar-se de que os planos de pagamento contratados com os participantes se harmonizam com o valor do bem ou do serviço objecto do contrato.

e) Contribuir para o Fundo de Garantia do Sistema de Compras em Grupo, nos termos que vierem a ser fixados na portaria prevista no artigo 12.°;

f) Manter permanentemente actualizada a contabilidade dos grupos;

512

Sociedades administradoras de compras em grupo   Arts. 15.º-16.º SACEG **[18]**

g) Contratar, em nome dos participantes, um seguro contra o risco de incumprimento pelos mesmos das suas obrigações, uma vez que tenham sido contemplados com o respectivo bem ou serviço, se não tiverem sido constituídas outras garantias adequadas.

2. Os grupos constituídos com vista à aquisição de bens ou serviços no sistema de compras em grupo não gozam de personalidade jurídica, incumbindo à SACEG representar os participantes no exercício dos seus direitos em relação a terceiros.

3. Os fundos confiados às SACEG com vista à aquisição dos bens ou serviços deverão ser depositados em conta bancária aberta exclusivamente para esse fim.

4. As SACEG só podem movimentar a débito as contas referidas no número precedente para pagamento dos respectivos bens ou serviços ou de outras despesas a suportar pelos grupos, nos termos do n.º 3 do artigo 17.º, ou para efeitos de liquidação dos mesmos, sem prejuízo do disposto no número seguinte.

5. A conta referida nos números anteriores poderá ainda ser movimentada a débito para fins de aplicação de excedentes de tesouraria em títulos da dívida pública de liquidez compatível com o cumprimento das suas obrigações para com os participantes.

6. Os títulos referidos no número anterior deverão ser depositados na conta a que se refere o n.º 3.

7. Os proveitos das aplicações efectuadas nos termos dos n.ᶜˢ 3 e 5 deste artigo serão afectos aos fundos dos grupos em 75%, respeitada a proporção das contribuições dos participantes.

Art. 15.º (Menções em actos externos)
Sem prejuízo das outras menções exigidas pela lei comercial, as SACEG deverão, em todos os contratos, correspondência, publicações, anúncios e, de um modo geral, em toda a sua actividade externa, indicar claramente a existência de quaisquer contratos de seguro de responsabilidades relativamente aos fundos geridos, com identificação da entidade seguradora e da apólice de seguro.

Art. 16.º (Distribuição obrigatória de informação)
1. As SACEG deverão fazer entrega aos candidatos a participantes nos grupos de um prospecto de modelo a aprovar pelo Banco de Portugal e com o seguinte conteúdo:

a) Identificação do *Diário da República* e do jornal diário no qual foi feita a publicação do relatório e contas do último exercício;

b) Versão integral do regulamento geral de funcionamento dos grupos aprovado por portaria ministerial;

c) Versão integral do regulamento interno de funcionamento dos grupos;

d) Modelo do contrato de adesão ao sistema a que alude o artigo 20.º;

e) Demonstrativo financeiro exemplificativo para um bem ou um serviço determinado, de acordo com um plano de pagamentos adequado à natureza do mesmo, do qual conste, explicitamente:

    i) O custo total de aquisição a suportar pelo participante, discriminando o valor inicial, a preços de mercado, do bem ou do serviço, a quota de administração e os demais encargos;

513

[18] SACEG Arts. 17.°-20.°   Sociedades administradoras de compras em grupo

ii) A diferença entre o preço inicial do bem ou serviço e o custo total de aquisição, em valor e em percentagem; e

iii) A tabela de encargos mensais para o período de duração do grupo.

2. A falta de entrega do prospecto a que se refere o número anterior até um dia antes da assinatura do contrato de adesão determina a nulidade deste.

3. A nulidade não é invocável pela SACEG.

4. O prospecto a que se refere o n.° 1 deve estar disponível em todos os locais de actividade da SACEG.

Art. 17.° (Remuneração das SACEG)

1. Para remuneração da respectiva actividade, as SACEG podem, apenas, em relação a cada participante:

a) Cobrar uma quota de inscrição baseada no preço do bem a adquirir e percentualmente idêntica, dentro de cada grupo, para cada participante;

b) Cobrar uma quota de administração, em função do valor, a preços correntes, do bem ou serviço, até final do respectivo plano de pagamento.

2. Ao fundo comum dos grupos não podem ser deduzidos quaisquer encargos.

3. Ao fundo de reserva dos grupos, caso exista, só podem ser deduzidas as despesas que não respeitem às funções de administração a cargo da SACEG e que estejam expressamente previstas nos contratos de adesão.

Art. 18.° (Assembleias de participantes)

1. É aplicável aos participantes, com as devidas adaptações, o disposto nos artigos 355.° a 359.° do Código das Sociedades Comerciais.

2. Compete, em especial, ao representante comum dos participantes de cada grupo fiscalizar, em relação a cada assembleia de grupo, o cumprimento das disposições legais e regulamentares aplicáveis, designadamente procedendo ao controlo dos participantes admitidos ao sorteio e à licitação através da consulta da respectiva listagem.

Art. 19.° (Direito de informação)

1. Qualquer participante poderá, sempre que o entenda, obter da sociedade administradora informação sobre a situação do grupo.

2. Sem prejuízo do disposto no número anterior, deverá a SACEG antes de cada assembleia de grupo facultar a cada participante documento demonstrativo da situação financeira daquele.

Art. 20.° (Contratos)

1. O contrato de adesão a um grupo, bem como quaisquer outros, sejam ou não complementares daquele, celebrados entre a SACEG e cada um dos participantes ou proponentes, deverão, obrigatoriamente, ser reduzidos a escrito, sob pena de nulidade.

2. A nulidade a que se refere o número anterior não é invocável pelas sociedades administradoras, sendo-lhes sempre imputável a falta de forma.

514

Sociedades administradoras de compras em grupo   Arts. 21.°-25.° SACEG **[18]**

Art. 21.° (Modificação do contrato)

1. É permitido aos participantes e às sociedades administradoras ajustarem, por escrito, a modificação dos contratos, de modo que aqueles possam optar pela adjudicação de bem ou serviço diferente do inicialmente previsto.

2. A cessão da posição contratual dos participantes é admitida nos termos legais.

Art. 22.° (Direito subsidiário)

Em tudo quanto não estiver previsto no presente diploma e no regulamento geral de funcionamento dos grupos rege, subsidiariamente:

a) Relativamente às SACEG, as disposições aplicáveis do Regime Geral das Instituições de Crédito e Sociedades Financeiras;

b) Relativamente às relações que se estabelecem entre a SACEG e os participantes, o disposto na lei civil sobre o mandato sem representação.

Nota. A redacção da alínea *a*) foi introduzida pelo art. 1.° do DL n.° 22/94, de 27 de Janeiro.

Art. 23.° (Remessa de elementos)

A Direcção-Geral de Inspecção Económica poderá, no desempenho das suas funções, solicitar a qualquer SACEG o envio de elementos de informação sobre a respectiva actividade.

Art. 24.° (Dissolução)

1. Em caso de dissolução voluntária de uma SACEG, o órgão dirigente desta, previamente ao início da liquidação, deverá empreender as diligências adequadas à transferência dos grupos por ela administrados para outra sociedade da mesma natureza, de reconhecida solidez, que aceite proceder à respectiva administração.

2. A transferência a que alude o número anterior fica sujeita a prévia autorização do Banco de Portugal.

3. No caso de a transferência a que se refere o n.° 1 não ser possível, por falta de autorização ou por razão diferente, a sociedade em liquidação assegurará a administração dos grupos existentes até final.

4. Se a dissolução tiver por causa a revogação da autorização para o exercício da actividade, observar-se-á o seguinte:

a) Caberá à comissão liquidatária nomeada propor a transferência dos grupos, nos termos dos n.ᵒˢ 1 e 2;

b) Se nenhuma sociedade aceitar a gestão dos grupos ou o Banco de Portugal não autorizar a transferência para as sociedades indicadas pela comissão liquidatária, os participantes dos grupos poderão constituir-se em associação, nos termos do artigo 158.° do Código Civil, para o efeito de assegurar o funcionamento dos mesmos até final, nos termos do artigo seguinte.

Art. 25.° (Constituição de associações de participantes)

1. A associação a que se refere a alínea *b*) do n.° 4 do artigo anterior terá por objecto exclusivo a administração dos grupos existentes em que haja algum participante por contemplar e será constituída por todos os participantes não contemplados que dela queiram fazer parte.

515

[18] SACEG Arts. 26.º-28.º — Sociedades administradoras de compras em grupo

2. A associacão prevista nos números anteriores não poderá iniciar a sua actividade sem autorização do Banco de Portugal.

3. O pedido de autorização deve ser acompanhado dos seguintes elementos:
a) Parecer da comissão liquidatária;
b) Projecto de estatutos da associação;
c) Projecto de regulamento dos grupos;
d) Indicação do número de aderentes e da percentagem destes em relação ao total de participantes não contemplados dos grupos a administrar pela associação e, bem assim, em relação ao total dos participantes desses grupos;
e) Indicação do modo de financiamento dos custos de constituição e funcionamento da associação;
f) Indicação das entidades que apoiam o projecto, se for o caso.

4. A associacão a que se refere a alínea *b)* do n.º 4 do artigo anterior sucede à SACEG em todos os seus direitos, regalias e obrigações.

5. O Banco de Portugal só concederá a autorização se os requerentes se comprometerem, estabelecendo os procedimentos necessários, a assegurar aos participantes não aderentes o reembolso das importâncias a que estes teriam direito se não ocorresse a transferência referida no n.º 4 deste artigo ou do montante que com eles hajam acordado.

6. O Banco de Portugal poderá subordinar a sua autorização à satisfação de condições, designadamente à prestação de garantia adequada do cumprimento das obrigações a que se refere o número anterior.

Art. 26.º (Revogação da autorização)

Para além dos outros casos previstos na lei, poderá ser revogada a autorização para o exercício da actividade das SACEG que violem o disposto no presente diploma ou que, tendo registado prejuízos, não respeitantes as recomendações do Banco de Portugal no sentido da reconstituição do seu capital inicial.

Art. 27.º (Liquidação)

1. A liquidação das SACEG obedece ao preceituado para a liquidação das instituições de crédito, com as adaptações decorrentes dos números seguintes.

2. A revogação da autorização para o exercício da actividade de uma SACEG determina a transferência imediata para o Banco de Portugal da tutela dos fundos dos grupos à guarda dessa sociedade.

3. O Banco de Portugal fará a entrega dos fundos a que se refere o número anterior à comissão liquidatária, logo que esta assuma as respectivas funções.

4. Sempre que não seja possível reunir os valores correspondentes aos fundos dos grupos, os liquidatários, ao proceder à liquidação do passivo social, reconstituirão, em primeiro lugar, os fundos contabilizados.

Art. 28.º (Aplicação no tempo)

1. Sem prejuízo do disposto nos números seguintes, o presente diploma entra em vigor no dia seguinte ao da sua publicação.

2. Relativamente às SACEG e respectivos fundos existentes à data da publicação do presente diploma e no tocante à respectiva adaptação às normas previstas

Sociedades administradoras de compras em grupo   Art. 29.º SACEG **[18]**

no n.º 1 do artigo 6.º, na alínea *d*) do n.º 1 e no n.º 2 do artigo 9.º e no n.º 3 do artigo 14.º, salvo requerimento fundamentado deferido pelo Banco de Portugal, observar-se-ão os prazos seguintes:

a) Seis meses para a transformação em sociedade anónima;

b) 90 dias para se proceder à alienação ou regularização contabilística das posições cuja detenção não é permitida pelos n.º 1, alínea *d*), e n.º 2 do artigo 9.º;

c) 30 dias para adaptação ao regime do artigo 14.º, n.º 3, relativamente às importâncias já recebidas à data de entrada em vigor do presente diploma e que constituem responsabilidades das SACEG para com os grupos.

3. Findos os prazos estabelecidos no número anterior sem ter sido promovida a adaptação devida, fica vedado às SACEG o exercício da respectiva actividade.

4. O disposto no número anterior não obsta ao pontual cumprimento dos contratos celebrados.

5. A proibição estabelecida no n.º 3 é aplicável às SACEG cujo requerimento dirigido ao Banco de Portugal venha a ser indeferido, a partir da data de conhecimento do respectivo despacho.

6. As normas sobre dissolução e liquidação das SACEG aplicam-se às sociedades em liquidação à data de entrada em vigor do presente diploma.

Art. 29.º (Norma revogatória)

É revogado o Decreto Lei n.º 393/87, de 31 de Dezembro.

AGÊNCIAS DE CÂMBIOS

[19] DECRETO-LEI N.º 3/94
de 11 de Janeiro

Nos termos da alínea *a*) do n.º 1 do artigo 201.º da Constituição, o Governo decreta o seguinte:

Art. 1.º (Objecto)
1. As agências de câmbios têm por objecto principal a realização de operações de compra e venda de notas e moedas estrangeiras ou de cheques de viagem.
2. Acessoriamente, podem as agências de câmbios comprar e vender ouro e prata, em moeda ou noutra forma não trabalhada, bem como moedas para fins de numismática.
3. Aplica-se às agências de câmbios, relativamente à compra e venda de ouro e prata, em moeda ou noutra forma não trabalhada, o regime definido para os bancos e outras instituições de crédito no n.º 3 do artigo 15.º do Regulamento das Contrastarias, aprovado pelo Decreto-Lei n.º 391/79, de 20 de Setembro.
4. As agências de câmbios que apresentem organização adequada e meios técnicos e humanos suficientes poderão ser autorizadas pelo Banco de Portugal a prestar serviços de transferências de dinheiro de e para o exterior, nas condições que vierem a ser fixadas por aviso daquele Banco.

Notas. 1. Redacção introduzida pelo art. único do DL n.º 298/95, de 18 de Novembro, e pelo art. 1.º do DL n.º 53/2001, de 15 de Fevereiro.

2. Cf. o Aviso do BP n.º 3/2001, de 7 de Março de 2001 (DR I Série-B, n.º 67, de 20 de Março de 2001).

Art. 2.º (Forma, denominação e outros requisitos)
As agências de câmbios deverão satisfazer os seguintes requisitos:
a) Adoptar a forma de sociedade anónima ou de sociedade por quotas;
b) Inserir na denominação social a expressão "agência de câmbios";
c) Preencher as demais condições de que depende a autorização e o exercício da actividade das sociedades financeiras.

Art. 3.º (Operações com residentes e não residentes)
As operações a que se refere o artigo 1.º, realizadas com residentes ou com não residentes, só poderão ser efectuadas contra escudos.

SOCIEDADES MEDIADORAS DO MERCADO MONETÁRIO E DO MERCADO DE CÂMBIOS

[20] DECRETO-LEI N.° 110/94
de 28 de Abril

Nos termos da alínea *a*) do n.° 1 do artigo 201.° da Constituição, o Governo decreta o seguinte:

Art. 1.° (Exercício da actividade)
1. As sociedades mediadoras do mercado monetário e do mercado de câmbios, adiante designadas por sociedades mediadoras, ou mediadores, têm por objecto exclusivo a realização de operações de intermediação no mercado monetário e no mercado de câmbios e a prestação de serviços conexos.
2. A actividade de mediador no mercado monetário e no mercado de câmbios pode ser exercida por sociedades anónimas ou por quotas.
3. Na prossecução do seu objecto social, as sociedades mediadoras só podem agir por conta de outrem, sendo-lhes vedado efectuar transacções por conta própria.

Nota. Nos termos do n.° 1.° da Portaria n.° 95/94, de 9 de Fevereiro, as sociedades mediadoras do mercado monetário ou de câmbios devem possuir um capital social de montante não inferior a 10 000 ou 100 000 contos, consoante operem exclusivamente no mercado monetário ou simultaneamente nos dois mercados.

Art. 2.° (Regime jurídico)
As sociedades mediadoras regem-se pelas normas do presente diploma e pelas disposições aplicáveis do Regime Geral das Instituições de Crédito e Sociedades Financeiras.

Art. 3.° (Deveres da sociedade mediadora)
1. As sociedades mediadoras são obrigadas a:
a) Certificar-se da identidade e da capacidade legal para contratar das pessoas singulares ou colectivas em cujos negócios intervierem;
b) Propor com exactidão e clareza os negócios de que forem encarregadas, procedendo de modo que não possam induzir em erro os contraentes;
c) Guardar completo segredo de tudo o que disser respeito às negociações de que se encarregarem;
d) Não revelar os nomes dos seus mandantes, excepto para permitir a contratação, entre estes, dos negócios jurídicos negociados por seu intermédio;

[20] DL 110/94 Arts. 4.°-5.°   Sociedades mediadoras do merc. monetário e do merc. de câmbios

e) Comunicar imediatemente a cada mandante os pormenores dos negócios concluídos, expedindo no próprio dia a respectiva confirmação escrita.

2. Nas operações que tiverem por objecto títulos:

a) O mediador deve exigir do mandante, antes da execução da ordem recebida, a entrega dos títulos a vender ou do documento que legalmente os represente ou da importância provável destinada ao pagamento da compra ordenada;

b) A falta de entrega dos títulos ou do documento representativo ou dos fundos pelo mandante eximirá definitivamente o mediador da obrigação de cumprir a respectiva ordem.

3. O medidor a quem for conferido o mandato deverá, por todos os meios ao seu alcance, diligenciar pelo respectivo cumprimento.

Art. 4.° (Actos proibidos às sociedades mediadoras)

Às sociedades mediadoras é expressamente vedado o exercício de qualquer actividade não compreendida no seu objecto social e, nomeadamente:

a) Negociar operações a preços fictícios ou a cotações que não correspondam às do mercado ou que não tenham uma real contrapartida;

b) Conceder favores ou liberalidades, sob a forma de comissões ou outras, que possam afectar a imparcialidade ou a integridade das partes;

c) Propor transacções que visem aumentar artificialmente o volume de operações;

d) Exercer preferência entre clientes ou operar discriminações entre as operações propostas por aqueles;

e) Conceder empréstimos ou créditos, qualquer que seja a sua forma, natureza ou título;

f) Aceitar ou prestar garantias;

g) Receber, ter em depósito ou possuir, a qualquer título, dinheiro ou outros bens que não lhes pertençam, salvo o montante entregue pelo comprador ou títulos ou documentos que os representem entregues pelo vendedor e destinados a uma operação determinada e pelo período mínimo necessário à sua realização;

h) Participar no capital ou fazer parte dos corpos gerentes de outras sociedades mediadoras.

Art. 5.° (Actos proibidos aos sócios, membros dos órgãos sociais e empregados)

1. Aos administradores, directores, gerentes e membros de qualquer órgão das sociedades mediadoras é vedado:

a) Possuir participação de capital, fazer parte dos órgãos sociais ou desempenhar quaisquer funções noutras sociedades que se dediquem à mesma actividade;

b) Exercer, por si ou por interposta pessoa, operações de intermediação nos mercados monetários e de câmbios, pertencer a órgãos sociais de instituições financeiras ou ter nelas participação superior a 20% do respectivo capital;

2. As proibições estabelecidas no número anterior serão extensivas:

a) A todos os sócios da sociedade, quando esta revista a forma de sociedade por quotas;

520

Sociedades mediadoras do merc. monetário e do merc. de câmbios Art. 6.° DL 110/94 **[20]**

b) Aos accionistas com mais de 20% do capital da sociedade mediadora, tratando-se de sociedade anónima;

c) Aos indivíduos que exerçam funções técnicas de qualquer natureza ou de chefia de serviços nas sociedades referidas.

Art. 6.° (Norma revogatória)
É revogado o Decreto-Lei n.° 164/86, de 26 de Junho.

SOCIEDADES GESTORAS DE PATRIMÓNIOS

[21] DECRETO-LEI N.° 163/94
de 4 de Junho

Nos termos da alínea *a*) do n.° 1 do artigo 201.° da Constituição, o Governo decreta o seguinte:

Art. 1.° (Objecto)

1. As sociedades gestoras de patrimónios, adiante designadas abreviadamente por sociedades gestoras, são sociedades anónimas que têm por objecto exclusivo o exercício da actividade de administração de conjuntos de bens, que se designam por carteiras para os efeitos do presente diploma, pertencentes a terceiros.

2. Para além da actividade referida no número anterior as sociedades gestoras poderão ainda prestar serviços de consultoria em matéria de investimentos.

3. A gestão de carteiras é exercida com base em mandato escrito, celebrado entre as sociedades gestoras e os respectivos clientes, que deverá especificar as condições, os limites e o grau de discricionariedade dos actos na mesma compreendidos.

4. As sociedades gestoras remeterão à Comissão do Mercado de Valores Mobiliários, previamente à sua utilização, os modelos de contratos tipo que pretendam utilizar no exercício da sua actividade.

Art. 2.° (Regime jurídico)

As sociedades gestoras regem-se pelas normas do presente diploma e pelas disposições aplicáveis do Regime Geral das Instituições de Crédito e Sociedades Financeiras.

Nota. Nos termos do n.° 1.° da Portaria n.° 95/94, de 9 de Fevereiro, as sociedades gestoras de patrimónios devem possuir um capital social de montante não inferior a 50 000 contos.

Art. 3.° (Relação dos fundos próprios com o valor das carteiras)

1. O Banco de Portugal pode estabelecer, por aviso, que os fundos próprios da sociedade gestora sejam, em qualquer momento, superiores a uma percentagem certa do valor global das carteiras geridas.

2. No mesmo aviso serão definidos os critérios de valorização das carteiras, devendo ser ouvida a Comissão do Mercado de valores Mobiliários na parte respeitante aos valores mobiliários.

Sociedades gestoras de patrimónios · Arts. 4.º-6.º SGP **[21]**

Art. 4.º (Deveres da sociedade gestora)

1. As sociedades gestoras são obrigadas, designadamente:

a) A certificar-se da identidade e da capacidade legal para contratar das pessoas em cujos negócios intervierem;

b) A propor com exactidão e clareza os negócios de que forem encarregadas, procedendo de modo que não possam induzir um erro os contraentes;

c) A não revelar os nomes dos seus mandantes, excepto para permitir a contratação, entre estes, dos negócios jurídicos negociados por seu intermédio;

d) A comunicar imediatamente a cada mandante os pormenores dos negócios concluídos, expedindo no próprio dia a respectiva confirmação escrita, salvo se o cliente indicar outra coisa.

2. A sociedade gestora a quem for conferido o mandato deverá, por todos os meios ao seu alcance, diligenciar pelo respectivo cumprimento.

Art. 5.º (Depósito bancário)

1. Todos os fundos e demais valores mobiliários pertencentes aos clientes das sociedades gestoras devem ser depositados em conta bancária.

2. As contas a que se refere o número anterior poderão ser abertas em nome dos respectivos clientes ou em nome da sociedade gestora, por conta dos clientes, devendo neste caso indicar-se no boletim de abertura da conta que esta é constituída ao abrigo do presente preceito legal.

3. A abertura das contas em nome da sociedade gestora, por conta dos clientes, deverá ser autorizada nos contratos referidos no n.º 4 do artigo 1.º, podendo, em função do que nestes contratos se convencionar, respeitar:

a) A um único cliente;

b) A uma pluralidade de clientes;

4. No caso previsto na alínea *b*) do número anterior, a sociedade gestora obriga-se a desdobrar os movimentos da conta única, na sua contabilidade, em tantas subcontas quantos os clientes abrangidos.

5. As sociedades gestoras só podem movimentar a débito as contas referidas quando se trate de liquidação de operações de aquisição de valores, do pagamento de remunerações devidas pelos clientes ou de transferências para outras contas abertas em nome destes.

Art. 6.º (Operações de conta alheia)

No desenvolvimento da sua actividade as sociedades gestoras podem realizar as seguintes operações:

a) Subscrição, aquisição ou alienação de quaisquer valores mobiliários, unidades de participação em fundos de investimento, certificados de depósito, bilhetes do Tesouro e títulos de dívida de curto prazo regulados pelo Decreto-Lei n.º 181/92, de 22 de Agosto, em moeda nacional ou estrangeira, com observância das disposições legais aplicáveis a cada uma destas operações;

b) Aquisição, oneração ou alienação de direitos reais sobre bens imóveis, metais preciosos e mercadorias transacionadas em bolsas de valores;

c) Celebração de contratos de opções, futuros e de outros instrumentos financeiros derivados, bem como a utilização de instrumentos do mercado monetário e cambial.

Nota. A redacção da alínea *c*) foi introduzida pelo art. único do DL n.º 17/97, de 21 de Janeiro.

523

[21] SGP Arts. 7.º-10.º   Sociedades gestoras de patrimónios

Art. 7.º (Operações vedadas)

1. Às sociedades gestoras é especialmente vedado:
a) Conceder crédito sob qualquer forma;
b) Prestar garantias;
c) Aceitar depósitos;
d) Adquirir por conta própria valores mobiliários de qualquer natureza, com excepção de títulos de dívida pública emitidos ou garantidos por Estados Membros da OCDE;
e) Fazer parte dos órgãos de administração ou fiscalização de outras sociedades;
f) Adquirir imóveis para além do limite dos seus fundos próprios;
g) Contrair empréstimos, excepto para aquisição de bens imóveis ou equipamentos necessários à sua instalação e funcionamento até ao limite máximo de 10% dos fundos próprios.

2. As sociedades gestoras não pode adquirir para os seus clientes:
a) Valores emitidos ou detidos por entidades que pertençam aos órgãos sociais das sociedades gestoras ou que possuam mais de 10% do capital social destas;
b) Valores emitidos ou detidos por entidades em cujo capital social participem em percentagem superior a 10%, ou de cujos órgãos sociais façam parte um ou vários membros dos órgãos de administração das sociedades gestoras, em nome próprio ou em representação de outrem, e os seus cônjuges e parentes ou afins do 1.º grau.

3. Os valores mencionados no número anterior poderão ser adquiridos pelas sociedades gestoras para os seus clientes desde que autorizados por escrito por estes últimos.

Art. 8.º (Sócios, gestores e empregados)

Nota. Revogado pelo art. único do DL n.º 99/98, de 21 de Abril.

Art. 9.º (Norma transitória)

Enquanto não for publicado o aviso a que se refere o artigo 3.º, mantém-se em vigor a Portaria n.º 422-C/88, de 4 de Julho.

Art. 10.º (Norma revogatória)

É revogado o Decreto-Lei n.º 229-E/88, de 4 de Julho.

524

CONSTITUIÇÃO DE SOCIEDADES UNIPESSOAIS

[22] DECRETO-LEI N.° 212/94
de 10 de Agosto [1]

Nos termos da alínea *a*) do n.° 1 do artigo 201.° da Constituição, o Governo decreta o seguinte:

Art. 1.° (Admissibilidade de sociedades unipessoais)
1. As sociedades anónimas e por quotas licenciadas para operar na Zona Franca da Madeira podem ser constituídas ou subsistir com um único sócio, pessoa singular ou colectiva, nacional ou estrangeira.
2. Cessando, por qualquer causa, a licença para operar na Zona Franca da Madeira, as sociedades referidas no n.° 1 devem ser dissolvidas, nos termos do artigo 142.° do Código das Sociedades Comerciais e do regime jurídico dos procedimentos administrativos de dissolução e de liquidação de entidades comerciais.

Notas. 1. A redacção do n.° 2 foi introduzida pelo art. 19.° do DL n.° 76-A/2006, de 29 de Março.

2. Cf. Anexo ao DL n.° 76-A/2006, de 29 de Março [**6**].

Art. 2.° (Requisitos da firma)
1. As sociedades referidas no artigo anterior devem incluir na firma a expressão "sociedade unipessoal".
2. O disposto no número anterior é aplicável às sociedades que se tornem unipessoais, sem necessidade de os seus contratos serem alterados, bastando que a nova firma fique a constar do registo, a requerimento do órgão administrativo da sociedade ou do sócio único.

Art. 3.° (Representação da participação social)
1. As acções de sociedades anónimas unipessoais são obrigatoriamente nominativas.
2. Quando a sociedade se constitua como sociedade por quotas, há uma só quota pertencente ao sócio único.

Art. 4.° (Poderes de sócio único)
1. O sócio único exerce os poderes atribuídos por lei à assembleia geral de sócios, devendo as suas decisões ser transcritas em livro de actas.

---

[1] As epígrafes dos artigos não constam do texto oficial.

[22] DL 212/94 Arts. 5.º-7.º   Constituição de sociedades unipessoais

2. Os contratos celebrados entre o sócio único e a sociedade unipessoal devem constar integralmente do livro de actas e são transcritos nos relatórios de gestão do exercício em que foram celebrados, excepto se consistirem em operações correntes da sociedade.

Art. 5.º (Participação noutras sociedades)
1. É vedado a uma sociedade unipessoal constituir outras sociedades de que seja a única sócia.
2. A sociedade unipessoal e a sociedade que totalmente a domine consideram-se em relação de grupo, independentemente da localização da sede da sociedade dominante, relação essa que termina nos casos previstos pelas alíneas *b*) e *c*) do n.º 4 do artigo 489.º do Código das Sociedades Comerciais.

Art. 6.º (Sociedades de *trust offshore*)
O disposto nos artigos anteriores deste diploma não prejudica o preceituado nos artigos 21.º e 22.º do Decreto-Lei n.º 352-A/88, de 3 de Outubro, respeitante a sociedades de *trust offshore*.

Art. 7.º (Publicações)
1. Os actos de registo comercial da Zona Franca da Madeira são apenas publicados no *Jornal Oficial* da Região Antónoma da Madeira, 4.ª série.
2. A conservatória de registo comercial que exerça as funções respeitantes à Zona Franca da Madeira deve enviar, oficiosamente, o extracto do registo ao *Jornal Oficial* no prazo de cinco dias.

SOCIEDADES DE INVESTIMENTO

[23] DECRETO-LEI N.° 260/94
de 22 de Outubro

Nos termos da alínea *a*) do n.° 1 do artigo 201.° da Constituição, o Governo decreta o seguinte:

Art. 1.° (Noção)
As sociedades de investimento são instituições de crédito que têm por objecto exclusivo uma actividade bancária restrita à realização das operações financeiras e na prestação de serviços conexos definidos neste diploma.

Art. 2.° (Regime jurídico)
As sociedades de investimento regem-se pelo disposto no presente diploma e pelas disposições aplicáveis do Regime Geral das Instituições de Crédito e Sociedades Financeiras.

Art. 3.° (Objecto)
1. As sociedades de investimento podem efectuar apenas as seguintes operações ou prestar os seguintes serviços:

a) Operações de crédito a médio e longo prazo, não destinadas a consumo, incluindo concessão de garantias e outros compromissos, bem como operações de crédito de curto prazo directamente relacionadas com as anteriores;

b) Oferta de fundos no mercado interbancário;

c) Tomada de participações no capital de sociedades sem a restrição prevista no artigo 101.° do Regime Geral das Instituições de Crédito e Sociedades Financeiras;

d) Subscrição e aquisição de valores mobiliários, bem como participação na tomada firme e em qualquer outra forma de colocação de emissões de valores mobiliários e prestação de serviços correlativos;

e) Consultoria, guarda, administração e gestão de carteiras de valores mobiliários;

f) Gestão e consultoria em gestão de outros patrimónios;

g) Administração de fundos de investimento fechados;

h) Serviços de depositário de fundos de investimento;

i) Consultoria de empresas em matéria de estrutura do capital, de estratégia empresarial e de questões conexas, bem como consultoria e serviços no domínio da fusão e compra de empresas;

[23] DL 260/94 Arts. 4.º-5.º   Sociedades de investimento

j) Outras operações previstas em leis especiais;

l) Transacções por conta dos clientes sobre instrumentos do mercado monetário e cambial, instrumentos financeiros a prazo e opções e operações sobre divisas ou sobre taxas de juro e valores mobiliários para cobertura dos riscos de taxa de juro e cambial associados às operações referidas na alínea *a*);

m) Outras operações cambiais necessárias ao exercício da sua actividade.

2. As actividades previstas nas alíneas *e*) e *f*) ficam sujeitas às disposições que regulam o respectivo exercício por sociedades gestoras de patrimónios, carecendo ainda de autorização expressa do cliente as aquisições de valores mobiliários emitidos ou detidos pela sociedade de investimentos.

3. Para os efeitos da alínea *a*) do n.º 1 do presente artigo, entendem-se por operações de crédito destinadas ao consumo os negócios de concessão de crédito concedidos a pessoas singulares para finalidades alheias à sua actividade profissional.

Art. 4.º (Recursos)

As sociedades de investimento só podem financiar a sua actividade com fundos próprios e através dos seguintes recursos:

a) Emissão de obrigações de qualquer espécie, nas condições previstas na lei e sem obediência aos limites fixados no Código das Sociedades Comerciais;

b) Emissão de títulos de dívida de curto prazo regulados pelo Decreto-Lei n.º 181/92, de 22 de Agosto;

c) Financiamentos concedidos por outras instituições de crédito, nomeadamente no âmbito do mercado interbancário e de acordo com a legislação aplicável a este mercado, bem como por instituições financeiras internacionais;

d) Financiamentos previstos nas alíneas *a*) e *d*) do n.º 2 do atigo 9.º do Regime Geral das Instituições de Crédito e Sociedades Financeiras.

Art. 5.º (Normas revogatória)

É revogado o Decreto-Lei n.º 77/86, de 2 de Maio.

SOCIEDADES DE LOCAÇÃO FINANCEIRA

[24] DECRETO-LEI N.º 72/95
de 15 de Abril

Nos termos da alínea *a*) do n.º 1 do artigo 201.º da Constituição, o Governo decreta o seguinte:

Art. 1.º (Objecto)
1. As sociedades de locação financeira são instituições de crédito que têm por objecto principal o exercício da actividade de locação financeira.
2. As sociedades de locação financeira podem, com actividade acessória:
a) Alienar, ceder a exploração, locar ou efectuar outros actos de administração sobre bens que lhes hajam sido restituídos, quer por motivo de resolução de um contrato de locação financeira, quer em virtude do não exercício pelo locatário do direito de adquirir a respectiva propriedade,
b) Local bens móveis fora das condições referidas na alínea anterior.

Notas. 1. Redacção introduzida pelo art. 2.º do DL n.º 285/ 2001, de 3 de Novembro.

2. Sobre o contrato de locação financeira, cf. DL n.º 149/95, de 24 de Junho **[73]**.

Art. 1.º-A (Prestação de serviços por terceiros)
Encontra-se vedada às sociedades de locação financeira a prestação dos serviços complementares da actividade de locação operacional, nomeadamente a manutenção e a assistência técnica dos bens locados, podendo, no entanto, contratar a prestação desses serviços por terceira entidade.

Nota. Aditado pelo art. 3.º do DL n.º 285/ 2001, de 3 de Novembro.

Art. 2.º (Regime jurídico)
As sociedades de locação financeira regem-se pelo disposto no presente diploma e pelas disposições aplicáveis do Regime Geral das Instituições de Crédito e Sociedades Financeiras.

Art. 3.º (Designação)
A designação de sociedade de locação financeira, sociedade de *leasing* ou outra que com elas se confunda não pode ser usada por outras entidades que não as previstas no presente diploma.

[24] DL 72/95 Arts. 4.º-8.º   Sociedades de locação financeira

Art. 4.º (Exclusividade)

Nota. Revogado pelo art. 4.º do DL n.º 186/2002, de 21 de Agosto, que criou as instituições financeiras de crédito.

Art. 5.º (Recursos)

As sociedades de locação financeira só podem financiar a sua actividade com fundos próprios e através dos seguintes recursos:

a) Emissão de obrigações de qualquer espécie, nas condições previstas na lei e sem obediência aos limites fixados no Código das Sociedades Comerciais, bem como de «papel comercial»;

b) Financiamentos concedidos por outras instituições de crédito, nomeadamente no âmbito do mercado interbancário, se a regulamentação aplicável a este mercado o não proibir, bem como por instituições financeiras internacionais;

c) Financiamentos previstos nas alíneas *a*) e *d*) do n.º 2 do artigo 9.º do Regime Geral das Instituições de Crédito e Sociedades Financeiras.

Art. 6.º (Operações cambiais)

As sociedades de locação financeira podem realizar as operações cambiais necessárias ao exercício das suas actividades.

Art. 7.º (Consórcios)

As entidades habilitadas a exercer a actividade de locação financeira podem constituir consórcios para a realização de operações que constituem o seu objecto.

Nota. Redacção introduzida pelo art. 2.º do DL n.º 285/ 2001, de 3 de Novembro.

Art. 8.º (Norma revogatória)

É revogado o Decreto-Lei n.º 103/86, de 19 de Maio.

SOCIEDADES DE *FACTORING*

[25] DECRETO-LEI N.º 171/95
de 18 de Julho

Nos termos da alínea *a*) do n.º 1 do artigo 201.º da Constituição, o Governo decreta o seguinte:

Art. 1.º (Âmbito)
O presente diploma regula as sociedades de *factoring* e o contrato de *factoring*.

Art. 2.º (Actividade de *factoring*)
1. A actividade de *factoring* ou cessão financeira consiste na aquisição de créditos a curto prazo, derivados da venda de produtos ou da prestação de serviços, nos mercados interno e externo.

2. Compreendem-se na actividade de *factoring* acções complementares de colaboração entre as entidades referidas no artigo 4.º e os seus clientes, designadamente de estudo dos riscos de crédito e de apoio jurídico, comercial e contabilístico à boa gestão dos créditos transaccionados.

Art. 3.º (Outras noções)
Para os efeitos do presente diploma, designam-se por:

a) «Factor» ou «cessionário», as entidades referidas no n.º 1 do artigo 4.º;

b) «Aderente», o interveniente no contrato de *factoring* que ceda créditos ao factor;

c) «Devedores», os terceiros devedores dos créditos cedidos pelo aderente ao factor.

Art. 4.º (Exclusividade)
1. (...)

2. As designações «sociedade de *factoring*», «sociedade de cessão financeira» ou quaisquer outras que sugiram essa actividade só podem ser usadas pelas sociedades referidas no número anterior.

Nota. O n.º 1 foi revogado pelo art. 4.º do DL n.º 186/2002, de 21 de Agosto, que criou as instituições financeiras de crédito.

Art. 5.º (Recursos)
As sociedades de *factoring* só podem financiar a sua actividade com fundos próprios e através dos seguintes recursos:

[25] DL 171/95 Arts. 6.º-10.º

Sociedades de factoring

a) Emissão de obrigações de qualquer espécie, nas condições previstas na lei e sem obediência aos limites fixados no Código das Sociedades Comerciais, bem como de «papel comercial»;

b) Financiamentos concedidos por outras instituições de crédito, nomeadamente no âmbito do mercado interbancário, se a regulamentação aplicável a este mercado o não proibir, bem como por instituições financeiras internacionais;

c) Financiamentos previstos nas alíneas *a*) e *d*) do n.º 2 do artigo 9.º do Regime Geral das Instituições de Crédito e Sociedades Financeiras, aprovado pelo Decreto-Lei n.º 298/92, de 31 de Dezembro.

Art. 6.º (Operações cambiais)

As sociedades de *factoring* podem realizar as operações cambiais necessárias ao exercício da sua actividade.

Art. 7.º (Contrato de *factoring*)

1. O contrato de *factoring* é sempre celebrado por escrito e dele deve constar o conjunto das relações do factor com o respectivo aderente.

2. A transmissão de créditos ao abrigo de contratos de *factoring* deve ser acompanhada pelas correspondentes facturas ou suporte documental equivalente, nomeadamente informático, ou título cambiário.

Art. 8.º (Pagamento dos créditos transmitidos)

1. O pagamento ao aderente dos créditos por este transmitidos ao factor deverá ser efectuado nas datas de vencimento dos mesmos ou na data de um vencimento médio presumido que seja contratualmente estipulado.

2. O factor poderá também pagar antes dos vencimentos, médios ou efectivos, a totalidade ou parte dos créditos cedidos ou possibilitar, mediante a prestação de garantia ou outro meio idóneo, o pagamento antecipado por intermédio de outra instituição de crédito.

3. Os pagamentos antecipados de créditos, efectuados nos termos do número anterior, não poderão exceder a posição credora do aderente na data da efectivação do pagamento.

Art. 9.º (Direito subsidiário)

Em tudo o que não esteja disposto no presente diploma sobre as sociedades de *factoring* é aplicável o Regime Geral das Instituições de Crédito e das Sociedades Financeiras e legislação complementar.

Art. 10.º (Norma revogatória)

É revogado o Decreto-Lei n.º 56/86, de 18 de Março.

SOCIEDADES FINANCEIRAS PARA AQUISIÇÕES A CRÉDITO

[26] DECRETO-LEI N.º 206/95
de 14 de Agosto

Nos termos da alínea *a*) do n.º 1 do artigo 201.º da Constituição, o Governo decreta o seguinte:

Art. 1.º (Natureza e objecto)
As sociedades financeiras para aquisições a crédito (SFAC) são instituições de crédito que têm por objecto o financiamento da aquisição a crédito de bens e serviços.

Art. 2.º (Operações permitidas às SFAC)
No âmbito do seu objecto, podem as SFAC realizar as seguintes operações:

a) Financiar a aquisição ou o fornecimento de bens ou serviços determinados, através da concessão de crédito directo ao adquirente ou ao fornecedor respectivos ou através de prestação de garantias;

b) Descontar títulos de crédito ou negociá-los sob qualquer forma, no âmbito das operações referidas na alínea anterior;

c) Antecipar fundos sobre créditos de que sejam cessionárias, relativos à aquisição de bens ou serviços que elas próprias possam financiar directamente;

d) Emitir cartões de crédito destinados à aquisição, por elas financiável, de bens ou serviços;

e) Prestar serviços directamente relacionados com as operações referidas nas alíneas anteriores;

f) Realizar as operações cambiais necessárias ao exercício da sua actividade.

Art. 3.º (Operações especificamente vedadas)
Fica vedado às SFAC o financiamento de:

a) Aquisição, construção, recuperação, beneficiação ou ampliação de imóveis;

b) Aquisição de valores mobiliários.

Art. 4.º (Âmbito reservado às SFAC)
As operações de financiamento previstas no presente diploma só podem ser realizadas por SFAC ou por bancos ou outras instituições de crédito para o efeito autorizadas nos termos do n.º 3 do artigo 4.º do Regime Geral das Instituições de Crédito e Sociedades Financeiras.

[26] SFAC Arts. 5.º-7.º Sociedades financeiras para aquisições a crédito

Art. 5.º (Recursos)

As SFAC só podem financiar a sua actividade com fundos próprios e através dos seguintes recursos:

a) Emissão de obrigações de qualquer espécie, nas condições previstas na lei e sem obediência aos limites fixados no Código das Sociedades Comerciais, bem como de «papel comercial»;

b) Financiamentos concedidos por outras instituições de crédito, nomeadamente no âmbito do mercado interbancário, se a regulamentação aplicável a este mercado o não proibir, bem como por instituições financeiras internacionais;

c) Financiamentos previstos nas alineas *a)* e *d)* do n.º 2 do artigo 9.º do Regime Geral das Instituições de Crédito e Sociedades Financeiras.

Art. 6.º (Direito subsidiário)

Em tudo o que não esteja disposto no presente diploma é aplicável o Regime Geral das Instituições de Crédito e Sociedades Financeiras e legislação complementar.

Art. 7.º (Norma revogatória)

É revogado o Decreto-Lei n.º 49/89, de 22 de Fevereiro.

SOCIEDADES GESTORAS DE EMPRESAS

[27] DECRETO-LEI N.º 82/98
de 2 de Abril

Nos termos da alínea *a*) do n.º 1 do artigo 198.º e do n.º 5 do artigo 112.º da Constituição, o Governo decreta o seguinte:

Art. 1.º (Sociedades gestoras de empresas)
1. Consideram-se sociedades gestoras de empresas (SGE) as sociedades que tenham por objecto exclusivo a avaliação e a gestão de empresas, com vista à sua revitalização e modernização.
2. A constituição de sociedades gestoras de empresas está sujeita às regras e princípios previstos no presente diploma e, subsidiariamente, ao disposto no Código das Sociedades Comerciais.

Art. 2.º (Natureza)
As sociedades gestoras de empresas podem assumir a natureza de sociedades comerciais ou de sociedades civis sob forma comercial.

Art. 3.º (Sócios)
1. Os sócios das sociedades gestoras de empresas devem ser pessoas singulares.
2. Uma pessoa singular só pode ser sócia de uma única sociedade gestora de empresas.
3. Só com autorização da sociedade gestora de empresas podem os sócios exercer fora da sociedade actividades profissionais de gestão remunerada.

Art. 4.º (Firma
1. A firma das sociedades gestoras de empresas deve ser formada pelo nome, completo ou abreviado, de todos os sócios ou conter, pelo menos, o nome de um deles, mas, em qualquer caso, concluirá pela expressão «sociedade gestora de empresas» ou pela abreviatura «SGE» seguida da firma correspondente ao tipo societário adoptado.
2. A firma referida no número anterior deve constar de todos os actos externos da sociedade, nos termos do disposto no artigo 171.º do Código das Sociedades Comerciais.

[27] SGE Art. 5.º

Sociedades gestoras de empresas

Art. 5.º (Gerência, administração ou direcção em empresas sob gestão)

1. A sociedade gestora de empresas pode indicar, de entre os seus sócios, uma ou mais pessoas singulares que sejam designadas gerentes, administradoras ou directoras de outra sociedade comercial ou de cooperativa, em função do número de cargos para que for eleita ou designada.

2. A sociedade gestora de empresas e os representantes eleitos ou designados nos termos do número anterior são solidariamente responsáveis.

536

SOCIEDADES DE GARANTIA MÚTUA

[28] DECRETO-LEI N.º 211/98
de 16 de Julho

Assim, nos termos da alínea *a*) do n.º 1 do artigo 198.º e do n.º 5 do artigo 112.º da Constituição, o Governo decreta o seguinte:

CAPÍTULO I. Disposições gerais

Art. 1.º (Noção)

As sociedades de garantia mútua são instituições de crédito que têm por objecto uma actividade bancária restrita à realização de operações financeiras e à prestação de serviços conexos previstos neste diploma em benefício de micro, pequenas e médias empresas, ou outras pessoas colectivas, qualquer que seja a sua natureza jurídica, designadamente associações e agrupamentos complementares de empresas, e pessoas singulares, em especial estudantes e investigadores, regendo-se pelo disposto no presente diploma e pelas disposições aplicáveis do Regime Geral das Instituições de Crédito e Sociedades Financeiras.

Nota. Redacção introduzida pelo art. 1.º do DL n.º 309-A/2007, de 7 de Setembro.

Art. 2.º (Objecto)

1. As sociedades de garantia mútua podem realizar as operações e prestar os serviços seguintes:

a) Concessão de garantias destinadas a assegurar o cumprimento de obrigações contraídas por accionistas beneficiários ou por outras pessoas jurídicas, singulares ou colectivas, não accionistas, no âmbito de operações de garantia de carteira nos termos do n.º 2, designadamente garantias acessórias de contratos de mútuo;

b) Promoção, em favor dos accionistas beneficiários, da obtenção de recursos financeiros junto de instituições de crédito ou de outras instituições financeiras, nacionais ou estrangeiras;

c) Participação na colocação, em mercado primário ou em mercado secundário, de acções, obrigações ou de quaisquer outros valores mobiliários, bem como de títulos de crédito emitidos nos termos do Decreto-Lei n.º 181/92, de 22 de Agosto, desde que a entidade emitente seja accionista beneficiário ou se encontrem previstos no n.º 2, e prestação de serviços correlativos;

d) Prestação de serviços de consultoria de empresas, aos accionistas beneficiários, em áreas associadas à gestão financeira, designadamente em matéria de

537

[28] SGM Art. 2.º
Sociedades de garantia mútua

estrutura do capital, de estratégia empresarial e de questões conexas, bem como no domínio da fusão, cisão e compra ou venda de empresas.

2. Para efeitos do disposto na alínea *a*) do n.º 1, a concessão de garantias de carteira a linhas de crédito especiais, designadamente para microcréditos e para empréstimos a estudantes do ensino superior, bolseiros de doutoramento e pós-doutoramento e investigadores, depende do reconhecimento, pelas sociedades de garantia mútua e pelo conselho geral do Fundo de Contragarantia Mútuo, do seu relevante interesse para o desenvolvimento económico e científico ou para o fomento da inovação e destinam-se a assegurar o cumprimento das obrigações assumidas por essas pessoas jurídicas, sejam singulares ou colectivas, junto das entidades que disponibilizem as referidas linhas de crédito especiais.

3. Para além dos valores mobiliários emitidos pelos accionistas beneficiários, as sociedades de garantia mútua podem participar na colocação de valores mobiliários que, nos termos das respectivas condições de emissão, confiram direito à subscrição, sejam convertíveis ou permutáveis por acções representativas do capital social de accionistas beneficiários.

4. As sociedades de garantia mútua não podem tomar firme, total ou parcialmente, colocações de valores mobiliários em que participem, só podendo adquirir para carteira própria os valores mobiliários referidos no n.º 5 do artigo 229.º do Código dos Valores Mobiliários e, de acordo com as regras que venham a ser estabelecidas pelo Banco de Portugal, outros que este autorize.

5. As sociedades de garantia mútua só podem realizar operações e prestar serviços em benefício de accionistas beneficiários, para o desenvolvimento das respectivas actividades económicas.

6. Exceptua-se do disposto no número anterior as seguintes operações:

a) Garantias enquadráveis no n.º 2;

b) Garantias emitidas em benefício de micro, pequenas e médias empresas não accionistas, no âmbito de acordos com outras entidades ou sistemas de garantia fora do território nacional.

7. As entidades que disponibilizem as linhas de crédito especiais previstas no n.º 2 devem assegurar, previamente à contratação das linhas de crédito, a condição de accionista promotor da sociedade de garantia mútua.

8. É assegurado, na contratação das garantias de carteira previstas no n.º 2, que o accionista promotor afecte à linha de crédito uma parte da sua participação no capital social da sociedade de garantia mútua, sobre a qual será constituído penhor, em benefício da sociedade de garantia mútua, como contrapartida da garantia prestada por essa sociedade, em número de acções e nos termos que venham a ser fixados pelo conselho geral do Fundo de Contragarantia Mútuo, podendo esta executar o mesmo, adjudicando a si, ao respectivo valor nominal, ou vendendo-as extrajudicialmente.

Notas. 1. Redacção introduzida pelo art. 1.º do DL n.º 19/2001, de 30 de Janeiro, e pelo art. 1.º do DL n.º 309-A/2007, de 7 de Setembro.

2. Nos termos do art. 14.º do DL n.º 486/99, de 13 de Novembro, que aprovou o actual Código dos Valores Mobiliários (CodVM **[51]**), "quando disposições legais ou contratuais remeterem para preceitos revogados por este decreto-lei, entende-se que a remissão vale para as correspondentes disposições do Código dos Valores Mobiliários, salvo se do contexto resultar interpretação diferente."

538

Cap. I. Disposições gerais   **Arts. 3.°-7.° SGM [28]**

Art. 3.° (Accionistas beneficiários e accionistas promotores)

1. As sociedades de garantia mútua têm accionistas beneficiários e, desde que os respectivos estatutos o prevejam, podem ter accionistas promotores.

2. Só podem ser accionistas beneficiários micro, pequenas e médias empresas, entidades representativas de qualquer uma das categorias de empresas referidas, bem como outras pessoas colectivas, designadamente agrupamentos complementares de empresas, que desenvolvam actividades qualificadas pelas sociedades de garantia mútua e pelo conselho geral do Fundo de Contragarantia Mútuo como de relevante interesse económico.

3. Os estatutos das sociedades de garantia mútua devem definir com clareza quem pode adquirir a qualidade de accionista beneficiário.

4. As sociedades de garantia mútua não podem realizar operações nem prestar serviços em benefício de accionistas promotores.

5. Os accionistas promotores não podem deter, individual ou conjuntamente, directa ou indirectamente, uma participação superior a 50% do capital social ou dos direitos de voto da sociedade de garantia mútua, excepto nos três primeiros anos contados da data de constituição da sociedade, período durante o qual aquela percentagem será de 75%.

6. Sem prejuízo do disposto no número anterior, para efeito de contagem dos direitos de voto será deduzida a quantidade de acções averbadas ou inscritas a favor dos accionistas promotores que tenha sido dada em penhor a favor da sociedade de garantia mútua parceira nos termos do previsto no n.° 8 do artigo 2.°

Nota. Redacção introduzida pelo art. 1.° do DL n.° 309-A/2007, de 7 de Setembro.

Art. 4.° (Firma)

A firma destas sociedades deve incluir a expressão «sociedade de garantia mútua» ou a abreviatura SGM, as quais, ou outras que com elas se confundam, não poderão ser usadas por outras entidades que não as previstas no presente diploma.

Art. 5.° (Representação do capital)

1. As acções representativas do capital social das sociedades de garantia mútua são obrigatoriamente nominativas.

2. As contas de registo ou de depósito nas quais se encontrem registadas ou depositadas acções de sociedades de garantia mútua devem, para além das menções e factos exigidos nos termos gerais, revelar a qualidade de accionista beneficiário ou de accionista promotor.

Art. 6.° (Realização do capital)

O capital social das sociedades de garantia mútua só pode ser realizado através de entradas em dinheiro, sem prejuízo da possibilidade de serem efectuados aumentos do capital social na modalidade de incorporação de reservas, nos termos gerais.

Art. 7.° (Autorização e revogação da autorização)

1. As sociedades de garantia mútua não podem ser constituídas por um número de accionistas beneficiários inferior a 20.

[28] SGM Arts. 8.º-10.º   Sociedades de garantia mútua

2. Para além dos fundamentos previstos nos termos gerais, a autorização das sociedades de garantia mútua pode também ser revogada se:

a) Por um período superior a 18 meses, o número de accionistas beneficiários for inferior a 20;

b) A assembleia geral não aprovar as condições gerais de concessão das garantias, no prazo de 180 dias contado da data de constituição da sociedade.

CAPÍTULO II. Actividade das sociedades de garantia mútua

Art. 8.º (Recursos financeiros)

As sociedades de garantia mútua só podem financiar a sua actividade com fundos próprios e através dos seguintes recursos:

a) Financiamentos concedidos por outras instituições de crédito ou por instituições financeiras, nacionais ou estrangeiras;

b) Suprimentos e outras formas de financiamento concedido pelos accionistas, nos termos legalmente admissíveis;

c) Emissão de obrigações de qualquer espécie, nas condições previstas na lei e sem obdiência aos limites fixados no Código das Sociedades Comerciais.

Nota. Redacção introduzida pelo art. 1.º do DL n.º 19/2001, de 30 de Janeiro.

Art. 9.º (Reservas)

1. Um montante não inferior a 10% dos resultados antes de impostos apurados em cada exercício pelas sociedades de garantia mútua é destinado à constituição de um fundo técnico de provisão até ao limite de 10% do saldo da carteira de garantias concedidas.

2. O fundo técnico de provisão previsto no número anterior destina-se à cobertura de prejuízos decorrentes da sinistralidade da carteira de garantias.

3. Uma fracção não inferior a 10% dos lucros líquidos apurados em cada exercício pelas sociedades de garantia mútua deve ser destinada à formação de uma reserva legal, até ao limite do capital social.

4. O Banco de Portugal poderá elevar qualquer das duas percentagens referidas no n.º 1.

Art. 10.º (Prestação de garantias)

1. As sociedades de garantia mútua não podem conceder garantias a favor dos accionistas beneficiários enquanto não se encontrar integralmente realizada a participação cuja titularidade seja exigida, nos termos do n.º 3 do artigo 13.º, como condição da sua obtenção.

2. Entre o momento de concessão da garantia e o da respectiva extinção, as acções que integrem a participação cuja titularidade seja exigida como condição de obtenção daquela garantia não poderão ser objecto de transmissão, excepto nos casos previstos no n.º 4, e serão dadas em penhor em benefício da sociedade de garantia mútua como contragarantia da garantia prestada por aquela sociedade.

540

Cap. II.   Actividade das sociedades de garantia mútua   **Arts. 11.º-13.º SGM [28]**

3. Quer a intransmissibilidade quer a constituição de penhor ficam, nos termos gerais, sujeitos a averbamento nas contas de registo ou de depósito em que as acções da sociedade de garantia mútua objecto daquela limitação e daquele ónus se encontrem registadas ou depositadas.

4. No caso previsto no n.º 2, as acções podem ser objecto de transmissão, nos termos que os estatutos da sociedade de garantia mútua venham a estabelecer, se se verificar alguma das seguintes situações:

a) Cisão ou fusão do accionista beneficiário;

b) Cessão da posição contratual no negócio do qual resultem as obrigações garantidas;

c) Falecimento do accionista beneficiário.

Art. 11.º (Regime aplicável às garantias concedidas)

1. (...).

2. A condição de sócio, inicial ou superveniente, da entidade credora da obrigação garantida não afectará o regime jurídico da garantia concedida, a qual se rege pelo disposto no presente diploma, pelas normas legais e regulamentares que, nos termos gerais, lhe sejam aplicáveis e pelas condições gerais de concessão das garantias fixadas nos termos do n.º 3 do artigo 13.º

Nota. Redacção introduzida pelo art. 1.º do DL n.º 19/2001, de 30 de Janeiro.

Art. 12.º (Não cumprimento de obrigações garantidas)

1. Em caso de não cumprimento, por algum dos accionistas beneficiários, de obrigação que se encontre garantida pela sociedade de garantia mútua, pode esta, nos termos gerais, executar o penhor constituído, nos termos do n.º 2 do artigo 10.º, sobre as acções do accionista beneficiário.

2. Independentemente de convenção nesse sentido entre a sociedade de garantia mútua e o accionista beneficiário faltoso, podem as acções objecto do penhor ser adjudicadas àquela sociedade ou ser vendidas extrajudicialmente.

3. Nos casos previstos no número anterior, o valor das acções para efeitos de adjudicação será o valor nominal, não podendo ser inferior a este o preço de venda.

Art. 13.º (Contrato de sociedade)

1. Do contrato de sociedade das sociedades de garantia mútua deve constar, sem prejuízo de outros elementos exigidos nos termos gerais:

a) Se for caso disso, a possibilidade de existência de accionistas promotores;

b) As entidades que podem subscrever ou, a outro título, adquirir acções na qualidade de accionista beneficiário;

c) As transmissões de acções que, nos termos do artigo 14.º, fiquem sujeitas ao consentimento da sociedade, bem como os casos em que a constituição de penhor e de usufruto sobre acções fique sujeita ao consentimento da sociedade;

d) Especificar os fundamentos com que, de acordo com o n.º 5 do artigo 14.º, o órgão de administração da sociedade de garantia mútua pode recusar o consentimento para a transmissão de acções e para a constituição de penhor ou de usufruto;

541

[28] SGM Arts. 14.°-15.°

Sociedades de garantia mútua

e) As condições em que, nos casos previstos no n.° 4 do artigo 10.°, as acções objecto de penhor podem ser transmitidas.

2. Para além das matérias referidas no n.° 1 do artigo 34.° do Regime Geral das Instituições de Crédito e Sociedades Financeiras, ficam igualmente sujeitas a autorização do Banco de Portugal as alterações dos estatutos de sociedades de garantia mútua que versem sobre alguma das matérias elencadas nas alíneas *b)* e *d)* do n.° 1.

3. As assembleias gerais das sociedades de garantia mútua devem aprovar as condições gerais de concessão das garantias, designadamente o montante mínimo da participação de que o accionista beneficiário deve ser titular para que possam ser concedidas garantias a seu favor.

4. As deliberações referidas no número anterior devem ser comunicadas ao Banco de Portugal.

Art. 14.° (Transmissão de acções)

1. São livres as transmissões de acções entre accionistas beneficiários, entre accionistas promotores e de accionistas promotores para accionistas beneficiários.

2. A transmissão de acções de accionistas beneficiários ou de accionistas promotores para novos accionistas beneficiários ficará obrigatoriamente sujeita ao consentimento da sociedade de garantia mútua.

3. Não podem ser transmitidas acções de accionistas beneficiários para accionistas promotores ou para novos accionistas promotores.

4. A competência para conceder ou recusar o consentimento para a transmissão de acções cabe obrigatoriamente ao órgão de administração da sociedade de garantia mútua.

5. O consentimento para a transmissão de acções só poderá ser recusado com fundamento na não verificação, em relação à entidade para a qual se pretendem transmitir as acções, de algum dos requisitos dos quais os estatutos da sociedade de garantia mútua faça depender a possibilidade de subscrever ou, a outro título, adquirir acções na qualidade de accionista beneficiário.

6. Caso seja recusado o consentimento para a transmissão de acções, a sociedade de garantia mútua fica obrigada a, no prazo de 90 dias contado da data da recusa do consentimento, adquirir ou fazer adquirir por terceiro as acções.

7. Na situação prevista no número anterior, as acções serão adquiridas pelo valor nominal.

8. Aplica-se à constituição de penhor ou usufruto sobre acções representativas do capital social de sociedades de garantia mútua, com as devidas adaptações, o disposto nos números anteriores.

Art. 15.° (Aquisição e alienação de acções próprias)

1. Para além do caso previsto no n.° 6 do artigo 14.°, a sociedade de garantia mútua ficará ainda obrigada a adquirir aos accionistas beneficiários, sempre que estes lho solicitem, as acções de que estes sejam titulares e que, nos termos do n.° 2 do artigo 10.°, não sejam intransmissíveis, aplicando-se o disposto no n.° 7 do artigo 14.°

Cap. III. Contragarantia das sociedades de garantia mútua Arts. 16.°-18.° SGM **[28]**

2. A aquisição de acções próprias pelas sociedades de garantia mútua só se torna eficaz no termo do exercício social, ficando dependente da verificação das seguintes condições:

a) Terem decorrido, pelo menos, três anos desde a data de aquisição das acções;

b) A aquisição não implicar o incumprimento, ou o agravamento do incumprimento, de nenhumas relações ou limites prudenciais fixados na lei ou pelo Banco de Portugal.

3. Para efeito da aquisição de acções próprias acrescerá aos bens distribuíveis referidos no n.° 4 do artigo 317.° do Código das Sociedades Comerciais o montante do fundo técnico de provisão.

4. Não dispondo a sociedade de fundos que permitam satisfazer, ou satisfazer integralmente, um pedido de aquisição de acções próprias, este ficará pendente e, até à sua integral satisfação, a sociedade não poderá distribuir dividendos.

5. As acções próprias de que a sociedade de garantia mútua seja titular destinam-se a ser alienadas a accionistas beneficiários ou a accionistas promotores, ou a terceiros que pretendam adquirir qualquer daquelas qualidades e, no primeiro caso, preencham requisitos para tanto.

6. A venda será deliberada pelo órgão de administração e o preço será igual ao valor nominal das acções.

Art. 16.° (Fusão e cisão)

1. O Banco de Portugal só concederá autorização para a fusão ou cisão de sociedades de garantia mútua se da operação resultar, pelo menos, uma sociedade do mesmo tipo.

2. As sociedades de garantia mútua não podem proceder a alterações dos respectivos objectos sociais que impliquem uma mudança do tipo de instituição.

CAPÍTULO III. **Contragarantia das sociedades de garantia mútua**

Art. 17.° (Fundo de Contragarantia Mútuo)

As sociedades de garantia mútua, com a finalidade de oferecer uma cobertura e garantia suficientes para os riscos contraídos nas suas operações e assegurar a solvência do sistema, devem proceder à contragarantia das suas operações, através do Fundo de Contragarantia Mútuo, pelo saldo vivo, em cada momento, das garantias prestadas e pelo limite máximo de contragarantia admitido por aquele fundo.

Art. 18.° (Entidade gestora do Fundo de Contragarantia Mútuo)

1. Compete à entidade gestora do Fundo de Contragarantia Mútuo promover e incentivar a criação de sociedades de garantia mútua, designadamente através da tomada de participações iniciais no capital destas, na qualidade de accionista promotor.

2. A entidade gestora do Fundo de Contragarantia Mútuo tem o direito de designar um representante seu no conselho de administração das sociedades de garantia mútua em que detenha uma participação correspondente a, pelo menos, 10% do capital social.

543

[28] SGM Arts. 19.°-20.°

CAPÍTULO IV.   Disposições transitórias

Art. 19.° (Início de funcionamento do sistema de caucionamento mútuo)

Nota. Revogado pelo art. 3.° do DL n.° 309-A/2007, de 7 de Setembro.

Art. 20.° (Entrada em vigor)

O presente decreto-lei entra em vigor no 1.° dia do mês seguinte ao da sua publicação.

SOCIEDADES CORRETORAS
E SOCIEDADES FINANCEIRAS DE CORRETAGEM

[29] DECRETO-LEI N.° 262/2001
de 28 de Setembro

Nos termos da alínea *a*) do n.° 1 do artigo 198.° da Constituição, o Governo decreta o seguinte:

Art. 1.° (Âmbito)
As sociedades corretoras e as sociedades financeiras de corretagem regem-se pelas normas do presente diploma e pelas disposições aplicáveis do Regime Geral das Instituições de Crédito e Sociedades Financeiras, aprovado pelo Decreto-Lei n.° 298/92, de 31 de Dezembro, e do Código dos Valores Mobiliários, aprovado pelo Decreto-Lei n.° 486/99, de 13 de Novembro.

Nota. Cf. a Portaria n.° 95/94, de 9 de Fevereiro, alterada pela Portaria n.° 102/2002, de 1 de Fevereiro, que fixa o capital social mínimo das sociedades corretoras e das sociedades financeiras de corretagem, em € 350 000 e € 3 500 000, respectivamente.

Art. 2.° (objecto das sociedades corretoras)
1. As sociedades corretoras têm por objecto a prestação dos serviços e actividades referidas nas alíneas *a*), *b*), *c*) e *f*) do n.° 1 do artigo 290.° do Código dos Valores Mobiliários e a colocação sem garantia em oferta pública de distribuição referida na alínea *d*) do mesmo artigo.

2. O objecto das sociedades corretoras compreende ainda os serviços e actividades indicados nas alíneas *a*) e *c*) do artigo 291.° do Código dos Valores Mobiliários, bem como quaisquer outros cujo exercício lhes seja permitido por portaria do Ministro responsável pela área das finanças, ouvidos o Banco de Portugal e a Comissão do Mercado de Valores Mobiliários.

Nota. Redacção introduzida pelo art. 10.° do DL n.° 357-A/2007, de 31 de Outubro.

Art. 3.° (Objecto das sociedades financeiras de corretagem)
1. As sociedades financeiras de corretagem têm por objecto a prestação dos serviços e actividades referidos no n.° 1 do artigo 290.° do Código dos Valores Mobiliários.

2. Incluem-se ainda no objecto das sociedades financeiras de corretagem os serviços e actividades indicados no artigo 291.° do Código dos Valores Mobiliá-

[29] DL 262/2001 Arts. 4.º-7.º   Sociedades corretoras e soc. financeiras de corretagem

rios, bem como quaisquer outros cujo exercício lhes seja permitido por portaria do Ministro responsável pela área das finanças, ouvidos o Banco de Portugal e a Comissão do Mercado de Valores Mobiliários.

Nota. Redacção introduzida pelo art. 10.º do DL n.º 357-A/2007, de 31 de Outubro.

Art. 4.º (Formas e denominação)

1. As sociedades corretoras e as sociedades financeiras de corretagem constituem-se sob a forma de sociedades anónimas.

2. O disposto no número anterior não se aplica às sociedades já constituídas sob forma diferente

3. A firma das sociedades corretoras deverá conter a expressão «sociedade corretora», podendo ainda incluir a designação acessória de *broker*.

4. A firma das sociedades financeiras de corretagem deverá conter a expressão «sociedade financeira de corretagem», podendo ainda incluir a designação acessória de *dealer*.

Art. 5.º (Operações vedadas)

1. É vedado às sociedades corretoras e às sociedades financeiras de corretagem:

a) Prestar garantias pessoais ou reais a favor de terceiros;

b) Adquirir bens imóveis, salvo os necessários à instalação das suas próprias actividades.

2. É ainda vedado às sociedades corretoras:

a) Conceder crédito sob qualquer forma;

b) Adquirir por conta própria valores mobiliários de qualquer natureza, com excepção dos títulos da dívida pública emitidos ou garantidos por Estados-Membros da OCDE.

Art. 6.º (Recursos das sociedades corretoras e das sociedades financeiras de corretagem)

As sociedades corretoras e as sociedades financeiras de corretagem podem financiar-se com recursos alheios nos termos e condições a definir pelo Banco de Portugal, ouvida a Comissão do Mercado de Valores Mobiliários.

Nota. Cf. o Aviso do BP n.º 12/2003, de 29 de Outubro de 2003 (Dr n.º 258 I-B, de 7 de Novembro de 2003)

Art. 7.º (Reembolso de créditos)

Quando uma sociedade corretora ou uma sociedade financeira de corretagem venha a adquirir, para reembolso de créditos, quaisquer bens cuja aquisição lhe seja vedada, deve promover a sua alienação no prazo de um ano, o qual, havendo motivo fundado, poderá ser prorrogado pelo Banco de Portugal, ouvida a Comissão do Mercado de Valores Mobiliários.

Sociedades corretoras e soc. financeiras de corretagem   Arts. 8.º-9.º DL 262/2001 **[29]**

Art. 8.º (Supervisão)

A supervisão da actividade das sociedades corretoras e das sociedades financeiras de corretagem compete ao Banco de Portugal e à Comissão do Mercado de Valores Mobiliários, no âmbito das respectivas competências.

Art. 9.º (Norma revogatória)

É revogado o Decreto-Lei n.º 229-I/88, de 4 de Julho.

SOCIEDADES DE CAPITAL DE RISCO FUNDOS DE CAPITAL DE RISCO E INVESTIDORES EM CAPITAL DE RISCO

[30] DECRETO-LEI N.º 375/2007
de 8 de Novembro

Nos termos da alínea *a*) do n.º 1 do artigo 198.º da Constituição, o Governo decreta o seguinte:

CAPÍTULO I. Disposições gerais

Art. 1.º (Objecto)

O presente decreto-lei regula o exercício da actividade de investimento em capital de risco através de:

a) «Sociedades de capital de risco», ou abreviadamente SCR;
b) «Fundos de capital de risco», ou abreviadamente FCR;
c) «Investidores em capital de risco», ou abreviadamente ICR.

Art. 2.º (Actividade de investimento em capital de risco)

Considera-se investimento em capital de risco a aquisição, por período de tempo limitado, de instrumentos de capital próprio e de instrumentos de capital alheio em sociedades com elevado potencial de desenvolvimento, como forma de beneficiar da respectiva valorização.

Art. 3.º (Supervisão e regulamentação)

1. Compete à Comissão do Mercado dos Valores Mobiliários (CMVM) a supervisão do disposto no presente decreto-lei e a sua regulamentação, nomeadamente quanto às seguintes matérias relativas às SCR, aos FCR e aos ICR:

a) Avaliação dos activos e passivos de que sejam titulares;
b) Organização da contabilidade;
c) Deveres de prestação de informação;
d) Processo de registo;
e) Exigências de idoneidade dos membros de órgãos sociais e de titulares de participações qualificadas;
f) Exercício da actividade, designadamente dos FCR que invistam maioritariamente em outros FCR.

Cap. I. Disposições gerais   **Art. 4.° SCR/FCR/ICR [30]**

2. Na regulamentação prevista no número anterior, deve ter-se em conta a natureza, a dimensão e a complexidade das actividades exercidas.

Art. 4.° (Registo prévio simplificado e comunicação prévia)
1. A constituição de FCR, assim como o início de actividade dos ICR e das SCR, dependem de registo prévio simplificado na CMVM.
2. O registo referido no número anterior não implica, por parte da CMVM, qualquer garantia quanto ao conteúdo e à informação constante dos respectivos documentos constitutivos.
3. O pedido de registo dos ICR e das SCR deve ser instruído com os seguintes elementos actualizados:
a) A firma ou denominação;
b) O objecto;
c) A data de constituição e de início da actividade;
d) Os estatutos;
e) O lugar da sede e identificação de sucursais, agências, delegações ou outras formas locais de representação;
f) O capital social e o capital realizado;
g) O número de identificação de pessoa colectiva e de matrícula na conservatória do registo comercial em que a sociedade se encontra registada;
h) A identificação do sócio único ou dos titulares de participações qualificadas;
i) Os membros dos órgãos sociais.
4. O pedido de registo dos FCR deve ser instruído com os elementos referidas nas alíneas *a*) e *c*) do número anterior e incluir ainda:
a) Identificação da entidade gestora;
b) Regulamento de gestão do FCR.
5. A decisão de registo é notificada aos requerentes no prazo de 15 dias a contar da data da recepção do pedido ou, se for caso disso, das informações complementares que tenham sido solicitadas pela CMVM.
6. A falta de notificação no prazo referido no número anterior constitui indeferimento tácito do pedido.
7. Sem prejuízo de outras disposições legais ou regulamentares aplicáveis, a CMVM deve recusar os registos referidos no n.° 1 se:
a) O pedido não tiver sido instruído com todos os documentos necessários;
b) Tiverem sido prestadas falsas declarações;
c) O facto a registar não estiver sujeito a registo.
8. A CMVM pode recusar a concessão dos registos referidos no n.° 1 quando considere não estarem preenchidos os requisitos relativos à idoneidade dos membros dos órgãos sociais e dos titulares de participações qualificadas dos ICR e das SCR.
9. Antes de recusar o registo, a CMVM deve notificar o requerente para, num prazo razoável, sanar as insuficiências ou irregularidades do processo.
10. Constituem fundamento de cancelamento de registo pela CMVM:
a) A verificação de factos que obstariam ao registo, se esses factos não tiverem sido sanados no prazo fixado;
b) A cessação de actividade ou a desconformidade entre o objecto e a actividade efectivamente exercida pela entidade.

549

[30] SCR/FCR/ICR Arts. 5.º-6.º   Soc. cap. risco, fundos cap. risco e inv. em cap. risco

11. As alterações aos elementos que integram os pedidos de registo devem ser comunicadas à CMVM no prazo de 15 dias.

12. Para efeitos da instrução dos requerimentos de registo, assim como das comunicações supervenientes, não é exigível a apresentação de documentos que estejam actualizados em poder da CMVM ou que esta possa obter em publicações oficiais.

13. O registo de ICR junto da CMVM não é público.

14. Estão sujeitos a mera comunicação prévia à CMVM a constituição de FCR e o início de actividade de ICR e de SCR cujo capital não seja colocado junto do público e cujos detentores do capital sejam apenas investidores qualificados ou, independentemente da sua natureza, quando o valor mínimo do capital por estes subscrito seja igual ou superior a € 500 000 por cada investidor individualmente considerado.

15. A comunicação referida no número anterior deve conter os elementos estabelecidos no n.º 3.

Art. 5.º (Idoneidade dos membros dos órgãos sociais e dos titulares de participações qualificadas dos ICR e das SCR)

1. O sócio único do ICR e os membros dos órgãos sociais e os titulares de participações qualificadas de SCR devem reunir condições que garantam a sua gestão sã e prudente.

2. Na apreciação da idoneidade deve atender-se ao modo como a pessoa gere habitualmente os negócios ou exerce a profissão, em especial nos aspectos que revelem incapacidade para decidir de forma ponderada e criteriosa, ou tendência para não cumprir pontualmente as suas obrigações ou para ter comportamentos incompatíveis com a preservação da confiança do mercado.

Art. 6.º (Objecto social e operações autorizadas)

1. As SCR e os ICR têm como objecto principal a realização de investimentos em capital de risco e, no desenvolvimento da respectiva actividade, podem realizar as seguintes operações:

   a) Investir em instrumentos de capital próprio, bem como em valores mobiliários ou direitos convertíveis, permutáveis ou que confiram o direito à sua aquisição;

   b) Investir em instrumentos de capital alheio das sociedades em que participem ou em que se proponham participar;

   c) Prestar garantias em benefício das sociedades em que participem;

   d) Aplicar os seus excedentes de tesouraria em instrumentos financeiros;

   e) Realizar as operações financeiras, nomeadamente de cobertura de risco, necessárias ao desenvolvimento da respectiva actividade.

2. As SCR têm ainda como objecto principal a gestão de FCR, sendo-lhes permitido o investimento em unidades de participação de FCR, nos termos do artigo 22.º

3. As SCR e os ICR apenas podem ter por objecto acessório o desenvolvimento das actividades que se revelem necessárias à prossecução do seu objecto principal, em relação às sociedades por si participadas ou, no caso de SCR, a FCR que se encontrem sob sua gestão, nomeadamente:

   a) Prestar serviços de assistência à gestão técnica, financeira, administrativa e comercial das sociedades participadas, incluindo os destinados à obtenção de financiamento por essas sociedades;

550

Cap. I.   Disposições gerais   **Art. 7.° SCR/FCR/ICR [30]**

b) Realizar estudos de viabilidade, investimento, financiamento, política de dividendos, avaliação, reorganização, concentração ou qualquer outra forma de racionalização da actividade empresarial, incluindo a promoção de mercados, a melhoria dos processos de produção e a introdução de novas tecnologias, desde que tais serviços sejam prestados a essas sociedades ou em relação às quais desenvolvam projectos tendentes à aquisição de participações;

c) Prestar serviços de prospecção de interessados na realização de investimentos nessas participações.

4. Os FCR podem realizar as operações referidas no n.° 1 e investir em unidades de participação de FCR.

5. As actividades referidas nos números anteriores não constituem actividades de intermediação financeira.

Art. 7.° (Operações proibidas)

1. Às SCR, aos ICR e aos FCR é vedado:

a) A realização de operações não relacionadas com a prossecução do seu objecto social ou com a respectiva política de investimentos;

b) O investimento em valores mobiliários admitidos à negociação em mercado regulamentado que excedam 50% do respectivo activo;

c) A detenção de instrumentos de capital próprio, bem como em valores mobiliários ou direitos convertíveis, permutáveis ou que confiram o direito à sua aquisição, e instrumentos de capital alheio, por período de tempo, seguido ou interpolado, superior a 10 e 5 anos, respectivamente, no caso de SCR e de ICR.

2. Às SCR e aos ICR é ainda vedada a aquisição de direitos sobre bens imóveis para além dos necessários às suas instalações próprias.

3. Às SCR e aos FCR é igualmente vedado:

a) O investimento de mais de 33% dos seus activos numa sociedade ou grupo de sociedades, após decorridos mais de dois anos sobre a data desse investimento e até que faltem dois anos para a liquidação do FCR ou que tenha sido requerida a liquidação da SCR;

b) O investimento, no caso dos FCR, de mais de 33% do seu activo em outros FCR ou, no caso das SCR, de mais de 33% do seu activo em FCR geridos por outras entidades;

c) O investimento, sob qualquer forma, em sociedades que dominem a SCR ou a entidade gestora do FCR ou que com estas mantenham uma relação de grupo prévia ao investimento em capital de risco;

d) A concessão de crédito ou a prestação de garantias, sob qualquer forma ou modalidade, com a finalidade de financiar a subscrição ou a aquisição de quaisquer valores mobiliários emitidos pela SCR, pelo FCR, pela respectiva entidade gestora ou pelas sociedades referidas na alínea anterior.

4. As operações correntes de tesouraria realizadas com sociedades que dominem a SCR ou a entidade gestora do FCR ou que com estas mantenham uma relação de grupo prévia ao investimento em capital de risco não são consideradas como investimento.

5. Caso a ultrapassagem dos limites previstos nos n.ᵒˢ 1 a 3 resulte da cessão de bens, dação em cumprimento, arrematação ou qualquer outro meio legal de cum-

551

[30] SCR/FCR/ICR Art. 8.° Soc. cap. risco, fundos cap. risco e inv. em cap. risco

primento de obrigações ou destinado a assegurar esse cumprimento, deve proceder-se à respectiva alienação em prazo não superior a dois anos.

6. Excepcionalmente, a CMVM pode autorizar, mediante requerimento fundamentado, e caso não resultem prejuízos para o mercado e, nos casos previstos no n.° 14 do artigo 4.°, para os sócios e para os participantes, a ultrapassagem do limite referido na alínea *b*) do n.° 1, assim como a prorrogação do tempo limite do investimento referido na alínea *c*) do n.° 1.

7. Não se aplica o disposto na alínea *c*) do n.° 1 a participações em sociedades que tenham por objecto o desenvolvimento das actividades referidas no n.° 3 do artigo anterior, até ao limite de 10% do activo das SCR e dos ICR.

8. Os FCR e SCR que reúnam as características previstas no n.° 14 do artigo 4.° estão dispensados da observância do disposto na alínea *a*) do n.° 3.

9. Quando não se encontrem expressamente previstos no regulamento de gestão do FCR, carecem da aprovação, através de deliberação tomada em assembleia de participantes por maioria dos votos, os negócios entre o FCR e as seguintes entidades:

a) A entidade gestora;

b) Outros fundos geridos pela entidade gestora;

c) As sociedades referidas na alínea *c*) do n.° 3;

d) Os membros dos órgãos sociais da entidade gestora e das sociedades referidas na alínea *c*) do n.° 3;

e) As que sejam integradas por membros dos órgãos sociais das entidades referidas nas alíneas *a*) e *c*), quando não constem da carteira do FCR.

10. Não têm direito de voto, nas assembleias de participantes referidas no número anterior, as entidades aí mencionadas, excepto quando sejam as únicas titulares de unidades de participação do FCR.

11. Aplica-se, com as devidas adaptações, o disposto nos n.ᵒˢ 9 e 10 aos negócios efectuados pelas SCR.

12. Compete à SCR e à entidade gestora do FCR conhecer as circunstâncias e relações previstas nas alíneas *a*) e *c*) do n.° 3 e no n.° 9.

13. Para efeitos do presente decreto-lei, a existência de uma relação de domínio e de grupo determina-se nos termos do artigo 21.° do Código dos Valores Mobiliários.

CAPÍTULO II. **Sociedades de capital de risco**

Art. 8.° (**Forma jurídica, representação e capital social**)

1. As SCR são sociedades comerciais constituídas segundo o tipo de sociedades anónimas.

2. A firma das SCR inclui a expressão ou a abreviatura, respectivamente, «Sociedade de Capital de Risco» ou «SCR», as quais, ou outras que com elas se confundam, não podem ser usadas por outras entidades.

3. O capital social mínimo das SCR, representado obrigatoriamente por acções nominativas, é de € 750 000, excepto se o seu objecto consistir exclusivamente na gestão de FCR, caso em que aquele valor é de € 250 000.

4. O capital social das SCR só pode ser realizado através de entradas em dinheiro ou de alguma das classes de activos identificadas na alínea *a*) do n.° 1 do

552

Cap. IV. Fundos de capital de risco   **Arts. 9.º-11.º SCR/FCR/ICR [30]**

artigo 6.º, sem prejuízo da possibilidade de serem efectuados aumentos de capital na modalidade de incorporação de reservas, nos termos gerais.

5. Por portaria conjunta dos membros do Governo responsáveis pelas áreas das finanças e da economia, sob proposta da CMVM, podem ser fixados níveis mínimos de fundos próprios para as SCR, proporcionais à composição da respectiva carteira própria e dos FCR que administrem.

6. Os relatórios de gestão e as contas anuais das SCR devem ser objecto de certificação legal por auditor registado na CMVM.

7. Além do disposto no presente decreto-lei e noutras disposições especificamente aplicáveis, as SCR regem-se pelos respectivos estatutos.

8. São objecto de relatório elaborado por auditor registado na CMVM as entradas com alguma das classes de activos identificadas na alínea *a*) do n.º 1 do artigo 6.º para efeitos da realização do capital social das SCR.

CAPÍTULO III.   Investidores em capital de risco

Art. 9.º (Forma jurídica e firma)

1. Os ICR são sociedades de capital de risco especiais constituídas obrigatoriamente segundo o tipo de sociedade unipessoal por quotas.

2. Apenas pessoas singulares podem ser o sócio único de ICR.

3. A firma dos ICR inclui a expressão ou a abreviatura, respectivamente, «Investidor em Capital de Risco» ou «ICR», as quais, ou outras que com elas se confundam, não podem ser usadas por outras entidades.

4. Além do disposto no presente decreto-lei e noutras disposições especificamente aplicáveis, os ICR regem-se pelos respectivos estatutos.

CAPÍTULO IV.   Fundos de capital de risco

SECÇÃO I.   Disposições gerais

Art. 10.º (Forma e regime jurídico)

1. Os FCR são patrimónios autónomos, sem personalidade jurídica, mas dotados de personalidade judiciária, pertencentes ao conjunto dos titulares das respectivas unidades de participação.

2. Os FCR não respondem, em caso algum, pelas dívidas dos participantes, das entidades que assegurem as funções de gestão, depósito e comercialização, ou de outros FCR.

3. Os FCR regem-se pelo previsto no presente decreto-lei e pelas normas constantes do respectivo regulamento de gestão.

Art. 11.º (Denominação)

1. As denominações dos FCR contêm as expressões «Fundo de capital de risco», ou a abreviatura «FCR» ou outras que, através de regulamento da CMVM, estejam previstas para modalidades de FCR.

553

[30] SCR/FCR/ICR Art. 12.°   Soc. cap. risco, fundos cap. risco e inv. em cap. risco

2. Só os FCR podem integrar na sua denominação as expressões e abreviaturas referidas no número anterior.

SECÇÃO II.   **Entidades gestoras e regulamento de gestão**

Art. 12.° (Gestão)
1. Cada FCR é administrado por uma entidade gestora.
2. A gestão de FCR pode ser exercida por SCR, por sociedades de desenvolvimento regional e por entidades legalmente habilitadas a gerir fundos de investimento mobiliário fechados.
3. A regulamentação a que se refere o n.° 1 do artigo 3.° aplica-se a outras entidades que, em virtude de lei especial, estejam habilitadas a gerir FCR, excepto se estiverem submetidas a regime equivalente.
4. A entidade gestora, no exercício das suas funções, actua por conta dos participantes de modo independente e no interesse exclusivo destes, competindo-lhe praticar todos os actos e operações necessários à boa administração do FCR, de acordo com elevados níveis de diligência e de aptidão profissional, designadamente:
a) Promover a constituição do FCR, a subscrição das respectivas unidades de participação e o cumprimento das obrigações de entrada;
b) Elaborar o regulamento de gestão do FCR e eventuais propostas de alteração a este, bem como, quando seja o caso, elaborar o respectivo prospecto de oferta e anúncio de lançamento;
c) Seleccionar os activos que devem integrar o património do FCR de acordo com a política de investimentos constante do respectivo regulamento de gestão e praticar os actos necessários à boa execução dessa estratégia;
d) Adquirir e alienar os activos para o FCR, exercer os respectivos direitos e assegurar o pontual cumprimento das suas obrigações;
e) Gerir, alienar ou onerar os bens que integram o património do FCR;
f) Emitir e reembolsar as unidades de participação e fazê-las representar em conformidade com o previsto no regulamento de gestão;
g) Determinar o valor dos activos e passivos do FCR e o valor das respectivas unidades de participação;
h) Manter em ordem a documentação e contabilidade do FCR;
i) Elaborar o relatório de gestão e as contas do FCR e disponibilizar, aos titulares de unidades de participação, para apreciação, estes documentos, em conjunto com os documentos de revisão de contas;
j) Convocar as assembleias de participantes;
l) Prestar aos participantes, nomeadamente, nas respectivas assembleias, informações completas, verdadeiras, actuais, claras, objectivas e lícitas acerca dos assuntos sujeitos à apreciação ou deliberação destes, que lhes permitam formar opinião fundamentada sobre esses assuntos.
5. As entidades gestoras podem ser eleitas ou designadas e nomear membros para os órgãos sociais das sociedades em que o FCR por si gerido participe ou podem disponibilizar colaboradores para nelas prestarem serviços.

554

Cap. IV. Fundos de capital de risco   **Arts. 13.º-14.º SCR/FCR/ICR [30]**

Art. 13.º (Deveres das entidades gestoras)
1. As entidades gestoras de FCR devem exercer a sua actividade no sentido da protecção dos legítimos interesses dos titulares de unidades de participação de FCR por si geridos.
2. As entidades gestoras devem abster-se de intervir em negócios que gerem conflitos de interesse com os titulares das unidades de participação dos FCR sob sua gestão.

Art. 14.º (Regulamento de gestão)
1. Cada FCR dispõe de um regulamento de gestão, elaborado pela respectiva entidade gestora, do qual constam as normas contratuais que regem o seu funcionamento.
2. A subscrição ou a aquisição de unidades de participação do FCR implica a sujeição ao respectivo regulamento de gestão.
3. O regulamento de gestão contém, pelo menos, os seguintes elementos:
   a) Identificação do FCR;
   b) Identificação da entidade gestora;
   c) Identificação do auditor responsável pela certificação legal das contas do FCR;
   d) Identificação das instituições de crédito depositárias dos valores do FCR;
   e) Duração do FCR;
   f) Período do exercício económico anual quando diferente do correspondente ao ano civil;
   g) Montante do capital subscrito do FCR e número de unidades de participação;
   h) Condições em que o FCR pode proceder a aumentos e reduções do capital;
   i) Identificação das categorias de unidades de participação e descrição dos respectivos direitos e obrigações;
   j) Modo de representação das unidades de participação;
   l) Período de subscrição inicial das unidades de participação, não podendo o mesmo ser superior a 25% do período de duração do FCR;
   m) Preço de subscrição das unidades de participação e número mínimo de unidades de participação exigido em cada subscrição;
   n) Regras sobre a subscrição das unidades de participação, incluindo critérios de alocação das unidades subscritas e sobre a realização do capital do FCR;
   o) Regime aplicável em caso de subscrição incompleta;
   p) Indicação das entidades encarregues de promover a subscrição das unidades de participação;
   q) Política de investimento do FCR;
   r) Limites ao endividamento do FCR;
   s) Política de distribuição de rendimentos do FCR;
   t) Critérios de valorização e forma de determinação do valor unitário de cada categoria de unidades de participação;
   u) Forma e periodicidade de comunicação aos participantes da composição discriminada das aplicações do fundo e do valor unitário de cada categoria de unidades de participação;

555

[30] SCR/FCR/ICR Arts. 15.º-17.º   Soc. cap. risco, fundos cap. risco e inv. em cap. risco

v) Indicação das remunerações a pagar à entidade gestora e aos depositários, com discriminação dos respectivos modos de cálculo e condições de cobrança, bem como de outros encargos suportados pelo FCR;

x) Período de reembolso das unidades de participação, nomeadamente o respectivo início e condições para que ocorra, não podendo o mesmo sobrepor-se ao período de subscrição;

z) Termos e condições da liquidação, nomeadamente antecipada, da partilha, da dissolução e da extinção do FCR;

aa) Outros direitos e obrigações dos participantes, da entidade gestora e dos depositários.

4. Sem prejuízo do disposto no n.º 1 do artigo 16.º, os FCR podem fixar no regulamento de gestão os critérios, a frequência ou a calendarização das subscrições a efectuar durante o período referido na alínea *l)* do número anterior.

Art. 15.º (Alteração do regulamento de gestão)

1. É da competência exclusiva da entidade gestora do FCR a apresentação de propostas de alteração ao respectivo regulamento de gestão.

2. As alterações ao regulamento de gestão que não decorram de disposição legal imperativa, dependem de aprovação mediante deliberação da assembleia de participantes, tomada por maioria de, pelo menos, dois terços dos votos emitidos, excepto quando se refiram à alteração da denominação da entidade gestora, da entidade depositária, do auditor ou ao disposto nas alíneas *d)*, *g)*, *o)*, *p)*, *t)* e *u)* do n.º 3 do artigo anterior, as quais não dependem de aprovação em assembleia de participantes, excepto se essa necessidade de aprovação constar do regulamento de gestão.

3. Nos casos em que a alteração ao regulamento de gestão implique a modificação de direitos atribuídos a uma categoria de unidades de participação, a produção dos seus efeitos fica dependente de consentimento dos titulares das respectivas unidades de participação, o qual é prestado através de deliberação de assembleia especial desta categoria de participantes, aprovada por maioria de, pelo menos, dois terços dos votos emitidos.

SECÇÃO III.   **Património dos FCR**

Art. 16.º (Capital)

1. Os FCR são fechados e têm um capital subscrito mínimo de € 1 000 000.

2. O capital dos FCR pode ser aumentado por virtude de novas entradas e de acordo com os termos definidos no artigo 31.º

Art. 17.º (Unidades de participação)

1. O património dos FCR é representado por partes, sem valor nominal, designadas por unidades de participação.

2. A subscrição de um FCR está sujeita a um mínimo de subscrição de € 50 000 por cada investidor, com excepção dos membros do órgão de administração da entidade gestora.

Cap. IV. Fundos de capital de risco   **Arts. 18.º-19.º SCR/FCR/ICR [30]**

3. Podem ser previstas unidades de participação, emitidas por um mesmo FCR, com direitos ou condições especiais, nomeadamente no que respeita à atribuição de rendimentos, à ordem pela qual são reembolsadas ou à partilha do património resultante do saldo de liquidação.

4. As unidades de participação que confiram direitos e obrigações iguais aos respectivos titulares constituem uma categoria.

5. A constituição de usufruto ou penhor sobre unidades de participação fica sujeita à forma exigida para a transmissão entre vivos das respectivas unidades de participação.

6. As unidades de participação em FCR devem ser nominativas.

Art. 18.º (Cálculo do valor das unidades de participação)

1. Sem prejuízo do regulamento de gestão estabelecer um prazo inferior, a entidade gestora determina o valor unitário das categorias de unidades de participação do FCR reportado ao último dia de cada semestre.

2. O valor unitário das unidades de participação detidas e a composição da carteira do FCR são comunicados aos respectivos participantes, nos termos estabelecidos no regulamento de gestão, não podendo essa periodicidade exceder os 12 meses.

Art. 19.º (Entradas para realização do capital)

1. Cada subscritor de unidades de participação é obrigado a contribuir para o FCR com dinheiro ou com alguma das classes de activos identificadas na alínea *a*) do n.º 1 do artigo 6.º

2. São objecto de relatório elaborado por auditor registado na CMVM as entradas com alguma das classes de activos referidas no número anterior, o qual deve ser designado pela entidade gestora do FCR especificamente para o efeito, não devendo ter quaisquer interesses relacionados com os subscritores em causa.

3. O valor atribuído à participação de cada subscritor não pode ser superior ao da respectiva contribuição para o FCR, considerando-se para o efeito a respectiva contribuição em dinheiro ou o valor atribuído aos activos pelo auditor referido no número anterior.

4. Verificada a existência de uma sobreavaliação do activo entregue pelo subscritor ao FCR, fica o subscritor responsável pela prestação a este da diferença apurada, dentro do prazo a que se referem os n.ᵒˢ 1 e 2 do artigo 21.º, findo o qual, não tendo aquele montante sido prestado, a entidade gestora deve proceder à redução, por anulação, do número de unidades de participação detidas pelo subscritor em causa até perfazer aquela diferença.

5. Se o FCR for privado, por acto legítimo de terceiro, do activo prestado pelo subscritor ou se tornar impossível a sua prestação, este último deve realizar a sua participação em dinheiro, aplicando-se, no caso de incumprimento tempestivo dessa realização, o disposto na parte final do número anterior.

6. São nulos os actos da entidade gestora ou as deliberações das assembleias de participantes que isentem, total ou parcialmente, os participantes da obrigação de efectuar as entradas estipuladas, salvo no caso de redução do capital.

557

[30] SCR/FCR/ICR Arts. 20.º-23.º   Soc. cap. risco, fundos cap. risco e inv. em cap. risco

7. A CMVM deve participar ao Ministério Público os actos a que se refere o número anterior para efeitos de interposição, por este, das competentes acções de declaração de nulidade.

Art. 20.º (Constituição e realização de entradas diferidas)

1. Os FCR consideram-se constituídos no momento em que os respectivos subscritores procedam à primeira contribuição para efeitos de realização do seu capital.

2. A realização das entradas relativas a cada categoria de unidade de participação pode ser diferida pelo período de tempo que vier a ser estipulado no regulamento de gestão do FCR.

3. As obrigações de realização de entradas transmitem-se com as respectivas unidades de participação.

Art. 21.º (Mora na realização das entradas)

1. Não obstante os prazos fixados no regulamento de gestão do FCR para a realização de entradas, o titular de unidades de participação só entra em mora após ser notificado pela entidade gestora do FCR para o efeito.

2. A notificação deve ser efectuada por comunicação individual dirigida ao titular e deve fixar um prazo entre 15 a 60 dias para o cumprimento, após o qual se inicia a mora.

3. Aos titulares de unidades de participação que se encontrem em mora quanto à obrigação de realizar entradas não podem ser pagos rendimentos ou entregues outros activos do FCR, sendo tais valores utilizados, enquanto a mora se mantiver, para compensação da entrada em falta.

4. Não podem participar nem votar nas assembleias de participantes, incluindo através de representante, os titulares de unidades de participação que se encontrem em mora quanto à obrigação de realizar entradas.

5. A não realização das entradas em dívida nos 90 dias seguintes ao início da mora implica a perda, a favor do FCR, das unidades de participação em relação às quais a mora se verifique, bem como das quantias pagas por sua conta.

Art. 22.º (Aquisição de unidades de participação pela entidade gestora)

As entidades gestoras podem adquirir unidades de participação dos FCR que administrem até ao limite de 50% das unidades emitidas por cada um dos referidos FCR.

Art. 23.º (Aquisição de unidades de participação pelo FCR)

1. Um FCR não pode adquirir unidades de participação por si emitidas, excepto no caso previsto no n.º 5 do artigo 21.º ou como consequência de aquisição de um património a título universal.

2. As unidades de participação adquiridas ao abrigo das excepções previstas no número anterior são, no prazo máximo de um ano contado a partir da data da aquisição, alienadas, sob pena de anulação no final desse prazo, com a consequente redução do capital do FCR.

Cap. IV.   Fundos de capital de risco   **Arts. 24.º-28.º SCR/FCR/ICR [30]**

Art. 24.º (Depositários)

1. As relações entre a entidade gestora e os depositários dos valores do FCR regem-se por contrato escrito, do qual constam, nomeadamente, as funções destes últimos e a respectiva remuneração.

2. As instituições de crédito depositárias dos valores do FCR não podem assumir as funções de entidade gestora desse FCR.

3. Os depositários podem livremente subscrever ou adquirir unidades de participação de FCR relativamente aos quais exerçam as funções de depositários.

Art. 25.º (Encargos)

Constituem encargos do FCR os custos associados à respectiva gestão, designadamente os seguintes:

a) Remuneração da entidade gestora;

b) Remuneração dos depositários;

c) Remuneração do auditor;

d) Custos com os investimentos e desinvestimentos nos activos, incluindo despesas associadas;

e) Custos associados às aplicações de excessos de tesouraria, incluindo comissões e taxas de intermediação;

f) Custos relacionados com a documentação a ser disponibilizada aos titulares de unidades de participação e com a convocação de assembleias de participantes;

g) Custos com consultores legais e fiscais do FCR.

Art. 26.º (Remuneração da entidade gestora)

A remuneração da entidade gestora pelos serviços de gestão do FCR pode incluir:

a) Uma comissão de gestão fixa;

b) Uma comissão de gestão variável, dependente do desempenho do FCR.

Art. 27.º (Contas)

1. As contas dos FCR são encerradas anualmente com referência a 31 de Dezembro ou nos termos do disposto no artigo 65.º-A do Código das Sociedades Comerciais e são objecto de relatório de auditor registado na CMVM.

2. O relatório de gestão, o balanço e a demonstração dos resultados do FCR, em conjunto com o relatório do auditor, são disponibilizados aos participantes com, pelo menos, 15 dias de antecedência em relação à data da reunião anual da assembleia de participantes.

SECÇÃO IV.   **Assembleias de participantes**

Art. 28.º (Assembleia de participantes)

1. A convocação e o funcionamento da assembleia de participantes regem-se pelo disposto na lei para as assembleias de accionistas, salvo o disposto em contrário no presente decreto-lei.

559

[30] SCR/FCR/ICR Art. 29.º   Soc. cap. risco, fundos cap. risco e inv. em cap. risco

2. As assembleias de participantes são convocadas pelo presidente da mesa da assembleia com, pelo menos, 20 dias de antecedência.

3. A convocatória das assembleias de participantes pode ser efectuada por carta registada com aviso de recepção dirigida a cada um dos participantes, ou, em relação aos que comuniquem previamente o seu consentimento, por correio electrónico com recibo de leitura, ou ainda por anúncio publicado, pelo menos, num jornal de grande circulação no País ou por anúncio divulgado através do sistema de difusão de informação da CMVM.

4. Têm direito a estar presentes nas assembleias de participantes os titulares de unidades de participação que disponham de, pelo menos, um voto.

5. Os titulares de unidades de participação podem, mediante carta dirigida ao presidente da mesa da assembleia de participantes, fazer-se representar por terceiro.

6. Pode haver assembleias especiais de participantes titulares de uma única categoria de unidades de participação.

7. A mesa da assembleia é composta por um presidente e um secretário, designados pela entidade gestora do FCR, os quais não podem ser membros dos órgãos de administração ou quadros da entidade gestora ou de sociedades que, directa ou indirectamente, a dominem ou sejam por ela dominadas.

8. A cada unidade de participação corresponde um voto, salvo disposição contrária do regulamento de gestão.

9. Um titular de unidades de participação que tenha mais de um voto não pode fraccionar os seus votos para votar em sentidos diversos sobre a mesma proposta ou para deixar de votar com todos os seus votos.

10. A assembleia delibera qualquer que seja o número de titulares de unidades de participação presentes ou representados e o capital que representem.

11. A assembleia delibera por maioria dos votos emitidos, salvo em casos de agravamento desta maioria imposto por disposição legal ou pelo regulamento de gestão do FCR.

12. As assembleias de participantes apenas podem deliberar sobre matérias que, nos termos do presente decreto-lei, sejam da sua competência, ou sobre aquelas para as quais sejam expressamente solicitadas pela entidade gestora e, unicamente, com base em propostas por ela apresentadas, não podendo, salvo acordo da entidade gestora, modificar ou substituir as propostas por esta submetidas a deliberação da assembleia.

13. As deliberações das assembleias de participantes vinculam os titulares de unidades de participação que não estiveram presentes, bem como os que se abstiveram ou votaram vencidos.

Art. 29.º (Assembleia anual de participantes)

A assembleia anual de participantes deve reunir no prazo de quatro meses a contar da data do encerramento do exercício económico anterior para:

a) Deliberar sobre o relatório de actividades e as contas do exercício;

b) A sociedade gestora esclarecer os participantes e proceder à apreciação geral da situação do FCR e da política de investimentos prosseguida durante esse exercício.

560

Cap. IV.   Fundos de capital de risco   **Arts. 30.°-33.° SCR/FCR/ICR [30]**

Art. 30.° (Invalidade das deliberações)

1. As acções de declaração de nulidade ou de anulação de deliberações de assembleias de participantes são propostas contra o FCR.

2. À invalidade das deliberações das assembleias de participantes aplica-se, em tudo o que não seja contrário com a respectiva natureza, o disposto quanto a invalidades de deliberações de sócios de sociedades comerciais.

SECÇÃO V.   **Vicissitudes dos FCR**

Art. 31.° (Aumento de capital)

1. Os aumentos de capital do FCR cujas condições não se encontrem previstas no respectivo regulamento de gestão dependem de deliberação da assembleia de participantes tomada, sob proposta da entidade gestora, por maioria de, pelo menos, dois terços dos votos emitidos.

2. Os titulares de unidades de participação gozam de direito de preferência, proporcional ao montante da respectiva participação, nos aumentos de capital por novas entradas em numerário, salvo estipulação diversa do regulamento de gestão.

3. Os titulares de unidades de participação são avisados com pelo menos 15 dias de antecedência, sobre o prazo e condições para o exercício do seu direito de preferência, nos termos previstos no n.° 3 do artigo 28.°

4. O direito de preferência referido no n.° 2 pode ser suprimido ou limitado por deliberação da assembleia de participantes tomada por maioria de, pelo menos, dois terços dos votos emitidos, sob proposta da entidade gestora, na qual não poderão votar os beneficiários da referida supressão ou limitação.

5. À realização das entradas por virtude de aumento de capital aplica-se o disposto na segunda parte do n.° 3 do artigo 15.° e no artigo 20.°

Art. 32.° (Redução de capital)

1. O capital do FCR pode ser reduzido para libertar excesso de capital, para cobertura de perdas ou para anular unidades de participação em conformidade com o previsto no n.° 2 do artigo 23.°

2. Excepto no caso previsto no n.° 2 do artigo 23.°, que se processa por extinção total das unidades de participação, a redução de capital pode processar-se por reagrupamento de unidades de participação ou com extinção, total ou parcial, de todas ou de algumas delas.

3. As reduções de capital do FCR cujas condições não decorram directamente da lei e que não se encontrem previstas no respectivo regulamento de gestão dependem de deliberação da assembleia de participantes tomada, sob proposta da entidade gestora, por maioria de, pelo menos, dois terços dos votos emitidos.

Art. 33.° (Fusão e cisão)

1. A fusão ou a cisão dos FCR cujas condições não decorram directamente da lei e que não se encontrem previstas no respectivo regulamento de gestão dependem de deliberação da assembleia de participantes tomada, sob proposta da entidade gestora, por maioria de, pelo menos, dois terços dos votos emitidos.

561

[30] SCR/FCR/ICR **Arts. 34.°-38.°**   Soc. cap. risco, fundos cap. risco e inv. em cap. risco

2. Os FCR resultantes da cisão ou da fusão de dois ou mais FCR mantêm os deveres legais que resultavam da carteira de investimentos dos FCR incorporados ou cindidos.

Art. 34.° (Dissolução e liquidação)
1. A dissolução de um FCR realiza-se nos termos previstos no respectivo regulamento de gestão, devendo a decisão da mesma ser comunicada imediatamente à CMVM.
2. Quando, em virtude da violação do regulamento de gestão ou das disposições legais e regulamentares que regem os FCR, os interesses dos participantes e a defesa do mercado o justifiquem, a CMVM pode determinar a dissolução de um FCR.
3. O processo de dissolução referido no número anterior inicia-se com a notificação da decisão à entidade gestora e aos depositários.
4. A liquidação decorrente da dissolução a que se refere o n.° 2 pode ser entregue a liquidatário ou liquidatários designados pela CMVM que fixa a respectiva remuneração a qual constitui encargo da entidade gestora, cabendo neste caso aos liquidatários os poderes que a lei atribui à entidade gestora, mantendo-se, todavia, os deveres impostos aos depositários.
5. O liquidatário responde pelos prejuízos causados aos participantes em consequências de erros e irregularidades no processo de liquidação que lhe sejam imputáveis.

Art. 35.° (Negociação em mercado)
1. As unidades de participação de FCR podem ser negociadas em mercados regulamentados ou em outras formas organizadas de negociação.
2. À negociação em mercado das unidades de participação de FCR não se aplica o n.° 2 do artigo 17.°

Art. 36.° (Distribuição pública)
À oferta pública de distribuição de unidades de participação em FCR é aplicável o disposto no título III do Código dos Valores Mobiliários e respectiva regulamentação, com as necessárias adaptações.

CAPÍTULO V. **Disposições finais e transitórias**

Art. 37.° (Norma revogatória)
1. É revogado o Decreto-Lei n.° 319/2002, de 28 de Dezembro.
2. As remissões feitas para preceitos revogados pelo presente decreto-lei entendem-se como substituídas por remissões feitas para as correspondentes disposições do presente decreto-lei.

Art. 38.° (Entrada em vigor)
1. O presente decreto-lei entra em vigor no dia seguinte ao da sua publicação.

562

Cap. V.   Disposições finais e transitórias   **Art. 38.° SCR/FCR/ICR [30]**

2. As SCR e os FCR constituídos à data da entrada em vigor do presente decreto-lei devem adaptar-se ao regime nele disposto até ao dia 31 de Dezembro de 2007.

3. Sem prejuízo do disposto no número anterior, com a entrada em vigor do presente decreto-lei, a denominação dos fundos para investidores qualificados (FIQ) é alterada para fundos de capital de risco (FCR), para todos os devidos efeitos.

4. Os pedidos de constituição de SCR ou FCR sobre os quais ainda não tenha recaído decisão à data de entrada em vigor do presente decreto-lei devem adaptar-se ao regime nele disposto.

PARTE TERCEIRA

**AGRUPAMENTOS COMPLEMENTARES DE EMPRESAS
CONSÓRCIOS E ASSOCIAÇÕES EM PARTICIPAÇÃO
AGRUPAMENTO EUROPEU DE INTERESSE ECONÓMICO
ESTABELECIMENTO INDIVIDUAL
DE RESPONSABILIDADE LIMITADA E COOPERATIVAS**

			Págs.
[31]	Decreto-Lei n.º 4/73, de 4 de Junho, sobre os agrupamentos complementares de empresas	(ACE)	567
[32]	Decreto-Lei n.º 430/73, de 25 de Agosto, sobre os agrupamentos complementares de empresas	(ACE)	569
[33]	Decreto-Lei n.º 231/81, de 28 de Julho, sobre os contratos de consórcio e de associação em participação	(DL 231/81)	573
[34]	Regulamento (CEE) n.º 2137/85 do Conselho, institui o agrupamento europeu de interesse económico	(AEIE)	582
[35]	Decreto-Lei n.º 248/86, de 25 de Agosto, cria o estabelecimento individual de responsabilidade limitada	(EIRL)	596
[36]	Decreto-Lei n.º 148/90, de 9 de Maio, sobre o agrupamento europeu de interesse económico	(AEIE)	611
[37]	Decreto-Lei n.º 1/91, de 5 de Janeiro, aprova o regime sancionatório dos agrupamentos europeus de interesse económico	(AEIE)	613
[38]	Lei n.º 51/96, de 7 de Setembro, aprova o Código Cooperativo	(CCoop)	616

565

AGRUPAMENTOS COMPLEMENTARES DE EMPRESAS

[31] LEI N.° 4/73
de 4 de Junho

Em nome da Nação a Assembleia Nacional decreta e eu promulgo a lei seguinte:

Base I

1. As pessoas singulares ou colectivas e as sociedades podem agrupar-se, sem prejuízo da sua personalidade jurídica, a fim de melhorar as condições de exercício ou de resultado das suas actividades económicas.

2. As entidades assim constituídas são designadas por agrupamentos complementares de empresas .

Base II

1. Os agrupamentos complementares de empresas não podem ter por fim principal a realização e partilha de lucros e constituir-se-ão com ou sem capital próprio.

2. As empresas agrupadas respondem solidariamente pelas dívidas do agrupamento, salvo cláusula em contrário do contrato celebrado por este com um credor determinado.

3. Os credores do agrupamento não podem exigir das empresas agrupadas o pagamento dos seus créditos sem prévia excussão dos bens do próprio agrupamento.

4. O agrupamento pode emitir obrigações se apenas for composto de sociedades por acções; a emissão é feita nas condições gerais aplicáveis à emissão desses títulos pelas sociedades.

Base III

1. O contrato constitutivo deve ser reduzido a escrito, salvo se forma mais solene for exigida para a transmissão dos bens com que os sócios entram para o agrupamento.

2. O contrato constitutivo determina a firma, o objecto, a sede e a duração, quando limitada, do agrupamento, bem como as contribuições dos agrupados para os encargos e a constituição do capital, se o houver, devendo a firma conter o aditamento 'agrupamento complementar de empresas' ou as iniciais 'A. C. E.'.

[31] Bases IV-VI ACE   Agrupamentos complementares de empresas

3. O contrato pode também regular os direitos e as obrigações dos agrupados, a administração, a fiscalização, a prorrogação, a dissolução e a liquidação e partilha do agrupamento e ainda os poderes, os deveres, a remuneração e a desituição dos administradores, bem como a entrada e saída de elementos do agrupamento, cumpridas as suas obrigações sociais.

4. Qualquer dos administradores, agindo nessa qualidade, obriga o agrupamento em relação a terceiros; são inoponíveis a terceiros de boa fé as limitações estabelecidas ao poder de representação dos administradores.

Nota. A redacção dos n.ᵒˢ 1 e 2 foi introduzida pelo art. 10.° do DL n.° 76-A/2006, de 29 de Março.

Base IV

O agrupamento adquire personalidade jurídica com a inscrição do seu acto constitutivo no registo comercial.

Base V

A fiscalização da gestão por um ou mais revisores oficiais de contas, ou por uma sociedade de revisores oficiais de contas, designados pela assembleia geral, é obrigatória desde que o agrupamento emita obrigações.

Base VI

1. (...).
2. (...).
3. (...).
4. O Govemo providenciará no sentido da concessão de estímulos financeiros e de outros benefícios, nomeadamente de natureza fiscal, a favor dos agrupamentos que tenham, pelo seu objectivo, interesse para a economia nacional.

Nota. Os n.ᵒˢ 1, 2 e 3 foram revogados pelo art. 7.° do DL n.° 442-B/88, de 30 de Novembro, que aprovou o Código do Imposto sobre o Rendimento das Pessoas Colectivas (IRC).

AGRUPAMENTOS COMPLEMENTARES DE EMPRESAS

[32] DECRETO-LEI N.º 430/73
de 25 de Agosto [1]

Usando da faculdade conferida pela 1.ª parte do n.º 2.º do artigo 109.º da Constituição, o Governo decreta e eu promulgo, para valer como lei, o seguinte:

Art. 1.º (Realização e partilha de lucros)
O agrupamento complementar de empresas pode ter por fim acessório a realização e partilha de lucros apenas quando autorizado expressamente pelo contrato constitutivo.

Art. 2.º (Modificação e publicação do contrato)
1. O contrato do agrupamento fica sujeito às publicações exigidas por lei para a constituição das sociedades comerciais.
2. As modificações do contrato só podem ser deliberadas por maioria não inferior a três quartos do número de agrupados e devem obedecer às exigências de forma e de publicidade requeridas para a constituição do agrupamento.

Art. 3.º (Firma)
1. A firma do agrupamento poderá consistir numa denominação particular ou ser formada pelos nomes ou firmas de todos os seus membros ou de, pelo menos, um deles.
2. Quando da firma do agrupamento não constarem os nomes ou firmas de todos os seus membros, deverão estes ser especificados em todas as publicações obrigatórias e em todos os actos ou contratos escritos em que o agrupamento intervenha. Se, porém, o número de agrupados for superior a cinco, bastará a especificação do nome ou firma de cinco.

Art. 4.º (Obrigatoriedade de registo)
Para fins de registo, o agrupamento é equiparado às sociedades comerciais.

---

[1] As epígrafes dos artigos não constam do texto oficial.

[32] ACE Arts. 5.°-10.° Agrupamentos complementares de empresas

Art. 5.° (Limitações à capacidade)

A capacidade do agrupamento não compreende:

a) A aquisição do direito de propriedade ou de outros direitos reais sobre coisas imóveis, salvo se o imóvel se destinar a instalação da sua sede, delegação ou serviço próprio;

b) A participação em sociedades civis ou comerciais ou ainda em outros agrupamentos complementares de empresas;

c) O exercício de cargos sociais em quaisquer sociedades associações ou agrupamentos complementares de empresas.

Art. 6.° (Designação e destituição dos administradores)

1. A administração é exercida por uma ou mais pessoas, nos termos designados no contrato.

2. Compete à assembleia geral a nomeação ou exoneração dos administradores ou gerentes não designados no contrato, bem como estabelecer as remunerações, quando devidas.

3. É aplicável aos administradores ou gerentes estranhos ao agrupamento ainda que tenham sido nomeados no contrato, o disposto no artigo 156.° do Código Comercial, reportando-se a todos os membros a maioria referida no § único do mesmo artigo.

Nota. A remissão feita no n.° 3 para o art. 156.° e seu § único CCom **[1]** deve considerar-se hoje substituída pelo reenvio para o n.° 6 do art. 191.° CSC **[11]**.

Art. 7.° (Deliberações dos agrupados)

As deliberações dos sócios são tomadas à pluralidade de votos, contando-se um voto por cada sócio, salvo disposição em contrário do contrato.

Art. 8.° (Prestação de contas e fiscalização)

1. A administração prestará anualmente contas.

2. Não havendo disposição da lei e do contrato sobre a fiscalização da gestão, a assembleia geral poderá designar, pelo período máximo de três anos, renovável, uma ou mais pessoas para fiscalizar a gestão e dar parecer sobre as contas.

Art. 9.° (Proibição de concorrência)

1. O contrato pode especificar os actos proibidos aos agrupados para efeitos do disposto no artigo 180.° do Código das Sociedades Comerciais.

2. Na falta de disposição do contrato, é proibida aos membros do agupamento actividade concorrente da que este tenha por objecto.

Nota. A redacção do n.° 1 foi introduzida pelo art. 4.° do DL n.° 36/2000, de 14 de Março.

Art. 10.° (Entrada de novos agrupados)

A admissão de novos membros do agrupamento só pode ter lugar nos termos do contrato ou se este for omisso por deliberação unânime dos agrupados.

570

Agrupamentos complementares de empresas   **Arts. 11.º-15.º ACE [32]**

Art. 11.º (Proibição de representação das participações em títulos negociáveis e sua transmissão)

1. A participação dos membros no agrupamento, tenha este ou não capital próprio, não pode ser representada por títulos negociáveis.

2. A transmissão, entre vivos ou por morte, da parte de cada agrupado só pode verificar-se juntamente com a transmissão do respectivo estabelecimento ou empresa.

3. Depende do consentimento do agrupamento a atribuição ao transmissário da qualidade de novo membro.

Art. 12.º (Exoneração)

1. O membro do agrupamento pode exonerar-se nos termos autorizados no contrato, ou tendo-se oposto a modificação neste introduzida, ou ainda se houverem decorrido pelo menos dez anos desde a sua admissão e estiverem cumpridas as obrigações por ele assumidas.

2. A exoneração produzirá efeito vinte dias depois de aviso à administração, por carta registada com aviso de recepção.

Art. 13.º (Exclusão)

A exclusão de membro do agrupamento compete à assembleia geral e pode ter lugar quando:

a) O membro deixar de exercer a actividade económica para a qual o agrupamento serve de complemento;

b) For declarado falido ou insolvente;

c) Estiver em mora na contribuição que lhe caiba para as despesas do agrupamento, depois de notificado pela administração, em carta registada, para satisfazer o pagamento no prazo que lhe seja fixado e nunca inferior a trinta dias.

Art. 14.º (Liquidação da participação)

A liquidação da parte do membro exonerado ou excluído e ainda a do transmissário não admitido pelo agrupamento será feita de harmonia com o disposto no artigo 1021.º do Código Civil.

Art. 15.º (Exercício de actividade directamente lucrativa)

1. O agrupamento que exerça actividade acessória directamente lucrativa não autorizada pelo contrato, ou que exerça de modo principal actividade directamente lucrativa autorizada como acessória, fica, para todos os efeitos, incluindo os fiscais, sujeito às regras das sociedades comerciais em nome colectivo.

2. Os administradores ou gerentes do agrupamento que se encontre nas circunstâncias referidas no numero anterior são punidos, individualmente, com multa de € 249,40 a € 2 493,99, sem prejuízo da responsabilidade solidária de todos eles.

Nota. A redacção do n.º 2 foi introduzida pelo art. 21.º do DL n.º 323/2001, de 17 de Dezembro.

571

[32] ACE Arts. 16.º-21.º   Agrupamentos complementares de empresas

Art. 16.º (Causas de dissolução)
1. O agrupamento dissolve-se:
a) Nos termos do contrato;
b) A requerimento do Ministério Público ou de qualquer interessado, quando violar as normas legais que disciplinam a concorrência ou persistentemente se dedicar, como objecto principal, a actividade directamente lucrativa;
c) A requerimento de membro que houver respondido por obrigações do agrupamento vencidas e em mora.
2. A morte, interdição, inabilitação, falência, insolvência, dissolução ou vontade de um ou mais membros não determina a dissolução do agrupamento, salvo disposição em contrário do contrato.

Art. 17.º (Partilha)
O saldo da liquidação do agrupamento é partilhado entre os agrupados na proporção das suas entradas para a formação do capital próprio, acrescidas das contribuições que tenham satisfeito.

Art. 18.º (Comunicações à repartição de finanças)
Nota. Revogado pelo art. 7.º do DL n.º 442-B/88, de 30 de Novembro, que aprovou o Código sobre o Rendimento das Pessoas Colectivas (IRC).

Art. 19.º (Estímulos financeiros e outros benefícios)
1. O agrupamento que pretenda obter os estímulos financeiros ou os benefícios a que se refere o n.º 4 da base VI da Lei n.º 4/73, de 4 de Julho, formulará a pretensão, documentada com o programa da sua actividade e com os demais elementos de estudo reputados convenientes.
2. Compete ao Ministro das Finanças, ouvido o Ministro da Economia, decidir a pretensão a que se refere o número anterior.

Art. 20.º (Direito subsidiário)
No caso de omissão da lei e deste regulamento, são aplicáveis aos agrupamentos complementares de empresas as disposições que regem as sociedades comerciais em nome colectivo.

Nota. Cf. os arts. 175.º a 196.º CSC **[11]**.

Art. 21.º (Transformação de sociedades existentes em A.C.E.)
1. As sociedades ou associações já constituídas com objectivos análogos aos designados na lei para os agrupamentos complementares de empresas podem transformar-se nestes, sem perder a sua personalidade, desde que respeitem as condições previstas na mesma lei e no presente regulamento.
2. Os agrupamentos complementares de empresas não podem transformar-se.

572

CONSÓRCIO E ASSOCIAÇÃO EM PARTICIPAÇÃO

[33] DECRETO-LEI N.° 231/81
de 28 de Julho

O Governo decreta, nos termos da alínea *a*) do n.° 1 do artigo 201.° da Constituição, o seguinte:

CAPÍTULO I. Do contrato de consórcio

Art. 1.° (Noção)

O consórcio é o contrato pelo qual duas ou mais pessoas singulares ou colectivas que exerçam uma actividade económica se obrigam entre si a, de forma concertada, realizar certa actividade ou efectuar certa contribuição com o fim de prosseguir qualquer dos objectos referidos no artigo seguinte.

Art. 2.° (Objecto)

O consórcio terá um dos seguintes objectos:

a) Realização de actos materiais ou jurídicos, preparatórios quer de um determinado empreendimento, quer de uma actividade contínua;

b) Execução de determinado empreendimento;

c) Fornecimento a terceiros de bens iguais ou complementares entre si, produzidos por cada um dos membros do consórcio;

d) Pesquisa ou exploração de recursos naturais;

e) Produção de bens que possam ser repartidos, em espécie, entre os membros do consórcio.

Art. 3.° (Forma)

1. O contrato está apenas sujeito a forma escrita, salvo se entre os membros do consórcio houver transmissão de bens imóveis, caso em que só é válido se for celebrado por escritura pública.

2. A falta de escritura pública só produz nulidade total do negócio quando for, aplicável a parte final do artigo 292.° do Código Civil e caso não seja possível aplicar o artigo 293.° do mesmo Código, de modo que a contribuição se converta no simples uso dos bens cuja transmissão exige aquela forma.

[33] DL 231/81 Arts. 4.º-8.º   Consórcio e associação em participação

Art. 4.º (Conteúdo)

1. Os termos e condições do contrato serão livremente estabelecidos pelas partes, sem prejuízo das normas imperativas constantes deste diploma.

2. Quando a realização do objecto contratual envolver a prestação de alguma contribuição deverá esta consistir em coisa corpórea ou no uso de coisa corpórea; as contribuições em dinheiro só são permitidas se as contribuições de todos os membros forem desta espécie.

Art. 5.º (Modalidades de consórcio)

1. O consórcio diz-se interno quando:

a) As actividades ou os bens são fornecidos a um dos membros do consórcio e só este estabelece relações com terceiros;

b) As actividades ou os bens são fornecidos directamente a terceiros por cada um dos membros do consórcio, sem expressa invocação dessa qualidade.

2. O consórcio diz-se externo quando as actividades ou os bens são fornecidos directamente a terceiros por cada um dos membros do consórcio, com expressa invocação dessa qualidade.

Art. 6.º (Modificações do contrato)

1. As modificações do contrato de consórcio requerem o acordo de todos os contraentes, excepto se o próprio contrato o dispensar.

2. As modificações devem revestir a forma utilizada para o contrato.

3. Salvo convenção em contrário, o contrato não é afectado pelas mudanças de administração ou de sócios dos membros quando estes sejam pessoas colectivas.

Art. 7.º (Conselho de orientação e fiscalização)

1. O contrato de consórcio externo pode prever a criação de um conselho de orientação e fiscalização do qual façam parte todos os membros.

2. No silêncio do contrato:

a) As deliberações do conselho devem ser tomadas por unanimidade;

b) As deliberações do conselho, tomadas por unanimidade ou pela maioria prevista no contrato, vinculam o chefe do consórcio como instruções de todos os seus mandantes, desde que se contenham no âmbito dos poderes que lhe são atribuídos ou lhe forem conferidos nos termos dos artigos 13.º e 14.º;

c) O conselho não tem poderes para deliberar a modificação ou resolução de contratos celebrados no âmbito do contrato de consórcio, nem a transacção destinada quer a prevenir, quer a terminar litígios.

Art. 8.º (Deveres dos membros do consórcio)

Além dos deveres gerais decorrentes da lei e dos deveres estipulados no contrato, cada membro do consórcio deve:

a) Abster-se de estabelecer concorrência com o consórcio, a não ser nos termos em que esta lhe for expressamente permitida;

b) Fornecer aos outros membros do consórcio e em especial ao chefe deste todas as informações que considere relevantes;

c) Permitir exames às actividades ou bens que, pelo contrato, esteja adstrito a prestar a terceiros.

574

Cap. I.   Do contrato de consórcio   **Arts. 9.º-13.º DL 231/81 [33]**

Art. 9.º (Exoneração de membros)

1. Um membro do consórcio pode exonerar-se deste se:

a) Estiver impossibilitado, sem culpa, de cumprir as obrigações de realizar certa actividade ou de efectuar certa contribuição;

b) Tiverem ocorrido as hipóteses previstas no artigo 10.º, n.º 2, alíneas *b*) ou *c*), relativamente a outro membro e, havendo resultado prejuízo relevante, nem todos os membros acederem a resolver o contrato quanto ao inadimplente.

2. No caso da alínea *b*) do número anterior, o membro que se exonere do consórcio tem direito a ser indemnizado, nos termos gerais, dos danos decorrentes daquele facto.

Art. 10.º (Resolução do contrato)

1. O contrato de consórcio pode ser resolvido, quanto a alguns dos contraentes, por declarações escritas emanadas de todos os outros, ocorrendo justa causa.

2. Considera-se justa causa para resolução do contrato de consórcio quanto a algum dos contraentes:

a) A declaração de falência ou a homologação de concordata;

b) A falta grave, em si mesma ou pela sua repetição, culposa ou não, a deveres de membro do consórcio;

c) A impossibilidade, culposa ou não, de cumprimento da obrigação de realizar certa actividade ou de efectuar certa contribuição.

3. Na hipótese da alínea *b*) do número anterior, a resolução do contrato não afecta o direito à indemnização que for devida.

Art. 11.º (Extinção do consórcio)

1. O consórcio extingue-se:

a) Por acordo unânime dos seus membros;

b) Pela realização do seu objecto ou por este se tornar impossível;

c) Pelo decurso do prazo fixado no contrato, não havendo prorrogação;

d) Por se extinguir a pluralidade dos seus membros;

e) Por qualquer outra causa prevista no contrato.

2. Não se verificando nenhuma das hipóteses previstas no número anterior, o consórcio extinguir-se-á decorridos dez anos sobre a data da sua celebração, sem prejuízo de eventuais prorrogações expressas.

Art. 12.º (Chefe do consórcio)

No contrato de consórcio externo um dos membros será designado como chefe do consórcio, competindo-lhe, nessa qualidade, exercer as funções internas e externas que contratualmente lhe forem atribuídas.

Art. 13.º (Funções internas do chefe do consórcio)

Na falta de estipulação contratual que as defina, as funções internas do chefe do consórcio consistem no dever de organizar a cooperação entre as partes na realização do objecto de consórcio e de promover as medidas necessárias à execução do contrato, empregando a diligência de um gestor criterioso e ordenado.

575

[33] DL 231/81 Arts. 14.º-16.º   Consórcio e associação em participação

Art. 14.º (Funções externas do chefe do consórcio)
  1. Os membros do consórcio poderão conferir ao respectivo chefe, mediante procuração, os seguintes poderes de representação, entre outros:
  a) Poder para negociar quaisquer contratos a celebrar com terceiros no âmbito do contrato de consórcio, ou as suas modificações;
  b) Poder para, durante a execução dos mesmos contratos, receber de terceiros quaisquer declarações, excepto as de resolução desses contratos;
  c) Poder para dirigir àqueles terceiros declarações relativas a actos previstos nos respectivos contratos, excepto quando envolvam modificações ou resolução dos mesmos contratos;
  d) Poder para receber dos referidos terceiros quaisquer importâncias por eles devidas aos membros do consórcio, bem como para reclamar dos mesmos o cumprimento das suas obrigações para com algum dos membros do consórcio;
  e) Poder para efectuar expedições de mercadorias;
  f) Poder para, em casos específicos, contratar consultores económicos, jurídicos, contabilísticos ou outros adequados às necessidades e remunerar esses serviços.
  2. Apenas por procuração especial, podem ser conferidos poderes para celebração, modificação ou resolução de contratos com terceiros no âmbito do contrato de consórcio, bem como poderes para representação em juízo, incluindo a recepção da primeira citação, e para transacção destinada quer a prevenir, quer a tenminar litígios.
  3. Os poderes de representação referidos nos números anteriores, quando não possam ser especificamente relacionados com algum ou alguns dos membros do consórcio, consideram-se exercidos no interesse e no nome de todos.

Art. 15.º (Denominação do consórcio externo)
  1. Os membros do consórcio externo podem fazer-se designar, juntando todos os seus nomes, firmas ou denominações sociais, com o aditamento «Consórcio de ...» ou «... em consórcio», sendo, no entanto, responsável perante terceiros apenas o membro do consórcio que tenha assinado o documento onde a denominação for usada ou aquele por quem o chefe do consórcio tenha assinado, no uso dos poderes conferidos.
  2. Todos os membros do consórcio são solidariamente responsáveis para com terceiros por danos resultantes da adopção ou uso de denominações do consórcio susceptíveis de criar confusão com outras existentes.

Art. 16.º (Repartição dos valores recebidos pela actividade dos consórcios externos)
  1. Nos consórcios externos cujo objecto seja o previsto nas alíneas *b*) e *c*) do artigo 2.º, cada um dos membros do consórcio percebe directamente os valores que lhe forem devidos pelo terceiro, salvo o disposto nos números seguintes e sem prejuízo, quer da solidariedade entre os membros do consórcio eventualmente estipulada com o terceiro, quer dos poderes conferidos a algum daqueles membros pelos outros.
  2. Os membros do consórcio podem estabeleer no respectivo contrato uma distribuição dos valores a receber de terceiros diferente da resultante das relações directas de cada um com o terceiro.

576

Cap. I. Do contrato de consórcio   **Arts. 17.º-20.º DL 231/81 [33]**

3. No caso do número anterior e no respeitante às relações entre os membros do consórcio, a diferença a prestar por um destes a outro reputa-se recebida e detida por conta daquele que a ela tenha direito nos termos do contrato de consórcio.

4. O regime do número anterior aplica-se igualmente no caso de a prestação de um dos membros do consórcio não ter, relativamente ao terceiro, autonomia material e por isso a remuneração estar englobada nos valores recebidos do terceiro por outro ou outros membros do consórcio.

Art. 17.º (Repartição do produto da actividade dos consórcios externos)

1. Nos consórcios externos cujo objecto seja o previsto nas alíneas *d*) e *e*) do artigo 2.º, cada um dos membros do consórcio deve adquirir directamente parte dos produtos, sem prejuízo do disposto no n.º 3.

2. O contrato precisará o momento em que a propriedade dos produtos se considera adquirida por cada membro do consórcio; na falta de estipulação, atender--se-à aos usos ou, não os havendo e conforme os casos, ao momento em que o produto dê entrada em armazém ou transponha as instalações onde a operação económica decorreu.

3. Pode estipular-se no contrato de consórcio que os produtos adquiridos por um membro do consórcio, nos termos do n.º 1, sejam vendidos, de conta daquele, por outro membro, aplicando-se neste caso, adicionalmente, as regras do mandato.

Art. 18.º (Participação em lucros e perdas nos consórcios internos)

Nos consórcios internos, quando entre os contraentes seja convencionada participação nos lucros, perdas, ou ambos, aplica-se o disposto no artigo 25.º deste diploma.

Art. 19.º (Relações com terceiros)

1. Nas relações dos membros do consórcio externo com terceiros não se presume solidariedade activa ou passiva entre aquele membros.

2. A estipulação em contratos com terceiros de multas ou outras cláusulas penais a cargo de todos os membros do consórcio não faz presumir solidariedade destes quanto a outras obrigações activas ou passivas.

3. A obrigação de indemnizar terceiros por facto constitutivo de responsabilidade civil é restrita àquele dos membros do consórcio externo a que, por lei, essa responsabilidade for imputável, sem prejuízo de estipulações internas quanto à distribuição desse encargo.

Art. 20.º (Proibição de fundos comuns)

1. Não é permitida a constituição de fundos comuns em qualquer consórcio.

2. Nos consórcios externos, as importâncias entregues ao respectivo chefe ou retidas por este com autorização do interessado consideram-se fornecidas àquele nos termos e para os efeitos do artigo 1167.º, alínea *a*), do Código Civil.

577

[33] DL 231/81 Arts. 21.º-24.º   Consórcio e associação em participação

CAPÍTULO II.   **Do contrato de associação em participação**

Art. 21.º Noção e regulamentação)
1. A associação de uma pessoa a uma actividade económica exercida por outra, ficando a primeira a participar nos lucros ou nos lucros e perdas que desse exercício resultarem para a segunda, regular-se-á pelo disposto nos artigos seguintes.
2. É elemento essencial do contrato a participação nos lucros; a participação nas perdas pode ser dispensada.
3. As matérias não reguladas nos artigos seguintes serão disciplinadas pelas convenções das partes e pelas disposições reguladoras de outros contratos, conforme a analogia das situações.

Art. 22.º (Pluralidade de associados)
1. Sendo várias as pessoas que se ligam, numa só associação, ao mesmo associante, não se presume a solidariedade dos débitos e créditos daquelas para com este.
2. O exercício dos direitos de informação, de fiscalização e de intervenção na gerência pelos vários associados será regulado no contrato; na falta dessa regulamentação, os direitos de informação e de fiscalização podem ser exercidos individual e independentemente por cada um deles, devendo os consentimentos exigidos pelo artigo 26.º, n.º 1, alíneas *b*) e *c*), e n.º 2, ser prestados pela maioria dos associados.

Art. 23.º (Forma do contrato)
1. O contrato de associação em participação não está sujeito a forma especial, à excepção da que for exigida pela natureza dos bens com que o associado contribuir.
2. Só podem, contudo, ser provadas por escrito a cláusula que exclua a participação do associado nas perdas do negócio e aquela que, quanto a essas perdas, estabeleça a responsabilidade ilimitada do associado.
3. A inobservância da forma exigida pela natureza dos bens com que o associado contribuir só anula todo o negócio se este não puder converter-se, segundo o disposto no artigo 293.º do Código Civil, de modo que a contribuição consista no simples uso e fruição dos bens cuja transferência determina a forma especial.

Art. 24.º (Contribuição do associado)
1. O associado deve prestar ou obrigar-se a prestar uma contribuição de natureza patrimonial que, quando consista na constituição de um direito ou na sua transmissão, deve ingressar no património do associante.
2. A contribuição do associado pode ser dispensada no contrato, se aquele participar nas perdas.
3. No contrato pode estipular-se que a contribuição prevista no n.º 1 deste artigo seja substituída pela participação recíproca em associação entre as mesmas pessoas, simultaneamente contratada.
4. À contribuição do associado deve ser contratualmente atribuído um valor em dinheiro; a avaliação pode, porém, ser feita judicialmente, a requerimento do interessado, quando se torne necessária para efeitos do contrato.

578

Cap. II.   Do contrato de associação em participação   **Arts. 25.º-26.º   DL 231/81 [33]**

5. Salvo convenção em contrário, a mora do associado suspende o exercício dos seus direitos legais ou contratuais, mas não prejudica a exigibilidade das suas obrigações.

Art. 25.º (Participação nos lucros e nas perdas)

1. O montante e a exigibilidade da participação do associado nos lucros ou nas perdas são determinados pelas regras constantes dos números seguintes, salvo se regime diferente resultar de convenção expressa ou das circunstâncias do contrato.

2. Estando convencionado apenas o critério de determinação da participação do associado nos lucros ou nas perdas, aplicar-se-á o mesmo critério à determinação da participação do associado nas perdas ou nos lucros.

3. Não podendo a participação ser determinada conforme o disposto no número anterior, mas estando contratualmente avaliadas as contribuições do associante e do associado, a participação do associado nos lucros e nas perdas será proporcional ao valor da sua contribuição; faltando aquela avaliação, a participação do associado será de metade dos lucros ou metade das perdas, mas o interessado poderá requerer judicialmente uma redução que se considere equitativa, atendendo às circunstâncias do caso.

4. A participação do associado nas perdas das operações é limitada à sua contribuição.

5. O associado participa nos lucros ou nas perdas das operações pendentes à data do início ou do termo do contrato.

6. A participação do associado reporta-se aos resultados de exercício, apurados segundo os critérios estabelecidos por lei ou resultantes dos usos comerciais, tendo em atenção as circunstâncias da empresa.

7. Dos lucros que, nos termos contratuais ou legais, couberem ao associado relativamente a um exercício serão deduzidas as perdas sofridas em exercícios anteriores, até ao limite da responsabilidade do associado.

Art. 26.º (Deveres do associante)

1. São deveres do associante, além de outros resultantes da lei ou do contrato:

a) Proceder, na gerência, com a diligência de um gestor criterioso e ordenado;

b) Conservar as bases essenciais da associação, tal como o associado pudesse esperar que elas se conservassem, atendendo às circunstâncias do contrato e ao funcionamento de empresas semelhantes; designadamente, não pode, sem consentimento do associado, fazer cessar ou suspender o funcionamento da empresa, substituir o objecto desta ou alterar a forma jurídica da sua exploração;

c) Não concorrer com a empresa na qual foi contratada a associação, a não ser nos termos em que essa concorrência lhe for expressamente consentida;

d) Prestar ao associado as infomações justificadas pela natureza e pelo objecto do contrato.

2. O contrato pode estipular que determinados actos de gestão não devam ser praticados pelo associante sem prévia audiência ou consentimento do associado.

579

[33] DL 231/81 Arts. 27.°-29.°   Consórcio e associação em participação

3. O associante responderá para com o associado pelos danos que este venha a sofrer por actos de gestão praticados sem a observância das estipulações contratuais admitidas pelo número anterior, sem prejuízo de outras sanções previstas no contrato.

4. As alterações dos sócios ou da administração da sociedade associante são irrelevantes, salvo quando outra coisa resultar da lei ou do contrato.

Art. 27.° (**Extinção da associação**)

1. A associação extingue-se pelos factos previstos no contrato e ainda pelos seguintes:

a) Pela completa realização do objecto da associação;

b) Pela impossibilidade de realização do objecto da associação;

c) Pela vontade dos sucessores ou pelo decurso de certo tempo sobre a morte de um contraente, nos termos do artigo 28.°;

d) Pela extinção da pessoa colectiva contraente, nos termos do artigo 29.°;

e) Pela confusão das posições de associante e associado.

j) Pela vontade unilateral de um contraente, nos termos do artigo 30.°;

g) Pela falência ou insolvência do associante.

Art. 28.° (**Morte do associante ou do associado**)

1. A morte do associante ou do associado produz as consequências previstas nos números seguintes, salvo estipulação contratual diferente ou acordo entre o associante e os sucessores do associado.

2. A morte do associante ou do associado não extingue a associação, mas será lícito ao contraente sobrevivo ou aos herdeiros do falecido extingui-la, contanto que o façam por declaração dirigida ao outro contraente dentro dos noventa dias seguintes ao falecimento.

3. Sendo a responsabilidade do associado ilimitada ou superior à contribuição por ele efectuada ou prometida, a associação extingue-se passados noventa dias sobre o falecimento, salvo se dentro desse prazo os sucessores do associado tiverem declarado querer continuar associados.

4. Os sucessores do associado, no caso de a associação vir a extinguir-se, não suportam as perdas ocorridas desde o falecimento até ao momento da extinção prevista nos números anteriores.

Art. 29.° (**Extinção do associado ou do associante**)

1. À extinção da pessoa colectiva associada aplica-se o disposto no artigo antecedente, considerando-se, para esse efeito, sucessores a pessoa ou pessoas a quem, na liquidação, vier a caber a posição da pessoa colectiva na associação.

2. A associação termina pela dissolução da pessoa colectiva associante, salvo se o contrato dispuser diferentemente ou foi deliberado pelos sócios da sociedade dissolvida que esta continue o seu comércio; neste último caso, a associação termina quando a sociedade se extinguir.

3. Terminada a associação pela dissolução da sociedade associante e revogada esta por deliberação dos sócios, a associação continuará sem interrupção se o associado o quiser, por declaração dirigida ao outro contraente dentro dos noventa dias seguintes ao conhecimento que tenha da revogação.

580

Cap. II. Do contrato de associação em participação   **Arts. 30.º-32.º DL 231/81 [33]**

4. Os sucessores da pessoa colectiva extinta respondem pela indemnização porventura devida à outra parte.

Art. 30.º (Resolução do contrato)
1. Os contratos celebrados por tempo determinado ou que tenham por objecto operações determinadas podem ser extintos antecipadamente, por vontade de uma parte, fundada em justa causa.
2. Consistindo essa causa em facto doloso ou culposo de uma parte, deve esta indemnizar dos prejuízos causados pela extinção.
3. Os contratos cuja duração não seja determinada e cujo objecto não consista em operações determinadas podem ser extintos por vontade de uma das partes, em qualquer momento, depois de decorridos dez anos sobre a sua celebração.
4. A extinção do contrato nos termos do n.º 3 dese artigo não exonera de responsabilidade quando o exercício do respectivo direito deva considerar-se ilegítimo, de acordo com o artigo 334.º do Código Civil.

Art. 31.º (Prestação de contas)
1. O associante deve prestar contas nas épocas legal ou contratalmente fixadas para a exigibilidade da participação do associado nos lucros e nas perdas e ainda relativamente a cada ano civil de duração da associação.
2. As contas devem ser prestadas dentro de prazo razoável depois de findo o período a que respeitam; sendo associante uma sociedade comercial, vigorará para este efeito o prazo de apresentação das contas à assembleia geral.
3. As contas devem fornecer indicação clara e precisa de todas as operações em que o associado seja interessado e justificar o montante de participação do associado nos lucros e perdas, se a ela houver lugar nessa altura.
4. Na falta de apresentação de contas pelo associante, ou não se coformando o associado com as contas apresentadas, será utilizado o processo especial de prestação de contas regulado pelos artigos 1014.º e seguintes do Código de Processo Civil.
5. A participação do associado nos lucros ou nas perdas é imediatamente exigível, caso as contas tenham sido prestadas judicialmente; no caso contrário, a participação nas perdas, na medida em que exceda a contribuição, deve ser satisfeita em prazo não inferior a quinze dias, a contar da interpelação pelo associante.

Nota. Cf. o Assento do STJ, de 2 de Fevereiro de 1988 (DR n.º 62, de 15-3-1988, rectificado em DR de 13-7-1988), que decidiu: "No contrato de conta em participação, regulado pelos artigos 224.º a 229.º do Código Comercial, o associante (*sócio ostensivo*) é obrigado a prestar contas ao associado (*sócio oculto*), salvo havendo convenção em contrário".

Art. 32.º (Revogação de legislação)
São revogados os artigos 224.º a 227.º do Código Comercial.

Nota. Só por lapso se deve ter referido a revogação dos arts. 224.º a 227.º do CCom. O legislador deve ter querido revogar toda a disciplina do CCom sobre a conta em participação que estava regulada nos arts. 224.º a 229.º

AGRUPAMENTO EUROPEU DE INTERESSE ECONÓMICO

[34] REGULAMENTO (CEE) N.° 2137/85 DO CONSELHO de 25 de Julho de 1985 *

relativo à instituição de um Agrupamento Europeu de Interesse Económico (AEIE) *

O CONSELHO DAS COMUNIDADES EUROPEIAS,

Tendo em conta o Tratado que institui a Comunidade Económica Europeia e, nomeadamente, o seu artigo 235.°,

Tendo em conta a proposta da Comissão ([1]),

Tendo em conta o parecer do Parlamento Europeu ([2]),

Tendo em conta o parecer do Comité Económico e Social ([3]),

Considerando que um desenvolvimento harmonioso das actividades económicas e uma expansão contínua e equilibrada no conjunto da Comunidade dependem do estabelecimento e bom funcionamento de um mercado comum capaz de oferecer condições análogas às de um mercado nacional; que a realização deste mercado único e o reforço da sua unidade tornam desejável, nomeadamente, a criação, no interesse das pessoas singulares, sociedades e outras entidades jurídicas, de um quadro jurídico que facilite a adaptação das suas actividades às condições económicas da Comunidade; que, para este fim, é necessário que estas pessoas singulares, sociedades e outras entidades jurídicas possam efectivamente cooperar sem fronteiras;

Considerando que tal cooperação pode encontrar dificuldades de natureza jurídica, fiscal ou psicológica, que a criação de um instrumento jurídico adequado a nível comunitário sob a forma de um Agrupamento Europeu de Interesse Económico contribui para a realização dos objectivos referidos e é portanto, necessária;

Considerando que o Tratado não previu poderes de acção específicos para a criação de tal instrumento jurídico;

Considerando que a capacidade de adaptação do agrupamento às condições económicas deve ser garantida pela grande liberdade dos seus membros na organização das suas relações contratuais e no funcionamento interno do agrupamento;

Considerando que um agrupamento se distingue de uma sociedade principalmente pelo seu objectivo, que é apenas o de facilitar ou desenvolver a actividade económica dos seus membros, para lhes permitir melhorar os seus próprios resultados; que em consequência deste carácter auxiliar, a actividade de um agrupamento deve estar relacionada com a actividade económica dos seus membros e não se subs-

---

* Publicado no JO n.° L 199, de 31 de Julho de 1985. Rectificado no JO n.° L 124/52, de 15 de Maio de 1990.

([1]) JO n.° C 14 de 14.2.1974, p. 30 e JO n.° C 103 de 28.4.1978, p. 4.

([2]) JO n ° C 163 de 11.7.1977, p. 17.

([3]) JO n.° C 108 de 15.5.1975, p. 46.

Agrupamento europeu de interesse económico   **Preâmbulo AEIE [34]**

tituir a esta e que, nesta medida, por exemplo, o agrupamento não pode exercer por si próprio em relação a terceiros, uma profissão liberal, devendo a noção de actividade económica ser interpretada no sentido mais lato;

Considerando que o acesso ao agrupamento deve estar aberto tão amplamente quanto possível
às pessoas singulares, sociedades e outras entidades jurídicas, no respeito pelos objectivos do presente
regulamento; que este não prejudica, contudo, a aplicação, a nível nacional, das regras legais e/ou deontológicas relativas as condições de exercício de uma actividade ou de uma profissão;

Considerando que o presente regulamento, por si só, não confere a ninguém o direito a participar
num agrupamento, mesmo que estejam preenchidas as condições por ele previstas;

Considerando que a faculdade, prevista no presente regulamento, de proibir ou limitar, por razões
de interesse público, a participação em agrupamentos, não prejudica a legislação dos Estados-membros
relativa ao exercício de actividades, a qual pode prever outras proibições ou limitações, ou controlar
ou fiscalizar por qualquer forma a participação num agrupamento de uma pessoa singular, de uma sociedade ou outra entidade jurídica, ou de qualquer categoria destas;

Considerando que, para permitir ao agrupamento atingir o seu objectivo, convém dotá-lo de capacidade jurídica própria e prever a sua representação perante terceiros por um órgão juridicamente distinto
dos seus membros;

Considerando que a protecção dos terceiros exige que seja assegurada uma ampla publicidade
e que os membros do agrupamento respondam ilimitada e solidariamente pelas dívidas deste, incluíndo
dívidas fiscais e de segurança social, sem que, contudo, este princípio afecte a liberdade de excluir ou
restringir, por contrato específico entre o agrupamento e um terceiro, a responsabilidade de um ou de
vários dos seus membros por uma dívida determinada;

Considerando que as questões relativas ao estado e à capacidade das pessoas singulares e à capacidade das pessoas colectivas são reguladas pela lei nacional;

Considerando que convém regular as causas de dissolução próprias do agrupamento, remetendo
para o direito nacional quanto à liquidação e encerramento desta;

Considerando que o agrupamento está submetido às disposições de direito nacional que regulam
a insolvência e a cessação dos pagamentos e que este direito pode prever outras causas de dissolução do
agrupamento;

Considerando que o presente regulamento estabelece que o resultado das actividades do agrupamento só é tributável a nível dos seus membros; que se entende que, quanto a outros aspectos, se aplica
o direito fiscal nacional, nomeadamente no que se refere à repartição dos lucros, aos processos fiscais
e a todas as obrigações impostas pelas legislações fiscais nacionais;

Considerando que, nos domínios não abrangidos pelo presente regulamento, são aplicáveis as disposições do direito dos Estados-membros e do direito comunitário, por exemplo no que se refere:

– ao domínio do direito social e do direito do trabalho;
– ao domínio do direito da concorrência;
– ao domínio do direito da propriedade intelectual;

Considerando que a actividade do agrupamento está sujeita às disposições do direito dos Estados-
-membros relativas ao exercício de uma actividade e ao controlo desta; que em caso de abuso ou con-
torno, por um agrupamento ou pelos seus membros, da lei de um Estado-membro, este pode adoptar as
sanções apropriadas;

Considerando que os Estados-membros são livres de aplicar ou adoptar qualquer medida legislativa, regulamentar ou administrativa que não esteja em contradição com o alcance e os objectivos do presente regulamento;

Considerando que o presente regulamento deve entrar em vigor imediatamente em todos os
seus elementos; que a aplicação de algumas das suas disposições deve, no entanto, ser diferida, a fim
de permitir o estabelecimento prévio, por parte dos Estados-membros, dos mecanismos necessários ao
registo dos agrupamentos no seu território e à publicidade dos seus actos; que, a partir da data da apli-
cacão do presente regulamento, os agrupamentos constituídos podem operar sem qualquer restrição
territorial,

583

[34] AEIE Arts. 1.°-3.°   Agrupamento europeu de interesse económico

ADOPTOU O PRESENTE REGULAMENTO[1]:

Art. 1.° (Constituição)

1. Os Agrupamentos Europeus de Interesse Económico constituir-se-ão nas condições, segundo as modalidades e com os efeitos previstos no presente regulamento.

Neste sentido, quem pretenda constituir um agrupamento deve concluir um contrato e proceder ao registo previsto no artigo 6.°

2. O agrupamento assim constituído tem capacidade, em seu própno nome, para ser titular de direitos e de obrigações de qualquer natureza, para celebrar contratos ou praticar outros actos jurídicos e estar em juízo, a partir da data do registo previsto no artigo 6.°

3. Os Estados-membros determinarão se os agrupamentos inscritos nos seus registos por força do artigo 6.° têm ou não personalidade jurídica.

Nota. Cf. o art. 1.° do DL n.° 148/90, de 9 de Maio **[36]**.

Art. 2.° (Lei aplicável)

1. Sem prejuízo do disposto no presente regulamento, a lei aplicável, por um lado ao contrato de agrupamento, excepto quanto às questões relativas ao estado e à capacidade das pessoas singulares e à capacidade das pessoas colectivas, e por outro ao funcionamento interno do agrupamento, é a lei interna do Estado da sede fixada pelo contrato de agrupamento.

2. No caso de um Estado abranger várias unidades territoriais, cada uma das quais com as suas regras próprias aplicáveis às matérias referidas no n.° 1, cada unidade territorial é considerada como um Estado para efeitos de determinação da lei aplicável nos termos do presente artigo.

Art. 3.° (Finalidade do agrupamento)

1. O objectivo do agrupamento é facilitar ou desenvolver a actividade económica dos seus membros, melhorar ou aumentar os resultados desta actividade; não é seu objectivo realizar lucros para si próprio.

A sua actividade deve estar ligada à actividade económica dos seus membros e apenas pode constituir um complemento a esta última.

2. Por conseguinte, o agrupamento não pode:

a) Exercer, directa ou indirectamente, um poder de direcção ou de controlo das actividades próprias dos seus membros ou das actividades de uma outra empresa, nomeadamente nos domínios relativos ao pessoal, às finanças e aos investimentos;

b) Deter, directa ou indirectamente, a qualquer título, qualquer parte ou acção de uma empresa-membro, sob nenhuma forma; a detenção de partes ou acções numa outra empresa apenas será possível na medida necessária para alcançar o objectivo do agrupamento e quando seja realizada por conta dos seus membros;

c) Empregar mais de 500 assalariados;

---

[1] As epígrafes dos artigos não constam do texto oficial.

Agrupamento europeu de interesse económico
Arts. 4.º-5.º AEIE **[34]**

d) Ser utilizado por uma sociedade para conceder um empréstimo a um dirigente de uma sociedade, ou a qualquer pessoa a ele ligada, quando tais empréstimos estejam sujeitos a restrições ou a controlos, de acordo com as leis dos Estados-membros aplicáveis às sociedades; um agrupamento também não deve ser utilizado para a transferência de um bem entre uma sociedade e um dirigente ou qualquer pessoa a ele ligada, salvo na medida em que tal seja permitido pelas leis dos Estados-membros aplicáveis às sociedades. Para efeitos do disposto na presente disposição, o empréstimo inclui qualquer operação com efeito similar e o bem pode ser móvel ou imóvel.

e) Ser membro de um outro agrupamento europeu de interesse económico.

Art. 4.º (Membros do agrupamento)

1. Só podem ser membros de um agrupamento:

a) As sociedades, na acepção do segundo parágrafo do artigo 58.º do Tratado, bem como as outras entidades jurídicas de direito público ou privado, constituídas de acordo com a legislação de um Estado-membro, que tenham a sua sede estatutária ou legal e a sua administração central na Comunidade; quando, de acordo com a legislação de um Estado-membro, uma sociedade ou outra entidade jurídica não for obrigada a ter uma sede estatutária ou legal, basta que esta sociedade ou outra entidade jurídica tenha a sua administração central na Comunidade;

b) As pessoas singulares que exerçam uma actividade industrial, comercial, artesanal, agrícola que exerçam uma profissão liberal ou que prestem outros serviços na Comunidade.

2. Um agrupamento deve ser composto, no mínimo:

a) Por duas sociedades ou outras entidades jurídicas, na acepção do n.º 1, que tenham a sua administração central em Estados-membros diferentes;

b) Por duas pessoas singulares, na acepção do n.º 1, que exerçam a sua actividade principal em Estados-membros diferentes;

c) Na acepção do n.º 1, por uma sociedade ou outra entidade jurídica e uma pessoa singular, tendo a primeira a sua administração central num Estado-membro e exercendo a segunda a sua actividade principal num Estado-membro diferente.

3. Um Estado-membro pode prever que os agrupamentos inscritos nos seus registos nos termos do artigo 6.º não possam ter mais de vinte membros. Para tanto o Estado-membro pode prever, de acordo com a sua legislação, que cada membro de uma entidade jurídica constituída em conformidade com a sua legislação, que não seja uma sociedade registada, seja tratado como membro individual do agrupamento.

4. Qualquer Estado-membro pode excluir ou restringir, por razões de interesse público, a participação de determinadas categorias de pessoas singulares, de sociedades ou de outras entidades jurídicas em qualquer agrupamento.

Art. 5.º (Conteúdo mínimo do contrato)

Do contrato de agrupamento deve constar, pelo menos:

a) A denominação do agrupamento antecedida ou seguida da expressão «agrupamento europopeu de interesse económico» de iniciais «AEIE», a não ser que esta expressão ou estas iniciais estejam já incluídas na denominação;

585

[34] AEIE Arts. 6.º-8.º   Agrupamento europeu de interesse económico

b) A sede do agrupamento;

c) O objectivo em vista do qual foi formado o agrupamento;

d) O nome, firma ou denominação social, a forma jurídica, o domicílio ou sede social e, se for acaso disso, o número e local de registo de cada um dos membros do agrupamento;

e) A duração do agrupamento, quando não for indeterminada.

Art. 6.º (Registo)

O agrupamento é registado no Estado em que está situada a sede, do registo designado nos termos do n.º 1 do artigo 39.º

Art. 7.º (Actos sujeitos a registos)

O contrato de agrupamento é apresentado no registo referido no artigo 6.º

Também devem ser apresentados neste registo os actos e as indicações seguintes:

a) Qualquer alteração do contrato de agrupamento, incluindo qualquer alteração da composição do agrupamento;

b) A criação e a supressão de qualquer estabelecimento do agrupamento;

c) A decisão judicial que verifica ou declara a nulidade do agrupamento, nos termos do artigo 15.º;

d) A nomeação do ou dos gerentes do agrupamento, o seu nome ou qualquer outro elemento de identificação exigido pela lei do Estado-membro no qual é mantido o registo, a indicação de que podem agir sós ou devem agir conjuntamente, bem como a cessação das suas funções;

e) Qualquer cessão da participação de um membro no agrupamento ou de parte da sua participação, nos termos do n.º 1 do artigo 22.º;

f) A decisão dos membros que declare ou verifique a dissolução do agrupamento, nos termos do artigo 31.º, ou a decisão judicial que declare tal dissolução, nos termos dos artigos 31.º ou 32.º;

g) A nomeação do ou dos liquidatários do agrupamento, referidos no artigo 35.º, o seu nome e qualquer outro elemento de identificação exigido pela lei do Estado-membro no qual é mantido o registo, bem como a cessação das suas funções;

h) O encerramento da liquidação do agrupamento, referida no n.º 2 do artigo 35.º;

i) O projecto de transferência de sede, referido no n.º 1 do artigo 14.º;

j) A cláusula que exonere um novo membro do pagamento das dívidas contraídas antes da sua entrada, nos termos do n.º 2 do artigo 26.º

Art. 8.º (Publicações)

Devem ser publicados, nas condições previstas no artigo 39.º, no boletim mencionado no n.º 1 do referido artigo:

a) As indicações que devem obrigatoriamente constar do contrato de agrupamento por força do artigo 5.º, bem como as alterações de que tenham sido objecto:

b) O número, a data e o lugar de registo, bem como o cancelamento do registo;

c) Os actos e indicações referidos nas alíneas *b*) ao artigo 7.º

586

Agrupamento europeu de interesse económico   **Arts. 9.º-12.º AEIE [34]**

As indicações referidas nas alíneas *a*) e *b*) devem ser publicadas integralmente. Os actos e as indicações referidas na alínea *c*) podem ser publicados integralmente ou sob forma de extractos ou ainda sob forma de indicação de apresentação no registo, consoante a legislação nacional aplicável.

Art. 9.º (Efeitos em relação a terceiros)
1. Os actos e indicações sujeitos a publicação, nos termos do presente regulamento, são oponíveis pelo agrupamento em relação a terceiros nas condições previstas pelo direito nacional aplicável, nos termos dos n.ºs 5 e 7 do artigo 3.º da Directiva 68/151/CEE do Conselho de 9 de Março de 1968, relativa à coordenação, para as tornar equivalentes, das garantias exigidas, nos Estados-membros, em relação às sociedades, na acepção do segundo parágrafo do artigo 58.º do Tratado, a fim de proteger tanto os interesses dos sócios como de terceiros ([1]).
2. Caso tenham sido praticados actos em nome de um agrupamento antes do seu registo nos termos do artigo 6.º e se o agrupamento não assumir, após o registo, os compromissos resultantes de tais actos, as pessoas singulares, sociedades ou outras entidades jurídicas que os tenham praticado são responsáveis por eles de forma solidária e ilimitada.

Art. 10.º (Registo dos estabelecimentos do agrupamento)
Qualquer estabelecimento do agrupamento situado num Estado-membro que não o Estado-membro da sede deve ser registado nesse Estado. Para efeitos do registo, o agrupamento apresentará no registo competente do Estado-membro em causa uma cópia dos documentos em relação aos quais é obrigatória a apresentação no registo do Estado-membro da sede, acompanhada, se necessário, de uma tradução elaborada de acordo com os usos existentes no registo de inscrição do estabelecimento.

Art. 11.º (Publicações no *Jornal Oficial* da CE)
A constituição e o encerramento da liquidação de um agrupamento, com indicação do número, da data e do lugar do seu registo, bem como da data, do lugar e do título da publicação, serão publicadas no *Jornal Oficial das Comunidades Europeias*, após publicação no boletim referido no n.º 1 do artigo 39.º

Art. 12.º (Sede)
A sede mencionada no contrato de agrupamento deve situar-se na Comunidade.
A sede deve ser fixada:
a) No lugar em que o agrupamento tem a sua administração central; ou
b) No lugar em que um dos membros do agrupamento tem a sua administração central ou ainda, quando se trate de uma pessoa singular, no local em que tem a sua actividade principal, desde que o agrupamento desenvolva uma actividade real nesse lugar.

---

[1] JO n.º L 65 de 14-3-1968, p. 8.

[34] AEIE Arts. 13.º-15.º   Agrupamento europeu de interesse económico

Art. 13.º (Transferência da sede)
A sede do agrupamento pode ser transferida no interior da Comunidade.
Quando tal transferência não tiver por consequência uma mudança da lei aplicável por força do artigo 2.º, a decisão de transferência será tomada nas condições previstas no contrato do agrupamento.

Art. 14.º (Tranferência da sede e lei aplicável)
1. Quando a transferência da sede tiver por consequência uma mudança da lei aplicável por força do artigo 2.º, deve ser elaborado um projecto de transferência que deve ser objecto de apresentação e de publicação nas condições previstas nos artigos 7.º e 8.º
A decisão de transferência só pode ser tomada dois meses após a publicação do referido projecto. Esta decisão deve ser tomada por unanimidade dos membros do agrupamento. A transferência produz efeitos na data em que o agrupamento for registado, nos termos do artigo 6.º, no registo da nova sede. Este registo só se pode efectuar se se provar a publicação do projecto de transferência da sede.
2. O cancelamento do registo do agrupamento no registo da anterior sede só se pode efectuar mediante prova do registo do agrupamento no registo da nova sede.
3. A publicação do novo registo do agrupamento torna a nova sede oponível a terceiros nas condições referidas no n.º 1 do artigo 9.º; todavia, enquanto não se tiver realizado a publicação do cancelamento do registo no registo da anterior sede, os terceiros podem continuar a basear-se na sede antiga, a não ser que o agrupamento prove que os terceiros tinham conhecimento da nova sede.
4. A legislação de um Estado-membro pode prever, no que respeita aos agrupamentos registados neste último, nos termos do artigo 6.º, que uma transferência da sede, de que resultaria uma mudança da lei aplicável, não produz efeitos se, no prazo de dois meses referido no n.º 1, uma autoridade competente desse Estado-membro se opuser. Esta oposição só pode fundamentar-se em razões de interesse público. Deve ser susceptível de recurso perante uma autoridade jurisdicional.

Art. 15.º (Nulidade do agrupamento)
1. Sempre que a lei aplicável ao agrupamento por força do artigo 2.º previr a nulidade do agrupamento, esta nulidade deve ser verificada ou declarada por decisão judicial. Contudo, o tribunal a que a questão tenha sido submetida deve, sempre que for possível a regularização da situação do agrupamento, conceder um prazo que permita proceder a essa regularização.
2. A nulidade do agrupamento implicará a sua liquidação nas condições previstas no artigo 35.º
3. A decisão que verifica ou declara a nulidade do agrupamento é oponível a terceiros nas condições referidas no n.º 1 do artigo 9.º
Esta decisão não afecta a validade das obrigações nascidas a cargo ou em benefício do agrupamento anteriormente à data em que se torna oponível a terceiros nas condições referidas no parágrafo anterior.

588

Agrupamento europeu de interesse económico   Arts. 16.º-19.º AEIE **[34]**

Art. 16.º (Orgãos)

1. Os órgãos do agrupamento são os membros agindo colegialmente e o ou os gerentes.

O contrato do agrupamento pode prever outros órgãos; estabelecerá, neste caso, os seus poderes.

2. Os membros do agrupamento agindo enquanto órgão podem tomar qualquer decisão com vista à realização do objectivo do agrupamento.

Art. 17.º (Direito de voto)

1. Cada membro dispõe de um voto. O contrato do agrupamento pode, todavia, atribuir vários votos a certos membros, desde que nenhum deles detenha a maioria.

2. É exigida a unanimidade dos membros para as seguintes decisões:

a) Alterar o objectivo do agrupamento;

b) Alterar o número de votos atribuído a cada um deles;

c) Alterar as condições de tomada de decisão;

d) Prorrogar a duração do agrupamento para além do período fixado no contrato de agrupamento;

e) Alterar a quota de cada um dos membros ou de alguns de entre eles no financiamento do agrupamento;

f) Alterar qualquer outra obrigação de um membro, a não ser que o contrato de agrupamento disponha de outro modo;

g) Proceder a qualquer alteração do contrato do agrupamento que não seja uma alteração referida no presente número, a não ser que este contrato disponha de outro modo.

3. Em todos os casos em que o presente regulamento não preveja que as decisões devem ser tomadas por unanimidade, o contrato de agrupamento pode determinar as condições de *quorum* e de maioria em que as decisões, ou algumas de entre elas, serão tomadas. Se o contrato nada estipular a este respeito, as decisões serão tomadas por unanimidade.

4. Por iniciativa de um gerente ou a pedido de um membro, o ou os gerentes devem organizar uma consulta aos membros a fim de que estes tomem uma decisão.

Art. 18.º (Direito à informação)

Cada membro tem o direito de obter dos gerentes informações sobre os negócios do agrupamento e de consultar os livros e documentos de negócios.

Art. 19.º (Gestão do agrupamento)

1. O agrupamento é gerido por uma ou várias pessoas singulares nomeadas no contrato de agrupamento ou por decisão dos membros.

Não podem ser gerentes de um agrupamento as pessoas que:

— segundo a lei que lhes é aplicável, ou

— segundo a lei interna do Estado da sede do agrupamento, ou

— na sequência de uma decisão judicial ou administrativa tomada ou reconhecida num Estado-membro,

não podem fazer parte do órgão de administração ou de direcção de uma sociedade,

589

[34] AEIE Arts. 20.º-22.º   Agrupamento europeu de interesse económico

não podem gerir uma empresa ou não podem agir como gerentes de um agrupamento europeu de interesse económico.

2. Um Estado-membro pode prever, para os agrupamentos inscritos nos seus registos por força do artigo 6.º, que uma pessoa colectiva possa ser gerente, desde que esta designe uma ou mais pessoas singulares como seus representantes, que devem ser objecto da menção prevista na alínea *d*) do artigo 7.º

Se um Estado-membro usar esta faculdade deve prever que esse ou esses representantes sejam responsáveis como se fossem, eles próprios, gerentes do agrupamento.

As proibições previstas no n.º 1 aplicam-se igualmente a estes representantes.

3. O contrato do agrupamento ou, se este for omisso, uma decisão unânime dos membros estabelecerá as condições de nomeação e de exoneração do ou dos gerentes e fixará os seus poderes.

Art. 20.º (Representação do agrupamento)

1. Relativamente a terceiros, só o gerente ou, se forem vários, cada um dos gerentes, representa o agrupamento.

Cada um dos gerentes obriga o agrupamento em relação a terceiros, quando age em nome do agrupamento, mesmo se os seus actos não forem abrangidos pelo objecto deste, a não ser que o agrupamento prove que o terceiro sabia que o acto ultrapassava os limites do objectivo do agrupamento ou não podia ignorá-lo, tendo em conta as circunstâncias; a mera publicação da menção referida na alínea *c*) do artigo 5.º não é prova suficiente.

Qualquer limitação, resultante do contrato de agrupamento ou de uma decisão dos membros, aos poderes do ou dos gerentes é inoponível a terceiros, mesmo que tenha sido publicada.

2. O contrato de agrupamento pode prever que o agrupamento só se obriga validamente através de dois ou mais gerentes agindo conjuntamente. Esta cláusula só é oponível a terceiros, nas condições referidas no n.º 1 do artigo 9.º, se tiver sido publicada nos termos do artigo 8.º

Art. 21.º (Lucros)

1. Os lucros provenientes das actividades do agrupamento serão considerados como lucros dos membros e repartidos entre eles na proporção prevista no contrato de agrupamento ou, se este for omisso, em partes iguais.

2. Os membros do agrupamento contribuirão para o pagamento do excedente das despesas sobre as receitas na proporção prevista no contrato de agrupamento ou, se este for omisso, em partes iguais.

Art. 22.º (Transmissão das participações)

1. Qualquer membro do agrupamento pode ceder a sua participação no agrupamento, ou uma fracção desta, quer a outro membro, quer a um terceiro; a eficácia da cessão está subordinada a uma autorização dada, por unanimidade, pelos outros membros.

2. Um membro do agrupamento só pode constituir uma garantia sobre a sua participação no agrupamento após autorização dada por unanimidade pelos outros

590

Agrupamento europeu de interesse económico   **Arts. 23.º-26.º AEIE [34]**

membros, a não ser que o contrato de agrupamento disponha em contrário. O titular da garantia não pode, em nenhum momento, tornar-se membro do agrupamento por força de tal garantia.

Art. 23.º (Proibição de apelo ao investimento público)

O agrupamento não pode fazer apelo ao investimento do público.

Art. 24.º (Responsabilidade dos membros do agrupamento)

1. Os membros do agrupamento respondem ilimitada e solidariamente pelas dívidas daquele, de qualquer natureza. A legislação nacional determinará as consequências dessa responsabilidade.

2. Até ao encerramento da liquidação do agrupamento os credores do agrupamento só podem proceder contra um membro para pagamento das dívidas nas condições previstas no n.º 1, após terem pedido esse pagamento ao agrupamento e este não ter sido efectuado em prazo adequado.

Art. 25.º (Menções em actos externos)

As cartas, notas de encomenda e documentos semelhantes devem indicar de modo legível:

a) A denominação do agrupamento, recebida ou seguida das palavras «agrupamento europeu de interesse económico», ou das iniciais «AEIE», excepto se essas palavras ou iniciais já figurarem naquela denominação;

b) O local do registo referido no artigo 6.º em que o agrupamento se encontra inscrito, bem como o número de inscrição do agrupamento nesse registo;

c) O endereço da sede do agrupamento;

d) Se for caso disso, a menção de que os gerentes devem agir conjuntamente;

e) Se for caso disso, a menção de que o agrupamento está em liquidação por força dos artigos 15.º, 31.º, 32.º ou 36.º

Qualquer estabelecimento do agrupamento, desde que inscrito em conformidade com o artigo 10.º, deve fazer constar as indicações supra-mencionadas, acompanhadas pelas relativas ao seu próprio registo, nos documentos referidos no primeiro parágrafo do presente artigo, emanados desse estabelecimento.

Art. 26.º (Entrada de novos membros)

1. A decisão de admitir novos membros será tomada por unanimidade dos membros do agrupamento.

2. Qualquer novo membro é responsável, nos termos do artigo 24.º, pelas dívidas do agrupamento, incluindo as resultantes da actividade do agrupamento anteriormente à sua admissão.

O novo membro pode ser, no entanto, isento, por uma cláusula do contrato de agrupamento ou do acto de admissão, do pagamento das dívidas contraídas anteriormente à sua admissão. Esta cláusula só é oponível a terceiros, nas condições referidas no n.º 1 do artigo 9.º, se for publicada em conformidade com o artigo 8.º

[34] AEIE Arts. 27.º-31.º

Agrupamento europeu de interesse económico

Art. 27.º (Exoneração dos membros do agrupamento)

1. Um membro do agrupamento pode exonerar-se nas condições previstas no contrato de agrupamento ou, se este for omisso, com o acordo unânime dos outros membros.

Qualquer membro do agrupamento pode, além disso, exonerar-se com justa causa.

2. Qualquer membro do agrupamento pode ser excluído pelos motivos indicados no contrato de agrupamento e, em qualquer caso, quando faltar gravemente às suas obrigações ou provocar ou ameaçar provocar perturbações graves no funcionamento do agrupamento.

Tal exclusão só pode verificar-se por decisão do tribunal, tomada a pedido conjunto da maioria dos restantes membros, a não ser que o contrato de agrupamento disponha de outro modo.

Art. 28.º (Perda da qualidade de membro do agrupamento)

1. Qualquer membro do agrupamento deixa de fazer parte deste no momento da sua morte ou no momento em que já não preencher as condições previstas no n.º 1 do artigo 4.º

Além disso, um Estado-membro pode prever, na sua legislação em matéria de liquidação, dissolução, insolvência ou de cessação de pagamentos, que um membro de agrupamento deixe de a ele pertencer no momento fixado pela referida legislação.

2. Em caso de morte de uma pessoa singular membro do agrupamento, nenhuma outra pessoa pode tomar o seu lugar naquele, excepto nas condições previstas no contrato de agrupamento ou, se este for omisso, com o acordo unânime dos restantes membros.

Art. 29.º (Actos subsequentes à perda da qualidade de membro do agrupamento)

Logo que um membro deixe de fazer parte do agrupamento, o ou os gerentes devem notificar os restantes membros dessa situação; devem igualmente tomar as medidas enunciadas nos artigos 7.º e 8.º. Além disso, qualquer interessado pode tomar as referidas medidas.

Art. 30.º (Continuação do agrupamento em caso de saída de alguns dos seus membros)

Salvo disposições do contrato de agrupamento em contrário e sem prejuízo dos direitos adquiridos por uma pessoa por força do n.º 1 do artigo 22.º ou do n.º 2 do artigo 28.º, o agrupamento subsistirá com os restantes membros, após um dos seus membros ter cessado de dele fazer parte, nas condições previstas pelo contrato de agrupamento ou determinadas por decisão unânime dos membros.

Art. 31.º (Dissolução)

1. O agrupamento pode ser dissolvido por decisão dos seus membros que declare essa dissolução. Esta decisão é tomada por unanimidade, a não ser que o contrato de agrupamento disponha de outro modo.

592

Agrupamento europeu de interesse económico **Arts. 32.º-34.º AEIE [34]**

2. O agrupamento deve ser dissolvido por decisão dos seus membros:

a) Que verifique o decurso do prazo fixado no contrato de agrupamento ou qualquer outra causa de dissolução prevista nesse contrato, ou

b) Que verifique a realização do objectivo do agrupamento ou a impossibilidade de o prosseguir.

Se, decorridos três meses após a ocorrência de uma das situações referidas no parágrafo anterior, não tiver sido tomada a decisão dos membros que verifica a dissolução do agrupamento, qualquer membro pode solicitar ao tribunal que declare essa dissolução.

3. O agrupamento deve também ser dissolvido por uma decisão dos seus membros ou do membro restante quando as condições do n.º 2 do artigo 4.º já não se encontrarem preenchidas.

4. Após a dissolução do agrupamento por decisão dos seus membros, o ou os gerentes devem proceder à aplicação das medidas enunciadas nos artigos 7.º e 8.º Além disso, qualquer interessado pode proceder à aplicação das referidas medidas.

Art. 32.º (Dissolução judicial)

1. A pedido de qualquer interessado ou de uma autoridade competente, o tribunal deve declarar a dissolução do agrupamento em caso de violação dos artigos 3.º ou 12.º ou do n.º 3 do artigo 31.º, excepto se a regularização da situação do agrupamento for possível e ocorrer antes da decisão de mérito.

2. A pedido de um membro, o tribunal pode declarar a dissolução do agrupamento por justa causa.

3. Um Estado-membro pode prever que o tribunal possa, a pedido de uma autoridade competente, declarar a dissolução de um agrupamento com sede no Estado a que pertença essa autoridade, em todos os casos em que o agrupamento actue contra o interesse público desse Estado, caso exista essa possibilidade na legislação deste último em relação às sociedades registadas ou a outras entidades jurídicas sujeitas a essa legislação.

Art. 33.º (Valor da parte do membro do agrupamento que dele se aparte)

Quando um membro deixar de fazer parte do agrupamento por causa distinta da cessão dos seus direitos nas condições previstas no n.º 1 do artigo 22.º, o valor dos seus direitos e obrigações será determinado com base no património do agrupamento tal como se apresenta no momento em que esse membro deixe de lhe pertencer.

O valor dos direitos e obrigações do membro que deixa o agrupamento não pode ser fixado antecipadamente.

Art. 34.º (Responsabilidade do membro do agrupamento que dele se aparte)

Sem prejuízo do disposto no n.º 1 do artigo 37.º, qualquer membro que deixe de fazer parte do agrupamento continuará responsável, nas condições previstas no artigo 24.º, pelas dívidas resultantes da actividade do agrupamento anteriormente à cessação da sua qualidade de membro.

593

[34] AEIE Arts. 35.°-39.°   Agrupamento europeu de interesse económico

Art. 35.° (Liquidação do agrupamento)

1. A dissolução do agrupamento implicará a sua liquidação.
2. A liquidação do agrupamento e o encerramento dessa liquidação são regulados pelo direito nacional.
3. A capacidade do agrupamento, na acepção do n.° 2 do artigo 1.°, subsiste até ao encerramento da liquidação.
4. O ou os liquidatários procederão à aplicação das medidas enunciadas nos artigos 7.° e 8.°

Art. 36.° (Insolvência do agrupamento

Os agrupamentos europeus de interesse económico encontram-se sujeitos às disposições do direito nacional que regulam a insolvência e a cessação dos pagamentos. A instauração de um processo contra um agrupamento por motivo da sua insolvência ou de cessação dos seus pagamentos não implicará, por si só, a instauração de um processo semelhante contra os membros desse agrupamento.

Art. 37.° (Prescrição)

1. Qualquer prazo mais longo eventualmente previsto pelo direito nacional aplicável é substituído pelo prazo de prescrição de cinco anos a contar da publicação, nos termos do artigo 8.°, da saída de um membro do agrupamento, quanto às acções contra esse membro, relativas às dívidas decorrentes da actividade do agrupamento anteriormente à cessação da sua qualidade de membro.
2. Qualquer prazo mais longo eventualmente previsto pelo direito nacional aplicável é substituído pelo prazo de prescrição de cinco anos a contar da publicação, nos termos do artigo 8.°, do encerramento da liquidação do agrupamento, quanto às acções contra um membro do agrupamento relativas às dívidas decorrentes da actividade desse agrupamento.

Art. 38.° (Exercício de actividade contrária ao interesse público)

Sempre que um agrupamento exercer, num Estado-membro, uma actividade contrária ao interesse público desse Estado, uma autoridade competente desse Estado pode proibir tal actividade. A decisão da autoridade competente deve ser susceptível de recurso perante uma autoridade jurisdicional.

Art. 39.° (Competência para os actos de registo)

1. Os Estados-membros designarão o ou os registos competentes para proceder ao registo referido nos artigos 6.° e 10.° e determinarão as regras que lhe são aplicáveis. Fixarão as condições sob que se deve efectuar a apresentação dos documentos referidos nos artigos 7.° e 10.°. Assegurar-se-ão de que os actos e indicações referidos no artigo 8.° sejam publicados no boletim oficial adequado do Estado-membro em que o agrupamento tenha a sua sede, e podem prever as modalidades de publicação dos actos e indicações referidos na alínea c) do artigo 8.°

Além disso, os Estados-membros velarão por que qualquer pessoa possa tomar conhecimento, no registo competente por força do artigo 6.° ou, se for caso disso, do artigo 10.°, dos documentos referidos no artigo 7.° e obter, mesmo por correio, cópia integral ou parcial dos mesmos.

594

Agrupamento europeu de interesse económico   **Arts. 40.º-43.º AEIE [34]**

Os Estados-membros podem prever o pagamento das despesas inerentes às operações referidas nos parágrafos anteriores, mas o montante dessas despesas não pode ser superior ao seu custo administrativo.

2. Os Estados-membros assegurar-se-ão de que as indicações que devem ser publicadas no *Jornal Oficial das Comunidades Europeias* por força do artigo 11.º são comunicadas ao Serviço das Publicações Oficiais das Comunidades Europeias no mês seguinte à publicação no boletim oficial referido no n.º 1.

3. Os Estados-membros devem prever sanções adequadas em caso de não cumprimento do disposto nos artigos 7.º, 8.º e 10.º em matéria de publicidade e em caso de não cumprimento do disposto no artigo 25.º

Art. 40.º (Tributação de lucros)
Os lucros ou perdas resultantes da actividade do agrupamento só são tributáveis a nível dos seus membros.

Art. 41.º (Capacidade para adquirir a qualidade de membro do agrupamento)
1. Os Estados-membros tomarão as medidas exigidas por força do artigo 39.º antes de 1 de Julho de 1989. Comunicá-las-ão imediatamente à Comissão.

2. Os Estados-membros comunicarão à Comissão, a título informativo, as categorias de pessoas singulares, sociedades e outras entidades jurídicas que excluam da participação em agrupamentos nos termos do n.º 4 do artigo 4.º

Art. 42.º (Comité de contacto)
É instituído junto da Comissão, a partir da adopção do presente regulamento, um Comité de Contacto. A sua função consiste em:

a) Facilitar, sem prejuízo do disposto nos artigos 169.º e 170.º do Tratado, a aplicação do presente regulamento através de consultas regulares relativas, nomeadamente, aos problemas concretos suscitados pela sua aplicação;

b) Aconselhar, se necessário, a Comissão sobre os aditamentos ou alterações a fazer ao presente regulamento.

2. O Comité de Contacto é composto por representantes dos Estados-membros, bem como por representantes da Comissão.

A presidência será assegurada por um representante da Comissão.

O secretariado será assegurado pelos serviços da Comissão.

3. O Comité de Contacto é convocado pelo seu presidente, quer por sua própria iniciativa, quer a pedido de um dos seus membros.

Art. 43.º (Entrada em vigor)
O presente regulamento entra em vigor no terceiro dia seguinte ao da sua publicação no *Jornal Oficial das Comunidades Europeias.*

O presente regulamento é aplicável a partir de 1 de Julho de 1989, com excepção dos artigos 39.º, 41.º e 42.º, aplicáveis desde a entrada em vigor do presente regulamento.

O presente regulamento é obrigatório em todos os seus elementos e directamente aplicável em todos os Estados-membros.

595

ESTABELECIMENTO INDIVIDUAL DE RESPONSABILIDADE LIMITADA

[35] DECRETO-LEI N.° 248/86
de 25 de Agosto

1. Através do presente diploma cria-se e regulamenta-se um instituto até agora desconhecido entre nós: o estabelecimento mercantil individual de responsabilidade limitada.

Como é geralmente sabido, vem sendo defendida há várias décadas por importante sector da doutrina a limitação da responsabilidade do comerciante em nome individual pelas dívidas contraídas na exploração da sua empresa.

Contra essa solução têm sido, porém, invocados vários argumentos. Assim, observa-se que a concessão desse favor colocaria terceiros (credores comerciais e particulares do comerciante) sob a ameaça de graves prejuízos.

Aduz-se depois que a responsabilidade ilimitada patrimonial do comerciante é o factor que melhor o pode ajudar a obter o crédito de que necessita. Pondera-se ainda ser justo que quem detem o domínio efectivo de uma empresa responda com todo o seu património pelas dívidas contraídas na respectiva exploração.

Tais argumentos não parecem decisivos. Quanto ao primeiro, a réplica surge de imediato; tudo vai do regime a que se submeta o novo instituto. Não constitui, na verdade, dificuldade insuperável incluir nele normas adequadas a assegurar a terceiros uma tutela eficaz. E esta é justamente uma das linhas dominantes e uma das ideias-força do presente diploma.

Relativamente aos outros dois argumentos, ambos são contraditados pela larga difusão que encontrou o tipo das sociedades de responsabilidade limitada (entre nós chamadas sociedades por quotas), criado pelo legislador alemão em fins do século passado como resposta a necessidades sentidas na prática. Ora, em numerosíssimos casos, os poderes de gerência na sociedade por quotas competem a todos os sócios, o que prova, como se escreveu recentemente, que a limitação da responsabilidade de quem tem nas mãos as alavancas do comando da empresa não prejudica, afinal, o recurso ao crédito, não entorpece, pois, o comércio.

«Por outra via, todos sabemos como o rigor da lei, ao denegar *ex silentio* o favor da limitação da responsabilidade ao empresário individual, é por toda a parte facilmente iludido, graças ao expediente das sociedades unipessoais», um fenómeno, como também se sabe, hoje vulgaríssimo na prática de todos os países.

2. Apontaram-se, e contraditaram-se, as principais razões que poderiam condenar a admissão do novo instituto. Enunciem-se agora os mais importantes argumentos em seu favor.

Como também já se aduziu, o exercício profissional da actividade mercantil implica pesados riscos: é a álea inerente ao comércio. Para alcançar benefícios, importa correr o risco de suportar graves prejuízos. Prejuízos que no limite podem acarretar a ruína da empresa, sendo certo que, no quadro do direito vigente, é muito difícil que a ruína da empresa não arraste consigo a do próprio empresário (individual) e virtualmente a da sua família: de facto, é princípio acolhido na generalidade dos sistemas jurídicos o de que o devedor responde com todo o seu património pelas obrigações validamente assumidas. Por outro lado, a regulamentação a que o nosso direito sujeita as dívidas comerciais dos devedores casados em regime de comunhão [v. Código Civil, artigo 1691.°, n.° 1, alínea *d*), e Código Comercial, artigos 15.° e 10.°], associada à realidade sociológica portuguesa (são poucos entre nós os casamentos em que vigora o regime de separação de bens), torna pouco provável que a falência do comerciante não consuma o melhor do património familiar.

596

Estabelecimento ind. de responsabilidade limitada   **Preâmbulo EIRL [35]**

O juízo favorável à limitação de responsabilidade do empresário singular, que daqui emerge, não se altera se forem perspectivadas as coisas do ponto de vista do interesse da própria organização mercantil, ou seja, da empresa. Certo é que os credores da empresa perdem agora a vantagem de poderem executar a totalidade do património do empresário e do seu casal, mas ganham em troca a de verem os bens investidos no estabelecimento rigorosamente afectados ao pagamento das dívidas contraídas na respectiva exploração. Efectivamente, qualquer que seja a opção tomada quanto ao enquadramento jurídico do novo instituto, sempre ela há-de ter por base a constituição de um património autónomo ou de afectação especial, com o regime característico (bem conhecido) desta figura.

Ponto é que, ao delinearem-se os contornos jurídicos do instituto, efectivamente se acautelem os vários interesses envolvidos, quer exigindo a destinação ao escopo mercantil de uma massa patrimonial de valor suficientemente elevado, quer instituindo os necessários mecanismos de controle da afectação desse património ao fim respectivo.

3. De resto, a inovação legislativa de que se trata não representará um salto no desconhecido por parte do legislador português, antes tal actuação alinhará com a de outras legislações que, frequentemente, têm sido fonte de inspiração da nossa. Com efeito, razões idênticas ou próximas das atrás apontadas levaram a que, recentemente, na Alemanha (GmbH-Novelle de 1980) e na França (Lei n.º 185-697, de 11 de Julho de 1985) fosse dada resposta legislativa favorável à pretensão do empresário individual de afectar ao giro mercantil unicamente uma parte do seu património.

A solução adoptada pelos legisladores alemão e francês – admissibilidade da criação *ab initio* da sociedade unipessoal de responsabilidade limitada – é, de facto, uma das duas vias possíveis para enquadrar juridicamente a situação em causa. A outra é representada pela criação de uma nova figura jurídica – a empresa (*rectius:* o estabelecimento) individual de responsabilidade limitada (com ou sem personalidade jurídica).

Qualquer destas soluções tem a sua favor e contra si vários argumentos.

Examine-se a primeira, que é a da sociedade unipessoal.

4. Consistirá esta na admissibilidade da constituição de uma sociedade comercial de responsabilidade limitada com um único sócio. Por ela enveredaram, como já foi dito, os legisladores alemão e francês. Certo que, tanto nos países europeus (mormente nos de cultura jurídica germânica) como em algumas nações latino-americanas, não se desconhece a específica problemática inerente à solução frontal da questão, ou seja, a admissão da figura do estabelecimento (empresa) mercantil individual de responsabilidade limitada. Pelo contrário, o assunto tem sido repetidamente objecto de profundas análises doutrinais e, até, de vários projectos legislativos.

No entanto, não foi essa a solução que prevaleceu nos referidos países. Porquê?

5. Foram duas, no essencial, as razões que levaram o legislador alemão a optar pela solução consagrada na GmbH-Novelle de 1980:

a) A grande difusão que a «Gesellschaft mit beschrankter Haftung» unipessoal conhecia na prática: há longo tempo admitida pela doutrina e jurisprudência, o próprio legislador a tinha já reconhecido (assim, o § 15 da Umwandlungsgesetz, de 6 de Novembro de 1986). Mas há mais. A *praxis* não legitimava apenas a sociedade de responsabilidade limitada que em certo momento, em virtude de vicissitudes normais da sua existência jurídica, ficara reduzida a um único sócio: ia bastante mais longe, pois co-onestava as próprias sociedades *ab initio* constituídas por um único sócio verdadeiro, secundado (por via das aparências) por um ou mais testas de-ferro (Strohmanner);

b) A maior facilidade em delinear um regime jurídico para esta situação: com efeito, a admissão da sociedade de responsabilidade limitada de um único sócio (Einmann-GmbH) apenas implicaria a adaptação de algumas normas do regime da GmbH, ao passo que a outra opção – criação da empresa individual de responsabilidade limitada – levantaria muito mais graves dificuldades.

Assim se pensou e escreveu na Alemanha.

E não foram por certo diferentes das referidas as razões que pesaram no espírito do legislador francês e o levaram a admitir a constituição da sociedade de responsabilidade limitada com um único sócio (aliás, curiosamente, a lei em questão intitula-se «loi relative à l'entreprise unipersonnelle à la responsabilité limitée»).

Assim procedendo renunciou-se ao conceito tradicional da sociedade como contrato. Dogmaticamente, a sociedade é contrato e é instituição. Entretanto, as duas citadas leis pressupõem, ambas, uma construção dogmática em que aquela primeira componente (a ideia de contrato) é obliterada, ficando

597

[35] EIRL Preâmbulo

Estabelecimento ind. de responsabilidade limitada

a sociedade reduzida à sua vertente institucional. E isto porque, bem atentas as coisas, e perspectivada agora a matéria a outra luz, a sociedade passa a ser preferentemente olhada como uma técnica de organização da empresa. O número daqueles que podem tirar proveito dessa técnica passa a não interessar. A sociedade de uma única pessoa não deixa de ser sociedade.

6. Quanto, porém, ao nosso país, as coisas não se apresentam do mesmo modo: as razões apontadas no número anterior não valem aqui com a mesma intensidade.

É certo que a ideia da sociedade com um único sócio encontra hoje aceitação generalizada tanto na doutrina como na prática, e até o novo Código das Sociedades Comerciais vencidas algumas hesitações, lhe dará consagração igual àquela que um importante sector da doutrina nacional de há muito vinha preconizando.

Mas, em contrapartida, não deixa de ser verdade que entre nós (diferentemente do que acontece na Alemanha) nunca se admitiu – entre outras razões, por fidelidade à ideia da sociedade-contrato – a unipessoalidade originária. E não menos certo é, por outro lado, que (e também ao invés do que se passa naquele país) as contribuições doutrinais portuguesas sobre a regulamentação jurídica específica das sociedades de um único sócio são escassas. A hipótese configurada no artigo 488.° daquele novo Código repercute um regime excepcional, que não altera esta forma de ver as coisas.

Eis porque, tudo pesado, não parece que a figura da sociedade unipessoal, nos latos termos em que passou a ser admitida no direito alemão e francês, seja em Portugal o instrumento jurídico mais apropriado para a solução do problema da limitação de responsabilidade do empresário individual. Mais lógico e mais conforme com os princípios tradicionais do nosso direito se apresenta o outro caminho apontado: a criação de um novo instituto jurídico – o estabelecimento mercantil individual de responsabilidade limitada. Esta se afigura ser a solução preferível, apesar da inovação que representa e das acrescidas dificuldades de regulamentação que determina.

7. Dilucidado este problema, outra questão desponta, que é a de saber se a disciplina legal da empresa individual de responsabilidade limitada deve assentar na construção desta empresa como pessoa jurídica, ou ter como ponto de referência a ideia de património autónomo ou de afectação especial.

O projecto de lei recentemente apresentado ao Parlamento Belga, que contém uma proposta de regulamentação bastante minuciosa na presente matéria, orienta-se expressamente no sentido da empresa-pessoa jurídica. Tal construção parece, em rigor, desnecessária. Sobre este assunto escreveu-se, não há muito tempo, numa revista jurídica portuguesa, o seguinte:

«Alguns dos autores que dão a sua adesão à ideia da criação legal da E.I.R.L. – em detrimento da administração da sociedade unipessoal (*lato sensu*) – propõem que àquela seja atribuída a personalidade jurídica, vendo no fenómeno um acto jurídico unilateral, semelhante ao acto pelo qual se institui uma fundação – com a diferença de o fim social previsto na lei ser aqui substituído pelo fim económico lucrativo.

Outros, porém, rejeitam uma tal construção, pronunciando-se antes pela solução que concebe a E.I.R.L. como um património separado ou autónomo ou, de outro ângulo de vista, como um património de afectação».

Por nossa parte, não reconhecemos a este ponto uma importância fundamental, pois qualquer das vias apontadas poderá conduzir a resultados satisfatórios. Necessário é que o legislador, optando por uma delas, consagre uma instituição estruturada de molde a servir os interesses do comerciante, sem, contudo, descurar a protecção dos interesses de terceiros (contendo normas destinadas a evitar ou reprimir abusos que a introdução dessa instituição no ordenamento jurídico poderia propiciar).

No entanto, sempre diremos que a primeira das alternativas que se depara ao legislador nos parece representar, em relação à segunda, um processo mais complicado e, simultaneamente, mais artificial. Efectivamente, se o que se pretende consagrar é um expediente técnico legal que permita ao comerciante em nome individual destacar do seu património geral uma parte dos seus bens, para a destinar à actividade mercantil, então o meio mais directo (e também o único despido de ficção) será o de conceber a E.I.R.L. como um património separado.

Esta análise parece correcta, sendo aceitável, nas suas linhas gerais, a conclusão que propõe. Ela servirá, pois, de base à disciplina jurídica acolhida no presente diploma.

De resto, a limitação de responsabilidade do agente económico individual tem tradições muito antigas no direito mercantil. Referimo-nos à possibilidade desde cedo reconhecida ao armador de limitar a sua responsabilidade pelos riscos da expedição marítima à chamada «fortuna de mar», ficando a salvo deles a «fortuna da terra».

598

Estabelecimento ind. de responsabilidade limitada **Preâmbulo EIRL [35]**

8. Certo que contra a solução adoptada militaria o chamado princípio da unidade e da indivisibilidade do património, se tal princípio valesse com o carácter absoluto que por alguns autores mais antigos (como Aubry e Rau) lhe foi atribuído: cada pessoa apenas pode ter um único património, o qual não é susceptível de ser dividido – e quem se obriga obriga tudo quanto é seu. Isto é realmente assim em princípio, mas de há muito é reconhecida pelo direito constituído a possibilidade de formação de massas patrimoniais distintas, afectas a fins especiais, dentro do património geral do titular. Basta pensar na massa falida e na herança.

É verdade que esta separação patrimonial só existe em casos contados – aqueles em que o legislador considerou dever seguir esse caminho por atenção a interesses julgados especialmente relevantes e que devem prevalecer sobre aquele de que é expressão entre nós o artigo 601.º do Código Civil. Mas justamente do que se trata é de saber se o interesse que está a ser encarado não deverá ser tutelado legislativamente de modo análogo. Ora, as razões invocadas logo de início – as razões susceptíveis de justificarem a limitação da responsabilidade do comerciante singular – levam a responder afirmativamente a esta questão.

9. Isto posto, há que acentuar uma ideia que, como se evidenciou (n.º 1), está no espírito de todos quantos têm aderido à tese da admissibilidade da limitação da responsabilidade do empresário individual. Trata-se do seguinte: se o interesse do comerciante leva a admitir aquela limitação, importa, por outra via, acautelar, através de medidas apropriadas, o interesse de terceiros que entram em relação com o estabelecimento. Neste sentido devem figurar no estatuto da empresa ou estabelecimento de responsabilidade limitada normas que assegurem a efectiva realização do capital com que o mesmo estabelecimento se constitui; que fixem um capital inicial mínimo suficientemente elevado para evitar o recurso à limitação de responsabilidade em empreendimentos que, pelo seu porte, a não justifiquem; que garantam a adequada publicidade dos vários actos concernentes à constituição, funcionamento e extinção da empresa ou estabelecimento de responsabilidade limitada; que consagrem a autonomia patrimonial dos bens destinados pelo comerciante à empresa, em termos de estes só virem a responder pelas dívidas contraídas na respectiva exploração e de, por outro lado, tais dívidas serem unicamente garantidas por esses bens; que assegurem a efectividade da separação patrimonial, prevendo, designadamente, que o comerciante passe a responder com a totalidade dos seus bens pelas dívidas comerciais, sempre que não respeite aquela separação; que imponham ao comerciante a obrigação de manter uma escrituração e contabilidade adequadas a revelar, ano a ano, com exactidão e verdade, os resultados da sua exploração.

10. Resta dizer uma palavra sobre a denominação do novo instituto: empresa ou estabelecimento individual de responsabilidade limitada?

Os vocábulos «empresa» e «estabelecimento» são muitas vezes tomados como sinónimos; o que está certo, desde que a palavra «empresa» surja, em determinado contexto, para aludir a um objecto de direitos, a um valor no património de alguém.

Mas a palavra «empresa» serve também para referir a própria actividade do empresário – a actividade organizada para a produção ou circulação de bens e a prestação de serviços, com vista ao mercado e à obtenção de um lucro. Coisa diversa, pois, do que usualmente se entende por estabelecimento comercial; este é o conjunto organizado de meios através dos quais o comerciante explora a sua empresa.

Vistas as coisas deste modo, o que pretende autonomizar-se em relação ao património geral do titular não é certamente a empresa – uma actividade – mas sim o estabelecimento. Daí que se tenha preferido para a figura que ora se cria a designação de estabelecimento individual de responsabilidade limitada.

11. Como vai disposto no lugar próprio, nenhuma pessoa física poderá ter mais do que um estabelecimento sujeito ao regime instituído por este diploma. Nada obsta, porém, a que a um mesmo estabelecimento ou organização mercantil correspondam várias unidades técnicas. Claro está que pode constituir delicado problema averiguar, em determinado caso, se se está em presença de estabelecimentos autónomos ou de simples formas de descentralização de um mesmo estabelecimento. Tornando-se extremamente arriscado formular em tal matéria critérios precisos, prefere deixar-se neste momento a solução em termos gerais do problema à doutrina e à jurisprudência. A optar-se aqui pela via da definição legislativa, a ocasião própria para o fazer será a da regulamentação global da matéria mercantil e, designadamente, do estabelecimento comercial, regulamentação que, aliás, está prevista.

Assim:

[35] EIRL Arts. 1.º-3.º

Estabelecimento ind. de responsabilidade limitada

O Governo decreta, nos termos da alínea *a*) do n.º 1 do artigo 201.º da Constituição, o seguinte:

CAPÍTULO I. Constituição

Art. 1.º (Disposições preliminares)

1. Qualquer pessoa singular que exerça ou pretenda exercer uma actividade comercial pode constituir para o efeito um estabelecimento individual de responsabilidade limitada.

2. O interessado afectará ao estabelecimento individual de responsabilidade limitada uma parte do seu património, cujo valor representará o capital inicial do estabelecimento.

3. Uma pessoa só pode ser titular de um único estabelecimento individual de responsabilidade limitada.

Art. 2.º (Forma do acto constitutivo)

1. A constituição do estabelecimento individual de responsabilidade limitada deve ser reduzida a escrito, salvo se forma mais solene for exigida para a transmissão dos bens que representam o capital inicial do estabelecimento.

2. O documento de constituição deve conter:

a) A firma, sede, objecto e capital do estabelecimento;

b) A declaração de que se procedeu ao depósito das quantias liberadas, nos termos do artigo 3.º, e de que foram feitas as entradas em espécie, se as houver;

c) O nome, a nacionalidade e o domicílio do titular do estabelecimento e ainda a firma, se a tiver;

d) A data em que o estabelecimento inicia a sua actividade e o respectivo prazo de duração, se não for constituído por tempo indeterminado;

e) O montante aproximado dos impostos ou taxas a cujo pagamento o titular fique sujeito em virtude da constituição do estabelecimento individual de responsabilidade limitada.

3. A firma do estabelecimento será constituída pelo nome do titular, acrescido ou não de uma referência ao objecto do comércio nele exercido, e incluirá sempre o aditamento «estabelecimento individual de responsabilidade limitada» ou a sigla «E.I.R.L.».

Nota. A redacção dos n.ºˢ 1 e 2 foi introduzida pelo art. 2.º do DL n.º 36/2000, de 14 de Março, e pelo art. 14.º do DL n.º 76-A/2006, de 29 de Março.

Art. 3.º (Capital – Sua formação)

1. O montante do capital é sempre expresso em moeda com curso legal em Portugal.

2. O capital mínimo do estabelecimento não pode ser inferior a 5 000 euros.

3. O capital será realizado em numerário, coisas ou direitos susceptíveis de penhora, não podendo a parte em numerário ser inferior a dois terços do capital mínimo.

Cap. I. Constituição   **Arts. 4.º-7.º EIRL [35]**

4. O capital deve estar integralmente liberado no momento em que for requerido o registo do estabelecimento e a parte em numerário, deduzidas as quantias referidas na alínea *e*) do n.º 2 do artigo 2.º, encontrar-se depositada numa instituição de crédito à ordem do titular do estabelecimento há menos de três meses.

5. O depósito referido no número anterior deve ser realizado em conta especial, que só pode ser movimentada após o registo definitivo do acto constitutivo.

6. O depositante pode dispor livremente das quantias depositadas se o registo da constituição do estabelecimento não for pedido no prazo de três meses a contar do depósito.

7. Se houver entradas em espécie, o pedido do registo da constituição do estabelecimento deve ser instruído com um relatório elaborado por revisor oficial de contas em que se descreva o seu objecto e se indiquem os critérios da respectiva avaliação e o valor atribuído a cada uma delas.

8. Se os bens referidos no número anterior determinarem, pela sua natureza, forma mais solene para a constituição do estabelecimento, o referido relatório deve ser apresentado no momento do acto constitutivo.

Nota. Redacção introduzida pelo art. 4.º do DL n.º 343/98, de 6 de Novembro, pelo art. 2.º do DL 36/ /2000, de 14 de Março, e pelo art. 14.º do DL n.º 76-A/2006, de 29 de Março.

Art. 4.º (Controle)

Nota. Revogado pelo art. 61.º, alínea *e*), do DL n.º 76-A/2006, de 29 de Março.

Art. 5.º (Registo e publicação do acto constitutivo)

1. O pedido de registo de constituição do estabelecimento individual de responsabilidade limitada no registo comercial deve ser instruído com:

a) O documento comprovativo do acto constitutivo;

b) O relatório a que se refere o n.º 7 do artigo 3.º, se for caso disso;

c) Documento comprovativo do cumprimento do disposto no n.º 4 do artigo 3.º

2. Compete à conservatória do registo competente, nos termos da legislação que lhe é aplicável, promover a publicação do acto constitutivo.

Nota. Redacção introduzida pelo art. 2.º do DL 36/2000, de 14 de Março, e pelo art. 14.º do DL n.º 76-A/2006, de 29 de Março.

Art. 6.º (Eficácia do acto constitutivo em relação a terceiros)

O acto constitutivo do estabelecimento individual de responsabilidade limitada é eficaz em relação a terceiros a partir da sua publicação, nos termos do n.º 2 do artigo anterior, não impedindo a falta de publicação que o referido acto constitutivo seja invocado por e contra terceiros que dele tivessem conhecimento ao tempo da criação dos seus direitos.

Nota. Redacção introduzida pelo art. 14.º do DL n.º 76-A/2006, de 29 de Março.

Art. 7.º (Responsabilidade pela constituição)

O titular do estabelecimento individual de responsabilidade limitada responde nos termos gerais, perante qualquer interessado, pela inexactidão e deficiências das

601

[35] EIRL Arts. 8.°-11.° Estabelecimento ind. de responsabilidade limitada

indicações e declarações prestadas com vista à constituição do estabelecimento, designadamente pelo que respeita à realização das entradas e ao cumprimento do disposto no n.° 4 do artigo 3.°

CAPÍTULO II. Administração e funcionamento

Art. 8.° (Administração)

A administração do estabelecimento individual de responsabilidade limitada compete ao seu titular, ainda que seja casado e, por força do regime matrimonial de bens, o estabelecimento pertença ao património comum do casal.

Art. 9.° (Actos externos)

Sem prejuízo de outras menções exigidas por leis especiais, em todos os contratos, correspondência, publicações, anúncios, sítios na Internet e de um modo geral em toda a actividade externa, os estabelecimentos devem indicar claramente, além da firma, a sede, a conservatória do registo comercial onde se encontrem matriculados, o número de matrícula nessa conservatória, o número de identificação de pessoa colectiva e, sendo caso disso, a menção de que o estabelecimento se encontra em liquidação.

Nota. Redacção introduzida pelo art. 14.° do DL n.° 76-A/2006, de 29 de Março, que também alterou a epígrafe do preceito.

Art. 10.° (Dívidas pelas quais responde o património do estabelecimento individual de responsabilidade limitada)

1. Sem prejuízo do disposto no artigo 22.°, o património do estabelecimento individual de responsabilidade limitada responde unicamente pelas dívidas contraídas no desenvolvimento das actividades compreendidas no âmbito da respectiva empresa.

2. Se os restantes bens do titular forem insuficientes e sem prejuízo da parte final do artigo 6.°, aquele património responde unicamente pelas dívidas que este tenha contraído antes de efectuada a publicação a que se refere o n.° 2 do artigo 5.°

Nota. A redacção do n.° 2 foi introduzida pelo art. 14.° do DL n.° 76-A/2006, de 29 de Março.

Art. 11.° (Responsabilidade pelas dívidas do estabelecimento individual de responsabilidade limitada)

1. Pelas dívidas resultantes de actividades compreendidas no objecto do estabelecimento individual de responsabilidade limitada respondem apenas os bens a este afectados.

2. No entanto, em caso de falência do titular por causa relacionada com a actividade exercida naquele estabelecimento, o falido responde com todo o seu património pelas dívidas contraídas nesse exercício, contanto que se prove que o princípio da separação patrimonial não foi devidamente observado na gestão do estabelecimento.

3. No caso previsto no número anterior, a responsabilidade aí cominada recai sobre todo aquele que, tendo exercido anteriormente a administração do estabeleci-

602

Cap. III.   Elaboração das contas anuais   **Arts. 12.º-15.º EIRL [35]**

mento individual de responsabilidade limitada, haja transgredido nessa administração o princípio da separação de patrimónios. Se forem vários os obrigados, respondem solidariamente.

CAPÍTULO III.   Elaboração das contas anuais

Art. 12.º (Elaboração das contas anuais)

1. Em cada ano civil, o titular elabora as contas do estabelecimento individual de responsabilidade limitada.

2. As contas referidas no número anterior são constituídas pelo balanço e demonstração dos resultados líquidos e são elaboradas nos termos da lei.

3. No documento que contém as contas anuais ou em anexo a este, deve mencionar-se o destino dos lucros.

4. O titular do estabelecimento individual de responsabilidade limitada deve submeter as contas a parecer de revisor oficial de contas por ele escolhido.

5. A informação respeitante aos documentos previstos nos n.ºˢ 2 a 4 está sujeita a registo comercial, nos termos da lei respectiva.

6. O titular do estabelecimento deve disponibilizar aos interessados, no respectivo sítio da Internet, quando exista, e na sede do estabelecimento cópia integral do parecer do revisor oficial de contas.

Nota. Redacção introduzida pelo art. 16.º do DL n.º 8/2007, de 17 de Janeiro.

Art. 13.º (Remuneração)

A remuneração que o titular do estabelecimento individual de responsabilidade limitada pode atribuir-se, como administrador, não excederá em caso algum o correspondente ao triplo do salário mínimo nacional.

Art. 14.º (Intangibilidade do capital)

1. O titular do estabelecimento individual de responsabilidade limitada não pode desafectar do património do estabelecimento, para fins não relacionados com a actividade deste, quantias que não correspondam aos lucros líquidos acusados pelo balanço anual.

2. Pode, contudo, levantar quantias por conta dos lucros líquidos do exercício em curso.

Se, no fim do exercício, tais quantias excederem o montante dos lucros referidos no número anterior, será o excedente restituído ao património do estabelecimento no prazo de seis meses a seguir ao fecho das contas. Pelo cumprimento desta obrigação o titular responde com todo o seu património.

Art. 15.º (Reserva legal)

1. Será obrigatoriamente criado um fundo de reserva, ao qual o titular destinará uma fracção dos lucros anuais não inferior a 20%, até que esse fundo represente metade do capital do estabelecimento. Este fundo deve ser reintegrado sempre que se encontre reduzido.

603

[35] EIRL Arts. 16.º-18.º   Estabelecimento ind. de responsabilidade limitada

2. O fundo de reserva previsto no número anterior só pode ser utilizado:

a) Para cobrir a parte do prejuízo acusado no balanço anual que não possa ser coberta pela utilização de outras reservas;

b) Para cobrir a parte dos prejuízos transitados do exercício anterior que não possa ser coberta pelo lucro do exercício nem pela utilização de outras reservas.

c) Para incorporação no capital.

Nota. É provável que haja um lapso no n.º 1 deste artigo: onde se lê "não inferior a 20%" talvez se imponha ler "não inferior à vigésima parte".

CAPÍTULO IV.   Alteração do acto constitutivo

Art. 16.º (Requisitos de forma e publicidade)

1. As alterações do acto constitutivo do estabelecimento individual de responsabilidade limitada devem ser reduzidas a escrito, porém, se a alteração envolver aumento de capital com entradas em bens diferentes de dinheiro para cuja transmissão a lei exija forma mais solene, deve revestir essa forma.

2. É aplicável à alteração do acto constitutivo o disposto no artigo 6.º

Nota. Redacção introduzida pelo art. 2.º do DL 36/2000, de 14 de Março, e pelo art. 14.º do DL n.º 76-A/2006, de 29 de Março.

SECÇÃO I.   Aumento do capital

Art. 17.º (Aumento do capital mediante novas entradas)

1. As entradas correspondentes ao aumento do capital do estabelecimento individual de responsabilidade limitada podem ser em numerário, coisas ou direitos susceptíveis de penhora.

2. Ao aumento de capital são aplicáveis, com as necessárias adaptações, o disposto nos n.ºs 4 a 6 do artigo 3.º e no artigo 7.º

Nota. A redacção do n.º 2 foi introduzida pelo art. 14.º do DL n.º 76-A/2006, de 29 de Março.

Art. 18.º (Aumento do capital mediante incorporação de reservas)

1. O aumento do capital do estabelecimento individual de responsabilidade limitada pode ser também efectuado mediante incorporação de reservas disponíveis.

2. Este aumento só pode ser efectuado depois de elaboradas as contas do último exercício; se, porém, já tiverem decorrido mais de seis meses sobre a elaboração dessas contas, a existência das reservas a incorporar só pode ser provada por um balanço especial, organizado nos termos previstos para o balanço anual.

3. O balanço anual, ou o balanço especial a que se refere o número anterior, acompanhado de um parecer elaborado por um revisor oficial de contas devem ser depositados na conservatória do registo competente.

Nota. A redacção do n.º 3 foi introduzida pelo art. 2.º do DL 36/2000, de 14 de Março, e pelo art. 14.º do DL n.º 76-A/2006, de 29 de Março.

604

Cap. V.   Negociação, oneração e penhora do est. ind. de resp. lim.   **Arts. 19.°-21.° EIRL [35]**

SECÇÃO II.   **Redução do capital**

Art. 19.° (Redução do capital)

1. Após a redução do capital, a situação líquida do estabelecimento tem de exceder o novo capital em, pelo menos, 20%.

2. O capital pode ser reduzido para um montante inferior ao mínimo fixado no artigo 3.°, não produzindo a redução efeitos enquanto não for efectuado um aumento do capital que o eleve ao mínimo exigido.

3. Sem prejuízo do disposto no número seguinte, qualquer credor do estabelecimento individual de responsabilidade limitada pode, no prazo de um mês após a publicação do registo da redução do capital, requerer ao tribunal que seja vedado ao titular retirar do estabelecimento quaisquer verbas provenientes da redução, ou a título de reservas disponíveis ou de lucros, durante um período a fixar, a não ser que o crédito do requerente seja satisfeito, se já for exigível, ou adequadamente garantido, nos restantes casos.

4. A faculdade conferida aos credores no número anterior apenas pode ser exercida se estes tiverem solicitado ao titular do estabelecimento a satisfação do seu crédito ou a prestação de garantia adequada, há pelo menos 15 dias, sem que o seu pedido tenha sido atendido.

5. Antes de decorrido o prazo concedido aos credores do estabelecimento nos números anteriores, o titular do estabelecimento fica sujeito à proibição referida no n.° 3, valendo a mesma proibição a partir do conhecimento de que algum credor requereu a providência ali indicada.

Notas. 1. Redacção introduzida pelo art. 16.° do DL n.° 8/2007, de 17 de Janeiro, que também alterou a epígrafe do preceito.

2. No n.° 5, substituímos a expressão "credores sociais", que consta do texto oficial, por "credores do estabelecimento".

Art. 20.° (Redução do capital para compensar perdas)

Nota. Revogado pelo art. 23.°, alínea *b*), do DL n.° 8/2007, de 17 de Janeiro.

CAPÍTULO V.   **Negociação, oneração e penhora do estabelecimento individual de responsabilidade limitada**

Art. 21.° (Negócios jurídicos e direitos sobre o estabelecimento)

1. O estabelecimento individual de responsabilidade limitada pode ser transmitido por acto gratuito ou oneroso, ou dado em locação. Pode ainda sobre ele constituir-se um usufruto ou um penhor, produzindo este os seus efeitos independentemente da entrega do estabelecimento ao credor.

2. Os actos referidos no número anterior, enquanto actos entre vivos, estão sujeitos às condições de forma e de publicidade previstas no artigo 16.°

3. Ao locatário e ao usufrutuário do estabelecimento individual de responsabilidade limitada, durante o período de duração da locação e do usufruto, é aplicável o disposto neste diploma sobre os poderes e deveres do titular do estabelecimento.

605

[35] EIRL Arts. 22.º-24.º   Estabelecimento ind. de responsabilidade limitada

4. Se o adquirente do estabelecimento individual de responsabilidade limitada for já titular de um estabelecimento da mesma natureza, será nula a aquisição, sem prejuízo, porém, dos direitos de terceiros de boa fé.

Art. 22.º (Penhora do estabelecimento individual de responsabilidade limitada)
Na execução movida contra o titular do estabelecimento individual de responsabilidade limitada por dívidas alheias à respectiva exploração, os credores só poderão penhorar o estabelecimento provando a insuficiência dos restantes bens do devedor.

CAPÍTULO VI. **Liquidação do estabelecimento individual de responsabilidade limitada**

Art. 23.º (Morte do titular ou separação patrimonial dos cônjuges)
1. A morte do titular do estabelecimento individual de responsabilidade limitada ou, nos casos em que ele for casado, qualquer outra causa que ponha fim à comunhão de bens existentes entre os cônjuges não implica a entrada em liquidação do estabelecimento, mantendo-se a afectação do respectivo património nos termos do acto constitutivo.
2. Se os herdeiros do titular do estabelecimento individual de responsabilidade limitada ou os cônjuges não chegarem a acordo sobre o valor a atribuir ao estabelecimento ou sobre a quota-parte que deve ingressar no património de cada um, qualquer deles pode pedir ao tribunal que fixe esse valor ou essa quota-parte.
3. Decorridos 90 dias sobre a morte do titular do estabelecimento ou sobre o acto constitutivo da separação patrimonial dos cônjuges, se os herdeiros ou os cônjuges não vierem a acordo sobre o destino do estabelecimento, qualquer interessado pode pedir a sua liquidação judicial.
4. Se o titular de um estabelecimento individual de responsabilidade limitada adquirir por sucessão *mortis causa* a propriedade de um outro estabelecimento da mesma espécie, deverá alienar ou liquidar um deles, ou transmitir a respectiva exploração.
5. O herdeiro ou o cônjuge não titular do estabelecimento individual de responsabilidade limitada que, em virtude dos factos referidos no n.º 1, venha a assumir a titularidade do estabelecimento, deve dar publicidade à ocorrência nos termos previstos no n.º 1 do artigo 167.º do Código das Sociedades Comerciais, bem como requerer a inscrição da alteração verificada no registo comercial, apresentando, com o requerimento de inscrição, os documentos que atestem a mudança de titularidade do estabelecimento individual de responsabilidade limitada.

Nota. A redacção do n.º 5 foi introduzida pelo art. 14.º do DL n.º 76-A/2006, de 29 de Março.

Art. 24.º (Casos de liquidação imediata)
O estabelecimento individual de responsabilidade limitada entra imediatamente em liquidação:
a) Por declaração do seu titular, expressa em documento particular;
b) Pelo decurso do prazo fixado no acto constitutivo;
c) Pela sentença que declare a insolvência do titular;

Cap. VI.   Liquidação do est. ind. de resp. limitada   **Arts. 25.°-26.° EIRL [35]**

d) Pela impossibilidade de venda judicial na execução movida por um dos credores do titular, ao abrigo do artigo 22.°

Nota. A redacção da alínea *a)* foi introduzida pelo art. 2.° do DL n.° 36/2000, de 14 de Março, e a da alínea *c)* pelo art. 14.° do DL n.° 76-A/2006, de 29 de Março.

Art. 25.° (Liquidação por via administrativa)

1. A liquidação por via administrativa do estabelecimento individual de responsabilidade limitada pode ter lugar se algum interessado a requerer com um dos seguintes fundamentos:

a) Ter sido completamente realizado o objecto do estabelecimento individual de responsabilidade limitada ou verificada a impossibilidade de o realizar;

b) Encontrar-se o valor do património líquido reduzido a menos de dois terços do montante do capital.

2. Na hipótese prevista na alínea *b)* do número anterior, o conservador pode fixar ao titular um prazo razoável, a fim de que a situação seja regularizada, suspendendo-se o procedimento.

3. A liquidação por via administrativa do estabelecimento individual de responsabilidade limitada é iniciada oficiosamente pelo serviço do registo competente nos seguintes casos:

a) Quando, durante dois anos consecutivos, o seu titular não tenha procedido ao depósito dos documentos de prestação de contas e a administração tributária tenha comunicado ao serviço de registo competente a omissão de entrega da declaração fiscal de rendimentos pelo mesmo período;

b) Quando a administração tributária tenha comunicado ao serviço de registo competente a ausência de actividade efectiva do estabelecimento, verificada nos termos previstos na legislação tributária;

c) Quando a administração tributária tenha comunicado ao serviço de registo competente a declaração oficiosa da cessação de actividade do estabelecimento, nos termos previstos na legislação tributária.

Nota. Redacção introduzida pelo art. 14.° do DL n.° 76-A/2006, de 29 de Março, que também alterou a epígrafe do preceito.

Art. 26.° (Publicação da liquidação)

1. O titular deverá requerer a inscrição no registo comercial da entrada em liquidação do estabelecimento individual de responsabilidade limitada.

2. No caso previsto na alínea *a)* do artigo 24.°, a inscrição far-se-á com base no documento ali mencionado.

3. Nos casos previstos no n.° 3 do artigo 23.° e na alínea *c)* do artigo 24.° deve o tribunal notificar o serviço de registo competente do início do processo de liquidação judicial ou da sentença que declare a insolvência, respectivamente, para efeitos de promoção pela conservatória, a expensas do titular, do registo de entrada em liquidação do estabelecimento.

4. Nos casos previstos no artigo 25.°, a inscrição é lavrada oficiosamente, com base no requerimento ou no auto que dá início ao procedimento administrativo de liquidação.

607

[35] EIRL Arts. 27.º-30.º   Estabelecimento ind. de responsabilidade limitada

5. O serviço de registo competente deve promover a publicação da entrada em liquidação do estabelecimento individual de responsabilidade limitada, nos termos da legislação do registo comercial.

6. A entrada em liquidação do estabelecimento individual de responsabilidade limitada produz efeitos em relação a terceiros a partir do momento em que seja publicada, nos termos do número anterior.

Nota. Redacção introduzida pelo art. 14.º do DL n.º 76-A/2006, de 29 de Março. Antes o preceito já havia sido alterado pelo art. 2.º do DL n.º 36/2000, de 14 de Março.

Art. 27.º (Processo de liquidação)

1. A liquidação do estabelecimento individual de responsabilidade limitada será feita nos termos dos artigos seguintes. Na hipótese de falência, os termos da liquidação são os da lei de processo, devendo respeitar-se sempre a preferência dos credores do estabelecimento em relação aos credores comuns do falido.

2. A firma do estabelecimento individual de responsabilidade limitada em liquidação deverá ser seguida das palavras «em liquidação». Esta menção e o nome do liquidatário devem figurar em todos os actos e documentos destinados a terceiros.

Art. 28.º (Liquidatário)

1. O liquidatário é o titular do estabelecimento individual de responsabilidade limitada, determinando o modo da liquidação.

2. Nas hipóteses de liquidação por via administrativa ou de liquidação judicial, o serviço de registo competente ou o tribunal podem designar outra pessoa como liquidatário, bem como regular o modo da liquidação.

Nota. Redacção introduzida pelo art. 14.º do DL n.º 76-A/2006, de 29 de Março.

Art. 29.º (Responsabilidade do liquidatário)

O liquidatário responde em face de terceiros, nos termos gerais de direito, pelos prejuízos resultantes de irregularidades cometidas no desempenho das suas funções. Se o liquidatário não for o titular do estabelecimento individual de responsabilidade limitada, responderá nos mesmos termos perante este.

Art. 30.º (Deveres e poderes do liquidatário)

1. O liquidatário deve ultimar os negócios pendentes, cumprir as obrigações e cobrar os créditos do estabelecimento individual de responsabilidade individual.

2. O liquidatário pode ainda:

a) Continuar temporariamente a actividade anterior do estabelecimento;

b) Contrair empréstimos ou empreender outros negócios necessários à efectivação da liquidação;

c) Proceder à alienação em globo do estabelecimento individual de responsabilidade limitada.

3. Se o liquidatário for pessoa diferente do titular do estabelecimento, só com autorização judicial pode praticar os actos referidos no número anterior.

608

Cap. VII. Disposições finais   **Arts. 31.º-34.º EIRL [35]**

Art. 31.º (Liquidação do passivo do estabelecimento individual de responsabilidade limitada)

1. O liquidatário pagará todas as dívidas do estabelecimento, exigíveis ou não exigíveis, ainda mesmo que os prazos tenham sido estabelecidos em benefício dos credores.

2. Os credores serão avisados pelo liquidatário, através de um dos jornais mais lidos na localidade da sede do estabelecimento, de que este se encontra em liquidação e de que deverão apresentar-se a reclamar os seus créditos.

3. No caso de se verificarem as circunstâncias previstas no artigo 841.º do Código Civil, deve o liquidatário proceder à consignação em depósito do objecto da prestação.

4. Relativamente às dívidas litigiosas, os liquidatários acautelarão os eventuais direitos do credor por meio de caução, prestada nos termos do Código de Processo Civil.

Art. 32.º (Contas anuais da liquidação)

O liquidatário depositará na conservatória do registo comercial competente, nos três primeiros meses de cada ano civil, as contas anuais da liquidação, acompanhadas de um relatório pormenorizado do estado em que esta se encontra.

Art. 33.º (Relatório e contas finais – Inscrição no registo comercial)

1. Terminada a liquidação, o liquidatário elabora um relatório final completo e apresenta as contas e documentos àquela relativos. Requer depois a inscrição do encerramento da liquidação no registo comercial, com base no relatório referido.

2. Ao serviço de registo competente compete promover a publicação do encerramento da liquidação, nos termos da legislação do registo comercial.

3. Da publicação referida no número anterior devem constar as seguintes menções:

a) Firma do estabelecimento individual de responsabilidade limitada;

b) Identidade do liquidatário;

c) Data do encerramento da liquidação;

d) Indicação do lugar onde os livros e documentos estão depositados e conservados pelo prazo mínimo de cinco anos;

e) Indicação da consignação das quantias previstas no n.º 3 do artigo 31.º

4. O estabelecimento individual de responsabilidade limitada considera-se extinto pela inscrição no registo comercial do encerramento da liquidação.

Nota. Redacção introduzida pelo art. 14.º do DL n.º 76-A/2006, de 29 de Março.

CAPÍTULO VII. Disposições finais

Art. 34.º (Declarações feitas para a constituição, alteração ou registo do acto constitutivo do estabelecimento individual de responsabilidade limitada)

O titular que, com vista à constituição do estabelecimento individual de responsabilidade limitada, à sua alteração ou dos respectivos registos, prestar ao con-

609

[35] EIRL Arts. 35.°-36.°   Estabelecimento ind. de responsabilidade limitada

servador do registo comercial ou ao notário falsas declarações ou ocultar factos importantes sobre o montante e realização do capital, natureza das entradas e despesas de constituição, ou atribuir fraudulentamente às entradas em espécie valor superior ao real, será punido nos termos de legislação especial a publicar.

Nota. Redacção introduzida pelo art. 2.° do DL n.° 36/2000, de 14 de Março.

Art. 35.° (Infracções relativas aos documentos que sirvam de base às contas anuais)

O titular do estabelecimento individual de responsabilidade limitada ou o seu liquidatário, que conscientemente elaborar quaisquer documentos que sirvam de base às contas de exercício em que se omita, aumente ou diminua, sem fundamento, legalmente admissível, qualquer elemento do activo ou do passivo, ou que adopte qualquer outro procedimento susceptível de induzir em erro acerca da composição, valor e liquidez do património, será punido nos termos de legislação especial a publicar.

Art. 35.°-A (Capital mínimo)

Os estabelecimentos individuais de responsabilidade limitada cujos titulares não tenham procedido ao aumento do capital do estabelecimento até ao montante mínimo previsto no n.° 2 do artigo 3.° entram em liquidação, através de procedimento administrativo iniciado oficiosamente no serviço de registo competente.

Nota. Aditado pelo art. 15.° do DL n.° 76-A/2006, de 29 de Março.

Art. 36.° (Vigência)

Este diploma entra em vigor 60 dias após a sua publicação e aplica-se aos estabelecimentos individuais de responsabilidade limitada que se constituam e tenham a sede principal e efectiva em Portugal.

AGRUPAMENTO EUROPEU
DE INTERESSE ECONÓMICO

[36] DECRETO-LEI N.° 148/90
de 9 de Maio

Nos termos da alínea *a*) do n.° 1 do artigo 201.° da Constituição, o Governo decreta o seguinte:

Art. 1.° (Personalidade jurídica)
O agrupamento europeu de interesse económico adquire personalidade jurídica com a inscrição definitiva da sua constituição no registo comercial, de harmonia com a lei respectiva, e mantém-na até ao registo do encerramento da liquidação.

Art. 2.° (Contrato de agrupamento)
O contrato de agrupamento e as suas alterações devem constar de documento escrito.

Art. 3.° (Natureza do contrato)
1. O contrato de agrupamento tem carácter civil ou comercial, consoante o seu objecto.
2. O agrupamento europeu de interesse económico que tenha por objecto praticar actos de comércio é comerciante.

Art. 4.° (Denominação)
A denominação do agrupamento deve incluir o aditamento «agrupamento europeu de interesse económico» ou a abreviatura «AEIE».

Art. 5.° (Cessão de participação)
A transmissão entre vivos da participação de um membro do agrupamento deve constar de documento escrito.

Art. 6.° (Exclusão de membro)
Sem prejuízo do disposto no Regulamento (CEE) n.° 2137/85, um membro considera-se excluído do agrupamento quando seja declarado falido ou insolvente.

[36] AEIE Arts. 7.º-13.º

Art. 7.º (Obrigações)

O agrupamento pode emitir obrigações para oferta em subscrição particular, nas mesmas condições que o agrupamento complementar de empresas, sem prejuízo do disposto no artigo 23.º do Regulamento (CEE) n.º 2137/85.

Art. 8.º (Gerência)

1. Uma pessoa colectiva membro do agrupamento pode ser gerente deste, mas deve designar uma pessoa singular como seu representante.

2. A pessoa colectiva responde solidariamente pelos actos da pessoa singular designada nos termos do número anterior.

Art. 9.º (Prestação de contas)

Os gerentes devem elaborar e submeter à apreciação dos membros o relatório de gestão, as contas do exercício e os demais documentos de prestação de contas previstos na lei relativos a cada ano civil.

Art. 10.º (Falência, insolvência e recuperação)

O agrupamento está sujeito ao regime da falência ou da insolvência, consoante seja ou não comerciante, sendo-lhe aplicável o processo especial de recuperação de empresas e de protecção dos credores.

Art. 11.º (Transformação)

1. Um agrupamento complementar de empresas pode transformar-se em agrupamento europeu de interesse económico, independentemente de processo de liquidação e sem criação de uma nova pessoa colectiva, desde que satisfaça as condições previstas no referido Regulamento (CEE) n.º 2137/85, nomeadamente no seu artigo 4.º, n.º 2.

2. Um agrupamento europeu de interesse económico pode transformar-se em agrupamento complementar de empresas, independentemente de processo de liquidação e sem criação de uma nova pessoa colectiva, desde que deixe de satisfazer as condições previstas no referido Regulamento (CEE) n.º 2137/85, nomeadamente nos artigos 3.º, n.º 2, alínea *c*), e 4.º, n.º 2.

Art. 12.º (Regime supletivo)

São aplicáveis aos agrupamentos europeus de interesse económico com sede contratual em Portugal as normas estabelecidas pela lei portuguesa para o agrupamento complementar de empresas em tudo o que não se encontre previsto no Regulamento (CEE) n.º 2137/85, do Conselho, de 25 de Julho de 1985, nem no presente diploma.

Art. 13.º (Entrada em vigor)

O presente diploma entra em vigor 30 dias após a sua publicação.

AGRUPAMENTO EUROPEU DE INTERESSE ECONÓMICO

[37] DECRETO-LEI N.º 1/91
de 5 de Janeiro

No uso da autorização legislativa concedida pelo artigo 1.º da Lei n.º 45/90, de 11 de Agosto, e nos termos da alínea *b*) do n.º 1 do artigo 201.º da Constituição, o Governo decreta o seguinte:

Art. 1.º (Distribuição ilícita de bens do agrupamento)

1. O gerente do agrupamento que propuser à deliberação dos membros, reunidos em assembleia, distribuição ilícita de bens do agrupamento será punido com multa até 60 dias.

2. Se a distribuição ilícita chegar a ser executada, no todo ou em parte, a pena será de multa até 90 dias.

3. Se a distribuição ilícita for executada, no todo ou em parte, sem deliberação dos membros, a pena será de multa até 120 dias.

4. Com a mesma pena será punido o gerente do agruparnento que executar ou fizer executar por outrem distribuição de bens do agrupamento com desrespeito de deliberação válida dos membros do agrupamento.

5. Se, em algum dos casos previstos nos n.ºs 3 e 4, for causado dano grave, material ou moral, e que o autor pudesse prever, a algum membro que não tenha dado o seu assentimento para o facto ao agrupamento, ou a terceiro, a pena será a cominada para o crime de infidelidade previsto no artigo 319.º do Código Penal.

Art. 2.º (Recusa ilícita de informações)

1. O gerente de agrupamento que recusar ou fizer recusar por outrem a consulta de documentos que a lei determine sejam postos à disposição dos interessados para preparação de deliberações dos membros do agrupamento, ou recusar ou fizer recusar o envio de documentos para esse fim, quando devido por lei, ou enviar ou fizer enviar esses documentos sem satisfazer as condições e os prazos estabelecidos na lei, será punido, se pena mais grave não couber por força de outra disposição legal, com prisão até três meses ou multa até 60 dias.

2. O gerente de agrupamento que recusar ou fizer recusar por outrem informações que por lei deva prestar, e que lhe tenham sido pedidas por escrito, será punido com multa até 90 dias.

[37] AEIE Arts. 3.º-5.º   Agrupamento europeu de interesse económico

3. Se, no caso do n.º 1, for causado dano grave, material ou moral, e que o autor pudesse prever, a algum membro que não tenha dado o seu assentimento para o facto, ou à sociedade, a pena será a cominada para o crime de infidelidade previsto no artigo 319.º do Código Penal.

4. Se, no caso do n.º 2, o facto for cometido por motivo que não indicie falta de zelo na defesa dos direitos e dos interesses legítimos do agrupamento e dos membros, mas apenas compreensão errónea do objecto desses direitos e interesses, o autor não está sujeito a pena.

Art. 3.º (Informações falsas)

1. Aquele que, estando, nos termos da lei, obrigado a prestar a outrem informações sobre a matéria da vida do agrupamento, as der contrárias à verdade, será punido com prisão até três meses ou multa até 60 dias, se pena mais grave não couber por força de outra disposição legal.

2. Com a mesma pena prevista no número anterior será punido aquele que, nas circunstâncias ali descritas, prestar maliciosamente informações incompletas e que possam induzir os destinatários a conclusões erróneas de efeito idêntico ou semelhante ao que teriam informações falsas sobre o mesmo objecto.

3. Se o facto for praticado com intenção de causar dano, material ou moral, a algum membro que não tenha conscientemente concorrido para o mesmo facto, ou ao agrupamento, a pena será de prisão até seis meses ou multa até 90 dias, se pena mais grave não couber por força de outra disposição legal.

4. Se for causado dano grave, material ou moral, que o autor pudesse prever, a algum membro que não tenha concorrido conscientemente para o facto, ao agrupamento, ou a terceiro, a pena será de prisão até um ano ou multa até 120 dias.

5. Se, no caso do n.º 2, o facto for praticado por motivo ponderoso, e que não indicie falta de zelo na defesa dos direitos e dos interesses legítimos do agrupamento e dos membros, mas apenas compreensão errónea do objecto desses direitos e interesses, poderá o juiz atenuar especialmente a pena ou isentar dela.

Art. 4.º (Impedimento de fiscalização)

O gerente de agrupamento que impedir ou dificultar, ou levar outrem a impedir ou dificultar, actos necessários à fiscalização da vida do agrupamento, executados, nos termos e formas que sejam de direito, por quem tenha por lei, pelo contrato do agrupamento ou por decisão judicial o dever de exercer a fiscalização, ou por pessoa que actue à ordem de quem tenha esse dever, será punido com prisão até seis meses e multa até 120 dias.

Art. 5.º (Princípios comuns)

1. Os factos descritos nos artigos 1.º a 4.º só serão puníveis quando cometidos com dolo.

2. Será punível a tentativa dos factos para os quais tenha sido cominada nos artigos 1.º a 4.º a pena de prisão ou pena de prisão ou multa.

3. O dolo de benefício próprio, ou de benefício de cônjuge, perante ou afim até ao 3.º grau será sempre considerado como circunstância agravante.

614

Agrupamento europeu de interesse económico
Arts. 6.°-9.° AEIE [37]

4. Se o autor de um facto descrito nos artigos 1.° a 4.°, antes de instaurado o procedimento criminal, tiver reparado integralmente os danos materiais e dado satisfação suficiente dos danos morais causados, sem outro prejuízo para terceiros, esses danos não serão considerados na determinação da pena aplicável.

Art. 6.° (Ilícitos de mera ordenação social)
1. O gerente de agrupamento que não submeter, ou por facto próprio impedir outrem de submeter, aos órgãos competentes do agrupamento, até ao fim do terceiro mês do ano civil, o relatório da gestão, as contas do exercício e os demais documentos de prestação de contas previstos na lei, e cuja apresentação lhe esteja cometida por lei ou pelo contrato, ou por outro título seja seu dever, será punido com coima de 10 000$00 a 300 000$00.
2. O agrupamento que omitir, em actos externos, no todo ou em parte, as indicações referidas no artigo 25.° do Regulamento (CEE) n.° 2137/85 será punido com coima de 50 000$00 a 300 000$00.
3. Nos ilícitos previstos nos números anteriores será punível a negligência, devendo, porém, a coima ser reduzida em proporção adequada à menor gravidade da falta.
4. Na graduação da coima serão tidos em conta os valores do capital e do volume de negócios do agrupamento, os valores das participações a que diga respeito a infracção e a condição económica pessoal dos infractores.
5. A organização do processo e a decisão sobre aplicação da coima caberão ao conservador do registo comercial territorialmente competente na área da sede do agrupamento.

Art. 7.° (Destino das coimas)
O produto das coimas destina-se em 40% para Cofre Geral dos Tribunais do Ministério da Justiça, revertendo o remanescente para o Estado.

Art. 8.° (Legislação subsidiária)
1. Aos crimes previstos neste diploma são subsidiariamente aplicáveis o Código Penal e legislação complementar.
2. Aos ilícitos de mera ordenação social previstos neste diploma é subsidiariamente aplicável o regime geral do ilícito de mera ordenação social.

Art. 9.° (Entrada em vigor)
1. O presente diploma entra em vigor 30 dias após a data da sua publicação.
2. As disposições do artigo 6.° entram em vigor seis meses após a publicação do presente diploma.

CÓDIGO COOPERATIVO

[38] LEI N.° 51/96
de 7 de Setembro

A Assembleia da República decreta, nos termos dos artigos 164.°, alínea *d*), e 169.°, n.° 3, da Constituição, o seguinte:

CAPÍTULO I. Disposições gerais

Art. 1.° (Âmbito)

O presente diploma aplica-se às cooperativas de todos os graus e às organizações afins cuja legislação especial para ele expressamente remeta.

Art. 2.° (Noção)

1. As cooperativas são pessoas colectivas autónomas, de livre constituição, de capital e composição variáveis, que, através da cooperação e entreajuda dos seus membros, com obediência aos princípios cooperativos, visam, sem fins lucrativos, a satisfação das necessidades e aspirações económicas, sociais ou culturais daqueles.

2. As cooperativas, na prossecução dos seus objectivos, podem realizar operações com terceiros, sem prejuízo de eventuais limites fixados pelas leis próprias de cada ramo.

Art. 3.° (Princípios cooperativos)

As cooperativas, na sua constituição e funcionamento, obedecem aos seguintes princípios cooperativos, que integram a declaração sobre a identidade cooperativa adoptada pela Aliança Cooperativa Internacional:

1.° princípio – Adesão voluntária e livre.

As cooperativas são organizações voluntárias, abertas a todas as pessoas aptas a utilizar os seus serviços e dispostas a assumir as responsabilidades de membro, sem discriminações de sexo, sociais, políticas, raciais ou religiosas;

2.° princípio – Gestão democrática pelos membros.

As cooperativas são organizações democráticas geridas pelos seus membros, os quais participam activamente na formulação das suas políticas e na tomada de decisões. Os homens e as mulheres que exerçam funções como representantes eleitos são responsáveis perante o conjunto dos membros que os elegeram. Nas coope-

616

Cap. I. Disposições gerais

Art. 4.º CCoop [38]

rativas do primeiro grau, os membros têm iguais direitos de voto (um membro, um voto), estando as cooperativas de outros graus organizadas também de uma forma democrática;

3.º princípio – Participação económica dos membros.
Os membros contribuem equitativamente para o capital das suas cooperativas e controlam-no democraticamente. Pelo menos parte desse capital é, normalmente, propriedade comum da cooperativa. Os cooperadores, habitualmente, recebem, se for caso disso, uma remuneração limitada pelo capital subscrito como condição para serem membros. Os cooperadores destinam os excedentes a um ou mais dos objectivos seguintes: desenvolvimento das suas cooperativas, eventualmente através da criação de reservas, parte das quais, pelo menos, será indivisível; benefício dos membros na proporção das suas transacções com a cooperativa, apoio a outras actividades aprovadas pelos membros;

4.º princípio – Autonomia e independência.
As cooperativas são organizações autónomas de entreajuda, controladas pelos seus membros. No caso de entrarem em acordos com outras organizações, incluindo os governos, ou de recorrerem a capitais externos, devem fazê-lo de modo que fique assegurado o controlo democrático pelos seus membros e se mantenha a sua autonomia como cooperativas;

5.º princípio – Educação, formação e informação.
As cooperativas promovem a educação e a formação dos seus membros, dos representantes eleitos, dos dirigentes e dos trabalhadores, de modo que possam contribuir eficazmente para o desenvolvimento das suas cooperativas. Elas devem informar o grande público particularmente, os jovens e os líderes de opinião sobre a natureza e as vantagens da cooperação;

6.º princípio – Intercooperação.
As cooperativas servem os seus membros mais eficazmente e dão mais força ao movimento cooperativo, trabalhando em conjunto, através de estruturas locais, regionais, nacionais e internacionais;

7.º princípio – Interesse pela comunidade.
As cooperativas trabalham para o desenvolvimento sustentável das suas comunidades, através de políticas aprovadas pelos membros.

Art. 4.º (Ramos do sector cooperativo)
1. Sem prejuízo de outros que venham a ser legalmente consagrados, o sector cooperativo compreende os seguintes ramos:
   a) Consumo;
   b) Comercialização;
   c) Agrícola;
   d) Crédito;
   e) Habitação e construção;
   f) Produção operária;
   g) Artesanato;

617

[38] CCoop Arts. 5.º-7.º   Código Cooperativo

h) Pescas;
i) Cultura;
j) Serviços;
l) Ensino;
m) Solidariedade social.

2. É admitida a constituição de cooperativas multissectoriais, que se caracterizam por poderem desenvolver actividades próprias de diversos ramos do sector cooperativo, tendo cada uma delas de indicar no acto de constituição por qual dos ramos opta como elemento de referência, com vista à sua integração em cooperativas de grau superior.

Nota. Os diversos ramos do sector cooperativo estão regulados em Legislação avulsa. Assim:
— Cooperativas de artesanato (DL n.º 303/81, de 12 de Novembro)
— Cooperativas de produção operária (DL n.º 309/81, de 16 de Novembro)
— Cooperativas de pesca (DL n.º 312/81, de 18 de Novembro)
— Cooperativas culturais (DL n.º 313/81, de 18 de Novembro)
— Cooperativas de serviços (DL n.º 323/81, de 4 de Dezembro)
— Cooperativas de ensino (DL n.º 441-A/82, de 6 de Novembro, alterado pelo art. 12.º, do DL n.º 76-A/2006, de 29 de Março)
— Cooperativas de solidariedade social (DL n.º 7/98, de 15 de Janeiro)
— Cooperativas agrícolas (DL n.º 335/99, de 20 de Agosto, alterado pelo DL n.º 23/2001, de 30 de Janeiro)
— Cooperativas de construção e habitação (DL n.º 502/99, de 19 de Novembro, alterado pelo art. 31.º, do DL n.º 76-A/2006, de 29 de Março)
— Cooperativas de consumo (DL n.º 522/99, de 10 de Dezembro)
— Cooperativas de comercialização (DL n.º 523/99, de 10 de Dezembro, alterado pelo art. 32.º, do DL n.º 76-A/2006, de 29 de Março)

Art. 5.º (Espécies de cooperativas)

1. As cooperativas podem ser do primeiro grau ou de grau superior.

2. São cooperativas do primeiro grau aquelas cujos membros sejam pessoas singulares ou colectivas.

3. São cooperativas de grau superior as uniões, federações e confederações de cooperativas.

Art. 6.º (*Régies* cooperativas)

1. É permitida a constituição, nos termos da respectiva legislação especial, de *régies* cooperativas, ou cooperativas de interesse público, caracterizadas pela parti-cipação do Estado ou de outras pessoas colectivas de direito público, bem como, conjunta ou separadamente, de cooperativas e de utentes dos bens e serviços produzidos.

2. O presente Código aplica-se às *régies* cooperativas em tudo o que não contrarie a respectiva legislação especial.

Nota. Sobre as cooperativas de interesse público, cf. DL n.º 31/84, de 21 de Janeiro, alterado pelo art. 13.º do DL n.º 76-A/2006, de 29 de Março, e pelo art. 16.º do DL n.º 282/2009, de 7 de Outubro.

Art. 7.º (Iniciativa cooperativa)

1. Desde que respeitem a lei e os princípios cooperativos, as cooperativas podem exercer livremente qualquer actividade económica.

Cap. II. Constituição   **Arts. 8.º-11.º CCoop [38]**

2. Não pode, assim, ser vedado, restringido ou condicionado às cooperativas o acesso e o exercício de actividades que possam ser desenvolvidas por empresas privadas ou por outras entidades da mesma natureza, bem como por quaisquer outras pessoas colectivas de direito privado sem fins lucrativos.

3. São aplicáveis às cooperativas, com as adaptações inerentes às especificidades resultantes do disposto neste Código e legislação complementar, as normas que regulam e garantem o exercício de quaisquer actividades desenvolvidas por empresas privadas ou por outras entidades da mesma natureza, bem como por quaisquer outras pessoas colectivas de direito privado sem fins lucrativos.

4. Os actos administrativos contrários ao disposto nos números anteriores ou aos princípios neles consignados estão feridos de ineficácia.

Art. 8.º (Associação das cooperativas com outras pessoas colectivas)

1. É permitido às cooperativas associarem-se com outras pessoas colectivas de natureza cooperativa ou não cooperativa, desde que daí não resulte perda da sua autonomia.

2. Nas cooperativas que resultem exclusivamente da associação entre cooperativas, ou entre estas e pessoas colectivas de direito público, o regime de voto poderá ser o adoptado pelas cooperativas de grau superior.

3. Não podem adoptar a forma cooperativa as pessoas colectivas resultantes da associação de cooperativas com pessoas colectivas de fins lucrativos.

Art. 9.º (Direito subsidiário)

Para colmatar as lacunas do presente Código que não o possam ser pelo recurso à legislação complementar aplicável aos diversos ramos do sector cooperativo, pode recorrer-se, na medida em que se não desrespeitem os princípios cooperativos, ao Código das Sociedades Comerciais, nomeadamente aos preceitos aplicáveis às sociedades anónimas.

CAPÍTULO II. **Constituição**

Art. 10.º (Forma de constituição)

A constituição das cooperativas de 1.º grau deve ser reduzida a escrito, salvo se forma mais solene for exigida para a transmissão dos bens que representem o capital social inicial da cooperativa.

Nota. Redacção introduzida pelo art. 21.º do DL n.º 76-A/2006, de 29 de Março.

Art. 11.º (Assembleia de fundadores)

1. Os interessados na constituição de uma cooperativa reunir-se-ão em assembleia de fundadores, para cuja mesa elegerão, pelo menos, o presidente, que convocará e dirigirá as reuniões necessárias, até à tomada de posse dos titulares dos órgãos da cooperativa constituída.

2. Cada interessado dispõe apenas de um voto.

3. A cooperativa considera-se constituída apenas por aqueles que votaram favoravelmente a sua criação e os seus estatutos.

619

[38] CCoop Arts. 12.º-15.º   Código Cooperativo

4. Para que a cooperativa se considere constituída é necessário que os interessados que votaram favoravelmente a sua criação e os seus estatutos perfaçam o número mínimo legalmente exigido, sendo irrelevante o número dos que tenham votado em sentido contrário.

Art. 12.º (Acta)

1. A mesa da assembleia de fundadores elaborará uma acta, a qual deve obrigatoriamente conter:

a) A deliberação da constituição e a respectiva data;

b) O local da reunião;

c) A denominação da cooperativa;

d) O ramo do sector cooperativo a que pertence ou por que opta como espaço de integração, no caso de ser multissectorial;

e) O objecto;

f) Os bens ou os direitos, o trabalho ou os serviços com que os cooperadores concorrem;

g) Os titulares dos órgãos da cooperativa para o primeiro mandato;

h) A identificação dos fundadores que tiverem aprovado a acta.

2. A acta de fundação deve ser assinada por aqueles que tenham aprovado a criação da cooperativa.

3. Os estatutos aprovados constarão de documento anexo à acta e serão assinados pelos fundadores.

4. (...).

Nota. O n.º 4 foi revogado pelo art. 61.º, alínea *h*), do DL n.º 76-A/2006, de 29 de Março.

Art. 13.º (Alteração dos estatutos)

As alterações de estatutos da cooperativa devem observar a forma exigida para o acto constitutivo.

Nota. Redacção introduzida pelo art. 21.º do DL n.º 76-A/2006, de 29 de Março, que também alterou a epígrafe do preceito.

Art. 14.º (Denominação)

1. A denominação adoptada deverá ser sempre seguida das expressões «cooperativa», «união de cooperativas», «federação de cooperativas», «confederação de cooperativas» e ainda de «responsabilidade limitada» ou de «responsabilidade ilimitada», ou das respectivas abreviaturas, conforme os casos.

2. O uso da palavra «cooperativa» e da sua abreviatura «coop.» é exclusivamente reservado às cooperativas e às suas organizações de grau superior, constituindo infracção punível o seu uso por outrem, sem prejuízo da correspondente responsabilidade civil.

3. A denominação deverá ser inscrita no Registo Nacional de Pessoas Colectivas.

Art. 15.º (Conteúdo dos estatutos)

1. Os estatutos deverão obrigatoriamente conter:

a) A denominação da cooperativa e a localização da sede;

620

Cap. III.   Capital social, jóia e títulos de investimento   **Arts. 16.º-18.º CCoop [38]**

b) O ramo do sector cooperativo a que pertence ou por que opta como espaço de integração, no caso de ser multissectorial, bem como o objecto da sua actividade;

c) A duração da cooperativa, quando não for por tempo indeterminado;

d) Os órgãos da cooperativa;

e) O montante do capital social inicial, o montante das jóias, se estas forem exigíveis, o valor dos títulos de capital, o capital mínimo a subscrever por cada cooperador e a sua forma de realização.

2. Os estatutos podem ainda incluir:

a) As condições de admissão, suspensão, exclusão e demissão dos membros, bem como os seus direitos e deveres;

b) As sanções e as medidas cautelares, bem como as condições gerais em que são aplicadas;

c) A duração dos mandatos dos titulares dos órgãos sociais;

d) As normas de convocação e funcionamento da assembleia geral e, quando exista, da assembleia de delegados;

e) As normas de distribuição dos excedentes, de criação de reservas e de restituição das entradas aos membros que deixarem de o ser;

f) O modo de proceder à liquidação e partilha dos bens da cooperativa, em caso de dissolução;

g) O processo de alteração dos estatutos.

3. Na falta de disposição estatutária relativamente às matérias enunciadas no número anterior, são aplicáveis as normas constantes do presente Código.

Art. 16.º (Aquisição de personalidade jurídica)

A cooperativa adquire personalidade jurídica com o registo da sua constituição.

Art. 17.º (Responsabilidade antes do registo)

1. Antes do registo do acto de constituição da cooperativa, respondem solidária e ilimitadamente entre si todos os que praticaram actos em nome da cooperativa ou autorizaram esses actos.

2. Os restantes membros respondem até ao limite do valor dos títulos do capital que subscreveram, acrescido das importâncias que tenham recebido a título de distribuição de excedentes.

CAPÍTULO III.   **Capital social, jóia e títulos de investimento**

Art. 18.º (Variabilidade e montante mínimo do capital)

1. O capital social das cooperativas é variável, podendo os respectivos estatutos determinar o seu montante mínimo inicial.

2. Salvo se for outro o mínimo fixado pela legislação complementar aplicável a cada um dos ramos do sector cooperativo, esse montante não pode ser inferior a 2 500 euros.

Notas. 1. A redacção do n.º 2 foi introduzida pelo art. 5.º do DL n.º 343/98, de 6 de Novembro.

[38] CCoop Arts. 19.º-20.º

Código Cooperativo

2. Segundo o art. 30.º do DL n.º 343/98, de 6 de Novembro, que estabelece algumas regras fundamentais relevantes no processo de transicção do escudo para o euro, o disposto no n.º 2 deste preceito do CCoop, na sua actual redacção, aplica-se:

"*a*) Às cooperativas constituídas a partir de 1 de Janeiro de 1999, ainda que optem por denominar o seu capital social em escudos durante o período de transição, devendo, nesse caso, proceder à conversão para escudos dos valores estabelecidos em euros, através da taxa irrevogavelmente fixada pelo Conselho da União Europeia, de acordo com o n.º 4, primeiro período, do artigo 109.º-L do Tratado que institui a Comunidade Europeia;

b) Às cooperativas que alterem a denominação, para euros, do seu capital social;

c) A todas as cooperativas, após 1 de Janeiro de 2002."

3. O art. 4.º do DL n.º 131/99, de 21 de Abril, dispõe o seguinte:

"1. A redenominação de valores mobiliários ou as modificações estatutárias que visem a alteração da denominação do capital social para euros ficam dispensadas:

a) Da escritura pública prevista no Código Cooperativo e respectiva legislação complementar;

b) Das publicações referidas no artigo 70.º, n.º 1, alínea *b*), do Código do Registo Comercial;

c) Dos emolumentos que sobre estes actos recaiam.

2. O disposto na alínea *a*) do n.º 1 aplica-se às alterações de estatutos que visem, até 1 de Janeiro de 2002, adoptar o novo capital social mínimo previsto no artigo 18.º do Código Cooperativo, na redacção do artigo 5.º do Decreto-Lei n.º 343/98, de 6 de Novembro.

3. As cooperativas devem requerer o registo comercial da redenominação de valores mobiliários, mediante apresentação de cópia da acta em que conste a respectiva deliberação."

4. Nos termos do n.º 2 do art. único do DL n.º 235/2001, de 30 de Agosto, "as cooperativas que não tenham procedido à actualização do capital para o montante mínimo previsto no artigo 18.º, n.º 2, do Código cooperativo devem ser dissolvidas por iniciativa do Ministério Público, oficiosamente, mediante participação do conservador do registo comercial, ou a requerimento do Instituto António Sérgio do sector cooperativo ou de qualquer interessado."

Art. 19.º (Entradas mínimas a subscrever por cada cooperador)

1. As entradas mínimas de capital a subscrever por cada cooperador são determinadas pela legislação complementar aplicável aos diversos ramos do sector cooperativo ou pelos estatutos.

2. A entrada mínima não pode, porém, ser inferior ao equivalente a três títulos de capital.

3. O disposto nos números anteriores não é aplicável às prestações dos cooperadores de responsabilidade ilimitada.

Art. 20.º (Títulos de capital)

1. Os títulos representativos do capital social das cooperativas têm um valor nominal de 5 euros ou um seu múltiplo.

2. Os títulos são nominativos e devem conter as seguintes menções:

a) A denominação da cooperativa;

b) O número do registo da cooperativa;

c) O valor;

d) A data de emissão;

e) O número, em série contínua;

f) A assinatura de dois membros da direcção;

g) O nome e a assinatura do cooperador titular.

3. Os títulos representativos do capital social das cooperativas podem ser representados sob a forma escritural, aplicando-se aos títulos escriturais o

622

Cap. III.   Capital social, jóia e títulos de investimento   **Arts. 21.º-23.º CCoop [38]**

disposto no título II do Código dos Valores Mobiliários, com as adaptações necessárias.

Notas. 1. Redacção introduzida pelo art. 1.º do DL n.º 131/99, de 21 de Abril, e pelo art. único do DL n.º 204/2004, de 19 de Agosto.

2. Segundo o art. 5.º do DL n.º 131/99, de 21 de Abril, o disposto no n.º 1 deste preceito do CCoop, na sua actual redacção, aplica-se de acordo com o estabelecido no art. 30.º do DL n.º 343/98, de 6 de Novembro; cf. a nota 2 do art. 18.º

Art. 21.º (Realização do capital)

1. O capital subscrito pode ser realizado em dinheiro, bens ou direitos, trabalho ou serviços.

2. As entradas mínimas referidas no artigo 19.º e as previstas na legislação complementar aplicável aos diversos ramos do sector cooperativo são realizadas em dinheiro, no montante correspondente a, pelo menos, 50% do seu valor.

3. O capital subscrito deve ser integralmente realizado no prazo máximo de cinco anos.

4. A subscrição de títulos, a realizar em dinheiro, obriga a uma entrega mínima de 10% do seu valor no acto da subscrição, podendo os estatutos exigir uma entrega superior.

5. A subscrição de títulos, a realizar em bens ou direitos, trabalho ou serviços, obriga que o valor seja previamente fixado em assembleia de fundadores ou em assembleia geral, sob proposta da direcção.

6. Quando a avaliação prevista no número anterior for fixada pela assembleia de fundadores ou pela assembleia geral em, pelo menos, 7000 euros por cada membro, ou 35000 euros pela totalidade das entradas, deve ser confirmada por um revisor oficial de contas ou por uma sociedade de revisores oficiais de contas.

Notas. 1. A redacção do n.º 6 foi introduzida pelo art. 5.º do DL n.º 343/98, de 6 de Novembro.

2. Segundo o art. 30.º do DL n.º 343/98, de 6 de Novembro, que estabelece algumas regras fundamentais relevantes no processo de transicção do escudo para o euro, o disposto no n.º 6 deste preceito do CCoop, na sua actual redacção, aplica-se:

"*a*) Às cooperativas constituídas a partir de 1 de Janeiro de 1999, ainda que optem por denominar o seu capital social em escudos durante o período de transição, devendo, nesse caso, proceder à conversão para escudos dos valores estabelecidos em euros, através da taxa irrevogavelmente fixada pelo Conselho da União Europeia, de acordo com o n.º 4, primeiro período, do artigo 109.º-L do Tratado que institui a Comunidade Europeia;

b) Às cooperativas que alterem a denominação, para euros, do seu capital social;

c) A todas as cooperativas, após 1 de Janeiro de 2002."

Art. 22.º (Subscrição de capital social no acto de admissão)

No acto de admissão os membros de uma cooperativa estão sujeitos ao disposto nos artigos 19.º a 21.º

Art. 23.º (Transmissão dos títulos de capital)

1. Os títulos de capital só são transmissíveis mediante autorização da direcção ou, se os estatutos da cooperativa o impuserem, da assembleia geral, sob con-

623

[38] CCoop Arts. 24.°-26.°   Código Cooperativo

dição de o adquirente ou o sucessor já ser cooperador ou, reunindo as condições exigidas, solicitar a sua admissão.

2. A transmissão *inter vivos* opera-se por endosso do título a transmitir, assinado pelo transmitente, pelo adquirente e por quem obrigar a cooperativa, sendo averbada no livro de registo.

3. A transmissão *mortis causa* opera-se por apresentação do documento comprovativo da qualidade de herdeiro ou de legatário e é averbada, em nome do titular, no livro de registo e nos títulos, que deverão ser assinados por quem obriga a cooperativa e pelo herdeiro ou legatário.

4. Não podendo operar-se a transmissão *mortis causa*, os sucessores têm direito a receber o montante dos títulos do autor da sucessão, segundo o valor nominal, corrigido em função da quota-parte dos excedentes ou dos prejuízos e das reservas não obrigatórias.

5. A transmissão dos títulos de capital escriturais segue, com as adaptações necessárias, o regime de transmissão dos valores mobiliários escriturais previsto no Código dos Valores Mobiliários.

Nota. Redacção introduzida pelo art. único do DL n.° 204/2004, de 19 de Agosto

Art. 24.° (Aquisição de títulos do próprio capital)

As cooperativas só podem adquirir títulos representativos do próprio capital, a título gratuito.

Art. 25.° (Jóia)

1. Os estatutos da cooperativa podem exigir a realização de uma jóia de admissão, pagável de uma só vez ou em prestações periódicas.

2. O montante das jóias reverte para reservas obrigatórias, conforme constar dos estatutos, dentro dos limites da lei.

Art. 26.° (Títulos de investimento)

1. As cooperativas podem emitir títulos de investimento, mediante deliberação da assembleia geral, que fixará com que objectivos e em que condições a direcção poderá utilizar o respectivo produto.

2. Podem, nomeadamente, ser emitidos títulos de investimento que:

a) Confiram direito a uma remuneração anual, compreendendo uma parte fixa, calculada aplicando a uma fracção do valor nominal de cada título uma taxa predeterminada, invariável ou reportada a um indicador de referência, e uma parte variável, calculada em função dos resultados, do volume de negócios ou de qualquer outro elemento da actividade da cooperativa;

b) Confiram aos seus titulares o direito a um prémio de reembolso, quer fixo, quer dependente dos resultados realizados pela cooperativa;

c) Apresentem juro e plano de reembolso variáveis em função dos resultados;

d) Sejam convertíveis em títulos de capital, desde que o seu titular reúna as condições de admissão legalmente exigidas para os membros produtores ou utilizadores;

e) Apresentem prémios de emissão.

3. Os títulos de investimento emitidos nos termos da alínea *a*) do número anterior são reembolsados apenas em caso de liquidação da cooperativa e somente

624

Cap. III.   Capital social, jóia e títulos de investimento   **Arts. 27.º-29.º CCoop [38]**

depois do pagamento de todos os outros credores da cooperativa ou, se esta assim o decidir, após terem decorrido pelo menos cinco anos sobre a sua realização, nas condições definidas quando da emissão.

4. Quaisquer títulos de investimento podem ser subscritos por pessoas estranhas à cooperativa, mas os seus membros têm direito de preferência na subscrição de títulos de investimento convertíveis.

5. As cooperativas só podem adquirir títulos de investimento próprios, a título gratuito.

6. Os títulos de investimento das cooperativas são equiparados às obrigações das sociedades comerciais, na parte não regulada por este Código.

Art. 27.º (Emissões de títulos de investimento)

1. A assembleia geral que deliberar a emissão de títulos de investimento fixará a taxa de juro e demais condições de emissão.

2. Os títulos de investimento são nominativos e transmissíveis, nos termos da lei, e obedecem aos requisitos previstos no n.º 2 do artigo 20.º

3. Os títulos de investimento podem ser representados sob a forma escritural, aplicando-se aos títulos escriturais e à sua transmissão o disposto no Código dos Valores Mobiliários para esta forma de representação, com as adaptações necessárias.

4. Cabe à assembleia geral decidir se nela podem participar, embora sem direito a voto, os subscritores de títulos de investimento que não sejam membros da cooperativa.

5. As cooperativas não podem emitir títulos de investimento que excedam a importância do capital realizado e existente, nos termos do último balanço aprovado, acrescido do montante do capital aumentado e realizado depois da data de encerramento daquele balanço.

6. Não pode ser deliberada uma emissão de títulos de investimento enquanto não estiver subscrita e realizada uma emissão anterior.

Nota. Redacção introduzida pelo art. único do DL n.º 204/2004, de 19 de Agosto.

Art. 28.º (Subscrição pública de títulos)

A emissão por subscrição pública dos títulos de investimento deve ser precedida de uma auditoria externa à cooperativa, sem prejuízo do regime legalmente previsto para esta modalidade de emissão.

Art. 29.º (Protecção especial dos interesses dos subscritores de títulos de investimento)

1. A assembleia geral pode deliberar que os subscritores de títulos reunidos para esse fim possam eleger um representante junto da cooperativa com direito a assistir às reuniões do conselho fiscal, sendo-lhe facultadas todas as informações a que têm direito os membros desse órgão.

2. Uma vez tomada a deliberação referida no número anterior, os direitos por ela outorgados só podem ser extintos com o consentimento expresso de todos os subscritores de títulos de investimento.

[38] CCoop Arts. 30.º-33.º

Código Cooperativo

Art. 30.º (Obrigações)

1. As cooperativas podem também emitir obrigações, de acordo com as normas estabelecidas pelo Código das Sociedades Comerciais para as obrigações emitidas por sociedades anónimas cuja aplicação não ponha em causa os princípios cooperativos nem o disposto no presente Código.

2. Não são admitidas, nomeadamente, obrigações que sejam convertíveis em acções ou que confiram o direito a subscrever uma ou várias acções.

Nota. O art. 3.º do DL n.º 131/99, de 21 de Abril, dispõe o seguinte:
"A redenominação de obrigações e de títulos de investimento emitidos por cooperativas, quando efectuada através do método padrão estabelecido no n.º 3 do Decreto-Lei n.º 343/98, de 6 de Novembro, não carece de deliberação da assembleia de obrigacionistas ou dos detentores de títulos de investimento."

CAPÍTULO IV.   Dos cooperadores

Art. 31.º (Cooperadores)

1. Podem ser membros de uma cooperativa de primeiro grau todas as pessoas que, preenchendo os requisitos e condições previstos no presente Código, na legislação complementar aplicável aos diversos ramos do sector cooperativo e nos estatutos da cooperativa, requeiram à direcção que as admita.

2. A deliberação da direcção sobre o requerimento de admissão é susceptível de recurso para a primeira assembleia geral subsequente.

3. Têm legitimidade para recorrer os membros da cooperativa e o candidato, podendo este assistir a essa assembleia geral e participar na discussão deste ponto da ordem de trabalhos, sem direito a voto.

Art. 32.º (Número mínimo)

1. O número de membros de uma cooperativa é variável e ilimitado, mas não poderá ser inferior a cinco nas cooperativas de primeiro grau e a dois nas cooperativas de grau superior.

2. A legislação complementar respeitante a cada ramo pode exigir, como mínimo, um número superior de cooperadores.

Art. 33.º (Direitos dos cooperadores)

1. Os cooperadores têm direito, nomeadamente, a:

a) Tomar parte na assembleia geral, apresentando propostas, discutindo e votando os pontos constantes da ordem de trabalhos;

b) Eleger e ser eleitos para os órgãos da cooperativa;

c) Requerer informações aos órgãos competentes da cooperativa e examinar a escrita e as contas da cooperativa nos períodos e nas condições que forem fixados pelos estatutos, pela assembleia geral ou pela direcção;

d) Requerer a convocação da assembleia geral nos termos definidos nos estatutos e, quando esta não for convocada, requerer a convocação judicial;

e) Apresentar a sua demissão.

2. As deliberações da direcção sobre a matéria constante da alínea *c*) do número anterior são recorríveis para a assembleia geral.

626

Cap. IV. Dos cooperadores   **Arts. 34.°-37.° CCoop [38]**

3. O exercício dos direitos previstos na alínea *c*) do número anterior é limitado, nas cooperativas de crédito, pela observância das regras relativas ao sigilo bancário.

Art. 34.° (Deveres dos cooperadores)
1. Os cooperadores devem respeitar os princípios cooperativos, as leis, os estatutos da cooperativa e os respectivos regulamentos internos.
2. Os cooperadores devem ainda:
a) Tomar parte nas assembleias gerais;
b) Aceitar e exercer os cargos sociais para os quais tenham sido eleitos, salvo motivo justificado de escusa;
c) Participar, em geral, nas actividades da cooperativa e prestar o trabalho ou serviço que lhes competir;
d) Efectuar os pagamentos previstos no presente Código, nos estatutos e nos regulamentos internos.

Art. 35.° (Responsabilidade dos cooperadores)
A responsabilidade dos cooperadores é limitada ao montante do capital social subscrito, sem prejuízo de os estatutos da cooperativa poderem determinar que a responsabilidade dos cooperadores seja ilimitada, ou ainda limitada em relação a uns e ilimitada quanto aos outros.

Art. 36.° (Demissão)
1. Os cooperadores podem solicitar a sua demissão nas condições estabelecidas nos estatutos ou, no caso de estes serem omissos, no fim de um exercício social, com pré-aviso de 30 dias, sem prejuízo da responsabilidade pelo cumprimento das suas obrigações como membros da cooperativa.
2. Os estatutos não suprimirão ou limitarão o direito de demissão, podendo, todavia, estabelecer regras e condições para o seu exercício.
3. Ao cooperador que se demitir será restituído, no prazo estabelecido pelos estatutos ou, supletivamente, no prazo máximo de um ano, o montante dos títulos de capital realizados segundo o seu valor nominal.
4. O valor nominal referido no número anterior será acrescido dos juros a que tiver direito relativamente ao último exercício social, da quota-parte dos excedentes e reservas não obrigatórias repartíveis, na proporção da sua participação, ou reduzido, se for caso disso, na proporção das perdas acusadas no balanço do exercício no decurso do qual surgiu o direito ao reembolso.

Art. 37.° (Exclusão)
1. Os cooperadores podem ser excluídos por deliberação da assembleia geral.
2. A exclusão terá de ser fundada em violação grave e culposa do Código Cooperativo, da legislação complementar aplicável ao respectivo ramo do sector cooperativo, dos estatutos da cooperativa ou dos seus regulamentos internos.
3. A exclusão terá de ser precedida de processo escrito, do qual constem a indicação das infracções, a sua qualificação, a prova produzida, a defesa do arguido e a proposta de aplicação da medida de exclusão.

627

[38] CCoop Arts. 38.°-39.°   Código Cooperativo

4. O processo previsto no número anterior não se aplica quando a causa de exclusão consista no atraso de pagamento de encargos, tal como estiver fixado nos estatutos, sendo, porém, obrigatório o aviso prévio, a enviar para o domicílio do infractor, sob registo, com indicação do período em que poderá regularizar a sua situação.

5. É insuprível a nulidade resultante:

a) Da falta de audiência do arguido;

b) Da insuficiente individualização das infracções imputadas ao arguido;

c) Da falta de referência aos preceitos legais, estatutários ou regulamentares violados;

d) Da omissão de quaisquer diligências essenciais para a descoberta da verdade.

6. A proposta de exclusão a exarar no processo será fundamentada e notificada por escrito ao arguido com uma antecedência de, pelo menos, sete dias em relação à data da assembleia geral que sobre ela deliberará.

7. A exclusão deve ser deliberada no prazo máximo de um ano a partir da data em que algum dos membros da direcção tomou conhecimento do facto que a permite.

8. Da deliberação da assembleia geral que decidir a exclusão cabe sempre recurso para os tribunais.

9. Ao membro da cooperativa excluído aplica-se o disposto na parte final do n.° 1 e o disposto nos n.ºˢ 3 e 4 do artigo anterior.

Art. 38.° (Outras sanções)

1. Sem prejuízo de outras que se encontrem previstas nos estatutos ou nos regulamentos internos, podem ser aplicadas aos cooperadores as seguintes sanções:

a) Repreensão registada;

b) Multa;

c) Suspensão temporária de direitos;

d) Perda de mandato.

2. A aplicação de qualquer sanção será sempre precedida de processo, nos termos do disposto no artigo anterior.

3. A aplicação das sanções referidas nas alíneas *a*), *b*) e *c*) do n.° 1 compete à direcção, com admissibilidade de recurso para a assembleia geral, à qual compete deliberar quanto à perda de mandato.

CAPÍTULO V.   **Dos órgãos das cooperativas**

SECÇÃO I.   **Princípios gerais**

Art. 39.° (Órgãos)

1. São órgãos das cooperativas:

a) A assembleia geral;

b) A direcção;

c) O conselho fiscal.

Cap. V. Dos órgãos das cooperativas   **Arts. 40.°-43.° CCoop [38]**

2. Os estatutos podem ainda consagrar outros órgãos, bem como dar poderes à assembleia geral ou à direcção para constituírem comissões especiais, de duração limitada, destinadas ao desempenho de tarefas determinadas.

3. Quando neste Código forem referidos conjuntamente os órgãos das cooperativas em termos que impliquem que eles são integrados por um número limitado de cooperadores, deve entender-se que a menção não abrange a assembleia geral no seu todo, mas apenas a respectiva mesa.

Art. 40.° (Eleição dos membros dos órgãos sociais)

1. Os membros dos órgãos sociais são eleitos de entre os cooperadores por um período de quatro anos, se outro mais curto não for previsto nos estatutos.

2. Em caso de vagatura do cargo, o cooperador designado para o preencher apenas completará o mandato.

3. Os estatutos podem limitar o número de mandatos consecutivos para a mesa da assembleia geral, a direcção, o conselho fiscal ou qualquer outro órgão que consagrem.

Art. 41.° (Perda de mandato)

São causa de perda de mandato dos membros dos órgãos das cooperativas:

a) A declaração de falência dolosa;

b) A condenação por crimes contra o sector público ou contra o sector cooperativo e social, designadamente pela apropriação de bens do sector cooperativo e social e por administração danosa em unidade económica nele integrada.

Art. 42.° (Incompatibilidades)

1. Nenhum cooperador pode ser simultaneamente membro da mesa da assembleia geral, da direcção, do conselho fiscal ou dos outros órgãos electivos estatutariamente previstos.

2. Não podem ser eleitos para o mesmo órgão social de cooperativas com mais de 20 membros ou ser simultaneamente membros da direcção e do conselho fiscal os cônjuges e as pessoas que vivam em união de facto.

Art. 43.° (Funcionamento dos órgãos)

1. Em todos os órgãos da cooperativa o respectivo presidente terá voto de qualidade.

2. Nenhum órgão da cooperativa, à excepção da assembleia geral, pode funcionar sem que estejam preenchidos, pelo menos, metade dos seus lugares, devendo proceder-se, no caso contrário e no prazo máximo de um mês, ao preenchimento das vagas verificadas, sem prejuízo de estas serem ocupadas por membros suplentes, sempre que os mesmos estejam previstos nos estatutos.

3. As deliberações dos órgãos electivos da cooperativa são tomadas por maioria simples com a presença de mais de metade dos seus membros efectivos.

4. As votações respeitantes a eleições dos órgãos da cooperativa ou a assuntos de incidência pessoal dos cooperadores realizar-se-ão por escrutínio secreto, podendo a legislação complementar aplicável aos diversos ramos do sector cooperativo ou os estatutos prever outros casos em que este modo de escrutínio seja obrigatório.

629

[38] CCoop Arts. 44.°-46.°   Código Cooperativo

5. Será sempre lavrada acta das reuniões de qualquer órgão das cooperativas, a qual é obrigatoriamente assinada por quem exercer as funções de presidente.

6. No silêncio dos estatutos, a assembleia geral poderá fixar a remuneração dos membros dos órgãos da cooperativa.

7. Os estatutos poderão exigir a obrigatoriedade da prestação de caução por parte dos membros da direcção e dos gerentes.

8. Das deliberações da assembleia geral cabe recurso para os tribunais.

SECÇÃO II. **Assembleia geral**

Art. 44.° (Definição, composição e deliberações da assembleia geral)

1. A assembleia geral é o órgão supremo da cooperativa, sendo as suas deliberações, tomadas nos termos legais e estatutários, obrigatórias para os restantes órgãos da cooperativa e para todos os seus membros.

2. Participam na assembleia geral todos os cooperadores no pleno gozo dos seus direitos.

3. Os estatutos da cooperativa podem prever assembleias gerais de delegados, os quais são eleitos nos termos do artigo 54.° do presente Código.

Art. 45.° (Sessões ordinárias e extraordinárias da assembleia geral)

1. A assembleia geral reunirá em sessões ordinárias e extraordinárias.

2. A assembleia geral ordinária reunirá obrigatoriamente duas vezes em cada ano, uma até 31 de Março, para apreciação e votação das matérias referidas nas alíneas *b*) e *c*) do artigo 49.° deste Código, e outra até 31 de Dezembro, para apreciação e votação das matérias referidas na alínea *d*) do mesmo artigo.

3. Sem prejuízo de a legislação complementar de cada ramo ou os estatutos poderem dispor de maneira diferente, a assembleia geral extraordinária reunirá quando convocada pelo seu presidente, por sua iniciativa, a pedido da direcção ou do conselho fiscal ou a requerimento de, pelo menos, 5% dos membros da cooperativa, num mínimo de quatro.

Art. 46.° (Mesa da assembleia geral)

1. A mesa da assembleia geral é constituída por um presidente e por um vice--presidente, quando os estatutos não estipularem um número superior de elementos.

2. Ao presidente incumbe:

a) Convocar a assembleia geral;

b) Presidir à assembleia geral e dirigir os trabalhos;

c) Verificar as condições de elegibilidade dos candidatos aos órgãos da cooperativa;

d) Conferir posse aos cooperadores eleitos para os órgãos da cooperativa.

3. Nas suas faltas e impedimentos, o presidente é substituído pelo vice-presidente.

4. Na falta de qualquer dos membros da mesa da assembleia geral, competirá a esta eleger os respectivos substitutos, de entre os cooperadores presentes, os quais cessarão as suas funções no termo da reunião.

630

Cap. V.   Dos órgãos das cooperativas   **Arts. 47.º-49.º CCoop [38]**

5. É causa de destituição do presidente da mesa da assembleia geral a não convocação desta nos casos em que a isso esteja obrigado.
6. É causa de destituição de qualquer dos membros da mesa a não comparência sem motivo justificado a, pelo menos, três sessões seguidas ou seis interpoladas.

Art. 47.º (Convocatória da assembleia geral)
1. A assembleia geral é convocada pelo presidente da mesa com, pelo menos, 15 dias de antecedência.
2. A convocatória, que deverá conter a ordem de trabalhos da assembleia, bem como o dia, a hora e o local da reunião, será publicada num diário do distrito, da região administrativa ou da Região Autónoma em que a cooperativa tenha sua sede ou, na falta daquele, em qualquer outra publicação do distrito, da região administrativa ou da Região Autónoma que tenha uma periodicidade máxima quinzenal.
3. Na impossibilidade de se observar o disposto no número anterior, será a convocatória publicada num diário do distrito ou da região administrativa mais próximos da localidade em que se situe a sede da cooperativa ou num diário ou semanário de circulação nacional.
4. As publicações previstas nos números anteriores tornam-se facultativas se a convocatória for enviada a todos os cooperadores por via postal registada ou entregue pessoalmente por protocolo, envio ou entrega, que são obrigatórios nas cooperativas com menos de 100 membros.
5. A convocatória será sempre afixada nos locais em que a cooperativa tenha a sua sede ou outras formas de representação social.
6. A convocatória da assembleia geral extraordinária deve ser feita no prazo de 15 dias após o pedido ou requerimento previstos no n.º 3 do artigo 45.º, devendo a reunião realizar-se no prazo máximo de 30 dias, contados da data da recepção do pedido ou requerimento.

Art. 48.º (Quórum)
1. A assembleia geral reunirá à hora marcada na convocatória se estiver presente mais de metade dos cooperadores com direito de voto ou os seus representantes devidamente credenciados.
2. Se, à hora marcada para a reunião, não se verificar o número de presenças previsto no número anterior e os estatutos não dispuserem de outro modo, a assembleia reunirá, com qualquer número de cooperadores, uma hora depois.
3. No caso de a convocação da assembleia geral ser feita em sessão extraordinária e a requerimento dos cooperadores, a reunião só se efectuará se nela estiverem presentes, pelo menos, três quartos dos requerentes.

Art. 49.º (Competência da assembleia geral)
É da competência exclusiva da assembleia geral:
a) Eleger e destituir os membros dos órgãos da cooperativa;
b) Apreciar e votar anualmente o relatório de gestão e as contas do exercício, bem como o parecer do conselho fiscal;
c) Apreciar a certificação legal de contas, quando a houver;

[38] CCoop Arts. 50.º-51.º

d) Apreciar e votar o orçamento e o plano de actividades para o exercício seguinte;

e) Fixar as taxas dos juros a pagar aos membros da cooperativa;

f) Aprovar a forma de distribuição dos excedentes;

g) Alterar os estatutos, bem como aprovar e alterar os regulamentos internos;

h) Aprovar a fusão e a cisão da cooperativa;

i) Aprovar a dissolução voluntária da cooperativa;

j) Aprovar a filiação da cooperativa em uniões, federações e confederações;

l) Deliberar sobre a exclusão de cooperadores e sobre a perda de mandato dos órgãos sociais e ainda funcionar como instância de recurso, quer quanto à admissão ou recusa de novos membros quer em relação às sanções aplicadas pela direcção;

m) Fixar a remuneração dos membros dos órgãos sociais da cooperativa, quando os estatutos o não impedirem;

n) Decidir do exercício do direito da acção civil ou penal, nos termos do artigo 68.º;

o) Apreciar e votar as matérias especialmente previstas neste Código, na legislação complementar aplicável ao respectivo ramo do sector cooperativo ou nos estatutos.

Art. 50.º (Deliberações)

São nulas todas as deliberações tomadas sobre matérias que não constem da ordem de trabalhos fixada na convocatória, salvo se, estando presentes ou representados devidamente todos os membros da cooperativa no pleno gozo dos seus direitos, concordarem, por unanimidade, com a respectiva inclusão ou se incidir sobre a matéria constante do n.º 1 do artigo 68.º, de acordo com o estabelecido no n.º 3 do mesmo artigo.

Art. 51.º (Votação)

1. Nas assembleias gerais das cooperativas de primeiro grau cada cooperador dispõe de um voto, qualquer que seja a sua participação no respectivo capital social.

2. É exigida maioria qualificada de, pelo menos, dois terços dos votos expressos na aprovação das matérias constantes das alíneas *g*), *h*), *i*), *j*) e *n*) do artigo 49.º deste Código ou de quaisquer outras para cuja votação os estatutos prevejam uma maioria qualificada.

3. No caso da alínea *i*) do artigo 49.º, a dissolução não terá lugar se, pelo menos, o número mínimo de membros referido no artigo 32.º se declarar disposto a assegurar a permanência da cooperativa, qualquer que seja o número de votos contra.

Nota. Segundo o art. 2.º do DL n.º 131/99, de 21 de Abril, "podem ser tomadas por maioria simples as seguintes deliberações:

a) Alteração da denominação do capital social para euros;

b) Redenominação dos títulos de capital das cooperativas anónimas através do método padrão estabelecido no n.º 2 do art. 13.º do DL n.º 343/98, de 6 de Novembro, mesmo quando isso ocasione aumento ou redução de capital social, respectivamente, por incorporação de reservas ou por transferência para reserva de capital, sujeita ao regime da reserva legal."

Cap. V.   Dos órgãos das cooperativas   **Arts. 52.º-56.º CCoop [38]**

Art. 52.º (Voto por correspondência)
É admitido o voto por correspondência, sob a condição de o seu sentido ser expressamente indicado em relação ao ponto ou pontos da ordem de trabalhos e de a assinatura do cooperador ser reconhecida nos termos legais.

Art. 53.º (Voto por representação)
1. É admitido o voto por representação, devendo o mandato, apenas atribuível a outro cooperador ou a familiar maior do mandante que com ele coabite, constar de documento escrito dirigido ao presidente da mesa da assembleia geral, com a assinatura do mandante reconhecida nos termos legais.

2. Cada cooperador só poderá representar um outro membro da cooperativa, salvo se os estatutos previrem número superior.

Art. 54.º (Assembleias sectoriais)
1. Os estatutos podem prever a realização de assembleias sectoriais, quando as cooperativas o considerem conveniente, quer por causa das suas actividades quer em virtude da sua área geográfica.

2. O número de delegados à assembleia geral a eleger em cada assembleia sectorial é estabelecido em função do número de cooperadores.

3. O número de delegados à assembleia geral a eleger por cada assembleia sectorial deve ser anualmente apurado pela direcção, nos termos do número anterior.

4. Aplicam-se às assembleias sectoriais os artigos 44.º a 53.º, com as necessárias adaptações.

SECÇÃO III.   **Direcção**

Art. 55.º (Composição da direcção)
1. A direcção é composta:

a) Nas cooperativas com mais de 20 membros, por um presidente e dois vogais, um dos quais substituirá o presidente nos seus impedimentos e faltas, quando não houver vice-presidente;

b) Nas cooperativas que tenham até 20 membros, por um presidente, que designará quem o substitui nas suas faltas e impedimentos.

2. Os estatutos podem alargar a composição da direcção, assegurando que o número dos seus membros seja sempre ímpar.

Art. 56.º (Competência da direcção)
A direcção é o órgão de administração e representação da cooperativa, incumbindo-lhe, designadamente:

a) Elaborar anualmente e submeter ao parecer do conselho fiscal e à apreciação e aprovação da assembleia geral o relatório de gestão e as contas do exercício, bem como o plano de actividades e o orçamento para o ano seguinte;

b) Executar o plano de actividades anual;

c) Atender as solicitações do conselho fiscal e do revisor oficial de contas ou da sociedade de revisores oficiais de contas nas matérias da competência destes;

633

[38] CCoop Arts. 57.º-60.º   Código Cooperativo

d) Deliberar sobre a admissão de novos membros e sobre a aplicação de sanções previstas neste Código, na legislação complementar aplicável aos diversos ramos do sector cooperativo e nos estatutos, dentro dos limites da sua competência;

e) Velar pelo respeito da lei, dos estatutos, dos regulamentos internos e das deliberações dos órgãos da cooperativa;

f) Contratar e gerir o pessoal necessário às actividades da cooperativa;

g) Representar a cooperativa em juízo e fora dele;

h) Escriturar os livros, nos termos da lei;

i) Praticar os actos necessários à defesa dos interesses da cooperativa e dos cooperadores, bem como à salvaguarda dos princípios cooperativos, em tudo o que se não insira na competência de outros órgãos.

Art. 57.º (Reuniões da direcção)

1. A direcção reunirá ordinariamente pelo menos uma vez por mês, convocada pelo presidente.

2. A direcção reunirá extraordinariamente sempre que o presidente a convoque, por sua iniciativa ou a pedido da maioria dos seus membros efectivos.

3. A direcção só poderá tomar deliberações com a presença de mais de metade dos seus membros efectivos.

4. Os membros suplentes, quando os estatutos preverem a sua existência, poderão assistir e participar nas reuniões da direcção, sem direito de voto.

Art. 58.º (Forma de obrigar a cooperativa)

Caso os estatutos sejam omissos, a cooperativa fica obrigada com as assinaturas conjuntas de dois membros da direcção, quando esta for colegial, salvo quanto aos actos de mero expediente, em que basta a assinatura de um deles.

Art. 59.º (Poderes de representação e gestão)

A direcção pode delegar poderes de representação e administração para a prática de certos actos ou de certas categorias de actos em qualquer dos seus membros, em gerentes ou noutros mandatários.

SECÇÃO IV.   **Conselho fiscal**

Art. 60.º (Composição)

1. O conselho fiscal é constituído:

a) Nas cooperativas com mais de 20 cooperadores, por um presidente e dois vogais;

b) Nas cooperativas que tenham até 20 cooperadores, por um único titular.

2. Os estatutos podem alargar a composição do conselho fiscal, assegurando sempre que o número dos seus membros seja ímpar e podendo também prever a existência de membros suplentes.

3. O conselho fiscal pode ser assessorado por um revisor oficial de contas ou por uma sociedade de revisores oficiais de contas.

634

Cap. V.   Dos órgãos das cooperativas   **Arts. 61.º-65.º CCoop [38]**

Art. 61.º (Competência)

O conselho fiscal é o órgão de controlo e fiscalização da cooperativa, incumbindo-lhe, designadamente:

a) Examinar, sempre que o julgue conveniente, a escrita e toda a documentação da cooperativa;

b) Verificar, quando o entenda como necessário, o saldo de caixa e a existência de títulos e valores de qualquer espécie, o que fará constar das respectivas actas;

c) Elaborar relatório sobre a acção fiscalizadora exercida durante o ano e emitir parecer sobre o relatório de gestão e as contas do exercício, o plano de actividades e o orçamento para o ano seguinte, em face do parecer do revisor oficial de contas, nos casos do n.º 3 do artigo anterior;

d) Requerer a convocação extraordinária da assembleia geral, nos termos do n.º 3 do artigo 45.º;

e) Verificar o cumprimento dos estatutos e da lei.

Art. 62.º (Reuniões)

1. O conselho fiscal reunirá ordinariamente, pelo menos, uma vez por trimestre, quando o presidente o convocar.

2. O conselho fiscal reunirá extraordinariamente sempre que o presidente o convocar, por sua iniciativa ou a pedido da maioria dos seus membros efectivos.

3. Os membros do conselho fiscal podem assistir, por direito próprio, às reuniões da direcção.

4. Os membros suplentes do conselho fiscal, quando os estatutos previrem a sua existência, podem assistir e participar nas reuniões deste conselho, sem direito de voto.

Art. 63.º (Quórum)

O conselho fiscal só poderá tomar deliberações com a presença de mais de metade dos seus membros efectivos.

SECÇÃO V.   Da responsabilidade dos órgãos das cooperativas

Art. 64.º (Proibições impostas aos directores, aos gerentes e outros mandatários e aos membros do conselho fiscal)

Os directores, os gerentes e outros mandatários, bem como os membros do conselho fiscal, não podem negociar por conta própria, directamente ou por interposta pessoa, com a cooperativa nem exercer pessoalmente actividade concorrente com a desta, salvo, neste último caso, mediante autorização da assembleia geral.

Art. 65.º (Responsabilidade dos directores, dos gerentes e outros mandatários)

1. São responsáveis civilmente, de forma pessoal e solidária, perante a cooperativa e terceiros, sem prejuízo de eventual responsabilidade criminal e da aplicabilidade de outras sanções, os directores, os gerentes e outros mandatários que hajam

635

[38] CCoop Arts. 66.º-68.º

Código Cooperativo

violado a lei, os estatutos, os regulamentos internos ou as deliberações da assembleia geral ou deixado de executar fielmente o seu mandato, designadamente:

a) Praticando, em nome da cooperativa, actos estranhos ao objecto ou aos interesses desta ou permitindo a prática de tais actos;

b) Pagando ou mandando pagar importâncias não devidas pela cooperativa;

c) Deixando de cobrar créditos que, por isso, hajam prescrito;

d) Procedendo à distribuição de excedentes fictícios ou que violem o presente Código, a legislação complementar aplicável aos diversos ramos do sector cooperativo ou os estatutos;

e) Usando o respectivo mandato, com ou sem utilização de bens ou créditos da cooperativa, em benefício próprio ou de outras pessoas, singulares ou colectivas.

2. A delegação de competências da direcção em um ou mais gerentes ou outros mandatários não isenta de responsabilidade os directores, salvo o disposto no artigo 67.º deste Código.

3. Os gerentes respondem, nos mesmos termos que os directores, perante a cooperativa e terceiros pelo desempenho das suas funções.

Art. 66.º (Responsabilidade dos membros do conselho fiscal)

Os membros do conselho fiscal são responsáveis perante a cooperativa, nos termos do disposto no artigo 65.º, sempre que se não tenham oposto oportunamente aos actos dos directores e dos gerentes previstos no mesmo artigo, salvo o disposto no artigo 67.º

Art. 67.º (Isenção de responsabilidade)

1. A aprovação pela assembleia geral do relatório de gestão e contas do exercício não implica a renúncia aos direitos de indemnização da cooperativa contra os membros da direcção ou do conselho fiscal ou contra os gerentes e outros mandatários, salvo se os factos constitutivos da responsabilidade tiverem sido expressamente levados ao conhecimento dos membros da cooperativa antes da aprovação.

2. São também isentos de responsabilidade os membros da direcção ou do conselho fiscal, os gerentes e outros mandatários que não tenham participado na deliberação que a originou ou tenham exarado em acta o seu voto contrário.

Art. 68.º (Direito de acção contra directores, gerentes e outros mandatários e membros do conselho fiscal)

1. O exercício, em nome da cooperativa, do direito de acção civil ou penal contra directores, gerentes, outros mandatários e membros do conselho fiscal deve ser aprovado em assembleia geral.

2. A cooperativa será representada na acção pela direcção ou pelos ooperadores que para esse feito forem eleitos pela assembleia geral.

3. A deliberação da assembleia geral pode ser tomada na sessão convocada para apreciação do relatório de gestão e contas do exercício, mesmo que a respectiva proposta não conste da ordem de trabalhos.

Cap. VI.   Reservas e distribuição de excedentes   **Arts. 69.º-70.º CCoop [38]**

CAPÍTULO VI.   **Reservas e distribuição de excedentes**

Art. 69.º (Reserva legal)

1. É obrigatória a constituição de uma reserva legal destinada a cobrir eventuais perdas de exercício.

2. Revertem para esta reserva, segundo a proporção que for determinada nos estatutos ou, caso estes sejam omissos, pela assembleia geral, numa percentagem que não poderá ser inferior a 5%:

a) As jóias;

b) Os excedentes anuais líquidos.

3. Estas reversões deixarão de ser obrigatórias desde que a reserva atinja um montante igual ao máximo do capital social atingido pela cooperativa.

4. Se os prejuízos do exercício forem superiores ao montante da reserva legal, a diferença poderá, por deliberação da assembleia geral, ser exigida aos cooperadores proporcionalmente às operações realizadas por cada um deles, sendo a reserva legal reconstituída até ao nível anterior em que se encontrava.

Art. 70.º (Reserva para educação e formação cooperativas)

1. É obrigatória a constituição de uma reserva para a educação cooperativa e a formação cultural e técnica dos cooperadores, dos trabalhadores da cooperativa e da comunidade.

2. Revertem para esta reserva, na forma constante no n.º 2 do artigo anterior:

a) A parte das jóias que não for afectada à reserva legal;

b) A parte dos excedentes anuais líquidos provenientes das operações com os cooperadores que for estabelecida pelos estatutos ou pela assembleia geral, numa percentagem que não poderá ser inferior a 1%;

c) Os donativos e os subsídios que forem especialmente destinados à finalidade da reserva;

d) Os excedentes anuais líquidos provenientes das operações realizadas com terceiros que não forem afectados a outras reservas.

3. As formas de aplicação desta reserva serão determinadas pela assembleia geral.

4. A direcção deve integrar anualmente no plano de actividades um plano de formação para aplicação desta reserva.

5. Por deliberação da assembleia geral, a direcção de uma cooperativa pode entregar, no todo ou em parte, o montante desta reserva a uma cooperativa de grau superior, sob a condição de esta prosseguir a finalidade da reserva em causa e de ter um plano de actividades em que aquela cooperativa seja envolvida.

6. Por deliberação da assembleia geral, pode igualmente ser afectada pela direcção a totalidade ou uma parte desta reserva a projectos de educação e formação que, conjunta ou separadamente, impliquem a cooperativa em causa e:

a) Uma ou mais pessoas colectivas de direito público;

b) Uma ou mais pessoas colectivas de direito privado, sem fins lucrativos;

c) Outra ou outras cooperativas.

[38] CCoop Arts. 71.°-74.°

Código Cooperativo

Art. 71.° (Outras reservas)

1. A legislação complementar aplicável aos diversos ramos do sector cooperativo ou os estatutos poderão prever a constituição de outras reservas, devendo, nesse caso, determinar o seu modo de formação, de aplicação e de liquidação.

2. Pode igualmente ser deliberada em assembleia geral a constituição de outras reservas, aplicando-se o disposto na parte final do número anterior.

Art. 72.° (Insusceptibilidade de repartição)

Todas as reservas obrigatórias, bem como as que resultem de excedentes provenientes de operações com terceiros, são insusceptíveis de qualquer tipo de repartição entre os cooperadores.

Art. 73.° (Distribuição de excedentes)

1. Os excedentes anuais líquidos, com excepção dos provenientes de operações realizadas com terceiros, que restarem depois do eventual pagamento de juros pelos títulos de capital e das reversões para as diversas reservas, poderão retornar aos cooperadores.

2. Não pode proceder-se à distribuição de excedentes entre os cooperadores, nem criar reservas livres, antes de se terem compensado as perdas dos exercícios anteriores ou, tendo-se utilizado a reserva legal para compensar essas perdas, antes de se ter reconstituído a reserva ao nível anterior ao da sua utilização.

3. Se forem pagos juros pelos títulos de capital, o seu montante global não pode ser superior a 30% dos resultados anuais líquidos.

CAPÍTULO VII. Da fusão e cisão das cooperativas

Art. 74.° (Formas de fusão de cooperativas)

1. A fusão de cooperativas pode operar-se por integração e por incorporação.

2. Verifica-se a fusão por integração quando duas ou mais cooperativas, com a simultânea extinção da sua personalidade jurídica, constituem uma nova cooperativa, assumindo a nova cooperativa a totalidade dos direitos e obrigações das cooperativas fundidas.

3. Verifica-se a fusão por incorporação quando uma ou mais cooperativas, em simultâneo com a extinção da sua personalidade jurídica, passam a fazer parte integrante de uma outra cooperativa, que assumirá a totalidade dos direitos e obrigações das cooperativas incorporadas.

4. A fusão de cooperativas só pode ser validamente efectivada por deliberação de, pelo menos, dois terços dos votos dos cooperadores presentes ou representados em assembleia geral extraordinária convocada para esse fim.

5. Mediante prévio parecer favorável do INSCOOP, poderão requerer judicialmente a fusão por incorporação de uma ou mais cooperativas numa terceira, que assumirá a totalidade dos seus direitos e obrigações, as cooperativas de grau superior nas quais aquelas estejam integradas ou com as quais tenham uma conexão relevante, quando ocorra alguma das seguintes circunstâncias:

a) Se verifique a inexistência ou paralisia dos órgãos sociais, assim como a impossibilidade de os eleger;

638

Cap. VIII. Dissolução, liquidação e transformação   **Arts. 75.º-77.º CCoop [38]**

b) Sejam desenvolvidas actividades alheias aos objectivos da cooperativa;
c) Seja notório o carácter doloso da ineficiência da respectiva gestão.

Art. 75.º (Cisão de cooperativas)
1. Verifica-se a cisão de uma cooperativa sempre que nesta se opere divisão dos seus membros e património, com a consequente criação de uma ou mais cooperativas novas.
2. A cisão será integral ou parcial, conforme simultaneamente se verificar, ou não, a extinção da cooperativa original.
3. É aplicável à cisão de cooperativas o disposto no n.º 4 do artigo anterior.

Art. 76.º (Protecção dos cooperadores e de terceiros nos casos de fusão e de cisão)
1. A fusão ou cisão terão a tramitação e o formalismo exigidos para a constituição de cooperativas nos termos deste diploma, com as necessárias adaptações.
2. No que não contrariar a natureza das cooperativas, a fusão e a cisão de cooperativas, regem-se pelas normas que regulam a fusão e a cisão de sociedades.
3. Durante o período do registo provisório, os cooperadores que não tenham participado na assembleia geral que tiver aprovado a deliberação, ou que tiverem exarado em acta o seu voto contrário, bem como os credores da cooperativa, poderão deduzir oposição escrita à fusão ou à cisão.
4. O registo provisório só será convertido em definitivo se for demonstrado que os créditos dos oponentes estão devidamente pagos.
5. No que não contrariar o disposto nos números anteriores deste artigo a fusão e a cisão de cooperativas regem-se, respectivamente, pelos artigos 98.º e seguintes e 119.º e seguintes do Código das Sociedades Comerciais.

Nota. A redacção do n.º 2 foi introduzida pelo art. 21.º do DL n.º 76-A/2006, de 29 de Março.

CAPÍTULO VIII. **Dissolução, liquidação e transformação**

Art. 77.º (Dissolução)
1. As cooperativas dissolvem-se por:
a) Esgotamento do objecto, impossibilidade insuperável da sua prossecução ou falta de coincidência entre o objecto real e o objecto expresso nos estatutos;
b) Decurso do prazo, se tiverem sido constituídas temporariamente;
c) Verificação de qualquer outra causa extintiva prevista nos estatutos;
d) Diminuição do número de membros abaixo do mínimo legalmente previsto por um período de tempo superior a 90 dias e desde que tal redução não seja temporária ou ocasional;
e) Fusão por integração, por incorporação ou cisão integral;
f) Deliberação da assembleia geral;
g) Decisão judicial transitada em julgado que declare a insolvência da cooperativa;
h) Decisão judicial transitada em julgado que verifique que a cooperativa não respeita no seu funcionamento os princípios cooperativos, que utiliza sistematica-

639

[38] CCoop Art. 78.°   Código Cooperativo

mente meios ilícitos para a prossecução do seu objecto ou que recorre à forma de cooperativa para alcançar indevidamente benefícios legais;

i) Omissão de entrega da declaração fiscal de rendimentos durante dois anos consecutivos comunicada pela administração tributária ao serviço de registo competente;

j) Comunicação da ausência de actividade efectiva verificada nos termos da legislação tributária, efectuada pela administração tributária junto do serviço de registo competente;

l) Comunicação da declaração oficiosa de cessação de actividade nos termos previstos na legislação tributária, efectuada pela administração tributária junto do serviço do registo competente.

2. Nos casos de esgotamento do objecto e nos que se encontram previstos nas alíneas *b*), *c*), *e*) e *f*) do número anterior, a dissolução é imediata.

3. Nos casos de impossibilidade insuperável da prossecução do objecto ou de falta de coincidência entre o objecto real e o objecto expresso nos estatutos, bem como nos casos a que se refere a alínea *d*) do n.° 1, a dissolução é declarada em procedimento administrativo de dissolução, instaurado a requerimento da cooperativa, de qualquer cooperador ou seu sucessor ou ainda de qualquer credor da cooperativa ou credor de cooperador de responsabilidade ilimitada, sem prejuízo do disposto no n.° 2 do artigo 89.°

4. Nos casos a que se referem as alíneas *i*), *j*) e *l*) do n.° 1, a dissolução é declarada em procedimento administrativo de dissolução, instaurado oficiosamente pelo serviço de registo competente.

Notas. 1. Redacção introduzida pelo art. 21.° do DL n.° 76-A/2006, de 29 de Março.

2. Cf. Anexo ao DL n.° 76-A/2006, de 29 de Março [**10-B**].

Art. 78.° (Processo de liquidação e partilha)

1. A dissolução da cooperativa, qualquer que seja o motivo, implica a nomeação de uma comissão liquidatária, encarregada do processo de liquidação do respectivo património.

2. A assembleia geral que deliberar a dissolução deve eleger a comissão liquidatária, à qual conferirá os poderes necessários para, dentro do prazo que lhe fixar, proceder à liquidação.

3. Aos casos de dissolução previstos nas alíneas *a*) a *e*) e *i*) a *l*) do n.° 1 do artigo anterior é aplicável o regime jurídico do procedimento de liquidação por via administrativa de entidades comerciais.

4. Nos casos em que tenha ocorrido dissolução administrativa promovida por via oficiosa, a liquidação é igualmente promovida oficiosamente pelo serviço de registo competente.

5. Ao caso de dissolução previsto na alínea *g*) do n.° 1 do artigo anterior é aplicável, com as necessárias adaptações, o Código da Insolvência e da Recuperação de Empresas.

6. Aos casos de dissolução previstos na alínea *h*) do n.° 1 do artigo anterior é aplicável, com as necessárias adaptações, o regime do processo de liquidação judicial de sociedades constante do Código do Processo Civil.

7. Feita a liquidação total, deve a comissão liquidatária apresentar as contas à assembleia geral, ao serviço de registo competente ou ao tribunal, conforme os

640

Cap. IX.   Uniões, federações e confederações   **Arts. 79.º-81.º CCoop [38]**

casos, organizando, sob a forma de mapa, um projecto de partilha do saldo, nos termos do artigo seguinte.

8. A última assembleia geral, o serviço de registo competente ou o tribunal, conforme os casos, designam quem deve ficar depositário dos livros, papéis e documentos da cooperativa, os quais devem ser conservados pelo prazo de cinco anos.

Nota. Redacção introduzida pelo art. 21.º do DL n.º 76-A/2006, de 29 de Março.

Art. 79.º (Destino do património em liquidação)

1. Uma vez satisfeitas as despesas decorrentes do próprio processo de liquidação, o saldo obtido por este será aplicado, imediatamente e pela seguinte ordem, a:

a) Pagar os salários e as prestações devidos aos trabalhadores da cooperativa;

b) Pagar os restantes débitos da cooperativa, incluindo o resgate dos títulos de investimento, das obrigações e de outras prestações eventuais dos membros da cooperativa;

c) Resgatar os títulos de capital.

2. O montante da reserva legal, estabelecido nos termos do artigo 69.º, que não tenha sido destinado a cobrir eventuais perdas de exercício e não seja susceptível de aplicação diversa, pode transitar com idêntica finalidade para a nova entidade cooperativa que se formar na sequência de fusão ou de cisão da cooperativa em liquidação.

3. Quando à cooperativa em liquidação não suceder nenhuma entidade cooperativa nova, a aplicação do saldo de reservas obrigatórias reverte para outra cooperativa, preferencialmente do mesmo município, a determinar pela federação ou confederação representativa da actividade principal da cooperativa.

4. Às reservas constituídas nos termos do artigo 71.º deste Código é aplicável, em matéria de liquidação, e no caso de os estatutos nada disporem, o estabelecido nos n.ºˢ 2 e 3 deste artigo.

Art. 80.º (Nulidade de transformação)

É nula a transformação de uma cooperativa em qualquer tipo de sociedade comercial, sendo também feridos de nulidade os actos que procurem contrariar ou iludir esta proibição legal.

CAPÍTULO IX.   Uniões, federações e confederações

Art. 81.º (Uniões, federações e confederações de cooperativas)

1. As uniões, federações e confederações de cooperativas adquirem personalidade jurídica com o registo da sua constituição, sem prejuízo da manutenção da personalidade jurídica de cada uma das estruturas que as integram, aplicando-se-lhe, em tudo o que não estiver especificamente regulado neste capítulo, as disposições aplicáveis às cooperativas do primeiro grau.

2. Sem prejuízo de as federações e confederações terem de preencher os requisitos necessários para serem reconhecidas como representantes da parte do sector cooperativo que a cada uma corresponda, todas as estruturas cooperativas de grau superior representam legitimamente as entidades que as integram.

Nota. Redacção introduzida pelo art. 21.º do DL n.º 76-A/2006, de 29 de Março.

641

[38] CCoop Arts. 82.°-85.° Código Cooperativo

Art. 82.° (Uniões de cooperativas)
1. As uniões de cooperativas resultam do agrupamento de, pelo menos, duas cooperativas do primeiro grau.
2. As uniões de cooperativas podem agrupar-se entre si e com cooperativas do primeiro grau sob a forma de uniões.
3. As uniões têm finalidades de natureza económica, social, cultural e de assistência técnica.

Art. 83.° (Direito de voto)
1. Os estatutos podem atribuir a cada uma das cooperativas aderentes um número de votos determinado, quer em função do número dos seus cooperadores, quer em função de qualquer outro critério objectivo que, de acordo com o princípio democrático, obtenha a aprovação maioritária dos membros da união.
2. O número de votos é anualmente apurado pela assembleia geral que aprovar o relatório de gestão e as contas do exercício do ano anterior.

Art. 84.° (Órgãos das uniões)
1. São órgãos das uniões de cooperativas:
a) A assembleia geral, que é constituída pelas direcções ou por delegados das cooperativas filiadas, podendo os estatutos determinar que apenas um dos representantes possa usar da palavra e votar e sendo a respectiva mesa eleita de entre os membros das cooperativas filiadas para um mandato de duração igual ao dos outros órgãos;
b) A direcção, que é composta por pessoas singulares membros das cooperativas filiadas, tendo-se em conta o disposto no artigo 55.° no que for aplicável;
c) O conselho fiscal, que é composto por pessoas singulares membros das cooperativas filiadas, tendo-se em conta o disposto no artigo 60.°, no que for aplicável, e em especial o seu n.° 3.
2. Se o número de membros da assembleia geral não for suficiente para preencher os órgãos sociais, haverá apenas um órgão colegial, a assembleia de cooperativas, constituída por todos os membros da união, que delibera por maioria simples, tendo em atenção o número de votos que a cada membro for atribuído, nos termos do artigo anterior.

Art. 85.° (Federações de cooperativas)
1. As federações resultam do agrupamento de cooperativas, ou simultaneamente de cooperativas e de uniões, que pertençam ao mesmo ramo do sector cooperativo.
2. A legislação complementar poderá prever a constituição de federações dentro do mesmo ramo do sector cooperativo, nos termos do número anterior, que resultem do agrupamento de membros caracterizados por desenvolver a mesma actividade económica.
3. As federações de cooperativas só poderão representar o respectivo ramo do sector cooperativo quando fizerem prova de que possuem como membros mais de 50% das cooperativas de primeiro grau definitivamente registadas do ramo correspondente ao objecto social da federação.

Cap. X. Do Instituto António Sérgio do Sector Cooperativo   **Arts. 86.º-87.º CCoop [38]**

4. No caso de ser necessário para o seu desenvolvimento e havendo uma conexão relevante entre os seus objectivos:

a) Podem fundir-se numa única federação duas ou mais federações de ramos diferentes;

b) Pode aderir a uma federação, desde que esta a aceite, uma cooperativa do primeiro grau de um ramo diferente;

c) Pode aderir a uma federação, desde que esta a aceite, uma união que abranja cooperativas pertencentes a um ramo diferente.

5. É aplicável às federações de cooperativas, com as devidas adaptações, o disposto nos artigos 82.º a 84.º deste Código.

6. As federações têm finalidades de representação, de coordenação e de prestação de serviços, podendo exercer qualquer actividade permitida por lei e consentânea com os princípios cooperativos.

Art. 86.º (Confederações de cooperativas)

1. As confederações de cooperativas resultam do agrupamento, a nível nacional, de cooperativas de grau superior, podendo, a título excepcional, agrupar cooperativas do primeiro grau, considerando-se representativas do sector cooperativo as que fizerem prova de que integram, pelo menos, 50% das federações definitivamente registadas do ramo ou ramos correspondentes ao objecto social da confederação.

2. É aplicável às confederações de cooperativas, com as devidas adaptações, o disposto nos artigos 82.º a 84.º deste Código.

3. As confederações têm funções de representação, de coordenação e de prestação de serviços, podendo exercer qualquer actividade permitida por lei e compatível com os princípios cooperativos.

4. Os órgãos das confederações são os previstos para as cooperativas do primeiro grau, sendo a mesa da assembleia geral, a direcção e o conselho fiscal compostos por pessoas singulares membros das estruturas cooperativas que integram a confederação.

CAPÍTULO X. Do Instituto António Sérgio do Sector Cooperativo (INSCOOP)[1]

Art. 87.º (Atribuições do INSCOOP)

1. Ao Instituto António Sérgio do Sector Cooperativo, abreviadamente designado INSCOOP, incumbem as atribuições e as competências previstas no respectivo Estatuto, no presente Código e na legislação complementar aplicável aos diversos ramos do sector cooperativo.

---

[1] O Instituto António Sérgio do Sector Cooperativo (INSCOOP) foi extinto pelo art. 1.º do DL n.º 282/2009, de 7 de Outubro, tendo-lhe sucedido, no conjunto dos seus direitos, obrigações e poderes públicos de autoridade, bem como na prossecução dos seus fins e atribuições de serviço público, a Cooperativa António Sérgio para a Economia Social – Cooperativa de Interesse Público de Responsabilidade Limitada ("Cooperativa António Sérgio") – cf. arts. 2.º a 15.º do referido DL.

643

[38] CCoop Arts. 88.°-90.°

2. Ao INSCOOP compete ainda emitir, anualmente, credencial comprovativa da legal constituição e regular funcionamento das cooperativas, nos termos e para os efeitos referidos no artigo seguinte.

Art. 88.° (Actos de comunicação obrigatória)
1. As cooperativas devem enviar ao INSCOOP duplicado de todos os elementos referentes aos actos de constituição e de alteração dos estatutos devidamente registados, bem como os relatórios de gestão e as contas de exercício anuais, após terem sido aprovados pela respectiva assembleia geral, bem como o balanço social, quando, nos termos legais, forem obrigadas a elaborá-lo.
2. O apoio técnico e financeiro às cooperativas por parte das entidades públicas fica dependente da credencial emitida pelo INSCOOP.

Art. 89.° (Dissolução das cooperativas)
1. O INSCOOP deve requerer, através do Ministério Público, junto do tribunal competente, a dissolução das cooperativas:
a) Que não respeitem, no seu funcionamento, os princípios cooperativos;
b) Que utilizem sistematicamente meios ilícitos para a prossecução do seu objecto;
c) Que recorram à forma de cooperativa para alcançar indevidamente benefícios legais.
2. O INSCOOP deve requerer junto do serviço do registo competente o procedimento administrativo de dissolução das cooperativas cuja actividade não coincida com o objecto expresso nos estatutos.

Notas. 1. Redacção introduzida pelo art. 21.° do DL n.° 76-A/2006, de 29 de Março.
2. Cf. Anexo ao DL n.° 76-A/2006, de 29 de Março [6].

CAPÍTULO XI. **Disposições finais e transitórias**

Art. 90.° (Regulamentos internos das cooperativas)
1. Os regulamentos internos das cooperativas vinculam os cooperadores se a sua existência estiver prevista nos estatutos.
2. Os regulamentos internos, para obrigarem os cooperadores, terão de ser propostos pela direcção para serem discutidos e aprovados em assembleia geral convocada expressamente para esse fim.
3. Os regulamentos internos vigentes à data da entrada em vigor da presente lei têm força jurídica igual à dos que vierem a ser elaborados nos termos dos números anteriores.
4. No prazo de 180 dias a contar da data de entrada em vigor deste Código, podem ser reapreciados os regulamentos internos vigentes, por iniciativa da direcção, do conselho fiscal, da mesa da assembleia geral ou de um mínimo de 5% dos membros de cada cooperativa.

Cap. XI. Disposições finais e transitórias   **Arts. 91.º-93.º CCoop [38]**

Art. 91.º (Aplicação do Código Cooperativo às cooperativas existentes)

1. As cláusulas estatutárias que regem as cooperativas constituídas ao abrigo da legislação anterior à entrada em vigor da presente lei e que não forem por esta permitidas consideram-se automaticamente substituídas pelas novas disposições do Código Cooperativo aplicáveis, sem prejuízo das alterações que vierem a ser deliberadas pelos membros.

2. As cooperativas ficam obrigadas a proceder, no prazo máximo de cinco anos, à actualização do capital social, nos termos deste Código.

3. As cooperativas que não tenham procedido ao registo do capital social actualizado no prazo previsto no número anterior, devem ser dissolvidas mediante procedimento administrativo de dissolução, oficiosamente instaurado pelo serviço do registo competente.

4. O disposto no número anterior é aplicável às cooperativas que não tenham procedido à actualização do capital social para o montante mínimo previsto no n.º 2 do artigo 18.º, na redacção dada pelo Decreto-Lei n.º 343/98, de 6 de Novembro.

5. Enquanto, nos termos do n.º 2 do artigo 18.º, não for fixado outro valor mínimo pela legislação complementar aplicável aos ramos de produção operária, artesanato, cultura e serviços, mantém-se para as cooperativas desses ramos o actual valor mínimo de 250 euros.

6. Se a legislação complementar fixar um mínimo de capital social diferente do estabelecido pelo n.º 2 do artigo 18.º deste Código, o prazo referido no n.º 2 deste artigo, se outro inferior não for previsto, começará a contar-se a partir da data de publicação dessa legislação complementar.

7. A conversão dos títulos de capital e dos títulos de investimento emitidos por cooperativas de titulados em escriturais ou de escriturais em titulados é feita nos termos do disposto no Código dos Valores Mobiliários para estas duas formas de conversão.

Notas. 1. Redacção introduzida pelo art. único do DL n.º 204/2004, de 19 de Agosto, e pelo art. 21.º do DL n.º 76-A/2006, de 29 de Março.

2. Segundo o art. 30.º do DL n.º 343/98, de 6 de Novembro, que estabelece algumas regras fundamentais relevantes no processo de transição do escudo para o euro, o disposto no n.º 4 deste preceito do CCoop, na sua actual redacção, aplica-se:

"*a*) Às cooperativas constituídas a partir de 1 de Janeiro de 1999, ainda que optem por denominar o seu capital social em escudos durante o período de transição, devendo, nesse caso, proceder à conversão para escudos dos valores estabelecidos em euros, através da taxa irrevogavelmente fixada pelo Conselho da União Europeia, de acordo com o n.º 4, primeiro período, do artigo 109.º-L do Tratado que institui a Comunidade Europeia;

b) Às cooperativas que alterem a denominação, para euros, do seu capital social;

c) A todas as cooperativas, após 1 de Janeiro de 2002."

Art. 92.º (Benefícios fiscais e financeiros)

Os benefícios fiscais e financeiros das cooperativas previstos pela Constituição da República Portuguesa serão objecto de legislação autónoma.

Art. 93.º (Contra-ordenações)

1. Constitui contra-ordenação, punível com coima de 50 000$ a 5 000 000$, a violação ao disposto no n.º 2 do artigo 14.º

[38] CCoop Art. 94.º

2. A instrução do processo de contra-ordenação e a aplicação da respectiva coima competem ao INSCOOP.

3. A afectação do produto da coima faz-se da seguinte forma:

a) 40% para o INSCOOP;

b) 60% para o Estado.

Art. 94.º (Revogação e entrada em vigor)

1. É revogado o Código Cooperativo, aprovado pelo Decreto-Lei n.º 454/80, de 9 de Outubro, e ratificado pela Lei n.º 1/83, de 10 de Janeiro, bem como toda a legislação vigente que contrarie o disposto nesta lei.

2. O Código Cooperativo entra em vigor no dia 1 de Janeiro de 1997.

PARTE QUARTA

ELABORAÇÃO DAS CONTAS DAS EMPRESAS

Págs.

[41] Decreto-Lei n.° 158/2009, de 13 de Julho, aprova o Sistema
de Normalização Contabilística   **(SNC)**   649

[42] Decreto-Lei n.° 238/91, de 2 de Julho, sobre a consolidação
de contas de sociedades   **(DL 238/91)**   662

[43] Decreto-Lei n.° 36/92, de 28 de Março, sobre a consolidação
de contas de algumas instituições financeiras   **(DL 36/92)**   666

[44] Decreto-Lei n.° 147/94, de 25 de Maio, sobre a consolidação
de contas das empresas seguradoras   **(DL 147/94)**   671

[45] Decreto-Lei n.° 88/2004, de 20 de Abril, sobre a consolidação de contas das empresas financeiras   **(DL 88/2004)**   676

[46] Decreto-Lei n.° 35/2005, de 17 de Fevereiro, relativo às contas
consolidadas de certas formas de sociedades, bancos e
outras instituições financeiras e empresas de seguros   **(DL 35/2005)**   680

SISTEMA DE NORMALIZAÇÃO CONTABILÍSTICA

[41] DECRETO-LEI N.º 158/2009
de 13 de Julho

Nos termos da alínea *a*) do n.º 1 do artigo 198.º da Constituição, o Governo decreta o seguinte:

Art. 1.º (Objecto)
É aprovado o Sistema de Normalização Contabilística, doravante designado por SNC, anexo ao presente decreto-lei e que dele faz parte integrante.

Nota. Sobre o regime jurídico de organização e funcionamento da Comissão de Normalização Contabilística, cf. o DL n.º 160/2009, de 13 de Julho, alterado pelo DL n.º 36-A/2011, de 9 de Março.

Art. 2.º (Definições)
Para efeitos do presente decreto-lei, considera-se:
a) «Controlo» o poder de gerir as políticas financeiras e operacionais de uma entidade ou de uma actividade económica a fim de obter benefícios da mesma;
b) «Demonstrações financeiras consolidadas» as demonstrações financeiras de um grupo apresentadas como as de uma única entidade económica;
c) «Empresa mãe» uma entidade que detém uma ou mais subsidiárias;
d) «Subsidiária» uma entidade, ainda que não constituída sob a forma de sociedade, que é controlada por uma outra entidade, designada por empresa mãe.

Art. 3.º (Âmbito)
1. Com excepção das entidades abrangidas pelo n.º 1 do artigo 4.º e pelo artigo 5.º, o SNC é obrigatoriamente aplicável às seguintes entidades:
a) Sociedades abrangidas pelo Código das Sociedades Comerciais;
b) Empresas individuais reguladas pelo Código Comercial;
c) Estabelecimentos individuais de responsabilidade limitada;
d) Empresas públicas;
e) Cooperativas;
f) Agrupamentos complementares de empresas e agrupamentos europeus de interesse económico.
2. Até que sejam publicadas normas para as entidades sem fins lucrativos, são abrangidas pelo SNC outras entidades que, por legislação específica, se encontrem sujeitas ao Plano Oficial de Contabilidade, doravante designado POC, ou venham a estar sujeitas ao SNC.

[41] SNC Arts. 4.º-5.º

Sistema de normalização contabilística

3. O disposto nos artigos 6.º a 8.º não prejudica o regime constante do Decreto-Lei n.º 147/94, de 25 de Maio, e não se aplica às entidades abrangidas pelo n.º 1 do artigo 2.º do Decreto-Lei n.º 36/92, de 28 de Março.

Notas. 1. O regime da normalização contabilística para as entidades do sector não lucrativo (ESNL), a que se refere o n.º 2 do preceito, foi aprovado pelo DL n.º 36-A/2011, de 9 de Março. Cf. ainda as Portarias n.º 105/2011, de 14 de Março, e n.º 106/2011, de 14 de Março.

2. Sobre o regime da normalização contabilística para microentidades (NCM), cf. o DL n.º 36-A/2011, de 9 de Março, e as Portarias n.º 104/2011, de 14 de Março, e n.º 107/2011, de 14 de Março.

Art. 4.º (Aplicação das normas internacionais de contabilidade)

1. As entidades cujos valores mobiliários estejam admitidos à negociação num mercado regulamentado devem, nos termos do artigo 4.º do Regulamento (CE) n.º 1606/2002, do Parlamento Europeu e do Conselho, de 19 de Julho, elaborar as suas contas consolidadas em conformidade com as normas internacionais de contabilidade adoptadas nos termos do artigo 3.º do Regulamento (CE) n.º 1606/2002, do Parlamento Europeu e do Conselho, de 19 de Julho.

2. As entidades obrigadas a aplicar o SNC, que não sejam abrangidas pelo disposto no número anterior, podem optar por elaborar as respectivas contas consolidadas em conformidade com as normas internacionais de contabilidade adoptadas nos termos do artigo 3.º do Regulamento (CE) n.º 1606/2002, do Parlamento Europeu e do Conselho, de 19 de Julho, desde que as suas demonstrações financeiras sejam objecto de certificação legal das contas.

3. As entidades cujas contas sejam consolidadas de acordo com o disposto no n.º 1 podem elaborar as respectivas contas individuais em conformidade com as normas internacionais de contabilidade adoptadas nos termos do artigo 3.º do Regulamento (CE) n.º 1606/2002, do Parlamento Europeu e do Conselho, de 19 de Julho, ficando as suas demonstrações financeiras sujeitas a certificação legal das contas.

4. As entidades obrigadas a aplicar o SNC, mas que estejam incluídas no âmbito da consolidação de entidades abrangidas pelo n.º 2, podem optar por elaborar as respectivas contas individuais em conformidade com as normas internacionais de contabilidade adoptadas nos termos do artigo 3.º do Regulamento (CE) n.º 1606/2002, do Parlamento Europeu e do Conselho, de 19 de Julho, ficando as suas demonstrações financeiras sujeitas a certificação legal das contas.

5. As opções referidas nos n.ºs 2 a 4 devem ser globais, mantendo-se por um período mínimo de três exercícios.

6. O período referido no número anterior não se aplica às entidades que, tendo optado pela aplicação de normas internacionais de contabilidade, passem a estar incluídas no âmbito da consolidação de entidades que não as adoptem.

7. A aplicação das normas internacionais de contabilidade a que se refere o presente artigo não prejudica que, para além das informações e divulgações inerentes a estas normas, as entidades abrangidas sejam obrigadas a divulgar outras informações previstas na legislação nacional.

Art. 5.º (Competência das entidades de supervisão do sector financeiro)

1. Sem prejuízo do disposto no n.º 1 do artigo 4.º, é da competência:

a) Do Banco de Portugal e do Instituto de Seguros de Portugal a definição do âmbito subjectivo de aplicação das normas internacionais de contabilidade, bem

Sistema de normalização contabilística   Art. 6.º SNC **[41]**

como a definição das normas contabilísticas aplicáveis às contas consolidadas, relativamente às entidades sujeitas à respectiva supervisão;

b) Da Comissão do Mercado de Valores Mobiliários a definição do âmbito subjectivo de aplicação das normas internacionais de contabilidade relativamente às entidades sujeitas à respectiva supervisão.

2. O disposto no presente decreto-lei não prejudica a competência do Banco de Portugal e do Instituto de Seguros de Portugal para definir:

a) As normas contabilísticas aplicáveis às contas individuais das entidades sujeitas à respectiva supervisão;

b) Os requisitos prudenciais aplicáveis às entidades sujeitas à respectiva supervisão.

Art. 6.º (Obrigatoriedade de elaborar contas consolidadas)

1. Qualquer empresa mãe sujeita ao direito nacional é obrigada a elaborar demonstrações financeiras consolidadas do grupo constituído por ela própria e por todas as subsidiárias, sobre as quais:

a) Independentemente da titularidade do capital, se verifique que, em alternativa:

    i) Possa exercer, ou exerça efectivamente, influência dominante ou controlo;

    ii) Exerça a gestão como se as duas constituíssem uma única entidade;

b) Sendo titular de capital, quando ocorra uma das seguintes situações:

    i) Tenha a maioria dos direitos de voto, excepto se for demonstrado que esses direitos não conferem o controlo;

    ii) Tenha o direito de designar ou de destituir a maioria dos titulares do órgão de gestão de uma entidade com poderes para gerir as políticas financeiras e operacionais dessa entidade;

    iii) Exerça uma influência dominante sobre uma entidade, por força de um contrato celebrado com esta ou de uma outra cláusula do contrato social desta;

    iv) Detenha pelo menos 20% dos direitos de voto e a maioria dos titulares do órgão de gestão de uma entidade com poderes para gerir as políticas financeiras e operacionais dessa entidade, que tenham estado em funções durante o exercício a que se reportam as demonstrações financeiras consolidadas, bem como, no exercício precedente e até ao momento em que estas sejam elaboradas, tenham sido exclusivamente designados como consequência do exercício dos seus direitos de voto;

    v) Disponha, por si só ou por força de um acordo com outros titulares do capital desta entidade, da maioria dos direitos de voto dos titulares do capital da mesma.

2. Para efeitos do disposto nas subalíneas *i*), *ii*), *iv*) e *v*) da alínea *b*) do número anterior, aos direitos de voto, de designação e de destituição da empresa mãe devem ser adicionados os direitos de qualquer outra subsidiária e os das subsidiárias desta, bem como os de qualquer pessoa agindo em seu próprio nome, mas por conta da empresa mãe ou de qualquer outra subsidiária.

651

[41] SNC Art. 7.º

Sistema de normalização contabilística

3. Para os mesmos efeitos, aos direitos indicados no número anterior devem ser deduzidos os direitos relativos:

a) Às partes de capital detidas por conta de uma entidade que não seja a empresa mãe ou uma subsidiária; ou

b) Às partes de capital detidas como garantia, desde que os direitos em causa sejam exercidos em conformidade com as instruções recebidas ou que a posse destas partes seja para a entidade detentora uma operação decorrente das suas actividades normais, em matéria de empréstimos, com a condição de que os direitos de voto sejam exercidos no interesse do prestador da garantia.

4. Ainda para os efeitos do disposto nas subalíneas *i*), *iv*) e *v*) da alínea *b*) do n.º 1, à totalidade dos direitos de voto dos titulares do capital da entidade subsidiária devem deduzir-se os direitos de voto relativos às partes de capital detidas por essa entidade, por uma subsidiária desta ou por uma pessoa que actue no seu próprio nome, mas por conta destas entidades.

Art. 7.º (Dispensa da elaboração de contas consolidadas)

1. Uma empresa mãe fica dispensada de elaborar as demonstrações financeiras consolidadas quando, na data do seu balanço, o conjunto das entidades a consolidar, com base nas suas últimas contas anuais aprovadas, não ultrapasse dois dos três limites a seguir indicados:

a) Total do balanço: € 7 500 000;

b) Total das vendas líquidas e outros rendimentos: € 15 000 000;

c) Número de trabalhadores empregados em média durante o exercício: 250.

2. A dispensa da obrigação de elaborar contas consolidadas só ocorre quando dois dos limites definidos no número anterior se verifiquem durante dois exercícios consecutivos.

3. Não obstante o disposto nos números anteriores, é ainda dispensada da obrigação de elaborar contas consolidadas qualquer empresa mãe que seja também uma subsidiária, quando a sua própria empresa mãe esteja subordinada à legislação de um Estado membro da União Europeia e:

a) Seja titular de todas as partes de capital da entidade dispensada, não sendo tidas em consideração as partes de capital desta entidade detidas por membro dos seus órgãos de administração, de direcção, de gerência ou de fiscalização, por força de uma obrigação legal ou de cláusulas do contrato de sociedade; ou

b) Detenha 90%, ou mais, das partes de capital da entidade dispensada da obrigação e os restantes titulares do capital desta entidade tenham aprovado a dispensa.

4. A dispensa referida no número anterior depende da verificação das seguintes condições:

a) A entidade dispensada, bem como todas as suas subsidiárias, serem consolidadas nas demonstrações financeiras de um conjunto mais vasto de entidades cuja empresa mãe esteja sujeita à legislação de um Estado membro da União Europeia;

b) As demonstrações financeiras consolidadas referidas na alínea anterior, bem como o relatório consolidado de gestão do conjunto mais vasto de entidades, serem elaborados pela empresa mãe deste conjunto e sujeitos a revisão legal segundo a legislação do Estado membro a que ela esteja sujeita, adaptada à Directiva n.º 83/349/CEE, de 13 de Junho;

Sistema de normalização contabilística   **Arts. 8.°-9.° SNC [41]**

c) As demonstrações financeiras consolidadas referidas na alínea *a*) e o relatório consolidado de gestão referido na alínea anterior, bem como o documento de revisão legal dessas contas, serem objecto de publicidade por parte da empresa dispensada, em língua portuguesa.

5. As dispensas referidas no presente artigo não se aplicam caso uma das entidades a consolidar seja uma sociedade cujos valores mobiliários tenham sido admitidos ou estejam em processo de vir a ser admitidos à negociação num mercado regulamentado de qualquer Estado membro da União Europeia.

6. É ainda dispensada de elaborar contas consolidadas a empresa mãe que apenas possua subsidiárias que não sejam materialmente relevantes para a realização do objectivo das demonstrações financeiras darem uma imagem verdadeira e apropriada da posição financeira, do desempenho financeiro e dos fluxos de caixa do conjunto das empresas compreendidas na consolidação, tanto individualmente quanto no seu conjunto.

Nota. Redacção introduzida pelo art. 13.° do DL n.° 36-A/2011, de 9 de Março.

Art. 8.° (Exclusões da consolidação)

1. Uma entidade pode ser excluída da consolidação quando não seja materialmente relevante para a realização do objectivo de as demonstrações financeiras darem uma imagem verdadeira e apropriada da posição financeira, do desempenho financeiro e dos fluxos de caixa do conjunto das entidades compreendidas na consolidação.

2. Quando duas ou mais entidades estejam nas circunstâncias referidas no número anterior, mas sejam, no seu conjunto, materialmente relevantes para o mesmo objectivo devem ser incluídas na consolidação.

3. Uma entidade pode também ser excluída da consolidação sempre que:

a) Restrições severas e duradouras prejudiquem substancialmente o exercício pela empresa mãe dos seus direitos sobre o património ou a gestão dessa entidade;

b) As partes de capital desta entidade tenham sido adquiridas exclusivamente tendo em vista a sua cessão posterior, e enquanto se mantenham classificadas como detidas para venda.

4. Uma subsidiária não é excluída da consolidação pelo simples facto de as suas actividades empresariais serem dissemelhantes das actividades das outras entidades do grupo.

5. O disposto nos números anteriores não se aplica quando as demonstrações financeiras consolidadas sejam preparadas de acordo com as normas internacionais de contabilidade adoptadas pela UE.

Nota. Redacção introduzida pelo art. 13.° do DL n.° 36-A/2011, de 9 de Março.

Art. 9.° (Pequenas entidades)

1. A «Norma contabilística e de relato financeiro para pequenas entidades» (NCRF-PE), compreendida no Sistema de Normalização Contabilístico (SNC), apenas pode ser adoptada, em alternativa ao restante normativo, pelas entidades, de entre as referidas no artigo 3.° e excluindo as situações dos artigos 4.° e 5.°, que não ultrapassem dois dos três limites seguintes, salvo quando por razões legais ou

653

[41] SNC Arts. 10.º-11.º   Sistema de normalização contabilística

estatutárias tenham as suas demonstrações financeiras sujeitas a certificação legal de contas:
    a) Total do balanço: € 1 500 000;
    b) Total de vendas líquidas e outros rendimentos: € 3 000 000;
    c) Número de trabalhadores empregados em média durante o exercício: 50.
    2. Os limites previstos no número anterior operam da seguinte forma:
    a) Para as entidades constituídas em ano anterior à data da publicação do presente decreto-lei, os limites reportam-se às demonstrações financeiras do exercício anterior ao da publicação do mesmo, produzindo efeitos a partir do exercício em que este entre em vigor;
    b) Para as entidades que se constituam no ano de publicação do presente decreto-lei, os limites reportam-se às previsões para esse ano e produzem efeitos a partir do exercício em que este entre em vigor;
    c) Para as entidades que se constituam nos anos seguintes ao da publicação do presente decreto-lei, os limites reportam-se às previsões para o ano da constituição e produzem efeitos imediatos;
    d) Sempre que os limites sejam ultrapassados num determinado exercício, a opção deixa de poder ser exercida a partir do segundo exercício seguinte, inclusive;
    e) Sempre que os limites deixem de ser ultrapassados num determinado exercício, a entidade pode exercer a opção a partir do segundo exercício seguinte, inclusive.
    3. Nos casos em que uma pequena entidade integre o perímetro de consolidação de uma entidade que apresente demonstrações financeiras consolidadas, aquela não pode aplicar o regime previsto na NCRF-PE.

Nota. A redacção do n.º 1 foi introduzida pelo art. 1.º da L n.º 20/2010, de 23 de Agosto.

Art. 10.º (Dispensa de aplicação)
Ficam dispensadas do previsto no artigo 3.º as pessoas que, exercendo a título individual qualquer actividade comercial, industrial ou agrícola, não realizem na média dos últimos três anos um volume de negócios superior a € 150 000.

Art. 11.º (Demonstrações financeiras)
    1. As entidades sujeitas ao SNC são obrigadas a apresentar as seguintes demonstrações financeiras:
    a) Balanço;
    b) Demonstração dos resultados por naturezas;
    c) Demonstração das alterações no capital próprio;
    d) Demonstração dos fluxos de caixa pelo método directo;
    e) Anexo.
    2. As entidades a que se refere o artigo 9.º são dispensadas de apresentar a demonstração das alterações no capital próprio e a demonstração dos fluxos de caixa, podendo apresentar modelos reduzidos relativamente às restantes demonstrações financeiras.
    3. Adicionalmente, pode ser apresentada uma demonstração dos resultados por funções.

654

Sistema de normalização contabilística   **Arts. 12.º-13.º SNC [41]**

Art. 12.º (Inventário permanente)

1. As entidades a que seja aplicável o SNC ou as normas internacionais de contabilidade adoptadas pela UE ficam obrigadas a adoptar o sistema de inventário permanente na contabilização dos inventários, nos seguintes termos:

a) Proceder às contagens físicas dos inventários com referência ao final do exercício, ou, ao longo do exercício, de forma rotativa, de modo a que cada bem seja contado, pelo menos, uma vez em cada exercício;

b) Identificar os bens quanto à sua natureza, quantidade e custos unitários e globais, por forma a permitir a verificação, a todo o momento, da correspondência entre as contagens físicas e os respectivos registos contabilísticos.

2. A obrigação prevista no número anterior não se aplica às entidades nele referidas que não ultrapassem, durante dois exercícios consecutivos, dois dos três limites indicados no n.º 2 do artigo 262.º do Código das Sociedades Comerciais, deixando essa dispensa de produzir efeitos no exercício seguinte ao termo daquele período.

3. Cessa a obrigação a que se refere o n.º 1, sempre que as entidades nele referidas deixem de ultrapassar, durante dois exercícios consecutivos, dois dos três limites referidos no n.º 2 do artigo 262.º do Código das Sociedades Comerciais, produzindo esta cessação efeitos a partir do exercício seguinte ao termo daquele período.

4. Ficam também dispensadas do estabelecido no n.º 1 as entidades nele referidas relativamente às seguintes actividades:

a) Agricultura, produção animal, apicultura e caça;

b) Silvicultura e exploração florestal;

c) Indústria piscatória e aquicultura;

d) Pontos de vendas a retalho que, no seu conjunto, não apresentem, no período de um exercício, vendas superiores a € 300 000 nem a 10% das vendas globais da respectiva entidade.

5. Ficam ainda dispensadas do estabelecido no n.º 1 as entidades nele referidas cuja actividade predominante consista na prestação de serviços, considerando-se como tais, para efeitos deste artigo, as que apresentem, no período de um exercício, um custo das mercadorias vendidas e das matérias consumidas que não exceda € 300 000 nem 20% dos respectivos custos operacionais.

6. As dispensas previstas na alínea *d)* do n.º 4 e no n.º 5 mantêm-se até ao termo do exercício seguinte àquele em que, respectivamente, as actividades e as entidades neles referidas tenham ultrapassado os limites que as originaram.

7. Não obstante o disposto no número anterior, podem voltar a beneficiar das dispensas previstas na alínea *d)* do n.º 4 e no n.º 5 as actividades e as entidades neles referidas em relação às quais deixem de se verificar, durante dois exercícios consecutivos, os requisitos estabelecidos para a concessão da dispensa, produzindo efeitos a partir do exercício seguinte ao termo daquele período.

Art. 13.º (Referências ao Plano Oficial de Contabilidade)

Todas as referências ao Plano Oficial de Contabilidade previstas em anteriores diplomas devem passar a ser entendidas como referências ao SNC.

655

[41] SNC Arts. 14.º-16.º

Sistema de normalização contabilística

Art. 14.º (Ilícitos de mera ordenação social)

1. A entidade sujeita ao SNC que não aplique qualquer das disposições constantes nas normas contabilísticas e de relato financeiro cuja aplicação lhe seja exigível e que distorça com tal prática as demonstrações financeiras individuais ou consolidadas que seja, por lei, obrigada a apresentar, é punida com coima de € 500 a € 15 000.

2. A entidade sujeita ao SNC que efectue a supressão de lacunas de modo diverso do aí previsto e que distorça com tal prática as demonstrações financeiras individuais ou consolidadas que seja, por lei, obrigada a apresentar, é punida com coima de € 500 a € 15 000.

3. A entidade sujeita ao SNC que não apresente qualquer das demonstrações financeiras que seja, por lei, obrigada a apresentar, é punida com coima de € 500 a € 15 000.

4. Caso as infracções referidas nos números anteriores sejam praticadas a título de negligência, as coimas são reduzidas a metade.

5. Na graduação da coima são tidos em conta os valores dos capitais próprios e do total de rendimentos das entidades, os valores associados à infracção e a condição económica dos infractores.

6. A organização do processo e a decisão sobre aplicação da coima competem ao presidente da Comissão de Normalização Contabilística, com possibilidade de delegação no vice-presidente da comissão executiva.

7. O produto das coimas reverte nas seguintes proporções:
   a) 60% para o Estado;
   b) 40% para a Comissão de Normalização Contabilística.

8. Aos ilícitos de mera ordenação social previstos no presente decreto-lei é subsidiariamente aplicável o regime geral do ilícito de mera ordenação social.

Art. 15.º (Norma revogatória)

1. São revogados:
   a) O Decreto-Lei n.º 410/89, de 21 de Novembro;
   b) O Decreto-Lei n.º 238/91, de 2 de Julho;
   c) O Decreto-Lei n.º 29/93, de 12 de Fevereiro;
   d) O Decreto-Lei n.º 127/95, de 1 de Junho;
   e) O Decreto-Lei n.º 44/99, de 12 de Fevereiro, alterado pelo Decreto-Lei n.º 79/2003, de 23 de Abril;
   f) O Decreto-Lei n.º 88/2004, de 20 de Abril;
   g) Os artigos 4.º, 7.º e 11.º a 15.º do Decreto-Lei n.º 35/2005, de 17 de Fevereiro.

2. São revogadas as directrizes contabilísticas n.ᵒˢ 1 a 29 emitidas pela Comissão de Normalização Contabilística.

Art. 16.º (Produção de efeitos)

O presente decreto-lei entra em vigor no primeiro exercício que se inicie em ou após 1 de Janeiro de 2010.

Sistema de normalização contabilística

Anexo SNC [41]

ANEXO
Sistema de Normalização Contabilística

1. Apresentação:

1.1. O novo modelo de normalização contabilística, que agora é criado, sucede ao Plano Oficial de Contabilidade (POC) e é designado por Sistema de Normalização Contabilística (SNC). Este Sistema, à semelhança do POC, não é de aplicação geral, conforme decorre dos artigos 4.º e 5.º do presente decreto-lei.

1.2. Trata-se de um modelo de normalização assente mais em princípios do que em regras explícitas e que se pretende em sintonia com as normas internacionais de contabilidade emitidas pelo International Accounting Standards Board (IASB) e adoptadas na União Europeia (UE), bem como coerente com a Directiva n.º 78/660/CEE do Conselho, de 25 de Julho de 1978 (Quarta Directiva), e a Directiva n.º 83/349/CEE do Conselho, de 13 de Junho de 1983 (Sétima Directiva), que constituem os principais instrumentos de harmonização no domínio contabilístico na UE. Tal coerência encontra-se, aliás, garantida à partida, uma vez que o processo de adopção na UE das normas internacionais de contabilidade implica o respeito pelos critérios estabelecidos no n.º 2 do artigo 3.º do Regulamento (CE) n.º 1606/2002, do Parlamento Europeu e do Conselho, de 19 de Julho.

1.3. O SNC, que assimila a transposição das directivas contabilísticas da UE, é composto pelos seguintes instrumentos:

Bases para a apresentação de demonstrações financeiras (BADF);
Modelos de demonstrações financeiras (MDF);
Código de contas (CC);
Normas contabilísticas e de relato financeiro (NCRF);
Norma contabilística e de relato financeiro para pequenas entidades (NCRF-PE);
Normas interpretativas (NI).

A estrutura conceptual, baseada no anexo 5 das «Observações relativas a certas disposições do Regulamento (CE) n.º 1606/2002, do Parlamento Europeu e do Conselho, de 19 de Julho», publicado pela Comissão Europeia em Novembro de 2003, que enquadra aqueles instrumentos, constitui um documento autónomo a publicar por aviso do membro do Governo com responsabilidade própria ou delegada pela área das finanças, no *Diário da República*.

1.4. Sempre que o SNC não responda a aspectos particulares de transacções ou situações, que se coloquem a dada entidade em matéria de contabilização ou de relato financeiro, ou a lacuna em causa seja de tal modo relevante que o seu não preenchimento impeça o objectivo de ser prestada informação que, a presente, de forma verdadeira e apropriada, a posição financeira numa certa data e o desempenho para o período abrangido, fica desde já estabelecido, tendo em vista tão somente a superação dessa lacuna, o recurso, supletivamente e pela ordem indicada:

Às normas internacionais de contabilidade (NIC), adoptadas ao abrigo do Regulamento (CE) n.º 1606/2002, do Parlamento Europeu e do Conselho, de 19 de Julho;

Às normas internacionais de contabilidade (IAS) e normas internacionais de relato financeiro (IFRS), emitidas pelo IASB, e respectivas interpretações SIC-IFRIC.

2. Bases para a apresentação de demonstrações financeiras (BADF):

2.1. Âmbito, finalidade e componentes:

2.1.1. As BADF de finalidades gerais estabelecem os requisitos globais que permitem assegurar a comparabilidade quer com as demonstrações financeiras de períodos anteriores da mesma entidade, quer com as demonstrações financeiras de outras entidades. O reconhecimento, a mensuração, a divulgação e os aspectos particulares de apresentação de transacções específicas e outros acontecimentos são tratados nas NCRF.

2.1.2. As demonstrações financeiras de finalidades gerais são as que se destinam a satisfazer as necessidades de utentes que não estejam em posição de exigir relatórios feitos para ir ao encontro das suas necessidades particulares de informação. As demonstrações financeiras de finalidades gerais incluem as que são apresentadas isoladamente ou incluídas num outro documento para o público, tal como um relatório anual ou um prospecto.

2.1.3. As demonstrações financeiras são uma representação estruturada da posição financeira e do desempenho financeiro de uma entidade. O objectivo das demonstrações financeiras de finalidades gerais é o de proporcionar informação acerca da posição financeira, do desempenho financeiro e dos fluxos de caixa de uma entidade que seja útil a uma vasta gama de utentes na tomada de decisões econó-

657

[41] SNC Anexo

Sistema de normalização contabilística

micas. As demonstrações financeiras também mostram os resultados da condução, por parte do órgão de gestão, dos recursos a ele confiados. Para satisfazer este objectivo, as demonstrações financeiras proporcionam informação de uma entidade acerca do seguinte:

a) Activos;
b) Passivos;
c) Capital próprio;
d) Rendimentos (réditos e ganhos);
e) Gastos (gastos e perdas);
f) Outras alterações no capital próprio; e
g) Fluxos de caixa.

Esta informação, juntamente com outra incluída nas notas do anexo, ajuda os utentes das demonstrações financeiras a prever os futuros fluxos de caixa da entidade e, em particular, a sua tempestividade e certeza.

2.1.4. Um conjunto completo de demonstrações financeiras inclui:

a) Um balanço;
b) Uma demonstração dos resultados;
c) Uma demonstração das alterações no capital próprio;
d) Uma demonstração dos fluxos de caixa; e
e) Um anexo em que se divulguem as bases de preparação e políticas contabilísticas adoptadas e outras divulgações exigidas pelas NCRF.

2.1.5. As demonstrações financeiras devem apresentar apropriadamente a posição financeira, o desempenho financeiro e os fluxos de caixa de uma entidade. A apresentação apropriada exige a representação fidedigna dos efeitos das transacções, outros acontecimentos e condições de acordo com as definições e critérios de reconhecimento para activos, passivos, rendimentos e gastos estabelecidos na estrutura conceptual. Presume-se que a aplicação das NCRF, com divulgação adicional quando necessária, resulta em demonstrações financeiras que alcançam uma apresentação apropriada.

2.1.6. Na generalidade das circunstâncias, uma apresentação apropriada é conseguida pela conformidade com as NCRF aplicáveis. Uma apresentação apropriada também exige que uma entidade:

a) Seleccione e adopte políticas contabilísticas de acordo com a NCRF aplicável;
b) Apresente a informação, incluindo as políticas contabilísticas, de uma forma que proporcione a disponibilização de informação relevante, fiável, comparável e compreensível;
c) Proporcione divulgações adicionais quando o cumprimento dos requisitos específicos contidos nas NCRF possa ser insuficiente para permitir a sua compreensão pelos utentes.

2.1.7. As políticas contabilísticas inapropriadas não deixam de o ser pelo facto de serem divulgadas ou assumidas em notas ou outros materiais explicativos.

2.1.8. A informação acerca dos fluxos de caixa de uma entidade, quando usada juntamente com as restantes demonstrações financeiras, é útil se proporcionar aos utentes das mesmas uma base para determinar a capacidade da entidade para gerar dinheiro e equivalentes e para determinar as necessidades da entidade de utilizar esses fluxos de caixa. As decisões económicas que sejam tomadas pelos utentes exigem uma avaliação da capacidade de uma entidade de gerar dinheiro e seus equivalentes e a tempestividade e certeza da sua geração.

2.2. Continuidade:

2.2.1. Aquando da preparação de demonstrações financeiras, o órgão de gestão deve fazer uma avaliação da capacidade da entidade de prosseguir encarando-a como uma entidade em continuidade. As demonstrações financeiras devem ser preparadas no pressuposto da entidade em continuidade, a menos que o órgão de gestão pretenda liquidar a entidade ou cessar de negociar, ou que não tenha alternativa realista a não ser adoptar uma dessas alternativas O órgão de gestão deve divulgar as incertezas materiais relacionadas com acontecimentos ou condições que possam lançar dúvidas significativas acerca da capacidade da entidade de prosseguir como uma entidade em continuidade. Quando as demonstrações financeiras não sejam preparadas no pressuposto da continuidade, esse facto deve ser divulgado, juntamente com os fundamentos pelos quais as demonstrações financeiras foram preparadas e a razão pela qual a entidade não é considerada como estando em continuidade.

2.2.2. Ao avaliar se o pressuposto da entidade em continuidade é apropriado, o órgão de gestão toma em consideração toda a informação disponível sobre o futuro, que é considerado, pelo menos, mas sem limitação, doze meses a partir da data do balanço. O grau de consideração depende dos factos de cada caso. Quando uma entidade tenha uma história de operações lucrativas e acesso pronto a recursos

Sistema de normalização contabilística

Anexo SNC [41]

financeiros, pode concluir-se, sem necessidade de uma análise pormenorizada, que a base de contabilidade de entidade em continuidade é apropriada. Noutros casos, o órgão de gestão pode necessitar de considerar um vasto leque de factores relacionados com a rendibilidade corrente e esperada, com esquemas de reembolso de dívidas e potenciais fontes de financiamento de substituição, para poder preencher de forma apropriada o pressuposto da entidade em continuidade.

2.3. Regime de acréscimo (periodização económica):

2.3.1. Uma entidade deve preparar as suas demonstrações financeiras, excepto para informação de fluxos de caixa, utilizando o regime contabilístico de acréscimo (periodização económica).

2.3.2. Ao ser usado o regime contabilístico de acréscimo (periodização económica), os itens são reconhecidos como activos, passivos, capital próprio, rendimentos e gastos (os elementos das demonstrações financeiras) quando satisfaçam as definições e os critérios de reconhecimento para esses elementos contidos na estrutura conceptual.

2.4. Consistência de apresentação:

2.4.1. A apresentação e a classificação de itens nas demonstrações financeiras devem ser mantidas de um período para outro, a menos que:

a) Seja perceptível, após uma alteração significativa na natureza das operações da entidade ou uma revisão das respectivas demonstrações financeiras, que outra apresentação ou classificação é mais apropriada, tendo em consideração os critérios para a selecção e aplicação de políticas contabilísticas contidas na NCRF aplicável; ou

b) Uma NCRF estabeleça uma alteração na apresentação.

2.4.2. Uma entidade altera a apresentação das suas demonstrações financeiras apenas se a apresentação alterada proporcionar informação fiável e mais relevante para os utentes das demonstrações financeiras e se for provável que a estrutura revista continue, de modo a que a comparabilidade não seja prejudicada. Ao efectuar tais alterações na apresentação, uma entidade reclassifica a sua informação comparativa de acordo com o referido no ponto 2.7. Informação comparativa.

2.5. Materialidade e agregação:

2.5.1. Cada classe material de itens semelhantes deve ser apresentada separadamente nas demonstrações financeiras. Os itens de natureza ou função dissemelhante devem ser apresentados separadamente, a menos que sejam imateriais. Considera-se que as omissões ou declarações incorrectas de itens são materiais quando podem, individual ou colectivamente, influenciar as decisões económicas dos utentes tomadas com base nas demonstrações financeiras. A materialidade depende da dimensão e da natureza da omissão ou do erro, ajuizados nas circunstâncias que os rodeiam. A dimensão ou a natureza do item, ou uma combinação de ambas, pode ser o factor determinante.

2.5.2. As demonstrações financeiras resultam do processamento de grandes números de transacções ou outros acontecimentos que são agregados em classes de acordo com a sua natureza ou função. A fase final do processo de agregação e classificação é a apresentação de dados condensados e classificados que formam linhas de itens no balanço, na demonstração dos resultados, na demonstração de alterações no capital próprio e na demonstração de fluxos de caixa ou no anexo. Se uma linha de item não for individualmente material, ela é agregada a outros itens seja na face dessas demonstrações, seja nas notas do anexo. Um item que não seja suficientemente material para justificar a sua apresentação separada na face dessas demonstrações pode, porém, ser suficientemente material para que seja apresentado separadamente nas notas do anexo.

2.5.3. Aplicar o conceito de materialidade significa que um requisito de apresentação específico contido numa NCRF não necessita de ser satisfeito se a informação não for material.

2.6. Compensação:

2.6.1. Os activos e passivos, e os rendimentos e gastos, não devem ser compensados, excepto quando tal for exigido ou permitido por uma NCRF.

2.6.2. É importante que os activos e passivos, e os rendimentos e gastos, sejam separadamente relatados. A compensação, quer na demonstração dos resultados, quer no balanço, excepto quando a mesma reflicta a substância da transacção ou outro acontecimento, prejudica a capacidade dos utentes em compreender as transacções, outros acontecimentos e condições que tenham ocorrido e de avaliar os futuros fluxos de caixa da entidade. A mensuração de activos líquidos de deduções de valorização, por exemplo, deduções de obsolescência nos inventários e deduções de dívidas duvidosas nas contas a receber, não é considerada uma compensação.

2.6.3. O rédito deve ser mensurado tomando em consideração a quantia de quaisquer descontos comerciais e abatimentos de volume concedidos pela entidade. Uma entidade empreende, no decurso das

659

[41] SNC Anexo

Sistema de normalização contabilística

suas actividades ordinárias, outras transacções que não geram rédito, mas que são inerentes às principais actividades que o geram. Os resultados de tais transacções são apresentados, quando esta apresentação reflicta a substância da transacção ou outro acontecimento, compensando qualquer rendimento com os gastos relacionados resultantes da mesma transacção. Por exemplo:

a) Os ganhos e perdas na alienação de activos não correntes, incluindo investimentos e activos operacionais, são relatados, deduzindo ao produto da alienação a quantia escriturada do activo e os gastos de venda relacionados; e

b) Os dispêndios relacionados com uma provisão reconhecida de acordo com a NCRF respectiva e reembolsada segundo um acordo contratual com terceiros (por exemplo, um acordo de garantia de um fornecedor) podem ser compensados com o reembolso relacionado.

2.6.4. Adicionalmente, os ganhos e perdas provenientes de um grupo de transacções semelhantes são relatados numa base líquida, por exemplo, ganhos e perdas de diferenças cambiais ou ganhos e perdas provenientes de instrumentos financeiros detidos para negociação. Estes ganhos e perdas são, contudo, relatados separadamente se forem materiais.

2.7. Informação comparativa:

2.7.1. A menos que uma NCRF o permita ou exija de outra forma, deve ser divulgada informação comparativa com respeito ao período anterior para todas as quantias relatadas nas demonstrações financeiras. A informação comparativa deve ser incluída para a informação narrativa e descritiva quando seja relevante para a compreensão das demonstrações financeiras do período corrente.

2.7.2. Em alguns casos, a informação narrativa proporcionada nas demonstrações financeiras relativa(s) ao(s) período(s) anterior(es) continua a ser relevante no período corrente. Por exemplo, os pormenores de uma disputa legal, cujo desfecho era incerto à data do último balanço e que esteja ainda por ser resolvida, são divulgados no período corrente. Os utentes beneficiam com a informação de que a incerteza existia à data do último balanço e com a informação acerca das medidas adoptadas durante o período corrente para resolver a incerteza.

2.7.3. Quando a apresentação e a classificação de itens nas demonstrações financeiras sejam emendadas, as quantias comparativas devem ser reclassificadas, a menos que tal seja impraticável. Considera-se que a aplicação de um requisito é impraticável quando a entidade não o possa aplicar depois de ter feito todos os esforços razoáveis para o conseguir.

2.7.4. Quando as quantias comparativas sejam reclassificadas, uma entidade deve divulgar:

a) A natureza da reclassificação;

b) A quantia de cada item ou classe de itens que tenha sido reclassificada; e

c) A razão para a reclassificação.

2.7.5. Quando for impraticável reclassificar quantias comparativas, uma entidade deve divulgar:

a) A razão para não as reclassificar; e

b) A natureza dos ajustamentos que teriam sido feitos se as quantias tivessem sido reclassificadas.

2.7.6. Aperfeiçoar a comparabilidade de informação interperíodos ajuda os utentes a tomar decisões económicas, sobretudo porque lhes permite avaliar as tendências na informação financeira para finalidades de previsão. Em algumas circunstâncias, torna-se impraticável reclassificar informação comparativa para um período em particular para conseguir comparabilidade com o período corrente. Por exemplo, podem não ter sido coligidos dados no(s) período(s) anterior(es) de modo a permitir a reclassificação e, por isso, pode não ser praticável recriar a informação.

3. Modelos de demonstrações financeiras (MDF):

3.1. São publicados, através de portaria do membro do Governo responsável pela área das finanças, com a faculdade de delegar, os modelos para as seguintes demonstrações financeiras:

a) Balanço;

b) Demonstração dos resultados (por naturezas e por funções);

c) Demonstração das alterações no capital próprio;

d) Demonstração dos fluxos de caixa;

e) Anexo (divulgação das bases de preparação e políticas contabilísticas adoptadas e divulgações exigidas pelas NCRF).

3.2. Os referidos modelos obedecem, em particular, ao disposto no capítulo 2, podendo, também, ser utilizados pelas entidades que se encontrem obrigadas ou que tenham usado a opção de aplicar as normas internacionais de contabilidade adoptadas pela UE, nos termos do Regulamento (CE) n.° 1606/2002, do Parlamento Europeu e do Conselho, de 19 de Julho.

Sistema de normalização contabilística

Anexo SNC [41]

3.3. São igualmente publicados através de portaria do membro do Governo responsável pela área das finanças, com a faculdade de delegar, os modelos reduzidos de demonstrações financeiras a utilizar pelas entidades que, nos termos do artigo 9.° do presente decreto-lei, possam adoptar a «Norma contabilística e de relato financeiro para pequenas entidades», a que se refere o capítulo 6.

4. Código de contas:

4.1. É publicado através de portaria do membro do Governo responsável pela área das finanças, com a faculdade de delegar, o Código de Contas (CC), que se pretende seja um documento não exaustivo, contendo no essencial:

a) O quadro síntese de contas;

b) O código de contas (lista codificada de contas); e

c) Notas de enquadramento.

4.2. O CC deve, também, ser adoptado pelas entidades que, nos termos do artigo 9.° do presente decreto-lei, possam aplicar a «Norma contabilística e de relato financeiro para pequenas entidades», a que se refere o capítulo 6, e pode, ainda, ser utilizado pelas entidades que se encontrem obrigadas, ou que tenham a opção de aplicar as normas internacionais de contabilidade adoptadas pela UE, nos termos do Regulamento (CE) n.° 1606/2002, do Parlamento Europeu e do Conselho, de 19 de Julho.

5. Normas contabilísticas e de relato financeiro (NCRF):

5.1. As NCRF constituem uma adaptação das normas internacionais de contabilidade, adoptadas pela UE, tendo em conta o tecido empresarial português e o facto de algumas entidades se encontrarem obrigadas ou terem a opção de aplicar as citadas normas internacionais, nos termos do Regulamento (CE) n.° 1606/2002, do Parlamento Europeu e do Conselho, de 19 de Julho. Assim, o conjunto das NCRF pode não contemplar algumas normas internacionais e as NCRF podem dispensar a aplicação de determinados procedimentos e divulgações exigidos nas correspondentes normas internacionais, embora garantindo, no essencial, os critérios de reconhecimento e de mensuração contidos nestas normas.

5.2. As NCRF são propostas pela CNC e publicadas através de avisos no *Diário da República*, depois de homologadas pelo membro do Governo responsável pela área das finanças, com a faculdade de delegar, sendo de aplicação obrigatória a partir da data de entrada em vigor indicada em cada uma delas.

6. Norma contabilística e de relato financeiro para pequenas entidades (NCRF-PE):

6.1. Para as entidades que cumpram os requisitos do artigo 9.° do presente decreto-lei é proposta pela CNC e publicada através de aviso no *Diário da República*, depois de homologada pelo membro do Governo responsável pela área das finanças, com a faculdade de delegar, a norma contabilística e de relato financeiro para pequenas entidades (NCRF-PE). Esta norma é de aplicação obrigatória para as entidades que, de entre aquelas, não optem pela aplicação do conjunto das NCRF.

6.2. A NCRF-PE condensa os principais aspectos de reconhecimento, mensuração, e divulgação extraídos das NCRF, tidos como os requisitos mínimos aplicáveis às referidas entidades.

6.3. Sempre que a NCRF-PE não responda a aspectos particulares de transacções ou situações, que se coloquem a dada entidade em matéria de contabilização ou de relato financeiro, ou a lacuna em causa seja de tal modo relevante que o seu não preenchimento impeça o objectivo de ser prestada informação que, de forma verdadeira e apropriada, traduza a posição financeira numa certa data e o desempenho para o período abrangido, fica desde já estabelecido, tendo em vista tão somente a superação dessa lacuna, o recurso, supletivamente e pela ordem indicada:

Às NCRF e NI;

Às NIC, adoptadas ao abrigo do Regulamento n.° 1606/2002, do Parlamento Europeu e do Conselho, de 19 de Julho;

Às normas internacionais de contabilidade (IAS) e normas internacionais de relato financeiro (IFRS), emitidas pelo IASB, e respectivas interpretações SIC-IFRIC.

7. Normas interpretativas (NI):

7.1. Sempre que as circunstâncias o justifiquem e para esclarecimento e, ou para orientação sobre o conteúdo dos restantes instrumentos que integram o SNC serão produzidas normas interpretativas (NI).

7.2. As NI são propostas pela CNC e publicadas através de aviso no *Diário da República*, depois de homologadas pelo membro do Governo responsável pela área das finanças, com a faculdade de delegar, sendo de aplicação obrigatória a partir da data de entrada em vigor indicada em cada uma delas.

CONSOLIDAÇÃO DE CONTAS DE SOCIEDADES

[42] DECRETO-LEI N.° 238/91
de 2 de Julho

Nos termos da alínea *a*) do n.° 1 do artigo 201.° da Constituição, o Governo decreta o seguinte:

Art. 1.° **(Empresas consolidantes)**
1. É obrigatória a elaboração das demonstrações financeiras consolidadas e do relatório consolidado de gestão para a empresa (empresa-mãe) sujeita ao direito nacional que:
a) Tenha a maioria dos direitos de voto dos titulares do capital de uma empresa (empresa filial); ou
b) Tenha o direito de designar ou destituir a maioria dos membros de administração, de direcção, de gerência ou de fiscalização de uma empresa (empresa filial) e seja, simultaneamente, titular de capital desta empresa; ou
c) Tenha o direito de exercer uma influência dominante sobre uma empresa (empresa filial) da qual é um dos titulares do capital, por força de um contrato celebrado com esta ou de uma outra cláusula do contrato desta sociedade; ou
d) Seja titular do capital de uma empresa, detendo pelo menos 20% dos direitos de voto e a maioria dos membros do órgão de administração, de direcção, de gerência ou de fiscalização desta empresa (empresa filial) que tenham estado em funções durante o exercício a que se reportam as demonstrações financeiras consolidadas, bem como, no exercício precedente e até ao momento em que estas sejam elaboradas, tenham sido exclusivamente designados como consequência do exercício dos seus direitos de voto; ou
e) Seja titular do capital de uma empresa e controle, por si só, por força de um acordo com outros titulares do capital desta empresa (empresa filial), a maioria dos direitos de voto dos titulares do capital da mesma.
f) Possa exercer, ou exerça efectivamente, influência dominante ou controlo sobre essa empresa;
g) Exerça a gestão de outra empresa como se esta e a empresa-mãe constituíssem uma única entidade.
2. Para efeitos do disposto nas alíneas *a*), *b*), *d*) e *e*) do número anterior, aos direitos de voto, de designação e de destituição da empresa-mãe devem ser adicionados os direitos de qualquer outra empresa filial e os das filiais desta, bem como os de qualquer pessoa agindo em seu próprio nome mas por conta da empresa-mãe ou de qualquer outra empresa filial.

Consolidação de contas de sociedades   **Arts. 2.º-3.º DL 238/91 [42]**

3. Para os mesmos efeitos, aos direitos indicados no número anterior devem ser deduzidos os direitos relativos:

a) Às partes de capital detidas por conta de uma pessoa que não seja a empresa-mãe ou uma empresa filial; ou

b) Às partes de capital detidas como garantia, desde que os direitos em causa sejam exercidos em conformidade com as instruções recebidas ou que a posse destas partes seja para a empresa detentora uma operação decorrente das suas actividades normais, em matéria de empréstimos, com a condição de que os direitos de voto sejam exercidos no interesse do prestador da garantia.

4. Ainda para os efeitos do disposto nas alíneas *a*), *d*) e *e*) do n.º 1, à totalidade dos direitos de voto dos titulares do capital da empresa filial devem deduzir-se os direitos de voto relativos às partes de capital detidas por essa empresa, por uma empresa filial desta ou por uma pessoa que actue no seu próprio nome mas por conta destas empresas.

Nota. Redacção introduzida pelo art. 4.º do DL n.º 35/2005, de 17 de Fevereiro [**46**].

Art. 2.º (Empresas a consolidar)

1. Sem prejuízo do disposto no artigo 4.º, a empresa-mãe e todas as suas filiais, bem como as filiais destas, devem ser consolidadas, qualquer que seja o local da sede das empresas filiais.

2. A empresa-mãe e todas as suas filiais são empresas a consolidar, de acordo com o presente diploma, sempre que a empresa-mãe esteja constituída:

a) Sob a forma de sociedade por quotas, sociedade anónima ou sociedade em comandita por acções;

b) Sob a forma de sociedade em nome colectivo ou sociedade em comandita simples, desde que todos os sócios de responsabilidade ilimitada sejam sociedades sob uma das formas indicadas na alínea anterior ou sociedades não sujeitas à legislação de um Estado membro, mas cuja forma jurídica seja comparável às referidas na Directiva n.º 68/151/CEE, do Conselho, de 9 de Março;

c) Sob a forma de sociedade em nome colectivo ou sociedade em comandita simples, sempre que todos os sócios de responsabilidade ilimitada se encontrem eles próprios organizados segundo qualquer das formas previstas nas alíneas anteriores.

Nota. Redacção introduzida pelo art. 2.º do DL n.º 127/95, de 1 de Junho.

Art. 3.º (Dispensa de consolidação)

1. A empresa-mãe fica dispensada de elaborar as demonstrações financeiras consolidadas quando, na data do seu balanço, o conjunto das empresas a consolidar, com base nas suas últimas contas anuais aprovadas, não ultrapasse dois dos três limites a seguir indicados:

a) Total do balanço – 1, 5 milhões de contos;

b) Vendas ilíquidas e outros proveitos – 3 milhões de contos;

c) Número de trabalhadores utilizados em média durante o exercício – 250.

2. Quando se tenha ultrapassado ou tenha deixado de se ultrapassar dois dos limites definidos no número anterior, este facto não produz efeitos, em termos de

663

[42] DL 238/91 Art. 3.º

Consolidação de contas de sociedades

aplicação da dispensa aí referida, senão quando se verifique durante dois exercícios consecutivos.

3. A dispensa mencionada no n.º 1 não se aplica se uma das empresas a consolidar for uma sociedade cujos valores mobiliários tenham sido admitidos ou estejam em processo de vir a ser admitidos à negociação num mercado regulamentado de qualquer Estado membro da União Europeia.

4. Não obstante o disposto nos números anteriores, é ainda dispensada da obrigação de elaborar contas consolidadas qualquer empresa-mãe que seja também uma empresa filial, quando a sua própria empresa-mãe esteja subordinada à legislação de um Estado membro das Comunidades Europeias e:

a) For titular de todas as partes de capital da empresa dispensada, não sendo tidas em consideração as partes de capital desta empresa detidas por membros dos seus órgãos de administração, de direcção, gerência ou de fiscalização, por força de uma obrigação legal ou de cláusulas do contrato de sociedade; ou

b) Detiver 90%, ou mais, das partes de capital da empresa dispensada da obrigação e os restantes titulares do capital desta empresa tenham aprovado a dispensa.

5. A dispensa referida no número anterior depende da verificação de todas as condições seguintes:

a) Sem prejuízo do disposto no artigo 4.º, a empresa dispensada bem como todas as suas empresas filiais sejam consolidadas nas demonstrações financeiras de um conjunto mais vasto de empresas cuja empresa-mãe esteja sujeita à legislação de um Estado membro das Comunidades Europeias;

b) As demonstrações financeiras consolidadas referidas na alínea anterior bem como o relatório consolidado de gestão do conjunto mais vasto de empresas sejam elaborados pela empresa-mãe deste conjunto e sujeitas a revisão legal segundo a legislação do Estado membro a que ela esteja sujeita, adaptada à Directiva n.º 83/349/CEE, de 13 de Junho;

c) As demonstrações financeiras consolidadas referidas na alínea *a)* e o relatório consolidado de gestão referido na alínea anterior, bem como o documento de revisão legal dessas contas, sejam objecto de publicidade por parte da empresa dispensada, em língua portuguesa;

d) O anexo ao balanço e à demonstração de resultados anuais da empresa dispensada inclua a firma e a sede da empresa-mãe que elabora as demonstrações financeiras consolidadas referidas na alínea *a)*, a menção da dispensa da obrigação de elaborar demonstrações financeiras consolidadas e relatório consolidado de gestão e informações relativas ao conjunto formado por essa empresa e pelas suas filiais sobre:

   i) Total do balanço;

   ii) Vendas líquidas e outros proveitos;

   iii) Resultado do exercício e total dos capitais próprios;

   iv) Número de trabalhadores utilizados em média durante o exercício.

6. A dispensa referida no n.º 4 não se aplica às sociedades cujos valores mobiliários tenham sido admitidos, ou estejam em processo de vir a ser admitidos, à negociação num mercado regulamentado de qualquer Estado membro da União Europeia.

Nota. Redacção introduzida pelo art. 4.º do DL n.º 35/2005, de 17 de Fevereiro [**46**].

Consolidação de contas de sociedades   Arts. 4.º-8.º DL 238/91 [42]

Art. 4.º (Execuções de consolidação)
1. Uma empresa pode ser excluída da consolidação quando não seja materialmente relevante para o objectivo referido no n.º 13.2.2 das normas de consolidação de contas, mencionadas no n.º 1 do artigo 7.º

2. Quando duas ou mais empresas estiverem nas circunstâncias referidas no número anterior, mas se revelem no seu conjunto material relevantes para o mesmo objectivo, devem ser incluídas na consolidação.

3. Uma empresa pode também ser excluída da consolidação sempre que:

a) Restrições severas e duradouras prejudiquem substancialmente o exercício pela empresa-mãe dos seus direitos sobre o património ou a gestão dessa empresa;

b) As partes de capital desta empresa sejam detidas exclusivamente tendo em vista a sua cessão posterior.

Nota. Redacção introduzida pelo art. 4.º do DL n.º 35/2005, de 17 de Fevereiro [46].

Art. 5.º (Alterações ao Código das Sociedades Comerciais)
1. O Art. 414.º do Código das Sociedades Comerciais, aprovado pelo Decreto-Lei n.º 262/86, de 2 de Setembro, passa a ter a seguinte redacção [1]:

(...)

2. É aditado ao título VI do referido Código das Sociedades Comerciais um Capítulo IV, com a seguinte redacção [1]:

(…)

Art. 6.º (Alterações ao Código do Registo Comercial)
Os artigos 3.º e 42.º do Código do Registo Comercial, aprovado pelo Decreto-Lei n.º 403/86, de 3 de Dezembro, passam a ter a seguinte redacção [1]:

(…)

Art. 7.º (Alterações ao Plano Oficial de Contabilidade)
1. São introduzidas no Plano Oficial de Contabilidade, aprovado pelo Decreto-Lei n.º 410/89, de 21 de Novembro, as normas de consolidação de contas e as demonstrações financeiras consolidadas constantes do anexo I a este diploma, do qual faz parte integrante, que ficam a constituir, respectivamente, os seus capítulos 13 e 14.

2. É ainda alterado o mesmo Plano Oficial de Contabilidade em conformidade com as modificações e aditamentos constantes do anexo II a este diploma, do qual faz parte integrante.

Art. 8.º (Produção de efeitos)
O presente diploma produz efeitos desde 1 de Janeiro de 1991, sendo obrigatória a elaboração dos documentos de prestação de contas consolidadas relativamente aos exercícios de 1991.

---

[1] Foram transcritos no lugar próprio.

CONSOLIDAÇÃO DE CONTAS DE EMPRESAS FINANCEIRAS

[43] DECRETO-LEI N.° 36/92
de 28 de Março

Nos termos da alínea *a*) do n.° 1 do artigo 201.° da Constituição, o Governo decreta o seguinte:

Art. 1.° (Definições)
Para efeitos do presente diploma entende-se por:
a) Empresas-mãe – as empresas referidas no n.° 1 do artigo 2.°, que são obrigadas a elaborar contas consolidadas e um relatório consolidado de gestão;
b) Empresas filiais – as empresas que se encontrem em relação à empresa--mãe em alguma das circunstâncias referidas no n.° 2 do artigo 2.°;
c) Empresas associadas – as empresas participadas nas quais a empresa participante exerça uma influência significativa sobre a sua gestão e a sua política financeira, presumindo-se existir essa influência quando a participação corresponda a, pelo menos, 20% dos direitos de voto;
d) Contas consolidadas – o balanço consolidado, a demonstração consolidada de resultados e o anexo;
e) Órgão de administração – o conselho de gestão, o conselho de administração, a direcção ou outro órgão com funções análogas;
f) Órgão de fiscalização – o conselho fiscal, o conselho geral ou outro órgão com funções análogas.

Art. 2.° (Empresas-mãe)
1. São obrigadas a elaborar contas consolidadas e um relatório consolidado de gestão, nos termos previstos neste diploma, as seguintes instituições e as instituições que pertençam aos tipos a seguir indicados, que controlem, de modo exclusivo ou em conjunto com outra ou outras empresas não incluídas na consolidação, uma ou várias empresas:
a) Bancos;
b) Caixa Central de Crédito Agrícola Mútuo;
c) Caixa Económica Montepio Geral;
d) Caixas económicas que sejam sociedades anónimas;
e) Instituições financeiras de crédito;
f) Sociedades de investimento;
g) Sociedades de locação financeira;

666

Consolidação de contas de empresas financeiras   Art. 3.º DL 36/92 **[43]**

h) Sociedades de *factoring*;
i) Sociedades financeiras para aquisições a crédito;
j) Sociedades financeiras de corretagem;
l) Sociedade cuja actividade, exclusiva ou principal, consista em tomar ou deter participações, nomeadamente sociedades gestoras de participações sociais (SGPS), quando controlem, directa ou indirectamente, uma instituição do tipo das indicadas nas alíneas precedentes.

2. Uma instituição controla de modo exclusivo uma empresa quando em relação a esta se verificar alguma das seguintes situações:

a) Ter a maioria dos direitos de voto dos titulares do capital dessa empresa;

b) Ter o direito de designar ou destituir a maioria dos membros dos órgãos de administração ou de fiscalização, sendo simultaneamente titular de capital dessa empresa;

c) Ter o direito de exercer uma influência dominante sobre a empresa, da qual seja um dos titulares do respectivo capital, por força de um contrato celebrado com esta ou de uma cláusula estatutária desta;

d) Ser titular de capital de uma empresa, cuja maioria dos membros dos órgãos de administração ou de fiscalização em funções durante o exercício em curso, bem como no exercício anterior e até à elaboração das contas consolidadas, tenha sido exclusivamente nomeada por efeito dos seus direitos de voto, desde que estes representem, pelo menos, 40% do total e que nenhum outro titular de capital da empresa disponha, directa ou indirectamente, de uma fracção de capital superior àquela;

e) Controlar por si só, por força de um acordo celebrado com outros sócios da empresa, a maioria dos direitos de voto dos titulares do capital da mesma.

f) Puder exercer, ou exercer efectivamente, influência dominante ou controlo sobre essa empresa;

g) Gerir essa empresa como se ambas constituíssem uma única entidade.

3. Verifica-se uma situação de controlo conjunto quando o controlo efectivo de uma empresa é exercido por um número limitado de sócios e as decisões a ela relativas resultam de comum acordo entre estes.

4. Para efeitos da aplicação das alíneas *a*), *b*), *d*) e *e*) do n.º 2:

a) Aos direitos de voto, de designação e de destituição da empresa-mãe devem ser adicionados os direitos de qualquer outra empresa sua filial e os das filiais desta, bem como os de qualquer pessoa que actue em seu próprio nome, mas por conta da empresa-mãe ou de qualquer outra empresa filial;

b) À totalidade dos direitos de voto dos titulares de capital da empresa filial devem deduzir-se os direitos de voto relativos às acções ou quotas próprias detidas por esta empresa, por uma empresa filial desta ou por uma pessoa que actue no seu próprio nome, mas por conta destas empresas.

Nota. Redacção introduzida pelo art. 5.º do DL n.º 35/2005, de 17 de Fevereiro **[46]**.

Art. 3.º (Contas a consolidar)

1. Sem prejuízo do disposto nos artigos 4.º e 5.º, as contas da empresa-mãe e as de todas as suas filiais devem ser consolidadas qualquer que seja o local da sede destas.

667

[43] DL 36/92 Arts. 4.º-5.º

Consolidação de contas de empresas financeiras

2. Para efeitos do número anterior, qualquer empresa filial de uma empresa filial é considerada como filial da empresa-mãe de que ambas dependem.

3. Devem igualmente ser incluídas na consolidação, na proporção dos direitos detidos pelas empresas naquela compreendidas, as contas das empresas sujeitas a controlo conjunto.

Art. 4.º (Dispensa de consolidação)

1. Ficam dispensadas da obrigação prevista no artigo 2.º as instituições com sede em Portugal que sejam filiais de uma empresa sujeita ao direito de um Estado membro das Comunidades Europeias quando essa empresa, em alternativa:

a) Seja titular de todas as partes de capital daquela; ou

b) Detenha 90% ou mais das mesmas partes de capital e os restantes titulares de capital tenham aprovado a referida dispensa.

2. Para efeitos da alínea *a)* do número anterior, não são consideradas as partes de capital detidas por membros dos órgãos de administração ou de fiscalização por força de uma obrigação legal ou estatutária.

3. A dispensa referida no n.º 1 é subordinada às seguintes condições cumulativas:

a) A empresa estrangeira deve ser uma instituição de crédito e ter-se declarado garante dos compromissos assumidos pela instituição dispensada, devendo esta declaração ser publicada justamente com as contas desta;

b) As contas da instituição dispensada, bem como as de todas as suas empresas filiais, devem ser consolidadas com as contas de uma empresa-mãe que esteja sujeita ao direito de um Estado membro das Comunidades Europeias;

c) As contas consolidadas e o relatório consolidado de gestão devem ser elaborados e fiscalizados de acordo com o direito do Estado membro a que a empresa-mãe esteja sujeita, em conformidade com a Directiva do Conselho n.º 83/349/CEE, de 13 de Junho de 1983;

d) As contas consolidadas e o relatório consolidado de gestão, bem como a certificação da entidade encarregada da revisão destas contas, devem ser objecto de publicidade por parte da instituição dispensada, efectuada segundo as modalidades previstas para as suas próprias contas e em língua portuguesa;

e) O anexo das contas anuais da instituição dispensada deve incluir a indicação da denominação e da sede da empresa-mãe que elabora as contas consolidadas e a menção da dispensa a que se refere o n.º 1.

4. O presente artigo não é aplicável a sociedades cujos valores mobiliários sejam admitidos, ou estejam em processo de vir a ser admitidos, à negociação num mercado regulamentado de qualquer Estado membro na acepção do n.º 13 do artigo 1.º da Directiva n.º 93/22/CEE.

Nota. Redacção introduzida pelo art. 5.º do DL n.º 35/2005, de 17 de Fevereiro [**46**].

Art. 5.º (Exclusões da consolidação)

1. Uma empresa pode ser excluída da consolidação quando:

a) Se verifiquem factos com efeitos severos e duradouros que prejudiquem substancialmente o exercício pela empresa-mãe dos seus direitos sobre o património ou a gestão da empresa em causa;

Consolidação de contas de empresas financeiras   **Arts. 6.º-8.º DL 36/92 [43]**

b) As informações necessárias à elaboração das contas consolidadas não possam ser obtidas sem custos desproporcionados ou sem demora injustificada;

c) As partes representativas do seu capital social forem detidas exclusivamente, tendo em vista a sua cessão posterior, a curto prazo.

2. Sem prejuízo do número precedente, não podem ser excluídas da consolidação as empresas sujeitas à supervisão do Banco de Portugal ou de entidades de supervisão homólogas de outros países, bem como as que, não obedecendo a este critério, desenvolvam uma actividade complementar ou auxiliar da empresa-mãe ou de filiais incluídas na consolidação, designadamente empresas de prestação de serviços informáticos e empresas de gestão de imóveis.

3. Se as contas anuais ou as contas consolidadas das empresas excluídas da consolidação não forem publicadas em Portugal devem ser juntas às contas consolidadas da empresa-mãe ou postas à disposição do público.

4. Quando as contas referidas no número anterior forem postas à disposição do público, qualquer interessado poderá solicitar à empresa em causa cópia dos referidos documentos, a qual deve ser fornecida a um preço que não pode exceder o respectivo custo.

5. As exclusões baseadas neste artigo devem ser mencionadas no anexo e devidamente justificadas.

6. Quando a empresa excluída por força da alínea *c)* do n.º 1 for uma instituição de crédito e a referida detenção temporária das acções for motivada por uma operação de assistência financeira, destinada ao seu saneamento ou à sua viabilização, as respectivas contas anuais devem ser anexadas às contas consolidadas das quais a referida empresa foi excluída, devendo ser dada no anexo informação adicional relativa à natureza e aos termos da operação de assistência financeira.

Nota. Redacção introduzida pelo art. 5.º do DL n.º 35/2005, de 17 de Fevereiro **[46]**.

Art. 6.º (Objectivo das contas consolidadas)

1. As contas consolidadas devem ser elaboradas com clareza, de acordo com o presente diploma e com as normas regulamentares que forem adoptadas ao abrigo do artigo 7.º, com o objectivo de ser dada uma imagem fiel do património, da situação financeira e dos resultados do conjunto das empresas compreendidas na consolidação.

2. Deverão ser fornecidas no anexo todas as informações complementares que se revelarem necessárias à apresentação da imagem fiel referida no número precedente.

Art. 7.º (Estrutura das contas consolidadas)

A estrutura e o conteúdo das contas consolidadas, bem como os métodos e critérios que devem ser utilizados na sua elaboração, serão fixados por instruções do Banco de Portugal.

Art. 8.º (Dever de cooperação)

As empresas filiais, as empresas sujeitas a controlo conjunto e as empresas associadas são obrigadas a fornecer às empresas-mãe todas as informações e dados que sejam indispensáveis à preparação das contas consolidadas.

669

[43] DL 36/92 Arts. 9.º-12.º   Consolidação de contas de empresas financeiras

Art. 9.º (Publicação das contas consolidadas)
Compete ao Banco de Portugal, sem prejuízo do disposto na lei geral sobre publicação dos documentos de prestação de contas, definir por aviso os elementos e modo de publicação das contas consolidadas, designadamente do balanço consolidado e da demonstração consolidada de resultados.

Nota. Redacção introduzida pelo art. 1.º do DL n.º 188/2007, de 11 de Maio.

Art. 10.º (Suportes de consolidação)
1. As empresas-mãe devem manter suportes e registos adequados à comprovação das operações de consolidação.
2. Os suportes e registos a que se refere o número anterior devem ser conservados por um período igual ao fixado no artigo 40.º do Código Comercial.

Art. 11.º (Regime jurídico)
1. São aplicáveis à prestação de contas consolidadas a que se refere o presente diploma, em tudo o que não o contrarie, as disposições do Código das Sociedades Comerciais, do Código Cooperativo e do Código de Registo Comercial relativas à prestação de contas consolidadas e à elaboração e apresentação do relatório consolidado de gestão.
2. Para efeitos do disposto no número anterior, as empresas públicas são equiparadas a sociedades anónimas.

Art. 12.º (Produção de efeitos)
O presente diploma produz efeitos desde 1 de Janeiro de 1992, sendo obrigatória a elaboração dos documentos de prestação de contas consolidadas relativamente aos exercícios de 1992 e seguintes.

CONSOLIDAÇÃO DE CONTAS DE EMPRESAS SEGURADORAS

[44] DECRETO-LEI N.° 147/94
de 25 de Maio

Nos termos da alínea *a*) do n.° 1 do artigo 201.° da Constituição, o Governo decreta o seguinte:

Art. 1.° (Definições)

Para efeitos do presente diploma entende-se por:

a) Empresas-mãe – as empresas referidas no n.° 1 do artigo 2.°, que são obrigadas a elaborar contas consolidadas e um relatório consolidado de gestão;

b) Empresas filiais – as empresas que se encontrem em relação à empresa-mãe em alguma das circunstâncias referidas no n.° 2 do artigo 2.°;

c) Empresas associadas – as empresas participadas nas quais a empresa participante exerça uma influência significativa sobre a sua gestão e a sua política financeira, presumindo-se existir essa influência quando a participação corresponda a, pelo menos 20% dos direitos de voto;

d) Contas consolidadas – o balanço consolidado, a demonstração consolidada de resultados e o anexo às contas consolidadas;

e) Órgão de administração – o conselho de gestão, o conselho de administração, a direcção ou órgão com funções análogas;

f) Órgão de fiscalização – o conselho fiscal, o conselho geral ou outro órgão com funções análogas.

Art. 2.° (Empresas-mãe)

1. São obrigadas a elaborar contas consolidadas e um relatório consolidado de gestão, nos termos previstos neste diploma, as empresas que controlem, de modo exclusivo ou em conjunto com outra ou outras empresas não incluídas na consolidação, uma ou várias empresas e pertençam aos tipos seguintes:

a) Sociedades anónimas e mútuas, de direito português, autorizadas a exercer a actividade seguradora em Portugal;

b) Sociedades cuja actividade consista em tomar ou deter participações sociais, designadamente sociedades de gestão de participações sociais, de empresas do tipo das indicadas na alínea anterior, sempre que controlem directa ou indirectamente pelo menos uma;

c) Outras sociedades que controlem directa ou indirectamente mais de uma empresa do tipo das indicadas nas alíneas anteriores.

[44] DL 147/94 Arts. 3.°-4.° — Consolidação de contas de empresas seguradoras

2. Uma empresa controla de modo exclusivo outra empresa quando, em relação a esta, se verifica alguma das seguintes situações:

a) Ter a maioria dos direitos de voto dos titulares do capital dessa empresa;

b) Ter o direito de designar ou destituir a maioria dos membros dos órgãos de administração ou de fiscalização, sendo, simultaneamente, titular de capital dessa empresa;

c) Ter o direito de exercer uma influência dominante sobre a empresa da qual seja um dos titulares do respectivo capital por força de um contrato celebrado com esta ou de uma sua cláusula estatutária;

d) Ser titular de capital de uma empresa cuja maioria dos membros dos órgãos de administração ou de fiscalização, em funções durante o exercício em curso, bem como no exercício anterior e até à elaboração das contas consolidadas, tenham sido exclusivamente nomeados por efeito do seu direito de voto, desde que estes representem, pelo menos, 40% do total e que nenhum outro titular de capital da empresa disponha, directa ou indirectamente, de uma fracção de capital superior àquela;

e) Controlar por si só, por força de um acordo celebrado com outros titulares da empresa filial, a maioria dos direitos de voto dos titulares do capital da mesma.

f) Puder exercer, ou exercer efectivamente, influência dominante ou controlo sobre essa empresa;

g) Gerir essa empresa como se ambas constituíssem uma única entidade.

Nota. Redacção introduzida pelo art. 6.° do DL n.° 35/2005, de 17 de Fevereiro [46].

Art. 3.° (Contas a consolidar)

1. Sem prejuízo do disposto nos artigos 4.° e 5.°, as contas da empresa-mãe e as de todas as suas filiais devem ser consolidadas nos termos previstos nos artigos anteriores, qualquer que seja o local da sede destas.

2. Para efeitos do número anterior, qualquer empresa filial de uma empresa filial é considerada como filial da empresa-mãe de que ambas dependem.

3. Devem igualmente ser incluídas na consolidação, na proporção dos direitos de capital detidos pelas empresas naquela compreendidas, as contas das empresas sujeitas ao controlo conjunto.

Art. 4.° (Dispensa de consolidação)

1. Ficam dispensadas da obrigação prevista no artigo 2.° as instituições, com sede em Portugal, que sejam filiais de uma empresa sujeita ao direito de um Estado membro da Comunidade Europeia, adiante designada por empresa-mãe comunitária, quando essa empresa, em alternativa:

a) Seja titular de todas as partes de capital daquela;

b) Detenham 90% ou mais das mesmas partes de capital e os restantes titulares de capital tenham aprovado a referida dispensa.

2. Para efeitos do número anterior, não são consideradas as partes de capital detidas por membros dos órgãos de administração ou de fiscalização por força de uma obrigação legal ou estatutária.

672

Consolidação de contas de empresas seguradoras **Art. 5.º DL 147/94 [44]**

3. A dispensa referida no n.º 1 depende da verificação cumulativa das condições seguintes:

a) A empresa-mãe comunitária deve ser uma seguradora e ter-se declarado garante dos compromissos assumidos pela empresa dispensada, devendo esta declaração ser publicada juntamente com as contas desta;

b) As contas da empresa dispensada, bem como as de todas as suas empresas filiais, devem ser consolidadas com as contas de uma empresa-mãe comunitária que esteja sujeita ao direito de um Estado membro da Comunidade Europeia;

c) As contas consolidadas e o relatório consolidado de gestão devem ser elaborados e fiscalizados de acordo com o direito do Estado membro a que a empresa-mãe comunitária esteja sujeita, em conformidade com a Directiva n.º 83/349/CEE, do Conselho, de 13 de Junho de 1983;

d) As contas consolidadas e o relatório consolidado de gestão, bem como a certificação da entidade encarregada da revisão destas contas, devem ser objecto de publicidade por parte da empresa dispensada, efectuada segundo as modalidades previstas para as suas próprias contas em língua portuguesa;

e) O anexo das contas anuais da empresa dispensada devem incluir a indicação da denominação e da sede da empresa-mãe comunitária que elabora as contas consolidadas e a menção da dispensa a que se refere o n.º 1;

f) A empresa dispensada deve publicar em anexo, relativamente à sua actividade e às suas filiais:

    i) Montante de prémios e seus adicionais de seguro directo e resseguro aceite;

    ii) Resultado do exercício e total do capital próprio

    iii) Número de trabalhadores utilizados, em média, durante o exercício.

4. O presente artigo não é aplicável a sociedades cujos valores mobiliários sejam admitidos, ou estejam em processo de vir a ser admitidos, à negociação num mercado regulamentado de qualquer Estado membro na acepção do n.º 13 do artigo 1.º da Directiva n.º 93/22/CEE.

Nota. Redacção introduzida pelo art. 6.º do DL n.º 35/2005, de 17 de Fevereiro [**46**].

Art. 5.º (Exclusões da consolidação)

1. (…)

2. Uma empresa pode ser excluída das consolidação quando se verifique, pelo menos, uma das seguintes condições:

a) Se verificar a ocorrência de circunstâncias que, de modo substancial e duradouro, prejudiquem o exercício pela empre-mãe dos seus direitos sobre o património ou a gestão da empresa em causa;

b) As informações necessárias à elaboração das contas consolidadas não possam ser obtidas sem custos desproporcionados;

c) As informações necessárias à elaboração das contas consolidadas não possam ser obtidas senão com demora justificada;

d) As partes representativas do seu capital social forem exclusivamente detidas, tendo em vista a sua cessão posterior a curto prazo.

3. Não podem ser excluídas da consolidação, ao abrigo do n.º 1, as empresas sujeitas à supervisão do Instituto de Seguros de Portugal ou de entidades de super-

[44] DL 147/94 Arts. 6.º-8.º
Consolidação de contas de empresas seguradoras

visão homólogas em outros países, incluindo as sociedades gestoras de fundos de pensões, bem como as que, não obedecendo a este critério, desenvolvem uma actividade complementar ou auxiliar da empresa-mãe ou de filiais incluídas na consolidação, designadamente empresas de prestação de serviços informáticos, empresas de gestão de imóveis, hospitais e empresas de mediação de seguros.

4. Quando a empresa excluída por força da alínea *d*) do n.º 2 for uma seguradora e a referida detenção temporária das acções for motivada por uma operação de recuperação financeira, destinada ao seu saneamento ou à sua viabilização, as respectivas contas anuais devem ser anexadas às contas consolidadas, das quais a referida empresa foi excluída, devendo ser dada no anexo informação adicional relativa à natureza e aos termos da operação de recuperação financeira.

Nota. O n.º 1 foi revogado pelo art. 6.º do DL n.º 35/2005, de 17 de Fevereiro [**46**].

Art. 6.º (Objectivo das contas consolidadas)

1. As contas consolidadas devem ser elaboradas com clareza, de acordo com o disposto no presente diploma, com o objectivo de ser dada uma imagem fiel do património, da situação financeira e dos resultados do conjunto das empresas compreendidas na consolidação.

2. As contas consolidadas devem apresentar os activos, os passivos, os capitais próprios e os resultados das empresas incluídas na consolidação como se se tratasse de uma única empresa, devendo das mesmas ser eliminados, designadamente:

   a) As dívidas entre as empresas incluídas na consolidação;

   b) Os custos e perdas e os proveitos e ganhos relativos às operações efectuadas entre as empresas compreendidas na consolidação, quando estejam incluídos os valores contabilísticos dos activos.

3. Quando uma operação tenha sido concluída de acordo com as condições normais de mercado e tiver instituído direitos a favor dos segurados, não dá lugar à eliminação prevista na alínea *c*) do número anterior.

4. (...)

5. As eliminações previstas nas alíneas *a*), *b*) e *c*) do n.º 2 podem não ser efectuadas quando envolvam montantes materialmente irrelevantes para o objectivo mencionado no n.º 1.

6. Deverão ser fornecidas no anexo todas as informações complementares que se revelarem necessárias à apresentação da imagem fiel referida no n.º 1.

Nota. O n.º 4 foi revogado pelo art. 6.º do DL n.º 35/2005, de 17 de Fevereiro [**46**].

Art. 7.º (Estrutura das contas consolidadas)

A estrutura e o conteúdo das contas consolidadas, bem como os métodos e critérios que devem ser utilizados na sua elaboração, são objecto de instruções do Instituto de Seguros de Portugal.

Art. 8.º (Margem de solvência)

As empresas abrangidas pela consolidação, nos termos previstos no artigo 2.º, devem dispor a cada momento, como cobertura da margem de solvência, de um património consolidado livre de qualquer responsabilidade, suficiente para cobrir as exigências legais de solvência aplicáveis a cada uma das empresas individualizadas.

674

Consolidação de contas de empresas seguradoras — Arts. 9.º-14.º DL 147/94 **[44]**

Art. 9.º (Dever de cooperação)

1. As empresas filiais, as empresas sujeitas a controlo conjunto e as empresas associadas são obrigadas a fornecer às empresas-mãe todas as informações e dados que sejam indipensáveis à preparação das contas consolidadas.

Art. 10.º (Publicidade)

Compete ao Instituto de Seguros de Portugal, sem prejuízo do disposto na lei geral sobre publicação dos documentos de prestação de contas, definir por norma regulamentar os elementos, o modo e o prazo de publicação das contas consolidada.

Nota. Redacção introduzida pelo art. 3.º do DL n.º 188/2007, de 11 de Maio.

Art. 11.º (Suportes de consolidação)

1. As empresas-mãe devem manter suportes e registos adequados à verificação das operações de consolidação.

2. Os suportes e registos a que se refere o número anterior devem ser conservados pelo prazo fixado no artigo 40.º do Código Comercial.

Art. 12.º (Regime jurídico)

São aplicáveis à prestação de contas consolidadas a que se refere o presente diploma em tudo o que não o contrarie as disposições do Código das Sociedades Comerciais, do Código Cooperativo e do Código do Registo Comercial relativas à prestação de contas consolidadas e à elaboração e apresentação do relatório consolidado de gestão.

Art. 13.º (Dever de cooperação)

O Instituto de Seguros de Portugal pode solicitar às empresas sujeitas à consolidação as informações que considere necessárias para verificação do cumprimento do disposto neste diploma, assim como inspeccionar a sua contabilidade, registos e documentação.

Art. 14.º (Produção de efeitos)

O presente diploma produz efeitos a partir de 1 de Janeiro de 1995, aplicando-se, pela primeira vez, às contas do exercício de 1995.

CONSOLIDAÇÃO DE CONTAS DE EMPRESAS FINANCEIRAS

[45] DECRETO-LEI N.º 88/2004
de 20 de Abril

Nos termos da alínea *a*) do n.º 1 do artigo 198.º da Constituição, o Governo decreta o seguinte:

Art. 1.º (Objecto)
O presente diploma transpõe para o ordenamento interno a Directiva n.º 2001/65/CE, do Parlamento Europeu e do Conselho, de 27 de Setembro, que altera as Directivas n.ºs 78/660/CEE, do Conselho, de 25 de Julho, relativa às contas individuais de certas formas de sociedades, 83/349/CEE, de 13 de Junho, relativa às contas consolidadas, e 86/635/CEE, do Conselho, de 8 de Dezembro, relativa às contas individuais e às contas consolidadas dos bancos e de outras instituições financeiras, relativamente às regras de valorimetria aplicáveis às contas individuais e consolidadas de certas formas de sociedades, bem como dos bancos e de outras instituições financeiras.

Art. 2.º (Âmbito)
1. As sociedades sujeitas à supervisão do Banco de Portugal relativamente à elaboração das contas consolidadas nos termos do Decreto-Lei n.º 36/92, de 28 de Março, e as entidades que adoptem o Plano Oficial de Contabilidade (POC) relativamente às suas contas consolidadas de acordo com o Decreto-Lei n.º 238/91, de 2 de Julho, podem valorizar pelo justo valor os instrumentos financeiros que detêm, incluindo os derivados, conforme o disposto no presente diploma.

2. O disposto no número anterior aplica-se, no que respeita aos elementos passivos, exclusivamente àqueles que sejam:
a) Detidos enquanto elementos da carteira de negociação; ou
b) Instrumentos financeiros derivados.

3. O disposto no n.º 1 não é aplicável aos seguintes elementos passivos:
a) Instrumentos financeiros não derivados detidos até à maturidade;
b) Empréstimos e créditos concedidos pela própria sociedade que não sejam detidos para efeitos de negociação;
c) Participações em filiais, empresas associadas e empreendimentos conjuntos (*joint-ventures*), instrumentos de capital próprio emitidos pela sociedade e contratos que prevejam retribuições contingentes no quadro de uma concentração de

Consolidação de contas de empresas financeiras   **Arts. 3.º-5.º DL 88/2004 [45]**

actividades empresariais, bem como a outros instrumentos financeiros que, pelas suas características especiais, de acordo com as regras geralmente aceites, devam ser contabilizados de forma diferente dos outros instrumentos financeiros.

4. As entidades que não usem a faculdade prevista no n.º 1 ficam obrigadas à prestação das informações constantes do n.º 2 do artigo 7.º

Art. 3.º (Contratos sobre mercadorias)

Para os efeitos do presente diploma, os contratos sobre mercadorias que confiram a qualquer das partes o direito a efectuar a liquidação em numerário ou por meio de outro instrumento financeiro são considerados instrumentos financeiros derivados, excepto quando:

a) Tenham sido celebrados para satisfazer e continuem a satisfazer as necessidades da sociedade previstas em matéria de compra, venda ou utilização dessas mercadorias;

b) Tenham sido concebidos para esse fim desde o início; e

c) Devam ser liquidados mediante a entrega das mercadorias.

Art. 4.º (Justo valor)

1. O justo valor referido no artigo 2.º do presente diploma é determinado por referência:

a) A um valor de mercado, relativamente aos instrumentos financeiros para os quais possa ser facilmente identificado um mercado fiável;

b) Aos componentes dos instrumentos financeiros ou a um instrumento semelhante, quando o valor de mercado não puder ser identificado facilmente; ou

c) A um valor resultante de modelos e técnicas de avaliação geralmente aceites, para os instrumentos financeiros para os quais não possa ser facilmente identificado um mercado fiável, devendo esses modelos ou técnicas de avaliação assegurar uma aproximação razoável ao valor de mercado.

2. Os instrumentos financeiros que não podem ser mensurados de forma fiável por nenhum dos métodos descritos no n.º 1 devem ser avaliados de acordo com os critérios valorimétricos estabelecidos em instruções do Banco de Portugal ou pelo POC, conforme as entidades estejam sujeitas à supervisão do Banco de Portugal ou adoptem o POC, respectivamente.

Art. 5.º (Contabilização das diferenças de justo valor)

1. Sem prejuízo da observância do princípio da prudência vertido no Plano de Contas para o Sistema Bancário, anexo à instrução n.º 4/96, do Banco de Portugal, e no POC, quando um instrumento financeiro seja valorizado nos termos do artigo anterior, qualquer variação de valor deve ser devidamente inscrita em rubricas apropriadas da demonstração de resultados, devendo tal variação ser imputada directamente aos capitais próprios, numa rubrica designada «Ajustamentos de justo valor», sempre que:

a) O instrumento contabilizado seja um instrumento de cobertura segundo um sistema de contabilização de cobertura que permita que algumas ou todas as variações de valor não sejam evidenciadas em resultados; ou

677

[45] DL 88/2004 Art. 6.º   Consolidação de contas de empresas financeiras

b) A variação de valor corresponda a uma diferença cambial referente a um item monetário que faça parte do investimento líquido de uma entidade numa entidade estrangeira; ou

c) O instrumento contabilizado seja qualificado pela entidade como disponível para venda.

2. No caso de os montantes inscritos na rubrica referida no número anterior deixarem de ser necessários, deve proceder-se aos correspondentes ajustamentos.

3. Nos casos previstos nas alíneas *a*) e *b*) do n.º 1, os ajustamentos inscritos na referida rubrica são eliminados por contrapartida de custos ou proveitos financeiros quando o elemento coberto afectar a demonstração de resultados ou, ainda, sempre que os instrumentos financeiros derivados ou os instrumentos monetários que lhe deram origem deixem de qualificar-se como instrumentos de cobertura.

4. No caso previsto na alínea *c*) do n.º 1, os ajustamentos inscritos na referida rubrica são eliminados por contrapartida de custos ou proveitos financeiros quando o instrumento que lhe deu origem deixar de ser reconhecido no balanço ou sofrer imparidade.

5. O disposto na alínea *a*) do n.º 1 e no n.º 3 não se aplica às entidades sujeitas à supervisão do Banco de Portugal.

Art. 6.º (Instrumentos de cobertura)

1. Em derrogação do princípio do custo histórico estabelecido no POC relativamente a qualquer activo ou passivo que possa ser qualificado como elemento coberto ao abrigo de um sistema de contabilização de cobertura pelo justo valor, ou relativamente a uma parte identificada desse activo ou passivo, o mesmo será revalorizado, positiva ou negativamente, pelo montante específico do ganho ou perda que resultar da mensuração do instrumento de cobertura, no caso de a entidade mensurar o instrumento de cobertura pelo justo valor.

2. O disposto no número anterior aplica-se às alterações ao justo valor dos compromissos firmes que sejam objecto de cobertura.

3. São elegíveis para os efeitos de cobertura, no quadro de um sistema de contabilização de cobertura, apenas os instrumentos financeiros derivados e os instrumentos cambiais.

4. A cobertura a que se refere o número anterior terá de ser efectiva e documentada em termos de perfil de ganhos e perdas do instrumento coberto e, de sinal inverso, do instrumento de cobertura, de forma a demonstrar que o efeito conjugado é neutro.

5. Nos casos em que um activo ou passivo financeiro se encontra totalmente coberto por risco de alteração de preço, por um instrumento financeiro derivado ou instrumento cambial, a entidade pode reconhecer, directamente na base, o valor que resultar do preço fixado pelo derivado, assumindo a posição líquida do instrumento coberto e do respectivo instrumento de cobertura.

6. No caso de coberturas cambiais, ao adoptar o sistema de contabilização de cobertura definido no presente diploma, a entidade poderá continuar a adoptar o previsto no ponto 5.2.1 do POC, quanto à fixação da dívida pela taxa de câmbio acordada, tratando assim de forma líquida o efeito do instrumento coberto e do respectivo instrumento de cobertura.

Consolidação de contas de empresas financeiras   Arts. 7.º-10.º DL 88/2004 **[45]**

Art. 7.º (Informação a divulgar no anexo às contas)

1. Sempre que tenha sido aplicada a valorização pelo justo valor dos instrumentos financeiros nas contas consolidadas, o anexo às contas deve conter as seguintes informações:

a) No caso de o justo valor ter sido determinado em conformidade com a alínea *c*) do n.º 1 do artigo 4.º, os principais pressupostos subjacentes aos modelos e às técnicas de avaliação;

b) Por cada classe de instrumentos financeiros, o justo valor, as variações de valor consideradas nas rubricas da demonstração de resultados e as variações consideradas na rubrica «Ajustamentos de justo valor»;

c) Para cada classe de instrumentos financeiros derivados, informações sobre o volume e a natureza dos instrumentos, nomeadamente as principais modalidades e as condições que possam afectar o montante, o calendário e o grau de certeza dos fluxos de caixa futuros;

d) Um quadro que discrimine os movimentos ocorridos na rubrica «Ajustamentos de justo valor» durante o exercício.

2. Sempre que não tenha sido aplicada a valorização pelo justo valor dos instrumentos financeiros devem ser prestadas as seguintes informações no anexo às contas consolidadas e individuais:

a) Para cada classe de instrumentos financeiros derivados:

i) O justo valor dos instrumentos, caso esse valor possa ser determinado por qualquer dos métodos previstos no n.º 1 do artigo 4.º;

ii) Informações sobre o volume e a natureza dos instrumentos;

b) Para as imobilizações financeiras abrangidas pelo artigo 2.º e cujo valor contabilístico é superior ao seu justo valor:

i) O valor contabilístico e o justo valor dos activos em questão, quer considerados isoladamente quer agrupados de forma adequada;

ii) As razões que motivaram a não redução do valor contabilístico.

Art. 8.º (Informação no balanço)

Devem ser criadas na face do balanço consolidado linhas de itens adicionais quando a informação das quantias relativas a instrumentos financeiros seja necessária para apresentar apropriadamente a posição financeira consolidada da entidade.

Art. 9.º (Alteração ao Código das Sociedades Comerciais)

Nota. As alterações foram introduzidas no lugar próprio.

Art. 10.º (Aplicação no tempo)

O presente diploma aplica-se às contas e aos relatórios de gestão dos exercícios que se iniciem em ou após 1 de Janeiro de 2004.

CONSOLIDAÇÃO DE CONTAS DE CERTAS FORMAS DE SOCIEDADES, BANCOS E OUTRAS INSTITUIÇÕES FINANCEIRAS E EMPRESAS DE SEGUROS

[46] DECRETO-LEI N.° 35/2005
de 17 de Fevereiro

Nos termos da alínea *a*) do n.° 1 do artigo 198.° da Constituição, o Governo decreta o seguinte:

Art. 1.° (Objecto)

O presente diploma transpõe para a ordem jurídica interna a Directiva n.° 2003/51/CE, do Parlamento Europeu e do Conselho, de 18 de Junho, que altera as Directivas n.ºˢ 78/660/CEE, 83/349/CEE, 86/635/CEE e 91/674/CEE, do Conselho, relativas às contas anuais e às contas consolidadas de certas formas de sociedades, bancos e outras instituições financeiras e empresas de seguros, e visa assegurar a coerência entre a legislação contabilística comunitária e as Normas Internacionais de Contabilidade, em vigor desde 1 de Maio de 2002.

Art. 2.° (Provisões)

1. As provisões têm por objecto cobrir as responsabilidades cuja natureza esteja claramente definida e que à data do balanço sejam de ocorrência provável ou certa, mas incertas quanto ao seu valor ou data de ocorrência.

2. As provisões não podem ter por objecto corrigir os valores dos elementos do activo.

3. O montante das provisões não pode ultrapassar as necessidades.

4. Para efeitos do regime contabilístico aplicável às sociedades sujeitas à supervisão do Instituto de Seguros de Portugal, o conceito de «provisões» constante do presente artigo corresponde ao de «Provisões para outros riscos e encargos» constante da rubrica E do «Passivo» do balanço que integra o Plano de Contas para as Empresas de Seguros, título que é substituído por «Outras provisões».

5. Para efeitos do regime contabilístico aplicável às instituições sujeitas à supervisão do Banco de Portugal, o conceito de «provisões» constante do presente artigo corresponde ao de «Provisões para riscos e encargos» constante da rubrica 6 do «Passivo» do balanço que integra o Plano de Contas para o Sistema Bancário, título que é substituído pelo termo «Provisões».

Consol. de contas de certas formas de soc., bancos e outras inst.   **Arts. 3.º-10.º DL 35/2005 [46]**

6. Em aviso ou instrução do Banco de Portugal e por norma regulamentar do Instituto de Seguros de Portugal serão efectuadas as necessárias alterações aos respectivos normativos prudenciais e contabilísticos.

Art. 3.º (Princípio da prudência)

1. Para efeitos de observância do princípio da prudência consagrado no Plano de Contas para o Sistema Bancário, no Plano de Contas para as Empresas de Seguros e no Plano Oficial de Contabilidade, devem ser reconhecidas todas as responsabilidades incorridas no exercício financeiro em causa ou num exercício anterior, ainda que tais responsabilidades apenas se tornem patentes entre a data a que se reporta o balanço e a data em que é elaborado.

2. Devem, igualmente, ser tidas em conta todas as responsabilidades previsíveis e perdas potenciais incorridas no exercício financeiro em causa ou em exercício anterior, ainda que tais responsabilidades ou perdas apenas se tornem patentes entre a data a que se reporta o balanço e a data em que é elaborado.

Art. 4.º (Alteração ao Decreto-Lei n.º 238/91, de 2 de Julho)

Nota. As alterações foram introduzidas no lugar próprio.

Art. 5.º (Alteração ao Decreto-Lei n.º 36/92, de 28 de Março)

Nota. As alterações foram introduzidas no lugar próprio.

Art. 6.º (Alteração ao Decreto-Lei n.º 147/94, de 25 de Maio)

Nota. As alterações foram introduzidas no lugar próprio.

Art. 7.º (Alteração ao Decreto-Lei n.º 410/89, de 21 de Novembro)

Nota. As alterações foram introduzidas no lugar próprio.

Art. 8.º (Alteração ao Decreto-Lei n.º 262/86, de 2 de Setembro)

Nota. As alterações foram introduzidas no lugar próprio.

Art. 9.º (Alteração ao Decreto-Lei n.º 403/86, de 3 de Dezembro)

Nota. As alterações foram introduzidas no lugar próprio.

Art. 10.º (Extensão a sociedades sujeitas à supervisão do Instituto de Seguros de Portugal)

1. O disposto nos artigos 2.º, 3.º, 4.º, 5.º, n.ºs 1 e 2, 7.º e 8.º do Decreto-Lei n.º 88/2004, de 20 de Abril, aplica-se, com as especificidades previstas nos números seguintes, às sociedades sujeitas à supervisão do Instituto de Seguros de Portugal relativamente à elaboração das contas consolidadas nos termos do Decreto-Lei n.º 147/94, de 25 de Maio.

681

[46] DL 35/2005 Art. 11.º   Consol. de contas de certas formas de soc., bancos e outras inst.

2. Quando aplicada a avaliação nos termos do n.º 1 do artigo 2.º do Decreto-Lei n.º 88/2004, de 20 de Abril, os investimentos relativos a seguros de vida em que o risco de investimento é suportado pelo tomador de seguros devem também ser avaliados a justo valor.

3. Para as sociedades sujeitas à supervisão do Instituto de Seguros de Portugal, os instrumentos financeiros previstos no n.º 2 do artigo 4.º do Decreto-Lei n.º 88/2004, de 20 de Abril, devem ser avaliados de acordo com os critérios valorimétricos estabelecidos no Plano de Contas para as Empresas de Seguros.

4. Para as sociedades sujeitas à supervisão do Instituto de Seguros de Portugal, a contabilização prevista no n.º 1 do artigo 5.º do Decreto-Lei n.º 88/2004, de 20 de Abril, não deve prejudicar a observância do princípio da prudência vertido no Plano de Contas para as Empresas de Seguros.

5. Para além das informações previstas no n.º 1 do artigo 7.º do Decreto-Lei n.º 88/2004, de 20 de Abril, o anexo às contas das empresas de seguros deve conter ainda, sempre que aplicada a valorização nos termos do artigo 4.º do Decreto-Lei n.º 88/2004, de 20 de Abril, as seguintes informações:

a) Quando os investimentos sejam avaliados nos termos do n.º 3 do presente artigo, o seu justo valor;

b) Quando os investimentos sejam avaliados segundo o seu justo valor, o seu valor de aquisição;

c) O método aplicado a cada rubrica de investimentos juntamente com os montantes assim determinados.

6. A alínea *c*) do número anterior também é aplicável para as contas individuais e consolidadas sempre que não tenha sido aplicada a valorização pelo justo valor dos instrumentos financeiros.

7. Para efeitos de aplicação do Decreto-Lei n.º 88/2004, de 20 de Abril, às sociedades sujeitas à supervisão do Instituto de Seguros de Portugal:

a) Ao conceito de «demonstração de resultados» corresponde o de «conta de ganhos e perdas»;

b) À rubrica «Ajustamentos de justo valor» corresponde uma rubrica de reserva de justo valor estabelecida em função das carteiras de investimentos específicas.

8. O disposto no n.º 2 do artigo 7.º do Decreto-Lei n.º 88/2004, de 20 de Abril, aplica-se às contas individuais das sociedades sujeitas à supervisão do Instituto de Seguros de Portugal.

Art. 11.º (Contas consolidadas de entidades com valores mobiliários admitidos à negociação)

1. As entidades cujos valores mobiliários estejam admitidos à negociação num mercado regulamentado devem, nos termos do artigo 4.º do Regulamento (CE) n.º 1606/2002, do Parlamento Europeu e do Conselho, de 19 de Julho, elaborar as suas contas consolidadas em conformidade com as Normas Internacionais de Contabilidade adoptadas nos termos do artigo 3.º do Regulamento (CE) n.º 1606/2002, do Parlamento Europeu e do Conselho, de 19 de Julho, a partir do exercício que se inicie em 2005.

2. Em consequência da aplicação do disposto no número anterior, as entidades aí referidas ficam dispensadas da elaboração de contas consolidadas nos ter-

Consol. de contas de certas formas de soc., bancos e outras inst. **Arts. 12.º-14.º DL 35/2005 [46]**

mos constantes do Plano Oficial de Contabilidade e demais regulamentação nacional aplicável.

Art. 12.º (Extensão a outras entidades)

1. As entidades obrigadas a aplicar o Plano Oficial de Contabilidade que não sejam abrangidas pelo disposto no artigo 11.º podem optar por elaborar as respectivas contas consolidadas em conformidade com as Normas Internacionais de Contabilidade adoptadas nos termos do artigo 3.º do Regulamento (CE) n.º 1606/2002, do Parlamento Europeu e do Conselho, de 19 de Julho, a partir do exercício que se inicie em 2005, desde que as suas demonstrações financeiras sejam objecto de certificação legal de contas.

2. As entidades obrigadas a aplicar o Plano Oficial de Contabilidade incluídas no âmbito da consolidação, quer as entidades abrangidas pelo artigo 11.º quer as que exerçam a opção prevista no número anterior, podem optar por elaborar as respectivas contas individuais em conformidade com as Normas Internacionais de Contabilidade adoptadas nos termos do artigo 3.º do Regulamento (CE) n.º 1606//2002, do Parlamento Europeu e do Conselho, de 19 de Julho, desde que as suas demonstrações financeiras sejam objecto de certificação legal de contas.

3. As opções referidas nos números anteriores têm carácter integral e definitivo.

4. O carácter definitivo referido no número anterior não se aplica às entidades que, tendo optado pela aplicação das Normas Internacionais de Contabilidade, estejam incluídas no âmbito da consolidação de entidades que não as adoptem.

Art. 13.º (Competência das entidades de supervisão do sector financeiro)

1. Com excepção das situações previstas no artigo 11.º, é da competência:

a) Do Banco de Portugal e do Instituto de Seguros de Portugal a definição do âmbito subjectivo de aplicação das Normas Internacionais de Contabilidade, bem como a definição das normas contabilísticas aplicáveis às contas consolidadas, relativamente às entidades sujeitas à respectiva supervisão;

b) Da Comissão do Mercado de Valores Mobiliários a definição do âmbito subjectivo de aplicação das Normas Internacionais de Contabilidade relativamente às entidades sujeitas à respectiva supervisão.

2. O disposto no presente diploma não prejudica a competência do Banco de Portugal e do Instituto de Seguros de Portugal para definir:

a) As normas contabilísticas aplicáveis às contas individuais das entidades sujeitas à respectiva supervisão;

b) Os requisitos prudenciais aplicáveis às entidades sujeitas à respectiva supervisão.

Art. 14.º (Efeitos fiscais)

Para efeitos fiscais, nomeadamente de apuramento do lucro tributável, as entidades que, nos termos do presente diploma, elaborem as contas individuais em conformidade com as Normas Internacionais de Contabilidade são obrigadas a manter a contabilidade organizada de acordo com a normalização contabilística nacional e demais disposições legais em vigor para o respectivo sector de actividade.

683

[46] DL 35/2005 Arts. 15.º-16.º   Consol. de contas de certas formas de soc., bancos e outras inst.

Art. 15.º (Outras obrigações)
A aplicação das Normas Internacionais de Contabilidade a que se refere o presente diploma não prejudica que, para além das informações e divulgações inerentes a estas normas, as entidades abrangidas sejam obrigadas a divulgar outras informações previstas na legislação nacional.

Art. 16.º (Produção de efeitos)
Os efeitos do presente diploma reportam-se a 1 de Janeiro de 2005.

PARTE QUINTA

CÓDIGO DOS VALORES MOBILIÁRIOS. OBRIGAÇÕES
WARRANTS. TÍTULOS DE PARTICIPAÇÃO
CERTIFICADOS DE DEPÓSITO
PAPEL COMERCIAL E OBRIGAÇÕES HIPOTECÁRIAS

Págs.

[51] Decreto-Lei n.° 486/99, de 13 de Novembro, aprova o Código
dos Valores Mobiliários **(CodVM)** 687

[52] Decreto-Lei n.° 321/85, de 5 de Agosto, cria os títulos de
participação **(DL 321/85)** 771

[53] Decreto-Lei n.° 320/89, de 25 de Setembro, alarga a outras
entidades, que não sociedades anónimas e sociedades por
quotas, a possibilidade de emitir obrigações **(DL 320/89)** 783

[54] Decreto-Lei n.° 372/91, de 8 de Outubro, sobre o regime
jurídico dos certificados de depósito **(DL 372/91)** 784

[55] Decreto-Lei n.° 408/91, de 17 de Outubro, sobre o regime
jurídico das obrigações de caixa **(DL 408/91)** 786

[56] Decreto-Lei n.° 172/99, de 20 de Maio, sobre a emissão, negociação e comercialização de *warrants* autónomos **(DL 172/99)** 789

[57] Decreto-Lei n.° 69/2004, de 25 de Março, regula a disciplina
aplicável aos valores de natureza monetária designados
por *papel comercial* **(DL 69/2004)** 792

[58] Decreto-Lei n.° 59/2006, de 20 de Março, fixa o regime jurídico das obrigações hipotecárias **(DL 59/2006)** 798

[51] DECRETO-LEI N.° 486/99
de 13 de Novembro

No uso da autorização legislativa concedida pela Lei n.° 106/99, de 26 de Julho, e nos termos das alíneas *a*) e *b*) do n.° 1 do artigo 198.° da Constituição, o Governo decreta para valer como Lei geral da República, o seguinte:

Art. 1.° (Aprovação do Código dos Valores Mobiliários)
É aprovado o Código dos Valores Mobiliários, que faz parte do presente decreto-lei.

Art. 2.° (Entrada em vigor)
O Código dos Valores Mobiliários entra em vigor no dia 1 Março de 2000, com ressalva do disposto nos artigos seguintes.

Art. 3.° (Regulação)
O disposto no artigo anterior não prejudica:
a) A aprovação e publicação, em data anterior, das portarias, dos avisos e de outros regulamentos necessários à execução do Código dos Valores Mobiliários;
b) A elaboração e aprovação, pelas entidades habilitadas, das regras e cláusulas contratuais gerais exigidas ou permitidas por lei e o seu registo ou a sua aprovação pela Comissão do Mercado de Valores Mobiliários (CMVM).

Art. 4.° (Central de Valores Mobiliários)
A aplicação das regras relativas aos sistemas centralizados de valores mobiliários à entidade que no Código do Mercado de Valores Mobiliários revogado é designada por Central de Valores Mobiliários verificar-se-á à medida da entrada em vigor dos regulamentos operacionais do sistema, que devem ser registados na CMVM até seis meses após a entrada em vigor do Código dos Valores Mobiliários.

Art. 5.° (Ofertas públicas)
1. Os artigos 187.° a 193.°, as alíneas *g*), *h*) e *i*) do n.° 2 do artigo 393.° e, na medida em que para estes preceitos seja relevante, os artigos 13.°, 16.°, 17.°, 20.° e 21.° entram em vigor 45 dias após a publicação do Código dos Valores Mobiliários.

[51] CodVM Arts. 6.º-9.º   Decreto-Lei n.º 486/99

2. O disposto no Código do Mercado de Valores Mobiliários é aplicável às ofertas públicas de aquisição cujo anúncio preliminar tenha sido publicado:

a) até à data referida no número anterior, em caso de oferta pública de aquisição obrigatória;

b) até ao dia 1 de Março de 2000, nos restantes casos de oferta pública de aquisição.

3. O regime das ofertas públicas de aquisição obrigatórias previsto no Código dos Valores Mobiliários não é aplicável à aquisição de valores mobiliários emitidos por sociedades cujo processo de privatização já tenha sido aprovado mas não se encontre ainda concluido, desde que as aquisições sejam feitas no âmbito de operações previstas nos diplomas que regulem o respectivo processo de privatização.

Art. 6.º (Membros das bolsas e sistemas de liquidação)

1. A partir do dia 1 de Janeiro de 2000 as instituições de crédito autorizadas a receber valores mobiliários para registo e depósito e a executar ordens de bolsa podem ser membros de qualquer bolsa, não sendo aplicável o disposto na alínea *b*) do n.º 1 do artigo 206.º do Código do Mercado de Valores Mobiliários.

2. Os capítulos I e III do Título V do Código dos Valores Mobiliários entram em vigor no dia 11 de Dezembro de 1999.

3. O capítulo II do mesmo Título entra em vigor após a aprovação dos regulamentos operacionais dos sistemas de liquidação, que devem ser registados na CMVM até seis meses após a entrada em vigor do Código dos Valores Mobiliários.

Art. 7.º (Sociedades abertas)

As expressões "sociedade de subscrição pública" e "sociedade com subscrição pública", utilizadas em qualquer lei ou regulamento, consideram-se substituídas pela expressão "sociedade com o capital aberto ao investimento do público" com o sentido que lhe atribui o artigo 13.º do Código dos Valores Mobiliários.

Art. 8.º (Participações qualificadas e acordos parassociais)

1. Quem, nos termos do artigo 16.º, seja detentor de participação qualificada que anteriormente não tinha essa natureza fica obrigado a cumprir os deveres de comunicação referidos no mesmo preceito até três meses após a entrada em vigor do Código dos Valores Mobiliários, independentemente da data e das circunstâncias determinantes da detenção da participação.

2. Ao mesmo prazo fica sujeita a comunicação à CMVM dos acordos parassociais a que se refere o artigo 19.º, celebrados antes da entrada em vigor do Código dos Valores Mobiliários.

Art. 9.º (Fundos de garantia)

1. Os fundos de garantia a que se referem os artigos 35.º a 38.º do Código dos Valores Mobiliários devem ser constituídos ou, quando já existentes, reorganizados, no prazo de um ano a contar da entrada em vigor do referido Código.

2. Ficam isentos do imposto sobre o rendimento das pessoas colectivas os rendimentos dos fundos de garantia e do sistema de garantia dos investidores em valores mobiliários e outros instrumentos financeiros, com excepção dos rendi-

Decreto-Lei n.° 486/99

Arts. 10.°-15.° CodVM [51]

mentos provenientes de aplicações que os mesmos façam das suas disponibilidades financeiras.

Art. 10.° (Títulos ao portador registados)

1. Se a lei exigir que os títulos representativos de valores mobiliários assumam a modalidade de títulos nominativos ou ao portador registados ou apenas esta, tal exigência considera-se limitada ou substituída pela modalidade de títulos nominativos.

2. Os valores mobiliários ao portador que estejam em regime de registo por força de lei ou do estatuto da sociedade devem ser convertidos em valores mobiliários nominativos no prazo de dois anos a contar da entrada em vigor do Código dos Valores Mobiliários.

3. Pelos actos exigidos pela conversão a que se refere o n.° 1 ou dela resultantes não são devidos quaisquer emolumentos.

4. Se a sujeição a registo de títulos ao portador resultar apenas do estatuto da sociedade, o emitente pode decidir a manutenção daqueles valores mobiliários como valores ao portador, sem registo.

5. Se a sujeição a registo de títulos ao portador resultar de opção do seu titular, aqueles deixam de estar sujeitos ao regime de registo.

Art. 11.° (Processos em curso)

Aos processos relativos a contra-ordenações que estejam em curso ou pendentes de decisão judicial são aplicáveis as normas do Código Penal e do Código de Processo Penal sobre a aplicação no tempo, com as devidas adaptações.

Art. 12.° (Alterações ao Código do IRS)

Nota. Esta norma introduziu alterações aos artigos 117.° e 129.° do Código do Imposto sobre o Rendimento das Pessoas Singulares.

Art. 13.° (Alterações ao Código das Sociedades Comerciais)

Nota. Esta norma introduziu alterações aos artigos 167.°, n.° 2, 328.°, n.° 4, 346.°, n.° 5, 371.°, n.° 1, e 490.°, n.° 7, do Código das Sociedades Comerciais, que foram insertas nos lugares próprios.

Art. 14.° (Remissão para disposições revogadas)

Quando disposições legais ou contratuais remeterem para preceitos revogados por este decreto-lei, entende-se que a remissão vale para as correspondentes disposições do Código dos Valores Mobiliários, salvo se do contexto resultar interpretação diferente.

Art. 15.° (Revogação de direito anterior)

1. Com a entrada em vigor do Código dos Valores Mobiliários são revogados os seguintes diplomas e preceitos legais:

a) Código do Mercado dos Valores Mobiliários, aprovado pelo Decreto-Lei n.° 142-A/91, de 10 de Abril, e alterado pelos Decretos-Lei n.° 89/94, de 2 de Abril, n.° 186/94, de 5 de Junho, n.° 204/94, de 2 de Agosto, n.° 196/95, de 29 de Julho, n.° 261/95, de 3 de Outubro, n.° 232/96, de 5 de Dezembro (rectificado pela Decla-

689

[51] CodVM Art. 15.°   Decreto-Lei n.° 486/99

ração de Rectificação n.° 4-E/97, de 31 de Janeiro), n.° 178/97, de 24 de Julho e n.° 343/98, de 6 de Novembro, com excepção dos artigos 190.°, 192.°, 194.° a 263.° e 481.° a 498.°;

b) Decreto-Lei n.° 408/82, de 29 de Setembro, alterado pelos Decretos-Lei n.° 198/86, de 19 de Julho, n.° 243/89, de 5 de Agosto e n.° 116/91, de 21 de Março;

c) artigo 5.° do Decreto-Lei n.° 262/86, de 2 de Setembro;

d) n.° 9 do artigo 279.°, artigos 284.°, 300.°, 305.°, 326.°, 327.°, 330.° a 340.° e n.° 4 do artigo 528.°, todos do Código das Sociedades Comerciais;

e) o Decreto-Lei n.° 73/95, de 19 de Abril;

f) o artigo 34.°-A, aditado ao Estatuto dos Benefícios Fiscais, pelo artigo 1.° do Decreto-lei n.° 142-B/91, de 10 de Abril.

2. Com a entrada em vigor do Código dos Valores Mobiliários são revogados todos os regulamentos aprovados ao abrigo da legislação revogada nos termos do número anterior, nomeadamente as seguintes portarias:

a) Portaria n.° 834-A/91, de 14 de Agosto;

b) Portaria n.° 935/91, de 16 de Setembro;

c) Portaria n.° 181-A/92, de 8 de Junho;

d) Portaria n.° 647/93, de 7 de Julho;

e) Portaria n.° 219/93, de 27 de Novembro;

f) Portaria n.° 710/94, de 8 de Agosto;

g) Portaria n.° 377-C/94, de 15 de Junho, alterada pela Portaria n.° 291/96, de 23 de Dezembro.

h) Portaria n.° 904/95, de 18 de Junho;

i) Portaria n.° 905/95, de 18 de Julho, alterada pela Portaria n.° 710/96, de 9 de Dezembro;

j) Portaria n.° 222/96, de 24 de Junho;

l) Portaria n.° 291/96, de 23 de Dezembro.

CÓDIGO DOS VALORES MOBILIÁRIOS

TÍTULO I. DISPOSIÇÕES GERAIS

CAPÍTULO I. Âmbito de aplicação

Art. 1.º (Valores mobiliários)

São valores mobiliários, além de outros que a lei como tal qualifique:

a) As acções;

b) As obrigações;

c) Os títulos de participação;

d) As unidades de participação em instituições de investimento colectivo;

e) Os *warrants* autónomos;

f) Os direitos destacados dos valores mobiliários referidos nas alíneas *a*) a *d*), desde que o destaque abranja toda a emissão ou série ou esteja previsto no acto de emissão.

g) Outros documentos representativos de situações jurídicas homogéneas, desde que sejam susceptíveis de transmissão em mercado.

Nota. Redacção introduzida pelo art. 1.º do DL n.º 66/2004, de 24 de Março.

Art. 2.º (Âmbito de aplicação material)

1. O presente Código regula:

a) Os valores mobiliários e as ofertas públicas a estes respeitantes;

b) Os instrumentos do mercado monetário, com excepção dos meios de pagamento;

c) Os instrumentos derivados para a transferência do risco de crédito;

d) Os contratos diferenciais;

e) As opções, os futuros, os *swaps*, os contratos a prazo e quaisquer outros contratos derivados relativos a:

i) Valores mobiliários, divisas, taxas de juro ou de rendibilidades ou relativos a outros instrumentos derivados, índices financeiros ou indicadores financeiros, com liquidação física ou financeira;

ii) Mercadorias, variáveis climáticas, tarifas de fretes, licenças de emissão, taxas de inflação ou quaisquer outras estatísticas económicas oficiais, com liquidação financeira ainda que por opção de uma das partes;

iii) Mercadorias, com liquidação física, desde que sejam transaccionados em mercado regulamentado ou em sistema de negociação multilateral ou, não se destinando a finalidade comercial, tenham características análogas às de outros instrumentos financeiros derivados nos termos

[51] CodVM Arts. 3.º-4.º

Tít. I. Disposições gerais

do artigo 38.º do Regulamento (CE) n.º 1287/2006, da Comissão, de 10 de Agosto;

f) Quaisquer outros contratos derivados, nomeadamente os relativos a qualquer dos elementos indicados no artigo 39.º do Regulamento (CE) n.º 1287/2006, da Comissão, de 10 de Agosto, desde que tenham características análogas às de outros instrumentos financeiros derivados nos termos do artigo 38.º do mesmo regulamento;

g) As formas organizadas de negociação de instrumentos financeiros referidos nas alíneas anteriores, a liquidação e a compensação de operações àqueles respeitantes e as actividades de intermediação financeira;

h) O regime de supervisão e sancionatório relativo aos instrumentos e às actividades mencionadas nas alíneas anteriores.

2. As referências feitas no presente Código a instrumentos financeiros devem ser entendidas de modo a abranger os instrumentos mencionados nas alíneas *a*) a *f*) do número anterior.

3. As disposições dos títulos I, VII e VIII aplicam-se igualmente a contratos de seguro ligados a fundos de investimento e a contratos de adesão individual a fundos de pensões abertos.

4. Sempre que estejam em causa unidades de participação, as referências feitas no presente código ao emitente devem considerar-se feitas à entidade gestora da instituição de investimento colectivo.

5. (...).

6. (...).

Notas. 1. Redacção introduzida pelo art. 7.º do DL n.º 357-A/2007, de 31 de Outubro.

2. Os n.os 5 e 6 foram revogados pelo art. 19.º, alínea *b*), do DL n.º 357-A/2007, de 31 de Outubro.

Art. 3.º (Normas de aplicação imediata)

1. Independentemente do direito que a outro título seja aplicável, as normas imperativas do presente Código aplicam-se se, e na medida em que, as situações, as actividades e os actos a que se referem tenham conexão relevante com o território português.

2. Considera-se que têm conexão relevante com o território português, designadamente:

a) As ordens dirigidas a membros de mercados regulamentados ou de sistemas de negociação multilateral registados na Comissão de Mercado de Valores Mobiliários (CMVM) e as operações realizadas nesses mercados ou sistemas;

b) As actividades desenvolvidas e os actos realizados em Portugal;

c) A difusão de informações acessíveis em Portugal que digam respeito a situações, a actividades ou a actos regulados pelo direito português.

Nota. Redacção introduzida pelo art. 7.º do DL n.º 357-A/2007, de 31 de Outubro.

CAPÍTULO II. Forma

Art. 4.º (Forma escrita)

A exigência ou a previsão de forma escrita, de documento escrito ou de redução a escrito, feita no presente Código em relação a qualquer acto jurídico

Cap. III. Informação

Arts. 5.º-7.º CodVM [51]

praticado no âmbito da autonomia negocial ou do procedimento administrativo, considera-se cumprida ou verificada ainda que o suporte em papel ou a assinatura sejam substituídos por outro suporte ou por outro meio de identificação que assegurem níveis equivalentes de inteligibilidade, de durabilidade e de autenticidade.

Art. 5.º (Publicações)

1. Na falta de disposição legal em sentido diferente, as publicações obrigatórias são feitas através de meio de comunicação de grande difusão em Portugal que seja acessível aos destinatários da informação.

2. A CMVM estabelece em regulamento os meios de comunicação adequados a cada tipo de publicação.

Art. 6.º (Idioma)

1. Deve ser redigida em português ou acompanhada de tradução para português devidamente legalizada a informação divulgada em Portugal que seja susceptível de influenciar as decisões dos investidores, nomeadamente quando respeite a ofertas públicas, a mercados regulamentados, a actividades de intermediação financeira e a emitentes.

2. A CMVM pode dispensar, no todo ou em parte, a tradução quando considere acautelados os interesses dos investidores.

3. A CMVM e as entidades gestoras de mercados regulamentados, de sistemas de liquidação, de câmara de compensação, de contraparte central e de sistemas centralizados de valores mobiliários podem exigir a tradução para português de documentos redigidos em língua estrangeira que lhes sejam remetidos no âmbito das suas funções.

Nota. Redacção introduzida pelo art. 7.º do DL n.º 357-A/2007, de 31 de Outubro.

CAPÍTULO III.   Informação

Art. 7.º (Qualidade da informação)

1. A informação respeitante a instrumentos financeiros, a formas organizadas de negociação, às actividades de intermediação financeira, à liquidação e à compensação de operações, a ofertas públicas de valores mobiliários e a emitentes deve ser completa, verdadeira, actual, clara, objectiva e lícita.

2. O disposto no número anterior aplica-se seja qual for o meio de divulgação e ainda que a informação seja inserida em conselho, recomendação, mensagem publicitária ou relatório de notação de risco.

3. O requisito da completude da informação é aferido em função do meio utilizado, podendo, nas mensagens publicitárias, ser substituído por remissão para documento acessível aos destinatários.

4. À publicidade relativa a instrumentos financeiros e a actividades reguladas no presente Código é aplicável o regime geral da publicidade.

Nota. Redacção introduzida pelo art. 7.º do DL n.º 357-A/2007, de 31 de Outubro.

[51] CodVM Arts. 8.°-11.°   Tít. I. Disposições gerais

Art. 8.° (Informação auditada)

1. Deve ser objecto de relatório elaborado por auditor registado na CMVM a informação financeira anual contida em documento de prestação de contas ou em prospectos que:

a) Devam ser submetidos à CMVM;

b) Devam ser publicados no âmbito de pedido de admissão à negociação em mercado regulamentado; ou

c) Respeitem a instituições de investimento colectivo.

2. Se os documentos referidos no número anterior incluírem previsões sobre a evolução dos negócios ou da situação económica e financeira da entidade a que respeitam, o relatório do auditor deve pronunciar-se expressamente sobre os respectivos pressupostos, critérios e coerência.

3. No caso de a informação intercalar ou as informações financeiras trimestrais ou semestrais terem sido sujeitas a auditoria ou a revisão limitada, é incluído o relatório de auditoria ou de revisão; caso não o tenham sido, é declarado tal facto.

Nota. Redacção introduzida pelo art. 1.° do DL n.° 66/2004, de 24 de Março, pelo art. 2.° do DL n.° 52/ /2006, de 15 de Março, e pelo art. 7.° do DL n.° 357-A/2007, de 31 de Outubro.

Art. 9.° (Registo de auditores)

1. Só podem ser registados como auditores as sociedades de revisores oficiais de contas e outros auditores habilitados a exercer a sua actividade em Portugal que sejam dotados dos meios humanos, materiais e financeiros necessários para assegurar a sua idoneidade, independência e competência técnica.

2. Desde que apresentem garantias equivalentes de confiança, de acordo com padrões internacionalmente reconhecidos, a CMVM pode reconhecer relatório ou parecer elaborados por auditor não registado que esteja sujeito a controlo de qualificação no Estado de origem.

Art. 10.° (Responsabilidade dos auditores)

1. Pelos danos causados aos emitentes ou a terceiros por deficiência do relatório ou do parecer elaborados por auditor respondem solidária e ilimitadamente:

a) Os revisores oficiais de contas e outras pessoas que tenham assinado o relatório ou o parecer;

b) As sociedades de revisores oficiais de contas e outras sociedades de auditoria, desde que os documentos auditados tenham sido assinados por um dos seus sócios.

2. Os auditores devem manter seguro de responsabilidade civil adequado a garantir o cumprimento das suas obrigações.

Art. 11.° (Normalização de informação)

1. Ouvida a Comissão de Normalização Contabilística e a Ordem de Revisores Oficiais de Contas, a CMVM pode, através de regulamento, definir regras, harmonizadas com padrões internacionais, sobre o conteúdo, a organização e a apresentação da informação económica, financeira e estatística utilizada em documentos de prestação de contas, bem como as respectivas regras de auditoria.

Cap. III. Informação   **Arts. 12.º-12.º-B CodVM [51]**

2. A CMVM deve estabelecer com o Banco de Portugal e com o Instituto de Seguros de Portugal regras destinadas a assegurar a compatibilização da informação a prestar, nos termos do número anterior, por intermediários financeiros sujeitos também à supervisão de alguma daquelas autoridades.

Art. 12.º (Notação de risco)

1. As sociedades de notação de risco estão sujeitas a registo na CMVM.

2. Só podem ser registadas as sociedades de notação de risco dotadas dos meios humanos, materiais e financeiros necessários para assegurar a sua idoneidade, independência e competência técnica.

3. Os serviços de notação de risco devem ser prestados de modo imparcial e obedecer às classificações dominantes segundo os usos internacionais.

Art. 12.º-A (Recomendações de investimento)

1. Constituem recomendações de investimento os relatórios de análise financeira ou qualquer outra informação emitida por analistas independentes, empresas de investimento, instituições de crédito, entidades cuja actividade principal seja formular recomendações e pessoas que neles exerçam a sua actividade profissional, em que se formule, directa ou indirectamente, uma recomendação ou sugestão de investimento ou desinvestimento sobre um emitente de valores mobiliários, valores mobiliários ou outros instrumentos financeiros e que se destinem a canais de distribuição ou ao público.

2. Relativamente a outras pessoas singulares ou colectivas constitui recomendação de investimento qualquer informação por elas elaborada, no exercício da sua profissão ou no quadro da sua actividade, na qual seja directamente recomendada uma decisão de investimento ou desinvestimento específica num valor mobiliário ou em outro instrumento financeiro e que se destine a canais de distribuição ou ao público.

Nota. Aditado pelo art. 3.º do DL n.º 52/2006, de 15 de Março.

Art. 12.º-B (Conteúdo das recomendações de investimento)

1. Nas recomendações de investimento, as pessoas referidas no artigo anterior:

a) Indicam de forma clara e visível a sua identidade, designadamente o nome e a função da pessoa singular que preparou a recomendação e a denominação da pessoa colectiva autora da recomendação;

b) Distinguem claramente a matéria factual das interpretações, estimativas, pareceres e outro tipo de informação não factual;

c) Asseguram a fidedignidade das fontes ou, em caso de dúvida, referem-no expressamente;

d) Identificam como tal o conjunto das projecções, das previsões e dos preços alvo, com menção expressa dos pressupostos utilizados para os determinar;

e) Têm disponíveis todos os elementos necessários para demonstrar a coerência da recomendação com os pressupostos que lhe estão subjacentes, a pedido das autoridades competentes.

695

[51] CodVM Art. 12.°-C

Tít. I. Disposições gerais

2. Quando o autor da recomendação for uma das pessoas previstas no n.° 1 do artigo anterior, inclui ainda na recomendação:

a) A identidade da autoridade de supervisão da empresa de investimento ou da instituição de crédito;

b) As fontes de informação, o conhecimento pelo emitente da recomendação e a sua eventual correcção por este antes da divulgação;

c) A base de cálculo ou o método usado para avaliar o emitente e o instrumento financeiro ou para fixar o respectivo preço alvo;

d) O significado da recomendação de «comprar», «manter», «vender» ou expressões equivalentes, incluindo o prazo do investimento para que é feita, bem como advertências relacionadas com o risco envolvido e uma análise de sensibilidade aos pressupostos utilizados;

e) A periodicidade na divulgação da recomendação, bem como a respectiva actualização e modificação das políticas de cobertura previstas;

f) A data em que a recomendação foi divulgada pela primeira vez, bem como a data e hora a que se referem os preços utilizados para os instrumentos financeiros analisados, em termos claros e destacados;

g) As divergências da recomendação relativamente a uma recomendação sobre o mesmo emitente ou instrumento financeiro, emitida nos 12 meses anteriores, bem como a data em que aquela foi divulgada, em termos claros e destacados.

Nota. Aditado pelo art. 3.° do DL n.° 52/2006, de 15 de Março.

Art. 12.°-C (Recomendações de investimento e divulgação de conflito de interesses)

1. Em conjunto com a recomendação, as pessoas previstas no artigo 12.°-A divulgam todas as relações e circunstâncias susceptíveis de prejudicar a objectividade da recomendação, em especial nos casos em que tenham um interesse no instrumento financeiro, directo ou indirecto, ou estejam numa situação de conflito de interesses relativamente ao emitente dos valores mobiliários a que respeita a recomendação.

2. Quando o autor da recomendação for uma pessoa colectiva, o disposto no número anterior aplica-se às pessoas singulares ou colectivas que lhe prestem serviços, designadamente ao abrigo de contrato de trabalho, e tenham estado envolvidas na sua elaboração, incluindo, pelo menos, o seguinte:

a) A identificação de quaisquer interesses ou conflito de interesses do autor da recomendação ou das pessoas colectivas com ele relacionadas de que as pessoas envolvidas na elaboração da recomendação tivessem ou pudessem ter conhecimento;

b) A identificação de quaisquer interesses ou conflito de interesses do autor da recomendação ou das pessoas colectivas com ele relacionadas que, não estando envolvidas na elaboração das recomendações, tenham ou possam ter tido acesso à recomendação antes da sua divulgação aos clientes ou ao público.

3. Quando o autor da recomendação for uma das pessoas previstas no n.° 1 do artigo 12.°-A, inclui ainda na recomendação as seguintes informações:

a) Participações qualificadas que o autor da recomendação ou qualquer pessoa colectiva com ele relacionada detenha no emitente ou que este detenha naqueles;

696

Cap. III.   Informação   Art. 12.°-D CodVM **[51]**

b) Outros interesses financeiros do autor da recomendação ou de qualquer pessoa colectiva com ele relacionada que, pela sua conexão com o emitente, sejam relevantes para avaliar a objectividade da recomendação;

c) Operações de fomento de mercado ou de estabilização de preços com os instrumentos financeiros objecto da recomendação em que o seu autor ou qualquer pessoa colectiva com ele relacionada tenham participado;

d) Contratos de consórcio para assistência ou colocação dos valores mobiliários do emitente em que o autor da recomendação tenha participado como líder do consórcio, nos 12 meses anteriores à elaboração da recomendação;

e) Acordos entre o emitente e o autor da recomendação ou com qualquer pessoa colectiva com aquele relacionada relativos à prestação de serviços bancários de investimento, que tenham estado em vigor nos 12 meses anteriores à elaboração da recomendação ou originado uma remuneração ou promessa de remuneração durante o mesmo período, desde que a divulgação não implique a revelação de informações comerciais confidenciais;

f) Acordos relativos à elaboração da recomendação estabelecidos entre o emitente e o autor da recomendação;

g) Informação relativa ao nexo entre a remuneração das pessoas envolvidas na preparação ou elaboração da recomendação e operações bancárias de investimento realizadas pela empresa de investimento ou instituição de crédito autora da recomendação ou por qualquer pessoa colectiva com elas relacionada a favor do emitente dos valores mobiliários analisados.

4. As pessoas singulares envolvidas na preparação ou elaboração de uma recomendação que prestem serviço à empresa de investimento ou à instituição de crédito autora da recomendação e que adquiram, a título oneroso ou gratuito, acções do emitente antes da realização de uma oferta pública de distribuição informam a entidade que seja autora ou divulgadora da recomendação sobre o preço e a data da respectiva aquisição, para que tais elementos sejam também tornados públicos, sem prejuízo da aplicação do regime legal de responsabilidade por tais factos.

5. No final de cada trimestre do ano civil, as empresas de investimento e as instituições de crédito divulgam no seu sítio na Internet:

a) A percentagem das recomendações de «comprar», «manter», ou «vender», ou expressões equivalentes, no conjunto das suas recomendações;

b) A percentagem de recomendações relativas a emitentes aos quais aquelas entidades prestaram serviços bancários de investimento significativos nos 12 meses anteriores à elaboração da recomendação.

Nota. Aditado pelo art. 3.° do DL n.° 52/2006, de 15 de Março.

Art. 12.°-D (Divulgação de recomendações de investimento elaboradas por terceiros)

1. A divulgação de recomendações de investimento elaboradas por terceiros é acompanhada de forma clara e destacada da identificação da pessoa ou da entidade responsável pela divulgação.

2. Qualquer alteração substancial a uma recomendação elaborada por um terceiro é claramente identificada e explicada na própria recomendação, sendo dado

[51] CodVM Arts. 12.º-E-13.º   Tít. I. Disposições gerais

aos destinatários da informação acesso à identidade do autor da recomendação, ao conteúdo original da mesma e à divulgação dos conflitos de interesses do seu autor, desde que estes elementos sejam públicos.

3. Quando a alteração substancial consistir numa mudança de sentido da recomendação, os deveres de informação consagrados nos artigos 12.º-B e 12.º-C aplicam-se também a quem divulgar a informação alterada, na medida da alteração introduzida.

4. Quem divulgue resumo de recomendações de investimento produzidas por terceiros assegura a sua clareza, actualidade e que não contém informação enganosa, mencionando ainda o documento que constitui a sua fonte e o local onde as informações com ele relacionadas podem ser consultadas, caso as mesmas sejam publicamente acessíveis.

5. Quando a recomendação for divulgada por uma empresa de investimento, instituição de crédito ou pessoa singular que para elas trabalhe, independentemente do vínculo a que esteja sujeita, para além do cumprimento dos deveres previstos nos números anteriores, identifica a entidade de supervisão da empresa de investimento ou da instituição de crédito e, caso o autor da recomendação ainda não a tenha divulgado, o divulgador cumpre, em relação ao autor da recomendação, o disposto no artigo 12.º-C.

6. O disposto no presente artigo não se aplica à reprodução por jornalistas, em meios de comunicação social, de opiniões orais de terceiros sobre valores mobiliários, outros instrumentos financeiros ou entidades emitentes.

Nota. Aditado pelo art. 3.º do DL n.º 52/2006, de 15 de Março.

Art. 12.º-E (Divulgação através de remissão)

1. O cumprimento do estabelecido nas alíneas *a*), *b*) e *c*) do n.º 2 do artigo 12.º-B e no artigo 12.º-C pode ser substituído por uma referência clara ao local onde a informação requerida pode ser directa e facilmente consultada pelo público, quando se trate de recomendação não escrita ou quando a inclusão de tal informação numa recomendação escrita se mostre notoriamente desproporcionada em relação à sua extensão.

2. No caso de recomendações não escritas, o disposto no número anterior aplica-se também ao cumprimento do estabelecido nas alíneas *e*), *f*) e *g*) do n.º 2 do artigo 12.º-B.

Nota. Aditado pelo art. 3.º do DL n.º 52/2006, de 15 de Março.

CAPÍTULO IV.   **Sociedades abertas**

SECÇÃO I.   **Disposições gerais**

Art. 13.º (Critérios)

1. Considera-se sociedade com o capital aberto ao investimento do público, abreviadamente designada neste Código «sociedade aberta»:

a) A sociedade que se tenha constituído através de oferta pública de subscrição dirigida especificamente a pessoas com residência ou estabelecimento em Portugal;

698

Cap. IV.   Sociedades abertas   **Arts. 14.°-16.° CodVM [51]**

b) A sociedade emitente de acções ou de outros valores mobiliários que confiram direito à subscrição ou à aquisição de acções que tenham sido objecto de oferta pública de subscrição dirigida especificamente a pessoas com residência ou estabelecimento em Portugal;

c) A sociedade emitente de acções ou de outros valores mobiliários que confiram direito à sua subscrição ou aquisição, que estejam ou tenham estado admitidas à negociação em mercado regulamentado situado ou a funcionar em Portugal;

d) A sociedade emitente de acções que tenham sido alienadas em oferta pública de venda ou de troca em quantidade superior a 10% do capital social, dirigida especificamente a pessoas com residência ou estabelecimento em Portugal;

e) A sociedade resultante de cisão de uma sociedade aberta ou que incorpore, por fusão, a totalidade ou parte do seu património.

2. Os estatutos das sociedades podem fazer depender de deliberação da assembleia geral o lançamento de oferta pública de venda ou de troca de acções nominativas de que resulte a abertura do capital social nos termos da alínea *d*) do número anterior.

Art. 14.° (Menção em actos externos)

A qualidade de sociedade aberta deve ser mencionada nos actos qualificados como externos pelo artigo 171.° do Código das Sociedades Comerciais.

Art. 15.° (Igualdade de tratamento)

A sociedade aberta deve assegurar tratamento igual aos titulares dos valores mobiliários por ela emitidos que pertençam à mesma categoria.

SECÇÃO II.   **Participações qualificadas**

Art. 16.° (Deveres de comunicação)

1. Quem atinja ou ultrapasse participação de 10%, 20%, um terço, metade, dois terços e 90% dos direitos de voto correspondentes ao capital social de uma sociedade aberta, sujeita a lei pessoal portuguesa, e quem reduza a sua participação para valor inferior a qualquer daqueles limites deve, no prazo de quatro dias de negociação após o dia da ocorrência do facto ou do seu conhecimento:

a) Informar desse facto a CMVM e a sociedade participada;

b) Dar conhecimento às entidades referidas na alínea anterior das situações que determinam a imputação ao participante de direitos de voto inerentes a valores mobiliários pertencentes a terceiros, nos termos do n.° 1 do artigo 20.°

2. Fica igualmente sujeito aos deveres referidos no número anterior:

a) Quem atinja ou ultrapasse participação de 5%, 15% e 25% dos direitos de voto correspondentes ao capital social e quem reduza a sua participação para valor inferior a qualquer daqueles limites, relativamente a:

i) Sociedade aberta, sujeita a lei pessoal portuguesa, emitente de acções ou de outros valores mobiliários que confiram direito à sua subscrição ou aquisição, admitidos à negociação em mercado regulamentado situado ou a funcionar em Estado membro da União Europeia;

699

[51] CodVM Art. 16.° Tít. I. Disposições gerais

ii) Sociedade, com sede estatutária noutro Estado membro, emitente de acções ou de outros valores mobiliários que confiram direito à sua subscrição ou aquisição, exclusivamente admitidos à negociação em mercado regulamentado situado ou a funcionar em Portugal;

iii) Sociedade cuja sede social se situe fora da União Europeia, emitente de acções ou de outros valores mobiliários que confiram direito à sua subscrição ou aquisição, admitidos à negociação em mercado regulamentado situado ou a funcionar em Portugal, em relação à qual a CMVM seja autoridade competente nos termos do artigo 244.°-A; e

b) Quem atinja ou ultrapasse participação de 2% e quem reduza a sua participação para valor inferior àquela percentagem dos direitos de voto correspondentes ao capital social de sociedade aberta prevista na subalínea *i)* da alínea anterior.

3. Para efeitos dos números anteriores:

a) Presume-se que o participante tem conhecimento do facto determinante do dever de comunicação no prazo máximo de dois dias de negociação após a ocorrência daquele;

b) Os direitos de voto são calculados com base na totalidade das acções com direitos de voto, não relevando para o cálculo a suspensão do respectivo exercício.

4. A comunicação efectuada nos termos dos números anteriores inclui:

a) A identificação de toda a cadeia de entidades a quem a participação qualificada é imputada nos termos do n.° 1 do artigo 20.°, independentemente da lei a que se encontrem sujeitas;

b) A percentagem de direitos de voto imputáveis ao titular de participação qualificada, a percentagem de capital social e o número de acções correspondentes, bem como, quando aplicável, a discriminação da participação por categoria de acções;

c) A data em que a participação atingiu, ultrapassou ou foi reduzida aos limiares previstos nos n.ºs 1 e 2.

5. Caso o dever de comunicação incumba a mais do que um participante pode ser feita uma única comunicação, que exonera os participantes do dever de comunicar na medida em que a comunicação se considere feita.

6. Quando a ultrapassagem dos limiares relevantes resultar, nos termos da alínea *e)* do n.° 1 do artigo 20.°, da detenção de instrumentos financeiros que confiram ao participante o direito à aquisição, exclusivamente por sua iniciativa, por força de acordo, de acções com direitos de voto, já emitidas por emitente cujas acções estejam admitidas à negociação em mercado regulamentado, o participante deve:

a) Agregar, na comunicação, todos os instrumentos que tenham o mesmo activo subjacente;

b) Fazer tantas comunicações quantos os emitentes dos activos subjacentes de um mesmo instrumento financeiro;

c) Incluir na comunicação referida no número anterior, a indicação da data ou período em que os direitos de aquisição que o instrumento confere podem ser exercidos, e da data em que o instrumento expira.

7. Quando a redução ou ultrapassagem dos limiares relevantes resultar, nos termos da alínea *g)* do n.° 1 do artigo 20.°, da atribuição de poderes discricionários para uma única assembleia geral:

Cap. IV.   Sociedades abertas   **Art. 16.°-A CodVM** **[51]**

a) Quem confere poderes discricionários pode, nesse momento, fazer uma comunicação única, desde que explicite a informação exigida no n.° 4 referente ao início e ao termo da atribuição de poderes discricionários para o exercício do direito de voto;

b) Aquele a quem são imputados os direitos de voto pode fazer uma comunicação única, no momento em que lhe são conferidos poderes discricionários, desde que explicite a informação exigida no n.° 4 referente ao início e ao termo dos poderes discricionários para o exercício do direito de voto.

8. Os deveres estabelecidos no presente artigo não se aplicam a participações resultantes de transacções envolvendo membros do Sistema Europeu de Bancos Centrais, actuando na qualidade de autoridades monetárias, no âmbito de uma garantia, de um acordo de recompra ou de um acordo similar de liquidez autorizado por razões de política monetária ou no âmbito de um sistema de pagamentos, desde que as transacções se realizem dentro de um período de tempo curto e desde que não sejam exercidos os direitos de voto inerentes às acções em causa.

9. Os titulares de participação qualificada em sociedade referida na subalínea *i*) da alínea *a*) do n.° 2 devem prestar à CMVM, a pedido desta, informação sobre a origem dos fundos utilizados na aquisição ou no reforço daquela participação.

Nota. Redacção introduzida pelo art. único do DL n.° 61/2002, de 20 de Março, e pelo art. 7.° do DL n.° 357-A/2007, de 31 de Outubro.

Art. 16.°-A (Liquidação e criação de mercado)

1. À excepção do dever de comunicação à CMVM, o disposto nos n.ºs 1 e 2 do artigo anterior não se aplica no que respeita a acções transaccionadas exclusivamente para efeitos de operações de compensação e de liquidação no âmbito do ciclo curto e habitual de liquidação.

2. Para efeitos do número anterior, o ciclo curto e habitual de negociação é de três dias de negociação contados a partir da operação.

3. À excepção do dever de comunicação à CMVM, o disposto nos n.ºs 1 e 2 do artigo anterior não se aplica às participações de intermediário financeiro actuando como criador de mercado que atinjam, ultrapassem ou se tornem inferiores a 5% dos direitos de voto correspondentes ao capital social, desde que aquele não intervenha na gestão do emitente em causa, nem o influencie a adquirir essas acções ou a apoiar o seu preço.

4. Para efeitos do número anterior, o intermediário financeiro deve:

a) Comunicar à CMVM, no prazo previsto no n.° 1 do artigo 16.°, que actua ou pretende actuar como criador de mercado relativamente ao emitente em causa;

b) Informar a CMVM da cessação da actuação como criador de mercado, logo que tomar essa decisão;

c) Identificar, a pedido da CMVM, as acções detidas no âmbito da actividade de criação de mercado, podendo fazê-lo por qualquer meio verificável excepto se não conseguir identificar esses instrumentos financeiros, caso em que os mantém em conta separada;

d) Apresentar à CMVM, a pedido desta, o contrato de criação de mercado quando exigível.

Nota. Aditado pelo art. 8.° do DL n.° 357-A/2007, de 31 de Outubro.

701

[51] CodVM Arts. 16.°-B-17.°

Tít. I. Disposições gerais

Art. 16.°-B (Participação qualificada não transparente)

1. Na ausência da comunicação prevista no artigo 16.°, se esta não respeitar o disposto na alínea *a*) do n.° 4 do artigo ou se, em qualquer caso, existirem fundadas dúvidas sobre a identidade das pessoas a quem possam ser imputados os direitos de voto respeitantes a uma participação qualificada, nos termos do n.° 1 do artigo 20.°, ou sobre o cumprimento cabal dos deveres de comunicação, a CMVM notifica deste facto os interessados, os órgãos de administração e fiscalização e o presidente da mesa da assembleia geral da sociedade aberta em causa.

2. Até 30 dias após a notificação, podem os interessados apresentar prova destinada a esclarecer os aspectos suscitados na notificação da CMVM, ou tomar medidas com vista a assegurar a transparência da titularidade das participações qualificadas.

3. Se os elementos aduzidos ou as medidas tomadas pelos interessados não puserem fim à situação, a CMVM informa o mercado da falta de transparência quanto à titularidade das participações qualificadas em causa.

4. A partir da comunicação ao mercado feita pela CMVM nos termos do número anterior, fica imediata e automaticamente suspenso o exercício do direito de voto e dos direitos de natureza patrimonial, com excepção do direito de preferência na subscrição em aumentos de capital, inerentes à participação qualificada em causa, até que a CMVM informe o mercado e as entidades referidas no n.° 1 de que a titularidade da participação qualificada é considerada transparente.

5. Os direitos patrimoniais referidos no número anterior que caibam à participação afectada são depositados em conta especial aberta junto de instituição de crédito habilitada a receber depósitos em Portugal, sendo proibida a sua movimentação a débito enquanto durar a suspensão.

6. Antes de tomar as medidas estabelecidas nos n.ᵒˢ 1, 3 e 4, a CMVM dá conhecimento das mesmas ao Banco de Portugal e ao Instituto de Seguros de Portugal sempre que nelas estejam envolvidas entidades sujeitas à respectiva supervisão.

Nota. Aditado pelo art. 8.° do DL n.° 357-A/2007, de 31 de Outubro.

Art. 17.° (Divulgação)

1. A sociedade participada deve divulgar, pelos meios referidos no n.° 4 do artigo 244.°, toda a informação recebida nos termos do artigo 16.°, o mais rapidamente possível e no prazo de três dias de negociação após recepção da comunicação.

2. A sociedade participada e os titulares dos seus órgãos sociais, bem como as entidades gestoras de mercados regulamentados em que estejam admitidos à negociação acções ou outros valores mobiliários que confiram o direito à sua subscrição ou aquisição por aquela emitidos, devem informar a CMVM quando tiverem conhecimento ou fundados indícios de incumprimento dos deveres de informação previstos no artigo 16.°

3. O dever de divulgação pode ser cumprido por sociedade com a qual a sociedade participada se encontre em relação de domínio ou de grupo.

4. A divulgação a que se refere o presente artigo pode ser efectuada numa língua de uso corrente nos mercados financeiros internacionais se essa tiver sido utilizada na comunicação que lhe deu origem.

Nota. Redacção introduzida pelo art. 7.° do DL n.° 357-A/2007, de 31 de Outubro.

Cap. IV. Sociedades abertas

Arts. 18.°-20.° CodVM [51]

Art. 18.° (Dias de negociação)

1. Para efeitos da presente secção, consideram-se dias de negociação aqueles em que esteja aberto para negociação o mercado regulamentado no qual as acções ou os outros valores mobiliários que confiram direito à sua subscrição ou aquisição estejam admitidos.

2. A CMVM deve divulgar no seu sistema de difusão de informação o calendário de dias de negociação dos mercados regulamentados situados ou a funcionar em Portugal.

Nota. Redacção introduzida pelo art. 7.° do DL n.° 357-A/2007, de 31 de Outubro, que tembém alterou a epígrafe do preceito.

Art. 19.° (Acordos parassociais)

1. Os acordos parassociais que visem adquirir, manter ou reforçar uma participação qualificada em sociedade aberta ou assegurar ou frustrar o êxito de oferta pública de aquisição devem ser comunicados à CMVM por qualquer dos contraentes no prazo de três dias após a sua celebração.

2. A CMVM determina a publicação, integral ou parcial, do acordo, na medida em que este seja relevante para o domínio sobre a sociedade.

3. São anuláveis as deliberações sociais tomadas com base em votos expressos em execução dos acordos não comunicados ou não publicados nos termos dos números anteriores, salvo se se provar que a deliberação teria sido adoptada sem aqueles votos.

Art. 20.° (Imputação de direitos de voto)

1. No cômputo das participações qualificadas consideram-se, além dos inerentes às acções de que o participante tenha a titularidade ou o usufruto, os direitos de voto:

a) Detidos por terceiros em nome próprio, mas por conta do participante;

b) Detidos por sociedade que com o participante se encontre em relação de domínio ou de grupo;

c) Detidos por titulares do direito de voto com os quais o participante tenha celebrado acordo para o seu exercício, salvo se, pelo mesmo acordo, estiver vinculado a seguir instruções de terceiro;

d) Detidos, se o participante for uma sociedade, pelos membros dos seus órgãos de administração e de fiscalização;

e) Que o participante possa adquirir em virtude de acordo celebrado com os respectivos titulares;

f) Inerentes a acções detidas em garantia pelo participante ou por este administradas ou depositadas junto dele, se os direitos de voto lhe tiverem sido atribuídos;

g) Detidos por titulares do direito de voto que tenham conferido ao participante poderes discricionários para o seu exercício;

h) Detidos por pessoas que tenham celebrado algum acordo com o participante que vise adquirir o domínio da sociedade ou frustrar a alteração de domínio ou que, de outro modo, constitua um instrumento de exercício concertado de influência sobre a sociedade participada;

703

[51] CodVM Art. 20.°-A

Tít. I. Disposições gerais

i) Imputáveis a qualquer das pessoas referidas numa das alíneas anteriores por aplicação, com as devidas adaptações, de critério constante de alguma das outras alíneas.

2. Os titulares dos valores mobiliários a que são inerentes os direitos de voto imputáveis ao detentor de participação qualificada devem prestar a este as informações necessárias para efeitos do artigo 16.°

3. Não se consideram imputáveis à sociedade que exerça domínio sobre entidade gestora de fundo de investimento, sobre entidade gestora de fundo de pensões, sobre entidade gestora de fundo de capital de risco ou sobre intermediário financeiro autorizado a prestar o serviço de gestão de carteiras por conta de outrem e às sociedades associadas de fundos de pensões os direitos de voto inerentes a acções integrantes de fundos ou carteiras geridas, desde que a entidade gestora ou o intermediário financeiro exerça os direitos de voto de modo independente da sociedade dominante ou das sociedades associadas.

4. Para efeitos da alínea *h*) do n.° 1, presume-se serem instrumento de exercício concertado de influência os acordos relativos à transmissibilidade das acções representativas do capital social da sociedade participada.

5. A presunção referida no número anterior pode ser ilidida perante a CMVM, mediante prova de que a relação estabelecida com o participante é independente da influência, efectiva ou potencial, sobre a sociedade participada.

Nota. Redacção introduzida pelo art. 3.° do DL n.° 219/2006, de 2 de Novembro.

Art. 20.°-A (Imputação de direitos de voto relativos a acções integrantes de organismos de investimento colectivo, de fundos de pensões ou de carteiras)

1. Para efeitos do n.° 3 do artigo anterior, a sociedade que exerça domínio sobre a entidade gestora ou sobre o intermediário financeiro e as sociedades associadas de fundos de pensões beneficiam da derrogação de imputação agregada de direitos de voto se:

a) Não interferirem através de instruções, directas ou indirectas, sobre o exercício dos direitos de voto inerentes às acções integrantes do fundo de investimento, do fundo de pensões, do fundo de capital de risco ou da carteira;

b) A entidade gestora ou o intermediário financeiro revelar autonomia dos processos de decisão no exercício do direito de voto.

2. Para beneficiar da derrogação de imputação agregada de direitos de voto, a sociedade que exerça domínio sobre a entidade gestora ou sobre o intermediário financeiro deve:

a) Enviar à CMVM a lista actualizada de todas as entidades gestoras e intermediários financeiros sob relação de domínio e, no caso de entidades sujeitas a lei pessoal estrangeira, indicar as respectivas autoridades de supervisão;

b) Enviar à CMVM uma declaração fundamentada, referente a cada entidade gestora ou intermediário financeiro, de que cumpre o disposto no número anterior;

c) Demonstrar à CMVM, a seu pedido, que:

i) As estruturas organizacionais das entidades relevantes asseguram o exercício independente dos direitos de voto;

704

Cap. IV. Sociedades abertas   **Art. 20.º-A CodVM [51]**

ii) As pessoas que exercem os direitos de voto agem independentemente; e
iii) Existe um mandato escrito e claro que, nos casos em que a sociedade
dominante recebe serviços prestados pela entidade dominada ou detém participações directas em activos por esta geridos, fixa a relação
contratual das partes em consonância com as condições normais de
mercado para situações similares.

3. Para efeitos da alínea *c*) do número anterior, as entidades relevantes devem
adoptar, no mínimo, políticas e procedimentos escritos que impeçam, em termos
adequados, o acesso a informação relativa ao exercício dos direitos de voto.

4. Para beneficiar da derrogação de imputação agregada de direitos de voto,
as sociedades associadas de fundos de pensões devem enviar à CMVM uma declaração fundamentada de que cumprem o disposto no n.º 1.

5. Caso a imputação fique a dever-se à detenção de instrumentos financeiros
que confiram ao participante o direito à aquisição, exclusivamente por sua iniciativa, por força de acordo, de acções com direitos de voto, já emitidas por emitente
cujas acções estejam admitidas à negociação em mercado regulamentado, basta,
para efeitos do n.º 2, que a sociedade aí referida envie à CMVM a informação prevista na alínea *a*) desse número.

6. Para efeitos do n.º 1:

a) Consideram-se instruções directas as dadas pela sociedade dominante ou
outra entidade por esta dominada que precise o modo como são exercidos os direitos de voto em casos concretos;

b) Consideram-se instruções indirectas as que, em geral ou particular, independentemente da sua forma, são transmitidas pela sociedade dominante ou qualquer entidade por esta dominada, e limitam a margem de discricionariedade da
entidade gestora, intermediário financeiro e sociedade associada de fundos de pensões relativamente ao exercício dos direitos de voto de modo a servir interesses
empresariais específicos da sociedade dominante ou de outra entidade por esta
dominada.

7. Logo que, nos termos do n.º 1, considere não provada a independência da
entidade gestora ou do intermediário financeiro que envolva uma participação qualificada em sociedade aberta, e sem prejuízo das consequências sancionatórias que
ao caso caibam, a CMVM informa o mercado e notifica deste facto o presidente
da mesa da assembleia geral, o órgão de administração e o órgão de fiscalização da
sociedade participada.

8. A declaração da CMVM implica a imediata imputação de todos os direitos de voto inerentes às acções que integrem o fundo de investimento, o fundo de
pensões, o fundo de capital de risco ou a carteira, enquanto não seja demonstrada
a independência da entidade gestora ou do intermediário financeiro, com as respectivas consequências, devendo ainda ser comunicada aos participantes ou aos clientes da entidade gestora ou do intermediário financeiro.

9. A adopção das medidas referidas no n.º 7 é precedida de consulta prévia:

a) Ao Banco de Portugal ou ao Instituto de Seguros de Portugal, sempre que
a participação qualificada se refira a sociedades abertas sujeitas à supervisão de uma
destas autoridades;

[51] CodVM **Arts. 21.º-21.º-B**   Tít. I.   Disposições gerais

b) Ao Instituto de Seguros de Portugal, sempre que a participação qualificada se refira a direitos de voto inerentes a acções integrantes de fundos de pensões.

Nota. Aditado pelo art. 3.º do DL n.º 219/2006, de 2 de Novembro. A actual redacção foi introduzida pelo art. 7.º do DL n.º 357-A/2007, de 31 de Outubro, e pelo art. 6.º do DL n.º 52/2010, de 26 de Maio.

Art. 21.º (Relações de domínio e de grupo)

1. Para efeitos deste Código, considera-se relação de domínio a relação existente entre uma pessoa singular ou colectiva e uma sociedade quando, independentemente de o domicílio ou a sede se situar em Portugal ou no estrangeiro, aquela possa exercer sobre esta, directa ou indirectamente, uma influência dominante.

2. Existe, em qualquer caso, relação de domínio quando uma pessoa singular ou colectiva:

a) Disponha da maioria dos direitos de voto;

b) Possa exercer a maioria dos direitos de voto, nos termos de acordo parassocial;

c) Possa nomear ou destituir a maioria dos titulares dos órgãos de administração ou de fiscalização.

3. Para efeitos deste Código consideram-se em relação de grupo as sociedades como tal qualificadas pelo Código das Sociedades Comerciais, independentemente de as respectivas sedes se situarem em Portugal ou no estrangeiro.

Art. 21.º-A (Equivalência)

1. Relativamente a emitentes com sede estatutária fora da União Europeia não são aplicáveis os deveres previstos:

a) Nos artigos 16.º e 17.º, se, nos termos da lei aplicável, a informação sobre participações qualificadas for divulgada no prazo máximo de sete dias de negociação;

b) No n.º 3 do artigo 20.º e no n.º 1 do artigo 20.º-A, se a lei aplicável obrigar as entidades gestoras de fundo de investimento ou os intermediários financeiros autorizados a prestar o serviço de gestão de carteiras a manter, em todas as circunstâncias, a independência no exercício do direito de voto face a sociedade dominante e a não ter em conta os interesses da sociedade dominante ou de qualquer outra entidade por esta controlada sempre que surjam conflitos de interesses.

2. Para efeitos da alínea *b*) do número anterior, a sociedade dominante deve:

a) Cumprir os deveres de informação constantes dos n.ºs 2 e 5 do artigo 20.º-A;

b) Declarar, em relação a cada uma das entidades referidas na alínea *b*) do número anterior, que satisfaz os requisitos exigidos no n.º 1 do artigo 20.º-A;

c) Demonstrar, a pedido da CMVM, que cumpre os requisitos estabelecidos na alínea *c*) do n.º 2 e no n.º 3 do artigo 20.º-A.

Nota. Aditado pelo art. 8.º do DL n.º 357-A/2007, de 31 de Outubro.

Art. 21.º-B (Convocatória)

1. O período mínimo que pode mediar entre a divulgação da convocatória e da data da reunião da assembleia geral de sociedade aberta é de 21 dias.

2. Além dos elementos previstos no n.º 5 do artigo 377.º do Código das Sociedades Comerciais, a convocatória para reunião de assembleia geral de sociedade aberta deve conter, pelo menos:

Cap. IV. Sociedades abertas   **Arts. 21.°-C-22.° CodVM [51]**

a) No caso de sociedade emitente de acções admitidas à negociação em mercado regulamentado, informação sobre os procedimentos de participação na assembleia geral, incluindo a data de registo e a menção de que apenas quem seja accionista nessa data tem o direito de participar e votar na assembleia geral;

b) Informação sobre o procedimento a respeitar pelos accionistas para o exercício dos direitos de inclusão de assuntos na ordem do dia, de apresentação de propostas de deliberação e de informação em assembleia geral, incluindo os prazos para o respectivo exercício;

c) Informação sobre o procedimento a respeitar pelos accionistas para a sua representação em assembleia geral, mencionando a existência e o local onde é disponibilizado o formulário do documento de representação, ou incluindo esse formulário;

d) O local e a forma como pode ser obtido o texto integral dos documentos e propostas de deliberação a apresentar à assembleia geral.

3. A informação prevista nas alíneas *b*) e *c*) do número anterior pode ser substituída por informação sobre os prazos de exercício dos direitos em causa, acompanhada de remissão para o sítio na Internet da sociedade no qual seja disponibilizada informação sobre o respectivo conteúdo e modo de exercício.

Nota. Aditado pelo art. 4.° do DL n.° 49/2010, de 19 de Maio.

Art. 21.°-C (Informação prévia à assembleia geral)

1. Além dos elementos previstos no n.° 1 do artigo 289.° do Código das Sociedades Comerciais, as sociedades emitentes de acções admitidas à negociação em mercado regulamentado devem facultar aos seus accionistas, na sede da sociedade e no respectivo sítio na Internet, os seguintes elementos:

a) A convocatória para a reunião da assembleia geral;

b) Número total de acções e dos direitos de voto na data da divulgação da convocatória, incluindo os totais separados para cada categoria de acções, caso aplicável;

c) Formulários de documento de representação e de voto por correspondência, caso este não seja proibido pelo contrato de sociedade;

d) Outros documentos a apresentar à assembleia geral.

2. As sociedades emitentes de acções admitidas à negociação em mercado regulamentado facultam a informação prevista no número anterior, incluindo a referida no n.° 1 do artigo 289.° do Código das Sociedades Comerciais, na data da divulgação da convocatória, devendo manter a informação no sítio na Internet durante, pelo menos, um ano.

3. No caso de o sítio na Internet da sociedade não disponibilizar os formulários previstos na alínea *c*) do n.° 1 por motivos técnicos, a sociedade envia-os, gratuitamente, em tempo útil, aos accionistas que o requeiram.

Nota. Aditado pelo art. 4.° do DL n.° 49/2010, de 19 de Maio.

SECÇÃO III. **Deliberações sociais**

Art. 22.° (Voto por correspondência)

1. Nas assembleias gerais das sociedades abertas, o direito de voto sobre matérias que constem da convocatória pode ser exercido por correspondência.

[51] CodVM **Arts. 23.º-23.º-A**   Tít. I. Disposições gerais

2. O disposto no número anterior pode ser afastado pelos estatutos da sociedade, salvo quanto à alteração destes e à eleição de titulares dos órgãos sociais.

3. (…).

4. A sociedade deve verificar a autenticidade do voto e assegurar, até ao momento da votação, a sua confidencialidade.

Nota. O n.º 3 do preceito foi revogado pelo art. 3.º do DL n.º 49/2010, de 19 de Maio.

Art. 23.º (Procuração)

1. Sem prejuízo do disposto no artigo 385.º do Código das Sociedades Comerciais, um accionista de uma sociedade aberta pode, para cada assembleia geral, nomear diferentes representantes relativamente às acções detidas em diferentes contas de valores mobiliários.

2. Nas sociedades emitentes de acções admitidas à negociação em mercado regulamentado, os estatutos não podem impedir a representação dos accionistas que entreguem ao presidente da mesa da assembleia geral o documento de representação no prazo referido no n.º 3 do artigo 23.º-B, podendo, para o efeito, utilizar o correio electrónico.

3. O pedido de documento de representação em assembleia geral de sociedade aberta, que seja feito a mais de cinco accionistas ou que utilize um dos meios de contacto com o público referidos no n.º 2 e na alínea *b*) do n.º 3 do artigo 109.º, deve conter, além dos elementos referidos na alínea *c*) do n.º 1 do artigo 381.º do Código das Sociedades Comerciais, os seguintes:

a) Os direitos de voto que são imputáveis ao solicitante nos termos do n.º 1 do artigo 20.º;

b) O fundamento do sentido de voto a exercer pelo solicitante.

4. O formulário utilizado na solicitação de documento de representação é enviado à CMVM dois dias antes do envio aos titulares do direito de voto.

5. O solicitante deve prestar aos titulares do direito de voto toda a informação para o efeito relevante que por eles lhe seja pedida.

Nota. Redacção introduzida pelo art. 7.º do DL n.º 357-A/2007, de 31 de Outubro, que tembém alterou a epígrafe do preceito, e pelo art. 3.º do DL n.º 49/2010, de 19 de Maio.

Art. 23.º-A (Direito a requerer a convocatória)

1. O accionista ou accionistas de sociedade emitente de acções admitidas à negociação em mercado regulamentado que possuam acções correspondentes a, pelo menos, 2% do capital social podem exercer o direito de requerer a convocatória de assembleia geral, de acordo com os demais termos previstos no artigo 375.º do Código das Sociedades Comerciais.

2. Nas sociedades emitentes de acções admitidas à negociação em mercado regulamentado, o exercício do direito de inclusão de assuntos na ordem do dia, previsto no artigo 378.º do Código das Sociedades Comerciais, respeita ainda as seguintes condições:

a) O requerimento de inclusão de assuntos na ordem do dia pode ser apresentado por accionista ou accionistas que satisfaçam as condições exigidas no n.º 1;

b) O requerimento é acompanhado de uma proposta de deliberação para cada assunto cuja inclusão se requeira;

708

Cap. IV. Sociedades abertas   **Arts. 23.º-B-23.º-C CodVM [51]**

c) Os assuntos incluídos na ordem do dia, assim como as propostas de deliberação que os acompanham, são divulgados aos accionistas pela mesma forma usada para a divulgação da convocatória logo que possível e, em todo o caso, até à data de registo referida no n.º 1 do artigo 23.º-C.

Nota. Aditado pelo art. 4.º do DL n.º 49/2010, de 19 de Maio.

Art. 23.º B (Inclusão de assuntos na ordem do dia e apresentação de propostas de deliberação)

1. Nas sociedades emitentes de acções admitidas à negociação em mercado regulamentado, o accionista ou accionistas que satisfaçam as condições exigidas no n.º 1 do artigo anterior podem requerer a inclusão de propostas de deliberação relativas a assuntos referidos na convocatória ou a esta aditados.

2. O requerimento referido no número anterior deve ser dirigido, por escrito, ao presidente da mesa da assembleia geral nos cinco dias seguintes à publicação da convocatória, juntamente com a informação que deva acompanhar a proposta de deliberação, sendo aplicável o n.º 4 do artigo 378.º do Código das Sociedades Comerciais.

3. As propostas de deliberação admitidas nos termos do número anterior, bem como a informação que a deva acompanhar, são divulgadas logo que possível, no prazo máximo previsto no n.º 3 do artigo 378.º do Código das Sociedades Comerciais, aos accionistas pela mesma forma usada para a divulgação da convocatória.

Nota. Aditado pelo art. 4.º do DL n.º 49/2010, de 19 de Maio.

Art. 23.º-C (Participação e votação na assembleia geral)

1. Nas sociedades emitentes de acções admitidas à negociação em mercado regulamentado, tem direito a participar na assembleia geral e aí discutir e votar quem, na data de registo, correspondente às 0 horas (GMT) do 5.º dia de negociação anterior ao da realização da assembleia, for titular de acções que lhe confiram, segundo a lei e o contrato de sociedade, pelo menos um voto.

2. O exercício dos direitos referidos no número anterior não é prejudicado pela transmissão das acções em momento posterior à data de registo, nem depende do bloqueio das mesmas entre aquela data e data da assembleia geral.

3. Quem pretenda participar em assembleia geral de sociedade emitente de acções admitidas à negociação em mercado regulamentado declara-o, por escrito, ao presidente da mesa da assembleia geral e ao intermediário financeiro onde a conta de registo individualizado esteja aberta, o mais tardar, até ao dia anterior ao dia referido no n.º 1, podendo, para o efeito, utilizar o correio electrónico.

4. O intermediário financeiro que, nos termos do número anterior, seja informado da intenção do seu cliente em participar em assembleia geral de sociedade emitente de acções admitidas à negociação em mercado regulamentado, envia ao presidente da mesa da assembleia geral desta, até ao fim do dia referido no n.º 1, informação sobre o número de acções registadas em nome do seu cliente, com referência à data de registo, podendo, para o efeito, utilizar o correio electrónico.

709

[51] CodVM Arts. 23.º-D-24.º

Tít. I. Disposições gerais

5. A CMVM pode definir, através de regulamento, o conteúdo da informação referida no número anterior.

6. Os accionistas de sociedades emitentes de acções admitidas à negociação em mercado regulamentado que, a título profissional, detenham as acções em nome próprio mas por conta de clientes, podem votar em sentido diverso com as suas acções, desde que, em adição ao exigido nos n.ᵒˢ 3 e 4 apresentem ao presidente da mesa da assembleia geral, no mesmo prazo, com recurso a meios de prova suficientes e proporcionais:

a) A identificação de cada cliente e o número de acções a votar por sua conta;

b) As instruções de voto, específicas para cada ponto da ordem de trabalhos, dadas por cada cliente.

7. Quem, nos termos do n.º 3, tenha declarado a intenção de participar em assembleia geral e transmita a titularidade de acções entre a data de registo referida no n.º 1 e o fim da assembleia geral, deve comunicá-lo imediatamente ao presidente da mesa da assembleia geral e à CMVM.

Nota. Aditado pelo art. 4.º do DL n.º 49/2010, de 19 de Maio.

Art. 23.º-D (Acta da assembleia geral)

1. Sem prejuízo do disposto no n.º 2 do artigo 63.º do Código das Sociedades Comerciais, a acta da assembleia geral das sociedades abertas deve ainda conter, em relação a cada deliberação:

a) O número total de votos emitidos;

b) A percentagem de capital social representado correspondente ao número total de votos emitidos;

c) O número de acções correspondente ao número total de votos emitidos.

2. A informação constante das alíneas *a*), *b*), *d*) a *g*) do n.º 2 do artigo 63.º do Código das Sociedades Comerciais e do número anterior é obrigatoriamente divulgada aos accionistas e a quem teve o direito de participar e votar na assembleia em causa, no sítio na Internet da sociedade, no prazo de 15 dias após o encerramento da assembleia ou, nos casos previstos na alínea *b*) do n.º 9 do artigo 384.º do Código das Sociedades Comerciais, do cômputo definitivo da votação.

Nota. Aditado pelo art. 4.º do DL n.º 49/2010, de 19 de Maio.

Art. 24.º (Suspensão de deliberação social)

1. A providência cautelar de suspensão de deliberação social tomada por sociedade aberta só pode ser requerida por sócios que, isolada ou conjuntamente, possuam acções correspondentes, pelo menos, a 0,5% do capital social.

2. Qualquer accionista pode, porém, instar, por escrito, o órgão de administração a abster-se de executar deliberação social que considere inválida, explicitando os respectivos vícios.

3. Se a deliberação vier a ser declarada nula ou anulada, os titulares do órgão de administração que procedam à sua execução sem tomar em consideração o requerimento apresentado nos termos do número anterior são responsáveis pelos prejuízos causados, sem que a responsabilidade para com a sociedade seja excluída pelo disposto no n.º 4 do artigo 72.º do Código das Sociedades Comerciais.

710

Cap. IV. Sociedades abertas   Arts. 25.°-27.° CodVM **[51]**

Art. 25.° (Aumento de capital social)
As acções emitidas por sociedade aberta constituem uma categoria autónoma:
a) Pelo prazo de 30 dias contados da deliberação de aumento de capital; ou
b) Até ao trânsito em julgado de decisão judicial sobre acção de anulação ou de declaração de nulidade de deliberação social proposta dentro daquele prazo.

Art. 26.° (Anulação da deliberação de aumento de capital social)
1. A anulação de uma deliberação de aumento de capital social de sociedade aberta determina a amortização das novas acções, se estas tiverem sido objecto de admissão à negociação em mercado regulamentado.
2. Como contrapartida da amortização é devido montante correspondente ao valor real das acções, determinado, a expensas da sociedade, por perito qualificado e independente designado pela CMVM.
3. Os credores cujos direitos se tenham constituído em momento anterior ao do registo da anulação podem, no prazo de seis meses contados desse registo, exigir, por escrito, à sociedade a prestação de garantias adequadas ao cumprimento das obrigações não vencidas.
4. O pagamento da contrapartida da amortização só pode efectuar-se depois de, decorrido o prazo referido na parte final do número anterior, estarem pagos ou garantidos os credores que dentro do mesmo prazo se tenham dirigido à sociedade.

SECÇÃO IV.   **Perda da qualidade de sociedade aberta**

Art. 27.° (Requisitos)
1. A sociedade aberta pode perder essa qualidade quando:
a) Um accionista passe a deter, em consequência de oferta pública de aquisição, mais de 90% dos direitos de voto calculados nos termos do n.° 1 do artigo 20.°;
b) A perda da referida qualidade seja deliberada em assembleia geral da sociedade por uma maioria não inferior a 90% do capital social e em assembleias dos titulares de acções especiais e de outros valores mobiliários que confiram direito à subscrição ou aquisição de acções por maioria não inferior a 90% dos valores mobiliários em causa;
c) Tenha decorrido um ano sobre a exclusão da negociação das acções em mercado regulamentado, fundada na falta de dispersão pelo público.
2. A perda de qualidade de sociedade aberta pode ser requerida à CMVM pela sociedade e, no caso da alínea *a)* do número anterior, também pelo oferente.
3. No caso da alínea *b)* do n.° 1, a sociedade deve indicar um accionista que se obrigue:
a) A adquirir, no prazo de três meses após o deferimento pela CMVM, os valores mobiliários pertencentes, nesta data, às pessoas que não tenham votado favoravelmente alguma das deliberações em assembleia;
b) A caucionar a obrigação referida na alínea anterior por garantia bancária ou depósito em dinheiro efectuado em instituição de crédito.
4. A contrapartida da aquisição referida no n.° 3 calcula-se nos termos do artigo 188.°

711

[51] CodVM Arts. 28.°-30.°   Tít. I.   Disposições gerais

Art. 28.° (Publicações)

1. A decisão da CMVM é publicada, por iniciativa e a expensas da sociedade, no boletim do mercado regulamentado onde os valores mobiliários estavam admitidos à negociação e por um dos meios referidos no artigo 5.°

2. No caso da alínea *b*) do n.° 1 do artigo anterior, a publicação deve mencionar os termos da aquisição dos valores mobiliários e deve ser repetida no fim do 1.° e do 2.° meses do prazo para exercício do direito de alienação.

Art. 29.° (Efeitos)

1. A perda de qualidade de sociedade aberta é eficaz a partir da publicação da decisão favorável da CMVM.

2. A declaração de perda de qualidade de sociedade aberta implica a imediata exclusão da negociação em mercado regulamentado das acções da sociedade e dos valores mobiliários que dão direito à sua subscrição ou aquisição, ficando vedada a readmissão no prazo de um ano.

CAPÍTULO V.   Investidores

Art. 30.° (Investidores qualificados)

1. Sem prejuízo do disposto nos números subsequentes, consideram-se investidores qualificados as seguintes entidades:

a) Instituições de crédito;

b) Empresas de investimento;

c) Empresas de seguros;

d) Instituições de investimento colectivo e respectivas sociedades gestoras;

e) Fundos de pensões e respectivas sociedades gestoras;

f) Outras instituições financeiras autorizadas ou reguladas, designadamente fundos de titularização de créditos, respectivas sociedades gestoras e demais sociedades financeiras previstas na lei, sociedades de titularização de créditos, sociedades de capital de risco, fundos de capital de risco e respectivas sociedades gestoras.

g) Instituições financeiras de Estados que não sejam membros da União Europeia que exerçam actividades semelhantes às referidas nas alíneas anteriores;

h) Entidades que negoceiem em instrumentos financeiros sobre mercadorias;

i) Governos de âmbito nacional e regional, bancos centrais e organismos públicos que administram a dívida pública, instituições supranacionais ou internacionais, designadamente o Banco Central Europeu, o Banco Europeu de Investimento, o Fundo Monetário Internacional e o Banco Mundial.

2. Para os efeitos do disposto na alínea *c*) do n.° 3 do artigo 109.°, no n.° 3 do artigo 112.°, na alínea *a*) do n.° 2 do artigo 134.° e na alínea *d*) do n.° 1 do artigo 237.°-A, as seguintes entidades são também consideradas investidores qualificados:

a) Outras entidades que tenham por objecto principal o investimento em valores mobiliários;

b) Empresas que, de acordo com as suas últimas contas individuais ou consolidadas, preencham dois dos seguintes critérios:

712

Cap. V. Investidores

Art. 31.° CodVM [51]

  i) Número médio de trabalhadores, ao longo do exercício financeiro, igual ou superior a 250;
  ii) Activo total superior a 43 milhões de euros;
  iii) Volume de negócios líquido superior a 50 milhões de euros.
3. Para efeitos do título vi, são também considerados investidores qualificados:
a) As pessoas referidas na alínea *f*) do n.° 3 do artigo 289.°;
b) As pessoas colectivas, cuja dimensão, de acordo com as suas últimas contas individuais, satisfaça dois dos seguintes critérios:
  i) Situação líquida de € 2 milhões;
  ii) Activo total de € 20 milhões;
  iii) Volume de negócios líquido de € 40 milhões.
c) As pessoas que tenham solicitado o tratamento como tal, nos termos previstos na secção iv do capítulo I daquele título.
4. A CMVM pode, por regulamento, qualificar como investidores qualificados outras entidades dotadas de uma especial competência e experiência relativas a instrumentos financeiros, nomeadamente emitentes de valores mobiliários, definindo os indicadores económico-financeiros que permitem essa qualificação.

Nota. Redacção introduzida pelo art. 1.° do DL n.° 66/2004, de 24 de Março, pelo art. 2.° do DL n.° 52/ /2006, de 15 de Março, que também alterou a epígrafe do preceito, e pelo art. 7.° do DL n.° 357-A/2007, de 31 de Outubro.

Art. 31.° (Acção popular)
1. Gozam do direito de acção popular para a protecção de interesses individuais homogéneos ou colectivos dos investidores não qualificados em instrumentos financeiros:
a) Os investidores não qualificados;
b) As associações de defesa dos investidores que reúnam os requisitos previstos no artigo seguinte;
c) As fundações que tenham por fim a protecção dos investidores em instrumentos financeiros.
2. A sentença condenatória deve indicar a entidade encarregada da recepção e gestão das indemnizações devidas a titulares não individualmente identificados, recaindo a designação, conforme as circunstâncias, em fundo de garantia, associação de defesa dos investidores ou um ou vários titulares de indemnização identificados na acção.
3. As indemnizações que não sejam pagas em consequência de prescrição ou de impossibilidade de identificação dos respectivos titulares revertem para:
a) O fundo de garantia relacionado com a actividade em que se insere o facto gerador da indemnização;
b) Não existindo o fundo de garantia referido na alínea anterior, o sistema de indemnização dos investidores.

Notas. 1. Redacção introduzida pelo art. 1.° do DL n.° 66/2004, de 24 de Março, pelo art. 2.° do DL n.° 52/2006, de 15 de Março, e pelo art. 7.° do DL n.° 357-A/2007, de 31 de Outubro.

2. Cf. o DL n.° 294/2003, de 21 de Novembro, que disciplina o processo de verificação dos requisitos das associações de defesa dos investidores em valores mobiliários para efeitos de registo junto da CMVM.

[51] CodVM Arts. 32.°-35.°   Tít. I.   Disposições gerais

Art. 32.° (Associações de defesa dos investidores)

Sem prejuízo da liberdade de associação, só beneficiam dos direitos conferidos por este Código e legislação complementar às associações de defesa dos investidores as associações sem fim lucrativo, legalmente constituídas, que reúnam os seguintes requisitos, verificados por registo na CMVM:

a) Tenham como principal objecto estatutário a protecção dos interesses dos investidores em instrumentos financeiros;

b) Contem entre os seus associados pelo menos 100 pessoas singulares que não sejam investidores qualificados;

c) Exerçam actividade efectiva há mais de um ano.

Nota. Redacção introduzida pelo art. 2.° do DL n.° 52/2006, de 15 de Março, e pelo art. 7.° do DL n.° 357-A/2007, de 31 de Outubro.

Art. 33.° (Mediação de conflitos)

1. A CMVM organiza um serviço destinado à mediação voluntária de conflitos entre investidores não qualificados, por uma parte, e intermediários financeiros, consultores para investimento, entidades gestoras de mercados regulamentados ou de sistemas de negociação multilateral ou emitentes, por outra.

2. Os mediadores são designados pelo conselho directivo da CMVM, podendo a escolha recair em pessoas pertencentes aos seus quadros ou noutras personalidades de reconhecida idoneidade e competência.

Nota. Redacção introduzida pelo art. 2.° do DL n.° 52/2006, de 15 de Março, e pelo art. 7.° do DL n.° 357-A/2007, de 31 de Outubro.

Art. 34.° (Procedimentos de mediação)

1. Os procedimentos de mediação são estabelecidos em regulamento da CMVM e devem obedecer a princípios de imparcialidade, celeridade e gratuitidade.

2. Quando o conflito incida sobre interesses individuais homogéneos ou colectivos dos investidores, podem as associações de defesa dos investidores tomar a iniciativa da mediação e nela participar, a título principal ou acessório.

3. O procedimento de mediação é confidencial, ficando o mediador sujeito a segredo em relação a todas as informações que obtenha no decurso da mediação e não podendo a CMVM usar, em qualquer processo, elementos cujo conhecimento lhe advenha exclusivamente do procedimento de mediação.

4. O mediador pode tentar a conciliação ou propor às partes a solução que lhe pareça mais adequada.

5. O acordo resultante da mediação, quando escrito, tem a natureza de transacção extrajudicial.

Nota. Cf. o DL n.° 294/2003, de 21 de Novembro, que disciplina o processo de verificação dos requisitos das associações de defesa dos investidores em valores mobiliários para efeitos de registo junto da CMVM.

Art. 35.° (Constituição de fundos de garantia)

1. As entidades gestoras de mercados regulamentados, de sistemas de negociação multilateral, de sistemas de liquidação, de câmara de compensação ou de contraparte central podem constituir ou promover a constituição de fundos de garantia.

Cap. V.   Investidores   **Arts. 36.º-38.º CodVM [51]**

2. Os fundos de garantia visam ressarcir os investidores não qualificados pelos danos sofridos em consequência da actuação de qualquer intermediário financeiro membro do mercado ou sistema, ou autorizado a receber e transmitir ordens para execução, e dos participantes naqueles sistemas.
3. A participação no fundo de garantia é facultativa, sem prejuízo do disposto no número seguinte.
4. As entidades gestoras referidas no n.º 1 podem deliberar que a participação no fundo por si constituído ou promovido seja obrigatória para os membros autorizados a executar ordens por conta de outrem e para os participantes nos sistemas.

Nota. Redacção introduzida pelo art. 1.º do DL n.º 66/2004, de 24 de Março, pelo art. 2.º do DL n.º 52/2006, de 15 de Março, e pelo art. 7.º do DL n.º 357-A/2007, de 31 de Outubro.

Art. 36.º (Gestão de fundos de garantia)

1. Os fundos de garantia são geridos:
a) Por sociedade que tenha essa gestão como objecto exclusivo e em que participem como sócios uma ou mais do que uma das entidades gestoras referidas no n.º 1 do artigo anterior; ou
b) Pela entidade gestora do mercado ou do sistema de liquidação a que o fundo está afecto.
2. No caso da alínea *b)* do número anterior, o fundo de garantia constitui património autónomo.
3. Compete, nomeadamente, ao conselho de administração da sociedade gestora do fundo de garantia:
a) Elaborar o regulamento do fundo;
b) (…);
c) Executar as decisões de indemnização a suportar pelo fundo de garantia.
d) Decidir sobre a liquidação do fundo de garantia, nos termos do respectivo regulamento.
4. O regulamento do fundo é aprovado pela CMVM e define, designadamente:
a) O montante mínimo do património do fundo;
b) O processo de reclamação e decisão;
c) O limite máximo das indemnizações.
d) As receitas dos fundos.
5. A sociedade gestora do fundo e os titulares dos respectivos órgãos estão sujeitos a registo na CMVM.

Nota. Redacção introduzida pelo art. 1.º do DL n.º 66/2004, de 24 de Março.

Art. 37.º (Receitas dos fundos de garantia)

Nota. Revogado pelo art. 3.º do DL n.º 66/2004, de 24 de Março.

Art. 38.º (Pagamento de indemnização pelo fundo de garantia)

Nota. Revogado pelo art. 3.º do DL n.º 66/2004, de 24 de Março.

[51] CodVM Arts. 39.º-44.º   Tít. II.   Valores mobiliários

TÍTULO II.   VALORES MOBILIÁRIOS

CAPÍTULO I.   Disposições gerais

SECÇÃO I.   Direito aplicável

Art. 39.º (Capacidade e forma)
A capacidade para a emissão e a forma de representação dos valores mobiliários regem-se pela lei pessoal do emitente.

Art. 40.º (Conteúdo)
1. A lei pessoal do emitente regula o conteúdo dos valores mobiliários, salvo se, em relação a obrigações e a outros valores mobiliários representativos de dívida, constar do registo da emissão que é outro o direito aplicável.
2. Ao conteúdo dos valores mobiliários que confiram direito à subscrição, à aquisição ou à alienação de outros valores mobiliários aplica-se também a lei pessoal do emitente destes.

Art. 41.º (Transmissão e garantias)
A transmissão de direitos e a constituição de garantias sobre valores mobiliários regem-se:
a) Em relação a valores mobiliários integrados em sistema centralizado, pelo direito do Estado onde se situa o estabelecimento da entidade gestora desse sistema;
b) Em relação a valores mobiliários registados ou depositados não integrados em sistema centralizado, pelo direito do Estado em que se situa o estabelecimento onde estão registados ou depositados os valores mobiliários;
c) Em relação a valores mobiliários não abrangidos nas alíneas anteriores, pela lei pessoal do emitente.

Art. 42.º (Referência material)
A designação de um direito estrangeiro por efeito das normas da presente secção não inclui as normas de direito internacional privado do direito designado.

SECÇÃO II.   Emissão

Art. 43.º (Registo da emissão)
1. A emissão de valores mobiliários que não tenham sido destacados de outros valores mobiliários está sujeita a registo junto do emitente.
2. As disposições sobre o registo de emissão de valores mobiliários aplicam-se aos valores mobiliários emitidos por entidade cuja lei pessoal seja a lei portuguesa.

Art. 44.º (Menções do registo da emissão)
1. Do registo da emissão constam:
a) A identificação do emitente, nomeadamente a firma ou denominação, a sede, o número de identificação de pessoa colectiva, a conservatória do registo comercial onde se encontra matriculada e o número de matrícula;

716

Cap. I. Disposições gerais

Arts. 45.°-46.° CodVM [51]

b) As características completas do valor mobiliário, designadamente o tipo, os direitos que, em relação ao tipo, estão especialmente incluídos ou excluídos, a forma de representação e o valor nominal ou percentual;

c) A quantidade de valores mobiliários que integram a emissão e a série a que respeitam e, tratando-se de emissão contínua, a quantidade actualizada dos valores mobiliários emitidos;

d) O montante e a data dos pagamentos para liberação previstos e efectuados;

e) As alterações que se verifiquem em qualquer das menções referidas nas alíneas anteriores;

f) A data da primeira inscrição registral de titularidade ou da entrega dos títulos e a identificação do primeiro titular, bem como, se for o caso, do intermediário financeiro com quem o titular celebrou contrato para registo dos valores mobiliários;

g) O número de ordem dos valores mobiliários titulados.

2. O registo das alterações a que se refere a alínea *e*) do número anterior deve ser feito no prazo de 30 dias.

3. O registo da emissão é reproduzido, quanto aos elementos referidos nas alíneas *a*), *b*) e *c*) do número anterior e suas alterações:

a) Em conta aberta pelo emitente junto da entidade gestora do sistema centralizado, quando os valores mobiliários sejam integrados nesse sistema;

b) Em conta aberta pelo emitente no intermediário financeiro que presta o serviço de registo dos valores mobiliários escriturais nos termos do artigo 63.°

Art. 45.° (Categoria)
Os valores mobiliários que sejam emitidos pela mesma entidade e apresentem o mesmo conteúdo constituem uma categoria, ainda que pertençam a emissões ou séries diferentes.

SECÇÃO III. **Representação**

Art. 46.° (Formas de representação)
1. Os valores mobiliários são escriturais ou titulados, consoante sejam representados por registos em conta ou por documentos em papel; estes são, neste Código, designados também por títulos.

2. Os valores mobiliários que integram a mesma emissão, ainda que realizada por séries, obedecem à mesma forma de representação, salvo para efeitos de negociação no estrangeiro.

3. Os valores mobiliários destacados de valores mobiliários escriturais e de valores mobiliários titulados integrados em sistema centralizado são representados por registo em conta autónoma.

4. Os valores mobiliários destacados de outros valores mobiliários titulados são representados por cupões fisicamente separados do título a partir do qual se constituíram.

[51] CodVM Arts. 47.°-51.°

Tít. II. Valores mobiliários

Art. 47.° (Formalidades prévias)

A inscrição dos valores mobiliários em contas individualizadas ou a entrega dos títulos exige o prévio cumprimento das formalidades próprias para a criação de cada tipo de valor mobiliário, incluindo as relativas ao registo comercial.

Art. 48.° (Decisão de conversão)

1. Salvo proibição legal ou estatutária, o emitente pode decidir a conversão dos valores mobiliários quanto à sua forma de representação, estabelecendo para o efeito um prazo razoável, não superior a um ano.

2. A decisão de conversão é objecto de publicação.

3. Os custos da conversão são suportados pelo emitente.

Art. 49.° (Conversão de valores mobiliários escriturais em titulados)

1. Os valores mobiliários escriturais consideram-se convertidos em titulados no momento em que os títulos ficam disponíveis para entrega.

2. Os registos dos valores mobiliários convertidos devem ser inutilizados ou cancelados com menção da data da conversão.

Art. 50.° (Conversão de valores mobiliários titulados em escriturais)

1. Os valores mobiliários titulados são convertidos em escriturais através de inscrição em conta, após o decurso do prazo fixado pelo emitente para a entrega dos títulos a converter.

2. Os valores mobiliários titulados a converter devem ser entregues ao emitente ou depositados junto da entidade que prestará o serviço de registo após a conversão.

3. Os títulos relativos a valores mobiliários não entregues no prazo fixado pelo emitente apenas legitimam os titulares para solicitar o registo a seu favor.

4. O emitente deve promover a inutilização dos valores mobiliários convertidos, através da sua destruição ou por qualquer outra forma que assinale a conversão.

5. A conversão dos valores mobiliários titulados em depósito centralizado em valores mobiliários escriturais faz-se por mera comunicação do emitente à entidade gestora do sistema centralizado, que promove a inutilização dos títulos.

Art. 51.° (Reconstituição e reforma judicial)

1. Os valores mobiliários escriturais e titulados depositados podem, em caso de destruição ou perda, ser reconstituídos a partir dos documentos e registos de segurança disponíveis.

2. A reconstituição é efectuada pela entidade que tem a seu cargo o registo ou o depósito, com a colaboração do emitente.

3. O projecto de reconstituição deve ser publicado e comunicado a cada presumível titular e a reconstituição apenas pode ser efectuada decorridos pelo menos 45 dias após a publicação e a comunicação.

4. Qualquer interessado pode, após a publicação e a comunicação, opor-se à reconstituição, requerendo a reforma judicial dos valores mobiliários perdidos ou destruídos.

Cap. I. Disposições gerais   **Arts. 52.º-55.º CodVM [51]**

5. Quando todos os títulos em depósito centralizado sejam destruídos, sem que os correspondentes registos tenham sido afectados, consideram-se os mesmos convertidos em valores mobiliários escriturais, salvo se o emitente, no prazo de 90 dias após a comunicação da entidade gestora do sistema de depósito centralizado, requerer a reforma judicial.

6. O processo de reforma de documentos regulado pelos artigos 1069.º e seguintes do Código do Processo Civil aplica-se à reforma de valores mobiliários escriturais, com as devidas adaptações.

SECÇÃO IV. Modalidades

Art. 52.º (Valores mobiliários nominativos e ao portador)

1. Os valores mobiliários são nominativos ou ao portador, conforme o emitente tenha ou não a faculdade de conhecer a todo o tempo a identidade dos titulares.

2. Na falta de cláusula estatutária ou de decisão do emitente, os valores mobiliários consideram-se nominativos.

Art. 53.º (Convertibilidade)

Salvo disposição legal, estatutária ou resultante das condições especiais fixadas para cada emissão, os valores mobiliários ao portador podem, por iniciativa e a expensas do titular, ser convertidos em nominativos e estes naqueles.

Art. 54.º (Modos de conversão)

A conversão efectua-se:

a) Através de anotação na conta de registo individualizado dos valores mobiliários escriturais ou dos valores mobiliários titulados integrados em sistema centralizado;

b) Por substituição dos títulos ou por alteração no seu texto, realizadas pelo emitente.

SECÇÃO V. Legitimação

Art. 55.º (Legitimação activa)

1. Quem, em conformidade com o registo ou com o título, for titular de direitos relativos a valores mobiliários está legitimado para o exercício dos direitos que lhes são inerentes.

2. A legitimidade para exercer os direitos que tenham sido destacados, por inscrição em conta autónoma ou por separação de cupões, pertence a quem seja titular em conformidade com o registo ou com o título.

3. São direitos inerentes aos valores mobiliários, além de outros que resultem do regime jurídico de cada tipo:

a) Os dividendos, os juros e outros rendimentos;

b) Os direitos de voto;

c) Os direitos à subscrição ou aquisição de valores mobiliários do mesmo ou de diferente tipo.

[51] CodVM Arts. 56.º-60.º

Tít. II.   Valores mobiliários

Art. 56.º (Legitimação passiva)

O emitente que, de boa fé, realize qualquer prestação a favor do titular legitimado pelo registo ou pelo título ou lhe reconheça qualquer direito fica liberado e isento de responsabilidade.

Art. 57.º (Contitularidade)

Os contitulares de um valor mobiliário exercem os direitos a eles inerentes por meio de representante comum, nos termos previstos para as acções no artigo 303.º do Código das Sociedades Comerciais.

Art. 58.º (Aquisição a pessoa não legitimada)

1. Ao adquirente de um valor mobiliário que tenha procedido de boa fé não é oponível a falta de legitimidade do alienante, desde que a aquisição tenha sido efectuada de acordo com as regras de transmissão aplicáveis.

2. O disposto no número anterior é aplicável ao titular de quaisquer direitos de garantia sobre valores mobiliários.

SECÇÃO VI.   Regulamentação

Art. 59.º (Regulamentação do registo no emitente e em intermediário financeiro)

1. Através de portaria, o Ministro das Finanças regulamenta:

a) O registo da emissão de valores mobiliários no emitente, nomeadamente quanto ao seu conteúdo e ao seu suporte;

b) O registo dos valores mobiliários escriturais no emitente nos termos do artigo 64.º, nomeadamente quanto aos deveres dessa entidade, ao modo de conversão dos valores mobiliários e à sua reconstituição.

2. Cabe à CMVM a regulamentação do registo dos valores mobiliários escriturais que sigam o regime do artigo 63.º

Art. 60.º (Regulamentação do sistema centralizado de valores mobiliários)

A CMVM elabora os regulamentos necessários à concretização e ao desenvolvimento das disposições relativas aos valores mobiliários escriturais e titulados integrados em sistema centralizado, ouvidas as entidades gestoras, nomeadamente quanto aos seguintes aspectos:

a) Sistema de contas e regras a que deve obedecer;

b) Exercício dos direitos inerentes aos valores mobiliários;

c) Informações a prestar pelas entidades que integram o sistema;

d) Integração dos valores mobiliários no sistema e sua exclusão;

e) Conversão da forma de representação;

f) Ligação com sistemas de liquidação;

g) Medidas de segurança a adoptar quanto ao registo de valores mobiliários registados em suporte informático;

h) Prestação do serviço de registo ou de depósito de valores mobiliários por entidades com estabelecimento no estrangeiro;

Cap. II. Valores mobiliários escriturais   **Arts. 61.º-63.º CodVM [51]**

i) Procedimentos a adoptar nas relações operacionais entre sistemas centralizados a funcionar em Portugal ou no estrangeiro;

j) Termos em que pode ser ilidida a presunção a que se refere o n.º 3 do artigo 74.º

CAPÍTULO II. Valores mobiliários escriturais

SECÇÃO I. Disposições gerais

SUBSECÇÃO I. Modalidades de registo

Art. 61.º (Entidades registadoras)

O registo individualizado de valores mobiliários escriturais consta de:

a) Conta aberta junto de intermediário financeiro, integrado em sistema centralizado; ou

b) Conta aberta junto de um único intermediário financeiro indicado pelo emitente; ou

c) Conta aberta junto do emitente ou de intermediário financeiro que o representa.

Art. 62.º (Integração em sistema centralizado)

São obrigatoriamente integrados em sistema centralizado os valores mobiliários escriturais admitidos à negociação em mercado regulamentado.

Art. 63.º (Registo num único intermediário financeiro)

1. São obrigatoriamente registados num único intermediário financeiro, quando não estejam integrados em sistema centralizado:

a) Os valores mobiliários escriturais ao portador;

b) Os valores mobiliários distribuídos através de oferta pública e outros que pertençam à mesma categoria;

c) Os valores mobiliários emitidos conjuntamente por mais do que uma entidade;

d) As unidades de participação em instituição de investimento colectivo.

2. O intermediário financeiro registador é indicado pelo emitente ou pela entidade gestora da instituição de investimento colectivo, que suportam os custos da eventual mudança de entidade registadora.

3. Se o emitente for um intermediário financeiro, o registo a que se refere o presente artigo é feito noutro intermediário financeiro.

4. O intermediário financeiro adopta todas as medidas necessárias para prevenir e, com a colaboração do emitente, corrigir qualquer divergência entre a quantidade, total e por categorias, de valores mobiliários emitidos e a quantidade dos que se encontram em circulação.

721

[51] CodVM Arts. 64.°-68.°   Tít. II.   Valores mobiliários

Art. 64.° (Registo no emitente)

1. Os valores mobiliários escriturais nominativos não integrados em sistema centralizado nem registados num único intermediário financeiro são registados junto do emitente.

2. O registo junto do emitente pode ser substituído por registo com igual valor a cargo de intermediário financeiro actuando na qualidade de representante do emitente.

SUBSECÇÃO II.   **Processo de registo**

Art. 65.° (Suporte do registo)

1. Os registos integrados em sistema centralizado são feitos em suporte informático, podendo consistir em referências codificadas.

2. As entidades que efectuem os registos em suporte informático devem utilizar meios de segurança adequados para esse tipo de suporte, em particular cópias de segurança guardadas em local distinto dos registos.

Art. 66.° (Oficiosidade e instância)

1. São lavrados oficiosamente os registos relativos a actos em que a entidade registadora, de alguma forma, tenha tido intervenção, a actos que lhe sejam comunicados pela entidade gestora do sistema centralizado e a actos de apreensão judicial que lhe sejam comunicados pela entidade competente.

2. Têm legitimidade para requerer o registo:

a) O titular da conta onde se deva proceder ao registo ou para onde devam ser transferidos os valores mobiliários;

b) O usufrutuário, o credor pignoratício e o titular de outras situações jurídicas que onerem os valores mobiliários, quanto ao registo das respectivas situações jurídicas.

Art. 67.° (Base documental dos registos)

1. As inscrições e os averbamentos nas contas de registo são feitas com base em ordem escrita do disponente ou em documento bastante para a prova do facto a registar.

2. Quando o requerente não entregue qualquer documento escrito e este não seja exigível para a validade ou a prova do facto a registar, deve a entidade registadora elaborar uma nota escrita justificativa do registo.

Art. 68.° (Menções nas contas de registo individualizado)

1. Em relação a cada titular são abertas, em separado, contas por categoria de valor mobiliário que, além das menções actualizadas dos elementos constantes das alíneas *a*) e *b*) do n.° 1 do artigo 44.°, contêm:

a) A identificação do titular e, em caso de contitularidade, do representante comum;

b) Os lançamentos a crédito e a débito das quantidades adquiridas e alienadas, com identificação da conta onde se fizeram, respectivamente, os lançamentos a débito e a crédito;

Cap. II.   Valores mobiliários escriturais   **Arts. 69.º-71.º   CodVM [51]**

c) O saldo de valores mobiliários existente em cada momento;

d) A atribuição e o pagamento de dividendos, juros e outros rendimentos;

e) A subscrição e a aquisição de valores mobiliários, do mesmo ou de diferente tipo, a que os valores mobiliários registados confiram direito;

f) O destaque de direitos inerentes ou de valores mobiliários e, neste caso, a conta onde passaram a estar registados;

g) A constituição, a modificação e a extinção de usufruto, penhor, arresto, penhora ou qualquer outra situação jurídica que onere os valores mobiliários registados;

h) Os bloqueios e o seu cancelamento;

i) A propositura de acções judiciais relativas aos valores mobiliários registados ou ao próprio registo e as respectivas decisões;

j) Outras referências que sejam exigidas pela natureza ou pelas características dos valores mobiliários registados.

2. As menções referidas no número anterior devem incluir a data da inscrição e a referência abreviada aos documentos que lhes serviram de base.

3. Se os valores mobiliários tiverem sido emitidos por entidade que tenha como lei pessoal uma lei estrangeira, o registo é efectuado, no que respeita às menções equivalentes às referidas nas alíneas *a*) e *b*) do n.º 1 do artigo 44.º, com base em declaração do requerente, acompanhada do parecer jurídico previsto no n.º 1 do artigo 231.º, quando exigido nos termos deste artigo.

Nota. A redacção do n.º 3 foi introduzida pelo art. 2.º do DL n.º 52/2006, de 15 de Março.

Art. 69.º (Data e prioridade dos registos)

1. Os registos oficiosos são lavrados com a data do facto registado.

2. Os registos requeridos pelos interessados são lavrados com a data de apresentação do requerimento de registo.

3. Se mais do que um registo se reportar à mesma data, a prioridade do registo é decidida pelo momento de verificação do facto ou da apresentação, conforme o registo seja oficioso ou dependente de apresentação.

4. Os registos relativos a valores mobiliários escriturais bloqueados reportam-se à data da cessação do bloqueio.

5. O registo provisório convertido em definitivo conserva a data que tinha como provisório.

6. Em caso de recusa, o registo feito na sequência de reclamação para a entidade registadora ou de recurso julgado procedente é feito com a data correspondente ao acto recusado.

Art. 70.º (Sucessão de registos)

A inscrição da aquisição de valores mobiliários, bem como da constituição, modificação ou extinção de usufruto, penhor ou de outras situações jurídicas que onerem os valores mobiliários registados, exige a prévia inscrição a favor do disponente.

Art. 71.º (Transferência de valores mobiliários escriturais entre contas)

1. A transferência dos valores mobiliários escriturais entre contas do mesmo ou de distintos titulares opera-se pelo lançamento a débito na conta de origem e a crédito na conta de destino.

[51] CodVM **Arts. 72.°-74.°**   Tít. II.   Valores mobiliários

2. As transferências entre contas integradas em sistema centralizado são feitas em conformidade com os valores globais a transferir, comunicados pela entidade gestora do sistema centralizado de valores mobiliários.

Art. 72.° (Bloqueio)

1. Estão obrigatoriamente sujeitos a bloqueio os valores mobiliários escriturais:

a) Em relação aos quais tenham sido passados certificados para exercício de direitos a eles inerentes, durante o prazo de vigência indicado no certificado, quando o exercício daqueles direitos dependa da manutenção da titularidade até à data desse exercício;

b) Em relação aos quais tenha sido passado certificado para valer como título executivo, devendo o bloqueio manter-se até à devolução do original do certificado ou até à apresentação de certidão da decisão final do processo executivo;

c) Que sejam objecto de penhora ou de outros actos de apreensão judicial, enquanto esta se mantiver;

d) Que sejam objecto de oferta pública de venda ou, quando já tenham sido emitidos, que integrem a contrapartida em oferta pública de troca, devendo o bloqueio manter-se até à liquidação da operação ou até à cessação da oferta em momento anterior.

2. O bloqueio pode também ser efectuado:

a) Por iniciativa do titular, em qualquer caso;

b) Por iniciativa de intermediário financeiro, quanto aos valores mobiliários em relação aos quais lhe tenha sido dada ou transmitida ordem de venda em mercado registado.

3. O bloqueio consiste num registo em conta, com indicação do seu fundamento, do prazo de vigência e da quantidade de valores mobiliários abrangidos.

4. Durante o prazo de vigência do bloqueio, a entidade registadora fica proibida de transferir os valores mobiliários bloqueados.

SUBSECÇÃO III.   **Valor e vícios do registo**

Art. 73.° (Primeira inscrição)

1. Os valores mobiliários escriturais constituem-se por registo em contas individualizadas abertas junto das entidades registadoras.

2. O primeiro registo é efectuado com base nos elementos relevantes do registo de emissão comunicados pelo emitente.

3. Se a entidade registadora tiver aberto contas de subscrição, o registo efectua-se por conversão dessas contas em contas de registo individualizado.

Art. 74.° (Valor do registo)

1. O registo em conta individualizada de valores mobiliários escriturais faz presumir que o direito existe e que pertence ao titular da conta, nos precisos termos dos respectivos registos.

724

Cap. II.   Valores mobiliários escriturais   **Arts. 75.°-79.° CodVM [51]**

2. Salvo indicação diversa constante da respectiva conta, as quotas dos contitulares de uma mesma conta de valores mobiliários escriturais presumem-se iguais.

3. Quando esteja em causa o cumprimento de deveres de informação, de publicidade ou de lançamento de oferta pública de aquisição, a presunção de titularidade resultante do registo pode ser ilidida, para esse efeito, perante a autoridade de supervisão ou por iniciativa desta.

Art. 75.° (Prioridade de direitos)

Os direitos registados sobre os mesmos valores mobiliários prevalecem uns sobre os outros pela ordem de prioridade dos respectivos registos.

Art. 76.° (Extinção dos efeitos do registo)

1. Os efeitos do registo extinguem-se por caducidade ou por cancelamento.
2. O cancelamento é lavrado oficiosamente ou a requerimento do interessado.

Art. 77.° (Recusa do registo)

1. O registo é recusado nos seguintes casos:
a) Não estar o facto sujeito a registo;
b) Não ser competente a entidade registadora;
c) Não ter o requerente legitimidade;
d) Ser manifesta a nulidade do facto a registar;
e) Ser manifesta a inadequação dos documentos apresentados;
f) Ter o registo sido lavrado como provisório por dúvidas e estas não se mostrem removidas.

2. Quando não deva ser recusado, o registo pode ser lavrado como provisório por insuficiência documental.

3. O registo lavrado como provisório caduca se a causa da provisoriedade não for removida no prazo de 30 dias.

Art. 78.° (Prova do registo)

1. O registo prova-se por certificado emitido pela entidade registadora.

2. O certificado prova a existência do registo da titularidade dos valores mobiliários a que respeita e dos direitos de usufruto, de penhor e de quaisquer outras situações jurídicas que especifique, com referência à data em que foi emitido ou pelo prazo nele mencionado.

3. O certificado pode ser pedido por quem tenha legitimidade para requerer o registo.

4. Os credores, judicialmente reconhecidos, do titular dos valores mobiliários podem requerer certidão afirmativa ou negativa da existência de quaisquer situações que onerem esses valores mobiliários.

Art. 79.° (Rectificação e impugnação dos actos de registo)

1. Os registos podem ser rectificados pela entidade registadora, oficiosamente ou por iniciativa dos interessados.

2. A rectificação retroage à data do registo rectificado, sem prejuízo dos direitos de terceiros de boa fé.

[51] CodVM Arts. 80.º-84.º

Tít. II. Valores mobiliários

3. Os actos de registo ou a sua recusa são impugnáveis junto dos tribunais comuns até 90 dias após o conhecimento do facto pelo impugnante, desde que ainda não tenham decorrido três anos após a data do registo.

SUBSECÇÃO IV. Transmissão, constituição e exercício de direitos

Art. 80.º (Transmissão)

1. Os valores mobiliários escriturais transmitem-se pelo registo na conta do adquirente.

2. A compra em mercado regulamentado de valores mobiliários escriturais confere ao comprador, independentemente do registo e a partir da realização da operação, legitimidade para a sua venda nesse mercado.

Art. 81.º (Penhor)

1. O penhor de valores mobiliários constitui-se pelo registo na conta do titular dos valores mobiliários, com indicação da quantidade de valores mobiliários dados em penhor, da obrigação garantida e da identificação do beneficiário.

2. O penhor pode ser constituído por registo em conta do credor pignoratício, quando o direito de voto lhe tiver sido atribuído.

3. A entidade registadora onde está aberta a conta dos valores mobiliários empenhados não pode efectuar a transferência desses valores para conta aberta em outra entidade registadora, sem prévia comunicação ao credor pignoratício.

4. Salvo convenção em contrário, os direitos inerentes aos valores mobiliários empenhados são exercidos pelo titular dos valores mobiliários empenhados.

5. O disposto nos n.ᵒˢ 1 a 3 é aplicável, com as devidas adaptações, à constituição do usufruto e de quaisquer outras situações jurídicas que onerem os valores mobiliários.

Art. 82.º (Penhora)

A penhora e outros actos de apreensão judicial de valores mobiliários escriturais realizam-se mediante comunicação electrónica à entidade registadora, pelo agente de execução, de que os valores mobiliários ficam à ordem deste.

Nota. Redacção introduzida pelo art. 11.º do DL n.º 38/2003, de 8 de Março

Art. 83.º (Exercício de direitos)

Se os direitos inerentes a valores mobiliários não forem exercidos através da entidade registadora, podem sê-lo pela apresentação dos certificados a que se refere o artigo 78.º

Art. 84.º (Título executivo)

Os certificados passados pelas entidades registadoras relativos a valores mobiliários escriturais valem como título executivo, se mencionarem o fim a que se destinam, se forem emitidos por prazo indeterminado e se a assinatura do representante da entidade registadora e os seus poderes estiverem reconhecidos por notário.

726

Cap. II.   Valores mobiliários escriturais   **Arts. 85.º-87.º CodVM [51]**

SUBSECÇÃO V.   **Deveres das entidades resgistadoras**

Art. 85.º (Prestação de informações)

1. As entidades registadoras de valores mobiliários escriturais devem prestar, pela forma que em cada situação se mostre mais adequada, as informações que lhe sejam solicitadas:

a) Pelos titulares dos valores mobiliários, em relação aos elementos constantes das contas abertas em seu nome;

b) Pelos titulares de direitos de usufruto, de penhor e de outras situações jurídicas que onerem valores mobiliários registados, em relação aos respectivos direitos;

c) Pelos emitentes, em relação a elementos constantes das contas de valores mobiliários nominativos.

2. O dever de informação abrange os elementos constantes dos documentos que serviram de base aos registos.

3. Se os valores mobiliários estiverem integrados em sistema centralizado, os pedidos de informação pelos emitentes podem ser dirigidos à entidade gestora desse sistema, que os transmite a cada uma das entidades registadoras.

4. A entidade registadora deve tomar a iniciativa de enviar a cada um dos titulares de valores mobiliários registados:

a) O extracto previsto no artigo 323.º-C;

b) Os elementos necessários para o atempado cumprimento das obrigações fiscais.

Nota. Redacção introduzida pelo art. 7.º do DL n.º 357-A/2007, de 31 de Outubro.

Art. 86.º (Acesso à informação)

Além das pessoas referidas na lei ou expressamente autorizadas pelo titular, têm acesso à informação sobre os factos e as situações jurídicas constantes dos registos e dos documentos que lhes servem de base:

a) A CMVM e o Banco de Portugal, no exercício das suas funções;

b) Através da CMVM, as autoridades de supervisão de outros Estados, nos termos previstos no estatuto daquela entidade;

c) Os intermediários financeiros a quem tenha sido dada ordem de alienação dos valores mobiliários registados.

Art. 87.º (Responsabilidade civil)

1. As entidades registadoras de valores mobiliários escriturais respondem pelos danos causados aos titulares de direitos sobre esses valores ou a terceiros, em consequência de omissão, irregularidade, erro, insuficiência ou demora na realização dos registos ou destruição destes, salvo se provarem que houve culpa dos lesados.

2. As entidades registadoras têm direito de regresso contra a entidade gestora do sistema centralizado pela indemnização devida nos termos do número anterior, sempre que os factos em que a responsabilidade se baseia lhe sejam imputáveis.

3. Sempre que possível, a indemnização é fixada em valores mobiliários da mesma categoria daqueles a que o registo se refere.

[51] **CodVM Arts. 88.°-91.°**   Tít. II.   Valores mobiliários

SECÇÃO II.   **Sistema centralizado**

Art. 88.° **(Estrutura e funções do sistema centralizado)**

1. Os sistemas centralizados de valores mobiliários são formados por conjuntos interligados de contas, através das quais se processa a constituição e a transferência dos valores mobiliários nele integrados e se assegura o controlo de quantidade dos valores mobiliários em circulação e dos direitos sobre eles constituídos.

2. Os sistemas centralizados de valores mobiliários só podem ser geridos por entidades que preencham os requisitos fixados em lei especial.

3. O disposto na presente secção não é aplicável aos sistemas centralizados directamente geridos pelo Banco de Portugal.

Art. 89.° **(Regras operacionais)**

1. As regras operacionais necessárias ao funcionamento de sistema centralizado são estabelecidas pela respectiva entidade gestora, estando sujeitas a registo.

2. A CMVM recusa o registo ou impõe modificações sempre que as considere insuficientes ou contrárias a disposição legal ou regulamentar.

Art. 90.° **(Integração e exclusão de valores mobiliários)**

1. A integração em sistema centralizado abrange todos os valores mobiliários da mesma categoria, depende de solicitação do emitente e realiza-se através de registo em conta aberta no sistema centralizado.

2. Os valores mobiliários que não estejam obrigatoriamente integrados em sistema centralizado podem dele ser excluídos por solicitação do emitente.

Art. 91.° **(Contas integrantes do sistema centralizado)**

1. O sistema centralizado é constituído, pelo menos, pelas seguintes contas:

a) Contas de emissão, abertas no emitente, nos termos do n.° 1 do artigo 44.°;

b) Contas de registo individualizado, abertas junto dos intermediários financeiros para o efeito autorizados;

c) Contas de controlo da emissão, abertas por cada um dos emitentes na entidade gestora do sistema, nos termos da alínea *a)* do n.° 3 do artigo 44.°;

d) Contas de controlo das contas de registo individualizado, abertas pelos intermediários financeiros na entidade gestora do sistema.

2. Se os valores mobiliários tiverem sido emitidos por entidade que tenha como lei pessoal uma lei estrangeira, a conta de emissão a que se refere a alínea *a)* do n.° 1 pode ser aberta em intermediário financeiro autorizado a actuar em Portugal ou ser substituída por elementos fornecidos por outro sistema centralizado com o qual exista coordenação adequada.

3. As contas de registo individualizado podem também ser abertas junto de intermediários financeiros reconhecidos pela entidade gestora do sistema centralizado, desde que estejam organizadas em condições de eficiência, segurança e controlo equivalentes às exigidas aos intermediários financeiros autorizados a exercer a sua actividade em Portugal.

4. As contas a que se refere a alínea *d)* do n.° 1 são contas globais abertas em nome de cada uma das entidades autorizadas a movimentar contas de registo

728

Cap. II. Valores mobiliários escriturais **Arts. 92.°-94.° CodVM [51]**

individualizado, devendo, em relação a cada categoria de valores mobiliários, o somatório dos respectivos saldos ser igual ao somatório dos saldos apurados em cada uma das contas de registo individualizado.

5. As contas a que se refere a alínea *d*) do n.° 1 devem revelar em separado as quantidades de valores mobiliários de que cada intermediário financeiro registador é titular.

6. Nos casos previstos em regulamento da CMVM, podem ser abertas directamente junto da entidade gestora do sistema centralizado contas de registo individualizado, às quais se aplica o regime jurídico das contas da mesma natureza junto dos intermediários financeiros.

7. Devem ser abertas junto da entidade gestora do sistema centralizado subcontas específicas relativas a valores mobiliários empenhados ou que não possam ser transferidos ou que, por outras circunstâncias, não satisfaçam os requisitos de negociabilidade em mercado regulamentado.

Art. 92.° (Controlo dos valores mobiliários em circulação)

1. A entidade gestora do sistema centralizado deve adoptar as medidas necessárias para prevenir e corrigir qualquer divergência entre a quantidade, total e por categorias, de valores mobiliários emitidos e a quantidade dos que se encontram em circulação.

2. Se as contas a que se refere o n.° 1 do artigo anterior respeitarem apenas a uma parte da categoria, o controlo da totalidade da categoria é assegurado através de coordenação adequada com outros sistemas centralizados.

Art. 93.° (Informações a prestar ao emitente)

A entidade gestora do sistema centralizado deve fornecer ao emitente informação sobre:

a) A conversão de valores mobiliários escriturais em titulados ou destes em escriturais;

b) Os elementos necessários para o exercício dos direitos patrimoniais inerentes aos valores mobiliários registados e para o controlo desse exercício pelo emitente.

Art. 94.° (Responsabilidade civil)

1. A entidade gestora do sistema centralizado responde pelos danos causados aos intermediários financeiros e aos emitentes em consequência de omissão, irregularidade, erro, insuficiência ou demora na realização dos registos que lhe compete efectuar e na transmissão das informações que deve fornecer, salvo se provar que houve culpa dos lesados.

2. A entidade gestora do sistema centralizado tem direito de regresso contra os intermediários financeiros pelas indemnizações pagas aos emitentes, e contra estes, pelas indemnizações que tenha de pagar àqueles, sempre que os factos em que a responsabilidade se baseia sejam imputáveis, conforme os casos, aos intermediários financeiros ou aos emitentes.

[51] CodVM **Arts. 95.°-99.°**   Tít. II.   Valores mobiliários

CAPÍTULO III.   Valores mobiliários titulados

SECÇÃO I.   Títulos

Art. 95.° (Emissão e entrega dos títulos)

A emissão e entrega dos títulos ao primeiro titular constitui dever do emitente, que suporta os respectivos encargos.

Art. 96.° (Cautelas)

Enquanto não forem emitidos os títulos, a posição jurídica do titular pode ser provada através de cautelas passadas pelo emitente ou pelo intermediário financeiro colocador da emissão.

Art. 97.° (Menções nos títulos)

1. Dos títulos devem constar, além das menções referidas nas alíneas *a*) e *b*) do n.° 1 do artigo 44.°, os seguintes elementos:

a) Número de ordem, excepto os títulos ao portador;

b) Quantidade de direitos representados no título e, se for o caso, valor nominal global;

c) Identificação do titular, nos títulos nominativos.

2. Os títulos são assinados, ainda que através de chancela, por um titular do órgão de administração do emitente.

3. A alteração de qualquer dos elementos constantes do título pode ser feita por substituição do título ou, desde que subscrita nos termos do número anterior, no respectivo texto.

Nota. Redacção introduzida pelo art. 7.° do DL n.° 357-A/2007, de 31 de Outubro.

Art. 98.° (Divisão e concentração de títulos)

Os títulos representam uma ou mais unidades da mesma categoria de valores mobiliários, podendo o titular solicitar a divisão ou concentração de títulos, suportando os respectivos encargos.

SECÇÃO II.   Depósito

Art. 99.° (Modalidades de depósito)

1. O depósito de valores mobiliários titulados efectua-se:

a) Em intermediário financeiro autorizado, por iniciativa do seu titular;

b) Em sistema centralizado, nos casos em que a lei o imponha ou por iniciativa do emitente.

2. Os valores mobiliários titulados são obrigatoriamente depositados:

a) Em sistema centralizado, quando estejam admitidos à negociação em mercado regulamentado;

b) Em intermediário financeiro ou em sistema centralizado, quando toda a emissão ou série seja representada por um só título.

3. A entidade depositária deve manter contas de registo separadas por titular.

730

Cap. III.   Valores mobiliários titulados   **Arts. 100.°-102.° CodVM [51]**

4. Os títulos nominativos depositados em intermediário financeiro mantêm o seu número de ordem.

5. Aos valores mobiliários a que se refere a alínea *b*) do n.° 2, quando não estejam integrados em sistema centralizado, aplica-se o regime dos valores mobiliários escriturais registados num único intermediário financeiro.

Nota. Redacção introduzida pelo art. 7.° do DL n.° 357-A/2007, de 31 de Outubro.

Art. 100.° (Titularidade dos valores mobiliários depositados)

1. A titularidade sobre os valores mobiliários titulados depositados não se transmite para a entidade depositária, nem esta pode utilizá-los para fins diferentes dos que resultem do contrato de depósito.

2. Em caso de falência da entidade depositária, os valores mobiliários não podem ser apreendidos para a massa falida, assistindo aos titulares o direito de reclamar a sua separação e restituição.

SECÇÃO III.   **Transmissão, constituição e exercício de direitos**

Art. 101.° (Transmissão de valores mobiliários titulados ao portador)

1. Os valores mobiliários titulados ao portador transmitem-se por entrega do título ao adquirente ou ao depositário por ele indicado.

2. Se os títulos já estiverem depositados junto do depositário indicado pelo adquirente, a transmissão efectua-se por registo na conta deste, com efeitos a partir da data do requerimento do registo.

3. Em caso de transmissão por morte, o registo referido no número anterior é feito com base nos documentos comprovativos do direito à sucessão.

Art. 102.° (Transmissão de valores mobiliários titulados nominativos)

1. Os valores mobiliários titulados nominativos transmitem-se por declaração de transmissão, escrita no título, a favor do transmissário, seguida de registo junto do emitente ou junto de intermediário financeiro que o represente.

2. A declaração de transmissão entre vivos é efectuada:

a) Pelo depositário, nos valores mobiliários em depósito não centralizado, que lavra igualmente o respectivo registo na conta do transmissário;

b) Pelo funcionário judicial competente, quando a transmissão dos valores mobiliários resulte de sentença ou de venda judicial;

c) Pelo transmitente, em qualquer outra situação.

3. A declaração de transmissão por morte do titular é efectuada:

a) Havendo partilha judicial, nos termos da alínea *b*) do número anterior;

b) Nos restantes casos, pelo cabeça de casal ou pelo notário que lavrou a escritura de partilha.

4. Tem legitimidade para requerer o registo junto do emitente qualquer das entidades referidas nos n.os 2 e 3.

5. A transmissão produz efeitos a partir da data do requerimento de registo junto do emitente.

731

[51] CodVM Arts. 103.º-107.º   Tít. II.   Valores mobiliários

6. Os registos junto do emitente, relativos aos títulos nominativos, são gratuitos.

7. O emitente não pode, para qualquer efeito, opor ao interessado a falta de realização de um registo que devesse ter efectuado nos termos dos números anteriores.

Art. 103.º (Usufruto e penhor)

A constituição, modificação ou extinção de usufruto, de penhor ou de quaisquer situações jurídicas que onerem os valores mobiliários titulados é feita nos termos correspondentes aos estabelecidos para a transmissão da titularidade dos valores mobiliários.

Art. 104.º (Exercício de direitos)

1. O exercício de direitos inerentes aos valores mobiliários titulados ao portador depende da posse do título ou de certificado passado pelo depositário, nos termos do n.º 2 do artigo 78.º

2. Os direitos inerentes aos valores mobiliários titulados nominativos não integrados em sistema centralizado são exercidos de acordo com o que constar no registo do emitente.

3. Os títulos podem ter cupões destinados ao exercício de direitos inerentes aos valores mobiliários.

SECÇÃO IV.   **Valores mobiliários titulados em sistema centralizado**

Art. 105.º (Regime aplicável)

Aos valores mobiliários titulados integrados em sistema centralizado é aplicável o disposto para os valores mobiliários escriturais integrados em sistema centralizado.

Art. 106.º (Integração em sistema centralizado)

1. Após o depósito dos títulos no sistema centralizado, os valores mobiliários são registados em conta, devendo mencionar-se nos títulos a integração em sistema centralizado e respectiva data.

2. A entidade gestora do sistema centralizado pode entregar os títulos junto dela depositados à guarda de intermediário financeiro autorizado a recebê-los, mantendo aquela entidade a totalidade dos seus deveres e a responsabilidade para com o depositante.

Art. 107.º (Exclusão de sistema centralizado)

A exclusão dos valores mobiliários titulados do sistema centralizado só pode realizar-se após a entidade gestora desse sistema se ter assegurado de que os títulos reproduzem os elementos constantes do registo, deles fazendo constar a menção e a data da exclusão.

Cap. I. Disposições comuns   **Art. 108.°-110.° CodVM [51]**

TÍTULO III. OFERTAS PÚBLICAS

CAPÍTULO I. Disposições comuns

SECÇÃO I. Princípios gerais

Art. 108.° (Direito aplicável)

1. Sem prejuízo do disposto nos n.ºs 2 e 3 do artigo 145.°, as disposições deste título e os regulamentos que as complementam aplicam-se às ofertas públicas dirigidas especificamente a pessoas com residência ou estabelecimento em Portugal, seja qual for a lei pessoal do oferente ou do emitente e o direito aplicável aos valores mobiliários que são objecto da oferta.

2. Às ofertas públicas de aquisição previstas no artigo 145.°-A:

a) No que respeita à contrapartida proposta, ao processamento da oferta, ao conteúdo do prospecto da oferta e à divulgação da oferta, aplica-se a lei do Estado membro cuja autoridade supervisora seja competente para a supervisão da oferta;

b) No que respeita à informação aos trabalhadores da sociedade visada, à percentagem de direitos de voto que constitui domínio, às derrogações ou dispensas ao dever de lançamento de oferta pública de aquisição e às limitações de poderes do órgão de administração da sociedade visada, aplica-se a lei pessoal da sociedade emitente dos valores mobiliários objecto da oferta.

Nota. A redacção do n.° 1 foi introduzida pelo art. 2.° do DL n.° 52/2006, de 15 de Março, e a do n.° 2 pelo art. 2.° do DL n.° 219/2006, de 2 de Novembro.

Art. 109.° (Oferta pública)

1. Considera-se pública a oferta relativa a valores mobiliários dirigida, no todo ou em parte, a destinatários indeterminados.

2. A indeterminação dos destinatários não é prejudicada pela circunstância de a oferta se realizar através de múltiplas comunicações padronizadas, ainda que endereçadas a destinatários individualmente identificados.

3. Considera-se também pública:

a) A oferta dirigida à generalidade dos accionistas de sociedade aberta, ainda que o respectivo capital social esteja representado por acções nominativas;

b) A oferta que, no todo ou em parte, seja precedida ou acompanhada de prospecção ou de recolha de intenções de investimento junto de destinatários indeterminados ou de promoção publicitária;

c) A oferta dirigida a, pelo menos, 100 pessoas que sejam investidores não qualificados com residência ou estabelecimento em Portugal.

Nota. A redacção da alínea *c)* foi introduzida pelo art. 2.° do DL n.° 52/2006, de 15 de Março.

Art. 110.° (Ofertas particulares)

1. São sempre havidas como particulares:

a) As ofertas relativas a valores mobiliários dirigidas apenas a investidores qualificados;

733

[51] CodVM Arts. 110.º-A-111.º   Tít. III.   Ofertas públicas

b) As ofertas de subscrição dirigidas por sociedades com o capital fechado ao investimento do público à generalidade dos seus accionistas, fora do caso previsto na alínea *b)* do n.º 3 do artigo anterior.

2. As ofertas particulares dirigidas por sociedades abertas e por sociedades emitentes de valores mobiliários negociados em mercado ficam sujeitas a comunicação subsequente à CMVM para efeitos estatísticos.

Nota. Redacção introduzida pelo art. 1.º do DL n.º 66/2004, de 24 de Março, e pelo art. 2.º do DL n.º 52/2006, de 15 de Março.

Art. 110.º-A (Qualificação facultativa)

1. Para efeitos do disposto na alínea *c)* do n.º 3 do artigo 109.º, no n.º 3 do artigo 112.º e no n.º 2 do artigo 134.º, as seguintes entidades são consideradas investidores qualificados se, para o efeito, se inscreverem em registo junto da CMVM:

a) Pequenas e médias empresas, com sede estatutária em Portugal, que, de acordo com as suas últimas contas individuais ou consolidadas, preencham apenas um dos critérios enunciados na alínea *b)* do n.º 2 do artigo 30.º;

b) Pessoas singulares residentes em Portugal que preencham, pelo menos, dois dos seguintes requisitos:

  i) Tenham realizado operações de volume significativo nos mercados de valores mobiliários com uma frequência média de, pelo menos, 10 operações por trimestre ao longo dos últimos quatro trimestres;

  ii) Tenham uma carteira de valores mobiliários de montante superior a € 500 000;

  iii) Prestem ou tenham prestado funções, pelo menos durante um ano, no sector financeiro, numa posição profissional em que seja exigível um conhecimento do investimento em valores mobiliários.

2. As entidades registadas devem comunicar à CMVM qualquer alteração relativa aos elementos referidos no número anterior que afecte a sua qualificação.

3. As entidades registadas nos termos do presente artigo podem, a todo o tempo, cancelar a respectiva inscrição.

4. A CMVM define, através de regulamento, o modo de organização e funcionamento do registo, designadamente quanto aos elementos exigíveis para a concretização e a prova dos requisitos mencionados no n.º 1, bem como aos procedimentos a observar aquando da inscrição, rectificação e cancelamento do mesmo.

Nota. Aditado pelo art. 3.º do DL n.º 52/2006, de 15 de Março.

Art. 111.º (Âmbito)

1. Exceptuam-se do âmbito de aplicação do presente Título:

a) As ofertas públicas de distribuição de valores mobiliários não representativos de capital social emitidos por um Estado membro ou por uma das suas autoridades regionais ou locais e as ofertas públicas de distribuição de valores mobiliários que gozem de garantia incondicional e irrevogável por um daqueles Estados ou por uma destas autoridades regionais ou locais;

b) As ofertas públicas de valores mobiliários emitidos pelo Banco Central Europeu ou pelo banco central de um dos Estados membros;

734

Cap. I. Disposições comuns   **Art. 111.° CodVM [51]**

c) As ofertas relativas a valores mobiliários emitidos por uma instituição de investimento colectivo de tipo aberto realizadas pelo emitente ou por sua conta;

d) As ofertas em mercado regulamentado ou sistema de negociação multilateral registado na CMVM que sejam apresentadas exclusivamente através dos meios de comunicação próprios desse mercado ou sistema e que não sejam precedidas ou acompanhadas de prospecção ou de recolha de intenções de investimento junto de destinatários indeterminados ou de promoção publicitária;

e) As ofertas públicas de distribuição de valores mobiliários cujo valor nominal unitário seja igual ou superior a € 50 000 ou cujo preço de subscrição ou de venda por destinatário seja igual ou superior àquele montante;

f) As ofertas públicas de distribuição de valores mobiliários não representativos de capital social emitidos por organismos públicos internacionais de que façam parte um ou vários Estados membros;

g) As ofertas públicas de distribuição de valores mobiliários emitidos por associações regularmente constituídas ou por entidades sem fins lucrativos, reconhecidas por um Estado membro, com o objectivo de obterem os meios necessários para consecução dos seus objectivos não lucrativos;

h) As ofertas públicas de distribuição de valores mobiliários não representativos de capital social emitidos de forma contínua ou repetida por instituições de crédito, na condição de esses valores mobiliários:

 i) Não serem subordinados, convertíveis ou passíveis de troca;
 ii) Não conferirem o direito de aquisição de outros tipos de valores mobiliários e não estarem associados a um instrumento derivado;
 iii) Certificarem a recepção de depósitos reembolsáveis;
 iv) Serem abrangidos pelo Fundo de Garantia de Depósitos previsto no Regime Geral das Instituições de Crédito e de Sociedades Financeiras ou por outro regime de garantia de depósitos ao abrigo da Directiva n.° 94/19/CE, do Parlamento Europeu e do Conselho, de 30 de Maio, relativa aos sistemas de garantia de depósitos;

i) As ofertas públicas de distribuição de valores mobiliários cujo valor total seja inferior a € 2 500 000, limite esse que é calculado em função das ofertas realizadas ao longo de um período de 12 meses;

j) As ofertas públicas de distribuição de valores mobiliários não representativos de capital social emitidos de maneira contínua ou repetida por instituições de crédito quando o valor total da oferta for inferior a € 50 000 000, limite esse que é calculado em função das ofertas realizadas ao longo de um período de 12 meses, desde que tais valores mobiliários:

 i) Não sejam subordinados, convertíveis ou passíveis de troca;
 ii) Não confiram o direito de aquisção de outros tipos de valores mobiliários e não estejam ligados a um instrumento derivado;

l) As ofertas públicas de subscrição de acções emitidas em substituição de acções já emitidas da mesma categoria, se a emissão dessas novas acções não implicar um aumento do capital emitido;

m) As ofertas públicas de aquisição de valores mobiliários emitidos por organismos de investimento colectivo sob a forma societária;

735

[51] CodVM Arts. 112.º-113.º   Tít. III.   Ofertas públicas

n) As ofertas públicas de valores mobiliários representativos de dívida emitidos por prazo inferior a um ano.

2. Para efeitos das alíneas *h*) e *j*) do número anterior, entende-se por emissão de maneira contínua ou repetida o conjunto de emissões que envolva pelo menos duas emissões distintas de valores mobiliários de tipo e ou categoria semelhante ao longo de um período de 12 meses.

3. Nos casos das alíneas *a*), *b*), *i*) e *j*) do n.º 1, o emitente tem o direito de elaborar um prospecto, ficando este sujeito às regras do presente Código e dos diplomas que o complementem.

4. (...).

Nota. Redacção introduzida pelo art. 1.º do DL n.º 66/2004, de 24 de Março, pelo art. 2.º do DL n.º 52/ /2006, de 15 de Março, pelo art. 2.º do DL n.º 219/2006, de 2 de Novembro, e pelo art. 7.º do DL n.º 357-A/2007, de 31 de Outubro.

Art. 112.º (Igualdade de tratamento)

1. As ofertas públicas devem ser realizadas em condições que assegurem tratamento igual aos destinatários, sem prejuízo da possibilidade prevista no n.º 2 do artigo 124.º

2. Se a quantidade total dos valores mobiliários que são objecto das declarações de aceitação pelos destinatários for superior à quantidade dos valores mobiliários oferecidos, procede-se a rateio na proporção dos valores mobiliários cuja alienação ou aquisição for pretendida pelos destinatários, salvo se critério diverso resultar de disposição legal ou não merecer oposição da CMVM na aprovação do prospecto.

3. Quando, nos termos do presente Código, não for exigível a elaboração de um prospecto, as informações de importância significativa fornecidas por um emitente ou oferente e dirigidas a investidores qualificados ou a categorias especiais de investidores, incluindo as informações divulgadas no contexto de reuniões relacionadas com ofertas de valores mobiliários, devem ser divulgadas a todos os investidores qualificados ou a todas as categorias especiais de investidores a que a oferta exclusivamente se dirija.

4. Quando deva ser publicado um prospecto, as informações a que se refere o número anterior devem ser incluídas nesse prospecto ou numa adenda ao prospecto.

Nota. Redacção introduzida pelo art. 2.º do DL n.º 52/2006, de 15 de Março, e pelo art. 7.º do DL n.º 357-A/2007, de 31 de Outubro.

Art. 113.º (Intermediação obrigatória)

1. As ofertas públicas relativas a valores mobiliários em que seja exigível prospecto devem ser realizadas com intervenção de intermediário financeiro, que presta pelo menos os seguintes serviços:

a) Assistência e colocação, nas ofertas públicas de distribuição;

b) Assistência a partir do anúncio preliminar e recepção das declarações de aceitação, nas ofertas públicas de aquisição.

2. As funções correspondentes às referidas no número anterior podem ser desempenhadas pelo oferente, quando este seja intermediário financeiro autorizado a exercê-las.

Nota. A redacção do n.º 1 foi introduzida pelo art. 2.º do DL n.º 52/2006, de 15 de Março.

Cap. I. Disposições comuns **Arts. 114.°-116.° CodVM [51]**

SECÇÃO II. **Aprovação de prospecto, registo e publicidade** [1]

Art. 114.° (Aprovação de prospecto e registo prévio)

1. Os prospectos de oferta pública de distribuição estão sujeitos a aprovação pela CMVM.

2. A realização de qualquer oferta pública está sujeita a registo prévio na CMVM.

Nota. Redacção introduzida pelo art. 2.° do DL n.° 52/2006, de 15 de Março, que também alterou a epígrafe do preceito.

Art. 115.° (Instrução do pedido)

1. O pedido de registo ou de aprovação de prospecto é instruído com os seguintes documentos:

a) Cópia da deliberação de lançamento tomada pelos órgãos competentes do oferente e das decisões administrativas exigíveis;

b) Cópia dos estatutos do emitente dos valores mobiliários sobre que incide a oferta;

c) Cópia dos estatutos do oferente;

d) Certidão actualizada do registo comercial do emitente;

e) Certidão actualizada do registo comercial do oferente;

f) Cópia dos relatórios de gestão e contas, dos pareceres dos órgãos de fiscalização e da certificação legal de contas do emitente respeitante aos períodos exigíveis nos termos do Regulamento (CE) n.° 809/2004, da Comissão, de 29 de Abril;

g) Relatório ou parecer de auditor elaborado nos termos dos artigos 8.° e 9.°;

h) Código de identificação dos valores mobiliários que são objecto da oferta;

i) Cópia do contrato celebrado com o intermediário financeiro encarregado da assistência;

j) Cópia do contrato de colocação e do contrato de consórcio de colocação, se existir;

l) Cópia do contrato de fomento de mercado, do contrato de estabilização e do contrato de opção de distribuição de lote suplementar, se existirem;

m) Projecto de prospecto;

n) Informação financeira pró-forma, quando exigível;

o) Projecto de anúncio de lançamento, quando exigível;

p) Relatórios periciais, quando exigíveis.

2. A junção de documentos pode ser substituída pela indicação de que os mesmos já se encontram, em termos actualizados, em poder da CMVM.

3. A CMVM pode solicitar ao oferente, ao emitente ou a qualquer pessoa que com estes se encontre em alguma das situações previstas no n.° 1 do artigo 20.° as informações complementares que sejam necessárias para a apreciação da oferta.

Nota. Redacção introduzida pelo art. 2.° do DL n.° 52/2006, de 15 de Março.

Art. 116.° (Relatórios e contas especiais)

Nota. Revogado pelo art. 12.° do DL n.° 52/2006, de 15 de Março.

---

[1] Redacção introduzida pelo art. 2.° do DL n.° 52/2006, de 15 de Março.

[51] CodVM Arts. 117.°-119.°

Tít. III.   Ofertas públicas

Art. 117.° (Legalidade da oferta)
O oferente assegura que a oferta cumpre as normas legais e regulamentares aplicáveis, nomeadamente as relativas à licitude do seu objecto, à transmissibilidade dos valores mobiliários e, quando for o caso, à sua emissão.

Nota. Redacção introduzida pelo art. 2.° do DL n.° 52/2006, de 15 de Março, que também alterou a epígrafe do preceito.

Art. 118.° (Decisão)
1. A aprovação do prospecto, o registo ou a sua recusa devem ser comunicados ao oferente:

a) No prazo de 8 dias, em oferta pública de aquisição;

b) No prazo de 10 dias úteis, em ofertas públicas de distribuição, salvo se respeitantes a emitentes que não tenham previamente realizado qualquer oferta pública de distribuição ou admissão à negociação em mercado regulamentado, caso em que o prazo é de 20 dias úteis.

2. Os prazos referidos no número anterior contam-se a partir da recepção do pedido ou das informações complementares solicitadas ao oferente ou a terceiros.

3. A necessidade de prestação de informações complementares é comunicada, em termos fundamentados, ao oferente no prazo de 10 dias úteis a partir da recepção do pedido de registo.

4. A ausência de decisão no prazo referido no n.° 1 implica o indeferimento tácito do pedido.

5. A aprovação do prospecto é o acto que implica a verificação da sua conformidade com as exigências de completude, veracidade, actualidade, clareza, objectividade e licitude da informação.

6. O registo de oferta pública de aquisição implica a aprovação do respectivo prospecto e baseia-se em critérios de legalidade.

7. A aprovação do prospecto e o registo não envolvem qualquer garantia quanto ao conteúdo da informação, à situação económica ou financeira do oferente, do emitente ou do garante, à viabilidade da oferta ou à qualidade dos valores mobiliários.

8. As decisões da CMVM de aprovação de prospecto e de concessão de registo de oferta pública de aquisição são divulgadas através do seu sistema de difusão de informação.

Nota. Os n.ᵒˢ 4 e 5 foram aditados pelo art. 3.° do DL n.° 107/2003, de 4 de Junho. A actual redacção foi introduzida pelo art. 2.° do DL n.° 52/2006, de 15 de Março.

Art. 119.° (Recusa de aprovação de prospecto e de registo)
1. O registo da oferta é recusado apenas quando:

a) Algum dos documentos que instruem o pedido for falso ou desconforme com os requisitos legais ou regulamentares;

b) A oferta for ilegal ou envolver fraude à lei.

2. A aprovação do prospecto é recusada apenas quando se verificar a situação prevista na alínea *a*) do número anterior.

738

Cap. I. Disposições comuns **Arts. 120.º-124.º CodVM [51]**

3. Antes da recusa, a CMVM deve notificar o oferente para suprir, em prazo razoável, os vícios sanáveis.

Nota. Redacção introduzida pelo art. 2.º do DL n.º 52/2006, de 15 de Março, que também alterou a epígrafe do preceito.

Art. 120.º (Caducidade do registo)

Nota. Revogado pelo art. 12.º do DL n.º 52/2006, de 15 de Março.

Art. 121.º (Publicidade)
1. A publicidade relativa a ofertas públicas deve:
a) Obedecer aos princípios enunciados no artigo 7.º;
b) Referir a existência ou a disponibilidade futura de prospecto e indicar as modalidades de acesso ao mesmo;
c) Harmonizar-se com o conteúdo do prospecto.
2. Todo o material publicitário relacionado com a oferta pública está sujeito a aprovação prévia pela CMVM.
3. À responsabilidade civil pelo conteúdo da informação divulgada em acções publicitárias aplica-se, com as devidas adaptações, o disposto nos artigos 149.º e seguintes.

Nota. A redacção do n.º 1, alínea *b*), foi introduzida pelo art. 2.º do DL n.º 52/2006, de 15 de Março.

Art. 122.º (Publicidade prévia)
Quando a CMVM, após exame preliminar do pedido, considere que a aprovação do prospecto ou o registo da oferta é viável, pode autorizar publicidade anterior à aprovação do prospecto ou à concessão do registo, desde que daí não resulte perturbação para os destinatários ou para o mercado.

Nota. Redacção introduzida pelo art. 2.º do DL n.º 52/2006, de 15 de Março.

SECÇÃO III. Lançamento e execução

Art. 123.º (Anúncio de lançamento)

Nota. Revogado pelo art. 12.º do DL n.º 52/2006, de 15 de Março.

Art. 124.º (Conteúdo da oferta)
1. O conteúdo da oferta só pode ser modificado nos casos previstos nos artigos 128.º, 172.º e 184.º
2. O preço da oferta é único, salvo a possibilidade de preços diversos consoante as categorias de valores mobiliários ou de destinatários, fixados em termos objectivos e em função de interesses legítimos do oferente.
3. A oferta só pode ser sujeita a condições que correspondam a um interesse legítimo do oferente e que não afectem o funcionamento normal do mercado.
4. A oferta não pode estar sujeita a condições cuja verificação dependa do oferente.

739

[51] CodVM Arts. 125.º-129.º   Tít. III.   Ofertas públicas

Art. 125.º (Prazo da oferta)
O prazo de vigência da oferta deve ser fixado em conformidade com as suas características, com a defesa dos interesses dos destinatários e do emitente e com as exigências de funcionamento do mercado.

Nota. Redacção introduzida pelo art. 2.º do DL n.º 52/2006, de 15 de Março.

Art. 126.º (Declarações de aceitação)
1. A declaração de aceitação dos destinatários da oferta consta de ordem dirigida a intermediário financeiro.
2. A aceitação pode ser revogada através de comunicação ao intermediário financeiro que a recebeu até cinco dias antes de findar o prazo da oferta ou em prazo inferior constante dos documentos da oferta.

Art. 127.º (Apuramento e publicação do resultado da oferta)
1. Terminado o prazo da oferta, o resultado desta é imediatamente apurado e publicado:
a) Por um intermediário financeiro que concentre as declarações de aceitação; ou
b) Em sessão especial de mercado regulamentado.
2. Em caso de oferta pública de distribuição, paralelamente à divulgação do resultado, o intermediário financeiro ou a entidade gestora do mercado regulamentado devem informar se foi requerida a admissão à negociação dos valores mobiliários que dela são objecto.
3. A modificação deve ser divulgada imediatamente, através de meios iguais aos utilizados para a divulgação do prospecto ou, no caso de este não ser exigível, de meio de divulgação fixado pela CMVM, através de regulamento.

Nota. Redacção introduzida pelo art. 2.º do DL n.º 52/2006, de 15 de Março.

SECÇÃO IV.   **Vicissitudes**

Art. 128.º (Alteração das circunstâncias)
Em caso de alteração imprevisível e substancial das circunstâncias que, de modo cognoscível pelos destinatários, hajam fundado a decisão de lançamento da oferta, excedendo os riscos a esta inerentes, pode o oferente, em prazo razoável e mediante autorização da CMVM, modificar a oferta ou revogá-la.

Art. 129.º (Modificação da oferta)
1. A modificação da oferta constitui fundamento de prorrogação do respectivo prazo, decidida pela CMVM por sua iniciativa ou a requerimento do oferente.
2. As declarações de aceitação da oferta anteriores à modificação consideram-se eficazes para a oferta modificada.
3. A modificação deve ser divulgada imediatamente, através de meios iguais aos utilizados para a divulgação do anúncio do lançamento.

Nota. A redacção do n.º 3 foi introduzida pelo art. 2.º do DL n.º 52/2006, de 15 de Março.

740

Cap. I. Disposições comuns   **Arts. 130.°-134.° CodVM [51]**

Art. 130.° (Revogação da oferta)
1. A oferta pública só é revogável nos termos do artigo 128.°
2. A revogação deve ser divulgada imediatamente, através de meios iguais aos utilizados para a divulgação do prospecto ou, no caso de este não ser exigível, de meio de divulgação fixado pela CMVM, através de regulamento.

Nota. A redacção do n.° 2 foi introduzida pelo art. 2.° do DL n.° 52/2006, de 15 de Março.

Art. 131.° (Retirada e proibição da oferta)
1. A CMVM deve, consoante o caso, ordenar a retirada da oferta ou proibir o seu lançamento, se verificar que esta enferma de alguma ilegalidade ou violação de regulamento insanáveis.
2. As decisões de retirada e de proibição são publicadas, a expensas do oferente, através de meios iguais aos utilizados para a divulgação do prospecto ou, no caso de este não ser exigível, de meio de divulgação fixado pela CMVM, através de regulamento.

Nota. Redacção introduzida pelo art. 2.° do DL n.° 52/2006, de 15 de Março, que também alterou a epígrafe do preceito.

Art. 132.° (Efeitos da revogação e da retirada)
A revogação e a retirada da oferta determinam a ineficácia desta e dos actos de aceitação anteriores ou posteriores à revogação ou à retirada, devendo ser restituído tudo o que foi entregue.

Art. 133.° (Suspensão da oferta)
1. A CMVM deve proceder à suspensão da oferta quando verifique alguma ilegalidade ou violação de regulamento sanáveis.
2. Quando se verifiquem as circunstâncias referidas no artigo 142.°, o oferente deve suspender a oferta até publicação de adenda ou de rectificação do prospecto.
3. A suspensão da oferta faculta aos destinatários a possibilidade de revogar a sua declaração até ao quinto dia posterior ao termo da suspensão, com direito à restituição do que tenha sido entregue.
4. Cada período de suspensão da oferta não pode ser superior a 10 dias úteis.
5. Findo o prazo referido no número anterior sem que tenham sido sanados os vícios que determinaram a suspensão, a CMVM deve ordenar a retirada da oferta.

Nota. A redacção do n.° 4 foi introduzida pelo art. 2.° do DL n.° 52/2006, de 15 de Março.

SECÇÃO V. **Prospecto**

SUBSECÇÃO I. **Exigibilidade, formato e conteúdo** [1]

Art. 134.° (Exigibilidade de prospecto)
1. A realização de qualquer oferta pública relativa a valores mobiliários deve ser precedida de divulgação de um prospecto.

---

[1] Redacção introduzida pelo art. 2.° do DL n.° 52/2006, de 15 de Março.

[51] CodVM Art. 135.°

Tít. III. Ofertas públicas

2. Exceptuam-se do disposto no número anterior:

a) As ofertas de valores mobiliários a atribuir, por ocasião de uma fusão, a pelo menos 100 accionistas que não sejam investidores qualificados, desde que esteja disponível, com pelo menos 15 dias de antecedência em relação à data da assembleia geral, um documento com informações consideradas pela CMVM equivalentes às de um prospecto;

b) O pagamento de dividendos sob a forma de acções da mesma categoria das acções em relação às quais são pagos os dividendos, desde que esteja disponível um documento com informações sobre o número e a natureza das acções, bem como sobre as razões e características da oferta;

c) As ofertas de distribuição de valores mobiliários a membros dos órgãos de administração ou trabalhadores, existentes ou antigos, pelo respectivo empregador quando este tenha valores mobiliários admitidos à negociação num mercado regulamentado ou por uma sociedade dominada pelo mesmo, desde que esteja disponível um documento com informações sobre o número e a natureza dos valores mobiliários, bem como sobre as razões e características da oferta;

d) (...);

e) (...);

f) (...);

g) (...).

3. Nos casos referidos no número anterior e nas alíneas *a*), *b*), *f*), *i*) e *j*) do n.° 1 do artigo 111.°, o oferente tem o direito de elaborar um prospecto, ficando este sujeito às regras do presente Código e dos diplomas que o complementem.

4. Salvo o disposto no número anterior, em ofertas públicas em que o prospecto não seja exigível, a informação referida no n.° 2 deve ser enviada à CMVM antes do respectivo lançamento ou da ocorrência dos factos nele previstos.

Nota. Redacção introduzida pelo art. 1.° do DL n.° 66/2004, de 24 de Março, e pelo art. 2.° do DL n.° 52/2006, de 15 de Março.

Art. 135.° (Princípios gerais)

1. O prospecto deve conter informação completa, verdadeira, actual, clara, objectiva e lícita, que permita aos destinatários formar juízos fundados sobre a oferta, os valores mobiliários que dela são objecto e os direitos que lhe são inerentes, sobre as características específicas, a situação patrimonial, económica e financeira e as previsões relativas à evolução da actividade e dos resultados do emitente e de um eventual garante.

2. As previsões relativas à evolução da actividade e dos resultados do emitente bem como à evolução dos preços dos valores mobiliários que são objecto da oferta devem:

a) Ser claras e objectivas;

b) Obedecer ao disposto no Regulamento (CE) n.° 809/2004, da Comissão, de 29 de Abril;

c) (...).

Nota. Redacção introduzida pelo art. 2.° do DL n.° 52/2006, de 15 de Março.

742

Cap. I. Disposições comuns   **Arts. 135.º-A-135.º-C CodVM [51]**

Art. 135.º-A (Sumário do prospecto de oferta pública de distribuição)

1. Independentemente do formato em que o mesmo seja elaborado, o prospecto de oferta pública de distribuição deve incluir um sumário que apresente, de forma concisa e numa linguagem não técnica, as características essenciais e os riscos associados ao emitente, ao eventual garante e aos valores mobiliários objecto da oferta.

2. O sumário deve fazer referência ao regime consagrado no n.º 4 do artigo 149.º e conter a advertência de que:

a) Constitui uma introdução ao prospecto;

b) Qualquer decisão de investimento nos valores mobiliários deve basear-se na informação do prospecto no seu conjunto.

Nota. Aditado pelo art. 3.º do DL n.º 52/2006, de 15 de Março.

Art. 135.º-B (Formato do prospecto de oferta pública de distribuição)

1. O prospecto de oferta pública de distribuição pode ser elaborado sob a forma de um documento único ou de documentos separados.

2. O prospecto composto por documentos separados é constituído por um documento de registo, uma nota sobre os valores mobiliários e um sumário.

3. O documento de registo deve conter as informações referentes ao emitente e deve ser submetido previamente à CMVM, para aprovação ou para conhecimento.

4. A nota sobre os valores mobiliários deve conter informações respeitantes aos valores mobiliários objecto de oferta pública.

5. O emitente que dispuser de um documento de registo aprovado e válido só tem de elaborar a nota sobre os valores mobiliários e o sumário aquando de uma oferta pública de valores mobiliários.

6. No caso referido no número anterior, a nota sobre os valores mobiliários deve fornecer informações normalmente apresentadas no documento de registo, caso se tenha verificado uma alteração significativa ou tenham ocorrido factos novos que possam afectar a apreciação dos investidores desde a aprovação do último documento de registo actualizado ou de qualquer adenda.

7. Se o documento de registo tiver sido previamente aprovado e for válido, a nota sobre os valores mobiliários e o sumário são aprovados no âmbito do processo de aprovação do prospecto.

8. Se o documento de registo tiver apenas sido previamente comunicado à CMVM sem aprovação, os três documentos estão sujeitos a aprovação no âmbito do processo de aprovação do prospecto.

Nota. Aditado pelo art. 3.º do DL n.º 52/2006, de 15 de Março.

Art. 135.º-C (Prospecto de base)

1. Pode ser utilizado um prospecto de base, contendo informação sobre o emitente e os valores mobiliários, em ofertas públicas de distribuição de:

a) Valores mobiliários não representativos de capital social, incluindo *warrants*, emitidos no âmbito de um programa de oferta;

b) Valores mobiliários não representativos de capital social emitidos de forma contínua ou repetida por instituição de crédito se:

    i) Os montantes resultantes da emissão desses valores mobiliários forem investidos em activos que assegurem uma cobertura suficiente das res-

743

[51] CodVM Arts. 136.º-136.º-A

Tít. III. Ofertas públicas

ponsabilidades resultantes dos valores mobiliários até à respectiva data de vencimento; e

ii) Em caso de falência da respectiva instituição de crédito, os referidos montantes se destinarem, a título prioritário, a reembolsar o capital e os juros vincendos.

2. Para efeitos do disposto na alínea *a*) do número anterior, considera-se programa de oferta as ofertas de distribuição de valores mobiliários de categorias semelhantes realizadas de forma contínua ou repetida ao abrigo de um plano comum envolvendo, pelo menos, duas emissões durante 12 meses.

3. O prospecto de base deve ser complementado, se necessário, com informação actualizada sobre o emitente e sobre os valores mobiliários que são objecto de oferta pública, através de adenda.

4. Quando as condições finais da oferta não estiverem incluídas no prospecto de base ou numa adenda, devem as mesmas ser divulgadas aos investidores e comunicadas à CMVM logo que tal seja viável e, se possível, antes do início da oferta.

5. O conteúdo do prospecto de base e das respectivas condições finais e a divulgação destas obedecem ao disposto no Regulamento (CE) n.º 809/2004, da Comissão, de 29 de Abril.

Nota. Aditado pelo art. 3.º do DL n.º 52/2006, de 15 de Março.

Art. 136.º (Conteúdo comum do prospecto)

O prospecto deve incluir informações sobre:

a) As pessoas que, nos termos do artigo 149.º, são responsáveis pelo seu conteúdo;

b) Os objectivos da oferta;

c) O emitente e a actividade por este desenvolvida;

d) O oferente e a actividade por este desenvolvida;

e) A estrutura de administração e fiscalização do emitente;

f) A composição dos órgãos do emitente e do oferente;

g) Os intermediários financeiros que integram o consórcio de colocação, quando exista.

Nota. A redacção do proémio foi introduzida pelo art. 2.º do DL n.º 52/2006, de 15 de Março.

Art. 136.º-A (Inserção por remissão)

1. É permitida a inserção de informações no prospecto por remissão para documentos publicados prévia ou simultaneamente e que pela CMVM tenham sido aprovados ou a ela tenham sido comunicados no âmbito dos deveres de informação de emitentes e de titulares de participações qualificadas em sociedades abertas.

2. O prospecto deve incluir uma lista de remissões quando contenha informações por remissão.

3. O sumário do prospecto não pode conter informação inserida por remissão.

4. A inserção por remissão obedece ao disposto no Regulamento (CE) n.º 809/2004, da Comissão, de 29 de Abril.

Nota. Aditado pelo art. 3.º do DL n.º 52/2006, de 15 de Março.

744

Cap. I. Disposições comuns   Arts. 137.º-138.º CodVM [51]

Art. 137.º (Conteúdo do prospecto de oferta pública de distribuição)
1. O conteúdo do prospecto de oferta pública de distribuição obedece ao disposto no Regulamento (CE) n.º 809/2004, da Comissão, de 29 de Abril.
2. O prospecto de oferta pública de distribuição deve incluir também declarações efectuadas pelas pessoas que, nos termos do artigo 149.º, são responsáveis pelo seu conteúdo que atestem que, tanto quanto é do seu conhecimento, a informação constante do prospecto está de acordo com os factos e de que não existem omissões susceptíveis de alterar o seu alcance.
3. Se a oferta incidir sobre valores mobiliários admitidos ou que se prevê que venham a ser admitidos à negociação em mercado regulamentado situado ou a funcionar em Portugal ou noutro Estado membro da Comunidade Europeia, pode ser aprovado e utilizado um único prospecto que satisfaça os requisitos exigidos para ambos os efeitos.
4. (…).

Nota. Redacção introduzida pelo art. 2.º do DL n.º 52/2006, de 15 de Março.

Art. 138.º (Conteúdo do prospecto de oferta pública de aquisição)
1. Além da prevista no n.º 1 do artigo 183.º-A, o prospecto de oferta pública de aquisição deve incluir informação sobre:
a) A contrapartida oferecida e sua justificação;
b) As quantidades mínima e máxima de valores mobiliários que o oferente se propõe adquirir;
c) A percentagem de direitos de voto que, nos termos do n.º 1 do artigo 20.º, pode ser exercida pelo oferente na sociedade visada;
d) A percentagem de direitos de voto que, nos termos do n.º 1 do artigo 20.º, pode ser exercida pela sociedade visada na sociedade oferente;
e) As pessoas que, segundo o seu conhecimento, estejam com o oferente ou com a sociedade visada em alguma das relações previstas no n.º 1 do artigo 20.º;
f) Os valores mobiliários da mesma categoria dos que são objecto da oferta que tenham sido adquiridos nos seis meses anteriores pelo oferente ou por alguma das pessoas que com este estejam em alguma das relações previstas do n.º 1 do artigo 20.º, com indicação das datas de aquisição, da quantidade e das contrapartidas;
g) As intenções do oferente quanto à continuidade ou modificação da actividade empresarial da sociedade visada, do oferente, na medida em que seja afectado pela oferta, e, nos mesmos termos, por sociedades que com estes estejam em relação de domínio ou de grupo, quanto à manutenção e condições do emprego dos trabalhadores e dirigentes das entidades referidas, designadamente eventuais repercussões sobre os locais em que são exercidas as actividades, quanto à manutenção da qualidade de sociedade aberta da sociedade visada e quanto à manutenção da negociação em mercado regulamentado dos valores mobiliários que são objecto da oferta;
h) As possíveis implicações do sucesso da oferta sobre a situação financeira do oferente e eventuais financiamentos da oferta;
i) Os acordos parassociais, celebrados pelo oferente ou por qualquer das pessoas referidas do n.º 1 do artigo 20.º, com influência significativa na sociedade visada;

[51] CodVM Arts. 139.º-140.º

Tít. III. Ofertas públicas

j) Os acordos celebrados entre o oferente ou qualquer das pessoas referidas do n.º 1 do artigo 20.º e os titulares dos órgãos sociais da sociedade visada, incluindo as vantagens especiais eventualmente estipuladas a favor destes;

l) O modo de pagamento da contrapartida quando os valores mobiliários que são objecto da oferta estejam igualmente admitidos à negociação em mercado regulamentado situado ou a funcionar no estrangeiro;

m) A indemnização proposta em caso de supressão dos direitos por força das regras previstas no artigo 182.º-A, indicando a forma de pagamento e o método empregue para determinar o seu valor;

n) A legislação nacional que será aplicável aos contratos celebrados entre o oferente e os titulares de valores mobiliários da sociedade visada, na sequência da aceitação da oferta, bem como os tribunais competentes para dirimir os litígios daqueles emergentes;

o) Quaisquer encargos a suportar pelos destinatários da oferta.

2. Se a contrapartida consistir em valores mobiliários, emitidos ou a emitir, o prospecto deve incluir todas as informações que seriam exigíveis se os valores mobiliários fossem objecto de oferta pública de venda ou de subscrição.

Nota. Redacção introduzida pelo art. 2.º do DL n.º 219/2006, de 2 de Novembro.

Art. 139.º (Adaptação do prospecto em casos especiais)

Sem prejuízo da informação adequada dos investidores, quando, excepcionalmente, determinadas informações exigidas, nomeadamente pelo Regulamento (CE) n.º 809/2004, da Comissão, de 29 de Abril, para serem incluídas no prospecto forem inadequadas à esfera de actividade ou à forma jurídica do emitente ou ainda aos valores mobiliários a que se refere o prospecto, o prospecto deve conter, quando possível, informações equivalentes à informação exigida.

Nota. Redacção introduzida pelo art. 2.º do DL n.º 52/2006, de 15 de Março.

Art. 140.º (Divulgação)

1. O prospecto só pode ser divulgado após aprovação pela CMVM, devendo o respectivo texto e formato a divulgar ser idênticos à versão original aprovada.

2. Após aprovação, a versão final do prospecto, já com a indicação da data de aprovação ou do número de registo, deve ser enviada à CMVM e colocada à disposição do público pelo oferente com uma antecedência razoável em função das características da oferta e dos investidores a que se destina.

3. O prospecto deve ser divulgado:

a) Em caso de oferta pública de distribuição precedida de negociação de direitos, até ao dia útil anterior ao da data de destaque dos direitos;

b) Nas restantes ofertas públicas de distribuição, o mais tardar até ao início da oferta pública a que respeita.

4. Tratando-se de oferta pública de uma categoria de acções ainda não admitida à negociação num mercado regulamentado e que se destina a ser admitida à negociação em mercado regulamentado pela primeira vez, o prospecto deve estar disponível pelo menos seis dias úteis antes do termo do prazo da oferta.

5. Considera-se colocado à disposição do público o prospecto que tenha sido divulgado:

746

Cap. I. Disposições comuns   **Arts. 140.°-A-141.° CodVM [51]**

a) Através de publicação num ou mais jornais de difusão nacional ou de grande difusão; ou

b) Sob forma impressa, colocado gratuitamente à disposição do público nas instalações do mercado em que é solicitada a admissão à negociação dos valores mobiliários, ou na sede estatutária do emitente e nas agências dos intermediários financeiros responsáveis pela sua colocação, incluindo os responsáveis pelo serviço financeiro do emitente; ou

c) Sob forma electrónica no sítio da Internet do emitente e, se for caso disso, no sítio da Internet dos intermediários financeiros responsáveis pela colocação ou venda dos valores mobiliários, incluindo os responsáveis pelo serviço financeiro do emitente; ou

d) Sob forma electrónica no sítio da Internet do mercado regulamentado em que se solicita a admissão à negociação; ou

e) Sob forma electrónica no sítio da Internet da CMVM.

6. Se o oferente optar pela divulgação do prospecto através das formas previstas nas alíneas *a)* ou *b)* do número anterior, deve também divulgar o prospecto sob forma electrónica de acordo com a alínea *c)* do número anterior.

7. Se o prospecto for constituído por vários documentos e ou contiver informação mediante remissão, os documentos e a informação que o compõem podem ser publicados e divulgados de forma separada, desde que os referidos documentos sejam colocados gratuitamente à disposição do público de acordo com o disposto nos números anteriores.

8. Para efeitos do número anterior, cada documento deve indicar onde podem ser obtidos os restantes documentos constitutivos do prospecto completo.

9. Se o prospecto for disponibilizado sob forma electrónica, o emitente, o oferente ou intermediários financeiros responsáveis pela colocação dos valores devem disponibilizar ao investidor, gratuitamente, uma versão em suporte de papel, sempre que este o solicite.

10. A divulgação do prospecto obedece ao disposto no Regulamento (CE) n.° 809/2004, da Comissão, de 29 de Abril.

Nota. Redacção introduzida pelo art. 2.° do DL n.° 52/2006, de 15 de Março.

Art. 140.°-A (Aviso sobre disponibilidade do prospecto)

1. Em ofertas públicas cujo prospecto seja divulgado apenas sob forma electrónica, nos termos das alíneas *c)*, *d)* e *e)* do n.° 5 do artigo anterior, deve ser divulgado um aviso sobre a disponibilidade do prospecto.

2. O conteúdo e a divulgação do aviso sobre a disponibilidade do prospecto obedecem ao disposto no Regulamento (CE) n.° 809/2004, da Comissão, de 29 de Abril.

Nota. Aditado pelo art. 3.° do DL n.° 52/2006, de 15 de Março.

Art. 141.° (Dispensa de inclusão de matérias no prospecto)

A requerimento do emitente ou do oferente, a CMVM pode dispensar a inclusão de informações no prospecto se:

a) A divulgação de tais informações for contrária ao interesse público;

b) A divulgação de tais informações for muito prejudicial para o emitente, desde que a omissão não seja susceptível de induzir o público em erro no que res-

747

[51] CodVM Arts. 142.º-145.º   Tít. III.   Ofertas públicas

peita a factos e circunstâncias essenciais para uma avaliação informada do emitente, oferente ou eventual garante, bem como dos direitos inerentes aos valores mobiliários a que se refere o prospecto; ou

c) Essas informações forem de importância menor para a oferta e não forem susceptíveis de influenciar a apreciação da posição financeira e das perspectivas do emitente, oferente ou eventual garante.

Nota. Redacção introduzida pelo art. 2.º do DL n.º 52/2006, de 15 de Março.

Art. 142.º (Adenda ao prospecto e rectificação do prospecto)
1. Se, entre a data de aprovação do prospecto e o fim do prazo da oferta, for detectada alguma deficiência no prospecto ou ocorrer qualquer facto novo ou se tome conhecimento de qualquer facto anterior não considerado no prospecto, que sejam relevantes para a decisão a tomar pelos destinatários, deve ser imediatamente requerida à CMVM a aprovação de adenda ou de rectificação do prospecto.
2. A adenda ou a rectificação ao prospecto deve ser aprovada no prazo de sete dias úteis desde o requerimento e deve ser divulgada nos termos do artigo 140.º
3. O sumário e as suas traduções devem ser completados ou rectificados, se necessário, para ter em conta as informações incluídas na adenda ou na rectificação.
4. Os investidores que já tenham transmitido ordens de aceitação da oferta antes de ser publicada a adenda ou a rectificação têm o direito de revogar a sua aceitação durante um prazo não inferior a dois dias úteis após a colocação à disposição do público da adenda ou da rectificação.

Nota. Redacção introduzida pelo art. 2.º do DL n.º 52/2006, de 15 de Março.

Art. 143.º (Validade do prospecto)
1. O prospecto de oferta pública de distribuição e o prospecto base são válidos por um prazo de 12 meses a contar da data da sua colocação à disposição do público, devendo ser completados por eventuais adendas exigidas nos termos do artigo 142.º
2. Quando se tratar de oferta pública de valores mobiliários não representativos de capital social referidos na alínea *b*) do n.º 1 do artigo 135.º-C, o prospecto é válido até que aqueles deixem de ser emitidos de forma contínua ou repetida.
3. O documento de registo é válido por um prazo de 12 meses a contar da data de aprovação das contas anuais em que o mesmo se baseie.

Nota. Redacção introduzida pelo art. 1.º do DL n.º 66/2004, de 24 de Março, e pelo art. 2.º do DL n.º 52/2006, de 15 de Março, que também alterou a epígrafe do preceito.

Art. 144.º (Prospecto de referência)
Nota. Revogado pelo art. 12.º do DL n.º 52/2006, de 15 de Março.

SUBSECÇÃO II.   **Prospecto de oferta internacional**

Art. 145.º (Autoridade competente)
1. A CMVM é competente para a aprovação de prospectos de ofertas públicas de distribuição, cujos emitentes tenham sede estatutária em Portugal, relativamente a emissões de acções, de valores mobiliários que dêem direito à sua aquisi-

748

Cap. I.   Disposições comuns   **Art. 145.º-A CodVM [51]**

ção, desde que o emitente dos valores mobiliários seja o emitente dos valores mobiliários subjacentes ou uma entidade pertencente ao grupo deste último emitente, e de outros valores mobiliários com valor nominal inferior a € 1 000.

2. O Estado membro em que o emitente tem a sua sede estatutária ou em que os valores mobiliários foram ou serão admitidos à negociação num mercado regulamentado ou oferecidos ao público, à escolha do emitente ou do oferente, é competente para a aprovação do prospecto de oferta pública de distribuição:

a) De valores mobiliários não representativos de capital social cujo valor nominal unitário se eleve a pelo menos € 1 000;

b) De valores mobiliários não representativos de capital social que dêem direito a adquirir valores mobiliários ou a receber um montante em numerário, em consequência da sua conversão ou do exercício de direitos por eles conferidos, desde que o emitente dos valores mobiliários não representativos de capital social não seja o emitente dos valores mobiliários subjacentes ou uma entidade pertencente ao grupo deste último.

3. Para a aprovação do prospecto de oferta pública de distribuição, cujo emitente tenha sido constituído num país que não pertença à União Europeia, de valores mobiliários que não sejam referidos no número anterior, é competente o Estado membro em que esses valores mobiliários se destinam a ser objecto de oferta ao público pela primeira vez ou em que é apresentado o primeiro pedido de admissão à negociação num mercado regulamentado, à escolha do emitente ou do oferente, consoante o caso, sob reserva de escolha subsequente pelos emitentes constituídos num país terceiro se o Estado membro de origem não tiver sido determinado por escolha destes.

4. A CMVM pode decidir delegar a aprovação do prospecto de oferta pública de distribuição na autoridade competente de outro Estado membro, obtido o prévio acordo desta.

5. A delegação de competência prevista no número anterior deve ser notificada ao emitente ou ao oferente no prazo de três dias úteis a contar da data da decisão pela CMVM.

Nota. Redacção introduzida pelo art. 2.º do DL n.º 52/2006, de 15 de Março.

Art. 145.º-A (Autoridade competente em ofertas públicas de aquisição)

1. A CMVM é competente para a supervisão de ofertas públicas de aquisição que tenham por objecto valores mobiliários emitidos por sociedades sujeitas a lei pessoal portuguesa, desde que os valores objecto da oferta:

a) Estejam admitidos à negociação em mercado regulamentado situado ou a funcionar em Portugal;

b) Não estejam admitidos à negociação em mercado regulamentado.

2. A CMVM é igualmente competente para a supervisão de ofertas públicas de aquisição de valores mobiliários em que seja visada sociedade sujeita a lei pessoal estrangeira, desde que os valores mobiliários objecto da oferta:

a) Estejam exclusivamente admitidos à negociação em mercado regulamentado situado ou a funcionar em Portugal; ou

b) Não estando admitidos à negociação no Estado membro onde se situa a sede da sociedade emitente, tenham sido admitidos à negociação em mercado regulamentado situado ou a funcionar em Portugal em primeiro lugar.

749

[51] CodVM Arts. 146.º-147.º   Tít. III.   Ofertas públicas

3. Se a admissão à negociação dos valores mobiliários objecto da oferta for simultânea em mais de um mercado regulamentado de diversos Estados membros, não incluindo o Estado membro onde se situa a sede da sociedade emitente, a sociedade emitente escolhe, no primeiro dia de negociação, a autoridade competente para a supervisão da oferta de entre as autoridades desses Estados membros e comunica essa decisão aos mercados regulamentados em causa e às respectivas autoridades de supervisão.

4. Quando a CMVM seja competente nos termos do número anterior, a decisão da sociedade é divulgada no sistema de difusão de informação da CMVM.

Nota. Aditado pelo art. 3.º do DL n.º 219/2006, de 2 de Novembro.

Art. 146.º (Âmbito comunitário do prospecto)

1. O prospecto aprovado por autoridade competente de Estado membro da União Europeia relativo a uma oferta pública de distribuição a realizar em Portugal e noutro Estado membro é eficaz em Portugal, desde que a CMVM receba da autoridade competente:

a) Um certificado de aprovação que ateste que o prospecto foi elaborado em conformidade com a Directiva n.º 2003/71/CE, do Parlamento Europeu e do Conselho, de 4 de Novembro, e que justifique, se for o caso, a dispensa de inclusão de informação no prospecto;

b) Uma cópia do referido prospecto e, quando aplicável, uma tradução do respectivo sumário.

2. Se se verificarem factos novos significativos, erros ou inexactidões importantes no prospecto, a CMVM pode alertar a autoridade competente que aprovou o prospecto para a necessidade de eventuais informações novas e de consequente publicação de uma adenda.

3. Para efeitos de utilização internacional de prospecto aprovado pela CMVM, os documentos referidos no n.º 1 são fornecidos pela CMVM à autoridade competente dos outros Estados membros em que a oferta também se realize, no prazo de três dias úteis a contar da data do pedido que para o efeito lhe tiver sido dirigido pelo oferente ou pelo intermediário financeiro encarregado da assistência, ou no prazo de um dia útil a contar da data de aprovação do prospecto, se aquele pedido for apresentado juntamente com o pedido de registo da oferta.

4. A tradução do sumário é da responsabilidade do oferente.

5. O disposto nos números anteriores aplica-se igualmente às adendas e às rectificações ao prospecto.

Nota. Redacção introduzida pelo art. 2.º do DL n.º 52/2006, de 15 de Março, que também alterou a epígrafe do preceito.

Art. 147.º (Emitentes não comunitários)

1. A CMVM pode aprovar um prospecto relativo a oferta pública de distribuição de valores mobiliários de emitente que tenha sede estatutária num Estado não membro da União Europeia elaborado em conformidade com a legislação de um Estado não membro da União Europeia desde que:

a) O prospecto tenha sido elaborado de acordo com as normas internacionais estabelecidas por organizações internacionais de supervisores de valores mobiliá-

750

Cap. I. Disposições comuns **Arts. 147.°-A-149.° CodVM [51]**

rios, incluindo as normas da Organização Internacional de Comissões de Valores Mobiliários; e

b) O prospecto contenha informação, nomeadamente de natureza financeira, equivalente à prevista neste Código e no Regulamento (CE) n.° 809/2004, da Comissão, de 29 de Abril.

2. Aos prospectos a que se refere o presente artigo aplica-se também o artigo 146.°

Nota. Redacção introduzida pelo art. 2.° do DL n.° 52/2006, de 15 de Março, que também alterou a epígrafe do preceito.

Art. 147.°-A (Reconhecimento mútuo)

1. O prospecto de oferta pública de aquisição de valores mobiliários admitidos à negociação em mercado regulamentado situado ou a funcionar em Portugal, aprovado por autoridade competente de outro Estado membro é reconhecido pela CMVM, desde que:

a) Esteja traduzido para português, sem prejuízo do disposto no n.° 2 do artigo 6.°;

b) Seja disponibilizado à CMVM um certificado, emitido pela autoridade competente responsável pela aprovação do prospecto, em como este cumpre as disposições comunitárias e nacionais relevantes, acompanhado pelo prospecto aprovado.

2. A CMVM pode exigir a introdução de informação suplementar que decorra de especificidades do regime português e respeite a formalidades relativas ao pagamento da contrapartida, à aceitação da oferta e ao regime fiscal a que esta fica sujeita.

Nota. Aditado pelo art. 3.° do DL n.° 219/2006, de 2 de Novembro.

Art. 148.° (Cooperação)

A CMVM deve estabelecer formas de cooperação com as autoridades competentes estrangeiras quanto à troca de informações necessárias à supervisão de ofertas realizadas em Portugal e no estrangeiro, em especial, quando um emitente com sede noutro Estado membro tiver mais de uma autoridade competente de origem devido às suas diversas categorias de valores mobiliários, ou quando a aprovação do prospecto tiver sido delegada na autoridade competente de outro Estado membro.

Nota. Redacção introduzida pelo art. 2.° do DL n.° 52/2006, de 15 de Março.

SUBSECÇÃO III. **Responsabilidade pelo prospecto**

Art. 149.° (Âmbito)

1. São responsáveis pelos danos causados pela desconformidade do conteúdo do prospecto com o disposto no artigo 135.°, salvo se provarem que agiram sem culpa:

a) O oferente;

b) Os titulares do órgão de administração do oferente;

c) O emitente;

d) Os titulares do órgão de administração do emitente;

[51] CodVM Arts. 150.º-153.º

Tít. III.   Ofertas públicas

e) Os promotores, no caso de oferta de subscrição para a constituição de sociedade;

f) Os titulares do órgão de fiscalização, as sociedades de revisores oficiais de contas, os revisores oficiais de contas e outras pessoas que tenham certificado ou, de qualquer outro modo, apreciado os documentos de prestação de contas em que o prospecto se baseia;

g) Os intermediários financeiros encarregados da assistência à oferta;

h) As demais pessoas que aceitem ser nomeadas no prospecto como responsáveis por qualquer informação, previsão ou estudo que nele se inclua.

2. A culpa é apreciada de acordo com elevados padrões de diligência profissional.

3. A responsabilidade é excluída se alguma das pessoas referidas no n.º 1 provar que o destinatário tinha ou devia ter conhecimento da deficiência de conteúdo do prospecto à data da emissão da sua declaração contratual ou em momento em que a respectiva revogação ainda era possível.

4. A responsabilidade é ainda excluída se os danos previstos no n.º 1 resultarem apenas do sumário de prospecto, ou de qualquer das suas traduções, salvo se o mesmo contiver menções enganosas, inexactas ou incoerentes quando lido em conjunto com os outros documentos que compõem o prospecto.

Nota. O n.º 4 foi aditado pelo art. 2.º do DL n.º 52/2006, de 15 de Março.

Art. 150.º (Responsabilidade objectiva)

Respondem independentemente de culpa:

a) O oferente, se for responsável alguma das pessoas referidas nas alíneas *b*), *g*) e *h*) do n.º 1 do artigo anterior;

b) O emitente, se for responsável alguma das pessoas referidas nas alíneas *d*), *e*) e *f*) do n.º 1 do artigo anterior;

c) O chefe do consórcio de colocação, se for responsável um dos membros do consórcio, nos termos da alínea *g*) do n.º 1 do artigo anterior.

Art. 151.º (Responsabilidade solidária)

Se forem várias as pessoas responsáveis pelos danos causados, é solidária a sua responsabilidade.

Art. 152.º (Dano indemnizável)

1. A indemnização deve colocar o lesado na exacta situação em que estaria se, no momento da aquisição ou da alienação dos valores mobiliários, o conteúdo do prospecto estivesse conforme com o disposto no artigo 135.º

2. O montante do dano indemnizável reduz-se na medida em que os responsáveis provem que o dano se deve também a causas diversas dos vícios da informação ou da previsão constantes do prospecto.

Art. 153.º (Cessação do direito à indemnização)

O direito de indemnização fundado nos artigos precedentes deve ser exercido no prazo de seis meses após o conhecimento da deficiência do conteúdo do pros-

Cap. II.   Ofertas públicas de distribuição   **Arts. 154.°-156.° CodVM [51]**

pecto e cessa, em qualquer caso, decorridos dois anos contados desde a data da divulgação do resultado da oferta.

Art. 154.° (Injuntividade)

As regras previstas nesta subsecção não podem ser afastadas ou modificadas por negócio jurídico.

SECÇÃO VI.   **Regulamentação**

Art. 155.° (Matérias a regulamentar)

A CMVM elabora os regulamentos necessários à concretização do disposto no presente título, nomeadamente sobre as seguintes matérias:

a) Regime de comunicação subsequente das ofertas particulares relativas a valores mobiliários;

b) Modelo a que obedece a estrutura dos prospectos de oferta pública de aquisição;

c) Quantidade mínima de valores mobiliários que pode ser objecto de oferta pública;

d) Local de publicação do resultado das ofertas públicas;

e) Opção de distribuição de lote suplementar;

f) Recolha de intenções de investimento, designadamente quanto ao conteúdo e à divulgação do anúncio e do prospecto preliminares;

g) Requisitos a que devem obedecer os valores mobiliários que integram a contrapartida de oferta pública de aquisição;

h) Deveres de informação a cargo das pessoas que beneficiam de derrogação quanto à obrigatoriedade de lançamento de oferta pública de aquisição;

i) Taxas devidas à CMVM pela aprovação do prospecto de oferta pública de distribuição, pela aprovação do prospecto preliminar de recolha de intenções de investimento, pelo registo de oferta pública de aquisição e pela aprovação de publicidade;

j) Deveres de informação para a distribuição através de oferta pública dos valores mobiliários a que se refere a alínea *g*) do artigo 1.°

l) Conteúdo e modo de divulgação da informação referida no n.° 2 do artigo 134.°

Nota. Redacção introduzida pelo art. 1.° do DL n.° 66/2004, de 24 de Março, e pelo art. 2.° do DL n.° 52/2006, de 15 de Março.

CAPÍTULO II.   **Ofertas públicas de distribuição**

SECÇÃO I.   **Disposições gerais**

Art. 156.° (Estudo de viabilidade)

Nota. Revogado pelo art. 12.° do DL n.° 52/2006, de 15 de Março.

[51] CodVM Arts. 157.°-162.°

Tít. III.   Ofertas públicas

Art. 157.° (Registo provisório)

Nota. Revogado pelo art. 12.° do DL n.° 52/2006, de 15 de Março.

Art. 158.° (Distribuição de lote suplementar)

Nota. Revogado pelo art. 12.° do DL n.° 52/2006, de 15 de Março.

Art. 159.° (Omissão de informação)

1. Sempre que o preço definitivo da oferta e o número de valores mobiliários que são oferecidos ao público não possam ser incluídos, o prospecto pode omitir essa informação se:

a) Os critérios e ou as condições segundo os quais o preço e o número de valores mobiliários são determinados ou, no caso do preço, o preço máximo forem indicados no prospecto; ou

b) A aceitação da aquisição ou subscrição de valores mobiliários possa ser revogada durante um prazo não inferior a dois dias úteis após a notificação do preço definitivo da oferta e do número de valores mobiliários objecto da oferta ao público.

2. Logo que sejam apurados, o preço definitivo da oferta e o número dos valores mobiliários devem ser comunicados à CMVM e divulgados nos termos do artigo 140.°

Nota. Redacção introduzida pelo art. 2.° do DL n.° 52/2006, de 15 de Março, que também alterou a epígrafe do preceito.

Art. 160.° (Estabilização de preços)

Nota. Revogado pelo art. 12.° do DL n.° 52/2006, de 15 de Março.

Art. 161.° (Distribuição incompleta)

Se a quantidade total dos valores mobiliários que são objecto das declarações de aceitação for inferior à quantidade dos que foram oferecidos, a oferta é eficaz em relação aos valores mobiliários efectivamente distribuídos, salvo se o contrário resultar de disposição legal ou dos termos da oferta.

Art. 162.° (Divulgação de informação)

1. O emitente, o oferente, os intermediários financeiros intervenientes em oferta pública de distribuição, decidida ou projectada, e as pessoas que com estes estejam em alguma das situações previstas do n.° 1 do artigo 20.° devem, até que a informação relativa à oferta seja tomada pública:

a) Limitar a revelação de informação relativa à oferta ao que for necessário para os objectivos da oferta, advertindo os destinatários sobre o carácter reservado da informação transmitida;

b) Limitar a utilização da informação reservada aos fins relacionados com a preparação da oferta.

Cap. II.   Ofertas públicas de distribuição   **Arts. 163.°-164.° CodVM [51]**

2. As entidades referidas no número anterior que, a partir do momento em que a oferta se torne pública, divulguem informação relacionada com o emitente ou com a oferta devem:

   a) Observar os princípios a que deve obedecer a qualidade da informação;

   b) Assegurar que a informação prestada é coerente com a contida no prospecto;

   c) Esclarecer as suas ligações com o emitente ou o seu interesse na oferta.

Nota. A redacção do n.° 2, alínea *b*), foi introduzida pelo art. 2.° do DL n.° 52/2006, de 15 de Março.

Art. 163.° (Frustração de admissão à negociação)

1. Quando uma oferta pública de distribuição for acompanhada da informação de que os valores mobiliários que dela são objecto se destinam a ser admitidos à negociação em mercado regulamentado, os destinatários da oferta podem resolver os negócios de aquisição, se:

   a) A admissão à negociação não tiver sido requerida até ao apuramento do resultado da oferta; ou

   b) A admissão for recusada com fundamento em facto imputável ao emitente, ao oferente, ao intermediário financeiro ou a pessoas que com estes estejam em alguma das situações previstas do n.° 1 do artigo 20.°

2. A resolução deve ser comunicada ao emitente até 60 dias após o acto de recusa de admissão a mercado regulamentado ou após a divulgação do resultado da oferta, se nesse prazo não tiver sido apresentado pedido de admissão.

3. O emitente deve restituir os montantes recebidos até 30 dias após a recepção da declaração de resolução.

Art. 163.°-A (Idioma)

1. O prospecto de oferta pública de distribuição pode ser, no todo ou em parte, redigido numa língua de uso corrente nos mercados financeiros internacionais:

   a) Se a sua apresentação não resultar de exigência legal;

   b) Se tiver sido elaborado no âmbito de uma oferta dirigida a vários Estados; ou

   c) Se a lei pessoal do emitente for estrangeira.

2. Nos casos previstos nas alíneas *b*) e *c*) do número anterior, a CMVM pode exigir que o sumário seja divulgado também em português.

Nota. Aditado pelo art. 2.° do DL n.° 66/2004, de 24 de Março. A redacção do n.° 2 foi introduzida pelo art. 2.° do DL n.° 52/2006, de 15 de Março

SECÇÃO II.   **Recolha de intenções de investimento**

Art. 164.° (Admissibilidade)

1. É permitida a recolha de intenções de investimento para apurar a viabilidade de uma eventual oferta pública de distribuição.

2. A recolha de intenções de investimento só pode iniciar-se após divulgação de prospecto preliminar.

755

[51] CodVM Arts. 165.°-169.° Tít. III. Ofertas públicas

3. As intenções de investimento não podem servir como meio de formação de contratos, mas podem conferir às pessoas consultadas condições mais favoráveis em oferta futura.

Art. 165.° (Prospecto preliminar)

1. O prospecto preliminar de recolha de intenções de investimento deve ser aprovado pela CMVM.

2. O pedido de aprovação de prospecto preliminar é instruído com os documentos referidos nas alíneas *a*) a *g*) do n.° 1 do artigo 115.°, acompanhado de projecto de prospecto preliminar.

3. O prospecto preliminar obedece ao Regulamento (CE) n.° 809/2004, da Comissão, de 29 de Abril, com as necessárias adaptações.

Nota. Redacção introduzida pelo art. 2.° do DL n.° 52/2006, de 15 de Março, que também alterou a epígrafe do preceito.

Art. 166.° (Responsabilidade pelo prospecto)

À responsabilidade pelo conteúdo do prospecto preliminar aplica-se, com as necessárias adaptações, o disposto nos artigos 149.° e seguintes.

Art. 167.° (Publicidade)

É permitida a realização de acções publicitárias, observando-se o disposto nos artigos 121.° e 122.°

Nota. Redacção introduzida pelo art. 7.° do DL n.° 357-A/2007, de 31 de Outubro.

SECÇÃO III. **Oferta pública de subscrição**

Art. 168.° (Oferta pública de subscrição para constituição de sociedade)

Além dos documentos exigidos nas alíneas *j*) a *n*) do n.° 1 do artigo 115.°, o pedido de aprovação de prospecto de oferta pública de subscrição para constituição de sociedade deve ser instruído com os seguintes elementos:

a) Identificação dos promotores;

b) Documento comprovativo da subscrição do capital social mínimo pelos promotores;

c) Cópia do projecto do contrato de sociedade;

d) Certidão comprovativa do registo comercial provisório.

Nota. A redacção do proémio foi introduzida pelo art. 2.° do DL n.° 52/2006, de 15 de Março.

Art. 169.° (Sucessão de ofertas e ofertas em séries)

O lançamento pela mesma entidade de nova oferta de subscrição de valores mobiliários do mesmo tipo dos que foram objecto de oferta anterior ou o lançamento de nova série depende do pagamento prévio da totalidade do preço de subscrição ou da colocação em mora dos subscritores remissos e do cumprimento das formalidades associadas à emissão ou à série anteriores.

756

Cap. III. Ofertas públicas de aquisição   **Arts. 170.º-174.º CodVM [51]**

SECÇÃO IV.   **Oferta pública de venda**

Art. 170.º (Bloqueio dos valores mobiliários)

O pedido de aprovação de prospecto de oferta pública de venda é instruído com certificado comprovativo do bloqueio dos valores mobiliários oferecidos.

Nota. Redacção introduzida pelo art. 2.º do DL n.º 52/2006, de 15 de Março.

Art. 171.º (Dever de cooperação do emitente)

O emitente de valores mobiliários distribuídos em oferta pública de venda deve fornecer ao oferente, a expensas deste, as informações e os documentos necessários para a elaboração do prospecto.

Art. 172.º (Revisão da oferta)

1. O oferente pode reduzir em pelo menos 2% o preço inicialmente anunciado.

2. À revisão da oferta é aplicável o disposto no artigo 129.º

Nota. Redacção introduzida pelo art. 7.º do DL n.º 357-A/2007, de 31 de Outubro.

CAPÍTULO III.   Ofertas públicas de aquisição

SECÇÃO I.   **Disposições comuns**

Art. 173.º (Objecto da oferta)

1. A oferta pública de aquisição é dirigida a todos os titulares dos valores mobiliários que dela são objecto.

2. Se a oferta pública não visar a aquisição da totalidade das acções da sociedade visada e dos valores mobiliários que conferem direito à sua subscrição ou aquisição, emitidos pela sociedade visada, não é permitida a aceitação pelo oferente ou por pessoas que com este estejam em alguma das situações previstas do n.º 1 do artigo 20.º

3. À oferta pública de aquisição lançada apenas sobre valores mobiliários que não sejam acções ou valores mobiliários que conferem direito à sua subscrição ou aquisição não se aplicam as regras relativas ao anúncio preliminar, aos deveres de informação sobre transacções efectuadas, aos deveres do emitente, à oferta concorrente e à oferta pública de aquisição obrigatória.

Nota. A redacção do n.º 3 foi introduzida pelo art. 2.º do DL n.º 219/2006, de 2 de Novembro.

Art. 174.º (Segredo)

O oferente, a sociedade visada, os seus accionistas e os titulares de órgãos sociais e, bem assim, todos os que lhes prestem serviços a título permanente ou ocasional devem guardar segredo sobre a preparação da oferta até à publicação do anúncio preliminar.

757

[51] CodVM Arts. 175.º-177.º   Tít. III.   Ofertas públicas

Art. 175.º (Publicação do anúncio preliminar)

1. Logo que tome a decisão de lançamento de oferta pública de aquisição, o oferente deve enviar anúncio preliminar à CMVM, à sociedade visada e às entidades gestoras dos mercados regulamentados em que os valores mobiliários que são objecto da oferta ou que integrem a contrapartida a propor estejam admitidos à negociação, procedendo de imediato à respectiva publicação.

2. A publicação do anúncio preliminar obriga o oferente a:

a) Lançar a oferta em termos não menos favoráveis para os destinatários do que as constantes desse anúncio;

b) Requerer o registo da oferta no prazo de 20 dias, prorrogável pela CMVM até 60 dias nas ofertas públicas de troca.

c) Informar os representantes dos seus trabalhadores ou, na sua falta, os trabalhadores sobre o conteúdo dos documentos da oferta, assim que estes sejam tornados públicos.

Nota. A alínea *c*) foi aditada pelo art. 2.º do DL n.º 219/2006, de 2 de Novembro.

Art. 176.º (Conteúdo do anúncio preliminar)

1. O anúncio preliminar deve indicar:

a) O nome, a denominação ou a firma do oferente e o seu domicílio ou sede;

b) A firma e a sede da sociedade visada;

c) Os valores mobiliários que são objecto da oferta;

d) A contrapartida oferecida;

e) O intermediário financeiro encarregado da assistência à oferta, se já tiver sido designado;

f) A percentagem de direitos de voto na sociedade visada detidos pelo oferente e por pessoas que com este estejam em alguma das situações previstas no artigo 20.º, calculada, com as necessárias adaptações, nos termos desse artigo.

g) A enunciação sumária dos objectivos do oferente, designadamente quanto à continuidade ou modificação da actividade empresarial da sociedade visada, do oferente, na medida em que seja afectado pela oferta, e, nos mesmos termos, por sociedades que com estes estejam em relação de domínio ou de grupo;

h) O estatuto do oferente quanto às matérias a que se refere o artigo 182.º e o n.º 1 do artigo 182.º-A.

2. A fixação de limite mínimo ou máximo da quantidade dos valores mobiliários a adquirir e a sujeição da oferta a qualquer condição só são eficazes se constarem do anúncio preliminar.

Nota. As alíneas *g*) e *h*) do n.º 1 foram aditadas pelo art. 2.º do DL n.º 219/2006, de 2 de Novembro.

Art. 177.º (Contrapartida)

1. A contrapartida pode consistir em dinheiro, em valores mobiliários, emitidos ou a emitir, ou ser mista.

2. Se a contrapartida consistir em dinheiro, o oferente deve, previamente ao registo da oferta, depositar o montante total em instituição de crédito ou apresentar garantia bancária adequada.

Cap. III.   Ofertas públicas de aquisição   **Arts. 178.°-180.° CodVM [51]**

3. Se a contrapartida consistir em valores mobiliários, estes devem ter adequada liquidez e ser de fácil avaliação.

Art. 178.° (Oferta pública de troca)

1. Os valores mobiliários oferecidos como contrapartida, que já tenham sido emitidos, devem ser registados ou depositados à ordem do oferente em sistema centralizado ou junto de intermediário financeiro, procedendo-se ao seu bloqueio.

2. O anúncio preliminar e o anúncio de lançamento de oferta pública de aquisição cuja contrapartida consista em valores mobiliários que não sejam emitidos pelo oferente devem também indicar os elementos respeitantes ao emitente e aos valores mobiliários por este emitidos ou a emitir, que são referidos no artigo 176.° e no n.° 1 do artigo 183.°-A.

Nota. A redacção do n.° 2 foi introduzida pelo art. 2.° do DL n.° 219/2006, de 2 de Novembro.

Art. 179.° (Registo da oferta pública de aquisição)

Além dos referidos no artigo 115.°, o pedido de registo de oferta pública de aquisição apresentado na CMVM é instruído com os documentos comprovativos dos seguintes factos:

a) Entrega do anúncio preliminar, do projecto de anúncio de lançamento e de projecto de prospecto à sociedade visada e às entidades gestoras de mercados regulamentados em que os valores mobiliários estão admitidos à negociação;

b) Depósito da contrapartida em dinheiro ou emissão da garantia bancária que cauciona o seu pagamento;

c) Bloqueio dos valores mobiliários já emitidos que sejam objecto da contrapartida e dos referidos no n.° 2 do artigo 173.°

Nota. Alterado pelo art. 7.° do DL n.° 357-A/2007, de 31 de Outubro.

Art. 180.° (Transacções na pendência da oferta)

1. A partir da publicação do anúncio preliminar e até ao apuramento do resultado da oferta, o oferente e as pessoas que com este estejam em alguma das situações previstas no artigo 20.°:

a) Não podem negociar fora de mercado regulamentado valores mobiliários da categoria dos que são objecto da oferta ou dos que integram a contrapartida, excepto se forem autorizados pela CMVM, com parecer prévio da sociedade visada;

b) Devem informar diariamente a CMVM sobre as transacções realizadas por cada uma delas sobre valores mobiliários emitidos pela sociedade visada ou da categoria dos que integram a contrapartida.

2. As aquisições de valores mobiliários da categoria daqueles que são objecto da oferta ou dos que integram a contrapartida, feitas depois da publicação do anúncio preliminar, são imputadas no cálculo da quantidade mínima que o adquirente se propõe adquirir.

3. Caso ocorram as aquisições referidas no número anterior:

a) No âmbito de ofertas públicas de aquisição voluntárias, a CMVM pode determinar a revisão da contrapartida se, por efeito dessas aquisições, a contrapartida não se mostrar equitativa;

759

[51] CodVM Arts. 181.°-182.°   Tít. III.   Ofertas públicas

b) No âmbito de ofertas públicas de aquisição obrigatórias, o oferente é obrigado a aumentar a contrapartida para um preço não inferior ao preço mais alto pago pelos valores mobiliários assim adquiridos.

Nota. A redacção do n.° 1, alínea *a*), foi introduzida pelo art. 2.° do DL n.° 52/2006, de 15 de Março, e a do n.° 3 pelo art. 2.° do DL n.° 219/2006, de 2 de Novembro.

Art. 181.° (Deveres da sociedade visada)

1. O órgão de administração da sociedade visada deve, no prazo de oito dias a contar da recepção dos projectos de prospecto e de anúncio de lançamento e no prazo de cinco dias após a divulgação de adenda aos documentos da oferta, enviar ao oferente e à CMVM e divulgar ao público um relatório elaborado nos termos do artigo 7.° sobre a oportunidade e as condições da oferta.

2. O relatório referido no número anterior deve conter um parecer autónomo e fundamentado sobre, pelo menos:

a) O tipo e o montante da contrapartida oferecida;

b) Os planos estratégicos do oferente para a sociedade visada;

c) As repercussões da oferta nos interesses da sociedade visada, em geral, e, em particular, nos interesses do seus trabalhadores e nas suas condições de trabalho e nos locais em que a sociedade exerça a sua actividade;

d) A intenção dos membros do órgão de administração que simultaneamente sejam accionistas da sociedade visada, quanto à aceitação da oferta.

3. O relatório deve conter informação sobre eventuais votos negativos expressos na deliberação do órgão de administração que procedeu à sua aprovação.

4. Se, até ao início da oferta, o órgão de administração receber dos trabalhadores, directamente ou através dos seus representantes, um parecer quanto às repercussões da oferta a nível do emprego, deve proceder à sua divulgação em apenso ao relatório por si elaborado.

5. O órgão de administração da sociedade visada deve, a partir da publicação do anúncio preliminar e até ao apuramento do resultado da oferta:

a) Informar diariamente a CMVM acerca das transacções realizadas pelos seus titulares sobre valores mobiliários emitidos pela sociedade visada ou por pessoas que com esta estejam em alguma das situações previstas do n.° 1 do artigo 20.°;

b) Prestar todas as informações que lhe venham a ser solicitadas pela CMVM no âmbito das suas funções de supervisão;

c) Informar os representantes dos seus trabalhadores ou, na sua falta, os trabalhadores sobre o conteúdo dos documentos da oferta e do relatório por si elaborado, assim que estes sejam tornados públicos;

d) Agir de boa fé, designadamente quanto à correcção da informação e quanto à lealdade do comportamento.

Nota. Redacção introduzida pelo art. 2.° do DL n.° 219/2006, de 2 de Novembro.

Art. 182.° (Limitação dos poderes da sociedade visada)

1. A partir do momento em que tome conhecimento da decisão de lançamento de oferta pública de aquisição que incida sobre mais de um terço dos valores mobiliários da respectiva categoria e até ao apuramento do resultado ou até à ces-

Cap. III.   Ofertas públicas de aquisição   **Art. 182.º-A CodVM [51]**

sação, em momento anterior, do respectivo processo, o órgão de administração da sociedade visada não pode praticar actos susceptíveis de alterar de modo relevante a situação patrimonial da sociedade visada que não se reconduzam à gestão normal da sociedade e que possam afectar de modo significativo os objectivos anunciados pelo oferente.

2. Para efeitos do número anterior:

a) Equipara-se ao conhecimento do lançamento da oferta a recepção pela sociedade visada do anúncio preliminar;

b) Consideram-se alterações relevantes da situação patrimonial da sociedade visada, nomeadamente, a emissão de acções ou de outros valores mobiliários que confiram direito à sua subscrição ou aquisição e a celebração de contratos que visem a alienação de parcelas importantes do activo social.

c) A limitação estende-se aos actos de execução de decisões tomadas antes do período ali referido e que ainda não tenham sido parcial ou totalmente executados.

3. Exceptuam-se do disposto nos números anteriores:

a) Os actos que resultem do cumprimento de obrigações assumidas antes do conhecimento do lançamento da oferta;

b) Os actos autorizados por força de assembleia geral convocada exclusivamente para o efeito durante o período mencionado no n.º 1;

c) Os actos destinados à procura de oferentes concorrentes.

4. Durante o período referido no n.º 1:

a) A antecedência do prazo de divulgação de convocatória de assembleia geral é reduzida para 15 dias;

b) As deliberações da assembleia geral prevista na alínea *b*) do número anterior, bem como as relativas à distribuição antecipada de dividendos e de outros rendimentos, apenas podem ser tomadas pela maioria exigida para a alteração dos estatutos.

5. O oferente é responsável pelos danos causados por decisão de lançamento de oferta pública de aquisição tomada com o objectivo principal de colocar a sociedade visada na situação prevista neste artigo.

6. O regime previsto neste artigo não é aplicável a ofertas públicas de aquisição dirigidas por sociedades oferentes que não estejam sujeitas às mesmas regras ou que sejam dominadas por sociedade que não se sujeite às mesmas regras.

7. Nas sociedades que adoptem o modelo referido na alínea *c*) do n.º 1 do artigo 278.º do Código das Sociedades Comerciais, os n.ºˢ 1 a 6 aplicam-se, com as necessárias adaptações, ao conselho de administração executivo e ao conselho geral e de supervisão.

Nota. Redacção introduzida pelo art. 2.º do DL n.º 219/2006, de 2 de Novembro.

Art. 182.º-A (Suspensão voluntária de eficácia de restrições transmissivas e de direito de voto)

1. As sociedades sujeitas a lei pessoal portuguesa podem prever estatutariamente que:

a) As restrições, previstas nos estatutos ou em acordos parassociais, referentes à transmissão de acções ou de outros valores mobiliários que dêem direito à sua

761

[51] CodVM Art. 183.°

Tít. III. Ofertas públicas

aquisição ficam suspensas, não produzindo efeitos em relação à transmissão decorrente da aceitação da oferta;

b) As restrições, previstas nos estatutos ou em acordos parassociais, referentes ao exercício do direito de voto ficam suspensas, não produzindo efeitos na assembleia geral convocada nos termos da alínea *b*) do n.° 3 do artigo anterior;

c) Quando, na sequência de oferta pública de aquisição, seja atingido pelo menos 75% do capital social com direito de voto, ao oferente não são aplicáveis as restrições relativas à transmissão e ao direito de voto referidas nas anteriores alíneas, nem podem ser exercidos direitos especiais de designação ou de destituição de membros do órgão de administração da sociedade visada.

2. Os estatutos das sociedades abertas sujeitas a lei pessoal portuguesa que não exerçam integralmente a opção mencionada no número anterior não podem fazer depender a alteração ou a eliminação das restrições referentes à transmissão ou ao exercício do direito de voto de quórum deliberativo mais agravado do que o respeitante a 75% dos votos emitidos.

3. Os estatutos das sociedades abertas sujeitas a lei pessoal portuguesa que exerçam a opção mencionada no n.° 1 podem prever que o regime previsto não seja aplicável a ofertas públicas de aquisição dirigidas por sociedades oferentes que não estejam sujeitas às mesmas regras ou que sejam dominadas por uma sociedade que não se sujeite às mesmas regras.

4. O oferente é responsável pelos danos causados pela suspensão de eficácia de acordos parassociais integralmente divulgados até à data da publicação do anúncio preliminar.

5. O oferente não é responsável pelos danos causados aos accionistas que tenham votado favoravelmente as alterações estatutárias para efeitos do n.° 1 e as pessoas que com eles se encontrem em alguma das relações previstas no artigo 20.°

6. A aprovação de alterações estatutárias para efeitos do n.° 1 por sociedades sujeitas a lei pessoal portuguesa e por sociedades emitentes de valores mobiliários admitidos à negociação em mercado regulamentado nacional deve ser divulgada à CMVM e, nos termos do artigo 248.°, ao público.

7. As cláusulas estatutárias referentes à suspensão de eficácia das restrições relativas à transmissão e ao direito de voto referidas no n.° 1 apenas podem vigorar por um prazo máximo de 18 meses, sendo renováveis através de nova deliberação da assembleia geral, aprovada nos termos legalmente previstos para a alteração dos estatutos.

8. O disposto no presente artigo não se aplica no caso de um Estado membro ser titular de valores mobiliários da sociedade visada que lhe confira direitos especiais.

Nota. Aditado pelo art. 3.° do DL n.° 219/2006, de 2 de Novembro.

Art. 183.° (Prazo da oferta)

1. O prazo da oferta pode variar entre duas e dez semanas.

2. A CMVM, por sua própria iniciativa ou a pedido do oferente, pode prorrogar a oferta em caso de revisão, lançamento de oferta concorrente ou quando a protecção dos interesses dos destinatários o justifique.

Cap. III. Ofertas públicas de aquisição **Arts. 183.º-A-185.º CodVM [51]**

Art. 183.º-A (Anúncio de lançamento)

1. Em ofertas públicas de aquisição deve ser divulgado um anúncio de lançamento que descreva os elementos essenciais para a formação dos contratos a que se refere, incluindo designadamente os seguintes:

a) Identificação e sede social do oferente, do emitente e dos intermediários financeiros encarregados da assistência e da colocação da oferta;

b) Características e quantidade dos valores mobiliários que são objecto da oferta;

c) Tipo de oferta;

d) Qualidade em que os intermediários financeiros intervêm na oferta;

e) Preço e montante global da oferta, natureza e condições de pagamento;

f) Prazo da oferta;

g) Critério de rateio;

h) Condições de eficácia a que a oferta fica sujeita;

i) Percentagem de direitos de voto na sociedade detidos pelo oferente e por pessoas que com este estejam em alguma das situações previstas no artigo 20.º, calculadas nos termos desse artigo;

j) Locais de divulgação do prospecto;

l) Entidade responsável pelo apuramento e pela divulgação do resultado da oferta.

2. O anúncio de lançamento deve ser publicado, em simultâneo com a divulgação do prospecto, em meio de comunicação com grande difusão no País e em meio de divulgação de informação indicado pela entidade gestora do mercado regulamentado em que os valores mobiliários estejam admitidos à negociação.

Nota. Aditado pelo art. 3.º do DL n.º 52/2006, de 15 de Março.

Art. 184.º (Revisão da oferta)

1. Até cinco dias antes do fim do prazo da oferta, o oferente pode rever a contrapartida quanto à sua natureza e montante.

2. A oferta revista não pode conter condições que a tornem menos favorável e a sua contrapartida deve ser superior à antecedente em, pelo menos, 2% do seu valor.

3. Aplica-se à revisão da oferta o artigo 129.º

Nota. A redacção dos n.ºs 1 e 2 foi introduzida pelo art. 2.º do DL n.º 219/2006, de 2 de Novembro.

Art. 185.º (Oferta concorrente)

1. A partir da publicação do anúncio preliminar de oferta pública de aquisição de valores mobiliários admitidos à negociação em mercado regulamentado, qualquer outra oferta pública de aquisição de valores mobiliários da mesma categoria só pode ser realizada através de oferta concorrente lançada nos termos do presente artigo.

2. As ofertas concorrentes estão sujeitas às regras gerais aplicáveis às ofertas públicas de aquisição, com as alterações constantes deste artigo e dos artigos 185.º-A e 185.º-B.

3. Não podem lançar uma oferta concorrente as pessoas que estejam com o oferente inicial ou com oferente concorrente anterior em alguma das situações previstas no n.º 1 do artigo 20.º, salvo autorização da CMVM a conceder caso a situação que determina a imputação de direitos de voto cesse antes do registo da oferta.

763

[51] CodVM **Arts. 185.°-A-185.°-B**   Tít. III.   Ofertas públicas

4. As ofertas concorrentes não podem incidir sobre quantidade de valores mobiliários inferior àquela que é objecto da oferta inicial.

5. A contrapartida da oferta concorrente deve ser superior à antecedente em pelo menos 2% do seu valor e não pode conter condições que a tornem menos favorável.

6. A oferta concorrente não pode fazer depender a sua eficácia de uma percentagem de aceitações por titulares de valores mobiliários ou de direitos de voto em quantidade superior ao constante da oferta inicial ou de oferta concorrente anterior, salvo se, para efeitos do número anterior, essa percentagem se justificar em função dos direitos de voto na sociedade visada já detidos pelo oferente e por pessoas que com este estejam em alguma das situações previstas no n.° 1 do artigo 20.°

7. A sociedade visada deve assegurar igualdade de tratamento entre oferentes quanto à informação que lhes seja prestada.

Nota. Redacção introduzida pelo art. 2.° do DL n.° 219/2006, de 2 de Novembro.

Art. 185.°-A (Processo das ofertas concorrentes)

1. A oferta concorrente deve ser lançada até ao 5.° dia anterior àquele em que termine o prazo da oferta inicial.

2. É proibida a publicação de anúncio preliminar em momento que não permita o cumprimento do prazo referido no número anterior.

3. Com o lançamento tempestivo de oferta concorrente, o prazo das ofertas deve ser coincidente, devendo cada OPA concorrente respeitar o prazo mínimo previsto no n.° 1 do artigo 183.°

4. O pedido de registo de oferta concorrente é indeferido pela CMVM se esta entidade concluir, em função da data da apresentação do pedido de registo da oferta e do exame deste último, pela impossibilidade de decisão em tempo que permita o lançamento tempestivo da oferta, de acordo com o estabelecido no n.° 1.

5. Quando o anúncio preliminar da oferta concorrente seja publicado após o registo da oferta inicial ou de ofertas concorrentes anteriores, são reduzidos para oito dias e quatro dias, respectivamente, os prazos fixados na alínea *b*) do n.° 2 do artigo 175.° e no n.° 1 do artigo 181.°

6. Em caso de ofertas concorrentes, as aceitações podem ser revogadas até ao último dia do período de aceitações.

Nota. Aditado pelo art. 3.° do DL n.° 219/2006, de 2 de Novembro.

Art. 185.°-B (Direitos dos oferentes anteriores)

1. O lançamento de oferta concorrente e a revisão de qualquer oferta em concorrência conferem a qualquer oferente o direito de proceder à revisão dos termos da sua oferta, independentemente de o ter ou não feito ao abrigo do artigo 184.°

2. Caso pretenda exercer o direito referido no número anterior, o oferente comunica a sua decisão à CMVM e publica um anúncio no prazo de quatro dias úteis a contar do lançamento da oferta concorrente ou da revisão da oferta, considerando-se para todos os efeitos, na falta dessa publicação, que mantém os termos da sua oferta.

3. À revisão da oferta em concorrência é aplicável o disposto no n.° 5 do artigo 185.°

764

Cap. III.   Ofertas públicas de aquisição   **Arts. 186.°-188.° CodVM [51]**

4. O lançamento de oferta concorrente constitui fundamento de revogação de ofertas voluntárias nos termos do artigo 128.°

5. A decisão de revogação é publicada logo que seja tomada, devendo sê-lo até quatro dias a contar do lançamento da oferta concorrente.

Nota. Aditado pelo art. 3.° do DL n.° 219/2006, de 2 de Novembro.

Art. 186.° (Sucessão de ofertas)

Salvo autorização concedida pela CMVM para protecção dos interesses da sociedade visada ou dos destinatários da oferta, nem o oferente nem qualquer das pessoas que com este estejam em alguma das situações previstas do n.° 1 do artigo 20.° podem, nos 12 meses seguintes à publicação do apuramento do resultado da oferta, lançar, directamente, por intermédio de terceiro ou por conta de terceiro, qualquer oferta pública de aquisição sobre os valores mobiliários pertencentes à mesma categoria dos que foram objecto da oferta ou que confiram direito à sua subscrição ou aquisição.

SECÇÃO II.   **Oferta pública de aquisição obrigatória**

Art. 187.° (Dever de lançamento de oferta pública de aquisição)

1. Aquele cuja participação em sociedade aberta ultrapasse, directamente ou nos termos do n.° 1 do artigo 20.°, um terço ou metade dos direitos de voto correspondentes ao capital social tem o dever de lançar oferta pública de aquisição sobre a totalidade das acções e de outros valores mobiliários emitidos por essa sociedade que confiram direito à sua subscrição ou aquisição.

2. Não é exigível o lançamento da oferta quando, ultrapassado o limite de um terço, a pessoa que a ela estaria obrigada prove perante a CMVM não ter o domínio da sociedade visada nem estar com esta em relação de grupo.

3. Quem fizer a prova a que se refere o número anterior fica obrigado:

a) A comunicar à CMVM qualquer alteração da percentagem de direitos de voto de que resulte aumento superior a 1% em relação à situação anteriormente comunicada; e

b) A lançar oferta pública de aquisição geral logo que adquira uma posição que lhe permita exercer influência dominante sobre a sociedade visada.

4. O limite de um terço referido no n.° 1 pode ser suprimido pelos estatutos das sociedades abertas que não tenham acções ou valores mobiliários que confiram direito à sua subscrição ou aquisição admitidos à negociação em mercado regulamentado.

5. Para efeitos do presente artigo é irrelevante a inibição de direitos de voto prevista no artigo 192.°

Art. 188.° (Contrapartida)

1. A contrapartida de oferta pública de aquisição obrigatória não pode ser inferior ao mais elevado dos seguintes montantes:

a) O maior preço pago pelo oferente ou por qualquer das pessoas que, em relação a ele, estejam em alguma das situações previstas no n.° 1 do artigo 20.° pela

765

[51] CodVM Art. 189.°   Tít. III.   Ofertas públicas

aquisição de valores mobiliários da mesma categoria, nos seis meses imediatamente anteriores à data da publicação do anúncio preliminar da oferta;

b) O preço médio ponderado desses valores mobiliários apurado em mercado regulamentado durante o mesmo período.

2. Se a contrapartida não puder ser determinada por recurso aos critérios referidos no n.° 1 ou se a CMVM entender que a contrapartida, em dinheiro ou em valores mobiliários, proposta pelo oferente não se encontra devidamente justificada ou não é equitativa, por ser insuficiente ou excessiva, a contrapartida mínima será fixada a expensas do oferente por auditor independente designado pela CMVM.

3. A contrapartida, em dinheiro ou em valores mobiliários, proposta pelo oferente, presume-se não equitativa nas seguintes situações:

a) Se o preço mais elevado tiver sido fixado mediante acordo entre o adquirente e o alienante através de negociação particular;

b) Se os valores mobiliários em causa apresentarem liquidez reduzida por referência ao mercado regulamentado em que estejam admitidos à negociação;

c) Se tiver sido fixada com base no preço de mercado dos valores mobiliários em causa e aquele ou o mercado regulamentado em que estes estejam admitidos tiverem sido afectados por acontecimentos excepcionais.

4. A decisão da CMVM relativa à designação de auditor independente para a fixação da contrapartida mínima, bem como o valor da contrapartida assim que fixado por aquele, são imediatamente divulgados ao público.

5. A contrapartida pode consistir em valores mobiliários, se estes forem do mesmo tipo do que os visados na oferta e estiverem admitidos ou forem da mesma categoria de valores mobiliários de comprovada liquidez admitidos à negociação em mercado regulamentado, desde que o oferente e pessoas que com ele estejam em alguma das situações do n.° 1 do artigo 20.° não tenham, nos seis meses anteriores ao anúncio preliminar e até ao encerramento da oferta, adquirido quaisquer acções representativas do capital social da sociedade visada com pagamento em dinheiro, caso em que deve ser apresentada contrapartida equivalente em dinheiro.

Nota. Redacção introduzida pelo art. 2.° do DL n.° 219/2006, de 2 de Novembro.

Art. 189.° (Derrogações)

1. O disposto no artigo 187.° não se aplica quando a ultrapassagem do limite de direitos de voto relevantes nos termos dessa disposição resultar:

a) Da aquisição de valores mobiliários por efeito de oferta pública de aquisição lançada sobre a totalidade dos valores mobiliários referidos no artigo 187.° emitidos pela sociedade visada, sem nenhuma restrição quanto à quantidade ou percentagem máximas de valores mobiliários a adquirir e com respeito dos requisitos estipulados no artigo anterior;

b) Da execução de plano de saneamento financeiro no âmbito de uma das modalidades de recuperação ou saneamento previstas na lei;

c) Da fusão de sociedades, se da deliberação da assembleia geral da sociedade emitente dos valores mobiliários em relação aos quais a oferta seria dirigida constar expressamente que da operação resultaria o dever de lançamento de oferta pública de aquisição.

766

Cap. III.   Ofertas públicas de aquisição   **Arts. 190.º-192.º CodVM [51]**

2. A derrogação do dever de lançamento de oferta é objecto de declaração pela CMVM, requerida e imediatamente publicada pelo interessado.

Art. 190.º (Suspensão do dever)
1. O dever de lançamento de oferta pública de aquisição fica suspenso se a pessoa a ele obrigada, em comunicação escrita dirigida à CMVM, imediatamente após a ocorrência do facto constitutivo do dever de lançamento, se obrigar a pôr termo à situação nos 120 dias subsequentes.

2. Neste prazo deve o interessado alienar a pessoas que, em relação a ele, não estejam em alguma das situações previstas no n.º 1 do artigo 20.º os valores mobiliários bastantes para que os seus direitos de voto se situem abaixo dos limites a que se refere o artigo 187.º

3. Durante o período de suspensão os direitos de voto ficam inibidos nos termos dos números 1, 3 e 4 do artigo 192.º

Nota. A redacção do n.º 1 foi introduzida pelo art. 2.º do DL n.º 219/2006, de 2 de Novembro.

Art. 191.º (Cumprimento)
1. A publicação do anúncio preliminar da oferta deve ocorrer imediatamente após a verificação do facto constitutivo do dever de lançamento.

2. A pessoa obrigada pode fazer-se substituir por outra no cumprimento do seu dever.

Nota. A redacção do n.º 1 foi introduzida pelo art. 2.º do DL n.º 219/2006, de 2 de Novembro.

Art. 192.º (Inibição de direitos)
1. O incumprimento do dever de lançamento de oferta pública de aquisição determina a imediata inibição dos direitos de voto e a dividendos inerentes às acções:

a) Que excedam o limite a partir do qual o lançamento seria devido;

b) Que tenham sido adquiridas por exercício de direitos inerentes às acções referidas na alínea anterior ou a outros valores mobiliários que confiram direito à sua subscrição ou aquisição.

2. A inibição vigora durante cinco anos, cessando:

a) Na totalidade, com a publicação de anúncio preliminar de oferta pública de aquisição mediante contrapartida não inferior à que seria exigida se o dever tivesse sido cumprido atempadamente;

b) Em relação a cada uma das acções referidas no número anterior, à medida da sua alienação a pessoas que não estejam em nenhuma das situações previstas no n.º 1 do artigo 20.º

3. A inibição abrange, em primeiro lugar, as acções de que a pessoa obrigada ao lançamento é titular directo e, sucessivamente, na medida do necessário, aquelas de que são titulares as pessoas indicadas no n.º 1 do artigo 20.º, segundo a ordem das respectivas alíneas, e, em relação a pessoas referidas na mesma alínea, na proporção das acções detidas por cada uma delas.

4. São anuláveis as deliberações dos sócios que, sem os votos inibidos, não teriam sido aprovadas.

767

[51] CodVM Arts. 193.º-195.º

Tít. III.   Ofertas públicas

5. Os dividendos que tenham sido objecto de inibição revertem para a sociedade.

Art. 193.º (Responsabilidade civil)
O infractor é responsável pelos danos causados aos titulares dos valores mobiliários sobre os quais deveria ter incidido oferta pública de aquisição.

SECÇÃO III.   **Aquisição tendente ao domínio total**

Art. 194.º (Aquisição potestativa)
1. Quem, na sequência do lançamento de oferta pública de aquisição geral em que seja visada sociedade aberta que tenha como lei pessoal a lei portuguesa, atinja ou ultrapasse, directamente ou nos termos do n.º 1 do artigo 20.º, 90% dos direitos de voto correspondentes ao capital social até ao apuramento dos resultados da oferta e 90% dos direitos de voto abrangidos pela oferta pode, nos três meses subsequentes, adquirir as acções remanescentes mediante contrapartida justa, em dinheiro, calculada nos termos do artigo 188.º

2. Se o oferente, em resultado da aceitação de oferta pública de aquisição geral e voluntária, adquirir pelo menos 90% das acções representativas de capital social com direitos de voto abrangidas pela oferta, presume-se que a contrapartida da oferta corresponde a uma contrapartida justa da aquisição das acções remanescentes.

3. O sócio dominante que tome a decisão de aquisição potestativa deve publicar de imediato anúncio preliminar e enviá-lo à CMVM para efeitos de registo.

4. Ao conteúdo do anúncio preliminar aplica-se, com as devidas adaptações, o disposto nas alíneas *a*) a *e*) do n.º 1 do artigo 176.º

5. A publicação do anúncio preliminar obriga o sócio dominante a consignar a contrapartida em depósito junto de instituição de crédito, à ordem dos titulares das acções remanescentes.

Nota. Redacção introduzida pelo art. 2.º do DL n.º 219/2006, de 2 de Novembro.

Art. 195.º (Efeitos)
1. A aquisição torna-se eficaz a partir da publicação, pelo interessado, do registo na CMVM.

2. A CMVM envia à entidade gestora do sistema centralizado ou à entidade registadora das acções as informações necessárias para a transferência entre contas.

3. Se as acções forem tituladas e não estiverem integradas em sistema centralizado, a sociedade procede à emissão de novos títulos representativos das acções adquiridas, servindo os títulos antigos apenas para legitimar o recebimento da contrapartida.

4. A aquisição implica, em termos imediatos, a perda da qualidade de sociedade aberta da sociedade e a exclusão da negociação em mercado regulamentado das acções da sociedade e dos valores mobiliários que a elas dão direito, ficando vedada a readmissão durante um ano.

Nota. A redacção do n.º 4 foi introduzida pelo art. 2.º do DL n.º 219/2006, de 2 de Novembro.

Cap. III.   Ofertas públicas de aquisição   **Arts. 196.º-197.º CodVM [51]**

Art. 196.º (Alienação potestativa)

1. Cada um dos titulares das acções remanescentes pode, nos três meses subsequentes ao apuramento dos resultados da oferta pública de aquisição referida no n.º 1 do artigo 194.º, exercer o direito de alienação potestativa, devendo antes, para o efeito, dirigir por escrito ao sócio dominante convite para que, no prazo de oito dias, lhe faça proposta de aquisição das suas acções.

2. Na falta da proposta a que se refere o número anterior ou se esta não for considerada satisfatória, qualquer titular de acções remanescentes pode tomar a decisão de alienação potestativa, mediante declaração perante a CMVM acompanhada de:

a) Documento comprovativo de consignação em depósito ou de bloqueio das acções a alienar;

b) Indicação da contrapartida calculada nos termos dos n.ºˢ 1 e 2 do artigo 194.º

3. Verificados pela CMVM os requisitos da alienação, esta torna-se eficaz a partir da notificação por aquela autoridade ao sócio dominante.

4. A certidão comprovativa da notificação constitui título executivo.

Nota. Redacção introduzida pelo art. 2.º do DL n.º 219/2006, de 2 de Novembro.

Art. 197.º (Igualdade de tratamento)

Nos processos de aquisição tendente ao domínio total, deve ser assegurado, nomeadamente quanto à fixação da contrapartida, tratamento igual aos titulares de acções da mesma categoria.

TÍTULO IV.   NEGOCIAÇÃO[1]

Nota. Arts. 198.º a 257.º: *Ommissis.*

TÍTULO V. CONTRAPARTE CENTRAL, COMPENSAÇÃO E LIQUIDAÇÃO[2]

Nota. Arts. 258.º a 288.º: *Ommissis.*

TÍTULO VI.   INTERMEDIAÇÃO

Nota. Arts. 289.º a 351.º: *Ommissis.*

---

[1] Redacção introduzida pelo art. 9.º do DL n.º 357-A/2007, de 31 de Outubro.
[2] Redacção introduzida pelo art. 9.º do DL n.º 357-A/2007, de 31 de Outubro.

[51] CodVM   Tít. VIII.   Crimes e ilícitos de mera ordenação social

TÍTULO VII. **SUPERVISAO E REGULAÇAO**

Nota. Arts. 352.° a 377.°-A: *Ommissis*.

TÍTULO VIII. **CRIMES E ILÍCITOS DE MERA ORDENAÇÃO SOCIAL**

Nota. Arts. 378.° a 422.°: *Ommissis*.

TÍTULOS DE PARTICIPAÇÃO

[52] DECRETO-LEI N.° 321/85
de 5 de Agosto

O Governo decreta, nos termos da alínea *a*) do n.° 1 do artigo 201.° da Constituição, o seguinte:

Art. 1.° (Emissão de títulos de participação)

1. As empresas públicas e as sociedades anónimas pertencentes maioritariamente ao Estado, directa ou indirectamente, podem, de acordo com o disposto no presente diploma, emitir títulos de crédito denominados «títulos de participação», representativos de empréstimos por ela contraídos.

2. A emissão depende de autorização do Ministro das Finanças e do Plano.

3. O valor nominal global de cada emissão, adicionado ao valor nominal global dos títulos vivos de anteriores emissões, realizadas nos termos do presente diploma, não pode exceder duas vezes a soma do capital realizado, das reservas constituídas e dos resultados transitados.

4. O preço de emissão dos títulos de participação pode ser o seu valor nominal ou este último adicionado de um prémio de emissão.

5. Os títulos de participação podem ser nominativos ou ao portador e ser admitidos à cotação nas bolsas de valores.

6. Podem ser emitidos títulos representativos de mais de um título de participação.

Notas. 1. A redacção do n.° 4 foi introduzida pelo art. único do DL n.° 407/ 86, de 5 de Dezembro.

2. A redacção do n.° 3 foi introduzida pelo art. único do DL n.° 229-A/88, de 4 de Julho.

Art. 2.° (Designações)

Nas disposições seguintes deste diploma as designações «empresa», «títulos» e «participantes» correspondem, respectivamente, à entidade emitente dos títulos de participação, a estes e aos seus titulares.

Art. 3.° (Remuneração)

1. Os títulos conferem o direito a uma remuneração anual composta de duas partes, uma independente e outra dependente da actividade ou dos resultados da empresa, denominadas, respectivamente, «parte fixa» e «parte variável».

2. A primeira remuneração pode, no entanto, ser reportada a um período superior ou inferior a um ano, contando-se os períodos anuais seguintes a partir da data do seu vencimento.

771

[52] DL 321/85 Art. 4.º

Títulos de participação

3. A parte fixa é calculada aplicando a uma fracção do valor nominal do título uma taxa predeterminada, invariável ou reportada a um indicador de referência.

4. A parte variável é calculada em função dos resultados, do volume de negócios ou de qualquer outro elemento da actividade da empresa e com referência a uma fracção do valor nominal do título compreendida entre 20% e 40%.

5. Os resultados da empresa a atender para o cálculo da parte variável incluem as importâncias que, por força da lei ou dos estatutos, constituem remuneração obrigatória dos capitais próprios, não podendo ser consideradas como custos as amortizações e provisões efectuadas para além dos máximos legalmente admitidos para efeitos de contribuição industrial.

6. O cálculo da parte variável é efectuado uma vez por ano com base em elementos constantes das contas aprovadas do exercício anterior ou, se existirem, das contas consolidadas, estas apuradas segundo critérios a constar das condições de emissão.

7. Em todos os casos, incluindo os previstos no n.º 2, o elemento da actividade da empresa e quaisquer outros a atender, bem como os critérios do seu apuramento e de cálculo da remuneração, devem constar das condições de emissão e não podem ser alterados sem o acordo dos participantes.

8. O apuramento feito pela empresa dos elementos a atender para a determinação da remuneração e, bem assim, o cálculo desta devem ser submetidos a parecer de revisor oficial de contas a nomear pelos participantes.

Art. 4.º (Reembolso)

1. Os títulos são reembolsados apenas em caso de liquidação da empresa ou, se esta assim o decidir, após terem decorrido pelo menos 10 anos sobre a sua liberação, nas condições definidas aquando da emissão.

2. No caso de liquidação, os títulos são reembolsados somente depois do pagamento de todos os outros credores da empresa.

3. O disposto nos números anteriores não prejudica, no caso de a emissão ter sido totalmente subscrita pelo Estado, a possibilidade de conversão de títulos de participação em capital afecto a empresas públicas ou em capital social de sociedades anónimas de capitais maioritariamente públicos.

4. A conversão em capital dos títulos de participação referida no número anterior será deliberada nos termos do n.º 1 do artigo 6.º, podendo esta deliberação, no caso das sociedades anónimas, ter lugar na mesma assembleia geral que decida sobre o aumento de capital social.

5. A conversão em capital referida no n.º 3 far-se-á na base do valor nominal dos títulos.

6. A empresa procederá ao averbamento da conversão, considerando-se, para todos os efeitos legais, anulados os títulos convertidos.

7. No caso de a emissão ter sido destinada ao público em geral, a assembleia geral pode autorizar o reembolso dos títulos antes de decorrido o período de 10 anos, desde que os mesmos sejam utilizados para a subscrição de acções em aumentos de capital da sociedade, sendo sempre facultativa a sua mobilização.

Títulos de participação   **Arts. 5.°-7.° DL 321/85 [52]**

8. A deliberação de reembolso antecipado deverá respeitar o processo estabelecido na alínea *b*) do n.° 1 do artigo 6.°

Nota. Os n.ᵒˢ 3, 4, 5 e 6 foram introduzidos pelo art. 1.° do DL n.° 311/89, de 21 de Setembro. Nos termos do art. 2.° do mesmo diploma, as alterações referidas reportam-se à data da publicação do DL n.° 321/85, de 5 de Agosto.
Os n.ᵒˢ 7 e 8 foram introduzidos pelo art. 1.° do DL n.° 213/91, de 17 de Junho; nos termos do art. 2.° do mesmo diploma, o respectivo "regime é aplicável aos títulos de participação já emitidos à data da sua entrada em vigor".

Art. 5.° (Equiparação de fundos obtidos a capitais próprios)

Os fundos obtidos em resultado da emissão de títulos são equiparados a capitais próprios nos termos e para os efeitos a definir em portaria do Ministro das Finanças e do Plano.

Nota. Cf. as Portarias n.ᵒˢ 37/86 e 38/86, de 27 de Janeiro.

Art. 6.° (Deliberação da emissão e do reembolso)

1. A emissão e o reembolso dos títulos são deliberados:

a) Tratando-se de empresas públicas, por quem tiver competência para deliberar a emissão de obrigações;

b) Nas sociedades anónimas, pela assembleia geral de accionistas, sobre proposta do conselho de administração, acompanhada de parecer do conselho fiscal, devendo a deliberação ser tomada pela maioria exigida para alteração do contrato de sociedade.

2. Pode ser deliberado que os títulos a emitir sejam reservados, no todo ou em parte, aos participantes de emissões anteriores, aos accionistas, aos obrigacionistas ou ao pessoal da empresa.

Art. 7.° (Menções de títulos)

Os títulos devem mencionar:

a) A firma ou denominação, o tipo e a sede da empresa, o seu capital e a importância que se encontra realizada, a conservatória do registo comercial onde se encontra matriculada e o número de matrícula;

b) A data de extinção da empresa, se tiver duração limitada;

c) A data da deliberação ou, tendo tido lugar, da escritura da emissão;

d) A data e a origem das autorizações que no caso tenham sido necessárias;

e) A data do registo definitivo da emissão;

f) O seu valor nominal, o número e o valor nominal total dos títulos dessa emissão, a forma, data de vencimento, montante e critérios de cálculos da remuneração, as condições de reembolso e de compra pela empresa e quaisquer outras características particulares da emissão;

g) O seu número de ordem;

h) A sua forma, nominativa ou ao portador;

i) O valor nominal total, na data da emissão, dos títulos vivos anteriormente emitidos;

j) Que, no caso de liquidação da empresa, só são reembolsados depois do pagamento de todos os outros credores.

773

[52] DL 321/85 Arts. 8.º-12.º   Títulos de participação

Art. 8.º (Prospecto)

O prospecto, que tem de ser publicado no caso de emissão de títulos destinados no todo ou em parte a subscrição pública, deve, além das demais indicações constantes da lei, conter os balanços dos três últimos exercícios e a evidenciação, a título de exemplo, dos elementos que neles seriam considerados para calcular a parte variável da remuneração e, bem assim, do montante desta e indicar:

a) A forma, data de vencimento, montante e critérios de cálculo da remuneração;

b) As condições de reembolso dos títulos;

c) As condições de compra dos títulos pela empresa;

d) O montante dos títulos vivos anteriormente emitidos;

e) O conteúdo resumido das disposições legais relativas à assembleia de participantes, ao representante comum destes, ao direito de conhecer documentos da empresa e ao revisor oficial de contas referido no artigo 29.º;

f) Que, no caso de liquidação da empresa, os participantes são reembolsados somente após o pagamento de todos os outros credores.

Art. 9.º (Títulos próprios)

1. Uma empresa não pode subscrever e, salvo o caso de reembolso, só pode adquirir títulos próprios por compra em bolsa.

2. Os títulos adquiridos devem ser vendidos, também em bolsa, dentro do prazo de um ano a seguir à aquisição ou ser anulados o mais tardar logo após a expiração desse prazo.

3. Os direitos dos títulos adquiridos ficam suspensos enquanto estes pertencerem à empresa.

4. Os estatutos da empresa podem proibir total ou parcialmente a aquisição de títulos próprios.

5. Uma empresa não pode conceder empréstimos, por qualquer outra forma fornecer fundos ou prestar garantias para que um terceiro subscreva ou por outro meio adquira títulos por ela emitidos.

Art. 10.º (Actos vedados)

A empresa não pode amortizar o seu capital ou reduzi-lo mediante reembolso enquanto houver títulos vivos por ela emitidos.

Art. 11.º (Regime fiscal)

O regime fiscal dos títulos é o das obrigações, podendo o Ministro das Finanças e do Plano, por despacho, isentar total ou parcialmente a sua remuneração do imposto de capitais e do imposto complementar.

Art. 12.º (Direito de tomar conhecimento de documentos)

Os participantes têm o direito de tomar conhecimento dos documentos da empresa em condições idênticas às dos accionistas das sociedades anónimas.

774

Títulos de participação   **Arts. 13.º-14.º DL 321/85 [52]**

Art. 13.º (Assembleia de participantes)
1. Os participantes de uma mesma emissão reunem-se e deliberam em assembleia.
2. A assembleia reúne quando for convocada e apenas pode deliberar sobre assuntos constantes da ordem do dia indicada no aviso de convocação.
3. A assembleia é presidida pelo representante comum dos participantes, quando tenha sido por ele convocada, ou, nos outros casos, por quem a própria assembleia escolher de entre ela, os substitutos, se os houver, e os participantes presentes.
4. Os participantes podem fazer-se representar na assembleia por cônjuge, ascendente, descendente ou outro participante.
5. Os comproprietários de títulos indivisos devem fazer-se representar por um deles ou por um mandatário único a escolher de entre as pessoas indicadas no número anterior.
6. O direito de participar na assembleia pode ser subordinado ao depósito dos títulos, em local a indicar no aviso de convocação, ou ao seu registo em nome do participante, nos livros da empresa, consoante sejam ao portador ou nominativos.
7. Os requisitos referidos no número anterior têm de ser cumpridos até uma data a indicar no aviso de convocação, que não pode distar mais de 5 dias da prevista para a assembleia.
8. Salvo deliberação em contrário da própria assembleia, podem estar presentes os membros do conselho de administração e do órgão de fiscalização da empresa e os representantes comuns dos participantes de outras emissões.
9. As despesas ocasionadas pela convocação e pelas reuniões da assembleia e, bem assim, as de publicidade das suas decisões constituem encargo da empresa.
10. Não são permitidas assembleias de participantes de emissões diferentes, salvo nos casos previstos no artigo 25.º

Art. 14.º (Deliberações da assembleia
1. A assembleia delibera sobre todos os assuntos indicados por lei ou que sejam de interesse comum dos participantes, nomeadamente:
a) Modificação das condições dos créditos dos participantes;
b) Propostas de concordata e de acordo de credores;
c) Reclamação de créditos em acções executivas, salvo o caso de urgência;
d) Constituição de um fundo para as despesas necessárias à tutela dos interesses comuns e prestação das respectivas contas;
e) Autorização do representante comum para a propositura de acções judiciais.
2. A assembleia não pode deliberar o aumento de encargos dos participantes ou quaisquer medidas que impliquem o tratamento desigual destes.
3. As deliberações são tomadas por maioria dos votos emitidos, devendo, porém, as modificações das condições dos créditos dos participantes ser aprovadas, em primeira convocação, por metade dos votos correspondentes a todos os títulos e, em segunda convocação, por dois terços dos votos emitidos.

775

[52] DL 321/85 Arts. 15.º-17.º   Títulos de participação

4. As deliberações tomadas pela assembleia vinculam os participantes ausentes ou discordantes.

Nota. O DL n.º 343/98, de 6 de Novembro, que estabelece algumas regras fundamentais relevantes no processo de transição do escudo para o euro, dispõe no seu art. 18.º o seguinte:
"1. A redenominação de obrigações, quando efectuada através do método padrão, não carece de deliberação da assembleia de obrigaccionistas prevista no artigo 355.º, n.º 4, alínea *b*), do Código das Sociedades Comerciais.
2. O regime do número anterior aplica-se aos títulos de participação, quanto à reunião da assembleia prevista no artigo 14.º do Decreto-Lei n.º 321/85, de 5 de Agosto."

Art. 15.º (Deliberações inválidas)
1. A acção declarativa de nulidade e a acção de anulação de deliberações da assembleia devem ser propostas contra o conjunto de participantes que tenham aprovado a deliberação na pessoa do representante comum.
2. Na falta de representante comum ou não tendo ele aprovado a deliberação, o autor requererá ao tribunal, na petição, que seja nomeado um representante especial de entre os participantes cujos votos fizeram vencimento.
3. Aplicam-se subsidiariamente as normas aplicáveis à invalidade de deliberações de accionistas.

Art. 16.º (Convocação da assembleia)
1. A assembleia é convocada quando a lei o imponha, quando o representante comum dos participantes, a empresa ou o revisor referido no artigo 29.º entendam conveniente ou quando o requeiram participante ou participantes com um total de títulos correspondentes a, pelo menos, 2,5% do montante da emissão.
2. A assembleia é convocada por quem a lei o indicar e, na falta de indicação, pelo representante comum dos participantes ou pelo conselho de administração da empresa; estando esta em liquidação, a convocação é feita, em vez do conselho de administração, pelos liquidatários.

Art. 17.º (Convocação da assembleia a requerimento de participantes)
1. O requerimento previsto no n.º 1 do artigo 16.º deve ser dirigido por escrito ao representante comum ou ao conselho de administração, indicando com precisão os assuntos a incluir na ordem do dia e justificando a necessidade de reunião da assembleia.
2. A não ser que o requerimento seja considerado abusivo e por isso indeferido, a convocação deve ser promovida nos 15 dias seguintes à recepção do requerimento e a assembleia deve ser convocada para reunir antes de decorridos 60 dias sobre a mesma data.
3. O representante comum ou o conselho de administração, quando indefiram o requerimento ou não convoquem a assembleia nos termos previstos no número anterior, devem justificar por escrito a sua decisão, dentro do referido prazo de 15 dias.
4. Os autores de requerimento que não for atendido nos termos do n.º 3 podem requerer ao tribunal a convocação da assembleia.
5. Quando o requerimento referido no n.º 1 tenha sido dirigido ao conselho de administração, constituem encargo da empresa as despesas ocasionadas pela acção judicial prevista no n.º 4 julgada procedente.

776

Títulos de participação   Arts. 18.º-20.º DL 321/85 **[52]**

Art. 18.º (Aviso de convocação da assembleia)

1. O aviso de convocação deve ser publicado em termos idênticos aos estabelecidos para a convocação das assembleias gerais de accionistas de sociedades-anónimas, podendo a publicação ser substituída por cartas registadas se todos os títulos forem nominativos.

2. Entre a última publicação ou a expedição das cartas registadas e a data de reunião da assembleia devem mediar pelo menos 30 e 21 dias, respectivamente.

3. O aviso de convocação deve mencionar, pelo menos:

a) A firma ou denominação, o tipo e a sede da empresa, o seu capital e a importância que se encontra realizada, a conservatória do registo comercial onde se encontra matriculada e o número de matrícula e, sendo o caso, que se encontra em liquidação;

b) O lugar, o dia e a hora da reunião;

c) Os requisitos a que porventura esteja subordinada a participação na assembleia;

d) A emissão de títulos de que se trata;

e) A ordem do dia.

Art. 19.º (Inclusão de assuntos na ordem do dia)

1. O participante ou participantes que satisfaçam a condição exigida na parte final do n.º 1 do artigo 16.º podem requerer que na ordem do dia de uma assembleia já convocada ou a convocar sejam incluídos determinados assuntos.

2. Se a assembleia já tiver sido convocada, o requerimento deve ser dirigido por escrito ao autor da convocação até, respectivamente, 10 ou 5 dias depois da última publicação do aviso de convocação ou da recepção da carta registada que o contém.

3. Se a assembleia não tiver ainda sido convocada, o requerimento deve ser dirigido por escrito ao representante comum ou ao conselho de administração.

4. Os assuntos incluídos na ordem do dia devido ao disposto nos números anteriores devem ser comunicados aos participantes pela forma usada para a convocação até 10 ou 5 dias antes da data da assembleia, conforme se trate de publicação ou de carta registada.

5. Não sendo satisfeito o requerimento, podem os seus autores pedir ao tribunal a convocação de nova assembleia para deliberar sobre os assuntos em causa.

6. O disposto nos números anteriores não é aplicável nos casos de segunda convocação.

7. Quando os requerimentos referidos nos n.ºs 2 e 3 tenham sido dirigidos ao conselho de administração, constituem encargo da empresa as despesas ocasionadas pela acção judicial prevista no n.º 5 julgada procedente.

Art. 20.º (Quórum e local de reunião da assembleia)

1. A assembleia só pode reunir em primeira convocação se estiverem presentes ou representados participantes que, em conjunto, detenham pelo menos um quarto dos títulos com direito de voto.

2. Em segunda convocação, a assembleia pode reunir com qualquer número de participantes.

777

[52] DL 321/85 Arts. 21.º-23.º   Títulos de participação

3. Salvo cláusula em contrário do contrato de emissão, a assembleia deve reunir na sede da empresa, podendo, todavia, ser por esta escolhido ou aprovado outro local, dentro da mesma comarca judicial, se as instalações da sede não permitirem a reunião em condições satisfatórias.

Art. 21.º (Votos em assembleia)

1. A cada título corresponde um voto, salvo o disposto no número seguinte.

2. Não têm direito de voto em assunto que tenha a ver também com a empresa:

a) A sociedade dominada pela empresa ou em cujo capital esta tenha participação superior a 10%;

b) A sociedade ou empresa pública que domine a empresa ou tenha mais de 10% do capital desta;

c) O titular de mais de 10% do capital da empresa.

3. O participante que disponha de mais de um voto não pode fraccionar os seus votos para votar em sentidos diversos sobre a mesma proposta ou para deixar de votar com alguns dos seus votos.

4. O participante que represente outros pode votar em sentidos diversos com os seus títulos e com os dos representados e, bem assim, deixar de votar com os seus títulos ou com os dos representados.

Art. 22.º (Listas de presenças)

1. Em cada assembleia deve ser organizada a lista dos participantes que estiverem presentes ou representados.

2. A lista de presenças deve indicar:

a) O nome, firma ou denominação e o domicílio ou sede de cada um dos participantes presentes ou representados e dos representantes destes;

b) O número de votos de que dispõe cada um dos participantes presentes ou representados.

3. A lista de presenças deve ser assinada pelo presidente da assembleia e rubricada pelos participantes presentes e pelos representantes de participantes.

4. As listas de presenças devem ficar arquivadas no local que a assembleia determinar, podendo ser consultadas e delas sendo facultadas cópias a qualquer participante que o solicite.

5. A fidelidade das cópias entregues a qualquer participante é certificada, a pedido deste, pelo representante comum.

Art. 23.º (Actas das reuniões)

1. Devem ser elaboradas actas das reuniões da assembleia.

2. As actas devem permitir conhecer o sentido do voto de cada um dos participantes presentes ou representados.

3. As actas devem ser assinadas pelo presidente da assembleia e por quem as tenha redigido, se for outra pessoa.

4. A assembleia pode deliberar que a acta seja por si aprovada antes de ser assinada.

778

Títulos de participação   **Arts. 24.º-26.º DL 321/85 [52]**

5. As actas devem ficar arquivadas no local que a assembleia determinar, podendo ser consultadas e delas sendo facultadas cópias a qualquer participante que o solicite.

6. A fidelidade das cópias entregues a qualquer participante é certificada, a pedido deste, pelo representante comum.

Art. 24.º (Reunião anual)

1. A assembleia de participantes deve reunir dentro dos 4 primeiros meses de cada ano para ouvir uma exposição do conselho de administração da empresa sobre a situação e a actividade desta durante o exercício anterior e para tomar conhecimento das contas respectivas, do parecer sobre elas emitido pelo órgão de fiscalização e do relatório e do parecer referidos no n.º 1 do artigo 31.º

2. O conselho de administração tem o dever de convocar a assembleia referida no número anterior.

3. Devem estar presentes a maioria dos membros do conselho de administração, incluindo o seu presidente ou outrem com poderes de representação da empresa, e a maioria dos membros do órgão de fiscalização, incluindo o revisor oficial de contas que o integre.

Art. 25.º (Assembleia conjunta de participantes)

1. Os participantes das várias emissões de títulos efectuadas por uma empresa reúnem-se em assembleia conjunta para os fins indicados nos n.ºs 1, 2 e 9 do artigo 30.º

2. A assembleia conjunta é convocada pelo conselho de administração da empresa por dever de oficio, se se tratar da nomeação do revisor, e a requerimento de participante ou participantes com um total de títulos correspondente a, pelo menos, 2,5% do montante total das emissões, se se tratar da sua destituição.

3. A assembleia conjunta é presidida por quem ela própria escolher de entre os representantes comuns e participantes presentes.

4. O número de votos correspondente a cada título é proporcional à quota--parte que ele representa no montante total das várias emissões, sendo no mínimo um voto.

5. São ainda aplicáveis à assembleia conjunta, com as necessárias adaptações, as disposições relativas à assembleia de participantes que não forem incompatíveis com ela.

Art. 26.º (Representante comum dos participantes)

1. Para cada emissão deve haver um representante comum dos respectivos participantes.

2. O representante comum pode ser ou não participante, mas deve ser uma pessoa singular dotada de capacidade jurídica plena, uma sociedade de advogados ou uma sociedade de revisores oficiais de contas.

3. Pode haver um ou mais representantes comuns substitutos.

4. Não podem ser representantes comuns:

a) Os beneficiários de vantagens particulares e os administradores, membros do órgão de fiscalização e membros da mesa da assembleia geral de accionistas da empresa;

[52] DL 321/85 Arts. 27.°-28.° Títulos de participação

b) Os gerentes, administradores, membros do órgão de fiscalização e membros da mesa da assembleia geral de accionistas de sociedade dominada pela empresa ou em cujo capital esta detenha participação superior a 10% ou de sociedade ou empresa pública que domine a empresa ou detenha mais de 10% do capital desta;

c) O sócio de sociedade em nome colectivo que tenha com a empresa ligação prevista na alínea anterior;

d) Os que prestem serviços remunerados à empresa ou a sociedades ou empresa pública que com ela tenha ligação prevista na alínea *b*);

e) Que exerçam funções numa concorrente;

f) Os cônjuges, os parentes e afins na linha recta e até ao terceiro grau na linha colateral de pessoas abrangidas pelas alíneas *a*), *b*), *c*) e *e*) e os cônjuges de pessoas abrangidas pela alínea *a*).

5. É nula a nomeação de pessoa que não possua a capacidade exigida pelo n.° 2 ou relativamente à qual se verifique alguma das circunstancias referidas no n.° 4.

6. A superveniência de alguma das circunstancia referidas no n.° 4 importa caducidade da nomeação.

Art. 27.° (Nomeação, destituição e remuneração do representante comum)
1. O representante comum e os substitutos são nomeados e destituídos pela assembleia de participantes, sendo a duração das suas funções definida por ela.

2. A nomeação do representante comum deve ser feita dentro dos 90 dias seguintes ao encerramento da subscrição ou dos 60 dias seguintes à vacatura do cargo.

3. A assembleia para a nomeação prevista na primeira parte do n.° 2 é convocada pelo conselho de administração da empresa por dever de ofício.

4. Na falta de nomeação, qualquer participante ou, quando o seu conselho de administração tiver sem resultado convocado a assembleia para esse fim, a empresa pode requerer ao tribunal a designação do representante comum, o qual se mantém em funções até ser nomeado novo representante.

5. Qualquer participante pode também requerer ao tribunal a destituição do representante comum com fundamento em justa causa.

6. A nomeação e a destituição do representante comum e, bem assim, a cessação de funções por outro motivo devem ser comunicadas à empresa por escrito e, por iniciativa desta, ser inscritas no registo comercial.

7. A remuneração do representante comum é fixada pela assembleia de participantes ou, no caso previsto no n.° 3, pelo tribunal, constituindo encargo da empresa.

8. Cabe ainda ao tribunal decidir, a requerimento do representante comum ou da empresa, se a assembleia não fixar a remuneração ou se a empresa discordar da que for por ela fixado.

Art. 28.° (Atribuições, competência e responsabilidade do representante comum)
1. O representante comum deve praticar, em nome de todos os participantes e com as restrições porventuras deliberadas pela respectiva assembleia, os actos de gestão destinados à defesa dos interesses comuns daqueles, sendo da sua compe-

780

Títulos de participação   **Arts. 29.º-30.º DL 321/85 [52]**

tência, além do mais, representar o conjunto dos participantes nas suas relações com a empresa e em juízo, nomeadamente em processos de execução ou de liquidação do património desta.

2. O representante comum tem o direito de tomar conhecimento dos documentos da empresa em condições idênticas às dos accionistas das sociedades anónimas.

3. Se a empresa tiver assembleia geral de accionistas, o representante comum tem ainda o direito de assistir às respectivas reuniões, embora sem direito de voto, sendo aí ouvido e podendo intervir sobre os assuntos inscritos na ordem do dia, à excepção da nomeação ou destituição dos membros da mesa da referida assembleia geral, do conselho de administração e do conselho fiscal.

4. O representante comum deve prestar aos participantes as informações que lhe forem solicitadas sobre factos relevantes para os interesses comuns.

5. O representante comum responde, nos termos gerais, pelos actos ou omissões que violem a lei ou as deliberações da assembleia de participantes.

6. As funções dos representantes comuns substitutos devem ser definidas pela assembleia de participantes.

Art. 29.º (Revisor oficial de contas)

1. Com o fim de dar o parecer referido no n.º 8 do artigo 3.º, deve haver em cada momento, independentemente do número de emissões, apenas um revisor oficial de contas.

2. O revisor não tem quaisquer obrigações para com a empresa que não sejam as que resultam do seu estatuto profissional.

3. O revisor não pode ser accionista da empresa nem ter cônjuge ou parente em linha recta que o seja, sendo-lhe também aplicáveis as incompatibilidades estabelecidas no n.º 4 do artigo 26.º e outras que estejam previstas para os revisores oficiais de contas.

4. É nula a nomeação de revisor relativamente ao qual se verifique alguma das circunstâncias previstas no número anterior.

5. A superveniência de alguma das circunstancias previstas no n.º 3 importa caducidade da nomeação.

Art. 30.º (Nomeação, destituição e remuneração do revisor)

1. O revisor é nomeado e. ocorrendo justa causa, destituído pela assembleia de participantes ou por assembleia conjunta dos participantes das várias emissões, consoante tenha havido antes da nomeação ou da destituição uma só ou várias emissões.

2. A duração das funções do revisor é definida pela assembleia que o nomear, não podendo, porém, exceder 4 anos.

3. O revisor não cessa funções pelo facto de a empresa proceder a novas emissões.

4. A nomeação do revisor deve ser feita dentro dos 90 dias seguintes ao encerramento da subscrição dos títulos da primeira emissão ou dos 60 dias seguintes à vacatura do cargo.

5. A assembleia para nomeação do revisor é convocada pelo conselho de administração da empresa, por dever de oficio.

[52] DL 321/85 Arts. 31.º-33.º   Títulos de participação

6. Na falta de nomeação, qualquer participante ou, quando o seu conselho de administração tiver sem resultado convocado a assembleia para esse fim, a empresa pode requerer ao tribunal a designação do revisor, o qual se mantém em funções por um período máximo de 4 anos, até ser nomeado novo revisor.

7. Qualquer participante pode também requerer ao tribunal a destituição do revisor com fundamento em justa causa.

8. A nomeação e a destituição do revisor e, bem assim, a cessação de funções por outro motivo devem ser comunicadas à empresa por escrito e, por iniciativa desta, ser inscritas no registo comercial.

9. A remuneração do revisor é fixada pela assembleia ou pelo tribunal que o nomeou, constituindo encargo da empresa.

10. Cabe ainda ao tribunal decidir, a requerimento do revisor ou da empresa, se a assembleia não fixar a remuneração ou se a empresa discordar da que for por ela fixada.

Art. 31.º (Atribuições, competência e responsabilidade do revisor)

1. O revisor deve, anualmente, em separado para cada uma das emissões, dar parecer sobre o apuramento feito pela empresa dos elementos a atender para a determinação da remuneração e sobre o cálculo desta e elaborar relatório sobre a acção por si desenvolvida para esse efeito.

2. O revisor tem os poderes de exame, de inspecção, de verificação e de obtenção de informações legalmente atribuídos por lei quer ao órgão de fiscalização da empresa quer aos revisores oficiais de contas no exercício da revisão legal.

3. O revisor pode convocar a assembleia de participantes quando tenha sem resultado solicitado a convocação ao representante comum ou ao conselho de administração.

4. O revisor deve estar presente na assembleia anual referida no artigo 24.º e ainda em todas as outras para que for convocado, devendo prestar os esclarecimentos que nelas lhe forem solicitados sobre factos relevantes para os interesses comuns dos participantes.

5. O revisor responde, nos termos gerais, pelos actos ou omissões que violem a lei.

Art. 32.º (Despesas em processo)

As despesas ocasionadas pela representação dos participantes nos processos de falência e de liquidação judicial da empresa constituem encargo desta.

Art. 33.º (Lei subsidiária)

São aplicáveis subsidiariamente, com as necessárias adaptações, as disposições legais respeitantes a obrigações em geral.

EMISSÃO DE OBRIGAÇÕES

[53] DECRETO-LEI N.º 320/89
de 25 de Setembro [1]

Nos termos da alínea *a*) do n.º 1 do artigo 201.º da Constituição, o Governo decreta o seguinte:

Art. único (Emissão de obrigações por entidades diferentes de sociedade)
Sem prejuízo do disposto na legislação em vigor sobre a emissão de obrigações por parte de sociedades anónimas e sociedades por quotas, o Ministro das Finanças poderá, por despacho, autorizar outras entidades a emitir a referida espécie de títulos, em circunstancias especiais devidamente justificadas.

---

[1] As epígrafes dos artigos não constam do texto oficial.

CERTIFICADOS DE DEPÓSITO

[54] DECRETO-LEI N.º 372/91
de 8 de Outubro

Nos termos da alínea *a*) do n.º 1 do artigo 201.º da Constituição, o Governo decreta o seguinte:

Art. 1.º (Noção)

As instituições de crédito legalmente autorizadas a receber depósitos podem emitir certificados de depósito, nos termos deste diploma, em representação de depósitos que, para o efeito, sejam nelas constituídos, em escudos ou moeda estrangeira.

Nota. Redacção introduzida pelo art. único do DL n.º 387/93, de 20 de Novembro.

Art. 2.º (Transmissibilidade)

1. Os certificados de depósito são nominativos e transmissíveis por endosso, nos termos gerais, com eles se transferindo todos os direitos relativos aos depósitos que representam.

2. Na transmissão dos certificados de depósito não é admitido o endosso em branco.

3. As instituições de crédito deverão manter um registo actualizado das emissões de certificados de depósito, bem como das respectivas transmissões.

4. Os direitos a que se refere o n.º 1 só são invocáveis pelo transmissário após comunicação da aquisição do certificado de depósito à instituição emitente do mesmo.

5. As instituições de crédito podem adquirir os certificados por elas emitidos, os quais se consideram resgatados, liquidando o depósito correspondente.

Art. 3.º (Prazos)

Os certificados titulam depósitos cujos prazos serão estabelecidos pelas partes contratantes.

Art. 4.º (Juros)

1. Os juros dos depósitos representados por certificados podem ser liquidados:

a) Na data do vencimento do depósito representado pelo certificado ou à data da sua mobilização, caso esta se verifique antes do fim do prazo para o qual o depósito foi constituído;

Certificados de depósito   **Arts. 5.º-8.º DL 372/91 [54]**

b) A intervalos acordados entre as partes, devendo a última contagem de juros coincidir com o vencimento do depósito.

2. Os juros são pagos:

a) Mediante a apresentação dos certificados de depósito, na modalidade prevista na alínea *a*) do número anterior;

b) Mediante a apresentação dos cupões respeitantes a cada período de contagem de juros, na modalidade prevista na alínea *b*) do mesmo número.

3. Na hipótese prevista na alínea *b*) do n.º 1, os depósitos podem vencer juros a taxa fixa ou variável, sendo esta última indexada ao valor de uma ou mais taxas de referência fixadas no momento da emissão.

Art. 5.º (Depósitos)

Os depósitos cujos certificados, à data do vencimento, estejam depositados na instituição de crédito emitente poderão ser renovados nas mesmas condições, por acordo prévio entre as partes.

Art. 6.º (Elementos obrigatórios)

Os certificados de depósito devem conter, obrigatoriamente:

a) O nome e a sigla ou logotipo da instituição de crédito emitente;

b) O número do certificado;

c) O número de série, se adoptado pela instituição emitente;

d) O valor nominal do certificado de depósito, em algarismos e por extenso;

e) O prazo por que foi constituído o depósito representado pelo certificado e respectiva data de vencimento;

f) O regime de taxas de juro do certificado e a forma de pagamento dos respectivos juros;

g) A taxa de juro nominal do depósito que o certificado representa;

h) O nome do titular do certificado de depósito;

i) Elementos de controlo de autenticidade do certificado, entre os quais o selo branco da instituição emitente e assinaturas manuscritas de quem a represente.

Art. 7.º (Condições)

O Banco de Portugal pode, sem prejuízo de outras competências que em geral lhe sejam atribuídas, determinar às instituições de crédito deveres especiais de informação, tanto prévia como posteriormente à emissão de certificados de depósito.

Art. 8.º (Disposição revogatória)

1. É revogado o Decreto-Lei n.º 74/87, de 13 de Fevereiro; e o Aviso n.º 4/87, da mesma data.

2. Os certificados de depósito existentes à data de entrada em vigor do presente diploma mantêm-se sujeitos, até ao seu vencimento, ao regime em que foram emitidos.

OBRIGAÇÕES DE CAIXA

[55] DECRETO-LEI N.° 408/91
de 17 de Outubro

Nos termos da alínea *a*) do n.° 1 do artigo 201.° da Constituição, o Governo decreta o seguinte:

Art. 1.° (Noção)
As obrigações de caixa são valores mobiliários que incorporam a obrigação de a entidade emitente pagar ao seu titular uma certa importância, em prazo não inferior a dois anos, e os correspondentes juros.

Art. 2.° (Entidades emitentes)
Podem emitir obrigações de caixa as instituições de crédito com fundos próprios não inferiores a 2 500 000 euros.

Nota. Redacção introduzida pelo art. 1.° do DL n.° 181/2000, de 10 de Agosto.

Art. 3.° (Disciplina legal)
A realização de ofertas públicas de distribuição de obrigações de caixa rege-se pelo Regulamento (CE) n.° 809/2004, da Comissão, de 29 de Abril, e pelo Código dos Valores Mobiliários e respectivos diplomas complementares.

Nota. Redacção introduzida pelo art. 7.° do DL n.° 52/2006, de 15 de Março.

Art. 4.° (Autorização)
Nota. Revogado pelo art. 12.° do DL n.° 52/2006, de 15 de Março.

Art. 5.° (Formalidades)
1. As instituições referidas no artigo 2.°, antes da realização das operações referidas no artigo 4.°, devem publicar um prospecto de acordo com o Código dos Valores Mobiliários e com o Regulamento (CE) n.° 809/2004, da Comissão, de 29 de Abril.

2. O prospecto referido no número anterior deve ser enviado ao Banco de Portugal, antes de iniciada a colocação das obrigações.

3. A emissão de obrigações de caixa não está sujeita ao registo a que se refere a alínea *l*) do artigo 3.° do Código do Registo Comercial.

Nota. Redacção introduzida pelo art. 1.° do DL n.° 181/2000, de 10 de Agosto, e pelo art. 7.° do DL n.° 52/2006, de 15 de Março.

Obrigações de caixa

Arts. 6.º-10.º DL 408/91 [55]

Art. 6.º (Valor nominal e representação)

1. As obrigações de caixa têm o valor nominal de 50 euros ou de múltiplos desse valor e podem ser representadas por títulos nominativos ou ao portador.

2. Podem também ser emitidas obrigações de caixa sob a forma escritural, registando-se a sua colocação e movimentação em contas abertas em nome dos respectivos titulares nos livros da instituição emitente.

3. A produção dos efeitos de transmissão dos títulos nominativos ou das obrigações emitidas sob a forma escritural só se opera relativamente à entidade emitente após comunicação a esta, efectuada pelo transmissário.

Nota. A redacção do n.º 1 foi introduzida pelo art. 8.º do DL n.º 343/98, de 6 de Novembro, tendo sido posteriormente alterada pelo art. 1.º do DL n.º 181/2000, de 10 de Agosto.

Art. 7.º (Amortização e reembolso antecipados)

1. As obrigações de caixa são emitidas a prazo fixo, podendo, no entanto, as instituições emitentes conceder aos seus titulares a faculdade de solicitarem o reembolso antecipado, o qual não poderá efectuar-se antes de decorridos 12 meses após a data da emissão das obrigações e implicará a amortização das mesmas.

2. Sem prejuízo do disposto no número anterior quanto ao reembolso antecipado, as obrigações de caixa não podem ser adquiridas pela instituição emitente antes de decorrido o prazo de dois anos sobre a data da emissão.

Art. 8.º (Menções dos títulos)

Dos títulos representativos das obrigações de caixa constarão sempre:

a) A entidade emitente;

b) O nome do subscritor, quando se trate de título nominativo;

c) A data de emissão;

d) O número de ordem;

e) O valor nominal;

f) O prazo;

g) A taxa ou taxas de juro a aplicar;

h) As datas de vencimento semestral ou anual dos juros a liquidar;

i) A data ou período em que poderá ser efectuada a amortização e respectivas condições;

j) As assinaturas que obriguem a sociedade.

Art. 9.º (Formas de emissão)

A emissão de obrigações de caixa pode ser efectuada de forma contínua ou por série, de acordo com as necessidades financeiras da instituição emitente e com a procura dos aforradores.

Art. 10.º (Admissão à negociação)

A admissão das obrigações de caixa à negociação em mercado regulamentado rege-se pelo disposto no Código dos Valores Mobiliários.

Nota. Redacção introduzida pelo art. 1.º do DL n.º 181/2000, de 10 de Agosto.

[55] DL 408/91 Arts. 11.º-12.º   Obrigações de caixa

Art. 11.º (Regime de contabilidade)
A contabilidade das entidades emitentes deve expressar os valores das obrigações emitidas, amortizadas e em circulação.

Nota. Redacção introduzida pelo art. 1.º do DL n.º 181/2000, de 10 de Agosto. Os n.ºˢ 2 e 3, que constavam da redacção originária do preceito, foram revogados pelo art. 2.º do referido DL.

Art. 12.º (Revogações e remissões)
1. É revogado o Decreto-Lei n.º 117/83, de 25 de Fevereiro. e o aviso n.º 12/86, publicado no *Diário da República*, 1.ª série, de 24 de Julho de 1986.

2. Sempre que instrumentos normativos em vigor remetam para o Decreto-Lei n.º 117/83, devem considerar-se as remissões como referidas ao presente diploma.

WARRANTS AUTÓNOMOS

[56] DECRETO-LEI N.º 172/99
de 20 de Maio

Nos termos da alínea *a*) do n.º 1 do artigo 198.º da Constituição, o Governo decreta, para valer com lei geral da República, o seguinte:

Art. 1.º (Âmbito de aplicação)
O presente decreto-lei aplica-se aos *warrants* autónomos emitidos, negociados ou comercializados em Portugal.

Art. 2.º (Noção)
1. *Warrants* autónomos são valores mobiliários que, em relação a um activo subjacente, conferem algum dos seguintes direitos:
a) Direito a subscrever, a adquirir ou a alienar o activo subjacente, mediante um preço, no prazo e demais condições estabelecidas na deliberação de emissão;
b) Direito a exigir a diferença entre um valor do activo subjacente fixado na deliberação de emissão e o preço desse activo no momento do exercício.
2. Em condições estabelecidas em regulamento, a Comissão do Mercado de Valores Mobiliários (CMVM) pode permitir que o preço de exercício seja fixado em momento posterior ao determinado no número anterior.
Nota. Redacção introduzida pelo art. 1.º do DL n.º 70/2004, de 25 de Março.

Art. 3.º (Activos subjacentes)
Compete à CMVM, através de regulamento, determinar que activos podem ser utilizados como activos subjacentes a *warrants* autónomos.
Nota. Redacção introduzida pelo art. 1.º do DL n.º 70/2004, de 25 de Março.

Art. 4.º (Entidades emitentes)
1. Podem emitir *warrants* autónomos:
a) Os bancos;
b) A Caixa Económica Montepio Geral;
c) A Caixa Central de Crédito Agrícola Mútuo;
d) As sociedades de investimento;
e) Outras instituições de crédito e as sociedades financeiras de corretagem, sem prejuízo das normas legais e regulamentares que regem as respectivas actividades, desde que previamente autorizadas pelo Banco de Portugal;
f) O Estado;
g) As sociedades anónimas, se se tratar de *warrants* sobre valores mobiliários próprios.

789

[56] DL 172/99 Arts. 5.°-11.° *Warrants* autónomos

2. Sem prejuízo do disposto no número seguinte, o Banco de Portugal estabelece, por aviso, as condições em que a autorização referida na alínea *e*) do n.° 1 pode ser concedida.

3. A CMVM pode, por regulamento, permitir que sejam emitidos *warrants* autónomos por entidades que não se integrem em qualquer das categorias indicadas no n.° 1, desde que seja prestada garantia adequada por entidade idónea.

Nota. Redacção introduzida pelo art. 1.° do DL n.° 70/2004, de 25 de Março.

Art. 5.° (Deliberação de emissão)

1. Se o contrato de sociedade não a impedir ou se não dispuser de modo diferente, a emissão de *warrants* autónomos pode ser deliberada pelo órgão de administração.

2. Só podem ser emitidos *warrants* autónomos sobre valores mobiliários próprios se o contrato de sociedade o autorizar.

3. A deliberação deve conter as seguintes menções:

a) Identificação do activo subjacente;
b) Número de *warrants* a emitir;
c) Preço de subscrição;
d) Preço de exercício;
e) Condições temporais de exercício;
f) Natureza pública ou particular da emissão;
g) Critérios de rateio.

Art. 6.° (Limite de emissão)

1. À emissão de *warrants* autónomos sobre valores mobiliários próprios por sociedades anónimas que não revistam a natureza de instituições de crédito nem de sociedades financeiras aplica-se, com as necessárias adaptações, o disposto no artigo 349.° do Código das Sociedades Comerciais.

2. A CMVM pode, por regulamento, fixar outros limites para a emissão de *warrants* autónomos.

Nota. Redacção introduzida pelo art. 1.° do DL n.° 70/2004, de 25 de Março.

Art. 7.° (Vicissitudes dos activos subjacentes)

Nota. Revogado pelo art. 3.° do DL n.° 70/2004, de 25 de Março.

Art. 8.° (Menções obrigatórias)

Nota. Revogado pelo art. 3.° do DL n.° 70/2004, de 25 de Março.

Art. 9.° (Exercício de direitos)

Nota. Revogado pelo art. 3.° do DL n.° 70/2004, de 25 de Março.

Art. 10.° (Negociação em bolsa)

Nota. Revogado pelo art. 3.° do DL n.° 70/2004, de 25 de Março.

Art. 11.° (*Warrants* autónomos sobre valores mobiliários próprios)

1. São *warrants* autónomos sobre valores mobiliários próprios aqueles que tenham como activo subjacente valores mobiliários emitidos pela própria entidade

Warrants autónomos **Arts. 12.º-18.º DL 172/99 [56]**

emitente do *warrant* ou por sociedade que, nos termos do Código das Sociedades Comerciais, consigo se encontre em relação de domínio ou de grupo.

2. Aos *warrants* sobre acções próprias ou sobre valores mobiliários que confiram direito à sua subscrição, aquisição ou alienação aplicam-se, com as necessárias adaptações, os artigos 325.º-A, 366.º, 367.º, 368.º, 369.º, n.º 2, 370.º, 371.º, 372.º e 487.º do Código das Sociedades Comerciais.

Art. 12.º (Qualificação da oferta)

Nota. Revogado pelo art. 3.º do DL n.º 70/2004, de 25 de Março.

Art. 13.º (*Warrants* autónomos sobre valores mobiliários alheios)

1. A entidade emitente de *warrants* autónomos sobre valores mobiliários alheios informa a emitente do activo subjacente da deliberação de emissão de *warrants* no mais curto espaço de tempo possível.

2. Os *warrants* autónomos sobre valores mobiliários alheios conferem sempre ao respectivo emitente a faculdade de se exonerar através de liquidação financeira, nos termos da alínea *b*) do n.º 1 do artigo 2.º

Nota. Redacção introduzida pelo art. 1.º do DL n.º 70/2004, de 25 de Março.

Art. 14.º (Emissão de *warrants* autónomos pelo Estado)

O regime dos *warrants* autónomos a emitir pelo Estado será estabelecido nos termos da Lei n.º 7/98, de 3 de Fevereiro.

Art. 14.º-A (Aplicação a valores mobiliários análogos)

Os artigos 3.º e 4.º, com excepção das alíneas *d*), *e*), *f*) e *g*) do n.º 1, aplicam-se a valores mobiliários análogos a *warrants* autónomos, com as devidas adaptações.

Nota. Aditado pelo art. 2.º do DL n.º 70/2004, de 25 de Março.

Art. 15.º (Direito subsidiário)

Aos *warrants* autónomos regulados no presente decreto-lei aplicam-se:

a) O Código dos Valores Mobiliários;

b) Com as necessárias adaptações, os artigos 355.º a 359.º do Código das Sociedades Comerciais.

Nota. Redacção introduzida pelo art. 1.º do DL n.º 70/2004, de 25 de Março.

Art. 16.º (Isenção de taxas e emolumentos)

Ficam isentas de quaisquer taxas e emolumentos todas as escrituras públicas e registos de alteração de contrato de sociedade que tenham por objecto, exclusivamente, introduzir a proibição ou as restrições previstas no n.º 1 do artigo 5.º ou a autorização prevista no n.º 2 do mesmo artigo e sejam efectuadas no prazo de cinco anos contados da data de entrada em vigor do presente decreto-lei.

Art. 17.º (Alteração ao Código do Mercado de Valores Mobiliários)

Nota. Revogado pelo art. 3.º do DL n.º 70/2004, de 25 de Março.

Art. 18.º (Alteração ao Código do Registo Comercial)

Nota. Alteração ao art. 3.º do CRegCom [2], que foi transcrita no lugar próprio.

PAPEL COMERCIAL

[57] DECRETO-LEI N.º 69/2004
de 25 de Março

Nos termos da alínea *a*) do n.º 1 do artigo 198.º da Constituição, o Governo decreta o seguinte:

TÍTULO I. DISPOSIÇÕES GERAIS

Art. 1.º (Objecto e âmbito)
1. O presente diploma regula a disciplina aplicável aos valores mobiliários de natureza monetária designados por papel comercial.

2. São papel comercial os valores mobiliários representativos de dívida emitidos pelas entidades referidas no n.º 1 do artigo seguinte por prazo inferior a um ano.

Art. 2.º (Capacidade)
1. Têm capacidade para emitir papel comercial as sociedades comerciais ou civis sob a forma comercial, as cooperativas, as empresas públicas e as demais pessoas colectivas de direito público ou privado.

2. As entidades emitentes de papel comercial, com excepção das instituições de crédito, das sociedades financeiras, das empresas de seguros e das sociedades gestoras de fundos de pensões, não podem obter, com a emissão deste tipo de valor mobiliário, recursos financeiros superiores ao triplo dos seus capitais próprios ou, no caso de entidades que não estejam sujeitas à adopção do plano oficial de contabilidade, ao triplo do seu património líquido.

Art. 3.º (Capital próprio, património líquido e fundos próprios)
Para efeitos do presente diploma, entende-se por:

a) «Capitais próprios» o somatório do capital realizado, deduzidas as acções próprias, com as reservas, os resultados transitados e os ajustamentos de partes de capital em filiais e associadas;

b) «Património líquido» a diferença entre o montante total líquido dos bens activos detidos e o total das responsabilidades assumidas e não liquidadas;

c) «Fundos próprios» os montantes indicados no Aviso do Banco de Portugal n.º 12/92, de 29 de Dezembro, calculados nas condições aí estabelecidas.

Tít.. II. Emissão   **Arts. 4.º-8.º DL 69/2004 [57]**

TÍTULO II. EMISSAO

Art. 4.º (Requisitos de emissão)

1. Para a emissão de papel comercial, devem as entidades emitentes preencher um dos seguintes requisitos:

a) Evidenciar no último balanço aprovado e sujeito a certificação legal de contas ou a auditoria efectuada por revisor oficial de contas, consoante o caso, capitais próprios ou património líquido não inferior a 5 milhões de euros ou o seu contravalor em euros, caso esses capitais ou património sejam expressos em moeda diferente do euro; ou

b) Apresentar notação de risco da emissão do programa de emissão a que se refere o n.º 1 do artigo 7.º ou notação de risco de curto prazo do emitente, atribuída por sociedade de notação de risco registada na Comissão do Mercado de Valores Mobiliários; ou

c) Obter, a favor dos detentores, garantia autónoma à primeira interpelação que assegure o cumprimento das obrigações de pagamento decorrentes da emissão ou do programa a que se refere o n.º 1 do artigo 7.º

2. A exigência dos requisitos a que se refere o número anterior não se aplica ao papel comercial cujo valor nominal unitário seja igual ou superior a € 50 000 ou o seu contravalor em euros, caso seja expresso em moeda diferente do euro.

Art. 5.º (Garantias)

A garantia a que se refere a alínea *c*) do n.º 1 do artigo anterior só pode ser prestada por instituição de crédito:

a) Cujo objecto abranja a prestação de garantias; e

b) Cujos fundos próprios não sejam inferiores a 5 milhões de euros, ou o seu contravalor em euros, se aqueles forem expressos numa outra moeda.

Art. 6.º (Tipicidade)

Salvo disposição legal em contrário, é proibida a emissão de valores mobiliários de natureza monetária de prazo inferior a um ano que não cumpram o disposto no presente diploma.

Art. 7.º (Modalidades de emissão)

1. O papel comercial pode ser objecto de emissão simples ou, de acordo com o programa de emissão, contínua ou por séries.

2. À emissão de papel comercial não é aplicável o disposto no artigo 169.º do Código dos Valores Mobiliários e no artigo 349.º do Código das Sociedades Comerciais.

Art. 8.º (Registo da emissão)

1. A emissão de papel comercial deve ser registada junto da respectiva entidade emitente ou em conta aberta junto de intermediário financeiro que, para o efeito, a represente.

2. Do registo de emissão de papel comercial constam, com as devidas adaptações, as menções a que se refere o artigo 44.º do Código dos Valores Mobiliários.

3. A emissão de papel comercial não está sujeita a registo comercial.

793

[57] DL 69/2004 Arts. 9.º-13.º   *Papel comercial*

Art. 9.º (Reembolso)
1. O papel comercial pode ser reembolsado antes do fim do prazo de emissão, nos termos previstos nas condições de emissão ou do programa de emissão.
2. A aquisição de papel comercial pela respectiva entidade emitente equivale ao seu reembolso.

Art. 10.º (Forma de representação)
O papel comercial pode ser nominativo ou ao portador registado e deve observar a forma escritural.

Art. 11.º (Registo de titularidade)
A titularidade do papel comercial é registada nos termos dos artigos 61.º e seguintes do Código dos Valores Mobiliários.

TÍTULO III. OFERTAS E ADMISSÃO

Art. 12.º (Modalidades e aprovação de nota informativa)
1. À qualificação da oferta de papel comercial como pública ou particular é aplicável, com as devidas adaptações, o disposto nos artigos 109.º e 110.º do Código dos Valores Mobiliários, sendo sempre havida como particular a oferta cujo valor nominal unitário seja o previsto no n.º 2 do artigo 4.º
2. A nota informativa de oferta pública de papel comercial dirigida especificamente a pessoas com residência ou estabelecimento em Portugal está sujeita a aprovação na Comissão do Mercado de Valores Mobiliários, podendo esta respeitar à emissão ou ao programa de emissão a que se refere o n.º 1 do artigo 7.º
3. A aprovação da nota informativa ou a sua recusa devem ser comunicados ao emitente no prazo de três dias úteis.
4. O lançamento de ofertas públicas de distribuição de papel comercial exige a emissão de certificação legal de contas ou de auditoria às contas do emitente efectuada por um revisor oficial de contas ou por uma sociedade revisora oficial de contas, pelo menos no que respeita ao exercício imediatamente anterior, e o cumprimento de um dos requisitos previstos nas alíneas *b)* e *c)* do n.º 1 do artigo 4.º
5. À publicidade da oferta é aplicável, com as devidas adaptações, o disposto nos artigos 121.º e 122.º do Código dos Valores Mobiliários.

Nota. Redacção introduzida pelo art. 11.º do DL n.º 52/2006, de 15 de Março, que também alterou a epígrafe do preceito.

Art. 13.º (Instrução do pedido)
O pedido de aprovação é instruído com cópia da nota informativa a elaborar nos termos do artigo 17.º

Nota. Redacção introduzida pelo art. 11.º do DL n.º 52/2006, de 15 de Março, que também alterou a epígrafe do preceito.

794

Tít.. IV. Deveres de informação   **Arts. 14.º-17.º DL 69/2004 [57]**

Art. 14.º (Retirada da oferta)
1. A Comissão do Mercado de Valores Mobiliários deve ordenar a retirada da oferta se verificar que esta enferma de alguma ilegalidade ou violação de regulamento insanáveis.
2. A decisão de retirada é divulgada pela Comissão do Mercado de Valores Mobiliários, a expensas do oferente, nos mesmos termos em que foi divulgada a nota informativa.

Art. 15.º (Assistência e colocação)
1. As ofertas públicas de papel comercial devem ser realizadas com intervenção de intermediário financeiro, legalmente habilitado para o efeito, que presta, pelo menos, os seguintes serviços:

a) Assistência e colocação nas ofertas públicas de distribuição;

b) Pagamento, por conta e ordem da entidade emitente, dos direitos patrimoniais decorrentes da emissão.

2. As ofertas particulares de papel comercial emitido por entidade sem certificação legal de contas ou auditoria às contas efectuada por um revisor oficial de contas ou por uma sociedade revisora oficial de contas exigem a intervenção de um intermediário financeiro que, em qualquer caso e independentemente de outros deveres impostos por lei, deve proceder à prévia verificação da observância do limite estabelecido no n.º 2 do artigo 2.º

Art. 16.º (Admissão à negociação)
1. O papel comercial pode ser admitido à negociação em mercado de valores mobiliários.
2. A Comissão do Mercado de Valores Mobiliários pode definir por regulamento, sob proposta da entidade gestora do mercado, a informação a prestar pela entidade emitente, em complemento da constante da nota informativa a que se refere o artigo 17.º, que se revele necessária para a negociação em mercado.

TÍTULO IV. **DEVERES DE INFORMAÇÃO**

Art. 17.º (Nota informativa)
1. As entidades que emitam papel comercial devem elaborar uma nota informativa que tem por objecto a emissão ou o programa de emissão, contendo informação sobre a sua situação patrimonial, económica e financeira, da qual devem constar obrigatoriamente:

a) Os elementos a que se refere o artigo 171.º do Código das Sociedades Comerciais;

b) A identificação das pessoas responsáveis pela qualidade da informação contida na nota informativa;

c) As características genéricas do programa de emissão, nomeadamente no respeitante a montantes, prazos, denominação e cadência da emissão do papel comercial;

d) O modo de determinação dos juros e, nas ofertas públicas, os termos da sua divulgação;

795

[57] DL 69/2004 Arts. 18.º-19.º

Papel comercial

e) A natureza e âmbito de eventuais garantias prestadas à emissão;

f) Informação sobre a notação de risco atribuída por empresa de notação de risco registada na Comissão do Mercado de Valores Mobiliários, caso exista;

g) O código de identificação do papel comercial objecto da oferta, caso exista;

h) O regime fiscal aplicável;

i) O balanço, a demonstração de resultados e a demonstração da origem e da aplicação de fundos da entidade emitente relativos aos três últimos exercícios anteriores ao do programa da emissão ou apenas aos exercícios decorridos desde a constituição do emitente com contas aprovadas;

j) A indicação sumária da dependência da entidade emitente relativamente a quaisquer factos que tenham importância significativa para a sua actividade e sejam susceptíveis de afectar a rentabilidade do emitente no prazo abrangido pelo programa de emissão até à data do último reembolso, designadamente alvarás, patentes, contratos ou novos processos de fabrico.

2. A nota informativa de oferta pública de papel comercial deve ainda incluir, na sua capa, uma descrição dos factores de risco inerentes à oferta, ao emitente ou às suas actividades e uma descrição das limitações relevantes do investimento proposto, bem como, caso exista, a notação de risco atribuída à emissão ou ao programa de emissão.

3. Respeitando a nota informativa a um programa de emissão, a entidade emitente deve elaborar, previamente a cada emissão, uma informação complementar na medida do necessário para a individualização da mesma.

4. Sempre que a entidade emitente seja uma sociedade em relação de domínio, as informações referidas nas alíneas *i*) e *j*) do n.º 1 devem ser facultadas autonomamente no que respeita à sociedade e, de forma consolidada, ao grupo.

5. Deve ser elaborada nova nota informativa, de que constem todos os elementos previstos nos números anteriores, sempre que ocorra qualquer circunstância susceptível de influir de maneira relevante na avaliação da capacidade financeira da entidade emitente ou do garante.

6. O disposto nos artigos 116.º e 156.º do Código dos Valores Mobiliários não se aplica às entidades emitentes de papel comercial.

Art. 18.º (Idioma)

1. A nota informativa de oferta particular não está sujeita ao disposto no artigo 6.º do Código dos Valores Mobiliários.

2. À nota informativa de ofertas públicas de papel comercial é aplicável o disposto nos artigos 163.º-A e 237.º-A do Código dos Valores Mobiliários.

Art. 19.º (Divulgação)

A nota informativa é divulgada gratuitamente aos investidores:

a) Nas ofertas públicas de papel comercial até ao início da oferta através de disponibilização junto do emitente e das entidades colocadoras e por meio do sistema de difusão de informação da Comissão do Mercado de Valores Mobiliários;

b) Nas ofertas particulares de papel comercial, junto do emitente, antes do início do período de subscrição da emissão.

796

Tít.. V. Disposições finais e transitórias   **Arts. 20.°-26.° DL 69/2004 [57]**

Art. 20.° (Responsabilidade pelo conteúdo da informação)
Aplica-se à informação incluída na nota informativa de ofertas públicas de papel comercial o disposto nos artigos 149.° e seguintes do Código dos Valores Mobiliários.

TÍTULO V. DISPOSIÇÕES FINAIS E TRANSITÓRIAS

Art. 21.° (Regulamentação)
Compete à Comissão do Mercado de Valores Mobiliários elaborar os regulamentos necessários à concretização do disposto no presente diploma e aos demais aspectos relacionados com o papel comercial, nomeadamente sobre as seguintes matérias:

a) Instrução do pedido de aprovação de nota informativa;

b) Forma de liquidação dos juros relativos à emissão de papel comercial;

c) Condições de rateio;

d) Caducidade da aprovação da nota informativa;

e) Adaptação do conteúdo da nota informativa às entidades emitentes de papel comercial que se encontrem, com outras sociedades, em relação de domínio;

f) Termos em que deve ser divulgada a oferta pública de papel comercial;

g) Termos em que devem ser divulgados os factos relevantes respeitantes aos emitentes.

Nota. Redacção introduzida pelo art. 11.° do DL n.° 52/2006, de 15 de Março.

Art. 22.° (Supervisão)
Compete à Comissão do Mercado de Valores Mobiliários fiscalizar o cumprimento do presente diploma e a supervisão dos mercados onde seja negociado papel comercial.

Art. 23.° (Informação estatística)
A informação estatística relativa à emissão de papel comercial é prestada ao Banco de Portugal nos termos a definir por este.

Art. 24.° (Direito transitório)
O presente diploma é aplicável às emissões de papel comercial deliberadas em data posterior à da sua entrada em vigor e, bem assim, às emissões de papel comercial efectuadas ao abrigo de novos programas ou de programas renovados em data posterior à da sua entrada em vigor.

Art. 25.° (Revogação)
São revogados o Decreto-Lei n.° 181/92, de 22 de Agosto, com as alterações introduzidas pelos Decretos-Leis n.°s 231/94, de 14 de Setembro, 343/98, de 6 de Novembro, e 26/2000, de 3 de Março, e a Portaria n.° 815-A/94, de 14 de Setembro.

Art. 26.° (Entrada em vigor)
O presente diploma entra em vigor 30 dias após a sua publicação.

797

OBRIGAÇÕES HIPOTECÁRIAS

[58] DECRETO-LEI N.º 59/2006
de 20 de Março

Nos termos da alínea *a*) do n.º 1 do artigo 198.º da Constituição, o Governo decreta o seguinte:

CAPÍTULO I. Disposições gerais

Art. 1.º (Âmbito)

1. O presente decreto-lei estabelece o regime aplicável às obrigações hipotecárias e às instituições de crédito hipotecário.

2. O presente decreto-lei estabelece ainda, nos termos do artigo 32.º, o regime aplicável às obrigações sobre o sector público.

3. A designação de «obrigações hipotecárias» ou de «obrigações sobre o sector público» só pode ser utilizada relativamente às obrigações reguladas nos termos previstos no presente decreto-lei.

Art. 2.º (Entidades emitentes)

Apenas podem emitir obrigações hipotecárias as instituições de crédito legalmente autorizadas a conceder créditos garantidos por hipoteca que disponham de fundos próprios não inferiores a € 7 500 000.

Art. 3.º (Privilégio creditório)

1. Os titulares de obrigações hipotecárias gozam de privilégio creditório especial sobre os créditos hipotecários que lhes subjazem, bem como sobre os outros activos previstos no artigo 17.º, com precedência sobre quaisquer outros credores, para efeitos de reembolso do capital e recebimento dos juros correspondentes às obrigações hipotecárias.

2. As hipotecas que garantam os créditos referidos no número anterior prevalecem sobre quaisquer privilégios creditórios imobiliários.

3. O privilégio referido no n.º 1 não está sujeito a registo.

Art. 4.º (Afectação e segregação patrimonial)

1. Para garantia das obrigações hipotecárias, são afectos os créditos hipotecários que lhes subjazem, incluindo o produto de juros e reembolsos, bem como os outros activos previstos no artigo 17.º

Cap. I. Disposições gerais   **Art. 5.° DL 59/2006 [58]**

2. Os créditos hipotecários e outros activos afectos às obrigações hipotecárias, incluindo o produto dos respectivos juros e reembolsos, constituem património autónomo e não respondem por quaisquer dívidas da entidade emitente até ao pagamento integral dos montantes devidos aos titulares das obrigações hipotecárias.

3. Os créditos hipotecários e outros activos que em cada momento integrem o património autónomo afecto às obrigações hipotecárias devem ser adequadamente registados em contas segregadas da entidade emitente e identificados sob forma codificada nos documentos das emissões.

4. Do registo referido no número anterior devem constar, em relação a cada crédito, designadamente, as seguintes indicações:

a) Montante ainda em dívida;

b) Taxa de juro;

c) Prazo de amortização;

d) Cartório notarial onde foi celebrada a respectiva escritura de hipoteca, quando aplicável;

e) Referências relativas à inscrição definitiva das hipotecas na conservatória do registo predial.

5. A chave do código a que alude o n.° 3 fica depositada no Banco de Portugal, o qual estabelece, por aviso, as condições em que os titulares de obrigações hipotecárias, em caso de incumprimento, podem ter acesso à mesma.

Art. 5.° (Continuidade das emissões)

1. Em caso de dissolução e liquidação da entidade emitente, os créditos e os activos a que se refere o artigo anterior são separados da massa insolvente, tendo em vista a sua gestão autónoma, nos termos de procedimento a fixar por aviso do Banco de Portugal, até pagamento integral dos montantes devidos aos titulares das obrigações hipotecárias.

2. Em caso de dissolução e liquidação da entidade emitente é igualmente separado da massa insolvente o produto dos juros e reembolsos dos créditos hipotecários e dos outros activos afectos às obrigações hipotecárias.

3. Na situação a que se referem os números anteriores, e sem prejuízo do disposto nas condições de emissão, a assembleia de obrigacionistas referida no artigo 14.° pode deliberar, por maioria não inferior a dois terços dos votos dos titulares das obrigações hipotecárias, o vencimento antecipado destas obrigações, caso em que a entidade designada para a gestão dos créditos deve proceder à liquidação do património afecto às obrigações hipotecárias, nos termos previstos no aviso do Banco de Portugal referido no n.° 1.

4. O disposto no presente artigo não produz quaisquer efeitos sobre o pontual cumprimento da obrigação de pagamento de juros e reembolsos por parte dos devedores dos créditos hipotecários e dos outros activos afectos às obrigações hipotecárias.

799

[58] DL 59/2006 Arts. 6.°-10.°   Obrigações hipotecárias

CAPÍTULO II. Instituições de crédito hipotecário

Art. 6.° (Instituições de crédito hipotecário)

1. As instituições de crédito hipotecário são instituições de crédito que têm por objecto social a concessão, aquisição e alienação de créditos garantidos por hipoteca sobre bens imóveis a fim de emitir obrigações hipotecárias.

2. As instituições de crédito hipotecário podem também conceder, adquirir e alienar créditos sobre administrações centrais ou autoridades regionais e locais de um dos Estados membros da União Europeia e créditos com garantia expressa e juridicamente vinculativa das mesmas entidades, tendo em vista a emissão de obrigações sobre o sector público.

3. As instituições de crédito hipotecário podem, acessoriamente, efectuar os actos de administração dos bens que lhes hajam sido restituídos em reembolso de créditos, bem como realizar as restantes actividades necessárias à prossecução do seu objecto.

Art. 7.° (Outros recursos financeiros das instituições de crédito hipotecário)

Para financiamento da sua actividade, as instituições de crédito hipotecário podem ainda:

a) Emitir papel comercial e obrigações de qualquer espécie nas condições previstas na lei e sem obediência aos limites fixados no Código das Sociedades Comerciais;

b) Obter financiamentos concedidos por outras instituições de crédito ou por instituições financeiras internacionais;

c) Contrair os financiamentos previstos nas alíneas *a*) e *d*) do n.° 2 do artigo 9.° do Regime Geral das Instituições de Crédito e Sociedades Financeiras.

Art. 8.° (Direito subsidiário)

Às instituições de crédito hipotecário é aplicável, em tudo o que não esteja disposto no presente capítulo, o Regime Geral das Instituições de Crédito e Sociedades Financeiras e legislação complementar.

CAPÍTULO III. Emissão de obrigações hipotecárias

Art. 9.° (Formalidades da emissão)

1. A emissão de obrigações hipotecárias deve ser objecto de deliberação expressa do órgão de administração da entidade emitente, da qual constam as características das obrigações a emitir e as condições da emissão.

2. A deliberação referida no número anterior pode incluir um programa que preveja várias emissões, desde que constem os elementos referidos no número anterior e o prazo máximo no qual serão emitidas as obrigações.

Art. 10.° (Regime)

1. À oferta pública ou particular de obrigações hipotecárias é aplicável o disposto no Código dos Valores Mobiliários com as devidas adaptações.

800

Cap. III. Emissão de obrigações hipotecárias   **Arts. 11.º-14.º DL 59/2006 [58]**

2. Não são aplicáveis à emissão de obrigações hipotecárias:
   a) Sem prejuízo do disposto no artigo 14.º, o capítulo IV do título IV do Código das Sociedades Comerciais;
   b) A alínea *l*) do artigo 3.º do Código do Registo Comercial.

Art. 11.º (Modalidades de emissão)

1. A emissão de obrigações hipotecárias pode ser efectuada de forma contínua ou por séries.
2. À emissão de obrigações hipotecárias não é aplicável o disposto no artigo 169.º do Código dos Valores Mobiliários.

Art. 12.º (Prazo)

As obrigações hipotecárias não podem ser emitidas com um prazo de reembolso inferior a 2 anos nem superior a 50 anos.

Art. 13.º (Mercado secundário)

1. As obrigações hipotecárias podem ser admitidas à negociação em mercado nos termos da legislação e regulamentação em vigor.
2. As obrigações hipotecárias são equiparadas a títulos cotados em bolsas de valores nacionais para efeitos de composição das reservas das instituições de segurança social.

Art. 14.º (Assembleia de obrigacionistas e representante comum)

1. É aplicável às emissões de obrigações hipotecárias ou obrigações sobre o sector público o disposto nos artigos 355.º a 359.º do Código das Sociedades Comerciais, com as especificidades constantes dos números seguintes.
2. O representante comum dos obrigacionistas é inicialmente designado pelo órgão de administração da entidade emitente e é único para todas as emissões de obrigações hipotecárias ou sobre o sector público emitidas pela mesma entidade.
3. Para além das entidades referidas no n.º 2 do artigo 357.º do Código das Sociedades Comerciais, pode ser representante comum dos obrigacionistas uma instituição de crédito ou outra entidade autorizada a prestar serviços de representação de investidores em algum Estado membro da União Europeia, desde que não se encontre em relação de domínio ou de grupo com a entidade emitente ou com a entidade cedente dos créditos.
4. Os termos da designação prevista nos números anteriores são estabelecidos nas condições da emissão, designadamente no que respeita à remuneração do representante comum, aos custos e encargos inerentes ao desenvolvimento das suas funções, às despesas de convocação e realização de assembleias de obrigacionistas, aos limites aplicáveis à responsabilidade do representante comum e aos termos das responsabilidades que perante ele são assumidas pela entidade emitente de obrigações hipotecárias e demais intervenientes na emissão em causa.
5. A assembleia de obrigacionistas delibera sobre a nomeação, remuneração e destituição do representante comum dos obrigacionistas, bem como sobre a alteração das condições iniciais da respectiva designação.

801

[58] DL 59/2006 Arts. 15.°-16.°   Obrigações hipotecárias

6. A remuneração do representante comum, os demais custos e encargos inerentes ao desenvolvimento das suas funções e as despesas de convocação e realização de assembleias de obrigacionistas, quando incorridas com respeito pelas condições da emissão, são encargos do património autónomo correspondente às emissões de obrigações hipotecárias e beneficiam do privilégio creditório previsto no n.° 1 do artigo 3.°

7. As condições da emissão podem estabelecer os poderes de representação dos obrigacionistas conferidos ao representante comum e a forma da sua articulação com a assembleia de obrigacionistas, podendo ser atribuídos ao representante comum poderes para:

a) Executar as deliberações da assembleia de obrigacionistas que tenham decretado o vencimento antecipado das obrigações em causa;

b) Exercer, em nome e representação dos obrigacionistas, os direitos que lhes sejam conferidos pelo presente decreto-lei ou pelas condições da emissão;

c) Representar os obrigacionistas em juízo, em qualquer tipo de acções.

Art. 15.° (Deveres de informação sobre as emissões)
O Banco de Portugal pode definir, por aviso ou instrução, os termos em que lhe deve ser prestada informação sobre as emissões de obrigações hipotecárias, nomeadamente para fins estatísticos, sobre activos subjacentes e sobre a respectiva gestão dos riscos.

CAPÍTULO IV.   **Activos subjacentes e regime prudencial**

Art. 16.° (Activos subjacentes)
1. Apenas podem ser afectos à garantia de obrigações hipotecárias:

a) Créditos pecuniários vincendos e não sujeitos a condição, que não se encontrem dados em garantia nem judicialmente penhorados ou apreendidos e de que sejam sujeitos activos as entidades emitentes, garantidos por primeiras hipotecas constituídas sobre bens imóveis destinados à habitação ou para fins comerciais e situados num Estado membro da União Europeia;

b) Os activos referidos no artigo seguinte.

2. O disposto na alínea *a)* do número anterior não obsta à afectação de créditos garantidos por hipotecas de grau inferior desde que todos os créditos que beneficiem de hipoteca de grau superior sobre o mesmo imóvel sejam da titularidade do emitente e afectos à garantia da mesma emissão.

3. Consideram-se ainda abrangidos na alínea *a)* do n.° 1 os créditos garantidos por fiança de uma instituição de crédito ou por adequado contrato de seguro, com contragarantia por hipoteca que reúna as condições indicadas nos números anteriores.

4. O montante de um crédito hipotecário afecto à garantia de obrigações hipotecárias não pode exceder o valor das hipotecas, nem 80% do valor do bem hipotecado, no caso de imóveis destinados à habitação, nem 60% do valor do bem hipotecado, nos imóveis para fins comerciais.

802

Cap. IV. Activos subjacentes e regime prudencial   **Arts. 17.º-19.º DL 59/2006 [58]**

Art. 17.º (Outros activos)

1. Para além dos créditos pecuniários referidos na alínea *a*) do n.º 1 do artigo anterior, podem ainda ser afectos à garantia de obrigações hipotecárias os seguintes activos:

a) Depósitos, no Banco de Portugal, de moeda ou títulos elegíveis no âmbito das operações de crédito do Eurosistema;

b) Depósitos à ordem ou a prazo constituídos junto de instituições de crédito com notação de risco igual ou superior a «A-» ou equivalente;

c) Outros activos que preencham simultaneamente requisitos de baixo risco e elevada liquidez, a definir por aviso do Banco de Portugal.

2. As instituições de crédito referidas na alínea *b*) do número anterior não podem encontrar-se em relação de domínio ou de grupo com a entidade emitente.

3. A soma do valor dos outros activos referidos no n.º 1 não pode exceder 20% do valor total dos créditos hipotecários e dos outros activos afectos à garantia das obrigações hipotecárias.

4. Sem prejuízo da aquisição de novos créditos ou da amortização das obrigações hipotecárias, o produto do reembolso dos créditos e os respectivos rendimentos apenas podem ser aplicados nos outros activos referidos no presente artigo.

Art. 18.º (Facilidades de crédito)

1. Para fazer face a necessidades temporárias de liquidez, podem ser contratadas linhas de crédito irrevogáveis que, em caso de necessidade, podem ser activadas, sendo estes fundos utilizados exclusivamente para pagamento de reembolsos e juros devidos no âmbito das emissões de obrigações hipotecárias.

2. As facilidades de crédito referidas no número anterior apenas podem ser contratadas com instituições de crédito com notação de risco igual ou superior a «A-», ou equivalente.

Art. 19.º (Limites prudenciais)

1. O valor nominal global das obrigações hipotecárias em circulação não pode ultrapassar 95% do valor nominal global dos créditos hipotecários e dos outros activos afectos às referidas obrigações.

2. O vencimento médio das obrigações hipotecárias em circulação não pode ultrapassar, em cada momento, o vencimento médio dos créditos hipotecários e dos outros activos que lhes estão afectos.

3. O montante global dos juros a pagar em consequência de obrigações hipotecárias não deve exceder, em cada momento, o montante dos juros a receber referentes aos créditos hipotecários e aos outros activos afectos às obrigações hipotecárias.

4. O Banco de Portugal pode estabelecer, por aviso, os termos para o cálculo dos limites referidos nos números anteriores, bem como outros limites ou condições e respectivo métodos de cálculo, nomeadamente em matéria de cobertura e gestão dos riscos.

5. O Banco de Portugal estabelece ainda, por aviso, a ponderação a aplicar, para efeitos de cálculo do rácio de solvabilidade, aos elementos do activo representados por obrigações emitidas nos termos definidos no presente decreto-lei.

803

[58] DL 59/2006 Arts. 20.º-21.º   Obrigações hipotecárias

Art. 20.º (Utilização de instrumentos financeiros derivados)

1. Exclusivamente para efeitos de cobertura de riscos, nomeadamente risco de taxa de juro, cambial ou de liquidez, podem ser realizadas operações sobre instrumentos financeiros derivados, os quais fazem parte integrante do acervo patrimonial afecto às respectivas obrigações hipotecárias e devem ser considerados para efeitos do apuramento dos limites e do registo referido no artigo 4.º

2. As operações previstas no número anterior devem ser realizadas num mercado regulamentado de um Estado membro da União Europeia, num mercado reconhecido de um membro de pleno direito da Organização para a Cooperação e Desenvolvimento Económico (OCDE), ou ter por contraparte instituições de crédito com notação de risco igual ou superior a «A-» ou equivalente.

3. O privilégio creditório referido no n.º 1 do artigo 3.º é extensível às contrapartes das operações sobre instrumentos financeiros derivados previstas no n.º 1, relativamente aos créditos emergentes dessas operações.

4. O Banco de Portugal pode definir, por aviso, os termos em que os instrumentos financeiros derivados são considerados para efeitos do apuramento dos limites estabelecidos no artigo anterior ou impor outras condições à utilização de instrumentos financeiros derivados.

5. Do registo referido no n.º 3 do artigo 4.º devem também constar, em relação a cada instrumento financeiro derivado, designadamente, as seguintes condições:

a) Obrigações hipotecárias objecto de cobertura por esse instrumento;

b) Activo ou activos subjacentes a essas obrigações hipotecárias;

c) Montante da operação;

d) Identificação da contraparte;

e) Data de início e data de vencimento.

Art. 21.º (Regularização de incumprimentos)

1. Se, por qualquer causa, os limites referidos no n.º 4 do artigo 16.º e nos n.ºˢ 1 a 3 do artigo 19.º sejam, ou seja expectável que venham a ser, ultrapassados, a entidade emitente deve, de imediato, regularizar a situação, através de um ou mais dos seguintes procedimentos:

a) Afectação de novos créditos hipotecários, com ou sem substituição dos créditos hipotecários afectos às obrigações hipotecárias;

b) Aquisição no mercado secundário das obrigações hipotecárias;

c) Afectação de outros activos previstos no artigo 17.º, respeitando os limites estabelecidos.

2. As obrigações hipotecárias, enquanto estiverem na posse da entidade que as emitiu, não gozam do regime previsto nos artigos 3.º e 4.º do presente decreto-lei.

3. Podem permanecer afectos às obrigações hipotecárias créditos hipotecários que entrem em incumprimento em momento posterior à respectiva afectação enquanto esse incumprimento não for igual ou superior a 90 dias.

4. Os créditos hipotecários afectos às obrigações hipotecárias só podem ser alienados ou onerados na medida em que a entidade emitente proceda à afectação de novos créditos hipotecários às obrigações em questão, nos termos do presente decreto-lei.

Cap. V.   Cessão de créditos hipotecários   **Arts. 22.º-27.º   DL 59/2006 [58]**

Art. 22.º (Valor dos bens hipotecados)

1. A determinação do valor dos bens hipotecados a que se refere o n.º 4 do artigo 16.º e o n.º 3 do presente artigo é da exclusiva responsabilidade da entidade emitente, devendo a avaliação dos bens hipotecados ser efectuada nos termos a definir por aviso do Banco de Portugal.

2. Na ausência de contrato de seguro adequado aos riscos inerentes à natureza do bem hipotecado efectuado pelo proprietário do mesmo, devem as entidades emitentes proceder à sua celebração, suportando, nesse caso, os respectivos encargos.

3. O contrato de seguro a que se refere o número anterior deverá garantir, em caso de perda total, um capital que permita a reconstrução do bem hipotecado.

4. A indemnização que eventualmente venha a ter lugar é directamente paga pela entidade seguradora ao credor hipotecário, até ao limite do capital do crédito hipotecário.

Art. 23.º (Avaliação)

O Banco de Portugal define, por aviso ou instrução, os métodos de avaliação dos créditos hipotecários, dos activos previstos no artigo 17.º, dos instrumentos financeiros derivados previstos no artigo 20.º e das obrigações hipotecárias, bem como a periodicidade da sua avaliação e o conteúdo e a sua forma de divulgação.

CAPÍTULO V.   Cessão de créditos hipotecários

Art. 24.º (Entidades cedentes)

Para os efeitos previstos neste decreto-lei, só as instituições de crédito legalmente autorizadas a conceder créditos garantidos por hipoteca podem ceder créditos.

Art. 25.º (Créditos susceptíveis de cessão)

Só podem ser objecto de cessão os créditos cuja transmissibilidade não esteja sujeita a restrições legais ou convencionais.

Art. 26.º (Deliberação de cessão)

1. As cessões de créditos devem ser objecto de deliberação expressa do órgão de administração da entidade cedente.

2. As deliberações previstas no número anterior têm a validade de seis meses, caducando no termo desse prazo.

Art. 27.º (Efeitos da cessão)

1. A cessão de créditos produz efeitos em relação aos respectivos devedores no momento em que se tornar eficaz entre o cedente e o cessionário, não dependendo do conhecimento, aceitação ou notificação desses devedores.

2. Dos meios de defesa que lhes seria lícito invocar contra o cedente, os devedores dos créditos objecto de cessão só podem opor ao cessionário aqueles que provenham de facto anterior ao momento em que a cessão se torne eficaz entre o cedente e o cessionário.

805

[58] DL 59/2006 Arts. 28.º-30.º   Obrigações hipotecárias

3. Para os efeitos previstos no presente decreto-lei, a cessão de créditos respeita sempre as situações jurídicas de que emergem os créditos objecto de cessão e todos os direitos e garantias dos devedores oponíveis ao cedente dos créditos ou o estipulado nos contratos celebrados com os devedores dos créditos, designadamente quanto ao exercício dos respectivos direitos em matéria de reembolso antecipado, cessão da posição contratual e sub-rogação, mantendo estes todas as relações exclusivamente com o cedente.

4. No caso de cessão de quaisquer créditos hipotecários concedidos ao abrigo de qualquer dos regimes previstos no Decreto-Lei n.º 349/98, de 11 de Novembro, as entidades cessionárias passam, por efeito da cessão, a ter também direito a receber quaisquer subsídios aplicáveis, não sendo os regimes de crédito previstos naquele decreto-lei de forma alguma afectados pela cessão dos créditos em causa.

Art. 28.º (Forma do contrato de cessão de créditos)
1. O contrato de cessão dos créditos pode ser celebrado por documento particular.
2. Para efeitos de averbamento ao registo da transmissão dos créditos hipotecários, o documento particular referido no número anterior constitui título bastante desde que contenha o reconhecimento presencial das assinaturas nele apostas, efectuado por notário ou, se existirem, pelos secretários das sociedades intervenientes.

Art. 29.º (Gestão dos créditos)
1. Simultaneamente com a cessão de créditos, pode ser celebrado contrato pelo qual a entidade cedente fique obrigada, em nome e em representação da entidade cessionária, a praticar todos os actos que se revelem adequados à boa gestão dos créditos e das respectivas garantias, a assegurar os serviços de cobrança, os serviços administrativos relativos aos créditos, todas as relações com os respectivos devedores e os actos conservatórios, modificativos e extintivos relativos às garantias.
2. Os montantes que estejam na posse da instituição de crédito gestora dos créditos afectos às obrigações hipotecárias não podem em caso algum ser penhorados ou de qualquer forma apreendidos, mesmo em caso de liquidação dessa instituição de crédito.
3. Em caso de revogação da autorização da instituição de crédito gestora dos créditos, bem como no caso de saneamento ou de liquidação da mesma, o Banco de Portugal determina a sua substituição na gestão dos créditos, mediante contrato a celebrar pela instituição de crédito e entidade habilitada para o efeito, o qual deve ser notificado aos respectivos devedores.

Art. 30.º (Tutela dos créditos)
1. A cessão dos créditos hipotecários:
a) Só pode ser objecto de impugnação pauliana no caso de os interessados provarem a verificação dos requisitos previstos nos artigos 610.º e 612.º do Código Civil, não sendo aplicáveis as presunções legalmente estabelecidas, designadamente no Código da Insolvência e da Recuperação de Empresas;
b) Não pode ser resolvida em benefício da massa falida, excepto se os interessados provarem que as partes agiram de má fé.

Cap. VII. Supervisão e auditor independente   **Arts. 31.º-34.º DL 59/2006 [58]**

2. Não fazem parte da massa falida da entidade cedente os montantes pagos no âmbito de créditos hipotecários cedidos anteriormente à falência e que apenas se vençam depois dela.

Art. 31.º (Substituição de créditos)

Desde que essa possibilidade conste da deliberação referida no n.º 1 do artigo 26.º, o contrato de cessão de créditos pode prever a obrigação de a entidade cedente substituir os créditos relativamente aos quais se verifique incumprimento por prazo superior ou igual a 90 dias ou relativamente aos quais as demais condições previstas neste decreto-lei não sejam cumpridas, até ao limite estabelecido na deliberação.

CAPÍTULO VI.   Obrigações sobre o sector público

Art. 32.º (Obrigações sobre o sector público)

1. Salvo disposição em contrário, às obrigações sobre o sector público, a que se refere o n.º 2 do artigo 1.º, é aplicável o regime das obrigações hipotecárias previsto no presente decreto-lei, com as devidas adaptações, sem prejuízo das especificidades constantes dos números seguintes.

2. Em substituição dos créditos hipotecários referidos na alínea *a*) do n.º 1 do artigo 16.º, apenas podem ser afectos à garantia de obrigações sobre o sector público os créditos sobre administrações centrais ou autoridades regionais e locais de um dos Estados membros da União Europeia e créditos com garantia expressa e juridicamente vinculativa das mesmas entidades.

3. O limite a que se refere o n.º 1 do artigo 19.º corresponde a 100% do valor global dos activos afectos às obrigações sobre o sector público.

4. O registo referido no artigo 4.º deve ser realizado por forma a assegurar a segregação entre os activos afectos às obrigações hipotecárias e os activos afectos às obrigações sobre o sector público.

CAPÍTULO VII.   Supervisão e auditor independente

Art. 33.º (Supervisão)

Sem prejuízo das competências da Comissão do Mercado de Valores Mobiliários quanto ao disposto no capítulo III, compete ao Banco de Portugal supervisionar o disposto no presente decreto-lei.

Art. 34.º (Auditor independente)

1. O órgão de administração da entidade emitente designa um auditor independente que, na defesa dos interesses dos titulares das obrigações, verifica o cumprimento dos requisitos legais e regulamentares aplicáveis às obrigações hipotecárias e às obrigações sobre o sector público.

2. Este auditor independente está sujeito a registo junto da Comissão do Mercado de Valores Mobiliários.

807

[58] DL 59/2006 Arts. 35.º-36.º

Obrigações hipotecárias

3. Para efeitos do disposto no n.º 1, é considerado independente o auditor que não esteja associado a qualquer grupo de interesses específicos na entidade emitente nem se encontre em alguma circunstância susceptível de afectar a sua isenção de análise ou de decisão, nomeadamente em virtude de:

a) Ser titular ou actuar em nome ou por conta de titulares de participação qualificada igual ou superior a 2% do capital social da entidade emitente;

b) Ter sido reeleito por mais de dois mandatos, de forma contínua ou intercalada.

4. O auditor independente elabora um relatório anual sobre o cumprimento pela entidade emitente dos requisitos legais e regulamentares a que se refere o n.º 1.

5. O Banco de Portugal pode estabelecer, por aviso, ouvida a Comissão do Mercado de Valores Mobiliários e a Ordem dos Revisores Oficiais de Contas, o conteúdo e as formas de divulgação do relatório do auditor.

CAPÍTULO VIII.   Disposições finais e transitórias

Art. 35.º (Cancelamento de ónus)

O cancelamento dos ónus registados ao abrigo da legislação anterior é efectuado com base em declaração da instituição de crédito credora.

Art. 36.º (Norma revogatória)

É revogado o Decreto-Lei n.º 125/90, de 16 de Abril, com as alterações introduzidas pelos Decretos-Leis n.ºˢ 17/95, de 27 de Janeiro, e 52/2006, de 15 de Março.

PARTE SEXTA

CONTRATOS COMERCIAIS

Págs.

[71]   Decreto-Lei n.º 446/85, de 25 de Outubro, sobre o regime
jurídico das cláusulas contratuais gerais   **(DL 446/85)**   811

[72]   Decreto-Lei n.º 178/86, de 3 de Julho, regulamenta o contrato da agência ou representação comercial   **(DL 178/86)**   822

[73]   Decreto-Lei n.º 149/95, de 24 de Junho, regula o contrato
de locação financeira   **(DL 149/95)**   830

[74]   Decreto-Lei n.º 239/2003, de 4 de Outubro, estabelece o regime do contrato de transporte rodoviário nacional de
mercadorias   **(DL 239/2003)**   836

[75]   Decreto-Lei n.º 105/2004, de 8 de Maio, estabelece o regime
jurídico dos contratos de garantia financeira   **(DL 105/2004)**   843

[76]   Decreto-Lei n.º 72/2008, de 16 de Abril, sobre o regime jurídico do contrato de seguro   **(DL 72/2008)**   850

809

CLÁUSULAS CONTRATUAIS GERAIS

[71] DECRETO-LEI N.° 446/85
de 25 de Outubro

1. Constitui a liberdade contratual um dos princípios básicos do direito privado. Na sua plena acepção, ela postula negociações preliminares íntegras, ao fim das quais as partes, tendo ponderado os respectivos interesses e os diversos meios de os prosseguir, assumem, com discernimento e liberdade, determinadas estipulações.

A essa luz, uma boa medida do direito dos contratos possui natureza supletiva: as normas legais apenas se aplicam quando os intervenientes, no exercício legítimo da sua autonomia privada, as não tenham afastado. Por expressivo, recorde-se que o artigo 405.°, n.° 1, do Código Civil reconhece às partes a faculdade de fixar livremente o conteúdo dos contratos, celebrar contratos diferentes dos previstos na lei ou incluir nestes as cláusulas que lhes aprouver.

2. Dentro da visão clássica da autonomia contratual, os grandes obstáculos à sua efectivação residiam na ausência concreta de discernimento ou de liberdade, a respeito da celebração, ou, ainda, na presença de divergências entre a vontade real e a vontade declarada. Encararam-se tais aspectos com recurso aos institutos do erro, do dolo, da falta de consciência da declaração, da coação, da incapacidade acidental, da simulação, da reserva mental ou da não seriedade da declaração.

Uma experiência jurídica antiga também demonstrou que certas cláusulas, quando inseridas em contratos, se tornavam nocivas ou injustas. Deste modo, apareceram proibições relativas, entre outros, aos negócios usurários, aos pactos leoninos, aos pactos comissórios e, em termos mais genéricos, aos actos contrários à lei, à ordem pública ou aos bons costumes.

Assim acautelada, a liberdade contratual assumiu uma importância marcante, com dimensões jurídicas, económicas, sociais e culturais. Importância que se conserva nos nossos dias.

3. As sociedades técnicas e industrializadas da actualidade introduziram, contudo, alterações de vulto nos parâmetros tradicionais da liberdade contratual. A negociação privada, assente no postulado da igualdade formal das partes, não corresponde muitas vezes, ou mesmo via de regra, ao concreto da vida. Para além do seu nível atomístico, a contratação reveste-se de vectores colectivos que o direito deve tomar em conta. O comércio jurídico massificou-se: continuamente, as pessoas celebram contratos não precedidos de qualquer fase negociatória. A prática jurídico-económica racionalizou-se e especializou--se: as grandes empresas uniformizam os seus contratos, de modo a acelerar as operações necessárias à colocação dos produtos e a planificar. nos diferentes aspectos, as vantagens e as adstrições que lhes advêm do tráfico jurídico.

O fenómeno das cláusulas contratuais gerais fez, em suma, a sua aparição, estendendo-se aos domínios mais diversos. São elaborados, com graus de minúcia variáveis, modelos negociais a que pessoas indeterminadas se limitam a aderir, sem possibilidade de discussão ou de introdução de modificações. Daí que a liberdade contratual se cinja, de facto, ao dilema da aceitação ou rejeição desses esquemas predispostos unilateralmente por entidades sem autoridade pública. mas que desempenham na vida dos particulares um papel do maior relevo.

4. As cláusulas contratuais gerais surgem como um instituto à sombra da liberdade contratual. Numa perspectiva jurídica, ninguém é obrigado a aderir a esquemas negociais de antemão fixados para uma série indefinida de relações concretas. E, fazendo-o, exerce uma autonomia que o direito reconhece e tutela.

811

[71] DL 446/85 Preâmbulo

Cláusulas contratuais gerais

A realidade pode, todavia, ser diversa. Motivos de celeridade e de precisão, a existência de monopólios, oligopólios e outras formas de concertação entre as empresas, aliados à mera impossibilidade, por parte dos destinatários, de um conhecimento rigoroso de todas as implicações dos textos a que adiram, ou as hipóteses alternativas que tal adesão comporte, tornam viáveis situações abusivas e inconvenientes. O problema da correcção das cláusulas contratuais gerais adquiriu, pois, uma flagrante premência. Convirá, no entanto, reconduzi-lo às suas autênticas dimensões.

5. Apresentam-se as cláusulas contratuais gerais como algo de necessário, que resulta das características e amplitude das sociedades modernas. Em última análise, as padronizações negociais favorecem o dinamismo do tráfico jurídico, conduzindo a uma racionalização ou normalização e a uma eficácia benéficas aos próprios consumidores. Mas não deve esquecer-se que o predisponente pode derivar do sistema certas vantagens que signifiquem restrições, despesas ou encargos menos razoáveis ou iníquos para os particulares.

Ora, nesse quadro, as garantias clássicas da liberdade contratual mostram-se actuantes apenas em casos extremos: o postulado da igualdade formal dos contratantes não raro dificulta, ou até impede, uma verdadeira ponderação judicial do conteúdo do contrato, em ordem a restabelecer, sendo caso disso, a sua justiça e a sua idoneidade. A prática revela que a transposição da igualdade formal para a material unicamente se realiza quando se forneçam ao julgador referências exactas, que ele possa concretizar.

6. O Código Civil vigente consagra em múltiplas disposições o princípio da boa-fé. Deu-se um passo decisivo no sentido de estimular ou habilitar os tribunais a intervenções relativas ao conteúdo dos contratos, com vista à salvaguarda dos interesses da parte negocialmente mais fraca. Através da boa-fé, o intérprete dispõe de legitimidade para a efectivação de coordenadas fundamentais do direito. O apelo ao conceito de ordem pública é um outro alicerce.

Sabe-se. contudo, que o problema das cláusulas contratuais gerais oferece aspectos peculiares. De tal maneira que sem normas expressas dificilmente se consegue uma sua fiscalização judicial eficaz. Logo, a criação de instrumentos legislativos apropriados à matéria reconduz-se à observância dos imperativos constitucionais de combate aos abusos do poder económico e de defesa do consumidor. Acresce a recomendação que, vai para nove anos, o Conselho da Europa fez, nesse sentido, aos Estados Membros.

7. Na elaboração deste diploma atendeu-se aos precedentes estrangeiros, que se multiplicam, assim como aos ensinamentos colhidos da aplicação e da critica de tais experiências. Também se ponderaram as directrizes dimanadas do Conselho da Europa. Mas houve a preocupação de evitar um reformismo abstracto, quer dizer, que desconhecesse as facetas da realidade portuguesa.

É certo que o problema não tem, entre nós, tradições assinaláveis. Apenas se detectam alguns raros preceitos, mais ou menos vagos e dispersos, mormente voltados para uma fiscalização prévia de índole administrativa. Os arestos dos tribunais, quanto se apurou, são escassos e pouco expressivos. A prática dos contratos nada revela de específico.

Entretanto, a nossa doutrina mais recente põe em destaque inequívoco a acuidade do tema. Aí se encontrou estímulo para um articulado desenvolto, inclusive, abrangendo situações que ultrapassam os meros consumidores ou utentes finais de bens e serviços. Encarou-se a questão das cláusulas contratuais gerais com abertura. À jurisprudência e à dogmática jurídica pertence extrair todas as virtualidades dos dispositivos legais agora sancionados. Aquelas não ficam, de resto, como se impõe, encerradas num sistema rígido que tolha a consideração de novas situações e valorações de interesses, resultantes da natural evolução da vida.

Face aos resultados apurados com base na efectiva aplicação do presente diploma, encarar-se-á a hipótese de ser criado um serviço de registo das cláusulas contratuais gerais. Destinar-se-á esse serviço a assegurar a publicidade das que forem elaboradas, alteradas ou proibidas por decisão transitada em julgado.

A importância, a novidade e a complexidade do presente diploma são óbvias. Em decorrência consagra-se um período de *vacatio* mais longo do que o geralmente previsto.

Assim:

O Governo decreta, nos termos da alínea *a*) do n.° 1 do artigo 201.° da Constituição, o seguinte:

Cap. II.   Incl. de cláus. cont. gerais em cont. singulares   **Arts. 1.º-4.º DL 446/85 [71]**

CAPÍTULO I.   Disposições gerais

Art. 1.º   (Cláusulas contratuais gerais)

1. As cláusulas contratuais gerais elaboradas sem prévia negociação individual, que proponentes ou destinatários indeterminados se limitem, respectivamente, a subscrever ou aceitar, regem-se pelo presente diploma.

2. O presente diploma aplica-se igualmente às cláusulas inseridas em contratos individualizados, mas cujo conteúdo previamente elaborado o destinatário não pode influenciar.

3. O ónus da prova de que uma cláusula contratual resultou de negociação prévia entre as partes recai sobre quem pretenda prevalecer-se do seu conteúdo.

Nota. Redacção introduzida pelo art. 1.º do DL n.º 220/95, de 31 de Agosto, e pelo DL n.º 249/99, de 7 de Julho.

Art. 2.º   (Forma, extensão, conteúdo e autoria)

O artigo anterior abrange, salvo disposição em contrário, todas as cláusulas contratuais gerais, independentemente da forma da sua comunicação ao público, da extensão que assumam ou que venham a apresentar nos contratos a que se destinem, do conteúdo que as informe ou de terem sido elaboradas pelo proponente, pelo destinatário ou por terceiros.

Art. 3.º   (Excepções)

1. O presente diploma não se aplica:

a) A cláusulas típicas aprovadas pelo legislador;

b) A cláusulas que resultem de tratados ou convenções internacionais vigentes em Portugal;

c) A contratos submetidos a normas de direito público;

d) A actos do direito da família ou do direito das sucessões;

e) A cláusulas de instrumentos de regulamentação colectiva de trabalho.

2. Quando, por força da alínea *c)* do número anterior, funcionem cláusulas contratuais gerais do tipo das que neste diploma são proibidas, podem as associações de defesa do consumidor dotadas de representatividade, as associações sindicais, profissionais ou de interesses económicos legalmente constituídas, actuando no âmbito das atribuições respectivas, ou o Provedor de Justiça, solicitar aos órgãos competentes as alterações necessárias.

Nota. Redacção introduzida pelo art. 1.º do DL n.º 220/95, de 31 de Agosto.

CAPÍTULO II.   Inclusão de cláusulas contratuais gerais em contratos singulares

Art. 4.º   (Inclusão em contratos singulares)

As cláusulas contratuais gerais inseridas em propostas de contratos singulares incluem-se nos mesmos, para todos os efeitos, pela aceitação, com observância do disposto neste capítulo.

[71] DL 446/85 Arts. 5.º-9.º

Cláusulas contratuais gerais

Art. 5.º (Comunicação)

1. As cláusulas contratuais gerais devem ser comunicadas na íntegra aos aderentes que se limitem a subscrevê-las ou a aceitá-las.

2. A comunicação deve ser realizada de modo adequado e com a antecedência necessária para que, tendo em conta a importância do contrato e a extensão e complexidade das cláusulas, se torne possível o seu conhecimento completo e efectivo por quem use de comum diligência.

3. O ónus da prova da comunicação adequada e efectiva cabe ao contratante que submeta a outrem as cláusulas contratuais gerais.

Nota. Redacção introduzida pelo art. 1.º do DL n.º 220/95, de 31 de Agosto.

Art. 6.º (Dever de informação)

1. O contratante determinado que recorra a cláusulas contratuais gerais deve informar, de acordo com as circunstancias, a outra parte dos aspectos nelas compreendidos cuja aclaração se justifique.

2. Devem ainda ser prestados todos os esclarecimentos razoáveis solicitados.

Art. 7.º (Cláusulas prevalentes)

As cláusulas especificamente acordadas prevalecem sobre quaisquer cláusulas contratuais gerais, mesmo quando constantes de formulários assinados pelas partes.

Art. 8.º (Cláusulas excluídas dos contratos singulares)

Consideram-se excluídas dos contratos singulares:

a) As cláusulas que não tenham sido comunicadas nos termos do artigo 5.º;

b) As cláusulas comunicadas com violação do dever de informação, de molde que não seja de esperar o seu conhecimento efectivo;

c) As cláusulas que, pelo contexto em que surjam, pela epígrafe que as precede ou pela sua apresentação gráfica, passem despercebidas a um contratante normal, colocado na posição do contratante real;

d) As cláusulas inseridas em formulários, depois da assinatura de algum dos contratantes.

Art. 9.º (Subsistência dos contratos singulares)

1. Nos casos previstos no artigo anterior os contratos singulares mantêm-se, vigorando na parte afectada as normas supletivas aplicáveis, com recurso, se necessário, às regras de integração dos negócios jurídicos.

2. Os referidos contratos são, todavia, nulos quando, não obstante a utilização dos elementos indicados no número anterior, ocorra uma indeterminação insuprível de aspectos essenciais ou um desequilíbrio nas prestações gravemente atentatório da boa-fé.

Cap. V.   Cláusulas contratuais gerais proibidas   **Arts. 10.º-15.º   DL 446/85** **[71]**

CAPÍTULO III.   **Interpretação e integração das cláusulas contratuais gerais**

Art. 10.º (Princípio geral)
As cláusulas contratuais gerais são interpretadas e integradas de harmonia com as regras relativas à interpretação e integração dos negócios jurídicos, mas sempre dentro do contexto de cada contrato singular em que se incluam.

Art. 11.º (Cláusulas ambíguas)
1. As cláusulas contratuais gerais ambíguas têm o sentido que lhes daria o contratante indeterminado normal que se limitasse a subscrevê-las ou a aceitá-las, quando colocado na posição de aderente real.

2. Na dúvida, prevalece o sentido mais favorável ao aderente.

3. O disposto no número anterior não se aplica no âmbito das acções inibitórias.

Nota. Redacção introduzida pelo art. 1.º do DL n.º 249/99, de 7 de Julho.

CAPÍTULO IV.   **Nulidade das cláusulas contratuais gerais**

Art 12.º (Cláusulas proibidas)
As cláusulas contratuais gerais proibidas por disposição deste diploma são nulas nos termos nele previstos.

Art. 13.º (Subsistência dos contratos singulares)
1. O aderente que subscreva ou aceite cláusulas contratuais gerais pode optar pela manutenção dos contratos singulares quando algumas dessas cláusulas sejam nulas.

2. A manutenção de tais contratos implica a vigência, na parte afectada, das normas supletivas aplicáveis, com recurso, se necessário, às regras de integração aos negócios jurídicos.

Art. 14.º (Redução)
Se a faculdade prevista no artigo anterior não for exercida ou, sendo-o, conduzir a um desequilíbrio de prestações gravemente atentatório da boa-fé, vigora o regime da redução dos negócios jurídicos.

CAPÍTULO V.   **Cláusulas contratuais gerais proibidas** [1]

SECÇÃO I.   **Disposições comuns por natureza**

Art. 15.º (Princípio geral)
São proibidas as cláusulas contratuais gerais contrárias à boa-fé.

---

[1] Redacção introduzida pelo art. 2.º do DL n.º 220/95, de 31 de Agosto.

[71] DL 446/85 Arts. 16.º-19.º   Cláusulas contratuais gerais

Art. 16.º (Concretização)

Na aplicação da norma anterior devem ponderar-se os valores fundamentais do direito, relevantes em face da situação considerada, e, especialmente:

a) A confiança suscitada, nas partes, pelo sentido global das cláusulas contratuais em causa, pelo processo de formação do contrato singular celebrado, pelo teor deste e ainda por quaisquer outros elementos atendíveis;

b) O objectivo que as partes visam atingir negocialmente, procurando-se a sua efectivação à luz do tipo de contrato utilizado.

SECÇÃO II. **Relações entre empresários ou entidades equiparadas**

Art. 17.º (Âmbito das proibições)

Nas relações entre empresários ou os que exerçam profissões liberais, singulares ou colectivos, ou entre uns e outros, quando intervenham apenas nessa qualidade e no âmbito da sua actividade específica, aplicam-se as proibições constantes desta secção.

Art. 18.º (Cláusulas absolutamente proibidas)

São em absoluto proibidas, designadamente, as cláusulas contratuais gerais que:

a) Excluam ou limitem, de modo directo ou indirecto, a responsabilidade por danos causados à vida, à integridade moral ou física ou à saúde das pessoas;

b) Excluam ou limitem, de modo directo ou indirecto, a responsabilidade por danos patrimoniais extracontratuais, causados na esfera da contraparte ou de terceiros;

c) Excluam ou limitem, de modo directo ou indirecto, a responsabilidade por não cumprimento definitivo, mora ou cumprimento defeituoso, em caso de dolo ou de culpa grave;

d) Excluam ou limitem, de modo directo ou indirecto, a responsabilidade por actos de representantes ou auxiliares, em caso de dolo ou de culpa grave;

e) Confiram, de modo directo ou indirecto, a quem as predisponha, a faculdade exclusiva de interpretar qualquer cláusula do contrato;

f) Excluam a excepção de não cumprimento do contrato ou a resolução por incumprimento;

g) Excluam ou limitem o direito de retenção;

h) Excluam a faculdade de compensação, quando admitida na lei;

i) Limitem, a qualquer título, a faculdade de consignação em depósito, nos casos e condições legalmente previstos;

j) Estabeleçam obrigações duradouras perpétuas ou cujo tempo de vigência dependa, apenas, da vontade de quem as predisponha;

l) Consagrem, a favor de quem as predisponha, a possibilidade de cessão da posição contratual, de transmissão de dívidas ou de subcontratar, sem o acordo da contraparte, salvo se a identidade do terceiro constar do contrato inicial.

Art. 19.º (Cláusulas relativamente proibidas)

São proibidas, consoante o quadro negocial padronizado, designadamente, as cláusulas contratuais gerais que:

816

Cap. V.   Cláusulas contratuais gerais proibidas   **Arts. 20.°-21.° DL 446/85 [71]**

a) Estabeleçam, a favor de quem as predisponha, prazos excessivos para a aceitação ou rejeição de propostas;

b) Estabeleçam, a favor de quem as predisponha, prazos excessivos para o cumprimento, sem mora, das obrigações assumidas;

c) Consagrem cláusulas penais desproporcionadas aos danos a ressarcir;

d) Imponham ficções de recepção, de aceitação ou de outras manifestações de vontade com base em factos para tal insuficientes;

e) Façam depender a garantia das qualidades da coisa cedida ou dos serviços prestados, injustificadamente, do não recurso a terceiros;

f) Coloquem na disponibilidade de uma das partes a possibilidade de denúncia, imediata ou com pré-aviso insuficiente, sem compensação adequada, do contrato quando este tenha exigido à contraparte investimentos ou outros dispêndios consideráveis;

g) Estabeleçam um foro competente que envolva graves inconvenientes para uma das partes, sem que os interesses da outra o justifiquem;

h) Consagrem, a favor de quem as predisponha, a faculdade de modificar as prestações, sem compensação correspondente às alterações de valor verificadas;

i) Limitem, sem justificação, a faculdade de interpelar.

SECÇÃO III.   **Relações com os consumidores finais**

Art. 20.° (Âmbito das proibições)

Nas relações com consumidores finais e, genericamente, em todas as não abrangidas pelo artigo 17.° aplicam-se as proibições da secção anteriores e as constantes desta secção.

Art. 21.° (Cláusulas absolutamente proibidas)

São em absoluto proibidas, designadamente, as cláusulas contratuais gerais

a) Limitem ou de qualquer modo alterem obrigações assumidas, na contratação, directamente por quem as predisponha ou pelo seu representante;

b) Confiram, de modo directo ou indirecto, a quem as predisponha, a faculdade exclusiva de verificar e estabelecer a qualidade das coisas ou serviços fornecidos;

c) Permitam a não correspondência entre as prestações a efectuar e as indicações, especificações ou amostras feitas ou exibidas na contratação;

d) Excluam os deveres que recaem sobre o predisponente, em resultado de vícios da prestação, ou estabeleçam, nesse âmbito, reparações ou indemnizações pecuniárias predeterminadas;

e) Atestem conhecimentos das partes relativas ao contrato, quer em aspectos jurídicos, quer em questões materiais;

f) Alterem as regras respeitantes à distribuição do risco;

g) Modifiquem os critérios de repartição do ónus da prova ou restrinjam a utilização de meios probatórios legalmente admitidos;

h) Excluam ou limitem de antemão a possibilidade de requerer tutela judicial para situações litigiosas que surjam entre os contratantes ou prevejam modalidades de arbitragem que não assegurem as garantias de procedimento estabelecidas na lei.

817

[71] DL 446/85 Art. 22.°

Cláusulas contratuais gerais

Art. 22.° (Cláusulas relativamente proibidas)

1. São proibidas, consoante o quadro negocial padronizado, designadamente, as cláusulas contratuais gerais que:

a) Prevejam prazos excessivos para a vigência do contrato ou para a sua denúncia;

b) Permitam, a quem as predisponha, denunciar livremente o contrato, sem pré-aviso adequado, ou resolvê-lo sem motivo justificativo, fundado na lei ou em convenção;

c) Atribuam a quem a predisponha o direito de alterar unilateralmente os termos do contrato, salvo se existir razão atendível que as partes tenham convencionado;

d) Estipulem a fixação do preço de bens na data da entrega, sem que se dê à contraparte o direito de resolver o contrato, se o preço final for excessivamente elevado em relação ao valor subjacente às negociações;

e) Permitam elevações de preços, em contratos de prestações sucessivas, dentro de prazos manifestamente curtos, ou, para além desse limite, elevações exageradas, sem prejuízo do que dispõe o artigo 437.° do Código Civil;

f) Impeçam a denúncia imediata do contrato quando as elevações dos preços a justifiquem;

g) Afastem, injustificadamente, as regras relativas ao cumprimento defeituoso ou aos prazos para denúncia dos vícios da prestação;

h) Imponham a renovação automática de contratos através do silêncio da contraparte, sempre que a data limite fixada para a manifestação de vontade contrária a essa renovação se encontre excessivamente distante do termo do contrato;

i) Confiram a uma das partes o direito de pôr termo a um contrato de duração indeterminada, sem pré-aviso razoável, excepto nos casos em que estejam presentes razões sérias capazes de justificar semelhante atitude;

j) Impeçam, injustificadamente, reparações ou fornecimentos por terceiros;

l) Imponham antecipações de cumprimento exageradas;

m) Estabeleçam garantias demasiado elevadas ou excessivamente onerosas em face do valor a assegurar;

n) Fixem locais, horários ou modos de cumprimento despropositados ou inconvenientes;

o) Exijam, para a prática de actos na vigência do contrato, formalidades que a lei não prevê ou vinculem as partes a comportamentos supérfluos, para o exercício dos seus direitos contratuais.

2. O disposto na alínea *c)* do número anterior não determina a proibição de cláusulas contratuais gerais que:

a) Concedam ao fornecedor de serviços financeiros o direito de alterar a taxa de juro ou o montante de quaisquer outros encargos aplicáveis, desde que correspondam a variações do mercado e que sejam comunicadas de imediato, por escrito, à contraparte, podendo esta resolver o contrato com fundamento na mencionada alteração;

b) Atribuam a quem as predisponha o direito de alterar unilateralmente o conteúdo de um contrato de duração indeterminada, contanto que se preveja o dever de informar a contraparte com pré-aviso razoável e se lhe dê a faculdade de resolver o contrato.

818

Cap. VI.   Disposições processuais   **Arts. 23.º-26.º   DL 446/85 [71]**

3. As proibições constantes das alíneas *c*) e *d*) do n.º 1 não se aplicam:

a) Às transacções referentes a valores mobiliários ou a produtos e serviços cujo preço dependa da flutuação de taxas formadas no mercado financeiro;

b) Aos contratos de compra e venda de divisas, de cheques de viagem ou de vales postais internacionais expressos em divisas.

4. As alíneas *c*) e *d*) do n.º 1 não implicam a proibição das cláusulas de indexação, quando o seu emprego se mostre compatível com o tipo contratual onde se encontram inseridas e o mecanismo de variação do preço esteja explicitamente descrito.

Art. 23.º (Direito aplicável)

1. Independentemente da lei escolhida pelas partes para regular o contrato, as normas desta secção aplicam-se sempre que o mesmo apresente uma conexão estreita com o território português.

2. No caso de o contrato apresentar uma conexão estreita com o território de outro Estado membro da Comunidade Europeia aplicam-se as disposições correspondentes desse país na medida em que este determine a sua aplicação.

Nota. Redacção introduzida pelo art. 1.º do DL n.º 249/99, de 7 de Julho.

CAPÍTULO VI.   **Disposições processuais**[1]

Art. 24.º (Declaração de nulidade)

As nulidades previstas neste diploma são invocáveis nos termos gerais.

Art. 25.º (Acção inibitória)

As cláusulas contratuais gerais, elaboradas para utilização futura, quando contrariem o disposto nos artigos 15.º, 16.º, 18.º, 19.º, 21.º e 22.º podem ser proibidas por decisão judicial, independentemente da sua inclusão efectiva em contratos singulares.

Art. 26.º (Legitimidade activa)

1. A acção destinada a obter a condenação na abstenção do uso ou da recomendação de cláusulas contratuais gerais só pode ser intentada:

a) Por associações de defesa do consumidor dotadas de representatividade, no âmbito previsto na legislação respectiva;

b) Por associações sindicais, profissionais ou de interesses económicos legalmente constituídas, actuando no âmbito das suas atribuições;

c) Pelo Ministério Público, oficiosamente, por indicação do Provedor de Justiça ou quando o entenda, fundamentada a solicitação de qualquer interessado.

2. As entidades referidas no número anterior actuam no processo em nome próprio, embora façam valer um direito alheio pertencente, em conjunto, aos consumidores susceptíveis de virem a ser atingidos pelas cláusulas cuja proibição é solicitada.

---

[1] Redacção introduzida pelo art. 2.º do DL n.º 220/95, de 31 de Agosto.

819

[71] DL 446/85 Arts. 27.º-32.º   Cláusulas contratuais gerais

Art. 27.º (Legitimidade passiva)

1. A acção referida no artigo anterior pode ser intentada:

a) Contra quem, predispondo cláusulas contratuais gerais, proponha contratos que as incluam ou aceite propostas feitas nos seus termos;

b) Contra quem, independentemente da sua predisposição e utilização em concreto, as recomende a terceiros.

2. A acção pode ser intentada, em conjunto, contra várias entidades que predisponham e utilizem ou recomendem as mesmas cláusulas contratuais gerais, ou cláusulas substancialmente idênticas, ainda que a coligação importe ofensa do disposto no artigo seguinte.

Art. 28.º (Tribunal competente)

Para a acção inibitória é competente o tribunal da comarca onde se localiza o centro da actividade principal do demandado ou, não se situando ele em território nacional, o da comarca da sua residência ou sede; se estas se localizarem no estrangeiro, será competente o tribunal do lugar em que as cláusulas contratuais gerais foram propostas ou recomendadas.

Art. 29.º (Forma de processo e isenções)

1. A acção de proibição de cláusulas contratuais gerais segue os termos do processo sumário de declaração e está isenta de custas.

2. O valor da acção excede € 0,01 ao fixado para a alçada da Relação.

Nota. A redacção do n.º 2 foi introduzida pelo art. 24.º do DL n.º 323/2001, de 17 de Dezembro.

Art. 30.º (Parte decisória da sentença)

1. A decisão que proíba as cláusulas contratuais gerais especificará o âmbito da proibição, designadamente através da referência concreta do seu teor e a indicação do tipo de contratos a que a proibição se reporta.

2. A pedido do autor, pode ainda o vencido ser condenado a dar publicidade à proibição, pelo modo e durante o tempo que o tribunal determine.

Art. 31.º (Proibição provisória)

1. Quando haja receio fundado de virem a ser incluídas em contratos singulares cláusulas gerais incompatíveis com o disposto no presente diploma, podem as entidades referidas no artigo 26.º requerer provisoriamente a sua proibição.

2. A proibição provisória segue, com as devidas adaptações, os termos fixados pela lei processual para os procedimentos cautelares não especificados.

Art. 32.º (Consequências da proibição definitiva)

1. As cláusulas contratuais gerais objecto de proibição definitiva por decisão transitada em julgado, ou outras cláusulas que se lhes equiparem substancialmente, não podem ser incluídas em contratos que o demandado venha a celebrar, nem continuar a ser recomendadas.

2. Aquele que seja parte, juntamente com o demandado vencido na acção inibitória, em contratos onde se incluam cláusulas gerais proibidas, nos termos referidos no número anterior, pode invocar a todo o tempo, em seu benefício, a declaração incidental de nulidade contida na decisão inibitória.

Cap. VII.   Disposições finais e transitórias   **Arts. 33.º-37.º DL 446/85 [71]**

3. A inobservância do preceituado no n.º 1 tem como consequência a aplicação do artigo 9.º

Art. 33.º (Sanção pecuniária compulsória)
1. Se o demandado, vencido na acção inibitória, infringir a obrigação de se abster de utilizar ou de recomendar cláusulas contratuais gerais que foram objecto de proibição definitiva por decisão transitada em julgado, incorre numa sanção pecuniária compulsória que não pode ultrapassar o dobro do valor de € 4 987,98 por cada infracção.
2. A sanção prevista no número anterior é aplicada pelo tribunal que apreciar a causa em primeira instância, a requerimento de quem possa prevalecer-se da decisão proferida, devendo facultar-se ao infractor a oportunidade de ser previamente ouvido.
3. O montante da sanção pecuniária compulsória destina-se, em partes iguais, ao requerente e ao Estado.

Nota. A redacção do n.º 1 foi introduzida pelo art. 24.º do DL n.º 323/2001, de 17 de Dezembro.

Art. 34.º (Comunicação das decisões judiciais para efeito de registo)
Os tribunais devem remeter, no prazo de 30 dias, ao serviço previsto no artigo seguinte, cópia das decisões transitadas em julgado que, por aplicação dos princípios e das normas constantes do presente diploma, tenham proibido o uso ou a recomendação de cláusulas contratuais gerais ou declarem a nulidade de cláusulas inseridas em contratos singulares.

CAPÍTULO VII.   **Disposições finais e transitórias** [1]

Art. 35.º (Serviço de registo)
1. Mediante portaria do Ministério da Justiça, a publicar dentro de seis meses subsequentes à entrada em vigor do presente diploma, será designado o serviço que fica incumbido de organizar e manter actualizado o registo das cláusulas contratuais abusivas que lhe sejam comunicadas, nos termos do artigo anterior.
2. O serviço referido no número precedente deve criar condições que facilitem o conhecimento das cláusulas consideradas abusivas por decisão judicial e prestar os esclarecimentos que lhe sejam solicitados dentro do âmbito das respectivas atribuições.

Art. 36.º (Aplicação no tempo)
O presente diploma aplica-se também às cláusulas contratuais gerais existentes à data da sua entrada em vigor, exceptuando-se, todavia, os contratos singulares já celebrados com base nelas.

Art. 37.º (Direito ressalvado)
Ficam ressalvadas todas as disposições legais que, em concreto, se mostrem mais favoráveis ao aderente que subscreva ou aceite propostas que contenham cláusulas não negociadas individualmente.

---

[1] Redacção introduzida pelo art. 2.º do DL n.º 220/95, de 31 de Agosto.

821

CONTRATO DE AGÊNCIA

[72] DECRETO-LEI N.º 178/86
de 3 de Julho

O Governo decreta, nos termos da alínea *a*) do n.º 1 do artigo 201.º da Constituição, o seguinte:

CAPÍTULO I. **Disposições gerais**

Art. 1.º (Noção e forma)

1. Agência é o contrato pelo qual uma das partes se obriga a promover por conta da outra a celebração de contratos, de modo autónomo e estável e mediante retribuição, podendo ser-lhe atribuída certa zona ou determinado círculo de clientes.

2. Qualquer das partes tem o direito, a que não pode renunciar, de exigir da outra um documento assinado que indique o conteúdo do contrato e de posteriores aditamentos ou modificações.

Notas. 1. Redacção introduzida pelo art. 1.º do DL n.º 118/93, de 13 de Abril.

2. Cf. art. 10.º, alínea *d*) do CRegCom [2].

Art. 2.º (Agente com representação).

1. Sem prejuízo do disposto nos números seguintes, o agente só pode celebrar contratos em nome da outra parte se esta lhe tiver conferido, por escrito, os necessários poderes.

2. Podem ser apresentadas ao agente, porém, as reclamações ou outras declarações respeitantes aos negócios concluídos por seu intermédio.

3. O agente tem legitimidade para requerer as providências urgentes que se mostrem indispensáveis em ordem a acautelar os direitos da outra parte.

Art. 3.º (Cobrança de créditos)

1. O agente só pode efectuar a cobrança de créditos se a outra parte a tanto o autorizar por escrito.

2. Presume-se autorizado a cobrar os créditos resultantes dos contratos por si celebrados o agente a quem tenham sido conferidos poderes de representação.

3. Se o agente cobrar créditos sem a necessária autorização, aplica-se o disposto no artigo 770.º do Código Civil, sem prejuízo do regime consagrado no artigo 23.º do presente diploma.

822

Cap. II. Direitos e obrigações das partes   **Arts. 4.º-9.º DL 178/86 [72]**

Art. 4.º (Agente de exclusivo)
Depende de acordo escrito das partes a concessão do direito de exclusivo a favor do agente, nos termos do qual a outra parte fique impedida de utilizar, dentro da mesma zona ou do mesmo círculo de clientes, outros agentes para o exercício de actividades que estejam em concorrência com as do agente exclusivo.

Nota. Redacção introduzida pelo art. 1.º do DL n.º 118/93, de 13 de Abril.

Art. 5.º (Subagência)
1. Salvo convenção em contrário, é permitido o recurso a subagentes.
2. À relação de subagência aplicam-se, com as necessárias adaptações, as normas do presente diploma.

CAPÍTULO II. Direitos e obrigações das partes

SECÇÃO I. Obrigações do agente

Art. 6.º (Princípio geral)
No cumprimento da obrigação de promover a celebração de contratos, e em todas as demais, o agente deve proceder de boa fé, competindo-lhe zelar pelos interesses da outra parte e desenvolver as actividades adequadas à realização plena do fim contratual.

Art. 7.º (Enumeração)
O agente é obrigado, designadamente:
a) A respeitar as instruções da outra parte que não ponham em causa a sua autonomia;
b) A fornecer as informações que lhe forem pedidas ou que se mostrem necessárias a uma boa gestão, mormente as respeitantes à solvabilidade dos clientes;
c) A esclarecer a outra parte sobre a situação do mercado e perspectivas de evolução;
d) A prestar contas, nos termos acordados, ou sempre que isso se justifique.

Art. 8.º (Obrigação de segredo)
O agente não pode, mesmo após a cessação do contrato, utilizar ou revelar a terceiros segredos da outra parte que lhe hajam sido confiados ou de que ele tenha tomado conhecimento no exercício da sua actividade, salvo na medida em que as regras da deontologia profissional o permitam.

Art. 9.º (Obrigação de não concorrência)
1. Deve constar de documento escrito o acordo pelo qual se estabelece a obrigação de o agente não exercer, após a cessação do contrato, actividades que estejam em concorrência com as da outra parte.
2. A obrigação de não concorrência só pode ser convencionada por um período máximo de dois anos e circunscreve-se à zona ou ao círculo de clientes confiado ao agente.

823

[72] DL 178/86 Arts. 10.°-15.°

Contrato de agência

Art. 10.° (Convenção «del credere»)

1. O agente pode garantir, através de convenção reduzida a escrito, o cumprimento das obrigações de terceiro, desde que respeitantes a contrato por si negociado ou concluído.

2. A convenção *del credere* só é válida quando se especifique o contrato ou se individualizem as pessoas garantidas.

Art. 11.° (Impossibilidade temporária)

O agente que esteja temporariamente impossibilitado de cumprir o contrato, no todo ou em parte, deve avisar, de imediato, o outro contraente.

SECÇÃO II. **Direitos do agente**

Art. 12.° (Princípio geral)

O agente tem o direito de exigir da outra parte um comportamento segundo a boa-fé, em ordem à realização plena do fim contratual.

Art. 13.° (Enumeração)

O agente tem direito, designadamente:

a) A obter da outra parte os elementos que, tendo em conta as circunstâncias, se mostrem necessários ao exercício da sua actividade;

b) A ser informado, sem demora, da aceitação ou recusa dos contratos negociados e dos que haja concluído sem os necessários poderes;

c) A receber, periodicamente, uma relação dos contratos celebrados e das comissões devidas, o mais tardar até ao último dia do mês seguinte ao trimestre em que o direito à comissão tiver sido adquirido;

d) A exigir que lhe sejam fornecidas todas as informações, nomeadamente um extracto dos livros de contabilidade da outra parte, que sejam necessárias para verificar o montante das comissões que lhe serão devidas;

e) Ao pagamento da retribuição, nos termos acordados;

f) A receber comissões especiais, que podem cumular-se, relativas ao encargo de cobrança de créditos e à convenção *del credere*;

g) A uma compensação, pela obrigação de não concorrência após a cessação do contrato.

Nota. A redacção das alíneas *c*) e *d*) foi introduzida pelo art. 1.° do DL n.° 1 18/93, de 13 de Abril.

Art. 14.° (Direito a aviso)

O agente tem o direito de ser avisado, de imediato, de que a outra parte só está em condições de concluir um número de contratos consideravelmente inferior ao que fora convencionado ou àquele que era de esperar, segundo as circunstâncias.

Art. 15.° (Retribuição)

Na ausência de convenção das partes, a retribuição do agente será calculada segundo os usos ou, na falta destes, de acordo com a equidade.

Cap. II. Direitos e obrigações das partes   **Arts. 16.º-20.º DL 178/86 [72]**

Art. 16.º (Direito à comissão)

1. O agente tem direito a uma comissão pelos contratos que promoveu e, bem assim, pelos contratos concluídos com clientes por si angariados, desde que concluídos antes do termo da relação de agência.

2. O agente tem igualmente direito à comissão por actos concluídos durante a vigência do contrato se gozar de um direito de exclusivo para uma zona geográfica ou um círculo de clientes e os mesmos tenham sido concluídos com um cliente pertencente a essa zona ou círculo de clientes.

3. O agente só tem o direito à comissão pelos contratos celebrados após o termo da relação de agência provando ter sido ele a negociá-los ou, tendo-os preparado, ficar a sua conclusão a dever-se, principalmente, à actividade por si desenvolvida, contanto que em ambos os casos sejam celebrados num prazo razoável subsequente ao termo da agência.

Nota. A redacção do n.º 2 foi alterada pelo art. 1.º do DL n.º 118/93, de 13 de Abril, que também aditou o n.º 3.

Art. 17.º (Sucessão de agentes no tempo)

O agente não tem direito à comissão na vigência do contrato se a mesma for devida, por força do n.º 3 do artigo anterior, ao agente que o anteceder, sem prejuízo de a comissão poder ser repartida equitativamente entre ambos, quando se verifiquem circunstâncias que o justifiquem.

Nota. Redacção introduzida pelo art. 1.º do DL n.º 118/93, de 13 de Abril.

Art. 18.º (Aquisição do direito à comissão)

1. O agente adquire o direito à comissão logo e na medida em que se verifique uma das seguintes circunstâncias:

a) O principal haja cumprido o contrato ou devesse tê-lo cumprido por força do acordo concluído com o terceiro;

b) O terceiro haja cumprido o contrato.

2. Qualquer acordo das partes sobre o direito à comissão não pode obstar que este se adquira pelo menos quando o terceiro cumpra o contrato ou devesse tê-lo cumprido, caso o principal tenha já cumprido a sua obrigação.

3. A comissão referida nos números anteriores deve ser paga até ao último dia do mês seguinte ao trimestre em que o direito tiver sido adquirido.

4. Existindo convenção *del credere,* pode, porém, o agente exigir as comissões devidas, uma vez celebrado o contrato.

Nota. Redacção introduzida pelo art. 1.º do DL n.º 118/93, de 13 de Abril.

Art. 19.º (Falta de cumprimento)

Se o não cumprimento do contrato ficar a dever-se a causa imputável ao principal, o agente não perde o direito de exigir a comissão.

Art. 20.º (Despesas)

Na falta de convenção em contrário, o agente não tem direito de reembolso das despesas pelo exercício normal da sua actividade.

[72] DL 178/86 Arts. 21.°-26.°

Contrato de agência

CAPÍTULO III.   Protecção de terceiros

Art. 21.° (Dever de informação)

O agente deve informar os interessados sobre os poderes que possui, designadamente através de letreiros afixados nos seus locais de trabalho e em todos os documentos em que se identifica como agente de outrem, deles devendo sempre constar se tem ou não poderes representativos e se pode ou não efectuar a cobrança de créditos.

Art. 22.° (Representação sem poderes)

1. Sem prejuízo do disposto no artigo seguinte, o negócio que o agente sem poderes de representação celebre em nome da outra parte tem os efeitos previstos no artigo 268.°, n.° 1, do Código Civil.

2. Considera-se o negócio ratificado se a outra parte, logo que tenha conhecimento da sua celebração e do conteúdo essencial do mesmo, não manifestar ao terceiro de boa fé, no prazo de cinco dias a contar daquele conhecimento, a sua oposição ao negócio.

Nota. A redacção do n.° 2 foi introduzida pelo art. 1.° do DL n.° 118/93, de 13 de Abril.

Art. 23.° (Representação aparente)

1. O negócio celebrado por um agente sem poderes de representação é eficaz perante o principal se tiverem existido razões ponderosas, objectivamente apreciadas, tendo em conta as circunstancias do caso, que justifiquem a confiança do terceiro de boa fé na legitimidade do agente, desde que o principal tenha igualmente contribuído para fundar a confiança do terceiro.

2. A cobrança de créditos por agente não autorizado aplica-se, com as necessárias adaptações, o disposto no número anterior.

CAPÍTULO IV.   Cessação do contrato

Art. 24.° (Formas de cessação)

O contrato de agência pode cessar por:
- *a*) Acordo das partes;
- *b*) Caducidade;
- *c*) Denúncia;
- *d*) Resolução.

Art. 25.° (Mútuo acordo)

O acordo pelo qual as partes decidem pôr termo à relação contratual deve constar de documento escrito.

Art. 26.° (Caducidade)

O contrato de agência caduca, especialmente:
- *a*) Findo o prazo estipulado;

Cap. IV. Cessação de contrato   **Arts. 27.º-30.º DL 178/86 [72]**

b) Verificando-se a condição a que as partes o subordinaram ou tornando-se certo que não pode verificar-se, conforme a condição seja resolutiva ou suspensiva;

c) Por morte do agente ou, tratando-se de pessoa colectiva, pela extinção desta.

Art. 27.º (Duração do contrato)

1. Se as partes não tiverem convencionado prazo, o contrato presume-se celebrado por tempo indeterminado.

2. Considera-se transformado em contrato de agência por tempo indeterminado o contrato por prazo determinado cujo conteúdo continue a ser executado pelas partes, não obstante o decurso do respectivo prazo.

Nota. A redacção do n.º 2 foi introduzida pelo art. 1.º do DL n.º 118/93, de 13 de Abril.

Art. 28.º (Denúncia)

1. A denúncia só é permitida nos contratos celebrados por tempo indeterminado e desde que comunicada ao outro contraente, por escrito, com a antecedência mínima seguinte:

a) Um mês, se o contrato durar há menos de um ano;

b) Dois meses, se o contrato já tiver iniciado o 2.º ano de vigência;

c) Três meses, nos restantes casos.

2. Salvo convenção em contrário, o termo do prazo a que se refere o número anterior deve coincidir com o último dia do mês.

3. Se as partes estipularem prazos mais longos do que os consagrados no n.º 1, o prazo a observar pelo principal não pode ser inferior ao do agente.

4. No caso previsto no n.º 2 do artigo 27.º, ter-se-á igualmente em conta, para determinar a antecedência com que a denúncia deve ser comunicada, o tempo anterior ao decurso do prazo.

Nota. Redacção introduzida pelo art. 1.º do DL n.º 118/93, de 13 de Abril.

Art. 29.º (Falta de pré-aviso)

1. Quem denunciar o contrato sem respeitar os prazos referidos no artigo anterior é obrigado a indemnizar o outro contraente pelos danos causados pela falta de pré-aviso.

2. O agente poderá exigir, em vez desta indemnização, uma quantia calculada com base na remuneração média mensal auferida no decurso do ano precedente, multiplicada pelo tempo em falta; se o contrato durar há menos de um ano, atender-se-á à remuneração média mensal auferida na vigência do contrato.

Art. 30.º (Resolução)

O contrato de agência pode ser resolvido por qualquer das partes:

a) Se a outra parte faltar ao cumprimento das suas obrigações, quando, pela sua gravidade ou reiteração, não seja exigível a subsistência do vínculo contratual;

b) Se ocorrerem circunstancias que tornem impossível ou prejudiquem gravemente a realização do fim contratual, em termos de não ser exigível que o contrato se mantenha até expirar o prazo convencionado ou imposto em caso de denúncia.

827

[72] DL 178/86 Arts. 31.º-35.º   Contrato de agência

Art. 31.º (Declaração de resolução)
A resolução é feita através de declaração escrita, no prazo de um mês após o conhecimento dos factos que a justificam, devendo indicar as razões em que se fundamenta.

Art. 32.º (Indemnização)
1. Independentemente do direito de resolver o contrato, qualquer das partes tem o direito de ser indemnizada, nos termos gerais, pelos danos resultantes do não cumprimento das obrigações da outra.

2. A resolução do contrato com base na alínea *b*) do artigo 30.º confere o direito a uma indemnização segundo a equidade.

Art. 33.º (Indemnização de clientela)
1. Sem prejuízo de qualquer outra indemnização a que haja lugar, nos termos das disposições anteriores, o agente tem direito, após a cessação do contrato, a uma indemnização de clientela, desde que sejam preenchidos, cumulativamente, os requisitos seguintes:

a) O agente tenha angariado novos clientes para a outra parte ou aumentado substancialmente o volume de negócios com a clientela já existente;

b) A outra parte venha a beneficiar consideravelmente, após a cessação do contrato, da actividade desenvolvida pelo agente;

c) O agente deixe de receber qualquer retribuição por contratos negociados ou concluídos, após a cessação do contrato, com os clientes referidos na alínea *a*).

2. Em caso de morte do agente, a indemnização de clientela pode ser exigida pelos herdeiros.

3. Não é devida indemnização de clientela se o contrato tiver cessado por razões imputáveis ao agente ou se este, por acordo com a outra parte, houver cedido a terceiro a sua posição contratual.

4. Extingue-se o direito à indemnização se o agente ou seus herdeiros não comunicarem ao principal, no prazo de um ano a contar da cessação do contrato, que pretendem recebê-la, devendo a acção judicial ser proposta dentro do ano subsequente a esta comunicação.

Nota. Os n.ºˢ 3 e 4 foram aditados pelo art. 1.º do DL n.º 118/93, de 13 de Abril.

Art. 34.º (Cálculo da indemnização de clientela)
A indemnização de clientela é fixada em termos equitativos, mas não pode exceder um valor equivalente a uma indemnização anual, calculada a partir da média anual das remunerações recebidas pelo agente durante os últimos cinco anos; tendo o contrato durado menos tempo, atender-se-á à média do período em que esteve em vigor.

Nota. Redacção introduzida pelo art. 1.º do DL n.º 118/93, de 13 de Abril.

Art. 35.º (Direito de retenção)
Pelos créditos resultantes da sua actividade, o agente goza do direito de retenção sobre os objectos e valores que detém em virtude do contrato.

828

Cap. VI.   Disposição final

Arts. 36.º-39.º DL 178/86 [72]

Art. 36.º (Obrigação de restituir)
Sem prejuízo do disposto no artigo anterior, cada contraente tem a obrigação de restituir, no termo do contrato, os objectos, valores e demais elementos pertencentes ao outro.

CAPÍTULO V.   Normas de conflitos

Art. 37.º (Aplicação no tempo)
1. O disposto no presente diploma aplica-se aos contratos em curso à data da sua entrada em vigor, sem prejuízo das disposições, legais ou convencionais, que, em concreto, se mostrem mais favoráveis ao agente.

2. Os contraentes dispõem de 60 dias, após a entrada em vigor do presente diploma, para reduzir a escrito quaisquer acordos anteriormente concluídos, se for essa a forma exigida pelo presente diploma.

3. O agente dispõe de igual prazo para dar cumprimento ao dever de informação imposto no artigo 21.º

Art. 38.º (Aplicação no espaço)
Aos contratos regulados por este diploma que se desenvolvam exclusiva ou preponderantemente em território nacional só será aplicável legislação diversa da portuguesa, no que respeita ao regime da cessação, se a mesma se revelar mais vantajosa para o agente.

Nota. No seu acórdão n.º 31/2008, de 28 de Fevereiro de 2008 (*DR* n.º 66, 1.ª Série, de 3 de Abril de 2008), o Supremo Tribunal de Justiça fixou a seguinte jurisprudência:
"A cláusula de atribuição de jurisdição inserida num contrato de agência mantém-se em vigor para todas as questões de natureza cível, mesmo que relativas ao respectivo regime de cessação".

CAPÍTULO VI.   Disposição final

Art. 39.º (Vigência)
Este diploma entra em vigor 30 dias após a sua publicação.

Nota. A partir de 1 de Janeiro de 1994, os contratos de agência celebrados antes da entrada em vigor do DL n.º 118/93, de 13 de Abril, ficam sujeitos ao regime jurídico consagrado por esse diploma.

CONTRATO DE LOCAÇÃO FINANCEIRA

[73] DECRETO-LEI N.º 149/95
de 24 de Junho

Nos termos da alínea *a*) do n.º 1 do artigo 201.º da Constituição, o Governo decreta o seguinte:

Art. 1.º (Noção)
Locação financeira é o contrato pelo qual uma das partes se obriga, mediante retribuição, a ceder à outra o gozo temporário de uma coisa, móvel ou imóvel, adquirida ou construída por indicação desta, e que o locatário poderá comprar, decorrido o período acordado, por um preço nele determinado ou determinável mediante simples aplicação dos critérios nele fixados.

Art. 2.º (Objecto)
1. A locação financeira tem como objecto quaisquer bens susceptíveis de serem dados em locação.
2. Quando o locador construa, em regime de direito de superfície, sobre terreno do locatário, este direito presume-se perpétuo, sem prejuizo da faculdade de aquisição pelo proprietário do solo, nos termos gerais.

Art. 3.º (Forma e publicidade)
1. Os contratos de locação financeira podem ser celebrados por documento particular.
2. No caso de bens imóveis, as assinaturas das partes devem ser presencialmente reconhecidas, salvo se efectuadas na presença de funcionário dos serviços do registo, aquando da apresentação do pedido de registo.
3. Nos casos referidos no número anterior, a existência de licença de utilização ou de construção do imóvel deve ser certificada pela entidade que efectua o reconhecimento ou verificada pelo funcionário dos serviços do registo.
4. A assinatura das partes nos contratos de locação financeira de bens móveis sujeitos a registo deve conter a indicação, feita pelo respectivo signatário, do número, data e entidade emitente do bilhete de identidade ou documento equivalente emitido pela autoridade competente de um dos países da União Europeia ou do passaporte.
5. A locação financeira de bens imóveis ou de móveis sujeitos a registo fica sujeita a inscrição no serviço de registo competente.

Nota. Redacção introduzida pelo art. 1.º do DL n.º 265/97, de 2 de Outubro, e pelo art. 1.º do DL n.º 30/2008, de 25 de Fevereiro.

Contrato de locação financeira Arts. 4.º-10.º DL 149/95 **[73]**

Art. 4.º (Rendas e valor residual)
Nota. Revogado pelo art. 5.º do DL n.º 285/2001, de 3 de Novembro.

Art. 5.º (Redução das rendas)
Nota. Revogado pelo art. 5.º do DL n.º 285/2001, de 3 de Novembro.

Art. 6.º (Prazo)
1. O prazo de locação financeira de coisas móveis não deve ultrapassar o que corresponde ao período presumível de utilização económica da coisa.

2. O contrato de locação financeira não pode ter duração superior a 30 anos, considerando-se reduzido a este limite quando superior.

3. Não havendo estipulação de prazo, o contrato de locação fianceira considera-se celebrado pelo prazo de 18 meses ou de 7 anos, consoante se trate de bens móveis ou de bens imóveis.

Nota. Redacção introduzida pelo art. 1.º do DL n.º 285/2001, de 3 de Novembro.

Art. 7.º (Destino do bem findo o contrato)
Findo o contrato por qualquer motivo e não exercendo o locatário a faculdade de compra, o locador pode dispor do bem, nomeadamente vendendo-o ou dando-o em locação ou locação financeira ao anterior locatário ou a terceiro.

Art. 8.º (Vigência)
1. O contrato de locação financeira produz efeitos a partir da data da sua celebração.

2. As partes podem, no entanto, condicionar o início da sua vigência à efectiva aquisição ou construção, quando disso seja caso, dos bens locados, à sua tradição a favor do locatário ou a quaisquer outros factos.

Art. 9.º (Posição jurídica do locador)
1. São, nomeadamente, obrigações do locador:
a) Adquirir ou mandar construir o bem a locar;
b) Conceder o gozo do bem para os fins a que se destina;
c) Vender o bem ao locatário, caso este queira, findo o contrato.

2. Para além dos direitos e deveres gerais previstos no regime da locação que não se mostrem incompatíveis com o presente diploma, assistem ao locador financeiro, em especial e para além do estabelecido no número anterior, os seguintes direitos:
a) Defender a integridade do bem, nos termos gerais de direito;
b) Examinar o bem, sem prejuízo da actividade normal do locatário;
c) Fazer suas, sem compensações, as peças ou outros elementos acessórios incorporados no bem pelo locatário.

Art. 10.º (Posição jurídica do locatário)
1. São, nomeadamente, obrigações do locatário:
a) Pagar as rendas;

[73] DL 149/95 Art. 11.º

Contrato de locação financeira

b) Pagar, em caso de locação de fracção autónoma, as despesas correntes necessárias à fruição das partes comuns de edifício e aos serviços de interesse comum;

c) Facultar ao locador o exame do bem locado;

d) Não aplicar o bem a fim diverso daquele a que ele se destina ou movê-lo para local diferente do contratualmente previsto, salvo autorização do locador;

e) Assegurar a conservação do bem e não fazer dele uma utilização imprudente;

f) Realizar as reparações, urgentes ou necessárias, bem como quaisquer obras ordenadas pela autoridade pública;

g) Não proporcionar a outrem o gozo total ou parcial do bem por meio da cessão onerosa ou gratuita da sua posição jurídica, sublocação ou comodato, excepto se a lei o permitir ou o locador a autorizar;

h) Comunicar ao locador, dentro de 15 dias, a cedência do gozo do bem, quando permitida ou autorizada nos termos da alínea anterior;

i) Avisar imediatamente o locador, sempre que tenha conhecimento de vícios no bem ou saiba que o ameaça algum perigo ou que terceiros se arrogam direitos em relação a ele, desde que o facto seja ignorado pelo locador;

j) Efectuar o seguro do bem locado, contra o risco da sua perda ou deterioração e dos danos por ela provocados;

k) Restituir o bem locado, findo o contrato, em bom estado, salvo as deteriorações inerentes a uma utilização normal, quando não opte pela sua aquisição.

2. Para além dos direitos e deveres gerais previstos no regime da locação que não se mostrem incompatíveis com o presente diploma, assistem ao locatário financeiro, em especial, os seguintes direitos:

a) Usar e fruir o bem locado;

b) Defender a integridade do bem e o seu gozo, nos termos do seu direito;

c) Usar das acções possessórias, mesmo contra o locador;

d) Onerar, total ou parcialmente, o seu direito mediante autorização expressa do locador;

e) Exercer, na locação de fracção autónoma, os direitos próprios do locador, com excepção dos que, pela sua natureza, somente por aquele possam ser exercidos;

f) Adquirir o bem locado, findo o contrato, pelo preço estipulado.

Nota. Redacção introduzida pelo art. 1.º do DL n.º 265/97, de 2 de Outubro.

Art. 11.º (Transmissão das posições jurídicas)

1. Tratando-se de bens de equipamento, é permitida a transmissão entre vivos, da posição do locatário, nas condições previstas pelo artigo 115.º do Decreto-Lei n.º 321-B/90, de 15 de Outubro, e a transmissão por morte, a título de sucessão legal ou testamentária, quando o sucessor prossiga a actividade profissional do falecido.

2. Não se tratando de bens de equipamento, a posição do locatário pode ser transmitida nos termos previstos para a locação.

3. Em qualquer dos casos previstos nos números anteriores, o locador pode opor-se à transmissão da posição contratual, provando não oferecer o cessionário garantias bastantes à execução do contrato.

832

Contrato de locação financeira · **Arts. 12.º-18.º DL 149/95 [73]**

4. O contrato de locação financeira subsiste para todos os efeitos nas transmissões da posição contratual do locador, ocupando o adquirente a mesma posição jurídica do seu antecessor.

Nota. Redacção introduzida pelo art. 1.º do DL n.º 265/97, de 2 de Outubro.

Art. 12.º (Vícios do bem locado)

O locador não responde pelos vícios do bem locado ou pela sua inadequação face aos fins do contrato, salvo o disposto no artigo 1034.º do Código Civil.

Art. 13.º (Relações entre o locatário e o vendedor ou o empreiteiro)

O locatário pode exercer contra o vendedor ou o empreiteiro, quando disso seja caso, todos os direitos relativos ao bem locado ou resultantes do contrato de compra e venda ou de empreitada.

Art. 14.º (Despesas)

Salvo estipulação em contrário, as despesas de transporte e respectivo seguro, montagem, instalação e reparação do bem locado, bem como as despesas necessárias para a sua devolução ao locador, incluindo as relativas aos seguros, se indispensáveis, ficam a cargo do locatário.

Art. 15.º (Risco)

Salvo estipulação em contrário, o risco de perda ou deterioração do bem corre por conta do locatário.

Art. 16.º (Mora no pagamento das rendas)

Nota. Revogado pelo art. 5.º do DL n.º 285/2001, de 3 de Novembro.

Art. 17.º (Resolução do contrato por incumprimento e cancelamento do registo)

1. O contrato de locação financeira pode ser resolvido por qualquer das partes, nos termos gerais, com fundamento no incumprimento das obrigações da outra parte, não sendo aplicáveis as normas especiais, constantes de lei civil, relativas à locação.

2. Para o cancelamento do registo de locação financeira com fundamento na resolução do contrato por incumprimento é documento bastante a prova da comunicação da resolução à outra parte nos termos gerais.

Nota. Redacção introduzida pelo art. 1.º do DL n.º 30/2008, de 25 de Fevereiro, que também alterou a epígrafe do preceito.

Art. 18.º (Casos específicos de resolução do contrato)

O contrato de locação financeira pode ainda ser resolvido pelo locador nos casos seguintes:

a) Dissolução ou liquidação da sociedade locatária;

b) Verificação de qualquer dos fundamentos de declaração de falência do locatário.

[73] DL 149/95 Arts. 19.°-22.° Contrato de locação financeira

Art. 19.° (Garantias)
Podem ser constituídas a favor do locador quaisquer garantias, pessoais ou reais, relativas aos créditos de rendas e dos outros encargos ou eventuais indemnizações devidas pelo locatário.

Art. 20.° (Antecipação das rendas)
Nota. Revogado pelo art. 5.° do DL n.° 285/2001, de 3 de Novembro.

Art. 21.° (Providência cautelar de entrega judicial)
1. Se, findo o contrato por resolução ou pelo decurso do prazo sem ter sido exercido o direito de compra, o locatário não proceder à restituição do bem ao locador, pode este, após o pedido de cancelamento do registo da locação financeira, a efectuar por via electrónica sempre que as condições técnicas o permitam, requerer ao tribunal providência cautelar consistente na sua entrega imediata ao requerente.

2. Com o requerimento, o locador oferece prova sumária dos requisitos previstos no número anterior, excepto a do pedido de cancelamento do registo, ficando o tribunal obrigado à consulta do registo, a efectuar, sempre que as condições técnicas o permitam, por via electrónica.

3. O tribunal ouvirá o requerido sempre que a audiência não puser em risco sério o fim ou a eficácia da providência.

4. O tribunal ordenará a providência requerida se a prova produzida revelar a probabilidade séria da verificação dos requisitos referidos no n.° 1, podendo, no entanto, exigir que o locador preste caução adequada.

5. A caução pode consistir em depósito bancário à ordem do tribunal ou em qualquer outro meio legalmente admissível.

6. Decretada a providência e independentemente da interposição de recurso pelo locatário, o locador pode dispor do bem, nos termos previstos no artigo 7.°

7. Decretada a providência cautelar, o tribunal ouve as partes e antecipa o juízo sobre a causa principal, excepto quando não tenham sido trazidos ao procedimento, nos termos do n.° 2, os elementos necessários à resolução definitiva do caso.

8. São subsidiariamente aplicáveis a esta providência as disposições gerais sobre providências cautelares, previstas no Código de Processo Civil, em tudo o que não estiver especialmente regulado no presente diploma.

9. O disposto nos números anteriores é aplicável a todos os contratos de locação financeira, qualquer que seja o seu objecto.

Nota. Redacção introduzida pelo art. 1.° do DL n.° 265/97, de 2 de Outubro, e pelo art. 1.° do DL n.° 30/2008, de 25 de Fevereiro, que também alterou a epígrafe do preceito.

Art. 22.° (Operações anteriores ao contrato)
Quando, antes de celebrado um contrato de locação financeira, qualquer interessado tenha procedido à encomenda de bens, com vista a contrato futuro, entende-se que actua por sua conta e risco, não podendo o locador ser, de algum modo, responsabilizado por prejuízos eventuais decorrentes da não conclusão do contrato, sem prejuízo do disposto no artigo 227.° do Código Civil.

Contrato de locação financeira
Arts. 23.º-25.º DL 149/95 [73]

Art. 23.º (Operações de natureza similar)
Nenhuma entidade pode realizar, de forma habitual, operações de natureza similar ou com resultados económicos equivalentes aos dos contratos de locação financeira.

Artigo 24.º (Disposições finais)
1. O disposto no artigo 21.º é imediatamente aplicável aos contratos celebrados antes da sua entrada em vigor e às acções já propostas em que não tenha sido decretada providência cautelar destinada a obter a entrega imediata do bem locado.

2. Aos contratos de locação financeira celebrados nos termos do Decreto-Lei n.º 10/91, de 9 de Janeiro, não é aplicável o disposto no artigo 21.º

Art. 25.º (Norma revogatória)
É revogado o Decreto-Lei n.º 171/79, de 6 de Junho.

CONTRATO DE TRANSPORTE RODOVIÁRIO NACIONAL DE MERCADORIAS

[74] DECRETO-LEI N.º 239/2003
de 4 de Setembro

Nos termos da alínea *a*) do n.º 1 do artigo 198.º da Constituição, o Governo decreta o seguinte:

CAPÍTULO I. Disposições gerais

Art. 1.º (Objecto)
O presente diploma estabelece o regime jurídico do contrato de transporte rodoviário nacional de mercadorias.

Art. 2.º (Noção e âmbito)
1. O contrato de transporte rodoviário nacional de mercadorias é o celebrado entre transportador e expedidor nos termos do qual o primeiro se obriga a deslocar mercadorias, por meio de veículos rodoviários, entre locais situados no território nacional e a entregá-las ao destinatário.
2. Para efeitos do número anterior, transportador é a empresa regularmente constituída para o transporte público ou por conta de outrem de mercadorias e expedidor é o proprietário, possuidor ou mero detentor das mercadorias.
3. Quando, ao abrigo de um único contrato, as mercadorias sejam transportadas em parte por meio rodoviário e em parte por meio aéreo, ferroviário, marítimo ou fluvial, aplica-se à parte rodoviária o regime jurídico constante deste diploma.
4. Não estão abrangidos pelo disposto no presente diploma os contratos de transporte de envios postais a efectuar no âmbito dos serviços postais e os transportes de mercadorias sem valor comercial.

CAPÍTULO II. Do contrato de transporte

Art. 3.º (Guia de transporte)
1. A guia de transporte faz prova da celebração, termos e condições do contrato.
2. A falta, irregularidade ou perda da guia não prejudicam a existência nem a validade do contrato de transporte.

Cap. II.   Do contrato de transporte   **Arts. 4.º-6.º DL 239/2003** **[74]**

3. Quando a mercadoria a transportar for carregada em mais de um veículo ou se trate de diversas espécies de mercadorias ou de lotes distintos, o expedidor ou o transportador podem exigir que sejam preenchidas tantas guias quantos os veículos a utilizar ou quantas as espécies ou lotes de mercadorias.

4. Presume-se que o transportador actua em nome do expedidor quando, a pedido deste, inscrever na guia de transporte indicações da responsabilidade do expedidor.

Art. 4.º   (Conteúdo da guia de transporte)

1. A guia de transporte deve ser emitida em triplicado, assinada pelo expedidor e pelo transportador ou aceite por forma escrita, por meio de carta, telegrama, telefax ou outros meios informáticos equivalentes, e conter os seguintes elementos:

a) Lugar e data em que é preenchida;
b) Nome e endereço do transportador, do expedidor e do destinatário;
c) Lugar e data do carregamento da mercadoria e local previsto para a entrega;
d) Denominação corrente da mercadoria e tipo de embalagem e, quando se trate de mercadorias perigosas ou de outras que careçam de precauções especiais, a sua denominação nos termos da legislação especial aplicável;
e) Peso bruto da mercadoria, número de volumes ou quantidade expressa de outro modo.

2. Quando for caso disso, a guia deve conter também as seguintes indicações:
a) Prazo para a realização do transporte;
b) Declaração de valor da mercadoria;
c) Declaração de interesse especial na entrega;
d) Entrega mediante reembolso.

3. As partes podem ainda inscrever na guia de transporte outras menções, nomeadamente o preço e outras despesas relativas ao transporte, lista de documentos entregues ao transportador e instruções do expedidor ou do destinatário.

Art. 5.º   (Direitos do expedidor)

1. O expedidor pode exigir que o transportador verifique o peso bruto da mercadoria ou a sua quantidade expressa de outro modo, bem como o número ou o conteúdo dos volumes, devendo mencionar na guia de transporte o resultado da verificação.

2. Salvo convenção em contrário, o expedidor pode, durante a execução do contrato, fazer suspender o transporte, modificar o lugar previsto para a entrega da mercadoria ou designar destinatário diferente do indicado na guia de transporte, sem prejuízo do disposto no n.º 2 do artigo 16.º

3. As instruções dadas ao transportador nos termos do número anterior devem ser inscritas na guia de transporte.

4. O expedidor pode designar-se a si próprio como destinatário.

Art. 6.º   (Declaração de valor da mercadoria)

O expedidor pode, mediante o pagamento de um suplemento de preço a convencionar, declarar na guia de transporte o valor da mercadoria, o qual, no caso de exceder o limite do valor estabelecido no n.º 1 do artigo 20.º, substitui esse limite.

837

[74] DL 239/2003 Arts. 7.º-12.º   Contrato de transporte rodoviário nacional de mercadorias

Art. 7.º (Interesse especial na entrega)

O expedidor pode, mediante o pagamento de um suplemento de preço a convencionar, declarar na guia de transporte o valor do interesse especial na entrega da mercadoria, para o caso de perda, avaria ou incumprimento do prazo convencionado.

Art. 8.º (Entrega mediante reembolso)

Sempre que da guia de transporte conste a cláusula de entrega mediante reembolso e a mercadoria seja entregue ao destinatário sem cobrança, o transportador fica obrigado a indemnizar o expedidor até esse valor, sem prejuízo do direito de regresso.

Art. 9.º (Reservas do transportador)

1. O transportador pode formular reservas se, no momento da recepção da mercadoria, constatar que esta ou a embalagem apresentam defeito aparente, bem como quando não tiver meios razoáveis de verificar a exactidão das indicações constantes da guia de transporte.

2. As reservas do transportador são descritas na guia de transporte e carecem de aceitação expressa do expedidor.

3. Na falta de reservas, presume-se que a mercadoria e ou a embalagem estavam em bom estado aparente no momento em que o transportador as recebeu e que as indicações da guia de transporte eram exactas.

4. As reservas do transportador podem ser objecto de tipificação e assumir a forma de reservas codificadas nos termos a definir por portaria do membro do Governo responsável pela área dos transportes.

Art. 10.º (Transporte subsequente ou subcontratação)

Sempre que o transportador cumpra o contrato de transporte por meio de terceiros mantém para com o expedidor a sua originária qualidade e assume para com o terceiro a qualidade de expedidor.

Art. 11.º (Transporte sucessivo)

1. Se ao abrigo de um único contrato o transporte for executado por transportadores rodoviários sucessivos, o contrato produz efeitos relativamente ao segundo e a cada um dos seguintes transportadores a partir do momento da aceitação da mercadoria e da guia de transporte.

2. O transportador que aceitar a mercadoria do transportador precedente deve entregar recibo datado e assinado, indicar o seu nome e morada na guia de transporte e, se entender necessário, formular reservas.

Art. 12.º (Aceitação da mercadoria pelo destinatário)

1. O cumprimento da prestação do transportador ocorre com a entrega da mercadoria ao destinatário.

2. Em caso de vício aparente da mercadoria ou defeito da embalagem, o destinatário deve, no momento da aceitação, formular reservas que indiquem a natureza da perda ou avaria.

Cap. II. Do contrato de transporte   **Arts. 13.º-15.º DL 239/2003 [74]**

3. Em caso de vício não aparente, o destinatário dispõe de oito dias a contar da data da aceitação da mercadoria para formular reservas escritas devidamente fundamentadas e para as comunicar ao transportador.

4. Se o destinatário receber a mercadoria sem verificar o seu estado contraditoriamente com o transportador, ou sem formular as reservas a que se referem os números anteriores, presume-se, salvo prova em contrário, que as mercadorias se encontravam em boas condições.

5. Para efeitos de verificação da mercadoria, o transportador e o destinatário devem conceder reciprocamente as facilidades consideradas razoáveis.

Art. 13.º (Impossibilidade de cumprimento do contrato)
1. No caso de impossibilidade de cumprimento do contrato de transporte nas condições acordadas, o transportador deve pedir instruções ao expedidor ou, se tal estiver convencionado, ao destinatário.

2. Caso o transportador não possa obter em tempo útil as instruções a que se refere o número anterior e não seja possível a devolução das mercadorias ao expedidor, deve tomar as medidas mais adequadas à sua conservação.

3. Tratando-se de mercadorias perecíveis, o transportador pode vendê-las, devendo o produto da venda ser posto à disposição do expedidor, sem prejuízo do número seguinte.

4. O transportador tem direito ao reembolso das despesas causadas pelo pedido de instruções ou pela sua execução, bem como das ocasionadas pela devolução, pelas medidas de conservação ou venda das mercadorias, a não ser que estas despesas sejam consequência de falta do transportador.

5. Presume-se que não é possível a devolução da mercadoria ao expedidor quando o tempo necessário para o efeito puder provocar uma depreciação na mercadoria de, pelo menos, 30% do respectivo valor, se este estiver determinado, ou do valor calculado nos termos do artigo 23.º

Art. 14.º (Direito de retenção)
1. O transportador goza do direito de retenção sobre as mercadorias transportadas como garantia de pagamento de créditos vencidos de que seja titular relativamente a serviços de transporte prestados.

2. Sempre que exercer o direito de retenção, o transportador deve notificar o destinatário e o expedidor, se um e outro forem pessoas diversas, dentro dos três dias imediatos à data prevista para a entrega da mercadoria.

3. No exercício do direito de retenção, o transportador deve propor a competente acção judicial dentro dos 20 dias subsequentes à notificação referida no número anterior.

4. As despesas com a conservação das mercadorias, efectuadas no exercício do direito de retenção, ficam a cargo do devedor.

Art. 15.º (Privilégio creditório do transportador)
1. O transportador goza de privilégio pelos créditos resultantes do contrato de transporte sobre as mercadorias transportadas.

2. Este privilégio cessa com a entrega das mercadorias ao destinatário.

839

[74] DL 239/2003 **Arts. 16.º-18.º** Contrato de transporte rodoviário nacional de mercadorias

3. Sendo muitos os transportadores, o último exercerá o direito por todos os outros.

CAPÍTULO III. **Da responsabilidade**

Art. 16.º (Responsabilidade do expedidor)

1. O expedidor responde por todas as despesas e prejuízos resultantes da inexactidão ou insuficiência das indicações contidas na guia de transporte relativas às mercadorias e ao destinatário, bem como pelas despesas de verificação da mercadoria.

2. As despesas e prejuízos causados pelas alterações ao contrato feitas nos termos do disposto no n.º 2 do artigo 5.º são da responsabilidade do expedidor.

3. O expedidor responde pelos danos causados por defeito da mercadoria ou da embalagem, salvo se o transportador, sendo o defeito aparente ou dele tendo tido conhecimento no momento em que recebeu a mercadoria, não tiver formulado as devidas reservas.

4. Quando o contrato tiver por objecto o transporte de mercadorias perigosas, ou outras que careçam de precauções especiais nos termos de legislação especial aplicável, o expedidor deve assinalar com exactidão a sua natureza, sendo responsável por todas as despesas e prejuízos, em caso de omissão.

Art. 17.º (Responsabilidade do transportador)

1. O transportador é responsável pela perda total ou parcial das mercadorias ou pela avaria que se produzir entre o momento do carregamento e o da entrega, assim como pela demora na entrega.

2. O transportador responde, como se fossem cometidos por ele próprio, pelos actos e omissões dos seus empregados, agentes, representantes ou outras pessoas a quem recorra para a execução do contrato.

Art. 18.º (Causas de exclusão da responsabilidade do transportador)

1. A responsabilidade do transportador fica excluída se a perda, avaria ou demora se dever à natureza ou vício próprio da mercadoria, a culpa do expedidor ou do destinatário, a caso fortuito ou de força maior.

2. A responsabilidade do transportador fica ainda excluída quando a perda ou avaria resultar dos riscos inerentes a qualquer dos seguintes factos:

a) Falta ou defeito da embalagem relativamente às mercadorias que, pela sua natureza, estão sujeitas a perdas ou avarias quando não estão devidamente embaladas;

b) Manutenção, carga, arrumação ou descarga da mercadoria pelo expedidor ou pelo destinatário ou por pessoas que actuem por conta destes;

c) Insuficiência ou imperfeição das marcas ou dos símbolos dos volumes.

3. O transportador não pode invocar defeitos do veículo que utiliza no transporte para excluir a sua responsabilidade.

840

Cap. IV. Disposições finais   **Arts. 19.º-24.º DL 239/2003 [74]**

Art. 19.º (Demora na entrega)
1. Há demora na entrega quando a mercadoria não for entregue ao destinatário no prazo convencionado ou, não havendo prazo, nos sete dias seguintes à aceitação da mercadoria pelo transportador.
2. Quando a mercadoria não for entregue nos sete dias seguintes ao termo do prazo convencionado ou, não havendo prazo, nos 15 dias seguintes à aceitação da mercadoria pelo transportador, considera-se que há perda total.

Art. 20.º (Limitação da responsabilidade)
1. Sem prejuízo do disposto nos artigos 6.º a 8.º, o valor da indemnização devida por perda ou avaria não pode ultrapassar € 10 por quilograma de peso bruto de mercadoria em falta.
2. A indemnização por demora na entrega não pode ser superior ao preço do transporte e só é devida quando o interessado demonstrar que dela resultou prejuízo, salvo quando exista declaração de interesse especial na entrega, caso em que pode ainda ser exigida indemnização por lucros cessantes de que seja apresentada prova.

Art. 21.º (Responsabilidade do transportador em caso de dolo)
Sempre que a perda, avaria ou demora resultem de actuação dolosa do transportador, este não pode prevalecer-se das disposições que excluem ou limitam a sua responsabilidade.

Art. 22.º (Responsabilidade solidária dos transportadores sucessivos)
1. No transporte sucessivo, verificando-se a ocorrência de danos e não podendo determinar-se o transportador responsável por aqueles, todos os transportadores são solidariamente responsáveis pelas indemnizações que sejam devidas.
2. Na situação prevista no número anterior e em caso de insolvência de um ou mais transportadores, a parte da indemnização que lhes for imputável será suportada pelos demais, na proporção das suas remunerações.

Art. 23.º (Determinação do valor da mercadoria)
Em caso de perda total ou parcial, ou depreciação, quando não esteja determinado o valor da mercadoria, este é calculado segundo o preço corrente no mercado relevante para mercadorias da mesma natureza e qualidade.

CAPÍTULO IV.   **Disposições finais**

Art. 24.º (Prescrição)
1. O direito à indemnização por danos decorrentes de responsabilidade do transportador prescreve no prazo de um ano.
2. O prazo referido no número anterior conta-se a partir da data da entrega da mercadoria ao destinatário ou da sua devolução ao expedidor ou, em caso de perda total, do 30.º dia posterior à aceitação da mercadoria pelo transportador.

841

[74] DL 239/2003 Arts. 25.º-27.º   Contrato de transporte rodoviário nacional de mercadorias

Art. 25.º (Tribunal arbitral)
As partes no contrato de transporte podem atribuir competência a um tribunal arbitral para a resolução de litígios.

Art. 26.º (Revogação)
São revogados os artigos 366.º a 393.º do Código Comercial na parte aplicável ao contrato de transporte rodoviário de mercadorias.

Art. 27.º (Entrada em vigor)
O presente diploma entra em vigor 60 dias após a sua publicação.

CONTRATOS DE GARANTIA FINANCEIRA

[75] DECRETO-LEI N.º 105/2004
de 8 de Maio

Nos termos da alínea *a*) do n.º 1 do artigo 198.º da Constituição, o Governo decreta o seguinte:

TÍTULO I. DISPOSIÇÕES GERAIS

Art. 1.º (Objecto)
O presente diploma transpõe para a ordem jurídica interna a Directiva n.º 2002/47/CE, do Parlamento Europeu e do Conselho, de 6 de Junho, relativa aos acordos de garantia financeira.

Art. 2.º (Noção e modalidades)
1. Para efeitos do presente diploma, são contratos de garantia financeira os que preencham os requisitos previstos nos artigos 3.º a 7.º
2. São modalidades de contratos de garantia financeira, designadamente, a alienação fiduciária em garantia e o penhor financeiro, que se distinguem consoante tenham, ou não, por efeito a transmissão da propriedade com função de garantia.
3. É modalidade de contrato de alienação fiduciária em garantia o contrato de reporte.

Art. 3.º (Sujeitos)
1. O presente diploma é aplicável aos contratos de garantia financeira cujo prestador e beneficiário pertençam a uma das seguintes categorias:
a) Entidades públicas, incluindo os organismos do sector público do Estado responsáveis pela gestão da dívida pública ou que intervenham nesse domínio e os autorizados a deter contas de clientes;
b) Banco de Portugal, outros bancos centrais, Banco Central Europeu, Fundo Monetário Internacional, Banco de Pagamentos Internacionais, bancos multilaterais de desenvolvimento nos termos referidos no Aviso do Banco de Portugal n.º 1/93 e Banco Europeu de Investimento;
c) Instituições sujeitas a supervisão prudencial, incluindo:
    i) Instituições de crédito, tal como definidas no n.º 1 do artigo 2.º do Regime Geral das Instituições de Crédito e Sociedades Financeiras, aprovado pelo Decreto-Lei n.º 298/92, de 31 de Dezembro;

843

[75] DL 105/2004 Arts. 4.º-6.º   Contratos de garantia financeira

 ii) Empresas de investimento, tal como referidas no n.º 2 do artigo 293.º do Código dos Valores Mobiliários, aprovado pelo Decreto-Lei n.º 486/99, de 13 de Novembro;

 iii) Instituições financeiras, tal como definidas no n.º 4 do artigo 13.º do Regime Geral das Instituições de Crédito e Sociedades Financeiras;

 iv) Empresas de seguros, tal como definidas na alínea *b*) do artigo 2.º do Decreto-Lei n.º 94-B/98, de 17 Abril;

 v) Organismos de investimento colectivo, tal como definidas no artigo 1.º do Decreto-Lei n.º 252/2003, de 17 de Outubro;

 vi) Entidades gestoras de organismos de investimento colectivo, tal como definidas no n.º 1 do artigo 29.º do Decreto-Lei n.º 252/2003, de 17 de Outubro;

 d) Uma contraparte central, um agente de liquidação ou uma câmara de compensação, tal como definidos, respectivamente, nas alíneas *e*), *f*) e *g*) do artigo 2.º do Decreto-Lei n.º 221/2000, de 9 de Setembro, no que aos sistemas de pagamento diz respeito, e no artigo 268.º do Código dos Valores Mobiliários, incluindo instituições similares regulamentadas no âmbito da legislação nacional que operem nos mercados de futuros e opções, nos mercados de instrumentos financeiros derivados não abrangidos pela referida legislação e nos mercados de natureza monetária;

 e) Uma pessoa que não seja pessoa singular, que actue na qualidade de fiduciário ou de representante por conta de uma ou mais pessoas, incluindo quaisquer detentores de obrigações ou de outras formas de títulos de dívida, ou qualquer instituição tal como definida nas alíneas *a*) a *d*);

 f) Pessoas colectivas, desde que a outra parte no contrato pertença a uma das categorias referidas nas alíneas *a*) a *d*).

 2. A capacidade para a celebração de contratos de garantia financeira é a que resulta das normas especialmente aplicáveis às entidades referidas no n.º 1.

Art. 4.º (Obrigações financeiras garantidas)

 Para efeitos do presente diploma, entende-se por obrigações financeiras garantidas quaisquer obrigações abrangidas por um contrato de garantia financeira cuja prestação consista numa liquidação em numerário ou na entrega de instrumentos financeiros.

Art. 5.º (Objecto das garantias financeiras)

 O presente diploma é aplicável às garantias financeiras que tenham por objecto:

 a) «Numerário», entendido como o saldo disponível de uma conta bancária, denominada em qualquer moeda, ou créditos similares que confiram direito à restituição de dinheiro, tais como depósitos no mercado monetário;

 b) «Instrumentos financeiros», entendidos como valores mobiliários, instrumentos do mercado monetário e créditos ou direitos relativos a quaisquer dos instrumentos financeiros referidos.

Art. 6.º (Desapossamento)

 1. O presente diploma é aplicável às garantias financeiras cujo objecto seja efectivamente prestado.

844

Tít. II.   Penhor financeiro   **Arts. 7.º-9.º DL 105/2004 [75]**

2. Considera-se prestada a garantia financeira cujo objecto tenha sido entregue, transferido, registado ou que de outro modo se encontre na posse ou sob o controlo do beneficiário da garantia ou de uma pessoa que actue em nome deste, incluindo a composse ou o controlo conjunto com o proprietário.

Art. 7.º (Prova)
1. O presente diploma é aplicável aos contratos de garantia financeira e às garantias financeiras cuja celebração e prestação sejam susceptíveis de prova por documento escrito.
2. O registo em suporte electrónico ou em outro suporte duradouro equivalente cumpre a exigência de prova por documento escrito.
3. A prova da prestação da garantia financeira deve permitir identificar o objecto correspondente.
4. É suficiente para identificar o objecto da garantia financeira:
a) Nas garantias financeiras sobre numerário, para o penhor financeiro, o registo na conta do prestador e, para a alienação fiduciária em garantia, o registo do crédito na conta do beneficiário;
b) Nas garantias financeiras sobre valores mobiliários escriturais, para o penhor financeiro, o registo na conta do titular ou, nos termos da lei, na conta do beneficiário e, para a alienação fiduciária em garantia, o registo da aquisição fiduciária.

Art. 8.º (Formalidades)
1. Sem prejuízo do disposto nos artigos 6.º e 7.º, a validade, a eficácia ou a admissibilidade como prova de um contrato de garantia financeira e da prestação de uma garantia financeira não dependem da realização de qualquer acto formal.
2. Sem prejuízo do acordado pelas partes, a execução da garantia pelo beneficiário não está sujeita a nenhum requisito, nomeadamente a notificação prévia ao prestador da garantia da intenção de proceder à execução.

TÍTULO II.   PENHOR FINANCEIRO

Art. 9.º (Direito de disposição)
1. O contrato de penhor financeiro pode conferir ao beneficiário da garantia o direito de disposição sobre o objecto desta.
2. O direito de disposição confere ao beneficiário da garantia financeira os poderes de alienar ou onerar o objecto da garantia prestada, nos termos previstos no contrato, como se fosse seu proprietário.
3. O exercício do direito de disposição depende, relativamente aos valores mobiliários escriturais, de menção no respectivo registo em conta e, relativamente aos valores mobiliários titulados, de menção na conta de depósito.

845

[75] DL 105/2004 Arts. 10.º-13.º   Contratos de garantia financeira

Art. 10.º (Efeitos do exercício do direito de disposição)

1. Exercido o direito de disposição, deve o beneficiário da garantia, até à data convencionada para o cumprimento das obrigações financeiras garantidas:

a) Restituir ao prestador objecto equivalente ao objecto da garantia financeira original, em caso de cumprimento das obrigações financeiras garantidas por parte deste; ou

b) Quando o contrato de penhor financeiro o preveja e em caso de cumprimento pelo prestador da garantia, entregar-lhe quantia em dinheiro correspondente ao valor que o objecto da garantia tem no momento do vencimento da obrigação de restituição, nos termos acordados pelas partes e segundo critérios comerciais razoáveis; ou

c) Quando o contrato de penhor financeiro o preveja, livrar-se da sua obrigação de restituição por meio de compensação, sendo o crédito do prestador avaliado nos termos da alínea anterior.

2. O disposto no número anterior não é prejudicado pelo cumprimento antecipado das obrigações financeiras garantidas.

3. O objecto equivalente substitui, para todos os efeitos, a garantia financeira original e considera-se como tendo sido prestado no momento da prestação desta.

4. Os direitos que o beneficiário tenha ao abrigo do penhor financeiro relativamente à garantia financeira original mantêm-se relativamente ao objecto equivalente.

Art. 11.º (Pacto comissório)

1. No penhor financeiro, o beneficiário da garantia pode proceder à sua execução, fazendo seus os instrumentos financeiros dados em garantia:

a) Se tal tiver sido convencionado pelas partes;

b) Se houver acordo das partes relativamente à avaliação dos instrumentos financeiros.

2. O beneficiário da garantia fica obrigado a restituir ao prestador o montante correspondente à diferença entre o valor do objecto da garantia e o montante das obrigações financeiras garantidas.

3. O disposto na alínea *b)* do n.º 1 não prejudica qualquer obrigação legal de proceder à realização ou avaliação da garantia financeira e ao cálculo das obrigações financeiras garantidas de acordo com critérios comerciais razoáveis.

Art. 12.º (Vencimento antecipado e compensação)

1. As partes podem convencionar o vencimento antecipado da obrigação de restituição do beneficiário da garantia e o cumprimento da mesma por compensação, caso ocorra um facto que desencadeie a execução.

2. Entende-se por facto que desencadeia a execução o não cumprimento do contrato ou qualquer facto a que as partes atribuam efeito análogo.

Art. 13.º (Objecto equivalente)

Para efeitos do presente diploma, entende-se por objecto equivalente:

i) No caso de numerário, um pagamento do mesmo montante e na mesma moeda;

846

Tít. IV.   Liquidação e saneamento   **Arts. 14.º-16.º DL 105/2004 [75]**

ii) No caso de instrumentos financeiros, instrumentos financeiros do mesmo emitente ou devedor, que façam parte da mesma emissão ou categoria e tenham o mesmo valor nominal, sejam expressos na mesma moeda e tenham a mesma denominação, ou outros instrumentos financeiros, quando o contrato de garantia financeira o preveja, na ocorrência de um facto respeitante ou relacionado com os instrumentos financeiros prestados enquanto garantia financeira original.

TÍTULO III.   ALIENAÇÃO FIDUCIÁRIA EM GARANTIA

Art. 14.º (Deveres do beneficiário da garantia)

Nos contratos de alienação fiduciária em garantia, deve o beneficiário, até à data convencionada para o cumprimento das obrigações financeiras garantidas:

a) Restituir ao prestador a garantia financeira prestada ou objecto equivalente;

b) Entregar ao prestador quantia em dinheiro correspondente ao valor que o objecto da garantia tem no momento do vencimento da obrigação de restituição, nos termos acordados pelas partes e segundo critérios comerciais razoáveis;

c) Livrar-se da sua obrigação por meio de compensação, avaliando-se o crédito do prestador nos termos da alínea anterior.

Art. 15.º (Vencimento antecipado e compensação)

O disposto no artigo 12.º é aplicável aos contratos de alienação fiduciária em garantia.

TÍTULO IV.   LIQUIDAÇÃO E SANEAMENTO

Art. 16.º (Processo de liquidação e medidas de saneamento)

Para efeitos do presente diploma e relativamente ao prestador ou ao beneficiário da garantia, entende-se por:

a) «Processo de liquidação» o processo colectivo que inclui a realização de activos e a repartição do produto dessa realização entre os credores, os accionistas ou os membros, consoante o caso, e que implica a intervenção de uma autoridade administrativa ou judicial, incluindo os casos em que esse processo é encerrado mediante uma concordata ou qualquer outra medida análoga, independentemente de se basear ou não numa insolvência e de ter carácter voluntário ou obrigatório;

b) «Medidas de saneamento» as medidas que implicam a intervenção de uma autoridade administrativa ou judicial e destinadas a preservar ou restabelecer a situação financeira e que afectam os direitos preexistentes de terceiros, incluindo, nomeadamente, as medidas que envolvem uma suspensão de pagamentos, uma suspensão das medidas de execução ou uma redução dos montantes dos créditos.

847

[75] DL 105/2004 Arts. 17.º-20.º   Contratos de garantia financeira

Art. 17.º (Validade dos contratos e das garantias financeiras)
1. Os contratos de garantia financeira celebrados e as garantias financeiras prestadas ao abrigo desses contratos não podem ser resolvidos pelo facto de o contrato ter sido celebrado ou a garantia financeira prestada:

a) No dia da abertura de um processo de liquidação ou da adopção de medidas de saneamento, desde que antes de proferido o despacho, a sentença ou decisão equivalente;

b) Num determinado período anterior definido por referência:

i) À abertura de um processo de liquidação ou à adopção de medidas de saneamento;

ii) À tomada de qualquer outra medida ou à ocorrência de qualquer outro facto no decurso desse processo ou dessas medidas.

2. Não podem ser declarados nulos ou anulados os seguintes actos quando praticados no período referido no número anterior:

a) A prestação de nova garantia no caso de variação do montante das obrigações financeiras garantidas ou a prestação de garantia financeira adicional em situação de variação do valor da garantia financeira;

b) A substituição da garantia financeira por objecto equivalente.

Art. 18.º (Eficácia dos contratos)
1. Em situação de abertura ou prossecução de um processo de liquidação ou de adopção de medidas de saneamento relativas ao prestador ou ao beneficiário da garantia, os contratos de garantia financeira produzem efeitos nas condições e segundo os termos convencionados pelas partes.

2. Os contratos de garantia financeira celebrados e as garantias financeiras prestadas após a abertura de processos de liquidação e a adopção de medidas de saneamento relativas ao prestador da garantia financeira são eficazes perante terceiros desde que o beneficiário da garantia prove que não tinha nem deveria ter conhecimento da abertura desse processo ou da adopção dessas medidas.

Art. 19.º (Actos fraudulentos)
A validade dos actos a que se referem os artigos 17.º e 18.º não é ressalvada sempre que os mesmos tenham sido praticados intencionalmente em detrimento de outros credores.

Art. 20.º (Vencimento antecipado e compensação)
O vencimento antecipado e a compensação previstos nos artigos 12.º e 15.º não são prejudicados:

a) Pela abertura ou prossecução de um processo de liquidação relativamente ao prestador ou ao beneficiário da garantia;

b) Pela adopção de medidas de saneamento relativamente ao prestador e ou beneficiário da garantia;

c) Pela cessão, apreensão judicial ou actos de outra natureza nem por qualquer alienação de direitos respeitante ao beneficiário ou ao prestador da garantia.

Tít. V. Disposições finais e transitórias   **Arts. 21.º-24.º DL 105/2004 [75]**

TÍTULO V. DISPOSIÇOES FINAIS E TRANSITORIAS

Art. 21.º (Norma de conflitos)

São reguladas pela lei do país em que está localizada a conta na qual é feito o registo da garantia as seguintes matérias:

a) A qualificação e os efeitos patrimoniais da garantia que tenha por objecto valores mobiliários escriturais;

b) Os requisitos relativos à celebração de um contrato de garantia financeira que tenha por objecto valores mobiliários escriturais;

c) A prestação de uma garantia que tenha por objecto valores mobiliários escriturais ao abrigo de determinado contrato de garantia financeira;

d) As formalidades necessárias à oponibilidade a terceiros do contrato de garantia financeira e da prestação da garantia financeira;

e) A relação entre o direito de propriedade ou outro direito de determinada pessoa a uma garantia financeira que tenha por objecto valores mobiliários e outro direito de propriedade concorrente;

f) A qualificação de uma situação como de aquisição do objecto da garantia pela posse de terceiro de boa fé;

g) As formalidades necessárias à execução de uma garantia que tenha por objecto valores mobiliários escriturais.

Art. 22.º (Direito subsidiário)

Em tudo que não vier previsto no presente diploma aplicam-se os regimes comum ou especial estabelecidos para outras modalidades de penhor ou reporte.

Art. 23.º (Aplicação no tempo)

O presente diploma aplica-se aos contratos de garantia financeira celebrados após a sua entrada em vigor.

Art. 24.º (Entrada em vigor)

O presente diploma entra em vigor 30 dias após a sua publicação.

[76] DECRETO-LEI N.º 72/2008
de 16 de Abril

Nos termos da alínea *a*) do n.º 1 do artigo 198.º da Constituição, o Governo decreta o seguinte:

Art. 1.º (Objecto)
É aprovado o regime jurídico do contrato de seguro, constante do anexo ao presente decreto-lei e que dele faz parte integrante.

Art. 2.º (Aplicação no tempo)
1. O disposto no regime jurídico do contrato de seguro aplica-se aos contratos de seguro celebrados após a entrada em vigor do presente decreto-lei, assim como ao conteúdo de contratos de seguro celebrados anteriormente que subsistam à data da sua entrada em vigor, com as especificidades constantes dos artigos seguintes.
2. O regime referido no número anterior não se aplica aos sinistros ocorridos entre a data da entrada em vigor do presente decreto-lei e a data da sua aplicação ao contrato de seguro em causa.

Art. 3.º (Contratos renováveis)
1. Nos contratos de seguro com renovação periódica, o regime jurídico do contrato de seguro aplica-se a partir da primeira renovação posterior à data de entrada em vigor do presente decreto-lei, com excepção das regras respeitantes à formação do contrato, nomeadamente as constantes dos artigos 18.º a 26.º, 27.º, 32.º a 37.º, 78.º, 87.º, 88.º, 89.º, 151.º, 154.º, 158.º, 178.º, 179.º, 185.º e 187.º do regime jurídico do contrato de seguro.
2. As disposições de natureza supletiva previstas no regime jurídico do contrato de seguro aplicam-se aos contratos de seguro com renovação periódica celebrados anteriormente à data de entrada em vigor do presente decreto-lei, desde que o segurador informe o tomador do seguro, com a antecedência mínima de 60 dias em relação à data da respectiva renovação, do conteúdo das cláusulas alteradas em função da adopção do novo regime.

Art. 4.º (Contratos não sujeitos a renovação)
1. Nos seguros de danos não sujeitos a renovação, aplica-se o regime vigente à data da celebração do contrato.
2. Nos seguros de pessoas não sujeitos a renovação, as partes têm de proceder à adaptação dos contratos de seguro celebrados antes da entrada em vigor do

Regime jurídico do contrato de seguro   **Arts. 5.°-7.° DL 72/2008 [76]**

presente decreto-lei, de molde a que o regime jurídico do contrato de seguro se lhes aplique no prazo de dois anos após a sua entrada em vigor.

3. A adaptação a que se refere o número anterior pode ser feita na data aniversária do contrato, sem ultrapassar o prazo limite indicado.

Art. 5.° (Supervisão)

O regime jurídico do contrato de seguro constante do anexo ao presente decreto-lei não prejudica a aplicação do disposto na legislação em vigor em matéria de competências de supervisão.

Art. 6.° (Norma revogatória)

1. É revogado o Decreto-Lei n.° 142/2000, de 15 de Julho, alterado pelos Decretos-Leis n.ºˢ 248-B/2000, de 12 de Outubro, 150/2004, de 29 de Junho, 122/2005, de 29 de Julho, e 199/2005, de 10 de Novembro.

2. São ainda revogados:

a) Os artigos 425.° a 462.° do Código Comercial aprovado por Carta de Lei de 28 de Junho de 1888;

b) Os artigos 11.°, 30.°, 33.° e 53.°, corpo, 1.ª parte, do Decreto de 21 de Outubro de 1907;

c) A base XVIII, n.° 1, alíneas *c)* e *d)*, e n.° 2, e base XIX da Lei n.° 2/71, de 12 de Abril;

d) Os artigos 132.° a 142.° e 176.° a 193.° do Decreto-Lei n.° 94-B/98, de 17 de Abril, alterado pelos Decretos-Leis n.ºˢ 8-C/2002, de 11 de Janeiro, 169/2002, de 25 de Julho, 72-A/2003, de 14 de Abril, 90/2003, de 30 de Abril, 251/2003, de 14 de Outubro, 76-A/2006, de 29 de Março, 145/2006, de 31 de Julho, 291/2007, de 21 de Agosto, e 357-A/2007, de 31 de Outubro;

e) Os artigos 1.° a 5.° e 8.° a 25.° do Decreto-Lei n.° 176/95, de 26 de Julho, alterado pelos Decretos-Leis n.ºˢ 60/2004, de 22 de Março, e 357-A/2007, de 31 de Outubro.

Art. 7.° (Entrada em vigor)

O presente decreto-lei entra em vigor no dia 1 de Janeiro de 2009.

REGIME JURÍDICO
DO CONTRATO DE SEGURO

TÍTULO I.   REGIME COMUM

CAPÍTULO I.   Disposições preliminares

SECÇÃO I.   Âmbito de aplicação

Art. 1.º (Conteúdo típico)

Por efeito do contrato de seguro, o segurador cobre um risco determinado do tomador do seguro ou de outrem, obrigando-se a realizar a prestação convencionada em caso de ocorrência do evento aleatório previsto no contrato, e o tomador do seguro obriga-se a pagar o prémio correspondente.

Art. 2.º (Regimes especiais)

As normas estabelecidas no presente regime aplicam-se aos contratos de seguro com regimes especiais constantes de outros diplomas, desde que não sejam incompatíveis com esses regimes.

Art. 3.º (Remissão para diplomas de aplicação geral)

O disposto no presente regime não prejudica a aplicação ao contrato de seguro do disposto na legislação sobre cláusulas contratuais gerais, sobre defesa do consumidor e sobre contratos celebrados à distância, nos termos do disposto nos referidos diplomas.

Art. 4.º (Direito subsidiário)

Às questões sobre contratos de seguro não reguladas no presente regime nem em diplomas especiais aplicam-se, subsidiariamente, as correspondentes disposições da lei comercial e da lei civil, sem prejuízo do disposto no regime jurídico de acesso e exercício da actividade seguradora.

Art. 5.º (Lei aplicável ao contrato de seguro)

Ao contrato de seguro aplicam-se as normas gerais de direito internacional privado em matéria de obrigações contratuais, nomeadamente as decorrentes de convenções internacionais e de actos comunitários que vinculem o Estado Português, com as especificidades constantes dos artigos seguintes.

Cap. I. Disposições preliminares   **Arts. 6.º-9.º DL 72/2008** **[76]**

Art. 6.º (Liberdade de escolha)

1. Sem prejuízo do disposto nos artigos seguintes e do regime geral de liberdade contratual, as partes contratantes podem escolher a lei aplicável ao contrato de seguro que cubra riscos situados em território português ou em que o tomador do seguro, nos seguros de pessoas, tenha em Portugal a sua residência habitual ou o estabelecimento a que o contrato respeita, consoante se trate de pessoa singular ou colectiva.

2. A localização do risco é determinada pelo regime jurídico de acesso e exercício da actividade seguradora.

3. A escolha da lei aplicável deve ser expressa ou resultar de modo inequívoco das cláusulas do contrato.

4. As partes podem designar a lei aplicável à totalidade ou apenas a uma parte do contrato, assim como alterar, em qualquer momento, a lei aplicável, sujeitando o contrato a uma lei diferente.

Art. 7.º (Limites)

A escolha da lei aplicável referida no artigo anterior só pode recair sobre leis cuja aplicabilidade corresponda a um interesse sério dos declarantes ou esteja em conexão com alguns dos elementos do contrato de seguro atendíveis no domínio do direito internacional privado.

Art. 8.º (Conexões subsidiárias)

1. Se as partes contratantes não tiverem escolhido a lei aplicável ou a escolha for inoperante nos termos dos artigos anteriores, o contrato de seguro rege-se pela lei do Estado com o qual esteja em mais estreita conexão.

2. Na falta de escolha de outra lei pelas partes, o contrato de seguro que cubra riscos situados em território português ou em que o tomador do seguro, nos seguros de pessoas, tenha a sua residência habitual ou o estabelecimento a que o contrato respeita em Portugal é regulado pela lei portuguesa.

3. Presume-se que o contrato de seguro apresenta conexão mais estreita com a ordem jurídica do Estado onde o risco se situa, enquanto nos seguros de pessoas, a conexão mais estreita decorre da residência habitual do tomador do seguro ou do estabelecimento a que o contrato respeita, consoante se trate de pessoa singular ou colectiva.

4. Na falta de escolha das partes contratantes, nos termos previstos nos artigos anteriores, o contrato de seguro que cubra dois ou mais riscos situados em Portugal e noutro Estado, relativos às actividades do tomador do seguro e quando este exerça uma actividade comercial, industrial ou liberal, é regulado pela lei de qualquer dos Estados em que os riscos se situam ou, no caso de seguro de pessoas, pela lei do Estado onde o tomador do seguro tiver a sua residência habitual, sendo pessoa singular, ou a sua administração principal, tratando-se de pessoa colectiva.

Art. 9.º (Normas de aplicação imediata)

1. As disposições imperativas em matéria de contrato de seguro que tutelem interesses públicos, designadamente de consumidores ou de terceiros, regem impe-

853

[76] DL 72/2008 Arts. 10.º-14.º   Tít. I. Regime comum

rativamente a situação contratual, qualquer que seja a lei aplicável, mesmo quando a sua aplicabilidade resulte de escolha das partes.

2. O disposto no número anterior aplica-se quando o contrato de seguro cobre riscos situados em território português ou tendo o tomador do seguro, nos seguros de pessoas, a sua residência habitual ou o estabelecimento a que o contrato respeita em Portugal.

3. Para os efeitos do número anterior, sempre que o contrato de seguro cubra riscos situados em mais de um Estado, considera-se constituído por diversos contratos, cada um dizendo respeito a um único Estado.

4. Não é válido em Portugal o contrato de seguro, sujeito a lei estrangeira, que cubra os riscos identificados no artigo 14.º

Art. 10.º (Seguros obrigatórios)

Os contratos de seguro obrigatórios na ordem jurídica portuguesa regem-se pela lei portuguesa, sem prejuízo do disposto no n.º 3 do artigo anterior.

SECÇÃO II. Imperatividade

Art. 11.º (Princípio geral)

O contrato de seguro rege-se pelo princípio da liberdade contratual, tendo carácter supletivo as regras constantes do presente regime, com os limites indicados na presente secção e os decorrentes da lei geral.

Art. 12.º (Imperatividade absoluta)

1. São absolutamente imperativas, não admitindo convenção em sentido diverso, as disposições constantes da presente secção e dos artigos 16.º, 32.º, 34.º, 36.º, 43.º, 44.º, 54.º, n.º 1, 59.º, 61.º, 80.º, n.ºˢ 2 e 3, 117.º, n.º 3, e 119.º

2. Nos seguros de grandes riscos admite-se convenção em sentido diverso relativamente às disposições constantes dos artigos 59.º e 61.º

Art. 13.º (Imperatividade relativa)

1. São imperativas, podendo ser estabelecido um regime mais favorável ao tomador do seguro, ao segurado ou ao beneficiário da prestação de seguro, as disposições constantes dos artigos 17.º a 26.º, 27.º, 33.º, 35.º, 37.º, 46.º, 60.º, 78.º, 79.º, 86.º, 87.º a 90.º, 91.º, 92.º, n.º 1, 93.º, 94.º, 100.º a 104.º, 107.º n.ºˢ 1, 4 e 5, 111.º, n.º 2, 112.º, 114.º, 115.º, 118.º, 126.º, 127.º, 132.º, 133.º, 139.º, n.º 3, 146.º, 147.º, 170.º, 178.º, 185.º, 186.º, 188.º, n.º 1, 189.º, 202.º e 217.º

2. Nos seguros de grandes riscos não são imperativas as disposições referidas no número anterior.

Art. 14.º (Seguros proibidos)

1. Sem prejuízo das regras gerais sobre licitude do conteúdo negocial, é proibida a celebração de contrato de seguro que cubra os seguintes riscos:

a) Responsabilidade criminal, contra-ordenacional ou disciplinar;

b) Rapto, sequestro e outros crimes contra a liberdade pessoal;

854

Cap. I. Disposições preliminares   **Art. 15.° DL 72/2008 [76]**

c) Posse ou transporte de estupefacientes ou drogas cujo consumo seja interdito;

d) Morte de crianças com idade inferior a 14 anos ou daqueles que por anomalia psíquica ou outra causa se mostrem incapazes de governar a sua pessoa.

2. A proibição referida da alínea *a*) do número anterior não é extensiva à responsabilidade civil eventualmente associada.

3. A proibição referida nas alíneas *b*) e *d*) do n.° 1 não abrange o pagamento de prestações estritamente indemnizatórias.

4. Não é proibida a cobertura do risco de morte por acidente de crianças com idade inferior a 14 anos, desde que contratada por instituições escolares, desportivas ou de natureza análoga que dela não sejam beneficiárias.

Art. 15.° (Proibição de práticas discriminatórias)

1. Na celebração, na execução e na cessação do contrato de seguro são proibidas as práticas discriminatórias em violação do princípio da igualdade nos termos previstos no artigo 13.° da Constituição.

2. São consideradas práticas discriminatórias, em razão da deficiência ou de risco agravado de saúde, as acções ou omissões, dolosas ou negligentes, que violem o princípio da igualdade, implicando para as pessoas naquela situação um tratamento menos favorável do que aquele que seja dado a outra pessoa em situação comparável.

3. No caso previsto no número anterior, não são proibidas, para efeito de celebração, execução e cessação do contrato de seguro, as práticas e técnicas de avaliação, selecção e aceitação de riscos próprias do segurador que sejam objectivamente fundamentadas, tendo por base dados estatísticos e actuariais rigorosos considerados relevantes nos termos dos princípios da técnica seguradora.

4. Em caso de recusa de celebração de um contrato de seguro ou de agravamento do respectivo prémio em razão de deficiência ou de risco agravado de saúde, o segurador deve, com base nos dados obtidos nos termos do número anterior, prestar ao proponente informação sobre o rácio entre os factores de risco específicos e os factores de risco de pessoa em situação comparável mas não afectada por aquela deficiência ou risco agravado de saúde, nos termos dos n.ºs 3 a 6 do artigo 178.°

5. Para dirimir eventuais divergências resultantes da decisão de recusa ou de agravamento, pode o proponente solicitar a uma comissão tripartida que emita parecer sobre o rácio entre os seus factores de risco específicos e os factores de risco de pessoa em situação comparável mas não afectada por aquela deficiência ou risco agravado de saúde.

6. O referido parecer é elaborado por uma comissão composta por um representante do Instituto Nacional para a Reabilitação, I. P., um representante do segurador e um representante do Instituto Nacional de Medicina Legal, I. P.

7. O segurador, através do seu representante na comissão referida nos n.ºs 5 e 6, tem o dever de prestar todas as informações necessárias com vista à elaboração do parecer, nomeadamente, indicando as fontes estatísticas e actuariais consideradas relevantes nos termos do n.° 3, encontrando-se a comissão vinculada ao cumprimento do dever de confidencialidade.

855

[76] **DL 72/2008 Arts. 16.º-18.º** Tít. I. Regime comum

8. O parecer emitido pela comissão, nos termos do n.º 6, não é vinculativo.

9. A proibição de discriminação em função do sexo é regulada por legislação especial.

CAPÍTULO II. Formação do contrato

SECÇÃO I. Sujeitos

Art. 16.º (Autorização legal do segurador)

1. O segurador deve estar legalmente autorizado a exercer a actividade seguradora em Portugal, no âmbito do ramo em que actua, nos termos do regime jurídico de acesso e exercício da actividade seguradora.

2. Sem prejuízo de outras sanções aplicáveis, a violação do disposto no número anterior gera nulidade do contrato, mas não exime aquele que aceitou cobrir o risco de outrem do cumprimento das obrigações que para ele decorreriam do contrato ou da lei caso o negócio fosse válido, salvo havendo má fé da contraparte.

Art. 17.º (Representação do tomador do seguro)

1. Sendo o contrato de seguro celebrado por representante do tomador do seguro, são oponíveis a este não só os seus próprios conhecimentos mas também os do representante.

2. Se o contrato for celebrado por representante sem poderes, o tomador do seguro ou o seu representante com poderes pode ratificá-lo mesmo depois de ocorrido o sinistro, salvo havendo dolo do tomador do seguro, do representante, do segurado ou do beneficiário, ou quando tenha já decorrido um prazo para a ratificação, não inferior a cinco dias, determinado pelo segurador antes da verificação do sinistro.

3. Quando o segurador desconheça a falta de poderes de representação, o representante fica obrigado ao pagamento do prémio calculado pro rata temporis até ao momento em que o segurador receba ou tenha conhecimento da recusa de ratificação.

SECÇÃO II. Informações

SUBSECÇÃO I. Deveres de informação do segurador

Art. 18.º (Regime comum)

Sem prejuízo das menções obrigatórias a incluir na apólice, cabe ao segurador prestar todos os esclarecimentos exigíveis e informar o tomador do seguro das condições do contrato, nomeadamente:

a) Da sua denominação e do seu estatuto legal;

b) Do âmbito do risco que se propõe cobrir;

c) Das exclusões e limitações de cobertura;

d) Do valor total do prémio, ou, não sendo possível, do seu método de cálculo, assim como das modalidades de pagamento do prémio e das consequências da falta de pagamento;

856

Cap. II. Formação do contrato   **Arts. 19.º-22.º DL 72/2008 [76]**

e) Dos agravamentos ou bónus que possam ser aplicados no contrato, enunciando o respectivo regime de cálculo;

f) Do montante mínimo do capital nos seguros obrigatórios;

g) Do montante máximo a que o segurador se obriga em cada período de vigência do contrato;

h) Da duração do contrato e do respectivo regime de renovação, de denúncia e de livre resolução;

i) Do regime de transmissão do contrato;

j) Do modo de efectuar reclamações, dos correspondentes mecanismos de protecção jurídica e da autoridade de supervisão;

l) Do regime relativo à lei aplicável, nos termos estabelecidos nos artigos 5.º a 10.º, com indicação da lei que o segurador propõe que seja escolhida.

Art. 19.º (Remissão)

1. Sendo o contrato de seguro celebrado à distância, às informações referidas no artigo anterior acrescem as previstas em regime especial.

2. Sendo o tomador do seguro considerado consumidor nos termos legalmente previstos, às informações indicadas no artigo anterior acrescem as previstas noutros diplomas, nomeadamente no regime de defesa do consumidor.

Art. 20.º (Estabelecimento)

Sem prejuízo das obrigações constantes do artigo 18.º, o segurador deve informar o tomador do seguro do local e do nome do Estado em que se situa a sede social e o respectivo endereço, bem como, se for caso disso, da sucursal através da qual o contrato é celebrado e do respectivo endereço.

Art. 21.º (Modo de prestar informações)

1. As informações referidas nos artigos anteriores devem ser prestadas de forma clara, por escrito e em língua portuguesa, antes de o tomador do seguro se vincular.

2. As autoridades de supervisão competentes podem fixar, por regulamento, regras quanto ao suporte das informações a prestar ao tomador do seguro.

3. No contrato de seguro à distância, o modo de prestação de informações rege-se pela legislação sobre comercialização de contratos financeiros celebrados à distância.

4. Nas situações previstas no n.º 2 do artigo 36.º, as informações a que se refere o n.º 1 podem ser prestadas noutro idioma.

5. A proposta de seguro deve conter uma menção comprovativa de que as informações que o segurador tem de prestar foram dadas a conhecer ao tomador do seguro antes de este se vincular.

Art. 22.º (Dever especial de esclarecimento)

1. Na medida em que a complexidade da cobertura e o montante do prémio a pagar ou do capital seguro o justifiquem e, bem assim, o meio de contratação o permita, o segurador, antes da celebração do contrato, deve esclarecer o tomador do

857

[76] DL 72/2008 Arts. 23.°-24.° Tít. I. Regime comum

seguro acerca de que modalidades de seguro, entre as que ofereça, são convenientes para a concreta cobertura pretendida.

2. No cumprimento do dever referido no número anterior, cabe ao segurador não só responder a todos os pedidos de esclarecimento efectuados pelo tomador do seguro, como chamar a atenção deste para o âmbito da cobertura proposta, nomeadamente exclusões, períodos de carência e regime da cessação do contrato por vontade do segurador, e ainda, nos casos de sucessão ou modificação de contratos, para os riscos de ruptura de garantia.

3. No seguro em que haja proposta de cobertura de diferentes tipos de risco, o segurador deve prestar esclarecimentos pormenorizados sobre a relação entre as diferentes coberturas.

4. O dever especial de esclarecimento previsto no presente artigo não é aplicável aos contratos relativos a grandes riscos ou em cuja negociação ou celebração intervenha mediador de seguros, sem prejuízo dos deveres específicos que sobre este impendem nos termos do regime jurídico de acesso e de exercício da actividade de mediação de seguros.

Art. 23.° (Incumprimento)

1. O incumprimento dos deveres de informação e de esclarecimento previstos no presente regime faz incorrer o segurador em responsabilidade civil, nos termos gerais.

2. O incumprimento dos deveres de informação previstos na presente subsecção confere ainda ao tomador do seguro o direito de resolução do contrato, salvo quando a falta do segurador não tenha razoavelmente afectado a decisão de contratar da contraparte ou haja sido accionada a cobertura por terceiro.

3. O direito de resolução previsto no número anterior deve ser exercido no prazo de 30 dias a contar da recepção da apólice, tendo a cessação efeito retroactivo e o tomador do seguro direito à devolução da totalidade do prémio pago.

4. O disposto nos números anteriores é aplicável quando as condições da apólice não estejam em conformidade com as informações prestadas antes da celebração do contrato.

SUBSECÇÃO II.   **Deveres de informação do tomador do seguro ou do segurado**

Art. 24.° (Declaração inicial do risco)

1. O tomador do seguro ou o segurado está obrigado, antes da celebração do contrato, a declarar com exactidão todas as circunstâncias que conheça e razoavelmente deva ter por significativas para a apreciação do risco pelo segurador.

2. O disposto no número anterior é igualmente aplicável a circunstâncias cuja menção não seja solicitada em questionário eventualmente fornecido pelo segurador para o efeito.

3. O segurador que tenha aceitado o contrato, salvo havendo dolo do tomador do seguro ou do segurado com o propósito de obter uma vantagem, não pode prevalecer-se:

a) Da omissão de resposta a pergunta do questionário;

b) De resposta imprecisa a questão formulada em termos demasiado genéricos;

Cap. II.   Formação do contrato   **Arts. 25.º-26.º DL 72/2008 [76]**

c) De incoerência ou contradição evidente nas respostas ao questionário;

d) De facto que o seu representante, aquando da celebração do contrato, saiba ser inexacto ou, tendo sido omitido, conheça;

e) De circunstâncias conhecidas do segurador, em especial quando são públicas e notórias.

4. O segurador, antes da celebração do contrato, deve esclarecer o eventual tomador do seguro ou o segurado acerca do dever referido no n.º 1, bem como do regime do seu incumprimento, sob pena de incorrer em responsabilidade civil, nos termos gerais.

Art. 25.º (Omissões ou inexactidões dolosas)

1. Em caso de incumprimento doloso do dever referido no n.º 1 do artigo anterior, o contrato é anulável mediante declaração enviada pelo segurador ao tomador do seguro.

2. Não tendo ocorrido sinistro, a declaração referida no número anterior deve ser enviada no prazo de três meses a contar do conhecimento daquele incumprimento.

3. O segurador não está obrigado a cobrir o sinistro que ocorra antes de ter tido conhecimento do incumprimento doloso referido no n.º 1 ou no decurso do prazo previsto no número anterior, seguindo-se o regime geral da anulabilidade.

4. O segurador tem direito ao prémio devido até ao final do prazo referido no n.º 2, salvo se tiver concorrido dolo ou negligência grosseira do segurador ou do seu representante.

5. Em caso de dolo do tomador do seguro ou do segurado com o propósito de obter uma vantagem, o prémio é devido até ao termo do contrato.

Art. 26.º (Omissões ou inexactidões negligentes)

1. Em caso de incumprimento com negligência do dever referido no n.º 1 do artigo 24.º, o segurador pode, mediante declaração a enviar ao tomador do seguro, no prazo de três meses a contar do seu conhecimento:

a) Propor uma alteração do contrato, fixando um prazo, não inferior a 14 dias, para o envio da aceitação ou, caso a admita, da contraproposta;

b) Fazer cessar o contrato, demonstrando que, em caso algum, celebra contratos para a cobertura de riscos relacionados com o facto omitido ou declarado inexactamente.

2. O contrato cessa os seus efeitos 30 dias após o envio da declaração de cessação ou 20 dias após a recepção pelo tomador do seguro da proposta de alteração, caso este nada responda ou a rejeite.

3. No caso referido no número anterior, o prémio é devolvido *pro rata temporis* atendendo à cobertura havida.

4. Se, antes da cessação ou da alteração do contrato, ocorrer um sinistro cuja verificação ou consequências tenham sido influenciadas por facto relativamente ao qual tenha havido omissões ou inexactidões negligentes:

a) O segurador cobre o sinistro na proporção da diferença entre o prémio pago e o prémio que seria devido, caso, aquando da celebração do contrato, tivesse conhecido o facto omitido ou declarado inexactamente;

859

[76] DL 72/2008 Arts. 27.º-30.º   Tít. I.   Regime comum

b) O segurador, demonstrando que, em caso algum, teria celebrado o contrato se tivesse conhecido o facto omitido ou declarado inexactamente, não cobre o sinistro e fica apenas vinculado à devolução do prémio.

SECÇÃO III.   Celebração do contrato

Art. 27.º (Valor do silêncio do segurador)

1. O contrato de seguro individual em que o tomador do seguro seja uma pessoa singular tem-se por concluído nos termos propostos em caso de silêncio do segurador durante 14 dias contados da recepção de proposta do tomador do seguro feita em impresso do próprio segurador, devidamente preenchido, acompanhado dos documentos que o segurador tenha indicado como necessários e entregue ou recebido no local indicado pelo segurador.

2. O disposto no número anterior aplica-se ainda quando o segurador tenha autorizado a proposta feita de outro modo e indicado as informações e os documentos necessários à sua completude, se o tomador do seguro tiver seguido as instruções do segurador.

3. O contrato celebrado nos termos dos números anteriores rege-se pelas condições contratuais e pela tarifa do segurador em vigor na data da celebração.

4. Sem prejuízo de eventual responsabilidade civil, não é aplicável o disposto nos números anteriores quando o segurador demonstre que, em caso algum, celebra contratos com as características constantes da proposta.

SECÇÃO IV.   Mediação

Art. 28.º (Regime comum)

Sem prejuízo da aplicação das regras contidas no presente regime, ao contrato de seguro celebrado com a intervenção de um mediador de seguros é aplicável o regime jurídico de acesso e de exercício da actividade de mediação de seguros.

Art. 29.º (Deveres de informação específicos)

Quando o contrato de seguro seja celebrado com intervenção de um mediador de seguros, aos deveres de informação constantes da secção ii do presente capítulo acrescem os deveres de informação específicos estabelecidos no regime jurídico de acesso e de exercício da actividade de mediação de seguros.

Art. 30.º (Representação aparente)

1. O contrato de seguro que o mediador de seguros, agindo em nome do segurador, celebre sem poderes específicos para o efeito é ineficaz em relação a este, se não for por ele ratificado, sem prejuízo do disposto no n.º 3.

2. Considera-se o contrato de seguro ratificado se o segurador, logo que tenha conhecimento da sua celebração e do conteúdo do mesmo, não manifestar ao tomador do seguro de boa fé, no prazo de cinco dias a contar daquele conhecimento, a respectiva oposição.

860

Cap. II. Formação do contrato   **Arts. 31.º-34.º DL 72/2008 [76]**

3. O contrato de seguro que o mediador de seguros, agindo em nome do segurador, celebre sem poderes específicos para o efeito é eficaz em relação a este se tiverem existido razões ponderosas, objectivamente apreciadas, tendo em conta as circunstâncias do caso, que justifiquem a confiança do tomador do seguro de boa fé na legitimidade do mediador de seguros, desde que o segurador tenha igualmente contribuído para fundar a confiança do tomador do seguro.

Art. 31.º (Comunicações através de mediador de seguros)
1. Quando o mediador de seguros actue em nome e com poderes de representação do tomador do seguro, as comunicações, a prestação de informações e a entrega de documentos ao segurador, ou pelo segurador ao mediador, produzem efeitos como se fossem realizadas pelo tomador do seguro ou perante este, salvo indicação sua em contrário.
2. Quando o mediador de seguros actue em nome e com poderes de representação do segurador, os mesmos actos realizados pelo tomador do seguro, ou a ele dirigidos pelo mediador, produzem efeitos relativamente ao segurador como se fossem por si ou perante si directamente realizados.

SECÇÃO V. **Forma do contrato e apólice de seguro**

Art. 32.º (Forma)
1. A validade do contrato de seguro não depende da observância de forma especial.
2. O segurador é obrigado a formalizar o contrato num instrumento escrito, que se designa por apólice de seguro, e a entregá-lo ao tomador do seguro.
3. A apólice deve ser datada e assinada pelo segurador.

Art. 33.º (Mensagens publicitárias)
1. O contrato de seguro integra as mensagens publicitárias concretas e objectivas que lhe respeitem, ficando excluídas do contrato as cláusulas que as contrariem, salvo se mais favoráveis ao tomador do seguro ou ao beneficiário.
2. Não se aplica o disposto no número anterior quando tenha decorrido um ano entre o fim da emissão dessas mensagens publicitárias e a celebração do contrato, ou quando as próprias mensagens fixem um período de vigência e o contrato tenha sido celebrado fora desse período.

Art. 34.º (Entrega da apólice)
1. A apólice deve ser entregue ao tomador do seguro aquando da celebração do contrato ou ser-lhe enviada no prazo de 14 dias nos seguros de riscos de massa, salvo se houver motivo justificado, ou no prazo que seja acordado nos seguros de grandes riscos.
2. Quando convencionado, pode o segurador entregar a apólice ao tomador do seguro em suporte electrónico duradouro.
3. Entregue a apólice de seguro, não são oponíveis pelo segurador cláusulas que dela não constem, sem prejuízo do regime do erro negocial.

861

[76] DL 72/2008 Arts. 35.°-37.°   Tít. I.   Regime comum

4. Havendo atraso na entrega da apólice, não são oponíveis pelo segurador cláusulas que não constem de documento escrito assinado pelo tomador do seguro ou a ele anteriormente entregue.

5. O tomador do seguro pode a qualquer momento exigir a entrega da apólice de seguro, mesmo após a cessação do contrato.

6. Decorrido o prazo referido no n.° 1 e enquanto a apólice não for entregue, o tomador do seguro pode resolver o contrato, tendo a cessação efeito retroactivo e o tomador do seguro direito à devolução da totalidade do prémio pago.

Art. 35.° (Consolidação do contrato)
Decorridos 30 dias sobre a data da entrega da apólice sem que o tomador do seguro haja invocado qualquer desconformidade entre o acordado e o conteúdo da apólice, só são invocáveis divergências que resultem de documento escrito ou de outro suporte duradouro.

Art. 36.° (Redacção e língua da apólice)
1. A apólice de seguro é redigida de modo compreensível, conciso e rigoroso, e em caracteres bem legíveis, usando palavras e expressões da linguagem corrente sempre que não seja imprescindível o uso de termos legais ou técnicos.

2. A apólice de seguro é redigida em língua portuguesa, salvo no caso de o tomador do seguro solicitar que seja redigida noutro idioma, na sequência de acordo das partes anterior à emissão da apólice.

3. No caso de seguro obrigatório é entregue a versão da apólice em português, que prevalece sobre a versão redigida noutro idioma.

Art. 37.° (Texto da apólice)
1. A apólice inclui todo o conteúdo do acordado pelas partes, nomeadamente as condições gerais, especiais e particulares aplicáveis.

2. Da apólice devem constar, no mínimo, os seguintes elementos:

a) A designação de «apólice» e a identificação completa dos documentos que a compõem;

b) A identificação, incluindo o número de identificação fiscal, e o domicílio das partes, bem como, justificando-se, os dados do segurado, do beneficiário e do representante do segurador para efeito de sinistros;

c) A natureza do seguro;

d) Os riscos cobertos;

e) O âmbito territorial e temporal do contrato;

f) Os direitos e obrigações das partes, assim como do segurado e do beneficiário;

g) O capital seguro ou o modo da sua determinação;

h) O prémio ou a fórmula do respectivo cálculo;

i) O início de vigência do contrato, com indicação de dia e hora, e a sua duração;

j) O conteúdo da prestação do segurador em caso de sinistro ou o modo de o determinar;

l) A lei aplicável ao contrato e as condições de arbitragem.

862

Cap. III.   Vigência do contrato   **Arts. 38.°-41.° DL 72/2008** [**76**]

3. A apólice deve incluir, ainda, escritas em caracteres destacados e de maior dimensão do que os restantes:

a) As cláusulas que estabeleçam causas de invalidade, de prorrogação, de suspensão ou de cessação do contrato por iniciativa de qualquer das partes;

b) As cláusulas que estabeleçam o âmbito das coberturas, designadamente a sua exclusão ou limitação;

c) As cláusulas que imponham ao tomador do seguro ou ao beneficiário deveres de aviso dependentes de prazo.

4. Sem prejuízo do disposto quanto ao dever de entregar a apólice e da responsabilidade a que haja lugar, a violação do disposto nos números anteriores dá ao tomador do seguro o direito de resolver o contrato nos termos previstos nos n.os 2 e 3 do artigo 23.° e, a qualquer momento, de exigir a correcção da apólice.

Art. 38.° (Apólice nominativa, à ordem e ao portador)

1. A apólice de seguro pode ser nominativa, à ordem ou ao portador, sendo nominativa na falta de estipulação das partes quanto à respectiva modalidade.

2. O endosso da apólice à ordem transfere os direitos contratuais do endossante tomador do seguro ou segurado, sem prejuízo de o contrato de seguro poder autorizar um endosso parcial.

3. A entrega da apólice ao portador transfere os direitos contratuais do portador que seja tomador do seguro ou segurado, salvo convenção em contrário.

4. A apólice nominativa deve ser entregue pelo tomador do seguro a quem lhe suceda em caso de cessão da posição contratual, sendo que, em caso de cessão de crédito, o tomador do seguro deve entregar cópia da apólice.

CAPÍTULO III.   Vigência do contrato

Art. 39.° (Produção de efeitos)

Sem prejuízo do disposto nos artigos seguintes e salvo convenção em contrário, o contrato de seguro produz efeitos a partir das 0 horas do dia seguinte ao da sua celebração.

Art. 40.° (Duração)

Na falta de estipulação das partes, o contrato de seguro vigora pelo período de um ano.

Art. 41.° (Prorrogação)

1. Salvo convenção em contrário, o contrato de seguro celebrado pelo período inicial de um ano prorroga-se sucessivamente, no final do termo estipulado, por novos períodos de um ano.

2. Salvo convenção em contrário, o contrato de seguro celebrado por um período inicial inferior ou superior a um ano não se prorroga no final do termo estipulado.

3. Considera-se como único contrato aquele que seja objecto de prorrogação.

863

[76] DL 72/2008 Arts. 42.°-46.°   Tít. I.   Regime comum

Art. 42.° (Cobertura do risco)
1. A data de início da cobertura do seguro pode ser fixada pelas partes no contrato, sem prejuízo do disposto no artigo 59.°
2. As partes podem convencionar que a cobertura abranja riscos anteriores à data da celebração do contrato, sem prejuízo do disposto no artigo 44.°

CAPÍTULO IV.   **Conteúdo do contrato**

SECÇÃO I.   **Interesse e risco**

Art. 43.° (Interesse)
1. O segurado deve ter um interesse digno de protecção legal relativamente ao risco coberto, sob pena de nulidade do contrato.
2. No seguro de danos, o interesse respeita à conservação ou à integridade de coisa, direito ou património seguros.
3. No seguro de vida, a pessoa segura que não seja beneficiária tem ainda de dar o seu consentimento para a cobertura do risco, salvo quando o contrato resulta do cumprimento de disposição legal ou de instrumento de regulamentação colectiva de trabalho.

Art. 44.° (Inexistência do risco)
1. Salvo nos casos legalmente previstos, o contrato de seguro é nulo se, aquando da celebração, o segurador, o tomador do seguro ou o segurado tiver conhecimento de que o risco cessou.
2. O segurador não cobre sinistros anteriores à data da celebração do contrato quando o tomador do seguro ou o segurado deles tivesse conhecimento nessa data.
3. O contrato de seguro não produz efeitos relativamente a um risco futuro que não chegue a existir.
4. Nos casos previstos nos números anteriores, o tomador do seguro tem direito à devolução do prémio pago, deduzido das despesas necessárias à celebração do contrato suportadas pelo segurador de boa fé.
5. Em caso de má fé do tomador do seguro, o segurador de boa fé tem direito a reter o prémio pago.
6. Presume-se a má fé do tomador do seguro se o segurado tiver conheci-mento, aquando da celebração do contrato de seguro, de que ocorreu o sinistro.

Art. 45.° (Conteúdo)
1. As condições especiais e particulares não podem modificar a natureza dos riscos cobertos tendo em conta o tipo de contrato de seguro celebrado.
2. O contrato de seguro pode excluir a cobertura, entre outros, dos riscos deri-vados de guerra, insurreição ou terrorismo.

Art. 46.° (Actos dolosos)
1. Salvo disposição legal ou regulamentar em sentido diverso, assim como convenção em contrário não ofensiva da ordem pública quando a natureza da cober-

Cap. IV.   Conteúdo do contrato   **Arts. 47.º-49.º   DL 72/2008 [76]**

tura o permita, o segurador não é obrigado a efectuar a prestação convencionada em caso de sinistro causado dolosamente pelo tomador do seguro ou pelo segurado.

2. O beneficiário que tenha causado dolosamente o dano não tem direito à prestação.

SECÇÃO II.   **Seguro por conta própria e de outrem**

Art. 47.º (Seguro por conta própria)

1. No seguro por conta própria, o contrato tutela o interesse próprio do tomador do seguro.

2. Se o contrário não resultar do contrato ou do conjunto de circunstâncias atendíveis, o seguro considera-se contratado por conta própria.

3. Se o interesse do tomador do seguro for parcial, sendo o seguro efectuado na sua totalidade por conta própria, o contrato considera-se feito por conta de todos os interessados, salvo disposição legal ou contratual em contrário.

Art. 48.º (Seguro por conta de outrem)

1. No seguro por conta de outrem, o tomador do seguro actua por conta do segurado, determinado ou indeterminado.

2. O tomador do seguro cumpre as obrigações resultantes do contrato, com excepção das que só possam ser cumpridas pelo segurado.

3. Salvo estipulação em contrário em conformidade com o disposto no artigo 43.º, o segurado é o titular dos direitos emergentes do contrato, e o tomador do seguro, mesmo na posse da apólice, não os pode exercer sem o consentimento daquele.

4. Salvo estipulação em contrário, o tomador do seguro pode opor-se à prorrogação automática do contrato, denunciando-o, mesmo contra a vontade do segurado.

5. Na falta de disposição legal ou contratual em contrário, são oponíveis ao segurado os meios de defesa derivados do contrato de seguro, mas não aqueles que advenham de outras relações entre o segurador e o tomador do seguro.

6. No seguro por conta de quem pertencer e nos casos em que o contrato tutele indiferentemente um interesse próprio ou alheio, os n.os 2 a 5 são aplicáveis quando se conclua tratar-se de um seguro de interesse alheio.

SECÇÃO III.   **Cláusulas específicas**

Art. 49.º (Capital seguro)

1. O capital seguro representa o valor máximo da prestação a pagar pelo segurador por sinistro ou anuidade de seguro, consoante o que esteja estabelecido no contrato.

2. Salvo quando seja determinado por lei, cabe ao tomador do seguro indicar ao segurador, quer no início, quer durante a vigência do contrato, o valor da coisa, direito ou património a que respeita o contrato, para efeito da determinação do capital seguro.

3. As partes podem fixar franquias, escalões de indemnização e outras previsões contratuais que condicionem o valor da prestação a realizar pelo segurador.

865

[76] DL 72/2008 Arts. 50.º-54.º

Tít. I. Regime comum

Art. 50.º (Perícia arbitral)

1. Em caso de divergência na determinação das causas, circunstâncias e consequências do sinistro, esse apuramento pode ser cometido a peritos árbitros nomeados pelas partes, nos termos previstos no contrato ou em convenção posterior.

2. Salvo convenção em contrário, a determinação pelos peritos árbitros das causas, circunstâncias e consequências do sinistro é vinculativa para o segurador, para o tomador do seguro e para o segurado.

SECÇÃO IV. **Prémio**

SUBSECÇÃO I. **Disposições comuns**

Art. 51.º (Noção)

1. O prémio é a contrapartida da cobertura acordada e inclui tudo o que seja contratualmente devido pelo tomador do seguro, nomeadamente os custos da cobertura do risco, os custos de aquisição, de gestão e de cobrança e os encargos relacionados com a emissão da apólice.

2. Ao prémio acrescem os encargos fiscais e parafiscais a suportar pelo tomador do seguro.

Art. 52.º (Características)

1. Salvo disposição legal em sentido contrário, o montante do prémio e as regras sobre o seu cálculo e determinação são estipulados no contrato de seguro, ao abrigo da liberdade contratual.

2. Na falta ou insuficiência de determinação do prémio pelas partes, atende-se a que o prémio deve ser adequado e proporcionado aos riscos a cobrir pelo segurador e calculado no respeito dos princípios da técnica seguradora, sem prejuízo de eventuais especificidades de certas categorias de seguros e de circunstâncias concretas dos riscos assumidos.

3. O prémio corresponde ao período de duração do contrato, sendo, salvo disposição em contrário, devido por inteiro.

4. Por acordo das partes, o pagamento do prémio pode ser fraccionado.

Art. 53.º (Vencimento)

1. Salvo convenção em contrário, o prémio inicial, ou a primeira fracção deste, é devido na data da celebração do contrato.

2. As fracções seguintes do prémio inicial, o prémio de anuidades subsequentes e as sucessivas fracções deste são devidos nas datas estabelecidas no contrato.

3. A parte do prémio de montante variável relativa a acerto do valor e, quando seja o caso, a parte do prémio correspondente a alterações ao contrato são devidas nas datas indicadas nos respectivos avisos.

Art. 54.º (Modo de efectuar o pagamento)

1. O prémio de seguro só pode ser pago em numerário, por cheque bancário, transferência bancária ou vale postal, cartão de crédito ou de débito ou outro meio electrónico de pagamento.

866

Cap. IV.   Conteúdo do contrato   **Arts. 55.º-57.º DL 72/2008 [76]**

2. O pagamento do prémio por cheque fica subordinado à condição da sua boa cobrança e, verificada esta, considera-se feito na data da recepção daquele.

3. O pagamento por débito em conta fica subordinado à condição da não anulação posterior do débito por retractação do autor do pagamento no quadro de legislação especial que a permita.

4. A falta de cobrança do cheque ou a anulação do débito equivale à falta de pagamento do prémio, sem prejuízo do disposto no n.º 4 do artigo 57.º

5. A dívida de prémio pode ainda ser extinta por compensação com crédito reconhecido, exigível e líquido até ao montante a compensar, mediante declaração de uma das partes à outra, desde que se verifiquem os demais requisitos da compensação.

6. Nos seguros de pessoas, é lícito às partes convencionar outros meios e modalidades de pagamento do prémio, desde que respeitem as disposições legais e regulamentares em vigor.

Art. 55.º (Pagamento por terceiro)

1. O prémio pode ser pago, nos termos previstos na lei ou no contrato, por terceiro, interessado ou não no cumprimento da obrigação, sem que o segurador possa recusar o recebimento.

2. Do contrato de seguro pode resultar que ao terceiro interessado, titular de direitos ressalvados no contrato, seja conferido o direito de proceder ao pagamento do prémio já vencido, desde que esse pagamento seja efectuado num período não superior a 30 dias subsequentes à data de vencimento.

3. O pagamento do prémio ao abrigo do disposto no número anterior determina a reposição em vigor do contrato, podendo dispor-se que o pagamento implique a cobertura do risco entre a data do vencimento e a data do pagamento do prémio.

4. O segurador não cobre sinistro ocorrido entre a data do vencimento e a data do pagamento do prémio de que o beneficiário tivesse conhecimento.

Art. 56.º (Recibo e declaração de existência do seguro)

1. Recebido o prémio, o segurador emite o correspondente recibo, podendo, se necessário, emitir um recibo provisório.

2. O recibo de prémio pago por cheque ou por débito em conta, bem como a declaração ou o certificado relativo à prova da existência do contrato de seguro comprovam o efectivo pagamento do prémio, se a quantia for percebida pelo segurador.

Art. 57.º (Mora)

1. A falta de pagamento do prémio na data do vencimento constitui o tomador do seguro em mora.

2. Sem prejuízo das regras gerais, os efeitos da falta de pagamento do prémio são:

a) Para a generalidade dos seguros, os que decorrem do disposto nos artigos 59.º e 61.º;

b) Para os seguros indicados no artigo 58.º, os que sejam estipulados nas condições contratuais.

867

[76] DL 72/2008 Arts. 58.°-61.° Tít. I. Regime comum

3. A cessação do contrato de seguro por efeito do não pagamento do prémio, ou de parte ou fracção deste, não exonera o tomador do seguro da obrigação de pagamento do prémio correspondente ao período em que o contrato haja vigorado, acrescido dos juros de mora devidos.

4. Em caso de mora do segurador relativamente à percepção do prémio, considera-se o pagamento efectuado na data em que foi disponibilizado o meio para a sua realização.

SUBSECÇÃO II. **Regime especial**

Art. 58.° (Âmbito de aplicação)

O disposto nos artigos 59.° a 61.° não se aplica aos seguros e operações regulados no capítulo respeitante ao seguro de vida, aos seguros de colheitas e pecuário, aos seguros mútuos em que o prémio seja pago com o produto de receitas e aos seguros de cobertura de grandes riscos, salvo na medida em que essa aplicação decorra de estipulação das partes e não se oponha à natureza do vínculo.

Art. 59.° (Cobertura)

A cobertura dos riscos depende do prévio pagamento do prémio.

Art. 60.° (Aviso de pagamento)

1. Na vigência do contrato, o segurador deve avisar por escrito o tomador do seguro do montante a pagar, assim como da forma e do lugar de pagamento, com uma antecedência mínima de 30 dias em relação à data em que se vence o prémio, ou fracções deste.

2. Do aviso devem constar, de modo legível, as consequências da falta de pagamento do prémio ou de sua fracção.

3. Nos contratos de seguro em que seja convencionado o pagamento do prémio em fracções de periodicidade igual ou inferior a três meses e em cuja documentação contratual se indiquem as datas de vencimento das sucessivas fracções do prémio e os respectivos valores a pagar, bem como as consequências do seu não pagamento, o segurador pode optar por não enviar o aviso referido no n.° 1, cabendo-lhe, nesse caso, a prova da emissão, da aceitação e do envio ao tomador do seguro da documentação contratual referida neste número.

Art. 61.° (Falta de pagamento)

1. A falta de pagamento do prémio inicial, ou da primeira fracção deste, na data do vencimento, determina a resolução automática do contrato a partir da data da sua celebração.

2. A falta de pagamento do prémio de anuidades subsequentes, ou da primeira fracção deste, na data do vencimento, impede a prorrogação do contrato.

3. A falta de pagamento determina a resolução automática do contrato na data do vencimento de:

a) Uma fracção do prémio no decurso de uma anuidade;

b) Um prémio de acerto ou parte de um prémio de montante variável;

868

Cap. V.   Co-seguro   **Arts. 62.º-65.º DL 72/2008 [76]**

c) Um prémio adicional resultante de uma modificação do contrato fundada num agravamento superveniente do risco.

4. O não pagamento, até à data do vencimento, de um prémio adicional resultante de uma modificação contratual determina a ineficácia da alteração, subsistindo o contrato com o âmbito e nas condições que vigoravam antes da pretendida modificação, a menos que a subsistência do contrato se revele impossível, caso em que se considera resolvido na data do vencimento do prémio não pago.

CAPÍTULO V.   Co-seguro

SECÇÃO I.   Disposições comuns

Art. 62.º (Noção)

No co-seguro verifica-se a cobertura conjunta de um risco por vários seguradores, denominados co-seguradores, de entre os quais um é o líder, sem solidariedade entre eles, através de um contrato de seguro único, com as mesmas garantias e idêntico período de duração e com um prémio global.

Art. 63.º (Apólice única)

O contrato de co-seguro é titulado por uma apólice única, emitida pelo líder na qual deve figurar a quota-parte do risco ou a parte percentual do capital assumida por cada co-segurador.

Art. 64.º (Âmbito da responsabilidade de cada co-segurador)

No contrato de co-seguro, cada co-segurador responde apenas pela quota--parte do risco garantido ou pela parte percentual do capital seguro assumido.

Art. 65.º (Funções do co-segurador líder)

1. Cabe ao líder do co-seguro exercer, em seu próprio nome e em nome dos restantes co-seguradores, as seguintes funções em relação à globalidade do contrato:

a) Receber do tomador do seguro a declaração do risco a segurar, bem como as declarações posteriores de agravamento ou de diminuição desse mesmo risco;

b) Fazer a análise do risco e estabelecer as condições do seguro e a respectiva tarifação;

c) Emitir a apólice, sem prejuízo de esta dever ser assinada por todos os co--seguradores;

d) Proceder à cobrança dos prémios, emitindo os respectivos recibos;

e) Desenvolver, se for caso disso, as acções previstas nas disposições legais aplicáveis em caso de falta de pagamento de um prémio ou de uma fracção de prémio;

f) Receber as participações de sinistros e proceder à sua regularização;

g) Aceitar e propor a cessação do contrato.

2. Podem ainda, mediante acordo entre os co-seguradores, ser atribuídas ao líder outras funções para além das referidas no número anterior.

869

[76] DL 72/2008 Arts. 66.º-70.º

Tít. I. Regime comum

3. Estando previsto que o líder deve proceder, em seu próprio nome e em nome dos restantes co-seguradores, à liquidação global do sinistro, em derrogação do disposto na alínea *c*) do n.º 1, a apólice pode ser assinada apenas pelo co-segurador líder, em nome de todos os co-seguradores, mediante acordo escrito entre todos, que deve ser mencionado na apólice.

Art. 66.º (Acordo entre os co-seguradores)
Relativamente a cada contrato de co-seguro deve ser estabelecido entre os respectivos co-seguradores um acordo expresso relativo às relações entre todos e entre cada um e o líder, do qual devem, sem prejuízo do disposto no n.º 1 do artigo anterior, constar, pelo menos, os seguintes aspectos:
a) Valor da taxa de gestão, no caso de as funções exercidas pelo líder serem remuneradas;
b) Forma de transmissão de informações e de prestação de contas pelo líder a cada um dos co-seguradores;
c) Sistema de liquidação de sinistros.

Art. 67.º (Responsabilidade civil do líder)
O líder é civilmente responsável perante os restantes co-seguradores pelos danos decorrentes do não cumprimento das funções que lhe sejam atribuídas.

Art. 68.º (Liquidação de sinistros)
Os sinistros decorrentes de um contrato de co-seguro podem ser liquidados através de qualquer das seguintes modalidades, a constar expressamente da respectiva apólice:
a) O líder procede, em seu próprio nome e em nome dos restantes co-seguradores, à liquidação global do sinistro;
b) Cada um dos co-seguradores procede à liquidação da parte do sinistro proporcional à quota-parte do risco que garantiu ou à parte percentual do capital que assumiu.

Art. 69.º (Proposição de acções judiciais)
1. A acção judicial decorrente de um contrato de co-seguro deve ser intentada contra todos os co-seguradores, salvo se o litígio se relacionar com a liquidação de um sinistro e tiver sido adoptada, na apólice respectiva, a modalidade referida na alínea *b*) do artigo anterior.
2. O contrato de co-seguro pode estipular que a acção judicial seja intentada contra o líder em substituição processual dos restantes co-seguradores.

SECÇÃO II. **Co-seguro comunitário**

Art. 70.º (Noção)
No co-seguro comunitário verifica-se a cobertura conjunta de um risco por vários seguradores estabelecidos em diferentes Estados membros da União Europeia, denominados co-seguradores, de entre os quais um é o líder, sem solidariedade entre

Cap. VII.   Seguro de grupo   Arts. 71.º-77.º   DL 72/2008 [76]

eles, através de um contrato de seguro único, com as mesmas garantias e idêntico período de duração e com um prémio global.

Art. 71.º (Requisito)
O co-seguro comunitário apenas é admitido em relação aos contratos cujo objecto se destine a cobrir grandes riscos.

CAPÍTULO VI.   Resseguro

Art. 72.º (Noção)
O resseguro é o contrato mediante o qual uma das partes, o ressegurador, cobre riscos de um segurador ou de outro ressegurador.

Art. 73.º (Regime subsidiário)
A relação entre o ressegurador e o ressegurado é regulada pelo contrato de resseguro, aplicando-se subsidiariamente as normas do regime jurídico do contrato de seguro com ele compatíveis.

Art. 74.º (Forma)
Sem prejuízo do disposto no n.º 1 do artigo 32.º, o contrato de resseguro é formalizado num instrumento escrito, identificando os riscos cobertos.

Art. 75.º (Efeitos em relação a terceiros)
1. Salvo previsão legal ou estipulação no contrato de resseguro, deste contrato não decorrem quaisquer relações entre os tomadores do seguro e o ressegurador.

2. O disposto no número anterior não obsta à eficácia da atribuição a terceiros, pelo segurador, da titularidade ou do exercício de direitos que lhe advenham do contrato de resseguro, quando permitida pela lei geral.

CAPÍTULO VII.   Seguro de grupo

SECÇÃO I.   Disposições comuns

Art. 76.º (Noção)
O contrato de seguro de grupo cobre riscos de um conjunto de pessoas ligadas ao tomador do seguro por um vínculo que não seja o de segurar.

Art. 77.º (Modalidades)
1. O seguro de grupo pode ser contributivo ou não contributivo.

2. O seguro de grupo diz-se contributivo quando do contrato de seguro resulta que os segurados suportam, no todo ou em parte, o pagamento do montante correspondente ao prémio devido pelo tomador do seguro.

871

[76] DL 72/2008 Arts. 78.º-82.º   Tít. I.   Regime comum

3. No seguro contributivo pode ser acordado que os segurados paguem directamente ao segurador a respectiva parte do prémio.

Art. 78.º (Dever de informar)

1. Sem prejuízo do disposto nos artigos 18.º a 21.º, que são aplicáveis com as necessárias adaptações, o tomador do seguro deve informar os segurados sobre as coberturas contratadas e as suas exclusões, as obrigações e os direitos em caso de sinistro, bem como sobre as alterações ao contrato, em conformidade com um espécimen elaborado pelo segurador.

2. No seguro de pessoas, o tomador do seguro deve ainda informar as pessoas seguras do regime de designação e alteração do beneficiário.

3. Compete ao tomador do seguro provar que forneceu as informações referidas nos números anteriores.

4. O segurador deve facultar, a pedido dos segurados, todas as informações necessárias para a efectiva compreensão do contrato.

5. O contrato de seguro pode prever que o dever de informar referido nos n.ºs 1 e 2 seja assumido pelo segurador.

Art. 79.º (Incumprimento do dever de informar)

O incumprimento do dever de informar faz incorrer aquele sobre quem o dever impende em responsabilidade civil nos termos gerais.

Art. 80.º (Pagamento do prémio)

1. Salvo quando tenha sido acordado que o segurado pague directamente o prémio ao segurador, a obrigação de pagamento do prémio impende sobre o tomador do seguro.

2. A falta de pagamento do prémio por parte do tomador do seguro tem as consequências previstas nos artigos 59.º e 61.º

3. No seguro contributivo em que o segurado deva pagar o prémio directamente ao segurador, o disposto nos artigos 59.º e 61.º aplica-se apenas à cobertura do segurado.

Art. 81.º (Designação beneficiária)

Salvo convenção em contrário, no seguro de pessoas a pessoa segura designa o beneficiário, aplicando-se no demais o regime geral da designação beneficiária.

Art. 82.º (Denúncia pelo segurado)

1. Após a comunicação de alterações ao contrato de seguro de grupo, qualquer segurado pode denunciar o vínculo resultante da adesão, salvo nos casos de adesão obrigatória em virtude de relação estabelecida com o tomador do seguro.

2. A denúncia prevista no número anterior respeita ao segurado que a invoque, não afectando a eficácia do contrato nem a cobertura dos restantes segurados.

3. A denúncia é feita por declaração escrita enviada com uma antecedência de 30 dias ao tomador do seguro ou, quando o contrato o determine, ao segurador.

Cap. VII.   Seguro de grupo   **Arts. 83.º-87.º DL 72/2008 [76]**

Art. 83.º (Exclusão do segurado)

1. O segurado pode ser excluído do seguro de grupo em caso de cessação do vínculo com o tomador do seguro ou, no seguro contributivo, quando não entregue ao tomador do seguro a quantia destinada ao pagamento do prémio.

2. O segurado pode ainda ser excluído quando ele ou o beneficiário, com o conhecimento daquele, pratique actos fraudulentos em prejuízo do segurador ou do tomador do seguro.

3. O contrato de seguro de grupo deve definir o procedimento de exclusão do segurado e os termos em que a exclusão produz efeitos.

Art. 84.º (Cessação do contrato)

1. O tomador do seguro pode fazer cessar o contrato por revogação, denúncia ou resolução, nos termos gerais.

2. O tomador do seguro deve comunicar ao segurado a extinção da cobertura decorrente da cessação do contrato de seguro.

3. A comunicação prevista no número anterior é feita com a antecedência de 30 dias em caso de revogação ou denúncia do contrato.

4. Não sendo respeitada a antecedência por facto a este imputável, o tomador do seguro responde pelos danos a que der origem.

Art. 85.º (Manutenção da cobertura)

Em caso de exclusão do segurado ou de cessação do contrato de seguro de grupo, o segurado tem direito à manutenção da cobertura de que beneficiava, quando e nas condições em que o contrato o preveja.

SECÇÃO II.   **Seguro de grupo contributivo**

Art. 86.º (Âmbito)

Ao seguro de grupo contributivo é ainda aplicável o regime especial previsto nesta secção.

Art. 87.º (Dever adicional de informar)

1. Adicionalmente à informação prestada nos termos do artigo 78.º, o tomador de um seguro de grupo contributivo, que seja simultaneamente beneficiário do mesmo, deve informar os segurados do montante das remunerações que lhe sejam atribuídas em função da sua intervenção no contrato, independentemente da forma e natureza que assumam, bem como da dimensão relativa que tais remunerações representam em proporção do valor total do prémio do referido contrato.

2. Na vigência de um contrato de seguro de grupo contributivo, o tomador do seguro deve fornecer aos segurados todas as informações a que um tomador de um seguro individual teria direito em circunstâncias análogas.

3. O incumprimento dos deveres previstos nos números anteriores determina a obrigação de o tomador do seguro suportar a parte do prémio correspondente ao segurado, sem perda das respectivas garantias, até à data de renovação do contrato ou respectiva data aniversária.

873

[76] DL 72/2008 Arts. 88.°-91.°   Tít. I.   Regime comum

Art. 88.° (Adesão ao contrato)

1. A adesão a um seguro de grupo contributivo em que o segurado seja pessoa singular considera-se efectuada nos termos propostos se, decorridos 30 dias após a recepção da proposta de adesão pelo tomador do seguro que seja simultaneamente mediador de seguros com poderes de representação, o segurador não tiver notificado o proponente da recusa ou da necessidade de recolher informações essenciais à avaliação do risco.

2. O disposto no número anterior é igualmente aplicável no caso em que, tendo sido solicitadas informações essenciais à avaliação do risco, o segurador não notifique o proponente da recusa no prazo de 30 dias após a prestação dessas informações, independentemente de estas lhe serem prestadas directamente ou através do tomador do seguro que seja simultaneamente mediador de seguros com poderes de representação.

3. Para efeitos do disposto nos números anteriores, o segurador ou o tomador do seguro de grupo contributivo deve fornecer ao proponente cópia da respectiva proposta ou dos documentos em que sejam prestadas informações essenciais à avaliação do risco, nos quais esteja averbada indicação da data em que foram recebidos.

4. O tomador do seguro de grupo contributivo responde perante o segurador pelos danos decorrentes da falta de entrega da proposta ou dos documentos em que sejam prestadas informações essenciais à avaliação do risco ou da respectiva entrega tardia.

Art. 89.° (Condições da declaração de adesão)

Da declaração de adesão a um seguro de grupo contributivo, sem prejuízo das condições específicas da adesão, devem constar todas as condições que, em circunstâncias análogas, deveriam constar de um seguro individual.

Art. 90.° (Participação nos resultados)

1. No seguro de grupo contributivo, o segurado é o titular do direito à participação nos resultados contratualmente definido na apólice.

2. No seguro de grupo contributivo em que o segurado suporta parte do pagamento correspondente ao prémio, o direito à participação do segurado nos resultados é reconhecido na proporção do respectivo contributo para o pagamento do prémio.

CAPÍTULO VIII.   Vicissitudes

SECÇÃO I.   Alteração do risco

Art. 91.° (Dever de informação)

1. Durante a vigência do contrato, o segurador e o tomador do seguro ou o segurado devem comunicar reciprocamente as alterações do risco respeitantes ao objecto das informações prestadas nos termos dos artigos 18.° a 21.° e 24.°

2. O segurador deve comunicar aos terceiros, com direitos ressalvados no contrato e beneficiários do seguro com designação irrevogável, que se encontrem

874

Cap. VIII. Vicissitudes   **Arts. 92.°-94.° DL 72/2008 [76]**

identificados na apólice, as alterações contratuais que os possam prejudicar, se a natureza do contrato ou a modificação não se opuser.

3. O disposto no número anterior não se aplica no caso de ter sido estipulado no contrato de seguro o dever de confidencialidade.

4. Em caso de seguro de grupo, a comunicação a que se refere o n.° 2 pode ser prestada pelo segurador, pelo tomador do seguro ou pelo segurado, consoante o que seja estipulado.

Art. 92.° (Diminuição do risco)

1. Ocorrendo uma diminuição inequívoca e duradoura do risco com reflexo nas condições do contrato, o segurador deve, a partir do momento em que tenha conhecimento das novas circunstâncias, reflecti-la no prémio do contrato.

2. Na falta de acordo relativamente ao novo prémio, assiste ao tomador do seguro o direito de resolver o contrato.

Art. 93.° (Comunicação do agravamento do risco)

1. O tomador do seguro ou o segurado tem o dever de, durante a execução do contrato, no prazo de 14 dias a contar do conhecimento do facto, comunicar ao segurador todas as circunstâncias que agravem o risco, desde que estas, caso fossem conhecidas pelo segurador aquando da celebração do contrato, tivessem podido influir na decisão de contratar ou nas condições do contrato.

2. No prazo de 30 dias a contar do momento em que tenha conhecimento do agravamento do risco, o segurador pode:

a) Apresentar ao tomador do seguro proposta de modificação do contrato, que este deve aceitar ou recusar em igual prazo, findo o qual se entende aprovada a modificação proposta;

b) Resolver o contrato, demonstrando que, em caso algum, celebra contratos que cubram riscos com as características resultantes desse agravamento do risco.

Art. 94.° (Sinistro e agravamento do risco)

1. Se antes da cessação ou da alteração do contrato nos termos previstos no artigo anterior ocorrer o sinistro cuja verificação ou consequência tenha sido influenciada pelo agravamento do risco, o segurador:

a) Cobre o risco, efectuando a prestação convencionada, se o agravamento tiver sido correcta e tempestivamente comunicado antes do sinistro ou antes de decorrido o prazo previsto no n.° 1 do artigo anterior;

b) Cobre parcialmente o risco, reduzindo-se a sua prestação na proporção entre o prémio efectivamente cobrado e aquele que seria devido em função das reais circunstâncias do risco, se o agravamento não tiver sido correcta e tempestivamente comunicado antes do sinistro;

c) Pode recusar a cobertura em caso de comportamento doloso do tomador do seguro ou do segurado com o propósito de obter uma vantagem, mantendo direito aos prémios vencidos.

2. Na situação prevista nas alíneas *a*) e *b*) do número anterior, sendo o agravamento do risco resultante de facto do tomador do seguro ou do segurado, o segu-

875

[76] DL 72/2008 Arts. 95.º-98.º   Tít. I.   Regime comum

rador não está obrigado ao pagamento da prestação se demonstrar que, em caso algum, celebra contratos que cubram riscos com as características resultantes desse agravamento do risco.

SECÇÃO II.   **Transmissão do seguro**

Art. 95.º (Regime comum)
1. Sem prejuízo do disposto em matéria de seguro de vida, o tomador do seguro tem a faculdade de transmitir a sua posição contratual nos termos gerais, sem necessidade de consentimento do segurado.
2. Salvo disposição legal ou convenção em contrário, em caso de transmissão do bem seguro, sendo segurado o tomador do seguro, o contrato de seguro transmite-se para o adquirente, mas a transferência só produz efeito depois de notificada ao segurador.
3. Salvo disposição legal ou convenção em contrário, em caso de transmissão do bem seguro por parte de segurado determinado transmite-se a posição de segurado para o adquirente, sem prejuízo do regime de agravamento do risco.
4. Verificada a transmissão da posição do tomador do seguro, o adquirente e o segurador podem fazer cessar o contrato nos termos gerais.
5. A transmissão da empresa ou do estabelecimento determina a transferência para o adquirente dos seguros associados a essa unidade económica, nos termos previstos nos n.ᵒˢ 2 e 3.

Art. 96.º (Morte do tomador do seguro)
1. Do contrato pode resultar que, em caso de morte do tomador do seguro, a posição contratual se transmita para o segurado ou para terceiro interessado.
2. O disposto no número anterior não se aplica aos contratos titulados por apólices à ordem ou ao portador, nem aos contratos concluídos em razão da pessoa do tomador do seguro.

Art. 97.º (Seguro em garantia)
1. Se o seguro foi constituído em garantia, o tomador do seguro pode celebrar novo contrato de seguro com outro segurador, mantendo as mesmas condições de garantia, sem consentimento do credor.
2. Quando exista garantia real sobre o bem seguro, a transferência do seguro em resultado da transmissão do bem não depende do consentimento do credor, mas deve ser-lhe notificada pelo segurador, desde que aquele esteja devidamente identificado na apólice.

SECÇÃO III.   **Insolvência**

Art. 98.º (Insolvência do tomador do seguro ou do segurado)
1. Salvo convenção em contrário, o seguro subsiste após a declaração de insolvência do tomador do seguro ou do segurado.

Cap. IX. Sinistro   **Arts. 99.º-102.º DL 72/2008 [76]**

2. Salvo nos seguros de crédito e caução, presume-se que a declaração de insolvência constitui um factor de agravamento do risco.

CAPÍTULO IX.   **Sinistro**

SECÇÃO I.   **Noção e participação**

Art. 99.º (Noção)
O sinistro corresponde à verificação, total ou parcial, do evento que desencadeia o accionamento da cobertura do risco prevista no contrato.

Art. 100.º (Participação do sinistro)
1. A verificação do sinistro deve ser comunicada ao segurador pelo tomador do seguro, pelo segurado ou pelo beneficiário, no prazo fixado no contrato ou, na falta deste, nos oito dias imediatos àquele em que tenha conhecimento.
2. Na participação devem ser explicitadas as circunstâncias da verificação do sinistro, as eventuais causas da sua ocorrência e respectivas consequências.
3. O tomador do seguro, o segurado ou o beneficiário deve igualmente prestar ao segurador todas as informações relevantes que este solicite relativas ao sinistro e às suas consequências.

Art. 101.º (Falta de participação do sinistro)
1. O contrato pode prever a redução da prestação do segurador atendendo ao dano que o incumprimento dos deveres fixados no artigo anterior lhe cause.
2. O contrato pode igualmente prever a perda da cobertura se a falta de cumprimento ou o cumprimento incorrecto dos deveres enunciados no artigo anterior for doloso e tiver determinado dano significativo para o segurador.
3. O disposto nos números anteriores não é aplicável quando o segurador tenha tido conhecimento do sinistro por outro meio durante o prazo previsto no n.º 1 do artigo anterior, ou o obrigado prove que não poderia razoavelmente ter procedido à comunicação devida em momento anterior àquele em que o fez.
4. O disposto nos n.ᵒˢ 1 e 2 não é oponível aos lesados em caso de seguro obrigatório de responsabilidade civil, ficando o segurador com direito de regresso contra o incumpridor relativamente às prestações que efectuar, com os limites referidos naqueles números.

SECÇÃO II.   **Pagamento**

Art. 102.º (Realização da prestação do segurador)
1. O segurador obriga-se a satisfazer a prestação contratual a quem for devida, após a confirmação da ocorrência do sinistro e das suas causas, circunstâncias e consequências.
2. Para efeito do disposto no número anterior, dependendo das circunstâncias, pode ser necessária a prévia quantificação das consequências do sinistro.
3. A prestação devida pelo segurador pode ser pecuniária ou não pecuniária.

877

[76] DL 72/2008 Arts. 103.º-107.º   Tít. I.   Regime comum

Art. 103.º (Direitos de terceiros)

O pagamento efectuado em prejuízo de direitos de terceiros de que o segurador tenha conhecimento, designadamente credores preferentes, não o libera do cumprimento da sua obrigação.

Art. 104.º (Vencimento)

A obrigação do segurador vence-se decorridos 30 dias sobre o apuramento dos factos a que se refere o artigo 102.º

CAPÍTULO X.   Cessação do contrato

SECÇÃO I.   Regime comum

Art. 105.º (Modos de cessação)

O contrato de seguro cessa nos termos gerais, nomeadamente por caducidade, revogação, denúncia e resolução.

Art. 106.º (Efeitos da cessação)

1. Sem prejuízo de disposições que estatuam a eficácia de deveres contratuais depois do termo do vínculo, a cessação do contrato determina a extinção das obrigações do segurador e do tomador do seguro enunciadas no artigo 1.º

2. A cessação do contrato não prejudica a obrigação do segurador de efectuar a prestação decorrente da cobertura do risco, desde que o sinistro seja anterior ou concomitante com a cessação e ainda que este tenha sido a causa da cessação do contrato.

3. Nos seguros com provisões matemáticas, em relação aos quais o resgate seja permitido, a cessação do contrato que não dê lugar à realização da prestação determina a obrigação de o segurador prestar o montante dessa provisão, deduzindo os custos de aquisição ainda não amortizados, adicionando-se, se a ela houver lugar, o montante da participação nos resultados calculado *pro rata temporis*.

Art. 107.º (Estorno do prémio por cessação antecipada)

1. Salvo disposição legal em contrário, sempre que o contrato cesse antes do período de vigência estipulado há lugar ao estorno do prémio, excepto quando tenha havido pagamento da prestação decorrente de sinistro ou nas situações previstas no n.º 3 do artigo anterior.

2. O estorno do prémio é calculado *pro rata temporis*.

3. O disposto no número anterior pode ser afastado por estipulação das partes em sentido contrário, desde que tal acordo tenha uma razão atendível, como seja a garantia de separação técnica entre a tarifação dos seguros anuais e a dos seguros temporários.

4. Salvo disposição legal em contrário, as partes não podem estipular sanção aplicável ao tomador do seguro sempre que este exerça um direito que determine a cessação antecipada do contrato.

5. O disposto no presente artigo não é aplicável aos seguros de vida, às operações de capitalização e aos seguros de doença de longa duração.

878

Cap. X.   Cessação do contrato   **Arts. 108.º-112.º   DL 72/2008 [76]**

Art. 108.º (Efeitos em relação a terceiros)
1. A cessação do contrato de seguro não prejudica os direitos adquiridos por terceiros durante a vigência do contrato.

2. Da natureza e das condições do seguro pode resultar que terceiros beneficiem da cobertura de sinistro reclamado depois da cessação do contrato.

3. O segurador deve comunicar a cessação do contrato aos terceiros com direitos ressalvados no contrato e aos beneficiários com designação irrevogável, desde que identificados na apólice.

4. O dever de comunicação previsto no número anterior impende igualmente sobre o segurador em relação ao segurado que seja distinto do tomador do seguro.

SECÇÃO II.   **Caducidade**

Art. 109.º (Regime regra)
O contrato de seguro caduca nos termos gerais, nomeadamente no termo do período de vigência estipulado.

Art. 110.º (Causas específicas)
1. O contrato de seguro caduca na eventualidade de superveniente perda do interesse ou de extinção do risco e sempre que se verifique o pagamento da totalidade do capital seguro para o período de vigência do contrato sem que se encontre prevista a reposição desse capital.

2. Entende-se que há extinção do risco, nomeadamente em caso de morte da pessoa segura, de perda total do bem seguro e de cessação da actividade objecto do seguro.

SECÇÃO III.   **Revogação**

Art. 111.º (Cessação por acordo)
1. O segurador e o tomador do seguro podem, por acordo, a todo o tempo, fazer cessar o contrato de seguro.

2. Com excepção do seguro de grupo e das especificidades previstas em sede de seguro de vida, não coincidindo o tomador do seguro com o segurado identificado na apólice, a revogação carece do consentimento deste.

SECÇÃO IV.   **Denúncia**

Art. 112.º. (Regime comum)
1. O contrato de seguro celebrado por período determinado e com prorrogação automática pode ser livremente denunciado por qualquer das partes para obviar à sua prorrogação.

2. O contrato de seguro celebrado sem duração determinada pode ser denunciado a todo o tempo, por qualquer das partes.

3. As partes podem estabelecer a liberdade de denúncia do tomador do seguro em termos mais amplos do que os previstos nos números anteriores.

879

[76] DL 72/2008 Arts. 113.°-117.° Tít. I. Regime comum

4. Nos seguros de grandes riscos, a liberdade de denúncia pode ser livremente ajustada.

Art. 113.° (Contrato de duração inferior a cinco anos)
No contrato de seguro celebrado com um período de vigência inicial inferior a cinco anos e prorrogação automática, a liberdade de denúncia não é afectada pelas limitações indicadas no artigo seguinte.

Art. 114.° (Limitações à denúncia)
1. O contrato de seguro celebrado sem duração determinada não pode ser denunciado sempre que a livre desvinculação se oponha à natureza do vínculo ou à finalidade prosseguida pelo contrato e ainda quando corresponda a uma atitude abusiva.
2. A natureza do vínculo opõe-se à liberdade de denúncia, nomeadamente quando o contrato de seguro for celebrado para perdurar até à verificação de determinado facto.
3. A finalidade prosseguida pelo contrato inviabiliza a denúncia, nomeadamente nos seguros em que o decurso do tempo agrava o risco.
4. Presume-se abusiva a denúncia feita na iminência da verificação do sinistro ou após a verificação de um facto que possa desencadear uma ou mais situações de responsabilidade do segurador.
5. O disposto nos números anteriores observa-se igualmente em relação à denúncia para obviar à prorrogação do contrato de seguro celebrado com um período de vigência inicial igual ou superior a cinco anos.

Art. 115.° (Aviso prévio)
1. A denúncia deve ser feita por declaração escrita enviada ao destinatário com uma antecedência mínima de 30 dias relativamente à data da prorrogação do contrato.
2. No contrato de seguro sem duração determinada ou com um período inicial de duração igual ou superior a cinco anos, sem prejuízo do disposto no número anterior, a denúncia deve ser feita com uma antecedência mínima de 90 dias relativamente à data de termo do contrato.
3. No caso previsto no número anterior, salvo convenção em contrário, o contrato cessa decorrido o prazo do aviso prévio ou, tendo havido um pagamento antecipado do prémio relativo a certo período, no termo desse período.

SECÇÃO V. **Resolução**

Art. 116.° (Justa causa)
O contrato de seguro pode ser resolvido por qualquer das partes a todo o tempo, havendo justa causa, nos termos gerais.

Art. 117.° (Resolução após sinistro)
1. Pode ser acordada a possibilidade de as partes resolverem o contrato após uma sucessão de sinistros.

880

Cap. X.   Cessação do contrato   **Art. 118.º DL 72/2008 [76]**

2. Para efeito do número anterior, presume-se que há sucessão de sinistros quando ocorram dois sinistros num período de 12 meses ou, sendo o contrato anual, no decurso da anuidade, podendo ser estipulado regime especial que, atendendo à modalidade de seguro, permita preencher o conceito de sucessão de sinistros de modo diverso.

3. Salvo disposição legal em contrário, a resolução após sinistro, a exercer pelo segurador, não pode ser convencionada nos seguros de vida, de saúde, de crédito e caução, nem nos seguros obrigatórios de responsabilidade civil.

4. A resolução prevista no n.º 1 não tem eficácia retroactiva e deve ser exercida, por declaração escrita, no prazo de 30 dias após o pagamento ou a recusa de pagamento do sinistro.

5. As limitações previstas no presente artigo não se aplicam aos seguros de grandes riscos.

Art. 118.º (Livre resolução)

1. O tomador do seguro, sendo pessoa singular, pode resolver o contrato sem invocar justa causa nas seguintes situações:

a) Nos contratos de seguro de vida, de acidentes pessoais e de saúde com uma duração igual ou superior a seis meses, nos 30 dias imediatos à data da recepção da apólice;

b) Nos seguros qualificados como instrumentos de captação de aforro estruturados, nos 30 dias imediatos à data da recepção da apólice;

c) Nos contratos de seguro celebrados à distância, não previstos nas alíneas anteriores, nos 14 dias imediatos à data da recepção da apólice.

2. Os prazos previstos no número anterior contam-se a partir da data da celebração do contrato, desde que o tomador do seguro, nessa data, disponha, em papel ou noutro suporte duradouro, de todas as informações relevantes sobre o seguro que tenham de constar da apólice.

3. A livre resolução disposta na alínea *a*) do n.º 1 não se aplica aos segurados nos seguros de grupo.

4. A livre resolução de contrato de seguro celebrado à distância não se aplica a seguros com prazo de duração inferior a um mês, nem aos seguros de viagem ou de bagagem.

5. A resolução do contrato deve ser comunicada ao segurador por escrito, em suporte de papel ou outro meio duradouro disponível e acessível ao segurador.

6. A resolução tem efeito retroactivo, podendo o segurador ter direito às seguintes prestações:

a) Ao valor do prémio calculado *pro rata temporis*, na medida em que tenha suportado o risco até à resolução do contrato;

b) Ao montante das despesas razoáveis que tenha efectuado com exames médicos sempre que esse valor seja imputado contratualmente ao tomador do seguro;

c) Aos custos de desinvestimento que comprovadamente tenha suportado.

7. O segurador não tem direito às prestações indicadas no número anterior em caso de livre resolução de contrato de seguro celebrado à distância, excepto no caso de início de cobertura do seguro antes do termo do prazo de livre resolução do contrato a pedido do tomador do seguro.

[76] DL 72/2008 Arts. 119.°-123.°   Tít. II.   Seguro de danos

CAPÍTULO XI.   Disposições complementares

Art. 119.° (Dever de sigilo)

1. O segurador deve guardar segredo de todas as informações de que tenha tomado conhecimento no âmbito da celebração ou da execução de um contrato de seguro, ainda que o contrato não se tenha celebrado, seja inválido ou tenha cessado.

2. O dever de sigilo impende também sobre os administradores, trabalhadores, agentes e demais auxiliares do segurador, não cessando com o termo das respectivas funções.

Art. 120.° (Comunicações)

1. As comunicações previstas no presente regime devem revestir forma escrita ou ser prestadas por outro meio de que fique registo duradouro.

2. O segurador só está obrigado a enviar as comunicações previstas no presente regime se o destinatário das mesmas estiver devidamente identificado no contrato, considerando-se validamente efectuadas se remetidas para o respectivo endereço constante da apólice.

Art. 121.° (Prescrição)

1. O direito do segurador ao prémio prescreve no prazo de dois anos a contar da data do seu vencimento.

2. Os restantes direitos emergentes do contrato de seguro prescrevem no prazo de cinco anos a contar da data em que o titular teve conhecimento do direito, sem prejuízo da prescrição ordinária a contar do facto que lhe deu causa.

Art. 122.° (Arbitragem)

1. Sem prejuízo do disposto no artigo 50.° sobre perícia arbitral, os litígios emergentes de validade, interpretação, execução e incumprimento do contrato de seguro podem ser dirimidos por via arbitral, ainda que a questão respeite a seguros obrigatórios ou à aplicação de normas imperativas do presente regime.

2. A arbitragem prevista no número anterior segue o regime geral da lei de arbitragem.

TÍTULO II.   SEGURO DE DANOS

CAPÍTULO I.   Parte geral

SECÇÃO I.   Identificação

Art. 123.° (Objecto)

O seguro de danos pode respeitar a coisas, bens imateriais, créditos e quaisquer outros direitos patrimoniais.

Cap. I.   Parte geral   **Arts. 124.º-127.º DL 72/2008 [76]**

Art. 124.º (Vícios próprios da coisa segura)

1. Salvo disposição legal ou convenção em contrário, em caso de danos causados por vício próprio da coisa segura existente ao tempo do contrato de que o tomador do seguro devesse ter conhecimento e que não tenha sido declarado ao segurador, aplica-se o regime de declaração inicial ou de agravamento do risco, previstos, respectivamente, nos artigos 24.º a 26.º e no artigo 94.º do presente regime.

2. Se o vício próprio da coisa segura tiver agravado o dano, as limitações decorrentes do número anterior aplicam-se apenas à parcela do dano resultante do vício.

Art. 125.º (Seguro de um conjunto de coisas)

1. Ocorrendo o sinistro, cabe ao segurado provar que uma coisa perecida ou danificada pertence ao conjunto de coisas objecto do seguro.

2. No seguro de um conjunto de coisas, e salvo convenção em contrário, o seguro estende-se às coisas das pessoas que vivam com o segurado em economia comum no momento do sinistro, bem como às dos trabalhadores do segurado, desde que por outro motivo não estejam excluídas do conjunto de coisas seguras.

3. No caso do número anterior, tem direito à prestação o proprietário ou o titular de direitos equiparáveis sobre as coisas.

SECÇÃO II.   **Afastamento e mitigação do sinistro**

Art. 126.º (Salvamento)

1. Em caso de sinistro, o tomador do seguro ou o segurado deve empregar os meios ao seu alcance para prevenir ou limitar os danos.

2. O disposto no número anterior aplica-se a quem tenha conhecimento do seguro na qualidade de beneficiário.

3. Em caso de incumprimento do dever fixado nos números anteriores, aplica-se o disposto nos n.ºs 1, 2 e 4 do artigo 101.º

Art. 127.º (Obrigação de reembolso)

1. O segurador paga ao tomador do seguro, segurado ou beneficiário as despesas efectuadas em cumprimento do dever fixado nos n.ºs 1 e 2 do artigo anterior, desde que razoáveis e proporcionadas, ainda que os meios empregados se revelem ineficazes.

2. As despesas indicadas no número anterior devem ser pagas pelo segurador antecipadamente à data da regularização do sinistro, quando o tomador do seguro, o segurado ou o beneficiário exija o reembolso, as circunstâncias o não impeçam e o sinistro esteja coberto pelo seguro.

3. O valor devido pelo segurador nos termos do n.º 1 é deduzido ao montante do capital seguro disponível, salvo se corresponder a despesas efectuadas em cumprimento de determinações concretas do segurador ou a sua cobertura autónoma resultar do contrato.

4. Em caso de seguro por valor inferior ao do interesse seguro ao tempo do sinistro, o segurador paga as despesas efectuadas em cumprimento do dever fixado

883

[76] DL 72/2008 Arts. 128.º-133.º   Tít. II.   Seguro de danos

nos n.ᵒˢ 1 e 2 do artigo anterior na proporção do interesse coberto e dos interesses em risco, excepto se as mesmas decorrerem do cumprimento de determinações concretas do segurador ou a sua cobertura autónoma resultar do contrato.

SECÇÃO III. Princípio indemnizatório

Art. 128.º (Prestação do segurador)

A prestação devida pelo segurador está limitada ao dano decorrente do sinistro até ao montante do capital seguro.

Art. 129.º (Salvado)

O objecto salvo do sinistro só pode ser abandonado a favor do segurador se o contrato assim o estabelecer.

Art. 130.º (Seguro de coisas)

1. No seguro de coisas, o dano a atender para determinar a prestação devida pelo segurador é o do valor do interesse seguro ao tempo do sinistro.

2. No seguro de coisas, o segurador apenas responde pelos lucros cessantes resultantes do sinistro se assim for convencionado.

3. O disposto no número anterior aplica-se igualmente quanto ao valor de privação de uso do bem.

Art. 131.º (Regime convencional)

1. Sem prejuízo do disposto no artigo 128.º e no n.º 1 do artigo anterior, podem as partes acordar no valor do interesse seguro atendível para o cálculo da indemnização, não devendo esse valor ser manifestamente infundado.

2. As partes podem acordar, nomeadamente, na fixação de um valor de reconstrução ou de substituição do bem ou em não considerar a depreciação do valor do interesse seguro em função da vetustez ou do uso do bem.

3. Os acordos previstos nos números anteriores não prejudicam a aplicação do regime da alteração do risco previsto nos artigos 91.º a 94.º

Art. 132.º (Sobresseguro)

1. Se o capital seguro exceder o valor do interesse seguro, é aplicável o disposto no artigo 128.º, podendo as partes pedir a redução do contrato.

2. Estando o tomador do seguro ou o segurado de boa fé, o segurador deve proceder à restituição dos sobreprémios que tenham sido pagos nos dois anos anteriores ao pedido de redução do contrato, deduzidos os custos de aquisição calculados proporcionalmente.

Art. 133.º (Pluralidade de seguros)

1. Quando um mesmo risco relativo ao mesmo interesse e por idêntico período esteja seguro por vários seguradores, o tomador do seguro ou o segurado deve informar dessa circunstância todos os seguradores, logo que tome conhecimento da sua verificação, bem como aquando da participação do sinistro.

884

Cap. I. Parte geral   **Arts. 134.º-136.º DL 72/2008 [76]**

2. A omissão fraudulenta da informação referida no número anterior exonera os seguradores das respectivas prestações.

3. O sinistro verificado no âmbito dos contratos referidos no n.º 1 é indemnizado por qualquer dos seguradores, à escolha do segurado, dentro dos limites da respectiva obrigação.

4. Salvo convenção em contrário, os seguradores envolvidos no ressarcimento do dano coberto pelos contratos referidos no n.º 1 respondem entre si na proporção da quantia que cada um teria de pagar se existisse um único contrato de seguro.

5. Em caso de insolvência de um dos seguradores, os demais respondem pela quota-parte daquele nos termos previstos no número anterior.

6. O disposto no presente artigo é aplicável ao direito de o lesado exigir o pagamento da indemnização directamente ao segurador nos seguros de responsabilidade civil, à excepção do previsto no n.º 2, que não pode ser invocado contra o lesado.

Art. 134.º (Subseguro)

Salvo convenção em contrário, se o capital seguro for inferior ao valor do objecto seguro, o segurador só responde pelo dano na respectiva proporção.

Art. 135.º (Actualização)

1. Salvo estipulação em contrário, no seguro de riscos relativos à habitação, o valor do imóvel seguro ou a proporção segura do mesmo é automaticamente actualizado de acordo com os índices publicados para o efeito pelo Instituto de Seguros de Portugal.

2. O segurador, sem prejuízo das informações previstas nos artigos 18.º a 21.º, deve informar o tomador do seguro, aquando da celebração do contrato e por altura das respectivas prorrogações, do teor do disposto no número anterior, bem como do valor seguro do imóvel, a considerar para efeito de indemnização em caso de perda total, e dos critérios da sua actualização.

3. O incumprimento dos deveres previstos no número anterior determina a não aplicação do disposto no artigo anterior, na medida do incumprimento.

Art. 136.º (Sub-rogação pelo segurador)

1. O segurador que tiver pago a indemnização fica sub-rogado, na medida do montante pago, nos direitos do segurado contra o terceiro responsável pelo sinistro.

2. O tomador do seguro ou o segurado responde, até ao limite da indemnização paga pelo segurador, por acto ou omissão que prejudique os direitos previstos no número anterior.

3. A sub-rogação parcial não prejudica o direito do segurado relativo à parcela do risco não coberto, quando concorra com o segurador contra o terceiro responsável, salvo convenção em contrário em contratos de grandes riscos.

4. O disposto no n.º 1 não é aplicável:

a) Contra o segurado se este responde pelo terceiro responsável, nos termos da lei;

885

[76] DL 72/2008 Arts. 137.º-140.º   Tít. II.   Seguro de danos

b) Contra o cônjuge, pessoa que viva em união de facto, ascendentes e descendentes do segurado que com ele vivam em economia comum, salvo se a responsabilidade destes terceiros for dolosa ou se encontrar coberta por contrato de seguro.

CAPÍTULO II.   Parte especial

SECÇÃO I.   Seguro de responsabilidade civil

SUBSECÇÃO I.   Regime comum

Art. 137.º (Noção)
No seguro de responsabilidade civil, o segurador cobre o risco de constituição, no património do segurado, de uma obrigação de indemnizar terceiros.

Art. 138.º (Âmbito)
1. O seguro de responsabilidade civil garante a obrigação de indemnizar, nos termos acordados, até ao montante do capital seguro por sinistro, por período de vigência do contrato ou por lesado.
2. Salvo convenção em contrário, o dano a atender para efeito do princípio indemnizatório é o disposto na lei geral.
3. O disposto na presente secção aplica-se ao seguro de acidentes de trabalho sempre que as disposições especiais consagradas neste regime não se lhe oponham.

Art. 139.º (Período de cobertura)
1. Salvo convenção em contrário, a garantia cobre a responsabilidade civil do segurado por factos geradores de responsabilidade civil ocorridos no período de vigência do contrato, abrangendo os pedidos de indemnização apresentados após o termo do seguro.
2. São válidas as cláusulas que delimitem o período de cobertura, tendo em conta, nomeadamente, o facto gerador do dano, a manifestação do dano ou a sua reclamação.
3. Sendo ajustada uma cláusula de delimitação temporal da cobertura atendendo à data da reclamação, sem prejuízo do disposto em lei ou regulamento especial e não estando o risco coberto por um contrato de seguro posterior, o seguro de responsabilidade civil garante o pagamento de indemnizações resultantes de eventos danosos desconhecidos das partes e ocorridos durante o período de vigência do contrato, ainda que a reclamação seja apresentada no ano seguinte ao termo do contrato.

Art. 140.º (Defesa jurídica)
1. O segurador de responsabilidade civil pode intervir em qualquer processo judicial ou administrativo em que se discuta a obrigação de indemnizar cujo risco ele tenha assumido, suportando os custos daí decorrentes.
2. O contrato de seguro pode prever o direito de o lesado demandar directamente o segurador, isoladamente ou em conjunto com o segurado.

Cap. II.   Parte especial   **Arts. 141.º-144.º DL 72/2008 [76]**

3. O direito de o lesado demandar directamente o segurador verifica-se ainda quando o segurado o tenha informado da existência de um contrato de seguro com o consequente início de negociações directas entre o lesado e o segurador.

4. Quando o segurado e o lesado tiverem contratado um seguro com o mesmo segurador ou existindo qualquer outro conflito de interesses, o segurador deve dar a conhecer aos interessados tal circunstância.

5. No caso previsto no número anterior, o segurado, frustrada a resolução do litígio por acordo, pode confiar a sua defesa a quem entender, assumindo o segurador, salvo convenção em contrário, os custos daí decorrentes proporcionais à diferença entre o valor proposto pelo segurador e aquele que o segurado obtenha.

6. O segurado deve prestar ao segurador toda a informação que razoavelmente lhe seja exigida e abster-se de agravar a posição substantiva ou processual do segurador.

7. São inoponíveis ao segurador que não tenha dado o seu consentimento tanto o reconhecimento, por parte do segurado, do direito do lesado como o pagamento da indemnização que a este seja efectuado.

Art. 141.º (Dolo)

Sem prejuízo do disposto no artigo 46.º, não se considera dolosa a produção do dano quando o agente beneficie de uma causa de exclusão da ilicitude ou da culpa.

Art. 142.º (Pluralidade de lesados)

1. Se o segurado responder perante vários lesados e o valor total das indemnizações ultrapassar o capital seguro, as pretensões destes são proporcionalmente reduzidas até à concorrência desse capital.

2. O segurador que, de boa fé e por desconhecimento de outras pretensões, efectuar o pagamento de indemnizações de valor superior ao que resultar do disposto no número anterior, fica liberado para com os outros lesados pelo que exceder o capital seguro.

Art. 143.º (Bónus)

Para efeito de aplicação do regime de bónus ou de agravamento, só é considerado o sinistro que tenha dado lugar ao pagamento de indemnização ou à constituição de uma provisão e, neste último caso, desde que o segurador tenha assumido a correspondente responsabilidade.

Art. 144.º (Direito de regresso do segurador)

1. Sem prejuízo de regime diverso previsto em legislação especial, satisfeita a indemnização, o segurador tem direito de regresso, relativamente à quantia despendida, contra o tomador do seguro ou o segurado que tenha causado dolosamente o dano ou tenha de outra forma lesado dolosamente o segurador após o sinistro.

2. Sem prejuízo do disposto em legislação especial ou convenção das partes, não tendo havido dolo do tomador do seguro ou do segurado, a obrigação de regresso só existe na medida em que o sinistro tenha sido causado ou agravado pelo facto que é invocado para exercer o direito de regresso.

887

[76] DL 72/2008 Arts. 145.°-150.°   Tít. II.   Seguro de danos

Art. 145.° (Prescrição)
Aos direitos do lesado contra o segurador aplicam-se os prazos de prescrição regulados no Código Civil.

SUBSECÇÃO II.   **Disposições especiais de seguro obrigatório**

Art. 146.° (Direito do lesado)
1. O lesado tem o direito de exigir o pagamento da indemnização directamente ao segurador.
2. A indemnização é paga com exclusão dos demais credores do segurado.
3. Salvo disposição legal ou regulamentar em sentido diverso, não pode ser convencionada solução diversa da prevista no n.° 2 do artigo 138.°
4. Enquanto um seguro obrigatório não seja objecto de regulamentação, podem as partes convencionar o âmbito da cobertura, desde que o contrato de seguro cumpra a obrigação legal e não contenha exclusões contrárias à natureza dessa obrigação, o que não impede a cobertura, ainda que parcelar, dos mesmos riscos com carácter facultativo.
5. Sendo celebrado um contrato de seguro com carácter facultativo, que não cumpra a obrigação legal ou contenha exclusões contrárias à natureza do seguro obrigatório, não se considera cumprido o dever de cobrir os riscos por via de um seguro obrigatório.

Art. 147.° (Meios de defesa)
1. O segurador apenas pode opor ao lesado os meios de defesa derivados do contrato de seguro ou de facto do tomador do seguro ou do segurado ocorrido anteriormente ao sinistro.
2. Para efeito do número anterior, são nomeadamente oponíveis ao lesado, como meios de defesa do segurador, a invalidade do contrato, as condições contratuais e a cessação do contrato.

Art. 148.° (Dolo)
1. No seguro obrigatório de responsabilidade civil, a cobertura de actos ou omissões dolosos depende do regime estabelecido em lei ou regulamento.
2. Caso a lei e o regulamento sejam omissos na definição do regime, há cobertura de actos ou omissões dolosos do segurado.

SECÇÃO II.   **Seguro de incêndio**

Art. 149.° (Noção)
O seguro de incêndio tem por objecto a cobertura dos danos causados pela ocorrência de incêndio no bem identificado no contrato.

Art. 150.° (Âmbito)
1. A cobertura do risco de incêndio compreende os danos causados por acção do incêndio, ainda que tenha havido negligência do segurado ou de pessoa por quem este seja responsável.

888

Cap. II. Parte especial   **Arts. 151.º-154.º DL 72/2008 [76]**

2. O seguro de incêndio garante igualmente os danos causados no bem seguro em consequência dos meios empregados para combater o incêndio, assim como os danos derivados de calor, fumo, vapor ou explosão em consequência do incêndio e ainda remoções ou destruições executadas por ordem da autoridade competente ou praticadas com o fim de salvamento, se o forem em razão do incêndio ou de qualquer dos factos anteriormente previstos.

3. Salvo convenção em contrário, o seguro de incêndio compreende ainda os danos causados por acção de raio, explosão ou outro acidente semelhante, mesmo que não seja acompanhado de incêndio.

Art. 151.º (Apólice)

Além do disposto no artigo 37.º, a apólice de seguro de incêndio deve precisar:

a) O tipo de bem, o material de construção e o estado em que se encontra, assim como a localização do prédio e o respectivo nome ou a numeração identificativa;

b) O destino e o uso do bem;

c) A natureza e o uso dos edifícios adjacentes, sempre que estas circunstâncias puderem influir no risco;

d) O lugar em que os objectos mobiliários segurados contra o incêndio se acharem colocados ou armazenados.

SECÇÃO III. **Seguros de colheitas e pecuário**

Art. 152.º (Seguro de colheitas)

1. O seguro de colheitas garante uma indemnização calculada sobre o montante de danos verificados em culturas.

2. A indemnização prevista no número anterior é determinada em função do valor que os frutos de uma produção regular teriam ao tempo em que deviam ser colhidos se não tivesse sucedido o sinistro, deduzido dos custos em que não haja incorrido e demais poupanças e vantagens do segurado em razão do sinistro.

Art. 153.º (Seguro pecuário)

1. O seguro pecuário garante uma indemnização calculada sobre o montante de danos verificados em determinado tipo de animais.

2. Salvo convenção em contrário, se o seguro pecuário cobrir o risco de doença ou morte das crias de certo tipo de animais, a indemnização prevista no número anterior é determinada em função do valor que os animais teriam ao tempo em que, presumivelmente, seriam vendidos ou abatidos se não tivesse sucedido o sinistro, deduzido dos custos em que não haja incorrido e das demais poupanças e vantagens do segurado em razão do sinistro.

Art. 154.º (Apólice)

1. Além do disposto no artigo 37.º, a apólice de seguro de colheitas deve precisar:

a) A situação, a extensão e a identificação do prédio cujo produto se segura;

[76] DL 72/2008 Arts. 155.°-158.° Tít. II. Seguro de danos

b) A natureza do produto e a época normal da colheita;

c) A identificação da sementeira ou da plantação, na eventualidade de já existir à data da celebração do contrato;

d) O local do depósito ou armazenamento, no caso de o seguro abranger produtos já colhidos;

e) O valor médio da colheita segura.

2. Além do disposto no artigo 37.°, a apólice de seguro pecuário deve precisar:

a) A identificação do prédio onde se encontra a exploração pecuária ou do prédio onde normalmente os animais se encontram ou pernoitam;

b) O tipo de animal, eventualmente a respectiva raça, o número de animais seguros e o destino da exploração;

c) O valor dos animais seguros.

SECÇÃO IV. **Seguro de transporte de coisas**

Art. 155.° (Âmbito do seguro)

1. O seguro de transporte cobre riscos relativos ao transporte de coisas por via terrestre, fluvial, lacustre ou aérea, nos termos previstos no contrato.

2. O seguro de transporte marítimo e o seguro de envios postais são regulados por lei especial e pelas disposições constantes do presente regime não incompatíveis com a sua natureza.

Art. 156.° (Legitimidade)

1. Sendo o seguro de transporte celebrado pelo tomador do seguro por conta do segurado, observa-se o disposto no artigo 48.°

2. No caso previsto no número anterior, o contrato discrimina a qualidade em que o tomador do seguro faz segurar a coisa.

Art. 157.° (Período da cobertura)

1. Salvo convenção em contrário, o segurador assume o risco desde o recebimento das mercadorias pelo transportador até à respectiva entrega no termo do transporte.

2. O contrato pode, nomeadamente, fixar o início da cobertura dos riscos de transporte na saída das mercadorias do armazém ou do domicílio do carregador e o respectivo termo na entrega no armazém ou no domicílio do destinatário.

Art. 158.° (Apólice)

Além do disposto no artigo 37.°, a apólice do seguro de transporte deve precisar:

a) O modo de transporte utilizado e a sua natureza pública ou particular;

b) A modalidade de seguro contratado, nomeadamente se corresponde a uma apólice «avulso», a uma apólice «aberta» ou «flutuante» ou a uma apólice «a viagem» ou «a tempo»;

c) A data da recepção da coisa e a data esperada da sua entrega;

890

Cap. II.   Parte especial   **Arts. 159.°-163.° DL 72/2008 [76]**

d) Sendo caso disso, a identificação do transportador ou transportadores ou, em alternativa, a entidade a quem caiba a sua determinação;

e) Os locais onde devam ser recebidas e entregues as coisas seguras.

Art. 159.° (Capital seguro)

1. Na falta de acordo, o seguro compreende o valor da coisa transportada no lugar e na data do carregamento acrescido do custo do transporte até ao local do destino.

2. Quando avaliado separadamente no contrato, o seguro cobre ainda o lucro cessante.

Art. 160.° (Pluralidade de meios de transporte)

Salvo convenção em contrário, o disposto na presente secção aplica-se ainda que as coisas sejam transportadas predominantemente por meio marítimo.

SECÇÃO V.   **Seguro financeiro**

Art. 161.° (Seguro de crédito)

1. Por efeito do seguro de crédito, o segurador obriga-se a indemnizar o segurado, nas condições e com os limites constantes da lei e do contrato de seguro, em caso de perdas causadas nomeadamente por:

a) Falta ou atraso no pagamento de obrigações pecuniárias;

b) Riscos políticos, naturais ou contratuais, que obstem ao cumprimento de tais obrigações;

c) Não amortização de despesas suportadas com vista à constituição desses créditos;

d) Variações de taxa de câmbio de moedas de referência no pagamento;

e) Alteração anormal e imprevisível dos custos de produção;

f) Suspensão ou revogação da encomenda ou resolução arbitrária do contrato pelo devedor na fase anterior à constituição do crédito.

2. O seguro de crédito pode cobrir riscos de crédito inerentes a contratos destinados a produzir os seus efeitos em Portugal ou no estrangeiro, podendo abranger a fase de fabrico e a fase de crédito e, nos termos indicados na lei ou no contrato, a fase anterior à tomada firme.

Art. 162.° (Seguro-caução)

Por efeito do seguro-caução, o segurador obriga-se a indemnizar o segurado pelos danos patrimoniais sofridos, em caso de falta de cumprimento ou de mora do tomador do seguro, em obrigações cujo cumprimento possa ser assegurado por garantia pessoal.

Art. 163.° (Cobrança)

No seguro financeiro podem ser conferidos ao segurador poderes para reclamar créditos do tomador do seguro ou do segurado em valor superior ao do montante do capital seguro, devendo todavia aquele, salvo convenção em contrário,

[76] DL 72/2008 Arts. 164.°-169.°   Tít. II.   Seguro de danos

entregar as somas recuperadas ao tomador do seguro ou ao segurado na proporção dos respectivos créditos.

Art. 164.° (Comunicação ao segurado)
    1. Sem prejuízo do disposto no n.° 2 do artigo 91.° e nos n.ºˢ 3 e 4 do artigo 108.°, no seguro-caução, não havendo cláusula de inoponibilidade, o segurador deve comunicar ao segurado a falta de pagamento do prémio ou da fracção devido pelo tomador do seguro para, querendo evitar a resolução do contrato, pagar a quantia em dívida num prazo não superior a 30 dias relativamente à data de vencimento.
    2. Entende-se por cláusula de inoponibilidade a cláusula contratual que impede o segurador, durante determinado prazo, de opor ao segurado, beneficiário do contrato, a invalidade ou a resolução do contrato de seguro.

Art. 165.° (Reembolso)
    1. No seguro de crédito, o segurador fica sub-rogado na medida do montante pago nos termos previstos no artigo 136.°, mas, em caso de sub-rogação parcial, o segurador e o segurado concorrem no exercício dos respectivos direitos na proporção que a cada um for devida.
    2. No seguro-caução, além da sub-rogação nos termos do número anterior, o contrato pode prever o direito de regresso do segurador contra o tomador do seguro, não podendo, na conjugação das duas pretensões, o segurador exigir mais do que o valor total despendido.

Art. 166.° (Remissão)
    Os seguros de crédito e caução são regulados por lei especial e pelas disposições constantes da parte geral que não sejam incompatíveis com a sua natureza.

SECÇÃO VI.   **Seguro de protecção jurídica**

Art. 167.° (Noção)
    O seguro de protecção jurídica cobre os custos de prestação de serviços jurídicos, nomeadamente de defesa e representação dos interesses do segurado, assim como as despesas decorrentes de um processo judicial ou administrativo.

Art. 168.° (Âmbito)
    O seguro de protecção jurídica pode ser ajustado num dos seguintes sistemas alternativos:
    a) Gestão de sinistros por pessoal distinto;
    b) Gestão de sinistros por empresa juridicamente distinta;
    c) Livre escolha de advogado.

Art. 169.° (Contrato)
    A garantia de protecção jurídica deve constar de um contrato distinto do estabelecido para os outros ramos ou modalidades ou de um capítulo autónomo de uma única apólice, com a indicação do conteúdo da garantia de protecção jurídica.

892

Cap. II. Parte especial   Arts. 170.º-172.º DL 72/2008 **[76]**

Art. 170.º (Menções especiais)

1. O contrato de seguro de protecção jurídica deve mencionar expressamente que o segurado tem direito a:

a) Escolher livremente um advogado ou, se preferir, outra pessoa com a necessária habilitação legal para defender, representar ou servir os seus interesses em processo judicial ou administrativo e em qualquer outro caso de conflito de interesses;

b) Recorrer ao processo de arbitragem estabelecido no artigo seguinte em caso de diferendo entre o segurado e o seu segurador, sem prejuízo de aquele intentar acção ou interpor recurso, desaconselhado pelo segurador, a expensas suas, sendo reembolsado das despesas efectuadas na medida em que a decisão arbitral ou a sentença lhe seja mais favorável do que a proposta de solução apresentada pelo segurador;

c) Ser informado atempadamente pelo segurador, sempre que surja um conflito de interesses ou que exista desacordo quanto à resolução do litígio, dos direitos referidos nas alíneas anteriores.

2. O contrato de seguro de protecção jurídica pode não incluir a menção referida na alínea *a)* do número anterior se estiverem preenchidas cumulativamente as seguintes condições:

a) O seguro for limitado a processos resultantes da utilização de veículos rodoviários no território nacional;

b) O seguro for associado a um contrato de assistência a fornecer em caso de acidente ou avaria que implique um veículo rodoviário;

c) Nem o segurador de protecção jurídica, nem o segurador de assistência cobrirem ramos de responsabilidade civil;

d) Das cláusulas do contrato resultar que a assessoria jurídica e a representação de cada uma das partes de um litígio vão ser exercidas por advogado que não tenha representado nenhum dos interessados no último ano, quando as referidas partes estiverem seguradas em protecção jurídica junto do mesmo segurador ou em seguradores que se encontrem entre si em relação de grupo.

Art. 171.º (Arbitragem)

Sem prejuízo do direito de acção ou recurso, o contrato de seguro de protecção jurídica deve conter uma cláusula que preveja o recurso ao processo de arbitragem, sujeito às regras da legislação em vigor e que permita determinar o regime de arbitragem a adoptar em caso de diferendo entre o segurador e o segurado.

Art. 172.º (Limitação)

O disposto nos artigos anteriores não se aplica:

a) Ao seguro de protecção jurídica, sempre que diga respeito a litígios ou riscos resultantes da utilização de embarcações marítimas ou relacionados com essa utilização;

b) À actividade exercida pelo segurador de responsabilidade civil na defesa ou na representação do seu segurado em qualquer processo judicial ou administrativo, na medida em que essa actividade se exerça em simultâneo e no seu interesse ao abrigo dessa cobertura;

893

[76] DL 72/2008 Arts. 173.°-177.° — Tít. III. Seguro de pessoas

c) À actividade de protecção jurídica desenvolvida pelo segurador de assistência, quando essa actividade seja exercida fora do Estado da residência habitual do segurado e faça parte de um contrato que apenas vise a assistência prestada às pessoas em dificuldades durante deslocações ou ausências do seu domicílio ou local de residência permanente, e desde que constem expressamente do contrato tanto essas circunstâncias como a de que a cobertura de protecção jurídica é acessória da cobertura de assistência.

SECÇÃO VII. Seguro de assistência

Art. 173.° (Noção)
No seguro de assistência o segurador compromete-se, nos termos estipulados, a prestar ou proporcionar auxílio ao segurado no caso de este se encontrar em dificuldades em consequência de um evento aleatório.

Art. 174.° (Exclusões)
Não se entendem compreendidas no seguro de assistência a actividade de prestação de serviços de manutenção ou de conservação, os serviços de pós-venda e a mera indicação ou disponibilização, na qualidade de intermediário, de meios de auxílio.

TÍTULO III. SEGURO DE PESSOAS

CAPÍTULO I. Disposições comuns

Art. 175.° (Objecto)
1. O contrato de seguro de pessoas compreende a cobertura de riscos relativos à vida, à saúde e à integridade física de uma pessoa ou de um grupo de pessoas nele identificadas.
2. O contrato de seguro de pessoas pode garantir prestações de valor predeterminado não dependente do efectivo montante do dano e prestações de natureza indemnizatória.

Art. 176.° (Seguro de várias pessoas)
1. O seguro de pessoas pode ser contratado como seguro individual ou seguro de grupo.
2. O seguro que respeite a um agregado familiar ou a um conjunto de pessoas vivendo em economia comum é havido como seguro individual.

Art. 177.° (Declaração e exames médicos)
1. Sem prejuízo dos deveres de informação a cumprir pelo segurado, a celebração do contrato pode depender de declaração sobre o estado de saúde e de exames médicos a realizar à pessoa segura que tenham em vista a avaliação do risco.

Cap. I. Disposições comuns　　　　　　　　**Arts. 178.º-180.º DL 72/2008 [76]**

2. A realização de testes genéticos ou a utilização de informação genética é regulada em legislação especial.

Art. 178.º (Informação sobre exames médicos)

1. Quando haja lugar à realização de exames médicos, o segurador deve entregar ao candidato, antes da realização dos referidos exames:

a) Discriminação exaustiva dos exames, testes e análises a realizar;

b) Informação sobre entidades junto das quais os referidos actos podem ser realizados;

c) Informação sobre o regime de custeamento das despesas com a realização dos exames e, se for o caso, sobre a forma como o respectivo custo vai ser reembolsado a quem o financie;

d) Identificação da pessoa, ou entidade, à qual devam ser enviados os resultados dos exames ou relatórios dos actos realizados.

2. Cabe ao segurador a prova do cumprimento do disposto no número anterior.

3. O resultado dos exames médicos deve ser comunicado, quando solicitado, à pessoa segura ou a quem esta expressamente indique.

4. A comunicação a que se refere o número anterior deve ser feita por um médico, salvo se as circunstâncias forem já do conhecimento da pessoa segura ou se puder supor, à luz da experiência comum, que já as conhecia.

5. O disposto no n.º 3 aplica-se igualmente à comunicação ao tomador do seguro ou segurado quanto ao efeito do resultado dos exames médicos na decisão do segurador, designadamente no que respeite à não aceitação do seguro ou à sua aceitação em condições especiais.

6. O segurador não pode recusar-se a fornecer à pessoa segura todas as informações de que disponha sobre a sua saúde, devendo, quando instado, disponibilizar tal informação por meios adequados do ponto de vista ético e humano.

Art. 179.º (Apólice)

Nos contratos de seguro de acidentes pessoais e de saúde de longa duração, além das menções obrigatórias e das menções em caracteres destacados a que se refere o artigo 37.º, a apólice deve, em especial, quando seja o caso, precisar, em caracteres destacados:

a) A extinção do direito às garantias;

b) A eventual extensão da garantia para além do termo do contrato;

c) O regime de evolução e adaptação dos prémios na vigência do contrato.

Art. 180.º (Pluralidade de seguros)

1. Salvo convenção em contrário, as prestações de valor predeterminado são cumuláveis com outras da mesma natureza ou com prestações de natureza indemnizatória, ainda que dependentes da verificação de um mesmo evento.

2. Ao seguro de pessoas, na medida em que garanta prestações indemnizatórias relativas ao mesmo risco, aplicam-se as regras comuns do seguro de danos prescritas no artigo 133.º

[76] DL 72/2008 Arts. 181.º-185.º   Tít. III.   Seguro de pessoas

3. O tomador do seguro ou o segurado deve informar o segurador da existência ou da contratação de seguros relativos ao mesmo risco, ainda que garantindo apenas prestações de valor predeterminado.

Art. 181.º (Sub-rogação)
Salvo convenção em contrário, o segurador que realize prestações de valor predeterminado no contrato não fica, após a satisfação destas, sub-rogado nos direitos do tomador do seguro ou do beneficiário contra um terceiro que dê causa ao sinistro.

Art. 182.º (Apólice nominativa)
A apólice no seguro de pessoas não pode ser emitida à ordem nem ao portador.

CAPÍTULO II.   Seguro de vida

SECÇÃO I.   Regime comum

SUBSECÇÃO I.   Disposições preliminares

Art. 183.º (Noção)
No seguro de vida, o segurador cobre um risco relacionado com a morte ou a sobrevivência da pessoa segura.

Art. 184.º (Âmbito)
1. O disposto relativamente ao seguro de vida aplica-se aos seguintes contratos:

a) Seguros complementares dos seguros de vida relativos a danos corporais, incluindo, nomeadamente, a incapacidade para o trabalho e a morte por acidente ou invalidez em consequência de acidente ou doença;

b) Seguros de renda;

c) Seguro de nupcialidade;

d) Seguro de natalidade.

2. O disposto nesta secção aplica-se ainda aos seguros ligados a fundos de investimento, com excepção dos artigos 185.º e 186.º

Art. 185.º (Informações pré-contratuais)
1. No seguro de vida, às informações previstas nos artigos 18.º a 21.º acrescem, quando seja o caso, ainda as seguintes:

a) A forma de cálculo e atribuição da participação nos resultados;

b) A definição de cada cobertura e opção;

c) A indicação dos valores de resgate e de redução, assim como a natureza das respectivas coberturas e penalizações em caso de resgate, redução ou transferência do contrato;

d) A indicação dos prémios relativos a cada cobertura, principal ou complementar;

Cap. II. Seguro de vida   **Arts. 186.º-187.º DL 72/2008 [76]**

e) O rendimento mínimo garantido, incluindo informação relativa à taxa de juro mínima garantida e à duração desta cobertura;

f) A indicação dos valores de referência utilizados nos contratos de capital variável, bem como do número das unidades de participação;

g) A indicação da natureza dos activos representativos dos contratos de capital variável;

h) A indicação relativa ao regime fiscal;

i) Nos contratos com componente de capitalização, a quantificação dos encargos, sua forma de incidência e momento em que são cobrados;

j) A possibilidade de a pessoa segura aceder aos dados médicos de exames realizados.

2. As informações adicionais constantes do número anterior são também exigíveis nas operações de gestão de fundos colectivos de reforma.

3. Aos deveres de informação previstos no n.º 1 podem acrescer, caso se revelem necessários para a compreensão efectiva pelo tomador do seguro dos elementos essenciais do contrato, deveres de informação e de publicidade ajustados às características específicas do seguro, nos termos a regulamentar pela autoridade de supervisão competente.

4. Se as características específicas do seguro o justificarem, pode ser exigido que a informação seja disponibilizada através de um prospecto informativo, cujos conteúdo e suporte são regulamentados pela autoridade de supervisão competente.

Art. 186.º (Informações na vigência do contrato)

1. O segurador, na vigência do contrato, deve informar o tomador do seguro de alterações relativamente a informações prestadas aquando da celebração do contrato, que possam ter influência na sua execução.

2. Aquando do termo de vigência do contrato, o segurador deve informar o tomador do seguro acerca das quantias a que este tenha direito com a cessação do contrato, bem como das diligências ou documentos necessários para o seu recebimento.

Art. 187.º (Apólice)

1. Além do disposto no artigo 37.º, a apólice de seguro de vida, quando seja o caso, deve indicar as seguintes informações:

a) As condições, o prazo e a periodicidade do pagamento dos prémios;

b) A cláusula de incontestabilidade;

c) As informações prestadas nos termos do artigo 185.º;

d) O período máximo em que o tomador do seguro pode exercer a faculdade de repor em vigor o contrato de seguro após a respectiva resolução ou redução;

e) As condições de manutenção do contrato pelos beneficiários em caso de morte, ou pelos herdeiros;

f) Se o contrato dá ou não lugar a participação nos resultados e, no primeiro caso, qual a forma de cálculo e de distribuição desses resultados;

g) Se o contrato dá ou não lugar a investimento autónomo dos activos representativos das provisões matemáticas e, no primeiro caso, indicação da natureza e regras para a formação da carteira de investimento desses activos.

897

[76] DL 72/2008 Arts. 188.°-192.°   Tít. III.   Seguro de pessoas

2. Das condições gerais ou especiais dos contratos de seguro de grupo devem constar, além dos elementos referidos no número anterior, os seguintes:

a) As obrigações e os direitos das pessoas seguras;

b) A transferência do eventual direito ao valor de resgate para a pessoa segura, no mínimo na parte correspondente à sua contribuição para o prémio, caso se trate de um seguro contributivo;

c) A entrada em vigor das coberturas para cada pessoa segura;

d) As condições de elegibilidade, enunciando os requisitos, para que o candidato a pessoa segura possa integrar o grupo.

SUBSECÇÃO II.   **Risco**

Art. 188.° (Incontestabilidade)

1. O segurador não se pode prevalecer de omissões ou inexactidões negligentes na declaração inicial do risco decorridos dois anos sobre a celebração do contrato, salvo convenção de prazo mais curto.

2. O disposto no número anterior não é aplicável às coberturas de acidente e de invalidez complementares de um seguro de vida, salvo previsão contratual em contrário.

Art. 189.° (Erro sobre a idade da pessoa segura)

1. O erro sobre a idade da pessoa segura é causa de anulabilidade do contrato se a idade verdadeira divergir dos limites mínimo e máximo estabelecidos pelo segurador para a celebração deste tipo de contrato de seguro.

2. Não sendo causa de anulabilidade, em caso de divergência, para mais ou para menos, entre a idade declarada e a verdadeira, a prestação do segurador reduz-se na proporção do prémio pago ou o segurador devolve o prémio em excesso, consoante o caso.

Art. 190.° (Agravamento do risco)

O regime do agravamento do risco previsto nos artigos 93.° e 94.° não é aplicável aos seguros de vida, nem, resultando o agravamento do estado de saúde da pessoa segura, às coberturas de acidente e de invalidez por acidente ou doença complementares de um seguro de vida.

Art. 191.° (Exclusão do suicídio)

1. Está excluída a cobertura por morte em caso de suicídio ocorrido até um ano após a celebração do contrato, salvo convenção em contrário.

2. O disposto no número anterior aplica-se em caso de aumento do capital seguro por morte, bem como na eventualidade de o contrato ser reposto em vigor, mas, em qualquer caso, a exclusão respeita somente ao acréscimo de cobertura relacionado com essas circunstâncias.

Art. 192.° (Homicídio)

O autor, cúmplice, instigador ou encobridor do homicídio doloso da pessoa segura, ainda que não consumado, perde o direito à prestação, aplicando-se, salvo convenção em contrário, o regime da designação beneficiária.

Cap. II.   Seguro de vida   **Arts. 193.º-198.º DL 72/2008 [76]**

Art. 193.º (Danos corporais provocados)
Sem prejuízo do disposto no artigo 46.º e nos artigos da presente subsecção, se o dano corporal na pessoa segura foi provocado dolosamente pelo beneficiário, a prestação reverte para a pessoa segura.

SUBSECÇÃO III.   **Direitos e deveres das partes**

Art. 194.º (Redução e resgate)
1. O contrato deve regular os eventuais direitos de redução e de resgate de modo a que o respectivo titular se encontre apto, a todo o momento, a conhecer o respectivo valor.

2. No seguro de grupo contributivo, o contrato deve igualmente regular a titularidade do resgate tendo em conta a contribuição do segurado.

3. O segurador deve anexar à apólice uma tabela de valores de resgate e de redução calculados com referência às datas de renovação do contrato, sempre que existam valores mínimos garantidos.

4. Caso a tabela seja anexada à apólice, o segurador deve referi-lo expressamente no clausulado.

5. No caso de designação irrevogável de beneficiário, o contrato fixa as condições de exercício do direito de resgate.

Art. 195.º (Adiantamentos)
O segurador pode, nos termos do contrato, conceder adiantamentos sobre o capital seguro, nos limites da provisão matemática.

Art. 196.º (Cessão ou oneração de direitos)
O direito de resgate ou qualquer outro direito de que goze o tomador do seguro, o segurado ou o beneficiário pode ser cedido ou onerado, nos termos gerais, devendo tal facto ser comunicado ao segurador.

Art. 197.º (Cessão da posição contratual)
1. Salvo convenção em contrário, o tomador do seguro, não sendo pessoa segura, pode transmitir a sua posição contratual a um terceiro, que assim fica investido em todos os direitos e deveres que correspondiam àquele perante o segurador.

2. A cessão da posição contratual depende do consentimento do segurador, nos termos gerais, devendo ser comunicada à pessoa segura e constar de acta adicional à apólice.

Art. 198.º (Designação beneficiária)
1. Salvo o disposto no artigo 81.º, o tomador do seguro, ou quem este indique, designa o beneficiário, podendo a designação ser feita na apólice, em declaração escrita posterior recebida pelo segurador ou em testamento.

2. Salvo estipulação em contrário, por falecimento da pessoa segura, o capital seguro é prestado:

a) Na falta de designação do beneficiário, aos herdeiros da pessoa segura;

b) Em caso de premoriência do beneficiário relativamente à pessoa segura, aos herdeiros desta;

899

[76] DL 72/2008 Arts. 199.°-201.°   Tít. III. Seguro de pessoas

c) Em caso de premoriência do beneficiário relativamente à pessoa segura, tendo havido renúncia à revogação da designação beneficiária, aos herdeiros daquele;

d) Em caso de comoriência da pessoa segura e do beneficiário, aos herdeiros deste.

3. Salvo estipulação em contrário, no seguro de sobrevivência, o capital seguro é prestado à pessoa segura, tanto na falta de designação do beneficiário como no caso de premoriência do beneficiário relativamente à pessoa segura.

Art. 199.° (Alteração e revogação da cláusula beneficiária)

1. A pessoa que designa o beneficiário pode a qualquer momento revogar ou alterar a designação, excepto quando tenha expressamente renunciado a esse direito ou, no seguro de sobrevivência, tenha havido adesão do beneficiário.

2. Em caso de renúncia à faculdade de revogação ou, no seguro de sobrevivência, tendo havido adesão do beneficiário, o tomador do seguro, salvo convenção em contrário, não tem os direitos de resgate, de adiantamento e de redução.

3. O poder de alterar a designação beneficiária cessa no momento em que o beneficiário adquira o direito ao pagamento das importâncias seguras.

4. No caso de a pessoa segura ter assinado, juntamente com o tomador do seguro, a proposta de seguro de que conste a designação beneficiária ou tendo a pessoa segura designado o beneficiário, a alteração da designação beneficiária pelo tomador do seguro carece do acordo da pessoa segura, sem prejuízo do disposto quanto ao seguro de grupo.

5. A alteração da designação beneficiária feita por pessoa diversa da pessoa segura ou sem o acordo desta deve ser comunicada pelo segurador à pessoa segura, sem prejuízo do disposto quanto ao seguro de grupo.

Art. 200.° (Pessoas estranhas ao benefício)

As relações do tomador do seguro com pessoas estranhas ao benefício não afectam a designação beneficiária, sendo aplicáveis as disposições relativas à colação, à imputação e à redução de liberalidades, assim como à impugnação pauliana, só no que corresponde às quantias prestadas pelo tomador do seguro ao segurador.

Art. 201.° (Interpretação da cláusula beneficiária)

1. A designação genérica dos filhos de determinada pessoa como beneficiários, em caso de dúvida, entende-se referida a todos os filhos que lhe sobreviverem, assim como aos descendentes dos filhos em representação daqueles.

2. Quando a designação genérica se refira aos herdeiros ou ao cônjuge, em caso de dúvida, considera-se como tais os herdeiros legais que o sejam à data do falecimento.

3. Sendo a designação feita a favor de vários beneficiários, o segurador realiza a prestação em partes iguais, excepto:

a) No caso de os beneficiários serem todos os herdeiros da pessoa segura, em que se observam os princípios prescritos para a sucessão legítima;

b) No caso de premoriência de um dos beneficiários, em que a sua parte cabe aos respectivos descendentes.

4. O disposto no número anterior não se aplica quando haja estipulação em contrário.

900

Cap. II.   Seguro de vida   **Arts. 202.º-206.º DL 72/2008 [76]**

Art. 202.º (Pagamento do prémio)
1. O tomador do seguro deve pagar o prémio nas datas e condições estipuladas no contrato.
2. O segurador deve avisar o tomador do seguro com uma antecedência mínima de 30 dias da data em que se vence o prémio, ou fracção deste, do montante a pagar assim como da forma e do lugar de pagamento.

Art. 203.º (Falta de pagamento do prémio)
1. A falta de pagamento do prémio na data de vencimento confere ao segurador, consoante a situação e o convencionado, o direito à resolução do contrato, com o consequente resgate obrigatório, o direito à redução do contrato ou o direito à transformação do seguro num contrato sem prémio.
2. O período máximo em que o tomador do seguro pode exercer a faculdade de repor em vigor, nas condições originais e sem novo exame médico, o contrato de seguro reduzido ou resolvido deve constar das condições da apólice e ser fixado a contar da data de redução ou de resolução.

Art. 204.º (Estipulação beneficiária irrevogável)
1. Em caso de não pagamento do prémio na data de vencimento, se o contrato estabelecer um benefício irrevogável a favor de terceiro, deve o segurador interpelá-lo, no prazo de 30 dias, para, querendo, substituir-se ao tomador do seguro no referido pagamento.
2. O segurador, que não tenha interpelado o beneficiário nos termos do número anterior, não lhe pode opor as consequências convencionadas para a falta de pagamento do prémio.

Art. 205.º (Participação nos resultados)
1. A participação nos resultados corresponde ao direito, contratualmente definido, de o tomador do seguro, de o segurado ou de o beneficiário auferir parte dos resultados técnicos, financeiros ou ambos gerados pelo contrato de seguro ou pelo conjunto de contratos em que aquele se insere.
2. Durante a vigência do contrato, o segurador deve informar o tomador do seguro, anualmente, sobre o montante da participação nos resultados distribuídos.
3. No caso de cessação do contrato, o tomador do seguro, o segurado ou o beneficiário, consoante a situação, mantém o direito à participação nos resultados, atribuída mas ainda não distribuída, bem como, quando ainda não atribuída, o direito à participação nos resultados calculado *pro rata temporis* desde a data da última atribuição até à cessação do contrato.

Art. 206.º (Instrumentos de captação de aforro estruturados)
1. Os instrumentos de captação de aforro estruturados correspondem a instrumentos financeiros que, embora assumam a forma jurídica de um instrumento original já existente, têm características que não são directamente identificáveis com as do instrumento original, em virtude de terem associados outros instrumentos de cuja evolução depende, total ou parcialmente, a sua rendibilidade, sendo o risco do investimento assumido, ainda que só em parte, pelo tomador do seguro.

901

[76] DL 72/2008 Arts. 207.°-208.°   Tít. III.   Seguro de pessoas

2. São qualificados como instrumentos de captação de aforro estruturados os seguros ligados a fundos de investimento, podendo, por norma regulamentar da autoridade de supervisão competente, ser qualificados como instrumentos de captação de aforro estruturados outros contratos ou operações que reúnam as características identificadas no número anterior.

3. Sem prejuízo do disposto no n.° 1 do artigo 187.°, a apólice de seguros ligados a fundos de investimento deve estabelecer:

a) A constituição de um valor de referência;

b) Os direitos do tomador do seguro, quando da eventual liquidação de um fundo de investimento ou da eliminação de uma unidade de conta, antes do termo do contrato;

c) A forma de informação sobre a evolução do valor de referência, bem como a regularidade da mesma;

d) As condições de liquidação do valor de resgate e das importâncias seguras, quer seja efectuada em numerário quer nos títulos que resultam do funcionamento do contrato;

e) A periodicidade da informação a prestar ao tomador do seguro sobre a composição da carteira de investimentos.

SECÇÃO II.   **Operações de capitalização**

Art. 207.° (Extensão)

O regime comum do contrato de seguro e o regime especial do seguro de vida são aplicáveis subsidiariamente às operações de capitalização, desde que compatíveis com a respectiva natureza.

Art. 208.° (Documento escrito)

1. Das condições gerais e especiais das operações de capitalização devem constar os seguintes elementos:

a) A identificação das partes;

b) O capital garantido e os respectivos valores de resgate nas datas aniversárias do contrato;

c) As prestações a satisfazer pelo subscritor ou portador do título;

d) Os encargos, sua forma de incidência e o momento em que são cobrados;

e) A indicação de que o contrato confere ou não confere o direito à participação nos resultados e, no primeiro caso, de qual a forma de cálculo e de distribuição desses resultados;

f) A indicação de que o subscritor ou portador do título pode requerer, a qualquer momento, as seguintes informações:

    i) Em contratos de prestação única com participação nos resultados, o valor da participação nos resultados distribuída até ao momento referido no pedido de informação;

    ii) Em contratos de prestações periódicas, a situação relativa ao pagamento das prestações e, caso se tenha verificado falta de pagamento, o valor de resgate contratualmente garantido, se a ele houver lugar, bem como a participação nos resultados distribuídos, se for caso disso;

Cap. III. Seguros de acidente e de saúde   **Arts. 209.º-211.º DL 72/2008 [76]**

g) O início e a duração do contrato;
h) As condições de resgate;
i) A forma de transmissão do título;
j) A indicação do regime aplicável em caso de destruição, perda ou extravio do título;
l) As condições de cessação do contrato por iniciativa de uma das partes;
m) A lei aplicável ao contrato e as condições de arbitragem.
2. Sem prejuízo do disposto no número anterior, os contratos de capitalização expressos em unidades de conta devem incluir as cláusulas estabelecidas no n.º 3 do artigo 206.º
3. Tratando-se de títulos ao portador, as condições gerais ou especiais do contrato devem prever a obrigatoriedade de o seu legítimo detentor, em caso de extravio, avisar imediatamente o segurador.
4. Nas condições particulares, os títulos devem referir:
a) O número respectivo;
b) O capital contratado;
c) As datas de início e de termo do contrato;
d) O montante das prestações e as datas da sua exigibilidade, quando periódicas;
e) A taxa técnica de juro garantido;
f) A participação nos resultados, se for caso disso;
g) O subscritor ou o detentor, no caso de títulos nominativos.
5. As condições gerais e especiais dos contratos de capitalização devem ser identificadas no título emitido no momento da celebração de cada contrato.
6. O título a que se refere o número anterior pode revestir a forma escritural, nos termos regulamentados pelas autoridades de supervisão competentes.

Art. 209.º (Manutenção do contrato)
A posição do subscritor no contrato transmite-se, em caso de morte, para os sucessores, mantendo-se o contrato até ao prazo do vencimento.

CAPÍTULO III. **Seguros de acidente e de saúde**

SECÇÃO I. **Seguro de acidentes pessoais**

Art. 210.º (Noção)
No seguro de acidentes pessoais, o segurador cobre o risco da verificação de lesão corporal, invalidez, temporária ou permanente, ou morte da pessoa segura, por causa súbita, externa e imprevisível.

Art. 211.º (Remissão)
1. As regras constantes dos artigos 192.º, 193.º, 198.º, 199.º, n.ᵒˢ 1 a 3, 200.º e 201.º são aplicáveis, com as necessárias adaptações, aos seguros de acidentes pessoais.
2. O disposto sobre salvamento e mitigação do sinistro nos artigos 126.º e 127.º aplica-se aos seguros de acidentes pessoais com as necessárias adaptações.

903

[76] DL 72/2008 Arts. 212.°-217.°   Tít. III.   Seguro de pessoas

Art. 212.° (Regra especial)
1. Se o contrato respeitar a terceiro, em caso de dúvida, é este o beneficiário do seguro.
2. Se o tomador do seguro for designado como beneficiário e não sendo aquele a pessoa segura, para a celebração do contrato é necessário o consentimento desta, desde que a pessoa segura seja identificada individualmente no contrato.

SECÇÃO II.   **Seguro de saúde**

Art. 213.° (Noção)
No seguro de saúde, o segurador cobre riscos relacionados com a prestação de cuidados de saúde.

Art. 214.° (Cláusulas contratuais)
Do contrato de seguro de saúde anual renovável deve constar de forma bem visível e destacada que:
a) O segurador apenas cobre o pagamento das prestações convencionadas ou das despesas efectuadas em cada ano de vigência do contrato;
b) As condições de indemnização em caso de não renovação do contrato ou da cobertura da pessoa segura respeitam ao risco coberto no contrato, de acordo com o disposto no artigo 217.°

Art. 215.° (Regime aplicável)
Não é aplicável ao seguro de saúde:
a) O regime do agravamento do risco, previsto nos artigos 93.° e 94.°, relativamente às alterações do estado de saúde da pessoa segura;
b) A obrigação de informação da pluralidade de seguros, prevista nos n.ºs 2 e 3 do artigo 180.°

Art. 216.° (Doenças preexistentes)
1. As doenças preexistentes, conhecidas da pessoa segura à data da realização do contrato, consideram-se abrangidas na cobertura convencionada pelo segurador, podendo ser excluídas por acordo em contrário, de modo genérico ou especificadamente.
2. O contrato pode ainda prever um período de carência não superior a um ano para a cobertura de doenças preexistentes.

Art. 217.° (Cessação do contrato)
1. Em caso de não renovação do contrato ou da cobertura e não estando o risco coberto por um contrato de seguro posterior, o segurador não pode, nos dois anos subsequentes e até que se mostre esgotado o capital seguro no último período de vigência do contrato, recusar as prestações resultantes de doença manifestada ou outro facto ocorrido na vigência do contrato, desde que cobertos pelo seguro.
2. Para efeito do disposto no número anterior, o segurador deve ser informado da doença nos 30 dias imediatos ao termo do contrato, salvo justo impedimento.

904

PARTE SÉTIMA

**DEFESA DO CONSUMIDOR
RESPONSABILIDADE DO PRODUTOR
CÓDIGO DA PUBLICIDADE
DEFESA DA CONCORRÊNCIA E CONCENTRAÇÃO DE EMPRESAS
PRÁTICAS COMERCIAIS DESLEAIS**

			Págs.
[81]	Lei n.º 24/96, de 31 de Julho, sobre a defesa do consumidor	**(L 24/96)**	907
[82]	Decreto-Lei n.º 383/89, de 6 de Novembro, sobre a responsabilidade decorrente de produtos defeituosos	**(DL 383/89)**	917
[83]	Decreto-Lei n.º 330/90, de 23 de Outubro, aprova o Código da Publicidade	**(CPub)**	920
[84]	Decreto-Lei n.º 370/93, de 29 de Outubro, proíbe práticas (individuais) restritivas da concorrência	**(DL 370/93)**	935
[85]	Decreto-Lei n.º 105/98, de 24 de Abril, sobre a afixação ou inscrição de publicidade na proximidade de estradas nacionais	**(DL 105/98)**	939
[86]	Lei n.º 6/99, de 27 de Janeiro, sobre a publicidade domiciliária	**(L 6/99)**	944
[87]	Decreto-Lei n.º 146/99, de 4 de Maio, sobre a criação e o funcionamento de entidades privadas de resolução extrajucial de conflitos de consumo	**(DL 146/99)**	947
[88]	Decreto-Lei n.º 175/99, de 21 de Maio, regula a publicidade a serviços de audiotexto	**(DL 175/99)**	951
[89]	Decreto-Lei n.º 143/2001, de 26 de Abril, sobre contratos celebrados a distância, contratos ao domicílio e outros equiparados	**(DL 143/2001)**	954

905

[90] Decreto-Lei n.º 67/2003, de 8 de Abril, sobre certos aspectos
da venda de bens de consumo e das garantias a ela relativa **(DL 67/2003)** 968

[91] Lei n.º 18/2003, de 11 de Junho, aprova o regime jurídico
da concorrência **(L 18/2003)** 976

[92] Regulamento (CE) n.º 139/2004, do Conselho, de 20 de Janeiro
de 2004, relativo ao controlo das operações de concentração de empresas **(RegCE 139/2004)** 997

[93] Decreto-Lei n.º 95/2006, de 29 de Maio, sobre contratos celebrados à distância relativos a serviços financeiros **(DL 95/2006)** 1026

[94] Decreto-Lei n.º 70/2007, de 26 de Março, sobre práticas
comerciais com redução de preço nas vendas a retalho
praticadas em estabelecimentos comerciais **(DL 70/2007)** 1038

[95] Decreto-Lei n.º 57/2008, de 26 de Março, sobre as práticas
comerciais desleais **(DL 57/2008)** 1043

[96] Decreto-Lei n.º 133/2009, de 2 de Junho, regime jurídico dos
contratos de crédito ao consumo **(DL 133/2009)** 1055

DEFESA DO CONSUMIDOR

[81] LEI N.° 24/96
de 31 de Julho

A Assembleia da República decreta, nos termos dos artigos 164.°, alínea *d*), e 169.°, n.° 3, da Constituição, o seguinte:

CAPÍTULO I.   Princípios gerais

Art. 1.° (Dever geral de protecção)
1. Incumbe ao Estado, às Regiões Autónomas e às autarquias locais proteger o consumidor, designadamente através do apoio à constituição e funcionamento das associações de consumidores e de cooperativas de consumo, bem como à execução do disposto na presente lei.
2. A incumbência geral do Estado na protecção dos consumidores pressupõe a intervenção legislativa e regulamentar adequada em todos os domínios envolvidos.

Art. 2.° (Definição e âmbito)
1. Considera-se consumidor todo aquele a quem sejam fornecidos bens, prestados serviços ou transmitidos quaisquer direitos, destinados a uso não profissional, por pessoa que exerça com carácter profissional uma actividade económica que vise a obtenção de benefícios.
2. Consideram-se incluídos no âmbito da presente lei os bens, serviços e direitos fornecidos, prestados e transmitidos pelos organismos da Administração Pública, por pessoas colectivas públicas, por empresas de capitais públicos ou detidos maioritariamente pelo Estado, pelas Regiões Autónomas ou pelas autarquias locais e por empresas concessionárias de serviços públicos.

CAPÍTULO II.   Direitos do consumidor

Art. 3.° (Direitos do consumidor)
O consumidor tem direito:
a) À qualidade dos bens e serviços;
b) À protecção da saúde e da segurança física;
c) À formação e à educação para o consumo;

[81] L 24/96 Arts. 4.°-6.°

Defesa do consumidor

d) À informação para o consumo;

e) À protecção dos interesses económicos;

f) À prevenção e à reparação dos danos patrimoniais ou não patrimoniais que resultem da ofensa de interesses ou direitos individuais homogéneos, colectivos ou difusos;

g) À protecção jurídica e a uma justiça acessível e pronta;

h) À participação, por via representativa, na definição legal ou administrativa dos seus direitos e interesses.

Art. 4.° (Direito à qualidade dos bens e serviços)

Os bens e serviços destinados ao consumo devem ser aptos a satisfazer os fins a que se destinam e a produzir os efeitos que se lhes atribuem, segundo as normas legalmente estabelecidas, ou, na falta delas, de modo adequado às legítimas expectativas do consumidor.

Nota. Redacção introduzida pelo art. 13.° do DL n.° 67/2003, de 8 de Abril [**93**].

Art. 5.° (Direito à protecção da saúde e da segurança física)

1. É proibido o fornecimento de bens ou a prestação de serviços que, em condições de uso nommal ou previsível, incluindo a duração, impliquem riscos incompatíveis com a sua utilização, não aceitáveis de acordo com um nível elevado de protecção da saúde e da segurança física das pessoas.

2. Os serviços da Administração Pública que, no exercício das suas funções, tenham conhecimento da existência de bens ou serviços proibidos nos termos do número anterior devem notificar tal facto às entidades competentes para a fiscalização do mercado.

3. Os organismos competentes da Administração Pública devem mandar apreender e retirar do mercado os bens e interditar as prestações de serviços que impliquem perigo para a saúde ou segurança física dos consumidores, quando utilizados em condições normais ou razoavelmente previsíveis.

Art. 6.° (Direito à formação e à educação)

1. Incumbe ao Estado a promoção de uma política educativa para os consumidores, através da inserção nos programas e nas actividades escolares, bem como nas acções de educação permanente, de matérias relacionadas com o consumo e os direitos dos consumidores, usando, designadamente, os meios tecnológicos próprios numa sociedade de informação.

2. Incumbe ao Estado, às Regiões Autónomas e às autarquias locais desenvolver acções e adoptar medidas tendentes à formação e à educação do consumidor, designadamente através de:

a) Concretização, no sistema educativo, em particular no ensino básico e secundário, de programas e actividades de educação para o consumo;

b) Apoio às iniciativas que neste domínio sejam promovidas pelas associações de consumidores;

c) Promoção de acções de educação permanente de formação e sensibilização para os consumidores em geral;

908

Cap. II.   Direitos do consumidor **Arts. 7.º-8.º L 24/96 [81]**

d) Promoção de uma política nacional de formação de formadores e de técnicos especializados na área do consumo.

3. Os programas de carácter educativo difundidos no serviço público de rádio e de televisão devem integrar espaços destinados à educação e à formação do consumidor.

4. Na formação do consumidor devem igualmente ser utilizados meios telemáticos, designadamente através de redes nacionais e mundiais de informação, estimulando-se o recurso a tais meios pelo sector público e privado.

Art. 7.º (Direito à informação em geral)

1. Incumbe ao Estado, às Regiões Autónomas e às autarquias locais desenvolver acções e adoptar medidas tendentes à informação em geral do consumidor, designadamente através de:

a) Apoio às acções de informação promovidas pelas associações de consumidores;

b) Criação de serviços municipais de informação ao consumidor;

c) Constituição de conselhos municipais de consumo, com a representação, designadamente, de associações de interesses económicos e de interesses dos consumidores;

d) Criação de bases de dados e arquivos digitais acessíveis, de âmbito nacional, no domínio do direito do consumo, destinados a difundir informação geral e específica;

e) Criação de bases de dados e arquivos digitais acessíveis em matéria de direitos do consumidor, de acesso incondicionado.

2. O serviço público de rádio e de televisão deve reservar espaços, em termos que a lei definirá, para a promoção dos interesses e direitos do consumidor.

3. A informação ao consumidor é prestada em língua portuguesa.

4. A publicidade deve ser lícita, inequivocamente identificada e respeitar a verdade e os direitos dos consumidores.

5. As informações concretas e objectivas contidas nas mensagens publicitárias de determinado bem, serviço ou direito consideram-se integradas no conteúdo dos contratos que se venham a celebrar após a sua emissão, tendo-se por não escritas as cláusulas contratuais em contrário.

Art. 8.º (Direito à informação em particular)

1. O fornecedor de bens ou prestador de serviços deve, tanto nas negociações como na celebração de um contrato, informar de forma clara, objectiva e adequada o consumidor, nomeadamente, sobre características, composição e preço do bem ou serviço, bem como sobre o período de vigência do contrato, garantias, prazos de entrega e assistência após o negócio jurídico.

2. A obrigação de informar impende também sobre o produtor, o fabricante, o importador, o distribuidor, o embalador e o armazenista, por forma que cada elo do ciclo produção-consumo possa encontrar-se habilitado a cumprir a sua obrigação de informar o elo imediato até ao consumidor, destinatário final da informação.

3. Os riscos para a saúde e segurança dos consumidores que possam resultar da normal utilização de bens ou serviços perigosos devem ser comunicados, de

909

[81] L 24/96 Art. 9.º

Defesa do consumidor

modo claro, completo e adequado, pelo fornecedor ou prestador de serviços ao potencial consumidor.

4. Quando se verifique falta de informação, informação insuficiente, ilegível ou ambígua que comprometa a utilização adequada do bem ou do serviço, o consumidor goza do direito de retractação do contrato relativo à sua aquisição ou prestação, no prazo de sete dias úteis a contar da data de recepção do bem ou da data de celebração do contrato de prestação de serviços.

5. O fornecedor de bens ou o prestador de serviços que viole o dever de informar responde pelos danos que causar ao consumidor, sendo solidariamente responsáveis os demais intervenientes na cadeia da produção à distribuição que hajam igualmente violado o dever de informação.

6. O dever de informar não pode ser denegado ou condicionado por invocação de segredo de fabrico não tutelado na lei, nem pode prejudicar o regime jurídico das cláusulas contratuais gerais ou outra legislação mais favorável para o consumidor.

Art. 9.º (Direito à protecção dos interesses económicos)

1. O consumidor tem direito à protecção dos seus interesses económicos, impondo-se nas relações jurídicas de consumo a igualdade material dos intervenientes, a lealdade e a boa fé, nos preliminares, na formação e ainda na vigência dos contratos.

2. Com vista à prevenção de abusos resultantes de contratos pré-elaborados, o fornecedor de bens e o prestador de serviços estão obrigados:

a) À redacção clara e precisa, em caracteres facilmente legíveis, das cláusulas contratuais gerais, incluindo as inseridas em contratos singulares;

b) À não inclusão de cláusulas em contratos singulares que originem significativo desequilíbrio em detrimento do consumidor.

3. A inobservância do disposto no número anterior fica sujeita ao regime das cláusulas contratuais gerais.

4. O consumidor não fica obrigado ao pagamento de bens ou serviços que não tenha prévia e expressamente encomendado ou solicitado, ou que não constitua cumprimento de contrato válido, não lhe cabendo, do mesmo modo, o encargo da sua devolução ou compensação, nem a responsabilidade pelo risco de perecimento ou deterioração da coisa.

5. O consumidor tem direito à assistência após a venda, com incidência no fornecimento de peças e acessórios, pelo período de duração média normal dos produtos fornecidos.

6. É vedado ao fornecedor ou prestador de serviços fazer depender o fornecimento de um bem ou a prestação de um serviço da aquisição ou da prestação de um outro ou outros.

7. Sem prejuízo de regimes mais favoráveis, nos contratos que resultem da iniciativa do fornecedor de bens ou do prestador de serviços fora do estabelecimento comercial, por meio de correspondência ou outros equivalentes, é assegurado ao consumidor o direito de retractação, no prazo de sete dias úteis a contar da data da recepção do bem ou da conclusão do contrato de prestação de serviços.

910

Cap. II. Direitos do consumidor   Arts. 10.°-12.° L 24/96 **[81]**

8. Incumbe ao Governo adoptar medidas adequadas a assegurar o equilíbrio das relações jurídicas que tenham por objecto bens e serviços essenciais, designadamente água, energia eléctrica, gás, telecomunicações e transportes públicos.

9. Incumbe ao Governo adoptar medidas tendentes a prevenir a lesão dos interesses dos consumidores no domínio dos métodos de venda que prejudiquem a avaliação consciente das cláusulas apostas em contratos singulares e a formação livre, esclarecida e ponderada da decisão de se vincularem.

Art. 10.° (Direito à prevenção e acção inibitória)

1. É assegurado o direito de acção inibitória destinada a prevenir, corrigir ou fazer cessar práticas lesivas dos direitos do consumidor consignados na presente lei, que, nomeadamente:

   a) Atentem contra a sua saúde e segurança física;
   b) Se traduzam no uso de cláusulas gerais proibidas;
   c) Consistam em práticas comerciais expressamente proibidas por lei.

2. A sentença proferida em acção inibitória pode ser acompanhada de sanção pecuniária compulsória, prevista no artigo 829.°-A do Código Civil, sem prejuízo da indemnização a que houver lugar.

Nota. Cf. a L. n.° 25/2004, de 8 de Julho, que transpõe para a ordem jurídica nacional a Directiva n.° 98/27/CE, do Parlamaneto Europeu e do Conselho, de 19 de Maio, relativa às acções inibitórias em matéria de protecção dos interesses dos consumidores.

Art. 11.° (Forma de processo da acção inibitória)

1. A acção inibitória tem o valor equivalente ao da alçada da Relação mais 1$, segue os termos do processo sumário e está isenta de custas.

2. A decisão especificará o âmbito da abstenção ou correcção, designadamente através da referência concreta do seu teor e a indicação do tipo de situações a que se reporta.

3. Transitada em julgado, a decisão condenatória será publicitada a expensas do infractor, nos termos fixados pelo juiz, e será registada em serviço a designar nos termos da legislação regulamentar da presente lei.

4. Quando se tratar de cláusulas contratuais gerais, aplicar-se-á ainda o disposto nos artigos 31.° e 32.° do Decreto-Lei n.° 446/85, de 25 de Outubro, com a redacção que lhe foi dada pelo Decreto-Lei n.° 220/95, de 31 de Agosto.

Art. 12.° (Direito à reparação de danos)

1. O consumidor tem direito à indemnização dos danos patrimoniais e não patrimoniais resultantes do fornecimento de bens ou prestações de serviços defeituosos.

2. O produtor é responsável, independentemente de culpa, pelos danos causados por defeitos de produtos que coloque no mercado, nos termos da lei.

3. Os direitos conferidos ao consumidor nos termos do n.° 1 caducam findo qualquer dos prazos referidos no número anterior sem que o consumidor tenha feito a denúncia, ou decorridos sobre esta seis meses, não se contando para o efeito o tempo despendido com as operações de reparação.

[81] L 24/96 Arts. 13.º-16.º

Defesa do consumidor

4. Sem prejuízo do disposto no número anterior, o consumidor tem direito à indemnização dos danos patrimoniais e não patrimoniais resultantes do fornecimento de bens ou prestações de serviços defeituosos.

5. O produtor é responsável, independentemente de culpa, pelos danos causados por defeitos de produtos que coloque no mercado, nos termos da lei.

Nota. Redacção introduzida pelo art. 13.º do DL n.º 67/2003, de 8 de Abril [**93**].

Art. 13.º (Legitimidade activa)

Têm legitimidade para intentar as acções previstas nos artigos anteriores:

a) Os consumidores directamente lesados;

b) Os consumidores e as associações de consumidores ainda que não directamente lesados, nos termos da Lei n.º 83/95, de 31 de Agosto;

c) O Ministério Público e o Instituto do Consumidor quando estejam em causa interesses individuais homogéneos, colectivos ou difusos.

Art. 14.º (Direito à protecção jurídica e direito a uma justiça acessível e pronta)

1. Incumbe aos órgãos e departamentos da Administração Pública promover a criação e apoiar centros de arbitragem com o objectivo de dirimir os conflitos de consumo.

2. É assegurado ao consumidor o direito à isenção de preparos nos processos em que pretenda a protecção dos seus interesses ou direitos, a condenação por incumprimento do fornecedor de bens ou prestador de serviços, ou a reparação de perdas e danos emergentes de factos ilícitos ou da responsabilidade objectiva definida nos termos da lei, desde que o valor da acção não exceda a alçada do tribunal judicial de 1.ª instância.

3. Os autores nos processos definidos no número anterior ficam isentos do pagamento de custas em caso de procedência parcial da respectiva acção.

4. Em caso de decaimento total, o autor ou autores intervenientes serão condenados em montantes, a fixar pelo julgador, entre um décimo e a totalidade das custas que normalmente seriam devidas, tendo em conta a sua situação económica e a razão formal ou substantiva da improcedência.

Art. 15.º (Direito de participação por via representativa)

O direito de participação consiste, nomeadamente, na audição e consulta prévias, em prazo razoável, das associações de consumidores no tocante às medidas que afectem os direitos ou interesses legalmente protegidos dos consumidores.

CAPÍTULO III.   **Carácter injuntivo dos direitos dos consumidores**

Art. 16.º (Nulidade)

1. Sem prejuízo do regime das cláusulas contratuais gerais, qualquer convenção ou disposição contratual que exclua ou restrinja os direitos atribuídos pela presente lei é nula.

2. A nulidade referida no número anterior apenas pode ser invocada pelo consumidor ou seus representantes.

Cap. IV.   Inst. de prom. e tutela dos direitos do consumidor   **Arts. 17.º-18.º L 24/96 [81]**

3. O consumidor pode optar pela manutenção do contrato quando algumas das suas cláusulas forem nulas nos termos do n.º 1.

CAPÍTULO IV.   **Instituições de promoção e tutela dos direitos do consumidor**

Art. 17.º (Associações de consumidores)

1. As associações de consumidores são associações dotadas de personalidade jurídica, sem fins lucrativos e com o objectivo principal de proteger os direitos e os interesses dos consumidores em geral ou dos consumidores seus associados.

2. As associações de consumidores podem ser de âmbito nacional, regional ou local, consoante a área a que circunscrevam a sua acção e tenham, pelo menos, 3000, 500 ou 100 associados, respectivamente.

3. As associações de consumidores podem ser ainda de interesse genérico ou de interesse específico:

a) São de interesse genérico as associações de consumidores cujo fim estatutário seja a tutela dos direitos dos consumidores em geral e cujos órgãos sejam livremente eleitos pelo voto universal e secreto de todos os seus associados;

b) São de interesse específico as demais associações de consumidores de bens e serviços determinados, cujos órgãos sejam livremente eleitos pelo voto universal e secreto de todos os seus associados.

4. As cooperativas de consumo são equiparadas, para os efeitos do disposto no presente diploma, às associações de consumidores.

Art. 18.º (Direitos das associações de consumidores)

1. As associações de consumidores gozam dos seguintes direitos:

a) Ao estatuto de parceiro social em matérias que digam respeito à política de consumidores, nomeadamente traduzido na indicação de representantes para órgãos de consulta ou concertação que se ocupem da matéria;

b) Direito de antena na rádio e na televisão, nos mesmos termos das associações com estatuto de parceiro social;

c) Direito a representar os consumidores no processo de consulta e audição públicas a realizar no decurso da tomada de decisões susceptíveis de afectar os direitos e interesses daqueles;

d) Direito a solicitar, junto das autoridades administrativas ou judiciais competentes, a apreensão e retirada de bens do mercado ou a interdição de serviços lesivos dos direitos e interesses dos consumidores;

e) Direito a corrigir e a responder ao conteúdo de mensagens publicitárias relativas a bens e serviços postos no mercado, bem como a requerer, junto das autoridades competentes, que seja retirada do mercado publicidade enganosa ou abusiva;

f) Direito a consultar os processos e demais elementos existentes nas repartições e serviços públicos da administração central, regional ou local que contenham dados sobre as características de bens e serviços de consumo e de divulgar as informações necessárias à tutela dos interesses dos consumidores;

913

[81] L 24/96 Art. 19.º

Defesa do consumidor

g) Direito a serem esclarecidas sobre a formação dos preços de bens e serviços, sempre que o solicitem;

h) Direito de participar nos processos de regulação de preços de fornecimento de bens e de prestações de serviços essenciais, nomeadamente nos domínios da água, energia, gás, transportes e telecomunicações, e a solicitar os esclarecimentos sobre as tarifas praticadas e a qualidade dos serviços, por forma a poderem pronunciar-se sobre elas;

i) Direito a solicitar aos laboratórios oficiais a realização de análises sobre a composição ou sobre o estado de conservação e demais características dos bens destinados ao consumo público e de tornarem públicos os correspondentes resultados, devendo o serviço ser prestado segundo tarifa que não ultrapasse o preço de custo;

j) Direito à presunção de boa fé das informações por elas prestadas;

l) Direito à acção popular;

m) Direito de queixa e denúncia, bem como direito de se constituírem como assistentes em sede de processo penal e a acompanharem o processo contra-ordenacional, quando o requeiram, apresentando memoriais, pareceres técnicos, sugestão de exames ou outras diligências de prova até que o processo esteja pronto para decisão final;

n) Direito à isenção do pagamento de custas, preparos e de imposto do selo, nos termos da Lei n.º 83/95, de 31 de Agosto;

o) Direito a receber apoio do Estado, através da administração central, regional e local, para a prossecução dos seus fins, nomeadamente no exercício da sua actividade no domínio da formação, informação e representação dos consumidores;

p) Direito a benefícios fiscais idênticos aos concedidos ou a conceder às instituições particulares de solidariedade social.

2. Os direitos previstos nas alíneas *a*) e *b*) do número anterior são exclusivamente conferidos às associações de consumidores de âmbito nacional e de interesse genérico.

3. O direito previsto na alínea *h*) do n.º 1 é conferido às associações de interesse genérico ou de interesse específico quando esse interesse esteja directamente relacionado com o bem ou serviço que é objecto da regulação de preços e, para os serviços de natureza não regional ou local, exclusivamente conferido a associações de âmbito nacional.

Art. 19.º (Acordos de boa conduta)

1. As associações de consumidores podem negociar com os profissionais ou as suas organizações representativas acordos de boa conduta, destinados a reger as relações entre uns e outros.

2. Os acordos referidos no número anterior não podem contrariar os preceitos imperativos da lei, designadamente os da lei da concorrência, nem conter disposições menos favoráveis aos consumidores do que as legalmente previstas.

3. Os acordos de boa conduta celebrados com associações de consumidores de interesse genérico obrigam os profissionais ou representados em relação a todos os consumidores, sejam ou não membros das associações intervenientes.

Cap. IV.   Inst. de prom. e tutela dos direitos do consumidor   **Arts. 20.º-22.º L 24/96 [81]**

4. Os acordos atrás referidos devem ser objecto de divulgação, nomeadamente através da afixação nos estabelecimentos comerciais, sem prejuízo da utilização de outros meios informativos mais circunstanciados.

Art. 20.º (Ministério Público)
Incumbe também ao Ministério Público a defesa dos consumidores no âmbito da presente lei e no quadro das respectivas competências, intervindo em acções administrativas e cíveis tendentes à tutela dos interesses individuais homogéneos, bem como de interesses colectivos ou difusos dos consumidores.

Art. 21.º (Instituto do Consumidor)
1. O Instituto do Consumidor é o instituto público destinado a promover a política de salvaguarda dos direitos dos consumidores, bem como a coordenar e executar as medidas tendentes à sua protecção, informação e educação e de apoio às organizações de consumidores.

2. Para a prossecução das suas atribuições, o Instituto do Consumidor é considerado autoridade pública e goza dos seguintes poderes:

a) Solicitar e obter dos fornecedores de bens e prestadores de serviços, bem como das entidades referidas no n.º 2 do artigo 2.º, mediante pedido fundamentado, as informações, os elementos e as diligências que entender necessários à salvaguarda dos direitos e interesses dos consumidores;

b) Participar na definição do serviço público de rádio e de televisão em matéria de informação e educação dos consumidores;

c) Representar em juízo os direitos e interesses colectivos e difusos dos consumidores;

d) Ordenar medidas cautelares de cessação, suspensão ou interdição de fornecimentos de bens ou prestações de serviços que, independentemente de prova de uma perda ou um prejuízo real, pelo seu objecto, forma ou fim, acarretem ou possam acarretar riscos para a saúde, a segurança e os interesses económicos dos consumidores.

Nota. Cf. o DL n.º 234/99, de 25 de Junho.

Art. 22.º (Conselho Nacional do Consumo)
1. O Conselho Nacional do Consumo é um órgão independente de consulta e acção pedagógica e preventiva, exercendo a sua acção em todas as matérias relacionadas com o interesse dos consumidores.

2. São, nomeadamente, funções do Conselho:

a) Pronunciar-se sobre todas as questões relacionadas com o consumo que sejam submetidas à sua apreciação pelo Governo, pelo Instituto do Consumidor, pelas associações de consumidores ou por outras entidades nele representadas;

b) Emitir parecer prévio sobre iniciativas legislativas relevantes em matéria de consumo;

c) Estudar e propor ao Governo a definição das grandes linhas políticas e estratégicas gerais e sectoriais de acção na área do consumo;

d) Dar parecer sobre o relatório e o plano de actividades anuais do Instituto do Consumidor;

915

[81] L 24/96 Arts. 23.°-25.°   Defesa do consumidor

e) Aprovar recomendações a entidades públicas ou privadas ou aos consumidores sobre temas, actuações ou situações de interesse para a tutela dos direitos do consumidor.

3. O Governo, através do Instituto do Consumidor, presta ao Conselho o apoio administrativo, técnico e logístico necessário.

4. Incumbe ao Governo, mediante diploma próprio, regulamentar o funcionamento, a composição e o modo de designação dos membros do Conselho Nacional do Consumo, devendo em todo o caso ser assegurada uma representação dos consumidores não inferior a 50% da totalidade dos membros do Conselho.

Nota. Cfr. o DL n.° 154/97, de 20 de Junho, que regulamenta o Conselho Nacional do Consumo.

CAPÍTULO V.   **Disposições finais**

Art. 23.° (Profissões liberais)
O regime de responsabilidade por serviços prestados por profissionais liberais será regulado em leis próprias.

Art. 24.° (Norma revogatória)
1. É revogada a Lei n.° 29/81, de 22 de Agosto.
2. Consideram-se feitas à presente lei as referências à Lei n.° 29/81, de 22 de Agosto.

Art. 25.° (Vigência)
Os regulamentos necessários à execução da presente lei serão publicados no prazo de 180 dias após a sua entrada em vigor.

916

RESPONSABILIDADE CIVIL DO PRODUTOR

[82] DECRETO-LEI N.º 383/89
de 6 de Novembro

O presente diploma transpõe para a ordem jurídica interna a Directiva n.º 85/374/CEE, do Conselho, de 25 de Julho de 1985, relativa à aproximação das disposições legislativas, regulamentares e administrativas dos Estados membros em matéria da responsabilidade decorrente de produtos defeituosos.

(...)

Nos termos da alínea *a*) do n.º 1 do artigo 201.º da Constituição, o Governo decreta o seguinte:

Art. 1.º (Responsabilidade objectiva do produtor)

O produtor é responsável, independentemente de culpa, pelos danos causados por defeitos dos produtos que põe em circulação.

Art. 2.º (Produtor)

1. Produtor é o fabricante do produto acabado, de uma parte componente ou de matéria-prima, e ainda quem se apresente como tal pela aposição no produto do seu nome, marca ou outro sinal distintivo.

2. Considera-se também produtor:

a) Aquele que, na Comunidade Económica Europeia e no exercício da sua actividade comercial, importe do exterior da mesma produtos para venda, aluguer, locação financeira ou outra qualquer forma de distribuição;

b) Qualquer fornecedor de produto cujo produtor comunitário ou importador não esteja identificado, salvo se, notificado por escrito, comunicar ao lesado no prazo de três meses, igualmente por escrito, a identidade de um outro, ou a de algum fornecedor precedente.

Art. 3.º (Produto)

1. Entende-se por produto qualquer coisa móvel, ainda que incorporada noutra coisa móvel ou imóvel.

2. (...).

Nota. O n.º 2 foi revogado pelo art. 2.º do DL n.º 131/2001, de 24 de Abril.

Art. 4.º (Defeito)

1. Um produto é defeituoso quando não oferece a segurança com que legitimamente se pode contar, tendo em atenção todas as circunstâncias, designadamente

[82] DL 383/89 Arts. 5.°-9.°

Responsabilidade civil do produtor

a sua apresentação, a utilização que dele razoavelmente possa ser feita e o momento da sua entrada em circulação.

2. Não se considera defeituoso um produto pelo simples facto de posteriormente ser posto em circulação outro mais aperfeiçoado.

Art. 5.° (Exclusão de responsabilidade)

O produtor não é responsável se provar:

a) Que não pôs o produto em circulação;

b) Que, tendo em conta as circunstâncias, se pode razoavelmente admitir a inexistência do defeito no momento da entrada do produto em circulação;

c) Que não fabricou o produto para venda ou qualquer outra forma de distribuição com um objectivo económico, nem o produziu ou distribuiu no âmbito da sua actividade profissional;

d) Que o defeito é devido à conformidade do produto com normas imperativas estabelecidas pelas autoridades públicas;

e) Que o estado dos conhecimentos científicos e técnicos, no momento em que pôs o produto em circulação, não permitia detectar a existência do defeito;

f) Que, no caso de parte componente, o defeito é imputável à concepção do produto em que foi incorporada ou às instruções dadas pelo fabricante do mesmo.

Art. 6.° (Responsabilidade solidária)

1. Se várias pessoas forem responsáveis pelos danos, é solidária a sua responsabilidade.

2. Nas relações internas, deve atender-se às circunstancias, em especial ao risco criado por cada responsável, à gravidade da culpa com que eventualmente tenha agido e à sua contribuição para o dano.

3. Em caso de dúvida, a repartição da responsabilidade faz-se em partes iguais.

Art. 7.° (Concurso do lesado e de terceiro)

1. Quando um facto culposo do lesado tiver concorrido para o dano, pode o tribunal, tendo em conta todas as circunstâncias, reduzir ou excluir a indemnização.

2. Sem prejuízo do disposto nos n.ºs 2 e 3 do artigo anterior, a responsabilidade do produtor não é reduzida quando a intervenção de um terceiro tiver concorrido para o dano.

Art. 8.° (Danos ressarcíveis)

São ressarcíveis os danos resultantes de morte ou lesão pessoal e os danos em coisa diversa do produto defeituoso, desde que seja normalmente destinada ao uso ou consumo privado e o lesado lhe tenha dado principalmente este destino.

Nota. Redacção introduzida pelo art. 1.° do DL n.° 131/2001, de 24 de Abril.

Art. 9.° (Limites)

Os danos causados em coisas a que sem refere o artigo anterior só são indemnizáveis na medida em que excedam o valor de € 500 ou 100 241$.

Nota. Redacção introduzida pelo art. 1.° do DL n.° 131/2001, de 24 de Abril.

Responsabilidade civil do produtor | Arts. 10.º-15.º DL 383/89 **[82]**

Art. 10.º (Inderrogabilidade)
Não pode ser excluída ou limitada a responsabilidade perante o lesado, tendo-se por não escritas as estipulações em contrário.

Art. 11.º (Prescrição)
O direito ao ressarcimento prescreve no prazo de três anos a contar da data em que o lesado teve ou deveria ter tido conhecimento do dano, do defeito e da identidade do produtor.

Art. 12.º (Caducidade)
Decorridos 10 anos sobre a data em que o produtor pôs em circulação o produto causador do dano, caduca o direito ao ressarcimento, salvo se estiver pendente acção intentada pelo lesado.

Art. 13.º (Outras disposições legais)
O presente diploma não afasta a responsabilidade decorrente de outras disposições legais.

Art. 14.º (Acidentes nucleares)
Aos danos provenientes de acidentes nucleares regulados por convenções internacionais vigentes no Estado Português não são aplicáveis as disposições do presente diploma.

Art. 15.º (Norma transitória)
Este diploma não se aplica aos danos causados por produtos postos em circulação antes da sua entrada em vigor.

[83] DECRETO-LEI N.º 330/90
de 23 de Outubro

Nos termos da alínea *a*) do n.º 1 do artigo 201.º da Constituição, o Governo decreta o seguinte:

Art. 1.º
É aprovado o Código da Publicidade, anexo ao presente diploma e que dele faz parte integrante.

Art. 2.º
1. É revogado o Decreto-Lei n.º 303/83, de 28 de Junho.
2. Consideram-se feitas para as correspondentes disposições do presente Código as remissões para o Decreto-Lei n.º 303/83, de 28 de Junho.

Nota. A redacção do n.º 1 foi introduzida pelo art. 1.º do DL n.º 74/93, de 10 de Março.

Art. 3.º
1. O Código agora aprovado entra cm vigor no dia imediato ao da sua publicação, salvo quanto ao disposto nos artigos 24.º, 25.º e 26.º, que entram em vigor a 1 de Outubro de 1991.
2. (…).

Nota. O n.º 2 foi revogado pelo art. único do DL n.º 61/97, de 25 de Março.

CÓDIGO DA PUBLICIDADE

CAPÍTULO I. Disposições gerais

Art. 1.º (Âmbito do diploma)
O presente diploma aplica-se a qualquer forma de publicidade, independentemente do suporte utilizado para a sua difusão.

Art. 2.º (Direito aplicável)
A publicidade rege-se pelo disposto no presente diploma e, subsidiariamente, pelas normas de direito civil ou comercial.

Art. 3.º (Conceito de publicidade)
1. Considera-se publicidade, para efeitos do presente diploma, qualquer forma de comunicação feita por entidades de natureza pública ou privada, no âmbito de uma actividade comercial, industrial, artesanal ou liberal, com o objectivo directo ou indirecto de:

a) Promover, com vista à sua comercialização ou alienação, quaisquer bens ou serviços;

b) Promover ideias, princípios, iniciativas ou instituições.

2. Considera-se, também, publicidade qualquer forma de comunicação da Administração Pública, não prevista no número anterior, que tenha por objectivo, directo ou indirecto, promover o fornecimento de bens ou serviços.

3. Para efeitos do presente diploma, não se considera publicidade a propaganda política.

Nota. Redacção introduzida pelo art. 1.º do DL n.º 6/95, de 17 de Janeiro.

Art. 4.º (Conceito de actividade publicitária)
1. Considera-se actividade publicitária o conjunto de operações relacionadas com a difusão de uma mensagem publicitária junto dos seus destinatários, bem como as relações jurídicas e técnicas daí emergentes entre anunciantes, profissionais, agências de publicidade e entidades que explorem os suportes publicitários que efectuem as referidas operações.

2. Incluem-se entre as operações referidas no número anterior, designadamente, as de concepção, criação, produção, planificação e distribuição publicitárias.

Nota. A redacção do n.º 1 foi introduzida pelo art. 1.º do DL n.º 275/98, de 9 de Setembro.

[83] CPub Arts. 5.º-7.º   Código da publicidade

Art. 5.º (Anunciante, profissional, agência de publicidade, suporte publicitário e destinatário)

1. Para efeitos do disposto no presente diploma, considera-se:

a) Anunciante: a pessoa singular ou colectiva no interesse de quem se realiza a publicidade;

b) Profissional ou agência de publicidade: pessoa singular que exerce a actividade publicitária ou pessoa colectiva que tenha por objecto exclusivo o exercício da actividade publicitária;

c) Suporte publicitário: o veículo utilizado para a transmissão da mensagem publicitária;

d) Destinatário: a pessoa singular ou colectiva a quem a mensagem publicitária se dirige ou que por ela, de qualquer forma, seja atingida.

2. Não podem constituir suporte publicitário as publicações periódicas informativas editadas pelos órgãos das autarquias locais, salvo se o anunciante for uma empresa municipal de capitais exclusiva ou maioritariamente públicos.

Nota. Redacção introduzida pelo art. 1.º do DL n.º 275/98, de 9 de Setembro, e pelo art. único do DL n.º 224/2004, de 4 de Dezembro.

CAPÍTULO II.   **Regime geral da publicidade**

SECÇÃO I.   **Princípios gerais**

Art. 6.º (Princípios da publicidade)

A publicidade rege-se pelos princípios da licitude, identificabilidade, veracidade e respeito pelos direitos do consumidor.

Art. 7.º (Princípio da licitude)

1. É proibida a publicidade que, pela sua forma, objecto ou fim, ofenda os valores, princípios e instituições fundamentais constitucionalmente consagrados.

2. É proibida, nomeadamente, a publicidade que:

a) Se socorra, depreciativamente, de instituições, símbolos nacionais ou religiosos ou personagens históricas;

b) Estimule ou faça apelo à violência, bem como a qualquer actividade ilegal ou criminosa;

c) Atente contra a dignidade da pessoa humana;

d) Contenha qualquer discriminação em relação à raça, língua, território de origem, religião ou sexo;

e) Utilize, sem autorização da própria, a imagem ou as palavras de alguma pessoa;

f) Utilize linguagem obscena;

g) Encoraje comportamentos prejudiciais à protecção do ambiente;

h) Tenha como objecto ideias de conteúdo sindical, político ou religioso.

3. Só é permitida a utilização de línguas de outros países na mensagem publicitária, mesmo que em conjunto com a língua portuguesa, quando aquela tenha

922

Cap. II.   Regime geral da publicidade   **Arts. 8.º-11.º CPub [83]**

os estrangeiros por destinatários exclusivos ou principais, sem prejuízo do disposto no número seguinte.

4. É admitida a utilização excepcional de palavras ou de expressões em línguas de outros países quando necessárias à obtenção do efeito visado na concepção da mensagem.

Nota. Redacção introduzida pelo art. 1.º do DL n.º 6/95, de 17 de Janeiro, e pelo art. 1.º do DL n.º 275/98, de 9 de Setembro.

Art. 8.º (Princípio da identificabilidade)

1. A publicidade tem de ser inequivocamente identificada como tal, qualquer que seja o meio de difusão utilizado.

2. A publicidade efectuada na rádio e na televisão deve ser claramente separada da restante programação, através da introdução de um separador no início e no fim do espaço publicitário.

3. O separador a que se refere o número anterior é constituído na rádio, por sinais acústicos, e, na televisão, por sinais ópticos ou acústicos, devendo, no caso da televisão, conter, de forma perceptível para os destinatários, a palavra «Publicidade» no separador que precede o espaço publicitário.

Nota. Redacção introduzida pelo art. 1.º do DL n.º 6/95, de 17 de Janeiro.

Art. 9.º (Publicidade oculta ou dissimulada)

1. É vedado o uso de imagens subliminares ou outros meios dissimuladores que explorem a possibilidade de transmitir publicidade sem que os destinatários se apercebam da natureza publicitária da mensagem.

2. Na transmissão televisiva ou fotográfica de quaisquer acontecimentos ou situações, reais ou simulados, é proibida a focagem directa e exclusiva da publicidade aí existente.

3. Considera-se publicidade subliminar, para os efeitos do presente diploma, a publicidade que, mediante o recurso a qualquer técnica, possa provocar no destinatário percepções sensoriais de que ele não chegue a tomar consciência.

Art. 10.º (Princípio da veracidade)

1. A publicidade deve respeitar a verdade, não deformando os factos.

2. As afirmações relativas à origem, natureza, composição, propriedade e condições de aquisição dos bens ou serviços publicitados devem ser exactas e passíveis de prova, a todo o momento, perante as instâncias competentes.

Art. 11.º (Publicidade enganosa)

1. É proibida toda a publicidade que seja enganosa nos termos do Decreto-Lei n.º 57/2008, de 26 de Março, relativo às práticas comerciais desleais das empresas nas relações com os consumidores.

2. No caso previsto no número anterior, pode a entidade competente para a instrução dos respectivos processos de contra-ordenação exigir que o anunciante apresente provas da exactidão material dos dados de facto contidos na publicidade.

[83] CPub Arts. 12.º-15.º   Código da publicidade

3. Os dados referidos no número anterior presumem-se inexactos se as provas exigidas não forem apresentadas ou forem insuficientes.

4. (…).

5. (…).

Nota. Redacção introduzida pelo art. 1.º do DL n.º 275/98, de 9 de Setembro, e pelo art. 23.º do DL n.º 57/2008, de 26 de Março **[95]**.

Art. 12.º (Princípio do respeito pelos direitos do consumidor)

É proibida a publicidade que atente contra os direitos do consumidor.

Nota. Redacção introduzida pelo art. 1.º do DL n.º 275/98, de 9 de Setembro.

Art 13.º (Saúde e segurança do consumidor)

1. É proibida a publicidade que encoraje comportamentos prejudiciais à saúde e segurança do consumidor, nomeadamente por deficiente informação acerca da perigosidade do produto ou da especial susceptibilidade da verificação de acidentes em resultado da utilização que lhe é própria.

2. A publicidade não deve comportar qualquer apresentação visual ou descrição de situações onde a segurança não seja respeitada, salvo justificação de ordem pedagógica.

3. O disposto nos números anteriores deve ser particularmente acautelado no caso da publicidade especialmente dirigida a crianças, adolescentes, idosos ou deficientes.

SECÇÃO II. **Restrições ao conteúdo da publicidade**

Art. 14.º (Menores)

1. A publicidade especialmente dirigida a menores deve ter sempre em conta a sua vulnerabilidade psicológica, abstendo-se, nomeadamente, de:

a) Incitar directamente os menores, explorando a sua inexperiência ou credulidade, a adquirir um determinado bem ou serviço;

b) Incitar directamente os menores a persuadirem os seus pais ou terceiros a comprarem os produtos ou serviços em questão;

c) Conter elementos susceptíveis de fazerem perigar a sua integridade física ou moral, bem como a sua saúde ou segurança, nomeadamente através de cenas de pornografia ou do incitamento à violência;

d) Explorar a confiança especial que os menores depositam nos seus país, tutores ou professores.

2. Os menores só podem ser intervenientes principais nas mensagens publicitárias em que se verifique existir uma relação directa entre eles e o produto ou serviço veiculado.

Nota. A redacção do n.º 1, alínea *c*), foi introduzida pelo art. 1.º do DL n.º 275/98, de 9 de Setembro.

Art. 15.º (Publicidade testemunhal)

A publicidade testemunhal deve integrar depoimentos personalizados, genuínos e comprováveis, ligados à experiência do depoente ou de quem ele represente,

Cap. II. Regime geral da publicidade   **Arts. 16.º-17.º CPub [83]**

sendo admitido o depoimento despersonalizado, desde que não seja atribuído a uma testemunha especialmente qualificada, designadamente em razão do uso de uniformes, fardas ou vestimentas características de determinada profissão.

Art. 16.º (Publicidade comparativa)
1. É comparativa a publicidade que identifica, explícita ou implicitamente, um concorrente ou os bens ou serviços oferecidos por um concorrente.

2. A publicidade comparativa, independentemente do suporte utilizado para a sua difusão, só é consentida, no que respeita à comparação, desde que respeite as seguintes condições:

a) Não seja enganosa, nos termos do artigo 11.º;

b) Compare bens ou serviços que respondam às mesmas necessidades ou que tenham os mesmos objectivos;

c) Compare objectivamente uma ou mais características essenciais, pertinentes, comprováveis e representativas desses bens ou serviços, entre as quais se pode incluir o preço;

d) Não gere confusão no mercado entre os profissionais, entre o anunciante e um concorrente ou entre marcas, designações comerciais, outros sinais distintivos, bens ou serviços do anunciante e os de um concorrente;

e) Não desacredite ou deprecie marcas, designações comerciais, outros sinais distintivos, bens, serviços, actividades ou situação de um concorrente;

f) Se refira, em todos os casos de produtos com denominação de origem, a produtos com a mesma denominação;

g) Não retire partido indevido do renome de uma marca, designação comercial ou outro sinal distintivo de um concorrente ou da denominação de origem de produtos concorrentes;

h) Não apresente um bem ou serviço como sendo imitação ou reprodução de um bem ou serviço cuja marca ou designação comercial seja protegida.

3. Sempre que a comparação faça referência a uma oferta especial deverá, de forma clara e inequívoca, conter a indicação do seu termo ou, se for o caso, que essa oferta especial depende da disponibilidade dos produtos ou serviços.

4. Quando a oferta especial a que se refere o número anterior ainda não se tenha iniciado deverá indicar-se também a data de início do período durante o qual é aplicável o preço especial ou qualquer outra condição específica.

5. O ónus da prova da veracidade da publicidade comparativa recai sobre o anunciante.

Nota. Redacção introduzida pelo art. 1.º do DL n.º 275/98, de 9 de Setembro, e pelo art. 23.º do DL n.º 57/2008, de 26 de Março **[95]**.

SECÇÃO III. **Restrições ao objecto da publicidade**

Art. 17.º (Bebidas alcoólicas)
1. A publicidade a bebidas alcoólicas, independentemente do suporte utilizado para a sua difusão, só é consentida quando:

a) Não se dirija especificamente a menores e, em particular, não os apresente a consumir tais bebidas;

925

[83] CPub Arts. 18.º-20.º

Código da publicidade

b) Não encoraje consumos excessivos;

c) Não menospreze os não consumidores;

d) Não sugira sucesso, êxito social ou especiais aptidões por efeito do consumo;

e) Não sugira a existência, nas bebidas alcoólicas, de propriedades terapêuticas ou de efeitos estimulantes ou sedativos;

f) Não associe o consumo dessas bebidas ao exercício físico ou à condução de veículos;

g) Não sublinhe o teor de álcool das bebidas como qualidade positiva.

2. É proibida a publicidade de bebidas alcoólicas, na televisão e na rádio, entre as 7 e as 22 horas e 30 minutos.

3. Para efeitos do disposto no número anterior é considerada a hora oficial do local de origem da emissão.

4. Sem prejuízo do disposto na alínea *a*) do n.º 2 do artigo 7.º, é proibido associar a publicidade de bebidas alcoólicas aos símbolos nacionais, consagrados no artigo 11.º da Constituição da República Portuguesa.

5. As comunidades comerciais e a publicidade de quaisquer enventos em que participem menores, designadamente actividades desportivas, culturais, recreativas ou outras, não devem exibir ou fazer qualquer menção, implícita ou explícita, a marca ou marcas de bebidas alcoólicas.

6. Nos locais onde decorram os eventos referidos no número anterior não podem ser exibidas ou e alguma forma publicitadas marcas de bebidas alcoólicas.

Nota. O n.º 3 foi aditado pelo art. 1.º do DL n.º 51/2001, de 15 de Fevereiro. A actual redacção dos n.ºˢ 2, 4, 5 e 6 foi introduzida pelo art. 1.º do DL n.º 332/2001, de 24 de Dezembro.

Art. 18.º (Tabaco)

São proibidas, sem prejuízo do disposto em legislação especial, todas as formas de publicidade ao tabaco através de suportes sob a jurisdição do Estado Português.

Nota. Redacção introduzida pelo art. 1.º do DL n.º 275/98, de 9 de Setembro.

Art. 19.º (Tratamentos e medicamentos)

É proibida a publicidade a tratamentos médicos e a medicamentos que apenas possam ser obtidos mediante receita médica, com excepção da publicidade incluída em publicações técnicas destinadas a médicos e outros profissionais de saúde.

Nota. Cfr. o DL. n.º 100/94 de 19 de Abril, alterado pelo DL n.º 48/99, de 16 de Fevereiro, que estabelece o regime jurídico de publicidade dos medicamentos para uso humano; sobre a publicidade dos produtos homeopáticos, cf. o DL n.º 94/95, de 9 de Maio.

Art. 20.º (Publicidade em estabelecimentos de ensino ou destinada a menores)

É proibida a publicidade a bebidas alcoólicas, ao tabaco ou a qualquer tipo de material pornográfico em estabelecimentos de ensino, bem como em quaisquer publicações, programas ou actividades especialmente destinados a menores.

Nota. Redacção introduzida pelo art. 1.º do DL n.º 275/98, de 9 de Setembro.

926

Cap. II. Regime geral da publicidade

Arts. 21.º-22.º-B CPub [83]

Art. 21.º (Jogos de fortuna ou azar)

1. Não podem ser objecto de publicidade os jogos de fortuna ou azar enquanto objecto essencial da mensagem.

2. Exceptuam-se do disposto no número anterior os jogos promovidos pela Santa Casa da Misericórdia de Lisboa.

Art. 22.º (Cursos)

A mensagem publicitária relativa a cursos ou quaisquer outras acções de formação ou aperfeiçoamento intelectual, cultural ou profissional deve indicar:

a) A natureza desses cursos ou acções, de acordo com a designação oficialmente aceite pelos serviços competentes, bem como a duração dos mesmos;

b) A expressão «sem reconhecimento oficial», sempre que este não tenha sido atribuído pelas entidades oficiais competentes.

Nota. Redacção introduzida pelo art. 1.º do DL n.º 275/98, de 9 de Setembro.

Art. 22.º-A (Veículos automóveis)

1. É proibida a publicidade a veículos automóveis que:

a) Contenha situações ou sugestões de utilização do veículo que possam pôr em risco a segurança pessoal do utente ou de terceiros;

b) Contenha situações ou sugestões de utilização do veículo perturbadoras do meio ambiente;

c) Apresente situações de infracção das regras do Código da Estrada, nomeadamente excesso de velocidade, manobras perigosas, não utilização de acessórios de segurança e desrespeito pela sinalização ou pelos peões.

2. Para efeitos do presente Código, entende-se por veículos automóveis todos os veículos de tracção mecânica destinados a transitar pelos seus próprios meios nas vias públicas.

Notas. 1. Aditado pelo art. 1.º do DL n.º 74/93, de 10 de Março.

2. Sobre as informações exigidas na venda de automóveis ligeiros de passageiros e motociclos usados, cf. art. 2.º do DL n.º 74/93, de 10 de Março.

Art. 22.º-B (Produtos e serviços milagrosos)

1. É proibida, sem prejuízo do disposto em legislação especial, a publicidade a bens ou serviços milagrosos.

2. Considera-se publicidade a bens ou serviços milagrosos, para efeitos do presente diploma, a publicidade que, explorando a ignorância, o medo, a crença ou a superstição dos destinatários, apresente quaisquer bens, produtos, objectos, aparelhos, materiais, substâncias, métodos ou serviços como tendo efeitos específicos automáticos ou garantidos na saúde, bem-estar, sorte ou felicidade dos consumidores ou de terceiros, nomeadamente por permitirem prevenir, diagnosticar, curar ou tratar doenças ou dores, proporcionar vantagens de ordem profissional, económica ou social, bem como alterar as características físicas ou a aparência das pessoas, sem uma objectiva comprovação científica das propriedades, características ou efeitos propagandeados ou sugeridos.

3. O ónus da comprovação científica a que se refere o número anterior recai sobre o anunciante.

927

[83] CPub Arts. 23.°-24.°   Código da publicidade

4. As entidades competentes para a instrução dos processos de contra-ordenação e para a aplicação das medidas cautelares e das coimas previstas no presente diploma podem exigir que o anunciante apresente provas da comprovação científica a que se refere o n.° 2, bem como da exactidão material dos dados de facto e de todos os benefícios propagandeados ou sugeridos na publicidade.

5. A comprovação científica a que se refere o n.° 2 bem como os dados de facto e os benefícios a que se refere o número anterior presumem-se inexistentes ou inexactos se as provas exigidas não forem imediatamente apresentadas ou forem insuficientes.

Nota. Aditado pelo art. 2.° do DL n.° 275/98, de 9 de Setembro.

SECÇÃO IV.   **Formas especiais de publicidade**

Art. 23.° (Publicidade domiciliária e por correspondência

1. Sem prejuízo do disposto em legislação especial, a publicidade entregue no domicílio do destinatário, por correspondência ou qualquer outro meio, deve conter, de forma clara e precisa:

a) O nome, domicílio e os demais elementos necessários para a identificação do anunciante;

b) A indicação do local onde o destinatário pode obter as informações de que careça;

c) A descrição rigorosa e fiel do bem ou serviço publicitado e suas características;

d) O preço do bem ou serviço e a respectiva forma de pagamento, bem como as condições de aquisição, de garantia e de assistência pós-venda.

2. Para efeitos das alíneas *a*) e *b*) do número anterior, não é admitida a indicação, em exclusivo, de um apartado ou de qualquer outra menção que não permita a localização imediata do anunciante.

3. A publicidade indicada no n.° 1 só pode referir-se a artigos de que existam amostras disponíveis para exame do destinatário.

4. O destinatário da publicidade abrangida pelo disposto nos números anteriores não é obrigado a adquirir, guardar ou devolver quaisquer bens ou amostras que lhe tenham sido enviados ou entregues à revelia de solicitação sua.

Notas. 1. Redacção introduzida pelo art. 1.° do DL n.° 275/98, de 9 de Setembro.

2. A publicidade domiciliária por telefone e por telecópia está regulada na L n.° 6/99, de 27 de Janeiro **[86]**.

Art. 24.° (Patrocínio)

1. Entende-se por patrocínio, para efeitos do presente diploma, a participação de pessoas singulares ou colectivas que não exerçam a actividade televisiva ou de produção de obras áudio-visuais no financiamento de quaisquer obras áudio-visuais, programas, reportagens, edições, rubricas ou secções, adiante designados abreviadamente por programas, independentemente do meio utilizado para a sua difusão, com vista à promoção do seu nome, marca ou imagem, bem como das suas actividades, bens ou serviços.

Cap. III. Publicidade na televisão e televenda **Art. 25.° CPub [83]**

2. Os programas televisivos não podem ser patrocinados por pessoas singulares ou colectivas que tenham por actividade principal o fabrico ou a venda de cigarros ou de outros produtos derivados do tabaco.

3. Os telejornais e os programas televisivos de informação política não podem ser patrocinados.

4. Os programas patrocinados devem ser claramente identificados como tal pela indicação do nome ou logótipo do patrocinador no início e, ou, no final do programa, sem prejuízo de tal indicação poder ser feita, cumulativamente, noutros momentos, de acordo com o regime previsto no artigo 25.° para a inserção de publicidade na televisão.

5. O conteúdo e a programação de uma emissão patrocinada não podem, em caso algum, ser influenciados pelo patrocinador, por forma a afectar a responsabilidade e a independência editorial do emissor.

6. Os programas patrocinados não podem incitar à compra ou locação dos bens ou serviços do patrocinador ou de terceiros, especialmente através de referências promocionais específicas a tais bens ou serviços.

Nota. Redacção introduzida pelo art. 1.° do DL n.° 275/98, de 9 de Setembro.

CAPÍTULO III. **Publicidade na televisão e televenda**

Art. 25.° (Inserção da publicidade na televisão)

1. A publicidade televisiva deve ser inserida entre programas.

2. A publicidade só pode ser inserida durante os programas, desde que não atente conta a sua integridade e tenha em conta as suas interrupções naturais, bem como a sua duração e natureza, e de forma a não lesar os direitos de quaisquer titulares.

3. A publicidade não pode ser inserida durante a transmissão de serviços religiosos.

4. Os telejornais, os programas de informação política, os programas de actualidade informativa, as revistas de actualidade, os documentários, os programas religiosos e os programas para crianças com duração programada inferior a trinta minutos não podem ser interrompidos por publicidade.

5. Nos programas compostos por partes autónomas, nas emissões desportivas e nas manifestações ou espectáculos de estrutura semelhante, que compreendam intervalos, a publicidade só pode ser inserida entre aquelas partes autónomas ou nos intervalos.

6. Sem prejuízo do disposto no número anterior, entre duas interrupções sucessivas do mesmo programa, para emissão de publicidade, deve mediar um período igual ou superior a vinte minutos.

7. A transmissão de obras audiovisuais com duração programada superior a 45 minutos, designadamente longas metragens cinematográficas e filmes concebidos para a televisão, com excepção de séries, folhetins, programas de diversão e documentários, só pode ser interrompida uma vez por cada período completo de 45 minutos, sendo admitida outra interrupção se a duração programada da transmissão exceder em, pelo menos, 20 minutos dois ou mais períodos completos de 45 minutos.

929

[83] CPub Arts. 25.°-A-29.° Código da publicidade

8. As mensagens publicitárias isoladas só podem ser inseridas a título excepcional.

9. Para efeitos do disposto no presente artigo, entende-se por duração programada de um programa o tempo efectivo do mesmo, descontando o período dedicado às interrupções, publicitárias e outras.

Nota. Redacção introduzida pelo art. 1.° do DL n.° 6/95, de 17 de Janeiro, e pelo art. 1.° do DL n.° 275/98, de 9 de Setembro.

Art. 25.°-A (Televenda)

1. Considera-se televenda, para efeitos do presente diploma, a difusão de ofertas directas ao público, realizada por canais televisivos, com vista ao fornecimento de produtos ou à prestação de serviços, incluindo bens imóveis, direitos e obrigações mediante remuneração.

2. São aplicáveis à televenda, com as necessárias adaptações, as disposições previstas neste Código para a publicidade, sem prejuízo do disposto nos números seguintes.

3. É proibida a televenda de medicamentos sujeitos a uma autorização de comercialização, assim como a televenda de tratamentos médicos.

4. A televenda não deve incitar os menores a contratarem a compra ou aluguer de quaisquer bens ou serviços.

Nota. Aditado pelo art. 2.° do DL n.° 275/98, de 9 de Setembro.

Art. 26.° (Tempo reservado à publicidade)

Nota. Revogado pela L n.° 31-A/98, de 14 de Julho, que regula o acesso à actividade de televisão e o seu exercício.

CAPÍTULO IV. Actividade publicitária

SECÇÃO I. Publicidade de Estado

Art. 27.° (Publicidade do Estado)

A publicidade do Estado é regulada em diploma próprio.

Nota. Redacção introduzida pelo art. único do DL n.° 224/2004, de 4 de Dezembro.

SECÇÃO II. Relações entre sujeitos da actividade publicitária

Art. 28.° (Respeito pelos fins contratuais)

É proibida a utilização para fins diferentes dos acordados de qualquer ideia, informação ou material publicitário fornecido para fins contratuais relacionados com alguma ou algumas das operações referidas no n.° 2 do artigo 4.°

Art. 29.° (Criação publicitária)

1. As disposições legais sobre direitos de autor aplicam-se à criação publicitária, sem prejuízo do disposto nos números seguintes.

Cap. VI.   Fiscalização e sanções   **Arts. 30.º-34.º CPub [83]**

2. Os direitos de carácter patrimonial sobre a criação publicitária presumem-se, salvo convenção em contrário, cedidos em exclusivo ao seu criador intelectual.

3. É ilícita a utilização de criações publicitárias sem a autorização dos titulares dos respectivos direitos.

Art. 30.º (Responsabilidade civil)

1. Os anunciantes, os profissionais, as agências de publicidade e quaisquer outras entidades que exerçam a actividade publicitária, bem como os titulares dos suportes publicitários utilizados ou os respectivos concessionários, respondem civil e solidariamente, nos termos gerais, pelos prejuízos causados a terceiros em resultado da difusão de mensagens publicitárias ilícitas.

2. Os anunciantes eximir-se-ão da responsabilidade prevista no número anterior caso provem não ter tido prévio conhecimento da mensagem publicitária veiculada.

Nota. Redacção introduzida pelo art. 1.º do DL n.º 275/98, de 9 de Setembro.

CAPÍTULO V.   **Conselho Consultivo da Actividade Publicitária**

Art. 31.º (Natureza e funções)

Nota. Revogado pelo art 4.º do DL 6/95, de 17 de Janeiro.

Art. 32.º (Composição)

Nota. Revogado pelo art 4.º do DL 6/95, de 17 de Janeiro.

Art. 33.º (Funcionamento)

Nota. Revogado pelo art 4.º do DL 6/95, de 17 de Janeiro.

CAPÍTULO VI.   **Fiscalização e sanções**

Art. 34.º (Sanções)

1. A infracção ao disposto no presente diploma constitui contra-ordenação punível com as seguintes coimas:

a) De 350 000$ a 750 000$ ou de 700 000$ a 9 000 000$, consoante o infractor seja pessoa singular ou colectiva, por violação do preceituado nos artigos 7.º, 8.º, 9.º, 10.º, 11.º, 12.º, 13.º, 14.º, 16.º, 20.º, 22.º-B, 23.º, 24.º, 25.º e 25.º-A;

b) De 200 000$ a 700 000$ ou de 500 000$ a 5 000 000$, consoante o infractor seja pessoa singular ou colectiva, por violação do preceituado nos artigos 17.º, 18.º e 19.º;

c) De 75 000$ a 500 000$ ou de 300 000$ a 1 600 000$, consoante o infractor seja pessoa singular ou colectiva, por violação do preceituado nos artigos 15.º, 21.º, 22.º e 22.º-A.

2. A negligência é sempre punível, nos termos gerais.

Nota. Redacção introduzida pelo art. 1.º do DL n.º 275/98, de 9 de Setembro.

[83] CPub Arts. 35.°-38.°

Código da publicidade

Art. 35.° (Sanções acessórias)

1. Sem prejuízo do disposto no artigo anterior, podem ainda ser aplicadas as seguintes sanções acessórias:

a) Apreensão de objectos utilizados na prática das contra-ordenações;

b) Interdição temporária, até um máximo de dois anos, de exercer a actividade publicitária;

c) Privação do direito a subsídio ou benefício outorgado por entidades ou serviços públicos;

d) Encerramento temporário das instalações ou estabelecimentos onde se verifique o exercício da actividade publicitária, bem como cancelamento de licenças ou alvarás.

2. As sanções acessórias previstas nas alíneas b), c) e d) do número anterior só podem ser aplicadas em caso de dolo na prática das correspondentes infracções.

3. As sanções acessórias previstas nas alíneas c) e d) do n.° 1 têm a duração máxima de dois anos.

4. Em casos graves ou socialmente relevantes pode a entidade competente para decidir da aplicação da coima ou das sanções acessórias determinar a publicidade da punição por contra-ordenação, a expensas do infractor.

Nota. O n.° 4 foi aditado pelo art. 1.° do DL n.° 275/98, de 9 de Setembro.

Art. 36.° (Responsabilidade pela contra-ordenação)

São punidos como agentes das contra-ordenações previstas no presente diploma o anunciante, o profissional, a agência de publicidade ou qualquer outra entidade que exerça a actividade publicitária, o titular do suporte publicitário ou o respectivo concessionário, bem como qualquer outro interveniente na emissão da mensagem publicitária.

Nota. Redacção introduzida pelo art. 1.° do DL n.° 275/98, de 9 de Setembro.

Art. 37.° (Fiscalização)

Sem prejuízo da competência das autoridades policiais e administrativas, compete especialmente ao Instituto do Consumidor a fiscalização do cumprimento do disposto no presente diploma devendo-lhe ser remetidos os autos de notícia levantados ou as denúncias recebidas.

Notas. 1. Redacção introduzida pelo art. 1.° do DL n.° 6/95, de 17 de Janeiro.

2. O art. 3.° do DL n.° 275/98, de 9 de Setembro, dispõe o seguinte:

"As competências atribuídas pelo Código da Publicidade em matéria de fiscalização, instrução de processos, aplicação de sanções e medidas cautelares aplicam-se também à publicidade das instituições de crédito e das suas associações, sem prejuízo das competências do Banco de Portugal e da Comissão do Mercado de Valores Mobiliários."

Art. 38.° (Instrução dos processos)

A instrução dos processos pelas contra-ordenações previstas neste diploma compete ao Instituto do Consumidor.

Nota. Redacção introduzida pelo art. 1.° do DL n.° 275/98, de 9 de Setembro.

Cap. VI. Fiscalização e sanções **Arts. 39.°-40.° CPub [83]**

Art. 39.° (Aplicação de sanções)

1. A aplicação das coimas previstas no presente diploma compete a uma comissão, constituída pelos seguintes membros:

a) O presidente da comissão referida no n.° 2 do artigo 52.° do Decreto-Lei n.° 28/84, de 20 de Janeiro, que presidirá;

b) O presidente do Instituto do Consumidor;

c) O presidente do Instituto da Comunicação Social.

2. À comissão mencionada no número anterior aplica-se, com as devidas adaptações, o Decreto-Lei n.° 214/84, de 3 de Julho, sendo apoiada pelo Instituto do Consumidor.

3. Sempre que a comissão entenda que conjuntamente com a coima é de aplicar alguma das sanções acessórias previstas no presente diploma, remeterá o respectivo processo, acompanhado de proposta fundamentada, ao membro do Governo que tenha a seu cargo a tutela da protecção do consumidor, ao qual compete decidir das sanções acessórias propostas.

4. Sem prejuízo do disposto no número seguinte, as receitas das coimas revertem:

a) Em 20% para a entidade autuante;

b) Em 20% para o Instituto do Consumidor;

c) Em 60% para o Estado.

5. As receitas das coimas aplicadas por infracção ao disposto no artigo 17.° revertem:

a) Em 20% para a entidade autuante;

b) Em 20% para o Instituto do Consumidor;

c) Em 60% para um fundo destinado a financiar campanhas de promoção e educação para a saúde e o desenvolvimento de medidas de investigação, prevenção, tratamento e reabilitação dos problemas relacionados com o álcool.

Notas. 1. Redacção introduzida pelo art. 1.° do DL n.° 275/98, de 9 de Setembro, e pelo art. 1.° do DL n.° 332/2001, de 24 de Dezembro.

2. Cf. DL n.° 81/2002, de 4 de Abril, que estabelece a orgânica da Comissão de Aplicação de Coimas em Matéria de Publicidade, a que se refere o n.° 1 deste artigo.

Art. 40.° (Regras especiais sobre competências)

1. A fiscalização do cumprimento do disposto no artigo 19.°, bem como a instrução dos respectivos processos de contra-ordenação e a aplicação das correspondentes coimas e sanções acessórias, competem à Direcção Geral dos Cuidados de Saúde Primários, à Direcção-Geral dos Assuntos Farmacêuticos e aos respectivos serviços competentes nas Regiões Autónomas dos Açores e da Madeira

2. A fiscalização do cumprimento do disposto no artigo 24.° na actividade de televisão e, bem assim, nos artigos 25.° e 25.°-A, a instrução dos respectivos processos e a aplicação das correspondentes coimas e sanções acessórias competem à entidade administrativa independente reguladora da comunicação social.

3. As receitas das coimas aplicadas ao abrigo do disposto nos números anteriores revertem em 40% para a entidade instrutora e em 60% para o Estado.

Nota. Redacção introduzida pelo art. 91.° da L n.° 32/2003, de 22 de Agosto.

933

[83] CPub Arts. 41.º-43.º   Código da publicidade

Art. 41.º (Medidas cautelares)

1. Em caso de publicidade enganosa, publicidade comparativa ilícita ou de publicidade que, pelo seu objecto, forma ou fim, acarrete ou possa acarretar riscos para a saúde, a segurança, os direitos ou os interesses legalmente protegidos dos seus destinatários, de menores ou do público a entidade competente para a aplicação das coimas previstas no presente diploma, sob proposta das entidades com competência para a fiscalização das infracções em matéria de publicidade, pode ordenar medidas cautelares de suspensão, cessação ou proibição daquela publicidade, independentemente de culpa ou da prova de uma perda ou de um prejuízo real.

2. A adopção das medidas cautelares a que se refere o número anterior deve, sempre que possível, ser precedida da audição do anunciante, do titular ou do concessionário do suporte publicitário, conforme os casos, que dispõem para o efeito do prazo de três dias úteis.

3. A entidade competente para ordenar a medida cautelar pode exigir que lhe sejam apresentadas provas de exactidão material dos dados de facto contidos na publicidade, nos termos do disposto nos n.º 4 e 5 do artigo 11.º

4. A entidade competente para ordenar a medida cautelar pode conceder um prazo para que sejam suprimidos os elementos ilícitos da publicidade.

5. O acto que aplique a medida cautelar de suspensão da publicidade terá de fixar expressamente a sua duração, que não poderá ultrapassar os 60 dias.

6. O acto que aplique as medidas cautelares a que se refere o n.º 1 poderá determinar a sua publicitação, a expensas do anunciante, do titular ou do concessionário do suporte publicitário, conforme os casos, fixando os termos da respectiva difusão.

7. Quando a gravidade do caso o justifique ou daí possa resultar a minimização dos efeitos da publicidade ilícita, pode a entidade referida no n.º 1 ordenar ao anunciante, ao titular ou ao concessionário do suporte publicitário, conforme os casos, a difusão, a expensas suas, de publicidade correctora, determinando os termos da respectiva difusão.

8. Do acto que ordena a aplicação das medidas cautelares a que se refere o n.º 1 cabe recurso, nos termos da lei geral.

9. O regime previsto no presente artigo também se aplica à publicidade de ideias de conteúdo político ou religioso.

Nota. Redacção introduzida pelo art. 1.º do DL n.º 275/98, de 9 de Setembro.

Art. 42.º (Legitimidade de profissionais e concorrentes)

Qualquer profissional ou concorrente com interesse legítimo em lutar contra a publicidade enganosa e garantir o cumprimento das disposições em matéria de publicidade comparativa pode suscitar a intervenção da Direcção-Geral do Consumidor para efeitos do disposto no artigo anterior.

Nota. Aditado pelo art. 24.º do DL n.º 57/2008, de 26 de Março **[95]**.

Art. 43.º (Comunicação dirigida exclusivamente a profissionais)

O disposto nos artigos 10.º, 11.º e 16.º do presente Código aplica-se apenas à publicidade que não tenha como destinatários os consumidores.

Nota. Aditado pelo art. 24.º do DL n.º 57/2008, de 26 de Março **[95]**.

934

DEFESA DA CONCORRÊNCIA
(Práticas individuais)

[84] DECRETO-LEI N.º 370/93
de 29 de Outubro

Nos termos da alínea *a*) do n.º 1 do artigo 201.º da Constituição, o Governo decreta o seguinte:

Art. 1.º (Aplicação de preços ou de condições de venda discriminatórios)
1. É proibido a um agente económico praticar em relação a outro agente económico preços ou condições de venda discriminatórios relativamente a prestações equivalentes, nomeadamente quando tal prática se traduza na aplicação de diferentes prazos de execução das encomendas ou de diferentes modalidades de embalamento, entrega, transporte e pagamento, não justificadas por diferenças correspondentes no custo de fornecimento ou do serviço.
2. São prestações equivalentes aquelas que respeitem a bens ou serviços similares e que não difiram de maneira sensível nas características comerciais essenciais, nomeadamente naquelas que tenham repercussão nos correspondentes custos de produção ou de comercialização.
3. Não se consideram prestações equivalentes aquelas entre cujas datas de conclusão se tenha verificado uma alteração duradoura dos preços ou das condições de venda praticados pelo vendedor.
4. Não são consideradas discriminatórias as ofertas de objectos desprovidos de valor comercial.

Notas. 1. A redacção do n.º 1 foi introduzida pelo art. 1.º do DL n.º 140/98, de 16 de Maio.

2. Nos termos do art. 1.º do Decreto-Lei n.º 369/93, de 29 de Outubro, «a fixação de preços de venda para livros, jornais, revistas e outras publicações, por parte dos editores, não constitui uma prática proibida para efeitos de aplicação da legislação sobre defesa da concorrência, excepto se se tratar de manuais escolares e de livros auxiliares utilizáveis nos vários anos de escolaridade obrigatória.»

Art. 2.º (Tabelas de preços e condições de venda)
1. Os produtores, fabricantes, importadores, distribuidores, embaladores e grossistas de bens e os prestadores de serviços são obrigados a possuir tabelas de preços com as correspondentes condições de venda e facultá-las, quando solicitados, a qualquer revendedor ou utilizador.
2. As condições de venda devem referenciar, nomeadamente, os prazos de pagamento, as diferentes modalidades de descontos praticados e respectivos escalões.

935

[84] DL 370/93 Arts. 3.°-4.°   Defesa da concorrência – Práticas individuais

3. As condições em que um agente económico obtenha uma remuneração financeira ou de outra natureza dos seus fornecedores, como contrapartida da prestação de serviços específicos, devem ser reduzidas a escrito.

Art. 3.° (Venda com prejuízo)

1. É proibido oferecer para venda ou vender um bem a um agente económico ou a um consumidor por um preço inferior ao seu preço de compra efectivo, acrescido dos impostos aplicáveis a essa venda e, se for caso disso, dos encargos relacionados com o transporte.

2. Entende-se por preço de compra efectivo o preço constante da factura de compra, após a dedução dos descontos directamente relacionados com a transacção em causa que se encontrem identificados na própria factura ou, por remissão desta, em contratos de fornecimento ou tabelas de preços e que sejam determináveis no momento da respectiva emissão.

3. Entende-se por descontos directamente relacionados com a transacção em causa os descontos de quantidade, os descontos financeiros e os descontos promocionais desde que identificáveis quanto ao produto, respectiva quantidade e período por que vão vigorar.

4. O disposto no n.° 1 não é aplicável a:

a) Bens perecíveis, a partir do momento em que se encontrem ameaçados de deterioração rápida;

b) Bens cujo valor comercial esteja afectado, quer por ter decorrido a situação que determinou a sua necessidade, quer por redução das suas possibilidades de utilização, quer por superveniência de importante inovação técnica;

c) Bens cujo reaprovisionamento se efectue a preço inferior, sendo então o preço efectivo de compra substituído pelo preço resultante da nova factura de compra;

d) Bens cujo preço se encontre alinhado pelo preço praticado para os mesmos bens por um agente económico do mesmo ramo de actividade que se encontre temporal e espacialmente em situação de concorrência efectiva com o agente económico que procede ao alinhamento;

e) Bens vendidos em saldo ou em liquidação.

5. Incumbe ao vendedor a prova documental do preço de compra efectivo, bem como das justificações previstas no número anterior.

Nota. Redacção introduzida pelo art. 1.° do DL n.° 140/98, de 16 de Maio.

Art. 4.° (Recusa de venda de bens ou de prestações de serviços)

1. É proibido a um agente económico recusar a venda de bens ou a prestação de serviços a outro agente económico, segundo os usos normais da respectiva actividade ou de acordo com as disposições legais ou regulamentares aplicáveis, ainda que se trate de bens ou de serviços não essenciais e que da recusa não resulte prejuízo para o regular abastecimento do mercado.

2. É equiparada à recusa de venda a subordinação da venda de um bem ou da prestação de um serviço à aquisição de outro bem ou serviço.

3. São consideradas causas justificativas de recusa:

936

Defesa da concorrência – Práticas individuais   **Arts. 4.º-A-5.º DL 370/93 [84]**

a) A satisfação das exigências normais da exploração industrial ou comercial do vendedor, designadamente a manutenção dos seus *stocks* de segurança ou das necessidades de consumo próprio;

b) A satisfação de compromissos anteriormente assumidos pelo vendedor;

c) A desproporção manifesta da encomenda face às quantidades normais de consumo do adquirente ou aos volumes habituais das entregas do vendedor;

d) A falta de capacidade do adquirente para, face às características do bem ou serviço, assegurar a sua revenda em condições técnicas satisfatórias ou manter um adequado serviço de pós-venda;

e) A fundada falta de confiança do vendedor quanto à pontualidade do pagamento pelo adquirente, tratando-se de vendas a crédito;

f) A existência de débitos vencidos e não liquidados referentes a fornecimentos anteriores;

g) A ocorrência de qualquer outra circunstância inerente às condições concretas da transacção que, segundo os usos normais da respectiva actividade, tornaria a venda do bem ou a prestação do serviço anormalmente prejudicial para o vendedor.

4. Incumbe ao vendedor a prova das causas justificativas a que se refere o número anterior.

Nota. A redacção do n.º 1 foi introduzida pelo art. 1.º do DL n.º 140/98, de 16 de Maio.

Art. 4.º-A (Práticas negociais abusivas)

1. É proibido obter de um fornecedor preços, condições de pagamento, modalidades de venda ou condições de cooperação comercial exorbitantes relativamente às suas condições gerais de venda.

2. Para efeitos do número anterior, consideram-se como exorbitantes relativamente às condições gerais de venda do fornecedor os preços, condições de pagamento, modalidades de venda ou condições de cooperação comercial que se traduzam na concessão de um benefício ao comprador não proporcional ao seu volume de compras ou, se for caso disso, ao valor dos serviços por ele prestados a pedido do fornecedor.

Nota. Aditado pelo art. 2.º do DL n.º 140/98, de 16 de Maio.

Art. 5.º (Infracções)

1. Constituem contra-ordenações, quando cometidas por pessoa singular:

a) As infracções ao disposto no n.º 1 do artigo 1.º, no n.º 1 do artigo 3.º, nos n.ºs 1 e 2 do artigo 4.º e no n.º 1 do artigo 4.º-A, puníveis com coima de 150 000$ a 750 000$;

b) A infracção ao disposto nos n.ºs 1 e 3 do artigo 2.º, punível com coima de 50 000$ a 250 000$.

2. Constituem contra-ordenações, quando cometidas por pessoa colectiva:

a) As infracções ao disposto no n.º 1 do artigo 1.º, no n.º 1 do artigo 3.º, nos n.ºs 1 e 2 do artigo 4.º e no n.º 1 do artigo 4.º-A, puníveis com coima de 500 000$ a 3 000 000$;

b) A infracção ao disposto nos n.ºs 1 e 3 do artigo 2.º, punível com coima de 100 000$ a 500 000$.

937

[84] DL 370/93 Arts. 6.º-8.º   Defesa da concorrência – Práticas individuais

3. (…)
4. A negligência é punível.

Notas. 1. Redacção introduzida pelo art. 1.º do DL n.º 140/98, de 16 de Maio.

2. O n.º 3 foi revogado pelo art. 11.º do DL n.º 10/2003, de 18 de Janeiro.

Art. 6.º (Fiscalização e instrução dos processos)

A fiscalização do cumprimento do disposto no presente diploma compete à Inspecção-Geral das Actividades Económicas e a instrução dos respectivos processos cabe à Direcção-Geral do Comércio e da Concorrência.

Notas. 1. Redacção introduzida pelo art. 1.º do DL n.º 140/98, de 16 de Maio.

2. Revogado pelo art. 11.º do DL n.º 10/2003, de 18 de Janeiro, na parte respeitante à competência para a instrução de processos.

Art. 7.º (Destino do montante das coimas)

Nota. Revogado pelo art. 11.º do DL n.º 10/2003, de 18 de Janeiro.

Art. 8.º (Entrada em vigor)

O presente diploma entra em vigor no dia 1 de Janeiro de 1994.

938

PUBLICIDADE NA PROXIMIDADE DE ESTRADAS NACIONAIS

[85] DECRETO-LEI N.º 105/98
de 24 de Abril

Nos termos da alínea *a*) do n.º 1 do artigo 198.º da Constituição, o Governo decreta o seguinte:

Art. 1.º (Objecto e âmbito)
1. O presente diploma regula a afixação ou inscrição de publicidade na proximidade das estradas nacionais constantes do plano rodoviário nacional fora dos aglomerados urbanos.
2. O disposto no presente diploma não prejudica a aplicação de quaisquer outras regras legais ou regulamentares mais restritivas da publicidade na zona das estradas ou nos terrenos limítrofes, designadamente as destinadas a garantir a segurança rodoviária ou a integridade e visibilidade da respectiva sinalização.

Art. 2.º (Definições)
Para efeitos do presente diploma entende-se por:
a) Publicidade – a definição adoptada pelo artigo 3.º do Código da Publicidade, aprovado pelo Decreto-Lei n.º 330/90, de 23 de Outubro, com a redacção que lhe foi dada pelo Decreto-Lei n.º 6/95, de 17 de Janeiro;
b) Suporte publicitário – definição adoptada pela alínea *c*) do artigo 5.º do Código da Publicidade;
c) Aglomerado urbano – a área como tal delimitada em plano municipal de ordenamento do território ou, na sua ausência, a delimitada nos termos do artigo 62.º do Decreto-Lei n.º 794/76, de 5 de Novembro;
d) Estradas da rede nacional fundamental e complementar – as vias definidas como tal no plano rodoviário nacional.

Nota. Redacção introduzida pelo art. 1.º do DL n.º 166/99, de 13 de Maio.

Art. 3.º (Proibição)
1. É proibida a afixação ou inscrição de publicidade fora dos aglomerados urbanos em quaisquer locais onde a mesma seja visível das estradas nacionais.
2. A proibição referida no número anterior abrange a manutenção e a instalação dos respectivos suportes publicitários.

[85] DL 105/98 Arts. 4.º-7.º   Publicidade na proximidade de estradas nacionais

3. São nulos e de nenhum efeito os licenciamentos concedidos em violação do disposto no número anterior, sendo as entidades que concederam a licença civilmente responsáveis pelos prejuízos que daí advenham para os particulares de boa fé.

Nota. Redacção introduzida pelo art. 1.º do DL n.º 166/99, de 13 de Maio.

Art. 4.º (Excepções)

A proibição prevista no n.º 1 do artigo anterior não abrange:

a) Os meios de publicidade que se destinem a identificar edifícios ou estabelecimentos, públicos ou particulares, desde que tal publicidade seja afixada ou inscrita nesses mesmos edifícios ou estabelecimentos;

b) Os anúncios temporários de venda ou arrendamento de imóveis, desde que neles localizados;

c) Os meios de publicidade de interesse cultural;

d) Os meios de publicidade de interesse turístico reconhecido nos termos do Decreto Regulamentar n.º 22/98, de 21 de Setembro.

Nota. Redacção introduzida pelo art. 1.º do DL n.º 166/99, de 13 de Maio.

Art. 5.º (Afixação indevida)

1. Os proprietários ou possuidores de locais onde seja afixada ou inscrita publicidade em violação do preceituado no presente diploma podem retirar ou destruir essa publicidade, bem como os respectivos suportes ou materiais.

2. A remoção de publicidade ao abrigo do número anterior corre a expensas da entidade responsável pela respectiva afixação ou inscrição.

Nota. Redacção introduzida pelo art. 1.º do DL n.º 166/99, de 13 de Maio.

Art. 6.º (Fiscalização)

1. A fiscalização do cumprimento do disposto no presente diploma compete às direcções regionais do ambiente e às câmaras municipais, adiante designadas como entidades fiscalizadoras.

2. O disposto no número anterior não prejudica as competências próprias da Junta Autónoma de Estradas.

Art. 7.º (Notificação)

1. Detectada a afixação ou inscrição de publicidade ilícita nos termos do presente diploma, as entidades fiscalizadoras notificam os infractores para que procedam à sua remoção e dos respectivos suportes ou materiais, fixando-lhes, para o efeito, um prazo máximo de 30 dias.

2. No caso de não serem identificáveis todos os infractores haverá lugar à afixação de editais, pelo mesmo período, no âmbito geográfico do município com tutela sobre a área onde se encontra afixada ou inscrita a publicidade.

Nota. Redacção introduzida pelo art. 1.º do DL n.º 166/99, de 13 de Maio.

Publicidade na proximidade de estradas nacionais   **Arts. 8.º-10.º DL 105/98 [85]**

Art. 8.º (Remoção)

1. Após o decurso do prazo previsto no artigo anterior, as entidades fiscalizadoras podem, por si mesmas, promover a remoção da publicidade afixada ou inscrita em violação do disposto no presente diploma, bem como dos respectivos suportes ou materiais.

2. Quando a remoção seja efectuada pelos serviços públicos ou com recurso a meios por si contratados, os suportes ou materiais a que se refere o número anterior podem ser declarados perdidos a favor do Estado, nos termos da lei.

3. A remoção de publicidade a que se refere o n.º 1, ainda que efectuada pelos serviços públicos ou com recurso a meios por si contratados, corre sempre a expensas do infractor.

4. As quantias relativas às despesas geradas com os trabalhos de remoção, quando não pagas voluntariamente pelo infractor no prazo de 20 dias a contar da notificação para o efeito, são cobradas através dos tribunais tributários, servindo de título executivo certidão passada pela entidade fiscalizadora comprovativa das despesas efectuadas.

5. Os funcionários incumbidos de proceder à remoção regulada nos números anteriores gozam de protecção, competindo às autoridades policiais disponibilizar os meios humanos e materiais adequados.

6. Quando necessário para efeitos da boa execução da operação de remoção, nomeadamente para garantir a todo o tempo o acesso de funcionários, trabalhadores, viaturas e máquinas ao local onde se encontre afixada ou inscrita a publicidade ilícita, as entidades fiscalizadoras podem tomar posse administrativa do prédio respectivo, nos termos do artigo seguinte.

7. Não haverá lugar a posse administrativa sempre que a operação de remoção da publicidade ilícita implique o acesso de funcionários, trabalhadores, viaturas e máquinas ao domicílio de cidadãos.

Art. 9.º (Posse administrativa)

1. O acto administrativo que tiver determinado a posse administrativa será notificado aos titulares de direitos reais sobre o prédio, de acordo com as disposições legais aplicáveis.

2. A posse administrativa terá lugar mediante a elaboração do respectivo auto, o qual, para além de identificar o prédio ou de fazer a sua identificação física, indicará os titulares conhecidos de direitos reais sobre o mesmo e a data do acto administrativo referido no número anterior, incluindo ainda a descrição sumária dos meios de publicidade em causa e das construções existentes.

3. A posse administrativa manter-se-á durante todo o período em que decorrerem os trabalhos de remoção, caducando automaticamente após o termo da operação.

Art. 10.º (Embargo ou demolição de obras)

1. As entidades fiscalizadoras podem ordenar, nos termos do Decreto-Lei n.º 92/95, de 9 de Maio, o embargo ou demolição das obras de construção civil que contrariem o disposto no presente diploma, bem como a reposição do terreno nas condições em que se encontrava antes do início das obras.

[85] DL 105/98 Arts. 11.º-14.º

Publicidade na proximidade de estradas nacionais

2. As obras de demolição a que se refere o número anterior não carecem de licença.

Art. 11.º (Sanções)

1. A violação do disposto no artigo 3.º, n.ºs 1 e 2, e o desrespeito dos actos administrativos que determinem a remoção da publicidade ilegal, a posse administrativa, o embargo, a demolição de obras ou a reposição do terreno na situação anterior à infracção constituem contra-ordenações, puníveis com coima de 50 000$ a 750 000$, no caso de pessoas singulares, e de 100 000$ a 9 000 000$, no caso de pessoas colectivas.

2. A tentativa e a negligência são puníveis.

3. Simultaneamente com a coima, podem ainda ser aplicadas, nos termos gerais, as seguintes sanções acessórias:

a) Perda de objectos pertencentes ao agente e utilizados na prática da infracção;

b) Privação do direito a subsídio ou benefício outorgado por entidades ou serviços públicos;

c) Privação do direito de participar em arrematações ou concursos públicos que tenham por objecto o fornecimento de bens e serviços ou a atribuição de licenças ou alvarás;

d) Suspensão de autorizações, licenças e alvarás.

4. Em casos de especial gravidade da infracção pode dar-se publicidade à punição por contra-ordenação.

Nota. Redacção introduzida pelo art. 1.º do DL n.º 166/99, de 13 de Maio.

Art. 12.º (Competências)

1. A instrução dos processos de contra-ordenação incumbe às entidades fiscalizadoras.

2. A aplicação das coimas e sanções acessórias previstas no presente diploma compete ao director regional do ambiente ou ao presidente da câmara municipal da área em que se verificar a infracção.

Art. 13.º (Produto das coimas)

O produto das coimas reverte em 60% para o Estado e em 40% para a entidade instrutora do processo de contra-ordenação.

Art. 14.º (Infractores)

1. São considerados infractores, para todos os efeitos e nomeadamente para punição como agentes das contra-ordenações previstas neste diploma, o anunciante, a agência publicitária ou outra entidade que exerça a actividade publicitária, o titular do suporte publicitário ou o respectivo concessionário, assim como o proprietário ou possuidor do prédio onde a publicidade tenha sido afixada ou inscrita, se tiver consentido expressamente nessa afixação ou inscrição.

2. Os infractores a que se refere o número anterior são solidariamente responsáveis pelos prejuízos causados a terceiros, incluindo os emergentes da remoção, embargo, demolição ou reposição da situação anterior.

942

Publicidade na proximidade de estradas nacionais   **Arts. 15.º-16.º DL 105/98 [85]**

3. Os anunciantes eximir-se-ão da responsabilidade prevista no número anterior caso provem não ter tido prévio conhecimento da actuação infractora.

Art. 15.º (Regime transitório)
1. Permanecem válidas, mas não poderão ser renovadas, as licenças já concedidas que violem o disposto no presente diploma, devendo os meios de publicidade a que respeitam ser imediatamente removidos após o termo do prazo de vigência da respectiva licença.
2. Os titulares de quaisquer licenças relativas a meios de publicidade sitos fora dos aglomerados urbanos e visíveis das estradas nacionais devem fazer prova da existência das mesmas junto das direcções regionais do ambiente, no prazo de 30 dias a contar da entrada em vigor do presente diploma, mencionando o respectivo local e prazo de vigência.
3. Na falta da prova referida no número anterior, a publicidade afixada ou inscrita presume-se ilícita.
4. Se os responsáveis pela publicidade ilícita não promoverem a sua remoção no prazo de 30 dias a contar da entrada em vigor do presente diploma, as entidades fiscalizadoras, após notificação prévia efectuada nos termos previstos no artigo 7.º, poderão proceder à sua remoção, bem como ordenar o embargo ou demolição das obras inerentes à afixação ou inscrição dessa publicidade, ou ainda ordenar a reposição da situação anterior, nos termos dos artigos 8.º a 10.º do presente diploma.
5. Em qualquer caso de remoção indevida de publicidade licenciada, o titular da respectiva licença terá direito a ser reembolsado do valor da taxa de licenciamento proporcional ao período compreendido entre a data de remoção da publicidade e a de caducidade da licença.
6. Nos casos referidos no número anterior não será aplicável o regime previsto nos n.ºˢ 3 e 4 do artigo 8.º
7. Para efeitos do n.º 4, consideram-se responsáveis pela publicidade as pessoas a que se refere o n.º 1 do artigo 14.º

Art. 16.º (Entrada em vigor)
O presente diploma entra em vigor no dia seguinte ao da sua publicação.

943

PUBLICIDADE DOMICILIÁRIA

[86] LEI N.° 6/99
de 27 de Janeiro

A Assembleia da República decreta, nos termos da alínea *c*) do artigo 161.° da Constituição, para valer como lei geral da República, o seguinte:

Art. 1.° (Objecto e âmbito)
1. A presente lei regula a publicidade domiciliária, nomeadamente por via postal, distribuição directa, telefone e telecópia.
2. A presente lei não se aplica à publicidade por correio electrónico.
3. O regime fixado nas disposições seguintes não prejudica o disposto no artigo 23.° do Código da Publicidade, aprovado pelo Decreto-Lei n.° 330/90, de 23 de Outubro.
4. Para efeitos da presente lei, considera-se publicidade:
a) Qualquer forma de comunicação feita por entidades de natureza pública ou privada, no âmbito de uma actividade comercial, industrial, artesanal ou liberal, com o objectivo directo ou indirecto de promover, com vista à sua comercialização ou alienação, quaisquer bens ou serviços ou promover ideias, princípios, iniciativas ou instituições;
b) Qualquer forma de comunicação da Administração Pública, não prevista na alínea anterior, que tenha por objectivo, directo ou indirecto, promover o fornecimento de bens ou serviços.
5. Para efeitos da presente lei, não se considera publicidade a propaganda política.

Art. 2.° (Identificabilidade exterior)
A publicidade entregue no domicílio do destinatário, por via postal ou por distribuição directa, deve ser identificável exteriormente de forma clara e inequívoca, designadamente contendo os elementos indispensáveis para uma fácil identificação do anunciante e do tipo de bem ou serviço publicitado.

Art. 3.° (Publicidade domiciliária não endereçada)
É proibida a distribuição directa no domicílio de publicidade não endereçada sempre que a oposição do destinatário seja reconhecível no acto de entrega, nomeadamente através da afixação, por forma visível, no local destinado à recepção de correspondência, de dístico apropriado contendo mensagem clara e inequívoca nesse sentido.

Publicidade domiciliária   Arts. 4.°-6.° L 6/99 [86]

Art. 4.° (Publicidade domiciliária endereçada)

1. É proibido o envio de publicidade endereçada para o domicílio, por via postal ou por distribuição directa, quando o destinatário tenha expressamente manifestado o desejo de não receber material publicitário.

2. Para efeitos do disposto no número anterior, as pessoas que não desejarem receber publicidade endereçada têm o direito de se opor, gratuitamente, a que o seu nome e endereço sejam tratados e utilizados para fins de mala directa ou de serem informadas antes de os dados pessoais serem comunicados pela primeira vez a terceiros para fins de *marketing* directo ou utilizados por conta de terceiros, em termos idênticos aos previstos na alínea *b*) do artigo 12.° da Lei n.° 67/98, de 26 de Outubro.

3. As entidades que promovam o envio de publicidade para o domicílio manterão, por si ou por organismos que as representem, uma lista das pessoas que manifestaram o desejo de não receber publicidade endereçada.

4. Com vista à maior eficácia do sistema previsto no número anterior, o Governo apoiará a constituição de listas comuns, nacionais ou sectoriais, da responsabilidade das associações representativas dos sectores interessados ou de operadores de telecomunicações.

5. Os titulares de listas de endereços utilizadas para efeitos de mala directa devem mantê-las actualizadas, eliminando trimestralmente os nomes constantes da lista referida no número anterior.

6. Os prestadores de serviços postais não podem ser considerados co-autores para efeitos do disposto no n.° 1 nem se consideram abrangidos pelo dever consagrado no n.° 3, excepto quando eles próprios promovam o envio de publicidade para o domicílio.

Art. 5.° (Publicidade por telefone e telecópia)

1. É proibida a publicidade por telefone, com utilização de sistemas automáticos com mensagens vocais pré-gravadas, e a publicidade por telecópia, salvo quando o destinatário a autorize antes do estabelecimento da comunicação, nos termos do artigo 12.° da Lei n.° 69/98, de 28 de Outubro.

2. As pessoas que não desejarem receber publicidade por telefone podem inscrever o número de telefone de assinante de que são titulares numa lista própria, a criar nos termos dos números seguintes.

3. As entidades que promovam a publicidade por telefone manterão, por si ou por organismos que as representem, uma lista das pessoas que manifestem o desejo de não receber essa publicidade, lista essa que deverá ser actualizada trimestralmente.

4. É proibida qualquer publicidade por chamada telefónica para os postos com os números constantes da lista referida nos números anteriores.

5. Os prestadores do serviço de telefone não podem ser considerados co-autores para efeitos do disposto nos n.ºs 1 e 4 nem se consideram abrangidos pelo dever consagrado no n.° 3, excepto quando eles próprios promovam a publicidade por telefone.

Art. 6.° (Protecção dos dados pessoais)

Os dados constantes das listas de pessoas referidas nos artigos 4.° e 5.° gozam de protecção, nos termos da Lei n.° 67/98, de 26 de Outubro.

945

[86] L 6/99 Arts. 7.º-11.º   Publicidade domiciliária

Art. 7.º (Exclusão)

O disposto nos artigos anteriores não se aplica:

a) À publicidade entregue no mesmo invólucro conjuntamente com outra correspondência;

b) À publicidade dirigida a profissionais;

c) Quando existam relações duradouras entre anunciante e destinatário, resultantes do fornecimento de bens ou serviços.

Art. 8.º (Sanções)

1. Constitui contra-ordenação, punível com coima de 200 000$00 a 500 000$00 ou de 400 000$00 a 6 000 000$00, consoante se trate, respectivamente, de pessoas singulares ou de pessoas colectivas, a infracção ao disposto nos artigos 2.º, 3.º, 4.º e 5.º, n.ºs 1, 3 e 4.

2. Podem ainda ser aplicadas as sanções acessórias previstas no artigo 35.º do Código da Publicidade.

3. A negligência é sempre punível, nos termos gerais.

4. É aplicável, com as necessárias adaptações, o disposto no artigo 36.º do Código da Publicidade.

Art. 9.º (Fiscalização de processos e divulgação da lei)

1. A fiscalização do cumprimento do disposto no presente diploma e a instrução dos respectivos processos de contra-ordenação competem ao Instituto do Consumidor.

2. O Instituto do Consumidor, em colaboração com os organismos representativos das entidades que promovam o envio de publicidade para o domicílio ou a publicidade por telefone, realizará acções de divulgação dos direitos conferidos aos cidadãos pela presente lei e demais disposições aplicáveis, incluindo a informação sobre as entidades junto das quais devem ser depositadas as manifestações de vontade de não receber publicidade e o procedimento adequado para exprimir a objecção.

3. O Instituto do Consumidor editará e porá à disposição do público, designadamente através das entidades prestadoras de serviços postais, dísticos que exprimam de forma clara e inequívoca objecção à recepção de publicidade.

Art. 10.º (Aplicação de sanções)

1. A aplicação das coimas previstas no presente diploma compete à comissão de aplicação de coimas em matéria de publicidade, prevista no artigo 39.º do Código da Publicidade.

2. A aplicação das sanções acessórias previstas na presente lei compete ao membro do Governo que tenha a seu cargo a tutela da protecção do consumidor, salvo no caso da sanção acessória prevista na alínea *a)* do n.º 1 do artigo 35.º do Código da Publicidade, que compete à comissão de aplicação de coimas em matéria de publicidade.

Art. 11.º (Receitas das coimas)

As receitas das coimas revertem em 40% para o Instituto do Consumidor e em 60% para o Estado.

RESOLUÇÃO EXTRAJUDICIAL DE CONFLITOS DE CONSUMO

[87] DECRETO-LEI N.° 146/99
de 4 de Maio

Nos termos da alínea *a*) do n.° 1 do artigo 198.° da Constituição, o Governo decreta, para valer como lei geral da República, o seguinte:

Art. 1.° (Sistema de registo voluntário)
1. É criado o sistema de registo voluntário de procedimentos de resolução extrajudicial de conflitos de consumo.
2. As entidades que pretendam instituir procedimentos de resolução extrajudicial de conflitos de consumo através de serviços de mediação, de comissões de resolução de conflitos ou de provedores de cliente, qualquer que seja a denominação ou a forma que revistam, solicitam o respectivo registo junto do Instituto do Consumidor, ficando sujeitas aos princípios e regras de procedimento previstos no presente diploma.
3. A arbitragem não se encontra abrangida pelo presente diploma.
4. O disposto neste diploma não prejudica a utilização de outras formas de resolução extrajudicial de conflitos.

Art. 2.° (Princípio da independência)
1. As entidades referidas no n.° 2 do artigo anterior devem oferecer garantias de independência e de imparcialidade na sua actuação.
2. Sempre que a entidade que profere a decisão ou intervém como mediador seja um provedor de cliente ou uma pessoa singular, qualquer que seja a sua designação, a independência e imparcialidade são garantidas, designadamente, pelos seguintes meios:
a) A pessoa designada deve possuir a capacidade, experiência e a competência necessárias, nomeadamente em matéria jurídica ou outras, para o exercício das funções;
b) O mandato deve ter uma duração nunca inferior a três anos, não sendo possível pôr-lhe termo sem motivo justificado e devidamente fundamentado;
c) Sempre que a pessoa designada seja nomeada ou paga, directa ou indirectamente, por uma associação profissional ou por uma empresa, não pode ter exercido nem poderá vir a exercer funções por conta da associação profissional ou da empresa em causa, de sua associada ou de empresa do mesmo sector nos três anos precedentes e subsequentes ao termo do seu mandato.

[87] DL 146/99 Arts. 3.°-4.°
Resolução extrajudicial de conflitos de consumo

3. Sempre que a entidade em causa integre várias pessoas, a sua independência é assegurada pela representação paritária das organizações de consumidores e dos profissionais ou pela aplicação a cada um dos seus membros dos critérios enunciados no número anterior.

Art. 3.° (Princípio da transparência)

1. As entidades referidas no n.° 2 do artigo 1.° devem prestar a qualquer pessoa que o solicite, por escrito ou por qualquer outra forma apropriada, informações sobre:

a) A natureza e âmbito dos litígios que podem ser submetidos à apreciação da entidade, bem como os limites eventualmente existentes relativamente ao âmbito material e territorial ou ao valor em litígio;

b) As regras do procedimento, incluindo as diligências preliminares eventualmente impostas ao consumidor, bem como outras disposições procedimentais, nomeadamente as relativas ao seu carácter escrito ou oral, à comparência dos sujeitos interessados e outros intervenientes e ao idioma utilizado;

c) A forma como a entidade decide sobre o litígio, nomeadamente as regras de voto no caso de deliberações;

d) As normas em que se fundamentam as decisões da entidade, nomeadamente os juízos de equidade ou as regras não legais eventualmente aplicáveis, tais como códigos de boa conduta ou normas deontológicas;

e) O valor jurídico da decisão da entidade, com indicação clara se a mesma é ou não vinculativa para o profissional;

f) As sanções aplicáveis em caso de não respeito pelo profissional da decisão da entidade quando esta é vinculativa, bem como as vias de recurso eventualmente abertas à parte cuja pretensão não foi satisfeita;

g) O regulamento de funcionamento.

2. A entidade deve publicar um relatório anual relativo à sua actividade, que permita avaliar os resultados obtidos e identificar a natureza dos litígios que lhe foram submetidos.

Art. 4.° (Regras de procedimento)

1. As regras aplicáveis aos procedimentos de resolução de conflitos de consumo regulados neste diploma devem constar de regulamento de funcionamento aprovado pelas entidades referidas no n.° 2 do artigo 1.°, devendo respeitar os seguintes princípios:

a) Às partes deve ser assegurado o direito de dar conhecimento do respectivo ponto de vista à entidade que vai decidir e de tomar conhecimento de todas as posições e factos invocados pela outra parte, bem como, se for o caso, das declarações dos peritos, podendo fazê-lo por um meio de comunicação a distância;

b) Às partes deve ser igualmente assegurado o direito de se fazer representar ou acompanhar por advogado ou outro procurador com poderes especiais ou por representante devidamente credenciado de associação de consumidores ou de profissionais dotada de representatividade;

948

Resolução extrajudicial de conflitos de consumo **Arts. 5.º-8.º DL 146/99 [87]**

c) A entidade competente deve tomar em consideração quaisquer elementos úteis para a resolução do litígio, mesmo que estes não tenham sido expressamente invocados pelas partes;

d) Os prazos para a prática de quaisquer actos e, designadamente, para a decisão final, bem como o formalismo mínimo para a sua validade, devem ser clara e precisamente definidos;

e) Os poderes de intervenção da entidade competente na condução do procedimento devem ser claramente identificados e definidos com rigor e precisão.

2. Os procedimentos referidos no presente diploma são isentos de quaisquer encargos para o consumidor.

3. O prazo para a decisão, a que se refere a alínea *d*) do n.º 1, não deve exceder seis meses contados a partir do momento em que o litígio lhe é submetido.

4. A decisão final relativa ao procedimento é fundamentada, exarada em acta e comunicada aos interessados, por escrito ou por qualquer outra forma apropriada, no mais curto prazo após a sua adopção, que não poderá nunca exceder 30 dias.

Art. 5.º (Registo)

1. A entidade requerente do registo previsto no n.º 1 do artigo 1.º não pode dar início à sua actividade antes de ser notificada pelo Instituto do Consumidor da formalização do registo.

2. São fixadas por portaria do membro do Governo que tutela a área da defesa do consumidor as regras relativas ao procedimento e à admissibilidade do registo.

3. O Instituto do Consumidor disponibiliza, para uso das entidades registadas, um logótipo, cujo modelo e forma de utilização são fixados na portaria mencionada no número anterior.

Art. 6.º (Adesão prévia)

1. Os profissionais que se comprometam previamente a submeter o litígio de consumo a qualquer entidade referida no n.º 1 do artigo 1.º ficam sujeitos às respectivas decisões.

2. Sem prejuízo do disposto no Código da Publicidade, os profissionais que assumam o compromisso referido no número anterior podem mencionar esse facto na sua publicidade.

3. Compete às associações profissionais estabelecer códigos de conduta que garantam o respeito pelos seus associados dos compromissos assumidos nos termos do n.º 1.

Art. 7.º (Adesão do consumidor)

Salvo disposição em contrário, a adesão do consumidor ao procedimento extrajudicial no quadro do presente diploma não o priva do direito que lhe assiste de recorrer aos órgãos jurisdicionais competentes para resolver o litígio.

Art. 8.º (Execução da decisão)

A decisão da entidade competente pode constituir título executivo, desde que se verifiquem os requisitos para esse efeito fixados na lei processual civil.

949

[87] DL 146/99 Arts. 9.º-11.º Resolução extrajudicial de conflitos de consumo

Art. 9.º (Supervisão)

1. Cabe ao Instituto do Consumidor zelar pelo respeito do disposto no presente diploma, podendo, designadamente, determinar a extinção do registo e a cessação das acções publicitárias previstas no n.º 2 do artigo 6.º

2. No caso previsto no número anterior o Instituto do Consumidor poderá publicitar a extinção do registo e a exclusão da entidade do sistema previsto no presente diploma.

3. As entidades visadas pelo presente diploma devem comunicar ao Instituto do Consumidor as informações previstas no artigo 3.º, bem como os elementos necessários para verificação do respeito do disposto no presente diploma.

4. As informações mencionadas no número anterior devem ser actualizadas anualmente e sempre que se justifique.

5. O Instituto do Consumidor põe à disposição do público uma base de dados relativa às entidades que dispõem de procedimentos de resolução extrajudicial de conflitos registados no âmbito do presente diploma.

Art. 10.º (Regime transitório)

O disposto no presente diploma aplica-se a quaisquer entidades referidas no artigo 1.º, incluindo aquelas que estejam criadas ou em funcionamento à data da sua entrada em vigor e que pretendam aderir ao sistema.

Art. 11.º (Entrada em vigor)

1. Com excepção do disposto nos n.ºˢ 2 e 3 do artigo 5.º e do número seguinte, o presente diploma entra em vigor na data da publicação da portaria.

2. A portaria mencionada no número anterior deve ser publicada no prazo de 60 dias contado da data da publicação do presente diploma.

PUBLICIDADE A SERVIÇOS DE AUDIOTEXTO

[88] DECRETO-LEI N.° 175/99
de 21 de Maio

Nos termos da alínea *a*) do n.° 1 do artigo 198.° da Constituição, o Governo decreta o seguinte:

Art. 1.° (Objecto e âmbito)
1. O presente diploma regula a publicidade a serviços de audiotexto e a serviços de valor acrescentado baseados no envio de mensagem.
2. São serviços de audiotexto os que se suportam no serviço fixo de telefone ou em serviços telefónicos móveis e que são destes diferenciáveis em razão do seu conteúdo e natureza específicos.
3. São serviços de valor acrescentado baseados no envio de mensagem os serviços da sociedade de informação prestados através de mensagem suportada em serviços de comunicações electrónicas que impliquem o pagamento pelo consumidor, de forma imediata ou diferida, de um valor adicional sobre o preço do serviço de comunicações electrónicas, como retribuição pela prestação do conteúdo transmitido, designadamente pelo serviço de informação, entretenimento ou outro.

Nota. Redacção introduzida pelo art. 1.° do DL n.° 63/2009, de 10 de Março, que também alterou a epígrafe do preceito.

Art. 2.° (Publicidade)
1. Sem prejuízo do disposto no Código da Publicidade, aprovado pelo Decreto-Lei n.° 330/90, de 23 de Outubro, na redacção que lhe foi dada pelo Decreto-Lei n.° 275/98, de 9 de Setembro, e demais legislação aplicável, a publicidade a serviços abrangidos pelo presente diploma deve conter, de forma clara e perfeitamente legível ou audível, conforme o meio de comunicação utilizado, a identificação do prestador e as condições de prestação do serviço.
2. A publicidade deve indicar, designadamente, a identidade ou denominação social do prestador, o conteúdo do serviço e o respectivo preço, de acordo com as regras fixadas para a indicação de preços no Decreto-Lei n.° 177/99, de 21 de Maio, na redacção que lhe foi dada pela Lei n.° 95/2001, de 20 de Agosto.
3. É proibida a publicidade aos serviços abrangidos pelo presente decreto-lei dirigida a menores, sob qualquer forma e através de qualquer suporte publicitário, nomeadamente integrando-a em publicações, gravações, emissões ou qualquer outro tipo de comunicações que lhes sejam especialmente dirigidas.

[88] DL 175/99 Arts. 2.º-A-3.º

Publicidade a serviços de audiotexto

4. É proibida a publicitação de serviços de audiotexto de cariz erótico ou sexual através de suportes de publicidade exterior.

5. A publicidade aos serviços referidos no número anterior é também proibida na imprensa, excepto em publicações especializadas com o mesmo tipo de conteúdos ou, no caso das restantes publicações, quando não inclua imagens e os escritos utilizados não sejam susceptíveis de afectar os leitores mais vulneráveis.

6. Na televisão e na rádio, a difusão de mensagens publicitárias aos serviços a que se refere o n.º 4 só pode ter lugar no horário entre as 0 e as 6 horas.

7. A informação relativa ao preço, a que se refere o n.º 2, é fornecida ao consumidor em caracteres iguais, em tipo e dimensão, aos utilizados para a divulgação do número de telefone da linha do serviço e, tratando-se de mensagem publicitária transmitida pela televisão, deve ser exibida durante todo o tempo em que decorre a mensagem publicitária.

8 - Qualquer comunicação que, directa ou indirectamente, vise promover a prestação de serviços abrangidos pelo presente decreto-lei deve identificar de forma expressa e destacada o seu carácter de comunicação comercial, abstendo-se de, designadamente, assumir teores, formas e conteúdos que possam induzir o destinatário a concluir tratar-se de uma mensagem de natureza pessoal.

Nota. Redacção introduzida pelo art. 1.º do DL n.º 148/2001, de 7 de Maio, e pelo art. 1.º do DL n.º 63/2009, de 10 de Março, que também alterou a epígrafe do preceito.

Art. 2.º-A (Realização de concursos)

1. O prestador de serviços abrangidos pelo presente decreto-lei que realize qualquer concurso através do sistema de audiotexto ou de serviços de valor acrescentado baseados no envio de mensagem deve informar o utilizador sobre todas as condições respeitantes à realização do mesmo.

2. As regras relativas à realização do concurso não podem ser fornecidas ao utilizador através de uma rede de serviço de audiotexto ou de serviços de valor acrescentado baseados no envio de mensagem.

3. A mensagem publicitária deve indicar, de forma clara e precisa, em caracteres facilmente legíveis, o meio através do qual o consumidor pode aceder às regras a que se refere o número anterior.

4. Sem prejuízo da adopção de outros meios de efeito equivalente, as regras relativas à realização do concurso através do sistema de audiotexto são transmitidas ao consumidor através de uma linha de rede de telefone fixo, sujeita ao sistema tarifário em vigor, cujo número é divulgado na mensagem publicitária.

Nota. Aditado pelo art. 2.º do DL n.º 148/2001, de 7 de Maio. A actual redacção foi introduzida pelo art. 1.º do DL n.º 63/2009, de 10 de Março.

Art. 3.º (Contra-ordenações)

1. A violação do disposto no artigo 2.º do presente diploma constitui contra-ordenação punível com coima de 500 000$ a 2 000 000$ e de 1 500 000$ a 10 000 000$, consoante tenha sido praticada por pessoa singular ou colectiva.

2. A negligência é sempre punível.

3. São punidos como agentes das contra-ordenações previstas no presente diploma o prestador do serviço, o anunciante, o profissional, a agência de publi-

952

Publicidade a serviços de audiotexto **Arts. 4.º-6.º DL 175/99 [88]**

cidade e qualquer outra entidade que exerça a actividade publicitária, o titular do suporte publicitário ou o respectivo concessionário, bem como qualquer outro interveniente na emissão da mensagem publicitária.

Notas. 1. Por força do art. 3.º do DL n.º 148/2001, de 7 de Maio, a redacção do n.º 1 passou a ser a seguinte: "A violação do disposto nos artigos 2.º e 2.º-A do presente diploma constitui contra-ordenação punível com coimas de 100 000$ a 750 000$ e de 700 000$ a 9 000 000$, consoante tenha sido praticada por pessoa singular ou colectiva."

2. O texto desse número, que agora se publica, decorre de alteração introduzida pelo art. 3.º da L n.º 95/2001, de 20 de Agosto.

Art. 4.º (Fiscalização, instrução de processos e aplicação de coimas)

1. Compete ao Instituto do Consumidor a fiscalização do disposto no presente diploma e a instrução dos processos por contra-ordenações nele previstas.

2. Compete à comissão referida no artigo 39.º do Código da Publicidade, aprovado pelo Decreto-Lei n.º 330/90, de 23 de Outubro, na redacção que lhe foi dada pelo Decreto-Lei n.º 275/98, de 9 de Setembro, a aplicação das coimas e sanções acessórias previstas no presente diploma.

3. O montante das coimas aplicadas reverte em 60% para o Estado e em 40% para o Instituto do Consumidor.

Art. 5.º (Sanções acessórias)

1. Sem prejuízo do referido no n.º 1 do artigo anterior, podem ainda ser aplicadas as sanções acessórias mencionadas no artigo 35.º do Código da Publicidade, aprovado pelo Decreto-Lei n.º 330/90, de 23 de Outubro, na redacção que lhe foi dada pelo Decreto-Lei n.º 275/98, de 9 de Setembro.

2. Pode dar-se publicidade, nos termos gerais, à punição por contra-ordenação.

Art. 6.º (Entrada em vigor)

O presente diploma entra em vigor 30 dias após a sua publicação.

953

CONTRATOS CELEBRADOS A DISTÂNCIA, CONTRATOS AO DOMICÍLIO E OUTROS EQUIPARADOS

[89] DECRETO-LEI N.º 143/2001
de 26 de Abril

Nos termos da alínea *a*) do n.º 1 do artigo 198.º da Constituição, o Governo decreta, para valer como lei geral da República, o seguinte:

CAPÍTULO I. Disposições gerais [1]

Art. 1.º (Objecto e âmbito de aplicação)
1. O presente diploma procede à transposição para a ordem jurídica interna da Directiva n.º 97/7/CE, do Parlamento Europeu e do Conselho, de 20 de Maio, relativa à protecção dos consumidores em matéria de contratos celebrados a distância.
2. O presente diploma é aplicável aos contratos celebrados a distância e aos contratos ao domicílio e equiparados, bem como a outras modalidades contratuais de fornecimento de bens ou serviços, tendo em vista promover a transparência das práticas comerciais e salvaguardar os interesses dos consumidores.
3. Para efeitos do presente diploma, entende-se por:
a) Consumidor: qualquer pessoa singular que actue com fins que não pertençam ao âmbito da sua actividade profissional;
b) Fornecedor: qualquer pessoa singular ou colectiva que actue no âmbito da sua actividade profissional.

Nota. Redacção introduzida pelo art. 1.º do DL n.º 82/2008, de 20 de Maio, que também alterou a epígrafe do preceito.

CAPÍTULO II. Contratos celebrados a distância

Art. 2.º (Definições)
Para efeitos do presente capítulo, entende-se por:
a) Contrato celebrado a distância: qualquer contrato relativo a bens ou serviços celebrado entre um fornecedor e um consumidor, que se integre num sistema

---

[1] Redacção introduzida pelo art. 1.º do DL n.º 82/2008, de 20 de Maio.

Cap. II. Contratos celebrados a distância   **Arts. 3.º-4.º DL 143/2001 [89]**

de venda ou prestação de serviços a distância organizado pelo fornecedor que, para esse contrato, utilize exclusivamente uma ou mais técnicas e comunicação a distância até à celebração do contrato, incluindo a própria celebração;

b) Técnica de comunicação a distância: qualquer meio que, sem a presença física e simultânea do fornecedor e do consumidor, possa ser utilizado tendo em vista a celebração do contrato entre as referidas partes;

c) Operador de técnica de comunicação: qualquer pessoa singular ou colectiva, pública ou privada, cuja actividade profissional consista em pôr à disposição dos fornecedores uma ou mais técnicas de comunicação a distância;

d) Suporte durável: qualquer instrumento que permita ao consumidor armazenar informações de um modo permanente e acessível para referência futura e que não permita que as partes contratantes manipulem unilateralmente as informações armazenadas.

Art. 3.º (Exclusão do âmbito de aplicação)

1. O disposto no presente capítulo não se aplica a contratos celebrados:

a) No âmbito de serviços financeiros, nomeadamente os referentes a:

    i) Serviços de investimento;

    ii) Operações de seguros e resseguros;

    iii) Serviços bancários;

    iv) Operações relativas a fundos de pensões;

    v) Serviços relativos a operações a prazo ou sobre opções;

b) Através de distribuidores automáticos ou de estabelecimentos comerciais automatizados;

c) Com operadores de telecomunicações pela utilização de cabinas telefónicas públicas;

d) Para a construção e venda de bens imóveis ou relativos a outros direitos respeitantes a bens imóveis, excepto o arrendamento;

e) Em leilões.

2. O disposto nos artigos 4.º, 5.º, 6.º e 9.º, n.º 1, não se aplica, ainda, a:

a) Contratos de fornecimento de géneros alimentícios, bebidas ou outros bens de consumo doméstico corrente, fornecidos ao domicílio ao consumidor na sua residência ou no seu local de trabalho, por distribuidores que efectuem circuitos frequentes e regulares;

b) Contratos de prestação de serviços de alojamento, transporte, restauração ou tempos livres, sempre que, na celebração do contrato, o fornecedor se comprometa a prestar esses serviços numa data determinada ou num período especificado;

c) No caso de contratos relativos a actividades exteriores de tempos livres, o fornecedor pode ainda, excepcionalmente, reservar-se o direito de não aplicar a última parte do artigo 9.º, n.º 2, desde que, no momento da celebração do contrato, advirta de tal facto o consumidor e invoque para o efeito circunstâncias atendíveis em face da especificidade da actividade em causa.

Art. 4.º (Informações prévias)

1. O consumidor deve dispor, em tempo útil e previamente à celebração de qualquer contrato celebrado a distância, das seguintes informações:

955

[89] DL 143/2001 Art. 5.º

Contratos celebrados a distância

a) Identidade do fornecedor e, no caso de contratos que exijam pagamento adiantado, o respectivo endereço;

b) Características essenciais do bem ou do serviço;

c) Preço do bem ou do serviço, incluindo taxas e impostos;

d) Despesas de entrega, caso existam;

e) Modalidades de pagamento, entrega ou execução;

f) Existência do direito de resolução do contrato, excepto nos casos referidos no artigo 7.º;

g) Custo de utilização da técnica de comunicação a distância, quando calculado com base numa tarifa que não seja a de base;

h) Prazo de validade da oferta ou proposta contratual;

i) Duração mínima do contrato, sempre que necessário, em caso de contratos de fornecimento de bens ou prestação de serviços de execução continuada ou periódica.

2. As informações referidas no n.º 1, cujo objectivo comercial tem sempre de ser inequivocamente explicitado, devem ser fornecidas de forma clara e compreensível por qualquer meio adaptado à técnica de comunicação a distância utilizada, com respeito pelos princípios da boa fé, da lealdade nas transacções comerciais e da protecção das pessoas com incapacidade de exercício dos seus direitos, especialmente os menores.

3. Caso a comunicação seja operada por via telefónica, a identidade do fornecedor e o objectivo comercial da chamada devem ser explicitamente definidos no início de qualquer contacto com o consumidor.

Art. 5.º (Confirmação das informações)

1. Em sede de execução do contrato o consumidor deve, em tempo útil e, no que diz respeito a bens que não tenham de ser entregues a terceiros, o mais tardar no momento da sua entrega, receber a confirmação por escrito ou através de outro suporte durável à sua disposição das informações referidas no artigo 4.º, n.º 1, alíneas *a*) a *f*).

2. É dispensada a obrigação de confirmação referida no número anterior se, previamente à celebração do contrato, as informações em causa já tiverem sido fornecidas ao consumidor por escrito ou através de outro suporte durável à sua disposição e facilmente utilizável.

3. Para além das informações referidas no artigo 4.º, e sem prejuízo do disposto no n.º 4, devem ser fornecidos ao consumidor:

a) Uma informação por escrito sobre as condições e modalidades de exercício do direito de resolução, mesmo nos casos referidos no artigo 7.º, alínea *a*);

b) O endereço geográfico do estabelecimento do fornecedor no qual o consumidor pode apresentar as suas reclamações;

c) As informações relativas ao serviço pós-venda e às garantias comerciais existentes;

d) As condições de resolução do contrato quando este tiver duração indeterminada ou superior a um ano.

4. Com excepção da informação constante da alínea *b*) do número anterior, cujo cumprimento é sempre de carácter obrigatório, o disposto nas restantes alíneas

Cap. II.   Contratos celebrados a distância   **Arts. 6.º-7.º DL 143/2001 [89]**

não se aplica aos serviços cuja execução seja efectuada através de uma técnica de comunicação a distância, desde que tais serviços sejam prestados de uma só vez e facturados pelo operador da técnica de comunicação.

Art. 6.º (Direito de livre resolução)
1. Nos contratos a distância o consumidor dispõe de um prazo mínimo de 14 dias para resolver o contrato sem pagamento de indemnização e sem necessidade de indicar o motivo.

2. Para o exercício desse direito, o prazo conta-se:

a) No que se refere ao fornecimento de bens, a partir do dia da sua recepção pelo consumidor sempre que tenham sido cumpridas as obrigações referidas no artigo 5.º;

b) No que se refere à prestação de serviços, a partir do dia da celebração do contrato ou a partir do dia em que tenha início a prestação ao consumidor, sempre que tenham sido cumpridas as obrigações referidas no artigo 5.º;

c) (…);

d) (…).

3. Se o fornecedor não cumprir as obrigações referidas no artigo 5.º, o prazo referido no n.º 1 é de três meses a contar da data da recepção dos bens pelo consumidor ou, tratando-se de uma prestação de serviços, da data da celebração do contrato ou do início da prestação.

4. Caso o fornecedor cumpra as obrigações referidas no artigo 5.º no decurso do prazo de resolução referido no n.º 1 e antes de o consumidor ter exercido esse direito, este dispõe de 14 dias para resolver o contrato a partir da data de recepção dessas informações.

5. Sem prejuízo do estabelecido na alínea *a*) do n.º 3 do artigo anterior, considera-se exercido o direito de resolução pelo consumidor através da expedição, nos prazos aqui previstos, de carta registada com aviso de recepção comunicando ao outro contraente ou à pessoa para tal designada a vontade de resolver o contrato.

Notas. 1. Redacção introduzida pelo art. 1.º do DL n.º 82/2008, de 20 de Maio.

2. As alíneas *c*) e *d*) do n.º 2 foram revogadas pelo art. 2.º do DL n.º 82/2008, de 20 de Maio.

Art. 7.º (Restrições ao direito de livre resolução)
Salvo acordo em contrário, o consumidor não pode exercer o direito de livre resolução previsto no artigo anterior nos contratos de:

a) Prestação de serviços cuja execução tenha tido início, com o acordo do consumidor, antes do termo do prazo previsto no n.º 1 do artigo anterior;

b) Fornecimento de bens ou de prestação de serviços cujo preço dependa de flutuações de taxas do mercado financeiro que o fornecedor não possa controlar;

c) Fornecimento de bens confeccionados de acordo com especificações do consumidor ou manifestamente personalizados ou que, pela sua natureza, não possam ser reenviados ou sejam susceptíveis de se deteriorarem ou perecerem rapidamente;

[89] DL 143/2001 Arts. 8.º-9.º

Contratos celebrados a distância

d) Fornecimento de gravações áudio e vídeo, de discos e de programas informáticos a que o consumidor tenha retirado o selo de garantia de inviolabilidade;
e) Fornecimento de jornais e revistas;
f) Serviços de apostas e lotarias.

Art. 8.º (Efeitos da resolução)

1. Quando o direito de livre resolução tiver sido exercido pelo consumidor, nos termos do artigo 6.º, o fornecedor fica obrigado a reembolsar no prazo máximo de 30 dias os montantes pagos pelo consumidor, sem quaisquer despesas para este, salvo eventuais despesas directamente decorrentes da devolução do bem quando não reclamadas pelo consumidor.

2. Decorrido o prazo previsto no número anterior sem que o consumidor tenha sido reembolsado, o fornecedor fica obrigado a devolver em dobro, no prazo de 15 dias úteis, os montantes pagos pelo consumidor, sem prejuízo do direito do consumidor a indemnização por danos patrimoniais e não patrimoniais.

3. Em caso de resolução, o consumidor deve conservar os bens de modo a poder restituí-los, ao fornecedor ou à pessoa para tal designada no contrato, em devidas condições de utilização, no prazo de 30 dias a contar da data da sua recepção.

4. Sempre que o preço do bem ou serviço for total ou parcialmente coberto por um crédito concedido pelo fornecedor ou por um terceiro com base num acordo celebrado entre este e o fornecedor, o contrato de crédito é automática e simultaneamente tido por resolvido, sem direito a indemnização, se o consumidor exercer o seu direito de livre resolução em conformidade com o disposto no artigo 6.º, n.º 1.

Nota. Redacção introduzida pelo art. 1.º do DL n.º 82/2008, de 20 de Maio.

Art. 9.º (Execução do contrato)

1. Salvo acordo em contrário entre as partes, o fornecedor deve dar cumprimento à encomenda o mais tardar no prazo de 30 dias a contar do dia seguinte àquele em que o consumidor lha transmitiu.

2. Em caso de incumprimento do contrato pelo fornecedor devido a indisponibilidade do bem ou serviço encomendado, aquele deve informar do facto o consumidor e reembolsá-lo dos montantes que eventualmente tenha pago, no prazo máximo de 30 dias a contar da data do conhecimento daquela indisponibilidade.

3. Decorrido o prazo previsto no número anterior sem que o consumidor tenha sido reembolsado, o fornecedor fica obrigado a devolver em dobro, no prazo de 15 dias úteis, os montantes pagos pelo consumidor, sem prejuízo do direito do consumidor a indemnização por danos patrimoniais e não patrimoniais.

4. O fornecedor pode, contudo, fornecer um bem ou prestar um serviço ao consumidor de qualidade e preço equivalentes, desde que essa possibilidade tenha sido prevista antes da celebração do contrato ou no próprio contrato, de forma clara e compreensível e aquele informe por escrito o consumidor da responsabilidade pelas despesas de devolução previstas no número seguinte.

Cap. III. Contratos ao domicílio e outros equiparados   **Arts. 10.º-13.º DL 143/2001 [89]**

5. Na situação prevista no número anterior, caso o consumidor venha a optar pelo exercício do direito de livre resolução, as despesas de devolução ficam a cargo do fornecedor.

Nota. Redacção introduzida pelo art. 1.º do DL n.º 82/2008, de 20 de Maio.

Art. 10.º (Pagamento por cartão de crédito ou de débito)

1. O preço dos bens ou serviços objecto de contratos a distância pode ser pago através da utilização de qualquer meio de pagamento idóneo, incluindo cartão de crédito ou de débito.

2. Sempre que haja utilização fraudulenta de um cartão de crédito ou de débito por outrem, o consumidor pode solicitar a anulação do pagamento efectuado e a consequente restituição dos montantes debitados para pagamento.

3. A restituição a que se refere o número anterior incumbe à entidade bancária ou financeira emissora do aludido cartão, através de crédito em conta ou, caso não seja possível, por qualquer outro meio adequado, no prazo máximo de 60 dias a contar da data em que este formulou fundamentadamente o pedido.

4. O dever de restituição ao consumidor não prejudica o direito de regresso da entidade bancária ou financeira contra os autores da fraude ou contra o fornecedor do bem ou do serviço, quando se demonstre que este conhecia ou, atentas as circunstâncias do caso, devesse conhecer que tal utilização era fraudulenta.

5. É nula qualquer disposição estipulada em contrário ao regime constante dos n.ºˢ 2, 3 e 4.

Art. 11.º (Restrições à utilização de determinadas técnicas de comunicação a distância)

1. O fornecedor de um bem ou serviço necessita do consentimento prévio do consumidor quando utilize as seguintes técnicas de comunicação a distância:

a) Sistema automatizado de chamada sem intervenção humana, nomeadamente os aparelhos de chamada automática;

b) Telefax.

2. As técnicas de comunicação a distância diferentes das previstas no número anterior e que permitam uma comunicação individual só podem ser utilizadas quando não haja oposição manifesta do consumidor, nos termos da legislação aplicável.

Art. 12.º (Ónus da prova)

Incumbe ao fornecedor o ónus da prova quanto à existência de uma informação prévia, de uma confirmação por escrito, do cumprimento dos prazos e do consentimento do consumidor, nos termos previstos neste capítulo.

CAPÍTULO III.   **Contratos ao domicílio e outros equiparados**

Art. 13.º (Noção e âmbito)

1. Para efeitos do disposto no presente capítulo, entende-se por contrato ao domicílio aquele que, tendo por objecto o fornecimento de bens ou de serviços, é proposto e concluído no domicílio do consumidor, pelo fornecedor ou seu repre-

959

[89] DL 143/2001 Arts. 14.°-15.°   Contratos celebrados a distância

sentante, sem que tenha havido prévio pedido expresso por parte do mesmo consumidor.

2. São equiparados aos contratos ao domicílio, nos termos previstos no número anterior, os contratos:

a) Celebrados no local de trabalho do consumidor;

b) Celebrados em reuniões, em que a oferta de bens ou de serviços é promovida através de demonstração realizada perante um grupo de pessoas reunidas no domicílio de uma delas a pedido do fornecedor ou seu representante;

c) Celebrados durante uma deslocação organizada pelo fornecedor ou seu representante, fora do respectivo estabelecimento comercial;

d) Celebrados no local indicado pelo fornecedor, ao qual o consumidor se desloque, por sua conta e risco, na sequência de uma comunicação comercial feita pelo fornecedor ou pelos seus representantes.

3. Aplica-se, ainda, o disposto no presente capítulo aos contratos que tenham por objecto o fornecimento de outros bens ou serviços que não aqueles a propósito dos quais o consumidor tenha pedido a visita do fornecedor ou seu representante, desde que o consumidor, ao solicitar essa visita, não tenha tido conhecimento ou não tenha podido razoavelmente saber que o fornecimento de tais bens ou serviços fazia parte da actividade comercial ou profissional do fornecedor ou seus representantes.

4. Os contratos relativos ao fornecimento de bens ou de serviços e à sua incorporação nos imóveis e os contratos relativos à actividade de reparação de bens imóveis estão igualmente sujeitos ao regime dos contratos ao domicílio.

5. O disposto no presente capítulo é igualmente aplicável:

a) À proposta contratual efectuada pelo consumidor, em condições semelhantes às descritas nos n.ºs 1 e 2, ainda que o consumidor não tenha ficado vinculado por essa oferta antes da aceitação da mesma pelo fornecedor;

b) À proposta contratual feita pelo consumidor, em condições semelhantes às descritas nos n.ºs 1 e 2, quando o consumidor fica vinculado pela sua oferta.

Art. 14.° (Exclusão do âmbito de aplicação)

As disposições do presente capítulo não se aplicam aos contratos relativos a:

a) Construção, venda e locação de bens imóveis, bem como aos que tenham por objecto quaisquer outros direitos sobre esses bens;

b) Fornecimento de bens alimentares, bebidas ou outros bens de consumo doméstico corrente, fornecidos pelos vendedores com entregas domiciliárias frequentes e regulares;

c) Seguros;

d) Serviços e actividades de investimento em instrumentos financeiros.

Nota. Redacção introduzida pelo art. 1.° do DL n.° 82/2008, de 20 de Maio.

Art. 15.° (Identificação do fornecedor ou seus representantes)

1. As empresas que disponham de serviços de distribuição comercial ao domicílio devem elaborar e manter actualizada uma relação dos colaboradores que, em seu nome, apresentam as propostas, preparam ou concluam os contratos no domicílio do consumidor.

960

Cap. III.   Contratos ao domicílio e outros equiparados   **Arts. 16.º-17.º DL 143/2001 [89]**

2. A relação dos colaboradores e os contratos referidos no número anterior devem ser facultados, sempre que solicitados, a qualquer entidade oficial no exercício das suas competências, designadamente à Direcção-Geral das Actividades Económicas, à Autoridade da Concorrência e à Autoridade de Segurança Alimentar e Económica (ASAE).

3. As empresas referidas no n.º 1 devem igualmente habilitar os seus colaboradores com os documentos adequados à sua completa identificação, os quais devem ser sempre exibidos perante o consumidor.

Nota. Redacção introduzida pelo art. 1.º do DL n.º 82/2008, de 20 de Maio.

Art. 16.º (Forma, conteúdo e valor do contrato)

1. Os contratos concluídos com os consumidores no exercício da actividade regulada no presente capítulo devem, sob pena de nulidade, ser reduzidos a escrito e conter os seguintes elementos:

a) Nome e domicílio ou sede dos contratantes ou seus representantes;

b) Elementos identificativos da empresa fornecedora, designadamente nome, sede e número de registo no Registo Nacional de Pessoas Colectivas;

c) Indicação das características essenciais do bem ou serviço objecto do contrato;

d) Preço total, forma e condições de pagamento e, no caso de pagamento em prestações, os seus montantes, datas do respectivo vencimento e demais elementos exigidos pela legislação que regula o crédito ao consumo;

e) Forma, lugar e prazos de entrega dos bens ou da prestação do serviço;

f) Regime de garantia e de assistência pós-venda quando a natureza do bem o justifique, com indicação do local onde se podem efectuar e para o qual o consumidor possa dirigir as suas reclamações;

g) Informação sobre o direito que assiste ao consumidor de resolver o contrato no prazo referido no artigo 18.º, n.º 1, bem como a indicação do nome e endereço da pessoa perante a qual o consumidor pode exercer esse direito.

2. Quaisquer outras condições e cláusulas devem ser expressas em termos claros e inequívocos, não sendo exigíveis ao consumidor quaisquer outras obrigações para além das que resultam da lei geral.

3. O consumidor deve datar e assinar o documento a que se refere o n.º 1, conservando em seu poder uma cópia assinada igualmente pelo outro contratante.

4. O disposto no presente artigo apenas é aplicável aos contratos de valor igual ou superior a € 60; para os contratos de valor inferior é suficiente uma nota de encomenda ou documento equivalente, devidamente assinada pelo consumidor.

Ar. 17.º (Conteúdo dos catálogos e outros suportes publicitários)

1. Quando as vendas ao domicílio sejam acompanhadas ou precedidas de catálogos, revistas ou qualquer outro meio gráfico ou áudio-visual, devem os mesmos conter os elementos referidos nas alíneas *b*) a *g*) do n.º 1 do artigo anterior, salvo quanto à alínea *d*), em que é apenas obrigatória a indicação do preço total, forma e condições de pagamento.

2. Não se aplica o disposto no número anterior às mensagens publicitárias genéricas que não envolvam uma proposta concreta para aquisição de um bem ou a prestação de um serviço.

[89] DL 143/2001 Arts. 18.º-19.º   Contratos celebrados a distância

Art. 18.º (Direito de resolução)

1. O consumidor pode resolver o contrato no prazo de 14 dias, a contar da data da sua assinatura, ou do início da prestação de serviços ou da entrega do bem, caso estas datas sejam posteriores à assinatura do contrato.

2. O consumidor deve ser informado, por escrito, pelo outro contratante, do direito a que se refere o número anterior:

a) No momento da conclusão do contrato, nos casos referidos no artigo 13.º, n.ºs 1 e 2;

b) Até ao momento da conclusão do contrato, nos casos referidos no artigo 13.º, n.ºs 3 e 4;

c) Nos casos referidos no artigo 13.º, n.º 5, quando a proposta de contrato é feita pelo consumidor.

3. Os prazos previstos no n.º 1 podem ser alargados por acordo entre as partes.

4. Têm-se por não escritas as cláusulas que estabeleçam a renúncia aos direitos previstos nos números anteriores, assim como as que estipulem uma indemnização ou penalização de qualquer tipo no caso de o consumidor exercer aqueles direitos.

5. Sem prejuízo de outras formas de notificação, entende-se exercido pelo consumidor o direito de resolução a que se refere o n.º 1 do presente artigo através da expedição, no prazo aí previsto, de carta registada com aviso de recepção comunicando a vontade de o resolver ao outro contratante ou à pessoa para tal designada no contrato.

Nota. Redacção introduzida pelo art. 1.º do DL n.º 82/2008, de 20 de Maio.

Art. 19.º (Efeitos da resolução)

1. Quando o direito de resolução tiver sido exercido pelo consumidor, nos termos do artigo anterior, o fornecedor fica obrigado a reembolsar no prazo máximo de 30 dias os montantes pagos pelo consumidor, sem quaisquer despesas para este.

2. Decorrido o prazo previsto no número anterior sem que o consumidor tenha sido reembolsado, o fornecedor fica obrigado a devolver em dobro, no prazo de 15 dias úteis, os montantes pagos pelo consumidor, sem prejuízo do direito do consumidor a indemnização por danos patrimoniais e não patrimoniais.

3. Em caso de resolução, o consumidor deve conservar os bens de modo a poder restituí-los em devidas condições de utilização em prazo não superior a 30 dias a contar da sua recepção à entidade fornecedora ou à pessoa para tal designada no contrato.

4. Sempre que o preço do bem ou serviço for total ou parcialmente coberto por um crédito concedido pelo fornecedor ou por um terceiro com base num acordo celebrado entre este e o fornecedor, o contrato de crédito é automática e simultaneamente tido por resolvido, sem direito a indemnização, se o consumidor exercer o seu direito de resolução em conformidade com o disposto no artigo 18.º, n.º 1.

Nota. Redacção introduzida pelo art. 1.º do DL n.º 82/2008, de 20 de Maio.

Cap. IV. Vendas automáticas   Arts. 20.º-23.º DL 143/2001 [89]

Art. 20.º (Pagamento antecipado)

1. Não pode ser exigido ao consumidor qualquer pagamento antes da recepção dos bens ou da prestação do serviço.

2. Qualquer quantia entregue pelo consumidor antes de findos os prazos previstos no artigo 18.º é considerada como prova do contrato e tem-se como entregue por conta do preço, se aquele se concluir.

CAPÍTULO IV. Vendas automáticas

Art. 21.º (Noção e âmbito)

1. Para efeitos do disposto no presente capítulo, a venda automática consiste na colocação de um bem ou serviço à disposição do consumidor para que este o adquira mediante a utilização de qualquer tipo de mecanismo e pagamento antecipado do seu custo.

2. A actividade de venda automática deve obedecer à legislação aplicável à venda a retalho do bem ou à prestação de serviço em causa, nomeadamente em termos de indicação de preços, rotulagem, embalagem, características e condições hígio-sanitárias dos bens.

Art. 22.º (Características do equipamento)

1. Todo o equipamento destinado à venda automática de bens e serviços deve permitir a recuperação da importância introduzida em caso de não fornecimento do bem ou serviço solicitado.

2. No equipamento destinado à venda automática devem estar afixadas, de forma clara e perfeitamente legível, as seguintes informações:

a) Identificação da empresa comercial proprietária do equipamento, com o nome da firma, sede, número da matrícula na conservatória do registo comercial competente e número de identificação fiscal;

b) Identidade da empresa responsável pelo fornecimento do bem ou serviço;

c) Endereço, número de telefone e contactos expeditos que permitam solucionar rápida e eficazmente as eventuais reclamações apresentadas pelo consumidor;

d) Identificação do bem ou serviço;

e) Preço por unidade;

f) Instruções de manuseamento e, ainda, sobre a forma de recuperação do pagamento no caso de não fornecimento do bem ou serviço solicitado.

Art. 23.º (Responsabilidade)

Nos casos em que os equipamentos destinados à venda automática se encontrem instalados num local pertencente a uma entidade pública ou privada, é solidária, entre o proprietário do equipamento e o titular do espaço onde se encontra instalado:

a) A responsabilidade pela restituição ao consumidor da importância por este introduzida na máquina no caso de não fornecimento do bem ou serviço solicitado ou de deficiência de funcionamento do mecanismo afecto a tal restituição;

b) A responsabilidade pelo cumprimento das obrigações previstas no n.º 2 do artigo 22.º

[89] DL 143/2001 Arts. 24.º-27.º   Contratos celebrados a distância

CAPÍTULO V.   **Vendas especiais esporádicas**

Art. 24.º (Noção e regime)

1. Para efeitos do presente capítulo, consideram-se vendas especiais esporádicas as realizadas de forma ocasional fora dos estabelecimentos comerciais, em instalações ou espaços privados especialmente contratados ou disponibilizados para esse efeito.

2. Às vendas referidas no número anterior aplica-se, com as necessárias adaptações, o disposto nos artigos 18.º e 19.º

Art. 25.º (Comunicação prévia)

1. As vendas especiais esporádicas ficam sujeitas a comunicação prévia à ASAE.

2. A comunicação prevista no número anterior deve ser realizada até 15 dias antes da data prevista para o início das vendas, por carta registada com aviso de recepção, ou por escrito contra recibo, do qual constem:

a) Identificação do promotor e da sua firma;

b) Endereço do promotor;

c) Número de inscrição do promotor no Registo Nacional de Pessoas Colectivas;

d) Identificação dos bens e serviços a comercializar;

e) Identificação completa do local onde vão ocorrer as vendas;

f) Indicação da data prevista para o início e fim da ocorrência.

Nota. Redacção introduzida pelo art. 1.º do DL n.º 82/2008, de 20 de Maio.

CAPÍTULO VI.   **Modalidades proibidas de venda de bens ou de prestação de serviços**

Art. 26.º (Vendas efectuadas por entidades cuja actividade seja distinta da comercial)

1. É proibida a venda de bens quando efectuada por entidades cuja actividade principal seja distinta da comercial.

2. O disposto no número anterior não se aplica nos casos em que:

a) Os produtos vendidos por aquelas entidades se reportem a bens de produção própria;

b) Os produtos vendidos sejam afins à actividade daquelas entidades;

c) A venda dos produtos se insira no quadro de uma actividade de promoção turística e cultural, de solidariedade social ou beneficência.

Art. 27.º (Vendas «em cadeia», «em pirâmide» ou de «bola de neve»)

1. É proibido organizar vendas pelo procedimento denominado «em cadeia», «em pirâmide» ou de «bola de neve», bem como participar na sua promoção.

2. Para efeitos do disposto no número anterior, considera-se venda «em cadeia», «em pirâmide» ou de «bola de neve» o procedimento que consiste em oferecer ao consumidor determinados bens ou serviços fazendo depender o valor de

964

Cap. VI. Modal. proib. de venda de bens ou de prest. de serv. **Arts. 28.º-29.º DL 143/2001 [89]**

uma prometida redução do seu preço ou a sua gratuitidade do número de clientes ou do volume de vendas que, por sua vez, aquele consiga obter, directa ou indirectamente, para o fornecedor, vendedor, organizador ou terceiro.

Art. 28.º (Vendas forçadas)

1. É proibida a utilização da prática comercial em que a falta de resposta de um consumidor a uma oferta ou proposta que lhe tenha sido dirigida é presunção da sua aceitação, com o fim de promover a venda a retalho de bens ou a prestação de serviços.

2. É igualmente proibida toda a prática comercial que se traduza no aproveitamento de uma situação de especial debilidade do consumidor, inerente à pessoa deste ou pelo agente voluntariamente provocada, com vista a fazê-lo assumir, sob qualquer forma, vínculos contratuais.

3. Para os efeitos previstos no número anterior, verifica-se uma situação de especial debilidade do consumidor quando as circunstâncias de facto mostrem que este, no momento da celebração do contrato, não se encontrava em condições de apreciar devidamente o alcance e significado das obrigações assumidas ou de descortinar ou reagir aos meios utilizados para o convencer a assumi-las.

4. O consumidor não fica vinculado ao cumprimento de qualquer obrigação decorrente das práticas referidas nos n.ºs 1 e 2, mesmo que nas ofertas ou propostas se tenha expressamente indicado que o decurso de um certo prazo sem qualquer reacção implica a sua aceitação.

Art. 29.º (Fornecimento de bens ou prestação de serviços não encomendados ou solicitados)

1. É proibido o fornecimento de bens ou a prestação de serviços ao consumidor que incluam um pedido de pagamento, sem que este os tenha previamente encomendado.

2. O destinatário de bens ou de serviços recebidos sem que por ele tenham sido encomendados ou solicitados, ou que não constituam o cumprimento de qualquer contrato válido, não fica obrigado à sua devolução ou pagamento, podendo conservá-los a título gratuito.

3. A ausência de resposta do destinatário, nos termos do número anterior, não vale como consentimento.

4. Se, não obstante o disposto nos números anteriores, o destinatário efectuar a devolução do bem, tem direito a ser reembolsado das despesas desta decorrentes no prazo de 30 dias a contar da data em que a tenha efectuado.

5. A proibição do fornecimento de bens não solicitados ou encomendados não se aplica às amostras gratuitas ou ofertas comerciais, bem como às remessas efectuadas com finalidade altruística por instituições de solidariedade social, desde que, neste último caso, se limitem a bens por elas produzidos.

6. Nas hipóteses previstas no número anterior, o destinatário não fica, no entanto, obrigado à devolução ou pagamento dos bens recebidos, podendo conservá-los a título gratuito.

7. O disposto no presente artigo aplica-se a todas as formas especiais de venda previstas no presente diploma, salvo no que se refere ao disposto no n.º 2,

[89] DL 143/2001 Arts. 30.º-32.º   Contratos celebrados a distância

o qual não se aplica ao envio de bens ou prestação de serviços realizados nos termos previstos no artigo 9.º, n.º 3.

Art. 30.º (Vendas ligadas)

1. É proibido subordinar a venda de um bem ou a prestação de um serviço à aquisição pelo consumidor de um outro bem ou serviço junto do fornecedor ou de quem este designar.

2. O disposto no número anterior não se aplica sempre que estejam em causa bens ou serviços que, pelas suas características, se encontrem entre si numa relação de complementaridade e esta relação seja de molde a justificar o seu fornecimento em conjunto.

CAPÍTULO VII.   Infracções, fiscalização e sanções

Art. 31.º (Fiscalização)

Compete à ASAE a fiscalização do cumprimento do disposto no presente decreto-lei.

Nota. Redacção introduzida pelo art. 1.º do DL n.º 82/2008, de 20 de Maio.

Art. 32.º (Infracções e sanções aplicáveis)

1. Constituem contra-ordenações puníveis com as seguintes coimas, quando cometidas por pessoa singular:

a) De € 250 a € 1 000, as infracções ao disposto nos artigos 4.º, 9.º, 11.º e 15.º, nos n.ᵒˢ 1 e 2 do artigo 16.º, no artigo 17.º, no n.º 2 do artigo 18.º, nos n.ᵒˢ 1 e 2 do artigo 19.º, no n.º 1 do artigo 20.º, no artigo 22.º e no n.º 4 do artigo 29.º;

b) De € 400 a € 2 000, as infracções ao disposto nos n.ᵒˢ 1 e 3 do artigo 5.º, nos n.ᵒˢ 1 e 2 do artigo 8.º e no artigo 25.º;

c) De € 500 a € 3 700, as infracções ao disposto nos artigos 26.º, 27.º e 28.º, no n.º 1 do artigo 29.º e no artigo 30.º

2. Constituem contra-ordenações puníveis com as seguintes coimas, quando cometidas por pessoa colectiva:

a) De € 1 500 a € 8 000, as infracções ao disposto nos artigos 4.º, 9.º, 11.º e 15.º, nos n.ᵒˢ 1 e 2 do artigo 16.º, no artigo 17.º, no n.º 2 do artigo 18.º, nos n.ᵒˢ 1 e 2 do artigo 19.º, no n.º 1 do artigo 20.º, no artigo 22.º e no n.º 4 do artigo 29.º;

b) De € 2 500 a € 25 000 as infracções ao disposto nos n.ᵒˢ 1 e 3 do artigo 5.º, nos n.ᵒˢ 1 e 2 do artigo 8.º e no artigo 25.º;

c) De € 3 500 a € 35 000, as infracções ao disposto nos artigos 26.º, 27.º e 28.º, no n.º 1 do artigo 29.º e no artigo 30.º

3. A tentativa e a negligência são puníveis, sendo os limites mínimo e máximo da coima aplicável reduzidos a metade.

Nota. Redacção introduzida pelo art. 1.º do DL n.º 82/2008, de 20 de Maio.

Cap. VIII.   Disposições finais e transitórias   **Arts. 33.º-38.º DL 143/2001 [89]**

Art. 33.º (Sanção acessória)
No caso das contra-ordenações previstas nas alíneas *a*) e *b*) dos n.ºˢ 1 e 2 do artigo anterior, simultaneamente com a coima, pode ser aplicada a sanção acessória de perda de objectos no artigo 21.º, n.º 1, alínea *a*), do Decreto-Lei n.º 433/82, de 27 de Outubro, na redacção que lhe foi dada pelo Decreto-Lei n.º 244/95, de 14 de Setembro.

Art. 34.º (Instrução dos processos e aplicação de coimas)
1. A competência para a instrução dos processos de contra-ordenação cabe à ASAE.

2. A aplicação das coimas compete à Comissão de Aplicação de Coimas em Matéria Económica e de Publicidade (CACMEP).

3. O montante das coimas aplicadas é distribuído da seguinte forma:

a) 60% para o Estado;
b) 30% para a ASAE;
c) 10% para a CACMEP.

Nota. Redacção introduzida pelo art. 1.º do DL n.º 82/2008, de 20 de Maio.

CAPÍTULO VIII.   **Disposições finais e transitórias**

Art. 35.º (Contagem de prazos)
Todos os prazos referidos no presente diploma são de contagem contínua, não se interrompendo aos sábados, domingos e feriados.

Art. 36.º (Norma transitória)
As empresas que se dediquem à actividade de venda automática dispõem de um ano a contar da data da entrada em vigor do presente diploma para dar cumprimento ao disposto no artigo 22.º, n.º 1.

Art. 37.º (Norma revogatória)
São revogados:

a) O Decreto-Lei n.º 272/87, de 3 de Julho, com a redacção que lhe foi dada pelo Decreto-Lei n.º 243/95, de 13 de Setembro;
b) O artigo 62.º do Decreto-Lei n.º 28/84, de 20 de Janeiro;
c) A Portaria n.º 1300/95, de 31 de Outubro.

Art. 38.º (Entrada em vigor)
O presente diploma entra em vigor no prazo de 30 dias a contar da data da sua publicação.

967

VENDA DE BENS DE CONSUMO
E GARANTIAS A ELA RELATIVAS

[90] DECRETO-LEI N.º 67/2003
de 8 de Abril

Nos termos da alínea *a*) do n.º 1 do artigo 198.º da Constituição, o Governo decreta, para valer como lei geral da República, o seguinte:

Art. 1.º (Objecto)
1. O presente decreto-lei procede à transposição para o direito interno da Directiva n.º 1999/44/CE, do Parlamento Europeu e do Conselho, de 25 de Maio, relativa a certos aspectos da venda de bens de consumo e das garantias a ela relativas, com vista a assegurar a protecção dos interesses dos consumidores.
2. (…).

Notas. 1. Redacção introduzida pelo art. 1.º do DL n.º 84/2008, de 21 de Maio, que também alterou a epígrafe do preceito.

2. O n.º 2 foi revogado pelo art. 3.º do DL n.º 84/2008, de 21 de Maio.

Art. 1.º-A (Âmbito de aplicação)
1. O presente decreto-lei é aplicável aos contratos de compra e venda celebrados entre profissionais e consumidores.
2. O presente decreto-lei é, ainda, aplicável, com as necessárias adaptações, aos bens de consumo fornecidos no âmbito de um contrato de empreitada ou de outra prestação de serviços, bem como à locação de bens de consumo.

Nota. Aditado pelo art. 2.º do DL n.º 84/2008, de 21 de Maio.

Art. 1.º-B (Definições)
Para efeitos de aplicação do disposto no presente decreto-lei, entende-se por:

a) «Consumidor», aquele a quem sejam fornecidos bens, prestados serviços ou transmitidos quaisquer direitos, destinados a uso não profissional, por pessoa que exerça com carácter profissional uma actividade económica que vise a obtenção de benefícios, nos termos do n.º 1 do artigo 2.º da Lei n.º 24/96, de 31 de Julho;

b) «Bem de consumo», qualquer bem imóvel ou móvel corpóreo, incluindo os bens em segunda mão;

Venda de bens de consumo e garantias a ela relativas   **Art. 2.º DL 67/2003 [90]**

c) «Vendedor», qualquer pessoa singular ou colectiva que, ao abrigo de um contrato, vende bens de consumo no âmbito da sua actividade profissional;

d) «Produtor», o fabricante de um bem de consumo, o importador do bem de consumo no território da Comunidade Europeia ou qualquer outra pessoa que se apresente como produtor através da indicação do seu nome, marca ou outro sinal identificador no produto;

e) «Representante do produtor», qualquer pessoa singular ou colectiva que actue na qualidade de distribuidor comercial do produtor e ou centro autorizado de serviço pós-venda, à excepção dos vendedores independentes que actuem apenas na qualidade de retalhistas;

f) «Garantia legal», qualquer compromisso ou declaração assumida por um vendedor ou por um produtor perante o consumidor, sem encargos adicionais para este, de reembolsar o preço pago, substituir, reparar ou ocupar-se de qualquer modo de um bem de consumo, no caso de este não corresponder às condições enumeradas na declaração de garantia ou na respectiva publicidade;

g) «Garantia voluntária», qualquer compromisso ou declaração, de carácter gratuito ou oneroso, assumido por um vendedor, por um produtor ou por qualquer intermediário perante o consumidor, de reembolsar o preço pago, substituir, reparar ou ocupar-se de qualquer modo de um bem de consumo, no caso de este não corresponder às condições enumeradas na declaração de garantia ou na respectiva publicidade;

h) «Reparação», em caso de falta de conformidade do bem, a reposição do bem de consumo em conformidade com o contrato.

Nota. Aditado pelo art. 2.º do DL n.º 84/2008, de 21 de Maio.

Art. 2.º (Conformidade com o contrato)

1. O vendedor tem o dever de entregar ao consumidor bens que sejam conformes com o contrato de compra e venda.

2. Presume-se que os bens de consumo não são conformes com o contrato se se verificar algum dos seguintes factos:

a) Não serem conformes com a descrição que deles é feita pelo vendedor ou não possuírem as qualidades do bem que o vendedor tenha apresentado ao consumidor como amostra ou modelo;

b) Não serem adequados ao uso específico para o qual o consumidor os destine e do qual tenha informado o vendedor quando celebrou o contrato e que o mesmo tenha aceitado;

c) Não serem adequados às utilizações habitualmente dadas aos bens do mesmo tipo;

d) Não apresentarem as qualidades e o desempenho habituais nos bens do mesmo tipo e que o consumidor pode razoavelmente esperar, atendendo à natureza do bem e, eventualmente, às declarações públicas sobre as suas características concretas feitas pelo vendedor, pelo produtor ou pelo seu representante, nomeadamente na publicidade ou na rotulagem.

3. Não se considera existir falta de conformidade, na acepção do presente artigo, se, no momento em que for celebrado o contrato, o consumidor tiver conhe-

969

[90] DL 67/2003 Arts. 3.°-5.°   Venda de bens de consumo e garantias a ela relativas

cimento dessa falta de conformidade ou não puder razoavelmente ignorá-la ou se esta decorrer dos materiais fornecidos pelo consumidor.

4. A falta de conformidade resultante de má instalação do bem de consumo é equiparada a uma falta de conformidade do bem, quando a instalação fizer parte do contrato de compra e venda e tiver sido efectuada pelo vendedor, ou sob sua responsabilidade, ou quando o produto, que se prevê que seja instalado pelo consumidor, for instalado pelo consumidor e a má instalação se dever a incorrecções existentes nas instruções de montagem.

Art. 3.° (Entrega do bem)

1. O vendedor responde perante o consumidor por qualquer falta de conformidade que exista no momento em que o bem lhe é entregue.

2. As faltas de conformidade que se manifestem num prazo de dois ou de cinco anos a contar da data de entrega de coisa móvel corpórea ou de coisa imóvel, respectivamente, presumem-se existentes já nessa data, salvo quando tal for incompatível com a natureza da coisa ou com as características da falta de conformidade.

Art. 4.° (Direitos do consumidor)

1. Em caso de falta de conformidade do bem com o contrato, o consumidor tem direito a que esta seja reposta sem encargos, por meio de reparação ou de substituição, à redução adequada do preço ou à resolução do contrato.

2. Tratando-se de um bem imóvel, a reparação ou a substituição devem ser realizadas dentro de um prazo razoável, tendo em conta a natureza do defeito, e tratando-se de um bem móvel, num prazo máximo de 30 dias, em ambos os casos sem grave inconveniente para o consumidor.

3. A expressão «sem encargos», utilizada no n.° 1, reporta-se às despesas necessárias para repor o bem em conformidade com o contrato, incluindo, designadamente, as despesas de transporte, de mão-de-obra e material.

4. Os direitos de resolução do contrato e de redução do preço podem ser exercidos mesmo que a coisa tenha perecido ou se tenha deteriorado por motivo não imputável ao comprador.

5. O consumidor pode exercer qualquer dos direitos referidos nos números anteriores, salvo se tal se manifestar impossível ou constituir abuso de direito, nos termos gerais.

6. Os direitos atribuídos pelo presente artigo transmitem-se a terceiro adquirente do bem.

Nota. Redacção introduzida pelo art. 1.° do DL n.° 84/2008, de 21 de Maio.

Art. 5.° (Prazo da garantia)

1. O comprador pode exercer os direitos previstos no artigo anterior quando a falta de conformidade se manifestar dentro de um prazo de dois ou cinco anos a contar da entrega do bem, consoante se trate, respectivamente, de coisa móvel ou imóvel.

2. Tratando-se de coisa móvel usada, o prazo previsto no número anterior pode ser reduzido a um ano, por acordo das partes.

970

Venda de bens de consumo e garantias a ela relativas   **Arts. 5.º-A-6.º DL 67/2003 [90]**

3. (…).
4. (…).
5. (…).
6. Havendo substituição do bem, o bem sucedâneo goza de um prazo de garantia de dois ou de cinco anos a contar da data da sua entrega, conforme se trate, respectivamente, de bem móvel ou imóvel.
7. O prazo referido no n.º 1 suspende-se, a partir da data da denúncia, durante o período em que o consumidor estiver privado do uso dos bens.

Notas. 1. Redacção introduzida pelo art. 1.º do DL n.º 84/2008, de 21 de Maio, que também alterou a epígrafe do preceito.

2. Os n.ᵒˢ 3, 4 e 5 foram revogados pelo art. 3.º do DL n.º 84/2008, de 21 de Maio.

Art. 5.º-A (Prazo para exercício de direitos)

1. Os direitos atribuídos ao consumidor nos termos do artigo 4.º caducam no termo de qualquer dos prazos referidos no artigo anterior e na ausência de denúncia da desconformidade pelo consumidor, sem prejuízo do disposto nos números seguintes.
2. Para exercer os seus direitos, o consumidor deve denunciar ao vendedor a falta de conformidade num prazo de dois meses, caso se trate de bem móvel, ou de um ano, se se tratar de bem imóvel, a contar da data em que a tenha detectado.
3. Caso o consumidor tenha efectuado a denúncia da desconformidade, tratando-se de bem móvel, os direitos atribuídos ao consumidor nos termos do artigo 4.º caducam decorridos dois anos a contar da data da denúncia e, tratando-se de bem imóvel, no prazo de três anos a contar desta mesma data.
4. O prazo referido no número anterior suspende-se durante o período em que o consumidor estiver privado do uso dos bens com o objectivo de realização das operações de reparação ou substituição, bem como durante o período em que durar a tentativa de resolução extrajudicial do conflito de consumo que opõe o consumidor ao vendedor ou ao produtor, com excepção da arbitragem.
5. A tentativa de resolução extrajudicial do litígio inicia-se com a ocorrência de um dos seguintes factos:
a) As partes acordem no sentido de submeter o conflito a mediação ou conciliação;
b) A mediação ou a conciliação seja determinada no âmbito de processo judicial;
c) Se constitua a obrigação de recorrer à mediação ou conciliação.

Nota. Aditado pelo art. 2.º do DL n.º 84/2008, de 21 de Maio.

Art. 6.º (Responsabilidade directa do produtor)

1. Sem prejuízo dos direitos que lhe assistem perante o vendedor, o consumidor que tenha adquirido coisa defeituosa pode optar por exigir do produtor a sua reparação ou substituição, salvo se tal se manifestar impossível ou desproporcionado tendo em conta o valor que o bem teria se não existisse falta de conformidade,

971

[90] DL 67/2003 Arts. 7.º-8.º   Venda de bens de consumo e garantias a ela relativas

a importância desta e a possibilidade de a solução alternativa ser concretizada sem grave inconveniente para o consumidor.

2. O produtor pode opor-se ao exercício dos direitos pelo consumidor verificando-se qualquer dos seguintes factos:

a) Resultar o defeito exclusivamente de declarações do vendedor sobre a coisa e sua utilização, ou de má utilização;

b) Não ter colocado a coisa em circulação;

c) Poder considerar-se, tendo em conta as circunstâncias, que o defeito não existia no momento em que colocou a coisa em circulação;

d) Não ter fabricado a coisa nem para venda nem para qualquer outra forma de distribuição com fins lucrativos, ou não a ter fabricado ou distribuído no quadro da sua actividade profissional;

e) Terem decorrido mais de dez anos sobre a colocação da coisa em circulação.

3. O representante do produtor na zona de domicílio do consumidor é solidariamente responsável com o produtor perante o consumidor, sendo-lhe igualmente aplicável o n.º 2 do presente artigo.

4. (…).

5. (…).

Notas. 1. Redacção introduzida pelo art. 1.º do DL n.º 84/2008, de 21 de Maio.

2. Os n.ºˢ 4 e 5 foram revogados pelo art. 3.º do DL n.º 84/2008, de 21 de Maio.

Art. 7.º (Direito de regresso)

1. O vendedor que tenha satisfeito ao consumidor um dos direitos previsto no artigo 4.º bem como a pessoa contra quem foi exercido o direito de regresso gozam de direito de regresso contra o profissional a quem adquiriram a coisa, por todos os prejuízos causados pelo exercício daqueles direitos.

2. O disposto no n.º 2 do artigo 3.º aproveita também ao titular do direito de regresso, contando-se o respectivo prazo a partir da entrega ao consumidor.

3. O demandado pode afastar o direito de regresso provando que o defeito não existia quando entregou a coisa ou, se o defeito for posterior à entrega, que não foi causado por si.

4. Sem prejuízo do regime das cláusulas contratuais gerais, o acordo pelo qual se exclua ou limite antecipadamente o exercício do direito de regresso só produz efeitos se for atribuída ao seu titular uma compensação adequada.

Art. 8.º (Exercício do direito de regresso)

1. O profissional pode exercer o direito de regresso na própria acção interposta pelo consumidor, aplicando-se com as necessárias adaptações, o disposto no n.º 2 do artigo 329.º do Código de Processo Civil.

2. O profissional goza do direito previsto no artigo anterior durante cinco anos a contar da entrega da coisa pelo profissional demandado.

3. O profissional deve exercer o seu direito no prazo de dois meses a contar da data da satisfação do direito ao consumidor.

972

Venda de bens de consumo e garantias a ela relativas   **Arts. 9.º-11.º DL 67/2003 [90]**

4. O prazo previsto no n.º 2 suspende-se durante o processo em que o vendedor final seja parte.

Art. 9.º (Garantias voluntárias)

1. (...).

2. A declaração de garantia deve ser entregue ao consumidor por escrito ou em qualquer outro suporte duradouro a que aquele tenha acesso.

3. A garantia, que deve ser redigida de forma clara e concisa na língua portuguesa, contém obrigatoriamente as seguintes menções:

a) Declaração de que o consumidor goza dos direitos previstos no presente decreto-lei, e na demais legislação aplicável, e de que tais direitos não são afectados pela garantia;

b) A informação sobre o carácter gratuito ou oneroso da garantia e, neste último caso, a indicação dos encargos a suportar pelo consumidor;

c) Os benefícios atribuídos ao consumidor por meio do exercício da garantia, bem como as condições para a atribuição destes benefícios, incluindo a enumeração de todos os encargos, nomeadamente aqueles relativos às despesas de transporte, de mão-de-obra e de material, e ainda os prazos e a forma de exercício da mesma;

d) Duração e âmbito espacial da garantia;

e) Firma ou nome e endereço postal, ou, se for o caso, electrónico, do autor da garantia que pode ser utilizado para o exercício desta.

4. Salvo declaração em contrário, os direitos resultantes da garantia transmitem-se para o adquirente da coisa.

5. A violação do disposto nos n.ºs 2 e 3 do presente artigo não afecta a validade da garantia, podendo o consumidor continuar a invocá-la e a exigir a sua aplicação.

Notas. 1. Redacção introduzida pelo art. 1.º do DL n.º 84/2008, de 21 de Maio.

2. O n.º 1 foi revogado pelo art. 3.º do DL n.º 84/2008, de 21 de Maio.

Art. 10.º (Imperatividade)

1. Sem prejuízo do regime das cláusulas contratuais gerais, é nulo o acordo ou cláusula contratual pelo qual antes da denúncia da falta de conformidade ao vendedor se excluam ou limitem os direitos do consumidor previstos no presente diploma.

2. É aplicável à nulidade prevista no número anterior o disposto nos n.ºs 2 e 3 do artigo 16.º da Lei n.º 24/96, de 31 de Julho.

Art. 11.º (Limitação da escolha de lei)

Se o contrato de compra e venda celebrado entre profissional e consumidor apresentar ligação estreita ao território dos Estados membros da União Europeia, a escolha, para reger o contrato, de uma lei de um Estado não membro que se revele menos favorável ao consumidor não lhe retira os direitos atribuídos pelo presente decreto-lei.

973

[90] DL 67/2003 Arts. 12.°-12.°-C   Venda de bens de consumo e garantias a ela relativas

Art. 12.° (Acções de informação)

A Direcção-Geral do Consumidor deve promover acções destinadas a informar, e deve incentivar as organizações profissionais a informarem, os consumidores dos direitos que para eles resultam do presente decreto-lei.

Nota. Redacção introduzida pelo art. 1.° do DL n.° 84/2008, de 21 de Maio.

Art. 12.°-A (Contra-ordenações)

1. Constituem contra-ordenações puníveis com a aplicação das seguintes coimas:

a) De € 250 a € 2 500 e de € 500 a € 5 000, consoante o infractor seja pessoa singular ou pessoa colectiva, a violação do disposto no n.° 2 do artigo 4.°;

b) De € 250 a € 3 500 e de € 3 500 a € 30 000, consoante o infractor seja pessoa singular ou pessoa colectiva, a violação do disposto no n.° 3 do artigo 9.°

2. A negligência e a tentativa são puníveis, sendo os limites mínimo e máximo das coimas aplicáveis reduzidos a metade.

Nota. Aditado pelo art. 2.° do DL n.° 84/2008, de 21 de Maio.

Art. 12.°-B (Sanções acessórias)

1. Quando a gravidade da infracção o justifique, podem ainda ser aplicadas, nos termos do regime geral das contra-ordenações, as seguintes sanções acessórias:

a) Encerramento temporário das instalações ou estabelecimento;

b) Interdição do exercício da actividade;

c) Privação do direito a subsídio ou a benefício outorgado por entidade ou serviço público.

2. As sanções referidas no número anterior têm uma duração máxima de dois anos contados a partir da data da decisão condenatória definitiva.

Nota. Aditado pelo art. 2.° do DL n.° 84/2008, de 21 de Maio.

Art. 12.°-C (Fiscalização e instrução dos processos de contra-ordenação)

1. Compete à Autoridade de Segurança Alimentar e Económica (ASAE) fiscalizar a aplicação do disposto no presente decreto-lei, bem como instruir os processos de contra-ordenação previstos no artigo 12.°-A.

2. Compete à Comissão de Aplicação de Coimas em Matéria Económica e de Publicidade (CACMEP) a aplicação das respectivas coimas e sanções acessórias.

3. A receita das coimas reverte em:

a) 60% para o Estado;

b) 30% para a ASAE;

c) 10% para a CACMEP.

4. A CACMEP comunica ao Instituto da Construção e do Imobiliário, I. P., as decisões condenatórias, convertidas em definitivas ou transitadas em julgado, que condenem a empresa de construção pela prática da contra-ordenação prevista na alínea *a)* do n.° 1 do artigo 12.°-A, bem como aquelas que condenem a empresa de construção, ou qualquer outra entidade que exerça a actividade cuja regulação ou fiscalização incumba àquele Instituto, nas sanções acessórias previstas no artigo anterior.

Nota. Aditado pelo art. 2.° do DL n.° 84/2008, de 21 de Maio.

974

Venda de bens de consumo e garantias a ela relativas   **Arts. 13.°-14.° DL 67/2003 [90]**

Art. 13.° (Alterações à Lei de Defesa dos Consumidores)
Os artigos 4.° e 12.° da Lei n.° 24/96, de 31 de Julho, passam a ter a seguinte redacção:

Nota. As alterações foram introduzidas nos lugares próprios.

Art. 14.° (Entrada em vigor)
1. O presente diploma entra em vigor no dia seguinte ao da sua publicação, sem prejuízo do disposto no n.° 2.

2. As normas previstas no artigo 9.° entram em vigor 90 dias após a publicação deste diploma.

REGIME JURÍDICO DA CONCORRÊNCIA

[91] LEI N.º 18/2003
de 11 de Junho

A Assembleia da República decreta, nos termos da alínea *c*) do artigo 161.º da Constituição, para valer como lei geral da República, o seguinte:

CAPÍTULO I. Das regras de concorrência

SECÇÃO I. Disposições gerais

Art. 1.º (Âmbito de aplicação)

1. A presente lei é aplicável a todas as actividades económicas exercidas, com carácter permanente ou ocasional, nos sectores privado, público e cooperativo.

2. Sob reserva das obrigações internacionais do Estado Português, a presente lei é aplicável às práticas restritivas da concorrência e às operações de concentração de empresas que ocorram em território nacional ou que neste tenham ou possam ter efeitos.

Art. 2.º (Noção de empresa)

1. Considera-se empresa, para efeitos da presente lei, qualquer entidade que exerça uma actividade económica que consista na oferta de bens ou serviços num determinado mercado, independentemente do seu estatuto jurídico e do modo de funcionamento.

2. Considera-se como uma única empresa o conjunto de empresas que, embora juridicamente distintas, constituem uma unidade económica ou que mantêm entre si laços de interdependência ou subordinação decorrentes dos direitos ou poderes enumerados no n.º 1 do artigo 10.º

Art. 3.º (Serviços de interesse económico geral)

1. As empresas públicas e as empresas a quem o Estado tenha concedido direitos especiais ou exclusivos encontram-se abrangidas pelo disposto na presente lei, sem prejuízo do disposto no número seguinte.

2. As empresas encarregadas por lei da gestão de serviços de interesse económico geral ou que tenham a natureza de monopólio legal ficam submetidas ao disposto no presente diploma, na medida em que a aplicação destas regras não cons-

Cap. I. Das regras de concorrência   **Arts. 4.º-5.º L 18/2003 [91]**

titua obstáculo ao cumprimento, de direito ou de facto, da missão particular que lhes foi confiada.

SECÇÃO II. **Práticas proibidas**

Art. 4.º (Práticas proibidas)

1. São proibidos os acordos entre empresas, as decisões de associações de empresas e as práticas concertadas entre empresas, qualquer que seja a forma que revistam, que tenham por objecto ou como efeito impedir, falsear ou restringir de forma sensível a concorrência no todo ou em parte do mercado nacional, nomeadamente os que se traduzam em:

a) Fixar, de forma directa ou indirecta, os preços de compra ou de venda ou interferir na sua determinação pelo livre jogo do mercado, induzindo, artificialmente, quer a sua alta quer a sua baixa;

b) Fixar, de forma directa ou indirecta, outras condições de transacção efectuadas no mesmo ou em diferentes estádios do processo económico;

c) Limitar ou controlar a produção, a distribuição, o desenvolvimento técnico ou os investimentos;

d) Repartir os mercados ou as fontes de abastecimento;

e) Aplicar, de forma sistemática ou ocasional, condições discriminatórias de preço ou outras relativamente a prestações equivalentes;

f) Recusar, directa ou indirectamente, a compra ou venda de bens e a prestação de serviços;

g) Subordinar a celebração de contratos à aceitação de obrigações suplementares que, pela sua natureza ou segundo os usos comerciais, não tenham ligação com o objecto desses contratos.

2. Excepto nos casos em que se considerem justificadas, nos termos do artigo 5.º, as práticas proibidas pelo n.º 1 são nulas.

Art. 5.º (Justificação das práticas proibidas)

1. Podem ser consideradas justificadas as práticas referidas no artigo anterior que contribuam para melhorar a produção ou a distribuição de bens e serviços ou para promover o desenvolvimento técnico ou económico desde que, cumulativamente:

a) Reservem aos utilizadores desses bens ou serviços uma parte equitativa do benefício daí resultante;

b) Não imponham às empresas em causa quaisquer restrições que não sejam indispensáveis para atingir esses objectivos;

c) Não dêem a essas empresas a possibilidade de eliminar a concorrência numa parte substancial do mercado dos bens ou serviços em causa.

2. As práticas previstas no artigo 4.º podem ser objecto de avaliação prévia por parte da Autoridade da Concorrência, adiante designada por Autoridade, segundo procedimento a estabelecer por regulamento a aprovar pela Autoridade nos termos dos respectivos estatutos.

3. São consideradas justificadas as práticas proibidas pelo artigo 4.º que, embora não afectando o comércio entre os Estados membros, preencham os res-

977

[91] L 18/2003 Arts. 6.°-7.°

tantes requisitos de aplicação de um regulamento comunitário adoptado ao abrigo do disposto no n.° 3 do artigo 81.° do Tratado que institui a Comunidade Europeia.

4. A Autoridade pode retirar o benefício referido no número anterior se verificar que, em determinado caso, uma prática por ele abrangida produz efeitos incompatíveis com o disposto no n.° 1.

Nota. A Autoridade da concorrência foi criada pelo DL n.° 10/2003, de 18 de Janeiro.

Art. 6.° (Abuso de posição dominante)

1. É proibida a exploração abusiva, por uma ou mais empresas, de uma posição dominante no mercado nacional ou numa parte substancial deste, tendo por objecto ou como efeito impedir, falsear ou restringir a concorrência.

2. Entende-se que dispõem de posição dominante relativamente ao mercado de determinado bem ou serviço:

a) A empresa que actua num mercado no qual não sofre concorrência significativa ou assume preponderância relativamente aos seus concorrentes;

b) Duas ou mais empresas que actuam concertadamente num mercado, no qual não sofrem concorrência significativa ou assumem preponderância relativamente a terceiros.

3. Pode ser considerada abusiva, designadamente:

a) A adopção de qualquer dos comportamentos referidos no n.° 1 do artigo 4.°;

b) A recusa de facultar, contra remuneração adequada, a qualquer outra empresa o acesso a uma rede ou a outras infra-estruturas essenciais que a primeira controla, desde que, sem esse acesso, esta última empresa não consiga, por razões factuais ou legais, operar como concorrente da empresa em posição dominante no mercado a montante ou a jusante, a menos que a empresa dominante demonstre que, por motivos operacionais ou outros, tal acesso é impossível em condições de razoabilidade.

Art. 7.° (Abuso de dependência económica)

1. É proibida, na medida em que seja susceptível de afectar o funcionamento do mercado ou a estrutura da concorrência, a exploração abusiva, por uma ou mais empresas, do estado de dependência económica em que se encontre relativamente a elas qualquer empresa fornecedora ou cliente, por não dispor de alternativa equivalente.

2. Pode ser considerada abusiva, designadamente:

a) A adopção de qualquer dos comportamentos previstos no n.° 1 do artigo 4.°;

b) A ruptura injustificada, total ou parcial, de uma relação comercial estabelecida, tendo em consideração as relações comerciais anteriores, os usos reconhecidos no ramo da actividade económica e as condições contratuais estabelecidas.

3. Para efeitos da aplicação do n.° 1, entende-se que uma empresa não dispõe de alternativa equivalente quando:

a) O fornecimento do bem ou serviço em causa, nomeadamente o de distribuição, for assegurado por um número restrito de empresas; e

b) A empresa não puder obter idênticas condições por parte de outros parceiros comerciais num prazo razoável.

Cap. I. Das regras de concorrência   **Arts. 8.º-9.º L 18/2003 [91]**

SECÇÃO III. **Concentração de empresas**

Art. 8.º (Concentração de empresas)

1. Entende-se haver uma operação de concentração de empresas, para efeitos da presente lei:

a) No caso de fusão de duas ou mais empresas anteriormente independentes;

b) No caso de uma ou mais pessoas singulares que já detenham o controlo de pelo menos uma empresa ou de uma ou mais empresas adquirirem, directa ou indirectamente, o controlo da totalidade ou de partes de uma ou de várias outras empresas.

2. A criação ou aquisição de uma empresa comum constitui uma operação de concentração de empresas, na acepção da alínea *b*) do número anterior, desde que a empresa comum desempenhe de forma duradoura as funções de uma entidade económica autónoma.

3. Para efeitos do disposto nos números anteriores o controlo decorre de qualquer acto, independentemente da forma que este assuma, que implique a possibilidade de exercer, isoladamente ou em conjunto, e tendo em conta as circunstâncias de facto ou de direito, uma influência determinante sobre a actividade de uma empresa, nomeadamente:

a) Aquisição da totalidade ou de parte do capital social;

b) Aquisição de direitos de propriedade, de uso ou de fruição sobre a totalidade ou parte dos activos de uma empresa;

c) Aquisição de direitos ou celebração de contratos que confiram uma influência preponderante na composição ou nas deliberações dos órgãos de uma empresa.

4. Não é havida como concentração de empresas:

a) A aquisição de participações ou de activos no quadro do processo especial de recuperação de empresas ou de falência;

b) A aquisição de participações com meras funções de garantia;

c) A aquisição por instituições de crédito de participações em empresas não financeiras, quando não abrangida pela proibição contida no artigo 101.º do Regime Geral das Instituições de Crédito e Sociedades Financeiras, aprovado pelo Decreto--Lei n.º 298/92, de 31 de Dezembro.

Nota. Cf. o RegCE n.º 139/2004, do Conselho, de 20 de Janeiro de 2004 **[92]**.

Art. 9.º (Notificação prévia)

1. As operações de concentração de empresas estão sujeitas a notificação prévia quando preencham uma das seguintes condições:

a) Em consequência da sua realização se crie ou se reforce uma quota superior a 30% no mercado nacional de determinado bem ou serviço, ou numa parte substancial deste;

b) O conjunto das empresas participantes na operação de concentração tenha realizado em Portugal, no último exercício, um volume de negócios superior a 150 milhões de euros, líquidos dos impostos com este directamente relacionados, desde que o volume de negócios realizado individualmente em Portugal por, pelo menos, duas dessas empresas seja superior a dois milhões de euros.

2. As operações de concentração abrangidas pela presente lei devem ser notificadas à Autoridade no prazo de sete dias úteis após a conclusão do acordo ou,

979

[91] L 18/2003 Art. 10.° — Regime jurídico da concorrência

sendo caso disso, após a data da divulgação do anúncio preliminar de uma oferta pública de aquisição ou de troca ou da divulgação de anúncio de aquisição de uma participação de controlo em sociedade emitente de acções admitidas à negociação em mercado regulamentado.

3. As operações de concentração projectadas podem ser objecto de avaliação prévia pela Autoridade, segundo procedimento a estabelecer pela Autoridade nos termos dos respectivos estatutos.

Nota. Redacção introduzida pelo art. 4.° do DL n.° 219/2006, de 2 de Novembro.

Art. 10.° (Quota de mercado e volume de negócios)

1. Para o cálculo da quota de mercado e do volume de negócios previstos no artigo anterior ter-se-ão em conta, cumulativamente, os volumes de negócios:

a) Das empresas participantes na concentração;

b) Das empresas em que estas dispõem directa ou indirectamente:

De uma participação maioritária no capital;

De mais de metade dos votos;

Da possibilidade de designar mais de metade dos membros do órgão de administração ou de fiscalização;

Do poder de gerir os negócios da empresa;

c) Das empresas que dispõem nas empresas participantes, isoladamente ou em conjunto, dos direitos ou poderes enumerados na alínea *b*);

d) Das empresas nas quais uma empresa referida na alínea *c*) dispõe dos direitos ou poderes enumerados na alínea *b*);

e) Das empresas em que várias empresas referidas nas alíneas *a*) a *d*) dispõem em conjunto, entre elas ou com empresas terceiras, dos direitos ou poderes enumerados na alínea *b*).

2. No caso de uma ou várias empresas envolvidas na operação de concentração disporem conjuntamente dos direitos ou poderes enumerados na alínea *b*) do n.° 1, há que no cálculo do volume de negócios das empresas participantes na operação de concentração:

a) Não tomar em consideração o volume de negócios resultante da venda de produtos ou da prestação de serviços realizados entre a empresa comum e cada uma das empresas participantes na operação de concentração ou qualquer outra empresa ligada a estas na acepção das alíneas *b*) a *e*) do número anterior;

b) Tomar em consideração o volume de negócios resultante da venda de produtos e da prestação de serviços realizados entre a empresa comum e qualquer outra empresa terceira, o qual será imputado a cada uma das empresas participantes na operação de concentração na parte correspondente à sua divisão em partes iguais por todas as empresas que controlam a empresa comum.

3. O volume de negócios a que se refere o número anterior compreende os valores dos produtos vendidos e dos serviços prestados a empresas e consumidores em território português, líquidos dos impostos directamente relacionados com o volume de negócios, mas não inclui as transacções efectuadas entre as empresas referidas no mesmo número.

4. Em derrogação ao disposto no n.° 1, se a operação de concentração consistir na aquisição de partes, com ou sem personalidade jurídica própria, de uma ou mais

980

Cap. I.   Das regras de concorrência   **Arts. 11.º-12.º   L 18/2003 [91]**

empresas, o volume de negócios a ter em consideração relativamente ao cedente ou cedentes será apenas o relativo às parcelas que são objecto da transacção.

5. O volume de negócios é substituído:

a) No caso das instituições de crédito e de outras instituições financeiras, pela soma das seguintes rubricas de proveitos, tal como definidas na legislação aplicável:

   i) Juros e proveitos equiparados;
   ii) Receitas de títulos:
   Rendimentos de acções e de outros títulos de rendimento variável;
   Rendimentos de participações;
   Rendimentos de partes do capital em empresas coligadas;
   iii) Comissões recebidas;
   iv) Lucro líquido proveniente de operações financeiras;
   v) Outros proveitos de exploração;

b) No caso das empresas de seguros, pelo valor dos prémios brutos emitidos, pagos por residentes em Portugal, que incluem todos os montantes recebidos e a receber ao abrigo de contratos de seguro efectuados por essas empresas ou por sua conta, incluindo os prémios cedidos às resseguradoras, com excepção dos impostos ou taxas cobrados com base no montante dos prémios ou no seu volume total.

Art. 11.º (Suspensão da operação de concentração)

1. Uma operação de concentração sujeita a notificação prévia não pode realizar-se antes de ter sido notificada e antes de ter sido objecto de uma decisão, expressa ou tácita, de não oposição.

2. A validade de qualquer negócio jurídico realizado em desrespeito pelo disposto na presente secção depende de autorização expressa ou tácita da operação de concentração.

3. O disposto nos números anteriores não prejudica a realização de uma oferta pública de compra ou de troca que tenha sido notificada à Autoridade ao abrigo do artigo 9.º, desde que o adquirente não exerça os direitos de voto inerentes às participações em causa ou os exerça apenas tendo em vista proteger o pleno valor do seu investimento com base em derrogação concedida nos termos do número seguinte.

4. A Autoridade pode, mediante pedido fundamentado da empresa ou empresas participantes, apresentado antes ou depois da notificação, conceder uma derrogação ao cumprimento das obrigações previstas nos n.os 1 ou 3, ponderadas as consequências da suspensão da operação ou do exercício dos direitos de voto para as empresas participantes e os efeitos negativos da derrogação para a concorrência, podendo, se necessário, acompanhar a derrogação de condições ou obrigações destinadas a assegurar uma concorrência efectiva.

Art. 12.º (Apreciação das operações de concentração)

1. Sem prejuízo do disposto no n.º 5 do presente artigo, as operações de concentração, notificadas de acordo com o disposto no artigo 9.º, serão apreciadas com o objectivo de determinar os seus efeitos sobre a estrutura da concorrência, tendo em conta a necessidade de preservar e desenvolver, no interesse dos consumidores intermédios e finais, uma concorrência efectiva no mercado nacional.

981

[91] L 18/2003 Art. 13.º   Regime jurídico da concorrência

2. Na apreciação referida no número anterior serão tidos em conta, designadamente, os seguintes factores:

a) A estrutura dos mercados relevantes e a existência ou não de concorrência por parte de empresas estabelecidas nesses mercados ou em mercados distintos;

b) A posição das empresas participantes no mercado ou mercados relevantes e o seu poder económico e financeiro, em comparação com os dos seus principais concorrentes;

c) A concorrência potencial e a existência, de direito ou de facto, de barreiras à entrada no mercado;

d) As possibilidades de escolha de fornecedores e utilizadores;

e) O acesso das diferentes empresas às fontes de abastecimento e aos mercados de escoamento;

f) A estrutura das redes de distribuição existentes;

g) A evolução da oferta e da procura dos produtos e serviços em causa;

h) A existência de direitos especiais ou exclusivos conferidos por lei ou resultantes da natureza dos produtos transaccionados ou dos serviços prestados;

i) O controlo de infra-estruturas essenciais por parte das empresas em causa e as possibilidades de acesso a essas infra-estruturas oferecidas às empresas concorrentes;

j) A evolução do progresso técnico e económico, desde que a mesma seja vantajosa para os consumidores e não constitua um obstáculo à concorrência;

l) O contributo da concentração para a competitividade internacional da economia nacional.

3. Serão autorizadas as operações de concentração que não criem ou não reforcem uma posição dominante de que resultem entraves significativos à concorrência efectiva no mercado nacional ou numa parte substancial deste.

4. Serão proibidas as operações de concentração que criem ou reforcem uma posição dominante da qual possam resultar entraves significativos à concorrência efectiva no mercado nacional ou numa parte substancial deste.

5. A decisão que autoriza uma operação de concentração abrange igualmente as restrições directamente relacionadas com a realização da concentração e a ela necessárias.

6. Nos casos previstos no n.º 2 do artigo 8.º, se a criação da empresa comum tiver por objecto ou efeito a coordenação do comportamento concorrencial de empresas que se mantêm independentes, tal coordenação é apreciada nos termos previstos nos artigos 4.º e 5.º da presente lei.

SECÇÃO IV.   **Auxílios de Estado**

Art. 13.º (Auxílios de Estado)

1. Os auxílios a empresas concedidos por um Estado ou qualquer outro ente público não devem restringir ou afectar de forma significativa a concorrência no todo ou em parte do mercado.

2. A pedido de qualquer interessado, a Autoridade pode analisar qualquer auxílio ou projecto de auxílio e formular ao Governo as recomendações que entenda necessárias para eliminar os efeitos negativos desse auxílio sobre a concorrência.

982

Cap. III.   Do processo   **Arts. 14.°-17.° L 18/2003 [91]**

3. Para efeitos do disposto no presente artigo, não se consideram auxílios as indemnizações compensatórias, qualquer que seja a forma que revistam, concedidas pelo Estado como contrapartida da prestação de um serviço público.

Nota. Cf. o RegCE n.° 659/1999, do Conselho, de 22 de Março de 1999, e o RegCE n.° 794/2004, da Comissão, de 21 de Abril de 2004.

CAPÍTULO II.   Autoridade da Concorrência

Art. 14.° (Autoridade da Concorrência)

O respeito pelas regras da concorrência é assegurado pela Autoridade da Concorrência, nos limites das atribuições e competências que lhe são legalmente cometidas.

Nota. A Autoridade da concorrência foi criada pelo DL n.° 10/2003, de 18 de Janeiro. Cf. ainda o DL n.° 30/2004, de 6 de Fevereiro, que atribui à Actividade da Concorrência parte das receitas de entidades reguladoras sectoriais, provenientes de taxas cobradas pelos serviços por elas prestados.

Art. 15.° (Autoridades reguladoras sectoriais)

A Autoridade da Concorrência e as autoridades reguladoras sectoriais colaboram na aplicação da legislação de concorrência, nos termos previstos no capítulo III da presente lei.

Art. 16.° (Relatório)

A Autoridade da Concorrência elabora e envia anualmente ao Governo, que o remete nesse momento à Assembleia da República, um relatório sobre as actividades e o exercício dos seus poderes e competências, em especial quanto aos poderes sancionatórios, de supervisão e de regulamentação, o qual será publicado.

CAPÍTULO III.   Do processo

SECÇÃO I.   Disposições gerais

Art. 17.° (Poderes de inquérito e inspecção)

1. No exercício dos poderes sancionatórios e de supervisão, a Autoridade, através dos seus órgãos ou funcionários, goza dos mesmos direitos e faculdades e está submetida aos mesmos deveres dos órgãos de polícia criminal, podendo, designadamente:

a) Inquirir os representantes legais das empresas ou das associações de empresas envolvidas, bem como solicitar-lhes documentos e outros elementos de informação que entenda convenientes ou necessários para o esclarecimento dos factos;

b) Inquirir os representantes legais de outras empresas ou associações de empresas e quaisquer outras pessoas cujas declarações considere pertinentes, bem como solicitar-lhes documentos e outros elementos de informação;

c) Proceder, nas instalações das empresas ou das associações de empresas envolvidas, à busca, exame, recolha e apreensão de cópias ou extractos da escrita e demais documentação, quer se encontre ou não em lugar reservado ou não livre-

983

[91] L 18/2003 Arts. 18.°-19.° — Regime jurídico da concorrência

mente acessível ao público, sempre que tais diligências se mostrem necessárias à obtenção de prova;

d) Proceder à selagem dos locais das instalações das empresas em que se encontrem ou sejam susceptíveis de se encontrar elementos da escrita ou demais documentação, durante o período e na medida estritamente necessária à realização das diligências a que se refere a alínea anterior;

e) Requerer a quaisquer outros serviços da Administração Pública, incluindo os órgãos de polícia criminal, através dos respectivos gabinetes ministeriais, a colaboração que se mostrar necessária ao cabal desempenho das suas funções.

2. As diligências previstas na alínea *c*) do número anterior dependem de despacho da autoridade judiciária que autorize a sua realização, solicitado previamente pela Autoridade, em requerimento devidamente fundamentado, devendo a decisão ser proferida no prazo de quarenta e oito horas.

3. Os funcionários que, no exterior, procedam às diligências previstas nas alíneas *a*) a *c*) do n.° 1 deverão ser portadores:

a) No caso das alíneas *a*) e *b*), de credencial emitida pela Autoridade, da qual constará a finalidade da diligência;

b) No caso da alínea *c*), da credencial referida na alínea anterior e do despacho previsto no n.° 2.

4. Sempre que tal se revelar necessário, as pessoas a que alude o número anterior poderão solicitar a intervenção das autoridades policiais.

5. A falta de comparência das pessoas convocadas a prestar declarações junto da Autoridade não obsta a que os processos sigam os seus termos.

Art. 18.° (Prestação de informações)

1. Sempre que a Autoridade, no exercício dos poderes sancionatórios e de supervisão que lhe são atribuídos por lei, solicitar às empresas, associações de empresas ou a quaisquer outras pessoas ou entidades documentos e outras informações que se revelem necessários, esse pedido deve ser instruído com os seguintes elementos:

a) A base jurídica e o objectivo do pedido;

b) O prazo para a comunicação das informações ou o fornecimento dos documentos;

c) As sanções a aplicar na hipótese de incumprimento do requerido;

d) A informação de que as empresas deverão identificar, de maneira fundamentada, as informações que consideram confidenciais, juntando, sendo caso disso, uma cópia não confidencial dos documentos em que se contenham tais informações.

2. As informações e documentos solicitados pela Autoridade ao abrigo da presente lei devem ser fornecidos no prazo de 30 dias, salvo se, por decisão fundamentada, for por esta fixado um prazo diferente.

Art. 19.° (Procedimentos sancionatórios)

Sem prejuízo do disposto na presente lei, os procedimentos sancionatórios respeitam o princípio da audiência dos interessados, o princípio do contraditório e demais princípios gerais aplicáveis ao procedimento e à actuação administrativa

984

Cap. III.   Do processo   **Arts. 20.º-23.º L 18/2003 [91]**

constantes do Código do Procedimento Administrativo, aprovado pelo Decreto-Lei n.º 442/91, de 15 de Novembro, na redacção resultante do Decreto-Lei n.º 6/96, de 31 de Janeiro, bem como, se for caso disso, do regime geral dos ilícitos de mera ordenação social, aprovado pelo Decreto-Lei n.º 433/82, de 27 de Outubro, na redacção resultante da Lei n.º 109/2001, de 24 de Dezembro.

Art. 20.º (Procedimentos de supervisão)

Salvo disposição em contrário da presente lei, as decisões adoptadas pela Autoridade ao abrigo dos poderes de supervisão que lhe são conferidos por lei seguem o procedimento administrativo comum previsto no Código do Procedimento Administrativo.

Art. 21.º (Procedimentos de regulamentação)

1. Antes da emissão de qualquer regulamento com eficácia externa, adoptado ao abrigo dos poderes de regulamentação previstos no n.º 4 do artigo 7.º dos respectivos estatutos, a Autoridade deverá proceder à divulgação do respectivo projecto na Internet, para fins de discussão pública, durante um período que não deverá ser inferior a 30 dias.

2. No relatório preambular dos regulamentos previstos no número anterior a Autoridade fundamentará as suas opções, designadamente com referência às opiniões expressas durante o período de discussão pública.

3. O disposto nos números anteriores não será aplicável em casos de urgência, situação em que a Autoridade poderá decidir pela redução do prazo concedido ou pela sua ausência, conforme fundamentação que deverá aduzir.

4. Os regulamentos da Autoridade que contenham normas com eficácia externa são publicados na 2.ª série do Diário da República.

SECÇÃO II.   **Processos relativos a práticas proibidas**

Art. 22.º (Normas aplicáveis)

1. Os processos por infracção ao disposto nos artigos 4.º, 6.º e 7.º regem-se pelo disposto na presente secção, na secção I do presente capítulo e, subsidiariamente, pelo regime geral dos ilícitos de mera ordenação social.

2. O disposto no número anterior é igualmente aplicável, com as necessárias adaptações, aos processos por infracção aos artigos 81.º e 82.º do Tratado que institui a Comunidade Europeia instaurados pela Autoridade, ou em que esta seja chamada a intervir, ao abrigo das competências que lhe são conferidas pela alínea *g*) do n.º 1 do artigo 6.º do Decreto-Lei n.º 10/2003, de 18 de Janeiro.

Art. 23.º (Notificações)

1. As notificações são feitas pessoalmente, se necessário com o auxílio das autoridades policiais, ou por carta registada com aviso de recepção, dirigida para a sede social, estabelecimento principal ou domicílio em Portugal da empresa, do seu representante legal ou para o domicílio profissional do seu mandatário judicial para o efeito constituído.

985

[91] L 18/2003 Arts. 24.º-26.º

Regime jurídico da concorrência

2. Quando a empresa não tiver sede ou estabelecimento em Portugal a notificação é feita por carta registada com aviso de recepção para a sede social ou estabelecimento principal.

3. Quando não for possível realizar a notificação, nos termos dos números anteriores, a notificação considera-se feita, respectivamente, nos 3.º e 7.º dias úteis posteriores ao do envio, devendo a cominação aplicável constar do acto de notificação.

Art. 24.º (Abertura do inquérito)

1. Sempre que a Autoridade tome conhecimento, por qualquer via, de eventuais práticas proibidas pelos artigos 4.º, 6.º e 7.º, procede à abertura de um inquérito, em cujo âmbito promoverá as diligências de investigação necessárias à identificação dessas práticas e dos respectivos agentes.

2. Todos os serviços da administração directa, indirecta ou autónoma do Estado, bem como as autoridades administrativas independentes, têm o dever de participar à Autoridade os factos de que tomem conhecimento susceptíveis de serem qualificados como práticas restritivas da concorrência.

Art. 25.º (Decisão do inquérito)

1. Terminado o inquérito, a Autoridade decidirá:

a) Proceder ao arquivamento do processo, se entender que não existem indícios suficientes de infracção;

b) Dar início à instrução do processo, através de notificação dirigida às empresas ou associações de empresas arguidas, sempre que conclua, com base nas investigações levadas a cabo, que existem indícios suficientes de infracção às regras de concorrência.

2. Caso o inquérito tenha sido instaurado com base em denúncia de qualquer interessado, a Autoridade não pode proceder ao seu arquivamento sem dar previamente conhecimento das suas intenções ao denunciante, concedendo-lhe um prazo razoável para se pronunciar.

Art. 26.º (Instrução do processo)

1. Na notificação a que se refere a alínea *b)* do n.º 1 do artigo precedente, a Autoridade fixa às arguidas um prazo razoável para que se pronunciem por escrito sobre as acusações formuladas e as demais questões que possam interessar à decisão do processo, bem como sobre as provas produzidas, e para que requeiram as diligências complementares de prova que considerem convenientes.

2. A audição por escrito a que se refere o número anterior pode, a solicitação das empresas ou associações de empresas arguidas, apresentada à Autoridade no prazo de cinco dias a contar da notificação, ser completada ou substituída por uma audição oral, a realizar na data fixada para o efeito pela Autoridade, a qual não pode, em todo o caso, ter lugar antes do termo do prazo inicialmente fixado para a audição por escrito.

3. A Autoridade pode recusar a realização de diligências complementares de prova sempre que for manifesta a irrelevância das provas requeridas ou o seu intuito meramente dilatório.

Cap. III.   Do processo   **Arts. 27.º-29.º L 18/2003 [91]**

4. A Autoridade pode ordenar oficiosamente a realização de diligências complementares de prova, mesmo após a audição a que se referem os n.ᵒˢ 1 e 2, desde que assegure às arguidas o respeito pelo princípio do contraditório.

5. Na instrução dos processos a Autoridade acautela o interesse legítimo das empresas na não divulgação dos seus segredos de negócio.

Art. 27.º (Medidas cautelares)

1. Sempre que a investigação indicie que a prática objecto do processo é susceptível de provocar um prejuízo iminente, grave e irreparável ou de difícil reparação para a concorrência ou para os interesses de terceiros, pode a Autoridade, em qualquer momento do inquérito ou da instrução, ordenar preventivamente a imediata suspensão da referida prática ou quaisquer outras medidas provisórias necessárias à imediata reposição da concorrência ou indispensáveis ao efeito útil da decisão a proferir no termo do processo.

2. As medidas previstas neste artigo podem ser adoptadas pela Autoridade oficiosamente ou a requerimento de qualquer interessado e vigorarão até à sua revogação pela Autoridade e, em todo o caso, por período não superior a 90 dias, salvo prorrogação devidamente fundamentada.

3. Sem prejuízo do disposto no n.º 5, a adopção das medidas referidas nos números anteriores é precedida de audição dos interessados, excepto se tal puser em sério risco o objectivo ou a eficácia da providência.

4. Sempre que esteja em causa um mercado objecto de regulação sectorial, a Autoridade solicita o parecer prévio da respectiva autoridade reguladora, o qual é emitido no prazo máximo de cinco dias úteis.

5. O disposto no número anterior não prejudica a possibilidade de a Autoridade, em caso de urgência, determinar provisoriamente as medidas que se mostrem indispensáveis ao restabelecimento ou manutenção de uma concorrência efectiva.

Art. 28.º (Conclusão da instrução)

1. Concluída a instrução, a Autoridade adopta, com base no relatório do serviço instrutor, uma decisão final, na qual pode, consoante os casos:

a) Ordenar o arquivamento do processo;

b) Declarar a existência de uma prática restritiva da concorrência e, se for caso disso, ordenar ao infractor que adopte as providências indispensáveis à cessação dessa prática ou dos seus efeitos no prazo que lhe for fixado;

c) Aplicar as coimas e demais sanções previstas nos artigos 43.º, 45.º e 46.º;

d) Autorizar um acordo, nos termos e condições previstos no artigo 5.º

2. Sempre que estejam em causa práticas com incidência num mercado objecto de regulação sectorial, a adopção de uma decisão ao abrigo das alíneas *b)* a *d)* do número anterior é precedida de parecer prévio da respectiva autoridade reguladora sectorial, o qual será emitido num prazo razoável fixado pela Autoridade.

Art. 29.º (Articulação com autoridades reguladoras sectoriais)

1. Sempre que a Autoridade tome conhecimento, nos termos previstos no artigo 24.º da presente lei, de factos ocorridos num domínio submetido a regulação sectorial e susceptíveis de serem qualificados como práticas restritivas da concor-

987

[91] L 18/2003 Arts. 30.°-32.°

rência, dá imediato conhecimento dos mesmos à autoridade reguladora sectorial competente em razão da matéria, para que esta se pronuncie num prazo razoável fixado pela Autoridade.

2. Sempre que, no âmbito das respectivas atribuições e sem prejuízo do disposto no n.° 2 do artigo 24.°, uma autoridade reguladora sectorial apreciar, oficiosamente ou a pedido de entidades reguladas, questões que possam configurar uma violação do disposto na presente lei, deve dar imediato conhecimento do processo à Autoridade, bem como dos respectivos elementos essenciais.

3. Nos casos previstos nos números anteriores a Autoridade pode, por decisão fundamentada, sobrestar na sua decisão de instaurar ou de prosseguir um inquérito ou um processo, durante o prazo que considere adequado.

4. Antes da adopção da decisão final a autoridade reguladora sectorial dá conhecimento do projecto da mesma à Autoridade, para que esta se pronuncie num prazo razoável por aquela fixado.

SECÇÃO III. **Procedimento de controlo das operações de concentração de empresas**

Art. 30.° (Normas aplicáveis)

O procedimento em matéria de controlo de operações de concentração de empresas rege-se pelo disposto na presente secção, na secção I do presente capítulo e, subsidiariamente, no Código do Procedimento Administrativo.

Nota. Cf. o RegCE n.° 139/2004, do Conselho, de 20 de Janeiro de 2004 **[94]**.

Art. 31.° (Apresentação da notificação)

1. A notificação prévia das operações de concentração de empresas é apresentada à Autoridade pelas pessoas ou empresas a que se referem as alíneas *a*) e *b*) do n.° 1 do artigo 8.°

2. As notificações conjuntas são apresentadas por um representante comum, com poderes para enviar e receber documentos em nome de todas as partes notificantes.

3. A notificação é apresentada de acordo com o formulário aprovado pela Autoridade e conterá as informações e documentos nele exigidos.

Art. 32.° (Produção de efeitos da notificação)

1. Sem prejuízo do disposto no número seguinte, a notificação produz efeitos na data do pagamento da taxa devida, determinada nos termos previstos no artigo 57.°

2. Sempre que as informações ou documentos constantes da notificação estejam incompletos ou se revelem inexactos, tendo em conta os elementos que devam ser transmitidos, nos termos previstos no n.° 3 do artigo 31.°, a Autoridade convida, por escrito e no prazo de sete dias úteis, os autores da notificação a completar ou corrigir a notificação no prazo que lhes fixar, produzindo, neste caso, a notificação efeitos na data de recepção das informações ou documentos pela Autoridade.

3. A Autoridade pode dispensar a apresentação de determinadas informações ou documentos, caso não se revelem necessários para a apreciação da operação de concentração.

Cap. III.   Do processo   **Arts. 33.°-35.° L 18/2003 [91]**

Art. 33.° (Publicação)

No prazo de 5 dias contados da data em que a notificação produz efeitos, a Autoridade promove a publicação em dois jornais de expansão nacional, a expensas dos autores da notificação, dos elementos essenciais desta, a fim de que quaisquer terceiros interessados possam apresentar observações no prazo que for fixado, o qual não pode ser inferior a 10 dias.

Art. 34.° (Instrução)

1. No prazo de 30 dias contados da data de produção de efeitos da notificação, a Autoridade deve completar a instrução do procedimento respectivo.

2. Se, no decurso da instrução, se revelar necessário o fornecimento de informações ou documentos adicionais ou a correcção dos que foram fornecidos, a Autoridade comunica tal facto aos autores da notificação, fixando-lhes um prazo razoável para fornecer os elementos em questão ou proceder às correcções indispensáveis.

3. A comunicação prevista no número anterior suspende o prazo referido no n.° 1, com efeitos a partir do 1.° dia útil seguinte ao do respectivo envio, terminando a suspensão no dia seguinte ao da recepção, pela Autoridade, dos elementos solicitados.

4. No decurso da instrução, a Autoridade solicita a quaisquer outras entidades, públicas ou privadas, as informações que considere convenientes para a decisão do processo, as quais serão transmitidas nos prazos por aquela fixados.

Art. 35.° (Decisão)

1. Até ao termo do prazo referido no n.° 1 do artigo 34.°, a Autoridade decide:

a) Não se encontrar a operação abrangida pela obrigação de notificação prévia a que se refere o artigo 9.°; ou

b) Não se opor à operação de concentração; ou

c) Dar início a uma investigação aprofundada, quando considere que a operação de concentração em causa é susceptível, à luz dos elementos recolhidos, de criar ou reforçar uma posição dominante da qual possam resultar entraves significativos à concorrência efectiva no mercado nacional ou numa parte substancial deste, à luz dos critérios definidos no artigo 12.°

2. A decisão a que se refere a alínea *b)* do n.° 1 será tomada sempre que a Autoridade conclua que a operação, tal como foi notificada ou na sequência de alterações introduzidas pelos autores da notificação, não é susceptível de criar ou reforçar uma posição dominante da qual possam resultar entraves significativos à concorrência efectiva no mercado nacional ou numa parte substancial deste.

3. As decisões tomadas pela Autoridade ao abrigo da alínea *b)* do n.° 1 podem ser acompanhadas da imposição de condições e obrigações destinadas a garantir o cumprimento de compromissos assumidos pelos autores da notificação com vista a assegurar a manutenção de uma concorrência efectiva.

4. A ausência de decisão no prazo a que se refere o n.° 1 vale como decisão de não oposição à operação de concentração.

989

[91] L 18/2003 Arts. 36.°-39.°   Regime jurídico da concorrência

Art. 36.° (Investigação aprofundada)

1. No prazo máximo de 90 dias contados da data da notificação a que se refere o artigo 31.°, a Autoridade procede às diligências de investigação complementares que considere necessárias.

2. Às diligências de investigação referidas no número anterior é aplicável, designadamente, o disposto nos n.ᵒˢ 2 a 4 do artigo 34.°

3. Nas operações de concentração, as suspensões do prazo previsto no n.° 1 para solicitação de informações adicionais não podem exceder um total de 10 dias úteis.

Nota. Redacção introduzida pelo art. 4.° do DL n.° 219/2006, de 2 de Novembro.

Art. 37.° (Decisão após investigação aprofundada)

1. Até ao termo do prazo fixado no n.° 1 do artigo anterior, a Autoridade pode decidir:

a) Não se opor à operação de concentração;

b) Proibir a operação de concentração, ordenando, caso esta já se tenha realizado, medidas adequadas ao restabelecimento de uma concorrência efectiva, nomeadamente a separação das empresas ou dos activos agrupados ou a cessação do controlo.

2. À decisão referida na alínea *a*) do número anterior aplica-se, com as devidas adaptações, o disposto nos n.ᵒˢ 2 e 3 do artigo 35.°

3. A ausência de decisão no prazo a que se refere o n.° 1 vale como decisão de não oposição à realização da operação de concentração.

Art. 38.° (Audiência dos interessados)

1. As decisões a que se referem os artigos 35.° e 37.° são tomadas mediante audiência prévia dos autores da notificação e dos contra-interessados.

2. Nas decisões de não oposição referidas na alínea *b*) do n.° 1 do artigo 35.° e na alínea *a*) do n.° 1 do artigo 37.°, quando não acompanhadas da imposição de condições ou obrigações, a Autoridade pode, na ausência de contra-interessados, dispensar a audiência dos autores da notificação.

3. Consideram-se contra-interessados, para efeitos do disposto neste artigo, aqueles que, no âmbito do procedimento, se tenham manifestado desfavoravelmente quanto à realização da operação de concentração em causa.

4. A realização da audiência de interessados suspende o cômputo dos prazos referidos no n.° 1 dos artigos 34.° e 36.°

Art. 39.° (Articulação com autoridades reguladoras sectoriais)

1. Sempre que uma operação de concentração de empresas tenha incidência num mercado objecto de regulação sectorial, a Autoridade da Concorrência, antes de tomar uma decisão ao abrigo do n.° 1 do artigo 35.° ou do n.° 1 do artigo 37.°, consoante os casos, solicita que a respectiva autoridade reguladora se pronuncie, num prazo razoável fixado pela Autoridade.

2. O disposto no número anterior não prejudica o exercício pelas autoridades reguladoras sectoriais dos poderes que, no quadro das suas atribuições específicas, lhes sejam legalmente conferidos relativamente à operação de concentração em causa.

990

Cap. IV.   Das infracções e sanções   **Arts. 40.º-43.º L 18/2003** [**91**]

Art. 40.º (Procedimento oficioso)
1. Sem prejuízo da aplicação das correspondentes sanções, são objecto de procedimento oficioso:
a) As operações de concentração de cuja realização a Autoridade tome conhecimento e que, em incumprimento do disposto na presente lei, não tenham sido objecto de notificação prévia;
b) As operações de concentração cuja decisão expressa ou tácita de não oposição se tenha fundado em informações falsas ou inexactas relativas a circunstâncias essenciais para a decisão, fornecidas pelos participantes na operação de concentração;
c) As operações de concentração em que se verifique o desrespeito, total ou parcial, de obrigações ou condições impostas aquando da respectiva decisão de não oposição.
2. Na hipótese prevista na alínea *a*) do número anterior, a Autoridade notifica as empresas em situação de incumprimento para que procedam à notificação da operação nos termos previstos na presente lei, num prazo razoável fixado pela Autoridade, a qual poderá ainda determinar a sanção pecuniária a aplicar em execução do disposto na alínea *b*) do artigo 46.º
3. Nas hipóteses previstas nas alíneas *a*) e *b*) do n.º 1, a Autoridade não está submetida aos prazos fixados nos artigos 32.º a 37.º da presente lei.
4. Nos casos previstos na alínea *c*) do n.º 1, a decisão da Autoridade de dar início a um procedimento oficioso produz efeitos a partir da data da sua comunicação a qualquer das empresas ou pessoas participantes na operação de concentração.

Art. 41.º (Nulidade)
São nulos os negócios jurídicos relacionados com uma operação de concentração na medida em que contrariem decisões da Autoridade que hajam:
a) Proibido a operação de concentração;
b) Imposto condições à sua realização; ou
c) Ordenado medidas adequadas ao restabelecimento da concorrência efectiva.

CAPÍTULO IV.   **Das infracções e sanções**

Art. 42.º (Qualificação)
Sem prejuízo da responsabilidade criminal e das medidas administrativas a que houver lugar, as infracções às normas previstas no presente diploma e às normas de direito comunitário cuja observância seja assegurada pela Autoridade constituem contra-ordenação punível nos termos do disposto no presente capítulo.

Art. 43.º (Coimas)
1. Constitui contra-ordenação punível com coima que não pode exceder, para cada uma das empresas partes na infracção, 10% do volume de negócios no último ano:
a) A violação do disposto nos artigos 4.º, 6.º e 7.º;
b) A realização de operações de concentração de empresas que se encontrem suspensas, nos termos previstos no n.º 1 do artigo 11.º, ou que hajam sido proibidas por decisão adoptada ao abrigo da alínea *b*) do n.º 1 do artigo 37.º;

991

[91] L 18/2003 Arts. 44.°-45.° Regime jurídico da concorrência

c) O desrespeito por decisão que decrete medidas provisórias, nos termos previstos no artigo 27.°;

d) O desrespeito de condições ou obrigações impostas às empresas pela Autoridade, nos termos previstos no n.° 4 do artigo 11.°, no n.° 3 do artigo 35.° e no n.° 2 do artigo 37.°

2. No caso de associações de empresas, a coima prevista no número anterior não excederá 10% do volume de negócios agregado anual das empresas associadas que hajam participado no comportamento proibido.

3. Constitui contra-ordenação punível com coima que não pode exceder, para cada uma das empresas, 1% do volume de negócios do ano anterior:

a) A falta de notificação de uma operação de concentração sujeita a notificação prévia nos termos do artigo 9.°;

b) A não prestação ou a prestação de informações falsas, inexactas ou incompletas, em resposta a pedido da Autoridade, no uso dos seus poderes sancionatórios ou de supervisão;

c) A não colaboração com a Autoridade ou a obstrução ao exercício por esta dos poderes previstos no artigo 17.°

4. Em caso de falta de comparência injustificada, em diligência de processo para que tenham sido regularmente notificados, de testemunhas, peritos ou representantes das empresas queixosas ou infractoras, a Autoridade pode aplicar uma coima no valor máximo de 10 unidades de conta.

5. Nos casos previstos nos números anteriores, se a contra-ordenação consistir na omissão do cumprimento de um dever jurídico ou de uma ordem emanada da Autoridade, a aplicação da coima não dispensa o infractor do cumprimento do dever, se este ainda for possível.

6. A negligência é punível.

Art. 44.° (Critérios de determinação da medida da coima)

As coimas a que se refere o artigo anterior são fixadas tendo em consideração, entre outras, as seguintes circunstâncias:

a) A gravidade da infracção para a manutenção de uma concorrência efectiva no mercado nacional;

b) As vantagens de que hajam beneficiado as empresas infractoras em consequência da infracção;

c) O carácter reiterado ou ocasional da infracção;

d) O grau de participação na infracção;

e) A colaboração prestada à Autoridade, até ao termo do procedimento administrativo;

f) O comportamento do infractor na eliminação das práticas proibidas e na reparação dos prejuízos causados à concorrência.

Art. 45.° (Sanções acessórias)

1. Caso a gravidade da infracção e a culpa do infractor o justifiquem, a Autoridade da Concorrência determina a aplicação, em simultâneo com a coima, das seguintes sanções acessórias:

992

Cap. IV.   Das infracções e sanções   **Arts. 46.°-47.° L 18/2003 [91]**

a) Publicação no *Diário da República* e num jornal nacional de expansão nacional, regional ou local, consoante o mercado geográfico relevante em que a prática proibida produziu os seus efeitos, a expensas do infractor, da decisão de condenação proferida no âmbito de um processo instaurado ao abrigo da presente lei;

b) Privação do direito de participar em procedimentos de formação de contratos cujo objecto abranja prestações típicas dos contratos de empreitada, de concessão de obras públicas, de concessão de serviços públicos, de locação ou aquisição de bens móveis e de aquisição de serviços ou ainda em procedimentos destinados à atribuição de licenças ou alvarás, desde que a prática que constitui contra-ordenação punível com coima se tenha verificado durante ou por causa do procedimento relevante.

2. A sanção prevista na alínea *b*) do número anterior tem a duração máxima de dois anos, contados da decisão condenatória.

Nota. Redacção introduzida pelo art. 6.° do DL n.° 18/2008, de 29 de Janeiro.

Art. 46.° (Sanções pecuniárias compulsórias)

Sem prejuízo do disposto no artigo 43.°, a Autoridade pode decidir, quando tal se justifique, aplicar uma sanção pecuniária compulsória, num montante que não excederá 5% da média diária do volume de negócios no último ano, por dia de atraso, a contar da data fixada na decisão, nos casos seguintes:

a) Não acatamento de decisão da Autoridade que imponha uma sanção ou ordene a adopção de medidas determinadas;

b) Falta de notificação de uma operação de concentração sujeita a notificação prévia nos termos do artigo 9.°;

c) Não prestação ou prestação de informações falsas aquando de uma notificação prévia de uma operação de concentração de empresas.

Art. 47.° (Responsabilidade)

1. Pela prática das contra-ordenações previstas nesta lei podem ser responsabilizadas pessoas singulares, pessoas colectivas, independentemente da regularidade da sua constituição, sociedades e associações sem personalidade jurídica.

2. As pessoas colectivas e as entidades que lhes são equiparadas, nos termos do disposto no número anterior, são responsáveis pelas contra-ordenações previstas nesta lei quando os factos tiverem sido praticados, no exercício das respectivas funções ou em seu nome ou por sua conta, pelos titulares dos seus órgãos sociais, mandatários, representantes ou trabalhadores.

3. Os titulares do órgão de administração das pessoas colectivas e entidades equiparadas incorrem na sanção prevista para o autor, especialmente atenuada, quando, conhecendo ou devendo conhecer a prática da infracção, não adoptem as medidas adequadas para lhe pôr termo imediatamente, a não ser que sanção mais grave lhe caiba por força de outra disposição legal.

4. As empresas que integrem uma associação de empresas que seja objecto de uma coima ou de uma sanção pecuniária compulsória, nos termos previstos nos artigos 43.° e 46.°, são solidariamente responsáveis pelo pagamento da coima.

993

[91] L 18/2003 Arts. 48.°-51.°   Regime jurídico da concorrência

Art. 48.° (Prescrição)

1. O procedimento de contra-ordenação extingue-se por prescrição no prazo de:

a) Três anos, nos casos previstos nos n.ºs 3 e 4 do artigo 43.°;

b) Cinco anos, nos restantes casos.

2. O prazo de prescrição das sanções é de cinco anos a contar do dia em que se torna definitiva ou transita em julgado a decisão que determinou a sua aplicação, salvo no caso previsto no n.° 4 do artigo 43.°, que é de três anos.

3. O prazo de prescrição suspende-se ou interrompe-se nos casos previstos nos artigos 27.°-A e 28.° do Decreto-Lei n.° 433/82, de 27 de Outubro, na redacção resultante do Decreto-Lei n.° 109/2001, de 24 de Dezembro.

CAPÍTULO V. Dos recursos

SECÇÃO I. Processos contra-ordenacionais

Art. 49.° (Regime jurídico)

Salvo disposição em sentido diverso da presente lei, aplicam-se à interposição, ao processamento e ao julgamento dos recursos previstos na presente secção os artigos seguintes e, subsidiariamente, o regime geral dos ilícitos de mera ordenação social.

Art. 50.° (Tribunal competente e efeitos)

1. Das decisões proferidas pela Autoridade que determinem a aplicação de coimas ou de outras sanções previstas na lei cabe recurso para o Tribunal de Comércio de Lisboa, com efeito suspensivo.

2. Das demais decisões, despachos ou outras medidas adoptadas pela Autoridade cabe recurso para o mesmo Tribunal, com efeito meramente devolutivo, nos termos e limites fixados no n.° 2 do artigo 55.° do Decreto-Lei n.° 433/82, de 27 de Outubro.

Art. 51.° (Regime processual)

1. Interposto o recurso de uma decisão da Autoridade, esta remete os autos ao Ministério Público no prazo de 20 dias úteis, podendo juntar alegações.

2. Sem prejuízo do disposto no artigo 70.° do Decreto-Lei n.° 433/82, de 27 de Outubro, na redacção resultante do Decreto-Lei n.° 244/95, de 14 de Setembro, a Autoridade pode ainda juntar outros elementos ou informações que considere relevantes para a decisão da causa, bem como oferecer meios de prova.

3. A Autoridade, o Ministério Público ou os arguidos podem opor-se a que o Tribunal decida por despacho, sem audiência de julgamento.

4. A desistência da acusação pelo Ministério Público depende da concordância da Autoridade.

5. Se houver lugar a audiência de julgamento, o Tribunal decide com base na prova realizada na audiência, bem como na prova produzida na fase administrativa do processo de contra-ordenação.

994

Cap. VI. Taxas   Arts. 52.°-56.° L 18/2003 [91]

6. A Autoridade tem legitimidade para recorrer autonomamente das decisões proferidas no processo de impugnação que admitam recurso.

Art. 52.° (Recurso das decisões do Tribunal de Comércio de Lisboa)
1. As decisões do Tribunal de Comércio de Lisboa que admitam recurso, nos termos previstos no regime geral dos ilícitos de mera ordenação social, são impugnáveis junto do Tribunal da Relação de Lisboa, que decide em última instância.
2. Dos acórdãos proferidos pelo Tribunal da Relação de Lisboa não cabe recurso ordinário.

SECÇÃO II.   **Procedimentos administrativos**

Art. 53.° (Regime processual)
À interposição, ao processamento e ao julgamento dos recursos referidos na presente secção é aplicável o disposto nos artigos seguintes e, subsidiariamente, o regime de impugnação contenciosa de actos administrativos definido no Código de Processo nos Tribunais Administrativos.

Art. 54.° (Tribunal competente e efeitos do recurso)
1. Das decisões da Autoridade proferidas em procedimentos administrativos a que se refere a presente lei, bem como da decisão ministerial prevista no artigo 34.° do Decreto-Lei n.° 10/2003, de 18 de Janeiro, cabe recurso para o Tribunal de Comércio de Lisboa, a ser tramitado como acção administrativa especial.
2. O recurso previsto no número anterior tem efeito meramente devolutivo, salvo se lhe for atribuído, exclusiva ou cumulativamente com outras medidas provisórias, o efeito suspensivo por via do decretamento de medidas provisórias.

Art. 55.° (Recurso das decisões do Tribunal de Comércio de Lisboa)
1. Das decisões proferidas pelo Tribunal de Comércio de Lisboa nas acções administrativas a que se refere a presente secção cabe recurso jurisdicional para o Tribunal da Relação de Lisboa e deste, limitado à matéria de direito, para o Supremo Tribunal de Justiça.
2. Se o recurso jurisdicional respeitar apenas a questões de direito, o recurso é interposto directamente para o Supremo Tribunal de Justiça.
3. Os recursos previstos neste artigo têm efeito devolutivo.

CAPÍTULO VI.   **Taxas**

Art. 56.° (Taxas)
1. Estão sujeitos ao pagamento de uma taxa:
a) A apreciação de operações de concentração de empresas, sujeitas a obrigação de notificação prévia, nos termos do disposto no artigo 9.°;

995

[91] L 18/2003 Arts. 57.º-60.º   Regime jurídico da concorrência

b) A apreciação de acordos entre empresas, no quadro do procedimento de avaliação prévia previsto no n.º 2 do artigo 5.º;

c) A emissão de certidões;

d) A emissão de pareceres;

e) Quaisquer outros actos que configurem uma prestação de serviços por parte da Autoridade a entidades privadas.

2. As taxas são fixadas, liquidadas e cobradas nos termos definidos em regulamento da Autoridade.

3. A cobrança coerciva das dívidas provenientes da falta de pagamento das taxas far-se-á através de processo de execução fiscal, servindo de título executivo a certidão passada para o efeito pela Autoridade.

CAPÍTULO VII. **Disposições finais e transitórias**

Art. 57.º (Alteração à Lei n.º 2/99, de 13 de Janeiro)

Nota. Esta norma altera a redacção do n.º 4 do art. 4.º da Lei n.º 2/99, de 13 de Janeiro.

Art. 58.º (Norma transitória)

Até ao início da vigência do Código de Processo nos Tribunais Administrativos, aprovado pela Lei n.º 15/2002, de 22 de Fevereiro, à interposição, ao processamento e ao julgamento dos recursos referidos na secção II do capítulo V da presente lei é aplicável, subsidiariamente, o regime de impugnação contenciosa dos actos administrativos actualmente em vigor.

Art. 59.º (Norma revogatória)

1. É revogado o Decreto-Lei n.º 371/93, de 29 de Outubro.

2. São revogadas as normas que atribuam competências em matéria de defesa da concorrência a outros órgãos que não os previstos no direito comunitário ou na presente lei.

3. Até à publicação do regulamento da Autoridade a que se refere o n.º 2 do artigo 5.º do presente diploma mantém-se em vigor a Portaria n.º 1097/93, de 29 de Outubro.

Art. 60.º (Revisão)

1. O regime jurídico da concorrência estabelecido na presente lei, bem como no diploma que estabelece a Autoridade, será adaptado para ter em conta a evolução do regime comunitário aplicável às empresas, ao abrigo do disposto nos artigos 81.º e 82.º do Tratado que institui a Comunidade Europeia e dos regulamentos relativos ao controlo das operações de concentração de empresas.

2. O Governo adoptará as alterações legislativas necessárias, após ouvir a Autoridade da Concorrência.

CONCENTRAÇÃO DE EMPRESAS

[92] REGULAMENTO (CE) N.° 139/2004, DO CONCELHO,
de 20 de Janeiro de 2004

O CONSELHO DA UNIÃO EUROPEIA,

Tendo em conta o Tratado que institui a Comunidade Europeia e, nomeadamente, os seus artigos 83.° e 308.°,

Tendo em conta a proposta da Comissão([1]),

Tendo em conta o parecer do Parlamento Europeu([2]),

Tendo em conta o parecer do Comité Económico e Social Europeu([3]),

Considerando o seguinte:

(1) O Regulamento (CEE) n.° 4064/89 do Conselho, de 21 de Dezembro de 1989, relativo ao controlo das operações de concentração de empresas([4]), foi várias vezes alterado de modo substancial. Devendo ser introduzidas novas alterações, é conveniente, com uma preocupação de clareza, proceder à reformulação do referido regulamento.

(2) Com vista à realização dos objectivos do Tratado, a alínea *g*) do n.° 1 do artigo 3.° confia à Comunidade a incumbência do estabelecimento de um regime que garanta que a concorrência não seja falseada no mercado interno. O n.° 1 do artigo 4.° do Tratado dispõe que as actividades dos Estados--Membros e da Comunidade devem ser conduzidas de acordo com o princípio de uma economia de mercado aberto e de livre concorrência. Estes princípios são essenciais para a continuação do desenvolvimento do mercado interno.

(3) A realização do mercado interno e da união económica e monetária, o alargamento da União Europeia e a redução das barreiras internacionais ao comércio e ao investimento continuarão a conduzir a importantes reestruturações das empresas, nomeadamente sob a forma de concentrações.

(4) Tais reestruturações deverão ser apreciadas de modo positivo, na medida em que correspondam às exigências de uma concorrência dinâmica que contribui para aumentar a competitividade da indústria europeia, para melhorar as condições do crescimento e para elevar o nível de vida na Comunidade.

(5) No entanto, é necessário garantir que o processo de reestruturação não acarrete um prejuízo duradouro para a concorrência. O direito comunitário deverá, consequentemente, conter normas aplicáveis às concentrações susceptíveis de entravar de modo significativo uma concorrência efectiva no mercado comum ou numa parte substancial deste último.

(6) Impõe-se, por conseguinte, a criação de um instrumento jurídico específico que permita um controlo eficaz de todas as concentrações em função do seu efeito sobre e estrutura da concorrência na Comunidade e que seja o único aplicável às referidas concentrações. O Regulamento (CEE) n.° 4064/89 permitiu desenvolver uma política comunitária neste domínio. Todavia, é conveniente que hoje, à luz

---

([1]) JO C 20 de 28.1.2003, p. 4.

([2]) Parecer emitido em 9 de Outubro de 2003 (ainda não publicado no Jornal Oficial).

([3]) Parecer emitido em 24 de Outubro de 2003 (ainda não publicado no Jornal Oficial).

([4]) JO L 395 de 30.12.1989, p. 1 (versão rectificada no JO L 257 de 21.9.1990, p.13). Regulamento com a última redacção que lhe foi dada pelo Regulamento (CE) n.° 1310/97 (JO L 180 de 9.7.1997, p. 1) (versão rectificada no JO L 40 de 13.2.1998, p. 17).

[92] RegCE 139/2004 Concentração de empresas

da experiência adquirida, se proceda à reformulação deste regulamento a fim de prever disposições adaptadas aos desafios de um mercado mais integrado e de um futuro alargamento da União Europeia. Em conformidade com os princípios da subsidiariedade e da proporcionalidade consagrados no artigo 5.° do Tratado, o presente regulamento não excede o necessário para atingir o objectivo de garantir que a concorrência não seja falseada no mercado comum, em conformidade com o princípio de uma economia de mercado aberto e de livre concorrência.

(7) Os artigos 81.° e 82.°, embora aplicáveis, segundo a jurisprudência do Tribunal de Justiça, a determinadas concentrações, não são suficientes para abranger todas as operações susceptíveis de se revelarem incompatíveis com o regime de concorrência não falseada previsto no Tratado. O presente regulamento deverá, por conseguinte, basear-se não apenas no artigo 83.°, mas principalmente no artigo 308.° do Tratado, por força do qual a Comunidade se pode dotar dos poderes de acção necessários à realização dos seus objectivos, também no que respeita às concentrações nos mercados dos produtos agrícolas referidos no anexo I do Tratado.

(8) As disposições a adoptar no presente regulamento deverão ser aplicáveis às modificações estruturais importantes cujos efeitos no mercado se projectem para além das fronteiras nacionais de um Estado-Membro. Tais concentrações deverão, regra geral, ser exclusivamente apreciadas a nível comunitário, em conformidade com o sistema de "balcão único" e com o princípio da subsidiariedade. As concentrações que não são objecto do presente regulamento são, em princípio, da competência dos Estados-Membros.

(9) É conveniente definir o âmbito de aplicação do presente regulamento em função do domínio geográfico da actividade das empresas em causa, circunscrevendo-o mediante limiares de natureza quantitativa, a fim de abranger as concentrações que se revestem de uma dimensão comunitária. A Comissão deverá apresentar um relatório ao Conselho sobre a aplicação dos limiares e critérios relevantes, para que o Conselho possa, nos termos do artigo 202.° do Tratado, analisar regularmente tais limiares e critérios, bem como as regras em matéria de remessa anterior à notificação, à luz da experiência obtida. Tal implica que os Estados-Membros forneçam à Comissão dados estatísticos que lhe permitam elaborar esses relatórios e eventuais propostas de alteração. Os relatórios e propostas da Comissão deverão basear-se em informações relevantes comunicadas pelos Estados-Membros.

(10) Considera-se que há concentração de dimensão comunitária quando o volume de negócios total das empresas em causa ultrapassa determinados limiares. Tal é o caso, independentemente de as empresas que realizam a concentração terem ou não a sua sede ou os seus principais domínios de actividade na Comunidade, desde que nela desenvolvam actividades substanciais.

(11) As regras em matéria de remessa das concentrações da Comissão para os Estados-Membros e dos Estados-Membros para a Comissão deverão funcionar como um mecanismo de correcção eficaz à luz do princípio da subsidiariedade. Essas regras protegem de forma adequada os interesses dos Estados-Membros quanto à concorrência e tomam em devida consideração a necessidade de segurança jurídica e o princípio do "balcão único".

(12) As concentrações poderão preencher as condições que determinem o seu exame no âmbito de vários regimes nacionais de controlo das concentrações se não atingirem os limiares de volumes de negócios previstos no presente regulamento. A notificação múltipla de uma mesma operação aumenta a insegurança jurídica, os esforços e os custos para as empresas e pode conduzir a apreciações contraditórias. Consequentemente, deverá ser melhor desenvolvido um sistema que permita que os Estados-Membros remetam as concentrações para a Comissão.

(13) Convém que a Comissão actue em estreita e constante ligação com as autoridades competentes dos Estados-Membros junto das quais obtém as observações e informações.

(14) A Comissão e as autoridades competentes dos Estados-Membros deverão associar-se numa rede de autoridades públicas que apliquem as respectivas competências em estreita cooperação, utilizando mecanismos eficazes de troca de informações e de consulta com o objectivo de garantir que um caso é tratado pela autoridade mais adequada, à luz do princípio da subsidiariedade e a fim de evitar, ao máximo, a apresentação de notificações múltiplas de uma determinada concentração. As remessas de concentrações da Comissão para os Estados-Membros e dos Estados-Membros para a Comissão deverão ser feitas de forma eficiente evitando-se, na medida do possível, situações em que a concentração fique sujeita a remessa tanto antes como depois da sua notificação.

(15) A Comissão deverá poder remeter para um Estado-Membro concentrações notificadas com dimensão comunitária que ameacem afectar de forma significativa a concorrência num mercado no interior desse Estado-Membro, que apresente todas as características de um mercado distinto. No caso da

998

Concentração de empresas   **RegCE 139/2004** $[92]$

concentração afectar a concorrência num mercado deste tipo, que não constitui uma parte substancial do mercado comum, a Comissão será obrigada, mediante pedido, a remeter o caso, na totalidade ou em parte, para o Estado-Membro em causa. Um Estado-Membro deverá poder remeter para a Comissão uma concentração que não tenha dimensão comunitária mas que afecte o comércio entre os Estados-Membros e que ameace afectar de forma significativa a concorrência dentro do seu território. Outros Estados--Membros que sejam também competentes para apreciar a concentração deverão poder associar-se ao pedido. Nessa situação, por forma a assegurar a eficiência e a previsibilidade do sistema, os prazos nacionais serão suspensos até que tenha sido tomada uma decisão quanto à remessa do caso. A Comissão deverá ter competência para analisar e tratar de uma concentração em nome de um Estado-Membro requerente ou dos Estados-Membros requerentes.

(16) Deverá ser concedida às empresas em causa a possibilidade de solicitar remessas para a Comissão ou da Comissão antes de a concentração ser notificada, por forma a melhorar a eficácia do sistema de controlo das concentrações na Comunidade. Nessas situações, a Comissão e as autoridades de concorrência nacionais deverão decidir dentro de prazos curtos e claramente definidos se deverá ser feita uma remessa para a Comissão ou por parte desta, assegurando deste modo a eficiência do sistema. Mediante pedido das empresas em questão, a Comissão deverá poder remeter para um Estado-Membro uma concentração com dimensão comunitária que possa afectar significativamente a concorrência num mercado dentro desse Estado-Membro que apresente todas as características de um mercado distinto. As empresas em causa não deverão, contudo, ser obrigadas a demonstrar que os efeitos da concentração serão prejudiciais para a concorrência. Uma concentração não deverá ser remetida da Comissão para um Estado-Membro que tenha manifestado o seu desacordo em relação a essa remessa. Antes da notificação às autoridades nacionais, as empresas em causa deverão também poder solicitar que uma concentração sem dimensão comunitária que pode ser apreciada no âmbito da legislação nacional sobre a concorrência de pelo menos três Estados-Membros seja remetida à Comissão. Esses pedidos de remessas pré-notificação à Comissão deverão ser particularmente pertinentes em situações em que a concentração afectaria a concorrência para além do território de um Estado-Membro. Sempre que uma concentração que pode ser apreciada no âmbito da legislação sobre a concorrência de três ou mais Estados-Membros é remetida à Comissão antes de qualquer notificação nacional e nenhum dos Estados-Membros competentes para apreciar o caso manifeste o seu desacordo, a Comissão deverá adquirir a competência exclusiva para apreciar a concentração e deverá presumir-se que essa concentração tem uma dimensão comunitária. Essas remessas pré-notificação dos Estados-Membros para a Comissão não deverão, contudo, ser feitas sempre que pelo menos um Estado-Membro competente para apreciar o caso tiver manifestado o seu desacordo com essa remessa.

(17) É conveniente conferir à Comissão, sob reserva do controlo do Tribunal de Justiça, competência exclusiva para aplicar o presente regulamento.

(18) Os Estados-Membros não poderão aplicar a sua legislação nacional de concorrência às concentrações de dimensão comunitária, salvo se o presente regulamento o previr. É necessário limitar os poderes das autoridades nacionais na matéria aos casos em que, na falta de intervenção da Comissão, exista o risco de ser entravada de forma significativa uma concorrência efectiva no território de um Estado-Membro e em que os interesses desse Estado-Membro em matéria de concorrência não possam ser de outro modo suficientemente protegidos pelo presente regulamento. Os Estados-Membros interessados deverão agir rapidamente nesses casos. O presente regulamento não pode fixar um prazo único para a adopção das decisões finais nos termos do direito nacional, devido à diversidade das legislações nacionais.

(19) Além disso, a aplicação exclusiva do presente regulamento às concentrações de dimensão comunitária não prejudica o artigo 296.º do Tratado e não se opõe a que os Estados-Membros tomem as medidas adequadas a fim de garantir a protecção de interesses legítimos para além dos que são tidos em consideração no presente regulamento, desde que tais medidas sejam compatíveis com os princípios gerais e as demais disposições do direito comunitário.

(20) O conceito de concentração deverá ser definido de modo a abranger as operações de que resulte uma alteração duradoura no controlo das empresas em causa e, por conseguinte, na estrutura do mercado. Consequentemente, é adequado incluir no âmbito de aplicação do presente regulamento todas as empresas comuns que desempenhem de forma duradoura todas as funções de uma entidade económica autónoma. É, além disso, adequado considerar como uma única concentração operações que apresentem ligações estreitas na medida em que estejam ligadas por condição ou assumam a forma de uma série de transacções de títulos que tem lugar num prazo razoavelmente curto.

999

[92] RegCE 139/2004 — Concentração de empresas

(21) O presente regulamento é igualmente aplicável no caso de as empresas em causa aceitarem restrições directamente relacionadas com a realização da concentração e a ela necessárias. As decisões da Comissão que declarem as concentrações compatíveis com o mercado comum em aplicação do presente regulamento deverão abranger automaticamente essas restrições, sem a Comissão ter que avaliar essas restrições em casos individuais. No entanto, a pedido das empresas em causa, a Comissão deverá, em casos que apresentem questões novas ou não resolvidas dando origem a uma incerteza genuína, avaliar expressamente se uma restrição está ou não directamente relacionada com, e é necessária para, a execução da concentração. Um caso apresenta uma questão nova ou não resolvida que dá origem a uma incerteza genuína se a questão não se encontrar abrangida pela relevante comunicação da Comissão em vigor ou por uma decisão publicada da Comissão.

(22) O regime a instituir para o controlo das concentrações deverá respeitar, sem prejuízo do n.º 2 do artigo 86.º do Tratado, o princípio da igualdade de tratamento entre os sectores público e privado. No sector público, para calcular o volume de negócios de uma empresa que participe na concentração, é necessário ter em conta as empresas que constituem um grupo económico dotado de poder de decisão autónomo, independentemente de quem detém o respectivo capital ou das regras de tutela administrativa que lhe são aplicáveis.

(23) Impõe-se determinar se as concentrações de dimensão comunitária são ou não compatíveis com o mercado comum em função da necessidade de preservar e incentivar uma concorrência efectiva no mercado comum. Ao fazê-lo, a Comissão deverá enquadrar a sua apreciação no âmbito geral da realização dos objectivos fundamentais referidos no artigo 2.º do Tratado que institui a Comunidade Europeia e no artigo 2.º do Tratado da União Europeia.

(24) Por forma a garantir um regime de concorrência não falseada no mercado comum, na prossecução de uma política conduzida em conformidade com o princípio de uma economia de mercado aberto e de livre concorrência, o presente regulamento deverá permitir o controlo efectivo de todas as concentrações em função dos seus efeitos na concorrência na Comunidade. Por conseguinte, o Regulamento (CEE) n.º 4064/89 estabeleceu o princípio segundo o qual as concentrações de dimensão comunitária que criam ou reforçam uma posição dominante de que resulta um entrave significativo da concorrência efectiva no mercado comum ou numa parte substancial deste deverão ser declaradas incompatíveis com o mercado comum.

(25) Tendo em conta as consequências que podem advir das concentrações em estruturas de mercado oligopolísticas, é ainda mais necessário preservar a concorrência nesses mercados. Muitos mercados oligopolísticos apresentam um nível saudável de concorrência. No entanto, em certas circunstâncias, as concentrações que impliquem a eliminação de importantes pressões concorrenciais que as partes na concentração exerciam mutuamente, bem como uma redução da pressão concorrencial nos concorrentes remanescentes, podem, mesmo na ausência da possibilidade de coordenação entre os membros do oligopólio, resultar num entrave significativo a uma concorrência efectiva. No entanto, até à data os tribunais comunitários não interpretaram expressamente o Regulamento (CEE) n.º 4064/89 como exigindo que as concentrações dêem origem a esses efeitos não coordenados para serem declaradas incompatíveis com o mercado comum. Como tal, no interesse da certeza jurídica, deverá ficar claro que o presente regulamento permite o controlo efectivo de todas essas concentrações, uma vez que estabelece que qualquer concentração que entrave significativamente a concorrência efectiva, no mercado comum ou numa parte substancial deste, deverá ser declarada incompatível com o mercado comum. A noção de "entrave significativo a uma concorrência efectiva" que consta dos n.ºs 3 e 4 do artigo 2.º deverá ser interpretada como abrangendo, para além dos casos em que é aplicável o conceito de posição dominante, apenas os efeitos anti-concorrência de uma concentração resultantes do comportamento não concertado de empresas que não teriam uma posição dominante no mercado em questão.

(26) Um entrave significativo à concorrência efectiva resulta geralmente da criação ou do reforço de uma posição dominante. Tendo em vista preservar a orientação que pode ser formulada a partir dos anteriores acórdãos dos tribunais europeus e das decisões da Comissão nos termos do Regulamento (CEE) n.º 4064/89, e mantendo ao mesmo tempo a coerência com os padrões de dano concorrencial que têm sido aplicados pela Comissão e pelos tribunais da Comunidade no que se refere à compatibilidade de uma concentração com o mercado comum, o presente regulamento deverá, por conseguinte, estabelecer o princípio de que uma concentração de dimensão comunitária que entrave significativamente a concorrência efectiva, no mercado comum ou numa parte substancial deste, em particular em resultado da criação ou do reforço de uma posição dominante, deverá ser declarada incompatível com o mercado comum.

1000

Concentração de empresas RegCE 139/2004 **[92]**

(27) Além disso, os critérios dos n.ᵒˢ 1 e 3 do artigo 81.º do Tratado deverão aplicar-se às empresas comuns que desempenhem de forma duradoura todas as funções de uma entidade económica autónoma, na medida em que da sua criação resulte directamente uma restrição significativa da concorrência entre empresas que se mantêm independentes.

(28) Por forma a clarificar e explicar a apreciação das concentrações por parte da Comissão nos termos do presente regulamento, é adequado que a Comissão publique orientações que proporcionem um quadro económico sólido para a apreciação das concentrações, com vista a determinar se podem ou não ser declaradas compatíveis com o mercado comum.

(29) Por forma a determinar os efeitos de uma concentração na concorrência no mercado comum é adequado tomar em consideração as alegações de eventuais e fundamentados ganhos de eficiência apresentadas pelas empresas em causa. É possível que os ganhos de eficiência resultantes da concentração compensem os efeitos sobre a concorrência e, em especial, o potencial efeito negativo sobre os consumidores que poderia de outra forma ter e que, por conseguinte, a concentração não entrave significativamente a concorrência efectiva, no mercado comum ou numa parte substancial deste, em particular em resultado da criação ou do reforço de uma posição dominante. A Comissão deverá publicar orientações sobre as condições em que pode tomar em consideração tais ganhos de eficiência na apreciação de uma concentração.

(30) Quando as empresas em causa alteram uma concentração notificada, em especial propondo compromissos para tornar a concentração compatível com o mercado comum, a Comissão poderá declarar a concentração, tal como alterada, compatível com o mercado comum. Tais compromissos deverão ser proporcionais ao problema da concorrência e permitir a sua total eliminação. É também oportuno aceitar compromissos antes do início do processo quando o problema de concorrência é rapidamente identificável e pode ser facilmente sanado. É conveniente prever expressamente que a Comissão pode fazer acompanhar a sua decisão de condições e obrigações por forma a garantir que as empresas em causa cumpram os compromissos que assumiram de forma atempada e efectiva a fim de tornar a concentração compatível com o mercado comum. Deverá ser assegurada a transparência e uma consulta efectiva dos Estados-Membros, bem como dos terceiros interessados durante todo o processo.

(31) A Comissão deverá dispor de instrumentos adequados para garantir o cumprimento de tais compromissos e para intervir em situações de não cumprimento. Nos casos em que exista incumprimento de uma condição associada a uma decisão que declara a concentração compatível com o mercado comum, a situação que torna a concentração compatível com o mercado comum não se verifica e, por conseguinte, a concentração, tal como realizada, não é autorizada pela Comissão. Consequentemente, se a concentração for realizada, deverá ser tratada do mesmo modo que a concentração não notificada realizada sem autorização. Além disso, se a Comissão tiver já determinado que, na falta da condição, a concentração seria incompatível com o mercado comum, deverá ter competência para ordenar directamente a dissolução da concentração, de modo a restaurar a situação existente antes da realização da concentração. Sempre que uma obrigação ligada a uma decisão que declara a concentração compatível com o mercado comum não for cumprida, a Comissão deverá poder revogar a sua decisão. Além disso, a Comissão deverá poder impor sanções financeiras apropriadas sempre que as condições ou obrigações não forem cumpridas.

(32) Pode presumir-se que as concentrações que, devido à quota de mercado limitada das empresas em causa, não sejam susceptíveis de entravar a manutenção de uma concorrência efectiva são compatíveis com o mercado comum. Sem prejuízo dos artigos 81.º e 82.º do Tratado, essa presunção existe, nomeadamente, quando a quota de mercado das empresas em causa não ultrapassa 25 %, nem no mercado comum, nem numa parte substancial deste.

(33) A Comissão deverá ser incumbida de tomar todas as decisões quanto à compatibilidade ou incompatibilidade com o mercado comum das concentrações de dimensão comunitária, bem como as decisões destinadas a restabelecer a situação existente antes da realização de uma concentração que foi declarada incompatível com o mercado comum.

(34) Para garantir um controlo eficaz, deverá obrigar-se as empresas a notificar previamente as suas concentrações que tenham dimensão comunitária após a conclusão de um acordo, do anúncio de uma oferta pública de aquisição ou da aquisição de uma participação de controlo. Pode também ser apresentada uma notificação nos casos em que as empresas em causa comuniquem à Comissão a sua intenção de estabelecer um acordo com vista a uma concentração proposta e demonstrem à Comissão que o seu plano para a concentração proposta é suficientemente concreto, por exemplo, com base num acordo de princípio, num memorando de entendimento, ou numa carta de intenções assinada por todas as empre-

1001

[92] RegCE 139/2004

Concentração de empresas

sas em causa ou, no caso de uma oferta pública de aquisição, quando anunciaram publicamente a sua intenção de realizar tal oferta, desde que do acordo ou oferta previstos resulte uma concentração de dimensão comunitária. A realização das concentrações deverá ser suspensa até que seja tomada uma decisão final da Comissão. Todavia, deverá poder conceder-se uma derrogação da obrigação de suspensão mediante pedido das empresas em causa e quando apropriado. Ao decidir da concessão ou não de uma derrogação, a Comissão deverá atender a todos os factores pertinentes, como a natureza e gravidade do prejuízo causado às empresas em causa ou a terceiros, bem como a ameaça à concorrência originada pela concentração. No interesse da segurança jurídica, a validade das transacções deverá, no entanto, ser protegida na medida do necessário.

(35) Convém prever um prazo durante o qual a Comissão deve iniciar o processo relativo a uma concentração notificada, bem como o prazo em que a Comissão se deve pronunciar definitivamente sobre a compatibilidade ou incompatibilidade de tal operação com o mercado comum. Tais prazos deverão ser alargados sempre que as empresas em causa proponham compromissos para tornar a concentração compatível com o mercado comum, a fim de proporcionar tempo suficiente para a análise e os testes de mercado desses compromissos e para a consulta dos intervenientes no mercado a esse propósito, bem como para a consulta dos Estados-Membros e dos terceiros interessados. Deverá também ser possível uma prorrogação limitada do prazo em que a Comissão deve tomar uma decisão final, a fim de proporcionar tempo suficiente para a investigação do caso e para a verificação dos factos e argumentos apresentados à Comissão.

(36) A Comunidade respeita os direitos fundamentais e observa os princípios consagrados em especial na Carta dos Direitos Fundamentais da União Europeia([5]). Assim, o presente regulamento deverá ser interpretado e aplicado no respeito por esses direitos e princípios.

(37) Convém consagrar o direito de as empresas em causa serem ouvidas pela Comissão logo que o processo tenha sido iniciado. Convém igualmente dar aos membros dos órgãos de direcção ou de fiscalização e aos representantes reconhecidos dos trabalhadores das empresas em causa, bem como aos terceiros interessados, a oportunidade de serem ouvidos.

(38) A fim de apreciar correctamente as concentrações, a Comissão deverá poder exigir todas as informações necessárias e de realizar todas as inspecções necessárias em todo o território da Comunidade. Para o efeito, e para proteger eficazmente a concorrência, é necessário alargar os poderes de investigação da Comissão. A Comissão deverá nomeadamente, poder entrevistar qualquer pessoa susceptível de dispor de informações úteis e registar as suas declarações.

(39) Durante uma inspecção, os agentes mandatados pela Comissão deverão poder solicitar todas as informações relevantes relacionadas com o objecto e a finalidade da inspecção. Deverão também poder selar as instalações durante as inspecções, em particular em circunstâncias em que existam motivos razoáveis para suspeitar que uma concentração foi realizada sem ter sido notificada, que foram fornecidas à Comissão informações inexactas, incompletas ou deturpadas ou que as empresas ou pessoas em causa não cumpriram uma condição ou obrigação imposta por decisão da Comissão. Em qualquer dos casos, a selagem das instalações só deverá ser utilizada em circunstâncias excepcionais, durante o período de tempo estritamente necessário para a inspecção, que normalmente não deverá ultrapassar 48 horas.

(40) Sem prejuízo da jurisprudência do Tribunal de Justiça, é conveniente fixar os limites do controlo que pode exercer a autoridade judicial nacional quando, em conformidade com o direito nacional e a título cautelar, autorizar o recurso às forças policiais por forma a ultrapassar a eventual oposição de uma empresa a uma inspecção, incluindo a selagem das instalações, ordenada por decisão da Comissão. Decorre da jurisprudência que a autoridade judicial nacional pode, em especial, pedir à Comissão informações adicionais de que necessita para levar a cabo o seu controlo e na ausência das quais poderia recusar a autorização. A jurisprudência também confirma a competência dos tribunais nacionais para controlarem a aplicação das regras nacionais relativas à implementação de medidas coercivas. As autoridades competentes dos Estados-Membros deverão colaborar de forma activa no exercício dos poderes de investigação da Comissão.

(41) Ao cumprirem uma decisão da Comissão, as empresas e pessoas em causa não podem ser forçadas a admitir que cometeram uma infracção, mas são de qualquer forma obrigadas a responder a perguntas de natureza factual e a exibir documentos, mesmo que essas informações possam ser utilizadas para determinar que elas próprias ou quaisquer outras empresas cometeram uma infracção.

([5]) JO C 364 de 18.12.2000, p. 1.

Concentração de empresas   **Art. 1.° RegCE 139/2004 [92]**

(42) Com o objectivo de garantir a transparência, todas as decisões da Comissão que não são de natureza meramente processual deverão ser amplamente divulgadas. Embora assegurando os direitos da defesa das empresas em causa e, nomeadamente, o direito de acesso ao processo, é indispensável proteger os segredos comerciais. Será igualmente conveniente garantir a protecção da confidencialidade das informações trocadas no âmbito da rede e com as autoridades competentes de países terceiros.

(43) O respeito das normas do presente regulamento deverá poder ser assegurado conforme adequado, por meio de coimas e sanções pecuniárias compulsórias. É conveniente, a esse respeito, atribuir ao Tribunal de Justiça, nos termos do artigo 229.° do Tratado, competência de plena jurisdição.

(44) Há que acompanhar as condições em que se realizam em países terceiros concentrações em que participam empresas com sede ou principais domínios de actividade na Comunidade, bem como prever a possibilidade de a Comissão obter do Conselho um mandato de negociação adequado para o efeito de conseguir um tratamento não discriminatório para tais empresas.

(45) O presente regulamento não prejudica, sob qualquer forma, os direitos colectivos dos trabalhadores reconhecidos pelas empresas em causa, principalmente no que se refere a qualquer obrigação de informar ou consultar os seus representantes reconhecidos nos termos da legislação comunitária e nacional.

(46) A Comissão deverá poder fixar regras de execução do presente regulamento de acordo com os processos de exercício da competência de execução atribuída à Comissão. Para a aprovação dessas normas de execução, a Comissão deverá poder ser assistida por um Comité Consultivo composto por representantes do Estados-Membros tal como especificado no artigo 23.°,

ADOPTOU O PRESENTE REGULAMENTO:

Art. 1.° (Âmbito de aplicação)

1. Sem prejuízo do n.° 5 do artigo 4.° e do artigo 22.°, o presente regulamento é aplicável a todas as concentrações de dimensão comunitária definidas no presente artigo.

2. Uma concentração tem dimensão comunitária quando:

a) O volume de negócios total realizado à escala mundial pelo conjunto das empresas em causa for superior a 5 000 milhões de euros; e

b) O volume de negócios total realizado individualmente na Comunidade por pelo menos duas das empresas em causa for superior a 250 milhões de euros, a menos que cada uma das empresas em causa realize mais de dois terços do seu volume de negócios total na Comunidade num único Estado-Membro.

3. Uma concentração que não atinja os limiares estabelecidos no n.° 2 tem dimensão comunitária quando:

a) O volume de negócios total realizado à escala mundial pelo conjunto das empresas em causa for superior a 2 500 milhões de euros;

b) Em cada um de pelo menos três Estados-Membros, o volume de negócios total realizado pelo conjunto das empresas em causa for superior a 100 milhões de euros;

c) Em cada um de pelo menos três Estados-Membros considerados para efeitos do disposto na alínea *b)*, o volume de negócios total realizado individualmente por pelo menos duas das empresas em causa for superior a 25 milhões de euros; e

d) O volume de negócios total realizado individualmente na Comunidade por pelo menos duas das empresas em causa for superior a 100 milhões de euros, a menos que cada uma das empresas em causa realize mais de dois terços do seu volume de negócios total na Comunidade num único Estado-Membro.

1003

[92] RegCE 139/2004 Art. 2.°   Concentração de empresas

4. Com base em dados estatísticos que poderão ser fornecidos regularmente pelos Estados-Membros, a Comissão deve apresentar um relatório ao Conselho sobre a aplicação dos limiares e critérios referidos nos n.ºs 2 e 3 até 1 de Julho de 2009 e pode apresentar propostas nos termos do n.° 5.

5. Na sequência do relatório a que se refere o n.° 4, e sob proposta da Comissão, o Conselho, deliberando por maioria qualificada, pode rever os limiares e os critérios mencionados no n.° 3.

Art. 2.° (Apreciação das concentrações)

1. As concentrações abrangidas pelo presente regulamento devem ser apreciadas de acordo com os objectivos do presente regulamento e com as disposições que se seguem, com vista a estabelecer se são ou não compatíveis com o mercado comum.

Nessa apreciação, a Comissão deve ter em conta:

a) A necessidade de preservar e desenvolver uma concorrência efectiva no mercado comum, atendendo, nomeadamente, à estrutura de todos os mercados em causa e à concorrência real ou potencial de empresas situadas no interior ou no exterior da Comunidade;

b) A posição que as empresas em causa ocupam no mercado e o seu poder económico e financeiro, as possibilidades de escolha de fornecedores e utilizadores, o seu acesso às fontes de abastecimento e aos mercados de escoamento, a existência, de direito ou de facto, de barreiras à entrada no mercado, a evolução da oferta e da procura dos produtos e serviços em questão, os interesses dos consumidores intermédios e finais, bem como a evolução do progresso técnico e económico, desde que tal evolução seja vantajosa para os consumidores e não constitua um obstáculo à concorrência.

2. Devem ser declaradas compatíveis com o mercado comum as concentrações que não entravem significativamente uma concorrência efectiva, no mercado comum ou numa parte substancial deste, em particular em resultado da criação ou do reforço de uma posição dominante.

3. Devem ser declaradas incompatíveis com o mercado comum as concentrações que entravem significativamente uma concorrência efectiva, no mercado comum ou numa parte substancial deste, em particular em resultado da criação ou do reforço de uma posição dominante.

4. Na medida em que a criação de uma empresa comum que constitua uma concentração na acepção do artigo 3.° tenha por objecto ou efeito a coordenação do comportamento concorrencial de empresas que se mantêm independentes, essa coordenação deve ser apreciada segundo os critérios previstos nos n.ºs 1 e 3 do artigo 81.° do Tratado, a fim de determinar se a operação é ou não compatível com o mercado comum.

5. Nessa apreciação, a Comissão deve ter em conta designadamente:

– a presença significativa e simultânea de duas ou mais empresas fundadoras no mesmo mercado da empresa comum, num mercado situado a montante ou a jusante desse mercado ou num mercado vizinho estreitamente ligado a esse mercado,

– a possibilidade de as empresas em causa, em virtude da coordenação directamente resultante da criação da empresa comum, eliminarem a

1004

Concentração de empresas   **Art. 3.° RegCE 139/2004 [92]**

concorrência em relação a uma parte significativa dos produtos ou serviços em causa.

Art. 3.° (Definição de concentração)

1. Realiza-se uma operação de concentração quando uma mudança de controlo duradoura resulta da:

a) Fusão de duas ou mais empresas ou partes de empresas anteriormente independentes; ou

b) Aquisição por uma ou mais pessoas, que já detêm o controlo de pelo menos uma empresa, ou por uma ou mais empresas por compra de partes de capital ou de elementos do activo, por via contratual ou por qualquer outro meio, do controlo directo ou indirecto do conjunto ou de partes de uma ou de várias outras empresas.

2. O controlo decorre dos direitos, contratos ou outros meios que conferem, isoladamente ou em conjunto, e tendo em conta as circunstâncias de facto e de direito, a possibilidade de exercer uma influência determinante sobre uma empresa e, nomeadamente:

a) Direitos de propriedade ou de uso ou de fruição sobre a totalidade ou parte dos activos de uma empresa;

b) Direitos ou contratos que conferem uma influência determinante na composição, nas deliberações ou nas decisões dos órgãos de uma empresa.

3. O controlo é adquirido pelas pessoas ou pelas empresas:

a) Que sejam titulares desses direitos ou beneficiários desses contratos; ou

b) Que, não sendo titulares desses direitos nem beneficiários desses contratos, tenham o poder de exercer os direitos deles decorrentes.

4. A criação de uma empresa comum que desempenhe de forma duradoura todas as funções de uma entidade económica autónoma constitui uma concentração na acepção da alínea *b*) do n.° 1.

5. Não é realizada uma concentração:

a) Quando quaisquer instituições de crédito, outras instituições financeiras ou companhias de seguros, cuja actividade normal englobe a transacção e negociação de títulos por conta própria ou de outrem, detenham, a título temporário, participações que tenham adquirido numa empresa para fins de revenda, desde que tal aquisição não seja realizada numa base duradoura, desde que não exerçam os direitos de voto inerentes a essas participações com o objectivo de determinar o comportamento concorrencial da referida empresa ou que apenas exerçam tais direitos de voto com o objectivo de preparar a alienação total ou parcial da referida empresa ou do seu activo ou a alienação dessas participações e desde que tal alienação ocorra no prazo de um ano a contar da data da aquisição; tal prazo pode, a pedido, ser prolongado pela Comissão, sempre que as referidas instituições ou companhias provem que aquela alienação não foi razoavelmente possível no prazo concedido;

b) Quando o controlo for adquirido por uma pessoa mandatada pela autoridade pública por força da legislação de um Estado-Membro sobre liquidação, falência, insolvência, cessação de pagamentos, concordata ou qualquer outro processo análogo;

c) Quando as operações referidas na alínea *b*) do n.° 1 forem realizadas por sociedades de participação financeira referidas no n.° 3 do artigo 5.° da Quarta

1005

[92] RegCE 139/2004 Art. 4.°   Concentração de empresas

Directiva 78/660/CEE do Conselho, de 25 de Julho de 1978, baseada no artigo 54.°, n.° 3, alínea *g*), do Tratado, relativa às contas anuais de certas formas de sociedades([6]), sob reserva, no entanto, de que o direito de voto correspondente às partes detidas, exercido designadamente através de nomeação dos membros dos órgãos de direcção e fiscalização das empresas em que detêm participações, o seja exclusivamente para manter o valor integral desses investimentos e não para determinar directa ou indirectamente o comportamento concorrencial dessas empresas.

Art. 4.° (Notificação prévia das concentrações e remessa anterior à notificação a pedido das partes notificantes)

1. As concentrações de dimensão comunitária abrangidas pelo presente regulamento devem ser notificadas à Comissão antes da sua realização e após a conclusão do acordo, o anúncio da oferta pública de aquisição ou a aquisição de uma participação de controlo.

Pode também ser apresentada uma notificação nos casos em que as empresas em causa demonstrem à Comissão a sua intenção de boa fé de concluir um acordo ou, no caso de uma oferta pública de aquisição, quando anunciaram publicamente a sua intenção de realizar tal oferta, desde que do acordo ou oferta previstos resulte uma concentração de dimensão comunitária.

Para efeitos do presente regulamento, a expressão "concentração notificada" abrange igualmente as concentrações projectadas notificadas nos termos do segundo parágrafo. Para efeitos do disposto nos n.ºs 4 e 5, o termo "concentração" inclui as concentrações projectadas na acepção do segundo parágrafo.

2. As concentrações que consistam numa fusão, na acepção da alínea *a*) do n.° 1 do artigo 3.° ou na aquisição do controlo conjunto, na acepção da alínea *b*) do n.° 1 do artigo 3.°, devem ser notificadas conjuntamente, consoante o caso, pelas partes intervenientes na fusão ou pelas partes que adquirem o controlo conjunto. Nos restantes casos, a notificação deve ser apresentada pela pessoa ou empresa que adquire o controlo do conjunto ou de partes de uma ou mais empresas.

3. Quando verifique que uma concentração notificada é abrangida pelo presente regulamento, a Comissão publicará o facto da notificação, indicando a designação das empresas em causa, o seu país de origem, a natureza da concentração, bem como os sectores económicos envolvidos. A Comissão terá em conta o interesse legítimo das empresas na não divulgação dos seus segredos comerciais.

4. Antes da notificação de uma concentração, na acepção do n.° 1, as pessoas ou empresas referidas no n.° 2 podem informar a Comissão, através de um memorando fundamentado, que a concentração pode afectar significativamente a concorrência num mercado no interior dum Estado-membro que apresenta todas as características de um mercado distinto, devendo, por conseguinte ser examinada na sua totalidade ou em parte, por esse Estado-membro.

A Comissão deve transmitir sem demora tal memorando a todos os Estados-membros. O Estado-membro referido no memorando fundamentado deve, no

---

([6]) JO L 222 de 14.8.1978, p. 11. Directiva com a última redacção que lhe foi dada pela Directiva 2003/51/CE do Parlamento Europeu e do Conselho (JO L 178 de 17.7.2003, p. 16).

1006

Concentração de empresas   **Art. 4.° RegCE 139/2004 [92]**

prazo de 15 dias úteis a contar da data de recepção do memorando, manifestar o seu acordo ou desacordo relativamente ao pedido de remessa do caso. Se esse Estado-membro não tomar uma decisão dentro deste prazo, presumir-se-á o seu acordo.

A menos que esse Estado-membro manifeste o seu desacordo, a Comissão, se considerar que esse mercado distinto existe e que a concorrência nesse mercado pode ser significativamente afectada pela concentração, poderá decidir remeter o caso, na sua totalidade ou em parte, para as autoridades competentes desse Estado--membro, com vista à aplicação da legislação nacional de concorrência desse Estado.

A decisão de remeter ou de não remeter o caso em conformidade com o terceiro parágrafo deve ser tomada no prazo de 25 dias úteis a contar da recepção do memorando fundamentado pela Comissão. A Comissão informa os restantes Estados-membros e as pessoas ou empresas em causa da sua decisão. Se a Comissão não tomar uma decisão dentro deste prazo, presumir-se-á que decidiu remeter o caso em conformidade com o memorando apresentado pelas pessoas ou empresas em causa.

Se a Comissão decidir ou presumir-se que decidiu, nos termos do terceiro e quarto parágrafos, remeter o caso, na sua totalidade, não é necessário proceder a uma notificação nos termos do n.° 1 e será aplicável a legislação nacional de concorrência. O disposto nos n.ºs 6 a 9 do artigo 9.° é aplicável *mutatis mutandis*.

5. No caso de uma concentração tal como definida no artigo 3.° que não tenha dimensão comunitária na acepção do artigo 1.°, e que pode ser apreciada no âmbito da legislação nacional de concorrência de, pelo menos, três Estados-membros, as pessoas ou empresas referidas no n.° 2 podem, antes de uma eventual notificação às autoridades competentes, informar a Comissão, através de um memorando fundamentado, que a concentração deve ser examinada pela Comissão.

A Comissão deve transmitir sem demora tal memorando a todos os Estados--membros.

Qualquer Estado-membro competente para examinar a concentração no âmbito da sua legislação nacional de concorrência pode, no prazo de 15 dias úteis a contar da recepção do memorando fundamentado, manifestar o seu desacordo no que respeita ao pedido de remessa do caso.

Sempre que, pelo menos, um desses Estados-membros tenha manifestado o seu desacordo nos termos do terceiro parágrafo no prazo de 15 dias úteis, o caso não será remetido. A Comissão deve informar sem demora todos os Estados--membros e as pessoas ou empresas em causa de qualquer manifestação de desacordo.

Se nenhum dos Estados-membros tiver manifestado o seu desacordo nos termos do terceiro parágrafo no prazo de 15 dias úteis, presumir-se-á que a concentração tem dimensão comunitária e será notificada à Comissão em conformidade com os n.ºs 1 e 2. Nessa situação, nenhum Estado-membro aplicará a sua legislação nacional de concorrência à concentração.

6. A Comissão deve apresentar um relatório ao Conselho sobre a aplicação dos n.ºs 4 e 5 até 1 de Julho de 2009. Na sequência desse relatório e sob proposta da Comissão, deliberando por maioria qualificada, pode rever os n.ºs 4 e 5.

[92] RegCE 139/2004 Art. 5.° — Concentração de empresas

Art. 5.° (Cálculo do volume de negócios)

1. O volume de negócios total para efeitos do presente regulamento, inclui os montantes que resultam da venda de produtos e da prestação de serviços realizadas pelas empresas em causa durante o último exercício e correspondentes às suas actividades normais, após a dedução dos descontos sobre vendas, do imposto sobre o valor acrescentado e de outros impostos directamente relacionados com o volume de negócios. O volume de negócios total de uma empresa em causa não inclui as transacções ocorridas entre as empresas referidas no n.° 4.

O volume de negócios realizado, quer na Comunidade, quer num Estado-membro, compreende os produtos vendidos e os serviços prestados a empresas ou a consumidores, quer na Comunidade, quer nesse Estado-membro.

2. Em derrogação do n.° 1, se a concentração consistir na aquisição de parcelas, com ou sem personalidade jurídica própria, de uma ou mais empresas, só será tomado em consideração, no que se refere ao cedente ou cedentes, o volume de negócios respeitante às parcelas que são objecto da concentração.

Contudo, duas ou mais operações na acepção do primeiro parágrafo que sejam efectuadas num período de dois anos entre as mesmas pessoas ou empresas são consideradas como uma única concentração realizada na data da última operação.

3. O volume de negócios é substituído:

a) No caso das instituições de crédito e de outras instituições financeiras, pela soma das seguintes rubricas de proveitos, definidas na Directiva 86/635/CEE do Conselho([7]), deduzidos, se for caso disso, o imposto sobre o valor acrescentado e outros impostos directamente aplicáveis aos referidos proveitos:

   i) juros e proveitos equiparados,
   ii) receitas de títulos:
   – rendimentos de acções e de outros títulos de rendimento variável,
   – rendimentos de participações,
   – rendimentos de partes de capital em empresas coligadas,
   iii) comissões recebidas,
   iv) lucro líquido proveniente de operações financeiras,
   v) outros proveitos de exploração.

O volume de negócios de uma instituição de crédito ou de uma instituição financeira na Comunidade ou num Estado-membro inclui as rubricas de proveitos, tal como definidas supra, da sucursal ou da divisão dessa instituição estabelecida na Comunidade ou no Estado-membro em causa, consoante o caso;

b) No caso das empresas de seguros, pelo valor dos prémios ilíquidos emitidos, que incluem todos os montantes recebidos e a receber ao abrigo de contratos de seguro efectuados por essas empresas ou por sua conta, incluindo os prémios cedidos às resseguradoras e após dedução dos impostos ou taxas parafiscais cobrados com base no montante dos prémios ou no seu volume total; no que respeita à alínea *b*) do n.° 2 e às alíneas *b*), *c*) e *d*) do n.° 3 do artigo 1.° e à última parte destes dois números, deve ter-se em conta, respectivamente, os prémios ilíquidos pagos por residentes na Comunidade e por residentes num Estado-membro.

([7]) JO L 372 de 31.12.1986, p. 1. Directiva com a última redacção que lhe foi dada pela Directiva 2003/51/CE do Parlamento Europeu e do Conselho.

1008

Concentração de empresas   **Art. 6.° RegCE 139/2004 [92]**

4. Sem prejuízo do n.° 2, o volume de negócios total de uma empresa em causa, para efeitos do presente regulamento, resulta da adição dos volumes de negócios:
a) Da empresa em causa;
b) Das empresas em que a empresa em causa dispõe directa ou indirectamente:
    i) de mais de metade do capital ou do capital de exploração, ou
    ii) do poder de exercer mais de metade dos direitos de voto, ou
    iii) do poder de designar mais de metade dos membros dos órgãos de administração ou de fiscalização ou dos órgãos que representam legalmente a empresa, ou
    iv) do direito de gerir os negócios da empresa;
c) Das empresas que dispõem, na empresa em causa, dos direitos ou poderes enumerados na alínea *b*);
d) Das empresas em que uma empresa referida na alínea *c*) dispõe dos direitos ou poderes enumerados na alínea *b*);
e) Das empresas em que várias empresas referidas nas alíneas *a*) a *d*) dispõem, em conjunto, dos direitos ou poderes enumerados na alínea *b*).
5. No caso de as empresas implicadas na concentração disporem, conjuntamente, dos direitos ou poderes enumerados na alínea *b*) do n.° 4, há que, no cálculo do volume de negócios total das empresas em causa para efeitos do presente regulamento:
a) Não tomar em consideração o volume de negócios resultante da venda de produtos e da prestação de serviços realizadas entre a empresa comum e cada uma das empresas em causa ou qualquer outra empresa ligada a uma delas na acepção das alíneas *b*) a *e*) do n.° 4;
b) Tomar em consideração o volume de negócios resultante da venda de produtos e da prestação de serviços realizadas entre a empresa comum e qualquer outra empresa terceira. Esse volume de negócios será imputado em partes iguais às empresas em causa.

Art. 6.° (Análise da notificação e início do processo)
1. A Comissão procede à análise da notificação logo após a sua recepção.
a) Se a Comissão chegar à conclusão de que a concentração notificada não é abrangida pelo presente regulamento, fará constar esse facto por via de decisão.
b) Se a Comissão verificar que a concentração notificada, apesar de abrangida pelo presente regulamento, não suscita sérias dúvidas quanto à sua compatibilidade com o mercado comum, decidirá não se opor a essa concentração e declará-la-á compatível com o mercado comum.
Presumir-se-á que a decisão que declara uma concentração compatível abrange igualmente as restrições directamente relacionadas com a realização da concentração e a ela necessárias.
c) Sem prejuízo do n.° 2, se a Comissão verificar que a concentração notificada é abrangida pelo presente regulamento e suscita sérias dúvidas quanto à sua compatibilidade com o mercado comum, decidirá dar início ao processo. Sem prejuízo do artigo 9.°, estes processos são encerrados por via de decisão, de acordo com os n.ᵒˢ 1 a 4 do artigo 8.°, a menos que as empresas em causa tenham demonstrado a contento da Comissão que abandonaram a concentração.

1009

[92] RegCE 139/2004 Art. 7.°   Concentração de empresas

2. Se a Comissão verificar que, na sequência das alterações introduzidas pelas empresas em causa, uma concentração notificada deixou de suscitar sérias dúvidas na acepção da alínea *c*) do n.° 1, declarará a concentração compatível com o mercado comum nos termos da alínea *b*) do n.° 1.

A Comissão pode acompanhar a sua decisão tomada nos termos da alínea *b*) do n.° 1 de condições e obrigações destinadas a garantir que as empresas em causa cumprem os compromissos perante ela assumidos para tornar a concentração compatível com o mercado comum.

3. A Comissão pode revogar a decisão por si tomada nos termos das alíneas *a*) e *b*) do n.° 1, se:

a) A decisão se basear em informações inexactas pelas quais uma das empresas seja responsável ou se tiver sido obtida fraudulentamente; ou

b) As empresas em causa violarem uma obrigação que acompanhe a decisão.

4. Nos casos a que se refere o n.° 3, a Comissão pode tomar uma decisão nos termos do n.° 1 sem estar vinculada aos prazos referidos no n.° 1 do artigo 10.°

5. A Comissão informa sem demora da sua decisão as empresas em causa e as autoridades competentes dos Estados-membros.

Art. 7.° (Suspensão da concentração)

1. Uma concentração de dimensão comunitária, tal como definida no artigo 1.°, incluindo as concentrações que serão examinadas pela Comissão nos termos do n.° 5 do artigo 4.°, não pode ter lugar nem antes de ser notificada nem antes de ter sido declarada compatível com o mercado comum por uma decisão tomada nos termos da alínea *b*) do n.° 1 do artigo 6.°, ou dos n.ºs 1 ou 2 do artigo 8.°, ou com base na presunção prevista no n.° 6 do artigo 10.°

2. O n.° 1 não prejudica a realização de uma oferta pública de aquisição ou de uma série de transacções de títulos, incluindo os que são convertíveis noutros títulos, admitidos à negociação num mercado como uma bolsa de valores, através da qual seja adquirido controlo, na acepção do artigo 3.°, junto de vários vendedores, desde que:

a) A concentração seja notificada à Comissão nos termos do artigo 4.°, sem demora; e

b) O adquirente não exerça os direitos de voto inerentes às participações em causa ou os exerça apenas tendo em vista proteger o pleno valor do seu investimento com base numa derrogação concedida pela Comissão nos termos do n.° 3.

3. A Comissão pode, a pedido, conceder uma derrogação ao cumprimento das obrigações previstas nos n.ºs 1 ou 2. O pedido de derrogação deve ser fundamentado. Ao decidir do pedido, a Comissão tomará em consideração, nomeadamente, os efeitos que a suspensão poderá produzir numa ou mais das empresas em causa na concentração ou em relação a terceiros e a ameaça à concorrência colocada pela concentração. A derrogação pode ser acompanhada de condições e de obrigações destinadas a assegurar condições de concorrência efectiva. A derrogação pode ser pedida e concedida a qualquer momento, quer antes da notificação, quer depois da transacção.

4. A validade de qualquer transacção realizada sem que se observe o n.° 1 depende de uma decisão tomada ao abrigo da alínea *b*) do n.° 1 do artigo 6.° ou dos n.ºs 1, 2 ou 3 do artigo 8.° ou da presunção estabelecida no n.° 6 do artigo 10.°

1010

Concentração de empresas   **Art. 8.º RegCE 139/2004 [92]**

Todavia, o presente artigo não produz qualquer efeito sobre a validade das transacções de títulos, incluindo os que são convertíveis noutros títulos, admitidos à negociação num mercado como uma bolsa de valores, salvo se os compradores ou vendedores souberem ou deverem saber que a transacção se realizou sem que seja observado o disposto no n.º 1.

Art. 8.º (Poderes de decisão da Comissão)

1. Quando verifique que uma concentração notificada corresponde ao critério definido no n.º 2 do artigo 2.º e, nos casos previstos no n.º 4 do artigo 2.º, aos critérios do n.º 3 do artigo 81.º do Tratado, a Comissão tomará uma decisão que declara a concentração compatível com o mercado comum.

Presumir-se-á que a decisão que declara uma concentração compatível abrange as restrições directamente relacionadas com a realização da concentração e a ela necessárias.

2. Quando verifique que, após as alterações introduzidas pelas empresas em causa, uma concentração notificada corresponde ao critério definido no n.º 2 do artigo 2.º e, nos casos previstos no n.º 4 do artigo 2.º, aos critérios do n.º 3 do artigo 81.º do Tratado, a Comissão tomará uma decisão que declara a concentração compatível com o mercado comum.

A Comissão pode acompanhar a sua decisão de condições e obrigações destinadas a garantir que as empresas em causa cumprem os compromissos perante ela assumidos para tornar a concentração compatível com o mercado comum.

Presumir-se-á que a decisão que declara uma concentração compatível abrange as restrições directamente relacionadas com a realização da concentração e a ela necessárias.

3. Quando verifique que uma concentração corresponde ao critério definido no n.º 3 do artigo 2.º ou, nos casos previstos no n.º 4 do artigo 2.º, não preenche os critérios do n.º 3 do artigo 81.º do Tratado, a Comissão tomará uma decisão que declara a concentração incompatível com o mercado comum.

4. Se a Comissão determinar que uma concentração:

a) Já foi realizada e que a concentração foi declarada incompatível com o mercado comum; ou

b) Foi realizada em infracção de uma condição associada a uma decisão tomada nos termos do n.º 2, que determinou que, na falta dessa condição, a concentração cumpriria o critério estabelecido no n.º 3 do artigo 2.º ou, nos casos referidos no n.º 4 do artigo 2.º, não cumpriria os critérios estabelecidos no n.º 3 do artigo 81.º do Tratado;

a Comissão pode:

– exigir que as empresas em causa procedam à dissolução da concentração, em especial através da eliminação da fusão ou da alienação de todas as participações ou activos adquiridos, por forma a restabelecer a situação existente antes da realização da concentração. Nos casos em que o restabelecimento da situação não seja possível por via da dissolução da concentração, a Comissão pode tomar qualquer outra medida adequada para restabelecer, o mais possível, a situação existente antes da realização da concentração,

1011

[92] RegCE 139/2004 Art. 9.° Concentração de empresas

– ordenar qualquer outra medida adequada para garantir que as empresas em causa procedam à dissolução da concentração, ou tomem outras medidas para restabelecer a situação tal como exigido na sua decisão.

Nos casos a que se refere a alínea *a*) do primeiro parágrafo, as medidas referidas nesse parágrafo podem ser impostas por uma decisão nos termos do n.° 3 ou por uma decisão separada.

5. A Comissão pode tomar medidas provisórias adequadas para restaurar ou manter condições de concorrência efectiva sempre que uma concentração:

a) Tiver sido realizada em infracção do artigo 7.° e ainda não tenha sido tomada uma decisão sobre a compatibilidade da concentração com o mercado comum;

b) Tiver sido realizada em infracção de uma condição associada a uma decisão nos termos da alínea *b*) do n.° 1 do artigo 6.° ou do n.° 2 do presente artigo;

c) Já tiver sido realizada e for declarada incompatível com o mercado comum.

6. A Comissão pode revogar a decisão por ela tomada ao abrigo dos n.ºs 1 ou 2:

a) Quando a declaração de compatibilidade tiver sido fundada em informações inexactas, sendo por estas responsável uma das empresas, ou quando tiver sido obtida fraudulentamente; ou

b) Se as empresas em causa não respeitarem uma obrigação que acompanha a decisão.

7. A Comissão pode tomar uma decisão ao abrigo dos n.ºs 1 a 4 sem estar sujeita aos prazos referidos no n.° 3 do artigo 10.°, nos casos em que:

a) Determinar que uma concentração foi realizada:

i) em infracção de uma condição associada a uma decisão nos termos do n.° 1, alínea *b*) do artigo 6.°, ou

ii) em infracção de uma condição associada a uma decisão tomada nos termos do n.° 2 e em conformidade com o n.° 2 do artigo 10.°, que determinou que, na falta dessa condição, a concentração suscitaria sérias dúvidas quanto à sua compatibilidade com o mercado comum; ou

b) Tiver sido revogada uma decisão nos termos do n.° 6.

8. A Comissão informa sem demora da sua decisão as empresas em causa e as autoridades competentes dos Estados-membros.

Art. 9.° (Remessa às autoridades competentes dos Estados-membros)

1. A Comissão pode, por via de decisão de que informará sem demora as empresas em causa e as autoridades competentes dos restantes Estados-membros, remeter às autoridades competentes do Estado-membro em causa um caso de concentração notificada, nas condições que se seguem.

2. No prazo de 15 dias úteis a contar da recepção da cópia da notificação, um Estado-membro pode, por sua própria iniciativa ou a convite da Comissão, informar a Comissão, que o comunicará às empresas em causa, de que:

a) Uma concentração ameaça afectar significativamente a concorrência num mercado no interior desse Estado-membro que apresenta todas as características de um mercado distinto; ou

1012

Concentração de empresas　　　　　　　　　　　Art. 9.º RegCE 139/2004 **[92]**

b) Uma concentração afecta a concorrência num mercado no interior desse Estado-membro que apresenta todas as características de um mercado distinto e não constitui uma parte substancial do mercado comum.

3. Se considerar que, tendo em conta o mercado dos produtos ou serviços em causa e o mercado geográfico de referência na acepção do n.º 7, esse mercado distinto existe e que existe essa ameaça, a Comissão:

a) Ocupar-se-á ela própria do caso nos termos do presente regulamento; ou

b) Remeterá o caso, na sua totalidade ou em parte, para as autoridades competentes do Estado-membro em causa, com vista à aplicação da legislação nacional de concorrência desse Estado.

Se, ao contrário, considerar que esse mercado distinto ou ameaça não existem, a Comissão tomará uma decisão nesse sentido, que dirigirá ao Estado-membro em causa e ocupar-se-á ela própria do caso, nos termos do presente regulamento.

Se um Estado-membro informar a Comissão, nos termos da alínea *b*) do n.º 2, de que uma concentração afecta a concorrência num mercado distinto no seu território que não constitui uma parte substancial do mercado comum, a Comissão remeterá, na totalidade ou em parte, o caso relativo ao mercado distinto em causa, se considerar que esse mercado distinto é afectado.

4. As decisões de remeter ou de não remeter o caso tomadas de acordo com o n.º 3 terão lugar:

a) Regra geral, no prazo previsto no segundo parágrafo do n.º 1 do artigo 10.º, quando a Comissão não tenha dado início ao processo nos termos da alínea *b*) do n.º 1 do artigo 6.º; ou

b) No prazo máximo de 65 dias úteis a contar da notificação da concentração em causa, quando a Comissão tenha dado início ao processo nos termos da alínea *c*) do n.º 1 do artigo 6.º, sem promover as diligências preparatórias da adopção das medidas necessárias ao abrigo dos n.ºs 2, 3 ou 4 do artigo 8.º para preservar ou restabelecer uma concorrência efectiva no mercado em causa.

5. Se, no prazo de 65 dias úteis referido na alínea *b*) do n.º 4, apesar de o Estado-membro o ter solicitado, a Comissão não tiver tomado uma decisão de remessa ou de recusa de remessa prevista no n.º 3, nem promovido as diligências preparatórias referidas na alínea *b*) do n.º 4, presumir-se-á que decidiu remeter o caso ao Estado-membro em causa em conformidade com a alínea *b*) do n.º 3.

6. A autoridade competente do Estado-membro em causa decide sobre o caso sem qualquer demora.

No prazo de 45 dias úteis após a remessa da Comissão, a autoridade competente do Estado-membro em causa informa as empresas em questão do resultado da avaliação concorrencial preliminar e, sendo o caso, que outras medidas se propõe tomar. O Estado-membro em causa pode excepcionalmente suspender esse prazo sempre que as informações necessárias não lhe tiverem sido fornecidas pelas empresas em questão conforme estabelecido na respectiva legislação nacional de concorrência.

Sempre que for exigida uma notificação nos termos da legislação nacional, o prazo de 45 dias úteis começa a contar a partir do dia útil seguinte ao da recepção de uma notificação completa pela autoridade competente desse Estado-membro.

7. O mercado geográfico de referência é constituído por um território no qual as empresas em causa intervêm na oferta e procura de bens e serviços, no qual as

1013

[92] RegCE 139/2004 Art. 10.° Concentração de empresas

condições de concorrência são suficientemente homogéneas e que pode distinguir-se dos territórios vizinhos especialmente devido a condições de concorrência sensivelmente diferentes das que prevalecem nesses territórios. Nessa apreciação é conveniente tomar em conta, nomeadamente, a natureza e as características dos produtos ou serviços em causa, a existência de barreiras à entrada ou de preferências dos consumidores, bem como a existência, entre o território em causa e os territórios vizinhos, de diferenças consideráveis de quotas de mercado das empresas ou de diferenças de preços substanciais.

8. Para efeitos da aplicação do presente artigo, o Estado-membro em causa só pode tomar as medidas estritamente necessárias para preservar ou restabelecer uma concorrência efectiva no mercado em causa.

9. Nos termos das disposições aplicáveis do Tratado, os Estados-membros podem interpor recurso para o Tribunal de Justiça e pedir, em especial, a aplicação do artigo 243.° do Tratado, para efeitos da aplicação da sua legislação nacional de concorrência.

Art. 10.° (Prazos para o início do processo e para as decisões)

1. Sem prejuízo do disposto no n.° 4 do artigo 6.°, as decisões referidas no n.° 1 do artigo 6.° devem ser tomadas no prazo máximo de 25 dias úteis. Esse prazo começa a correr no dia útil seguinte ao da recepção da notificação ou, caso as informações a facultar na notificação estejam incompletas, no dia útil seguinte ao da recepção das informações completas.

Esse prazo é alargado para 35 dias úteis no caso de ter sido apresentado à Comissão um pedido de um Estado-membro de acordo com o n.° 2 do artigo 9.° ou se as empresas em causa apresentarem compromissos para tornar a concentração compatível com o mercado comum nos termos do n.° 2 do artigo 6.°

2. As decisões nos termos dos n.ºs 1 ou 2 do artigo 8.°, relativas a concentrações notificadas, devem ser tomadas logo que se afigurar que já não se colocam as dúvidas sérias referidas na alínea *c*) do n.° 1 do artigo 6.°, devido, nomeadamente, a alterações introduzidas pelas empresas em causa e, o mais tardar, no prazo fixado no n.° 3.

3. Sem prejuízo do n.° 7 do artigo 8.°, as decisões nos termos dos n.ºs 1 a 3 do artigo 8.°, respeitantes a concentrações notificadas, devem ser tomadas num prazo máximo de 90 dias úteis a contar da data do início do processo. Esse prazo é alargado para 105 dias úteis no caso de as empresas em causa apresentarem compromissos para tornar a concentração compatível com o mercado comum nos termos do segundo parágrafo do n.° 2 do artigo 8.°, a menos que os compromissos tenham sido apresentados antes de decorridos 55 dias úteis após o início do processo.

Da mesma forma, os prazos estabelecidos no primeiro parágrafo serão prorrogados caso as partes notificantes apresentem um pedido nesse sentido o mais tardar 15 dias úteis após o início do processo nos termos da alínea *c*) do n.° 1 do artigo 6.° As partes notificantes apenas podem apresentar um pedido desta natureza. Da mesma forma, em qualquer altura após o início do processo, os prazos estabelecidos no primeiro parágrafo podem ser alargados pela Comissão com o acordo das partes notificantes. A duração total de qualquer prorrogação ou prorrogações efectuadas em conformidade com o presente parágrafo não pode exceder 20 dias úteis.

1014

Concentração de empresas — Art. 11.º RegCE 139/2004 **[92]**

4. Os prazos fixados nos n.os 1 e 3 ficam excepcionalmente suspensos sempre que a Comissão, devido a circunstâncias pelas quais seja responsável uma das empresas que participam na concentração, tenha tido de solicitar uma informação por via de decisão, ao abrigo do artigo 11.º, ou de ordenar uma inspecção por via de decisão, ao abrigo do artigo 13.º

O primeiro parágrafo é igualmente aplicável ao prazo referido na alínea *b*) do n.º 4 do artigo 9.º

5. Quando o Tribunal de Justiça profira um acórdão que anule no todo ou em parte uma decisão da Comissão sujeita a um prazo previsto no presente artigo, a concentração deve ser reexaminada pela Comissão tendo em vista a aprovação de uma decisão nos termos do n.º 1 do artigo 6.º

A concentração deve ser reexaminada à luz das condições de mercado nesse momento.

As partes notificantes devem apresentar sem demora uma nova notificação ou complementar a notificação inicial, quando a notificação inicial se tiver tornado incompleta devido a alterações ocorridas nas condições de mercado ou nas informações fornecidas. Quando não se verificam tais alterações, as partes certificá--lo-ão sem demora.

Os prazos fixados no n.º 1 começam a correr no dia útil seguinte ao da recepção de informações completas através de uma nova notificação, de uma notificação complementar ou da certificação na acepção do terceiro parágrafo.

Os segundo e terceiro parágrafos são igualmente aplicáveis nos casos referidos no n.º 4 do artigo 6.º e no n.º 7 do artigo 8.º

6. Se a Comissão não tomar qualquer decisão nos termos das alíneas *b*) ou *c*) do n.º 1 do artigo 6.º ou nos termos dos n.os 1, 2 ou 3 do artigo 8.º, nos prazos fixados, respectivamente, nos n.os 1 e 3, presumir-se-á que a concentração é declarada compatível com o mercado comum, sem prejuízo do artigo 9.º

Art. 11.º (Pedidos de informações)

1. No cumprimento das funções que lhe são atribuídas pelo presente regulamento, a Comissão pode, mediante simples pedido ou decisão, solicitar às pessoas referidas na alínea *b*) do n.º 1 do artigo 3.º, bem como às empresas e associações de empresas que forneçam todas as informações necessárias.

2. Ao dirigir um simples pedido de informações a uma pessoa, empresa ou associação de empresas, a Comissão deve indicar o fundamento jurídico e a finalidade do pedido, especifica as informações que são necessárias e fixa o prazo em que as informações devem ser fornecidas, bem como as sanções previstas no artigo 14.º, no caso de fornecimento de informações inexactas ou deturpadas.

3. Sempre que a Comissão solicitar, mediante decisão, a uma pessoa, empresa ou associação de empresas, que preste informações, deve indicar o fundamento jurídico e a finalidade do pedido, especificar as informações que são necessárias e fixar o prazo em que as informações devem ser fornecidas. Deve indicar também as sanções previstas no artigo 14.º e indicar ou aplicar as sanções previstas no artigo 15.º Deve indicar igualmente a possibilidade de recurso da decisão para o Tribunal de Justiça.

1015

[92] RegCE 139/2004 Arts. 12.º-13.º   Concentração de empresas

4. São obrigados a fornecer as informações pedidas, em nome das empresas em causa, os proprietários das empresas ou seus representantes e, no caso de pessoas colectivas, de sociedades ou de associações sem personalidade jurídica, as pessoas encarregadas de as representar nos termos da lei ou dos estatutos. As pessoas devidamente mandatadas podem fornecer as informações solicitadas em nome dos seus mandantes. Estes últimos são plenamente responsáveis pelo carácter incompleto, inexacto e deturpado das informações fornecidas.

5. A Comissão deve enviar sem demora uma cópia de qualquer decisão tomada nos termos do n.º 3 às autoridades competentes do Estado-membro em cujo território se situe o domicílio da pessoa ou a sede da empresa ou associação de empresas, bem como às autoridades competentes do Estado-membro cujo território seja afectado. Mediante pedido específico da autoridade competente de um Estado--membro, a Comissão deve enviar também a essa autoridade cópias de simples pedidos de informações respeitantes a uma concentração notificada.

6. A pedido da Comissão, os Governos dos Estados-membros e as respectivas autoridades competentes devem prestar-lhe todas as informações necessárias para que possa cumprir as funções que lhe são atribuídas pelo presente regulamento.

7. No cumprimento das funções que lhe são atribuídas pelo presente regulamento, a Comissão pode entrevistar qualquer pessoa singular ou colectiva que nisso consinta, a fim de recolher informações relativas ao objecto de uma investigação. No início da entrevista, que pode ser efectuada por telefone ou qualquer outro meio electrónico, a Comissão deve indicar o seu fundamento jurídico e finalidade.

Quando uma entrevista não se realizar nas instalações da Comissão ou por telefone ou qualquer outro meio electrónico, a Comissão avisará previamente a autoridade competente do Estado-membro em cujo território a mesma se efectuar. Caso a autoridade competente desse Estado-membro faça um pedido nesse sentido, os agentes dessa autoridade podem prestar assistência aos agentes e outras pessoas mandatadas pela Comissão para procederem à entrevista.

Art. 12.º (Inspecções pelas autoridades dos Estados-Membros)

1. A pedido da Comissão, as autoridades competentes dos Estados-membros procedem às inspecções que a Comissão considere adequadas nos termos do n.º 1 do artigo 13.º ou que tenha ordenado por decisão tomada nos termos do n.º 4 do artigo 13.º Os agentes das autoridades competentes dos Estados-membros encarregados de proceder a essas inspecções, bem como os agentes por elas mandatados, exercem os seus poderes nos termos da respectiva legislação nacional.

2. A pedido da Comissão ou da autoridade competente do Estado-membro em cujo território devam efectuar-se as inspecções, podem os agentes e outras pessoas mandatadas pela Comissão prestar assistência aos agentes da autoridade em causa.

Art. 13.º (Poderes da Comissão em matéria de inspecções)

1. No cumprimento das funções que lhe são atribuídas pelo presente regulamento, a Comissão pode proceder a todas as inspecções necessárias junto das empresas e associações de empresas.

Concentração de empresas   **Art. 13.° RegCE 139/2004 [92]**

2. Os agentes e outras pessoas mandatadas pela Comissão para proceder a uma inspecção têm poderes para:

a) Aceder a todas as instalações, terrenos e meios de transporte das empresas e associações de empresas;

b) Inspeccionar os livros e outros registos relativos à empresa, independentemente do seu suporte;

c) Tirar ou obter sob qualquer forma cópias ou extractos de tais livros ou registos;

d) Selar quaisquer instalações e livros ou registos relativos à empresa por período e na medida necessária à inspecção;

e) Solicitar a qualquer representante ou membro do pessoal da empresa ou da associação de empresas explicações sobre factos ou documentos relacionados com o objecto e finalidade da inspecção e registar as suas respostas.

3. Os agentes e outras pessoas mandatadas pela Comissão para efectuar uma inspecção devem exercer os seus poderes mediante apresentação de um mandado escrito que indique o objecto e a finalidade da inspecção, bem como a sanção prevista no artigo 14.° no caso de os livros ou outros registos exigidos relativos à empresa serem apresentados de forma incompleta ou de as respostas às perguntas colocadas em aplicação do n.° 2 do presente artigo serem inexactas ou deturpadas. Em tempo útil antes da inspecção, a Comissão deve avisar a autoridade competente do Estado-membro em cujo território a mesma se deve efectuar, da diligência de inspecção.

4. As empresas e associações de empresas são obrigadas a sujeitar-se às inspecções que a Comissão tenha ordenado mediante decisão. A decisão deve indicar o objecto e a finalidade da inspecção, fixa a data em que esta se inicia e indica as sanções previstas nos artigos 14.° e 15.° bem como a possibilidade de recurso da decisão para o Tribunal de Justiça. A Comissão deve tomar essas decisões após ouvir a autoridade competente do Estado-membro em cujo território a inspecção se deve efectuar.

5. Os agentes da autoridade competente do Estado-membro em cujo território a inspecção se deve efectuar, ou os agentes mandatados por essa autoridade devem, a pedido dela ou da Comissão, prestar assistência activa aos agentes e outras pessoas mandatadas pela Comissão. Dispõem, para o efeito, dos poderes definidos no n.° 2.

6. Quando os agentes e outras pessoas mandatadas pela Comissão verificarem que uma empresa se opõe a uma inspecção, incluindo a selagem das instalações, livros ou registos da empresa, ordenada nos termos do presente artigo, o Estado-membro em causa deve prestar-lhes a assistência necessária, solicitando, se for caso disso, a intervenção das forças policiais ou de uma autoridade equivalente, para lhes dar a possibilidade de executar a sua inspecção.

7. Se, para a assistência prevista no n.° 6 for necessária a autorização da autoridade judicial de acordo com as regras nacionais, essa autorização deve ser solicitada. Essa autorização pode igualmente ser solicitada a título cautelar.

8. Sempre que for solicitada a autorização contemplada no n.° 7, a autoridade judicial nacional controla a autenticidade da decisão da Comissão e do carácter não arbitrário nem excessivo das medidas coercivas impostas relativamente ao objecto da inspecção. Ao proceder ao controlo da proporcionalidade das medidas coercivas,

1017

[92] RegCE 139/2004 Art. 14.° Concentração de empresas

a autoridade judicial nacional pode pedir à Comissão, directamente ou através da autoridade competente desse Estado-membro, informações circunstanciadas sobre o objecto da inspecção. No entanto, a autoridade judicial nacional não pode pôr em causa a necessidade da inspecção nem exigir que lhe sejam apresentadas as informações do processo da Comissão. O controlo da legalidade da decisão da Comissão fica reservado ao Tribunal de Justiça.

Art. 14.° (Coimas)

1. A Comissão pode, por via de decisão, aplicar às pessoas referidas na alínea *b*) do n.° 1 do artigo 3.° às empresas e associações de empresas, coimas até 1% do volume de negócios total realizado pela empresa ou associação de empresas em causa na acepção do artigo 5.° sempre que, deliberada ou negligentemente:

a) Prestem informações inexactas ou deturpadas num memorando, certificação, notificação ou notificação complementar apresentados nos termos do artigo 4.°, do n.° 5 do artigo 10.° e do n.° 3 do artigo 22.°;

b) Prestem informações inexactas ou deturpadas em resposta a um pedido feito nos termos do n.° 2 do artigo 11.°;

c) Prestem informações inexactas, incompletas ou deturpadas em resposta a um pedido feito através de decisão nos termos do n.° 3 do artigo 11.° ou não prestem as informações no prazo fixado;

d) Apresentem de forma incompleta, aquando das inspecções efectuadas ao abrigo do artigo 13.°, os livros ou outros registos exigidos relativos à empresa ou não se sujeitem às inspecções ordenadas por via de decisão tomada nos termos do n.° 4 do artigo 13.°;

e) Em resposta a uma pergunta feita nos termos da alínea *e*) do n.° 2 do artigo 13.°,

– respondam de forma inexacta ou deturpada,

– não rectifiquem, no prazo fixado pela Comissão, uma resposta inexacta, incompleta ou deturpada dada por um membro do seu pessoal, ou

– não dêem ou se recusem a dar uma resposta cabal sobre factos que se prendam com o objecto e finalidade de uma inspecção ordenada mediante decisão tomada nos termos do n.° 4 do artigo 13.°;

f) Forem quebrados os selos apostos nos termos da alínea *d*) do n.° 2 do artigo 13.° pelos agentes ou outras pessoas mandatadas pela Comissão.

2. A Comissão pode, por via de decisão, aplicar às pessoas referidas na alínea *b*) do n.° 1 do artigo 3.° ou às empresas em causa coimas até 10 % do volume de negócios total realizado pela empresa em causa na acepção do artigo 5.°, sempre que, deliberada ou negligentemente:

a) Omitam notificar uma operação de concentração de acordo com o artigo 4.° e com o n.° 3 do artigo 22.° antes da sua realização, a menos que estejam expressamente autorizadas a fazê-lo ao abrigo do n.° 2 do artigo 7.° ou mediante decisão tomada nos termos do n.° 3 do mesmo artigo;

b) Realizem uma operação de concentração sem respeitar o artigo 7.°;

c) Realizem uma concentração declarada incompatível com o mercado comum por decisão tomada ao abrigo do n.° 3 do artigo 8.° ou não cumpram as medidas ordenadas por decisão tomada ao abrigo dos n.° 4 ou 5 do artigo 8.°;

1018

Concentração de empresas | **Arts. 15.º-17.º RegCE 139/2004 [92]**

d) Não respeitem uma das condições ou obrigações impostas por decisão tomada nos termos da alínea *b*) do n.º 1 do artigo 6.º, do n.º 3 do artigo 7.º ou do segundo parágrafo do n.º 2 do artigo 8.º

3. Na determinação do montante da coima, há que tomar em consideração a natureza, a gravidade e a duração da infracção.

4. As decisões tomadas nos termos dos n.ºˢ 1, 2 e 3 não têm carácter penal.

Art. 15.º (Sanções pecuniárias compulsórias)

1. A Comissão pode, por via de decisão, aplicar às pessoas referidas na alínea *b*) do n.º 1 do artigo 3.º às empresas ou associações de empresas sanções pecuniárias compulsórias até 5 % do volume de negócios total diário médio realizado pela empresa ou associação de empresas em causa na acepção do artigo 5.º, por cada dia útil de atraso, a contar da data fixada na decisão, a fim de as compelir a:

a) Fornecer de maneira completa e exacta as informações que tenha solicitado por via de decisão tomada ao abrigo do n.º 3 do artigo 11.º;

b) Sujeitar-se a uma inspecção que tenha ordenado por via de decisão tomada ao abrigo do n.º 4 do artigo 13.º;

c) Executar uma obrigação imposta por decisão tomada ao abrigo da alínea *b*) do n.º 1 do artigo 6.º, do n.º 3 do artigo 7.º ou do segundo parágrafo do n.º 2 do artigo 8.º; ou

d) Cumprir as medidas ordenadas por uma decisão tomada ao abrigo dos n.ºˢ 4 ou 5 do artigo 8.º

2. Se as pessoas referidas na alínea *b*) do n.º 1 do artigo 3.º, as empresas ou associações de empresas tiverem cumprido a obrigação de cuja anterior inobservância resultara a sanção pecuniária compulsória, a Comissão pode fixar o montante definitivo da referida sanção a um nível inferior ao que resultaria da decisão inicial.

Art. 16.º (Controlo do Tribunal de Justiça)

O Tribunal de Justiça conhece, no exercício da competência de plena jurisdição na acepção do artigo 229.º do Tratado, dos recursos interpostos contra as decisões da Comissão em que tenha sido aplicada uma coima ou uma sanção pecuniária compulsória; o Tribunal pode suprimir, reduzir ou aumentar a coima ou a sanção pecuniária compulsória aplicadas.

Art. 17.º (Sigilo profissional)

1. As informações obtidas em aplicação do presente regulamento só podem ser utilizadas para os efeitos visados pelo pedido de informações, pela investigação ou pela audição.

2. Sem prejuízo do n.º 3 do artigo 4.º e dos artigos 18.º e 20.º, a Comissão e as autoridades competentes dos Estados-membros, bem como os seus funcionários e outros agentes e outras pessoas que trabalham sob a supervisão dessas autoridades, bem como os agentes e funcionários públicos de outras autoridades dos Estados--membros, não podem divulgar as informações obtidas em aplicação do presente regulamento que, pela sua natureza, estejam abrangidas pelo sigilo profissional.

1019

[92] RegCE 139/2004 Arts. 18.°-19.° Concentração de empresas

3. Os n.ºs 1 e 2 não prejudicam a publicação de informações gerais ou estudos que não contenham informações individualizadas relativas às empresas ou associações de empresas.

Art. 18.° (Audição das partes e de terceiros)

1. Antes de tomar as decisões previstas no n.° 3 do artigo 6.°, no n.° 3 do artigo 7.°, nos n.ºs 2 a 6 do artigo 8.° e nos artigos 14.° e 15.°, a Comissão deve dar às pessoas, empresas e associações de empresas em causa a oportunidade de se pronunciarem, em todas as fases do processo até à consulta do comité consultivo, sobre as objecções contra elas formuladas.

2. Em derrogação do n.° 1, as decisões nos termos do n.° 3 do artigo 7.° e do n.° 5 do artigo 8.° podem ser tomadas a título provisório, sem dar às pessoas, empresas ou associações de empresas em causa a oportunidade de se pronunciarem previamente, na condição de a Comissão lhes dar essa oportunidade o mais rapidamente possível após a tomada de decisão.

3. A Comissão deve basear as suas decisões exclusivamente em objecções relativamente às quais as partes tenham podido fazer valer as suas observações. Os direitos da defesa são plenamente garantidos durante o processo. Pelo menos as partes directamente envolvidas têm acesso ao processo, garantindo-se simultaneamente o legítimo interesse das empresas em que os seus segredos comerciais não sejam divulgados.

4. A Comissão ou as autoridades competentes dos Estados-membros podem também ouvir outras pessoas singulares ou colectivas, na medida em que o considerem necessário. Caso quaisquer pessoas singulares ou colectivas que comprovem ter um interesse suficiente e, nomeadamente, os membros dos órgãos de administração ou de direcção das empresas em causa ou os representantes devidamente reconhecidos dos trabalhadores dessas empresas solicitem ser ouvidos, será dado deferimento ao respectivo pedido.

Art. 19.° (Ligação com as autoridades dos Estados-membros)

1. A Comissão deve transmitir, no prazo de três dias úteis, às autoridades competentes dos Estados-membros, cópias das notificações, bem como, no mais breve prazo, cópias dos documentos mais importantes que tenha recebido ou que tenha emitido em aplicação do presente regulamento. Esses documentos devem consignar os compromissos propostos pelas empresas em causa à Comissão para tornar a concentração compatível com o mercado comum, nos termos do n.° 2 do artigo 6.° ou, do segundo parágrafo do n.° 2 do artigo 8.°

2. A Comissão deve conduzir os processos referidos no presente regulamento em ligação estreita e constante com as autoridades competentes dos Estados-membros, que estão habilitadas a formular quaisquer observações sobre esses processos. Para efeitos da aplicação do artigo 9.°, a Comissão deve recolher as comunicações da autoridade competente do Estado-membro referido no n.° 2 desse artigo e dar-lhe a oportunidade de se pronunciar em todas as fases do processo até à adopção de uma decisão ao abrigo do n.° 3 do mesmo artigo, proporcionando-lhe, para o efeito, o acesso ao processo.

Concentração de empresas **Arts. 20.º-21.º RegCE 139/2004 [92]**

3. Antes da tomada de qualquer decisão nos termos dos n.ᵒˢ 1 a 6 do artigo 8.º, ou dos artigos 14.º ou 15.º, com excepção das decisões provisórias tomadas de acordo com o n.º 2 do artigo 18.º, deve ser consultado um comité consultivo em matéria de concentração de empresas.

4. O comité consultivo é composto por representantes das autoridades competentes dos Estados-membros. Cada Estado-membro designa um ou dois representantes que podem ser substituídos, em caso de impedimento, por outro representante. Pelo menos um desses representantes deve ter experiência em matéria de práticas restritivas e posições dominantes.

5. A consulta realiza-se durante uma reunião conjunta, convocada e presidida pela Comissão. À convocatória são apensos um resumo do processo com indicação dos documentos mais importantes e um anteprojecto de decisão em relação a cada caso a examinar. A reunião não pode realizar-se antes de decorridos 10 dias úteis a contar do envio da convocatória. No entanto, a Comissão pode reduzir a título excepcional e de forma apropriada tal prazo, com vista a evitar a ocorrência de um prejuízo grave para uma ou mais empresas em causa numa concentração.

6. O comité consultivo formula o seu parecer sobre o projecto de decisão da Comissão, procedendo para o efeito, se for caso disso, a votação. O comité consultivo pode formular o seu parecer mesmo no caso da ausência de membros e dos respectivos representantes. O parecer formulado deve ser reduzido a escrito e apenso ao projecto de decisão. A Comissão deve tomar na máxima consideração o parecer do comité. O comité será por ela informado da forma como esse parecer foi tomado em consideração.

7. A Comissão deve comunicar o parecer do comité consultivo, bem como a decisão, aos destinatários da decisão. Deve tornar público o parecer, bem como a decisão, tendo em conta o legítimo interesse das empresas em que os seus segredos comerciais não sejam divulgados.

Art. 20.º (Publicação das decisões)
1. A Comissão publicará no Jornal Oficial da União Europeia as decisões que tomar nos termos dos n.ᵒˢ 1 a 6 do artigo 8.º, bem como dos artigos 14.º e 15.º, com excepção das decisões provisórias tomadas nos termos do n.º 2 do artigo 18.º, bem como o parecer do comité consultivo.

2. A publicação deve mencionar a designação das partes e o essencial da decisão; deve ter em conta o legítimo interesse das empresas em que os seus segredos comerciais não sejam divulgados.

Art. 21.º (Aplicação do regulamento e competência)
1. Apenas o presente regulamento se aplica às concentrações definidas no artigo 3.º, e os Regulamentos (CE) n.º 1/2003(⁸), (CEE) n.º 1017/68(⁹), (CEE)

(⁸) JO L 1 de 4.1.2003, p. 1.
(⁹) JO L 175 de 23.7.1968, p. 1. Regulamento com a última redacção que lhe foi dada pelo Regulamento (CE) n.º 1/2003.

[92] RegCE 139/2004 Art. 22.° Concentração de empresas

n.° 4056/86([10]) e (CEE) n.° 3975/87([11]) do Conselho não são aplicáveis salvo no que se refere às empresas comuns sem dimensão comunitária e que tenham por objecto ou efeito a coordenação do comportamento concorrencial de empresas que se mantenham independentes.

2. Sob reserva do controlo do Tribunal de Justiça, a Comissão tem competência exclusiva para tomar as decisões previstas no presente regulamento.

3. Os Estados-membros não podem aplicar a sua legislação nacional sobre a concorrência às concentrações de dimensão comunitária.

O disposto no primeiro parágrafo não prejudica a faculdade de os Estados--membros procederem às investigações necessárias para a aplicação do n.° 4 do artigo 4.°, do n.° 2 do artigo 9.° ou, após remessa nos termos da alínea *b*) do primeiro parágrafo do n.° 3 ou do n.° 5 do artigo 9.°, tomarem as medidas estritamente necessárias para aplicar o n.° 8 do artigo 9.°

4. Não obstante os n.ºˢ 2 e 3, os Estados-membros podem tomar as medidas apropriadas para garantir a protecção de interesses legítimos para além dos contemplados no presente regulamento, desde que esses interesses sejam compatíveis com os princípios gerais e com as demais normas do direito comunitário.

São considerados interesses legítimos na acepção do primeiro parágrafo, a segurança pública, a pluralidade dos meios de comunicação social e as regras prudenciais.

Todo e qualquer outro interesse público será comunicado à Comissão pelo Estado-membro em causa e deve ser por ela reconhecido após análise da sua compatibilidade com os princípios gerais e as demais normas do direito comunitário antes de as referidas medidas poderem ser tomadas. A Comissão deve notificar o Estado-membro em causa da sua decisão no prazo de 25 dias úteis a contar da referida comunicação.

Art. 22.° (Remessa à Comissão)

1. Um ou mais Estados-membros podem solicitar à Comissão que examine qualquer concentração, tal como definida no artigo 3.°, que não tenha dimensão comunitária na acepção do artigo 1.°, mas que afecte o comércio entre Estados--membros e ameace afectar significativamente a concorrência no território do Estado-membro ou Estados-membros que apresentam o pedido.

Esse pedido deve ser apresentado no prazo máximo de 15 dias úteis a contar da data de notificação da concentração ou, caso não seja necessária notificação, da data em que foi dado conhecimento da concentração ao Estado-membro em causa.

2. A Comissão deve informar sem demora as autoridades competentes dos Estados-membros e as empresas em causa dos pedidos que recebeu nos termos do n.° 1.

([10]) JO L 378 de 31.12.1986, p. 4. Regulamento com a última redacção que lhe foi dada pelo Regulamento (CE) n.° 1/2003.

([11]) JO L 374 de 31.12.1987, p. 1. Regulamento com a última redacção que lhe foi dada pelo Regulamento (CE) n.° 1/2003.

1022

Concentração de empresas   **Art. 23.° RegCE 139/2004 [92]**

Qualquer outro Estado-membro tem de se associar ao pedido inicial num prazo de 15 dias úteis após ter sido informado pela Comissão do pedido inicial. Todos os prazos nacionais relativos à concentração são suspensos até que, em conformidade com o procedimento estabelecido no presente artigo, tenha sido decidido onde a concentração será examinada. Logo que o Estado-membro tenha informado a Comissão e as empresas em questão que não pretende associar-se ao pedido, terminará a suspensão dos prazos nacionais.

3. A Comissão pode, no prazo máximo de 10 dias úteis após o termo do prazo fixado no n.° 2, decidir examinar a concentração sempre que considere que afecta o comércio entre Estados-membros e ameaça afectar significativamente a concorrência no território do Estado-membro ou Estados-membros que apresentam o pedido. Se a Comissão não tomar uma decisão dentro deste prazo, presumir-se-á que decidiu examinar a concentração em conformidade com o pedido.

A Comissão deve informar todos os Estados-membros e as empresas em causa da sua decisão. Pode exigir a apresentação de uma notificação nos termos do artigo 4.°

O Estado-membro ou Estados-membros que apresentaram o pedido deixam de aplicar à concentração a sua legislação nacional de concorrência.

4. Quando a Comissão examina uma concentração nos termos do n.° 3, será aplicável o disposto no artigo 2.°, nos n.ºs 2 e 3 do artigo 4.° e nos artigos 5.°, 6.° e 8.° a 21.° O artigo 7.° é aplicável na medida em que a concentração não tenha sido realizada na data em que a Comissão informar as empresas em causa de que foi apresentado um pedido.

Nos casos em que não é exigida uma notificação nos termos do artigo 4.°, o prazo fixado no n.° 1 do artigo 10.° para dar início ao processo começa a correr no dia útil seguinte àquele em que a Comissão informar as empresas em causa de que decidiu examinar a concentração nos termos do n.° 3.

5. A Comissão pode informar um ou mais Estados-membros de que considera que uma concentração preenche os critérios referidos no n.° 1. Nesses casos, a Comissão pode convidar esse Estado-membro ou esses Estados-membros a apresentarem um pedido nos termos do n.° 1.

Art. 23.° (Normas de execução)

1. A Comissão é autorizada a estabelecer nos termos do n.° 2:

a) As normas de execução respeitantes à forma, conteúdo e outros aspectos das notificações e memorandos apresentados em conformidade com o artigo 4.°;

b) As normas de execução relativas aos prazos em conformidade com os n.ºs 4 e 5 do artigo 4.° e aos artigos 7.°, 9.°, 10.° e 22.°;

c) O procedimento e o prazo de apresentação e de aplicação dos compromissos nos termos do n.° 2 do artigo 6.° e do n.° 2 do artigo 8.°;

d) As normas de execução relativas às audições previstas no artigo 18.°

2. A Comissão é assistida por um Comité Consultivo, composto por representantes dos Estados-membros.

a) Antes da publicação do projecto de normas de execução e antes de aprovar essas normas, a Comissão deve consultar o Comité Consultivo;

1023

[92] RegCE 139/2004 Arts. 24.°-26.° Concentração de empresas

b) A consulta tem lugar numa reunião convocada a convite da Comissão e presidida por esta. Um projecto das normas de execução a aprovar deve ser enviado junto com o convite. A reunião deve ter lugar no mínimo 10 dias úteis após o envio do convite;

c) O Comité Consultivo emite parecer sobre o projecto de normas de execução, se necessário procedendo a uma votação. A Comissão deve tomar na melhor conta o parecer emitido pelo comité.

Nota. Cf. o RegCE n.° 802/2004, da Comissão, de 7 de Abril de 2004.

Art. 24.° (Relações com países terceiros)

1. Os Estados-membros devem informar a Comissão sobre quaisquer dificuldades de ordem geral com que as suas empresas se deparem ao procederem, num país terceiro, às concentrações definidas no artigo 3.°

2. A Comissão deve elaborar, pela primeira vez, o mais tardar um ano após a entrada em vigor do presente regulamento e depois periodicamente, um relatório que analise o tratamento dado às empresas com sede ou principais domínios de actividade na Comunidade, nos termos dos n.ºs 3 e 4, no que se refere às concentrações nos países terceiros. A Comissão deve enviar esses relatórios ao Conselho, acompanhando-os eventualmente de recomendações.

3. Sempre que a Comissão verificar, com base quer nos relatórios referidos no n.° 2 quer noutras informações, que um país terceiro não concede às empresas com sede ou principais domínios de actividade na Comunidade, um tratamento comparável ao concedido pela Comunidade às empresas desse país terceiro, pode apresentar propostas ao Conselho com vista a obter um mandato de negociação adequado para obter possibilidades de tratamento comparáveis para as empresas com sede ou principais domínios de actividade na Comunidade.

4. As medidas tomadas ao abrigo do presente artigo devem estar em conformidade com as obrigações que incumbem à Comunidade ou aos Estados-membros, sem prejuízo do artigo 307.° do Tratado, por força dos acordos internacionais, tanto bilaterais como multilaterais.

Art. 25.° (Revogação)

1. Sem prejuízo do disposto no n.° 2 do artigo 26.°, os Regulamentos (CEE) n.° 4064/89 e (CE) n.° 1310/97 são revogados com efeitos a partir de 1 de Maio de 2004.

2. As remissões para os regulamentos revogados devem entender-se como feitas para o presente regulamento e devem ser lidas de acordo com o quadro de correspondência que consta do anexo.

Art. 26.° (Entrada em vigor e disposições transitórias)

1. O presente regulamento entra em vigor 20 dias após o da sua publicação no Jornal Oficial da União Europeia.

O presente regulamento é aplicável a partir de 1 de Maio de 2004.

2. O Regulamento (CEE) n.° 4064/89 continuará a aplicar-se às concentrações que tenham sido objecto de um acordo ou de um anúncio ou em que o

Concentração de empresas   **Art. 26.º RegCE 139/2004 [92]**

controlo foi adquirido na acepção do n.º 1 do artigo 4.º desse regulamento antes da data de aplicação do presente regulamento, sob reserva, em especial, das disposições em matéria de aplicabilidade previstas nos n.ºs 2 e 3 do artigo 25.º do Regulamento (CEE) n.º 4064/89 e do artigo 2.º do Regulamento (CE) n.º 1310/97.

3. No que diz respeito às concentrações a que é aplicável o presente regulamento por força da adesão, a data desta substituirá a data de aplicação do presente regulamento.

CONTRATOS CELEBRADOS À DISTÂNCIA RELATIVOS A SERVIÇOS FINANCEIROS [1]

[93] DECRETO-LEI N.º 95/2006
de 29 de Maio

No uso da autorização legislativa concedida pela Lei n.º 3/2006, de 21 de Fevereiro, e nos termos das alíneas *a*) e *b*) do n.º 1 do artigo 198.º da Constituição, o Governo decreta o seguinte:

TÍTULO I. DISPOSIÇÕES GERAIS

CAPÍTULO I. Objecto e âmbito

Art. 1.º (Objecto)

1. O presente decreto-lei estabelece o regime aplicável à informação pré-contratual e aos contratos relativos a serviços financeiros prestados a consumidores através de meios de comunicação à distância pelos prestadores autorizados a exercer a sua actividade em Portugal.

2. O presente decreto-lei transpõe para a ordem jurídica nacional a Directiva n.º 2002/65/CE, do Parlamento Europeu e do Conselho, de 23 de Setembro, relativa a comercialização à distância de serviços financeiros prestados a consumidores e que altera as Directivas n.ºˢ 90/619/CEE, do Conselho, de 8 de Novembro, 97/7/CE, do Parlamento Europeu e do Conselho, de 20 de Maio, e 98/27/CE, do Parlamento Europeu e do Conselho, de 19 de Maio, por sua vez alterada pela Directiva n.º 2005/29/CE, do Parlamento Europeu e do Conselho, de 11 de Maio, relativa às práticas comerciais desleais das empresas face aos consumidores no mercado interno.

Art. 2.º (Definições)

Para efeitos do presente decreto-lei, considera-se:

a) «Contrato à distância» qualquer contrato cuja formação e conclusão sejam efectuadas exclusivamente através de meios de comunicação à distância, que se integrem num sistema de venda ou prestação de serviços organizados, com esse objectivo, pelo prestador;

---

[1] No sumário *oficial* e no texto do DL n.º 143/2001, de 26 de Abril [**91**], (*v.g.*, art. 1.º) a expressão usada é "contratos celebrados à distância"…

Cap. II. Utilização de meios de comunicação à distância   **Arts. 3.°-7.° DL 95/2006 [93]**

b) «Meio de comunicação à distância» qualquer meio de comunicação que possa ser utilizado sem a presença física e simultânea do prestador e do consumidor;

c) «Serviços financeiros» qualquer serviço bancário, de crédito, de seguros, de investimento ou de pagamento e os relacionados com a adesão individual a fundos de pensões abertos;

d) «Prestador de serviços financeiros» as instituições de crédito e sociedades financeiras, os intermediários financeiros em valores mobiliários, as empresas de seguros e resseguros, os mediadores de seguros e as sociedades gestoras de fundos de pensões;

e) «Consumidor» qualquer pessoa singular que, nos contratos à distância, actue de acordo com objectivos que não se integrem no âmbito da sua actividade comercial ou profissional.

Art. 3.° (Intermediários de serviços financeiros)

As disposições do presente decreto-lei aplicáveis aos prestadores de serviços financeiros são extensíveis, com as devidas adaptações, aos intermediários que actuem por conta daqueles, independentemente do seu estatuto jurídico e de estarem, ou não, dotados de poderes de representação.

Art. 4.° (Contratos de execução continuada)

1. Nos contratos que compreendam um acordo inicial de prestação do serviço financeiro e a subsequente realização de operações de execução continuada, as disposições do presente decreto-lei aplicam-se apenas ao acordo inicial.

2. Quando não exista um acordo inicial de prestação do serviço financeiro mas este se traduza na realização de operações de execução continuada, os artigos 13.° a 18.° aplicam-se apenas à primeira daquelas operações.

3. Sempre que decorra um período superior a um ano entre as operações referidas no número anterior, os artigos 13.° a 18.° são aplicáveis à primeira operação realizada após tal intervalo de tempo.

Art. 5.° (Irrenunciabilidade)

O consumidor não pode renunciar aos direitos que lhe são conferidos pelo presente decreto-lei.

CAPÍTULO II. **Utilização de meios de comunicação à distância**

Art. 6.° (Alteração do meio de comunicação à distância)

O consumidor pode, em qualquer momento da relação contratual, alterar o meio de comunicação à distância utilizado, desde que essa alteração seja compatível com o contrato celebrado ou com a natureza do serviço financeiro prestado.

Art. 7.° (Serviços financeiros não solicitados)

1. É proibida a prestação de serviços financeiros à distância que incluam um pedido de pagamento, imediato ou diferido, ao consumidor que os não tenha prévia e expressamente solicitado.

1027

[93] DL 95/2006 Arts. 8.°-11.° Tít. II. Informação pré-contratual

2. O consumidor a quem sejam prestados serviços financeiros não solicitados não fica sujeito a qualquer obrigação relativamente a esses serviços, nomeadamente de pagamento, considerando-se os serviços prestados a título gratuito.

3. O silêncio do consumidor não vale como consentimento para efeitos do número anterior.

4. O disposto nos números anteriores não prejudica o regime da renovação tácita dos contratos.

Art. 8.° (Comunicações não solicitadas)

1. O envio de mensagens relativas à prestação de serviços financeiros à distância cuja recepção seja independente da intervenção do destinatário, nomeadamente por via de sistemas automatizados de chamada, por telecópia ou por correio electrónico, carece do consentimento prévio do consumidor.

2. O envio de mensagens mediante a utilização de outros meios de comunicação à distância que permitam uma comunicação individual apenas pode ter lugar quando não haja oposição do consumidor manifestada nos termos previstos em legislação ou regulamentação especiais.

3. As comunicações a que se referem os números anteriores, bem como a emissão ou recusa de consentimento prévio, não podem gerar quaisquer custos para o consumidor.

Art. 9.° (Idioma)

1. Sempre que o consumidor seja português, a informação pré-contratual, os termos do contrato à distância e todas as demais comunicações relativas ao contrato são efectuadas em língua portuguesa, excepto quando o consumidor aceite a utilização de outro idioma.

2. Nas demais situações, o prestador deve indicar ao consumidor o idioma ou idiomas em que é transmitida a informação pré-contratual, os termos do contrato à distância e as demais comunicações relativas ao contrato.

Art. 10.° (Ónus da prova)

1. A prova do cumprimento da obrigação de informação ao consumidor, assim como do consentimento deste em relação à celebração do contrato e, sendo caso disso, à sua execução, compete ao prestador.

2. São proibidas as cláusulas que determinem que cabe ao consumidor o ónus da prova do cumprimento da totalidade ou de parte das obrigações do prestador referidas no número anterior.

TÍTULO II. INFORMAÇÃO PRÉ-CONTRATUAL

Art. 11.° (Forma e momento da prestação da informação)

1. A informação constante do presente título e os termos do contrato devem ser comunicados em papel ou noutro suporte duradouro disponível e acessível ao consumidor, em tempo útil e antes de este ficar vinculado por uma proposta ou por um contrato à distância.

1028

Tít. II. Informação pré-contratual **Arts. 12.º-14.º DL 95/2006 [93]**

2. Considera-se suporte duradouro aquele que permita armazenar a informação dirigida pessoalmente ao consumidor, possibilitando no futuro, durante o período de tempo adequado aos fins a que a informação se destina, um acesso fácil à mesma e a sua reprodução inalterada.

3. Se a iniciativa da celebração do contrato partir do consumidor e o meio de comunicação à distância escolhido por este não permitir a transmissão da informação e dos termos do contrato de acordo com o n.º 1, o prestador deve cumprir estas obrigações imediatamente após a celebração do mesmo.

4. O consumidor pode, a qualquer momento da relação contratual, exigir que lhe sejam fornecidos os termos do contrato em suporte de papel.

Art. 12.º (Clareza da informação)

A informação constante do presente título deve identificar, de modo inequívoco, os objectivos comerciais do prestador e ser prestada de modo claro e perceptível, de forma adaptada ao meio de comunicação à distância utilizado e com observância dos princípios da boa fé.

Art. 13.º (Informação relativa ao prestador de serviços)

Deve ser prestada ao consumidor a seguinte informação relativa ao prestador do serviço:

a) Identidade e actividade principal do prestador, sede ou domicílio profissional onde se encontra estabelecido e qualquer outro endereço geográfico relevante para as relações com o consumidor;

b) Identidade do eventual representante do prestador no Estado membro da União Europeia de residência do consumidor e endereço geográfico relevante para as relações do consumidor com o representante;

c) Identidade do profissional diferente do prestador com quem o consumidor tenha relações comerciais, se existir, a qualidade em que este se relaciona com o consumidor e o endereço geográfico relevante para as relações do consumidor com esse profissional;

d) Número de matrícula na conservatória do registo comercial ou outro registo público equivalente no qual o prestador se encontre inscrito com indicação do respectivo número de registo ou forma de identificação equivalente nesse registo;

e) Indicação da sujeição da actividade do prestador a um regime de autorização necessária e identificação da respectiva autoridade de supervisão.

Art. 14.º (Informação relativa ao serviço financeiro)

Deve ser prestada ao consumidor a seguinte informação sobre o serviço financeiro:

a) Descrição das principais características do serviço financeiro;

b) Preço total devido pelo consumidor ao prestador pelo serviço financeiro, incluindo o conjunto das comissões, encargos e despesas inerentes e todos os impostos pagos através do prestador ou, não podendo ser indicado um preço exacto, a base de cálculo do preço que permita a sua verificação pelo consumidor;

c) Indicação da eventual existência de outros impostos ou custos que não sejam pagos através do prestador ou por ele facturados;

1029

[93] DL 95/2006 Arts. 15.°-17.°   Tít. II.   Informação pré-contratual

d) Custos adicionais decorrentes, para o consumidor, da utilização de meios de comunicação à distância, quando estes custos adicionais sejam facturados;

e) Período de validade das informações prestadas;

f) Instruções relativas ao pagamento;

g) Indicação de que o serviço financeiro está associado a instrumentos que impliquem riscos especiais relacionados com as suas características ou com as operações a executar;

h) Indicação de que o preço depende de flutuações dos mercados financeiros fora do controlo do prestador e que os resultados passados não são indicativos dos resultados futuros.

Art. 15.° (Informação relativa ao contrato)

1. Deve ser prestada ao consumidor a seguinte informação relativa ao contrato à distância:

a) A existência ou inexistência do direito de livre resolução previsto no artigo 19.°, com indicação da respectiva duração, das condições de exercício, do montante que pode ser exigido ao consumidor nos termos dos artigos 24.° e 25.° e das consequências do não exercício de tal direito;

b) As instruções sobre o exercício do direito de livre resolução, designadamente quanto ao endereço, geográfico ou electrónico, para onde deve ser enviada a notificação deste;

c) A indicação do Estado membro da União Europeia ao abrigo de cuja lei o prestador estabelece relações com o consumidor antes da celebração do contrato à distância;

d) A duração mínima do contrato à distância, tratando-se de contratos de execução permanente ou periódica;

e) Os direitos das partes em matéria de resolução antecipada ou unilateral do contrato à distância, incluindo as eventuais penalizações daí decorrentes;

f) A lei aplicável ao contrato à distância e o tribunal competente previstos nas cláusulas contratuais.

2. A informação sobre obrigações contratuais a comunicar ao consumidor na fase pré-contratual deve ser conforme à lei presumivelmente aplicável ao contrato à distância.

Art. 16.° (Informação sobre mecanismos de protecção)

Deve ser prestada ao consumidor informação relativa aos seguintes mecanismos de protecção:

a) Sistemas de indemnização aos investidores e de garantia de depósitos;

b) Existência ou inexistência de meios extrajudiciais de resolução de litígios e respectivo modo de acesso.

Art. 17.° (Informação adicional)

O disposto no presente título não prejudica os requisitos de informação prévia adicional previstos na legislação reguladora dos serviços financeiros, a qual deve ser prestada nos termos do n.° 1 do artigo 11.°

1030

Tít. III.   Direito de livre resolução   **Arts. 18.º-20.º DL 95/2006 [93]**

Art. 18.º (Comunicações por telefonia vocal)
1. Quando o contacto com o consumidor seja estabelecido por telefonia vocal, o prestador deve indicar inequivocamente, no início da comunicação, a sua identidade e o objectivo comercial do contacto.
2. Perante o consentimento expresso do consumidor, o prestador apenas está obrigado à transmissão da seguinte informação:
   a) Identidade da pessoa que contacta com o consumidor e a sua relação com o prestador;
   b) Descrição das principais características do serviço financeiro;
   c) Preço total a pagar ao prestador pelo serviço financeiro, incluindo todos os impostos pagos através do prestador, ou, quando não possa ser indicado um preço exacto, a base para o cálculo do preço que permita a sua verificação pelo consumidor;
   d) Indicação da eventual existência de outros impostos ou custos que não sejam pagos através do prestador ou por ele facturados;
   e) Existência ou inexistência do direito de livre resolução previsto no artigo 19.º, com indicação, quando o mesmo exista, da respectiva duração, das condições de exercício e do montante que pode ser exigido ao consumidor nos termos dos artigos 24.º e 25.
3. O prestador deve ainda comunicar ao consumidor a existência de outras informações e respectiva natureza que, nesse momento, lhe podem ser prestadas, caso este o pretenda.
4. O disposto nos números anteriores não prejudica o dever de o prestador transmitir posteriormente ao consumidor toda a informação prevista no presente título, nos termos do artigo 11.º

TÍTULO III.   **DIREITO DE LIVRE RESOLUÇÃO**

Art. 19.º (Livre resolução)
O consumidor tem o direito de resolver livremente o contrato à distância, sem necessidade de indicação do motivo e sem que possa haver lugar a qualquer pedido de indemnização ou penalização do consumidor.

Art. 20.º (Prazo)
1. O prazo de exercício do direito de livre resolução é de 14 dias, excepto para contratos de seguro de vida e relativos à adesão individual a fundos de pensões abertos, em que o prazo é de 30 dias.
2. O prazo para o exercício do direito de livre resolução conta-se a partir da data da celebração do contrato à distância, ou da data da recepção, pelo consumidor, dos termos do mesmo e das informações, de acordo com o n.º 3 do artigo 11.º, se esta for posterior.
3. No caso de contrato à distância relativo a seguro de vida, o prazo para a livre resolução conta-se a partir da data em que o tomador for informado da celebração do mesmo.

1031

[93] DL 95/2006 Arts. 21.°-24.°   Tít. III.   Direito de livre resolução

Art. 21.° (Exercício)

1. A livre resolução deve ser notificada ao prestador por meio susceptível de prova e de acordo com as instruções prestadas nos termos da alínea *b*) do n.° 1 do artigo 15.°

2. A notificação feita em suporte de papel ou outro meio duradouro disponível e acessível ao destinatário considera-se tempestivamente efectuada se for enviada até ao último dia do prazo, inclusive.

Art. 22.° (Excepções)

O direito de livre resolução previsto neste decreto-lei não é aplicável às seguintes situações:

a) Prestação de serviços financeiros que incidam sobre instrumentos cujo preço dependa de flutuações do mercado, insusceptíveis de controlo pelo prestador e que possam ocorrer no período de livre resolução;

b) Seguros de viagem e de bagagem;

c) Seguros de curto prazo, de duração inferior a um mês;

d) Contratos de crédito destinados à aquisição, construção, conservação ou beneficiação de bens imóveis;

e) Contratos de crédito garantidos por direito real que onere bens imóveis;

f) Contratos de crédito para financiamento, total ou parcial, do custo de aquisição de um bem ou serviço cujo fornecedor tenha um acordo com o prestador do serviço financeiro, sempre que ocorra a resolução do contrato de crédito, nos termos do n.° 3 do artigo 8.° do Decreto-Lei n.° 143/2001, de 26 de Abril;

g) Contratos de crédito para financiamento, total ou parcial, do custo de aquisição de um direito de utilização a tempo parcial de bens imóveis, cujo vendedor tenha um acordo com o prestador do serviço financeiro, sempre que ocorra a resolução do contrato de crédito nos termos do n.° 6 do artigo 16.° e do n.° 2 do artigo 49.° do Decreto-Lei n.° 275/93, de 5 de Agosto.

Art. 23.° (Caducidade pelo não exercício)

O direito de livre resolução caduca quando o contrato tiver sido integralmente cumprido, a pedido expresso do consumidor, antes de esgotado o prazo para o respectivo exercício.

Art. 24.° (Efeitos do exercício do direito de livre resolução)

1. O exercício do direito de livre resolução extingue as obrigações e direitos decorrentes do contrato ou operação, com efeitos a partir da sua celebração.

2. Nos casos em que o prestador tenha recebido quaisquer quantias a título de pagamento dos serviços, fica obrigado a restituí-las ao consumidor no prazo de 30 dias contados da recepção da notificação da livre resolução.

3. O consumidor restitui ao prestador quaisquer quantias ou bens dele recebidos no prazo de 30 dias contados do envio da notificação da livre resolução.

4. O disposto nos números anteriores e no artigo seguinte não prejudica o regime do direito de renúncia previsto para os contratos de seguros e de adesão individual a fundos de pensões abertos.

1032

Tít. IV.   Fiscalização   **Arts. 25.º-29.º DL 95/2006 [93]**

Art. 25.º (Início da execução do contrato no prazo de livre resolução)
1. O consumidor não está obrigado ao pagamento correspondente ao serviço efectivamente prestado antes do termo do prazo de livre resolução.
2. Exceptuam-se os casos em que o consumidor tenha pedido o início da execução do contrato antes do termo do prazo de livre resolução, caso em que o consumidor está obrigado a pagar ao prestador, no mais curto prazo possível, o valor dos serviços efectivamente prestados em montante não superior ao valor proporcional dos mesmos no quadro das operações contratadas.
3. O pagamento referido no número anterior só pode ser exigido caso o prestador prove que informou o consumidor do montante a pagar, nos termos da alínea *a*) do n.º 1 do artigo 15.º

TÍTULO IV.   **FISCALIZAÇÃO**

Art. 26.º (Entidades competentes)
1. O Banco de Portugal, a Comissão do Mercado de Valores Mobiliários e o Instituto de Seguros de Portugal são competentes, no âmbito das respectivas atribuições, para a fiscalização do cumprimento das normas do presente decreto-lei.
2. O disposto no número anterior não prejudica as atribuições próprias do Instituto do Consumidor em matéria de publicidade.

Art. 27.º (Legitimidade activa)
Sem prejuízo das competências do Ministério Público no âmbito da acção inibitória, podem requerer a apreciação da conformidade da actuação de um prestador de serviços financeiros à distância com o presente decreto-lei, judicialmente ou perante a entidade competente, para além dos consumidores, as seguintes entidades:
a) Entidades públicas;
b) Organizações de defesa de consumidores, incluindo associações de defesa de investidores;
c) Organizações profissionais que tenham um interesse legítimo em agir.

Art. 28.º (Prestadores de meios de comunicação à distância)
1. Os prestadores de meios de comunicação à distância devem pôr termo às práticas declaradas desconformes com o presente decreto-lei pelos tribunais ou entidades competentes e que por estes lhes tenham sido notificadas.
2. São prestadores de meios de comunicação à distância as pessoas singulares ou colectivas, privadas ou públicas, cuja actividade comercial ou profissional consiste em pôr à disposição dos prestadores de serviços financeiros à distância um ou mais meios de comunicação à distância.

Art. 29.º (Resolução extrajudicial de litígios)
1. Os litígios emergentes da prestação à distância de serviços financeiros a consumidores podem ser submetidos aos meios extrajudiciais de resolução de litígios que, para o efeito, venham a ser criados.

1033

[93] DL 95/2006 Arts. 30.º-33.º   Tít. V.   Regime sancionatório

2. A entidade responsável pela resolução extrajudicial dos litígios referidos no número anterior deve, sempre que o litígio tenha carácter transfronteiriço, cooperar com as entidades dos outros Estados membros da União Europeia que desempenhem funções análogas.

TÍTULO V.   REGIME SANCIONATÓRIO

CAPÍTULO I.   Disposições gerais

Art. 30.º (Responsabilidade)
1. Pela prática das contra-ordenações previstas no presente título podem ser responsabilizados, conjuntamente ou não, pessoas singulares ou colectivas, ainda que irregularmente constituídas.
2. As pessoas colectivas são responsáveis pelas contra-ordenações previstas neste título quando os factos tenham sido praticados, no exercício das respectivas funções ou em seu nome ou por sua conta, pelos titulares dos seus órgãos sociais, mandatários, representantes ou trabalhadores.
3. A responsabilidade da pessoa colectiva não preclude a responsabilidade individual dos respectivos agentes.
4. Não obsta à responsabilidade individual dos agentes a circunstância de o tipo legal da infracção exigir determinados elementos pessoais e estes só se verificarem na pessoa colectiva, ou exigir que o agente pratique o facto no seu interesse, tendo aquele actuado no interesse de outrem.
5. A invalidade e a ineficácia jurídicas dos actos em que se funde a relação entre o agente individual e a pessoa colectiva não obstam a que seja aplicado o disposto nos números anteriores.

Art. 31.º (Tentativa e negligência)
1. A tentativa e a negligência são sempre puníveis.
2. A sanção da tentativa é a do ilícito consumado, especialmente atenuada.
3. Em caso de negligência, os limites máximos e mínimos da coima são reduzidos a metade.
4. A atenuação da responsabilidade do agente individual nos termos dos números anteriores comunica-se à pessoa colectiva.

Art. 32.º (Cumprimento do dever omitido)
1. Sempre que o ilícito de mera ordenação social resulte da omissão de um dever, a aplicação da sanção e o pagamento da coima não dispensam o infractor do seu cumprimento, se este ainda for possível.
2. O infractor pode ser sujeito à injunção de cumprir o dever omitido.

Art. 33.º (Prescrição)
1. O procedimento pelos ilícitos de mera ordenação social previstos neste decreto-lei prescreve no prazo de cinco anos, nos termos do regime geral dos ilícitos de mera ordenação social.

1034

Cap. II. Ilícitos de mera ordenação social   **Arts. 34.º-36.º DL 95/2006 [93]**

2. As sanções prescrevem no prazo de um ou três anos a contar do dia em que a decisão administrativa se tornar definitiva ou do dia em que a decisão judicial transitar em julgado, nos termos do regime geral dos ilícitos de mera ordenação social.

Art. 34.º (Direito subsidiário)

Em tudo o que não se encontrar especialmente previsto no presente título é subsidiariamente aplicável o disposto no regime sancionatório do sector financeiro em que o ilícito foi praticado e, quando tal se revelar necessário, no regime geral dos ilícitos de mera ordenação social.

CAPÍTULO II. Ilícitos de mera ordenação social

Art. 35.º (Contra-ordenações)

Constituem contra-ordenação, punível com coima de € 2 500 a € 1 500 000, se praticada por pessoa colectiva, e de € 1 250 a € 750 000, se praticada por pessoa singular, as seguintes condutas:

a) A prestação de serviços financeiros não solicitados, nos termos previstos no artigo 7.º;

b) O envio de comunicações não solicitadas, em infracção ao disposto no artigo 8.º;

c) A prestação de informação que não preencha os requisitos previstos nos artigos 11.º e 12.º;

d) O incumprimento dos deveres específicos de informação previstos nos artigos 9.º, 13.º a 16.º e 18.º;

e) A prática de actos que, por qualquer forma, dificultem ou impeçam o regular exercício do direito de resolução contratual previsto nos artigos 19.º e seguintes ou a imposição de quaisquer indemnizações ou penalizações ao consumidor que, nos termos do presente decreto-lei, tenha exercido tal direito;

f) A não restituição pelo prestador das quantias recebidas a título de pagamento de serviços dentro do prazo previsto no n.º 2 do artigo 24.º;

g) A cobrança de valores ao consumidor que exerça o direito de livre resolução, em violação do disposto no artigo 25.º;

h) O não cumprimento do dever de obediência dos prestadores de meios de comunicação à distância previsto no n.º 1 do artigo 28.º;

i) O não cumprimento da injunção prevista no n.º 2 do artigo 32.º;

j) A não restituição de quantias debitadas ao titular de cartão electrónico dentro do prazo previsto no n.º 2 do artigo 41.º

Art. 36.º (Sanções acessórias)

Conjuntamente com as coimas, podem ser aplicadas ao responsável por qualquer das contra-ordenações previstas no artigo anterior as seguintes sanções acessórias em função da gravidade da infracção e da culpa do agente:

a) Apreensão e perda do objecto da infracção, incluindo o produto do benefício económico obtido pelo infractor através da sua prática;

1035

[93] DL 95/2006 Arts. 37.°-40.°   Tít. VI. Direito aplicável

b) Interdição do exercício da profissão ou da actividade a que a contra-ordenação respeita, por um período até três anos;

c) Inibição do exercício de cargos sociais e de funções de administração, direcção, chefia e fiscalização em pessoas colectivas que, nos termos do presente decreto-lei, sejam prestadoras de serviços financeiros, por um período até três anos;

d) Publicação da punição definitiva, a expensas do infractor, num jornal de larga difusão na localidade da sede ou do estabelecimento permanente do infractor ou, se este for uma pessoa singular, na da sua residência.

CAPÍTULO III. **Disposições processuais**

Art. 37.° (Competência das autoridades administrativas)

Sem prejuízo das competências específicas atribuídas por lei a outras entidades, a competência para o processamento das contra-ordenações previstas no presente título e para a aplicação das respectivas sanções é do Banco de Portugal, da Comissão do Mercado de Valores Mobiliários ou do Instituto de Seguros de Portugal, consoante o sector financeiro no âmbito do qual tenha sido praticada a infracção.

Art. 38.° (Competência judicial)

O tribunal competente para conhecer a impugnação judicial, a revisão e a execução das decisões proferidas em processo de contra-ordenação instaurado nos termos do presente título é o Tribunal de Pequena Instância Criminal de Lisboa.

TÍTULO VI. **DIREITO APLICÁVEL**

Art. 39.° (Direito subsidiário)

À informação pré-contratual e aos contratos de serviços financeiros prestados ou celebrados à distância são subsidiariamente aplicáveis, em tudo o que não estiver disposto no presente decreto-lei, os regimes legalmente previstos, designadamente nos seguintes diplomas:

a) Decreto-Lei n.° 7/2004, de 7 de Janeiro, relativo à prestação de serviços da sociedade da informação;

b) Código dos Valores Mobiliários, aprovado pelo Decreto-Lei n.° 486/99, de 13 de Novembro, e respectivas alterações, para os serviços financeiros nele regulados.

Art. 40.° (Aplicação imediata)

A escolha pelas partes da lei de um Estado não comunitário como lei aplicável ao contrato não priva o consumidor da protecção que lhe garantem as disposições do presente decreto-lei.

1036

Tít. VII. Disposições finais e transitórias   Arts. 41.°-44.° DL 95/2006 **[93]**

TÍTULO VII. DISPOSIÇOES FINAIS E TRANSITÓRIAS

Art. 41.° (Utilização fraudulenta de cartão electrónico)

1. Nos casos de utilização fraudulenta de um cartão de crédito ou de débito para realização de pagamentos no âmbito de um serviço financeiro à distância, o titular do mesmo pode solicitar à entidade emissora ou gestora do cartão electrónico a anulação das operações de pagamento efectuadas.

2. Cessa o direito previsto no número anterior com o decurso do prazo de 30 dias sobre o conhecimento pelo consumidor da utilização fraudulenta em causa, competindo o respectivo ónus da prova à entidade emissora ou gestora do cartão electrónico.

3. A restituição ao legítimo titular do cartão das quantias que lhe foram debitadas deve ser efectuada no prazo máximo de 60 dias após a apresentação do pedido de anulação, através de crédito em conta ou por qualquer outro meio adequado.

4. O dever de restituição previsto no número anterior não prejudica o direito de regresso da entidade emissora ou gestora do cartão electrónico contra os autores da fraude ou contra o prestador do serviço, quando se demonstre que este conhecia ou, face às circunstâncias da operação, deveria conhecer a natureza fraudulenta do pagamento.

Art. 42.° (Regime transitório)

As normas do presente decreto-lei são aplicáveis aos prestadores estabelecidos em Estados membros da União Europeia que prestem serviços financeiros a consumidores residentes em Portugal, enquanto o direito interno daqueles Estados membros não previr obrigações correspondentes às constantes da Directiva n.° 2002/65/CE, do Parlamento Europeu e do Conselho, de 23 de Setembro.

Art. 43.° (Aplicação no tempo)

O disposto no presente decreto-lei não se aplica aos contratos à distância de serviços financeiros celebrados com consumidores antes da sua entrada em vigor.

Art. 44.° (Entrada em vigor)

O presente decreto-lei entra em vigor 30 dias após a data da sua publicação.

PRÁTICAS COMERCIAIS
COM REDUÇÃO DE PREÇO

[94] DECRETO-LEI N.° 70/2007
de 26 de Março

Nos termos da alínea *a*) do n.° 1 do artigo 198.° da Constituição, o Governo decreta o seguinte:

Art. 1.° (Objecto)
O presente decreto-lei regula as práticas comerciais com redução de preço, com vista ao escoamento das existências, ao aumento do volume de vendas ou a promover o lançamento de um produto não comercializado anteriormente pelo agente económico.

Art. 2.° (Âmbito de aplicação)
O presente decreto-lei aplica-se:
a) Às vendas a retalho praticadas nos estabelecimentos comerciais;
b) À oferta de serviços, com as devidas adaptações.

Art. 3.° (Definições)
1. Para efeitos do presente decreto-lei, entende-se por práticas comerciais com redução de preço as seguintes modalidades de venda:
a) «Saldos» a venda de produtos praticada em fim de estação a um preço inferior ao anteriormente praticado no mesmo estabelecimento comercial, com o objectivo de promover o escoamento acelerado das existências, realizada em determinados períodos do ano;
b) «Promoções» a venda promovida a um preço inferior ou com condições mais vantajosas que as habituais, com vista a potenciar a venda de determinados produtos ou o lançamento de um produto não comercializado anteriormente pelo agente económico, bem como o desenvolvimento da actividade comercial, não realizadas em simultâneo com uma venda em saldos;
c) «Liquidação» a venda de produtos com um carácter excepcional que se destine ao escoamento acelerado com redução de preço da totalidade ou de parte das existências do estabelecimento, resultante da ocorrência de motivos que determinem a interrupção da venda ou da actividade no estabelecimento.
2. Só são permitidas as práticas comerciais com redução de preço nas modalidades referidas no número anterior.

Práticas comerciais com redução de preço   Arts. 4.°-6.° DL 70/2007 **[94]**

3. É proibida a utilização de expressões similares para anunciar vendas com redução de preços que se integrem nas definições constantes do n.° 1.

Art. 4.° (Anúncio de venda)

1. Na oferta para venda de produtos com redução de preço deve ser indicada de forma visível e inequívoca a modalidade de venda a realizar, bem como o tipo de produtos e as respectivas percentagens de redução.
2. No anúncio de venda com redução de preço deve constar a data do seu início e o período de duração.
3. É proibido anunciar como oferta de venda com redução de preço os produtos adquiridos após a data de início da venda com redução, mesmo que o seu preço venha a ser igual ao praticado durante o período de redução.
4. Os produtos anunciados com redução de preço devem estar separados dos restantes produtos à venda no estabelecimento comercial.

Art. 5.° (Preço de referência)

1. A redução de preço anunciada deve ser real, por referência ao preço anteriormente praticado para o mesmo produto ou por referência ao preço a praticar após o período de redução, quando se trate de um produto não comercializado anteriormente pelo agente económico.
2. Entende-se por preço anteriormente praticado, para efeitos do presente decreto-lei, o preço mais baixo efectivamente praticado para o respectivo produto no mesmo local de venda, durante um período continuado de 30 dias anteriores ao início do período de redução.
3. O preço a praticar na venda com redução de preço deve respeitar o disposto no regime jurídico da venda com prejuízo, aprovado pelo Decreto-Lei n.° 370/93, de 29 de Outubro.
4. Exceptuam-se do disposto no número anterior, a venda com redução de preço sob a forma de venda em saldos e as liquidações.
5. Incumbe ao comerciante a prova documental do preço anteriormente praticado.

Art. 6.° (Afixação de preços)

A afixação de preços das práticas comerciais abrangidas por este diploma obedece, sem prejuízo do disposto no Decreto-Lei n.° 138/90, de 26 de Abril, aos seguintes requisitos:

a) Os letreiros, etiquetas ou listas devem exibir, de forma bem visível, o novo preço e o preço anteriormente praticado ou, em substituição deste último, a percentagem de redução;

b) No caso de se tratar de um conjunto de produtos perfeitamente identificados, pode ser indicada, em substituição do novo preço, a percentagem de redução uniformemente aplicada ou um preço único para o conjunto referido, mantendo nos produtos que o compõem o seu preço inicial;

c) No caso de se tratar do lançamento de um produto não comercializado anteriormente pelo agente económico, deve constar o preço promocional e o preço efectivo a praticar findo o período promocional;

1039

[94] DL 70/2007 Arts. 7.º-10.º   Práticas comerciais com redução de preço

d) No caso de venda de produtos com condições promocionais deve constar especificamente o preço anterior e o preço promocional, o respectivo período de duração e, caso existam, os encargos inerentes às mesmas, à luz do disposto no Decreto-Lei n.º 359/91, de 21 de Setembro.

Art. 7.º (Obrigações do comerciante)

1. Quando esgotadas as existências de um produto determinado com indicação da sua espécie e marca, o comerciante é obrigado a anunciar o esgotamento das mesmas e a dar por terminada a respectiva operação de venda com redução de preço.

2. O comerciante é obrigado a aceitar todos os meios de pagamento habitualmente disponíveis, não podendo efectuar qualquer variação no preço aplicado ao produto em função do meio de pagamento utilizado.

Art. 8.º (Substituição do produto)

O comerciante pode, mediante acordo com o consumidor, proceder à substituição do produto adquirido, independentemente do motivo, desde que:

a) O estado de conservação do produto corresponda ao do momento em que o mesmo foi adquirido no estabelecimento pelo consumidor;

b) Seja apresentado o respectivo comprovativo da compra com indicação expressa da possibilidade de efectuar a substituição do produto;

c) Seja efectuada pelo menos nos primeiros cinco dias úteis a contar da data da sua aquisição e sem prejuízo da aplicação do regime jurídico das garantias dos bens de consumo, a que se refere o Decreto-Lei n.º 67/2003, de 8 de Abril.

Art. 9.º (Produtos com defeito)

1. A venda de produtos com defeito deve ser anunciada de forma inequívoca por meio de letreiros ou rótulos.

2. Os produtos com defeito devem estar expostos em local previsto para o efeito e destacados da venda dos restantes produtos.

3. Nos produtos com defeito deve ser colocada uma etiqueta que assinale de forma precisa o respectivo defeito.

4. A inobservância do disposto nos n.ºs 2 e 3 implica a obrigatoriedade de troca do produto por outro que preencha a mesma finalidade ou a devolução do respectivo valor, mediante a apresentação do respectivo comprovativo de compra.

Art. 10.º (Venda em saldos)

1. A venda em saldos só pode realizar-se nos períodos compreendidos entre 28 de Dezembro e 28 de Fevereiro e entre 15 de Julho e 15 de Setembro.

2. É proibida a venda em saldos de produtos expressamente adquiridos para esse efeito presumindo-se, em tal situação, os produtos adquiridos e recepcionados no estabelecimento comercial pela primeira vez ou no mês anterior ao período de redução.

3. Os produtos à venda em saldos não podem ter sido objecto, no decurso do mês anterior ao início do período, de redução de qualquer oferta de venda com redução de preço ou de condições mais vantajosas.

4. Na venda em saldos devem ser cumpridas as disposições constantes dos artigos 4.º a 9.º do presente decreto-lei.

1040

Práticas comerciais com redução de preço   **Arts. 11.º-14.º DL 70/2007** **[94]**

Art. 11.º (Promoções)

1. As promoções podem ocorrer em qualquer momento considerado oportuno pelo comerciante, desde que não se realizem em simultâneo com uma venda em saldos.

2. Nas promoções devem ser cumpridas as disposições constantes dos artigos 4.º a 9.º do presente decreto-lei.

Art. 12.º (Liquidação)

1. A venda de produtos em liquidação ocorre num dos seguintes casos:

a) Venda efectuada em cumprimento de uma decisão judicial;

b) Cessação total ou parcial da actividade comercial;

c) Mudança de ramo;

d) Trespasse ou cessão de exploração do estabelecimento comercial;

e) Realização de obras que inviabilizem a prática comercial no estabelecimento durante o período de execução das mesmas;

f) Danos provocados, no todo ou em parte, nas existências por motivo de força maior.

2. Na liquidação devem ser cumpridas as disposições constantes dos artigos 4.º a 9.º

Art. 13.º (Declaração da liquidação)

1. Sem prejuízo do disposto na alínea *a*) do artigo anterior, a venda sob a forma de liquidação fica sujeita a uma declaração emitida pelo comerciante dirigida à Direcção-Geral da Empresa ou à direcção regional da economia da localidade onde se situa o estabelecimento comercial.

2. A declaração referida no número anterior é remetida àquele organismo até 15 dias antes da data prevista para o início da liquidação, por carta registada com aviso de recepção, fax ou correio electrónico, da qual conste:

a) Identificação e domicílio do comerciante ou da sede do estabelecimento;

b) Número de identificação fiscal;

c) Factos que justificam a realização da liquidação;

d) Identificação dos produtos a vender;

e) Indicação da data de início e fim do período da liquidação, que não deve exceder 90 dias;

f) Número de inscrição no cadastro comercial.

3. A liquidação dos produtos deve processar-se no estabelecimento onde os mesmos são habitualmente comercializados.

4. Caso não seja possível processar a liquidação nos termos do número anterior, o comerciante comunica à Direcção-Geral da Empresa ou à direcção regional da economia da localidade onde se situa o estabelecimento comercial as razões que a impeçam.

Art. 14.º (Prazo para nova liquidação)

O mesmo comerciante não pode proceder a nova liquidação no mesmo estabelecimento antes de decorrido o prazo de dois anos sobre a realização da anterior, salvo nos casos previstos nas alíneas *a*) e *f*) do n.º 1 do artigo 12.º

1041

[94] DL 70/2007 Arts. 15.°-19.°   Práticas comerciais com redução de preço

Art. 15.° (Fiscalização e instrução dos processos)

A fiscalização do cumprimento do disposto no presente decreto-lei e a instrução dos processos de contra-ordenação são da competência da Autoridade de Segurança Alimentar e Económica.

Art. 16.° (Contra-ordenações)

1. Constituem contra-ordenações puníveis com as seguintes coimas:

a) De € 250 a € 3 700, a violação do disposto nos n.ᵒˢ 2 e 3 do artigo 3.° e nos artigos 4.° a 14.°, quando cometidas por pessoa singular;

b) De € 2 500 a € 30 000, a violação do disposto nos n.ᵒˢ 2 e 3 do artigo 3.° e nos artigos 4.° a 14.°, quando cometidas por pessoa colectiva.

2. A competência para aplicação das respectivas coimas cabe à Comissão de Aplicação de Coimas em Matéria Económica e de Publicidade (CACMEP).

Art. 17.° (Produto das coimas)

O produto das coimas aplicadas no âmbito do presente decreto-lei reverte em:

a) 60% para o Estado;
b) 30% para a Autoridade de Segurança Alimentar e Económica;
c) 10% para a CACMEP.

Art. 18.° (Norma revogatória)

É revogado o Decreto-Lei n.° 253/86, de 26 de Agosto, e o artigo 72.° do Decreto-Lei n.° 28/84, de 20 de Janeiro.

Art. 19.° (Entrada em vigor)

O presente decreto-lei entra em vigor 30 dias após a data da sua publicação.

1042

PRÁTICAS COMERCIAIS DESLEAIS

[95] DECRETO-LEI N.° 57/2008
de 26 de Março

Nos termos da alínea *a*) do n.° 1 do artigo 198.° da Constituição, o Governo decreta o seguinte:

CAPÍTULO I. Práticas comerciais desleais

Art. 1.° (Objecto)

O presente decreto-lei estabelece o regime jurídico aplicável às práticas comerciais desleais das empresas nas relações com os consumidores, ocorridas antes, durante ou após uma transacção comercial relativa a um bem ou serviço, transpondo para a ordem jurídica interna a Directiva n.° 2005/29/CE, do Parlamento Europeu e do Conselho, de 11 de Maio, relativa às práticas comerciais desleais das empresas nas relações com os consumidores no mercado interno, e que altera as Directivas n.°ˢ 84/450/CEE, do Conselho, de 10 de Setembro, 97/7/CE, do Parlamento Europeu e do Conselho, de 20 de Maio, 98/27/CE, do Parlamento Europeu e do Conselho, de 19 de Maio, e 2002/65/CE, do Parlamento Europeu e do Conselho, de 23 de Setembro, e o Regulamento (CE) n.° 2006/2004, do Parlamento Europeu e do Conselho, de 27 de Outubro.

Art. 2.° (Âmbito de aplicação)

1. O presente decreto-lei não prejudica a aplicação de disposições nacionais decorrentes de regras comunitárias que regulem aspectos específicos das práticas comerciais desleais, tais como requisitos de informação e regras relativas ao modo como as informações são apresentadas ao consumidor.

2. Sem prejuízo do disposto no artigo 14.°, o presente decreto-lei não afecta as disposições relativas à formação, validade ou efeitos dos contratos.

3. O regime do presente decreto-lei não prejudica a aplicação de regimes mais exigentes relativos à protecção da saúde e da segurança dos bens ou serviços, aos serviços financeiros ou a bens imóveis.

Art. 3.° (Definições)

Para efeitos do disposto no presente decreto-lei, entende-se por:

a) «Consumidor» qualquer pessoa singular que, nas práticas comerciais abrangidas pelo presente decreto-lei, actue com fins que não se incluam no âmbito da sua actividade comercial, industrial, artesanal ou profissional;

1043

[95] DL 57/2008 Art. 4.°

b) «Profissional» qualquer pessoa singular ou colectiva que, no que respeita às práticas comerciais abrangidas pelo presente decreto-lei, actue no âmbito da sua actividade comercial, industrial, artesanal ou profissional e quem actue em nome ou por conta desse profissional;

c) «Produto» qualquer bem ou serviço, incluindo bens imóveis, direitos e obrigações;

d) «Prática comercial da empresa nas relações com os consumidores, ou, abreviadamente, prática comercial» qualquer acção, omissão, conduta ou afirmação de um profissional, incluindo a publicidade e a promoção comercial, em relação directa com a promoção, a venda ou o fornecimento de um bem ou serviço ao consumidor;

e) «Distorcer substancialmente o comportamento económico dos consumidores» a realização de uma prática comercial que prejudique sensivelmente a aptidão do consumidor para tomar uma decisão esclarecida, conduzindo-o, por conseguinte, a tomar uma decisão de transacção que não teria tomado de outro modo;

f) «Código de conduta» o acordo ou conjunto de normas, não impostas por disposições legislativas, regulamentares ou administrativas, que define o comportamento de profissionais que se comprometem a ficar vinculados por este código no que diz respeito a uma ou várias práticas comerciais ou sectores de actividade específicos;

g) «Titular de um código» qualquer entidade, incluindo um profissional ou grupo de profissionais, responsável pela elaboração e a revisão de um código de conduta e ou o controlo do cumprimento deste código por aqueles que se comprometeram a ficar vinculados por ele;

h) «Diligência profissional» o padrão de competência especializada e de cuidado que se pode razoavelmente esperar de um profissional nas suas relações com os consumidores, avaliado de acordo com a prática honesta de mercado e ou com o princípio geral de boa fé no âmbito da actividade profissional;

i) «Convite a contratar» uma comunicação comercial que indica as características e o preço do produto de uma forma adequada aos meios utilizados pela comunicação comercial, permitindo assim que o consumidor efectue uma aquisição;

j) «Influência indevida» a utilização pelo profissional de uma posição de poder para pressionar o consumidor, mesmo sem recurso ou ameaça de recurso à força física, de forma que limita significativamente a capacidade de o consumidor tomar uma decisão esclarecida;

l) «Decisão de transacção» a decisão tomada por um consumidor sobre a questão de saber se, como e em que condições adquirir, pagar integral ou parcialmente, conservar ou alienar um produto ou exercer outro direito contratual em relação ao produto, independentemente de o consumidor decidir agir ou abster-se de agir;

m) «Profissão regulamentada» a actividade ou o conjunto de actividades profissionais cujo acesso, exercício ou modalidade de exercício se encontram directa ou indirectamente subordinados, por disposições legislativas, regulamentares ou administrativas, à posse de determinadas qualificações profissionais.

Art. 4.° (Proibição)

São proibidas as práticas comercias desleais.

1044

Cap. I.   Práticas comerciais desleais   **Arts. 5.º-7.º DL 57/2008 [95]**

Art. 5.º (Práticas comerciais desleais em geral)
1. É desleal qualquer prática comercial desconforme à diligência profissional, que distorça ou seja susceptível de distorcer de maneira substancial o comportamento económico do consumidor seu destinatário ou que afecte este relativamente a certo bem ou serviço.
2. O carácter leal ou desleal da prática comercial é aferido utilizando-se como referência o consumidor médio, ou o membro médio de um grupo, quando a prática comercial for destinada a um determinado grupo de consumidores.

Art. 6.º (Práticas comerciais desleais em especial)
São desleais em especial:
a) As práticas comerciais susceptíveis de distorcer substancialmente o comportamento económico de um único grupo, claramente identificável, de consumidores particularmente vulneráveis, em razão da sua doença mental ou física, idade ou credulidade, à prática comercial ou ao bem ou serviço subjacentes, se o profissional pudesse razoavelmente ter previsto que a sua conduta era susceptível de provocar essa distorção;
b) As práticas comerciais enganosas e as práticas comerciais agressivas referidas nos artigos 7.º, 9.º e 11.º;
c) As práticas comerciais enganosas e as práticas comerciais agressivas referidas, respectivamente, nos artigos 8.º e 12.º, consideradas como tal em qualquer circunstância.

Art. 7.º (Acções enganosas)
1. É enganosa a prática comercial que contenha informações falsas ou que, mesmo sendo factualmente correctas, por qualquer razão, nomeadamente a sua apresentação geral, induza ou seja susceptível de induzir em erro o consumidor em relação a um ou mais dos elementos a seguir enumerados e que, em ambos os casos, conduz ou é susceptível de conduzir o consumidor a tomar uma decisão de transacção que este não teria tomado de outro modo:
a) A existência ou a natureza do bem ou serviço;
b) As características principais do bem ou serviço, tais como a sua disponibilidade, as suas vantagens, os riscos que apresenta, a sua execução, a sua composição, os seus acessórios, a prestação de assistência pós-venda e o tratamento das reclamações, o modo e a data de fabrico ou de fornecimento, a entrega, a adequação ao fim a que se destina e as garantias de conformidade, as utilizações, a quantidade, as especificações, a origem geográfica ou comercial ou os resultados que podem ser esperados da sua utilização, ou os resultados e as características substanciais dos testes ou controlos efectuados ao bem ou serviço;
c) O conteúdo e a extensão dos compromissos assumidos pelo profissional, a motivação da prática comercial e a natureza do processo de venda, bem como a utilização de qualquer afirmação ou símbolo indicativos de que o profissional, o bem ou o serviço beneficiam, directa ou indirectamente, de patrocínio ou de apoio;
d) O preço, a forma de cálculo do preço ou a existência de uma vantagem específica relativamente ao preço;

1045

[95] DL 57/2008 Art. 8.º

Práticas comerciais desleais

e) A necessidade de prestação de um serviço, de uma peça, da substituição ou da reparação do bem;

f) A natureza, os atributos e os direitos do profissional ou do seu agente, como a sua identidade e o seu património, as suas qualificações, o preenchimento dos requisitos de acesso ao exercício da actividade, o seu estatuto, ou as suas relações, e os seus direitos de propriedade industrial, comercial ou intelectual, ou os prémios e distinções que tenha recebido;

g) Os direitos do consumidor, em particular os direitos de substituição, de reparação, de redução do preço ou de resolução do contrato nos termos do disposto no regime aplicável à conformidade dos bens de consumo, e os riscos a que o consumidor pode estar sujeito.

2. Atendendo a todas as características e circunstâncias do caso concreto, é enganosa a prática comercial que envolva:

a) Qualquer actividade de promoção comercial relativa a um bem ou serviço, incluindo a publicidade comparativa, que crie confusão com quaisquer bens ou serviços, marcas, designações comerciais e outros sinais distintivos de um concorrente;

b) O incumprimento pelo profissional de compromisso efectivo decorrente do código de conduta a que está vinculado no caso de ter informado, na prática comercial, de que se encontrava vinculado àquele código.

Art. 8.º (Acções consideradas enganosas em qualquer circunstância)

São consideradas enganosas, em qualquer circunstância, as seguintes práticas comerciais:

a) Afirmar ser signatário de um código de conduta, quando não o seja;

b) Exibir uma marca de certificação, uma marca de qualidade ou equivalente sem ter obtido a autorização necessária;

c) Afirmar que um código de conduta foi aprovado por um organismo público ou outra entidade quando tal não corresponda à verdade;

d) Afirmar que um profissional, incluindo as suas práticas comerciais, ou um bem ou serviço foram aprovados, reconhecidos ou autorizados por um organismo público ou privado quando tal não corresponde à verdade ou fazer tal afirmação sem respeitar os termos da aprovação, do reconhecimento ou da autorização;

e) Propor a aquisição de um bem ou serviço por um preço inferior àquele praticado no mercado por outros fornecedores ou prestadores de serviços sabendo ou não podendo desconhecer que não tem condições para o cumprir, não dispondo, ou não indicando quem disponha, nas mesmas condições e em igual grau de acessibilidade para o consumidor, de existências em quantidade suficiente, por um período de tempo compatível com a procura previsível face ao volume e meios de publicidade realizada ao bem ou serviço em causa, e o preço indicado;

f) Propor a aquisição de bens ou de serviços a um determinado preço e, com a intenção de promover um bem ou serviço diferente, recusar posteriormente o fornecimento aos consumidores do bem ou do serviço publicitado;

g) Recusar as encomendas relativas a este bem ou serviço ou a sua entrega ou o fornecimento num prazo razoável; ou

h) Apresentar amostra defeituosa ou demonstração insuficiente;

1046

Cap. I. Práticas comerciais desleais   Art. 8.° DL 57/2008 **[95]**

i) Declarar falsamente que o bem ou serviço está disponível apenas durante um período muito limitado ou que só está disponível em condições especiais por um período muito limitado a fim de obter uma decisão imediata e privar os consumidores da oportunidade ou do tempo suficientes para tomarem uma decisão esclarecida;

j) Comprometer-se a fornecer o serviço de assistência pós-venda numa língua, usada para comunicar antes da decisão negocial, que não seja uma das línguas oficiais do Estado membro em que o profissional se encontra estabelecido e posteriormente assegurar este serviço apenas em língua diversa, quando o profissional não anunciou de forma clara esta alteração ao consumidor antes de este se ter vinculado;

l) Declarar que a compra ou venda de um bem ou a prestação de um serviço é lícita ou transmitir essa impressão quando tal não corresponda à verdade;

m) Apresentar como característica distintiva da oferta do profissional direitos do consumidor previstos na lei;

n) Utilizar um conteúdo editado nos meios de comunicação social para promover um bem ou serviço tendo sido o próprio profissional a financiar essa promoção quando tal não for indicado claramente no conteúdo ou resultar de imagens ou sons que o consumidor possa identificar com clareza;

o) Fazer afirmações substancialmente inexactas relativas à natureza e à amplitude do risco para a segurança pessoal do consumidor ou da sua família se o consumidor não adquirir o bem ou assentir na prestação do serviço;

p) Promover um bem ou serviço análogo ao produzido ou oferecido por um fabricante específico de maneira a levar deliberadamente o consumidor a pensar que, embora não seja esse o caso, o bem ou serviço provêm desse mesmo fabricante;

q) Sem prejuízo do disposto nos Decretos-Leis n.ºs 240/2006, de 22 de Dezembro, 172/2007, de 8 de Maio, e 81/2006, de 20 de Abril, fazer o arredondamento em alta do preço, da duração temporal ou de outro factor, directa ou indirectamente, relacionado com o fornecimento do bem ou com a prestação do serviço que não tenha uma correspondência exacta e directa no gasto ou utilização efectivos realizados pelo consumidor e que conduza ao aumento do preço a pagar por este;

r) Criar, explorar ou promover um sistema de promoção em pirâmide em que o consumidor dá a sua própria contribuição em troca da possibilidade de receber uma contrapartida que decorra essencialmente da entrada de outros consumidores no sistema;

s) Alegar que o profissional está prestes a cessar a sua actividade ou a mudar de instalações quando tal não corresponde à verdade;

t) Alegar que o bem ou serviço pode aumentar as possibilidades de ganhar nos jogos de fortuna ou azar;

u) Alegar falsamente que o bem ou serviço é capaz de curar doenças, disfunções e malformações;

v) Transmitir informações inexactas sobre as condições de mercado ou sobre a possibilidade de encontrar o bem ou serviço com a intenção de induzir o consumidor a adquirir o bem ou a contratar a prestação do serviço em condições menos favoráveis do que as condições normais de mercado;

x) Declarar que se organiza um concurso ou uma promoção com prémio sem entregar os prémios descritos ou um equivalente razoável;

1047

[95] DL 57/2008 Art. 9.°

Práticas comerciais desleais

z) Descrever o bem ou serviço como «grátis», «gratuito», «sem encargos» ou equivalente se o consumidor tiver de pagar mais do que o custo indispensável para responder à prática comercial e para ir buscar o bem ou pagar pela sua entrega;

aa) Incluir no material de promoção comercial factura ou documento equiparado solicitando o pagamento, dando ao consumidor a impressão de já ter encomendado o bem ou serviço comercializado, quando tal não aconteceu;

ab) Alegar falsamente ou dar a impressão de que o profissional não está a agir para fins relacionados com a sua actividade comercial, industrial, artesanal ou profissional ou apresentar-se falsamente como consumidor;

ac) Dar a impressão falsa de que o serviço pós-venda relativo ao bem ou serviço está disponível em Estado membro distinto daquele em que o bem ou serviço é vendido.

Art. 9.° (Omissões enganosas)

1. Tendo em conta todas as suas características e circunstâncias e as limitações do meio de comunicação, é enganosa, e portanto conduz ou é susceptível de conduzir o consumidor a tomar uma decisão de transacção que não teria tomado de outro modo, a prática comercial:

a) Que omite uma informação com requisitos substanciais para uma decisão negocial esclarecida do consumidor;

b) Em que o profissional oculte ou apresente de modo pouco claro, ininteligível ou tardio a informação referida na alínea anterior;

c) Em que o profissional não refere a intenção comercial da prática, se tal não se puder depreender do contexto.

2. Quando o meio de comunicação utilizado para a prática comercial impuser limitações de espaço ou de tempo, essas limitações e quaisquer medidas tomadas pelo profissional para disponibilizar a informação aos consumidores por outros meios devem ser tomadas em conta para decidir se foi omitida informação.

3. São considerados substanciais os requisitos de informação exigidos para as comunicações comerciais na legislação nacional decorrentes de regras comunitárias.

4. Para efeitos do número anterior, consideram-se, nomeadamente, os seguintes diplomas:

a) Decreto-Lei n.° 138/90, de 26 de Abril, que aprova o regime jurídico relativo à obrigação de exibição dos preços dos bens ou serviços;

b) Decreto-Lei n.° 359/91, de 21 de Setembro, que aprova o regime jurídico do crédito ao consumo;

c) Decreto-Lei n.° 275/93, de 5 de Agosto, que aprova o regime jurídico relativo ao direito real de habitação periódica sobre as unidades de alojamento integradas em hotéis-apartamentos, aldeamentos turísticos e apartamentos turísticos;

d) Decreto-Lei n.° 94-B/95, de 17 de Abril, que aprova o regime jurídico das condições de acesso e de exercício da actividade seguradora e resseguradora no território da Comunidade Europeia;

e) Decreto-Lei n.° 209/97, de 13 de Agosto, que aprova o regime jurídico do acesso e o exercício da actividade das agências de viagens e turismo;

f) Decreto-Lei n.° 486/99, de 13 de Novembro, que aprova o Código dos Valores Mobiliários;

Cap. I.   Práticas comerciais desleais   **Arts. 10.º-11.º DL 57/2008 [95]**

g) Decreto-Lei n.º 143/2001, de 26 de Abril, que aprova o regime jurídico das vendas à distância;

h) Decreto-Lei n.º 252/2003, de 17 de Outubro, que aprova o regime jurídico das sociedades de gestão e prospectos simplificados no âmbito de investimento colectivo em valores mobiliários;

i) Decreto-Lei n.º 7/2004, de 7 de Janeiro, que aprova o regime jurídico do comércio electrónico;

j) Decreto-Lei n.º 52/2006, de 15 de Março, que aprova o regime jurídico relativa ao abuso de informação privilegiada e à manipulação de mercado da publicação e admissão à negociação do prospecto de oferta pública de valores mobiliários;

l) Decreto-Lei n.º 95/2006, de 29 de Maio, que aprova o regime jurídico da comercialização à distância dos serviços financeiros prestados ao consumidor;

m) Decreto-Lei n.º 144/2006, de 31 de Julho, que aprova o regime jurídico da mediação de seguros;

n) Decreto-Lei n.º 176/2006, de 30 de Agosto, que aprova o regime jurídico relativo aos medicamentos para uso humano; e

o) Decreto-Lei n.º 357-A/2007, de 31 de Outubro, que transpõe para a ordem jurídica interna a Directiva n.º 2004/39/CE, do Parlamento Europeu e do Conselho, de 21 de Abril, relativa aos mercados de instrumentos financeiros.

Art. 10.º (Proposta contratual ou convite a contratar)

No caso de proposta contratual ou de convite a contratar, são consideradas substanciais para efeitos do artigo anterior, se não se puderem depreender do contexto, as informações seguintes:

a) As características principais do bem ou serviço, na medida adequada ao meio e ao bem ou serviço;

b) O endereço geográfico, a identidade do profissional e a sua designação comercial e, se for caso disso, o endereço geográfico, a identidade e a designação comercial do profissional por conta de quem actua;

c) O preço, incluindo impostos e taxas, ou quando, devido à natureza do bem ou serviço, o preço não puder ser razoavelmente calculado de forma antecipada, o modo como o preço é calculado, bem como, se for caso disso, todos os custos suplementares de transporte, de expedição, de entrega e de serviços postais ou, quando estas despesas não puderem ser razoavelmente calculadas de forma antecipada, a indicação de que esses custos suplementares ficam a cargo do consumidor;

d) As modalidades de pagamento, de expedição ou de execução e o mecanismo de tratamento das reclamações, na medida em que se afastem das obrigações de diligência profissional;

e) A existência dos direitos de resolução ou de anulação, qualquer que seja a denominação utilizada, sempre que resultem da lei ou de contrato.

Art. 11.º (Práticas comerciais agressivas)

1. É agressiva a prática comercial que, devido a assédio, coacção ou influência indevida, limite ou seja susceptível de limitar significativamente a liberdade de escolha ou o comportamento do consumidor em relação a um bem ou serviço e, por

1049

[95] DL 57/2008 Art. 12.°   Práticas comerciais desleais

conseguinte, conduz ou é susceptível de conduzir o consumidor a tomar uma decisão de transacção que não teria tomado de outro modo.

2. Para efeito do disposto no número anterior, atende-se ao caso concreto e a todas as suas características e circunstâncias, devendo ser considerados os seguintes aspectos:

a) Momento, local, natureza e persistência da prática comercial;

b) Recurso a linguagem ou comportamento ameaçadores ou injuriosos;

c) Aproveitamento consciente pelo profissional de qualquer infortúnio ou circunstância específica que pela sua gravidade prejudique a capacidade de decisão do consumidor, com o objectivo de influenciar a decisão deste em relação ao bem ou serviço;

d) Qualquer entrave não contratual oneroso ou desproporcionado imposto pelo profissional, quando o consumidor pretenda exercer os seus direitos contratuais, incluindo a resolução do contrato, a troca do bem ou serviço ou a mudança de profissional;

e) Qualquer ameaça de exercício de uma acção judicial que não seja legalmente possível.

Art. 12.° (Práticas comerciais consideradas agressivas em qualquer circunstância)

São consideradas agressivas, em qualquer circunstância, as seguintes práticas comerciais:

a) Criar a impressão de que o consumidor não pode deixar o estabelecimento sem que antes tenha sido celebrado um contrato;

b) Contactar o consumidor através de visitas ao seu domicílio, ignorando o pedido daquele para que o profissional parta ou não volte, excepto em circunstâncias e na medida em que tal se justifique para o cumprimento de obrigação contratual;

c) Fazer solicitações persistentes e não solicitadas, por telefone, fax, e-mail ou qualquer outro meio de comunicação à distância, excepto em circunstâncias e na medida em que tal se justifique para o cumprimento de obrigação contratual;

d) Obrigar o consumidor, que pretenda solicitar indemnização ao abrigo de uma apólice de seguro, a apresentar documentos que, de acordo com os critérios de razoabilidade, não possam ser considerados relevantes para estabelecer a validade do pedido, ou deixar sistematicamente sem resposta a correspondência pertinente, com o objectivo de dissuadir o consumidor do exercício dos seus direitos contratuais;

e) Incluir em anúncio publicitário uma exortação directa às crianças no sentido de comprarem ou convencerem os pais ou outros adultos a comprar-lhes os bens ou serviços anunciados;

f) Exigir o pagamento imediato ou diferido de bens e serviços ou a devolução ou a guarda de bens fornecidos pelo profissional que o consumidor não tenha solicitado, sem prejuízo do disposto no regime dos contratos celebrados à distância acerca da possibilidade de fornecer o bem ou o serviço de qualidade e preço equivalentes;

g) Informar explicitamente o consumidor de que a sua recusa em comprar o bem ou contratar a prestação do serviço põe em perigo o emprego ou a subsistência do profissional;

1050

Cap. II.   Códigos de conduta   **Arts. 13.º-17.º DL 57/2008 [95]**

h) Transmitir a impressão falsa de que o consumidor já ganhou, vai ganhar ou, mediante a prática de um determinado acto, ganha um prémio ou outra vantagem quando não existe qualquer prémio ou vantagem ou quando a prática de actos para reclamar o prémio ou a vantagem implica, para o consumidor, pagar um montante em dinheiro ou incorrer num custo.

Art. 13.º (Envio de bens ou serviços não solicitados)

1. No caso de envio de bens ou serviços não encomendados ou solicitados, que não constitua o cumprimento de qualquer contrato válido, o destinatário desses bens ou serviços não fica obrigado à sua devolução ou pagamento, podendo conservá-los a título gratuito.

2. A ausência de resposta do destinatário, nos termos do número anterior, não vale como consentimento.

3. Se, não obstante o disposto nos números anteriores, o destinatário efectuar a devolução do bem, tem direito a ser reembolsado das despesas desta decorrentes no prazo de 30 dias a contar da data em que a tenha efectuado.

Art. 14.º (Invalidade dos contratos)

1. Os contratos celebrados sob a influência de alguma prática comercial desleal são anuláveis a pedido do consumidor, nos termos do artigo 287.º do Código Civil.

2. Em vez da anulação, pode o consumidor requerer a modificação do contrato segundo juízos de equidade.

3. Se a invalidade afectar apenas uma ou mais cláusulas do contrato, pode o consumidor optar pela manutenção deste, reduzido ao seu conteúdo válido.

Art. 15.º (Responsabilidade civil)

O consumidor lesado por efeito de alguma prática comercial desleal proibida nos termos do presente decreto-lei é ressarcido nos termos gerais.

Art. 16.º (Direito de acção)

Qualquer pessoa, incluindo os concorrentes que tenham interesse legítimo em opor-se a práticas comerciais desleais proibidas nos termos do presente decreto-lei, pode intentar a acção inibitória prevista na Lei n.º 24/96, de 31 de Julho, com vista a prevenir, corrigir ou fazer cessar tais práticas.

CAPÍTULO II.   **Códigos de conduta**

Art. 17.º (Controlo por titulares de códigos de conduta)

1. Os titulares de códigos de conduta que assegurem uma protecção do consumidor superior à prevista no presente decreto-lei podem controlar as práticas comerciais desleais neste identificadas.

2. O recurso ao controlo pelos titulares dos códigos não implica nunca a renúncia à acção judicial ou ao controlo administrativo.

1051

[95] DL 57/2008 Arts. 18.°-20.°   Práticas comerciais desleais

Art. 18.° (Código de conduta ilegal)

O titular de um código de conduta de cujo teor decorra o não cumprimento das disposições do presente decreto-lei está sujeito ao disposto nos artigos 15.°, 16.°, 20.° e 21.°

CAPÍTULO III. Regime sancionatório

Art. 19.° (Autoridades administrativas competentes)

1. A autoridade administrativa competente para ordenar as medidas previstas no artigo seguinte é a Autoridade de Segurança Alimentar e Económica (ASAE) ou a entidade reguladora do sector no qual ocorra a prática comercial desleal.

2. O Banco de Portugal, a Comissão do Mercado de Valores Mobiliários e o Instituto de Seguros de Portugal são considerados autoridades administrativas competentes para a aplicação do disposto neste artigo às práticas comerciais desleais que ocorram no âmbito dos respectivos sectores financeiros.

3. Tratando-se de uma prática comercial desleal em matéria de publicidade, a autoridade administrativa competente para aplicar as medidas previstas no artigo seguinte é a Direcção-Geral do Consumidor (DGC), que pode solicitar a intervenção da ASAE para a efectiva execução da sua acção.

4. As autoridades e serviços competentes têm o dever de cooperar com as autoridades administrativas referidas nos números anteriores em tudo o que for necessário para o desempenho das funções resultantes da aplicação do presente decreto-lei.

5. Os profissionais devem prestar às autoridades administrativas competentes toda a cooperação necessária ao desempenho das suas funções.

Art. 20.° (Determinação das medidas cautelares)

1. Sem prejuízo do disposto no artigo 16.°, qualquer pessoa, incluindo os profissionais concorrentes, que detenha um interesse legítimo em opor-se às práticas comerciais desleais proibidas nos termos do presente decreto-lei pode submeter a questão, por qualquer meio ao seu dispor, à autoridade administrativa competente.

2. A autoridade administrativa pode ordenar medidas cautelares de cessação temporária da prática comercial desleal ou determinar a proibição prévia de uma prática comercial desleal iminente independentemente de culpa ou da prova da ocorrência de um prejuízo real.

3. A aplicação das medidas cautelares, a que se refere o número anterior, está sujeita a um juízo prévio de previsibilidade da existência dos pressupostos da ocorrência de uma prática comercial desleal.

4. A adopção das medidas cautelares, a que se refere o n.° 2, deve, sempre que possível, ser precedida da audição do profissional, o qual dispõe, para o efeito, de três dias úteis após ter sido notificado por qualquer meio pela autoridade administrativa competente.

5. Não há lugar à audição prevista no número anterior quando:

a) A decisão seja urgente;

1052

Cap. III.   Regime sancionatório   **Arts. 21.º-22.º DL 57/2008 [95]**

b) Seja razoavelmente de prever que a diligência possa comprometer a execução ou a utilidade da decisão;

c) O número de interessados a ouvir seja de tal forma elevado que a audiência se torne impraticável, devendo nesse caso proceder-se a consulta pública, quando possível, pela forma mais adequada.

6. A medida ordenada nos termos do n.º 2 extingue-se no termo do prazo nesta estipulado, caso seja anterior à decisão final proferida pela autoridade administrativa competente no âmbito do respectivo processo de contra-ordenação, ou pelo tribunal competente em sede de recurso.

7. Da medida adoptada pela autoridade administrativa cabe sempre recurso para o tribunal judicial da área onde ocorreu a prática comercial desleal.

Art. 21.º (Contra-ordenações)

1. A violação do disposto nos artigos 4.º a 12.º constitui contra-ordenação punível com coima de € 250 a € 3 740,98, se o infractor for pessoa singular, e de € 3 000 a € 44 891,81, se o infractor for pessoa colectiva.

2. São, ainda, aplicáveis, em função da gravidade da infracção e da culpa do agente, as seguintes sanções acessórias:

a) Perda de objectos pertencentes ao agente;

b) Interdição do exercício de profissões ou actividades cujo exercício dependa de título público ou de autorização ou homologação de autoridade pública;

c) Encerramento de estabelecimento cujo funcionamento esteja sujeito a autorização ou licença de autoridade administrativa;

d) Publicidade da aplicação das coimas e das sanções acessórias, a expensas do infractor.

3. As sanções referidas nas alíneas *a*) a *c*) do número anterior têm a duração máxima de dois anos contados a partir da decisão condenatória final.

4. A negligência é sempre punível, sendo os limites máximos e mínimos das coimas reduzidos a metade.

5. A fiscalização do cumprimento do disposto no presente decreto-lei, bem como a instrução dos respectivos processos de contra-ordenação, compete à ASAE ou à autoridade administrativa competente em razão da matéria, conforme o disposto no artigo 19.º

6. A aplicação das coimas compete à entidade prevista no respectivo regime regulador sectorial ou, caso não exista, à Comissão de Aplicação das Coimas em Matéria Económica e de Publicidade (CACMEP).

7. O montante das coimas aplicadas é distribuído nos termos previstos no respectivo regime regulador sectorial ou, caso não exista, da seguinte forma:

a) 60% para o Estado;

b) 30% para a entidade que realiza a instrução;

c) 10% para a entidade prevista no respectivo regime regulador sectorial ou, caso não exista, para a CACMEP.

Art. 22.º (Prova)

1. Os tribunais e as autoridades administrativas competentes podem exigir aos profissionais provas de exactidão material dos dados de facto contidos nas prá-

1053

[95] DL 57/2008 Arts. 23.°-28.° — Práticas comerciais desleais

ticas comerciais reguladas no presente decreto-lei se, atendendo aos interesses legítimos do profissional e de qualquer outra parte no processo, tal exigência for adequada às circunstâncias do caso.

2. Os dados consideram-se inexactos se as provas exigidas nos termos do número anterior não forem apresentadas ou se forem consideradas insuficientes pelo tribunal ou pela autoridade administrativa.

CAPÍTULO IV. Disposições finais

Art. 23.° (Alteração ao Código da Publicidade)

Os artigos 11.° e 16.° do Código da Publicidade, aprovado pelo Decreto-Lei n.° 330/90, de 23 de Outubro, passam a ter a seguinte redacção:

Nota. As alterações foram introduzidas nos lugares próprios.

Art. 24.° (Aditamento ao Código da Publicidade)

São aditados ao Código da Publicidade, aprovado pelo Decreto-Lei n.° 330/ /90, de 23 de Outubro, os artigos 42.° e 43.°, com a seguinte redacção:

Nota. Os aditamentos foram feitos nos lugares próprios.

Art. 25.° (Avaliação da execução do decreto-lei)

No final do 3.° ano a contar da data da entrada em vigor do presente decreto--lei e bianualmente nos anos subsequentes, a DGC, com base nos dados fornecidos pela ASAE e pelas restantes autoridades administrativas competentes bem como naqueles decorrentes da sua actividade, elabora e apresenta um relatório de avaliação sobre a aplicação e execução do mesmo, devendo remetê-lo ao membro do Governo que tutela a política de defesa do consumidor.

Art. 26.° (Regiões Autónomas)

O disposto no presente decreto-lei aplica-se às Regiões Autónomas dos Açores e da Madeira, sem prejuízo de as competências cometidas a serviços ou organismos da Administração do Estado serem exercidas pelos correspondentes serviços e organismos das administrações regionais com idênticas atribuições e competências.

Art. 27.° (Norma revogatória)

São revogados:

a) Os n.ºˢ 4 e 5 do artigo 11.° e o artigo 22.°-B do Código da Publicidade, aprovado pelo Decreto-Lei n.° 330/90, de 23 de Outubro;

b) Os artigos 26.°, 27.°, 28.° e 29.° do Decreto-Lei n.° 143/2001, de 26 de Abril.

Art. 28.° (Entrada em vigor)

O presente decreto-lei entra em vigor no 1.° dia útil do mês seguinte ao da sua publicação.

CONTRATOS DE CRÉDITO AO CONSUMO

[96] DECRETO-LEI N.º 133/2009
de 2 de Junho

Nos termos da alínea *a*) do n.º 1 do artigo 198.º da Constituição o Governo decreta o seguinte:

CAPÍTULO I. Objecto, âmbito de aplicação e definições

Art. 1.º (Objecto e âmbito)

1. O presente decreto-lei procede à transposição para a ordem jurídica interna da Directiva n.º 2008/48/CE, do Parlamento Europeu e do Conselho, de 23 de Abril, relativa a contratos de crédito aos consumidores.

2. O presente decreto-lei aplica-se aos contratos de crédito a consumidores, sem prejuízo das exclusões previstas nos artigos 2.º e 3.º

Art. 2.º (Operações excluídas)

1. O presente decreto-lei não é aplicável aos:

a) Contratos de crédito garantidos por hipoteca sobre coisa imóvel ou por outro direito sobre coisa imóvel;

b) Contratos de crédito cuja finalidade seja a de financiar a aquisição ou a manutenção de direitos de propriedade sobre terrenos ou edifícios existentes ou projectados;

c) Contratos de crédito cujo montante total de crédito seja inferior a € 200 ou superior a € 75 000;

d) Contratos de locação de bens móveis de consumo duradouro que não prevejam o direito ou a obrigação de compra da coisa locada, seja no próprio contrato, seja em contrato separado;

e) Contratos de crédito sob a forma de facilidades de descoberto que estabeleçam a obrigação de reembolso do crédito no prazo de um mês;

f) Contratos de crédito em que o crédito seja concedido sem juros e outros encargos;

g) Contratos de crédito em que o crédito deva ser reembolsado no prazo de três meses e pelo qual seja devido o pagamento de encargos insignificantes, com excepção dos casos em que o credor seja uma instituição de crédito ou uma sociedade financeira;

1055

[96] DL 133/2009 Art. 3.º

Contratos de crédito ao consumo

h) Contratos de crédito cujo crédito é concedido por um empregador aos seus empregados, a título subsidiário, sem juros ou com TAEG inferior às taxas praticadas no mercado, e que não sejam propostos ao público em geral;

i) Contratos de crédito celebrados com empresas de investimento, tal como definidas no n.º 1 do artigo 4.º da Directiva n.º 2004/39/CE, do Parlamento Europeu e do Conselho, de 21 de Abril, relativa aos mercados de instrumentos financeiros, ou com instituições de crédito, tal como definidas no artigo 4.º da Directiva n.º 2006/48/CE, do Parlamento Europeu e do Conselho, de 14 de Junho, que tenham por objecto autorizar um investidor a realizar uma transacção que incida sobre um ou mais dos instrumentos especificados na secção C do anexo i da Directiva n.º 2004/39/CE, sempre que a empresa de investimento ou a instituição de crédito que concede o crédito intervenha nessa transacção;

j) Contratos de crédito que resultem de transacção em tribunal ou perante outra autoridade pública;

l) Contratos de crédito que se limitem a estabelecer o pagamento diferido de uma dívida preexistente, sem quaisquer encargos;

m) Contratos de crédito exclusivamente garantidos por penhor constituído pelo consumidor;

n) Contratos que digam respeito a empréstimos concedidos a um público restrito, ao abrigo de disposição legal de interesse geral, com taxas de juro inferiores às praticadas no mercado ou sem juros ou noutras condições mais favoráveis para os consumidores do que as praticadas no mercado e com taxas de juro não superiores às praticadas no mercado.

2. No caso de contratos de crédito na modalidade de facilidade de descoberto que estabeleçam a obrigação de reembolso do crédito a pedido ou no prazo de três meses, são aplicáveis apenas os artigos 1.º a 4.º, o n.º 1 do artigo 5.º, o n.º 4 do artigo 5.º, as alíneas *a*) a *c*) do n.º 5 do artigo 5.º, o n.º 9 do artigo 6.º, os artigos 8.º a 11.º, o n.º 1 do artigo 12.º, o n.º 5 do artigo 12.º, os artigos 15.º, 18.º, 21.º e os artigos 24.º e seguintes.

3. No caso de contratos de crédito na modalidade de ultrapassagem de crédito, apenas são aplicáveis os artigos 1.º a 4.º, o artigo 23.º e os artigos 26.º e seguintes.

Art. 3.º (Outras exclusões)

Salvo nos casos abrangidos pelo n.º 3 do artigo anterior, só se aplicam os artigos 1.º a 5.º, as alíneas *a*) a *h*) do n.º 3 do artigo 6.º, o n.º 9 do artigo 6.º, os artigos 8.º, 9.º, 11.º, o n.º 1 do artigo 12.º, as alíneas *d*) e *j*) do n.º 2 do artigo 12.º, os artigos 14.º, 16.º, 19.º e 23.º e seguintes aos contratos de crédito em que o credor e o consumidor acordem em cláusulas relativas ao pagamento diferido ou ao modo de reembolso pelo consumidor que esteja em situação de incumprimento quanto a obrigações decorrentes do contrato de crédito inicial, desde que:

a) Essas cláusulas sejam susceptíveis de evitar a acção judicial por incumprimento; e

b) O consumidor não fique sujeito a condições menos favoráveis do que as do contrato de crédito inicial.

Cap. I.   Objecto, âmbito de aplicação e definições   **Art. 4.° DL 133/2009** $[96]$

Art. 4.° (Definições)
  1. Para efeitos da aplicação do presente decreto-lei, entende-se por:
  a) «Consumidor» a pessoa singular que, nos negócios jurídicos abrangidos pelo presente decreto-lei, actua com objectivos alheios à sua actividade comercial ou profissional;
  b) «Credor» a pessoa, singular ou colectiva, que concede ou que promete conceder um crédito no exercício da sua actividade comercial ou profissional;
  c) «Contrato de crédito» o contrato pelo qual um credor concede ou promete conceder a um consumidor um crédito sob a forma de diferimento de pagamento, mútuo, utilização de cartão de crédito, ou qualquer outro acordo de financiamento semelhante;
  d) «Facilidade de descoberto» o contrato expresso pelo qual um credor permite a um consumidor dispor de fundos que excedem o saldo da sua conta corrente;
  e) «Ultrapassagem de crédito» descoberto aceite tacitamente pelo credor permitindo a um consumidor dispor de fundos que excedem o saldo da sua conta corrente ou da facilidade de descoberto acordada;
  f) «Mediador de crédito» a pessoa, singular ou colectiva, que não actue na qualidade de credor e que, no exercício da sua actividade comercial ou profissional e contra remuneração pecuniária ou outra vantagem económica acordada:
      i) Apresenta ou propõe contratos de crédito a consumidores;
      ii) Presta assistência a consumidores relativa a actos preparatórios de contratos de crédito diferentes dos referidos na subalínea anterior; ou
      iii) Celebra contratos de crédito com consumidores em nome do credor;
  g) «Custo total do crédito para o consumidor» todos os custos, incluindo juros, comissões, despesas, impostos e encargos de qualquer natureza ligados ao contrato de crédito que o consumidor deve pagar e que são conhecidos do credor, com excepção dos custos notariais. Os custos decorrentes de serviços acessórios relativos ao contrato de crédito, em especial os prémios de seguro, são igualmente incluídos se, além disso, esses serviços forem necessários para a obtenção de todo e qualquer crédito ou para a obtenção do crédito nos termos e nas condições de mercado;
  h) «Montante total imputado ao consumidor», a soma do montante total do crédito e do custo total do crédito para o consumidor;
  i) «TAEG – taxa anual de encargos efectiva global» o custo total do crédito para o consumidor expresso em percentagem anual do montante total do crédito, acrescido, se for o caso, dos custos previstos no n.° 4 do artigo 24.°;
  j) «TAN – taxa nominal» a taxa de juro expressa numa percentagem fixa ou variável aplicada numa base anual ao montante do crédito utilizado;
  l) «Taxa nominal fixa» a taxa de juro expressa como uma percentagem fixa acordada entre o credor e o consumidor para toda a duração do contrato de crédito ou as diferentes taxas de juro fixas acordadas para os períodos parciais respectivos, se estas não forem todas determinadas no contrato de crédito, considera-se que cada taxa de juro fixa vigora apenas no período parcial para o qual tal taxa foi definida;
  m) «Montante total do crédito» o limite máximo ou total dos montantes disponibilizados pelo contrato de crédito;

1057

[96] DL 133/2009 Art. 5.º   Contratos de crédito ao consumo

n) «Suporte duradouro» qualquer instrumento que permita ao consumidor armazenar informações que lhe sejam pessoalmente dirigidas, de modo que, no futuro, possa ter acesso fácil às mesmas durante um período de tempo adequado aos fins a que as informações se destinam e que permita a reprodução inalterada das informações armazenadas;

o) «Contrato de crédito coligado» considera-se que o contrato de crédito está coligado a um contrato de compra e venda ou de prestação de serviços específico, se:

i) O crédito concedido servir exclusivamente para financiar o pagamento do preço do contrato de fornecimento de bens ou de prestação de serviços específicos; e

ii) Ambos os contratos constituírem objectivamente uma unidade económica, designadamente se o crédito ao consumidor for financiado pelo fornecedor ou pelo prestador de serviços ou, no caso de financiamento por terceiro, se o credor recorrer ao fornecedor ou ao prestador de serviços para preparar ou celebrar o contrato de crédito ou se o bem ou o serviço específico estiverem expressamente previstos no contrato de crédito.

2. Não é considerado contrato de crédito o contrato de prestação continuada de serviços ou de fornecimento de bens de um mesmo tipo em que o consumidor tenha o direito de efectuar o pagamento dos serviços ou dos bens à medida que são fornecidos.

CAPÍTULO II.   **Informação e práticas anteriores à celebração do contrato de crédito**

Art. 5.º (Publicidade)

1. Sem prejuízo das normas aplicáveis à actividade publicitária em geral e do disposto no Decreto-Lei n.º 57/2008, de 26 de Março, que transpõe para a ordem jurídica interna a Directiva n.º 2005/29/CE, do Parlamento Europeu e do Conselho, de 11 de Maio, relativa às práticas comerciais desleais das empresas nas relações com os consumidores no mercado interno, a publicidade ou qualquer comunicação comercial em que um credor se proponha conceder crédito ou se sirva de um mediador de crédito para a celebração de contratos de crédito deve indicar a TAEG para cada modalidade de crédito, mesmo que este seja apresentado como gratuito, sem juros ou utilize expressões equivalentes.

2. Se, em função das condições concretas do crédito, houver lugar à aplicação de diferentes TAEG, todas devem ser indicadas.

3. A indicação da TAEG que, pelo seu tratamento gráfico ou áudio-visual, não seja, em termos objectivos, legível ou perceptível pelo consumidor, não cumpre o disposto nos números anteriores.

4. A publicidade a operações de crédito reguladas pelo presente decreto-lei em que se indique uma taxa de juro ou outros valores relativos ao custo do crédito para o consumidor deve incluir informações normalizadas nos termos do presente artigo.

5. As informações normalizadas devem especificar, de modo claro, conciso, legível e destacado, por meio de exemplo representativo:

1058

Cap. II. Inform. e práticas anter. à celeb. do cont. de crédito **Art. 6.º DL 133/2009 [96]**

a) A taxa nominal, fixa ou variável ou ambas, juntamente com a indicação de quaisquer encargos aplicáveis incluídos no custo total do crédito para o consumidor;
b) O montante total do crédito;
c) A TAEG;
d) A duração do contrato de crédito, se for o caso;
e) O preço a pronto e o montante do eventual sinal, no caso de crédito sob a forma de pagamento diferido de bem ou de serviço específico; e
f) O montante total imputado ao consumidor e o montante das prestações, se for o caso.
6. Se a celebração de contrato relativo a um serviço acessório ao contrato de crédito, nomeadamente o seguro, for necessária para a obtenção do crédito ou para a obtenção do crédito nos termos e nas condições de mercado, e o custo desse serviço acessório não puder ser antecipadamente determinado, deve igualmente ser mencionada, de modo claro, conciso e visível, a obrigação de celebrar esse contrato, bem como a TAEG.

Art. 6.º (Informações pré-contratuais)
1. Na data de apresentação de uma oferta de crédito ou previamente à celebração do contrato de crédito, o credor e, se for o caso, o mediador de crédito devem, com base nos termos e nas condições oferecidas pelo credor e, se for o caso, nas preferências expressas pelo consumidor e nos elementos por este fornecidos, prestar ao consumidor as informações necessárias para comparar diferentes ofertas, a fim de este tomar uma decisão esclarecida e informada.
2. Tais informações devem ser prestadas, em papel ou noutro suporte duradouro, através da ficha sobre «Informação normalizada europeia em matéria de crédito a consumidores», constante do anexo ii ao presente decreto-lei, que dele faz parte integrante.
3. As informações em causa devem especificar:
a) O tipo de crédito;
b) A identificação e o endereço geográfico do credor, bem como, se for o caso, a identificação e o endereço geográfico do mediador de crédito envolvido;
c) O montante total do crédito e as condições de utilização;
d) A duração do contrato de crédito;
e) Nos créditos sob a forma de pagamento diferido de um bem ou de um serviço específico e nos contratos coligados, o bem ou o serviço em causa, assim como o respectivo preço a pronto;
f) A taxa nominal, as condições aplicáveis a esta taxa e, quando disponíveis, quaisquer índices ou taxas de juro de referência relativos à taxa nominal inicial, bem como os períodos, as condições e os procedimentos de alteração da taxa de juro; em caso de aplicação de diferentes taxas nominais, em função das circunstâncias, as informações antes referidas sobre todas as taxas aplicáveis;
g) A TAEG e o montante total imputado ao consumidor, ilustrada através de exemplo representativo que indique todos os elementos utilizados no cálculo desta taxa; se o consumidor tiver comunicado ao credor um ou mais componentes do seu crédito preferido, tais como a duração do contrato de crédito e o montante total do crédito, o credor deve ter em conta esses componentes; se o contrato de crédito esti-

1059

[96] DL 133/2009 Art. 6.º   Contratos de crédito ao consumo

pular diferentes formas de utilização com diferentes encargos ou taxas nominais, e o credor fizer uso dos pressupostos enunciados na alínea b) da parte II do anexo I ao presente decreto-lei, que dele faz parte integrante, deve indicar que o recurso a outros mecanismos de utilização para este tipo de acordo de crédito pode resultar numa TAEG mais elevada;

h) O tipo, o montante, o número e a periodicidade dos pagamentos a efectuar pelo consumidor e, se for o caso, a ordem pela qual os pagamentos devem ser imputados aos diferentes saldos devedores a que se aplicam taxas de juro diferenciadas para efeitos de reembolso;

i) Se for o caso, os encargos relativos à manutenção de uma ou mais contas para registar simultaneamente operações de pagamento e de utilização do crédito, a menos que a abertura de conta seja facultativa, bem como os encargos relativos à utilização de meios que permitam ao mesmo tempo operações de pagamento e de utilização do crédito, quaisquer outros encargos decorrentes do contrato de crédito e as condições em que esses encargos podem ser alterados;

j) Os custos notariais a pagar pelo consumidor pela celebração do contrato de crédito, se for o caso;

l) A eventual obrigação de celebrar um contrato acessório ligado ao contrato de crédito, nomeadamente um contrato de seguro, se a celebração de tal contrato for obrigatória para a obtenção do crédito ou para a obtenção do crédito nas condições oferecidas;

m) A taxa de juros de mora, bem como as regras para a respectiva adaptação e, se for caso disso, os encargos devidos em caso de incumprimento;

n) As consequências da falta de pagamento;

o) As garantias exigidas, se for o caso;

p) A existência do direito de livre revogação pelo consumidor;

q) O direito de reembolso antecipado e, se for o caso, as informações sobre o direito do credor a uma comissão de reembolso antecipado e a forma de a determinar, nos termos do artigo 19.º;

r) O direito de o consumidor ser informado, imediata, gratuita e justificadamente, nos termos do n.º 3 dos artigos 10.º e 11.º, do resultado da consulta de uma base de dados para verificação da sua solvabilidade;

s) O direito de o consumidor obter, por sua solicitação e gratuitamente, uma cópia da minuta de contrato de crédito, salvo se, no momento em que é feita a solicitação, o credor não estiver disposto a proceder à celebração do contrato de crédito com o consumidor; e

t) O período durante o qual o credor permanece vinculado pelas informações pré-contratuais, se for o caso.

4. Todas as informações adicionais que o credor queira prestar ao consumidor devem ser entregues em documento separado, elaborado de forma clara, concisa e legível, podendo ser anexadas à ficha sobre «Informação normalizada europeia em matéria de crédito a consumidores».

5. Considera-se que o credor cumpriu os requisitos de informação previstos no presente artigo e na legislação aplicável à contratação à distância de serviços financeiros se tiver fornecido a ficha sobre «Informação normalizada europeia em matéria de crédito a consumidores», devidamente preenchida.

1060

Cap. II.   Inform. e práticas anter. à celeb. do cont. de crédito   **Art. 7.° DL 133/2009 [96]**

6. Nas comunicações por telefone, previstas em sede de contratação à distância de serviços financeiros, a descrição das principais características do serviço financeiro a fornecer deve incluir, pelo menos, os elementos referidos nas alíneas *c*), *d*), *e*), *f*), *g*), *h*) e *p*) do n.° 3 do presente artigo e na alínea *c*) do n.° 2 do artigo 8.°, bem como a TAEG ilustrada através de exemplo representativo e o custo total do crédito imputável ao consumidor.

7. Se o contrato tiver sido celebrado, por solicitação do consumidor, através de um meio de comunicação à distância que não permita o fornecimento das informações nos termos do presente artigo, nomeadamente no caso referido no número anterior, o credor deve facultar ao consumidor, na íntegra e imediatamente após a celebração do contrato de crédito, as informações pré-contratuais devidas através da ficha da «Informação normalizada europeia em matéria de crédito a consumidores».

8. Mediante solicitação, deve ser fornecida gratuitamente ao consumidor, para além da ficha sobre «Informação normalizada europeia em matéria de crédito a consumidores», uma cópia da minuta do contrato de crédito.

9. Nos contratos de crédito em que os pagamentos efectuados pelo consumidor não importam amortização imediata do montante total do crédito, mas sejam utilizados para reconstituir o capital nos períodos e nas condições previstas no contrato de crédito ou em contrato acessório, as informações pré-contratuais previstas no presente artigo devem incluir uma declaração clara e concisa de que não é exigida garantia por parte de terceiros, no âmbito do contrato de crédito, para assegurar o reembolso do montante total do crédito utilizado ao abrigo desse contrato de crédito, salvo se tal garantia for antecipadamente prestada.

10. A entidade reguladora competente pode, nos termos indicados no n.° 4 deste artigo, estabelecer outras informações adicionais que devam ser prestadas pelo credor ao consumidor.

11. Compete ao credor e, se for o caso, ao mediador de crédito fazer prova do cumprimento das obrigações previstas neste artigo.

Art. 7.° (Dever de assistência ao consumidor)
1. O credor e, se for o caso, o mediador de crédito devem esclarecer de modo adequado o consumidor, por forma a colocá-lo em posição que lhe permita avaliar se o contrato de crédito proposto se adapta às suas necessidades e à sua situação financeira, cabendo-lhes, designadamente, fornecer as informações pré-contratuais previstas no artigo anterior, explicitar as características essenciais dos produtos propostos, bem como descrever os efeitos específicos deles decorrentes para o consumidor, incluindo as consequências da respectiva falta de pagamento.

2. Estes esclarecimentos devem ser fornecidos antes da celebração do contrato de crédito, devem ser entregues ao consumidor em suporte duradouro reprodutível e devem ser apresentados de forma clara, concisa e legível.

3. Sendo a informação da responsabilidade do credor, os mediadores de crédito têm o dever de a transmitir integralmente ao consumidor.

4. Compete ao credor e, se for o caso, ao mediador de crédito fazer prova do cumprimento das obrigações previstas neste artigo.

1061

[96] DL 133/2009 Art. 8.º   Contratos de crédito ao consumo

Art. 8.º (Informações pré-contratuais nos contratos de crédito sob a forma de facilidade de descoberto e noutros contratos de crédito especiais)
1. Na data de apresentação da proposta de crédito ou previamente à celebração do contrato de crédito nos termos do n.º 2 do artigo 2.º ou do artigo 3.º, o credor e, se for o caso, o mediador de crédito devem, com base nos termos oferecidos pelo credor e, se for o caso, nas preferências expressas pelo consumidor e nas informações por si fornecidas, prestar as informações necessárias para comparar diferentes ofertas, a fim de o consumidor tomar uma decisão esclarecida e informada quanto à celebração do contrato de crédito.
2. Além das menções constantes das alíneas *a*) a *d*), *f*), *r*) e *t*) do n.º 3 do artigo 6.º, as informações referidas no número anterior devem especificar:
a) A TAEG, ilustrada através de exemplos representativos que mencionem todos os pressupostos utilizados no cálculo desta taxa;
b) As condições e as modalidades de extinção do contrato de crédito;
c) Nos contratos de crédito do tipo referido no n.º 2 do artigo 2.º, a indicação, se for caso disso, de que, a pedido, pode ser exigido ao consumidor em qualquer momento o reembolso integral do montante do crédito;
d) A taxa de juros de mora, bem como as regras para a respectiva aplicação e, se for o caso, os encargos devidos em caso de incumprimento;
e) Nos contratos de crédito do tipo referido no n.º 2 do artigo 2.º, a indicação dos encargos aplicáveis a partir da celebração de tais contratos e, se for o caso, as condições em que estes podem ser alterados.
3. Essas informações devem ser entregues em papel ou noutro suporte duradouro e devem igualmente ser legíveis, devendo ser prestadas através da ficha sobre «Informação normalizada europeia em matéria de crédito a consumidores» constante do anexo III ao presente decreto-lei, que dele faz parte integrante.
4. Considera-se que o credor cumpriu os requisitos de informação previstos no presente artigo e nas regras da legislação aplicável à contratação à distância de serviços financeiros se tiver fornecido a ficha sobre «Informação normalizada europeia em matéria de crédito a consumidores», devidamente preenchida.
5. No caso de contratos de crédito referidos no artigo 3.º, as informações fornecidas ao consumidor nos termos do n.º 1 do presente artigo devem incluir ainda:
a) O montante, o número e a periodicidade dos pagamentos a efectuar pelo consumidor e, se for o caso, a ordem pela qual os pagamentos devem ser imputados aos diferentes saldos devedores a que se aplicam taxas de juro diferenciadas para efeitos de reembolso; e
b) O direito de reembolso antecipado e, se for o caso, informações sobre o direito do credor a uma comissão de reembolso antecipado e a forma da sua determinação.
6. Se o contrato de crédito for abrangido pelo n.º 2 do artigo 2.º, aplica-se apenas o disposto nos n.ºˢ 1, 2, 3 e 4 do presente artigo.
7. No caso das comunicações por telefone e se o consumidor solicitar que a facilidade de descoberto seja disponibilizada com efeitos imediatos, a descrição das principais características do serviço financeiro deve incluir pelos menos os elementos referidos nas alíneas *c*) e *f*) do n.º 3 do artigo 6.º e das alíneas *a*) e *c*) do n.º 2 do presente artigo; além disso, no caso dos contratos de crédito do tipo referido no

1062

Cap. II.   Inform. e práticas anter. à celeb. do cont. de crédito   **Arts. 9.º-10.º DL 133/2009 [96]**

n.º 5, a descrição das principais características deve incluir a duração do contrato de crédito.

8. Não obstante a exclusão prevista na alínea *e*) do n.º 1 do artigo 2.º, os requisitos a que se refere o primeiro período do número anterior são aplicáveis aos contratos de crédito sob a forma de facilidade de descoberto cujo crédito deva ser reembolsado no prazo de um mês.

9. A seu pedido, deve ser fornecida gratuitamente ao consumidor, para além das informações referidas nos n.ºs 1 a 7, uma cópia da minuta do contrato de crédito que inclua as informações contratuais estabelecidas no artigo 12.º, na medida em que esse artigo seja aplicável.

10. Se o contrato tiver sido celebrado, a pedido do consumidor, por intermédio de meio de comunicação à distância que não permita o fornecimento das informações nos termos dos n.ºs 1, 2 e 5, nomeadamente nos casos referidos no n.º 7, o credor deve, imediatamente após a celebração do contrato de crédito, cumprir as suas obrigações estabelecidas nos n.ºs 1, 2 e 5, facultando as informações contratuais nos termos do artigo 12.º, na medida em que esse artigo seja aplicável.

Art. 9.º (Isenção dos requisitos de informação pré-contratual)
1. Os artigos 6.º, 7.º e 8.º não são aplicáveis aos fornecedores ou aos prestadores de serviços que intervenham como mediadores de crédito, desde que a título acessório.

2. Sem prejuízo do disposto no número anterior, o credor deve assegurar que o consumidor recebe e conhece as informações pré-contratuais mencionadas, designadamente através dos fornecedores ou dos prestadores de serviços a que se refere o número anterior.

3. Compete ao credor fazer prova do cumprimento do disposto neste artigo.

Art. 10.º (Dever de avaliar a solvabilidade do consumidor)
1. Antes da celebração do contrato de crédito, o credor deve avaliar a solvabilidade do consumidor, quer através da verificação das informações por este prestadas, quer através da consulta obrigatória à Central de Responsabilidades de Crédito, a que se refere o Decreto-Lei n.º 204/2008, de 14 de Outubro.

2. O credor pode, complementarmente, proceder à avaliação prevista no número anterior através da consulta da lista pública de execuções, a que se refere o Decreto-Lei n.º 201/2003, de 10 de Setembro, ou de outras bases de dados consideradas úteis para a avaliação da solvabilidade dos consumidores.

3. Se o pedido de crédito for rejeitado com fundamento nas consultas a que se referem os números anteriores, o credor deve informar o consumidor imediata, gratuita e justificadamente desse facto, bem como dos elementos constantes das bases de dados consultadas, salvo se a prestação destas informações for proibida por disposição do direito comunitário ou nacional, ou se for contrária a objectivos de ordem pública ou de segurança pública.

4. Se as partes, após a celebração do contrato, decidirem aumentar o montante total do crédito, o credor actualiza a informação financeira de que dispõe relativamente ao consumidor e avalia de novo a solvabilidade deste.

5. Compete ao credor fazer prova do cumprimento do disposto neste artigo.

1063

[96] DL 133/2009 Arts. 11.°-12.°   Contratos de crédito ao consumo

Art. 11.° (Acesso a bases de dados)

1. As entidades gestoras de bases de dados utilizadas em Portugal para avaliar a solvabilidade dos consumidores asseguram, em condições de reciprocidade, o acesso não discriminatório de credores que actuem noutros Estados membros a essas bases de dados.

2. Em conformidade com o número anterior, o Banco de Portugal assegura o acesso de credores que actuem noutros Estados membros à base de dados da Central de Responsabilidades de Crédito, nos termos previstos no artigo 8.° do Decreto--Lei n.° 204/2008, de 14 de Outubro.

3. Se o pedido de crédito for rejeitado com fundamento nos dados constantes da lista pública de execuções ou dos dados a que se referem os números anteriores, o credor deve informar o consumidor imediata, gratuita e justificadamente desse facto e dos elementos constantes da respectiva base de dados, salvo se a prestação destas informações for proibida por outras disposições do direito comunitário ou for contrária a objectivos de ordem pública ou de segurança pública.

4. As informações prestadas pelo Banco de Portugal destinam-se exclusivamente aos credores, devendo estes assegurar, de acordo com a Lei n.° 67/98, de 26 de Outubro, e com o artigo 7.° do Decreto-Lei n.° 204/2008, de 14 de Outubro, a protecção dos dados relativos às pessoas singulares, sendo-lhes vedada a sua transmissão a terceiros.

CAPÍTULO III.   **Informação e direitos relativos aos contratos de crédito**

Art. 12.° (Requisitos do contrato de crédito)

1. Os contratos de crédito devem ser exarados em papel ou noutro suporte duradouro, em condições de inteira legibilidade.

2. A todos os contraentes, incluindo os garantes, deve ser entregue, no momento da respectiva assinatura, um exemplar devidamente assinado do contrato de crédito.

3. Além das menções constantes das alíneas *a*) a *g*), primeiro período, e *h*) do n.° 3 do artigo 6.°, o contrato de crédito deve especificar, de forma clara e concisa, os seguintes elementos:

a) No caso de amortização do capital em contrato de crédito com duração fixa, o direito do consumidor a receber, a seu pedido e sem qualquer encargo, a todo o tempo e ao longo do período de vigência do contrato, uma cópia do quadro da amortização;

b) Se houver lugar ao pagamento de despesas e de juros sem amortização do capital, um extracto dos períodos e das condições de pagamento dos juros devedores e das despesas recorrentes e não recorrentes associadas;

c) Se for o caso, os encargos relativos à manutenção de uma ou de mais contas para registar simultaneamente operações de pagamento e de utilização do crédito, a menos que a abertura de conta seja facultativa, bem como os encargos relativos à utilização de meios que permitam ao mesmo tempo operações de pagamento e de utilização do crédito, e quaisquer outros encargos decorrentes do contrato de crédito e das condições em que esses encargos podem ser alterados;

1064

Cap. III. Inform. e direitos relativos aos cont. de crédito   **Art. 12.º DL 133/2009 [96]**

d) A taxa de juros de mora aplicável à data da celebração do contrato de crédito, bem como as regras para a respectiva adaptação e, se for o caso, os encargos devidos em caso de incumprimento;

e) As consequências da falta de pagamento;

f) Se for o caso, a menção de que os custos notariais de celebração do contrato devem ser pagos pelo consumidor;

g) As eventuais garantias e os eventuais seguros exigidos;

h) A existência do direito de livre revogação pelo consumidor, o prazo, o procedimento previsto para o seu exercício, incluindo designadamente informações sobre a obrigação do consumidor pagar o capital utilizado e os juros, de acordo com o n.º 4 do artigo 17.º, bem como o montante dos juros diários;

i) As informações relativas aos direitos decorrentes do artigo 18.º, bem como as condições de exercício desses direitos;

j) O direito de reembolso antecipado, o procedimento a seguir nesse caso, o modo e a forma de cálculo da redução a que se refere o n.º 1 do artigo 19.º e, se for o caso, as informações sobre o direito do credor a uma comissão de reembolso antecipado e a forma da sua determinação;

l) O procedimento a adoptar para a extinção do contrato de crédito;

m) A existência ou a inexistência de procedimentos extrajudiciais de reclamação e de recurso acessíveis ao consumidor e, quando existam, o respectivo modo de acesso;

n) Outros termos e condições contratuais, se for o caso;

o) O nome e o endereço da autoridade de supervisão competente.

4. O quadro de amortização a que se refere a alínea *a*) do número anterior deve indicar os pagamentos devidos, bem como as datas de vencimento e as condições de pagamento dos montantes, e deve incluir a composição de cada reembolso periódico em capital amortizado, os juros calculados com base na taxa nominal e, se for o caso, os custos adicionais; se a taxa de juro não for fixa ou se os custos adicionais puderem ser alterados nos termos do contrato de crédito, o quadro de amortização deve incluir a indicação, de forma clara e concisa, de que os dados constantes do quadro apenas são válidos até à alteração seguinte da taxa nominal ou dos custos adicionais nos termos do contrato de crédito.

5. Além das menções constantes das alíneas *a*) a *d*) e *f*) do n.º 3 do artigo 6.º, os contratos de crédito sob a forma de facilidade de descoberto do tipo referido no n.º 2 do artigo 2.º devem especificar, de forma clara e concisa, os seguintes elementos:

a) A TAEG e o montante total do crédito ao consumidor, calculados no momento da celebração do contrato de crédito, devendo ser mencionados todos os pressupostos utilizados para calcular esta taxa nos termos dos n.os 2 a 4 do artigo 24.º em conjugação com as alíneas *g*) e *i*) do artigo 4.º;

b) A indicação de que, a seu pedido, pode ser exigido ao consumidor, em qualquer momento, o reembolso integral do montante do crédito;

c) O procedimento a adoptar para o consumidor exercer o direito de livre revogação do contrato de crédito; e

d) As informações sobre os encargos aplicáveis a partir da celebração do contrato de crédito e, se for o caso, as condições em que estes podem ser alterados.

1065

[96] DL 133/2009 Arts. 13.º-15.º   Contratos de crédito ao consumo

Art. 13.º (Invalidade e inexigibilidade do contrato de crédito)
1. O contrato de crédito é nulo se não for observado o estabelecido no n.º 1 ou no n.º 2 do artigo anterior, ou se faltar algum dos elementos referidos no proémio do n.º 3, no proémio do n.º 5, ou nas alíneas *a*) e *d*) do n.º 5 do artigo anterior.
2. A garantia prestada é nula se, em relação ao garante, não for observado o prescrito no n.º 2 do artigo anterior.
3. O contrato de crédito é anulável, se faltar algum dos elementos referidos nas alíneas *a*) a *f*), *h*) a *m*) e *o*) do n.º 3 do artigo anterior ou nas alíneas *b*) e *c*) do n.º 5 do artigo anterior.
4. A não inclusão dos elementos referidos na alínea *g*) do n.º 3 do artigo anterior determina a respectiva inexigibilidade.
5. A inobservância dos requisitos constantes do artigo anterior presume-se imputável ao credor e a invalidade do contrato só pode ser invocada pelo consumidor.
6. O consumidor pode provar a existência do contrato por qualquer meio, desde que não tenha invocado a sua invalidade.
7. Se o consumidor fizer uso da faculdade prevista no número anterior, é aplicável o disposto nas alíneas seguintes:
a) Tratando-se de contrato de crédito para financiamento da aquisição de bens ou serviços mediante pagamento a prestações, a obrigação do consumidor quanto ao pagamento é reduzida ao preço a contado e o consumidor mantém o direito de realizar tal pagamento nos prazos convencionados;
b) Nos restantes contratos, a obrigação do consumidor quanto ao pagamento é reduzida ao montante do crédito concedido e o consumidor mantém o direito a realizar o pagamento nas condições que tenham sido acordadas ou que resultem dos usos.

Art. 14.º (Informação sobre a taxa nominal)
1. Sem prejuízo da aplicação da alínea *a*) do n.º 2 do artigo 22.º do Decreto-Lei n.º 446/85, de 25 de Outubro, alterado pelo Decreto-Lei n.º 249/99, de 7 de Julho, o consumidor deve ser informado de quaisquer alterações da taxa nominal, em papel ou noutro suporte duradouro, antes da entrada em vigor dessas alterações.
2. A informação deve incluir o montante dos pagamentos a efectuar após a entrada em vigor da nova taxa nominal e, se o número ou a frequência dos pagamentos forem alterados, os pormenores das alterações.
3. As partes podem estipular no contrato de crédito que a informação referida no n.º 1 seja prestada periodicamente ao consumidor se a alteração da taxa nominal resultar da modificação da taxa de referência e a nova taxa de referência for publicada pelos meios adequados e estiver acessível nas instalações do credor.

Art. 15.º (Informação nos contratos de crédito sob a forma de facilidade de descoberto)
1. Celebrado um contrato de crédito sob a forma de facilidade de descoberto, o consumidor deve ser informado, mensalmente, através de extracto de conta, em papel ou noutro suporte duradouro, dos seguintes elementos:
a) O período exacto a que se refere o extracto de conta;
b) Os montantes utilizados e a data da utilização;

1066

Cap. III.   Inform. e direitos relativos aos cont. de crédito   **Arts. 16.°-17.° DL 133/2009 [96]**

c) O saldo do extracto anterior e a respectiva data;
d) O novo saldo;
e) A data e o montante dos pagamentos efectuados pelo consumidor;
f) A taxa nominal aplicada;
g) Quaisquer encargos que tenham sido debitados;
h) O montante mínimo a pagar, se for o caso.

2. A informação, em papel ou noutro suporte duradouro, deve conter as alterações da taxa nominal ou de quaisquer encargos a pagar antes da sua entrada em vigor.

3. As partes podem estipular no contrato de crédito que a informação sobre as alterações da taxa nominal seja prestada segundo a modalidade prevista no n.° 1, se essa modificação ocorrer nos termos definidos no n.° 3 do artigo anterior.

Art. 16.° (Extinção dos contratos de crédito de duração indeterminada)

1. O consumidor pode denunciar o contrato de crédito de duração indeterminada, a todo o tempo, salvo se as partes tiverem estipulado um prazo de pré-aviso, sem indicação de motivo e gratuitamente.

2. O prazo de pré-aviso a que se refere o número anterior não pode ser superior a um mês.

3. Depende de expressa previsão contratual a faculdade de o credor denunciar o contrato de crédito de duração indeterminada mediante pré-aviso de, pelo menos, dois meses, devendo a denúncia ser exarada em papel ou noutro suporte duradouro.

4. Depende de expressa previsão contratual a faculdade de o credor, por razões objectivamente justificadas, resolver o contrato de crédito de duração indeterminada.

5. O credor deve comunicar ao consumidor as razões da cessação do contrato mencionado no número anterior, através de papel ou de outro suporte duradouro, sempre que possível antes da sua extinção ou, não sendo possível, imediatamente a seguir, salvo se a prestação destas informações for proibida por outras disposições de legislação comunitária ou nacional ou se for contrária à ordem pública ou à segurança pública.

6. O desrespeito, pelo credor, das obrigações de forma previstas no presente artigo implica a sua não oponibilidade ao consumidor.

Art. 17.° (Direito de livre revogação)

1. O consumidor dispõe de um prazo de 14 dias de calendário para exercer o direito de revogação do contrato de crédito, sem necessidade de indicar qualquer motivo.

2. O prazo para o exercício do direito de revogação começa a correr:
a) A partir da data da celebração do contrato de crédito; ou
b) A partir da data de recepção pelo consumidor do exemplar do contrato e das informações a que se refere o artigo 12.°, se essa data for posterior à referida na alínea anterior.

3. Para que a revogação do contrato produza efeitos, o consumidor deve expedir a declaração no prazo referido no n.° 1, em papel ou noutro suporte dura-

1067

[96] DL 133/2009 Arts. 18.°-19.° Contratos de crédito ao consumo

douro à disposição do credor e ao qual este possa aceder, observando os requisitos a que se refere a alínea *h*) do n.° 3 do artigo 12.°

4. Exercido o direito de revogação, o consumidor deve pagar ao credor o capital e os juros vencidos a contar da data de utilização do crédito até à data de pagamento do capital, sem atrasos indevidos, em prazo não superior a 30 dias após a expedição da comunicação.

5. Para os efeitos do número anterior, os juros são calculados com base na taxa nominal estipulada, nada mais sendo devido, com excepção da indemnização por eventuais despesas não reembolsáveis pagas pelo credor a qualquer entidade da Administração Pública.

6. O exercício do direito de revogação a que se refere o presente artigo preclude o direito da mesma natureza previsto noutra legislação especial, designadamente a referente à contratação à distância ou no domicílio.

Art. 18.° (Contrato de crédito coligado)

1. A invalidade ou a ineficácia do contrato de crédito coligado repercute-se, na mesma medida, no contrato de compra e venda.

2. A invalidade ou a revogação do contrato de compra e venda repercute-se, na mesma medida, no contrato de crédito coligado.

3. No caso de incumprimento ou de desconformidade no cumprimento de contrato de compra e venda ou de prestação de serviços coligado com contrato de crédito, o consumidor que, após interpelação do vendedor, não tenha obtido deste a satisfação do seu direito ao exacto cumprimento do contrato, pode interpelar o credor para exercer qualquer uma das seguintes pretensões:

a) A excepção de não cumprimento do contrato;
b) A redução do montante do crédito em montante igual ao da redução do preço;
c) A resolução do contrato de crédito.

4. Nos casos previstos nas alíneas *b*) ou *c*) do número anterior, o consumidor não está obrigado a pagar ao credor o montante correspondente àquele que foi recebido pelo vendedor.

5. Se o credor ou um terceiro prestarem um serviço acessório conexo com o contrato de crédito, o consumidor deixa de estar vinculado ao contrato acessório se revogar o contrato de crédito nos termos do artigo 17.° ou se este se extinguir com outro fundamento.

6. O disposto nos números anteriores é aplicável, com as necessárias adaptações, aos créditos concedidos para financiar o preço de um serviço prestado por terceiro.

Art. 19.° (Reembolso antecipado)

1. O consumidor tem o direito de, a todo o tempo, mediante pré-aviso ao credor, cumprir antecipadamente, parcial ou totalmente, o contrato de crédito, com correspondente redução do custo total do crédito, por via da redução dos juros e dos encargos do período remanescente do contrato.

2. O prazo de pré-aviso a que se refere o número anterior não pode ser inferior a 30 dias de calendário e deve ser exercido através de comunicação ao credor, em papel ou noutro suporte duradouro.

1068

Cap. III.   Inform. e direitos relativos aos cont. de crédito   **Arts. 20.°-22.° DL 133/2009 [96]**

3. O credor tem direito a uma compensação, justa e objectivamente justificada, pelos custos directamente relacionados com o reembolso antecipado, desde que tal ocorra num período em que a taxa nominal aplicável seja fixa.

4. A compensação a que se refere o número anterior traduz-se no pagamento, pelo consumidor, de uma comissão de reembolso antecipado que não pode exceder 0,5% do montante do capital reembolsado antecipadamente, se o período decorrido entre o reembolso antecipado e a data estipulada para o termo do contrato de crédito for superior a um ano, não podendo aquela comissão ser superior a 0,25% do montante do crédito reembolsado antecipadamente, se o mencionado período for inferior ou igual a um ano.

5. O credor não pode exigir ao consumidor qualquer comissão de reembolso por efeito do reembolso antecipado do contrato de crédito:

a) Se o reembolso tiver sido efectuado em execução de contrato de seguro destinado a garantir o reembolso do crédito; ou

b) No caso de facilidade de descoberto; ou

c) Se o reembolso ocorrer num período em que a taxa nominal aplicável não seja fixa.

6. Em nenhum caso a comissão referida nos números anteriores pode exceder o montante dos juros que o consumidor teria de pagar durante o período decorrido entre o reembolso antecipado e a data estipulada para o termo do período de taxa fixa do contrato de crédito.

Art. 20.° **(Não cumprimento do contrato de crédito pelo consumidor)**
1. Em caso de incumprimento do contrato de crédito pelo consumidor, o credor só pode invocar a perda do benefício do prazo ou a resolução do contrato se, cumulativamente, ocorrerem as circunstâncias seguintes:

a) A falta de pagamento de duas prestações sucessivas que exceda 10% do montante total do crédito;

b) Ter o credor, sem sucesso, concedido ao consumidor um prazo suplementar mínimo de 15 dias para proceder ao pagamento das prestações em atraso, acrescidas da eventual indemnização devida, com a expressa advertência dos efeitos da perda do benefício do prazo ou da resolução do contrato.

2. A resolução do contrato de crédito pelo credor não obsta a que este possa exigir o pagamento de eventual sanção contratual ou a indemnização, nos termos gerais.

Art. 21.° **(Cessão de crédito e cessão da posição contratual do credor)**
À cessão do crédito ou da posição contratual do credor aplica-se o regime constante do Código Civil, podendo o consumidor opor ao cessionário todos os meios de defesa que lhe seria lícito invocar contra o cedente, incluindo o direito à compensação.

Art. 22.° **(Utilização de títulos de crédito com função de garantia)**
1. Se, em relação a um contrato de crédito, o consumidor subscrever letras ou livranças com função de garantia, deve ser aposta naqueles títulos a expressão «Não à ordem», ou outra equivalente, nos termos e com os efeitos previstos na legislação especial aplicável.

1069

[96] DL 133/2009 Arts. 23.°-24.° Contratos de crédito ao consumo

2. A inobservância do disposto no número anterior presume-se imputável ao credor que, salvo no caso de culpa do consumidor, é responsável face a terceiros.

Art. 23.° (Ultrapassagem do limite de crédito em contratos de crédito em conta corrente)

1. No caso de crédito em conta corrente que preveja a ultrapassagem do limite de crédito pelo consumidor, o contrato deve incluir também as informações referidas na alínea *f*) do n.° 3 do artigo 6.° e da alínea *e*) do n.° 2 do artigo 8.°

2. As informações referidas no número anterior devem ser prestadas pelo credor de forma periódica, através de suporte em papel ou outro meio duradouro, de modo claro, conciso e legível.

3. Em caso de ultrapassagem de crédito significativa que se prolongue por um período superior a um mês, o credor informa imediatamente o consumidor, em papel ou noutro suporte duradouro:

a) Da ultrapassagem de crédito;

b) Do montante excedido;

c) Da taxa nominal aplicável;

d) De eventuais sanções, encargos ou juros de mora aplicáveis.

CAPÍTULO IV.   **Taxa anual de encargos efectiva global**

Art. 24.° (Cálculo da TAEG)

1. A TAEG torna equivalentes, numa base anual, os valores actuais do conjunto das obrigações assumidas, considerando os créditos utilizados, os reembolsos e os encargos, actuais ou futuros, que tenham sido acordados entre o credor e o consumidor.

2. A TAEG é calculada determinando-se o custo total do crédito para o consumidor de acordo com a fórmula matemática constante da parte I do anexo I ao presente decreto-lei, que dele faz parte integrante.

3. No cálculo da TAEG não são incluídas:

a) As importâncias a pagar pelo consumidor em consequência do incumprimento de alguma das obrigações que lhe incumbam por força do contrato de crédito; e

b) As importâncias, diferentes do preço, que, independentemente de se tratar de negócio celebrado a pronto ou a crédito, sejam suportadas pelo consumidor aquando da aquisição de bens ou da prestação de serviços.

4. São incluídos no cálculo da TAEG, excepto se a abertura da conta for facultativa e os custos da conta tiverem sido determinados de maneira clara e de forma separada no contrato de crédito ou em qualquer outro contrato celebrado com o consumidor:

a) Os custos relativos à manutenção de conta que registe simultaneamente operações de pagamento e de utilização do crédito;

b) Os custos relativos à utilização ou ao funcionamento de meio de pagamento que permita, ao mesmo tempo, operações de pagamento e de utilização do crédito; e

c) Outros custos relativos às operações de pagamento.

1070

Cap. VI. Disposições finais   **Arts. 25.º-27.º DL 133/2009 [96]**

5. O cálculo da TAEG é efectuado no pressuposto de que o contrato de crédito vigora pelo período de tempo acordado e de que as respectivas obrigações são cumpridas nas condições e nas datas especificadas no contrato.

6. Sempre que os contratos de crédito contenham cláusulas que permitam alterar a taxa devedora e, se for caso disso, encargos incluídos na TAEG que não sejam quantificáveis no momento do respectivo cálculo, a TAEG é calculada no pressuposto de que a taxa nominal e os outros encargos se mantêm fixos em relação ao nível inicial e de que são aplicáveis até ao termo do contrato de crédito.

7. Sempre que necessário, podem ser utilizados os pressupostos adicionais enumerados no anexo i ao presente decreto-lei para o cálculo da TAEG.

CAPÍTULO V. **Mediadores de crédito**

Art. 25.º (Actividade e obrigações dos mediadores de crédito)
1. Os mediadores de crédito estão obrigados a:
a) Indicar, tanto na publicidade como nos documentos destinados a consumidores, a extensão dos seus poderes, designadamente se actuam em exclusividade ou com mais do que um credor ou se actuam na qualidade de mediadores independentes;
b) Comunicar ao consumidor, em papel ou noutro suporte duradouro, antes da celebração do contrato de crédito, a eventual taxa a pagar pelo consumidor como remuneração dos seus serviços;
c) Comunicar esta taxa em devido tempo ao credor, para efeito do cálculo da TAEG.
2. A actividade profissional dos mediadores de crédito será objecto de legislação especial.

CAPÍTULO VI. **Disposições finais**

Art. 26.º (Carácter imperativo)
1. O consumidor não pode renunciar aos direitos que lhe são conferidos por força das disposições do presente decreto-lei, sendo nula qualquer convenção que os exclua ou restrinja.
2. O consumidor pode optar pela redução do contrato quando algumas das suas cláusulas for nula nos termos do número anterior.

Art. 27.º (Fraude à lei)
1. São nulas as situações criadas com o intuito fraudulento de evitar a aplicação do disposto no presente decreto-lei.
2. Configuram, nomeadamente, casos de fraude à lei:
a) O fraccionamento do montante do crédito por contratos distintos;
b) A transformação de contratos de crédito sujeitos ao regime do presente decreto-lei em contratos de crédito excluídos do âmbito da aplicação do mesmo;

1071

[96] DL 133/2009 Arts. 28.º-31.º

Contratos de crédito ao consumo

c) A escolha do direito de um país terceiro aplicável ao contrato de crédito, se esse contrato apresentar uma relação estreita com o território português ou de um outro Estado membro da União Europeia.

Art. 28.º (Usura)

1. É havido como usurário o contrato de crédito cuja TAEG, no momento da celebração do contrato, exceda em um terço a TAEG média praticada no mercado pelas instituições de crédito ou sociedades financeiras no trimestre anterior, para cada tipo de contrato de crédito ao consumo.

2. A identificação dos tipos de contrato de crédito ao consumo relevantes, a TAEG média praticada para cada um destes tipos de contrato pelas instituições de crédito ou sociedades financeiras e o valor máximo resultante da aplicação do disposto no número anterior, são determinados e divulgados ao público trimestralmente pelo Banco de Portugal, sendo válidos para os contratos a celebrar no trimestre seguinte.

3. Considera-se automaticamente reduzida ao limite máximo previsto no n.º 1, a TAEG que os ultrapasse, sem prejuízo de eventual responsabilidade criminal.

4. Os efeitos decorrentes deste artigo não afectam os contratos já celebrados ou em vigor.

Art. 29.º (Vendas associadas)

Às instituições de crédito e sociedades financeiras está vedado fazer depender a celebração dos contratos abrangidos por este decreto-lei, bem como a respectiva renegociação, da aquisição de outros produtos ou serviços financeiros.

Art. 30.º (Contra-ordenações)

1. Constitui contra-ordenação a violação do disposto nos artigos 5.º, 6.º, 7.º e 8.º, no n.º 2 do artigo 9.º, no artigo 10.º, no n.º 2 do artigo 11.º, nos artigos 12.º, 14.º, 15.º, 19.º, 20.º, 22.º, 23.º, 24.º, no n.º 1 do 25.º, nos artigos 27.º, 28.º e 29.º punível, no caso de infracções cometidas pelas instituições de crédito e sociedades financeiras, ainda que através de mediador de crédito nos termos da alínea *j*) do artigo 210.º e do artigo 212.º do Regime Geral das Instituições de Crédito e Sociedades Financeiras, aprovado pelo Decreto-Lei n.º 298/92, de 31 de Dezembro, e, tratando-se dos demais credores, nos termos dos artigos 17.º e 21.º do Regime Geral das Contra-Ordenações, aprovado pelo Decreto-Lei n.º 433/82, de 27 de Outubro.

2. Constitui contra-ordenação punível com coima de € 20 000 a € 44 000 a violação do disposto no artigo 5.º, no caso das contra-ordenações da competência da Direcção-Geral do Consumidor.

3. A tentativa e a negligência são sempre puníveis, sendo os limites máximos e mínimos reduzidos a metade.

4. A determinação da coima é feita em função da ilicitude concreta do facto, da culpa do agente, dos benefícios obtidos e das exigências de prevenção.

Art. 31.º (Fiscalização e instrução dos processos)

1. A fiscalização do disposto no presente decreto-lei e a instrução dos respectivos processos de contra-ordenação, bem como a aplicação das coimas e sanções acessórias, são da competência do Banco de Portugal nos termos do Regime

1072

Cap. VI.   Disposições finais   **Arts. 32.°-34.° DL 133/2009 [96]**

Geral das Instituições de Crédito e Sociedades Financeiras, aprovado pelo Decreto-
-Lei n.° 298/92, de 31 de Dezembro.

2. Sem prejuízo das competências cometidas ao Banco de Portugal no âmbito
do Regime Geral das Instituições de Crédito e Sociedades Financeiras a fiscalização e a instrução dos processos de contra-ordenação relativos à violação do disposto
no artigo 5.° competem à Direcção-Geral do Consumidor, cabendo à Comissão de
Aplicação das Coimas em Matéria Económica e de Publicidade a aplicação das respectivas coimas.

3. No caso dos processos instaurados pela Direcção-Geral do Consumidor,
o produto das coimas decorrentes da violação do disposto no artigo 5.° reverte em:
   a) 60% para o Estado;
   b) 30% para a Direcção-Geral do Consumidor;
   c) 10% para a Comissão de Aplicação de Coimas em Matéria Económica e
de Publicidade.

Art. 32.° (Resolução extrajudicial de litígios)
   1. A Direcção-Geral do Consumidor e o Banco de Portugal, em coordenação
com o Ministério da Justiça, colaboram, no âmbito das respectivas competências,
na implementação de mecanismos extrajudiciais adequados e eficazes para a resolução dos litígios de consumo relacionados com contratos de crédito e com o endividamento excessivo de consumidores.
   2. As instituições competentes para a resolução extrajudicial de litígios de
consumo relacionados com contratos de crédito devem adoptar políticas de cooperação com as instituições congéneres dos restantes Estados Membros da União
Europeia.

Art. 33.° (Norma revogatória)
   1. Sem prejuízo do disposto no artigo seguinte, são revogados:
   a) O Decreto-Lei n.° 359/91, de 21 de Setembro, que transpõe para a ordem jurídica interna as Directivas do Conselho e das Comunidades Europeias
n.os 87/102/CEE, de 22 de Dezembro de 1986 e 90/88/CEE, de 22 de Fevereiro;
   b) O Decreto-Lei n.° 101/2000, de 2 de Junho, que transpõe para a ordem
jurídica interna a Directiva n.° 98/7/CE, do Parlamento Europeu e do Conselho,
de 16 de Fevereiro;
   c) O Decreto-Lei n.° 82/2006, de 3 de Maio, que altera os artigos 5.° e 17.°
do Decreto-Lei n.° 359/91, de 21 de Setembro.
   2. As referências feitas aos decretos-leis revogados em legislação aplicável
entendem-se como sendo feitas ao presente decreto-lei.

Art. 34.° (Regime transitório)
   1. Aos contratos de crédito concluídos antes da data da entrada em vigor do
presente decreto-lei aplica-se o regime jurídico vigente ao tempo da sua celebração,
sem prejuízo do disposto no número seguinte.
   2. Os artigos 14.°, 15.°, 16.°, 19.° e 21.°, o segundo período do n.° 1 do artigo
23.° e o n.° 3 do artigo 23.° aplicam-se aos contratos de crédito por período indeterminado vigentes à data de entrada em vigor do presente decreto-lei.

1073

[96] DL 133/2009 Anexo I   Contratos de crédito ao consumo

Art. 35.º (Aplicação no espaço)

O disposto no presente decreto-lei aplica-se, seja qual for a lei reguladora do contrato, se o consumidor tiver a sua residência habitual em Portugal, desde que a celebração do contrato tenha sido precedida de uma oferta ou de publicidade feita na União Europeia e o consumidor tenha emitido a sua declaração negocial dentro deste espaço comunitário.

Art. 36.º (Avaliação da execução)

No final do primeiro ano a contar da data de entrada em vigor do presente decreto-lei, e bianualmente nos anos subsequentes, o Banco de Portugal elabora um relatório de avaliação do impacto da aplicação do mesmo, devendo utilizar todos os meios para que o documento se torne do conhecimento público.

Art. 37.º (Entrada em vigor)

O presente decreto-lei entra em vigor no dia 1 de Julho de 2009, com excepção do disposto no artigo 28.º, que entra em vigor no dia 1 de Outubro de 2009.

ANEXO I

Parte I

Equação de base que traduz a equivalência entre a utilização de crédito, por um lado, e os reembolsos e os encargos, por outro.

A equação de base, que define a taxa anual de encargos efectiva global (TAEG), exprime, numa base anual, a igualdade entre, por um lado, a soma dos valores actuais das utilizações de crédito e, por outro, a soma dos valores actuais dos montantes dos reembolsos e dos pagamentos, a saber:

$$\sum_{k=1}^{m} C_k (1+x)^{-t_k} = \sum_{l=1}^{m'} D_l (1+x)^{-S_l}$$

Significado das letras e dos símbolos:

X — taxa anual de encargos efectiva global (TAEG);

m — número de ordem da última utilização do crédito;

k — número de ordem de uma utilização do crédito, pelo que $1 \leq k \leq m$;

Ck — montante de utilização do crédito k;

tk — intervalo de tempo expresso em anos e fracções de anos, entre a data da primeira utilização e a data de cada utilização sucessiva, com $t1 = 0$;

m' — número do último reembolso ou pagamento de encargos;

l — número de um reembolso ou pagamento de encargos;

Dl — montante de um reembolso ou pagamento de encargos;

sl — intervalo, expresso em anos e fracções de um ano, entre a data da primeira utilização e a data de cada reembolso ou pagamento de encargos.

Observações

a) Os pagamentos efectuados por ambas as partes em diferentes momentos não são forçosamente idênticos nem forçosamente efectuados a intervalos iguais.

b) A data inicial corresponde à primeira utilização do crédito.

1074

Contratos de crédito ao consumo **Anexo I DL 133/2009 [96]**

c) Os intervalos entre as datas utilizadas nos cálculos são expressos em anos ou fracções de um ano. Para esse efeito, presume-se que um ano tem 12 meses padrão e que cada mês padrão tem 30 dias, seja o ano bissexto ou não. O cálculo dos juros diários deve ser feito com base na convenção actual /360.

d) O resultado do cálculo é expresso com uma precisão de uma casa decimal. Se a décima sucessiva for superior ou igual a 5, a primeira décima é acrescida de 1.

e) É possível reescrever a equação utilizando apenas uma soma simples ou recorrendo à noção de fluxos (*Ak*) positivos ou negativos, por outras palavras, quer pagos quer recebidos nos períodos 1 a *k*, expressos em anos, a saber:

$$S = \sum_{k=1}^{n} A_k (1+x)^{-t_k}$$

S corresponde ao saldo dos fluxos actuais, sendo nulo se se pretender manter a equivalência dos fluxos.

Parte II
Pressupostos adicionais para o cálculo da taxa anual de encargos efectiva global

a) Se um contrato de crédito conceder ao consumidor liberdade de utilização do crédito, presume-se a utilização imediata e integral do montante total do crédito.

b) Se um contrato de crédito previr diferentes formas de utilização com diferentes encargos ou taxas nominais, presume-se que a utilização do montante total do crédito é efectuada com os encargos e a taxa nominal mais elevados aplicados à categoria da transacção mais frequentemente usada no âmbito desse tipo de contrato de crédito.

c) Se um contrato de crédito conceder ao consumidor liberdade de utilização do crédito em geral, mas impuser, entre as diferentes formas de utilização, uma limitação no que respeita ao montante e ao prazo, presume-se que a utilização do montante do crédito é efectuada na data mais próxima prevista no contrato e de acordo com essas limitações de utilização.

d) Se não for fixado um plano temporal de reembolso, presume-se que:

    i) O crédito é concedido pelo prazo de um ano; e

    ii) O crédito é reembolsado em 12 prestações mensais iguais.

e) Se for fixado um plano temporal de reembolso, mas o montante desse reembolso for flexível, presume-se que o montante de cada reembolso é o mais baixo previsto no contrato.

f) Salvo indicação em contrário, caso o contrato de crédito preveja várias datas de reembolso, o crédito é colocado à disposição e os reembolsos são efectuados na data mais próxima prevista no contrato.

g) Se o limite máximo do crédito ainda não tiver sido decidido, considera-se que esse limite é de € 1 500.

h) Em caso de descoberto, presume-se que o montante total do crédito é integralmente utilizado e para toda a duração do contrato de crédito; se a duração do contrato de crédito não for conhecida, a taxa anual de encargos efectiva global é calculada com base no pressuposto de que a duração do contrato é de três meses.

i) Se forem propostas diferentes taxas de juro e encargos por um período ou montante limitado, presume-se que a taxa de juro e os encargos são os mais elevados para toda a duração do contrato de crédito.

j) No que se refere aos contratos de crédito a consumidores para os quais seja acordada uma taxa nominal fixa para o período inicial, no fim do qual uma nova taxa nominal é determinada e, posteriormente, ajustada periodicamente de acordo com um indicador acordado, o cálculo da TAEG baseia-se no pressuposto de que, no final do período com taxa nominal fixa, a taxa nominal (variável) que lhe sucede assume o valor que vigora no momento do cálculo da TAEG, com base no valor do indicador acordado no momento em que foi calculada.

1075

[96] DL 133/2009 Anexo II

Contratos de crédito ao consumo

ANEXO II

**Informação normalizada europeia
em matéria de crédito a consumidores**

1. Identificação e informações sobre o credor/mediador de crédito:

Quanto ao credor: Informação obrigatória.	Identificação do credor. Endereço geográfico do credor a utilizar pelo consumidor.
Informação facultativa	Número de telefone. Endereço de correio electrónico. Número de fax. Endereço da internet.
Quanto ao mediador do crédito: Informação obrigatória.	Identificação do mediador do crédito. Endereço geográfico do interme-diário do crédito a utilizar pelo consumidor.
Informação facultativa	Número de telefone. Endereço de correio electrónico. Número de fax. Endereço da Internet.

2. Descrição das principais características do crédito:

O tipo de crédito.	
O montante total do crédito . . . . . O limite máximo ou o total dos montantes disponibilizados nos termos de um contrato de cré-dito.	
As condições de utilização.	
A duração do contrato de crédito	
As prestações e, se for o caso, a ordem pela qual serão pagas.	O consumidor terá de pagar o se-guinte: (O tipo, o montante, o número e a frequência dos pagamentos a efectuar pelo consumidor.)
	Os juros e ou encargos deverão ser pagos do seguinte modo:
O montante total imputado ao con-sumidor. O montante do capital emprestado acrescido dos juros e eventuais custos relacionados com o crédito.	(O valor do montante total do cré-dito e do custo total do crédito.)

1076

Contratos de crédito ao consumo   **Anexo II DL 133/2009 [96]**

Se aplicável, O crédito é concedido sob a forma de pagamento diferido de um bem ou serviço, ou está ligado ao fornecimento de bens específicos ou à prestação de um serviço. Nome do bem/serviço . . . . Preço a pronto	
Se aplicável, Garantias exigidas (tipo de garantias) Descrição da garantia a dar pelo consumidor em relação ao contrato de crédito.	
Se aplicável, Os reembolsos não dão origem a amortização imediata do capital.	

3. Custos do crédito:

A taxa nominal ou, se aplicável, as diferentes taxas nominais aplicáveis ao contrato de crédito..	Percentagem fixa ou variável (com o índice ou a taxa de referência relativos à taxa nominal inicial). Prazos.
A taxa anual de encargos efectiva global (TAEG). Trata-se do custo total do crédito expresso em percentagem anual do montante total do crédito. É indicada a TAEG para ajudar o consumidor a comparar as diferentes ofertas.	Introduzir exemplos representativos que indiquem todos os pressupostos utilizados no cálculo desta taxa.
Para a obtenção do crédito ou para a obtenção do crédito nos termos e condições de mercado, é obrigatório. Subscrever uma apólice de seguro para cobertura do crédito; ou Recorrer a outro contrato de serviço acessório. Se o credor não tiver conhecimento dos custos desses serviços, não são incluídos na TAEG.	Sim/não (na afirmativa, especificar tipo de seguro). Sim/não (na afirmativa, especificar tipo de serviço acessório).
Custos conexos:	
Se aplicável, É requerida a manutenção de uma ou mais contas para registar simultaneamente as operações de pagamento e as utilizações de crédito.	
Se aplicável, Montante dos custos relativos à utilização de um meio de pagamento específico (por exemplo, cartão de crédito).	

1077

[96] DL 133/2009 Anexo II   Contratos de crédito ao consumo

Se aplicável, Quaisquer outros custos decorrentes do contrato de crédito.	
Se aplicável, Condições em que os custos acima mencionados relacionados com o contrato de crédito podem ser alterados.	
Se aplicável (não incluídos na TAEG). Obrigação de pagar custos notariais com a celebração do contrato.	
Custos em caso de pagamentos em atraso. A falta de pagamento pode ter consequências graves (por exemplo, a venda forçada) e dificultar a obtenção de crédito.	As faltas de pagamento acarretarão custos adicionais para o consumidor [... (taxas de juro aplicáveis e mecanismos para o seu ajustamento e, se for caso disso, encargos do incumprimento)].

4. Outros aspectos jurídicos importantes:

O consumidor tem o direito de revogar o contrato de crédito no prazo de 14 dias de calendário.	
O consumidor tem o direito de cumprir antecipadamente o contrato de crédito, em qualquer momento, com um pré-aviso não inferior a 30 dias de calendário, integral ou parcialmente.	
Se aplicável, O credor tem direito a uma compensação em caso de reembolso antecipado.	(A determinação da comissão é feita de acordo com o artigo 19.º do Decreto-Lei n.º 133/2009, de 2 de Junho.)
O credor deve informar o consumidor imediata e gratuitamente do resultado da consulta de uma base de dados, se o pedido de crédito for rejeitado com fundamento nessa consulta. Tal não é aplicável se a comunicação dessas informações for proibida pelo direito comunitário ou se for contrária aos objectivos da ordem pública ou da segurança pública.	
O consumidor tem o direito de, a pedido, obter gratuitamente uma cópia da minuta de contrato de crédito. Esta disposição não é aplicável se, no momento em que é feito o pedido, o credor não estiver disposto a proceder à celebração do contrato de crédito com o consumidor.	

1078

Contratos de crédito ao consumo

Anexo II DL 133/2009 [96]

| Se aplicável, O prazo durante o qual o credor se encontra vinculado pelas informações pré-contratuais. | Estas informações são válidas de... a.... |

5. Informações adicionais em caso de contratação à distância de serviços financeiros:

Quanto ao credor: Se aplicável, Informação obrigatória......... Informação facultativa.........	Identificação do representante do credor. Endereço geográfico a utilizar pelo consumidor. Número de telefone. Endereço de correio electrónico. Número de fax. Endereço da Internet.
Se aplicável, Registo comercial em que o credor se encontra inscrito e respectivo número de registo ou forma de identificação equivalente nesse registo. Se aplicável, A autoridade de supervisão	
Quanto ao contrato de crédito: Se aplicável, Exercício do direito de revogação do contrato de crédito. Se aplicável, A lei indicada pelo credor aplicável às relações com o consumidor antes da celebração do contrato de crédito. Se aplicável, Cláusula que prevê a lei aplicável ao contrato de crédito e ou o foro competente. Se aplicável, Regime linguístico............	(Especificar, designadamente, o prazo para o exercício do direito, o endereço para o qual deve ser enviada a comunicação; as consequências do não exercício do direito.) (Cláusula específica.) (As condições e as informações relativas ao contrato de crédito serão redigidas em português.)
Quanto aos recursos: Existência de processos extrajudiciais de reclamação e de recurso e o respectivo modo de acesso.	(A existência ou inexistência de processos extrajudiciais de reclamação e de recurso acessíveis ao consumidor que é parte no contrato à distância e, quando existam, o respectivo modo de acesso.)

1079

[96] DL 133/2009 Anexo III   Contratos de crédito ao consumo

ANEXO III

**Informação normalizada europeia
em matéria de crédito a consumidores relativa a descobertos
e conversão de dívidas**

1. Identificação e informações sobre o credor/mediador de crédito:

Quanto ao credor:	
Informação obrigatória.........	Identificação do credor. Endereço geográfico do credor a utilizar pelo consumidor.
Informação facultativa.........	Número de telefone. Endereço de correio electrónico. Número de fax. Endereço da Internet.
Quanto ao mediador do crédito:	
Informação obrigatória.........	Identificação do mediador do crédito. Endereço geográfico do mediador do crédito a utilizar pelo consumidor.
Informação facultativa.........	Número de telefone. Endereço de correio electrónico. Número de fax. Endereço da Internet.

2. Descrição das principais características do crédito:

O tipo de crédito.............	
O montante total do crédito..... O limite máximo ou o total dos montantes disponibilizados nos termos de um contrato de crédito.	
A duração do contrato de crédito	
Se aplicável, A indicação de que, a todo o tempo, pode ser exigido ao consumidor o reembolso integral do crédito, a pedido do credor.	

1080

Contratos de crédito ao consumo

Anexo III DL 133/2009 [96]

3. Custos do crédito:

A taxa nominal ou, se aplicável, as diferentes taxas nominais aplicáveis ao contrato de crédito.	Percentagem fixa ou variável (com o índice ou a taxa de referência relativos à taxa nominal inicial). Prazos.
A taxa anual de encargos efectiva global (TAEG). Trata-se do custo total do crédito expresso em percentagem anual do montante total do crédito. É indicada a TAEG para ajudar o consumidor a comparar as diferentes ofertas.	Introduzir exemplos representativos que indiquem todos os pressupostos utilizados no cálculo desta taxa.
Se aplicável, Custos Se aplicável, As condições em que esses custos podem ser alterados.	(Os custos aplicáveis a partir do momento em que é celebrado o contrato de crédito.)
Custos em caso de pagamentos em atraso.	As faltas de pagamento acarretarão encargos adicionais para o consumidor [... (taxas de juro aplicáveis e mecanismos para o seu ajustamento e, se for caso disso, encargos do incumprimento).]

4. Outros aspectos jurídicos importantes:

Extinção do contrato de crédito. . .	(As modalidades e as condições de extinção do contrato de crédito.)
Consulta de uma base de dados . . . O credor deve informar o consumidor imediata e gratuitamente do resultado da consulta de uma base de dados, se o pedido de crédito for rejeitado com base nessa consulta. Tal não é aplicável se a comunicação dessas informações for proibida pelo direito comunitário ou se for contrária aos objectivos da ordem pública ou da segurança pública.	
Se aplicável, O prazo durante o qual o credor se encontra vinculado pelas informações pré-contratuais.	Estas informações são válidas de... a....

1081

[96] DL 133/2009 Anexo III

Contratos de crédito ao consumo

5. Informações adicionais a prestar caso as informações pré-contratuais digam respeito a um crédito aos consumidores para conversão de dívidas:

As prestações e, se for o caso, a ordem pela qual devem ser pagas.	O consumidor terá de pagar ... (exemplo representativo de uma tabela de prestações que inclua o montante, o número e a frequência dos pagamentos a efectuar).
O montante total imputado ao consumidor.	
O consumidor tem o direito de cumprir antecipadamente o contrato de crédito, em qualquer momento, integral ou parcialmente.	
Se aplicável, O credor tem direito a uma compensação em caso de reembolso antecipado.	(A determinação da comissão é feita de acordo com o artigo 19.º do Decreto-Lei n.º 133/2009, de 2 de Junho.)

6. Informações adicionais em caso de contratação à distância de serviços financeiros:

Quanto ao credor: Se aplicável, Informação obrigatória. . . . . Informação facultativa . . . . Se aplicável, Registo comercial em que o credor se encontra inscrito e respectivo número de registo. Se aplicável, Autoridade de supervisão.	Identificação do representante do credor. Endereço geográfico a utilizar pelo consumidor. Número de telefone. Endereço de correio electrónico. Número de fax. Endereço Internet.
Quanto ao contrato de crédito: Se aplicável, Exercício do direito de revogação do contrato de crédito. Se aplicável, A lei indicada pelo credor aplicável às relações com o consumidor antes da celebração do contrato de crédito. Se aplicável, Cláusula que prevê a lei aplicável ao contrato de crédito e ou o foro competente. Se aplicável, Regime linguístico	(Especificar, designadamente, o prazo para o exercício do direito, o endereço para o qual deve ser dirigida comunicação; as consequências do não exercício do direito.) (Cláusula específica.) (As condições as informações relativas ao contrato de crédito serão redigidas em português.)
Quanto aos recursos: Existência de processos extrajudiciais de reclamação e de recurso e o respectivo modo de acesso.	(A existência ou inexistência de processos extrajudiciais de reclamação e de recurso acessíveis ao consumidor que é parte no contrato à distância e, quando existam, o respectivo modo de acesso.)

PARTE OITAVA

CONHECIMENTO DE DEPÓSITO E «WARRANT» CONHECIMENTO DE CARGA. EXTRACTO DE FACTURA LETRA, LIVRANÇA E CHEQUE

			Págs.
[101]	Decreto n.º 206, de 7 de Novembro de 1913, aprova o Regulamento dos Armazéns Gerais Agrícolas e disciplina os conhecimentos de depósito e «warrants»	(D 206)	1085
[102]	Decreto n.º 783, de 21 de Agosto de 1914, aprova o Regulamento dos Armazéns Gerais Industriais e disciplina os conhecimentos de depósito e «warrants»	(D 783)	1090
[103]	Convenção internacional para a unificação de certas regras em matéria de conhecimento, assinada em Bruxelas a 25 de Agosto de 1924	(ConvBrux)	1095
[104]	Decreto-Lei n.º 37 748, de 1 de Fevereiro de 1950, introduz em direito interno determinados preceitos da Convenção de Bruxelas de 25 de Agosto de 1924	(DL 37 748)	1103
[105]	Decreto n.º 19 490, de 21 de Março de 1931, cria o extracto de factura	(ExtFact)	1104
[106]	Lei Uniforme relativa às letras e livranças, que constitui o anexo I da Convenção estabelecendo uma lei uniforme em matéria de letras e de livranças, feita em Genebra aos 7 de Junho de 1930 e aprovada pelo DL n.º 23 721, de 29 de Março de 1934	(LULLiv)	1111
[107]	Convenção estabelecendo uma lei uniforme em matéria de letras e de livranças, feita em Genebra aos 7 de Junho de 1930 e aprovada pelo DL n.º 23 721, de 29 de Março de 1934	(ConvL/I)	1129

1083

[108] Convenção destinada a regular certos conflitos de leis em matéria de letras e de livranças, feita em Genebra aos 7 de Junho de 1930 e aprovada pelo DL n.º 23 721, de 29 de Março de 1934 **(ConvL/II)** 1135

[109] Convenção relativa ao imposto do selo em matéria de letras e de livranças, feita em Genebra aos 7 de Junho de 1930 e aprovada pelo DL n.º 23 721, de 29 de Março de 1934 **(ConvL/III)** 1139

[110] Lei Uniforme relativa ao cheque, que constitui o anexo I da Convenção estabelecendo uma lei uniforme em matéria de cheques, feita em Genebra aos 19 de Março de 1931 e aprovada pelo DL n.º 23 721, de 29 de Março de 1934 **(LUCh)** 1142

[111] Convenção estabelecendo uma lei uniforme em matéria de cheques, feita em Genebra aos 19 de Março de 1931 e aprovada pelo DL n.º 23 721, de 29 de Março de 1934 **(ConvCh/I)** 1154

[112] Convenção destinada a regular certos conflitos de leis em matéria de cheques, feita em Genebra aos 19 de Março de 1931 e aprovada pelo DL n.º 23 721, de 29 de Março de 1934 **(ConvCh/II)** 1160

[113] Convenção relativa ao imposto de selo em matéria de cheques, feita em Genebra aos 19 de Março de 1931 e aprovada pelo DL n.º 23 721, de 29 de Março de 1934 **(ConvCh/III)** 1164

[114] Decreto n.º 13 004, de 12 de Janeiro de 1927, regulamenta o cheque **(D 13 004)** 1167

[115] Decreto-Lei n.º 454/91, de 28 de Dezembro, sobre restrições ao uso do cheque e obrigatoriedade do seu pagamento **(DL 454/91)** 1169

ARMAZÉNS GERAIS AGRÍCOLAS

[101] DECRETO N.° 206
de 7 de Novembro de 1913 [1]

Regulamento dos Armazéns Gerais Agrícolas

CAPÍTULO I. **Fins dos Armazéns Agrícolas**

Art. 1.° (Armazém geral agrícola)
Nos termos do artigo 49.° da Lei n.° 26, de 9 de Julho de 1913, haverá na sede de cada direcção dos serviços agrícolas um armazém, denominado *Armazém geral agrícola*, com o fim de:

a) Receber em depósito mercantil, ou sob o regime de armazém geral, produtos, adubos, alfaias e máquinas agrícolas;

b) Emitir, sobre as mercadorias depositadas, títulos transmissíveis por endosso denominados *conhecimentos de depósito e Warrants,* nas condições expressas no título XIV do livro II do Código Comercial.

§ 1.° O depósito mercantil consiste na guarda de mercadorias destinadas a qualquer acto de comércio que possa realizar-se no armazém geral agrícola.

§ 2.° O depósito em regime de armazém geral consiste na guarda de mercadorias destinadas a garantir títulos transmissíveis por endosso, nos termos da lei e deste regulamento.

(...)

CAPÍTULO III. **Conhecimentos de depósitos e «warrants»**

Art. 23.° (Conhecimento de depósito e «warrant»)
O depositante de mercadorias sob o regime de armazém geral tem a faculdade de requisitar a entrega dum *conhecimento de depósito* e *warrant* anexo (modelo n.° 4).

---

[1] As epígrafes dos artigos não constam do texto oficial.

[101] D 206 Arts. 24.º-31.º   Regulamento dos armazéns gerais agrícolas

Art. 24.º (Conhecimento de depósito)

Os conhecimentos de depósito terão números de ordem, serão extraídos de livretes, também numerados e com talões, e indicarão (modelo n.º 5):

a) O nome, estado, profissão e domicílio do depositante;

b) A data e o número de entrada no armazém geral agrícola;

c) A natureza e a quantidade da mercadoria, e quaisquer circunstâncias necessárias à sua identificação e avaliação;

d) O número, a natureza, o peso e as marcas dos volumes;

e) A importância do seguro.

Art. 25.º («Warrant»)

O *warrant* é o título referido no § 1.º do artigo 408.º do Código Comercial e nele se repetirão as mesmas indicações que no conhecimento de depósito (modelo n.º 5).

Art. 26.º (Requisitos de forma)

O conhecimento de depósito e o *warrant* terão as assinaturas do director e do chefe de armazém e serão autenticados com o selo branco do armazém geral agrícola.

Art. 27.º (Isenção de imposto do selo)

Os conhecimentos de depósito e os *warrants* passados pelos armazéns gerais agrícolas são isentos do imposto de selo.

Art. 28.º (Indicação do titular)

O conhecimento de depósito e o *warrant* podem ser passados em nome do depositante ou de um terceiro por ele indicado.

Art. 29.º (Conteúdo dos títulos)

O conhecimento de depósito e o *warrant* não podem respeitar a mais duma espécie de mercadorias.

Art. 30.º (Divisibilidade dos títulos)

O portador do conhecimento de depósito e do *warrant* tem o direito de pedir, à sua custa, a divisão em lotes da mercadoria depositada e que por cada um dos lotes se lhe entreguem títulos parciais em substituição dos títulos primitivos que serão anulados (modelo n.º 6).

Art. 31.º (Transmissibilidade dos títulos)

O conhecimento de depósito e o *warrant* são transmissíveis, junta ou separadamente, por endosso, com a data do dia em que for feito.

§ único. O endosso produzirá os seguintes efeitos:

1.º Sendo dos dois títulos, transferirá a propriedade das mercadorias depositadas;

2.º Sendo só do conhecimento de depósito, transmitirá a propriedade das mercadorias depositadas, com ressalva dos direitos do portador do *warrant*;

1086

Cap. III.   Conhecimentos de depósitos e «warrants»   **Arts. 32.º-36.º   D 206   [101]**

3.º   Sendo só do *warrant*, conferirá ao endossado o direito de penhor sobre as mercadorias depositadas.

Art. 32.º   (Endosso dos títulos)

O conhecimento de depósito e o *warrant* podem ser conjuntamente endossados em branco, conferindo tal endosso ao portador os mesmos direitos do endossante.

§ único. Os endossos dos títulos referidos não ficam sujeitos a nulidade alguma com fundamento na insolvência do endossante, salvo provando-se que o endossado tinha conhecimento desse estado, ou presumindo-se que o tinha nos termos das disposições especiais à falência.

Art. 33.º   (Registo do endosso de «warrant»)

O primeiro endosso de *warrant* mencionará a importância do crédito a cuja segurança foi feito, a taxa do juro e a época do vencimento, e será registado em livro especial do armazém geral agrícola, indicando-se nesse registo a importância devida pela armazenagem, conservação das mercadorias e outras despesas, incluindo o seguro.

§ 1.º   No *warrant* será feito o seguinte lançamento:

«Visto e transcrito no livro de registo n.º... a fl.... Fica debitado por .... centavos. Data e assinatura do director e do chefe de armazém.»

§ 2.º   No conhecimento de depósito transcrever-se-á o endosso a que se refere este artigo, sendo a transcrição assinada pelo endossado.

Art. 34.º   (Constituição de ónus sobre as mercadorias)

As mercadorias depositadas nos armazéns gerais agrícolas não podem ser penhoradas, arrestadas, dadas em penhor ou por outra forma obrigadas, a não ser nos casos de perda do conhecimento de depósito e do *warrant*, e de contestação sobre direitos de sucessão e de quebra.

§ único.   Podem, contudo, os credores do portador do *warrant* penhorar, arrestar ou por outra forma obrigar o referido título.

Art. 35.º   (Levantamento antecipado das mercadorias)

O portador do conhecimento de depósito pode retirar toda ou parte da mercadoria, mesmo antes do vencimento do crédito assegurado pelo *warrant*, desde que deposite na tesouraria da Direcção dos Serviços Agrícolas, a que o armazém geral agrícola pertencer, a importância total do crédito, incluídos os respectivos juros, ou a quantia proporcional a esse crédito e à quantidade da mercadoria a retirar.

§ 1.º   Quando for retirada parte da mercadoria, a quantidade levantada e o seu valor serão averbados no conhecimento de depósito.

§ 2.º   A importância depositada será satisfeita ao portador do *warrant* mediante a restituição deste.

Art. 36.º   (Protesto do «warrant»)

O portador do *warrant* não pago no dia do vencimento pode fazê-lo protestar, como as letras.

[101] D 206 Arts. 37.°-43.° Regulamento dos armazéns gerais agrícolas

§ 1.° Feito o protesto do *warrant*, se este não for pago no prazo de dez dias a contar da data do protesto, o portador poderá pedir à administração do armazém geral agrícola a venda em leilão da mercadoria depositada.

§ 2.° O endossante que pagar ao portador fica sub-rogado nos direitos deste e poderá do mesmo modo fazer proceder à venda do penhor.

Art. 37.° (Venda em leilão)

A administração do armazém geral agrícola logo que receba o pedido a que se refere o artigo antecedente e verifique que o protesto foi legalmente feito, mandará proceder à venda em leilão nas condições referidas no capítulo IV deste regulamento.

Art. 38.° (Falta de protesto)

O portador do *warrant* perde todo o direito contra os endossantes, não tendo feito o devido protesto, ou não tendo feito proceder à venda das mercadorias no prazo legal, mas conserva direito contra o devedor.

Art. 39.° (Direitos do portador do «warrant»)

O portador do *warrant* não pode executar os bens do devedor ou dos endossantes sem se achar exausta a importância da mercadoria sobre a qual foi emitido.

Art. 40.° (Prescrição de acções contra os endossantes)

A prescrição de acções contra os endossantes começará a correr do dia da venda das mercadorias depositadas.

Art. 41.° (Incompatibilidades)

A nenhum dos membros da administração ou empregado do armazém geral agrícola é permitido, por si ou por interposta pessoa, realizar quaisquer operações sobre as mercadorias depositadas ou sobre os respectivos títulos.

Art. 42.° (Sinistro das mercadorias)

No caso de sinistro, a importância do seguro substitui as mercadorias na garantia do *warrant* e das quantias em dívida ao armazém geral agrícola, devendo entregar-se o saldo ao segurado.

Art. 43.° (Desconto dos «warrants»)

São autorizadas a Caixa Geral de Depósitos e Instituições de Previdência e as Caixas de Crédito Agrícola a descontar, sem encargo para o Estado, os *warrants* emitidos sobre as mercadorias depositadas em regime de armazém geral, até uma importância que não poderá ser inferior a 50 por cento do valor das mesmas mercadorias.

§ 1.° O prazo mínimo do desconto do *warrant* será de três meses e o máximo de um ano.

§ 2.° É permitido ao depositante, quando o *warrant* haja sido descontado por menos de um ano, pedir o adiamento da liquidação do desconto até atingir esse prazo, não podendo ser por menos de três meses esse adiamento se não ultrapassar o ano.

1088

Cap. III.   Conhecimentos de depósitos e «warrants»   **Arts. 44.º-47.º D 206 [101]**

§ 3.º O adiamento será pedido ao portador do *warrant* quinze dias antes do vencimento, e somente poderá ser concedido se a mercadoria estiver segurada até o fim do adiamento e se o interessado nada dever ao armazém geral agrícola.

§ 4.º Para este efeito, o portador do *warrant* comunicará o pedido ao director de armazém, o qual, se estiverem satisfeitas as condições do parágrafo anterior, mandará passar novo título em substituição do vencido que será inutilizado com os dizeres «substituído pelo n.º ...» e arquivado.

§ 5.º A importância do juro, relativa ao adiamento, poderá o depositante entregá-la na tesouraria da Direcção dos Serviços Agrícolas, que se encarregará de a pagar ao portador do *warrant* mediante a agência de $01 por 1$ ou fracção sobre essa importância.

Art. 44.º (Juros e encargos dos descontos de «warrants»)

Os juros e encargos totais dos descontos de *warrants* feitos pela Caixa Geral de Depósitos e Instituições de Previdência, pelas Caixas de Crédito Agrícola e por quaisquer outras entidades, não poderão exceder os estipulados por elas em operações semelhantes.

Art. 45.º (Baixa da cotação das mercadorias)

Se, durante o prazo de validade do *warrant,* as cotações das mercadorias depositadas baixarem de modo a haver entre o valor realizável e a quantia mutuada margem inferior a 20%, será o depositante intimado pelo armazém geral agrícola a reforçar o depósito, em género ou dinheiro, para que essa margem se mantenha.

§ único. Para os efeitos deste artigo, o armazém geral agrícola informar-se-á semanalmente das cotações, nos principais mercados do país, das mercadorias depositadas em regime de armazém geral.

Art. 46.º (Liquidação do desconto)

A liquidação do desconto do *warrant* poderá ser feita na tesouraria da Direcção dos Serviços Agrícolas respectiva, que se encarregará de remeter ao portador do *warrant* a importância liquidada.

§ 1.º Por esta operação, a tesouraria da Direcção dos Serviços Agrícolas cobrará do depositante, sobre a importância total do empréstimo, agência de $01 por cada 1$ ou fracção.

§ 2.º Se o portador do *warrant* residir fora da sede do armazém geral agrícola, o depositante terá de pagar a mais o prémio de transferência.

Art. 47.º (Reforma dos títulos)

A entrega de novos títulos, por se haverem destruído ou perdido os primitivos, será feita nos termos dos artigos 151.º a 157.º do Código de Processo Comercial.

Nota. A reforma de títulos está hoje regulada nos arts. 1069.º a 1073.º do CPC.

(...)

1089

ARMAZÉNS GERAIS INDUSTRIAIS

[102] DECRETO N.° 783
de 21 de Agosto de 1914 [1]

Regulamento dos Armazéns Gerais Industriais

CAPÍTULO I.   **Fins dos armazéns gerais industriais**

Art. 1.° (Armazém geral industrial)
Nos termos do Decreto n.° 766, publicado em 18 do corrente, os armazéns gerais industriais ficarão subordinados ao presente regulamento.

(…)

CAPÍTULO III.   **Conhecimentos de depósitos e «warrants»**

Art. 20.° (Conhecimento de depósito e «warrant»)
O depositante de mercadorias sob o regime de armazém geral tem a faculdade de requisitar a entrega dum *conhecimento de depósito* e *warrant* anexo (modelo n.° 4).

Art. 21.° (Conhecimento de depósito)
Os conhecimentos de depósito terão números de ordem, serão extraídos de livretes também numerados e com talões e indicarão (modelo n.° 5):
a) Nome e domicílio do fabricante que fez o depósito;
b) Data e número de entrada no armazém geral industrial;
c) Natureza e quantidade da mercadoria e quaisquer circunstâncias necessárias à sua identificação e avaliação;
d) Número, natureza, peso e marcas dos volumes;
e) Importância do seguro.

Art. 22.° («Warrant»)
O *warrant* é o título referido no § 1.° do artigo 408.° do Código Comercial e nele se repetirão as mesmas indicações que no conhecimento do depósito (modelo n.° 5).

---

[1] As epígrafes dos artigos não constam do texto oficial.

Cap. III. Conhecimentos de depósitos e «warrants» **Arts. 23.°-28.° D 783 [102]**

Art. 23.° (Requisitos de forma)

O conhecimento de depósito e o *warrant* terão as assinaturas do engenheiro-chefe dos serviços técnicos da indústria ou do seu adjunto, em quem ele delegar o encargo de velar pelos armazéns gerais industriais da circunscrição e do chefe de armazém e serão autenticados com o selo branco do armazém geral industrial.

Art. 24.° (Conteúdo dos títulos)

O conhecimento de depósito e o *warrant* só podem referir-se a uma única espécie de mercadorias.

Art. 25.° (Divisibilidade dos títulos)

O portador do conhecimento de depósito e do *warrant* tem o direito de pedir, à sua custa, a divisão, em lotes, da mercadoria depositada e que por cada um dos lotes se lhe entreguem títulos parciais em substituição dos títulos primitivos, que serão anulados (modelo n.° 6).

Art. 26.° (Transmissibilidade dos títulos)

O conhecimento de depósito e o *warrant* são transmissíveis, junta ou separadamente, por endosso, com a data do dia em que for feito.

§ único. O endosso produzirá os seguintes efeitos:

1.° Sendo dos dois títulos, transferirá a propriedade das mercadorias depositadas;

2.° Sendo só do conhecimento de depósito, transmitirá a propriedade das mercadorias depositadas, com ressalva dos direitos do portador do *warrant*;

3.° Sendo só do *warrant*, conferirá ao endossado o direito de penhor sobre as mercadorias depositadas.

Art. 27.° (Endosso dos títulos)

O conhecimento de depósito e o *warrant* podem ser conjuntamente endossados em branco, conferindo tal endosso ao portador os mesmos direitos do endossante.

§ único. Os endossos dos títulos referidos não ficam sujeitos a nulidade alguma com fundamento na insolvência do endossante, salvo provando-se que o endossado tinha conhecimento desse estado, ou presumindo-se que o tinha nos termos das disposições especiais à falência.

Art. 28.° (Registo do endosso de «warrant»)

O primeiro endosso do *warrant* mencionará a importância do crédito a cuja segurança foi feito, a taxa do juro e a época do vencimento, e será registado em livro especial do armazém geral industrial, indicando-se nesse registo a importância devida pela armazenagem, conservação das mercadorias e outras despesas, incluindo o seguro.

§ 1.° No *warrant* será feito o seguinte lançamento:

«Visto e transcrito no livro de registo n.° ... a fl.... Fica debitado por ... centavos. Data e assinaturas do engenheiro-chefe dos serviços técnicos da indústria ou do seu delegado e do chefe de armazém.»

[102] D 783 Arts. 29.°-34.° Regulamento dos armazéns gerais industriais

§ 2.° No conhecimento de depósito transcrever-se-á o endosso a que se refere este artigo, sendo a transcrição assinada pelo endossado.

Art. 29.° (Levantamento antecipado das mercadorias)

O portador do conhecimento de depósito pode retirar toda ou parte da mercadoria, mesmo antes do vencimento do crédito assegurado pelo *warrant*, desde que deposite na Caixa Geral de Depósitos e Instituições de Previdência ou na sua delegação, concernente à área a que pertencer o armazém geral, a importância total do crédito, incluídos os respectivos juros, ou a quantia proporcional a esse crédito e à quantidade da mercadoria a retirar.

§ 1.° Quando for retirada parte da mercadoria, a quantidade levantada e o seu valor serão averbados no conhecimento de depósito.

§ 2.° A importância depositada será satisfeita ao portador do *warrant* mediante a restituição deste.

Art. 30.° (Protesto do «warrant»)

Feito o protesto do *warrant*, nos termos do artigo 13.° do Decreto n.° 766, de 18 deste mês, se este for pago no prazo de dez dias, a contar da data do protesto, o portador poderá pedir à administração do armazém geral industrial a venda em leilão da mercadoria depositada.

§ único. O endossante que pagar ao portador fica sub-rogado nos direitos deste e poderá do mesmo modo fazer proceder à venda do penhor.

Nota. Dispõe o art. 13.° do D n.° 766, de 18 de Agosto de 1914: «O *warrant* não pago no dia do vencimento é susceptível de protesto, como as letras comerciais».

Art. 31.° (Venda em leilão)

A administração do armazém geral industrial, logo que receba o pedido a que se refere o artigo antecedente e verifique que o protesto foi legalmente feito, mandará proceder à venda em leilão nas condições referidas no capítulo IV deste regulamento.

Art. 32.° (Falta de protesto)

O portador do *warrant* perde todo o direito contra os endossantes, não tendo feito o devido protesto, ou não tendo feito proceder à venda das mercadorias no prazo legal, mas conserva o direito contra o devedor.

Art. 33.° (Direitos do portador do «warrant»)

O portador do *warrant* não pode executar os bens do devedor ou dos endossantes sem se achar exausta a importância da mercadoria sobre a qual foi emitido.

Art. 34.° (Prescrição de acções contra os endossantes)

A prescrição de acções contra os endossantes começará a correr do dia da venda das mercadorias depositadas.

Cap. III.   Conhecimentos de depósitos e «warrants»   **Arts. 35.º-38.º D 783 [102]**

Art. 35.º (Sinistro das mercadorias)

No caso de sinistro, a importância do seguro substitui as mercadorias na garantia do *warrant* e as quantias em dívida ao armazém geral industrial, devendo entregar-se o saldo ao segurado.

Art. 36.º (Desconto dos «warrants»)

É autorizada a Caixa Geral de Depósitos e Instituições de Previdência a descontar, sem encargo para o Estado, os *warrants* emitidos sobre as mercadorias depositadas em regime de armazém geral, até uma importância que não poderá ser superior a 50 por cento do valor das mesmas mercadorias, conforme o prescrito no artigo 14.º do Decreto n.º 766, de 18 do corrente.

§ 1.º O prazo mínimo do desconto do *warrant* será de três meses e o máximo de um ano.

§ 2.º É permitido ao depositante, quando o *warrant* haja sido descontado por menos de ano, pedir o adiamento da liquidação do desconto até atingir esse prazo, não podendo ser por menos de três meses esse adiamento se não ultrapassar o ano.

§ 3.º O adiamento será pedido ao portador do *warrant* quinze dias antes do vencimento, e somente poderá ser concedido se a mercadoria estiver segurada até o fim do adiamento e se o interessado nada dever ao armazém geral industrial.

§ 4.º Para este efeito, o portador do *warrant* comunicará o pedido ao engenheiro-chefe dos serviços técnicos da indústria da respectiva circunscrição, o qual, se estiverem satisfeitas as condições do parágrafo anterior, mandará passar novo título em substituição do vencido, que será inutilizado com os dizeres «substituído pelo n.º ...» e arquivado.

§ 5.º A importância do juro, relativa ao adiamento, poderá o depositante entregá-la na tesouraria da Caixa Geral de Depósitos e Instituições de Previdência, que se encarregará de a pagar ao portador do *warrant* mediante a agência de $01 por 1$ ou fracção sobre essa importância.

Nota. Cf. o D n.º 855, de 11 de Setembro de 1914.

Art. 37.º (Juros e encargos dos descontos de «warrants»)

Os juros e encargos totais dos descontos de *warrants* feitos pela Caixa Geral de Depósitos e Instituições de Previdência, e por quaisquer outras entidades, não poderão exceder os estipulados por elas em operações semelhantes.

Art. 38.º (Baixa da cotação das mercadorias)

Se, durante o prazo de validade do *warrant,* as cotações das mercadorias depositadas baixarem de modo a haver entre o valor realizável e a quantia mutuada uma margem inferior a 20 por cento, será o depositante intimado pelo armazém geral industrial a reforçar o depósito, em géneros ou em dinheiro, para que essa margem se mantenha.

§ único. Para os efeitos deste artigo, o armazém geral industrial informar-se-á semanalmente das cotações, nos principais mercados do país, das mercadorias depositadas em regime de armazém geral.

1093

[102] D 783 Arts. 39.º-40.º   Regulamento dos armazéns gerais industriais

Art. 39.º (Liquidação do desconto)

A liquidação do desconto do *warrant* poderá ser feita na tesouraria da Caixa Geral de Depósitos e Instituições de Previdência ou na delegação respectiva, que se encarregará de remeter ao portador do *warrant* a importância liquidada.

§ 1.º Por esta operação, a tesouraria da Caixa Geral de Depósitos e Instituições de Previdência cobrará do depositante, sobre a importância total do empréstimo, a agência de $01 por cada 1$ ou fracção.

§ 2.º Se o portador do *warrant* residir fora da sede do armazém geral industrial, o depositante terá de pagar a mais o prémio de transferência.

Art. 40.º (Reforma dos títulos)

A entrega de novos títulos, por se haverem destruído ou perdido os primitivos, será feita nos termos dos artigos 151.º a 157.º do Código de Processo Comercial.

Nota. A reforma de títulos está hoje regulada nos arts. 1069.º a 1073.º do CPC.

(...)

CONHECIMENTO DE CARGA

[103] CONVENÇÃO INTERNACIONAL PARA A UNIFICAÇÃO DE CERTAS REGRAS EM MATÉRIA DE CONHECIMENTO,

assinada em Bruxelas a 25 de Agosto de 1924 [1]

Art. 1.º (Conceitos)

Na presente Convenção foram empregadas, no sentido preciso abaixo indicado, as palavras seguintes:

a) «Armador» é o proprietário do navio ou afretador que foi parte num contrato de transporte com um carregador;

b) «Contrato de transporte» designa somente o contrato de transporte provado por um conhecimento ou por qualquer documento similar servindo de título ao transporte de mercadorias por mar; e aplica-se igualmente ao conhecimento ou documento similar emitido em virtude duma carta-partida, desde o momento em que este título regule as relações do armador e do portador do conhecimento;

c) «Mercadorias» compreende os bens, objectos, mercadorias e artigos de qualquer natureza, excepto animais vivos e a carga que, no contrato de transporte, é declarada como carregada no convés e, de facto, é assim transportada;

d) «Navio» significa todo o barco empregado no transporte de mercadorias por mar;

e) «Transporte de mercadorias» abrange o tempo decorrido desde que as mercadorias são carregadas a bordo do navio até ao momento em que são descarregadas.

---

[1] Assinaram esta Convenção – que é conhecida pela designação abreviada de Convenção de Bruxelas, de 25-8-1924 – os seguintes Estados: Alemanha, Argentina, Bélgica, Chile, Cuba, Dinamarca, Espanha, Estónia, Estados Unidos da América, Finlândia, França, Grã-Bretanha, Hungria, Itália, Japão, Letónia, México, Noruega, Holanda, Perú, Portugal, Roménia, Jugoslávia, Suécia e Uruguai.

O Governo Português foi autorizado a dar a sua adesão pelo Decreto n.º 19 857, de 18 de Maio de 1931. Deu-a pela Carta de 5 de Dezembro de 1931, publicada no DG de 2 de Junho de 1932, rectificada no DG de 11 de Julho.

O DL n.º 37 748, de 1 de Fevereiro de 1950 **[104]**, introduz no direito interno alguns preceitos desta Convenção.

As epígrafes dos artigos não constam do texto oficial.

[103] ConvBrux Arts. 2.°-3.°   Conhecimento da carga

Art. 2.° (Direitos e obrigações do armador)

Salvo o disposto no artigo 6.°, o armador, em todos os contratos de transporte de mercadorias por mar, ficará, quanto ao carregamento, manutenção, estiva, transporte, guarda, cuidados e descargas dessas mercadorias, sujeito às responsabilidades e obrigações, e gozará dos direitos e isenções indicados nos artigos seguintes.

Art. 3.° (Obrigações do armador)

1.° O armador será obrigado, antes e no início da viagem, a exercer uma razoável diligência para:

a) Pôr o navio em estado de navegabilidade;

b) Armar, equipar e aprovisionar convenientemente o navio;

c) Preparar e pôr em bom estado os porões, os frigoríficos e todas as outras partes do navio em que as mercadorias são carregadas, para a sua recepção, transporte e conservação.

2.° O armador, salvo o disposto no artigo 4.°, procederá de modo apropriado e diligente ao carregamento, manutenção, estiva, transporte, guarda, cuidados e descarga das mercadorias transportadas.

3.° Depois de receber e carregar as mercadorias, o armador, o capitão ou o agente do armador deverá, a pedido do carregador, entregar a este um conhecimento contendo, entre outros elementos:

a) As marcas principais necessárias à identificação das mercadorias tais quais foram indicadas por escrito pelo carregador antes de começar o embarque dessas mercadorias, contanto que essas marcas estejam impressas ou apostas claramente, de qualquer outra maneira, sobre as mercadorias não embaladas ou sobre as caixas ou embalagens que as contêm, de tal sorte que se conservem legíveis até ao fim da viagem;

b) Ou o número de volumes, ou de objectos, ou a quantidade, ou o peso, segundo os casos, tais como foram indicados por escrito pelo carregador;

c) O estado e o acondicionamento aparente das mercadorias.

Porém, nenhum armador, capitão ou agente do armador será obrigado a declarar ou mencionar, no conhecimento, marcas, número, quantidade ou peso que, por motivos sérios, suspeite não representarem exactamente as mercadorias por ele recebidas, ou que por meios suficientes não pôde verificar.

4.° Um tal conhecimento constituirá presunção, salvo a prova em contrário, da recepção pelo armador das mercadorias tais como foram descritas conforme o § 3.°, alíneas *a*), *b*) e *c*).

5.° O carregador será considerado como tendo garantido ao armador, no momento do carregamento, a exactidão das marcas, do número, da quantidade e do peso, tais como por ele foram indicados, e indemnizará o armador de todas as perdas, danos e despesas provenientes ou resultantes de inexactidões sobre estes pontos. O direito do armador a tal indemnização não limitará, de modo nenhum, a sua responsabilidade e os seus compromissos, derivados do contrato de transporte, para com qualquer pessoa diversa do carregador.

6.° Salvo o caso de ser dado ao armador ou ao seu agente no porto de desembarque um aviso, por escrito, da existência e da natureza de quaisquer perdas e danos, antes ou no momento da retirada das mercadorias e da sua entrega a pessoa que tem o direito de recebê-las em virtude do contrato de transporte, essa retirada

1096

Conhecimento da carga   Art. 4.º ConvBrux **[103]**

constituirá, até prova em contrário, uma presunção de que as mercadorias foram entregues pelo armador tais como foram descritas no conhecimento.

Se as perdas e danos não são aparentes, o aviso deve ser dado no prazo de três dias a contar da data da entrega.

As reservas escritas são inúteis se o estado da mercadoria foi contraditoriamente verificado no momento da recepção.

Em todos os casos o armador e o navio ficarão libertados de toda a responsabilidade por perdas ou danos, não sendo instaurada a respectiva acção no prazo de um ano a contar da entrega das mercadorias ou da data em que estas deveriam ser entregues.

Em caso de perda ou dano certos ou presumidos, o armador e o destinatário concederão reciprocamente todas as facilidades razoáveis para a inspecção da mercadoria e verificação do número de volumes.

7.º Depois de carregadas as mercadorias, o conhecimento que o armador, o capitão ou o agente do armador entregar ao carregador, será, se este o exigir, um conhecimento com a nota de «Embarcado»; mas, se o carregador tiver anteriormente recebido qualquer documento dando direito a essas mercadorias, deverá restituir esse documento em troca do conhecimento com a nota de «Embarcado». O armador, o capitão ou o agente terá igualmente a faculdade de anotar, no porto de embarque, no documento entregue em primeiro lugar, o nome ou os nomes dos navios em que as mercadorias foram embarcadas e a data ou datas de embarque, e quando esse documento for assim anotado, se ele contiver também as menções do artigo 3.º, § 3.º, será considerado, para os fins deste artigo, como constituindo um conhecimento com a nota de «Embarcado».

8.º Será nula, de nenhum efeito e como se nunca tivesse existido, toda a cláusula, convenção ou acordo num contrato de transporte exonerando o armador ou o navio da responsabilidade por perda ou dano concernente a mercadorias provenientes de negligência, culpa ou omissão dos deveres ou obrigações preceituados neste artigo, ou atenuando essa responsabilidade por modo diverso do preceituado na presente Convenção. Uma cláusula cedendo o benefício do seguro ao armador ou qualquer cláusula semelhante será considerada como exonerando o armador da sua responsabilidade.

Art. 4.º (Responsabilidade pelo estado de inavegabilidade)

1.º Nem o armador nem o navio serão responsáveis pelas perdas ou danos provenientes ou resultantes do estado de inavegabilidade, salvo sendo este imputável à falta de razoável diligência da parte do armador em pôr o navio em estado de navegabilidade ou em assegurar ao navio um armamento, equipamento ou aprovisionamento convenientes, ou em preparar e pôr em bom estado os porões, frigoríficos e todas as outras partes do navio onde as mercadorias são carregadas, de modo que elas sejam aptas à recepção ou transporte e à preservação das mercadorias, tudo conforme o preceituado no artigo 3.º, § 1.º. Todas as vezes que uma perda ou um dano resultar da inavegabilidade, o ónus da prova no concernente à realização da diligência razoável recairá no armador ou em qualquer outra pessoa que invoque a exoneração prevista neste artigo.

2.º Nem o armador nem o navio serão responsáveis por perda ou dano resultante ou proveniente:

[103] ConvBrux Art. 4.º

Conhecimento da carga

a) De actos, negligência ou falta do capitão, mestre, piloto ou empregados do armador na navegação ou na administração do navio;

b) De um incêndio, salvo se for causado por falta ou culpa do armador;

c) De perigos, riscos ou acidentes do mar ou de outras águas navegáveis;

d) De casos fortuitos;

e) De factos de guerra;

f) De factos de inimigos públicos;

g) De embargo ou coacção de governo, autoridades ou povo, ou de uma apreensão judicial;

h) De uma imposição de quarentena;

i) De um acto ou duma omissão de carregador ou proprietário das mercadorias, ou de seu agente ou representante;

j) De greves ou *lock-outs*, ou de suspensões ou dificuldades postas ao trabalho, seja qual for a causa, parcialmente ou totalmente;

k) De motins ou perturbações populares;

i) De uma salvação ou tentativa de salvação de vidas ou bens no mar;

m) De desfalque de volumes ou de peso, ou de qualquer outra perda ou dano resultante de vício oculto, natureza especial ou vício próprio da mercadoria;

n) De uma insuficiência de embalagem;

o) De uma insuficiência ou imperfeição de marcas;

p) De vícios-ocultos que escapam a uma razoável diligência;

q) De qualquer outra causa não proveniente de facto ou culpa do armador, ou de facto ou culpa de agentes ou empregados do armador, mas o encargo da prova incumbirá à pessoa que invoca o benefício desta isenção e cumprir-lhe-á mostrar que nem a culpa pessoal, nem o facto de o armador, nem a culpa ou o facto de os agentes ou empregados do armador contribuíram para a perda ou dano.

3.º O carregador não será responsável pelas perdas e danos sofridos pelo armador ou pelo navio, qualquer que seja a causa de que provenham ou resultem, desde que não sejam imputáveis a acto, culpa ou negligência do mesmo carregador, de seus agentes ou empregados.

4.º Nenhum desvio de rota para salvar ou tentar salvar vidas ou bens no mar, nem qualquer desvio de rota razoável, será considerado como infracção à presente Convenção ou ao contrato de transporte, e o infractor não será responsável de qualquer perda ou dano que daí resulte.

5.º Tanto o armador como o navio não serão obrigados, em caso algum, por perdas e danos causados às mercadorias ou que lhe digam respeito, por uma soma superior a 100 libras esterlinas por volume ou unidade, ou o equivalente desta soma numa diversa moeda, salvo quando a natureza e o valor destas mercadorias tiverem sido declarados pelo carregador antes do seu embarque e essa declaração tiver sido inserida no conhecimento.

Esta declaração assim inserida no conhecimento constituirá uma presunção, salva a prova em contrário, mas não obrigará o armador, que poderá contestá-la.

Por convenção entre o armador, capitão ou agente do armador e o carregador, poderá ser determinada uma quantia máxima diferente da inscrita neste parágrafo, contanto que esse máximo convencional não seja inferior à cifra acima fixada.

1098

Conhecimento da carga

Arts. 5.º-6.º ConvBrux [103]

Nem o armador nem o navio serão responsáveis, em caso nenhum, pelas perdas e danos causados às mercadorias ou que lhes sejam concernentes, se no conhecimento o carregador houver feito, conscientemente, uma falsa declaração da sua natureza ou do seu valor.

6.º As mercadorias de natureza inflamável, explosiva ou perigosa, cujo embarque o armador, o capitão ou o agente do armador não consentiriam, se conhecessem a sua natureza ou o seu carácter, poderão ser, a todo o momento, antes da descarga, desembarcados em qualquer lugar, ou destruídas ou tornadas inofensivas pelo armador, sem indemnização; e o carregador dessas mercadorias será responsável por todo o dano e pelas despesas provenientes ou resultantes, directa ou indirectamente, do embarque delas. Se alguma dessas mercadorias, embarcadas com o conhecimento e consentimento do armador, se converter em perigo para o navio ou para a carga, poderá ser da mesma maneira desembarcada ou destruída ou tornada inofensiva pelo armador, sem responsabilidade para este, salvo a que resultar de avarias comuns, havendo-as.

Art. 5.º (Modificação dos direitos e obrigações do armador)

O armador tem a faculdade de renunciar, no todo ou em parte, aos seus direitos e isenções ou de agravar as suas responsabilidades e obrigações tais como se acham previstas, umas e outras, na presente Convenção, contanto que essa renúncia ou esse agravamento seja inserido no conhecimento entregue ao carregador.

Nenhuma disposição da presente Convenção se aplica às cartas-partidas; mas, se no caso de um navio regido por carta-partida forem emitidos conhecimentos, ficarão estes sujeitos aos termos da presente Convenção. Nenhuma disposição destas regras será havida como obstáculo à inserção num conhecimento de qualquer disposição lícita concernente às avarias comuns.

Art. 6.º (Validade de convenções particulares)

Não obstante as disposições dos artigos precedentes, o armador, capitão ou agente do armador e o carregador têm a faculdade de, em relação a determinadas mercadorias, quaisquer que elas sejam, celebrar um contrato qualquer com quaisquer condições concernentes à responsabilidade e às obrigações, assim como aos direitos e isenções do armador a respeito das mesmas mercadorias, ou a respeito das suas obrigações quanto ao estado de navegabilidade do navio, até onde esta estipulação não for contrária à ordem pública, ou em relação às solicitudes ou diligências dos seus empregados ou agentes quanto ao carregamento, manutenção, estiva, transporte, guarda, cuidados e descarga das mercadorias transportadas por mar, contando que, neste caso, nenhum conhecimento tenha sido ou venha a ser emitido e que as cláusulas do acordo celebrado sejam inseridas num recibo, que será um documento intransmissível e conterá a menção deste carácter.

Toda a convenção assim celebrada terá plena validade legal.

Fica, todavia, convencionado que este artigo não se aplicará aos carregamentos comerciais ordinários, feitos por efeito de operações comerciais ordinárias, mas somente àqueles carregamentos em que o carácter e a condição dos bens a transportar e as circunstâncias, os termos e as condições em que o transporte se deve fazer são de molde a justificar uma convenção especial.

[103] ConvBrux Arts. 7.º-11.º   Conhecimento da carga

Art. 7.º (Outras estipulações)

Nenhuma disposição da presente Convenção proíbe ao armador ou carregador inserir num contrato estipulações, condições, reservas ou isenções relativas às obrigações e responsabilidades do armador, ou do navio, pelas perdas e danos que sobrevierem às mercadorias, ou concernentes à sua guarda, cuidado e manutenção, anteriormente ao carregamento e posteriormente à descarga do navio no qual as mesmas mercadorias são transportadas por mar.

Art. 8.º (Limitação da responsabilidade)

As disposições da presente Convenção não modificam os direitos nem as obrigações do armador tais como resultam de qualquer lei em vigor neste momento relativamente à limitação da responsabilidade dos proprietários de navios de mar.

Nota. V. nota 3 ao art. 492.º do CCom [1].

Art. 9.º (Unidade monetária)

As unidades monetárias de que na presente Convenção se trata são expressas em valor-ouro.

Os Estados contratantes em que a libra esterlina não é empregada como unidade monetária reservam-se o direito de converter em números redondos, segundo o seu sistema monetário, as somas indicadas em libras esterlinas na presente Convenção.

As leis nacionais podem reservar ao devedor a faculdade de pagar na moeda nacional, conforme o curso do câmbio no dia da chegada do navio ao porto de descarga da mercadoria de que se trata.

Art. 10.º (Âmbito de aplicação da Convenção)

As disposições da presente Convenção aplicar-se-ão a todo o conhecimento criado num dos Estados contratantes.

Art. 11.º (Depósito das ratificações)

Dentro do prazo de dois anos, o mais tardar, a contar do dia da assinatura da Convenção, o Governo belga dirigir-se-á aos Governos das Altas Partes Contratantes que houverem declarado que desejam ratificá-la, a fim de os decidir a pô-la em vigor. As ratificações serão depositadas em Bruxelas, na data que será fixada de comum acordo entre os ditos Governos. O primeiro depósito das ratificações será verificado por uma acta assinada pelos representantes dos Estados que nele tomarem parte e pelo Ministro dos Negócios Estrangeiros da Bélgica.

Os depósitos ulteriores far-se-ão por uma notificação escrita e dirigida ao Governo belga e acompanhada do instrumento de ratificação.

Uma certidão da acta relativa ao primeiro depósito das notificações mencionadas na alínea precedente, assim como os instrumentos de ratificação que as acompanham, será imediatamente, pelos cuidados do Governo belga e pela via diplomática, entregue aos governos que assinaram a presente Convenção ou a ela aderiram. Nos casos visados na alínea precedente, o dito Governo fará conhecer, ao mesmo tempo, a data em que recebeu a notificação.

1100

Conhecimento da carga | Arts. 12.°-16.° ConvBrux **[103]**

Art. 12.° (Adesões à Convenção)

Os Estados não signatários poderão aderir à presente Convenção, quer estivessem, quer não, representados na Conferência Internacional de Bruxelas.

O Estado que desejar aderir notificará por escrito a sua intenção ao Governo belga transmitindo-lhe o título de adesão, que será depositado nos arquivos do dito Governo.

O Governo belga transmitirá imediatamente a todos os Estados signatários ou aderentes uma certidão da notificação, assim como do título de adesão, indicando a data em que recebeu a notificação.

Art. 13.° (Exclusão de certos territórios)

As Altas Partes Contratantes podem, no momento da assinatura do depósito das notificações ou da sua adesão, declarar que a aceitação que dão à presente Convenção não se aplica seja a certos, seja a nenhum dos Domínios autónomos, colónias, possessões, protectorados ou territórios do ultramar que se acham sob a sua soberania ou autoridade. Em consequência, elas podem ulteriormente aderir separadamente, em nome de um ou outro desses Domínios autónomos, colónias, possessões, protectorados ou territórios do ultramar assim excluídos na sua declaração primitiva. Elas podem também, conformando-se com estas disposições, denunciar a presente Convenção separadamente em relação a um ou algum dos Domínios autónomos, colónias, possessões, protectorados ou territórios do ultramar que se acham sob a sua soberania ou autoridade.

Art. 14.° (Entrada em vigor)

Nos Estados que tiverem participado no primeiro depósito de ratificações, a presente Convenção produzirá efeito um ano após a data da acta desse depósito. Quanto aos Estados que a ratificaram ulteriormente ou a ela aderirem, assim como nos casos em que ela for posta em vigor ulteriormente, segundo o artigo 13.°, ela produzirá efeito seis meses depois que as notificações previstas no artigo 11.°, alínea 2.ª, e no artigo 12.°, alínea 2.ª, tiverem sido recebidas pelo Governo belga.

Art. 15.° (Denúncia da Convenção)

Se um dos Estados contratantes quiser denunciar a presente convenção, a denúncia será notificada por escrito ao Governo belga, que enviará imediatamente uma certidão da notificação a todos os outros Estados, fazendo-lhes saber a data em que a recebeu.

A denúncia produzirá os seus efeitos somente em relação ao Estado que a notifica e um ano depois de a notificação ser recebida pelo Governo belga.

Art. 16.° (Revisão da Convenção)

Cada Estado contratante terá a faculdade de provocar a reunião duma nova conferência, a fim de se estudarem os melhoramentos que poderiam ser introduzidos na presente Convenção.

O Estado que fizer uso desta faculdade deverá notificar a sua intenção aos outros Estados com a antecipação de um ano, por intermédio do Governo belga, que se encarregará de convocar a conferência.

Feita em Bruxelas, em um só exemplar, aos 25 de Agosto de 1924.

[103] ConvBrux

Conhecimento da carga

PROTOCOLO DE ASSINATURA

Procedendo à assinatura da Convenção Internacional para a unificação de certas regras em matéria de conhecimentos, os Plenipotenciários abaixo assinados adoptaram o presente Protocolo, que terá o mesmo valor que se as suas disposições estivessem inseridas no texto da mesma Convenção a que se refere.

As Altas Partes Contratantes poderão pôr em vigor esta Convenção, seja dando-lhe força de lei, seja introduzindo na sua legislação nacional as regras adoptadas pela Convenção sob uma forma apropriada a esta legislação.

Elas reservam-se expressamente o direito:

1.º De apreciar que, nos casos do artigo 4.º, alínea 2.ª, de c) até p), o portador do conhecimento pode demonstrar a culpa pessoal do armador ou as culpas dos seus subordinados não cobertas pelo parágrafo a);

2.º De aplicar, no concernente à cabotagem nacional, o artigo 6.º a todas as categorias de mercadorias, sem atender à restrição consignada na alínea final do mesmo artigo.

Feito em Bruxelas, em um só exemplar, aos 25 de Agosto de 1924.

Eu, abaixo assinado, Embaixador de Sua Majestade Britânica em Bruxelas, ao apor a minha assinatura no Protocolo de Assinatura da Convenção Internacional para a unificação de certas regras relativas a conhecimentos de carga, aos quinze dias de Novembro de 1924, faço as seguintes declarações por instrução do meu Governo.

Declaro que o Governo de Sua Majestade Britânica adopta a última reserva do Protocolo adicional da Convenção sobre conhecimentos de carga.

Declaro, ainda, que a minha assinatura apenas obriga a Grã-Bretanha e Irlanda do Norte e que reservo a cada um dos Domínios Britânicos, Colónias, Possessões Ultramarinas e Protectorados, e a cada um dos territórios sobre os quais Sua Majestade Britânica exerce um mandato, o direito de aderir a esta Convenção, nos termos do artigo 13.º

Bruxelas, aos quinze dias de Novembro de 1924. – *George Grahan,* Embaixador de Sua Majestade Britânica em Bruxelas.

Embaixada Imperial do Japão. – Nota anexa à comunicação dirigida por Sua Ex.ª o Sr. Embaixador do Japão ao Sr. Ministro dos Negócios Estrangeiros da Bélgica, em 25 de Agosto de 1925:

No momento de proceder à assinatura da Convenção Internacional para a unificação de certas regras em matéria de conhecimentos, o abaixo assinado, Plenipotenciário do Japão, faz as seguintes reservas:

a) Ao artigo 4.º .

O Japão faz depender de prévio aviso a aceitação das disposições da alínea *a)* do n.º 2 do artigo 4.º.

b) O Japão é de opinião que a Convenção, no seu todo, se não aplica à cabotagem nacional; por consequência, não haveria razão de fazer desta objecto de disposições no Protocolo. Todavia, em caso contrário, o Japão reserva o direito de regular livremente a cabotagem nacional pela sua própria legislação.

Bruxelas, 25 de Agosto de 1925. — *M. Adatci.*

CONHECIMENTO DE CARGA

[104] DECRETO-LEI N.º 37 748
de 1 de Fevereiro de 1950 [1]

Usando da faculdade conferida pela 1.ª parte do n.º 2.º do artigo 109.º da Constituição, o Governo decreta e eu promulgo, para valer como lei, o seguinte:

Art. 1.º (Âmbito de aplicação)
O disposto nos artigos 1 a 8 da Convenção de Bruxelas de 25 de Agosto de 1924, publicada no *Diário do Governo*, 1.ª série, de 2 de Junho de 1932, e rectificada no *Diário do Governo*, 1.ª série, de 11 de Julho do mesmo ano, será aplicável a todos os conhecimentos de carga emitidos em território português, qualquer que seja a nacionalidade das partes contratantes.

§ 1.º É fixado em 12 500$ o limite de responsabilidade a que se referem os artigos 4, n.º 5.º, e 9 da mesma Convenção.

§ 2.º É reconhecida ao portador do conhecimento a faculdade prevista no n.º 1.º do Protocolo de assinatura da Convenção.

Art. 2.º (Mercadoria a granel)
O peso ou o volume de mercadoria a granel exarado em conhecimento de carga com base em medição e indicação feitas, segundo os usos ou costumes do comércio dessa mercadoria, por terceiro estranho ao armador e ao carregador não se considera garantido por este, nem constitui presunção contra aquele.

Art. 3.º (Negociabilidade dos conhecimentos de carga)
Os conhecimentos de carga referidos no artigo 1.º não serão negociáveis se deles não constar a declaração de que se regem pelo presente decreto-lei e disposições da Convenção de Bruxelas de 25 de Agosto de 1924, por este integradas no direito português.

Art. 4.º (Entrada em vigor)
O presente diploma aplica-se a todo o território da República a partir de 1 de Março de 1950.

---

[1] As epígrafes dos artigos não constam do texto oficial.

EXTRACTO DE FACTURA

[105] DECRETO N.° 19 490
de 21 de Março de 1931 [1]

Usando da faculdade que me confere o n.° 2 do artigo 2.° do Decreto n.° 12 740, de 26 de Novembro de 1926, por força do disposto no artigo 1.° do Decreto n.° 15 331, de 9 de Abril de 1928, sob proposta dos Ministros de todas as Repartições:

Hei por bem decretar, para valer como lei, o seguinte:

Art. 1.° (Extracto de factura)

Nos contratos de compra e venda mercantil a prazo celebrados entre comerciantes domiciliados no continente e ilhas adjacentes, sempre que o preço não seja representado por letras, deve, no acto da entrega real, presumida ou simbólica da mercadoria, passar-se uma factura ou conta, que será acompanhada de um extracto, nos termos do art. 3.°

§ 1.° O comprador ficará com a factura e o vendedor com o extracto, depois de por aquele conferido e aceito.

§ 2.° Não sabendo o comprador escrever, o extracto será assinado a seu rogo, com intervenção de duas testemunhas. Estas e a pessoa que assinar a rogo indicarão, em seguida as assinaturas, o respectivo estado, profissão e morada.

§ 3.° Com respeito às compras e vendas parcelarmente realizadas entre os mesmos comerciantes, dentro de um período semanal, decendial, quinzenal ou mensal, poderão passar-se simples notas de remessa em dois exemplares, dos quais um ficará em poder do comprador e o outro será devolvido ao vendedor, com a assinatura ou rubrica e carimbo daquele. O vendedor deverá passar no último dia do respectivo período uma factura geral, que mencionará apenas os números das notas de remessa e as importâncias totais de cada uma, e será acompanhada do competente extracto.

§ 4.° Na hipótese do parágrafo anterior, as compras e vendas realizadas a contar do dia 20 de cada mês poderão ser incluídas na primeira factura do mês imediato. Neste caso a nota de remessa respectiva conterá, com referência a este mês, a declaração: «valor para o dia 1 de...»

Art. 2.° (Vendas a prestações)

Quando o preço haja de ser pago em prestações, deverá o vendedor passar, em vez de um só extracto relativo à importância global da venda, tantos quantas

---

[1] As epígrafes dos artigos não constam do texto oficial.

Extracto de factura

Arts. 3.º-5.º ExtFact [105]

forem as prestações ajustadas, e indicará em cada um o número da prestação a que corresponde.

Art. 3.º (Conteúdo do extracto)

O extracto passado na conformidade do presente decreto ou instrumento do protesto nos termos do artigo 11.º é a base indispensável de qualquer procedimento judicial destinado a tornar efectivos os direitos do vendedor, e deveconter:

a) O número de ordem da factura;

b) A data da emissão;

c) O nome e domicílio do vendedor;

d) O nome e domicílio do comprador;

e) O saldo líquido da factura original, em algarismos e por extenso, ou, na hipótese do artigo 2.º, a importância da prestação a que corresponde;

f) O número do copiador e respectivos fólios;

g) A época do pagamento;

h) O lugar onde este deva ser efectuado;

i) A assinatura do vendedor.

§ 1.º Todo o extracto passado nos termos deste decreto envolve necessariamente a cláusula à ordem.

§ 2.º Se o extracto não indicar o lugar do pagamento, será pagável no domicílio do vendedor.

Art. 4.º (Remessa do extracto ao comprador)

Nos oito dias seguintes àquele em que o extracto deva ter sido passado nos termos do art. 1.º e seus §§ 3.º e 4.º deverá o vendedor enviá-lo ao comprador em carta registada ou por emissário.

§ 1.º Quando enviado por emissário, será o extracto acompanhado de um verbete, que o comprador assinará, com a declaração do dia em que tenha recebido o mesmo extracto.

§ 2.º Para o efeito do disposto neste artigo são considerados emissários do vendedor o portador do extracto, seus agentes, representantes e empregados.

Art. 5.º (Devolução do extracto aceito ao vendedor)

O extracto aceito pelo comprador será devolvido de modo que esteja em poder do vendedor ou do portador dentro:

a) De oito dias, quando o comprador e vendedor sejam estabelecidos no continente ou na mesma ilha;

b) De vinte e cinco dias em qualquer outro caso.

§ 1.º Estes prazos contam-se do dia em que o comprador haja recebido o extracto.

§ 2.º A devolução do extracto será feita por carta registada ou por emissário.

§ 3.º Sob pena de responderem por perdas e danos, o vendedor ou o portador acusarão o recebimento do extracto aceito pelo comprador:

a) No prazo de cinco dias, quando lhes tenha sido devolvido em carta registada;

b) Imediatamente, mediante declaração entregue ao emissário do comprador, quando a devolução tenha sido feita por emissário.

1105

[105] ExtFact Arts. 6.°-11.°   Extracto de factura

Art. 6.° (Recusa de aceitação)

Quando o comprador entender que tem motivos legítimos para não assinar o extracto, deverá, não obstante, devolvê-lo nos prazos marcados no artigo antecedente. Nesse caso será o extracto acompanhado da exposição dos motivos invocados, feita em carta registada.

Art. 7.° (Apresentação a pagamento)

O legítimo possuidor do extracto devidamente aceito deve apresentá-lo a pagamento no dia do vencimento ou no seguinte primeiro dia útil, se aquele for feriado.

§ único. O portador é obrigado a fazer ao vendedor, em tempo oportuno, as comunicações relativas ao aceite ou devolução do extracto ou à falta de pagamento da importância respectiva, sob pena de responder pelas perdas e danos a que der causa.

Art. 8.° (Pagamento e quitação)

O comprador pode, nos prazos designados no artigo 5.°, pagar a importância constante do extracto. Neste caso devolvê-lo-á independentemente de assinatura ao portador, que dará a competente quitação no próprio extracto.

Art. 9.° (Proibição de reforma)

O extracto não é reformável. Deixando de ser pago, pode porém, por acordo dos interessados, ser substituído por uma ou mais letras com os vencimentos e mais condições em que se acordar.

Art. 10.° (Protesto)

O extracto pode ser protestado:

a) Por falta de aceite ou devolução;
b) Por falta de pagamento.

§ 1.° O protesto por falta de aceite ou devolução far-se-á nos vinte dias subsequentes aos prazos marcados no artigo 5.°

§ 2.° O protesto por falta de pagamento realizar-se-á nos cinco dias subsequentes ao vencimento.

§ 3.° Não depende do protesto a responsabilidade dos aceitantes do extracto, nem a dos respectivos dadores de aval.

Art. 11.° (Modalidades e lugar do protesto)

O protesto por falta de aceite ou de pagamento será lavrado mediante apresentação do extracto; o protesto por falta de devolução, mediante a apresentação de uma segunda via passada pelo vendedor, e que conterá a seguinte declaração: «2.ª via emitida para efeito do protesto por falta de devolução da 1.ª».

§ único. O protesto poderá ser feito no lugar designado para o aceite ou pagamento, e ainda no domicílio do comprador, do vendedor ou do portador, à escolha deste.

1106

Extracto de factura

Arts. 12.°-16.° ExtFact [105]

Art. 12.° (Acções fundadas em extractos)
As acções fundadas em extractos começarão por penhora como a acção executiva do artigo 615.° do Código de Processo Civil. Feita a penhora, será o réu citado e observar-se-ão os termos do processo ordinário ou sumário, conforme o valor. Quando o réu não deduza oposição, ou esta seja julgada improcedente, seguir-se-ão no mesmo processo os termos da execução posteriores à penhora.

Art. 13.° (Prescrição)
A acção a que se refere o artigo anterior caduca passados cinco anos a contar da data do vencimento ou do último acto judicial, sem prejuízo do recurso aos meios ordinários.

Art. 14.° (Acção fundada na falta de aceitação)
Contra o comprador que não tenha devolvido o extracto, ou que o tenha devolvido sem a sua assinatura, tem o portador legítimo acção ordinária ou sumária, conforme o valor do crédito.

§ 1.° O comprador que não tenha devolvido o extracto nos prazos designados no artigo 5.°, ou que o tenha devolvido sem a sua assinatura, fora dos termos do artigo 6.°, será sempre condenado, salvo prova de força maior, em multa, como litigante de má fé, e numa indemnização de perdas e danos a favor do autor. Esta indemnização será de 10 000$00 se a dívida for igual ou superior à mesma quantia; no caso contrário, será igual à importância em dívida.

§ 2.° Presume-se a má fé do comprador quando a sua recusa de assinar o extracto não seja havida pelo tribunal como justificada. Sendo havido o comprador como litigante de má fé, observar-se-á o disposto no parágrafo precedente.

§ 3.° Quando o comprador seja condenado como litigante de má fé nos termos dos parágrafos anteriores, e for declarado em quebra antes de terem passado dois anos sobre o trânsito em julgado da sentença, presumir-se-á fraudulenta a falência.

Art. 15.° (Livros)
Aos comerciantes que façam vendas ou por grosso ou a revendedores são indispensáveis, além dos livros mencionados no artigo 31.° do Código Comercial:

Um copiador de facturas relativas a vendas a prazo;

Um registo de extractos.

§ 1.° Estes livros ficam respectivamente sujeitos a um quarto da taxa do selo dos artigos 115.° e 114.° da tabela aprovada pelo Decreto n.° 16 304, de 28 de Dezembro de 1928.

§ 2.° Ao registo dos extractos é aplicável o disposto no artigo 32.° do Código Comercial.

Art. 16.° (Copiador de facturas)
O copiador de facturas a que se refere o artigo anterior, servirá para nele se trasladarem na íntegra, cronologicamente, as facturas respeitantes a mercadorias vendidas a prazo a comerciantes.

1107

[105] ExtFact Arts. 17.°-21.°   Extracto de factura

Art. 17.° (Registo de extractos)

O livro de registo de extractos servirá para nele se registarem cronologicamente todos os extractos passados, com o número de ordem, a data e o valor da factura originária ou da prestação a que corresponda, a data da sua expedição, a data do aceite do extracto e a do protesto por falta de aceite ou de devolução (Modelo n.° 1).

Art. 18.° (Falência culposa)

Sempre que se verifique que o falido não tinha regularmente escriturados os livros a que se referem os artigos anteriores, será a falência havida como culposa.

Art. 19.° (Modelo do extracto)

O extracto será conforme ao modelo n.° 2 anexo a este decreto e deve ser selado com o selo de tinta de óleo da taxa de $50 na Casa da Moeda e Valores Selados.

§ 1.° As taxas dos extractos, calculadas sobre a importância da factura original, são as seguintes:

Até 500$00.. 1$00

De mais de 500$00 .... 3 ‰

§ 2.° Estas taxas serão completadas com selo fiscal de estampilha, que será inutilizado pelo vendedor no acto da emissão.

Nota. Cf. o n.° 23.4 da Tabela Geral de Imposto do Selo, aprovada pela L n.° 150/99, de 11 de Setembro, alterada pelo DL n.° 322-B/2001, de 14 de Dezembro, pelo DL n.° 160/2003, de 19 de Julho, e pela L n.° 109-B/2001, de 27 de Dezembro.

Art. 20.° (Aplicação da legislação relativa às letras)

São aplicáveis aos extractos selados de facturas todas as disposições do Código Comercial relativas a letras e não contrárias ao preceituado no presente decreto.

Nota. As letras estão hoje reguladas na LULLiv **[106]**.

Art. 21.° (Entrada em vigor)

Este decreto começará a vigorar em 15 de Abril de 1931.

Extracto de factura   ExtFact **[105]**

MODELO N.° 1

Número de ordem	Data da factura original	Valor	Data da expedição	Data do aceite	Data do protesto		Observações
					Por falta o aceite	Por falta de devolução	

1109

[105] ExtFact   Extracto de factura

MODELO N.° 2

Mercadorias vendidas a prazo

Extracto de factura n.° …   *Escudos ……$…*

… de …, de 19…

Lugar
do selo
a tinta
de óleo

Vendedor (a)   …

Comprador (a)   …
*Valor de factura desta data …, a fl … do copiador
   n.° …, (b)*   …
Pagável em … a (c)   …

(a) Nome e domicílio.
(b) Quantia por extenso.
(c) Data do prazo do vencimento.

LETRAS E LIVRANÇAS

[106] LEI UNIFORME RELATIVA ÀS LETRAS E LIVRANÇAS [1]

TÍTULO I. DAS LETRAS

CAPÍTULO I. Da emissão e forma da letra

Art. 1.º (Requisitos da letra)

A letra contém:

1. A palavra «letra» inserta no próprio texto do título e expressa na língua empregada para a redacção desse título;

2. O mandato puro e simples de pagar uma quantia determinada;

3. O nome daquele que deve pagar (sacado);

4. A época do pagamento;

5. A indicação do lugar em que se deve efectuar o pagamento;

6. O nome da pessoa a quem ou à ordem de quem deve ser paga;

7. A indicação da data em que e do lugar onde a letra é passada;

8. A assinatura de quem passa a letra (sacador).

Notas. 1. Cf. a Portaria n.º 28/2000, de 27 de Janeiro, que aprova os novos modelos de letras e livranças.

2. Cf. o DL n.º 279/2000, de 10 de Novembro, que autoriza as instituições de crédito a destruir originais de letras de câmbio, desde que, previamente, sejam observados certos procedimentos de recolha da imagem respectiva e findo determinado prazo de guarda.

---

[1] Em 7 de Junho de 1930, foram assinadas em Genebra três convenções relativas a letras e livranças: a primeira estabelecendo uma lei uniforme em matéria de letras e livranças, a segunda destinada a regular certos conflitos em matéria de letras e livranças e a terceira relativa ao imposto do selo em matéria de letras e livranças. Estas convenções foram aprovadas entre nós pelo DL n.º 23 721, de 29 de Março de 1934, e confirmadas e ratificadas pela Carta de 10 de Maio de 1934, publicada no suplemento ao DG de 21 e Junho de 1934.

A lei uniforme relativa às letras e livranças constitui o anexo I da convenção mencionada em primeiro lugar. O restante texto desta convenção, assim como as outras convenções vão inseridas a seguir à LU.

O DL n.º 26 556, de 30 de Abril de 1936, dispõe:

«Art. 1.º As convenções e anexos aprovados para ratificação pelo Decreto-Lei n.º 23 721, de 29 de Março de 1934, e publicadas em 21 de Junho, estão em vigor, como direito interno português, desde 8 de Setembro do mesmo ano.

Art. 2.º As letras, livranças e cheques emitidos a partir de 8 de Setembro de 1934, até à data da entrada em vigor do presente Decreto-Lei, têm o mesmo valor que os emitidos antes, desde que satisfaçam aos requisitos que a lei exigia para estes.»

As epígrafes dos artigos não constam do texto oficial.

[106] LULLiv Arts. 2.º-8.º

Tít. I.   Das letras

Art. 2.º (Falta de alguns dos requisitos)

O escrito em que faltar algum dos requisitos indicados no artigo anterior não produzirá efeito como letra, salvo nos casos determinados nas alíneas seguintes:

A letra em que se não indique a época do pagamento entende-se pagável à vista.

Na falta de indicação especial, o lugar designado ao lado do nome do sacado considera-se como sendo o lugar do pagamento, e, ao mesmo tempo, o lugar do domicílio do sacado.

A letra sem indicação do lugar onde foi passada considera-se como tendo-o sido no lugar designado ao lado do nome do sacador.

Art. 3.º (Modalidades do saque)

A letra pode ser à ordem do próprio sacador.

Pode ser sacada sobre o próprio sacador.

Pode ser sacada por ordem e conta de terceiro.

Art. 4.º (Pagamento no domicílio de terceiro)

A letra pode ser pagável no domicílio de terceiro, quer na localidade onde o sacado tem o seu domicílio, quer noutra localidade.

Art. 5.º (Estipulação de juros)

Numa letra pagável à vista ou a um certo termo de vista pode o sacador estipular que a sua importância vencerá juros. Em qualquer outra espécie de letra a estipulação de juros será considerada como não escrita.

A taxa de juro deve ser indicada na letra; na falta de indicação, a cláusula de juros é considerada como não escrita.

Os juros contam-se da data da letra, se outra data não for indicada.

Art. 6.º (Divergências na indicação do montante)

Se na letra a indicação da quantia a satisfazer se achar feita por extenso e em algarismos, e houver divergência entre uma e outra, prevalece a que estiver feita por extenso.

Se na letra a indicação da quantia a satisfazer se achar feita por mais de uma vez, quer por extenso, quer em algarismos, e houver divergências entre as diversas indicações, prevalecerá a que se achar feita pela quantia inferior.

Art. 7.º (Independência das assinaturas válidas)

Se a letra contém assinaturas de pessoas incapazes de se obrigarem por letras, assinaturas falsas, assinaturas de pessoas fictícias ou assinaturas que por qualquer outra razão não poderiam obrigar as pessoas que assinaram a letra, ou em nome das quais ela foi assinada, as obrigações dos outros signatários nem por isso deixam de ser válidas.

Art. 8.º (Representação sem poderes ou com excesso de poder)

Todo aquele que apuser a sua assinatura numa letra, como representante duma pessoa, para representar a qual não tinha de facto poderes, fica obrigado em virtude da letra e, se a pagar, tem os mesmos direitos que o pretendido representado. A mesma regra se aplica ao representante que tenha excedido os seus poderes.

1112

Cap. II. Do endosso

Arts. 9.º-14.º LULLiv [106]

Art. 9.º (Responsabilidade do sacador)

O sacador é garante tanto da aceitação como do pagamento da letra.

O sacador pode exonerar-se da garantia da aceitação; toda e qualquer cláusula pela qual ele se exonere da garantia do pagamento considera-se como não escrita.

Art. 10.º (Violação do pacto de preenchimento)

Se uma letra incompleta no momento de ser passada tiver sido completada contrariamente aos acordos realizados, não pode a inobservância desses acordos ser motivo de oposição ao portador, salvo se este tiver adquirido a letra de má fé ou, adquirindo-a, tenha cometido uma falta grave.

CAPÍTULO II.   Do endosso

Art. 11.º (Formas de transmissão)

Toda a letra de câmbio, mesmo que não envolva expressamente a cláusula à ordem, é transmissível por via de endosso.

Quando o sacador tiver inserido na letra as palavras «não à ordem», ou uma expressão equivalente, a letra só é transmissível pela forma e com os efeitos de uma cessão ordinária de créditos.

O endosso pode ser feito mesmo a favor do sacado, aceitante ou não, do sacador, ou de qualquer outro co-obrigado. Estas pessoas podem endossar novamente a letra.

Art. 12.º (Modalidades do endosso)

O endosso deve ser puro e simples. Qualquer condição a que ele seja subordinado considera-se como não escrita.

O endosso parcial é nulo.

O endosso ao portador vale como endosso em branco.

Art. 13.º (Forma do endosso)

O endosso deve ser escrito na letra ou numa folha ligada a esta (anexo). Deve ser assinado pelo endossante.

O endosso pode não designar o beneficiário, ou consistir simplesmente na assinatura do endossante (endosso em branco). Neste último caso, o endosso para ser válido deve ser escrito no verso da letra ou na folha anexa.

Art. 14.º (Efeitos do endosso. Endosso em branco)

O endosso transmite todos os direitos emergentes da letra.

Se o endosso for em branco, o portador pode:

1.º Preencher o espaço em branco, quer com o seu nome, quer com o nome de outra pessoa;

2.º Endossar de novo a letra em branco ou a favor de outra pessoa;

3.º Remeter a letra a um terceiro, sem preencher o espaço em branco e sem a endossar.

1113

[106] LULLiv **Arts. 15.º-20.º**   Tít. I.   Das letras

Art. 15.º (Responsabilidade do endossante)

O endossante, salvo cláusula em contrário, é garante tanto da aceitação como do pagamento da letra.

O endossante pode proibir um novo endosso, e, neste caso, não garante o pagamento às pessoas a quem a letra for posteriormente endossada.

Art. 16.º (Requisitos da legitimidade do portador)

O detentor de uma letra é considerado portador legítimo se justifica o seu direito por uma série ininterrupta de endossos, mesmo se o último for em branco. Os endossos riscados consideram-se, para este efeito, como não escritos. Quando um endosso em branco é seguido de um outro endosso, presume-se que o signatário deste adquiriu a letra pelo endosso em branco.

Se uma pessoa foi por qualquer maneira desapossada de uma letra, o portador dela, desde que justifique o seu direito pela maneira indicada na alínea precedente, não é obrigado a restituí-la, salvo se a adquiriu de má fé ou se, adquirindo-a, cometeu uma falta grave.

Art. 17.º (Excepções inoponíveis ao portador)

As pessoas accionadas em virtude de uma letra não podem opor ao portador as excepções fundadas sobre as relações pessoais delas com o sacador ou com os portadores anteriores, a menos que o portador, ao adquirir a letra, tenha procedido conscientemente em detrimento do devedor.

Art. 18.º (Endosso por procuração)

Quando o endosso contém a menção «valor a cobrar» (*valeur en recouvrement*), «para cobrança» (*pour encaissement*), «por procuração» (*par procuration*), ou qualquer outra menção que implique um simples mandato, o portador pode exercer todos os direitos emergentes da letra, mas só pode endossá-la na qualidade de procurador.

Os co-obrigados, neste caso, só podem invocar contra o portador as excepções que eram oponíveis ao endossante.

O mandato que resulta de um endosso por procuração não se extingue por morte ou sobrevinda incapacidade legal do mandatário.

Art. 19.º (Endosso em garantia)

Quando o endosso contém a menção «valor em garantia», «valor em penhor» ou qualquer outra menção que implique uma caução, o portador pode exercer todos os direitos emergentes da letra, mas um endosso feito por ele só vale como endosso a título de procuração.

Os co-obrigados não podem invocar contra o portador as excepções fundadas sobre as relações pessoais deles com o endossante, a menos que o portador, ao receber a letra, tenha procedido conscientemente em detrimento do devedor.

Art. 20.º (Endosso posterior ao vencimento)

O endosso posterior ao vencimento tem os mesmos efeitos que o endosso anterior. Todavia, o endosso posterior ao protesto por falta de pagamento, ou feito

1114

Cap. III.   Do aceite   **Arts. 21.º-25.º LULLiv [106]**

depois de expirado o prazo fixado para se fazer o protesto, produz apenas os efeitos de uma cessão ordinária de créditos.

Salvo prova em contrário, presume-se que um endosso sem data foi feito antes de expirado o prazo fixado para se fazer o protesto.

CAPÍTULO III.   Do aceite

Art. 21.º (Apresentação ao aceite)

A letra pode ser apresentada, até ao vencimento, ao aceite do sacado, no seu domicílio, pelo portador ou até por um simples detentor.

Art. 22.º (Estipulações relativas ao aceite)

O sacador pode, em qualquer letra, estipular que ela será apresentada ao aceite, com ou sem fixação de prazo.

Pode proibir na própria letra a sua apresentação ao aceite, salvo se se tratar de uma letra pagável em domicílio de terceiro, ou de uma letra pagável em localidade diferente da do domicílio do sacado, ou de uma letra sacada a certo termo de vista.

O sacador pode também estipular que a apresentação ao aceite não poderá efectuar-se antes de determinada data.

Todo o endossante pode estipular que a letra deve ser apresentada ao aceite, com ou sem fixação de prazo, salvo se ela tiver sido declarada não aceitável pelo sacador.

Art. 23.º (Prazo para a apresentação ao aceite)

As letras a certo termo de vista devem ser apresentadas ao aceite dentro do prazo de um ano das suas datas.

O sacador pode reduzir este prazo ou estipular um prazo maior.

Esses prazos podem ser reduzidos pelos endossantes.

Art. 24.º (Segunda apresentação da letra)

O sacado pode pedir que a letra lhe seja apresentada uma segunda vez no dia seguinte ao da primeira apresentação. Os interessados somente podem ser admitidos a pretender que não foi dada satisfação a este pedido no caso de ele figurar no protesto.

O portador não é obrigado a deixar nas mãos do aceitante a letra apresentada ao aceite.

Art. 25.º (Como se exprime o aceite)

O aceite é escrito na própria letra. Exprime-se pela palavra «aceite» ou qualquer outra palavra equivalente; o aceite é assinado pelo sacado. Vale como aceite a simples assinatura do sacado aposta na parte anterior da letra.

Quando se trate de uma letra pagável a certo termo de vista, ou que deva ser apresentada ao aceite dentro de um prazo determinado por estipulação especial, o aceite deve ser datado do dia em que foi dado, salvo se o portador exigir que a data seja a da apresentação. À falta de data, o portador, para conservar os seus direi-

1115

[106] LULLiv Arts. 26.º-31.º   Tít. I.   Das letras

tos de recurso contra os endossantes e contra o sacador, deve fazer constatar essa omissão por um protesto, feito em tempo útil.

Art. 26.º (Modalidades do aceite)

O aceite é puro e simples, mas o sacado pode limitá-lo a uma parte da importância sacada.

Qualquer outra modificação introduzida pelo aceite no enunciado da letra equivale a uma recusa de aceite. O aceitante fica, todavia, obrigado nos termos do seu aceite.

Art. 27.º (Lugar de pagamento)

Quando o sacador tiver indicado na letra um lugar de pagamento diverso do domicílio do sacado, sem designar um terceiro em cujo domicílio o pagamento se deva efectuar, o sacado pode designar no acto do aceite a pessoa que deve pagar a letra. Na falta desta indicação, considera-se que o aceitante se obriga, ele próprio, a efectuar o pagamento no lugar indicado na letra.

Se a letra é pagável no domicílio do sacado, este pode, no acto do aceite, indicar, para ser efectuado o pagamento, um outro domicílio no mesmo lugar.

Art. 28.º (Obrigações do aceitante)

O sacado obriga-se pelo aceite a pagar a letra à data do vencimento.

Na falta de pagamento, o portador, mesmo no caso de ser ele o sacador, tem contra o aceitante um direito de acção resultante da letra, em relação a tudo o que pode ser exigido nos termos dos artigos 48.º e 49.º

Art. 29.º (Anulação de aceite já dado)

Se o sacado, antes da restituição da letra, riscar o aceite que tiver dado, tal aceite é considerado como recusado. Salvo prova em contrário, a anulação do aceite considera-se feita antes da restituição da letra.

Se, porém, o sacado tiver informado por escrito o portador ou qualquer outro signatário da letra de que a aceita, fica obrigado para com estes, nos termos do seu aceite.

CAPÍTULO IV.   Do aval

Art. 30.º (Função do aval)

O pagamento de uma letra pode ser no todo ou em parte garantido por aval.

Esta garantia é dada por um terceiro ou mesmo por um signatário da letra.

Art. 31.º (Forma do aval)

O aval é escrito na própria letra ou numa folha anexa.

Exprime-se pelas palavras «bom para aval» ou por qualquer fórmula equivalente; é assinado pelo dador do aval.

O aval considera-se como resultando da simples assinatura do dador aposta na face anterior da letra, salvo se se trata das assinaturas do sacado ou do sacador.

1116

Cap. V. Do vencimento   **Arts. 32.º-36.º LULLiv** **[106]**

O aval deve indicar a pessoa por quem se dá. Na falta de indicação, entender-se-á ser pelo sacador.

Nota. O assento do STJ, de 1 de Fevereiro de 1966 (DG n.º 44, de 22-2-1966; BMJ 154, p. 131), decidiu: «Mesmo no domínio das relações imediatas o aval que não indique o avalizado é sempre prestado a favor do sacador».

Art. 32.º (Responsabilidade do dador de aval)

O dador de aval é responsável da mesma maneira que a pessoa por ele afiançada.

A sua obrigação mantém-se, mesmo no caso de a obrigação que ele garantiu ser nula por qualquer razão que não seja um vício de forma.

Se o dador de aval paga a letra, fica sub-rogado nos direitos emergentes da letra contra a pessoa a favor de quem foi dado o aval e contra os obrigados para com esta em virtude da letra.

CAPÍTULO V. Do vencimento

Art. 33.º (Modalidades do vencimento)

Uma letra pode ser sacada:

À vista;

A um certo termo de vista;

A um certo termo de data;

Pagável no dia fixado.

As letras, quer com vencimentos diferentes, quer com vencimentos sucessivos, são nulas.

Art. 34.º (Vencimento da letra à vista)

A letra à vista é pagável à apresentação. Deve ser apresentada a pagamento dentro do prazo de um ano, a contar da sua data. O sacador pode reduzir este prazo ou estipular um outro mais longo. Estes prazos podem ser encurtados pelos endossantes.

O sacador pode estipular que uma letra pagável à vista não deverá ser apresentada a pagamento antes de uma certa data. Nesse caso, o prazo para a apresentação conta-se dessa data.

Art. 35.º (Vencimento de letra a certo termo de vista)

O vencimento de uma letra a certo termo de vista determina-se, quer pela data do aceite, quer pela do protesto.

Na falta de protesto, o aceite não datado entende-se, no que respeita ao aceitante, como tendo sido dado no último dia do prazo para a apresentação ao aceite.

Art. 36.º (Vencimento noutros casos especiais)

O vencimento de uma letra sacada a um ou mais meses de data ou de vista será na data correspondente do mês em que o pagamento se deve efectuar. Na falta de data correspondente, o vencimento será no último dia desse mês.

1117

[106] LULLiv Arts. 37.º-40.º   Tít. I.   Das letras

Quando a letra é sacada a um ou mais meses e meio de data ou de vista, contam-se primeiro os meses inteiros.

Se o vencimento for fixado para o princípio, meado ou fim do mês, entende-se que a letra será vencível no primeiro, no dia quinze, ou no último dia desse mês.

As expressões «oito dias» ou «quinze dias» entendem-se, não como uma ou duas semanas, mas como um prazo de oito ou quinze dias efectivos.

A expressão «meio mês», indica um prazo de quinze dias.

Art. 37.º (Vencimento no caso de divergências de calendários)

Quando uma letra é pagável num dia fixo num lugar em que o calendário é diferente do do lugar de emissão, a data do vencimento é considerada como fixada segundo o calendário do lugar do pagamento.

Quando uma letra sacada entre duas praças que têm calendários diferentes é pagável a certo termo de vista, o dia da emissão é referido ao dia correspondente do calendário do lugar de pagamento, para o efeito da determinação da data do vencimento.

Os prazos de apresentação das letras são calculados segundo as regras da alínea precedente.

Estas regras não se aplicam se uma cláusula da letra, ou até o simples enunciado do título, indicar que houve intenção de adoptar regras diferentes.

CAPÍTULO VI.   Do pagamento

Art. 38.º (Prazo para a apresentação da letra a pagamento)

O portador de uma letra pagável em dia fixo ou a certo termo de data ou de vista deve apresentá-la a pagamento no dia em que ela é pagável ou num dos dois dias úteis seguintes.

A apresentação da letra a uma câmara de compensação equivale a apresentação a pagamento.

Art. 39.º (Direito do sacado que paga. Pagamento parcial)

O sacado que paga uma letra pode exigir que ela lhe seja entregue com a respectiva quitação.

O portador não pode recusar qualquer pagamento parcial.

No caso de pagamento parcial, o sacado pode exigir que desse pagamento se faça menção na letra e que dele lhe seja dada quitação.

Art. 40.º (Pagamento antes do vencimento e no vencimento)

O portador de uma letra não pode ser obrigado a receber o pagamento dela antes do vencimento.

O sacado que paga uma letra antes do vencimento fá-lo sob sua responsabilidade.

Aquele que paga uma letra no vencimento fica validamente desobrigado, salvo se da sua parte tiver havido fraude ou falta grave. É obrigado a verificar a regularidade da sucessão dos endossos mas não a assinatura dos endossantes.

1118

Cap. VII.   Da acção por falta de aceite e falta de pagamento   **Arts. 41.º-44.º LULLiv [106]**

Art. 41.º (Moeda em que deve ser feito o pagamento)
Se numa letra se estipular o pagamento em moeda que não tenha curso legal no lugar do pagamento, pode a sua importância ser paga na moeda do país, segundo o seu valor no dia do vencimento. Se o devedor está em atraso, o portador pode, à sua escolha, pedir que o pagamento da importância da letra seja feito na moeda do país ao câmbio do dia do vencimento ou ao câmbio do dia do pagamento.

A determinação do valor da moeda estrangeira será feita segundo os usos do lugar de pagamento. O sacador pode, todavia, estipular que a soma a pagar seja calculada segundo um câmbio fixado na letra.

As regras acima indicadas não se aplicam ao caso em que o sacador tenha estipulado que o pagamento deverá ser efectuado numa certa moeda especificada (cláusula de pagamento efectivo numa moeda estrangeira).

Se a importância da letra for indicada numa moeda que tenha a mesma denominação mas valor diferente no país de emissão e no de pagamento, presume-se que se fez referência à moeda do lugar de pagamento.

Art. 42.º (Consignação em depósito)
Se a letra não for apresentada a pagamento dentro do prazo fixado no artigo 38.º, qualquer devedor tem a faculdade de depositar a sua importância junto da autoridade competente, à custa do portador e sob a responsabilidade deste.

CAPÍTULO VII.   Da acção por falta de aceite e falta de pagamento

Art. 43.º (Contra quem pode ser proposta a acção de pagamento)
O portador de uma letra pode exercer os seus direitos de acção contra os endossantes, sacador e outros co-obrigados:

No vencimento:

Se o pagamento não foi efectuado.

Mesmo antes do vencimento:

1.º Se houver recusa total ou parcial de aceite;

2.º Nos casos de falência do sacado, quer ele tenha aceite, quer não, de suspensão de pagamentos do mesmo, ainda que não constatada por sentença, ou de ter sido promovida, sem resultado, execução dos seus bens;

3.º Nos casos de falência do sacador de uma letra não aceitável.

Art. 44.º (Protesto por falta de aceite ou de pagamento)
A recusa de aceite ou de pagamento deve ser comprovada por um acto formal (protesto por falta de aceite ou falta de pagamento).

O protesto por falta de aceite deve ser feito nos prazos fixados para a apresentação ao aceite. Se, no caso previsto na alínea 1.ª do artigo 24.º, a primeira apresentação da letra tiver sido feita no último dia do prazo, pode fazer-se ainda o protesto no dia seguinte.

O protesto por falta de pagamento de uma letra pagável em dia fixo ou a certo termo de data ou de vista deve ser feito num dos dois dias úteis seguintes àquele em que a letra é pagável. Se se trata de uma letra pagável à vista, o protesto deve

1119

[106] LULLiv Arts. 45.°-46.°   Tít. I.   Das letras

ser feito nas condições indicadas na alínea precedente para o protesto por falta de aceite.

O protesto por falta de aceite dispensa a apresentação a pagamento e o protesto por falta de pagamento.

No caso de suspensão de pagamentos do sacado, quer seja aceitante, quer não, ou no caso de lhe ter sido promovida, sem resultado, execução dos bens, o portador da letra só pode exercer o seu direito de acção após a apresentação da mesma ao sacado para pagamento e depois de feito o protesto.

No caso de falência declarada do sacado, quer seja aceitante, quer não, bem como no caso de falência declarada do sacador de uma letra não aceitável, a apresentação da sentença de declaração de falência é suficiente para que o portador da letra possa exercer o seu direito de acção.

Art. 45.° (Aviso da falta de aceite ou de pagamento)

O portador deve avisar da falta de aceite ou de pagamento o seu endossante e o sacador dentro dos quatro dias úteis que se seguirem ao dia do protesto ou da apresentação, no caso de a letra conter a cláusula «sem despesas». Cada um dos endossantes deve, por sua vez, dentro dos dois dias úteis que se seguirem ao da recepção do aviso, informar o seu endossante do aviso que recebeu, indicando os nomes e endereços dos que enviaram os avisos precedentes, e assim sucessivamente até se chegar ao sacador. Os prazos acima indicados contam-se a partir da recepção do aviso precedente.

Quando, em conformidade com o disposto na alínea anterior, se avisou um signatário da letra, deve avisar-se também o seu avalista dentro do mesmo prazo de tempo.

No caso de um endossante não ter indicado o seu endereço, ou de o ter feito de maneira ilegível, basta que o aviso seja enviado ao endossante que o precede.

A pessoa que tenha de enviar um aviso pode fazê-lo por qualquer forma, mesmo pela simples devolução da letra.

Essa pessoa deverá provar que o aviso foi enviado dentro do prazo prescrito. O prazo considerar-se-á como tendo sido observado desde que a carta contendo o aviso tenha sido posta no correio dentro dele.

A pessoa que não der o aviso dentro do prazo acima indicado não perde os seus direitos; será responsável pelo prejuízo, se o houver, motivado pela sua negligência, sem que a responsabilidade possa exceder a importância da letra.

Art. 46.° (Cláusula que dispensa o protesto)

O sacador, um endossante ou um avalista pode, pela cláusula «sem despesas», «sem protesto», ou outra cláusula equivalente, dispensar o portador de fazer um protesto por falta de aceite ou falta de pagamento, para poder exercer os seus direitos de acção.

Essa cláusula não dispensa o portador da apresentação da letra dentro do prazo prescrito nem tão-pouco dos avisos a dar. A prova da inobservância do prazo incumbe àquele que dela se prevaleça contra o portador.

Se a cláusula foi escrita pelo sacador, produz os seus efeitos em relação a todos os signatários da letra; se for inserida por um endossante ou por um avalista,

1120

Cap. VII.   Da acção por falta de aceite e falta de pagamento   **Arts. 47.º-50.º LULLiv [106]**

só produz efeito em relação a esse endossante ou avalista. Se, apesar da cláusula escrita pelo sacador, o portador faz o protesto, as respectivas despesas serão de conta dele. Quando a cláusula emanar de um endossante ou de um avalista, as despesas do protesto, se for feito, podem ser cobradas de todos os signatários da letra.

Art. 47.º (Responsabilidade solidária dos signatários)

Os sacadores, aceitantes, endossantes ou avalistas de uma letra são todos solidariamente responsáveis para com o portador.

O portador tem o direito de accionar todas estas pessoas, individualmente ou colectivamente, sem estar adstrito a observar a ordem por que elas se obrigaram.

O mesmo direito possui qualquer dos signatários de uma letra quando a tenha pago.

A acção intentada contra um dos co-obrigados não impede de accionar os outros, mesmo os posteriores àquele que foi accionado em primeiro lugar.

Nota. O Assento do STJ n.º 3/81, de 28 de Julho de 1981 (DR n.º 268, p. 3083; BMJ 309, p. 179) decidiu: «Em acção cambiária proposta contra o sacador da letra, pode este chamar à demanda, nos termos do artigo 330.º, alínea *c*), do Código de Processo Civil, o respectivo aceitante.»

Art. 48.º (Direitos do portador contra o demandado)

O portador pode reclamar daquele contra quem exerce o seu direito de acção:

1.º O pagamento da letra não aceite ou não paga, com juros se assim foi estipulado;

2.º Os juros à taxa de 6 por cento desde a data do vencimento;

3.º As despesas do protesto, as dos avisos dados e as outras despesas.

Se a acção for interposta antes do vencimento da letra, a sua importância será reduzida de um desconto. Esse desconto será calculado de acordo com a taxa oficial de desconto (taxa do Banco) em vigor no lugar do domicílio do portador à data da acção.

Notas. 1. O art. 4.º do DL n.º 262/83, de 16 de Junho, dispõe: «O portador de letras, livranças ou cheques, quando o respectivo pagamento estiver em mora, pode exigir que a indemnização correspondente a esta consista nos juros legais.» Cf. o art. 102.º do CCom **[1]**.

2. O assento do STJ n.º 4/92, de 13 de Julho de 1992 (DR n.º 290, p. 5819 s.) decidiu: «Nas letras e livranças emitidas e pagáveis em Portugal é aplicável, em cada momento, aos juros moratórios a taxa que decorre do disposto no artigo 4.º do Decreto-Lei n.º 262/83, de 16 de Junho, e não a prevista nos n.ºs 2 dos artigos 48.º e 49.º da Lei Uniforme sobre Letras e Livranças.»

Art. 49.º (Direitos de quem pagou)

A pessoa que pagou uma letra pode reclamar dos seus garantes:

1.º A soma integral que pagou;

2.º Os juros da dita soma, calculados à taxa de 6 por cento, desde a data em que pagou;

3.º As despesas que tiver feito.

Nota. Cf. a nota ao artigo anterior.

Art. 50.º (Entrega da letra e eliminação de endossos)

Qualquer dos co-obrigados, contra o qual se intentou ou pode ser intentada uma acção, pode exigir, desde que pague a letra, que ela lhe seja entregue com o protesto e um recibo.

1121

[106] LULLiv Arts. 51.º-54.º

Tít. I. Das letras

Qualquer dos endossantes que tenha pago uma letra pode riscar o seu endosso e os dos endossantes subsequentes.

Art. 51.º (Pagamento total no caso de aceite parcial)

No caso de acção intentada depois de um aceite parcial, a pessoa que pagar a importância pela qual a letra não foi aceite pode exigir que esse pagamento seja mencionado na letra e que dele lhe seja dada quitação. O portador deve, além disso, entregar a essa pessoa uma cópia autêntica da letra e o protesto, de maneira a permitir o exercício de ulteriores direitos de acção.

Art. 52.º (Direito de ressaque)

Qualquer pessoa que goze do direito de acção pode, salvo estipulação em contrário, embolsar-se por meio de uma nova letra (ressaque) à vista, sacada sobre um dos co-obrigados e pagável no domicílio deste.

O ressaque inclui, além das importâncias indicadas nos artigos 48.º e 49.º, um direito de corretagem e a importância do selo do ressaque.

Se o ressaque é sacado pelo portador, a sua importância é fixada segundo a taxa para uma letra à vista, sacada do lugar onde a primitiva letra era pagável sobre o lugar do domicílio do co-obrigado. Se o ressaque é sacado por um endossante, a sua importância é fixada segundo a taxa para uma letra à vista, sacada do lugar onde o sacador do ressaque tem o seu domicílio sobre o lugar do domicílio do co-obrigado.

Art. 53.º (Extinção do direito de acção contra signatários diversos do aceitante)

Depois de expirados os prazos fixados:

para a apresentação de uma letra à vista ou a certo termo de vista;

para se fazer o protesto por falta de aceite ou por falta de pagamento;

para a apresentação a pagamento no caso da cláusula «sem despesas»; o portador perdeu os seus direitos de acção contra os endossantes, contra o sacador e contra os outros co-obrigados, à excepção do aceitante.

Na falta de apresentação ao aceite no prazo estipulado pelo sacador, o portador perdeu os seus direitos de acção, tanto por falta de pagamento como por falta de aceite, a não ser que dos termos da estipulação se conclua que o sacador apenas teve em vista exonerar-se da garantia do aceite.

Se a estipulação de um prazo para a apresentação constar de um endosso, somente aproveita ao respectivo endossante.

Art. 54.º (Prorrogação dos prazos por motivo de força maior)

Quando a apresentação da letra ou o seu protesto não puder fazer-se dentro dos prazos indicados por motivo insuperável (prescrição legal declarada por um Estado qualquer ou outro caso de força maior), esses prazos serão prorrogados.

O portador deverá avisar imediatamente o seu endossante do caso de força maior e fazer menção desse aviso, datada e assinada, na letra ou numa folha anexa; para o demais são aplicáveis as disposições do artigo 45.º

Desde que tenha cessado o caso de força maior, o portador deve apresentar sem demora a letra ao aceite ou a pagamento, e, caso haja motivo para tal, fazer o protesto.

1122

Cap. VIII. Da intervenção   Arts. 55.º-57.º LULLiv **[106]**

Se o caso de força maior se prolongar além de trinta dias a contar da data do vencimento, podem promover-se acções sem que haja necessidade de apresentação ou protesto.

Para as letras à vista ou a certo termo de vista, o prazo de trinta dias conta-se da data em que o portador, mesmo antes de expirado o prazo para a apresentação, deu o aviso do caso de força maior ao seu endossante; para as letras a certo termo de vista, o prazo de trinta dias fica acrescido do prazo de vista indicado na letra.

Não são considerados casos de força maior os factos que sejam de interesse puramente pessoal do portador ou da pessoa por ele encarregada da apresentação da letra ou de fazer o protesto.

CAPÍTULO VIII. Da intervenção

1. Disposições gerais

Art. 55.º (Modalidades da intervenção)

O sacador, um endossante ou um avalista podem indicar uma pessoa para em caso de necessidade aceitar ou pagar.

A letra pode, nas condições a seguir indicadas, ser aceita ou paga por uma pessoa intervindo por um devedor qualquer contra quem existe direito de acção.

O interveniente pode ser um terceiro, ou mesmo o sacado, ou uma pessoa já obrigada em virtude da letra, excepto o aceitante.

O interveniente é obrigado a participar, no prazo de dois dias úteis, a sua intervenção à pessoa por quem interveio. Em caso de inobservância deste prazo, o interveniente é responsável pelo prejuízo, se o houver, resultante da sua negligência, sem que as perdas e danos possam exceder a importância da letra.

2. Aceite por intervenção

Art. 56.º (Casos de aceite por intervenção. Consequência da indicação de interveniente)

O aceite por intervenção pode realizar-se em todos os casos em que o portador de uma letra aceitável tem direito de acção antes do vencimento.

Quando na letra se indica uma pessoa para em caso de necessidade a aceitar ou a pagar no lugar do pagamento, o portador não pode exercer o seu direito de acção antes do vencimento contra aquele que indicou essa pessoa e contra os signatários subsequentes, a não ser que tenha apresentado a letra à pessoa designada e que, tendo esta recusado o aceite, se tenha feito o protesto.

Nos outros casos de intervenção, o portador pode recusar o aceite por intervenção. Se, porém, o admitir, perde o direito de acção antes do vencimento contra aquele por quem a aceitação foi dada e contra os signatários subsequentes.

Art. 57.º (Como se faz o aceite por intervenção)

O aceite por intervenção será mencionado na letra e assinado pelo interveniente. Deverá indicar por honra de quem se fez a intervenção; na falta desta indicação, presume-se que interveio pelo sacador.

1123

[106] LULLiv Arts. 58.°-63.° Tít. I. Das letras

Art. 58.° (Posição do aceitante por intervenção)

O aceitante por intervenção fica obrigado para com o portador e para com os endossantes posteriores àquele por honra de quem interveio da mesma forma que este.

Não obstante o aceite por intervenção, aquele por honra de quem ele foi feito e os seus garantes podem exigir do portador, contra o pagamento da importância indicada no artigo 48.°, a entrega da letra, do instrumento do protesto e, havendo lugar, de uma conta com a respectiva quitação.

3. Pagamento por intervenção

Art. 59.° (Casos de pagamento por intervenção)

O pagamento por intervenção pode realizar-se em todos os casos em que o portador de uma letra tem direito de acção à data do vencimento ou antes dessa data.

O pagamento deve abranger a totalidade da importância que teria a pagar aquele por honra de quem a intervenção se realizou.

O pagamento deve ser feito o mais tardar no dia seguinte ao último em que é permitido fazer o protesto por falta de pagamento.

Art. 60.° (Apresentação aos intervenientes e protesto)

Se a letra foi aceita por intervenientes tendo o seu domicílio no lugar do pagamento, ou se foram indicadas pessoas tendo o seu domicílio no mesmo lugar para, em caso de necessidade, pagarem a letra, o portador deve apresentá-la a todas essas pessoas e, se houver lugar, fazer o protesto por falta de pagamento o mais tardar no dia seguinte ao último em que era permitido fazer o protesto.

Na falta de protesto dentro deste prazo, aquele que tiver indicado pessoas para pagarem em caso de necessidade, ou por conta de quem a letra tiver sido aceita, bem como os endossantes posteriores, ficam desonerados.

Art. 61.° (Efeito da recusa do pagamento por intervenção)

O portador que recusar o pagamento por intervenção perde o seu direito de acção contra aqueles que teriam ficado desonerados.

Art. 62.° (Prova do pagamento por intervenção)

O pagamento por intervenção deve ficar constatado por um recibo passado na letra, contendo a indicação da pessoa por honra de quem foi feito. Na falta desta indicação presume-se que o pagamento foi feito por honra do sacador.

A letra e o instrumento do protesto, se o houve, devem ser entregues à pessoa que pagou por intervenção.

Art. 63.° (Direito do interveniente que paga. Preferência entre os intervenientes)

O que paga por intervenção fica sub-rogado nos direitos emergentes da letra contra a aquele por honra de quem pagou e contra os que são obrigados para com este em virtude da letra. Não pode, todavia, endossar de novo a letra.

Os endossantes posteriores ao signatário por honra de quem foi feito o pagamento ficam desonerados.

1124

Cap. IX.   Da pluralidade de exemplares e das cópias   **Arts. 64.º-67.º LULLiv [106]**

Quando se apresentarem várias pessoas para pagar uma letra por intervenção, será preferida aquela que desonerar maior número de obrigados. Aquele que, com conhecimento de causa, intervier contrariamente a esta regra, perde os seus direitos de acção contra os que teriam sido desonerados.

CAPÍTULO IX.   Da pluralidade de exemplares e das cópias

1.   Pluralidade de exemplares

Art. 64.º (Saque por várias vias)

A letra pode ser sacada por várias vias.

Essas vias devem ser numeradas no próprio texto, na falta do que, cada via será considerada como uma letra distinta.

O portador de uma letra que não contenha a indicação de ter sido sacada numa única via pode exigir à sua custa a entrega de várias vias. Para este efeito o portador deve dirigir-se ao seu endossante imediato, para que este o auxilie a proceder contra o seu próprio endossante e assim sucessivamente até se chegar ao sacador. Os endossantes são obrigados a reproduzir os endossos nas novas vias.

Art. 65.º (Efeito do pagamento duma das vias)

O pagamento de uma das vias é liberatório, mesmo que não esteja estipulado que esse pagamento anula o efeito das outras. O sacado fica, porém, responsável por cada uma das vias que tenham o seu aceite e lhe não hajam sido restituídas.

O endossante que transferiu vias da mesma letra a várias pessoas e os endossantes subsequentes são responsáveis por todas as vias que contenham as suas assinaturas e que não hajam sido restituídas.

Art. 66.º (Consequência do facto de se enviar ao aceite uma das vias)

Aquele que enviar ao aceite uma das vias da letra deve indicar nas outras o nome da pessoa em cujas mãos aquela se encontra. Essa pessoa é obrigada a entregar essa via ao portador legítimo doutro exemplar.

Se se recusar a fazê-lo, o portador só pode exercer o seu direito de acção depois de ter feito constatar por um protesto:

1.º Que a via enviada ao aceite lhe não foi restituída a seu pedido;

2.º Que não foi possível conseguir o aceite ou o pagamento de uma outra via.

2.   Cópias

Art. 67.º (Direito de extrair cópias)

O portador de uma letra tem o direito de tirar cópias dela.

A cópia deve reproduzir exactamente o original, com os endossos e todas as outras menções que nela figurem. Deve mencionar onde acaba a cópia.

A cópia pode ser endossada e avalizada da mesma maneira e produzindo os mesmos efeitos que o original.

[106] LULLiv Arts. 68.º-72.º

Tít. I. Das letras

Art. 68.º (Regime jurídico da cópia)

A cópia deve indicar a pessoa em cuja posse se encontra o título original. Esta é obrigada a remeter o dito título ao portador legítimo da cópia.

Se se recusar a fazê-lo, o portador só pode exercer o seu direito de acção contra as pessoas que tenham endossado ou avalizado a cópia, depois de ter feito constatar por um protesto que o original lhe não foi entregue a seu pedido.

Se o título original, em seguida ao último endosso feito antes de tirada a cópia, contiver a cláusula: «daqui em diante só é válido o endosso na cópia» ou qualquer outra fórmula equivalente, é nulo qualquer endosso assinado ulteriormente no original.

CAPÍTULO X. Das alterações

Art. 69.º (Consequência da alteração do texto duma letra)

No caso de alteração do texto de uma letra, os signatários posteriores a essa alteração ficam obrigados nos termos do texto alterado; os signatários anteriores são obrigados nos termos do texto original.

CAPÍTULO XI. Da prescrição

Art. 70.º (Prazos de prescrição)

Todas as acções contra o aceitante relativas a letras prescrevem em três anos a contar do seu vencimento.

As acções do portador contra os endossantes e contra o sacador prescrevem num ano, a contar da data do protesto feito em tempo útil, ou da data do vencimento, se se trata de letra contendo a cláusula «sem despesas».

As acções dos endossantes uns contra os outros e contra o sacador prescrevem em seis meses a contar do dia em que o endossante pagou a letra ou em que ele próprio foi accionado.

Nota. O Assento do STJ de 30 de Junho de 1962 (DG de 12 de Julho de 1962; BMJ 118, p. 313) decidiu: «Os prazos fixados no artigo 70.º da Lei Uniforme sobre letras de câmbio são de prescrição, sujeitos a interrupção, nos termos do artigo 552.º do Código Civil.» Cf. os arts. 323.º e segs. do actual CCiv.

Art. 71.º (Interrupção da prescrição. Efeito)

A interrupção da prescrição só produz efeito em relação à pessoa para quem a interrupção foi feita.

CAPÍTULO XII. Disposições gerais

Art. 72.º (Prorrogação dos prazos que findam em dia feriado)

O pagamento de uma letra cujo vencimento recai em dia feriado legal só pode ser exigido no seguinte primeiro dia útil. Da mesma maneira, todos os actos respeitantes a letras, especialmente a apresentação ao aceite e o protesto, somente podem ser feitos em dia útil.

1126

Tít. II. Da livrança   Arts. 73.°-77.° LULLiv **[106]**

Quando um desses actos tem de ser realizado num determinado prazo, e o último dia desse prazo é feriado legal, fica o dito prazo prorrogado até ao primeiro dia útil que se seguir ao seu termo.

Art. 73.° (Contagem do prazo)
Os prazos legais ou convencionais não compreendem o dia que marca o seu início.

Art. 74.° (Inadmissibilidade de dias de perdão)
Não são admitidos dias de perdão, quer legal, quer judicial.

TÍTULO II. **DA LIVRANÇA**

Art. 75.° (Requisitos da livrança)
A livrança contém:
1. A palavra «livrança» inserta no próprio texto do título e expressa na língua empregada para a redacção desse título;
2. A promessa pura e simples de pagar uma quantia determinada;
3. A época do pagamento;
4. A indicação do lugar em que se deve efectuar o pagamento;
5. O nome da pessoa a quem ou à ordem de quem deve ser paga;
6. A indicação da data em que e do lugar onde a livrança é passada;
7. A assinatura de quem passa a livrança (subscritor).

Nota. Cf. o art. 30.° do Código do Imposto do Selo e o n.° 23.2 da Tabela Geral, aprovados pela L n.° 150/99, de 11 de Setembro; o referido Código foi alterado pelo DL n.° 322-B/2001, de 14 de Dezembro, pelo DL n.° 160/2003, de 19 de Julho, e pela L n.° 109-B/2001, de 27 de Dezembro.

Art. 76.° (Consequência da falta dos requisitos)
O escrito em que faltar algum dos requisitos indicados no artigo anterior não produzirá efeito como livrança, salvo nos casos determinados nas alíneas seguintes.
A livrança em que se não indique a época do pagamento será considerada pagável à vista.
Na falta de indicação especial, o lugar onde o escrito foi passado considera-se como sendo o lugar do pagamento e, ao mesmo tempo, o lugar do domicílio do subscritor da livrança.
A livrança que não contenha indicação do lugar onde foi passada considera-se como tendo-o sido no lugar designado ao lado do nome do subscritor.

Art. 77.° (Aplicação das disposições relativas às letras)
São aplicáveis às livranças, na parte em que não sejam contrárias à natureza deste escrito, a disposições relativas às letras e respeitantes a:
Endosso (arts. 11.° a 20.°);
Vencimento (arts. 33.° a 37.°);
Pagamento (arts. 38.° a 42.°);

1127

[106] LULLiv Art. 78.º

Tít. II.   Da livrança

Direito de acção por falta de pagamento (arts. 43.º a 50.º e 52.º a 54.º);
Pagamento por intervenção (arts. 55.º e 59.º a 63.º);
Cópias (arts. 67.º e 68.º);
Alterações (art. 69.º);
Prescrição (arts. 70.º e 71.º);
Dias feriados, contagem de prazos e interdição de dias de perdão (arts. 72.º a 74.º).

São igualmente aplicáveis às livranças as disposições relativas às letras pagáveis no domicílio de terceiro ou numa localidade diversa da do domicílio do sacado (arts. 4.º e 27.º), a estipulação de juros (art. 5.º), as divergências nas indicações da quantia a pagar (art. 6.º), as consequências da aposição de uma assinatura nas condições indicadas no artigo 7.º, as da assinatura de uma pessoa que age sem poderes ou excedendo os seus poderes (art. 8.º) e a letra em branco (art. 10.º).

São também aplicáveis às livranças as disposições relativas ao aval (arts. 30.º a 32.º); no caso previsto na última alínea do artigo 31.º, se o aval não indicar a pessoa por quem é dado, entender-se-á ser pelo subscritor da livrança.

Art. 78.º (Responsabilidade do subscritor. Livranças a termo de vista)

O subscritor de uma livrança é responsável da mesma forma que o aceitante de uma letra.

As livranças pagáveis a certo termo de vista devem ser presentes ao visto dos subscritores nos prazos fixados no artigo 23.º. O termo de vista conta-se da data do visto dado pelo subscritor. A recusa do subscritor a dar o seu visto é comprovada por um protesto (art. 25.º), cuja data serve de início ao termo de vista.

Nota. Assento do STJ n.º 5/95, de 28 de Março de 1995 (DR n.º 117, de 20-5-1995): "Por força do disposto no artigo 71.º da Lei Uniforme sobre Letras e Livranças, aplicável por via do seu artigo 78.º, a interrupção da prescrição da obrigação cambiária contra o subscritor de uma livrança não produz efeito em relação ao respectivo avalista".

1128

CONVENÇÕES RELATIVAS ÀS LETRAS E LIVRANÇAS

I

[107] Convenção estabelecendo uma lei uniforme em matéria de letras e livranças [1]

Art. 1.º As Altas Partes Contratantes obrigam-se a adoptar nos territórios respectivos, quer num dos textos originais, quer nas suas línguas nacionais, a lei uniforme que constitui o Anexo I da presente Convenção.

Esta obrigação poderá ficar subordinada a certas reservas, que deverão eventualmente ser formuladas por cada uma das Altas Partes Contratantes no momento da sua ratificação ou adesão. Estas reservas deverão ser escolhidas entre as mencionadas no Anexo II da presente Convenção.

Todavia, as reservas a que se referem os artigos 8.º, 12.º e 18.º do citado Anexo II poderão ser feitas posteriormente à ratificação ou adesão, desde que sejam notificadas ao Secretário-Geral da Sociedade das Nações, o qual imediatamente comunicará o seu texto aos Membros da Sociedade das Nações e aos Estados não membros em cujo nome tenha sido ratificada a presente Convenção ou que a ela tenham aderido. Essas reservas só produzirão efeitos noventa dias depois de o Secretário-Geral ter recebido a referida notificação.

Qualquer das Altas Partes Contratantes poderá, em caso de urgência, fazer uso, depois da ratificação ou da adesão, das reservas indicadas nos arts. 7.º e 22.º do referido Anexo II. Neste caso deverá comunicar essas reservas directa e imediatamente a todas as outras Altas Partes Contratantes e ao Secretário-Geral da Sociedade das Nações. Esta notificação produzirá os seus efeitos dois dias depois de recebida a dita comunicação pelas Altas Partes Contratantes.

---

[1] Estados que assinaram e ratificaram esta Convenção ou a ela aderiram: Alemanha, Áustria, Bélgica, Brasil, Dinamarca, Finlândia, França, Grécia, Holanda, Itália, Japão, Luxemburgo, Mónaco, Noruega, Polónia, Portugal, Suécia, Suíça e U. R. S. S.

Estados que, tendo assinado a Convenção, não a ratificaram: Checoslováquia, Colômbia, Equador, Espanha, Jugoslávia, Perú e Turquia.

Numerosos são os Estados que, não tendo aderido à Convenção de Genebra, todavia adoptaram legislação nela inspirada. É o caso de certas antigas colónias francesas (Argélia, Camarões, Congo--Brazzaville, Costa do Marfim, Daomé, Gabão, Madagáscar e Senegal), da Espanha, da Etiópia, do Haiti, da Hungria, da Indonésia, do Iraque, do Koweit, do Líbano, da Líbia, de Marrocos, do México, do Perú, da Roménia, da Síria, da Tunísia, da Turquia e do Zaire.

As Convenções de Genebra também passaram a vigorar nas antigas colónias portuguesas por força do disposto na Portaria n.º 15 017, de 31 de Agosto de 1954.

1129

[107] ConvL/I Arts. 2.º-8.º

Conv. LU letras e livranças

Art. 2.º A lei uniforme não será aplicável no território de cada uma das Altas Partes Contratantes às letras e livranças já passadas à data da entrada em vigor da presente Convenção.

Art. 3.º A presente Convenção, cujos textos francês e inglês farão, ambos, igualmente fé, terá a data de hoje.

Poderá ser ulteriormente assinada, até 6 de Setembro de 1930, em nome de qualquer Membro da Sociedade das Nações e de qualquer Estado não membro.

Art. 4.º A presente Convenção será ratificada.

Os instrumentos de ratificação serão transmitidos, antes de 1 de Setembro de 1932, ao Secretário-Geral da Sociedade das Nações, que notificará imediatamente do seu depósito todos os Membros da Sociedade das Nações e os Estados não membros que sejam Partes na presente Convenção.

Art. 5.º A partir de 6 de Setembro de 1930, qualquer Membro da Sociedade das Nações e qualquer Estado não membro poderá aderir à presente Convenção.

Esta adesão efectuar-se-á por meio de notificação ao Secretário-Geral da Sociedade das Nações, que será depositada nos arquivos do Secretariado.

O Secretário-Geral notificará imediatamente desse depósito todos os Estados que tenham assinado ou aderido à presente Convenção.

Art. 6.º A presente Convenção somente entrará em vigor depois de ter sido ratificada ou de a ela terem aderido sete Membros da Sociedade das Nações ou Estados não membros, entre os quais deverão figurar três dos Membros da Sociedade das Nações com representação permanente no Conselho.

Começará a vigorar noventa dias depois de recebida pelo Secretário-Geral da Sociedade das Nações a sétima ratificação ou adesão, em conformidade com o disposto na alínea primeira do presente artigo.

O Secretário-Geral da Sociedade das Nações, nas notificações previstas nos artigos 4.º e 5.º, fará menção especial de terem sido recebidas as ratificações ou adesões a que se refere a alínea primeira do presente artigo.

Art. 7.º As ratificações ou adesões após a entrada em vigor da presente Convenção, em conformidade com o disposto no artigo 6.º, produzirão os seus efeitos noventa dias depois da data da sua recepção pelo Secretário-Geral da Sociedade das Nações.

Art. 8.º Excepto nos casos de urgência, a presente Convenção não poderá ser denunciada antes de decorrido um prazo de dois anos a contar da data em que tiver começado a vigorar para o Membro da Sociedade das Nações ou para o Estado não membro que a denuncia; esta denúncia produzirá os seus efeitos noventa dias depois de recebida pelo Secretário-Geral a respectiva notificação.

Qualquer denúncia será imediatamente comunicada pelo Secretário-Geral da Sociedade das Nações a todas as outras Altas Partes Contratantes.

Nos casos de urgência, a Alta Parte Contratante que efectuar a denúncia comunicará esse facto directa e imediatamente a todas as outras Altas Partes Contratantes, e a denúncia produzirá os seus efeitos dois dias depois de recebida a dita comunicação pelas respectivas Altas Partes Contratantes. A Alta Parte Contratante que fizer a denúncia nestas condições dará igualmente conhecimento da sua decisão ao Secretário-Geral da Sociedade das Nações.

Anexo II

Arts. 1.º-2.º ConvL/I [107]

Qualquer denúncia só produzirá efeitos em relação à Alta Parte Contratante em nome da qual ela tenha sido feita.

Art. 9.º Decorrido um prazo de quatro anos da entrada em vigor da presente Convenção, qualquer Membro da Sociedade das Nações ou Estado não membro ligado à Convenção poderá formular ao Secretário-Geral da Sociedade das Nações um pedido de revisão de algumas ou de todas as suas disposições.

Se este pedido, comunicado aos outros Membros ou Estados não membros para os quais a Convenção estiver em vigor, for apoiado dentro do prazo de um ano por seis, pelo menos, de entre eles, o Conselho da Sociedade das Nações decidirá se deve ser convocada uma Conferência para aquele fim.

Art. 10.º As Altas Partes Contratantes poderão declarar no momento da assinatura da ratificação ou da adesão que, aceitando a presente Convenção não assumem nenhuma obrigação pelo que respeita a todas ou parte das suas colónias, protectorados ou territórios sob a sua soberania ou mandato, caso em que a presente Convenção se não aplicará aos territórios mencionados nessa declaração.

As Altas Partes Contratantes poderão a todo o tempo mais tarde notificar o Secretário-Geral da Sociedade das Nações de que desejam que a presente Convenção se aplique a todos ou parte dos territórios que tenham sido objecto da declaração prevista na alínea precedente, e nesse caso a Convenção aplicar-se-á aos territórios mencionados na comunicação noventa dias depois de esta ter sido recebida pelo Secretário-Geral da Sociedade das Nações.

Da mesma forma, as Altas Partes Contratantes podem, nos termos do artigo 8.º, denunciar a presente Convenção para todas ou parte das suas colónias, protectorados ou territórios sob a sua soberania ou mandato.

Art. 11.º A presente Convenção será registada pelo Secretário-Geral da Sociedade das Nações desde que entre em vigor. Será publicada, logo que for possível, na «Colecção de Tratados» da Sociedade das Nações.

Em fé do que os Plenipotenciários acima designados assinaram a presente Convenção.

Feito em Genebra, aos sete de Junho de mil novecentos e trinta, num só exemplar, que será depositado nos arquivos do Secretariado da Sociedade das Nações. Será transmitida cópia autêntica a todos os Membros da Sociedade das Nações e a todos os Estados não membros representados na Conferência.

Devia seguir-se aqui o «Anexo I» que é constituído pelo texto da Lei Uniforme. Mas esta já foi transcrita; cf. **[106]**.

Anexo II

Art. 1.º Qualquer das Altas Partes Contratantes pode prescrever que a obrigação de inserir nas letras passadas no seu território a palavra «letra», prevista no artigo 1.º, n.º 1, da Lei Uniforme, só se aplicará seis meses após a entrada em vigor da presente Convenção.

Art. 2.º Qualquer das Altas Partes Contratantes tem, pelo que respeita às obrigações contraídas em matéria de letras no seu território, a faculdade de determinar de que maneira pode ser suprida a falta de assinatura, desde que por uma declaração autêntica escrita na letra se possa constatar a vontade daquele que deveria ter assinado

1131

[107] ConvL/I Arts. 3.º-12.º

Art. 3.º Qualquer das Altas Partes Contratantes reserva-se a faculdade de não inserir o artigo 10.º da Lei Uniforme na sua lei nacional.

Art. 4.º Por derrogação da alínea primeira do artigo 31.º da Lei Uniforme, qualquer das Altas Partes Contratantes tem a faculdade de admitir a possibilidade de ser dado um aval no seu território por acto separado em que se indique o lugar onde foi feito.

Art. 5.º Qualquer das Altas Partes Contratantes pode completar o artigo 38.º da Lei Uniforme dispondo que, em relação às letras pagáveis no seu território, o portador deverá fazer a apresentação no próprio dia do vencimento; a inobservância desta obrigação só acarreta responsabilidade por perdas e danos.

As outras Altas Partes Contratantes terão a faculdade de fixar as condições em que reconhecerão uma tal obrigação.

Art. 6.º A cada uma das Altas Partes Contratantes incumbe determinar, para os efeitos da aplicação da última alínea do artigo 38.º, quais as instituições que, segundo a lei nacional, devem ser consideradas câmaras de compensação.

Art. 7.º Pelo que se refere às letras pagáveis no seu território, qualquer das Altas Partes Contratantes tem a faculdade de sustar, se o julgar necessário, em circunstâncias excepcionais relacionadas com a taxa de câmbio da moeda nacional, os efeitos da cláusula prevista no artigo 41.º relativa ao pagamento efectivo em moeda estrangeira. A mesma regra se aplica no que respeita à emissão no território nacional de letras em moedas estrangeiras.

Art. 8.º Qualquer das Altas Partes Contratantes tem a faculdade de determinar que os protestos a fazer no seu território possam ser substituídos por uma declaração datada, escrita na própria letra e assinada pelo sacado, excepto no caso de o sacador exigir no texto da letra que se faça um protesto com as formalidades devidas.

Qualquer das Altas Partes Contratante tem igualmente a faculdade de determinar que a dita declaração seja transcrita num registo público no prazo fixado para os protestos.

No caso previsto nas alíneas precedentes o endosso sem data presume-se ter sido feito anteriormente ao protesto.

Art. 9.º Por derrogação da alínea terceira do artigo 44.º da Lei Uniforme, qualquer das Altas Partes Contratantes tem a faculdade de determinar que o protesto por falta de pagamento deve ser feito no dia em que a letra é pagável ou num dos dois seguintes dias úteis.

Art. 10.º Fica reservada para a legislação de cada uma das Altas Partes Contratantes a determinação precisa das situações jurídicas a que se referem os n.ºs 2.º e 3.º do artigo 43.º e os n.ºs 5.º e 6.º do artigo 44.º da Lei Uniforme.

Art. 11.º Por derrogação dos n.ºs 2.º e 3.º do artigo 43.º e do artigo 74.º da Lei Uniforme, qualquer das Altas Partes Contratantes reserva-se a faculdade de admitir na sua legislação a possibilidade, para os garantes de uma letra que tenham sido accionados, de ser concedido um alongamento de prazos, os quais não poderão em caso algum ir além da data do vencimento da letra.

Art. 12.º Por derrogação do artigo 45.º da Lei Uniforme, qualquer das Altas Partes Contratantes tem a faculdade de manter ou de introduzir o sistema de aviso por intermédio de um agente público, que consiste no seguinte: ao fazer o protesto por falta de aceite ou por

Anexo II

Arts. 13.°-20.° ConvL/I [107]

falta de pagamento, o notário ou o funcionário público incumbido desse serviço, segundo a lei nacional, é obrigado a dar comunicação por escrito desse protesto às pessoas obrigadas pela letra, cujos endereços figuram nela, ou que sejam conhecidos do agente que faz o protesto, ou sejam indicados pelas pessoas que exigiram o protesto. As despesas originadas por esses avisos serão adicionadas às despesas do protesto.

Art. 13.° Qualquer das Altas Partes Contratantes tem a faculdade de determinar, no que respeita às letras passadas e pagáveis no seu território, que a taxa de juro a que se referem os n.ºs 2.os dos artigos 48.° e 49.° da Lei Uniforme poderá ser substituída pela taxa legal em vigor no território da respectiva Alta Parte Contratante.

Art. 14.° Por derrogação do artigo 48.° da Lei Uniforme, qualquer das Altas Partes Contratantes reserva-se a faculdade de inserir na lei nacional uma disposição pela qual o portador pode reclamar daquele contra quem exerce o seu direito de acção uma comissão cujo quantitativo será fixado pela mesma lei nacional.

A mesma doutrina se aplica, por derrogação do artigo 49.° da Lei Uniforme, no que se refere à pessoa que, tendo pago uma letra, reclama a sua importância aos seus garantes.

Art. 15.° Qualquer das Altas Partes Contratantes tem liberdade de decidir que, no caso de perda de direitos ou de prescrição, no seu território subsistirá o direito de proceder contra o sacador que não constituir provisão ou contra um sacador ou endossante que tenha feito lucros ilegítimos. A mesma faculdade existe, em caso de prescrição, pelo que respeita ao aceitante que recebeu provisão ou tenha realizado lucros ilegítimos.

Art. 16.° A questão de saber se o sacador é obrigado a constituir provisão à data do vencimento e se o portador tem direitos especiais sobre essa provisão está fora do âmbito da Lei Uniforme.

O mesmo sucede relativamente a qualquer outra questão respeitante às relações jurídicas que serviram de base à emissão da letra.

Art. 17.° A cada uma das Altas Partes Contratantes compete determinar na sua legislação nacional as causas de interrupção e de suspensão da prescrição das acções relativas a letras que os seus tribunais são chamados a conhecer.

As outras Altas Partes Contratantes têm a faculdade de determinar as condições a que subordinarão o conhecimento de tais causas. O mesmo sucede quanto ao efeito de uma acção como meio de indicação do início do prazo de prescrição, a que se refere a alínea terceira do artigo 70.° da Lei Uniforme.

Art. 18.° Qualquer das Altas Partes Contratantes tem a faculdade de determinar que certos dias úteis sejam assimilados aos dias feriados legais, pelo que respeita à apresentação ao aceite ou ao pagamento e demais actos relativos às letras.

Art. 19.° Qualquer das Altas Partes Contratantes pode determinar o nome a dar nas leis nacionais aos escritos a que se refere o artigo 75.° da Lei Uniforme ou dispensar esses escritos de qualquer denominação especial, uma vez que contenham a indicação expressa de que são à ordem.

Art. 20.° As disposições dos artigos 1.° a 18.° do presente Anexo, relativas às letras, aplicam-se igualmente às livranças.

1133

[107] ConvL/I Arts. 21.º-23.º

Art. 21.º Qualquer das Altas Partes Contratantes reserva-se a faculdade de limitar a obrigação assumida, em virtude do artigo 1.º da Convenção, exclusivamente às disposições relativas às letras, não introduzindo no seu território as disposições sobre livranças, constantes do título II da Lei Uniforme. Neste caso, a Alta Parte Contratante que fizer uso desta reserva será considerada parte contratante apenas pelo que respeita às letras.

Qualquer das Altas Partes Contratantes reserva-se igualmente a faculdade de compilar num regulamento especial as disposições relativas às livranças, regulamento que será inteiramente conforme com as estipulações do título II da Lei Uniforme e que deverá reproduzir as disposições sobre letras referidas no mesmo título, sujeitas apenas às modificações resultantes dos artigos 75.º, 76.º, 77.º e 78.º da Lei Uniforme e dos artigos 19.º e 20.º do presente Anexo.

Art. 22.º Qualquer das Altas Partes Contratantes tem a faculdade de tomar medidas excepcionais de ordem geral relativas à prorrogação dos prazos respeitantes a actos tendentes à conservação de direitos e à prorrogação do vencimento das letras.

Art. 23.º Cada uma das Altas Partes Contratantes obriga-se a reconhecer as disposições adoptadas por qualquer das outras Altas Partes Contratantes em virtude dos artigos 1.º a 4.º, 6.º, 8.º a 16.º e 18.º a 21.º do presente Anexo.

Protocolo

Ao assinar a Convenção, datada de hoje, estabelecendo uma Lei Uniforme em matéria de letras e livranças, os abaixo assinados, devidamente autorizados, acordaram nas disposições seguintes:

A) Os Membros da Sociedade das Nações e os Estados não membros que não tenham podido efectuar antes de 1 de Setembro de 1932 o depósito da ratificação da referida Convenção obrigam-se a enviar, dentro de quinze dias, a contar daquela data, uma comunicação ao Secretariado-Geral da Sociedade das Nações, dando-lhe a conhecer a situação em que se encontram no que diz respeito à ratificação.

B) Se, em 1 de Novembro de 1932, não se tiverem verificado as condições previstas na alínea primeira do artigo 6.º para a entrada em vigor da Convenção, o Secretário-Geral da Sociedade das Nações convocará uma reunião dos Membros da Sociedade das Nações e dos Estados não membros que tenham assinado a Convenção ou a ela tenham aderido, a fim de serem examinadas a situação e as medidas que porventura devam ser tomadas para a resolver.

C) As Altas Partes Contratantes comunicar-se-ão reciprocamente, a partir da sua entrada em vigor, as disposições legislativas promulgadas nos respectivos territórios para tornar efectiva a Convenção.

Em fé do que os Plenipotenciários acima mencionados assinaram o presente Protocolo. Feito em Genebra, aos sete de Junho de mil novecentos e trinta (...).

II

[108] Convenção destinada a regular certos conflitos de leis em matéria de letras e de livranças

Art. 1.º As Altas Partes Contratantes obrigam-se mutuamente a aplicar para a solução dos conflitos e leis em matéria de letras e de livranças, a seguir enumerados, as disposições constantes dos artigos seguintes.

Art. 2.º A capacidade de uma pessoa para se obrigar por letra ou livrança é regulada pela respectiva lei nacional. Se a lei nacional declarar competente a lei de um outro país, será aplicada esta última.

A pessoa incapaz, segundo a lei indicada na alínea precedente, é contudo havida como validamente obrigada se tiver aposto a sua assinatura em território de um país, segundo cuja legislação teria sido considerada capaz.

Qualquer das Altas Partes Contratantes tem a faculdade de não reconhecer a validade da obrigação contraída em matéria de letras ou livranças por um dos seus nacionais, quando essa obrigação só seja válida no território das outras Altas Partes Contratantes pela aplicação da alínea anterior do presente artigo.

Art. 3.º A forma das obrigações contraídas em matéria de letras e livranças é regulada pela lei do país em cujo território essas obrigações tenham sido assumidas.

No entanto, se as obrigações assumidas por virtude de uma letra ou livrança não forem válidas nos termos da alínea precedente, mas o forem em face da legislação do país em que tenha posteriormente sido contraída uma outra obrigação, o facto de as primeiras obrigações serem irregulares quanto à forma não afecta a validade da obrigação posterior.

Qualquer das Altas Partes Contratantes tem a faculdade de determinar que as obrigações contraídas no estrangeiro por algum dos seus nacionais, em matéria de letras e livranças, serão válidas no seu próprio território, em relação a qualquer outro dos seus nacionais, desde que tenham sido contraídas pela forma estabelecida na lei nacional.

Art. 4.º Os efeitos das obrigações do aceitante de uma letra e do subscritor de uma livrança são determinados pela lei do lugar onde esses títulos sejam pagáveis.

Os efeitos provenientes das assinaturas dos outros co-obrigados por letra ou livrança são determinados pela lei do país em cujo território as assinaturas forem apostas.

Art. 5.º Os prazos para o exercício do direito de acção são determinados para todos os signatários pela lei do lugar de emissão do título.

Art. 6.º A lei do lugar de emissão do título determina se o portador de uma letra adquire o crédito que originou a emissão do título.

[108] ConvL/II Arts. 7.º-15.º

Conv. conflitos de leis letras e livranças

Art. 7.º A lei do país em que a letra é pagável determina se o aceite pode ser restrito a uma parte da importância a pagar ou se o portador é ou não obrigado a receber um pagamento parcial.

A mesma regra é aplicável ao pagamento de livranças.

Art. 8.º A forma e os prazos do protesto, assim como a forma dos outros actos necessários ao exercício ou à conservação dos direitos em matéria de letras e livranças, são regulados pelas leis do país em cujo território se deva fazer o protesto ou praticar os referidos actos.

Art. 9.º As medidas a tomar em caso de perda ou de roubo de uma letra ou de uma livrança são determinadas pela lei do país em que esses títulos sejam pagáveis.

Art. 10.º Qualquer das Altas Partes Contratantes reserva-se a faculdade de não aplicar os princípios de direito internacional privado consignados na presente Convenção, pelo que respeita:

1.º A uma obrigação contraída fora do território de uma das Altas Partes Contratantes;

2.º A uma lei que seria aplicável em conformidade com estes princípios, mas que não seja lei em vigor no território de uma das Altas Partes Contratantes.

Art. 11.º As disposições da presente Convenção não serão aplicáveis, no território de cada uma das Altas Partes Contratantes, às letras e livranças já criadas à data da entrada em vigor da Convenção.

Art. 12.º A presente Convenção, cujos textos francês e inglês farão, ambos, igualmente fé, terá a data de hoje.

Poderá ser ulteriormente assinada até 6 de Setembro de 1930 em nome de qualquer Membro da Sociedade das Nações e de qualquer Estado não membro.

Art. 13.º A presente Convenção será ratificada.

Os instrumentos de ratificação serão transmitidos. antes de 1 de Setembro de 1932, ao Secretário-Geral da Sociedade das Nações, que notificará imediatamente do seu depósito todos os Membros da Sociedade das Nações e os Estados não membros que sejam partes na presente Convenção.

Art. 14.º A partir de 6 de Setembro de 1930, qualquer Membro da Sociedade das Nações e qualquer Estado não membro poderá aderir à presente Convenção.

Esta adesão efectuar-se-á por meio de notificação ao Secretário-Geral da Sociedade das Nações, que será depositada nos arquivos do Secretariado.

O Secretário-Geral notificará imediatamente desse depósito todos os Estados que tenham assinado a presente Convenção ou a ela tenham aderido.

Art. 15.º A presente Convenção somente entrará em vigor depois de ter sido ratificada ou de a ela terem aderido sete Membros da Sociedade das Nações ou Estados não membros, entre os quais deverão figurar três Membros da Sociedade das Nações com representação permanente no Conselho.

Começará a vigorar noventa dias depois de recebida pelo Secretário-Geral da Sociedade das Nações a sétima ratificação ou adesão, em conformidade com o disposto na alínea primeira do presente artigo.

1136

Conv. conflitos de leis letras e livranças **Arts. 16.°-20.° ConvL/II [108]**

O Secretário-Geral da Sociedade das Nações, nas notificações previstas nos artigos 13.° e 14.°, fará menção especial de terem sido recebidas as ratificações ou adesões a que se refere a alínea primeira do presente artigo.

Art. 16.° As ratificações ou adesões após a entrada em vigor da presente Convenção, em conformidade com o disposto no artigo 15.°, produzirão os seus efeitos noventa dias depois da data da sua recepção pelo Secretário-Geral da Sociedade das Nações.

Art. 17.° A presente Convenção não poderá ser denunciada antes de decorrido um prazo de dois anos a contar da data em que ela tiver começado a vigorar para o Membro da Sociedade das Nações ou para o Estado não membro que a denuncia; esta denúncia produzirá os seus efeitos noventa dias depois de recebida pelo Secretário-Geral a respectiva notificação.

Qualquer denúncia será imediatamente comunicada pelo Secretário-Geral da Sociedade das Nações a todas as outras Altas Partes Contratantes.

A denúncia só produzirá efeito em relação à Alta Parte Contratante em nome da qual ela tenha sido feita.

Art. 18.° Decorrido um prazo de quatro anos da entrada em vigor da presente Convenção, qualquer Membro da Sociedade das Nações ou Estado não membro ligado à Convenção poderá formular ao Secretário-Geral da Sociedade das Nações um pedido de revisão de algumas ou de todas as suas disposições.

Se este pedido, comunicado aos outros Membros da Sociedade das Nações ou Estados não membros para os quais a Convenção estiver então em vigor, for apoiado, dentro do prazo de um ano, por seis, pelo menos, de entre eles, o Conselho da Sociedade das Nações decidirá se deve ser convocada uma Conferência para aquele fim.

Art. 19.° As Altas Partes Contratantes podem declarar no momento da assinatura da ratificação ou adesão que, aceitando a presente Convenção, não assumem nenhuma obrigação pelo que respeita a todas ou parte das suas colónias, protectorados ou territórios sob a sua soberania ou mandato, caso em que a presente Convenção se não aplicará aos territórios mencionados nessa declaração.

As Altas Partes Contratantes poderão mais tarde notificar o Secretário-Geral da Sociedade das Nações de que desejam que a presente Convenção se aplique a todos ou parte dos territórios que tenham sido objecto da declaração prevista na alínea precedente, e nesse caso a Convenção aplicar-se-á aos territórios mencionados na comunicação noventa dias depois de esta ter sido recebida pelo Secretário-Geral da Sociedade das Nações.

As Altas Partes Contratantes podem a todo o tempo declarar que desejam que a presente Convenção cesse de se aplicar a todas ou parte das suas colónias, protectorados ou territórios sob a sua soberania ou mandato, caso em que a Convenção deixará de se aplicar aos territórios mencionados nessa declaração um ano após esta ter sido recebida pelo Secretário-rio-Geral da Sociedade das Nações.

Art. 20.° A presente Convenção será registada pelo Secretário-Geral da Sociedade das Nações desde que entre em vigor. Será publicada, logo que for possível, na «Colecção de Tratados» da Sociedade das Nações.

Em fé do que os Plenipotenciários acima designados assinaram a presente Convenção. Feito em Genebra, aos sete de Junho de mil novecentos e trinta (...).

1137

[108] ConvL/II Protocolo

Conv. conflitos de leis letras e livranças

Protocolo

Ao assinar a Convenção datada de hoje, destinada a regular certos conflitos de leis em matéria de letras e livranças, os abaixo assinados, devidamente autorizados, acordaram nas disposições seguintes:

A) Os Membros da Sociedade das Nações e os Estados não membros que não tenham podido efectuar, antes de 1 de Setembro de 1932; o depósito da ratificação da referida Convenção, obrigam-se a enviar, dentro de quinze dias a contar daquela data, uma comunicação ao Secretário-Geral da Sociedade das Nações dando-lhe a conhecer a situação em que se encontram no que diz respeito à ratificação.

B) Se, em 1 de Novembro de 1932, não se tiverem verificado as condições previstas na alínea primeira do artigo 15.º para a entrada em vigor da Convenção, o Secretário-Geral da Sociedade das Nações convocará uma reunião dos Membros da Sociedade das Nações e dos Estados não membros que tenham assinado a Convenção, ou a ela tenham aderido, a fim de ser examinada a situação e as medidas que porventura devam ser tomadas para a resolver.

C) As Altas Partes Contratantes comunicar-se-ão, reciprocamente, a partir da sua entrada em vigor, as disposições legislativas promulgadas nos respectivos territórios para tornar efectiva a Convenção.

Em fé do que os Plenipotenciários acima mencionados assinaram o presente Protocolo. Feito em Genebra, aos sete de Junho de mil novecentos e trinta (...).

III

[109] Convenção relativa ao imposto do selo em matéria de letras e de livranças

Art. 1.º As Altas Partes Contratantes, no caso de não ser essa a sua legislação, obrigam-se a modificar as suas leis por forma a que a validade das obrigações contraídas por meio de letras e de livranças, ou o exercício dos direitos que delas resultam, não possam estar subordinados ao cumprimento das disposições respeitantes ao selo.

Podem, contudo, suspender o exercício desses direitos até ao pagamento dos impostos do selo prescritos, bem como das multas incorridas. Podem igualmente determinar que a qualidade e os efeitos de título «imediatamente executório», que, pelas suas legislações, seriam atribuídos às letras e livranças, dependerão da condição de ter sido, desde a criação do título, devidamente pago o imposto do selo, em conformidade com as disposições das respectivas leis.

Cada uma das Altas Partes Contratantes reserva-se a faculdade de limitar às letras o compromisso mencionado na alínea primeira.

Art. 2.º A presente Convenção, cujos textos francês e inglês farão, ambos, igualmente fé, terá a data de hoje.

Poderá ser ulteriormente assinada, até 6 de Setembro de 1930, em nome de qualquer Membro da Sociedade das Nações e de qualquer Estado não membro.

Art. 3.º A presente Convenção será ratificada.

Os instrumentos de ratificação serão transmitidos, antes de 1 de Setembro de 1932, ao Secretário-Geral da Sociedade das Nações, que notificará imediatamente do seu depósito todos os Membros da Sociedade das Nações e os Estados não membros que sejam partes na presente Convenção.

Art. 4.º A partir de 6 de Setembro de 1930, qualquer Membro da Sociedade das Nações e qualquer Estado não membro, poderá aderir à presente Convenção.

Esta adesão efectuar-se-á por meio de notificação ao Secretário-Geral da Sociedade das Nações, que será depositada nos arquivos do Secretariado.

O Secretário-Geral notificará imediatamente desse depósito todos os Estados que tenham assinado a presente Convenção ou a ela tenham aderido.

Art. 5.º A presente Convenção somente entrará em vigor depois de ter sido ratificada ou a de a ela terem aderido sete Membros da Sociedade das Nações ou Estados não membros, entre os quais deverão figurar três Membros da Sociedade das Nações com representação permanente no Conselho.

Começará a vigorar noventa dias depois de recebida pelo Secretário-Geral da Sociedade das Nações a sétima ratificação ou adesão, em conformidade com o disposto na alínea primeira do presente artigo.

[109] ConvL/III Arts. 6.º-10.º

Conv. imposto selo letras e livranças

O Secretário-Geral da Sociedade das Nações, nas notificações previstas nos artigos 3.º e 4.º, fará menção especial de terem sido recebidas as ratificações ou adesões a que se refere a alínea primeira do presente artigo.

Art. 6.º As ratificações ou adesões após a entrada em vigor da presente Convenção, em conformidade com o disposto no artigo 5.º, produzirão os seus efeitos noventa dias depois da data da sua recepção pelo Secretário-Geral da Sociedade das Nações.

Art. 7.º A presente Convenção não poderá ser denunciada antes de decorrido um prazo de dois anos a contar da data em que ela tiver começado a vigorar para o Membro da Sociedade das Nações ou para o Estado não membro que a denuncia; esta denúncia produzirá os seus efeitos noventa dias depois de recebida pelo Secretário-Geral a respectiva notificação.

Qualquer denúncia será imediatamente comunicada pelo Secretário-Geral da Sociedade das Nações a todas as outras Altas Partes Contratantes.

A denúncia só produzirá efeito em relação à Alta Parte Contratante em nome da qual ela tenha sido feita.

Art. 8.º Decorrido um prazo de quatro anos da entrada em vigor da presente Convenção, qualquer Membro da Sociedade das Nações ou Estado não membro ligado à Convenção poderá formular ao Secretário-Geral da Sociedade das Nações um pedido de revisão de algumas ou de todas as suas disposições.

Se este pedido, comunicado aos outros Membros da Sociedade das Nações ou Estados não membros, para os quais a Convenção estiver em vigor, for apoiado, dentro do prazo de um ano, por seis, pelo menos, de entre eles, o Conselho da Sociedade das Nações decidirá se deve ser convocada uma Conferência para aquele fim.

Art. 9.º As Altas Partes Contratantes podem declarar no momento da assinatura, da ratificação ou da adesão que, aceitando a presente Convenção, não assumem nenhuma obrigação pelo que respeita a todas ou parte das suas colónias, protectorados ou territórios sob a sua soberania ou mandado, caso em que a presente Convenção se não aplicará aos territórios mencionados nessa declaração.

As Altas Partes Contratantes, poderão mais tarde notificar o Secretário-Geral da Sociedade das Nações de que desejam que a presente Convenção se aplique a todos ou parte dos territórios que tenham sido objecto da declaração prevista na alínea precedente, e nesse caso a Convenção aplicar-se-á aos territórios mencionados na comunicação noventa dias depois de esta ter sido recebida pelo Secretário-Geral da Sociedade das Nações.

As Altas Partes Contratantes podem igualmente, a todo o tempo, declarar que desejam que a presente Convenção cesse de se aplicar a todas ou parte das suas colónias, protectorados ou territórios sob a sua soberania ou mandato, caso em que a Convenção deixará de se aplicar aos territórios mencionados nessa declaração um ano após esta ter sido recebida pelo Secretário-Geral da Sociedade das Nações.

Art. 10.º A presente Convenção será registada pelo Secretário-Geral da Sociedade das Nações desde que entre em vigor. Será publicada, logo que for possível, na «Colecção de Tratados» da Sociedade das Nações.

Em fé do que os Plenipotenciários acima designados assinaram a presente Convenção. Feito em Genebra, aos sete de Junho de mil novecentos e trinta (...).

Protocolo ConvL/III **[109]**

Protocolo

Ao assinar a Convenção, datada de hoje, relativa ao imposto do selo em matéria de letras e livranças, os abaixo assinados, devidamente autorizados, acordaram nas disposições seguintes:

A) Os Membros da Sociedade das Nações e os Estados não membros que não tenham podido efectuar, antes de 1 de Setembro de 1932, o depósito da ratificação da referida Convenção obrigam-se a enviar, dentro de quinze dias a contar daquela data, uma comunicação ao Secretário-Geral da Sociedade das Nações, dando-lhe a conhecer a situação em que se encontram no que diz respeito à ratificação.

B) Se, em 1 de Novembro de 1932, não se tiverem verificado as condições previstas na alínea primeira do artigo 5.° para a entrada em vigor da Convenção, o Secretário-Geral da Sociedade das Nações convocará uma reunião dos Membros da Sociedade das Nações e dos Estados não membros que tenham assinado a Convenção ou a ela tenham aderido, a fim de ser examinada a situação e as medidas que porventura devam ser tomadas para a resolver.

C) As Altas Partes Contratantes comunicar-se-ão, reciprocamente, a partir da sua entrada em vigor, as disposições legislativas promulgadas nos respectivos territórios para tomar efectiva a Convenção.

D) 1. Pelo que se refere ao Reino Unido da Grã-Bretanha e da Irlanda do Norte, fica convencionado que os únicos títulos a que se aplicam as disposições da presente Convenção são as letras presentes ao aceite, aceites ou pagáveis fora do Reino Unido.

2. A mesma restrição será aplicada em qualquer colónia, protectorado ou território sob a soberania ou mandato de Sua Majestade Britânica, no qual a presente Convenção se tenha tornado aplicável em virtude das disposições do artigo 9.°, desde que tenha sido dirigida ao Secretário-Geral da Sociedade das Nações, antes da data em que a referida Convenção deva entrar em vigor nesse território, uma notificação tendo por objecto essa restrição.

3. Fica igualmente convencionado que as disposições da presente Convenção, no que respeita à Irlanda do Norte, só se aplicarão com as modificações que forem julgadas necessárias.

4. O Governo de qualquer Membro da Sociedade das Nações ou Estado não membro que desejar aderir à Convenção nos termos do artigo 4.°, mas com a restrição especificada na alínea 1 acima, pode para este efeito notificar o Secretário-Geral da Sociedade das Nações, que comunicará a notificação recebida aos Governos de todos os Membros da Sociedade das Nações e dos Estados não membros em nome dos quais a Convenção tenha sido assinada ou tenham sido depositadas adesões, perguntando-lhes se têm objecções a apresentar. Se num prazo de seis meses, contados da referida comunicação, nenhuma objecção tiver sido formulada, a participação do país que invocou aquela restrição será considerada aceita com essa restrição.

Em fé do que os Plenipotenciários acima designados assinaram o presente Protocolo. Feito em Genebra, aos sete de Junho de mil novecentos e trinta (…).

CHEQUES

[110] LEI UNIFORME RELATIVA AO CHEQUE [1]

CAPÍTULO I.   Da emissão e forma do cheque

Art. 1.° (Requisitos do cheque)
O cheque contém:

1.° A palavra «cheque» inserta no próprio texto do título e expressa na língua empregada para a redacção desse título;

2.° O mandato puro e simples de pagar uma quantia determinada;

3.° O nome de quem deve pagar (sacado);

4.° A indicação do lugar em que o pagamento se deve efectuar;

5.° A indicação da data em que e do lugar onde o cheque é passado;

6.° A assinatura de quem passa o cheque (sacador).

Notas. 1. Sobre o pagamento de contribuições e impostos por meio de cheque, cf. o DL n.° 157/80, de 24 de Maio, alterado pelo DL n.° 481/82, de 24 de Dezembro.

2. Cf. o DL n.° 279/2000, de 10 de Novembro, que autoriza as instituições de crédito a destruir originais de cheques, desde que, previamente, sejam observados procedimentos de recolha da imagem respectiva e findo determinado prazo.

Art. 2.° (Falta de algum dos requisitos)
O título a que faltar qualquer dos requisitos enumerados no artigo precedente não produz efeito como cheque, salvo nos casos determinados nas alíneas seguintes.

Na falta de indicação especial, o lugar designado ao lado do nome do sacado considera-se como sendo o lugar de pagamento. Se forem indicados vários lugares ao lado do nome do sacado, o cheque é pagável no lugar primeiro indicado.

Na ausência destas indicações ou de qualquer outra indicação, o cheque é pagável no lugar em que o sacado tem o seu estabelecimento principal.

O cheque sem indicação do lugar da sua emissão considera-se passado no lugar designado ao lado do nome do sacador.

---

[1] A lei uniforme relativa ao cheque, estabelecida pela convenção assinada em Genebra a 19 de Março de 1931, foi aprovada entre nós pelo DL n.° 23 721, de 29 de Março de 1934, e confirmada e ratificada pela Carta de 10 de Maio de 1934, publicado no suplemento ao DG de 21 de Junho de 1934. O restante texto da convenção relativa ao cheque vai inserto a seguir à LU, que constitui o anexo daquela convenção. Aí se publicam também as outras duas convenções relativas ao cheque, assinadas em Genebra na mesma data e aprovadas em Portugal pelos citados diplomas.

As epígrafes dos artigos não constam do texto oficial.

Cap. I.   Da emissão e forma do cheque   **Arts. 3.º-9.º LUCh [110]**

Art. 3.º (Provisão)

O cheque é sacado sobre um banqueiro que tenha fundos à disposição do sacador e em harmonia com uma convenção expressa ou tácita, segundo a qual o sacador tem o direito de dispor desses fundos por meio de cheque. A validade do título como cheque não fica, todavia, prejudicada no caso de inobservância destas prescrições.

Art. 4.º (Proibição de aceite)

O cheque não pode ser aceito. A menção de aceite lançada no cheque considera-se como não escrita.

Art. 5.º (Modalidades quanto ao beneficiário)

O cheque pode ser feito pagável:

A uma determinada pessoa, com ou sem cláusula expressa «à ordem»;

A uma determinada pessoa, com a cláusula «não à ordem», ou outra equivalente;

Ao portador.

O cheque passado a favor duma determinada pessoa, mas que contenha a menção «ou ao portador» ou outra equivalente, é considerado como cheque ao portador.

O cheque sem indicação do beneficiário é considerado como cheque ao portador.

Art. 6.º (Modalidades do saque)

O cheque pode ser passado à ordem do próprio sacador.

O cheque pode ser sacado por conta de terceiro.

O cheque não pode ser passado sobre o próprio sacador, salvo no caso em que se trate dum cheque sacado por um estabelecimento sobre outro estabelecimento, ambos pertencentes ao mesmo sacador.

Art. 7.º (Nulidade da estipulação de juros)

Considera-se como não escrita qualquer estipulação de juros inserta no cheque.

Art. 8.º (Cheque a pagar no domicílio de terceiro)

O cheque pode ser pagável no domicílio de terceiro, quer na localidade onde o sacado tem o seu domicílio, quer numa outra localidade, sob a condição no entanto de que o terceiro seja banqueiro.

Art. 9.º (Divergências sobre o montante)

O cheque cuja importância for expressa por extenso e em algarismos, vale, em caso de divergência, pela quantia designada por extenso.

O cheque cuja importância for expressa várias vezes, quer por extenso, quer em algarismos, vale, em caso de divergência, pela menor quantia indicada.

1143

[110] LUCh Arts. 10.°-15.°

Lei uniforme sobre o cheque

Art. 10.° (Independência das assinaturas válidas)
Se o cheque contém assinaturas de pessoas incapazes de se obrigarem por cheque, assinaturas falsas, assinaturas de pessoas fictícias, ou assinaturas que por qualquer outra razão não poderiam obrigar as pessoas que assinaram o cheque, ou em nome das quais ele foi assinado, as obrigações dos outros signatários não deixam por esse facto de ser válidas.

Art. 11.° (Representação sem poderes ou com excesso de poder)
Todo aquele que apuser a sua assinatura num cheque, como representante duma pessoa, para representar a qual não tinha de facto poderes, fica obrigado em virtude do cheque, e, se o pagar, tem os mesmos direitos que o pretendido representado. A mesma regra se aplica ao representante que tenha excedido os seus poderes.

Art. 12.° (Responsabilidade do sacador)
O sacador garante o pagamento. Considera-se como não escrita qualquer declaração pela qual o sacador se exima a esta garantia.

Art. 13.° (Violação do pacto de preenchimento)
Se um cheque incompleto no momento de ser passado tiver sido completado contrariamente aos acordos realizados, não pode a inobservância desses acordos ser motivo de oposição ao portador, salvo se este tiver adquirido o cheque de má fé, ou, adquirindo-o, tenha cometido uma falta grave.

CAPÍTULO II. Da transmissão

Art. 14.° (Formas de transmissão)
O cheque estipulado pagável a favor duma determinada pessoa, com ou sem cláusula expressa «à ordem», é transmissível por via de endosso.
O cheque estipulado pagável a favor duma determinada pessoa, com a cláusula «não à ordem» ou outra equivalente, só é transmissível pela forma e com os efeitos duma cessão ordinária.
O endosso pode ser feito mesmo a favor do sacador ou de qualquer outro co-obrigado. Essas pessoas podem endossar novamente o cheque.

Art. 15.° (Modalidades do endosso)
O endosso deve ser puro e simples. Considera-se como não escrita qualquer condição a que ele esteja subordinado.
É nulo o endosso parcial.
É nulo igualmente o endosso feito pelo sacado.
O endosso ao portador vale como endosso em branco.
O endosso ao sacado só vale como quitação, salvo no caso de o sacado ter vários estabelecimentos e de o endosso ser feito em beneficio de um estabelecimento diferente daquele sobre o qual o cheque foi sacado.

1144

Cap. II. Da transmissão   **Arts. 16.º-22.º LUCh [110]**

Art. 16.º (Forma do endosso)

O endosso deve ser escrito no cheque ou numa folha ligada a este (anexo). Deve ser assinado pelo endossante.

O endosso pode não designar o beneficiário ou consistir simplesmente na assinatura do endossante (endosso em branco). Neste último caso o endosso, para ser válido, deve ser escrito no verso do cheque ou na folha anexa.

Art. 17.º (Efeitos do endosso. Endosso em branco)

O endosso transmite todos os direitos resultantes do cheque.

Se o endosso é em branco, o portador pode:

1.º Preencher o espaço em branco, quer com o seu nome, quer com o nome de outra pessoa;

2.º Endossar o cheque de novo em branco ou a outra pessoa;

3.º Transferir o cheque a um terceiro sem preencher o espaço em branco nem o endossar.

Art. 18.º (Responsabilidade do endossante)

Salvo estipulação em contrário o endossante garante o pagamento.

O endossante pode proibir um novo endosso, e neste caso não garante o pagamento às pessoas a quem o cheque for posteriormente endossado.

Art. 19.º (Requisitos da legitimidade do portador)

O detentor de um cheque endossável é considerado portador legítimo se justifica o seu direito por uma série ininterrupta de endossos, mesmo se o último for em branco. Os endossos riscados são, para este efeito, considerados como não escritos. Quando o endosso em branco é seguido de um outro endosso, presume-se que o signatário deste adquiriu o cheque pelo endosso em branco.

Art. 20.º (Endosso ao portador)

Um endosso num cheque passado ao portador torna o endossante responsável nos termos das disposições que regulam o direito à acção, mas nem por isso converte o título num cheque à ordem.

Art. 21.º (Inoponibilidade ao portador legítimo do desapossamento)

Quando uma pessoa foi por qualquer maneira desapossada de um cheque, o detentor a cujas mãos ele foi parar – quer se trate de um cheque ao portador, quer se trate de um cheque endossável em relação ao qual o detentor justifique o seu direito pela forma indicada no artigo 19.º – não é obrigado a restituí-lo, a não ser que o tenha adquirido de má fé, ou que, adquirindo-o, tenha cometido uma falta grave.

Art. 22.º (Excepções inoponíveis ao portador)

As pessoas accionadas em virtude de um cheque não podem opor ao portador as excepções fundadas sobre as relações pessoais delas com o sacador, ou com os portadores anteriores, salvo se o portador ao adquirir o cheque tiver procedido conscientemente em detrimento do devedor.

1145

[110] LUCh Arts. 23.º-27.º

Lei uniforme sobre o cheque

Art. 23.º (Endosso por procuração)

Quando um endosso contém a menção «valor a cobrar» (*valeur en recouvrement*), «para cobrança» (*pour encaissement*), «por procuração» (*par procuration*), ou qualquer outra menção que implique um simples mandato, o portador pode exercer todos os direitos resultantes do cheque, mas só pode endossá-lo na qualidade de procurador.

Os co-obrigados neste caso só podem invocar contra o portador as excepções que eram oponíveis ao endossante.

O mandato que resulta de um endosso por procuração não se extingue por morte ou sobrevinda incapacidade legal do mandatário.

Art. 24.º (Endosso tardio)

O endosso feito depois de protesto ou duma declaração equivalente, ou depois de terminado o prazo para apresentação, produz apenas os efeitos de uma cessão ordinária.

Salvo prova em contrário, presume-se que um endosso sem data haja sido feito antes do protesto ou das declarações equivalentes, ou antes de findo o prazo indicado na alínea precedente.

CAPÍTULO III. Do aval

Art. 25.º (Função do aval)

O pagamento dum cheque pode ser garantido no todo ou em parte do seu valor por um aval.

Esta garantia pode ser dada por um terceiro, exceptuado o sacado, ou mesmo por um signatário do cheque.

Art. 26.º (Forma do aval)

O aval é dado sobre o cheque ou sobre a folha anexa.

Exprime-se pelas palavras «bom para aval», ou por qualquer outra forma equivalente; é assinado pelo avalista.

Considera-se como resultando da simples aposição da assinatura do avalista na face do cheque, excepto quando se trate da assinatura do sacador.

O aval deve indicar a quem é prestado. Na falta desta indicação considera-se prestado ao sacador.

Art. 27.º (Responsabilidade do dador de aval)

O avalista é obrigado da mesma forma que a pessoa que ele garante.

A sua responsabilidade subsiste ainda mesmo que a obrigação que ele garantiu fosse nula por qualquer razão que não seja um vício de forma.

Pagando o cheque, o avalista adquire os direitos resultantes dele contra o garantido e contra os obrigados para com este em virtude do cheque.

Cap. IV.   Da apresentação e do pagamento   **Arts. 28.°-33.° LUCh [110]**

CAPÍTULO IV.   **Da apresentação e do pagamento**

Art. 28.° (Pagamento à vista)
O cheque é pagável à vista. Considera-se como não escrita qualquer menção em contrário.
O cheque apresentado a pagamento antes do dia indicado como data da emissão é pagável no dia da apresentação.

Art. 29.° (Prazo para apresentação a pagamento)
O cheque pagável no país onde foi passado deve ser apresentado a pagamento no prazo de oito dias.
O cheque passado num país diferente daquele em que é pagável deve ser apresentado respectivamente num prazo de vinte dias ou de setenta dias, conforme o lugar de emissão e o lugar do pagamento se encontram situados na mesma ou em diferentes partes do mundo.
Para este efeito os cheques passados num país europeu e pagáveis num país à beira do Mediterrâneo, ou *vice-versa*, são considerados como passados e pagáveis na mesma parte do mundo.
Os prazos acima indicados começam a contar-se do dia indicado no cheque como data da emissão.

Art. 30.° (Data da emissão no caso de divergência de calendários)
Quando o cheque for passado num lugar e pagável noutro em que se adopte um calendário diferente, a data da emissão será o dia correspondente no calendário do lugar do pagamento.

Art. 31.° (Apresentação à câmara de compensação)
A apresentação do cheque a uma câmara de compensação equivale à apresentação a pagamento.

Art. 32.° (Revogação do cheque)
A revogação do cheque só produz efeito depois de findo o prazo de apresentação.
Se o cheque não tiver sido revogado, o sacado pode pagá-lo mesmo depois de findo o prazo.

Nota. No seu acórdão n.° 4/2008, de 28 de Fevereiro de 2008 (*DR* n.° 67, 1.ª Série, de 4 de Abril de 2008, rectificado no *DR* n.° 72, 1.ª Série, de 11 de Abril de 2008 – Declaração de Rectificação n.° 19/2008), o Supremo Tribunal de Justiça fixou a seguinte jurisprudência:
"Uma instituição de crédito sacada que recusa o pagamento de cheque, apresentado dentro do prazo estabelecido no artigo 29.° da LUCH, com fundamento em ordem de revogação do sacador, comete violação do disposto na primeira parte do artigo 32.° do mesmo diploma, respondendo por perdas e danos perante o legítimo portador do cheque, nos termos previstos nos artigos 14.°, segunda parte, do Decreto n.° 13 004 e 483.°, n.° 1, do Código Civil."

Art. 33.° (Morte ou incapacidade do sacador)
A morte do sacador ou a sua incapacidade posterior à emissão do cheque não invalidam os efeitos deste.

1147

[110] LUCh Arts. 34.º-37.º

Lei uniforme sobre o cheque

Art. 34.º (Direito à entrega no caso de pagamento)

O sacado pode exigir, ao pagar o cheque, que este lhe seja entregue munido de recibo passado pelo portador.

O portador não pode recusar um pagamento parcial.

No caso de pagamento parcial, o sacado pode exigir que desse pagamento se faça menção no cheque e que lhe seja entregue o respectivo recibo.

Art. 35.º (Obrigação de verificar a regularidade da sucessão dos endossos)

O sacado que paga um cheque endossável é obrigado a verificar a regularidade da sucessão dos endossos, mas não a assinatura dos endossantes.

Art. 36.º (Moeda em que deve ser feito o pagamento)

Quando um cheque é pagável numa moeda que não tem curso no lugar do pagamento, a sua importância pode ser paga, dentro do prazo da apresentação do cheque, na moeda do país em que é apresentado, segundo o seu valor no dia do pagamento. Se o pagamento não foi efectuado à apresentação, o portador pode, à sua escolha, pedir que o pagamento da importância do cheque na moeda do país em que é apresentado seja efectuado ao câmbio, quer do dia da apresentação, quer do dia do pagamento.

A determinação do valor da moeda estrangeira será feita segundo os usos do lugar de pagamento. O sacador pode, todavia, estipular que a soma a pagar seja calculada segundo uma taxa indicada no cheque.

As regras acima indicadas não se aplicam ao caso em que o sacador tenha estipulado que o pagamento deverá ser efectuado numa certa moeda especificada (cláusula de pagamento efectivo numa moeda estrangeira).

Se a importância do cheque for indicada numa moeda que tenha a mesma denominação mas valor diferente no país de emissão e no de pagamento, presume-se que se fez referência à moeda do lugar de pagamento.

CAPÍTULO V. **Dos cheques cruzados e cheques a levar em conta**

Art. 37.º (Cheque cruzado. Modalidades do cruzamento)

O sacador ou o portador dum cheque podem cruzá-lo, produzindo assim os efeitos indicados no artigo seguinte.

O cruzamento efectua-se por meio de duas linhas paralelas traçadas na face do cheque e pode ser geral ou especial.

O cruzamento é geral quando consiste apenas nos dois traços paralelos, ou se entre eles está escrita a palavra «banqueiro» ou outra equivalente; é especial quando tem escrito entre os dois traços o nome dum banqueiro.

O cruzamento geral pode ser convertido em cruzamento especial, mas este não pode ser convertido em cruzamento geral.

A inutilização do cruzamento ou do nome do banqueiro indicado considera-se como não feito.

1148

Cap. VI.   Da acção por falta de pagamento   **Arts. 38.°-41.° LUCh** **[110]**

Art. 38.° (Pagamento do cheque cruzado)

Um cheque com cruzamento geral só pode ser pago pelo sacado a um banqueiro ou a um cliente do sacado.

Um cheque com cruzamento especial só pode ser pago pelo sacado ao banqueiro designado, ou, se este é o sacado, ao seu cliente. O banqueiro designado pode, contudo, recorrer a outro banqueiro para liquidar o cheque.

Um banqueiro só pode adquirir um cheque cruzado a um dos seus clientes ou a outro banqueiro. Não pode cobrá-lo por conta doutras pessoas que não sejam as acima indicadas.

Um cheque que contenha vários cruzamentos especiais só poderá ser pago pelo sacado no caso de se tratar de dois cruzamentos, dos quais um para liquidação por uma câmara de compensação.

O sacado ou o banqueiro que deixar de observar as disposições acima referidas é responsável pelo prejuízo que daí possa resultar até uma importância igual ao valor do cheque.

Art. 39.° (Regime do cheque a levar em conta)

O sacador ou o portador dum cheque podem proibir o seu pagamento em numerário, inserindo na face do cheque transversalmente a menção «para levar em conta», ou outra equivalente.

Neste caso o sacado só pode fazer a liquidação do cheque por lançamento de escrita (crédito em conta, transferência duma conta para a outra ou compensação). A liquidação por lançamento de escrita vale como pagamento

A inutilização da menção «para levar em conta» considera-se como não feita.

O sacado que deixar de observar as disposições acima referidas é responsável pelo prejuízo que daí possa resultar até uma importância igual ao valor do cheque.

CAPÍTULO VI.   Da acção por falta de pagamento

Art. 40.° (Recusa de pagamento. Acção por falta de pagamento)

O portador pode exercer os seus direitos de acção contra os endossantes, sacador e outros co-obrigados, se o cheque, apresentado em tempo útil, não for pago e se a recusa de pagamento for verificada:

1.° Quer por um facto formal (protesto);

2.° Quer por uma declaração do sacado, datada e escrita sobre o cheque, com a indicação do dia em que este foi apresentado;

3.° Quer por uma declaração datada duma câmara de compensação, constatando que o cheque foi apresentado em tempo útil e não foi pago.

Art. 41.° (Protesto por falta de pagamento)

O protesto ou a declaração equivalente deve ser feito antes de expirar o prazo para a apresentação.

Se o cheque for apresentado no último dia do prazo, o protesto ou a declaração equivalente pode ser feito no primeiro dia útil seguinte.

1149

[110] LUCh Arts. 42.°-44.°

Lei uniforme sobre o cheque

Art. 42.° (Aviso da falta de pagamento)

O portador deve avisar da falta de pagamento o seu endossante e o sacador, dentro dos quatro dias úteis que se seguirem ao dia do protesto, ou da declaração equivalente, ou ao dia da apresentação se o cheque contiver a cláusula «sem despesas». Cada um dos endossantes deve por sua vez, dentro dos dois dias úteis que se seguirem ao da recepção do aviso, informar o seu endossante do aviso que recebeu, indicando os nomes e endereços dos que enviaram os avisos precedentes, e assim sucessivamente até se chegar ao sacador. Os prazos acima indicados contam-se a partir da recepção do aviso precedente.

Quando, em conformidade com o disposto na alínea anterior, se avisou um signatário do cheque, deve avisar-se igualmente o seu avalista dentro do mesmo prazo de tempo.

No caso de um endossante não ter indicado o seu endereço, ou de o ter feito de maneira ilegível, basta que o aviso seja enviado ao endossante que o precede.

A pessoa que tenha de enviar um aviso pode fazê-lo por qualquer forma, mesmo pela simples devolução do cheque.

Essa pessoa deverá provar que o aviso foi enviado dentro do prazo prescrito. O prazo considerar-se-á como tendo sido observado desde que a carta contendo o aviso tenha sido posta no correio dentro dele.

A pessoa que não der o aviso dentro do prazo acima indicado, não perde os seus direitos. Será responsável pelo prejuízo, se o houver, motivado pela sua negligência, sem que a responsabilidade possa exceder o valor do cheque.

Art. 43.° (Cláusula que dispensa o protesto)

O sacador, um endossante ou um avalista pode, pela cláusula «sem despesas», «sem protesto», ou outra cláusula equivalente, dispensar o portador de estabelecer um protesto ou outra declaração equivalente para exercer os seus direitos de acção.

Essa cláusula não dispensa o portador da apresentação do cheque dentro do prazo prescrito nem tão-pouco dos avisos a dar. A prova da inobservância do prazo incumbe àquele que dela se prevaleça contra o portador.

Se a cláusula for escrita pelo sacador, produz os seus efeitos em relação a todos os signatários do cheque; se for inserida por um endossante ou por um avalista, só produz efeito em relação a esse endossante ou avalista. Se, apesar da cláusula escrita pelo sacador, o portador faz o protesto ou a declaração equivalente, as respectivas despesas serão de conta dele. Quando a cláusula emanar de um endossante ou de um avalista, as despesas do protesto, ou de declaração equivalente, se for feito, podem ser cobradas de todos os signatários do cheque.

Art. 44.° (Responsabilidade solidária dos signatários)

Todas as pessoas obrigadas em virtude de um cheque são solidariamente responsáveis para com o portador.

O portador tem o direito de proceder contra essas pessoas, individual ou colectivamente, sem necessidade de observar a ordem segundo a qual elas se obrigaram.

O mesmo direito tem todo o signatário dum cheque que o tenha pago.

Cap. VI.   Da acção por falta de pagamento   **Arts. 45.°-48.° LUCh [110]**

A acção intentada contra um dos co-obrigados não obsta ao procedimento contra os outros, embora esses se tivessem obrigado posteriormente àquele que foi accionado em primeiro lugar.

Art. 45.° (Direitos do portador contra o demandado)
O portador pode reclamar daquele contra o qual exerceu o seu direito de acção:
    1.° A importância do cheque não pago;
    2.° Os juros à taxa de 6 por cento desde o dia da apresentação;
    3.° As despesas do protesto ou da declaração equivalente, as dos avisos feitos e as outras despesas.

Nota. O art. 4.° do DL n.° 262/83, de 16 de Junho, dispõe: «O portador de letras, livranças ou cheques, quando o respectivo pagamento estiver em mora, pode exigir que a indemnização correspondente a esta consista nos juros legais.» Cf. o art. 102.° CCom [1].

Art. 46.° (Direitos de quem pagou)
A pessoa que tenha pago o cheque pode reclamar daqueles que são responsáveis para com ele:
    1.° A importância integral que pagou;
    2.° Os juros da mesma importância, à taxa de 6 por cento, desde o dia em que a pagou;
    3.° As despesas por ele feitas.

Nota. Cf. a nota ao artigo anterior.

Art. 47.° (Direito à entrega do cheque pago)
Qualquer dos co-obrigados, contra o qual se intentou ou pode ser intentada uma acção, pode exigir, desde que reembolse o cheque, a sua entrega com o protesto ou declaração equivalente e um recibo.

Qualquer endossante que tenha pago o cheque pode inutilizar o seu endosso e os endossos dos endossantes subsequentes.

Art. 48.° (Prorrogação dos prazos no caso de força maior)
Quando a apresentação do cheque, o seu protesto ou a declaração equivalente não puder efectuar-se dentro dos prazos indicados por motivo de obstáculo insuperável (prescrição legal declarada por um Estado qualquer ou outro caso de força maior), esses prazos serão prorrogados.

O portador deverá avisar imediatamente do caso de força maior o seu endossante e fazer menção datada e assinada desse aviso no cheque ou na folha anexa; para o demais aplicar-se-ão as disposições do artigo 42.°

Desde que tenha cessado o caso de força maior, o portador deve apresentar imediatamente o cheque a pagamento e, caso haja motivo para tal, fazer o protesto ou uma declaração equivalente.

Se o caso de força maior se prolongar além de quinze dias a contar da data em que o portador, mesmo antes de expirado o prazo para a apresentação, avisou o endossante do dito caso de força maior, podem promover-se acções sem que haja necessidade de apresentação, de protesto ou de declaração equivalente.

1151

[110] LUCh Arts. 49.º-53.º   Lei uniforme sobre o cheque

Não são considerados casos de força maior os factos que sejam de interesse puramente pessoal do portador ou da pessoa por ele encarregada da apresentação do cheque ou de efectivar o protesto ou a declaração equivalente.

CAPÍTULO VII. **Da pluralidade dos exemplares**

Art. 49.º (Admissibilidade de vários exemplares)

Exceptuado o cheque ao portador, qualquer outro cheque emitido num país e pagável noutro país ou numa possessão ultramarina desse país, e *vice-versa*, ou ainda emitido e pagável na mesma possessão ou em diversas possessões ultramarinas do mesmo país, pode ser passado em vários exemplares idênticos. Quando um cheque é passado em vários exemplares, esses exemplares devem ser numerados no texto do próprio título, pois de contrário cada um será considerado como sendo um cheque distinto.

Art. 50.º (Efeito do pagamento dum dos exemplares)

O pagamento efectuado contra um dos exemplares é liberatório, mesmo quando não esteja estipulado que este pagamento anula o efeito dos outros.

O endossante que transmitiu os exemplares do cheque a várias pessoas, bem como os endossantes subsequentes, são responsáveis por todos os exemplares por eles assinados que não forem restituídos.

CAPÍTULO VIII. **Das alterações**

Art. 51.º (Consequências da alteração do texto)

No caso de alteração do texto dum cheque, os signatários posteriores a essa alteração ficam obrigados nos termos do texto alterado; os signatário anteriores são obrigados nos termos do texto original.

CAPÍTULO IX. **Da prescrição**

Art. 52.º (Prazo de prescrição)

Toda a acção do portador contra os endossantes, contra o sacador ou contra os demais co-obrigados prescreve decorridos que sejam seis meses, contados do termo do prazo de apresentação.

Toda a acção de um dos co-obrigados no pagamento de um cheque contra os demais prescreve no prazo de seis meses, contados do dia em que ele tenha pago o cheque ou do dia em que ele próprio foi accionado.

Art. 53.º (Efeito da interrupção da prescrição)

A interrupção da prescrição só produz efeito em relação à pessoa para a qual a interrupção foi feita.

1152

Cap. X. Disposições gerais **Arts. 54.°-57.° LUCh [110]**

CAPÍTULO X. **Disposições gerais**

Art. 54.° (Significação da palavra banqueiro)
Na presente lei a palavra «banqueiro» compreende também as pessoas ou instituições assimiladas por lei aos banqueiros.

Art. 55.° (Prorrogação do prazo que finde em dia feriado)
A apresentação e o protesto dum cheque só podem efectuar-se em dia útil.

Quando o último dia do prazo prescrito na lei para a realização dos actos relativos ao cheque, e principalmente para a sua apresentação ou estabelecimento do protesto ou dum acto equivalente, for feriado legal, esse prazo é prorrogado até ao primeiro dia útil que se seguir ao termo do mesmo. Os dias feriados intermédios são compreendidos na contagem do prazo.

Art. 56.° (Contagem do prazo)
Os prazos previstos na presente lei não compreendem o dia que marca o seu início.

Art. 57.° (Inadmissibilidade de dias de perdão)
Não são admitidos dias de perdão, quer legal quer judicial.

CONVENÇÕES RELATIVAS AOS CHEQUES [1]

I

[111] CONVENÇÃO ESTABELECENDO UMA LEI UNIFORME EM MATÉRIA DE CHEQUES

Art. 1.° As Altas Partes Contratantes obrigam-se a adoptar nos territórios respectivos, quer num dos textos originais, quer nas suas línguas nacionais, a Lei Uniforme que constitui o Anexo I da presente Convenção.

Esta obrigação poderá ficar subordinada a certas reservas, que deverão eventualmente ser formuladas por cada uma das Altas Partes Contratantes no momento da sua ratificação ou adesão. Estas reservas deverão ser escolhidas entre as mencionadas no Anexo II da presente Convenção.

Todavia, as reservas a que se referem os artigos 9.°, 22.°, 27.° e 30.° do citado Anexo II poderão ser feitas posteriormente à ratificação ou adesão, desde que sejam notificadas ao Secretário-Geral da Sociedade das Nações, o qual imediatamente comunicará o seu texto aos Membros da Sociedade das Nações e aos Estados não membros em cujo nome tenha sido ratificada a presente Convenção ou que a ela tenham aderido. Essas reservas só produzirão efeitos noventa dias depois de o Secretário-Geral ter recebido a referida notificação.

Qualquer das Altas Partes Contratantes poderá, em caso de urgência, fazer uso, depois da ratificação ou da adesão, das reservas indicadas nos artigos 17.° e 28.° do referido Anexo II. Neste caso deverá comunicar essas reservas directa e imediatamente a todas as outras Altas Partes Contratantes e ao Secretário-Geral da Sociedade das Nações. Esta notificação produzirá os seus efeitos dois dias depois de recebida a dita comunicação pelas Altas Partes Contratantes.

Art. 2.° A Lei Uniforme não será aplicável no território de cada uma das Altas Partes Contratantes aos cheques já passados à data da entrada em vigor da presente Convenção.

---

[1] Estados que assinaram e ratificaram estas Convenções ou a elas aderiram: Alemanha, Áustria, Bélgica, Brasil, Dinamarca, Finlândia, França, Grécia, Holanda, Hungria, Itália, Japão, Mónaco, Noruega, Polónia, Portugal, Suécia e Suíça.

Numerosos são os Estados que, não tendo aderido às Convenções de Genebra, todavia adoptaram legislação inspirada na LUCh. É o caso de certas antigas colónias francesas, da Arábia Saudita, da Argentina, da Bulgária, Checoslováquia, Coreia do Sul, Equador, Espanha, Iraque, Islândia, Jordânia, Jugoslávia, Líbano, Líbia, Marrocos, México, Perú, República Dominicana, Roménia, Síria, Tunísia, Turquia, etc.

As Convenções de Genebra também passaram a vigorar nas antigas colónias portuguesas por força do disposto na Portaria n.° 15 017, de 31 de Agosto de 1954.

Anexo II

Arts. 1.°-3.° ConvCh/I **[111]**

Art. 3.° A presente Convenção, cujos textos francês e inglês farão, ambos, igualmente fé, terá a data de hoje.

Poderá ser ulteriormente assinada, até 15 de Julho de 1931, em nome de qualquer Membro da Sociedade das Nações e de qualquer Estado não membro.

Art. 4.° A presente Convenção será ratificada.

Os instrumentos de ratificação serão transmitidos, antes de 1 de Setembro de 1933, ao Secretário-Geral da Sociedade das Nações, que notificará imediatamente do seu depósito todos os Membros da Sociedade das Nações e os Estados não membros em nome dos quais a presente Convenção tenha sido assinada ou que a ela tenham aderido.

Art. 5.° A partir de 15 de Julho de 1931, qualquer Membro da Sociedade das Nações e qualquer Estado não membro poderá aderir à presente Convenção.

Esta adesão efectuar-se-á por meio de notificação ao Secretário-Geral da Sociedade das Nações, que será depositada nos arquivos do Secretariado.

O Secretário-Geral notificará imediatamente desse depósito todos os membros da Sociedade das Nações e os Estados não membros em nome dos quais a presente Convenção tenha sido assinada ou que a ela tenham aderido.

Arts. 6.°, 7.°, 8.°, 9.° e 10.°

O texto destas disposições é idêntico ao dos artigos com os mesmos números da Convenção que estabelece uma Lei Uniforme em matéria de letras e livranças, já atrás transcrita.

Art. 11.° A presente Convenção será registada pelo Secretário-Geral da Sociedade das Nações desde que entre em vigor.

Em fé do que os Plenipotenciários acima designados assinaram a presente Convenção.

Feito em Genebra, aos dezanove de Março de mil novecentos e trinta e um (...).

Devia seguir-se aqui o «Anexo I» que é constituído pelo texto da Lei Uniforme. Mas esta já foi atrás transcrita **[110]**.

Anexo II

Art. 1.° Qualquer das Partes Contratantes pode prescrever que a obrigação de inserir nos cheques passados no seu território a palavra «cheque», prevista no artigo 1.°, n.° 1.°, da Lei Uniforme, e bem assim a obrigação, a que se refere o n.° 5.° do mesmo artigo, de indicar o lugar onde o cheque é passado, só se aplicarão seis meses após a entrada em vigor da presente Convenção.

Art. 2.° Qualquer das Altas Partes Contratantes tem, pelo que respeita às obrigações contraídas em matéria de cheques no seu território, a faculdade de determinar de que maneira pode ser suprida a falta de assinatura, desde que por uma declaração autêntica escrita no cheque se possa constatar a vontade daquele que deveria ter assinado.

Art. 3.° Por derrogação da alínea 3) do artigo 2.° da Lei Uniforme qualquer das Altas Partes Contratantes tem a faculdade de prescrever que um cheque sem indicação do lugar de pagamento é considerado pagável no lugar onde foi passado.

1155

[111] ConvCh/I Arts. 4.º-14.º

Conv. LU cheques

Art. 4.º Qualquer das Altas Partes Contratantes reserva-se a faculdade, quanto aos cheques passados e pagáveis no seu território, de decidir que os cheques sacados sobre pessoas que não sejam banqueiros ou entidades ou instituições assimiladas por lei aos banqueiros não são válidos como cheques.

Qualquer das Altas Partes Contratantes reserva-se igualmente a faculdade de inserir na sua lei nacional o artigo 3.º da Lei Uniforme na forma e termos que melhor se adaptem ao uso que ela fizer das disposições da alínea precedente.

Art. 5.º Qualquer das Altas Partes Contratantes tem a faculdade de determinar em que momento deve o sacador ter fundos disponíveis em poder do sacado.

Art. 6.º Qualquer das Altas Partes Contratantes tem a faculdade de admitir que o sacado inscreva sobre o cheque uma menção de certificação, confirmação, visto ou outra declaração equivalente, e de regular os seus efeitos jurídicos; tal menção não deve ter, porém, o efeito dum aceite.

Art. 7.º Por derrogação dos artigos 5.º e 14.º da Lei Uniforme, qualquer da Altas Partes Contratantes reserva-se a faculdade de determinar, no que respeita aos cheques pagáveis no seu território que contenham a cláusula «não transmissível», que eles só podem ser pagos aos portadores que os tenham recebido com essa cláusula.

Art. 8.º Qualquer das Altas Partes Contratantes reserva-se a faculdade de decidir se, fora dos casos previstos no artigo 6.º da Lei Uniforme, um cheque pode ser sacado sobre o próprio sacador.

Art. 9.º Por derrogação do artigo 6.º da Lei Uniforme, qualquer das Altas Partes Contratantes, quer admita de uma maneira geral o cheque sacado sobre o próprio sacador (art. 8.º do presente anexo), quer o admita somente no caso de múltiplos estabelecimentos (art. 6.º da Lei Uniforme), reserva-se o direito de proibir a emissão ao portador de cheques deste género.

Art. 10.º Qualquer das Altas Partes Contratantes, por derrogação do artigo 8.º da Lei Uniforme, reserva-se a faculdade de admitir que um cheque possa ser pago no domicílio de terceiro que não seja banqueiro.

Art. 11.º Qualquer das Altas Partes Contratantes reserva-se a faculdade de não inserir na sua lei nacional o artigo 13.º da Lei Uniforme.

Art. 12.º Qualquer das Altas Partes Contratantes reserva-se a faculdade de não aplicar o artigo 21.º da Lei Uniforme pelo que respeita a cheques ao portador.

Art. 13.º Por derrogação do artigo 26.º da Lei Uniforme, qualquer das Altas Partes Contratantes tem a faculdade de admitir a possibilidade de ser dado um aval no seu território por acto separado em que se indique o lugar onde foi feito.

Art. 14.º Qualquer das Altas Partes Contratantes reserva-se a faculdade de prolongar o prazo fixado na alínea 1) do artigo 29.º da Lei Uniforme e de determinar os prazos da apresentação pelo que respeita aos territórios submetidos à sua soberania ou autoridade.

Qualquer das Altas Partes Contratantes, por derrogação da alínea 2) do artigo 29.º da Lei Uniforme, reserva-se a faculdade de prolongar os prazos previstos na referida alínea para

Anexo II   **Arts. 15.º-20.º ConvCh/I [111]**

os cheques emitidos e pagáveis em diferentes partes do mundo ou em diferentes países de outra parte do mundo que não seja a Europa.

Duas ou mais das Altas Partes Contratantes têm a faculdade, pelo que respeita aos cheques passados e pagáveis nos seus respectivos territórios, de acordarem entre si uma modificação dos prazos a que se refere a alínea 2) do artigo 29.º da Lei Uniforme.

Art. 15.º Para os efeitos da aplicação do artigo 31.º da Lei Uniforme, qualquer das Altas Partes Contratantes tem a faculdade de determinar as instituições que, segundo a lei nacional, devam ser consideradas câmaras de compensação.

Art. 16.º Qualquer das Altas Partes Contratantes, por derrogação do artigo 32.º da Lei Uniforme, reserva-se a faculdade de, no que respeita aos cheques pagáveis no seu território:

a) Admitir a revogação do cheque mesmo antes de expirado o prazo de apresentação;

b) Proibir a revogação do cheque mesmo depois de expirado o prazo de apresentação.

Qualquer das Altas Partes Contratantes tem, além disso, a faculdade de determinar as medidas a tomar em caso de perda ou roubo dum cheque e de regular os seus efeitos jurídicos.

Nota. O Doutor Paulo Olavo Cunha, na sua obra intitulada *Cheque e Convenção de Cheque*, Almedina, Coimbra, 2009, pág. 38, nota 113, e pág. 589, nota 1247, referindo a 12.ª e a 17.ª edições desta *Colectânea*, publicadas em 2000 e 2007, respectivamente, aponta-lhes um erro, respeitante ao texto da alínea *a)* deste preceito. Tem toda a razão. De resto, esse erro, sobremaneira grave – que consistiu na troca da locução "antes de" pelo seu antónimo "depois de" –, provinha já da 4.ª edição da *Colectânea*, publicada em 1988. Mas a verdade é que não constava da 1.ª edição, publicada em 1979; aí (cfr. pág. 693), a referida alínea apresentava a redacção, que é realmente a sua: "(…) Admitir a revogação do cheque mesmo *antes* de expirado o prazo de apresentação (o sublinhado é nosso já se vê).

Assumimos por inteiro a responsabilidade pelo erro (pelo pecado *hoc sensu*), que, já o sabemos, não foi *original*. Julgamos, aliás, saber qual a sua causa: quando a impressão se passou a fazer por *meios informáticos*, o texto anterior foi objecto de "leitura óptica", que se revelou muito problemática.

Fica o esclarecimento, acompanhado de um pedido de desculpas a todos aqueles – e foram largos milhares – que adquiriram esta *Colectânea* com o referido erro.

Art. 17.º Pelo que se refere aos cheques pagáveis no seu território, qualquer das Altas Partes Contratantes tem a faculdade de sustar, se o julgar necessário em circunstâncias excepcionais relacionadas com a taxa de câmbio da moeda nacional, os efeitos da cláusula prevista no artigo 36.º da Lei Uniforme, relativa ao pagamento efectivo em moeda estrangeira. A mesma regra se aplica no que respeita à emissão no território nacional de cheques em moedas estrangeiras.

Art. 18.º Por derrogação dos artigos 37.º, 38.º e 39.º da Lei Uniforme, qualquer das Altas Partes Contratantes reserva-se a faculdade de só admitir na sua lei nacional os cheques cruzados ou os cheques para levar em conta. Todavia, os cheques cruzados e para levar em conta emitidos no estrangeiro e pagáveis no território de uma dessas Altas Partes Contratantes serão respectivamente considerados como cheques para levar em conta e como cheques cruzados.

Art. 19.º A Lei Uniforme não abrange a questão de saber se o portador tem direitos especiais sobre a provisão e quais as consequências desses direitos.

O mesmo sucede relativamente a qualquer outra questão respeitante às relações jurídicas que serviram de base à emissão do cheque.

Art. 20.º Qualquer das Altas Partes Contratantes reserva-se a faculdade de não subordinar à apresentação do cheque e ao estabelecimento do protesto ou duma declaração equi-

1157

[111] ConvCh/I Arts. 21.°-27.°

Conv. LU cheques

valente em tempo útil a conservação do direito de acção contra o sacador, bem como a faculdade de determinar os efeitos dessa acção.

Art. 21.° Qualquer das Altas Partes Contratantes reserva-se a faculdade de determinar, pelo que respeita aos cheques pagáveis no seu território, que a verificação da recusa de pagamento, prevista nos artigos 40.° e 41.° da Lei Uniforme, para a conservação do direito de acção deve ser obrigatoriamente feita por meio de protesto, com exclusão de qualquer outro acto equivalente.

Qualquer das Altas Partes Contratantes tem igualmente a faculdade de determinar que as declarações previstas nos n.°s 2.° e 3.° do artigo 40.° da Lei Uniforme sejam transcritas num registo público dentro do prazo fixado para o protesto.

Art. 22.° Por derrogação do artigo 42.° da Lei Uniforme, qualquer das Altas Partes Contratantes tem a faculdade de manter ou de introduzir o sistema de aviso por intermédio de um agente público, que consiste no seguinte: ao fazer o protesto, o notário ou o funcionário incumbido desse serviço, em conformidade com a lei nacional, é obrigado a dar comunicação por escrito desse protesto às pessoas obrigadas pelo cheque, cujos endereços figurem nele, ou sejam conhecidos do agente que faz o protesto, ou sejam indicados pelas pessoas que exigiram o protesto. As despesas originadas por esses avisos serão adicionadas às despesas do protesto

Art. 23.° Qualquer das Altas Partes Contratantes tem a faculdade de determinar, quanto aos cheques passados e pagáveis no seu território, que a taxa de juro a que se referem o artigo 45.°, n.° 2.°, e o artigo 46.°, n.° 2.°, da Lei Uniforme poderá ser substituída pela taxa legal em vigor no seu território.

Art. 24.° Por derrogação do artigo 45.° da Lei Uniforme, qualquer das Altas Partes Contratantes reserva-se a faculdade de inserir na lei nacional uma disposição determinando que o portador pode reclamar daquele contra o qual exerce o seu direito de acção uma comissão cuja importância será fixada pela mesma lei nacional.

Por derrogação do artigo 46.° da Lei Uniforme, a mesma regra é aplicável à pessoa que, tendo pago o cheque, reclama o seu valor aos que para com ela são responsáveis.

Art. 25.° Qualquer das Altas Partes Contratantes tem liberdade de decidir que, no caso de perda de direitos ou de prescrição, no seu território subsistirá o direito de procedimento contra o sacador que não constituir provisão ou contra um sacador ou endossante que tenha feito lucros ilegítimos.

Art. 26.° A cada uma das Altas Partes Contratantes compete determinar na sua legislação nacional as causas de interrupção e de suspensão da prescrição das acções relativas a cheques que os seus tribunais são chamados a conhecer.

As outras Altas Partes Contratantes têm a faculdade de determinar as condições a que subordinarão o conhecimento de tais causas. O mesmo sucede quanto ao efeito de uma acção como meio de indicação do início do prazo de prescrição, a que se refere a alínea 2) do artigo 52.° da Lei Uniforme.

Art. 27.° Qualquer das Altas Partes Contratantes tem a faculdade de determinar que certos dias úteis sejam assimilados aos dias feriados legais, pelo que respeita ao prazo de apresentação e a todos os actos relativos a cheques.

1158

Protocolo

ConvCh/I [111]

Art. 28.° Qualquer das Altas Partes Contratantes tem a faculdade de tomar medidas excepcionais de ordem geral relativas ao adiamento do pagamento e aos prazos de tempo respeitantes a actos tendentes à conservação de direitos.

Art. 29.° Compete a cada uma das Altas Partes Contratantes, para os efeitos da aplicação da Lei Uniforme, determinar as pessoas que devem ser consideradas banqueiros e as entidades ou instituições que, em virtude da natureza das suas funções, devem ser assimiladas a banqueiros.

Art. 30.° Qualquer das Altas Partes Contratantes reserva-se o direito de excluir, no todo ou em parte, da aplicação da Lei Uniforme os cheques postais e os cheques especiais, quer dos Bancos emissores, quer das caixas do Tesouro, quer das instituições públicas de crédito, na medida em que os instrumentos acima mencionados sejam submetidos a uma legislação especial.

Art. 31.° Qualquer das Altas Partes Contratantes compromete-se a reconhecer as disposições adoptadas por outra das Altas Partes Contratantes em virtude dos artigos 1.° a 13.°, 14.°, alíneas 1) e 2), 15.° e 16.°, 18.° a 25.°, 27.°, 29.° e 30.° do presente Anexo.

Em fé do que os Plenipotenciários acima designados assinaram a presente Convenção. Feito em Genebra, aos dezanove de Março de mil novecentos e trinta e um (...).

Protocolo

Ao assinar a Convenção, datada de hoje, estabelecendo uma Lei Uniforme em matéria de cheques, os abaixo assinados, devidamente autorizados, acordaram nas disposições seguintes:

A) Os Membros da Sociedade das Nações e os Estados não membros que não tenham podido efectuar, antes de 1 de Setembro de 1933, o depósito da ratificação da referida Convenção obrigam-se a enviar dentro de quinze dias, a contar daquela data, uma comunicação ao Secretário-Geral da Sociedade das Nações, dando-lhe a conhecer a situação em que se encontram no que diz respeito à ratificação.

B) Se em 1 de Novembro de 1933 não se tiverem verificado as condições previstas na alínea 1) do artigo 6.° para a entrada em vigor da Convenção, o Secretário-Geral da Sociedade das Nações convocará uma reunião dos Membros da Sociedade das Nações e Estados não membros que tenham assinado a Convenção ou a ela tenham aderido, a fim de ser examinada a situação e as medidas que devam porventura ser tomadas para a resolver.

C) As Altas Partes Contratantes comunicar-se-ão, reciprocamente, a partir da sua entrada em vigor, as disposições legislativas promulgadas nos respectivos territórios para tornar efectiva a Convenção.

Em fé do que os Plenipotenciários acima designados assinaram o presente Protocolo. Feito em Genebra, aos dezanove de Março de mil novecentos e tinta e um (...).

II

[112] CONVENÇÃO DESTINADA A REGULAR CERTOS CONFLITOS DE LEIS EM MATÉRIA DE CHEQUES

Art. 1.º As Altas Partes Contratantes obrigam-se mutuamente a aplicar para solução dos conflitos de leis em matéria de cheques, a seguir enumerados, as disposições constantes dos artigos seguintes.

Art. 2.º A capacidade de uma pessoa para se obrigar por virtude de um cheque é regulada pela respectiva lei nacional. Se a lei nacional declarar competente a lei de um outro país, será aplicada esta última.

A pessoa incapaz, segundo a lei indicada na alínea precedente, é contudo havida como validamente obrigada se tiver aposto a sua assinatura em território de um país segundo cuja legislação teria sido considerada capaz.

Qualquer das Altas Partes Contratantes tem a faculdade de não reconhecer como válida a obrigação contraída em matéria de cheques por um dos seus nacionais, desde que para essa obrigação ser válida no território das outras Altas Partes Contratantes seja necessário a aplicação da alínea precedente deste artigo.

Art. 3.º A lei do país em que o cheque é pagável determina quais as pessoas sobre as quais pode ser sacado um cheque.

Se, em conformidade com esta lei, o título não for válido como cheque por causa da pessoa sobre quem é sacado, nem por isso deixam de ser válidas as assinaturas nele apostas em outros países cujas leis não contenham tal disposição.

Art. 4.º A forma das obrigações contraídas em matéria de cheques é regulada pela lei do país em cujo território essas obrigações tenham sido assumidas. Será, todavia, suficiente o cumprimento das formas prescritas pela lei do lugar do pagamento.

No entanto, se as obrigações contraídas por virtude de um cheque não forem válidas nos termos da alínea precedente, mas o forem em face da legislação do país em que tenha posteriormente sido contraída uma outra obrigação, o facto de as primeiras obrigações serem irregulares quanto à forma não afecta a validade da obrigação posterior.

Qualquer das Altas Partes Contratantes tem a faculdade de determinar que as obrigações contraídas no estrangeiro por um dos seus nacionais, em matéria de cheques, serão válidas no seu próprio território em relação a qualquer outro dos seus nacionais desde que tenham sido contraídas na forma estabelecida na lei nacional.

Art. 5.º A lei do país em cujo território as obrigações emergentes do cheque forem contraídas regula os efeitos dessas obrigações.

1160

Conv. conflitos de leis cheques — Arts. 6.º-13.º ConvCh/II **[112]**

Art. 6.º Os prazos para o exercício do direito de acção são regulados para todos os signatários pela lei do lugar da criação do título.

Art. 7.º A lei do país em que o cheque é pagável regula:
1.º Se o cheque é necessariamente à vista ou se pode ser sacado a um determinado prazo de vista, e também quais os efeitos de o cheque ser post-datado;
2.º O prazo da apresentação;
3.º Se o cheque pode ser aceite, certificado, confirmado ou visado, e quais os efeitos destas menções;
4.º Se o portador pode exigir e se é obrigado a receber um pagamento parcial;
5.º Se o cheque pode ser cruzado ou conter a cláusula «para levar em conta», ou outra expressão equivalente, e quais os efeitos desse cruzamento, dessa cláusula ou da expressão equivalente;
6.º Se o portador tem direitos especiais sobre a provisão e qual a natureza desses direitos;
7.º Se o sacador pode revogar o cheque ou opor-se ao seu pagamento;
8.º As medidas a tomar em caso de perda ou roubo do cheque;
9.º Se é necessário um protesto, ou uma declaração equivalente, para conservar o direito de acção contra o endossante, o sacador e os outros co-obrigados.

Art. 8.º A forma e os prazos do protesto, assim como a forma dos outros actos necessários ao exercício ou à conservação dos direitos em matéria de cheques são regulados pela lei do país em cujo território se deva fazer o protesto ou praticar os referidos actos.

Art. 9.º Qualquer das Altas Partes Contratantes reserva-se a faculdade de não aplicar os princípios de direito internacional privado consignados na presente Convenção pelo que respeita:
1.º A uma obrigação contraída fora do território de uma das Altas Partes Contratantes;
2.º A uma lei que seria aplicável em conformidade com estes princípios, mas que não seja lei em vigor no território de uma das Altas Partes Contratantes.

Art. 10.º As disposições da presente Convenção não serão aplicáveis, no território de cada uma das Altas Partes Contratantes, aos cheques já emitidos à data da entrada em vigor da Convenção.

Art. 11.º A presente Convenção, cujos textos francês e inglês farão, ambos, igualmente fé, terá a data de hoje.
Poderá ser ulteriormente assinada, até 15 de Julho de 1931, em nome de qualquer Membro da Sociedade das Nações e qualquer Estado não membro.

Art. 12.º A presente Convenção será ratificada.
Os instrumentos de ratificação serão transmitidos, antes de 1 de Setembro de 1933, ao Secretário-Geral da Sociedade das Nações, que notificará imediatamente do seu depósito todos os Membros da Sociedade das Nações e os Estados não membros, em nome dos quais a presente Convenção tenha sido assinada ou que a ela tenham aderido.

Art. 13.º A partir de 15 de Julho de 1931 qualquer Membro da Sociedade das Nações e qualquer Estado não membro poderá aderir à presente Convenção.
Esta adesão efectuar-se-á por meio de notificação ao Secretário-Geral da Sociedade das Nações, que será depositada nos arquivos do Secretariado.

[112] ConvCh/II Arts. 14.º-18.º

Conv. conflitos de leis cheques

O Secretário-Geral notificará imediatamente desse depósito todos os Membros da Sociedade das Nações e os Estados não membros em nome dos quais a presente Convenção tenha sido assinada ou que a ela tenham aderido.

Art. 14.º A presente Convenção somente entrará em vigor depois de ter sido ratificada ou de a ela terem aderido sete Membros da Sociedade das Nações ou Estados não membros, entre os quais deverão figurar três dos Membros da Sociedade das Nações com representação permanente no Conselho.

Começará a vigorar noventa dias depois de recebida pelo Secretário-Geral da Sociedade das Nações a sétima ratificação ou adesão, em conformidade com o disposto na alínea primeira do presente artigo.

O Secretário-Geral da Sociedade das Nações, nas notificações previstas nos artigos 12.º e 13.º, fará menção especial de terem sido recebidas as ratificações ou adesões a que se refere a alínea primeira do presente artigo.

Art. 15.º As ratificações ou adesões após a entrada em vigor da presente Convenção em conformidade com o disposto no artigo 14.º produzirão os seus efeitos noventa dias depois da data da sua recepção pelo Secretário-Geral da Sociedade das Nações.

Art. 16.º A presente Convenção não poderá ser denunciada antes de decorrido um prazo de dois anos a contar da data em que tiver começado a vigorar para o Membro da Sociedade das Nações ou para o Estado não membro que a denuncia; esta denúncia produzirá os seus efeitos noventa dias depois de recebida pelo Secretário-Geral a respectiva notificação.

Qualquer denúncia será imediatamente comunicada pelo Secretário-Geral da Sociedade das Nações a todos os Membros da Sociedade das Nações e aos Estados não membros em nome dos quais a presente Convenção tenha sido assinada ou que a ela tenham aderido.

A denúncia só produzirá efeito em relação ao Membro da Sociedade das Nações ou ao Estado não membro em nome do qual ela tenha sido feita.

Art. 17.º Decorrido um prazo de quatro anos da entrada em vigor da presente Convenção, qualquer Membro da Sociedade das Nações ou Estado não membro ligado à Convenção poderá formular ao Secretário-Geral da Sociedade das Nações um pedido de revisão de algumas ou de todas as suas disposições.

Se este pedido, comunicado aos outros membros ou Estados não membros para os quais a Convenção estiver então em vigor, for apoiado dentro do prazo de um ano por seis, pelo menos, de entre eles, o Conselho da Sociedade das Nações decidirá se deve ser convocada uma Conferência para aquele fim.

Art. 18.º Qualquer das Altas Partes Contratantes poderá declarar no momento da assinatura, da ratificação ou da adesão, que aceitando a presente Convenção não assume nenhuma obrigação pelo que respeita a todas ou parte das suas colónias, protectorados ou territórios sob a sua soberania ou mandato, caso em que a presente Convenção se não aplicará aos territórios mencionados nessa declaração.

Qualquer das Altas Partes Contratantes poderá, posteriormente, comunicar ao Secretário-Geral da Sociedade das Nações o seu desejo de que a presente Convenção se aplique a todos ou parte dos seus territórios que tenham sido objecto da declaração prevista na alínea precedente, e nesse caso a presente Convenção aplicar-se-á aos territórios mencionados nessa comunicação noventa dias depois de esta ter sido recebida pelo Secretário-Geral da Sociedade das Nações.

1162

Protocolo   **ConvCh/II** **[112]**

Qualquer das Altas Partes Contratantes poderá, a todo o tempo, declarar que deseja que a presente Convenção cesse de se aplicar a todos ou parte das suas colónias, protectorados ou territórios sob a sua soberania ou mandato, caso em que a Convenção deixará de se aplicar aos territórios mencionados nessa declaração um ano após esta ter sido recebida pelo Secretário-Geral da Sociedade das Nações.

Art. 19.° A presente Convenção será registada pelo Secretário-Geral da Sociedade das Nações desde que entre em vigor.

Em fé do que os Plenipotenciários acima designados assinaram a presente Convenção. Feito em Genebra, aos dezanove de Março de mil novecentos e trinta e um (...).

Protocolo

Ao assinar a Convenção datada de hoje, destinada a regular certos conflitos de leis em matéria de cheques, os abaixo assinados, devidamente autorizados, acordaram nas disposições seguintes:

A) Os Membros da Sociedade das Nações e os Estados não membros que não tenham podido efectuar, antes de 1 de Setembro de 1933, o depósito da ratificação da referida Convenção obrigam-se a enviar, dentro de quinze dias a partir daquela data, uma comunicação ao Secretário-Geral da Sociedade das Nações, dando-lhe a conhecer a situação em que se encontram no que diz respeito à ratificação.

B) Se, em 1 de Novembro de 1933, não se tiverem verificado as condições previstas na alínea 1 do artigo 14.° para a entrada em vigor da Convenção, o Secretário-Geral da Sociedade das Nações convocará uma reunião dos Membros da Sociedade das Nações e Estados não membros que tenham assinado a Convenção ou a ela tenham aderido, a fim de ser examinada a situação e as medidas que devam porventura ser tomadas para a resolver.

C) As Altas Partes Contratantes comunicar-se-ão, reciprocamente, a partir da sua entrada em vigor, as disposições legislativas promulgadas nos respectivos territórios para tornar efectiva a Convenção.

Em fé do que os Plenipotenciários acima designados assinaram o presente Protocolo. Feito em Genebra, aos dezanove de Março de mil novecentos e trinta e um (...).

III

[113] CONVENÇÃO RELATIVA AO IMPOSTO DO SELO EM MATÉRIA DE CHEQUES

Art. 1.° As Altas Partes Contratantes, no caso de não ser essa a sua legislação, obrigam-se a modificar as suas leis, em todos os territórios sob a sua soberania ou autoridade aos quais a presente Convenção seja aplicável por forma a que a validade das obrigações contraídas por meio de cheques ou o exercício dos direitos que delas resultam não possam estar subordinados ao cumprimento das disposições respeitantes ao selo.

Podem, contudo, suspender o exercício desses direitos até ao pagamento do imposto do selo prescrito, bem como das multas incorridas. Podem, igualmente, determinar que a qualidade e os efeitos de título «imediatamente executório» que, pelas suas legislações, seriam atribuídos ao cheque, dependerão da condição de ter sido, desde a criação do título, devidamente pago o imposto do selo, em conformidade com as disposições das respectivas leis.

Art. 2.° A presente Convenção, cujos textos francês e inglês farão, ambos, igualmente fé, terá a data de hoje.

Poderá ser ulteriormente assinada, até 31 de Julho de 1931, em nome de qualquer Membro da Sociedade das Nações e qualquer Estado não membro.

Art. 3.° A presente Convenção será ratificada.

Os instrumentos de ratificação serão transmitidos, antes de 1 de Setembro de 1933, ao Secretário-Geral da Sociedade das Nações, que notificará imediatamente do seu depósito todos os Membros da Sociedade das Nações e os Estados não membros em nome dos quais a presente Convenção tenha sido assinada ou que a ela tenham aderido.

Art. 4.° A partir de 15 de Julho de 1931 qualquer Membro da Sociedade das Nações e qualquer Estado não membro poderá aderir à Convenção.

Esta adesão efectuar-se-á por meio de notificação ao Secretário-Geral da Sociedade das Nações, que será depositada nos arquivos do Secretariado.

O Secretário-Geral notificará imediatamente desse depósito todos os Membros da Sociedade das Nações e os Estados não membros em nome dos quais a presente Convenção tenha sido assinada ou que a ela tenham aderido.

Art. 5.° A presente Convenção somente entrará em vigor depois de ter sido ratificada ou de a ela terem aderido sete Membros da Sociedade das Nações ou Estados não membros, entre os quais deverão figurar três dos Membros da Sociedade das Nações com representação permanente no Conselho.

Começará a vigorar noventa dias depois de recebida pelo Secretário-Geral da Sociedade das Nações a sétima ratificação ou adesão, em conformidade com o disposto na alínea primeira do presente artigo.

1164

Conv. imposto do selo cheques **Arts. 6.º-10.º ConvCh/III** **[113]**

O Secretário-Geral da Sociedade das Nações, nas notificações previstas nos artigos 3.º e 4.º, fará menção especial de terem sido recebidas as ratificações ou adesões a que se refere a alínea primeira do presente artigo.

Art. 6.º As ratificações ou adesões após a entrada em vigor da presente Convenção, em conformidade com o disposto no artigo 5.º, produzirão os seus efeitos noventa dias depois da data da sua recepção pelo Secretário-Geral da Sociedade das Nações.

Art. 7.º A presente Convenção não poderá ser denunciada antes de decorrido um prazo de dois anos, a contar da data em que ela tiver começado a vigorar, para o Membro da Sociedade das Nações ou para o Estado não membro que a denuncia; esta denúncia produzirá os seus efeitos noventa dias depois de recebida pelo Secretário-Geral a respectiva notificação.

Qualquer denúncia será imediatamente comunicada pelo Secretário-Geral da Sociedade das Nações a todos os Membros da Sociedade das Nações e aos Estados não membros em nome dos quais a presente Convenção tenha sido assinada ou que a ela tenham aderido.

A denúncia só produzirá efeito em relação ao Membro da Sociedade das Nações ou ao Estado não membro em nome do qual ela tenha sido feita.

Art. 8.º Decorrido um prazo de quatro anos da entrada em vigor da presente Convenção, qualquer Membro da Sociedade das Nações ou Estado não membro ligado à Convenção poderá formular ao Secretário-Geral da Sociedade das Nações um pedido de revisão de algumas ou de todas as suas disposições.

Se este pedido, comunicado aos outros Membros ou Estados não membros para os quais a Convenção estiver então em vigor, for apoiado dentro do prazo de um ano por seis, pelo menos, de entre eles, o Conselho da Sociedade das Nações decidirá se deve ser convocada uma Conferência para aquele fim.

Art. 9.º Qualquer das Altas Partes Contratantes poderá declarar no momento da assinatura, da ratificação ou da adesão, que aceitando a presente Convenção não assume nenhuma obrigação pelo que respeita a todos ou parte das suas colónias, protectorados ou territórios sob a sua soberania ou mandato, caso em que a presente Convenção se não aplicará aos territórios mencionados nessa declaração.

Qualquer das Altas Partes Contratantes poderá, posteriormente, comunicar ao Secretário-Geral da Sociedade das Nações o seu desejo de que a presente Convenção se aplique a todos ou parte dos seus territórios que tenham sido objecto da declaração prevista na alínea precedente, e nesse caso a presente Convenção aplicar-se-á aos territórios mencionados nessa comunicação noventa dias depois de esta ter sido recebida pelo Secretário-Geral da Sociedade das Nações.

Qualquer das Altas Partes Contratantes poderá, a todo o tempo, declarar que deseja que a presente Convenção cesse de se aplicar a todos ou parte das suas colónias, protectorados ou territórios sob a sua soberania ou mandato, caso em que a Convenção deixará de se aplicar aos territórios mencionados nessa declaração um ano após esta ter sido recebida pelo Secretário-Geral da Sociedade das Nações.

Art. 10.º A presente Convenção será registada pelo Secretário-Geral da Sociedade das Nações desde que entre em vigor.

Em fé do que os Plenipotenciários acima designados assinaram a presente Convenção.
Feito em Genebra, aos dezanove de Março de mil novecentos e trinta e um (...).

1165

[113] ConvCh/III Protocolo

Protocolo

Ao assinar a Convenção relativa ao imposto do selo em matéria de cheques, datada de hoje, os abaixo assinados, devidamente autorizados, acordaram nas disposições seguintes:

A) Os Membros da Sociedade das Nações e os Estados não membros que não tenham podido efectuar, antes de 1 de Setembro de 1933, o depósito da ratificação da referida Convenção obrigam-se a enviar, dentro de quinze dias a partir daquela data, uma comunicação ao Secretário-Geral da Sociedade das Nações, dando-lhe a conhecer a situação em que se encontram no que diz respeito à ratificação.

B) Se, em 1 de Novembro de 1933, não se tiverem verificado as condições previstas na alínea primeira do artigo 5.° para a entrada em vigor da Convenção, o Secretário-Geral da Sociedade das Nações convocará uma reunião dos Membros da Sociedade das Nações e Estados não membros que tenham assinado a Convenção ou a ela tenham aderido, a fim de ser examinada a situação e as medidas que devam porventura ser tomadas para a resolver.

C) As Altas Partes Contratantes comunicar-se-ão, reciprocamente, a partir da sua entrada em vigor, as disposições legislativas promulgadas nos respectivos territórios para tornar efectiva a Convenção.

Em fé do que os Plenipotenciários acima designados assinaram o presente Protocolo. Feito em Genebra, aos dezanove de Março de mil novecentos e trinta e um (...).

EMISSÃO DE CHEQUE SEM PROVISÃO

[114] DECRETO N.º 13 004
de 12 de Janeiro de 1927

(...)

Art. 23.º (Emissão de cheque sem provisão)

É considerada criminosa a emissão de um cheque que, apresentado a pagamento no competente prazo do artigo 12.º do presente decreto com força de lei, não for integralmente pago por falta de provisão.

Nota. A remissão para o art. 12.º do Decreto n.º 13004 deve entender-se hoje feita para o art. 29.º da LUCh [110].

Art. 24.º (Pena aplicável)

1. O sacador do cheque cujo não pagamento por falta de provisão tiver sido verificado nos termos e prazo prescritos nos artigos 28.º, 29.º, 40.º e 41.º da Lei Uniforme relativa ao cheque, a pedido do respectivo portador, será punido com prisão até 3 anos.

2. A pena será de um a dez anos se:
a) O agente se entregar habitualmente à emissão de cheques sem provisão;
b) A pessoa directamente prejudicada ficar em difícil situação económica;
c) O quantitativo sacado for consideravelmente elevado.

§ 1.º O sacador de cheque nas condições do corpo do artigo que efectuar voluntariamente o pagamento do respectivo montante e dos correspondentes juros moratórios, acrescidos, a título de indemnização, da diferença para o resultado da aplicação ao montante do cheque, e pelo tempo de mora, da mais alta taxa de juro praticada no momento do pagamento ou do depósito pela banca portuguesa para as operações activas de crédito, directamente ao respectivo credor, por depósito à ordem do juiz do processo ou, não existindo este, por consignação em depósito à ordem do credor, se este recusar receber ou dar quitação, em qualquer caso dentro do prazo de trinta dias a contar da respectiva apresentação a pagamento, será isento de pena, com custas judiciais e imposto de justiça a seu cargo.

§ 2.º Decorrido o prazo previsto no parágrafo anterior, o pagamento ou os depósitos ali previstos, efectuados até ao encerramento da discussão da causa, determinarão a suspensão da pena que no caso couber.

§ 3.º O disposto nos parágrafos anteriores não se aplica aos reincidentes nem aos que já tiverem beneficiado do regime ali consagrado, nem prejudica o regime previsto para o perdão.

[114] DL 13 004 Art. 24.° Emissão de cheque sem provisão

§ 4.° A aplicação da pena prevista no corpo do artigo não isenta o sacador do cheque da responsabilidade civil ou de qualquer outra em que, por disposição especial, possa incorrer.

§ 5.° Em caso de reincidência, o tribunal aplicará ao sacador a medida de inibição do uso de cheque pelo período de seis meses a dois anos.

§ 6.° A pessoa objecto da medida referida no parágrafo anterior só poderá movimentar contas de depósito durante o período da inibição mediante a utilização de cheques avulsos previamente visados pela instituição de crédito respectiva.

§ 7.° Compete ao procurador-geral da República conceder o perdão nos casos em que o Estado seja lesado pela infracção prevista no corpo do artigo, ouvido o departamento respectivo.

Notas. 1. Deste diploma, que revogou as disposições do CCom sobre o cheque, apenas se transcrevem os arts. 23.° e 24.° que prevêem e punem o crime de emissão de cheque sem cobertura. Com efeito, o cheque está hoje regulado pela LUCh [**110**].

A actual redacção do art. 24.° foi introduzida pelo art. 6.° da L n.° 25/81, de 21 de Agosto, tendo o corpo do artigo sido de novo modificado pelo art. 5.° do DL n.° 400/82, de 23 de Setembro.

2. Cf. ainda os arts. 7.° e 8.° da L n.° 25/81, cujo texto é o seguinte:

Art. 7.° «Não havendo arguidos presos, o crime previsto no artigo 24.° do Decreto-Lei n.° 13 004 é averiguado em inquérito preliminar, independentemente do valor do cheque.»

Art. 8.° «Nos processos instaurados por crime de emissão de cheque sem cobertura, as entidades e pessoas referidas no n.° 1 do artigo 1.° do Decreto-Lei n.° 2/78, de 9 de Janeiro, são obrigadas a fornecer às entidades competentes para a investigação os elementos mencionados no n.° 2 do mesmo artigo.»

3. Assento do STJ, de 19 de Abril de 1938 (*Col. Of. Ac. Dout. STJ* 37.°, p. 160): «Para ser punido o crime de emissão de cheque sem cobertura, previsto e punido pelo artigo 24.° do Decreto n.° 13 004, basta que, nos termos do artigo 6.° do Código de Processo Penal, o portador dê conhecimento do facto em juízo.»

4. Assento do STJ, de 5 de Dezembro de 1973 (DG n.° 1, de 2 de Janeiro de 1974: BMJ 232, p. 31): «Vale como cheque, para os efeitos dos artigos 23.° e 24.° do Decreto n.° 13 004, de 12 de Janeiro de 1927, o título a que falta a indicação do lugar onde é passado.»

5. Assento do STJ n.° 1/81, de 20 de Novembro de 1980 (DR n.° 86, de 13-4-1981: BMJ 301, p. 263): «O crime de emissão de cheque sem cobertura e um crime de perigo, para cuja consumação basta a consciência da ilicitude da conduta e da falta da provisão para a ordem do pagamento dada.»

6. Assento do STJ, de 16 de Dezembro de 1987 (DR n.° 23, de 28-1-1988): «No crime de emissão de cheque sem provisão cometido antes da entrada em vigor do Código Penal de 1982 a desistência da queixa, verificada após essa entrada em vigor, extingue a responsabilidade criminal do réu, excepto se já tiver transitado em julgado a respectiva decisão condenatória.»

7. Assento do STJ n.° 1/93, de 2 de Dezembro de 1992 (DR n.° 7, de 9-1-1993): «Para efeitos penais, dos artigos 23.° e 24.° do Decreto n.° 13 004, a entrega pelo sacador de cheque incompleto quanto à data não faz presumir que foi dada autorização de preenchimento ao tomador, nos termos em que este o fez.»

8. Assento do STJ n.° 4/2000, de 19 de Janeiro de 2000 (DR I Série-A, n.° 40, de 17-2-2000): «Se, na vigência do CP de 1982, mas antes do início da do Decreto-Lei n.° 454/91, depois de ter preenchido, assinado e entregue o cheque ao tomador, o sacador solicita, por escrito, ao banco sacado que não o pague porque se extraviou (o que sabe não corresponder à realidade) e se, por isso, quando o tomador/portador lhe apresenta o cheque, dentro do prazo legal de apresentação, o sacado recusa o pagamento e, no verso do título, lança a declaração de que o cheque não foi pago por aquele motivo, o *sacador não comete* o crime previsto e punido pelo artigo 228.°, n.ᵒˢ 1, alínea *b*), e 2, nem o previsto e punido pelo artigo 228.°, n.° 1, alínea *b*), do CP de 1982.»

1168

RESTRIÇÕES AO USO DE CHEQUES E OBRIGATORIEDADE DO SEU PAGAMENTO

[115] DECRETO-LEI N.° 454/91
de 28 de Dezembro

Na sequência de um conjunto de acções destinadas a fomentar a utilização do cheque, foi publicado o Decreto-Lei n.° 530/75, de 25 de Setembro, que introduziu no nosso ordenamento jurídico uma medida administrativa com o objectivo de impedir o acesso àquele meio de pagamento a utilizadores que pusessem em causa o espírito de confiança inerente à sua normal circulação.

Cedo, porém, se revelaram algumas fraquezas do sistema assim implantado, que não impediu o preocupante acréscimo do número de cheques devolvidos por falta de provisão.

Daí a publicação do Decreto-Lei n.° 14/84, de 11 de Janeiro, em que, a par de alterações na tramitação processual relativa ao crime de emissão de cheques sem provisão, se introduziu uma nova disciplina da medida administrativa.

Importa reconhecer, porém, que também aqui os resultados obtidos ficaram muito aquém dos objectivos visados, defrontando-se o novo sistema com estrangulamentos que o simples reforço de meios não permite ultrapassar.

Para além disso, a implantação no nosso País do sistema de telecompensação de cheques torna inviável, na prática, o cumprimento do disposto no capítulo II do mencionado Decreto-Lei n.° 14/84.

Considera-se que, nas actuais circunstâncias, o instrumento mais adequado para se conseguir o aumento desejável da confiança neste meio de pagamento é uma colaboração mais activa por parte das instituições de crédito.

Tendo em vista alcançar tais objectivos, determina-se no presente diploma a obrigatoriedade de as instituições de crédito rescindirem as convenções de cheque com entidades que revelem utilizá-lo indevidamente. O Banco de Portugal, além do dever de verificar o cumprimento das obrigações agora impostas às instituições de crédito, fica incumbido de centralizar e difundir pelo sistema bancário a relação dos utilizadores do cheque que oferecem risco.

O persistente acréscimo dos crimes de emissão de cheques sem provisão, além de revelar a relativa inadaptação das medidas preventivas até agora ensaiadas pelo legislador, igualmente deixa transparecer a ineficácia das sanções penais estabelecidas para a prática de tais crimes.

A ineficácia da lei é, já de si, um resultado a que não pode ficar indiferente o legislador. Mas, porventura pior do que isso, pode dizer-se que comporta efeitos laterais perversos, a começar pelo descrédito do cheque como meio de pagamento e consequente clima de desconfiança generalizada no seu uso que não poupa os cidadãos honestos, que constituem a maioria dos utilizadores, e a terminar na excessiva absorção das polícias e dos tribunais, que se vêem confrontados com uma enorme quantidade de casos de emissão de cheques sem provisão, em detrimento da sua desejável disponibilidade para se ocuparem de outros tipos de criminalidade.

E nem sequer pode dizer-se que a obrigatoriedade da aceitação do cheque, imposta pelo Decreto-Lei n.° 184/74, de 4 de Maio, alterado pelo Decreto-Lei n.° 519-XI/79, de 29

1169

[115] DL 454/91 Preâmbulo

Restr. ao uso de cheques e obrig. do seu pagam.

de Dezembro, tenha constituído solução viável para lhe conferir aquela dignidade que se pretendia, já que é relativamente fácil torneá-la através de vários expedientes, por parte dos eventuais portadores, aos quais, aliás, é pelo menos problemático exigir que se conformem com riscos de lesão patrimonial, que andam frequentemente associados ao meu uso generalizado desse título.

O papel das instituições de crédito na prevenção do fenómeno do cheque sem provisão terá também de ser reforçado.

Em particular, será indispensável a introdução de alguma selectividade na entrega dos chamados "livros de cheques", que deve pressupor uma relação de confiança e um conhecimento mínimo do cliente.

O actual sistema de protecção penal do cheque carece de adequada revisão, na medida em que se tem mostrado incapaz de contrariar a realidade criminológica revelada no peso excessivo que a proliferação de crimes de emissão de cheque sem provisão representa no cômputo da criminalidade geral.

Tendo em conta recomendações dos peritos do Conselho da Europa e orientações de algumas legislações estrangeiras, está indicado que a revisão do actual sistema punitivo de cheque sem provisão aponte para um conjunto coerente de soluções de carácter preventivo e repressivo, do qual se espera que possa concorrer para a redução do fenómeno em termos razoáveis.

Entre os modelos despenalizadores conhecidos, justifica-se a consagração legislativa de uma solução idêntica à do direito francês que impõe ao banco sacado o dever de pagar cheques de montante não superior a 100 FF, não obstante a inexistência ou insuficiência de provisão.

Tal disposição equivale a uma despenalização da emissão de cheques sem provisão nessas condições, solução que tem o apoio da doutrina e que pode contribuir decisivamente para a redução do volume da criminalidade relacionada com o uso de cheque. Também não anda longe das propostas despenalizadoras do Conselho da Europa, na parte em que assentam na distinção entre pequenos e grandes cheques, só estes últimos relevando da justiça penal.

Estabelece-se assim a obrigatoriedade de pagamento pelas instituições de crédito dos cheques que apresentem falta ou insuficiência de provisão, sendo que este facto não afasta as consequências administrativas previstas para a utilização indevida do cheque, pondo em causa o espírito de confiança que deve presidir à sua circulação.

Este tipo de solução vai implicar necessariamente a adopção de medidas acrescidas por parte da banca e a consequente co-responsabilização no combate ao fenómeno do cheque sem provisão.

A aplicação das penas do crime de burla ao sacador de cheque sem provisão bem como ao que, após a emissão, procede ao levantamento de fundos que impossibilitem o pagamento ou proíba ao sacador este pagamento, é uma consequência da proximidade material desses comportamentos com os que integram aquela figura do direito penal clássico.

Os chamados "delitos do sacado" merecem também consagração legal.

Em todo o caso, a diferente gravidade do comportamento, em confronto com os crimes do sacador, aconselha a que se preveja uma pena sensivelmente menos severa, como a de multa, assim se honrando o princípio da proporcionalidade.

À punição dos crimes de cheque sem provisão devem acrescer sanções acessórias destinadas a reforçar efeitos preventivos de novas infracções, como já acontece, entre nós, com alguns crimes económicos.

Neste aspecto parecem particularmente adequadas a interdição temporária do uso de cheques e a publicidade da sentença, constituindo crime de desobediência qualificada a emissão de cheques enquanto durar a interdição.

Todavia, deve prever-se a reabilitação judicial do condenado em certas condições.

A sentença condenatória deve ser comunicada ao Banco de Portugal que, por seu turno, deve informar as restantes instituições bancárias, que ficarão proibidas de entregar

Cap. I. Das restrições ao uso de cheque   **Art. 1.° DL 454/91 [115]**

módulos de cheques ao condenado enquanto durar a interdição, sob pena de incorrer em contra-ordenação. Esta solução visa reforçar o efeito preventivo da sanção acessória.

Tendo desaparecido as razões conjunturais que presidiram à publicação dos diplomas que impunham a obrigatoriedade de aceitação de cheques até certos montantes, é altura oportuna para proceder à sua revogação.

Enfim, as infracções às normas relativas às restrições ao uso de cheques, na medida em que, pela sua natureza, não justificam tratamento nos quadros do ilícito criminal, são tratadas como contra-ordenações.

Assim, ouvido o Banco de Portugal:

No uso da autorização legislativa conferida pela Lei n.° 30/91, de 20 de Julho, e nos termos das alíneas *a*) e *b*), do n.° 1 do artigo 201.° da Constituição o Governo decreta o seguinte:

CAPÍTULO I. **Das restrições ao uso de cheque**

Art. 1.° (Rescisão da convenção de cheque)

1. As instituições de crédito devem rescindir qualquer convenção que atribua o direito de emissão de cheques, quer em nome próprio quer em representação de outrem, por quem, pela respectiva utilização indevida, revele pôr em causa o espírito de confiança que deve presidir à sua circulação.

2. Para efeitos do disposto no número anterior, presume-se que põe em causa o espírito de confiança que deve presidir à circulação do cheque quem, agindo em nome próprio ou em representação de outrem, verificada a falta de pagamento do cheque apresentado para esse efeito, não proceder à regularização da situação, nos termos previstos no artigo 1.°-A.

3. No caso de contas·com mais de um titular, a rescisão da convenção do cheque é extensiva a todos os co-titulares, devendo, porém, ser anulada relativamente aos que demonstrem ser alheios aos actos que motivaram a rescisão.

4. A decisão de rescisão da convenção de cheque ordenará a devolução, no prazo de 10 dias úteis, dos módulos de cheque fornecidos e não utilizados e será notificada, nos termos do artigo 5.°, pela instituição de crédito a todas as entidades abrangidas com tal decisão.

5. As entidades referidas ao número anterior deixam de poder emitir ou subscrever cheques sobre a instituição autora da decisão a partir da data em que a notificação se considere efectuada.

6. A instituição de crédito que haja rescindido a convenção de cheque não pode celebrar nova convenção dessa natureza com a mesma entidade antes de decorridos dois anos a contar da data da decisão de rescisão da convenção, salvo autorização do Banco de Portugal.

7. O Banco de Portugal pode autorizar a celebração de uma nova convenção de cheque antes de decorrido o prazo estabelecido no número anterior, quando circunstâncias especialmente ponderosas o justifiquem e mediante prova da regularização das situações que determinaram a rescisão da convenção.

Nota. Redacção introduzida pelo art. 1.° do DL n.° 316/97, de 19 de Novembro.

1171

[115] DL 454/91 Arts. 1.º-A-3.º   Restr. ao uso de cheques e obrig. do seu pagam.

Art. 1.º-A (Falta de pagamento de cheque)

1. Verificada a falta de pagamento do cheque apresentado para esse efeito, nos termos e prazos a que se refere a Lei Uniforme Relativa ao Cheque, a instituição de crédito notifica o sacador para, no prazo de 30 dias consecutivos, proceder à regularização da situação.

2. A notificação a que se refere o número anterior deve, obrigatoriamente, conter:

a) A indicação do termo do prazo e do local para a regularização da situação;

b) A advertência de que a falta de regularização da situação implica a rescisão da convenção de cheque e, consequentemente, a proibição de emitir novos cheques sobre a instituição sacada, a proibição de celebrar ou manter convenção de cheque com outras instituições de crédito, nos termos do disposto no artigo 3.º, e a inclusão na listagem de utilizadores de cheque que ofereçem risco.

3. A regularização prevista no n.º 1 faz-se mediante depósito na instituição de crédito sacada, à ordem do portador do cheque, ou pagamento directamente a este, comprovado perante a instituição de crédito sacada, do valor do cheque e dos juros moratórios calculados à taxa legal, fixada nos termos do Código Civil, acrescida de 10 pontos percentuais.

Nota. Aditado pelo art. 2.º do DL n.º 316/97, de 19 de Novembro.

Art. 2.º (Comunicações)

As instituições de crédito são obrigadas a comunicar ao Banco de Portugal, no prazo e pela forma que este lhes determinar, todos os casos de:

a) Rescisão da convenção de cheque;

b) Apresentação a pagamento, nos termos e prazos da Lei Uniforme Relativa ao Cheque, de cheque que não seja integralmente pago por falta de provisão ou por qualquer dos factos previstos no artigo 11.º, n.º 1, sem que tenha sido rescindida a convenção de cheque;

c) Emissão de cheque sobre elas sacado, em data posterior à notificação a que se refere o artigo 1.º, n.º 4, pelas entidades com quem hajam rescindido a convenção de cheque;

d) Não pagamento de cheque de valor não superior a € 150, emitido através de módulo por elas fornecido;

e) Recusa de pagamento de cheques com inobservância do disposto no artigo 9.º, n.º 1.

Nota. Redacção introduzida pelo art. 1.º do DL n.º 316/97, de 19 de Novembro, pelo art. 11.º do DL n.º 323/2001, de 17 de Dezembro, e pelo art. 1.º da L n.º 48/2005, de 29 de Agosto.

Art. 3.º (Listagem)

1. As entidades que tenham sido objecto de rescisão de convenção de cheque ou que hajam violado o disposto no n.º 5 do artigo 1.º são incluídas numa listagem de utilizadores de cheque que ofereçem risco a comunicar pelo Banco de Portugal a todas as instituições de crédito.

2. A inclusão na listagem a que se refere o número anterior determina para qualquer outra instituição de crédito a imediata rescisão de convenção de idêntica natureza, bem como a proibição de celebrar nova convenção de cheque, durante os dois anos seguintes, contados a partir da data da decisão de rescisão da convenção.

1172

Cap. I. Das restrições ao uso de cheque **Arts. 4.º-6.º DL 454/91 [115]**

3. É correspondentemente aplicável o disposto no artigo 1.º, n.º 6.

4. É expressamente autorizado o acesso de todas as instituições de crédito indicadas como tal no artigo 3.º do Regime Geral das Instituições de Crédito e Sociedades Financeiras, aprovado pelo Decreto-Lei n.º 298/92, de 31 de Dezembro, a todas as informações disponibilizadas pelo Banco de Portugal relativas aos utilizadores de cheque que oferecem risco, tendo em vista a avaliação do risco de crédito de pessoas singulares e colectivas.

5. Compete ao Banco de Portugal regulamentar a forma e termos de acesso às informações quando estas se destinem à finalidade do número anterior, com base em parecer previamente emitido pela Comissão Nacional de Protecção de Dados.

6. Todas as informações fornecidas pelo Banco de Portugal devem ser eliminadas, bem como quaisquer referências ou indicadores de efeito equivalente, logo que cesse o período de permanência de dois anos, haja decisão de remoção da listagem ou se verifique o termo de decisão judicial, excepto se o titular nisso expressamente consentir.

Nota. Redacção introduzida pelo art. 1.º do DL n.º 316/97, de 19 de Novembro, e pelo art. 1.º do DL n.º 83/2003, de 24 de Abril.

Art. 4.º (Remoção da listagem)

As entidades que integrem a listagem referida no artigo anterior não poderão, nos dois anos imediatamente posteriores à rescisão da convenção de cheques, celebrar nova convenção, excepto se, sob proposta de qualquer instituição de crédito ou a seu requerimento, o Banco de Portugal, face à existência de circunstâncias ponderosas, venha a decidir a remoção de nomes da aludida listagem.

Art. 5.º (Notificações)

1. As notificações a que se referem os artigos 1.º, 1.º-A e 2.º efectuam-se por meio de carta registada expedida para o último domicílio declarado às instituições de crédito sacadas e presumem-se feitas, salvo prova em contrário, no terceiro dia posterior ao do registo ou no primeiro dia útil seguinte, se aquele o não for.

2. A notificação tem-se por efectuada mesmo que o notificando recuse receber a carta ou não se encontre no domicílio indicado.

Nota. Redacção introduzida pelo art. 1.º do DL n.º 316/97, de 19 de Novembro.

Art. 6.º (Movimentação de contas de depósito)

1. A rescisão da convenção de cheque não impede a movimentação de contas de depósito através de cheques avulsos, visados ou não, consoante se destinem a pagamentos ou a simples levantamentos, ainda que o sacador figure na listagem distribuída pelo Banco de Portugal, devendo ser facultados os impressos necessários para o efeito.

2. Sem prejuízo do disposto neste capítulo, não poderá ser recusado o pagamento de cheques com fundamento na rescisão da convenção de cheque ou no facto de o sacador figurar na listagem difundida pelo Banco de Portugal, quando a conta sacada disponha de provisão para o efeito.

Nota. Redacção introduzida pelo art. 1.º do DL n.º 316/97, de 19 de Novembro.

1173

[115] DL 454/91 Arts. 7.º-10.º   Restr. ao uso de cheques e obrig. do seu pagam.

Art. 7.º (Competência do Banco de Portugal)

Compete ao Banco de Portugal fixar os requisitos a observar pelas instituições de crédito na abertura de contas de depósito e no fornecimento de módulos de cheques, designadamente quanto à identificação dos respectivos titulares e representantes e, ainda, transmitir às instituições de crédito instruções tendentes à aplicação uniforme do disposto neste diploma.

Nota. Redacção introduzida pelo art. 1.º do DL n.º 316/97, de 19 de Novembro.

CAPÍTULO II. Obrigatoriedade de pagamento

Art. 8.º (Obrigatoriedade de pagamento pelo sacado)

1. A instituição de crédito sacada é obrigada a pagar, não obstante a falta ou insuficiência de provisão, qualquer cheque, emitido através de módulo por ela fornecido, de montante não superior a € 150.

2. O disposto neste artigo não se aplica quando a instituição sacada recusar justificadamente o pagamento do cheque por motivo diferente da falta ou insuficiência de provisão.

3. Para efeitos do previsto no número anterior, constitui, nomeadamente, justificação de recusa de pagamento a existência de sérios indícios de falsificação, furto, abuso de confiança ou apropriação ilegítima do cheque.

Nota. Redacção introduzida pelo art. 1.º do DL n.º 316/97, de 19 de Novembro, pelo art. 11.º do DL n.º 323/2001, de 17 de Dezembro, e pelo art. 1.º da L n.º 48/2005, de 29 de Agosto.

Art. 9.º (Outros casos de obrigatoriedade de pagamento pelo sacado)

1. Sem prejuízo do disposto no artigo 8.º, as instituições de crédito são ainda obrigadas a pagar qualquer cheque emitido através de módulo por elas fornecido:

   a) Em violação do dever de rescisão a que se refere o artigo 1.º, n.ºs 1 a 4;

   b) Após a rescisão da convenção de cheque, com violação do dever a que se refere o artigo 1.º, n.º 6;

   c) A entidades que integrem a listagem referida no artigo 3.º;

   d) Em violação do disposto no artigo 12.º, n.º 5.º.

2. Em caso de recusa de pagamento, a instituição sacada deve provar que observou as normas relativas ao fornecimento de módulos de cheque e à obrigação de rescisão da convenção de cheque.

Nota. Redacção introduzida pelo art. 1.º do DL n.º 316/97, de 19 de Novembro.

Art. 10.º (Sub-rogação)

A instituição de crédito sacada que pagar um cheque em observância do disposto neste capítulo fica sub-rogada nos direitos do portador até ao limite da quantia paga.

Nota. Redacção introduzida pelo art. 1.º do DL n.º 316/97, de 19 de Novembro.

1174

Cap. III.   Regime penal do cheque   Art. 11.º DL 454/91 **[115]**

CAPÍTULO III.   **Regime penal do cheque**

Art. 11.º (Crime de emissão de cheque sem provisão)

1. Quem, causando prejuízo patrimonial ao tomador do cheque ou a terceiro:

a) Emitir e entregar a outrem cheque para pagamento de quantia superior a € 150 que não seja integralmente pago por falta de provisão ou por irregularidade do saque;

b) Antes ou após a entrega a outrem de cheque sacado pelo próprio ou por terceiro, nos termos e para os fins da alínea anterior, levantar os fundos necessários ao seu pagamento, proibir à instituição sacada o pagamento desse cheque, encerrar a conta sacada ou, por qualquer modo, alterar as condições da sua movimentação, assim impedindo o pagamento do cheque; ou

c) Endossar cheque que recebeu, conhecendo as causas de não pagamento integral referidas nas alíneas anteriores;

se o cheque for apresentado a pagamento nos termos e prazos estabelecidos pela Lei Uniforme Relativa ao Cheque, é punido com pena de prisão até 3 anos ou com pena de multa ou, se o cheque for de valor elevado, com pena de prisão até 5 anos ou com pena de multa até 600 dias.

2. Para efeitos do disposto no número anterior, considera-se valor elevado o montante constante de cheque não pago que exceda o valor previsto no artigo 202.º, alínea *a*), do Código Penal.

3. O disposto no n.º 1 não é aplicável quando o cheque seja emitido com data posterior à da sua entrega ao tomador.

4. Os mandantes, ainda que pessoas colectivas, sociedades ou meras associações de facto, são civil e solidariamente responsáveis pelo pagamento de multas e de indemnizações em que forem condenados os seus representantes pela prática do crime previsto no n.º 1, contanto que estes tenham agido nessa qualidade e no interesse dos representados.

5. A responsabilidade criminal extingue-se pela regularização da situação, nos termos e prazo previstos no artigo 1.º-A.

6. Se o montante do cheque for pago, com reparação do dano causado, já depois de decorrido o prazo referido no n.º 5, mas até ao início da audiência de julgamento em 1.ª instância, a pena pode ser especialmente atenuada.

Notas. 1. Redacção introduzida pelo art. 1.º do DL n.º 316/97, de 19 de Novembro, pelo art. 11.º do DL n.º 323/2001, de 17 de Dezembro, e pelo art. 1.º da L n.º 48/2005, de 29 de Agosto.

2. Com referência à anterior redacção, cf. o Assento do STJ n.º 6/93, de 27 de Janeiro de 1993 (*DR* n.º 82, p. 1760 s.), que decidiu: «o artigo 11.º, n.º 1, alínea *a*), do Decreto-Lei n.º 454/91, de 28 de Dezembro, não criou um novo tipo legal de crime de emissão de cheque sem provisão nem teve o efeito de despenalizar as condutas anteriormente previstas e puníveis pelo artigo 24.º do Decreto n.º 13 004, de 12 de Janeiro de 1927, apenas operando essa despenalização quanto aos cheques de valor não superior a 5 000$ e quanto aos cheques de valor superior a esse montante em que não se prove que causaram prejuízo patrimonial.»

Ainda com referência à anterior redacção do preceito, cf. o Acórdão do STJ n.º 13/97, de 8 de Maio de 1997 (DR n.º 138, de 18-6-1997), que decidiu: «A declaração 'devolvido por conta cancelada'', aposta no verso do cheque pela entidade bancária sacada, equivale, para efeitos penais, à verificação da recusa de pagamento por falta de provisão, pelo que deve haver-se por preenchida esta condição objectiva de punibilidade do crime de emissão de cheque sem provissão, previsto e punível pelo art. 11.º, n.º 1, alínea *a*), do Decreto-Lei n.º 454/91, de 28 de Dezembro».

1175

[115] DL 454/91 Arts. 11.º-A-12.º   Restr. ao uso de cheques e obrig. do seu pagam.

3. No seu Acórdão n.º 1/2007, de 30 de Novembro de 2006 (*DR* n.º 32, Série I, de 14-2-2007), o Supremo Tribunal de Justiça decidiu:

«Integra o conceito de 'prejuízo patrimonial' a que se reporta o n.º 1 do artigo 11.º do Decreto--Lei n.º 454/91, de 28 de Dezembro, o não recebimento, para si ou para terceiro, pelo portador do cheque, aquando da sua apresentação a pagamento, do montante devido, correspondente à obrigação subjacente relativamente à qual o cheque constituía meio de pagamento.»

4. No seu Acórdão n.º 9/2008, de 25 de Setembro de 2008 (*DR* n.º 208, Série I, de 27 de Outubro de 2008), o Supremo Tribunal de Justiça fixou a seguinte jurisprudência:

«Verificados que sejam todos os restantes elementos constitutivos do tipo objectivo e subjectivo do ilícito, integra o crime de emissão de cheque sem provisão previsto na alínea *b*) do n.º 1 do artigo 11.º do Decreto-Lei n.º 454/91, de 28 de Dezembro, na redacção introduzida pelo Decreto-Lei n.º 316/97, de 19 de Novembro, a conduta do sacador de um cheque que, após a emissão deste, falsamente comunica ao banco sacado que o cheque se extraviou, assim o determinando a recusar o seu pagamento com esse fundamento.»

Art. 11.º-A (Queixa)

1. O procedimento criminal pelo crime previsto no artigo anterior depende de queixa.

2. A queixa deve conter a indicação dos factos constitutivos da obrigação subjacente à emissão, da data de entrega do cheque ao tomador e dos respectivos elementos de prova.

3. Sem prejuízo de se considerar apresentada a queixa para todos os efeitos legais, designadamente o previsto no artigo 115.º do Código Penal, o Ministério Público, quando falte algum dos elementos referidos no número anterior, notificará o queixoso para, no prazo de 15 dias, proceder à sua indicação.

4. Compete ao Procurador-Geral da República, ouvido o departamento respectivo, autorizar a desistência da queixa nos casos em que o Estado seja ofendido.

5. A competência prevista no número anterior é delegável nos termos gerais.

Nota. Aditado pelo art. 2.º do DL n.º 316/97, de 19 de Novembro. A redacção do n.º 5 foi introduzida pelo art. 1.º da L n.º 48/2005, de 29 de Agosto.

Art. 12.º (Sanções acessórias)

1. O tribunal pode aplicar, isolada ou cumulativamente, conforme os casos, as seguintes sanções acessórias a quem for condenado por crime de emissão de cheque sem provisão, previsto no artigo 11.º:

a) Interdição do uso de cheque;
b) Publicidade da decisão condenatória.

2. A interdição do uso de cheque terá a duração mínima de seis meses e a duração máxima de seis anos.

3. A publicidade da decisão condenatória faz-se a expensas do condenado, em publicação de divulgação corrente na área do domicílio do agente e do ofendido, bem como através da afixação de edital, por período não inferior a um mês, nos lugares destinados para o efeito pela junta de freguesia do agente e do mandante ou do representado.

4. A publicidade é feita por extracto de que constem os elementos da infracção e as sanções aplicadas, bem como a identificação do agente.

5. A sentença que condenar em interdição do uso de cheque é comunicada ao Banco de Portugal, que informa todas as instituições de crédito de que devem

1176

Cap. III. Regime penal do cheque   **Arts. 13.°-13.°-A DL 454/91 [115]**

abster-se de fornecer ao agente e aos seus mandatários módulos de cheque para movimentação das suas contas de depósito, salvo no caso previsto no artigo 6.°

6. A sentença que condenar em interdição do uso de cheque deve ordenar ao condenado que restitua às instituições de crédito que lhos forneceram todos os módulos de cheques que tiver em seu poder ou em poder dos seus mandatários.

7. Incorre na pena do crime de desobediência quem não respeitar a injunção a que se refere o número anterior, e na do crime de desobediência qualificada quem emitir cheques enquanto durar a interdição fixada na sentença.

8. O condenado em interdição do uso de cheque poderá ser reabilitado judicialmente se, pelo menos por um período de dois anos depois de cumprida a pena principal, se tiver comportado por forma que torne razoável supor que não cometerá novos crimes da mesma natureza.

9. A sentença que conceder a reabilitação é igualmente comunicada ao Banco de Portugal para informação a todas as instituições de crédito.

Nota. Redacção introduzida pelo art. 1.° do DL n.° 316/97, de 19 de Novembro.

Art. 13.° (Tribunal competente)

É competente para conhecer do crime previsto neste diploma o tribunal da comarca onde se situa o estabelecimento da instituição de crédito em que o cheque for inicialmente entregue para pagamento.

Notas. 1. Redacção introduzida pelo art. 1.° do DL n.° 316/97, de 19 de Novembro.

2. O art. 3.° do DL n.° 316/97, de 19 de Novembro, dispõe o seguinte:

«1. Nos processos por crime de emissão de cheque sem provisão cujo procedimento criminal se extinga por virtude do disposto neste diploma, a acção civil por falta de pagamento pode ser instaurada no prazo de um ano a contar da data da notificação do arquivamento do processo ou da declaração judicial de extinção do procedimento criminal.

2. Para o efeito do disposto no número anterior, o tempo decorrido entre a data de apresentação da queixa e a data de notificação aí referida não prejudica o direito à instauração da acção civil.

3. Para o efeito do disposto no n.° 1, a autoridade judiciária deve ordenar a requerimento do interessado e sem custas a restituição do cheque e a passagem de certidão da decisão que põe termo ao processo.

4. Em processo pendente que se encontre na fase de julgamento, e em que tenha sido formulado pedido de indemnização civil, o lesado pode requerer que o processo prossiga apenas para efeitos de julgamento do pedido civil, devendo ser notificado com a cominação da extinção da instância se o não requerer no prazo de 15 dias a contar da notificação».

Art. 13.°-A (Dever de colaboração na investigação)

1. As instituições de crédito devem fornecer às autoridades judiciárias competentes todos os elementos necessários para a prova do motivo do não pagamento de cheque que lhes for apresentado para pagamento nos termos e prazos da Lei Uniforme Relativa ao Cheque, através da emissão de declaração de insuficiência de saldo com indicação do valor deste, da indicação dos elementos de identificação do sacador e do envio de cópia da respectiva ficha bancária de assinaturas.

2. As instituições de crédito têm o dever de informar as entidades com quem celebrarem convenção de cheque da obrigação referida no número anterior, quanto às informações que a essas entidades digam respeito.

Nota. Aditado pelo art. 2.° do DL n.° 316/97, de 19 de Novembro.

1177

[115] DL 454/91 Arts. 14.º-16.º   Restr. ao uso de cheques e obrig. do seu pagam.

CAPÍTULO IV. **Contra-ordenações**

Art. 14.º (Contra-ordenações)
1. Constitui contra-ordenação, punível com coima de € 748,20 a € 12 469,95:
a) A omissão do dever de comunicação ao Banco de Portugal a que se refere o artigo 2.º;
b) A inobservância dos requisitos a que se refere o artigo 7.º
2. Constitui contra-ordenação, punível com coima de € 1 496,39 a € 24 939,89:
a) A não rescisão da convenção que atribua o direito de emissão de cheques, a celebração de nova convenção ou o fornecimento de módulos de cheques com infracção do disposto neste diploma;
b) A omissão, no prazo de 30 dias úteis após a ocorrência dos factos que a determinam, da notificação a que se refere o artigo 1.º-A, n.os 1 e 2;
c) A violação do disposto nos artigos 8.º, n.º 1, e 9.º, n.º 1;
d) A recusa, considerada injustificada, de pagamento de cheque, nos termos do artigo 8.º, n.º 2.
3. As contra-ordenações previstas nos números anteriores são sempre puníveis a título de negligência.
4. Se os factos referidos nos números anteriores forem praticados pelos órgãos de pessoa colectiva ou equiparada, no exercício das suas funções, o montante mínimo das coimas aplicadas é, respectivamente, de € 1 995,19 e de € 399 038, em caso de dolo, e de € 997,60 e € 1 995,19, em caso de negligência.
5. A instrução do processo de contra-ordenação e a aplicação da coima competem ao Banco de Portugal.
6. O produto das coimas aplicadas é distribuído da seguinte forma:
a) 40% para o Banco de Portugal;
b) 60% para o Estado.

Nota. Redacção introduzida pelo art. 1.º do DL n.º 316/97, de 19 de Novembro, e pelo art. 11.º do DL n.º 323/2001, de 17 de Dezembro.

CAPÍTULO V. **Disposições finais**

Art. 15.º (Norma revogatória)
São revogados:
a) O Decreto-Lei n.º 182/74, de 2 de Maio, com as modificações introduzidas pelos Decretos-Lei n.os 184/74, de 4 de Maio, 218/74, de 18 de Maio e 519-X$_1$/79, de 29 de Dezembro;
b) O Decreto-Lei n.º 14/84, de 11 de Janeiro.

Art. 16.º (Entrada em vigor)
O presente diploma entra em vigor três meses após a data da sua publicação.

1178

PARTE NONA

DIREITO MARÍTIMO

Págs.

[121] Decreto-Lei n.° 349/86, de 17 de Outubro, estabelece normas sobre o contrato de transportes de passageiros por mar (**DL 349/86**) 1181

[122] Decreto-Lei n.° 352/86, de 21 de Outubro, estabelece normas sobre o transporte de mercadorias por mar (**DL 352/86**) 1186

[123] Decreto-Lei n.° 431/86, de 30 de Dezembro, estabelece normas sobre o contrato de reboque marítimo (**DL 431/86**) 1193

[124] Decreto-Lei n.° 191/87, de 29 de Abril, estabelece normas relativas ao contrato de fretamento (**DL 191/87**) 1197

[125] Decreto-Lei n.° 198/98, de 10 de Julho, estabelece o regime jurídico da actividade do gestor de navios (**DL 198/98**) 1205

[126] Decreto-Lei n.° 201/98, de 10 de Julho, estabelece o estatuto legal do navio (**DL 201/98**) 1209

[127] Decreto-Lei n.° 202/98, de 10 de Julho, estabelece o regime da responsabilidade do proprietário do navio (**DL 202/98**) 1215

[128] Decreto-Lei n.° 203/98, de 10 de Julho, estabelece o estatuto jurídico da salvação marítima (**DL 203/98**) 1219

[129] Decreto-Lei n.° 384/99, de 23 de Setembro, aprova o regime jurídico relativo ao capitão e à tripulação do navio (**DL 384/99**) 1224

TRANSPORTE DE PASSAGEIROS POR MAR

[121] DECRETO-LEI N.° 349/86
de 17 de Outubro

O Governo decreta, nos termos da alínea *a*) do n.° 1 do artigo 201.° da Constituição, o seguinte:

Art. 1.° (Noção)
Contrato de transporte de passageiros por mar é aquele em que uma das partes se obriga em relação à outra a transportá-la por via marítima mediante retribuição pecuniária.

Art. 2.° (Direito aplicável)
Este contrato é disciplinado pelos tratados e convenções internacionais vigentes em Portugal e, subsidiariamente, pelas disposições do presente diploma.

Art. 3.° (Prova)
O contrato de transporte de passageiros por mar prova-se pelo bilhete de passagem.

Art. 4.° (Requisitos do bilhete de passagem)
Devem constar do bilhete de passagem:
a) A identificação das partes;
b) A data e o local da emissão;
c) O nome do navio;
d) O porto de embarque e o de desembarque, assim como as escalas, quando o passageiro o solicite;
e) A data e o lugar de embarque e desembarque;
f) As condições da viagem e o respectivo preço.

Art. 5.° (Transportes especiais)
1. Quando se trate de navios de menos de 15 tAB ou de embarcações que efectuem serviços portuários ou serviços regulares em zonas delimitadas pelas autoridades para o efeito competentes, o bilhete de passagem pode conter apenas a identificação do transportador, o percurso a efectuar e o respectivo preço.

1181

[121]   DL 349/86 Arts. 6.º-9.º   Transporte de passageiros por mar

2. Aos transportes previstos no número anterior apenas é aplicável o regime do presente diploma no que for conforme à sua natureza, segundo critérios de razoabilidade.

Art. 6.º (Emissão de bilhete de passagem)
1. O bilhete de passagem é emitido pelo transportador ou seu representante.
2. É vedado ao transportador, sem consentimento do passageiro, efectuar o transporte em navio diverso do indicado no bilhete de passagem, salvo caso fortuito ou de força maior; nesta hipótese, porém, o navio substituto deve oferecer qualidade idêntica à do substituído.
3. Se o bilhete de passagem contiver a identidade do passageiro, este não pode ceder a sua posição contratual sem o consentimento do transportador.

Art. 7.º (Bagagem)
1. No acto do embarque, o transportador deve entregar ao passageiro recibo comprovativo da bagagem que lhe for confiada para transporte («bagagem despachada»).
2. É aplicável ao transporte da bagagem referida no número anterior o regime do transporte de mercadorias ao abrigo do conhecimento de carga.
3. Não fica sujeita ao regime previsto nos números anteriores a bagagem que o passageiro mantiver à sua disposição durante a viagem («bagagem de cabina» ou equiparada).
4. Em qualquer caso, a bagagem deve abranger exclusivamente objectos pertencentes ao passageiro.
5. Se a bagagem exceder, em peso ou em volume, os limites estabelecidos no bilhete de passagem, é devido pelo passageiro um frete especial.

Art. 8.º (Alimentação do passageiro)
1. O preço do bilhete de passagem inclui, salvo estipulação em contrário, o custo da alimentação do passageiro durante a viagem.
2. Se o custo da alimentação for convencionalmente excluído do preço do bilhete de passagem, o passageiro tem, de qualquer modo, direito a dispor de alimentação fornecida pelo transportador, mediante um preço adequado.

Art. 9.º (Não embarque e resolução do contrato)
1. O passageiro que não se apresente para embarque nos termos previstos no bilhete de passagem é obrigado ao seu pagamento integral.
2. O passageiro que até 48 horas antes do início da viagem resolver unilateralmente o contrato é obrigado ao pagamento de metade do preço do bilhete.
3. Se a resolução do contrato resultar de doença ou de outra circunstância que objectivamente impeça o passageiro de seguir viagem é por este devida metade do preço do bilhete, se isso for comunicado ao transportador até ao início da viagem.
4. No caso de o embarque não se efectuar em consequência da morte do passageiro, o transportador tem apenas direito a metade do preço do bilhete.
5. Se o passageiro não seguir viagem por causa relacionada com o navio, imputável ao transportador, ou se este modificar substancialmente os termos do

1182

Transporte de passageiros por mar — Arts. 10.º-14.º DL 349/86 **[121]**

contrato, salvo o disposto no n.º 2 do artigo 6.º, pode aquele, sem prejuízo do direito a indemnização, resolver o contrato e exigir a parte ou totalidade do preço do bilhete que já tenha pago.

6. O disposto nos n.ºs 1, 2, 3 e 4 do presente artigo pode ser alterado por prévia estipulação das partes.

Art. 10.º (Demora na saída do navio)

Se o navio se demorar em sair, por causa com ele relacionada, imputável ao transportador, o passageiro tem direito a alojamento e alimentação a bordo, durante todo o tempo da demora, se não optar pela efectivação dos direitos que lhe são atribuídos no n.º 3 do artigo anterior.

Art. 11.º (Interrupção da viagem)

1. O passageiro que prefira desembarcar em porto que não seja o do destino não tem direito a redução do preço do bilhete de passagem.

2. Se o desembarque em porto diverso do de destino ou a interrupção prolongada da viagem resultar de facto imputável ao transportador, tem este a faculdade de continuar o transporte em navio de qualidade idêntica, assegurando, entretanto, o alojamento e a alimentação do passageiro, que poderá, no entanto, resolver o contrato; em qualquer caso, o passageiro tem direito à indemnização dos danos sofridos.

3. O desembarque em porto diverso do de destino ou a interrupção prolongada da viagem por caso fortuito ou de força maior respeitante ao navio confere ao transportador e ao passageiro os direitos previstos no número anterior, salvo, quanto ao passageiro, o de indemnização dos danos.

Art. 12.º (Desvio de rota)

Se, por desvio de rota imputável ao transportador, o navio alterar as escalas previstas, o passageiro tem direito a alojamento e alimentação durante o tempo de desvio, ou a resolver o contrato, independentemente do direito à indemnização dos danos sofridos; exclui-se, porém, este último direito se o desvio se dever a caso fortuito ou de força maior, ou à necessidade de salvar pessoas ou coisas no mar.

Art. 13.º (Obrigações do transportador)

O transportador deve pôr e manter o navio em estado de navegabilidade, convenientemente armado, equipado e aprovisionado para a viagem, procedendo, de modo adequado e diligente à observância das condições de segurança impostas pelos usos, regulamentos e convenções internacionais.

Art. 14.º (Responsabilidade por danos pessoais)

1. O transportador responde pelos danos que o passageiro sofra no navio, durante a viagem, e ainda pelos que ocorram desde o início das operações de embarque até ao fim das operações de desembarque, quer nos portos de origem, quer nos portos de escala.

2. Incumbe ao lesado provar que o transportador não observou qualquer das obrigações prescritas no artigo anterior, ou que o facto danoso resultou de culpa do transportador ou dos seus auxiliares.

1183

[121] DL 349/86 Arts. 15.º-20.º   Transporte de passageiros por mar

Art. 15.º (Responsabilidade por acontecimentos de mar)

1. O transportador responde pelos danos que o passageiro sofra em consequência de naufrágio, abalroação, explosão ou incêndio do navio.

2. Incumbe ao transportador provar que os eventos referidos no número anterior não resultaram de culpa sua ou dos seus auxiliares.

Art. 16.º (Regime da responsabilidade)

1. São nulas as cláusulas que afectem os direitos conferidos pelos artigos 7.º, n.º 2, 9.º, n.º 5, 11.º, n.ºˢ 2 e 3, 12.º, 14.º e 15.º

2. O direito de indemnização decorrente da violação do contrato de transporte de passageiros por mar deve ser exercido no prazo de dois anos, a partir da data em que o desembarque efectivamente se verificou ou da data para este prevista.

Art. 17.º (Disciplina de bordo)

O passageiro fica submetido aos regulamentos e às instruções do capitão relacionadas com a disciplina de bordo e com a segurança da viagem.

Art. 18.º (Transporte sem retribuição pecuniária)

1. O regime do presente diploma aplica-se ao transporte gratuito, quando efectuado em navio explorado comercialmente, podendo, no entanto, esse regime ser afastado por estipulação escrita das partes, salvo no que respeita à responsabilidade prevista nos artigos 14.º e 15.º

2. Se o transporte gratuito for efectuado em navio não utilizado para fins comerciais, não se aplica o regime do presente diploma.

3. No caso previsto no número anterior aplicam-se as regras gerais da responsabilidade extracontratual.

Art. 19.º (Passageiros clandestinos)

1. O disposto no presente diploma não se aplica a passageiros clandestinos.

2. Por passageiro clandestino entende-se qualquer pessoa que, num porto ou em local próximo, se oculte no navio sem o consentimento do seu proprietário, ou do capitão, ou de qualquer outra pessoa que explore o navio, e que se encontre a bordo depois deste ter deixado esse porto ou local próximo.

Art. 20.º (Tribunal competente)

1. Os tribunais portugueses são internacionalmente competentes para o julgamento das acções emergentes do contrato de transporte de passageiros por mar, em qualquer dos casos seguintes:

a) Se o porto de embarque ou de desembarque se situar em território português;

b) Se o contrato de transporte tiver sido celebrado em Portugal;

c) Se o navio transportador arvorar a Bandeira Portuguesa ou estiver registado em Portugal;

d) Se o domicílio do passageiro, ou a sede, sucursal, filial ou delegação do transportador se localizar em território português.

1184

Transporte de passageiros por mar   **Arts. 21.º-23.º DL 349/86 [121]**

2. Nas situações não previstas no número anterior, a determinação da competência internacional dos tribunais para julgamento das acções emergentes do contrato de transporte de passageiros por mar é feita de acordo com as regras gerais.

Art. 21.º (Cruzeiros marítimos)
1. O bilhete de cruzeiro marítimo deve conter, além dos elementos referidos no artigo 4.º, todos os serviços acessórios a prestar ao passageiro, designadamente em terra.

2. Se o organizador do cruzeiro marítimo não for o próprio transportador, deve mencionar com precisão em que qualidade actua em relação a este e ao passageiro.

3. No caso previsto no número anterior, o organizador do cruzeiro marítimo deve promover, nas suas relações internas com o transportador, que a responsabilidade deste perante os passageiros esteja garantida por seguro adequado e que às acções emergentes da execução do transporte sejam aplicáveis as regras de competência internacional previstas no artigo 20.º; se tal não acontecer, o organizador responde solidariamente com o transportador.

4. O organizador do cruzeiro marítimo, seja ou não o transportador, responde pela correcta organização do cruzeiro e pela prestação dos serviços acessórios a que alude o n.º 1 deste artigo.

Art. 22.º (Preceitos revogados)
São revogados os artigos 563.º a 573.º do Código Comercial.

Art. 23.º (Vigência)
O presente diploma entra em vigor 30 dias após a sua publicação.

1185

TRANSPORTE DE MERCADORIAS POR MAR

[122] DECRETO-LEI N.° 352/86
de 21 de Outubro

O Governo decreta, nos termos da alínea *a*) do n.° 1 do artigo 201.° da Constituição, o seguinte:

Art. 1.° (Noção)
Contrato de transporte de mercadorias por mar é aquele em que uma das partes se obriga em relação à outra a transportar determinada mercadoria, de um porto para porto diverso, mediante uma retribuição pecuniária, denominada «frete».

Art. 2.° (Direito aplicável)
Este contrato é disciplinado pelos tratados e convenções internacionais vigentes em Portugal e, subsidiariamente, pelas disposições do presente diploma.

Art. 3.° (Forma)
1. O contrato de transporte de mercadorias por mar está sujeito a forma escrita.
2. Incluem-se no âmbito da forma escrita, designadamente, cartas, telegramas, telex, telefax e outros meios equivalentes criados pela tecnologia moderna.

Art. 4.° (Declaração de carga)
1. O carregador deve entregar ao transportador uma declaração de carga, contendo os seguintes elementos:
a) A natureza da mercadoria e os eventuais cuidados especiais de que a mesma careça;
b) As marcas principais necessárias à identificação da mercadoria;
c) O número de volumes ou de objectos e a quantidade ou o peso;
d) O tipo de embalagem e o acondicionamento da mercadoria;
e) O porto de carga e o de descarga;
f) A data.
2. O carregador responde perante o transportador pelos danos resultantes das omissões ou incorrecções de qualquer elemento da declaração de carga.

Art. 5.° (Recepção da mercadoria para embarque)
1. Quando o transportador receber a mercadoria para embarque deve entregar ao carregador um recibo ou um conhecimento de carga, com a menção expressa «para embarque», contendo:

Transporte de mercadorias por mar — Arts. 6.º-10.º DL 352/86 **[122]**

a) Os elementos referidos no n.º 1 do artigo anterior;
b) O acondicionamento e o estado aparente da mercadoria;
c) O nome do navio transportador;
d) Outros elementos que considere relevantes.
2. O transportador responde perante o carregador pelos danos resultantes de omissões ou incorrecções de qualquer elemento do recibo ou conhecimento de carga.

Art. 6.º (Responsabilidade do transportador até ao embarque)
À responsabilidade do transportador pela mercadoria no período que decorre entre a recepção e o embarque são aplicáveis as disposições respeitantes ao contrato de depósito regulado na lei civil.

Nota. Cf. os arts. 1185.º e ss. CCiv.

Art. 7.º (Intervenção de terceiros)
A intervenção de operador portuário ou de outro agente em qualquer operação relativa à mercadoria não afasta a responsabilidade do transportador, ficando, porém, este com o direito de agir contra os referidos operador ou agente.

Art. 8.º (Emissão do conhecimento de carga)
1. Após o início do transporte marítimo, o transportador deve entregar ao carregador um conhecimento de carga de acordo com o que determinarem os tratados e convenções internacionais referidos no artigo 2.º
2. O conhecimento de carga indicado no número anterior pode ser substituído pelo conhecimento de carga a que alude o artigo 5.º, depois de nele terem sido exaradas a expressão «carregado a bordo» e a data do embarque.
3. O conhecimento de carga deve mencionar o número de originais emitidos.
4. Depois de ter sido dado cumprimento a um dos originais mencionados no número anterior, todos os outros ficam sem efeito.
5. Só o transportador da mercadoria tem legitimidade para emitir o respectivo conhecimento de carga.

Art. 9.º (Transporte no convés)
1. O consentimento do carregador para o transporte da mercadoria no convés deve constar do conhecimento de carga.
2. Dispensa-se o consentimento referido no número anterior, quando se trate de:
a) Mercadoria que, por imperativo legal, deva seguir no convés;
b) Contentores transportados em navio especialmente construído ou adaptado para esse fim ou noutro tipo de navio segundo usos de tráfego prudentes.
3. O sistema previsto na Convenção de Bruxelas de 1924 em matéria de conhecimentos é aplicável, quanto às causas de exoneração legal da responsabilidade do transportador e quanto à limitação legal desta, quando o transporte no convés se processe nos termos dos n.ºs 1 e 2 deste artigo.

Art. 10.º (Nulidade do conhecimento de carga)
1. São nulos os conhecimentos de carga emitidos por quem não tenha a qualidade de transportador marítimo.

1187

[122] DL 352/86 Arts. 11.°-16.° Transporte de mercadorias por mar

2. Quem, não sendo o transportador marítimo da mercadoria, emitir conhecimentos de carga responde pelos danos causados ao carregador ou a outros na mesma interessados.

3. O disposto neste artigo não prejudica a possibilidade de o agente do transportador assinar os conhecimentos de carga em sua representação.

Art. 11.° (Natureza, modalidades e transmissão do conhecimento de carga)
1. O conhecimento de carga constitui título representativo da mercadoria nele descrita e pode ser nominativo, à ordem ou ao portador.

2. A transmissão do conhecimento de carga está sujeita ao regime geral dos títulos de crédito.

Art. 12.° (Navio transportador)
O transportador deve efectuar o transporte no navio designado no contrato ou em navio que, em condições idênticas, possa efectuar o transporte.

Art. 13.° (Impedimento à viagem não imputável ao transportador)
Se a viagem não puder ser empreendida na data ou época previstas por causa não imputável ao transportador, qualquer das partes pode resolver o contrato, sem que impenda sobre aquele responsabilidade alguma quanto aos danos sofridos pelo carregador.

Art. 14.° (Impedimento à viagem imputável ao transportador)
1. Tornando-se a viagem impossível na data ou época previstas por causa imputável ao transportador, torna-se este responsável como se faltasse culposamente ao cumprimento.

2. Independentemente do direito à indemnização, o carregador pode resolver o contrato, exigindo a restituição da parte ou totalidade do frete que já tenha pago.

Art. 15.° (Revogação do contrato)
1. Se o carregador não apresentar a mercadoria para embarque ao transportador no prazo e no local fixados, considera-se o contrato revogado, sendo aquele, porém, obrigado a pagar o frete respectivo.

2. Se o carregador, depois de ter entregue ao transportador a mercadoria para embarque, revogar o contrato, é obrigado a pagar, além do frete respectivo, as despesas que o transportador tenha feito com a mesma.

Art. 16.° (Apresentação da mercadoria à borda)
1. Quando o carregador entregar a mercadoria para embarque à borda do navio e não haja disposição contratual que a regule, essa entrega deve efectuar-se ao ritmo pedido pelo transportador e no local por este indicado, de acordo com os usos do porto.

2. O não cumprimento do disposto no número precedente torna o carregador responsável pelos danos causados ao transportador.

Transporte de mercadorias por mar   Arts. 17.º-21.º DL 352/86 **[122]**

Art. 17.º (Recepção da mercadoria à borda)
A disciplina do artigo anterior é aplicável, correspondentemente, quando, no porto de descarga, o destinatário ou consignatário tome conta da mercadoria à borda do navio.

Art. 18.º (Entrega da mercadoria à descarga do navio)
Sem prejuízo do disposto nos tratados e convenções internacionais referidos no artigo 2.º, o transportador deve entregar a mercadoria, no porto de descarga, à entidade a quem, de acordo com os regulamentos locais, caiba recebê-la, sendo a esta aplicáveis as disposições respeitantes ao contrato de depósito regulado na lei civil.

Art. 19.º (Recusa de receber a mercadoria)
1. No caso de o destinatário, ou consignatário, se recusar a receber a mercadoria ou não reclamar a sua entrega no prazo de vinte dias após a descarga do navio, o transportador notificá-lo-á por carta registada com aviso de recepção, se for conhecido, fixando-lhe mais vinte dias para proceder ao levantamento.

2. Se o destinatário ou consignatário for desconhecido, a notificação prevista no número anterior é substituída por anúncios publicados em dois dias seguidos num dos jornais mais lidos da localidade, contando-se os vinte dias a partir da última publicação.

3. Findos os prazos indicados nos dois números anteriores, o transportador tem a faculdade de proceder à venda extrajudicial da mercadoria para pagamento do frete, se devido, e de eventuais despesas decorrentes do contrato.

4. A quantia que remanescer após o pagamento referido no número anterior será objecto de consignação em depósito, nos termos da lei geral.

Art. 20.º (Várias pretensões de entrega)
Se mais do que uma pessoa, com título bastante, pretender a entrega da mercadoria no porto de descarga, esta fica à guarda da entidade referida no artigo 18.º até que o tribunal competente, a requerimento do transportador ou de qualquer dos interessados, decida quem tem direito a recebê-la.

Art. 21.º (Direito de retenção)
1. O transportador goza do direito de retenção sobre a mercadoria transportada para garantia dos créditos emergentes do transporte.

2. Sempre que pretenda exercer este direito, o transportador deve notificar o destinatário ou consignatário, dentro dos quinze dias imediatos à chegada do navio ao porto de descarga.

3. Se o transportador, no exercício do direito de retenção, mantiver a mercadoria a bordo, fica impedido de reclamar dos interessados a indemnização por danos resultantes da imobilização do navio.

4. No exercício do direito de retenção, o transportador pode, no entanto, optar por proceder à descarga da mercadoria, assegurando com diligência a sua guarda e conservação.

5. As despesas com a guarda e conservação referidas no número anterior ficam a cargo dos interessados na mercadoria.

[122] DL 352/86 Arts. 22.º-26.º   Transporte de mercadorias por mar

6. O titular do direito de retenção deve propor a competente acção judicial dentro dos 30 dias subsequentes à realização da notificação referida no n.º 2.

Art. 22.º (Mercadorias perecíveis)

1. Quando as situações previstas nos artigos 19.º a 21.º se verificarem relativamente a mercadorias perecíveis, o transportador tem a faculdade de proceder à sua venda antecipada, mediante prévia autorização judicial e notificação do pedido à parte contrária, se for conhecida.

2. O tribunal decidirá sem audiência da parte contrária.

3. Para efeitos da lei de processo, presume-se que os actos judiciais necessários à concretização da venda antecipada prevista neste artigo se destinam a evitar danos irreparáveis.

4. Sobre o produto da venda fica o transportador com os direitos que lhe cabiam em relação à mercadoria vendida, podendo o tribunal, no entanto, ordenar que o preço seja depositado.

5. A parte contrária tem a faculdade de impedir a venda antecipada da mercadoria, oferecendo caução idónea.

Art. 23.º (Mercadoria carregada e descarregada)

1. Para efeitos do disposto no presente diploma, a mercadoria considera-se carregada no momento em que, no porto de carga, transpõe a borda do navio de fora para dentro e descarregada no momento em que, no porto de descarga, transpõe a borda do navio de dentro para fora.

2. Os princípios estabelecidos no número anterior vigoram quer os aparelhos de carga e descarga pertençam ao navio quer não.

Art. 24.º (Volumes ou unidades de carga)

1. Quando as mercadorias forem consolidadas, para transporte, em contentores, paletes ou outros elementos análogos, consideram-se volumes ou unidades de carga os que estiverem enumerados no conhecimento de carga.

2. O contentor, a palete ou o elemento análogo é considerado, ele próprio, também, um volume ou unidade de carga, sempre que fornecido pelo carregador.

Art. 25.º (Reservas no conhecimento de carga)

1. As reservas apostas pelo transportador no conhecimento de carga devem ser claras, precisas e susceptíveis de motivação.

2. O transportador pode não incluir no conhecimento os elementos a que se referem as alíneas *b*) e *c*) do n.º 1 do artigo 4.º se, pela prática usual no tipo de transporte considerado e face às específicas condições da mercadoria e aos meios técnicos das operações de carga, as declarações prestadas pelo carregador não forem verificáveis, em termos de razoabilidade.

Art. 26.º (Cartas de garantia)

1. As cartas ou acordos em que o carregador se compromete a indemnizar o transportador pelos danos resultantes da emissão de conhecimento de carga sem

1190

Transporte de mercadorias por mar　　　　　　**Arts. 27.º-30.º DL 352/86** **[122]**

reservas não são oponíveis a terceiros, designadamente ao destinatário e ao segurador, mas estes podem prevalecer-se delas contra o carregador.

2. No caso de as reservas omitidas se referirem a defeitos da mercadoria que o transportador conhecia ou devia conhecer no momento da assinatura do conhecimento de carga, o transportador não pode prevalecer-se de tais defeitos para exoneração ou limitação da sua responsabilidade.

Art. 27.º (Regime da responsabilidade)

1. São nulas as cláusulas que afectem os direitos conferidos pelos artigos 4.º, n.º 2, 5.º, n.º 2, 7.º e 10.º, n.º 2.

2. Os direitos de indemnização previstos no presente diploma devem ser exercidos no prazo de dois anos a partir da data em que o lesado teve conhecimento do direito que lhe compete.

Art. 28.º (Responsabilidade do navio)

1. Se ocorrer a nulidade prevista no n.º 1 do artigo 10.º ou se o transportador marítimo não for identificável com base nas menções constantes do conhecimento de carga, o navio que efectua o transporte responde perante os interessados na carga nos mesmos termos em que responderia o transportador.

2. Para efeito do disposto no número anterior, é atribuída ao navio personalidade judiciária, cabendo a sua representação em juízo ao proprietário, ao capitão ou seu substituto, ou ao agente de navegação que requereu o despacho do navio.

3. A responsabilidade prevista no n.º 1 não prejudica a efectivação da estabelecida no n.º 2 do artigo 10.º, nos termos gerais de direito.

Art. 29.º (Aplicação do presente diploma)

As disposições do presente diploma aplicam-se:

a) A todos os interessados no transporte, sempre que não exista carta-partida;

b) Nas relações entre o transportador e o terceiro portador do conhecimento de carga, com prejuízo do que em contrário possa dispor a carta-partida, quando esse conhecimento tenha sido emitido ao abrigo de uma carta-partida.

Art. 30.º (Tribunal competente)

1. Os tribunais portugueses são internacionalmente competentes para o julgamento das acções emergentes do contrato de transporte de mercadorias por mar, em qualquer dos casos seguintes:

a) Se o porto de carga ou de descarga se situar em território português;

b) Se o contrato de transporte tiver sido celebrado em Portugal;

c) Se o navio transportador arvorar a bandeira portuguesa ou estiver registado em Portugal;

d) Se a sede, sucursal, filial ou delegação do carregador, do destinatário ou consignatário ou do transportador se localizar em território português.

2. Nas situações não previstas no número anterior, a determinação da competência internacional dos tribunais para julgamento das acções emergentes do contrato de transporte de mercadorias por mar é feita de acordo com as regras gerais.

[122] DL 352/86 Arts. 31.º-33.º   Transporte de mercadorias por mar

Art. 31.º (Limitação legal da responsabilidade)

1. É fixado em € 498,80 o valor referido no § 1.º do artigo 1.º do Decreto--Lei n.º 37 748, de 1 de Fevereiro de 1950.

2. Se o conhecimento de carga não contiver a enumeração a que alude o n.º 1 do artigo 24.º deste diploma, por ela não constar da declaração de carga referida no artigo 4.º, cada contentor, palete ou outro elemento análogo é considerado, para efeitos de limitação legal de responsabilidade, como um só volume ou unidade de carga.

3. A limitação legal de responsabilidade aplica-se ao capitão e às demais pessoas utilizadas pelo transportador para a execução do contrato.

Notas. 1. Cf. DL n.º 37 748, de 1 de Fevereiro [**104**].

2. A redacção do n.º 1 foi introduzida pelo art. 31.º do DL n.º 323/2001, de 17 de Dezembro

Art. 32.º (Preceitos revogados)

São revogados os artigos 497.º, 538.º a 540.º e 559.º a 561.º do Código Comercial.

Art. 33.º (Vigência)

O presente diploma entre em vigor 30 dias após a sua publicação.

CONTRATO DE REBOQUE MARÍTIMO

[123] DECRETO-LEI N.° 431/86
de 30 de Dezembro

O Governo decreta, nos termos da alínea *a*) do n.° 1 do artigo 201.° da Constituição, o seguinte:

Art. 1.° (Noção)
1. Contrato de reboque é aquele em que uma das partes se obriga em relação à outra a proporcionar a força motriz de um navio, embarcação ou outro engenho análogo, designado «rebocador», a navio, embarcação ou objecto flutuante diverso, designado «rebocado», a fim de auxiliar a manobra deste ou de o deslocar de um local para local diferente.
2. A parte que se obriga a proporcionar a força motriz de um navio, embarcação ou outro engenho designa-se «contratante-rebocador» e a contraparte «contratante-rebocado».

Art. 2.° (Regime)
1. O contrato de reboque é disciplinado pelas disposições do presente diploma, salvo se as partes acordarem, por forma escrita, na aplicação de regime diverso.
2. Incluem-se no âmbito da forma escrita, designadamente cartas, telegramas, telex, telefax e outros meios equivalentes criados pela tecnologia moderna.

Art. 3.° (Reboque-transporte)
1. Quando o rebocado é entregue em depósito ao contratante-rebocador, o contrato de reboque é disciplinado, também, pelas disposições do contrato de transporte de mercadorias por mar, com as necessárias adaptações.
2. O contratante-rebocador é responsável pela mercadoria carregada em batelão de carga, tenha este ou não tripulantes ou guardas, salvo acordo expresso em contrário, para que se exige a forma escrita prevista no n.° 2 do artigo anterior.

Art. 4.° (Assistência ou salvação ao rebocado)
A operação de reboque só pode dar lugar a remuneração por assistência ou salvação quando, durante a sua execução, forem prestados serviços excepcionais não enquadráveis no âmbito do contrato de reboque.

[123] DL 431/86 Arts. 5.°-9.° Contrato de reboque marítimo

Art. 5.° (Retribuição do reboque)
1. O contrato de reboque presume-se retribuído, salvo acordo expresso em contrário.
2. Não havendo ajuste entre as partes, a retribuição é determinada pelas tarifas em vigor; na falta destas, pelos usos e, na falta de umas e de outros, por juízos de equidade.

Art. 6.° (Duração e forma)
1. O reboque pode ser contratado para uma ou várias operações ou para certo período de tempo.
2. O contrato de reboque para várias operações ou para certo período de tempo é nulo quando não revista forma escrita, com observância do disposto no n.° 2 do artigo 2.°

Art. 7.° (Trem de reboque)
Designa-se «trem de reboque» o conjunto formado por rebocador e rebocado durante a execução do contrato de reboque.

Art. 8.° (Direcção do trem de reboque)
1. A direcção do trem de reboque pertence ao contratante-rebocado e é exercida pelo capitão, mestre ou arrais do rebocado.
2. Não é aplicável o disposto no número anterior quando:
a) O rebocado não tenha tripulação adequada;
b) O rebocado tenha tripulação adequada, mas não disponha de meios de propulsão operacionais, salvo tratando-se de manobra em porto;
c) Pela própria natureza do reboque ou do rebocado, a direcção do trem de reboque pertença, exclusivamente, ao contratante-rebocador.
3. Nas situações do número anterior e sendo o reboque executado por mais de um rebocador, a direcção do trem de reboque pertence ao de maior potência; em caso de rebocadores de igual potência, ao comandado pelo capitão mais antigo, salvo acordo das partes em contrário.

Art. 9.° (Obrigações das partes)
1. A parte a quem pertencer a direcção do trem de reboque é obrigada:
a) A obter as necessárias licenças, autorizações e certificados relativos ao seu navio ou embarcação e ao sistema de reboque;
b) A examinar o sistema e o cabo de reboque antes do início da execução do reboque;
c) A assegurar a passagem do cabo de reboque;
d) A assegurar um sistema de comunicações entre o rebocador e o rebocado;
e) A providenciar quanto às condições de segurança das pessoas e coisas embarcadas no trem de reboque;
f) A assegurar o governo e a navegação do trem de reboque;
g) A sinalizar as manobras e a navegação do trem de reboque.
2. A outra parte é obrigada:
a) A obter as necessárias licenças, autorizações e certificados relativos ao seu navio, embarcação ou objecto flutuante;

1194

Contrato de reboque marítimo   **Arts. 10.º-15.º DL 431/86 [123]**

b) A avisar imediatamente quem exercer a direcção do trem de reboque quando saiba que algum perigo ameaça as pessoas ou coisas embarcadas.

Art. 10.º (Responsabilidade)

1. A parte a quem pertencer a direcção do trem de reboque responde pelos danos ocorridos durante a execução do contrato, salvo se provar que os mesmos não resultam de facto que lhe seja imputável.

2. Presume-se ordenada pela parte a quem pertence a direcção do trem de reboque a manobra efectuada pelo rebocador e pelo rebocado.

Art. 11.º (Cumprimento do contrato)

1. O reboque deve ser efectuado pela rota nas condições estipuladas e, na falta dessa estipulação, pelo percurso mais curto e seguro.

2. O contratante-rebocador é responsável pelos danos sofridos pelo contratante-rebocado resultantes de atraso imputável ao primeiro.

3. O contrato de reboque considera-se cumprido logo que o rebocado se encontre no local de destino e desligados o cabo ou cabos de reboque.

Art. 12.º (Substituição de rebocador)

1. Na execução do reboque, o rebocador pode ser substituído por outro, com características adequadas, mesmo que pertença a terceiro.

2. A substituição prevista no número anterior deve ser comunicada, logo que possível, à outra parte.

Art. 13.º (Impossibilidade culposa)

1. Tornando-se o reboque impossível, na data ou época prevista, por causa imputável ao contratante-rebocador, é este responsável como se faltasse culposamente ao cumprimento.

2. Independentemente do direito à indemnização, o contratante-rebocado pode resolver o contrato.

Art. 14.º (Impossibilidade não culposa)

1. Se a execução do reboque se tornar impossível por causa não imputável a qualquer das partes, são aplicáveis as disposições da lei civil respeitantes à impossibilidade objectiva da prestação.

2. Tendo, porém, havido começo da execução do reboque, o contratante-rebocado é obrigado a indemnizar o contratante-rebocador pelo trabalho executado e pelas despesas realizadas.

3. Entende-se que há começo de execução do reboque quando se verifique a passagem do cabo de reboque; o contratante-rebocador pode, no entanto, fazer a prova de que realizou, antes desse momento, manobras necessárias à execução do contrato.

Art. 15.º (Regime da responsabilidade)

O direito de indemnização decorrente da violação do contrato de reboque deve ser exercido no prazo de dois anos, a partir da data da conclusão ou da interrupção do reboque.

1195

[123] DL 431/86 Arts. 16.º-17.º   Contrato de reboque marítimo

Art. 16.º (Tribunal competente)
1. Os tribunais portugueses são internacionalmente competentes para o julgamento das acções emergentes do contrato de reboque, em qualquer dos casos seguintes:

a) Se o local de início ou de destino do reboque se situar em território português;

b) Se o contrato de reboque tiver sido celebrado em Portugal;

c) Se o rebocador ou o rebocado forem de nacionalidade portuguesa;

d) Se a sede, sucursal, filial ou delegação de qualquer das partes se localizar em território português.

2. Nas situações não previstas no número anterior, a determinação da competência internacional dos tribunais para julgamento das acções emergentes do contrato de reboque é feita de acordo com as regras gerais.

Art. 17.º (Vigência)
O presente diploma entra em vigor 30 dias após a sua publicação.

CONTRATO DE FRETAMENTO

[124] DECRETO-LEI N.° 191/87
de 29 de Abril

Assim, o Governo decreta, nos termos da alínea *a*) do n.° 1 do artigo 201.° da Constituição, o seguinte:

CAPÍTULO I.   Contrato de fretamento

Art. 1.° (Noção)
Contrato de fretamento de navio é aquele em que uma das partes (fretador) se obriga em relação à outra (afretador) a pôr à sua disposição um navio, ou parte dele, para fins de navegação marítima, mediante uma retribuição pecuniária denominada frete.

Art. 2.° (Forma)
Designa-se carta-partida o documento particular exigido para a válida celebração do contrato de fretamento.

Art. 3.° (Regime)
O contrato de fretamento é disciplinado pelas cláusulas da carta-partida e, subsidiariamente, pelas disposições do presente diploma.

Art. 4.° (Modalidades)
O contrato de fretamento pode revestir as modalidades seguintes:
a) Por viagem;
b) A tempo;
c) Em casco nu.

CAPÍTULO II.   Contrato de fretamento por viagem

Art. 5.° (Noção)
Contrato de fretamento por viagem é aquele em que o fretador se obriga a pôr à disposição do afretador um navio, ou parte dele, para que este o utilize numa ou mais viagens, previamente fixadas, de transporte de mercadorias determinadas.

[124] DL 191/87 Arts. 6.º-12.º   Contrato de fretamento

Art. 6.º (Carta-partida)

1. A carta-partida deve conter os elementos seguintes:

a) A identificação do navio, através do nome, nacionalidade e tonelagem;

b) A identificação do fretador e do afretador;

c) A quantidade e a natureza das mercadorias a transportar;

d) Os portos de carga e os de descarga;

e) Os tempos previstos para o carregamento e para a descarga, denominados estadias;

f) A indemnização convencionada em caso de sobrestadia;

g) O prémio convencionado em caso de subestadia;

h) O frete.

2. Os danos resultantes da omissão de qualquer dos elementos referidos no número anterior são imputáveis ao fretador, salvo prova em contrário.

Art. 7.º (Obrigações do fretador)

Constituem obrigações do fretador:

a) Apresentar o navio ao afretador na data ou época e no local acordados;

b) Apresentar o navio, antes e no início da viagem, em estado de navegabilidade, devidamente armado e equipado, de modo a dar integral cumprimento ao contrato;

c) Efectuar as viagens previstas na carta-partida.

Art. 8.º (Gestão náutica e gestão comercial)

A gestão náutica e a gestão comercial do navio pertencem ao fretador.

Art. 9.º (Obrigações do afretador)

Constituem obrigações do afretador:

a) Entregar ao fretador as quantidades de mercadoria fixadas na carta-partida;

b) Efectuar as operações de carregamento e de descarga do navio dentro dos prazos estabelecidos na carta-partida;

c) Pagar o frete.

Art. 10.º (Não apresentação da mercadoria para embarque)

O afretador é obrigado a pagar o frete por inteiro, ainda que não apresente a totalidade da mercadoria para embarque, no prazo e no local fixados.

Art. 11.º (Embarque de mercadoria que exceda a convencionada)

Se o navio carregar quantidade de mercadoria superior à convencionada, o afretador é obrigado ao pagamento de um frete suplementar proporcional à quantidade excedente.

Art. 12.º (Estadias)

1. Se a carta-partida nada dispuser sobre estadias, compete ao fretador fixá-las segundo critérios de razoabilidade, tendo em conta as circunstâncias do caso e os usos do porto.

1198

Cap. II.   Contrato de fretamento por viagem   **Arts. 13.°-16.° DL 191/87** **[124]**

2. Se a carta-partida fixar, autonomamente, as estadias para as operações de carregamento e de descarga, estas não são cumuláveis e devem ser contadas em separado.

3. Excluem-se da contagem das estadias os dias em que, por interrupção legal da actividade portuária ou por quaisquer outros factos objectivamente relevantes, as operações de carregamento e de descarga não se possam realizar.

4. A contagem das estadias inicia-se no primeiro período de trabalho normal que se siga à entrega ao afretador do aviso de navio pronto, desde que este aviso tenha sido entregue até ao termo do período de trabalho normal antecedente.

5. Considera-se horário de trabalho normal o que, nesses termos, seja praticado pelos trabalhadores portuários do respectivo porto.

6. O momento a partir do qual é legítima a entrega do aviso do navio pronto é definido pelos usos do porto.

Art. 13.° (Sobrestadias e subestadias)

1. Quando for ultrapassado o tempo de estadia, o navio entra em sobrestadia; esta dá lugar ao pagamento pelo afretador ao fretador de um suplemento do frete proporcional ao tempo excedente.

2. Quando não for utilizado inteiramente o tempo de estadia, o afretador tem direito a um prémio de subestadia proporcional ao tempo não gasto.

3. A taxa de subestadia corresponde a metade da taxa de sobrestadia.

Art. 14.° (Impedimento à viagem não imputável às partes)

Se a viagem ou viagens não puderem ser iniciadas nas datas ou épocas previstas por causa não imputável ao fretador ou ao afretador, qualquer das partes pode resolver o contrato, sem que impenda sobre elas responsabilidade alguma quanto aos danos sofridos.

Art. 15.° (Impedimento à viagem por causa imputável ao fretador)

1. Tornando-se a viagem ou viagens impossíveis, nas datas ou épocas previstas, por causa imputável ao fretador, torna-se este responsável como se faltasse culposamente ao cumprimento.

2. Independentemente do direito à indemnização, o afretador pode resolver o contrato, exigindo a restituição da pane ou totalidade do frete já pago correspondente à viagem ou viagens não realizadas.

Art. 16.° (Impedimento à viagem por causa imputável ao afretador)

1. Tornando-se a viagem ou viagens impossíveis nas datas ou épocas previstas por causa imputável ao afretador, torna-se este responsável como se faltasse culposamente ao cumprimento.

2. No caso previsto no número anterior, o fretador tem a faculdade de resolver o contrato e o direito a uma indemnização que não pode exceder o montante do frete correspondente à viagem ou viagens não efectuadas, deduzido das despesas que deixou de suportar.

3. O fretador tem direito a fazer seu o frete já recebido, até ao limite fixado no número anterior.

Nota. No texto oficial do n.° 3 lê-se: «O *portador* tem direito (...)».

1199

[124] DL 191/87 Arts. 17.°-22.° Contrato de fretamento

Art. 17.° (Impedimento prolongado à entrada do navio no porto de descarga)
1. Se, por facto não imputável ao fretador, se verificar no porto de descarga impedimento prolongado à entrada do navio ou ao normal desenvolvimento das suas operações comerciais, tem aquele a faculdade de desviar o navio para um porto próximo que ofereça condições idênticas e efectuar aí a descarga, com o que se considera cumprido o contrato; o afretador deve ser informado de imediato.
2. Considera-se impedimento prolongado o que se apresente superior a cinco dias.
3. As despesas e encargos adicionais resultantes da situação prevista no n.° 1 são suportadas pelo afretador.
4. Se da situação prevista no presente artigo resultar benefício para o fretador, deve este entregar ao afretador o respectivo montante.

Art. 18.° (Impedimento definitivo ao prosseguimento da viagem)
Se, por facto não imputável ao fretador, ocorrer durante a viagem qualquer causa que impeça definitivamente o seu prosseguimento, o afretador deve pagar o frete proporcional à distancia percorrida.

Art. 19.° (Alteração do porto de destino)
Se o afretador pretender descarregar toda a mercadoria ou parte dela em porto que não seja o de destino, é responsável pelo pagamento das despesas adicionais, havendo-as, e não tem direito a qualquer redução do frete na hipótese inversa.

Art. 20.° (Despesas que cabem ao fretador)
São suportadas pelo fretador todas as despesas inerentes ao navio, designadamente com:
a) O combustível e os lubrificantes;
b) A água;
c) Os mantimentos;
d) Os seguros relativos ao navio, independentemente da sua natureza;
e) Os custos da tripulação.

Art. 21.° (Direito de retenção)
1. Para garantia dos créditos emergentes do fretamento, o fretador goza do direito de retenção sobre as mercadorias transportadas.
2. Sempre que pretenda exercer este direito, o fretador deve notificar o destinatário ou consignatário, dentro das 48 horas imediatas à chegada do navio ao porto de descarga.
3. Em tudo o mais observar-se-á o disposto sobre direito de retenção no contrato de transporte de mercadorias por mar.

CAPÍTULO III. **Contrato de fretamento a tempo**

Art. 22.° (Noção)
Contrato de fretamento a tempo é aquele em que o fretador se obriga a pôr à disposição do afretador um navio, para que este o utilize durante certo período de tempo.

1200

Cap. III. Contrato de fretamento a tempo

Arts. 23.º-31.º DL 191/87 **[124]**

Art. 23.º (Carta-partida)
Além dos elementos referidos nas alíneas *a*), *b*) e *h*) do n.º 1 do artigo 6.º, a carta-partida deve ainda conter os seguintes:
a) O período de duração do fretamento;
b) Os limites geográficos dentro dos quais o navio pode ser utilizado;
c) A indicação das mercadorias que o navio não pode transportar.

Art. 24.º (Obrigações do fretador)
Constituem obrigações do fretador as indicadas nas alíneas *a*) e *b*) do artigo 7.º

Art. 25.º (Gestão náutica)
A gestão náutica do navio pertence ao fretador.

Art. 26.º (Gestão comercial)
A gestão comercial do navio pertence ao afretador.

Art. 27.º (Combustível)
1. É suportada pelo afretador a despesa com o combustível do navio.
2. O afretador deve fornecer o combustível apropriado, que corresponda às características e especificações técnicas indicadas pelo fretador.

Art. 28.º (Capitão)
Em tudo quanto se relacione com a gestão comercial do navio, o capitão deve obedecer às ordens e instruções do afretador, dentro dos limites da carta-partida, sem prejuízo do cumprimento das obrigações específicas da sua função.

Art. 29.º (Início e vencimento do frete)
1. O frete inicia-se a partir do dia em que o navio é posto pelo fretador à disposição do afretador, nas condições definidas pela carta-partida.
2. O frete vence-se em cada quinzena e deve ser pago adiantadamente.
3. O afretador pode deduzir nos pagamentos a fazer nos termos do número anterior as despesas que haja realizado por conta do fretador.
4. O afretador tem a faculdade de deduzir, nos últimos pagamentos, as quantias que, atendendo à data da reentrega do navio, razoavelmente possam ser consideradas em dívida, nessa data, pelo fretador.

Art. 30.º (Suspensão do frete)
Não é devido frete durante os períodos em que se torne impossível a utilização comercial do navio, por facto não imputável ao afretador.

Art. 31.º (Prolongamento do fretamento)
1. O fretador não é obrigado a iniciar uma viagem cuja duração previsível exceda a fixada na carta-partida; porém, se o fizer, apenas terá direito ao frete proporcional ao prolongamento do fretamento.
2. Se, por facto imputável ao afretador, o afretamento exceder a duração prevista na carta-partida, o fretador tem direito, pelo tempo excedente, ao dobro do frete estipulado.

[124] DL 191/87 Arts. 32.º-40.º

Art. 32.º (Responsabilidade por avarias)
O afretador é responsável pelas avarias causadas ao navio em resultado das operações comerciais.

CAPÍTULO IV. Contrato de fretamento em casco nu

Art. 33.º (Noção)
Contrato de fretamento em casco nu é aquele em que o fretador se obriga a pôr à disposição do afretador, na época, local e condições convencionados, um navio, não armado nem equipado, para que este o utilize durante certo período de tempo.

Art. 34.º (Carta-partida)
A carta-partida deve conter os elementos mencionados nas alíneas *a*), *b*), e *h*) do n.º 1 do artigo 6.º e na alínea *a*) do artigo 23.º

Art. 35.º (Gestão náutica e gestão comercial)
A gestão náutica e a gestão comercial do navio pertencem ao afretador.

Art. 36.º (Armamento e equipagem)
Compete ao afretador armar e equipar o navio.

Art. 37.º (Reparação, manutenção e seguros)
São suportados pelo afretador:
a) As despesas de conservação e reparação necessárias à navegabilidade do navio e todas as que não estejam abrangidas no artigo 38.º;
b) Os seguros relativos ao navio, independentemente da sua natureza.

Art. 38.º (Vício próprio do navio)
1. São suportadas pelo fretador as despesas com as reparações e substituições resultantes de vício próprio do navio.
2. Durante o período das reparações e substituições previstas no número anterior não é devido frete.

Art. 39.º (Utilização do navio)
1. O afretador pode utilizar o navio em todos os tráfegos e actividades compatíveis com a sua finalidade normal e características técnicas.
2. Pode igualmente o afretador usar os materiais de bordo, devendo, no termo do contrato, restituir o navio com a mesma quantidade e qualidade de tais materiais, salvo o desgaste próprio do seu uso normal.

Art. 40.º (Reentrega do navio)
O afretador deve, no termo do contrato, restituir o navio ao fretador no mesmo estado e nas mesmas condições em que o recebeu, salvo o desgaste próprio do seu uso normal.

1202

Cap. V.   Disposições gerais   **Arts. 41.º-47.º DL 191/87 [124]**

Art. 41.º (Direitos de terceiro contra o fretador)
O afretador deve reembolsar o fretador de todas as importâncias que este seja obrigado a pagar a terceiros em consequência da exploração comercial do navio.

Art. 42.º (Direito subsidiário)
São aplicáveis subsidiariamente a este contrato, com as necessárias adaptações, as normas relativas ao contrato de fretamento a tempo e a disciplina da lei geral sobre o contrato de locação.

CAPÍTULO V.   Disposições gerais

Art. 43.º (Sobrecarga)
1. Durante o tempo de duração do fretamento por viagem ou a tempo, o afretador tem o direito de manter a bordo um representante seu, designado sobrecarga, para acompanhar a execução do contrato.

2. O sobrecarga não pode interferir directamente na execução do contrato, mas tem a faculdade de fazer recomendações ao capitão do navio em tudo quanto se relacione com a administração da carga.

3. O fretador é obrigado a fornecer alojamento ao sobrecarga, mas as despesas de alimentação são suportadas pelo afretador.

Art. 44.º (Conduta do capitão)
Quando a actuação do capitão do navio for de molde a prejudicar os interesses comerciais do afretador, tem este a faculdade de exigir ao fretador a sua substituição.

Art. 45.º (Subfretamento e cessão da posição contratual do afretador)
1. O subfretamento ou a cessão da posição contratual pelo afretador carecem de autorização escrita do fretador.

2. São aplicáveis ao subfretamento as disposições legais que regulam o contrato de fretamento.

Art. 46.º (Regime de responsabilidade)
O direito de indemnização decorrente da violação do contrato de fretamento deve ser exercido no prazo de dois anos a partir da data em que o lesado teve conhecimento do direito que lhe compete.

Art. 47.º (Tribunal competente)
1. Os tribunais portugueses são internacionalmente competentes para o julgamento das acções emergentes do contrato de fretamento ou subfretamento em qualquer dos casos seguintes:

   a) Se o porto de carga ou de descarga se situar em Portugal;

   b) Se o contrato de fretamento ou subfretamento tiver sido celebrado em Portugal;

   c) Se o navio arvorar a bandeira portuguesa ou estiver registado em Portugal;

1203

[124] DL 191/87 Arts. 48.°-50.° Contrato de fretamento

d) Se a sede, sucursal, filial ou delegação do fretador ou subfretador, ou do afretador ou subafretador, ou do carregador, ou do destinatário ou consignatário, se localizar em território português.

2. Nas situações não previstas no número anterior a determinação da competência internacional dos tribunais para julgamento das acções emergentes do contrato de fretamento ou de subfretamento é feita de acordo com as regras gerais.

Art. 48.° (Âmbito de aplicação)
O disposto no presente diploma não se aplica a navios de tonelagem de arqueação bruta inferior a 10t.

Art. 49.° (Legislação revogada)
São revogados os artigos 541.° a 562.° do Código Comercial.

Art. 50.° (Vigência)
O presente diploma entra em vigor 30 dias após a sua publicação.

GESTORES DE NAVIOS

[125] DECRETO-LEI N.º 198/98
de 10 de Julho

Nos termos da alínea *a*) do n.º 1 do artigo 198.º e do n.º 5 do artigo 112.º da Constituição, o Governo decreta o seguinte:

Art. 1.º (Objecto)
1. O presente diploma tem por objecto regular a actividade do gestor de navios.
2. Para efeitos do presente diploma entende-se por gestor de navios aquele que, contratualmente, é encarregado pelo armador da prática do conjunto ou de alguns dos actos jurídicos e materiais necessários para que o navio fique em condições de empreender viagem.

Art. 2.º (Actos próprios dos gestores de navios)
Consideram-se actos próprios do gestor de navio os praticados por este no exercício da sua actividade, designadamente:
a) Seleccionar, recrutar e promover a contratação de tripulações;
b) Dar cumprimento a disposições legais ou contratuais, executando e promovendo os actos ou diligências relacionados com a gestão de armamento das embarcações que lhes estejam confiadas e a defesa dos respectivos interesses;
c) Promover a celebração de contratos, nomeadamente, com entidades relacionadas com o armamento do navio;
d) Promover a contratação de seguros marítimos e bem assim a sua administração;
e) Praticar os actos relacionados com o aprovisionamento dos navios;
f) Praticar actos relacionados com a manutenção do navio.

Art. 3.º (Inscrição)
O exercício da actividade do gestor de navio depende de inscrição a efectuar na Direcção-Geral de Portos, Navegação e Transportes Marítimos, adiante designada por DGPNTM.

Art. 4.º (Requisitos de inscrição)
A inscrição dos gestores de navios é efectuada a pedido dos interessados, devendo o requerimento ser acompanhado de:
a) Certidão do registo comercial do requerente, da qual constem todos os registos em vigor;

1205

[125] DL 198/98 Arts. 5.°-9.°   Gestores de navios

b) Cópias do cartão da pessoa colectiva ou do cartão de empresário em nome individual, conforme o estatuto do requerente.

Art. 5.° (Prazo para a efectivação da inscrição)
1. A inscrição dos gestores de navios é efectuada no prazo de 15 dias a contar da data de entrada do requerimento na DGPNTM, e no mesmo prazo deve ser emitido e enviado ao requerente o respectivo documento certificativo da inscrição.
2. O pedido de inscrição considera-se deferido se, no prazo referido no número anterior, nada for comunicado ao requerente.

Art. 6.° (Comunicação da inscrição a outras entidades)
A DGPNTM deve comunicar às administrações portuárias, às juntas autónomas dos portos e aos órgãos do Sistema de Autoridade Marítima as inscrições dos gestores de navios que efectue ao abrigo deste diploma.

Art. 7.° (Cancelamento da inscrição)
1. O cancelamento da inscrição de um gestor de navios é efectuado pela DGPNTM, a pedido do próprio, ou com o fundamento de que o mesmo não exerce a actividade há pelo menos um ano.
2. Nos processos de cancelamento a que se refere a segunda parte do preceito anterior são obrigatoriamente ouvidos pela DGPNTM os gestores de navios visados.

Art. 8.° (Obrigações dos gestores de navios)
Os gestores de navios são obrigados a:
a) Defender os interesses dos representados, no exercício dos seus poderes de representação;
b) Colaborar com as entidades marítimas, sanitárias e portuárias no cumprimento de formalidades relacionadas com a gestão de navios;
c) Informar anualmente a DGPNTM sobre a actividade desenvolvida;
d) Fornecer à DGPNTM as alterações que venham a ocorrer relativamente aos elementos constantes do pedido de inscrição.

Art. 9.° (Obrigações especiais do gestor de navios na área da selecção, recrutamento e contratação de tripulações)
1. Constituem obrigações especiais do gestor de navios, no âmbito da actividade relacionada com a selecção, o recrutamento e a contratação de tripulações a que se refere a alínea *a)* do artigo 2.° deste diploma:
a) Organizar e manter actualizado um registo dos marítimos tripulantes recrutados ou contratados por seu intermédio;
b) Verificar se os marítimos possuem as qualificações, certificados e documentos válidos, exigíveis para o exercício das funções para as quais venham a ser seleccionados ou contratados;
c) Assegurar que os contratos a celebrar com os marítimos estão de acordo com a legislação e as convenções colectivas de trabalho aplicáveis;
d) Informar os marítimos dos direitos e obrigações resultantes do contrato de trabalho celebrado;

1206

Gestores de navios   **Arts. 10.°-15.° DL 198/98 [125]**

e) Assegurar que o marítimo contratado, em especial quando destinado ao estrangeiro, não é abandonado em porto, garantindo-lhe o repatriamento;

f) Proteger a confidencialidade dos elementos de carácter pessoal e privados dos marítimos recrutados ou contratados.

2. Em nenhum caso pode ser pedido aos marítimos o pagamento, directa ou indirectamente, no todo ou em parte, de despesas a título do processo de selecção, recrutamento ou contratação, sem prejuízo de custos resultantes da obtenção de certificados, documentos profissionais ou de viagem.

Art. 10.° (Fiscalização da actividade)

A fiscalização da actividade dos gestores de navios compete à DGPNTM, às administrações portuárias e às juntas autónomas dos portos.

Art. 11.° (Competência sancionatória)

1. Compete à DGPNTM assegurar o cumprimento do disposto neste diploma, a instrução dos processos de contra-ordenação, bem como aplicar as sanções nele previstas.

2. O montante das coimas aplicadas, em execução do presente diploma, reverte:

a) Em 60% para o Estado;

b) Em 40% para a DGPNTM.

Art. 12.° (Contra-ordenações)

1. Constitui contra-ordenação punível com coima qualquer infracção ao disposto no presente diploma e como tal tipificada nos artigos seguintes.

2. A negligência e a tentativa são sempre puníveis.

3. Às contra-ordenações previstas no presente diploma é aplicável o regime geral das contra-ordenações.

Art. 13.° (Falta de inscrição)

1. Será aplicada coima de montante mínimo de 100 000$ e máximo de 700 000$ a quem, sem prévia inscrição, actue como gestor de navios, em violação do disposto no artigo 3.° deste diploma.

2. O montante máximo da coima prevista no número anterior será de 2 000 000$, se a infracção for praticada por uma sociedade comercial.

Art. 14.° (Não cumprimento de obrigações)

1. Será aplicada coima de montante mínimo de 50 000$ e máximo de 200 000$ ao gestor de navios que não cumpra alguma ou algumas das obrigações a que se encontra vinculado, violando o disposto nas alíneas *b*), *c*) e *d*) do artigo 8.° deste diploma.

2. O montante máximo da coima prevista no número anterior será de 400 000$, se a infracção for praticada por uma sociedade comercial.

Art. 15.° (Não cumprimento das obrigações especiais)

1. Será aplicada coima de montante mínimo de 100 000$ e máximo de 500 000$ ao gestor de navios que não cumpra alguma ou algumas das obrigações especiais previstas no artigo 9.° deste diploma.

[125] DL 198/98 Arts. 16.º-17.º

Gestores de navios

2. O montante máximo da coima prevista no número anterior será de 1 000 000$, se a infracção for praticada por uma sociedade comercial.

Art. 16.º (Disposição transitória)

Os agentes económicos que exerçam a actividade prevista neste diploma dispõem do prazo de 90 dias a partir da data da sua entrada em vigor para regularizar a sua situação.

Art. 17.º (Aplicação do diploma nas Regiões Autónomas)

Nas Regiões Autónomas dos Açores e da Madeira a execução do presente diploma compete aos serviços das respectivas administrações regionais, sem prejuízo das competências do Sistema de Autoridade Marítima atribuídas a nível nacional.

ESTATUTO LEGAL DO NAVIO

[126] DECRETO-LEI N.° 201/98
de 10 de Julho

Assim, nos termos da alínea *a*) do n.° 1 do artigo 198.° e do n.° 5 do artigo 112.° da Constituição, o Governo decreta o seguinte:

CAPÍTULO I. Navio

Art. 1.° (Noção)
1. Para efeitos do disposto no presente diploma, navio é o engenho flutuante destinado à navegação por água.
2. Fazem parte integrante do navio, além da máquina principal e das máquinas auxiliares, todos os aparelhos, aprestos, meios de salvação, acessórios e mais equipamentos existentes a bordo necessários à sua operacionalidade.

Art. 2.° (Registo)
Os navios e os factos a eles respeitantes estão sujeitos a registo, nos termos do disposto na legislação respectiva.

Art. 3.° (Nacionalidade)
1. Consideram-se nacionais os navios cuja propriedade se encontra registada em Portugal.
2. A atribuição da nacionalidade portuguesa confere ao navio o direito ao uso da respectiva bandeira, com os direitos e as obrigações que lhe são inerentes.

Art. 4.° (Nome)
1. A todos os navios deve ser atribuído um nome.
2. O nome a atribuir ao navio está sujeito a prévia aprovação do serviço público competente e deve ser bem distinto dos que já se encontram registados.

Art. 5.° (Número de identificação)
Os navios de tonelagem inferior a 100 t de deslocamento, assim como os destinados exclusivamente a águas interiores, podem ser identificados apenas por um número atribuído pelo serviço público competente.

[126] DL 201/98 Arts. 6.º-13.º   Estatuto legal do navio

Art. 6.º (Inscrições no casco)

O nome do navio, o seu número de identificação e o nome do local onde o mesmo se encontra registado devem ser inscritos no casco, de acordo com a legislação aplicável.

Art. 7.º (Personalidade e capacidade judiciárias)

Os navios têm personalidade e capacidade judiciárias nos casos e para os efeitos previstos na lei.

Art. 8.º (Navegabilidade)

A navegabilidade do navio depende da verificação das condições técnicas a que o mesmo deva obedecer, de acordo com a legislação em vigor, e do preenchimento dos requisitos necessários à viagem que vai empreender e à carga que vai transportar.

Art. 9.º (Arresto e penhora de navio e mercadorias)

1. O navio pode ser arrestado ou penhorado mesmo que se encontre despachado para viagem.

2. O disposto no número anterior é aplicável aos géneros ou mercadorias carregados em navio que se achar nas circunstâncias previstas no número anterior.

Art. 10.º (Forma dos contratos relativos a direitos reais sobre o navio)

Os contratos que impliquem a constituição, modificação, transmissão ou extinção de direitos reais sobre o navio devem ser celebrados por escrito, com reconhecimento presencial da assinatura dos outorgantes.

Art. 11.º (Lei reguladora dos direitos reais sobre o navio)

As questões relacionadas com direitos reais sobre o navio são reguladas pela lei da nacionalidade que este tiver ao tempo da constituição, modificação, transmissão ou extinção do direito em causa.

CAPÍTULO II. **Contrato de construção de navio**

Art. 12.º (Forma)

O contrato de construção de navio e as suas alterações estão sujeitos a forma escrita.

Art. 13.º (Regime)

O contrato de construção de navio é disciplinado pelas cláusulas do respectivo instrumento contratual e, subsidiariamente, pelas normas aplicáveis ao contrato de empreitada que não contrariem o disposto no presente diploma.

Cap. II.   Contrato de construção de navio   **Arts. 14.°-19.° DL 201/98 [126]**

Art. 14.° (Projecto)

1. O construtor deve executar a construção do navio em conformidade com o projecto aprovado pelo dono e sem vícios que excluam ou reduzam o seu valor ou a sua aptidão para o uso previsto no contrato ou, na falta desta indicação, para o uso comum do tipo de navio em causa.

2. O construtor não é responsável pelo projecto elaborado pelo dono da obra ou por terceiro.

3. Nos casos previstos no número anterior, o construtor deve avisar o dono da obra dos defeitos do projecto detectáveis por um técnico diligente e sugerir-lhe as necessárias alterações.

Art. 15.° (Fiscalização)

1. O dono da obra pode fiscalizar, à sua custa, a execução dela desde que não perturbe o andamento normal da construção.

2. O construtor deve, durante a construção, conceder ao dono da obra e aos seus representantes as facilidades necessárias à fiscalização e dar-lhes a assistência de que razoavelmente careçam para o seu cabal desempenho.

3. O disposto neste artigo é aplicável aos subempreiteiros que realizem trabalhos destinados à construção.

Art. 16.° (Propriedade do navio em construção)

1. Salvo acordo em contrário, o navio, durante a construção, é propriedade do construtor, exceptuados os materiais fornecidos pelo dono da obra.

2. A transferência da propriedade opera-se com a entrega do navio pelo construtor e a sua aceitação pelo dono da obra, sem prejuízo do disposto no número precedente.

Art. 17.° (Alterações)

1. Se durante a construção entrarem em vigor regras técnicas, regulamentos, convenções internacionais ou quaisquer outras normas legais que imponham alterações na construção, deve o construtor, no prazo de 30 dias contados do início da respectiva vigência, avisar o dono da obra e apresentar-lhe uma proposta do preço das alterações e, sendo caso disso, da nova data da entrega do navio.

2. Se as partes não chegarem a acordo, o construtor deve proceder às alterações impostas, competindo ao tribunal fixar as correspondentes modificações quanto ao preço e ao prazo de execução.

Art. 18.° (Preço das alterações)

Se outra coisa não for acordada pelas partes, o custo de quaisquer alterações ao projecto de construção, legais ou convencionais, deve ser pago nas condições do preço inicial.

Art. 19.° (Experiências)

1. Durante a construção, o navio e os seus equipamentos devem ser submetidos às experiências previstas no contrato e na legislação aplicável, bem como às

1211

[126] DL 201/98 Arts. 20.º-24.º

Estatuto legal do navio

impostas pelos órgãos da Administração encarregados da fiscalização das condições técnicas dos navios.

2. O construtor deve, com a antecedência de 30 dias, informar o dono da obra do programa das experiências.

3. As despesas com as experiências a que se refere o presente artigo correm por conta do construtor, exceptuadas as relativas à tripulação.

Art. 20.º (Defeitos detectados durante as experiências)

O construtor deve corrigir os defeitos detectados durante a realização das experiências e proceder às desmontagens e verificações que forem consideradas necessárias.

Art. 21.º (Entrega e aceitação do navio)

1. A entrega do navio deve ser feita no estaleiro do construtor após a realização de todas as experiências e inspecções e a obtenção das aprovações dos competentes órgãos administrativos.

2. No momento da entrega, o navio deve estar munido dos aparelhos, aprestos, meios de salvação, acessórios e sobressalentes, de acordo com o contrato de construção.

3. O dono da obra que não aceite o navio no prazo devido incorre em mora creditória, nos termos da lei civil.

Art. 22.º (Retirada do navio do estaleiro)

O dono da obra deve retirar o navio do estaleiro do construtor no prazo de 10 dias a contar da sua aceitação, se outro prazo não for acordado, aplicando-se em caso de incumprimento o disposto no n.º 3 do artigo anterior.

Art. 23.º (Instruções e informação)

O construtor deve proporcionar ao dono da obra, na data da entrega do navio:
a) Certificados do navio e dos equipamentos;
b) Livros de instruções e de informações técnicas;
c) Desenhos;
d) Instruções e informações relativas à condução;
e) Inventários e listas de acessórios e sobressalentes;
f) Outros documentos eventualmente previstos no contrato de construção.

Art. 24.º (Garantia)

1. O construtor garante o navio, durante um ano, a contar da aceitação, relativamente aos defeitos da construção.

2. Em caso de avaria resultante de defeito abrangido pelo número precedente, o construtor é obrigado a corrigir esse defeito ou a substituir o equipamento defeituoso.

3. Quando o navio fique impossibilitado de alcançar o estaleiro do construtor ou quando se verifique manifesto inconveniente nessa deslocação, o construtor deve efectuar a reparação ou a substituição do equipamento em local adequado.

1212

Cap. III.   Contrato de reparação de navios   **Arts. 25.º-32.º DL 201/98 [126]**

Art. 25.º (Direito de retenção)
O construtor goza do direito de retenção sobre o navio para garantia dos créditos emergentes da sua construção.

Art. 26.º (Comunicação dos defeitos)
1. O dono da obra deve, sob pena de caducidade dos direitos conferidos nos artigos seguintes, comunicar ao construtor os defeitos da construção dentro dos 30 dias posteriores ao seu conhecimento.

2. Equivale à comunicação o reconhecimento, por parte do construtor, da existência do defeito.

Art. 27.º (Eliminação dos defeitos)
1. Os resultados das provas, a aprovação pelo dono da obra e a aceitação sem reservas não exoneram o construtor da responsabilidade pela correcção dos defeitos, salvo se aquele os conhecia.

2. Presumem-se conhecidos os defeitos aparentes, tenha ou não havido verificação da obra.

Art. 28.º (Não eliminação dos defeitos)
Não sendo eliminados os defeitos, o dono da obra pode exigir a redução do preço, segundo juízos de equidade, ou a resolução do contrato, se os defeitos tornarem o navio inadequado ao fim a que se destinava.

Art. 29.º (Indemnização)
O exercício dos direitos conferidos nos artigos antecedentes não exclui a indemnização nos termos gerais.

Art. 30.º (Caducidade)
1. Os direitos conferidos nos artigos anteriores caducam se não forem exercidos dentro de dois anos a contar da entrega do navio.

2. Em caso de vício oculto, o prazo fixado no número precedente conta-se a partir da data do seu conhecimento pelo dono da obra.

Art. 31.º (Pluralidade de construtores)
As disposições anteriores relativas ao contrato de construção aplicam-se, com as necessárias adaptações, no caso de a obra ser adjudicada, através de instrumentos autónomos, a diferentes empreiteiros, assumindo cada um deles o encargo de parte da construção.

CAPÍTULO III.   **Contrato de reparação de navios**

Art. 32.º (Regime)
É aplicável ao contrato de reparação de navios, com as necessárias adaptações, o regime do contrato de construção.

[126] DL 201/98 Arts. 33.º-34.º

Estatuto legal do navio

CAPÍTULO IV. Disposições finais

Art. 33.º (Norma revogatória)
São revogados os artigos 485.º a 487.º e 489.º a 491.º do Código Comercial.

Art. 34.º (Início de vigência)
O presente diploma entra em vigor 30 dias após a sua publicação.

RESPONSABILIDADE DO PROPRIETÁRIO DO NAVIO

[127] DECRETO-LEI N.º 202/98
de 10 de Julho

Assim, o Governo decreta, nos termos da alínea *a*) do n.º 1 do artigo 198.º e do n.º 5 do artigo 112.º da Constituição, o seguinte:

Art. 1.º (Definições legais)
Para efeito do presente diploma, entende-se por:
a) Navio o engenho flutuante destinado à navegação por água;
b) Proprietário do navio aquele que, nos termos da lei, goza de modo pleno e exclusivo dos direitos de uso, fruição e disposição do navio;
c) Armador do navio aquele que, nos seu próprio interesse, procede ao armamento do navio;
d) Armamento do navio o conjunto de actos jurídicos e materiais necessários para que o navio fique em condições de empreender viagem;
e) Gestor de navio aquele que, contratualmente, foi encarregado pelo armador da prática de todos ou de parte dos actos referidos na alínea anterior;
f) Agente de navegação aquele que, em representação do proprietário, do armador, do afretador ou do gestor, ou de alguns destes simultaneamente, se encarrega de despachar o navio em porto e das operações comerciais a que o mesmo se destina, bem como de assistir o capitão na prática dos actos jurídicos e materiais necessários à conservação do navio e à continuação da viagem;
g) Afretador aquele que, tomando o navio de fretamento, fica a dispor dele mediante o pagamento de uma retribuição pecuniária, denominada «frete»;
h) Fundo de limitação da responsabilidade o montante global a que o proprietário de um navio pode limitar a sua responsabilidade por danos causados a terceiros.

Art. 2.º (Armador)
1. Salvo prova em contrário, presume-se armador do navio:
a) O seu proprietário;
b) O titular do segundo registo, havendo duplo registo;
c) O afretador, no caso de fretamento em casco nu.
2. As presunções referidas no número anterior só podem ser ilididas mediante prova de que aquele que as invoca sabe quem é o armador.

[127] DL 202/98 Arts. 3.°-10.° Responsabilidade do proprietário do navio

Art. 3.° (Designação do capitão)
1. Compete ao armador designar o capitão do navio.
2. O armador pode despedir o capitão a todo o tempo, sem prejuízo dos direitos e obrigações decorrentes do contrato de trabalho.

Art. 4.° (Responsabilidade do proprietário armador)
1. O armador que seja proprietário do navio responde, independentemente de culpa, pelos danos derivados de actos e omissões:
  a) Do capitão e da tripulação;
  b) Dos pilotos ou práticos tomados a bordo, ainda que o recurso ao piloto ou prático seja imposto por lei, regulamento ou uso;
  c) De qualquer outra pessoa ao serviço do navio.
2. São aplicáveis à responsabilidade prevista no número anterior as disposições da lei civil que regulam a responsabilidade do comitente pelos actos do comissário.

Art. 5.° (Responsabilidade do armador não proprietário)
O armador que não seja proprietário do navio responde, perante terceiros, nos mesmos termos do proprietário armador.

Art. 6.° (Responsabilidade do simples proprietário)
O simples proprietário do navio responde subsidiariamente, perante terceiros, nos mesmos termos do proprietário armador, com sub-rogação total ou parcial nos direitos daqueles contra o armador.

Art. 7.° (Responsabilidade pelos actos do gestor)
O armador responde pelos actos do gestor relativos ao armamento do navio.

Art. 8.° (Representação legal do proprietário e do armador)
1. Fora do local da sede do proprietário ou do armador, estes são representados, judicial e extrajudicialmente, pelo capitão do navio em tudo o que se relacionar com a expedição.
2. A representação prevista no número anterior não é afectada pela presença do proprietário, do armador ou de outros seus representantes.

Art. 9.° (Agente de navegação)
A actividade do agente de navegação rege-se pelas disposições legais aplicáveis ao mandato com representação e, supletivamente, pelas disposições respeitantes ao contrato de agência.

Art. 10.° (Citações e notificações judiciais)
Nos poderes do agente de navegação incluem-se sempre os de receber citações e notificações judiciais em representação dos proprietários, dos armadores e dos gestores dos navios cujo despacho o agente tenha requerido.

1216

Responsabilidade do proprietário do navio **Arts. 11.°-17.° DL 202/98 [127]**

Art. 11.° (Responsabilidade do navio)
1. Se o proprietário ou o armador não forem identificáveis com base no despacho de entrada da capitania, o navio responde, perante os credores interessados, nos mesmos termos em que aqueles responderiam.

2. Para efeitos do disposto no número anterior, é atribuída ao navio personalidade judiciária, cabendo a sua representação em juízo ao agente de navegação que requereu o despacho.

Art. 12.° (Limites da responsabilidade do proprietário)
Além das limitações da responsabilidade admitidas nos tratados e convenções internacionais vigentes em Portugal, e quando não estejam em causa pedidos de indemnização por estes abrangidos, o proprietário do navio pode restringir a sua responsabilidade ao navio e ao valor do frete a risco, abandonando-os aos credores, com vista à constituição de um fundo de limitação da responsabilidade.

Art. 13.° (Processo)
Aplicam-se à limitação da responsabilidade prevista na segunda parte do artigo anterior, com as necessárias adaptações, as normas de processo relativas à limitação da responsabilidade referida na primeira parte do mesmo preceito, ressalvadas as alterações constantes dos artigos seguintes.

Art. 14.° (Fundo de limitação da responsabilidade)
1. A constituição do fundo de limitação da responsabilidade referido no artigo 12.° deve constar de requerimento em que se mencione:
a) O facto de que resultaram os prejuízos;
b) O montante do frete a risco.

2. O requerimento deve ser acompanhado da relação dos credores conhecidos com direito a participar na repartição do fundo, indicando os respectivos domicílios e o montante dos seus créditos.

3. Não havendo lugar a indeferimento liminar, o juiz ordena que o requerente deposite o valor do frete a risco e nomeia depositário para o navio.

4. Efectuado o depósito previsto no número anterior, é ordenada a venda judicial imediata do navio.

Art. 15.° (Declaração de constituição do fundo)
Logo que se mostre realizado o depósito do produto da venda do navio, o juiz declara constituído o fundo de limitação da responsabilidade.

Art. 16.° (Prazo)
O requerimento a que se refere o n.° 1 do artigo 14.° deve ser apresentado até ao termo do prazo para contestação de acção fundada em crédito a que seja oponível a limitação de responsabilidade.

Art. 17.° (Abandono do navio)
1. Considera-se abandonado o navio que, encontrando-se na área de jurisdição dos tribunais portugueses, aí permaneça, por um período superior a 30 dias, sem

1217

[127] DL 202/98 Arts. 18.º-21.º   Responsabilidade do proprietário do navio

capitão ou quem desempenhe as correspondentes funções de comando e sem agente de navegação.

2. O navio deixa de ter agente de navegação a partir da data em que este notifique a capitania do porto respectivo de que cessou as suas funções.

3. (…).

Nota. O n.º 3 foi revogado pelo art. 13.º do DL n.º 64/2005, de 15 de Março.

Art. 18.º (Venda do navio)

1. O titular de crédito sobre navio abandonado ou de qualquer outro crédito de que seja devedor o seu anterior proprietário pode requerer a venda judicial do navio, desde que se encontre munido de título executivo ou tenha já proposto acção declarativa destinada a obtê-lo.

2. A venda a que se refere o número anterior rege-se pelas normas aplicáveis à venda antecipada em processo de execução.

3. Se o navio não tiver depositário nomeado, a sua nomeação deve ser pedida no requerimento a que se refere o n.º 1.

4. Efectuada a venda, seguem-se os demais termos do processo de execução.

5. O juiz pode fazer depender a venda antecipada da prestação de caução pelo requerente.

Art. 19.º (Venda injustificada)

Se o requerente da venda prevista no artigo anterior decair na acção declarativa, ou não agir com a diligência normal, é responsável pelos danos causados ao requerido.

Art. 20.º (Norma revogatória)

São revogados os artigos 492.º a 495.º e 509.º do Código Comercial.

Art. 21.º (Início de vigência)

O presente diploma entra em vigor 30 dias após a sua publicação.

SALVAÇÃO MARÍTIMA

[128] DECRETO-LEI N.° 203/98
de 10 de Julho

Ao abrigo da alínea *a*) do n.° 1 do artigo 198.° da Constituição, o Governo decreta o seguinte:

Art. 1.° (Definições legais)
1. Para efeito do presente diploma, considera-se:
a) «Salvação marítima» todo o acto ou actividade que vise prestar socorro a navios, embarcações ou outros bens, incluindo o frete em risco, quando em perigo no mar;
b) «Salvador» o que presta socorro aos bens em perigo no mar;
c) «Salvado» o proprietário ou armador dos bens objecto das operações de socorro.
2. Considera-se ainda salvação marítima a prestação de socorro em quaisquer outras águas sob jurisdição nacional, desde que desenvolvida por embarcações.

Art. 2.° (Contratos de salvação marítima)
1. Podem os interessados celebrar contratos de salvação marítima em que convencionem regime diverso do previsto no presente diploma, excepto quanto ao preceituado pelos artigos 3.°, 4.°, 9.° e 16.°
2. Os contratos de salvação marítima estão sujeitos a forma escrita, nesta se incluindo, designadamente, cartas, telegramas, telex, telecópia e outros meios equivalentes criados pelas modernas tecnologias.
3. As disposições dos contratos de salvação marítima podem ser anuladas ou modificadas nos termos gerais de direito e ainda nos casos seguintes:
a) O contrato ter sido celebrado sob coacção ou influência de perigo, não se apresentando equitativas cláusulas;
b) O salário de salvação marítima ser manifestamente excessivo ou diminuto em relação aos serviços prestados.
4. Nos contratos referidos neste artigo, o capitão da embarcação objecto de salvação, ou quem nela desempenhe funções de comando, actua em representação de todos os interessados na expedição marítima.

Art. 3.° (Dever de prestar socorro)
1. O capitão de qualquer embarcação, ou quem nela desempenhe funções de comando, está obrigado a prestar socorro a pessoas em perigo no mar, desde que

1219

[128] DL 203/98 Arts. 4.º-6.º   Salvação marítima

isso não acarrete risco grave para a sua embarcação ou para as pessoas embarcadas, devendo a sua acção ser conformada com o menor prejuízo ambiental.

2. À omissão de prestar socorro, nos termos do número anterior, é aplicável o disposto no artigo 486.º do Código Civil, independentemente de outro tipo de responsabilidade consagrada na lei.

3. O proprietário e o armador da embarcação só respondem pela inobservância da obrigação prevista neste artigo se existir culpa sua.

Art. 4.º Obrigações do salvador)

Constituem obrigações do salvador:

a) Desenvolver as operações de salvação marítima com a diligência devida, em face das circunstâncias de cada caso;

b) Evitar ou minimizar danos ambientais;

c) Solicitar a intervenção de outros salvadores, sempre que as circunstâncias concretas da situação o recomendem;

d) Aceitar a intervenção de outros salvadores, quando tal lhe for solicitado pelo salvado;

e) Entregar, em caso de abandono, à guarda da autoridade aduaneira do porto de entrada, a embarcação e os restantes bens objecto de salvação marítima, desde que não exerça direito de retenção.

Art. 5.º (Remuneração do salvador)

1. Havendo resultado útil para o salvado, é a salvação marítima remunerada mediante uma retribuição pecuniária denominada «salário de salvação marítima».

2. Se o salvador não obtiver resultado útil para o salvado, mas evitar ou minimizar manifestos danos ambientais, a sua intervenção é remunerada, nos termos dos artigos 9.º e 10.º, mediante uma retribuição pecuniária denominada «compensação especial».

3. Para efeitos do número anterior, entende-se por danos ambientais todos os prejuízos causados à saúde humana, vida marinha, recursos costeiros, águas interiores ou adjacentes, em resultado de poluição, contaminação, fogo, explosão ou acidente de natureza semelhante.

4. Não exclui o direito do salvador à remuneração o facto de pertencerem à mesma pessoa, ou por ela serem operadas, as embarcações que desenvolvem as operações de salvação marítima e as que destas constituem objecto.

Art. 6.º (Salário de salvação marítima)

1. O salário de salvação marítima é fixado tendo em consideração as circunstâncias seguintes:

a) O valor da embarcação e dos restantes bens que se conseguiram salvar;

b) Os esforços desenvolvidos pelo salvador e a eficácia destes a fim de prevenir ou minimizar o dano ambiental;

c) O resultado útil conseguido pelo salvador;

d) A natureza e o grau do risco que o salvador correu;

e) Os esforços desenvolvidos pelo salvador e a eficácia destes para salvar a embarcação, outros bens e as vidas humanas;

1220

Salvação marítima   Arts. 7.º-9.º DL 203/98 **[128]**

f) O tempo despendido, os gastos realizados e os prejuízos sofridos pelo salvador;

g) A prontidão dos serviços prestados;

h) O valor do equipamento que o salvador utilizou.

2. Pelo pagamento do salário de salvação marítima, fixado nos termos do número anterior, respondem a embarcação e os restantes bens salvos, na proporção dos respectivos valores, calculados no final das operações de salvação marítima.

3. O montante do salário de salvação marítima, excluídos os juros e as despesas com custas judiciais, não pode exceder o valor da embarcação e dos restantes bens que se conseguiram salvar, calculados no final das operações de salvação marítima.

4. Não resulta afectado o salário de salvação marítima, sempre que o salvador tenha sido obrigado a aceitar a intervenção de outros, nos termos da alínea *d*) do artigo 4.º, e se demonstre a manifesta desnecessidade desta intervenção.

Art. 7.º (Pagamento do salário)

O pagamento do salário de salvação marítima é feito pelos salvados de harmonia com as regras aplicáveis à regulação da avaria grossa ou comum.

Art. 8.º (Repartição do salário entre os salvadores)

1. A repartição do salário de salvação marítima entre os salvadores é efectuada, na falta de acordo dos interessados, pelo tribunal, tendo em conta os critérios estabelecidos no artigo 6.º

2. A repartição entre o salvador, o capitão, ou quem desempenhava as correspondentes funções de comando, a tripulação e outras pessoas que participaram na salvação marítima é efectuada, na falta de acordo dos interessados, pelo tribunal, nos termos do número anterior; a parte do capitão, ou de quem desempenhava as correspondentes funções de comando, e da tripulação, porém, não pode ser superior a metade nem inferior a um terço do salário de salvação marítima líquido.

3. A repartição entre o capitão, ou quem desempenhava as correspondentes funções de comando, e os membros da tripulação é feita na proporção do salário base de cada um.

4. Caso a salvação marítima haja sido prestada por rebocador ou outra embarcação especialmente destinada a esta actividade, o capitão, ou quem desempenhava as correspondentes funções de comando, e a tripulação ficam excluídos da repartição do respectivo salário.

Art. 9.º (Compensação especial)

1. Se o salvador desenvolver actividades de salvação marítima em relação a navio ou embarcação que, por eles próprios ou pela natureza da carga transportada, constituam ameaça para o ambiente e não vença salário de salvação marítima, tem direito a uma compensação especial, da responsabilidade dos proprietários do navio ou embarcação e dos restantes bens que se conseguiram salvar, igual ao montante das despesas efectuadas, acrescido de 30%.

1221

[128] DL 203/98 Arts. 10.°-13.° Salvação marítima

2. Consideram-se despesas efectuadas pelo salvador todos os gastos realizados com pessoal e material, incluída a amortização deste.

3. Em situações de particular dificuldade para as operações de salvação marítima, pode o tribunal elevar a compensação especial até montante igual ao dobro das despesas efectuadas.

4. O segurador da responsabilidade civil do devedor pode ser demandado pelo salvador, caso o segurado não efectue o pagamento da compensação especial prevista neste artigo.

Art. 10.° (Pagamento da compensação pelo Estado)

1. Não tendo o devedor da compensação especial procedido ao seu pagamento dentro dos 60 dias contados da interpelação judicial ou extrajudicial pelo salvador, pode este exigir imediatamente ao Estado a respectiva satisfação.

2. Sempre que o Estado, nos termos do número anterior, pague a compensação especial ao salvador, fica sub-rogado nos direitos deste em relação ao devedor, podendo exercê-los dentro dos dois anos subsequentes à sub-rogação.

3. O procedimento administrativo relativo ao pagamento pelo Estado, previsto neste artigo, será regulamentado por despacho conjunto dos Ministros das Finanças, do Equipamento, do Planeamento e da Administração do Território, da Justiça e do Ambiente.

Art. 11.° (Salvação de pessoas)

1. O salvador de vidas humanas que intervenha em operações que originem salário de salvação marítima tem direito, por esse simples facto, a participar na repartição do respectivo montante.

2. Não ocorrendo a situação prevista no número anterior, o salvador de vidas humanas tem direito a ser indemnizado pelas despesas que suportou na operação de salvamento, reclamando-as do proprietário, armador ou segurador da responsabilidade civil do navio ou embarcação em que se transportavam as pessoas salvas.

3. O disposto no artigo anterior é aplicável, com as necessárias adaptações, à salvação de pessoas.

Art. 12.° (Embarcações ou outros bens naufragados)

1. Não podem ser adquiridos por ocupação as embarcações naufragadas, seus fragmentos, carga ou quaisquer bens que o mar arrojar às costas ou sejam nele encontrados.

2. A recusa injustificada da entrega dos bens referidos no número anterior ao proprietário ou seu representante determina a perda do direito ao salário de salvação marítima, sem prejuízo de outras sanções que ao facto correspondam.

Art. 13.° (Exercício dos direitos)

1. Os direitos decorrentes da salvação marítima devem ser exercidos no prazo de dois anos a partir da data da conclusão ou interrupção das operações de salvação marítima.

2. Se o salvador não exigir o salário de salvação marítima, a compensação especial ou a indemnização das despesas referida no n.° 2 do artigo 11.°, o capitão,

1222

Salvação marítima · Arts. 14.º-18.º DL 203/98 **[128]**

ou quem desempenhava as correspondentes funções de comando, e a tripulação podem demandar os salvados, pedindo a parte que lhes caiba, dentro do ano subsequente ao termo do prazo fixado no número anterior.

3. Verificando-se a situação prevista no número anterior, o capitão da embarcação que desenvolveu as operações de salvação marítima, ou quem desempenhava as correspondentes funções de comando, tem legitimidade para, em nome próprio e em representação da tripulação, demandar os salvados; porém, caso esse direito não seja exercido, podem os tripulantes interessados demandar conjuntamente os salvados, nos seis meses imediatos.

Art. 14.º (Direito de retenção)

O salvador goza de direito de retenção sobre a embarcação e os restantes bens salvos para garantia dos créditos emergentes da salvação marítima.

Art. 15.º (Tribunal competente)

1. Os tribunais portugueses são internacionalmente competentes para o julgamento de acções emergentes de salvação marítima, em qualquer dos casos seguintes:

   a) Se o porto de entrada após as operações de salvamento se situar em território nacional;

   b) Se o contrato de salvação marítima tiver sido celebrado em Portugal;

   c) Se o salvador e o salvado forem de nacionalidade portuguesa;

   d) Se a sede, sucursal, agência, filial ou delegação de qualquer das partes se localizar em território português;

   e) Se o sinistro ocorreu em águas sob jurisdição nacional.

2. Nas situações não previstas no número anterior, a determinação da competência internacional dos tribunais para julgamento das acções emergentes de salvação marítima é feita de acordo com as regras gerais.

Art. 16.º (Salvação marítima por embarcações do Estado)

O disposto neste diploma abrange a salvação marítima desenvolvida por navios ou embarcações de guerra ou outras embarcações não comerciais propriedade do Estado ou por ele operadas; não se aplica, porém, no caso de tais embarcações serem objecto de operações de salvamento.

Art. 17.º (Norma revogatória)

São revogados os artigos 676.º a 691.º do Código Comercial.

Art. 18.º (Entrada em vigor)

O presente diploma entra em vigor 30 dias após a sua publicação.

TRIPULAÇÃO E CAPITÃO DO NAVIO

[129] DECRETO-LEI N.° 384/99
de 23 de Setembro

Assim, nos termos da alínea *a*) do n.° 1 do artigo 198.° da Constituição, o Governo decreta, para valer como lei geral da República, o seguinte:

CAPÍTULO I. Tripulação do navio

Art. 1.° (Tripulação do navio)
1. A tripulação é constituída pelo conjunto de todos os marítimos, recrutados nos termos da legislação aplicável, para exercer funções a bordo, em conformidade com o respectivo rol de tripulação.
2. Carece de licença especial de embarque, concedida nos termos da legislação aplicável, o exercício de funções a bordo por não marítimos.
3. Designa-se por lotação o número mínimo de tripulantes, distribuídos por categorias e funções, fixado para cada navio, que garante a segurança da navegação, dos tripulantes e passageiros, das cargas e capturas, bem como a protecção do meio marinho.

Art. 2.° (Recusa de tripulante)
O capitão pode recusar, com motivo justificado, o serviço a bordo de qualquer tripulante.

CAPÍTULO II. Capitão

Art. 3.° (Capitão)
1. Entre os marítimos, a categoria mais elevada do escalão dos oficiais designa-se por capitão da marinha mercante.
2. O tripulante investido em funções de comando de navio toma a designação genérica:
    a) De capitão, quando pertencer ao escalão dos oficiais;
    b) De mestre ou arrais, quando pertencer ao escalão da mestrança;
    c) Da respectiva categoria, quando pertencer ao escalão da marinhagem.
3. As funções de comando de navio só podem ser confiadas aos marítimos legalmente habilitados para o efeito.

Cap. II. Capitão   **Arts. 4.º-6.º DL 384/99 [129]**

Art. 4.º (Imediato e substituto do capitão)

1. Designa-se por imediato o oficial de pilotagem cuja categoria se segue à do capitão e que a bordo é o seu principal auxiliar e substituto.

2. O impedimento permanente do capitão para o exercício das respectivas funções obriga o armador a designar outro.

3. Na falta ou impedimento do capitão, as funções de comando são exercidas pelo imediato e, na falta ou impedimento deste, sucessivamente, pelo tripulante de maior categoria, atendendo-se dentro de cada categoria à antiguidade.

4. Os substitutos do capitão têm os direitos e as obrigações a este atribuídos por lei ou contrato.

Art. 5.º (Atribuições e responsabilidades do capitão)

1. O capitão é o encarregado do governo e da expedição do navio, respondendo, como comissário do armador, pelos danos causados, salvo se provar que não houve culpa da sua parte ou que os danos se teriam igualmente produzido ainda que não houvesse culpa sua.

2. O capitão exerce os poderes conferidos, por lei ou contrato, com vista à boa condução da expedição marítima, designadamente os respeitantes ao navio, à carga e a quaisquer outros interesses naquela envolvidos.

3. O capitão deve actuar com o cuidado de um capitão diligente.

Art. 6.º (Obrigações do capitão)

O capitão é obrigado:

a) A fazer boa estiva, arrumação, guarda, transporte, descarga e entrega das mercadorias;

b) A iniciar a viagem segundo as instruções do armador, logo que o navio esteja em condições de empreender a expedição;

c) A levar o navio ao seu destino;

d) A permanecer a bordo durante a viagem quando ocorra perigo para a expedição;

e) A tomar piloto ou prático em todas as barras de portos ou outras paragens, sempre que a lei, o costume ou a normal diligência o determinem;

f) A cumprir a legislação aplicável nos lugares onde o navio se encontre;

g) A assegurar os registos legalmente obrigatórios, bem como os determinados pelo armador;

h) A convocar a conselho oficiais, armadores, carregadores e sobrecargas, sempre que for previsível a ocorrência de perigo para a expedição susceptível de causar danos ao navio, tripulantes, passageiros ou mercadorias;

i) A providenciar, em caso de abandono do navio, ao salvamento e guarda dos documentos de bordo, meios financeiros e outros valores que lhe tenham sido especialmente confiados;

j) A informar o armador, os carregadores e os sobrecargas, sempre que possível e, em particular, depois de qualquer arribada, sobre os acontecimentos extraordinários ocorridos durante a viagem, sobre as despesas extraordinárias efectuadas ou a efectuar em benefício do navio e sobre os fundos para o efeito constituídos;

1225

[129] DL 384/99 Arts. 7.º-12.º

l) A exibir às autoridades competentes ou aos interessados na expedição os documentos e registos do navio, emitindo as competentes certidões ou cópias, quando requeridas;

m) A permitir o acesso a bordo e a realização de vistorias por peritos credenciados pelos interessados na expedição marítima, desde que isso não envolva prejuízo para esta;

n) A providenciar à conservação e às reparações necessárias à navegabilidade do navio.

Art. 7.º (Navegação com piloto)

1. O piloto, em quaisquer circunstâncias, é um assessor do capitão, o que não afecta a responsabilidade deste, do armador ou do proprietário do navio perante terceiros.

2. O piloto responde, perante o armador ou proprietário do navio, nos termos gerais de direito.

Art. 8.º (Poderes de representação do capitão)

Fora do local da sede do proprietário ou do armador, em tudo o que se relacione com a expedição marítima, o capitão goza dos necessários poderes de representação judicial e extrajudicial daqueles.

Art. 9.º (Carregamento por conta da tripulação)

1. É vedado ao capitão e aos restantes tripulantes carregar por sua conta, salvo estipulação escrita em contrário.

2. A violação do estabelecido no número anterior, independentemente de outras sanções, obriga à indemnização do proprietário ou armador pelo montante que corresponda ao dobro do frete devido.

Art. 10.º (Utilização de coisas a bordo)

1. Se, durante a expedição marítima e no seu interesse, for necessário utilizar ou alienar coisas que se encontrem a bordo do navio, o capitão pode fazê-lo, ouvidos os principais da tripulação.

2. O capitão deve promover a elaboração de uma conta, instruída com os documentos justificativos das despesas e receitas originadas pela utilização ou alienação previstas no número anterior.

Art. 11.º (Responsabilidade pelas coisas utilizadas)

Os interessados nas coisas utilizadas ou alienadas nos termos do artigo anterior têm direito ao valor das mesmas, no lugar e na época da descarga do navio, bem como à indemnização dos danos sofridos.

CAPÍTULO III. Tripulantes

Art. 12.º (Regimes jurídicos aplicáveis aos tripulantes)

1. As matérias relativas à lotação dos navios, bem como as que disciplinam a inscrição marítima, cédulas marítimas, classificação, categorias, cursos, exames, tirocínios e certificação dos marítimos, estão sujeitas a legislação especial.

1226

Cap. IV.   Acontecimentos do mar   **Arts. 13.º-14.º   DL 384/99 [129]**

2. Estão igualmente sujeitos a legislação especial os regimes jurídicos dos contratos individuais de trabalho a bordo dos navios.

CAPÍTULO IV.   **Acontecimentos de mar**

Art. 13.º (Noção)

1. Entende-se por acontecimento de mar todo o facto extraordinário que ocorra no mar, ou em águas sob qualquer jurisdição nacional, que tenha causado ou possa causar danos a navios, engenhos flutuantes, pessoas ou coisas que neles se encontrem ou por eles sejam transportadas.

2. Consideram-se acontecimentos de mar, nomeadamente, a tempestade, o naufrágio, o encalhe, a varação, a arribada, voluntária ou forçada, a abalroação, a simples colisão ou toque, o incêndio, a explosão, o alijamento ou o simples aligeiramento, a pilhagem, a captura, o arresto, a detenção, a angária, a pirataria, o roubo, o furto, a barataria, a rebelião, a queda de carga, as avarias particulares do navio ou da carga, bem como as avarias grossas, a salvação, a presa, o acto de guerra, a violência de toda a espécie, a mudança de rota, de viagem ou de navio, a quarentena e, em geral, todos os acidentes ocorridos no mar que tenham por objecto o navio, engenhos flutuantes, pessoas, cargas ou outras coisas transportadas a bordo.

Art. 14.º (Relatório de mar)

1. Após a ocorrência de acontecimento de mar, o capitão ou quem exerça as funções de comando deve elaborar um relatório de mar onde seja descrito pormenorizadamente o ocorrido.

2. O relatório de mar deve conter a descrição de todos os elementos úteis que caracterizam o acontecimento de mar a que respeitam, designadamente os seguintes:

a) Identificação e qualidade do subscritor;

b) Elementos identificadores e características técnicas dos navios e outras coisas relacionadas;

c) Identificação dos proprietários, armadores, afretadores, seguradores, carregadores, lesados, credores e demais interessados conhecidos;

d) Indicação do local ou área geográfica onde se verificou o acontecimento de mar;

e) Descrição pormenorizada dos antecedentes, da sequência dos factos, das consequências e das eventuais causas do acontecimento;

f) Identificação das testemunhas e indicação de outros meios de prova.

3. O relatório de mar elaborado nos termos do número anterior é apresentado à autoridade marítima ou consular, com jurisdição no primeiro porto de escala onde essa autoridade exista, no prazo de quarenta e oito horas contado a partir do momento em que o navio atracar ou fundear no mencionado porto; em caso de perda total do navio, o prazo conta-se desde a data da chegada do capitão ou de quem o substitua.

4. Caso o relatório de mar seja apresentado fora do prazo indicado no número anterior, a autoridade marítima ou consular, sem prejuízo das investigações a que

1227

[129] DL 384/99 Arts. 15.º-17.º   Tripulação e capitão do navio

está obrigada, não pode confirmá-lo, devendo tal circunstância ficar expressamente referida nas conclusões que venham a ser lavradas.

5. Enquanto o procedimento de confirmação do relatório de mar não estiver concluído, não pode iniciar-se a descarga do navio, salvo havendo urgência nesta e autorização concedida por escrito pela autoridade competente para a confirmação.

Art. 15.º (Confirmação do relatório de mar)

1. A autoridade marítima ou consular que recebe o relatório de mar deve investigar, com carácter de urgência, a veracidade dos factos relatados, inquirindo em separado as testemunhas arroladas e os tripulantes, passageiros ou outras pessoas que considere necessário ouvir para esclarecimento da verdade.

2. A autoridade competente para a confirmação do relatório de mar deve, igualmente, recolher as informações e demais meios de prova relacionados com os factos relatados.

3. Nenhum tripulante, passageiro ou outra pessoa pode recusar-se a prestar depoimento feito sob a forma de auto de declarações, salvo impedimento legal; a recusa de colaboração deve constar das conclusões do procedimento.

4. Os interessados na expedição marítima, ou os seus representantes ou gestores de negócios, podem assistir ao depoimento das testemunhas e demais produção de prova, bem como solicitar a quem os detenha os elementos constantes da alínea *l*) do artigo 6.º

5. No final da investigação, a autoridade marítima ou consular encerra o procedimento, lavrando conclusões, nas quais confirma ou não, fundamentadamente, os factos constantes do relatório de mar.

6. A autoridade referida no número anterior deve enviar, logo que possível, à autoridade marítima do porto de registo do navio em causa, cópia autenticada do procedimento e suas conclusões respeitantes ao relatório de mar.

7. Os factos constantes de relatório de mar confirmado pela autoridade marítima ou consular competente, com observância do disposto nos números anteriores, presumem-se verdadeiros, salvo prova em contrário.

CAPÍTULO V. **Disposições finais**

Art. 16.º (Norma revogatória)

São revogados os artigos 496.º, 498.º a 508.º e 510.º a 537.º do Código Comercial.

Art. 17.º (Início de vigência)

O presente diploma entra em vigor 30 dias após a sua publicação.

PARTE DÉCIMA

ACESSO À ACTIVIDADE INDUSTRIAL E COMERCIAL PRIVATIZAÇÕES

Págs.

[131] Decreto-Lei n.º 519-I$_1$/79, de 29 de Dezembro, sobre o acesso à actividade industrial **(DL 519-I$_1$/79)** 1231

[132] Decreto-Lei n.º 339/85, de 21 de Agosto, sobre o acesso à actividade comercial **(DL 339/85)** 1238

[133] Lei n.º 11/90, de 5 de Abril, aprova a lei quadro das privatizações **(L 11/90)** 1241

ACESSO À ACTIVIDADE INDUSTRIAL

[131] DECRETO-LEI N.° 519-I₁/79
de 29 de Dezembro

1. Qualquer que possa ser o juízo de que o chamado «regime de condicionamento industrial» se tenha tornado merecedor ao longo dos muitos anos em que se pretendeu utilizá-lo para orientar o nosso desenvolvimento, o certo é que há muito se vinha afirmando – como, por exemplo, se afirmou no relatório do Decreto-Lei n.° 46 666, de 29 de Novembro de 1965 – a necessidade da sua redução progressiva até o limitar aos poucos casos em que tivesse significado e utilidade nacionais.

Já então esse propósito se defendia, ao menos em parte, como consequência, inevitável e desejada, da nossa participação nos movimentos de integração económica europeia, e essa mesma participação veio também a ser invocada como uma das determinantes de um novo regime, que a Lei n.° 3/72, de 27 de Maio, designou por «regime de autorização», assim abandonando, crê-se que intencionalmente, a referência ao pouco prestigiado condicionamento.

Com o Decreto-Lei n.° 75/74, de 25 de Fevereiro, claramente se reduziu o âmbito do condicionamento ou autorização, entendendo-se, aliás, que tal redução representava um passo natural no caminho que ficaria apontado pela citada Lei n.° 3/72. E, finalmente, o Decreto-Lei n.° 533/74, de 10 de Outubro, teve por confessada finalidade, como se diz no seu preâmbulo, «substituir o chamado regime de condicionamento industrial; terminando assim o processo de decisão casuística e discricionária que sempre caracterizou a intervenção do Governo no processo de industrialização do País».

O mesmo preâmbulo justificava, alias, tal finalidade com a afirmação de que o desenvolvimento industrial exigia do Governo vias positivas de actuação incompatíveis com o carácter negativo, e, portanto, inadequado, do regime de condicionamento.

As vias positivas preconizadas tinham, no diploma, expressão no encargo, atribuído ao Governo, de promover por sua iniciativa o desenvolvimento de certas indústrias – indústrias de acesso limitado – e no papel orientador que, quanto a outras – indústrias de acesso sujeito à satisfação de requisitos –, lhe era confiado, através do poder de definição prévia dos requisitos técnicos, económicos e financeiros a que as respectivas unidades industriais deveriam obedecer.

A verdade, porém, há que reconhecê-lo, é que, apesar da sua confessada e bem intencionada finalidade, o Decreto-Lei n.° 533/74, de 10 de Outubro, não se conseguiu eximir a alguma timidez no seu propósito de desbloqueamento no acesso à actividade industrial e ao vício tradicional de um certo paternalismo inerente aos regimes que procurava ultrapassar e explicitamente revogava.

2. A Constituição de 1976 e a Lei n.° 46/77, de 8 de Julho, que deu cumprimento ao comando constitucional expresso no artigo 85.°, puseram em causa o Decreto-Lei n.° 533/74, de 10 de Outubro, por muitos considerado revogado à face daqueles preceitos constitucionais e legais.

[131] DL 519-I₁/79 Preâmbulo

Acesso à actividade industrial

E, na verdade, o regime definido no Decreto-Lei n.º 533/74 não se coaduna com os princípios expressos naqueles diplomas fundamentais, nomeadamente quanto aos aspectos de autorização prévia e à fixação de requisitos técnicos, económicos e financeiros como condições de acesso à actividade industrial.

Pelo contrário, a Lei n.º 46/77, acentuando no n.º 1 do artigo 1.º o princípio constitucional de que «a iniciativa económica privada, enquanto instrumento do progresso colectivo, pode exercer-se livremente, nos quadros definidos pela Constituição, pela lei e pelo Plano», fornece no n.º 3 do mesmo artigo uma orientação de ordem genérica, definindo o enquadramento do livre exercício da iniciativa económica privada. Aí se diz que «o Governo promoverá a adequada promoção e adaptação dos esquemas de incentivo em vigor, de modo que estes se traduzam em apoio efectivo às iniciativas privadas que venham a inserir-se no âmbito de programas de desenvolvimento, reorganização ou reconversão sectorial e no quadro dos planos de desenvolvimento».

Com nitidez aqui se aponta o caminho para a integração frutuosa da iniciativa privada nos quadros definidos pela Constituição, pela lei e pelo Plano: através de apoio efectivo do Governo por meio de esquemas de incentivos.

Não cabe pois aqui um sistema de restrição, ainda que em forma morigerada, pela fixação de requisitos, como era o caso do Decreto-Lei n.º 533/74.

Por outro lado, o futuro do País e a necessidade imperiosa de apetrechamento económico, industrial, tecnológico e social para enfrentar de uma forma minimamente razoável esse futuro em termos de integração europeia fortemente desaconselhariam do mesmo passo uma leitura do texto constitucional em sentido oposto, de limitações ao exercício da iniciativa económica privada, mesmo na forma de autorização. Os possíveis benefícios teóricos acabariam sempre em actividade burocrática, frequentemente sem sentido útil e normalmente apenas geradora de perturbação e de acusações de provocar a estagnação do progresso industrial, que nem quando se mostrem infundadas deixam de ter efeitos nocivos e desagregadores da confiança dos investidores.

Por estas duas razões primordiais se entendeu ser preferível revogar-se expressamente o Decreto-Lei n.º 533/74, eliminando-se o regime de indústrias de acesso limitado e o de acesso sujeito à satisfação de requisitos. O primeiro não cabe notoriamente no sistema constitucional; o segundo não deixa de constituir uma forma de paternalismo que não tem lugar no Portugal democrático e livre e a Lei n.º 46/77 não consente.

3. Ao mesmo tempo, sentiu o Governo necessidade de enumerar taxativamente as indústrias abrangidas pelo artigo 5.º da citada Lei n.º 46/77, evitando deste modo e pela via adequada que futuras dúvidas ou imprecisões viessem a ser resolvidas por decisões casuísticas.

O potencial investidor fica assim liberto da assunção de riscos pela instalação de indústrias cujo acesso lhe é vedado por lei, o que, por outro lado, justifica a sanção que se prescreve para a violação da Lei n.º 46/77 e que consiste na perda dos estabelecimentos industriais a favor do Estado.

Dada porém a gravidade da sanção, entende-se justificado um regime de excepção no que se refere ao recurso contencioso da decisão, para o qual se prescreve o efeito suspensivo sem necessidade de ser requerido e concedido pelo Supremo Tribunal Administrativo.

4. Com o presente diploma, cria-se ainda um sistema de registo, a partir do qual será organizado o cadastro industrial, instrumento cuja utilidade, para o Governo e para os investidores, é desnecessário encarecer.

5. A actividade do Estado, no que se concerne à revisão da legislação industrial, não se esgota, como é evidente, com o presente diploma, o qual diz respeito exclusivamente ao

1232

Cap. I.   Acesso à actividade industrial   **Art. 1.° DL 519-I₁/79 [131]**

acesso à actividade industrial e é consequência necessária dos preceitos constitucionais e da Lei n.° 46/77.

Como objectivos a curto prazo, e a que se está já dando a necessária atenção, podem enunciar-se:

A organização do cadastro industrial agora criado;

A revisão do Decreto n.° 46 924, de 28 de Março de 1966 (Regulamento da Instalação e Laboração dos Estabelecimentos Industriais), quer nos seus aspectos regulamentares intrínsecos, quer na sua harmonização com os objectivos do cadastro industrial;

A revisão do sistema de incentivos ainda regulado pela Lei n.° 3/72, de 27 de Maio, e pelo Decreto-Lei n.° 74/74, de 28 de Fevereiro, e, portanto, numa óptica de condicionamento e regime de autorização prévia, hoje ultrapassados;

A promoção de uma política de qualidade de produtos.

6. Assinale-se, por fim, que o presente diploma tem em vista predominantemente as indústrias da tutela do Ministério da Indústria, ainda que sem prejuízo da sua aplicação em sectores da tutela de outros Ministérios, como é, por exemplo, o caso das indústrias alimentares abrangidas pelo Decreto Regulamentar n.° 55/79, de 22 de Setembro.

Por outro lado, excluem-se expressamente as indústrias da tutela dos Ministérios da Habitação e Obras Públicas e dos Transportes e Comunicações, deste modo se eliminando quaisquer dúvidas quanto a serem ou não abrangidas pela ressalva do n.° 1 do artigo 1.°, em função da regulamentação técnica a que estão sujeitas.

Nestes termos:

O Governo decreta nos termos da alínea *a*) do n.° 1 do artigo 201.° da Constituição, o seguinte:

CAPÍTULO I.   Acesso à actividade industrial

Art. 1.°   (Liberdade de acesso à actividade industrial)

1. Na observância dos princípios que enformam a Lei n.° 46/77, de 8 de Julho, e com ressalva da restrição dela decorrentes, é livre o acesso à actividade industrial, sem prejuízo do cumprimento da regulamentação vigente sobre higiene, segurança e salubridade e outra regulamentação técnica específica e o cumprimento das normas de qualidade obrigatórias, bem como das disposições legais sobre protecção ambiente.

2. Na localização das unidades industriais observar-se-á o regime legal vigente sobre ordenamento do território.

3. Consideram-se revogados todos os exclusivos de exploração de actividades industriais que tenham sido concedidos a qualquer título, nomeadamente ao abrigo dos regimes de condicionamento e autorização prévia.

Notas. 1. A L n.° 88-A/97, de 25 de Julho, revogou a L n.° 46/77, de 8 de Julho, conhecida por lei de delimitação dos sectores. Esta L tinha sido alterada pelo DL n.° 406/83, de 19 de Novembro, que permitiu o exercício das actividades bancária e seguradora por empresas privadas. Cf. ainda o DL n.° 189/88, de 27 de Maio, que estabelece normas relativas à actividade de produção de energia eléctrica por pessoas singulares ou por pessoas colectivas de direito público ou privado, o DL n.° 449/88, de 10 de Dezembro, que alterou a L 46/77, de 8 de Julho, e permitiu o acesso da iniciativa às indústrias de refinação de petróleo, petroquímica de base e siderúrgica e ainda a diversas actividades como o serviço de produção e distribuição de gás e energia eléctrica para consumo público, os serviços de telecomunica-

1233

[131] DL 519-I₁/79 Arts. 2.°-6.°

Acesso à actividade industrial

ções complementares à rede básica, os transportes aéreos regulares interiores, os transportes ferroviários não explorados em regime de serviço público e os transportes colectivos urbanos de passageiros, o DL n.° 339/91, de 10 de Setembro, que permitiu o acesso às empresas privadas a todo o transporte aéreo regular internacional e à exploração de aeroportos, e o DL n.° 372/93, de 29 de Outubro, que abriu a possibilidade de participação de capitais privados, embora sob a forma de concessão, em empresas intervenientes na indústria da água e do tratamento de resíduos sólidos.

2. Cf. o DL n.° 214/86, de 2 de Agosto, sobre o estabelecimento de nacionais e estrangeiros em todos os sectores económicos abertos à actividade privada.

3. Sobre o acesso e o exercício da actividade de indústria e de comércio de armamento por empresas privadas, cf. os DL n.° 396/98, de 17 de Dezembro, e n.° 397/98, de 17 de Dezembro, alterados pela L n.° 164/99, de 14 de Setembro, e pela L n.° 153/99, de 14 de Setembro, respectivamente.

Art. 2.° (Indústrias de acesso limitado)

1. Os sectores industriais indicados nas alíneas *b*) a *f*) do n.° 1 do artigo 5.° da Lei n.° 46/77, de 8 de Julho, correspondem, segundo a Classificação das Actividades Económicas Portuguesas por Ramos de Actividade (CAE), às actividades constantes do quadro anexo ao presente diploma.

As indústrias a que se refere a alínea *a*) da mesma disposição serão posteriormente definidas por decreto regulamentar dos Ministros da Defesa Nacional e da Indústria.

2. As autorizações a que se refere o previsto no n.° 2 do artigo 5.° da Lei n.° 46/77, de 8 de Julho, deverão ser concedidas por resolução do Conselho de Ministros.

CAPÍTULO II. Cadastro industrial

Art. 3.° (Cadastro das unidades industriais)

Nota. Revogado pelo art. 9.° do DL n.° 97/87, de 4 de Março [**3**]. Este diploma estabelece normas sobre a organização do cadastro dos estabelecimentos industriais, mediante o respectivo registo obrigatório.

Art. 4.° (Registo obrigatório)

Nota. Revogado pelo art. 9.° do DL n.° 97/87, de 4 de Março [**3**].

CAPÍTULO III. Fiscalização e penalidades

Art. 5.° (Fiscalização)

A fiscalização do cumprimento do disposto neste decreto-lei compete às direcções-gerais do Ministério da Indústria que superintendam nas respectivas actividades industriais e à Direcção-Geral de Qualidade deste Ministério.

Art. 6.° (Autos de notícia)

1. Sempre que tenham conhecimento da existência de qualquer infracção às disposições do presente diploma ou às dele decorrentes, os funcionários competentes lavrarão auto de notícia, que será imediatamente enviado à direcção-geral que superintenda na respectiva actividade.

1234

Cap. III. Fiscalização e penalidades **Arts. 7.º-8.º DL 519-I₁/79 [131]**

2. O auto de notícia será lavrado nos termos do artigo 166.º do Código de Processo Penal.

3. O director-geral competente mandará notificar a entidade arguida por meio de carta registada com aviso de recepção, podendo aquela apresentar a sua defesa no prazo de quinze dias a contar da data da recepção da notificação.

Art. 7.º (Penalidades por violação da Lei n.º 46/77)

1. Serão encerradas as unidades industriais instaladas com violação do disposto na Lei n.º 46/77, de 8 de Julho, e declaradas perdidas a favor do Estado, sem direito a indemnização, salvo, quanto a esta, a boa fé dos titulares.

2. A título excepcional e por acordo entre as partes interessadas, poder-se-ão transferir os bens patrimoniais das unidades industriais com violação do disposto na Lei n.º 46/77, de 8 de Julho, para empresas mistas, nos casos em que as mesmas sejam permitidas pela referida lei de delimitação dos sectores, com *contrôle* da maioria do capital social pelo Estado e apenas quando se prove a boa fé dos titulares privados das unidades constituídas nas condições atrás descritas, não havendo, neste caso, qualquer direito ao pagamento de indemnizações.

3. O encerramento, bem como o direito ou não direito à indemnização, serão determinados por despacho do Ministro da Indústria.

4. No caso de reconhecimento de direito à indemnização, o montante desta será fixado por despacho conjunto dos Ministros das Finanças e da Indústria.

5. Nos casos de conflito quanto ao direito à indemnização ou ao seu montante, serão competentes os tribunais comuns.

6. O recurso contencioso da decisão ministerial que ordene o encerramento de estabelecimentos industriais tem sempre efeito suspensivo.

7. Em caso de encerramento do estabelecimento industrial, poderá ser ordenada a aposição de selos nas instalações e equipamentos, quando necessário para prevenir a sua ilegal utilização.

Art. 8.º (Penalidades no caso de outras infracções)

1. O não cumprimento de qualquer das obrigações decorrentes do presente diploma e não constantes do artigo anterior será punido com multa de 5 000$ a 50 000$.

2. As multas referidas no ponto anterior serão graduadas de acordo com a natureza da infracção, designadamente a ausência de dolo, o prejuízo ou risco de prejuízo dela derivado para a economia nacional, os antecedentes do infractor e a sua capacidade económica.

3. A competência para aplicação das multas previstas neste artigo cabe ao director-geral que superintende na respectiva actividade industrial.

4. Se o transgressor não pagar a multa aplicada nos termos dos números anteriores dentro do prazo de dez dias a contar da notificação do despacho definitivo. remeter-se-á ao competente tribunal das contribuições e impostos, para cobrança coerciva, certidão de que constem os elementos referidos no artigo 156.º do Código do Processo das Contribuições e Impostos.

1235

[131] DL 519-I₁/79 Arts. 9.º-15.º   Acesso à actividade industrial

CAPÍTULO IV.   Disposições finais e transitórias

Art. 9.º (Formalidades quanto às indústrias já existentes)
Nota. Revogado pelo art. 9.º do DL n.º 97/87, de 4 de Março [3].

Art. 10.º (Sectores prioritários)
Nota. Revogado pelo art. 9.º do DL n.º 97/87, de 4 de Março [3].

Art. 11.º (Regime transitório de registo)
Nota. Revogado pelo art. 9.º do DL n.º 97/87, de 4 de Março [3].

Art. 12.º (Recurso hierárquico)
De todos os actos previstos neste diploma que sejam da competência dos directores-gerais, ou entidades equivalentes, do Ministério da Indústria, cabe recurso hierárquico para o Ministro, a interpor no prazo de trinta dias.

Art. 13.º (Resolução de dúvidas)
As dúvidas emergentes da execução do presente decreto-lei serão resolvidas por despacho do Ministro da Indústria.

Art. 14.º (Campo de aplicação)
1. Excluem-se do âmbito deste diploma as indústrias da tutela dos Ministérios da Habitação e Obras Públicas e dos Transportes e Comunicações, que continuam a reger-se pela legislação que lhes é especialmente aplicável.

2. As referências feitas no presente diploma ao Ministro da Indústria e aos departamentos do Ministério da Indústria entendem-se feitas aos Ministros das pastas respectivas e aos departamentos da sua jurisdição, relativamente às indústrias da sua tutela.

Art. 15.º (Legislação revogada)
Fica revogado o Decreto-Lei n.º 533/74, de 10 de Outubro.

Quadro anexo ao Decreto-Lei n.º 519-I₁/79, de 29 de Dezembro

Sectores industriais de base	Actividades industriais abrangidas pelos sectores industriais de base Designação	Classificação CAE em que se inclui a actividade abrangida
Indústria de refinação de petróleos............	Refinação de petróleo..	3530
Indústria de petroquímica de base	Fabricação de benzeno, tolueno, xileno, etileno, propileno, butadieno e metanol..	3511.3.1 e 3511.3.2
	Fabricação de amoníaco	3512.1.1
	Fabricação de gusa, excluindo a da gusa para fundição	3710.1
Indústria siderúrgica	Fabricação de ferro e aço sem fabricação de gusa e sem laminagem e não incluindo a fabricação de aço vasado	3710.2
	Laminagem a quente de produtos longos e planos de aços correntes e laminagen a frio de produtos planos com largura mínima de 550 mm e consequente tratamento metálico	3710.5
	Fabricação de ureia...	3511.3.4
	Fabricação de adubos azotados	3512.1.1
Indústria adubeira	Fabricação de adubos fosfatados..	3512.1.2
	Fabricação de adubos potássicos..	3512.1.3
	Fabricação de adubos complexos..	3512.1.4
Indústria cimenteira	Fabricação de cimento..	3692.1

ACESSO À ACTIVIDADE COMERCIAL

[132] DECRETO-LEI N.° 339/85
de 21 de Agosto [1]

O Governo decreta, nos termos da alínea *a*) do n.° 1 do artigo 201.° da Constituição, o seguinte:

Art. 1.° (Actividades comerciais)
1. Para efeitos de aplicação das disposições legais relativas ao exercício do comércio, são consideradas as seguintes actividades:
a) De comércio por grosso. – Entende-se que exerce a actividade de comércio por grosso toda a pessoa física ou colectiva que, a título habitual e profissional, compra mercadorias em seu próprio nome e por sua própria conta e as revende, quer a outros comerciantes, grossistas ou retalhistas, quer a transformadores, quer ainda a utilizadores profissionais ou grandes utilizadores;
b) De comércio a retalho. – Entende-se que exerce a actividade de comércio a retalho toda a pessoa física ou colectiva que, a título habitual e profissional, compra mercadorias em seu próprio nome e por sua própria conta e as revende directamente ao consumidor final.
2. A actividade do comércio por grosso pode ser exercida pelos seguintes agentes:
a) Exportador. – O que vende directamente para o mercado externo produtos de origem nacional ou nacionalizada;
b) Importador. – O que adquire directamente nos mercados externos os produtos destinados a serem comercializados no território nacional ou para ulterior reexportação;
c) Grossista. – O que adquire no mercado interno produtos nacionais ou estrangeiros e os comercialize por grosso no mercado interno.
3. A actividade de comércio a retalho pode ser exercida pelos seguintes agentes:
a) Retalhista. – O que exerce aquele comércio de forma sedentária, em estabelecimentos, lojas ou instalações fixas ao solo de maneira estável em mercados cobertos;
b) Vendedor ambulante. – O que exerce aquele comércio de forma não sedentária, pelos lugares do seu trânsito ou em zonas que lhe sejam especialmente destinadas;

---

[1] As epígrafes dos artigos não constam do texto oficial.

Acesso à actividade comercial   **Arts. 2.º-4.º DL 339/85 [132]**

c) Feirante. – O que exerce aquele comércio de forma não sedentária em mercados descobertos ou em instalações não fixas ao solo de maneira estável em mercados cobertos.

4. Considera-se incluída na modalidade de retalhista a exploração de venda automática e de venda ao consumidor final através de catálogo, por correspondência ou ao domicílio.

5. Entende-se que exerce a actividade de agente de comércio toda a pessoa física ou colectiva que, não se integrando em qualquer das categorias anteriormente definidas mas possuindo organização comercial, pratica, a título habitual e profissional, actos de comércio.

Notas. 1. O estatuto do vendedor ambulante está regulado no DL n.º 122/79, de 8 de Maio, modificado pelos DL n.ᵒˢ 282/85, de 22 de Julho, 238/86, de 5 de Setembro, 399/91, de 16 de Outubro, e n.º 252/93, de 14 de Julho. Cf. ainda o despacho normativo n.º 238/79, (DR de 8-9-1979).

2. O DL n.º 42/2008, de 10 de Março, regula a actividade de comércio a retalho exercida por feirantes. Cf. ainda a Portaria n.º 378/2008, de 26 de Maio.

3. O DL n.º 258/95, de 30 de Setembro, estabelece os princípios fundamentais relativos à organização geral dos mercados abastecedores e cria mercados abastecedores de interesse público.

4. O DL n.º 259/95, de 30 de Setembro, regula o exercício da actividade de comércio por grosso, quando exercida de forma sedentária.

Art. 2.º (Classificação de produtos)

A classificação de produtos a comercializar pelas pessoas físicas ou colectivas que exerçam as actividades indicadas no artigo anterior deve corresponder à classificação das actividades económicas (CAE) a seis dígitos.

Art. 3.º (Condições para obtenção do cartão de identificação de empresário individual)

São condições para a obtenção do cartão de identificação de empresário individual que se proponha exercer uma actividade comercial, a emitir pelo Registo Nacional de Pessoas Colectivas:

a) Ter capacidade comercial nos termos da legislação comercial;

b) Não estar inibido do exercício do comércio por falência ou insolvência, nos termos da lei processual civil;

c) Não estar inibido do exercício do comércio por sentença penal transitada em julgado ou por decisão proferida em processo de contra-ordenação, nos termos e limites que estas determinarem;

d) Ter como habilitações mínimas a escolaridade obrigatória, de acordo com a idade do requerente;

Art. 4.º (Condições de inscrição de pessoa colectiva que exerça actividade comercial no RNPC)

1. É condição para a inscrição da pessoa colectiva no Registo Nacional de Pessoas Colectivas, quando exerça uma actividade comercial, o preenchimento, por parte das pessoas singulares que a podem obrigar, de todos os requisitos exigidos no artigo anterior.

1239

[132]   DL 339/85 Arts. 5.º-6.º   Acesso à actividade comercial

2. A alteração do elenco das pessoas singulares que podem obrigar a pessoa colectiva que exerça uma actividade comercial implica actualização da inscrição desta no Registo Nacional de Pessoas Colectivas.

Art. 5.º (Interdição do exercício da actividade comercial)
1. As decisões que imponham a interdição do exercício da actividade comercial serão notificadas ao Registo Nacional de Pessoas Colectivas e à Direcção-Geral de Inspecção Económica, sendo interditada a inscrição dos candidatos ou promovida a apreensão do correspondente cartão de identificação de pessoa colectiva ou de empresário individual, consoante os casos.
2. A Direcção-Geral de Inspecção Económica pode solicitar ao Registo Nacional de Pessoas Colectivas fotocópia autenticada ou microfilme do pedido do cartão de identificação de pessoa colectiva ou de empresário individual sempre que suspeite terem sido prestadas falsas declarações para obtenção do mesmo.
3. A Direcção-Geral de Inspecção Económica promoverá o procedimento criminal adequado sempre que se verifique o exercício da actividade comercial em infracção ao disposto no artigo 97.º do Código Penal ou no artigo 12.º do Decreto-Lei n.º 28/84, de 20 de Janeiro.

Art. 6.º (Apresentação dos pedidos de cartão de identificação pelas associações comerciais)
Os pedidos de cartão de identificação de empresário individual ou de pessoa colectiva poderão ser apresentados nas respectivas associações comerciais, que promoverão a sua entrega no Registo Nacional de Pessoas Colectivas.

1240

PRIVATIZAÇÕES

[133] LEI N.° 11/90
de 5 de Abril

A Assembleia da República decreta, nos termos dos artigos 85.°, 164.°, alínea *d*), e 169.°, n.° 3, da Constituição, o seguinte:

Art. 1.° (Âmbito)
A presente lei aplica-se à reprivatização da titularidade ou do direito de exploração dos meios de produção e outros bens nacionalizados depois de 25 de Abril de 1974, nos termos do n.° 1 do artigo 85.° da Constituição.

Art. 2.° (Empresas excluídas)
O capital das empresas a que se refere o artigo 87.°, n.° 3, da Constituição e que exerçam a sua actividade principal em alguma das áreas económicas definidas na lei só poderá ser privatizado até 49%.

Art. 3.° (Objectivos)
As reprivatizações obedecem aos seguintes objectivos essenciais:

a) Modernizar as unidades económicas e aumentar a sua competitividade e contribuir para as estratégias de reestruturação sectorial ou empresarial;

b) Reforçar a capacidade empresarial nacional;

c) Promover a redução do peso do Estado na economia;

d) Contribuir para o desenvolvimento do mercado de capitais;

e) Possibilitar uma ampla participação dos cidadãos portugueses na titularidade do capital das empresas, através de uma adequada dispersão do capital, dando particular atenção aos trabalhadores das próprias empresas e aos pequenos subscritores;

f) Preservar os interesses patrimoniais do Estado e valorizar os outros interesses nacionais;

g) Promover a redução do peso da dívida pública na economia.

Art. 4.° (Transformação em sociedade anónima)
1. As empresas públicas a reprivatizar serão transformadas, mediante decreto-lei, em sociedades anónimas, nos termos da presente lei.

2. O diploma que operar a transformação aprovará também os estatutos da sociedade anónima, a qual passará a reger-se pela legislação comum das sociedades comerciais em tudo quanto não contrarie a presente lei.

[133] L 11/90 Arts. 5.º-7.º

Privatizações

3. A sociedade anónima que vier a resultar da transformação continua a personalidade jurídica da empresa transformada, mantendo todos os direitos e obrigações legais ou contratuais desta.

Art. 5.º (Avaliação prévia)

1. O processo de reprivatização da titularidade ou do direito de exploração dos meios de produção e outros bens nacionalizados a que se refere o artigo 1.º será sempre precedido de uma avaliação, feita, pelo menos, por duas entidades independentes, escolhidas de entre as pré-qualificadas em concurso realizado para o efeito.

2. Sem prejuízo da necessidade de abertura de novos concursos de pré-qualificação, mantém-se a validade do concurso de pré-qualificação já realizado.

Nota. O art. 78.º da Lei n.º 55-A/2010, de 31 de Dezembro, dispõe, o seguinte:
"Para as reprivatizações a realizar ao abrigo da Lei n.º 11/90, de 5 de Abril, alterada pela Lei n.º 102/2003, de 15 de Novembro, bem como para a alienação de outras participações sociais do Estado, fica o Governo autorizado, através do membro do Governo responsável pela área das finanças, com a faculdade de delegação, a contratar, por ajuste directo, entre as empresas pré-qualificadas a que se refere o artigo 5.º da referida lei, a montagem das operações de alienação e de oferta pública de subscrição de acções, a tomada firme e respectiva colocação e demais operações associadas."

Art. 6.º (Processos e modalidades de reprivatização)

1. A reprivatização da titularidade realizar-se-á, alternativa ou cumulativamente, pelos seguintes processos:

   a) Alienação das acções representativas do capital social;

   b) Aumento do capital social.

2. Os processos previstos no número anterior realizar-se-ão, em regra e preferencialmente, através de concurso público, oferta na bolsa de valores ou subscrição pública.

3. Quando o interesse nacional ou a estratégia definida para o sector o exijam ou quando a situação económico-financeira da empresa o recomende, poderá proceder-se:

   a) A concurso aberto a candidatos especialmente qualificados, referente a lote de acções indivisível, com garantias de estabilidade dos novos accionistas e em obediência a requisitos considerados relevantes para a própria empresa em função das estratégias de desenvolvimento empresarial, de mercado, tecnológicas ou outras;

   b) Por venda directa, à alienação de capital ou à subscrição de acções representativas do seu aumento.

4. Os títulos transaccionados por concurso público limitado ou venda directa são nominativos, podendo determinar-se a sua intransmissibilidade durante determinado período, a fixar no decreto-lei referido no artigo 4.º do presente diploma.

Art. 7.º (Reprivatização por concurso público)

1. A reprivatização através de concurso público será regulada pela forma estabelecida no artigo 4.º, no qual se preverá a existência de um caderno de encargos, com a indicação de todas as condições exigidas aos candidatos a adquirentes.

2. É da competência do Conselho de Ministros a decisão final sobre a apreciação e selecção dos candidatos a que se refere o número anterior.

1242

Privatizações   Arts. 8.º-12.º L 11/90 **[133]**

Art. 8.º (Venda directa)
  1. A venda directa de capital da empresa consiste na adjudicação sem concurso a um ou mais adquirentes do capital a alienar.
  2. Para efeitos do disposto no número anterior, é sempre obrigatória a existência de um caderno de encargos, com a indicação de todas as condições da transacção.
  3. É da competência do Conselho de Ministros a escolha dos adquirentes, bem como a definição das condições específicas de aquisição do capital social.

Art. 9.º (Obrigações de reprivatização)
  As sociedades anónimas resultantes da transformação de empresas públicas podem emitir "obrigações de reprivatização", sob a forma de obrigações convertíveis em acções ou de obrigações com direito a subscrever acções, salvaguardada a observância das exigências constantes da presente lei.

Art. 10.º (Capital reservado a trabalhadores, pequenos subscritores e emigrantes)
  1. Uma percentagem do capital a reprivatizar será reservada à aquisição por pequenos subscritores e por trabalhadores da empresa objecto da reprivatização.
  2. Os emigrantes poderão também ser abrangidos pelo disposto no número anterior.

Art. 11.º (Regime de aquisição ou subscrição de acções por pequenos subscritores e emigrantes)
  1. A aquisição ou subscrição de acções por pequenos subscritores e emigrantes beneficiará de condições especiais, desde que essas acções não sejam transaccionadas durante um determinado período a contar da data da sua aquisição ou subscrição.
  2. As acções adquiridas ou subscritas nos termos do número anterior não conferem ao respectivo titular o direito de votar na assembleia geral, por si ou por interposta pessoa, durante o período da indisponibilidade.

Art. 12.º (Regime de aquisição ou subscrição de acções por trabalhadores)
  1. Os trabalhadores ao serviço da empresa a reprivatizar, bem como aqueles que hajam mantido vínculo laboral durante mais de três anos com a empresa pública ou com as empresas privadas cuja nacionalização originou esta empresa pública, têm direito, independentemente da forma escolhida para a reprivatização, à aquisição ou subscrição preferencial de acções, podendo, para o efeito, atender-se, designadamente, ao tempo de serviço efectivo por eles prestado.
  2. A aquisição ou subscrição de acções pelos trabalhadores da empresa a reprivatizar beneficiará de condições especiais, não podendo essas acções ser objecto de negócio jurídico que transmita ou tenda a transmitir a sua titularidade, ainda que com eficácia futura, durante um determinado período a contar da data da sua aquisição ou subscrição, sob pena da nulidade do referido negócio.
  3. As acções adquiridas ou subscritas nos termos do presente artigo não conferem ao respectivo titular o direito de votar na assembleia geral por interposta pessoa durante o período de indisponibilidade a que se refere o número anterior.

1243

[133] L 11/90 Arts. 13.º-15.º

Privatizações

4. Não beneficiarão do regime referido no n.º 1 os antigos trabalhadores da empresa que hajam sido despedidos em consequência de processo disciplinar e ainda os que hajam passado a trabalhar noutras empresas com o mesmo objecto social daquela, por o contrato de trabalho ter cessado por proposta dos trabalhadores interessados.

Art. 13.º (Regulamentação e restrições)

1. O decreto-lei referido no n.º 1 do artigo 4.º aprovará o processo, as modalidades de cada operação de reprivatização, designadamente os fundamentos da adopção das modalidades de negociação previstas nos n.ºs 3 e 4 do artigo 6.º, as condições especiais de aquisição de acções e o período de indisponibilidade a que se referem os artigos 11.º, n.º 1, e 12.º, n.º 2.

2. Nas reprivatizações realizadas através de concurso público, oferta na bolsa de valores ou subscrição pública nenhuma entidade, singular ou colectiva, poderá adquirir ou subscrever mais do que uma determinada percentagem do capital a reprivatizar, a definir também no diploma a que se refere o n.º 1 do artigo 4.º, sob pena, consoante for determinado, de venda coerciva das acções que excedam tal limite, perda de direito de voto conferido por essas acções ou ainda de nulidade.

3. (...)

4. Para efeitos dos números anteriores, consideram-se como a mesma entidade duas ou mais entidades que tenham entre si relações de simples participação ou relações de participação recíprocas de valor superior a 50% do capital social de uma delas ou que sejam dominadas por um mesmo accionista.

Nota. O n.º 3 foi revogado pelo art. único da L n.º 102/2003, de 15 de Novembro.

Art. 14.º (Competência do Conselho de Ministros)

Cabe ao Conselho de Ministros aprovar, por resolução, de acordo com a lei, as condições finais e concretas das operações a realizar em cada processo de reprivatização.

Art. 15.º (Administrador por parte do Estado e acções privilegiadas)

1. A título excepcional, e sempre que razões de interesse nacional o requeiram, o diploma que aprovar os estatutos da empresa a reprivatizar poderá prever, para garantia do interesse público, que as deliberações respeitantes a determinadas matérias fiquem condicionadas a confirmação por um administrador nomeado pelo Estado.

2. Para efeitos do disposto no número anterior, o diploma referido deve identificar as matérias em causa, bem como o regime das competências do administrador nomeado pelo Estado.

3. Poderá ainda o diploma referido no n.º 1 do artigo 4.º, e também a título excepcional, sempre que razões de interesse nacional o requeiram, prever a existência de acções privilegiadas, destinadas a permanecer na titularidade do Estado, as quais, independentemente do seu número, concederão direito de veto quanto às alterações do pacto social e outras deliberações respeitantes a determinadas matérias, devidamente tipificadas nos mesmos estatutos.

Privatizações   Arts. 16.°-20.° L 11/90 **[133]**

Art. 16.° (Destino das receitas obtidas)

As receitas do Estado provenientes das reprivatizações serão exclusivamente utilizadas, separada ou conjuntamente, para:

a) Amortização da dívida pública;

b) Amortização da dívida do sector empresarial do Estado;

c) Serviço da dívida resultante de nacionalizações;

d) Novas aplicações de capital no sector produtivo.

Art. 17.° (Empresas públicas regionais)

1. A reprivatização de empresas públicas com sede e actividade principal nas Regiões Autónomas da Madeira e dos Açores revestir-se-á da forma estabelecida o artigo 4.°, mediante a iniciativa e com o parecer favorável do respectivo governo regional.

2. Para efeito do número anterior, e durante o respectivo processo de reprivatização, a comissão de acompanhamento definida no artigo 20.° será integrada por um representante da respectiva região autónoma, proposto pelo governo regional e nomeado por despacho do Primeiro-Ministro.

3. O produto das receitas provenientes das reprivatizações referidas no n.° 1 será exclusivamente aplicado na amortização da dívida pública regional e em novas aplicações de capital no sector produtivo regional.

Art. 18.° (Inscrição orçamental)

1. O produto das receitas das reprivatizações, bem como a sua aplicação, terão expressão na lei do orçamento de cada ano.

2. A expressão orçamental das receitas e das despesas resultantes das privatizações obedecerá às directivas da presente lei.

Art. 19.° (Garantia dos direitos dos trabalhadores)

Os trabalhadores das empresas objecto de privatização manterão no processo de reprivatização da respectiva empresa todos os direitos e obrigações de que sejam titulares.

Art. 20.° (Comissão de Acompanhamento das Reprivatizações)

1. A Comissão de Acompanhamento das Reprivatizações é um órgão que tem por missão apoiar tecnicamente o Governo na prossecução dos objectivos estabelecidos no artigo 3.° e dos princípios de transparência, rigor e isenção dos processos de reprivatização.

2. Compete à Comissão acompanhar todas as fases do processo de alienação de acções ou aumento de capital das empresas públicas transformadas em sociedade anónima de capitais maioritariamente públicos, nomeadamente:

a) Fiscalizar a estrita observância dos princípios e regras consagrados na lei, bem como da rigorosa transparência do processo de privatizações;

b) Elaborar os pareceres que o Governo entenda necessários sobre as matérias relacionadas com os processos de privatizações;

c) Verificar o cumprimento dos limites e regras estabelecidos no artigo 13.° da presente lei;

1245

[133] L 11/90 Arts. 21.º-24.º

Privatizações

d) Apreciar e submeter aos órgãos e entidades competentes quaisquer reclamações que lhe sejam submetidas relativamente às operações de alienação de acções ou de aumentos de capital das empresas transformadas;

e) Elaborar e publicar, depois de homologado pelo Primeiro-Ministro, um relatório semestral das suas actividades, incluindo, designadamente, uma referência desenvolvida às operações realizadas nesse período.

3. A escolha dos membros da Comissão deve fundar-se em critérios de competência, devidamente justificados, atendendo, essencialmente, à sua experiência em matéria económica, financeira e jurídica e garantindo a pluridisciplinaridade da Comissão.

4. Os membros da Comissão ficam, durante e após os respectivos mandatos, vinculados ao dever de absoluto sigilo quanto a factos e informações relativos às empresas a que tenham acesso no exercício ou por força do exercício das suas funções.

5. Os membros da Comissão são nomeados por despacho do Primeiro--Ministro.

6. Os membros da comissão criada ao abrigo do artigo 10.º da Lei n.º 84/88, de 20 de Julho, que passa a denominar-se Comissão de Acompanhamento das Reprivatizações, mantêm-se em funções, independentemente de qualquer formalidade.

Art. 21.º (Incompatibilidades)

O exercício do cargo de membro da Comissão de Acompanhamento das Reprivatizações é incompatível com as funções de membro do conselho de administração ou conselho de gestão das empresas públicas a privatizar.

Art. 22.º (Proibição de aquisição)

Não poderão adquirir acções das empresas públicas a privatizar, quando se trate de concurso aberto a candidatos pré-qualificados ou de venda directa:

a) Os membros do Governo em funções;

b) Os membros da Comissão de Acompanhamento das Reprivatizações.

Art. 23.º (Isenção de taxas e emolumentos)

As alterações aos estatutos das empresas objecto de privatização ao abrigo da presente lei, bem como as alterações decorrentes da convolação a que se refere o n.º 1 do artigo 27.º, produzirão todos os seus efeitos desde que deliberadas nos termos legais e estatutários, devendo os respectivos registos ser feitos oficiosamente com isenção de taxas e emolumentos.

Art. 24.º (Mobilização de indemnizações pelos titulares originários)

Os titulares originários da dívida pública decorrente das nacionalizações e expropriações têm o direito de mobilizar, ao valor nominal, títulos de indemnização para fins de pagamento das operações de reprivatização, relativamente ao valor que por si não tenha sido já mobilizado ou não haja sido chamado a amortização.

1246

Privatizações   Arts. 25.º-28.º L 11/90 **[133]**

Art 25.º (Outras empresas)

À reprivatização da titularidade das empresas nacionalizadas que não tenham o estatuto de empresa pública aplica-se, com as necessárias adaptações, o regime da presente lei.

Art. 26.º (Direito de exploração)

1. O processo de reprivatização do direito de exploração dos meios de produção e outros bens nacionalizados realizar-se-á, em regra e preferencialmente, através de concurso público.

2. A título excepcional, quando o interesse nacional ou a estratégia definida para o sector o exijam ou quando a situação económica-financeira da empresa o recomende, o processo da reprivatização referido no número anterior poderá revestir a forma de concurso aberto a candidatos especialmente qualificados ou de ajuste directo.

3. Ao processo referido nos números anteriores aplica-se o disposto nos artigos 4.º, 6.º, 16.º, 19.º, 23.º e 25.º, com as necessárias adaptações.

Art. 27.º (Disposição transitória)

1. Os processos de transformação operados nos termos da Lei n.º 84/88, de 20 de Julho, deverão concluir-se ao abrigo dessa legislação, salvo se o Governo preferir convolá-los em processo de reprivatização ao abrigo da presente lei, mediante prévia alteração do respectivo diploma de transformação.

2. Nos processos que não forem convolados nos termos do número anterior poderá ser reduzido para um ano o prazo previsto no n.º 3 do artigo 5.º da Lei n.º 84/88, de 20 de Julho, devendo ser assegurado o cumprimento dos requisitos constantes das alíneas *c*) e *d*) do n.º 1 e do n.º 5 do artigo 5.º da mesma lei.

Art. 28.º (Norma revogatória)

É revogada a Lei n.º 84/ 88, de 20 de Julho, com salvaguarda do disposto no artigo 27.º da presente lei.

PARTE DÉCIMA PRIMEIRA

INSOLVÊNCIA E RECUPERAÇÃO DE EMPRESAS

Págs.

[141] Decreto-Lei n.º 53/2004, de 18 de Março, aprova o Código
       da Insolvência e da Recuperação de Empresas   (CIRE)   1251

[142] Decreto-Lei n.º 54/2004, de 18 de Março, estabelece o regime jurí-
       dico das sociedades de administradores da insolvência   (SAI)   1361

[143] Lei n.º 32/2004, de 22 de Julho, estabelece o estatuto do admi-
       nistrador da insolvência   (L 32/2004)   1363

[141] DECRETO-LEI N.° 53/2004
de 18 de Março

1. O XV Governo Constitucional assumiu, no seu programa, o compromisso de proceder à revisão do processo de recuperação de empresas e falência, com especial ênfase na sua agilização, bem como dos modos e procedimentos da liquidação de bens e pagamentos aos credores, tendo para o efeito apresentado à Assembleia da República uma proposta de lei de autorização de revisão do enquadramento legal actualmente em vigor nesta matéria.

O Código dos Processos Especiais de Recuperação da Empresa e de Falência (CPEREF), aprovado pelo Decreto-Lei n.° 132/93, de 23 de Abril, constituiu um momento importante na regulamentação legal dos problemas do saneamento e falência de empresas que se encontrem insolventes ou em situação económica difícil. Eliminando a distinção, nesta sede, entre insolvência de comerciantes e não comerciantes, retirando do Código de Processo Civil a regulamentação processual e substantiva da falência, e conjugando num mesmo diploma, de forma inovadora, essa matéria com a da recuperação da empresa, a par de outras inovações de menor alcance, obtiveram-se com aquele diploma significativos avanços tanto do ponto de vista do aperfeiçoamento técnico-jurídico como da bondade das soluções respeitantes à insolvência de empresas e consumidores.

Porém, várias circunstâncias tornaram premente a necessidade de uma ampla reforma, como hoje é amplamente reconhecido e como com o decurso dos anos se foi verificando.

As estruturas representativas dos trabalhadores e os agentes económicos têm recorrentemente realçado a urgência na aprovação de medidas legislativas que resolvam ou, pelo menos, minorem os problemas que actualmente são sentidos na resolução célere e eficaz dos processos judiciais decorrentes da situação de insolvência das empresas. A manutenção do regime actual por mais tempo resultaria em agravados prejuízos para o tecido económico e para os trabalhadores.

O carácter muitas vezes tardio do impulso do processo, a demora da tramitação em muitos casos, sobretudo quando processada em tribunais comuns, a duplicação de chamamentos dos credores ao processo, que deriva da existência de uma fase de oposição preliminar, comum ao processo de recuperação e ao de falência, a par de uma nova fase de reclamação de créditos uma vez proferido o despacho de prosseguimento da acção, as múltiplas possibilidades de convolação de uma forma de processo na outra, o carácter típico e taxativo das providências de recuperação, são, a par de vários outros aspectos que adiante se menciona, alguns dos motivos apontados para o inêxito da aplicação do CPEREF.

2. A reforma ora empreendida não se limita, porém, à colmatação pontual das deficiências da legislação em vigor, antes assenta no que se julga ser uma mais correcta perspectivação e delineação das finalidades e da estrutura do processo, a que preside uma filosofia autónoma e distinta, que cumpre brevemente apresentar.

3. O objectivo precípuo de qualquer processo de insolvência é a satisfação, pela forma mais eficiente possível, dos direitos dos credores.

Quem intervém no tráfego jurídico, e especialmente quando aí exerce uma actividade comercial, assume por esse motivo indeclináveis deveres, à cabeça deles o de honrar os compromissos assumidos. A vida económica e empresarial é vida de interdependência, pelo que o incumprimento por parte de certos agentes repercute-se necessariamente na situação económica e financeira dos demais. Urge, portanto, dotar estes dos meios idóneos para fazer face à insolvência dos seus devedores, enquanto impossibilidade de pontualmente cumprir obrigações vencidas.

Sendo a garantia comum dos créditos o património do devedor, é aos credores que cumpre decidir quanto à melhor efectivação dessa garantia, e é por essa via que, seguramente, melhor se satisfaz o interesse público da preservação do bom funcionamento do mercado.

[141] CIRE

Decreto-Lei n.º 53/2004, de 18 de Março

Quando na massa insolvente esteja compreendida uma empresa que não gerou os rendimentos necessários ao cumprimento das suas obrigações, a melhor satisfação dos credores pode passar tanto pelo encerramento da empresa, como pela sua manutenção em actividade. Mas é sempre da estimativa dos credores que deve depender, em última análise, a decisão de recuperar a empresa, e em que termos, nomeadamente quanto à sua manutenção na titularidade do devedor insolvente ou na de outrem. E, repise-se, essa estimativa será sempre a melhor forma de realização do interesse público de regulação do mercado, mantendo em funcionamento as empresas viáveis e expurgando dele as que o não sejam (ainda que, nesta última hipótese, a inviabilidade possa resultar apenas do facto de os credores não verem interesse na continuação).

Entende-se que a situação não corresponde necessariamente a uma falha do mercado e que os mecanismos próprios deste conduzem a melhores resultados do que intervenções autoritárias. Ao direito da insolvência compete a tarefa de regular juridicamente a eliminação ou a reorganização financeira de uma empresa segundo uma lógica de mercado, devolvendo o papel central aos credores, convertidos, por força da insolvência, em proprietários económicos da empresa.

4. É com base nas considerações anteriores, sinteticamente expostas, que o novo Código da Insolvência e da Recuperação de Empresas (CIRE), que é aprovado pelo presente diploma, aproveitando também o ensinamento de outros ordenamentos jurídicos, adopta uma sistematização inteiramente distinta da do actual CPEREF (sem prejuízo de haver mantido, ainda que nem sempre com a mesma formulação ou inserção sistemática, vários dos seus preceitos e aproveitado inúmeros dos seus regimes).

5. Os sistemas jurídicos congéneres do nosso têm vindo a unificar os diferentes procedimentos que aí também existiam num único processo de insolvência, com uma tramitação supletiva baseada na liquidação do património do devedor e a atribuição aos credores da possibilidade de aprovarem um plano que se afaste deste regime, quer provendo à realização da liquidação em moldes distintos, quer reestruturando a empresa, mantendo-a ou não na titularidade do devedor insolvente. É o caso da recente lei alemã e da reforma do direito falimentar italiano em curso.

6. O novo Código acolhe esta estrutura, como logo resulta do seu artigo 1.º e, por outro lado, do artigo 192.º, que define a função do plano de insolvência.

Fugindo da errónea ideia afirmada na actual lei, quanto à suposta prevalência da via da recuperação da empresa, o modelo adoptado pelo novo Código explicita, assim, desde o seu início, que é sempre a vontade dos credores a que comanda todo o processo. A opção que a lei lhes dá é a de se acolherem ao abrigo do regime supletivamente disposto no Código – o qual não poderia deixar de ser o do imediato ressarcimento dos credores mediante a liquidação do património do insolvente – ou de se afastarem dele, provendo por sua iniciativa a um diferente tratamento do pagamento dos seus créditos. Aos credores compete decidir se o pagamento se obterá por meio de liquidação integral do património do devedor, nos termos do regime disposto no Código ou nos de que constem de um plano de insolvência que venham a aprovar, ou através da manutenção em actividade e reestruturação da empresa, na titularidade do devedor ou de terceiros, nos moldes também constantes de um plano.

Há que advertir, todavia, que nem a não aprovação de um plano de insolvência significa necessariamente a extinção da empresa, por isso que, iniciando-se a liquidação, deve o administrador da insolvência, antes de mais, diligenciar preferencialmente pela sua alienação como um todo, nem a aprovação de um plano de insolvência implica a manutenção da empresa, pois que ele pode tão somente regular, em termos diversos dos legais, a liquidação do património do devedor.

Não valerá, portanto, afirmar que no novo Código é dada primazia à liquidação do património do insolvente. A primazia que efectivamente existe, não é demais reiterá-lo, é a da vontade dos credores, enquanto titulares do principal interesse que o direito concursal visa acautelar: o pagamento dos respectivos créditos, em condições de igualdade quanto ao prejuízo decorrente de o património do devedor não ser, à partida e na generalidade dos casos, suficiente para satisfazer os seus direitos de forma integral.

7. Cessa, assim, porque desnecessária, a duplicação de formas de processo especiais (de recuperação e de falência) existente no CPEREF, bem como a fase preambular que lhes era comum, e que era susceptível de gerar, inclusivamente, demoras evitáveis na tramitação do processo, nomeadamente pela duplicação concomitante de chamamento dos credores, e também por, em inúmeros casos, o recurso ao processo de recuperação se traduzir num mero expediente para atrasar a declaração de falência.

1252

Decreto-Lei n.° 53/2004, de 18 de Março   CIRE **[141]**

A supressão da dicotomia recuperação/falência, a par da configuração da situação de insolvência como pressuposto objectivo único do processo, torna também aconselhável a mudança de designação do processo, que é agora a de "processo de insolvência". A insolvência não se confunde com a "falência", tal como actualmente entendida, dado que a impossibilidade de cumprir obrigações vencidas, em que a primeira noção fundamentalmente consiste, não implica a inviabilidade económica da empresa ou a irre-cuperabilidade financeira postuladas pela segunda.

8. Elimina-se, igualmente, a distinção entre a figura do gestor judicial (designado no âmbito do processo de recuperação) e a do liquidatário judicial (incumbido de proceder à liquidação do património do falido, uma vez decretada a sua falência), passando a existir a figura única do administrador da insol-vência. Também aqui a vontade dos credores prepondera, pois que lhes é devolvida a faculdade – pre-vista na versão original do CPEREF, mas suprimida com a revisão de 1998 – de nomearem eles próprios o administrador da insolvência, em substituição do que tenha sido designado pelo juiz, e, bem assim, a de indicar com carácter vinculativo um administrador para ocupar o cargo de outro que haja sido des-tituído das suas funções.

Por outro lado, passando a comissão de credores a ser um órgão eventual no processo de insol-vência, também quanto à sua existência e composição impera a vontade da assembleia de credores, que pode prescindir da comissão que o juiz haja nomeado, ou nomear uma caso o juiz não o tenha feito, e, em qualquer dos casos, alterar a respectiva composição.

9. Cessa ainda o carácter taxativo das medidas de recuperação da empresa tal como constante do CPEREF. O conteúdo do plano de insolvência é livremente fixado pelos credores, limitando-se o juiz, quando actue oficiosamente, a um controlo da legalidade, com vista à respectiva homologação.

Não deixam de indicar-se, em todo o caso, algumas das medidas que o plano pode adoptar, regu-lando-se com mais detalhe certas providências de recuperação específicas de sociedades comerciais, dado o relevo por estas assumido na actividade económica e empresarial.

10. A afirmação da supremacia dos credores no processo de insolvência é acompanhada da inten-sificação da desjudicialização do processo.

Por toda a parte se reconhece a indispensabilidade da intervenção do juiz no processo concursal, tendo fracassado os intentos de o desjudicializar por completo. Tal indispensabilidade é compatível, todavia, com a redução da intervenção do juiz ao que estritamente releva do exercício da função jurisdi-cional, permitindo a atribuição da competência para tudo o que com ela não colida aos demais sujeitos processuais.

É assim que, por um lado, ao juiz cabe apenas declarar ou não a insolvência, sem que para tal tenha de se pronunciar quanto à recuperabilidade financeira da empresa (como actualmente sucede para efeitos do despacho de prosseguimento da acção). A desnecessidade de proceder a tal apreciação permite obter ganhos do ponto de vista da celeridade do processo, justificando a previsão de que a declaração de insolvência deva ter lugar, no caso de apresentação à insolvência ou de não oposição do devedor a pedido formulado por terceiro, no própria dia da distribuição ou nos três dias úteis subsequentes, ou no dia seguinte ao termo do prazo para a oposição, respectivamente.

Ainda na vertente da desjudicialização, há também que mencionar o desaparecimento da possi-bilidade de impugnar junto do juiz tanto as deliberações da comissão de credores (que podem, não obs-tante, ser revogadas pela assembleia de credores), como os actos do administrador da insolvência (sem prejuízo dos poderes de fiscalização e de destituição por justa causa).

11. A desjudicialização parcial acima descrita não envolve diminuição dos poderes que ao juiz devem caber no âmbito da sua competência própria: afirma-se expressamente, no artigo 11.° do diploma, a vigência no processo de insolvência do princípio do inquisitório, que permite ao juiz fundar a decisão em factos que não tenham sido alegados pelas partes.

12. Apesar do progresso que, a par da reforma do processo civil, representou quanto a esse aspecto, o CPEREF não permitiu obter a desejável celeridade que deve caracterizar um processo con-cursal, tanto no plano do impulso processual como no da respectiva tramitação.

O fomento da celeridade do processo de insolvência constitui um dos objectivos do presente diploma, introduzindo-se com essa finalidade inúmeros mecanismos, que se indicam sumariamente de seguida.

1253

[141] CIRE   Decreto-Lei n.º 53/2004, de 18 de Março

13. Uma das causas de insucesso de muitos processos de recuperação ou de falência residiu no seu tardio início, seja porque o devedor não era suficientemente penalizado pela não atempada apresentação, seja porque os credores são negligentes no requerimento de providências de recuperação ou de declaração de falência, por falta dos convenientes estímulos.

Uma lei da insolvência é tanto melhor quanto mais contribuir para maximizar *ex post* o valor do património do devedor sem por essa via constituir *ex ante* um estímulo para um comportamento negligente. Com o intuito de promover o cumprimento do dever de apresentação à insolvência, que obriga o devedor pessoa colectiva, ou pessoa singular titular de empresa a requerer a declaração da sua insolvência dentro dos sessenta dias seguintes à data em que teve, ou devesse ter, conhecimento da situação de insolvência, estabelece-se presunção de culpa grave dos administradores, de direito ou de facto, responsáveis pelo incumprimento daquele dever, para efeitos da qualificação desta como culposa.

14. O favorecimento do desencadeamento do processo por parte dos credores traduz-se, entre outros aspectos, como a extensão e aperfeiçoamento do elenco dos factos que podem servir de fundamento ao pedido de declaração de insolvência, adiante mencionados, na concessão de privilégio mobiliário geral, graduado em último lugar, aos créditos de que seja titular o credor requerente da declaração de insolvência, até ao limite de 500 UC.

Por outro lado, o novo regime, adiante referido, quanto à extinção parcial das hipotecas legais e privilégios creditórios que sejam acessórios de créditos detidos pelo Estado, pelas instituições de segurança social e pelas autarquias locais visa constituir um estímulo para que essas entidades não deixem decorrer demasiado tempo desde o incumprimento por parte do devedor.

15. No plano da tramitação de processo já instaurado, a celeridade é potenciada por inúmeros factores, de que se destaca: a extensão do carácter urgente também aos apensos do processo de insolvência; a supressão da duplicação de chamamentos de credores ao processo, existindo agora uma única fase de citação de credores com vista à reclamação dos respectivos créditos, a ocorrer apenas após a sentença de declaração de insolvência; a atribuição de carácter urgente aos registos de sentenças e despachos proferidos no processo de insolvência, bem como aos de quaisquer actos praticados no âmbito da administração e liquidação da massa insolvente ou previstos em plano de insolvência ou de pagamentos; a proclamação expressa da regra da insusceptibilidade de suspensão do processo de insolvência; o regime expedito de notificações de certos actos praticados no processo de insolvência, seus incidentes e apensos.

16. A necessidade de rápida estabilização das decisões judiciais, que no processo de insolvência se faz sentir com particular intensidade, motivou a limitação do direito de recurso a um grau apenas, salvo nos casos de oposição de acórdãos em matéria relativamente à qual não exista ainda uniformização de jurisprudência.

17. A promoção da celeridade do processo torna também necessária a adopção de medidas no plano da organização judiciária, que complementam o regime contido no Código. Fazendo uso de autorização legislativa concedida pela Assembleia da República, circunscreve-se a competência dos tribunais de comércio para preparar e julgar o processo de insolvência aos casos em que o devedor seja uma sociedade comercial ou na massa insolvente se integre uma empresa.

18. O presente diploma procede a uma clarificação conceptual e terminológica, juntamente com um aperfeiçoamento do respectivo regime, nas matérias respeitantes aos pressupostos, objectivos e subjectivos, do processo de insolvência, bem como nas relativas à definição da massa insolvente e respectivas dívidas, e das classes de credores.

19. Simplificando a pluralidade de pressupostos objectivos presente no CPEREF, o actual diploma assenta num único pressuposto objectivo: a insolvência. Esta consiste na impossibilidade de cumprir obrigações vencidas, que, quando seja o devedor a apresentar-se à insolvência, pode ser apenas iminente.

Recupera-se, não obstante, como critério específico da determinação da insolvência de pessoas colectivas e patrimónios autónomos por cujas dívidas nenhuma pessoa singular responda pessoal e ilimitadamente, a superioridade do seu passivo sobre o activo.

1254

Decreto-Lei n.° 53/2004, de 18 de Março   CIRE **[141]**

O elenco dos indícios da situação de insolvência é objecto de ampliação, por um lado, passando a incluir-se, nomeadamente, a insuficiência de bens penhoráveis para pagamento do crédito do exequente verificada em processo executivo movido contra o devedor, e também o incumprimento de obrigações previstas em plano de insolvência ou de pagamentos, em determinadas condições; e de aperfeiçoamento, por outro, especificando-se certos tipos de obrigações (tributárias, laborais, para com a segurança social, de certo tipo de rendas) cujo incumprimento generalizado mais frequentemente denuncia a insolvência do devedor.

Expressamente se afirma, todavia, que o devedor pode afastar a declaração de insolvência não só através da demonstração de que não se verifica o facto indiciário alegado pelo requerente, mas também mediante a invocação de que, apesar da verificação do mesmo, ele não se encontra efectivamente em situação de insolvência, obviando-se a quaisquer dúvidas que pudessem colocar-se (e se colocaram na vigência do CPEREF) quanto ao carácter ilidível das presunções consubstanciadas nos indícios.

20. Dão-se profundas alterações na delimitação do âmbito subjectivo de aplicação do processo de insolvência. Dissipando algumas dúvidas surgidas quanto ao tema na vigência do CPEREF, apresenta-se no artigo 2.° do novo Código um elenco aberto de sujeitos passivos do processo de insolvência. Aí se tem como critério mais relevante para este efeito, não o da personalidade jurídica, mas o da existência de autonomia patrimonial, o qual permite considerar como sujeitos passivos (também designados por "devedor" ou "insolvente"), designadamente, sociedades comerciais e outras pessoas colectivas ainda em processo de constituição, o estabelecimento individual de responsabilidade limitada, as associações sem personalidade jurídica, e "quaisquer outros patrimónios autónomos". Neste quadro, a mera empresa, enquanto tal, se não dotada de autonomia patrimonial, não é considerada sujeito passivo, mas antes o seu titular.

Desaparecem, portanto, as "falências derivadas" ou "por arrastamento" constantes do artigo 126.° do CPEREF, por não se crer equânime sujeitar sem mais à declaração de insolvência as entidades aí mencionadas, que podem bem ser solventes.

Por outro lado, quanto às empresas de seguros, instituições de crédito e outras entidades tradicionalmente excluídas do âmbito de aplicação do direito falimentar comum, esclarece-se que a não sujeição ao processo de insolvência apenas ocorre na medida em que tal seja incompatível com os regimes especiais aplicáveis a tais entidades, assim se visando pôr termo a certos vazios de regulamentação que se verificam nos casos em que tais regimes nada prevêem quanto à insolvência das entidades por eles abrangidas.

A aplicação do processo de insolvência a pessoas colectivas, pessoas singulares incapazes e meros patrimónios autónomos exige a identificação das pessoas que os representem no âmbito do processo, e a quem, porventura, possam ser imputadas responsabilidades pela criação ou agravamento da situação de insolvência do devedor. Naturalmente que tais pessoas serão aquelas que disponham ou tenham disposto, nalguma medida, e tanto por força da lei como de negócio jurídico, de poderes incidentes sobre o património do devedor, o que legitima a sua reunião na noção, meramente operatória, de "administradores" contida no n.° 1 do artigo 6.°

21. Distinguem-se com precisão as "dívidas da insolvência", correspondentes aos créditos sobre o insolvente cujo fundamento existisse à data da declaração de insolvência e aos que lhes sejam equiparados (que passam a ser designados como "créditos sobre a insolvência", e os respectivos titulares como "credores da insolvência"), das "dívidas ou encargos da massa insolvente" (correlativas aos "créditos sobre a massa", detidos pelos "credores da massa"), que são, *grosso modo*, as constituídas no decurso do processo.

Uma vez que o processo de insolvência tem por finalidade o pagamento, na medida em que ele seja ainda possível, dos créditos da insolvência, a constatação de que a massa insolvente não é sequer suficiente para fazer face às respectivas dívidas – aí compreendidas, desde logo, as custas do processo e a remuneração do administrador da insolvência – determina que o processo não prossiga após a sentença de declaração de insolvência ou que seja mais tarde encerrado, consoante a insuficiência da massa seja reconhecida antes ou depois da declaração. Em ambos os casos, porém, prossegue sempre o incidente de qualificação da insolvência, com tramitação e alcance mais mitigados.

22. A consideração da diversidade de situações em que podem encontrar-se os titulares de créditos sobre o insolvente, e a necessidade de lhes dispensar um tratamento adequado, aconselha a sua repartição em quatro classes: os credores da insolvência garantidos, privilegiados, comuns e subordinados.

1255

[141] CIRE

Decreto-Lei n.° 53/2004, de 18 de Março

23. A categoria dos créditos garantidos abrange os créditos, e respectivos juros, que beneficiem de garantias reais – sendo como tal considerados também os privilégios creditórios especiais – sobre bens integrantes da massa insolvente, até ao montante correspondente ao valor dos bens objecto das garantias.

24. Os créditos privilegiados são os que gozam de privilégios creditórios gerais sobre bens integrados na massa insolvente, quando tais privilégios não se extingam por efeito da declaração de insolvência.

Importa assinalar a significativa alteração introduzida no regime das hipotecas legais e dos privilégios creditórios que sejam acessórios de créditos detidos pelo Estado, pelas instituições de segurança social e pelas autarquias locais. Quanto às primeiras, e suprindo a omissão do CPEREF a esse respeito, que gerou controvérsia na doutrina e na jurisprudência, prevê-se a extinção apenas das que sejam acessórias dos créditos dessas entidades e cujo registo haja sido requerido nos dois meses anteriores à data de início do processo de insolvência. Quanto aos privilégios creditórios gerais, em lugar da extinção de todos eles, como sucede no CPEREF declarada que seja a falência, prevê-se a extinção tão-somente daqueles que se hajam constituído nos doze meses anteriores à data de início do processo de insolvência.

25. É inteiramente nova entre nós a figura dos créditos subordinados. Ela existe em outros ordenamentos jurídicos, nomeadamente no alemão, no espanhol e no norte-americano, ainda que se registem significativas diferenças relativamente à forma como aparece neles configurada.

Trata-se de créditos cujo pagamento tem lugar apenas depois de integralmente pagos os créditos comuns. Tal graduação deve-se à consideração, por exemplo, do carácter meramente acessório do crédito (é o caso dos juros), ou de ser assimilável a capital social (é o que sucede com os créditos por suprimentos), ou ainda de se apresentar desprovido de contrapartida por parte do credor.

A categoria dos créditos subordinados abrange ainda, em particular, aqueles cujos titulares sejam "pessoas especialmente relacionadas com o devedor" (seja ele pessoa singular ou colectiva, ou património autónomo), as quais são criteriosamente indicadas no artigo 49.° do diploma. Não se afigura desproporcionada, situando-nos na perspectiva de tais pessoas, a sujeição dos seus créditos ao regime de subordinação, face à situação de superioridade informativa sobre a situação do devedor, relativamente aos demais credores.

O combate a uma fonte frequente de frustração das finalidades do processo de insolvência, qual seja a de aproveitamento, por parte do devedor, de relações orgânicas ou de grupo, de parentesco, especial proximidade, dependência ou outras para praticar actos prejudiciais aos credores é prosseguido no âmbito da resolução de actos em benefício da massa insolvente, pois presume-se aí a má fé das pessoas especialmente relacionadas com o devedor que hajam participado ou tenham retirado proveito de actos deste, ainda que a relação especial não existisse à data do acto.

26. Ainda quanto à natureza dos créditos no processo de insolvência, deve sublinhar-se o tratamento dispensado aos créditos sob condição. É adoptada, para efeitos de aplicação do Código, uma noção operatória de tais créditos, que abrange os sujeitos tanto a condições convencionais como às de origem legal. As principais inovações surgem no regime dos créditos sob condição suspensiva.

27. Passando à análise sumária da tramitação do processo legalmente disposta, que tem lugar sempre que, por meio de plano de insolvência, os credores não disponham diversamente, ela analisa-se nos seguintes momentos-chave, não necessariamente processados pela ordem indicada: 1) impulso processual; 2) apreciação liminar e eventual adopção de medidas cautelares; 3) sentença de declaração de insolvência e eventual impugnação; 4) apreensão dos bens; 5) reclamação de créditos, restituição e separação de bens; 6) assembleia de credores de apreciação do relatório; 7) liquidação da massa insolvente; 8) sentença de verificação e graduação dos créditos; 9) pagamento aos credores; 10) incidente de qualificação da insolvência; 11) encerramento do processo.

A estrutura delineada pode apresentar alguns desvios, em caso de: *a)* encerramento por insuficiência da massa insolvente; *b)* manutenção da administração da empresa pelo devedor; *c)* apresentação de Plano de pagamentos aos credores; *d)* haver lugar ao período da cessão, para efeitos de exoneração do passivo restante, após o encerramento do processo de insolvência.

28. Uma vez que a apresentação à insolvência pelo devedor implica o reconhecimento por este da sua situação de insolvência, esta é declarada, como se referiu já, até ao 3.° dia útil seguinte ao da dis-

1256

Decreto-Lei n.° 53/2004, de 18 de Março   CIRE **[141]**

tribuição da petição inicial ou, existindo vícios corrigíveis, ao do respectivo suprimento, com o que se obtêm notáveis ganhos de tempo, como igualmente referido.

Nos demais casos, tem lugar a citação do devedor, para que deduza a competente oposição (e junte, eventualmente, plano de insolvência ou de pagamentos, ou requeira a exoneração do passivo restante). Não há lugar, portanto, a qualquer citação dos demais credores, ou a continuação com vista ao Ministério Público, nesta fase.

29. A sentença de declaração de insolvência representa um momento fulcral do processo. Ela não se limita a essa declaração mas é intensamente prospectiva, conformando boa parte da tramitação posterior e despoletando uma vasta panóplia de consequências. Por outro lado, o momento da sua emanação é decisivo para a aplicação de inúmeras normas do Código.

Boa parte da eficácia e celeridade, quando não da justiça, do processo de insolvência dependem da sua adequada publicitação, a fim de que venham ao processo o maior número possível de credores e de que o façam no momento mais próximo possível. O Código reforça amplamente os mecanismos de notificação e publicação da sentença de declaração de insolvência e outros actos, tanto de credores conhecidos como desconhecidos, nacionais ou estrangeiros, considerando o caso particular dos que tenham residência habitual, domicílio ou sede em outros Estados-Membros da União Europeia, dos trabalhadores e do público em geral.

Destacam-se, por inovadoras, a previsão do registo oficioso da declaração de insolvência e da nomeação do administrador da insolvência na conservatória do registo civil, quando o devedor for uma pessoa singular, e, independentemente da natureza do devedor, no registo informático de execuções estabelecido pelo Código de Processo Civil, bem como a respectiva inclusão na página informática do tribunal, e, ainda, a comunicação da declaração de insolvência ao Banco de Portugal para que este proceda à sua inscrição na central de riscos de crédito.

30. No que concerne à impugnação da sentença de declaração de insolvência, cessa o actual regime de concentração da reacção, de direito e de facto, nos embargos, repondo-se, se bem que em termos e por motivos distintos dos que constavam do Código de Processo Civil, a dualidade dos meios de reacção embargos/recurso.

Assim, às pessoas legitimadas para deduzir embargos é lícito alternativamente a essa dedução ou cumulativamente com ela, interpor recurso da sentença de declaração de insolvência, quando entendam que, face aos elementos apurados, ela não devia ter sido proferida. Tal como sucede no CPEREF, a oposição de embargos à sentença declaratória da insolvência, bem como o recurso da decisão que mantenha a declaração, suspende a liquidação e a partilha do activo, sem prejuízo de o administrador da insolvência poder promover a venda imediata dos bens da massa insolvente que não possam ou não devam conservar-se por estarem sujeitos a deterioração ou depreciação.

31. A sentença de declaração da insolvência é fonte de inúmeros e importantes efeitos, que são agrupados do seguinte modo: "efeitos sobre o devedor e outras pessoas"; "efeitos processuais"; "efeitos sobre os créditos"; e "efeitos sobre os negócios em curso".

32. O principal efeito sobre o devedor, aliás clássico, é o da privação dos poderes de administração e de disposição dos bens integrantes da massa insolvente, por si ou pelos seus administradores, passando tais poderes a competir ao administrador da insolvência.

Consagra-se, porém, a possibilidade de o devedor se manter na administração da massa insolvente nos casos em que esta integre uma empresa. Essa manutenção pressupõe, entre outros aspectos, que o devedor a tenha requerido, tendo já apresentado, ou comprometendo-se a fazê-lo dentro de certo prazo, um plano de insolvência que preveja a continuidade da exploração da empresa por si próprio, e ainda que conte com a anuência do credor requerente ou da assembleia de credores. Fica bem à vista o sentido deste regime: não obrigar à privação dos poderes de administração do devedor, em concreto quanto à empresa de que seja titular, quando se reconheça que a sua aptidão empresarial não é prejudicada pela situação de insolvência, a qual pode até resultar de factores exógenos à empresa, havendo, simultaneamente, a convicção de que a recuperação da empresa nas suas mãos permitirá uma melhor satisfação dos créditos do que a sua sujeição ao regime comum de liquidação.

33. No campo dos efeitos processuais da declaração de insolvência, salienta-se a possibilidade de, mediante requerimento do administrador da insolvência, haver lugar a apensação ao processo de

[141] CIRE   Decreto-Lei n.º 53/2004, de 18 de Março

insolvência de um devedor dos processos em que haja sido declarada a insolvência de pessoas que legalmente respondam pelas suas dívidas ou, tratando-se de pessoa singular casada, do seu cônjuge, se o regime de bens não for o da separação. Sendo o devedor uma sociedade comercial, poderão ser apensados os processos em que tenha sido declarada a insolvência de sociedades que, nos termos do Código das Sociedades Comerciais, ela domine ou com ela se encontrem em relação de grupo.

34. No Capítulo dos "efeitos sobre os créditos" regula-se em termos tecnicamente mais apurados a matéria fundamental do vencimento imediato das obrigações do insolvente operado pela declaração de insolvência. São aspectos novos os da actualização do montante das obrigações que não fossem exigíveis à data da declaração de insolvência, dos efeitos relativamente a dívidas abrangidas em planos de regularização de impostos e de contribuições para a segurança social que estejam ainda em curso de execução e do regime da conversão de créditos, tanto pecuniários de montante indeterminado, como não pecuniários, como ainda daqueles expressos em moeda estrangeira ou índices.
A possibilidade de compensar créditos sobre a insolvência com dívidas à massa é agora admitida, genericamente, se os pressupostos legais da compensação se verificassem já à data da declaração de insolvência, ou se, verificando-se em momento posterior, o contra-crédito da massa não houver preenchido em primeiro lugar os requisitos estabelecidos no artigo 847.º do Código Civil.

35. O capítulo dos efeitos da declaração de insolvência sobre os negócios jurídicos em curso é um daqueles em que a presente reforma mais se distancia do regime homólogo do CPEREF. Ele é objecto de uma extensa remodelação, tanto no plano da forma como no da substância, que resulta de uma mais atenta ponderação dos interesses em causa e da consideração, quanto a aspectos pontuais, da experiência de legislações estrangeiras.
Poucas são as soluções que se mantiveram inalteradas neste domínio. De realçar é desde logo, a introdução de um "princípio geral" quanto aos contratos bilaterais, que logo aponta para a noção de "negócios em curso" no âmbito do processo de insolvência: deverá tratar-se de contrato em que, à data da declaração de insolvência, não haja ainda total cumprimento tanto pelo insolvente como pela outra parte. O essencial do regime geral disposto para tais negócios é o de que o respectivo cumprimento fica suspenso até que o administrador da insolvência declare optar pela execução ou recusar o cumprimento. Vários outros tipos contratuais são objecto de tratamento específico, surgindo diversas e relevantes inovações nos domínios da compra e venda, locação, mandato, entre outros.
O capítulo termina com uma importante norma pela qual se determina a nulidade de convenções que visem excluir ou limitar a aplicação dos preceitos nele contidos. Ressalvam-se, porém, os casos em que a situação de insolvência, uma vez ocorrida, possa configurar justa causa de resolução ou de denúncia do contrato em atenção à natureza e conteúdo das prestações contratuais, o que poderá suceder, a título de exemplo, no caso de ter natureza infungível a prestação a que o insolvente se obrigara.

36. Ainda no que se refere à tramitação do processo, importa referir que à sentença de declaração da insolvência se segue a imediata apreensão dos bens integrantes da massa insolvente pelo administrador da insolvência, tendo-se mantido no essencial o regime já constante do CPEREF quanto a esta matéria.

37. É na fase da reclamação de créditos que avulta de forma particular um dos objectivos do presente diploma, que é o da simplificação dos procedimentos administrativos inerentes ao processo. O Código dispõe, a este respeito, que as reclamações de créditos são endereçadas ao administrador da insolvência e entregues no ou remetidas para o seu domicílio profissional. Do apenso respeitante à reclamação e verificação de créditos constam assim apenas a lista de credores reconhecidos e não reconhecidos, as impugnações e as respectivas respostas.
Para além da simplificação de carácter administrativo, esta fase permite dar um passo mais na desjudicialização anteriormente comentada, ao estabelecer-se que a sentença de verificação e graduação dos créditos se limita a homologar a lista de credores reconhecidos elaborada pelo administrador da insolvência e a graduar os créditos em atenção ao que conste dessa lista, quando não tenham sido apresentadas quaisquer impugnações das reclamações de créditos. Ressalva-se expressamente, a necessidade de correcções que resultem da existência de erro manifesto.

38. Na sentença de declaração da insolvência é designada data, entre os 45 e os 75 dias seguintes à respectiva prolação, para a realização de uma importante reunião da assembleia de credores, designada "assembleia de credores de apreciação do relatório".

1258

Decreto-Lei n.° 53/2004, de 18 de Março   CIRE **[141]**

39. Transitada em julgado a sentença declaratória da insolvência e realizada a assembleia de apreciação do relatório, o administrador da insolvência procede com prontidão à venda de todos os bens apreendidos para a massa insolvente, independentemente da verificação do passivo, na medida em que a tanto se não oponham as deliberações tomadas pelos credores na referida assembleia.

Estabelece-se o princípio geral de que depende do consentimento da comissão de credores, ou, se esta não existir, da assembleia de credores, a prática de actos jurídicos que assumam especial relevo para o processo de insolvência.

Reafirma-se o princípio da prevalência da alienação da empresa como um todo, devendo o administrador da insolvência, uma vez iniciadas as suas funções, efectuar imediatamente diligências para a alienação da empresa do devedor ou dos seus estabelecimentos.

Alterando o disposto a esse respeito no CPEREF, não se impõe ao administrador da insolvência que a venda dos bens siga alguma das modalidades admitidas em processo executivo, pois que outra poderá revelar-se mais conveniente no caso concreto.

A preocupação de celeridade, já afirmada a vários propósitos, não pode levar à criação de regimes que se mostrem inexequíveis à partida. É por esse motivo que o prazo para a liquidação é ampliado para um ano, constituindo o respectivo decurso, ou o de cada seis meses subsequentes, sem que seja encerrado o processo de insolvência, motivo bastante para destituição com justa causa do administrador da insolvência, salvo havendo razões que justifiquem o prolongamento.

Prevê-se a possibilidade de dispensa de liquidação da massa, quando, sendo o devedor uma pessoa singular e a massa insolvente não compreenda uma empresa, seja por ele entregue ao administrador da insolvência uma importância em dinheiro não inferior à que resultaria dessa liquidação, podendo assim evitar-se inúmeros dispêndios e incómodos.

40. Um objectivo da reforma introduzida pelo presente diploma reside na obtenção de uma maior e mais eficaz responsabilização dos titulares de empresa e dos administradores de pessoas colectivas. É essa a finalidade do novo "incidente de qualificação da insolvência".

As finalidades do processo de insolvência e, antes ainda, o próprio propósito de evitar insolvências fraudulentas ou dolosas, seriam seriamente prejudicados se aos administradores das empresas, de direito ou de facto, não sobreviessem quaisquer consequências sempre que estes hajam contribuído para tais situações. A coberto do expediente técnico da personalidade jurídica colectiva, seria possível praticar incolumemente os mais variados actos prejudiciais para os credores.

O CPEREF, particularmente após a revisão de 1998, não era alheio ao problema mas os regimes então instituídos a este propósito – a responsabilização solidária dos administradores (com pressupostos fluidos e incorrectamente explicitados) e a possibilidade de declaração da sua falência conjuntamente com a do devedor – não se afiguram tecnicamente correctos nem idóneos para o fim a que se destinam. Por outro lado, a sua aplicação ficava na dependência de requerimento formulado por algum credor ou pelo Ministério Público. Ademais, a sanção de inibição para o exercício do comércio pode ser injusta quando é aplicada como efeito automático da declaração de falência, sem atender à real situação do falido.

O tratamento dispensado ao tema pelo novo Código (inspirado, quanto a certos aspectos, na recente Ley Concursal espanhola), que se crê mais equânime – ainda que mais severo em certos casos –, consiste, no essencial, na criação do "incidente de qualificação da insolvência", o qual é aberto oficiosamente em todos os processos de insolvência, qualquer que seja o sujeito passivo, e não deixa de realizar-se mesmo em caso de encerramento do processo por insuficiência da massa insolvente (assumindo nessa hipótese, todavia, a designação de "incidente limitado de qualificação da insolvência", com uma tramitação e alcance mitigados).

O incidente destina-se a apurar (sem efeitos quanto ao processo penal ou à apreciação da responsabilidade civil) se a insolvência é fortuita ou culposa, entendendo-se que esta última se verifica quando a situação tenha sido criada ou agravada em consequência da actuação, dolosa ou com culpa grave (presumindo-se a segunda em certos casos), do devedor, ou dos seus administradores, de direito ou de facto, nos três anos anteriores ao início do processo de insolvência, e indicando-se que a falência é sempre considerada culposa em caso da prática de certos actos necessariamente desvantajosos para a empresa.

A qualificação da insolvência como culposa implica sérias consequências para as pessoas afectadas que podem ir da inabilitação por um período determinado, a inibição temporária para o exercício do comércio, bem como para a ocupação de determinados cargos, a perda de quaisquer crédi-

1259

[141] CIRE

Decreto-Lei n.º 53/2004, de 18 de Março

tos sobre a insolvência e a condenação a restituir os bens ou direitos já recebidos em pagamento desses créditos.

41. A finalidade precípua do processo de insolvência – o pagamento, na maior medida possível, dos credores da insolvência – poderia ser facilmente frustrada através da prática pelo devedor, anteriormente ao processo ou no decurso deste, de actos de dissipação da garantia comum dos credores: o património do devedor ou, uma vez declarada a insolvência, a massa insolvente. Importa, portanto, apreender para a massa insolvente não só aqueles bens que se mantenham ainda na titularidade do insolvente, como aqueles que nela se manteriam caso não houvessem sido por ele praticados ou omitidos aqueles actos, que se mostram prejudiciais para a massa.

A possibilidade de perseguir esses actos e obter a reintegração dos bens e valores em causa na massa insolvente é significativamente reforçada no presente diploma.

No actual sistema, prevê-se a possibilidade de resolução de um conjunto restrito de actos, e a perseguição dos demais nos termos apenas da impugnação pauliana, tão frequentemente ineficaz, ainda que se presuma a má fé do terceiro quanto a alguns deles. No novo Código, o recurso dos credores à impugnação pauliana é impedida, sempre que o administrador entenda resolver o acto em benefício da massa. Prevê-se a reconstituição do património do devedor (a massa insolvente) por meio de um instituto específico – a "resolução em benefício da massa insolvente" –, que permite, de forma expedita e eficaz, a destruição de actos prejudiciais a esse património.

42. Independentemente dos aspectos do actual regime que já se mostravam carecidos de reformulação, alguns acontecimentos recentes alertaram de forma particularmente expressiva para a necessidade de mais eficazmente assegurar o recto desempenho das funções cometidas ao administrador da insolvência.

O presente diploma introduz algumas garantias de melhor desempenho da função de administrador da insolvência, como a possibilidade de eleição do administrador da insolvência pela assembleia de credores e a previsão do decurso do prazo de um ano sem que esteja encerrado o processo como justa causa de destituição do administrador.

43. O encerramento do processo, matéria deficientemente regulada no CPEREF, é objecto de tratamento sistemático no novo Código, que prevê com rigor tanto as suas causas como os respectivos efeitos.

44. A sujeição ao processo de insolvência de pessoas singulares e colectivas, tanto titulares de empresas como alheias a qualquer actividade empresarial, não é feita sem a previsão de regimes e institutos diferenciados para cada categoria de entidades, que permitam o melhor tratamento normativo das respectivas situações de insolvência. Conforme atrás referido a propósito do plano de insolvência, este será tendencialmente usado por empresas de maior dimensão.

No tratamento dispensado às pessoas singulares, destacam-se os regimes da exoneração do passivo restante e do plano de pagamentos.

45. O Código conjuga de forma inovadora o princípio fundamental do ressarcimento dos credores com a atribuição aos devedores singulares insolventes da possibilidade de se libertarem de algumas das suas dívidas, e assim lhes permitir a sua reabilitação económica. O princípio do *fresh start* para as pessoas singulares de boa fé incorridas em situação de insolvência, tão difundido nos Estados Unidos, e recentemente incorporado na legislação alemã da insolvência, é agora também acolhido entre nós, através do regime da "exoneração do passivo restante".

O princípio geral nesta matéria é o de poder ser concedida ao devedor pessoa singular a exoneração dos créditos sobre a insolvência que não forem integralmente pagos no processo de insolvência ou nos cinco anos posteriores ao encerramento deste.

A efectiva obtenção de tal benefício supõe, portanto, que, após a sujeição a processo de insolvência, o devedor permaneça por um período de cinco anos – designado período da cessão – ainda adstrito ao pagamento dos créditos da insolvência que não hajam sido integralmente satisfeitos. Durante esse período, ele assume, entre várias outras obrigações, a de ceder o seu rendimento disponível (tal como definido no Código) a um fiduciário (entidade designada pelo Tribunal de entre as inscritas na lista oficial de administradores da insolvência), que afectará os montantes recebidos ao pagamento dos credores. No termo desse período, tendo o devedor cumprido, para com os credores, todos os deveres que sobre

1260

Decreto-Lei n.º 53/2004, de 18 de Março   CIRE **[141]**

ele impendiam, é proferido despacho de exoneração, que liberta o devedor das eventuais dívidas ainda pendentes de pagamento.

A ponderação dos requisitos exigidos ao devedor e da conduta recta que ele teve necessariamente de adoptar justificará, então, que lhe seja concedido o benefício da exoneração, permitindo a sua reintegração plena na vida económica.

Esclareça-se que a aplicação deste regime é independente da de outros procedimentos extrajudiciais ou afins destinados ao tratamento do sobreendividamento de pessoas singulares, designadamente daqueles que relevem da legislação especial relativa a consumidores.

46. Permite-se às pessoas singulares, não empresários ou titulares de pequenas empresas, a apresentação, com a petição inicial do processo de insolvência ou em alternativa à contestação, de um plano de pagamentos aos credores.

O incidente do plano abre caminho para que as pessoas que podem dele beneficiar sejam poupadas a toda a tramitação do processo de insolvência (com apreensão de bens, liquidação, etc.), evitem quaisquer prejuízos para o seu bom nome ou reputação e se subtraiam às consequências associadas à qualificação da insolvência como culposa.

Admite-se a possibilidade de o juiz substituir, em certos casos, a rejeição do plano por parte de um credor por uma aprovação, superando-se uma fonte de frequentes frustrações de procedimentos extrajudiciais de conciliação, que é a da necessidade do acordo de todos os credores.

47. É regulada de modo inteiramente inovador a insolvência de pessoas casadas, em regime de bens que não seja o de separação. É permitida a coligação activa e passiva dos cônjuges no processo de insolvência. Apresentando-se ambos à insolvência, ou correndo contra ambos o processo instaurado por terceiro, a apreciação da situação de insolvência de ambos os cônjuges consta da mesma sentença, e deve ser formulada conjuntamente por eles uma eventual proposta de plano de pagamentos.

48. A presente reforma teve também por objectivo proceder à harmonização do direito nacional da falência com o Regulamento (CE) n.º 1346/2000, de 29 de Maio, relativo às insolvências transfronteiriças, e com algumas directivas comunitárias relevantes em matéria de insolvência.

Estabelece-se ainda um conjunto de regras de direito internacional privado, destinadas a dirimir conflitos de leis no que respeita a matérias conexas com a insolvência.

49. Mantêm-se, no essencial, os regimes existentes no CPEREF quanto à isenção de emolumentos e benefícios fiscais, bem como à indiciação de infracção penal.

50. Para além da aprovação do CIRE, o presente diploma procede ainda à alteração de outros diplomas já vigentes, passando-se a enumerar as mudanças fundamentais, já que outras decorrem de mera adaptação à terminologia adoptada naquele novo Código.

Por efeito da alteração ao regime da insolvência, torna-se necessária a alteração dos tipos criminais incluídos no Código Penal, eliminando-se todas as referências a "falência", que são substituídas por "insolvência".

Introduz-se uma agravação para os crimes de insolvência dolosa, frustração de créditos, insolvência negligente, assim como para o de favorecimento de credores, quando da prática de tais ilícitos resultar a frustração de créditos de natureza laboral.

51. No que respeita a legislação avulsa cuja terminologia não é adaptada ao novo Código, entende-se introduzir uma regra geral de que as remissões feitas para a legislação ora revogada se devem entender feitas para as correspondentes normas do CIRE. Em especial, previnem-se os casos de legislação que preveja a caducidade de autorizações para o exercício de actividades em resultado de falência do respectivo titular, esclarecendo que a mera declaração de insolvência pode não envolver a referida caducidade, assim permitindo a eventual aprovação de plano de insolvência que preveja a recuperação da empresa sem alteração do respectivo titular.

52. São estes os traços essenciais do regime ora aprovado, que se segue ao anteprojecto que o Governo apresentou no primeiro semestre do corrente ano, o qual foi objecto de uma ampla discussão pública nos meios económicos, sociais, judiciais e académico.

1261

[141] CIRE

Decreto-Lei n.º 53/2004, de 18 de Março

Foram observados os procedimentos decorrentes da participação das organizações dos trabalhadores, tendo igualmente sido consultadas diversas entidades com interesse nesta matéria, designadamente a Ordem dos Advogados, a Câmara dos Solicitadores, a Ordem dos Revisores Oficiais de Contas, o Banco de Portugal, a Associação Portuguesa de Bancos, a Associação Empresarial de Portugal, a Confederação da Indústria Portuguesa, a Confederação do Comércio e Serviços de Portugal, a Associação Portuguesa de Gestores e Liquidatários Judiciais, bem como representantes da magistratura judicial e do Ministério Público.

Assim:

No uso da autorização legislativa concedida pela Lei n.º 39/2003, de 22 de Agosto, e nos termos das alíneas *a*) e *b*) do n.º 1 do artigo 198.º da Constituição, o Governo decreta o seguinte:

Art. 1.º (Aprovação do Código da Insolvência e Recuperação de Empresas)

É aprovado o Código da Insolvência e Recuperação de Empresas, que se publica em anexo ao presente decreto-lei, do qual faz parte integrante.

Art. 2.º (Alterações ao Código Penal)

Nota. Esta norma introduziu alterações aos arts. 227.º, 227.º-A, 228.º e 229.º do Código Penal.

Art. 3.º (Aditamento ao Código Penal)

Nota. Esta norma aditou ao Código Penal o artigo 229.º-A.

Art. 4.º (Alteração ao Código de Processo Civil)

Nota. Esta norma introduziu alterações aos arts. 222.º e 806.º do Código de Processo Civil.

Art. 5.º (Alteração ao regime do registo informático de execuções)

Nota. Esta norma introduziu alterações ao art. 2.º do DL n.º 201/2003, de 10 de Setembro.

Art. 6.º (Alteração ao Código do Registo Civil)

Nota. Esta norma introduziu alterações aos arts. 1.º e 69.º do Código de Registo Civil.

Art. 7.º (Alteração ao Código do Registo Comercial)

Nota. As alterações desta norma aos arts. 9.º, 10.º, 61.º, 64.º, 66.º, 67.º, 69.º e 80.º do CRegCom foram introduzidas no lugar próprio.

Art. 8.º (Alteração à Lei da Organização e Funcionamento dos Tribunais Judiciais)

Nota. Esta norma introduziu alterações ao art. 89.º da Lei n.º 3/99, de 13 de Janeiro (Lei de Organização e Funcionamento dos Tribunais Judiciais).

Art. 9.º (Alteração ao Regulamento Emolumentar dos Registos e Notariado)

Nota. Esta norma introduziu alterações ao art. 28.º do Regulamento Emolumentar dos Registos e Notariado, aprovado pelo DL n.º 322-A/2001, de 14 de Dezembro, e alterado pelo DL n.º 194/2003, de 23 de Agosto.

Art. 10.º (Norma revogatória)

1. É revogado o Código dos Processos Especiais de Recuperação da Empresa e de Falência, aprovado pelo Decreto-Lei n.º 132/93, de 23 de Abril, e alterado

Decreto-Lei n.º 53/2004, de 18 de Março   CIRE **[141]**

pelos Decreto-Lei n.º 157/97, de 24 de Junho, Decreto-Lei n.º 315/98, de 20 de Outubro, Decreto-Lei n.º 323/2001, de 17 de Dezembro, e Decreto-Lei 38/2003, de 8 de Março.

    2. É revogado o artigo 82.º do Código de Processo Civil, aprovado pelo Decreto-Lei n.º 44 129, de 28 de Dezembro de 1961.

Art. 11.º (Remissão para preceitos revogados)

    1. Sempre que, em disposições legais, cláusulas contratuais ou providências de recuperação homologadas, se faça remissão para preceitos legais revogados pelo presente diploma, entende-se que a remissão vale para as correspondentes disposições do Código da Insolvência e de Recuperação de Empresas.

    2. Sem prejuízo do disposto no número seguinte, sempre que disposições legais estabeleçam a caducidade de quaisquer autorizações para o exercício de uma actividade económica em resultado da falência do respectivo titular, deve entender-se que a autorização caduca com o encerramento do processo de insolvência por insuficiência da massa insolvente ou após a realização do rateio final.

    3. O disposto no número anterior não se aplica sempre que a finalidade da disposição legal em questão imponha que a caducidade ocorra com a mera declaração de insolvência, designadamente quando a disposição preveja que a caducidade também ocorra em resultado de despacho de prosseguimento em processo de recuperação de empresa.

Art. 12.º (Regime transitório)

    1. O Código dos Processos Especiais de Recuperação da Empresa e de Falência continua a aplicar-se aos processos de recuperação da empresa e de falência pendentes à data de entrada em vigor do Código da Insolvência e da Recuperação de Empresas.

    2. O disposto no artigo 7.º não prejudica a aplicação do regime vigente até à presente data no que respeita ao registo de decisões proferidas ou factos ocorridos no âmbito de processos de recuperação de empresas ou de falência pendentes à data de entrada em vigor do presente diploma.

    3. O disposto na alínea *c*) do n.º 1 do artigo 97.º do Código da Insolvência e da Recuperação de Empresas só se aplica às hipotecas legais acessórias de créditos vencidos após a entrada em vigor do presente diploma.

    4. Até à entrada em vigor do estatuto do administrador da insolvência e publicação das respectivas listas oficiais, os gestores e liquidatários judiciais exercem as funções de administrador da insolvência, sendo todas as nomeações efectuadas de entre os inscritos nas listas de gestores e liquidatários judiciais previstas no Decreto-Lei n.º 254/93, de 15 de Julho, incidindo sobre os gestores judiciais as nomeações para processos em que seja previsível a necessidade de especiais conhecimentos de gestão, nomeadamente quando a massa insolvente integre estabelecimento em actividade.

Art. 13.º (Entrada em vigor)

    O presente diploma entra em vigor 180 dias após a sua publicação.

1263

CÓDIGO DA INSOLVÊNCIA
E DA RECUPERAÇÃO DE EMPRESAS

TÍTULO I. DISPOSIÇÕES INTRODUTÓRIAS

Art. 1.º (Finalidade do processo de insolvência)

O processo de insolvência é um processo de execução universal que tem como finalidade a liquidação do património de um devedor insolvente e a repartição do produto obtido pelos credores, ou a satisfação destes pela forma prevista num plano de insolvência, que nomeadamente se baseie na recuperação da empresa compreendida na massa insolvente.

Nota. Cf. o DL n.º 316/98, de 20 de Outubro, alterado pelo DL n.º 201/2004, de 18 de Agosto, que institui o procedimento extrajudicial de conciliação para a viabilização de empresas em situação de insolvência ou em situação económica difícil.

Art. 2.º (Sujeitos passivos da declaração de insolvência)

1. Podem ser objecto de processo de insolvência:
a) Quaisquer pessoas singulares ou colectivas;
b) A herança jacente;
c) As associações sem personalidade jurídica e as comissões especiais;
d) As sociedades civis;
e) As sociedades comerciais e as sociedades civis sob a forma comercial até à data do registo definitivo do contrato pelo qual se constituem;
f) As cooperativas, antes do registo da sua constituição;
g) O estabelecimento individual de responsabilidade limitada;
h) Quaisquer outros patrimónios autónomos.
2. Exceptuam-se do disposto no número anterior:
a) As pessoas colectivas públicas e as entidades públicas empresariais;
b) As empresas de seguros, as instituições de crédito, as sociedades financeiras, as empresas de investimento que prestem serviços que impliquem a detenção de fundos ou de valores mobiliários de terceiros e os organismos de investimento colectivo, na medida em que a sujeição a processo de insolvência seja incompatível com os regimes especiais previstos para tais entidades.

Art. 3.º (Situação de insolvência)

1. É considerado em situação de insolvência o devedor que se encontre impossibilitado de cumprir as suas obrigações vencidas.

Tít. I. Disposições introdutórias

Arts. 4.º-6.º CIRE [141]

2. As pessoas colectivas e os patrimónios autónomos por cujas dívidas nenhuma pessoa singular responda pessoal e ilimitadamente, por forma directa ou indirecta, são também considerados insolventes quando o seu passivo seja manifestamente superior ao activo, avaliados segundo as normas contabilísticas aplicáveis.

3. Cessa o disposto no número anterior, quando o activo seja superior ao passivo, avaliados em conformidade com as seguintes regras:

a) Consideram-se no activo e no passivo os elementos identificáveis, mesmo que não constantes do balanço, pelo seu justo valor;

b) Quando o devedor seja titular de uma empresa, a valorização baseia-se numa perspectiva de continuidade ou de liquidação, consoante o que se afigure mais provável, mas em qualquer caso com exclusão da rubrica de trespasse;

c) Não se incluem no passivo dívidas que apenas hajam de ser pagas à custa de fundos distribuíveis ou do activo restante depois de satisfeitos ou acautelados os direitos dos demais credores do devedor.

4. Equipara-se à situação de insolvência actual a que seja meramente iminente, no caso de apresentação pelo devedor à insolvência.

Nota. Redacção introduzida pelo art. 1.º do DL n.º 200/2004, de 18 de Agosto.

Art. 4.º (Data da declaração de insolvência e início do processo)

1. Sempre que a precisão possa assumir relevância, as referências que neste Código se fazem à data da declaração de insolvência devem interpretar-se como visando a hora a que a respectiva sentença foi proferida.

2. Todos os prazos que neste Código têm como termo final o início do processo de insolvência abrangem igualmente o período compreendido entre esta data e a da declaração de insolvência.

3. Se a insolvência for declarada em processo cuja tramitação deveria ter sido suspensa, nos termos do n.º 2 do artigo 8.º, em virtude da pendência de outro previamente instaurado contra o mesmo devedor, será a data de início deste a relevante para efeitos dos prazos referidos no número anterior, o mesmo valendo na hipótese de suspensão do processo mais antigo por aplicação do disposto na alínea *b*) do n.º 3 do artigo 264.º

Art. 5.º (Noção de empresa)

Para efeitos deste Código, considera-se empresa toda a organização de capital e de trabalho destinada ao exercício de qualquer actividade económica.

Art. 6.º (Noções de administradores e de responsáveis legais)

1. Para efeitos deste Código, são considerados como administradores:

a) Não sendo o devedor uma pessoa singular, aqueles a quem incumba a administração ou liquidação da entidade ou património em causa, designadamente os titulares do órgão social que para o efeito for competente;

b) Sendo o devedor uma pessoa singular, os seus representantes legais e mandatários com poderes gerais de administração.

2. Para efeitos deste Código, são considerados responsáveis legais as pessoas que, nos termos da lei, respondam pessoal e ilimitadamente pela generalidade das dívidas do insolvente, ainda que a título subsidiário.

1265

[141] CIRE Arts. 7.º-9.º

Tít. I. Disposições introdutórias

Art. 7.º (Tribunal competente)

1. É competente para o processo de insolvência o tribunal da sede ou do domicílio do devedor ou do autor da herança à data da morte, consoante os casos.

2. É igualmente competente o tribunal do lugar em que o devedor tenha o centro dos seus principais interesses, entendendo-se por tal aquele em que ele os administre, de forma habitual e cognoscível por terceiros.

3. A instrução e decisão de todos os termos do processo de insolvência, bem como dos seus incidentes e apensos, compete sempre ao juiz singular.

Art. 8.º (Suspensão da instância e prejudicialidade)

1. A instância do processo de insolvência não é passível de suspensão, excepto nos casos expressamente previstos neste Código.

2. Sem prejuízo do disposto na alínea *b*) do n.º 3 do artigo 264.º, o tribunal ordena a suspensão da instância se contra o mesmo devedor correr processo de insolvência instaurado por outro requerente cuja petição inicial tenha primeiramente dado entrada em juízo.

3. A pendência da outra causa deixa de se considerar prejudicial se o pedido for indeferido, independentemente do trânsito em julgado da decisão.

4. Declarada a insolvência no âmbito de certo processo, deve a instância ser suspensa em quaisquer outros processos de insolvência que corram contra o mesmo devedor e considerar-se extinta com o trânsito em julgado da sentença, independentemente da prioridade temporal das entradas em juízo das petições iniciais.

Art. 9.º (Carácter urgente do processo de insolvência e publicações obrigatórias)

1. O processo de insolvência, incluindo todos os seus incidentes, apensos e recursos, tem carácter urgente e goza de precedência sobre o serviço ordinário do tribunal.

2. Salvo disposição em contrário, as notificações de actos processuais praticados no processo de insolvência, seus incidentes e apensos, com excepção de actos das partes, podem ser efectuadas por qualquer das formas previstas no n.º 5 do artigo 176.º do Código de Processo Civil.

3. Todas as publicações obrigatórias de despachos e sentenças podem ser promovidas por iniciativa de qualquer interessado que o justifique e requeira ao juiz.

4. Com a publicação, no local próprio, dos anúncios requeridos neste Código, acompanhada da afixação de editais, se exigida, respeitantes a quaisquer actos, consideram-se citados ou notificados todos os credores, incluindo aqueles para os quais a lei exija formas diversas de comunicação e que não devam já haver-se por citados ou notificados em momento anterior, sem prejuízo do disposto quanto aos créditos públicos.

5. Têm carácter urgente os registos de sentenças e despachos proferidos no processo de insolvência, bem como os de quaisquer actos de apreensão de bens da massa insolvente ou praticados no âmbito da administração e liquidação dessa massa ou previstos em plano de insolvência ou de pagamentos.

Nota. Redacção introduzida pelo art. 1.º do DL n.º 200/2004, de 18 de Agosto, e pelo art. 1.º do DL n.º 282/2007, de 7 de Agosto.

1266

Tít. I. Disposições introdutórias   **Arts. 10.º-14.º CIRE [141]**

Art. 10.º (Falecimento do devedor)

No caso de falecimento do devedor, o processo:

a) Passa a correr contra a herança jacente, que se manterá indivisa até ao encerramento do mesmo;

b) É suspenso pelo prazo, não prorrogável, de cinco dias, quando um sucessor do devedor o requeira e o juiz considere conveniente a suspensão.

Art. 11.º (Princípio do inquisitório)

No processo de insolvência, embargos e incidente de qualificação de insolvência, a decisão do juiz pode ser fundada em factos que não tenham sido alegados pelas partes.

Art. 12.º (Dispensa da audiência do devedor)

1. A audiência do devedor prevista em qualquer das normas deste Código, incluindo a citação, pode ser dispensada quando acarrete demora excessiva pelo facto de o devedor, sendo uma pessoa singular, residir no estrangeiro, ou por ser desconhecido o seu paradeiro.

2. Nos casos referidos no número anterior, deve, sempre que possível, ouvir--se um representante do devedor, ou, na falta deste, o seu cônjuge ou um seu parente, ou pessoa que com ele viva em união de facto.

3. O disposto nos números anteriores aplica-se, com as devidas adaptações, relativamente aos administradores do devedor, quando este não seja uma pessoa singular.

Art. 13.º (Representação de entidades públicas)

1. As entidades públicas titulares de créditos podem a todo o tempo confiar a mandatários especiais, designados nos termos legais ou estatutários, a sua representação no processo de insolvência, em substituição do Ministério Público.

2. A representação de entidades públicas credoras pode ser atribuída a um mandatário comum, se tal for determinado por despacho conjunto do membro do Governo responsável pelo sector económico a que pertença a empresa do devedor e do membro do Governo que tutele a entidade credora.

Art. 14.º (Recursos)

1. No processo de insolvência, e nos embargos opostos à sentença de declaração de insolvência, não é admitido recurso dos acórdãos proferidos por tribunal da relação, salvo se o recorrente demonstrar que o acórdão de que pretende recorrer está em oposição com outro, proferido por alguma das Relações, ou pelo Supremo Tribunal de Justiça, no domínio da mesma legislação e que haja decidido de forma divergente a mesma questão fundamental de direito e não houver sido fixada pelo Supremo, nos termos dos artigos 732.º-A e 732.º-B do Código de Processo Civil, jurisprudência com ele conforme.

2. Em todos os recursos interpostos no processo ou em qualquer dos seus apensos, o prazo para alegações é um para todos os recorrentes, correndo em seguida um outro para todos os recorridos.

3. Para consulta pelos interessados será extraída das alegações e contra-alegações uma única cópia, que fica à disposição dos mesmos na secretaria judicial.

1267

[141] CIRE Arts. 15.°-18.°   Tít. II.   Declaração da situação de insolvência

4. Durante o prazo para alegações, o processo é mantido na secretaria judicial para exame e consulta pelos interessados.

5. Os recursos sobem imediatamente, em separado e com efeito devolutivo.

6. Sobem, porém, nos próprios autos:

a) Os recursos da decisão de encerramento do processo de insolvência e das que sejam proferidas depois dessa decisão;

b) Os recursos das decisões que ponham termo à acção ou incidente processados por apenso, sejam proferidas depois dessas decisões, suspendam a instância ou não admitam o incidente.

Art. 15.° (Valor da acção)

Para efeitos processuais, o valor da causa é determinado sobre o valor do activo do devedor indicado na petição, que é corrigido logo que se verifique ser diferente o valor real.

Art. 16.° (Procedimentos especiais)

1. O disposto no presente Código aplica-se sem prejuízo do estabelecido na legislação especial sobre o consumidor relativamente a procedimentos de reestruturação do passivo e no Decreto-Lei n.° 316/98, de 20 de Outubro, relativamente ao procedimento extrajudicial de conciliação.

2. O disposto no presente Código não prejudica o regime constante de legislação especial relativa a contratos de garantia financeira.

Art. 17.° (Aplicação subsidiária do Código de Processo Civil)

O processo de insolvência rege-se pelo Código de Processo Civil, em tudo o que não contrarie as disposições do presente Código.

TÍTULO II.   DECLARAÇÃO DA SITUAÇÃO DE INSOLVÊNCIA

CAPÍTULO I.   Pedido de declaração de insolvência

SECÇÃO I.   Legitimidade para apresentar o pedido e desistência

Art. 18.° (Dever de apresentação à insolvência)

1. O devedor deve requerer a declaração da sua insolvência dentro dos 60 dias seguintes à data do conhecimento da situação de insolvência, tal como descrita no n.° 1 do artigo 3.°, ou à data em que devesse conhecê-la.

2. Exceptuam-se do dever de apresentação à insolvência as pessoas singulares que não sejam titulares de uma empresa na data em que incorram em situação de insolvência.

3. Quando o devedor seja titular de uma empresa, presume-se de forma inilidível o conhecimento da situação de insolvência decorridos pelo menos três meses sobre o incumprimento generalizado de obrigações de algum dos tipos referidos na alínea *g*) do n.° 1 do artigo 20.°

1268

Cap. I.   Pedido de declaração de insolvência   Arts. 19.º-21.º CIRE **[141]**

Art. 19.º (A quem compete o pedido)
Não sendo o devedor uma pessoa singular capaz, a iniciativa da apresentação à insolvência cabe ao órgão social incumbido da sua administração, ou, se não for o caso, a qualquer um dos seus administradores.

Art. 20.º (Outros legitimados)
1. A declaração de insolvência de um devedor pode ser requerida por quem for legalmente responsável pelas suas dívidas, por qualquer credor, ainda que condicional e qualquer que seja a natureza do seu crédito, ou ainda pelo Ministério Público, em representação das entidades cujos interesses lhe estão legalmente confiados, verificando-se algum dos seguintes factos:

a) Suspensão generalizada do pagamento das obrigações vencidas;

b) Falta de cumprimento de uma ou mais obrigações que, pelo seu montante ou pelas circunstâncias do incumprimento, revele a impossibilidade de o devedor satisfazer pontualmente a generalidade das suas obrigações;

c) Fuga do titular da empresa ou dos administradores do devedor ou abandono do local em que a empresa tem a sede ou exerce a sua principal actividade, relacionados com a falta de solvabilidade do devedor e sem designação de substituto idóneo;

d) Dissipação, abandono, liquidação apressada ou ruinosa de bens e constituição fictícia de créditos;

e) Insuficiência de bens penhoráveis para pagamento do crédito do exequente verificada em processo executivo movido contra o devedor;

f) Incumprimento de obrigações previstas em plano de insolvência ou em plano de pagamentos, nas condições previstas na alínea *a*) do n.º 1 e no n.º 2 do artigo 218.º;

g) Incumprimento generalizado, nos últimos seis meses, de dívidas de algum dos seguintes tipos:

  (*i*) Tributárias;

  (*ii*) De contribuições e quotizações para a segurança social;

  (*iii*) Dívidas emergentes de contrato de trabalho, ou da violação ou cessação deste contrato;

  (*iv*) Rendas de qualquer tipo de locação, incluindo financeira, prestações do preço da compra ou de empréstimo garantido pela respectiva hipoteca, relativamente a local em que o devedor realize a sua actividade ou tenha a sua sede ou residência.

h) Sendo o devedor uma das entidades referidas no n.º 2 do artigo 3.º, manifesta superioridade do passivo sobre o activo segundo o último balanço aprovado, ou atraso superior a nove meses na aprovação e depósito das contas, se a tanto estiver legalmente obrigado.

2. O disposto no número anterior não prejudica a possibilidade de representação das entidades públicas nos termos do artigo 13.º

Nota. Redacção introduzida pelo art. 1.º do DL n.º 200/2004, de 18 de Agosto.

Art. 21.º (Desistência do pedido ou da instância no processo de insolvência)
Salvo nos casos de apresentação à insolvência, o requerente da declaração de insolvência pode desistir do pedido ou da instância até ser proferida sentença, sem prejuízo do procedimento criminal que ao caso couber.

1269

[141] CIRE Arts. 22.°-24.°   Tít. II. Declaração da situação de insolvência

Art. 22.° (Dedução de pedido infundado)

A dedução de pedido infundado de declaração de insolvência, ou a indevida apresentação por parte do devedor, gera responsabilidade civil pelos prejuízos causados ao devedor ou aos credores, mas apenas em caso de dolo.

SECÇÃO II.   Requisitos da petição inicial

Art. 23.° (Forma e conteúdo da petição)

1. A apresentação à insolvência ou o pedido de declaração desta faz-se por meio de petição escrita, na qual são expostos os factos que integram os pressupostos da declaração requerida e se conclui pela formulação do correspondente pedido.

2. Na petição, o requerente:

a) Sendo o próprio devedor, indica se a situação de insolvência é actual ou apenas iminente, e, quando seja pessoa singular, se pretende a exoneração do passivo restante, nos termos das disposições do capítulo I do título XII;

b) Identifica os administradores do devedor e os seus cinco maiores credores, com exclusão do próprio requerente;

c) Sendo o devedor casado, identifica o respectivo cônjuge e indica o regime de bens do casamento;

d) Junta certidão do registo civil, do registo comercial ou de outro registo público a que o devedor esteja eventualmente sujeito.

3. Não sendo possível ao requerente fazer as indicações e junções referidas no número anterior, solicita que sejam prestadas pelo próprio devedor.

Art. 24.° (Junção de documentos pelo devedor)

1. Com a petição, o devedor, quando seja o requerente, junta ainda os seguintes documentos:

a) Relação por ordem alfabética de todos os credores, com indicação dos respectivos domicílios, dos montantes dos seus créditos, datas de vencimento, natureza e garantias de que beneficiem, e da eventual existência de relações especiais, nos termos do artigo 49.°;

b) Relação e identificação de todas as acções e execuções que contra si estejam pendentes;

c) Documento em que se explicita a actividade ou actividades a que se tenha dedicado nos últimos três anos e os estabelecimentos de que seja titular, bem como o que entenda serem as causas da situação em que se encontra;

d) Documento em que identifica o autor da sucessão, tratando-se de herança jacente, os sócios, associados ou membros conhecidos da pessoa colectiva, se for o caso, e, nas restantes hipóteses em que a insolvência não respeite a pessoa singular, aqueles que legalmente respondam pelos créditos sobre a insolvência;

e) Relação de bens que o devedor detenha em regime de arrendamento, aluguer ou locação financeira ou venda com reserva de propriedade, e de todos os demais bens e direitos de que seja titular, com indicação da sua natureza, lugar em que se encontrem, dados de identificação registral, se for o caso, valor de aquisição e estimativa do seu valor actual;

1270

Cap. I. Pedido de declaração de insolvência　　　**Arts. 25.°-26.° CIRE [141]**

f) Tendo o devedor contabilidade organizada, as contas anuais relativas aos três últimos exercícios, bem como os respectivos relatórios de gestão, de fiscalização e de auditoria, pareceres do órgão de fiscalização e documentos de certificação legal, se forem obrigatórios ou existirem, e informação sobre as alterações mais significativas do património ocorridas posteriormente à data a que se reportam as últimas contas e sobre as operações que, pela sua natureza, objecto ou dimensão extravasem da actividade corrente do devedor;

g) Tratando-se de sociedade compreendida em consolidação de contas, relatórios consolidados de gestão, contas anuais consolidadas e demais documentos de prestação de contas respeitantes aos três últimos exercícios, bem como os respectivos relatórios de fiscalização e de auditoria, pareceres do órgão de fiscalização, documentos de certificação legal e relatório das operações intragrupo realizadas durante o mesmo período;

h) Relatórios e contas especiais e informações trimestrais e semestrais, em base individual e consolidada, reportados a datas posteriores à do termo do último exercício a cuja elaboração a sociedade devedora esteja obrigada nos termos do Código dos Valores Mobiliários e dos regulamentos da Comissão do Mercado de Valores Mobiliários;

i) Mapa de pessoal que o devedor tenha ao serviço.

2. O devedor deve ainda:

a) Juntar documento comprovativo dos poderes dos administradores que o representem e cópia da acta que documente a deliberação da iniciativa do pedido por parte do respectivo órgão social de administração, se aplicável;

b) Justificar a não apresentação ou a não conformidade de algum dos documentos exigidos no n.° 1.

3. Sem prejuízo de apresentação posterior, nos termos do disposto nos artigos 223.° e seguintes, a petição apresentada pelo devedor pode ser acompanhada de um plano de insolvência.

Nota. Redacção introduzida pelo art. 1.° do DL n.° 200/2004, de 18 de Agosto.

Art. 25.° (Requerimento por outro legitimado)

1. Quando o pedido não provenha do próprio devedor, o requerente da declaração de insolvência deve justificar na petição a origem, natureza e montante do seu crédito, ou a sua responsabilidade pelos créditos sobre a insolvência, consoante o caso, e oferecer com ela os elementos que possua relativamente ao activo e passivo do devedor.

2. O requerente deve ainda oferecer todos os meios de prova de que disponha, ficando obrigado a apresentar as testemunhas arroladas, cujo número não pode exceder os limites previstos no artigo 789.° do Código de Processo Civil.

Nota. Redacção introduzida pelo art. 1.° do DL n.° 200/2004, de 18 de Agosto.

Art. 26.° (Duplicados e cópias de documentos)

1. São apenas oferecidos pelo requerente ou, no caso de apresentação em suporte digital, extraídos pela secretaria os duplicados da petição necessários para a entrega aos cinco maiores credores conhecidos, e, quando for caso disso, à comissão de trabalhadores e ao devedor, além do destinado a arquivo do tribunal.

1271

[141] CIRE Arts. 27.°-29.°

Tít. II. Declaração da situação de insolvência

2. Os documentos juntos com a petição serão acompanhados de duas cópias, uma das quais se destina ao arquivo do tribunal, ficando a outra na secretaria judicial para consulta dos interessados.

3. O processo tem seguimento apesar de não ter sido feita a entrega das cópias e dos duplicados exigidos, sendo estes extraídos oficiosamente, mediante o respectivo pagamento e de uma multa até 2 UC.

4. São sempre extraídas oficiosamente as cópias da petição necessárias para entrega aos administradores do devedor, se for o caso.

CAPÍTULO II. Tramitação subsequente

Art. 27.° (Apreciação liminar)

1. No próprio dia da distribuição, ou, não sendo tal viável, até ao 3.° dia útil subsequente, o juiz:

a) Indefere liminarmente o pedido de declaração de insolvência quando seja manifestamente improcedente, ou ocorram, de forma evidente, excepções dilatórias insupríveis de que deva conhecer oficiosamente;

b) Concede ao requerente, sob pena de indeferimento, o prazo máximo de cinco dias para corrigir os vícios sanáveis da petição, designadamente quando esta careça de requisitos legais ou não venha acompanhada dos documentos que hajam de instrui-la, nos casos em que tal falta não seja devidamente justificada.

2. Nos casos de apresentação à insolvência, o despacho de indeferimento liminar que não se baseie, total ou parcialmente, na falta de junção dos documentos exigida pela alínea *a*) do n.° 2 do artigo 24.° é objecto de publicação no *Diário da República*, no prazo previsto no n.° 4 do artigo 38.°, devendo conter os elementos referidos no n.° 8 do artigo 37.°

Nota. Redacção introduzida pelo art. 1.° do DL n.° 282/2007, de 7 de Agosto.

Art. 28.° (Declaração imediata da situação de insolvência)

A apresentação à insolvência por parte do devedor implica o reconhecimento por este da sua situação de insolvência, que é declarada até ao 3.° dia útil seguinte ao da distribuição da petição inicial ou, existindo vícios corrigíveis, ao do respectivo suprimento.

Art. 29.° (Citação do devedor)

1. Sem prejuízo do disposto no n.° 3 do artigo 31.°, se a petição não tiver sido apresentada pelo próprio devedor e não houver motivo para indeferimento liminar, o juiz manda citar pessoalmente o devedor, no prazo referido no artigo anterior.

2. No acto de citação é o devedor advertido da cominação prevista no n.° 5 do artigo seguinte e de que os documentos referidos no n.° 1 do artigo 24.° devem estar prontos para imediata entrega ao administrador da insolvência na eventualidade de a insolvência ser declarada.

1272

Cap. II. Tramitação subsequente   Arts. 30.°-32.° CIRE **[141]**

Art. 30.° (Oposição do devedor)

1. O devedor pode, no prazo de 10 dias, deduzir oposição, à qual é aplicável o disposto no n.° 2 do artigo 25.°

2. Sem prejuízo do disposto no número seguinte, o devedor junta com a oposição, sob pena de não recebimento, lista dos seus cinco maiores credores, com exclusão do requerente, com indicação do respectivo domicílio.

3. A oposição do devedor à declaração de insolvência pretendida pode basear-se na inexistência do facto em que se fundamenta o pedido formulado ou na inexistência da situação de insolvência.

4. Cabe ao devedor provar a sua solvência, baseando-se na escrituração legalmente obrigatória, se for o caso, devidamente organizada e arrumada, sem prejuízo do disposto no n.° 3 do artigo 3.°

5. Se a audiência do devedor não tiver sido dispensada nos termos do artigo 12.° e o devedor não deduzir oposição, consideram-se confessados os factos alegados na petição inicial, e a insolvência é declarada no dia útil seguinte ao termo do prazo referido no n.° 1, se tais factos preencherem a hipótese de alguma das alíneas do n.° 1 do artigo 20.°

Nota. Redacção introduzida pelo art. 1.° do DL n.° 200/2004, de 18 de Agosto.

Art. 31.° (Medidas cautelares)

1. Havendo justificado receio da prática de actos de má gestão, o juiz, oficiosamente ou pedido do requerente, ordena as medidas cautelares que se mostrem necessárias ou convenientes para impedir o agravamento da situação patrimonial do devedor, até que seja proferida sentença.

2. As medidas cautelares podem designadamente consistir na nomeação de um administrador judicial provisório com poderes exclusivos para a administração do património do devedor, ou para assistir o devedor nessa administração.

3. A adopção das medidas cautelares pode ter lugar previamente à citação do devedor, no caso de a antecipação ser julgada indispensável para não pôr em perigo o seu efeito útil, mas sem que a citação possa em caso algum ser retardada mais de 10 dias relativamente ao prazo que de outro modo interviria.

4. A adopção das medidas cautelares precede a distribuição quando o requerente o solicite e o juiz considere justificada a precedência.

Art. 32.° (Escolha e remuneração do administrador judicial provisório)

1. A escolha do administrador judicial provisório recai em entidade inscrita na lista oficial de administradores da insolvência, podendo o juiz ter em conta a proposta eventualmente feita na petição inicial no caso de processos em que seja previsível a existência de actos de gestão que requeiram especiais conhecimentos.

2. O administrador judicial provisório manter-se-á em funções até que seja proferida a sentença, sem prejuízo da possibilidade da sua substituição ou remoção em momento anterior, ou da sua recondução como administrador da insolvência.

3. A remuneração do administrador judicial provisório é fixada pelo juiz, na própria decisão de nomeação ou posteriormente, e constitui, juntamente com as despesas em que ele incorra no exercício das suas funções, um encargo compreendido nas custas do processo, que é suportado pelo Cofre Geral dos Tribunais na medida

[141] CIRE Arts. 33.º-35.º

Tít. II.   Declaração da situação de insolvência

em que, sendo as custas da responsabilidade da massa, não puder ser satisfeito pelas forças desta.

Nota. Redacção introduzida pelo art. 1.º do DL n.º 282/2007, de 7 de Agosto.

Art. 33.º (Competências do administrador judicial provisório)

1. O administrador judicial provisório a quem forem atribuídos poderes exclusivos de administração do património do devedor deve providenciar pela manutenção e preservação desse património, e pela continuidade da exploração da empresa, salvo se considerar que a suspensão da actividade é mais vantajosa para os interesses dos credores e tal medida for autorizada pelo juiz.

2. O juiz fixa os deveres e as competências do administrador judicial provisório encarregado apenas de assistir o devedor na administração do seu património, devendo:

a) Especificar os actos que não podem ser praticados pelo devedor sem a aprovação do administrador judicial provisório; ou

b) Indicar serem eles genericamente todos os que envolvam a alienação ou a oneração de quaisquer bens ou a assunção de novas responsabilidades que não sejam indispensáveis à gestão corrente da empresa.

3. Em qualquer das hipóteses previstas nos números anteriores, o administrador judicial provisório tem o direito de acesso à sede e às instalações empresariais do devedor e de proceder a quaisquer inspecções e a exames, designadamente dos elementos da sua contabilidade, e o devedor fica obrigado a fornecer-lhe todas as informações necessárias ao desempenho das suas funções, aplicando-se, com as devidas adaptações, o artigo 83.º

Art. 34.º (Remissão)

O disposto nos artigos 37.º, 38.º, 58.º e 59.º e no n.º 6 do artigo 81.º aplica-se, respectivamente e com as necessárias adaptações, à publicidade e ao registo da nomeação do administrador judicial provisório e dos poderes que lhe forem atribuídos, à fiscalização do exercício do cargo e responsabilidade em que possa incorrer e ainda à eficácia dos actos jurídicos celebrados sem a sua intervenção, quando exigível.

Nota. Redacção introduzida pelo art. 1.º do DL n.º 200/2004, de 18 de Agosto, e pelo art. 1.º do DL n.º 282/2007, de 7 de Agosto.

Art. 35.º (Audiência de discussão e julgamento)

1. Tendo havido oposição do devedor, ou tendo a audiência deste sido dispensada, é logo marcada audiência de discussão e julgamento para um dos cinco dias subsequentes, notificando-se o requerente e o devedor para comparecerem pessoalmente ou para se fazerem representar por quem tenha poderes para transigir.

2. Não comparecendo o devedor nem um seu representante, têm-se por confessados os factos alegados na petição inicial, se a audiência do devedor não tiver sido dispensada nos termos do artigo 12.º

3. Não se verificando a situação prevista no número anterior, a não comparência do requerente, por si ou através de um representante, vale como desistência do pedido.

1274

Cap. III.   Sentença de declar. de insolv. e sua impugnação   **Art. 36.° CIRE [141]**

4. O juiz dita logo para a acta, consoante o caso, sentença de declaração da insolvência, se os factos alegados na petição inicial forem subsumíveis no n.° 1 do artigo 20.°, ou sentença homologatória da desistência do pedido.

5. Comparecendo ambas as partes, ou só o requerente ou um seu representante, mas tendo a audiência do devedor sido dispensada, o juiz selecciona a matéria de facto relevante que considere assente e a que constitui a base instrutória.

6. As reclamações apresentadas são logo decididas, seguindo-se de imediato a produção das provas.

7. Finda a produção da prova têm lugar alegações orais de facto e de direito, e o tribunal decide em seguida a matéria de facto.

8. Se a sentença não puder ser logo proferida, sê-lo-á no prazo de cinco dias.

Nota. Redacção introduzida pelo art. 1.° do DL n.° 200/2004, de 18 de Agosto.

CAPÍTULO III.   **Sentença de declaração de insolvência e sua impugnação**

SECÇÃO I.   **Conteúdo, notificação e publicidade da sentença**

Art. 36.° (Sentença de declaração de insolvência)

1. Na sentença que declarar a insolvência o juiz:

a) Indica a data e a hora da respectiva prolação, considerando-se que ela teve lugar ao meio-dia na falta de outra indicação;

b) Identifica o devedor insolvente, com indicação da sua sede ou residência;

c) Fixa residência aos administradores do devedor, bem como ao próprio devedor, se este for pessoa singular;

d) Nomeia o administrador da insolvência, com indicação do seu domicílio profissional;

e) Determina que a administração da massa insolvente será assegurada pelo devedor, quando se verifiquem os pressupostos exigidos pelo n.° 2 do artigo 224.°;

f) Determina que o devedor entregue imediatamente ao administrador da insolvência os documentos referidos no n.° 1 do artigo 24.° que ainda não constem dos autos;

g) Decreta a apreensão, para imediata entrega ao administrador da insolvência, dos elementos da contabilidade do devedor e de todos os seus bens, ainda que arrestados, penhorados ou por qualquer forma apreendidos ou detidos e sem prejuízo do disposto no n.° 1 do artigo 150.°;

h) Ordena a entrega ao Ministério Público, para os devidos efeitos, dos elementos que indiciem a prática de infracção penal;

i) Declara aberto o incidente da qualificação da insolvência, com carácter pleno ou limitado, sem prejuízo do disposto no artigo 187.°;

j) Designa prazo, até 30 dias, para a reclamação de créditos;

l) Adverte os credores de que devem comunicar prontamente ao administrador da insolvência as garantias reais de que beneficiem;

m) Adverte os devedores do insolvente de que as prestações a que estejam obrigados deverão ser feitas ao administrador da insolvência e não ao próprio insolvente;

1275

[141] CIRE Arts. 37.º-38.º   Tít. II.   Declaração da situação de insolvência

n) Designa dia e hora, entre os 45 e os 75 dias subsequentes, para a realização da reunião da assembleia de credores aludida no artigo 156.º, neste Código designada assembleia de apreciação do relatório.

Nota. Redacção introduzida pelo art. 1.º do DL n.º 200/2004, de 18 de Agosto.

Art. 37.º (Notificação da sentença e citação)

1. Os administradores do devedor a quem tenha sido fixada residência são notificados pessoalmente da sentença, nos termos e pelas formas prescritos na lei processual para a citação, sendo-lhes igualmente enviadas cópias da petição inicial.

2. Sem prejuízo das notificações que se revelem necessárias nos termos da legislação laboral, nomeadamente ao Fundo de Garantia Salarial, a sentença é igualmente notificada ao Ministério Público, ao requerente da declaração de insolvência, ao devedor, nos termos previstos para a citação, caso não tenha já sido citado pessoalmente para os termos do processo e, se este for titular de uma empresa, à comissão de trabalhadores.

3. Os cinco maiores credores conhecidos, com exclusão do que tiver sido requerente, são citados nos termos do n.º 1 ou por carta registada, consoante tenham ou não residência habitual, sede ou domicílio em Portugal.

4. Os credores conhecidos que tenham residência habitual, domicílio ou sede em outros Estados-Membros da União Europeia, são citados por carta registada, em conformidade com os artigos 40.º e 42.º do Regulamento (CE) n.º 1346/2000 do Conselho, de 29 de Maio.

5. Havendo créditos do Estado, de institutos públicos sem a natureza de empresas públicas ou de instituições da segurança social, a citação dessas entidades é feita por carta registada.

6. O disposto nos números anteriores não prejudica a possibilidade de notificação e citação por via electrónica, nos termos previstos em portaria do Ministro da Justiça.

7. Os demais credores e outros interessados são citados por edital, com prazo de dilação de cinco dias, afixado na sede, nos estabelecimentos da empresa e no próprio tribunal e por anúncio publicado no *Diário da República*.

8. Os editais e anúncios referidos no número anterior devem indicar o número do processo, a dilação e a possibilidade de recurso ou dedução de embargos e conter os elementos e informações previstos nas alíneas *a*) a *e*) e *i*) a *n*) do artigo anterior, advertindo-se que o prazo para o recurso, os embargos e a reclamação dos créditos só começa a correr depois de finda a dilação e que esta se conta da publicação do anúncio referido no número anterior.

Nota. Redacção introduzida pelo art. 1.º do DL n.º 282/2007, de 7 de Agosto.

Art. 38.º (Publicidade e registo)

1. (…).

2. A declaração de insolvência e a nomeação de um administrador da insolvência são registadas oficiosamente, com base na respectiva certidão, para o efeito remetida pela secretaria:

1276

Cap. III.   Sentença de declar. de insolv. e sua impugnação   **Art. 39.° CIRE [141]**

a) Na conservatória do registo civil, se o devedor for uma pessoa singular;

b) Na conservatória do registo comercial, se houver quaisquer factos relativos ao devedor insolvente sujeitos a esse registo;

c) Na entidade encarregada de outro registo público a que o devedor esteja eventualmente sujeito.

3. Sem prejuízo do disposto no n.° 5 do artigo 43.° do Código de Registo Predial, a declaração de insolvência é ainda inscrita no registo predial, relativamente aos bens que integrem a massa insolvente, com base em certidão judicial da declaração de insolvência transitada em julgado, se o serviço de registo não conseguir aceder à informação necessária por meios electrónicos, e em declaração do administrador da insolvência que identifique os bens.

4. O registo previsto no número anterior, quando efectuado provisoriamente por natureza, é feito com base nas informações incluídas na página informática do tribunal, nos termos da alínea *b*) do n.° 6, e na declaração do administrador da insolvência que identifique os bens.

5. Se no registo existir sobre os bens que integram a massa insolvente qualquer inscrição de aquisição ou reconhecimento do direito de propriedade ou de mera posse a favor de pessoa diversa do insolvente, deve o administrador da insolvência juntar ao processo certidão das respectivas inscrições.

6. A secretaria:

a) Regista oficiosamente a declaração de insolvência e a nomeação do administrador da insolvência no registo informático de execuções estabelecido pelo Código de Processo Civil;

b) Promove a inclusão dessas informações, e ainda do prazo concedido para as reclamações, na página informática do tribunal;

c) Comunica a declaração de insolvência ao Banco de Portugal para que este proceda à sua inscrição na central de riscos de crédito.

7. Dos registos da nomeação do administrador da insolvência deve constar o seu domicílio profissional.

8. Todas as diligências destinadas à publicidade e registo da sentença devem ser realizadas no prazo de cinco dias.

Notas. 1. Redacção introduzida pelo art. 1.° do DL n.° 282/2007, de 7 de Agosto, pelo art. 11.° do DL n.° 116/2008, de 4 de Julho, e pelo art. 9.° do DL n.° 185/2009, de 12 de Agosto.

2. O n.° 1 foi revogado pelo art. 4.° do DL n.° 282/2007, de 7 de Agosto.

Art. 39.° (Insuficiência da massa insolvente)

1. Concluindo o juiz que o património do devedor não é presumivelmente suficiente para a satisfação das custas do processo e das dívidas previsíveis da massa insolvente e não estando essa satisfação por outra forma garantida, faz menção desse facto na sentença de declaração da insolvência e dá nela cumprimento apenas ao preceituado nas alíneas *a*) a *d*) e *h*) do artigo 36.°, declarando aberto o incidente de qualificação com carácter limitado.

2. No caso referido no número anterior:

a) Qualquer interessado pode pedir, no prazo de cinco dias, que a sentença seja complementada com as restantes menções do artigo 36.°;

1277

[141] CIRE Art. 40.º   Tít. II.   Declaração da situação de insolvência

b) Aplica-se à citação, notificação, publicidade e registo da sentença o disposto nos artigos anteriores, com as modificações exigidas, devendo em todas as comunicações fazer-se adicionalmente referência à possibilidade conferida pela alínea anterior.

3. O requerente do complemento da sentença deposita à ordem do tribunal, o montante que o juiz especificar segundo o que razoavelmente entenda necessário para garantir o pagamento das referidas custas e dívidas, ou cauciona esse pagamento mediante garantia bancária, sendo o depósito movimentado ou a caução accionada apenas depois de comprovada a efectiva insuficiência da massa, e na medida dessa insuficiência.

4. Requerido o complemento da sentença nos termos dos n.ᵒˢ 2 e 3, deve o juiz dar cumprimento integral ao artigo 36.º, observando-se em seguida o disposto nos artigos 37.º e 38.º, e prosseguindo com carácter pleno o incidente de qualificação da insolvência.

5. Quem requerer o complemento da sentença pode exigir o reembolso das quantias despendidas às pessoas que, em violação dos seus deveres como administradores, se hajam abstido de requerer a declaração de insolvência do devedor, ou o tenham feito com demora.

6. O direito estabelecido no número anterior prescreve ao fim de cinco anos.

7. Não sendo requerido o complemento da sentença:

a) O devedor não fica privado dos poderes de administração e disposição do seu património, nem se produzem quaisquer dos efeitos que normalmente correspondem à declaração de insolvência, ao abrigo das normas deste Código;

b) O processo de insolvência é declarado findo logo que a sentença transite em julgado, sem prejuízo da tramitação até final do incidente limitado de qualificação da insolvência;

c) O administrador da insolvência limita a sua actividade à elaboração do parecer a que se refere o n.º 2 do artigo 188.º;

d) Após o respectivo trânsito em julgado, qualquer legitimado pode instaurar a todo o tempo novo processo de insolvência, mas o prosseguimento dos autos depende de que seja depositado à ordem do tribunal o montante que o juiz razoavelmente entenda necessário para garantir o pagamento das custas e das dívidas previsíveis da massa insolvente, aplicando-se o disposto nos n.ᵒˢ 4 e 5.

8. O disposto neste artigo não é aplicável quando o devedor, sendo uma pessoa singular, tenha requerido, anteriormente à sentença de declaração de insolvência, a exoneração do passivo restante.

9. Para os efeitos previstos no n.º 1, presume-se a insuficiência da massa quando o património do devedor seja inferior a € 5 000.

Nota. Redacção introduzida pelo art. 1.º do DL n.º 282/2007, de 7 de Agosto.

SECÇÃO II.   **Impugnação da sentença**

Art. 40.º (Oposição de embargos)

1. Podem opor embargos à sentença declaratória da insolvência:

a) O devedor em situação de revelia absoluta, se não tiver sido pessoalmente citado;

1278

Cap. III.   Sentença de declar. de insolv. e sua impugnação   **Arts. 41.º-43.º CIRE [141]**

b) O cônjuge, os ascendentes ou descendentes e os afins em 1.º grau da linha recta da pessoa singular considerada insolvente, no caso de a declaração de insolvência se fundar na fuga do devedor relacionada com a sua falta de liquidez;

c) O cônjuge, herdeiro, legatário ou representante do devedor, quando o falecimento tenha ocorrido antes de findo o prazo para a oposição por embargos que ao devedor fosse lícito deduzir, nos termos da alínea *a*);

d) Qualquer credor que como tal se legitime;

e) Os responsáveis legais pelas dívidas do insolvente;

f) Os sócios, associados ou membros do devedor.

2. Os embargos devem ser deduzidos dentro dos 5 dias subsequentes à notificação da sentença ao embargante ou ao fim da dilação aplicável, e apenas são admissíveis desde que o embargante alegue factos ou requeira meios de prova que não tenham sido tidos em conta pelo tribunal e que possam afastar os fundamentos da declaração de insolvência.

3. A oposição de embargos à sentença declaratória da insolvência, bem como o recurso da decisão que mantenha a declaração, suspende a liquidação e a partilha do activo, sem prejuízo do disposto no n.º 2 do artigo 158.º

Art. 41.º (Processamento e julgamento dos embargos)

1. A petição de embargos é imediatamente autuada por apenso, sendo o processo concluso ao juiz, para o despacho liminar, no dia seguinte ao termo do prazo referido no n.º 2 do artigo anterior; aos embargos opostos por várias entidades corresponde um único processo.

2. Não havendo motivo para indeferimento liminar, é ordenada a notificação do administrador da insolvência e da parte contrária para contestarem, querendo, no prazo de 5 dias.

3. Aplica-se à petição e às contestações o disposto no n.º 2 do artigo 25.º

4. Após a contestação e depois de produzidas, no prazo máximo de 10 dias, as provas que se devam realizar antecipadamente, procede-se à audiência de julgamento, dentro dos 5 dias imediatos, nos termos do disposto no n.º 1 do presente artigo e nos n.ᵒˢ 5 a 8 do artigo 35.º

Nota. Redacção introduzida pelo art. 1.º do DL n.º 200/2004, de 18 de Agosto.

Art. 42.º (Recurso)

1. É lícito às pessoas referidas no n.º 1 do artigo 40.º, alternativamente à dedução dos embargos ou cumulativamente com estes, interpor recurso da sentença de declaração de insolvência, quando entendam que, face aos elementos apurados, ela não devia ter sido proferida.

2. Ao devedor é facultada a interposição de recurso mesmo quando a oposição de embargos lhe esteja vedada.

3. É aplicável à interposição do recurso o disposto no n.º 3 do artigo 40.º, com as necessárias adaptações.

Art. 43.º (Efeitos da revogação)

A revogação da sentença de declaração de insolvência não afecta os efeitos dos actos legalmente praticados pelos órgãos da insolvência.

1279

[141] CIRE Arts. 44.°-47.°   Tít. III.   Massa insolvente e intervenientes no processo

CAPÍTULO IV.   **Sentença de indeferimento do pedido de declaração de insolvência**

Art. 44.° **(Notificação da sentença de indeferimento do pedido)**
1. A sentença que indefira o pedido de declaração de insolvência é notificada apenas ao requerente e ao devedor.
2. No caso de ter sido nomeado um administrador judicial provisório, a sentença é objecto de publicação e registo, nos termos previstos nos artigos 37.° e 38.°, com as necessárias adaptações.

Nota. Redacção introduzida pelo art. 1.° do DL n.° 282/2007, de 7 de Agosto.

Art. 45.° **(Recurso da sentença de indeferimento)**
Contra a sentença que indefira o pedido de declaração de insolvência só pode reagir o próprio requerente, e unicamente através de recurso.

TÍTULO III.   **MASSA INSOLVENTE E INTERVENIENTES NO PROCESSO**

CAPÍTULO I.   **Massa insolvente e classificações dos créditos**

Art. 46.° **(Conceito de massa insolvente)**
1. A massa insolvente destina-se à satisfação dos credores da insolvência, depois de pagas as suas próprias dívidas, e, salvo disposição em contrário, abrange todo o património do devedor à data da declaração de insolvência, bem como os bens e direitos que ele adquira na pendência do processo.
2. Os bens isentos de penhora só são integrados na massa insolvente se o devedor voluntariamente os apresentar e a impenhorabilidade não for absoluta.

Art. 47.° **(Conceito de credores da insolvência e classes de créditos sobre a insolvência)**
1. Declarada a insolvência, todos os titulares de créditos de natureza patrimonial sobre o insolvente, ou garantidos por bens integrantes da massa insolvente, cujo fundamento seja anterior à data dessa declaração, são considerados credores da insolvência, qualquer que seja a sua nacionalidade e domicílio.
2. Os créditos referidos no número anterior, bem como os que lhes sejam equiparados, e as dívidas que lhes correspondem, são neste Código denominados, respectivamente, créditos sobre a insolvência e dívidas da insolvência.
3. São equiparados aos titulares de créditos sobre a insolvência à data da declaração da insolvência aqueles que mostrem tê-los adquirido no decorrer do processo.
4. Para efeitos deste Código, os créditos sobre a insolvência são:
a) "Garantidos" e "privilegiados" os créditos que beneficiem, respectivamente, de garantias reais, incluindo os privilégios creditórios especiais, e de privilégios creditórios gerais sobre bens integrantes da massa insolvente, até ao montante

1280

Cap. I.   Massa insolvente e classificações dos créditos   **Arts. 48.°-49.° CIRE [141]**

correspondente ao valor dos bens objecto das garantias ou dos privilégios gerais, tendo em conta as eventuais onerações prevalecentes;

b) "Subordinados" os créditos enumerados no artigo seguinte, excepto quando beneficiem de privilégios creditórios, gerais ou especiais, ou de hipotecas legais, que não se extingam por efeito da declaração de insolvência;

c) "Comuns" os demais créditos.

Art. 48.° (Créditos subordinados)

Consideram-se subordinados, sendo graduados depois dos restantes créditos sobre a insolvência:

a) Os créditos detidos por pessoas especialmente relacionadas com o devedor, desde que a relação especial existisse já aquando da respectiva aquisição, e por aqueles a quem eles tenham sido transmitidos nos dois anos anteriores ao início do processo de insolvência;

b) Os juros de créditos não subordinados constituídos após a declaração da insolvência, com excepção dos abrangidos por garantia real e por privilégios creditórios gerais, até ao valor dos bens respectivos;

c) Os créditos cuja subordinação tenha sido convencionada pelas partes;

d) Os créditos que tenham por objecto prestações do devedor a título gratuito;

e) Os créditos sobre a insolvência que, como consequência da resolução em benefício da massa insolvente, resultem para o terceiro de má-fé;

f) Os juros de créditos subordinados constituídos após a declaração da insolvência;

g) Os créditos por suprimentos.

Art. 49.° (Pessoas especialmente relacionadas com o devedor)

1. São havidos como especialmente relacionados com o devedor pessoa singular:

a) O seu cônjuge e as pessoas de quem se tenha divorciado nos dois anos anteriores ao início do processo de insolvência;

b) Os ascendentes, descendentes ou irmãos do devedor ou de qualquer das pessoas referidas na alínea anterior;

c) Os cônjuges dos ascendentes, descendentes ou irmãos do devedor;

d) As pessoas que tenham vivido habitualmente com o devedor em economia comum em período situado dentro dos dois anos anteriores ao início do processo de insolvência.

2. São havidos como especialmente relacionados com o devedor pessoa colectiva:

a) Os sócios, associados ou membros que respondam legalmente pelas suas dívidas, e as pessoas que tenham tido esse estatuto nos dois anos anteriores ao início do processo de insolvência;

b) As pessoas que, se for o caso, tenham estado com a sociedade insolvente em relação de domínio ou de grupo, nos termos do artigo 21.° do Código de Valores Mobiliários, em período situado dentro dos dois anos anteriores ao início do processo de insolvência;

1281

[141] CIRE Arts. 50.°-51.° Tít. III. Massa insolvente e intervenientes no processo

c) Os administradores, de direito ou de facto, do devedor e aqueles que o tenham sido em algum momento nos dois anos anteriores ao início do processo de insolvência;

d) As pessoas relacionadas com alguma das mencionadas nas alíneas anteriores por qualquer das formas referidas no n.° 1.

3. Nos casos em que a insolvência respeite apenas a um património autónomo são consideradas pessoas especialmente relacionadas os respectivos titulares e administradores, bem como as que estejam ligadas a estes por alguma das formas previstas nos números anteriores, e ainda, tratando-se de herança jacente, as ligadas ao autor da sucessão por alguma das formas previstas no n.° 1, na data da abertura da sucessão ou nos dois anos anteriores.

Art. 50.° (Créditos sob condição)

1. Para efeitos deste Código consideram-se créditos sob condição suspensiva e resolutiva, respectivamente, aqueles cuja constituição ou subsistência se encontrem sujeitos à verificação ou à não verificação de um acontecimento futuro e incerto tanto por força da lei como de negócio jurídico.

2. São havidos, designadamente, como créditos sob condição suspensiva:

a) Os resultantes da recusa de execução ou denúncia antecipada, por parte do administrador da insolvência, de contratos bilaterais em curso à data da declaração da insolvência, ou da resolução de actos em benefício da massa insolvente, enquanto não se verificar essa denúncia, recusa ou resolução;

b) Os créditos que não possam ser exercidos contra o insolvente sem prévia excussão do património de outrem, enquanto não se verificar tal excussão;

c) Os créditos sobre a insolvência pelos quais o insolvente não responda pessoalmente, enquanto a dívida não for exigível.

Art. 51.° (Dívidas da massa insolvente)

1. Salvo preceito expresso em contrário, são dívidas da massa insolvente, além de outras como tal qualificadas neste Código:

a) As custas do processo de insolvência;

b) As remunerações do administrador da insolvência e as despesas deste e dos membros da comissão de credores;

c) As dívidas emergentes dos actos de administração, liquidação e partilha da massa insolvente;

d) As dívidas resultantes da actuação do administrador da insolvência no exercício das suas funções;

e) Qualquer dívida resultante de contrato bilateral cujo cumprimento não possa ser recusado pelo administrador da insolvência, salvo na medida em que se reporte a período anterior à declaração de insolvência;

f) Qualquer dívida resultante de contrato bilateral cujo cumprimento não seja recusado pelo administrador da insolvência, salvo na medida correspondente à contraprestação já realizada pela outra parte anteriormente à declaração de insolvência ou em que se reporte a período anterior a essa declaração;

g) Qualquer dívida resultante de contrato que tenha por objecto uma prestação duradoura, na medida correspondente à contraprestação já realizada pela

1282

Cap. II.   Órgãos da insolvência   **Arts. 52.º-53.º CIRE [141]**

outra parte e cujo cumprimento tenha sido exigido pelo administrador judicial provisório;

h) As dívidas constituídas por actos praticados pelo administrador judicial provisório no exercício dos seus poderes;

i) As dívidas que tenham por fonte o enriquecimento sem causa da massa insolvente;

j) A obrigação de prestar alimentos relativa a período posterior à data da declaração de insolvência, nas condições do artigo 93.º

2. Os créditos correspondentes a dívidas da massa involvente e os titulares desses créditos são neste Código designados, respectivamente, por créditos sobre a massa e credores da massa.

CAPÍTULO II.   Órgãos da insolvência

SECÇÃO I.   Administrador da insolvência

Art. 52.º (Nomeação pelo juiz e estatuto)

1. A nomeação do administrador da insolvência é da competência do juiz.

2. Aplica-se à nomeação do administrador da insolvência o disposto no n.º 1 do artigo 32.º, podendo o juiz ter em conta as indicações que sejam feitas pelo próprio devedor ou pela comissão de credores, se existir, cabendo a preferência, na primeira designação, ao administrador judicial provisório em exercício de funções à data da declaração da insolvência.

3. O processo de recrutamento para as listas oficiais, bem como o estatuto do administrador da insolvência, constam de diploma legal próprio, sem prejuízo do disposto neste Código.

Nota. Redacção introduzida pelo art. 1.º do DL n.º 282/2007, de 7 de Agosto.

Art. 53.º (Escolha de outro administrador pelos credores)

1. Sob condição de que previamente à votação se junte aos autos a aceitação do proposto, os credores podem, na primeira assembleia realizada após a designação do administrador da insolvência, eleger para exercer o cargo outra pessoa, inscrita ou não na lista oficial, e prover sobre a remuneração respectiva, por deliberação que obtenha a aprovação da maioria dos votantes e dos votos emitidos, não sendo consideradas as abstenções.

2. A eleição de pessoa não inscrita na lista oficial apenas pode ocorrer em casos devidamente justificados pela especial dimensão da empresa compreendida na massa insolvente, pela especificidade do ramo de actividade da mesma ou pela complexidade do processo.

3. O juiz só pode deixar de nomear como administrador da insolvência a pessoa eleita pelos credores, em substituição do administrador em funções, se considerar que a mesma não tem idoneidade ou aptidão para o exercício do cargo, que é manifestamente excessiva a retribuição aprovada pelos credores ou, quando se trate

1283

[141] CIRE Arts. 54.°-56.°   Tít. III.   Massa insolvente e intervenientes no processo

de pessoa não inscrita na lista oficial, que não se verifica nenhuma das circunstâncias previstas no número anterior.

Nota. Redacção introduzida pelo art. 1.° do DL n.° 200/2004, de 18 de Agosto.

Art. 54.° (Início de funções)

O administrador da insolvência, uma vez notificado da nomeação, assume imediatamente a sua função.

Art. 55.° (Funções e seu exercício)

1. Além das demais tarefas que lhe são cometidas, cabe ao administrador da insolvência, com a cooperação e sob a fiscalização da comissão de credores, se existir:

   a) Preparar o pagamento das dívidas do insolvente à custa das quantias em dinheiro existentes na massa insolvente, designadamente das que constituem produto da alienação, que lhe incumbe promover, dos bens que a integram;

   b) Prover, no entretanto, à conservação e frutificação dos direitos do insolvente e à continuação da exploração da empresa, se for o caso, evitando quanto possível o agravamento da sua situação económica.

2. O administrador da insolvência exerce pessoalmente as competências do seu cargo, não podendo substabelecê-las em ninguém, sem prejuízo dos casos de recurso obrigatório ao patrocínio judiciário ou de necessidade de prévia concordância da comissão de credores.

3. O administrador da insolvência, no exercício das respectivas funções, pode ser coadjuvado sob a sua responsabilidade por técnicos ou outros auxiliares, remunerados ou não, incluindo o próprio devedor, mediante prévia concordância da comissão de credores ou do juiz, na falta dessa comissão.

4. O administrador da insolvência pode contratar a termo certo ou incerto os trabalhadores necessários à liquidação da massa insolvente ou à continuação da exploração da empresa, mas os novos contratos caducam no momento do encerramento definitivo do estabelecimento onde os trabalhadores prestam serviço, ou, salvo convenção em contrário, no da sua transmissão.

5. Ao administrador da insolvência compete ainda prestar oportunamente à comissão de credores e ao tribunal todas as informações necessárias sobre a administração e a liquidação da massa insolvente.

6. A requerimento do administrador da insolvência e sempre que este não tenha acesso directo às informações pretendidas, o juiz oficia quaisquer entidades públicas e instituições de crédito para, com base nos respectivos registos, prestarem informações consideradas necessárias ou úteis para os fins do processo, nomeadamente sobre a existência de bens integrantes da massa insolvente.

Nota. Redacção introduzida pelo art. 1.° do DL n.° 282/2007, de 7 de Agosto.

Art. 56.° (Destituição)

1. O juiz pode, a todo o tempo, destituir o administrador da insolvência e substitui-lo por outro, se, ouvidos a comissão de credores, quando exista, o devedor e o próprio administrador da insolvência, fundadamente considerar existir justa causa.

1284

Cap. II. Órgãos da insolvência **Arts. 57.º-60.º CIRE [141]**

2. Salvo o disposto no n.º 3 do artigo 53.º, deverá ser designada como substituto a pessoa que para o efeito tenha sido eventualmente indicada pela assembleia de credores, mediante deliberação aprovada nos termos do n.º 1 do mesmo artigo.

Art. 57.º (Registo e publicidade)

A cessação de funções do administrador da insolvência e a nomeação de outra pessoa para o desempenho do cargo são objecto dos registos e da publicidade previstos nos artigos 37.º e 38.º, com as necessárias adaptações.

Nota. Redacção introduzida pelo art. 1.º do DL n.º 282/2007, de 7 de Agosto.

Art. 58.º (Fiscalização pelo juiz)

O administrador da insolvência exerce a sua actividade sob a fiscalização do juiz, que pode, a todo o tempo, exigir-lhe informações sobre quaisquer assuntos ou a apresentação de um relatório da actividade desenvolvida e do estado da administração e da liquidação.

Art. 59.º (Responsabilidade)

1. O administrador da insolvência responde pelos danos causados ao devedor e aos credores da insolvência e da massa insolvente pela inobservância culposa dos deveres que lhe incumbem; a culpa é apreciada pela diligência de um administrador da insolvência criterioso e ordenado.

2. O administrador da insolvência responde igualmente pelos danos causados aos credores da massa insolvente se esta for insuficiente para satisfazer integralmente os respectivos direitos e estes resultarem de acto do administrador, salvo o caso de imprevisibilidade da insuficiência da massa, tendo em conta as circunstâncias conhecidas do administrador e aquelas que ele não devia ignorar.

3. O administrador da insolvência responde solidariamente com os seus auxiliares pelos danos causados pelos actos e omissões destes, salvo se provar que não houve culpa da sua parte ou que, mesmo com a diligência devida, se não teriam evitado os danos.

4. A responsabilidade do administrador da insolvência prescreve no prazo de dois anos a contar da data em que o lesado teve conhecimento do direito que lhe compete, mas nunca depois de decorrido igual período sobre a data da cessação de funções.

Art. 60.º (Remuneração)

1. O administrador da insolvência nomeado pelo juiz tem direito à remuneração prevista no seu estatuto e ao reembolso das despesas que razoavelmente tenha considerado úteis ou indispensáveis.

2. Quando eleito pela assembleia de credores, a remuneração do administrador da insolvência é que a for prevista na deliberação respectiva.

3. O administrador da insolvência que não tenha dado previamente o seu acordo à remuneração fixada pela assembleia de credores pela actividade de elaboração de um plano de insolvência, de gestão da empresa após a assembleia de apreciação do relatório ou de fiscalização do plano de insolvência aprovado, pode

1285

[141] CIRE Arts. 61.º-65.º

Tít. III.   Massa insolvente e intervenientes no processo

renunciar ao exercício do cargo, desde que o faça na própria assembleia em que a deliberação seja tomada.

Art. 61.º (Informação trimestral e arquivo de documentos)

1. No termo de cada período de três meses após a data da assembleia de apreciação do relatório, deve o administrador da insolvência apresentar um documento com informação sucinta sobre o estado da administração e liquidação, visado pela comissão de credores, se existir, e destinado a ser junto ao processo.

2. O administrador da insolvência promove o arquivamento de todos os elementos relativos a cada diligência da liquidação, indicando nos autos o local onde os respectivos documentos se encontram.

Art. 62.º (Apresentação de contas pelo administrador da insolvência)

1. O administrador da insolvência apresenta contas dentro dos 10 dias subsequentes à cessação das suas funções, qualquer que seja a razão que a tenha determinado, podendo o prazo ser prorrogado por despacho judicial.

2. O administrador da insolvência é ainda obrigado a prestar contas em qualquer altura do processo, sempre que o juiz o determine, quer por sua iniciativa, quer a pedido da comissão ou da assembleia de credores, fixando o juiz o prazo para a apresentação das contas, que não pode ser inferior a 15 dias.

3. As contas são elaboradas em forma de conta corrente, com um resumo de toda a receita e despesa destinado a retratar sucintamente a situação da massa insolvente, e devem ser acompanhadas de todos os documentos comprovativos, devidamente numerados, indicando-se nas diferentes verbas os números dos documentos que lhes correspondem.

Nota. Redacção introduzida pelo art. 1.º do DL n.º 200/2004, de 18 de Agosto.

Art. 63.º (Prestação de contas por terceiro)

Se o administrador da insolvência não prestar contas a que esteja obrigado no prazo aplicável, cabe ao juiz ordenar as diligências que tiver por convenientes, podendo encarregar pessoa idónea da apresentação das contas, para, depois de ouvida a comissão de credores, decidir segundo critérios de equidade, sem prejuízo da responsabilização civil e do procedimento criminal que caibam contra o administrador da insolvência.

Art. 64.º (Julgamento das contas)

1. Autuadas por apenso as contas apresentadas pelo administrador da insolvência, cumpre à comissão de credores, caso exista, emitir parecer sobre elas, no prazo que o juiz fixar para o efeito, após o que os credores e o devedor insolvente são notificados por éditos de 10 dias afixados à porta do tribunal e por anúncio publicado no *Diário da República*, para, no prazo de 5 dias, se pronunciarem.

2. Para o mesmo fim tem o Ministério Público vista do processo, que é depois concluso ao juiz para decisão, com produção da prova que se torne necessária.

Art. 65.º (Contas anuais do devedor)

O disposto nos artigos anteriores não prejudica o dever de elaborar e depositar contas anuais, nos termos que forem legalmente obrigatórios para o devedor.

1286

Cap. II.   Órgãos da insolvência   **Arts. 66.º-68.º CIRE [141]**

SECÇÃO II.   **Comissão de credores**

Art. 66.º (Nomeação da comissão de credores pelo juiz)
1. Anteriormente à primeira assembleia de credores, designadamente na própria sentença de declaração da insolvência, o juiz nomeia uma comissão de credores composta por três ou cinco membros e dois suplentes, devendo o encargo da presidência recair de preferência sobre o maior credor da empresa e a escolha dos restantes assegurar a adequada representação das várias classes de credores, com excepção dos credores subordinados.
2. O juiz pode não proceder à nomeação prevista no número anterior quando o considere justificado, em atenção à exígua dimensão da massa insolvente, à simplicidade da liquidação ou ao reduzido número de credores da insolvência.
3. Para efeitos do disposto no n.º 1, um dos membros da comissão representa os trabalhadores que detenham créditos sobre a empresa, devendo a sua escolha conformar-se com a designação feita pelos próprios trabalhadores ou pela comissão de trabalhadores, quando esta exista.
4. Os membros da comissão de credores podem ser pessoas singulares ou colectivas; quando a escolha recaia em pessoa colectiva, compete a esta designar o seu representante, mediante procuração ou credencial subscrita por quem a obriga.
5. O Estado e as instituições de segurança social só podem ser nomeados para a presidência da comissão de credores desde que se encontre nos autos despacho, do membro do Governo com supervisão sobre as entidades em causa, a autorizar o exercício da função e a indicar o representante.

Art. 67.º (Intervenção da assembleia de credores)
1. A assembleia de credores pode prescindir da existência da comissão de credores, substituir quaisquer dos membros ou suplentes da comissão nomeada pelo juiz, eleger dois membros adicionais, e, se o juiz não a tiver constituído, criar ela mesma uma comissão, composta por três, cinco ou sete membros e dois suplentes, designar o presidente e alterar, a todo o momento, a respectiva composição, independentemente da existência de justa causa.
2. Os membros da comissão de credores eleitos pela assembleia não têm de ser credores, e, na sua escolha, tal como na designação do presidente, a assembleia não está vinculada à observância dos critérios previstos no n.º 1 do artigo anterior, devendo apenas respeitar o critério imposto pelo n.º 3 do mesmo artigo.
3. As deliberações da assembleia de credores mencionadas no n.º 1 devem ser tomadas pela maioria exigida no n.º 1 do artigo 53.º, excepto tratando-se da destituição de membro por justa causa.

Art. 68.º (Funções e poderes da comissão de credores)
1. À comissão compete, para além de outras tarefas que lhe sejam especialmente cometidas, fiscalizar a actividade do administrador da insolvência e prestar-lhe colaboração.
2. No exercício das suas funções, pode a comissão examinar livremente os elementos da contabilidade do devedor e solicitar ao administrador da insolvência as informações e a apresentação dos elementos que considere necessários.

1287

[141] CIRE Arts. 69.º-72.º   Tít. III.   Massa insolvente e intervenientes no processo

Art. 69.º (Deliberações da comissão de credores)
1. A comissão de credores reúne sempre que for convocada pelo presidente ou por outros dois membros.
2. A comissão não pode deliberar sem a presença da maioria dos seus membros, sendo as deliberações tomadas por maioria de votos dos membros presentes, e cabendo ao presidente, em caso de empate, voto de qualidade.
3. Nas deliberações é admitido o voto escrito se, previamente, todos os membros tiverem acordado nesta forma de deliberação.
4. As deliberações da comissão de credores são comunicadas ao juiz pelo respectivo presidente.
5. Das deliberações da comissão de credores não cabe reclamação para o tribunal.

Art. 70.º (Responsabilidade dos membros da comissão)
Os membros da comissão respondem perante os credores da insolvência pelos prejuízos decorrentes da inobservância culposa dos seus deveres, sendo aplicável o disposto n.º 4 do artigo 59.º

Art. 71.º (Reembolso de despesas)
Os membros da comissão de credores não são remunerados, tendo apenas direito ao reembolso das despesas estritamente necessárias ao desempenho das suas funções.

SECÇÃO III.   Assembleia de credores

Art. 72.º (Participação na assembleia de credores)
1. Têm o direito de participar na assembleia de credores todos os credores da insolvência, bem como os titulares dos direitos referidos no n.º 2 do artigo 95.º que, nos termos dessa disposição, não possam ser exercidos no processo.
2. Ao direito de participação na assembleia dos titulares de créditos subordinados é aplicável, com as necessárias adaptações, o disposto nos n.ºˢ 1 e 4 do artigo seguinte.
3. Os credores podem fazer-se representar por mandatário com poderes especiais para o efeito.
4. Sendo necessário ao conveniente andamento dos trabalhos, pode o juiz limitar a participação na assembleia aos titulares de créditos que atinjam determinado montante, o qual não pode ser fixado em mais de € 10 000, podendo os credores afectados fazer-se representar por outro cujo crédito seja pelo menos igual ao limite fixado, ou agrupar-se de forma a completar o montante exigido, participando através de um representante comum.
5. O administrador da insolvência, os membros da comissão de credores, e o devedor e os seus administradores, têm o direito e o dever de participar.
6. É ainda facultada a participação na assembleia, até três representantes, da comissão de trabalhadores ou, na falta desta, de até três representantes de trabalhadores por estes designados, bem como do Ministério Público.

Nota. Redacção introduzida pelo art. 1.º do DL n.º 200/2004, de 18 de Agosto.

Cap. II.   Órgãos da insolvência   Arts. 73.º-75.º CIRE **[141]**

Art. 73.º (Direitos de voto)

1. Os créditos conferem um voto por cada euro ou fracção se já estiverem reconhecidos por decisão definitiva proferida no apenso de verificação e graduação de créditos ou em acção de verificação ulterior, ou se, cumulativamente:

a) O credor já os tiver reclamado no processo, ou, se não estiver já esgotado o prazo fixado na sentença para as reclamações de créditos, os reclamar na própria assembleia, para efeito apenas da participação na reunião;

b) Não forem objecto de impugnação na assembleia por parte do administrador da insolvência ou de algum credor com direito de voto.

2. O número de votos conferidos por crédito sob condição suspensiva é sempre fixado pelo juiz, em atenção à probabilidade da verificação da condição.

3. Os créditos subordinados não conferem direito de voto, excepto quando a deliberação da assembleia de credores incida sobre a aprovação de um plano de insolvência.

4. A pedido do interessado pode o juiz conferir votos a créditos impugnados, fixando a quantidade respectiva, com ponderação de todas as circunstâncias relevantes, nomeadamente da probabilidade da existência, do montante e da natureza subordinada do crédito, e ainda, tratando-se de créditos sob condição suspensiva, da probabilidade da verificação da condição.

5. Da decisão do juiz prevista no número anterior não cabe recurso.

6. Não é em caso algum motivo de invalidade das deliberações tomadas pela assembleia a comprovação ulterior de que aos credores competia efectivamente um número de votos diferente do que lhes foi conferido.

7. Sem prejuízo do que, quanto ao mais, se dispõe nos números anteriores, os créditos com garantias reais pelos quais o devedor não responda pessoalmente conferem um voto por cada euro do seu montante, ou do valor do bem dado em garantia, se este for inferior.

Nota. Redacção introduzida pelo art. 1.º do DL n.º 200/2004, de 18 de Agosto.

Art. 74.º (Presidência)

A assembleia de credores é presidida pelo juiz.

Art. 75.º (Convocação da assembleia de credores)

1. A assembleia de credores é convocada pelo juiz, por iniciativa própria ou a pedido do administrador da insolvência, da comissão de credores, ou de um credor ou grupo de credores cujos créditos representem, na estimativa do juiz, pelo menos um quinto do total dos créditos não subordinados.

2. A data, a hora, o local e a ordem do dia da assembleia de credores são imediatamente comunicados, com a antecedência mínima de 10 dias, por anúncio publicado no *Diário da República* e por editais afixados na porta da sede e dos estabelecimentos da empresa, se for o caso.

3. Os cinco maiores credores, bem como o devedor, os seus administradores, e a comissão de trabalhadores, são também avisados do dia, hora e local da reunião, por circulares expedidas sob registo, com a mesma antecedência.

[141] CIRE Arts. 76.º-80.º

Tít. III. Massa insolvente e intervenientes no processo

4. O anúncio, os editais e as circulares previstos no número anterior devem ainda conter:

a) A identificação do processo;

b) O nome e a sede ou residência do devedor, se for conhecida;

c) A advertência aos titulares de créditos que os não tenham reclamado da necessidade de o fazerem, se ainda estiver em curso o prazo fixado na sentença para as reclamações de créditos, informando-os de que a reclamação para mero efeito da participação na reunião pode ser feita na própria assembleia, se também na data desta tal prazo não estiver já esgotado;

d) Indicação dos eventuais limites à participação estabelecidos nos termos do n.º 4 do artigo 72.º, com informação da possibilidade de agrupamento ou de representação.

Nota. Redacção introduzida pelo art. 1.º do DL n.º 282/2007, de 7 de Agosto.

Art. 76.º (Suspensão da assembleia)

O juiz pode, por uma única vez, decidir a suspensão dos trabalhos da assembleia e determinar que eles sejam retomados num dos cinco dias úteis seguintes.

Art. 77.º (Maioria)

A não ser nos casos em que este Código exija para o efeito maioria superior ou outros requisitos, as deliberações da assembleia de credores são tomadas pela maioria dos votos emitidos, não se considerando como tal as abstenções, seja qual for o número de credores presentes ou representados, ou a percentagem dos créditos de que sejam titulares.

Art. 78.º (Reclamação para o juiz e recurso)

1. Das deliberações da assembleia que forem contrárias ao interesse comum dos credores pode o administrador da insolvência ou qualquer credor com direito de voto reclamar para o juiz, oralmente ou por escrito, desde que o faça na própria assembleia.

2. Da decisão que dê provimento à reclamação pode interpor recurso qualquer dos credores que tenha votado no sentido que fez vencimento, e da decisão de indeferimento apenas o reclamante.

Art. 79.º (Informação)

O administrador da insolvência presta à assembleia, a solicitação desta, informação sobre quaisquer assuntos compreendidos no âmbito das suas funções.

Art. 80.º (Prevalência da assembleia de credores)

Todas as deliberações da comissão de credores são passíveis de revogação pela assembleia e a existência de uma deliberação favorável da assembleia autoriza por si só a prática de qualquer acto para o qual neste Código se requeira a aprovação da comissão de credores.

Cap. I.   Efeitos sobre o devedor e outras pessoas   **Arts. 81.º-82.º CIRE [141]**

TÍTULO IV.   EFEITOS DA DECLARAÇÃO DE INSOLVÊNCIA

CAPÍTULO I.   Efeitos sobre o devedor e outras pessoas

Art. 81.º (Transferência dos poderes de administração e disposição)
1. Sem prejuízo do disposto no título X, a declaração de insolvência priva imediatamente o insolvente, por si ou pelos seus administradores, dos poderes de administração e de disposição dos bens integrantes da massa insolvente, os quais passam a competir ao administrador da insolvência.
2. Ao devedor fica interdita a cessão de rendimentos ou a alienação de bens futuros susceptíveis de penhora, qualquer que seja a sua natureza, mesmo tratando-se de rendimentos que obtenha ou de bens que adquira posteriormente ao encerramento do processo.
3. Não são aplicáveis ao administrador da insolvência limitações ao poder de disposição do devedor estabelecidas por decisão judicial ou administrativa, ou impostas por lei apenas em favor de pessoas determinadas.
4. O administrador da insolvência assume a representação do devedor para todos os efeitos de carácter patrimonial que interessem à insolvência.
5. A representação não se estende à intervenção do devedor no âmbito do próprio processo de insolvência, seus incidentes e apensos, salvo expressa disposição em contrário.
6. São ineficazes os actos realizados pelo insolvente em violação do disposto nos números anteriores, respondendo a massa insolvente pela restituição do que lhe tiver sido prestado apenas segundo as regras do enriquecimento sem causa, salvo se esses actos, cumulativamente:
a) Forem celebrados a título oneroso com terceiros de boa fé anteriormente ao registo da sentença da declaração de insolvência efectuado nos termos dos n.ºs 2 ou 3 do artigo 38.º, consoante os casos;
b) Não forem de algum dos tipos referidos no n.º 1 do artigo 121.º
7. Os pagamentos de dívidas à massa efectuados ao insolvente após a declaração de insolvência só serão liberatórios se forem efectuados de boa fé em data anterior à do registo da sentença, ou se se demonstrar que o respectivo montante deu efectiva entrada na massa insolvente.
8. Aos actos praticados pelo insolvente após a declaração de insolvência que não contrariem o disposto no n.º 1 é aplicável o regime seguinte:
a) Pelas dívidas do insolvente respondem apenas os seus bens não integrantes da massa insolvente;
b) A prestação feita ao insolvente extingue a obrigação da contraparte;
c) A contraparte pode opor à massa todos os meios de defesa que lhe seja lícito invocar contra o insolvente.

Nota. Redacção introduzida pelo art. 11.º do DL n.º 116/2008, de 4 de Julho.

Art. 82.º (Efeitos sobre os administradores e outras pessoas)
1. Os órgãos sociais do devedor mantêm-se em funcionamento após a declaração de insolvência, mas os seus titulares não serão remunerados, salvo no caso previsto no artigo 227.º, podendo renunciar aos cargos com efeitos imediatos.

[141] CIRE Art. 83.º   Tít. IV.   Efeitos da declaração de insolvência

2. Durante a pendência do processo de insolvência, o administrador da insolvência tem exclusiva legitimidade para propor e fazer seguir:

a) As acções de responsabilidade que legalmente couberem, em favor do próprio devedor, contra os fundadores, administradores de direito e de facto, membros do órgão de fiscalização do devedor e sócios, associados ou membros, independentemente do acordo do devedor ou dos seus órgãos sociais, sócios, associados ou membros;

b) As acções destinadas à indemnização dos prejuízos causados à generalidade dos credores da insolvência pela diminuição do património integrante da massa insolvente, tanto anteriormente como posteriormente à declaração de insolvência;

c) As acções contra os responsáveis legais pelas dívidas do insolvente.

3. Compete unicamente ao administrador da insolvência a exigência aos sócios, associados ou membros do devedor, logo que a tenha por conveniente, das entradas de capital diferidas e das prestações acessórias em dívida, independentemente dos prazos de vencimento que hajam sido estipulados, intentando para o efeito as acções que se revelem necessárias.

4. Toda a acção dirigida contra o administrador da insolvência com a finalidade prevista na alínea *b*) do n.º 2 apenas pode ser intentada por administrador que lhe suceda.

5. As acções referidas nos n.ᵒˢ 2 a 4 correm por apenso ao processo de insolvência.

Nota. Redacção introduzida pelo art. 1.º do DL n.º 200/2004, de 18 de Agosto.

Art. 83.º (Dever de apresentação e de colaboração)

1. O devedor insolvente fica obrigado a:

a) Fornecer todas as informações relevantes para o processo que lhe sejam solicitadas pelo administrador da insolvência, pela assembleia de credores, pela comissão de credores ou pelo tribunal;

b) Apresentar-se pessoalmente no tribunal, sempre que a apresentação seja determinada pelo juiz ou pelo administrador da insolvência, salva a ocorrência de legítimo impedimento ou expressa permissão de se fazer representar por mandatário;

c) Prestar a colaboração que lhe seja requerida pelo administrador da insolvência para efeitos do desempenho das suas funções.

2. O juiz ordena que o devedor que sem justificação tenha faltado compareça sob custódia, sem prejuízo da multa aplicável.

3. A recusa de prestação de informações ou de colaboração é livremente apreciada pelo juiz, nomeadamente para efeito da qualificação da insolvência como culposa.

4. O disposto nos números anteriores é aplicável aos administradores do devedor e membros do seu órgão de fiscalização, se for o caso, bem como às pessoas que tenham desempenhado esses cargos dentro dos dois anos anteriores ao início do processo de insolvência.

5. O disposto nas alíneas *a*) e *b*), do n.º 1 e no n.º 2 é também aplicável aos empregados e prestadores de serviços do devedor, bem como às pessoas que o tenham sido dentro dos dois anos anteriores ao início do processo de insolvência.

1292

Cap. II. Efeitos processuais

Arts. 84.º-86.º CIRE [141]

Art. 84.º (Alimentos ao insolvente e aos trabalhadores)

1. Se o devedor carecer absolutamente de meios de subsistência e os não puder angariar pelo seu trabalho, pode o administrador da insolvência, com o acordo da comissão de credores, ou da assembleia de credores, se aquela não existir, arbitrar-lhe um subsídio à custa dos rendimentos da massa insolvente, a título de alimentos.

2. Havendo justo motivo, pode a atribuição de alimentos cessar em qualquer estado do processo, por decisão do administrador da insolvência.

3. O disposto nos números anteriores é aplicável a quem, encontrando-se na situação prevista no n.º 1, seja titular de créditos sobre a insolvência emergentes de contrato de trabalho, ou da violação ou cessação deste contrato, até ao limite do respectivo montante, mas, a final, deduzir-se-ão os subsídios ao valor desses créditos.

CAPÍTULO II.   **Efeitos processuais**

Art. 85.º (Efeitos sobre as acções pendentes)

1. Declarada a insolvência, todas as acções em que se apreciem questões relativas a bens compreendidos na massa insolvente, intentadas contra o devedor, ou mesmo contra terceiros, mas cujo resultado possa influenciar o valor da massa, e todas as acções de natureza exclusivamente patrimonial intentadas pelo devedor são apensadas ao processo de insolvência, desde que a apensação seja requerida pelo administrador da insolvência, com fundamento na conveniência para os fins do processo.

2. O juiz requisita ao tribunal ou entidade competente a remessa, para efeitos de apensação aos autos da insolvência, de todos os processos nos quais se tenha efectuado qualquer acto de apreensão ou detenção de bens compreendidos na massa insolvente.

3. O administrador da insolvência substitui o insolvente em todas as acções referidas nos números anteriores, independentemente da apensação ao processo de insolvência e do acordo da parte contrária.

Nota. Redacção introduzida pelo art. 1.º do DL n.º 200/2004, de 18 de Agosto.

Art. 86.º (Apensação de processos de insolvência)

1. A requerimento do administrador da insolvência são apensados aos autos os processos em que haja sido declarada a insolvência de pessoas que legalmente respondam pelas dívidas do insolvente ou, tratando-se de pessoa singular casada, do seu cônjuge, se o regime de bens não for o da separação.

2. O mesmo se aplica, sendo o devedor uma sociedade comercial, relativamente aos processos em que tenha sido declarada a insolvência de sociedades que, nos termos do Código das Sociedades Comerciais, ela domine ou com ela se encontrem em relação de grupo.

3. Quando os processos corram termos em tribunais com diferente competência em razão da matéria, a apensação só é determinada se for requerida pelo administrador da insolvência do processo instaurado em tribunal de competência especializada.

1293

[141] CIRE Arts. 87.°-91.°   Tít. IV. Efeitos da declaração de insolvência

Art. 87.° (Convenções arbitrais)

1. Fica suspensa a eficácia das convenções arbitrais em que o insolvente seja parte, respeitantes a litígios cujo resultado possa influenciar o valor da massa, sem prejuízo do disposto em tratados internacionais aplicáveis.

2. Os processos pendentes à data da declaração de insolvência prosseguirão porém os seus termos, sem prejuízo, se for o caso, do disposto no n.° 3 do artigo 85.° e no n.° 3 do artigo 128.°

Art. 88.° (Acções executivas)

1. A declaração de insolvência determina a suspensão de quaisquer diligências executivas ou providências requeridas pelos credores da insolvência que atinjam os bens integrantes da massa insolvente e obsta à instauração ou ao prosseguimento de qualquer acção executiva intentada pelos credores da insolvência; porém, se houver outros executados, a execução prossegue contra estes.

2. Tratando-se de execuções que prossigam contra outros executados e não hajam de ser apensadas ao processo nos termos do n.° 2 do artigo 85.°, é apenas extraído, e remetido para apensação, traslado do processado relativo ao insolvente.

Art. 89.° (Acções relativas a dívidas da massa insolvente)

1. Durante os três meses seguintes à data da declaração de insolvência, não podem ser propostas execuções para pagamento de dívidas da massa insolvente.

2. As acções, incluindo as executivas, relativas às dívidas da massa insolvente correm por apenso ao processo de insolvência, com excepção das execuções por dívidas de natureza tributária.

CAPÍTULO III.   **Efeitos sobre os créditos**

Art. 90.° (Exercício dos créditos sobre a insolvência)

Os credores da insolvência apenas poderão exercer os seus direitos em conformidade com os preceitos do presente Código, durante a pendência do processo de insolvência.

Art. 91.° (Vencimento imediato de dívidas)

1. A declaração de insolvência determina o vencimento de todas as obrigações do insolvente não subordinadas a uma condição suspensiva.

2. Toda a obrigação ainda não exigível à data da declaração de insolvência pela qual não fossem devidos juros remuneratórios, ou pela qual fossem devidos juros inferiores à taxa de juros legal, considera-se reduzida para o montante que, se acrescido de juros calculados sobre esse mesmo montante, respectivamente, à taxa legal, ou a uma taxa igual à diferença entre a taxa legal e a taxa convencionada, pelo período de antecipação do vencimento, corresponderia ao valor da obrigação em causa.

3. Tratando-se de obrigação fraccionada, o disposto no número anterior é aplicável a cada uma das prestações ainda não exigíveis.

1294

Cap. III. Efeitos sobre os créditos   **Arts. 92.º-96.º CIRE [141]**

4. No cômputo do período de antecipação do vencimento considera-se que este ocorreria na data em que as obrigações se tornassem exigíveis, ou em que provavelmente tal ocorreria, sendo essa data indeterminada.

5. A redução do montante da dívida, prevista nos números anteriores, é também aplicável ainda que tenha ocorrido a perda do benefício do prazo, decorrente da situação de insolvência ainda não judicialmente declarada, prevista no n.º 1 do artigo 780.º do Código Civil.

6. A sub-rogação nos direitos do credor decorrente do cumprimento pelo insolvente de uma obrigação de terceiro terá lugar na proporção da quantia paga relativamente ao montante da dívida desse terceiro, actualizado nos termos do n.º 2.

7. O disposto no número anterior aplica-se ao direito de regresso face a outros condevedores.

Art. 92.º (Planos de regularização)

O vencimento imediato, nos termos do n.º 1 do artigo anterior, de dívidas abrangidas em plano de regularização de impostos e de contribuições para a segurança social tem os efeitos que os diplomas legais respectivos atribuem ao incumprimento do plano, sendo os montantes exigíveis calculados em conformidade com as normas pertinentes desses diplomas.

Art. 93.º (Créditos por alimentos)

O direito a exigir alimentos do insolvente relativo a período posterior à declaração de insolvência só pode ser exercido contra a massa se nenhuma das pessoas referidas no artigo 2009.º do Código Civil estiver em condições de os prestar, e apenas se o juiz o autorizar, fixando o respectivo montante.

Art. 94.º (Créditos sob condição resolutiva)

No processo de insolvência, os créditos sobre a insolvência sujeitos a condição resolutiva são tratados como incondicionados até ao momento em que a condição se preencha, sem prejuízo do dever de restituição dos pagamentos recebidos, verificada que seja a condição.

Art. 95.º (Responsáveis solidários e garantes)

1. O credor pode concorrer pela totalidade do seu crédito a cada uma das diferentes massas insolventes de devedores solidários e garantes, sem embargo de o somatório das quantias que receber de todas elas não poder exceder o montante do crédito.

2. O direito contra o devedor insolvente decorrente do eventual pagamento futuro da dívida por um condevedor solidário ou por um garante só pode ser exercido no processo de insolvência, como crédito sob condição suspensiva, se o próprio credor da referida dívida a não reclamar.

Art. 96.º (Conversão de créditos)

1. Para efeitos da participação do respectivo titular no processo:

a) Os créditos não pecuniários são atendidos pelo valor em euros estimável à data da declaração de insolvência;

1295

[141] CIRE Arts. 97.º-98.º

Tít. IV. Efeitos da declaração de insolvência

b) Os créditos pecuniários cujo montante não esteja determinado são atendidos pelo valor em euros estimável à data da declaração de insolvência;

c) Os créditos expressos em moeda estrangeira ou índices são atendidos pelo valor em euros à cotação em vigor à data da declaração de insolvência no lugar do respectivo pagamento.

2. Os créditos referidos nas alíneas *a*) e *c*) do número anterior consideram-se definitivamente convertidos em euros, uma vez reconhecidos.

Art. 97.º (Extinção de privilégios creditórios e garantias reais)

1. Extinguem-se, com a declaração de insolvência:

a) Os privilégios creditórios gerais que forem acessórios de créditos sobre a insolvência de que forem titulares o Estado, as autarquias locais e as instituições de segurança social constituídos mais de 12 meses antes da data do início do processo de insolvência;

b) Os privilégios creditórios especiais que forem acessórios de créditos sobre a insolvência de que forem titulares o Estado, as autarquias locais e as instituições de segurança social vencidos mais de 12 meses antes da data do início do processo de insolvência;

c) As hipotecas legais cujo registo haja sido requerido dentro dos dois meses anteriores à data do início do processo de insolvência, e que forem acessórias de créditos sobre a insolvência do Estado, das autarquias locais e das instituições de segurança social;

d) Se não forem independentes de registo, as garantias reais sobre imóveis ou móveis sujeitos a registo integrantes da massa insolvente, acessórias de créditos sobre a insolvência e já constituídas, mas ainda não registadas nem objecto de pedido de registo;

e) As garantias reais sobre bens integrantes da massa insolvente acessórias dos créditos havidos como subordinados.

2. Declarada a insolvência, não é admissível o registo de hipotecas legais que garantam créditos sobre a insolvência, inclusive após o encerramento do processo, salvo se o pedido respectivo tiver sido apresentado em momento anterior ao da referida declaração, ou, tratando-se das hipotecas a que alude a alínea *c*) do número anterior, com uma antecedência de dois meses sobre a mesma data.

Art. 98.º (Concessão de privilégio ao credor requerente)

1. Os créditos não subordinados do credor a requerimento de quem a situação de insolvência tenha sido declarada passam a beneficiar de privilégio creditório geral, graduado em último lugar, sobre todos os bens móveis integrantes da massa insolvente, relativamente a um quarto do seu montante, num máximo correspondente a 500 UC.

2. Se o prosseguimento de um processo intentado por um credor for prejudicado pela declaração de insolvência do devedor em processo posteriormente instaurado, o privilégio referido no número anterior é atribuído ao requerente no processo mais antigo; no caso previsto na alínea *b*) do n.º 3 do artigo 264.º, o privilégio geral sobre os bens móveis próprios do cônjuge apresentante e sobre a sua meação

1296

Cap. IV. Efeitos sobre os negócios em curso   **Arts. 99.°-102.° CIRE [141]**

nos bens móveis comuns compete ao requerente no processo instaurado em primeiro lugar, sem embargo da suspensão dos seus termos.

Art. 99.° (Compensação)

1. Sem prejuízo do estabelecido noutras disposições deste Código, a partir da declaração de insolvência os titulares de créditos sobre a insolvência só podem compensá-los com dívidas à massa desde que se verifique pelo menos um dos seguintes requisitos:

a) Ser o preenchimento dos pressupostos legais da compensação anterior à data da declaração da insolvência;

b) Ter o crédito sobre a insolvência preenchido antes do contra-crédito da massa os requisitos estabelecidos no artigo 847.° do Código Civil.

2. Para os efeitos das alíneas *a)* e *b)* do número anterior, não relevam:

a) A perda de benefício de prazo prevista no n.° 1 do artigo 780.° do Código Civil;

b) O vencimento antecipado e a conversão em dinheiro resultantes do preceituado no n.° 1 do artigo 91.° e no artigo 96.°

3. A compensação não é prejudicada pelo facto de as obrigações terem por objecto divisas ou unidades de cálculo distintas, se for livre a sua conversão recíproca no lugar do pagamento do contra-crédito, tendo a conversão lugar à cotação em vigor nesse lugar na data em que a compensação produza os seus efeitos.

4. A compensação não é admissível:

a) Se a dívida à massa se tiver constituído após a data da declaração de insolvência, designadamente em consequência da resolução de actos em benefício da massa insolvente;

b) Se o credor da insolvência tiver adquirido o seu crédito de outrem, após a data da declaração de insolvência;

c) Com dívidas do insolvente pelas quais a massa não seja responsável;

d) Entre dívidas à massa e créditos subordinados sobre a insolvência.

Art. 100.° (Suspensão da prescrição e caducidade)

A sentença de declaração da insolvência determina a suspensão de todos os prazos de prescrição e de caducidade oponíveis pelo devedor, durante o decurso do processo.

Art. 101.° (Sistemas de liquidação)

As normas constantes deste capítulo são aplicáveis sem prejuízo do que em contrário se estabelece nos artigos 283.° e seguintes do Código de Valores Mobiliários.

CAPÍTULO IV.   **Efeitos sobre os negócios em curso**

Art. 102.° (Princípio geral quanto a negócios ainda não cumpridos)

1. Sem prejuízo do disposto nos artigos seguintes, em qualquer contrato bilateral em que, à data da declaração de insolvência, não haja ainda total cumpri-

[141] CIRE Art. 103.º

Tít. IV. Efeitos da declaração de insolvência

mento nem pelo insolvente nem pela outra parte, o cumprimento fica suspenso até que o administrador da insolvência declare optar pela execução ou recusar o cumprimento.

2. A outra parte pode, contudo, fixar um prazo razoável ao administrador da insolvência para este exercer a sua opção, findo o qual se considera que recusa o cumprimento.

3. Recusado o cumprimento pelo administrador da insolvência, e sem prejuízo do direito à separação da coisa, se for o caso:

a) Nenhuma das partes tem direito à restituição do que prestou;

b) A massa insolvente tem o direito de exigir o valor da contraprestação correspondente à prestação já efectuada pelo devedor, na medida em que não tenha sido ainda realizada pela outra parte;

c) A outra parte tem direito a exigir, como crédito sobre a insolvência, o valor da prestação do devedor, na parte incumprida, deduzido do valor da contraprestação correspondente que ainda não tenha sido realizada;

d) O direito à indemnização dos prejuízos causados à outra parte pelo incumprimento:

    (*i*) Apenas existe até ao valor da obrigação eventualmente imposta nos termos da alínea *b*);

    (*ii*) É abatido do quantitativo a que a outra parte tenha direito, por aplicação da alínea *c*);

    (*iii*) Constitui crédito sobre a insolvência.

e) Qualquer das partes pode declarar a compensação das obrigações referidas nas alíneas *c*) e *d*) com a aludida na alínea *b*), até à concorrência dos respectivos montantes.

4. A opção pela execução é abusiva se o cumprimento pontual das obrigações contratuais por parte da massa insolvente for manifestamente improvável.

Nota. Redacção introduzida pelo art. 1.º do DL n.º 200/2004, de 18 de Agosto.

Art. 103.º (Prestações indivisíveis)

1. Se o contrato impuser à outra parte o cumprimento de prestação que tenha natureza infungível, ou que seja fraccionável na entrega de várias coisas, não facilmente substituíveis, entre as quais interceda uma conexão funcional, e o administrador da insolvência recusar o cumprimento:

a) O direito referido na alínea *b*) do n.º 3 do artigo anterior é substituído pelo direito de exigir à outra parte a restituição do que lhe tiver sido prestado, na medida do seu enriquecimento à data da declaração de insolvência;

b) O direito previsto na alínea *c*) do n.º 3 do artigo anterior tem por objecto a diferença, se favorável à outra parte, entre os valores da totalidade das prestações contratuais;

c) A outra parte tem direito, como credor da insolvência, ao reembolso do custo ou à restituição do valor da parte da prestação realizada anteriormente à declaração de insolvência, consoante tal prestação seja ou não infungível.

2. A outra parte tem direito, porém, a completar a sua prestação, e a exigir, como crédito sobre a insolvência, a parte da contraprestação em dívida, caso em que cessa o disposto no n.º 1 e no artigo anterior.

1298

Cap. IV.   Efeitos sobre os negócios em curso   **Art. 104.º CIRE [141]**

3. Se o administrador da insolvência não recusar o cumprimento, o direito da outra parte à contraprestação só constitui crédito sobre a massa no que exceda o valor do que seria apurado por aplicação do disposto na alínea *c*) do n.º 1, caso o administrador da insolvência tivesse optado pela recusa do cumprimento.

4. Sendo o cumprimento de uma prestação do tipo das referidas no n.º 1 imposto pelo contrato ao insolvente, e recusando o administrador esse cumprimento:

a) O direito referido na alínea *b*) do n.º 3 do artigo anterior cessa ou é substituído pelo direito à restituição do valor da parte da prestação já efectuada anteriormente à declaração de insolvência, consoante essa prestação tenha ou não natureza infungível;

b) Aplica-se o disposto na alínea *b*) do n.º 1, tendo a outra parte, adicionalmente, direito ao reembolso do que já tiver prestado, também como crédito sobre a insolvência.

5. Sendo o cumprimento de uma prestação do tipo das referidas no n.º 1 imposto por contrato ao insolvente e não recusando o administrador esse cumprimento, o direito da outra parte à contraprestação em dívida constitui, na sua integralidade, crédito sobre a massa.

6. Se a prestação de natureza infungível se desdobrar em parcelas autónomas e alguma ou algumas destas já tiverem sido efectuadas, o disposto nos números anteriores apenas se aplica às demais, repartindo-se a contraprestação por todas elas, pela forma apropriada.

Art. 104.º (Venda com reserva de propriedade e operações semelhantes)

1. No contrato de compra e venda com reserva de propriedade em que o vendedor seja o insolvente, a outra parte poderá exigir o cumprimento do contrato se a coisa já lhe tiver sido entregue na data da declaração da insolvência.

2. O disposto no número anterior aplica-se, em caso de insolvência do locador, ao contrato de locação financeira e ao contrato de locação com a cláusula de que a coisa locada se tornará propriedade do locatário depois de satisfeitas todas as rendas pactuadas.

3. Sendo o comprador ou o locatário o insolvente, e encontrando-se ele na posse da coisa, o prazo fixado ao administrador da insolvência, nos termos do n.º 2 do artigo 102.º, não pode esgotar-se antes de decorridos 5 dias sobre a data da assembleia de apreciação do relatório, salvo se o bem for passível de desvalorização considerável durante esse período e a outra parte advertir expressamente o administrador da insolvência dessa circunstância.

4. A cláusula de reserva de propriedade, nos contratos de alienação de coisa determinada em que o comprador seja o insolvente, só é oponível à massa no caso de ter sido estipulada por escrito, até ao momento da entrega da coisa.

5. Os efeitos da recusa de cumprimento pelo administrador, quando admissível, são os previstos no n.º 3 do artigo 102.º, entendendo-se que o direito consignado na respectiva alínea *c*) tem por objecto o pagamento, como crédito sobre a insolvência, da diferença, se positiva, entre o montante das prestações ou rendas previstas até final do contrato, actualizadas para a data da declaração de insolvência por aplicação do estabelecido no n.º 2 do artigo 91.º, e o valor da coisa na

1299

[141] CIRE Arts. 105.°-107.° Tít. IV. Efeitos da declaração de insolvência

data da recusa, se a outra parte for o vendedor ou locador, ou da diferença, se positiva, entre este último valor e aquele montante, caso ela seja o comprador ou o locatário.

Art. 105.° (Venda sem entrega)

1. Sem prejuízo do disposto no artigo 107.°, se a obrigação de entrega por parte do vendedor ainda não tiver sido cumprida, mas a propriedade já tiver sido transmitida:

a) O administrador da insolvência não pode recusar o cumprimento do contrato, no caso de insolvência do vendedor;

b) A recusa de cumprimento pelo administrador da insolvência, no caso de insolvência do comprador, tem os efeitos previstos no n.° 5 do artigo anterior, aplicável com as necessárias adaptações.

2. O disposto no número anterior é igualmente aplicável, com as devidas adaptações, aos contratos translativos de outros direitos reais de gozo.

Art. 106.° (Promessa de contrato)

1. No caso de insolvência do promitente-vendedor, o administrador da insolvência não pode recusar o cumprimento de contrato-promessa com eficácia real, se já tiver havido tradição da coisa a favor do promitente-comprador.

2. À recusa de cumprimento de contrato-promessa de compra e venda pelo administrador da insolvência é aplicável o disposto no n.° 5 do artigo 104.°, com as necessárias adaptações, quer a insolvência respeite ao promitente-comprador quer ao promitente-vendedor.

Nota. Redacção introduzida pelo art. 1.° do DL n.° 200/2004, de 18 de Agosto.

Art. 107.° (Operações a prazo)

1. Se a entrega de mercadorias, ou a realização de prestações financeiras, que tenham um preço de mercado, tiver de se efectuar em determinada data ou dentro de certo prazo, e a data ocorrer ou o prazo se extinguir depois de declarada a insolvência, a execução não pode ser exigida por nenhuma das partes, e o comprador ou vendedor, consoante o caso, tem apenas direito ao pagamento da diferença entre o preço ajustado e o preço de mercado do bem ou prestação financeira no 2.° dia posterior ao da declaração de insolvência, relativamente a contratos com a mesma data ou prazo de cumprimento, a qual, sendo exigível ao insolvente, constitui crédito sobre a insolvência.

2. Em qualquer dos casos, o vendedor restituirá as importâncias já pagas, podendo compensar tal obrigação com o crédito que lhe seja conferido pelo número anterior, até à concorrência dos respectivos montantes; sendo o vendedor o insolvente, o direito à restituição constitui para a outra parte crédito sobre a insolvência.

3. Para efeitos do disposto no número anterior consideram-se prestações financeiras, designadamente:

a) A entrega de valores mobiliários, excepto se se tratar de acções representativas de, pelo menos, 10% do capital da sociedade, e não tiver carácter meramente financeiro a liquidação contratualmente prevista;

1300

Cap. IV.   Efeitos sobre os negócios em curso   **Art. 108.° CIRE [141]**

b) A entrega de metais preciosos;

c) Os pagamentos em dinheiro cujo montante seja directa ou indirectamente determinado pela taxa de câmbio de uma divisa estrangeira, pela taxa de juro legal, por uma unidade de cálculo ou pelo preço de outros bens ou serviços;

d) Opções ou outros direitos à venda ou à entrega de bens referidos nas alíneas *a)* e *b)* ou a pagamentos referidos na alínea *c)*.

4. Integrando-se vários negócios sobre prestações financeiras num contrato-quadro ao qual só possa pôr-se termo unitariamente no caso de incumprimento, o conjunto de tais negócios é havido como um contrato bilateral, para efeitos deste artigo e do artigo 102.°

5. Às operações a prazo não abrangidas pelo n.° 1 é aplicável o disposto no n.° 5 do artigo 104.°, com as necessárias adaptações.

Nota. Redacção introduzida pelo art. 1.° do DL n.° 200/2004, de 18 de Agosto.

Art. 108.° (Locação em que o locatário é o insolvente)

1. A declaração de insolvência não suspende o contrato de locação em que o insolvente seja locatário, mas o administrador da insolvência pode sempre denunciá-lo com um pré-aviso de 60 dias, se nos termos da lei ou do contrato não for suficiente um pré-aviso inferior.

2. Exceptua-se do número anterior o caso de o locado se destinar à habitação do insolvente, caso em que o administrador da insolvência poderá apenas declarar que o direito ao pagamento de rendas vencidas depois de transcorridos 60 dias sobre tal declaração não será exercível no processo de insolvência, ficando o senhorio, nessa hipótese, constituído no direito de exigir, como crédito sobre a insolvência, indemnização dos prejuízos sofridos em caso de despejo por falta de pagamentos de alguma ou algumas das referidas rendas, até ao montante das correspondentes a um trimestre.

3. A denúncia do contrato pelo administrador da insolvência facultada pelo n.° 1 obriga ao pagamento, como crédito sobre a insolvência, das retribuições correspondentes ao período intercedente entre a data de produção dos seus efeitos e a do fim do prazo contratual estipulado, ou a data para a qual de outro modo teria sido possível a denúncia pelo insolvente, deduzidas dos custos inerentes à prestação do locador por esse período, bem como dos ganhos obtidos através de uma aplicação alternativa do locado, desde que imputáveis à antecipação do fim do contrato, com actualização de todas as quantias, nos termos do n.° 2 do artigo 91.°, para a data de produção dos efeitos da denúncia.

4. O locador não pode requerer a resolução do contrato após a declaração de insolvência do locatário com algum dos seguintes fundamentos:

a) Falta de pagamento das rendas ou alugueres respeitantes ao período anterior à data da declaração de insolvência;

b) Deterioração da situação financeira do locatário.

5. Não tendo a coisa locada sido ainda entregue ao locatário à data da declaração de insolvência deste, tanto o administrador da insolvência como o locador podem resolver o contrato, sendo lícito a qualquer deles fixar ao outro um prazo razoável para o efeito, findo o qual cessa o direito de resolução.

[141] CIRE Arts. 109.º-112.º

Tít. IV. Efeitos da declaração de insolvência

Art. 109.º (Locação em que o insolvente é o locador)

1. A declaração de insolvência não suspende a execução de contrato de locação em que o insolvente seja locador, e a sua denúncia por qualquer das partes apenas é possível para o fim do prazo em curso, sem prejuízo dos casos de renovação obrigatória.

2. Se, porém, a coisa ainda não tiver sido entregue ao locatário à data da declaração de insolvência, é aplicável o disposto no n.º 5 do artigo anterior, com as devidas adaptações.

3. A alienação da coisa locada no processo de insolvência não priva o locatário dos direitos que lhe são reconhecidos pela lei civil em tal circunstância.

Art. 110.º (Contratos de mandato e de gestão)

1. Os contratos de mandato, incluindo os de comissão, que não se mostre serem estranhos à massa insolvente, caducam com a declaração de insolvência do mandante, ainda que o mandato tenha sido conferido também no interesse do mandatário ou de terceiro, sem que o mandatário tenha direito a indemnização pelo dano sofrido.

2. Considera-se, porém, que o contrato de mandato se mantém:

a) Caso seja necessária a prática de actos pelo mandatário para evitar prejuízos previsíveis para a massa insolvente, até que o administrador da insolvência tome as devidas providências;

b) Pelo período em que o mandatário tenha exercido funções desconhecendo, sem culpa, a declaração de insolvência do mandante.

3. A remuneração e o reembolso de despesas do mandatário constitui dívida da massa insolvente, na hipótese da alínea *a*) do número anterior, e dívida da insolvência, na hipótese da alínea *b*).

4. O disposto nos números anteriores é aplicável, com as devidas adaptações, a quaisquer outros contratos pelos quais o insolvente tenha confiado a outrem a gestão de assuntos patrimoniais, com um mínimo de autonomia, nomeadamente a contratos de gestão de carteiras e de gestão do património.

Art. 111.º (Contrato de prestação duradoura de serviço)

1. Os contratos que obriguem à realização de prestação duradoura de um serviço no interesse do insolvente, e que não caduquem por efeito do disposto no artigo anterior, não se suspendem com a declaração de insolvência, podendo ser denunciados por qualquer das partes nos termos do n.º 1 do artigo 108.º, aplicável com as devidas adaptações.

2. A denúncia antecipada do contrato só obriga ao ressarcimento do dano causado no caso de ser efectuada pelo administrador da insolvência, sendo a indemnização nesse caso calculada, com as necessárias adaptações, nos termos do n.º 3 do artigo 108.º, e constituindo para a outra parte crédito sobre a insolvência.

Art. 112.º (Procurações)

1. Salvo nos casos abrangidos pela alínea *a*) do n.º 2 do artigo 110.º, com a declaração de insolvência do representado caducam as procurações que digam res-

Cap. IV. Efeitos sobre os negócios em curso **Arts. 113.º-115.º CIRE [141]**

peito ao património integrante da massa insolvente, ainda que conferidas também no interesse do procurador ou de terceiro.

2. Aos actos praticados pelo procurador depois da caducidade da procuração é aplicável o disposto nos n.ᵒˢ 6 e 7 do artigo 81.º, com as necessárias adaptações.

3. O procurador que desconheça sem culpa a declaração de insolvência do representado não é responsável perante terceiros pela ineficácia do negócio derivada da falta de poderes de representação.

Art. 113.º (Insolvência do trabalhador)

1. A declaração de insolvência do trabalhador não suspende o contrato de trabalho.

2. O ressarcimento de prejuízos decorrentes de uma eventual violação dos deveres contratuais, apenas podem ser reclamados ao próprio insolvente.

Art. 114.º (Prestação de serviço pelo devedor)

1. O disposto no artigo anterior aplica-se aos contratos pelos quais o insolvente, sendo uma pessoa singular, esteja obrigado à prestação de um serviço, salvo se este se integrar na actividade da empresa de que for titular e não tiver natureza infungível.

2. Sem prejuízo do disposto no número anterior, aos contratos que tenham por objecto a prestação duradoura de um serviço pelo devedor aplica-se o disposto no artigo 111.º, com as necessárias adaptações, mas o dever de indemnizar apenas existe se for da outra parte a iniciativa da denúncia.

Nota. Redacção introduzida pelo art. 1.º do DL n.º 200/2004, de 18 de Agosto.

Art. 115.º (Cessão e penhor de créditos futuros)

1. Sendo o devedor uma pessoa singular e tendo ele cedido ou dado em penhor, anteriormente à declaração de insolvência, créditos futuros emergentes de contrato de trabalho ou de prestação de serviços, ou o direito a prestações sucedâneas futuras, designadamente subsídios de desemprego e pensões de reforma, a eficácia do negócio ficará limitada aos rendimentos respeitantes ao período anterior à data de declaração de insolvência, ao resto do mês em curso nesta data e aos 24 meses subsequentes.

2. A eficácia da cessão realizada ou de penhor constituído pelo devedor anteriormente à declaração de insolvência que tenha por objecto rendas ou alugueres devidos por contrato de locação que o administrador da insolvência não possa denunciar ou resolver, nos termos, respectivamente, do n.º 2 do artigo 104.º e do n.º 1 do artigo 109.º, fica limitada, seja ou não o devedor uma pessoa singular, às que respeitem ao período anterior à data de declaração de insolvência, ao resto do mês em curso nesta data e ao mês subsequente.

3. O devedor por créditos a que se reportam os números anteriores pode compensá-los com dívidas à massa, sem prejuízo do disposto na alínea b) do n.º 1 e nas alíneas b) a d) do n.º 4 do artigo 99.º

Nota. Redacção introduzida pelo art. 1.º do DL n.º 200/2004, de 18 de Agosto.

[141] CIRE Arts. 116.°-120.°   Tít. IV.   Efeitos da declaração de insolvência

Art. 116.° (Contas correntes)
A declaração de insolvência implica o termo dos contratos de conta corrente em que o insolvente seja parte, com o encerramento das contas respectivas.

Art. 117.° (Associação em participação)
1. A associação em participação extingue-se pela insolvência do contraente associante.

2. O contraente associado é obrigado a entregar à massa insolvente do associante a sua parte, ainda não satisfeita, nas perdas em que deva participar, conservando, porém, o direito de reclamar, como crédito sobre a insolvência, as prestações que tenha realizado e não devam ser incluídas na sua participação nas perdas.

Art. 118.° (Agrupamento complementar de empresas e agrupamento europeu de interesse económico)
1. Sem prejuízo de disposição diversa do contrato, o agrupamento complementar de empresas e o agrupamento europeu de interesse económico não se dissolvem em consequência da insolvência de um ou mais membros do agrupamento.

2. O membro declarado insolvente pode exonerar-se do agrupamento complementar de empresas.

3. É nula a cláusula do contrato que obrigue o membro declarado insolvente a indemnizar os danos causados aos restantes membros ou ao agrupamento.

Art. 119.° (Normas imperativas)
1. É nula qualquer convenção das partes que exclua ou limite a aplicação das normas anteriores do presente capítulo.

2. É em particular nula a cláusula que atribua à situação de insolvência de uma das partes o valor de uma condição resolutiva do negócio ou confira nesse caso à parte contrária um direito de indemnização, de resolução ou de denúncia em termos diversos dos previstos neste capítulo.

3. O disposto nos números anteriores não obsta a que a situação de insolvência possa configurar justa causa de resolução ou de denúncia em atenção à natureza e conteúdo das prestações contratuais.

CAPÍTULO V.   **Resolução em benefício da massa insolvente**

Art. 120.° (Princípios gerais)
1. Podem ser resolvidos em benefício da massa insolvente os actos prejudiciais à massa praticados ou omitidos dentro dos quatro anos anteriores à data do início do processo de insolvência.

2. Consideram-se prejudiciais à massa os actos que diminuam, frustrem, dificultem, ponham em perigo ou retardem a satisfação dos credores da insolvência.

3. Presumem-se prejudiciais à massa, sem admissão de prova em contrário, os actos de qualquer dos tipos referidos no artigo seguinte, ainda que praticados ou omitidos fora dos prazos aí contemplados.

Cap. V. Resolução em benefício da massa insolvente   **Art. 121.° CIRE [141]**

4. Salvo nos casos a que respeita o artigo seguinte, a resolução pressupõe a má fé do terceiro, a qual se presume quanto a actos cuja prática ou omissão tenha ocorrido dentro dos dois anos anteriores ao início do processo de insolvência e em que tenha participado ou de que tenha aproveitado pessoa especialmente relacionada com o insolvente, ainda que a relação especial não existisse a essa data.

5. Entende-se por má-fé o conhecimento, à data do acto, de qualquer das seguintes circunstâncias:

a) De que o devedor se encontrava em situação de insolvência;

b) Do carácter prejudicial do acto e de que o devedor se encontrava à data em situação de insolvência iminente;

c) Do início do processo de insolvência.

Art. 121.° (Resolução incondicional)

1. São resolúveis em benefício da massa insolvente os actos seguidamente indicados, sem dependência de quaisquer outros requisitos:

a) Partilha celebrada menos de um ano antes da data do início do processo de insolvência em que o quinhão do insolvente haja sido essencialmente preenchido com bens de fácil sonegação, cabendo aos co-interessados a generalidade dos imóveis e dos valores nominativos;

b) Actos celebrados pelo devedor a título gratuito dentro dos dois anos anteriores à data do início do processo de insolvência, incluindo o repúdio de herança ou legado, com excepção dos donativos conformes aos usos sociais;

c) Constituição pelo devedor de garantias reais relativas a obrigações preexistentes ou de outras que as substituam, nos 6 meses anteriores à data de início do processo de insolvência;

d) Fiança, subfiança, aval e mandatos de crédito, em que o insolvente haja outorgado no período referido na alínea anterior e que não respeitem a operações negociais com real interesse para ele;

e) Constituição pelo devedor de garantias reais em simultâneo com a criação das obrigações garantidas, dentro dos 60 dias anteriores à data do início do processo de insolvência;

f) Pagamento ou outros actos de extinção de obrigações cujo vencimento fosse posterior à data do início do processo de insolvência, ocorridos nos seis meses anteriores à data do início do processo de insolvência, ou depois desta mas anteriormente ao vencimento;

g) Pagamento ou outra forma de extinção de obrigações efectuados dentro dos seis meses anteriores à data do início do processo de insolvência em termos não usuais no comércio jurídico e que o credor não pudesse exigir;

h) Actos a título oneroso realizados pelo insolvente dentro do ano anterior à data do início do processo de insolvência, em que as obrigações por ele assumidas excedam manifestamente as da contraparte;

i) Reembolso de suprimentos, quando tenha lugar dentro do mesmo período referido na alínea anterior.

2. O disposto no número anterior cede perante normas legais que excepcionalmente exijam sempre a má fé ou a verificação de outros requisitos.

Nota. Redacção introduzida pelo art. 1.° do DL n.° 200/2004, de 18 de Agosto.

1305

[141] CIRE Arts. 122.º-127.º   Tít. IV.   Efeitos da declaração de insolvência

Art. 122.º (Sistemas de pagamentos)

Não podem ser objecto de resolução actos compreendidos no âmbito de um sistema de pagamentos tal como definido pela alínea *a*) do artigo 2.º da Directiva 98/26/CE do Parlamento Europeu e do Conselho, de 19 de Maio, ou equiparável.

Art. 123.º (Forma de resolução e prescrição do direito)

1. A resolução pode ser efectuada pelo administrador da insolvência por carta registada com aviso de recepção nos seis meses seguintes ao conhecimento do acto, mas nunca depois de decorridos dois anos sobre a data da declaração de insolvência.

2. Enquanto, porém, o negócio não estiver cumprido, pode a resolução ser declarada, sem dependência de prazo, por via de excepção.

Art. 124.º (Oponibilidade a transmissários)

1. A oponibilidade da resolução do acto a transmissários posteriores pressupõe a má-fé destes, salvo tratando-se de sucessores a título universal ou se a nova transmissão tiver ocorrido a título gratuito.

2. O disposto no número anterior é aplicável, com as necessárias adaptações, à constituição de direitos sobre os bens transmitidos em benefício de terceiro.

Art. 125.º (Impugnação da resolução)

O direito de impugnar a resolução caduca no prazo de seis meses, correndo a acção correspondente, proposta contra a massa insolvente, como dependência do processo de insolvência.

Art. 126.º (Efeitos da resolução)

1. A resolução tem efeitos retroactivos, devendo reconstituir-se a situação que existiria se o acto não tivesse sido praticado ou omitido, consoante o caso.

2. A acção intentada pelo administrador da insolvência com a finalidade prevista no número anterior é dependência do processo de insolvência.

3. Ao terceiro que não apresente os bens ou valores que hajam de ser restituídos à massa dentro do prazo fixado na sentença são aplicadas as sanções previstas na lei de processo para o depositário de bens penhorados que falte à oportuna entrega deles.

4. A restituição do objecto prestado pelo terceiro só tem lugar se o mesmo puder ser identificado e separado dos que pertencem à parte restante da massa.

5. Caso a circunstância prevista no número anterior não se verifique, a obrigação de restituir o valor correspondente constitui dívida da massa insolvente na medida do respectivo enriquecimento à data da declaração da insolvência, e dívida da insolvência quanto ao eventual remanescente.

6. A obrigação de restituir a cargo do adquirente a título gratuito só existe na medida do seu próprio enriquecimento, salvo o caso de má fé, real ou presumida.

Art. 127.º (Impugnação pauliana)

1. É vedado aos credores da insolvência a instauração de novas acções de impugnação pauliana de actos praticados pelo devedor cuja resolução haja sido declarada pelo administrador da insolvência.

1306

Cap. I.   Verificação de créditos   **Arts. 128.º-129.º CIRE [141]**

2. As acções de impugnação pauliana pendentes à data da declaração da insolvência ou propostas ulteriormente não serão apensas ao processo de insolvência, e, em caso de resolução do acto pelo administrador da insolvência, só prosseguirão os seus termos se tal resolução vier a ser declarada ineficaz por decisão definitiva, a qual terá força vinculativa no âmbito daquelas acções quanto às questões que tenha apreciado, desde que não ofenda caso julgado de formação anterior.

3. Julgada procedente a acção de impugnação, o interesse do credor que a tenha instaurado é aferido, para efeitos do artigo 616.º do Código Civil, com abstracção das modificações introduzidas ao seu crédito por um eventual plano de insolvência ou de pagamentos.

TÍTULO V.   **VERIFICAÇÃO DOS CRÉDITOS. RESTITUIÇÃO E SEPARAÇÃO DE BENS**

CAPÍTULO I.   **Verificação de créditos**

Art. 128.º (Reclamação de créditos)
1. Dentro do prazo fixado para o efeito na sentença declaratória da insolvência, devem os credores da insolvência, incluindo o Ministério Público na defesa dos interesses das entidades que represente, reclamar a verificação dos seus créditos por meio de requerimento, acompanhado de todos os documentos probatórios de que disponham, no qual indiquem:

a) A sua proveniência, data de vencimento, montante de capital e de juros;

b) As condições a que estejam subordinados, tanto suspensivas como resolutivas;

c) A sua natureza comum, subordinada, privilegiada ou garantida, e, neste último caso, os bens ou direitos objecto da garantia e respectivos dados de identificação registral, se aplicável;

d) A existência de eventuais garantias pessoais, com identificação dos garantes;

e) A taxa de juros moratórios aplicável.

2. O requerimento é endereçado ao administrador da insolvência, e apresentado no seu domicílio profissional ou para aí remetido por via postal registada, devendo o administrador, respectivamente, assinar no acto de entrega, ou enviar ao credor no prazo de três dias, comprovativo do recebimento.

3. A verificação tem por objecto todos os créditos sobre a insolvência, qualquer que seja a sua natureza e fundamento, e mesmo o credor que tenha o seu crédito reconhecido por decisão definitiva não está dispensado de o reclamar no processo de insolvência, se nele quiser obter pagamento.

Art. 129.º (Relação de créditos reconhecidos e não reconhecidos)
1. Nos 15 dias subsequentes ao termo do prazo das reclamações, o administrador da insolvência apresenta na secretaria uma lista de todos os credores por si reconhecidos e uma lista dos não reconhecidos, ambas por ordem alfabética, rela-

1307

[141] CIRE Arts. 130.°-132.° Tít. V. Verificação dos créditos. Restituição e sep. de bens

tivamente não só aos que tenham deduzido reclamação como àqueles cujos direitos constem dos elementos da contabilidade do devedor ou sejam por outra forma do seu conhecimento.

2. Da lista dos credores reconhecidos consta a identificação de cada credor, a natureza do crédito, o montante de capital e juros à data do termo do prazo das reclamações, as garantias pessoais e reais, os privilégios, a taxa de juros moratórios aplicável, e as eventuais condições suspensivas ou resolutivas.

3. A lista dos credores não reconhecidos indica os motivos justificativos do não reconhecimento.

4. Todos os credores não reconhecidos, bem como aqueles cujos créditos forem reconhecidos sem que os tenham reclamado, ou em termos diversos dos da respectiva reclamação, devem ser disso avisados pelo administrador da insolvência, por carta registada, com observância, com as devidas adaptações, do disposto nos artigos 40.° a 42.° do Regulamento (CE) n.° 1346/2000 do Conselho, de 29 de Maio, tratando-se de credores com residência habitual, domicílio ou sede em outros Estados-Membros da União Europeia que não tenham já sido citados nos termos do n.° 3 do artigo 37.°

Art. 130.° (Impugnação da lista de credores reconhecidos)

1. Nos 10 dias seguintes ao termo do prazo fixado no n.° 1 do artigo anterior, pode qualquer interessado impugnar a lista de credores reconhecidos através de requerimento dirigido ao juiz, com fundamento na indevida inclusão ou exclusão de créditos, ou na incorrecção do montante ou da qualificação dos créditos reconhecidos.

2. Relativamente aos credores avisados por carta registada, o prazo de 10 dias conta-se a partir do 3.° dia útil posterior à data da respectiva expedição.

3. Se não houver impugnações, é de imediato proferida sentença de verificação e graduação dos créditos, em que, salvo o caso de erro manifesto, se homologa a lista de credores reconhecidos elaborada pelo administrador da insolvência e se graduam os créditos em atenção ao que conste dessa lista.

Art. 131.° (Resposta à impugnação)

1. Pode responder a qualquer das impugnações o administrador da insolvência e qualquer interessado que assuma posição contrária, incluindo o devedor.

2. Se, porém, a impugnação se fundar na indevida inclusão de certo crédito na lista de credores reconhecidos, na omissão da indicação das condições a que se encontre sujeito ou no facto de lhe ter sido atribuído um montante excessivo ou uma qualificação de grau superior à correcta, só o próprio titular pode responder.

3. A resposta deve ser apresentada dentro dos 10 dias subsequentes ao termo do prazo referido no artigo anterior ou à notificação ao titular do crédito objecto da impugnação, consoante o caso, sob pena de a impugnação ser julgada procedente.

Nota. Redacção introduzida pelo art. 1.° do DL n.° 200/2004, de 18 de Agosto.

Art. 132.° (Autuação das impugnações e respostas)

As listas de créditos reconhecidos e não reconhecidos pelo administrador da insolvência, as impugnações e as respostas são autuadas por um único apenso.

Cap. I. Verificação de créditos   **Arts. 133.º-136.º CIRE [141]**

Art. 133.º (Exame das reclamações e dos documentos de escrituração do insolvente)

Durante o prazo fixado para as impugnações e as respostas, e a fim de poderem ser examinados por qualquer interessado e pela comissão de credores, deve o administrador da insolvência patentear as reclamações de créditos, os documentos que as instruam e os documentos da escrituração do insolvente no local mais adequado, o qual é objecto de indicação no final nas listas de credores reconhecidos e não reconhecidos.

Nota. Redacção introduzida pelo art. 1.º do DL n.º 200/2004, de 18 de Agosto.

Art. 134.º (Meios de prova, cópias e dispensa de notificação)

1. Às impugnações e às respostas é aplicável o disposto no n.º 2 do artigo 25.º

2. São apenas oferecidos pelo requerente ou, no caso de apresentação em suporte digital, extraídos pela secretaria, dois duplicados dos articulados e dos documentos que os acompanhem, um dos quais se destina ao arquivo do tribunal, ficando o outro na secretaria judicial, para consulta dos interessados.

3. Exceptua-se o caso em que a impugnação tenha por objecto créditos reconhecidos e não seja apresentada pelo próprio titular, em que se juntará ou será extraída uma cópia adicional, para entrega ao respectivo titular.

4. As impugnações apenas serão objecto de notificação aos titulares de créditos a que respeitem, se estes não forem os próprios impugnantes.

5. Durante o prazo para impugnações e respostas, o processo é mantido na secretaria judicial para exame e consulta dos interessados.

Nota. Redacção introduzida pelo art. 1.º do DL n.º 200/2004, de 18 de Agosto.

Art. 135.º (Parecer da comissão de credores)

Dentro dos 10 dias posteriores ao termo do prazo das respostas às impugnações, deve a comissão de credores juntar aos autos o seu parecer sobre as impugnações.

Art. 136.º (Saneamento do processo)

1. Junto o parecer da comissão de credores ou decorrido o prazo previsto no artigo anterior sem que tal junção se verifique, o juiz designa dia e hora para uma tentativa de conciliação a realizar dentro dos 10 dias seguintes, para a qual são notificados, a fim de comparecerem pessoalmente ou de se fazerem representar por procuradores com poderes especiais para transigir, todos os que tenham apresentado impugnações e respostas, a comissão de credores e o administrador da insolvência.

2. Na tentativa de conciliação são considerados como reconhecidos os créditos que mereçam a aprovação de todos os presentes e nos precisos termos em que o forem.

3. Concluída a tentativa de conciliação, o processo é imediatamente concluso ao juiz, para que seja proferido despacho, nos termos previstos nos artigos 510.º e 511.º do Código de Processo Civil.

4. Consideram-se sempre reconhecidos os créditos incluídos na respectiva lista e não impugnados e os que tiverem sido aprovados na tentativa de conciliação.

5. Consideram-se ainda reconhecidos os demais créditos que possam sê-lo face aos elementos de prova contidos nos autos.

1309

[141] CIRE Arts. 137.º-141.º   Tít. V.   Verificação dos créditos. Restituição e sep. de bens

6. O despacho saneador tem, quanto aos créditos reconhecidos, a forma e o valor de sentença, que os declara verificados e os gradua em harmonia com as disposições legais.

7. Se a verificação de algum dos créditos necessitar de produção de prova, a graduação de todos os créditos tem lugar na sentença final.

Art. 137.º (Diligências instrutórias)

Havendo diligências probatórias a realizar antes da audiência de discussão e julgamento, o juiz ordena as providências necessárias para que estejam concluídas dentro do prazo de 20 dias a contar do despacho que as tiver determinado, aproveitando a todos os interessados a prova produzida por qualquer deles.

Art. 138.º (Designação de dia para a audiência)

Produzidas as provas ou expirado o prazo marcado nas cartas, é marcada a audiência de discussão e julgamento para um dos 10 dias posteriores.

Art. 139.º (Audiência)

Na audiência de julgamento são observados os termos estabelecidos para o processo declaratório sumário, com as seguintes especialidades:

a) Sempre que necessário, serão ouvidos, na altura em que o tribunal o determine, quer o administrador da insolvência, quer a comissão de credores;

b) As provas são produzidas segundo a ordem por que tiverem sido apresentadas as impugnações;

c) Na discussão, podem usar da palavra, em primeiro lugar, os advogados dos impugnantes e depois os dos respondentes, não havendo lugar a réplica.

Art. 140.º (Sentença)

1. Finda a audiência de julgamento, o juiz profere sentença de verificação e graduação dos créditos, nos 10 dias subsequentes.

2. A graduação é geral para os bens da massa insolvente e é especial para os bens a que respeitem direitos reais de garantia e privilégios creditórios.

3. Na graduação de créditos não é atendida a preferência resultante de hipoteca judicial, nem a proveniente da penhora, mas as custas pagas pelo autor ou exequente constituem dívidas da massa insolvente.

CAPÍTULO II.   **Restituição e separação de bens**

Art. 141.º (Aplicabilidade das disposições relativas à reclamação e verificação de créditos)

1. As disposições relativas à reclamação e verificação de créditos são igualmente aplicáveis:

a) À reclamação e verificação do direito de restituição, a seus donos, dos bens apreendidos para a massa insolvente, mas de que o insolvente fosse mero possuidor em nome alheio;

1310

Cap. II.   Restituição e separação de bens   **Arts. 142.°-144.° CIRE [141]**

b) À reclamação e verificação do direito que tenha o cônjuge a separar da massa insolvente os seus bens próprios e a sua meação nos bens comuns;

c) À reclamação destinada a separar da massa os bens de terceiro indevidamente apreendidos e quaisquer outros bens, dos quais o insolvente não tenha a plena e exclusiva propriedade, ou sejam estranhos à insolvência ou insusceptíveis de apreensão para a massa.

2. A aplicabilidade das disposições relativas à reclamação e verificação de créditos tem lugar com as adaptações seguintes, além das outras que se mostrem necessárias:

a) A reclamação não é objecto de notificações, e obedece ao disposto nos n.ºs 1 e 5 do artigo 134.°;

b) As contestações às reclamações podem ser apresentadas pelo administrador da insolvência ou por qualquer interessado nos 10 dias seguintes ao termo do prazo para a reclamação dos créditos fixado na sentença de declaração da insolvência, e o reclamante tem a possibilidade de lhes responder nos 5 dias subsequentes;

c) Na audiência, as provas são produzidas segundo a ordem por que tiverem sido apresentadas as reclamações e, na discussão, usam da palavra em primeiro lugar os advogados dos reclamantes e só depois os dos contestantes.

3. A separação dos bens de que faz menção o n.° 1 pode igualmente ser ordenada pelo juiz, a requerimento do administrador da insolvência, instruído com parecer favorável da comissão de credores, se existir.

4. Quando a reclamação verse sobre mercadorias ou outras coisas móveis, o reclamante deve provar a identidade das que lhe pertençam, salvo se forem fungíveis.

5. Se as mercadorias enviadas ao insolvente a título de consignação ou comissão estiverem vendidas a crédito, pode o comitente reclamar o preço devido pelo comprador, a fim de o poder receber deste.

Nota. Redacção introduzida pelo art. 1.° do DL n.° 200/2004, de 18 de Agosto.

Art. 142.° (Perda de posse de bens a restituir)

1. Se as coisas que o insolvente deve restituir não se encontrarem na sua posse à data da declaração de insolvência, pode o administrador da insolvência reavê-las, se tal for mais conveniente para a massa insolvente do que o pagamento ao seu titular, como crédito sobre a insolvência, do valor que tinham naquela data ou da indemnização pelas despesas resultantes da sua recuperação.

2. Se a posse se perder depois de terem sido apreendidas para a massa insolvente as coisas que devam ser restituídas, tem o titular direito a receber da massa o seu valor integral.

Art. 143.° (Reclamação de direitos próprios, estranhos à insolvência)

Ao insolvente, bem como ao seu consorte, é permitido, sem necessidade de autorização do outro cônjuge, reclamar os seus direitos próprios, estranhos à insolvência.

Art. 144.° (Restituição ou separação de bens apreendidos tardiamente)

1. No caso de serem apreendidos bens para a massa, depois de findo o prazo fixado para as reclamações, é ainda permitido exercer o direito de restituição ou

[141] CIRE Arts. 145.°-147.°   Tít. V.   Verificação dos créditos. Restituição e sep. de bens

separação desses bens nos 5 dias posteriores à apreensão, por meio de requerimento, apensado ao processo principal.

2. Citados em seguida os credores, por éditos de 10 dias, o devedor e o administrador da insolvência, para contestarem dentro dos 5 dias imediatos, seguem-se os termos do processo de verificação de créditos, com as adaptações necessárias, designadamente as constantes do n.° 2 do artigo 141.°

Art. 145.° (Entrega provisória de bens móveis)

1. Ao reclamante da restituição de coisas móveis determinadas pode ser deferida a sua entrega provisória, mediante caução prestada no próprio processo.

2. Se a reclamação for julgada definitivamente improcedente, serão restituídos à massa os bens entregues provisoriamente ou o valor da caução.

CAPÍTULO III.   **Verificação ulterior**

Art. 146.° (Verificação ulterior de créditos ou de outros direitos)

1. Findo o prazo das reclamações, é possível reconhecer ainda outros créditos, bem como o direito à separação ou restituição de bens, de modo a serem atendidos no processo de insolvência, por meio de acção proposta contra a massa insolvente, os credores e o devedor, efectuando-se a citação dos credores por éditos de 10 dias.

2. O direito à separação ou restituição de bens pode ser exercido a todo o tempo; porém, a reclamação de outros créditos, nos termos do número anterior:

a) Não pode ser apresentada pelos credores que tenham sido avisados nos termos do artigo 129.°, excepto tratando-se de créditos de constituição posterior;

b) Só pode ser feita no prazo de um ano subsequente ao trânsito em julgado da sentença de declaração da insolvência, ou no prazo de três meses seguintes à respectiva constituição, caso termine posteriormente.

3. Proposta a acção, a secretaria, oficiosamente, lavra termo no processo principal da insolvência no qual identifica a acção apensa e o reclamante e reproduz o pedido, o que equivale a termo de protesto.

4. A instância extingue-se e os efeitos do protesto caducam se o autor, negligentemente, deixar de promover os termos da causa durante três meses.

Nota. Redacção introduzida pelo art. 9.° do DL n.° 185/2009, de 12 de Agosto.

Art. 147.° (Falta de assinatura do protesto ou caducidade dos seus efeitos)

Se o autor não assinar termo de protesto ou os efeitos deste caducarem, observa-se o seguinte:

a) Tratando-se de acção para a verificação de crédito, o credor só adquire direito a entrar nos rateios posteriores ao trânsito em julgado da respectiva sentença pelo crédito que venha a ser verificado, ainda que de crédito garantido ou privilegiado se trate;

b) Tratando-se de acção para a verificação do direito à restituição ou separação de bens, o autor só pode tornar efectivos os direitos que lhe forem reconhecidos

1312

Cap. I. Providências conservatórias   **Arts. 148.°-150.° CIRE [141]**

na respectiva sentença passada em julgado, relativamente aos bens que a esse tempo ainda não tenham sido liquidados; se os bens já tiverem sido liquidados, no todo ou em parte, a venda é eficaz e o autor é apenas embolsado do respectivo produto, podendo este ser determinado, ou, quando o não possa ser, do valor que lhe tiver sido fixado no inventário;

c) Para a satisfação do crédito referido na última parte da alínea anterior, o autor só pode obter pagamento pelos valores que não tenham entrado já em levantamento ou rateio anterior, condicional ou definitivamente, nem se achem salvaguardados por terceiros, em virtude de recurso ou de protesto lavrado nos termos do artigo anterior e que, por isso, existam livres na massa insolvente, com respeito da preferência que lhe cabe, enquanto crédito sobre a massa insolvente.

Art. 148.° (Apensação das acções e forma aplicável)

As acções a que se refere o presente capítulo correm por apenso aos autos da insolvência e seguem, qualquer que seja o seu valor, os termos do processo sumário, ficando as respectivas custas a cargo do autor, caso não venha a ser deduzida contestação.

TÍTULO VI. ADMINISTRAÇÃO E LIQUIDAÇÃO DA MASSA INSOLVENTE

CAPÍTULO I. Providências conservatórias

Art. 149.° (Apreensão dos bens)

1. Proferida a sentença declaratória da insolvência, procede-se à imediata apreensão dos elementos da contabilidade e de todos os bens integrantes da massa insolvente, ainda que estes tenham sido:

a) Arrestados, penhorados ou por qualquer forma apreendidos ou detidos, seja em que processo for, com ressalva apenas dos que hajam sido apreendidos por virtude de infracção, quer de carácter criminal, quer de mera ordenação social;

b) Objecto de cessão aos credores, nos termos dos artigos 831.° e seguintes do Código Civil.

2. Se os bens já tiverem sido vendidos, a apreensão tem por objecto o produto da venda, caso este ainda não tenha sido pago aos credores ou entre eles repartido.

Art. 150.° (Entrega dos bens apreendidos)

1. O poder de apreensão resulta da declaração de insolvência, devendo o administrador da insolvência diligenciar, sem prejuízo do disposto nos n.ºs 1 e 2 do artigo 839.° do Código de Processo Civil, no sentido de os bens lhe serem imediatamente entregues, para que deles fique depositário, regendo-se o depósito pelas normas gerais e, em especial, pelas que disciplinam o depósito judicial de bens penhorados.

2. A apreensão é feita pelo próprio administrador da insolvência, assistido pela comissão de credores ou por um representante desta, se existir, e, quando

[141] CIRE Arts. 151.°-152.°   Tít. VI. Administração e liquidação da massa insolvente

conveniente, na presença do credor requerente da insolvência e do próprio insolvente.

3. Sempre que ao administrador da insolvência não convenha fazê-lo pessoalmente, é a apreensão de bens sitos em comarca que não seja a da insolvência realizada por meio de deprecada, ficando esses bens confiados a depositário especial, mas à ordem do administrador da insolvência.

4. A apreensão é feita mediante arrolamento, ou por entrega directa através de balanço, de harmonia com as regras seguintes:

a) Se os bens já estiverem confiados a depositário judicial, manter-se-á o respectivo depósito, embora eles passem a ficar disponíveis e à ordem exclusiva do administrador da insolvência;

b) Se encontrar dificuldades em tomar conta dos bens ou tiver dúvidas sobre quais integram o depósito, pode o administrador da insolvência requerer que o funcionário do tribunal se desloque ao local onde os bens se encontrem, a fim de, superadas as dificuldades ou esclarecidas as dúvidas, lhe ser feita a entrega efectiva;

c) Quando depare com oposição ou resistência à apreensão, o próprio administrador da insolvência pode requisitar o auxílio da força pública, sendo então lícito o arrombamento de porta ou de cofre e lavrando-se auto de ocorrência do incidente;

d) O arrolamento consiste na descrição, avaliação e depósito dos bens;

e) Quer no arrolamento, quer na entrega por balanço, é lavrado pelo administrador da insolvência, ou por seu auxiliar, o auto no qual se descrevam os bens, em verbas numeradas, como em inventário, se declare, sempre que conveniente, o valor fixado por louvado, se destaque a entrega ao administrador da insolvência ou a depositário especial e se faça menção de todas as ocorrências relevantes com interesse para o processo;

f) O auto é assinado por quem presenciou a diligência e pelo possuidor ou detentor dos valores apreendidos ou, quando este não possa ou não queira assinar, pelas duas testemunhas a que seja possível recorrer.

5. À desocupação de casa de habitação onde resida habitualmente o insolvente é aplicável o disposto no artigo 930.°-A do Código de Processo Civil.

6. As somas recebidas em dinheiro pelo administrador da insolvência, ressalvadas as estritamente indispensáveis às despesas correntes de administração, devem ser imediatamente depositadas em instituição de crédito escolhida pelo administrador da insolvência.

Art. 151.° (Junção do arrolamento e do balanço aos autos)

O administrador da insolvência junta, por apenso ao processo de insolvência, o auto do arrolamento e do balanço respeitantes a todos os bens apreendidos, ou a cópia dele, quando efectuado em comarca deprecada.

Art. 152.° (Registo da apreensão)

Nota. Revogado pelo art. 34.°, alínea *f*), do DL n.° 116/2008, de 4 de Julho.

1314

Cap. II. Inventário, lista de cred. e relat. do admin. da insolv.   **Arts. 153.°-155.° CIRE [141]**

CAPÍTULO II.   Inventário, lista de credores e relatório do administrador da insolvência

Art. 153.° (Inventário)

1. O administrador da insolvência elabora um inventário dos bens e direitos integrados na massa insolvente na data anterior à do relatório, com indicação do seu valor, natureza, características, lugar em que se encontram, direitos que os onerem, e dados de identificação registral, se for o caso.

2. Se os valores dos bens ou direitos forem diversos consoante haja ou não continuidade da empresa, o administrador da insolvência consigna no inventário ambos os valores.

3. Sendo particularmente difícil, a avaliação de bens ou direitos pode ser confiada a peritos.

4. O inventário inclui um rol de todos os litígios cujo desfecho possa afectar o seu conteúdo.

5. O juiz pode dispensar a elaboração do inventário, a requerimento fundamentado do administrador da insolvência, com o parecer favorável da comissão de credores, se existir.

Art. 154.° (Lista provisória de credores)

1. O administrador da insolvência elabora uma lista provisória dos credores que constem da contabilidade do devedor, tenham reclamado os seus créditos ou sejam por outra forma do seu conhecimento, por ordem alfabética, com indicação do respectivo endereço, do montante, fundamento, natureza garantida, privilegiada, comum ou subordinada dos créditos, subordinação a condições e possibilidades de compensação.

2. A lista contém ainda uma avaliação das dívidas da massa insolvente na hipótese de pronta liquidação.

Art. 155.° (Relatório)

1. O administrador da insolvência elabora um relatório contendo:

a) A análise dos elementos incluídos no documento referido na alínea *c*) do n.° 1 do artigo 24.°;

b) A análise do estado da contabilidade do devedor e a sua opinião sobre os documentos de prestação de contas e de informação financeira juntos aos autos pelo devedor;

c) A indicação das perspectivas de manutenção da empresa do devedor, no todo ou em parte, da conveniência de se aprovar um plano de insolvência, e das consequências decorrentes para os credores nos diversos cenários figuráveis;

d) Sempre que se lhe afigure conveniente a aprovação de um plano de insolvência, a remuneração que se propõe auferir pela elaboração do mesmo;

e) Todos os elementos que no seu entender possam ser importantes para a tramitação ulterior do processo.

2. Ao relatório são anexados o inventário e a lista provisória de credores.

3. O relatório e seus anexos deverão ser juntos aos autos pelo menos 8 dias antes da data da assembleia de apreciação do relatório.

1315

[141] CIRE Arts. 156.°-158.°   Tít. VI.   Administração e liquidação da massa insolvente

CAPÍTULO III.   Liquidação

SECÇÃO I.   Regime aplicável

Art. 156.° (Deliberações da assembleia de credores de apreciação do relatório)
1. Na assembleia de apreciação do relatório deve ser dada ao devedor, à comissão de credores e à comissão de trabalhadores ou aos representantes dos trabalhadores, a oportunidade de se pronunciarem sobre o relatório.
2. A assembleia de credores de apreciação do relatório delibera sobre o encerramento ou manutenção em actividade do estabelecimento ou estabelecimentos compreendidos na massa insolvente.
3. Se a assembleia cometer ao administrador da insolvência o encargo de elaborar um plano de insolvência pode determinar a suspensão da liquidação e partilha da massa insolvente
4. Cessa a suspensão determinada pela assembleia:
a) Se o plano não for apresentado pelo administrador da insolvência nos 60 dias seguintes; ou
b) Se o plano apresentado não for subsequentemente admitido, aprovado ou homologado.
5. A suspensão da liquidação não obsta à venda dos bens da massa insolvente, ao abrigo do disposto no n.° 2 do artigo 158.°
6. A assembleia pode, em reunião ulterior, modificar ou revogar as deliberações tomadas.

Art. 157.° (Encerramento antecipado)
O administrador da insolvência pode proceder ao encerramento dos estabelecimentos do devedor, ou de algum ou alguns deles, previamente à assembleia de apreciação do relatório:
a) Com o parecer favorável da comissão de credores, se existir;
b) Desde que o devedor se não oponha, não havendo comissão de credores, ou se, não obstante a oposição do devedor, o juiz o autorizar com fundamento em que o adiamento da medida até à data da referida assembleia acarretaria uma diminuição considerável da massa insolvente.

Art. 158.° (Começo da venda de bens)
1. Transitada em julgado a sentença declaratória da insolvência e realizada a assembleia de apreciação do relatório, o administrador da insolvência procede com prontidão à venda de todos os bens apreendidos para a massa insolvente, independentemente da verificação do passivo, na medida em que a tanto se não oponham as deliberações tomadas pelos credores na referida assembleia.
2. Mediante prévia concordância da comissão de credores, ou, na sua falta, do juiz, o administrador da insolvência promove, porém, a venda imediata dos bens da massa insolvente que não possam ou não se devam conservar por estarem sujeitos a deterioração ou depreciação.

1316

Cap. III.   Liquidação   Arts. 159.º-161.º CIRE **[141]**

Art. 159.º (Contitularidade e indivisão)

Verificado o direito de restituição ou separação de bens indivisos ou apurada a existência de bens de que o insolvente seja contitular, só se liquida no processo de insolvência o direito que o insolvente tenha sobre esses bens.

Art. 160.º (Bens de titularidade controversa)

1. Se estiver pendente acção de reivindicação, pedido de restituição ou de separação relativamente a bens apreendidos para a massa insolvente, não se procede à liquidação destes bens enquanto não houver decisão transitada em julgado, salvo:

a) Com a anuência do interessado;

b) No caso de venda antecipada efectuada nos termos do n.º 2 do artigo 158.º;

c) Se o adquirente for advertido da controvérsia acerca da titularidade, e aceitar ser inteiramente de sua conta a álea respectiva.

2. Na hipótese da alínea *c)* do número anterior, comunicada a alienação pelo administrador da insolvência ao tribunal da causa, a substituição processual considera-se operada sem mais, independentemente de habilitação do adquirente ou do acordo da parte contrária.

Art. 161.º (Necessidade de consentimento)

1. Depende do consentimento da comissão de credores, ou, se esta não existir, da assembleia de credores, a prática de actos jurídicos que assumam especial relevo para o processo de insolvência.

2. Na qualificação de um acto como de especial relevo atende-se aos riscos envolvidos e às suas repercussões sobre a tramitação ulterior do processo, às perspectivas de satisfação dos credores da insolvência e à susceptibilidade de recuperação da empresa.

3. Constituem, designadamente, actos de especial relevo:

a) A venda da empresa, de estabelecimentos ou da totalidade das existências;

b) A alienação de bens necessários à continuação da exploração da empresa, anteriormente ao respectivo encerramento;

c) A alienação de participações noutras sociedades destinadas a garantir o estabelecimento com estas de uma relação duradoura;

d) A aquisição de imóveis:

e) A celebração de novos contratos de execução duradoura;

f) A assunção de obrigações de terceiros e a constituição de garantias;

g) A alienação de qualquer bem da empresa por preço igual ou superior a € 10 000 e que represente, pelo menos, 10% do valor da massa insolvente, tal como existente à data da declaração da insolvência, salvo se se tratar de bens do activo circulante ou for fácil a sua substituição por outro da mesma natureza.

4. A intenção de efectuar alienações que constituam actos de especial relevo por negociação particular bem como a identidade do adquirente e todas as demais condições do negócio deverão ser comunicadas não só à comissão de credores, se existir, como ao devedor, com a antecedência mínima de 15 dias relativamente à data da transacção.

5. O juiz manda sobrestar na alienação e convoca a assembleia de credores para prestar o seu consentimento à operação, se isso lhe for requerido pelo devedor

1317

[141]   CIRE   Arts. 162.°-164.°   Tít. VI.   Administração e liquidação da massa insolvente

ou por um credor ou grupo de credores cujos créditos representem, na estimativa do juiz, pelo menos um quinto do total dos créditos não subordinados, e o requerente demonstrar a plausibilidade de que a alienação a outro interessado seria mais vantajosa para a massa insolvente.

Art. 162.° (Alienação da empresa)

1. A empresa compreendida na massa insolvente é alienada como um todo, a não ser que não haja proposta satisfatória ou se reconheça vantagem na liquidação ou na alienação separada de certas partes.

2. Iniciadas as suas funções, o administrador da insolvência efectua imediatamente diligências para a alienação da empresa do devedor ou dos seus estabelecimentos.

Art. 163.° (Eficácia dos actos)

A violação do disposto nos dois artigos anteriores não prejudica a eficácia dos actos do administrador da insolvência, excepto se as obrigações por ele assumidas excederem manifestamente as da contraparte.

Art. 164.° (Modalidades da alienação)

1. O administrador da insolvência escolhe a modalidade da alienação dos bens, podendo optar por qualquer das que são admitidas em processo executivo ou por alguma outra que tenha por mais conveniente.

2. O credor com garantia real sobre o bem a alienar é sempre ouvido sobre a modalidade da alienação, e informado do valor base fixado ou do preço da alienação projectada a entidade determinada.

3. Se, no prazo de uma semana, ou posteriormente mas em tempo útil, o credor garantido propuser a aquisição do bem, por si ou por terceiro, por preço superior ao da alienação projectada ou ao valor base fixado, o administrador da insolvência, se não aceitar a proposta, fica obrigado a colocar o credor na situação que decorreria da alienação a esse preço, caso ela venha a ocorrer por preço inferior.

4. A proposta prevista no número anterior só é eficaz se for acompanhada, como caução, de um cheque visado à ordem da massa falida, no valor de vinte por cento do montante da proposta, aplicando-se, com as devidas adaptações, o disposto nos artigos 897.° e 898.° do Código de Processo Civil.

5. Se o bem tiver sido dado em garantia de dívida de terceiro ainda não exigível pela qual o insolvente não responda pessoalmente, a alienação pode ter lugar com essa oneração, excepto se tal prejudicar a satisfação de crédito, com garantia prevalecente, já exigível ou relativamente ao qual se verifique aquela responsabilidade pessoal.

6. À venda de imóvel, ou de fracção de imóvel, em que tenha sido feita, ou esteja em curso de edificação, uma construção urbana, é aplicável o disposto no n.° 6 do artigo 905.° do Código do Processo Civil, não só quando tenha lugar por negociação particular como quando assuma a forma de venda directa.

Notas. 1. Redacção introduzida pelo art. 1.° do DL n.° 200/2004, de 18 de Agosto.

2. A epígrafe do preceito foi alterada pelo art. 1.° do DL n.° 282/2007, de 7 de Agosto.

1318

Cap. III.   Liquidação   Arts. 165.º-170.º CIRE **[141]**

Art. 165.º (Credores garantidos e preferentes)
Aos credores garantidos que adquiram bens integrados na massa insolvente e aos titulares de direito de preferência, legal ou convencional com eficácia real, é aplicável o disposto para o exercício dos respectivos direitos na venda em processo executivo.

Art. 166.º (Atraso na venda de bem objecto de garantia real)
1. Transitada em julgado a sentença declaratória da insolvência e realizada a assembleia de apreciação do relatório, o credor com garantia real deve ser compensado pelo prejuízo causado pelo retardamento da alienação do bem objecto da garantia que lhe não seja imputável, bem como pela desvalorização do mesmo resultante da sua utilização em proveito da massa insolvente.

2. O administrador da insolvência pode optar por satisfazer integralmente um crédito com garantia real à custa da massa insolvente antes de proceder à venda do bem objecto da garantia, contanto que o pagamento tenha lugar depois da data fixada no n.º 1 do artigo 158.º para o começo da venda dos bens.

Art. 167.º (Depósito do produto da liquidação)
1. À medida que a liquidação se for efectuando, é o seu produto depositado à ordem da administração da massa, em conformidade com o disposto no n.º 6 do artigo 150.º

2. Quando exista comissão de credores, a movimentação do depósito efectuado, seja qual for a sua modalidade, só pode ser feita mediante assinatura conjunta do administrador da insolvência e de, pelo menos, um dos membros da comissão.

3. Sempre que sejam previstos períodos relativamente longos de imobilização dos fundos depositados, devem ser feitas aplicações deles em modalidades sem grande risco e que recolham o parecer prévio favorável da comissão de credores, se existir.

Art. 168.º (Proibição de aquisição)
1. O administrador da insolvência não pode adquirir, directamente ou por interposta pessoa, bens ou direitos compreendidos na massa insolvente, qualquer que seja a modalidade da venda.

2. O administrador da insolvência que viole o disposto no número anterior é destituído por justa causa e restitui à massa o bem ou direito ilicitamente adquirido, sem direito a reaver a prestação efectuada.

Art. 169.º (Prazo para a liquidação)
A requerimento de qualquer interessado, o juiz decretará a destituição, com justa causa, do administrador da insolvência, caso o processo de insolvência não seja encerrado no prazo de um ano contado da data da assembleia de apreciação do relatório, ou no final de cada período de seis meses subsequente, salvo havendo razões que justifiquem o prolongamento.

Art. 170.º (Processamento por apenso)
O processado relativo à liquidação constitui um apenso ao processo de insolvência.

1319

[141] CIRE Arts. 171.º-174.º

Tít. VI. Pagamento aos credores

SECÇÃO II. **Dispensa de liquidação**

Art. 171.º (Pressupostos)

1. Se o devedor for uma pessoa singular e a massa insolvente não compreender uma empresa, o juiz pode dispensar a liquidação da massa, no todo ou em parte, desde que o devedor entregue ao administrador da insolvência uma importância em dinheiro não inferior à que resultaria dessa liquidação.

2. A dispensa da liquidação supõe uma solicitação nesse sentido por parte do administrador da insolvência, com o acordo prévio do devedor, ficando a decisão sem efeito se o devedor não fizer entrega da importância fixada pelo juiz, no prazo de 8 dias.

TÍTULO VII. PAGAMENTO AOS CREDORES

Art. 172.º (Pagamento das dívidas da massa)

1. Antes de proceder ao pagamento dos créditos sobre a insolvência, o administrador da insolvência deduz da massa insolvente os bens ou direitos necessários à satisfação das dívidas desta, incluindo as que previsivelmente se constituirão até ao encerramento do processo.

2. As dívidas da massa insolvente são imputadas aos rendimentos da massa, e, quanto ao excedente, na devida proporção, ao produto de cada bem, móvel ou imóvel; porém, a imputação não excederá 10% do produto de bens objecto de garantias reais, salvo na medida do indispensável à satisfação integral das dívidas da massa insolvente ou do que não prejudique a satisfação integral dos créditos garantidos.

3. O pagamento das dívidas da massa insolvente tem lugar nas datas dos respectivos vencimentos, qualquer que seja o estado do processo.

4. Intentada acção para a verificação do direito à restituição ou separação de bens que já se encontrem liquidados e assinado o competente termo de protesto, é mantida em depósito e excluída dos pagamentos aos credores da massa insolvente ou da insolvência, enquanto persistirem os efeitos do protesto, quantia igual à do produto da venda, podendo este ser determinado, ou, quando o não possa ser, à do valor constante do inventário; é aplicável o disposto nos n.ºs 2 e 3 do artigo 180.º, com as devidas adaptações.

Art. 173.º (Início do pagamento dos créditos sobre a insolvência)

O pagamento dos créditos sobre a insolvência apenas contempla os que estiverem verificados por sentença transitada em julgado.

Art. 174.º (Pagamento aos credores garantidos)

1. Sem prejuízo do disposto nos n.ºs 1 e 2 do artigo 172.º, liquidados os bens onerados com garantia real, e abatidas as correspondentes despesas, é imediatamente feito o pagamento aos credores garantidos, com respeito pela prioridade que lhes caiba; quanto àqueles que não fiquem integralmente pagos e perante os quais o devedor responda com a generalidade do seu património, são os saldos respectivos

1320

Tít. VII.   Pagamento aos credores   **Arts. 175.º-179.º CIRE [141]**

incluídos entre os créditos comuns, em substituição dos saldos estimados, caso não se verifique coincidência entre eles.

2. Anteriormente à venda dos bens, o saldo estimado reconhecido como crédito comum é atendido nos rateios que se efectuarem entre os credores comuns, devendo continuar, porém, depositadas as quantias que pelos rateios lhe correspondam até à confirmação do saldo efectivo, sendo o levantamento autorizado na medida do que se vier a apurar.

3. O pagamento de dívida de terceiro não exigível:

a) Não tem lugar, na hipótese prevista na primeira parte do n.º 5 do artigo 164.º ou se o respectivo titular renunciar à garantia;

b) Não pode exceder o montante da dívida, actualizado para a data do pagamento por aplicação do n.º 2 do artigo 91.º;

c) Importa sub-rogação nos direitos do credor, na proporção da quantia paga relativamente ao montante da dívida, actualizado nos mesmos termos.

Nota. Redacção introduzida pelo art. 1.º do DL n.º 200/2004, de 18 de Agosto.

Art. 175.º (Pagamento aos credores privilegiados)

1. O pagamento dos créditos privilegiados é feito à custa dos bens não afectos a garantias reais prevalecentes, com respeito da prioridade que lhes caiba, e na proporção dos seus montantes, quanto aos que sejam igualmente privilegiados.

2. É aplicável o disposto na segunda parte do n.º 1 e no n.º 2 do artigo anterior, com as devidas adaptações.

Art. 176.º (Pagamento aos credores comuns)

O pagamento aos credores comuns tem lugar na proporção dos seus créditos, se a massa for insuficiente para a respectiva satisfação integral.

Art. 177.º (Pagamento aos credores subordinados)

1. O pagamento dos créditos subordinados só tem lugar depois de integralmente pagos os créditos comuns, e é efectuado pela ordem segundo a qual esses créditos são indicados no artigo 48.º, na proporção dos respectivos montantes, quanto aos que constem da mesma alínea, se a massa for insuficiente para o seu pagamento integral.

2. No caso de subordinação convencional, é lícito às partes atribuírem ao crédito uma prioridade diversa da que resulta do artigo 48.º

Art. 178.º (Rateios parciais)

1. Sempre que haja em depósito quantias que assegurem uma distribuição não inferior a 5% do valor de créditos privilegiados, comuns ou subordinados, o administrador da insolvência judicial apresenta, com o parecer da comissão de credores, se existir, para ser junto ao processo principal, o plano e mapa de rateio que entenda dever ser efectuado.

2. O juiz decide sobre os pagamentos que considere justificados.

Art. 179.º (Pagamento no caso de devedores solidários)

1. Quando, além do insolvente, outro devedor solidário com ele se encontre na mesma situação, o credor não recebe qualquer quantia sem que apresente certi-

[141] CIRE Arts. 180.°-182.°

Tít. VII.   Pagamento aos credores

dão comprovativa dos montantes recebidos nos processos de insolvência dos restantes devedores; o administrador da insolvência dá conhecimento do pagamento nos demais processos.

2. O devedor solidário insolvente que liquide a dívida apenas parcialmente não pode ser pago nos processos de insolvência dos condevedores sem que o credor se encontre integralmente satisfeito.

Art. 180.° (Cautelas de prevenção)

1. Havendo recurso da sentença de verificação e graduação de créditos, ou protesto por acção pendente, consideram-se condicionalmente verificados os créditos dos autores do protesto ou objecto do recurso, neste último caso pelo montante máximo que puder resultar do conhecimento do mesmo, para o efeito de serem atendidos nos rateios que se efectuarem, devendo continuar, porém, depositadas as quantias que por estes lhes sejam atribuídas.

2. Após a decisão definitiva do recurso ou da acção, é autorizado o levantamento das quantias depositadas, na medida que se imponha, ou efectuado o rateio delas pelos credores, conforme os casos; sendo o levantamento parcial, o rateio terá por objecto a importância sobrante.

3. Aquele que, por seu recurso ou protesto, tenha obstado ao levantamento de qualquer quantia, e venha a decair, indemniza os credores lesados, pagando juros de mora às taxas legais pela quantia retardada, desde a data do rateio em que foi incluída.

4. Sendo o protesto posterior à efectivação de algum rateio, deve ser atribuído aos credores em causa, em rateios ulteriores, o montante adicional necessário ao restabelecimento da igualdade com os credores equiparados, sem prejuízo da manutenção desse montante em depósito se a acção não tiver ainda decisão definitiva.

Nota. Redacção introduzida pelo art. 1.° do DL n.° 200/2004, de 18 de Agosto.

Art. 181.° (Créditos sob condição suspensiva)

1. Os créditos sob condição suspensiva são atendidos pelo seu valor nominal nos rateios parciais, devendo continuar, porém, depositadas as quantias que por estes lhes sejam atribuídas, na pendência da condição.

2. No rateio final, todavia, não estando preenchida a condição:

a) Não se atenderá a crédito que seja desprovido de qualquer valor em virtude da manifesta improbabilidade da verificação da condição, hipótese em que as quantias depositadas nos termos do número anterior serão rateadas pelos demais credores;

b) Não se verificando a situação descrita na alínea anterior, o administrador da insolvência depositará em instituição de crédito a quantia correspondente ao valor nominal do crédito para ser entregue ao titular, uma vez preenchida a condição suspensiva, ou rateada pelos demais credores, depois de adquirida a certeza de que tal verificação é impossível.

Art. 182.° (Rateio final)

1. Encerrada a liquidação da massa insolvente, a distribuição e o rateio final são efectuados pela secretaria do tribunal quando o processo for remetido à conta e

1322

Cap. I. Disposições gerais   Arts. 183.º-186.º CIRE **[141]**

em seguida a esta; o encerramento da liquidação não é prejudicado pela circunstância de a actividade do devedor gerar rendimentos que acresceriam à massa.

2. As sobras da liquidação, que nem sequer cubram as despesas do rateio, são atribuídas ao Cofre Geral dos Tribunais.

Art. 183.º (Pagamentos)

1. Todos os pagamentos são efectuados, sem necessidade de requerimento, por meio de cheques sobre a conta da insolvência, emitidos nos termos do n.º 2 do artigo 167.º

2. Não sendo os cheques solicitados na secretaria, ou apresentados a pagamento no prazo de um ano, contado desde a data do aviso ao credor, prescrevem os créditos respectivos, revertendo as importâncias a favor do Cofre Geral dos Tribunais.

Art. 184.º (Remanescente)

1. Se o produto da liquidação for suficiente para o pagamento da integralidade dos créditos sobre a insolvência, o saldo é entregue ao devedor pelo administrador da insolvência.

2. Se o devedor não for uma pessoa singular, o administrador da insolvência entrega às pessoas que nele participem a parte do saldo que lhes pertenceria se a liquidação fosse efectuada fora do processo de insolvência, ou cumpre o que de diverso estiver a este respeito legal ou estatutariamente previsto.

Nota. Redacção introduzida pelo art. 1.º do DL n.º 200/2004, de 18 de Agosto.

TÍTULO VIII.   **INCIDENTES DE QUALIFICAÇÃO DA INSOLVÊNCIA**

CAPÍTULO I.   **Disposições gerais**

Art. 185.º (Tipos de insolvência)

A insolvência é qualificada como culposa ou fortuita, mas a qualificação atribuída não é vinculativa para efeitos da decisão de causas penais, nem das acções a que se reporta o n.º 2 do artigo 82.º

Nota. Redacção introduzida pelo art. 1.º do DL n.º 200/2004, de 18 de Agosto.

Art. 186.º (Insolvência culposa)

1. A insolvência é culposa quando a situação tiver sido criada ou agravada em consequência da actuação, dolosa ou com culpa grave, do devedor, ou dos seus administradores, de direito ou de facto, nos três anos anteriores ao início do processo de insolvência.

2. Considera-se sempre culposa a insolvência do devedor que não seja uma pessoa singular quando os seus administradores, de direito ou de facto, tenham:

a) Destruído, danificado, inutilizado, ocultado, ou feito desaparecer, no todo ou em parte considerável, o património do devedor;

1323

[141] CIRE Arts. 187.°-188.°   Tít. VIII. Incidentes de qualificação da insolvência

b) Criado ou agravado artificialmente passivos ou prejuízos, ou reduzido lucros, causando, nomeadamente, a celebração pelo devedor de negócios ruinosos em seu proveito ou no de pessoas com eles especialmente relacionadas;

c) Comprado mercadorias a crédito, revendendo-as ou entregando-as em pagamento por preço sensivelmente inferior ao corrente, antes de satisfeita a obrigação;

d) Disposto dos bens do devedor em proveito pessoal ou de terceiros;

e) Exercido, a coberto da personalidade colectiva da empresa, se for o caso, uma actividade em proveito pessoal ou de terceiros e em prejuízo da empresa;

f) Feito do crédito ou dos bens do devedor uso contrário ao interesse deste, em proveito pessoal ou de terceiros, designadamente para favorecer outra empresa na qual tenham interesse directo ou indirecto;

g) Prosseguido, no seu interesse pessoal ou de terceiro, uma exploração deficitária, não obstante saberem ou deverem saber que esta conduziria com grande probabilidade a uma situação de insolvência;

h) Incumprido em termos substanciais a obrigação de manter contabilidade organizada, ter mantido uma contabilidade fictícia ou uma dupla contabilidade ou praticado irregularidade com prejuízo relevante para a compreensão da situação patrimonial e financeira do devedor;

i) Incumprido, de forma reiterada, os seus deveres de apresentação e de colaboração até à data da elaboração do parecer referido no n.° 2 do artigo 188.°

3. Presume-se a existência de culpa grave quando os administradores, de direito ou de facto, do devedor que não seja uma pessoa singular, tenham incumprido:

a) O dever de requerer a declaração de insolvência;

b) A obrigação de elaborar as contas anuais, no prazo legal, de submetê-las à devida fiscalização ou de as depositar na conservatória do registo comercial.

4. O disposto nos n.ᵒˢ 2 e 3 é aplicável, com as necessárias adaptações, à actuação de pessoa singular insolvente e seus administradores, onde a isso não se opuser a diversidade das situações.

5. Se a pessoa singular insolvente não estiver obrigada a apresentar-se à insolvência, esta não será considerada culposa em virtude da mera omissão ou retardamento na apresentação, ainda que determinante de um agravamento da situação económica do insolvente.

Art. 187.° (Declaração de insolvência anterior)

Se o devedor insolvente houver já sido como tal declarado em processo anteriormente encerrado, o incidente de qualificação da insolvência só é aberto se o não tiver sido naquele processo em virtude da aprovação de um plano de pagamentos aos credores, ou for provado que a situação de insolvência não se manteve ininterruptamente desde a data da sentença de declaração anterior.

CAPÍTULO II. **Incidente pleno de qualificação da insolvência**

Art. 188.° (Tramitação)

1. Até 15 dias depois da realização da assembleia de apreciação do relatório, qualquer interessado pode alegar, por escrito, o que tiver por conveniente para efeito da qualificação da insolvência como culposa.

1324

Cap. II.   Incidente pleno da qualificação da insolvência   Art. 189.° CIRE **[141]**

2. Dentro dos 15 dias subsequentes, o administrador da insolvência apresenta parecer, devidamente fundamentado e documentado, sobre os factos relevantes, que termina com a formulação de uma proposta, identificando, se for o caso, as pessoas que devem ser afectadas pela qualificação da insolvência como culposa.

3. O parecer vai com vista ao Ministério Público, para que este se pronuncie, no prazo de 10 dias.

4. Se tanto o administrador da insolvência como o Ministério Público propuserem a qualificação da insolvência como fortuita, o juiz profere de imediato decisão nesse sentido, a qual é insusceptível de recurso.

5. No caso contrário, o juiz manda notificar o devedor e citar pessoalmente aqueles que, segundo o administrador da insolvência ou o Ministério Público, devam ser afectados pela qualificação da insolvência como culposa para se oporem, querendo, no prazo de 15 dias; a notificação e as citações são acompanhadas dos pareceres do administrador da insolvência e do Ministério Público e dos documentos que os instruam.

6. O administrador da insolvência, o Ministério Público e qualquer interessado que assuma posição contrária à das oposições pode responder-lhe dentro dos 10 dias subsequentes ao termo do prazo referido no número anterior.

7. É aplicável às oposições e às respostas, bem como à tramitação ulterior do incidente da qualificação da insolvência, o disposto nos artigos 132.° a 139.°, com as devidas adaptações.

Art. 189.° Sentença de qualificação

1. A sentença qualifica a insolvência como culposa ou como fortuita.

2. Na sentença que qualifique a insolvência como culposa, o juiz deve:

a) Identificar as pessoas afectadas pela qualificação;

b) Decretar a inabilitação das pessoas afectadas por um período de 2 a 10 anos;

c) Declarar essas pessoas inibidas para o exercício do comércio durante um período de 2 a 10 anos, bem como para a ocupação de qualquer cargo de titular de órgão de sociedade comercial ou civil, associação ou fundação privada de actividade económica, empresa pública ou cooperativa;

d) Determinar a perda de quaisquer créditos sobre a insolvência ou sobre a massa insolvente detidos pelas pessoas afectadas pela qualificação e a sua condenação na restituição dos bens ou direitos já recebidos em pagamento desses créditos.

3. A inibição para o exercício do comércio, tal como a inabilitação, são oficiosamente registadas na conservatória do registo civil, e bem assim, quando a pessoa afectada fosse comerciante em nome individual, na conservatória do registo comercial, com base em certidão da sentença remetida pela secretaria.

Nota. O Acórdão do Tribunal Constitucional n.° 173/2009, de 2 de Abril de 2009 (*DR*, 1.ª Série, n.° 85, de 4 de Maio de 2009), declarou, com força obrigatória geral, a inconstitucionalidade do artigo 189.°, n.° 2, alínea *b*), do CIRE, por violação dos arts. 26.° e 18.°, n.° 2, da Constituição da República Portuguesa, na medida em que impõe que o juiz, na sentença que qualifique a insolvência como culposa, decrete a habilitação do administrador da sociedade comercial declarada insolvente.

[141] CIRE Arts. 190.°-193.°   Tít. IX.   Plano de insolvência

Art. 190.° (Suprimento da inabilidade)

1. O juiz, ouvidos os interessados, nomeia um curador para cada um dos inabilitados, fixando os poderes que lhe competem.

2. A nomeação do curador, assim como a respectiva destituição, estão sujeitas a registo, nos termos do n.° 3 do artigo anterior.

CAPÍTULO III.   **Incidente limitado de qualificação da insolvência**

Art. 191.° (Regras aplicáveis)

1. O incidente limitado de qualificação de insolvência aplica-se nos casos previstos no n.° 1 do artigo 39.° e no n.° 5 do artigo 232.° e é regido pelo disposto nos artigos 188.° e 189.°, com as seguintes adaptações:

a) O prazo para qualquer interessado alegar o que tiver por conveniente para efeito da qualificação da insolvência como culposa é de 45 dias contados da data da sentença de declaração da insolvência e o administrador da insolvência apresenta o seu parecer nos 15 dias subsequentes;

b) Os documentos da escrituração do insolvente são patenteados pelo próprio a fim de poderem ser examinados por qualquer interessado;

c) Da sentença que qualifique a insolvência como culposa constam apenas as menções referidas nas alíneas *a*) a *c*) do n.° 2 do artigo 189.°

2. É aplicável o disposto no artigo 83.° na medida do necessário ou conveniente para a elaboração do parecer do administrador da insolvência, sendo-lhe designadamente facultado o exame a todos os elementos da contabilidade do devedor.

TÍTULO IX.   **PLANO DE INSOLVÊNCIA**

CAPÍTULO I.   **Disposições gerais**

Art. 192.° (Princípio geral)

1. O pagamento dos créditos sobre a insolvência, a liquidação da massa insolvente e a sua repartição pelos titulares daqueles créditos e pelo devedor, bem como a responsabilidade do devedor depois de findo o processo de insolvência, podem ser regulados num plano de insolvência em derrogação das normas do presente Código.

2. O plano só pode afectar por forma diversa a esfera jurídica dos interessados, ou interferir com direitos de terceiros, na medida em que tal seja expressamente autorizado neste título ou consentido pelos visados.

Art. 193.° (Legitimidade)

1. Podem apresentar proposta de plano de insolvência o administrador da insolvência, o devedor, qualquer pessoa que responda legalmente pelas dívidas da insolvência e qualquer credor ou grupo de credores cujos créditos representem pelo menos um quinto do total dos créditos não subordinados reconhecidos na sentença de verificação e graduação de créditos, ou na estimativa do juiz, se tal sentença ainda não tiver sido proferida.

1326

Cap. I. Disposições gerais   **Arts. 194.º-196.º CIRE [141]**

2. O administrador da insolvência deve apresentar em prazo razoável a proposta de plano de insolvência de cuja elaboração seja encarregado pela assembleia de credores.

3. O administrador elabora a proposta de plano de insolvência em colaboração com a comissão de credores, se existir, com a comissão ou representantes dos trabalhadores e com o devedor, devendo conformar-se com as directrizes que tenham sido aprovadas em assembleia de credores, quando a proposta não seja de sua iniciativa.

Art. 194.º (Princípio da igualdade)

1. O plano de insolvência obedece ao princípio da igualdade dos credores da insolvência, sem prejuízo das diferenciações justificadas por razões objectivas.

2. O tratamento mais desfavorável relativamente a outros credores em idêntica situação depende do consentimento do credor afectado, o qual se considera tacitamente prestado no caso de voto favorável.

3. É nulo qualquer acordo em que o administrador da insolvência, o devedor ou outrem confira vantagens a um credor não incluídas no plano de insolvência em contrapartida de determinado comportamento no âmbito do processo de insolvência, nomeadamente quanto ao exercício do direito de voto.

Art. 195.º (Conteúdo do plano)

1. O plano de insolvência deve indicar claramente as alterações dele decorrentes para as posições jurídicas dos credores da insolvência.

2. O plano de insolvência deve indicar a sua finalidade, descreve as medidas necessárias à sua execução, já realizadas ou ainda a executar, e contém todos os elementos relevantes para efeitos da sua aprovação pelos credores e homologação pelo juiz, nomeadamente:

a) A descrição da situação patrimonial, financeira e reditícia do devedor;

b) A indicação sobre se os meios de satisfação dos credores serão obtidos através de liquidação da massa insolvente, de recuperação do titular da empresa ou da transmissão da empresa a outra entidade;

c) No caso de se prever a manutenção em actividade da empresa, na titularidade do devedor ou de terceiro, e pagamentos aos credores à custa dos respectivos rendimentos, plano de investimentos, conta de exploração previsional e demonstração previsional de fluxos de caixa pelo período de ocorrência daqueles pagamentos, e balanço pró-forma, em que os elementos do activo e do passivo, tal como resultantes da homologação do plano de insolvência, são inscritos pelos respectivos valores;

d) O impacto expectável das alterações propostas, por comparação com a situação que se verificaria na ausência de qualquer plano de insolvência;

e) A indicação dos preceitos legais derrogados e do âmbito dessa derrogação.

Art. 196.º (Providências com incidência no passivo)

1. O plano de insolvência pode, nomeadamente, conter as seguintes providências com incidência no passivo do devedor:

a) O perdão ou redução do valor dos créditos sobre a insolvência, quer quanto ao capital, quer quanto aos juros, com ou sem cláusula "salvo regresso de melhor fortuna";

1327

[141] CIRE Arts. 197.º-198.º   Tít. IX.   Plano de insolvência

b) O condicionamento do reembolso de todos os créditos ou de parte deles às disponibilidades do devedor;

c) A modificação dos prazos de vencimento ou das taxas de juro dos créditos;

d) A constituição de garantias;

e) A cessão de bens aos credores.

2. O plano de insolvência não pode afectar as garantias reais e os privilégios creditórios gerais acessórios de créditos detidos pelo Banco Central Europeu, por bancos centrais de um Estado Membro da União Europeia e por participantes num sistema de pagamentos tal como definido pela alínea *a*) do artigo 2.º da Directiva 98/26/CE do Parlamento Europeu e do Conselho, de 19 de Maio, ou equiparável, em decorrência do funcionamento desse sistema.

Art. 197.º (Ausência de regulamentação expressa)

Na ausência de estatuição expressa em sentido diverso constante do plano de insolvência:

a) Os direitos decorrentes de garantias reais e de privilégios creditórios não são afectados pelo plano;

b) Os créditos subordinados consideram-se objecto de perdão total;

c) O cumprimento do plano exonera o devedor e os responsáveis legais da totalidade das dívidas da insolvência remanescentes.

Art. 198.º (Providências específicas de sociedades comerciais)

1. Se o devedor for uma sociedade comercial, o plano de insolvência pode ser condicionado à adopção e execução, pelos órgãos sociais competentes, de medidas que não consubstanciem meros actos de disposição do património societário, sem prejuízo do n.º 1 do artigo 201.º

2. Podem, porém, ser adoptados pelo próprio plano de insolvência:

a) Uma redução do capital social para cobertura de prejuízos, incluindo para zero ou outro montante inferior ao mínimo estabelecido na lei para o respectivo tipo de sociedade, desde que, neste caso, a redução seja acompanhada de aumento do capital para montante igual ou superior àquele mínimo;

b) Um aumento do capital social, em dinheiro ou em espécie, a subscrever por terceiros ou por credores, nomeadamente mediante a conversão de créditos em participações sociais, com ou sem respeito pelo direito de preferência dos sócios legal ou estatutariamente previsto;

c) A alteração dos estatutos da sociedade;

d) A transformação da sociedade noutra de tipo distinto;

e) A alteração dos órgãos sociais;

f) A exclusão de todos os sócios, tratando-se de sociedade em nome colectivo ou em comandita simples, acompanhada da admissão de novos sócios;

g) A exclusão dos sócios comanditados acompanhada da redução do capital a zero nos termos da alínea *a*), tratando-se de sociedade em comandita por acções;

3. A redução de capital a zero só é admissível se for de presumir que, em liquidação integral do património da sociedade, não subsistiria qualquer remanescente a distribuir pelos sócios.

1328

Cap. I.   Disposições gerais   **Arts. 199.º-202.º CIRE [141]**

4. A aprovação de aumento de capital sem concessão de preferência aos sócios, ainda que por entradas em espécie, pressupõe, em alternativa, que:

a) O capital da sociedade seja previamente reduzido a zero;

b) A medida não acarrete desvalorização das participações que os sócios conservem.

5. A adopção das medidas previstas nas alíneas *c)* a *e)* do n.º 2, a menos que o capital tenha sido reduzido a zero ou todos os sócios hajam sido excluídos, depende, cumulativamente, de que:

a) Do plano de insolvência faça parte igualmente um aumento de capital da sociedade destinado, no todo ou em parte, a não sócios;

b) Tais medidas pudessem, segundo a lei e o pacto da sociedade, ser deliberadas em assembleia geral dos sócios, e que do aumento decorra para o conjunto dos credores e terceiros participantes a maioria para esse efeito legal ou estatutariamente estabelecida.

6. As medidas previstas nas alíneas *f)* e *g)* do n.º 2 pressupõem o pagamento aos sócios excluídos da contrapartida adequada, caso as partes sociais não sejam destituídas de qualquer valor.

Nota. Redacção introduzida pelo art. 1.º do DL n.º 200/2004, de 18 de Agosto.

Art. 199.º (Saneamento por transmissão)

O plano de insolvência que preveja a constituição de uma ou mais sociedades, neste Código designadas por nova sociedade ou sociedades, destinadas à exploração de um ou mais estabelecimentos adquiridos à massa insolvente mediante contrapartida adequada, contém, em anexo, os estatutos da nova ou novas sociedades e provê quanto ao preenchimento dos órgãos sociais.

Art. 200.º (Proposta com conteúdos alternativos)

Se o plano de insolvência oferecer a todos os credores, ou a algum ou alguns deles, várias opções em alternativa, deve indicar qual a aplicável se, no prazo fixado para o efeito, não for exercida a faculdade de escolha.

Art. 201.º (Actos prévios à homologação e condições)

1. A aposição de condições suspensivas ao plano de insolvência só é lícita tratando-se da realização de prestações ou da execução de outras medidas que devam ocorrer antes da homologação pelo juiz.

2. Se o plano de insolvência contemplar um aumento do capital social da sociedade devedora ou um saneamento por transmissão, a subscrição das participações sociais ocorre anteriormente à homologação, assim como a realização integral das entradas em dinheiro, mediante depósito à ordem do administrador da insolvência, a emissão das declarações de que se transmitem as entradas em espécie e a verificação do valor destas pelo revisor oficial de contas designado no plano.

3. Ao plano de insolvência não podem ser apostas condições resolutivas, sem prejuízo do disposto no artigo 218.º

Art. 202.º (Consentimentos)

1. A proposta de plano de insolvência segundo o qual o devedor deva continuar a exploração da empresa é acompanhada da declaração, por parte deste, da sua

[141] CIRE Arts. 203.°-204.°   Tít. IX.   Plano de insolvência

disponibilidade para o efeito, sendo ele uma pessoa singular, ou, no caso de uma sociedade comercial, por parte dos sócios que mantenham essa qualidade e respondam pessoalmente pelas suas dívidas.

2. A dação de bens em pagamento dos créditos sobre a insolvência, a conversão destes em capital ou a transmissão das correspondentes dívidas com efeitos liberatórios para o antigo devedor depende da anuência dos titulares dos créditos em causa, prestada por escrito, aplicando-se o disposto na parte final do n.° 2 do artigo 194.°

3. Exceptua-se do disposto no número anterior o caso em que a dação em pagamento de créditos comuns ou subordinados tenha por objecto créditos sobre a nova sociedade ou sociedades decorrentes da aquisição de estabelecimentos à massa.

Art. 203.° (Conversão e extinção independentes do consentimento)

1. Não carece do consentimento dos respectivos titulares a conversão de créditos comuns ou subordinados em capital da sociedade insolvente ou de uma nova sociedade, bem como a extinção desses créditos por contrapartida da atribuição de opções de compra de participações representativas do respectivo capital social liberadas por conversão de créditos sobre a insolvência de grau hierarquicamente superior, válidas pelo período mínimo de 60 dias contados da data do registo do aumento de capital ou da constituição da nova sociedade, e livremente transmissíveis, consoante o caso, desde que, em qualquer das situações, e ainda que em consequência do plano:

a) A sociedade emitente revista a forma de sociedade anónima;

b) Dos respectivos estatutos não constem quaisquer restrições à transmissibilidade das acções;

c) Dos respectivos estatutos conste a obrigatoriedade de ser requerida a admissão imediata das acções à cotação a mercado regulamentado, ou logo que verificados os requisitos exigidos;

d) Dos respectivos estatutos conste a insusceptibilidade de uma alteração que contrarie o disposto nas alíneas *b)* e *c)*, excepto por unanimidade, enquanto a sociedade mantiver a qualidade de sociedade aberta.

2. O preço de exercício das opções de compra referidas no número anterior é igual ao valor nominal dos créditos empregues na liberação das acções a adquirir; o exercício das opções por parte dos titulares de créditos de certo grau faz caducar, na proporção que couber, as opções atribuídas aos titulares de créditos de grau hierarquicamente superior, pressupondo o pagamento a estes últimos do valor nominal dos créditos extintos por contrapartida da atribuição das opções caducadas.

3. A sociedade emitente das acções objecto das opções de compra emite, no prazo de 10 dias, títulos representativos dessas opções a pedido dos respectivos titulares, formulado após a homologação do plano de insolvência.

Art. 204.° (Qualidade de sociedade aberta)

É considerada sociedade com o capital aberto ao investimento do público a sociedade emitente de acções em que sejam convertidos créditos sobre a insolvência independentemente do consentimento dos respectivos titulares.

1330

Cap. I.   Disposições gerais   **Arts. 205.°-208.° CIRE [141]**

Art. 205.° (Oferta de valores mobiliários)

O disposto no Código dos Valores Mobiliários e legislação complementar não é aplicável:

a) À oferta de valores mobiliários da sociedade devedora ou da nova sociedade ou sociedades, na parte dirigida a credores, e que estes devam liberar integralmente através da dação em pagamento de créditos sobre o devedor insolvente;

b) À oferta coenvolvida na atribuição de opções de compra que satisfaçam os requisitos previstos nos n.°^{s} 1 e 2 do artigo 203.°, bem como a oferta dirigida à respectiva aquisição;

c) À ultrapassagem dos limiares de obrigatoriedade do lançamento de uma oferta pública de aquisição decorrente do exercício de tais opções de compra, ou da aquisição de acções em aumento de capital da sociedade insolvente previsto no plano de insolvência.

Art. 206.° (Suspensão da liquidação e partilha)

1. A requerimento do respectivo proponente, o juiz decreta a suspensão da liquidação da massa insolvente e da partilha do produto pelos credores da insolvência se tal for necessário para não pôr em risco a execução de um plano de insolvência proposto.

2. O juiz deve, porém, abster-se de ordenar a suspensão, ou proceder ao levantamento de suspensão já decretada, se a medida envolver o perigo de prejuízos consideráveis para a massa insolvente, ou o prosseguimento da liquidação e da partilha lhe for requerido pelo administrador da insolvência, com o acordo da comissão de credores, se existir, ou da assembleia de credores.

3. Aplica-se o disposto na alínea *b)* do n.° 4 e no n.° 5 do artigo 156.°, com as devidas adaptações.

Art. 207.° (Não admissão da proposta de plano de insolvência)

1. O juiz não admite a proposta de plano de insolvência:

a) Se houver violação dos preceitos sobre a legitimidade para apresentar a proposta ou sobre o conteúdo do plano e os vícios forem insupríveis ou não forem sanados no prazo razoável que fixar para o efeito;

b) Quando a aprovação do plano pela assembleia de credores ou a posterior homologação pelo juiz forem manifestamente inverosímeis;

c) Quando o plano for manifestamente inexequível;

d) Quando, sendo o proponente o devedor, o administrador da insolvência se opuser à admissão, com o acordo da comissão de credores, se existir, contanto que anteriormente tenha já sido apresentada pelo devedor e admitida pelo juiz alguma proposta de plano.

2. Da decisão de admissão da proposta de plano de insolvência não cabe recurso.

Art. 208.° (Recolha de pareceres)

Admitida a proposta de plano de insolvência, o juiz notifica a comissão de trabalhadores, ou, na sua falta, os representantes designados pelos trabalhadores, a comissão de credores, se existir, o devedor e o administrador da insolvência, para se pronunciarem, no prazo de 10 dias.

1331

[141] CIRE Arts. 209.°-212.° — Tít. IX. Plano de insolvência

CAPÍTULO II. Aprovação e homologação do plano de insolvência

Art. 209.° (Convocação da assembleia de credores)

1. O juiz convoca a assembleia de credores para discutir e votar a proposta de plano de insolvência nos termos do artigo 75.°, mas com a antecedência mínima de 20 dias, e devendo do anúncio e das circulares constar adicionalmente que a proposta de plano de insolvência se encontra à disposição dos interessados, para consulta, na secretaria do tribunal, desde a data da convocação, e que o mesmo sucederá com os pareceres eventualmente emitidos pelas entidades referidas no artigo anterior, durante os 10 dias anteriores à data da assembleia.

2. A assembleia de credores convocada para os fins do número anterior não se pode reunir antes de transitada em julgado a sentença de declaração de insolvência, de esgotado o prazo para a impugnação da lista de credores reconhecidos e da realização da assembleia de apreciação de relatório.

3. O Plano de insolvência aprovado antes do trânsito em julgado da sentença de verificação e graduação dos créditos acautela os efeitos da eventual procedência das impugnações da lista de credores reconhecidos ou dos recursos interpostos dessa sentença, de forma a assegurar que, nessa hipótese, seja concedido aos créditos controvertidos o tratamento devido.

Nota. Redacção introduzida pelo art. 1.° do DL n.° 200/2004, de 18 de Agosto.

Art. 210.° (Alterações do plano de insolvência na assembleia de credores)

O plano de insolvência pode ser modificado na própria assembleia pelo proponente, e posto à votação na mesma sessão com as alterações introduzidas, desde que estas, ainda que substanciais quanto a aspectos particulares de regulamentação, não contendam com o próprio cerne ou estrutura do plano ou com a finalidade prosseguida.

Art. 211.° (Votação por escrito)

1. Finda a discussão do plano de insolvência, o juiz pode determinar que a votação tenha lugar por escrito, em prazo não superior a 10 dias; na votação apenas podem participar os titulares de créditos com direito de voto presentes ou representados na assembleia.

2. O voto escrito deve conter a aprovação ou rejeição da proposta de plano de insolvência; qualquer proposta de modificação deste ou condicionamento do voto implica rejeição da proposta.

Art. 212.° (Quórum)

1. A proposta de plano de insolvência considera-se aprovada se, estando presentes ou representados na reunião credores cujos créditos constituam, pelo menos, um terço do total dos créditos com direito de voto, recolher mais de dois terços da totalidade dos votos emitidos e mais de metade dos votos emitidos correspondentes a créditos não subordinados, não se considerando como tal as abstenções.

2. Não conferem direito de voto:

a) Os créditos que não sejam modificados pela parte dispositiva do plano;

1332

Cap. II.   Aprovação e homologação do plano de insolvência   **Arts. 213.º-216.º CIRE [141]**

b) Os créditos subordinados de determinado grau, se o plano decretar o perdão integral de todos os créditos de graus hierarquicamente inferiores e não atribuir qualquer valor económico ao devedor ou aos respectivos sócios, associados ou membros, consoante o caso.

3. Cessa o disposto na alínea *a*) do número anterior, se, por aplicação desse preceito, em conjugação com o da alínea *b*), todos os créditos resultassem privados do direito de voto.

4. Considera-se, designadamente, que o plano de insolvência atribui um valor aos sócios de uma sociedade comercial se esta houver de continuar a exploração da empresa e o plano não contemplar uma redução a zero do respectivo capital.

Nota. Redacção introduzida pelo art. 1.º do DL n.º 200/2004, de 18 de Agosto.

Art. 213.º (Publicidade da deliberação)

A deliberação de aprovação de um plano de insolvência é objecto de imediata publicação, nos termos prescritos no artigo 75.º, aplicáveis com as devidas adaptações.

Art. 214.º (Prazo para a homologação)

A sentença de homologação do plano de insolvência só pode ser proferida decorridos pelo menos 10 dias sobre a data da respectiva aprovação, ou, tendo o plano sido objecto de alterações na própria assembleia, sobre a data da publicação da deliberação.

Art. 215.º (Não homologação oficiosa)

O juiz recusa oficiosamente a homologação do plano de insolvência aprovado em assembleia de credores no caso de violação não negligenciável de regras procedimentais ou das normas aplicáveis ao seu conteúdo, qualquer que seja a sua natureza, e ainda quando, no prazo razoável que estabeleça, não se verifiquem as condições suspensivas do plano ou não sejam praticados os actos ou executadas as medidas que devam preceder a homologação.

Art. 216.º (Não homologação a solicitação dos interessados)

1. O juiz recusa ainda a homologação se tal lhe for solicitado pelo devedor, caso este não seja o proponente e tiver manifestado nos autos a sua oposição, anteriormente à aprovação do plano de insolvência, ou por algum credor ou sócio, associado ou membro do devedor cuja oposição haja sido comunicada nos mesmos termos, contanto que o requerente demonstre em termos plausíveis, em alternativa, que:

a) A sua situação ao abrigo do plano é previsivelmente menos favorável do que a que interviria na ausência de qualquer plano, designadamente face à situação resultante de acordo já celebrado em procedimento extrajudicial de regularização de dívidas;

b) O plano proporciona a algum credor um valor económico superior ao montante nominal dos seus créditos sobre a insolvência, acrescido do valor das eventuais contribuições que ele deva prestar.

1333

[141] CIRE Art. 217.°

Tít. IX.   Plano de insolvência

2. Se o plano de insolvência tiver sido objecto de alterações na própria assembleia, é dispensada a manifestação da oposição por parte de quem não tenha estado presente ou representado.

3. Cessa o disposto no n.° 1 caso o oponente seja o devedor, um seu sócio, associado ou membro, ou um credor comum ou subordinado, se o plano de insolvência previr, cumulativamente:

a) A extinção integral dos créditos garantidos e privilegiados por conversão em capital da sociedade devedora ou de uma nova sociedade ou sociedades, na proporção dos respectivos valores nominais;

b) A extinção de todos os demais créditos por contrapartida da atribuição de opções de compra conformes com o disposto nos n.ᵒˢ 1 e 2 do artigo 203.° relativamente à totalidade das acções assim emitidas;

c) A concessão ao devedor ou, se for o caso, aos respectivos sócios, associados ou membros, na proporção das respectivas participações, de opções de compra da totalidade das acções emitidas, contanto que o seu exercício determine a caducidade das opções atribuídas aos credores e pressuponha o pagamento do valor nominal dos créditos extintos por contrapartida da atribuição das opções caducadas.

4. Se, respeitando-se quanto ao mais o previsto no número anterior, a conversão dos créditos em capital da sociedade devedora ou de uma nova sociedade ou sociedades não abranger apenas algum ou alguns dos créditos garantidos e privilegiados, ou for antes relativa à integralidade dos créditos comuns e somente a estes, o pedido de não homologação apresentado pelo devedor, pelos seus sócios, associados ou membros, ou por um credor comum ou subordinado, somente se pode basear na circunstância de o plano de insolvência proporcionar aos titulares dos créditos garantidos ou privilegiados excluídos da conversão, por contrapartida dos mesmos, um valor económico superior ao respectivo montante nominal.

Nota. Redacção introduzida pelo art. 1.° do DL n.° 282/2007, de 7 de Agosto.

CAPÍTULO III.   **Execução do plano de insolvência e seus efeitos**

Art. 217.° (Efeitos gerais)

1. Com a sentença de homologação produzem-se as alterações dos créditos sobre a insolvência introduzidas pelo plano de insolvência, independentemente de tais créditos terem sido, ou não, reclamados ou verificados.

2. A sentença homologatória confere eficácia a quaisquer actos ou negócios jurídicos previstos no plano de insolvência, independentemente da forma legalmente prevista, desde que constem do processo, por escrito, as necessárias declarações de vontade de terceiros e dos credores que o não tenham votado favoravelmente, ou que, nos termos do plano, devessem ser emitidas posteriormente à aprovação, mas prescindindo-se das declarações de vontade do devedor cujo consentimento não seja obrigatório nos termos das disposições deste Código e da nova sociedade ou sociedades a constituir.

Cap. III. Execução do plano de insolvência e seus efeitos   **Arts. 218.°-220.° CIRE [141]**

3. A sentença homologatória constitui, designadamente, título bastante para:

a) A constituição da nova sociedade ou sociedades e para a transmissão em seu benefício dos bens e direitos que deva adquirir, bem como para a realização dos respectivos registos;

b) A redução de capital, aumento de capital, modificação dos estatutos, transformação, exclusão de sócios e alteração dos órgãos sociais da sociedade devedora, bem como para a realização dos respectivos registos.

4. As providências previstas no plano de insolvência com incidência no passivo do devedor não afectam a existência nem o montante dos direitos dos credores da insolvência contra os condevedores ou os terceiros garantes da obrigação, mas estes sujeitos apenas poderão agir contra o devedor em via de regresso nos termos em que o credor da insolvência pudesse exercer contra ele os seus direitos.

Art. 218.° (Incumprimento)

1. Salvo disposição expressa do plano de insolvência em sentido diverso, a moratória ou o perdão previstos no plano ficam sem efeito:

a) Quanto a crédito relativamente ao qual o devedor se constitua em mora, se a prestação, acrescida dos juros moratórios, não for cumprida no prazo de 15 dias após interpelação escrita pelo credor;

b) Quanto a todos os créditos se, antes de finda a execução do plano, o devedor for declarado em situação de insolvência em novo processo.

2. A mora do devedor apenas tem os efeitos previstos na alínea *a*) do número anterior se disser respeito a créditos reconhecidos pela sentença de verificação de créditos ou por outra decisão judicial, ainda que não transitadas em julgado.

3. Os efeitos previstos no n.° 1 podem ser associados pelo plano a acontecimentos de outro tipo desde que ocorridos dentro do período máximo de três anos contados da data da sentença homologatória.

Art. 219.° (Dívidas da massa insolvente)

Antes do encerramento do processo que decorra da aprovação do plano de insolvência, o administrador da insolvência procede ao pagamento das dívidas da massa insolvente; relativamente às dívidas litigiosas, o administrador da insolvência acautela os eventuais direitos dos credores por meio de caução, prestada nos termos do Código de Processo Civil.

Art. 220.° (Fiscalização)

1. O plano de insolvência que implique o encerramento do processo pode prever que a sua execução seja fiscalizada pelo administrador da insolvência e que a autorização deste seja necessária para a prática de determinados actos pelo devedor ou da nova sociedade ou sociedades; é aplicável neste último caso, com as devidas adaptações, o disposto no n.° 6 do artigo 81.°

2. O administrador da insolvência:

a) Informa anualmente o juiz e a comissão de credores, se existir, do estado da execução e das perspectivas de cumprimento do plano de insolvência pelo devedor;

1335

[141] CIRE Arts. 221.º-222.º

Tít. IX. Plano de insolvência

b) Presta à comissão de credores e ao juiz as informações que lhe forem requeridas;

c) Informa de imediato o juiz e a comissão de credores, ou, não existindo esta, todos os titulares de créditos reconhecidos, da existência ou inevitabilidade de situações de incumprimento.

3. O administrador da insolvência representa o devedor nas acções de impugnação da resolução de actos em benefício da massa insolvente durante o período de fiscalização, se o plano de insolvência assim o determinar de modo expresso.

4. Para o efeito dos números anteriores, o administrador da insolvência e os membros da comissão de credores mantêm-se em funções e subsiste a fiscalização pelo juiz não obstante o encerramento do processo de insolvência.

5. O plano de insolvência fixa a remuneração do administrador da insolvência durante o período de fiscalização, bem como as despesas a cujo reembolso têm direito quer o administrador quer os membros da comissão de credores; os custos da fiscalização são suportados pelo devedor ou pela nova sociedade ou sociedades, consoante o caso.

6. A fiscalização não se pode prolongar por mais de três anos e termina logo que estejam satisfeitos os créditos sobre a insolvência, nas percentagens previstas no plano de insolvência, ou que, em novo processo, seja declarada a situação de insolvência do devedor ou da nova sociedade ou sociedades; o juiz profere decisão confirmando o fim do período de fiscalização, a requerimento do administrador da insolvência, do devedor ou da nova sociedade ou sociedades.

Art. 221.º (Prioridade a novos créditos)

1. No caso de fiscalização da sua execução pelo administrador da insolvência, o plano da insolvência pode estipular que terão prioridade sobre os créditos sobre a insolvência, em novo processo de insolvência aberto antes de findo o período de fiscalização, os créditos que, até certo limite global, sejam constituídos nesse período, desde que essa prioridade lhes seja reconhecida expressamente e por escrito, com indicação do montante abrangido e confirmação pelo administrador da insolvência.

2. A prioridade reconhecida pelo número anterior é igualmente válida face a outros créditos de fonte contratual constituídos durante o período da fiscalização.

Art. 222.º (Publicidade)

1. Sendo a execução do plano de insolvência objecto de fiscalização, a publicação e registo da decisão de encerramento do processo de insolvência incluirão a referência a esse facto, com divulgação, se for o caso, dos actos cuja prática depende do consentimento do administrador da insolvência e do limite dentro do qual é lícita a concessão de prioridade a novos créditos, nos termos do artigo anterior.

2. A confirmação pelo juiz do fim do período de fiscalização é publicada e registada, nos termos previstos para a decisão de encerramento do processo de insolvência.

Tít. X.   Administração pelo devedor   **Arts. 223.º-226.º CIRE [141]**

TÍTULO X.   ADMINISTRAÇÃO PELO DEVEDOR

Art. 223.º (Limitação às empresas)

O disposto neste título é aplicável apenas aos casos em que na massa insolvente esteja compreendida uma empresa.

Art. 224.º (Pressupostos da administração pelo devedor)

1. Na sentença declaratória da insolvência o juiz pode determinar que a administração da massa insolvente seja assegurada pelo devedor.

2. São pressupostos da decisão referida no número anterior que:

a) O devedor a tenha requerido;

b) O devedor tenha já apresentado, ou se comprometa a fazê-lo no prazo de trinta dias após a sentença de declaração de insolvência, um plano de insolvência que preveja a continuidade da exploração da empresa por si próprio;

c) Não haja razões para recear atrasos na marcha do processo ou outras desvantagens para os credores;

d) O requerente da insolvência dê o seu acordo, caso não seja o devedor.

3. A administração é também confiada ao devedor se este o tiver requerido e assim o deliberarem os credores na assembleia de apreciação de relatório ou em assembleia que a preceda, independentemente da verificação dos pressupostos previstos nas alínea *c)* e *d)* do número anterior, contando-se o prazo previsto na alínea *b)* do mesmo número a partir da deliberação dos credores.

Art. 225.º (Início da liquidação)

A liquidação só tem lugar depois que ao devedor seja retirada a administração, sem prejuízo do disposto no n.º 1 do artigo 158.º e da realização pelo devedor de vendas ao abrigo do n.º 2 do mesmo artigo, com o consentimento do administrador da insolvência e da comissão de credores, se existir.

Art. 226.º (Intervenção do administrador da insolvência)

1. O administrador da insolvência fiscaliza a administração da massa insolvente pelo devedor e comunica imediatamente ao juiz e à comissão de credores quaisquer circunstâncias que desaconselhem a subsistência da situação; não havendo comissão de credores, a comunicação é feita a todos os credores que tiverem reclamado os seus créditos.

2. Sem prejuízo da eficácia do acto, o devedor não deve contrair obrigações:

a) Se o administrador da insolvência se opuser, tratando-se de actos de gestão corrente;

b) Sem o consentimento do administrador da insolvência, tratando-se de actos de administração extraordinária.

3. O administrador da insolvência pode exigir que fiquem a seu cargo todos os recebimentos em dinheiro e todos os pagamentos.

4. Oficiosamente ou a pedido da assembleia de credores, pode o juiz proibir a prática de determinados actos pelo devedor sem a aprovação do administrador da insolvência, aplicando-se, com as devidas adaptações, o disposto no n.º 6 do artigo 81.º

[141] CIRE Arts. 227.º-230.º   Tít. XI. Encerramento do processo

5. Incumbe ao devedor exercer os poderes conferidos pelo capítulo III do título IV ao administrador da insolvência, mas só este pode resolver actos em benefício da massa insolvente.

6. É da responsabilidade do devedor a elaboração e o depósito das contas anuais que forem legalmente obrigatórias.

7. A atribuição ao devedor da administração da massa insolvente não prejudica o exercício pelo administrador da insolvência de todas as demais competências que legalmente lhe cabem e dos poderes necessários para o efeito, designadamente o de examinar todos os elementos da contabilidade do devedor.

Art. 227.º (Remuneração)

1. Enquanto a administração da insolvência for assegurada pelo próprio devedor, manter-se-ão as remunerações dos seus administradores e membros dos seus órgãos sociais.

2. Sendo o devedor uma pessoa singular, assiste-lhe o direito de retirar da massa os fundos necessários para uma vida modesta dele próprio e do seu agregado familiar, tendo em conta a sua condição anterior e as possibilidades da massa.

Art. 228.º (Termo da administração pelo devedor)

1. O juiz põe termo à administração da massa insolvente pelo devedor:

a) A requerimento deste;

b) Se assim for deliberado pela assembleia de credores;

c) Se for afectada pela qualificação da insolvência como culposa a própria pessoa singular titular da empresa;

d) Se, tendo deixado de se verificar o pressuposto previsto na alínea *c*) do n.º 2 do artigo 224.º, tal lhe for solicitado por algum credor;

e) Se o plano de insolvência não for apresentado pelo devedor no prazo aplicável, ou não for subsequentemente admitido, aprovado ou homologado.

2. Tomada a decisão referida no número anterior, tem lugar imediatamente a apreensão dos bens, em conformidade com o disposto nos artigos 149.º e seguintes, prosseguindo o processo a sua tramitação, nos termos gerais.

Art. 229.º (Publicidade e registo)

A atribuição ao devedor da administração da massa insolvente, a proibição da prática de certos actos sem o consentimento do administrador da insolvência e a decisão que ponha termo a essa administração são objecto de publicidade e registo, nos termos constantes dos artigos 37.º e 38.º

Nota. Redacção introduzida pelo art. 1.º do DL n.º 282/2007, de 7 de Agosto.

TÍTULO XI.   ENCERRAMENTO DO PROCESSO

Art. 230.º (Quando se encerra o processo)

1. Prosseguindo o processo após a declaração de insolvência, o juiz declara o seu encerramento:

1338

Tít. XI. Encerramento do processo   **Arts. 231.º-232.º CIRE [141]**

a) Após a realização do rateio final, sem prejuízo do disposto no n.º 6 do artigo 239.º;

b) Após o trânsito em julgado da decisão de homologação do plano de insolvência, se a isso não se opuser o conteúdo deste;

c) A pedido do devedor, quando este deixe de se encontrar em situação de insolvência ou todos os credores prestem o seu consentimento;

d) Quando o administrador da insolvência constate a insuficiência da massa insolvente para satisfazer as custas do processo e as restantes dívidas da massa insolvente.

2. A decisão de encerramento do processo é notificada aos credores e objecto da publicidade e do registo previstos nos artigos 37.º e 38.º, com indicação da razão determinante.

Nota. Redacção introduzida pelo art. 1.º do DL n.º 282/2007, de 7 de Agosto.

Art. 231.º (Encerramento a pedido do devedor)

1. O pedido do devedor de encerramento do processo fundado na cessação da situação de insolvência é notificado aos credores para que estes, querendo, deduzam oposição, no prazo de oito dias, aplicando-se o disposto nos n.ºs 3 e 4 do artigo 41.º

2. O pedido do devedor que não se baseie na cessação da situação de insolvência é acompanhado de documentos que comprovem o consentimento de todos os credores que tenham reclamado os seus créditos, quando seja apresentado depois de terminado o prazo concedido para o efeito, ou de todos os credores conhecidos, na hipótese contrária.

3. Antes de decidir sobre o pedido o juiz ouve, em qualquer dos casos, o administrador da insolvência e a comissão de credores, se existir.

Nota. Redacção introduzida pelo art. 1.º do DL n.º 200/2004, de 18 de Agosto.

Art. 232.º (Encerramento por insuficiência da massa insolvente)

1. Verificando o administrador da insolvência que a massa insolvente é insuficiente para a satisfação das custas do processo e das restantes dívidas da massa insolvente, dá conhecimento do facto ao juiz.

2. Ouvidos o devedor, a assembleia de credores e os credores da massa insolvente, o juiz declara encerrado o processo, salvo se algum interessado depositar à ordem do tribunal o montante determinado pelo juiz segundo o que razoavelmente entenda necessário para garantir o pagamento das custas do processo e restantes dívidas da massa insolvente.

3. A secretaria do tribunal, quando o processo for remetido à conta e em seguida a esta, distribui as importâncias em dinheiro existentes na massa insolvente, depois de pagas as custas, pelos credores da massa insolvente, na proporção dos seus créditos.

4. Depois de verificada a insuficiência da massa, é lícito ao administrador da insolvência interromper de imediato a respectiva liquidação.

5. Encerrado o processo de insolvência por insuficiência da massa, o incidente de qualificação da insolvência, se ainda não estiver findo, prossegue os seus termos como incidente limitado.

1339

[141] CIRE Art. 233.°   Tít. XI.   Encerramento do processo

6. O disposto nos números anteriores não é aplicável na hipótese de o devedor beneficiar do diferimento do pagamento das custas, nos termos do n.° 1 do artigo 248.°, durante a vigência do benefício.

7. Presume-se a insuficiência da massa quando o património seja inferior a € 5 000.

Nota. Redacção introduzida pelo art. 1.° do DL n.° 282/2007, de 7 de Agosto.

Art. 233.° (Efeitos do encerramento)

1. Encerrado o processo:

a) Cessam todos os efeitos que resultam da declaração de insolvência, recuperando designadamente o devedor o direito de disposição dos seus bens e a livre gestão dos seus negócios, sem prejuízo dos efeitos da qualificação da insolvência como culposa e do disposto no artigo seguinte;

b) Cessam as atribuições da comissão de credores e do administrador da insolvência, com excepção das referentes à apresentação de contas e das conferidas, se for o caso, pelo plano de insolvência;

c) Os credores da insolvência poderão exercer os seus direitos contra o devedor sem outras restrições que não as constantes do eventual plano de insolvência e plano de pagamentos e do n.° 1 do artigo 242.°, constituindo para o efeito título executivo a sentença homologatória do plano de pagamentos, bem como a sentença de verificação de créditos ou a decisão proferida em acção de verificação ulterior, em conjugação, se for o caso, com a sentença homologatória do plano de insolvência;

d) Os credores da massa podem reclamar do devedor os seus direitos não satisfeitos.

2. O encerramento do processo de insolvência antes do rateio final determina:

a) A ineficácia das resoluções de actos em benefício da massa insolvente, excepto se o plano de insolvência atribuir ao administrador da insolvência competência para a defesa nas acções dirigidas à respectiva impugnação, bem como nos casos em que as mesmas não possam já ser impugnadas em virtude do decurso do prazo previsto no artigo 125.°, ou em que a impugnação deduzida haja já sido julgada improcedente por decisão com trânsito em julgado;

b) A extinção da instância dos processos de verificação de créditos e de restituição e separação de bens já liquidados que se encontrem pendentes, excepto se tiver já sido proferida a sentença de verificação e graduação de créditos prevista no artigo 140.°, ou se o encerramento decorrer da aprovação de plano de insolvência, caso em que prosseguem até final os recursos interpostos dessa sentença e as acções cujos autores assim o requeiram, no prazo de 30 dias;

c) A extinção da instância das acções pendentes contra os responsáveis legais pelas dívidas do insolvente propostas pelo administrador da insolvência, excepto se o plano de insolvência atribuir ao administrador da insolvência competência para o seu prosseguimento.

3. As custas das acções de impugnação da resolução de actos em benefício da massa insolvente julgadas procedentes em virtude do disposto na alínea *a*) do número anterior constituem encargo da massa insolvente, se o processo for encerrado por insuficiência desta.

Cap. I. Exoneração do passivo restante **Arts. 234.°-236.° CIRE [141]**

4. Exceptuados os processos de verificação de créditos, qualquer acção que corra por dependência do processo de insolvência e cuja instância não se extinga, nos termos da alínea *b*) do n.° 2, nem deva ser prosseguida pelo administrador da insolvência, nos termos do plano de insolvência, é desapensada do processo e remetida para o tribunal competente, passando o devedor a ter exclusiva legitimidade para a causa, independentemente de habilitação ou do acordo da contraparte.

5. Nos 10 dias posteriores ao encerramento, o administrador da insolvência entrega no tribunal, para arquivo, toda a documentação relativa ao processo que se encontre em seu poder, bem como os elementos da contabilidade do devedor que não hajam de ser restituídos ao próprio.

Nota. Redacção introduzida pelo art. 1.° do DL n.° 200/2004, de 18 de Agosto.

Art. 234.° (Efeitos sobre sociedades comerciais)

1. Baseando-se o encerramento do processo na homologação de um plano de insolvência que preveja a continuidade da sociedade comercial, esta retoma a sua actividade independentemente de deliberação dos sócios.

2. Os sócios podem deliberar a retoma da actividade se o encerramento se fundar na alínea *c*) do n.° 1 do artigo 230.°

3. Com o registo do encerramento do processo após o rateio final, a sociedade considera-se extinta.

4. No caso de encerramento por insuficiência da massa insolvente, a liquidação da sociedade prossegue nos termos do regime jurídico dos procedimentos administrativos de dissolução e de liquidação de entidades comerciais, devendo o juiz comunicar o encerramento e o património da sociedade ao serviço de registo competente.

Notas. 1. A redacção do n.° 4 foi introduzida pelo art. 35.° do DL n.° 76-A/2006, de 29 de Março.

2. Cf. Anexo ao DL n.° 76-A/2006, de 29 de Março [6].

TÍTULO XII. DISPOSIÇÕES ESPECÍFICAS DA INSOLVÊNCIA DE PESSOAS SINGULARES

CAPÍTULO I. Exoneração do passivo restante

Art. 235.° (Princípio geral)

Se o devedor for uma pessoa singular, pode ser-lhe concedida a exoneração dos créditos sobre a insolvência que não forem integralmente pagos no processo de insolvência ou nos cinco anos posteriores ao encerramento deste, nos termos das disposições do presente capítulo.

Art. 236.° (Pedido de exoneração do passivo restante)

1. O pedido de exoneração do passivo restante é feito pelo devedor no requerimento de apresentação à insolvência ou no prazo de 10 dias posteriores à citação,

1341

[141] CIRE Arts. 237.°-238.° Tít. XII. Disp. especif. da insolvência de pessoas singulares

e será sempre rejeitado se for deduzido após a assembleia de apreciação do relatório; o juiz decide livremente sobre a admissão ou rejeição de pedido apresentado no período intermédio.

2. Se não tiver sido dele a iniciativa do processo de insolvência, deve constar do acto de citação do devedor pessoa singular a indicação da possibilidade de solicitar a exoneração do passivo restante, nos termos previstos no número anterior.

3. Do requerimento consta expressamente a declaração de que o devedor preenche os requisitos e se dispõe a observar todas as condições exigidas nos artigos seguintes.

4. Na assembleia de apreciação de relatório é dada aos credores e ao administrador da insolvência a possibilidade de se pronunciarem sobre o requerimento.

Art. 237.° (Processamento subsequente)

A concessão efectiva da exoneração do passivo restante pressupõe que:

a) Não exista motivo para o indeferimento liminar do pedido, por força do disposto no artigo seguinte;

b) O juiz profira despacho declarando que a exoneração será concedida uma vez observadas pelo devedor as condições previstas no artigo 239.° durante os cinco anos posteriores ao encerramento do processo de insolvência, neste capítulo designado despacho inicial;

c) Não seja aprovado e homologado um plano de insolvência;

d) Após o período mencionado na alínea *b*), e cumpridas que sejam efectivamente as referidas condições, o juiz emita despacho decretando a exoneração definitiva, neste capítulo designado despacho de exoneração.

Art. 238.° (Indeferimento liminar)

1. O pedido de exoneração é liminarmente indeferido se:

a) For apresentado fora de prazo;

b) O devedor, com dolo ou culpa grave, tiver fornecido por escrito, nos três anos anteriores à data do início do processo de insolvência, informações falsas ou incompletas sobre as suas circunstâncias económicas com vista à obtenção de crédito ou de subsídios de instituições públicas ou a fim de evitar pagamentos a instituições dessa natureza;

c) O devedor tiver já beneficiado da exoneração do passivo restante nos dez anos anteriores à data do início do processo de insolvência;

d) O devedor tiver incumprido o dever de apresentação à insolvência ou, não estando obrigado a se apresentar, se tiver abstido dessa apresentação nos seis meses seguintes à verificação da situação de insolvência, com prejuízo em qualquer dos casos para os credores, e sabendo, ou não podendo ignorar sem culpa grave, não existir qualquer perspectiva séria de melhoria da sua situação económica;

e) Constarem já no processo, ou forem fornecidos até ao momento da decisão, pelos credores ou pelo administrador da insolvência, elementos que indiciem com toda a probabilidade a existência de culpa do devedor na criação ou agravamento da situação de insolvência, nos termos do artigo 186.°;

1342

Cap. I.   Exoneração do passivo restante   Art. 239.° CIRE **[141]**

f) O devedor tiver sido condenado por sentença transitada em julgado por algum dos crimes previstos e punidos nos artigos 227.° a 229.° do Código Penal nos 10 anos anteriores à data da entrada em juízo do pedido de declaração da insolvência ou posteriormente a esta data;

g) O devedor, com dolo ou culpa grave, tiver violado os deveres de informação, apresentação e colaboração que para ele resultam do presente Código, no decurso do processo de insolvência.

2. O despacho de indeferimento liminar é proferido após a audição dos credores e do administrador da insolvência na assembleia de apreciação do relatório, excepto se este for apresentado fora do prazo ou constar já dos autos documento autêntico comprovativo de algum dos factos referidos no número anterior.

Art. 239.° (Cessão do rendimento disponível)

1. Não havendo motivo para indeferimento liminar, é proferido o despacho inicial, na assembleia de apreciação do relatório, ou nos 10 dias subsequentes.

2. O despacho inicial determina que, durante os cinco anos subsequentes ao encerramento do processo de insolvência, neste capítulo designado período da cessão, o rendimento disponível que o devedor venha a auferir se considera cedido a entidade, neste capítulo designada fiduciário, escolhida pelo tribunal de entre as inscritas na lista oficial de administradores da insolvência, nos termos e para os efeitos do artigo seguinte.

3. Integram o rendimento disponível todos os rendimentos que advenham a qualquer título ao devedor, com exclusão:

a) Dos créditos a que se refere o artigo 115.° cedidos a terceiro, pelo período em que a cessão se mantenha eficaz;

b) Do que seja razoavelmente necessário para:

 (*i*) O sustento minimamente digno do devedor e do seu agregado familiar, não devendo exceder, salvo decisão fundamentada do juiz em contrário, três vezes o salário mínimo nacional;

 (*ii*) O exercício pelo devedor da sua actividade profissional;

 (*iii*) Outras despesas ressalvadas pelo juiz no despacho inicial ou em momento posterior, a requerimento do devedor.

4. Durante o período da cessão, o devedor fica ainda obrigado a:

a) Não ocultar ou dissimular quaisquer rendimentos que aufira, por qualquer título, e a informar o tribunal e o fiduciário sobre os seus rendimentos e património na forma e no prazo em que isso lhe seja requisitado;

b) Exercer uma profissão remunerada, não a abandonando sem motivo legítimo, e a procurar diligentemente tal profissão quando desempregado, não recusando desrazoavelmente algum emprego para que seja apto;

c) Entregar imediatamente ao fiduciário, quando por si recebida, a parte dos seus rendimentos objecto de cessão;

d) Informar o tribunal e o fiduciário de qualquer mudança de domicílio ou de condições de emprego, no prazo de 10 dias após a respectiva ocorrência, bem como, quando solicitado e dentro de igual prazo, sobre as diligências realizadas para a obtenção de emprego;

1343

[141] CIRE Arts. 240.º-242.º   Tít. XII.   Disp. específ. da insolvência de pessoas singulares

e) Não fazer quaisquer pagamentos aos credores da insolvência a não ser através do fiduciário e a não criar qualquer vantagem especial para algum desses credores.

5. A cessão prevista no n.º 2 prevalece sobre quaisquer acordos que excluam, condicionem ou por qualquer forma limitem a cessão de bens ou rendimentos do devedor.

6. Sendo interposto recurso do despacho inicial, a realização do rateio final só determina o encerramento do processo depois de transitada em julgado a decisão.

Art. 240.º (Fiduciário)

1. A remuneração do fiduciário e o reembolso das suas despesas constitui encargo do devedor.

2. São aplicáveis ao fiduciário, com as devidas adaptações, os n.ºˢ 2 e 4 do artigo 38.º, os artigos 56.º, 57.º, 58.º, 59.º e 62.º a 64.º; é também aplicável o disposto no n.º 1 do artigo 60.º e no n.º 1 do artigo 61.º, devendo a informação revestir periodicidade anual e ser enviada a cada credor e ao juiz.

Art. 241.º (Funções)

1. O fiduciário notifica a cessão dos rendimentos do devedor àqueles de quem ele tenha direito a havê-los, e afecta os montantes recebidos, no final de cada ano em que dure a cessão:

a) Ao pagamento das custas do processo de insolvência ainda em dívida;

b) Ao reembolso ao Cofre Geral de Tribunais das remunerações e despesas do administrador da insolvência e do próprio fiduciário que por aquele tenham sido suportadas;

c) Ao pagamento da sua própria remuneração já vencida e despesas efectuadas;

d) À distribuição do remanescente pelos credores da insolvência, nos termos prescritos para o pagamento aos credores no processo de insolvência.

2. O fiduciário mantém em separado do seu património pessoal todas as quantias provenientes de rendimentos cedidos pelo devedor, respondendo com todos os seus haveres pelos fundos que indevidamente deixe de afectar às finalidades indicadas no número anterior, bem como pelos prejuízos provocados por essa falta de distribuição.

3. A assembleia de credores pode conferir ao fiduciário a tarefa de fiscalizar o cumprimento pelo devedor das obrigações que sobre este impendem, com o dever de a informar em caso de conhecimento de qualquer violação.

Art. 242.º (Igualdade dos credores)

1. Não são permitidas quaisquer execuções sobre os bens do devedor destinadas à satisfação dos créditos sobre a insolvência, durante o período da cessão.

2. É nula a concessão de vantagens especiais a um credor da insolvência pelo devedor ou por terceiro.

3. A compensação entre dívidas da insolvência e obrigações de um credor sobre a insolvência apenas é lícita nas condições em que seria admissível durante a pendência do processo.

1344

Cap. I.   Exoneração do passivo restante   **Arts. 243.º-245.º CIRE [141]**

Art. 243.º (Cessação antecipada do procedimento de exoneração)

1. Antes ainda de terminado o período da cessão, deve o juiz recusar a exoneração, a requerimento fundamentado de algum credor da insolvência, do administrador da insolvência, se estiver ainda em funções, ou do fiduciário, caso este tenha sido incumbido de fiscalizar o cumprimento das obrigações do devedor, quando:

a) O devedor tiver dolosamente ou com grave negligência violado alguma das obrigações que lhe são impostas pelo artigo 239.º, prejudicando por esse facto a satisfação dos créditos sobre a insolvência;

b) Se apure a existência de alguma das circunstâncias referidas nas alíneas *b*), *e*) e *f*) do n.º 1 do artigo 238.º, se apenas tiver sido conhecida pelo requerente após o despacho inicial ou for de verificação superveniente;

c) A decisão do incidente de qualificação da insolvência tiver concluído pela existência de culpa do devedor na criação ou agravamento da situação de insolvência.

2. O requerimento apenas pode ser apresentado dentro do ano seguinte à data em que o requerente teve ou poderia ter tido conhecimento dos fundamentos invocados, devendo ser oferecida logo a respectiva prova.

3. Quando o requerimento se baseie nas alíneas *a*) e *b*) do n.º 1, o juiz deve ouvir o devedor, o fiduciário e os credores da insolvência antes de decidir a questão; a exoneração é sempre recusada se o devedor, sem motivo razoável, não fornecer no prazo que lhe seja fixado informações que comprovem o cumprimento das suas obrigações, ou, devidamente convocado, faltar injustificadamente à audiência em que deveria prestá-las.

4. O juiz, oficiosamente ou a requerimento do devedor ou do fiduciário, declara também encerrado o incidente logo que se mostrem integralmente satisfeitos todos os créditos sobre a insolvência.

Art. 244.º (Decisão final da exoneração)

1. Não tendo havido lugar a cessação antecipada, o juiz decide nos 10 dias subsequentes ao termo do período da cessão sobre a concessão ou não da exoneração do passivo restante do devedor, ouvido este, o fiduciário e os credores da insolvência.

2. A exoneração é recusada pelos mesmos fundamentos e com subordinação aos mesmos requisitos por que o poderia ter sido antecipadamente, nos termos do artigo anterior.

Art. 245.º (Efeitos da exoneração)

1. A exoneração do devedor importa a extinção de todos os créditos sobre a insolvência que ainda subsistam à data em que é concedida, sem excepção dos que não tenham sido reclamados e verificados, sendo aplicável o disposto no n.º 4 do artigo 217.º

2. A exoneração não abrange, porém:

a) Os créditos por alimentos;

b) As indemnizações devidas por factos ilícitos dolosos praticados pelo devedor, que hajam sido reclamadas nessa qualidade;

1345

[141]   CIRE **Arts. 246.°-248.°**   Tít. XII.   Disp. específ. da insolvência de pessoas singulares

c) Os créditos por multas, coimas e outras sanções pecuniárias por crimes ou contra-ordenações;
d) Os créditos tributários.

Art. 246.° (Revogação da exoneração)

1. A exoneração do passivo restante é revogada provando-se que o devedor incorreu em alguma das situações previstas nas alíneas *b*) e seguintes do n.° 1 do artigo 238.°, ou violou dolosamente as suas obrigações durante o período da cessão, e por algum desses motivos tenha prejudicado de forma relevante a satisfação dos credores da insolvência.

2. A revogação apenas pode ser decretada até ao termo do ano subsequente ao trânsito em julgado do despacho de exoneração; quando requerida por um credor da insolvência, tem este ainda de provar não ter tido conhecimento dos fundamentos da revogação até ao momento do trânsito.

3. Antes de decidir a questão, o juiz deve ouvir o devedor e o fiduciário.

4. A revogação da exoneração importa a reconstituição de todos os créditos extintos.

Art. 247.° (Publicação e registo)

Os despachos iniciais, de exoneração, de cessação antecipada e de revogação da exoneração são publicados e registados, nos termos previstos para a decisão de encerramento do processo de insolvência.

Art. 248.° (Apoio judiciário)

1. O devedor que apresente um pedido de exoneração do passivo restante beneficia do diferimento do pagamento das custas até à decisão final desse pedido, na parte em que a massa insolvente e o seu rendimento disponível durante o período da cessão sejam insuficientes para o respectivo pagamento integral, o mesmo se aplicando à obrigação de reembolsar o Cofre Geral dos Tribunais das remunerações e despesas do administrador da insolvência e do fiduciário que o Cofre tenha suportado.

2. Sendo concedida a exoneração do passivo restante, é aplicável ao pagamento das custas e à obrigação de reembolso referida no número anterior o disposto no artigo 65.° do Código das Custas Judiciais, mas sem subordinação ao período máximo de 12 meses previsto no respectivo n.° 1.

3. Se a exoneração for posteriormente revogada, caduca a autorização do pagamento em prestações, e aos montantes em dívida acresce a taxa de justiça equivalente aos juros de mora calculados como se o benefício previsto no n.° 1 não tivesse sido concedido.

4. O benefício previsto no n.° 1 afasta a concessão de qualquer outra forma de apoio judiciário ao devedor, salvo quanto à nomeação e pagamento de honorários de patrono.

1346

Cap. II.   Insolv. de não empresários e titul. de peq. empresas   **Arts. 249.º-252.º CIRE [141]**

CAPÍTULO II. **Insolvência de não empresários e titulares de pequenas empresas**

SECÇÃO I.   **Disposições gerais**

Art. 249.º (Âmbito de Aplicação)

1. O disposto neste Capítulo é aplicável se o devedor for uma pessoa singular, e, em alternativa:

a) Não tiver sido titular da exploração de qualquer empresa nos três anos anteriores ao início do processo de insolvência;

b) À data do início do processo:

(*i*) Não tiver dívidas laborais;

(*ii*) O número dos seus credores não for superior a 20;

(*iii*) O seu passivo global não exceder € 300 000.

2. Apresentando-se marido e mulher à insolvência, ou sendo o processo instaurado contra ambos, nos termos do artigo 264.º, os requisitos previstos no número anterior devem verificar-se relativamente a cada um dos cônjuges.

Art. 250.º (Inadmissibilidade de plano de insolvência e da administração pelo devedor)

Aos processos de insolvência abrangidos pelo presente capítulo não são aplicáveis as disposições dos títulos IX e X.

SECÇÃO II.   **Plano de pagamentos aos credores**

Art. 251.º (Apresentação de um plano de pagamentos)

O devedor pode apresentar, conjuntamente com a petição inicial do processo de insolvência, um plano de pagamentos aos credores.

Art. 252.º (Conteúdo do plano de pagamentos)

1. O plano de pagamentos deve conter uma proposta de satisfação dos direitos dos credores que acautela devidamente os interesses destes, de forma a obter a respectiva aprovação, tendo em conta a situação do devedor.

2. O plano de pagamentos pode designadamente prever moratórias, perdões, constituições de garantias, extinções, totais ou parciais, de garantias reais ou privilégios creditórios existentes, um programa calendarizado de pagamentos ou o pagamento numa só prestação, e a adopção pelo devedor de medidas concretas de qualquer natureza susceptíveis de melhorar a sua situação patrimonial.

3. O devedor pode incluir no plano de pagamentos créditos cuja existência ou montante não reconheça, com a previsão de que os montantes destinados à sua liquidação serão objecto de depósito junto de intermediário financeiro para serem entregues aos respectivos titulares ou repartidos pelos demais credores depois de dirimida a controvérsia, na sede própria.

4. A apresentação do plano de pagamentos envolve confissão da situação de insolvência, ao menos iminente, por parte do devedor.

1347

[141] CIRE Arts. 253.°-255.°   Tít. XII. Disp. específ. da insolvência de pessoas singulares

5. O plano de pagamentos é acompanhado dos seguintes anexos:

a) Declaração de que o devedor preenche os requisitos exigidos pelo artigo 249.°;

b) Relação dos bens disponíveis do devedor, bem como dos seus rendimentos;

c) Sumário com o conteúdo essencial dessa relação, neste capítulo designado por resumo do activo;

d) Relação por ordem alfabética dos credores e dos seus endereços, com indicação dos montantes, natureza e eventuais garantias dos seus créditos;

e) Declaração de que as informações prestadas são verdadeiras e completas.

6. Salvo manifesta inadequação ao caso concreto, os elementos constantes do número anterior devem constar de modelo aprovado por portaria do Ministro da Justiça.

7. O plano de pagamentos e os seus anexos são apresentados em duas cópias, uma das quais se destina ao arquivo do tribunal, ficando a outra na secretaria judicial para consulta dos interessados; tratando-se de documentos digitalizados, são extraídas pela secretaria duas cópias, para os mesmos efeitos.

8. Considera-se que desiste da apresentação do plano de pagamentos o devedor que, uma vez notificado pelo tribunal, não forneça no prazo fixado os elementos mencionados no n.° 5 que haja omitido inicialmente.

Nota. Cf. Portaria n.° 1039/2004, de 13 de Agosto.

Art. 253.° (Pedido de insolvência apresentado por terceiro)

Se não tiver sido dele a iniciativa do processo de insolvência, deve constar do acto de citação do devedor pessoa singular a indicação da possibilidade de apresentação de um plano de pagamentos em alternativa à contestação, no prazo fixado para esta, verificado algum dos pressupostos referidos no n.° 1 do artigo 249.°, com expressa advertência para as consequências previstas no n.° 4 do artigo anterior e no artigo seguinte.

Art. 254.° (Preclusão da exoneração do passivo restante)

Não pode beneficiar da exoneração do passivo restante o devedor que, aquando da apresentação de um plano de pagamentos, não tenha declarado pretender essa exoneração, na hipótese de o plano não ser aprovado.

Art. 255.° (Suspensão do processo de insolvência)

1. Se se afigurar altamente improvável que o plano de pagamentos venha a merecer aprovação, o juiz dá por encerrado o incidente, sem que da decisão caiba recurso; caso contrário, determina a suspensão do processo de insolvência até à decisão sobre o incidente do plano de pagamentos.

2. Se o processo de insolvência houver de prosseguir, é logo proferida sentença de declaração da insolvência, seguindo-se os trâmites subsequentes, nos termos gerais.

3. A suspensão prevista no n.° 1 não prejudica a adopção das medidas cautelares previstas no artigo 31.°

1348

Cap. II.   Insolv. de não empresários e titul. de peq. empresas   **Arts. 256.°-257.° CIRE [141]**

Art. 256.° (Notificação dos credores)

1. Havendo lugar à suspensão do processo de insolvência, a secretaria extrai, ou notifica o devedor para juntar, no prazo de 5 dias, o número de cópias do plano de pagamentos e do resumo do activo necessários para entrega aos credores mencionados em anexo ao plano, consoante tais documentos tenham sido ou não apresentados em suporte digital.

2. A notificação ao credor requerente da insolvência, se for o caso, e a citação dos demais credores são feitas por carta registada, acompanhada dos documentos referidos no n.° 1, devendo do acto constar a indicação de que:

a) Dispõem de 10 dias para se pronunciarem, sob pena de se ter por conferida a sua adesão ao plano;

b) Devem, no mesmo prazo, corrigir as informações relativas aos seus créditos constantes da relação apresentada pelo devedor, sob pena de, em caso de aprovação do plano, se haverem como aceites tais informações e perdoadas quaisquer outras dívidas cuja omissão não seja por esse credor devidamente reportada;

c) Os demais anexos ao plano estão disponíveis para consulta na secretaria do tribunal.

3. Quando haja sido contestada por algum credor a natureza, montante ou outros elementos do seu crédito tal como configurados pelo devedor, ou invocada a existência de outros créditos de que seja titular, é o devedor notificado para, no prazo máximo de 10 dias, declarar se modifica ou não a relação dos créditos, só ficando abrangidos pelo plano de pagamentos os créditos cuja existência seja reconhecida pelo devedor, e apenas:

a) Na parte aceite pelo devedor, caso subsista divergência quanto ao montante;

b) Se for exacta a indicação feita pelo devedor, caso subsista divergência quanto a outros elementos.

4. Pode ainda ser dada oportunidade ao devedor para modificar o plano de pagamentos, no prazo de 5 dias, quando tal for tido por conveniente em face das observações dos credores ou com vista à obtenção de acordo quanto ao pagamento das dívidas.

5. As eventuais modificações ou acrescentos a que o devedor proceda nos termos dos n.°s 3 e 4 serão notificadas, quando necessário, aos credores para novo pronunciamento quanto à adesão ao plano, entendendo-se que mantêm a sua posição os credores que nada disserem, no prazo de 10 dias.

Art. 257.° (Aceitação do plano de pagamentos)

1. Se nenhum credor tiver recusado o plano de pagamentos, ou se a aprovação de todos os que se oponham for objecto de suprimento, nos termos do artigo seguinte, o plano é tido por aprovado.

2. Entende-se que se opõem ao plano de pagamentos:

a) Os credores que o tenham recusado expressamente;

b) Os credores que, por forma não aceite pelo devedor, tenham contestado a natureza, montante ou outros elementos dos seus créditos relacionados pelo devedor, ou invocado a existência de outros créditos.

1349

[141] CIRE Arts. 258.°-259.° Tít. XII. Disp. especif. da insolvência de pessoas singulares

3. Não são abrangidos pelo plano de pagamentos os créditos que não hajam sido relacionados pelo devedor, ou em relação aos quais não tenha sido possível ouvir os respectivos titulares, por acto que não lhes seja imputável.

Art. 258.° (Suprimento da aprovação dos credores)

1. Se o plano de pagamentos tiver sido aceite por credores cujos créditos representem mais de dois terços do valor total dos créditos relacionados pelo devedor, pode o tribunal, a requerimento de algum desses credores ou do devedor, suprir a aprovação dos demais credores, desde que:

a) Para nenhum dos oponentes decorra do plano uma desvantagem económica superior à que, mantendo-se idênticas as circunstâncias do devedor, resultaria do prosseguimento do processo de insolvência, com liquidação da massa insolvente e exoneração do passivo restante, caso esta tenha sido solicitada pelo devedor em condições de ser concedida;

b) Os oponentes não sejam objecto de um tratamento discriminatório injustificado;

c) Os oponentes não suscitem dúvidas legítimas quanto à veracidade ou completude da relação de créditos apresentada pelo devedor, com reflexos na adequação do tratamento que lhes é dispensado.

2. A apreciação da oposição fundada na alínea *c*) do número anterior não envolve decisão sobre a efectiva existência, natureza, montante e demais características dos créditos controvertidos.

3. Pode ser sempre suprida pelo tribunal a aprovação do credor que se haja limitado a impugnar a identificação do crédito, sem adiantar quaisquer elementos respeitantes à sua configuração.

4. Não cabe recurso da decisão que indefira o pedido de suprimento da aprovação de qualquer credor.

Art. 259.° (Termos subsequentes à aprovação)

1. O juiz homologa o plano de pagamentos aprovado nos termos dos artigos anteriores por meio de sentença, e, após o seu trânsito em julgado, declara igualmente a insolvência do devedor no processo principal; da sentença de declaração de insolvência constam apenas as menções referidas nas alíneas *a*) e *b*) do artigo 36.°, sendo aplicável o disposto na alínea *a*) do n.° 7 do artigo 39.°

2. Ambas as sentenças são notificadas apenas aos credores constantes da relação fornecida pelo devedor.

3. Só podem recorrer da sentença de homologação do plano de pagamentos ou reagir contra a sentença de declaração de insolvência proferida nos termos do n.° 1, por via de recurso ou da oposição de embargos, os credores cuja aprovação haja sido suprida; a revogação desta última sentença implica também a ineficácia do plano.

4. O trânsito em julgado das sentenças de homologação do plano de pagamentos e de declaração da insolvência determina o encerramento do processo de insolvência.

5. As referidas sentenças e a decisão de encerramento do processo proferida nos termos do número anterior não são objecto de qualquer publicidade ou registo.

1350

Cap. II.   Insolv. de não empresários e titul. de peq. empresas   **Arts. 260.°-264.° CIRE [141]**

Art. 260.° (Incumprimento)

Salvo disposição expressa do plano de pagamentos em sentido diverso, a moratória ou o perdão previstos no plano ficam sem efeito nos casos previstos no n.° 1 do artigo 218.°, não sendo aplicável, todavia, o n.° 2 desse preceito.

Art. 261.° (Outro processo de insolvência)

1. Os titulares de créditos constantes da relação anexa ao plano de pagamentos homologado judicialmente não podem pedir a declaração de insolvência em outro processo, excepto:

a) No caso de incumprimento do plano de pagamentos, nas condições definidas no artigo anterior;

b) Provando que os seus créditos têm um montante mais elevado ou características mais favoráveis do que as constantes daquela relação;

c) Por virtude da titularidade de créditos não incluídos na relação, total ou parcialmente, e que não se devam ter por perdoados, nos termos do n.° 3 do artigo 256.°

2. Em derrogação do disposto no artigo 8.°, a pendência de um processo de insolvência em que tenha sido apresentado um plano de pagamentos não obsta ao prosseguimento de outro processo instaurado contra o mesmo devedor por titulares de créditos não incluídos na relação anexa ao plano, nem a declaração de insolvência proferida no primeiro, nos termos do n.° 1 do artigo 259.°, suspende ou extingue a instância do segundo.

3. O disposto no número anterior aplica-se igualmente se o outro processo for instaurado por titular de crédito que o devedor tenha relacionado, contanto que, após o termo do prazo previsto no n.° 3 do artigo 256.°, subsista divergência quanto ao montante ou a outros elementos do respectivo crédito, mas a insolvência não será declarada neste processo sem que o requerente faça a prova da incorreção da identificação efectuada pelo devedor.

Art. 262.° (Retoma dos trâmites gerais)

Se o plano de pagamentos não obtiver aprovação, ou a sentença de homologação for revogada em via de recurso, são logo retomados os termos do processo de insolvência através da prolação de sentença de declaração de insolvência nos termos dos artigos 36.° ou 39.°, consoante o caso.

Art. 263.° (Processamento por apenso)

O incidente de aprovação do plano de pagamentos é processado por apenso ao processo de insolvência.

SECÇÃO III.   **Insolvência de ambos os cônjuges**

Art. 264.° (Coligação)

1. Incorrendo marido e mulher em situação de insolvência, e não sendo o regime de bens o da separação, é lícito aos cônjuges apresentarem-se conjuntamente à insolvência, ou o processo ser instaurado contra ambos, a menos que perante o requerente seja responsável um só deles.

1351

[141] CIRE Art. 265.°   Tít. XII. Disp. específ. da insolvência de pessoas singulares

2. Se o processo for instaurado contra um dos cônjuges apenas, pode o outro, desde que com a anuência do seu consorte, mas independentemente do acordo do requerente, apresentar-se à insolvência no âmbito desse processo; se, porém, já se tiver iniciado o incidente de aprovação de um plano de pagamentos, a intervenção apenas é admitida no caso de o plano não ser aprovado ou homologado.

3. A apresentação à insolvência nos termos do número anterior, uma vez admitida:

a) Envolve confissão da situação de insolvência do apresentante apenas se a insolvência do outro cônjuge vier a ser declarada;

b) Suspende qualquer processo de insolvência anteriormente instaurado apenas contra o apresentante e em que a insolvência não haja sido já declarada, se for acompanhada de confissão expressa da situação de insolvência ou caso seja apresentada pelos cônjuges uma proposta de plano de pagamentos.

4. Apresentando-se marido e mulher à insolvência, ou correndo contra ambos o processo instaurado por terceiro:

a) A apreciação da situação de insolvência de ambos os cônjuges consta sempre da mesma sentença;

b) Deve ser formulada conjuntamente pelos cônjuges uma eventual proposta de plano de pagamentos.

5. Exceptua-se do disposto na alínea *b*) do número anterior a hipótese em que um dos cônjuges se oponha ao pedido de declaração de insolvência, caso em que:

a) Apresentada uma proposta de um plano de pagamentos pelo outro cônjuge, correm em paralelo o correspondente incidente e o processo de insolvência contra o seu consorte, sem que, todavia, a tramitação do primeiro possa prosseguir, cumprido que seja o disposto no artigo 256.°, antes de proferida sentença no último;

b) Improcedendo a oposição ao pedido, a sentença declara a insolvência de ambos os cônjuges e extingue-se o incidente do plano de pagamentos;

c) Sendo a oposição julgada procedente, o incidente do plano de pagamentos segue os seus termos até final, cumprindo-se subsequentemente o disposto nos artigos 259.° ou 262.°, consoante o que for aplicável.

Art. 265.° (Dívidas comuns e próprias de cada um dos cônjuges)

1. Respeitando o processo de insolvência a marido e mulher, a proposta de plano de pagamentos apresentada por ambos os cônjuges e as reclamações de créditos indicam, quanto a cada dívida, se a responsabilidade cabe aos dois ou a um só dos cônjuges, e a natureza comum ou exclusiva de um dos cônjuges dessa responsabilidade há-de ser igualmente referida na lista de credores reconhecidos elaborada pelo administrador da insolvência e fixada na sentença de verificação e graduação de créditos.

2. Os votos na assembleia de credores são conferidos em função do valor nominal dos créditos, independentemente de a responsabilidade pelas dívidas ser de ambos os cônjuges ou exclusiva de um deles.

3. Nas deliberações da assembleia de credores e da comissão de credores que incidam sobre bens próprios de um dos cônjuges, todavia, não são admitidos a votar os titulares de créditos da responsabilidade exclusiva do outro cônjuge.

1352

Tít. XIII. Benefícios emolumentares e fiscais   Arts. 266.°-269.° CIRE **[141]**

Art. 266.° (Separação dos bens)
Os bens comuns e os bens próprios de cada um dos cônjuges são inventariados, mantidos e liquidados em separado.

TÍTULO XIII. BENEFÍCIOS EMOLUMENTARES E FISCAIS

Art. 267.° (Emolumentos de registo)
Não podem ser exigidos quaisquer preparos pelos actos de registo de despachos ou sentenças proferidos no processo de insolvência, bem como pelos de registo de apreensão de bens para a massa insolvente, constituindo os respectivos emolumentos uma dívida da massa equiparada às custas do processo de insolvência.

Art. 268.° (Benefícios relativos a impostos sobre o rendimento das pessoas singulares e colectivas)
1. As mais-valias realizadas por efeito da dação em cumprimento de bens do devedor e da cessão de bens aos credores estão isentas de impostos sobre o rendimento das pessoas singulares e colectivas, não concorrendo para a determinação da matéria colectável do devedor.
2. Não entram igualmente para a formação da matéria colectável do devedor as variações patrimoniais positivas resultantes das alterações das suas dívidas previstas em plano de insolvência ou em plano de pagamentos.
3. O valor dos créditos que for objecto de redução, ao abrigo de plano de insolvência ou de plano de pagamentos, é considerado como custo ou perda do respectivo exercício, para efeitos de apuramento do lucro tributável dos sujeitos passivos do imposto sobre o rendimento das pessoas singulares e do imposto sobre o rendimento das pessoas colectivas.

Art. 269.° (Benefício relativo ao imposto do selo)
Estão isentos de imposto do selo, quando a ele se encontrassem sujeitos, os seguintes actos, desde que previstos em planos de insolvência ou de pagamentos ou praticados no âmbito da liquidação da massa insolvente:
a) As modificações dos prazos de vencimento ou das taxas de juro dos créditos sobre a insolvência;
b) Os aumentos de capital, as conversões de créditos em capital e as alienações de capital;
c) A constituição de nova sociedade ou sociedades;
d) A dação em cumprimento de bens da empresa e a cessão de bens aos credores;
e) A realização de operações de financiamento, o trespasse ou a cessão da exploração de estabelecimentos da empresa, a constituição de sociedades e a transferência de estabelecimentos comerciais, a venda, permuta ou cessão de elementos do activo da empresa, bem como a locação de bens;
f) A emissão de letras ou livranças.

1353

[141] CIRE Arts. 270.°-273.° Tít. XIV. Exec. do Regul. n.° 1346/2000 do Cons., de 29 de Maio

Art. 270.° (Benefício relativo ao imposto municipal sobre as transmissões onerosas de imóveis)

1. Estão isentas de imposto municipal sobre as transmissões onerosas de imóveis as seguintes transmissões de bens imóveis, integradas em qualquer plano de insolvência ou de pagamentos:

a) As que se destinem à constituição de nova sociedade ou sociedades e à realização do seu capital;

b) As que se destinem à realização do aumento do capital da sociedade devedora;

c) As que decorram da dação em cumprimento de bens da empresa e da cessão de bens aos credores.

2. Estão igualmente isentos de imposto municipal sobre as transmissões onerosas de imóveis os actos de venda, permuta ou cessão da empresa ou de estabelecimentos desta integrados no âmbito de plano de insolvência ou de pagamentos ou praticados no âmbito da liquidação da massa insolvente.

TÍTULO XIV. EXECUÇÃO DO REGULAMENTO (CE) N.° 1346/2000 DO CONSELHO, DE 29 DE MAIO

Art. 271.° (Fundamentação da competência internacional)

Sempre que do processo resulte a existência de bens do devedor situados noutro Estado-Membro da União Europeia, a sentença de declaração de insolvência indica sumariamente as razões de facto e de direito que justificam a competência dos tribunais portugueses, tendo em conta o disposto no n.° 1 do artigo 3.° do Regulamento (CE) n.° 1346/2000 do Conselho, de 29 de Maio, adiante designado Regulamento.

Art. 272.° (Prevenção de conflitos de competência)

1. Aberto um processo principal de insolvência em outro Estado-Membro da União Europeia, apenas é admissível a instauração ou prosseguimento em Portugal de processo secundário, nos termos do capítulo III do título XV.

2. O administrador da insolvência do processo principal tem legitimidade para recorrer de decisões que contrariem o disposto no número anterior.

3. Se a abertura de um processo de insolvência for recusada por tribunal de um Estado-Membro da União Europeia em virtude de a competência caber aos tribunais portugueses, nos termos do n.° 1 do artigo 3.° do Regulamento, não podem estes indeferir o pedido de declaração de insolvência com fundamento no facto de a competência pertencer aos tribunais desse outro Estado.

Art. 273.° (Efeitos do encerramento)

1. O encerramento do processo por aplicação do n.° 1 do artigo anterior não afecta os efeitos já produzidos que não se circunscrevam à duração do processo, inclusive os decorrentes de actos praticados pelo administrador da insolvência ou perante este, no exercício das suas funções.

Cap. I. Disposições gerais

Arts. 274.º-279.º CIRE [141]

2. Na hipótese prevista no número anterior, é aplicável o disposto no n.º 2 do artigo 233.º, extinguindo-se a instância de todos os processos que corram por apenso ao processo de insolvência.

Art. 274.º (Publicidade de decisão estrangeira)
1. A publicação e a inscrição em registo público da decisão de abertura de um processo, a que se referem os artigos 21.º e 22.º do Regulamento, devem ser solicitadas no tribunal português em cuja área se situe um estabelecimento do devedor, ou, não sendo esse o caso, ao Tribunal de Comércio de Lisboa ou ao Tribunal Cível de Lisboa, consoante a massa insolvente integre ou não uma empresa, podendo o Tribunal exigir tradução certificada por pessoa que para o efeito seja competente segundo o direito de um Estado-Membro da União Europeia.
2. Se o direito do Estado do processo de insolvência previr a efectivação de registo desconhecido do direito português, é determinado o registo que com ele apresente maiores semelhanças.
3. A publicação prevista no n.º 1 do artigo 21.º do Regulamento é determinada oficiosamente se o devedor for titular de estabelecimento situado em Portugal.

TÍTULO XV. **NORMAS DE CONFLITOS**

CAPÍTULO I. **Disposições gerais**

Art. 275.º (Prevalência de outras normas)
As disposições deste título são aplicáveis na medida em que não contrariem o estabelecido no Regulamento e em outras normas comunitárias ou constantes de tratados internacionais.

Art. 276.º (Princípio geral)
Na falta de disposição em contrário, o processo de insolvência e os respectivos efeitos regem-se pelo direito do Estado em que o processo tenha sido instaurado.

Art. 277.º (Relações laborais)
Os efeitos da declaração de insolvência relativamente a contratos de trabalho e à relação laboral regem-se exclusivamente pela lei aplicável ao contrato de trabalho.

Art. 278.º (Direitos do devedor sobre imóveis e outros bens sujeitos a registo)
Os efeitos da declaração de insolvência sobre os direitos do devedor relativos a um bem imóvel, a um navio ou a uma aeronave, cuja inscrição num registo público seja obrigatória, regem-se pela lei do Estado sob cuja autoridade é mantido esse registo.

Art. 279.º (Contratos sobre imóveis e móveis sujeitos a registo)
1. Os efeitos da declaração de insolvência sobre os contratos que conferem o direito de adquirir direitos reais sobre bem imóvel, ou o direito de o usar, regem-se exclusivamente pela lei do Estado em cujo território está situado esse bem.

1355

[141] CIRE Arts. 280.°-283°   Tít. XV. Normas de conflitos

2. Respeitando o contrato a um navio ou a uma aeronave cuja inscrição num registo público seja obrigatória, é aplicável a lei do Estado sob cuja autoridade é mantido esse registo.

Art. 280.° (Direitos reais e reserva de propriedade)
1. Os efeitos da declaração de insolvência sobre direitos reais de credores ou de terceiros sobre bens corpóreos ou incorpóreos, móveis ou imóveis, quer sejam bens específicos, quer sejam conjuntos de bens indeterminados considerados como um todo, cuja composição pode sofrer alterações ao longo do tempo, pertencentes ao devedor e que, no momento da abertura do processo, se encontrem no território de outro Estado regem-se exclusivamente pela lei deste; o mesmo se aplica aos direitos do vendedor relativos a bens vendidos ao devedor insolvente com reserva de propriedade.
2. A declaração de insolvência do vendedor de um bem, após a entrega do mesmo, não constitui por si só fundamento de resolução ou de rescisão da venda nem obsta à aquisição pelo comprador da propriedade do bem vendido, desde que, no momento da abertura do processo, esse bem se encontre no território de outro Estado.
3. O disposto nos números anteriores não prejudica a possibilidade de resolução em benefício da massa insolvente, nos termos gerais.

Art. 281.° (Terceiros adquirentes)
A validade de um acto celebrado após a declaração de insolvência pelo qual o devedor disponha, a título oneroso, de bem imóvel ou de navio ou de aeronave cuja inscrição num registo público seja obrigatória, rege-se pela lei do Estado em cujo território está situado o referido bem imóvel ou sob cuja autoridade é mantido esse registo.

Art. 282.° (Direitos sobre valores mobiliários e sistemas de pagamento e mercados financeiros)
1. Os efeitos da declaração de insolvência sobre direitos relativos a valores mobiliários registados ou depositados regem-se pela lei aplicável à respectiva transmissão, nos termos do artigo 41.° do Código de Valores Mobiliários.
2. Sem prejuízo do disposto no artigo 281.°, a determinação da lei aplicável aos efeitos da declaração de insolvência sobre os direitos e as obrigações dos participantes num mercado financeiro ou num sistema de pagamentos tal como definido pela alínea *a*) do artigo 2.° da Directiva 98/26/CE do Parlamento Europeu e do Conselho, de 19 de Maio, ou equiparável, rege-se pelo disposto no artigo 285.° do Código de Valores Mobiliários.

Art. 283.° (Operações de venda com base em acordos de recompra)
Os efeitos da declaração de insolvência sobre operações de venda com base em acordos de recompra, na acepção do artigo 12.° da Directiva 86/635/CEE do Conselho, de 8 de Dezembro, regem-se pela lei aplicável a tais contratos.

1356

Cap. II. Processo de insolvência estrangeiro   **Arts. 284.º-289.º** CIRE **[141]**

Art. 284.º (Exercício dos direitos dos credores)

1. Qualquer credor pode exercer os seus direitos tanto no processo principal de insolvência como em quaisquer processos secundários.

2. Na medida em que tal seja admissível segundo a lei aplicável a processo estrangeiro, o administrador da insolvência designado nesse processo pode:

a) Reclamar em Portugal os créditos reconhecidos no processo estrangeiro;

b) Exercer na assembleia de credores os votos inerentes a tais créditos, salvo se a tanto se opuserem os respectivos titulares.

3. O credor que obtenha pagamento em processo estrangeiro de insolvência não pode ser pago no processo pendente em Portugal enquanto os credores do mesmo grau não obtiverem neste satisfação equivalente.

Art. 285.º (Acções pendentes)

Os efeitos da declaração de insolvência sobre acção pendente relativa a um bem ou um direito integrante da massa insolvente regem-se exclusivamente pela lei do Estado em que a referida acção corra os seus termos.

Art. 286.º (Compensação)

A declaração de insolvência não afecta o direito do credor da insolvência à compensação, se esta for permitida pela lei aplicável ao contra-crédito do devedor.

Art. 287.º (Resolução em benefício da massa insolvente)

A resolução de actos em benefício da massa insolvente é inadmissível se o terceiro demonstrar que o acto se encontra sujeito a lei que não permita a sua impugnação por nenhum meio.

CAPÍTULO II.   **Processo de insolvência estrangeiro**

Art. 288.º (Reconhecimento)

1. A declaração de insolvência em processo estrangeiro é reconhecida em Portugal, salvo se:

a) A competência do tribunal ou autoridade estrangeira não se fundar em algum dos critérios referidos no artigo 7.º ou em conexão equivalente;

b) O reconhecimento conduzir a resultado manifestamente contrário aos princípios fundamentais da ordem jurídica portuguesa.

2. O disposto no número anterior é aplicável às providências de conservação adoptadas posteriormente à declaração de insolvência, bem como a quaisquer decisões tomadas com vista à execução ou encerramento do processo.

Art. 289.º (Medidas cautelares)

O administrador provisório designado anteriormente à declaração de insolvência pode solicitar a adopção das medidas cautelares referidas no artigo 31.º para efeitos da conservação de bens do devedor situados em Portugal.

1357

[141] CIRE Arts. 290.°-295.° Tít. XV. Normas de conflitos

Art. 290.° (Publicidade)

1. Verificando-se os pressupostos do reconhecimento da declaração de insolvência, o tribunal português ordena, a requerimento do administrador da insolvência estrangeiro, a publicidade do conteúdo essencial da decisão de declaração de insolvência, da decisão de designação do administrador de insolvência e da decisão de encerramento do processo, nos termos do artigo 37.°, aplicável com as devidas adaptações, podendo o tribunal exigir tradução certificada por pessoa que para o efeito seja competente segundo o direito do Estado do processo.

2. As publicações referidas no número anterior são determinadas oficiosamente se o devedor tiver estabelecimento em Portugal.

Nota. Redacção introduzida pelo art. 1.° do DL n.° 282/2007, de 7 de Agosto.

Art. 291.° (Tribunal português competente)

À determinação do tribunal competente para a prática dos actos referidos nos artigos 289.° e 290.° é aplicável o n.° 1 do artigo 274.°

Art. 292.° (Cumprimento a favor do devedor)

É liberatório o pagamento efectuado em Portugal ao devedor na ignorância da declaração de insolvência, presumindo-se o conhecimento da declaração de insolvência à qual tenha sido dada publicidade, nos termos do artigo 290.°

Nota. Redacção introduzida pelo art. 1.° do DL n.° 200/2004, de 18 de Agosto.

Art. 293.° (Exequibilidade)

As decisões tomadas em processo de insolvência estrangeiro só se podem executar em Portugal depois de revistas e confirmadas, não sendo, porém, requisito da confirmação o respectivo trânsito em julgado.

CAPÍTULO III. Processo particular de insolvência

Art. 294.° (Pressupostos de um processo particular)

1. Se o devedor não tiver em Portugal a sua sede ou domicílio, nem o centro dos principais interesses, o processo de insolvência abrange apenas os seus bens situados em território português.

2. Se o devedor não tiver estabelecimento em Portugal, a competência internacional dos tribunais portugueses depende da verificação dos requisitos impostos pela alínea *d*) do n.° 1 do artigo 65.° do Código do Processo Civil.

Art. 295.° (Especialidades de regime)

Em processo particular de insolvência:

a) O plano de insolvência ou de pagamentos só pode ser homologado pelo juiz se for aprovado por todos os credores afectados, caso preveja uma dação em pagamento, uma moratória, um perdão ou outras modificações de créditos sobre a insolvência;

b) A insolvência não é objecto de qualificação como fortuita ou culposa;

c) Não são aplicáveis as disposições sobre exoneração do passivo restante.

1358

Tít. XVI. Iniciação de infracção penal   **Arts. 296.°-300.° CIRE [141]**

Art. 296.° (Processo secundário)

1. O reconhecimento de um processo principal de insolvência estrangeiro não obsta à instauração em Portugal de um processo particular, adiante designado processo secundário.

2. O administrador de insolvência estrangeiro tem legitimidade para requerer a instauração de um processo secundário.

3. No processo secundário é dispensada a comprovação da situação de insolvência.

4. O administrador da insolvência deve comunicar prontamente ao administrador estrangeiro todas as circunstâncias relevantes para o desenvolvimento do processo estrangeiro.

5. O administrador estrangeiro tem legitimidade para participar na assembleia de credores e para a apresentação de um plano de insolvência.

6. Satisfeitos integralmente os créditos sobre a insolvência, a importância remanescente é remetida ao administrador do processo principal.

TÍTULO XVI. **INDICIAÇÃO DE INFRACÇÃO PENAL**

Art. 297.° (Indiciação de infracção penal)

1. Logo que haja conhecimento de factos que indiciem a prática de qualquer dos crimes previstos e punidos nos artigos 227.° a 229.° do Código Penal, manda o juiz dar conhecimento da ocorrência ao Ministério Público, para efeitos do exercício da acção penal.

2. Sendo a denúncia feita no requerimento inicial, são as testemunhas ouvidas sobre os factos alegados na audiência de julgamento para a declaração de insolvência, extractando-se na acta os seus depoimentos sobre a matéria.

3. Dos depoimentos prestados extrair-se-á certidão, que é mandada entregar ao Ministério Público, conjuntamente com outros elementos existentes, nos termos do disposto na alínea *h*) do artigo 36.°

Art. 298.° (Interrupção da prescrição)

A declaração de insolvência interrompe o prazo de prescrição do procedimento criminal.

Art. 299.° (Regime aplicável à instrução e julgamento)

Na instrução e julgamento das infracções referidas no n.° 1 do artigo 297.°, observam-se os termos prescritos nas leis de processo penal.

Art. 300.° (Remessa das decisões proferidas no processo penal)

1. Deve ser remetida ao tribunal da insolvência certidão do despacho de pronúncia ou de não pronúncia, de acusação e de não acusação, da sentença e dos acórdãos proferidos no processo penal

2. A remessa da certidão deve ser ordenada na própria decisão proferida no processo penal.

[141] CIRE Arts. 301.°-304.°   Tít. XVII. Disposições finais

TÍTULO XVII. **DISPOSIÇOES FINAIS**

Art. 301.° (Valor da causa para efeitos de custas)

Para efeitos de custas, o valor da causa no processo de insolvência em que a insolvência não chegue a ser declarada ou em que o processo seja encerrado antes da elaboração do inventário a que se refere o artigo 153.° é o equivalente ao da alçada da Relação, ou ao valor aludido no artigo 15.°, se este for inferior; nos demais casos, o valor é o atribuído ao activo no referido inventário, atendendo-se aos valores mais elevados dos bens, se for o caso.

Art. 302.° (Taxa de justiça)

1. A taxa de justiça é reduzida a metade no processo de insolvência, quando a insolvência não seja declarada; se o processo findar antes de iniciada a audiência de discussão e julgamento, a taxa de justiça é reduzida a um quarto.

2. Havendo plano de insolvência que ponha termo ao processo, é reduzida a dois terços a taxa de justiça que no caso seria devida.

3. Em qualquer dos casos a que se referem os n.ºs 1 e 2, a taxa de justiça pode ser reduzida pelo juiz para um montante não inferior a 5 UC de custas, sempre que por qualquer circunstância especial considere manifestamente excessiva a taxa aplicável.

Art. 303.° (Base de tributação)

Para efeitos de tributação, o processo de insolvência abrange o processo principal, a apreensão dos bens, os embargos do insolvente, ou do seu cônjuge, descendentes, herdeiros, legatários ou representantes, a liquidação do activo, a verificação do passivo, o pagamento aos credores, as contas de administração, os incidentes do plano de pagamentos, da exoneração do passivo restante, de qualificação da insolvência e quaisquer outros incidentes cujas custas hajam de ficar a cargo da massa, ainda que processados em separado.

Art. 304.° (Responsabilidade pelas custas do processo)

As custas do processo de insolvência são encargo da massa insolvente ou do requerente, consoante a insolvência seja ou não decretada por decisão com trânsito em julgado.

1360

SOCIEDADES DE ADMINISTRADORES DA INSOLVÊNCIA

[142] DECRETO-LEI N.° 54/2004
de 18 de Março

Nos termos da alínea *a*) do n.° 1 do artigo 198.° da Constituição, o Governo decreta o seguinte:

Art. 1.° (Sociedades de administradores da insolvência)
1. Os administradores da insolvência podem constituir sociedades de administradores da insolvência (SAI).
2. Apenas as pessoas singulares inscritas nas listas de administradores da insolvência podem ser sócios das sociedades de administradores da insolvência.

Art. 2.° (Objecto social)
As sociedades de administradores da insolvência têm por objecto exclusivo o exercício das funções de administrador da insolvência.

Art. 3.° (Natureza)
As sociedades de administradores da insolvência devem assumir a natureza de sociedades civis sob a forma comercial.

Art. 4.° (Exercício de actividade remunerada fora da sociedade)
1. Somente com a autorização da respectiva sociedade de administradores da insolvência podem os sócios exercer actividades de gestão, com carácter profissional e remunerado, fora da sociedade.
2. A actividade de gestão, com carácter profissional e remunerado, autorizada nos termos do número anterior, deve constar expressamente do relatório anual da sociedade.

Art. 5.° (Firma)
1. A firma das sociedades de administradores da insolvência deve, quando não individualizar todos os sócios, por extenso ou abreviadamente, conter, pelo menos, o nome de um deles, mas, em qualquer caso, concluir pela expressão "sociedade de administradores da insolvência" ou pela abreviatura "SAI", seguida da firma correspondente ao tipo societário adoptado.
2. A firma deve constar de todos os actos externos da sociedade, nos termos do disposto no artigo 171.° do Código das Sociedades Comerciais.

[142] SAI Arts. 6.°-10.° Sociedades de administradores da insolvência

Art. 6.° (Responsabilidade)
A sociedade de administradores da insolvência e os seus gerentes, administradores ou directores são solidariamente responsáveis pelos prejuízos decorrentes dos actos praticados no exercício das funções de administrador da insolvência.

Art. 7.° (Estatutos)
Os estatutos das sociedades de administradores da insolvência, bem como as respectivas alterações, são objecto de depósito na comissão competente prevista no Estatuto do Administrador da Insolvência, nos 30 dias subsequentes à sua aprovação.

Art. 8.° (Regime)
1. As sociedades de administradores da insolvência devem respeitar o disposto no Estatuto do Administrador da Insolvência.
2. A tudo o que não se encontre especialmente previsto neste diploma aplica-se o Código das Sociedades Comerciais.

Art. 9.° (Transformação de sociedades de gestores judiciais e de sociedades de liquidatários judiciais)
1. As sociedades de gestores judiciais e as sociedades de liquidatários judiciais podem, no prazo de 60 dias úteis a contar da publicação no *Diário da República* das listas de administradores da insolvência, transformar-se em sociedades de administradores da insolvência, desde que respeitem os requisitos de constituição destas últimas, nomeadamente no que respeita à qualificação dos sócios.
2. A transformação referida no número anterior está isenta de emolumentos notariais e de registo, sem prejuízo do disposto no n.° 2 do artigo 1.° do Regulamento Emolumentar dos Registos e Notariado, aprovado pelo Decreto-Lei n.° 322-A/2001, de 14 de Dezembro, quanto à participação emolumentar e aos emolumentos pessoais devidos aos conservadores, notários e oficiais dos registos e do notariado pela sua intervenção nos actos.

Art. 10.° (Entrada em vigor)
O presente diploma entra em vigor 30 dias após a data da sua publicação.

1362

ESTATUTO DO ADMINISTRADOR DA INSOLVÊNCIA

[143] LEI N.° 32/2004
de 22 de Julho

A Assembleia da República decreta, nos termos da alínea *c*) do artigo 161.° da Constituição, para valer como lei geral da República, o seguinte:

CAPÍTULO I. Disposições gerais

Art. 1.° (Objecto)

A presente lei estabelece o estatuto do administrador da insolvência.

Art. 2.° (Nomeação dos administradores da insolvência)

1. Sem prejuízo do disposto no artigo 53.° do Código da Insolvência e da Recuperação de Empresas, apenas podem ser nomeados administradores da insolvência aqueles que constem das listas oficiais de administradores da insolvência.

2. Sem prejuízo do disposto no n.° 2 do artigo 52.° do Código da Insolvência e da Recuperação de Empresas, a nomeação a efectuar pelo juiz processa-se por meio de sistema informático que assegure a aleatoriedade da escolha e a distribuição em idêntico número dos administradores da insolvência nos processos.

3. Tratando-se de um processo em que seja previsível a existência de actos de gestão que requeiram especiais conhecimentos por parte do administrador da insolvência, nomeadamente quando a massa insolvente integre estabelecimento em actividade, o juiz deve proceder à nomeação, nos termos do número anterior, de entre os administradores da insolvência especialmente habilitados para o efeito.

Art. 3.° (Exercício de funções)

1. Os administradores da insolvência exercem as suas funções por tempo indeterminado e sem limite máximo de processos.

2. Os administradores da insolvência equiparam-se aos agentes de execução nas relações com os órgãos do Estado e demais pessoas colectivas públicas, nomeadamente, no que concerne:

a) Ao acesso e movimentação nas instalações dos tribunais, conservatórias e serviços de finanças;

b) Ao acesso ao registo informático de execuções nos termos do Decreto-Lei n.° 201/2003, de 10 de Setembro;

1363

[143] L 32/2004 Arts. 4.°-5.° Estatuto do administrador da insolvência

c) À consulta das bases de dados da administração tributária, da segurança social, das conservatórias do registo predial, comercial e automóvel e de outros registos e arquivos semelhantes, nos termos do artigo 833.°-A do Código de Processo Civil.

3. Para os efeitos do número anterior, os administradores da insolvência devem identificar-se mediante a apresentação de um documento de identificação pessoal emitido pelo Ministério da Justiça, de modelo a aprovar por portaria do Ministro da Justiça.

Notas. 1. Redacção introduzida pelo art. 57.° da L n.° 34/2009, de 14 de Julho.

2. Cf. Portaria n.° 265/2005, de 17 de Março.

Art. 4.° (Suspensão do exercício de funções)

1. Os administradores da insolvência podem suspender o exercício da sua actividade pelo período máximo de dois anos, mediante requerimento dirigido, preferencialmente por via electrónica, ao presidente da comissão referida no artigo 12.°, adiante designada por comissão, com a antecedência mínima de 45 dias úteis relativamente à data do seu início.

2. A suspensão do exercício de funções apenas pode ser requerida duas vezes, podendo a segunda ter lugar depois de decorridos pelo menos três anos após o termo da primeira.

3. Sendo deferido o pedido de suspensão, o administrador da insolvência deve, por via electrónica, comunicá-lo aos juízes dos processos em que se encontra a exercer funções, para que se proceda à sua substituição.

4. No prazo de cinco dias a contar do deferimento do pedido de suspensão, a comissão deve informar a Direcção-Geral da Administração da Justiça desse facto, por via electrónica, para que esta proceda à actualização das listas oficiais.

Nota. Redacção introduzida pelo art. 2.° do DL n.° 282/2007, de 7 de Agosto.

Art. 5.° (Listas oficiais de administradores da insolvência)

1. Para cada distrito judicial existe uma lista de administradores da insolvência, contendo o nome e o domicílio profissional das pessoas habilitadas a desempenhar a actividade de administrador da insolvência no respectivo distrito, bem como a identificação clara das pessoas especialmente habilitadas a praticar actos de gestão para efeitos do n.° 3 do artigo 2.°

2. Se o administrador da insolvência for sócio de uma sociedade de administradores da insolvência, a lista deve conter, para além dos elementos referidos no número anterior, a referência àquela qualidade e a identificação da respectiva sociedade.

3. A manutenção e actualização das listas oficiais de administradores da insolvência, bem como a sua colocação à disposição dos tribunais, por meios informáticos, cabem à Direcção-Geral da Administração da Justiça.

4. Compete à comissão desenvolver os procedimentos conducentes à inscrição nas listas oficiais.

5. Sem prejuízo da sua disponibilização permanente em página informática de acesso público, as listas oficiais são anualmente publicadas no *Diário da República,* até ao final do 1.° trimestre de cada ano civil.

6. A inscrição nas listas oficiais não investe os inscritos na qualidade de agente nem garante o pagamento de qualquer remuneração fixa por parte do Estado.

1364

Cap. II.   Inscrição nas listas oficiais de administ. da insolv.   **Arts. 6.°-7.° L 32/2004 [143]**

CAPÍTULO II.   **Inscrição nas listas oficiais de administradores da insolvência**

Art. 6.°   **(Requisitos de inscrição)**
1. Apenas podem ser inscritos nas listas oficiais os candidatos que, cumulativamente:

a) Tenham uma licenciatura e experiência profissional adequadas ao exercício da actividade;

b) Obtenham aprovação no exame de admissão;

c) Não se encontrem em nenhuma situação de incompatibilidade para o exercício da actividade;

d) Sejam pessoas idóneas para o exercício da actividade de administrador da insolvência.

2. Para os efeitos da alínea *a*) do número anterior, considera-se licenciatura e experiência profissional adequadas ao exercício da actividade aquelas que atestem a especial formação de base e experiência do candidato nas matérias sobre que versa o exame de admissão.

3. Podem ainda ser inscritos nas listas oficiais os candidatos que, apesar de não reunirem a condição prevista na alínea *a*) do n.° 1, tenham três anos de exercício da profissão de solicitador nos últimos cinco anos e reúnam as demais condições previstas no n.° 1.

4. No caso previsto no número anterior, está vedada a inscrição do candidato como pessoa especialmente habilitada a praticar actos de gestão para efeitos do disposto no n.° 3 do artigo 2.°

Nota. Redacção introduzida pelo art. 2.° do DL n.° 282/2007, de 7 de Agosto.

Art. 7.°   **(Processo de inscrição)**
1. A inscrição nas listas oficiais é solicitada ao presidente da comissão, mediante requerimento acompanhado dos seguintes elementos:

a) *Curriculum vitae*;

b) Certificado de licenciatura ou comprovativo da situação prevista no n.° 3 do artigo anterior;

c) Certificado do registo criminal;

d) Declaração sobre o exercício de qualquer outra actividade remunerada e sobre a inexistência de qualquer das situações de incompatibilidade previstas no artigo seguinte;

e) Atestado médico a que se referem os n.ᵒˢ 5 e 6 do artigo 16.°, no caso de o candidato ter 70 anos completos;

f) Qualquer outro documento que o candidato considere importante para instruir a sua candidatura.

2. O disposto no número anterior não obsta a que a comissão solicite ao candidato qualquer outro documento necessário à prova dos factos declarados ou que estabeleça pré-requisitos adicionais, nomeadamente no regulamento do concurso de admissão.

3. O candidato pode requerer a sua inscrição em mais de uma lista distrital.

1365

[143] L 32/2004 Arts. 8.°-10.°   Estatuto do administrador da insolvência

Art. 8.° (Incompatibilidades, impedimentos e suspeições)

1. Os administradores da insolvência estão sujeitos aos impedimentos e suspeições aplicáveis aos juízes, bem como às regras gerais sobre incompatibilidades aplicáveis aos titulares de órgãos sociais das sociedades.

2. Os administradores da insolvência, enquanto no exercício das respectivas funções, não podem integrar órgãos sociais ou ser dirigentes de empresas que prossigam actividades total ou predominantemente semelhantes às de empresa compreendida na massa insolvente.

3. Os administradores da insolvência e os seus cônjuges e parentes ou afins até ao 2.° grau da linha recta ou colateral não podem, por si ou por interposta pessoa, ser titulares de participações sociais nas empresas referidas no número anterior.

4. Os administradores da insolvência não podem, por si ou por interposta pessoa, ser membros de órgãos sociais ou dirigentes de empresas em que tenham exercido as suas funções sem que hajam decorrido três anos após a cessação daquele exercício.

Art. 9.° (Idoneidade)

1. Entre outras circunstâncias, considera-se indiciador de falta de idoneidade para inscrição nas listas oficiais o facto de a pessoa ter sido:

a) Condenada com trânsito em julgado, no País ou no estrangeiro, por crime de furto, roubo, burla, burla informática e nas comunicações, extorsão, abuso de confiança, receptação, infidelidade, falsificação, falsas declarações, insolvência dolosa, frustração de créditos, insolvência negligente, favorecimento de credores, emissão de cheques sem provisão, abuso de cartão de garantia ou de crédito, apropriação ilegítima de bens do sector público ou cooperativo, administração danosa em unidade económica do sector público ou cooperativo, usura, suborno, corrupção, tráfico de influência, peculato, recepção não autorizada de depósitos ou outros fundos reembolsáveis, prática ilícita de actos ou operações inerentes à actividade seguradora ou dos fundos de pensões, fraude fiscal ou outro crime tributário, branqueamento de capitais ou crime previsto no Código das Sociedades Comerciais ou no Código dos Valores Mobiliários;

b) Declarada, nos últimos 15 anos, por sentença nacional ou estrangeira transitada em julgado, insolvente ou julgada responsável por insolvência de empresa por ela dominada ou de cujos órgãos de administração ou fiscalização tenha sido membro.

2. O disposto no número anterior não impede que a comissão considere qualquer outro facto como indiciador de falta de idoneidade.

3. A verificação da ocorrência dos factos descritos no n.° 1 não impede a comissão de considerar, de forma justificada, que estão reunidas as condições de idoneidade para o exercício da actividade de administrador da insolvência, tendo em conta, nomeadamente, o tempo decorrido desde a prática dos factos.

Art. 10.° (Exame de admissão)

1. O exame de admissão consiste numa prova escrita sobre as seguintes matérias:

a) Direito comercial e Código da Insolvência e da Recuperação de Empresas;

1366

Cap. III. Comissão   **Arts. 11.º-12.º L 32/2004 [143]**

b) Direito processual civil;
c) Contabilidade e fiscalidade.

2. Os candidatos que requeiram a sua inscrição como administradores da insolvência especialmente habilitados a praticar actos de gestão, para efeitos do n.º 3 do artigo 2.º, são igualmente avaliados no domínio da gestão de empresas.

3. O disposto nos números anteriores não impede a comissão de determinar a avaliação dos candidatos no que respeita a outras matérias, desde que o estabeleça dentro do prazo previsto para a fixação da data do exame de admissão.

4. O exame de admissão ocorre uma vez por ano, preferencialmente durante os meses de Setembro ou Outubro, sendo a data definida pela comissão.

5. A comissão tem a faculdade de, por deliberação fundamentada, estabelecer a não realização do exame de admissão em determinado ano.

6. Sem prejuízo do seu anúncio em página informática de acesso público, a data do exame é publicada quer no *Diário da República* quer em jornal nacional de grande circulação, com um mínimo de 60 dias úteis de antecedência.

7. Apenas são admitidos à realização do exame de admissão os candidatos que apresentem o requerimento referido no artigo 7.º com uma antecedência mínima de 15 dias úteis relativamente à data do exame e que respeitem os requisitos previstos nas alíneas *a*), *c*) e *d*) do n.º 1 do artigo 6.º

8. Considera-se aprovação no exame de admissão a obtenção de uma classificação igual ou superior a 10 valores, numa escala de 0 a 20 valores.

9. A comissão pode complementar a avaliação dos candidatos com a realização de uma prova oral que verse sobre as matérias questionadas no exame escrito.

Art. 11.º (Inscrição nas listas oficiais de administradores da insolvência)

1. A comissão tem 45 dias, a contar da data de realização do exame de admissão, para notificar o candidato da sua classificação.

2. Em caso de aprovação no exame de admissão, a comissão, no prazo de cinco dias, ordena por via electrónica à Direcção-Geral da Administração da Justiça que inscreva o candidato nas listas oficiais, no prazo de cinco dias.

Nota. Redacção introduzida pelo art. 2.º do DL n.º 282/2007, de 7 de Agosto.

CAPÍTULO III. **Comissão**

Art. 12.º (Nomeação e remuneração dos membros da comissão)

1. É criada uma comissão, na dependência do Ministro da Justiça, responsável pela admissão à actividade de administrador da insolvência e pelo controlo do seu exercício.

2. A comissão é composta por um magistrado judicial nomeado pelo Conselho Superior da Magistratura, que preside, por um magistrado do Ministério Público nomeado pelo Conselho Superior do Ministério Público, por um administrador da insolvência designado pela associação mais representativa da actividade profissional e por duas individualidades de reconhecida experiência profissional nas áreas da economia, da gestão de empresas ou do direito comercial, nomeadas por despacho conjunto dos Ministros da Justiça e da Economia.

1367

[143] L 32/2004 Arts. 13.°-15.°   Estatuto do administrador da insolvência

3. Os membros da comissão têm direito ao abono de senhas de presença por cada sessão em que participem, de montante a fixar por despacho conjunto dos Ministros das Finanças, da Justiça e da Economia.

4. Os encargos decorrentes do financiamento da comissão são assegurados pelo Instituto de Gestão Financeira e de Infra-Estruturas da Justiça, I. P.

Nota. Redacção introduzida pelo art. 2.° do DL n.° 282/2007, de 7 de Agosto.

Art. 13.° (Funcionamento da comissão)

1. Ao funcionamento da comissão aplica-se o disposto no Código do Procedimento Administrativo, com as necessárias adaptações.

2. Sob proposta do respectivo presidente, a comissão pode solicitar ainda o apoio de técnicos de reconhecido mérito para a coadjuvarem no exercício das suas competências.

3. As deliberações da comissão são susceptíveis de recurso contencioso nos termos gerais.

Art. 14.° (Secretário executivo)

1. A comissão é coadjuvada por um secretário executivo, nomeado, de entre licenciados, pelo Ministro da Justiça, sob proposta daquela.

2. O secretário executivo é remunerado pelo índice 500 da escala salarial do regime geral, sem prejuízo de poder optar pelo vencimento do cargo de origem, no caso de ser funcionário público.

3. O provimento do secretário executivo é efectuado em regime de comissão de serviço, pelo período de três anos, renovável por iguais períodos.

4. O secretário executivo está isento de horário de trabalho, não lhe correspondendo, por isso, qualquer remuneração a título de trabalho extraordinário.

5. O secretário executivo está sujeito ao cumprimento do dever geral de assiduidade e da duração normal do trabalho.

6. Sem prejuízo das regras do Estatuto da Aposentação e respectiva legislação acessória, o exercício das funções de secretário executivo, no caso de este ser funcionário público, é contado, para todos os efeitos legais, designadamente para a progressão nas respectivas carreiras, como prestado nos lugares de origem.

Art. 15.° (Competências da comissão)

A comissão tem as seguintes competências:

a) Ordenar à Direcção-Geral da Administração da Justiça que inscreva os candidatos admitidos nas listas oficiais;

b) Ordenar à Direcção-Geral da Administração da Justiça que suspenda ou cancele a inscrição nas listas oficiais de qualquer administrador da insolvência;

c) Verificar o respeito pelos requisitos de inscrição nas listas oficiais;

d) Providenciar pela elaboração e avaliação dos exames de admissão;

e) Controlar e fiscalizar o exercício da actividade de administrador da insolvência;

f) Instaurar processos de averiguações e aplicar sanções aos administradores da insolvência;

g) Recolher dados estatísticos relacionados com o exercício das suas competências.

1368

Cap. IV.   Deveres e regime sancionatório   **Arts. 16.º-17.º L 32/2004 [143]**

CAPÍTULO IV.   Deveres e regime sancionatório

Art. 16.º (Deveres)

1. O administrador da insolvência deve, no exercício das suas funções e fora delas, considerar-se um servidor da justiça e do direito e, como tal, mostrar-se digno da honra e das responsabilidades que lhes são inerentes.

2. O administrador da insolvência, no exercício das suas funções, deve manter sempre a maior independência e isenção, não prosseguindo quaisquer objectivos diversos dos inerentes ao exercício da sua actividade.

3. Sem prejuízo do disposto no artigo seguinte, os administradores da insolvência inscritos nas listas oficiais devem aceitar as nomeações efectuadas pelo juiz, devendo este comunicar à comissão a recusa de aceitação de qualquer nomeação.

4. O administrador da insolvência deve comunicar, por via electrónica, com a antecedência de 15 dias, aos juízes dos processos em que se encontre a exercer funções e à Direcção-Geral da Administração da Justiça qualquer mudança de domicílio profissional.

5. Os administradores da insolvência que tenham completado 70 anos de idade devem fazer prova, mediante atestado médico a enviar à comissão, de que possuem aptidão para o exercício das funções.

6. O atestado a que se refere o número anterior é apresentado de dois em dois anos, durante o mês de Janeiro.

Nota. Redacção introduzida pelo art. 2.º do DL n.º 282/2007, de 7 de Agosto.

Art. 17.º (Escusa e substituição do administrador da insolvência)

1. O administrador da insolvência pode pedir escusa de um processo para o qual tenha sido nomeado pelo juiz, em caso de grave e temporária impossibilidade de exercício de funções.

2. O pedido de escusa é apreciado pelo juiz, sendo comunicado à comissão juntamente com a respectiva decisão, com vista à eventual instauração de processo de averiguações.

3. Se a nomeação ou a escolha de administrador da insolvência o colocar em alguma das situações previstas nos n.ºˢ 1 a 3 do artigo 8.º, o administrador da insolvência deve comunicar imediatamente esse facto ao juiz do processo, requerendo a sua substituição.

4. Se, em qualquer momento, se verificar alguma circunstância susceptível de revelar falta de idoneidade, o administrador da insolvência deve comunicar imediatamente esse facto aos juízes dos processos em que tenha sido nomeado, requerendo a sua substituição.

5. Os juízes devem comunicar à comissão qualquer pedido de substituição que recebam dos administradores da insolvência.

6. O administrador da insolvência substituído, nos termos deste artigo, do artigo seguinte ou do artigo 4.º, deve prestar toda a colaboração necessária que seja solicitada pelos administradores da insolvência que o substituam.

1369

[143] L 32/2004 Arts. 18.°-20.° Estatuto do administrador da insolvência

Art. 18.° (Regime sancionatório)

1. A comissão pode, por deliberação fundamentada e na sequência de processo de averiguações, ordenar, por via electrónica, à Direcção-Geral da Administração da Justiça que, no prazo de cinco dias, suspenda por um período não superior a cinco anos ou cancele definitivamente a inscrição de qualquer administrador da insolvência por se ter verificado qualquer facto que consubstancie incumprimento dos deveres de administrador da insolvência ou que revele falta de idoneidade para o exercício das mesmas.

2. No caso de se tratar de uma falta leve, a comissão pode aplicar uma repreensão por escrito.

3. As medidas referidas nos números anteriores são sempre precedidas de audiência do interessado, o qual só pode ser suspenso enquanto decorrer o processo de averiguações se existirem vários indícios de falta de idoneidade ou forem graves os factos imputados.

4. A destituição pelo juiz, nos termos do artigo 56.° do Código da Insolvência e da Recuperação de Empresas, é sempre comunicada por este à comissão, tendo em vista a eventual instauração de processo de averiguações.

5. Em caso de cancelamento ou de suspensão de inscrição, a comissão comunica esse facto, por via electrónica, à Direcção-Geral da Administração da Justiça para que se possa proceder à actualização das listas oficiais.

6. O exercício de funções de administrador da insolvência em violação do preceituado nos n.ºs 1 a 3 do artigo 8.° e no artigo 9.° ou durante o período de suspensão ou de cancelamento da inscrição implica a responsabilização pelos actos praticados e constitui contra-ordenação, punível com coima de € 500 a € 10 000, se não representar infracção criminal.

7. A abertura do procedimento contra-ordenacional previsto no número anterior, a instrução do respectivo processo e a aplicação de coimas são competências da comissão.

8. As sociedades de administradores da insolvência respondem solidariamente pelo pagamento das coimas e das custas em que forem condenados os seus sócios, nos termos dos n.ºs 6 e 7.

Nota. Redacção introduzida pelo art. 2.° do DL n.° 282/2007, de 7 de Agosto.

CAPÍTULO V. **Remuneração e pagamento do administrador da insolvência**

Art. 19.° (Remuneração do administrador da insolvência)

O administrador da insolvência tem direito a ser remunerado pelo exercício das funções que lhe são cometidas, bem como ao reembolso das despesas necessárias ao cumprimento das mesmas.

Art. 20.° (Remuneração do administrador da insolvência nomeado pelo juiz)

1. O administrador da insolvência, nomeado pelo juiz, tem direito a ser remunerado pelos actos praticados, de acordo com o montante estabelecido em portaria conjunta dos Ministros das Finanças e da Justiça.

1370

Cap. V. Remuneração e pagamento do administ. da insolv. **Arts. 21.°-22.° L 32/2004 [143]**

2. O administrador da insolvência nomeado pelo juiz aufere ainda uma remuneração variável em função do resultado da liquidação da massa insolvente, cujo valor é o fixado na tabela constante da portaria prevista no número anterior.

3. Para efeitos do número anterior, considera-se resultado da liquidação o montante apurado para a massa insolvente, depois de deduzidos os montantes necessários ao pagamento das dívidas dessa mesma massa, com excepção da remuneração referida no número anterior e das custas de processos judiciais pendentes na data de declaração da insolvência.

4. O valor alcançado por aplicação da tabela referida no n.° 2 é majorado, em função do grau de satisfação dos créditos reclamados e admitidos, pela aplicação dos factores constantes da portaria referida no n.° 1.

5. Se, por aplicação do disposto nos n.ºs 1 a 4, a remuneração exceder o montante de € 50 000 por processo, o juiz pode determinar que a remuneração devida para além desse montante seja inferior à resultante da aplicação dos critérios legais, tendo em conta, designadamente, os serviços prestados, os resultados obtidos, a complexidade do processo e a diligência empregue no exercício das funções.

Nota. Cf. a Portaria n.° 51/2005, de 20 de Janeiro (rectificada no *DR* – I Série B, de 22/3/2005).

Art. 21.° (Remuneração do administrador da insolvência nomeado ou destituído pela assembleia de credores)

1. Sempre que o administrador da insolvência for nomeado pela assembleia de credores, o montante da remuneração é fixado na mesma deliberação que procede à nomeação.

2. O administrador da insolvência nomeado pelo juiz, que for substituído pelos credores, nos termos do n.° 1 do artigo 53.° do Código da Insolvência e da Recuperação de Empresas, tem direito a receber, para além da remuneração determinada em função dos actos praticados, o valor resultante da aplicação da tabela referida no n.° 2 do artigo anterior, na proporção que o produto da venda de bens por si apreendidos, ou outros montantes por si apurados para a massa, representem no montante total apurado para a massa insolvente, reduzido a um quinto.

Art. 22.° (Remuneração pela gestão de estabelecimento compreendido na massa insolvente)

1. Quando competir ao administrador da insolvência a gestão de estabelecimento em actividade compreendido na massa insolvente, cabe ao juiz fixar-lhe a remuneração devida até à deliberação a tomar pela assembleia de credores, nos termos do n.° 1 do artigo 156.° do Código da Insolvência e da Recuperação de Empresas.

2. Na fixação da remuneração prevista no número anterior, deve o juiz atender ao volume de negócios do estabelecimento, à prática de remunerações seguida na empresa, ao número de trabalhadores e à dificuldade das funções compreendidas na gestão do estabelecimento.

3. Caso os credores deliberem, nos termos referidos no n.° 1, manter em actividade o estabelecimento compreendido na massa insolvente, devem, na mesma deliberação, fixar a remuneração devida ao administrador da insolvência pela gestão do mesmo.

1371

[143] L 32/2004 Arts. 23.°-26.°   Estatuto do administrador da insolvência

Art. 23.° (Remuneração pela elaboração do plano de insolvência)

Caso os credores deliberem, na assembleia referida no n.° 1 do artigo anterior, instruir o administrador da insolvência no sentido de elaborar um plano de insolvência, devem, na mesma deliberação, fixar a remuneração devida pela elaboração de tal plano.

Art. 24.° (Remuneração do administrador judicial provisório)

A fixação da remuneração do administrador judicial provisório, nos termos do n.° 2 do artigo 32.° do Código da Insolvência e da Recuperação de Empresas, deve respeitar os critérios enunciados no n.° 2 do artigo 22.°, bem como ter em conta a extensão das tarefas que lhe são confiadas.

Art. 25.° (Remuneração do fiduciário)

A remuneração do fiduciário corresponde a 10% das quantias objecto de cessão, com o limite máximo de € 5 000 por ano.

Art. 26.° (Pagamento da remuneração do administrador da insolvência)

1. A remuneração do administrador da insolvência e o reembolso das despesas são suportados pela massa insolvente, salvo o disposto no artigo seguinte.

2. A remuneração prevista no n.° 1 do artigo 20.° é paga em duas prestações de igual montante, vencendo-se a primeira na data da nomeação e a segunda seis meses após tal nomeação, mas nunca após a data de encerramento do processo.

3. A remuneração prevista nos n.os 2 a 4 do artigo 20.° é paga a final, vencendo-se na data de encerramento do processo.

4. A remuneração pela gestão, nos termos do n.° 1 do artigo 22.°, é suportada pela massa insolvente e, prioritariamente, pelos proventos obtidos com a exploração do estabelecimento.

5. Sempre que a administração da massa insolvente seja assegurada pelo devedor, nos termos dos artigos 223.° a 229.° do Código da Insolvência e da Recuperação de Empresas, a remuneração prevista no n.° 2 e a provisão para despesas referida no número seguinte são por este retiradas da massa insolvente e entregues ao administrador da insolvência.

6. A provisão para despesas equivale a um quarto da remuneração fixada na portaria referida no n.° 1 do artigo 20.° e é paga em duas prestações de igual montante, sendo a primeira paga imediatamente após a nomeação e a segunda após a elaboração do relatório pelo administrador da insolvência, nos termos do artigo 155.° do Código da Insolvência e da Recuperação de Empresas.

7. Nos casos em que a administração da massa insolvente ou a liquidação fiquem a cargo do administrador da insolvência e a massa insolvente tenha liquidez, os montantes referidos nos números anteriores são directamente retirados por este da massa.

8. Não se verificando liquidez na massa insolvente, é aplicável o disposto no n.° 1 do artigo seguinte relativamente ao pagamento da provisão para despesas do administrador da insolvência.

9. No que respeita às despesas de deslocação, apenas são reembolsadas aquelas que seriam devidas a um administrador da insolvência que tenha domicílio profissional no distrito judicial em que foi instaurado o processo de insolvência.

1372

Cap. VI. Disposições finais e transitórias **Arts. 27.º-28.º L 32/2004 [143]**

10. Os credores podem igualmente assumir o encargo de adiantamento da remuneração do administrador da insolvência ou das respectivas despesas.

11. A massa insolvente deve reembolsar os credores dos montantes adiantados nos termos dos números anteriores logo que tenha recursos disponíveis para esse efeito.

Nota. Redacção introduzida pelo art. 2.º do DL n.º 282/2007, de 7 de Agosto.

Art. 27.º (Pagamento da remuneração do administrador da insolvência suportada pelo Cofre Geral dos Tribunais)

1. Nas situações previstas nos artigos 39.º e 232.º do Código da Insolvência e da Recuperação de Empresas, a remuneração do administrador da insolvência e o reembolso das despesas são suportados pelo Instituto de Gestão Financeira e de Infra-Estruturas da Justiça, I. P.

2. Nos casos previstos no artigo 39.º do Código da Insolvência e da Recuperação de Empresas, a provisão a adiantar pelo Instituto de Gestão Financeira e de Infra-Estruturas da Justiça, I. P., é metade da prevista no n.º 6 do artigo anterior, sendo paga imediatamente após a nomeação.

3. Se o devedor beneficiar do diferimento do pagamento das custas, nos termos do n.º 1 do artigo 248.º do Código da Insolvência e da Recuperação de Empresas, o pagamento da remuneração e o reembolso das despesas são suportados pelo Instituto de Gestão Financeira e de Infra-Estruturas da Justiça, I. P., na medida em que a massa insolvente seja insuficiente para esse efeito.

4. Nos casos previstos no artigo 39.º do Código da Insolvência e da Recuperação de Empresas, a remuneração do administrador da insolvência é reduzida a um quarto do valor fixado pela portaria referida no n.º 1 do artigo 20.º

5. Para efeitos do presente artigo, não se considera insuficiência da massa a mera falta de liquidez.

Nota. Redacção introduzida pelo art. 2.º do DL n.º 282/2007, de 7 de Agosto.

CAPÍTULO VI. **Disposições finais e transitórias**

Art. 28.º (Disposições transitórias)

1. No prazo de 60 dias após a data da entrada em vigor da presente lei, os gestores e liquidatários judiciais, inscritos nas listas distritais previstas no Decreto--Lei n.º 254/93, de 15 de Julho, que demonstrem exercício efectivo das respectivas funções e que respeitem os requisitos previstos nas alíneas c) e d) do n.º 1 do artigo 6.º podem requerer a inscrição nas listas oficiais de administradores da insolvência.

2. Para efeitos do disposto no presente artigo, considera-se exercício efectivo de funções de gestor ou liquidatário judicial o exercício das funções de gestor ou liquidatário em, pelo menos, dois processos de recuperação de empresa ou de falência nos últimos dois anos.

3. No caso de se tratar de gestores ou liquidatários judiciais que tenham iniciado a sua actividade há menos de dois anos, é suficiente o exercício de funções de gestor ou liquidatário judicial em apenas um processo.

1373

[143] L 32/2004 Arts. 29.°-30.° Estatuto do administrador da insolvência

4. O requerimento de inscrição é dirigido ao presidente da comissão, devendo ser instruído com os elementos mencionados nas alíneas *a*) e *c*) a *f*) do n.° 1 do artigo 7.°, bem como com a prova documental do exercício efectivo da actividade, nos termos do número anterior.

5. A comissão deve, no prazo de 10 dias após o termo do período previsto no n.° 1, publicar no *Diário da República* e enviar à Direcção-Geral da Administração da Justiça as listas oficiais, para que, em 5 dias, aquelas sejam colocadas à disposição dos tribunais.

6. Até à publicação das listas oficiais no *Diário da República*, os gestores e liquidatários judiciais exercem as funções de administradores da insolvência, sendo todas as nomeações efectuadas de entre os inscritos nas listas de gestores e liquidatários judiciais previstas no Decreto-Lei n.° 254/93, de 15 de Julho, incidindo sobre os gestores judiciais as nomeações para processos em que seja previsível a existência de actos de gestão que requeiram especiais conhecimentos nessa área, nos termos do n.° 3 do artigo 2.°

7. As nomeações de gestores e liquidatários judiciais para exercício de funções em processos especiais de recuperação da empresa e de falência pendentes à data de publicação no *Diário da República* das listas oficiais de administradores da insolvência recaem sobre administradores da insolvência, sendo as nomeações para gestor judicial efectuadas de entre aqueles especialmente habilitados para praticar actos de gestão.

8. Para efeitos do número anterior, a remuneração devida aos administradores da insolvência nomeados para exercer as funções de gestor ou liquidatário judicial é a fixada no Código dos Processos Especiais de Recuperação da Empresa e de Falência.

9. Os gestores e liquidatários judiciais que continuem a exercer funções em processos de recuperação da empresa ou de falência após a entrada em vigor do Código da Insolvência e da Recuperação de Empresas ficam sujeitos ao estatuto estabelecido no Decreto-Lei n.° 254/93, de 15 de Julho, na redacção que lhe foi dada pelo Decreto-Lei n.° 293/95, de 17 de Novembro, e no Decreto-Lei n.° 188/96, de 8 de Outubro, com a redacção que lhe foi dada pelo Decreto-Lei n.° 323/2001, de 17 de Dezembro.

10. A comissão criada pela presente lei assume as competências de fiscalização das actividades de gestor e liquidatário judicial atribuídas às comissões distritais previstas no Decreto-Lei n.° 254/93, de 15 de Julho.

11. Para os efeitos previstos no número anterior, as comissões distritais criadas pelo Decreto-Lei n.° 254/93, de 15 de Julho, devem remeter à comissão toda a documentação relativa às listas de gestores e liquidatários judiciais, no prazo de 15 dias a contar da entrada em vigor da presente lei.

Art. 29.° (Revogação)

É revogado o Decreto-Lei n.° 254/93, de 15 de Julho, na redacção que lhe foi dada pelo Decreto-Lei n.° 293/95, de 17 de Novembro, e o Decreto-Lei n.° 188/96, de 8 de Outubro, com a redacção que lhe foi dada pelo Decreto-Lei n.° 323/2001, de 17 de Dezembro.

Art. 30.° (Entrada em vigor)

A presente lei entra em vigor no dia 15 de Julho de 2004.

PARTE DÉCIMA SEGUNDA

PROPRIEDADE INDUSTRIAL

Págs.

[151] Decreto-Lei n.º 36/2003, de 5 de Março, aprova o Código da Propriedade Industrial **(CPI)** 1377

[152] Decreto-Lei n.º 318/2007, de 26 de Setembro, institui um regime especial de aquisição imediata de marca registada **(DL 318/2007)** 1489

[153] Directiva 2008/95/CE, do Parlamento e do Conselho, de 22 de Outubro de 2008, que aproxima as legislações dos Estados-Membros em matéria de marcas **(Directiva 2008/95/CE)** 1493

[154] Convenção da União de Paris, de 20 de Março de 1883 **(CUP)** 1504

[151] DECRETO-LEI N.º 36/2003
de 5 de Março

No uso da autorização legislativa concedida pela Lei n.º 17/2002, de 15 de Julho, e nos termos da alínea *a*) e *b*) no n.º 1 do artigo 198.º da Constituição, o Governo decreta o seguinte:

Art. 1.º (Aprovação)
É aprovado o Código da Propriedade Industrial que se publica em anexo ao presente diploma e dele faz parte integrante.

Art. 2.º (Âmbito de aplicação)
Sem prejuízo do que se dispõe nos artigos seguintes, as normas deste Código aplicam-se aos pedidos de patentes, de modelos de utilidade e de registo de modelos e desenhos industriais, efectuados antes da sua entrada em vigor e que ainda não tenham sido objecto de despacho definitivo.

Art. 3.º (Pedidos de patente)
Os pedidos de patente referidos no artigo anterior, cuja menção de concessão não tenha sido publicada à data de entrada em vigor deste Código, são objecto de publicação que contenha os dados bibliográficos do processo, para efeitos de oposição, seguindo-se os demais trâmites previstos naquele Código.

Art. 4.º (Pedidos de modelos de utilidade)
1. Os pedidos de modelos de utilidade, a que se refere o artigo 2.º, são submetidos a exame.
2. Os pedidos de modelos de utilidade, cuja menção de concessão não tenha sido publicada à data de entrada em vigor deste Código, são objecto de procedimento idêntico ao que se prevê, para pedidos de patente, no artigo 3.º deste diploma.

Art. 5.º (Pedidos de registo de modelos e desenhos industriais)
1. Os pedidos de registo de modelos e desenhos industriais, a que se refere o artigo 2.º, mantendo embora o seu objecto, passam a ser designados por pedidos de registo de desenho ou modelo.
2. Os pedidos referidos no número anterior são submetidos a exame.
3. A sua publicação e, bem assim, a dos que já tiverem sido objecto de exame deve ocorrer até ao limite de seis meses após a data de entrada em vigor deste Código.

[151] CPI

Decreto-Lei n.° 36/2003

Art. 6.° (Duração das patentes)

1. As patentes cujos pedidos foram efectuados antes da entrada em vigor do Decreto-Lei n.° 16/95, de 24 de Janeiro, mantêm a duração de 15 anos a contar da data da respectiva concessão, ou de 20 anos a contar da data do pedido, aplicando--se o prazo mais longo, nos termos em que o Decreto-Lei n.° 141/96, de 23 de Agosto, o dispunha.

2. Aos pedidos de patente efectuados antes da entrada em vigor do Decreto--Lei n.° 16/95, de 24 de Janeiro, e que ainda não tenham sido objecto de despacho definitivo aplica-se o que se dispõe no número anterior.

Art. 7.° (Duração dos modelos de utilidade)

1. Os modelos de utilidade concedidos antes da entrada em vigor do Decreto--Lei n.° 16/95, de 24 de Janeiro, caducam 15 anos após o vencimento da primeira anuidade que tiver ocorrido depois de 1 de Junho de 1995.

2. Os pedidos de modelos de utilidade efectuados antes da entrada em vigor do Decreto-Lei n.° 16/95, de 24 de Janeiro, e concedidos posteriormente, mantêm a duração de 15 anos a contar da data da sua concessão.

3. Os restantes modelos de utilidade pedidos e concedidos na vigência do Decreto-Lei n.° 16/95, de 24 de Janeiro, mantêm a duração de 15 anos a contar da data do respectivo pedido.

Art. 8.° (Duração dos registos de modelos e desenhos industriais)

1. Os modelos e desenhos industriais concedidos antes da entrada em vigor do Decreto-Lei n.° 16/95, de 24 de Janeiro, caducam 25 anos após o vencimento da primeira anuidade que tiver ocorrido depois de 1 de Junho de 1995.

2. Os pedidos de modelos e desenhos industriais efectuados antes da entrada em vigor do Decreto-Lei n.° 16/95, de 24 de Janeiro, e concedidos posteriormente, mantêm a duração de 25 anos a contar da data da sua concessão.

3. Os restantes modelos e desenhos industriais, pedidos e concedidos na vigência do Decreto-Lei n.° 16/95, de 24 de Janeiro, mantêm a duração de 25 anos a contar da data do respectivo pedido.

4. O pagamento das taxas periódicas relativas aos registos referidos nos números anteriores passa a ser efectuado por períodos de cinco anos até ao limite de vigência dos respectivos direitos.

5. O primeiro pagamento, referido no número anterior, efectuado nos termos do Decreto-Lei n.° 16/95, de 24 de Janeiro, que ocorra depois da entrada em vigor deste Código, deve perfazer o quinquénio respectivo.

Art. 9.° (Patentes, modelos de utilidade e registos de modelos e desenhos industriais pertencentes ao Estado)

1. As patentes, os modelos de utilidade e os registos de modelos e desenhos industriais pertencentes ao Estado e que tenham sido concedidos na vigência do Decreto n.° 30679, de 24 de Agosto de 1940, caducam no aniversário da data da sua vigência que ocorra após 20, 10 e 25 anos, respectivamente, a contar da data de entrada em vigor deste Código.

1378

Decreto-Lei n.º 36/2003   CPI **[151]**

2. A manutenção dos direitos referidos no número anterior, desde que explorados ou usados por empresas de qualquer natureza, fica sujeita aos encargos previstos neste Código.

Art. 10.º (Extensão do âmbito de aplicação)

As disposições deste Código aplicam-se aos pedidos de registo de marcas, de nomes e de insígnias de estabelecimento, de logótipos, de recompensas, de denominações de origem e de indicações geográficas, efectuados antes da sua entrada em vigor e que ainda não tenham sido objecto de despacho definitivo.

Art. 11.º (Duração dos registos de nomes, insígnias de estabelecimento e logótipos)

1. Os registos de nomes e insígnias de estabelecimento concedidos antes da entrada em vigor do Decreto-Lei n.º 16/95, de 24 de Janeiro, mantêm a validade que lhes foi atribuída pelo Decreto n.º 30 679, de 24 de Agosto de 1940, até à primeira renovação que ocorrer depois daquela data, passando as futuras renovações a ser feitas por períodos de 10 anos.

2. Os registos de nomes e insígnias de estabelecimento e logótipos, concedidos na vigência do Decreto-Lei n.º 16/95, de 24 de Janeiro, mantêm a validade que lhes foi atribuída por esse diploma até à primeira renovação que ocorrer após essa data, passando as futuras renovações a ser feitas por períodos de 10 anos.

Art. 12.º (Marcas registadas)

1. Os titulares de marcas registadas para produtos destinados exclusivamente a exportação, ao abrigo do artigo 78.º, § 2.º, do Decreto n.º 30 679, de 24 de Agosto de 1940, podem requerer a supressão dessa limitação.

2. Enquanto não for requerida a supressão dessa limitação, as marcas a que se refere o número anterior não podem ser usadas em qualquer parte do território nacional, sob pena de caducidade do respectivo registo.

3. Às marcas registadas sem termo de vigência, ao abrigo da Carta de Lei de 4 de Junho de 1883 sobre marcas de fábrica ou de comércio, são aplicáveis as disposições deste Código, contando-se o prazo para as futuras renovações a partir da entrada em vigor deste.

4. No acto de renovação dos registos de marcas, efectuados para as classes da tabela II a que se refere o artigo 1.º do Decreto de 1 de Março de 1901, devem ser indicados os produtos para os quais se deseja manter válido o registo e que serão classificados de harmonia com a tabela em vigor.

5. Os direitos resultantes de registos de marcas de base efectuados antes da entrada em vigor deste Código mantêm-se nos termos em que foram concedidos.

Art. 13.º (Registo de marcas, nomes e insígnias de estabelecimento)

1. Os pedidos de registo das marcas referidas no n.º 4 do artigo anterior que não tenham sido ainda objecto de despacho definitivo devem ser, sob pena de recusa, convertidos em pedidos de registo de marcas de produtos e serviços, nos termos em que este Código os prevê, mediante junção de requerimento nesse sentido.

1379

[151] CPI

Decreto-Lei n.º 36/2003

2. Convertido o pedido, nos termos previstos no número antecedente, mantém-se a prioridade decorrente do pedido de registo de marca de base.

3. Os requerentes de pedidos de registo de marcas efectuados na vigência do Decreto n.º 30679, de 24 de Agosto de 1940, e que não tenham sido ainda objecto de despacho definitivo, devem, no prazo de seis meses a contar da entrada em vigor deste Código, vir ao processo demonstrar se ainda fabricam ou comercializam os produtos para os quais solicitaram protecção do respectivo sinal ou se ainda prestam os serviços que a marca pretende assinalar ou, pelo menos, se é seu propósito fazê-lo, sob pena de recusa do pedido de registo.

4. Os requerentes de pedidos de registo de nomes e insígnias de estabelecimento efectuados na vigência do Decreto n.º 30679, de 24 de Agosto de 1940, e que não tenham sido ainda objecto de despacho definitivo, devem, no prazo de seis meses a contar da entrada em vigor deste Código, vir ao processo apresentar prova da existência real do estabelecimento que pretendem identificar, nos termos previstos no Código, sob pena de recusa do pedido de registo.

Art. 14.º (Regulamentação)

As matérias relativas a requerimentos, notificações e publicidade são regulamentadas, no prazo de 90 dias a contar da entrada em vigor deste Código, por forma a permitir a introdução e o recurso às novas tecnologias da informação no que se refere ao uso de correio electrónico, de telecópia e de redes telemáticas de comunicação como via universal, nomeadamente para consultar bases de dados, depósitos de pedidos, acompanhamento de processos e gestão de direitos.

Art. 15.º (Norma revogatória)

São revogados:

a) O Decreto-Lei n.º 16/95, de 24 de Janeiro, na redacção dada pelo Decreto-Lei n.º 141/96, de 23 de Agosto, e pelo artigo 7.º do Decreto-Lei n.º 375-A/99, de 20 de Setembro;

b) O Decreto-Lei n.º 106/99, de 31 de Março;

c) A Lei n.º 16/89, de 30 de Junho;

d) O despacho n.º 67/95, de 27 de Abril.

Art. 16.º (Entrada em vigor)

O presente diploma entra em vigor no dia 1 de Julho de 2003.

1380

CÓDIGO DA PROPRIEDADE INDUSTRIAL

TÍTULO I. PARTE GERAL

CAPÍTULO I. Disposições gerais

Art. 1.º (Função da propriedade industrial)
A propriedade industrial desempenha a função de garantir a lealdade da concorrência, pela atribuição de direitos privativos sobre os diversos processos técnicos de produção e desenvolvimento da riqueza.

Art. 2.º (Âmbito da propriedade industrial)
Cabem no âmbito da propriedade industrial a indústria e o comércio propriamente ditos, as indústrias das pescas, agrícolas, florestais, pecuárias e extractivas, bem como todos os produtos naturais ou fabricados e os serviços.

Art. 3.º (Âmbito pessoal de aplicação)
1. O presente Código é aplicável a todas as pessoas, singulares ou colectivas, portuguesas ou nacionais dos países que constituem a União Internacional para a Protecção da Propriedade Industrial, adiante designada por União, nos termos da Convenção de Paris de 20 de Março de 1883 e suas revisões e a Organização Mundial do Comércio, adiante designada por OMC, sem dependência de condição de domicílio ou estabelecimento, salvo disposições especiais sobre competência e processo.
2. São equiparados a nacionais dos países da União ou da OMC os nacionais de quaisquer outros Estados que tiverem domicílio ou estabelecimento industrial ou comercial, efectivo e não fictício, no território de um dos países da União ou da OMC.
3. Relativamente a quaisquer outros estrangeiros, observar-se-á o disposto nas convenções entre Portugal e os respectivos países e, na falta destas, o regime de reciprocidade.

Art. 4.º (Efeitos)
1. Os direitos conferidos por patentes, modelos de utilidade e registos abrangem todo o território nacional.
2. Sem prejuízo do que se dispõe no número seguinte, a concessão de direitos de propriedade industrial implica mera presunção jurídica dos requisitos da sua concessão.
3. O registo das recompensas garante a veracidade e autenticidade dos títulos da sua concessão e assegura aos titulares o seu uso exclusivo por tempo indefinido.

[151] CPI Arts. 5.°-7.°

Tít. I. Parte Geral

4. Os registos de marcas, de logótipos e de denominações de origem e de indicações geográficas constituem fundamento de recusa ou de anulação de denominações sociais ou firmas com eles confundíveis se os pedidos de autorização ou de alteração forem posteriores aos pedidos de registo.

5. As acções de anulação dos actos decorrentes do disposto no número anterior só são admissíveis no prazo de 10 anos a contar da publicação no *Diário da República* da constituição ou de alteração da denominação social ou firma da pessoa colectiva, salvo se forem propostas pelo Ministério Público.

Nota. Redacção introduzida pelo art. 1.° do DL n.° 143/2008, de 25 de Julho.

Art. 5.° (Protecção provisória)

1. O pedido de patente, de modelo de utilidade ou de registo confere provisoriamente ao requerente, a partir da respectiva publicação no *Boletim da Propriedade Industrial*, protecção idêntica à que seria atribuída pela concessão do direito, para ser considerada no cálculo de eventual indemnização.

2. A protecção provisória a que se refere o número anterior é oponível, ainda antes da publicação, a quem tenha sido notificado da apresentação do pedido e recebido os elementos necessários constantes do processo.

3. As sentenças relativas a acções propostas com base na protecção provisória não podem ser proferidas antes da concessão ou da recusa definitiva da patente, do modelo de utilidade ou do registo, suspendendo-se a instância finda a fase dos articulados.

Nota. Redacção introduzida pelo art. 1.° do DL n.° 143/2008, de 25 de Julho.

Art. 6.° (Direitos de garantia)

Os direitos emergentes de patentes e de modelos de utilidade bem como de registos de topografias de produtos semicondutores, de desenhos ou modelos e de marcas e outros sinais distintivos do comércio estão sujeitos a penhora e arresto, podendo ser dados em penhor ou sujeitos a outras apreensões de bens efectuadas nos termos legais.

Nota. Redacção introduzida pelo art. 1.° do DL n.° 143/2008, de 25 de Julho.

Art. 7.° (Prova dos direitos)

1. A prova dos direitos de propriedade industrial faz-se por meio de títulos, correspondentes às suas diversas modalidades.

2. Os títulos devem conter os elementos necessários para uma perfeita identificação do direito a que se referem.

3. Os certificados de direitos de propriedade industrial emitidos por organizações internacionais para produzir efeitos em Portugal têm o valor dos títulos a que se referem os números anteriores.

4. Aos titulares dos direitos podem ser passados certificados de conteúdo análogo ao do respectivo título.

5. A solicitação do requerente do pedido ou do titular são passados, de igual modo:

a) Certificados dos pedidos;

b) Certificados de protecção de direitos de propriedade industrial concedidos por organizações internacionais para produzir efeitos em Portugal.

1382

Cap. II. Tramitação administrativa   **Arts. 8.º-10.º CPI [151]**

Art. 8.º (Restabelecimento de direitos)
1. O requerente ou titular de um direito de propriedade industrial que, apesar de toda a vigilância exigida pelas circunstâncias, não tenha cumprido um prazo cuja inobservância possa implicar a sua não concessão ou afectar a respectiva validade, e a causa não lhe puder ser directamente imputada, é, se o requerer, restabelecido nos seus direitos.

2. O requerimento, devidamente fundamentado, deve ser apresentado por escrito, no prazo de dois meses a contar da cessação do facto que impediu o cumprimento do prazo, sendo apenas admitido, em qualquer caso, no período de um ano a contar do termo do prazo não observado.

3. Quando estejam em causa os prazos mencionados no artigo 12.º, o requerimento é apenas admitido no período de dois meses a contar do termo do prazo não observado.

4. O acto omitido deve ser cumprido no decurso do prazo de dois meses referido no n.º 2, junto com o pagamento de uma taxa de restabelecimento de direitos.

5. O disposto no presente artigo não se aplica aos prazos referidos nos n.ºs 2 e 4, nos artigos 17.º e 350.º, quando esteja em causa um prazo de prorrogação previsto neste Código e quando, em relação ao mesmo direito de propriedade industrial, estiver pendente algum processo de declaração de caducidade.

6. O requerente ou o titular de um direito que seja restabelecido nos seus direitos não poderá invocá-los perante um terceiro que, de boa fé, durante o período compreendido entre a perda dos direitos conferidos e a publicação da menção do restabelecimento desses direitos, tenha iniciado a exploração ou a comercialização do objecto do direito ou feito preparativos efectivos e sérios para a sua exploração e comercialização.

7. O terceiro que possa prevalecer-se do disposto no número anterior pode, no prazo de dois meses a contar da data da publicação da menção do restabelecimento do direito, deduzir oposição contra a decisão que restabelece o requerente ou o titular dos seus direitos.

Nota. Redacção introduzida pelo art. 1.º do DL n.º 143/2008, de 25 de Julho.

CAPÍTULO II. **Tramitação administrativa**

Art. 9.º (Legitimidade para praticar actos)
Tem legitimidade para praticar actos jurídicos perante o Instituto Nacional da Propriedade Industrial quem neles tiver interesse.

Art. 10.º (Legitimidade para promover actos)
1. Os actos e termos do processo só podem ser promovidos:

a) Pelo próprio interessado ou titular do direito, se for estabelecido ou domiciliado em Portugal, ou por quem, estando estabelecido ou domiciliado em Portugal e não sendo agente oficial da propriedade industrial, advogado ou solicitador, apresente procuração para o efeito;

b) Pelo próprio interessado ou titular do direito se for estabelecido ou domiciliado em país estrangeiro;

1383

[151] CPI Arts. 10.°-A-11.°

Tít. I.   Parte Geral

c) Por agente oficial da propriedade industrial;
d) Por advogado ou solicitador constituído.

2. As pessoas mencionadas na alínea *b*) do número anterior devem:

a) Indicar uma morada em Portugal; ou
b) Indicar um endereço electrónico ou um número de fax.

3. As entidades referidas nos números anteriores podem sempre ter vista do processo e obter fotocópias dos documentos que interessem, as quais são devidamente autenticadas, mediante requerimento.

4. Nos casos previstos no n.° 2, as notificações são dirigidas, para todos os efeitos legais, para a morada em Portugal, para o endereço electrónico ou para o número de fax indicados pelo interessado, titular do direito ou representante.

5. Quando as partes forem representadas por mandatário, as notificações devem ser-lhe directamente dirigidas.

6. Salvo indicação em contrário do requerente ou titular do direito, as notificações são dirigidas ao último mandatário que teve intervenção no processo, independentemente daquele que proceder ao pagamento das taxas de manutenção.

7. Ocorrendo irregularidades ou omissões na promoção de um determinado acto, a parte é directamente notificada para cumprir os preceitos legais aplicáveis no prazo improrrogável de um mês, sob pena de ineficácia daquele acto, mas sem perda das prioridades a que tenha direito.

Notas. 1. Redacção introduzida pelo art. 13.° do DL n.° 318/2007, de 26 de Setembro, e pelo art. 1.° do DL n.° 143/2008, de 25 de Julho.

2. Sobre o exercício da actividade de agente da propriedade industrial, cf. o DL n.° 15/95, de 24 de Janeiro, alterado pelos DLs n.° 54/2001, de 15 de Fevereiro, e n.° 206/2002, de 16 de Outubro, e pela L n.° 17/2010, de 4 de Agosto.

Art. 10.°-A   (Forma da prática de actos)

1. A prática dos actos previstos neste Código e as comunicações entre o Instituto Nacional da Propriedade Industrial e os interessados podem ser feitas por transmissão electrónica de dados.

2. Quando um acto for praticado por transmissão electrónica de dados, todos os demais actos, incluindo as comunicações com o Instituto Nacional da Propriedade Industrial, devem processar-se, preferencialmente, pela mesma via.

3. A aposição de assinatura electrónica qualificada ou avançada nos actos praticados pelos interessados ou pelo Instituto Nacional da Propriedade Industrial substitui e dispensa para todos os efeitos a assinatura autógrafa em suporte papel desde que sejam respeitados os requisitos exigíveis pelo Sistema de Certificação Electrónica do Estado.

Nota. Aditado pelo art. 2.° do DL n.° 143/2008, de 25 de Julho.

Art. 11.°   (Prioridade)

1. Salvo as excepções previstas no presente diploma, a patente, o modelo de utilidade ou o registo é concedido a quem primeiro apresentar regularmente o pedido com os elementos exigíveis.

2. Se os pedidos forem remetidos pelo correio, a precedência afere-se pela data do registo ou do carimbo de expedição.

1384

Cap. II. Tramitação administrativa   **Art. 12.º CPI [151]**

3. No caso de dois pedidos relativos ao mesmo direito serem simultâneos ou terem idêntica prioridade, não lhes é dado seguimento sem que os interessados resolvam previamente a questão da prioridade, por acordo ou no tribunal judicial ou arbitral competente.

4. (…).

5. (…).

6. Se o pedido não for, desde logo, acompanhado de todos os elementos exigíveis, a prioridade conta-se a partir do dia e hora em que o último em falta for apresentado.

7. Se a invenção, desenho ou modelo, marca, logótipo, recompensa, denominação de origem ou indicação geográfica for objecto de alterações relativamente à publicação inicial, publica-se novo aviso no *Boletim da Propriedade Industrial*, contando-se a prioridade da alteração a partir da data em que foi requerida.

8. Sem prejuízo do que se dispõe no n.º 4 do artigo 51.º e no n.º 3 do artigo 117.º, se, do exame realizado, se entender que o pedido de patente, de modelo de utilidade ou de registo não foi correctamente formulado, o requerente é notificado para o apresentar dentro da modalidade que lhe for indicada.

9. Antes de ser proferido despacho, o requerente pode, por sua iniciativa, reformular o pedido em modalidade diferente da que foi inicialmente apresentada.

10. Proferido despacho, o requerente, no decurso do prazo de recurso ou, interposto este, até ao trânsito em julgado da respectiva decisão, pode transmitir os direitos decorrentes do pedido, limitar o seu objecto ou juntar ao processo quaisquer documentos ou declarações.

11. No caso previsto no número anterior e com vista a um eventual recurso, qualquer outro interessado pode juntar ao processo documentos ou declarações.

12. Nos casos previstos nos n.ºs 8 e 9, o pedido é novamente publicado no *Boletim da Propriedade Industrial*, ressalvando-se ao requerente as prioridades a que tinha direito.

13. Até ao momento da decisão podem ser autorizadas outras rectificações formais, desde que requeridas fundamentadamente, as quais são objecto de publicação.

Notas. 1. Redacção introduzida pelo art. 1.º do DL n.º 143/2008, de 25 de Julho.

2. Os n.ºs 4 e 5 foram revogados pelo art. 14.º do DL n.º 143/2008, de 25 de Julho.

Art. 12.º (Reivindicação do direito de prioridade)

1. Quem tiver apresentado regularmente pedido de patente, de modelo de utilidade, de certificado de utilidade, de certificado de autor de invenção, de registo de desenho ou modelo, ou de marca, em qualquer dos países da União ou da OMC ou em qualquer organismo intergovernamental com competência para conceder direitos que produzam efeitos em Portugal, goza, tal como o seu sucessor, para apresentar o pedido em Portugal, do direito de prioridade estabelecido no artigo 4.º da Convenção da União de Paris para a Protecção da Propriedade Industrial.

2. Qualquer pedido formulado com o valor de pedido nacional regular, nos termos da lei interna de cada Estado membro da União ou da OMC ou de tratados bilaterais ou multilaterais celebrados entre países membros da União ou da OMC, confere um direito de prioridade.

1385

[151] CPI Art. 12.°

Tít. I. Parte Geral

3. Entende-se por pedido nacional regular todo aquele que foi efectuado em condições que permitam estabelecer a data em que foi apresentado no país em causa, independentemente do que possa, ulteriormente e de algum modo, vir a afectá-lo.

4. Por consequência, o pedido apresentado ulteriormente em Portugal, antes de expirado o prazo de prioridade, não pode ser invalidado por factos ocorridos durante esse período, designadamente por outro pedido, ou pela publicação da invenção, do desenho ou modelo ou da sua exploração.

5. Considera-se como primeiro pedido, cuja data de apresentação marcará o início do prazo de prioridade, um pedido ulterior que tenha o mesmo objecto que um primeiro pedido anterior, desde que, à data da apresentação daquele, o pedido anterior tenha sido retirado, abandonado ou recusado sem ter sido submetido a exame público, sem ter deixado subsistir direitos e sem ter, ainda, servido de base para reivindicação do direito de prioridade.

6. No caso previsto no número anterior, o pedido anterior não pode voltar a servir de base para reivindicação do direito de prioridade.

7. Quem quiser prevalecer-se da prioridade de um pedido anterior deve formular declaração em que indique o país, a data e o número desse pedido, podendo a mesma ser apresentada no prazo de um mês a contar do termo do prazo de prioridade, se se tratar de um pedido de registo, ou no prazo de quatro meses a contar do termo do prazo de prioridade, se estiver em causa um pedido de patente ou de modelo de utilidade.

8. No caso de num pedido serem reivindicadas várias prioridades, o prazo será o da data da prioridade mais antiga.

9. Não pode recusar-se uma prioridade ou um pedido de patente, de modelo de utilidade ou de registo de desenho ou modelo em virtude de o requerente reivindicar prioridades múltiplas, ainda que provenientes de diferentes países, ou em virtude de um pedido, reivindicando uma ou mais prioridades, conter um ou mais elementos que não estavam compreendidos nos pedidos cuja prioridade se reivindica, com a condição de, nos dois casos, haver unidade de invenção ou de criação tratando-se de desenhos ou modelos.

10. A prioridade não pode ser recusada com o fundamento de que certos elementos da invenção ou, tratando-se de desenhos ou modelos, da criação, para os quais se reivindica a prioridade, não figuram entre as reivindicações formuladas ou entre as reproduções dos desenhos ou modelos apresentados no pedido no país de origem, desde que o conjunto das peças do pedido revele de maneira precisa aqueles elementos.

11. Se o exame revelar que um pedido de patente ou de modelo de utilidade contém mais de uma invenção ou, tratando-se de pedidos de registo múltiplos de desenhos ou modelos, que os produtos não pertencem à mesma classe da classificação internacional de desenhos e modelos industriais, o requerente pode, por sua iniciativa ou em cumprimento de notificação, dividir o pedido num certo número de pedidos divisionários, conservando cada um deles a data do pedido inicial e, se for caso disso, o benefício do direito de prioridade.

12. O requerente pode também, por sua iniciativa, dividir o pedido de patente, de modelo de utilidade ou de registo de desenho ou modelo, conservando

1386

Cap. II.   Tramitação administrativa   **Arts. 13.º-17.º CPI [151]**

como data de cada pedido divisionário a data do pedido inicial e, se for caso disso, o benefício do direito de prioridade.

Nota. Redacção introduzida pelo art. 1.º do DL n.º 143/2008, de 25 de Julho.

Art. 13.º (Comprovação do direito de prioridade)

1. O Instituto Nacional da Propriedade Industrial pode exigir, de quem invoque um direito de prioridade, a apresentação, no prazo de dois meses a contar da respectiva notificação, de cópia autenticada do primeiro pedido, de um certificado da data da sua apresentação e, se necessário, de uma tradução para língua portuguesa.

2. O prazo previsto no número anterior pode ser prorrogado, uma única vez, por um mês.

3. A apresentação da cópia do pedido, dentro do prazo estabelecido no número anterior, não fica sujeita ao pagamento de qualquer taxa.

4. A falta de cumprimento do previsto neste artigo determina a perda do direito de prioridade reivindicado.

Nota. Redacção introduzida pelo art. 1.º do DL n.º 143/2008, de 25 de Julho.

Art. 14.º (Regularização)

Se, antes da publicação do aviso no *Boletim da Propriedade Industrial*, forem detectadas quaisquer irregularidades, o requerente é notificado para proceder às regularizações necessárias.

Art. 15.º (Reconhecimento de assinaturas)

Nota. Revogado pelo art. 14.º do DL n.º 143/2008, de 25 de Julho.

Art. 16.º (Notificações)

1. As partes intervenientes no processo administrativo são notificadas das decisões finais do Instituto Nacional da Propriedade Industrial, sendo essas notificações efectuadas exclusivamente através de publicação no *Boletim da Propriedade Industrial* sempre que proferido despacho de concessão no âmbito de processos em que não tenha sido apresentada qualquer reclamação.

2. Se, em qualquer processo, houver reclamações, delas é o requerente imediatamente notificado pelo Instituto Nacional da Propriedade Industrial.

3. Da apresentação de contestações, exposições, pedidos de caducidade e outras peças processuais juntas ao processo são efectuadas idênticas notificações.

4. Nos casos previstos no n.º 1 em que a notificação é efectuada exclusivamente através de publicação no *Boletim da Propriedade Industrial*, o Instituto Nacional da Propriedade Industrial deve avisar os requerentes dessa publicação pelos meios que considere adequados.

Nota. Redacção introduzida pelo art. 1.º do DL n.º 143/2008, de 25 de Julho.

Art. 17.º (Prazos de reclamação e de contestação)

1. O prazo para apresentar reclamações é de dois meses a contar da publicação do pedido no *Boletim da Propriedade Industrial*.

1387

[151] CPI Arts. 17.º-A-19.º

Tít. I.   Parte Geral

2. O requerente pode responder às reclamações, na contestação, no prazo de dois meses a contar da respectiva notificação.

3. Quando não tenha sido ainda proferido despacho sobre o pedido e se mostre necessário para melhor esclarecimento do processo, podem ser aceites exposições suplementares.

4. No decurso dos prazos estabelecidos nos n.ºs 1 e 2 e a requerimento fundamentado do interessado, pode o Instituto Nacional da Propriedade Industrial conceder uma única prorrogação, por mais um mês, do prazo para reclamar ou contestar, devendo a parte contrária ser notificada em caso de concessão.

5. (…).

6. (…).

7. (…).

Notas. 1. Redacção introduzida pelo art. 1.º do DL n.º 143/2008, de 25 de Julho.

2. Os n.ºs 5, 6 e 7 foram revogados pelo art. 14.º do DL n.º 143/2008, de 25 de Julho.

Art. 17.º-A (Suspensão do estudo)

1. A requerimento do interessado e com o acordo da parte contrária, o estudo do processo pode ser suspenso por prazo não superior a seis meses.

2. O estudo pode ainda ser suspenso, oficiosamente ou a requerimento do interessado, pelo período em que se verifique uma causa prejudicial susceptível de afectar a decisão sobre o mesmo.

Nota. Aditado pelo art. 2.º do DL n.º 143/2008, de 25 de Julho.

Art. 18.º (Duplicado dos articulados)

Nota. Revogado pelo art. 14.º do DL n.º 143/2008, de 25 de Julho.

Art. 19.º (Junção e devolução de documentos)

1. Os documentos são juntos com a peça em que se alegue os factos a que se referem.

2. Quando se demonstre ter havido impossibilidade de os obter oportunamente, podem ainda ser juntos ao processo mediante despacho de autorização, sendo, neste caso, notificada a parte contrária.

3. É recusada a junção de documentos impertinentes ou desnecessários, ainda que juntos em devido tempo, assim como de quaisquer escritos redigidos em termos desrespeitosos ou inconvenientes, ou quando neles se verificar a repetição inútil de alegações já produzidas.

4. Os documentos a que se refere o número anterior são restituídos às partes, que são notificadas, por ofício e através do seu mandatário, para os receber em prazo certo, sem o que serão arquivados fora do processo.

5. As notificações referidas no número anterior são igualmente dirigidas às partes.

Nota. Redacção introduzida pelo art. 1.º do DL n.º 143/2008, de 25 de Julho.

1388

Cap. II.   Tramitação administrativa   **Arts. 20.°-24.° CPI [151]**

Art. 20.° (Reclamações fora de prazo)

Nota. Revogado pelo art. 14.° do DL n.° 143/2008, de 25 de Julho.

Art. 21.° (Vistorias)

1. Com o fim de apoiar ou esclarecer as alegações produzidas no processo, a parte interessada pode requerer fundamentadamente, no Instituto Nacional da Propriedade Industrial, vistoria a qualquer estabelecimento ou outro local, não podendo o requerimento ser deferido sem audição do visado.

2. As despesas resultantes da vistoria são custeadas por quem a requerer.

3. A parte que requereu a diligência pode desistir dela, livremente, antes de iniciada.

4. As importâncias depositadas devem ser restituídas, a requerimento do interessado, em casos de desistência tempestiva ou de indeferimento do pedido de vistoria.

5. A vistoria também pode ser efectuada por iniciativa do Instituto Nacional da Propriedade Industrial, se se verificar que é indispensável para um perfeito esclarecimento do processo.

6. A recusa de cooperação, solicitada pelo Instituto Nacional da Propriedade Industrial aos intervenientes em qualquer processo, para esclarecimento da situação, é livremente apreciada aquando da decisão, sem prejuízo da inversão do ónus da prova quando o contra-interessado a tiver, culposamente, tornado impossível.

Art. 22.° (Formalidades subsequentes)

Expirados os prazos previstos no artigo 17.° procede-se ao exame e à apreciação do que foi alegado pelas partes, posto o que o processo será informado, para despacho.

Art. 23.° (Modificação da decisão)

1. Se no prazo de dois meses após a publicação de um despacho se reconhecer que este deve ser modificado, o processo é submetido a despacho superior, com informação dos factos de que tenha havido conhecimento e que aconselhem a revogação da decisão proferida.

2. Entende-se por despacho superior aquele que é proferido por superior hierárquico de quem, efectivamente, assinou a decisão a modificar.

Nota. Redacção introduzida pelo art. 13.° do DL n.° 318/2007, de 26 de Setembro **[152]**, que também alterou a epígrafe do preceito.

Art. 24.° (Fundamentos gerais de recusa)

1. São fundamentos gerais de recusa:

a) A falta de pagamento de taxas;

b) A não apresentação dos elementos necessários para uma completa instrução do processo;

c) A inobservância de formalidades ou procedimentos imprescindíveis para a concessão do direito;

1389

[151] CPI Arts. 25.º-28.º

Tít. I.   Parte Geral

d) (…);

e) (…);

f) A apresentação de requerimento cujo objecto seja impossível ou ininteligível.

2. Nos casos previstos no número anterior, o acto requerido não pode ser submetido a despacho sem que o requerente seja previamente notificado para vir regularizá-lo, em prazo nele fixado.

Notas. 1. Redacção introduzida pelo art. 1.º do DL n.º 143/2008, de 25 de Julho.

2. As alíneas *d*) e *e*) do n.º 1 foram revogadas pelo art. 14.º do DL n.º 143/2008, de 25 de Julho.

Art. 25.º (Alteração ou correcção de elementos não essenciais)

1. Qualquer alteração ou correcção que não afecte os elementos essenciais e característicos da patente, do modelo de utilidade ou do registo pode ser autorizada, no mesmo processo.

2. Nenhum pedido de alteração, ou correcção, previsto neste artigo pode ser recebido se, em relação ao mesmo direito de propriedade industrial, estiver pendente um processo de declaração de caducidade.

3. As alterações ou correcções a que se refere o n.º 1 são publicadas, para efeitos de recurso, nos termos dos artigos 39.º e seguintes deste Código e averbadas nos respectivos processos.

Nota. Redacção introduzida pelo art. 1.º do DL n.º 143/2008, de 25 de Julho.

Art. 26.º (Documentos juntos a outros processos

1. Com excepção da procuração, que é sempre junta a cada um dos processos, ainda que o requerente seja representado pelo mesmo mandatário, os documentos destinados a instruir os pedidos podem ser juntos a um deles e referidos nos outros.

2. No caso de recurso, previsto nos artigos 39.º e seguintes, o recorrente é obrigado a completar, à sua custa, por meio de certidões, os processos em que tais documentos tenham sido referidos.

3. A falta de cumprimento do disposto nos números anteriores deve ser mencionada no ofício de remessa do processo a juízo.

Art. 27.º (Entrega dos títulos de concessão)

1. Os títulos de concessão de direitos de propriedade industrial só são emitidos e entregues aos titulares mediante pedido e decorrido um mês sobre o termo do prazo de recurso ou, interposto este, depois de conhecida a decisão judicial ou arbitral definitiva.

2. (…).

Nota. Redacção introduzida pelo art. 1.º do DL n.º 143/2008, de 25 de Julho.

2. O n.º 2 foi revogado pelo art. 14.º do DL n.º 143/2008, de 25 de Julho.

Art. 28.º (Contagem de prazos)

1. Os prazos estabelecidos neste Código são contínuos.

1390

Cap. II. Tramitação administrativa   **Arts. 29.º-30.º CPI [151]**

2. (…).
3. (…).

Nota. Os n.ᵒˢ 2 e 3 foram revogados pelo art. 14.º do DL n.º 143/2008, de 25 de Julho.

Art. 29.º (Publicação)

1. Os actos que devam publicar-se são levados ao conhecimento das partes, e do público em geral, por meio da sua inserção no *Boletim da Propriedade Industrial*.

2. A publicação no *Boletim da Propriedade Industrial* produz efeitos de notificação directa às partes e, salvo disposição em contrário, marca o início dos prazos previstos neste Código.

3. As partes ou quaisquer outros interessados podem requerer, junto do Instituto Nacional da Propriedade Industrial, que lhes seja passada certidão do despacho final que incidiu sobre o pedido e respectiva fundamentação, mesmo antes de publicado o correspondente aviso no *Boletim da Propriedade Industrial*.

4. Qualquer interessado pode também requerer certidão das inscrições efectuadas e dos documentos e processos arquivados, bem como cópias fotográficas ou ordinárias dos desenhos, fotografias, plantas e modelos apresentados com os pedidos de patente, de modelo de utilidade ou de registo, mas só quando os respectivos processos tiverem atingido a fase de publicidade, não exista prejuízo de direitos de terceiros e não estejam em causa documentos classificados ou que revelem segredo comercial ou industrial.

5. Em qualquer processo, considera-se atingida a fase de publicidade quando o pedido for publicado no *Boletim da Propriedade Industrial*.

6. Sem prejuízo do disposto nos números anteriores, o Instituto Nacional da Propriedade Industrial pode fornecer informações sobre pedidos de registo de marcas, de logótipos, de recompensas, de denominações de origem e de indicações geográficas, mesmo antes de atingida a fase de publicidade.

Nota. Redacção introduzida pelo art. 1.º do DL n.º 143/2008, de 25 de Julho.

Art. 30.º (Averbamentos)

1. Estão sujeitos a averbamento no Instituto Nacional da Propriedade Industrial:
   a) A transmissão e renúncia de direitos privativos;
   b) A concessão de licenças de exploração, contratuais ou obrigatórias;
   c) A constituição de direitos de garantia ou de usufruto, bem como a penhora, o arresto e outras apreensões de bens efectuadas nos termos legais;
   d) As acções judiciais de nulidade ou de anulação de direitos privativos;
   e) Os factos ou decisões que modifiquem ou extingam direitos privativos.

2. Os factos referidos no número anterior só produzem efeitos em relação a terceiros depois da data do respectivo averbamento.

3. Os factos sujeitos a averbamento, ainda que não averbados, podem ser invocados entre as próprias partes ou seus sucessores.

4. O averbamento é efectuado a requerimento de qualquer dos interessados, instruído com os documentos comprovativos do facto a que respeitam.

5. (…).

1391

[151] CPI Arts. 31.°-32.°

Tít. I. Parte Geral

6. Os factos averbados são também inscritos no título, quando exista, ou em documento anexo ao mesmo.

7. Do averbamento publica-se aviso no *Boletim da Propriedade Industrial*.

Notas. 1. Redacção introduzida pelo art. 1.° do DL n.° 143/2008, de 25 de Julho.

2. O n.° 5 foi revogado pelo art. 14.° do DL n.° 143/2008, de 25 de Julho.

CAPÍTULO III. Transmissão e licenças

Art. 31.° (Transmissão)

1. Os direitos emergentes de patentes, de modelos de utilidade, de registos de topografias de produtos semicondutores, de desenhos ou modelos e de marcas podem ser transmitidos, total ou parcialmente, a título gratuito ou oneroso.

2. O disposto no número anterior é aplicável aos direitos emergentes dos respectivos pedidos.

3. (...).

4. (...).

5. Se no logótipo ou na marca figurar o nome individual, a firma ou a denominação social do titular ou requerente do respectivo registo, ou de quem ele represente, é necessária cláusula para a sua transmissão.

6. A transmissão por acto *inter vivos* deve ser provada por documento escrito, mas se o averbamento da transmissão for requerido pelo cedente, o cessionário deve, também, assinar o documento que a comprova ou fazer declaração de que aceita a transmissão.

Notas. 1. Redacção introduzida pelo art. 1.° do DL n.° 143/2008, de 25 de Julho.

2. Os n.ºˢ 3 e 4 foram revogados pelo art. 14.° do DL n.° 143/2008, de 25 de Julho.

Art. 32.° (Licenças contratuais)

1. Os direitos referidos no n.° 1 do artigo anterior podem ser objecto de licença de exploração, total ou parcial, a título gratuito ou oneroso, em certa zona ou em todo o território nacional, por todo o tempo da sua duração ou por prazo inferior.

2. O disposto no número anterior é aplicável aos direitos emergentes dos respectivos pedidos, mas a recusa implica a caducidade da licença.

3. O contrato de licença está sujeito a forma escrita.

4. Salvo estipulação expressa em contrário, o licenciado goza, para todos os efeitos legais, das faculdades conferidas ao titular do direito objecto da licença, com ressalva do disposto nos números seguintes.

5. A licença presume-se não exclusiva.

6. Entende-se por licença exclusiva aquela em que o titular do direito renuncia à faculdade de conceder outras licenças para os direitos objecto de licença, enquanto esta se mantiver em vigor.

7. A concessão de licença de exploração exclusiva não obsta a que o titular possa, também, explorar directamente o direito objecto de licença, salvo estipulação em contrário.

8. Salvo estipulação em contrário, o direito obtido por meio de licença de exploração não pode ser alienado sem consentimento escrito do titular do direito.

1392

Cap. IV. Extinção dos direitos de propriedade industrial   **Arts. 33.º-35.º CPI [151]**

9. Se a concessão de sublicenças não estiver prevista no contrato de licença, só pode ser feita com autorização escrita do titular do direito.

Nota. Redacção introduzida pelo art. 1.º do DL n.º 143/2008, de 25 de Julho.

CAPÍTULO IV. **Extinção dos direitos de propriedade industrial**

Art. 33.º (Nulidade)
1. As patentes, os modelos de utilidade e os registos são total ou parcialmente nulos:
   a) Quando o seu objecto for insusceptível de protecção;
   b) Quando, na respectiva concessão, tenha havido preterição de procedimentos ou formalidades imprescindíveis para a concessão do direito;
   c) Quando forem violadas regras de ordem pública.
2. A nulidade é invocável a todo o tempo por qualquer interessado.

Nota. Redacção introduzida pelo art. 1.º do DL n.º 143/2008, de 25 de Julho.

Art. 34.º (Anulabilidade)
1. As patentes, os modelos de utilidade e os registos são total ou parcialmente anuláveis quando o titular não tiver direito a eles, nomeadamente:
   a) Quando o direito lhe não pertencer;
   b) Quando tiverem sido concedidos com preterição dos direitos previstos nos artigos 58.º, 59.º, 121.º, 122.º, 156.º, 157.º, 181.º, 182.º e 226.º
2. Nos casos previstos na alínea *b)* do número anterior, o interessado pode, em vez da anulação e se reunir as condições legais, pedir a reversão total ou parcial do direito a seu favor.

Nota. Redacção introduzida pelo art. 1.º do DL n.º 143/2008, de 25 de Julho.

Art. 35.º (Processos de declaração de nulidade e de anulação)
1. A declaração de nulidade ou a anulação só podem resultar de decisão judicial.
2. Têm legitimidade para intentar a acção referida no número anterior o Ministério Público ou qualquer interessado, devendo ser citados, para além do titular do direito registado contra quem a acção é proposta, todos os que, à data da publicação do averbamento previsto na alínea *d)* do n.º 1 do artigo 30.º, tenham requerido o averbamento de direitos derivados no Instituto Nacional da Propriedade Industrial.
3. Quando a decisão definitiva transitar em julgado, a secretaria do tribunal remete ao Instituto Nacional da Propriedade Industrial, sempre que possível por transmissão electrónica de dados, cópia dactilografada, ou em suporte considerado adequado, para efeito de publicação do respectivo texto e correspondente aviso no *Boletim da Propriedade Industrial*, bem como do respectivo averbamento.
4. Sempre que sejam intentadas as acções referidas no presente artigo, o tribunal deve comunicar esse facto ao Instituto Nacional da Propriedade Industrial, se possível por transmissão electrónica de dados, para efeito do respectivo averbamento.

Nota. Redacção introduzida pelo art. 1.º do DL n.º 143/2008, de 25 de Julho.

1393

[151] CPI Arts. 36.º-40.º

Tít. I. Parte Geral

Art. 36.º (Efeitos da declaração de nulidade ou da anulação)

A eficácia retroactiva da declaração de nulidade ou da anulação não prejudica os efeitos produzidos em cumprimento de obrigação, de sentença transitada em julgado, de transacção, ainda que não homologada, ou em consequência de actos de natureza análoga.

Art. 37.º (Caducidade)

1. Os direitos de propriedade industrial caducam independentemente da sua invocação:

   a) Quando tiver expirado o seu prazo de duração;

   b) Por falta de pagamento de taxas.

2. As causas de caducidade não previstas no número anterior apenas produzem efeitos se invocadas por qualquer interessado.

3. Qualquer interessado pode, igualmente, requerer o averbamento da caducidade prevista no n.º 1, se este não tiver sido feito.

Art. 38.º (Renúncia)

1. O titular pode renunciar aos seus direitos de propriedade industrial, desde que o declare expressamente ao Instituto Nacional da Propriedade Industrial.

2. A renúncia pode ser parcial, quando a natureza do direito o permitir.

3. A declaração de renúncia é feita em requerimento, que é junto ao respectivo processo.

4. Se o requerimento de renúncia não estiver assinado pelo próprio, o seu mandatário tem de juntar procuração com poderes especiais.

5. A renúncia não prejudica os direitos derivados que estejam averbados, desde que os seus titulares, devidamente notificados, se substituam ao titular do direito principal, na medida necessária à salvaguarda desses direitos.

Nota. Redacção introduzida pelo art. 1.º do DL n.º 143/2008, de 25 de Julho.

CAPÍTULO V. Recurso

SUBCAPÍTULO I. Recurso judicial

Art. 39.º (Decisões que admitem recurso)

Cabe recurso, de plena jurisdição, para o tribunal competente, das decisões do Instituto Nacional da Propriedade Industrial:

a) Que concedam ou recusem direitos de propriedade industrial;

b) Relativas a transmissões, licenças, declarações de caducidade ou a quaisquer outros actos que afectem, modifiquem ou extingam direitos de propriedade industrial.

Art. 40.º (Tribunal competente)

1. Para os recursos previstos no artigo anterior é competente o Tribunal de Comércio de Lisboa.

1394

Cap. V. Recurso   **Arts. 41.º-44.º CPI [151]**

2. Para os efeitos previstos nos artigos 80.º a 92.º do Regulamento (CE) n.º 6/2002, do Conselho, de 12 de Dezembro de 2001, e nos artigos 91.º a 101.º do Regulamento (CE) n.º 40/94/CE, do Conselho, de 20 de Dezembro de 1993, são territorialmente competentes o Tribunal de Comércio de Lisboa e o Tribunal da Relação de Lisboa, em primeira e segunda instâncias, respectivamente.

Art. 41.º (Legitimidade)
1. São partes legítimas para recorrer das decisões do Instituto Nacional da Propriedade Industrial o requerente e os reclamantes e ainda quem seja directa e efectivamente prejudicado pela decisão.
2. A título acessório, pode ainda intervir no processo quem, não tendo reclamado, demonstre ter interesse na manutenção das decisões do Instituto Nacional da Propriedade Industrial.

Art. 42.º (Prazo)
O recurso deve ser interposto no prazo de dois meses a contar da publicação no *Boletim da Propriedade Industrial* das decisões previstas no artigo 39.º ou da decisão final proferida ao abrigo do artigo 23.º, ou da data das respectivas certidões, pedidas pelo recorrente, quando forem anteriores.

Nota. Redacção introduzida pelo art. 13.º do DL n.º 318/2007, de 26 de Setembro [**152**].

Art. 43.º (Resposta-remessa)
1. Distribuído o processo, é remetida ao Instituto Nacional da Propriedade Industrial uma cópia da petição, com os respectivos documentos, a fim de que a entidade que proferiu o despacho recorrido responda o que houver por conveniente e remeta, ou determine seja remetido, ao tribunal o processo sobre o qual o referido despacho recaiu.
2. Se o processo contiver elementos de informação suficientes para esclarecer o tribunal, é expedido no prazo de 10 dias, acompanhado de ofício de remessa.
3. Caso contrário, o ofício de remessa, contendo resposta ao alegado pelo recorrente na sua petição, é expedido, com o processo, no prazo de 20 dias.
4. Quando, por motivo justificado, não possam observar-se os prazos fixados nos números anteriores, o Instituto Nacional da Propriedade Industrial solicita ao tribunal, oportunamente, a respectiva prorrogação, pelo tempo e nos termos em que a considerar necessária.
5. As comunicações a que se refere este artigo devem ser feitas, sempre que possível, por transmissão electrónica de dados.

Nota. Redacção introduzida pelo art. 1.º do DL n.º 143/2008, de 25 de Julho.

Art. 44.º (Citação da parte contrária)
1. Recebido o processo no tribunal, é citada a parte contrária, se a houver, para responder, querendo, no prazo de 30 dias.
2. A citação da parte é feita no escritório de advogado constituído ou, não havendo, no cartório do agente oficial da propriedade industrial que a tenha repre-

1395

[151] CPI Arts. 45.°-49.° Tít. I. Parte Geral

sentado no processo administrativo; neste caso, porém, é advertida de que só pode intervir no processo através de advogado constituído.

3. Findo o prazo para a resposta, o processo é concluso para decisão final, que é proferida no prazo de 15 dias, salvo caso de justo impedimento.

4. A sentença que revogar ou alterar, total ou parcialmente, a decisão recorrida, substitui-a nos precisos termos em que for proferida.

5. O Instituto Nacional da Propriedade Industrial não é considerado, em caso algum, parte contrária.

Nota. Redacção introduzida pelo art. 1.° do DL n.° 143/2008, de 25 de Julho.

Art. 45.° (Requisição de técnicos)

Quando, no recurso, for abordada uma questão que requeira melhor informação, ou quando o tribunal o entender conveniente, este pode, em qualquer momento, requisitar a comparência, em dia e hora por ele designados, de técnico ou técnicos, em cujo parecer se fundou o despacho recorrido, a fim de que lhe prestem oralmente os esclarecimentos de que necessitar.

Art. 46.° (Recurso da decisão judicial)

1. Da sentença proferida cabe recurso nos termos da lei geral do processo civil, sem prejuízo do disposto no número seguinte.

2. Do acórdão do Tribunal da Relação não cabe recurso para o Supremo Tribunal de Justiça, sem prejuízo dos casos em que este é sempre admissível.

Art. 47.° (Publicação da decisão definitiva)

O disposto no n.° 3 do artigo 35.° é aplicável aos recursos.

SUBCAPÍTULO II. Recurso arbitral

Art. 48.° (Tribunal arbitral)

1. Sem prejuízo da possibilidade de recurso a outros mecanismos extrajudiciais de resolução de litígios, pode ser constituído tribunal arbitral para o julgamento de todas as questões susceptíveis de recurso judicial.

2. Exceptuam-se do disposto no número anterior os casos em que existam contra-interessados, salvo se estes aceitarem o compromisso arbitral.

3. O tribunal arbitral pode determinar a publicidade da decisão nos termos do n.° 3 do artigo 35.°

Nota. Redacção introduzida pelo art. 1.° do DL n.° 143/2008, de 25 de Julho.

Art. 49.° (Compromisso arbitral)

1. O interessado que pretenda recorrer à arbitragem, no âmbito dos litígios previstos no artigo anterior, pode requerer a celebração de compromisso arbitral, nos termos da lei de arbitragem voluntária, e aceitar submeter o litígio a arbitragem.

2. A apresentação de requerimento, ao abrigo do disposto no número anterior, suspende os prazos de recurso judicial.

1396

Cap. I. Invenções   Arts. 50.º-51.º CPI **[151]**

3. Sem prejuízo do disposto no número seguinte, a outorga de compromisso arbitral por parte do Instituto Nacional da Propriedade Industrial é objecto de despacho do presidente do conselho directivo, a proferir no prazo de 30 dias contado da data da apresentação do requerimento.

4. Pode ser determinada a vinculação genérica do Instituto Nacional da Propriedade Industrial a centros de arbitragem voluntária institucionalizada com competência para dirimir os conflitos referidos no n.º 1 do artigo anterior, por meio de portaria do membro do Governo de que dependa este Instituto, a qual estabelece o tipo e o valor máximo dos litígios abrangidos, conferindo aos interessados o poder de se dirigirem a esses centros para a resolução de tais litígios.

Nota. Redacção introduzida pelo art. 1.º do DL n.º 143/2008, de 25 de Julho.

Art. 50.º (Constituição e funcionamento)
O tribunal arbitral é constituído e funciona nos termos previstos na lei da arbitragem voluntária.

TÍTULO II.   REGIMES JURÍDICOS DA PROPRIEDADE INDUSTRIAL

CAPÍTULO I.   Invenções

SUBCAPÍTULO I.   Patentes

SECÇÃO I.   Disposições gerais

Art. 51.º (Objecto)
1. Podem ser objecto de patente as invenções novas, implicando actividade inventiva, se forem susceptíveis de aplicação industrial, mesmo quando incidam sobre um produto composto de matéria biológica, ou que contenha matéria biológica, ou sobre um processo que permita produzir, tratar ou utilizar matéria biológica.

2. Podem obter-se patentes para quaisquer invenções, quer se trate de produtos ou processos, em todos os domínios da tecnologia, desde que essas invenções respeitem o que se estabelece no número anterior.

3. Podem igualmente ser objecto de patente os processos novos de obtenção de produtos, substâncias ou composições já conhecidos.

4. A protecção de uma invenção que respeite as condições estabelecidas no n.º 1 pode ser feita, por opção do requerente, a título de patente ou de modelo de utilidade.

5. A mesma invenção pode ser objecto, simultânea ou sucessivamente, de um pedido de patente e de um pedido de modelo de utilidade.

6. A apresentação sucessiva de pedidos mencionada no número anterior apenas pode ser admitida no período de um ano a contar da data da apresentação do primeiro pedido.

1397

[151] CPI **Arts. 52.°-53.°**   Tít. II.   Regimes jurídicos da propriedade industrial

7. Nos casos previstos no n.° 5, o modelo de utilidade caduca após a concessão de uma patente relativa à mesma invenção.

Nota. Redacção introduzida pelo art. 1.° do DL n.° 143/2008, de 25 de Julho.

Art. 52.° (Limitações quanto ao objecto)
1. Exceptuam-se do disposto no artigo anterior:
a) As descobertas, assim como as teorias científicas e os métodos matemáticos;
b) Os materiais ou as substâncias já existentes na natureza e as matérias nucleares;
c) As criações estéticas;
d) Os projectos, os princípios e os métodos do exercício de actividades intelectuais em matéria de jogo ou no domínio das actividades económicas, assim como os programas de computadores, como tais, sem qualquer contributo;
e) As apresentações de informação.
2. (…).
3. O disposto no n.° 1 só exclui a patenteabilidade quando o objecto para que é solicitada a patente se limite aos elementos nele mencionados.

Nota. O n.° 2 foi revogado pelo art. 14.° do DL n.° 143/2008, de 25 de Julho.

Art. 53.° (Limitações quanto à patente)
1. As invenções cuja exploração comercial seja contrária à lei, à ordem pública, à saúde pública e aos bons costumes são excluídas da patenteabilidade, não podendo a exploração ser considerada como tal pelo simples facto de ser proibida por disposição legal ou regulamentar.
2. Nos termos do número anterior não são patenteáveis, nomeadamente:
a) Os processos de clonagem de seres humanos;
b) Os processos de modificação da identidade genética germinal do ser humano;
c) As utilizações de embriões humanos para fins industriais ou comerciais;
d) Os processos de modificação de identidade genética dos animais que lhes possam causar sofrimentos sem utilidade médica substancial para o homem ou para o animal, bem como os animais obtidos por esses processos.
3. Não podem ainda ser objecto de patente:
a) O corpo humano, nos vários estádios da sua constituição e do seu desenvolvimento, bem como a simples descoberta de um dos seus elementos, incluindo a sequência ou a sequência parcial de um gene, sem prejuízo do disposto na alínea *c*) do n.° 1 do artigo seguinte;
b) As variedades vegetais ou as raças animais, assim como os processos essencialmente biológicos de obtenção de vegetais ou animais;
c) Os métodos de tratamento cirúrgico ou terapêutico do corpo humano ou animal e os métodos de diagnóstico aplicados ao corpo humano ou animal, podendo ser patenteados os produtos, substâncias ou composições utilizados em qualquer desses métodos.

Nota. Redacção introduzida pelo art. 1.° do DL n.° 143/2008, de 25 de Julho.

1398

Cap. I.   Invenções   **Arts. 54.°-56.° CPI [151]**

Art. 54.° (Casos especiais de patenteabilidade)

1. Pode ser patenteada:

a) Uma substância ou composição compreendida no estado da técnica para a utilização num método citado na alínea *c)* do n.° 3 do artigo anterior, com a condição de que essa utilização, para qualquer método aí referido, não esteja compreendida no estado da técnica;

b) A substância ou composição referida na alínea anterior para outra qualquer utilização específica num método citado na alínea *c)* do n.° 3 do artigo anterior, desde que essa utilização não esteja compreendida no estado da técnica;

c) Uma invenção nova, que implique actividade inventiva e seja susceptível de aplicação industrial, que incida sobre qualquer elemento isolado do corpo humano ou produzido de outra forma por um processo técnico, incluindo a sequência ou a sequência parcial de um gene, ainda que a estrutura desse elemento seja idêntica à de um elemento natural, desde que seja observada expressamente e exposta concretamente no pedido de patente, a aplicação industrial de uma sequência ou de uma sequência parcial de um gene;

d) Uma invenção que tenha por objecto vegetais ou animais, se a sua exequibilidade técnica não se limitar a uma determinada variedade vegetal ou raça animal;

e) Uma matéria biológica, isolada do seu ambiente natural ou produzida com base num processo técnico, mesmo que preexista no estado natural;

f) Uma invenção que tenha por objecto um processo microbiológico ou outros processos técnicos, ou produtos obtidos mediante esses processos.

2. Entende-se por processo essencialmente biológico de obtenção de vegetais ou de animais qualquer processo que consista, integralmente, em fenómenos naturais, como o cruzamento ou a selecção.

3. Entende-se por processo microbiológico qualquer processo que utilize uma matéria microbiológica, que inclua uma intervenção sobre uma matéria microbiológica ou que produza uma matéria microbiológica.

4. Entende-se por matéria biológica qualquer matéria que contenha informações genéticas e seja auto-replicável ou replicável num sistema biológico.

Nota. Redacção introduzida pelo art. 1.° do DL n.° 143/2008, de 25 de Julho.

Art. 55.° (Requisitos de patenteabilidade)

1. Uma invenção é considerada nova quando não está compreendida no estado da técnica.

2. Considera-se que uma invenção implica actividade inventiva se, para um perito na especialidade, não resultar de uma maneira evidente do estado da técnica.

3. Considera-se que uma invenção é susceptível de aplicação industrial se o seu objecto puder ser fabricado ou utilizado em qualquer género de indústria ou na agricultura.

Art. 56.° (Estado da técnica)

1. O estado da técnica é constituído por tudo o que, dentro ou fora do País, foi tornado acessível ao público antes da data do pedido de patente, por descrição, utilização ou qualquer outro meio.

1399

[151] CPI Arts. 57.°-59.° Tít. II. Regimes jurídicos da propriedade industrial

2. É igualmente considerado como compreendido no estado da técnica o conteúdo dos pedidos de patentes e de modelos de utilidade requeridos em data anterior à do pedido de patente, para produzir efeitos em Portugal e ainda não publicados.

Art. 57.° (Divulgações não oponíveis)

1. Não prejudicam a novidade da invenção:

a) As divulgações em exposições oficiais ou oficialmente reconhecidas nos termos da Convenção Relativa às Exposições Internacionais, se o requerimento a pedir a respectiva patente for apresentado em Portugal dentro do prazo de seis meses;

b) As divulgações resultantes de abuso evidente em relação ao inventor ou seu sucessor por qualquer título, ou de publicações feitas indevidamente pelo Instituto Nacional da Propriedade Industrial.

2. A disposição da alínea *a)* do número anterior só é aplicável se o requerente comprovar, no prazo de um mês a contar da data do pedido de patente, que a invenção foi efectivamente exposta ou divulgada nos termos previstos na referida alínea, apresentando, para o efeito, um certificado emitido pela entidade responsável pela exposição que exiba a data em que a invenção foi pela primeira vez exposta ou divulgada nessa exposição, bem como a identificação da invenção em causa.

3. A pedido do requerente, o prazo previsto no número anterior pode ser prorrogado, uma única vez, por igual período.

Nota. Redacção introduzida pelo art. 1.° do DL n.° 143/2008, de 25 de Julho.

Art. 58.° (Regra geral sobre o direito à patente)

1. O direito à patente pertence ao inventor ou seus sucessores por qualquer título.

2. Se forem dois, ou mais, os autores da invenção, qualquer um tem direito a requerer a patente em benefício de todos.

Art. 59.° (Regras especiais sobre titularidade da patente)

1. Se a invenção for feita durante a execução de contrato de trabalho em que a actividade inventiva esteja prevista, o direito à patente pertence à respectiva empresa.

2. No caso a que se refere o número anterior, se a actividade inventiva não estiver especialmente remunerada, o inventor tem direito a remuneração, de harmonia com a importância da invenção.

3. Independentemente das condições previstas no n.° 1:

a) Se a invenção se integrar na sua actividade, a empresa tem direito de opção à patente mediante remuneração de harmonia com a importância da invenção e pode assumir a respectiva propriedade, ou reservar-se o direito à sua exploração exclusiva, à aquisição da patente ou à faculdade de pedir ou adquirir patente estrangeira;

b) O inventor deve informar a empresa da invenção que tiver realizado, no prazo de três meses a partir da data em que esta for considerada concluída;

c) Se, durante esse período, o inventor chegar a requerer patente para essa invenção, o prazo para informar a empresa é de um mês a partir da apresentação do respectivo pedido no Instituto Nacional da Propriedade Industrial;

1400

Cap. I.   Invenções   **Arts. 60.º-61.º CPI [151]**

d) O não cumprimento das obrigações referidas nas alíneas *b*) e *c*), por parte do inventor, implica responsabilidade civil e laboral, nos termos gerais;

e) A empresa pode exercer o seu direito de opção, no prazo de três meses a contar da recepção da notificação do inventor.

4. Se nos termos do disposto na alínea *e*) do número anterior, a remuneração devida ao inventor não for integralmente paga no prazo estabelecido, a empresa perde, a favor daquele, o direito à patente referida nos números anteriores.

5. As invenções cuja patente tenha sido pedida durante o ano seguinte à data em que o inventor deixar a empresa consideram-se feitas durante a execução do contrato de trabalho.

6. Se, nas hipóteses previstas nos n.ºs 2 e 3, as partes não chegarem a acordo, a questão é resolvida por arbitragem.

7. Salvo convenção em contrário, é aplicável às invenções feitas por encomenda, com as necessárias adaptações, o disposto nos n.ºs 1, 2, 4 e 5.

8. Salvo disposição em contrário, os preceitos anteriores são aplicáveis ao Estado e corpos administrativos e, bem assim, aos seus funcionários e servidores a qualquer título.

9. Os direitos reconhecidos ao inventor não podem ser objecto de renúncia antecipada.

Art. 60.º (Direitos do inventor)

1. Se a patente não for pedida em nome do inventor, este tem o direito de ser mencionado, como tal, no requerimento e no título da patente.

2. Se assim o solicitar por escrito, o inventor pode não ser mencionado, como tal, nas publicações a que o pedido der lugar.

SECÇÃO II.   **Processo de patente**

SUBSECÇÃO I.   **Via nacional**

Art. 61.º (Forma do pedido)

1. O pedido de patente é apresentado em requerimento redigido em língua portuguesa que indique ou contenha:

a) O nome, firma ou denominação social do requerente, a sua nacionalidade, o seu domicílio ou o lugar em que está estabelecido, o número de identificação fiscal quando se trate de um residente em Portugal e o endereço de correio electrónico, caso exista;

b) A epígrafe ou título que sintetize o objecto da invenção;

c) O nome e país de residência do inventor;

d) O país onde se tenha apresentado o primeiro pedido, a data e o número dessa apresentação, no caso do requerente pretender reivindicar o direito de prioridade;

e) Menção de que requereu modelo de utilidade para a mesma invenção, se foi o caso, nos termos do n.º 5 do artigo 51.º;

f) Assinatura ou identificação electrónica do requerente ou do seu mandatário.

1401

[151] CPI Art. 62.º   Tít. II.   Regimes jurídicos da propriedade industrial

2. As expressões de fantasia utilizadas para designar a invenção não constituem objecto de reivindicação.

3. Para efeito do que se dispõe no n.º 1 do artigo 11.º, é concedida prioridade ao pedido de patente que primeiro apresentar, para além dos elementos exigidos na alínea *a*) do n.º 1, a indicação do número e data do pedido anterior e do organismo onde o mesmo foi efectuado, quando for reivindicada a prioridade de um pedido anterior.

Nota. Redacção introduzida pelo art. 1.º do DL n.º 143/2008, de 25 de Julho.

Art. 62.º (Documentos a apresentar)

1. Ao requerimento devem juntar-se, redigidos em língua portuguesa, os seguintes elementos:

a) Reivindicações do que é considerado novo e que caracteriza a invenção;

b) Descrição do objecto da invenção;

c) Desenhos necessários à perfeita compreensão da descrição;

d) Resumo da invenção.

2. Os elementos referidos no número anterior devem respeitar os requisitos formais fixados por despacho do presidente do conselho directivo do Instituto Nacional da Propriedade Industrial.

3. As reivindicações definem o objecto da protecção requerida, devendo ser claras, concisas, correctamente redigidas, baseando-se na descrição e contendo, quando apropriado:

a) Um preâmbulo que mencione o objecto da invenção e as características técnicas necessárias à definição dos elementos reivindicados, mas que, combinados entre si, fazem parte do estado da técnica;

b) Uma parte caracterizante, precedida da expressão «caracterizado por» e expondo as características técnicas que, em ligação com as características indicadas na alínea anterior, definem a extensão da protecção solicitada.

4. A descrição deve indicar, de maneira breve e clara, sem reservas nem omissões, tudo o que constitui o objecto da invenção, contendo uma explicação pormenorizada de, pelo menos, um modo de realização da invenção, de maneira que qualquer pessoa competente na matéria a possa executar.

5. Os desenhos devem ser constituídos por figuras em número estritamente necessário à compreensão da invenção.

6. O resumo da invenção, a publicar no *Boletim da Propriedade Industrial*:

a) Consiste numa breve exposição do que é referido na descrição, reivindicações e desenhos e não deve conter, de preferência, mais de 150 palavras;

b) Serve, exclusivamente, para fins de informação técnica e não será tomado em consideração para qualquer outra finalidade, designadamente para determinar a extensão da protecção requerida.

7. Os elementos previstos nos números anteriores podem ser apresentados em língua inglesa, notificando-se o requerente, nos termos do artigo 65.º, para apresentar uma tradução para a língua portuguesa.

Nota. Redacção introduzida pelo art. 1.º do DL n.º 143/2008, de 25 de Julho.

1402

Cap. I. Invenções   **Arts. 62.º-A-62.º-B CPI [151]**

Art. 62.º-A (Pedido provisório de patente)

1. Quem pretenda assegurar a prioridade de um pedido de patente e não disponha ainda de todos os elementos previstos no artigo anterior pode apresentar um pedido provisório, adiando a entrega desses elementos até ao prazo máximo de 12 meses.

2. Para efeito do que se dispõe no n.º 1 do artigo 11.º, é concedida prioridade ao pedido provisório apresentado em requerimento, redigido em língua portuguesa ou inglesa, que indique ou contenha:

a) O nome, firma ou denominação social do requerente, a sua nacionalidade, o seu domicílio ou o lugar em que está estabelecido, o número de identificação fiscal quando se trate de um residente em Portugal e o endereço de correio electrónico, caso exista;

b) A epígrafe ou título que sintetize o objecto da invenção;

c) O nome e país de residência do inventor;

d) A assinatura ou a identificação electrónica do requerente ou do seu mandatário;

e) Um documento que descreva o objecto do pedido de maneira a permitir a execução da invenção por qualquer pessoa competente na matéria.

3. O requerente de um pedido provisório não pode reivindicar a prioridade de um pedido anterior.

4. A pedido do requerente e antes de expirado o prazo de 12 meses a contar da apresentação do pedido provisório, é realizada uma pesquisa, com base no documento mencionado na alínea *e*) do n.º 2, sempre que neste exista matéria técnica pesquisável.

Nota. Aditado pelo art. 2.º do DL n.º 143/2008, de 25 de Julho.

Art. 62.º-B (Conversão do pedido provisório de patente)

1. Antes de expirado o prazo de 12 meses a contar da apresentação do pedido provisório, este pedido deve ser convertido num pedido definitivo de patente, acompanhado dos elementos previstos nos artigos 61.º e 62.º, devidamente redigidos em língua portuguesa.

2. Quando as reivindicações do pedido definitivo não tenham base no documento apresentado pelo requerente ao abrigo da alínea *e*) do n.º 2 do artigo anterior, a prioridade do pedido conta-se da data de apresentação das referidas reivindicações e não da data do pedido provisório.

3. Após a conversão em pedido definitivo de patente, é realizado o exame quanto à forma e quanto às limitações relativas ao objecto ou à patente, nos termos previstos no artigo 65.º

4. A publicação a que se refere o artigo 66.º é efectuada decorridos 18 meses da data de apresentação do pedido provisório, seguindo-se os termos do processo previstos nos artigos 68.º e seguintes.

5. Sempre que ocorra a conversão mencionada no n.º 1, a duração da patente prevista no artigo 99.º conta-se da data de apresentação do pedido provisório.

6. Quando não seja cumprido o disposto no n.º 1, o pedido provisório é considerado retirado.

1403

[151] CPI Art. 63.°

Tít. II. Regimes jurídicos da propriedade industrial

7. O termo do prazo mencionado no n.° 1 pode ser recordado aos requerentes, a título meramente informativo.

8. A falta do aviso referido no número anterior não constitui justificação para a não observância daquele prazo.

Nota. Aditado pelo art. 2.° do DL n.° 143/2008, de 25 de Julho.

Art. 63.° (Invenções biotecnológicas)

1. No caso em que uma invenção diga respeito a matéria biológica não acessível ao público e não possa ser descrita no pedido de patente por forma a permitir a sua realização por pessoa competente na matéria, ou implicar a utilização de uma matéria desse tipo, a descrição só é considerada suficiente, para efeitos de obtenção de patente, se:

a) A matéria biológica tiver sido depositada até à data de apresentação do pedido de patente em instituição de depósito reconhecida, como as instituições de depósito internacionais que tenham adquirido esse estatuto em conformidade com o Tratado de Budapeste, de 28 de Abril de 1977, sobre o Reconhecimento Internacional do Depósito de Microrganismos para efeitos de Procedimento em Matéria de Patentes;

b) O pedido incluir as informações pertinentes de que o requerente dispõe relativamente às características da matéria biológica depositada;

c) O pedido de patente mencionar a instituição de depósito e o número de depósito.

2. O acesso à matéria biológica depositada deve ser assegurado mediante entrega de uma amostra:

a) Até à primeira publicação do pedido de patente, unicamente às pessoas a quem tal direito é conferido pelo direito nacional;

b) Entre a primeira publicação do pedido e a concessão da patente, a qualquer pessoa que o solicite ou, a pedido do depositante, unicamente a um perito independente;

c) Após a concessão da patente e, mesmo no caso de cessação da patente por invalidade ou caducidade, a qualquer pessoa que o solicite.

3. A entrega só é efectuada se a pessoa que o solicita se comprometer, durante o período de duração da patente:

a) A não facultar a terceiros qualquer amostra da matéria biológica depositada ou de uma matéria dela derivada;

b) A não utilizar qualquer amostra da matéria depositada ou de uma matéria dela derivada, excepto para fins experimentais, salvo renúncia expressa do requerente ou do titular da patente quanto a esse compromisso.

4. Caso o pedido de patente seja recusado ou retirado, o acesso à matéria depositada pode ficar, a pedido do depositante, limitado a um perito independente durante 20 anos a contar da data de apresentação do pedido de patente, sendo, neste caso, aplicável o disposto no n.° 3.

5. Os pedidos do depositante, referidos na alínea *b*) do n.° 2 e no n.° 4, só podem ser apresentados até à data em que se considerem concluídos os preparativos técnicos para publicação do pedido de patente.

Cap. I.   Invenções   **Arts. 64.º-66.º CPI [151]**

6. Quando a matéria biológica depositada em conformidade com o disposto nos números anteriores deixar de estar disponível na instituição de depósito reconhecida, é permitido um novo depósito da matéria nas condições previstas no Tratado de Budapeste.

7. Qualquer novo depósito deve ser acompanhado de uma declaração assinada pelo depositante, certificando que a matéria biológica, objecto do novo depósito, é idêntica à inicialmente depositada.

Art. 64.º (Prazo para entrega da descrição e dos desenhos)

Nota. Revogado pelo art. 14.º do DL n.º 143/2008, de 25 de Julho.

Art. 65.º (Exame quanto à forma e quanto às limitações)

1. Apresentado o pedido de patente no Instituto Nacional da Propriedade Industrial, é feito exame quanto à forma e quanto às limitações relativas ao objecto ou à patente, no prazo de um mês, para verificar se preenche os requisitos estabelecidos nos artigos 52.º, 53.º e 61.º a 63.º

2. Caso o Instituto Nacional da Propriedade Industrial verifique que existem no pedido irregularidades de carácter formal ou que existem limitações quanto ao objecto ou à patente, o requerente é notificado para corrigi-las no prazo de dois meses.

3. Se o não fizer no prazo estabelecido, o pedido é recusado e publicado o respectivo despacho no *Boletim da Propriedade Industrial*, não havendo, neste caso, lugar à publicação prevista no artigo 66.º

Nota. Redacção introduzida pelo art. 1.º do DL n.º 143/2008, de 25 de Julho, que também alterou a epígrafe do preceito.

Art. 65.º-A (Relatório de pesquisa)

1. Depois de efectuado o exame previsto no artigo anterior é realizada uma pesquisa ao estado da técnica, com base em todos os elementos constantes do processo, de modo a avaliar os requisitos de novidade e actividade inventiva.

2. O relatório de pesquisa, que não tem um carácter vinculativo, é imediatamente enviado ao requerente.

Nota. Aditado pelo art. 2.º do DL n.º 143/2008, de 25 de Julho.

Art. 66.º (Publicação do pedido)

1. Sendo apresentado de forma regular, ou regularizado nos termos do n.º 2 do artigo 65.º, o pedido de patente é publicado no *Boletim da Propriedade Industrial* com a transcrição do resumo e da classificação internacional de patentes.

2. A publicação a que se refere o número anterior é efectuada decorridos 18 meses a contar da data da apresentação do pedido de patente no Instituto Nacional da Propriedade Industrial ou da prioridade reivindicada.

3. A publicação pode ser antecipada a pedido expresso do requerente.

4. Efectuada a publicação, qualquer pessoa pode requerer cópia dos elementos constantes do processo.

1405

[151] CPI Arts. 67.°-69.°   Tít. II.   Regimes jurídicos da propriedade industrial

5. Sem prejuízo do disposto nos artigos anteriores, as reivindicações ou expressões que infrinjam o disposto no n.° 2 do artigo 61.° são suprimidas, oficiosamente, tanto no título da patente como nas publicações a que o pedido der lugar.

Nota. Redacção introduzida pelo art. 1.° do DL n.° 143/2008, de 25 de Julho.

Art. 67.° (Oposição)

Nota. Revogado pelo art. 14.° do DL n.° 143/2008, de 25 de Julho.

Art. 68.° (Exame da invenção)

1. O Instituto Nacional da Propriedade Industrial promove o exame da invenção, considerando todos os elementos constantes do processo.

2. Findo o prazo para oposição sem que tenha sido apresentada reclamação, faz-se relatório do exame no prazo de um mês.

3. Havendo oposição, o relatório é elaborado no prazo de um mês a contar da apresentação da última peça processual a que se refere o artigo 17.°

4. Se, do exame, se concluir que a patente pode ser concedida, é publicado o respectivo aviso no *Boletim da Propriedade Industrial*.

5. Se, do exame, se concluir que a patente não pode ser concedida, o relatório, acompanhado de cópia de todos os elementos nele citados, é enviado ao requerente com notificação para, no prazo de dois meses, responder às observações feitas.

6. Se, após a resposta do requerente, se verificar que subsistem objecções à concessão da patente, faz-se nova notificação para, no prazo de um mês, serem esclarecidos os pontos ainda em dúvida.

7. Quando, da resposta do requerente, se verificar que a patente pode ser concedida, é publicado o respectivo aviso no *Boletim da Propriedade Industrial*.

8. Se a resposta às notificações não for considerada suficiente, é publicado o aviso de recusa ou de concessão parcial, de harmonia com o relatório do exame.

9. Se o requerente não responder à notificação a patente é recusada, publicando-se o respectivo aviso no *Boletim da Propriedade Industrial*.

Nota. Redacção introduzida pelo art. 1.° do DL n.° 143/2008, de 25 de Julho.

Art. 69.° (Concessão parcial)

1. Tratando-se, apenas, de delimitar a matéria protegida, eliminar reivindicações, desenhos, frases do resumo ou da descrição ou alterar o título ou epígrafe da invenção, de harmonia com a notificação e se o requerente não proceder voluntariamente a essas modificações, o Instituto Nacional da Propriedade Industrial pode fazê-las e publicar, assim, o aviso de concessão parcial da respectiva patente no *Boletim da Propriedade Industrial*.

2. A publicação do aviso mencionado no número anterior deve conter a indicação de eventuais alterações da epígrafe, das reivindicações, da descrição ou do resumo.

3. A concessão parcial deve ser proferida de forma a que a parte recusada não exceda os limites constantes do relatório do exame.

1406

Cap. I. Invenções   Arts. 70.°-74.° CPI **[151]**

Art. 70.° (Alterações do pedido)

1. Se o pedido sofrer alterações durante a fase de exame, o aviso de concessão publicado no *Boletim da Propriedade Industrial* deve conter essa indicação.
2. As alterações introduzidas no pedido durante a fase de exame são comunicadas aos reclamantes, se os houver, para efeitos de recurso.

Art. 71.° (Unidade da invenção)

1. No mesmo requerimento não se pode pedir mais de uma patente nem uma só patente para mais de uma invenção.
2. Uma pluralidade de invenções, ligadas entre si de tal forma que constituam um único conceito inventivo geral, é considerada uma só invenção.

Art. 72.° (Publicação do fascículo)

Decorridos os prazos previstos no n.° 1 do artigo 27.°, pode publicar-se o fascículo da patente.

Art. 73.° (Motivos de recusa)

1. Para além do que se dispõe no artigo 24.°, a patente é recusada quando:
   a) A invenção carecer de novidade, actividade inventiva ou não for susceptível de aplicação industrial;
   b) O seu objecto se incluir na previsão dos artigos 52.° ou 53.°;
   c) A epígrafe ou o título dado à invenção abranger objecto diferente, ou houver divergência entre a descrição e desenhos;
   d) O seu objecto não for descrito de maneira que permita a execução da invenção por qualquer pessoa competente na matéria;
   e) For considerada desenho ou modelo pela sua descrição e reivindicações;
   f) Houver infracção ao disposto nos artigos 58.° ou 59.°;
   g) Tenha por objecto uma invenção para a qual tenha sido concedida, ao mesmo inventor ou com o seu consentimento, uma patente europeia válida em Portugal.
2. No caso previsto na alínea *f*) do número anterior, em vez da recusa da patente pode ser concedida a transmissão total ou parcial a favor do interessado se este a tiver pedido.
3. Constitui ainda motivo de recusa o reconhecimento de que o requerente pretende fazer concorrência desleal ou de que esta é possível independentemente da sua intenção.

Nota. Redacção introduzida pelo art. 1.° do DL n.° 143/2008, de 25 de Julho.

Art. 74.° (Notificação do despacho definitivo)

Do despacho definitivo é imediatamente efectuada notificação, nos termos do n.° 1 do artigo 16.°, com indicação do *Boletim da Propriedade Industrial* em que o respectivo aviso foi publicado.

Nota. Redacção introduzida pelo art. 13.° do DL n.° 318/2007, de 26 de Setembro **[152]**.

[151] CPI Arts. 75.º-78.º

Tít. II.   Regimes jurídicos da propriedade industrial

SUBSECÇÃO II.   **Via europeia**

Art. 75.º (Âmbito)

1. As disposições seguintes aplicam-se aos pedidos de patente europeia e às patentes europeias que produzam efeitos em Portugal.

2. As disposições do presente Código aplicam-se em tudo que não contrarie a Convenção sobre a Patente Europeia de 5 de Outubro de 1973.

Art. 76.º (Apresentação de pedidos de patente europeia)

1. Os pedidos de patente europeia são apresentados no Instituto Nacional da Propriedade Industrial ou no Instituto Europeu de Patentes.

2. Quando o requerente de uma patente europeia tiver o seu domicílio ou sede social em Portugal, o pedido deve ser apresentado no Instituto Nacional da Propriedade Industrial, sob pena de não poder produzir efeitos em Portugal, salvo se nele se reivindica a prioridade de um pedido anterior apresentado em Portugal.

3. (…).

Nota. O n.º 3 foi revogado pelo art. 14.º do DL n.º 143/2008, de 25 de Julho.

Art. 77.º (Línguas em que podem ser redigidos os pedidos de patente europeia)

1. Os pedidos de patente europeia apresentados em Portugal podem ser redigidos em qualquer das línguas previstas na Convenção sobre a Patente Europeia.

2. Se o pedido de patente europeia for apresentado em língua diferente da portuguesa, deve ser acompanhado de uma tradução em português da descrição, das reivindicações e do resumo, bem como de uma cópia dos desenhos, ainda que estes não contenham expressões a traduzir, salvo se o pedido de patente europeia reivindicar a prioridade de um pedido anterior apresentado em Portugal.

3. A tradução mencionada no número anterior é entregue no Instituto Nacional da Propriedade Industrial no prazo de um mês a contar da data do pedido de patente europeia apresentado em Portugal.

Nota. Redacção introduzida pelo art. 1.º do DL n.º 143/2008, de 25 de Julho.

Art. 78.º (Direitos conferidos pelos pedidos de patente europeia publicados)

1. Os pedidos de patente europeia, depois de publicados nos termos da Convenção sobre a Patente Europeia, gozam em Portugal de uma protecção provisória equivalente à conferida aos pedidos de patentes nacionais publicados, a partir da data em que, no Instituto Nacional da Propriedade Industrial, for acessível ao público uma tradução das reivindicações, em português, acompanhada de uma cópia dos desenhos.

2. O Instituto Nacional da Propriedade Industrial procede à publicação, no *Boletim da Propriedade Industrial*, de um aviso com as indicações necessárias à identificação do pedido de patente europeia.

3. A partir da data da publicação do aviso a que se refere o número anterior, qualquer pessoa pode tomar conhecimento do texto da tradução e obter reproduções da mesma.

1408

Cap. I. Invenções   Arts. 79.°-82.° CPI **[151]**

Art. 79.° (Tradução da patente europeia)

1. Sempre que o Instituto Europeu de Patentes conceder uma patente para ser válida em Portugal, o respectivo titular deve apresentar, no Instituto Nacional da Propriedade Industrial, uma tradução em português da descrição, das reivindicações e do resumo, bem como de uma cópia dos desenhos da patente e, se for o caso, das modificações introduzidas durante a fase da oposição, sob pena de a patente não produzir efeitos em Portugal.

2. A tradução da patente europeia deve ser acompanhada de uma cópia dos desenhos, ainda que estes não contenham expressões a traduzir.

3. O disposto nos números anteriores aplica-se sempre que o Instituto Europeu de Patentes limite, a pedido do titular, uma patente europeia.

4. Nos casos previstos nos n.ºs 1 e 2 e para efeitos do que se dispõe nos artigos 73.° e 88.°, o titular deve ainda mencionar se a invenção a que respeita a patente europeia é objecto de uma patente ou de um pedido de patente apresentado anteriormente em Portugal, indicando o respectivo número, data de pedido ou outras observações que considere relevantes.

Nota. Redacção introduzida pelo art. 1.° do DL n.° 143/2008, de 25 de Julho.

Art. 80.° (Prazo para apresentação da tradução da patente europeia)

1. A tradução em português da descrição, das reivindicações e do resumo, bem como de uma cópia dos desenhos da patente europeia, deve ser apresentada no Instituto Nacional da Propriedade Industrial no prazo de três meses a contar da data da publicação no Boletim Europeu de Patentes do aviso de concessão da patente ou, se for esse o caso, a contar da data do aviso da decisão relativa à oposição ou à limitação da patente europeia.

2. Os documentos mencionados no número anterior devem ser apresentados conjuntamente e acompanhados das taxas devidas.

3. Se o requerente não tiver dado satisfação a todas as exigências previstas no n.° 1 no prazo aí indicado, pode fazê-lo no prazo de um mês a contar do seu termo, mediante o pagamento de uma sobretaxa calculada com referência à taxa do pedido de patente nacional.

Nota. Redacção introduzida pelo art. 1.° do DL n.° 143/2008, de 25 de Julho.

Art. 81.° (Responsabilidade das traduções)

Quando o requerente ou o titular da patente europeia não tiver domicílio nem sede social em Portugal, as traduções dos textos devem ser executadas sob a responsabilidade de um agente oficial da propriedade industrial ou de mandatário acreditado junto do Instituto Nacional da Propriedade Industrial.

Art. 82.° (Publicação do aviso relativo à tradução)

1. O Instituto Nacional da Propriedade Industrial procede à publicação, no *Boletim da Propriedade Industrial*, de um aviso relativo à remessa das traduções referidas no artigo 79.° contendo as indicações necessárias à identificação da patente europeia e a eventuais limitações.

1409

[151] CPI Arts. 83.°-86.°

Tít. II. Regimes jurídicos da propriedade industrial

2. A publicação do aviso só tem lugar após o pagamento da taxa correspondente.

Nota. Redacção introduzida pelo art. 1.° do DL n.° 143/2008, de 25 de Julho.

Art. 83.° (Inscrição no registo de patentes)

1. Quando a concessão da patente europeia tiver sido objecto de aviso no *Boletim Europeu de Patentes*, o Instituto Nacional da Propriedade Industrial inscreve-a no seu registo de patentes com os dados mencionados no registo europeu de patentes.

2. São igualmente objecto de inscrição no registo de patentes do Instituto Nacional da Propriedade Industrial a data em que se tenha recebido as traduções mencionadas no artigo 79.° ou, na falta de remessa dessas traduções, os dados mencionados no registo europeu de patentes relativo ao processo de oposição, assim como os dados previstos para as patentes portuguesas.

3. A inscrição, no registo europeu de patentes, de actos que transmitam ou modifiquem os direitos relativos a um pedido de patente europeia, ou a uma patente europeia, torna-os oponíveis a terceiros.

4. Uma patente concedida pela via europeia pode ser limitada ou revogada a pedido do titular nos casos previstos na Convenção sobre a Patente Europeia, sendo esse facto inscrito no registo de patentes do Instituto Nacional da Propriedade Industrial.

5. Dos actos previstos no número anterior, e após o pagamento da taxa correspondente, publica-se aviso no *Boletim da Propriedade Industrial*.

Nota. Redacção introduzida pelo art. 1.° do DL n.° 143/2008, de 25 de Julho.

Art. 84.° (Texto do pedido da patente europeia que faz fé)

Quando se tenha apresentado uma tradução em português, nos termos dos artigos precedentes, considera-se que essa tradução faz fé se o pedido, ou a patente europeia, conferir, no texto traduzido, uma protecção menor do que a concedida pelo mesmo pedido ou patente na língua utilizada no processo.

Art. 85.° (Revisão da tradução)

1. O requerente ou titular de patente europeia pode efectuar, a todo o momento, uma revisão da tradução, a qual só produz efeitos desde que seja acessível ao público no Instituto Nacional da Propriedade Industrial e tenha sido paga a respectiva taxa.

2. Qualquer pessoa que, de boa fé, tenha começado a explorar uma invenção ou tenha feito preparativos, efectivos e sérios, para esse fim, sem que tal exploração constitua uma contrafacção do pedido ou da patente, de acordo com o texto da tradução inicial, pode continuar com a exploração, na sua empresa ou para as necessidades desta, a título gratuito e sem obrigação de indemnizar.

Art. 86.° (Transformação em pedido de patente nacional)

1. Um pedido de patente europeia pode ser transformado em pedido de patente nacional, nos casos previstos na Convenção sobre a Patente Europeia.

1410

Cap. I. Invenções

Arts. 87.°-89.° CPI [151]

2. Sempre que tenha sido retirado, considerado retirado ou recusado, o pedido de patente europeia pode, também, ser transformado em pedido de patente nacional.

3. A possibilidade de transformação mencionada nos números anteriores pode aplicar-se ainda nos casos em que a patente europeia tenha sido revogada.

4. Considera-se o pedido de patente europeia como um pedido de patente nacional desde a data da recepção, pelo Instituto Nacional da Propriedade Industrial, do pedido de transformação.

5. Ao pedido de patente nacional é atribuída a data do pedido de patente europeia e, se for caso disso, da respectiva prioridade, salvo se a atribuição dessa data não for admissível nos termos previstos na Convenção sobre a Patente Europeia.

6. O pedido de patente é recusado se, no prazo de dois meses a contar da data da recepção do pedido de transformação, o requerente não pagar as taxas devidas por um pedido de patente nacional ou, se for o caso, não tiver apresentado uma tradução em português do texto original do pedido de patente europeia.

Nota. Redacção introduzida pelo art. 1.° do DL n.° 143/2008, de 25 de Julho, que também alterou a epígrafe do preceito.

Art. 87.° (Transformação em pedido de modelo de utilidade português)

1. (...).
2. (...).
3. O disposto no artigo anterior é aplicável, com as devidas adaptações, sempre que seja requerida a transformação em pedido de modelo de utilidade.

Notas. 1. Redacção introduzida pelo art. 1.° do DL n.° 143/2008, de 25 de Julho, que também alterou a epígrafe do preceito.

2. Os n.ᵒˢ 1 e 2 foram revogados pelo art. 14.° do DL n.° 143/2008, de 25 de Julho.

Art. 88.° (Proibição de dupla protecção)

1. Uma patente nacional que tenha por objecto uma invenção para a qual tenha sido concedida, com a mesma data de pedido ou de prioridade, uma patente europeia válida em Portugal, ao mesmo inventor ou com o seu consentimento, caduca a partir do momento em que:

a) O prazo previsto para apresentar oposição à patente europeia tenha expirado, sem que qualquer oposição tenha sido formulada;

b) O processo de oposição tenha terminado, mantendo-se a patente europeia.

2. No caso de a patente nacional ter sido concedida posteriormente a qualquer das datas indicadas nas alíneas *a)* e *b)* do número anterior, esta patente caduca, publicando-se o correspondente aviso no *Boletim da Propriedade Industrial*.

3. A extinção ou a anulação posteriores da patente europeia não afectam as disposições dos números anteriores.

Nota. Redacção introduzida pelo art. 1.° do DL n.° 143/2008, de 25 de Julho.

Art. 89.° (Taxas anuais)

Por todas as patentes europeias que produzam efeitos em Portugal devem ser pagas, no Instituto Nacional da Propriedade Industrial, as taxas anuais aplicáveis às patentes nacionais, nos prazos previstos no presente Código.

1411

[151] CPI Arts. 90.°-91.°   Tít. II. Regimes jurídicos da propriedade industrial

SUBSECÇÃO III. **Via Tratado de Cooperação em Matéria de Patentes**

Art. 90.° (Definição e âmbito)

1. Entende-se por pedido internacional um pedido apresentado nos termos do Tratado de Cooperação em Matéria de Patentes, concluído em Washington, em 19 de Junho de 1970.

2. As disposições do Tratado de Cooperação e, a título complementar, as disposições constantes dos artigos seguintes são aplicáveis aos pedidos internacionais para os quais o Instituto Nacional da Propriedade Industrial actua na qualidade de administração receptora ou de administração designada ou eleita.

3. As disposições do presente Código aplicam-se em tudo o que não contrarie o Tratado de Cooperação.

Art. 91.° (Apresentação dos pedidos internacionais)

1. Os pedidos internacionais formulados por pessoas singulares ou colectivas que tenham domicílio ou sede em Portugal devem ser apresentados no Instituto Nacional da Propriedade Industrial, no Instituto Europeu de Patentes ou na Organização Mundial da Propriedade Intelectual.

2. Sempre que não seja reivindicada prioridade de um pedido anterior feito em Portugal, o pedido internacional deve ser apresentado no Instituto Nacional da Propriedade Industrial, sob pena de não poder produzir efeitos em Portugal.

3. (...).

4. Nas condições previstas no n.° 1, o Instituto Nacional da Propriedade Industrial actua na qualidade de administração receptora, nos termos do Tratado de Cooperação.

5. Qualquer pedido internacional apresentado junto do Instituto Nacional da Propriedade Industrial, actuando na qualidade de administração receptora, está sujeito ao pagamento, para além das taxas previstas no Tratado de Cooperação, de uma taxa de transmissão.

6. O pagamento da taxa de transmissão deve ser satisfeito no prazo de um mês a contar da data da recepção do pedido internacional.

7. Os pedidos internacionais apresentados no Instituto Nacional da Propriedade Industrial, actuando na qualidade de administração receptora, podem ser redigidos em língua portuguesa, francesa, inglesa ou alemã.

8. Os requerentes dos pedidos internacionais redigidos em língua portuguesa devem, no prazo de um mês a contar da data de recepção do pedido internacional pela administração receptora, entregar nesta administração uma tradução do pedido internacional numa das outras línguas previstas no número anterior.

9. Se o requerente não tiver satisfeito as exigências previstas no número anterior no prazo nele indicado, pode fazê-lo, nos termos previstos no Tratado de Cooperação para Pedidos Internacionais, mediante o pagamento, à administração receptora, da sobretaxa prevista no regulamento de execução do Tratado de Cooperação.

10. Os pedidos internacionais devem ser acompanhados de uma tradução em português da descrição, das reivindicações, do resumo e de uma cópia dos desenhos, ainda que estes não tenham expressões a traduzir, salvo se o pedido inter-

1412

Cap. I. Invenções   Arts. 92.º-95.º CPI **[151]**

nacional reivindicar a prioridade de um pedido anterior feito em Portugal para a mesma invenção.

Notas. 1. Redacção introduzida pelo art. 1.º do DL n.º 143/2008, de 25 de Julho.

2. O n.º 3 foi revogado pelo art. 14.º do DL n.º 143/2008, de 25 de Julho.

Art. 92.º (Administração designada e eleita)

O Instituto Nacional da Propriedade Industrial actua na qualidade de administração designada e eleita nos termos do Tratado de Cooperação para os pedidos internacionais que visem proteger a invenção em Portugal, sempre que estes não tenham o efeito de um pedido de patente europeia.

Art. 93.º (Efeitos dos pedidos internacionais)

Os pedidos internacionais para os quais o Instituto Nacional da Propriedade Industrial actua como administração designada e eleita nos termos do artigo anterior produzem, em Portugal, os mesmos efeitos que um pedido de patente portuguesa apresentado na mesma data.

Art. 94.º (Prazo para a apresentação da tradução do pedido internacional)

1. Sempre que um requerente desejar que o processo relativo a um pedido internacional prossiga em Portugal, deve apresentar, junto do Instituto Nacional da Propriedade Industrial, uma tradução, em português, de todos os elementos que integram o pedido internacional, no prazo estabelecido no Tratado de Cooperação, e satisfazer, em simultâneo, o pagamento da taxa correspondente ao pedido nacional.

2. (...).

3. Se o requerente não tiver satisfeito todas as exigências previstas no n.º 1 no prazo nele indicado, pode fazê-lo no prazo de um mês a contar do seu termo, mediante o pagamento de uma sobretaxa calculada com referência à taxa do pedido de patente nacional.

Notas. 1. Redacção introduzida pelo art. 1.º do DL n.º 143/2008, de 25 de Julho.

2. O n.º 2 foi revogado pelo art. 14.º do DL n.º 143/2008, de 25 de Julho.

Art. 95.º (Direitos conferidos pelos pedidos internacionais publicados)

1. Depois de publicados, nos termos do Tratado de Cooperação, os pedidos internacionais gozam, em Portugal, de uma protecção provisória equivalente à que é conferida aos pedidos de patentes nacionais publicados a partir da data em que seja acessível ao público, no Instituto Nacional da Propriedade Industrial, uma tradução em português das reivindicações, acompanhada de uma cópia dos desenhos, ainda que estes não contenham expressões a traduzir.

2. O Instituto Nacional da Propriedade Industrial procede à publicação, no *Boletim da Propriedade Industrial*, de um aviso com as indicações necessárias à identificação do pedido internacional.

3. A partir da data da publicação do aviso, qualquer pessoa pode tomar conhecimento do texto da tradução e obter reproduções da mesma.

1413

[151] CPI Arts. 96.°-97.°   Tít. II.   Regimes jurídicos da propriedade industrial

Art. 96.° (Pedido internacional contendo invenções independentes)

1. Quando uma parte de um pedido internacional não tenha sido objecto de uma pesquisa internacional, ou de um exame preliminar internacional, por se ter verificado que o pedido continha invenções independentes e que o requerente não tinha pago, no prazo prescrito, a taxa adicional prevista no Tratado de Cooperação, o Instituto Nacional da Propriedade Industrial reexamina os fundamentos da decisão de não execução da pesquisa ou do exame do referido pedido.

2. Quando o Instituto Nacional da Propriedade Industrial concluir que a decisão não foi bem fundamentada, aplicam-se a esse pedido as disposições correspondentes do presente Código.

3. Se o Instituto Nacional da Propriedade Industrial entender que a decisão está bem fundamentada, a parte do pedido que não foi objecto de pesquisa, ou de exame, será considerada sem efeito, a menos que o requerente solicite a divisão do pedido no prazo de dois meses a contar da notificação que lhe for feita, nos termos das disposições do presente Código relativas aos pedidos divisionários.

4. Relativamente a cada um dos pedidos divisionários são devidas as taxas correspondentes aos pedidos de patentes nacionais, nas condições previstas no presente Código.

SECÇÃO III.   Efeitos da patente

Art. 97.° (Âmbito da protecção)

1. O âmbito da protecção conferida pela patente é determinado pelo conteúdo das reivindicações, servindo a descrição e os desenhos para as interpretar.

2. Se o objecto da patente disser respeito a um processo, os direitos conferidos por essa patente abrangem os produtos obtidos directamente pelo processo patenteado.

3. A protecção conferida por uma patente relativa a uma matéria biológica dotada, em virtude da invenção, de determinadas propriedades abrange qualquer matéria biológica obtida a partir da referida matéria biológica por reprodução ou multiplicação, sob forma idêntica ou diferenciada e dotada dessas mesmas propriedades.

4. A protecção conferida por uma patente relativa a um processo que permita produzir uma matéria biológica dotada, em virtude da invenção, de determinadas propriedades abrange a matéria biológica directamente obtida por esse processo e qualquer outra matéria biológica obtida a partir da matéria biológica obtida directamente, por reprodução ou multiplicação, sob forma idêntica ou diferenciada e dotada dessas mesmas propriedades.

5. A protecção conferida por uma patente relativa a um produto que contenha uma informação genética ou que consista numa informação genética abrange, sob reserva do disposto na alínea *a*) do n.° 3 do artigo 53.°, qualquer matéria em que o produto esteja incorporado na qual esteja contido e exerça a sua função.

6. Em derrogação do disposto nos n.ºˢ 3 a 5 do presente artigo:

a) A venda, ou outra forma de comercialização, pelo titular da patente, ou com o seu consentimento, de material de reprodução vegetal a um agricultor, para fins de exploração agrícola, implica a permissão de o agricultor utilizar o produto

1414

Cap. I.   Invenções   **Arts. 98.º-102.º CPI [151]**

da sua colheita para proceder, ele próprio, à reprodução ou multiplicação na sua exploração;

b) A venda, ou outra forma de comercialização, pelo titular da patente, ou com o seu consentimento, de animais de criação ou de outro material de reprodução animal a um agricultor implica a permissão deste utilizar os animais protegidos para fins agrícolas, incluindo tal permissão a disponibilização do animal, ou de outro material de reprodução animal, para a prossecução da sua actividade agrícola, mas não a venda, tendo em vista uma actividade de reprodução com fins comerciais ou no âmbito da mesma.

Art. 98.º (Inversão do ónus da prova)

Se uma patente tiver por objecto um processo de fabrico de um produto novo, o mesmo produto fabricado por um terceiro será, salvo prova em contrário, considerado como fabricado pelo processo patenteado.

Art. 99.º (Duração)

A duração da patente é de 20 anos contados da data do respectivo pedido.

Art. 100.º (Indicação da patente)

Durante a vigência da patente, o seu titular pode usar nos produtos a palavra «patenteado», «patente n.º» ou ainda «Pat n.º».

Art. 101.º (Direitos conferidos pela patente)

1. A patente confere o direito exclusivo de explorar a invenção em qualquer parte do território português.

2. A patente confere ainda ao seu titular o direito de impedir a terceiros, sem o seu consentimento, o fabrico, a oferta, a armazenagem, a introdução no comércio ou a utilização de um produto objecto de patente, ou a importação ou posse do mesmo, para algum dos fins mencionados.

3. O titular da patente pode opor-se a todos os actos que constituam violação da sua patente, mesmo que se fundem noutra patente com data de prioridade posterior, sem necessidade de impugnar os títulos, ou de pedir a anulação das patentes em que esse direito se funde.

4. Os direitos conferidos pela patente não podem exceder o âmbito definido pelas reivindicações.

5. O titular de uma patente pode solicitar ao Instituto Nacional da Propriedade Industrial, mediante o pagamento de uma taxa, a limitação do âmbito da protecção da invenção pela modificação das reivindicações.

6. Se, do exame, se concluir que o pedido de limitação está em condições de ser deferido, o Instituto Nacional da Propriedade Industrial promove a publicação do aviso da menção da modificação das reivindicações, sendo, em caso contrário, o pedido indeferido e a decisão comunicada ao requerente.

Art. 102.º (Limitação aos direitos conferidos pela patente)

Os direitos conferidos pela patente não abrangem:

a) Os actos realizados num âmbito privado e sem fins comerciais;

[151] CPI Arts. 103.°-104.°   Tít. II. Regimes jurídicos da propriedade industrial

b) A preparação de medicamentos feita no momento e para casos individuais, mediante receita médica nos laboratórios de farmácia, nem os actos relativos aos medicamentos assim preparados;

c) Os actos realizados exclusivamente para fins de ensaio ou experimentais, incluindo experiências para preparação dos processos administrativos necessários à aprovação de produtos pelos organismos oficiais competentes, não podendo, contudo, iniciar-se a exploração industrial ou comercial desses produtos antes de se verificar a caducidade da patente que os protege;

d) A utilização a bordo de navios dos outros países membros da União ou da OMC do objecto da invenção patenteada no corpo do navio, nas máquinas, na mastreação, em aprestos e outros acessórios, quando entrarem, temporária ou acidentalmente, nas águas do País, desde que a referida invenção seja exclusivamente utilizada para as necessidades do navio;

e) A utilização do objecto da invenção patenteada na construção ou no funcionamento de veículos de locomoção aérea, ou terrestre, dos outros países membros da União ou da OMC, ou de acessórios desses veículos, quando entrarem, temporária ou acidentalmente, em território nacional;

f) Os actos previstos no artigo 27.° da Convenção de 7 de Dezembro de 1944 relativa à aviação civil internacional se disserem respeito a aeronaves de outro Estado, ao qual, porém, se aplicam as disposições do referido artigo.

Art. 103.° (Esgotamento do direito)

1. Os direitos conferidos pela patente não permitem ao seu titular proibir os actos relativos aos produtos por ela protegidos, após a sua comercialização, pelo próprio ou com o seu consentimento, no espaço económico europeu.

2. A protecção referida nos n.ºs 3 a 5 do artigo 97.° não abrange a matéria biológica obtida por reprodução, ou multiplicação, de uma matéria biológica comercializada pelo titular da patente, ou com o seu consentimento, no espaço económico europeu, se a reprodução ou multiplicação resultar, necessariamente, da utilização para a qual a matéria biológica foi colocada no mercado, desde que a matéria obtida não seja, em seguida, utilizada para outras reproduções ou multiplicações.

Art. 104.° (Inoponibilidade)

1. Os direitos conferidos pela patente não são oponíveis, no território nacional e antes da data do pedido, ou da data da prioridade quando esta é reivindicada, a quem, de boa fé, tenha chegado pelos seus próprios meios ao conhecimento da invenção e a utilizava ou fazia preparativos efectivos e sérios com vista a tal utilização.

2. O previsto no número anterior não se aplica quando o conhecimento resulta de actos ilícitos, ou contra os bons costumes, praticados contra o titular da patente.

3. O ónus da prova cabe a quem invocar as situações previstas no n.° 1.

4. A utilização anterior, ou os preparativos desta, baseados nas informações referidas na alínea *a*) do n.° 1 do artigo 57.°, não prejudicam a boa fé.

5. Nos casos previstos no n.° 1, o beneficiário tem o direito de prosseguir, ou iniciar, a utilização da invenção, na medida do conhecimento anterior, para os fins

1416

Cap. I. Invenções   **Arts. 105.º-107.º CPI [151]**

da própria empresa, mas só pode transmiti-lo conjuntamente com o estabelecimento comercial em que se procede à referida utilização.

SECÇÃO IV. **Condições de utilização**

Art. 105.º (Perda e expropriação da patente)
1. Pode ser privado da patente, nos termos da lei, quem tiver que responder por obrigações contraídas para com outrem ou que dela seja expropriado por utilidade pública.
2. Qualquer patente pode ser expropriada por utilidade pública mediante o pagamento de justa indemnização, se a necessidade de vulgarização da invenção, ou da sua utilização pelas entidades públicas, o exigir.
3. É aplicável, com as devidas adaptações, o preceituado no Código das Expropriações.

Art. 106.º (Obrigatoriedade de exploração)
1. O titular da patente é obrigado a explorar a invenção patenteada, directamente ou por intermédio de pessoa por ele autorizada, e a comercializar os resultados obtidos por forma a satisfazer as necessidades do mercado nacional.
2. A exploração deve ter início no prazo de quatro anos a contar da data do pedido de patente, ou no prazo de três anos a contar da data da concessão, aplicando-se o prazo mais longo.
3. É possível gozar de direitos de patente sem discriminação quanto ao local da invenção, ao domínio tecnológico e ao facto de os produtos serem importados de qualquer país membro da União Europeia, ou da OMC, ou produzidos localmente.

Art. 107.º (Licenças obrigatórias)
1. Podem ser concedidas licenças obrigatórias sobre uma determinada patente, quando ocorrer algum dos seguintes casos:
a) Falta ou insuficiência de exploração da invenção patenteada;
b) Dependência entre patentes;
c) Existência de motivos de interesse público.
2. As licenças obrigatórias serão não exclusivas e só podem ser transmitidas com a parte da empresa ou do estabelecimento que as explore.
3. As licenças obrigatórias só podem ser concedidas quando o potencial licenciado tiver desenvolvido esforços no sentido de obter do titular da patente uma licença contratual em condições comerciais aceitáveis e tais esforços não tenham êxito dentro de um prazo razoável.
4. A licença obrigatória pode ser revogada, sem prejuízo de protecção adequada dos legítimos interesses dos licenciados, se e quando as circunstâncias que lhe deram origem deixarem de existir e não sejam susceptíveis de se repetir, podendo a autoridade competente reexaminar, mediante pedido fundamentado, a continuação das referidas circunstâncias.
5. Quando uma patente tiver por objecto tecnologia de semicondutores, apenas podem ser concedidas licenças obrigatórias com finalidade pública não comercial.

1417

[151] CPI Arts. 108.°-109.°   Tít. II.   Regimes jurídicos da propriedade industrial

6. O titular da patente receberá uma remuneração adequada a cada caso concreto, tendo em conta o valor económico da licença.

7. A decisão que conceda ou denegue a remuneração é susceptível de recurso judicial ou arbitral, nos termos dos artigos 48.° a 50.°

Nota. Redacção introduzida pelo art. 1.° do DL n.° 143/2008, de 25 de Julho.

Art. 108.° (Licença por falta de exploração da invenção)

1. Expirados os prazos que se referem no n.° 2 do artigo 106.°, o titular que, sem justo motivo ou base legal, não explorar a invenção, directamente ou por licença, ou não o fizer de modo a ocorrer às necessidades nacionais, pode ser obrigado a conceder licença de exploração da mesma.

2. Pode, também, ser obrigado a conceder licença de exploração da invenção o titular que, durante três anos consecutivos e sem justo motivo ou base legal, deixar de fazer a sua exploração.

3. São considerados justos motivos as dificuldades objectivas de natureza técnica ou jurídica, independentes da vontade e da situação do titular da patente, que tornem impossível ou insuficiente a exploração da invenção, mas não as dificuldades económicas ou financeiras.

4. Enquanto uma licença obrigatória se mantiver em vigor, o titular da patente não pode ser obrigado a conceder outra antes daquela ter sido cancelada.

5. A licença obrigatória pode ser cancelada se o licenciado não explorar a invenção por forma a ocorrer às necessidades nacionais.

Art. 109.° (Licenças dependentes)

1. Quando não seja possível a exploração de uma invenção, protegida por uma patente, sem prejuízo dos direitos conferidos por uma patente anterior e ambas as invenções sirvam para fins industriais distintos, a licença só pode ser concedida se se verificar o carácter indispensável da primeira invenção para a exploração da segunda e, apenas, na parte necessária à realização desta, tendo o titular da primeira patente direito a justa indemnização.

2. Quando as invenções, protegidas por patentes dependentes, servirem para os mesmos fins industriais e tiver lugar a concessão de uma licença obrigatória, o titular da patente anterior também pode exigir a concessão de licença obrigatória sobre a patente posterior.

3. Quando uma invenção tiver por objecto um processo de preparação de um produto químico, farmacêutico ou alimentar protegido por uma patente em vigor, e sempre que essa patente de processo representar um progresso técnico notável em relação à patente anterior, tanto o titular da patente de processo como o titular da patente de produto têm o direito de exigir uma licença obrigatória sobre a patente do outro titular.

4. Quando um obtentor de uma variedade vegetal não puder obter ou explorar um direito de obtenção vegetal sem infringir uma patente anterior, pode requerer uma licença obrigatória para a exploração não exclusiva da invenção protegida pela patente, na medida em que essa licença seja necessária para explorar a mesma variedade vegetal, contra o pagamento de remuneração adequada.

1418

Cap. I. Invenções   **Arts. 110.º-111.º CPI [151]**

5. Sempre que seja concedida uma licença do tipo previsto no número anterior, o titular da patente tem direito a uma licença recíproca, em condições razoáveis, para utilizar essa variedade protegida.

6. Quando o titular de uma patente, relativa a uma invenção biotecnológica, não puder explorá-la sem infringir um direito de obtenção vegetal anterior sobre uma variedade, pode requerer uma licença obrigatória para a exploração não exclusiva da variedade protegida por esse direito de obtenção, contra o pagamento de remuneração adequada.

7. Sempre que seja concedida uma licença do tipo previsto no número anterior, o titular do direito de obtenção tem direito a uma licença recíproca, em condições razoáveis, para utilizar a invenção protegida.

8. Os requerentes das licenças referidas nos n.ºs 4 e 6, devem provar que:

a) Se dirigiram, em vão, ao titular da patente ou de direito de obtenção vegetal, para obter uma licença contratual;

b) A variedade vegetal, ou invenção, representa um progresso técnico importante, de interesse económico considerável, relativamente à invenção reivindicada na patente ou à variedade vegetal a proteger.

9. O disposto no presente artigo aplica-se, igualmente, sempre que uma das invenções esteja protegida por patente e a outra por modelo de utilidade.

Art. 110.º (Interesse público)

1. O titular de uma patente pode ser obrigado a conceder licença para a exploração da respectiva invenção por motivo de interesse público.

2. Considera-se que existem motivos de interesse público quando o início, o aumento ou a generalização da exploração da invenção, ou a melhoria das condições em que tal exploração se realizar, sejam de primordial importância para a saúde pública ou para a defesa nacional.

3. Considera-se, igualmente, que existem motivos de interesse público quando a falta de exploração ou a insuficiência em qualidade ou em quantidade da exploração realizada implicar grave prejuízo para o desenvolvimento económico ou tecnológico do País.

4. A concessão da licença por motivo de interesse público é da competência do Governo.

Art. 111.º (Pedidos de licenças obrigatórias)

1. As licenças obrigatórias devem ser requeridas junto do Instituto Nacional da Propriedade Industrial, apresentando o requerente os elementos de prova que possam fundamentar o seu pedido.

2. Os pedidos de licenças obrigatórias são examinados pela ordem em que forem requeridos junto do Instituto Nacional da Propriedade Industrial.

3. Recebido o pedido de licença obrigatória, o Instituto Nacional da Propriedade Industrial notifica o titular da patente para, no prazo de dois meses, dizer o que tiver por conveniente, apresentando as provas respectivas.

4. O Instituto Nacional da Propriedade Industrial aprecia as alegações das partes e as garantias da exploração da invenção oferecidas pelo requerente da licença obrigatória, decidindo, no prazo de dois meses, se esta deve ou não ser concedida.

1419

[151] CPI Arts. 112.°-114.°   Tít. II.   Regimes jurídicos da propriedade industrial

5. Em caso afirmativo, notifica ambas as partes para, no prazo de um mês, nomearem um perito que, juntamente com o perito nomeado pelo Instituto Nacional da Propriedade Industrial, acorda, no prazo de dois meses, as condições da licença obrigatória e a indemnização a pagar ao titular da patente.

Art. 112.° (Notificação e recurso da concessão ou recusa da licença)
1. A concessão ou recusa da licença e respectivas condições de exploração é notificada a ambas as partes pelo Instituto Nacional da Propriedade Industrial.
2. Da decisão do Instituto Nacional da Propriedade Industrial que concedeu ou recusou a licença, ou apenas das condições em que a mesma tenha sido concedida, cabe recurso para o tribunal competente, nos termos dos artigos 39.° e seguintes, no prazo de três meses a contar da data da notificação a que se refere o número anterior.
3. A decisão favorável à concessão só produz efeitos depois de transitada em julgado e averbada no Instituto Nacional da Propriedade Industrial, onde são pagas as respectivas taxas, como se de uma licença ordinária se tratasse.
4. Um extracto do registo referido no número anterior é publicado no *Boletim da Propriedade Industrial.*

SECÇÃO V.   **Invalidade da patente**

Art. 113.° (Nulidade)
Para além do que se dispõe no artigo 33.°, as patentes são nulas nos seguintes casos:
a) Quando o seu objecto não satisfizer os requisitos de novidade, actividade inventiva e aplicação industrial;
b) Quando o seu objecto não for susceptível de protecção, nos termos dos artigos 51.°, 52.° e 53.°;
c) Quando se reconheça que o título ou epígrafe dado à invenção abrange objecto diferente;
d) Quando o seu objecto não tenha sido descrito por forma a permitir a sua execução por qualquer pessoa competente na matéria.

Art. 114.° (Declaração de nulidade ou anulação parcial)
1. Podem ser declaradas nulas, ou anuladas, uma ou mais reivindicações, mas não pode declarar-se a nulidade parcial, ou anular-se parcialmente uma reivindicação.
2. Nos procedimentos perante o tribunal, o titular da patente pode efectuar, através da modificação das reivindicações, uma limitação do âmbito da protecção da invenção.
3. Havendo declaração de nulidade ou anulação de uma ou mais reivindicações, a patente continua em vigor relativamente às restantes sempre que subsistir matéria para uma patente independente.

Nota. Redacção introduzida pelo art. 1.° do DL n.° 143/2008, de 25 de Julho.

1420

Cap. I. Invenções   Arts. 115.°-115.°-A CPI **[151]**

SECÇÃO VI.   **Certificado complementar de protecção para medicamentos e produtos fitofarmacêuticos**

Art. 115.° (Pedido de certificado)

1. O pedido de certificado complementar de protecção para os medicamentos e para os produtos fitofarmacêuticos, apresentado junto do Instituto Nacional da Propriedade Industrial, deve incluir um requerimento, redigido em língua portuguesa, que indique ou contenha:

a) O nome, a firma ou a denominação social do requerente, a sua nacionalidade e o domicílio ou lugar em que está estabelecido, o número de identificação fiscal quando se trate de um residente em Portugal e o endereço de correio electrónico, caso exista;

b) O número da patente, bem como a epígrafe ou título da invenção protegida por essa patente;

c) O número e a data da primeira autorização de colocação do produto no mercado em Portugal e, caso esta não seja a primeira autorização de colocação no espaço económico europeu, o número e a data dessa autorização;

d) A referência à apresentação simultânea de um pedido de prorrogação da validade do certificado complementar de protecção, quando aplicável;

e) A assinatura ou a identificação electrónica do requerente ou do seu mandatário.

2. Ao requerimento deve juntar-se cópia da primeira autorização de colocação no mercado em Portugal que permita identificar o produto, compreendendo, nomeadamente, o número e a data da autorização, bem como o resumo das características do produto.

3. Deve indicar-se a denominação do produto autorizado e a disposição legal ao abrigo da qual correu o processo de autorização, bem como juntar-se cópia da publicação dessa autorização no boletim oficial, se a autorização referida no número anterior não for a primeira para colocação do produto no mercado do espaço económico europeu como medicamento ou produto fitofarmacêutico.

Nota. Redacção introduzida pelo art. 1.° do DL n.° 143/2008, de 25 de Julho.

Art. 115.°-A (Pedido de prorrogação da validade de um certificado)

1. Pode ser apresentado um pedido de prorrogação da validade de um certificado complementar de protecção quando este respeite a medicamentos para uso pediátrico.

2. O pedido de prorrogação pode ser apresentado junto do Instituto Nacional da Propriedade Industrial no momento da apresentação de um pedido de certificado complementar de protecção, na sua pendência ou, se respeitar a um certificado já concedido, até dois anos antes do termo da sua validade.

3. Durante um período de cinco anos após a entrada em vigor do Regulamento (CE) n.° 1901/2006, do Parlamento Europeu e do Conselho, de 12 de Dezembro, os pedidos de prorrogação de certificados complementares de protecção já concedidos podem ser apresentados até seis meses antes do termo da validade do referido certificado.

1421

[151] CPI Art. 116.° Tít. II. Regimes jurídicos da propriedade industrial

4. Quando o pedido de prorrogação seja apresentado no momento da apresentação do pedido de certificado complementar de protecção, ao requerimento previsto no artigo anterior deve juntar-se uma cópia da certificação da conformidade com um plano de investigação pediátrica aprovado e completado, bem como, se estiverem em causa os procedimentos previstos no Decreto-Lei n.° 176/2006, de 30 de Agosto, prova das autorizações de colocação no mercado em todos os Estados membros da União Europeia.

5. Quando esteja pendente um pedido de certificado complementar de protecção, o pedido de prorrogação deve ser apresentado em requerimento que, para além dos elementos previstos no número anterior, inclua a referência ao pedido de certificado já apresentado.

6. Quando o pedido de prorrogação respeite a um certificado complementar de protecção já concedido, o requerimento, para além dos elementos previstos no n.° 4, deve incluir a referência a este certificado.

Nota. Aditado pelo art. 2.° do DL n.° 143/2008, de 25 de Julho.

Art. 116.° (Exame e publicação)

1. Apresentado o pedido no Instituto Nacional da Propriedade Industrial, é feito o respectivo exame, verificando-se se foi apresentado dentro do prazo e se preenche as condições previstas no artigo 115.°, no Regulamento (CEE) n.° 1768//92, do Conselho, de 18 de Junho, e no Regulamento (CE) n.° 1610/96, do Parlamento Europeu e do Conselho, de 23 de Julho, relativos à criação dos certificados complementares de protecção para os medicamentos e para os produtos fitofarmacêuticos.

2. Se o pedido de certificado e o produto que é objecto do pedido satisfizerem as condições referidas no número anterior, o Instituto Nacional da Propriedade Industrial concede o certificado e promove a publicação do pedido e do despacho de concessão no *Boletim da Propriedade Industrial*.

3. Se o pedido de certificado não preencher as condições referidas no número anterior, o Instituto Nacional da Propriedade Industrial notifica o requerente para proceder, no prazo de dois meses, à correcção das irregularidades verificadas.

4. Quando, da resposta do requerente, o Instituto Nacional da Propriedade Industrial verificar que o pedido de certificado preenche as condições exigidas, promove a publicação do pedido de certificado e o aviso da sua concessão no *Boletim da Propriedade Industrial*.

5. O pedido é recusado se o requerente não cumprir a notificação, publicando-se o pedido e o aviso de recusa no *Boletim da Propriedade Industrial*.

6. Sem prejuízo do disposto no n.° 3, o certificado é recusado se o pedido ou o produto a que se refere não satisfizerem as condições previstas no respectivo Regulamento, nem preencherem as condições estabelecidas no presente Código, publicando-se o pedido e o aviso de recusa no *Boletim da Propriedade Industrial*.

7. A publicação deve compreender, pelo menos, as seguintes indicações:
   a) Nome e endereço do requerente;
   b) Número da patente;
   c) Epígrafe ou título da invenção;

1422

Cap. I. Invenções

Arts. 117.º-119.º CPI [151]

d) Número e data da autorização de colocação do produto no mercado em Portugal, bem como identificação do produto objecto da autorização;

e) Número e data da primeira autorização de colocação do produto no mercado do espaço económico europeu, se for caso disso;

f) Aviso de concessão e prazo de validade do certificado ou aviso de recusa, conforme os casos.

8. O disposto no presente artigo é aplicável, com as necessárias adaptações, aos pedidos de prorrogação de validade dos certificados complementares de protecção.

Nota. Redacção introduzida pelo art. 1.º do DL n.º 143/2008, de 25 de Julho, que também alterou a epígrafe do preceito.

SUBCAPÍTULO II. Modelos de utilidade

SECÇÃO I. Disposições gerais

Art. 117.º (Objecto)

1. Podem ser protegidas como modelos de utilidade as invenções novas, implicando actividade inventiva, se forem susceptíveis de aplicação industrial.

2. Os modelos de utilidade visam a protecção das invenções por um procedimento administrativo mais simplificado e acelerado do que o das patentes.

3. A protecção de uma invenção que respeite as condições estabelecidas no n.º 1 pode ser feita, por opção do requerente, a título de modelo de utilidade ou de patente.

4. A mesma invenção pode ser objecto, simultânea ou sucessivamente, de um pedido de patente e de um pedido de modelo de utilidade.

5. A apresentação sucessiva de pedidos mencionada no número anterior apenas pode ser admitida no período de um ano a contar da data da apresentação do primeiro pedido.

6. Nos casos previstos no n.º 4, o modelo de utilidade caduca após a concessão de uma patente relativa à mesma invenção.

Nota. Redacção introduzida pelo art. 1.º do DL n.º 143/2008, de 25 de Julho.

Art. 118.º (Limitações quanto ao objecto)

É aplicável aos modelos de utilidade o disposto no artigo 52.º

Art. 119.º (Limitações quanto ao modelo de utilidade)

Não podem ser objecto de modelo de utilidade:

a) As invenções cuja exploração comercial for contrária à lei, à ordem pública, à saúde pública e aos bons costumes, não podendo a exploração, no entanto, ser considerada como tal pelo simples facto de ser proibida por disposição legal ou regulamentar;

b) As invenções que incidam sobre matéria biológica;

c) As invenções que incidam sobre substâncias ou processos químicos ou farmacêuticos.

1423

[151] CPI Arts. 120.º-124.º   Tít. II. Regimes jurídicos da propriedade industrial

Art. 120.º (Requisitos de concessão)

1. Uma invenção é considerada nova quando não está compreendida no estado da técnica.

2. Considera-se que uma invenção implica actividade inventiva quando preencha um dos seguintes requisitos:

a) Se, para um perito na especialidade, não resultar de uma maneira evidente do estado da técnica;

b) Se apresentar uma vantagem prática, ou técnica, para o fabrico ou utilização do produto ou do processo em causa.

3. Considera-se que uma invenção é susceptível de aplicação industrial se o seu objecto puder ser fabricado ou utilizado em qualquer género de indústria ou na agricultura.

4. Aplica-se aos modelos de utilidade o disposto nos artigos 56.º e 57.º, com as necessárias adaptações.

Nota. Redacção introduzida pelo art. 1.º do DL n.º 143/2008, de 25 de Julho.

Art. 121.º (Regra geral sobre o direito ao modelo de utilidade)

É aplicável aos modelos de utilidade o disposto no artigo 58.º

Art. 122.º (Regras especiais de titularidade do modelo de utilidade)

É aplicável aos modelos de utilidade o disposto no artigo 59.º

Art. 123.º (Direitos do inventor)

É aplicável aos modelos de utilidade o disposto no artigo 60.º

SECÇÃO II. **Processo de modelo de utilidade**

SUBSECÇÃO I. **Via nacional**

Art. 124.º (Forma do pedido)

1. O pedido de modelo de utilidade é feito em requerimento, redigido em língua portuguesa, que indique ou contenha:

a) O nome, a firma ou denominação social do requerente, a sua nacionalidade, o seu domicílio ou o lugar em que está estabelecido, o número de identificação fiscal quando se trate de um residente em Portugal e o endereço de correio electrónico, caso exista;

b) A epígrafe ou título que sintetize o objecto da invenção;

c) O nome e o país de residência do inventor;

d) O país onde se tenha apresentado o primeiro pedido, a data e o número dessa apresentação, no caso de o requerente pretender reivindicar o direito de prioridade;

e) Menção de que requereu patente para a mesma invenção, se foi o caso, nos termos do n.º 5 do artigo 51.º;

f) Assinatura ou identificação electrónica do requerente ou do seu mandatário.

1424

Cap. I.   Invenções   **Arts. 125.°-127.°-A CPI [151]**

2. As expressões de fantasia utilizadas para designar a invenção não constituem objecto de reivindicação.

3. Para efeito do que se dispõe no n.° 1 do artigo 11.°, é concedida prioridade ao pedido de modelo de utilidade que primeiro apresentar, para além dos elementos exigidos na alínea *a*) do n.° 1, um documento que descreva o objecto do pedido de maneira a permitir a execução da invenção por qualquer pessoa competente na matéria ou, em substituição deste, quando for reivindicada a prioridade de um pedido anterior, a indicação do número e da data do pedido anterior e do organismo onde foi efectuado esse pedido.

4. O documento previsto no número anterior pode ser apresentado em língua inglesa, notificando-se o requerente, nos termos do artigo 127.°, para apresentar uma tradução para a língua portuguesa.

Nota. Redacção introduzida pelo art. 1.° do DL n.° 143/2008, de 25 de Julho.

Art. 125.° (Documentos a apresentar)

É aplicável aos modelos de utilidade o disposto no artigo 62.°

Art. 126.° (Prazo para entrega da descrição e dos desenhos)

Nota. Revogado pelo art. 14.° do DL n.° 143/2008, de 25 de Julho.

Art. 127.° (Exame quanto à forma e quanto às limitações)

1. Apresentado o pedido de modelo de utilidade no Instituto Nacional da Propriedade Industrial, faz-se exame quanto à forma e quanto às limitações relativas ao objecto e ao modelo de utilidade, no prazo de um mês, para verificar se preenche os requisitos estabelecidos nos artigos 118.°, 119.°, 124.° e 125.°

2. Caso o Instituto Nacional da Propriedade Industrial verifique que existem no pedido irregularidades de carácter formal ou que existem limitações relativas ao objecto ou ao modelo de utilidade, o requerente é notificado para corrigi-las, no prazo de dois meses.

3. Se o não fizer no prazo estabelecido, o pedido é recusado e publicado o respectivo despacho no *Boletim da Propriedade Industrial*, não havendo, neste caso, lugar à publicação prevista no artigo 128.°

Nota. Redacção introduzida pelo art. 1.° do DL n.° 143/2008, de 25 de Julho, que também alterou a epígrafe do preceito.

Art. 127.°-A (Relatório de pesquisa)

1. Depois de efectuado o exame previsto no artigo anterior e sempre que seja requerido o exame da invenção previsto no artigo 132.°, é realizada uma pesquisa ao estado da técnica, com base em todos os elementos constantes do processo, de modo a avaliar os requisitos de novidade e actividade inventiva.

2. O relatório de pesquisa, que não tem um carácter vinculativo, é imediatamente enviado ao requerente.

Nota. Aditado pelo art. 2.° do DL n.° 143/2008, de 25 de Julho.

1425

[151] CPI Arts. 128.º-132.º   Tít. II.   Regimes jurídicos da propriedade industrial

Art. 128.º (Publicação do pedido)

1. Sendo apresentado de forma regular ou regularizado nos termos do n.º 2 do artigo 127.º, o pedido de modelo de utilidade é publicado no *Boletim da Propriedade Industrial*, com a transcrição do resumo e da classificação internacional de patentes.

2. A publicação a que se refere o número anterior faz-se até seis meses a contar da data do pedido, podendo, no entanto, ser antecipada a pedido expresso do requerente.

3. A publicação pode igualmente ser adiada, a pedido do requerente, por um período não superior a 18 meses a contar da data do pedido de modelo de utilidade ou da prioridade reivindicada.

4. O adiamento cessa a partir do momento em que seja requerido exame por terceiros ou pelo próprio requerente.

5. Efectuada a publicação, qualquer pessoa pode requerer cópia dos elementos constantes do processo.

6. Aplica-se aos modelos de utilidade o disposto no n.º 5 do artigo 66.º

Nota. Redacção introduzida pelo art. 1.º do DL n.º 143/2008, de 25 de Julho.

Art. 129.º (Oposição)

Nota. Revogado pelo art. 14.º do DL n.º 143/2008, de 25 de Julho.

Art. 130.º (Concessão provisória)

1. Não tendo sido requerido exame e não havendo oposição, o modelo de utilidade é concedido provisoriamente e o requerente notificado desta decisão.

2. O título de concessão provisória só é entregue ao requerente mediante pedido.

3. A validade do modelo de utilidade provisório cessa logo que tenha sido requerido o exame da invenção.

Nota. Redacção introduzida pelo art. 1.º do DL n.º 143/2008, de 25 de Julho.

Art. 131.º (Pedido de exame)

1. O exame pode ser requerido na fase de pedido ou enquanto o modelo de utilidade provisório se mantiver válido.

2. A taxa relativa ao exame deve ser paga por quem o requerer, no prazo de um mês a contar da data do requerimento.

3. Se o titular do modelo de utilidade, concedido provisoriamente, pretender propor acções judiciais ou arbitrais para defesa dos direitos que o mesmo confere, deve requerer, obrigatoriamente, junto do Instituto Nacional da Propriedade Industrial, o exame a que se refere o artigo seguinte, sendo aplicável o disposto no artigo 5.º

Nota. Redacção introduzida pelo art. 1.º do DL n.º 143/2008, de 25 de Julho.

Art. 132.º (Exame da invenção)

1. O Instituto Nacional da Propriedade Industrial promove o exame da invenção a pedido do requerente ou de qualquer interessado.

2. Quando o exame seja requerido até ao fim do prazo para oposição e não seja apresentada reclamação, faz-se relatório do exame no prazo de um mês.

1426

Cap. I. Invenções   **Arts. 133.º-137.º CPI [151]**

3. Havendo oposição, o exame é feito no prazo de um mês a contar da apresentação da última peça processual a que se refere o artigo 17.º

4. Quando o exame seja requerido após a concessão provisória, o prazo de um mês mencionado no n.º 2 conta-se da data em que o exame é requerido.

5. Se do exame se concluir que o modelo de utilidade pode ser concedido, publica-se aviso de concessão no *Boletim da Propriedade Industrial.*

6. Se, pelo contrário, se concluir que o mesmo não pode ser concedido, o relatório é enviado ao requerente, acompanhado de cópia de todos os documentos nele citados, com notificação para, no prazo de dois meses, responder às observações feitas.

7. Se, após resposta do requerente, subsistirem objecções à concessão do modelo de utilidade, faz-se outra notificação para, no prazo de um mês, serem esclarecidos os pontos ainda em dúvida.

8. Quando da resposta se concluir que o modelo de utilidade pode ser concedido, publica-se aviso de concessão no *Boletim da Propriedade Industrial.*

9. Se a resposta às notificações for considerada insuficiente, publica-se aviso de recusa ou de concessão parcial, de harmonia com o relatório do exame.

10. Se o requerente não responder à notificação, o modelo de utilidade é recusado, publicando-se aviso de recusa no *Boletim da Propriedade Industrial.*

Nota. Redacção introduzida pelo art. 1.º do DL n.º 143/2008, de 25 de Julho.

Art. 133.º (Concessão parcial)
É aplicável aos modelos de utilidade o disposto no artigo 69.º

Art. 134.º (Alterações do pedido)
É aplicável aos modelos de utilidade o disposto no artigo 70.º

Art. 135.º (Unidade da invenção)
É aplicável aos modelos de utilidade o disposto no artigo 71.º

Art. 136.º (Publicação do fascículo)
É aplicável aos modelos de utilidade o disposto no artigo 72.º

Art. 137.º (Motivos de recusa)
1. Para além do que se dispõe no artigo 24.º, o modelo de utilidade é recusado se:

a) A invenção carecer de novidade, actividade inventiva ou não for susceptível de aplicação industrial;

b) O objecto se incluir na previsão dos artigos 118.º ou 119.º;

c) A epígrafe ou título dado à invenção abranger objecto diferente ou houver divergência entre a descrição e desenhos;

d) O seu objecto não for descrito de maneira a permitir a execução da invenção por qualquer pessoa competente na matéria;

e) For considerado desenho ou modelo, pela sua descrição e reivindicações;

f) Houver infracção ao disposto nos artigos 58.º ou 59.º;

1427

[151] CPI Arts. 138.º-142.º   Tít. II.   Regimes jurídicos da propriedade industrial

g) Tenha por objecto uma invenção para a qual tenha sido concedida, ao mesmo inventor ou com o seu consentimento, uma patente europeia válida em Portugal.

2. No caso previsto na alínea *f*) o número anterior, em vez da recusa do modelo de utilidade, pode ser concedida a transmissão total ou parcial a favor do interessado, se este a tiver pedido.

3. Constitui ainda motivo de recusa o reconhecimento de que o requerente pretende fazer concorrência desleal ou de que esta é possível independentemente da sua intenção.

4. O motivo de recusa previsto na alínea *g*) do n.º 1 é também fundamento de caducidade do modelo de utilidade, aplicando-se o disposto no artigo 88.º, com as necessárias adaptações.

Nota. Redacção introduzida pelo art. 1.º do DL n.º 143/2008, de 25 de Julho.

Art. 138.º (Notificação do despacho definitivo)
É aplicável aos modelos de utilidade o disposto no artigo 74.º

SUBSECÇÃO II. **Via Tratado de Cooperação em Matéria de Patentes**

Art. 139.º (Disposições aplicáveis)
É aplicável aos modelos de utilidade o disposto nos artigos 90.º a 96.º, com as devidas adaptações.

SECÇÃO III. **Efeitos do modelo de utilidade**

Art. 140.º (Âmbito da protecção)
1. O âmbito da protecção conferida pelo modelo de utilidade é determinado pelo conteúdo das reivindicações, servindo a descrição e os desenhos para as interpretar.

2. Se o objecto do modelo de utilidade disser respeito a um processo, os direitos conferidos abrangem os produtos obtidos directamente pelo processo patenteado.

Art. 141.º (Inversão do ónus da prova)
É aplicável aos modelos de utilidade o disposto no artigo 98.º

Art. 142.º (Duração)
1. A duração do modelo de utilidade é de seis anos a contar da data da apresentação do pedido.

2. Nos últimos seis meses de validade do modelo de utilidade, o titular pode requerer a sua prorrogação por um período de dois anos.

3. Nos últimos seis meses do período a que se refere o número anterior, o titular pode apresentar um segundo e último pedido de prorrogação da duração da protecção por novo período de dois anos.

4. A duração do modelo de utilidade não pode exceder 10 anos a contar da data da apresentação do respectivo pedido.

Cap. I. Invenções

Arts. 143.º-148.º CPI [151]

Art. 143.º (Indicação de modelo de utilidade)

Durante a vigência do modelo de utilidade, o seu titular pode usar, nos produtos, a expressão «Modelo de utilidade n.º» e «MU n.º» ou, no caso previsto no artigo 130.º, a expressão «Modelo de utilidade provisório n.º» e «MU provisório n.º».

Nota. Redacção introduzida pelo art. 1.º do DL n.º 143/2008, de 25 de Julho.

Art. 144.º (Direitos conferidos pelo modelo de utilidade)

1. O modelo de utilidade confere o direito exclusivo de explorar a invenção em qualquer parte do território português.

2. Se o objecto do modelo de utilidade for um produto, confere ao seu titular o direito de proibir a terceiros, sem o seu consentimento, o fabrico, a utilização, a oferta para venda, a venda ou a importação para estes fins do referido produto.

3. Se o objecto do modelo de utilidade for um processo, confere ao seu titular o direito de proibir a terceiros, sem o seu consentimento, a utilização do processo, bem como a utilização ou oferta para venda, a venda ou a importação para estes fins, do produto obtido directamente por esse processo.

4. O titular do modelo de utilidade pode opor-se a todos os actos que constituam violação da sua invenção, mesmo que se fundem em outro modelo de utilidade com data de prioridade posterior, sem necessidade de impugnar os títulos ou pedir a anulação dos modelos de utilidade em que esse direito se funde.

5. Os direitos conferidos pelo modelo de utilidade não podem exceder o âmbito definido pelas reivindicações.

Art. 145.º (Limitação aos direitos conferidos pelo modelo de utilidade)

1. Os direitos conferidos pelo modelo de utilidade não abrangem:

a) Os actos realizados num âmbito privado e sem fins comerciais;

b) Os actos realizados a título experimental, que incidam sobre o objecto protegido.

2. É aplicável aos modelos de utilidade o disposto nas alíneas *d*), *e*) e *f*) do artigo 102.º

Art. 146.º (Esgotamento do direito)

Os direitos conferidos pelo modelo de utilidade não permitem ao seu titular proibir os actos relativos aos produtos por ele protegidos, após a sua comercialização, pelo próprio ou com o seu consentimento, no espaço económico europeu.

Art. 147.º (Inoponibilidade)

É aplicável aos modelos de utilidade o disposto no artigo 104.º

SECÇÃO IV.   Condições de utilização

Art. 148.º (Perda e expropriação do modelo de utilidade)

É aplicável aos modelos de utilidade o disposto no artigo 105.º

1429

[151] CPI Arts. 149.º-154.º Tít. II. Regimes jurídicos da propriedade industrial

Art. 149.º (Obrigatoriedade de exploração)
É aplicável aos modelos de utilidade o disposto no artigo 106.º

Art. 150.º (Licenças obrigatórias)
É aplicável aos modelos de utilidade o disposto nos artigos 107.º a 112.º

SECÇÃO V. **Invalidade do modelo de utilidade**

Art. 151.º (Nulidade)
1. Para além do que se dispõe no artigo 33.º, os modelos de utilidade são nulos nos seguintes casos:

a) Quando o seu objecto não satisfizer os requisitos de novidade, actividade inventiva e aplicação industrial;

b) Quando o seu objecto não for susceptível de protecção, nos termos dos artigos 117.º, 118.º e 119.º;

c) Quando se reconheça que o título ou epígrafe dado à invenção abrange objecto diferente;

d) Quando o seu objecto não tenha sido descrito por forma a permitir a sua execução por qualquer pessoa competente na matéria.

2. Só podem ser declarados nulos os modelos de utilidade cuja invenção tenha sido objecto de exame.

Art. 152.º (Declaração de nulidade ou anulação parcial)
É aplicável aos modelos de utilidade o disposto no artigo 114.º

CAPÍTULO II. **Topografias de produtos semicondutores**

SECÇÃO I. **Disposições gerais**

Art. 153.º (Definição de produto semicondutor)
Produto semicondutor é a forma final, ou intermédia, de qualquer produto que, cumulativamente:

a) Consista num corpo material que inclua uma camada de material semi-condutor;

b) Possua uma ou mais camadas compostas de material condutor, isolante ou semicondutor, estando as mesmas dispostas de acordo com um modelo tridimensional predeterminado;

c) Seja destinado a desempenhar uma função electrónica, quer exclusivamente, quer em conjunto com outras funções.

Art. 154.º (Definição de topografia de um produto semicondutor)
Topografia de um produto semicondutor é o conjunto de imagens relacionadas, quer fixas, quer codificadas, que representem a disposição tridimensional das camadas de que o produto se compõe, em que cada imagem possua a disposi-

1430

Cap. II.   Topografias de produtos semicondutores   **Arts. 155.º-160.º CPI [151]**

ção, ou parte da disposição, de uma superfície do mesmo produto, em qualquer fase do seu fabrico.

Art. 155.º (Objecto de protecção legal)

1. Só gozam de protecção legal as topografias de produtos semicondutores que resultem do esforço intelectual do seu próprio criador e não sejam conhecidas na indústria dos semicondutores.

2. Gozam igualmente de protecção legal as topografias que consistam em elementos conhecidos na indústria dos semicondutores, desde que a combinação desses elementos, no seu conjunto, satisfaça as condições previstas no número anterior.

3. A protecção concedida às topografias de produtos semicondutores só é aplicável às topografias propriamente ditas, com exclusão de qualquer conceito, processo, sistema, técnica ou informação codificada nelas incorporados.

4. Todo o criador de topografia final, ou intermédia, de um produto semicondutor goza do direito exclusivo de dispor dessa topografia, desde que satisfaça as prescrições legais, designadamente as relativas ao registo.

5. O registo não pode, no entanto, efectuar-se decorridos dois anos a contar da primeira exploração comercial da topografia em qualquer lugar, nem após o prazo de 15 anos a contar da data em que esta tenha sido fixada, ou codificada, pela primeira vez, se nunca tiver sido explorada.

Art. 156.º (Regra geral sobre o direito ao registo)

É aplicável às topografias de produtos semicondutores o disposto no artigo 58.º

Art. 157.º Regras especiais de titularidade do registo)

É aplicável às topografias de produtos semicondutores o disposto no artigo 59.º

Art. 158.º (Direitos do criador)

É aplicável às topografias de produtos semicondutores o disposto no artigo 60.º

Art. 159.º (Normas aplicáveis)

São aplicáveis às topografias de produtos semicondutores as disposições relativas às patentes, em tudo o que não contrarie a natureza daquele direito privativo.

SECÇÃO II.   **Processo de registo**

Art. 160.º (Forma do pedido)

É aplicável ao pedido de registo de topografias de produtos semicondutores o disposto nos artigos 61.º, 62.º e 65.º a 72.º, com as necessárias adaptações.

Nota. Redacção introduzida pelo art. 1.º do DL n.º 143/2008, de 25 de Julho.

1431

[151] CPI Arts. 161.º-164.º   Tít. II.   Regimes jurídicos da propriedade industrial

Art. 161.º (Motivos de recusa)

1. Para além do que se dispõe no artigo 24.º, o registo da topografia de produto semicondutor é recusado se:

a) A topografia do produto semicondutor não for uma topografia na acepção dos artigos 153.º e 154.º;

b) A topografia de um produto semicondutor não obedecer aos requisitos estabelecidos no artigo 155.º;

c) A epígrafe ou título dado à topografia de um produto semicondutor abranger objecto diferente ou houver divergência entre a descrição e os desenhos;

d) O seu objecto não for descrito por forma a permitir a execução da topografia de um produto semicondutor por qualquer pessoa competente na matéria;

e) Houver infracção ao disposto nos artigos 58.º ou 59.º

2. No caso previsto na alínea *e)* do número anterior, em vez de recusa do registo pode ser concedida a transmissão, total ou parcial, a favor do interessado, se este a tiver pedido.

3. Constitui ainda motivo de recusa o reconhecimento de que o requerente pretende fazer concorrência desleal ou de que esta é possível independentemente da sua intenção.

Nota. Redacção introduzida pelo art. 1.º do DL n.º 143/2008, de 25 de Julho.

SECÇÃO III.   **Efeitos do registo**

Art. 162.º (Duração)

A duração do registo é de 10 anos, contados da data do respectivo pedido, ou da data em que a topografia foi, pela primeira vez, explorada em qualquer lugar, se esta for anterior.

Art. 163.º (Indicação do registo)

Durante a vigência do registo, o seu titular pode usar, nos produtos semicondutores fabricados através da utilização de topografias protegidas, a letra «T» maiúscula, com uma das seguintes apresentações:

T, «T», [T], Ⓣ T* ou T

Art. 164.º (Direitos conferidos pelo registo)

1. O registo da topografia confere ao seu titular o direito ao seu uso exclusivo em todo o território português, produzindo, fabricando, vendendo ou explorando essa topografia, ou os objectos em que ela se aplique, com a obrigação de o fazer de modo efectivo e de harmonia com as necessidades do mercado.

2. O registo da topografia confere ainda ao seu titular o direito de autorizar ou proibir qualquer dos seguintes actos:

a) Reprodução da topografia protegida;

b) Importação, venda ou distribuição por qualquer outra forma, com finalidade comercial, de uma topografia protegida, de um produto semicondutor em que é incorporada uma topografia protegida, ou de um artigo em que é incorporado um

1432

Cap. II.   Topografias de produtos semicondutores   **Arts. 165.º-169.º CPI [151]**

produto semicondutor desse tipo, apenas na medida em que se continue a incluir uma topografia reproduzida ilegalmente.

Art. 165.º (Limitação aos direitos conferidos pelo registo)

Os direitos conferidos pelo registo da topografia não abrangem:

a) A reprodução, a título privado, de uma topografia para fins não comerciais;

b) A reprodução para efeitos de análise, avaliação ou ensino;

c) A criação de uma topografia distinta, a partir da análise ou avaliação referidas na alínea anterior, que possa beneficiar da protecção prevista neste Código;

d) A realização de qualquer dos actos referidos no n.º 2 do artigo anterior, em relação a um produto semicondutor em que seja incorporada uma topografia reproduzida ilegalmente, ou a qualquer artigo em que seja incorporado um produto semicondutor desse tipo, se a pessoa que realizou ou ordenou a realização desses actos não sabia, nem deveria saber, aquando da aquisição do produto semicondutor ou do artigo em que esse produto semicondutor era incorporado, que o mesmo incorporava uma topografia reproduzida ilegalmente;

e) A realização, após o momento em que a pessoa referida na alínea anterior tiver recebido informações suficientes de que a topografia foi reproduzida ilegalmente, de qualquer dos actos em questão relativamente aos produtos em seu poder, ou encomendados antes desse momento, mas deverá pagar ao titular do registo uma importância equivalente a um *royalty* adequado, conforme seria exigível ao abrigo de uma licença livremente negociada em relação a uma topografia desse tipo.

Art. 166.º (Esgotamento do direito)

Os direitos conferidos pelo registo da topografia não permitem ao seu titular proibir os actos relativos às topografias, ou aos produtos semicondutores, por ele protegidos, após a sua comercialização, pelo próprio ou com o seu consentimento, no espaço económico europeu.

Art. 167.º (Inoponibilidade)

Aos direitos conferidos pelo registo de topografias de produtos semicondutores é aplicável o disposto no artigo 104.º

SECÇÃO IV.   **Condições de utilização**

Art. 168.º (Perda e expropriação do registo)

Às topografias dos produtos semicondutores é aplicável o disposto no artigo 105.º

Art. 169.º (Licença de exploração obrigatória)

Às topografias dos produtos semicondutores é aplicável o disposto nos artigos 106.º a 112.º, nos casos em que as licenças obrigatórias tiverem uma finalidade pública, não comercial.

1433

[151] CPI Arts. 170.°-175.°   Tít. II.   Regimes jurídicos da propriedade industrial

SECÇÃO V.   **Invalidade do registo**

Art. 170.° (Nulidade)

Para além do que se dispõe no artigo 33.°, o registo da topografia de produto semicondutor é nulo nos seguintes casos:

a) Quando o seu objecto não satisfizer os requisitos previstos nos artigos 153.°, 154.° e 155.°;

b) Quando se reconheça que o título ou epígrafe dado à topografia abrange objecto diferente;

c) Quando o seu objecto não tenha sido descrito por forma a permitir a sua execução por qualquer pessoa competente na matéria.

Art. 171.° (Declaração de nulidade ou anulação parcial)

É aplicável aos registos das topografias de produtos semicondutores o disposto no artigo 114.°

Art. 172.° (Caducidade)

Para além do que se dispõe no artigo 37.°, o registo da topografia de produto semicondutor caduca:

a) Decorridos 10 anos a contar do último dia do ano civil em que o pedido de registo foi formalmente apresentado, ou do último dia do ano civil em que a topografia foi explorada comercialmente, em qualquer lugar, se este for anterior;

b) Se a topografia não tiver sido explorada comercialmente, 15 anos após a data em que esta tinha sido fixada, ou codificada, pela primeira vez.

CAPÍTULO III.   **Desenhos ou modelos**

SECÇÃO I.   **Disposições gerais**

Art. 173.° (Definição de desenho ou modelo)

O desenho ou modelo designa a aparência da totalidade, ou de parte, de um produto resultante das características de, nomeadamente, linhas, contornos, cores, forma, textura ou materiais do próprio produto e da sua ornamentação.

Art. 174.° (Definição de produto)

1. Produto designa qualquer artigo industrial ou de artesanato, incluindo, entre outros, os componentes para montagem de um produto complexo, as embalagens, os elementos de apresentação, os símbolos gráficos e os caracteres tipográficos, excluindo os programas de computador.

2. Produto complexo designa qualquer produto composto por componentes múltiplos susceptíveis de serem dele retirados para o desmontar e nele recolocados para o montar novamente.

Art. 175.° (Limitações quanto ao registo)

Nota. Revogado pelo art. 14.° do DL n.° 143/2008, de 25 de Julho.

Cap. III.   Desenhos ou modelos   **Art. 176.º CPI [151]**

Art. 176.º (Requisitos de concessão)

1. Gozam de protecção legal os desenhos ou modelos novos que tenham carácter singular.

2. Gozam igualmente de protecção legal os desenhos ou modelos que, não sendo inteiramente novos, realizem combinações novas de elementos conhecidos ou disposições diferentes de elementos já usados, de molde a conferirem aos respectivos produtos carácter singular.

3. Sem prejuízo do disposto nos números anteriores, o mesmo requerente pode, até à divulgação do desenho ou modelo, pedir o registo de outros desenhos ou modelos que difiram do apresentado inicialmente apenas em pormenores sem importância.

4. Considera-se que o desenho ou modelo, aplicado ou incorporado num produto que constitua um componente de um produto complexo, é novo e possui carácter singular sempre que, cumulativamente:

a) Deste se puder, razoavelmente, esperar que, mesmo depois de incorporado no produto complexo, continua visível durante a utilização normal deste último;

b) As próprias características visíveis desse componente preencham os requisitos de novidade e de carácter singular.

5. Para efeitos do disposto na alínea *a*) do número anterior, entende-se por utilização normal a utilização feita pelo utilizador final, excluindo-se os actos de conservação, manutenção ou reparação.

6. Não são protegidas pelo registo:

a) As características da aparência de um produto determinadas, exclusivamente, pela sua função técnica;

b) As características da aparência de um produto que devam ser, necessariamente, reproduzidas na sua forma e dimensões exactas, para permitir que o produto em que o desenho ou modelo é incorporado, ou em que é aplicado, seja ligado mecanicamente a outro produto, quer seja colocado no seu interior, em torno ou contra esse outro produto, de modo que ambos possam desempenhar a sua função.

7. O registo do desenho ou modelo é possível nas condições definidas nos artigos 177.º e 178.º desde que a sua finalidade seja permitir uma montagem múltipla de produtos intermutáveis, ou a sua ligação num sistema modular, sem prejuízo do disposto na alínea *b*) do número anterior.

8. Se o registo tiver sido recusado, nos termos dos n.ᵒˢ 1 a 3 e das alíneas *a*), *d*) e *e*) do n.º 4 do artigo 197.º ou declarado nulo ou anulado nos termos do n.º 1 do artigo 208.º e dos artigos 209.º e 210.º, o desenho ou modelo pode ser registado, ou o respectivo direito mantido sob forma alterada, desde que, cumulativamente:

a) Seja mantida a sua identidade;

b) Sejam introduzidas as alterações necessárias, por forma a preencher os requisitos de protecção.

9. O registo ou a sua manutenção sob forma alterada, referidos no número anterior, podem ser acompanhados de uma declaração de renúncia parcial do seu titular, ou da decisão judicial pela qual tiver sido declarada a nulidade parcial ou anulado parcialmente o registo.

Nota. Redacção introduzida pelo art. 1.º do DL n.º 143/2008, de 25 de Julho.

1435

[151] CPI Arts. 177.°-180.° Tít. II. Regimes jurídicos da propriedade industrial

Art. 177.° (Novidade)

1. O desenho ou modelo é novo se, antes do respectivo pedido de registo ou da prioridade reivindicada, nenhum desenho ou modelo idêntico foi divulgado ao público dentro ou fora do País.

2. Consideram-se idênticos os desenhos ou modelos cujas características específicas apenas difiram em pormenores sem importância.

Art. 178.° (Carácter singular)

1. Considera-se que um desenho ou modelo possui carácter singular se a impressão global que suscita no utilizador informado diferir da impressão global causada a esse utilizador por qualquer desenho ou modelo divulgado ao público antes da data do pedido de registo ou da prioridade reivindicada.

2. Na apreciação do carácter singular é tomado em consideração o grau de liberdade de que o criador dispôs para a realização do desenho ou modelo.

Art. 179.° (Divulgação)

1. Para efeito dos artigos 177.° e 178.°, considera-se que um desenho ou modelo foi divulgado ao público se tiver sido publicado na sequência do registo, ou em qualquer outra circunstância, apresentado numa exposição, utilizado no comércio, ou tornado conhecido de qualquer outro modo, excepto se estes factos não puderem razoavelmente ter chegado ao conhecimento dos círculos especializados do sector em questão que operam na Comunidade Europeia, no decurso da sua actividade corrente, antes da data do pedido de registo ou da prioridade reivindicada.

2. Não se considera, no entanto, que o desenho ou modelo foi divulgado ao público pelo simples facto de ter sido dado a conhecer a um terceiro em condições explícitas, ou implícitas, de confidencialidade.

Art. 180.° (Divulgações não oponíveis)

1. Não se considera divulgação, para efeito dos artigos 177.° e 178.°, sempre que, cumulativamente, o desenho ou modelo que se pretende registar tiver sido divulgado ao público:

a) Pelo criador, pelo seu sucessor ou por um terceiro, na sequência de informações fornecidas, ou de medidas tomadas, pelo criador ou pelo seu sucessor;

b) Durante o período de 12 meses que antecede a data de apresentação do pedido de registo ou, caso seja reivindicada uma prioridade, a data de prioridade.

2. O n.° 1 é igualmente aplicável se o desenho ou modelo tiver sido divulgado ao público em resultado de um abuso relativamente ao criador ou ao seu sucessor.

3. O requerente que pretenda beneficiar do disposto nos números anteriores deve indicar, no momento da apresentação do pedido ou no prazo de um mês, a data e o local onde ocorreu a divulgação ou exposição, apresentando documento comprovativo que exiba essa data e reproduza os produtos em que o desenho ou modelo foi incorporado, ou a que foi aplicado.

4. O requerente do registo de um desenho ou modelo que tenha exposto produtos em que o desenho ou modelo foi incorporado, ou a que foi aplicado, numa

1436

Cap. III.   Desenhos ou modelos   Arts. 181.º-184.º CPI **[151]**

exposição internacional oficial, ou oficialmente reconhecida, que se integre no âmbito do disposto na Convenção sobre Exposições Internacionais, assinada em Paris em 22 de Novembro de 1928 e revista em 30 de Novembro de 1972, pode, se apresentar o pedido no prazo de seis meses a contar da data da primeira exposição desses produtos, reivindicar um direito de prioridade a partir dessa data, nos termos do artigo 12.º

5. O requerente que pretenda reivindicar uma prioridade nos termos do disposto no número anterior deve apresentar com o pedido, ou no prazo de um mês, um certificado emitido pela entidade responsável pela exposição, que exiba a data da primeira divulgação pública e que reproduza os produtos em que o desenho ou modelo foi incorporado ou a que foi aplicado.

6. A pedido do requerente, os prazos previstos nos n.ᵒˢ 3 e 5 podem ser prorrogados, uma única vez, por igual período.

Nota. Redacção introduzida pelo art. 1.º do DL n.º 143/2008, de 25 de Julho.

Art. 181.º (Regra geral sobre o direito ao registo)
É aplicável aos desenhos ou modelos o disposto no artigo 58.º

Art. 182.º (Regras especiais da titularidade do registo)
É aplicável ao registo dos desenhos ou modelos o disposto no artigo 59.º, sem prejuízo das disposições relativas ao direito de autor.

Art. 183.º (Direitos do criador)
É aplicável aos desenhos ou modelos o disposto no artigo 60.º

SECÇÃO II.   Processo de registo

Art. 184.º (Forma do pedido)
1. O pedido de registo de desenho ou modelo é feito em requerimento, redigido em língua portuguesa, que indique ou contenha:

a) O nome, a firma ou a denominação social do requerente, a sua nacionalidade, o seu domicílio ou lugar em que está estabelecido, o número de identificação fiscal quando se trate de um residente em Portugal e o endereço de correio electrónico, caso exista;

b) A indicação dos produtos em que o desenho ou modelo se destina a ser aplicado ou incorporado, utilizando os termos da classificação internacional de desenhos e modelos industriais;

c) O nome e país de residência do criador;

d) O país onde se tenha apresentado o primeiro pedido, a data e o número dessa apresentação, no caso de o requerente pretender reivindicar o direito de prioridade;

e) As cores, se forem reivindicadas;

f) A assinatura ou a identificação electrónica do requerente ou do seu mandatário.

2. As expressões de fantasia utilizadas para designar o desenho ou modelo ou que figurem nas suas representações não constituem objecto de protecção.

[151] CPI Art. 185.°

Tít. II.   Regimes jurídicos da propriedade industrial

3. Para o efeito do disposto no n.° 1 do artigo 11.°, é concedida prioridade ao pedido de registo de desenho ou modelo que primeiro apresentar, para além dos elementos exigidos na alínea *a*) do n.° 1, uma representação do desenho ou modelo ou, em substituição desta, quando for reivindicada a prioridade de um pedido anterior, a indicação do número e data do pedido anterior e do organismo onde foi efectuado esse pedido.

Nota. Redacção introduzida pelo art. 1.° do DL n.° 143/2008, de 25 de Julho.

Art. 185.° (Documentos a apresentar)

1. Ao requerimento devem juntar-se os seguintes elementos, redigidos em língua portuguesa:

a) (...);

b) Representações gráficas ou fotográficas do desenho ou modelo;

c) Uma representação gráfica ou fotográfica do desenho ou modelo em suporte definido por despacho do presidente do conselho directivo do Instituto Nacional da Propriedade Industrial, para efeitos de publicação, com a reprodução do produto cujo desenho ou modelo se pretende registar;

d) (...).

2. O requerimento deve ainda ser acompanhado dos seguintes elementos:

a) Autorização para incluir no desenho ou modelo quaisquer símbolos, brasões, emblemas ou distinções do Estado, dos municípios ou de outras entidades públicas ou particulares, nacionais ou estrangeiras, o emblema e a denominação da Cruz Vermelha, ou de outros organismos semelhantes, bem como quaisquer sinais abrangidos pelo artigo 6.°-*ter* da Convenção da União de Paris para a Protecção da Propriedade Industrial;

b) Autorização para incluir no desenho ou modelo sinais com elevado valor simbólico, nomeadamente símbolos religiosos.

3. Por sua iniciativa ou mediante notificação do Instituto Nacional da Propriedade Industrial, o requerente pode apresentar uma descrição, não contendo mais de 50 palavras por produto, que refira apenas os elementos que aparecem nas representações do desenho ou modelo ou na amostra apresentada, omitindo menções referentes a eventual novidade, ao carácter singular ou ao valor técnico do desenho ou modelo.

4. Os elementos referidos nos números anteriores devem respeitar os requisitos formais fixados por despacho do presidente do conselho directivo do Instituto Nacional da Propriedade Industrial.

5. Quando o objecto do pedido seja um produto complexo, as representações gráficas a que se refere o n.° 1 devem representar e identificar as partes do produto visíveis durante a sua utilização normal.

6. Quando o objecto do pedido seja um desenho bidimensional e o requerimento inclua, nos termos do artigo 190.°, um pedido de adiamento de publicação, as representações gráficas a que se refere o n.° 1 podem ser substituídas por um exemplar ou uma amostra do produto em que o desenho é incorporado ou aplicado, sem prejuízo da sua apresentação findo o período de adiamento.

7. As representações, gráficas ou fotográficas, dos desenhos ou modelos a que se refere o n.° 1 do artigo 187.° devem ser numeradas sequencialmente, de

Cap. III.   Desenhos ou modelos   Arts. 186.º-188.º CPI **[151]**

acordo com o número total de desenhos ou modelos que se pretende incluir no mesmo requerimento.

8. Mediante notificação do Instituto Nacional da Propriedade Industrial, o requerente deve apresentar o próprio produto ou outras fotografias tiradas de perspectivas que concorram para se formar uma ideia mais exacta do desenho ou modelo.

9. Quando nos pedidos de registo de desenho ou modelo for reivindicada uma combinação de cores, as representações gráficas ou fotográficas devem exibir as cores reivindicadas e a descrição, quando apresentada, deve fazer referência às mesmas.

Nota. 1. Redacção introduzida pelo art. 1.º do DL n.º 143/2008, de 25 de Julho.

2. As alíneas *a*) e *d*) do n.º 1 foram revogadas pelo art. 14.º do DL n.º 143/2008, de 25 de Julho.

Art. 186.º (Unidade do requerimento)

1. No mesmo requerimento não se pode pedir mais de um registo e a cada desenho ou modelo corresponde um registo diferente.

2. Os desenhos ou modelos que constituam várias partes indispensáveis para formar um todo são incluídos num único registo.

Art. 187.º (Pedidos múltiplos)

1. Sem prejuízo do disposto no artigo anterior, um pedido pode incluir até 100 produtos, desde que pertençam à mesma classe da classificação internacional de desenhos e modelos industriais.

2. Quando os produtos não pertençam à mesma classe, o requerente é notificado para proceder à divisão do pedido.

3. Cada um dos desenhos ou modelos incluídos no pedido ou registo múltiplo pode ser separado ou transmitido independentemente dos restantes.

4. Se se entender que alguns dos produtos incluídos num pedido múltiplo não constituem desenho ou modelo nos termos dos artigos 173.º e 174.º, o requerente é notificado para proceder à respectiva reformulação para patente ou modelo de utilidade, conservando-se como data do pedido a data do pedido inicial.

Nota. Redacção introduzida pelo art. 1.º do DL n.º 143/2008, de 25 de Julho.

Art. 188.º (Exame quanto à forma e exame oficioso)

1. Apresentado o pedido de registo no Instituto Nacional da Propriedade Industrial, são examinados, no prazo de um mês, os requisitos formais estabelecidos nos artigos 173.º e 174.º, nos n.ºs 3 e 5 do artigo 180.º e nos artigos 184.º a 187.º

2. No decurso do prazo mencionado no número anterior, o Instituto Nacional da Propriedade Industrial verifica ainda, oficiosamente, se o pedido incorre em algumas das proibições previstas nos n.ºs 1 a 3 do artigo 197.º

3. Caso o Instituto Nacional da Propriedade Industrial verifique que existem no pedido irregularidades de carácter formal ou alguns dos fundamentos de recusa previstos nos n.ºs 1 a 3 do artigo 197.º, o requerente é notificado para, no prazo de um mês, corrigir ou sanar as objecções assinaladas.

4. A pedido do requerente, o prazo mencionado no número anterior pode ser prorrogado, uma única vez, por igual período.

1439

[151] CPI Arts. 189.°-190.°   Tít. II.   Regimes jurídicos da propriedade industrial

5. Se, perante a resposta do requerente, forem corrigidas as irregularidades ou sanadas as objecções, o pedido é publicado para os efeitos previstos no artigo seguinte.

6. Se, pelo contrário, se mantiverem as irregularidades ou objecções, o registo é recusado e publicado o respectivo despacho no *Boletim da Propriedade Industrial*, com reprodução do desenho ou modelo.

7. Quando as objecções respeitem apenas a alguns dos produtos, o pedido é publicado relativamente aos demais, com menção dos produtos relativamente aos quais existem objecções que não foram sanadas.

8. Do despacho de recusa previsto no n.° 6 é imediatamente efectuada notificação, nos termos do n.° 1 do artigo 16.°, com indicação do *Boletim da Propriedade Industrial* em que o respectivo despacho foi publicado.

9. O disposto no presente artigo não obsta a que o Instituto Nacional da Propriedade Industrial, depois de decorridos os prazos previstos no artigo 17.°, possa suscitar o incumprimento dos requisitos mencionados no n.° 1 ou a existência das proibições mencionadas no n.° 2, notificando o requerente para corrigir ou sanar as objecções assinaladas nos termos e prazos previstos neste artigo.

Nota. Redacção introduzida pelo art. 1.° do DL n.° 143/2008, de 25 de Julho, que também alterou a epígrafe do preceito.

Art. 189.° (Publicação)

1. Sendo apresentado de forma regular ou corrigidas as irregularidades e sanadas as objecções detectadas, nos termos do n.° 5 do artigo anterior, o pedido de registo é publicado no *Boletim da Propriedade Industrial*, com reprodução do desenho ou modelo e da classificação internacional dos desenhos e modelos industriais, para efeito de reclamação de quem se julgar prejudicado pela eventual concessão do registo.

2. A publicação a que se refere o número anterior pode ser adiada nos termos do artigo seguinte.

3. Efectuada a publicação, qualquer pessoa pode requerer cópia dos elementos constantes do processo.

4. Sem prejuízo do disposto no artigo anterior e sempre que o requerente não apresente os necessários esclarecimentos ou autorizações, as expressões que infrinjam o disposto no n.° 2 do artigo 184.° são suprimidas, oficiosamente, tanto na indicação dos produtos e nas representações do desenho ou modelo como nas publicações a que o pedido der lugar.

Nota. Redacção introduzida pelo art. 1.° do DL n.° 143/2008, de 25 de Julho.

Art. 190.° (Adiamento da publicação)

1. Ao apresentar o pedido de registo de um desenho ou modelo, o requerente pode solicitar que a sua publicação seja adiada por um período que não exceda 30 meses a contar da data de apresentação do pedido ou da prioridade reivindicada.

2. Os pedidos de adiamento de publicação que sejam apresentados após a data do pedido de registo são objecto de apreciação e decisão por parte do Instituto Nacional da Propriedade Industrial.

1440

Cap. III.   Desenhos ou modelos   Arts. 190.º-A-192.º CPI **[151]**

3. Se a publicação for adiada, o desenho ou modelo é inscrito nos registos do Instituto Nacional da Propriedade Industrial, mas o processo do pedido não terá qualquer divulgação.

4. Sempre que o requerente solicitar o adiamento da publicação, o Instituto Nacional da Propriedade Industrial publica, quatro meses após a data de apresentação do pedido, um aviso desse adiamento, o qual inclui indicações que, pelo menos, identifiquem o requerente, a data de apresentação do pedido e o período de adiamento solicitado.

5. A pedido do requerente, a publicação do pedido pode fazer-se antes de terminado o período de adiamento, se tiverem sido cumpridas todas as formalidades legais exigidas.

6. (…).

Nota. O n.º 6 foi revogado pelo art. 14.º do DL n.º 143/2008, de 25 de Julho.

Art. 190.º-A (Formalidades subsequentes)

1. Findo o prazo para oposição sem que tenha sido apresentada reclamação, o registo é concedido, total ou parcialmente, publicando-se despacho de concessão, total ou parcial, no *Boletim da Propriedade Industrial*.

2. Sempre que seja apresentada reclamação, o Instituto Nacional da Propriedade Industrial, quando se mostre finda a discussão, procede no prazo de um mês à análise dos fundamentos de recusa invocados pelo reclamante.

3. Os fundamentos de recusa previstos nos n.ºs 4 e 5 do artigo 197.º só são analisados pelo Instituto Nacional da Propriedade Industrial se invocados pelo reclamante.

4. Quando a reclamação seja considerada procedente, o registo é recusado, publicando-se o despacho de recusa no *Boletim da Propriedade Industrial*.

5. Quando a reclamação seja considerada improcedente, o registo é concedido, publicando-se o despacho de concessão no *Boletim da Propriedade Industrial*.

6. Quando a reclamação seja considerada procedente apenas no que respeita a alguns dos produtos incluídos no pedido, o registo é concedido parcialmente para os restantes, publicando-se o despacho de concessão parcial no *Boletim da Propriedade Industrial*, com menção aos produtos objecto de recusa.

7. Dos despachos mencionados nos números anteriores é imediatamente efectuada notificação, nos termos do n.º 1 do artigo 16.º, com indicação do *Boletim da Propriedade Industrial* em que o respectivo despacho foi publicado.

Nota. Aditado pelo art. 2.º do DL n.º 143/2008, de 25 de Julho.

Art. 191.º (Oposição)

Nota. Revogado pelo art. 14.º do DL n.º 143/2008, de 25 de Julho.

Art. 192.º (Registo provisório)

Nota. Revogado pelo art. 14.º do DL n.º 143/2008, de 25 de Julho.

1441

[151] CPI Arts. 193.°-197.° Tít. II. Regimes jurídicos da propriedade industrial

Art. 193.° (Pedido de exame)

Nota. Revogado pelo art. 14.° do DL n.° 143/2008, de 25 de Julho.

Art. 194.° (Exame)

Nota. Revogado pelo art. 14.° do DL n.° 143/2008, de 25 de Julho.

Art. 195.° (Concessão parcial)

Nota. Revogado pelo art. 14.° do DL n.° 143/2008, de 25 de Julho.

Art. 196.° (Alterações do pedido)

Nota. Revogado pelo art. 14.° do DL n.° 143/2008, de 25 de Julho.

Art. 197.° (Motivos de recusa)

1. Para além do que se dispõe no artigo 24.°, é recusado o registo de desenho ou modelo que contenha:

a) Símbolos, brasões, emblemas ou distinções do Estado, dos municípios ou de outras entidades públicas ou particulares, nacionais ou estrangeiras, o emblema e a denominação da Cruz Vermelha, ou de outros organismos semelhantes, bem como quaisquer sinais abrangidos pelo artigo 6.°-*ter* da Convenção da União de Paris para a Protecção da Propriedade Industrial, salvo autorização;

b) Sinais com elevado valor simbólico, nomeadamente símbolos religiosos, salvo autorização;

c) Expressões ou figuras contrárias à lei, moral, ordem pública e bons costumes;

d) (...);

e) (...);

f) (...);

g) (...).

2. É também recusado o registo de desenho ou modelo que seja constituído, exclusivamente, pela Bandeira Nacional da República Portuguesa ou por alguns dos seus elementos.

3. É ainda recusado o registo de desenho ou modelo que contenha, entre outros elementos, a Bandeira Nacional da República Portuguesa nos casos em que seja susceptível de:

a) Levar o consumidor a supor, erradamente, que os produtos ou serviços provêm de uma entidade oficial;

b) Produzir o desrespeito ou o desprestígio da Bandeira Nacional ou de algum dos seus elementos.

4. Quando invocado em reclamação, o registo é recusado se:

a) O desenho ou modelo não preencher as condições previstas nos artigos 176.° a 180.°;

b) Houver infracção ao disposto nos artigos 58.° ou 59.°, com as necessárias adaptações;

Cap. III.   Desenhos ou modelos   **Arts. 198.º-202.º CPI [151]**

c) O desenho ou modelo interferir com um desenho ou modelo anterior, divulgado ao público após a data do pedido ou a data da prioridade reivindicada, e que esteja protegido desde uma data anterior por um pedido ou um registo de desenho ou modelo;

d) For utilizado um sinal distintivo num desenho ou modelo ulterior e o direito comunitário, ou as disposições que regulam esse sinal, conferir o direito de proibir essa utilização;

e) O desenho ou modelo constituir uma utilização não autorizada de uma obra protegida pelo direito de autor.

5. Constitui também fundamento de recusa do registo de desenho ou modelo, quando invocado em reclamação, o reconhecimento de que o requerente pretende fazer concorrência desleal ou de que esta é possível independentemente da sua intenção.

Notas. 1. Redacção introduzida pelo art. 1.º do DL n.º 143/2008, de 25 de Julho.

2 As alíneas *d*), *e*), *f*) e *g*) do n.º 1 foram revogadas pelo art. 14.º do DL n.º 143/2008, de 25 de Julho.

Art. 198.º (Notificação do despacho definitivo)

Nota. Revogado pelo art. 14.º do DL n.º 143/2008, de 25 de Julho.

SECÇÃO III.   Efeitos do registo

Art. 199.º (Âmbito da protecção)

1. O âmbito da protecção conferida pelo registo abrange todos os desenhos ou modelos que não suscitem uma impressão global diferente no utilizador informado.

2. Na apreciação do âmbito de protecção deve ser tomado em consideração o grau de liberdade de que o criador dispôs para a realização do seu desenho ou modelo.

Art. 200.º (Relação com os direitos de autor)

Qualquer desenho ou modelo registado beneficia, igualmente, da protecção conferida pela legislação em matéria de direito de autor, a partir da data em que o desenho ou modelo foi criado, ou definido, sob qualquer forma.

Art. 201.º (Duração)

1. A duração do registo é de 5 anos a contar da data do pedido, podendo ser renovada, por períodos iguais, até ao limite de 25 anos.

2. As renovações a que se refere o número anterior devem ser requeridas nos últimos seis meses da validade do registo.

Art. 202.º (Indicação do desenho ou modelo)

Durante a vigência do registo, o seu titular pode usar, nos produtos, a expressão «Desenho ou modelo n.º» ou as abreviaturas «DM n.º».

1443

[151] CPI Arts. 203.°-207.°   Tít. II. Regimes jurídicos da propriedade industrial

Art. 203.° Direitos conferidos pelo registo)

1. O registo de um desenho ou modelo confere ao seu titular o direito exclusivo de o utilizar e de proibir a sua utilização por terceiros sem o seu consentimento.

2. A utilização referida no número anterior abrange, em especial, o fabrico, a oferta, a colocação no mercado, a importação, a exportação ou a utilização de um produto em que esse desenho ou modelo foi incorporado, ou a que foi aplicado, bem como a armazenagem desse produto para os mesmos fins.

Art. 204.° (Limitação dos direitos conferidos pelo registo)

Os direitos conferidos pelo registo não abrangem:

a) Os actos realizados num âmbito privado e sem fins comerciais;

b) Os actos para fins experimentais;

c) Os actos de reprodução, para efeitos de referência ou para fins didácticos, desde que sejam compatíveis com a lealdade das práticas comerciais, não prejudiquem indevidamente a exploração normal do desenho ou modelo e seja mencionada a fonte;

d) O equipamento a bordo de navios e aeronaves registados noutro país, quando estes transitem temporariamente pelo território nacional;

e) A importação de peças sobressalentes e acessórios para reparação desses navios e aeronaves;

f) A execução de reparações nesses navios e aeronaves.

Art. 205.° (Esgotamento do direito)

Os direitos conferidos pelo registo não permitem ao seu titular proibir os actos relativos a produtos em que foi incorporado, ou a que foi aplicado, um desenho ou modelo objecto de protecção anterior pelo registo, quando o produto tiver sido comercializado, pelo próprio ou com o seu consentimento, no espaço económico europeu.

Art. 206.° (Inalterabilidade dos desenhos ou modelos)

1. Enquanto vigorar o registo, os desenhos ou modelos devem conservar-se inalterados.

2. A ampliação, ou a redução, à escala não afecta a inalterabilidade dos desenhos ou modelos.

Art. 207.° (Alteração nos desenhos ou modelos)

1. Qualquer alteração nas características específicas essenciais dos desenhos ou modelos pode ser registada desde que respeite os requisitos estabelecidos no artigo 176.°

2. As modificações introduzidas pelo titular do registo nos desenhos ou modelos que apenas alterem pormenores sem importância podem ser objecto de novo registo ou registos.

3. O registo ou registos referidos no número anterior devem ser averbados no processo e inscritos, quando existam, no título inicial e em todos os títulos dos registos efectuados ao abrigo da mesma disposição.

1444

Cap. III.   Desenhos ou modelos   **Arts. 208.º-213.º CPI [151]**

4. Os registos modificados a que se refere o n.º 2 revertem para o domínio público no termo da validade do registo inicial.

Nota. Redacção introduzida pelo art. 1.º do DL n.º 143/2008, de 25 de Julho.

SECÇÃO IV.   **Invalidade do registo**

Art. 208.º (Nulidade)

1. Para além do que se dispõe no artigo 33.º, o registo de desenho ou modelo é nulo quando na sua concessão tenha sido infringido o disposto nos n.ºˢ 1 a 3 e nas alíneas *a*) e *c*) do n.º 4 do artigo 197.º

2. (…).

Notas. 1. Redacção introduzida pelo art. 1.º do DL n.º 143/2008, de 25 de Julho.

2 O n.º 2 foi revogado pelo art. 14.º do DL n.º 143/2008, de 25 de Julho.

Art. 209.º (Anulabilidade)

1. Para além do que se dispõe no artigo 34.º, o registo de desenho ou modelo é anulável quando na sua concessão tenha sido infringido o disposto nas alíneas *d*) e *e*) do n.º 4 e no n.º 5 do artigo 197.º

2. (…).

Notas. 1. Redacção introduzida pelo art. 1.º do DL n.º 143/2008, de 25 de Julho.

2 O n.º 2 foi revogado pelo art. 14.º do DL n.º 143/2008, de 25 de Julho.

Art. 210.º (Declaração de nulidade ou anulação parcial)

1. Pode ser declarado nulo, ou anulado, o registo de um ou mais produtos constantes do mesmo registo, mas não pode declarar-se a nulidade ou anular-se parcialmente o registo relativo a um produto.

2. Havendo declaração de nulidade ou anulação de um ou mais produtos, o registo continua em vigor na parte remanescente.

Nota. Redacção introduzida pelo art. 1.º do DL n.º 143/2008, de 25 de Julho.

SECÇÃO V.   **Protecção prévia**

SUBSECÇÃO I.   **Disposições gerais**

Art. 211.º (Objecto do pedido)

Nota. Revogado pelo art. 14.º do DL n.º 143/2008, de 25 de Julho.

Art. 212.º (Pedido de protecção prévia)

Nota. Revogado pelo art. 14.º do DL n.º 143/2008, de 25 de Julho.

Art. 213.º (Conservação em regime de segredo e de arquivo)

Nota. Revogado pelo art. 14.º do DL n.º 143/2008, de 25 de Julho.

[151] CPI Arts. 214.°-222.°   Tít. II.   Regimes jurídicos da propriedade industrial

SUBSECÇÃO II.   **Processo do pedido de protecção**

Art. 214.° (Forma do pedido)

Nota. Revogado pelo art. 14.° do DL n.° 143/2008, de 25 de Julho.

SUBSECÇÃO III.   **Efeitos do pedido de protecção prévia**

Art. 215.° (Duração)

Nota. Revogado pelo art. 14.° do DL n.° 143/2008, de 25 de Julho.

Art. 216.° Regularização do pedido)

Nota. Revogado pelo art. 14.° do DL n.° 143/2008, de 25 de Julho.

Art. 217.° (Direitos conferidos pela protecção prévia)

Nota. Revogado pelo art. 14.° do DL n.° 143/2008, de 25 de Julho.

Art. 218.° (Caducidade)

Nota. Revogado pelo art. 14.° do DL n.° 143/2008, de 25 de Julho.

Art. 219.° (Conversão do pedido)

Nota. Revogado pelo art. 14.° do DL n.° 143/2008, de 25 de Julho.

Art. 220.° (Pedido de registo para actos administrativos ou acções em tribunal)

Nota. Revogado pelo art. 14.° do DL n.° 143/2008, de 25 de Julho.

Art. 221.° (Taxas)

Nota. Revogado pelo art. 14.° do DL n.° 143/2008, de 25 de Julho.

CAPÍTULO IV.   **Marcas**

SECÇÃO I.   **Disposições gerais**

SUBSECÇÃO I.   **Marcas de produtos ou de serviços**

Art. 222.° (Constituição da marca)

1. A marca pode ser constituída por um sinal ou conjunto de sinais susceptíveis de representação gráfica, nomeadamente palavras, incluindo nomes de pessoas, desenhos, letras, números, sons, a forma do produto ou da respectiva embalagem, desde que sejam adequados a distinguir os produtos ou serviços de uma empresa dos de outras empresas.

2. A marca pode, igualmente, ser constituída por frases publicitárias para os produtos ou serviços a que respeitem, desde que possuam carácter distintivo, independentemente da protecção que lhe seja reconhecida pelos direitos de autor.

1446

Cap. IV.   Marcas   Arts. 223.º-226.º CPI **[151]**

Art. 223.º (Excepções)

1. Não satisfazem as condições do artigo anterior:

a) As marcas desprovidas de qualquer carácter distintivo;

b) Os sinais constituídos, exclusivamente, pela forma imposta pela própria natureza do produto, pela forma do produto necessária à obtenção de um resultado técnico ou pela forma que confira um valor substancial ao produto;

c) Os sinais constituídos, exclusivamente, por indicações que possam servir no comércio para designar a espécie, a qualidade, a quantidade, o destino, o valor, a proveniência geográfica, a época ou meio de produção do produto ou da prestação do serviço, ou outras características dos mesmos;

d) As marcas constituídas, exclusivamente, por sinais ou indicações que se tenham tornado usuais na linguagem corrente ou nos hábitos leais e constantes do comércio;

e) As cores, salvo se forem combinadas entre si ou com gráficos, dizeres ou outros elementos de forma peculiar e distintiva.

2. Os elementos genéricos referidos nas alíneas *a*), *c*) e *d*) do número anterior que entrem na composição de uma marca não serão considerados de uso exclusivo do requerente, excepto quando, na prática comercial, os sinais tiverem adquirido eficácia distintiva.

3. A pedido do requerente ou do reclamante, o Instituto Nacional da Propriedade Industrial indica, no despacho de concessão, quais os elementos constitutivos da marca que não ficam de uso exclusivo do requerente.

Art. 224.º (Propriedade e exclusivo)

1. O registo confere ao seu titular o direito de propriedade e do exclusivo da marca para os produtos e serviços a que esta se destina.

2. O Estado poderá, igualmente, gozar da propriedade e do exclusivo das marcas que usa desde que satisfaça as disposições legais.

Art. 225.º (Direito ao registo)

O direito ao registo da marca cabe a quem nisso tenha legítimo interesse, designadamente:

a) Aos industriais ou fabricantes, para assinalar os produtos do seu fabrico;

b) Aos comerciantes, para assinalar os produtos do seu comércio;

c) Aos agricultores e produtores, para assinalar os produtos da sua actividade;

d) Aos criadores ou artífices, para assinalar os produtos da sua arte, ofício ou profissão;

e) Aos que prestam serviços, para assinalar a respectiva actividade.

Art. 226.º (Registo por agente ou representante do titular)

Se o agente ou representante do titular de uma marca registada num dos países membros da União ou da OMC mas não registada em Portugal pedir o registo dessa marca em seu próprio nome, sem autorização do referido titular, tem este o direito de se opor ao registo pedido, a menos que o agente ou representante justifique o seu procedimento.

[151] CPI Arts. 227.º-231.º   Tít. II.   Regimes jurídicos da propriedade industrial

Art. 227.º (Marca livre)

1. Aquele que usar marca livre ou não registada por prazo não superior a seis meses tem, durante esse prazo, direito de prioridade para efectuar o registo, podendo reclamar contra o que for requerido por outrem.

2. A veracidade dos documentos oferecidos para prova deste direito de prioridade é apreciada livremente, salvo se se tratar de documentos autênticos.

SUBSECÇÃO II.   Marcas colectivas

Art. 228.º (Definição)

1. Entende-se por marca colectiva uma marca de associação ou uma marca de certificação.

2. Podem constituir marca colectiva os sinais ou indicações utilizados no comércio para designar a origem geográfica dos produtos ou serviços.

3. O registo da marca colectiva dá, ainda, ao seu titular o direito de disciplinar a comercialização dos respectivos produtos, nas condições estabelecidas na lei, nos estatutos ou nos regulamentos internos.

Art. 229.º (Marca de associação)

Uma marca de associação é um sinal determinado pertencente a uma associação de pessoas singulares ou colectivas, cujos membros o usam, ou têm intenção de usar, para produtos ou serviços relacionados com o objecto da associação.

Art. 230.º (Marca de certificação)

1. Uma marca de certificação é um sinal determinado pertencente a uma pessoa colectiva que controla os produtos ou os serviços ou estabelece normas a que estes devem obedecer.

2. Este sinal serve para ser utilizado nos produtos ou serviços submetidos àquele controlo ou para os quais as normas foram estabelecidas.

Art. 231.º (Direito ao registo)

1. O direito ao registo das marcas colectivas compete:

a) Às pessoas colectivas a que seja legalmente atribuída ou reconhecida uma marca de garantia ou de certificação e possam aplicá-la a certas e determinadas qualidades dos produtos ou serviços;

b) Às pessoas colectivas que tutelam, controlam ou certificam actividades económicas, para assinalar os produtos dessas actividades, ou que sejam provenientes de certas regiões, conforme os seus fins e nos termos dos respectivos estatutos ou diplomas orgânicos.

2. As pessoas colectivas a que se refere a alínea *b)* do número anterior devem promover a inserção, nos respectivos diplomas orgânicos, estatutos ou regulamentos internos, de disposições em que se designem as pessoas que têm direito a usar a marca, as condições em que deve ser utilizada e os direitos e obrigações dos interessados no caso de usurpação ou contrafacção.

3. As alterações aos diplomas orgânicos, estatutos ou regulamentos internos que modifiquem o regime da marca colectiva só produzem efeitos em relação a ter-

1448

Cap. IV. Marcas

Arts. 232.º-234.º CPI [151]

ceiros se forem comunicadas ao Instituto Nacional da Propriedade Industrial pela direcção do organismo titular do registo.

Art. 232.º (Disposições aplicáveis)

São aplicáveis às marcas colectivas, com as devidas adaptações, as disposições do presente Código relativas às marcas de produtos e serviços.

SECÇÃO II. **Processo de registo**

SUBSECÇÃO I. **Registo nacional**

Art. 233.º (Pedido)

1. O pedido de registo de marca é feito em requerimento, redigido em língua portuguesa, que indique ou contenha:

a) O nome, a firma ou a denominação social do requerente, a sua nacionalidade, o seu domicílio ou o lugar em que está estabelecido, o número de identificação fiscal quando se trate de um residente em Portugal e o endereço de correio electrónico, caso exista;

b) Os produtos ou serviços a que a marca se destina, agrupados pela ordem das classes da classificação internacional dos produtos e serviços e designados em termos precisos, de preferência pelos termos da lista alfabética da referida classificação;

c) A indicação expressa de que a marca é de associação, ou de certificação, caso o requerente pretenda registar uma marca colectiva;

d) A indicação expressa de que a marca é tridimensional ou sonora;

e) O número do registo da recompensa figurada ou referida na marca;

f) As cores em que a marca é usada, se forem reivindicadas como elemento distintivo;

g) O país onde tenha sido apresentado o primeiro pedido de registo da marca, a data e o número dessa apresentação, no caso de o requerente pretender reivindicar o direito de prioridade;

h) A indicação da data a partir da qual usa a marca, no caso previsto no artigo 227.º;

i) A assinatura ou a identificação electrónica do requerente ou do respectivo mandatário.

2. Para efeitos do que se dispõe no n.º 1 do artigo 11.º, é concedida prioridade ao pedido de registo que primeiro apresentar, para além dos elementos exigidos nas alíneas *a)* e *b)* do n.º 1, uma representação da marca pretendida.

Nota. Redacção introduzida pelo art. 1.º do DL n.º 143/2008, de 25 de Julho.

Art. 234.º (Instrução do pedido)

1. Ao requerimento deve juntar-se uma representação gráfica do sinal ou, quando se trate de sons, as respectivas frases musicais, em suporte definido por despacho do presidente do conselho directivo do Instituto Nacional da Propriedade Industrial.

1449

[151] CPI Arts. 235.°-236.°   Tít. II. Regimes jurídicos da propriedade industrial

2. Quando nos pedidos de registo for reivindicada uma combinação de cores, a representação gráfica mencionada no número anterior deve exibir as cores reivindicadas.

3. O requerimento deve ainda ser acompanhado dos seguintes elementos:

a) Autorização de pessoa cujo nome ou retrato figure na marca e não seja o requerente;

b) Indicação das disposições legais e estatutárias ou dos regulamentos internos que disciplinam o seu uso, quando se trate de marcas colectivas;

c) Autorização para incluir na marca quaisquer símbolos, brasões, emblemas ou distinções do Estado, municípios ou outras entidades públicas ou particulares, nacionais ou estrangeiras, o emblema e a denominação da Cruz Vermelha, ou outros organismos semelhantes, bem como quaisquer sinais abrangidos pelo artigo 6.°-*ter* da Convenção da União de Paris para a Protecção da Propriedade Industrial;

d) Autorização do titular de registo anterior e do possuidor de licença exclusiva, se a houver, e, salvo disposição em contrário no contrato, para os efeitos do disposto no artigo 243.°

e) Autorização para incluir na marca sinais com elevado valor simbólico, nomeadamente símbolos religiosos.

4. A falta dos requisitos referidos no número anterior não obsta à relevância do requerimento para efeito de prioridade.

5. Quando a marca contenha inscrições em caracteres pouco conhecidos, o requerente deve apresentar transliteração e, se possível, tradução dessas inscrições.

6. Quando nos elementos figurativos de uma marca constem elementos verbais, o requerente deve especificá-los no requerimento de pedido.

Nota. Redacção introduzida pelo art. 1.° do DL n.° 143/2008, de 25 de Julho.

Art. 235.° (Unicidade do registo)
A mesma marca, destinada ao mesmo produto ou serviço, só pode ter um registo.

Art. 236.° (Publicação do pedido)
1. Da apresentação do pedido publica-se aviso no *Boletim da Propriedade Industrial*, para efeito de reclamação de quem se julgar prejudicado pela eventual concessão do registo.

2. A publicação deve conter a reprodução da marca, a classificação dos produtos e serviços nas respectivas classes, nos termos da classificação internacional, e mencionar as indicações a que se refere o n.° 1 do artigo 233.°, com excepção do número de identificação fiscal e do endereço electrónico do requerente.

3. Compete ao Instituto Nacional da Propriedade Industrial verificar a classificação a que se refere o número anterior, corrigindo-a, se for caso disso, através da inclusão dos termos precisos ou da supressão dos termos incorrectos.

Nota. Redacção introduzida pelo art. 1.° do DL n.° 143/2008, de 25 de Julho.

1450

Cap. IV. Marcas

Arts. 237.º-238.º CPI [151]

Art. 237.º (Tramitação processual)

1. O Instituto Nacional da Propriedade Industrial procede ao estudo do processo, o qual consiste no exame da marca registanda e sua comparação com outras marcas e sinais distintivos do comércio.

2. (…).

3. O registo é concedido quando, efectuado o exame, não tiver sido detectado fundamento de recusa e a reclamação, se a houver, for considerada improcedente.

4. O registo é, desde logo, recusado quando a reclamação for considerada procedente.

5. O registo é recusado provisoriamente quando o exame revelar fundamento de recusa e a reclamação, se a houver, não tiver sido considerada procedente.

6. Da recusa provisória é feita a correspondente notificação, devendo o requerente responder no prazo de um mês, sob cominação de a recusa se tornar definitiva se se mantiverem as objecções detectadas, podendo este prazo ser prorrogado, uma única vez, pelo mesmo período, a requerimento do interessado.

7. (…).

8. Se, perante a resposta do requerente, se concluir que a recusa não tem fundamento ou que as objecções levantadas foram sanadas, o despacho é proferido no prazo de um mês a contar da apresentação da referida resposta, sem prejuízo do disposto no n.º 7 do artigo 11.º

9. Se, perante a resposta do requerente, não houver alteração de avaliação, a recusa provisória é objecto de despacho definitivo.

10. (…).

11. Do despacho definitivo é imediatamente efectuada notificação, nos termos do n.º 1 do artigo 16.º, com indicação do *Boletim da Propriedade Industrial* em que o respectivo aviso foi publicado.

Notas. 1. Redacção introduzida pelo art. 13.º do DL n.º 318/2007, de 26 de Setembro **[152]**, e pelo art. 1.º do DL n.º 143/2008, de 25 de Julho, que também alterou a epígrafe do preceito.

2. Os n.ºˢ 2, 7 e 10 foram revogados pelo art. 14.º do DL n.º 143/2008, de 25 de Julho.

Art. 238.º (Fundamentos de recusa do registo)

1. Para além do que se dispõe no artigo 24.º, o registo de uma marca é recusado quando esta:

a) Seja constituída por sinais insusceptíveis de representação gráfica;

b) Seja constituída por sinais desprovidos de qualquer carácter distintivo;

c) Seja constituída, exclusivamente, por sinais ou indicações referidos nas alíneas *b)* a *e)* do n.º 1 do artigo 223.º;

d) (…);

e) Contrarie o disposto nos artigos 222.º, 225.º, 228.º a 231.º e 235.º

2. (…).

3. Não é recusado o registo de uma marca constituída, exclusivamente, por sinais ou indicações referidos nas alíneas *a)*, *c)* e *d)* do n.º 1 do artigo 223.º se esta tiver adquirido carácter distintivo.

1451

[151] CPI Art. 239.°

Tít. II.   Regimes jurídicos da propriedade industrial

4. É ainda recusado o registo de uma marca que contenha em todos ou alguns dos seus elementos:

a) Símbolos, brasões, emblemas ou distinções do Estado, dos municípios ou de outras entidades públicas ou particulares, nacionais ou estrangeiras, o emblema e a denominação da Cruz Vermelha, ou de outros organismos semelhantes, bem como quaisquer sinais abrangidos pelo artigo 6.°-*ter* da Convenção da União de Paris para a Protecção da Propriedade Industrial, salvo autorização;

b) Sinais com elevado valor simbólico, nomeadamente símbolos religiosos, salvo autorização;

c) Expressões ou figuras contrárias à lei, moral, ordem pública e bons costumes;

d) Sinais que sejam susceptíveis de induzir o público em erro, nomeadamente sobre a natureza, qualidades, utilidade ou proveniência geográfica do produto ou serviço a que a marca se destina.

5. É também recusado o registo de uma marca que seja constituída, exclusivamente, pela Bandeira Nacional da República Portuguesa ou por alguns dos seus elementos.

6. É ainda recusado o registo de uma marca que contenha, entre outros elementos, a Bandeira Nacional nos casos em que seja susceptível de:

a) Induzir o público em erro sobre a proveniência geográfica dos produtos ou serviços a que se destina;

b) Levar o consumidor a supor, erradamente, que os produtos ou serviços provêm de uma entidade oficial;

c) Produzir o desrespeito ou o desprestígio da Bandeira Nacional ou de algum dos seus elementos.

Notas. 1. Redacção introduzida pelo art. 1.° do DL n.° 143/2008, de 25 de Julho.

2. A alínea *d*) do n.° 1 e o n.° 2 foram revogados pelo art. 14.° do DL n.° 143/2008, de 25 de Julho.

Art. 239.° (Outros fundamentos de recusa)

1. Constitui ainda fundamento de recusa do registo de marca:

a) A reprodução ou imitação, no todo ou em parte, de marca anteriormente registada por outrem para produtos ou serviços idênticos ou afins, que possa induzir em erro ou confusão o consumidor ou que compreenda o risco de associação com a marca registada;

b) A reprodução ou imitação, no todo ou em parte, de logótipo anteriormente registado por outrem para distinguir uma entidade cuja actividade seja idêntica ou afim aos produtos ou serviços a que a marca se destina, se for susceptível de induzir o consumidor em erro ou confusão;

c) A infracção de outros direitos de propriedade industrial;

d) O emprego de nomes, retratos ou quaisquer expressões ou figurações sem que tenha sido obtida autorização das pessoas a que respeitem e, sendo já falecidos, dos seus herdeiros ou parentes até ao 4.° grau ou, ainda que obtida, se produzir o desrespeito ou desprestígio daquelas pessoas;

e) O reconhecimento de que o requerente pretende fazer concorrência desleal ou de que esta é possível independentemente da sua intenção.

1452

Cap. IV. Marcas   Arts. 240.º-242.º CPI **[151]**

2. Quando invocado em reclamação, constitui também fundamento de recusa:

a) A reprodução ou imitação de firma, de denominação social e de outros sinais distintivos, ou apenas parte característica dos mesmos, que não pertençam ao requerente, ou que o mesmo não esteja autorizado a usar, se for susceptível de induzir o consumidor em erro ou confusão;

b) A infracção de direitos de autor;

c) O emprego de referências a determinada propriedade rústica ou urbana que não pertença ao requerente;

d) A infracção do disposto no artigo 226.º

3. No caso previsto na alínea *d*) do número anterior, em vez da recusa do registo pode ser concedida a sua transmissão, total ou parcial, a favor do titular, se este a tiver pedido.

Nota. Redacção introduzida pelo art. 1.º do DL n.º 143/2008, de 25 de Julho.

Art. 240.º (Imitação de embalagens ou rótulos não registados)

1. É ainda recusado o registo das marcas que, nos termos das alíneas *b*) e *c*) do n.º 1 do artigo 245.º, constituam reprodução ou imitação de determinado aspecto exterior, nomeadamente de embalagem, ou rótulo, com as respectivas forma, cor e disposição de dizeres, medalhas, recompensas e demais elementos, comprovadamente usado por outrem nas suas marcas registadas.

2. Os interessados na recusa dos registos das marcas a que se refere este artigo só podem intervir no respectivo processo depois de terem efectuado o pedido de registo da sua marca com os elementos do aspecto exterior referidos no número anterior.

Art. 241.º (Marcas notórias)

1. É recusado o registo de marca que, no todo ou em parte essencial, constitua reprodução, imitação ou tradução de outra notoriamente conhecida em Portugal, se for aplicada a produtos ou serviços idênticos ou afins e com ela possa confundir-se ou se, dessa aplicação, for possível estabelecer uma associação com o titular da marca notória.

2. Os interessados na recusa dos registos das marcas a que se refere o número anterior só podem intervir no respectivo processo depois de terem efectuado o pedido de registo da marca que dá origem e fundamenta o seu interesse.

Art. 242.º (Marcas de prestígio)

1. Sem prejuízo do disposto no artigo anterior, o pedido de registo será igualmente recusado se a marca, ainda que destinada a produtos ou serviços sem identidade ou afinidade, constituir tradução, ou for igual ou semelhante, a uma marca anterior que goze de prestígio em Portugal ou na Comunidade Europeia, se for comunitária, e sempre que o uso da marca posterior procure tirar partido indevido do carácter distintivo ou do prestígio da marca, ou possa prejudicá-los.

2. Aplica-se ao n.º 1 o disposto no n.º 2 do artigo anterior, entendendo-se que, neste caso, o registo da marca deverá ser requerido para os produtos ou serviços que lhe deram prestígio.

[151] CPI Arts. 243.º-247.º Tít. II. Regimes jurídicos da propriedade industrial

Art. 243.º (Declaração de consentimento)
O registo de marca susceptível de confusão com marcas ou outros direitos de propriedade industrial anteriormente registados exige declaração de consentimento dos titulares desses direitos e dos possuidores de licenças exclusivas, se os houver e os contratos não dispuserem de forma diferente.

Art. 244.º (Recusa parcial)
Quando existam motivos para recusa do registo de uma marca apenas no que respeita a alguns dos produtos ou serviços para que este foi pedido, a recusa abrange, apenas, esses produtos ou serviços.

Art. 245.º (Conceito de imitação ou de usurpação)
1. A marca registada considera-se imitada ou usurpada por outra, no todo ou em parte, quando, cumulativamente:

a) A marca registada tiver prioridade;

b) Sejam ambas destinadas a assinalar produtos ou serviços idênticos ou afins;

c) Tenham tal semelhança gráfica, figurativa, fonética ou outra que induza facilmente o consumidor em erro ou confusão, ou que compreenda um risco de associação com marca anteriormente registada, de forma que o consumidor não as possa distinguir senão depois de exame atento ou confronto.

2. Para os efeitos da alínea *b*) do n.º 1:

a) Produtos e serviços que estejam inseridos na mesma classe da classificação de Nice podem não ser considerados afins;

b) Produtos e serviços que não estejam inseridos na mesma classe da classificação de Nice podem ser considerados afins.

3. Considera-se imitação ou usurpação parcial de marca o uso de certa denominação de fantasia que faça parte de marca alheia anteriormente registada.

Art. 246.º (Processo especial de registo)
Nota. Revogado pelo art. 14.º do DL n.º 143/2008, de 25 de Julho.

SUBSECÇÃO II. **Marca comunitária**

Art. 247.º (Transformação em pedido de registo de marca nacional)
1. Quando o pedido de registo de marca comunitária for recusado, retirado ou considerado retirado, ou quando o registo da marca comunitária deixar de produzir efeitos, o respectivo requerente ou titular pode requerer a transformação do seu pedido, ou do seu registo, em pedido de registo de marca nacional, nos termos do Regulamento referido no n.º 2 do artigo 40.º

2. Recebido um requerimento de transformação, nos termos do número anterior, o Instituto Nacional da Propriedade Industrial decide acerca da sua admissibilidade, posto o que notifica o requerente para, no prazo de dois meses a contar dessa notificação:

a) Preencher, em língua portuguesa, formulário próprio relativo ao pedido de registo nacional;

1454

Cap. IV. Marcas

Arts. 248.°-251.° CPI [151]

b) Juntar uma representação gráfica do sinal ou, quando se trate de sons, as respectivas frases musicais, em suporte definido por despacho do presidente do conselho directivo do Instituto Nacional da Propriedade Industrial;

c) (...);

d) Indicar morada em Portugal, endereço electrónico ou número de fax, se estiver nas condições previstas na alínea *b*) do n.° 1 do artigo 10.°, para efeitos do disposto no n.° 4 do mesmo artigo;

e) Pagar a taxa correspondente ao pedido de registo nacional.

3. Cumpridos os requisitos indicados no número anterior, é-lhe atribuído um número de processo de registo nacional, seguindo-se a tramitação correspondente.

Notas. 1. Redacção introduzida pelo art. 1.° do DL n.° 143/2008, de 25 de Julho.

2. A alínea *c*) do n.° 2 foi revogada pelo art. 14.° do DL n.° 143/2008, de 25 de Julho.

SUBSECÇÃO III. **Registo internacional**

Art. 248.° (Direito ao registo)

1. O requerente ou o titular de um registo de marca, de nacionalidade portuguesa, domiciliado ou estabelecido em Portugal pode assegurar a protecção da sua marca nas partes contratantes que constituem a União de Madrid, nos termos previstos no Acordo ou no Protocolo de Madrid.

2. (...).

Notas. 1. Redacção introduzida pelo art. 1.° do DL n.° 143/2008, de 25 de Julho.

2. O n.° 2 foi revogado pelo art. 14.° do DL n.° 143/2008, de 25 de Julho.

Art. 249.° (Pedido)

O pedido de registo internacional é formulado em impresso próprio e apresentado no Instituto Nacional da Propriedade Industrial, nos termos previstos no Acordo ou no Protocolo.

Art. 250.° (Renúncia)

O titular de um registo internacional pode sempre renunciar à protecção da sua marca, total ou parcialmente, no território de uma ou várias partes contratantes, nos termos previstos no Acordo ou no Protocolo de Madrid.

Nota. Redacção introduzida pelo art. 1.° do DL n.° 143/2008, de 25 de Julho.

Art. 251.° (Alterações ao registo)

1. O Instituto Nacional da Propriedade Industrial notifica a referida Secretaria Internacional de todas as alterações sofridas pelo registo das marcas nacionais que possam influir no registo internacional, para os efeitos de inscrição neste, bem como de publicação e notificação aos países contratantes que lhes tenham concedido protecção.

2. São recusados quaisquer pedidos de averbamento de transmissão de marcas a favor de pessoas sem qualidade jurídica para obter um registo internacional.

1455

[151] CPI Arts. 252.º-259.º   Tít. II.   Regimes jurídicos da propriedade industrial

Art. 252.º (Publicação do pedido)

Do pedido de protecção em Portugal publica-se aviso no *Boletim da Propriedade Industrial*, para efeito de reclamação de quem se considerar prejudicado pela eventual concessão do registo.

Art. 253.º (Formalidades processuais)

1. É aplicável às marcas do registo internacional o disposto nos n.ºs 1 e 3 a 11 do artigo 237.º

2. Os termos subsequentes do processo são regulados igualmente pelas disposições aplicáveis ao registo nacional e pelas disposições previstas no Acordo e Protocolo de Madrid.

Art. 254.º (Fundamentos de recusa)

É recusada a protecção em território português a marcas do registo internacional quando ocorra qualquer fundamento de recusa do registo nacional.

SECÇÃO III.   **Efeitos do registo**

Art. 255.º (Duração)

A duração do registo é de 10 anos, contados a partir da data da respectiva concessão, podendo ser indefinidamente renovado por iguais períodos.

Art. 256.º (Declaração de intenção de uso)

Nota. Revogado pelo art. 14.º do DL n.º 143/2008, de 25 de Julho.

Art. 257.º (Indicação do registo)

Durante a vigência do registo, o seu titular pode usar nos produtos as palavras «Marca registada», as iniciais «M. R.», ou ainda simplesmente «®».

Art. 258.º (Direitos conferidos pelo registo)

O registo da marca confere ao seu titular o direito de impedir terceiros, sem o seu consentimento, de usar, no exercício de actividades económicas, qualquer sinal igual, ou semelhante, em produtos ou serviços idênticos ou afins daqueles para os quais a marca foi registada, e que, em consequência da semelhança entre os sinais e da afinidade dos produtos ou serviços, possa causar um risco de confusão, ou associação, no espírito do consumidor.

Art. 259.º (Esgotamento do direito)

1. Os direitos conferidos pelo registo não permitem ao seu titular proibir o uso da marca em produtos comercializados, pelo próprio ou com o seu consentimento, no espaço económico europeu.

2. O disposto no número anterior não é aplicável sempre que existam motivos legítimos, nomeadamente quando o estado desses produtos seja modificado ou alterado após a sua colocação no mercado.

1456

Cap. IV. Marcas   **Arts. 260.º-263.º CPI [151]**

Art. 260.º (Limitações aos direitos conferidos pelo registo)

Os direitos conferidos pelo registo da marca não permitem ao seu titular impedir terceiros de usar, na sua actividade económica, desde que tal seja feito em conformidade com as normas e os usos honestos em matéria industrial e comercial:

a) O seu próprio nome e endereço;

b) Indicações relativas à espécie, à qualidade, à quantidade, ao destino, ao valor, à proveniência geográfica, à época e meio de produção do produto ou da prestação do serviço ou a outras características dos produtos ou serviços;

c) A marca, sempre que tal seja necessário para indicar o destino de um produto ou serviço, nomeadamente sob a forma de acessórios ou peças sobressalentes.

Art. 261.º (Inalterabilidade da marca)

1. A marca deve conservar-se inalterada, ficando qualquer mudança nos seus elementos sujeita a novo registo.

2. Do disposto no número anterior exceptuam-se as simples modificações que não prejudiquem a identidade da marca e só afectem as suas proporções, o material em que tiver sido cunhada, gravada ou reproduzida e a tinta ou a cor, se esta não tiver sido expressamente reivindicada como uma das características da marca.

3. Também não prejudica a identidade da marca a inclusão ou supressão da indicação expressa do produto ou serviço a que a marca se destina e do ano de produção nem a alteração relativa ao domicílio ou lugar em que o titular está estabelecido.

4. A marca nominativa só está sujeita às regras da inalterabilidade no que respeita às expressões que a constituem, podendo ser usada com qualquer aspecto figurativo desde que não ofenda direitos de terceiros.

SECÇÃO IV. Transmissão e licenças

Art. 262.º (Transmissão)

1. Os registos de marcas são transmissíveis se tal não for susceptível de induzir o público em erro quanto à proveniência do produto ou do serviço ou aos caracteres essenciais para a sua apreciação.

2. Quando a transmissão for parcial em relação aos produtos ou serviços, deve ser requerida cópia do processo, que servirá de base a registo autónomo, incluindo o direito ao título.

3. Aos pedidos de registo é aplicável o disposto nos números anteriores e, no caso de transmissão parcial, os novos pedidos conservam as prioridades a que tinham direito.

Art. 263.º (Limitações à transmissão)

As marcas registadas a favor dos organismos que tutelam ou controlam actividades económicas não são transmissíveis, salvo disposição especial de lei, estatutos ou regulamentos internos.

1457

[151] CPI Arts. 264.°-267.°
Tít. II. Regimes jurídicos da propriedade industrial

Art. 264.° (Licenças)

O titular do registo de marca pode invocar os direitos conferidos pelo registo contra o licenciado que infrinja qualquer cláusula, ou disposição, do contrato de licença, em especial no que respeita ao seu prazo de validade, à identidade da marca, à natureza dos produtos ou serviços para os quais foi concedida a licença, à delimitação da zona ou território ou à qualidade dos produtos fabricados ou dos serviços prestados pelo licenciado.

SECÇÃO V. Extinção do registo de marca ou de direitos dele derivados

Art. 265.° (Nulidade)

1. Para além do que se dispõe no artigo 33.°, o registo de marca é nulo quando, na sua concessão, tenha sido infringido o previsto:

a) Nos n.ᵒˢ 1 e 4 a 6 do artigo 238.°;

b) (…).

2. É aplicável às acções de nulidade, com as necessárias adaptações, o disposto no n.° 3 do artigo 238.°

Notas. 1. Redacção introduzida pelo art. 1.° do DL n.° 143/2008, de 25 de Julho.

2. A alínea b) do n.° 1 foi revogada pelo art. 14.° do DL n.° 143/2008, de 25 de Julho.

Art. 266.° (Anulabilidade)

1. Para além do que se dispõe no artigo 34.°, o registo da marca é anulável quando, na sua concessão, tenha sido infringido o previsto nos artigos 239.° a 242.°

2. O interessado na anulação do registo das marcas, com fundamento no disposto nos artigos 241.° ou 242.°, deve requerer o registo da marca que dá origem ao pedido de anulação para os produtos ou serviços que lhe deram notoriedade ou prestígio, respectivamente.

3. O registo não pode ser anulado se a marca anterior, invocada em oposição, não satisfizer a condição de uso sério, nos termos do artigo 268.°

4. As acções de anulação devem ser propostas no prazo de 10 anos a contar da data do despacho de concessão do registo, sem prejuízo do direito de pedir a anulação de marca registada de má fé que é imprescritível.

Nota. Redacção introduzida pelo art. 1.° do DL n.° 143/2008, de 25 de Julho.

Art. 267.° (Preclusão por tolerância)

1. O titular de uma marca registada que, tendo conhecimento do facto, tiver tolerado, durante um período de cinco anos consecutivos, o uso de uma marca registada posterior, deixa de ter direito, com base na sua marca anterior, a requerer a anulação do registo da marca posterior, ou a opor-se ao seu uso, em relação aos produtos ou serviços nos quais a marca posterior tenha sido usada, salvo se o registo da marca posterior tiver sido efectuado de má fé.

2. O prazo de cinco anos, previsto no número anterior, conta-se a partir do momento em que o titular teve conhecimento do facto.

1458

Cap. IV. Marcas   Arts. 268.º-269.º CPI **[151]**

3. O titular do registo de marca posterior não pode opor-se ao direito anterior, mesmo que este já não possa ser invocado contra a marca posterior.

Art. 268.º (Uso da marca)

1. Considera-se uso sério da marca:

a) O uso da marca tal como está registada ou que dela não difira senão em elementos que não alterem o seu carácter distintivo, de harmonia com o disposto no artigo 261.º, feito pelo titular do registo, ou por seu licenciado, com licença devidamente averbada;

b) O uso da marca, tal como definida na alínea anterior, para produtos ou serviços destinados apenas a exportação;

c) A utilização da marca por um terceiro, desde que o seja sob controlo do titular e para efeitos da manutenção do registo.

2. Considera-se uso da marca colectiva o que é feito com o consentimento do titular.

3. Considera-se uso da marca de garantia ou certificação o que é feito por pessoa habilitada.

4. O início ou o reatamento do uso sério nos três meses imediatamente anteriores à apresentação de um pedido de declaração de caducidade, contados a partir do fim do período ininterrupto de cinco anos de não uso, não é, contudo, tomado em consideração se as diligências para o início ou reatamento do uso só ocorrerem depois de o titular tomar conhecimento de que pode vir a ser efectuado esse pedido de declaração de caducidade.

Art. 269.º (Caducidade)

1. Para além do que se dispõe no artigo 37.º, a caducidade do registo deve ser declarada se a marca não tiver sido objecto de uso sério durante cinco anos consecutivos, salvo justo motivo e sem prejuízo do disposto no n.º 4 e no artigo 268.º

2. Deve ainda ser declarada a caducidade do registo se, após a data em que o mesmo foi efectuado:

a) A marca se tiver transformado na designação usual no comércio do produto ou serviço para que foi registada, como consequência da actividade, ou inactividade, do titular;

b) A marca se tornar susceptível de induzir o público em erro, nomeadamente acerca da natureza, qualidade e origem geográfica desses produtos ou serviços, no seguimento do uso feito pelo titular da marca, ou por terceiro com o seu consentimento, para os produtos ou serviços para que foi registada.

3. A caducidade do registo da marca colectiva deve ser declarada:

a) Se deixar de existir a pessoa colectiva a favor da qual foi registada;

b) Se essa pessoa colectiva consentir que a marca seja usada de modo contrário aos seus fins gerais ou às prescrições estatutárias.

4. O registo não caduca se, antes de requerida a declaração de caducidade, já tiver sido iniciado ou reatado o uso sério da marca, sem prejuízo do que se dispõe no n.º 4 do artigo anterior.

5. O prazo referido no n.º 1 inicia-se com o registo da marca, que, para as marcas internacionais, é a data do registo na Secretaria Internacional.

1459

[151] CPI Arts. 270.°-271.°   Tít. II.   Regimes jurídicos da propriedade industrial

6. Quando existam motivos para a caducidade do registo de uma marca, apenas no que respeita a alguns dos produtos ou serviços para que este foi efectuado, a caducidade abrange apenas esses produtos ou serviços.

Art. 270.° (Pedidos de declaração de caducidade)

1. Os pedidos de declaração de caducidade são apresentados no Instituto Nacional da Propriedade Industrial.

2. Os pedidos referidos no número anterior podem fundamentar-se em qualquer dos motivos estabelecidos nos n.ᵒˢ 1 a 3 do artigo anterior.

3. O titular do registo é sempre notificado do pedido de declaração de caducidade para responder, querendo, no prazo de um mês.

4. A requerimento do interessado, apresentado em devido tempo, o prazo a que se refere o número anterior pode ser prorrogado, uma única vez, por mais um mês.

5. (…).

6. Cumpre ao titular do registo ou a seu licenciado, se o houver, provar o uso da marca, sem o que esta se presume não usada.

7. Decorrido o prazo de resposta, o Instituto Nacional da Propriedade Industrial decide, no prazo de um mês, sobre a declaração de caducidade do registo.

8. O processo de caducidade extingue-se se, antes da decisão, ocorrer a desistência do respectivo pedido.

9. A caducidade só produz efeitos depois de declarada em processo que corre os seus termos no Instituto Nacional da Propriedade Industrial.

10. A caducidade é averbada e dela se publicará aviso no *Boletim da Propriedade Industrial*.

Notas. 1. Redacção introduzida pelo art. 1.° do DL n.° 143/2008, de 25 de Julho.

2. O n.° 5 foi revogado pelo art. 14.° do DL n.° 143/2008, de 25 de Julho.

CAPÍTULO V.   **Recompensas**

SECÇÃO I.   **Disposições gerais**

Art. 271.° (Objecto)

Consideram-se recompensas:

a) As condecorações de mérito conferidas pelo Estado Português ou por Estados estrangeiros;

b) As medalhas, diplomas e prémios pecuniários ou de qualquer outra natureza obtidos em exposições, feiras e concursos, oficiais ou oficialmente reconhecidos, realizados em Portugal ou em países estrangeiros;

c) Os diplomas e atestados de análise, ou louvor, passados por laboratórios ou serviços do Estado ou de organismos para tal fim qualificados;

d) Os títulos de fornecedor do Chefe do Estado, Governo e outras entidades ou estabelecimentos oficiais, nacionais ou estrangeiros;

e) Quaisquer outros prémios ou demonstrações de preferência de carácter oficial.

1460

Cap. V.   Recompensas   Arts. 272.º-276.º CPI **[151]**

Art. 272.º (Condições da menção das recompensas

As recompensas não podem ser aplicadas a produtos ou serviços diferentes daqueles para que foram conferidas.

Art. 273.º (Propriedade

As recompensas, de qualquer ordem, conferidas aos industriais, comerciantes, agricultores e demais empresários constituem propriedade sua.

SECÇÃO II.   Processo de registo

Art. 274.º (Pedido

O pedido de registo de recompensas é feito em requerimento, redigido em língua portuguesa, onde se indique:

a) O nome, a firma ou a denominação social do requerente, a sua nacionalidade, o seu domicílio ou o lugar em que está estabelecido, o número de identificação fiscal quando se trate de um residente em Portugal e o endereço de correio electrónico, caso exista;

b) As recompensas cujo registo pretende, entidades que as concederam e respectivas datas;

c) Os produtos ou serviços que mereceram a concessão;

d) O logótipo a que a recompensa está ligada, no todo ou em parte, quando for o caso;

e) A assinatura ou a identificação electrónica do requerente ou do respectivo mandatário.

Nota. Redacção introduzida pelo art. 1.º do DL n.º 143/2008, de 25 de Julho.

Art. 275.º (Instrução do pedido

1. Ao requerimento devem juntar-se originais ou fotocópias autenticadas dos diplomas, ou outros documentos comprovativos da concessão.

2. A prova da concessão da recompensa pode também fazer-se juntando um exemplar, devidamente legalizado, da publicação oficial em que tiver sido conferida ou publicada a recompensa, ou só a parte necessária e suficiente para identificação da mesma.

3. O Instituto Nacional da Propriedade Industrial pode exigir a apresentação de traduções em português dos diplomas ou outros documentos redigidos em línguas estrangeiras.

4. O registo das recompensas em que se incluam referências a logótipos supõe o seu registo prévio.

Nota. Redacção introduzida pelo art. 1.º do DL n.º 143/2008, de 25 de Julho.

Art. 276.º (Fundamentos de recusa

Para além do que se dispõe no artigo 24.º, o registo de recompensas é recusado quando:

a) Estas, pela sua natureza, não possam incluir-se em qualquer das categorias previstas no presente Código;

1461

[151] CPI Arts. 277.º-281.º   Tít. II.   Regimes jurídicos da propriedade industrial

b) Se prove que têm sido aplicadas a produtos ou serviços diferentes daqueles para que foram conferidas;
c) Tenha havido transmissão da sua propriedade sem a do estabelecimento, ou da parte deste que interessar, quando for o caso;
d) Se mostre que a recompensa foi revogada ou não pertence ao requerente.

Art. 277.º (Restituição de documentos)

1. Findo o prazo para interposição de recurso, os diplomas, ou outros documentos, constantes do processo são restituídos aos requerentes que o solicitem em requerimento e substituídos no processo por fotocópias autenticadas.
2. A restituição é feita mediante recibo, que será junto ao processo.

SECÇÃO III.   **Uso e transmissão**

Art. 278.º (Indicação de recompensas)

O uso de recompensas legitimamente obtidas é permitido, independente de registo, mas só quando este tiver sido efectuado é que a referência, ou cópia, das mesmas se poderá fazer acompanhar da designação «Recompensa registada» ou das abreviaturas «'R. R.'», «'RR'» ou «RR».

Art. 279.º (Transmissão)

A transmissão da propriedade das recompensas faz-se com as formalidades legais exigidas para a transmissão dos bens de que são acessório.

SECÇÃO IV.   **Extinção do registo**

Art. 280.º (Anulabilidade)

Para além do que se dispõe no artigo 34.º, o registo é anulável quando for anulado o título da recompensa.

Art. 281.º (Caducidade)

1. O registo caduca quando a concessão da recompensa for revogada ou cancelada.
2. A caducidade do registo determina a extinção do uso da recompensa.

CAPÍTULO VI.   **Nome e insígnia de estabelecimento**

Nota. Os arts. 282.º a 300.º, que integravam o Capítulo VI do Título II do Código da Propriedade Industrial, foram revogados pelo art. 14.º do DL n.º 143/2008, de 25 de Julho.

Cap. VII. Logótipos **Arts. 304.º-A-304.º-D CPI [151]**

CAPÍTULO VII. Logótipos

Nota. Os arts. 301.º a 304.º, que integravam o Capítulo VII do Título II do Código da Propriedade Industrial, foram revogados pelo art. 14.º do DL n.º 143/2008, de 25 de Julho.

SECÇÃO I. Disposições gerais [1]

Art. 304.º-A (Constituição do logótipo)
1. O logótipo pode ser constituído por um sinal ou conjunto de sinais susceptíveis de representação gráfica, nomeadamente por elementos nominativos, figurativos ou por uma combinação de ambos.
2. O logótipo deve ser adequado a distinguir uma entidade que preste serviços ou comercialize produtos, podendo ser utilizado, nomeadamente, em estabelecimentos, anúncios, impressos ou correspondência.

Nota. Aditado pelo art. 2.º do DL n.º 143/2008, de 25 de Julho.

Art. 304.º-B (Direito ao registo)
Tem legitimidade para requerer o registo de um logótipo qualquer entidade individual ou colectiva, de carácter público ou privado, que nele tenha interesse legítimo.

Nota. Aditado pelo art. 2.º do DL n.º 143/2008, de 25 de Julho.

SECÇÃO II. Processo de registo [2]

Art. 304.º-C (Unicidade do registo)
1. O mesmo sinal, quando se destine a individualizar uma mesma entidade, só pode ser objecto de um registo de logótipo.
2. A mesma entidade pode ser individualizada através de diferentes registos de logótipo.

Nota. Aditado pelo art. 2.º do DL n.º 143/2008, de 25 de Julho.

Art. 304.º-D (Pedido)
1. O pedido de registo de logótipo é feito em requerimento, redigido em língua portuguesa, que indique ou contenha:
a) O nome, a firma ou a denominação social do requerente, a sua nacionalidade, o seu domicílio, o número de identificação fiscal quando se trate de um residente em Portugal e o endereço de correio electrónico, caso exista;
b) O tipo de serviços prestados ou de produtos comercializados pela entidade que se pretende distinguir, acompanhados da indicação do respectivo código da classificação portuguesa das actividades económicas;

---

[1] Introduzida pelo art. 3.º do DL n.º 143/2008, de 25 de Julho.
[2] Introduzida pelo art. 3.º do DL n.º 143/2008, de 25 de Julho.

1463

[151] CPI Arts. 304.°-E-304.°-G   Tít. II. Regimes jurídicos da propriedade industrial

c) As cores em que o logótipo é usado, se forem reivindicadas como elemento distintivo;

d) A assinatura ou a identificação electrónica do requerente ou do seu mandatário.

2. Para efeitos do que se dispõe no n.° 1 do artigo 11.°, é concedida prioridade ao pedido de registo que primeiro apresentar, para além dos elementos exigidos nas alíneas *a*) e *b*) do número anterior, uma representação do logótipo pretendido.

Nota. Aditado pelo art. 2.° do DL n.° 143/2008, de 25 de Julho.

Art. 304.°-E (Instrução do pedido)

1. Ao requerimento deve juntar-se uma representação gráfica do sinal, em suporte definido por despacho do presidente do conselho directivo do Instituto Nacional da Propriedade Industrial.

2. Quando nos pedidos de registo for reivindicada uma combinação de cores, a representação gráfica mencionada no número anterior deve exibir as cores reivindicadas.

3. Ao requerimento devem ainda juntar-se as autorizações referidas no n.° 3 do artigo 234.°

4. A falta das autorizações referidas no número anterior não obsta à relevância do requerimento para efeitos de prioridade, não podendo o registo, porém, ser concedido sem que estejam preenchidos todos os requisitos acima referidos.

5. Quando o logótipo contenha inscrições em caracteres pouco conhecidos, o requerente deve apresentar transliteração e, se possível, tradução dessas inscrições.

6. Quando nos elementos figurativos de um logótipo constem elementos verbais, o requerente deve especificá-los no requerimento de pedido.

Nota. Aditado pelo art. 2.° do DL n.° 143/2008, de 25 de Julho.

Art. 304.°-F (Publicação do pedido)

1. Da apresentação do pedido publica-se aviso no *Boletim da Propriedade Industrial*, para efeito de reclamação de quem se julgar prejudicado pela eventual concessão do registo.

2. A publicação deve conter a reprodução do logótipo e mencionar as indicações a que se refere o n.° 1 do artigo 304.°-D, com excepção do número de identificação fiscal e do endereço electrónico do requerente.

Nota. Aditado pelo art. 2.° do DL n.° 143/2008, de 25 de Julho.

Art. 304.°-G (Tramitação processual)

Ao registo dos logótipos são aplicáveis, com as necessárias adaptações, as formalidades processuais a que se refere o artigo 237.°, relativo às marcas.

Nota. Aditado pelo art. 2.° do DL n.° 143/2008, de 25 de Julho.

1464

Cap. VII. Logótipos　　　　　　　　　　　　　　　　**Arts. 304.º-H-304.º-I CPI [151]**

Art. 304.º-H (Fundamentos de recusa do registo)

1. Para além do que se dispõe no artigo 24.º, o registo de um logótipo é recusado quando:

   a) Seja constituído por sinais insusceptíveis de representação gráfica;

   b) Seja constituído por sinais desprovidos de qualquer carácter distintivo;

   c) Seja constituído, exclusivamente, por sinais ou indicações referidos nas alíneas *b)* a *e)* do n.º 1 do artigo 223.º;

   d) Contrarie o disposto nos artigos 304.º-A a 304.º-C.

2. Não é recusado o registo de um logótipo constituído, exclusivamente, por sinais ou indicações referidos nas alíneas *a)*, *c)* e *d)* do n.º 1 do artigo 223.º se este tiver adquirido carácter distintivo.

3. É recusado o registo de um logótipo que contenha em todos ou alguns dos seus elementos:

   a) Símbolos, brasões, emblemas ou distinções do Estado, dos municípios ou de outras entidades públicas ou particulares, nacionais ou estrangeiras, o emblema e a denominação da Cruz Vermelha, ou de outros organismos semelhantes, bem como quaisquer sinais abrangidos pelo artigo 6.º-*ter* da Convenção da União de Paris para a Protecção da Propriedade Industrial, salvo autorização;

   b) Sinais com elevado valor simbólico, nomeadamente símbolos religiosos, salvo autorização;

   c) Expressões ou figuras contrárias à lei, moral, ordem pública e bons costumes;

   d) Sinais que sejam susceptíveis de induzir em erro o público, nomeadamente sobre a actividade exercida pela entidade que se pretende distinguir.

4. É também recusado o registo de um logótipo que seja constituído, exclusivamente, pela Bandeira Nacional da República Portuguesa ou por alguns dos seus elementos.

5. É ainda recusado o registo de um logótipo que contenha, entre outros elementos, a Bandeira Nacional nos casos em que seja susceptível de:

   a) Induzir o público em erro sobre a proveniência geográfica dos produtos comercializados ou dos serviços prestados pela entidade a que se destina;

   b) Levar o consumidor a supor, erradamente, que os produtos ou serviços provêm de uma entidade oficial;

   c) Produzir o desrespeito ou o desprestígio da Bandeira Nacional ou de algum dos seus elementos.

Nota. Aditado pelo art. 2.º do DL n.º 143/2008, de 25 de Julho.

Art. 304.º-I (Outros fundamentos de recusa)

1. Constitui ainda fundamento de recusa do registo:

   a) A reprodução ou imitação, no todo ou em parte, de logótipo anteriormente registado por outrem para distinguir uma entidade cuja actividade seja idêntica ou afim à exercida pela entidade que se pretende distinguir, se for susceptível de induzir o consumidor em erro ou confusão;

   b) A reprodução ou imitação, no todo ou em parte, de marca anteriormente registada por outrem para produtos ou serviços idênticos ou afins aos abrangidos no âmbito da actividade exercida pela entidade que se pretende distinguir, se for sus-

1465

[151] CPI Arts. 304.º-J-304.º-M   Tít. II.   Regimes jurídicos da propriedade industrial

ceptível de induzir o consumidor em erro ou confusão ou se criar o risco de associação com a marca registada;

c) A infracção de outros direitos de propriedade industrial;

d) O emprego de nomes, retratos ou quaisquer expressões ou figurações, sem que tenha sido obtida autorização das pessoas a que respeitem e, sendo já falecidos, dos seus herdeiros ou parentes até ao 4.º grau ou, ainda que obtida, se produzir o desrespeito ou desprestígio daquelas pessoas;

e) O reconhecimento de que o requerente pretende fazer concorrência desleal ou de que esta é possível independentemente da sua intenção;

f) O emprego de nomes, designações, figuras ou desenhos que sejam reprodução, ou imitação, de logótipo já registado por outrem, sendo permitido, porém, que duas ou mais pessoas com nomes patronímicos iguais os incluam no respectivo logótipo desde que se distingam perfeitamente.

2. Aplicam-se também ao registo de logótipo, com as necessárias adaptações, os fundamentos de recusa previstos nos artigos 240.º a 242.º

3. Quando invocado em reclamação, constitui também fundamento de recusa:

a) A reprodução ou imitação de firma e denominação social, ou apenas de parte característica das mesmas, que não pertençam ao requerente, ou que o mesmo não esteja autorizado a usar, se for susceptível de induzir o consumidor em erro ou confusão;

b) A infracção de direitos de autor;

c) O emprego de referências a determinada propriedade rústica ou urbana que não pertença ao requerente.

Nota. Aditado pelo art. 2.º do DL n.º 143/2008, de 25 de Julho.

Art. 304.º-J (Declaração de consentimento)

Ao registo dos logótipos é aplicável o disposto no artigo 243.º, com as necessárias adaptações.

Nota. Aditado pelo art. 2.º do DL n.º 143/2008, de 25 de Julho.

SECÇÃO III.   **Dos efeitos do registo** [1]

Art. 304.º-L (Duração)

A duração do registo é de 10 anos contados da data da respectiva concessão, podendo ser indefinidamente renovado por iguais períodos.

Nota. Aditado pelo art. 2.º do DL n.º 143/2008, de 25 de Julho.

Art. 304.º-M (Indicação do logótipo)

Durante a vigência do registo, o seu titular pode usar no logótipo a designação «Logótipo registado», «Log. registado» ou, simplesmente, «LR».

Nota. Aditado pelo art. 2.º do DL n.º 143/2008, de 25 de Julho.

---

[1] Introduzida pelo art. 3.º do DL n.º 143/2008, de 25 de Julho.

Cap. VII. Logótipos   **Arts. 304.º-N-304.º-R CPI [151]**

Art. 304.º-N (Direitos conferidos pelo registo)

O registo do logótipo confere ao seu titular o direito de impedir terceiros de usar, sem o seu consentimento, qualquer sinal idêntico ou confundível, que constitua reprodução ou imitação do seu.

Nota. Aditado pelo art. 2.º do DL n.º 143/2008, de 25 de Julho.

Art. 304.º-O (Inalterabilidade do logótipo)

1. O logótipo deve conservar-se inalterado, ficando qualquer mudança nos seus elementos sujeita a novo registo.

2. A inalterabilidade deve entender-se, com as necessárias adaptações, em obediência às regras estabelecidas nos n.ᵒˢ 2, 3 e 4 do artigo 261.º, relativo às marcas.

Nota. Aditado pelo art. 2.º do DL n.º 143/2008, de 25 de Julho.

SECÇÃO IV.   **Transmissão, nulidade, anulabilidade e caducidade do registo** [1]

Art. 304.º-P (Transmissão)

1. Os registos de logótipo são transmissíveis se tal não for susceptível de induzir o consumidor em erro ou confusão.

2. Quando seja usado num estabelecimento, os direitos emergentes do pedido de registo ou do registo de logótipo só podem transmitir-se, a título gratuito ou oneroso, com o estabelecimento, ou parte do estabelecimento, a que estão ligados.

3. Sem prejuízo do disposto no n.º 5 do artigo 31.º, a transmissão do estabelecimento envolve o respectivo logótipo, que pode continuar tal como está registado, salvo se o transmitente o reservar para outro estabelecimento, presente ou futuro.

Nota. Aditado pelo art. 2.º do DL n.º 143/2008, de 25 de Julho.

Art. 304.º-Q (Nulidade)

1. Para além do que se dispõe no artigo 33.º, o registo do logótipo é nulo quando, na sua concessão, tenha sido infringido o disposto nos n.ᵒˢ 1 e 3 a 5 do artigo 304.º-H.

2. É aplicável às acções de nulidade, com as necessárias adaptações, o disposto no n.º 2 do artigo 304.º-H.

Nota. Aditado pelo art. 2.º do DL n.º 143/2008, de 25 de Julho.

Art. 304.º-R (Anulabilidade)

1. Para além do que se dispõe no artigo 34.º, o registo é anulável quando, na sua concessão, tenha sido infringido o disposto no artigo 304.º-I.

---

[1] Introduzida pelo art. 3.º do DL n.º 143/2008, de 25 de Julho.

[151] CPI Arts. 304.°-S-305.° Tít. II. Regimes jurídicos da propriedade industrial

2. As acções de anulação devem ser propostas no prazo de 10 anos a contar da data do despacho de concessão do registo, sem prejuízo do que se dispõe no número seguinte.

3. O direito de pedir a anulação do logótipo registado de má fé não prescreve.

Nota. Aditado pelo art. 2.° do DL n.° 143/2008, de 25 de Julho.

Art. 304.°-S (Caducidade)

Para além do que se dispõe no artigo 37.°, o registo caduca:

a) Por motivo de encerramento e liquidação do estabelecimento ou de extinção da entidade;

b) Por falta de uso do logótipo durante cinco anos consecutivos, salvo justo motivo.

Nota. Aditado pelo art. 2.° do DL n.° 143/2008, de 25 de Julho.

CAPÍTULO VIII. Denominações de origem e indicações geográficas

SECÇÃO I. Disposições gerais

Art. 305.° (Definição e propriedade)

1. Entende-se por denominação de origem o nome de uma região, de um local determinado ou, em casos excepcionais, de um país que serve para designar ou identificar um produto:

a) Originário dessa região, desse local determinado ou desse país;

b) Cuja qualidade ou características se devem, essencial ou exclusivamente, ao meio geográfico, incluindo os factores naturais e humanos, e cuja produção, transformação e elaboração ocorrem na área geográfica delimitada.

2. São igualmente consideradas denominações de origem certas denominações tradicionais, geográficas ou não, que designem um produto originário de uma região, ou local determinado, e que satisfaçam as condições previstas na alínea *b*) do número anterior.

3. Entende-se por indicação geográfica o nome de uma região, de um local determinado ou, em casos excepcionais, de um país que serve para designar ou identificar um produto:

a) Originário dessa região, desse local determinado ou desse país;

b) Cuja reputação, determinada qualidade ou outra característica podem ser atribuídas a essa origem geográfica e cuja produção, transformação ou elaboração ocorrem na área geográfica delimitada.

4. As denominações de origem e as indicações geográficas, quando registadas, constituem propriedade comum dos residentes ou estabelecidos na localidade, região ou território, de modo efectivo e sério e podem ser usadas indistintamente por aqueles que, na respectiva área, exploram qualquer ramo de produção característica, quando autorizados pelo titular do registo.

5. O exercício deste direito não depende da importância da exploração nem da natureza dos produtos, podendo, consequentemente, a denominação de origem

1468

Cap. VIII.   Denominações de origem e indicações geográficas   **Arts. 306.°-308.° CPI [151]**

ou a indicação geográfica aplicar-se a quaisquer produtos característicos e originários da localidade, região ou território, nas condições tradicionais e usuais, ou devidamente regulamentadas.

Art. 306.° (Demarcação regional)

Se os limites da localidade, região ou território a que uma certa denominação
ou indicação pertence não estiverem demarcados por lei, são os mesmos declarados
pelos organismos oficialmente reconhecidos que superintendam, no respectivo
local, o ramo de produção, os quais têm em conta os usos leais e constantes, conju-
gados com os superiores interesses da economia nacional ou regional.

SECÇÃO II.   Processo de registo

SUBSECÇÃO I.   Registo nacional

Art. 307.° (Pedido)

1. O pedido de registo das denominações de origem ou das indicações geográficas é feito em requerimento, redigido em língua portuguesa, no qual se indique:

a) O nome das pessoas singulares ou colectivas, públicas ou privadas, com
qualidade para adquirir o registo, o respectivo número de identificação fiscal e o
endereço de correio electrónico, caso exista;

b) O nome do produto, ou produtos, incluindo a denominação de origem ou
a indicação geográfica;

c) As condições tradicionais, ou regulamentadas, do uso da denominação de
origem, ou da indicação geográfica, e os limites da respectiva localidade, região ou
território.

d) A assinatura ou a identificação electrónica do requerente ou do seu mandatário.

2. À concessão do registo são aplicáveis, com as necessárias adaptações, os
termos do processo de registo nacional de marca.

Nota. Redacção introduzida pelo art. 1.° do DL n.° 143/2008, de 25 de Julho.

Art. 308.° (Fundamentos de recusa)

Para além do que se dispõe no artigo 24.°, o registo das denominações de origem ou das indicações geográficas é recusado quando:

a) Seja requerido por pessoa sem qualidade para o adquirir;

b) Não deva considerar-se denominação de origem, ou indicação geográfica,
de harmonia com o disposto no artigo 305.°;

c) Constitua reprodução ou imitação de denominação de origem ou de indicação geográfica anteriormente registadas;

d) Seja susceptível de induzir o público em erro, nomeadamente sobre a natureza, a qualidade e a proveniência geográfica do respectivo produto;

e) Constitua infracção de direitos de propriedade industrial ou de direitos
de autor;

f) Seja ofensiva da lei, da ordem pública ou dos bons costumes;

g) Possa favorecer actos de concorrência desleal.

1469

[151] CPI Arts. 309.°-312.° Tít. II. Regimes jurídicos da propriedade industrial

SUBSECÇÃO II. **Registo internacional**

Art. 309.° (Registo internacional das denominações de origem)

1. As entidades referidas na alínea *a*) do n.° 1 do artigo 307.° podem promover o registo internacional das suas denominações de origem ao abrigo das disposições do Acordo de Lisboa de 31 de Outubro de 1958.

2. O requerimento para o registo internacional deve ser apresentado no Instituto Nacional da Propriedade Industrial de harmonia com as disposições do Acordo de Lisboa.

3. A protecção das denominações de origem registadas ao abrigo do Acordo de Lisboa fica sujeita, em tudo quanto não contrariar as disposições do mesmo Acordo, às normas que regulam a protecção das denominações de origem em Portugal.

SECÇÃO III. **Efeitos, nulidade, anulabilidade e caducidade do registo**

Art. 310.° (Duração)

A denominação de origem e a indicação geográfica têm duração ilimitada e a sua propriedade é protegida pela aplicação das regras previstas neste Código, em legislação especial, bem como por aquelas que forem decretadas contra as falsas indicações de proveniência, independentemente do registo, e façam ou não parte de marca registada.

Art. 311.° (Indicação do registo)

Durante a vigência do registo, podem constar nos produtos em que os respectivos usos são autorizados as seguintes menções:

a) «Denominação de origem registada» ou «DO»;

b) «Indicação geográfica registada» ou «IG».

Art. 312.° (Direitos conferidos pelo registo)

1. O registo das denominações de origem ou das indicações geográficas confere o direito de impedir:

a) A utilização, por terceiros, na designação ou na apresentação de um produto, de qualquer meio que indique, ou sugira, que o produto em questão é originário de uma região geográfica diferente do verdadeiro lugar de origem;

b) A utilização que constitua um acto de concorrência desleal, no sentido do artigo 10-*bis* da Convenção de Paris tal como resulta da Revisão de Estocolmo, de 14 de Julho de 1967;

c) O uso por quem, para tal, não esteja autorizado pelo titular do registo.

2. As palavras constitutivas de uma denominação de origem ou de uma indicação geográfica legalmente definida, protegida e fiscalizada não podem figurar, de forma alguma, em designações, etiquetas, rótulos, publicidade ou quaisquer documentos relativos a produtos não provenientes das respectivas regiões delimitadas.

3. Esta proibição subsiste ainda quando a verdadeira origem dos produtos seja mencionada, ou as palavras pertencentes àquelas denominações ou indicações venham acompanhadas de correctivos, tais como «género», «tipo», «qualidade» ou

1470

Cap. I. Disposições gerais

Arts. 313.º-316.º CPI [151]

outros similares, e é extensiva ao emprego de qualquer expressão, apresentação ou combinação gráfica susceptíveis de induzir o consumidor em erro ou confusão.

4. É igualmente proibido o uso de denominação de origem ou de indicação geográfica com prestígio em Portugal, ou na Comunidade Europeia, para produtos sem identidade ou afinidade sempre que o uso das mesmas procure, sem justo motivo, tirar partido indevido do carácter distintivo ou do prestígio da denominação de origem ou da indicação geográfica anteriormente registada, ou possa prejudicá-las.

5. O disposto nos números anteriores não obsta a que o vendedor aponha o seu nome, endereço ou marca sobre os produtos provenientes de uma região ou país diferente daquele onde os mesmos produtos são vendidos, não podendo, neste caso, suprimir a marca do produtor ou fabricante.

Art. 313.º (Nulidade)

Para além do que se dispõe no artigo 33.º, o registo de uma denominação de origem ou de uma indicação geográfica é nulo quando, na sua concessão, tenha sido infringido o previsto nas alíneas *b*), *d*) e *f*) do artigo 308.º

Art. 314.º (Anulabilidade)

1. Para além do que se dispõe no artigo 34.º, o registo de uma denominação de origem ou de uma indicação geográfica é anulável quando, na sua concessão, tenha sido infringido o previsto nas alíneas *a*), *c*), *e*) e *g*) do artigo 308.º

2. As acções de anulação devem ser propostas no prazo de 10 anos a contar da data do despacho de concessão do registo, sem prejuízo do que se dispõe no número seguinte.

3. O direito de pedir a anulação dos registos obtidos de má fé não prescreve.

Art. 315.º (Caducidade)

1. O registo caduca, a requerimento de qualquer interessado, quando a denominação de origem, ou a indicação geográfica, se transformar, segundo os usos leais, antigos e constantes da actividade económica, em simples designação genérica de um sistema de fabrico ou de um tipo determinado de produtos.

2. Exceptuam-se do disposto no número anterior os produtos vinícolas, as águas mineromedicinais e os demais produtos cuja denominação geográfica de origem seja objecto de legislação especial de protecção e fiscalização no respectivo país.

TÍTULO III. INFRACÇÕES

CAPÍTULO I. Disposições gerais

Art. 316.º (Garantias da propriedade industrial)

A propriedade industrial tem as garantias estabelecidas por lei para a propriedade em geral e é especialmente protegida, nos termos do presente Código e demais legislação e convenções em vigor.

[151] CPI Arts. 317.º-319.º   Tít. III. Infracções

Art. 317.º (Concorrência desleal)
1. Constitui concorrência desleal todo o acto de concorrência contrário às normas e usos honestos de qualquer ramo de actividade económica, nomeadamente:

a) Os actos susceptíveis de criar confusão com a empresa, o estabelecimento, os produtos ou os serviços dos concorrentes, qualquer que seja o meio empregue;

b) As falsas afirmações feitas no exercício de uma actividade económica, com o fim de desacreditar os concorrentes;

c) As invocações ou referências não autorizadas feitas com o fim de beneficiar do crédito ou da reputação de um nome, estabelecimento ou marca alheios;

d) As falsas indicações de crédito ou reputação próprios, respeitantes ao capital ou situação financeira da empresa ou estabelecimento, à natureza ou âmbito das suas actividades e negócios e à qualidade ou quantidade da clientela;

e) As falsas descrições ou indicações sobre a natureza, qualidade ou utilidade dos produtos ou serviços, bem como as falsas indicações de proveniência, de localidade, região ou território, de fábrica, oficina, propriedade ou estabelecimento, seja qual for o modo adoptado;

f) A supressão, ocultação ou alteração, por parte do vendedor ou de qualquer intermediário, da denominação de origem ou indicação geográfica dos produtos ou da marca registada do produtor ou fabricante em produtos destinados à venda e que não tenham sofrido modificação no seu acondicionamento.

2. São aplicáveis, com as necessárias adaptações, as medidas previstas no artigo 338.º-I.

Nota. Redacção introduzida pelo art. 5.º da L n.º 16/2008, de 1 de Abril.

Art. 318.º (Protecção de informações não divulgadas)
Nos termos do artigo anterior, constitui acto ilícito, nomeadamente, a divulgação, a aquisição ou a utilização de segredos de negócios de um concorrente, sem o consentimento do mesmo, desde que essas informações:

a) Sejam secretas, no sentido de não serem geralmente conhecidas ou facilmente acessíveis, na sua globalidade ou na configuração e ligação exactas dos seus elementos constitutivos, para pessoas dos círculos que lidam normalmente com o tipo de informações em questão;

b) Tenham valor comercial pelo facto de serem secretas;

c) Tenham sido objecto de diligências consideráveis, atendendo às circunstâncias, por parte da pessoa que detém legalmente o controlo das informações, no sentido de as manter secretas.

Art. 319.º (Intervenção aduaneira)
1. As alfândegas que procedam a intervenções aduaneiras retêm ou suspendem o desalfandegamento das mercadorias em que se manifestem indícios de uma infracção prevista neste Código, independentemente da situação aduaneira em que se encontrem.

2. A intervenção referida no número anterior é realizada a pedido de quem nela tiver interesse ou por iniciativa das próprias autoridades aduaneiras.

3. As autoridades aduaneiras devem notificar imediatamente os interessados da retenção ou da suspensão da autorização de saída das mercadorias.

1472

Cap. II. Ilícitos criminais e contra-ordenacionais **Arts. 320.°-323.° CPI [151]**

4. A intervenção aduaneira caduca se, no prazo de 10 dias úteis a contar da data da recepção da respectiva notificação ao titular do direito, não for iniciado o competente processo judicial com o pedido de apreensão das mercadorias.

5. O prazo previsto no número anterior pode ser prorrogado, por igual período, em casos devidamente justificados.

Nota. Redacção introduzida pelo art. 11.° do DL n.° 360/2007, de 2 de Novembro, que também alterou a epígrafe do preceito, e pelo art. 1.° do DL n.° 143/2008, de 25 de Julho.

CAPÍTULO II. Ilícitos criminais e contra-ordenacionais

SECÇÃO I. **Disposição geral**

Art. 320.° (Direito subsidiário)

Aplicam-se subsidiariamente as normas do Decreto-Lei n.° 28/84, de 20 de Janeiro, designadamente no que respeita à responsabilidade criminal e contra--ordenacional das pessoas colectivas e à responsabilidade por actuação em nome de outrem, sempre que o contrário não resulte das disposições deste Código.

SECÇÃO II. **Ilícitos criminais**

Art. 321.° (Violação do exclusivo da patente, do modelo de utilidade ou da topografia de produtos semicondutores)

É punido com pena de prisão até 3 anos ou com pena de multa até 360 dias quem, sem consentimento do titular do direito:

a) Fabricar os artefactos ou produtos que forem objecto da patente, do modelo de utilidade ou da topografia de produtos semicondutores;

b) Empregar ou aplicar os meios ou processos que forem objecto da patente, do modelo de utilidade ou da topografia de produtos semicondutores;

c) Importar ou distribuir produtos obtidos por qualquer dos referidos modos.

Art. 322.° (Violação dos direitos exclusivos relativos a desenhos ou modelos)

É punido com pena de prisão até 3 anos ou com pena de multa até 360 dias quem, sem consentimento do titular do direito:

a) Reproduzir ou imitar, totalmente ou em alguma das suas partes características, um desenho ou modelo registado;

b) Explorar um desenho ou modelo registado, mas pertencente a outrem;

c) Importar ou distribuir desenhos ou modelos obtidos por qualquer dos modos referidos nas alíneas anteriores.

Art. 323.° (Contrafacção, imitação e uso ilegal de marca)

É punido com pena de prisão até três anos ou com pena de multa até 360 dias quem, sem consentimento do titular do direito:

a) Contrafizer, total ou parcialmente, ou, por qualquer meio, reproduzir uma marca registada;

1473

[151] CPI Arts. 324.°-326.° Tít. III. Infracções

b) Imitar, no todo ou em alguma das suas partes características, uma marca registada;

c) Usar as marcas contrafeitas ou imitadas;

d) Usar, contrafizer ou imitar marcas notórias cujos registos já tenham sido requeridos em Portugal;

e) Usar, ainda que em produtos ou serviços sem identidade ou afinidade, marcas que constituam tradução ou sejam iguais ou semelhantes a marcas anteriores cujo registo tenha sido requerido e que gozem de prestígio em Portugal, ou na Comunidade Europeia se forem comunitárias, sempre que o uso da marca posterior procure, sem justo motivo, tirar partido indevido do carácter distintivo ou do prestígio das anteriores ou possa prejudicá-las;

f) Usar, nos seus produtos, serviços, estabelecimento ou empresa, uma marca registada pertencente a outrem.

Art. 324.° (Venda, circulação ou ocultação de produtos ou artigos)

É punido com pena de prisão até 1 ano ou com pena de multa até 120 dias quem vender, puser em circulação ou ocultar produtos contrafeitos, por qualquer dos modos e nas condições referidas nos artigos 321.° a 323.°, com conhecimento dessa situação.

Art. 325.° (Violação e uso ilegal de denominação de origem ou de indicação geográfica)

É punido com pena de prisão até 3 anos ou com pena de multa até 360 dias quem:

a) Reproduzir ou imitar, total ou parcialmente, uma denominação de origem ou uma indicação geográfica registada;

b) Não tendo direito ao uso de uma denominação de origem, ou de uma indicação geográfica, utilizar nos seus produtos sinais que constituam reprodução, imitação ou tradução das mesmas, mesmo que seja indicada a verdadeira origem dos produtos ou que a denominação ou indicação seja acompanhada de expressões como «Género», «Tipo», «Qualidade», «Maneira», «Imitação», «Rival de», «Superior a» ou outras semelhantes.

Art. 326.° (Patentes, modelos de utilidade e registos de desenhos ou modelos obtidos de má fé)

1. É punido com pena de prisão até 1 ano ou com pena de multa até 120 dias quem, de má fé, conseguir que lhe seja concedida patente, modelo de utilidade ou registo de desenho ou modelo que legitimamente lhe não pertença, nos termos dos artigos 58.°, 59.°, 121.°, 122.°, 156.°, 157.°, 181.° e 182.°

2. Na decisão condenatória, o tribunal anula, oficiosamente, a patente, o modelo de utilidade ou o registo ou, a pedido do interessado, transmiti-los-á a favor do inventor ou do criador.

3. O pedido de transmissão da patente, do modelo de utilidade ou do registo, referido no número anterior, pode ser intentado judicialmente, independentemente do procedimento criminal a que este crime dê origem.

1474

Cap. II. Ilícitos criminais e contra-ordenacionais   Arts. 327.º-332.º CPI **[151]**

Art. 327.º (Registo obtido ou mantido com abuso de direito)

É punido com pena de prisão até 3 anos ou com pena de multa até 360 dias quem requerer, obtiver ou mantiver em vigor, em seu nome ou no de terceiro, registo de marca, de nome, de insígnia ou de logótipo que constitua reprodução ou imitação de marca ou nome comercial pertencentes a nacional de qualquer país da União, independentemente de, no nosso país, gozar da prioridade estabelecida no artigo 12.º, com a finalidade comprovada de constranger essa pessoa a uma disposição patrimonial que acarrete para ela um prejuízo ou para dela obter uma ilegítima vantagem económica.

Art. 328.º (Registo de acto inexistente ou realizado com ocultação da verdade)

É punido com pena de prisão até 3 anos ou com pena de multa até 360 dias quem, independentemente da violação de direitos de terceiros, fizer registar um acto juridicamente inexistente ou com manifesta ocultação da verdade.

Art. 329.º (Queixa)

O procedimento por crimes previstos neste Código depende de queixa.

Art. 330.º (Destinos dos objectos apreendidos)

1. São declarados perdidos a favor do Estado os objectos em que se manifeste um crime previsto neste Código, bem como os materiais ou instrumentos que tenham sido predominantemente utilizados para a prática desse crime, excepto se o titular do direito ofendido der o seu consentimento expresso para que tais objectos voltem a ser introduzidos nos circuitos comerciais ou para que lhes seja dada outra finalidade.

2. Os objectos declarados perdidos a que se refere o número anterior são total ou parcialmente destruídos sempre que, nomeadamente, não seja possível eliminar a parte dos mesmos ou o sinal distintivo nele aposto que constitua violação do direito.

SECÇÃO III. **Ilícitos contra-ordenacionais**

Art. 331.º (Concorrência desleal)

É punido com coima de € 3 000 a € 30 000, caso se trate de pessoa colectiva, e de € 750 a € 7 500, caso se trate de pessoa singular, quem praticar qualquer dos actos de concorrência desleal definidos nos artigos 317.º e 318.º

Art. 332.º (Invocação ou uso ilegal de recompensa)

É punido com coima de € 3 000 a € 30 000, caso se trate de pessoa colectiva, e de € 750 a € 7 500, caso se trate de pessoa singular, quem, sem consentimento do titular do direito:

a) Invocar ou fizer menção de uma recompensa registada em nome de outrem;

b) Usar ou, falsamente, se intitular possuidor de uma recompensa que não lhe foi concedida ou que nunca existiu;

[151] CPI Arts. 333.º-337.º

Tít. III. Infracções

c) Usar desenhos ou quaisquer indicações que constituam imitação de recompensas a que não tiver direito na correspondência ou publicidade, nas tabuletas, fachadas ou vitrinas do estabelecimento ou por qualquer outro modo.

Art. 333.º (Violação de direitos de nome e de insígnia)

É punido com coima de € 3 000 a € 30 000, caso se trate de pessoa colectiva, e de € 750 a € 7 500, caso se trate de pessoa singular, quem, sem consentimento do titular do direito, usar no seu estabelecimento, em anúncios, correspondência, produtos ou serviços ou por qualquer outra forma, nome ou insígnia que constitua reprodução, ou que seja imitação, de nome ou de insígnia já registados por outrem.

Art. 334.º (Violação do exclusivo do logótipo)

É punido com coima de € 3 000 a € 30 000, caso se trate de pessoa colectiva, e de € 750 a € 3 740, caso se trate de pessoa singular, quem, sem consentimento do titular do direito, usar no seu estabelecimento ou na sua entidade, em anúncios, correspondência, produtos, serviços ou por qualquer outra forma, sinal que constitua reprodução ou que seja imitação de logótipo já registado por outrem.

Nota. Redacção introduzida pelo art. 1.º do DL n.º 143/2008, de 25 de Julho.

Art. 335.º (Actos preparatórios)

É punido com coima de € 3 000 a € 30 000, caso se trate de pessoa colectiva, e de € 750 a € 7 500, caso se trate de pessoa singular, quem, sem consentimento do titular do direito e com intenção de preparar a execução dos actos referidos nos artigos 321.º a 327.º deste Código, fabricar, importar, adquirir ou guardar para si, ou para outrem sinais constitutivos de marcas, nomes, insígnias, logótipos, denominações de origem ou indicações geográficas registados.

Art. 336.º (Uso de marcas ilícitas)

1. É punido com coima de € 3 000 a € 30 000, caso se trate de pessoa colectiva, e de € 750 a € 3 740, caso se trate de pessoa singular, quem usar, como sinais distintivos não registados, qualquer dos sinais indicados nas alíneas *a*) e *b*) do n.º 4 e no n.º 6 do artigo 238.º, bem como na alínea *d*) do n.º 1 do artigo 239.º

2. Os produtos ou artigos com as marcas proibidas nos termos do número anterior podem ser apreendidos e declarados perdidos a favor do Estado, a requerimento do Ministério Público.

Nota. Redacção introduzida pelo art. 1.º do DL n.º 143/2008, de 25 de Julho.

Art. 337.º (Uso indevido de nome, de insígnia ou de logótipo)

É punido com coima de € 3 000 a € 30 000, caso se trate de pessoa colectiva, e de € 750 a € 3 740, caso se trate de pessoa singular, quem, ilegitimamente, usar no nome ou na insígnia do seu estabelecimento, ou no logótipo, registado ou não, a firma ou a denominação social que não pertença ao requerente, ou apenas parte característica das mesmas, se for susceptível de induzir o consumidor

Cap. III. Processo   **Arts. 338.°-338.°-B CPI [151]**

em erro ou confusão, salvo se se provar o consentimento ou a legitimidade do seu uso.

Nota. Redacção introduzida pelo art. 1.° do DL n.° 143/2008, de 25 de Julho.

Art. 338.° (Invocação ou uso indevido de direitos privativos)

É punido com coima de € 3 000 a € 30 000, caso se trate de pessoa colectiva, e de € 750 a € 7 500, caso se trate de pessoa singular, quem:

a) Se apresentar como titular de um direito de propriedade industrial previsto neste diploma sem que o mesmo lhe pertença ou quando tenha sido declarado nulo ou caduco;

b) Usar ou aplicar, indevidamente, as indicações de patente, de modelo de utilidade ou de registo autorizadas apenas aos titulares dos respectivos direitos;

c) (...).

Notas. 1. Redacção introduzida pelo art. 1.° do DL n.° 143/2008, de 25 de Julho.

2. A alínea *c)* foi revogada pelo art. 14.° do DL n.° 143/2008, de 25 de Julho.

CAPÍTULO III. Processo

SECÇÃO I. **Medidas e procedimentos que visam garantir o respeito pelos direitos de propriedade industrial** [1]

SUBSECÇÃO I. **Disposições gerais** [2]

Art. 338.°-A (Escala comercial)

1. Para os efeitos do disposto no n.° 2 do artigo 338.°-C, na alínea *a)* do n.° 2 do artigo 338.°-H e no n.° 1 do artigo 338.°-J, entende-se por actos praticados à escala comercial todos aqueles que violem direitos de propriedade industrial e que tenham por finalidade uma vantagem económica ou comercial, directa ou indirecta.

2. Da definição prevista no número anterior excluem-se os actos praticados por consumidores finais agindo de boa-fé.

Nota. Aditado pelo art. 6.° da L n.° 16/2008, de 1 de Abril.

Art. 338.°-B (Legitimidade)

As medidas e os procedimentos cautelares previstos na presente secção podem ser requeridos por todas as pessoas com interesse directo no seu decretamento, nomeadamente pelos titulares dos direitos de propriedade industrial e, também, salvo estipulação em contrário, pelos titulares de licenças, nos termos previstos nos respectivos contratos.

Nota. Aditado pelo art. 6.° da L n.° 16/2008, de 1 de Abril.

---

[1] Alterada pelo art. 7.° da L n.° 16/2008, de 1 de Abril.

[2] Introduzida pelo art. 7.° da L n.° 16/2008, de 1 de Abril.

1477

[151] CPI Arts. 338.°-C-338.°-E   Tít. III.   Infracções

SUBSECÇÃO II.   **Provas**[1]

Art. 338.°-C (Medidas para obtenção da prova)

1. Sempre que elementos de prova estejam na posse, na dependência ou sob o controlo da parte contrária ou de terceiro, pode o interessado requerer ao tribunal que os mesmos sejam apresentados, desde que para fundamentar a sua pretensão apresente indícios suficientes de violação de direitos de propriedade industrial.

2. Quando estejam em causa actos praticados à escala comercial, pode ainda o requerente solicitar ao tribunal a apresentação de documentos bancários, financeiros, contabilísticos ou comerciais que se encontrem na posse, dependência ou sob controlo da parte contrária ou de terceiro.

3. Em cumprimento do previsto nos números anteriores, o tribunal, assegurando a protecção de informações confidenciais, notifica a parte requerida para, dentro do prazo designado, apresentar os elementos de prova que estejam na sua posse, promovendo as acções necessárias em caso de incumprimento.

Nota. Aditado pelo art. 6.° da L n.° 16/2008, de 1 de Abril.

Art. 338.°-D (Medidas de preservação da prova)

1. Sempre que haja violação ou fundado receio de que outrem cause lesão grave e dificilmente reparável do direito de propriedade industrial, pode o interessado requerer medidas provisórias urgentes e eficazes que se destinem a preservar provas da alegada violação.

2. As medidas de preservação da prova podem incluir a descrição pormenorizada, com ou sem recolha de amostras, ou a apreensão efectiva dos bens que se suspeite violarem direitos de propriedade industrial e, sempre que adequado, dos materiais e instrumentos utilizados na produção ou distribuição desses bens, assim como dos documentos a eles referentes.

Nota. Aditado pelo art. 6.° da L n.° 16/2008, de 1 de Abril.

Art. 338.°-E (Tramitação e contraditório)

1. Sempre que um eventual atraso na aplicação das medidas possa causar danos irreparáveis ao requerente, ou sempre que exista um risco sério de destruição ou ocultação da prova, as medidas previstas no artigo anterior podem ser aplicadas sem audiência prévia da parte requerida.

2. Quando as medidas de preservação da prova sejam aplicadas sem audiência prévia da parte requerida, esta é imediatamente notificada.

3. Na sequência da notificação prevista no número anterior, pode a parte requerida pedir, no prazo de 10 dias, a revisão das medidas aplicadas, produzindo prova e alegando factos não tidos em conta pelo tribunal.

4. Ouvida a parte requerida, o tribunal pode determinar a alteração, a revogação ou a confirmação das medidas aplicadas.

Nota. Aditado pelo art. 6.° da L n.° 16/2008, de 1 de Abril.

---

[1] Introduzida pelo art. 7.° da L n.° 16/2008, de 1 de Abril.

1478

Cap. III. Processo **Arts. 338.°-F-338.°-H CPI [151]**

Art. 338.°-F (Causas de extinção e caducidade)

Às medidas de obtenção e de preservação da prova são aplicáveis as causas de extinção e de caducidade previstas no artigo 389.° do Código de Processo Civil, salvo quando elas se configurem como medidas preliminares de interposição de providências cautelares nos termos do artigo 338.°-I.

Nota. Aditado pelo art. 6.° da L n.° 16/2008, de 1 de Abril.

Art. 338.°-G (Responsabilidade do requerente)

1. A aplicação das medidas de preservação de prova pode ficar dependente da constituição, pelo requerente, de uma caução ou outra garantia destinada a assegurar a indemnização prevista no n.° 3.

2. Na fixação do valor da caução deve ser tida em consideração, entre outros factores relevantes, a capacidade económica do requerente.

3. Sempre que a medida de preservação da prova aplicada for considerada injustificada ou deixe de produzir efeitos por facto imputável ao requerente, bem como nos casos em que se verifique não ter havido violação ou ser infundado o receio de que outrem cause lesão grave e dificilmente reparável de um direito de propriedade industrial, pode o tribunal ordenar ao requerente, a pedido da parte requerida, o pagamento de uma indemnização adequada a reparar qualquer dano causado pela aplicação das medidas.

Nota. Aditado pelo art. 6.° da L n.° 16/2008, de 1 de Abril.

SUBSECÇÃO III. **Informações** [1]

Art. 338.°-H (Obrigação de prestar informações)

1. O interessado pode requerer a prestação de informações detalhadas sobre a origem e as redes de distribuição dos bens ou serviços que se suspeite violarem direitos de propriedade industrial, designadamente:

   a) Os nomes e os endereços dos produtores, fabricantes, distribuidores, fornecedores e outros possuidores anteriores dos bens ou serviços, bem como dos grossistas e dos retalhistas destinatários;

   b) Informações sobre as quantidades produzidas, fabricadas, entregues, recebidas ou encomendadas, bem como sobre o preço obtido pelos bens ou serviços.

2. A prestação das informações previstas neste artigo pode ser ordenada ao alegado infractor ou a qualquer outra pessoa que:

   a) Tenha sido encontrada na posse dos bens ou a utilizar ou prestar os serviços, à escala comercial, que se suspeite violarem direitos de propriedade industrial;

   b) Tenha sido indicada por pessoa referida na alínea anterior, como tendo participado na produção, fabrico ou distribuição dos bens ou na prestação dos serviços que se suspeite violarem direitos de propriedade industrial.

---

[1] Introduzida pelo art. 7.° da L n.° 16/2008, de 1 de Abril.

[151] CPI Art. 338.°-I

Tít. III. Infracções

3. O previsto no presente artigo não prejudica a aplicação de outras disposições legislativas ou regulamentares que, designadamente:

a) Confiram ao interessado o direito a uma informação mais extensa;

b) Regulem a sua utilização em processos de natureza cível ou penal;

c) Regulem a responsabilidade por abuso do direito à informação;

d) Confiram o direito de não prestar declarações que possam obrigar qualquer das pessoas referidas no n.° 2 a admitir a sua própria participação ou de familiares próximos;

e) Confiram o direito de invocar sigilo profissional, a protecção da confidencialidade das fontes de informação ou o regime legal de protecção dos dados pessoais.

Nota. Aditado pelo art. 6.° da L n.° 16/2008, de 1 de Abril.

SUBSECÇÃO IV. **Procedimentos cautelares** [1]

Art. 338.°-I (Providências cautelares)

1. Sempre que haja violação ou fundado receio de que outrem cause lesão grave e dificilmente reparável do direito de propriedade industrial, pode o tribunal, a pedido do interessado, decretar as providências adequadas a:

a) Inibir qualquer violação iminente; ou

b) Proibir a continuação da violação.

2. O tribunal exige que o requerente forneça os elementos de prova para demonstrar que é titular do direito de propriedade industrial, ou que está autorizado a utilizá-lo, e que se verifica ou está iminente uma violação.

3. As providências previstas no n.° 1 podem também ser decretadas contra qualquer intermediário cujos serviços estejam a ser utilizados por terceiros para violar direitos de propriedade industrial.

4. Pode o tribunal, oficiosamente ou a pedido do requerente, decretar uma sanção pecuniária compulsória com vista a assegurar a execução das providências previstas no n.° 1.

5. Ao presente artigo é aplicável o disposto nos artigos 338.°-E a 338.°-G.

6. A pedido da parte requerida, as providências decretadas a que se refere o n.° 1 podem ser substituídas por caução, sempre que esta, ouvido o requerente, se mostre adequada a assegurar a indemnização do titular.

7. Na determinação das providências previstas neste artigo, deve o tribunal atender à natureza dos direitos de propriedade industrial, salvaguardando, nomeadamente, a possibilidade de o titular continuar a explorar, sem qualquer restrição, os seus direitos.

Nota. Aditado pelo art. 6.° da L n.° 16/2008, de 1 de Abril.

---

[1] Introduzida pelo art. 7.° da L n.° 16/2008, de 1 de Abril.

1480

Cap. III. Processo

Arts. 338.°-J-338.°-L CPI [151]

Art. 338.°-J (Arresto)

1. Em caso de infracção à escala comercial, actual ou iminente, e sempre que o interessado prove a existência de circunstâncias susceptíveis de comprometer a cobrança da indemnização por perdas e danos, pode o tribunal ordenar a apreensão preventiva dos bens móveis e imóveis do alegado infractor, incluindo os saldos das suas contas bancárias, podendo o juiz ordenar a comunicação ou o acesso aos dados e informações bancárias, financeiras ou comerciais respeitantes ao infractor.

2. Sempre que haja violação de direitos de propriedade industrial, pode o tribunal, a pedido do interessado, ordenar a apreensão dos bens que se suspeite violarem esses direitos ou dos instrumentos que apenas possam servir para a prática do ilícito.

3. Para efeitos do disposto nos números anteriores, o tribunal exige que o requerente forneça todos os elementos de prova razoavelmente disponíveis para demonstrar que é titular do direito de propriedade industrial, ou que está autorizado a utilizá-lo, e que se verifica ou está iminente uma violação.

4. Ao presente artigo é aplicável o disposto nos artigos 338.°-E a 338.°-G.

Nota. Aditado pelo art. 6.° da L n.° 16/2008, de 1 de Abril.

SUBSECÇÃO V.   Indemnização [1]

Art. 338.°-L (Indemnização por perdas e danos)

1. Quem, com dolo ou mera culpa, viole ilicitamente o direito de propriedade industrial de outrem, fica obrigado a indemnizar a parte lesada pelos danos resultantes da violação.

2. Na determinação do montante da indemnização por perdas e danos, o tribunal deve atender nomeadamente ao lucro obtido pelo infractor e aos danos emergentes e lucros cessantes sofridos pela parte lesada e deverá ter em consideração os encargos suportados com a protecção, investigação e a cessação da conduta lesiva do seu direito.

3. Para o cálculo da indemnização devida à parte lesada, deve atender-se à importância da receita resultante da conduta ilícita do infractor.

4. O tribunal deve atender ainda aos danos não patrimoniais causados pela conduta do infractor.

5. Na impossibilidade de se fixar, nos termos dos números anteriores, o montante do prejuízo efectivamente sofrido pela parte lesada, e desde que esta não se oponha, pode o tribunal, em alternativa, estabelecer uma quantia fixa com recurso à equidade, que tenha por base, no mínimo, as remunerações que teriam sido auferidas pela parte lesada caso o infractor tivesse solicitado autorização para utilizar os direitos de propriedade industrial em questão e os encargos suportados com a protecção do direito de propriedade industrial, bem como com a investigação e cessação da conduta lesiva do seu direito.

---

[1] Introduzida pelo art. 7.° da L n.° 16/2008, de 1 de Abril.

[151] CPI Arts. 338.°-M-338.°-N

Tít. III.   Infracções

6. Quando, em relação à parte lesada, a conduta do infractor constitua prática reiterada ou se revele especialmente gravosa, pode o tribunal determinar a indemnização que lhe é devida com recurso à cumulação de todos ou de alguns dos aspectos previstos nos n.ᵒˢ 2 a 5.

7. Em qualquer caso, o tribunal deve fixar uma quantia razoável destinada a cobrir os custos, devidamente comprovados, suportados pela parte lesada com a investigação e a cessação da conduta lesiva do seu direito.

Nota. Aditado pelo art. 6.° da L n.° 16/2008, de 1 de Abril.

SUBSECÇÃO VI.   **Medidas decorrentes da decisão de mérito** [1]

Art. 338.°-M (Sanções acessórias)

1. Sem prejuízo da fixação de uma indemnização por perdas e danos, a decisão judicial de mérito deve, a pedido do lesado e a expensas do infractor, determinar medidas relativas ao destino dos bens em que se tenha verificado violação dos direitos de propriedade industrial.

2. As medidas previstas no número anterior devem ser adequadas, necessárias e proporcionais à gravidade da violação, podendo incluir a destruição, a retirada ou a exclusão definitiva dos circuitos comerciais, sem atribuição de qualquer compensação ao infractor.

3. Na aplicação destas medidas, o tribunal deve ter em consideração os legítimos interesses de terceiros, em particular dos consumidores.

4. Os instrumentos utilizados no fabrico dos bens em que se manifeste violação dos direitos de propriedade industrial devem ser, igualmente, objecto das sanções acessórias previstas neste artigo.

Nota. Aditado pelo art. 6.° da L n.° 16/2008, de 1 de Abril.

Art. 338.°-N (Medidas inibitórias)

1. A decisão judicial de mérito pode igualmente impor ao infractor uma medida destinada a inibir a continuação da infracção verificada.

2. As medidas previstas no número anterior podem compreender:
   a) A interdição temporária do exercício de certas actividades ou profissões;
   b) A privação do direito de participar em feiras ou mercados;
   c) O encerramento temporário ou definitivo do estabelecimento.

3. O disposto neste artigo é aplicável a qualquer intermediário cujos serviços estejam a ser utilizados por terceiros para violar direitos de propriedade industrial.

4. Nas decisões de condenação à cessação de uma actividade ilícita, o tribunal pode prever uma sanção pecuniária compulsória destinada a assegurar a respectiva execução.

Nota. Aditado pelo art. 6.° da L n.° 16/2008, de 1 de Abril.

---

[1] Introduzida pelo art. 7.° da L n.° 16/2008, de 1 de Abril.

Cap. III.   Processo   **Arts. 338.°-O-342.° CPI [151]**

SUBSECÇÃO VII.   **Medidas de publicidade**[1]

Art. 338.°-O (Publicação das decisões judiciais)

1. A pedido do lesado e a expensas do infractor, pode o tribunal ordenar a publicitação da decisão final.

2. A publicitação prevista no número anterior pode ser feita através da publicação no *Boletim da Propriedade Industrial* ou através da divulgação em qualquer meio de comunicação que se considere adequado.

3. A publicitação é feita por extracto, do qual constem elementos da sentença e da condenação, bem como a identificação dos agentes.

Nota. Aditado pelo art. 6.° da L n.° 16/2008, de 1 de Abril.

SUBSECÇÃO VIII.   **Disposições subsidiárias**[2]

Art. 338.°-P (Direito subsidiário)

Em tudo o que não estiver especialmente regulado na presente secção, são subsidiariamente aplicáveis outras medidas e procedimentos previstos na lei, nomeadamente no Código de Processo Civil.

Nota. Aditado pelo art. 6.° da L n.° 16/2008, de 1 de Abril.

Art. 339.° (Providências cautelares não especificadas)

Nota. Revogado pelo art. 8.° da L n.° 16/2008, de 1 de Abril.

Art. 340.° (Arresto)

Nota. Revogado pelo art. 8.° da L n.° 16/2008, de 1 de Abril.

SECÇÃO II.   **Processo penal e contra-ordenacional**

Art. 341.° (Assistentes)

Além das pessoas a quem a lei processual penal confere o direito de se constituírem assistentes, têm legitimidade para intervir, nessa qualidade, nos processos crime previstos neste Código as associações empresariais legalmente constituídas.

Art. 342.° (Fiscalização e apreensão)

1. Antes da abertura do inquérito e sem prejuízo do que se dispõe no artigo 329.°, os órgãos de polícia criminal realizam, oficiosamente, diligências de fiscalização e preventivas.

---

[1] Introduzida pelo art. 7.° da L n.° 16/2008, de 1 de Abril.
[2] Introduzida pelo art. 7.° da L n.° 16/2008, de 1 de Abril.

[151] CPI Arts. 343.°-347.°   Tít. IV. Taxas

2. São sempre apreendidos os objectos em que se manifeste um crime previsto neste Código, bem como os materiais ou instrumentos que tenham sido predominantemente utilizados para a prática desse crime.

3. Independentemente de queixa, apresentada pelo ofendido, a autoridade judiciária ordena a realização de exame pericial aos objectos apreendidos, referidos no número anterior, sempre que tal se mostre necessário para determinar se são ou não fabricados ou comercializados pelo titular do direito ou por alguém com sua autorização.

Art. 343.° (Instrução dos processos por contra-ordenação)
A instrução dos processos por contra-ordenação, prevista neste Código, cabe no âmbito de competência da Autoridade de Segurança Alimentar e Económica.

Nota. Redacção introduzida pelo art. 1.° do DL n.° 143/2008, de 25 de Julho.

Art. 344.° (Julgamento e aplicação das sanções)
Compete ao conselho directivo do Instituto Nacional da Propriedade Industrial decidir e aplicar as coimas e as sanções acessórias previstas neste Código.

Nota. Redacção introduzida pelo art. 1.° do DL n.° 143/2008, de 25 de Julho.

Art. 345.° (Destino do montante das coimas)
O produto resultante da aplicação de coimas tem a seguinte distribuição:
a) 60% para o Estado;
b) 20% para a Autoridade de Segurança Alimentar e Económica;
c) 20% para o Instituto Nacional da Propriedade Industrial.

Nota. Redacção introduzida pelo art. 1.° do DL n.° 143/2008, de 25 de Julho.

TÍTULO IV. TAXAS

Art. 346.° (Fixação das taxas)
Pelos diversos actos previstos neste Código são devidas taxas, a fixar por portaria conjunta do membro do Governo responsável pela área das finanças e do membro do Governo de que dependa o Instituto Nacional da Propriedade Industrial, sob proposta deste Instituto.

Notas. 1. Redacção introduzida pelo art. 1.° do DL n.° 143/2008, de 25 de Julho.

2. Cf. a Portaria n.° 1098/2008, de 30 de Setembro

Art. 347.° (Formas de pagamento)
1. Todas as importâncias que constituam receitas próprias do Instituto Nacional da Propriedade Industrial são pagas em numerário, cheque ou vale de correio, com os requerimentos em que se solicita os actos tabelados e, depois de conferidas,

1484

Tít. IV.   Taxas   Arts. 348.°-349.° CPI **[151]**

são processadas nos termos das regras de contabilidade pública aplicáveis ao Instituto Nacional da Propriedade Industrial.

2. O Instituto Nacional da Propriedade Industrial pode prever outras formas de pagamento, sem prejuízo do que se dispõe no número anterior.

Art. 348.° (Contagem de taxas periódicas)

1. As anuidades relativas a patentes, a modelos de utilidade, a registos de topografias de produtos semicondutores e os quinquénios relativos aos registos de desenhos ou modelos contam-se a partir das datas dos respectivos pedidos.

2. As anuidades relativas a certificados complementares de protecção contam-se a partir do dia seguinte ao termo da validade da respectiva patente.

3. As taxas periódicas relativas a todos os outros registos contam-se a partir da data da respectiva concessão.

4. Sempre que, devido a decisão judicial ou arbitral ou a aplicação de disposições transitórias, a data de início de validade das patentes, dos modelos de utilidade ou dos registos não coincidir com a data referida nos números anteriores, a contagem das respectivas anuidades ou taxas periódicas faz-se a partir daquela data.

Nota. Redacção introduzida pelo art. 1.° do DL n.° 143/2008, de 25 de Julho.

Art. 349.° (Prazos de pagamento)

1. Apenas são exigíveis as anuidades correspondentes ao 3.° ano de vigência e seguintes relativos a patentes, a modelos de utilidade e a topografias de produtos semicondutores, bem como o 2.° quinquénio e seguintes relativos a desenhos ou modelos.

2. As anuidades e os quinquénios são pagos nos seis meses que antecipam os respectivos vencimentos, mesmo que os direitos ainda não tenham sido concedidos.

3. Sem prejuízo do disposto no número anterior e no n.° 1 do artigo seguinte, o primeiro pagamento das anuidades relativas aos direitos das vias europeia e internacional, requeridos para serem válidos em Portugal, e aos pedidos de patentes e modelos de utilidade resultantes da transformação prevista nos artigos 86.° e 87.°, pode ser efectuado num prazo que não deve exceder três meses após a data do primeiro aniversário que se seguir à data da validação ou da transformação.

4. O primeiro pagamento de anuidades de certificados complementares de protecção efectua-se nos últimos seis meses de validade da respectiva patente, não havendo lugar a esse pagamento quando o período de validade do certificado for inferior a seis meses, sendo as anuidades subsequentes pagas nos últimos seis meses que antecedem o respectivo vencimento.

5. As taxas relativas à concessão de registos são pagas após a data da concessão e até ao prazo máximo de seis meses a contar da data da publicação dessa concessão no *Boletim da Propriedade Industrial*.

6. Os pagamentos subsequentes de taxas periódicas, relativas a todos os outros registos, efectuam-se nos últimos seis meses de validade do respectivo direito.

1485

[151] CPI Arts. 350.º-353.º

Tít. IV.   Taxas

7. As taxas referidas nos números anteriores podem, ainda, ser pagas com sobretaxa, no prazo de seis meses a contar do termo da sua validade, sob pena de caducidade.

8. O termo dos prazos de pagamento previstos nos números anteriores e no artigo seguinte é recordado aos titulares dos direitos, a título meramente informativo.

9. A falta do aviso referido no número anterior não constitui justificação para o não pagamento de taxas nas datas previstas.

Nota. Redacção introduzida pelo art. 1.º do DL n.º 143/2008, de 25 de Julho.

Art. 350.º (Revalidação)

1. Pode ser requerida a revalidação de qualquer título de patente, de modelo de utilidade ou de registo que tenha caducado por falta de pagamento de taxas dentro do prazo de um ano a contar da data de publicação do aviso de caducidade no *Boletim da Propriedade Industrial*.

2. A revalidação a que se refere o número anterior só pode ser autorizada com o pagamento do triplo das taxas em dívida e sem prejuízo de direitos de terceiros.

Art. 351.º (Redução)

1. Os requerentes de patentes, de modelos de utilidade e de registos de topografias de produtos semicondutores e de desenhos ou modelos que façam prova de que não auferem rendimentos que lhes permitam custear as despesas relativas aos pedidos e manutenção desses direitos são isentos do pagamento de 80% de todas as taxas, até à 7.ª anuidade e até ao 2.º quinquénio, se assim o requererem antes da apresentação do respectivo pedido.

2. Compete ao conselho directivo do Instituto Nacional da Propriedade Industrial a apreciação da prova mencionada no número anterior e a decisão do requerimento, por despacho.

Nota. Redacção introduzida pelo art. 1.º do DL n.º 143/2008, de 25 de Julho.

Art. 352.º (Restituição)

1. Oficiosamente ou a requerimento do interessado, são restituídas as taxas sempre que se reconhecer terem sido pagas indevidamente.

2. As quantias depositadas para custeio de despesas de vistorias que não tenham sido autorizadas, ou de que se desistiu oportunamente, são restituídas a requerimento de quem as depositou.

Nota. Redacção introduzida pelo art. 1.º do DL n.º 143/2008, de 25 de Julho.

Art. 353.º (Suspensão do pagamento)

1. Enquanto pender acção em juízo ou em tribunal arbitral sobre algum direito de propriedade industrial, ou não for levantado o arresto ou a penhora que sobre o mesmo possa recair, bem como qualquer outra apreensão efectuada nos termos legais, não é declarada a caducidade da respectiva patente, do modelo de utilidade ou do registo por falta de pagamento de taxas periódicas que se forem vencendo.

1486

Tít. V. Boletim da Propriedade Industrial   **Arts. 354.º-356.º CPI** **[151]**

2. Transitada em julgado qualquer das decisões referidas no número anterior, do facto se publica aviso no *Boletim da Propriedade Industrial*.

3. Todas as taxas em dívida devem ser pagas, sem qualquer sobretaxa, no prazo de um ano a contar da data de publicação do aviso a que se refere o número anterior no *Boletim da Propriedade Industrial*.

4. Decorrido o prazo previsto no número anterior sem que tenham sido pagas as taxas em dívida, é declarada a caducidade do respectivo direito de propriedade industrial.

5. O tribunal comunica oficiosamente ao Instituto Nacional da Propriedade Industrial a pendência da acção.

6. Finda a acção, ou levantado o arresto, a penhora ou qualquer outra apreensão efectuada nos termos legais, o tribunal deve comunicá-lo oficiosamente ao Instituto Nacional da Propriedade Industrial.

Nota. Redacção introduzida pelo art. 1.º do DL n.º 143/2008, de 25 de Julho.

Art. 354.º (Direitos pertencentes ao Estado)
Os direitos de propriedade industrial pertencentes ao Estado estão sujeitos às formalidades e encargos relativos ao pedido, à concessão e suas renovações e revalidações quando explorados ou usados por empresas de qualquer natureza.

TÍTULO V. **BOLETIM DA PROPRIEDADE INDUSTRIAL**

Art. 355.º (Boletim da Propriedade Industrial)
O *Boletim da Propriedade Industrial* é publicado pelo Instituto Nacional da Propriedade Industrial.

Nota. Redacção introduzida pelo art. 13.º do DL n.º 318/2007, de 26 de Setembro **[152]**.

Art. 356.º (Conteúdo)
1. São publicados no *Boletim da Propriedade Industrial*:
a) Os avisos de pedidos de patentes, de modelos de utilidade e de registo;
b) As alterações ao pedido inicial;
c) Os avisos de caducidade;
d) As concessões e as recusas;
e) As revalidações;
f) (…);
g) As declarações de renúncia e as desistências;
h) As transmissões e as concessões de licenças de exploração;
i) As decisões finais de processos judiciais sobre propriedade industrial;
j) Outros factos ou decisões que modifiquem ou extingam direitos privativos, bem como todos os actos e assuntos que devam ser levados ao conhecimento do público;

1487

[151] CPI Arts. 357.º-358.º   Tít. V.   Boletim da Propriedade Industrial

l) A constituição de direitos de garantia ou de usufruto, bem como a penhora, o arresto e outras apreensões de bens efectuados nos termos legais;

m) A menção do restabelecimento de direitos.

2. (…).

Notas. 1. Redacção introduzida pelo art. 1.º do DL n.º 143/2008, de 25 de Julho.

2. A alínea *f*) do n.º 1 e o n.º 2 foram revogados pelo art. 14.º do DL n.º 143/2008, de 25 de Julho.

Art. 357.º (Índice)

Nota. Revogado pelo art. 20.º, alínea *a*), do DL n.º 318/2007, de 26 de Setembro **[152]**.

Art. 358.º (Distribuição)

Nota. Revogado pelo art. 20.º, alínea *a*), do DL n.º 318/2007, de 26 de Setembro **[152]**.

REGIME ESPECIAL DE AQUISIÇÃO IMEDIATA DE MARCA REGISTADA
("Marca na Hora")

[152] DECRETO-LEI N.° 318/2007
de 26 de Setembro

Nos termos da alínea *a*) do n.° 1 do artigo 198.° da Constituição, o Governo decreta o seguinte:

CAPÍTULO I. **Regime especial de aquisição imediata e de aquisição *online* de marca registada**

Art. 1.° (Objecto)

É criado um regime especial de aquisição imediata de marca registada.

Art. 2.° (Pressuposto)

É pressuposto da aplicação do presente regime a opção por marca previamente criada e registada a favor do Estado.

Art. 3.° (Competência)

Compete às conservatórias e a outros serviços previstos em despacho do membro do Governo responsável pela área da justiça a disponibilização do serviço de aquisição imediata de marca registada.

Art. 4.° (Prazo de tramitação e balcão único)

Os serviços referidos no artigo anterior iniciam e concluem a tramitação do procedimento no mesmo dia, em atendimento presencial único.

Art. 5.° (Sequência do procedimento)

1. Os interessados na aquisição imediata de marca registada apresentam o pedido junto do serviço competente, manifestando a sua opção por uma das marcas previamente criadas e registadas a favor do Estado.

2. O serviço competente procede, de imediato, aos seguintes actos, pela ordem indicada:

a) Cobrança das taxas que se mostrem devidas;

b) Afectação, por via informática, da marca escolhida a favor do interessado;

[152] DL 318/2007 Arts. 6.°-10.°

Reg. esp. de aquisição imediata de marca registada

c) Entrega ao interessado, a título gratuito, de documento comprovativo da aquisição de marca registada, de modelo aprovado pelo Instituto Nacional da Propriedade Industrial, I. P. (INPI, I. P.), e de recibo comprovativo do pagamento das taxas devidas;

d) Comunicação ao INPI, I. P., por meios informáticos, da transmissão da marca registada, para que se proceda à sua inscrição oficiosa no processo de registo, e ao Registo Nacional de Pessoas Colectivas (RNPC) para efeitos de dispensa da prova prevista no n.° 6 do artigo 33.° do regime do RNPC.

Art. 6.° (Transmissão de marca registada e título de concessão)

A transmissão de marca registada ao abrigo do presente regime determina:

a) A dispensa do documento escrito e assinado pelas partes previsto no n.° 6 do artigo 31.° do Código da Propriedade Industrial;

b) A não emissão do título de concessão previsto no artigo 27.° do mesmo diploma.

Art. 7.° (Taxas)

1. Pelo procedimento de aquisição imediata de marca registada são devidas as taxas previstas em portaria do membro do Governo responsável pela área da justiça.

2. O Estado goza de isenção no pagamento das taxas devidas pela prática de actos junto do INPI, I. P., ao abrigo do presente regime.

Nota. Cf. a Portaria n.° 1359/2007, de 15 de Outubro.

Art. 8.° (Bolsas de marcas)

1. A bolsa de firmas reservadas e de marcas registadas a favor do Estado referida no n.° 2 do artigo 15.° do Decreto-Lei n.° 111/2005, de 8 de Julho, pode ser utilizada para a afectação de marcas ao abrigo do presente regime.

2. Para os mesmos efeitos e mediante protocolo a celebrar entre o Instituto dos Registos e do Notariado, I. P. (IRN, I. P.) e o INPI, I. P., pode ser criada uma bolsa exclusiva de marcas registadas a favor do Estado.

3. As marcas constantes das bolsas referidas nos números anteriores são registadas a favor do Estado, representado pelo RNPC, para os produtos e serviços definidos por despacho conjunto dos presidentes do IRN, I. P., e do INPI, I. P.

Art. 9.° (Declaração de intenção de uso)

Os titulares das marcas transmitidas através do presente regime estão dispensados da apresentação da primeira declaração de intenção de uso, prevista no n.° 1 do artigo 256.° do Código da Propriedade Industrial.

Art. 10.° (Aquisição *online* de marca registada)

A aquisição de marca registada prevista nos artigos anteriores pode ainda ser efectuada por via electrónica, em sítio na Internet de acesso público, regulado por portaria do membro do Governo responsável pela área da justiça.

Nota. Cf. a Portaria n.° 1359/2007, de 15 de Outubro.

1490

Cap. II. Alterações legislativas   **Arts. 11.º-20.º DL 318/2007 [152]**

CAPÍTULO II. Alterações legislativas

Art. 11.º (Alteração ao Decreto-Lei n.º 145/85, de 8 de Maio)

Nota. Alteração da redacção do art. 3.º do DL n.º 145/85, de 8 de Maio.

Art. 12.º (Alteração ao Código do Registo Comercial)

Nota. As alterações foram introduzidas no lugar próprio.

Art. 13.º (Alteração ao Código da Propriedade Industrial)

Nota. As alterações foram introduzidas no lugar próprio.

Art. 14.º (Alteração ao Decreto-Lei n.º 111/2005, de 8 de Julho)

Nota. As alterações foram introduzidas no lugar próprio.

Art. 15.º (Aditamento ao Decreto-Lei n.º 111/2005, de 8 de Julho)

Nota. O preceito foi introduzido no lugar próprio.

Art. 16.º (Alteração ao Decreto-Lei n.º 125/2006, de 29 de Junho)

Nota. As alterações foram introduzidas no lugar próprio.

Art. 17.º (Aditamento ao Decreto-Lei n.º 125/2006, de 29 de Junho)

Nota. O preceito foi introduzido no lugar próprio.

Art. 18.º (Alteração ao regime jurídico dos procedimentos administrativos de dissolução e de liquidação de entidades comerciais aprovado pelo Decreto-Lei n.º 76-A/2006, de 29 de Março)

Nota. As alterações foram introduzidas no lugar próprio.

Art. 19.º (Aditamento ao regime jurídico dos procedimentos administrativos de dissolução e de liquidação de entidades comerciais aprovado pelo Decreto-Lei n.º 76-A/2006, de 29 de Março)

Nota. O preceito foi introduzido no lugar próprio.

Art. 20.º (Norma revogatória)

São revogados:

a) Os artigos 357.º e 358.º do Código da Propriedade Industrial, aprovado pelo Decreto-Lei n.º 36/2003, de 5 de Março;

b) A alínea *c)* do n.º 1 do artigo 14.º do Decreto-Lei n.º 111/2005, de 8 de Julho;

c) O n.º 6 do artigo 8.º do regime jurídico dos procedimentos administrativos de dissolução e de liquidação de entidades comerciais aprovado pelo Decreto-Lei n.º 76-A/2006, de 29 de Março;

d) O n.º 2 do artigo 14.º do Decreto-Lei n.º 125/2006, de 29 de Junho.

[152] DL 318/2007 Art. 21.º   Reg. esp. de aquisição imediata de marca registada

CAPÍTULO III.   **Disposições finais e transitórias**

Art. 21.º (Entrada em vigor e produção de efeitos)
1. O presente decreto-lei entra em vigor no dia seguinte ao da sua publicação.
2. O disposto no n.º 6 do artigo 42.º do Código do Registo Comercial, alterado pelo presente decreto-lei, aplica-se ao registo da prestação de contas de exercícios económicos que se tenham iniciado em 2007, bem como aos subsequentes.
3. O disposto na alínea *d*) do n.º 1 do artigo 13.º do Decreto-Lei n.º 111/ /2005, de 8 de Julho, alterada pelo presente decreto-lei, na parte relativa à comunicação oficiosa ao RNPC para efeitos de dispensa da prova prevista no n.º 6 do artigo 33.º do regime do RNPC, aplica-se às sociedades constituídas com aquisição de marca registada desde 14 de Julho de 2006.
4. O disposto no artigo 15.º-A do Decreto-Lei n.º 111/2005, de 8 de Julho, aditado pelo presente decreto-lei, aplica-se a todos os registos de marca que tenham sido transmitidos ao abrigo do regime previsto nesse decreto-lei desde 14 de Julho de 2006.

PRIMEIRA DIRECTIVA SOBRE MARCAS

[153] DIRECTIVA 2008/95/CE DO PARLAMENTO EUROPEU E DO CONSELHO
de 22 de Outubro de 2008

que aproxima as legislações dos Estados-Membros em matéria de marcas
(Versão codificada)
(Texto relevante para efeitos do EEE)

O PARLAMENTO EUROPEU E O CONSELHO DA UNIÃO EUROPEIA,

Tendo em conta o Tratado que institui a Comunidade Europeia, nomeadamente o artigo 95.º,

Tendo em conta a proposta da Comissão,

Tendo em conta o parecer do Comité Económico e Social Europeu([1]),

Deliberando nos termos do artigo 251.º do Tratado([2]),

Considerando o seguinte:

(1) A Directiva 89/104/CEE do Conselho, de 21 de Dezembro de 1988, que harmoniza as legislações dos Estados-Membros em matéria de marcas([3]) foi alterada quanto à substância([4]). Por razões de clareza e racionalidade, deverá proceder-se à codificação da referida directiva.

(2) As legislações que eram aplicadas nos Estados-Membros em matéria de marcas, antes da entrada em vigor da Directiva 89/104/CEE, comportavam disparidades susceptíveis de entravar a livre circulação dos produtos e a livre prestação de serviços e de distorcer as condições de concorrência no mercado comum. Importava, pois, aproximar estas legislações para assegurar o bom funcionamento do mercado interno.

(3) Importa não desconhecer as soluções e vantagens que o regime da marca comunitária pode oferecer às empresas que pretendam adquirir marcas.

(4) Não se afigura necessário proceder a uma aproximação total das legislações dos Estados-Membros em matéria de marcas. Basta limitar a aproximação às disposições nacionais que tenham uma incidência mais directa sobre o funcionamento do mercado interno.

(5) A presente directiva não deverá retirar aos Estados-Membros a faculdade de continuar a proteger as marcas adquiridas pelo uso, mas deverá regular apenas a sua relação com as marcas adquiridas pelo registo.

(6) Os Estados-Membros deverão continuar igualmente a ter toda a liberdade para fixar as disposições processuais relativas ao registo, à caducidade ou à declaração de nulidade das marcas adquiridas por registo. Cabe aos Estados-Membros, por exemplo, determinar a forma dos processos de registo e de declaração de nulidade, decidir se os direitos anteriores devem ser invocados no processo de registo ou no processo de declaração de nulidade, ou em ambos os casos, ou ainda, no caso de os direitos anteriores poderem ser invocados no processo de registo, prever um processo de oposição, ou uma análise

---

([1]) JO C 161 de 13.7.2007, p. 44.

([2]) Parecer do Parlamento Europeu de 19 de Junho de 2007 (JO C 146 E de 12.6.2008, p. 76) e Decisão do Conselho de 25 de Setembro de 2008.

([3]) JO L 40 de 11.2.1989, p. 1.

([4]) Ver parte A do anexo I.

1493

[153] Directiva 2008/95/CE Preâmbulo

Primeira Directiva sobre marcas

oficiosa, ou ambos. Os Estados-Membros deverão manter a faculdade de determinar os efeitos da caducidade ou da nulidade das marcas.

(7) A presente directiva não deverá excluir a aplicação às marcas de disposições do direito dos Estados-Membros que não estejam abrangidas pelo direito de marcas, tais como disposições relativas à concorrência desleal, à responsabilidade civil ou à defesa dos consumidores.

(8) A realização dos objectivos prosseguidos pela aproximação pressupõe que a aquisição e a conservação do direito sobre a marca registada sejam, em princípio, subordinadas às mesmas condições em todos os Estados-Membros. Para o efeito, convém elaborar uma lista ilustrativa dos sinais susceptíveis de constituir uma marca desde que sejam adequados a distinguir os produtos ou serviços de uma empresa dos de outras empresas. Os motivos de recusa ou de nulidade relativos à própria marca, por exemplo, a ausência de carácter distintivo, ou relativos aos conflitos entre a marca e os direitos anteriores, deverão ser enumerados de modo exaustivo, mesmo que alguns desses motivos sejam enumerados a título facultativo para os Estados-Membros, que podem assim mantê-los ou introduzi-los na sua legislação. Os Estados-Membros deverão poder manter ou introduzir nas respectivas legislações motivos de recusa ou de nulidade relacionados com condições de aquisição ou de conservação do direito sobre a marca, para as quais não existe qualquer disposição de aproximação, referentes, por exemplo, à qualidade de titular da marca, à renovação da marca, ao regime de taxas, ou à não observância das normas processuais.

(9) A fim de reduzir o número total de marcas registadas e protegidas na Comunidade e, por conseguinte, o número de conflitos que surgem entre elas, importa exigir que as marcas registadas sejam efectivamente usadas sob pena de caducidade. É necessário prever que a nulidade de uma marca não possa ser declarada em virtude da existência de uma marca anterior não usada, deixando simultaneamente aos Estados-Membros a faculdade de aplicar o mesmo princípio no que diz respeito ao registo de uma marca ou de prever que uma marca não possa ser validamente invocada num processo de contrafacção se se verificar, na sequência de uma excepção, que o registo da marca poderia ficar sujeito a caducidade. Em todos estes casos cabe aos Estados-Membros fixar as normas processuais aplicáveis.

(10) É fundamental, para facilitar a livre circulação de produtos e serviços, providenciar para que as marcas registadas passem a usufruir da mesma protecção de acordo com a legislação de todos os Estados-Membros. Tal não priva os Estados-Membros da faculdade de conceder uma protecção mais ampla às marcas que gozem de prestígio.

(11) A protecção conferida pela marca registada, cujo objectivo consiste nomeadamente em garantir a função de origem da marca, deverá ser absoluta em caso de identidade entre a marca e o sinal e entre os produtos ou serviços. A protecção deverá ser igualmente válida em caso de semelhança entre a marca e o sinal e entre os produtos ou serviços. É indispensável interpretar a noção de semelhança em relação com o risco de confusão. O risco de confusão, cuja avaliação depende de numerosos factores e nomeadamente do conhecimento da marca no mercado, da associação que pode ser feita com o sinal utilizado ou registado, do grau de semelhança entre a marca e o sinal e entre os produtos ou serviços designados, deverá constituir a condição específica da protecção. Deverá ser do domínio das regras nacionais de processo que a presente directiva não deverá prejudicar a questão dos meios pelos quais o risco de confusão pode ser constatado, em especial o ónus da prova.

(12) Importa, por razões de segurança jurídica e sem prejudicar de forma discriminatória os interesses do titular de uma marca anterior, estipular que este último deixe de poder requerer a declaração de nulidade ou opor-se ao uso de uma marca posterior à sua, de que tiver conscientemente tolerado o uso durante um longo período, salvo se o registo da marca posterior tiver sido pedido com má-fé.

(13) Todos os Estados-Membros estão vinculados pela Convenção de Paris para a Protecção da Propriedade Industrial. É necessário que as disposições da presente directiva estejam em harmonia completa com as da referida convenção. As obrigações dos Estados-Membros decorrentes dessa convenção não deverão ser afectadas pela presente directiva. Se necessário, deverá ser aplicável o segundo parágrafo do artigo 307.° do Tratado.

(14) A presente directiva não deverá prejudicar as obrigações dos Estados-Membros relativas ao prazo de transposição para o direito nacional da Directiva 89/104/CEE indicado na parte B do anexo I,

1494

Primeira Directiva sobre marcas   **Arts. 1.º-3.º   Directiva 2008/95/CE [153]**

APROVARAM A PRESENTE DIRECTIVA:

Art. 1.º (Âmbito)

A presente directiva é aplicável a todas as marcas de produtos ou de serviços que tenham sido objecto de registo ou de pedido de registo, como marca individual, marca colectiva ou marca de garantia ou de certificação, num Estado-Membro ou no Instituto Benelux da Propriedade Intelectual, ou que tenham sido objecto de um registo internacional com efeitos num Estado-Membro.

Art. 2.º (Sinais susceptíveis de constituir uma marca)

Podem constituir marcas todos os sinais susceptíveis de representação gráfica, nomeadamente as palavras, incluindo os nomes de pessoas, desenhos, letras, números, a forma do produto ou da respectiva embalagem, na condição de que tais sinais sejam adequados a distinguir os produtos ou serviços de uma empresa dos de outras empresas.

Art. 3.º (Motivos de recusa ou de nulidade)

1. Será recusado o registo ou ficarão sujeitos a declaração de nulidade, uma vez efectuados, os registos relativos:

a) A sinais que não possam constituir uma marca;

b) A marcas desprovidas de carácter distintivo;

c) A marcas constituídas exclusivamente por sinais ou indicações que possam servir, no comércio, para designar a espécie, a qualidade, a quantidade, o destino, o valor, a proveniência geográfica ou a época de produção do produto ou da prestação do serviço, ou outras características dos mesmos;

d) A marcas constituídas exclusivamente por sinais ou indicações que se tenham tornado usuais na linguagem corrente ou nos hábitos leais e constantes do comércio;

e) A sinais constituídos exclusivamente:

i) pela forma imposta pela própria natureza do produto, ou

ii) pela forma do produto necessária à obtenção de um resultado técnico, ou

iii) pela forma que confira um valor substancial ao produto;

f) A marcas contrárias à ordem pública ou aos bons costumes;

g) A marcas que sejam susceptíveis de enganar o público, por exemplo no que respeita à natureza, à qualidade ou à proveniência geográfica do produto ou do serviço;

h) A marcas que, não tendo sido autorizadas pelas autoridades competentes, sejam de recusar ou invalidar por força do artigo 6.º-B da Convenção de Paris para a Protecção da Propriedade Industrial, adiante designada «Convenção de Paris».

2. Qualquer Estado-Membro pode prever que seja recusado o registo de uma marca ou que o seu registo, uma vez efectuado, fique sujeito a ser declarado nulo quando e na medida em que:

a) O uso dessa marca possa ser proibido por força de legislação que não seja a legislação em matéria de direito de marcas do Estado-Membro interessado ou da Comunidade;

1495

[153] Directiva 2008/95/CE Art. 4.° Primeira Directiva sobre marcas

b) Da marca faça parte um sinal de elevado valor simbólico e, nomeadamente, um símbolo religioso;

c) A marca inclua emblemas, distintivos e escudos diferentes dos referidos no artigo 6.°-B da Convenção de Paris e que apresentem interesse público, salvo se o seu registo tiver sido autorizado em conformidade com a legislação do Estado--Membro pela autoridade competente;

d) O requerente tenha apresentado de má-fé o pedido de registo da marca.

3. Não será recusado o registo de uma marca ou este não será declarado nulo nos termos das alíneas *b*), *c*) ou *d*) do n.° 1 se, antes da data do pedido de registo e após o uso que dele foi feito, a marca adquiriu um carácter distintivo. Os Estados--Membros podem prever, por outro lado, que o disposto no primeiro período se aplicará também no caso em que o carácter distintivo tiver sido adquirido após o pedido de registo ou o registo.

4. Um Estado-Membro pode prever que, não obstante o disposto nos n.ᵒˢ 1, 2 e 3, os motivos de recusa de registo ou de nulidade aplicáveis no Estado-Membro em causa antes da data de entrada em vigor das disposições necessárias para dar cumprimento à Directiva 89/104/CEE se apliquem às marcas para as quais tenha sido apresentado pedido de registo antes dessa data.

Art. 4.° (Outros motivos de recusa ou de nulidade relativos a conflitos com direitos anteriores)

1. O pedido de registo de uma marca será recusado ou, tendo sido efectuado, o registo de uma marca ficará passível de ser declarado nulo:

a) Se a marca for idêntica a uma marca anterior e se os produtos ou serviços para os quais o registo da marca for pedido ou a marca tiver sido registada forem idênticos aos produtos ou serviços para os quais a marca anterior está protegida;

b) Se, devido à sua identidade ou semelhança com a marca anterior, e devido à identidade ou semelhança dos produtos ou serviços a que as duas marcas se destinam, existir um risco de confusão, no espírito do público; o risco de confusão compreende o risco de associação com a marca anterior.

2. Na acepção do n.° 1, entende-se por «marcas anteriores»:

a) As marcas cuja data de pedido de registo seja anterior à do pedido de registo da marca, tendo em conta, se for o caso, o direito de prioridade invocado em apoio dessas marcas, e que pertençam às seguintes categorias:

    i) marcas comunitárias,

    ii) marcas registadas no Estado-Membro ou, no que se refere à Bélgica, aos Países Baixos e ao Luxemburgo, no Instituto Benelux da Propriedade Intelectual,

    iii) marcas que tenham sido objecto de um registo internacional com efeitos no Estado-Membro;

b) As marcas comunitárias para as quais seja validamente invocada a antiguidade, nos termos do Regulamento (CE) n.° 40/94 do Conselho, de 20 de Dezembro de 1993, sobre a marca comunitária([1]), em relação a uma marca referida nos

---

([1]) JO L 11 de 14.1.1994, p. 1.

Primeira Directiva sobre marcas — **Art. 4.º Directiva 2008/95/CE [153]**

parágrafos *ii*) e *iii*) da alínea *a*), mesmo que esta última tenha sido objecto de renúncia ou se tenha extinguido;

c) Os pedidos de marcas referidas nas alíneas *a*) e *b*), sob reserva do respectivo registo;

d) As marcas que, à data da apresentação do pedido de registo ou, eventualmente, à data da prioridade invocada em apoio do pedido de registo, sejam notoriamente conhecidas no Estado-Membro em causa na acepção em que a expressão «notoriamente conhecida» é empregue no artigo 6.º-B da Convenção de Paris.

3. O pedido de registo de uma marca será igualmente recusado ou, tendo sido efectivado, o registo de uma marca ficará passível de ser declarado nulo se a marca for idêntica ou semelhante a uma marca comunitária anterior na acepção do n.º 2 e se se destinar a ser registada, ou tiver sido registada, para produtos ou serviços que não sejam semelhantes àqueles para os quais a marca comunitária anterior foi registada, sempre que a marca comunitária anterior goze de prestígio na Comunidade e sempre que o uso da marca posterior procure, sem justo motivo, tirar partido indevido do carácter distintivo ou do prestígio da marca comunitária anterior ou possa prejudicá-los.

4. Os Estados-Membros podem ainda prever que o pedido de registo de uma marca seja recusado ou, tendo sido efectuado, que o registo de uma marca fique passível de ser declarado nulo sempre que e na medida em que:

a) A marca seja idêntica ou semelhante a uma marca nacional anterior na acepção do n.º 2 e se destine a ser ou tiver sido registada para produtos ou serviços que não sejam semelhantes àqueles para os quais a marca anterior foi registada, sempre que a marca comunitária anterior goze de prestígio no Estado-Membro em questão e sempre que o uso da marca posterior procure, sem justo motivo, tirar partido indevido do carácter distintivo ou do prestígio da marca comunitária anterior ou possa prejudicá-los;

b) O direito a uma marca não registada ou a um outro sinal usado na vida comercial tenha sido adquirido antes da data de apresentação do pedido de registo da marca posterior, ou, se for caso disso, antes da data da prioridade invocada em apoio do pedido de registo da marca posterior, e essa marca não registada ou esse outro sinal confira ao seu titular o direito de proibir a utilização de uma marca posterior;

c) A utilização da marca possa ser proibida por força de um direito anterior diferente dos direitos mencionados no n.º 2 e na alínea *b*) do presente número e, nomeadamente, por força de:

    i) um direito ao nome,

    ii) um direito à imagem,

    iii) um direito de autor,

    iv) um direito de propriedade industrial;

d) A marca seja idêntica ou semelhante a uma marca colectiva anterior que tenha conferido um direito que haja expirado dentro de um prazo máximo de três anos antes da apresentação do pedido;

e) A marca seja idêntica ou semelhante a uma marca de garantia ou de certificação anterior que tenha conferido um direito que haja cessado dentro de um prazo anterior à apresentação do pedido de registo e cuja duração é fixada pelo Estado-Membro;

1497

[153] Directiva 2008/95/CE Art. 5.°   Primeira Directiva sobre marcas

f) A marca seja idêntica ou semelhante a uma marca anterior registada para produtos ou serviços idênticos ou semelhantes que tenha conferido um direito que haja cessado por não renovação dentro de um prazo máximo de dois anos anterior à apresentação do pedido de registo, excepto se o titular da marca anterior tiver dado o seu acordo para o registo da marca posterior ou não tiver usado a sua marca;

g) A marca seja susceptível de confusão com uma marca utilizada num país estrangeiro no momento em que foi apresentado o pedido e que continue a ser utilizada nesse país, desde que o pedido tenha sido feito de má-fé pelo requerente.

5. Os Estados-Membros podem permitir que, em circunstâncias adequadas, o pedido de registo de uma marca não tenha de ser recusado ou o registo de uma marca não tenha de ser declarado nulo uma vez que o titular da marca anterior ou do direito anterior consinta no registo da marca posterior.

6. Um Estado-Membro pode prever que, não obstante o disposto nos n.ºs 1 a 5, os motivos de recusa ou de nulidade aplicáveis no Estado-Membro em causa antes da data de entrada em vigor das disposições necessárias para dar cumprimento à Directiva 89/104/CEE se apliquem às marcas para as quais tenha sido apresentado pedido de registo antes dessa data.

Art. 5.° (Direitos conferidos pela marca)

1. A marca registada confere ao seu titular um direito exclusivo. O titular fica habilitado a proibir que um terceiro, sem o seu consentimento, faça uso na vida comercial:

a) De qualquer sinal idêntico à marca para produtos ou serviços idênticos àqueles para os quais a marca foi registada;

b) De um sinal relativamente ao qual, devido à sua identidade ou semelhança com a marca e devido à identidade ou semelhança dos produtos ou serviços a que a marca e o sinal se destinam, exista um risco de confusão, no espírito do público; o risco de confusão compreende o risco de associação entre o sinal e a marca.

2. Qualquer Estado-Membro poderá também estipular que o titular fique habilitado a proibir que terceiros façam uso, na vida comercial, sem o seu consentimento, de qualquer sinal idêntico ou semelhante à marca para produtos ou serviços que não sejam semelhantes àqueles para os quais a marca foi registada, sempre que esta goze de prestígio no Estado-Membro e que o uso desse sinal, sem justo motivo, tire partido indevido do carácter distintivo ou do prestígio da marca ou os prejudique.

3. Pode nomeadamente ser proibido, caso se encontrem preenchidas as condições enumeradas nos n.ºs 1 e 2:

a) Apor o sinal nos produtos ou na respectiva embalagem;

b) Oferecer os produtos para venda ou colocá-los no mercado ou armazená-los para esse fim, ou oferecer ou fornecer serviços sob o sinal;

c) Importar ou exportar produtos com esse sinal;

d) Utilizar o sinal nos documentos comerciais e na publicidade.

4. Antes da entrada em vigor das disposições necessárias para dar cumprimento à Directiva 89/104/CEE num Estado-Membro, nos casos em que o direito desse Estado-Membro não previa a proibição do uso de um sinal nas condições pre-

Primeira Directiva sobre marcas **Arts. 6.º-8.º Directiva 2008/95/CE** **[153]**

vistas na alínea *b*) do n.º 1 ou no n.º 2, os direitos conferidos pela marca não podem ser invocados para impedir a continuação do uso desse sinal.

5. Os n.ᵒˢ 1 a 4 não afectam as disposições aplicáveis num Estado-Membro relativas à protecção contra o uso de um sinal feito para fins diversos dos que consistem em distinguir os produtos ou serviços, desde que a utilização desse sinal, sem justo motivo, tire partido indevido do carácter distintivo ou do prestígio da marca ou os prejudique.

Art. 6.º (Limitação dos efeitos da marca)

1. O direito conferido pela marca não permite ao seu titular proibir a terceiros o uso, na vida comercial:

a) Dos seus próprios nome e endereço;

b) De indicações relativas à espécie, à qualidade, à quantidade, ao destino, ao valor, à proveniência geográfica, à época de produção do produto ou da prestação do serviço ou a outras características dos produtos ou serviços;

c) Da marca, sempre que tal seja necessário para indicar o destino de um produto ou serviço, nomeadamente sob a forma de acessórios ou peças sobressalentes, desde que esse uso seja feito em conformidade com práticas honestas em matéria industrial ou comercial.

2. O direito conferido pela marca não permite ao seu titular proibir a terceiros o uso, na vida comercial, de um direito anterior de alcance local, se tal direito for reconhecido pelas leis do Estado-Membro em questão, e dentro dos limites do território em que é reconhecido.

Art. 7.º (Esgotamento dos direitos conferidos pela marca)

1. O direito conferido pela marca não permite ao seu titular proibir o uso desta para produtos comercializados na Comunidade sob essa marca pelo titular ou com o seu consentimento.

2. O n.º 1 não é aplicável sempre que existam motivos legítimos que justifiquem que o titular se oponha à comercialização posterior dos produtos, nomeadamente sempre que o estado desses produtos seja modificado ou alterado após a sua colocação no mercado.

Art. 8.º (Licenças)

1. Uma marca pode ser objecto de licenças para a totalidade ou parte dos produtos ou serviços para os quais tenha sido registada e para a totalidade ou parte do território de um Estado-Membro. As licenças podem ser exclusivas ou não exclusivas.

2. O titular de uma marca pode invocar os direitos conferidos por essa marca em oposição a um licenciado que infrinja uma das cláusulas do contrato de licença, em especial no que respeite:

a) Ao seu prazo de validade;

b) À forma abrangida pelo registo sob que a marca pode ser usada;

c) À natureza dos produtos ou serviços para os quais foi concedida a licença;

d) Ao território no qual a marca pode ser aposta; ou

e) À qualidade dos produtos fabricados ou dos serviços fornecidos pelo licenciado.

1499

[153] Directiva 2008/95/CE Arts. 9.º-11.º   Primeira Directiva sobre marcas

Art. 9.º (Preclusão por tolerância)

1. Quando, num Estado-Membro, o titular de uma marca anterior tal como referida no n.º 2 do artigo 4.º, embora tendo conhecimento do facto, tiver tolerado o uso, nesse Estado-Membro, de uma marca registada posterior por um período de cinco anos consecutivos, deixará de ter direito, com base nessa marca anterior, quer a requerer a declaração de nulidade do registo da marca posterior, quer a opor-se ao seu uso, em relação aos produtos ou serviços para os quais a marca posterior tenha sido usada, salvo se o registo da marca posterior tiver sido efectuado de má-fé.

2. Qualquer Estado-Membro pode prever que o n.º 1 se aplique ao titular de uma marca anterior prevista na alínea *a*) do n.º 4 do artigo 4.º, ou de um outro direito anterior previsto nas alíneas *b*) ou *c*) do n.º 4 daquele mesmo artigo 4.º

3. Nos casos previstos nos n.ᵒˢ 1 ou 2, o titular de uma marca registada posterior não terá o direito de se opor ao uso do direito anterior, mesmo se esse direito não possa já ser invocado contra a marca posterior.

Art. 10.º (Uso da marca)

1. Se, num prazo de cinco anos a contar da data do encerramento do processo de registo, a marca não tiver sido objecto de uso sério pelo seu titular, no Estado-Membro em questão, para os produtos ou serviços para que foi registada, ou se tal uso tiver sido suspenso durante um período ininterrupto de cinco anos, a marca fica sujeita às sanções previstas na presente directiva, salvo justo motivo para a falta de uso.

São igualmente considerados como uso para efeitos do primeiro parágrafo:

a) O uso da marca por modo que difira em elementos que não alterem o carácter distintivo da marca na forma sob a qual foi registada;

b) A aposição da marca em produtos ou na respectiva embalagem no Estado-Membro em questão apenas para efeitos de exportação.

2. O uso da marca com o consentimento do titular ou por qualquer pessoa habilitada a usar uma marca colectiva ou uma marca de garantia ou certificação será considerado feito pelo titular.

3. No que diz respeito às marcas registadas antes da data de entrada em vigor das disposições necessárias para dar cumprimento à Directiva 89/104/CEE no Estado-Membro em questão:

a) Quando uma disposição em vigor antes dessa data estabelecia sanções pelo não uso de uma marca durante um período ininterrupto, considera-se que o período de cinco anos referido no primeiro parágrafo do n.º 1 começou a decorrer ao mesmo tempo que qualquer período de não uso que já esteja a decorrer àquela data;

b) Quando, antes daquela data, não estava em vigor qualquer disposição sobre uso, considera-se que os períodos de cinco anos referidos no primeiro parágrafo do n.º 1 começam a decorrer a partir daquela data.

Art. 11.º (Sanções pelo não uso de uma marca em processos judiciais ou administrativos)

1. O registo de uma marca não pode ser declarado nulo em virtude da existência de uma marca anterior invocada em oposição e que não satisfaça as condições de uso exigidas nos n.ᵒˢ 1 e 2 ou, consoante for o caso, no n.º 3 do artigo 10.º

1500

Primeira Directiva sobre marcas   **Arts. 12.°-13.° Directiva 2008/95/CE [153]**

2. Um Estado-Membro pode prever que o registo de uma marca não possa ser recusado em virtude da existência de uma marca anterior invocada em oposição que não satisfaça as condições de uso exigidas nos n.ºs 1 e 2 ou, consoante for o caso, no n.° 3 do artigo 10.°

3. Sem prejuízo da aplicação do artigo 12.° em caso de pedido reconvencional que tenha por fundamento uma marca cujo registo seja passível de ser extinto, um Estado-Membro pode prever que uma marca não possa ser validamente invocada num processo de contrafacção se se verificar, na sequência de uma excepção, que o registo da marca poderia igualmente ser extinto por força do n.° 1 do artigo 12.°

4. Se a marca anterior apenas tiver sido utilizada para uma parte dos produtos ou serviços para os quais foi registada, considera-se que, para efeitos de aplicação dos números precedentes, está registada apenas para essa parte dos produtos ou serviços.

Art. 12.° (Causas de extinção)

1. O titular de uma marca pode ver extintos os seu direitos se, durante um período ininterrupto de cinco anos, a marca não tiver sido objecto de uma utilização séria no Estado-Membro em causa para os produtos ou serviços para que foi registada e se não existirem motivos justos para a sua não utilização.

Contudo, ninguém poderá requerer a extinção do registo de uma marca se, durante o intervalo entre o fim do período de cinco anos e a introdução do pedido de extinção, tiver sido iniciado ou reatado uma utilização séria da marca.

O início ou o reatamento da utilização nos três meses imediatamente anteriores à introdução do pedido de extinção, contados a partir do fim do período ininterrupto de cinco anos de não utilização, não serão tomados em consideração se as diligências para o início ou reatamento da utilização só ocorrerem depois de o titular tomar conhecimento de que pode vir a ser introduzido um pedido de extinção.

2. Sem prejuízo do disposto no n.° 1, o titular da marca pode ver extintos os seus direitos se, após a data em que o registo foi efectuado:

a) Como consequência da actividade ou inactividade do titular, a marca se tiver transformado na designação usual no comércio do produto ou serviço para que foi registada;

b) No seguimento da utilização feita pelo titular da marca ou com o seu consentimento para os produtos ou serviços para que foi registada, a marca for propícia a induzir o público em erro, nomeadamente acerca da natureza, da qualidade e da origem geográfica desses produtos ou serviços.

Art. 13.° (Motivos de recusa, extinção ou nulidade apenas para alguns produtos ou serviços)

Quando existam motivos para recusa do registo de uma marca ou para a sua extinção ou nulidade apenas no que respeita a alguns dos produtos ou serviços para que o registo da marca foi pedido ou efectuado, a recusa do registo, a sua extinção ou a nulidade abrangerão apenas esses produtos ou serviços.

1501

[153] Directiva 2008/95/CE Arts. 14.°-19.°   Primeira Directiva sobre marcas

Art. 14.° Verificação *a posteriori* da nulidade do registo de uma marca ou da sua extinção)

Quando a antiguidade de uma marca anterior, que tenha sido objecto de renúncia ou cujo registo tenha extinto, for invocada para uma marca comunitária, a nulidade do registo da marca anterior ou a sua extinção podem ser constatadas *a posteriori*.

Art. 15.° (Disposições especiais relativas a marcas colectivas, marcas de garantia e marcas de certificação)

1. Sem prejuízo do artigo 4.°, os Estados-Membros cuja legislação autorize o registo de marcas colectivas ou de marcas de garantia ou de certificação podem estipular que o registo dessas marcas seja recusado, seja considerado extinto ou seja declarado nulo, com base em motivos adicionais aos especificados nos artigos 3.° e 12.°, quando a função dessas marcas o exigir.

2. Em derrogação da alínea *c*) do n.° 1 do artigo 3.°, os Estados-Membros podem estipular que os sinais ou indicações utilizados no comércio para designar a origem geográfica dos produtos ou serviços possam constituir marcas colectivas ou marcas de garantia ou certificação. Uma marca deste género não confere ao titular o direito de proibir a um terceiro que use no comércio esses sinais ou indicações, desde que esse uso se faça em conformidade com práticas honestas em matéria industrial ou comercial; nomeadamente, uma marca deste género não pode ser oposta a um terceiro habilitado a usar uma denominação geográfica.

Art. 16.° (Comunicação)

Os Estados-Membros comunicarão à Comissão o texto das principais disposições de direito interno adoptadas no domínio regido pela presente directiva.

Art. 17.° (Revogação)

É revogada a Directiva 89/104/CEE, com a redacção que lhe foi dada pela decisão referida na parte A do anexo I, sem prejuízo das obrigações dos Estados--Membros no que respeita ao prazo de transposição para o direito nacional da referida directiva indicado na parte B do anexo I.

As remissões para a directiva revogada devem entender-se como sendo feitas para a presente directiva e devem ler-se nos termos do quadro de correspondência constante do anexo II.

Art. 18.° (Entrada em vigor)

A presente directiva entra em vigor no vigésimo dia seguinte ao da sua publicação no *Jornal Oficial da União Europeia*.

Art. 19.° (Destinatários)

Os Estados-Membros são os destinatários da presente directiva.

1502

Primeira Directiva sobre marcas · **Anexo II Directiva 2008/95/CE [153]**

ANEXO I

PARTE A

Directiva revogada com a sua alteração

(referidas no artigo 17.°)

Directiva 89/104/CEE do Conselho   (JO L 40 de 11.2.1989, p. 1).
Decisão 92/10/CEE do Conselho   (JO L 6 de 11.1.1992, p. 35).

PARTE B

Prazo de transposição para o direito nacional

(referido no artigo 17.°)

Directiva	Prazo de transposição
89/104/CEE	31 de Dezembro de 1992

ANEXO II

Quadro de correspondência

Directiva 89/104/CEE	Presente Directiva
Artigo 1.°	Artigo 1.°
Artigo 2.°	Artigo 2.°
Artigo 3.°, n.° 1, alíneas *a*) a *d*)	Artigo 3.°, n.° 1, alíneas *a*) a *d*)
Artigo 3.°, n.° 1, alínea *e*), frase introdutória	Artigo 3.°, n.° 1, alínea *e*), frase introdutória
Artigo 3.°, n.° 1, alínea *e*), primeiro travessão	Artigo 3.°, n.° 1, alínea *e*), subalínea *i*)
Artigo 3.°, n.° 1, alínea *e*), segundo travessão	Artigo 3.°, n.° 1, alínea *e*), subalínea *ii*)
Artigo 3.°, n.° 1, alínea *e*), terceiro travessão	Artigo 3.°, n.° 1, alínea *e*), subalínea *iii*)
Artigo 3.°, n.° 1, alíneas *f*), *g*) e *h*)	Artigo 3.°, n.° 1, alíneas *f*), *g*) e *h*)
Artigo 3.°, n.os 2, 3 e 4	Artigo 3.°, n.os 2, 3 e 4
Artigo 4.°	Artigo 4.°
Artigo 5.°	Artigo 5.°
Artigo 6.°	Artigo 6.°
Artigo 7.°	Artigo 7.°
Artigo 8.°	Artigo 8.°
Artigo 9.°	Artigo 9.°
Artigo 10.°, n.° 1	Artigo 10.°, n.° 1, primeiro parágrafo
Artigo 10.°, n.° 2	Artigo 10.°, n.° 1, segundo parágrafo
Artigo 10.°, n.° 3	Artigo 10.°, n.° 2
Artigo 10.°, n.° 4	Artigo 10.°, n.° 3
Artigo 11.°	Artigo 11.°
Artigo 12.°, n.° 1, primeira frase	Artigo 12.°, n.° 1, primeiro parágrafo
Artigo 12.°, n.° 1, segunda frase	Artigo 12.°, n.° 1, segundo parágrafo
Artigo 12.°, n.° 1, terceira frase	Artigo 12.°, n.° 1, terceiro parágrafo
Artigo 12.°, n.° 2	Artigo 12.°, n.° 2
Artigo 13.°	Artigo 13.°
Artigo 14.°	Artigo 14.°
Artigo 15.°	Artigo 15.°
Artigo 16.°, n.os 1 e 2	—
Artigo 16.°, n.° 3	Artigo 16.°
—	Artigo 17.°
—	Artigo 18.°
Artigo 17.°	Artigo 19.°
—	Anexo I
—	Anexo II

1503

[154] CONVENÇÃO DA UNIÃO DE PARIS
de 20 de Março de 1883

Convenção de Paris para a Protecção da Propriedade Industrial de 20 de Março de 1883, revista em Bruxelas a 14 de Dezembro de 1900, em Washington a 2 de Junho de 1911, em Haia a 6 de Novembro de 1925, em Londres a 2 de Junho de 1934, em Lisboa a 31 de Outubro de 1958 e em Estocolmo a 14 de Julho de 1967 *.

Art. 1.º – 1. Os países a que se aplica a presente Convenção constituem-se em União para a protecção da propriedade industrial.

2. A protecção da propriedade industrial tem por objecto as patentes de invenção, os modelos de utilidade, os desenhos ou modelos industriais, as marcas de fábrica ou de comércio, as marcas de serviço, o nome comercial e as indicações de proveniência ou denominações de origem, bem como a repressão da concorrência desleal.

3. A propriedade industrial entende-se na mais larga acepção e aplica-se não só à indústria e ao comércio propriamente ditos, mas também às indústrias agrícolas e extractivas e a todos os produtos fabricados ou naturais, por exemplo: vinhos, grãos, tabaco em folha, frutos, animais, minérios, águas minerais, cervejas, flores, farinhas.

4. Entre as patentes de invenção compreendem-se as diversas espécies de patentes industriais admitidas nas legislações dos países da União, tais como patentes de importação, patentes de aperfeiçoamento, patentes e certificados de adição, etc.

Art. 2.º – 1. Os nacionais de cada um dos países da União gozarão em todos os outros países da União, no que respeita à protecção da propriedade industrial, das vantagens que as leis respectivas concedem actualmente ou venham a conceder no futuro aos nacionais, sem prejuízo dos direitos especialmente previstos na presente Convenção. Por consequência, terão a mesma protecção que estes e o mesmo recurso legal contra qualquer ofensa dos seus direitos, desde que observem as condições e formalidades impostas aos nacionais.

2. Nenhuma condição de domicílio ou de estabelecimento no país em que a protecção é reclamada pode, porém, ser exigida dos nacionais de países da União para o efeito de gozarem de qualquer dos direitos de propriedade industrial.

---

* Portugal foi um dos subscritores iniciais da CUP, vigorando a sua revisão de Estocolmo desde 30/4/75.

Convenção da União de Paris

Arts. 3.º-4.º CUP [154]

3. Ressalvam-se expressamente as disposições da legislação de cada um dos países da União relativas ao processo judicial e administrativo e à competência, bem como à escolha de domicílio ou à constituição de mandatário, eventualmente exigidas pelas leis de propriedade industrial.

Art. 3.º – São equiparados aos nacionais dos países da União os nacionais dos países a ela estranhos que estejam domiciliados ou possuam estabelecimentos industriais ou comerciais efectivos e não fictícios no território de um dos países da União.

Art. 4.º – *A)* — 1. Aquele que tiver apresentado, em termos, pedido de patente de invenção, de depósito de modelo de utilidade de desenho ou modelo industrial, de registo de marca de fábrica ou de comércio num dos países da União, ou o seu sucessor, gozará, para apresentar o pedido nos outros países, do direito de prioridade durante os prazos adiante fixados.

2. Reconhece-se como dando origem ao direito de prioridade qualquer pedido com o valor de pedido nacional regular, formulado nos termos da lei interna de cada país da União ou de tratados bilaterais ou multilaterais celebrados entre países da União.

3. Deve entender-se por pedido nacional regular todo o pedido efectuado em condições de estabelecer a data em que o mesmo foi apresentado no país em causa, independentemente de tudo o que ulteriormente possa, de algum modo, vir a afectá-lo.

B) Em consequência, o pedido apresentado ulteriormente num dos outros países da União antes de expirados estes prazos não poderá ser invalidado por factos verificados nesse intervalo, designadamente por outro pedido, pela publicação da invenção ou sua exploração, pelo oferecimento à venda de exemplares do desenho ou do modelo ou pelo uso da marca, e esses factos não poderão fundamentar qualquer direito de terceiros ou posse. Os direitos adquiridos por terceiros antes do dia da apresentação do primeiro pedido que serve de base ao direito de prioridade são ressalvados nos termos da lei interna de cada país da União.

C) 1. Os prazos de prioridade atrás mencionados serão de doze meses para as invenções e modelos de utilidade e seis meses para os desenhos ou modelos industriais e para as marcas de fábrica ou de comércio.

2. Estes prazos correm a partir da data da apresentação do primeiro pedido; o dia da apresentação não é contado.

3. Se o último dia do prazo for feriado legal ou dia em que a Secretaria não se encontre aberta para receber a apresentação dos pedidos no país em que a protecção é requerida, o prazo será prorrogado até ao primeiro dia útil que se seguir.

4. Deve ser considerado como primeiro pedido, cuja data de apresentação marcará o início do prazo de prioridade, um pedido ulterior que tenha o mesmo objecto que um primeiro pedido anterior, de harmonia com a alínea 2), apresentado no mesmo país da União, desde que à data da apresentação do pedido ulterior, o pedido anterior tenha sido retirado, abandonado ou recusado, sem ter sido submetido a exame público e sem deixar subsistir direitos e que não tenha ainda servido de base para reivindicação do direito de prioridade.

O pedido anterior não poderá nunca mais servir de base para reivindicação do direito de prioridade.

1505

[154] CUP Art. 4.°

Convenção da União de Paris

D) 1. Quem quiser prevalecer-se da prioridade de um pedido anterior deverá formular declaração em que indique a data e o país desse pedido. Cada país fixará o momento até ao qual esta declaração deverá ser efectuada.

2. Estas indicações serão mencionadas nas publicações emanadas da Administração competente, designadamente nas patentes e suas descrições.

3. Os países da União poderão exigir daquele que fizer uma declaração de prioridade a junção de uma cópia do pedido (descrição, desenhos, etc.) apresentado anteriormente. A cópia, autenticada pela Administração que tiver recebido esse pedido, será dispensada de qualquer legalização e poderá, em todo o caso, ser apresentada, sem encargos, em qualquer momento no prazo de três meses a contar da data da apresentação do pedido ulterior. Poderá exigir-se que seja acompanhada de certificado da data da apresentação, emanado dessa Administração e de tradução.

4. Para a declaração de prioridade nenhumas outras formalidades poderão exigir-se no momento da apresentação do pedido. Cada país da União determinará quais as consequências da omissão das formalidades previstas no presente artigo, as quais não poderão exceder a perda do direito de prioridade.

5. Ulteriormente poderão exigir-se outras justificações.

Aquele que reivindicar a prioridade de um pedido anterior terá de indicar o número desse pedido; esta indicação será publicada nas condições previstas na alínea 2).

E) 1. Quando um desenho ou modelo industrial tiver sido apresentado num país, em virtude de um direito de prioridade baseado no pedido de depósito de um modelo de utilidade, o prazo de prioridade será o fixado para os desenhos ou modelos industriais.

2. Além disso, é permitido num país pedir o depósito de um modelo de utilidade, em virtude de um direito de prioridade baseado num pedido de patente, e vice-versa.

F) Nenhum país da União poderá recusar uma prioridade ou um pedido de patente em virtude de o requerente reivindicar prioridades múltiplas, mesmo provenientes de diferentes países, ou em virtude de um pedido reivindicando uma ou mais prioridades conter um ou mais elementos que não estavam compreendidos no ou nos pedidos cuja prioridade se reivindica, com a condição de nos dois casos, haver unidade de invenção, de harmonia com a lei do país.

No que respeita aos elementos não compreendidos no ou nos pedidos cuja prioridade se reivindica, a apresentação do pedido ulterior dá lugar a um direito de prioridade, nas condições usuais.

G) 1. Se o exame revelar que um pedido de patente é complexo, poderá o requerente dividir o pedido num certo número de pedidos divisionários, cada um dos quais conservará a data do pedido inicial e, se for caso disso, o benefício do direito de prioridade.

2. O requerente poderá também, por sua própria iniciativa, dividir o pedido de patente conservando como data de cada pedido divisionário a data do pedido inicial e, se for caso disso, o benefício do direito de prioridade.

Cada país da União terá a faculdade de fixar as condições em que esta divisão será autorizada.

H) A prioridade não pode ser recusada com o fundamento de que certos elementos da invenção para os quais se reivindica a prioridade não figuram entre as

Convenção da União de Paris

Arts. 4.º-*bis*-5.º CUP [154]

reivindicações formuladas no pedido apresentado no país de origem, contanto que o conjunto das peças do pedido revele de maneira precisa aqueles elementos.

I) 1. Os pedidos de certificados de autor de invenção apresentados num país em que os requerentes têm o direito de pedir, à sua escolha, quer uma patente, quer um certificado de autor de invenção, darão lugar ao direito de prioridade instituído pelo presente artigo, nas mesmas condições e com os mesmos efeitos que os pedidos de patentes de invenção.

2. Num país em que os requerentes têm o direito de requerer, à sua escolha, quer uma patente, quer um certificado de autor de invenção, o requerente de um certificado de autor de invenção beneficiará, segundo as disposições do presente artigo aplicáveis aos pedidos de patentes, do direito de prioridade baseado na apresentação de um pedido de patente de invenção, de depósito de modelo de utilidade ou de certificado de autor de invenção.

Art. 4.º-*bis* – 1. As patentes requeridas nos diferentes países da União por nacionais de países da União serão independentes das patentes obtidas para a mesma invenção nos outros países, aderentes ou não à União.

2. Esta disposição deve entender-se de maneira absoluta, designadamente no sentido de que as patentes pedidas durante o prazo de prioridade são independentes, tanto do ponto de vista das causas de nulidade e de caducidade como do ponto de vista da duração normal.

3. Aplica-se a todas as patentes existentes à data da sua entrada em vigor.

4. O mesmo sucederá, no caso de acessão de novos países, relativamente às patentes existentes em ambas as partes à data da acessão.

5. As patentes obtidas com o benefício da prioridade gozarão, nos diferentes países da União, de duração igual àquela de que gozariam se fossem pedidas ou concedidas sem o benefício da prioridade.

Art. 4.º-*ter* – O inventor tem o direito de ser como tal mencionado na patente.

Art. 4.º-*quater* – Não poderá ser recusada a concessão de uma patente e não poderá ser uma patente invalidada em virtude de a venda do produto patenteado ou obtido por um processo patenteado estar submetida a restrições ou limitações resultantes da legislação nacional.

Art. 5.º – *A)* 1. A introdução, pelo titular da patente, no país em que esta foi concedida, de objectos fabricados em qualquer dos países da União não constitui fundamento de caducidade.

2. Cada um dos países da União terá, porém, a faculdade de adoptar providências legislativas prevendo a concessão de licenças obrigatórias para prevenir os abusos que poderiam resultar do exercício do direito exclusivo conferido pela patente, como, por exemplo, a falta de exploração.

3. A caducidade da patente só poderá ser prevista para o caso de a concessão de licenças obrigatórias não ter sido suficiente para prevenir tais abusos. Não poderá ser interposta acção de declaração de caducidade ou de anulação de uma patente antes de expirar o prazo de dois anos, a contar da concessão da primeira licença obrigatória.

[154] CUP Arts. 5.º-*bis*-5.º-*ter*

Convenção da União de Paris

4. Não poderá ser pedida concessão de licença obrigatória, com o fundamento de falta ou insuficiência de exploração, antes de expirar o prazo de quatro anos a contar da apresentação do pedido de patente, ou de três anos a contar da concessão da patente, devendo aplicar-se o prazo mais longo; a licença será recusada se o titular da patente justificar a sua inacção por razões legítimas. Tal licença obrigatória será não exclusiva e apenas poderá ser transmitida, mesmo sob a forma de concessão de sublicença, com a parte da empresa ou do estabelecimento comercial que a explore.

5. As disposições precedentes aplicar-se-ão, com as modificações necessárias, aos modelos de utilidade.

B) A protecção dos desenhos e modelos industriais não caducará por falta de exploração nem por introdução de objectos semelhantes àqueles que se encontram protegidos.

C) 1. Se num país o uso da marca registada for obrigatório, o registo só poderá ser anulado depois de decorrido um prazo razoável e se o interessado não justificar a sua inacção.

2. O uso, pelo proprietário, de uma marca de fábrica ou de comércio por forma que difere, quanto a elementos que não alteram o carácter distintivo da marca, da forma por que esta foi registada num dos países da União não implicará a anulação do registo nem diminuirá a protecção que lhe foi concedida.

3. O uso simultâneo da mesma marca em produtos idênticos ou semelhantes por estabelecimentos industriais ou comerciais considerados comproprietários da marca, nos termos da lei interna do país em que a protecção é requerida, não obstará ao registo nem diminuirá de maneira alguma, a protecção concedida à mesma marca em qualquer dos países da União, contanto que o dito uso não tenha por efeito induzir o público em erro nem seja contrário ao interesse público.

D) Para o reconhecimento do direito não será exibido no produto qualquer sinal ou menção da patente, do depósito do modelo de utilidade ou desenho ou modelo industrial, ou do registo da marca de fábrica ou de comércio.

Art. 5.º-*bis* – 1. Será concedida uma prorrogação de prazo, no mínimo de seis meses, para o pagamento das taxas relativas à conservação dos direitos de propriedade industrial, mediante o pagamento de uma sobretaxa, se alguma for imposta pela legislação nacional.

2. Os países da União têm a faculdade de prever a revalidação das patentes de invenção caducadas em virtude de não pagamento de taxas.

Art. 5.º-*ter* – Em cada um dos países da União não serão considerados ofensivos dos direitos do titular da patente:

1. O emprego, a bordo dos navios dos outros países da União, dos meios que constituem o objecto da sua patente, no corpo do navio como nas máquinas, aparelhos de mastreação, aprestos e outros acessórios, quando esses navios penetrem temporária ou acidentalmente em águas do país, contanto que tais meios sejam exclusivamente empregados nas necessidades do navio;

2. O emprego dos meios que constituem o objecto da patente na construção ou no funcionamento dos engenhos de locomoção aérea ou terrestre dos outros paí-

1508

Convenção da União de Paris

Arts. 5.º-*quater*-6.º-*ter* CUP [154]

ses da União, ou dos acessórios desses engenhos, quando estes penetrem temporária ou acidentalmente no país.

Art. 5 º-*quater* – Quando um produto for introduzido num país da União no qual exista uma patente protegendo um processo de fabrico desse produto, o titular da patente terá em relação ao produto introduzido, todos os direitos que a législação do país de importação lhe conceder, em virtude da patente desse processo, relativamente aos produtos fabricados no próprio país.

Art. 5.º-*quinquies* – Os desenhos e moldes industriais serão protegidos em todos os países da União.

Art. 6.º – 1. As condições de apresentação e de registo das marcas de fábrica ou de comércio serão fixadas, em cada país da União, pela respectiva legislação nacional.

2. Não poderá, todavia, ser recusada ou invalidada uma marca requerida em qualquer dos países da União por um nacional de um país desta com o fundamento de não ter sido requerida, registada ou renovada no país de origem.

3. Uma marca regularmente registada num país da União será considerada como independente das marcas registadas nos outros países da União, incluindo o país de origem.

Art. 6.º-*bis* – 1. Os países da União comprometem-se a recusar ou invalidar, quer oficiosamente, se a lei do país o permitir, quer a pedido de quem nisso tiver interesse, o registo e a proibir o uso de marca de fábrica ou de comércio que constitua reprodução, imitação ou tradução, susceptíveis de estabelecer confusão, de uma marca que a autoridade compepetente do país do registo ou do uso considere que nele é notoriamente conhecida como sendo já marca de uma pessoa a quem a presente Convenção aproveita e utilizada para produtos idênticos ou semelhantes. O mesmo sucederá quando a parte essencial da marca constituir reprodução de marca notoriamente conhecida ou imitação susceptível de estabelecer confusão com esta.

2. Deverá ser concedido um prazo mínimo de cinco anos, a contar da data do registo, para requerer a anulação do registo de tal marca. Os países da União têm a faculdade de prever um prazo dentro do qual deverá ser requerida a proibição de uso.

3. Não será fixado prazo para requerer a anulação ou a proibição de uso de marcas registadas ou utilizadas de má-fé.

Art. 6.º-*ter* – 1. *a*) Os países da União acordam em recusar ou anular o registo e em impedir, por meio de providências adequadas, o uso, sem autorização das autoridades competentes, quer como marcas de fábrica ou de comércio, quer como elementos dessas marcas, de armas, bandeiras e outros emblemas de Estado dos países da União, distintivos e sinetes oficiais de fiscalização e de garantia por eles adoptados, bem como qualquer imitação do ponto de vista heráldico.

b) As disposições mencionadas na letra *a*) aplicam-se igualmente às armas, bandeiras e outros emblemas, iniciais ou denominações de organismos internacionais intergovernamentais de que um ou vários países da União sejam membros, com excepção de armas, bandeiras e outros emblemas iniciais ou denominações que

1509

[154] CUP Art. 6.°-*ter*

Convenção da União de Paris

já tenham sido objecto de acordos internacionais vigentes, destinados a assegurar a sua protecção.

c) Nenhum país da União terá de aplicar as disposições referidas na letra *b*) em detrimento dos titulares de direitos adquiridos de boa-fé antes da entrada em vigor nesse país da presente Convenção. Os países da União não são obrigados a aplicar as ditas disposições quando o uso ou o registo mencionado na letra *a*) não for de natureza a sugerir, no espírito do público, um elo entre a organização em causa e as armas, bandeiras, emblemas, iniciais ou denominações, ou se este uso ou registo não for de natureza a, com verosimilhança, induzir o público em erro sobre a existência de ligação entre o utente e a organização.

2. A proibição dos distintivos e sinetes oficiais de fiscalização e de garantia só se aplica aos casos em que as marcas que os incluem se destinam a ser usadas em mercadorias do mesmo género ou de género semelhante.

3. *a*) Para a aplicação destas disposições, os países da União acordam em dar a conhecer reciprocamente, por intermédio da Secretaria Internacional, a lista dos emblemas de Estado, distintivos e sinetes oficiais de fiscalização e de garantia que desejam ou desejarão colocar, de uma maneira absoluta ou em certa medida, sob a protecção do presente artigo, bem como todas as modificações ulteriormente introduzidas nessa lista. Cada país da União porá à disposição do público, em devido tempo, as listas notificadas.

Esta notificação não é, todavia, obrigatória relativamente às bandeiras dos Estados.

b) As disposições referidas na letra *b*) da alínea 1) do presente artigo são unicamente aplicáveis às armas, bandeiras e outros emblemas, iniciais ou denominações das organizações internacionais intergovernamentais que estas comunicaram aos países da União por intermédio da Secretaria Internacional.

4. Qualquer país da União poderá, no prazo de doze meses, a contar da data do recebimento da notificação, transmitir, por intermédio da Secretaria Internacional, as suas eventuais objecções ao país ou à organização internacional intergovernamental interessados.

5. Em relação às bandeiras de Estado, apenas se aplicarão as medidas previstas na alínea *l*) às marcas registadas depois de 6 de Novembro de 1925.

6. Em relação aos emblemas de Estado que não sejam bandeiras, aos distintivos e sinetes oficiais dos países da União, às armas, bandeiras e outros emblemas, iniciais ou denominações das organizações internacionais intergovernamentais, estas disposições só serão aplicáveis às marcas registadas mais de dois meses depois da recepção da notificação prevista na alínea 3).

7. Nos casos de má-fé, os países terão a faculdade de anular o registo das próprias marcas registadas antes de 6 de Novembro de 1925 que contenham emblemas de Estado, distintivos e sinetes.

8. Os nacionais de cada país que forem autorizados a usar emblemas de Estado, distintivos e sinetes dos seus países poderão utilizá-los, ainda que sejam semelhantes aos de outro país.

9. Os países da União obrigam-se a impedir o uso não autorizado, no comércio, das armas de Estado dos outros países da União, quando esse uso possa induzir em erro acerca da origem dos produtos.

1510

Convenção da União de Paris   **Arts. 6.°-*quater*-6.°-*quinquies* CUP [154]**

10. As disposições precedentes não obstam a que os países exerçam a sua faculdade de recusar ou anular, pela aplicação do n.° 3 da letra *B*) do artigo 6.°-*quinquies*, as marcas que contenham, sem autorização, armas, bandeiras e outros emblemas de Estado ou distintivos e sinetes oficiais adoptados por algum país da União, assim como sinais distintivos das organizações internacionais intergovernamentais, mencionados na alínea 1).

Art. 6.°-*quater* – 1. Quando, de harmonia com a legislação de um país da União, a cessão de uma marca não seja válida sem a transmissão simultânea da empresa ou estabelecimento comercial a que a marca pertence, para que essa validade seja admitida, bastará que a parte da empresa ou do estabelecimento comercial situada nesse país seja transmitida ao cessionário com o direito exclusivo de aí fabricar ou vender os produtos assinalados pela marca cedida.

2. Esta disposição não impõe aos países da União a obrigação de considerarem válida a transmissão de qualquer marca cujo uso pelo cessionário fosse, de facto, de natureza a induzir o público em erro, designadamente no que se refere à proveniência, à natureza ou às qualidades substanciais dos produtos a que a marca se aplica.

Art. 6.°-*quinquies* – *A*) 1. Qualquer marca de fábrica ou de comércio regularmente registada no país de origem será admitida a registo e como tal protegida nos outros países da União, com as restrições a seguir indicadas. Estes países poderão, antes de procederem ao registo definitivo, exigir a junção de um certificado do registo no país de origem, passado pela autoridade competente. Não será exigida qualquer legalização deste certificado.

2. Será considerado país de origem o país da União em que o requerente tem um estabelecimento industrial ou comercial efectivo e não fictício, e, se não tiver esse estabelecimento na União, o país da União em que ele tem o seu domicílio, e, se não tiver domicílio na União, o país da sua nacionalidade, no caso de ser nacional de um país da União.

B) Só poderá ser recusado ou anulado o registo das marcas de fábrica ou de comércio mencionadas no presente artigo nos casos seguintes:

1.° Quando forem susceptíveis de implicar lesão de direitos adquiridos por terceiros no país em que a protecção é requerida;

2.° Quando forem desprovidas de qualquer carácter distintivo ou então exclusivamente compostas por sinais ou indicações que possam servir no comércio para designar a espécie, a qualidade, a quantidade, o destino, o valor, o lugar de origem dos produtos ou a época da produção, ou que se tenham tornado usuais na linguagem corrente ou nos hábitos leais e constantes do comércio do país em que a protecção é requerida;

3.° Quando forem contrárias à moral ou à ordem pública e, especialmente, as que forem susceptíveis de enganar o público. Fica entendido que uma marca não poderá ser considerada contrária à ordem pública pela simples razão de que infringe qualquer disposição da legislação sobre as marcas, salvo o caso de a própria disposição respeitar à ordem pública.

Fica, todavia, ressalvada a aplicação do artigo 10.°-*bis*.

1511

[154] CUP Arts. 6.°-*sexies*-8.° Convenção da União de Paris

C) 1. Para apreciar se a marca é susceptível de protecção deverão ter-se em conta todas as circunstâncias de facto, principalmente a duração do uso da marca.

2. As marcas de fábrica ou de comércio não poderão ser recusadas nos outros países da União pelo simples motivo de diferirem das marcas registadas no país de origem só por elementos que não alteram o carácter distintivo nem modificam a identidade das marcas na forma sob a qual foram registadas no dito país de origem.

D) Ninguém poderá beneficiar das disposições do presente artigo sem que a marca cuja protecção se reivindica esteja registada no país de origem.

E) Em nenhum caso, todavia, a renovação do registo de uma marca no país de origem implicará a obrigação de renovar o registo nos outros países da União em que a marca tenha sido registada.

F) O benefício da prioridade mantém-se em relação às marcas submetidas a registo dentro do prazo fixado no artigo 4.°, ainda que o registo no país de origem seja posterior ao termo desse prazo.

Art. 6.°-*sexies* – Os países da União comprometem-se a proteger as marcas de serviço. Não são obrigados a prever o registo destas marcas.

Art. 6.°-*septies* – 1. Se o agente ou representante do titular de uma marca num dos países da União pedir, sem autorização deste titular, o registo desta marca em seu próprio nome, num ou em vários destes países, terá o titular direito de se opor ao registo pedido ou de requerer a anulação ou, se a lei do país o permitir, a transmissão em seu benefício do referido registo, a menos que este agente ou representante justifique o seu procedimento.

2. O titular da marca terá, com as reservas da alínea 1), o direito de se opor ao uso da sua marca pelo seu agente ou representante, se não tiver autorizado esse uso.

3. As legislações nacionais têm a faculdade de prever um prazo razoável dentro do qual o titular de uma marca deverá fazer valer os direitos previstos no presente artigo.

Art. 7.° – A natureza do produto em que a marca de fábrica ou de comércio deve ser aposta não pode, em caso algum, obstar ao registo desta.

Art. 7.°-*bis* – 1. Os países da União comprometem-se a admitir a registo e a proteger as marcas colectivas pertencentes a colectividades cuja existência não seja contrária à lei do país de origem, ainda que essas colectividades não possuam estabelecimento industrial ou comercial.

2. Cada país será juiz das condições particulares em que a marca colectiva será protegida e poderá recusar a protecção se a marca for contrária ao interesse público.

3. A protecção destas marcas não poderá, porém, ser recusada a qualquer colectividade cuja existência não contraria a lei do país de origTem pelo motivo de ela não se achar estabelecida no país em que a protecção é requerida ou de não se ter constituído nos termos da legislação desse país.

Art. 8.° – O nome comercial será protegido em todos os países da União sem obrigação de registo, quer faça ou não parte de uma marca de fábrica ou de comércio.

1512

Convenção da União de Paris

Arts. 9.º-10.º-*ter* CUP [154]

Art. 9.º – 1. O produto ilicitamente assinalado por uma marca de fábrica ou de comércio ou por um nome comercial será apreendido no acto da importação nos países da União em que essa marca ou esse nome comercial têm direito a protecção legal.

2. A apreensão far-se-á tanto no país em que se deu a aposição ilícita como naquele em que tiver sido importado o produto.

3. A apreensão dar-se-á a requerimento do Ministério Público, de qualquer outra autoridade competente ou de quem nisso tiver interesse, pessoa física ou moral, de harmonia com a lei interna de cada país.

4. As autoridades não são obrigadas a fazer a apreensão em caso de trânsito.

5. Se a legislação de um país não admitir a apreensão no acto da importação, poderá essa apreensão ser substituída pela proibição de importação ou pela apreensão no interior.

6. Se a legislação de um país não admitir a apreensão no acto da importação nem a proibição de importação nem a apreensão no interior, enquanto a legislação não for modificada naquele sentido, serão estas providências substituídas pelas acções e meios que a lei desse país assegurar em tais casos aos nacionais.

Art. 10.º – 1. As disposições do artigo anterior serão aplicáveis em caso de utilização, directa ou indirecta, de uma falsa indicação relativa à proveniência do produto ou à identidade do produtor, fabricante ou comerciante.

2. Será, em qualquer caso, considerado como parte legítima, quer seja pessoa física, quer moral, o produtor, fabricante ou comerciante que se ocupe da produção, fabrico ou comércio desse produto, estabelecido quer na localidade falsamente indicada como lugar de origem, na região em que essa localidade estiver situada, no país falsamente indicado ou no país em que se fizer uso da falsa indicação de proveniência.

Art. 10.º-*bis* – 1. Os países da União obrigam-se a assegurar aos nacionais dos países da União protecção efectiva contra a concorrência desleal.

2. Constitui acto de concorrência desleal qualquer acto de concorrência contrário aos usos honestos em matéria industrial ou comercial.

3. Deverão proibir-se especialmente:

1.º Todos os actos susceptíveis de, por qualquer meio, estabelecer confusão com o estabelecimento, os produtos ou a actividade industrial ou comercial de um concorrente;

2.º As falsas afirrnações no exercício do comércio, susceptíveis de desacreditar o estabelecimento, os produtos ou a actividade industrial ou comercial de um concorrente;

3.º As indicações ou afirmações cuja utilização no exercício do comércio seja susceptível de induzir o público em erro sobre a natureza, modo de fabrico, características, possibilidades de utilização ou quantidade das mercadorias.

Art. 10.º-*ter* – 1. Os países da União obrigam-se a assegurar aos nacionais dos outros países da União recursos legais apropriados à repressão eficaz de todos os actos visados nos artigos 9.º, 10.º e 10.º *bis*.

1513

[154] CUP Arts. 11.°-13.°

Convenção da União de Paris

2. Além disso, obrigam-se a adoptar providências que permitam aos sindicatos e associações de industriais, produtores e comerciantes cuja existência não for contrária às leis dos seus países promover em juízo ou junto das autoridades administrativas a repressão dos actos previstos nos artigos 9.°, 10.° e 10.°-*bis*, na medida em que a lei do país em que a protecção é requerida o permite aos sindicatos e associações desse país.

Art. 11.° – 1. Os países da União, nos termos da sua lei interna, concederão protecção temporária às invenções patenteáveis, modelos de utilidade e desenhos e modelos industriais, bem como às marcas de fábrica ou de comércio, em relação aos produtos que figurarem nas exposições internacionais, oficiais ou oficialmente reconhecidas, organizadas no território de qualquer deles.

2. Esta protecção temporária não prorrogará os prazos fixados no artigo 4.°. Se mais tarde se invocar o direito de prioridade, a Administração de cada país poderá contar o prazo desde a data da apresentação do produto na exposição.

3. Cada país poderá exigir, para prova da identidade do objecto exposto e da data da introdução, os documentos que julgar necessários.

Art. 12.° – 1. Cada um dos países da União obriga-se a estabelecer um serviço especial da propriedade industrial e uma secretaria central para informar o público acerca das patentes de invenção, de modelos de utilidade, desenhos ou modelos industriais e marcas de fábrica ou de comércio.

2. Este serviço publicará uma folha periódica oficial. Serão publicados regularmente:

a) Os nomes dos titulares das patentes concedidas, com breve descrição das invenções privilegiadas;

b) As reproduções das marcas registadas.

Art. 13.° – 1. *a*) A União tem uma Assembleia composta pelos países da União vinculados pelos artigos 13.° a 17.°.

b) O Governo de cada país é representado por um delegado, que pode ser assistido de suplente, conselheiros e peritos.

c) As despesas de cada delegação são suportadas pelo Governo que a designou.

2. *a*) A Assembleia:

 i) Trata de todas as questões respeitantes à manutenção e ao desenvolvimento da União e à aplicação da presente Convenção;

 ii) Dá à Secretaria Internacional da Propriedade Intelectual (seguidamente aqui denominada «a Secretaria Internacional») referida na Convenção que institui a Organização Mundial da Propriedade Intelectual (seguidamente aqui denominada «a Organização») directivas respeitantes à preparação das conferências de revisão, tendo na devida conta as observações feitas pelos países da União que não estejam vinculados pelos artigos 13.° a 17.°;

 iii) Examina e aprova os relatórios e as actividades do director-geral da Organização relativos à União e dá lhe todas as directivas úteis respeitantes às questões da competência da União;

 iv) Elege os membros da Comissão Executiva da Assembleia;

1514

Convenção da União de Paris   **Art. 13.° CUP [154]**

v) Examina e aprova os relatórios e as actividades da sua Comissão Executiva e dá-lhe directivas;
vi) * Fixa o programa e aprova o orçamento bienal da União e as suas contas de encerramento;
vii) Aprova o regulamento financeiro da União;
viii) Cria as comissões de peritos e grupos de trabalho que julgar úteis para a realização dos objectivos da União;
ix) Decide quais são os países não membros da União e quais são as organizações intergovernamentais e internacionais não governamentais que podem ser admitidos às suas reuniões na qualidade de observadores;
x) Aprova as modificações aos artigos 13.° a 17.°;
xi) Promove qualquer outra acção apropriada com vista a atingir os objectivos da União;
xii) Desempenha-se de quaisquer outras atribuições que a presente Convenção implique;
xiii) Exerce, sob reserva de os aceitar, os direitos que lhe são conferidos pela Convenção que institui a Organização.

b) A Assembleia delibera, após ter tomado conhecimento do parecer da Comissão de Coordenação da Organização, sobre as questões que interessam igualmente a outras Uniões administradas pela Organização.

3. *a*) Sob reserva das disposições da subalínea *b*), cada delegado não pode representar mais do que um país.

b) Os países da União que, em virtude de um acordo particular, estiverem agrupados no seio de uma organização que tenha para cada um deles a natureza de serviço nacional especial de propriedade industria] visado no artigo 12.° podem, no decorrer das discussões, ser representados conjuntamente por um deles.

4. *a*) Cada país membro da Assembleia tem direito a um voto.

b) O quórum é constituído por metade dos países membros da Assembleia.

c) Não obstante as disposições da subalínea *b*), se, durante uma sessão, o número dos países representados for inferior a metade, mas igual ou superior a um terço dos países membros da Assembleia, esta pode tomar decisões; todavia, as decisões da Assembleia, com excepção das que dizem respeito ao seu funcionamento, não se tornam executórias senão depois de satisfeitas as condições a seguir enunciadas; a Secretaria Internacional comunica as ditas decisões aos países membros da Assembleia que não estavam representados, convidando os a exprimir, por escrito, no prazo de três meses a contar da data da dita comunicação, o seu voto ou a sua abstenção. As ditas decisões tornam-se executórias se, terminado esse prazo, o número dos países que deste modo exprimirem o seu voto ou a sua abstenção for, pelo menos, igual ao número de países que faltava para que o quórum tivesse sido atingido quando da sessão, contanto que, ao mesmo tempo, se atinja a necessária maioria.

d) Sob reserva do disposto no artigo 17.°, 2), as decisões da Assembleia são tomadas por maioria de dois terços dos votos expressos.

e) A abstenção não é considerada voto.

---

* Redacção conforme Aviso do MNE, publicado no *DR*, I série, de 31/7/84.

[154] CUP Art. 14.°

Convenção da União de Paris

5. *a*) Sob reserva da subalínea *b*), cada delegado não pode votar senão em nome de um único país.

b) Os países da União visados na alínea 3), *b*), esforçar-se-ão, de um modo geral, por se fazer representar, nas sessões da Assembleia, pelas suas próprias delegações. Todavia, se, por razões excepcionais, um dos países citados não puder fazer-se representar pela sua própria delegação, pode dar à delegação de outro país o poder de votar em seu nome, entendendo-se que uma delegação não pode votar por procuração senão por um único país. Toda a procuração para este efeito deve ser objecto de documento assinado pelo Chefe do Estado ou pelo Ministro competente.

6. Os países da União que não sejam membros da Assembleia são admitidos às suas reuniões, na qualidade de observadores.

7. *a*) *A Assembleia reúne-se de dois em dois anos, em sessão ordinária, mediante convocação do director-geral e, salvo casos excepcionais, durante o mesmo período e no mesmo local que a Assembleia Geral da Organização.

b) A Assembleia reúne-se em sessão extraordinária mediante convocação do director-geral, a pedido da Comissão Executiva ou de um quarto dos países membros da Assembleia.

8. A Assembleia adopta o seu próprio regulamento interno.

Art. 14.° – 1. A Assembleia tem uma Comissão Executiva.

2. *a*) A Comissão Executiva é composta pelos países eleitos pela Assembleia de entre os países membros desta. Por outro lado, o país em cujo território a Organização tem a sua sede dispõe *ex officio* de um lugar na Comissão, sob reserva das disposições do artigo 16.°, 7), *b*).

b) O Governo de cada país membro da Comissão Executiva é representado por um delegado, que pode ser assistido de suplentes, conselheiros e peritos.

c) As despesas de cada delegação são suportadas pelo Governo que a designou.

3. O número de países membros da Comissão Executiva corresponde à quarta parte do número dos países membros da Assembleia. No cálculo dos lugares a preencher não é tomado em consideração o que restar da divisão por quatro.

4. Quando da eleição dos membros da Comissão Executiva, a Assembleia terá em atenção uma distribuição geográfica equitativa e a necessidade, para todos os países partes dos acordos particulares estabelecidos em relação com a União, de figurar entre os países que constituem a Comissão Executiva.

5. *a*) Os membros da Comissão Executiva ficam em funções a partir do encerramento da sessão da Assembleia no decurso da qual foram eleitos, até ao fim da sessão ordinária seguinte da Assembleia.

b) Os membros da Comissão Executiva são reelegíveis no limite máximo de dois terços do seu total.

c) A Assembleia regulamenta as modalidades de eleição e de eventual reeleição dos membros da Comissão Executiva.

6. *a*) A Comissão Executiva:

i) Prepara o projecto da ordem do dia da Assembleia;

---

* Redacção conforme Aviso do MNE, publicado no *DR*, I série, de 31/7/84.

1516

Convenção da União de Paris

Art. 15.° CUP [154]

ii) * Submete à Assembleia propostas relativas aos projectos de programa e orçamento bienal da União, preparados pelo director-geral;

iii) (Revogado *).

iv) Submete à Assembleia, com os comentários apropriados, os relatórios periódicos do director-geral e os relatórios anuais de verificação de contas;

v) Toma todas as medidas úteis com vista à execução do programa da União pelo director-geral, em conformidade com as decisões da Assembleia e tendo em conta circunstâncias que sobrevenham entre duas sessões ordinárias da dita Assembleia;

vi) Encarrega-se de quaisquer outras funções que lhe sejam atribuídas dentro do ambito da presente Convenção.

b) A Comissão Executiva decide, depois de tomar conhecimento do parecer da Comissão de Coordenação da Organização, sobre as questões que interessam igualmente a outras Uniões administradas pela Organização.

7. *a*) A Comissão Executiva reúne-se uma vez por ano em sessão ordinária, mediante convocação do director-geral, tanto quanto possível durante o mesmo período e no mesmo lugar que a Comissão de Coordenação da Organização.

b) A Comissão Executiva reúne-se em sessão extraordinária mediante convocação do director-geral, quer por iniciativa deste, quer a pedido do seu presidente ou de um quarto dos seus membros.

8. *a*) Cada país membro da Comissão Executiva tem direito a um voto.

b) O quórum e constituído por metade dos países membros da Comissão Executiva.

c) As decisões são tomadas por maioria simples dos votos expressos.

d) A abstenção não é considerada voto.

e) Cada delegado não pode representar senão um único país e apenas em nome deste pode votar.

9. Os países da União que não sejam membros da Comissão Executiva são admitidos às suas reuniões na qualidade de observadores.

10. A Comissão Executiva adopta o seu próprio regulamento interno.

Art. 15.° – 1. *a*) As atribuições administrativas que incumbem à União são asseguradas pela Secretaria Internacional, que sucede à Secretaria da União reunida com a Secretaria da União instituída pela Convenção Internacional para a Protecção das Obras Literárias e Artísticas.

b) A Secretaria Internaciohal assegura, nomeadamente, o secretariado dos diversos órgãos da União.

c) O director-geral da Organização é o mais alto funcionário da União e seu representante.

2. A Secretaria Internacional reúne e publica as informações relativas à protecção da propriedade industrial. Cada país da União comunica à Secretaria Internacional, tão depressa quanto possível, o texto de quaisquer leis novas, bem como

---

* Conforme Aviso do MNE, publicado no *DR*, I série, de 31/7/84.

1517

[154] CUP Art. 16.°

Convenção da União de Paris

todos os textos oficiais relativos à protecção da propriedade industrial. Fornecerá, por outro lado, à Secretaria Internacional todas as publicações dos seus serviços competentes em matéria de propriedade industrial que digam directamente respeito à protecção da propriedade industrial que a Secretaria Internacional considere como apresentando interesse para as suas actividades.

3. A Secretaria Internacional edita uma publicação mensal.

4. A Secretaria Internacional fornece a qualquer país da União, a pedido deste, esclarecimentos sobre as questões relativas à protecção da propriedade industrial.

5. A Secretaria Internacional procede a estudos e presta serviços destinados a facilitar a protecção da propriedade industrial.

6. O director-geral e todos os membros do pessoal por ele designados tomarão parte, sem direito de voto, em todas as reuniões da Assembleia, da Comissão Executiva e de quaisquer outras comissões de peritos ou grupos de trabalho. O director-geral ou um membro do pessoal por ele designado é, *ex officio*, secretário destes órgãos.

7. *a*) A Secretaria Internacional, segundo as directivas da Assembleia e em cooperação com a Comissão Executiva, prepara as conferências de revisão das disposições da Convenção, excluindo os artigos 13.° a 17.°

b) A Secretaria Internacional pode consultar organizações intergovernamentais e internacionais não governamentais sobre a preparação das conferências de revisão.

c) O director-geral e as pessoas por ele designadas tomarão parte, sem direito de voto, nas deliberações destas conferências.

8. A Secretaria Internacional executa todas as outras funções que lhe forem atribuídas.

Art. 16.° – 1. *a*) A União tem um orçamento.

b) O Orçamento da União compreende as receitas e as despesas próprias da União, a sua contribuição para o orçamento das despesas comuns às Uniões, assim como, sendo necessário, o quantitativo posto à disposição do orçamento da Conferência da Organização.

c) São consideradas como despesas comuns às Uniões as despesas que não são atribuídas exclusivamente à União, mas igualmente a uma ou mais Uniões administradas pela Organização. A parte da União nestas despesas comuns é proporcional ao interesse que as mesmas têm para ela.

2. O orçamento da Unão é fixado tendo em conta as exigências de coordenação com os orçamentos das outras Uniões administradas pela Organização.

3. O orçamento da União é financiado pelos seguintes recursos:

    i) Contribuições dos países da União;

    ii) Taxas e quantias devidas pelos serviços prestados pela Secretaria Internacional como União;

    iii) O produto da venda das publicações da Secretaria Internacional respeitantes à União e os direitos relativos a estas publicações;

    iv) Doações, legados e subvenções;

    v) Rendas, juros e outros rendimentos diversos.

Convenção da União de Paris   Art. 16.º CUP **[154]**

4. *a*) Para determinar a sua parte de contribuição no orçamento, cada país da União esta incluído numa classe o paga as suas contribuições anuais na base de um número de unidades fixado como se segue:

Classe   I — 25;
Classe II — 20;
Classe III — 15;
Classe IV — 10;
Classe V — 5;
Classe VI — 3;
Classe VII — 1.

b) A menos que o lenha feito anteriormente, cada país indica, no momento do depósito do seu instrumento de ratificação ou de adesão, a classe na qual deseja ser incluído. Pode mudar de classe. Se escolher uma classe inferior, o país deve dar do facto conhecimento à Assembleia quando de uma das suas sessões ordinárias. Tal alteração tem efeito no início do ano civil que se segue à referida sessão.

c) A contribuição anual de cada país consiste numa quantia em que a relação com a soma total das contribuições anuais para o orçamento da União de todos os países é a mesma que a relação existente entre o número de unidades da classe na qual cada país está incluído e o número total das unidades do conjunto dos países.

d) As contribuições são devidas no dia 1 de Janeiro de cada ano.

e) O país que se atrasar no pagamento das suas contribuições não poderá exercer o seu direito de voto, em nenhum dos órgãos da União de que for membro, se a quantia em atraso for igual ou superior à das contribuições de que é devedor por dois anos anteriores completos. Tal país pode todavia ser autorizado a conservar o exercício do seu direito de voto no seio do referido órgão, enquanto este considerar que o atraso resulta dc circunstancias excepcionais e inevitáveis.

f) No caso de o orçamento não ser aprovado antes do início de um novo exercício, é reconduzido o arçamento do ano anterior, segundo as modalidades previstas pelo regulamento financeiro.

5. O montante das taxas e quantias devidas pelos serviços prestados pela Secretaria Internacional como União é fixado pelo director-geral, que disso dá parte à Assembleia e à Comissão Executiva.

6. *a*) A União possui um fundo de operações constituído por uma contribuição única efectuada por cada país da União. Se o fundo se tornar insuficiente, a Assembleia decide do seu aumento.

b) O montante da contribuição inicial de cada país para o fundo atrás citado ou da sua participação no aumento deste e proporcional à contribuição deste país para o ano no decurso do qual o fundo for constituído ou o aumento for decidido.

c) A proporção e modalidades de contribuição são fixadas pela Assembleia, mediante proposta do director-geral, e após o parecer da Comissão de Coordenação da Organização.

7. *a*) O acordo de sede concluído com o país em cujo território a Organização tem a sua sede prevê que, se o fundo de operações for insuficiente, este país conceda adiantamentos. O montante destes e as condições em que são concedidos são

1519

[154] CUP Arts. 17.º-20.º   Convenção da União de Paris

objecto, em cada caso, de acordos particulares entre o país em causa e a Organização. Este país dispõe *ex officio* de um lugar na Comissão Executiva durante todo o período em que tiver de conceder adiantamentos.

b) O país visado na subalínea *a*) e a Organização têm, cada um, o direito de denunciar o compromisso de conceder adiantamentos, por meio de notificação escrita. A denúncia tem efeito três anos após o fim do ano no decurso do qual foi notificada.

8. A verificação de contas é assegurada segundo as modalidades previstas pelo regulamento financeiro, por um ou vários países da União ou por verificadores externos, que são, com o seu consentimento, designados pela Assembleia.

Art. 17.º – 1. Podem ser apresentadas, por qualquer país membro da Assembleia, pela Comissão Executiva ou pelo director-geral, propostas de modificação dos artigos 13.º, 14.º, 15.º, 16.º e do presente artigo. Estas propostas são comunicadas por este último aos países membros da Assembleia, pelo menos seis meses antes de serem submetidas ao exame da mesma.

2. Qualquer modificação dos artigos referidos na alínea 1) é aprovada pela Assembleia. A aprovação requer três quartos dos votos expressos. Todavia, qualquer modificação do artigo 13.º e da presente alínea requer quatro quintos dos votos expressos.

3. Qualquer modificação dos artigos referidos na alínea 1) entra em vigor após a recepção, pelo director-geral, das notificações escritas de aceitação, efectuada em conformidade com as suas regras constitucionais respectivas, por parte dos três quartos dos países que eram membros da Assembleia no momento de a modificação ter sido aprovada. Qualquer alteração dos citados artigos assim aceite vincula todos os países membros da Assembleia no momento em que a modificação entrar em vigor, ou que dela se tornarem membros em data posterior; todavia, qualquer alteração que aumente as obrigações financeiras dos países da União apenas vincula, de entre estes, os que notificaram a sua aceitação à referida alteração.

Art. 18.º – 1. A presente Convenção será submetida a revisões, com vista a nela se introduzirem melhoramentos susceptíveis de aperfeiçoar o sistema da União.

2. Para este efeito, terão lugar conferências, sucessivamente, num dos países da União, entre os delegados dos referidos países.

3. As modificações dos artigos 13.º a 17.º são regidas pelas disposições do artigo 17.º.

Art. 19.º – Fica entendido que os países da União se reservam o direito de, separadamente, celebrar entre eles acordos particulares para a protecção da propriedade industrial, contanto que esses acordos não contrariem as disposições da presente Convenção.

Art. 20.º – 1. *a*) Cada um dos países da União que assinar o presente Acto pode ratificá-lo e, se o não assinou, pode a ele aderir. Os instrumentos de ratificação e de adesão são depositados junto do director-geral.

1520

Convenção da União de Paris

Art. 21.º CUP **[154]**

b) Cada um dos países da União pode declarar, no seu instrumento de ratificação ou adesão, que a sua ratificação ou adesão não é aplicável:

    i) Aos artigos 1.º a 12.º; ou

    ii) Aos artigos 1 .º a 17.º

c) Cada um dos países da União que, de harmonia com a subalínea *b*), excluiu dos efeitos da sua ratificação ou da sua adesão um dos dois grupos dos artigos visados na referida subalínea pode em qualquer altura, posteriormente, declarar que estende os efeitos da sua ratificação ou da sua adesão a este grupo de artigos. Tal declaração é depositada junto do director-geral.

2. *a*) Os artigos 1.º a 12.º entram em vigor, relativamente aos dez primeiros países da União que depositaram instrumentos de ratificação ou de adesão, sem fazer a declaração permitida pela alínea 1), *b*), *i*), três meses após o depósito do décimo destes instrumentos de ratificação ou de adesão.

b) Os artigos 13.º a 17.º entram em vigor, relativamente aos dez primeiros países da União que depositaram instrumentos de ratificação ou de adesão, sem fazer a declaração permitida pela alínea 1), *b*), *ii*), três meses após o depósito do décimo destes instrumentos de ratificação ou de adesão.

c) Sob reserva de entralda em vigor inicial, de acordo com as disposições das subalíneas *a*) e *b*), de cada um dos dois grupos de artigos referidos na alínea 1), *b*), *ii*), e sob reserva das disposições da alínea 1), *b*), os artigos 1.º a 17.º entram em vigor em relação a qualquer país da União, com excepção dos mencionados nas subalíneas *a*) e *b*), que depositar um instrumento de ratificação ou de adesão, assim como em relação a qualquer país da União que depositar a declaração prevista na alínea 1), *c*), três meses após a data da notificação, pelo director-geral, de um tal depósito, a menos que uma data posterior tenha sido fixada no instrumento ou declaração depositados. Neste último caso, o presente Acto entra em vigor, em relação a esse país, na data por esse meio fixada.

3. Relativamente a cada país da União que depositar um instrumento de ratificação ou de adesão, os artigos 18.º a 30.º entram em vigor na primeira data em que qualquer um dos grupos de artigos referidos na alínea 1), *b*), entra em vigor em relação a esse país, de harmonia com a alínea 2), *a*), *b*) ou *c*).

Art. 21.º – 1. Qualquer país estranho à União pode aderir ao presente Acto e tornar-se, por este facto, membro da União. Os instrumentos de adesão serão depositados junto do director-geral.

2. *a*) Em relação a qualquer país estranho à União que depositar o seu instrumento de adesão pelo menos um mês antes da data da entrada em vigor das disposições do presente Acto, este entra em vigor na data em que as disposições entraram em vigor pela primeira vez, por aplicação do artigo 20.º, 2), *a*) ou *b*), a menos que uma data posterior tenha sido fixada no instrumento de adesão; todavia:

    i) Se os artigos 1.º a 12.º não entraram em vigor nesta data, tal país ficará vinculado, durante o período transitório anterior à entrada em vigor destas disposições, e em sua substituição, pelos artigos 1.º a 12.º do Acto de Lisboa;

    ii) Se os artigos 13.º a 17.º não entraram em vigor nesta data, tal país ficará vinculado, durante o período transitório anterior à entrada em

[154] CUP Arts. 22.º-25.º

Convenção da União de Paris

vigor destas disposições, e em sua substituição, pelos artigos 13.º e 14.º 3), 4) e 5), do Acto de Lisboa.

Se um país indicar uma data posterior no seu instrumento de adesão, o presente Acto entrará em vigor, em relação a ele, na data por esse meio indicada.

b) Em relação a qualquer país estranho à União que depositar o seu instrumento de adesão numa data posterior à entrada em vigor de um só grupo de artigos do presente Acto ou numa data que a precedeu de, pelo menos, um mês, o presente Acto entra em vigor, sob reserva do que está previsto na subalínea *a*), três meses após a data em que a sua adesão foi notificada pelo director geral, a menos que uma data posterior tenha sido fixada no instrumento de adesão. Neste último caso, o presente Acto entra em vigor, em relação a esse país, na data por esse meio fixada.

3. Em relação a qualquer país estranho à União que depositar o seu instrumento de adesão depois da data da entrada em vigor do presente Acto na sua totalidade, ou a menos de um mês desta data, o presente Acto entra em vigor três meses depois da data em que a sua adesão foi notificada pelo director-geral, a menos que uma data posterior tenha sido fixada no instrumento de adesão. Neste último caso, o presente Acto entra em vigor, em relação a esse país, na data por esse meio fixada.

Art. 22.º – Sob reserva das excepções possíveis previstas nos artigos 20.º, 1), *b*), e 28.º, 2), a ratificação ou adesão implica, de pleno direito, a aceitação de todas as cláusulas e a admissão a todas as vantagens estipuladas pelo presente Acto.

Art. 23.º – Após a entrada em vigor do presente Acto na sua totalidade, nenhum país pode aderir a Actos anteriores à presente Convenção.

Art. 24.º – 1. Qualquer país pode declarar no seu instrumento de ratificação ou de adesão ou pode informar o director-geral, por escrito, em qualquer altura, posteriormente, que à presente Convenção e aplicável a todo ou a parte dos territórios designados na declaracão ou na notificação, dos quais assume a responsabilidade das relações exteriores.

2. Qualquer país que tenha feito tal declaração ou efectuado tal notificação pode, a todo o momento, notificar ao director-geral que a presente Convenção deixa de ser aplicável a todo ou parte destes territórios.

3. *a*) Qualquer declaração feita nos termos da alínea 1) tem efeito na mesma data que a ratificação ou adesão em cujo instrumento foi incluída e qualquer notificação efectuada nos termos desta alínea tem efeito três meses após a sua notificação pelo director-geral.

b) Qualquer notificação efectuada nos termos da alínea 2) tem efeito doze meses após a sua recepção pelo director-geral.

Art. 25.º – 1. Qualquer país parte da presente Convenção compromete-se a adoptar, de acordo com a sua constituição, as medidas necessárias para assegurar a aplicação da presente Convenção.

2. Entende-se que, no momento em que um país deposita o seu instrumento de ratificação ou de adesão, está em condições, de harmonia com a sua legislação interna, de tornar efectivas as disposições da presente Convenção.

1522

Convenção da União de Paris

Arts. 26.º-28.º CUP [154]

Art. 26.º – 1. A presente Convenção permanece em vigor por tempo ilimitado.

2. Qualquer país pode denunciar o presente Acto por notificação dirigida ao director-geral. Esta denúncia implica também a denúncia de todos os actos anteriores e apenas tem efeito em relação ao país que a efectuar, continuando a Convenção em vigor e executória relativamente aos outros países da União.

3. A denúncia tem efeito um ano após o dia em que o director-geral recebeu a notificação.

4. A faculdade de denunciar prevista no presente artigo não pode ser exercida por nenhum país antes de expirar um prazo de cinco anos a contar da data em que se tornou membro da União.

Art. 27.º – 1. O presente Acto substitui, nas relações entre os países aos quais se aplica e na medida em que se aplica, a Convenção de Paris de 20 de Março de 1883 e os actos de revisão subsequentes.

2. Em relação aos países a que o presente Acto não é aplicável ou não é aplicável na sua totalidade, mas aos quais é aplicável o Acto de Lisboa de 31 de Outubro de 1958, continua este em vigor na sua totalidade ou na medida em que o presente Acto o não substitui em virtude da alínea 1).

b) Da mesma forma, em relação aos países aos quais nem o presente Acto, nem partes deste, nem o Acto de Lisboa, são aplicáveis, continua em vigor o Acto de Londres de 2 de Junho de 1934 na sua totalidade ou na medida em que o presente Acto o não substitui, em virtude da alínea 1).

c) De igual modo, em relação aos países aos quais nem o presente Acto, nem partes deste, nem o Acto de Lisboa, nem o Acto de Londres, são aplicáveis, mantém-se em vigor o Acto de Haia de 6 de Novembro de 1925 na sua totalidade, ou na medida em que o presente Acto o não substitui, em virtude da alínea 1).

3. Os países estranhos à União que se tornarem partes do presente Acto aplicá-lo-ão em relação a qualquer país da União que não seja parte deste Acto ou que, sendo parte, tenha efectuado a declaração prevista no artigo 20.º, 1), *b), i)*. Os ditos países consentirão que o referido país da União aplique nas suas relações com eles as disposições do Acto mais recente do qual faz parte.

Art. 28.º – 1. Qualquer diferendo entre dois ou mais países da União, relativo à interpretação ou à aplicação da presente Convenção que não seja solucionado por negociações, pode ser levado por qualquer dos países em causa perante o Tribunal Internacional de Justiça, mediante petição, de acordo com o Estatuto do Tribunal, a menos que os países em causa acordem sobre outro modo de solução. A Secretaria Internacional será informada do diferendo submetido ao Tribunal pelo país requerente; aquela dará dele conhecimento aos outros países da União.

2. Qualquer país pode, no momento em que assinar o presente Acto ao depositar o seu instrumento de ratificação ou de adesão, declarar que não se considera vinculado pelas disposições da alínea 1). No que diz respeito a qualquer diferendo entre um tal país e outro qualquer da União, não são aplicáveis as disposições da alínea 1).

3. Qualquer país que tiver feito a declaração prevista na alínea 2) pode, a todo o momento, retirá-la, mediante notificação dirigida ao director-geral.

1523

[154] CUP Arts. 29.°-30.°

Convenção da União de Paris

Art. 29.° – 1. *a*) O presente Acto é assinado num só exemplar em língua francesa e depositado junto do Governo da Suécia.

b) Os textos oficiais são estabelecidos pelo director-geral, depois de consultados os Governos interessados, nas línguas alemã, inglesa, espanhola, italiana, portuguesa e russa e nas outras línguas que a Assembleia poderá indicar.

c) Em caso de conflito sobre a interpretação dos diversos textos, faz fé o texto francês.

2. O presente Acto fica aberto para assinatura, em Estocolmo, até ao dia 13 de Janeiro de 1968.

3. O director-geral enviará aos Governos de todos os países da União e, sendo solicitado, ao Governo de qualquer outro, duas cópias autenticadas pelo Governo da Suécia do texto assinado do presente Acto.

4. O director-geral fará registar o presente Acto junto do Secretariado da Organização das Nações Unidas.

5. O director-geral notificará aos Governos de todos os países da União as assinaturas, os depósitos dos instrumentos de ratificação ou de adesão e de declarações compreendidas nestes instrumentos ou efectuadas em aplicação do artigo 20.°, 1), *c*), a entrada em vigor de todas as disposições do presente Acto, as notificações de denúncia e as notificações feitas em aplicação do artigo 24.°.

Art. 30.° – 1. Até à entrada em funções do primeiro director-geral, as referências no presente Acto à Secretaria Internacional da Organização ou ao director-geral são consideradas como referindo-se, respectivamente, à Secretaria da União ou ao seu director.

2. Os países da União que não estejam vinculados pelos artigos 13.° a 17.° poderão, durante cinco anos após a entrada em vigor da Convenção que institui a Organização, exercer, se quiserem, os direitos previstos pelos artigos 13.° a 17.° do presente Acto, como se estivessem vinculados por estes artigos. Qualquer país que pretenda exercer os ditos direitos depositará para esse fim, junto do director--geral, uma notificação escrita que tem efeito na data da sua recepção. Tais países são considerados membros da Assembleia até expiração do dito período.

3. Enquanto não se tiverem tornado membros da Organização todos os países da União, a Secretaria Internacional da Organização agirá igualmente como Secretaria da União, e o director-geral, como director desta Secretaria.

4. Assim que todos os países da União se tornarem membros da Organização, os direitos, obrigações e bens da Secretaria da União serão devolvidas à Secretaria Internacional da Organização.

Feito em Estocolmo a 14 de Julho de 1967.

1524